Piotr Kapusta

Wörterbuch für Außenhandel
Deutsch-Englisch Englisch-Deutsch

Dictionary of foreign trade
German-English English-German

Kraków 2017

Ausgabe I, Krakau 2017

ISBN 978-83-7922-201-8

Publishing House Dr Lex
Chabrowa 21
31-335 Kraków

email: office@drlex.pl www.drlex.pl

Unsere Auslieferung in Deutschland:
Südost Service GmbH
Am Steinfeld 4
94065 Waldkirchen
Tel. +49 (0) 8581 9605-0
Fax +49 (0) 8581 754
e-mail: info@suedost-service.de
www.suedost-service.de

Vorwort

Das vorliegende Wörterbuch enthält **90 000 Fachwörter** und ihre Verbindungen aus den Fachbereichen Außenhandel, Außenwirtschaftspolitik, Recht, internationale Spedition und Logistik, Versicherungen, Zölle und Steuern, Clearing und Kompensation u.v.m. Die historischen und rein wissenschaftlichen Fachtermini wurden nicht mitberücksichtigt. Die Übersetzung vieler Fachwörter war eine durchaus schwierige Aufgabe, da die im Außenhandel zur Anwendung kommenden Fachwörter innerhalb einiger Jahrhunderte in vielen Teilen der Welt entstanden sind; aus diesem Grund kann dasselbe Fachwort in einem anderen Land anders übersetzt werden.

Die eigenen Berufserfahrungen des Verfassers haben es ihm möglich gemacht, jene Stichwörter und ihre Verbindungen zu erkennen, die am häufigsten bei Geschäften im Außenhandel vorkommen. Im Wörterbuch finden Sie deswegen je einige Hundert Stichwörter, die zu den folgenden Termini gehören: Import, Export, Reexport, Akkreditiv, Scheck, Wechsel, Inkasso, Garantie, Zoll, Clearing, Zollabfertigung, Transport, Container, Hafen, Flughafen, Klausel, Police, Palette, Schiff, Lager, Versicherung u.v.a.

Der Wortschatz entspricht den folgenden Richtlinien und Abkommen:

- Incoterms 2010, Combiterms, Visby Regeln, Haag-Visby Regeln, Hamburger Regeln, York-Antwerpen Statuten,

- Einheitliche Richtlinien und Gebräuche für Dokumentenakkreditive, Einheitliche Richtlinien für auf Anfordern zahlbare Garantien, Einheitliche Richtlinien für Vertragsgarantien,

- Institute-Frachtklauseln, Zollübereinkommen über das Carnet ATA für die vorübergehende Einfuhr von Waren, Zollkonvention über internationale Güterbeförderungen mit Carnet TIR, EG/EFTA-Übereinkommen über ein gemeinsames Versandverfahren, Übereinkommen über den internationalen Güterverkauf,

- Vergleichs- und Schiedsordnung der internationalen Handelskammer, Übereinkommen zum Schutz menschlichen Lebens auf See, Übereinkommen über den internationalen Eisenbahnverkehr (COTIF), Übereinkommen über den Beförderungsvertrag im internationalen Straßengüterverkehr, Übereinkommen zur Vereinfachung der Förmlichkeiten im Warenverkehr.

Krakau, Oktober 2017   Der Autor

Abkürzungen:

(CCC) - Community Customs Code - *Zollkodex der Gemeinschaften*
(CD) - customs declaration - *Zolldeklaration*
(CMC) - Community movement carnet - *gemeinschaftliches Warenverkehrscarnet*
(CT) - Community transit - *innergemeinschaftlicher Transitverkehr*
(f) - Feminimum
(m) - Masculinium
(n) - Neutrum
(pl) - Plural
(TIR carnet) - TIR carnet - *Carnet TIR*
(UE) - European Union - *Europäische Union*

A

24-stündig twenty-four hour
40-Fuß-Container *(m)* 40-foot container
40-Fuß-Containereinheit *(f)* forty foot equivalent unit
ab ex, local
ab Bahnhof *(m)* at railway station
ab Barke *(f)* ex lighter
ab Bergwerk *(n)* ex mine
ab Haus *(n)* ex domicile, ex residence
ab Kai *(m)* ex pier, ex quay
ab Lager *(n)* ex godown, ex store, ex warehouse
ab-Lager-Preis *(m)* price ex store, price ex warehouse
ab Leichter *(m)* ex lighter
ab Magazin *(n)* ex godown, ex warehouse
ab Plantage *(f)* ex plantation
ab Schiff *(n)* ex ship, ex vessel
ab Werk *(n)* ex factory, ex mill
Ab Werk ... /benannter Lieferort/ ex works ... /insert named place of delivery/, EXW ... /insert named place of delivery/
ab Wohnsitz *(m)* ex domicile, ex residence
ab Zolllager *(n)* ex bonded warehouse
Abänderung *(f)* amendment
Abänderung des Akkreditivs *(f)* amendment to a letter of credit
Abänderungen vornehmen *(pl)* make corrections
Abänderungen zu einem Kontrakt *(pl)* amendments to a contract
Abandon *(m)* abandonment
Abandonakt *(m)* act of abandonment
Abandonerklärung *(f)* notice of abandonment
abandonieren abandon
Flugeug abandonieren *(n)* abandon aircraft
Schiff abandonieren *(n)* abandon a ship
Abandonierungsklausel *(f)* derogatory clause, overriding clause
Abandonklausel *(f)* abandonment clause
Abandonnement *(n)* abandonment
Abbau *(m)* cut, reduction

abbauen cut, reduce
Handelsschranken abbauen *(pl)* remove trade obstacles
Zoll abbauen *(m)* abolish a duty, decrease a duty, reduce a duty
abberufen call off, withdraw
Auftrag abberufen *(m)* repeal an order
Offerte abberufen *(f)* withdraw an offer, annul an offer
Abberufung *(f)* calling off, cancelling
abbestellen call back, countermand an order, withdraw an order
Abbestellung *(f)* cancellation, cancellation of an order, counter order
Abbremsung *(f)* curb, curtailment
Abbruch *(m)* breach, break
abbuchen write off
Abbuchungsauftrag *(m)* order of collection, pick order
ABC-Analyse *(f)* ABC analysis, activity-based costing analysis
abdecken reimburse
Verlust abdecken *(m)* cover a loss
Abdeckung *(f)* cover
Abdeckung der Wechselkursrisiken *(f)* insurance against loss of exchange
Abdeckung des Marktes *(f)* market share, slice in the market
Abdruck *(m)* imprint
Abdruck des Dienststempels *(m)* impression of the stamp
Abdruck des Dienststempels der Bestimmungsstelle *(m)* impression of the stamp of the office of destination
Abdruck des Sonderstempels *(m)* imprint of the special stamp
Abendbörse *(f)* black market, street market
Abfahrtsdatum *(n)* date of departure, sailing date
Abfahrtshafen *(m)* port of departure, port of sailing
Abfahrtsliste *(f)* sailing list
Abfahrtsstunde *(f)* time of departure
Abfahrtstag *(m)* date of departure, sailing date
Abfahrtstermin *(m)* time of departure
voraussichtlicher Abfahrtstermin *(m)* estimated time of departure

Abfahrtszeit (f) time of departure
voraussichtliche Abfahrtszeit (f) expected time of departure, estimated time of sailing, estimated time of departure, excepted time of sailing
abfassen draw up
Kontrakt abfassen (m) draw up a contract, prepare a contract
abfassen Vertrag abfassen (m) draw up a contract, execute a contract
abfertigen clear **2.** impose a duty
Waren zu einem Zollverkehr abfertigen (pl) subject the goods to a customs procedure
zollamtlich abfertigen clear trough customs
zur endgültigen Ausfuhr abfertigen (f) clear for outright exportation
Abfertiger (m) sender
Abfertiger einer Ware (m) shipper
Abfertigung (f) dispatch, forwarding **2.** customs clearance
Abfertigung der Waren (f) customs clearance of goods, customs registration of goods
Abfertigung des aufgegebenen Gepäcks (f) examination of registered baggage
* **Kasse bei Abfertigung** (f) cash on shipment
Vorbereitung für Abfertigung (f) preparation for consignment
zollamtliche Abfertigung (f) customs clearance, clearing trough the customs
zollamtliche Abfertigung der Waren (f) goods customs clearance, goods customs registration
zollamtliche Abfertigung ohne Überprüfung (f) cleared without examination
Abfertigungsamt (n) forwarding agency
Abfertigungsart (f) type of clearance, type of clearance through the customs
Abfertigungsbehörde (f) customs administration, customs authority, customs clearance department
Abfertigungsbereitschaft (f) readiness for shipment, readiness of goods for shipment
Abfertigungsbescheinigung (f) certificate of acceptance of goods (TIR carnet)
Abfertigungsgebühr (f) forwarding charge

Abfertigungshafen (m) port of entry
Abfertigungskosten (pl) clearance costs
Abfertigungsort (m) originating point, place of shipment
Abfertigungsschein (m) cargo customs declaration, certificate of clearance, customs receipt
Abfertigungsschreiben (n) customs house warrant, customs receipt for goods
Abfertigungsspediteur (m) dispatching forwarder
Abfertigungsstelle (f) customs, customs house
Abfertigungsunterlage (f) clearance document, clearing certificate
Abfertigungsunterlagen (pl) clearance papers
Abfertigungsverfahren (n) clearance procedures
Abfertigungsvergütung (f) clearance charge
Abfertigungszeit (f) service time, time of deparure
abfinden meet, satisfy
Abfindung (f) compensation, damages
Abfindung in Geld (f) compensation in cash, compensation in money, money compensation
* **einmalige Abfindung** (f) immediate compensation, single indemnity
Höhe der Abfindung (f) amount of compensation
Abfindungsgeld (n) amount of compensation, amount of damages
Abflug (m) aircraft departure
Abflugbereitschaft (f) flight readiness
Abflug-Flughafen (m) aerodrome of departure
Abflughafen (m) airport of departure
Abflugort (m) discharge point, point of departure
Abfolge (f) order, sequence
abführen discharge, settle
Fracht abführen (f) clear a freight, pay a freight

Steuer abführen *(f)* pay a tax
Zoll abführen *(m)* pay customs duty, pay a duty
Abgabe *(f)* charge, duty **2.** lodging, submission
Abgabe einer Anmeldung *(f)* lodging of a declaration, submission of a declaration
Abgabe einer Erklärung *(f)* lodging of a declaration, submission of a declaration
Abgaben entrichten *(pl)* pay the duties
* **einmalige Abgabe** *(f)* non-recurring duty
Erhebung von Abgaben *(f)* charging of duties
frei von Zöllen und sonstigen Abgaben free of all customs duties and charges
Höhe der Abgaben *(f)* level of tax
nicht erhobene Abgaben *(pl)* duties not collected *(customs)*
rückständige Abgabe *(f)* outstanding tax liability, tax arrears
Abgabebahnhof *(m)* station of dispatch
Abgabenbefreiung *(f)* exemption from charge
Zollverfahren mit bedingter Abgabenbefreiung *(n)* procedure affording conditional relief
Abgabenberechnung *(f)* calculation of tax
Abgabenbetrag *(m)* amount of duty
Erlass des Abgabenbetrages *(m)* remission of the amount of duty
Frist für die Entrichtung des Abgabenbetrags *(f)* time limit for payment of the amount of duty
gesetzlicher Abgabenbetrag *(m)* legally due
Abgabenerhebung *(f)* collection of duties
Ausgang aus der Gemeinschaft Abgabenerhebung unterworfen *(m)* export from the Community subject to duty
abgabenfrei duty-free
abgabenfreie Einfuhr *(f)* duty-free importation
Abgabengesetz *(n)* fiscal act, tax bill
Abgabenpflicht *(f)* liability for a tax
abgabenpflichtig chargeable to tax
Abgabestation *(f)* origin station
Abgang *(m)* exit **2.** deficit
natürlicher Abgang *(m)* natural loss of goods, natural wastage
Abgangsavis *(m)* notification of forwarding, shipping notification
Abgangsbahnhof *(m)* forwarding station, sending station, station of departure

Abgangsdatum *(n)* date of dispatch, shipping date **2.** mailing date
Abgangsflughafen *(m)* airport of departure
Name des Abgangsflughafens *(m)* name of the airport of departure
Abgangshafen *(m)* port of clearance, port of departure, port of shipment
frei Abfahrtshafen *(m)* free port of departure, free at port of shipment
Längsseite des Abgangshafens *(f)* free alongside quay
Abgangsland *(n)* country of departure
Abgangsmitgliedstaat *(m)* member state of departure *(EU)*
Abgangsort *(m)* point of departure
Abgangspoststelle *(f)* post office of departure
Abgangspunkt *(m)* initial point
Abgangsreise *(f)* outward trade, outward voyage
Abgangsstation *(f)* originating point
Abgangsstelle *(f)* office of departure
einzige Abgangsstelle *(f)* one office of departure
Förmlichkeiten bei der Abgangsstelle *(pl)* formalities at office of departure
Prüfung durch die Abgangsstelle *(f)* control by office of departure
Abgangszollstelle *(f)* customs office of departure
Abschnitt für die Abgangszollstelle *(m)* sheet for the office of departure
Exemplar für die Abgangszollstelle *(n)* copy for office of departure *(CD)*
Waren bei der Abgangszollstelle stellen *(pl)* produce the goods at the office of departure
Waren der Abgangszollstelle vorführen *(pl)* produce the goods at the office of departure
weitere Abgangszollstelle *(f)* additional customs office of departure

abgeben file
Deklaration abgeben *(f)* enter, declare
Gutachten abgeben *(n)* give judgment
Steuererklärung abgeben *(f)* submit a return, submit a tax declaration
Zolldeklaration abgeben *(f)* file customs return
Zollerklärung abgeben *(f)* submit a customs declaration

abgehend out-bound
abgehende Ladung (f) exported cargo, outbound freight
abgelaufen outstanding, stale
abgelaufener Beitrag (m) outstanding contribution
abgelaufenes Dokument (n) stale document
abgelaufenes Konnossement (n) stale bill of lading
Abgeltung (f) damages
abgemacht settled
abgemachte Rate (f) conventional rate
abgemachter Preis (m) contract price, match price, settled price
abgesackt bagged
abgesacktes Gut (n) bagged cargo, cargo in bags
abgesichert secured
abgesichert durch eine Hypothek (f) secured by mortgage
abgesperrt closed
abhalten hold
Auktion abhalten (f) notify the sale by auction, conduct an auction, hold an auction
Versteigerung abhalten (f) hold an auction
abhandengekommen lost
abhandengekommenes Dokument (n) lost document
abheben withdraw
Geld vom Akkreditiv abheben (n) get money off a letter of credit
Abiturientenzeugnis (n) general certificate
Abkommen (n) agreement
Abkommen auf Regierungsebene (n) government agreement, intergovernmental agreement
Abkommen erfüllen (n) abide by an agreement, adhere to a treaty, keep an agreement
Abkommen kündigen (n) terminate an agreement
Abkommen paraphieren (n) initial an agreement
Abkommen ratifizieren (n) ratify an agreement
Abkommen über ausländische Investitionen (n) foreign investment agreement
Abkommen über die Einfuhr von Gegenständen erzieherischen, wissenschaftli-

chen oder kulturellen Charakters (n) Agreement on the importation of educational, scientific and cultural materials
Abkommen über gegenseitige Hilfe (n) treaty of mutual assistance
Abkommen über Marktaufteilung (n) market-sharing agreement
Abkommen verletzen (n) break an agreement, infringe an agreement
* **allgemeines Abkommen** (n) general contract
Ausführung des Abkommens (f) implementation of an agreement, adherence to an agreement
bilaterales Abkommen (n) bilateral agreement
Erfüllung eines Abkommens (f) adherence to an agreement, implementation of an agreement
Havarie-Grosse-Abkommen (n) general average agreement
internationales Abkommen (n) international contract, international agreement
Lieferung auf Grund eines Abkommens (f) contract delivery
Ratifikation des Abkommens (f) ratification of an agreement
TIR-Abkommen (n) TIR Agreement
Unterzeichnung des Abkommens (f) execution of an agreement
Verlängerung eines Abkommens (f) extension of contract
zweiseitiges Abkommen (n) bilateral agreement
Abkommensabschluss (m) bargaining, making a contract
Abkommenspartner (m) contract partner
Abkommenswortlaut (m) text of an agreement
Abladeauftrag (m) landing order
Abladegebühr (f) discharging charge, unloading charge
Abladegeschäft (n) business for shipment, transaction for shipment
Abladegewicht (n) landed weight, landing weight
Abladekonnossement (n) on board bill of lading, on board ocean bill of lading

Abladekosten *(pl)* cost of lightening, unloading charge

Abladelohn *(m)* cost of lightening, unloading charge

Abladelohn für Befrachter *(m)* free discharge, fob

Abladelohn für Reeder *(m)* gross terms, landing at cost for shipowner

Abladelohn für Verfrachter *(m)* landing at cost for affreighter, landing at freighter's expense

abladen discharge, unlade, unload **2.** *(Schiff)* unship

Last abladen *(t)* put goods ashore

Abladen *(n)* unloading

Abladeort *(m)* point of unloading

Abladeplatz *(m)* disembarkation point, dumping ground, landing place

Ablader *(m)* loader

Abladerhaftung *(t)* freighter's liability, loader's liability

Abladestelle *(t)* port of discharge, port of unloading, unloading wharf, unshipping wharf

Abladung *(t)* discharge, unloading, unshipment

Abladung der Waren *(t)* unloading of goods

* Beendung der Abladung *(t)* completion of outturn, completion of discharge

Güterbestand bei Abladung *(m)* condition on landing, quality landed

Abladungsdauer *(t)* discharge time, discharging time

Abladungsgeschwindigkeit *(t)* discharging speed

Abladungsort *(m)* place of discharge

benannter Abladungsort *(m)* named place of discharge, named place of disembarkation

Abladungstag *(m)* discharging day, unloading day

Ablageplatz *(m)* place of storage

Ablagerung *(t)* warehousing

Ablauf *(m)* expiry, termination

Ablauf der Frist *(m)* expiry of a period

Ablauf der Garantie *(m)* expiry of a guarantee

Ablauf der Gültigkeitsdauer des ATACarnets *(m)* expiry of the validity of the carnet ATA

Ablauf der Police *(m)* expiration of a policy

Ablauf der Versicherung *(m)* end of the risk, expiration of insurance

Ablauf des Kontraktes *(m)* ending of a contract, termination of a contract

Ablauf des Vertrags *(m)* determination of a contract, termination of an agreement

Ablauffrist *(t)* date of expiration, end date

Ablaufort *(m)* point of departure, starting point

Ablauftermin *(m)* date of expiration, end date

Ablauftermin der Versicherungspolice *(m)* policy expiry date

ablehnen refuse, reject

Angebot ablehnen *(n)* reject an offer, refuse an offer

Antrag ablehnen *(m)* reject a motion, decline an application, refuse an order

Bestellung ablehnen *(t)* refuse an order

Forderung ablehnen *(t)* refuse a claim

Reklamation ablehnen *(t)* disallow a claim, repudiate a claim

Vorschlag ablehnen *(m)* refuse a proposal, reject a proposition

Ablehnung *(t)* refusal, repudiation

Ablehnung der Forderungen *(t)* refusal of a claim

Ablehnung der Reklamation *(t)* refusal of a claim, rejection of a claim

Ablehnung der Sicherheit *(t)* refusal of an acceptance of safeguard, refusal to accept security

Ablehnung des Angebots *(t)* refusal of an offer, rejection of an offer **2.** refusal of bid

ableichtern lighten

Ableichtern *(n)* lightering

frei von Ableichtern *(n)* free lighterage

abliefern deliver

Ablieferung *(t)* delivery, dispatch **2.** supply

Verladung und Ablieferung *(t)* loading & delivery

zahlbar bei Ablieferung *(t)* payable on delivery

Zahlung bei Ablieferung *(t)* payment on delivery

Ablieferungsanzeige *(t)* advice of delivery

Ablieferungsfrist *(f)* term of delivery, time for delivery
Ablieferungsfrist einhalten *(f)* meet the date of delivery, meet the delivery term
* Nichtunterhaltung der Ablieferungsfrist *(f)* break of the delivery time, break of the delivery date
Ablieferungsgewicht *(n)* delivered weight, delivery weight, outturn weight
Ablieferungsort *(m)* delivery point
Preis frei Ablieferungsort *(m)* delivery price
Ablieferungsschein *(m)* certificate of delivery, courier receipt, proof of delivery, receipt of delivery
Ablieferungstermin *(m)* term of delivery, time for delivery
Nichtunterhaltung des Ablieferungstermins *(f)* slow delivery
Ablieferungsvertrag *(m)* contract of sale and delivery, delivery contract
Ablösung *(f)* repayment
Ablösung einer Schuld *(f)* cancellation of a debt
abmachen arrange, pay
Abmachung *(f)* arrangement
geschäftliche Abmachung *(f)* business contract, business agreement
Abmessungen *(pl)* dimensions
Abnahme *(f)* acceptance
bei Abnahme zahlen *(f)* pay on receipt, pay on delivery
geplante Abnahme *(f)* planned receipt
quantitative Abnahme *(f)* quantity acceptance
Vorbereitung für Abnahme *(f)* preparation for examination, preparation for acceptance
Abnahme- und Güterbestimmungenklausel *(f)* acceptance of goods clause
Abnahmeanforderungen *(pl)* acceptance requirements
Abnahmebahnhof *(m)* delivery point, receiving station
Abnahmebedingung *(f)* admission condition
Abnahmebedingungen *(pl)* terms of acceptance

abnahmebereit ready for examination, ready for receiving
Abnahmebereitschaft *(f)* readiness for acceptance, readiness for receipt, readiness for receiving
Abnahmebescheinigung *(f)* certificate of supervision
Abnahmeklausel *(f)* acceptance clause, receipt of goods clause
Abnahmemenge *(f)* purchased quantity
Abnahmeordnung *(f)* receipt regulations
Abnahmeprotokoll *(n)* acceptance protocol, receiving report
Abnahmeprüfung *(f)* acceptance inspection, acceptance test, receiving inspection
Abnahmerisiko *(n)* non-receipt risk, non-receiving risk, risk of non-acceptance
Abnahmeschein *(m)* receipt of delivery
Abnahmetermin *(m)* period of acceptance
Abnahmetermin einhalten *(m)* comply with the period of acceptance
Abnahmeverweigerung *(f)* goods rejection, refusal of receipt, refusal of receiving
abnehmen accept
Einlieferung abnehmen *(f)* accept a delivery of a shipment, accept a delivery of goods
Lieferung abnehmen *(f)* accept a delivery of goods, accept a delivery of a shipment
Rechnung abnehmen *(f)* accept a bill
Abnehmerland *(n)* buyer's country
abnötigen extort
Geld abnötigen *(n)* extort money
Abolition *(f)* abolition
Abonnementsgebühr *(f)* subscription fee
Abordnung *(f)* delegation
Abpacken *(n)* packeting
Abpacken von Waren *(n)* packeting of goods
Ab-Preis *(m)* loco price, spot price
abrechnen calculate, count **2.** settle
gemeinschaftliche Havarie abrechnen *(f)* adjust the general average, settle the general average
Abrechnung *(f)* calculation, estimate **2.** clearing, settlement
finanzielle Abrechnung *(f)* financial statement, finance report

jährliche Abrechnung *(f)* annual settlement

tarifmässige Abrechnung *(f)* payment as per tariff

Abrechnungsart *(f)* way of settling

Abrechnungsbank *(f)* clearing bank

Abrechnungspapiere *(pl)* settlement documents

Abrechnungssaldo *(m)* balance of clearing, clearing balance

Abrechnungsstelle *(f)* clearing house

Abrechnungstag *(m)* account day, date of settlement

Abrechnungsverkehr *(m)* cashless flow, clearing transaction

Abrechnungszeitraum *(m)* accounting period, settlement period

Abrede *(f)* arrangement

Abrollspediteur *(m)* dispatching forwarder

Abruf *(m)* calling off, cancelling

Lieferung auf Abruf *(f)* delivery on call, on-call delivery

Sofortlieferung auf Abruf *(f)* on-call delivery, delivery as required

absacken bag, sack

Absacken *(n)* bag-filling, sack-filling

absagen cancel

Termin absagen *(m)* call away an appointment

Absatz *(m)* sale, sales

Absatzausweitung *(f)* expansion of sales, sales increase

Absatzberater *(m)* marketing consultant

Absatzbüro *(n)* sales office, selling office

Absatzförderungsplan *(m)* promotion plan

Absatzkanal *(m)* channel of distribution, trade channel

Absatzkontor *(n)* marketing agency, selling office

Absatzland *(n)* country of marketing

Absatzleiter *(m)* director of sales

Absatzmarkt *(m)* sales market

Absatzmärkte entwickeln *(pl)* develop markets, expand markets

Absatzmarkterweiterung *(f)* marketing area diversification, marketing development

Absatzperspektiven *(pl)* prospects of marketing

Absatzprognose *(f)* sales forecast, sales forecasting, sales prognosis, sales projection

Absatzprognostizierung *(f)* sales forecasting, sales prediction

Absatzrisiko *(n)* distribution risk, selling risk

Absatzstruktur *(f)* marketing structure, sales pattern

Absatzvolumenrückgang *(m)* decline in sales, falling-off in sales

Absatzvorhersage *(f)* sales forecast, sales projection

Absatzweg *(m)* channel of distribution, marketing channel, trade channel

Erforschung der Absatzwege *(f)* merchandising research

Absatzwirtschaft *(f)* marketing

Absatzzentrale *(f)* central marketing board

abschaffen eliminate, liquidate

Steuer abschaffen *(f)* abolish a tax

Abschaffung *(f)* abolition, abrogation, elimination

Abschaffung der Steuergrenzen *(f)* abolition of fiscal frontiers

Abschaffung der Zölle *(f)* abolition of customs duties

Abschaffung von Steuern *(f)* cancellation of a tax, liquidation of taxes, tax abatement

abschätzen appraise, evaluate

Abschätzer *(m)* appraiser, valuator

Abschätzung *(f)* estimation, evaluation

Abschätzung des Schadens *(f)* estimation of damage, loss assessment

Abschlag *(m)* abatement, deduction, rebate

abschlägig negative

abschlägiger Bescheid *(m)* negative decision

Abschlagszahlung *(f)* hire-purchase payment, installment payment, payment in part

Abschleppdienst *(m)* towage service, tug service

abschließen bring to a conclusion
Bilanz abschließen *(f)* prepare a balance sheet, draw up a balance sheet
Geschäft abschließen *(n)* close a business
Kontrakt abschließen *(m)* clinch a contract, make a contract
Verfahren abschließen *(n)* complete the arrangements, conclude a proceeding
Versicherung abschließen *(f)* effect an insurance
Vertrag abschließen *(m)* contract
abschließend final
abschließende Entscheidung *(f)* definite decision, final action
Abschließung *(f)* closing
Abschließung der Grenze *(f)* closing of border, closing of frontier
Abschluss *(m)* closing **2.** conclusion **3.** signing of a contract
Abschluss der Verhandlungen *(m)* finish of talks
Abschluss des Verfahrens *(m)* completion of the procedure, discharge of the procedure
Abschluss des Vergleiches *(m)* come to terms, conclusion of a compromise
* Bekanntmachung des Abschlusses des Antidumping-/Antisubventionsver-fahrens *(f)* notice of termination of the anti-dumping procedure *(EU)*
Fähigkeit zum Abschluss von Verträgen *(f)* contractual capacity
Vollmacht zum Abschluss vom Vertrag *(f)* contractual capacity, power to contract, authority to contract
Vollmacht zum Abschluss von Kontrakt *(f)* power to contract
Abschlussbericht *(m)* final report
Abschlussbilanz *(f)* final balance-sheet
Abschlussdatum *(n)* ending date, last day
Abschlussprotokoll *(n)* final protocol
Abschlusstermin *(m)* closing date
planmäßiger Abschlusstermin *(m)* scheduled completion date
Abschlussrechnung *(f)* final calculation **2.** final invoice
Abschlussverifikation *(f)* cut-off procedure **2.** final control

Abschlussvertrag *(m)* definite contract
Abschnitt *(m)* coupon, sheet
Abschnitt für die Abgangszollstelle *(m)* sheet for the office of departure
Abschnitt für die zuständigen Behörden *(m)* sheet for the competent authorities *(CMC)*
Abschöpfung *(f)* export levy, import levy
Abschöpfung bei der Einfuhr *(f)* import levy *(EU)*
Abschreibepolice *(f)* declaration policy, floating policy, open policy
Abschreibung *(f)* amortization
Abschreibungszeitraum *(m)* assets life, depreciation period
Abschrift *(f)* copy, transcript
Abschrift der Rechnung *(f)* copy of an invoice, duplicate invoice
Abschrift der Urkunde *(f)* copy of a document
Abschrift des Kontraktes *(f)* copy of a contract
* beglaubigte Abschrift *(f)* certified copy, true duplicate, attested copy
genaue Abschrift *(f)* true copy
gleich lautende bescheinigte Abschrift *(f)* official copy
Abschriftladeschein *(m)* bill of lading copy, bill of lading duplicate
absenden dispatch, expedite, forward, send
Absender *(m)* consignor, dispatch clerk, dispatcher, sender
Haftung des Absenders *(f)* freighter's liability, loader's liability
Original für Absender *(n)* original for consignor
Postanschrift des Absenders *(f)* return address
Absenderanweisung *(f)* merchant's order, shipping instruction
Absenderanweisungen *(pl)* consignation instructions, expedition instructions
Absenderdisposition *(f)* sender's order, shipper's order
Absendererklärung *(f)* consigner's declaration, shipper's declaration
Absenderhaftung *(f)* buyer's responsibility, purchaser responsibility

Absendervertrag *(m)* contract of forwarding, forwarding contract

Absendetag *(m)* dispatch day, forwarding day

Absendung *(f)* consignment, dispatch, expedition, shipment

Absendungsort *(m)* point of shipment

absetzen sell

Absicherung *(f)* cover, guaranty

Absicht *(f)* intent, intention

kommerzielle Absicht *(f)* commercial intent

Absichtserklärung *(f)* letter of intent, mortgage bond

absolut absolute

absolute Garantie *(f)* absolute security, non-limited guarantee

absoluter Ausfuhrverbot *(m)* absolute export ban, absolute export prohibition

absoluter Wert *(m)* absolute value

absolutes Embargo *(n)* absolute embargo

Absonderung *(f)* cargo separation, separation, separation of cargo

absorptionsfähig absorptive

Abstellfläche *(f)* ramp

Abstellfläche für Flugzeuge *(f)* aircraft parking area

Abstempelung *(f)* stamping

Abstimmung *(f)* agreement

Abteilung *(f)* department, sub-office agency

juristische Abteilung *(f)* law bureau, legal department

technische Abteilung *(f)* engineering department

Abteilungsleiter *(m)* department head, department manager, head of department

abtragen remove

Schuld abtragen *(f)* cancel a debt, remit a debt

abtreten assign, cede

Abtretung *(f)* abandonment, assignment, cession, surrender, transfer, transference

Abtretung der Police *(f)* assignment of a policy

Abtretung der Rechte *(f)* cession of a right

Abtretung des Patents *(f)* assignment of patent

Abtretung von Forderungen *(f)* assignment of a claim, assignment of receivables, transfer of a claim, transfer of a debt

Abtretung von Rechten *(f)* assignment of a right, transfer of rights

Abtretungsakt *(m)* deed of conveyance, deed of transfer

Abtretungsdeklaration *(f)* notice of assignment, notice of cession

Abtretungsempfänger *(m)* assignee, cessionary

Abtretungsurkunde *(f)* deed of assignment, instrument of assignment, letter of subrogation

Abweichung *(f)* deviance, deviation

Abweichung vom Muster *(f)* deviation from a sample

* entschuldbare Abweichung *(f)* excusable deviation

nicht genehmigte Abweichung *(f)* unauthorized deviation

Abweichungsklausel *(f)* deviation clause

abweisen dismiss

Angebot abweisen *(n)* reject an offer, refuse an offer

Abweisung *(f)* refusal, repudiation

ab-Werk-Preis *(m)* ex-factory price

abwerten debase, depreciate, devaluate

Abwertung *(f)* depreciation, devaluation **2.** price mark-down, repricing

versteckte Abwertung *(f)* hidden devaluation

Abwertungsklausel *(f)* depreciation clause, devaluation clause

abwickeln conclude

gemeinschaftliche Havarie abwickeln *(f)* adjust the general average, settle the general average

Rechnung abwickeln *(f)* settle an account

Ladung abwiegen *(f)* weigh cargo

Abwicklung *(f)* *(Versicherung, Transport)* management

abzahlen liquidate, pay off, pay out, solve

in Raten abzahlen *(pl)* pay by instalments, pay in instalments

Abzahlung *(f)* liquidation, settlement

Abzahlungskauf *(m)* hire purchase

Abzahlungspreis *(m)* hire purchase price

Abzeichen *(n)* sign

abzinsen take on discount

Abzinsung *(f)* discount, discounting

Abzinsungsfaktor *(m)* discount factor

ab-Zollfreilager-Preis *(m)* in-bond price

Abzug *(m)* abatement, deduction, discount, rebate

Abzug bei sofortiger Zahlung *(m)* cash discount, discount

Abzug für Investitionen *(m)* investment relief

Abzug gewähren *(m)* allow a deduction, grant an allowance

* üblicher Abzug *(m)* customary rebate, usual allowance

Abzugsfranchise *(f)* deductible amount, deductible franchise, unconditional franchise

Abzugsfranchiseklausel *(f)* deductible average clause, deductible franchise clause

Abzugsklausel *(f)* deductible clause

Achterdeck *(n)* after deck

ad valorem ad valorem

Zoll ad valorem *(m)* ad valorem duty

Adhäsionsklausel *(f)* accession clause

Administration *(f)* authority, government

Administrationsakt *(m)* act of administration, administrative act

administrativ administrative

administrative Aufsicht *(f)* administrative supervision

administrative Instruktion *(f)* administrative instruction

administrative Strafe *(f)* administrative penalty

administrative Verantwortung *(f)* management responsibility

Administrativverfahren *(n)* administrative procedure, administrative procee-dings

Administrator *(m)* administrator, manager

administrieren administer, manage

Admiralität *(f)* Admirality

Admiralitätsgerichtsbarkeit *(f)* Admirality jurisdiction, maritime jurisdiction

Adressat *(m)* receiver

Adresse *(f)* address, direction

Adresse des Ausführers *(f)* address of the consignor

Adresse des Beförderers *(f)* carrier's address

Adresse des Betriebs *(f)* business address, office address

Adresse des Warenversenders *(f)* address of goods' dispatcher

* direkte Adresse *(f)* direct address

indirekte Adresse *(f)* indirect address

juristische Adresse *(f)* legal address, de jure address

mit Adresse versehen *(f)* address

tatsächliche Adresse *(f)* de facto address

unvollständige Adresse *(f)* incomplete address

volle Adresse *(f)* complete address

Adressenänderung *(f)* change of add-ress

Adressenliste *(f)* address list, mailing list

Adressenstelle *(f)* address bureau

adressieren address

Brief adressieren *(m)* address a letter

adressiert addressed

adressierte Ladung *(f)* addressed cargo

Adresskommission *(f)* address commission

Adressregister *(n)* address register, directory

Adresszettel *(m)* address label

Ad-Valorem-Fracht *(f)* ad valorem freight, freight assessed according to the value of goods

Ad-Valorem-Verbrauchssteuer *(f)* ad valorem excise duty

Ad-Valorem-Zoll *(m)* ad valorem duty

Affäre *(f)* affair

Agent *(m)* agent

Agent berufen *(m)* appoint an agent

Agent des Charterers *(m)* charterer's agent

Agent ernennen *(m)* appoint an agent

Agent für Verkauf von Patenten *(m)* patent agent

Agent für Verladung und Versand der Waren *(m)* shipping and forwarding agent

* beglaubigter Agent *(m)* accredited agent

benannter Agent *(m)* named agent

Bericht des Agenten *(m)* account of an agent

CIF-Agent *(m)* CIF agent

Haftung des Agenten *(f)* agent's liability

Handel mittels Agenten *(m)* entrepot through agents
Handel ohne Agente *(m)* trade without agents
nicht-exklusiver Agent *(m)* non-exclusive agent
Pflichten des Agenten *(pl)* duties of an agent
registrierter Agent *(m)* chartered agent
vertrauenswürdiger Agent *(m)* trustworthy agent
Vollmacht eines Agenten *(f)* agent's authority, power of agent
Agentenauswahl *(f)* choice of an agent
Agentenbefugnis *(f)* agent's authority, power of agent
Agentengebühr *(f)* agency fee
Agentenrabatt *(m)* agent's discount
Agentenregister *(n)* register of agents
Agentierung *(f)* agency
Agentierung von Schiffen *(f)* agency service
Agentur *(f)* agency, agency company, agency firm, agency office
Agentur der Luftverkehrsgesellschaft *(f)* air agency, airline agency
Agentur für Arbeit *(f)* employment office, employment service
* ausländische Agentur *(f)* foreign agency, agency abroad
Leiter der Agentur *(m)* agency head, head of agency
Rechnung der Agentur *(f)* agency invoice
Agenturauftrag *(m)* agency order
Agenturdienst *(m)* agency service
Agenturprovision *(f)* agency fee, agent's fee, auction charge
Agenturrisiko *(n)* agency risk
Agenturvertrag *(m)* agency contract, agent's contract
Agenturvertragsbedingungen *(pl)* terms of agency
Agenturvertretung *(f)* agency representation
Agio *(n)* agio, premium
Agiotage *(f)* agiotage
Agrarausfuhr *(f)* agricultural export
Agrarexport *(m)* agricultural export

Agrarpolitik *(f)* agricultural policy
gemeinsame Agrarpolitik *(f)* common agricultural policy (CAP)
Agrarprodukt *(n)* agricultural product, agro-based product
Agrarzoll *(m)* agricultural duty
Ahndung *(f)* punishment
strafrechtliche Ahndung *(f)* criminal investigation, judicial inquiry
Akkordlohnsatz *(m)* blanket rate, unit work rate
Akkordsatz *(m)* blanket rate, unit work rate
akkreditieren accredit
Akkreditierter *(m)* payee of letter of credit
Akkreditierung *(f)* accreditation
Akkreditiv *(n)* letter of credit
Akkreditiv annullieren *(n)* cancel a letter of credit
Akkreditiv ausnutzen *(n)* utilize a letter of credit
Akkreditiv ausschöpfen *(n)* exhaust a letter of credit
Akkreditiv ausstellen *(n)* draw a letter of credit, establish a letter of credit, issue a letter of credit, open a letter of credit
Akkreditiv avisieren *(n)* advise a letter of credit
Akkreditiv bestätigen *(n)* confirm a letter of credit
Akkreditiv einräumen *(n)* draw a letter of credit, issue a letter of credit, open a letter of credit
Akkreditiv erhöhen *(n)* increase a letter of credit
Akkreditiv erneuern *(n)* extend a letter of credit, prolong a letter of credit
Akkreditiv eröffnen *(n)* draw a letter of credit, issue a letter of credit, open a letter of credit
Akkreditiv korrigieren *(n)* amend a letter of credit, modify a letter of credit
Akkreditiv mit „grüner Klausel" *(n)* green clause letter of credit
Akkreditiv mit „roter Klausel" *(n)* red clause letter of credit
Akkreditiv mit einer Gültigkeitsdauer bis zum ... *(n)* letter of credit valid for ...
Akkreditiv mit Ratenzahlung *(n)* installment letter of credit

Akkreditiv mit Trattenzahlung *(n)* sight letter of credit
Akkreditiv mit Zahlung in frei konvertierbarer Währung *(n)* letter of credit payable in freely convertible currency
Akkreditiv rückgängig machen *(n)* cancel a letter of credit
Akkreditiv stellen *(n)* establish a letter of credit, open a letter of credit
Akkreditiv verlängern *(n)* extend a letter of credit
Akkreditiv widerrufen *(n)* annul a letter of credit, withdraw a letter of credit
Akkreditiv zurückziehen *(n)* revoke a letter of credit, ithdraw a letter of credit
* Abänderung eines Akkreditivs *(f)* amendment to a letter of credit
Anfangsbetrag des Akkreditivs *(m)* initial amount of letter of credit
Anweisung des Akkreditivs *(f)* transfer of credit
Anweisung zur Eröffnung des Akkreditivs *(f)* instruction to open a letter of credit
ausgestelltes Akkreditiv *(n)* letter of credit drawn on
Avis über Eröffnung eines Akkreditivs *(m)* advice of issuing a letter of credit, letter of credit notification,
Avis über Inanspruchnahme des Akkreditivs *(n)* advice of exhaust a letter of credit, advice of use of credit
Avisierung des Akkreditivs *(f)* notification of a letter of credit
begrenztes Akkreditiv *(n)* limited letter of credit
Besitzer des Akkreditivs *(m)* owner of a letter of credit, holder of a letter of credit
besondere Avisierung des Akkreditivs *(n)* special advised letter of credit
bestätigtes Akkreditiv *(n)* confirmed letter of credit
bestätigtes unwiderrufliches Akkreditiv *(n)* confirmed irrevocable letter of credit
betragbares Akkreditiv *(n)* transferable letter of credit, transmissible letter of credit
Bezahlung durch Akkreditiv *(f)* settlement of account by letters of credit, settlement by letters of credit
Deckung eines Akkreditivs *(f)* cover of a letter of credit

dokumentarisches Akkreditiv *(n)* commercial letter of credit
durch Akkreditiv zahlen *(n)* pay by a letter of credit
einfaches Akkreditiv *(n)* clean letter of credit, simple letter of credit
einmalig gestelltes Akkreditiv *(n)* single letter of credit
Erneuerung des Akkreditivs *(f)* reopening of a letter of credit
Eröffnung eines Akkreditivs *(f)* opening of letter of credit
Eröffnungsdatum des Akkreditivs *(n)* date of issue of a letter of credit
gedecktes Akkreditiv *(n)* covered letter of credit
Geld vom Akkreditiv abheben *(n)* get money off a letter of credit
Gestellungstag des Akkreditivs *(m)* date of issue of a letter of credit
Gültigkeit des Akkreditivs *(f)* validity of a letter of credit
  Gültigkeit des Akkreditivs verlängern *(f)* extend a letter of credit, prolong a letter of credit
Gültigkeitsdauer des Akkreditivs *(f)* letter of credit period, validity of a letter of credit
langfristiges Akkreditiv *(n)* long-term letter of credit
negoziierbares Akkreditiv *(n)* negotiation credit
nicht revolvierendes Akkreditiv *(n)* non-renewable letter of credit
nicht übertragbares Akkreditiv *(n)* non-transferable letter of credit
offenes Akkreditiv *(n)* open letter of credit
Prolongation eines Akkreditivs *(f)* prolongation of a letter of credit, extension of a letter of credit
reines Akkreditiv *(n)* clean letter of credit
revolvierendes Akkreditiv *(n)* revolving letter of credit, renewable letter of credit
Rückseite des Akredditives *(f)* reverse side of letter of credit
sich automatisch erneuerndes Akkreditiv *(n)* revolving letter of credit, renewable letter of credit
Stellung eines Akkreditivs *(f)* issue of a letter of credit, issuance of a letter of credit
teilbares Akkreditiv *(n)* divisible letter of credit

telegrafisch gestelltes Akkreditiv *(n)* telegraphic letter of credit

transferabeles Akkreditiv *(n)* assignable letter of credit, negotiable letter of credit, transferable letter of credit

übertragbares Akkreditiv *(n)* negotiable letter of credit, transferable letter of credit

Überweisung eines Akkreditivs *(f)* transfer of letter of credit

unbefristetes Akkreditiv *(n)* letter of credit without time-limit, unlimited letter of credit

unbestätigtes Akkreditiv *(n)* unconfirmed letter of credit

unbestätigtes avisierendes Akkreditiv *(n)* unconfirmed advised letter of credit

unbestätiges, unwiderrufliches Akkreditiv *(n)* irrevocable unconfirmed credit

ungedecktes Akkreditiv *(n)* uncovered letter of credit

ungültiges Akkreditiv *(n)* invalid letter of credit

unteilbares Akkreditiv *(n)* indivisible letter of credit

unwiderrufliches Akkreditiv *(n)* irrevocable letter of credit, irrevocable documentary letter of credit, direct letter of credit

unwiderrufliches, unbestätigtes Akkreditiv *(n)* irrevocable unconfirmed letter of credit

Verfalldatum des Akkreditivs *(n)* expiry date of the letter of credit

Verwertung des Akkreditivs *(f)* use of letter of credit, exhaustion a letter of credit

von der Bank bestätigtes Akkreditiv *(n)* banker confirmed letter of credit

Widerruf des Akkreditivs *(m)* revocation of a letter of credit

widerrufliches Akkreditiv *(n)* revocable credit

Zahlung aus dem Akkreditiv *(f)* payment in the form of a letter of credit, payment by a letter of credit

Zahlung durch Akkreditiv *(f)* payment through a letter of credit, payment by a letter of credit, payment in the form of a letter of credit

Zahlung mittels Akkreditivs *(f)* payment through a letter of credit

Zahlung per Akkreditiv *(f)* payment through a letter of credit

Zahlungsgarantie für Akkreditiv *(f)* payment of letter of credit guarantee

Akkreditiv-Ablauf *(m)* expiry of the letter of credit

Akkreditivanzeige *(f)* letter of credit notification

Akkreditivaussteller *(m)* drawer of a letter of credit

Akkreditivauthentizität *(f)* authenticity of letter of credit

Akkreditivbank *(f)* credit-issuing bank, issuing bank, negotiating bank

Akkreditivbedingungen *(pl)* letter of credit conditions

Akkreditivbesitzer *(m)* holder of a letter of credit

Akkreditivbestätigung *(f)* acceptance of letter of credit

Akkreditivbetrag *(m)* amount of a letter of credit, amount of drawing under a letter of credit

Akkreditivbetragsrest *(m)* balance of letter of credit

Akkreditivduplikat *(n)* copy of letter of credit, duplicate letter

Akkreditiveinheit *(f)* genuineness of letter of credit

Akkreditiveränderung *(f)* amend a letter of credit, modification of a letter of credit

Akkreditiveröffnung *(f)* opening of letter of credit

Beantragung der Akkreditiveröffnung *(f)* application for opening a letter of credit, application for letter of credit Akkreditiveröffnung

verzögerte Akkreditiveröffnung *(f)* delay in opening a letter of credit

Akkreditiveröffnungsantrag *(m)* application for letter of credit, application for opening a letter of credit

Akkreditiveröffnungsauftrag *(m)* instruction to issue, instruction to open a letter of credit, request letter

Akkreditivgestellung *(f)* opening of letter of credit

Akkreditivgestellungstag *(m)* date of issue of a letter of credit

Akkreditivgrenze *(f)* ceiling commercial letter of credit, ceiling of letter of credit, letter of credit ceiling

Akkreditivhalter *(m)* holder of a letter of credit

Akkreditivinhaber *(m)* owner of a letter of credit

Akkreditivnummer *(f)* credit number

Akkreditivplafond *(m)* ceiling commercial letter of credit, ceiling of letter of credit, letter of credit ceiling

Akkreditivprovision *(f)* opening commission

Akkreditivrembourse *(f)* credit reimbursement

Akkreditivsaldo *(m)* balance of letter of credit

Akkreditivstellung *(f)* opening of letter of credit

Akkreditivsumme *(f)* amount of letter of credit

Akkreditivveränderung *(f)* change of a letter of credit

Akkreditivverlängerung *(f)* extension of a letter of credit, prolongation of a letter of credit

Akkreditivzurückziehung *(f)* cancellation of a letter of credit

Akontozahlung *(f)* payment on account

Akquisiteur *(m)* canvasser, canvassing agent, commission travelling agent, solicitor, traveler **2.** freight contractor, loading broker

Akquisition *(f)* canvassing

Akquisitionsplanung *(f)* acquisition planning

Akt *(m)* act

Akt über Beschlagnahme der Ladung vom Zollamt *(m)* seizure note

* verbindlicher Akt *(m)* binding act

Weitergabe von Akten *(f)* surrender of documents

Aktenkennzeichen *(n)* file reference

Aktennummer *(f)* symbol of files

Aktenzeichen *(n)* file number, reference, reference number

Aktie *(f)* share *(US)*, stock

Übertragung von Aktien *(f)* transfer of shares, share transfer

Aktiengesellschaft *(f)* joint stock company, public company, public corporation, stock company, stock corporation

geschlossene Aktiengesellschaft *(f)* closed joint stock society

Aktienhandelsvolumen *(n)* share trading volume

Aktienindex *(m)* index of stocks, share index, share price index

Aktienkurs *(m)* share price

Anstieg der Aktienkurse *(m)* rise of stocks and shares, stock price appreciation

Aktienkursindex *(m)* index of share quotation, index of stocks, share price index

Aktienkursverfall *(m)* stock price depreciation

Aktienmanagement *(n)* management of stocks

Aktienmarkt *(m)* shares market

Aktienpaket *(n)* basket of shares, block of stocks

Aktientransfer *(m)* share transfer, transfer of shares

Aktion *(f)* action

auf der Aktion verkaufen *(f)* sell at auction, auction

Aktionär *(m)* shareholder, stockholder

Aktionärsregister *(n)* shareholders' register

aktiv active

aktive Bilanz *(f)* active balance, favourable balance

aktive Handelsbilanz *(f)* active balance of trade, export balance of trade

aktive Kooperation *(f)* active co-operation

aktive Rückversicherung *(f)* active reinsurance

aktive Veredelung *(f)* inward processing, processing under customs control, processing under customs supervision

Anmeldung für die vorübergehende Einfuhr zur aktiven Veredelung *(f)* declaration for temporary admission for inward processing

Waren zur aktive Veredelung anmelden (pl) enter (goods) for inward processing

aktive Zahlungsbilanz (f) active balance of payment

aktiver Veredelungsverkehr (m) inward improvement, inward processing arrangements, inward processing relief arrangements, inward temporary importation for processing

Bewilligung des aktiven Veredelungsverkehrs (f) authorization to use the inwards procedure

Erledigung eines aktiven Veredelungsverkehrs (f) completion of an inward processing operation

Vorgang des aktiven Veredelungsverkehrs (m) inward processing operation

aktiver Vertreter (m) active agent

Aktivbuchwert (m) book price

Aktivforderungen (pl) debts, due

Aktivhandel (m) active business, export business

Aktivität (f) activity

wirtschaftliche Aktivität (f) economic activity, economic performance

Aktivsaldo (m) active balance, favourable balance

aktualisieren bring up to time, update

Aktualisierung (f) updating

Aktualisierung der Daten (f) data updating, updating of data

Aktualwert (m) actual value

Aktuar (m) actuary

aktuell present

aktuelle Information (f) running information

aktueller Kurs (m) current rate, going price

aktueller Wert (m) present value

Akzept (n) acceptance, backed bill, guaranteed bill

Akzept einholen (n) obtain an acceptance

Akzept einlösen (n) answer an acceptance, pay an acceptance

Akzept gegen Dokumente (n) acceptance against documents

Akzept mit Vorbehalt (n) acceptance with provision

Akzept ohne Deckung (n) uncovered acceptance

Akzept registrieren (n) register an acceptance

* allgemeines Akzept (n) general acceptance

bedingtes Akzept (n) qualified acceptance, special acceptance, conditional acceptance

bedingungsloses Akzept (n) unconditional acceptance

begrenztes Akzept (n) limited acceptance

Bezahlung mittels Akzept (f) payment by acceptance

Dokumente gegen Akzept (pl) documents against acceptance

eingeschränktes Akzept (n) qualified acceptance

Einlösung des Akzepts (f) payment of acceptance

Gültigkeitsdauer des Akzepts (f) acceptance interval

Inkasso mit obligatorischem Akzept (n) collection with compulsory acceptance

obligatorisches Akzept (n) compulsory acceptance, obligatory acceptance

stilles Akzept (n) tacit acceptance

unbeschränktes Akzept (n) unconditional acceptance, general acceptance

vertragliches Akzept (n) contractual acceptance

volles Akzept (n) full acceptance

vor Fälligkeit eingelöstes Akzept (n) rebated acceptance

Vorlage zum Akzept (f) presentation for acceptance

zum Akzept vorlegen (n) present for acceptance

Zustellung der Dokumente gegen Akzept (f) delivery of documents against acceptance

akzeptabel acceptable

akzeptable Differenz (f) acceptable difference

Akzeptakkreditiv (n) acceptance letter of credit

Akzeptant (m) taker of a bill

Haftung des Akzeptanten (f) liability of acceptor

Akzeptation (f) acceptance

Akzeptationkredit (m) acceptance credit

Akzeptavis (n) advice acceptance, advice of acceptance

Akzeptbank *(f)* acceptance house, accepting bank

Akzeptbedingungen *(pl)* conditions of acceptance, terms of acceptance

Akzeptbetrag *(m)* sum of acceptance

Akzeptbuch *(n)* acceptance book

Akzeptdiskont *(m)* discount of acceptance

Akzeptform *(f)* form of acceptance

Akzeptgebühr *(f)* acceptance charge, accepting commission

Akzeptgeschäft *(n)* arbitrage in exchange

Akzepthaus *(n)* accepting house

akzeptieren adopt, agree, honour
  Bedingungen akzeptieren *(pl)* accept the conditions, accept the terms, close with term
  Offerte akzeptieren *(f)* accept a bid
  Preis akzeptieren *(m)* accept a price
  Vertragsbedingungen akzeptieren *(pl)* accept the terms of a contract

akzeptierend acceptance, accepting
  akzeptierende Bank *(f)* acceptance house, accepting bank

akzeptiert accepted
  akzeptierte Tratte *(f)* acceptance bill, bill of acceptance
  akzeptierter Scheck *(m)* accepted cheque, guaranteed cheque
  akzeptierter Wechsel *(m)* accepted bill

Akzeptierung *(f)* acceptance
  Akzeptierung des Vertragsentwurfs *(f)* acceptance of a draft agreement
  Akzeptierung des Wechsels verweigern *(f)* dishonour a bill by non-acceptance, refuse an acceptance of a bill
  * Verweigerung der Akzeptierung *(f)* refusal of acceptance
  zur Akzeptierung unterbreiten *(f)* produce for acceptance

Akzeptierungsdatum *(n)* acceptance date, date of acceptance

Akzeptinkasso *(n)* acceptance collection, acceptance encashment

Akzeptionskredit *(m)* acceptance credit, line of acceptance

Akzeptkonto *(n)* acceptance account

Akzeptleistung *(f)* acceptance

akzeptlos non-acceptance
  akzeptloses Inkasso *(n)* non-acceptance collection

Akzeptmeldung *(f)* advice of acceptance, notice of acceptance

Akzeptprovision *(f)* acceptance charge, accepting commission

Akzeptsumme *(f)* amount of acceptance

Akzepttag *(m)* acceptance date, acceptance term

Akzeptverbindlichkeit *(f)* acceptance liability

Akzeptverweigerung *(f)* dishonour by non acceptance, dishonouring by non-acceptance of a bill, non-acceptance of the bill, repudiation of a bill
  Anzeige der Akzeptverweigerung *(f)* notice of dishonour, notification

Akzession *(f)* accession

Akzessionsklausel *(f)* accession clause

Akzessionsvertrag *(m)* treaty of accession

Akzessklausel *(f)* accession clause, clause of adhesion

Akzise *(f)* duty of excise, excise duty
  Akzise auferlegen *(f)* lay excise, levy inland duty
  Akzise beitreiben *(f)* collect an excise
  * mit Akzise belegen *(f)* levy inland duty, lay excise

Akziseaufkommen *(n)* excise receipts

akzisebar excisable, subject to excise duty

akzisepflichtig excisable, subject to excise duty

Akziseware *(f)* excise product

Akzisewarenexport *(m)* export of excise goods

Akzisezoll *(m)* excise duty

Algorithmus *(m)* algorithm

all all
  alle Risiken *(pl)* all risks

Alleinagent *(m)* sole agent, sole distributor

Alleinagentur *(f)* exclusive agency, sole agency

Alleinarbiter *(m)* sole arbiter

Alleinberechtigungslizenz *(f)* exclusive licence, sole licence

Alleineinfuhr *(f)* exclusive import, sole Import

Alleinexporteur *(m)* exclusive exporter, sole exporter

alleinig sole
  alleiniges Recht *(n)* absolute right, sole right

Alleinimporteur *(m)* exclusive importer, sole importer

Alleinlizenz *(f)* exclusive licence, sole licence

Alleinrecht *(n)* absolute right, sole right

Alleinstellungsmerkmal *(n)* unique selling point, unique selling proposition (USP)

Alleinverkauf *(m)* exclusive sale

Alleinverkäufer *(m)* sole agent, sole distributor

Alleinverkaufsrecht *(n)* exclusive right of sale

Alleinvertreter *(m)* exclusive representative, monopoly agent, sole agent, sole distributor

Alleinvertreterklausel *(f)* monopoly clause

Alleinvertretung *(f)* exclusive agency, sole agency

Alleinvertriebsrecht *(n)* sole right to sell

allgemein general, global, universal
  allgemeine Bedingungen *(pl)* general conditions
  allgemeine Bestimmungen *(pl)* general provisions
  allgemeine Bevollmächtigung *(f)* plenary power
  allgemeine Ermächtigung *(f)* general power, general power of attorney
  allgemeine Frachtrate *(bei Luftfracht) (f)* general cargo rate
  allgemeine Frachtraten im Luftverkehr *(pl)* general cargo rates
  Allgemeine Geschäftsbedingungen *(pl)* general terms of delivery
  allgemeine Importlizenz *(f)* general import licence

  allgemeine Kosten *(pl)* general charges, general expenses
  allgemeine Lieferbedingungen *(pl)* general terms of delivery
  allgemeine Lieferungs- und Verkaufsbedingungen *(pl)* general terms of sale and delivery
  allgemeine Lieferungsbedingungen (ALB) *(pl)* general conditions of delivery, general terms of delivery
  allgemeine Regel *(f)* general rule
  allgemeine Verkaufsbedingungen *(pl)* general conditions of sale, general terms of sale
  allgemeine Versicherungsbedingungen *(pl)* general insurance conditions, general terms of insurance
  allgemeine Vertragsbedingungen *(pl)* general stipulated conditions
  allgemeine Vollmacht *(f)* general power, general power of attorney, general proxy
  Allgemeine Vorschriften für die Auslegung des Zolltarifschemas *(pl)* General Rules for the Interpretation of the Nomenclature
  allgemeine Zollregelungen *(pl)* general customs rules
  allgemeiner Exporteuer *(m)* general exporter
  allgemeiner Tariffreibetrag *(m)* general tariff quota
  allgemeines Abkommen *(n)* general contract
  allgemeines Akzept *(n)* general acceptance
  Allgemeines Bevorzugungssystem *(n)* Generalised System of Preferences
  allgemeines Pfandrecht *(n)* general lien
  Allgemeines Präferenzsystem (APS) *(n)* Generalized System of Preferences
  allgemeines Schema *(n)* general schema
  allgemeines System der Präferenzzertifikate *(n)* general system of preferences certiticate
  Allgemeines Zoll- und Handelsabkommen *(n)* General Agreement on Tariffs and Trade *(GATT)*

Allianz *(f)* alliance
  strategische Allianz *(f)* strategic alliance

Allonge *(f)* allonge, rider

All-time-Vorrat *(m)* all-time stock

alphabetisch alphabetical
  alphabetische Liste *(f)* alphabetical list
  alphabetischer Katalog *(m)* alphabetical catalogue

als as
als Beispiel (n) as a sample
als Luftfracht schicken (f) dispatch by air, send by air
als Muster (n) as a sample
als Pfand nehmen (n) accept as collateral
als Sicherheit (f) as cover
Alternativnachweis (m) alternative proof
Alternativpreis (m) alternative price
Altersattest (n) age certificate, age note
Alterszeugnis (n) age certificate, age note
amerikanisch American
amerikanische Tonne (f) net ton, short ton
Amortisationsfrist (f) asset life, depreciation period
Amt (n) office
Amt für Seeverkehrswirtschaft (n) Central Marine Board
Amt für Statistik (n) statistical office
* **öffentliches Amt** (n) government office
amtlich official
amtlich beglaubigen legalize, testify
amtliche Kontrolle (f) official inspection
amtliche Parität (f) official parity
amtliche Urkunde (f) public document
amtliche Verfügung (f) administrative decision
amtliche Veröffentlichung (f) official publication
amtliche Zeichen (n) official marks
amtlicher Kurs (m) legal rate of exchange, official quotation, official rate
amtlicher Satz (m) official rate
amtlicher Schriftverkehr (m) official correspondence
amtlicher Verkehr (m) official trade
amtlicher Vordruck (m) official form
amtlicher Waageschein (m) certificate of weight
amtlicher Wäger (m) official weigher, sworn weigher
amtlicher Wechselkurs (m) official rate of exchange
amtliches Dokument (n) official document
amtliches Preisverzeichnis (n) official price list
* **Waren für den amtlichen Gebrauch** (pl) goods intended for official use
Amtshandlung (f) official act
konsularische Amtshandlung (f) consular act

Amtsangelegenheit (f) official business
Amtshilfe (f) administrative assistance
Amtsperson (f) functionary
Amtssiegel (n) official seal
Amtsstelle (f) office
an at
an Bord des Schiffes bringen (m) put on board
an Bord des Schiffes geliefert (m) delivered on board
an Bord Konnossement (n) on board bill of lading, on board ocean bill of lading
an Deck Konnossement (n) on deck bill of lading
an den Überbringer zahlbar (m) payable to bearer
an der Auktion teilnehmen (f) participate in an auction
an der Zollkontrolle teilnehmen (f) attend the customs control procedures
an die Seeschiffsseite bringen (f) discharge alongside
an ein Schiedsgericht verweisen (n) refer to arbitration, submit to arbitration
an eine andere Person die Ware liefern (f) deliver the goods to another person
an Frachtführer die Ware liefern (m) deliver the goods to the carrier
an Gewicht verlieren (n) fall in weight
an Order ausgestelltes Konnossement (n) bill of lading issued to order, bill of lading to order
an Wert verlieren (m) decline in value, lose in value, depreciate
Analyse (f) analysis
ABC-Analyse (f) activity-based costing analysis, ABC analysis
Cost-Benefit-Analyse (f) cost-benefit analysis (CBA)
finanzielle Analyse (f) financial analysis
Kosten-Nutzen-Analyse (f) cost-benefit analysis (CBA)
makroökonomische Analyse (f) macroeconomic analysis
ökonomische Analyse (f) economic analysis
quantitative Analyse (f) quantitative analysis
strategische Analyse (f) strategic analysis
technische Analyse (f) technical analysis
Analysenresultat (n) analysis result

Analysenschein *(m)* analysis note, certificate of analysis, composition certificate

Analysenzertifikat *(n)* analysis note, certificate of analysis

analysieren analyse

Analysierung *(f)* analysing

anbieten bid

Anbietende *(m)* bidder, offeree

Anbordnahme *(f)* reception of goods on board

anbringen affix
Zollverschlüsse anbringen *(m)* affix customs seals

anderenorts elsewhere
anderenorts nicht klassifiziert not elsewhere classified

ändern amend, change
Plan ändern *(m)* change a plan
Preis ändern *(m)* alter price
Satz ändern *(m)* amend a rate, change a rate

anderswo elsewhere

Änderung *(f)* amendment, change
Änderung bestätigen *(f)* endorse an alteration
Änderung der Bestimmungsstelle *(f)* change of office of destination
Änderung der Bewilligung *(f)* amendment of the authorisation
Änderung der Durchgangszollstelle *(f)* change of office of transit
Änderung der verbindlichen Zolltarifauskunft *(f)* change of binding tariff information
Änderung der Vertragskonditionen *(f)* change of contract conditions
Änderung des Entscheidung *(f)* change of decision
Änderung des Tarifs *(f)* change of tariff

Änderungsdatum *(n)* change date

anderweitig elsewhere
anderweitig nicht genannt not elsewhere mentioned
anderweitig nicht spezifiziert not elsewhere specified

Andler-Formel-Modell *(n)* economic order quantity model

anerkennen accept
Qualität anerkennen *(f)* approve quality

Unterschrift anerkennen *(f)* honour a signature

Anerkenntnis *(f)* acknowledgement

Anerkennung *(f)* acceptance, approval, recognition
Anerkennung eines Anspruchs *(f)* recognition of a claim
Anerkennung mit Vorbehalt *(f)* acknowledgement with reserve
Anerkennung von Bedingungen *(f)* acceptance of conditions
* De-jure-Anerkennung *(f)* legal recognition, de jure recognition
rechtliche Anerkennung *(f)* legal recognition, de jure recognition

Anfang *(m)* beginning, start

Anfangsbedingungen *(pl)* start conditions

Anfangsbestand *(m)* opening stock

Anfangsbetrag *(m)* initial amount
Anfangsbetrag des Akkreditivs *(m)* initial amount of letter of credit

Anfangspreis *(m)* initial price, initial quotation

Anfangsqualität *(f)* initial quality

Anfangssatz *(m)* entrance rate

Anfangswert *(m)* opening price

anfechten dispute, question
Ergebnis anfechten *(n)* attack a result, dispute a result

Anfechtung *(f)* appeal
Anfechtung des Urteils *(f)* appeal against a decree

Anfechtungsfrist *(f)* time for protesting

anfertigen complete
Dokument anfertigen *(n)* complete a document
Liste anfertigen *(f)* compile a list, fix a list
Protokoll anfertigen *(n)* take the protocol

Anfertigung *(f)* completion, formation
Anfertigung des Dokumentes *(f)* making out of documents

Anforderung *(f)* clause, term **2.** demand
legislatorische Anforderungen *(pl)* legislative requirements
rechtliche Anforderungen *(pl)* legal requirements

technische Anforderungen *(pl)* technical requirements
Übereinstimmung mit den Anforderungen *(f)* conformity with demands
Anforderungen *(pl)* requirements
Anforderungen an die Qualität *(pl)* quality requirements, requirements for quality
Anforderungen an Verschlüsse *(pl)* characteristic of seals
Anforderungen entsprechen *(pl)* meet the requirements
Anforderungsanalyse *(f)* demand analysis
Anfrage *(f)* enquiry, inquiry, sales inquiry
Angabe *(f)* application, declaration, entry
Fehlen der Angabe des Kennzeichens des Beförderungsmittels *(n)* absence of the registration number of the means of transport
fehlende Angabe der Durchgangszollstelle *(f)* absence of any indication of the office of transit
Verkauf laut Angabe *(m)* sale by description
Angaben *(pl)* data, information, details
Angaben der Anmeldung *(pl)* particulars of the declaration *(customs)*
Angaben über den Hersteller der Waren *(pl)* information on the goods manufacturer
Angaben verschaffen *(pl)* deliver data, supply the data
Angaben zu Fehlmengen *(pl)* details of deficits
Angaben zu Mehrmengen *(pl)* details of excess quantities
* endgültige Angaben *(pl)* final data
fehlende Angaben *(pl)* missing data
geschätzte Angaben *(pl)* estimated data
laufende Angaben *(pl)* current data
ziffernmäßige Angaben *(pl)* figures, numerical data
angeben declare, enter
Ware angeben *(f)* declare the goods at the customs-house
Waren in das Zolllagerverfahren angeben *(pl)* enter goods for a customs procedure
zur Verzollung angeben *(f)* enter
Angebot *(n)* offer, offering, proposal 2. supply
Angebot ablehnen *(n)* refuse an offer, reject an offer

Angebot abweisen *(n)* refuse an offer, reject an offer
Angebot annehmen *(n)* accept an offer
Angebot annullieren *(n)* cancel an offer
Angebot des Lieferanten *(n)* supplier proposal
Angebot für die Zusammenarbeit *(n)* offer for cooperation
Angebot gültig bis ... *(n)* offer open until ...
Angebot gültig bis Widerruf *(n)* offer remains open until recall
Angebot gutheißen *(n)* approve a proposal
Angebot hinterlegen *(n)* make a tender, make an offer
Angebot prüfen *(n)* evaluate an offer
Angebot überdenken *(n)* consider an offer
Angebot unterbreiten *(n)* make an offer, present an offer, produce an offer, submit an offer
Angebot widerrufen *(n)* annul an offer, retract an offer, withdraw an offer
Angebot zurückziehen *(n)* retract an offer, withdraw an offer
* Ablehnung eines Angebots *(f)* refusal of an offer, rejection of an offer, refusal of bid
angefordertes Angebot *(n)* solicited offer
angepasstes Angebot *(n)* adjusted proposal
Annahme eines Angebots *(f)* acceptance of an offer, acceptance of a proposal
Ausschlagen eines Angebots *(n)* refusal of an offer, rejection of an offer
bedingungsloses Angebot *(n)* unconditional offer
bemustertes Angebot *(n)* sampled offer, offer accompanied by samples
bestes Angebot *(n)* highest bid
eingeschränktes Angebot *(n)* conditional tender, conditional offer
endgültiger Termin für die Einsendung von Angeboten *(m)* deadline for tenders
faires Angebot *(n)* fair proposition, fair offer
festes Angebot *(n)* binding proposal, firm offer
fixes Angebot *(n)* firm order, binding offer
formales Angebot *(n)* formal proposal
freibleibendes Angebot *(n)* offer without engagement, free offer, open offer, open bid
Gesetz von Nachfrage und Angebot *(n)* law of supply and demand
Gleichgewicht von Angebot und Nachfrage *(n)* equilibrium of supply and demand, supply-and-demand equilibrium

gültiges Angebot *(n)* offer open, offer in force

günstiges Angebot *(n)* preference offer

kommerzielles Angebot *(n)* commercial offer, commercial proposal

mündliches Angebot *(n)* verbal offer

nach Angebot *(n)* according to an offer

schriftliches Angebot *(n)* written offer

telegrafisches Angebot *(n)* cable offer, cable proposal

unverbindliches Angebot *(n)* free offer, offer without engagement

unverlangtes Angebot *(n)* voluntary offer, unsolicited offer

ursprüngliches Angebot *(n)* initial proposal

verbindliches Angebot *(n)* engagement offer, firm offer, firm bid, binding proposal

verlangtes Angebot *(n)* solicited offer, delayed offer

Vorlegung eines Angebots *(f)* submission of an offer, submission of tender

vorteilhaftes Angebot *(n)* favourable offer, advantageous offer

wettbewerbsfähiges Angebot *(n)* competitive proposal, competitive offer

Widerruf des Angebots *(m)* retraction of an offer

Angebotsanalyse *(f)* supply analysis

Angebotsannahme *(f)* acceptance of a proposal, offer acceptance

Angebotsbedingungen *(pl)* terms of a proposal

Angebotsbestätigung *(f)* confirmation of an offer

Angebotsbindung *(f)* validity of a proposal, validity of an offer

Angebotsliste *(f)* tender list

Angebotsüberhang *(m)* excess of supply, supply surplus

angefordert solicited

angefordertes Angebot *(n)* solicited offer

angegeben declared, entered

angegebener Wert *(m)* declared value

angegebener Zollwert *(m)* declared value for customs

angegebenes Zollverfahren *(n)* declared customs procedure

Angehörige *(m)* member

angelandet unloaded

angelandete Menge *(f)* discharged quantity, unloaded quantity

Angeld *(n)* advance, advance money

Angelegenheit *(f)* matter

Angelegenheit entscheiden *(f)* settle a matter

* **strittige Angelegenheit** *(f)* matter in dispute

angelegt affixed

angelegte Zollverschlüsse oder Näm-lichkeitszeichen *(pl)* seals or identification marks applied *(TIR carnet)*

angelegter Zollverschluss *(m)* seals affixed *(customs)*

angelegtes Kapital *(n)* capital investment

angemessen appropriate

angemessene Qualität *(f)* appropriate quality

angenehm comfortable

angenommen intaken

angenommene Menge *(f)* intaken quantity

angenommener Wechsel *(m)* bill accepted, bill of acceptance

angepasst adjusted

angepasstes Angebot *(n)* adjusted proposal

angeschlossen affiliated

angeschlossener Betrieb *(m)* affiliated company

Angestellter *(m)* clerk

angleichen equalize

Angleichung *(f)* alignment, equalization, unification

Angleichung der Preise *(f)* adjustment of prices, price alignment

Angleichung der Zölle *(f)* alignment of the duties

angreifen contravene, violate

Anhang *(m)* annex, rider

Anhänger *(m)* road trailer, trailer

anheben boost

Zoll anheben *(m)* raise a duty

Ankauf *(m)* buying, purchase, purchasing

Ankauf finanzieren *(m)* defray of buying

Ankaufsagent *(m)* buying agent, purchase agent

Ankaufskurs *(m)* demand rate

Ankaufspreis *(m)* buying price, purchase price

Anker *(m)* anchor

Ankergeld *(n)* anchor toll, anchorage, anchorage toll, groundage

Ankergenehmigung *(f)* anchorage permit

ankern cast anchor

Ankerngrund *(m)* holding ground

Ankerplatz *(m)* anchor ground, anchorage, anchoring berth

Anklage *(f)* prosecution

Anklebezettel *(m)* label, private label

ankündigen advise, inform

Ankündigung *(f)* notification

Ankunft *(f)* arrival, incoming
Ankunft des Schiffes *(f)* arrival of ship, ship's arrival, vessel's arrival
* **Dokumente gegen Zahlung nach Ankunft des Schiffes** *(pl)* documents against payment on arrival of vessel
Geschäft auf Ankunft *(n)* business on arrival
Kontrakt auf Ankunft *(m)* arrival contract
planmäßige Ankunft *(f)* expected time of arrival
zahlbar bei Ankunft *(f)* payable on arrival

Ankunftsanzeige *(f)* arrival notice, notice of arrival

Ankunftsbüro *(n)* trade agency

Ankunftsdatum *(n)* arrival date, arrival day, date of arrival
Ankunftsdatum der Ladung *(n)* ship-to-arrive-by date
* **voraussichtliches Ankunftsdatum** *(n)* expected date of arrival

Ankunftshafen *(m)* arrival port
erster Ankunftshafen *(m)* first arrival port

Ankunftstag *(m)* day-of-arrival
Preis am Ankunftstag *(m)* day-of-arrival price

Ankunftstermin *(m)* time of arrival
voraussichtlicher Ankunftstermin *(m)* estimated time of arrival

Ankunftsstunde *(f)* time of arrival

Ankunftszeit *(f)* arrival time, time of arrival
planmäßige Ankunftszeit *(f)* scheduled time delivery of goods

voraussichtliche Ankunftszeit *(f)* estimated time of arrival, expected time of arrival

Anladepreis *(m)* landed price

Anlage *(f)* annex, appendix
Anlage zum Vertrag *(f)* annex to a contract, appendix to contract
* **direkte Anlage** *(f)* direct investment
Leasing von Anlagen *(n)* capital leasing

Anlagebank *(f)* hold house, investment bank

Anlagegarantie *(f)* deposit guarantee

Anlagemarkt *(m)* investment market

Anlagenförderung *(f)* encouragement of investment, stimulation of investment

Anlagestruktur *(f)* composition of investment, investment pattern

Anlagewert *(m)* investment worth

Anlandebescheinigung *(f)* landing certificate

Anlauf *(m)* start, starting

Anlaufhafen *(m)* port of call

Anlaufserie *(f)* pilot lot

anlegen moor **2.** undertake investments
neue Zollverschlüsse anlegen *(pl)* affix new seals *(customs)*
Verzeichnis anlegen *(n)* compile a list, fix a list, make up a list

Anlegeplatz *(m)* berth, berthage, moorage, mooring place, stand
Schiff an einen Anlegeplatz bringen *(n)* moor a vessel

Anleger *(m)* investor
ausländischer Anleger *(m)* foreign investor

Anlegestelle *(f)* berth, berthage, moorage, mooring place, stand

Anlegung *(f)* affixation, placement
Anlegung von Zollplomben und -siegeln *(f)* affixation of customs seals and stamps, affixation of seals and stamps

Anleihe *(f)* loan
Anleihe gewähren *(f)* grant a credit
* **besicherte Anleihe** *(f)* loan on collateral, secured loan
garantierte Anleihe *(f)* guaranteed loan
hypothekarische Anleihe *(f)* loan on mortgage

Kündigung einer Anleihe *(f)* withdrawal of a loan

langfristige Anleihe *(f)* long-term loan

unverzinsliche Anleihe *(f)* interest-free loan, free of interest loan

Anleihe verzinsliche Anleihe *(f)* percent loan

Anleihe Wandlung einer Anleihe *(f)* loan conversion

Anleihe zinsfreie Anleihe *(f)* gratuitous loan

Anleihekonversion *(f)* loan conversion

Anleihenehmer *(m)* loanee, loan-taker

Anleiheschuld *(f)* unsecured debt

Anlieferung *(f)* delivery, supply

Anlieferungszertifikat *(n)* delivery note, receipt of delivery

Anlieferungszustand *(m)* as-received condition

anliegend accompanying

anliegendes Dokument *(n)* accompanying document

Anmeldegebühr *(f)* filing fee, registration tax

anmelden announce 2. declare, file, lodge

Konkurs anmelden *(m)* declare bankruptcy

Patent anmelden *(n)* issue a patent

Reklamation anmelden *(f)* raise a claim, file a claim, raise a complaint, lodge a claim

Waren zu einem Zollverfahren anmelden *(pl)* enter goods for customs purposes

Waren zum Zollgutversand anmelden *(pl)* declare the goods for customs transit

Waren zur aktive Veredelung anmelden *(pl)* enter (goods) for inward processing

zur endgültigen Ausfuhr anmelden *(f)* declare for outright exportation

Anmeldepflicht *(f)* compulsory registration

Anmelder *(m)* declarant

Anmeldetag *(m)* application date, filing date

Anmeldung *(f)* application, entry

Anmeldung annehmen *(f)* accept a declaration *(customs)*

Anmeldung ausstellen *(f)* complete the declaration *(customs)*

Anmeldung berichtigen *(f)* correct an entry

Anmeldung des Schadens *(f)* loss advice, notice of claim

Anmeldung für die Eintragung einer Marke *(f)* application for registration of the trademark

Anmeldung für die vorübergehende Ausfuhr zur passiven Veredelung *(f)* declaration for the temporary exportation of goods for outward processing

Anmeldung für die vorübergehende Einfuhr zur aktiven Veredelung *(f)* declaration for temporary admission for inward processing

Anmeldung von Waren zum freien Verkehr *(f)* declaration for entry of goods for home use

Anmeldung vorlegen *(f)* present a declaration

Anmeldung zum Ausfuhrverfahren *(f)* export declaration

Anmeldung zum internen gemeinschaftlichen Versandverfahren *(f)* declaration for internal Community transit

Anmeldung zur Ausfuhr unter Vorbehalt der Wiedereinfuhr *(f)* goods declaration for exportation with notification of intended return

Anmeldung zur Überführung in das Verfahren der Umwandlung unter zollamtlicher Überwachung *(f)* declaration for placement goods under the arrangements for processing under customs control

Anmeldung zur Versendung *(f)* declaration for dispatch

Anmeldung zur vorübergehenden Versendung *(f)* temporary clearance certificate, temporary customs certificate

* Abgabe der Anmeldung *(f)* submission of a declaration, lodging of a declaration

Angaben der Anmeldung *(pl)* particulars of the declaration *(customs)*

Annahme der Anmeldung *(f)* acceptance of the declaration *(customs)*

Annullierung der Anmeldung *(f)* cancellation of the declaration

Berichtigung der Anmeldung *(f)* correction of the declaration, adjustment of a declaration

Datenverarbeitungsanlage zur Behandlung der Anmeldungen *(f)* computerized system for processing declarations

Eintragung der Anmeldung *(f)* registration of the declaration *(CT)*

ergänzende Anmeldung *(f)* supplementary entry *(customs)*

falsche Anmeldung *(f)* false declaration
globale Anmeldung *(f)* general declaration
(export of Community goods)
Hinterlegungszeitpunkt einer Anmeldung *(m)* filing date, application date
Kontrolle der Anmeldung *(f)* control of declaration
mündliche Anmeldung *(f)* oral statement
Nummer der Anmeldung *(f)* declaration number
periodische Anmeldung *(f)* periodic declaration *(customs)*
Prüfung der Anmeldung *(f)* examination of the entry, checking of goods declaration
summarische Anmeldung *(f)* summary declaration
Ungültigkeitserklärung der Anmeldung *(f)* invalidation of the declaration
Vordruck für die Anmeldung zum Zollgutversand *(m)* goods declaration form for customs transit
vorläufige Anmeldung *(f)* preliminary entry, provisional declaration
zusammenfassende Anmeldung *(f)* recapitulative declaration *(customs)*
Anmeldungsfrist *(f)* registration deadline
Verlängerung der Anmeldungsfrist *(f)* prolongation of registration
Anmeldungsnummer *(f)* declaration number
Anmeldungsvordruck *(m)* registration form
Muster des Anmeldungsvordrucks *(n)* specimen declaration form, declaration specimen
Anmerkung *(f)* attention, notation, remark
2. explanatory note, explanatory notice
annähernd approximate
annähernde Menge *(f)* approximate quantity
Annahme *(f)* acceptance
Annahme der Anmeldung *(f)* acceptance of the declaration *(customs)*
Annahme der Lieferung verweigern *(f)* refuse to take delivery, refuse to take delivery of goods
Annahme der Versandanmeldung *(f)* acceptance of the transit declaration
Annahme der Ware verweigern *(f)* refuse to take delivery of goods

Annahme der Zolldeklaration *(f)* acceptance of a customs declaration
Annahme des Angebots *(f)* acceptance of a proposal, acceptance of an offer
Annahme des Auftrags *(f)* order acceptance
Annahme des Schecks *(f)* acceptance of cheque
Annahme des Schecks verweigern *(f)* dishonour a cheque, reject a cheque
Annahme des Wechsels *(f)* acceptance of a bill, acceptance of a bill of exchange, acceptance of bill of exchange, bill acceptance
Annahme ohne Vorbehalt *(f)* clean acceptance
Annahme verweigern *(f)* decline an acceptance, decline to accept, refuse an acceptance
* **Lieferung gegen Annahme** *(f)* delivery against acceptance
Protest mangels Annahme *(m)* protest for non-acceptance
Regress mangels Annahme *(m)* recourse for want of acceptance
sofortige Annahme *(f)* immediate acceptance
Tag der Annahme der Zollanmeldung *(m)* date of acceptance of the customs declaration, date of acceptance of customs declaration, date of acceptance of entry
Verweigerung der Annahme *(f)* non-acceptance
Verweigerung der Annahme der Lieferung *(f)* refusal to take delivery
Verweigerung der Annahme der Sendung *(f)* refusal to receive postal matter
Wechsel zur Annahme vorlegen *(m)* present a bill for acceptance
zur Annahme vorlegen *(f)* present for acceptance
Annahmeanzeige *(f)* advice of acceptance
Annahmebestätigung *(f)* notification of acceptance
Annahmedatum *(n)* acceptance date, date of acceptance
Annahmefrist *(f)* period of acceptance, term of acceptance
Annahmeprotokoll *(n)* receipt protocol

Annahmeschein *(m)* inspection certificate, notice of receipt, receipt

Annahmeschreiben *(n)* letter of acceptance

Annahmestelle *(f)* delivery place, place of acceptance, place of delivery

Annahmetag *(m)* acceptance date, acceptance term

Annahmetermin *(m)* term of acceptance

Annahmeverweigerung *(f)* dishonouring by non-acceptance of a bill, dishonouring of the bill, repudiation of a bill

Avis über Annahmeverweigerung *(m)* notice of dishonour, advice of non-acceptance

Annahmeverweigerungsmeldung *(f)* notification of dishonour

Annahmeverweigerungsnotiz *(f)* advice of non-acceptance, notice of dishonour

annehmbar acceptable

annehmbare Qualität *(f)* acceptable quality

annehmbare Qualitätslage *(f)* acceptable quality level

annehmen accept, take

annehmen mit Vorbehalt *(m)* accept on condition

annehmen ohne Vorbehalt *(m)* accept unconditionally, accept without qualification

* Angebot annehmen *(n)* accept an offer

Anmeldung annehmen *(f)* accept a declaration *(customs)*

Auftrag annehmen *(m)* accept an order, book an order

Bedingungen annehmen *(pl)* accept the terms, close with term

bedingungslos annehmen accept unconditionally

Bestellung annehmen *(f)* book an order, accept an order

Dokumente annehmen *(pl)* collect documents

Güter annehmen *(pl)* take in freight

Rückfracht annehmen *(f)* load homewards

Scheck annehmen *(m)* accept a cheque

Wechsel annehmen *(m)* accept a bill

Annehmer *(m)* consignatory, recipient

Annehmerbahnschluss *(m)* consignee's railway siding, receiver's railway siding

Annex *(m)* annex, annex to a contract, appendix, appendix to contract, enclosure

Annexion *(f)* annexation

Annoncenbüro *(n)* advertising house, advertisement office, advertising office

annullieren cancel, extinguish, rescind, revoke

Akkreditiv annullieren *(n)* cancel a letter of credit

Angebot annullieren *(n)* cancel an offer

Auftrag annullieren *(m)* withdraw an order, countermand an order

Entscheidung annullieren *(f)* rescind a decision, overrule a decision

Garantie annullieren *(f)* annul a guarantee

Genehmigung annullieren *(f)* withdraw a permit, cancel a permit, cancel a licence

Kontrakt annullieren *(m)* rescind a contract, cancel a contract

Konzession annullieren *(f)* cancel a concession

Lizenz annullieren *(f)* revoke a licence

Police annullieren *(f)* cancel a policy

Schuld annullieren *(f)* remit a debt, cancel a debt

Versicherung annullieren *(f)* cancel a cover

Vertrag annullieren *(m)* dissolve an agreement, terminate an agreement, rescind a contract, cancel a contract, terminate a contract

Vorbestellung annullieren *(f)* cancel a reservation

Wechsel annullieren *(m)* cancel a bill

annulliert cancelled

annullierte Bestellung *(f)* order cancelled

annullierter Scheck *(m)* voided cheque

Annullierung *(f)* annulment, cancellation, invalidity

Annullierung der Anmeldung *(f)* cancellation of the declaration

Annullierung des Auftrages *(f)* cancellation of an order, counter-order

* Datum der Annullierung des Vertrags *(n)* cancelling date

Annullierungsanzeige *(f)* notice of cancellation

Annullierungsdatum *(n)* cancellation date, cancelling date

Annullierungsgebühr *(f)* cancellation fee
Annullierungsklausel *(f)* cancellation clause, cancelling clause
Anordnung *(f)* instruction, order
Anordnungen über die Kennzeichnung *(pl)* marking requirements
anpassend adjusting
anpreisen bid, make an offer
anrechnen include
Anrechnung *(f)* calculation, inclusion
Anrechnung auf eine Schuld *(f)* appropriation to a debt
anrichten cause
Schaden anrichten *(m)* damage
Anschaffung *(f)* acquisition
Anschaffungskosten *(pl)* original cost
Anschaffungspreis *(m)* buying price, cost price, purchase price, historical cost
anschließen attach
Dokumente anschließen *(pl)* attach documents, enclose documents
Anschluss *(m)* inclusion
Anschlussflug *(m)* air link
Anschreibung *(f)* entry
Anschreibung in der Buchführung *(f)* entry in the records
Anschrift *(f)* address
falsche Anschrift *(f)* false address, incorrect address
gegenwärtige Anschrift *(f)* present address
Name und Anschrift des Warenempfängers *(m)* name and address of goods recipient
Name und Anschrift des Warenversenders *(m)* name and address of goods dispatcher
vollständige Anschrift *(f)* full address
Anschriftsklebezettel *(m)* address card
ansetzen schedule
Preis zu hoch ansetzen *(m)* overvalue
Ansicht *(f)* opinion, testimonial
Anspruch *(m)* claim, demand, pretence, pretension
Anspruch auf Entschädigung *(m)* claim for compensation, claim for damages
Anspruch aufgeben *(m)* abandon a claim

Ansprüche befriedigen *(pl)* meet a claim, satisfy claims
Anspruch erheben *(m)* lodge a claim
Anspruch geltend machen *(m)* rise a claim
* **Anerkennung eines Anspruchs** *(f)* recognition of a claim
Befriedigung von gegenseitigen Ansprüchen *(f)* adjustment of cross-claims, satisfaction of counter claims
gesetzlicher Anspruch *(m)* legal claim
steuerlicher Anspruch *(m)* tax claim
unberechtigter Anspruch *(m)* unfounded claim
Versandverfahren regelmäßig in Anspruch nehmen *(n)* regularly use the transit procedure
Anspruchavis *(n)* advice of claim
Anspruchsanzeige *(f)* advice of claim
Anspruchsberechtigter *(m)* assignee
Anspruchsgegenstand *(m)* matter of a claim, subject of a claim
Anspruchsverjährung *(f)* limitation of claim
Anspruchsverzicht *(m)* remission of a claim, waiver of a claim
anstehend upcoming
anstehende Bank *(f)* nominated bank
anstellen undertake
Ermittlungen anstellen *(pl)* conduct inquiries
Nachprüfung anstellen *(f)* check, control
Anstellungsbedingungen *(pl)* conditions of employment
Anstellungsvertrag *(m)* contract of employment, contract of service
Anstieg *(m)* increase
Anstieg der Aktienkurse *(m)* rise of stocks and shares, stock price appreciation
antedatieren antedate
Vertrag antedatieren *(m)* antedate an arrangement, antedate a contract
Anteil *(m)* allotment, contribution
Anteil an den Markt *(f)* slice in the market, market share
* **prozentualer Anteil** *(m)* percentage share, interest
Anteilseigner *(m)* contributor, shareholder
antidumping anti-dumping

Antidumpingmaßnahmen *(pl)* anti-dumping measures

Antidumpingschein *(m)* certificate of non-dumping, non-dumping certificate

Antidumpingverfahren *(n)* anti-dumping procedure, anti-dumping proceedings

Antidumpingzertifikat *(n)* certificate of non-dumping, non-dumping certificate

Antidumpingzoll *(m)* anti-dumping duty, dumping duty

Antidumpingzöllesystem *(n)* system of anti-dumping tariff

anti-Import anti-import

Anti-Importpolitik *(f)* anti-import policy

Antiimportprodukt *(n)* anti-import product

Antimonopolamt *(n)* antimonopoly office

Antisubventionsverfahren *(n)* anti-dumping procedure

Bekanntmachung des Abschlusses des Antidumping-/Antisubventionsverfahrens *(f)* notice of termination of the anti-dumping procedure *(EU)*

Antizipandozahlung *(f)* advance payment, anticipated payment, anticipation payment, cash in advance, payment in advance

antizipieren anticipate

Antrag *(m)* application

Antrag ablehnen *(m)* decline an application, reject a motion

Antrag auf Erstattung *(m)* application for refund

Antrag auf Lizenzerteilung *(m)* application for a licence, licence application

Antrag auf Steuererstattung *(m)* application for refund of a tax

Antrag auf Vergütung *(m)* claim for repayment *(in respect of taxes)*

Antrag auf Zollbefreiung *(m)* application for exemption

Antrag auf Zollerstattung *(m)* application for repayment of duty

Antrag einbringen *(m)* lodge an application, make an application, submit an application

Antrag einreichen *(m)* lodge an application, make an application, submit an application

* Kopie des Antrags *(f)* copy of the application

Antragsformular *(n)* application form

Antragsfrist *(f)* motion period

Antragsgebühr *(f)* application fee

Antragsteller *(m)* applicant, petitioner

Antrieb *(m)* engine

Leichter ohne Antrieb *(m)* towed lighter

Antritt *(m)* commencement

Antwort *(f)* answer

endgültige Antwort *(f)* definitive answer

negative Antwort *(f)* negative reply

positive Antwort *(f)* affirmative reply

prompte Antwort *(f)* immediate answer, prompt answer

Antwortbrief *(m)* reply by mail

Anwalt *(m)* advocate, attorney, jurist, representative

Anwaltsgebühr *(f)* counsel's fee, lawyer's fee

Anwaltspraxis *(f)* law practice

anweisen grant

anweisend instructing

anweisende Bank *(f)* issuing bank, opening bank

Haftung der anweisenden Bank *(f)* liability of issuing bank

Anweisung *(f)* instruction **2.** order, recommendation **3.** remittance, transfer

Anweisung des Akkreditivs *(f)* transfer of credit

Anweisung zur Eröffnung des Akkreditivs *(f)* instruction to open a letter of credit

Anweisung zur Zahlung *(f)* order to pay

Anweisungen geben *(pl)* give the instructions, provide the instructions

* ausländische Anweisung *(f)* foreign remittance

anwenden practice

Gesetz anwenden *(n)* apply the law, enforce a law

Maßnahmen anwenden *(pl)* apply measures

Sanktion (gegen jemanden) anwenden *(f)* impose a punishment, impose a penalty

Satz anwenden *(m)* apply a rate

Tarif anwenden *(m)* apply a tariff

Zollsätze anwenden *(pl)* apply duties

Anwendung *(f)* application

Anwendung der verschiedenen Zollverfahren *(f)* application of various customs procedures

Anwendung der Sanktion *(f)* application of a sanction, sanctions application
Anwendung der Vereinfachung *(f)* use of simplified procedure
Anwendung des vereinfachtes Verfahren auf dem Luftweg *(f)* application of simplified procedures at air transport
Anwendung des vereinfachtes Verfahren auf dem Seeweg *(f)* application of simplified procedures at sea transport
* **praktische Anwendung** *(f)* practical application
Anwohner *(m)* resident
Anzahl *(f)* number
Anzahl der erledigten Packstücke *(f)* number of packages discharged *(TIR carnet)*
Anzahl der Kasten *(f)* number of cases
Anzahl der Ladelisten *(f)* number of loading lists
Anzahl der Packstücke *(f)* number of packages
Anzahl und Art der Packstücke *(f)* number and kind of packages
Anzahl und Art der Waren *(f)* quantity and nature of goods
Anzahl von Sendungen *(f)* number of freight cases
* **vertragsgerechte Anzahl** *(f)* quantity stipulated in a contract
anzahlen give an advance, pay in advance
Anzahlung *(f)* advance, advance money, earnest money, prepayment
Anzahlungsrechnung *(f)* advance invoice
Anzeige *(f)* advertisement, advertising, publicity **2.** advice, advice note **3.** announcement, information, notice, notification
Anzeige der Akzeptverweigerung *(f)* notice of dishonour, notification
Anzeige der Ladebereitschaft *(f)* captains' note
Anzeige über den Verlust von versichertem Gut *(f)* notification on the loss of insured goods
* **ohne Anzeige** *(f)* no advice
Anzeigeagentur *(f)* advertisement office, advertising office

Anzeigeklausel *(f)* notification clause, notify clause
anzeigen advise, give notice, inform, notify
schriftlich anzeigen advise by letter
telegrafisch anzeigen advise by cable
Anzeigenakquisiteur *(m)* advertising agent, publicity agent
Anzeigenannahme *(f)* advertising agency, advertising office
Anzeigenwerber *(m)* advertising agent, publicity agent
Anzeigevertreter *(m)* advertising agent, publicity agent
anziehen attract, catch
Auslandsinvestitionen anziehen *(pl)* induce overseas investments
Apparat *(m)* apparatus
wissenschaftlicher Apparat *(m)* scientific apparatus
Apparatur *(f)* device
Appellation *(f)* appeal, notice of appeal
Appellationsgericht *(n)* court of appeal, court of review
Aquatorium *(n)* water area
Äquivalent *(n)* equivalent
Äquivalent in Natura *(n)* equivalent in kind
* **Zwanzig-Fuß-Äquivalente-Einheit** *(f)* 20-footer, twenty-foot equivalent unit
äquivalent equivalent
äquivalente Einheit *(f)* equivalent unit
Äquivalentenaustausch *(m)* equivalent exchange
Äquivalenzpreis *(m)* parity price
Arbeit *(f)* work
Agentur für Arbeit *(f)* employment service, employment office
Streik durch Verlangsamung der Arbeit *(m)* sit-down strike, labour slowdown
Arbeiter *(m)* worker, workman
Arbeiterschicht *(f)* work shift
Arbeitsamt *(n)* national employment agency
Arbeitsausnutzungsfaktor *(m)* capacity factor
Arbeitsdeck *(n)* working deck

Arbeitsentgelt *(n)* renumeration, wage
arbeitsfähig workable, working
  arbeitsfähige Luke *(f)* workable hatch
Arbeitskontrakt *(m)* employment contract, service contract
Arbeitslohn *(m)* employee's wages
  nomineller Arbeitslohn *(m)* nominal money, nominal wage
  zusätzlicher Arbeitslohn *(m)* additional pay
Arbeitslosenquote *(f)* rate of unemployment
Arbeitsloser *(m)* unemployed
Arbeitsrisiko *(n)* operating risk, working risk
Arbeitsschluss *(m)* closing of business
Arbeitsstunden *(pl)* hours of work, working hours
Arbeitstag *(m)* active day, business day, working day
  erster Arbeitstag *(m)* first business day, first working day
  wetterabhängiger Arbeitstag *(m)* weather working day
  wetterlaubende Arbeitstage *(pl)* weather working days
Arbeitsumfang *(m)* scope of work
Arbeitsunfähigkeit *(f)* loss of earning capacity
Arbeitsvermittlung *(f)* employment office, employment service
Arbeitswoche *(f)* work week
Arbeitszeiten *(pl)* working hours
  Arbeitszeiten des Zollamtes *(pl)* working hours of the customs office
Arbeitunterweisung *(f)* instruction
Arbiter *(m)* arbiter, arbitrator
Arbitrage *(f)* arbitrage
  direkte Arbitrage *(f)* direct arbitrage
  einfache Arbitrage *(f)* direct arbitrage
  internationale Arbitrage *(f)* international arbitration
  Weg der Arbitrage *(m)* arbitration procedure, course of arbitration
  wirtschaftliche Arbitrage *(f)* economic arbitration, business arbitration
  zusammengesetzte Arbitrage *(f)* bill brokerage

Arbitergebühr *(f)* arbiter fee
Arbitragefähigkeit *(f)* capacity to be a party to arbitration proceedings
Arbitragegebühr *(f)* arbitration charge, arbitration fee
Arbitragegericht *(n)* arbitration court, court of arbitration
Arbitragegeschäft *(n)* arbitrage operation, arbitrage transaction
Arbitrageklage *(f)* arbitration claim
Arbitrageklausel *(f)* arbitral clause, arbitration clause
Arbitrageur *(m)* arbitrage broker, arbitrageur
Arbitragevereinbarung *(f)* arbitral clause
Arbitrageverfahren *(n)* arbitration, arbitration procedure
Argument *(n)* argument, contention
Argumentation *(f)* argumentation
Arrest *(m)* arrest
  Arrest in Seeschiff *(m)* arrest of a ship, detention
Arrestlegung *(f)* distraint
Art *(f)* mode, type
  Art der Bezahlung *(f)* type of payment
  Art der Deklaration *(f)* declaration type *(arrivals/dispatches)*
  Art der Ladung *(f)* cargo type
  Art der Packstücke *(f)* kind of the packages
  Art der Sicherheit *(f)* form of guarantee, form of security
  Art der Verpackung *(f)* type of packaging
  Art der Waren *(f)* type of goods
  Art des Versandpapiers *(f)* type of transit document
  Art des Vertrags *(f)* type of contract
  Art des verwendeten Beförderungsmittels *(f)* type of transport used
  * Anzahl und Art der Packstücke *(f)* number and kind of packages
  Anzahl und Art der Waren *(f)* quantity and nature of goods
  Fracht (für Güter) aller Art *(f)* freight all kinds
  Kode der Art des Geschäfts *(m)* nature of transaction code

Artikel *(n)* article, item, product
Artikel des Übereinkommens *(m)* article of convention
Artikel eines Gesetzes *(m)* article of an act
Artikelauswahl *(f)* assortment of products
Arzt *(m)* doctor
ärztlich medical
ärztliche Schweigepflicht *(f)* medical secrecy
ärztliches Attest *(n)* doctor's certificate, medical certificate
ärztliches Zeugnis *(n)* doctor's certificate, medical certificate
Assekuradeur *(m)* underwriter
Assekurant *(m)* insurer, underwriter
Assekuranz *(f)* assurance, insurance
assekurieren insure
Assignation *(f)* order for payment
assignieren allocate
Assistent *(m)* assistant
Assortiment *(n)* selection of goods
Assoziationsabkommen *(n)* association agreement
assoziiert affiliated, associated
assoziiertes Mitglied *(n)* associated member
assoziiertes Unternehmen *(n)* affiliated enterprise, affiliated undertaking
ATA ATA
Carnet ATA *(n)* Admission Temporaire Carnet, ATA Carnet
Ablauf der Gültigkeitsdauer des ATA-Carnets *(m)* expiry of the validity of the carnet ATA
Bescheinigung in den Carnets ATA *(f)* customs certificates on ATA carnets
Teil der ATA *(m)* part of ATA
ATA-Übereinkommen *(n)* ATA convention
atlantisch Atlantic
Atlantische Standardzeit *(f)* Atlantic Standard Time
Attaché *(m)* attaché
Attest *(n)* attest, certificate
Attest vorlegen *(n)* present a certificate, present an attest
* **ärztliches Attest** *(n)* medical certificate, doctor's certificate

attestieren attest
Attestierung *(f)* attestation
Attestierung der Erzeugnisse *(f)* attestation of output
Audit *(n)* audit, official inspection of accounts
internes Audit *(n)* internal audit
operationalles Audit *(n)* operational audit
Auditbericht *(m)* audit certificate, audit report, auditor's certificate
Auditor *(m)* auditor
Auditrisiko *(n)* audit risk
auf on
auf Auktion ersteigern *(f)* buy by auction
auf Auktion kaufen *(f)* buy at auction
auf Bahn und Flugzeug rail and air
auf Bahn und Kanal rail and canal
auf Bahn und Landweg per railroad, rail and road
auf Bahn und Lastauto rail and truck
auf Bahn und Lastkraftfahrzeug rail and truck
auf Bahn und Lastkraftwagen rail and truck
auf Bahn und Meer rail and ocean
auf Bahn und Schifffahrtsroute rail and water
auf Bahn und See rail and lake, rail and ocean
auf Bahn, Kanal und See rail, canal and lake
auf Bahn, See und Bahn rail, lake and rail
auf Bahn, Wasserstraße und Bahn rail-water-rail
auf Bahn, Wasserweg und Bahn rail-water-rail
auf dem Landweg by land, by road
auf dem Luftweg airway
auf dem Seeweg by sea
auf dem Straßenweg by land, by road
auf den Preis aufschlagen bid
auf der Aktion verkaufen auction, sell at auction
auf ein Konto einzahlen pay into account
auf dem Carnet ATA abgefertigte Waren goods admitted under cover of an ATA Carnet
auf Fässer abfüllen barrel, cask
auf Flugzeug und Bahn air and rail
auf Konto Nr. ... Überweisen pay to account No ...
auf Kredit nehmen take on credit

auf Kredit verkaufen sell on account, sell on credit

auf Lastkraftwagen on truck

auf Lastkraftwagen oder Bahn on truck or rail, on truck or railway

auf Lieferung verkaufen sell for delivery

auf Probe kaufen buy on approbation

auf Sofortlieferung verkaufen sell for prompt shipment

auf Sofortverschiffung verkaufen sell for prompt shipment

auf Termin verkaufen sell ahead

auf Wagen oder Bahn on truck or rail, on truck or railway

Aufbaudeck *(n)* superstructure deck

aufbauen establish

Handel aufbauen *(m)* develop trade, expand trade

aufbewahren house, stockpile

Aufbewahrung *(f)* storing, storage

Aufbewahrung der Ladung *(f)* storing cargo

Aufbewahrung der Rechnungen *(f)* storage of invoices

Aufbewahrung im Freien *(f)* open air storage

Aufbewahrung im Zolllager *(f)* bonded storage

* **elektronische Aufbewahrung der Rechnungen** *(f)* electronic storage of invoices

zur Aufbewahrung überlassen *(f)* deposit

zur Aufbewahrung übernehmen *(f)* receive into the custody, take into the custody

aufbrauchen deplete, exhaust

aufbringen pay

Kosten aufbringen *(pl)* cover the expenses, cover costs

Steuer aufbringen *(f)* pay a tax

aufbürden encumber

Steuern aufbürden *(pl)* levy taxes

aufeinand successive

aufeinander folgende Bestimmungsstellen *(pl)* successive unloading

aufeinanderfolgend consecutive

aufeinanderfolgende Tage *(pl)* consecutive days, running days

aufeinanderfolgender Reisecharter *(m)* consecutive voyages charter

Aufenthalt *(m)* sojourn

Aufenthaltsdauer *(f)* lay-day *(m)*

Aufenthaltskosten *(pl)* sojourn charge, stay cost

Aufenthaltsort *(m)* abode, residence

ständiger Aufenthaltsort *(m)* legal domicile

auferlegen levy, put on

Akzise auferlegen *(f)* lay excise, levy inland duty

Embargo auferlegen *(n)* impose an embargo

Quarantäne auferlegen *(f)* quarantine

Steuer auferlegen *(f)* charge tax

Strafe auferlegen *(f)* impose a penalty, impose a punishment

Verbrauchssteuer auferlegen *(f)* lay a excise duty, levy a duty of excise

Verpflichtung auferlegen *(f)* impose an obligation

Zollstrafe auferlegen *(f)* lay a custom-house fine, lay a customs fine

Auferlegung *(f)* imposition

Auferlegung einer Strafe *(f)* imposition of a punishment

Aufforderung *(f)* request

Aufgabe *(f)* sending **2.** problem, target

Aufgabe eines Schiffes *(f)* abandonment of a ship

Aufgabe lösen *(f)* handle a problem

Aufgabenummer *(f)* dispatching number

Aufgabeort *(m)* place of dispatch

Aufgang *(m)* entrance, entry

aufgeben give

Anspruch aufgeben *(m)* abandon a claim

Aufgeben *(n)* sending

aufgelaufen accrued

aufgelaufene Zinsen *(pl)* accrued interest

Aufgeld *(n)* bounty, premium

aufgenommen incorporated

aufgenommene Reklamation *(f)* admitted claim

aufgeschoben deferred

aufgeschobene Schuld *(f)* deferred debt

aufgeschobene Zahlung *(f)* deferred payment, delay in payment

aufhalten arrest

Schiff aufhalten *(n)* arrest a ship, arrest a vessel

aufheben abolish **2.** pick up

Bestellung aufheben *(f)* countermand an order, withdraw an order

Embargo aufheben *(n)* lift off the embargo
Kontrakt aufheben *(m)* break a contract
Verbot aufheben *(n)* raise a ban
Vertrag aufheben *(m)* determine a contract, repudiate a contract
Zoll aufheben *(m)* suspend a duty
Aufhebung *(f)* abolition, abrogation, calling off, cancellation, invalidation, termination
Aufhebung der Begrenzungen *(f)* removal of restrictions
Aufhebung der Entscheidung *(f)* annulment of a decision, revocation of the decision
Aufhebung des Beschlusses *(f)* revocation of the decision
Aufhebung des Gesetzes *(f)* abolishment of a law, revocation of a law
Aufhebung des Verbots *(f)* removal of a ban
* **einstweilige Aufhebung von Zollzugeständnissen** *(f)* suspension of tariff concessions *(customs)*
Aufhören *(n)* cesser
Aufkauf *(m)* redemption
Aufklebeadresse *(f)* address label
aufkleben glue, stick
Briefmarke aufkleben *(f)* stamp, prepay
Aufklebezettel *(m)* adhesive label
Aufkommen *(n)* yield
tatsächliches Aufkommen *(n)* actual yield
Aufladung *(f)* cargo handling
Auflagen *(pl)* requirements
staatliche Auflagen *(pl)* statutory requirements
Auflagerung *(f)* storing, warehousing
Auflast *(f)* ballast
auflegen levy, make liable, put on
Steuer auflegen *(f)* impose a tax, lay on tax
Auflegung *(f)* imposition
Auflieferungsauftrag *(m)* delivery order, release
Auflieferungsschein *(m)* delivery order
Auflieger *(m)* semi-trailer
auflöschen dissolve
auflösen annul, cancel, dissolve, resolve
Kontrakt auflösen *(m)* undo a contract, determine a contract, annul a contract, repeal a contract, terminate a contract

Vertrag auflösen *(m)* undo a contract, determine a contract, annul a contract, repeal a contract, terminate a contract
Auflösung *(f)* removal
Auflösung einer Gesellschaft *(f)* winding up of a company
* **Recht zur Auflösung des Vertrages** *(n)* right to annul an agreement
aufmachen open
Dispache aufmachen *(f)* settle the general average, make an adjustment, adjust the general average
Aufmachung *(f)* boxing
Aufmachung der Dispache *(f)* average adjustment, dispatch, general average account
aufnahmefähig absorptive
aufnahmefähiger Markt *(m)* absorptive market, target market
Aufnahmefähigkeit *(f)* absorptiveness, capacity, power of absorption
Aufnahmefähigkeit des Marktes *(f)* market capacity, volume of market
aufnehmen incorporate
Darlehen aufnehmen *(n)* contract a loan, lend
Dokumente aufnehmen *(pl)* take documents, accept documents
gegen Sicherheit aufnehmen *(f)* borrow on security
Kredit aufnehmen *(m)* make a loan, contract a loan, contract a debt, take on credit
Protokoll aufnehmen *(n)* draw up the certified report *(TIR carnet)*
Aufpreis *(m)* additional charge, premium price, special price
Aufrechterhaltung *(f)* maintenance
Aufrechterhaltung der Bewilligung *(f)* continuation of the authorization
Aufrechterhaltung des Vertrags *(f)* continuation of an agreement, extension of the contract, prolongation of a contract, renewal of the agreement
aufrichtig genuine
aufrichtige Mittelqualität *(f)* fair average quality
Aufruhr *(f)* riot
Aufruhr und bürgerliche Unruhen riots and civil commotions

Aufruhr, Bürgerkrieg und Streik *(f/m/m)* riots, civil commotions and strike

Aufruhr, Streik, bürgerliche Unruhen *(f/m/pl)* riots, strikes and civil commotions

* frei von jedem Risiko bei gewaltsamer Wegnahme, Beschlagnahme und Aufruhr free of capture, seizure, riots and civil commotions

Streik, Aufruhr und Bürgerkriegsklausel *(f)* strikes, riots and civil commotions clause

Streik, Aufruhr und bürgerliche Unruhen strikes, riots and civil commotions

Streik, Aufruhr und Bürgkrieg strikes, riots and civil commotions

aufschieben enlarge, prolong, respite

Zahlung aufschieben *(f)* defer a payment, extend maturity, delay a payment, postpone a maturity

Zahlungsfrist aufschieben *(f)* delay a payment, extend a maturity

Zahlungstermin aufschieben *(m)* extend a maturity, delay a payment

Aufschiebung *(f)* adjournment, prorogation

Aufschlüsselung *(f)* itemization

Aufschlüsselung von Kosten *(f)* allocation of costs, statements of expenses

Aufschub *(m)* default, delay, enlargement, extension, postponement

Aufschub der Vertragserfüllung *(m)* stay of the execution of a contract

Aufschub der Zahlung *(m)* postpone of payment, prolongation of payment

Aufschwung *(m)* boom

wirtschaftlicher Aufschwung *(m)* revival in the market, economic revival

Aufsicht *(f)* control, inspection, supervision

Aufsicht der Zollbehörde *(f)* customs examination, customs supervision

Vernichtung unter Aufsicht der Zollbehörde *(f)* destruction under customs control

* administrative Aufsicht *(f)* administrative supervision

zollamtliche Aufsicht *(f)* customs check, customs control

Zerstörung unter zollamtlicher Aufsicht *(f)* destruction of goods under customs supervision

Aufsichtsbeamte *(m)* inspector, surveyor

Aufsichtsbehörde *(f)* inspection office, inspectorate

Aufsichtsrat *(m)* supervisory board

Aufspeicherung *(f)* housing, storing

aufstauen stow, stow the cargo

aufstellen draw up

Bilanz aufstellen *(f)* draw up a balance sheet, prepare a balance sheet

Kostenanschlag aufstellen *(m)* draw up an estimate

Liste aufstellen *(f)* draw up a list, compile a list

Protokoll aufstellen *(n)* prepare a record

Rechnung aufstellen *(f)* make out a bill, draw up an bill

Vertrag aufstellen *(m)* draw up a contract

Zolltarif aufstellen *(m)* compile a customs tariff

Aufstellung *(f)* assembly, installation

Aufstellung der Manifeste *(f)* list of the manifests

Aufteilung *(f)* distribution

Aufteilung der Sendung *(f)* breaking up consignments, split consignment

Aufteilung der Waren *(f)* piling of goods

Aufteilung des Zollkontingents *(f)* allocation of the quota *(customs)* *(EU)*

Aufteilung in Einzelposten *(f)* lotting

Auftrag *(m)* instruction 2. order

Auftrag abberufen *(m)* repeal an order

Auftrag ablehnen *(m)* refuse an order

Auftrag annehmen *(m)* accept an order, book an order

Auftrag annullieren *(m)* countermand an order, withdraw an order

Auftrag ausführen *(m)* complete an order, effect an order

Auftrag bestätigen *(m)* acknowledge an order, confirm an order

Auftrag entsprechend *(m)* according to order, as per order

Auftrag erteilen *(m)* place an order, submit an order

Auftrag geben *(m)* book an order, make an order, place an order, submit an order

Auftrag schicken *(m)* send an order

Auftrag widerrufen *(m)* countermand an order, withdraw an order

Auftrag zuruckziehen *(m)* cancel an order, withdraw an order
* **Annahme des Auftrags** *(f)* order acceptance
Annullierung des Auftrages *(f)* counter-order, cancellation of an order
Bestätigung eines Auftrags *(f)* confirmation of an order, order confirmation (o/c)
einmaliger Auftrag *(m)* non-repeat order
fester Auftrag *(m)* binding order, final order
Mangel an Aufträgen *(m)* lack of orders
Nichtausführung eines Auftrages *(f)* non-performance of an order
offener Auftrag *(m)* open order
öffentlicher Auftrag *(m)* government contract, public contract
Spezifizierung des Auftrages *(f)* specification of an order
Stornierung des Auftrags *(f)* cancellation of an order, counter-order
Verlust der Aufträge *(m)* loss of orders
wiederholter Auftrag *(m)* renewed order, reorder
Zahlung bei Auftrag *(f)* cash with order, cash in advance
auftragen instruct 2. order, commit
Auftraggeber *(m)* mandatory, orderer
Bank des Auftraggebers *(f)* orderer's bank
Auftragnehmer *(m)* agent, mandatory, orderer
Auftragnehmerangebot *(n)* contractor proposal
Auftragsannullierung *(f)* annulment of an order, cancellation of an order
Auftragsaufnahme *(f)* adoption of order, order acceptance
Auftragsausfertigung *(f)* fulfillment of the order
Auftragsbearbeitung *(f)* order processing
Auftragsbestätigung *(f)* confirmation of an order, order confirmation (o/c)
Auftragsbestätigungsformular *(n)* order confirmation form
Auftragseingang *(m)* instruction arrival, receipt of an order
Auftragserfüllung *(f)* filling of an order, make to order

Auftragserteilung *(f)* ordering
zahlbar bei Auftragserteilung *(f)* cash with order (CWO)
Zahlung bei Auftragserteilung *(f)* cash with order
Auftragsformular *(n)* order form, printed order form
Auftragsfortschrittskontrolle *(f)* order progress control
Auftragskontrolle *(f)* order control
Auftragsnummer *(f)* job number, order number
Auftragsplanung *(f)* order planning
Auftragsregistrierung *(f)* order registration
Auftragsrest *(m)* balance of an order
Auftragsstornierung *(f)* cancellation of an order, counter-order
Auftragssumme *(f)* order amount
Auftragsumfang *(m)* size of an order
Auftragswert *(m)* value of an order
Aufwand *(m)* charge, cost
Aufwandsteuer *(f)* luxury tax
aufwerten revalue
Währung aufwerten *(f)* revalue currency
Aufwertung *(f)* currency appreciation
Aufwertung einer Währung *(f)* currency appreciation
aufzählen enumerate
aufzeichen list
Aufzeichnungen *(pl)* accounting records
Auktion *(f)* auction, auction sale, public sale, tender
Auktion abhalten *(f)* conduct an auction, hold an auction
Auktion ansetzen *(f)* notify the sale by auction
Auktion durchführen *(f)* conduct an auction, hold an auction
Auktion eröffnen *(f)* open an auction
Auktion mit allmählicher Ermäßigung *(f)* Dutch auction
* **an der Auktion teilnehmen** *(f)* participate in an auction
auf Auktion ersteigern *(f)* buy by auction

auf Auktion kaufen *(t)* buy at auction
auf einer Auktion versteigern *(t)* auction, sell at auction
britische Auktion *(t)* English auction
durch Submission offene Auktion *(t)* award of contracts by competitive tendering, award of contracts by inviting tenders
Dutch-Auktion *(t)* Dutch auction
freiwillige Auktion *(t)* auction by agreement
gerichtliche Auktion *(t)* forced action, judicial sale, compulsory auction
internationale Auktion *(t)* international auction
Verkauf auf einer Auktion *(m)* sale at an auction
Auktionator *(m)* auction dealer, auctioneer
auktionieren dispose at auction
Auktionsabschluss *(m)* closing of an auction
Auktionsbedingungen *(pl)* terms of auction
Auktionsgebühr *(t)* auction fee
Auktionsgesellschaft *(t)* auction company, auction house
Auktionskatalog *(m)* auction bill, auction sale catalogue
Auktionsmakler *(m)* auction broker, auction dealer
Auktionspreis *(m)* auction price, tender price
Auktionsregeln *(pl)* auction rules
Auktionssaal *(m)* auction hall
Auktionsverkauf *(m)* auction sale, public sale
Auktionsvertrag *(m)* auction contract
aus from
aus Ersatzwaren hergestellte Veredelungserzeugnisse *(pl)* compensating products to be obtained from equivalent goods
Aus- und Einfuhrzollabfertigung *(t)* customs inward and outward
ausbessern repair
Ausbesserung *(t)* refit
Ausbeutesatz *(m)* rates of yield
pauschaler Ausbeutesatz *(m)* standard rates of yield

Ausbeutung *(t)* running
ausbezahlt paid, paid-out
Ausbildungsklausel *(t)* training clause
ausbleiben fall behind
mit der Zahlung ausbleiben *(t)* be behindhand with one's payment, be in arrears with one's payment
Ausbleiben *(n)* non-appearance
Ausbleiben der Zahlung *(n)* failure to pay on a due date
Ausbreitung *(t)* propagation
wirtschaftliche Ausbreitung *(t)* business expansion, economic expansion
auserlesen premium
auserlesene Qualität *(t)* first-rate quality, premium quality
Ausfahrtreise *(t)* outward journey, voyage out
Ausfall *(m)* demurrage
Ausfallbürgschaft *(t)* deficiency guarantee
Ausfallstunden *(pl)* idle hours
Ausfallverlust *(m)* loss due waiting periods
Ausfallzeit *(t)* bad time, down time
Ausfallzeitwettbewerbsklausel *(t)* competition clause
ausfertigen establish, form, make out, make up
Dokument ausfertigen *(n)* draw up a document, make up a document, execute a document, make out a document, prepare a document
Garantie ausfertigen *(t)* issue a guarantee, put up a guarantee
Kontrakt ausfertigen *(m)* make a contract, draw a contract
Quittung ausfertigen *(t)* issue a receipt, draw up a receipt
Rechnung ausfertigen *(t)* make out an invoice, draw up an invoice
Scheck ausfertigen *(m)* draw a cheque, draw up a cheque, write a cheque
Vertrag ausfertigen *(m)* draw up a contract, make out a contract, execute a contract
Zeugnis ausfertigen *(n)* issue a certificate, draw up a certificate
Ausfertigung *(t)* exposure, issuance
erste Ausfertigung des Wechsels *(t)* original draft, first of bill of exchange

Ausfracht *(f)* out-cargo, outward cargo
Ausfuhr *(f)* export, export commerce, exportation
Ausfuhr aus der Gemeinschaft *(f)* export from the Community
Ausfuhr von Devisen *(f)* currency export
Ausfuhr von Handelswaren aus dem Zollgebiet *(f)* exportation of goods from the customs territory
* Anmeldung zur Ausfuhr unter Vorbehalt der Wiedereinfuhr *(f)* goods declaration for exportation with notification of intended return
direkte Ausfuhr *(f)* direct exportation, direct export
Einfuhr und Ausfuhr *(f)* imports and exports
endgültige Ausfuhr *(f)* outright exportation, definitive exportation
Erstattung bei der Ausfuhr *(f)* export refund
Förmlichkeiten für die Ausfuhr *(pl)* formalities on export
illegale Ausfuhr *(f)* moonshine export
indirekte Ausfuhr *(f)* indirect export
Kontingentierung der Ausfuhr *(f)* quota system for exports, quantitative regulations of exports
Kontingentierung der Ausfuhr *(f)* export rationing
Mitgliedstaat der Ausfuhr *(m)* member state of exportation
sichtbare Ausfuhr *(f)* visible exportation, visible export
Spanne zwischen Ein- und Ausfuhr *(f)* import-export gap
statistische Erhebung der Ausfuhr *(f)* export statistics
subventionierte Ausfuhr *(f)* subsidized export
tatsächliche Ausfuhr der Waren *(f)* goods actually exported
unsichtbare Ausfuhr *(f)* invisible exportation, invisible export
vermittelte Ausfuhr *(f)* indirect export
vorübergehende Ausfuhr *(f)* temporary exportation, temporary export, temporary re-exportation
Anmeldung für die vorübergehende Ausfuhr zur passiven Veredelung *(f)* declaration for the temporary exportation of goods for outward processing

Waren der vorübergehenden Ausfuhr *(pl)* temporary exported goods
Wert der Waren der vorübergehenden Ausfuhr *(m)* value of the temporary exported goods
vorübergehende Ausfuhr von Verpackungen *(f)* temporary export of packing
vorübergehende Ausfuhr zur passiven Veredelung *(f)* temporary exportation for outward processing
Zollförmlichkeiten für die Ausfuhr *(pl)* customs formalities on export
zollfreie Ausfuhr *(f)* duty-free export
Zollsätze bei der Ausfuhr *(pl)* customs duties on exports
zur endgültigen Ausfuhr abfertigen *(f)* clear for outright exportation
zur endgültigen Ausfuhr anmelden *(f)* declare for outright exportation

Ausfuhrabgaben *(pl)* export customs duties, export duties
Ausfuhrabgaben unterliegen *(pl)* be chargeable with export duties, be liable to export duties

ausfuhrabgabenpflichtig liable to export duties *(goods)*

Ausfuhranmeldung *(f)* export declaration, export document
Ausfuhranmeldung des Spediteurs *(f)* shipper's export declaration
* Vorlage einer Ausfuhranmeldung *(f)* presentation of an export declaration

Ausfuhrantrag *(m)* export application
Ausfuhrbeschränkungen *(pl)* export restrictions, restrictions on exports
Ausfuhrbeschränkungensmaßnahmen *(pl)* measures for export restraint
Ausfuhrbestimmungen *(pl)* export regulations
Ausfuhrbewilligung *(f)* export certificate, export licence, export permit, permission to export
Ausfuhrdeklarationsformular *(n)* import declaration form, export clearance number
Ausfuhrdokument *(n)* export document
Ausfuhreinlage *(f)* export deposit

ausführen export 2. fulfil, perform 3. take away, take out
Auftrag ausführen *(m)* complete an order, effect an order
Bestellung ausführen *(f)* complete an order, effect an order
Vereinbarung ausführen *(f)* abide by an agreement, keep an agreement
vorübergehend ausführen export temporarily
Ausführer *(m)* exporter
Adresse des Ausführers *(f)* address of the consignor
Erklärung des Ausführers *(f)* exporter's declaration
ursprüngliche Ausführer *(m)* original exporter
Ausfuhrerklärung *(f)* export declaration
Ausfuhrerlaubnis *(f)* exit permit, export authorization, export certificate, export concession, export licence
Ausfuhrerstattung *(f)* export refund, refund on export
Ausfuhrförmlichkeiten *(pl)* export formalities
Ausfuhrfrist *(f)* time limit of exportation
Ausfuhrgarantie *(f)* export guarantee, export surety
Ausfuhrgebühr *(f)* export charge, export fee, export levy
Ausfuhrgenehmigung *(f)* exit permit, export licence, non-exclusive licence
Ausfuhrgeschäft *(n)* export operation, export transaction
Ausfuhrgut *(n)* exportable goods
Ausfuhrhandel *(m)* active trade, export trade
Ausfuhrhändler *(m)* export trader
Ausfuhrkampagne *(f)* export campaign, export drive
Ausfuhrkommissionär *(m)* export commission agent, export commission house
Ausfuhrkontingent *(n)* export quota
Ausfuhrkontingentierung *(f)* export control, quantitative regulations of exports, quota system for exports

Ausfuhrkontrolle *(f)* control of exports, export control, quantitative regulations of exports
Ausfuhrkredit *(m)* export credit, export loan
Ausfuhrland *(n)* country of export, country of exportation, export country, exporting country
ausführlich detailed
ausführliche Berichterstattung *(f)* detailed report, detailed statement
ausführlicher Bericht *(m)* detailed report, detailed statement
Ausfuhrliste *(f)* export list, list of exports
Ausfuhrlizenz *(f)* export licence, export permit
Ausfuhrmanifest *(n)* outward manifest
Ausfuhrmeldung *(f)* entry outwards, export declaration
Ausfuhrordnung *(f)* export regulations
Ausfuhrpapier *(n)* export document
Ausfuhrplan *(m)* export plan, export programme
Ausfuhrprämie *(f)* bounty on exportation, export bonus, export bounty, export subvention
Ausfuhrpreis *(m)* export price, price at exportation
Ausfuhrquote *(f)* export quota
Ausfuhrregelung *(f)* export regulation, regulation of export
Ausfuhrsperre *(f)* embargo on exports, export embargo, export prohibition, prohibition of exports
Ausfuhrsteuer *(f)* export tax
Ausfuhrsubvention *(f)* export subsidization
Ausfuhrtarif *(m)* export rates, export tariff
Ausfuhrtätigkeit *(f)* export business
Ausfuhrüberhang *(m)* external surplus
Ausführung *(f)* fulfillment, implementation, performance, realization
Ausführung der Vertragsverpflichtungen *(f)* fulfillment of contractual obligations
Ausführung des Abkommens *(f)* adherence to an agreement, implementation of an agreement

Ausführung des Haushaltsplans *(f)* administration of the budget
Ausführung des Kontraktes *(f)* fulfillment of the contract, performance of a contract
Ausführung des Vertrags *(f)* fulfillment of the contract, performance of a contract
Ausführungskosten *(pl)* terminal charge
Ausfuhrverbot *(n)* ban on exports, embargo on exports, export ban, export prohibition, prohibition of exports
  absoluter Ausfuhrverbot *(m)* absolute export ban, absolute export prohibition
Ausfuhrverfahren *(n)* export procedure, exportation arrangement
  Anmeldung zum Ausfuhrverfahren *(f)* export declaration
  Überführung in das Ausfuhrverfahren *(f)* release for export
  vorübergehendes Ausfuhrverfahren *(n)* customs procedure of temporary exportation
Ausfuhrvertrag *(m)* export contract
Ausfuhrvordruck *(m)* export form
Ausfuhrwaren *(pl)* export goods, exported goods, export merchandises
Ausfuhrwarenidentifikation *(f)* identification of exported goods
Ausfuhrwarenrechnung *(f)* export invoice, exporter's invoice
Ausfuhrzoll *(m)* duty on exportation, export duty
Ausfuhrzollabfertigung *(f)* clearance outwards, export clearance, outward clearance
Ausfuhrzölle *(pl)* customs duties on exports, export duties
Ausfuhrzollförmlichkeiten *(pl)* customs export formalities
Ausfuhrzollsatz *(m)* export customs rate
Ausfuhrzollschein *(m)* clearance
Ausfuhrzollschuld *(f)* customs debt on exportation
Ausfuhrzollstelle *(f)* customs office of export
Ausfuhrzolltarif *(m)* export tariff

Ausfuhrzollverfahren *(n)* export customs procedure, export procedure, exportation arrangement
ausfüllen complete, fill, fulfil
  Deklaration ausfüllen *(f)* complete the return
  Formblatt ausfüllen *(n)* fill in a form, fill up a form, complete a form
  Formular ausfüllen *(n)* fill up a form, fill in a form
  Scheck ausfüllen *(m)* fill up a cheque
  Vordruck ausfüllen *(m)* fill up a form, fill in a form
Ausfüllen *(n)* completion, making
  Ausfüllen einer Deklaration *(n)* making of declaration
  Ausfüllen eines Dokumentes *(n)* completion of a document
  Ausfüllen eines Formblatts *(n)* completion of a form, making out of a form, completion of a form, making out of a form
Ausgabe *(f)* cost, expenditure, expense **2.** issue
  Ausgaben begleichen *(pl)* cover the expenses, recover expenses
  Ausgaben decken *(pl)* cover the expenses, defray costs, recover expenses
  Ausgabe des Visums *(f)* issue of a visa
  Ausgabe des Wechsels *(f)* drawing
  Ausgaben einschränken *(pl)* put down one's expenditure
  Ausgaben haben *(pl)* incur expenses
  Ausgaben reduzieren *(pl)* reduce a expenditures
  Ausgaben tätigen *(pl)* incur expenses
  * feste Ausgaben *(pl)* constant expenditures
  laufende Ausgaben *(pl)* operating expenditures, current expenses
  limitierte Ausgaben *(pl)* limit expenses
  tatsächliche Ausgaben *(pl)* actual costs, actual expenses
  unwiederbringliche Ausgaben *(pl)* irrecoverable expenses
Ausgabenbegrenzung *(f)* limitation of spending, retrenching of costs
Ausgabeneinschränkung *(f)* cutback of spending, retrenching of costs
Ausgabengrenze *(f)* expense limit, outlays ceiling

Ausgabenkürzung *(f)* cut of expenditures, expenditure reduction, expense reduction
Ausgabenliste *(f)* expenses list, negative list
Ausgabenplan *(m)* estimates of expenditure, estimates of expenses
Ausgabenstruktur *(f)* composition of expenses
Ausgabenverteilung *(f)* distribution of costs
Ausgabenverzeichnis *(n)* list of expenses
Ausgabeort *(m)* place of issue
Ausgabepreis *(m)* price of issue
Ausgabetag *(m)* date of issue
Ausgang *(m)* exit
  Ausgang aus der Gemeinschaft Abgabenerhebung unterworfen *(m)* export from the Community subject to duty
  Ausgang aus der Gemeinschaft Beschränkungen unterworfen *(m)* export from the Community subject to restriction
Ausgangsabschnitt *(m)* exit sheet *(carnet)*
Ausgangsbarriere *(f)* barrier to exit
Ausgangsdeklaration *(f)* customs declaration for export, declaration for dispatch, declaration outwards, export declaration, specification
Ausgangsfahrtcharter *(m)* outward charter
Ausgangsfinanzierung *(f)* export finance, export financing
Ausgangsförmlichkeiten *(pl)* exit formalities
Ausgangsfracht *(f)* homeward freight, out-bound freight
Ausgangsgewicht *(n)* house weight, shipping weight
Ausgangsgrenzübergangsstelle *(f)* office of transit on exit *(CT)*
Ausgangsreise *(f)* outward passage, outward voyage
Ausgangsschifffahrtskonferenz *(f)* homeward conference, outward conference
Ausgangsschiffsfrachtpool *(m)* homeward conference, outward conference
Ausgangsversand *(m)* outward transit
Ausgangszoll *(m)* duty on exportation, export duty
Ausgangszölle *(pl)* customs duties on exports
Ausgangszollstelle *(f)* point of exit
ausgeben issue
Ausgeber *(m)* issuer
ausgeführt exported
  Methoden zur Identifizierung der ausgeführten Waren *(pl)* methods of identification of exported goods
  vorübergehend ausgeführte Beförderungsmittel *(pl)* temporarily exported means of transport
  vorübergehend ausgeführte Waren *(pl)* goods temporarily exported
  zur passiven Veredelung vorübergehend ausgeführte Waren *(pl)* goods temporarily exported for outward processing
ausgehend outgoing
  ausgehende Fracht *(f)* exported cargo, outbound freight
  ausgehende Korrespondenz *(f)* outgoing correspondence
  ausgehende Ladung *(f)* out cargo
ausgeladen landed
  ausgeladenes Gewicht *(n)* landed weight, landing weight
ausgeliefert delivered
  ausgelieferte Menge *(f)* delivered quantity, quantity issued
  ausgeliefertes Gewicht *(n)* delivered weight, outturn weight
ausgestellt issued
  ausgestelltes Akkreditiv *(n)* letter of credit drawn on
ausgezeichnet excellent
  ausgezeichnete Qualität *(f)* choice quality, excellent quality
Ausgleich *(m)* clearance, equalization
  Ausgleich von den Verlusten *(m)* allowance for waste
  * **gleichwertiger Ausgleich** *(m)* equivalent compensation

ausgleichen balance, compensate
Zahlungsbilanz ausgleichen *(f)* balance the external account, balance the international payments
ausgleichend countervailing
ausgleichender Zoll *(m)* countervailing duty, matching duty
Ausgleichsabgabe *(f)* countervailing charge *(EU)*
besondere Ausgleichsabgabe *(f)* special equalization charge
Ausgleichsbetrag *(m)* compensatory amount
Ausgleichsleistung *(f)* compensatory performance
Ausgleichspflicht *(f)* obligation to compensation, obligation to damages
Ausgleichstarif *(m)* compensating tariff
Ausgleichszoll *(m)* compensation duty
Kodex über Subventionen und Ausgleichszölle *(m)* Code on Subsidies and Countervailing Duties
Ausgleichszolltarif *(m)* compensating tariff
aushandeln adjust, settle
aushändigen deliver
Dokumente aushändigen *(pl)* deliver documents
Handelsdokumente aushändigen *(pl)* deliver commercial documents
Aushändigung *(f)* delivery, surrender
Aushändigung der Dokumente *(f)* delivery of documents, surrender of the documents
ausklarieren clear, clear inwards
Schiff ausklarieren *(n)* clear outwards
Ausklarierung *(f)* clearance outwards, clearing outwards, outward clearance
Ausklarierungsattest *(n)* certificate of clearance outwards, outward clearance, outward clearance certificate, outward clearing certificate
Auskunft *(f)* information
Auskunft erteilen *(f)* furnish an information, submit an information, supply an information, transfer an information, supply an information

Auskunft geben *(f)* furnish an information, supply an information
Auskunft übermitteln *(f)* furnish an information, submit an information, supply an information, transfer an information
* finanzielle Auskunft *(f)* financial information
Auskunftsaustausch *(m)* exchange of information
automatischer Auskunftsaustausch *(m)* automatic exchange of information
Auskunftei *(f)* commercial inquiry office, trade protection society
Auskunftsbüro *(n)* commercial inquiry office, trade protection society
Auskunftsersuchen *(n)* request for information
Ausladebuch *(n)* landing book, out-turn report
Ausladeerlaubnis *(f)* discharging permit, unloading permission
Ausladehafen *(m)* final port, final port of destination, port of destination
Ausladekosten *(pl)* charges for unloading
Ein- und Ausladekosten für Reeder *(pl)* berth terms
Ein- und Ausladekosten für Charterer *(pl)* net terms, free on board
ausladen off-load, unlade
Last ausladen *(f)* put cargo ashore
Ausladeplatz *(m)* place of discharging, place of lightening
Ausladestelle *(f)* place of disembarkation, place of lightening
Ausladung *(f)* discharge, disembarkation
Ausladungsdauer *(f)* discharge time, discharging time
Ausladungsgeschwindigkeit *(f)* loading out speed, loading speed
Ausladungsinstruktionen *(pl)* discharging instructions
Ausladungstag *(m)* discharging day, unloading day
Ausladungsverlust *(m)* loss during discharge

Auslagen *(pl)* costs
Auslagen erstatten *(pl)* reimburse expenses
* Erstattung von Auslagen *(f)* reimbursement of expenses
Auslagenbetrag *(m)* sum of outlays
Auslagenrechnung *(f)* disbursement account, note of charges
Auslagerung *(f)* removal from the warehouse
Zeitpunkt der Auslagerung *(m)* date of removal from the warehouse
Ausland *(n)* foreign countries
Tochtergesellschaft im Ausland *(f)* overseas branch
Zahlungsverkehr mit dem Ausland *(m)* exchange arrangements
Ausländer *(m)* foreigner
ausländisch foreign, overseas
ausländische Agentur *(f)* agency abroad, foreign agency
ausländische Anweisung *(f)* foreign remittance
ausländische Fahrt *(f)* foreign voyage, ocean voyage
ausländische Firma *(f)* foreign company, foreign firm
ausländische Gesellschaft *(f)* foreign company, foreign corporation
ausländische Herkunft *(f)* foreign origin
ausländische Investitionen *(pl)* foreign investments
Abkommen über ausländische Investitionen *(n)* foreign investment agreement
ausländische Konzession *(f)* foreign concession
ausländische Korrespondenzbank *(f)* foreign correspondent bank
ausländische Person *(f)* foreign person
ausländische Währung *(f)* foreign currency, foreign exchange
ausländischer Anleger *(m)* foreign investor
ausländischer Hafen *(m)* foreign port
ausländischer Kontrahent *(m)* foreign partner
ausländischer Partner *(m)* foreign partner
ausländischer Scheck *(m)* foreign cheque, foreign-exchange cheque
ausländischer Verkauf *(m)* foreign sale, sales abroad
ausländischer Vertreter *(m)* foreign agent, foreign representative

ausländischer Wechsel *(m)* foreign bill, foreign draft
ausländischer Zolltarif *(m)* foreign tariff
ausländisches Schiff *(n)* foreign bottom
Auslandsabnehmer *(m)* foreign customer
Auslandsabteilung *(f)* export division, foreign department
Auslandsagent *(m)* foreign agent
Auslandsangebot *(n)* foreign offer
Auslandsanleihe *(f)* foreign loan
Auslandsauftrag *(m)* export order, foreign order
Auslandsbank *(f)* foreign bank, offshore bank
Auslandsbankgarantie *(f)* guarantee of a foreign bank
Auslandsempfänger *(m)* foreign customer
Auslandsexporteur *(m)* foreign export merchant
Auslandsfirma *(f)* foreign company, foreign firm
Auslandsgericht *(n)* foreign court
Auslandshilfe *(f)* foreign aid
Auslandshandel *(m)* foreign trade
Ökonomik des Auslandshandels *(f)* foreign trade economics
Auslandsinvestition *(f)* overseas investment
Auslandsinvestitionen anziehen *(pl)* induce overseas investment
* Schutz von Auslandsinvestitionen *(m)* protection of foreign investments
Auslandskonto *(n)* foreign account
Auslandskredit *(m)* foreign credit
Auslandsladung *(f)* foreign cargo
Auslandsmarkt *(m)* external market, foreign market
Auslandsmarktforschung *(f)* overseas market research
Auslandsportfolioinvestitionen *(pl)* portfolio investment abroad
Auslandspost *(f)* international mail

Auslandsscheck *(m)* foreign cheque, foreign-exchange cheque

Auslandsschulddienst *(m)* external debt service

Auslandsschulden *(pl)* foreign debt

Auslandstratte *(f)* external draft

Auslandsunternehmen *(n)* foreign company, foreign firm

Auslandsverkehr *(m)* foreign turnover

Auslandsverschuldung *(f)* external debt, foreign debt

  Refinanzierung der Auslandsverschuldung *(f)* external debt refinancing

Auslandsverschuldungsbilanz *(f)* balance of external claims and liabilities

Auslandsvertreter *(m)* foreign agent, foreign representative

Auslandsvertretung *(f)* agency abroad

Auslandswechsel *(m)* foreign bill, foreign draft

Auslassung *(f)* omission

  Irrtum und Auslassungen vorbehalten *(m/pl)* errors and omissions excepted

Auslaufbereitschaft *(f)* readiness to exit to the sea

Auslaufdatum *(n)* expiration date

Auslaufen *(n)* end

  Auslaufen der Versicherung *(n)* end of period of insurance, end of period of coverage

auslaufend outwards

  auslaufendes Schiff klarieren *(n)* clear outwards

Auslaufhafen *(m)* port of departure, port of sailing

  frei Auslaufhafen *(m)* free port of departure

Auslaufpunkt *(m)* point of departure, starting point

Auslaufreise *(f)* outward trade, outward voyage

Auslaufrisiko *(n)* explosion risk

Auslaufzeit *(f)* bad time, standing time

auslegen interpret

  Vertrag auslegen *(m)* interpret a contract

Auslegung *(f)* interpretation

  Auslegung des Übereinkommens *(f)* interpretation of a convention

  Auslegung eines Gesetzes *(f)* interpretation of law, legal interpretation

  * Allgemeine Vorschriften für die Auslegung des Zolltarifschemas *(pl)* General Rules for the Interpretation of the Nomenclature

  falsche Auslegung *(f)* misconception, wrong interpretation

  Internationale Regeln zur Auslegung von handelsüblichen Vertragsformen *(pl)* International Commercial Terms

ausliefern deliver

  Ladung ausliefern *(f)* hand over cargo

  Waren ausliefern *(pl)* send goods, consign goods

Auslieferung *(f)* delivery, supply

  Auslieferung der Ladung *(f)* cargo delivery, delivery of cargo

  Auslieferung der Ware *(f)* handling the goods

  * Übernahme und Auslieferung *(f)* pick up and delivery

  zahlbar bei Auslieferung *(f)* cash on delivery, payable on delivery

Auslieferungsauftrag *(m)* delivery order

  Auslieferungsauftrag beibringen *(m)* provide the delivery order

Auslieferungsorder *(f)* delivery order, release

Auslieferungstermin *(m)* day of supply, delivery day

Auslösungsanzeige *(f)* notice of assignment

Ausmaß *(n)* capacity, dimension

Ausnahmefrachtsatz *(m)* distress freight

Ausnahmemaßnahmen *(pl)* emergency measures, exceptional measures

Ausnahmezollsatz *(m)* special tariff rate

ausnutzen employ, utilize

  Akkreditiv ausnutzen *(n)* utilize a letter of credit

  Garantie ausnutzen *(f)* call on a guarantee

  Kredit ausnutzen *(m)* use a credit

Ausnutzung *(f)* utilization
Ausnutzung der Vorräte *(f)* utilization of stores
auspacken unpack
Auspacken *(n)* unpacking
Auspacken der Waren *(n)* unpacking of goods
ausproben put to the test, test
ausprobieren put to the test, test
Ausraubung *(f)* pillage
Ausräucherung *(f)* fumigation
ausrechnen calculate, compute
Preis ausrechnen *(m)* calculate the price
Ausreise *(f)* outward journey, voyage out
Ausreisegenehmigung *(f)* exit permit
Ausreisevisum *(n)* exit visa
Ausrüstung *(f)* equipment, fittings
Ausrüstungs-Sicherheitszertifikat *(n)* cargo ship safety equipment certificate
Aussage *(f)* testimony
ausscheiden discard, scrap
ausschiffen debark, land
Waren ausschiffen *(pl)* unload goods
Ausschiffen *(n)* unloading of a vessel, unstowage
Ausschiffung *(f)* disembarkation
Ausschiffungshafen *(m)* debarkation port, port of delivery, port of landing, port of unloading
Ausschlagen *(n)* refusal
Ausschlagen eines Angebots *(n)* refusal of an offer, rejection of an offer
ausschließlich exclusive
ausschließlicher Export *(m)* exclusive export right
ausschließlicher Import *(m)* exclusive import right
Ausschließlichkeit *(f)* execlusiveness
Ausschließlichkeitsklausel *(f)* monopoly clause
Ausschlussklausel *(f)* exclusion clause
ausschöpfen deplete, exhaust
Akkreditiv ausschöpfen *(n)* exhaust a letter of credit

ausschreiben call for a bid **2.** issue, make
Scheck ausschreiben *(m)* write a cheque, draw up a cheque
Ausschreibung *(f)* auction, contract by tender, public sale
beschränkte Ausschreibung *(f)* limited invitation to tender, limited tender
Datum der Ausschreibung *(n)* tender date
internationale Ausschreibung *(f)* international tender, international auction
nicht offene Ausschreibung *(f)* selective tender
öffentliche Ausschreibung *(f)* public auction
schriftliche Ausschreibung *(f)* auction of closed bids, sale by tender
schriftliche beschränkte Ausschreibung *(f)* binding by tender open to selected person
unbeschränkte Ausschreibung *(f)* open tender, non-limited tender
Ausschreibungsangebot *(n)* tender
Ausschreibungsdatum *(n)* tender day
Ausschreibungsgarantie *(f)* proposal bond, tender guarantee
Ausschreibungskommission *(f)* auction commission, tender committee
Ausschuss *(m)* committee
Ausschuss für das gemeinschaftliche Versandverfahren *(m)* Committee on Community Transit *(EU)*
Ausschuss für das Schema des gemeinsamen Zolltarifs *(m)* Committee on Common Customs Tariff Nomenclature *(EU)*
Ausschuss für das Zolltarifschema *(m)* Nomenclature Committee *(of the Customs Co-operation Council)*
Ausschuss für den Zollwert *(m)* Committee on Customs Valuation *(GATT)*, Customs Valuation Committee *(EU)*, Committee *(of the Customs Co-operation Council)*
Ausschuss für Handel und Industrie *(m)* committee for trade and industry
Ausschuss für Handelsabkommen *(m)* Trade Agreement Committee
Ausschuss für Ursprungsfragen *(m)* Committee on Origin *(EU)*
Ausschuss für Zollverfahren mit wirtschaftlicher Bedeutung *(m)* Committee for Customs Procedures with Economic Impact *(EU)*

* **beratender Ausschuss** *(m)* advisory committee
Beratender Ausschuss für Zollfragen *(m)* Advisory Committee on customs matters *(EU)*
Ausschussmuster *(n)* discarded sample
ausschütten distribute
Dividenden ausschütten *(pl)* pay dividends
Außenabmessungen *(pl)* clearance dimensions
Außenbedingungen *(pl)* external conditions
Außenhafen *(m)* coastal port, feeder port, outer port **2.** roads, roadstead
Außenhandel *(m)* foreign trade
Außenhandel entwickeln *(m)* expand international trade, promote international trade
* **Bank für Außenhandel** *(f)* bank for foreign trade
Defizit des Außenhandels *(n)* foreign trade deficit
Einkommenselastizität des Außenhandels *(f)* income elasticity of foreign trade
Finanzierung des Außenhandels *(f)* financing of foreign trade, foreign trade financing
Internationales Warenverzeichnis für den Außenhandel *(n)* Standard International Trade Classification (SITC)
Kammer für Außenhandel *(f)* chamber of foreign trade
Kontingentierung des Außenhandels *(f)* foreign trade rationing, quantitative restriction of foreign trade
Politik des Außenhandels *(f)* external commercial policy, foreign trade policy
Struktur des Außenhandels *(f)* structure of foreign trade
geographische Struktur des Außenhandels *(f)* area pattern of trade, geographical structure of foreign trade
Technik des Außenhandels *(f)* technique of foreign trade, foreign trade technique
Außenhandelsabkommen *(n)* foreign trade agreement
Außenhandels-Arbitragekommission *(f)* arbitration commission in foreign trade
Außenhandelsbank (AHB) *(f)* bank for foreign trade, bank of foreign trade, foreign trade bank

Außenhandelsbarriere *(f)* foreign trade barrier
Außenhandelsberater *(m)* international trade adviser
Außenhandelsbeschränkungen *(pl)* restrictions of foreign trade
Außenhandelsbetrieb *(m)* export management company, foreign trade enterprise
Außenhandelsbilanz *(f)* balance of foreign trade exterior, foreign trade balance
Außenhandelsbilanzsaldo *(m)* balance of foreign trade
Außenhandelsbüro *(n)* foreign trade office, office of international trade
Außenhandelsdefizit *(n)* balance of trade deficit, export deficit, foreign trade deficit, visible trade deficit
Außenhandelsdokumente *(pl)* foreign trade documents
Außenhandelseffektivität *(f)* foreign trade efficiency
Außenhandelsentwicklung *(f)* development of foreign trade
Außenhandelsfinanzierung *(f)* financing of foreign trade, foreign trade financing
Außenhandelsförderung *(f)* foreign trade promotion
Außenhandelsgeschäft *(n)* external economic transaction, foreign trade transaction
Außenhandelsgleichgewicht *(n)* world trade equilibrium
Außenhandelsinstitution *(f)* foreign trade organization
Außenhandelskammer *(f)* chamber of foreign trade
Außenhandelskontingentierung *(f)* foreign trade rationing, quantitative restriction of foreign trade
Außenhandelskontrolle *(f)* control of foreign trade, foreign trade control
Außenhandelskredit *(m)* external trade credit

Außenhandelskreditierung *(f)* foreign trade crediting

Außenhandelsministerium *(n)* Department of Overseas Trade, Ministry of Foreign Trade

Außenhandelsmodell *(n)* model of foreign trade

Außenhandelsmonopol *(n)* foreign trade monopoly, monopoly of foreign trade

Außenhandelsmultiplikator *(m)* foreign trade multiplier

Außenhandelsorganisation *(f)* foreign trade organization

Außenhandelsplan *(m)* foreign-trade plan

Außenhandelspolitik *(f)* external commercial policy, foreign trade policy

Außenhandelspreise *(pl)* external prices, foreign trade prices

Außenhandelspreisindex *(m)* foreign trade price index

Außenhandelsprogramm *(n)* foreign-trade plan

Außenhandelsregelung *(f)* regulation of foreign trade activities

Außenhandelssaldo *(m)* balance of foreign trade, visible balance of trade

Außenhandelsstatistik *(f)* external trade statistics, foreign trade statistics

Außenhandelsstruktur *(f)* foreign trade pattern, pattern of foreign trade

Außenhandelstätigkeit *(f)* foreign trade activity

Außenhandelsüberschuss *(m)* external surplus

Außenhandelsumsatz *(m)* foreign goods traffic, foreign trade turnover

Außenhandelsumsätze *(pl)* foreign trade turnovers, volume of foreign trade

Außenhandelsunternehmen *(n)* export management company, foreign trade enterprise

Außenhandelsvertrag *(m)* foreign trade contract

Außenhandelsvolumen *(n)* foreign trade volume

Außenhandelsvorschriften *(pl)* external trade regulations

Außenhandelswarenstruktur *(f)* commodity composition of trade, commodity structure of foreign trade

Außenhandelszentrale *(f)* company for foreign trade

Außenkonnossement *(n)* export bill of lading, outward bill of lading

Außenmarketing *(n)* foreign marketing

Außenmarktforschung *(f)* overseas market research

Außenreede *(f)* outer road

Außenschuld *(f)* external debt, foreign debt

Außenseiter *(beim Transport) (m)* outsider

Außentarif *(m)* external tariff

Außenwerbung *(f)* outdoor advertising, outdoor publicity

außenwirtschaftlich foreign economic
   außenwirtschaftlicher Vertrag *(m)* foreign economic agreement

Außenwirtschaftsaktivität *(f)* external economic activity

Außenwirtschaftsbeziehungen *(pl)* business relations abroad, economic relations abroad

Außenwirtschaftsförderung *(f)* foreign trade promotion, promotion of trade promotion

Außenzeichen *(n)* outside mark

Außenzolltarif *(m)* external tariff

äußere outer
   äußere Verpackung *(f)* external packing, outer packing, secondary package
   äußere Zollbeschau *(f)* export customs control

Außergabaritgut *(n)* off-gauge goods

Außergabaritladung *(f)* heavy goods, off-gauge goods, off-gauge load, weight goods

Außergabaritladungsklausel *(f)* heavy lifts clause

außergewöhnlich extraordinary
außergewöhnlicher Rabatt *(m)* extraordinary rebate, special rebate

Außerlademassgut *(n)* awkward cargo, h/lift, heavy cargo, heavy goods, heavy package, off-gauge goods, off-gauge load, oversized cargo, outsized cargo

außerordentlich extraordinary
außerordentlicher Gewinn *(m)* windfall profit
außerordentlicher Verlust *(m)* extraordinary loss

äußerste utmost
äußerster Preis *(m)* last price, utmost price
äußerster Termin *(m)* deadline, final date, latest time

außertariflich non-tariff
außertarifliche Maßnahmen *(pl)* non-tariff measures *(CCC)*

Außerverpackung *(f)* external packing, outer packing, secondary package

außervertraglich non-contractual
außervertragliche Garantie *(f)* non-contractual guarantee

aussetzen suspend
Erhebung der Zölle aussetzen *(f)* suspend the customs duties
Zollerhebung ganz aussetzen *(f)* suspend the collection of customs duties in full
Zollerhebung teilweise aussetzen *(f)* suspend the collection of customs duties in part

Aussetzung *(f)* suspension
Aussetzung der Entscheidung *(f)* stay of enforcement of decision, suspension of enforcement of the decision
Aussetzung der Zollsätze *(f)* suspension of customs duties, duty suspension
Aussetzung von Einfuhrabgaben *(f)* suspension of an import duty
Aussetzung von Zollzugeständnissen *(f)* suspension of tariff concessions
* vorübergehende Aussetzung *(f)* temporary suspension

Aussetzungsverfahren *(n)* suspension system

Aussicht *(f)* prospect
konjunkturelle Aussichten *(pl)* business prospects

aussichtslos hopeless
aussichtslose Lage *(f)* deadlock

Ausstand *(m)* leaving
im Ausstand sein *(m)* be behind
mit der Bezahlung im Ausstand sein *(f)* be behindhand with one's payment, be in arrears with one's payment

ausständig outstanding
ausständige Zahlungen *(pl)* arrearages

Ausstattung *(f)* endowment, implement

ausstehend outstanding, unpaid
ausstehende Schuld *(f)* claimable debt, debt due, unpaid debt, unsettled debt
ausstehende Zinsen *(pl)* outstanding interest

ausstellen issue, write
Akkreditiv ausstellen *(n)* establish a letter of credit, draw a letter of credit, issue a letter of credit, open a letter of credit
Anmeldung ausstellen *(f)* complete the declaration *(customs)*
Dokument ausstellen *(n)* draw up a document, execute a document, make up a document
Garantie ausstellen *(f)* issue a guarantee, put up a guarantee
Inkasso ausstellen *(n)* draw up a collection
Konnossement ausstellen *(n)* make out a bill of lading, write out a bill of lading
Police ausstellen *(f)* subscribe to a policy, make out a policy
Quittung ausstellen *(f)* issue a receipt, draw up a receipt, make out a receipt
Rechnung ausstellen *(f)* invoice, bill, draw up an invoice, make out an invoice, draw up an invoice
Scheck auf eine Bank ausstellen *(m)* draw a cheque on the bank
Wechsel ausstellen *(m)* draw a bill of exchange, issue a bill, make out a bill
Zertifikat ausstellen *(n)* draw up a certificate
Zeugnis ausstellen *(n)* issue a certificate, give a certificate
zum Verkauf ausstellen *(m)* expose for sale

Ausstellen *(n)* issue
zum Ausstellen von Urkunden befugte Person *(f)* person authorized to issue documents

Aussteller (m) drawer
Liste der Ausstellers (f) list of exhibitors
Ausstellung (f) display, exhibition, show
2. issue, issuance
Ausstellung der Police (f) issuance of policy, issue of policy
Ausstellung der Versicherungspolice (f) issue of policy
Ausstellung des Dokumentes (f) creation of document, issue of document
Ausstellung des Formblatts (f) completion of a form, making out of a form
Ausstellung des Schecks (f) drawing
Ausstellung des Wechsels (f) drawing of bill, issue of bill
* internationale Ausstellung (f) international show, international exhibition
Zeitpunkt der Ausstellung (m) issue date, date of issue
Ausstellungsausrüstung (f) exhibition equipment
Ausstellungsdatum (n) date of issue, issue date
Ausstellungsdatum des Dokumentes (n) date of completion of the document
Ausstellungsgegenstand (m) exhibit, exhibition goods
Ausstellungsort (m) place of issue
Ausstellungspavillon (m) exhibition hall, show floor
Ausstellungssaal (m) exhibition hall, exhibition room
Ausstellungsstand (m) display stand, exhibition stand
Ausstellungstag (m) date of issuance, issue date
Ausstellungstag des Luftfrachtdokuments (m) date of issuance of air transport document
Austausch (m) exchange, replacement
bilateraler Austausch (m) bilateral trade
direkter Austausch (m) direct traffic
grenznaher Austausch (m) frontier trade
internationaler Austausch (m) international exchange
technologischer Austausch (m) technological exchange

austauschen exchange
Austellungsmuster (n) exhibition sample
ausüben practice
gewerbliche Tätigkeit ausüben (f) carry on business
Ausverkauf (m) sell-off
Ausverkauf zu herabgesetzten Preisen (m) clearing sale, event
Aus- und Rückfracht (f) freight both ways, freight out-and-home, out-and-home freight, round journey freight
Auswahl (f) choice
Auswahlspezifikation (f) specification of assortment, specification of line
Ausweichklausel (f) escape clause
Ausweis (m) certificate of identity, identity card
Ausweitung (f) gain, growth
auszahlen pay out, solve
Auszahlung (f) payment
Auszahlung eines Kredites (f) granting of a credit
* bargeldlose Auszahlung (f) non-cash payment, payment by transfer
telegrafische Auszahlung (f) telegraphic money order
vollständige Auszahlung (f) full payment, payment in full
Auszahlungsrechnung (f) disbursement account
Auszahlungssperre (f) stop order, stoppage of payment
Auszeichnung (f) branding, marking
Auszug (m) abridgement, abstract, official copy
Auszug aus Dokument (m) extract from a document
Autarkie (f) autarchy, self-sufficiency
Authentifikation (f) authentication, legalization
Authentifikation von Dokumenten (f) authentication of documents, legalization of documents
authentisch authentic, genuine
authentische Unterschrift (f) authentic signature, genuine signature

authentischer Text *(m)* authentic text, original text

authentischer Wortlaut *(m)* authentic text, original text

authentischer Wortlaut eines Vertrags *(m)* genuine text of a contract

authentisches Dokument *(n)* authentic document, original document

Authentizität *(f)* authenticity, genuineness

Authentizität einer Information *(f)* authenticity of information

Authentizität einer Unterschrift *(f)* authenticity of signature

Authentizität eines Belegs *(f)* genuineness of a document

Authorisierung *(f)* authorization

Authorisierung der Kreditkarte *(f)* authorization of credit card

Authorisierungsdatum *(n)* date of authorization

Autodeck *(n)* car deck

Autofähre *(f)* car ferry

Passagier- und Autofähre *(f)* passenger-car ferry

Autofährschiff *(n)* auto ferry, car ferry

automatisch automatic, self-acting

automatische Datenverarbeitung *(f)* automated data processing

automatische Entladung *(f)* automatic discharge

automatische Rückversicherung *(f)* automatic reinsurance

automatische Sortierung *(f)* automatic sorting

automatischer Auskunftsaustausch *(m)* automatic exchange of information

automatisiert automated

automatisierte Containerumschlag-anlage *(f)* modular automated container handling

automatisierte Verrechnungsstelle *(f)* automated clearing house (ACH)

automatisiertes Datenverarbeitungssystem *(n)* automatic data-processing system

automatisiertes Navigationssystem *(n)* automated navigation system

autonom autonomous

autonome Aussetzungsmaßnahmen *(pl)* autonomous suspensive

autonome Quote *(f)* autonomous contingent, autonomous quota

autonomer Hafen *(m)* autonomous port

autonomer Satz *(m)* autonomous rate

autonomer Tarif *(m)* autonomous tariff

autonomer Zoll *(m)* autonomous duty

autonomer Zollsatz *(m)* autonomous rate of duty

autonomer Zolltarif *(m)* autonomous customs tariff

autonomes Kontingent *(n)* autonomous contingent, autonomous quota

Autonomie *(f)* autonomy

Autor *(m)* author

Autorenaufsicht *(f)* author supervision

Autorenhonorar *(n)* royalty

Autorenzertifikat *(n)* author's certificate

autorisiert authorized

Autotransport *(m)* motor-truck transport, truckage

Autotransportschiff *(n)* car carrier, car-transport vessel

Autotransportwaggon *(m)* vehicle car

Autovermietung *(f)* car hire

Aval *(m)* aval

avaliert guaranteed

avalierter Wechsel *(m)* backed bill, guaranteed bill

Avalist *(m)* backer

Avalkredit *(m)* loan guaranteed by way of bank guarantee

Avalprovision *(f)* commission on guarantee, guarantee commission

Avis *(m)* advice, notice, notification, advice note, letter of advice

Avis über Annahmeverweigerung *(m)* advice of non-acceptance, notice of dishonour

Avis über Beladen *(n)* advice of shipment, loading advice

Avis über das Eintreffen eines Schiffes *(m)* advice of arrival, arrival advice, arrival note

Avis über Eröffnung eines Akkreditivs *(m)* advice of issuing a letter of credit, credit notification, letter of credit notification, notification of a letter of credit, letter of credit notification, notification of a letter of credit

Avis über Inanspruchnahme eines Akkreditivs *(m)* advice of use of credit, notification of a letter of credit, advice of exhaust a letter of credit

Avis über Wechselannahmeverweigerung *(n)* notice of dishonour

Avis über Zahlung *(n)* advice of payment

Avis über Zahlungsverweigerung *(n)* advice of non-payment

* **ohne Avis** *(m)* no advice

Scheck mit Avis *(m)* advised cheque

Avisbrief *(m)* notice in writing

avisieren advise, notify

Akkreditiv avisieren *(n)* advise a letter of credit

Tratte avisieren *(f)* advise a draft

Wechsel avisieren *(m)* advise a bill

avisierend advising

avisierende Bank *(f)* advising bank

* **unbestätigtes avisierendes Akkreditiv** *(n)* unconfirmed advised letter of credit

Avisierung *(f)* notification

Avisierung des Akkreditivs *(f)* notification of a letter of credit

* **besondere Avisierung des Akkreditivs** *(n)* special advised letter of credit

Aviso *(n)* advice, notice, notification, advice note, letter of advice

* **ohne Aviso** *(n)* no advice

Awalist *(m)* backer of a bill, guarantor of a bill

B

Backbord *(m)* backboard, larboard, port, port side, portside

Backdeck *(n)* forecastle deck

BAF-Zuschlag *(m)* bunker adjustment factor (BAF)

Bahälterschiff *(n)* cargo container ship, container cargo ship, container ship

Bahn *(f)* rail, railroad
 auf Bahn und Flugzeug rail and air
 auf Bahn und Kanal rail and canal
 auf Bahn und Landweg rail and road
 auf Bahn und Lastauto rail and truck
 auf Bahn und Lastkraftfahrzeug rail and truck
 auf Bahn und Lastkraftwagen rail and truck
 auf Bahn und Meer rail and ocean
 auf Bahn und Schifffahrtsroute rail and water
 auf Bahn und See rail and lake, rail and ocean
 auf Bahn, Kanal und See rail, canal and lake
 auf Bahn, See und Bahn rail, lake and rail
 auf Bahn, Wasserstraße und Bahn rail-water-rail
 auf Flugzeug und Bahn air and rail
 auf Lastkraftwagen oder Bahn on truck or rail, on truck or railway
 auf Wagen oder Bahn on truck or railway, on truck or rail
 frei Bahn *(f)* free station
 per Bahn senden *(f)* send by railroad, send by rail
 zweigleisige Bahn *(f)* double way

Bahnabzweigung *(f)* railway spur

Bahnanschluss *(m)* railway spur

Bahnbeförderungverlust *(m)* railroad loss, railway loss

Bahnbeförderungversicherung *(f)* rail carriage insurance, rail transport insurance

Bahnbegrenzung *(f)* railway gauge

Bahnbehälter *(m)* railway container

Bahnbetrieb *(m)* railway maintenance

bahnbrechend pioneering
 bahnbrechender Export *(m)* pioneer export

Bahnbrücke *(f)* railway bridge

Bahndienst *(m)* railroad service

Bahnfahrplan *(m)* railway guide, schedule, timetable

Bahnförderung *(f)* carriage by rail, rail shipment, railage, railway transport

Bahnfracht *(f)* railroad charge, railroad freight, railway charge, railway charges, railway freight, wagonage

Bahnfrachtbrief *(m)* railroad consignment note, railroad waybill, railway bill of lading

Bahngebühr *(f)* rail charge

Bahngewicht *(n)* railroad weight

Bahnhof *(m)* railway station, railway terminal, station
 ab Bahnhof *(m)* at railway station
 frei Bahnhof *(m)* free on station
 frei Bahnhof liefern *(m)* deliver to railway station, deliver to station
 frei Bahnhof zustellen *(m)* deliver to railway station, deliver to station

Bahningenieur *(m)* railway engineer

Bahnkran *(m)* railway crane

Bahnlieferung *(f)* delivery by rail, delivery by railway

Bahnlinie *(f)* line of railway

Bahnordnung *(f)* railroad regulations, railway regulations

Bahnplombe *(f)* railway seal

Bahnpost *(f)* rail mail, railway mail

Bahnpostamt *(n)* railway post office

Bahnsammelgutsendung *(f)* consolidated shipment by rail, rail part load consignment

Bahnschutzdienst *(m)* Railway Guards

Bahnsendung *(f)* rail shipment, railway parcel

Bahnspediteur *(m)* railway carting agent, railway forwarding agent

Bahnspedition *(f)* railroad forwarding, railway forwarding

Bahnstückgut *(n)* consolidated shipment by rail, rail part load consignment

Bahntarif *(m)* railroad rates, railway tariff

Bahnterminal *(n)* rail terminal, railway terminal

Bahntransit *(m)* railway transit

Bahntransport *(m)* railroad traffic, railway traffic

internationaler **Bahntransport** *(m)* international carriage by rail

Bahntransportversicherung *(f)* railway carriage insurance

Bahnunfall *(m)* train accident

Bahnverkehr *(m)* communication by rail, railway service

Bahnverkehrordnung *(f)* rail regulations

Bahnverladung *(f)* shipment by rail

Bahnversand *(m)* rail forwarding, railway forwarding

Bahnverwaltung *(f)* railway administration

Bahn-Wasser-Verkehr *(m)* combined rail/water service, rail-and-water service

Bahnzollamt *(n)* railway custom-house

Bahnzustellung *(f)* delivery by rail, delivery by railway

Baisse *(f)* decline, slump

Baissebewegung *(f)* price drop

Bakentonne *(f)* buoy

Baladen *(n)* cargo handling

Balance *(f)* balance, equilibrium

balancieren balance, ausgleichen, ausbilanzieren

balancierend balancing

Ballast *(m)* ballast, ballast cargo

mit **Ballast** beladen *(m)* ballast

mobiler **Ballast** *(m)* shifting ballast

schmutziger **Ballast** *(m)* dirty ballast

Ballastfahrt *(f)* ballast passage, ballast voyage

Ballastfracht *(f)* ballast, ballast cargo, bottom cargo, dead cargo

Ballastgebührh *(f)* ballastage

Ballastgeld *(n)* ballastage

Ballastgut *(n)* bottom cargo

Ballasthafen *(m)* ballast port

Ballastladung *(f)* ballast, ballast cargo, bottom cargo, dead cargo

Reise mit einer **Ballastladung** *(f)* ballast voyage

Ballastleichter *(m)* ballast lighter

Ballastreise *(f)* ballast voyage

Ballasttrimmung *(f)* ballast trimming

Ballastwasserlinie *(f)* light line, light load-line

Ballen *(m)* bale, bolt

Ballen oder Sack *(m)* bale or bag

* in **Ballen** packen *(pl)* bale

in **Ballen** verpacken *(pl)* bale

Ladung in **Ballen** *(f)* bale cargo

Ballengut *(n)* cargo in bales

Balleninhalt *(m)* bale cubic capacity, bale measure

Ballenware *(f)* bale cargo

ballenweise bale

ballenweise Ladung *(f)* bale cargo

Baltic Baltic

Baltic Exchange *(f)* Baltic Exchange, Baltic Mercantile and Shipping Exchange

Baltic Exchange Dry Index (BDI) *(m)* Baltic Exchange Dry Index

Bananendampfer *(m)* banana boat, banana carrier

Band *(n)* band

Banderole *(f)* excise band, fiscal band, tax band

Banderolensteuer *(f)* duty of excise, excise duty, excise tax

Bank *(f)* bank, banking house

Bank des Auftraggebers *(f)* orderer's bank

Bank des Exporteurs *(f)* exporter's bank

Bank des Importeurs *(f)* importer's bank

Bank des Zahlungspflichtigen *(f)* payer's bank

Bank für Außenhandel *(f)* bank for foreign trade

akzeptierende **Bank** *(f)* acceptance house, accepting bank

anstehende Bank *(f)* nominated bank
anweisende Bank *(f)* opening bank, issuing bank
Haftung der anweisenden Bank *(f)* liability of issuing bank
avisierende Bank *(f)* advising bank
bestätigende Bank *(f)* confirming bank
Haftung der bestätigenden Bank *(f)* liability of confirming bank
bevollmächtigte Bank *(f)* authorized bank
diskontierende Bank *(f)* discounting bank, discount bank
eingeschaltete Bank *(f)* intermediary bank
einziehende Bank *(f)* collecting bank
eröffnende Bank *(f)* issuing bank, credit-issuing bank, negotiating bank
fordernde Bank *(f)* claiming bank
internationale Bank *(f)* international bank
Konto bei einer Bank eröffnen *(n)* open an account at a bank, open an account with a bank
kreditöffende Bank *(f)* issuing bank, credit-issuing bank
Scheck auf eine Bank ausstellen *(m)* draw a cheque on the bank
übertragende Bank *(f)* transferring bank
überweisende Bank *(f)* remitting bank
vermittelnde Bank *(f)* bank agency
von der Bank bestätigtes Akkreditiv *(n)* banker confirmed letter of credit
vorlegende Bank *(f)* presenting bank
Wechsel bei einer Bank diskontieren *(m)* discount a bill through the bank
Wechsel in der Bank domizilieren *(m)* domicile a bill at the bank
zahlende Bank *(f)* paying bank
Bankagent *(m)* bank agent
Bankagentur *(f)* bank branch
Bankakkreditiv *(n)* banker's letter of credit
Bankakzept *(n)* bank acceptance
Bankanforderungen *(pl)* bank's requirements
Bankanweisung *(f)* bank order, bank transfer
Bankaufsicht *(f)* banking supervision
Bankauftrag *(m)* bank order
Bankauszug *(m)* bank statement
Bankautomat *(m)* cash dispenser

Bankaval *(m)* bank guarantee
Bankavis *(n)* bank notice
Bankbericht *(m)* bank return
Bankbetrieb *(m)* bank business, bank house
Bankbrüchige *(m)* bankrupt
Bankbürgschaft *(f)* bank guarantee
Bankbürgschaft in Akkreditivform *(f)* standby letter of credit
* dokumentäres Inkasso mit Bankbürschaft *(n)* collection with bank guarantee, encashment with bank guarantee
Bankclearing *(n)* bank clearing
Bankdarlehen *(n)* bank advance, bank loan
Bankdeckung *(f)* bank security, banker's guarantee
Bankdepot *(n)* banker's deposit
Bankdienst *(m)* banking service,
Bankdirektor *(m)* bank manager
Bankdiscountrate *(f)* bank discount rate, bank rate of discount
Bankdiskont *(m)* bank discount, bank discounting
Bankdiskontfuss *(m)* bank discount rate, discount rate
Bankdiskontsatz *(m)* bank discount rate, bank rate of discount
Bankdokument *(n)* bank document
Bankdokumentation *(f)* banking documentation
Bankeinrichtung *(f)* banking institute
Off-Shore-Bankeinrichtung *(f)* offshore banking unit (OBU), offshore banking center
Bankeinzahlung *(f)* bank payment, bank encashment, collection by the bank
Bankeinzug *(m)* bank collection, collection by the bank
Bankenhaftung *(f)* bank guarantee
Bankenkonsortium *(n)* banking consortium, banking group
Bankensystem *(n)* banking system
Bankenzusammenschluss *(m)* bank merger

Bankexpertise *(f)* bank expert examination
Bankfeiertag *(m)* bank holiday
Bankfiliale *(f)* bank agency, bank branch, bank subsidiary, branch bank, branch of a bank
Bankgarantie *(f)* bank security, banker's guarantee
  Dokumenteninkasso mit Bankgarantie *(n)* encashment with bank guarantee, collection with bank guarantee
Bankgebühr *(f)* bank brokerage, bank fee
Bankgeheimnis *(n)* bank secrecy, banking secrecy
Bankgeschäft *(n)* bank operation, banking activities, banking operations, banking transaction
Bankgesetz *(n)* banking act
Bankgesetzgebung *(f)* bank legislation, banking law
Bankgiro *(n)* bank endorsement, bank indorsement
Bankhaus *(n)* bank house, banking house
Bankier *(m)* banker
Bankierscheck *(m)* bank cheque, banker's cheque
Bankindossament *(n)* bank endorsement, bank indorsement
Bankinkasso *(n)* bank collection, collection by the bank
Bankinstruktion *(f)* bank instruction
Bankkartell *(n)* cartel of banks
Bankkonto *(n)* bank account, banking account
  Bankkonto eröffnen *(n)* open an account at a bank, open an account with a bank
Bankkontonummer *(f)* bank account code, bank account number
Bankkontrolle *(f)* bank control
Bankkredit *(m)* bank credit, bankers' credit, banking credit
Bankleitzahl *(f)* bank code
Bankmarge *(f)* bank margin
bankmäßig bankwise
  bankmäßige Sicherheit *(f)* security in the form of a bank guarantee

Bankniederlassung *(f)* bank subsidiary, branch of a bank
Banknote *(f)* bank paper, banker's paper
Banköffnungszeiten *(pl)* banking hours
Bankoperation *(f)* banking business, banking transactions
Bankorder *(f)* bank order
Bankpfandrecht *(n)* bank pledge
Bankpolitik *(f)* banking policy
Bankpraxis *(f)* banking practice
Bankprüfung *(f)* bank audit
Bankquittung *(f)* bank receipt
Bankrate *(f)* bank rate
Bankrechnung *(f)* bank account, banking account
Bankrecht *(n)* bank law, banking law
Bankreferenz *(f)* bank references, banker's references
Bankregister *(n)* register of banks
Bankrembours *(m)* bank reimbursement
Bankrisiko *(n)* bank risk
Bankrott *(m)* bankruptcy
  Bankrott machen *(m)* become insolvent, fail, go broke
bankrottieren bankrupt, become bankrupt, go bankrupt, smash
Bankrottrisiko *(n)* bankruptcy risk
Banksanktion *(f)* bank sanction
Banksatz *(m)* bank rate
Bankscheck *(m)* bank cheque, banker's cheque
Bankschuld *(f)* bank debt
Banksiegel *(n)* bank stamp
Banksitz *(m)* bank place
Bankspesenklausel *(f)* banking clause
Banksprache *(f)* bank language
Banktag *(m)* banking day
Banktätigkeit *(f)* banking activity, banking business
Banktätigkeiten *(pl)* banking activities, banking operations
Banktransaktionen *(pl)* banking business, banking transactions

Banktratte *(f)* banker's bill, banker's draft

Banküberweisung *(f)* bank order, bank transfer

Bankunternehmen *(n)* bank business, bank house

Bankusance *(f)* bank custom

Bankverbindung *(f)* name of bank and number of account

Bankverkehr *(m)* banking, banking management, banking turnover

Bankverrechnung *(f)* bank settlement

Bankvertreter *(m)* bank representative

Bankwechsel *(m)* bank bill, bank draft, bank paper, banker's paper

Bankwesen *(n)* banking, banking management

Bankzahlungskarte *(f)* bank payment card

Bankzertifikat *(n)* bank certificate

Bankzeugnis *(n)* bank references, banker's references

Bankzinsen *(pl)* bank interest, bank's charge

Bannware *(f)* contraband goods, smuggled goods

bar zahlen pay down, pay in cash

Barabfindung *(f)* cash indemnification, money damages

Barabhebung *(f)* withdrawal of cash

Barakkreditiv *(n)* clean letter of credit, sight letter of credit, special letter of credit

Barangebot *(n)* cash offer

Baratterie *(f)* barratry

Versicherung gegen Baratterie *(f)* barratry insurance

Baratterieversicherug *(f)* barratry insurance

Barattgeschäft *(n)* barter business

Baratthandel *(m)* barter exchange, trade by barter

Barausgleich *(m)* cash compensation

Barauszahlung *(f)* cash disbursements

Bardepot *(n)* cash deposit, deposit of money

Bareboat-Charter *(m)* demise charter, charter by demise

Bareboat-Chartervertrag *(m)* demise charter, bare boat charter, charter by demise

Bareinlage *(f)* cash deposit, deposit of money, deposited money

Bareinlagebetrag *(m)* amount of cash deposit

Bareinzahlung *(f)* cash payment, payment in cash

Barerlöse *(pl)* cash receipts

Barge-Carrier *(m)* barge-carrying ship, barge-carrying vessel

Bargeld *(n)* cash

Mangel an Bargeld *(m)* cash shortage, lack of money

bargeldlos non-cash, not involving cash

bargeldlose Auszahlung *(f)* non-cash payment, payment by transfer

bargeldlose Verrechnungen *(pl)* non-cash settlements, settlements not involving cash

bargeldloser Umsatz *(m)* non-cash turnover, traffic not involving cash

bargeldloser Zahlungsverkehr *(m)* cashless settlement of accounts, non-cash settlements, non-cash turnover, settlements not involving cash, traffic not involving cash

Bargeldreserven *(pl)* cash resources

Bargeld-Terminal *(n)* cash dispenser

Bargeschäft *(n)* cash transaction, money business

Barkaution *(f)* cash deposit as guaranty

Barke *(f)* boat

ab Barke *(f)* ex lighter

Barkredit *(m)* cash credit, money credit

Barmittel *(pl)* cash funds, money in hand, pecuniary means

Barpreis *(m)* cash price, spot price

Barrabatt *(m)* cash discount, cash rebate

Barrel *(n)* barrel

Barrembours *(m)* cash reimbursement

Barriere *(f)* barrier

nichttarifäre Barriere *(f)* invisible tariff

steuerrechtliche Barriere *(f)* fiscal wall, fiscal barrier

Barscheck *(m)* cashier's cheque, open cheque, uncrossed cheque

Barsicherheit *(f)* cash deposit

Einzelsicherheit in Form einer Barsicherheit *(f)* individual guarantee in cash

Barter *(n)* barter, truck
Barterhandel *(m)* barter trade, trade-out
Barting *(m)* barting
Bartransaktion *(f)* cash transaction, money business
Barverkauf *(m)* cash sale
Barverrechnung *(f)* cash settlement
Barzahlung *(f)* cash payment, payment in cash, prompt payment
  Barzahlung bei Lieferungsannahme *(f)* cash on delivery
  Barzahlung bei Verschiffung *(f)* cash on shipment
  * **Preis bei Barzahlung** *(m)* cash price
  Verkauf nur gegen Barzahlung *(m)* cash-only sale
Barzahlungspreis *(m)* cash price, price for cash
Barzahlungsrabatt *(m)* cash discount, cash rebate, discount for cash
Barzahlungsskonto *(n)* cash discount
Basis *(f)* basis, foundation
  finanzielle Basis *(f)* financial base
  Kauf nach Basis *(m)* purchase at the basis, purchase on base
  technische Basis *(f)* technical base
Basisbedingungen *(pl)* basic terms, main conditions, principal conditions
Basiserlass *(m)* basic relief
Basisfracht *(f)* base freight
Basishafen *(m)* base port, main port
Basisjahrpreis *(m)* base-year price
Basispolice *(f)* basic policy, primary policy
Basispunkt *(m)* basis point
Basisqualität *(f)* basis quality
Basisrate *(f)* base rate, basic rate
Basisrisiko *(n)* basic risk
Basissatz *(m)* base rate, prime rate
Basisschwelle *(f)* basic threshold
Basisstandard *(m)* basic standard, basis grade
Basistarif *(m)* base rate
Basisvertrag *(m)* basic contract, principal contract

Basiswährung *(f)* base currency
Basiszolltarif *(m)* basic tariff
Bassin *(n)* basin
Baudock *(n)* shipbuilding dock
Bauexport *(m)* building export
Baum *(m)* boom
Bauort *(m)* building location
Bauunternehmen *(n)* construction company, construction enterprise
Bauunternehmung *(f)* construction company, construction enterprise
Bauxitfrachter *(m)* bulk bauxite ore-carrier
beachten observe
  Gesetz beachten *(n)* observe the law, obey the law
  Regeln beachten *(pl)* comply with a regulation *(EU)*, keep within the regulations
Beamter *(m)* functionary, officer, official, servant
  Beamter der Zollabfertigung *(m)* customs officer
  Beamter des Gesundheitswesens *(m)* health officer
  * **Unterschrift des Beamten** *(f)* officer's signature
beanstanden claim, dispute, file a complaint, question, set up a claim
  Beweise beanstanden *(pl)* dispute evidence
  Ergebnis beanstanden *(n)* dispute a result, attack a result
Beanstandung *(f)* reclamation
  unbegründete Beanstandung *(f)* groundless claim, groundless complaint
Beanstandunggrund *(m)* cause for complaint
beantragen request
  Befreiung beantragen *(f)* request exemption
  Zollbefreiung beantragen *(bei der Einfuhr)* *(f)* request duty-free admission
  zollfreie Einfuhr beantragen *(f)* request duty-free admission
Beantragung *(f)* application
  Beantragung der Akkreditiveröffnung *(f)* application for letter of credit, application for opening a letter of credit
bearbeiten work out

Bearbeitung *(f)* processing
  Bearbeitung von Waren *(f)* goods processing operations, working of goods
Bearbeitungseinheit *(in der Logistik) (f)* forty foot equivalent unit
Bedarf *(m)* demand
  Bedarf prognostizieren *(m)* forecast demand
Bedarfsanalyse *(f)* demand analysis
Bedarfsartikel *(m)* article of common use, article of general use
Bedarfsflugverkehr *(m)* irregular aerial traffic, irregular air traffic
Bedarfsforschung *(f)* demand analysis, marketing study
Bedarfsprognose *(f)* anticipated demand, demand forecast
Bedarfssenkung *(f)* diminution in demand
Bedarfsverkehr *(m)* irregular traffic
Bedarfsvorhersage *(f)* anticipated demand, demand forecast
bedenken consider
Bedeutung *(f)* importance
  Zollverfahren mit wirtschaftlicher Bedeutung *(n)* customs economic procedure, customs procedure with economic impact *(CCC)*, economic customs procedure
  Ausschuss für Zollverfahren mit wirtschaftlicher Bedeutung *(m)* Committee for Customs Procedures with Economic Impact *(EU)*
bedeutungslos null, unvalid
bedienen serve
Bediensteter *(m)* officer, official
  Bediensteter der Zollverwaltung *(m)* customs officer
Bedienungspersonal *(n)* attending personnel, operating personnel
Bedienungsvorschrift *(f)* operation manual, service handbook
bedingt conditional, conditionally
  bedingt zollfreie Einfuhr *(f)* conditional duty-free import
  bedingte Garantie *(f)* qualified guarantee, reserved guarantee

bedingte Legalisierung *(f)* conditional legalization
bedingte Offerte *(f)* conditional offer, conditional tender
bedingte Verpflichtung *(f)* conditional obligation
bedingte Zahlung *(f)* conditional payment
bedingter Import *(m)* admission import, *(m)* conditional import
bedingter Kauf *(m)* conditional purchase
bedingtes Akzept *(n)* conditional acceptance, qualified acceptance, special acceptance
bedingtes Indossament *(n)* limited endorsement, restricted endorsement
* **Bescheid der bedingten Zollabfertigung** *(m)* bond note, certificate of conditional clearance
teilweise bedingte Befreiung von der Zölle *(f)* partial conditional exemption from customs duties
Zollverfahren mit bedingter Abgabenbefreiung *(n)* procedure affording conditional relief
Bedingung *(f)* clause, term
  Bedingungen akzeptieren *(pl)* accept the conditions, accept the terms
  Bedingungen annehmen *(pl)* accept the conditions, accept the terms
  Bedingungen brechen *(pl)* infringe the conditions
  Bedingungen der Inanspruchnahme der Sicherheit *(pl)* conditions of the use of the guarantee
  Bedingungen des Binnenmarkts *(pl)* domestic market conditions
  Bedingungen des Ladeplatzes bezüglich Ladens und Löschens *(pl)* berth terms, liner terms
  Bedingungen einhalten *(pl)* comply with the conditions, satisfy the conditions
  Bedingungen entsprechen *(pl)* comply with the conditions, satisfy the conditions
  Bedingungen erfüllen *(pl)* fulfil the conditions, meet the conditions
  Bedingungen formulieren *(pl)* lay down terms
  Bedingungen für die Zulassung zur vorübergehenden Einfuhr *(pl)* conditions of granting of temporary admission
  * **allgemeine Bedingungen** *(pl)* general conditions

Anerkennung von Bedingungen *(f)* acceptance of conditions
beschränkende Bedingung *(f)* restrictive covenant, restrictive clause
fakultative Bedingung *(f)* non-compulsory provision
Nichteinhaltung der Bedingungen *(f)* failure to comply with the conditions
normale Bedingungen *(f)* usual terms, normal conditions
notwendige Bedingung *(f)* indispensable condition
obligatorische Bedingung *(f)* compulsory condition, obligatory condition, mandatory condition
optimale Bedingungen *(pl)* optimal conditions
restriktive Bedingung *(f)* restrictive clause, restrictive covenant
check mit zusätzlicher Bedingung *(m)* specially crossed cheque
Stabilität der Bedingungen *(f)* stability of conditions
steuerliche Bedingungen *(pl)* terms of taxation
technische Bedingungen *(pl)* technical terms, technical conditions
übliche Bedingungen *(pl)* usual terms, usual conditions
ungleiche Bedingungen *(pl)* dissimilar conditions
ungünstige Bedingung *(f)* adverse condition
verbindliche Bedingung *(f)* mandatory condition, obligatory condition
Verletzung der Bedingungen *(f)* breach of the terms and conditions
Vertragsverletzung der Bedingungen *(f)* non-fulfillment of conditions
Bedingungserfüllung *(f)* fulfillment of conditions
bedingungslos unconditional, unqualified
bedingungslos annehmen accept unconditionally
bedingungslose Garantie *(f)* absolute guarantee, unqualified guarantee
bedingungslose Legalisation *(f)* unconditional legalization
bedingungsloses Akzept *(n)* unconditional acceptance
bedingungsloses Angebot *(n)* unconditional offer

Bedürfnisbefriedigung *(f)* satisfaction of needs
Bedürfnis *(n)* need, want
Bedürfnisse befriedigen *(pl)* satisfy wants
Bedürfnisse decken *(pl)* satisfy wants
beeidigt certified, sworn
beeidigter Buchprüfer *(m)* certified public accountant, chartered accountant
beeidigter Makler *(m)* accredited broker, sworn broker
beeinträchtigend restrictive
beeinträchtigende Klausel *(f)* restraint clause, restrictive clause
beenden finish
Verfahren beenden *(n)* complete the arrangements, conclude a proceeding
Beendigung *(f)* completion
Beendigung des TIR-Transports *(f)* completion of a TIR operation
* **Nachweis über die Beendigung des Verfahrens** *(m)* proof of the end of the procedure
Beendung *(f)* completion
Beendung der Abladung *(f)* completion of discharge, completion of outturn
Beendung der Entladung *(f)* completion of discharging
Beendung der Verfrachtung *(f)* completion of loading, completion of shipment
Beendung der Verladung *(f)* completion of lading, completion of shipping
Beendung des Verladens *(f)* completion of lading, completion of shipping
Befähigung *(f)* ability, power
Befähigungszeugnis *(n)* certificate of competency, qualification certificate
Befehlsspediteur *(m)* rub forwarder, sub-forwarder
Befestigung *(f)* fixing
Befestigung der Ladung *(f)* cargo lashing, lashing, lashing of cargo
befolgen keep, obey
Beförderer *(m)* carrier
Adresse des Beförderers *(f)* carrier's address
Gefrierenrisiko für Beförderer *(n)* owner's risk of freezing

Name des Beförderers *(m)* carrier's name
Pflichten des zollamtlichen Beförderers *(pl)* obligations of the customs carrier
Preis frei Beförderer *(m)* free on truck price, free on FOT price
Beförderhaftung *(f)* liability of cartage contractour, responsibility of carrier
Beförderer-Pfandrecht *(n)* carrier's lien
befördern transport
befördern
zu einer Zollstelle befördern *(f)* convey to a customs office
Beförderung *(f)* carriage, haulage, transport
Beförderung auf dem Luftweg *(f)* carriage by air, journey by air, transport by air
Beförderung auf dem Seeweg *(f)* journey by sea, sea transport
Beförderung auf den Rheinwasserstraßen *(f)* carriage of goods on the Rhine waterways
Beförderung der diplomatischen Post *(f)* conveyance of diplomatic mail
Beförderung der Gefahrgüter *(f)* dangerous cargo service, hazardous cargo service
Beförderung der Sammelsendungen *(f)* transport of the consolidation goods
Beförderung der Waren *(f)* carriage of goods, conveyance of goods, transport of goods
Beförderung der Waren im TIR-Verfahren *(f)* transport of goods under the TIR procedure
Beförderung durch Express- oder Kurierdienste *(f)* rapid transit, transport by express carriers
Beförderung gefährlicher Güter *(f)* hazardous goods service, transport of hazardous cargo
Beförderung im Luftverkehr *(f)* air traffic, air transport
Beförderung mit Güterwagen *(f)* trucking
Beförderung unter Zollverschluss *(f)* system of transport under customs seal
Beförderung von Gütern im Seeverkehr *(f)* carriage of goods by sea
Beförderung von Luftfracht auf der Straße *(f)* air freight carried by road
Beförderung von Passagieren *(f)* passenger transport
Beförderung von Waren *(f)* transportation of goods

Beförderung von Waren über die Zollgrenze *(f)* conveyance of goods across the customs border
Beförderung von Waren unter Zollverschluss *(f)* customs carriage, transport of goods under customs seals
* direkte Beförderung *(f)* immediate carriage
Europäisches Übereinkommen über die internationale Beförderung gefährlicher Güter auf der Straße *(n)* European Agreement concerning the International Carriage of Dangerous Goods by Road
Förmlichkeiten während der Beförderung *(pl)* formalities en route
inländische Beförderung *(f)* domestic haulage
Schiff zur Beförderung verflüssigter Gase *(n)* LPG carrier, gas carrier vessel
Tarif für die Beförderung *(m)* tariff for carriage
Umladungen während der Beförderung *(pl)* transhipments during carriage *(CT)*
unentgeltliche Beförderung *(f)* free transportation
Verantwortung für die Beförderung der Waren *(f)* responsibility for the carriage of goods *(CCC)*
Versandverfahren für Beförderungen auf dem Luftweg *(n)* transit by air
Vorbereitung für Beförderung *(f)* preparation for carriage
Vorbereitung für Beförderung *(f)* preparation for carrying
Beförderungsart *(f)* manner of transporting, method of transportation, mode of transport
Beförderungsauftrag *(m)* transportation order
Beförderungsauslagen *(pl)* expenses of shipping
Beförderungsbedingungen *(pl)* terms of carriage, terms of shipment, transport conditions
Beförderungsbescheinigung *(f)* transport certificate
Beförderungsbestimmungen *(pl)* carriage regulations
Beförderungscontainerisierung *(f)* containerisation of carrying

Beförderungsdatum *(n)* time of transportation

Beförderungsdienst *(m)* transport service

Beförderungsdokument *(n)* transport document, transportation document
  Beförderungsdokument für den kombinierten Transport *(n)* container bill of lading, multimodal transport document

Beförderungsentfernung *(f)* transport distance, length of haul

beförderungsfertig ready for carrying, ready for traffic

Beförderungsgebühr *(f)* carriage charge, carriage fare, carrying charge, freight, freight charge, haul charge

Beförderungsgeld *(n)* hauling charge, transit fee

Beförderungskapazität *(f)* carrying power

Beförderungskosten *(pl)* carriage, carriage costs, shipping costs
  Fracht oder Beförderungskosten bezahlt ... /benannter Bestimmungsort/ *(f)* freight or carriage paid to ... /named point of destination/
  Beförderungskosten für Empfänger *(pl)* carriage forward

Beförderungsleistungen *(pl)* road transport services, transport services, trucking services

Beförderungsleistungenangebot *(n)* supply of transport services, transport services offering

Beförderungsmittel *(n)* means of transport
  Art des verwendeten Beförderungsmittels *(f)* type of transport used
  Datum und Uhrzeit des Beginns des Entladens des Beförderungsmittels *(n)* date and hour of the start of unloading the means of transport
  einziges Beförderungsmittel *(n)* single means of transport
  Fehlen der Angabe des Kennzeichens des Beförderungsmittels *(n)* absence of the registration number of the means of transport
  grenzüberschreitendes Beförderungsmittel *(n)* means of transport crossing the border

  Kennzeichen des Beförderungsmittels *(pl)* identity of means of transport
  Kontrolle der Beförderungsmittel *(f)* inspection means of transport
  Nämlichkeit des Beförderungsmittels *(f)* identity of the means of transport
  vorübergehend ausgeführte Beförderungsmittel *(pl)* temporarily exported means of transport
  Zollabfertigung von Beförderungsmitteln *(f)* customs registration of means of transport
  Zollverschlüsse an Beförderungsmitteln *(pl)* seals on means of transport

Beförderungsmittelversicherung *(f)* vehicle insurance

Beförderungspapier *(n)* transport document, transportation document
  Kopie eines Beförderungspapiers *(f)* copy of a transport document
  Stempelmarke für Beförderungspapiere *(f)* transport contract stamp

Beförderungspapiere *(pl)* shipper's papers

Beförderungsrecht *(n)* carriage law, transport law

Beförderungsrisiko *(n)* risk of transport, transport risk

Beförderungssatz *(m)* cargo rate, transportation rate

Beförderungsschaden *(m)* damage in transport

Beförderungssicherheit *(f)* safety of transport

Beförderungsstatistik *(f)* transport statistics

Beförderungssystem *(n)* system of transport, transport system

Beförderungstarif *(m)* transport tariff

Beförderungs- und Begleitpapiere *(pl)* transport and attached documents

Beförderungsversicherung *(f)* action insurance, transport insurance

Beförderungsvertrag *(m)* transportation agreement, transportation contract
  Stempelmarke für Beförderungsvertrag *(f)* transport contract stamp

Beförderungsweg *(m)* carriage route, transport route

Beförderungszyklus *(m)* in-transit cycle

befracht chartered

befrachtes Schiff *(n)* chartered ship

befrachten charter, lade

Schiff befrachten *(n)* freight a ship

Befrachter *(m)* affreighter, freighter

Abladelohn für Befrachter *(m)* free discharge, fob

Verschiffungskosten für Befrachter *(pl)* free loading

Befrachterhaftung *(f)* freighter's liability

Befrachteroption *(f)* charterer's option

Befrachtung *(f)* affreightment, chartering, freight, freight contracting, freightage

Befrachtung auf Stückgüter *(f)* general-cargo charter

Befrachtung der Ladung *(f)* booking of cargo, cargo booking

Befrachtungsagent *(m)* chartering agent

Befrachtungsauftrag *(m)* freight order

Befrachtungsdatum *(n)* affreightment date, affreightment term

Befrachtungskommission *(f)* charter commission, freight brokerage, freight money

Befrachtungsmakler *(m)* chartering broker, freight broker

Befrachtungsmaklergebühr *(f)* charter commission, freight brokerage

Befrachtungsmonopol *(n)* freight monopoly

Befrachtungstermin *(m)* affreightment date, affreightment term

Befrachtungsvertrag *(m)* charter-party, marine charter

befreien exempt, release

vom Zoll befreien *(m)* free from the duty, exempt from duty

von der Besteuerung befreien *(f)* exempt from taxation

von einer Verpflichtung befreien *(f)* exempt from a requirement

Befreiung *(f)* exemption, release

Befreiung beantragen *(f)* request exemption

Befreiung gewähren *(bei der Einfuhr) (f)* grant duty-free entry

Befreiung von den Einfuhrabgaben *(f)* relief from import duties, exemption from import duties and taxes

Befreiung von der Haftung *(f)* discharge from liability, exception from liability

Befreiung von der Steuer *(f)* exemption from taxation

Befreiung von Einfuhrabgaben *(f)* relief from import duty

Befreiung von Zollkontrolle *(f)* exemption from customs inspection

* teilweise bedingte Befreiung von der Zölle *(f)* partial conditional exemption from customs duties

teilweise Befreiung *(f)* partial remission

teilweise Befreiung von den Einfuhrabgaben *(f)* partial relief from import duties

uneingeschränkte Befreiung *(f)* total exemption

Verzicht auf Befreiung *(m)* resignation from exemption

vorübergehende Verwendung bei teilweiser Befreiung *(f)* temporary importation on a partial relief basis

vorübergehende Verwendung bei vollständiger Befreiung *(f)* temporary importation on a total relief basis

zeitweilige Befreiung *(f)* temporary remission

zugelassene Befreiungen übersteigen *(pl)* exceed the duty-free entitlements

Befreiungsklausel *(f)* exoneration clause

Befreiungsregelung *(f)* exemption system

befriedigen satisfy

Ansprüche befriedigen *(pl)* meet a claim, satisfy claims

Bedürfnisse befriedigen *(pl)* satisfy wants

Nachfrage befriedigen *(f)* respond to the demand, satisfy a demand

Befriedigung *(f)* satisfaction

Befriedigung von gegenseitigen Ansprüchen *(f)* adjustment of cross-claims, satisfaction of counter claims

befristet temporary

befristete Garantie *(f)* limited guarantee

befristeter Kontrakt *(m)* temporary contract

befristeter Vertrag *(m)* fixed-term contract, terminal contract

befristetes Depositum *(n)* interim deposit, temporary deposit

Befristetheit *(f)* promptness, timeliness

Befugnis *(f)* authority

Befugnis entziehen *(f)* revoke an authority, withdraw an authority

begebbar negotiable

begebbarer Wechsel *(m)* negotiable bill

begebbares Dokument *(n)* negotiable document

begebbares Konnossement *(n)* negotiable bill of lading

Begebender *(m)* assignor, transferor

Beginn *(m)* beginning, opening, start

Beginn des Mietverhältnisses *(m)* inception of the lease

Beginn des TIR-Versands *(m)* start of a TIR operation

Beginn des Versicherungsschutzes *(m)* inception of insurance cover, inception of insurance protection

beglaubigen authenticate, certify, legalize, validate

amtlich beglaubigen legalize, testify

gerichtlich beglaubigen legalize

Kopie beglaubigen *(f)* authenticate a copy, verify a copy

Scheck beglaubigen *(m)* certify a cheque

Unterschrift beglaubigen *(f)* certify a signature

beglaubigt attested, authenticated, legalized, verified

beglaubigte Abschrift *(f)* attested copy, certified copy, true duplicate

beglaubigte Durchschrift *(f)* verbatim copy

beglaubigte Kopie *(f)* certificated copy, certified copy

beglaubigte Kopie der Bewilligung *(f)* authenticated copy of the authorisation

beglaubigte Kopie des Originaltexts *(f)* certified copy of the original text

beglaubigte Kopien des Dokumentes *(pl)* certify copies of document

beglaubigte Kopien von Urkunden *(pl)* certify copies of documents

beglaubigte Rechnung *(f)* certified invoice, legalized invoice

beglaubigte Übersetzung *(f)* authorized translation

beglaubigte Unterschrift *(f)* authenticated signature, legalized signature

beglaubigte Urkunde *(f)* authenticated document

beglaubigte Ursprungserklärung *(f)* certified declaration of origin

beglaubigte Zweitschrift *(f)* certified copy

beglaubigter Agent *(m)* accredited agent

beglaubigter Scheck *(m)* certified cheque, marked cheque

beglaubigtes Dokument *(n)* certified document, legalized document

beglaubigtes Manifest *(n)* certified manifest

Beglaubigung *(f)* authentication, certification, confirmation

Beglaubigung der Unterschrift *(f)* authentication of a signature

* gerichtliche Beglaubigung *(f)* validation certificate

notarielle Beglaubigung *(f)* notarization, notarial witness

Beglaubigungsagent *(m)* authentication agent

Beglaubigungsschreiben *(n)* letter of credence

begleichen level out, make payment

Ausgaben begleichen *(pl)* recover expenses, cover the expenses

Schaden begleichen *(m)* make good a loss, offset the loss

Schuld begleichen *(f)* pay debt, discharge a debt, clear a debt, service a debt, settle a debt

Begleichung *(f)* settlement

Begleichung von Verlusten *(f)* coverage of losses

Begleitbrief *(m)* cover instruction, covering letter

Begleitdokument *(n)* attached document

Begleitdokument für Zollzwecke *(n)* accompanying document for customs purposes

Begleitlizenz *(f)* accompanying licence

Begleitpapier *(n)* accompanying document, carriage document, shipping document

Beförderungs- und Begleitpapiere *(pl)* transport and attached documents

Ladung ohne Begleitpapiere *(f)* undocumented cargo

Begleitschein *(m)* carriage note
unübertragbarer Begleitschein *(m)* cargo key receipt
Begleitscheinduplikat *(n)* copy of waybill, counterfoil waybill
Begleitschreiben *(n)* accompanying letter, covering letter
Begleitung *(f)* convoy
begrenzen curtail, restrict
begrenzt limited
begrenzte Belastung *(f)* finite loading, peak load
begrenzte Menge *(f)* limited quantity
begrenztes Akkreditiv *(n)* limited letter of credit
begrenztes Akzept *(n)* limited acceptance
Begrenzung *(f)* boundary
Begrenzungen der Freizonen *(pl)* boundaries of free zones
* Aufhebung der Begrenzungen *(f)* removal of restrictions
Begriffsbestimmung *(f)* definition
Begriffsbestimmung des Wertes *(f)* definition of customs value
begründet founded
begründete Reklamation *(f)* founded claim, founded complaint
Begründetheit *(f)* justification
Begründung *(f)* form, formation **2.** justification, motivation
begünstigen prefer
Begünstigter *(m)* beneficiary
Begünstigter eines Kreditbriefes *(m)* payee of letter of credit
Begünstigtererklärung *(f)* statement by the beneficiary
Begünstigungen *(pl)* preferences
gegenseitige Begünstigungen *(pl)* mutual preferences, reciprocal preferences
Begünstigungsklausel *(f)* benefit clause
Begünstigungstarif *(m)* cheap tariff, discount tariff
Begünstigungszoll *(m)* preferential customs duty

Begutachtung *(f)* assessment
Behälter *(m)* container
Behälter beladen *(m)* load a container, stuff a container
* Beschau des Behälters *(f)* examination of the container
zerlegbarer Behälter *(m)* collapsible container
Zulassung von dem Behälter *(f)* approval of container
Zulassung von Behältern zur vorübergehenden Einfuhr ohne Entrichtung der Eingangsabgaben *(f)* temporary admission of containers free of import duties and import taxes
Behältertransport *(m)* container service, container traffic, container transport, containerized shipment
Behälterverkehr *(m)* transport by containers
internationaler Behälterverkehr *(m)* international transport by containers
Behandlung *(f)* preparation, processing
Datenverarbeitungsanlage zur Behandlung der Anmeldungen *(f)* computerized system for processing declarations
Gegenstand einer Behandlung sein *(m)* undergo a treatment
zollamtliche Behandlung *(f)* customs clearance, customs treatment, tariff treatment
besondere zollrechtliche Behandlung *(f)* special customs procedure
unterschiedliche zollrechtliche Behandlung *(f)* different customs treatment
zulässige Behandlungen *(pl)* authorized operations
beheizt heated
beheizter Container *(m)* heated container
Behörde *(f)* authority, board
Abschnitt für die zuständigen Behörden *(m)* sheet for the competent authorities *(CMC)*
nachprüfende Behörde *(f)* control authority
von der Behörde eingeleitete Ermittlung *(f)* administrative enquiry
bei by, for, at
bei Abnahme zahlen *(f)* pay on delivery, pay on receipt
bei Empfang zahlen *(m)* pay on delivery, pay on receipt

bei Fälligkeit bezahlen *(t)* pay at due-date, pay at maturity
bei Fälligkeit zahlen *(t)* pay at due-date, pay at maturity
bei Sicht *(t)* a vista, at sight
 bei Sicht zahlen *(t)* pay at sight
beibringen provide, produce
Auslieferungsauftrag beibringen *(m)* provide the delivery order
Dokument beibringen *(n)* present a document, exhibit a document
Dokumente beibringen *(pl)* provide the documents
Gewohnheitsauslieferungsauftrag beibringen *(m)* provide the usual proof of delivery
Handelsrechnung beibringen *(t)* provide the commercial invoice
Konnossementssatz beibringen *(m)* deliver full set of bill of lading
Kopie beibringen *(t)* provide copy
Lieferschein beibringen *(m)* provide the delivery order
beide either
beide Tage eingeschlossen both days inclusive
beifügen add
Beihilfe *(t)* dotation, subvention
Beiladung *(t)* additional cargo, extra cargo
Beilage *(t)* annex, appendix, enclosing
Beilage zu einem Vertrag *(t)* annex to a contract, supplement of contract
beilegen enclose
Rechnung beilegen *(t)* enclose an invoice
beiliegend attached
beiliegendes Dokument *(n)* accompanying document
Beipackung *(t)* berth cargo, berth freight
Beispiel *(n)* sample
 als Beispiel *(n)* as a sample
Beistand *(m)* assistance
 rechtlicher Beistand *(m)* legal advice, legal aid
Beistandskredit *(m)* standby credit
Beitrag *(m)* contribution, fee
abgelaufener Beitrag *(m)* outstanding contribution
gemeinschaftlicher Havarie-Beitrag *(m)* general average contribution

Havariegrosse-Beitrag *(m)* general average contribution
nächstfolgender Beitrag *(m)* part payment
Beitragsstaffelung *(t)* rate card, rate table
beitreiben collect
Akzise beitreiben *(t)* collect an excise
Steuer beitreiben *(t)* collect a tax, impose a tax
Zahlung beitreiben *(t)* exact payment
Beitreibung *(t)* levy
Kosten der Beitreibung *(pl)* costs of recovery
Beitreibungskosten *(pl)* collecting charges, costs of collection, costs of recovery
Beitrittsgebühr *(t)* entrance fee, registration fee
Beitrittsverhandlungen *(pl)* accession negotiations
Beitrittsvertrag *(m)* adhesion contract, contract of adhesion, treaty of accession
bejahen certify
Bekanntgabe *(t)* announcement
Bekanntgabe des Kontingents *(t)* announcement of the quota
Bekanntmachung *(t)* advice, notice, notification
Bekanntmachung des Abschlusses des Antidumping-/Antisubventionsverfahrens *(t)* notice of termination of the anti-dumping procedure *(EU)*
bekommen receive
Fracht bekommen *(t)* receive cargo
Garantie bekommen *(t)* receive a guarantee, obtain a guarantee
Bekommen *(n)* receipt
bekräftigen acknowledge
bekunden demonstrate
beladen lade, load
Behälter beladen *(m)* stuff a container, load a container
Container beladen *(m)* load a container, stuff a container
mit Ballast beladen *(m)* ballast
Beladen *(n)* lading
Beladen der Container *(n)* stuffing of a container
* Avis über Beladen *(n)* loading advice, advice of shipment

beladen loaded
beladener Tiefgang *(m)* laden draught, loaded draft
Beladenverlust *(m)* loss during lading, loss during loading
Beladevorschrift *(f)* shipper's letter of instruction, shipping instruction
Beladung *(f)* loading, shipping
konventionelle Beladung eines Schiffes *(f)* lift-on/lift-off system
Zeit für die Beladung *(f)* time for loading
Beladungsaviso *(n)* advice of dispatch, shipping advice
Beladungsbereitschaft *(f)* loadreadiness, readiness to charging
Beladungsgeschwindigkeit *(f)* shipment speed
Beladungsmanifest *(n)* loading-out manifest
Beladungsplatz *(m)* shipping space
Beladungsrate *(f)* loading rate
Beladungsrate
Löschungs- und Beladungsrate *(f)* rate of loading and discharging
Beladungstag *(m)* loading day, shipping day
belasten charge, debit
Konto belasten *(n)* debit an account with an amount
mit einer Hypothek belasten *(f)* encumber an estate with a mortgage, mortgage
mit Schulden belasten *(pl)* burden with debts
Belastung *(f)* charge, debit
begrenzte Belastung *(f)* finite loading, peak load
hypothekarische Belastung *(f)* mortgage
steuerliche Belastung *(f)* fiscal charge, tax expense
Belastungsanzeige *(f)* debit advice, debit note
Belastungsfähigkeit *(f)* capacity, charging capacity
Belastungsgrenze *(f)* load limit
Belebung *(f)* activity, expansion
Belebung der Investitionen *(f)* encouragement of investment, stimulation of investment
Belebung der Wirtschaft *(f)* business revival, economic uplift
Belebung des Handels *(f)* revival of business

Beleg *(m)* voucher
Authentizität eines Belegs *(f)* genuineness of a document
externer Beleg *(m)* external document
Belegart *(f)* document type
Belegdurchlauf *(m)* circulation of documents, documents circulation
belegen impose, lay, levy
Embargo belegen *(n)* place an embargo, put an embargo, impose an embargo
mit Akzise belegen *(f)* lay excise, levy inland duty
mit Steuer belegen *(f)* lay a tax, lay on a tax
mit Zoll belegen *(m)* lay on customs-duties, lay on duties, clap a duty, lay a duty
mit Zollstrafen belegen *(pl)* lay a customhouse fine, lay a customs fine
Ware mit einem Zoll belegen *(f)* impose a duty on goods
Belegstück *(n)* document, paper, receipt
Beleihungsgrenze *(f)* borrowing limit, credit outstanding, line of credit
Belohnung *(f)* gratification, wages
bemessen define
Steuer bemessen *(f)* calculate tax
Bemessung *(f)* appraisal, measure
Bemessungsgrundlage *(f)* basis of calculation 2. tax basis
MwSt.-Bemessungsgrundlage *(f)* VAT assessment basis, basis of assessment for VAT
Verbreiterung der Bemessungsgrundlage *(f)* tax base broadening
bemustert sampled
bemustertes Angebot *(n)* offer accompanied by samples, sampled offer
benachrichtigen advise, announce, inform
Benachrichtigung *(f)* advice, notification 2. information
briefliche Benachrichtigung *(f)* letter of advice
benannt named
benannte Entladestelle *(f)* named place of discharge
benannter Abladungsort *(m)* named place of discharge, named place of disembarkation
benannter Agent *(m)* named agent

benannter Bestimmungsort *(m)* named destination, named point of destination
benannter Entladehafen *(m)* named port of destination
benannter Entladungsort *(m)* named place of discharge, named place of disembarkation
benannter Grenzort *(m)* named place at the frontier
benannter Ladehafen *(m)* named port of shipment
benannter Ladeplatz *(m)* named loading place, named place of shipping
benannter Löschenort *(m)* named place of discharge, named place of disembarkation
benannter Löschungshafen *(m)* named port of destination
benannter Terminal *(m)* named terminal
benannter Verladungshafen *(m)* named port of shipment
benannter Verschiffungshafen *(m)* named port of shipment
***** **frei benannter Ort** *(m)* free delivery
Waren im benannten Ort liefern *(pl)* deliver the goods at particular place
Benchmark-Preis *(m)* offered price, reserved price
Benefiziant *(m)* beneficient, accommodated party, assignee
Benennung *(f)* name
benetzt wetted
benetzte Ladung *(f)* wetted goods
Benutzung *(f)* use
vorübergehende Benutzung *(f)* temporary use
Beobachtung *(f)* monitoring
Be- oder Verarbeitung von Waren *(f)* working or processing of goods
Be- oder Verarbeitungsvorgänge *(pl)* working or processing operations
beratend advisory, consultary
beratender Ausschuss *(m)* advisory committee
Beratender Ausschuss für Zollfragen *(m)* Advisory Committee on customs matters *(EU)*
beratender Ingenieur *(m)* consultary engineer, technical adviser
Berater *(m)* consultant, counsel
juristischer Berater *(m)* law adviser, legal adviser, legal counsellor, counsellor at law
technischer Berater *(m)* technical adviser, consultary engineer

Beratung *(f)* consultancy, consulting
Beratungsgesellschaft *(f)* consulting company, consulting firm
Beratungsunternehmen *(n)* consulting company
Beratungsunternehmen *(n)* consulting firm
Beraubung *(f)* pilferage
Diebstahl, Beraubung, Nichtauslieferung *(m/f/f)* theft, pilferage, non and/or short delivery, theft, pilferage and non-delivery
berechnen calculate, compute
Kosten berechnen *(pl)* calculate the expenses, compute the cost, calculate the outlays
Prämie berechnen *(f)* charge a premium
Preise berechnen *(pl)* calculate the prices
Zinsen berechnen *(pl)* compute the interest
Berechnung *(f)* calculation
Berechnung der Einfuhrabgaben *(f)* determination of amount of import duties
Berechnung der Zollgebühren und Steuern *(f)* calculation of customs duties and taxes
Berechnung des Betrags der Sicherheit *(f)* calculation of the amount of the guarantee
Berechnung des Referenzbetrags *(f)* calculation of the reference amount
***** **detaillierte Berechnung** *(f)* detailed calculation
versicherungstechnische Berechnung *(f)* insurance mathematics
Berechnungsmethode *(f)* calculation method, method of calculation
Berechnungsverfahren *(n)* method of calculation
Berechtigte *(m)* accommodated party
Berechtigung *(f)* justification, motivation
Bereich *(m)* area, territory **2.** limit, span
vom Zoll überwachter Bereich *(m)* customs surveillance zone
zollfreier Bereich *(m)* bonded zone, free zone
Bereich Antwerpen - Hamburg *(m)* Antwerp Hamburg range
Bereinigung *(f)* adjustment, correction
Bereitschaft *(f)* readiness
Bereitschaftsanzeige *(f)* notice of readiness

Bereitschaftsnotiz *(f)* notice of readiness
 Tag der Bereitschaftsnotiz *(m)* reporting day
Bereitschaftszeit *(f)* ready time
Bereitstellung *(f)* preparation
Bergegut *(n)* salvaged cargo
bergen salvage
 Schiff bergen *(n)* salvage a ship, salvage a vessel
Bergerpfand *(n)* salvage lien
Bergerpfandrecht *(n)* salvage lien
Bergung *(f)* salvaging
 Bergung des Schiffs *(f)* salvage of a vessel
Bergungsanspruch *(m)* salvaging claim
Bergungsarbeiten *(pl)* maritime assistance, salvaging
Bergungsfahrzeug *(n)* salvage boat, salvage vessel
Bergungsklausel *(f)* salvage clause
Bergungsschiff *(n)* salvage boat, salvage vessel, search and rescue craft
Bergungsschlepper *(m)* salvage tug, wrecking tug
Bergungsspesen *(pl)* salvage charges
Bergungsverlust *(m)* salvage loss
Bergungsverschreibung *(f)* salvage bond
Bergungsvertrag *(m)* salvage agreement, salvage contract
Bericht *(m)* report, return
 Bericht des Agenten *(m)* account of an agent
 Bericht des Kapitäns *(m)* captain's report, master's report
 Bericht niederschreiben *(m)* draw up a report, draw up a statement
 * **ausführlicher Bericht** *(m)* detailed statement, detailed report
 detaillierter Bericht *(m)* detailed report, detailed statement
 zusammenfassender Bericht *(m)* summary report
berichten inform, report
Berichterstattung *(f)* account, accountancy, reporting, statement
 ausführliche Berichterstattung *(f)* detailed statement, detailed report
 elektronische Berichterstattung *(f)* electronic reporting

berichtigen rectify
 Anmeldung berichtigen *(f)* correct an entry *(customs)*
 Preise berichtigen *(pl)* adjust prices, correct prices
Berichtigung *(f)* adjustment, correction
 Berichtigung der Anmeldung *(f)* adjustment of a declaration, correction of the declaration
 Berichtigung der Police *(f)* adjustment of the policy
 Berichtigung der Rechnung *(f)* adjustment of an invoice
 Berichtigung der Zollinhaltserklärung *(f)* amendment the customs declaration
 Berichtigung des Protokolls *(f)* correction of protocol
 Berichtigung zum Vertrag *(f)* amendment to a contract, amendment to a treaty
Berth-Terms-Klausel *(f)* berth terms clause
Berücksichtigung *(f)* consideration
Beruf *(m)* profession
 freier Beruf *(m)* liberal profession
berufen appoint
 Agent berufen *(m)* appoint an agent
Berufsgeheimnis *(n)* professional secrecy
 Verletzung des Berufsgeheimnisses *(f)* breach of professional secrecy
Berufsgeheimnisverletzung *(f)* breach of professional secrecy
Berufsregister *(n)* professional register
Berufsvertreter *(m)* full-time agent
Berufung *(f)* countermanding
Berufungsgericht *(n)* court of appeal, court of review
Berufungsrecht *(n)* right to appeal
Besatzung *(f)* crew, staff
 Charter des Schiffes ohne Besatzung *(m)* bare boat charter, charter by demise, bareboat charter
 Erklärung über die persönliche Habe der Besatzung *(f)* crew's effects declaration
 Vermietung des Schiffes ohne Besatzung *(f)* bare hull charter, demise charter, bareboat charter, charter by demise
Besatzungsliste *(f)* crew member

Besatzungsmitglied *(n)* crew member

beschädigen damage
Zollverschlüsse beschädigen *(pl)* damage the customs seals

beschädigt damaged
beschädigte Ladung *(f)* damaged cargo
beschädigte Waren *(pl)* damaged goods
beschädigtes Dokument *(n)* damaged documents

Beschädigung *(f)* damage
Beschädigung auf dem Transport *(f)* damage in transit
Beschädigung während des Straßenverkehrs *(f)* road-damage
Beschädigung während des Transports *(f)* damage in transit
* frei von jeder Beschädigung *(f)* free of all average
jede Beschädigung die Ware ist vom Versicherer zu ersetzen *(f)* with particular average
mechanische Beschädigung *(f)* mechanical damage

Beschädigungsgefahr *(f)* damage risk

Beschädigungsrisiko *(n)* risk of damage
Beschädigungsrisiko für Frachtführer *(n)* owner's risk of deterioration
Beschädigungsrisiko für Reeder *(n)* owner's risk of damage

Beschädigungsschein *(m)* certificate of damage, damage certificate, damage survey

Beschaffenheit *(f)* condition 2. kind
Beschaffenheit der Ladung *(f)* condition of cargo, quality of cargo
Beschaffenheit der Ware *(f)* condition of goods, goods condition 2. kind of goods, nature of goods
* technische Beschaffenheit *(f)* technical characteristics

Beschaffenheitsgarantie *(f)* quality assurance, quality guarantee

Beschaffenheitszeugnis *(n)* quality certificate

Beschaffungspreis *(m)* procurement price

Beschäftigtenzahl *(f)* staff level

Beschäftigungsgesetz *(n)* employment act

Beschäftigungslosigkeit *(f)* unemployment

Beschau *(f)* control, inspection
Beschau der Waren *(f)* control of goods, examination of goods, inspection of goods
Beschau des Behälters *(f)* examination of the container
* eingehende Beschau der Waren *(f)* detailed examination of goods
summarische Beschau *(f)* summary examination of goods *(customs)*
zollamtliche Beschau der Waren *(f)* customs examination of goods

Beschaubefund *(m)* inspection report, survey report
zollamtlicher Beschaubefund *(m)* report of customs survey

Beschauer *(m)* examiner, superintendent

Bescheid *(m)* court decision, decision
Bescheid der bedingten Zollabfertigung *(m)* bond note, certificate of conditional clearance
Bescheid zurückziehen *(m)* revoke a decision
* abschlägiger Bescheid *(m)* negative decision

Bescheidaufhebung *(f)* revocation of decision

bescheinigen affirm

bescheinigt autenticated
bescheinigtes Dokument *(n)* autenticated document

Bescheinigung *(f)* acknowledgement, affirmation, attest, attestation, certificate, testimonial
Bescheinigung in den Carnets A.TA. *(f)* customs certificates on ATA carnets
Bescheinigung über die Eintragung einer Marke *(f)* certificate of registration of trademark
Bescheinigung über Herkunft der Tiere *(f)* certificate of pedigree, pedigree note
Bescheinigung über höhere Gewalt *(f)* certificate of force majeure
Bescheinigung vorlegen *(f)* present a certificate, present an attest, submit a certificate
* Gültigkeitsdauer der Bescheinigung *(f)* period of validity of certificates
Herkunftstier-Bescheinigung *(f)* certificate of pedigree, pedigree note

Nummer der Bescheinigung *(f)* number of the certificate, certificate number
Papier zur Bescheinigung des Gemeinschaftscharakters von Waren *(n)* document certifying the Community status of goods
von der Zollstelle erteilte Bescheinigung *(f)* customs certification
Bescheinigungsfälschung *(f)* forgery of certificates
beschicken forward, lade, load, send
Rechnung beschicken *(f)* forward a invoice
Beschickung *(f)* shipment
Beschlagnahme *(f)* distraint, seizure
Beschlagnahme einer Ladung *(f)* arrest of cargo, detention of cargo
* Akt über Beschlagnahme der Ladung vom Zollamt *(m)* seizure note
frei von jedem Risiko bei gewaltsamer Wegnahme, Beschlagnahme und Aufruhr free of capture, seizure, riots and civil commotions
beschlagnahmen seize
Schiff beschlagnahmen *(n)* arrest a ship, arrest a vessel
Beschlagnahmerisiko *(n)* risk of seizure
Beschlagnehmung *(f)* arrest of property
beschleunigen quicken
Versand beschleunigen *(m)* hurry on shipment
beschleunigt expedited
beschleunigte Lieferung *(f)* expedited delivery
Beschleunigung *(f)* acceleration
Beschleunigung der Entscheidung *(f)* acceleration of decision
Beschluss *(m)* conclusion, decision, resolution
Aufhebung eines Beschlusses *(f)* revocation of the decision
endgültiger Beschluss *(m)* final decision
nicht endgültiger Beschluss *(m)* non-final decision
richterlicher Beschluss *(m)* court decision, judicial decision
Beschlussablauf *(m)* expiration of a decision
Beschlussfassung *(f)* deciding, passing a decision

beschränken limit, reduce
Export beschränken *(m)* put restrictions on export
Garantie beschränken *(f)* limit the guarantee
beschränkend restrictive
beschränkende Bedingung *(f)* restrictive clause, restrictive covenant
beschränkende Klausel *(f)* restraint clause, restrictive clause
beschränkendes Indossament *(n)* conditional endorsement
beschränkt limited
beschränkte Ausschreibung *(f)* limited invitation to tender, limited tender
beschränkte Garantie *(f)* qualified guarantee, reserved guarantee
beschränkte Haftung *(f)* limited liability
beschränkte Konkurrenzausschreibung *(f)* closed tender, limited invitation to tender, limited tender
beschränkte Währungskonvertibilität *(f)* currency limited convertibility
beschränkter Kredit *(m)* limited credit
beschränktes Indossament *(n)* limited endorsement, restricted endorsement
* Gesellschaft mit beschränkter Haftung *(f)* limited liability company, limited company
schriftliche beschränkte Ausschreibung *(f)* binding by tender open to selected person
Beschränkung *(f)* restriction
Beschränkungen beseitigen *(pl)* remove restrictions
Beschränkung der Handelsfreiheit *(f)* restraint on freedom of trade, restrictive trade practice
Beschränkung der Vollmacht *(f)* limitation of powers
Beschränkungen unterliegen *(pl)* be subject to restrictions
* Ausgang aus der Gemeinschaft Beschränkungen unterworfen *(m)* export from the Community subject to restriction
mengenmäßige Beschränkungen *(pl)* quantitative restrictions
qualitätsmäßige Beschränkung *(f)* qualitative restriction
vertragliche Beschränkung *(f)* contractual reservation
wirtschaftliche Beschränkungen *(pl)* economic restrictions

Beschreibung *(f)* description, specification
Beschreibung der Qualität *(f)* quality description
Beschreibung des Verfahrens *(f)* description of the procedure
Beschreibung entsprechen *(f)* answer to the description
* **detaillierte Beschreibung** *(f)* description of goods, detailed description
Harmonisiertes System zur Beschreibung und Codierung von Waren *(n)* Harmonized Commodity Description and Coding System
Kauf laut Beschreibung *(m)* purchase by description, purchase by description
laut Beschreibung *(f)* by description
technische Beschreibung *(f)* specification

Beschriftung *(f)* branding, marking

Beschwerde *(f)* reclamation

Beschwerdeschrift *(f)* protest

Beschwerdeverfahren *(n)* appeal mechanism, appeal procedure

beschwert charged
beschwerte Partei *(f)* defendant

Beschwerungslast *(f)* bare load

beseitigen remove
Beschränkungen beseitigen *(pl)* remove restrictions
Tarifbeschränkungen beseitigen *(pl)* remove tariff restrictions
Zollschränken beseitigen *(pl)* remove customs barriers

Beseitigung *(f)* elimination, removal

besichert secured
besicherte Anleihe *(f)* loan on collateral, secured loan
besichertes Darlehen *(n)* loan on collateral, secured loan

Besichtigung *(f)* inspection
Besichtigung der Ware *(f)* inspection of goods

Besichtigungsprotokoll *(n)* certificate of survey, inspection certifcate

Besichtigungsschein *(m)* certificate of inspection, certificate of survey, certificate of survey, inspection certifcate, survey report

Besichtigungszertifkat *(n)* certificate of inspection, certificate of survey, certificate of survey, inspection certifcate

Besitzer *(m)* bearer, holder, owner
Besitzer des Akkreditivs *(m)* holder of a letter of credit, owner of a letter of credit
Besitzer von Wertpapieren *(m)* fund-holder
* **rechtsmäßiger Besitzer** *(m)* lawful owner, lawful holder

Besitzerwechsel *(m)* change of the owner

besondere particular, special
besondere Ausgleichsabgabe *(f)* special equalization charge
besondere Avisierung des Akkreditivs *(n)* special advised letter of credit
besondere Einfuhrlizenz *(f)* specific import licence
besondere Havarie *(f)* particular average, simple average
frei von besonderer Havarie *(f)* free from particular average, free of particular average (FPA)
frei-von-besonderer-Havarie-Klausel *(f)* free from particular average clause
inklusive besondere Havarie *(f)* with average
mit besonderer Havarie *(f)* including particular average, with particular average
nicht gegen besondere Havarie versichert (amerikanische Bedingungen) *(f)* free from particular average, American conditions
ohne besondere Havarie *(f)* free of particular average (FPA), free from particular average
Police frei von besonderer Havarie *(f)* free of particular average policy
Police mit besonderer Havarie *(f)* particular average policy
besondere Havarieaufmachung *(f)* particular average adjustment
besondere Ladeliste *(f)* special loading list
Verwendung der besonderen Ladelisten *(f)* use of special loading lists
besondere Lagerbedingungen *(pl)* special storage conditions
besondere Regelung *(f)* special scheme
besondere Schutzmaßnahmen *(pl)* special protection facilities
besondere Verschlüsse *(pl)* special types of seals

Verwendung der besonderen Verschlüsse *(f)* use of seals of a special type

besondere zollrechtliche Behandlung *(f)* special customs procedure

besonderer Satz *(m)* special rate

besonderes Erhebungsverfahren *(n)* special assessment procedure

besonderes System *(n)* special system

besorgen obtain

Inkasso besorgen *(n)* effect the collection

besser superior

bessere Qualität *(f)* superior quality

beste best

bestes Angebot *(n)* highest bid

bestätigen approve, attest, certificate, confirm, legalize

Akkreditiv bestätigen *(n)* confirm a letter of credit

Änderung bestätigen *(f)* endorse an alteration

Auftrag bestätigen *(m)* acknowledge an order, confirm an order

Bestellung bestätigen *(f)* acknowledge an order, confirm an order

Carnet bestätigen *(n)* validate the carnet

Eingang bestätigen *(m)* acknowledge the receipt, receipt, acknowledge receipt

Empfang eines Briefes bestätigen *(m)* acknowledge a receipt of letter, acknowledge a letter

Entscheidung bestätigen *(f)* confirm a decision

Erhalt eines Schreibens bestätigen *(m)* acknowledge a letter, acknowledge a receipt of letter

Garantie bestätigen *(f)* confirm a guarantee

Preis bestätigen *(m)* confirm the price

Qualität bestätigen *(f)* confirm quality

Scheck bestätigen *(m)* certify a cheque

schriftlich bestätigen confirm in writing

bestätigend confirming

bestätigende Bank *(f)* confirming bank

Haftung der bestätigenden Bank *(f)* liability of confirming bank

bestätigt certificated, certified, confirmed, legalized

bestätigte Garantie *(f)* confirmed guarantee, direct guarantee

bestätigte Kopie *(f)* confirmed copy

bestätigter Scheck *(m)* certified cheque

bestätigtes Akkreditiv *(n)* confirmed letter of credit

bestätigtes unwiderrufliches Akkreditiv *(n)* confirmed irrevocable letter of credit

Bestätigung *(f)* acknowledgement, affirmation, attest, attestation, authentication, certification, confirmation

Bestätigung des Auftrags *(f)* confirmation of an order, order confirmation (o/c)

Bestätigung des Datums *(f)* authentication of date, certification of date

Bestätigung des Vertrags *(f)* affirmation of a contract, ratification of contract

Bestätigung erhalten *(f)* take acknowledgment

* offizielle Bestätigung *(f)* official confirmation

schriftliche Bestätigung *(f)* confirmation by letter

vorbehaltlose Bestätigung *(f)* unconditional confirmation

Bestätigungshaus *(n)* confirming house

beste best

beste Qualität *(f)* best quality, finest quality, first-rate quality, premium quality

Bestechungsgeld *(n)* backhandler, bribe

Bestellbrief *(m)* letter order, mail order

Bestellbuch *(n)* log, order book

Bestellcode *(m)* order code

Bestelldienstabteilung *(f)* order department, order office

Bestelleingang *(m)* instruction arrival

bestellen book, engage, order, ordering

nach Muster bestellen *(n)* buy on the authority of the sample, purchase by sample

Ware bestellen *(f)* order goods

Besteller *(m)* orderer

Bestellformular *(n)* order blank, order form

Bestellfrist *(f)* date of validity of an offer

Bestellgröße *(f)* size of an order

Bestellliste *(f)* order list

Bestellmenge *(f)* ordered quantity

Bestellnummer *(f)* job number, order number

Bestellschein *(m)* order blank, order form

Bestellung *(f)* order
Bestellung ablehnen *(f)* refuse an order
Bestellung annehmen *(f)* accept an order, book an order
Bestellung aufheben *(f)* countermand an order, withdraw an order
Bestellung ausführen *(f)* complete an order, effect an order
Bestellung bestätigen *(f)* acknowledge an order, confirm an order
Bestellung nach Muster *(f)* order as per sample, sample order
Bestellung realisieren *(f)* carry out an order, fill an order
Bestellung rückgängig machen *(f)* countermand an order, repeal an order, withdraw an order
* **annullierte Bestellung** *(f)* order cancelled
Bestellung feste Bestellung *(f)* firm order, definite order
Formular für eine Bestellung *(n)* printed order form, order form
Gültigkeit der Bestellung *(f)* validity of an offer
Kasse bei Bestellung *(f)* cash with order
Nichtnachkommen einer Bestellung *(n)* non-performance of an order
offene Bestellung *(f)* open order
übereinstimmend mit der Bestellung *(f)* as per order, according to order
Übertragung der Bestellung *(f)* transfer of an order
unerledigte Bestellung *(f)* unfulfiled order
verbindliche Bestellung *(f)* firm order, definite order
Zahlung bei Bestellung *(f)* cash with order, cash in advance
Zurückziehung der Bestellung *(f)* cancellation of an order, counter order

Bestellungsannahme *(f)* adoption of order, order acceptance

Bestellungsannullierung *(f)* annulment of an order, cancellation of an order

Bestellungsart *(f)* order type

Bestellungsausführung *(f)* execution of an order, filling an order

Bestellungsbetrag *(m)* sum of an order

Bestellungsbrief *(m)* commission letter

Bestellungsdatum *(n)* date of an order

Bestellungskopie *(f)* order copy

Bestellungsrückgang *(m)* falling-off of orders

Bestellungszyklus *(m)* lead time for procurement, order period

Bestellunterlagen *(pl)* ordering records

Bestellverfahren *(n)* ordering procedure

Bestellvordruck *(m)* indent form, note of order

Bestellzeit *(f)* order time, order-cycle time

besteuern tax
  mit Steuer besteuern *(f)* lay a tax, lay on a tax

Besteuerung *(f)* assessment, levying of tax, tax treatment, taxation
  Besteuerung der Einfuhr zur Erzielung von Einnahmen *(f)* taxation of imports for fiscal purposes
  Besteuerung der Gesellschaften *(f)* company taxation
  Besteuerung erhöhen *(f)* raise a taxation
  Besteuerung unterliegen *(f)* be liable to tax
  * **Standardisierung der Besteuerung** *(f)* standardization of taxation
  von der Besteuerung befreien *(f)* exempt from taxation

bestimmen define
  Bestimmungsort bestimmen *(m)* determine the destination
  Frist bestimmen *(f)* define the term, define the time
  Ladetermin bestimmen *(m)* determine the time of shipment
  Preis bestimmen *(m)* mark a price, set price
  Termin bestimmen *(m)* define the time, define the term, fix a term, appoint the day
  Verladehafen bestimmen *(m)* determine the port of shipment

bestimmt determined, marked

Bestimmung *(f)* appointment, article of a contract, article of an agreement **2.** purpose **3.** destination
  Bestimmung der Waren *(f)* destination of goods
  Bestimmung des Preisniveaus *(f)* determination of price, price determination
  Bestimmung des Ursprungs *(f)* determination of the origin

* **allgemeine Bestimmungen** *(pl)* general provisions
pflanzenschutzrechtliche Bestimmungen *(pl)* phytosanitary regulations
Überwachung der Bestimmung *(f)* control of use (of goods)
veterinärmedizinische Bestimmungen *(pl)* veterinary regulations
Verpflichtung, den gestellten Waren eine zollrechtliche Bestimmung zu geben *(f)* obligation to assign goods presented to customs a customs-approved treatment or use
zollamtliche Bestimmung erhalten *(f)* be assigned a customs-approved treatment or use
zollrechtliche Bestimmung einer Ware *(f)* customs-approved treatment or use of goods
Bestimmungsbahnhof *(m)* destination station, station of destination
Name des Bestimmungsbahnhofs *(m)* name of the railway terminal of destination
Bestimmungsexemplar *(n)* destination copy
Bestimmungsfahrt *(f)* outward trip, voyage out
Bestimmungsflughafen *(m)* aerodrome of destination, airport of arrival, airport of destination
Name des Bestimmungsflughafens *(m)* name of the airport of destination
Bestimmungshafen *(m)* final port, final port of destination, port of destination
Fracht zahlbar im Bestimmungshafen *(f)* **freight forward**
frei Bestimmungshafen *(m)* free at port of destination
Lieferung frei Bestimmungshafen *(f)* delivery at destination
Preis frei Bestimmungshafen *(m)* landed price
Bestimmungsland *(n)* country of destination
Bestimmungsland der Ware *(n)* country of origin of goods, country to which the goods are sent, country of destination of goods
* **erstes Bestimmungsland** *(n)* first country of destination
Name des Bestimmungslands *(m)* name of the country of destination
Reaktion des Bestimmungslandes auf die Suchanzeige *(f)* reaction of the country of destination to the enquiry notice

Bestimmungslandcode *(m)* code of the country of destination
Bestimmungsmitgliedstaat *(n)* member state of destination
Exemplar für den Bestimmungsmitgliedstaat *(n)* copy for member state of destination *(CD) (EU)*
Bestimmungsort *(m)* final destination, final point, place of destination, place of fulfillment of the contract, place of performance of contract, point of destination
Bestimmungsort bestimmen *(m)* determine the destination
* **benannter Bestimmungsort** *(m)* named point of destination, named destination
einheitlicher Preis frei Bestimmungsort *(m)* uniform free domicile price
erster Bestimmungsort *(m)* first place of destination
Fracht zahlbar am Bestimmungsort *(f)* freight payable at destination, collect freight
franko Bestimmungsort *(m)* free destination
frei Bestimmungsort *(m)* free delivered
zahlbar im Bestimmungsort *(m)* payable at destination
Bestimmungspoststelle *(f)* post office of arrival
Bestimmungspunkt *(m)* final destination, final point
Bestimmungsseereise *(f)* out-bound voyage, outward passage
Bestimmungsstation *(f)* destination station
frei Bestimmungsstation *(f)* free station of destination
Bestimmungsstelle *(f)* office of destination
Abdruck des Dienststempels der Bestimmungsstelle *(m)* impression of the stamp of the office of destination
Änderung der Bestimmungsstelle *(f)* change of office of destination
aufeinander folgende Bestimmungsstellen *(pl)* successive unloading
einzige Bestimmungsstelle *(f)* one office of destination
Förmlichkeiten bei der Bestimmungsstelle *(pl)* formalities at the office of destination

tatsächliche Bestimmungsstelle *(f)* actual office of destination

Wechsel der Bestimmungsstelle *(m)* change of office of destination

Bestimmungszollstelle *(f)* customs office of destination, delivery authority, office of destination

Exemplar für die Bestimmungszollstelle *(n)* copy for office of destination *(CD)*

Waren der Bestimmungszollstelle stellen *(pl)* produce the goods at office of destination

weitere Bestimmungszollstelle *(f)* additional customs office of destination

bestreiten pay

Kosten bestreiten *(pl)* carry costs, incur expenses

Bestreitung *(f)* contradiction

Besuch *(m)* visit

Betafaktor *(m)* beta factor

Beteiligte *(f)* participant

Felder für Beteiligte *(pl)* boxes for economic operators

Beteiligung *(f)* sharing

finanzielle Beteiligung *(f)* financial participation

Betrag *(m)* amount sum payable

Betrag der Sicherheit *(m)* amount of security, guarantee amount

Betrag der Steuer *(m)* amount of tax, tax amount

Betrag der Steuerfreigrenze *(m)* amount of the exemption

Betrag der Zollschuld *(m)* amount of the customs debt

Betrag der zu leistenden Sicherheit *(m)* amount of security, guarantee amount

Betrag des Schadenersatzes *(m)* amount of compensation, amount of damages

* **Berechnung des Betrags der Sicherheit** *(f)* calculation of the amount of the guarantee

Bürgschaft für einen Betrag leisten *(f)* guarantee a sum

Betrag fälliger Betrag *(m)* outstanding amount, amount due

geschätzter Betrag *(m)* estimated amount

Betrag geschuldeter Betrag *(m)* balance of a debt, balance due, amount due, outstanding amount

Reduzierung des Betrags der Sicherheit *(f)* reduction of the amount of guarantee

steuerfreier Betrag *(m)* exempted amount

Zahlung eines festen Betrags *(f)* fixed payment

betragbar transferable, transmissible

betragbares Akkreditiv *(n)* transferable letter of credit, transmissible letter of credit

Betragsrest *(m)* balance of sum

Betreiber *(m)* operator

Betreiber ohne Schiff *(m)* non vessel operator

* **Prüfung der Unterlagen des Betreibers der Rohrleitung** *(f)* audit of the records held by the owner of the pipeline

Betreibungsverfahren *(n)* recovery proceedings

Betrieb *(m)* factory, manufactory, undertaking

Adresse eines Betriebs *(f)* business address, office address

angeschlossener Betrieb *(m)* affiliated company

Bewilligung zum Betrieb des Zolllagers *(f)* authorization to operate a customs warehouse

frei Betrieb *(m)* free at factory

Preis frei Betrieb *(m)* free factory price, free at factory price

Schließung des Betriebs *(f)* closing of an enterprise

Betriebsabteilung *(f)* branch

Betriebsbereich *(m)* range of operation

Betriebsbereitschaft *(f)* operational readiness

Betriebsdauer *(f)* operating period, service live, useful life, working life

Betriebsfaktor *(m)* operating factor

Betriebsgewinn *(m)* business profit

Betriebsinstruktion *(f)* factory instruction

Betriebskosten *(pl)* operating costs, running expense, working costs

Betriebsmittelkredit *(m)* operating credit

Betriebspersonal *(n)* operating personnel

Betriebsprobe *(f)* factory test

Betriebsprüfung *(f)* running test

Betriebsstelle *(f)* place of business

Betriebsstunden *(pl)* working hours

Betriebstyp *(m)* type of enterprise
Betriebszeit *(f)* operating time, usage time
Betwilligung *(f)* permission
Betwilligung zur Überführung von Waren in ein Zollregime *(f)* permission for subjecting goods to a desired customs procedure
Beurkundung *(f)* certification
Beurkundung durch einen Notar *(f)* notarial act
* **notarielle Beurkundung** *(f)* notarization, notarial witness
beurteilen evaluate
Vorschlag beurteilen *(m)* evaluate a proposal
Beurteilung *(f)* assessment, evaluation
Beurteilung der Kreditwürdigkeit *(f)* credit rating, credit worthiness appraisal
Beurteilung des Vorschlags *(f)* evaluation of proposal
bevollmächtigen accord a power, grant a authority
bevollmächtigt authorised, plenipotentiary
bevollmächtigte Bank *(f)* authorized bank
bevollmächtigte Person *(f)* authorized person, person in authority
bevollmächtigte Unterschrift *(f)* authorized signature
bevollmächtigter Spediteur *(m)* plenipotentiary forwarder
bevollmächtigter Vertreter *(m)* authorized agent, authorized representative, plenipotentiary representative
Bevollmächtigter *(m)* agent, authorised agent, person duly authorized, plenipotentiary, proxy holder, tied agent
Bevollmächtigung *(f)* letter of attorney
Bevollmächtigung rückgängig machen *(f)* revoke a power
Bevollmächtigung widerrufen *(f)* revoke an authority, withdraw an authority
Bevollmächtigung zurücknehmen *(f)* withdraw a power, withdraw a power of attorney
* **allgemeine Bevollmächtigung** *(f)* plenary power
Erlöschen einer Bevollmächtigung *(n)* expiration of power of attorney, expiration of power
bevorrechtigt preferential

Bevorzugungssystem *(n)* system of preferences
Allgemeines Bevorzugungssystem *(n)* Generalised System of Preferences
Beweis *(m)* argument, contention, proof, voucher
Beweise beanstanden *(pl)* dispute evidence
Beweis vorlegen *(m)* submit a proof
* **Sicherung der Beweise** *(f)* preserving of testimony
zusätzlicher Beweis *(m)* additional proof, additional evidence
Beweisstück *(n)* document, paper
Bewerber *(m)* applicant
Bewertung *(f)* evaluation, rating
zahlenmäßige Bewertung *(f)* quantity rating
bewilligen give, grant
Fristverlängerung bewilligen *(f)* give a time
Geld bewilligen *(n)* allocate money
Rabatt bewilligen *(m)* grant a discount, allow a discount, grant a rebate, grant an allowance, discount, allow a reduction
Bewilligung *(f)* authorisation, consent, licence, permit
Bewilligung der vorübergehenden Verwendung *(f)* authorization for temporary admission, authorization for temporary importation
Bewilligung des aktiven Veredelungsverkehrs *(f)* authorization to use the inwards procedure
Bewilligung des Kredits *(f)* allocation of credit
Bewilligung des passiven Veredelungsverkehrs *(f)* authorization to use the outward processing procedure
Bewilligung des passiven Veredelungsverkehrs *(f)* outward processing authorization
Bewilligung des Umwandlungsverfahrens *(f)* authorization for processing under customs control, authorization for processing under customs supervision
Bewilligung erhalten *(f)* be granted an authorization, obtain an authorization
Bewilligung für eine Vereinfachung im Versandverfahren *(f)* authorisation for a transit simplification

Bewilligung verweigern *(t)* withhold the authorization
Bewilligung zum Betrieb des Zolllagers *(t)* authorization to operate a customs warehouse
Bewilligung zur vorübergehenden Verwendung *(t)* temporary importation authorization
* **Änderung der Bewilligung** *(t)* amendment of the authorisation
Aufrechterhaltung der Bewilligung *(t)* continuation of the authorization
Erteilung der Bewilligung *(t)* granting of an authorization
für die Bewilligung des Verfahrens in Betracht kommen *(t)* be eligible for the arrangements
Hinweis auf die Bewilligung *(m)* particulars of the authorization
Kopie der Bewilligung *(t)* copy of the authorisation, authenticated copy of the authorisation
Kündigung der Bewilligung *(t)* cancellation of the authorisation
Rücknahme der Bewilligung *(t)* revocation of the authorisation
Widerruf der Bewilligung *(m)* revocation of the authorization
Bewilligungsinhaber *(m)* authorized person, person in authority
Bewirtschaftung *(t)* regulation
bezahlen cash, defray, disburse, discharge, pay, satisfy
bei Fälligkeit bezahlen *(t)* pay at maturity, pay at due-date
Geld bezahlen *(n)* pay cash, settle in cash
im Voraus bezahlen pay in advance, pre-pay, pay beforehand
mit Scheck bezahlen *(m)* pay by way of the cheque, remit by cheque
prompt bezahlen pay down, pay in cash
Rechnung bezahlen *(t)* honour a bill, pay an invoice
Schuld bezahlen *(t)* service a debt
vor Fälligkeit bezahlen *(t)* pay before maturity
voraus bezahlen pay beforehand, pay in advance
vorfristig bezahlen pay beforehand, anticipate a payment

Wechsel bezahlen *(m)* honour a bill
Zoll bezahlen *(m)* clear, pay customs duty, pay a duty
Zollabgaben bezahlen *(pl)* disburse customs duties
zu hoch bezahlen overpay, pay over
bezahlt paid, settled
bezahlte Dienste *(pl)* payable services
bezahlte Ladung *(t)* payload
bezahlter Scheck *(m)* cashed cheque, paid cheque
bezahlter Wechsel *(m)* honored bill, paid bill
* **Fracht im voraus bezahlt** *(t)* advance freight, freight paid, freight in advance, freight prepaid
Fracht und Zoll bezahlt *(t)* freight and duty paid
Frachtgebühr bezahlt bis ... *(t)* freight paid to ...
im Voraus bezahlt prepaid
teilweise bezahlt partly paid
Transport bezahlt *(m)* carriage paid, carriage free
Bezahlung *(t)* disbursement, payment, payoff, satisfaction, settlement
Bezahlung durch Akkreditiv *(t)* settlement by letters of credit, settlement of account by letters of credit
Bezahlung mittels Akzept *(t)* payment by acceptance
Bezahlung verlangen *(t)* call for payment, demand payment
* **Art der Bezahlung** *(t)* type of payment
Garantie der Bezahlung *(t)* guarantee of payment, payment guarantee
gegen Bezahlung *(t)* cash on delivery
mit der Bezahlung im Ausstand sein *(t)* be behindhand with one's payment, be in arrears with one's payment
prompte Bezahlung *(t)* instant payment, immediate payment
schnelle Bezahlung *(t)* prompt cash payment
Bezahlungsanweisung *(t)* settlement order
bezeichnen mark
Bezeichnung *(t)* appointment, marking, name
Bezeichnung der auf dem Schiff vorhandenen Schiffsvorräte *(t)* description and quantity of stores on board the vessel

Bezeichnung der Firma *(f)* business name, style of the firm
* Harmonisiertes System zur Bezeichnung und Codierung der Waren (HS) *(n)* Harmonized Commodity Description and Coding System
juristische Bezeichnung der Firma *(f)* legal entity name
System zur Bezeichnung und Codierung der Waren *(n)* Coding system of the Customs Co-operation Council
beziehen take
Bezeichnungkosten *(pl)* tally costs
Verschiffungs- und Bezeichnungkosten für Verlader *(f)* shipper's load and tally
Verladungs- und Bezeichnungskosten für Verfrachter *(f)* shipper's load and tally
Beziehung *(f)* relation
bilaterale Beziehungen *(pl)* bilateral relations
diplomatische Beziehungen *(pl)* diplomatic relations
geschäftliche Beziehungen *(pl)* business relations
finanzielle Beziehungen *(pl)* financial relations
internationale Beziehungen *(pl)* international relations
wirtschaftliche Beziehungen *(pl)* economic relations
Bezirk *(m)* area, district
Bezugsanweisung *(f)* delivery order
Bezugsjahr *(n)* reference year
Bezugspreis *(m)* acquisition price, procurement price
Bezugszeitpunkt *(m)* reference date
Bezugszeitraum *(m)* period in question, reference period
bezuschüssen subsidize
bieten offer
Preis bieten *(m)* offer a price
Sicherheit bieten *(f)* furnish a security, stand del credere
Bieter *(m)* auctioneer, bidder
Bietungsgarantie *(f)* bid bond, deposit, proposal bond, tender bond, tender guarantee
Bilanz *(f)* balance, balance sheet
Bilanz abschließen *(f)* draw up a balance sheet, prepare a balance sheet

Bilanz aufstellen *(f)* draw up a balance sheet, prepare a balance sheet
Bilanz der Auslandszahlungen *(f)* external balance-sheet
Bilanz der internationalen Forderungen und Schulden *(f)* international assets and liabilities balance
Bilanz vorlegen *(f)* render a statement
* aktive Bilanz *(f)* active balance, favourable balance
passive Bilanz *(f)* unfavourable balance, passive balance
Bilanzabschluss *(m)* closing of the books
Bilanzanalyse *(f)* interpretation of balance-sheets
Bilanzaufstellung *(f)* balance-sheet
Bilanzbericht *(m)* balance-sheet
Bilanzgewinn *(m)* balance profit, balance-sheet profit
bilanzieren draw up a balance-sheet, produce the balance
Bilanzprüfung *(f)* balance-sheet analysis
Bilanzstruktur *(f)* composition of balances
Bilanzüberschuss *(m)* active balance, credit balance
bilateral bilateral, mutual, two-sides
bilaterale Beziehungen *(pl)* bilateral relations
bilaterale Handelskammer *(f)* mixed chamber of commerce
bilaterale Quoten *(pl)* bilateral quotas
bilaterale Verrechnungen *(pl)* bilateral settlements
bilateraler Austausch *(m)* bilateral trade
bilateraler Handel *(m)* bilateral trade
bilateraler Leitkurs *(m)* bilateral central rate
bilateraler Vertrag *(m)* bilateral agreement, bilateral contract, bilateral treaty, reciprocal treaty
bilaterales Abkommen *(n)* bilateral agreement
bilaterales Clearing *(n)* bilateral clearing, two-sides clearing
bilaterales Geschäft *(n)* bilateral transaction
bilaterales Handelsabkommen *(n)* bilateral trade agreement
Bildung *(f)* form, formation
Bildung der Zollunion *(f)* establishment of a customs union

billig cheap
billig werden drop in prices, fall in prices
billige Flagge *(f)* cheap flag, flags of convenience
billigen approve
Billigflagge *(f)* cheap flag, flags of convenience
bindend binding
bindender Termin *(m)* obligatory maturity
Binnenflotte *(f)* inland navigation fleet
Binnengewässer *(pl)* inland waters
Warenbeförderung auf Binnengewässern *(f)* inland waterway transport, inside navigation
Binnengewässerfracht *(f)* inland freight, river freight
Binnengewässertransport *(m)* inland waters transport
Risiko bei Fluss- und Binnengewässertransport *(n)* inland water risk
Binnenhafen *(m)* inland harbour, inland port, river harbour, river port
Binnenkonnossement *(n)* inland waterway bill of lading, river bill of lading
Binnenmarkt *(m)* domestic market, single market, single-price market
Bedingungen des Binnenmarkts *(pl)* domestic market conditions
Preis auf dem Binnenmarkt *(m)* internal price
Verwirklichung des Binnenmarktes *(f)* creation of a single market
Binnenmeer *(n)* enclosed sea, internal sea
Binnenreede *(f)* inner road
Binnenschiff *(n)* inland transportation ship
Binnenschiff auf Seeschiff *(n)* inland waterway vessel on sea-going vessel
Binnenschifffahrt *(f)* inland water transport, inland waterway transport, inside navigation, transport by inland waterway
Unternehmen der Binnenschifffahrt *(n)* enterprise engaged in inland waterways transport (DTC)
Binnenschifffahrtsflotte *(f)* inland navigation fleet
Binnenschifffahrtsunternehmen *(n)* inland waterways transport enterprise

Binnenschiffsverkehr *(m)* inland water transport, inland waterway transport
Binnenschlepper *(m)* estuary tug, river service tug, river tug
Binnenstaat *(m)* land-locked state
Binnentarif *(m)* internal tariff
Binnenversand *(m)* interior transit *(from one inland customs office to another)*, inward transit
Binnenwasserstraße *(f)* inland waterway
Binnenwassertransportdokument *(n)* inland waterway transport document
Binnenwasserverkehr *(m)* inland water transport
Binnenwasserverkehrsrisiko *(n)* inland risk
Binnenzollagentur *(f)* inland clearance depot
Binnenzollamt *(n)* inland customs office
Binnenzolltransit *(m)* domestic customs transit
Verfahren des Binnenzolltransits *(n)* domestic customs transit procedure
Bitte *(f)* application
Blankett *(n)* printed form, sheet
blanko in blank
blanko indossieren endorse in blank
blanko indossiert endorsed in blank
Blankoabtretung *(f)* assignment in blank, blank transfer
Blankoakkreditiv *(n)* blank letter of credit
Blankoakzept *(n)* blank acceptance
Blankoformular *(n)* blank form
Blankogiro *(n)* blank endorsement, endorsement in blank
Blankoindossament *(n)* blank endorsement, endorsement in blank
Blankokonnessement *(n)* bearer bill of lading, bill of lading in blank, bill of lading to bearer, blank bill of lading
Blankokredit *(m)* temporary credit
Blankopolice *(f)* blank policy, block policy, declaration policy, floating policy, general policy, running policy

Blankoscheck *(m)* blank cheque

Blankoübertragung *(f)* assignment in blank, blank transfer

Blankounterschrift *(f)* blank signature

Blankourkunde *(f)* document form

Blankowechsel *(m)* blank bill, promissory note

bleiben remain

unter zollamtlicher Überwachung bleiben *(f)* remain under customs control

unter Zollüberwachung bleiben *(f)* remain under customs control

Bleiverschluss *(m)* seal

zollamtlicher Bleiverschluss *(m)* customs lead, customs seal

Blister *(m)* blister

Blisterverpackung *(f)* blister pack, blister packaging

Block *(m)* block

Blockade *(f)* blockade

blockieren block

blockiert blocked

blockiertes Konto *(n)* blocked account

Blockpolice *(f)* ticket policy

Blüte *(f)* bad cheque, kite

Boden *(m)* land bottom

Bodmerei *(f)* bottomry, bottomry loan, maritime loan, respondentia

Bodmereianleihe *(f)* bottomry, bottomry loan, maritime loan, respondentia

Bodmereibond *(m)* respondentia bond

Bodmereibrief *(m)* bottomry contract, bottomry letter

Bodmereiprämie *(f)* bottomry interest

Bodmereiprozent *(n)* maritime interest

Bodmereischuld *(f)* bottomry debt

Bodmereiverpflichtung *(f)* bottomry bond

Bodmereivertrag *(m)* bottomry contract

Bodmereizinsen *(pl)* marine interest, maritime interest

Boje *(f)* buoy

Bolster *(n)* bolster

Bon *(m)* bond

Bonifikation *(f)* discount, allowance, rebate

Bonifikation für Schwund von Waren *(f)* allowance for wastage

* gegenseitige Bonifikation *(f)* mutual allowance

Bonus *(m)* bonus

Bonusverkauf *(m)* discount sale

Boom *(m)* boom

Boot *(n)* boat

Bootsmann *(m)* boatswain

Bootsmannsamt *(n)* harbour boatswain

Bord *(m)* board

an Bord des Schiffes bringen *(m)* put on board,

an Bord des Schiffes geliefert *(m)* delivered on board

an Bord Konnossement *(n)* on board bill of lading, on board ocean bill of lading

frei an Bord *(m)* ex ship

frei an Bord ... /benannter Verschiffungshafen/ FOB ... /insert named port of shipment/, free on board ... /insert named port of shipment/

frei an Bord und wieder frei von Bord *(m)* free on board/free off board, fob/fob

Kargo auf Bord *(m)* shipped cargo, cargo on board

Konnossement an Bord *(n)* on board bill of lading

Lieferung an Bord des Schiffes *(f)* delivery on board

Preis frei an Bord *(m)* free on board price, price ex ship

über Bord geworfene Ladung *(f)* jettisoned cargo, jetsam

Ware an Bord des Schiffes im Verschiffungshafen liefern *(f)* deliver the goods on the board the vessel at the port of shipment

Ware an Bord des Schiffes liefern *(f)* deliver the goods on the board the vessel

Bord-Bord-Umschlagverlust *(m)* loss during reshipping

Bordbuch *(n)* logbook, mate's log

Bordempfangsschein *(m)* board receipt, mate's receipt, shipped on board bill of lading

unechter Bordempfangsschein *(m)* foul receipt

Bordereau *(m)* bordero, waybill
endgültiger Bordereau *(m)* final waybill
provisorischer Bordereu *(m)* preliminary waybill
Bordero *(n)* bordero, waybill
Bordkonnossement *(n)* on board ocean bill of lading, on-board bill of lading
Bordwand *(f)* larboard, portside
Bordzeit *(f)* board time
Börse *(f)* bourse, stock exchange
Handel an der Börse *(m)* exchange business, exchange trade
Markt außerhalb der Börse *(m)* over counter market, unlisted securities market
Verkauf an der Börse *(m)* exchange sale
Börsegenbühr *(f)* stock exchange fee
Börsenagent *(m)* exchange broker
Börsenarbitrage *(f)* arbitration of exchange
Börsenauftrag *(m)* exchange order, stock exchange order
Börsenauktion *(f)* stock auction
Börsenbericht *(m)* stock exchange report
Börsenblatt *(n)* exchange bulletin
Börsengeschäft *(n)* exchange business, exchange operation, market dealings
Börsenhandel *(m)* exchange trade, stock trading
Börsenhandelszeiten *(pl)* stock exchange hours
Börsenindex *(m)* stock index
Börsenkurs *(m)* exchange price, stock exchange listing
Börsenkurszettel *(m)* daily official list, stock exchange list
Börsenmarkt *(m)* exchange market
Börsenordnung *(f)* exchange regulations, stock exchange regulations
Börsenotierung *(f)* exchange listing, stock exchange quotation
Börsenpreis *(m)* exchange price
Börsenschluss *(m)* closing of exchange
Kurs nach Börsenschluss *(m)* price after hours

Börsensitzung *(f)* exchange session, stock exchange session
Börsenstunden *(pl)* exchange hours
Börsentag *(m)* exchange day
Börsentransaktion *(f)* exchange business, market dealings
Börsenumsatzsteuer *(f)* transfer duty
Börsenusance *(f)* exchange custom
Börsenwaren *(pl)* exchange goods
Börsenzeit *(f)* exchange hours
Börsenzettel *(m)* daily quotations, stock exchange list, stock list
Botschaft *(f)* embassy
Botschaftsberater *(m)* counsellor of an embassy
Box *(f)* box
Box-Container *(m)* dry cargo container
Boxpalette *(f)* box pallet
Boykott *(m)* boycott
Bracker *(m)* sorter, trier
Brackwasser *(n)* brackish water
Branche *(f)* branch, trade
Brancheimporteur *(m)* specialized import merchant
Branchenadressbuch *(n)* directory
Branchenausstellung *(f)* branch exhibition, branch show
Branchenbuch *(n)* commercial directory, commercial reference book
Branchenmesse *(f)* specialized fair, trade fair
Branchenspezifität *(f)* specific character of branch, specificity of branch
Branchenstatistik *(f)* branch statistics, industry statistics
Brand *(m)* fire
Versicherung gegen Brand *(f)* fire insurance, insurance against fire
Brandgefahr *(f)* fire risk
Brandpolice *(f)* fire policy
Brandrisiko *(n)* risk of fire
Brandrisiko für Reeder *(n)* owner's risk of fire

Brandschaden *(m)* fire damage

Brandversicherungsbeitrag *(m)* fire premium

Brauch *(m)* custom, habit, practice, usance
internationaler Brauch *(m)* international custom

Brauchtumsrecht *(n)* common law, customary law

brechen break, infringe
Bedingungen brechen *(pl)* infringe the conditions
Kontrakt brechen *(m)* transgress a contract, infringe a contract
Vertrag brechen *(m)* break a contract, infringe a contract, violate a contract
Vorschriften brechen *(pl)* infringe the regulations, infringe the law

Breite *(f)* breadth
Breite über alles *(f)* extreme breadth

Breitspurbahn *(f)* broad railway, broad-gauge railway

breitspurig broad gauge
breitspurige Eisenbahn *(f)* broad railway, broad-gauge railway

brennbar combustible, inflammable
brennbares Material *(n)* combustible material, inflammable material

Brief *(m)* letter
Brief adressieren *(m)* address a letter
* eingeschriebener Brief *(m)* registered cover, registered letter
Empfang eines Briefes bestätigen *(m)* acknowledge a receipt of letter, acknowledge a letter
frankierter Brief *(m)* stamped letter, prepaid letter

Briefabschrift *(f)* duplicate letter

Briefkurs *(m)* cheque rate, rate for a cheque

brieflich by letter
briefliche Benachrichtigung *(f)* letter of advice

Briefmarke *(f)* postage stamp
Briefmarke aufkleben *(f)* prepay, stamp

Briefsspediteur *(m)* receiving forwarder

Briefverkehr *(m)* correspondence, mail

Brigade *(f)* brigade

Brigadier *(m)* gangman

bringen bring
an die Seeschiffsseite bringen *(f)* discharge alongside
durch die Zollabfertigungsstelle bringen *(f)* bring through customs, pass through customs
Hilfe bringen *(f)* aid, Hilfe bringen *(f)* assist
Schiff an einen Anlegeplatz bringen *(n)* moor a vessel
zur Versteigerung bringen *(f)* bring under the hammer

Brise *(f)* sea wind

britisch British
britische Auktion *(f)* English auction
britische Tonne *(f)* long ton, shipping ton, United Kingdom ton

Broker *(m)* broker, dealer

Brokerfirma *(f)* brokerage house

Brokerhaus *(n)* brokerage house

Brokerskredit *(m)* broker's credit

Brokertätigkeit *(f)* broker's business

Brokkenbonifikation *(f)* allowance for breakage, discount for breakage

Broschüre *(f)* book of reference, folder

Bruch *(m)* breach, break, breakage
Bruch der Vereinbarung *(m)* rupture of an agreement
Versicherung gegen Bruch *(f)* insurance against breakage

Bruchrisiko *(n)* breakage risk, risk of breakage

Brücke *(f)* bridge

Brückegebühr *(f)* bridge toll

Brückegeld *(n)* bridge toll

Brückendeck *(n)* navigation bridge deck

Brüssel *(n)* Brussels
Brüsseler Nomenklatur *(f)* Brussels Tariff Nomenclature
Brüsseler Zollwertbegriff *(m)* Brussels definition of value
* Tarifnummer des Brüsseler Zolltarifschemas *(f)* number of the Brussels Nomenclature heading

Brutto *(m)* gross, in the gross
Brutto für Netto *(m)* gross weight for net, gross-net

Bruttobedingungen *(pl)* gross charter, gross terms

Bruttobetrag *(m)* gross amount

Bruttocharter *(m)* gross charter, gross-form charter

Bruttoeinkommen *(n)* gross yield, yield gross

Bruttoeinnahme *(f)* gross receipts, yield gross

Bruttoertrag *(m)* gross receipts, gross revenue, gross yield, income before tax

Bruttofaktor *(m)* gross coefficient

Bruttofracht *(f)* gross freight

Bruttofrachtcharter *(m)* gross charter, gross-form charter

Brutto-für-Netto-Klausel *(f)* gross weight for net clause, gross-net clause

Bruttogewicht *(n)* gross weight, packed weight

Fracht per Bruttogewicht *(f)* freight by weight, freight assessed by weight

Bruttogewichtsfracht *(f)* freight assessed by weight, freight by weight

Bruttoimport *(m)* gross import

Bruttoinlandseinkommen (BNE) *(n)* gross domestic income

Bruttoinlandsprodukt (BIP) *(n)* gross domestic product (GDP)

Bruttokilogramm *(n)* gross kilogram

Bruttokosten *(pl)* gross cost

Bruttoleasing *(n)* gross leasing

Bruttomarge *(f)* gross margin

Bruttonationaleinkommen *(n)* gross national product (GNP), gross national income (GNI)

Bruttopreis *(m)* gross price, long price

Bruttoprodukt *(n)* global product

Bruttorate *(f)* gross rate

Bruttoraumgehalt *(m)* gross capacity, gross register tonnage

Bruttoregistertonne *(f)* brutto register ton

Bruttosatz *(m)* gross rate

Bruttosozialprodukt (BSP) *(n)* gross national product (GNP)

Bruttosozialprodukt zu Marktpreisen (BSP) *(n)* gross national product at market prices

Bruttotonnage *(f)* gross register tonnage, gross registered tonnage, gross tonnage

Bruttotonnengehalt *(m)* gross capacity, gross register tonnage, gross tonnage

Bruttoumsatz *(m)* gross sales

Bruttoverkaufserlös *(m)* gross profit on sales

Bruttoverlust *(m)* gross loss

Buch *(n)* book

Bücher prüfen *(pl)* audit the books, control the books

Bücher verfälschen *(pl)* tamper with the books

* Prüfung der Bücher *(f)* examination of books, inspection of the records

Bucheintragung *(f)* accounting record

buchen book

Fracht buchen *(f)* book cargo, book freight

Frachtraum buchen *(m)* book stowage space

Ladung buchen *(f)* book cargo, book freight, buchen *(f)* book space

Raum buchen *(m)* book space

Bücherrevision *(f)* audit

Bücherrevisor *(m)* certified accountant

Buchführer *(m)* accountant, bookkeeper

Buchführung *(f)* book-keeping

Buchführung halten *(f)* keep records

* Anschreibung in der Buchführung *(f)* entry in the records

Buchführungsexpertise *(f)* audit report

Buchführungsjahr *(n)* company financial year

Buchhaltung *(f)* accounting, accountancy, bookkeeping **2.** accounting office *(us)*, accounts department

Buchhaltungsangaben *(pl)* tax figures

Buchhaltungsbericht *(m)* accounting report

Buchinventur *(f)* bookkeeping

Buchpost *(f)* print

Buchprüfer *(m)* accountant
beeidigter Buchprüfer *(m)* certified public accountant, chartered accountant
Buchprüfung *(f)* book audit
Buchprüfung bei der Luftgesellschaft *(f)* audit of the records held by the airline
Buchprüfung bei der Schifffahrtsgesellschaft *(f)* audit of the records held by shipping company
Buchrevisor *(m)* chartered accountant
vereidigter Buchrevisor *(m)* certified public accountant, chartered accountant
Büchse *(f)* can, tin
Büchsen einmachen *(pl)* can, tin
* **in Büchsen packen** *(pl)* can, tin
Buchstabenverbindung *(f)* logotype
Buchung *(f)* booking, engagement **2.** accounting , posting
Buchung der Fracht *(f)* booking of cargo, freight booking
Buchung der Ladung *(f)* booking of cargo, cargo booking
Buchung der Tonnage *(f)* tonnage booking
Buchungsbestätigung *(f)* booking confirmation, booking note, confirmation of booking, freight contract
Buchungsdaten *(pl)* accounting data
Buchungsfehler *(m)* book-keeping error
Buchungsfrachtvertrag *(m)* booking contract
Buchungsgebühr *(f)* booking fee
Buchungsgeld *(n)* booking fee
Buchungsliste *(f)* booking list
Buchungsnote *(f)* note booking, booking permit, freight contract
Buchungsnummer *(f)* booking number
Buchungsunterlagen *(pl)* accounting documents
Buchungsvermerk *(m)* note booking, booking permit, freight contract
Buchverlust *(m)* book loss
Buchwert *(m)* book value
Budget *(n)* budget
Budget herabsetzen *(n)* cut the budget
Budgetdefizit *(n)* budget deficit, budgetary deficit

Budgetjahr *(n)* budget year, fiscal year
Budgetkürzung *(f)* budget reduction
Budgetplanung *(f)* budget planning
Budgetüberschreitung *(f)* exceeding the budget, excess the budget
Bugrampe *(f)* bow ramp
Bugsierdampfer *(m)* tow
Bugsierdienste *(pl)* tugging services
bugsieren haul, tow
Bugsierungsschlepper *(m)* berthing tug, craft tug, dock tug, harbour tug
Bugsiervertrag *(m)* contract of towage
Bulkcarrier *(m)* bulk cargo ship, bulk freighter, bulker
Bulkladung *(f)* bulk goods
Bulletin *(n)* bulletin, newsletter
Bummelstreik *(m)* labour slowdown, sit-down strike
Bund *(m)* union
Bündel *(n)* bale
in Bündel verpacken *(n)* bundle
Bundesgesetz *(n)* federal statute
Bundesmittel *(pl)* federal funds
Bunker *(m)* bunker
Bunker Adjustment Factor *(n)* bunker adjustment factor, fuel adjustment factor
Bunkerabweichungsklausel *(f)* bunker deviation clause
Bunkerfactor *(m)* bunker adjustment factor
Bunkerfähigkeit *(f)* capacity for bunkers
Bunkerhafen *(m)* refueling port
Bunkerklausel *(f)* bunker clause, bunkering clause
Bunkermanipulationsgebühr *(f)* bunker adjustment charge (BAC)
bunkern bunker
Bunkern *(n)* bunkering
Bunkersausgleichsfaktor *(m)* fuel adjustment factor
Bunkerschiff *(n)* bunkering boat
Bunkerung *(f)* bunkering
Bunkerung des Schiffs *(f)* fueling
* **Zuschlag für Bunkerung** *(m)* bunker adjustment factor

Bunkerzuschlag *(m)* bunker adjustment factor, fuel adjustment factor

Bureau *(n)* office

Bürge *(m)* bondsman, guarantee, warrantor

Haftung des Bürgen *(f)* liability of the guarantor

Bürgebank *(f)* guarantor bank, surety bank

bürgen back a bill

bürgend guaranteeing

bürgender Verband *(m)* guaranteeing association

Bürgerkrieg *(m)* civil war

Aufruhr, Bürgerkrieg und Streik riots, civil commotions and strike

Bürgerkriegsklausel *(n)* civil war clause

Streik, Aufruhr und Bürgerkriegsklausel *(f)* strikes, riots and civil commotions clause

bürgerlich civil

bürgerliche Gesellschaft *(f)* general partnership, partnership

bürgerlicher Vertrag *(m)* civil contract

Bürgerliches Gesetzbuch *(n)* civil code

bürgerliches Recht *(n)* civil law

* **Aufruhr und bürgerliche Unruhen** riots and civil commotions

Gesellschaft bürgerlichen Rechts *(f)* association of persons

Streik, Aufruhr und bürgerliche Unruhen strikes, riots and civil commotions

Bürgschaft *(f)* bail bond, guarantee, guaranty, surety, suretyship

Bürgschaft für einen Betrag leisten *(f)* guarantee a sum

Bürgschaft stellen *(f)* furnish a security, give a guarantee

* **Höchstbetrag der Bürgschaft** *(m)* maximum amount of guarantee

Rücknahme der Bürgschaft *(f)* withdrawal of the power of attorney, withdrawal of a power

wechselseitige Bürgschaft *(f)* counter surety, mutual guarantee

Widerruf der Bürgschaft *(m)* withdrawal of a guarantee

Zurücknahme der Bürgschaft *(f)* revocation of power of attorney, withdrawal of a guarantee

Zurückziehung der Bürgschaft *(f)* withdrawal of a guarantee

Bürgschaftsbescheinigung *(f)* guarantee certificate

Bürgschaftserklärung *(f)* guarantor's undertaking *(CT)*

Bürgschaftskredit *(m)* credit by way bank guarantee

Bürgschaftsleistung *(f)* guarantee document

Einzelsicherheit durch Bürgschaftsleistung *(f)* individual guarantee submitted by a guarantor

Bürgschaftsprovision *(f)* commission on guarantee, guarantee commission, guarantee fee, guaranty fee, security fee

Bürgschaftssumme *(f)* amount of guarantee, guarantee amount

Bürgschaftssystem *(n)* guarantee system

internationales Bürgschaftssystem *(n)* international guarantee system

Bürgschaftsvertrag *(m)* guarantee agreement

Bürgschaftsvertrag kündigen *(m)* cancel the guarantee *(CT)*

Büro *(n)* bureau, office

Bürochef *(m)* head clerk, office manager

Bürokratie *(f)* bureaucracy

Büroleiter *(m)* managing clerk

Bürostunden *(pl)* office hours, opening hours

Bürovorsteher *(m)* head clerk, office manager

Businessplan *(m)* business plan

Buße *(f)* penalty, punishment

Bußgeld *(n)* fine, penalty fees

Buy-Back *(n)* buy-back, pecuniary compensation

C

CAF-Zuschlag *(m)* currency adjustment factor (CAF)
Cargopool *(m)* cargo pool
Carnet *(n)* carnet
 Carnet ATA *(n)* Admission Temporaire Carnet, ATA Carnet
  Ablauf der Gültigkeitsdauer des ATA-Carnets *(m)* expiry of the validity of the carnet ATA
  auf einem Carnet ATA abgefertigte Waren *(pl)* goods admitted under cover of an ATA Carnet
  Bescheinigung in den Carnets ATA *(f)* customs certificates on ATA carnets
  Trennabschnitt eines Carnets ATA *(m)* voucher of an ATA
  Versandverfahren mit Carnet ATA *(n)* ATA-carnet procedure
 Carnet bestätigen *(n)* validate the carnet
 Carnet TIR *(n)* TIR Carnet
  Erledigungsbescheinigungzeugnis des Carnets TIR *(n)* certificate of discharge of the TIR carnet
  Transport mit Carnet TIR *(m)* transport under cover of a TIR carnet, transport operation performed under cover of a TIR carnet
  Trennabschnitt eines Carnets TIR *(m)* counterfoil of TIR carnet, voucher of a TIR
  Verfahren des internationalen Warentransports mit Carnets TIR *(n)* procedure of international transport of goods under cover of TIR carnets
  Vorlage des Carnets TIR *(f)* presentation of a carnet TIR
  Warenmanifest des Carnets TIR *(n)* manifest of the TIR carnet
  Warentransport mit Carnet TIR *(m)* transport under cover of a TIR carnet, transport operation performed under cover of a TIR carnet
  unter Verwendung eines Carnets TIR durchgeführter Transport *(m)* operation under cover of a TIR carnet
 Carnet-TIR-Inhaber *(m)* holder of a TIR Carnet

Carnet-TIR-Umschlagblatt *(n)* cover page of the TIR carnet
 * **Zweitstück des Carnets** *(n)* duplicate of the carnet
Carrier *(m)* freight carrier, transporter
 Carrier frei Carrier ... /benannter Terminal/ *(m)* free carrier ... /named terminal/
 Carrier LASH-Carrier *(n)* lash-type vessel
Carrier-Haulage *(n)* carrier's haulage
Carrierpfandrechtklausel *(f)* carrier's lien clause
Carrierstempel *(m)* carrier's stamp
Cash- and Carry-Klausel *(f)* cash and carry clause
Catering *(n)* catering
CFR ... /benannter Bestimmungshafen/ CFR ... / insert named place of destination/, cost and freight ... /insert named place of destination/
Charakter *(m)* character
 kommerzieller Charakter *(m)* commercial character
 Kleinsendung ohne kommerziellen Charakter *(f)* small consignment of a non-commercial nature
Charter *(m)* charter
 Charter des Schiffes ohne Besatzung *(m)* bare-boat charter, charter by demise
 * **Bareboat-Charter** *(m)* demise charter
 kurzfristiger Charter *(m)* short-term charter
 Laufzeit eines Charters *(f)* charter time
 offener Charter *(m)* open charter
 reiner Charter *(m)* net charter, clean charter
Charteragentorder *(f)* chartering broker's order, steamship agent's order
Charterannullierung *(f)* cancelling
Charterbedingungen *(pl)* conditions of a charter, terms of a charter
Charterbeförderung *(f)* charter operation
Charterdienst *(m)* charter service
Charterer *(m)* charterer
 Agent eines Charterers *(m)* charterer's agent
 Ein- und Ausladekosten für Charterer *(pl)* free on board, net terms
 Haftung des Charterers *(f)* ship's charterer liability, liability of ship's charterer

Verladekosten für Charterer *(pl)* free in
Verladungs- und Entladungskosten für Charterer *(f)* free in and out
Verschiffungs- und Trimmkosten für Charterer *(f)* fob and trimmed
Verschiffungskosten für Charterer *(pl)* net terms, free on board

Chartereroption *(f)* freighter's option

Charterflug *(m)* charter flight

Charterfracht *(f)* charter freight, chartered freight

Charterklausel *(f)* charter-party clause

Charterkonnossement *(n)* charter party bill of lading

Chartermarkt *(m)* charter market

chartern charter
für Fahrt chartern *(f)* charter for a voyage, charter for a trip
für Reise chartern *(f)* charter for a trip, charter for a voyage
für Zeit chartern *(f)* charter on time
Schiff chartern *(n)* charter a ship, charter a vessel

Charterpartie *(f)* charter agreement, charter contract, charter-party, marine charter, sea charter

Charterpartieannullierung *(f)* cancelling

Charterpartieformular *(n)* charter form, charter-party form, form of charter-party

Charterpartieklausel *(f)* charter-party clause

Charterpartiekonnossement *(n)* charter party bill of lading

Chartersatz *(m)* charter rate

Charterschiff *(n)* charter ship

Charterung *(f)* affreightment, chartering
Charterung des ganzen Schiffs *(f)* chartering in full

Charterungauftrag *(m)* chartering order

Charterverkehr *(m)* irregular aerial traffic, irregular air traffic

Charterverladungs- und Löschungsnorm *(f)* rate of loading and discharging

Chartervertrag *(m)* charter agreement, charter contract, charter-party, marine charter
Bareboat-Chartervertrag *(m)* bare boat charter, charter by demise, demise charter
offener Chartervertrag *(m)* open charter

Charterzeit *(f)* charter time

Chauffeur *(m)* driver

Chef *(m)* chief, head manager, manager

Chemikalientanker *(m)* chemical tanker

Chemikalienterminal *(m)* chemicals terminal
flüssiger Chemikalienterminal *(m)* liquid chemicals terminal

chemisch chemical
chemische Zusammensetzung *(f)* chemical compound
chemisches Zusammensetzungsattest *(n)* analysis certificate, composition certificate
chemisches Zusammensetzungszertifikat *(n)* analysis certificate, composition certificate

Chiffre *(f)* code

CIF ... /benannter Bestimmungshafen/ CIF ... /insert named place of destination/, cost, insurance and freight ... /insert named place of destination/

CIF-Agent *(m)* CIF agent

CIF-Import *(m)* import c.i.f.

Cif-Lieferung *(f)* delivery cif

CIF-Preis *(m)* CIF price, quotation c.i.f.
CIF-Preis für Terminkäufe *(m)* CIF forward delivery price

CIM-Frachtbrief *(m)* CIM Document
Elektronischer CIM-Frachtbrief *(m)* Electronic CIM Document

CIP ... /benannter Bestimmungsort/ CIP ... /insert named place of destination/, carriage and indurance paid to ... /insert named place of destination/

clean clean
clean Akkreditiv *(n)* clean letter of credit

Clearing *(n)* clearing, cashless settlement of accounts
bilaterales Clearing *(n)* two-sides clearing, bilateral clearing
einseitiges Clearing *(n)* unilateral clearing
internationales Clearing *(n)* international clearing
mehrmaliges Clearing *(n)* multiple clearing

totales **Clearing** *(n)* total clearing

zweitseitiges Clearing *(n)* two-sides clearing, bilateral clearing

Clearingabkommen *(n)* clearing agreement, clearing arrangement, clearing contract

Clearingagent *(m)* clearing agent

Clearingbank *(f)* clearing bank, settlement bank

Clearingforderung *(f)* clearing claim, clearing debt

Clearinggebühr *(f)* clearing fee

Clearinghaus *(n)* clearing house, clearing office, settlement house

Clearingkonto *(n)* clearing account

Clearingkurs *(m)* clearing rate

Clearingoperation *(f)* clearing operation, clearing transaction

Clearingpreis *(m)* clearing price

Clearingschuld *(f)* clearing debt

Clearingsvertrag *(m)* clearing contract

Clearingverfahren *(n)* clearing

Clearingverkehr *(m)* clearing

Clearingverrechnung *(f)* clearing, clearing settlement

Clearingwährung *(f)* clearing currency

Club *(m)* club

Code *(m)* code

internationaler **Code** *(m)* international code

Übereinstimmung der Codes *(f)* conformity of codes

Codeziffer *(f)* code number

Codierung *(f)* coding

System zur Bezeichnung und Codierung der Waren *(n)* Coding system of the Customs Co-operation Council

Combiterms *(n)* Combination of trade terms with a comprehensive system for coast distribution between seller and buyer, Combiterms

Con-Ro-Schiff *(n)* con-ro ship

Consulting *(n)* consultancy, consulting

Consultingfirma *(f)* consulting firm

Container *(m)* container, cargo transporter, freight container **2.** box

Container auf Platformwagen *(m)* container of flat wagon *(GB)*, container on-flat-car (rail flatcar) *(US)*

Container beladen *(m)* load a container, stuff a container

Container entladen *(m)* unload a container

Container Freight Station *(n)* container freight station (CFS)

Container für flüssiges Massengut *(m)* bulk liquid container

Container für kombinierten Transport *(m)* intermodal container

Container unter Zollverschluss *(m)* container under customs seal

* **40-Fuß-Container** *(m)* 40-foot container

40-Fuß-Containereinheit *(f)* forty foot equivalent unit

beheizter Container *(m)* heated container

Beladen der Container *(n)* stuffing of a container

geschlossener belüfteter Container *(m)* closed vented/ventilated container

Großvolumen-Container *(m)* high cube container

in **Container laden** *(m)* containerise

in **Container packen** *(m)* pack a container

in **Container verladen** *(m)* containerise

in **Container verpacken** *(m)* containerised

interkontinentaler Container *(m)* intercontinental container

intermodaler Container *(m)* intermodal container

ISO-Container *(m)* ISO-container

Kennnummern der Container *(pl)* identifying numbers of containers

leerer Container *(m)* empty container

machinell gekühlter Container *(m)* mechanically refrigerated container

Nummer des Containers *(f)* container's number, container number

Open-Container *(m)* open container

Open-Side-Container *(m)* open-sided container

Open-Top-Container *(m)* open-top container

Reinigung eines Containers *(f)* cleaning of container

Schwerlast-Container *(m)* heavy-duty container

Skelett-Container *(m)* cage frame container

stapelbarer Container *(m)* stackable container

Stapeln von Containern *(n)* stacking of containers

Typ des Containers *(m)* type of container

überdachter Container *(m)* covered container

ventilierter Container *(m)* ventilated container

Volumen des Containers *(n)* volume of a container

vorübergehende Einfuhr von Containern *(f)* temporary importation of containers

wärmeisolierender Container *(m)* heat-insulated container

zugelassener Container *(m)* approved container

zulässige Nutzlast des Containers *(f)* allowable container load

Containeranwenderanalyse *(f)* container user analysis

Containeraußenabmessungen *(pl)* container external dimension

Containerbahnhof *(m)* container depot, container station

Containerbefestigungsvorrichtung *(f)* tie-down

Containerbeschädigung *(f)* container damage

Containerbesitzer *(m)* owner of container

Name des Containerbesitzers *(m)* name of the owner of container

Containerblock *(m)* container block

Containerboden *(n)* container base (CB)

Containerdepot *(n)* container depot, container yard

Containerdienst *(m)* container service

Containerdienstleistungtarif *(m)* container service tariff (CST)

Containerdienst-Tarif *(m)* container service tariff (CST)

Containerentladung *(f)* container unstuffing

Containererfüllung *(f)* container stuffing

containerfähig containernable

Containerfrachtbrief *(m)* container bill of lading

Containerfrachtschiff *(n)* cargo container ship, container cargo ship

Containerfrachtstation *(f)* container freight station (CFS)

Container-Gebühr *(f)* container charge

Containergebühren *(pl)* container dues

Containergröße/-Bauform *(f)* container size/type

Containerhafen *(m)* container port

Containerimportfracht-Manifest *(n)* container import cargo manifest

containerisch container

containerische Ladung *(f)* container cargo, container load

containerisieren containerize

containerisiert containerized

containerisierte Fracht *(f)* containerized cargo, containerized freight

containerisierte Ladung *(f)* containerized cargo

Containerisierung *(f)* containerisation

Containerkahn *(m)* BACO barge container carrier, container barge

Containerkai *(m)* container berth, container dock, container wharf

Containerkonossement *(n)* container bill of lading

Containerkontrolle *(f)* container control

Containerkopf *(m)* container head

Containerkran *(m)* container crane

Containerladeplatz *(m)* container wharf

Containerladung *(f)* container cargo, container load, full container load (FCL)

volle Containerladung *(f)* full container load (FCL), container load

weniger als Containerladung *(f)* less than container load, less-than-carload lot

Containerladungsmanifest *(n)* container manifest

Container-Ladungsverzeichnis *(n)* container manifest

Container-Lager *(n)* depot *(for containers)*

Containerleasing *(n)* container leasing
Containerleasing-Vertrag *(m)* container leasing
Containerleichter *(m)* floating barge container
Containerleistung *(f)* container service
Tarif für Containerleistungen *(m)* container service tariff (CST)
Containerliegeplatz *(m)* container berth
Containerliste *(f)* container list
Containermanifest *(n)* container manifest
Containermarkierung *(f)* marking of a container
Containermarkt *(m)* container market
Containermuster *(m)* container type
Conteinermuster *(n)* container size and type
Containernummer *(f)* container number, container's number
Containernutzung *(f)* container utilization
Container-Operator *(m)* container operator, container transport operator
Containerpackstation *(f)* container freight station (CFS)
Containerpalleteschiff *(n)* container/pallet ship
Containerpark *(m)* container park, fleet of containers
Containerplatz *(m)* container berth
Containerplatzzutailung *(f)* container space
Containerplombe *(f)* container seal
Containerpool *(m)* container pool
Containerrahmen *(m)* container frame
Containerrate *(f)* box rate, container rate
Containerreihe *(f)* container line
Containersatz *(m)* box rate, container rate
Containerschiff *(n)* cell-type container ship, cellular container ship, cellular container vessel, cellular ship, container carrier, container ship, container vessel, full cellular ship
konvertibeles Containerschiff *(n)* convertible container ship
Roll-on/Roll-off-Containerschiff *(n)* roll-on/roll-off vessel

Zellen-Containerschiff *(m)* cellular container vessel, cellular container ship
Containerservice *(m)* container service
Containerspediteur *(m)* container operator
Containerstapel *(m)* container stack, unit load
Containerstaugerüst *(n)* cell guide
Containerstauung *(f)* stuffing
Containerstückgut *(n)* container partload
Containertasche *(f)* document holder
Containerterminal *(m)* container berth, container terminal (CT), container freight station
Containerterminalgebühren *(pl)* container terminal charges
Containertragfähigkeit *(f)* container capacity
durchschnittliche Containertragfähigkeit *(f)* average container load
Containertragwaggon *(m)* container car, container flat waggon
Containertrailer *(m)* container trailer
Containertransport *(m)* container service, container traffic, container transport
Container-Transport-Operator *(m)* container operator, container transport operator
Containertransportsystem *(n)* container transport system (CTS)
Containerumladung *(f)* handling of containers
Containerumschlaganlage *(f)* container handling facility
automatisierte Containerumschlaganlage *(f)* modular automated container handling
Containerumschlagbahnhof *(m)* container yard
Containerunternehmer *(m)* container operator
Containerverkehr *(m)* container traffic, traffic of container
Containerverkehrssystem *(n)* Container Control and Logistics (CCL)

Containerverladung *(f)* containerized shipping

Containerverpackungs-Zertifikat *(n)* container packings certificate

Containerversand *(m)* containerized shipping

Containerverschiffung *(f)* containerized shipping

Containerverwendung *(f)* container use

Containerwagen *(m)* car-container, container car, container car *(US)*, container flat wagon, container wagon *(GB)*

Containerwaggon *(m)* car-container, container car, container car *(US)*, container flat wagon, container wagon *(GB)*

Containerwartezeit *(f)* demurrage of a container

Containerzelle *(f)* cell

Containerzubehör *(n)* container fittings

Containerzug *(m)* container train

Containerzustand *(m)* condition of container

  technischer Containerzustand *(m)* container condition

Controlling *(n)* controlling

Conversion-Marketing *(n)* conversion marketing

Cost-Benefit-Analyse *(f)* cost-benefit analysis (CBA)

Courtage *(f)* agency charges, brokerage

Courtageklausel *(f)* brokerage clause

Courtier *(m)* agent middleman

CPD-Carnet *(n)* CPD carnet

CPT ... /benannter Bestimmungsort/ CPT ... /insert named place of destination/, carriage paid to ... / insert named place of destination/

Crewgröße *(f)* crew size

CTD-Transportdokument *(n)* combined transport document

D

Dachgesellschaft (f) holding, parent company

Dachorganisation (f) headquarters, parent house

DAF-Klausel (f) d.a.f. clause

Damnum (n) damage, loss

Dampferlinie (f) shipping corporation

Dämpfzeit (f) steaming time

DAP ... /benannter Bestimmungsort/ DAP ... /insert named place of destination/, delivered at place ... /insert named place of destination/

Darlehen (n) loan
　Darlehen aufnehmen (n) contract a loan, lend
　Darlehen einräumen (n) accommodate with a loan, accommodate with money
　Darlehen finanzieren (n) finance a loan
　Darlehen gewähren (n) grant a loan
　* besichertes Darlehen (n) secured loan, loan on collateral
　für ein Darlehen Sicherheit leisten guarantee a loan
　gebundenes Darlehen (n) tied loan
　Laufzeit eines Darlehens (f) period of loan
　ungedecktes Darlehen (n) fiduciary loan
　zinsfreies Darlehen (n) interest-free loan, free of interest loan

Darlehensgarantie (f) guarantee of loan

Darlehensgeber (m) borrower, lender, loanee, loan-taker

Darlehenskauf (m) credit buying, purchase on account

Darlehenslaufzeit (f) maturity of loan

Darlehensnehmer (m) borrower, lender, loanee, loan-taker

Darlehensrückzahlung (f) loan redemption, repayment of a loan

Darlehenssicherung (f) surety for a loan

Darlehenstilgung (f) liquidation of loan

Darlehensverpflichtung (f) loan obligation

Darlehensvertrag (m) loan contract

Darleher (m) loaner

Darstellung (f) account
　Darstellung der Tatsachen (f) statement of facts

DAT ... /benannter Terminal im Bestimmungshafen oder am Bestimmungsort/ DAT ... /insert named terminal at port or place of destination/, delivered at terminal ... /insert named terminal at port or place of destination/

Daten (pl) data, particulars

Datenaufbereitung (f) data processing

Datenaustausch (m) data exchange, data interchange

Datenauswertung (f) data analysis

Datenbank (f) data bank, database

Dateneingabe (f) entry of data

Datenerfassungssystem (n) data collection system

Datenfälschung (f) data corruption

Datenschutz (m) data protection

Datenüberprüfung (f) data verification

Datenverarbeitung (f) data processing

Datenverarbeitungsanlage (f) data processing system
　Datenverarbeitungsanlage zur Behandlung der Anmeldungen (f) computerized system for processing declarations

Datenverarbeitungssystem (n) data-processing system
　automatisiertes Datenverarbeitungssystem (n) automatic data-processing system

Datenzuverlässigkeit (f) reliability of data

datieren date

datiert dated
　datierter Wechsel (m) bill payable at a fixed date, fixed bill

Datierung (f) dating

Datum (n) date
　Datum der Annullierung des Vertrags (n) cancelling date
　Datum der Ausschreibung (n) tender date
　Datum der Grenzüberschreitung (n) border crossing date
　Datum der Reklamationsmeldung (n) day of notice of complaint

Datum der Schadensmeldung *(n)* date of loss advice
Datum der Vereinbarung *(n)* date of an agreement
Datum der Zollangabe *(n)* date of acceptance of customs declaration, date of acceptance of entry
Datum des Empfanges *(n)* date of arrival
Datum des Fluges *(n)* date of flight
Datum des Patents *(n)* date of patent, patent date
Datum des Poststempels *(n)* date of postmark
Datum des Sichtvermerks *(n)* date of endorsement
Datum des Vertragsabschlusses *(n)* date of closing of a contract, date of entry into a contract
Datum des Wareneingangs *(n)* date of arrival of goods, date of dispatch of goods
Datum einsetzen *(n)* date
Datum festlegen *(n)* appoint the date, fix the date
Datum und Uhrzeit der Unterrichtung der zuständigen Zollstelle *(n)* date and hour on which the competent office is informed
Datum und Uhrzeit des Beginns des Entladens des Beförderungsmittels *(n)* date and hour of the start of unloading the means of transport
Datum und Uhrzeit des Wareneingangs *(n)* date and time of arrival of goods
Datum und Uhrzeit des Warenversands *(n)* date and time of dispatch of goods
* **Bestätigung des Datums** *(f)* certification of date, authentication of date
gewöhnliches Datum *(n)* ordinary term
mit Datum versehen *(n)* date
Datumsbestätigung *(f)* authentication of date, certification of date
Datumstempel *(m)* date stamp, dating machine
Dauer *(f)* period
Dauer der Gültigkeit *(f)* period of validity, term of validity
Dauer des Verbleibs in der Freizone *(f)* duration of stay in free zone
Dauerausstellung *(f)* permanent exhibition
dauernd current
Dauervisum *(n)* permanent visa

DDP ... /benannter Bestimmungsort/ DDP ... /insert named place of destination/, delivered duty paid ... /insert named place of destination/
DDP-Klausel *(f)* d.d.p. clause
DDU-Klausel *(f)* d.d.u. clause
Deadline *(f)* deadline
Deadweight *(n)* dead-weight (D.W.T.)
Deadweight-Tonnage *(f)* dead-weight cargo capacity
Dealerdiskont *(m)* dealer rebate
Debenture-Zertifikat *(n)* debenture, debenture certificate
Debetnote *(f)* debit advice, debit ticket
debitieren debit
Decalo *(n)* decalo, evaporation, shrinkage
Versicherung gegen Decalo *(f)* insurance against shrinkage, shrinkage insurance
Decalorisiko *(n)* shrinkage risk
Deck *(n)* deck
an Deck Konnossement *(n)* on deck bill of lading
Last unter Deck *(f)* inboard cargo, under-deck cargo
sehr gefährliche Güter, die nur auf Deck verladen werden dürfen *(pl)* dangerous deck
Deckadresse *(f)* accommodation address, cover address
Deckel *(m)* cover
decken cover
Ausgaben decken *(pl)* recover expenses, cover the expenses, defray the costs
Bedürfnisse decken *(pl)* satisfy wants
Defizit decken *(n)* cover a deficit
Kosten decken *(pl)* cover the costs, cover the expenses
Risiko decken *(n)* cover a risk
Schuld decken *(f)* cover a debt
Deckfrachtversicherung *(f)* deck-cargo insurance, insurance on deck cargo good
Deckgut *(n)* deck cargo
Deckladung *(f)* deck cargo, on-deck cargo
Deckladungsklausel *(f)* deck cargo clause
Decklasttarif *(m)* deck cargo rate

Decklastversicherung *(f)* insurance on deck cargo load

Decklinie *(f)* deck line

Deckung *(f)* cover
  Deckung des Akkreditivs *(f)* cover of a letter of credit
  Deckung des Wechsels *(f)* bill cover, cover for a bill
  * **Akzept ohne Deckung** *(n)* uncovered acceptance
  keine Deckung *(f)* no funds
  ohne Deckung *(f)* insufficient funds *(written on the dishonoures cheque)*
  Scheck ohne Deckung *(m)* dud cheque, kite cheque
  Wechsel ohne Deckung *(m)* uncovered acceptance, uncovered bill

Deckungsakzept *(n)* collateral acceptance

Deckungsbestätigung *(f)* cover note
  Deckungsbestätigung eines Schecks *(n)* certification of cheque

Deckungsnote *(f)* cover note, covering note, insurance binder, insurance broker's cover note

Deckungsschutz *(m)* cover, coverage

Deckungssumme *(f)* cover sum

Deckungsübernahme *(f)* acceptance of cover

Deckungswechsel *(m)* bill of exchange of security, guarantee bill

Deckungszusage *(f)* cover note, covering note, insurance broker's cover note

Deckverladung *(f)* lodading on deck

Deckzubehör *(n)* deck fittings

Decortfranchise *(f)* deductible average, excess-of-loss insurance

defekt unsound

Defekt *(m)* defect, flaw

defect damaged
  defekte Ware *(f)* damaged merchandise, unsound merchandise

Definition *(f)* definition

Defizit *(n)* brack, deficiency, deficit, shortage
  Defizit decken *(n)* cover a deficit
  Defizit des Außenhandels *(n)* foreign trade deficit
  * **steigendes Defizit** *(n)* rising deficit

Defizitausgleich *(m)* making good a deficit

Defizitware *(f)* commodity in short supply, scarce commodity

Deflation *(f)* deflation

Defraudation *(f)* defalcation, embezzlement

degressiv degressive
  degressiver Tarif *(m)* tapering rates

De-jure-Anerkennung *(f)* de jure recognition, legal recognition

Deklaration *(f)* declaration, statement
  Deklaration abgeben *(f)* declare, enter
  Deklaration ausfüllen *(f)* complete the return
  Deklaration der unverzollbaren Güter *(f)* entry for free goods
  Deklaration des Versenders *(f)* shipper's declaration
  Deklaration vorlegen *(f)* make a declaration
  * **Art der Deklaration** *(f)* declaration type *(arrivals/dispatches)*
  Ausfüllen einer Deklaration *(n)* making of declaration
  schriftliche Deklaration *(f)* written declaration

Deklarationsformular *(n)* declaration form

Deklarationsnummer *(f)* entry number

Deklarationszwang *(m)* duty to file return

deklarieren declare, enter

deklariert declared
  deklarierte Ladung *(f)* declared cargo
  deklarierter Zollwert *(m)* declared value

Dekort *(m)* decort

Delegation *(f)* official trip

Delkredere *(n)* del credere, suretyship

Delkredereagent *(m)* del credere agent

Delkrederekommissionär *(m)* del credere commission merchant

Delkrederekommittent *(m)* del credere consigner

Delkredereprovision *(f)* del credere commission, surety commission

Delkredererisiko *(n)* del credere risk

Demonstrationsmodell *(n)* display sample

Demurrage *(f)* lay-days, lay-time

Demurrage-Klausel *(f)* demurrage clause

Depalettisierung *(f)* depalletizing

Departement *(n)* department

Deplacementstonne *(f)* displacement ton

Deponent *(m)* depositor

deponieren deposit, place on deposit

Depositeninhaber *(m)* depositor

Depositenkonto *(n)* deposit account

Depositenschein *(m)* bond of security, certificate of deposit, letter of deposit, letter of hypothecation

Depositum *(n)* bailment, lodgement

Deposit-Währungs-Verhältnis *(n)* deposit-currency ratio

Depositwechsel *(m)* deposit bill

Depositzertifikat *(n)* deposit certificate
    Indossament des Depositenzertifikats *(n)* indorsement of deposit receipt

Depot *(n)* depot

Depotquittung *(f)* certificate of deposit, deposit certificate, letter of deposit

Depotschein *(m)* bailee receipt, certificate of deposit, deposit certificate, warehouse receipt, warehouse warrant

Depotschiff *(n)* depot ship

DEQ-Klausel *(f)* d.e.q. clause

Deratisation *(f)* deratization, deratting

Derogationsklausel *(f)* derogatory clause, overriding clause

derzeitig actual, current

Desinfektion *(f)* disinfection

Desinfektionsattest *(n)* certificate of disinfection, disinfection certificate

Desinfektionsbescheinigung *(f)* certificate of disinfection, disinfection certificate

Desinfektionszeugnis *(n)* certificate of disinfection, disinfection certificate, extermination of vermin certificate

desinfizieren disinfect

Desk-Research *(n)* desk research

Destinationort *(m)* final point, point of destination

Detail *(n)* detail

Detailbericht *(m)* detailed report, detailed statement

Detailgeschäft *(n)* retail shop, retail store

Detailindex *(m)* index of consumer prices, retail index, retail price index (RPI)

detaillieren enumerate, specify

detailliert detailed, specified
    detaillierte Berechnung *(f)* detailed calculation
    detaillierte Beschreibung *(f)* detailed description
    detaillierte Daten *(pl)* detailed data, particulars
    detaillierte Liste *(f)* detailed list, detailed specification, specified list
    detaillierte Preisliste *(f)* detailed price-list
    detaillierte Vorschriften *(pl)* specific rules
    detaillierter Bericht *(m)* detailed report, detailed statement
    detailliertes Verzeichnis *(n)* detailed list, detailed specification

Detailplanung *(f)* detail planning

devaluieren depreciate, devaluate
    Währung devaluieren *(f)* devaluate currency

Deviation *(f)* deviation

Devisen *(f)* foreign currency
    Ausfuhr von Devisen *(f)* currency export
    freie Devisen *(pl)* convertible currency, free currency
    Knappheit an Devisen *(f)* shortage of foreign currency
    Verkauf von Devisen *(m)* sale of foreign exchange
    Zuteilung von Devisen *(f)* exchange allowance, allotment of currency

Devisenabfertigungen *(pl)* currency control measures

Devisenarbitrage *(f)* currency arbitrage, exchange arbitration

Devisenbank *(f)* foreign exchange bank

Devisenbarriere *(f)* currency barrier

Devisenbescheinigung *(f)* currency certificate

Devisenbeschränkungen *(pl)* blockage of exchange, control of exchange, currency restrictions, exchange restrictions, foreign exchange restrictions

Devisenbestand *(m)* currency holdings

Devisenbestimmungen *(pl)* foreign exchange restrictions

Devisenbewirtschaftung *(f)* currency exchange regulation, currency regulations, exchange control, exchange management, foreign exchange control

Devisenbonus *(m)* bonus in foreign exchange, currency bonus

Devisenbörse *(f)* currency market, foreign exchange market

Devisenbroker *(m)* foreign currency operator

Devisenclearing *(n)* exchange clearing

Devisendumping *(n)* currency dumping

Devisenengagement *(n)* foreign exchange commitments

Devisenerklärung *(f)* currency declaration

Devisenerlös *(m)* currency receipts

Devisengebiet *(n)* exchange area, exchange territory

Devisengenehmigung *(f)* currency certificate, exchange authorization, exchange permit

   nachträgliche **Devisengenehmigung** *(f)* currency certificate

Devisengeschäft *(n)* currency contract, currency dealing, currency transaction, exchange operation, exchange transaction, foreign exchange operation, foreign exchange transaction

Devisengesetzgebung *(f)* currency legislation

Devisenhandel *(m)* currency trading, foreign exchange trading

Devisenkauf *(m)* buying of currency

Devisenklausel *(f)* currency clause, exchange clause

Devisenknappheit *(f)* shortage of currency

Devisenkonto *(n)* account in foreign currency

Devisenkontrolle *(f)* currency exchange regulation, currency regulations, exchange control, foreign exchange control

Devisenkurs *(m)* exchange rate, par of exchange, par rate of exchange

   Stabilisation des Devisenkurses *(f)* exchange stabilization, stabilization of exchange

   Unterschied in den Devisenkursen *(m)* difference of exchange, difference in quotation

Devisenkursnotierung *(f)* quotation of exchange rates, quotation of foreign exchange rates

Devisenkurstabelle *(f)* list of foreign exchange, list of stock-exchange quotations

Devisen-Kurszettel *(m)* foreign exchange list

Devisenmangel *(m)* shortage of foreign currency

Devisenmarkt *(m)* exchange market, foreign bill market, foreign exchange market

Devisenmittel *(pl)* currency assets

Devisennotierung *(f)* currency quotation, quotation of exchange rates, quotation of foreign exchange rates

Devisenpolitik *(f)* foreign currency policy

Devisenpreis *(m)* currency price, price in foreign currency

Devisenraum *(m)* exchange area, exchange territory

Devisenrecht *(n)* law of exchange, law of foreign exchange

Devisenregelung *(f)* control of exchange, exchange restrictions

Devisenreserven *(pl)* foreign currency reserves

   internationale Devisenreserven *(pl)* international monetary reserve

Devisenrestriktionen *(pl)* currency restrictions, exchange restrictions

Devisensaldo *(m)* foreign exchange balance

Devisenschmuggel *(m)* currency smuggling

Devisensperre *(f)* exchange embargo

Devisenstraftrecht *(n)* regulations on the punishability of offences against foreign exchange regulations

Devisentransaktion *(f)* exchange operation, exchange transaction, foreign exchange operation, foreign exchange transaction

Devisenüberweisung *(f)* transfer of foreign exchange

Devisenumtausch *(m)* currency exchange, exchange

Devisenverbrechen *(n)* infringement of foreign currency regulations, violation on the exchange regulations

Devisenvergehen *(n)* currency offence, exchange fraud, nfringement of foreign currency regulations

Devisenverkehr *(m)* foreign exchange operation, oreign exchange turnover

Devisenverrechnungsklausel *(f)* multiple currency clause

Devisenverstoß *(m)* contravention of the law of exchange

Devisenvorschriften *(pl)* currency regulations, exchange regulations

Devisenwerte *(pl)* foreign currency assets, foreign exchanges

Devisenzertifikat *(n)* currency certificate, weight certificate

Devisenzuteilung *(f)* allotment of currency, exchange allotment, exchange allowance

Deziliter *(m)* decilitre

Diagnose *(f)* diagnosis

Diagramm *(m)* chart, diagram

Diebstahl *(m)* robbery, theft
Diebstahl der Dokumenten *(m)* stealing of documents, theft of documents
Diebstahl, Beraubung, Nichtauslieferung theft, pilferage and non-delivery, theft, pilferage, non and/or short delivery
Diebstahl, Kleindiebstahl, Nichtauslieferung theft, pilferage and non-delivery
* **Versicherung gegen Diebstahl** *(f)* insurance against theft

Diebstahlsgefahr *(f)* theft risk

Diebstahlsrisiko *(n)* theft risk

Diebstahlsversicherung *(f)* burglary insurance

Dienst *(m)* attendance, handling, service
Dienste erbringen *(pl)* perform services, render services
Dienste leisten *(pl)* perform services, render services
* **bezahlte Dienste** *(pl)* payable services
diplomatischer Dienst *(m)* diplomatic service
technischer Dienst *(m)* technical service

Dienstleistender *(m)* supplier of services

Dienstleistungen *(pl)* provision of services, supply of services
Dienstleistungen im Hafen *(pl)* dock service, port services
* **Einfuhr von Dienstleistungen** *(f)* importation of services
Einfuhr von Waren und Dienstleistungen *(f)* import of goods and services
Empfänger der Dienstleistungen *(m)* beneficiary of the services, recipient of the services
Erbringung von Dienstleistungen *(f)* provision of services, supply of services
Export von Dienstleistungen *(m)* export of services
Export von Gütern und Dienstleistungen *(m)* export of goods and services
Handel in Dienstleistungen *(m)* trade in services, service trade
Marktwert der Dienstleistung *(m)* market value of services
Preis für Dienstleistungen *(m)* cost of the services, price of services
Ursprung der Dienstleistungen *(m)* origin of the services *(VAT)*
Verkauf von Dienstleistungen *(m)* sale of services

Dienstleistungsbereich *(m)* service sector

Dienstleistungshandel *(m)* service trade, trade in services

Dienstleistungssaldo *(m)* invisible trade balance

Dienstleistungstarifvertrag *(m)* service tariff

Dienstleistungsvereinbarung *(f)* servicing agreement
gemeinsame Dienstleistungsvereinbarung *(f)* common servicing agreement

Dienstleistungsverkehr *(m)* movement of services

freier Dienstleistungsverkehr *(m)* free movement of services *(EU)*

Personen-, Waren- und Dienstleistungsverkehr *(m)* movement of persons, goods and services

Dienstleistungsvertrag *(m)* contract for services, contract of service

Dienstleistungtarif *(m)* service charge

Dienstqualität *(f)* quality of services, services quality

Dienstreise *(f)* official tour, official trip

Dienstschluss *(m)* closing time

Dienststempel *(m)* official stamp

Abdruck des Dienststempels *(m)* impression of the stamp

Abdruck des Dienststempels der Bestimmungsstelle *(m)* impression of the stamp of the office of destination

Dienststunden *(pl)* business hours, working hours

Dienstverkehr *(m)* exchange of services

Dienstzuschlag *(m)* service charge

Diesellokomotive *(f)* railway engine

Differentialzoll *(m)* differential duty

Differenz *(f)* difference

akzeptable Differenz *(f)* acceptable difference

Differenzialtarif *(m)* differential tariff, sliding tariff

differenzieren diversify

Differenzierung *(f)* differentiation

Differenzierung der Steuersätze *(f)* differentiation in the rates

Differenzprotokoll *(n)* discrepancy report, protocol of differences

Dimission *(f)* dismission

Dinge *(pl)* things

Klausel so wie die Dinge liegen *(f)* rebus sic stantibus clause, clausula rebus sic stantibus

dinglich tangible

dingliche Sicherheit *(f)* hypothecary security, on mortgage security

dingliche Sicherung *(f)* collateral on property, security on property

Diplomatenladungsmanifest *(n)* diplomatic cargo manifest

Diplomatenmanifest *(n)* diplomatic cargo manifest

diplomatisch diplomatic

diplomatische Beziehungen *(pl)* diplomatic relations

diplomatische Post *(f)* diplomatic mail

diplomatischer Dienst *(m)* diplomatic service

diplomatischer Vertreter *(m)* diplomatic agent

diplomatisches Kuriergepäck *(n)* diplomatic bag

diplomatisches Protokoll *(n)* diplomatic protocol

diplomatisches Recht *(n)* diplomatic law

direkt direct, immediate, through

direkte Adresse *(f)* direct address

direkte Anlage *(f)* direct investment

direkte Arbitrage *(f)* direct arbitrage

direkte Ausfuhr *(f)* direct export, direct exportation

direkte Beförderung *(f)* immediate carriage

direkte Einfuhr *(f)* direct import

direkte Frachtrate *(f)* through freight rate, through rate

direkte Kosten *(pl)* traceable costs

direkte Ladung *(f)* direct shipment, through shipment

direkte Lieferung *(f)* direct delivery, direct shipment

direkte Subvention *(f)* direct subsidy, direct subvention

direkte Umladung *(f)* direct handling

direkte Verbindung *(f)* direct connection, direct traffic, through traffic

direkte Vertretung *(f)* direct representation

direkte Werbung *(f)* direct advertising, direct mail

direkter Austausch *(m)* direct traffic

direkter Eisenbahnfrachtbrief *(m)* railroad through bill of lading

direkter Export *(m)* direct export, direct exportation

direkter Frachtbrief *(m)* direct bill of lading, direct waybill, liner through bill of lading, through waybill

direkter Hafen *(m)* direct port

direkter Hersteller *(m)* immediate producer

direkter Import *(m)* direct Import

direkter Importeur *(m)* direct importer
direkter Kurs *(m)* direct rate of exchange
direkter Reexport *(m)* direct reexport
direkter Schaden *(m)* direct damage
direkter Tarifsatz *(m)* through rate
direkter Transit *(m)* direct transit
direkter Transithandel *(m)* direct transit trade
direkter Verkauf *(m)* direct selling
direkter Verlust *(m)* direct loss
direkter Versand *(m)* direct shipping, through shipment
direktes Exportfaktoring *(n)* export direct factoring
direktes Faktoring *(n)* direct factoring
direktes Franchising *(n)* direct franchising
direktes Importfaktoring *(n)* import direct factoring
direktes Inkasso *(n)* captain's mail collection, direct collection, direct encashment
direktes Konnossement *(n)* direct bill of lading, port-to-port bill of lading, thro' bill of lading, through bill of lading
direktes Leasing *(n)* direct leasing
direktes Schiff *(n)* direct ship
Direktabnehmer *(m)* direct consignee, direct receiver
Direktbeförderung *(f)* direct shipment
Direkteinfuhr *(f)* direct import
Direkteisenbahnfrachtbrief *(m)* railroad through bill of lading
Direkteladung *(f)* direct shipment, through shipment
Direktempfänger *(m)* direct consignee, direct receiver
Direktgarantie *(f)* direct guarantee
Direkthaftung *(f)* direct responsibility
Direktinkasso *(n)* captain's mail collection, direct collection, direct encashment
Direktion *(f)* directoriate, management
Direktkonnossement *(n)* direct bill of lading, port-to-port bill of lading, thro' bill of lading, through bill of lading
Direktlieferung *(f)* direct delivery, direct shipment
Direktmarketing *(n)* direct marketing

Direktor *(m)* director
geschäftsführender Direktor *(m)* executive manager, managing director (MD), general manager (GM)
technischer Direktor *(m)* technical director
Direktroute *(f)* direct route
Direktsatz *(m)* through rate
Direkttransport *(m)* direct traffic, through carriage
Direktverbindung *(f)* direct traffic, through traffic
Direktverkauf *(m)* direct selling, direct transport, through traffic
Direktversand *(m)* direct shipping, through shipment
Direktversicherung *(f)* direct insurance
Disagio *(n)* disaggio, exchange loss, loss on exchange
Disagiogeschäft *(n)* discount transaction
Disagiogeschäften *(pl)* discounting business
Discounttage *(pl)* days on demurrage, discount days
Diskont *(m)* discount
Diskont ohne Regress *(m)* discounting without recourse
* ULD-Diskont *(m)* unit load device discount
Diskontakkreditiv *(n)* discount letter of credit
Diskontbank *(f)* discount bank, discounting bank
Diskontberechnung *(f)* calculation of discount
diskontfähig discountable
Diskontgeschäft *(n)* discount transaction
Diskontgeschaften *(pl)* discounting business
Diskontgrenze *(f)* discount ceiling
diskontieren discount
Rechnung diskontieren *(f)* discount an invoice
Wechsel diskontieren *(m)* get a bill discounted, negotiate a bill, accept a bill for discount, discount a bill

diskontierend discounted
diskontierende Bank *(f)* discount bank, discounting bank
diskontiert discount
diskontierter Wechsel *(m)* bill for discount, bill to be discounted
Diskontierung *(f)* discounting
Diskontierungsfaktor *(m)* discount rate
Diskontkredit *(m)* discount credit, discount lending
Diskontmarkt *(m)* discount market
Diskontpreis *(m)* rebated price
Diskontsatz *(m)* discount rate, discount standard, rate of discount
Diskontsatz senken *(m)* lower the discount rate
* Senkung des Diskontsatzes *(f)* cut in the minimum lending rate
Diskontsatzherabsetzung *(f)* minimum lending rate cut
Diskonttafel *(f)* discount table
Diskontverkauf *(m)* discount sale
Diskontwechsel *(m)* bill for discount, bill to be discounted, discount bill
Diskrepanz *(f)* discrepancy
Diskrepanz zwischen den Daten *(f)* discrepancy between the data
Diskrimination *(f)* discrimination
Diskrimination in der Handelspolitik *(f)* discrimination in the commercial policy
diskriminierend discriminating, discriminatory
diskriminierender Frachttarif *(m)* discriminating freight
diskriminierender Zolltarif *(m)* discriminatory customs tariff
Diskriminierung *(f)* discrimination
protektionistische Diskriminierung *(f)* protectionist discrimination
Diskriminierungspreis *(m)* discriminatory price
Diskriminierungstarif *(m)* discriminatory customs tariff
Dispache *(f)* dispatch, dispatch money, general average adjustment
Dispache aufmachen *(f)* adjust the general average, make an adjustment, settle the general average

* **Aufmachung der Dispache** *(f)* average adjustment, dispatch, general average account
Dispachekosten *(pl)* adjusting charge, adjustment charge
Dispacheur *(m)* average adjuster, average stater
Dispacheurstelle *(f)* adjuster office
Dispatcher *(m)* dispatcher
Disponent *(m)* disposer
Disponent der Ladung *(m)* shipper
Disposition *(f)* instruction, order
Disposition für Spediteur *(f)* letter of instruction
dispositiv optional
dispositives Konnossement *(n)* optional bill of lading
Disqualifikation *(f)* disqualification
Distanzfracht *(f)* distance freight, pro rata freight
Distanzfrachtpreis *(m)* distance rate
Distanzfrachtrate *(f)* distance rate
Distanztarif *(m)* distance tariff
Distribution *(f)* distribution
physische Distribution *(f)* physical distribution
Distributionsfranchising *(n)* product distribution franchising
Distributionskanal *(m)* channel of distribution, marketing channel
Distributionslizenz *(f)* distribution licence (DL)
Distributionsprozess *(m)* marketing process
Distributionsstrategie *(f)* distribution strategy
Distributionsvertrag *(m)* distribution contract
Distributor *(m)* distributor
Disziplin *(f)* discipline
Divergenz *(f)* divergence
Protokoll über Divergenzen *(n)* protocol of differences
Diversifikation *(f)* diversification
Dividende *(f)* dividend
Dividenden ausschütten *(pl)* pay dividends

Dock *(n)* dock
frei Dock *(n)* free at dock, free dock
Preis frei Dock *(m)* price ex dock, delivery dock price
Dockarbeiter *(m)* docker, shoreman
Dockempfangschein *(m)* dock receipt, wharfinger's certificate
Dockgebühr *(f)* dock due
Dockgeld *(n)* dock charge, dockage
Dockierungsklausel *(f)* docking clause
Docking *(n)* docking
Dockkolonne *(f)* pier crew, wharfmen
Docklager *(n)* dock warehouse, port store
Docklagerschein *(m)* dock warrant
Docklohn *(m)* dock charge, dockage
Dockquittung *(f)* dock receipt, quay receipt
Dockschein *(m)* dock receipt, dock warrant, quay receipt
Dockschlepper *(m)* dock-working tug
Dockwarrant *(m)* dock warrant, wharfinger's certificate
Dokument *(n)* deed, document
Dokument anbei *(n)* accompanying document
Dokument anfertigen *(n)* complete a document
Dokumente annehmen *(pl)* collect documents
Dokumente anschließen *(pl)* attach documents, enclose documents
Dokumente aufnehmen *(pl)* accept documents, take documents
Dokument ausfertigen *(n)* draw up a document, execute a document, make out a document, prepare a document
Dokumente aushändigen *(pl)* deliver documents
Dokument ausstellen *(n)* draw up a document, execute a document, make out a document, prepare a document
Dokument beibringen *(n)* exhibit a document, present a document, provide a document
Dokumente der betreffenden Beförderungsart *(pl)* haulier's own documentation
Dokument des kombinierten Transports *(n)* combined transport document, container bill of lading, multimodal transport document

Dokument erstellen *(n)* make out a document, prepare a document
Dokument fälschen *(n)* falsify a document, tamper with a document
Dokumente für Zollzwecke *(pl)* documentation for customs purposes
Dokumente gegen Akzept *(pl)* documents against acceptance
Dokumente gegen Zahlung *(pl)* documents against cash, documents against payment
Dokumente gegen Zahlung bei Sicht *(pl)* documents against payment on presentation
Dokumente gegen Zahlung nach Ankunft des Schiffes *(pl)* documents against payment on arrival of vessel
Dokumente gegen Zahlung nach Schiffsankunft *(pl)* documents against payment on arrival of vessel
Dokumente hinterlegen *(pl)* furnish documents
Dokument legalisieren *(n)* attest a document, legalize a document
Dokument ohne Unterschrift *(n)* unsigned document
Dokument paraphieren *(n)* initial a document
Dokument prüfen *(n)* inspect a document, examine a document
Dokument registrieren *(n)* register a document
Dokumente überbringen *(pl)* deliver documents
Dokument unterzeichnen *(n)* sign a document
Dokument vorbereiten *(n)* prepare a document
Dokument vorlegen *(n)* produce a document
Dokument zur Unterschrift vorlegen *(n)* present a document for signature
Dokument zurückdatieren *(n)* predate a document
Dokumente zurückweisen *(pl)* reject documents
Dokumente zusenden *(pl)* forward the documents, send documents
* abgelaufenes Dokument *(n)* stale document
abhandengekommenes Dokument *(n)* lost document
Akzept gegen Dokumente *(n)* acceptance against documents
amtliches Dokument *(n)* official document

Anfertigung eines Dokumentes *(f)* making out of documents

anliegendes Dokument *(n)* accompanying document

Ausfüllen eines Dokumentes *(n)* completion of a document

Aushändigung der Dokumente *(f)* delivery of documents, surrender of the documents

Ausstellung eines Dokumentes *(f)* issue of document, creation of document

Ausstellungsdatum des Dokumentes *(n)* date of completion of the document

Auszug aus Dokument *(m)* extract from a document

Authentifikation von Dokumenten *(f)* authentication of documents, legalization of documents

authentisches Dokument *(n)* authentic document, original document

begebbares Dokument *(n)* negotiable document

beglaubigtes Dokument *(n)* legalized document, certified document

beiliegendes Dokument *(n)* accompanying document

beschädigtes Dokument *(n)* damaged documents

bescheinigtes Dokument *(n)* autenticated document

Diebstahl der Dokumenten *(m)* stealing of documents, theft of documents

elektronisches Dokument *(n)* electronic document

Empfang der Dokumente *(m)* obtaining of documents

erforderliche Dokumente *(pl)* required documents

 erforderliche Dokumente vorlegen *(pl)* submit documents required

 erforderliches Dokument über die Sicherheit *(m)* required guarantee document

Geld gegen Dokumente *(n)* cash against documents (CAD)

gemeinsame Kontrolle der Waren und Dokumente *(f)* joint control of goods and documents *(customs)*

Herausgabe der Dokumente *(f)* delivery of documents, surrender of the documents

Hinterlegung der Dokumente *(f)* submission of documents

Inkasso gegen Dokumenten *(n)* collection of documents

juristisches Dokument *(n)* judicial document, legal document

Kasse gegen Dokumente *(f)* cash in exchange for documents, payment against documents, cash against documents (CAD)

Klausel „Kasse gegen Dokumente" *(f)* cash against documents clause

Konnossement gegen Dokumente *(n)* bill of lading against documents

Kopie des Dokumentes *(f)* copy of a document

 beglaubigte Kopien des Dokumentes *(pl)* certify copies of document

korrigiertes Dokument *(n)* corrected document

liefern gegen Dokumente *(pl)* deliver against documents

Lieferung gegen Dokumente *(f)* delivery against documents

Menge entspricht dem Dokumente *(f)* quantity vouchered

Negoziierung der Dokumente *(f)* negotiation of documents

notwendiges Dokument *(n)* necessary document

Prüfung der Dokumente *(f)* examination of documents, verification of documents

Rechtmäßigkeit des Dokuments *(f)* legality of a document

Registrierung der Dokumente *(f)* registration of documents

Standardisierung von Dokumenten *(f)* standardization of documents

Stempel auf dem Dokument *(m)* stamp on a document

unbestrittenes Dokument *(n)* questioned document, contested document

ungültiges Dokument *(n)* unvalid document, invalid document

unterschriebenes Dokument *(n)* signed document

unübertragbares Dokument *(n)* non-assignable document, non-negotiable document

validierbares Dokument *(n)* validated document

Verifikation der Dokumente *(f)* verification of documents

Verjährung des Dokuments *(f)* limitation of document

visiertes Dokument *(n)* visaed document
Waren gegen Dokumente liefern *(pl)* deliver goods against documents
Wortlaut des Dokumentes *(m)* phrasing of a document
zahlbar gegen Dokumente *(pl)* payable against documents
Zahlung gegen Dokumente *(f)* payment against documents, cash in exchange for documents, cash against documents (CAD)
zurückdatiertes Dokument *(n)* antedated document
Zustellung der Dokumente *(f)* documents delivery
   Zustellung der Dokumente gegen Akzept *(f)* delivery of documents against acceptance
   Zustellung der Dokumente gegen Zahlung *(f)* delivery of documents against payment
Dokumentakkreditiv *(n)* commercial letter of credit
dokumentär documentary
   dokumentäres Inkasso *(n)* document collection, documentary collection, documentary encashment
   dokumentäres Inkasso mit Bankbürschaft *(n)* collection with bank guarantee, encashment with bank guarantee
   dokumentarisches Akkreditiv *(n)* commercial letter of credit
Dokumentation *(f)* documentation
   technische Dokumentation *(f)* technical documentation
Dokumentausstellungstag *(m)* date of issuance of documents
Dokumentbesitzer *(m)* holder of document
Dokumentenablage *(f)* documents custody, keeping of documents
Dokumentenakkreditiv *(n)* letter of credit
Dokumentenauszug *(m)* extract
Dokumentenempfänger *(m)* receiver of documents, recipient of documents
Dokumentenentwurf *(m)* draft document
Dokumentenfälschung *(f)* document forgery
Dokumenteninkasso *(n)* document collection, documentary collection

Dokumenteninkasso mit Bankgarantie *(n)* collection with bank guarantee, encashment with bank guarantee
* **Zahlungsgarantie für Dokumenteninkasso** *(f)* payment of document collection guarantee
Dokumentenpublikation *(f)* publication of documents
Dokumententratte *(f)* bill with documents attached, documentary bill, documentary draft
Dokumentenverzeichnis *(n)* list of documents
Dokumentenwechsel *(m)* bill with documents attached, documentary bill
Dokumentenzirkulation *(f)* circulation of documents, documents circulation
Dokumentkopie *(f)* duplicate document
Dokumentnummer *(f)* number of a document
Dolmetschen *(n)* interpretation
Domizil *(n)* domicile, payment place, place of payment
Domizilakzept *(n)* domiciled acceptance
domizilieren address, domicile
   Wechsel domizilieren *(m)* make a bill payable at ..., domicile a bill, domiciliate
   Wechsel in der Bank domizilieren *(m)* domicile a bill at the bank
domiziliert addressed
   domizilierter Wechsel *(m)* addressed bill, domicile bill
Domizilklausel *(f)* domiciliary clause
Domizilscheck *(m)* domiciled cheque
Domizilwechsel *(m)* domiciled bill
Doppel *(n)* duplicate, duplicate copy
Doppelakkreditiv *(n)* copy of letter of credit, duplicate letter of credit
Doppelausschreibung *(f)* double auction
Doppelbesteuerung *(f)* double taxation
   internationale Doppelbesteuerung *(f)* international double taxation
Doppelbesteuerungsabkommen *(n)* double taxation treaty

Doppeldeck-Flachpalette *(f)* double-decked pallet

Doppeldeckpalette *(f)* double-deck pallet

Doppelfrachtrate *(f)* double rate, dual freight rate

Doppelkaigeld *(n)* double wharfage

Doppelpreis *(m)* double price, dual price

Doppelquittung *(f)* copy of a receipt

Doppelschrift *(f)* copy, duplicate

Doppelsteuer *(f)* double tax

doppelt double

Doppeltarif *(m)* double column tariff, double tariff

Doppelversicherung *(f)* double insurance

Doppelzolltarif *(m)* double tariff, double-column tariff

Dotation *(f)* dotation, grand-in-aid

Dotierung *(f)* dotation, endowment

Double-Fracht *(f)* double freight

Drahtakkreditiv *(n)* letter of credit opened by cable

Drahtanschrift *(f)* cable address, telegraphic address

Drahtavis *(n)* telegraphic advice

Draufgeld *(n)* advance, advance money, initial payment

draufzahlen give an advance, pay in advance

drehend unfixed

Dreiecksgeschäft *(n)* triangular transaction

Dreieckshandel *(m)* triangular trade, trilateral trade

Dreiecksvertrag *(m)* triangular agreement

dringend urgent

dringende Sendung *(f)* urgent consignment

Dritte *(m)* third party

Haftung für Dritte *(f)* liability for third parties

dritte third

dritte Hypothek *(f)* third mortgage

dritte Person *(f)* third party

dritter Personenhaftung *(f)* third party liability

* **Haftung für dritte Personen** *(f)* liability for third parties

Drittland *(n)* third country

dubios dubios

dubiose Forderung *(f)* doubtful debt

Dumpferlinie *(f)* shipping company, shipping line

Dumping *(n)* dumping

Dumping praktizieren *(n)* practise dumping

* **gegen das Dumping gerichtet** *(n)* anti-dumping

Dumpingausfuhr *(f)* dumping export

Dumpingexport *(m)* dumping export

Dumpingpreis *(m)* dumping price, underprice

Verkauf zu Dumpingpreisen *(m)* selling at dumping prices, slaughter

Dumpingschuld *(f)* dumping debt

Dumpingspanne *(f)* dumping margin

Dumpingverkauf *(m)* selling at dumping prices, slaughter

Dumpingware *(f)* dumping goods, dumping merchandise

Duplikat *(n)* copy, duplicate, duplicate copy

Duplikat des Vertrags *(n)* copy of a contract, counterpart of a deed, duplicate contract

Duplikatfrachtbrief *(m)* consignment note duplicate, copy of consignment note

durch through

durch Akkreditiv zahlen *(n)* pay by a letter of credit

durch die Post *(f)* by post

durch die Zollabfertigungsstelle bringen *(f)* bring through customs, pass through customs

durch Giro übertragen *(n)* transfer by endorsement

durch Indossament übertragbares Konnossement *(n)* bill of lading capable of being transferred by indorsement

durch Indossament übertragen *(n)* transfer by endorse

durch Lizenzverfahren verwaltetes Kontingent *(n)* quota administered through licences

durch Scheck zahlen *(m)* pay by cheque

durch Submission offene Auktion *(f)* award of contracts by competitive tendering, award of contracts by inviting tenders

Durchfahrtsrecht *(n)* right of navigation

Durchfahrtsstation *(f)* transit station
Durchfahrtsverbot *(n)* prohibition of transit
Durchfahrtszoll *(m)* transit duty
Durchfracht *(f)* direct cargo, through cargo, transit freight, transhipment cargo
Durchfrachtgut *(n)* direct cargo, through cargo, transit freight, transhipment cargo
Durchfrachtsatz *(m)* through rate
Durchfuhr *(f)* transit movement, transit transaction
  Freiheit der Durchfuhr *(f)* freedom of transit
  Reisende in der Durchfuhr *(m)* passengers in transit
  statistische Erhebung der Durchfuhr *(f)* transit statistics
  unmittelbare Durchfuhr *(f)* through transit
  Verfahren der Durchfuhr *(n)* transit arrangements
  zollfreie Durchfuhr *(f)* free transit, duty-free transit
Durchfuhrabschnitt *(m)* transit sheet *(CMC)*
Durchfuhrbeschränkung *(f)* restriction on transit
Durchfuhrdeklaration *(f)* transit entry
durchführen carry out
  Auktion durchführen *(f)* conduct an auction, hold an auction
  Kaufvertrag durchführen *(m)* execute a contract of sale
  Lieferung durchführen *(f)* effect a supply, make a delivery
  Zollkontrolle durchführen *(f)* effect the customs control measures, carry out an customs examination
Durchfuhrgut *(n)* goods in transit, transit goods
Durchfuhrladungsmanifest *(n)* transit manifest
Durchfuhrland *(n)* country of transit, transit country
Durchfuhrpapier *(n)* transit document
Durchführung *(f)* implementation
  Durchführung der Veredelungsvorgänge *(f)* completion of the processing operations
  Durchführung des Versandverfahrens *(f)* implementation of the transit procedure

Durchführungsvorschriften *(pl)* implementing provisions
Durchfuhrverkehr *(m)* transit traffic
Durchgang *(m)* pass, passing
Durchgangsbahn *(f)* transit railway
Dürchgangsbegleitschein *(m)* through consignment note, through waybill
Durchgangsfracht *(f)* direct freight, through freight
Durchgangsfrachtsatz *(m)* through freight rate, through rate
Durchgangsgebühr *(f)* transit charge, transit due
Durchgangshafen *(m)* port of transit, transit port
Durchgangslager *(n)* transit store, transit storehouse
Durchgangsland *(n)* country of transit, country traversed
  Reaktion des Durchgangslandes auf die Suchanzeige *(f)* reaction to the country of transit to the enquiry notice
Durchgangsmanifest *(n)* transit manifest
Durchgangsschein *(m)* transit certificate
Durchgangstarif *(m)* direct tariff, through tariff, tariff for the transit of goods, transit tariff
Durchgangsverkehr *(m)* transit traffic
Durchgangsverkehrsklausel *(f)* transit clause
Durchgangsware *(f)* goods in transit, transit goods
Durchgangswarenverzeichnis *(n)* list of goods in transit, list of transit goods
Durchgangszeit *(f)* transit time
Durchgangszollstelle *(f)* customs office en route, office "en route", office of transit
  Änderung der Durchgangszollstelle *(f)* change of office of transit
  fehlende Angabe der Durchgangszollstelle *(f)* absence of any indication of the office of transit
  tatsächliche Durchgangszollstelle *(f)* actual office of transit

Wechsel der Durchgangszollstelle *(m)* change of office of transit

durchgehend through-running

durchgehender Zug *(m)* through train, through-running train

* **einziges, durchgehendes Frachtpapier** *(n)* thro' bill of lading

Durchkonnossement *(n)* through bill of lading, through waybill

durchkreuzt crossed

durchkreuzter Scheck *(m)* invalid cheque

durchlaufend continuous

durchlaufendes Konnossement *(n)* transhipment bill of lading

Durchlieferung *(f)* transit delivery

Durchreisegenehmigung *(f)* transit bill, transit permit

Durchschnitt *(m)* average, mean

durchschnittlich average, on the average

durchschnittliche Containertragfähigkeit *(f)* average container load

durchschnittliche Probe *(f)* average sample

durchschnittliche Qualität *(f)* average quality

durchschnittliche Tara *(f)* average tare

durchschnittlicher Preis *(m)* average price, mean price

durchschnittliches Gewicht *(n)* average weight

durchschnittliches Verkaufsvolumen *(n)* average sales

Durchschnittsgewicht *(n)* average weight

Durchschnittsimportpreisindex *(m)* unit value index of import

Durchschnittskosten *(pl)* average costs

Durchschnittskurs *(m)* average rate, mean rate

Durchschnittspreis *(m)* average price

gewogener Durchschnittspreis *(m)* weighted average price

Durchschnittsqualität *(f)* average quality, middling quality

gute Durchschnittsqualität *(f)* fair average quality

Durchschnittssatz *(m)* average rate, middle rate

Durchschnittswechselkurs *(m)* average exchange rate

Durchsicht *(f)* surveying

technische Durchsicht *(f)* technical inspection, technical survey

Durchsuchung *(f)* search

körperliche Durchsuchung *(f)* personal search

Dutch-Auktion *(f)* Dutch auction

Duty-Free-Shop *(m)* duty-free shop, tax free shop

E

echt authentic, genuine, real
echte Urkunde *(f)* authentic document, original document
echtes Faktoring *(n)* full factoring
echtes Gesundheitszeugnis *(n)* clean certificate of health
echtes Transportdokument *(n)* clean transport document
Echtheit *(f)* authenticity
Echtheit der beigefügten Unterlagen *(f)* authenticity of the accompanying documents, authenticity of the documents attached
* **Kontrolle der Echtheit der Urkunden** *(f)* verification of authenticity of documents
Echtheitsbeweis *(m)* proof of authenticity
Echtheitszertifikat *(n)* certificate of authenticity
E-Commerce *(m)* e-commerce, internet trade
Effekt *(m)* effect, result
Effektenarbitrage *(f)* stock arbitrage
Effektenbörse *(f)* stock exchange, stock market
Effektenmarkt *(m)* securities market
effektiv effective
effektiver Export *(m)* effective export
effektiver Preis *(m)* current price, going price
effektiver Schaden *(m)* actual damage
effektiver Währungskurs *(m)* effective exchange rate
effektives Geschäft *(n)* effective transaction
effektives Nettogewicht *(n)* actual net weight
Effektivgeschäft *(n)* dealing for cash
Effektivität *(f)* effectiveness, efficiency
Effektivlohn *(m)* nominal money, nominal wage
Effektivzollsatz *(m)* effective customs rate
Effizienz *(f)* effectiveness, productivity
Effizienzsteigerung *(f)* enhancement of efficiency
Ehrenmitglied *(n)* honorary member

Eigengewicht *(n)* dead load, net weight
eigenhändig single-handed
eigenhändige Unterschrift *(f)* authentic signature, genuine signature, handwritten signature
Eigenkapital *(n)* own capital
Verhältnis zwischen Fremdkapital und Eigenkapital *(n)* debt-equity ratio
Eigenlast *(f)* weight empty
Eigenmasse *(f)* net mass, net weight
Eigenmittel *(pl)* own funds
Eigenrisiko *(n)* own risk
Eigenschaft *(f)* competence, feature
Eigenschaft von Ursprungswaren *(f)* status of originating products
* **gleich bleibende Eigenschaft** *(f)* constant quality
Eigentum *(n)* ownership, property
geistiges Eigentum *(n)* intellectual property
Schutz des geistigen Eigentums *(m)* protection of intellectual property
gewerbliches Eigentum *(n)* industrial property
Schutz des industriellen Eigentums *(m)* protection of industrial rights, protection of industrial property
Schutz des intellektuellen Eigentums *(m)* protection of intellectual property
Übertragung des Eigentums *(f)* ownership transfer, conveyance of property
Eigentümer *(m)* occupant, owner
Eigentümer der Waren *(m)* owner of goods, possessor of goods
* **gebietsfremder Eigentümer** *(m)* non-resident owner
Risiko des Eigentümers *(n)* owner's risk
Eigentumsbescheinigung *(f)* certificate of ownership, certificate of proprietorship
Eigentumsdelikt *(n)* property crime
Eigentumserwerb *(m)* acquisition of property
Eigentumsrecht *(n)* proprietary right, right of property
geistiges Eigentumsrecht *(n)* intellectual property law
Übergang von Eigentumsrecht *(m)* passage of property, passage of title
Eigentumsrechtsschutz *(m)* protection of property rights

Eigentumstitel *(m)* title, title of ownership

Eigentumsübergang *(m)* passage of property, passage of title

Eigentumsübertragung *(f)* transfer of property

Eigentumsurkunde *(f)* title, title of ownership

Eigentumsvorbehalt *(m)* reservation of title

  Verkauf unter Eigentumsvorbehalt *(m)* qualified sale

Eigentumszertifikat *(n)* certificate of ownership

Eigenverlust *(m)* own damage

Eigenwechsel *(m)* house bill, promissory bill, sola bill

Eigner *(m)* proprietor

Eilbestellung *(f)* urgent order

Eilfracht *(f)* fast goods

Eilgeld *(n)* dispatch, dispatch money

  frei von Eilgeld *(n)* free from dispatch money

  frei-von-Eilgeld-Klausel *(f)* free from dispatch money clause

Eilgut *(n)* fast freight, fast goods

Eilpost *(f)* express mail

Eilsendung *(f)* express shipment, fast freight

Eilzustellung *(f)* express delivery

einbringlich recoverable

  einbringliche Schuld *(f)* recoverable debt

einbringen introduce

  Antrag einbringen *(m)* make an application, submit an application

  Klage einbringen *(f)* put in a claim, lodge a suit

  Zoll einbringen *(m)* introduce a duty

Einbringung *(f)* lodgement, lodging

Einbuße *(f)* damage, prejudice

Eindecker *(m)* one-decker, single-decker

Eindeckschiff *(n)* one-decker, single-decker

Eindockenplan *(m)* docking plan

einfach easy

  einfache Arbitrage *(f)* direct arbitrage

  einfache Qualität *(f)* ordinary quality, standard quality

  einfache Zinsen *(pl)* simple interest

  einfacher Verrechnungsscheck *(m)* generally crossed cheque

  einfaches Akkreditiv *(n)* clean letter of credit, simple letter of credit

  einfaches Inkasso *(n)* clean collection

  einfaches Konnossement *(n)* direct bill of lading

einfassen barrel, cask

Einfluss *(m)* influence

einfordern levy

Einfuhr *(f)* import, importation

Einfuhr und Ausfuhr *(f)* imports and exports

Einfuhren unter Zollverschluss *(pl)* imports in bond

Einfuhr von Dienstleistungen *(f)* importation of services

Einfuhr von Handelswaren *(f)* importation of commercial goods

Einfuhr von Mustern im Zollvormerkverkehr *(f)* temporary duty-free admission of sample

Einfuhr von Rohstoffen *(f)* import of raw materials

Einfuhr von Waren und Dienstleistungen *(f)* import of goods and services

  * abgabenfreie Einfuhr *(f)* duty-free importation

Abkommen über die Einfuhr von Gegenständen erzieherischen, wissenschaftlichen oder kulturellen Charakters *(n)* Agreement on the importation of educational, scientific and cultural materials

Abschöpfung bei der Einfuhr *(f)* import levy *(EU)*

Besteuerung der Einfuhr zur Erzielung von Einnahmen *(f)* taxation of imports for fiscal purposes

direkte Einfuhr *(f)* direct import

endgültige Einfuhr *(f)* permanently import, final importation

gedumpte Einfuhr *(f)* dumping import

indirekte Einfuhr *(f)* indirect import

Kontingentierung der Einfuhr *(f)* quota system for imports, control of imports, import rationing, quantitative regulations of imports

landwirtschaftliche Einfuhr *(f)* agricultural import

nichtkommerzielle Einfuhr *(f)* importation of a non-commercial nature

sichtbare Einfuhr *(f)* merchandise import, visible import, import of commodities

steuerfreie Einfuhr *(f)* import free of duty
subventionierte Einfuhr *(f)* subsidized import
temporäre Einfuhr *(f)* temporary importation
unmittelbare Einfuhr *(f)* direct import
unsichtbare Einfuhr *(f)* invisible importation, invisible Import
vorübergehende Einfuhr *(f)* admission import, conditional import, temporary import, temporary importation
  Bedingungen für die Zulassung zur vorübergehenden Einfuhr *(pl)* conditions of granting of temporary admission
  Land der vorübergehenden Einfuhr *(n)* country of temporary admission, country of temporary importation
  Verfahren der vorübergehenden Einfuhr *(n)* system of temporary admission, temporary importation procedure
vorübergehende Einfuhr von Containern *(f)* temporary importation of containers
vorübergehende Einfuhr unter Zollverschluss *(f)* temporary importation under bond
zollfreie Einfuhr *(f)* free admission, duty-free import, free admission import, free entry, free import, free importation, importation free of duty, imports in bond, duty-free importation
  bedingt zollfreie Einfuhr *(f)* conditional duty-free import
  Genehmigung für die zollfreie Einfuhr *(f)* authorization for duty-free admission
  zollfreie Einfuhr beantragen *(f)* request duty-free admission
Zollsätze bei der Einfuhr *(pl)* customs duties on imports
Zulassung von Behältern zur vorübergehenden Einfuhr ohne Entrichtung der Eingangsabgaben *(f)* temporary admission of containers free of import duties and import taxes
zusätzliche Einfuhr *(f)* complementary import
Waren, deren Einfuhr verboten ist *(pl)* goods whose importation is prohibited
Zeitpunkt der Einfuhr *(m)* date of importation
Einfuhrabgabe *(f)* duty on importation, duty on imports, import charge, import levy, import tax
Einfuhrabgaben *(pl)* import customs duties, import duties
  Einfuhrabgaben unterliegen *(pl)* be chargeable with import duties, be liable to import duties

* Aussetzung von Einfuhrabgaben *(f)* suspension of an import duty
Befreiung von den Einfuhrabgaben *(f)* relief from import duties
  teilweise Befreiung von den Einfuhrabgaben *(f)* partial relief from import duties
Berechnung der Einfuhrabgaben *(f)* determination of amount of import duties
Erlass der Einfuhrabgaben *(m)* remission of import duties
Ermäßigung von Einfuhrabgaben *(f)* reduction of an import duty
Festsetzung der Einfuhrabgaben *(f)* determining import duties
Einfuhrabschöpfung *(f)* import charge, import levy *(EU)*
Einfuhragent *(m)* import agent, import broker, importing agent
Einfuhrantrag *(m)* import application
Einfuhraufschlag *(m)* import surcharge
Einführbarkeit *(f)* release for import
Einfuhrbedingungen *(pl)* import conditions
Einfuhrbeschränkungen *(pl)* import restrictions, restrictions on import
  mengenmäßige Einfuhrbeschränkungen *(pl)* quantitative import restrictions
  quantitative Einfuhrbeschränkungen *(pl)* quantitative restrictions
Einfuhrbesteuerung *(f)* taxation of import
  Erleichterung für die Einfuhrbesteuerung *(f)* tax reduction on imports
Einfuhrbestimmungen *(pl)* import regulations, import rules
Einfuhrbewilligung *(f)* entry permit, implicence, import certificate, import licence, import permit
Einfuhrdeklaration *(f)* bill of entry, customs declaration for Import, declaration inwards, entry inwards, import entry, importation entry
Einfuhreinlage *(f)* import deposit
einführen import
  in einer einzigen Sendung einführen *(f)* import in a single consignment
  in Teilsendungen einführen *(pl)* import by instalments
  vorübergehend einführen import temporarily

einführend importing
 einführendes Land *(n)* importing country
Einführer *(m)* importer
 einziger Einführer *(m)* sole importer, exclusive importer
Einfuhrerklärung *(f)* bill of entry, customs declaration for import
Einfuhrerlaubnis *(f)* general import licence, implicence, import entitlement, import licence, import permit
Einfuhrerleichterung *(f)* bounty of importation
Einfuhrfinanzierung *(f)* import financing, importing financing
Einfuhrfirma *(f)* import firm, import house
Einfuhrformalietaten *(pl)* importation formalities
Einfuhrfreiliste *(f)* free entry list, free list
Einfuhrgebühr *(f)* import fee
Einfuhrgenehmigung *(f)* entry permit, import approval, import authorization
Einfuhrgeschäft *(n)* import deal, import operation, import transaction **2.** import firm, import house
Einfuhrhafen *(m)* port of arrival, port of entry
Einfuhrhandel *(m)* import business
Einfuhrhändler *(m)* agent for importation
Einfuhrkartell *(n)* import ring
Einfuhrkaufmann *(m)* import trader
Einfuhrkontingent *(n)* import contingent, import quota
Einfuhrkontingentierung *(f)* quantitative regulations of imports, quota system for imports
Einfuhrkontrolle *(f)* control of imports, import control
Einfuhrkredit *(m)* import loan
Einfuhrland *(n)* country of Import, country of importation, country of importing, importing country
Einfuhrliste *(f)* import list, list of imports
Einfuhrlizenz *(f)* import certificate
 besondere Einfuhrlizenz *(f)* specific import licence

Einfuhrlizenzregelung *(f)* import licensing regime
Einfuhrlizenzverfahren *(n)* import licensing procedures
Einfuhrmanifest *(n)* inward manifest
Einfuhrmeldung *(f)* entry inwards, importation entry
Einfuhrmitgliedstaat *(m)* member state of importation
Einfuhrmonopol *(n)* import monopoly
Einfuhrnachweis *(m)* evidence of importation
Einfuhrpapier *(n)* certificate of import, document for importation
Einfuhrplan *(m)* import plan, import programme, plan of import
Einfuhrposition *(f)* article of importation, item of import
Einfuhrpreisindex *(m)* import price index
Einfuhrquote *(f)* import contingent, import quota
Einfuhrregelung *(f)* import arrangement, import regulation
 gemeinsame Einfuhrregelung *(f)* common rules for imports
Einfuhrschein *(m)* import approval, import authorization, import certificate
Einfuhrschranke *(f)* import barrier
Einfuhrsperre *(f)* embargo on imports, import embargo
Einfuhrsteuer *(f)* import tax
Einfuhrsubvention *(f)* import bonus
Einfuhrtarif *(m)* import tariff
Einfuhrüberschuss *(m)* excess of importation, excess of imports
Einführung *(f)* import, importation **2.** introduction
 Einführung einer neuen Steuer *(f)* introduction of a new tax
 Einführung einer neuen Technologie *(f)* introduction of new technology
Einführungsbeschränkungen *(pl)* import restrictions

Einfuhrungspreis *(m)* import price, importer price **2.** offering price

Einführungsrabatt *(m)* introductory rebate

Einfuhrverbot *(n)* ban on import, prohibition of import
　Freistellung von den Einfuhrverboten *(f)* waiver of import prohibitions

Einfuhrverfahren *(n)* importation procedure
　vorübergehendes Einfuhrverfahren *(n)* customs procedure of temporary importation, temporary import arrangements, temporary importation procedure

Einfuhrvertrag *(m)* import contract

Einfuhrverzollung *(f)* clearance inwards

Einfuhrware *(f)* import merchandise, import goods
　Quarantäne der Einfuhrwaren *(f)* quarantine of import goods

Einfuhrwarenidentifikation *(f)* identification of imported goods

Einfuhrwarenrechnung *(f)* import invoice

Einfuhrzahlen *(pl)* import figures

Einfuhrzoll *(m)* duty on Import, duty on importation, duty on imports, import duty
　Einfuhrzoll "Null" *(m)* zero rate of import duty *(CCC)*
　* zusätzlicher Einfuhrzoll *(m)* additional import duty

Einfuhrzollschuld *(f)* customs debt on importation

Einfuhrzolltarif *(m)* import tariff

Eingang *(m)* arrival, incoming
　Eingang bestätigen *(m)* acknowledge the receipt
　Eingang der Korrespondenz *(m)* letters arrival, letters incoming
　Eingang der Waren *(m)* entry of goods
　Eingang des Briefwechsels *(m)* letters arrival, letters incoming

Eingangsabgabe *(f)* duty on imports, entrance duty
　Befreiung von den Eingangsabgaben *(f)* exemption from import duties and taxes
　Erstattung der Eingangsabgaben *(f)* repayment of import duties and taxes

Zulassung von Behältern zur vorübergehenden Einfuhr ohne Entrichtung der Eingangsabgaben *(f)* temporary admission of containers free of import duties and import taxes

Eingangsabgabenbefreiung *(f)* relief from import duties

Eingangsabschnitt *(m)* entry sheet *(CMC)*

Eingangsanzeige *(f)* arrival notice, notice of arrival

Eingangsbescheinigung *(f)* notice of delivery, receipt
　Vordruck für die Eingangsbescheinigung *(m)* form of receipt

Eingangsbestätigung *(f)* acknowledgement of receipt, advice of receipt, notice of receipt

Eingangsdatum *(n)* arrival date, arrival day

Eingangsdeklaration *(f)* declaration inwards, import declaration, import entry

Eingangsförmlichkeiten *(pl)* entry operations *(customs)*

Eingangshafen *(m)* port of arrival, port of entry

Eingangsland *(n)* country of entry

Eingangsort *(m)* frontier crossing point, place of entry

Eingangsrechnung *(f)* incoming invoice, purchase invoice

Eingangsregister *(n)* arrival register

Eingangsschifffahrtskonferenz *(f)* homeward conference, inward conference

Eingangsschifffrachtpool *(m)* homeward conference, inward conference

Eingangsstempel *(m)* receipt stamp

Eingangsversand *(m)* interior transit, inward transit

Eingangszoll *(m)* duty in imports, entrance duty

Eingangszollamt *(n)* customs office of importation

Eingangszollstelle *(f)* point of entry

eingefroren frozen

eingeführt imported
　eingeführte Ware *(f)* imported goods
　　Identifizierung der eingeführten Waren *(f)* identification of imported goods

Methoden zur Identifizierung der **eingeführten Waren** *(pl)* methods of identification of imported goods
Marktwert der eingeführten Waren *(m)* market value of imported goods
vorübergehend eingeführte Waren *(pl)* goods temporarily imported, temporarily imported goods
Zollwert eingeführter Waren *(m)* customs value of imported goods
eingehen enter
Verpflichtung eingehen *(f)* contract a liability, incur liability

eingehend incoming
eingehende Beschau der Waren *(f)* detailed examination of goods
eingehende Korrespondenz *(f)* incoming correspondence

eingelöst redeemed
eingelöster Scheck *(m)* paid cheque

eingeschaltet engaged
eingeschaltete Bank *(f)* intermediary bank

eingeschlossen blocked

eingeschränkt restricted
eingeschränktes Akzept *(n)* qualified acceptance
eingeschränktes Angebot *(n)* conditional offer, conditional tender

eingeschrieben registered
eingeschriebener Brief *(m)* registered cover, registered letter

eingetragen registered
eingetragene Marke *(f)* proprietary brand
eingetragener Name *(m)* registered name
eingetragenes Warenzeichen *(n)* registered mark, registered trade mark

Eingreifen *(n)* interference, supporting

einhalten adhere, keep
Ablieferungsfrist einhalten *(f)* meet the delivery term, meet the date of delivery
Abnahmetermin einhalten *(m)* comply with the period of acceptance
Bedingungen einhalten *(pl)* satisfy the conditions, comply with the conditions
Frist einhalten *(f)* observe the time, keep the deadline, keep the term
Gesetz einhalten *(n)* observe the law, obey the law

Lieferfrist einhalten *(f)* meet the delivery term, meet the delivery period, meet the date of delivery
Lieferzeit einhalten *(f)* meet the delivery term, meet the delivery period, meet the date of delivery
Termin einhalten *(m)* keep the term, keep the deadline
Verordnung einhalten *(f)* keep within the regulations, comply with a regulation *(EU)*
Vertrag einhalten *(m)* abide by an agreement, keep a contract

Einhaltung *(f)* fulfillment, observance **2.** stopping
Einhaltung der Regeln *(f)* observance of the regulations
Einhaltung des Rechts *(f)* observance of the law
Einhaltung des Vertrages *(f)* observance of the contract terms
* **Einhaltung des Zollregimes** *(f)* observance of customs procedures
Garantie der Einhaltung des Zollregimes *(f)* guarantee of observance of customs procedures

einheimisch domestic
einheimische Waren *(pl)* domestic goods, home-made goods

Einheit *(f)* unit
äquivalente Einheit *(f)* equivalent unit
internationale Einheit *(f)* international unit
Kosten je Einheit *(pl)* single cost
metrische Einheit *(f)* metric unit
produzierende Einheit *(f)* producer unit
Zwanzig-Fuß-Äquivalente-Einheit *(f)* twenty-foot equivalent unit (containers), 20-footer

einheitlich homogeneous, uniform
einheitliche Pauschalrate *(f)* uniform flat rate
Einheitliche Richtlinien für auf Anfordern zahlbare Garantien (ERAG) *(pl)* Uniform Rules for Demand Guarantees
Einheitliche Richtlinien für Rembourse (ERR 725) *(pl)* Uniform Rules for Bank-to-Bank Reimbursements, Publication 525
Einheitliche Richtlinien für Vertragsgarantien (ERV) *(pl)* Uniform Rules for Contract Guarantees

Einheitliche Richtlinien und Gebräuchen für Dokumentenakkreditive *(pl)* Uniform Customs and Practice for Documentary Credits

Einheitliche Steuervorschriften *(pl)* uniform tax rules

einheitliche Waren *(pl)* homogeneous goods

einheitliche Zollsätze *(pl)* general rates of customs duties

einheitlicher Preis frei Bestimmungsort *(m)* uniform free domicile price

einheitlicher Satz *(m)* single rate

einheitlicher Tarif *(m)* uniform tariff

einheitlicher Transittarif *(m)* uniform transit rate

Einheitliches Handelsgesetz *(n)* Uniform Commercial Code

einheitliches Konnossement *(n)* uniform bill of lading

einheitliches Steuersystem *(n)* unitary tax system

einheitliches Transport-Dokument *(n)* single transport document *(CCC)*

einheitliches Verwaltungsdokument *(n)* single administrative document

Einheitlichkeit *(f)* homogeneity, uniformity

Einheitlichkeit der Papiere *(f)* uniformity in documentation

Einheitlichkeit der Vordrucke *(f)* uniformity of the forms

Einheitsbeleg *(m)* standard document

Einheitsgebühr *(f)* flat fee, uniform charge

Einheitsgewicht *(n)* unit weight

Einheitskurs *(m)* uniform quotation, uniform rate

Einheitspapier *(der Versandanmeldung) (n)* Single Administrative Document (SAD)

Einheitspapier ausfüllen *(n)* complete the SAD

Einheitspapier - BIS *(n)* SAD BIS

Einheitspapier-Ergänzungsvordruck *(m)* copy of the SAD-bis forms, SAD-BIS form

* Ergänzungsvordruck des Einheitspapiers *(m)* SAD-BIS form

Fotokopie des Exemplars Nr. 5 des Einheitspapiers *(f)* photocopy of copy 5 of the SAD

Nummer des Einheitspapiers *(f)* number of the SAD

Registriernummer des Einheitspapiers *(f)* registration number of the SAD

Versandanmeldung auf dem Einheitspapier *(f)* transit declaration on the SAD

zusätzliches Exemplar des Exemplars Nr. 5 des Einheitspapiers *(n)* additional copy of copy 5 of the SAD

Einheitspolice *(f)* standard policy, ticket policy

Einheitssatz *(m)* flat rate, single rate

Einheitszoll *(m)* uniform duty

Einheitszolltarif *(m)* general tariff, single-column tariff

einholen obtain

Akzept einholen *(n)* obtain an acceptance

schiedsgerichtliche Entscheidung einholen *(f)* submit to arbitration, refer to arbitration

einkassieren collect, encash

Wechsel einkassieren *(m)* collect a bill, cash a bill, collect a note

Einkassierung *(f)* encashment

einkaufen buy, make purchase

Waren einkaufen *(pl)* purchase goods

Einkäufer *(m)* acquirer

Einkaufsabteilung *(f)* purchase department, supplies department

Leiter der Einkaufsabteilung *(m)* purchase manager, purchasing manager

Einkaufsagentur *(f)* buying agency, purchasing agency

Einkaufsbuch *(n)* purchases book, purchases ledger

Einkaufsbüro *(n)* buying office, procurement office

Einkaufsdatum *(n)* date of purchase, purchase date

Einkaufskonto *(n)* purchases account

Einkaufsland *(n)* country of purchase

Einkaufsmakler *(m)* buying broker

Einkaufsorder *(f)* purchase order, purchasing order

Einkaufspreis *(m)* buying price, historical cost, purchase price

Einkaufsrechnung *(f)* incoming invoice

Einkaufsrisiko *(n)* purchase risk

Einkaufstag *(m)* date of purchase, purchase date

Einkaufsvertreter *(m)* buying agent, purchase agent

Einkaufsvertretung *(f)* buying agency, purchasing agency

einklarieren clear the ship inward

Einklarierung *(f)* clearance inwards, inward clearance

Einklarierungsattest *(n)* certificate of clearance inwards, inward clearance

Einklärung *(f)* clearance inwards, inward clearance

Einkommensaufteilung *(f)* breakdown of income

Einkommensaustauschverhältnis *(n)* income terms of trade

Einkommenselastizität *(f)* income elasticity

Einkommenselastizität des Außenhandels *(f)* income elasticity of foreign trade

Einkommensteuerbescheid *(n)* income tax assessment

Einkommensumverteilung *(f)* income redistribution

einladen charge, load

Einladen *(n)* discharge

frei Einladen *(n)* free discharge, free in

Einladeplatz *(m)* loading ground

Einladung *(f)* loading in

Einladungsgeschwindigkeit *(f)* shipping speed

Einlage *(f)* deposit, lodgement

langfristige Einlage *(f)* long-term deposit

Einlagensicherungssystem *(n)* deposit guarantee system

Einlagenzertifikat *(n)* trust receipt

Einlagenzinsfuß *(m)* deposit interest rate

einlagern place in a warehouse

in ein Zolllager einlagern *(n)* place in bonded warehouse

Einlagerung *(f)* storage, storing, warehousing

langfristige Einlagerung *(f)* long-term storage, indefinite storage

vorübergehende Einlagerung *(f)* temporary storage, temporary warehousing

vorübergehende Einlagerung von Transitwaren *(f)* temporary storage of transit merchandise

Zeitpunkt der Einlagerung *(m)* date of deposit in the warehouse

Einlagerungsanweisungen *(pl)* store instructions, storing instructions

Einlagerungsgebühr *(f)* shed due, storage

Einlagerungsgewicht *(n)* storage weight

Einlagerungskosten *(pl)* storage costs, warehouse costs

Einlagerungsschaden *(m)* warehouse damage

einlaufend incoming

einlaufendes Schiff klarieren *(n)* clear inwards

einlegen lay

Vorbehalt einlegen *(m)* lodge a reservation

Einleger *(m)* contributor, shareholder

einleitend opening

Einleitung *(f)* introduction, preface

einliefern purvey

Einlieferung *(f)* delivery

Einlieferung abnehmen *(f)* accept a delivery of a shipment, accept a delivery of goods

* Zahlung nach Einlieferung *(f)* cash on delivery

Einlieferungsschein *(m)* bill of sale, certificate of delivery

Einlieferungszeit *(f)* delivery time, period of delivery

einlösen honour

Akzept einlösen *(n)* pay an acceptance, answer an acceptance

Pfand einlösen *(n)* take out of pledge

Scheck einlösen *(m)* obtain a cash from checking, collect a cheque, cash a cheque, encash a cheque

Tratte einlösen *(f)* honour a draft

Verpflichtung einlösen *(f)* perform an obligation

Wechsel einlösen *(m)* honour a bill, answer a bill, retire a bill, meet a bill, encash a bill

Einlösung *(f)* collecting, collection

Einlösung der Tratte verweigern *(f)* refuse to accept a draft, repudiate a draft

Einlösung des Akzepts *(f)* payment of acceptance

Einlösung des Schecks verweigern *(f)* dishonour a cheque, reject a cheque

Einlösung des Wechsels *(f)* honouring of bill, meeting of a bill

Einlösung des Wechsels verweigern *(f)* dishonour a bill by non-acceptance, refuse an acceptance of a bill

Einlösung von Schecks *(f)* encashment of a cheque

Einmalauftrag *(m)* single order

Einmalgeschäft *(n)* non-recurring transaction, single transaction

einmalig single

einmalig gestellte Garantie *(f)* single guarantee

einmalig gestelltes Akkreditiv *(n)* single letter of credit

einmalige Abfindung *(f)* immediate compensation, single indemnity

einmalige Abgabe *(f)* non-recurring duty

einmalige Entschädigung *(f)* immediate compensation, single indemnity

einmaliger Auftrag *(m)* non-repeat order

Einnahme *(f)* collection 2. revenue 3. confiscation, seizure

Besteuerung der Einfuhr zur Erzielung von Einnahmen *(f)* taxation of imports for fiscal purposes

einnehmen take

Ladung einnehmen *(f)* take a cargo, take in cargo, accept a cargo

Einordnung *(f)* classification

Einordnung der Waren in die Zolltarife *(f)* classification of goods under customs tariff

Einpacken *(n)* package, packaging

Einpackung *(f)* package, packaging

einräumen give, grant

Akkreditiv einräumen *(n)* draw a letter of credit, issue a letter of credit, open a letter of credit

Darlehen einräumen *(n)* accommodate with money, accommodate with a loan

Präferenzen einräumen *(pl)* grant preferences

Rabatt einräumen *(m)* discount, allow a discount

Vergünstigung einräumen *(f)* grant an allowance

einreichen file, lay down

Antrag einreichen *(m)* submit an application, lodge an application, make an application

Steuererklärung einreichen *(f)* submit a tax declaration, submit a return

Unterlagen einreichen *(pl)* put in documents

Einreicherbank *(f)* remitting bank

Einreichungsdatum *(n)* lodgement date

Einreihung *(f)* classification

Einreihung in den Gemeischaftlicher Zolltarif *(f)* CCT classification

Einreihung von Waren *(f)* classification of goods, commodity classification

Einreihung von Waren nach der Warennomenklatur des Zolltarifs *(f)* classification of goods according to the customs tariff nomenclature of goods

* **zolltarifliche Einreihung** *(f)* tariff ceiling

tarifliche Einreihung der Waren *(f)* tariff classification of goods

Zolltarifschema für die Einreihung der Waren in die Zolltarife *(n)* Nomenclature for the classification of goods in customs tariff

Einreisegenehmigung *(f)* entry permit

Einreisevisum *(n)* entry visa

einrichten establish

Einrichtung *(f)* agency, association, organization 2. furnishing

Verkauf der Einrichtung *(m)* sale of equipment

technische Einrichtungen *(pl)* technical equipment

Einrufungspreis *(m)* ransom price

einsacken bag, sack

Einsatzkoeffizient *(m)* cost coefficient

Einsatzzeit *(f)* work time

einschachteln box

einschätzen appraise, measure

Einschätzung *(f)* computation, estimate

Einschätzung der Kreditfähigkeit *(f)* credit rating, credit worthiness appraisal

Einschienenbahn *(f)* monorail railway

Einschiffung *(f)* shipment, shipping

Zahlung bei Einschiffung *(f)* cash on shipment

Einschiffungshafen *(m)* loading port, port of embarkation, port of loading, seaport of debarkation

Einschleusungspreis *(m)* sluice price

einschließlich including

einschließlich Zölle *(pl)* including customs duties

Einschlussklausel *(f)* limitation of liability clause

einschneidend radical

einschneidender Preisabbau *(m)* sharp fall in prices, slump in prices

einschränken limit, reduce

Ausgaben einschränken *(pl)* put down one's expenditure

Handel einschränken *(m)* restrict trade

einschränkend restrictive

einschränkendes Indossament *(n)* restrictive endorsement

einschränkendes Konnossement *(n)* bill of lading bearing reservations, dirty bill of lading, foul bill of lading, qualified bill of lading, unclean bill of lading

Einschränkung *(f)* restriction

Einschreibebrief *(m)* registered cover, registered letter

Einschreiben *(n)* entry

Einschreibesendung *(f)* registered letter, registered post

Einschreibung *(f)* entry

einseitig unilateral

einseitiger Vertrag *(m)* unilateral contract

einseitiges Clearing *(n)* unilateral clearing

einsenden forward, send

zum Inkasso einsenden *(n)* send for collection, remit for collection

Einsender *(m)* consignor, sender

Einsenderdisposition *(f)* sender's order, shipper's order

Einspaltentarif *(m)* general tariff, single tariff, single-column tariff

einspaltig single-column

einspaltiger Tarif *(m)* general tariff, single tariff

Einstandssatz *(m)* base rate, basis rate

einstellen suspend

Import einstellen *(m)* stop import

Lieferung einstellen *(f)* stop a delivery, hold up delivery

Zahlung einstellen *(pl)* suspend a payment

Einstellung *(f)* suspense

Einstellung der Kreditierung *(f)* lending stop

Einstellung der Zahlungen *(f)* stoppage of payments, suspension of payments

Einstellung des Verfahrens *(f)* abatement of an action

Einstellungsbedingungen *(pl)* conditions of employment

Einstellungsvertrag *(m)* employment contract, service contract

Einstiegspreis *(m)* reserve price

einstweilig provisional

einstweilige Aufhebung von Zollzugeständnissen *(f)* suspension of tariff concessions

Einteilung *(f)* classification

Einteilung in Klassen *(f)* rating

eintragen put down

Firma eintragen *(f)* register a firm

in das Register eintragen *(n)* register, record

einträglich commercially

Eintragung *(f)* accounting, posting, record, registration

Eintragung der Anmeldung *(f)* registration of the declaration *(CT)*

Eintragung der Gesellschaft *(f)* registration of a company

Eintragung in das Handelsregister *(f)* entry in the trade register

* Anmeldung für die Eintragung einer Marke *(f)* application for registration of the trademark

Bescheinigung über die Eintragung einer Marke *(f)* certificate of registration of trademark

Zollstelle der Eintragung *(f)* office of registration *(CTD)*

Eintragungsbescheinigung *(f)* certificate of registration

Eintragungsnummer *(f)* number of registration, registration number

Eintragungsstaat *(m)* state of registration

Eintragungsstaat des Luftfahrzeugs *(m)* state of registration of the aircraft

Eintragungssteuer *(f)* filing fee, registration tax

Eintragungszertifikat *(n)* certificate of registry, ownership certificate

Eintreffen *(n)* arrival, incoming

Eintreffen der Ware *(n)* arrival of goods, goods arrival

* Avis über das Eintreffen eines Schiffes *(m)* arrival note, advice of arrival, arrival advice

wohlbehaltenes Eintreffen *(n)* safe arrival

zahlbar nach Eintreffen der Ware *(n)* payable on arrival

Eintreibbarkeit *(f)* chargeability

eintreiben call in a debt, charge, collect a debt, enforce, exact, levy, recover

Forderungen eintreiben *(pl)* collect debts

eintreiben Schuld eintreiben *(f)* recover a debt, collect a debt, call in a debt

Eintritt *(m)* entrance

Eintrittsbarriere *(f)* barrier to entry

Eintrittsgeld *(n)* entrance fee, initiation fee, registration fee

Ein- und Ausladekosten für Reeder *(pl)* berth terms

Ein- und Ausladekosten für Charterer *(pl)* free on board, net terms

Eintüten *(n)* bag-filling, sack-filling

Einverständnis *(n)* collusion, conspiracy

Einwand *(m)* objection

Einwanderungsbedingungen *(pl)* immigration requirements

Einwanderungskontrolle *(f)* immigration control

einwandfrei flawless

einwandfreie Qualität *(f)* best quality, choice quality, excellent quality, top quality

Einwegcontainer *(m)* non-returnable container

Einwegpalette *(f)* disposable pallet, single-service pallet

Einwegverpackung *(f)* consumer pack, non-returnable packing, single-trip container (STC)

Einweisung *(f)* introduction, preface

einzahlen effect payment, make payment

auf ein Konto einzahlen *(n)* pay into account

Einzahlung *(f)* payment

volle Einzahlung *(f)* payment in full, full payment

Einzahlungsschein *(m)* payment receipt, receipt for payment

Einzeichnung *(f)* collection, encashment

Einzelfahrt *(f)* simple trip, single voyage

Einzelfertigung *(f)* individual production, job shop production

Einzelhandel *(m)* retail, retail trade

Einzelhandel verkaufen *(m)* sell by retail

Einzelhandelsmarketing *(n)* retail marketing

Einzelhandelspreisindex *(m)* retail index, retail price index (RPI)

Einzelhandelsrabatt *(m)* retail discount

Einzelhandelssystem *(n)* retail trade system

Einzelhandelsverkauf *(m)* retail sales, sale by retail

Einzelherstellung *(f)* individual production, job shop production

einzeln single

einzelne Schritte der Versandanmeldung *(pl)* declaration procedure

einzelne Sicherheitsleistung *(f)* individual guarantee, individual security

einzelner Wert der Gegenstände *(m)* individual value of items

Einzelpolice *(f)* simple policy, single policy

Einzelpreis *(m)* piece price

Einzelproduktion *(f)* individual production, job shop production

Einzelreise *(f)* simple trip, single voyage

Einzelreisecharter *(m)* single-trip charter

Einzelreisechartervertrag *(m)* single charter

Einzelseereise *(f)* simple trip, single voyage

Einzelsicherheit *(f)* individual guarantee, individual security

Einzelsicherheit durch Bürgschaftsleistung *(f)* individual guarantee submitted by a guarantor

Einzelsicherheit durch Sicherheitstitel *(f)* individual guarantee by means of vouchers

Einzelsicherheit in Form der Barsicherheit *(f)* individual guarantee in cash

Einzelsicherheit in Form von Sicherheit-stiteln *(f)* individual guarantee in the form of vouchers

einzelstaatlich national

einzelstaatliche Rechts- und Verwaltungsvorschriften *(pl)* internal rules

Einzelverkauf *(m)* retail, retail sales, retail trade, sale by retail

Einzelverpackung *(f)* inner packing, internal packing

einziehen charge, collect, encash, levy, receive, take

Forderungen einziehen *(pl)* collect one's dues, enforce payment

Fracht einziehen *(f)* collect freight

Kredit einziehen *(m)* cancel a credit

Scheck einziehen *(m)* cash a cheque, encash a cheque, collect a cheque

Steuern einziehen *(pl)* raise taxes

Wechsel einziehen *(m)* cash a bill, collect a note, collect a bill

Zoll einziehen *(m)* exact a duty, collect a duty, levy a duty, charge a duty

Einziehen *(n)* confiscation, seizure

einziehend collecting

einziehende Bank *(f)* collecting bank

Einziehung *(f)* collecting, collection, execution, levy, seizure

Einziehung von Steuern *(f)* collection of taxes, tax levy

Einziehung von Vermögen *(f)* confiscation of property

Einziehungsermäßigung *(f)* authority to collect, authorized to undertake collection

einzig one

einzige Abgangsstelle *(f)* one office of departure

einzige Bestimmungsstelle *(f)* one office of destination

einziger Einführer *(m)* exclusive importer, sole importer

einziger Versandvorgang *(m)* single transit movement

einziges Beförderungsmittel *(n)* single means of transport

einziges, durchgehendes Frachtpapier *(n)* thro' bill of lading, through bill of lading

* **in einer einzigen Sendung einführen** *(f)* import in a single consignment

Einzug *(m)* collection

Einzug einer Tratte *(m)* draft collection

Einzug eines Schecks *(m)* cashing of cheque, collection of a cheque, encashment of a cheque

Einzug von Forderungen *(m)* collection of accounts receivable, collection of debts

* **Scheck zum Einzug übergeben** *(m)* send a cheque for collection

Einzugsgebühren *(pl)* collecting charges, collecting expenditures

Eis *(n)* ice

eisbrechend ice-breaking

eisbrechender Schlepper *(m)* ice-breaking tug

Eisbrecher *(m)* ice-breaker, ice-breaker ship

Eisenbahn *(f)* railway

breitspurige Eisenbahn *(f)* broad railway, broad-gauge railway

Internationale Gesellschaft der Eisenbahnen für Kühltransporte *(f)* Intercontainer-Interfrigo (ICF)

mit der Eisenbahn *(f)* by rail

per Eisenbahn senden *(f)* send by rail, send by railroad

Eisenbahnavis *(n)* railway advice

Eisenbahnbeförderer *(m)* railroad carrier, railway carrier

Eisenbahnbeförderungvertrag *(m)* contract for railroad carriage, contract for railway carriage

Eisenbahnbetrieb *(m)* railway working

Eisenbahnbriefduplikat *(n)* railway receipt

Eisenbahnempfangsschein *(m)* railway receipt

Eisenbahnfähre *(f)* railway ferry, transfer

Eisenbahnfahrplan *(m)* railway schedule

Eisenbahnfahrpreis *(m)* railway fare

Eisenbahnfährverkehr *(m)* rail-ferry traffic

Eisenbahnfahrzeuge *(pl)* railway vehicles, rolling stock

Eisenbahnfracht *(f)* railroad charge, railroad freight, railway cargo, railway charge, railway charges, wagonage

Eisenbahnfrachtbrief *(m)* bill of freight, railroad bill of lading, railroad consignment note, railroad waybill, railway bill of lading, railway consignment note
Eisenbahnfrachtbrief CIM *(m)* bill of freight CIM
Eisenbahnfrachtbrief SMGS *(m)* bill of freight SMGS, railroad bill of lading SMGS
* direkter Eisenbahnfrachtbrief *(m)* railroad through bill of lading
Eisenbahnfrachtführer *(m)* carrier by rail
Haftung des Eisenbahnfrachtführers *(f)* liability of carrier by rail
Eisenbahnfrachtsatz *(m)* railroad rate, railway rate
Eisenbahnfrachtverkehr *(m)* carriage of goods by rail
im Eisenbahnverkehr *(m)* by rail, per railroad
Eisenbahnverkehr internationaler Eisenbahnverkehr *(m)* international rail service
Verfahren des internationalen Eisenbahnverkehrs *(n)* procedure of international transit by rail *(TIF Convention)*
Warenbeförderung im Eisenbahnverkehr *(f)* goods carried by rail
Eisenbahnfrachtvertrag *(m)* contract for railroad carriage, contract for railway carriage
Eisenbahngesellschaft *(f)* railway company
Eisenbahngut *(n)* railroad freight, railway cargo
Eisenbahngütertarif *(m)* freight tariff, rail freight rates
Eisenbahngüterverkehr *(m)* railway freight traffic
Eisenbahninfrastruktur *(f)* rail infrastructure
Eisenbahnkesselwagen *(m)* rail tank car
Eisenbahnkran *(m)* railway crane
Eisenbahn-Kühlwaggon *(m)* refrigerated car, refrigerated van
Eisenbahnlinie *(f)* communication by rail, rail line, railroad line, railway line, railway service

Eisenbahnordnung *(f)* railroad regulations, railway regulations
Eisenbahnspediteur *(m)* railway carting agent, railway forwarding agent
Eisenbahnstrecke *(f)* railroad line, railway line
Eisenbahntarif *(m)* railroad rates, railway tariff
Eisenbahnterminal *(n)* rail terminal, railway terminal
Eisenbahntransport *(m)* carriage by rail, railroad traffic, railway traffic, railway transport
Eisenbahntransportdokument *(n)* rail transport document, railway transport document
Eisenbahntransportschaden *(m)* rail damage, railway damage
Eisenbahntransportverlust *(m)* railroad loss, railway loss
Eisenbahntransportversicherung *(f)* rail carriage insurance, rail transport insurance, rail transportation insurance
Eisenbahnunglück *(n)* railway disaster
Eisenbahnverbindung *(f)* rail connection, train connection
Eisenbahnverkehr *(m)* carriage by rail, rail service, railway carriage
Eisenbahnverkehrsschaden *(m)* rail damage, railway damage, rail forwarding
Eisenbahnverkehrsspedition *(f)* railroad forwarding, railway forwarding
Eisenbahnverwaltung *(f)* railway administration
Eisenbahnwagen *(m)* railway wagon
Nachweis des Gemeinschaftscharakters von Eisenbahnwagen *(m)* proof of Community status of railway wagons
Eisenbahnwaggon *(m)* railway wagon
Eisenbahnwaggon auf Seeschiff *(m)* railway wagon on sea-going vessel
* Kennzeichen des Eisenbahnwaggons *(n)* railway carriage's number
Straßenfahrzeug auf Eisenbahnwaggon *(n)* road vehicle on rail-wagon

eisfrei ice-free
 eisfreier Hafen *(m)* harbour clear of ice, ice-free port
Eisklausel *(f)* ice clause
Eiskühlwagen *(m)* ice rail van
Eislotse *(m)* ice pilot
Eisversorgungsschiff *(n)* ice patrol ship
elastisch elastic, flexible
 elastischer Preis *(m)* elastic price, flexible price
Elastizität *(f)* elasticity
elektronisch electronic
 elektronische Aufbewahrung der Rechnungen *(f)* electronic storage of invoices
 elektronische Berichterstattung *(f)* electronic reporting
 elektronische Datenverarbeitung *(f)* electronic data processing
 elektronische Form *(f)* electronic form
 elektronische Post *(f)* electronic mail, e-mail
 elektronische Registrierung *(f)* electronic registration
 elektronische Unterschrift *(f)* electronic signature
 elektronische Zahlung *(f)* electronic payment
 Elektronischer CIM-Frachtbrief *(m)* Electronic CIM Document
 elektronischer Datenaustausch *(m)* electronic archive of documents
 elektronischer Handel *(m)* internet retailing, internet trade
 elektronischer Zahlungsverkehr *(m)* electronic funds transfer (EFT)
  System des Elektronischen Zahlungsverkehrs *(n)* electronic funds transfer system
 elektronisches Dokument *(n)* electronic document
 elektronisches Zahlungssystem *(n)* electronic payment system
 * Manifest der Luftverkehrsgesellschaft in elektronischer Form *(n)* goods manifest in electronic form
Elementarschaden *(m)* random damage, causality loss
Elevator *(m)* elevator, grain elevator
 frei Elevator *(m)* free alongside elevator
E-Mail *(f)* electronic mail, e-mail
Emballage *(f)* packing

Embargo *(n)* embargo
Embargo auferlegen *(n)* impose an embargo, place an embargo, put an embargo
Embargo aufheben *(n)* lift off the embargo
Embargo belegen *(n)* impose an embargo, place an embargo, put an embargo
Embargo legen *(n)* embargo, lay an embargo
Embargo verhängen *(n)* impose an embargo, place an embargo, put an embargo
* absolutes Embargo *(n)* absolute embargo
Verhängung des Embargos *(f)* imposition of an embargo
Embargoabschaffung *(f)* lifting of embargo
Embargoliste *(f)* embargo list
Embargoverhängung *(f)* implementation of embargo
Emission *(f)* emission, placement
Emissionsprospekt *(m)* offering prospectus
Empfang *(m)* intake, receipt, receiving, reception
 Empfang bestätigen *(m)* acknowledge receipt, receipt
 Empfang der Dokumente *(m)* obtaining of documents
 Empfang der Ladung *(m)* cargo receipt, receipt of cargo
 Empfang der Postsendung *(m)* collecting postal delivery
 Empfang der Ware *(m)* receipt of goods, receiving of goods
 Empfang des Briefes bestätigen *(m)* acknowledge a letter, acknowledge a receipt of letter
 * bei Empfang zahlen *(m)* pay on delivery, pay on receipt
 Datum des Empfanges *(n)* date of arrival
 Kasse bei Empfang *(f)* cash on delivery
 nicht in Empfang genommenes Gut *(n)* uncollected cargo, unreceived cargo
 Tag des Empfangs *(m)* date of incoming, date of arrival
 verspätete Empfang der Ladung *(m)* delayed receipt of cargo
 Vorbereitung für Empfang *(f)* preparation for examination, preparation for acceptance
 zahlbar bei Empfang *(m)* payable on delivery

empfangen receive
Sendungen empfangen (pl) receive consignments
Empfänger (m) addressee
Empfänger der Dienstleistungen (m) beneficiary of the services, recipient of the services
* **Beförderungskosten für Empfänger** (pl) carriage forward
Exemplar für den Empfänger (n) copy for consignee
Fracht zahlt der Empfänger (f) collect freight, freight payable at destination
frei Empfänger (m) free house, free domicile
frei Station des Empfängers (f) free consignee's station
Lieferung an den Empfänger (f) delivery to the consignee
Original für Empfänger (n) original for consignee
portofrei Empfänger (m) franco domicile, free consignee
Preis frei Empfänger (m) free consignee price, free domicile price
Preis frei Lager des Empfängers (m) delivered in store price
Preis portofrei Empfänger (m) free consignee price, free domicile price
zugelassener Empfänger (m) authorised consignee
Empfängeranschlussbahn (f) consignee's railway siding, receiver's railway siding
Empfängerdisposition (f) recipient's order
Empfängeranschlussbahn (f) buyer's siding
frei Empfängeranschlussbahn (f) free buyer's siding
Empfängerlager (n) buyer's warehouse
frei Empfängerlager (n) free at buyer's warehouse, delivered in store
Empfangsanzeige (f) acknowledgement of receipt, advice of acceptance, advice of receipt, notice of collection, notice of receipt
Empfangsbahn (f) destination railway, receiver railway
Empfangsbahnhof (m) consignee's station
frei Empfangsbahnhof (m) free consignee's station
empfangsbereit ready for examination, ready for receiving

Empfangsbereitschaft (f) readiness for receipt, readiness for receiving
Empfangsbescheinigung (f) advice of delivery, inspection certificate, receipt
Empfangsbestätigung (f) acknowledgement of receipt, advice of acceptance, advice of delivery, advice of receipt, notice of collection, notice of receipt, receipt, receipt of delivery, receipt voucher, voucher for receipt
Empfangsdatum (n) date of arrival, date of incoming, date of pick-up, date of receipt
Empfangsdatum des Schreibens (n) date of receipt
Empfangsdatum des Schriftstückes (n) date of receipt of a letter
Empfangshafen (m) port of destination
Empfangskonnossement (n) free alongside bill of lading, received for shipment bill of lading
Empfangsort (m) place of acceptance
Empfangsschein (m) quittance, receipt
Empfangsspediteur (m) break bail agent, receiving forwarder
Empfangsstation (f) delivery point, receiving station
Empfangsstelle (f) receiving station
Empfangszeit (f) time of receipt
Empfangszolldienststelle (f) delivery authority, office of destination
empfehlen recommend
Empfehlung (f) indication, recommendation
Empfehlungsbrief (m) commendatory letter, letter of introduction
Empfehlungsschreiben (n) commendatory letter, letter of introduction
Endabnahme (f) final acceptance
Endbahnhof (m) railroad terminus, railway terminus
Endbestellung (f) all-time order
Endbetrag (m) total amount, total sum
Ende (n) completion, end, finish
Ende der Versicherung (n) end of period of insurance, end of period of coverage

Ende der Warenbeförderung im Ver-sandverfahren *(n)* end of the transit movement the goods
Ende des Steuerzeitraums *(n)* end of the tax period
Endergebnis *(n)* final result
Endfahrt *(f)* out-bound voyage, outward passage
endgültig definite, definitive, final
endgültige Angaben *(pl)* final data
endgültige Antwort *(f)* definitive answer
endgültige Ausfuhr *(f)* definitive exportation, outright exportation
 zur endgültigen Ausfuhr abfertigen *(f)* clear for outright exportation
 zur endgültigen Ausfuhr anmelden *(f)* declare for outright exportation
endgültige Einfuhr *(f)* final importation, permanently import
endgültige Rechnung *(f)* final invoice
endgültige Zölle *(pl)* definitive duties
endgültige Beschluss *(m)* conclusive action, final decision
endgültiger Bordereau *(m)* final waybill
endgültiger Export *(m)* definitive exportation, outright exportation
endgültiger Preis *(m)* closing price, end price
endgültiger Termin für die Einsendung von Angeboten *(m)* deadline for tenders
Endhafen *(m)* last port, port of delivery
Endkalkulation *(f)* final calculation
Endkontrolle *(f)* cut-off procedure, final control
Endlösung *(f)* final solution
Endpreis *(m)* close price, end price
Endprodukt *(n)* final product
Endpunkt *(m)* final destination, final point
Endseereise *(f)* outward trip, voyage out
Endstation *(f)* destination station
Endtermin *(m)* absolute deadline, final date, time limit
Endverbraucher *(m)* final consumer
englisch English
englische Tonne *(f)* long ton, shipping ton, United Kingdom ton
Engroßhandel *(m)* wholesale, wholesale commerce

Engroßverkauf *(m)* wholesale, wholesale selling
Entbindung *(f)* release
 Entbindung von der Pflicht *(f)* release from duty
entdeckt discovered
 entdeckter Fehler *(m)* discovered defect
Enteignung *(f)* expropriation, ouster
Entern *(n)* boarding
Entfernung *(f)* distance
Entfernungstarif *(m)* distance tariff
entgeltlich renumerative
 entgeltliche Zession *(f)* renumerative assignment, renumerative cession
entgegennehmen accept
 Lieferung entgegennehmen *(f)* accept a delivery, take delivery
 Ware entgegennehmen *(f)* accept a delivery, take delivery
Entladebahnhof *(m)* loading station, loading-out station
Entladebuch *(n)* landing book, out-turn report
Entladeflughafen *(m)* airport of unloading
 Name des Entladeflughafens *(m)* name of the airport of unloading
Entladegebiet *(n)* transport-unloading area
Entladegebühr *(f)* discharging charge, unloading charge
Entladegleis *(n)* loading-out siding
Entladehafen *(m)* port of delivery, port of unloading
 benannter Entladehafen *(m)* named port of destination
 frei Entladehafen *(m)* free at port of discharge, free port of destination
 Name des Entladehafens *(m)* name of the port of unloading
Entladekosten *(pl)* discharging expense, landing charge
entladen unlade, unload
 Container entladen *(m)* unload a container
Entladen *(n)* unloading
 Datum und Uhrzeit des Beginns des Entladens des Beförderungsmittels *(n)* date and hour of the start of unloading the means of transport

teilweises Entladen *(n)* partial unloading
vollständiges Entladen *(n)* total unloading
Entladeort *(m)* discharging point, place of discharging, place of disembarkation, unloading point
Entladeplatz *(m)* bulk point, unloading point
Entladepunkt *(m)* point of unlading
Entlader *(m)* dump car, dumping wagon
Entladerampe *(f)* unloading platform
Entladestelle *(f)* bulk point, place of discharging, place of lightening, unloading point
Entladezeit *(f)* unloading time
Entladung *(f)* discharging, unloading, unshipment
automatische Entladung *(f)* automatic discharge
Beendung der Entladung *(f)* completion of discharging
frei Entladung *(f)* free discharging, gratuitous outturn
Güterbestand bei Entladung *(m)* quality landed, condition on landing
Entladungsanzeige *(f)* landing notice
Entladungsbedingungen *(pl)* landed terms
Entladungskosten *(pl)* landing costs
Verladungs- und Entladungskosten für Charterer *(f)* free in and out
Entladungsfrist *(f)* date of unshipment, discharging day, outturn day
Entladungsgeschwindigkeit *(f)* loading out speed, unloading speed
Entladungsort *(m)* discharging point, unloading point
benannter Entladungsort *(m)* named loading place
Entladungstag *(m)* date of discharging, discharge day, disembarkation date
Entladungsverlust *(m)* loss during discharge
Entlassung *(f)* dismisal
lohnlose Entlassung *(f)* release without examination
Entlastungsklausel *(f)* relieving clause

Entlauferlaubnis *(f)* entry permit
Entleihdatum *(n)* issue date
Entlohnung *(f)* consideration
Entlohnung zahlen *(f)* pay a remuneration
Entlöschenanzeige *(f)* notice of expiry
Entlöschung *(f)* discharge
Entlöschung des Schiffes *(f)* discharge of a ship
Entmutigung *(f)* abandonment
Entnahmeauftrag *(m)* order of collection, pick order
Entrattungsschein *(m)* certificate of deratization, deratization certificate, deratting certificate
entrichten defray, discharge, pay, satisfy
Abgaben entrichten *(pl)* pay the duties
Geldbuße entrichten *(f)* pay a penalty
Steuer entrichten *(f)* pay a tax
Zoll entrichten *(m)* pay a duty
Entrichtung *(f)* discharge, paying
Einkommen von der Entrichtung der Steuern *(n)* gross yield
Frist für die Entrichtung des Abgabenbetrags *(f)* time limit for payment of the amount of duty
Tag der Entrichtung *(m)* date of payment, date of maturity
entschädigen grant an allowance
Entschädigung *(f)* indemnity, recompense
Entschädigung
Anspruch auf Entschädigung *(m)* claim for compensation, claim for damages
einmalige Entschädigung *(f)* single indemnity, immediate compensation
Höhe der Entschädigung *(f)* scale of indemnity, scale of compensation
maximale Entschädigung *(f)* maximum indemnity
teilweise Entschädigung *(f)* partial compensation
Versicherungsschutz und Entschädigung *(m)* protection and indemnity
vertragsmäßige Entschädigung *(f)* stipulated damages, contractual indemnity
volle Entschädigung *(f)* full compensation
Entschädigungsanspruch *(m)* claim for compensation, claim for damages
Entschädigungsbetrag *(m)* amount of compensation, amount of damages

Entschädigungsfeststellung *(f)* assessment of damages, fixing the amount of indemnity

Entschädigungsforderung *(f)* claim for compensation, recompense claim

Entschädigungshöhe *(f)* amount of damages, measure of damages

 Festlegung der Entschädigungshöhe *(f)* fixing the amount of indemnity, assessment of damages

Entschädigungssumme *(f)* amount of compensation, amount of damages

Entschädigungsvertrag *(m)* compensation contract, contract on a compensatory basis

entscheiden decide, determine

 Angelegenheit entscheiden *(f)* settle a matter

entscheidend determinative

 entscheidender Faktor *(m)* determinative factor

Entscheider *(m)* decision-maker

Entscheidung *(f)* award, decision

 Entscheidung annullieren *(f)* overrule a decision, rescind a decision

 Entscheidung aufheben *(f)* rescind a decision

 Entscheidung bestätigen *(f)* confirm a decision

 Entscheidung des internationalen Gerichts *(f)* decision of an international court

 Entscheidung des Schiedsgerichts *(f)* decision of a court of arbitration

 Entscheidung fällen *(f)* give a decision

 * abschließende Entscheidung *(f)* definite decision, final action

 Änderung des Entscheidung *(f)* change of decision

 Aufhebung einer Entscheidung *(f)* revocation of the decision, annulment of a decision

 Aussetzung einer Entscheidung *(f)* suspension of enforcement of the decision, stay of enforcement of decision

 Beschleunigung der Entscheidung *(f)* acceleration of decision

 gerichtliche Entscheidung *(f)* decision of a court, action of the court

 rechtskräftige Entscheidung *(f)* final decision, conclusive action

 schiedsrichterliche Entscheidung *(f)* arbitration award

 schiedsgerichtliche Entscheidung einholen *(f)* submit to arbitration, refer to arbitration

 Zustellung der Entscheidung *(f)* delivery of a decision

Entscheidungsänderung *(f)* amendment of the decision

Entscheidungsprozess *(m)* decision process

Entscheidungsrealisierung *(f)* enforcement of decision

Entschiffungshafen *(m)* port of discharge

Entschließung *(f)* award, conclusion

Entschluss *(m)* resolution

Entschlussfassung *(f)* deciding, passing a decision

entschuldbar justifiable

 entschuldbare Abweichung *(f)* excusable deviation

entsprechen correspond

 Anforderungen entsprechen *(pl)* meet the requirements

 Bedingungen entsprechen *(pl)* satisfy the conditions, comply with the conditions

 Beschreibung entsprechen *(f)* answer to the description

 Ersuchen entsprechen *(n)* accept the application

 Muster entsprechen *(n)* be according to sample, conform to the sample

Entstehung *(f)* incurrence

 Entstehung der Zollschuld *(f)* incurrence of a customs debt

  Zeitpunkt der Entstehung der Zollschuld *(m)* date on which the customs debt incurred

entwerten depreciate

 Währung entwerten *(f)* depreciate currency

Entwertung *(f)* debasement, depreciation

 Entwertung des Geldes *(f)* currency depreciation, depreciation of currency

Entwertungsklausel *(f)* depreciation clause, devaluation clause

entwickeln develop

 Absatzmärkte entwickeln *(pl)* develop markets, expand markets

 Außenhandel entwickeln *(m)* promote international trade, expand international trade

Export entwickeln *(m)* expand export
Handel entwickeln *(m)* extend trade
Import entwickeln *(m)* increase import
Entwicklung *(f)* growth
Entwicklung der Häfen *(f)* port development
* **Forschung und Entwicklung** *(f/f)* research
and development
Entwicklungsbank *(f)* development
bank
Entwicklungsstrategie *(f)* growth policy
Entwicklungstempo *(n)* rate of development
Entwurf *(m)* draft, project
Entwurf zustimmen *(m)* approve a project
Entwurfsdokumentation *(f)* project
documentation
entziehen withdraw
Befugnis entziehen *(f)* withdraw an authority,
revoke an authority
Garantie entziehen *(f)* cancel a guarantee,
rescind a guarantee
Kredit entziehen *(m)* withdraw a credit
Vollmacht entziehen *(f)* revoke a power of
attorney
zollamtliche Überwachung entziehen *(f)*
withdraw from customs control
Entziehung *(f)* confiscation, distraint
Entziehung der einfuhrabgabenpflichtigen Ware der zollamtlichen Überwachung *(f)* unlawful removal from customs supervision of goods
Entzug *(m)* withdrawal
Entzug von Kapital *(m)* negative investment
entzündbar flammable
entzündbare Ware *(f)* flammable goods
Enumeration *(f)* enumeration
Enziehung *(f)* collection
Enziehung von Forderungen *(f)* collection
of accounts receivable, collection of debts
erbringen render
Dienste erbringen *(pl)* perform services,
render services
Schadensnachweis erbringen *(m)* delivery
proof of damage
Erbringung *(f)* performance
Erbringung von Dienstleistungen *(f)* provision of services, supply of services

Erdgasterminal *(n)* natural gas terminal
verflüssigter Erdgasterminal *(m)* liquid
natural gas terminal
Erdölgasterminal *(m)* liquid petroleum gas
terminal, LPG terminal
Erdölpreis *(m)* oil price
Erfassung *(f)* accountability, records
Erfindung *(f)* invention
Verkauf der Erfindung *(m)* sale of an invention, vending of an invention
Erfindungsmuster *(n)* example of the
invention
erforderlich prescribed
erforderliche Dokumente *(pl)* required documents
erforderliche Dokumente vorlegen *(pl)*
submit documents required
erforderliche Menge *(f)* required quantity
erforderliche Stempels *(pl)* required stamps
erforderliche Unterschriften *(pl)* required
signatures
**erforderliches Dokument über die
Sicherheit** *(m)* required guarantee document
Erfordernis *(n)* requirement
Erfordernis der Sicherheitsleistung *(n)*
necessity for a guarantee
* **zollamtliche Erfordernisse** *(pl)* customs
requirements
erforschen inspect
Erforschung *(f)* investigation
Erforschung der Absatzwege *(f)* merchandising research
erfroren frostbitten
erfrorene See *(f)* solid sea
erfüllen complete, effect, effectuate, fulfil,
realize
Abkommen erfüllen *(n)* abide by an agreement, adhere to a treaty, keep an agreement
Bedingungen erfüllen *(pl)* fulfil the conditions, meet the conditions
Formalitäten erfüllen *(f)* comply with the
formalities
Kontrakt erfüllen *(m)* carry out a contract,
execute a contract
Lieferung erfüllen *(f)* complete a delivery,
effect a delivery, make a delivery, effect a supply
Plan erfüllen *(m)* fulfil a plan

Vertrag erfüllen (m) carry out a contract, perform a contract, implement a contract, fill a contract, execute a contract

Vertragsbedingungen erfüllen (pl) fulfil the contractual terms

Voraussetzungen erfüllen (pl) meet the conditions, fulfil the conditions

Zollformalitäten erfüllen (pl) go through customs, pass through customs, bring through customs

Erfüllung (f) accomplishment, performance

Erfüllung der Formalitäten (f) carrying out of the formalities

Erfüllung der Förmlichkeiten (f) accomplishment of formalities

Erfüllung der Vertragsbedingungen (f) accomplishment of contract specifications, accomplishment of contract terms

Erfüllung der Zollschuld (f) payment of the customs debt

Erfüllung des Abkommens (f) adherence to an agreement, implementation of an agreement

* Erfüllung der Verbindlichkeit (f) performance of an obligation

Termin der Erfüllung der Verbindlichkeit (m) time for performance of an obligation

Erfüllungsgarantie (f) contract bond

Erfüllungsort (m) place of destination, point of destination **2.** place of fulfillment, place of performance

Erfüllungstermin (m) period of execution of a contract, term of a contract

Erfüllungszeit (f) date of completion

ergänzen complete

ergänzend subsidiary, suplementary

ergänzende Anmeldung (f) supplementary entry (customs)

ergänzende Rechnung (f) supplementary invoice

ergänzender Import (m) complementary import

Ergänzung (f) amendment

Ergänzungsabgabe (f) supplementary levy

Ergänzungsbeitrag (m) additional fee, additional premium

Ergänzungsprotokoll (n) additional protocol, supplementary protocol

Ergänzungsvertrag (m) accessory contract, additional agreement

Ergänzungsvordruck (m) supplementary form

Ergänzungsvordruck des Einheitspapiers (m) SAD-BIS form

* Einheitspapier-Ergänzungsvordruck (m) SAD-BIS form, copy of the SAD-bis forms

Ergebnis (n) effect, result

Ergebnis anfechten (n) attack a result, dispute a result

Ergebnis beanstanden (n) attack a result, dispute a result

Ergebnis der Nachprüfung (n) result of examination, result of verification

Ergebnis der obligatorischen Überprüfung (n) result of the compulsory check

Ergebnis der Prüfung (n) result of examination, result of verification

Ergebnisse der Zollkontrollen (pl) customs control results

* positives Ergebnis (n) positive result

tatsächliches Ergebnis (n) actual result

ergreifen impose

Sanktionen ergreifen (pl) impose the sanctions, apply the sanctions

Erhalt (m) receipt, reception

Erhalt eines Schreibens bestätigen (m) acknowledge a receipt of letter

Erhalt der Ware (m) receipt of goods

zahlbar nach Erhalt der Ware (m) payable on receipt of goods

erhalten received

erhaltene Menge (f) received quantity

erhalten obtain

Bestätigung erhalten (f) take acknowledgment

Bewilligung erhalten (f) obtain an authorization, be granted an authorization

Garantie erhalten (f) receive a guarantee, obtain a guarantee

Genehmigung erhalten (f) obtain a permission, obtain an authorization, be granted an authorization

Konzession erhalten (f) take out a charter

Rabatt erhalten (m) obtain a reduction

Schadensersatz erhalten (m) recover damages

zollamtliche Bestimmung erhalten (f) be assigned a customs-approved treatment or use

Erhaltung *(f)* preservation
Erhaltung der Waren *(f)* preservation of goods
erheben charge, levy **2.** lodge
Anspruch erheben *(m)* lodge a claim
Gebühr erheben *(f)* charge, charge a fee
Honorar erheben *(n)* charge a fee, collect a royalty
Klage erheben *(f)* sue
Protest erheben *(m)* enter a protest, file a protest, lodge a protest
Verbrauchssteuer erheben *(f)* apply an excise to ...
Währungsausgleichsbetrag erheben *(m)* levy a monetary compensatory amount
Zoll erheben *(m)* collect a duty, exact a duty, levy a duty, charge a duty
Zollgebühren erheben *(pl)* levy customs duties
Erheber *(m)* collector, receiver
erheblich essential
Erhebung *(f)* collection, encashment
Erhebung der Steuern *(f)* levy of the taxes, levying of taxes
Erhebung der Zölle aussetzen *(f)* suspend the customs duties
Erhebung des Zollschuldbetrags *(f)* recovery of the amount of the customs debt
Erhebung von Abgaben *(f)* charging of duties
Erhebung von Gebühren *(f)* exaction of dues
Erhebung von Steuern *(f)* levy, collection of taxes
Erhebung von Zinsen *(f)* collection of interest
Erhebung von Zöllen *(f)* collection of dutiable payments, imposition of customs duties, levying of customs duties
* **statistische Erhebung** *(f)* statistical recording
  statistische Erhebung der Ausfuhr *(f)* export statistics
  statistische Erhebung der Durchfuhr *(f)* transit statistics
Erhebungsverfahren *(n)* method of collection
  besonderes Erhebungsverfahren *(n)* special assessment procedure
Erhebungszeitraum *(m)* accounting period, settlement period
erhöhen enhance, increase, level up, raise
Akkreditiv erhöhen *(n)* increase a letter of credit

Besteuerung erhöhen *(f)* raise a taxation
Limit erhöhen *(n)* extend the limit
Preis erhöhen *(m)* bid the price up, level up price
Qualität erhöhen *(f)* upgrade the quality
Steuer erhöhen *(f)* increase taxation
Steuersatz erhöhen *(m)* increase the rate of tax
Tarif erhöhen *(m)* increase a tariff
Zoll erhöhen *(m)* raise a duty
erhöht increased
erhöhter Preis *(m)* advanced price, increased price
erhöhter Satz *(m)* increased rate
Erhöhung *(f)* enhancement, increase, raising, rising, step-up
Erhöhung der Nachfrage *(f)* accretion of demand, increase in demand
Erhöhung der Preise *(f)* advance in price, price advance
Erhöhung der Tarifsätze *(f)* increase of tariff rates, rise of tariff rates
Erhöhung der Zollsätze *(f)* raising of customs duties
Erhöhung des Tarifs *(f)* rise of tariff, rising of tariff
Erinnerungsschreiben *(n)* letter of reminder
Erkennungsnummer *(f)* identification number
Erkennungszeichen *(pl)* identification symbols
erklären declare, make a declaration
Garantie für ungültig erklären *(f)* cancel a guarantee, rescind a guarantee
Konkurs erklären *(m)* declare bankruptcy
Wechsel für ungültig erklären *(m)* cancel a bill
Erklärung *(f)* declaration **2.** interpretation **3.** statement
Erklärung der Zahlungsunfähigkeit *(f)* declaration of insolvency
Erklärung des Ausführers *(f)* exporter's declaration
Erklärung des Gemeinschaftscharakters von Paletten *(f)* declaration of Community status for pallets

Erklärung des Gemeinschaftscharakters von Umschließungen *(f)* declaration of Community status for packaging
Erklärung des Gemeinschaftscharakters von Waren, die von Reisenden mitgeführt werden *(f)* declaration of Community status for passengers accompanied baggage
Erklärung über die persönliche Habe der Besatzung *(f)* crew's effects declaration
Erklärung über die Schiffsvorräte *(f)* ship's stores declaration
* Abgabe einer Erklärung *(f)* submission of a declaration, lodging of a declaration
falsche Erklärung *(f)* fictious declaration
Klage auf Erklärung der Nichtigkeit *(f)* nullity suit
monatliche Erklärung *(f)* monthly return
mündliche Erklärung *(f)* oral declaration
vierteljährliche Erklärung *(f)* quarterly return
Erklärungsvordruck *(m)* declaration specimen, specimen declaration form
Erlass *(m)* discharge, remission
Erlass der Einfuhrabgaben *(m)* remission of import duties
Erlass des Abgabenbetrages *(m)* remission of the amount of duty
erlassen remit
Steuer erlassen *(f)* remit tax
Erlaubnis *(f)* concession, franchise, licence, permission
Erlaubnis für den internationaler Zolltransit *(f)* permission for international customs transit
Erlaubnisurkunde *(f)* written authorisation
erledigen carry out
Formalitäten erledigen *(pl)* carry out the formalities
Erledigung *(f)* settlement
Erledigung der Formalitäten *(f)* settlement of formalities
Erledigung der Zollformalitäten *(f)* fulfillment of customs formalities
Erledigung des aktiven Veredelungsverkehrs *(f)* completion of an inward processing operation
Erledigung des passives Veredelungsverkehrs *(f)* completion of an outward processing operation

Erledigung des Verfahrens *(f)* completion of the procedure, discharge of the procedure
Erledigung unter Vorbehalt *(f)* conditional discharge *(TIR carnet)*
Erledigungsbescheinigungzeugnis *(n)* certificate of discharge
Erledigungsbescheinigungzeugnis des Carnets TIR *(n)* certificate of discharge of the TIR carnet
erleichtern simplify
Förmlichkeiten erleichtern *(pl)* simplify the formalities
Erleichterung *(f)* relief
Erleichterung an der Quelle *(f)* relief at source
Erleichterung für die Einfuhrbesteuerung *(f)* tax reduction on imports
* steuerliche Erleichterung *(f)* tax abatement, tax rebate, tax relief
Erlös *(m)* receipts, revenue
Erlöschen *(n)* expiration
Erlöschen der Bevollmächtigung *(n)* expiration of power, expiration of power of attorney
Erlöschen der Vollmacht *(n)* expiration of power, expiration of power of attorney
Erlöschen der Zollschuld *(n)* extinction of customs debt
Erlöschen des Kontraktes *(n)* ending of a contract, termination of a contract
Erlöschen des Vertrags *(n)* determination of a contract, termination of an agreement
Erlöse *(pl)* receipts, yield
ermächtigen authorize
Ermächtigung *(f)* authority, authorization, power of attorney
allgemeine Ermächtigung *(f)* general power of attorney, general power
Ermächtigungsschreiben *(n)* letter of authority
ermäßigen decrease, squeeze
Kurs ermäßigen *(m)* depress a rate, decrease a rate
Tarif ermäßigen *(m)* lower the tariff, reduce tariff
ermäßigt reduced
ermäßigter Satz *(m)* reduced rate

ermäßigter Steuersatz *(m)* reduced rate of tax
ermäßigter Zinssatz *(m)* concessionary interest rate, soft lending rate
Ermäßigung *(f)* allowance, cut, reduction
Ermäßigung gewähren *(f)* give relief
Ermäßigung von Einfuhrabgaben *(f)* reduction of an import duty
* **Auktion mit allmählicher Ermäßigung** *(f)* Dutch auction
ULD-Ermäßigung *(f)* ULD discount
Ermäßigungsgewährung *(f)* granting of relief
ermitteln determine
Zuwiderhandlungen gegen die Zollgesetze ermitteln *(pl)* investigate contraventions of customs law
Ermittlung *(f)* inquiry, investigation
Ermittlungen anstellen *(pl)* conduct inquiries
Ermittlung von Zuwiderhandlungen gegen die Zollgesetze *(f)* investigation of contraventions of the customs law
* **von der Behörde eingeleitete Ermittlung** *(f)* administrative enquiry
ernennen assign
Agent ernennen *(m)* appoint an agent
Experte ernennen *(m)* assign an expert
erneuern extend
Akkreditiv erneuern *(n)* extend a letter of credit, prolong a letter of credit
Police erneuern *(f)* renew a policy
Tratte erneuern *(f)* extend a draft
Vertrag erneuern *(m)* renew an agreement, renew a contract
Wechsel erneuern *(m)* prolong a bill, extend a bill
Erneuerung *(f)* enlargement, extension, renewal
Erneuerung der Versicherungspolice *(f)* renewal of a policy, renewal of an insurance policy
Erneuerung der Zulassung *(f)* renewal of approval *(TIR)*
Erneuerung des Akkreditivs *(f)* reopening of a letter of credit
Erneuerung des Kontraktes *(f)* extension of a contract, renewal of a contract
Erneuerung des Vertrags *(f)* prolongation of a contract, renewal of a contract, renewal of the agreement, revival of a contract

eröffend opening
eröffende Bank *(f)* advising bank
eröffnen open
Akkreditiv eröffnen *(n)* draw a letter of credit, issue a letter of credit
Auktion eröffnen *(f)* open an auction
Bankkonto eröffnen *(n)* open an account at a bank, open an account with a bank
Geschäft eröffnen *(n)* establish a firm
Konto bei einer Bank eröffnen *(n)* open an account with a bank, open an account at a bank
Konto eröffnen *(n)* open an account, establish a credit
eröffnend opening
eröffnende Bank *(f)* credit-issuing bank, issuing bank, negotiating bank
Eröffnung *(f)* opening
Eröffnung des Akkreditivs *(f)* opening of letter of credit
Eröffnung des Konkursverfahrens *(f)* institution of the bankruptcy proceedings
Eröffnung des Kontos *(f)* opening of an account
Eröffnung des Zollkontingents *(f)* opening of a tariff quota
* **Eröffnung eines Akkreditivs**
Anweisung zur Eröffnung eines Akkreditivs *(f)* instruction to open a letter of credit
Avis über Eröffnung eines Akkreditivs *(m)* advice of issuing a letter of credit, notification of a letter of credit, letter of credit notification, notification of a letter of credit, letter of credit notification
Eröffnungsbilanz *(f)* opening balance-sheet
Eröffnungsdatum *(n)* date of issue
Eröffnungsdatum des Akkreditivs *(n)* date of issue of a letter of credit
Eröffnungskurs *(m)* opening quotation, opening rate
Eröffnungspreis *(m)* opening price
Erreichbarkeit *(f)* availability
Erreichbarkeit des Services *(f)* service availability
errechnen calculate
Steuer errechnen *(f)* determine the tax
Steuerschuld errechnen *(f)* compute the tax

errichten create
  Gesellschaft errichten *(f)* form a company, create an enterprise
Ersatz *(m)* substitute **2.** compensation, refund
  Ersatz der Verluste *(m)* amends for a damage, compensation for a loss, recovery of a loss, recovery of the damage
Ersatzanspruch *(m)* recourse claim
Ersatzbehälter *(m)* container substituted
Ersatzbelieferung *(f)* replacement delivery
Ersatzerzeugnis *(n)* replacement product
Ersatzfahrzeug *(n)* vehicle substituted *(TIR)*
Ersatzforderung *(f)* claim for compensation, recompense claim
Ersatzleistung *(f)* compensation
  Ersatzleistung der Versicherung *(f)* insurance indemnification, insurance sum
Ersatzlieferung *(f)* replacement delivery
Ersatzpflicht *(f)* duty to indemnity, liability for damages, obligation to compensation, obligation to damages
Ersatzteilliste *(f)* parts list
Ersatzwaren *(pl)* compensation goods, equivalent goods
Ersatzwarenklausel *(f)* replacement clause
Erscheinungstermin *(m)* date of publication
erschöpfen exhaust
  Kontingent erschöpfen *(n)* exhaust a quota
  Kredit erschöpfen *(m)* utilize a credit
ersetzen substitute
  Schaden ersetzen *(m)* make good a loss, offset the loss, indemnify
ersparen save
Ersparnis *(f)* saving
Erstarrungstemperatur *(f)* freezing point
erstatten refund
  Auslagen erstatten *(pl)* reimburse expenses
Erstattung *(f)* refunding
  Erstattung bei der Ausfuhr *(f)* export refund
  Erstattung der Eingangsabgaben *(f)* repayment of import duties and taxes

  Erstattung der Mehrwertsteuer *(f)* refund of VAT, Vat return
  Erstattung von Auslagen *(f)* reimbursement of expenses
  * Antrag auf Erstattung *(m)* application for refund
  Mitgliedstaat der Erstattung *(m)* member state of refund
  Verfahren zur Erstattung der MwSt. *(n)* arrangements for the refund of VAT
Erstattungsregelung *(f)* refund system
Erstauftrag *(m)* initial order
Erstausfertigung *(f)* original
  Erstausfertigung eines Wechsels *(f)* first bill, original bill
erste first, prime
  erste Ausfertigung des Wechsels *(f)* first of bill of exchange, original draft
  erste Franchise *(f)* deductible average, excess-of-loss insurance
  erste Grenzübergangsstelle *(f)* first office of transit
  erste Prämie *(f)* first premium
  erste Sorte *(f)* first grade
  erste Überführung in den zollrechtlich freien Verkehr *(f)* first released for free circulation
  erster Ankunftshafen *(m)* first arrival port
  erster Arbeitstag *(m)* first business day, first working day
  erster Bestimmungsort *(m)* first place of destination
  erster Käufer *(m)* first purchaser
  erster Offizier *(m)* chief officer, first officer
  erster Ort des Verbringens *(m)* first place of introduction
  erster Verkehrsträger *(m)* first carrier
  erster Verladehafen *(m)* initial port of departure
  erster Werktag *(m)* first business day, first working day
  erster Zwischenhafen *(m)* first port of call
  erstes Bestimmungsland *(n)* first country of destination
  erstes offenes Wasser *(n)* first open water, shipment with open water
  erstes Umschlagblatt *(n)* front cover *(CMC)*
  erstes verfügbares Schiff *(n)* first available vessel

ersteigern buy at auction
auf Auktion ersteigern *(f)* buy by auction
erstellen prepare
Dokument erstellen *(n)* prepare a document, make out a document
Liste erstellen *(f)* compile a list, draw up a list
Erstellung *(f)* creation
Erstellung einer Urkunde *(f)* creation of document, issue of document
Erster *(m)* chief officer, first officer
Erstkalkulation *(f)* estimation of cost, precalculation
erstklassig prime
erstklassige Qualität *(f)* first-rate quality, premium quality
Ersuchen *(n)* request
Ersuchen entsprechen *(n)* accept the application
erteilen issue
Auftrag erteilen *(m)* place an order, submit an order
Auskunft erteilen *(f)* furnish an information, submit an information, supply an information, transfer an information
Information erteilen *(f)* furnish information, supply information
Lizenz erteilen *(f)* license, issue a licence
Patent erteilen *(n)* grant a patent
Plenipotenz erteilen *(f)* revoke a power of attorney, authorize
Rabatt erteilen *(m)* allow a reduction, grant a discount
Vollmacht erteilen *(f)* give a power, grant authority
Erteilung *(f)* granting
Erteilung der Bewilligung *(f)* granting of an authorization
Ertrag *(m)* gain, yield
Ertrag der Obligationen *(m)* bond yield
* Verhältnis von Preis und Ertrag *(n)* price/earnings ratio
Ertragskoeffizient *(m)* earning factor
Ertragsrate *(f)* return rate
erwartet anticipated
erwarteter Verkauf *(m)* anticipated sale, potential marketing
erweitern enlarge
Verkauf erweitern *(m)* develop sales

Erweiterung *(f)* expansion
Erwerb *(m)* acquisition, buying, canvassing, purchase
Erwerb des Rechts *(m)* acquisition of a right
Erwerb von Gütern *(m)* acquisition of goods
erwerben gain
Erwerbsfischerei *(f)* commercial fishery
Erwerbsleben *(n)* utility life
Erwerbung *(f)* buying, purchase
erwirken receive
erzeugen fabricate, turn out
Erzeuger *(m)* manufacturer, producer
Erzeugermarkt *(m)* manufacturer's market, producer market
Erzeugerpreis *(m)* ex-works price, producer's price
Erzeugnis *(n)* merchandise, product
Erzeugnisse der Seefischerei *(pl)* sea-fishing products
Erzeugnisse der Tarifstelle ... *(pl)* products falling within subheading ... (customs tariff)
Erzeugnisse mit Herkunft aus ... *(pl)* products coming from ...
* Attestierung der Erzeugnisse *(f)* attestation of output
fertige Erzeugnisse *(pl)* finished goods
hergestellte Erzeugnisse *(pl)* obtained products
landwirtschaftliches Erzeugnis *(n)* agricultural product, agro-based product
Verbrauchssteuern unterliegende Erzeugnisse *(pl)* excise goods
Erzeugniseinheit *(f)* unit of the product
Erzeugnissortiment *(n)* range of products
Erzeugung *(f)* output, production
Erzfrachter *(m)* ore ship, ore vessel
Erzfrachtschiff *(n)* ore bulk carrier
erzieht obtained
Erziehung *(f)* education
Erziehungszoll *(m)* educational duty
Erzielung *(f)* making
Besteuerung der Einfuhr zur Erzielung von Einnahmen *(f)* taxation of imports for fiscal purposes
Erz-Öl-Frachtschiff *(n)* ore-bulk-oil

Erz-Öl-Massengutfrachter *(m)* oil-ore-carrier, ore/oil carrier

Erzschiff *(n)* ore ship, ore vessel

Erzterminal *(m)* ore terminal

es it
es ist wie est ist as it is

Eskalation *(f)* escalation

Etikett *(n)* label, private label

Etwapreis *(m)* approximate price, benchmark price

Euro *(m)* euro

Eurocontainer *(m)* eurocontainer

Euro-Devisenkredit *(m)* eurocredit, euro-currency loan

Eurokredit *(m)* eurocredit, euro-currency loan

europäisch European
europäische Integration *(f)* European integration
Ökonomik der europäischen Integration *(f)* European integration economics
Europaische Gemeinschaft *(f)* European Community
Rat der Europaischen Gemeinschaften *(m)* Council of the European Communities
Kommission der Europäischen Gemeinschaften *(f)* Commission of the European Communities
Zolltarif der Europäischen Gemeinschaften *(m)* Customs Tariff of the European Communities
Europäische Norm *(f)* euronorm
Europäische Union *(f)* European Union
Europäisches Übereinkommen über die internationale Beförderung gefährlicher Güter auf der Straße *(n)* European Agreement concerning the International Carriage of Dangerous Goods by Road

Europalette *(f)* europallet, pallet

Eurowährungskredit *(m)* eurocredit, euro-currency loan

Evidenz *(f)* accountability, accounting

Excedentenfranchise *(f)* deductible amount, deductible franchise

Excedentenfranchiseklausel *(f)* deductible average clause, deductible franchise clause

Exekution *(f)* enforcement, execution

Exemplar *(n)* copy, part
Exemplar der Rechnung *(n)* copy of invoice
Exemplar der Versandanmeldung *(n)* copy of the SAD
Exemplar des Konnossements *(n)* part of a bill lading
Exemplar für den Bestimmungsmitgliedstaat *(n)* copy for member state of destination *(CD)* *(EU)*
Exemplar für den Empfänger *(n)* copy for consignee
Exemplar für den Versender *(n)* copy for consignor
Exemplar für den Versendungsmitgliedstaat *(n)* copy for member state of dispatch *(CD)* *(EU)*
Exemplar für die Abgangszollstelle *(n)* copy for office of departure *(customs declaration)*
Exemplar für die Bestimmungszollstelle *(n)* copy for office of destination *(customs declaration)*
Exemplar für die Statistik *(n)* statistical copy *(of a customs document)*
Exemplar für statistische Zwecke *(n)* copy for statistical purposes
* Fotokopie des Exemplars Nr. 5 des Einheitspapiers *(f)* photocopy of copy 5 of the SAD
für die Versandanmeldung verwendeten Exemplare *(pl)* copies for transit declaration
zusätzliches Exemplar *(n)* added copy, additional copy
zusätzliches Exemplar des Exemplars Nr. 5 des Einheitspapiers *(n)* additional copy of copy 5 of the SAD

exklusiv exclusive
exklusiver Import *(m)* sole import
exklusiver Verteiler *(m)* exclusive distributor, sole distributor

Exklusivitätklausel *(f)* monopoly clause

Exklusivrecht *(n)* exclusive right

Exklusivvertrag *(m)* exclusive contract

Exklusivvertreter *(m)* sole agent, sole distributor

Expansion *(f)* expansion

Expedient *(m)* dispatcher

expedieren dispatch, send

Expedition *(f)* dispatch, sending

Experte *(m)* authority, expert, proficient, surveyor
  Experte ernennen *(m)* assign an expert
  * Liste von Experten *(f)* list of experts
  unabhängiger Experte *(m)* free-lance expert
Expertenkommission *(f)* expert panel, expert's committee
Expertenschätzung *(f)* expert opinion, expert's findings
Expertise *(f)* expert's report
  technische Expertise *(f)* technical report
  unabhängige Expertise *(f)* independent report
exploitieren operate
Exponat *(n)* exhibiting
Export *(m)* export, exportation
  Export beschränken *(m)* put restrictions on export
  Export entwickeln *(m)* expand export
  Export finanzieren *(m)* finance export
  Export per Schiff *(m)* sea-borne export
  Export sperren *(m)* suspend an export
  Export steigern *(m)* expand export, increase export
  Export subventionieren *(m)* subsidize export
  Export von Dienstleistungen *(m)* export of services
  Export von Gütern und Dienstleistungen *(m)* export of goods and services
  Export zu Schleuderpreisen *(m)* dumping export
  * ausschließlicher Export *(m)* exclusive export right
  bahnbrechender Export *(m)* pioneer export
  direkter Export *(m)* direct export, direct exportation
  effektiver Export *(m)* effective export
  endgültiger Export *(m)* definitive exportation, outright exportation
  faktorielles Handelsverhältnis Import/Export *(n)* factorial terms of trade
  für den Export produzieren *(m)* produce for export
  Import/Export-Spanne *(f)* import-export gap
  indirekter Export *(m)* indirect export
  industrieller Export *(m)* industrial export
  Kontingentierung des Exports *(f)* quota system for exports
  Lizenzierung des Exports *(f)* export licensing procedures

  mittlere Export-Qualität *(f)* shipping quality
  nicht-landwirtschaftlicher Export *(m)* non-agricultural export
  sichtbarer Export *(m)* visible exportation, visible export
  subventionierter Export *(m)* subsidized export
  traditioneller Export *(m)* traditional export
  Umfang des Exports *(m)* volume of exports
  unsichtbarer Export *(m)* invisible export, invisible exportation
  vorübergehender Export *(m)* temporary export, temporary exportation
  zollfreier Export *(m)* duty-free export, duty-free exportation
  zusätzlicher Export *(m)* additional export
exportabel export, exportable
Exportabgabe *(f)* duty on exports, export duty, export levy, export surcharge, tax on export
Exportabteilung *(f)* export department, export office
  Leiter der Exportabteilung *(m)* export manager
Exportagent *(m)* agent dealing with exports, export broker
Exportakkreditiv *(n)* export letter of credit
Exportangebot *(n)* export offer, export supply
Exportanteil *(m)* export ratio, share of exports
Exportartikel *(m)* export goods, export merchandise, export product
Exportartikelskatalog *(m)* export catalogue, export offering list
  Status des Exportartikels *(m)* status of export goods
Exportauftrag *(m)* export order, foreign order, export indent
Exportausstellung *(f)* export exhibition
Exportbank *(f)* export bank
Exportbedarf *(m)* demand for abroad, export demand
Exportbedingungen *(pl)* export conditions
Exportbegünstigung *(f)* export incentives

Exportbeschränkungen *(pl)* export restrictions, restrictions on exports

Exportbewilligung *(f)* export certificate *(CCC)*, export paper, permit for export
　Exportbewilligung vergeben *(f)* license exports

Exportbonifikation *(f)* export bounty

Exportbonus *(m)* bounty on exportation, export bonus

Exportbüro *(n)* export department, export office

Exportdefizit *(n)* export gap

Exportdeklaration *(f)* declaration outwards, entry outwards, export declaration

Exportdienst *(m)* export service

Exportdiskont *(m)* export discount

Exportdiversifikation *(f)* diversification of exports, export diversification

Exportdokumentnummer *(f)* Export Document Number (EDN)

Exportdumping *(n)* dumping export

Exportdurchkonnossement *(n)* export bill of lading

Exporteffektivität *(f)* effectiveness of exports

Exporteinkünfte *(pl)* export earnings, export proceeds, export receipts, export receivables, export revenues, returns from export

Exporteinnahmen *(pl)* export earnings, export proceeds, export receipts, export receivables, export revenues, returns from export

Exportelastizität *(f)* export elasticity

Exportentwicklung *(f)* development of export

Exporterlöse *(pl)* export earnings, export proceeds, export receipts, export receivables, export revenues, returns from export

Exporterschwerungen *(pl)* export restrictions, restrictions on export

Exporterzeugnis *(n)* export product

Exporteuer *(m)* exporter
　Exporteur von Industriegütern *(m)* exporter of industrial goods

Exporteur von mehreren Warengattungen *(m)* general exporter, general shipper
* **allgemeiner Exporteuer** *(m)* general exporter
Bank des Exporteurs *(f)* exporter's bank
marginaler Exporteur *(m)* marginal exporter

Exporteurstatus *(m)* exporter status

Exportexpansion *(f)* expansion of export

Exportexperte *(m)* export salesman, export specialist

Exportfähigkeit *(f)* export capacity, exportability

Export-Faktor *(m)* export factor

Exportfaktoring *(n)* export factoring
　direktes Exportfaktoring *(n)* export direct factoring

Exportfinanzierung *(f)* export finance, export financing

Exportfirma *(f)* export company

Exportförderung *(f)* export campaign, export incentive, export promotion, export promotion undertaking, promotion of export, stimulation of exports

Exportfracht *(f)* out-cargo, outward cargo

exportfreundlich pro-export

Exportgarantie *(f)* export guarantee, export surety

Exportgebiet *(n)* export area

Exportgebühr *(f)* export charge, export fee

Exportgenehmigung *(f)* export certificate, export concession

Exportgeschäft *(n)* export agency **2.** export operation, export transaction

Exportgesellschaft *(f)* export commission house, export enterprise, export firm, export house

Exportgrenze *(f)* export limit

Exportgröße *(f)* export turnover, export volume

Exportgruppe *(f)* combination export manager

Exportgutschein *(m)* delivery letter

Exporthandel *(m)* export business

Exporthaus *(n)* export commission house, export enterprise, export firm, export house

exportieren export
  Waren exportieren *(pl)* export goods

exportiert exported
  exportierte Ware *(f)* exported goods

Export-Import-Operationen *(pl)* export-import operations

Exportinformation *(f)* export information

Exportinkasso *(n)* export collection

Exportintensivierung *(f)* intensification of export

Exportkalkulation *(f)* export calculation

Exportkapazität *(f)* export potential

Exportkapazitäten *(pl)* export availabilities, export capacities

Exportkartell *(n)* export cartel, export ring

Exportkatalog *(m)* export catalogue, export offering list

Exportkaufmann *(m)* export trader, merchant shipper

Exportkonjunktur *(f)* export outlook, export prospects

Exportkonnossement *(n)* export bill of lading, outward bill of lading

Exportkontingent *(n)* export quota

Exportkontingentierung *(f)* export control, quota system for exports

Exportkontrolle *(f)* control of exports, export control, export inspection
  Gesetz über die Exportkontrolle *(n)* export control act

Exportkoordination *(f)* export sales coordination

Exportkoordinator *(m)* export sales coordinator

Exportkredit *(m)* export credit, export loan
  Garantie von Exportkrediten *(f)* export credit guarantee

Exportkreditagentur *(f)* export credit agency

Exportkreditgarantie *(f)* export credit guarantee

Exportkreditgewährung *(f)* export credit support

Exportkreditversicherung *(f)* export credit insurance

Exportladung *(f)* export cargo, out-freight

Exportland *(n)* country of exportation, country of exporting

Exportleasing *(n)* export leasing

Exportleiter *(m)* export manager

Exportlieferung *(f)* export delivery, export shipment, export supply

Exportliste *(f)* export list, list of exports

Exportlizenz *(f)* export licence, export permit

Exportlizenzpromesse *(f)* promise of an export licence

Exportmakler *(m)* agent dealing with exports, export agent, export broker

Exportmarkt *(m)* export market

Exportmarktforschung *(f)* export market research, overseas market research

Exportmarktlage *(f)* export situation

Exportmenge *(f)* export turnover, export volume

Exportmonopol *(n)* export monopoly

Exportnachlass *(m)* export bonification, export discount

Exportnetto *(n)* net export

Exportpartie *(f)* export consignment

Exportplan *(m)* export plan, export targets, plan of export
  Import- und Exportplan *(m)* export-import plan

Exportpolitik *(f)* export policy

Exportposition *(f)* export item, item of export

Exportpotential *(n)* export potentialities

Exportpräferenzen *(pl)* export preferences

Exportprämie *(f)* export bounty

Exportprämiezertifikat *(n)* debenture, debenture certificate

Exportpreis *(m)* export price, export quotation, exporter's sale price

Exportpreisindex *(m)* export price index

Exportpreispolitik *(f)* export pricing

Exportproduktion *(f)* export production, production of exports

Exportprogramm *(n)* export plan, export programme

Export-Promotion *(f)* export promotion, export promotion undertaking, promotion of export

Exportqualität *(f)* export quality, shipping quality

Exportquote *(f)* export quota

Exportrabatt *(m)* export rebate

Exportrationalisierung *(f)* rationalization of the export

Exportrechnung *(f)* export invoice, exporter's invoice

Exportregelung *(f)* export regulation, regulation of export

Exportreklame *(f)* export advertising, export publicity

Exportrestriktionen *(pl)* export restrictions, restrictions on export

Exportrisiko *(n)* export risk

Exportrückgang *(m)* export decline, export fall

Exportrverbot *(n)* prohibition of exports

Exportsatz *(m)* rate of export

Exportsendung *(f)* export consignment, export shipment

Exportsortiment *(n)* range of export goods

Exportspediteur *(m)* seller's shipping agent

Exportsperre *(f)* ban on export, prohibition of exports

Exportstelle *(f)* point of export

Exportsteuer *(f)* export levy, tax on export

Exportstimulierung *(f)* encouragement of export

Exportstruktur *(f)* export pattern, export structure

Exportsubvention *(f)* export bounty, export subsidy, export subvention

Exportsubventionierung *(f)* subsidization of export

Exportsystem *(n)* system of exports

Export-Tarif *(m)* export rate

Exporttätigkeit *(f)* export business, export marketing activities

Exporttrate *(f)* export draft

Exportüberschuss *(m)* balance of trade surplus, export surplus

Export- und Importbank *(f)* export-import bank, Ex-Im Bank

Export- und Importkontingentierung *(f)* control over export and import

Export- und Importwarenstruktur *(f)* export and import pattern

Exportverband *(m)* export society

Exportverbot *(n)* ban on export, ban on exports, embargo on exports, export ban, export embargo

Export-Veredelungszone *(f)* export zone, export-processing zone

Exportverfahren *(n)* export regulations

Exportvergütung *(f)* export bonification, export bonus, export discount

Exportverkauf *(m)* export sale, sale for export

Exportverkaufspolitik *(f)* export sales policy

Exportverpackung *(f)* export package, export packing, packing for export goods

Exportversicherung *(f)* export insurance

Exportvertrag *(m)* export contract

Exportvertreter *(m)* agent dealing with exports, agent for exportation, export broker, export-sales representative

Exportvertreter des Herstellers *(m)* manufacturer's export agent

Exportvertretung *(f)* export agency, export sales agency

Exportvolumen *(n)* export turnover, export volume

Exportwachstum *(n)* growth in exports, increase of exports

Exportwaren *(pl)* export goods, exported goods, exports

Exportwarenpreisliste *(f)* export price list
Exportwarenstruktur *(f)* commodity composition of exports, export structure
Exportwert *(m)* export value
Exportzertifikat *(n)* export certificate
Exportzoll *(m)* duty on exportation, duty on exports, export duty
Exportzuschuss *(m)* export subsidy, export surcharge
Express *(m)* express
Expreßbeförderung *(f)* high-speed transport
Expressbeförderungstarif *(m)* express freight rate
Expressbrief *(m)* express letter, railex
Expressfracht *(f)* express cargo, express goods
Expressgut *(n)* express goods, express parcel
Expressgutsendung *(f)* express goods, express parcel
Expressgutschein *(m)* express consignment note
  internationaler Expressgutschein (TIEx) *(m)* International Express Parcels Consignment Note
Express-Kurierdienste *(pl)* express courier service
  Manifest des Express-Kurierdienstes *(n)* express company manifest
Expresslinienschiff *(n)* express line ship
Expressschiff *(n)* express vessel
Expresssendung *(f)* express cargo, express goods, express shipment, fast freight
Expresszug *(m)* extra-fast service
externe external
  externer Beleg *(m)* external document
  externer gemeinschaftlicher Handel *(m)* external Community trade
  externes gemeinschaftliches Versandverfahren *(n)* external Community transit
  externes Versandverfahren *(n)* external transit procedure
Extrafracht *(f)* additional freight, extra freight

Extraprodukt *(n)* surplus product
EXW ... /insert named place of delivery/ ex works ... /insert named place of delivery/, EXW ... /insert named place of delivery/
EXW-Klausel *(f)* e.x.w. clause

F

Fabrik *(f)* factory, manufactory, mill
frei Fabrik *(f)* free at factory
Fabrikanschlussgleis *(n)* factory siding
Fabrikat *(n)* factory product
Fabrikationsfehler *(m)* manufacturing defect, manufacturing fault
Fabrikationsnummer *(f)* construction number
Fabriklager *(n)* factory warehouse
Fabrikmarke *(f)* factory mark, manufacture brand
geschützte Fabrikmarke *(f)* registered trade mark, proprietary mark
Fabriknummer *(f)* serial number
Fabrikschiff *(n)* factory ship, factory vessel
Fach *(n)* occupation
Fachausschuss *(m)* expert panel, expert's committee
Fachausstellung *(f)* specialized exhibition, trade show
Fachberater *(m)* consulting engineer
Fachbereichstandard *(m)* industry-wide standard
Fachmann *(m)* proficient, specialist
Fachmesse *(f)* specialized fair
Fachrtcharter *(m)* trip charter, voyage charter
Fachsprache *(f)* technical language
Factoringgebühr *(f)* factorage
Factoring-Gebühren *(pl)* factoring charges
Factoringvertrag *(m)* contract of factoring, factoring agreement
Fähigkeit *(f)* skill
Fähigkeit zum Abschluss von Verträgen *(f)* contractual capacity
Fahndungsdienst *(Zoll) (m)* investigating service
Fährboot *(n)* ferry, ferryboat

Fähre *(f)* ferry, ferryboat
Ro-Ro-Fähre *(f)* ro-ro vessel
Fähregebühr *(f)* ferriage, ferry charge
Fähregeld *(n)* ferriage, ferry charge
Fährelinie *(f)* ferry line
Fahrer *(m)* driver
Fährhafen *(m)* ferry-boat port
Fahrlohn *(m)* carriage charges, freight charges
Fahrplan *(m)* railway schedule, schedule, timetable
Fahrpreisvergünstigung *(f)* preferential transportation rates
Fahrt *(f)* journey, sea passage, voyage
ausländische Fahrt *(f)* ocean voyage, foreign voyage
für Fahrt chartern *(f)* charter for a trip, charter for a voyage
kleine Fahrt *(f)* short-sea service
nationale Fahrt *(f)* coastwise voyage, coasting voyage
Police für eine einzige Fahrt *(f)* trip policy
Police für eine einzige Fahrt *(f)* voyage policy
wilde Fahrt *(f)* tramp navigation, tramp shipping
Fahrtkosten *(pl)* travelling charge
Fährtransport *(m)* ferriage, ferry
Fahrtschreiber *(m)* tachograph
Fahrttüchtigkeit *(f)* seaworthiness
Fährüberfahrt *(f)* ferry crossing
fahruntauglich disabled
fahruntaugliches Schiff *(n)* disabled ship
Fahruntüchtigkeit *(f)* unseaworthiness
Fährverkehr *(m)* ferriage, ferry
Fahrzeug *(n)* vehicle
Fahrzeug, das eine Leerfahrt vornimmt *(n)* vehicle travelling unladen
Fahrzeug mit Schutzdecke *(n)* sheeted vehicle *(TIR)*
Fahrzeug ohne Zollverschlüsse *(n)* non-sealed vehicle (TIR)
Fahrzeug überprüfen *(n)* examine the vehicle
* franko Fahrzeug *(n)* free on car
frei Fahrzeug *(n)* free on car
Kennzeichen des Fahrzeugs *(n)* vehicle's registration number
Fahrzeugart *(f)* type of vehicle

Fahrzeugbegrenzung *(f)* vehicle gauge
Fahrzeugbreite *(f)* vehicle breadth
Fahrzeugkapazität *(f)* loading capacity
fair fair
faires Angebot *(n)* fair offer, fair proposition
FAK-Box-Satz *(m)* FAK Box Rate
Faksimilestempel *(m)* facsimile
Faksimileunterschrift *(f)* facsimile signature
faktisch factual
faktische Daten *(pl)* actual data
Faktor *(m)* coefficient, factor
entscheidender Faktor *(m)* determinative factor
wirtschaftlicher Faktor *(m)* economic factor
Faktoreinkommen *(n)* factor earnings, factor income
Faktorenanalyse *(f)* factorial analysis
faktoriell factorial
faktorielles Handelsverhältnis Import/Export *(n)* factorial terms of trade
Faktoring *(n)* factoring
direktes Faktoring *(n)* direct factoring
echtes Faktoring *(n)* full factoring
halboffenes Faktoring *(n)* half-open factoring
herkömmliches Faktoring *(n)* conventional factoring
indirektes Faktoring *(n)* maturity factoring, indirect factoring
offenes Faktoring *(n)* open factoring
unveröffentlichtes Faktoring *(n)* undisclosed factoring, non-notified factoring
Faktoringbetrieb *(m)* factoring company, factoring house
Faktoringhaus *(n)* factoring house
Faktura *(f)* invoice
Fakturierarbeit *(f)* billing, invoicing
fakturieren bill, invoice
fakturiert invoice
fakturierter Preis *(m)* invoice cost, invoice price
Fakturierung *(f)* billing, invoicing
Fakturierungsabteilung *(f)* invoicing department
fakultativ facultative
fakultative Bedingung *(f)* non-compulsory provision

fakultative Rückversicherung *(f)* facultative reinsurance
fakultative Versicherung *(f)* facultative insurance
Fakultativklausel *(f)* facultative clause, optional clause
fallen fall on
unter eine Tarifnummer fallen *(f)* be classified in a tariff heading, receive a classification under a heading
fällen render
Entscheidung fällen *(f)* give a decision
Fallen *(n)* fall
Fallen der Kurse *(n)* fall in exchange, sag
fällig due
fällige Rechnung *(f)* account payable, due bill
fällige Schuld *(f)* debt payable
fällige Verbindlichkeit *(f)* current liabilities, current maturity
fällige Zinsen *(pl)* interest due
fälliger Betrag *(m)* amount due, outstanding amount
fälliger Wechsel *(m)* due bill, overdue bill
Fälligkeit *(f)* payment
Fälligkeit der Steuer *(f)* date for tax payment
* bei Fälligkeit bezahlen *(f)* pay at maturity, pay at due-date
bei Fälligkeit zahlen *(f)* pay at maturity, pay at due-date
vor Fälligkeit bezahlen *(f)* pay before maturity
vor Fälligkeit eingelöstes Akzept *(n)* rebated acceptance
Fälligkeitsdatum *(n)* date of maturity, date of payment, maturity date, time for repayment
Fälligkeitsdatum eines Wechsels *(n)* date of maturity
Fälligkeitsdatum festlegen *(n)* fix a time of payment
Fälligkeitsfaktoring *(n)* maturity factoring
Fälligkeitstag *(m)* date of maturity, due day, maturity date, payment day, time for repayment
Fälligkeitstermin *(m)* date of maturity, date of payment, day of payment, due date, maturity date, term of payment
Fälligkeitstermin der Steuer *(m)* due date for tax payment, tax payment date

Falliterklärung *(f)* declaration of bankruptcy

falsch false, wrong
falsche Anmeldung *(f)* false declaration
falsche Anschrift *(f)* false address, incorrect address
falsche Auslegung *(f)* misconception, wrong interpretation
falsche Erklärung *(f)* fictious declaration
falsche Interpretation *(f)* misconception, wrong interpretation
falsche Urkunde *(f)* counterfeit document, false document, forged document
falscher Wechsel *(m)* forged bill

fälschen falsifity
Dokument fälschen *(n)* falsify a document, tamper with a document
Protokoll fälschen *(n)* forge a protocol

Fälschung *(f)* forgery
Fälschung des Schecks *(f)* forgery of a cheque, fraud by cheque

Falsifikation *(f)* falsification, forgery

Falsifizierung *(f)* falsification, forgery

Faltkiste *(f)* collapsible box

Familiengesellschaft *(f)* family partnership

FA-Preis *(m)* free alongside price

FAS ... /benannter Verschiffungshafen/ FAS ... /insert named port of shipment/, free alongside ship ... /insert named port of shipment/
FAS-Klausel *(f)* fas clause
FAS-Lieferung *(f)* fas delivery, free alongside ship
FAS-Preis *(m)* free alongside price

Fass *(n)* barrel, cask
auf Fässer abfüllen *(pl)* barrel, cask
in Fässer abfüllen *(pl)* cask, barrel
in Fässer gießen *(pl)* tun, barrel
in Fässer packen *(pl)* barrel, cask

fässerweise barrel
fässerweise Ladung *(f)* barrel cargo, cargo in barrels

Fassladung *(f)* barrel cargo, cargo in barrels

faul idle
fauler Schuldner *(m)* bad debtor

Faulfracht *(f)* ballast cargo, dead cargo, dead freight

Faulgewichtskala *(f)* dead-weight scale

Faulladeraum *(m)* dead space

Fax *(n)* fax
Fax senden *(n)* send fax

FCA ... /insert named place of delivery/ free carrier ... /insert named place of delivery/, FCA ... /insert named place of delivery/

FCL-Ladung *(f)* container load, full container load (FCL)

Feederschiff *(n)* feeder ship

Fehlbetrag *(m)* deficit, shortage

fehlen brack

Fehlen *(n)* absence
Fehlen der Angabe des Kennzeichens des Beförderungsmittels *(n)* absence of the registration number of the means of transport

fehlend missing
fehlende Angabe der Durchgangszollstelle *(f)* absence of any indication of the office of transit
fehlende Angaben *(pl)* missing data
fehlende Rechtsfähigkeit *(f)* lack of ability, legal incapacity
fehlendes Gut *(n)* missing cargo (MSCA)
fehlendes Konnossement *(n)* missing bill of lading (MSBL)

Fehler *(m)* defect, error, failing, fault
entdeckter Fehler *(m)* discovered defect
latenter Fehler *(m)* invisible waste
nautischer Fehler *(m)* navigation error, error in navigation
sichtbarer Fehler *(m)* visible defect, apparent defect
unsichtbarer Fehler *(m)* latent defect
unwesentlicher Fehler *(m)* minor defect
verborgener Fehler *(m)* latent defect, hidden defect
verdeckter Fehler *(m)* latent defect, hidden defect
zulässiger Fehler *(m)* admissible error

Fehlerberichtigung *(f)* correction of errors

Fehlererzeugnis *(n)* rejected product

Fehlergrenze *(f)* limit of error

fehlerhaft affected, damaged, defective
fehlerhafte Ware *(f)* defective goods

Fehlerkorrektur *(f)* correction of errors

Fehlgewicht *(n)* short weight, shortage in weight

Fehlsumme *(f)* shortcoming

Fehltritt *(m)* error

Fehlurkunde *(f)* missing document

Feiertag *(m)* holiday, holiday day, idle day, non-business day, public holiday
  gesetzlicher Feiertag *(m)* public holiday

Feld *(n)* box
  Felder für Beteiligte *(pl)* boxes for economic operators

Fernscheck *(m)* out-of-town cheque

Fernsehwerbung *(f)* television advertising

Fernverkehrszug *(m)* long-distance train

fertig finished
  fertige Erzeugnisse *(pl)* finished goods

Fertigstellungsgarantie *(f)* completion guarantee

fertigungsbegleitend production accompanying
  fertigungsbegleitende Terminüberwachung *(f)* pra-expediting

Fertigungsbestellung *(f)* job order, production order

Fertigungsgrundlohn *(m)* base rate of wage, base wage

Fertigungsqualität *(f)* product quantity, production quality

Fertigungszeitplan *(m)* production plan, production programme

Fertigware *(f)* finished goods

fest constant, firm
  feste Ausgaben *(pl)* constant expenditures
  feste Bestellung *(f)* definite order, firm order
  feste Offerte *(f)* binding offer, firm order
  fester Auftrag *(m)* binding order, final order
  fester Kurs *(m)* fixed rate
  fester Preis *(m)* fixing price, rigid price
  fester Satz *(m)* fixed rate
  festes Angebot *(n)* binding proposal, firm offer

Festangebot *(n)* binding offer

Festellung *(f)* presentation
  Festellung von Waren *(f)* presentation of goods

festgesetzt fixed
  festgesetzte Frist *(f)* prescribed period
  2. *(granted)* time limit

Festigkeit *(f)* strength

Festigung *(f)* stabilization
  Festigung der Preise *(f)* price stabilization, strengthening of prices

Festkosten *(pl)* operating costs, working costs

festlegen determine, establish
  Datum festlegen *(n)* fix the date, appoint the date
  Fälligkeitsdatum festlegen *(n)* fix a time of payment
  Havarieschaden festlegen *(m)* make up the average
  Tarifkontingent festlegen *(n)* establish a tariff quota
  Tarifplafond festlegen *(m)* establish a tariff ceiling
  Termin festlegen *(m)* fix a term, appoint the day

Festlegung *(f)* determination, fixation
  Festlegung der Entschädigungshöhe *(f)* assessment of damages, fixing the amount of indemnity
  Festlegung der Quote *(f)* fixing of quotas
  Festlegung des Ursprungslandes *(f)* establishment of country of origin

Festmacheleine *(f)* fast, mooring line

festmachen moor

Festmachen *(n)* mooring

Festmachendienste *(pl)* mooring services

Festmachenlohn *(m)* moorage

Festmachenort *(m)* mooring place

Festmachenplatz *(m)* berthage, mooring berth, mooring place

Festmachenstelle *(f)* berthage, mooring berth, mooring place

Festnahme *(f)* arrest, stoppage

Festpreis *(m)* fixed price, steady price

festsetzen determine, establish, institute

Festsetzung *(f)* assessment
  Festsetzung der Einfuhrabgaben *(f)* determining import duties

Festsetzung des Ursprungslands *(f)* determination of the country of origin of goods

Festsetzung des Zolles *(f)* assessment of duty, computation of duty

Feststellung *(f)* assessment, statement

Feststellung der Nämlichkeit der Waren *(f)* identification of goods *(CCC)*

Feststellung der Unterschrift *(f)* authentication of a signature

Festtag *(m)* holiday day, non-business day

feuchtefest damp-proof

feuchtigkeitfest moisture-proof

Feuchtigkeitszertifikat *(n)* moisture certificate

feuergefährlich combustible, inflammable

feuergefährliche Ladung *(f)* combustible goods, inflammable cargo

Feuerklausel *(f)* fire clause

Feuerschiff *(n)* fire-fighting vessel, lightship, lightvessel

Feuerschott *(n)* fire-resisting bulkhead

Feuerversicherung *(f)* fire insurance, insurance against fire

FIATA *(Abk.)* *Fédération Internationale des Associations de Transitaires et Assimilés* Internationale Föderationder Spediteurorganisationen

FIATA kombinierter Transport Bill of Lading *(n)* FIATA Combined Transport Bill of Lading

FIATA Speditionsvorschriften *(pl)* FIATA Forwarding Instructions

FIATA Warehouse Receipt *(n)* FIATA Warehouse Receipt

fiduziarisch fiduciary

fiduziarisches Indossament *(n)* restrictive endorsement

fi-Klausel *(f)* fi clause

fiktiv bogus

fiktiver Verkauf *(m)* bogus sale, fictitious sale, bogus contract

fiktiver Wert *(m)* fictitious value

fiktives Geschäft *(n)* sham business, simulated contract

Filialbank *(f)* bank subsidiary, branch bank

Filiale *(f)* branch house, branch office, field office, sub-office agency

Filialleiter *(m)* branch manager

Finalkonnossement *(n)* final bill of lading

Finalpunkt *(m)* destination, final destination, final point

Finanzabkommen *(n)* financial agreement

Finanzabteilung *(f)* finance department

Finanzakzept *(n)* financial acceptance

Finanzamt *(n)* tax collector's office, tax office, Treasurer's Office

Finanzamtskasse *(f)* revenue board, taxation office

Finanzbedingungen *(pl)* terms of financing

Finanzbericht *(m)* finance report, financial statement

Finanzberichterstattung *(f)* financial accounting, financial reporting

Finanzbilanz *(f)* balance of finance

Finanzblokade *(f)* financial blockade

Finanzdirektor *(m)* chief financial officer, corporate treasurer

Finanzdisziplin *(f)* financial discipline

Finanzdokument *(n)* financial document

Finanzdokumentation *(f)* financial records

Finanzeffekt *(m)* financial effect

Finanzeinstellung *(f)* stoppage of financing

Finanzergebnis *(n)* finance result, financial result

Finanzerleichterung *(f)* financial advantage

Finanzfaktor *(m)* financial ratio

Finanzförderung *(f)* financial claim

Finanzgarantie *(f)* financial guarantee

Finanzgeschäft *(n)* financial transaction

Finanzhöhe *(f)* amount of finance

finanziell financial

finanzielle Abrechnung *(f)* finance report, financial statement

finanzielle Analyse *(f)* financial analysis

finanzielle Auskunft *(f)* financial information

finanzielle Basis *(f)* financial base

finanzielle Beteiligung *(f)* financial participation

finanzielle Beziehungen *(pl)* financial relations

finanzielle Hilfe *(f)* financial aid

finanzielle Lage *(f)* financial position, financial situation, financial standing

finanzielle Mittel *(pl)* financial resources, funds

finanzielle Ressourcen *(pl)* financial resources, funds

finanzielle Sicherheit *(f)* financial security

finanzielle Vereinbarung *(f)* financial agreement

finanzielles Risiko *(n)* financial risk

finanzieren finance

Ankauf finanzieren *(m)* defray of buying

Darlehen finanzieren *(n)* finance a loan

Export finanzieren *(m)* finance export

Import finanzieren *(m)* finance import

Finanzieren *(n)* financing, funding

Finanzierung *(f)* financing, funding

Finanzierung des Außenhandels *(f)* financing of foreign trade, foreign trade financing

* pre-shipment Finanzierung *(f)* pre-shipment finance

Finanzierungsart *(f)* method of financing, mode of financing

Finanzierungskonsortium *(n)* financial group

Finanzierungsleasing *(n)* finance leasing, financial leasing

Finanzierungsmethode *(f)* method of financing, mode of financing

Finanzierungsregelung *(f)* financial procedure

Finanzinkasso *(n)* collection of financial items

Finanzinspektion *(f)* financial control, financial inspection

Finanzinstitut *(n)* financial institution

Finanzkontrolle *(f)* financial control, financial inspection

Finanzkredit *(m)* financial credit

Finanzlage *(f)* financial position, financial situation

Finanzleasing *(n)* finance leasing, financial leasing

Finanzmarkt *(m)* financial market

Finanzoperation *(f)* financial operation

Finanzplan *(m)* financial plan

Finanzpool *(m)* financial pool

Finanzsrecht *(n)* financial law

internationales Finanzsrecht *(n)* international financial law

Finanzresultat *(n)* finance result, financial result

Finanzsanktionen *(pl)* financial sanctions

Finanzschaden *(m)* financial damage

Finanzstabilisierung *(f)* financial stabilization

Finanzstabilität *(f)* financial stability

Finanzstatistik *(f)* finance statistics

Finanzstruktur *(f)* financial structure

Finanzswitch *(n)* financial switch

Finanzsystem *(n)* financial system

Finanztätigkeit *(f)* financial activity

Finanzverfahren *(n)* form of financing, mode of financing

Finanzvergehen *(n)* financial fraud

Finanzverlust *(m)* financial harm, financial loss

Finanzverpflichtung *(f)* financial obligation

Finanzverpflichtungen *(pl)* commitment appropriation

Finanzvertrag *(m)* financing arrangement, financing contract

Finanzverwaltung *(f)* taxation authorities

Finanzvorschlag *(m)* proposal for financing

Finanzzentrum *(n)* financial centre

Off-Shore-Finanzzentrum *(n)* offshore financial centre (OFC)

Finanzweg *(m)* form of financing, mode of financing

Finanzzoll *(m)* financial duty

fingiert fictious

fingierte Rechnung *(f)* fictitious invoice, invoice pro forma, memorandum bill

fingierter Totalverlust *(m)* constructive total loss

fio-Klausel *(f)* fio clause

fios-Klausel *(f)* fios clause

fiot-Klausel *(f)* fiot clause

Firma *(f)* company
Firma eintragen *(f)* register a firm
Firma liquidieren *(f)* liquidate a firm
* ausländische Firma *(f)* foreign firm, foreign company
Bezeichnung der Firma *(f)* business name, style of the firm
juristische Bezeichnung der Firma *(f)* legal entity name
globale Firma *(f)* global company
Niederlassung der Firma *(f)* branch
Vertreter der Firma *(m)* representative of company, agent
vorherrschende Firma *(f)* dominant enterprise, dominant undertaking
Zahlungsfähigkeit der Firma *(f)* business solvency

Firmenadresse *(f)* business address

Firmenbogen *(m)* letter-head

Firmenbriefbogen *(m)* letter-head

Firmengarantie *(f)* guarantee of a firm

Firmenkatalog *(m)* manufacturer's catalogue

Firmenmarke *(f)* proprietary brand

Firmenname *(m)* business name, company name, firm name, style of the firm

Firmensiegel *(n)* business stamp, firm stamp

Firmenstatus *(m)* status of a firm

Firmenstempel *(m)* business stamp, company stamp

Firmenvertreter *(m)* agent, representative of company

Firmenzeichen *(n)* brand label, house brand
Kauf laut Firmenzeichen *(m)* purchase by brand
Verletzung des Firmenzeichens *(f)* infringement of trade-mark

Fischen *(n)* fishing
Fischen an der Küste *(n)* coastal fishing

Fischerei *(f)* fishing

Fischereibezirk *(m)* fishing district

Fischereifahrzeug *(n)* fisher, fishing craft

Fischereiflagge *(f)* fishery flag

Fischereihafen *(m)* fishing harbor, fishing port

Fischereischiff *(n)* fisher, fishing craft

Fischereipolitik *(f)* fisheries policy
gemeinsame Fischereipolitik *(f)* common fisheries policy

Fischtransportschiff *(n)* fish transport ship

Fiskaldumping *(n)* tax dumping

fiskalisch fiscal
fiskalische Interessen *(pl)* fiscal interests, revenue interests
fiskalische strafbare Handlung *(f)* fiscal offence, taxation offence

Fiskalsperre *(f)* fiscal barrier, fiscal wall

Fiskalzoll *(m)* fiscal duty

Fiskus *(m)* revenue board
Interessen des Fiskus *(pl)* revenue interests, fiscal interests

fix fixed
fixer Preis *(m)* fixing price, rigid price
fixer Termin *(m)* established period
fixes Angebot binding offer, firm order

fixed-price-Klausel *(f)* fixed price clause

Fixgeschäft *(n)* fixed-term contract, forward contract, terminal contract

fixiert fixed
fixierter Kurs *(m)* fixed rate of exchange

Fixkauf *(m)* purchase on term, term purchase

Fixverkauf *(m)* future sale, term sale

Flach *(n)* bar, shoal

Flachcontainer *(m)* flat rack

Fläche *(f)* area, surface

Flachpalette *(f)* flat pallet

Flachtrailer *(m)* flat bed trailer

Flagge *(f)* flag
billige Flagge *(f)* cheap flag, flags of convenience

Flaggendiskriminierung *(f)* flag discrimination

Flaggenklausel *(f)* flag clause

Flaggenprüfung *(f)* verification of flag

Flaggenrecht *(n)* law of the flag

Flaggenrecht des Schiffes *(n)* law of the ship's flag

Flaggenzertifikat *(n)* certificate of registry, ship's certificate of registry

Flaggenzeugnis *(n)* certificate of ownership

flauen drop in prices

flexibel elastic, flexible, floating

flexibeler Tarif *(m)* flexible tariff

flexibeler Wechselkurs *(m)* flexible exchange rate, free exchange rate

flexibler Kurs *(m)* flexible exchange rate, floating rate

flexibler Preis *(m)* elastic price, flexible price

flexibler Wechselkurs *(m)* flexible exchange rate

fließend floating

fließende Inventur *(f)* running inventory

flo/flo-System *(n)* float-on/float-off system

floatend floating

floatender Kurs *(m)* flexible exchange rate, floating rate

floatender Wechselkurs *(m)* floating rate of exchange, fluctuating exchange rate

Flotte *(f)* fleet, tonnage

Flucht *(f)* flight

Flug *(m)* flight

Datum des Fluges *(n)* date of flight

Flugblatt *(n)* leaflet

Flugdatum *(n)* date of flight

flugfähig airworthy

Flugfähigkeit *(f)* airworthiness

Fluggesellschaft *(f)* air company, airline company, airline firm

Flughafen *(m)* air station, airdrome, airport

Flughafen der Gemeinschaft *(pl)* airport of the Community

* **Flughäfen der Gemeinschaft** Flughäfen der Gemeinschaft *(n)*

Verzeichnis der Flughäfen der Gemeinschaft *(n)* list of Community airports

Flughafenbehörde *(f)* authorities of the airport

Flughafengebühr *(f)* airport tax, departure tax

Flughafenterminal *(n)* air terminal, airport terminal

Flughafenzollstelle *(f)* airport customs office

Flughalle *(f)* air shed, aircraft shed

Flugkonnossement *(n)* air bill, air consignment note, air waybill

Fluglinie *(f)* airline, airway

reguläre Fluglinie *(f)* certified route air carrier

Fluglinieagent *(m)* airline agent

Flugmiete *(f)* bare hull charter

Flugmietevertrag *(m)* bare hull charter

Flugnavigation *(f)* air navigation

Flugnummer *(f)* flight number

Flugpassagier *(m)* air passenger

Flugpersonal *(n)* flight crew

Flugplan *(m)* airline time-table, flight schedule

Flugplatz *(m)* airdrome, airport

Flugpost *(f)* air post, air-mail service

Flugreise *(f)* air trip

Flugreisende *(f)* air traveller

Flugroute *(f)* air route

Flugstrecke *(f)* air route

Flugtag *(m)* date of flight

Flugverbindung *(f)* air link, air traffic

Flugverkehr *(m)* aerial traffic, air traffic

Flugzeit *(f)* flying time

Flugzeug *(n)* aeroplane

Flugzeug abandonieren *(n)* abandon aircraft

* **Abstellfläche für Flugzeuge** *(f)* aircraft parking area

auf Flugzeug und Bahn air and rail

frei Flugzeug *(n)* free on aircraft

Linienverkehr mit Flugzeug *(m)* regular air service

per Flugzeug senden *(n)* send by air

Umschlag Straße/Flugzeug *(m)* air-to-air cargo handling

Flugzeugbroker *(m)* aviation broker

Flugzeughalle *(f)* air shed, aircraft shed

Flugzeugunglück *(n)* air crash

Flugzeugverzollung *(f)* air clearance, aircraft clearance

Flugzeugzertifikat *(n)* air registration certificate

Flugzollabfertigung *(f)* air clearance, aircraft clearance

Fluktuation *(f)* fluctuation, oscillation
Fluktuation der Preise *(f)* fluctuation in prices, price fluctuation

Fluss *(m)* flow
Fluss der Informationen *(m)* information flow

Flussfracht *(f)* inland freight, river freight

Flussfrachtbrief *(m)* river bill of lading

Flussgebühr *(f)* river charge, river due, river freight

Flusshafen *(m)* estuary port, river harbour, river port

flüssig liquid
flüssige Ladung *(f)* liquid cargo
flüssige Mittel *(pl)* financial resources
flüssige Ware *(f)* liquid goods
flüssiger Chemikalienterminal *(m)* liquid chemicals terminal
flüssiges Gut *(n)* cargo in tanks

Flüssigerdgastanker *(m)* liquefied natural gas tanker, liquefied petroleum gas carrier

Flüssigkeit *(f)* liquid
Hohlmaß für Flüssigkeiten *(n)* liquid measure

Flüssigkeitscontainer *(m)* liquid container

Flüssigladung *(f)* liquid cargo

Flusskahn *(m)* river barge

Flusskapitän *(m)* river barge captain

Flusskonnossement *(n)* inland waterway bill of lading, river bill of lading

Flussladeschein *(m)* inland waterway bill of lading, inland waterway consignment note, river bill of lading

Flusslotse *(m)* river pilot

Flussmotorschiff *(n)* motor barge, river cargo vessel, river boat

Flussschlepper *(m)* estuary tug, river tug

Flussspediteur *(m)* river forwarder

Flussspedition *(f)* river forwarding

Flusstankermanifest *(n)* cargo manifest for river tankers

Flussterminal *(n)* river terminal

FOB ... /benannter Verschiffungshafen/ FOB ... /insert named port of shipment/, free on board ... /insert named port of shipment/

fob-fob-Klausel *(f)* free on board/free on board clause

Fob-Lieferung *(f)* delivery fob

fo-Klausel *(f)* fo clause

Folge *(f)* rotation

Fonds *(m)* fund

Föderation *(f)* federation
Internationale Föderation der Spediteurorganisationen *(f)* International Federation of Forwarding Agent's Associations (FIATA)

Förderkosten *(pl)* carrying cost, freight expenses, shipping costs, transportation charge

fordern demand, require, request
Honorar fordern *(n)* collect a royalty, charge a fee
Sicherheit fordern *(f)* demand a guarantee

fördern promote

fordernd claiming
fordernde Bank *(f)* claiming bank

Förderprogramm *(n)* promotion plan

Forderung *(f)* claim, debt, liability
Forderung ablehnen *(f)* refuse a claim
Forderungen eintreiben *(pl)* collect debts
Forderungen einziehen *(pl)* collect one's dues, enforce payment
* Ablehnung der Forderungen *(f)* refusal of a claim
Abtretung von Forderungen *(f)* transfer of a debt, assignment of a claim, assignment of receivables, transfer of a claim
Bilanz der internationalen Forderungen und Schulden *(f)* international assets and liabilities balance
dubiose Forderung *(f)* doubtful debt
Einzug von Forderungen *(m)* collection of debts, collection of accounts receivable
Enziehung von Forderungen *(f)* collection of accounts receivable, collection of debts
rückständige Forderung *(f)* outstanding claim

Sicherstellung der Forderungen *(f)* claim bond
Stundung einer Forderung *(f)* day of payment postponement, prolongation of payment, deferment of maturity date, postpone of payment
technische Forderungen *(pl)* engineering specification
verjährte Forderung *(f)* stale claim
Zinsen für Forderungen *(pl)* interest on debts (DTC)
Forderungsabtretung *(f)* assignment of a claim, assignment of debts, assignment of receivables, transfer of a claim
Förderung *(f)* encouragement, promotion
Forderungshöhe *(f)* claim amount
Förderungspreis *(m)* promotional price
Förderzeit *(f)* period of transportation, transport time
Forfaitierung *(f)* forfaiting
Form *(f)* form
Form des Manifestes *(f)* type of the manifest
Form eines Vertrags *(f)* contract form
* Einzelsicherheit in Form einer Barsicherheit *(f)* individual guarantee in cash
Einzelsicherheit in Form von Sicherheitstiteln *(f)* individual guarantee in the form of vouchers
elektronische Form *(f)* electronic form
Manifest der Luftverkehrsgesellschaft in elektronischer Form *(n)* goods manifest in electronic form
formal formal, organized
formaler Markt *(m)* formal market, organized market
formales Angebot *(n)* formal proposal
Formalitäten *(pl)* formalities
Formalitäten erfüllen *(f)* comply with the formalities
Formalitäten erledigen *(pl)* carry out the formalities
* gesundheitliche Formalitäten *(pl)* health formalities
Erfüllung der Formalitäten *(f)* carrying out of the formalities
Erledigung der Formalitäten *(f)* settlement of formalities
Format *(n)* size

Formblatt *(n)* blank form, form
Formblatt ausfüllen *(n)* complete a form, fill in a form, fill up a form
* Ausfüllen eines Formblatts *(n)* completion of a form, making out of a form
Ausstellung eines Formblatts *(f)* making out of a form, completion of a form
Formel *(f)* formula
juristische Formel *(f)* legal formula
formen form
Förmlichkeiten *(pl)* formalities
Förmlichkeiten bei der Abgangsstelle *(pl)* formalities at office of departure
Förmlichkeiten bei der Bestimmungsstelle *(pl)* formalities at the office of destination
Förmlichkeiten des Zahlungsverkehrs *(pl)* financial formalities
Förmlichkeiten erleichtern *(pl)* simplify the formalities
Förmlichkeiten für das Versandverfahren *(pl)* transit formalities
Förmlichkeiten für die Ausfuhr *(pl)* formalities on export
Förmlichkeiten während der Beförderung *(pl)* formalities en route
* Erfüllung der Förmlichkeiten *(f)* accomplishment of formalities
Vereinfachung der Förmlichkeiten *(f)* simplification of formalities
Formular *(n)* blank form, form, printed form, sheet
Formular ausfüllen *(n)* fill in a form, fill up a form
Formular des Vertrags *(n)* contract form
Formular für eine Bestellung *(n)* order form, printed order form
* Ausfüllen eines Formulars *(n)* completion of a form, making out of a form
formulieren set forth
Bedingungen formulieren *(pl)* lay down terms
Klausel formulieren *(f)* formulate a clause
Offerte formulieren *(f)* formulate a proposal
For-Preis *(m)* free on rail price, free on truck price
forschen explore
Markt forschen *(m)* analyse the market
neue Märkte forschen *(pl)* explore new markets
Ware forschen *(f)* inspect goods

Forschung *(f)* research
Forschung und Entwicklung research and development
Forschungsschiff *(n)* research ship, research vessel
Forsterzeugnisse *(pl)* forestry products
forstwirtschaftlich forestry
forstwirtschaftliche Produkte *(pl)* forestry products
Fortsetzungsbestellung *(f)* continuation order
Fotokopie *(f)* photocopy
Fotokopie des Exemplars Nr. 5 des Einheitspapiers *(f)* photocopy of copy 5 of the SAD
Fracht *(f)* cargo, freight, load, goods shipment, merchandise shipment **2.** carriage, carrier's charges, cartage, charges for carriage, freight, freight money, freightage
Fracht (für Güter) aller Art *(f)* freight all kinds (FAK)
Fracht abführen *(f)* clear a freight, pay a freight
Frachten aller Sorten und Güter *(pl)* freight all kinds (FAK)
Fracht bekommen *(f)* receive cargo
Fracht berechnet nach Kolizahl *(f)* freight per piece, freight by case
Fracht berechnet nach Kubikmetern *(f)* freight assessed on the basis of cubic measurement, freight by measurement
Fracht buchen *(f)* book cargo, book freight
Fracht einziehen *(f)* collect freight
Fracht frei bis ... *(f)* freight paid to ...
Fracht für die ganze Reise *(f)* voyage freight
Fracht gegen Nachnahme *(f)* collect freight, forward freight, freight forward
Fracht im Voraus bezahlt *(f)* advance freight, freight in advance, freight paid, freight prepaid
Fracht mit Übergröße *(f)* out of gauge cargo
Fracht nachnehmen *(f)* collect freight, forward freight
Fracht oder Beförderungskosten bezahlt ... /benannter Bestimmungsort/ *(f)* freight or carriage paid to ... /named point of destination/
Fracht per Bruttogewicht *(f)* freight assessed by weight, freight by weight
Fracht per Gewicht *(f)* freight assessed by weight, freight by weight

Fracht per Stück *(f)* freight by case, freight per piece
Fracht per Tonnage *(f)* freight per ton deadweight capacity
Fracht retten *(f)* salvage a cargo
Fracht und Liegegeld *(f/n)* freight and demurrage
Fracht und Standgeld *(f/n)* freight and demurrage
Fracht und Zoll bezahlt *(f/m)* freight and duty paid
Fracht, Versicherung, Transport *(f/f/m)* freight, insurance, carriage
Fracht vorausbezahlt *(f)* advance freight, freight prepaid
Fracht vorauszahlbar *(f)* advance freight, freight prepaid
Fracht zahlbar am Bestimmungsort *(f)* collect freight, freight payable at destination
Fracht zahlbar gleichzeitig mit der Löschung *(f)* collect freight, freight payable concurrent with discharge
Fracht zahlbar im Bestimmungshafen *(f)* freight forward
Fracht zahlen *(f)* clear a freight, pay a freight
Fracht zahlt der Empfänger *(f)* collect freight, freight payable at destination
* Ad-Valorem-Fracht *(f)* ad valorem freight, freight assessed according to the value of goods
ausgehende Fracht *(f)* out-bound freight, exported freight
Buchung einer Fracht *(f)* booking of cargo, freight booking
containerisierte Fracht *(f)* containerized freight, containerized cargo
frei Fracht *(f)* free freightage, free cartage
garantierte Fracht *(f)* guaranteed freight
Kennzeichnung von Fracht *(f)* marking of cargo
kommerzielle Fracht *(f)* commercial load, commercial cargo
Kosten und Fracht ... /benannter Bestimmungshafen/ CFR ... /insert named port of destination/, cost and freight ... /insert named port of destination/
Kosten, Versicherung und Fracht ... /benannter Bestimmungshafen/ cost, insurance and freight ... /insert named port of destination/, CIF ... /insert named port of destination/
operative Fracht *(f)* operational freight
Teil der Fracht *(m)* part of cargo

tote Fracht *(f)* dead cargo, dead freight
vorausbezahlte Fracht *(f)* advance freight, freight advance, freight in advance, freight paid, prepaid freight, freight prepaid
zerbrechliche Fracht *(f)* fragile cargo
zuviel berechnete Fracht *(f)* overfreight
Frachtabfertigung *(f)* clearance of cargo, dispatch of cargo, expedition of cargo
Frachtabnahme *(f)* acceptance of cargo, receipt of cargo
Frachtabsender *(m)* sender of freight, shipper
Frachtagent *(m)* freight agent
Frachtagentur *(f)* chartering office, freight agency, freight office
Frachtangebot *(n)* cargo offerings, freight offerings
Frachtanweisung *(f)* consignment note, freight account, freight note
Frachtaufkommen *(n)* cargo volume
Frachtaufschlag *(m)* additional freight, extra freight, overfreight
Frachtaufteilung *(f)* cargo sharing
Frachtbasis *(f)* freight base, freight basis
Frachtbasispreis *(m)* basic point price
Frachtbegünstigung *(f)* freight allowance
Frachtberechnung *(f)* consignment note, freight account, freight bill, freight note
Frachtbetrag *(m)* freight, freight charge
Frachtbetragrest *(m)* balance of freight
Frachtbörse *(f)* charter exchange, charter market, freight exchange
Frachtbrief *(m)* bill of carriage, bill of freight, bill of lading, marine bill of lading, railroad bill of lading, sea bill of lading, shipping bill, waybill
  Frachtbrief CIM *(m)* bill of freight CIM, railroad bill of lading CIM
  Frachtbrief im Straßengüterverkehr *(m)* road consignment note, truck bill of lading
  Frachtbrief SMGS *(m)* bill of freight SMGS, railroad bill of lading SMGS
  * direkter Frachtbrief *(m)* direct bill of lading, direct waybill, liner through bill of lading, through waybill

  internationaler Frachtbrief *(m)* international consignment note, international waybill
  Menge entspricht dem Frachtbrief *(f)* manifest quantity
  Nummer des Frachtbriefes *(f)* bill of lading number
Frachtbriefdoppel *(n)* consignment note duplicate, copy of railroad consignment note, duplicate consignment note
Frachtbriefduplikat *(n)* copy of consignment note, copy of railroad waybill, duplicate of waybill, railway receipt
Frachtbroker *(m)* cargo broker, chartering agent, shipping broker
Frachtbuch *(n)* arrival book
Frachtdienst *(m)* freight service
Frachtdifferenz *(f)* freight differential
Frachtdiskont *(m)* freight discount
Frachtdokument *(n)* freight document
Frachteigentümer *(m)* cargo owner, freight owner, owner of cargo, owner of freight
Frachteingang *(m)* cargo arrival, freight arrival
Frachteingangsbenachrichtung *(f)* arrival notice, landing notice
Frachteinheit *(f)* freight unit
Frachtempfänger *(m)* consignee, consignee of the cargo, consignee of the freight, recipient of goods
Frachtempfangsbescheinigung *(f)* freight receipt
frachten affreight, freight
Frachtenpool *(m)* freight pool
Frachtenumsatz *(m)* cargo turnover, turnover of load
Frachter *(m)* cargo carrier, cargo ship
Frachterhöhung *(f)* increase of freight
Frachterklärung *(f)* cargo reporting
Frachterlaß *(m)* bounty on freight, freight rebate
Frachtermäßigung *(f)* bounty on freight, freight discount, freight rebate
Frachtfahrt *(f)* cargo trip

Frachtflugzeug *(n)* transport cargo aeroplane

Frachtforderung *(f)* freight claim

frachtfrei carriage free, freight paid
Frachtfrei ... /benannter Bestimmungsort/ carriage paid to ... /insert named place of destination/, CPT ... /insert named place of destination/
Frachtfrei versichert ... /benannter Bestimmungsort/ CIP ... /insert named place of destination/, carriage and insurance paid to ... /named place of destination/

Frachtführer *(m)* carrier
an Frachtführer die Ware liefern *(m)* deliver the goods to the carrier
Beschädigungsrisiko für Frachtführer *(n)* owner's risk of deterioration
Frei Frachtführer ... /benannter Lieferort/ FCA ... /insert named place of delivery/, free carrier ... /insert named place of delivery/
Haftpflicht des Frachtführers *(f)* liability of freight contractour, carrier's liability
internationaler Frachtführer *(m)* international carrier
Preis frei Frachtführer *(m)* free on truck price, free on FOT price
Übertragung an den Frachtführer *(f)* delivery to carrier
vertraglicher Frachtführer *(m)* contract carrier, contracting carrier
vom Käufer benannten Frachtführer *(m)* carrier nominated by the buyer

Frachtführerhaftung *(f)* carrier's liability, liability of freight contractour

Frachtführerpfandrecht *(n)* cargo lien, lien for freight, maritime lien

Frachtführerpfandrechtsklausel *(f)* lien for freight clause

Frachtführershaftungsgrenze *(f)* limit of carrier's liability

Frachtführerstempel *(m)* carrier's stamp

Frachtgebühr *(f)* carriage charge, carrying charge, cartage, charges for freight, freight brokerage, haul charge
Frachtgebühr bezahlt bis ... *(f)* freight paid ...
Preis frei Frachtgebühr *(m)* free freight price, free carriage price

Frachtgeld *(n)* carriage fare, charges for carriage, charges for freight, freight, freight charge, freight money, transfer fee, transportation charge

Frachtgut *(n)* cargo, charge, freight, ship cargo, shipment

Frachtgutavis *(m)* advice of dispatch, forwarding advice

Frachtguteingang *(m)* consignment arrival, parcel arrival

Frachtgutnichtlieferung *(f)* non-delivery of cargo, non-delivery of freight

Frachtidee *(f)* charterer's/owner's idea of freight rate, freight idea

Frachtindex *(m)* freight index

Frachtinkasso *(n)* collection of freight, collection of freight charges

Frachtkahn *(m)* cargo barge, lighter, seabourne barge, tugboat

Frachtkapazität *(f)* cargo carrying capacity, freight-carrying capacity

Frachtkartell *(n)* freight pool

Frachtklausel *(f)* freight clause

Frachtkonto *(n)* carriage account, freight account

Frachtkontrakt *(m)* haulage contract, transport contract

Frachtkosten *(pl)* charges for freight, costs of transport, costs of transportation, freight, transport charge
Frachtkosten für Lieferant *(pl)* carriage free, carriage paid
* **frei Frachtkosten** *(pl)* free cartage, free freightage
Preis frei Frachtkosten *(m)* free freight price, free carriage price

Frachtladungsaufseher *(m)* cargo superintendent, port captain

Frachtliste *(f)* cargo report, freight list, manifest

Frachtlohn *(m)* carriage charge, carrier's charges, cartage, charges for freight
frei Frachtlohn *(m)* free freight, free portage

Frachtmakler *(m)* cargo broker, chartering agent, freight agent, freight canvasser, freight clerk, freight forwarder, shipping agent, shipping broker

Frachtmanifest *(n)* freight manifest

Frachtmarketforschung *(f)* freight market research

Frachtmarkt *(m)* freight market, shipping market

Frachtnachlass *(m)* freight discount, freight rebate, rebate of freight

Frachtnachnahme *(f)* freight forward
Frachtnachnahme, unfrei *(f)* freight forward
* Kosten und evtl. Frachtnachnahme *(pl)* charges forward

Frachtname *(m)* name of cargo

Frachtnota *(f)* consignment sheet, freight bill

Frachtnotierung *(f)* freight quotation

Frachtorder *(f)* freight order, freight receipt

Frachtpapiere *(pl)* shipping documents, shipping papers
einziges, durchgehendes Frachtpapier *(n)* thro' bill of lading, through bill of lading

Frachtparität *(f)* freight parity

Frachtpreis *(m)* price of freight
laufender Frachtpreis *(m)* current rate of freight

Frachtprovision *(f)* freight commission, freight money

Frachtrabatt *(m)* freight discount, freight rebate, rebate of freight

Frachtrate *(f)* rate of freight, shipping rate
allgemeine Frachtrate *(bei Luftfracht) (f)* general cargo rate
allgemeine Frachtraten im Luftverkehr *(pl)* general cargo rates
direkte Frachtrate *(f)* through rate, through freight rate
laufende Frachtrate *(f)* current rate of freight

Frachtraum *(m)* stowage space
Frachtraum buchen *(m)* book a stowage space
* frei Frachtraum *(m)* free of charge into vessel's holds

Frachtraumbuchung *(beim Transport) (f)* booking

Frachtrauminhalt *(m)* cargo volume

Frachtrechnung *(f)* booking note, consignment note, freight account, freight bill, freight booking, freight note

Frachtreise *(f)* cargo trip

Frachtrisiko *(n)* freight risk

Frachtsatz *(m)* cargo rate, transportation rate

Frachtschein *(m)* cargo declaration, load declaration
unübertragbarer Frachtschein *(m)* non-negotiable sea waybill, unassignable bill of lading

Frachtschiff *(n)* cargo carrier, cargo vessel, carrier ship, freight vessel, general cargo ship, general cargo vessel, general ship
Frachtschiff für wahlweisen Transport von Erz, Massengut oder Öl *(n)* ore-bulk-oil ship
Frachtschiff in der Linienfahrt *(n)* cargo liner

Fracht-Schifffahrts-Konferenz *(f)* maritime conference, shipping conference, shipping pool, steamship conference, traffic pool

Frachtschute *(f)* cargo barge

Frachtspesen *(pl)* freight money

Frachtstückgut *(n)* less-than-carload shipment, part load consignment

Frachtstückpfandrecht *(n)* lien on cargo, lien on goods

Frachttarif *(m)* cargo tariff, freight tariff, shipping rate
Frachttarif für Stückgut *(m)* less-than-carload rates, mixed carload rate, part-load rates
Frachttarif für Tara *(m)* tariff for tare carriage
* diskriminierender Frachttarif *(m)* discriminating freight
laufende Frachttarif *(m)* current rate of freight

Frachtterminal *(n)* cargo handling terminal, cargo terminal

Frachttonnage *(f)* dead-weight, deadweight capacity, measurement tonnage

Frachttonne *(f)* measurement ton, shipping ton, stevedore ton

Frachttransport *(m)* transport of goods
Frachttransport unter Zollverschluss *(m)* customs carriage, transport of goods under customs seals

fracht- und zollfrei freight and duty paid

Frachtverkehrsverfahren *(n)* cargo traffic procedure
 Komitee für Frachtverkehrsverfahren *(n)* Cargo Traffic Procedures Committee *(IATA)*
Frachtversand *(m)* dispatch of cargo, expedition of cargo
Frachtversender *(m)* consigner, freighter
Frachtversicherung *(f)* cargo insurance, insurance on cargo, insurance on freight, insurance on merchandise
Frachtversicherungspolice *(f)* cargo policy, freight policy, goods policy
Frachtverstauung *(f)* bulk stowage, cargo stowage
Frachtvertrag *(m)* carriage contract, charter, contract for freight, contract of carriage
 Frachtvertrag ohne Bemannung *(m)* demise charter, bare-boat charter
Frachtvorauszahlung *(f)* advance payment of freight
Frachtvorschuss *(m)* advance freight, freight advance
Frachtwaggon *(m)* freight car, freight wagon
Frachtzoll *(m)* ship dues, tonnage due
Frachtzug *(m)* freight train, goods train
Frachtzuschlag *(m)* freight surcharge, hat money, surcharge on the freight
Frage *(f)* problem, question
Franchise *(f)* franchise
 erste Franchise *(f)* excess-of-loss insurance, deductible average
Franchisegeber *(m)* franchiser
Franchisegebühr *(f)* franchise fee
Franchiseklausel *(f)* franchise clause
Franchisenehmer *(m)* franchisee
Franchisevertrag *(m)* contract of franchising
Franchising *(n)* franchising
 direktes Franchising *(n)* direct franchising
 gebundenes Franchising *(n)* combination franchising
 gemischtes Franchising *(n)* mixed franchising
 indirektes Franchising *(n)* indirect franchising

mehrfaches Franchising *(n)* multiple-unit franchising
Franchisingvertrag *(m)* franchising agreement
Frankatur *(f)* postage, prepayment of charges
frankieren frank, free, prepay, stamp
Frankieren *(n)* franking
frankiert stamped
 frankierter Brief *(m)* prepaid letter, stamped letter
Frankierung *(f)* postage, prepayment of charges
franko free
 franko Bestimmungsort *(m)* free destination
 franko Fahrzeug *(n)* free on car
 franko Hafen *(m)* free in harbour, free port
 franko Hafenkosten *(pl)* free harbour dues
 franko Haus *(n)* delivered free to house of purchaser, free domicile
 franko Ort der Übergabe an den Luftfrachtführer *(m)* free place of delivery to air carrier
 franko Ort der Übergabe an die Luftfahrtgesellschaft *(m)* free place of delivery to air carrier at seller's country
 franko Ort der Verladung *(m)* free point of shipment, free shipping place
 franko Ort der Zollabfertigung *(m)* free at place of customs clearance, free at place of customs examination, free at place of customs treatment
 franko Waggon *(m)* free into wagon, free on car
Frankobrief *(m)* prepaid letter, stamped letter
Frankogebühr *(f)* porterage, postage, postal charge
Frankopreis *(m)* free price, price of free
free franco, free
 Free-Discharge-Klausel *(f)* free discharge clause
 Free-Loading-Klausel *(f)* free loading clause
frei free, gratuitous, uncharged, uncontrolled
2. frei ... /benannter Bestimmungsort/ free delivered ... /named point of destination/
 frei ab Haus *(n)* ex store, ex warehouse
 frei ab Pflanzung *(f)* ex plantation
 frei ab Schiff *(n)* ex steamer, free on board
 frei ab Werk *(n)* ex mill, ex works

frei Abfahrtshafen *(m)* free port of departure, free at port of shipment
frei an Bord *(m)* ex ship
frei an Bord ... /benannter Verschiffungshafen/ FOB ... /insert named port of shipment/, free on board ... /insert named port of shipment/
frei an Bord benannter Aufflugshafen *(m)* free airport
frei an Bord und wieder frei von Bord *(m)* fob/fob, free on board/free off board
frei an Bord und wieder frei von Bord Klausel *(m)* fob/fob clause
frei auf Güterwagen *(m)* free on board car, free on rail
frei Auslaufhafen *(m)* free port of departure
frei Bahn *(f)* free station
frei Bahnhof *(m)* free on station
frei Bahnhof liefern *(m)* deliver to railway station, deliver to station
frei Bahnhof zustellen *(m)* deliver to railway station, deliver to station
frei Beförderer *(m)* **free carrier**
frei Beförderungsgeld *(n)* free freight, free portage
frei Beladen *(n)* free loading, free overboard, free overside
frei benannter Ort *(m)* free delivery
frei Bestimmungshafen *(m)* free at port of destination
frei Bestimmungsort *(m)* free delivered
frei Bestimmungsstation *(f)* free station of destination
frei Betrieb *(m)* free at factory
frei Carrier ... /benannter Terminal/ *(m)* free carrier ... /named terminal/
frei Dock *(n)* free at dock, free dock
frei ein und aus *(n)* fio, net terms
frei Einladen *(n)* free discharge, free in, fi
frei Elevator *(m)* free alongside elevator
frei Empfänger *(m)* free domicile, free house
frei Empfängeranschlussbahn *(f)* free buyer's siding
frei Empfängerlager *(n)* delivered in store, free at buyer's warehouse
frei Empfangsbanhof *(m)* free consignee's station
frei Entladehafen *(m)* free at port of discharge, free port of destination
frei Entladung *(f)* free discharging, gratuitous outturn
frei Fabrik *(f)* free at factory

frei Fahrzeug *(n)* free on car, free on aircraft
frei Fracht *(f)* free cartage, free freightage
frei Frachtführer *(m)* free carrier
Frei Frachtführer ... /benannter Lieferort/ FCA ... /insert named place of delivery/, free carrier ... /insert named place of delivery/
frei Frachtkosten *(pl)* free cartage, free freightage
frei Frachtlohn *(m)* free freight, free portage
frei Frachtraum *(m)* free of charge into vessel's holds
frei Grenzbahnhof *(m)* free frontier-station
frei Grenze *(f)* free border
Frei-Grenze-Preis *(m)* free-at-frontier price, free-frontier price
Frei-Grenze-Wert *(m)* free-at-frontier value
frei Güterwagen *(m)* free on board car, free on rail
frei Hafen *(m)* free in harbour, free port
frei Hafenkosten *(pl)* free harbour dues
frei Haus *(n)* franco domicile, free consignee, free domicile, free house
frei Haus - verzolt *(n)* duty-paid free house
frei ins Haus *(n)* free domicile, free house
frei Kahn *(m)* free at dock
frei Kai *(m)* free at quay, free quay
frei Kai, verzollt ... /benannter Hafen/ *(m)* ex quay (duty paid) ... /named port of destination/
frei Käuferlager *(n)* delivered free to warehouse of purchaser, free at buyer's warehouse
frei Klausel *(f)* free clause
frei Laden und Löschen *(n/n)* free in and out
frei Ladeplatz *(m)* free loading place, free place of shipment
frei Ladestelle *(f)* free loading place, free place of shipment
frei Lager *(n)* delivered in store, free warehouse
frei Lager des Empfängers *(n)* delivered in store, delivery as required, free at buyer's warehouse
frei Lager des Käufers *(n)* delivered free to warehouse of purchaser, free at buyer's warehouse
frei Längsseite *(f)* free alongside, free from alongside
frei Längsseite des Abgangshafens *(f)* free alongside quay
frei Längsseite Schiff ... /benannter Verschiffungshafen/ FAS ... /insert named port of shipment/, free alongside ship ... /insert named port of shipment/

frei-Längsseite-des-Schiffes-Klausel *(f)* fas clause, free alongside clause

frei-längsseits-Schiff-Klausel *(f)* fas clause, free alongside clause

frei Lastkraftfahrzeug *(n)* free in truck, free on lorry

frei Lastkraftwagen *(m)* free in truck, free on lorry

frei Lastwagen *(m)* free in truck

frei Leichter *(m)* free overboard, free overside

frei Löschen *(n)* free discharge, free discharging, free unloading

frei Löschungshafen *(m)* free at port of discharge, free port of destination

frei Luftfahrzeug *(n)* free on aircraft (FOA)

frei Niederlage *(f)* delivered in store, free warehouse

frei Postamt *(n)* free post office

frei Quai *(m)* ex pier, ex quay

frei Schiff *(n)* ex steamer, free on board, free over side, free overside

 frei Schiff ... /benannter Bestimmungshafen/ delivered ex ship ... /named port of destination/, DES ... /named port of destination/

frei Schiffbord *(m)* free shipboard, free ship's side

frei Schiffsseite *(f)* free shipboard, free ship's side

frei Schute *(f)* free into barge

frei Station *(f)* free station

frei Station des Empfängers free consignee's station

frei Transporteur *(m)* free carrier

frei Ufer *(n)* free at quay, free quay

frei unter Längsseite *(f)* free from alongside

frei Verladungsort *(m)* free point of shipment, free shipping place

frei Verschiffungshafen *(m)* free at port of shipment

frei von Ableichtern *(n)* free lighterage

frei von besonderer Havarie *(f)* free from particular average, free of particular average (FPA)

frei von Eilgeld *(n)* free from dispatch money

frei von gemeinsamer Havarie *(f)* free from general average

frei von gemeinschaftlicher Havarie *(f)* free from general average

frei von großer Havarie *(f)* free from general average

frei von Havarie *(f)* free from average

frei von jedem Risiko bei gewaltsamer Wegnahme, Beschlagnahme und Aufruhr free of capture, seizure, riots and civil commotions

frei von jeder Beschädigung *(f)* free of all average

frei von Schulden *(pl)* unincumbered

frei von Zoll *(m)* duty-exempt, non-dutiable

frei von Zöllen und sonstigen Abgaben free of all customs duties and charges

frei von Zollgebühr *(f)* customs-free, duty-free

frei Waggon *(m)* free into wagon, free on car, free on wagon

frei Zisterne *(f)* free cistern, free tank

frei Zollabfertigungsort *(m)* free at place of customs clearance

frei Zolllager *(n)* free into bond

freie Devisen *(pl)* convertible currency, free currency

freie Konkurrenz *(f)* free competition

freie Lieferung *(f)* delivery charges included, including the delivery charges

freie Marktwirtschaft *(f)* free economy, free enterprise economy

freie Zeit *(f)* free time, notice time

freier Beruf *(m)* liberal profession

freier Dienstleistungsverkehr *(m)* free movement of services *(EU)*

freier Handel *(m)* free trade

freier Markt *(m)* free market, open market

freier Transit *(m)* free transit

freier Warenverkehr *(m)* free circulation of goods, free movement of goods

freies Warenmuster *(n)* handout

* Anmeldung von Waren zum freien Verkehr *(f)* declaration for entry of goods for home use

in den freien Verkehr übergehen *(m)* enter into home use

Preis des freien Marktes *(m)* free-market price, open price

Überführung in den zollrechtlich freien Verkehr *(f)* release for home use, release for free circulation

 Zulassung zur Überführung in den zollrechtlich freien Verkehr *(f)* authorization for release for free circulation

Waren abgabenfrei in den zollrechtlich freien Verkehr *(pl)* goods released for free circulation

Ware zur vorübergehenden Verwendung anmelden *(f)* enter goods for temporary importation

zum zollrechtlich freien Verkehr abgefertigte Ware *(f)* goods declared for free circulation

Freibetrag *(m)* amount of the exemption

freibleibend non-binding

freibleibende Offerte *(f)* open bid, open offer

freibleibendes Angebot *(n)* free offer, offer without engagement, open bid, open offer

Freibord *(m)* freeboard

tropischer Freibord *(m)* tropical load-line

Freiborddeck *(n)* freeboard deck

Freibordhöhe *(f)* annual load-line

Freibordmarke *(f)* freeboard mark, Plimsoll's mark

Freibordzeichen *(n)* Plimsoll line

Freibordzertifikat *(n)* certificate of freeboard, freeboard certificate, loadline certificate

internationales Freibordzertifikat *(n)* international loading certificate, international load line certificate

Freibordzeugnis *(n)* certificate of freeboard, freeboard certificate, loadline certificate

Freiexemplar *(n)* complimentary copy

Freigabe *(f)* release

Freigabe der Sicherheit *(f)* release from the security

Freigabe der Waren *(f)* customs clearance of goods, customs registration of goods

freigeben release

Sicherheit freigeben *(f)* release the security

Freigebühr *(f)* porterage, postage, postal charge

Freihafen (Fr.-H) *(m)* bonded free zone, free port, free harbour, open harbour, open port

Freihafengebiet *(n)* bonded zone, duty-free dock area, foreign trade zone

Freihandel *(m)* duty-free trade, free trade

Freihandelsabkommen *(n)* free trade agreement

Mitteleuropäisches Freihandelsabkommen *(n)* Central European Free Trade Agreement

Freihandelsassoziation *(f)* free trade association

Freihandelsgebiet *(n)* duty-free area, duty-free zone, free trade area

Freihandelsorganisation *(f)* free trade organization

Freihandelspolitik *(f)* free trade policy

Freihandelspreis *(m)* free market price, inbound price, price ex bond

Freihandelszone *(f)* duty-free zone, free trade area, free district, free zone

freihändig amicable, freehand

freihändiger Verkauf *(m)* amicable sale, free sale

Freihauslieferung *(f)* delivery at a residence, delivery at a trader's premises, delivery at residence, home delivery service

Freiheit *(f)* freedom, liberty

Freiheit der Durchfuhr *(f)* freedom of transit

Freiheit der Schifffahrt *(f)* freedom of navigation

Freiladung *(f)* bulk freight, bulked goods, open cargo

Freilager *(n)* bonded warehouse, duty-free warehouse

Verbringen von Waren in Freilager *(n)* introduction of goods into free warehouse

freilassen exempt, release

vom Zoll freilassen *(m)* free from the duty, exempt from duty

von der Quarantäne freilassen *(f)* release from quarantine

Freilieferung *(f)* delivery cost free, delivery free

freimachen free

Freistellung *(f)* waiver

Freistellung von den Einfuhrverboten *(f)* waiver of import prohibitions

Freiverkehr *(m)* free circulation

Überführung in den Freiverkehr *(f)* release for free circulation, release for home use

Freiverkehrskurs *(m)* free market exchange rate, free-market rate

Freiverkehrsmarkt *(m)* open market, over counter market

frei-von-besonderer-Havarie-Klausel *(f)* free from particular average clause

frei-von-Eilgeld-Klausel *(f)* free from dispatch money clause

frei-von-gemeinsamer-Havarie-Klausel *(f)* free from general average clause

frei-von-Havarie-Klausel *(f)* free from general average clause

freiwillig optional, voluntary
freiwillige Auktion *(f)* auction by agreement
freiwillige Rückversicherung *(f)* facultative reinsurance
freiwillige Versicherung *(f)* optional insurance, voluntary insurance
Freiwilliger *(m)* volunteer
Freizeit *(f)* free time, notice time
Freizone *(f)* free area
Begrenzungen der Freizonen *(pl/pl)* boundaries of free zones
Dauer des Verbleibs in der Freizone *(f)* duration of stay in free zone
Funktionieren von Freizonen *(n)* operation of free zones
Ordnung für eine Freizone *(f)* rules for functioning of free zone
Überführung der Waren in eine Freizone *(f)* entry into free zone
Verbringen von Waren in Freizonen *(n)* introduction of goods into a free zone
Verbringung in eine Freizone *(f)* entry into a free zone
Waren in eine Freizone verbringen *(pl)* place goods in a free zone
Freizonenregelung *(f)* free zone arrangements
fremd foreign
fremde Währung *(f)* foreign currency, foreign exchange
fremder Hafen *(m)* foreign port
Fremdkapital *(n)* borrowed capital
Verhältnis zwischen Fremdkapital und Eigenkapital *(n)* debt-equity ratio
Fremdsprache *(f)* foreign language
Fremdwährung *(f)* foreign currency, foreign exchange
Umrechnung der Fremdwährung *(f)* recalculation of foreign currency
Zahlung in Fremdwährung *(f)* payment in foreign currency
Fremdwährungen *(pl)* foreign value
Fremdwährungsscheck *(m)* foreign currency cheque
Freundschafts-, Handels-und Schifffahrtsvertrag *(m)* treaty of friendship, commerce and navigation

Frischwasser *(n)* fresh water
Frist *(f)* deadline, time, term
Frist bestimmen *(f)* define the term, define the time
Frist der vorübergehenden Verwahrung *(f)* term of temporary storage
Frist einhalten *(f)* keep the deadline, keep the term, observe the time
Frist festsetzen *(f)* fix a time limit, set a time limit
Frist für die Entrichtung des Abgabenbetrags *(f)* time limit for payment of the amount of duty
Frist überschreiten *(f)* exceed a deadline, exceed a term, exceed a time, overrun a deadline
Frist verlängern *(f)* defer the time, delay the term
Frist zum Vertragsabschluss *(f)* time limit to conclude a contract
* Ablauf einer Frist *(m)* expiry of a period
festgesetzte Frist *(f)* time limit *(granted)*
2. prescribed period
im Vertrag vereinbarte Frist *(f)* contract date
Nichteinhaltung der Frist *(f)* failure to observe the time limit, failure to comply with the term
Nichteinhaltung einer Frist *(f)* failure to respect the time limit, failure to observe the time limit, failure to comply with the term
verlängerte Frist *(f)* prolonged term
Verlängerung der Frist *(f)* extension of the time limit, prorogation
Wiedergewährung einer Frist *(f)* restoration of period
zusätzliche Frist *(f)* additional time
Fristablauf *(m)* expiration of time
Gestellung nach Fristablauf *(f)* presentation of goods after expiry of time limit
Zahlung vor dem Fristablauf *(f)* early payment
Fristbestimmung *(f)* setting a date, time fixing
Fristbewilligung *(f)* granting of renewal
Friststreckungsklausel *(f)* continuation clause, prolongation clause
Fristüberschreitung *(f)* exceeding the time limit, failure to respect the time limit, non-compliance with deadline

Fristverlängerung *(f)* deferment of time, delay, delay of time, extension of a term, extension of a time limit, prorogation, prorogation of a term
Fristverlängerung bewilligen *(f)* give a time
Fristverlängerung zugestehen *(f)* accord a respite, grant a delay
Frostschaden *(m)* frost damage
Fruchtfrachter *(m)* fruit ship, fruiter
Frühstückskartell *(n)* gentleman's agreement
führen manage
Handel führen *(m)* deal, be engaged in traffic, engage in the trade, traffic, merchandise
Korrespondenz führen *(f)* correspond
Seehandel führen *(m)* traffic on the sea
Verhandlungen führen *(pl)* be in negotiations
Führer *(m)* chief, manager
Führerschaft *(f)* lead, leadership
Führungssystem *(n)* management system, system of management
Fuhrunternehmen *(n)* carrier's business, transport undertaking
füllen complete, fulfil
Füllung *(f)* fulfillment, performance
Fumigation *(f)* fumigation
Fundamentalrisiko *(n)* fundamental risk
funktional functional
funktionale Qualität *(f)* functional quality
Funktionär *(m)* functionary, official
Funktionieren *(n)* performance
Funktionieren von Freizonen *(n)* operation of free zones
für for
für den Export produzieren *(m)* produce for export
für den Transport vorbereiten *(m)* prepare (goods) for shipment
für die Bewilligung des Verfahrens in Betracht kommen *(f)* be eligible for the arrangements
für die Versandanmeldung verwendeten Exemplare *(pl)* copies for transit declaration
für ein Darlehen Sicherheit leisten guarantee a loan

für Fahrt chartern *(f)* charter for a trip, charter for a voyage
für Reise chartern *(f)* charter for a trip, charter for a voyage
für Zeit chartern *(f)* charter on time
Fusion *(f)* consolidation, fusion, merging
Fusionsvertrag *(m)* merger agreement
Fuß *(m)* foot
Zwanzig-Fuß-Äquivalente-Einheit *(f)* twenty-foot equivalent unit (containers), 20-footer
Futures-Markt *(m)* forward market, futures market, terminal market

G

Gabe *(f)* donation
Gallon *(n)* gallon
gangbar practicable
  gangbare Lösung *(f)* feasible solution
ganz full
  ganz und gar altogether, wholly
Ganzcharter *(m)* full-cargo charter, whole-cargo charter
Ganzverlust *(m)* total loss
Garant *(m)* surety, warrantor
Garantbank *(f)* guarantor bank, surety bank
Garantie *(f)* guaranty, warranty
  Garantie annullieren *(f)* annul a guarantee
  Garantie ausfertigen *(f)* issue a guarantee, put up a guarantee
  Garantie ausnutzen *(f)* call on a guarantee
  Garantie ausstellen *(f)* issue a guarantee, put up a guarantee
  Garantie bei politischen Risiken *(f)* political risk guarantee
  Garantie bekommen *(f)* obtain a guarantee, receive a guarantee
  Garantie beschränken *(f)* limit the guarantee
  Garantie bestätigen *(f)* confirm a guarantee
  Garantie der Bezahlung *(f)* guarantee of payment, payment guarantee
  Garantie der Einhaltung des Zollregimes *(f)* guarantee of observance of customs procedures
  Garantie der Kreditfähigkeit *(f)* guarantee of responsibility, guarantee of solvency
  Garantie des Versicherers *(f)* insurance guarantee, underwriter's guarantee
  Garantie entziehen *(f)* cancel a guarantee, rescind a guarantee
  Garantie erhalten *(f)* obtain a guarantee, receive a guarantee
  Garantie für Konnossement *(f)* bill of lading guarantee
  Garantie für Kreditrückzahlung *(f)* letter of guarantee
  Garantie für Qualität *(f)* guarantee of quality, warranty of quality
  Garantie für technische Parameter *(f)* performance assurance
  Garantie für ungültig erklären *(f)* cancel a guarantee, rescind a guarantee
  Garantie für Warenaufbewahrung *(f)* guarantee of the safety of goods
  Garantie für Zollschuld *(f)* security to ensure payment of the customs debt
  Garantie gegen Verluste *(f)* guarantee against losses
  Garantie hinterlegen *(f)* provide a guarantee
  Garantie stellen *(f)* safeguard
  Garantie übernehmen *(f)* safeguard
  Garantie von Exportkrediten *(f)* export credit guarantee
  Garantie zurückziehen *(f)* rescind a guarantee
  * Ablauf der Garantie *(m)* expiry of a guarantee
  absolute Garantie *(f)* non-limited guarantee, absolute security
  außervertragliche Garantie *(f)* non-contractual guarantee
  bedingte Garantie *(f)* qualified guarantee, reserved guarantee
  bedingungslose Garantie *(f)* unqualified guarantee, absolute guarantee
  befristete Garantie *(f)* limited guarantee
  beschränkte Garantie *(f)* reserved guarantee, qualified guarantee
  bestätigte Garantie *(f)* confirmed guarantee
  Einheitliche Richtlinien für auf Anfordern zahlbare Garantien (ERAG) *(pl)* Uniform Rules for Demand Guarantees
  einmalig gestellte Garantie *(f)* single guarantee
  Geld-zurück-Garantie *(f)* money back guarantee
  gesetzliche Garantie *(f)* legal guarantee
  Gewährung der Garantie *(f)* submission of a guarantee
  Gültigkeit der Garantie *(f)* length of a guarantee, validity of a guarantee
  indirekte Garantie *(f)* indirect guarantee
  institutionelle Garantie *(f)* institutional guarantee
  internationale Garantie *(f)* international guarantee
  kurzfristige Garantie *(f)* short-term guarantee
  langfristige Garantie *(f)* long-term guarantee
  persönliche Garantie *(f)* personal guarantee
  Provision für Garantie *(f)* guarantee fee, guarantee commission
  schriftliche Garantie *(f)* written guarantee
  staatliche Garantie *(f)* government guarantee
  TIR-Garantie *(f)* TIR guarantee

übertragbare Garantie *(f)* transmissible guarantee

unbedingte Garantie *(f)* absolute guarantee, unconditional guarantee

unbefristete Garantie *(f)* continuing guarantee, absolute security, non-limited guarantee

unbeschränkte Garantie *(f)* absolute guarantee, unqualified guarantee

unbestätigte Garantie *(f)* unconfirmed guarantee

ungültige Garantie *(f)* guarantee not valid

unübertragbare Garantie *(f)* non-assignable guarantee

unwiderrufliche Garantie *(f)* irrevocable guarantee

Verlängerung der Garantie *(f)* prolongation of a guarantee

zusätzliche Garantie *(f)* additional guarantee, additional collateral

Garantieakkreditiv *(n)* guarantee letter of credit

Garantieart *(f)* form of guarantee

Garantiebedingungen *(pl)* conditions of a guarantee, guarantee conditions

Garantiebegünstigter *(m)* guarantee, warrantee

Garantiebestätigung *(f)* guarantee confirmation

Garantiebetrag *(m)* amount of the guarantee, guarantee amount

  Zahlung des Garantiebetrags *(f)* payment of a guarantee amount

Garantiebrief *(m)* bond of indemnity, letter of guarantee, letter of security

Garantiebruch *(m)* breach of guarantee, breach of warranty

Garantiecarnet *(n)* guarantee carnet

Garantiedauer *(f)* duration of guaranty, guarantee period, length of a guarantee, validity of a guarantee

Garantieempfänger *(m)* guarantee, warrantee

Garantiefonds *(n)* guarantee fund

  multilaterales Garantiefonds *(n)* multilateral guarantee fund

Garantieforderung *(f)* claim for guarantee, guaranty claim

Garantiefrist *(f)* duration of guaranty, guarantee period, term of guarantee, term of warranty

Garantiegesellschaft *(f)* guarantee company

Garantiegrenze *(f)* surety line, guarantee limit

Garantiehaftung *(f)* liability deriving from guarantee

Garantiehinterlegung *(f)* guarantee deposit, security deposit

Garantiekaution *(f)* guaranty deposit

Garantieklausel *(f)* clause of warranty, guarantee clause, warranty clause

Garantiekundendienst *(m)* guarantee maintenance

Garantieleistungsvertrag *(m)* contract of guarantee, contract of surety, guarantee agreement

Garantieprobe *(f)* guarantee test

garantieren guarantee, underwrite

  hohe Qualität garantieren *(f)* guarantee high quality

  Indossament garantieren *(n)* guarantee an endorsement

  Kredit garantieren *(m)* guarantee a credit

  Preis garantieren *(m)* guarantee a price

  Wechsel garantieren *(m)* guarantee a bill of exchange

Garantiereparatur *(f)* guarantee overhaul, guarantee repair, service, servicing

garantiert guaranteed, warranted, warranty

  garantierte Anleihe *(f)* guaranteed loan

  garantierte Fracht *(f)* guaranteed freight

  garantierte Menge *(f)* guaranteed quantity

  garantierte Qualität *(f)* guaranteed quality, warranted quality

  garantierter Scheck *(m)* guaranteed cheque

  garantierter Verkauf *(m)* assured sale

  garantierter Wechsel *(m)* guaranteed bill of exchange

  garantiertes Gewicht *(n)* guaranteed weight

  garantiertes Inkasso *(n)* guaranteed collection

Garantieschein *(m)* bill of debt, certificate of guarantee, counter-bond, guarantee paper, letter of guarantee, letter of security

Garantieschreiben *(n)* bond of security, letter of guaranty, surety deed

Garantiesumme *(f)* amount of the guarantee, guarantee amount

Garantiesystem *(n)* guarantee system

Garantieverlängerung *(f)* prolongation of security

Garantievermerk *(m)* clause of warranty, warranty clause

Garantieverpflichtung *(f)* guarantee obligation

Garantievertrag *(m)* indemnity agreement, indemnity contract

Haftung aus Garantievertrag *(f)* liability deriving from guarantee

Garantiezahlung *(f)* guarantee payment, payment of a security

Garantiezeit *(f)* period of warranty, warranty period

Garantiezeitraum *(m)* length of warranty

Garantiezeugnis *(n)* certificate of guarantee, guarantee certificate

Garantiezusage *(f)* promise of a guarantee

Gas *(n)* gas

Schiff zur Beförderung verflüssigter Gase *(n)* LPG carrier, gas carrier vessel

Gaspipeline *(f)* gas pipeline

Gebäude *(n)* building

geben give

Anweisungen geben *(pl)* provide the instructions, give the instructions

Auftrag geben *(m)* make an order, book an order, place an order, submit an order

Auskunft geben *(f)* supply an information, furnish an information

Kredit geben *(m)* accord a loan

Plenipotenz geben *(f)* give a power, grant authority

Rabatt geben *(m)* grant an allowance, grant a rebate

Vollmacht geben *(f)* accord a power, grant authority

Wechsel zu Protest geben *(m)* protest a bill, note

Gebiet *(n)* area, territory

Gebiet des anderen Mitgliedstaats *(n)* territory of a member state

* zollfreies Gebiet *(n)* duty-free zone, duty-free area

gebietsfremd non-resident

gebietsfremder Eigentümer *(m)* non-resident owner

gebietsfremder Importeur *(m)* non-resident importer (NRI)

Gebrauch *(m)* use

Einheitliche Richtlinien und Gebräuchen für Dokumentenakkreditive *(pl)* Uniform Customs and Practice for Documentary Credits

Waren für den amtlichen Gebrauch *(pl)* goods intended for official use

Waren für den persönlichen Gebrauch *(pl)* goods intended for personal use

gebräuchlich customary

gebräuchlicher Verlust *(m)* customary trade loss

Gebrauchsanweisung *(f)* instruction for use, operation manual, service handbook

Gebrauchsgegenstand *(m)* article of common use, article of general use

Gebrauchsmuster *(n)* design patent, utility model

Gebrauchsmustereintragung *(f)* registration of a design

Gebrauchtwaren *(pl)* second-hand goods

gebrochen broken

gebrochener Transport *(m)* combined service, combined transport

gebrochener Verkehr *(m)* traffic with transhipment, transport by different carrier

gebrochenes Transportdokument *(n)* combined transport document (CTD)

Gebühr *(f)* duty, charge, fee, tax

Gebühr erheben *(f)* charge, charge a fee

Gebühr per Maß *(f)* measurement charge

Gebühren erheben *(pl)* collect duties

* Erhebung von Gebühren *(f)* exaction of dues

obligatorische Gebühr *(f)* obligatory charge

periodische Gebühr *(f)* maintenance fee

vorausbezahlte Gebühren *(pl)* charges prepaid, prepaid costs

zusätzliche Gebühr *(f)* special surcharge

Gebührenaufstellung *(f)* bill of costs

Gebührenbefreiung *(f)* exemption from charges, exemption from duties

Gebührenbeitreibung *(f)* charges collection, collection of charges

Gebührenbemessung *(f)* appraisal of duty
Gebührenberechnung *(f)* computation of dues
Gebührenerlass *(m)* exemption from charges, exemption from duties
Gebührenermäßigung *(f)* cutting of charges
gebührenfrei feeless
  gebührenfreie Klausel *(f)* no-charge clause
Gebührenfreiheit *(f)* exemption from charges, exemption from duties
Gebührenherabsetzung *(f)* cutting of charges
Gebührensenkung *(f)* cutting of charges
Gebührenstraße *(f)* toll road, turnpike road
Gebührentabelle *(f)* schedule of charges
Gebührentarif *(m)* scale of charges, scale of rates, table of fees
Gebührenverzeichnis *(n)* scale of charges, scale of rates
Gebührenzuschlag *(m)* additional charge, supplementary charge
Gebührnachnahme *(f)* charges collection, collection of charges
gebunden tied
  gebundener Kredit *(m)* tied credit
  gebundener Verkauf *(m)* matched sales
  gebundenes Darlehen *(n)* tied loan
  gebundenes Franchising *(n)* combination franchising
Geburtsdatum *(n)* date of birth
gedeckt covered
  gedeckter Kredit *(m)* covered credit, secured credit
  gedeckter Waggon *(m)* box car, covered van
  gedecktes Akkreditiv *(n)* covered letter of credit
  gedecktes Risiko *(n)* covered peril, perils insured against
  * **Gefahr gedeckt** *(f)* peril covered
gedumpt dumping
  gedumpte Einfuhr *(f)* dumping import
  gedumpte Waren *(pl)* dumping products
Gefahr *(f)* hazard
  Gefahr gedeckt *(f)* peril covered
  * **versicherte Gefahr** *(f)* covered peril, perils insured against

Gefahranalyse *(f)* hazard analysis
gefahrbringend dangerous, hazardous
Gefährdung *(f)* danger, distress
Gefährdungshaftung *(f)* absolute liability
Gefahrengut *(n)* dangerous article, hazardous goods, dangerous goods
  Beförderung der Gefahrgüter *(f)* dangerous cargo service, hazardous cargo service
Gefahrengütertransport *(m)* dangerous cargo service
Gefahrenklasse *(f)* class of risk, risk rating
Gefahrenmaterial *(n)* dangerous goods
Gefahrgüterbeförderung *(f)* dangerous cargo service, hazardous cargo service
Gefahrgüterdeklaration *(f)* declaration for the transport of dangerous goods, hazardous cargo declaration
Gefahrguterklärung *(f)* dangerous goods declaration
Gefahrgüterklassifizierung *(f)* classification of dangerous goods
Gefahrgütermanifest *(n)* dangerous cargo manifest
Gefahrgütertransport *(m)* hazardous cargo service, risky cargo service, transport of dangerous goods, transportation of dangerous goods
Gefahrgutfracht *(f)* dangerous goods freight
Gefahrguttransport *(m)* hazardous goods service, risky cargo service, transport of hazardous cargo
gefährlich dangerous, hazardous
  gefährliche Güter *(pl)* dangerous article, hazardous goods
  Beförderung gefährlicher Güter *(f)* transport of hazardous cargo, hazardous goods service
  Europäisches Übereinkommen über die internationale Beförderung gefährlicher Güter auf der Straße *(n)* European Agreement concerning the International Carriage of Dangerous Goods by Road
  gefährliche Ladung *(f)* dangerous cargo, hazardous goods, risky cargo

gefährlicher Kargo *(m)* hazardous cargo, risky cargo

Gefährlichkeit *(f)* danger, distress

Gefahrübergang *(m)* transfer of risk

Gefälligkeitsakzept *(n)* accommodation acceptance

Gefälligkeitsannahme *(f)* accommodation acceptance

Gefälligkeitsindossament *(n)* accommodation endorsement

Gefälligkeitspolice *(f)* honour policy, policy proof of interest

gefälscht forged
gefälschte Unterschrift *(f)* forged signature
gefälschter Scheck *(m)* bad cheque, forged cheque, raised cheque
gefälschtes Indossament *(n)* forged endorsement

gefordert asked
geforderter Preis *(m)* asked price, demanded price
* vom Vertrag gefordert *(m)* stipulated in a contract

Gefrierenrisiko *(n)* risk of freezing
Gefrierenrisiko für Beförderer *(n)* owner's risk of freezing
Gefrierenrisiko für Reeder *(n)* owner's risk of freezing

Gefriergut *(n)* frozen cargo

Gefrierschiff *(n)* cold-storage boat, refrigerated ship

gefroren frozen

Gefüge *(n)* scheme

gefüllt filled
gefüllt eingeführte Umschließungen *(pl)* packings imported full

gegen against
gegen alle Risken *(pl)* free of all average
gegen Bezahlung *(f)* cash on delivery
gegen das Dumping gerichtet *(n)* anti-dumping
gegen das Gesetz *(n)* contrary to law, lawless
gegen den Vertrag *(m)* contrary to the contract
gegen den Vertrag verstoßen *(m)* infringe an agreement

gegen die Vorschriften *(pl)* contrary to the regulations
gegen Sicherheit aufnehmen *(f)* borrow on security
gegen Warenkaution leihen *(f)* advance on goods, lend on goods
gegen Warenpfand leihen *(n)* advance on goods, lend on goods
* Dokument gegen Akzept *(n)* document against acceptance
Dokument gegen Zahlung *(n)* document against payment

Gegenakkreditiv *(n)* back-to-back credit
Gegenakkreditiv für inländische Lieferanten *(n)* back-to-back letter of credit

Gegenangebot *(n)* counter proposal, counter-offer, reciprocal offer

Gegenanspruch *(m)* counterclaim, cross claim, mutual claim

Gegenargument *(n)* counterargument

Gegenforderung *(f)* counterclaim, mutual claim

Gegengarantie *(f)* counter-guarantee

Gegenkandidat *(m)* rival

Gegenkauf *(m)* counter-purchase

Gegenklage *(f)* counter action, counter suit

Gegenlieferung *(f)* mutual supply, reciprocal delivery

Gegenofferte *(f)* counter proposal, counter-offer

gegenseitig mutual
gegenseitige Begünstigungen *(pl)* mutual preferences, reciprocal preferences
gegenseitige Bonifikation *(f)* mutual allowance
gegenseitige Hilfe *(f)* mutual assistance
gegenseitige Kontrolle *(f)* mutual inspection
gegenseitige Präferenzen *(pl)* mutual preferences, reciprocal preferences
gegenseitige Zahlungen *(pl)* mutual payments
gegenseitiger Rabatt *(m)* mutual allowance
gegenseitiger Verkauf *(m)* reciprocal selling

Gegenseitigkeit *(f)* reciprocity
Versicherung auf Gegenseitigkeit *(f)* mutual insurance
Versicherungsverein auf Gegenseitigkeit für Reeder *(m)* Protection and Indemnity Club (P & I Club)

Gegenseitigkeitsgeschäft *(n)* barter, barter business

Gegenseitigkeitsklausel *(f)* reciprocity clause

Gegenstand *(m)* equivalent article

Gegenstand der Lieferung *(m)* matter of delivery, subject of delivery

Gegenstand der Versicherung *(m)* subject of insurance, subject-master of the insurance

Gegenstand einer Behandlung sein *(m)* undergo a treatment

* **Abkommen über die Einfuhr von Gegenständen erzieherischen, wissenschaftlichen oder kulturellen Charakters** *(n)* Agreement on the importation of educational, scientific and cultural materials

einzelner Wert der Gegenstände *(m)* individual value of items

Gegenvorschlag *(m)* controffer, counterbid

gegenwärtig current, present

gegenwärtige Anschrift *(f)* present address

gegenwärtiger Marktwert *(m)* current market value

gegenwärtiger Wert *(m)* current cost, present worth

Gegenwert *(m)* equivalent value

in nationaler Währung ausgedrückter Gegenwert *(m)* equivalent value in national currency

gegenzeichnen countersign

Gehalt *(n)* gratification, renumeration, wage, wages

Gehalt auszahlen *(n)* pay a remuneration

* **Löhne und Gehälter** *(pl)* wages, fee

Gehaltssatz *(m)* labour rate, pay rate

Geheimabmachung *(f)* secret agreement

Geheimnisverletzung *(f)* breach of secrecy

gehören rank

zu einer Tarifnummer gehören *(f)* receive a classification under a heading, be classified in a tariff heading

geistig intellectual

geistiges Eigentum *(n)* intellectual property

Schutz des geistigen Eigentums *(m)* protection of intellectual property

geistiges Eigentumsrecht *(n)* intellectual property law

gekreuzt crossed

gekreuzter Scheck *(m)* crossed cheque

gekühlt cooled

gekühlte Ladung *(f)* cooled and refrigerated cargo

gekürzt shorted, summary

gekürzte Zolldeklaration *(f)* incomplete customs declaration

Gelände *(n)* premises

Geld *(n)* money

Geld bewilligen *(n)* allocate money

Geld bezahlen *(n)* pay cash, settle in cash

Geld gegen Dokumente *(n)* cash against documents (CAD)

Geld verlieren *(n)* expend money

Geld vom Akkreditiv abheben *(n)* get money off a letter of credit

Geld wechseln *(n)* change money

Geld zurückzahlen *(n)* refund money

Geld zusetzen *(n)* make an additional payment, pay extra

* **Abfindung in Geld** *(f)* compensation in cash, compensation in money, money compensation

Entwertung des Geldes *(f)* currency depreciation, depreciation of currency

in Geld cash on hand, cash money

internationales Geld *(n)* international money

Geldakkreditiv *(n)* money letter of credit, traveler's letter of credit

Geldanweisung *(f)* money order, money remittance

Geldäquivalent *(n)* equivalent in money

Geldauflage *(f)* money fine

Geldausgabeautomat *(m)* cash dispenser

Geldausgaben *(pl)* cash costs

Geldausgleich *(m)* money compensation

Geldbeitrag *(m)* cash contribution

Geldbetrag *(m)* monetary amount

Geldbuße *(f)* monetary penalty, pecuniary penalty

Geldbuße entrichten *(f)* pay a penalty

Geldbuße verhängen *(f)* set a fine, inflict a fine

Geldeinlage *(f)* deposit, lodgement

Geldentschädigung *(f)* compensation in cash, money compensation

Geldentwertung *(f)* currency depreciation, depreciation of a currency, depreciation of currency

Gelderlöse *(pl)* incoming

Geldforderung *(f)* money claim

Geldgarantie *(f)* money guarantee

Geldgeber *(m)* grantor of credit, lender

Geldinkasso *(n)* cash collection

Geldinstitut *(n)* bank, banking house

Geldkredit *(m)* bank credit

Geldkurs *(m)* bid quotation, purchase price

Geldleistung *(f)* payments in cash

Geldmangel *(m)* cash shortage, lack of money

Geldmittel *(pl)* cash funds, pecuniary means
* **zusätzliches Geldmittel** *(n)* additional financial resources, additional resources

Geldpfand *(n)* monetary deposit

Geldstrafe *(f)* monetary penalty, money fine, pecuniary penalty
  Geldstrafe verhängen *(f)* inflict a fine, set a fine

Geldstrafevollstreckung *(f)* execution of a fine

Geldstrafklausel *(f)* penalty clause

Geldtransaktion *(f)* monetary transaction

Geldtransfer *(m)* money transfer, remittance of money, transfer of money

Geldüberweisung *(f)* money order, money remittance, money transfer, remittance of money
* **telegrafische Geldüberweisung** *(f)* telegraphic money order

Geldverbindlichkeit *(f)* monetary debt, pecuniary obligation

Geldverlust *(m)* pecuniary damage

Geldverpflichtung *(f)* monetary debt, pecuniary obligation

Geldverschreibung *(f)* promissory note

Geldvorrat *(m)* cash stock

Geldvorschuss *(m)* advance of money, cash advance

Geldwechsel *(m)* exchange of money

Geldwesen *(n)* currency system

Geldzahlung *(f)* cash payment, disbursement of money, money payment

Geldzulage *(f)* extra pay

Geld-zurück-Garantie *(f)* money back guarantee

Gelegenheit *(f)* chance, occasion

Geleiten *(n)* convoying
  Geleiten von Transportmittel *(n)* escort of means of transport

geliefert delivered
  geliefert ab Kai ... /benannter Bestimmungshafen/ delivered ex quay ... /named port of destination/
  geliefert ab Schiff ... /genannter Bestimmungshafen/ delivered ex ship ... /named port of destination/, DES ... /named port of destination/
  geliefert am Ort ... /benannter Bestimmungsort/ DAP ... /insert named place of destination/, delivered at place ... /insert named place of destination/
  geliefert Grenze ... /benannter Ort/ delivered at frontier ... /named place/
  geliefert längsseits delivered alongside ship
  geliefert Terminal ... /benannter Terminal im Bestimmungshafen oder am Bestimmungsort/ DAT ... / insert named terminal at port or place of destination/, delivered at terminal ... /insert named terminal at port or place of destination/
  geliefert verzollt delivered duty paid
  geliefert verzollt ... /benannter Bestimmungsort/ DDP ... /insert named place of destination/, delivered duty paid ... /insert named place of destination/
  geliefert verzollt ... /Kaufersitz/ delivered buyer's premises duty paid
  geliefert zum Schiffbord brought alongside ship, delivered alongside ship
  geliefert zur Schiffsseite brought alongside ship, delivered alongside ship
  geliefert, unverzollt ... /benannter Bestimmungspunkt/ MWSt. und andere Steuern unbezahlt delivered duty unpaid ... /named point of destination/ exclusive Vat and/or Taxes
  geliefert, unverzollt ... /benannter Terminal/ delivered ... /named terminal/ duty unpaid
  gelieferte Menge *(f)* delivered quantity, quantity issued

geltend binding , obligatory
  geltende Regeln *(pl)* binding rules
  geltender Kontrakt *(m)* contract in force
  geltender Preis *(m)* effective price, real price
  geltender Zolltarif *(m)* applicable tariff
  geltendes Recht *(n)* binding law, provisions in force, rules in force

Geltungsbereich *(m)* coverage, guarantee cover

Geltungsdauer *(f)* validity period
Geltungsdauer des Patents *(f)* term of patent protection

gemäß accordingly
gemäß den Regeln *(pl)* in accordance with the rules

Gemeinbürgschaft *(f)* joint guarantee, joint security

Gemeindeumlage *(f)* community charge

Gemeindeverwaltung *(f)* local authority

Gemeinkosten *(pl)* general charges, general expenses

gemeinsam common, joint
gemeinsame Agrarpolitik *(f)* common agricultural policy (CAP)
gemeinsame Dienstleistungsvereinbarung *(f)* common servicing agreement
gemeinsame Einfuhrregelung *(f)* common rules for imports
gemeinsame Fischereipolitik *(f)* common fisheries policy
gemeinsame Gesellschaft *(f)* joint company
gemeinsame Haftung *(f)* collective liability, joint and several liability
gemeinsame Handelspolitik *(f)* common commercial policy, common trade policy
gemeinsame Havarie *(f)* general average
  frei von gemeinsamer Havarie *(f)* free from general average
  frei-von-gemeinsamer-Havarie-Klausel *(f)* free from general average clause
  Risiko einer gemeinsamen Havarie *(n)* general average risk
gemeinsame Kontrolle *(f)* joint survey
gemeinsame Kontrolle der Waren und Dokumente *(f)* joint control of goods and documents *(customs)*
gemeinsame Marketingvereinbarung *(f)* joint-marketing agreement
gemeinsame Regelungen *(pl)* Community provisions *(CCC)*
gemeinsame Steuerpolitik *(f)* Community tax policy *(EU)*
gemeinsame Ursprungsregeln *(pl)* common rules of origin
gemeinsame Zollpolitik *(f)* common customs policy *(EU)*

gemeinsamer Markt *(m)* common market, single market
gemeinsamer Satz *(m)* common rate
gemeinsamer Zolltarif *(m)* joint external tariff
2. *(European Union) (m)* common customs tariff
gemeinsames Indossament *(n)* joint endorsement
gemeinsames Konnossement *(n)* joint bill of lading
gemeinsames Mehrwertsteuersystem *(n)* common system of VAT
gemeinsames Unternehmen *(n)* joint enterprise, joint venture
gemeinsames Unternehmertum *(n)* joint enterprising
gemeinsames Versandverfahren *(n)* common transit procedure
gemeinsames Zollgebiet *(n)* common customs territory
gemeinsamer Zolltarif *(m)* Common Customs Tariff
  Schema des gemeinsamen Zolltarifs
  Ausschuss für das Schema des gemeinsamen Zolltarifs *(m)* Committee on Common Customs Tariff Nomenclature *(EU)*
gemeinsames Zolltarifschema der Mitgliedstaaten *(n)* Common Customs Tariff nomenclature of the Member States *(EU)*

Gemeinschaft *(f)* community
Gemeinschaft unabhängiger Staaten (GUS) *(f)* Commonwealth of Independent States
* Ausfuhr aus der Gemeinschaft *(f)* export from the Community
Ausgang aus der Gemeinschaft Abgabenerhebung unterworfen *(m)* export from the Community subject to duty
Ausgang aus der Gemeinschaft Beschränkungen unterworfen *(m)* export from the Community subject to restriction
Europaische Gemeinschaft *(f)* European Community
  Kommission der Europäischen Gemeinschaften *(f)* Commission of the European Communities
  Rat der Europaischen Gemeinschaften *(m)* Council of the European Communities
  Zolltarif der Europäischen Gemeinschaften *(m)* Customs Tariff of the European Communities
Flughafen der Gemeinschaft *(pl)* airport of the Community

Verzeichnis der Flughäfen der Gemeinschaft *(n)* list of Community airports
Organe der Gemeinschaft *(pl)* Community authorities *(EU)*
Person, die in der Gemeinschaft ansässig ist *(f)* person established in the Community
Ware, die in das Zollgebiet der Gemeinschaft zurückkehrt *(f)* goods returned to the customs territory of the Community
Waren, die in der Gemeinschaft hergestellt sind *(pl)* goods produced in the Community
Zollgebiet der Gemeinschaft *(n)* customs territory of the Community
Wiederausfuhr aus dem Zollgebiet der Gemeinschaft *(f)* re-exportation from the customs territory of the Community
Zollkodex der Gemeinschaften *(m)* Community Customs Code *(CCC)*

gemeinschaftlich common
gemeinschaftliche Havarie *(f)* general average
  Schaden aus gemeinschaftlicher Havarie *(m)* general average loss
gemeinschaftliche Havarie abrechnen *(f)* adjust the general average, settle the general average
gemeinschaftliche Havarie abwickeln *(f)* adjust the general average, settle the general average
gemeinschaftlicher Havarie-Beitrag *(m)* general average contribution
gemeinschaftliche Überwachung *(f)* Community surveillance
vorherige gemeinschaftliche Überwachung *(f)* prior Community surveillance *(customs) (EU)*
gemeinschaftlicher Handel *(m)* Community trade
  externer gemeinschaftlicher Handel *(m)* external Community trade
gemeinschaftlicher Satz *(m)* Community rate *(EU) (VAT)*
gemeinschaftliches System *(n)* Community system *(EU)*
gemeinschaftliches Versandverfahren *(n)* Community transit, Community transit arrangements, Community transit procedure, Community transit system
  Anmeldung zum internen gemeinschaftlichen Versandverfahren *(f)* declaration for internal Community transit
  Ausschuss für das gemeinschaftliche Versandverfahren *(m)* Committee on Community Transit *(EU)*

externes gemeinschaftliches Versandverfahren *(n)* external Community transit procedure
internes gemeinschaftliches Versandverfahren *(n)* internal Community transit procedure
  internes gemeinschaftliches Versandverfahren mit Versandanmeldung T2 *(n)* internal Community transit procedure T2
  internes gemeinschaftliches Versandverfahren T2F *(n)* internal Community transit procedure T2F
Vereinfachung für das gemeinschaftliche Versandverfahren *(f)* simplified Community transit procedure
gemeinschaftliches Warenverkehrscarnet *(n)* Community movement carnet *(EU)*
gemeinschaftliches Zollkontingent *(n)* Community tariff quota *(EU)*

Gemeinschaftsakt *(m)* Community act

Gemeinschaftsbehandlung *(f)* Community procedure *(EU)*, Community treatment *(EU)*

Gemeinschaftscharakter *(m)* Community status
Gemeinschaftscharakter der Waren *(m)* Community status of goods *(EU)*
  Nachweis des Gemeinschaftscharakters der Waren *(m)* document certifying the Community status of goods
Gemeinschaftscharakter der Waren nachweisen *(m)* establish the Community status of goods *(EU)*
Gemeinschaftscharakter von Eisenbahnwagen *(m)* Community status of railway wagons
Nachweis des Gemeinschaftscharakters von Eisenbahnwagen *(m)* proof of Community status of railway wagons
Gemeinschaftscharakter von Paletten *(m)* Community status for pallets
  Erklärung des Gemeinschaftscharakters von Paletten *(f)* declaration of Community status for pallets
Gemeinschaftscharakter von Straßenkraftffahrzeugen *(m)* Community status of motorised road vehicles
Nachweis des Gemeinschaftscharakters von Straßenkraftffahrzeugen *(m)* proof of Community status of motorised road vehicles
Gemeinschaftscharakter von Umschließungen *(m)* Community status for packaging

Erklärung des Gemeinschaftscharakters von Umschließungen *(f)* declaration of Community status for packaging
Gemeinschaftscharakter von Waren *(m)* Community status of goods *(EU)*
Erklärung des Gemeinschaftscharakters von Waren, die von Reisenden mitgeführt werden *(f)* declaration of Community status for passengers accompanied baggage
Nachweis des Gemeinschaftscharakters von Waren *(m)* proof of the Community status of goods
Papier zur Bescheinigung des Gemeinschaftscharakters von Waren *(n)* document certifying the Community status of goods
* Nachweis des Gemeinschaftscharakters durch einen zugelassenen Versender *(m)* proof of Community status by an authorised consignor
Umschließungen ohne Gemeinschaftscharakter *(pl)* packaging not having Community status
Gemeinschaftshersteller *(m)* Community producer
wesentliche Interessen von Gemeinschaftherstellern *(pl)* essential interests of Community producers
Gemeinschaftsrecht *(n)* Community law
Gemeinschaftsregeln *(pl)* Community provisions, Community rules
Gemeinschaftsregelungen *(pl)* Community provisions. Community rules
Gemeinschaftsunternehmen *(n)* joint enterprise, joint venture
Gemeinschaftsverfahren *(n)* Community procedure, Community treatment
Gemeinschaftsverordnung *(f)* Community regulation *(EU)*
Gemeinschaftsvorschriften *(pl)* Community legislation
Gemeinschaftswarenstatus *(m)* Community goods
Gemeinschaftszollkontingent *(n)* Community tariff quota *(EU)*
mengenmäßiges Gemeinschaftszollkontingent *(n)* Community quantitative quota *(EU)*
Gemeinschuldner *(m)* bankrupt

gemischt composite, mixed
gemischte Gesellschaft *(f)* mixed company
gemischte Handelskammer *(f)* bilateral chamber of commerce
gemischte Ladung *(f)* heterogeneous cargo, mixed cargo, mixed general cargo
gemischte Police *(f)* mixed policy
gemischte Produktion *(f)* mixed production
gemischte Sendung *(f)* composite consignment, mixed consignment
gemischte Stückladung *(f)* mixed general cargo
gemischter Satz *(m)* combination rate
gemischter Tarif *(m)* mixed tariff
gemischter Verkehr *(m)* combined transport, intermodal traffic, intermodal transport
gemischter Zoll *(m)* combined duty, mixed duty
gemischter Zolltarif *(m)* mixed tariff
gemischtes Franchising *(n)* mixed franchising
genau exact, meticulous, precise, true
genaue Abschrift *(f)* true copy
genaue Handelsbezeichnung *(f)* precise trade description
genaue Warenbeschreibung *(f)* exact description of goods
genehmigen endorse
Vertrag genehmigen *(m)* approve a contract, validate a contract
Genehmigung *(f)* concession, licence, permit
Genehmigung annullieren *(f)* cancel a licence, cancel a permit, withdraw a permit
Genehmigung erhalten *(f)* be granted an authorization, obtain a permission, obtain an authorization
Genehmigung für die zollfreie Einfuhr *(f)* authorization for duty-free admission
Genehmigung widerrufen *(f)* revoke the authorization
* Nummer der Genehmigung *(f)* permit number
Verfahren zur Genehmigung von Linienverkehren *(n)* procedure for authorising regular services
Zurücknahme der Genehmigung *(f)* withdraw a licence
Genehmigungsart *(f)* type of licence, type of permit

Genehmigungsvordruck *(m)* authorization form

Generalagent *(m)* universal agent

Generalagentur *(f)* exclusive agency, general agency, sole agency

Generalbevollmächtigter *(m)* general agent, head agent

Generalchartervertrag *(m)* general charter

Generaleinführer *(m)* general importer

Generalexporteur *(m)* general exporter, general shipper

Generalfrachtenmakler *(m)* general freight agent

Generalfrachtvertrag *(m)* charter contract, contract of affreightment charter party, general freight agreement, general freight contract

Generalimporteur *(m)* general importer

Generalkargo *(m)* break-bulk cargo, general cargo, less-than-truckload lot

Generalkargoterminal *(m)* general cargo terminal

Generalklausel *(f)* general clause, omnibus clause

Generalkonsul *(m)* consul general

Generalkonsulat *(n)* consulate general

Generallieferant *(m)* general supplier, principal supplier

Generalpolice *(f)* blanked policy, blanket policy, declaration policy, floating policy, global policy

Generalreparatur *(f)* heavy repair, major repair

Generalschiffsfrachtvertrag *(m)* general freight agreement

Generalstreik *(m)* general strike

Generaltarif *(m)* general tariff

Generalverkaufsagent *(m)* general sales agent

Generalverlader *(m)* general shipper

Generalversicherung *(f)* general insurance, insurance against all risk

Generalversicherungsvertrag *(m)* contract of general insurance

Generalvertreter *(m)* general agent, general representative, head agent

Generalvertretung *(f)* general agency

Generalvollmacht *(f)* general power of attorney, general proxy

Generalzolltarif *(m)* general tariff, single schedule tariff, single tariff

generell general
  generelle Sicherheitsleistung *(f)* comprehensive bond, global guarantee
  generelles Konnossement *(n)* blanket bill of lading

Genossenschaftsvertrag *(m)* articles of partnership, terms of partnership

Genugtuung *(f)* satisfaction

geographisch geographical
  geographische Struktur des Außenhandels *(f)* area pattern of trade, geographical structure of foreign trade
  geographische Struktur des Handels *(f)* area pattern of trade

geometrisch geometric
  geometrisches Mittel *(n)* geometric average, geometrical average

Gepäck *(n)* baggage, luggage
  Abfertigung des aufgegebenen Gepäcks *(f)* examination of registered baggage
  Kontrolle des aufgegebenen Gepäcks *(f)* examination of registered baggage
  Kontrolle des Gepäcks *(f)* luggage inspection, inspecting luggage, inspection luggage
  persönliches Gepäck *(n)* personal luggage, hand luggage

Gepäckaufbewahrungsschein *(m)* luggage receipt, luggage ticket

Gepäckbeschädigung *(f)* damage to baggage

Gepäckdeklaration *(f)* baggage entry, luggage entry

Gepäckschein *(m)* luggage receipt, luggage ticket

Gepäckstück *(n)* parcel

Gepäcktarif *(m)* luggage tariff

Gepäckversicherung *(f)* baggage insurance, luggage insurance

Gepäckzollerklärung *(f)* baggage declaration, baggage entry

Gepäckzollkontrolle *(f)* examination of luggage, luggage examination

geplant intended

geplante Abnahme *(f)* planned receipt

geplanter Preis *(m)* object price, planned price

geplanter Termin *(m)* planned period

Gericht *(n)* court, court of justice

internationales Gericht *(n)* international court

  Entscheidung des internationalen Gerichts *(f)* decision of an international court

Zuständigkeit eines Gerichts *(f)* competence of court

gerichtlich *(n)* judicial

gerichtlich beglaubigen legalize

gerichtliche Auktion *(f)* compulsory auction, forced action, judicial sale

gerichtliche Beglaubigung *(f)* validation certificate

gerichtliche Entscheidung *(f)* action of the court, decision of a court

gerichtliche Klausel *(f)* judicial clause

gerichtliche Verfolgung *(f)* legal procedure, legal proceedings

gerichtlicher Präzedenzfall *(m)* judicial precedent, test case

gerichtlicher Prozess *(m)* action at law, legal proceedings

gerichtliches Verbot *(n)* court injunction

Gerichtsakt *(m)* judicial act

Gerichtsbeschluss *(m)* judgement, legal decision

Gerichtsgebühr *(f)* legal fee

Gerichtshof *(m)* tribunal

Gerichtskosten *(pl)* legal cost

Gerichtssprache *(f)* language of the law

Gerichtsurteil *(n)* judicial sentence

Gerichtsverfahren *(n)* action, award procedure, legal procedure, legal proceedings

Gerichtswesen *(n)* judicature, judiciary

gering negligible

geringer Wert *(m)* negligible value

geringster Preis *(m)* offered price, reserved price

geruchsverbreitend odorous

geruchsverbreitende Ladung *(f)* fetid cargo

Gesamtausgaben *(pl)* aggregate costs

Gesamtbericht *(m)* consolidated report, general report

Gesamtbetrag *(m)* aggregate amount, aggregate sum, lum-sum, sum total, total, total amount

Gesamtbürgschaft *(f)* comprehensive guarantee, global guarantee

Gesamtbürgschaft leisten *(f)* provide a comprehensive guarantee, provide a general security

* Referenzbetrag der Gesamtbürgschaft *(m)* reference amount of the comprehensive guarantee

Gesamteinfuhr *(f)* total Import

Gesamterlös *(m)* total output

Gesamtexport *(m)* gross export, total export

Gesamtfracht *(f)* joint cargo

Gesamtfrachtführer *(m)* combined transport operator, multimodal transport operator

Gesamtfrachtführer verantwortlich für den Gesamttransport *(m)* combined transport operator's liability

Gesamtgewicht *(n)* all-up weight, full weight, total weight

zulässiges Gesamtgewicht *(n)* gross vehicle weight

Gesamthaftung *(f)* collective liability, joint and several liability, joint and several responsibility, joint responsibility

Gesamthypothek *(f)* aggregate mortgage, collective mortgage

Gesamtimport *(m)* total import

Gesamtkosten *(pl)* full costs, total costs

Gesamtladung *(f)* entire cargo, total load

Gesamtlänge *(f)* length over all, overall length

Gesamtlast *(f)* all-up weight, total weight

Gesamtlieferung *(f)* complete delivery, total delivery

Gesamtmasse *(f)* total mass

zulässige Gesamtmasse *(f)* permissible maximum weight

Gesamtmenge *(f)* aggregate quantity, overall quantity

Gesamtpfand *(n)* collective mortgage

Gesamtpreis *(m)* all-inclusive price, total price

Gesamtprodukt *(n)* finished product

Gesamtquote *(f)* total quota

Gesamtregister *(n)* summary register

Gesamtschaden *(m)* total loss

gesamtschulderisch joint and several
gesamtschulderische Haftung *(f)* joint and several liability, joint and several responsibility
gesamtschulderische Verpflichtung *(f)* joint and several liability, joint and several obligation

Gesamtsumme *(f)* aggregate amount, aggregate sum, sum total, total amount, total sum

Gesamttonnage *(f)* total tonnage

Gesamtübersicht *(f)* general survey

Gesamttransport *(m)* multimodal transport
Gesamtfrachtführer verantwortlich für den Gesamttransport *(m)* combined transport operator, multimodal transport operator

Gesamtumsatz *(m)* aggregate sale, business sales, gross turnover, total turnover

Gesamtverlust *(m)* total loss

Gesamtversicherung *(f)* all loss insurance

Gesamtversicherungssumme *(f)* total sum insured

Gesamtverzeichnis *(n)* summary list

Gesamtzuladung *(f)* dead-weight all told, dead-weight cargo capacity

Geschäft *(n)* business, transaction, shop
Geschäft abschließen *(n)* close a business
Geschäft auf Ankunft *(n)* business on arrival
Geschäft auf Lieferung *(n)* business for future delivery, business on delivery
Geschäft auf Verladung *(n)* business for shipment, transaction for shipment
Geschäft eröffnen *(n)* establish a firm
Geschäft in rollender Ware *(n)* business on arrival
* **bilaterales Geschäft** *(n)* bilateral transaction

effektives Geschäft *(n)* effective transaction
fiktives Geschäft *(n)* simulated contract, sham business
illegales Geschäft *(n)* illegal transaction
internationales Geschäft *(n)* international transaction
Kode der Art des Geschäfts *(m)* nature of transaction code
multilaterales Geschäft *(n)* multilateral transaction
nichtiges Geschäft *(n)* void contract
Verlustvortrag aus dem operativen Geschäft *(m)* operational loss
zollfreies Geschäft *(n)* tax free shop, duty-free shop

geschäftlich commercial, mercantile
geschäftliche Abmachung *(f)* business agreement, business contract
geschäftliche Beziehungen *(pl)* business relations

Geschäftsabkommen *(n)* business agreement

Geschäftsabschluss *(m)* business transaction contract, commercial dealing, conclusion of a bargain, conclusion of a deal, settlement of a transaction

Geschäftsadresse *(f)* business address, company address, office address

Geschäftsanteil *(m)* percentage

Geschäftsaufzeichnung *(f)* commercial record
Geschäftsaufzeichnung der Schifffahrtsgesellschaft *(f)* commercial record of shipping company

Geschäftsausgaben *(pl)* business expenses

Geschäftsaussichten *(pl)* business prospects

Geschäftsbank *(f)* bank of commerce, commercial bank, deposit bank

Geschäftsbedingungen *(pl)* terms and conditions of business, transaction conditions
Allgemeine Geschäftsbedingungen *(pl)* general terms of delivery

Geschäftsbericht *(m)* financial statement, operating statement

Geschäftsbrauch *(m)* custom of the merchants, trade practice

Geschäftsbrief *(m)* business letter, commercial letter

Geschäftsbuch *(n)* commercial book, commercial records

Geschäftsfähigkeit *(f)* capacity to act, capacity to contract, legal capacity, legal competence, power to contract

geschäftsführend executive

geschäftsführender Direktor *(m)* executive manager, general manager (GM), managing director (MD)

Geschäftsführer *(m)* chief executive officer, executive manager, general manager (GM)

Geschäftsgeheimnis *(n)* commercial secret, trade secret

Verletzung des Geschäftsgeheimnisses *(f)* breach of business secrecy

Geschäftsgeheimnisverletzung *(f)* breach of business secrecy

Geschäftsgepflogenheit *(f)* business practice

Geschäftshaus *(n)* commercial firm, mercantile house

Geschäftsinformation *(f)* business information, trade information

Geschäftsjahr *(n)* commercial year

Geschäftskorrespondenz *(f)* business writing, commercial correspondence

Geschäftskosten *(pl)* general expenses

Geschäftslage *(f)* business situation, economic situation

Geschäftslokal *(n)* business premises, seat of the company

Geschäftsmann *(m)* contractor, enterpreneur

Geschäftsordnung *(f)* agenda **2.** regulations **3.** statutes

Geschäftsort *(m)* place of transaction

Geschäftspapiere *(pl)* commercial documents

voller Satz von Geschäftspapieren *(m)* complete set of commercial documents, full set of commercial documents

Geschäftspartner *(m)* business partner, trade partner

Geschäftsplan *(m)* business plan

Geschäftspräferenzen *(pl)* trade preferences, trade privileges

Geschäftsräume *(pl)* business premises, seat of the company

Geschäftsreise *(f)* business trip, official tour

Geschäftsrisiko *(n)* business risk, mercantile risk, trade risk

Geschäftssache *(f)* official matter

Geschäftssitz *(m)* address of an enterprise, place of establishment

Geschäftsstelle *(f)* agency, agency house, branch office, field office

Geschäftsstunden *(pl)* business hours

Geschäftstätigkeit *(f)* business activity, economic activity, economic performance, trading activity

Geschäftstransaktion *(f)* commercial dealing

Geschäftstransaktion *(f)* conclusion of a deal

Geschäftsumfang *(m)* sales volume, volume of sales

Geschäftsunterlage *(n)* commercial document

Geschäftsverfahren *(n)* trade procedure, trade process

Geschäftsverlust *(m)* commercial loss, trading loss

Geschäftsvertrag *(m)* business agreement, business contract

Geschäftsvertreter *(m)* agent, representative, representative of company

Geschäftswechsel *(m)* commercial draft, trade paper

Geschäftszahl *(f)* reference, symbol of documents

geschätzt appraised, estimated

geschätzte Angaben *(pl)* estimated data

geschätzte Menge *(f)* estimated quantity

geschätzte Summe *(f)* estimated amount

geschätzte Tara *(f)* estimated tare

geschätzter Betrag *(m)* estimated amount

geschätztes Gewicht *(n)* estimated weight

Geschenk *(n)* gift, grant
geschlossen closed
geschlossene Aktiengesellschaft *(f)* closed joint stock society
geschlossene Wirtschaft *(f)* closed economy
geschlossener belüfteter Container *(m)* closed vented/ventilated container
geschlossener Hafen *(m)* closed port
Geschmacksmusterpatent *(n)* designed patent
geschuldet owed
geschuldeter Betrag *(m)* amount due, balance due, balance of a debt, outstanding amount
geschüttet loose
geschüttete Ladung *(f)* bulk liquid cargo, loose bulk cargo
geschützt proprietary
geschützte Fabrikmarke *(f)* proprietary mark, registered trade mark
geschütztes Muster *(n)* protected design
gesetzlich geschütztes Muster *(n)* registered design
Geschwindigkeit *(f)* speed
Gesellschaft *(f)* association, co-partnership, partnership
Gesellschaft bürgerlichen Rechts *(f)* association of persons
Gesellschaft des Handelsrechts *(f)* business enterprise, commercial undertaking
Gesellschaft errichten *(f)* create an enterprise, form a company
Gesellschaft gründen *(f)* incorporate a company
Gesellschaft mit beschränkter Haftung *(f)* limited company, limited liability company
* Auflösung einer Gesellschaft *(f)* winding up of a company
ausländische Gesellschaft *(f)* foreign company, foreign corporation
Besteuerung der Gesellschaften *(f)* company taxation
bürgerliche Gesellschaft *(f)* partnership, general partnership
Eintragung einer Gesellschaft *(f)* registration of a company
gemeinsame Gesellschaft *(f)* joint company, mixed company
Internationale Gesellschaft der Eisenbahnen für Kühltransporte *(f)* Intercontainer-Interfrigo (ICF)

Liquidation der Gesellschaft *(f)* liquidate a company, separate a partnership
multinationale Gesellschaft *(f)* multinational company
Steuerrecht der Gesellschaften *(n)* company tax law
verbundene Gesellschaft *(f)* affiliated undertaking, affiliated enterprise
zivile Gesellschaft *(f)* general partnership, partnership
Gesellschaftsjahr *(n)* accounting year
Gesellschaftsrecht *(n)* company law
Gesellschaftsvertrag *(m)* articles of association, articles of partnership, social contract, terms of partnership
gesenkt lowered
gesenkter Zollsatz *(m)* reduced duty
Gesetz *(n)* law, statute
Gesetz anwenden *(n)* apply the law, enforce a law
Gesetz beachten *(n)* obey the law, observe the law
Gesetz betreffend den Verkauf von Waren *(n)* sale and goods act
Gesetz einhalten *(n)* obey the law, observe the law
Gesetz über die Exportkontrolle *(n)* export control act
Gesetz übertreten *(n)* contravene the law, infringe the law, violate the law
Gesetz verletzen *(n)* contravene the law, infringe the law, violate the law
Gesetz von Nachfrage und Angebot *(n)* law of supply and demand
* Artikel eines Gesetzes *(m)* article of an act
Aufhebung eines Gesetzes *(f)* revocation of a law, abolishment of a law
Auslegung eines Gesetzes *(f)* interpretation of law, legal interpretation
gegen das Gesetz *(n)* lawless, contrary to law
laut Gesetz *(n)* in conformity with the law, according to law, inside in law
Verletzung eines Gesetzes *(f)* contravention of the law
Gesetzblatt *(n)* journal of the law
Gesetzbuch *(n)* code
Bürgerliches Gesetzbuch *(n)* civil code
Gesetzentwurf *(m)* bill, draft of a bill

Gesetzesanwendung *(f)* application of law

Gesetzesaufhebung *(f)* abolishment of a law, revocation of a law

Gesetzesentwurf *(m)* bill, draft of a bill

Gesetzesinterpretation *(f)* interpretation of law, legal interpretation

Gesetzeslage *(f)* legal situation, legal status

Gesetzesverstoß *(m)* contravention of the law

Gesetzesvorschlag *(m)* draft of a law

Gesetzgebung *(f)* legislation

gesetzlich lawful, legally, legitimately
gesetzlich geschütztes Muster *(n)* registered design
gesetzlich verpflichtet legally bound
gesetzliche Feiertage *(pl)* holidays
gesetzliche Form *(f)* juridical form, legal form
gesetzliche Garantie *(f)* legal guarantee
gesetzliche Mittel *(pl)* legal instruments
gesetzliche Ordnung *(f)* law order, legal order
gesetzliche Tara *(f)* custom-house tare, customs tare, legal tare
gesetzlicher Abgabenbetrag *(m)* legally due
gesetzlicher Anspruch *(m)* legal claim
gesetzlicher Feiertag *(m)* legal holiday, public holiday
gesetzlicher Handel *(m)* lawful trade, legal trade
gesetzlicher Schadenersatz *(m)* statutory damages
gesetzlicher Vertreter *(m)* legal agent, legal representative
gesetzlicher Zinsfuss *(m)* legal rate of interest
gesetzlicher Zinssatz *(m)* legal interest
gesetzliches Gewicht *(n)* legal weight
gesetzliches Pfandrecht *(n)* statutory lien

gesetzmäßig legitimate

Gesetzmäßigkeit *(f)* lawfulness, legality

Gesetzverletzung *(f)* breach of the law

gesetzwidrig illegal, illicit, unlawful
gesetzwidriger Handel *(m)* black trading, illicit trading

gesichert assured
gesicherte Schuld *(f)* secured debt
gesicherter Kredit *(m)* covered credit, secured credit

gespart saved
gesparte Zeit *(f)* time saved

gesperrt close
gesperrtes Konto *(n)* frozen account

gestapelt stacked
gestapelte Ladung *(f)* stacked cargo

Gestellung *(f)* presentation
Gestellung der Waren *(f)* presentation of goods
Gestellung der Waren an die Zollbehörden *(f)* presentation of goods to the customs authority
zollamtliche Gestellung der Waren *(f)* production of goods to the customs
Gestellung nach Fristablauf *(f)* presentation of goods after expiry of time limit

Gestellungstag *(m)* date of issue
Gestellungstag des Akkreditivs *(m)* date of issue of a letter of credit

gesteuert controlled
gesteuerter Preis *(m)* controlled price

gestützt subsidizing
gestützter Preis *(m)* subsidizing price

Gesuch *(n)* application
Gesuch stellen *(n)* submit an application

gesund sound
gesund geliefert Ware *(f)* sound delivered goods

Gesundheitattest *(n)* phytosanitary certificate, phytosanitary note

gesundheitlich health
gesundheitliche Formalitäten *(pl)* health formalities
gesundheitliche Maßnahmen *(pl)* sanitary measures

Gesundheitsabgabe *(f)* sanitary fee

Gesundheitsanforderungen *(pl)* sanitary requirements

Gesundheitsattest *(n)* bill of health, phytosanitary certificate, sanitary certificate, sanitary phytopathological certificate

Gesundheitsaufsicht *(f)* sanitary supervision

Gesundheitsbehörde *(f)* health authorities

Gesundheitsbescheinigung *(f)* bill of health, certificate of health, certificate of sanitary control, health certificate, sanitary certificate

Gesundheitsbestimmungen *(pl)* sanitary regulations

internationale Gesundheitsbestimmungen *(pl)* international sanitary regulations

Gesundheitswesen *(n)* health service

Beamter des Gesundheitswesens *(m)* health officer

Gesundheitszertifikat *(n)* bill of health, certificate of health, certificate of sanitary control, health certificate, sanitary certificate

unreines Gesundheitszertifikat *(n)* dirty bill of health, claused bill of health

Gesundheitszeugnis *(n)* bill of health, certificate of health, certificate of sanitary control, health certificate, sanitary certificate

echtes Gesundheitszeugnis *(n)* clean certificate of health

internationales Gesundheitszeugnis *(n)* international health insurance certificate

phytopathologisches Gesundheitszeugnis *(n)* sanitary phytopathological note, phytosanitary certificate, phytosanitary note

reines Gesundheitszeugnis *(n)* clean certificate of health

unechtes Gesundheitszeugnis *(n)* claused health certificate, unclean bill of health, claused certificate of health

unreines Gesundheitszeugnis *(n)* claused bill of health, bill of health

Getreide *(n)* grain

Laderauminhalt für Getreide *(m)* grain capacity

Getreidebörse *(f)* corn exchange, grain exchange

Getreidecharter *(m)* grain charter, grain charter party

Getreidefrachter *(m)* grain carrier

Getreideschott *(n)* grain bulkhead

Getreidespeicher *(m)* grain elevator, grain silo

Getreideterminal *(m)* grain terminal

Gewähr *(f)* surety, suretyship

gewähren grant

Abzug bei sofortiger Zahlung gewähren *(m)* discount, allow a discount

Abzug gewähren *(m)* grant an allowance, allow a deduction

Anleihe gewähren *(f)* grant a credit

Befreiung gewähren *(bei der Einfuhr) (f)* grant duty-free entry

Darlehen gewähren *(n)* grant a loan

Ermäßigung gewähren *(f)* give relief

Konzession gewähren *(f)* grant a concession

Kredit gewähren *(m)* accord a loan

Prolongation gewähren *(f)* grant a delay, accord a respite

Rabatt gewähren *(m)* grant a concession, reduce the price, grant price concession

Sicherheit gewähren *(f)* stand security, furnish a guarantee

Skonto gewähren *(n)* allow a discount, discount

Vergünstigung gewähren *(f)* accord an allowance

Zahlungsaufschub gewähren *(m)* extend maturity, delay a payment

Zuschüsse gewähren *(pl)* subsidize, grant

Gewährleistung *(f)* gage, guarantee, guaranty, protection, tender guarantee, warranty

Gewährleistungfrist *(f)* period of warranty, term of guarantee, term of warranty, warranty period

Gewährleistungsgarantie *(f)* performance bond

Gewährleistungswagnis *(n)* guarantee risk

Gewährsmann *(m)* backer, surety

Gewährträger *(m)* guarantee

Gewährung *(f)* granting, submission

Gewährung der Garantie *(f)* submission of a guarantee

Gewährung der Zollbefreiung *(f)* grant of exemption, granting of duty-free admission

Gewährung des Rechts *(f)* granting of right

Gewährung von Subventionen *(f)* provision of subsidies

Gewalt *(f)* force

höhere Gewalt *(f)* act of God, force majeure

Bescheinigung über höhere Gewalt *(f)* certificate of force majeure

Klausel der höheren Gewalt *(f)* force majeure clause

Gewässer *(n)* water region

Gewerbeanmeldung *(f)* registration of business

Gewerbeart *(f)* class of business

Gewerbeberechtigung *(f)* franchise

Gewerbebetrieb *(m)* commercial operation

Gewerbeschein *(m)* trade licence

gewerblich commercial
gewerblich tätig sein do business
gewerbliche Tätigkeit ausüben *(f)* carry on business
gewerblicher Rechtsschutz *(m)* protection of industrial property, protection of industrial rights
gewerbliches Eigentum *(n)* industrial property
gewerbliches Modell *(n)* industrial design, production piece

Gewicht *(n)* weight
Gewicht kontrollieren *(n)* check a weight, reweigh
Gewicht mit Verpackung *(n)* packed weight
Gewicht nach Manifest *(n)* manifest weight
Gewicht nach Rechnung *(n)* invoice weight
Gewicht prüfen *(n)* check a weight, reweigh
Gewicht unbekannt *(n)* weight unknown
Gewicht und Mengegarantie *(f)* weight and quantity guarantee
* an Gewicht verlieren *(n)* fall in weight
ausgeladenes Gewicht *(n)* landed weight, landing weight
ausgeliefertes Gewicht *(n)* outturn weight, delivered weight
durchschnittliches Gewicht *(n)* average weight
Fracht per Gewicht *(f)* freight assessed by weight, freight by weight
garantiertes Gewicht *(n)* guaranteed weight
geschätztes Gewicht *(n)* estimated weight
gesetzliches Gewicht *(n)* legal weight
Kauf nach Gewicht *(m)* purchase by weight
Menge nach Gewicht *(f)* quantity by weight
nach Gewicht verkaufen *(n)* sell by weight
Rauminhalt oder Gewicht *(f/n)* measurement/weight
spezifisches Gewicht *(n)* specific weight, specific gravity

verfrachtetes Gewicht *(n)* loading weight, laden weight
Verkauf nach Gewicht *(m)* sale by weight
verschifftes Gewicht *(n)* loading weight
wirkliches Gewicht *(n)* actual weight

Gewicht-Raumoption *(f)* weight-measurement option

Gewichtsabzug *(m)* discount from the price, tret

Gewichtsangabe *(f)* declaration of weight

Gewichtsausfall *(m)* draftage, scattering

Gewichtsbescheinigung *(f)* bill of weight, weighing note, weight certificate, weight note

Gewichtsdifferenz *(f)* difference in weight

Gewichtseinheit *(f)* unit of weight

Gewichtsfracht *(f)* freight assessed by weight, freight by weight

Gewichtsgarantie *(f)* weight guarantee
Kontrolle mit Gewichtsgarantie *(f)* superintendence with guarantee of weight
Überwachung mit der Gewichtsgarantie *(f)* superintendence with guarantee of weight

Gewichtsgebühr *(f)* poundage, weight charge

Gewichtsgut *(n)* heavy cargo, heavy cargo freight, heavy goods, weight goods

Gewichtskontrolle *(f)* superintendence of weight

Gewichtslegalisierung *(f)* certification of weight, legalization of weight

Gewichtsmanko *(n)* deficiency in weight, short weight, shortage in weight

Gewichtsnachweis *(m)* weighing note, weight certificate

Gewichtsnormen *(pl)* weight standards

Gewichtsnota *(f)* bill of weight, weighing certificate, weighing note, weight account, weight certificate

Gewichtspreis *(m)* weight price

Gewichtsrate *(f)* weight rate

Gewichtsschein *(m)* declaration of weight, weight note, weight certificate, weighting certificate

Gewichtsschwund *(m)* loss in weight, loss of weight, shrinkage in weight
Gewichtsschwund durch Verschütteln *(m)* loss by scattering, dissipation, scattering

Gewichtssiegel *(n)* weight stamp

Gewichtsspezifikation *(f)* weight account, weight certificate

Gewichtstoleranz *(f)* remedy of weight, weight allowance

Gewichtsüberwachung *(f)* superintendence of weight

Gewichtsunterschied *(m)* difference of weight

Gewichtsverhältnis *(n)* ratio by weight

Gewichtsverlust *(m)* loss in weight, loss of weight, shrinkage in weight

Gewichtszertifikat *(n)* declaration of weight, weight note, weight certificate, weighting certificate

Gewichtszettel *(m)* declaration of weight

Gewichtszeugnis *(n)* weight note, weighting certificate

Gewichtszoll *(m)* duty by weight

Gewichtszusammensetzung *(f)* composition by weight

Gewinn *(m)* benefit, profit, yield
Gewinn oder Verlust *(m/m)* profit or loss
* **außerordentlicher Gewinn** *(m)* windfall profit
kommerzieller Gewinn *(m)* commercial profit, trade profit
mit Gewinn verkaufen *(m)* sell at a profit
operativer Gewinn *(m)* business profit
steuerpflichtiger Gewinn *(m)* taxable profit
Verkauf mit Gewinn *(m)* sale at a profit, profitable sales

Gewinnabführung *(f)* transfer of benefits

Gewinnbeteiligung *(f)* profit sharing

gewinnbringend gainful

gewinnen earn, get, obtain

Gewinnindex *(m)* profit ratio

gewinnreich profitable

Gewinnspanne *(f)* margin of profit, profit margin

Gewinntransfer *(m)* repatriation of profit

gewogen weighted
gewogener Durchschnittspreis *(m)* weighted average price

gewogener mittlerer Satz *(m)* weighted average rate

gewogenes Mittel *(n)* weighted average

Gewohnheitsauslieferungsauftrag *(m)* usual proof of delivery

Gewohnheitsauslieferungsauftrag beibringen *(m)* provide the usual proof of delivery

Gewohnheitsumschlagsgeschwindigkeit *(f)* customary dispatch

Gewohnheitsverfahren *(n)* usual procedure

gewöhnlich normal, ordinary
gewöhnliche Qualität *(f)* current quality
gewöhnliches Datum *(n)* ordinary term

Gewonheitsrecht *(n)* common law, customary law

gezahlt paid
gezahlter Preis *(m)* price paid

gezogen drawn
gezogener Wechsel *(m)* bill of exchange, draft, drawn bill

Girant *(m)* endorser

Giratar *(m)* endorsee, indorsee

girieren back, endorse, indorse

Giro *(n)* backing, endorsement, indorsement
durch Giro übertragen *(n)* transfer by endorsement
offenes Giro *(n)* general endorsement

Girozentrale *(f)* clearing office, settlement house

Gitterbox *(f)* cage pallet

Gitterboxpalette *(f)* crate pallet

Gitter-Container *(m)* skeleton container

Gitterkiste *(f)* skeleton case

Gitterpalette *(f)* skeleton transport box

Glattdecker *(m)* flush deck ship, flush decked vessel

Glattdeckschiff *(n)* flush deck ship, flush decked vessel

Glaubhaftigkeit *(f)* credibility, reliability

Gläubiger *(m)* creditor, debtee

Gläubigerbank *(f)* lending bank

Gläubigerrisiko *(n)* creditor's risk

Glaubwürdigkeit *(f)* credibility, reliability

gleich similar

gleich bleibende Eigenschaft *(f)* constant quality

gleich lautende bescheinigte Abschrift *(f)* official copy

gleiche Waren *(pl)* identical goods

Zollwert gleicher Waren *(m)* customs value of identical goods

gleicher Preis *(m)* similar price

Gleichbehandlung *(f)* equality of treatment

Gleichgewicht *(n)* equilibrium

Gleichgewicht von Angebot und Nachfrage *(n)* equilibrium of supply and demand, supply-and-demand equilibrium

Gleichgewichtsbedingungen *(pl)* equilibrium conditions

gleichmäßig even

gleichmäßige Qualität *(f)* even quality

Gleichstellung *(f)* equalising duty, equalization charge

Gleichung *(f)* equality

gleichwertig equivalent

gleichwertiger Ausgleich *(m)* equivalent compensation

gleitend gliding

gleitender Preis *(m)* graduated price, sliding-scale price

gleitender Zolltarif *(m)* gliding tariff

Gleitpreisklausel *(f)* sliding-price clause

Globalabkommen *(n)* global contract

global global

globale Anmeldung *(f)* general declaration *(export of Community goods)*

globale Firma *(f)* global company

globale Sicherheit vorlegen *(f)* provide a comprehensive guarantee, provide a general security

globaler Preis *(m)* all-round price, global price

globaler Verbrauch *(m)* apparent consumption, total consumption

Globalmarketing *(n)* global marketing, international marketing

Goldklausel *(f)* gold clause, gold reservation

Goldwährung *(f)* gold currency

Goldwertklausel *(f)* gold clause, reference-to-gold clause

gratis free, gratuitous

Gratislieferung *(f)* free delivery, gratis delivery

Gratismuster *(n)* free sample, no value sample, sample of no value

Greenwich *(n)* Greenwich

Greenwicher Zeit *(f)* Greenwich Mean Time

Grenzabkommen *(n)* frontier agreement

Grenzarbeiter *(m)* frontier-zone worker

Grenzaufseher *(m)* customs officer, inspector of customs

Grenzaufsichtsbeamte *(m)* customs officer, inspector of customs

Grenzbahnhof *(m)* frontier station

frei Grenzbahnhof *(m)* free frontier-station

Grenzdienst *(m)* border service

Grenze *(f)* boundary, frontier **2.** ceiling, limit

Grenze der Hoheitsgewässer *(f)* limit of the territorial sea

Grenze überschreiten *(f)* cross a frontier

* Abschließung der Grenze *(f)* closing of the frontier

Abschließung der Grenze *(f)* closing of border

frei Grenze *(f)* free border

Frei-Grenze-Preis *(m)* free-at-frontier price, free-frontier price

Frei-Grenze-Wert *(m)* free-at-frontier value

geliefert Grenze ... /benannter Ort/ *(f)* delivered at frontier ... /named place/

geliefert Grenze ... /benannter Terminal/ *(f)* delivered at frontier ... /named terminal/

nationale Grenze *(f)* national border

obere Grenze heraufsetzen *(f)* increase the ceiling

Preis frei Grenze *(m)* free-frontier price, free-at-frontier price

Überschreitung der Grenze *(f)* frontier crossing, crossing of frontier

Verkehrszweig an der Grenze *(m)* mode of transport at the border

zulässige Grenze *(f)* permissible limit

Grenzerlass *(m)* marginal relief

Grenzexportsatz *(m)* marginal export rate

Grenzgebiet *(n)* frontier area, frontier zone

Grenzgebühr *(f)* border charge, frontier charge

Grenzgeld *(n)* border charge, frontier charge

Grenzhandel *(m)* cross-border trade, frontier trade

Grenzimportsatz *(m)* marginal import rate

Grenzkontrolle *(f)* border control

Grenzlinie *(f)* boundary line

grenznah near the border

  grenznaher Austausch *(m)* frontier trade

Grenzposten *(m)* frontier post

Grenzpreis *(m)* threshold price

Grenzschutz *(m)* frontier guard **2.** protection of borders

Grenzort *(m)* place at the frontier

  benannter Grenzort *(m)* named place at the frontier

Grenzspediteur *(m)* forwarding agent on the frontier

Grenzsperrung *(f)* closing of border, closing of frontier

Grenzstelle *(f)* border point, frontier point

Grenzübergang *(m)* border crossing, crossing of frontier, frontier crossing **2.** frontier crossing point, place of entry

  Grenzübergang von Waren *(m)* passage of goods at frontier

Grenzübergangsschein *(m)* transit advice note *(CT)*

  Grenzübergangsschein TC 10 *(m)* transit note TC 10

Grenzübergangsstelle *(f)* border point, frontier point, frontier post **2.** office "en route", office of transit

  erste Grenzübergangsstelle *(f)* first office of transit

  Öffnungsdauer der Grenzübergangsstellen *(f)* business hours at frontier posts

grenzüberschreitend cross-border, trans-border

  grenzüberschreitende Güterbeförderung *(f)* international carriage of goods

  grenzüberschreitende Zusammenarbeit *(f)* trans-border co-operation

grenzüberschreitender Handel *(m)* cross-border trade, frontier trade

grenzüberschreitender Reiseverkehr *(m)* international travel

grenzüberschreitendes Beförderungsmittel *(n)* means of transport crossing the border

Grenzüberschreitung *(f)* border crossing

  Datum der Grenzüberschreitung *(n)* border crossing date

Grenzverkehr *(m)* frontier traffic, frontier-zone traffic

  Vereinbarung über den Grenzverkehr *(f)* agreement concerning frontier traffic

Grenzwache *(f)* border guard

Grenzzoll *(m)* border duty

Grenzzollabfertigung *(f)* border customs clearance

Grenzzollamt *(n)* border custom-house, customs office at the frontier

Grenzzollbahnhof *(m)* frontier customs station

Grenzzone *(f)* frontier area, frontier zone

  Verkehr in der Grenzzone *(m)* frontier traffic, frontier-zone traffic

groß big

  große Havarie *(f)* general average

  frei von großer Havarie *(f)* free from general average

  große Kabotage *(f)* intercoastal trade

Großauftragrabatt *(m)* large order discount, large-order discounting

Großbehälter *(m)* large container

  vereinfachte Warenbeförderungen im in Großbehältern *(pl)* simplified procedures for goods carried by large container

  Warenbeförderung in Großbehältern *(f)* goods carried by large containers

Großcontainer *(m)* multi-tonnage container

Größe *(f)* cubature **2.** number **3.** size **4.** volume

  Größe des Schadens *(f)* extent of the damage, extent of the loss

  * **Handel im Großen** *(m)* wholesale, wholesale commerce

  im Größen kaufen *(f)* buy wholesale, buy in quantity

  physikalische Größe *(f)* physical quantity

Großeinkauf *(m)* bulk-buying, wholesale purchase

größer greater
  größere Reparatur *(f)* heavy repair, major repair

Großexporteur *(m)* wholesale exporter

Großgeschäft *(n)* wholesale establishment, wholesale firm, wholesale company, wholesale enterprise

Großgewicht *(n)* gross weight, packed weight

Großhandel *(m)* wholesale
  Großhandel
  im Großhandel verkaufen *(m)* sell wholesale, sell in bulk

Großhandelsabnehmer *(m)* wholesale buyer, wholesale purchaser

Großhandelseinkäufer *(m)* wholesale buyer, wholesale purchaser

Großhandelsexporteur *(m)* wholesale exporter

Großhandelsfirma *(f)* bulk business, wholesale business

Großhandelsindex *(m)* index of wholesale prices, wholesale index

Großhandelslager *(n)* warehouse, wholesale warehouse

Großhandelslieferung *(f)* bulk delivery, wholesale delivery

Großhandelsmarkt *(m)* wholesale market

Großhandelsmesse *(f)* wholesale fair

Großhandelsnetz *(n)* wholesale chain, wholesale network

Großhandelsniederlassung *(f)* distribution center

Großhandelspreis *(m)* ex-works price, wholesale price

Großhandelspreisliste *(f)* list of wholesale prices, wholesale price list

Großhandelspreisniveau *(n)* level of prices at wholesale, wholesale level

Großhandelspreisstatistik *(f)* wholesale prices statistics

Großhandelsrabatt *(m)* discount for large quantities

Großhandelsspanne *(f)* wholesale margin

Großhandelsstelle *(f)* wholesale establishment, wholesale firm, wholesale company, wholesale enterprise

Großhandelsumsatz *(m)* wholesale turnover

Großhandelsunternehmen *(n)* bulk business, wholesale business, wholesale company, wholesale enterprise, wholesale establishment

Großhandelsverkauf *(m)* bulk selling, wholesale selling

Großhändler *(m)* wholesale dealer, wholesaler

Großhandlung *(f)* wholesale establishment, wholesale firm

Großkaufmann *(m)* wholesale dealer, wholesaler

Großleichter *(m)* great lighter

Großraum-Container *(m)* high cube container

Großserienproduktion *(f)* high-run production, large-lot production

Großtanker *(m)* very large crude carrier

größt large
  größter Tiefgang *(m)* maximum draught
  Gross-Terms-Klausel *(f)* gross terms clause

größtmöglich maximal
  größtmöglicher Schaden *(m)* maximum possible loss

Großtonnage *(f)* gross register tonnage

Großverkauf *(m)* bulk selling, wholesale, wholesale selling

Großvolumen-Container *(m)* high cube container

Grund *(m)* basis, ground
  Kontrolle aus gesundheitlichen Gründen *(f)* sanitary control, sanitary inspection
  Kontrolle aus pflanzenschutzrechtlichen Gründen *(f)* phytosanitary inspection, inspection for phytopathological reasons

Kontrolle aus veterinärpolizeilichen Gründen *(f)* inspection for veterinary reasons

Grunddaten *(pl)* basic data, raw data

gründen establish, incorporate
Gesellschaft gründen *(f)* incorporate a company

Grunderzeugnisse *(pl)* basic products

Grundlage *(f)* ground, principle
juristische Grundlage *(f)* legal foundation, legal ground
rechtliche Grundlage *(f)* legal basis, legal ground

Grundlohn *(m)* base wage

grundlos groundless, ill-founded

Grundlosigkeit *(f)* groundlessness
Grundlosigkeit der Klage *(f)* unfounded claim
Grundlosigkeit der Kündigung *(f)* groundlessness of the notice

Grundprämie *(f)* basic premium

Grundpreis *(m)* base price, basic price

Grundpreissystem *(n)* base price system

Grundrate *(f)* standard rate

Grundsatz *(m)* base rate, basis rate

Grundstück *(n)* parcel of land
Hypothek auf das Grundstück *(f)* mortgage on land

Grundtarif *(m)* basic tariff

Gründungsurkunde *(f)* deed of settlement, founding document

Grundzollsatz *(m)* basic customs rate

Gruppe *(f)* group, team

Gruppierung *(f)* formation

gültig valid
gültiger Vertrag *(m)* binding agreement, contract by deed, current agreement, valid contract
gültiges Angebot *(n)* offer in force, offer open

Gültigkeit *(f)* force, validity
Gültigkeit der Bestellung *(f)* validity of an offer
Gültigkeit der Garantie *(f)* length of a guarantee, validity of a guarantee
Gültigkeit der Offerte *(f)* validity of a proposal, validity of an offer
Gültigkeit der Urkunde *(f)* validity of a document

Gültigkeit des Akkreditivs *(f)* validity of a letter of credit
Gültigkeit des Akkreditivs verlängern *(f)* extend a letter of credit, prolong a letter of credit
Gültigkeit verlängern *(f)* extend validity
* Ablauf der Gültigkeitsdauer des ATA-Carnets *(m)* expiry of the validity of the carnet ATA
Dauer der Gültigkeit *(f)* period of validity, term of validity

Gültigkeitsdatum *(n)* date of validity, effective date, expiration date

Gültigkeitsdauer *(f)* date of expiry, duration of validity, effective date, period of validity, term of validity, validity period
Gültigkeitsdauer der Bescheinigung *(f)* period of validity of certificates
Gültigkeitsdauer der Lizenz *(f)* duration of a licence, term of a licence
Gültigkeitsdauer der Versicherungspolice *(f)* term of a policy
Gültigkeitsdauer des Akkreditivs *(f)* letter of credit period, validity of a letter of credit
Gültigkeitsdauer des Akzepts *(f)* acceptance interval
Gültigkeitsdauer des Patents *(f)* duration of a patent
Gültigkeitsdauer des Schecks *(f)* cheque life
Gültigkeitsdauer des Vertrags *(f)* currency of contract, term of a contract
Gültigkeitsdauer des Visums *(f)* validity of visa
* Akkreditiv mit einer Gültigkeitsdauer bis zum ... *(n)* letter of credit valid for
Nichtbeachtung der Gültigkeitsdauer *(f)* non-observance of time limit

Gültigkeitstermin *(m)* validity

günstig advantageous, favourable
günstige Offerte *(f)* advantageous offer, favourable offer
günstiges Angebot *(n)* preference offer

gut good
gute Durchschnitlichequalität *(f)* fair average quality
gute Durchschnittsqualität *(f)* fair average quality
gute Handelsware *(f)* good marketable quality
gute kommerzielle Qualität *(f)* good commercial quality

gute marktübliche Qualität *(f)* good marketable quality
gute Mittelqualität *(f)* good average quality
gute Qualität *(f)* fair quality, good quality
gute zugesicherte Qualität *(f)* warranted fine quality
Gut *(n)* goods
Güter annehmen *(pl)* take in freight
Gut liefern *(n)* supply goods, supply a merchandise
Gut unter Zollverschluss *(f)* bonded goods
* abgesacktes Gut *(n)* cargo in bags, bagged cargo
Anzeige über den Verlust von versichertem Gut *(f)* notification on the loss of insured goods
Beförderung gefährlicher Güter *(f)* hazardous goods service, transport of hazardous cargo
Beförderung von Gütern im Seeverkehr *(f)* carriage of goods by sea
Deklaration der unverzollbaren Güter *(f)* entry for free goods
Erwerb von Gütern *(m)* acquisition of goods
fehlendes Gut *(n)* missing cargo (MSCA)
flüssiges Gut *(n)* bulk cargo, cargo in tanks
Frachten aller Sorten und Güter *(pl)* freight all kinds (FAK)
gefährliche Güter *(pl)* dangerous article, hazardous goods, hazardous cargo, risky cargo
Import von militärischen Gütern *(m)* military import
inferiores Gut *(n)* inferior goods
leichtverderbliches Gut *(n)* perishable load
nicht abgeholtes Gut *(n)* uncollected cargo, unreceived cargo, abandoned merchandise
nicht containerfähige Güter *(pl)* uncontainernable goods
nicht in Empfang genommenes Gut *(n)* unreceived cargo, uncollected cargo
sperriges Gut *(n)* measurement cargo, light cargo
stücktes Gut *(n)* piece goods
strategische Güter *(pl)* strategic goods
unverpacktes Gut *(n)* loose goods, unprotected cargo
verbotenes Gut *(n)* banned goods, packaged cargo
verpaktes Gut *(n)* packet cargo

Gutabfertigung *(f)* clearance of goods
Gutabnahme *(f)* collection of cargo, reception of cargo
Gutachten *(n)* expert opinion, expert's opinion, expert's statement, opinion
Gutachten abgeben *(n)* give judgment
Gutachten des Sachverständigen *(n)* expert testimony, expert's opinion, expert's statement
* juristisches Gutachten *(n)* counsel's opinion, legal opinion
Gutachter *(m)* authority, expert
Gutachterausschuss *(m)* expert's committee
Gütebezeichnung *(f)* quality designation
Güteklassifizierung *(f)* classification of cargoes
Gütekoeffizient *(m)* quality performance
Güterabfertigung *(f)* consignment of goods, dispatch of goods, shipment, shipment of goods
Güteranschlussgleis *(n)* goods siding
Güteraustausch *(m)* commodity exchange, merchandise trade
Güterbahnhof *(m)* cargo station, freight depot, goods station
Güterbeförderung *(f)* freight traffic
Güterbeförderung unter Zollverschluss *(f)* transport of goods under customs seals
* grenzüberschreitende Güterbeförderung *(f)* international carriage of goods
Güterbestand *(m)* goods condition
Güterbestand bei Abladung *(m)* condition on landing, quality landed
Güterbestand bei Entladung *(m)* condition on landing, quality landed
Güterbestand bei Lieferung *(m)* as-received condition
Güterbestand bei Löschen *(m)* landed quality
Güterbestand bei Verfrachtung *(m)* condition when shipped, shipped quality
Güterbestand bei Verladung *(m)* condition when shipped, shipped quality
Güterempfänger *(m)* consignee, recipient of goods

Güterempfängername *(m)* name of consignee, name of receiver of cargo

Güterexpedition *(f)* dispatch of goods, shipment

Güterkontrolle *(f)* checking of quality, checking quality, quality acceptance, quality test

Güterkontrolleur *(m)* sorter, trier

Güterkraftverkehr *(m)* carriage of goods by road

Gütermenge *(f)* quantity of cargo

Güterqualität *(f)* quality of goods

 Güterqualität bei Verschiffung *(f)* condition when shipped

Güterrecht *(n)* property right

Güterschiff *(n)* cargo carrier, cargo vessel, merchant ship, trading vessel

Güterstück *(n)* parcel

Gütertarif *(m)* cargo tariff, freight tariff

Gütertransitverkehr *(m)* transit commodity circulation, transit traffic

Gütertransport *(m)* cargo carriage, cargo transport, cargo transportation, commercial transport, freight, goods transport, shipping goods

 Gütertransport unter Zollverschluss *(m)* transport of goods under customs seals

Gütertransportpreis *(m)* freight rates

Gütertransportversicherung *(f)* transport insurance

Güterüberprüfung *(f)* quality inspection

Güterumschlag *(m)* cargo handling, freight handling

Güterumschlagsplatz *(m)* cargo handling place, loading berth

Güterverkauf *(m)* commodity sale, sale of goods

Güterverkehr *(m)* commercial transport, freight **2.** goods rotation, trade in goods

 kombinierter Güterverkehr Land/See *(m)* combined land/sea service

 kombinierter Güterverkehr Schiene/Kraftfahrzeug *(m)* combined road and rail transport, combined road/rail service

kombinierter Güterverkehr Schiene/See *(m)* combined road/sea service, combined road and sea transport

kombinierter Güterverkehr Schiene/Straße *(m)* combined road/rail service

kombinierter Güterverkehr Schiene/Wasser *(m)* combined rail/water service, rail-and-water service

Güterverkehrsstatistik *(f)* freight traffic statistics

Güterversand *(m)* consignment of goods, shipment of goods

Güterversenderhaftung *(f)* charterer's liability, shipper's liability

Güterversicherung *(f)* cargo insurance, goods insurance, insurance on casco, insurance on goods, insurance on merchandise

Güterverzeichnis *(n)* freight list, list of cargoes

Güterwagen *(m)* wagon

 Beförderung mit Güterwagen *(f)* trucking

 frei auf Güterwagen *(m)* free on board car, free on rail

 frei Güterwagen *(m)* free on board car, free on rail

Güterwaggon *(m)* wagon

Güterzug *(m)* freight train, goods train

Gütezeugnis *(n)* certificate of quality, quality certificate

gutheißen approve

 Angebot gutheißen *(n)* approve a proposal

Gütlichkeit *(f)* amicability

Gutpartie *(f)* batch of cargo, parcel of cargo

Gutschein *(m)* credit advice, credit note

Gutschriftsanzeige *(f)* credit advice, credit note

H

Haag Hague *(n)*
Haager Regeln *(pl)* Hague Rules, International Convention for the Unification of certain Rules relating to Bills of Lading (1924)
Haag-Visby Regeln *(pl)* Hague-Visby Rules, Protocol to amend the International Convention for the Unification of certain Rules relating to Bills of Lading
Habe *(f)* capital
Erklärung über die persönliche Habe der Besatzung *(f)* crew's effects declaration
unbewegliche Habe *(f)* immoveables, real property
Habenbuchung *(f)* credit item
Habensaldo *(m)* active balance, balance of credit, credit balance
Hafen *(m)* port
Hafen nominieren *(m)* designate a port
Hafen sperren *(m)* block a port, blockade a port
* **ausländischer Hafen** *(m)* foreign port
autonomer Hafen *(m)* autonomous port
Dienstleistungen im Hafen *(pl)* port services, dock service
direkter Hafen *(m)* direct port
eisfreier Hafen *(m)* ice-free port, harbour clear of ice
Entwicklung der Häfen *(f)* port development
franko Hafen *(m)* free in harbour, free port
frei Hafen *(m)* free in harbour, free port
fremder Hafen *(m)* foreign port
geschlossener Hafen *(m)* closed port
offener Hafen *(m)* open harbour, open port
öffentlicher Hafen *(m)* public port
Preis franko Hafen *(m)* free harbour price, free in harbour price
Preis frei Hafen *(m)* free in harbour price, free harbour price
sicherer Hafen *(m)* safe harbour
sicherer Kai, sicherer Hafen *(m/m)* safe berth, safe port, safe berth-port
Umschlag des Hafens *(m)* rotation of ports
Zollstelle des Hafens *(f)* customs authorities of the port
Hafenamt *(n)* harbour board, port administration, port authority

Hafenarbeiter *(m)* docker, dockside-worker, shoreman
Hafenarzt *(m)* health officer, searcher
Hafenaufseher *(m)* port reeve, port warden
Hafenaufsichtsbeamter *(m)* port reeve, port warden
Hafenauktion *(f)* port auction, port sale
Hafenausrüstung *(f)* port equipment
Hafenbahn *(f)* harbour railway
Hafenbahnhof *(m)* harbour station, port station
Hafenbecken *(n)* dock
Hafenbehörde *(f)* port administration, port authorities
Hafenbetrieb *(m)* operating a port
Hafenbrauch *(m)* custom of port, usage of the port
laut Hafenbrauch *(m)* according to the custom of the port
Hafenbuch *(n)* port log
Hafencharter *(m)* harbour charter, port charter party
Hafendienstleistungen *(pl)* dock service, port services
Hafendirektor *(m)* port director
Hafendispache *(f)* port dispatch, port speed
Hafeneinfahrt *(f)* port entry
Hafengebiet *(n)* dock area, harbour waters, port area, water area of harbour
Hafengebühr *(f)* harbour duty, port charge, port-duty
Hafengeld *(n)* harbour duty, port charge, port-duty
Hafengeldtarif *(m)* scale of port charges, table of port charges
Hafengeschwindigkeit *(f)* port dispatch, port speed
Hafengewässer *(n)* harbour waters, water area of harbour
Hafeninfrastruktur *(f)* port infrastructure
Hafeningenieur *(m)* superintendent engineer

Hafenkahn *(m)* coasting barge, utility barge

Hafenkai *(m)* port berth

Hafenkanal *(m)* port canal, ship channel

Hafenkapazität *(f)* handling capacity of a port

Hafenkapitän *(m)* captain of the port, harbour master

Hafenkonnossement *(n)* harbour bill of lading, port bill of lading

Hafenkontrolle *(f)* port control

Hafenkosten *(pl)* port due, port duty
 franko Hafenkosten *(pl)* free harbour dues
 frei Hafenkosten *(pl)* free harbour dues
 Preis frei Hafenkosten *(m)* free harbour dues price

Hafenkran *(m)* quay crane

Hafenlager *(n)* dock warehouse, port store

Hafenliegezeit *(f)* lay-days

Hafenlotse *(m)* dock pilot

Hafenmarkt *(m)* entrepôt port

Hafenmeister *(m)* captain of the port, harbour master, port dispatcher

Hafenordnung *(f)* harbour regulations, port by-laws, port regulations

Hafenpilot *(m)* harbour pilot

Hafenrange *(f)* range

Hafenrisiko *(n)* port risk

Hafenschiff *(n)* harbour ship

Hafenschlepper *(m)* craft tug, dock tug, harbour tug

Hafenschute *(f)* coasting barge, lighter

Hafensperre *(f)* port embargo

Hafenstation *(f)* harbour station, port railway station, port station

Hafentarif *(m)* scale of port charges, table of port charges

Hafenterminal *(m)* port terminal

Hafentransport *(m)* intra-port transport

Hafentransportinfrastruktur *(f)* port transport infrastructure

Hafenumschlag *(m)* port handling

Hafenusance *(f)* custom of port, usage of the port

Hafenverkauf *(m)* port auction, port sale

Hafenverkehr *(m)* traffic of the port

Hafenverstopfung *(f)* congestion of the port, crowding of a port

Hafenverstopfungszuschlag *(m)* congestion surcharge

Hafenverwaltung *(f)* harbour administration, harbour authority, harbour board, port authority

Hafenviertel *(n)* harbour area, port area

Hafenvorschriften *(pl)* harbour regulations, port regulations

Hafenzoll *(m)* port due, port duty

Hafenzollamt *(n)* maritime custom-house

Haftpflicht *(f)* liability, responsibility
 Haftpflicht des Frachtführers *(f)* carrier's liability, liability of freight contractour
 Haftpflicht des Transporteurs *(f)* cartage contractor's liability, haulage contractor's liability
 Haftpflicht des Versicherers *(f)* insurer's liability
 * zivilrechtliche Haftpflicht *(f)* personal liability, civil liability

Haftpflichtversicherung *(f)* public liability insurance, third party insurance

Haftung *(f)* liability
 Haftung aus Garantievertrag *(f)* liability deriving from guarantee
 Haftung aus Kontrakt *(f)* contractual liability
 Haftung aus Vertrag *(f)* contractual liability
 Haftung der anweisenden Bank *(f)* liability of issuing bank
 Haftung der bestätigenden Bank *(f)* liability of confirming bank
 Haftung der Reeder *(f)* liability of ship holder
 Haftung der Schiffsreederei *(f)* liability of shipowner, liability of ship's operator
 Haftung der Schiffsbesitzer *(f)* owner's liability, ship owner's liability, shipowner's liability
 Haftung des Absenders *(f)* freighter's liability, loader's liability
 Haftung des Agenten *(f)* agent's liability
 Haftung des Akzeptanten *(f)* liability of acceptor
 Haftung des Bürgen *(f)* liability of the guarantor

Haftung des Charterers *(f)* liability of ship's charterer, ship's charterer liability

Haftung des Eisenbahnfrachtführers *(f)* liability of carrier by rail

Haftung des Verfrachters *(f)* marine carrier's liability

Haftung für Dritte *(f)* liability for third parties

Haftung für dritte Personen *(f)* liability for third parties

Haftung und Verantwortlichkeit *(f)* liability and responsibilities

* Befreiung von der Haftung *(f)* discharge from liability, exception from liability

beschränkte Haftung *(f)* limited liability

gemeinsame Haftung *(f)* joint and several liability, collective liability

gesamtschulderische Haftung *(f)* joint and several responsibility, joint and several liability

Indossament mit Ausschluss der Haftung *(n)* restrictive endorsement

Gesellschaft mit beschränkter Haftung *(f)* limited company, limited liability company

kontraktliche Haftung *(f)* contractual liability

rechtliche Haftung *(f)* legal liability, legal responsibility

solidarische Haftung *(f)* joint security, joint guarantee, joint and several responsibility, joint and several liability

unbegrenzte Haftung *(f)* absolute liability

vertragliche Haftung *(f)* contractual liability

zivilrechtliche Haftung *(f)* civil responsibility, public liability

Haftungsausschluss *(m)* discharge from liability, exception from liability

Haftungsbefreiungsklausel *(f)* exemption of liability clause

Haftungsbeschränkung *(f)* limitation of liability

Haftungsdauer *(f)* indemnity period

Haftungsgrenze *(f)* limit of indemnity, limit of liability, limit of responsibility

Haftungslimit *(n)* limit of indemnity, limit of liability, limit of responsibility

Haftungsumfang *(m)* responsibility, scope of liability

Haftungsverteilung *(f)* division of the responsibility

Haftungsvertrag *(m)* contract of guarantee, contract of surety

Hagelschaden *(m)* hailstorm damage

Hagelschadenversicherung *(f)* hail insurance, hailstorm insurance

Hagelversicherung *(f)* hail insurance, hailstorm insurance

Haken *(m)* hook

Hakenschaden *(m)* hook damage

Halbbalken *(m)* half beam

Halberzeugnis *(n)* between product, half-finished product

Halbfabrikat *(n)* semi-manufactured product

Halbfertigfabrikat *(n)* between product, half-finished product

Halbhänger *(m)* semi-trailer

Halbhängermuster *(n)* type of semi-trailer

halblegal grey
  halblegaler Import *(m)* grey import

halboffen half-open
  halboffenes Faktoring *(n)* half-open factoring

Halbprodukt *(n)* semi-finished article, semi-finished product

Halle *(f)* hall

haltbar perpetual

Hamburger Regeln *(pl)* Hamburg Rules, United Nations convention on the Carriage of goods by Sea

Hammerpreis *(m)* auction price, tender price

Handel *(m)* trade, trading
  Handel an der Börse *(m)* exchange business, exchange trade
  Handel aufbauen *(m)* develop trade, expand trade
  Handel einschränken *(m)* restrict trade
  Handel entwickeln *(m)* extend trade
  Handel führen *(m)* be engaged in traffic, deal, engage in the trade, merchandise, traffic
  Handel im Großen *(m)* wholesale, wholesale commerce
  Handel in Dienstleistungen *(m)* service trade, trade in services
  Handel mit Lizenzen *(m)* licence trade, trade in licences

Handel mit Patenten *(m)* trade in patents

Handel mittels Agenten *(m)* entrepot through agents

Handel ohne Agente *(m)* trade without agents

Handel treiben *(m)* be engaged in traffic, engage in the trade, merchandise, trade

Handel zwischen zwei Staaten *(m)* bilateral trade

* Ausschuss für Handel und Industrie *(m)* committee for trade and industry

Belebung des Handels *(f)* revival of business

bilateraler Handel *(m)* bilateral trade

elektronischer Handel *(m)* internet trade, internet retailing

externer gemeinschaftlicher Handel *(m)* external Community trade

freier Handel *(m)* free trade

geographische Struktur des Handels *(f)* area pattern of trade

gesetzlicher Handel *(m)* lawful trade, legal trade

gesetzwidriger Handel *(m)* black trading, illicit trading

grenzüberschreitender Handel *(m)* frontier trade, cross-border trade

Industrie und Handel industry and commerce

innerer Handel *(m)* inland trade

innergemeinschaftlicher Handel *(m)* trade within the Community, intra-Community trade

innerzweiglicher Handel *(m)* intra-industry trade (IIT)

legaler Handel *(m)* lawful trade, legal trade

Ministerium für Handel *(n)* Department of Commerce, Ministry of Trade

Politik des Handels *(f)* mercantile policy, commercial policy

Protektionismus im Handel *(m)* protectionism in trade

rechtswidriger Handel *(m)* illicit trading, black trading

regionaler Handel *(m)* regional trade

sichtbarer Handel *(m)* visible trade

Vertrag über Handel und Schifffahrt *(m)* treaty of commerce and navigation

Zentrum für internationaler Handel *(n)* world trade center

zollfreier Handel *(m)* free-trade, duty-free trade

handeln merchandise, trade

Handelsabkommen *(n)* commercial convention, contract of trade, trade agreement, trade arrangement, trade convention, trade pact

Allgemeines Zoll- und Handelsabkommen *(n)* General Agreement on Tariffs and Trade (GATT)

Ausschuss für Handelsabkommen *(m)* Trade Agreement Committee

bilaterales Handelsabkommen *(n)* bilateral trade agreement

internationales Handelsabkommen *(n)* international trade agreement

multilaterales Handelsabkommen *(n)* multilateral trade agreement

Zoll- und Handelsabkommen *(n)* agreement on tariffs and trade

Zusatzprotokoll zum Handelsabkommen *(n)* additional protocol to trade agreement

Handelsabschlag *(m)* trade discount

Handelsabteilung *(f)* trade department

Handelsadressbuch *(n)* commercial directory, commercial reference book

Handelsagent *(m)* commercial agent, commercial representative

Handelsagentpfandrecht *(n)* agent's lien

Handelsagentur *(f)* commercial agency, mercantile agency, trade agency

Handelsangebot *(n)* fair offer, fair proposition

Handelsattaché *(m)* commercial attaché

Handelsausdruck *(m)* business term

Handelsausschließlichkeit *(f)* exclusive dealing

Handelsausschuss *(m)* trade committee

Handelsausstellung *(f)* trade exhibition

Handelsaustausch *(m)* commerce, exchange of goods

Handelsausweitung *(f)* extension of trade

Handelsbank *(f)* commercial bank

handelsbedingt trade

handelsbedingte Kosten *(pl)* business expenses, trade expenses

Handelsbedingungen *(pl)* business terms, commercial terms

internationale Handelsbedingungen *(pl)* Standard Conditions for Sale and Delivery of Goods, Incoterms

Handelsbelastung *(f)* commercial cargo, commercial load

Handelsberater *(m)* commercial adviser, commercial attaché, commercial counsellor

Handelsberechnung *(f)* trade calculation

Handelsbericht *(m)* trade survey

Handelsbeschränkungen *(pl)* restraint of trade, restrictions of trade

Handelsbesprechungen *(pl)* trade negotiations

Handelsbestimmungen *(pl)* trade regulations

Handelsbevollmächtigter *(m)* business agent, commercial agent, commercial representative

Handelsbezeichnung *(f)* trade description

genaue Handelsbezeichnung *(f)* precise trade description

Handelsbeziehungen *(pl)* business relations, commercial connections, trade connections

Handelsbilanz *(f)* balance of trade, trade balance

aktive Handelsbilanz *(f)* active balance of trade, export balance of trade

passive Handelsbilanz *(f)* adverse balance, passive balance of trade, visible deficit

Handelsbilanzdefizit *(n)* balance of trade deficit, trade deficit, trade gap, visible trade deficit

Handelsbilanzüberschuss *(m)* balance of trade surplus, export surplus, surplus on visible trade

Handelsblock *(m)* trade bloc

Handelsblockade *(f)* commercial blockade, embargo on trade, trade embargo

Handelsboykott *(m)* trade boycott

Handelsbranche *(f)* branch of trade

Handelsbrauch *(m)* commercial practice, custom of the merchants, trade practice, usage of trade, usance

unlauterer Handelsbrauch *(m)* unfair business practice, unfair trade practice

Handelsbrief *(m)* business letter, commercial letter

Handelsbuch *(n)* business book, commercial book, commercial records, register of commerce

Handelsbüro *(n)* commercial office, trade office

Handelsdaten *(pl)* commercial data, trade data

Handelsdefizit *(n)* export deficit, merchandise deficit, trade deficit, trade gap

Handelsdelegation *(f)* commercial mission, trade delegation

Handelsdirektor *(m)* commercial director

Handelsdiskriminierung *(f)* trade discrimination

Handelsdiversifikation *(f)* diversification of trade, trade diversification

Handelsdokument *(n)* commercial document

Handelsdokumente aushändigen *(pl)* deliver commercial documents

* **Satz der Handelsdokumente** *(m)* full set of commercial documents, set of commercial documents

Handelseinkommen *(n)* business income, income from trade

Handelsembargo *(n)* commercial blockade, trade embargo

Handelsentwicklung *(f)* development of trade, trade development

Handelserlaubnis *(f)* trade licence, trading certificate

Handelserlöse *(pl)* receipts from trade, trade receipts

Handelsertrag *(m)* income from trade

Handelsexpansion *(f)* trade expansion

Politik der Handelsexpansion *(f)* policy of trade expansion

Handelsexperte *(m)* commercial expert, trade expert

Handelsfaktor *(m)* trade factor

Handelsfaktura *(f)* trade invoice

Handelsfirma *(f)* business undertaking

Handelsflagge *(f)* mercantile flag, merchant flag

Handelsflaute *(f)* trade recession, trade stagnation, commercial stagnation

Handelsflotte *(f)* fleet of merchantmen, mercantile marine, merchant shipping, sea fleet, sea-going fleet
  Kapitän der Handelsflotte *(m)* ship's master, master mariner

Handelsförderung *(f)* trade promotion

Handelsformeln *(pl)* trade terms

Handelsfreiheit *(f)* freedom of trade
  Beschränkung der Handelsfreiheit *(f)* restraint on freedom of trade, restrictive trade practice

Handelsgarantie *(f)* trade guarantee

Handelsgegenstand *(m)* article of merchandise, subject of traffic

Handelsgeheimnis *(n)* commercial secret, trade secret

Handelsgericht *(n)* court of commerce

Handelsgeschäft *(n)* act of merchant, commercial act, commercial business, commercial dealing, dealing

Handelsgesellschaft *(f)* business corporation, commercial company
  offene Handelsgesellschaft *(f)* unlimited partnership

Handelsgesetz *(n)* trade act
  Einheitliches Handelsgesetz *(n)* Uniform Commercial Code
  internationales Handelsgesetz *(n)* international law of the sea

Handelsgesetzbuch (HGB) *(n)* commercial code code of commerce

Handelsgesetzgebung *(f)* commercial legislation, trade legislation

Handelsgespräche *(pl)* trade talks

Handelsgewicht *(n)* commercial weight

Handelsgewinn *(m)* business profit, merchant's profit

Handelsgewohnheit *(f)* custom of trade

Handelsgüte *(f)* marketable quality

Handelsguter *(n)* trade article, commercial goods

Handelshafen *(m)* commercial harbour, commercial port

Handelshaus *(n)* business house, business undertaking, commercial house

Handelshemmnis *(n)* barrier to trade, trade restriction, business obstacle, obstacle to trade

Handelshindernis *(n)* barrier to trade, trade restriction, business obstacle, obstacle to trade

Handelsinformation *(f)* business information, trade information

Handelsinfrastruktur *(f)* commercial infrastructure, trade infrastructure

Handelsinstitution *(f)* trade house

Handelsinternationalisierung *(f)* trade internationalisation

Handelskalkulation *(f)* trade calculation

Handelskammer *(f)* chamber of commerce, chamber of trade
  bilaterale Handelskammer *(f)* mixed chamber of commerce
  gemischte Handelskammer *(f)* bilateral chamber of commerce
  Industrie- und Handelskammer *(f)* chamber of industry and commerce
  Internationale Handelskammer *(f)* International Chamber of Commerce
  Vergleichs- und Schiedsordnung der internationalen Handelskammer *(f)* Rules of Conciliation and Arbitration of the International Chamber of Commerce

Handelskanal *(m)* channel of distribution, trade channel

Handelskapitän *(m)* sea captain

Handelsklassifikation *(f)* commercial classification, trade classification

Handelsklausel *(f)* commercial clause
  Internationale Handelsklauseln *(pl)* Standard Conditions for Sale and Delivery of Goods (Incoterms)

Handelskonkurrent *(m)* commercial rival

Handelskonkurrenz *(f)* trade competition

Handelskonsortium *(n)* trade group

Handelskonsul *(m)* trading consul

Handelskonsultation *(f)* consultation on trade

Handelskonvention *(f)* commercial convention, trade convention

Handelskonzession *(f)* trade licence, trading certificate

Handelskooperation *(f)* trade cooperation

Handelskorrespondenz *(f)* business correspondence, commercial correspondence

Handelskredit *(m)* commercial credit, mercantile credit, trade credit

Handelskreditierung *(f)* crediting of trade

Handelskrieg *(m)* sales war, trade war

Handelsland *(n)* country of trade

Handelsliberalisierung *(f)* liberalization of commerce, liberalization of trade

Handelslimit *(n)* trade limit, trading limit

Handelsluftfahrt *(f)* commercial aviation

Handelsmakler *(m)* agent, broker

Handelsmanager *(m)* trade manager

Handelsmanifest *(n)* commercial manifest

Handelsmann *(m)* trader

Handelsmarge *(f)* gross margin

Handelsmarke *(f)* brand, commercial mark, trademark
  Handelsmarke registrieren *(f)* trade-mark
  * Vertrag über Handelsmarken *(m)* trademark agreement

Handelsmarkt *(m)* bazaar

Handelsmission *(f)* trade mission

Handelsmonopol *(n)* trade monopoly, trading monopoly

Handelsmuster *(n)* trade sample

Handelsname *(m)* company name

Handelsnetz *(n)* distributive network, trading network

Handelsniederlassung *(f)* trading branch

Handelsorganisation *(f)* trade organization

Handelspapiere *(pl)* commercial documents, commercial papers
  Kasse gegen Handelspapiere *(f)* cash against commercial documents
  Kopie eines Handelspapiers *(f)* copy of a commercial document

Handelspartner *(m)* business partner, trade partner, trading partner

Handelspolitik *(f)* commercial policy, mercantile policy
  Diskrimination in der Handelspolitik *(f)* discrimination in the commercial policy
  gemeinsame Handelspolitik *(f)* common commercial policy, common trade policy
  restriktive Handelspolitik *(f)* restrictive trade policy

handelspolitisch trade policy
  handelspolitische Instrumente *(pl)* trade policy instruments
  handelspolitische Maßnahmen *(pl)* commercial policy measures, means of trade policy

Handelspool *(m)* trade pool

Handelspräferenzen *(pl)* trade preferences, trade privileges

Handelspraxis *(f)* custom of the merchants, trade practice

Handelspreis *(m)* mercantile price, merchantable price

Handelsprivilegium *(n)* commercial privilege, trade privilege

Handelsprofi *(m)* trade expert

Handelsprofit *(m)* commercial profit, trade profit

Handelsprojekt *(n)* commercial project, trade project

Handelsprotokoll *(n)* commercial protocol, trade protocol

Handelsprovision *(f)* trade commission

Handelsprovisorium *(n)* temporary trade agreement

Handelsqualität *(f)* commercial quality, merchantable quality

Handelsrabatt *(m)* commercial discount, trade discount, trade rebate

Handelsratbüro *(n)* commercial counsellor office

Handelsrechnung (HR) *(f)* bill of goods, invoice, commercial account, trade bill, trade invoice

Handelsrechnung beibringen *(f)* provide the commercial invoice

* **Ware und Handelsrechnung liefern** *(f)* provide the goods and the commercial invoice

Handelsrecht *(n)* commercial law, law of commerce

Gesellschaft des Handelsrechts *(f)* commercial undertaking, business enterprise

internationales Handelsrecht *(n)* international trade law, law of international trade

Handelsreform *(f)* trade reform

Handelsregister *(n)* commercial record, register of commerce

* **Eintragung in das Handelsregister** *(f)* entry in the trade register

Handelsregulation *(f)* trade regulation

Handelsrestriktionen *(pl)* restrictions of trade, trade restrictions

Handelssanktionen *(pl)* trade sanctions

Handelsschaden *(m)* commercial loss, trading loss

Handelsschiff *(n)* merchant vessel

Handelsschifffahrt *(f)* commercial navigation

Kapitän der Handelsschifffahrt *(m)* merchant captain, master mariner

Handelsschiffskapitän *(m)* master mariner, merchant captain, sea-captain, ship master

Handelsschranken *(pl)* restrictions of trade, trade barriers, trade contractions

Handelsschranken abbauen *(pl)* remove trade obstacles

Handelsschuld *(f)* commercial debt, trade debt

Handelsseerecht *(n)* merchant shipping law

Handelssortiment *(n)* commercial range of goods, commercial variety

Handelsspanne *(f)* difference, margin

Handelssperre *(f)* trade blockade, trade embargo

Handelsspionage *(f)* commercial intelligence

Handelsstatistik *(f)* commercial statistics

Handelsstreit *(m)* commercial dispute

Handelsstruktur *(f)* pattern of trade, trading pattern

Handelssystem *(n)* commercial system, trade system

Handelstag *(m)* selling day, trade day

Handelstechnik *(f)* trade technique

Handelstradition *(f)* commercial tradition, trade tradition

Handelsüberschuss *(m)* trade surplus

handelsüblich customary

handelsübliche Qualität *(f)* commercial quality, customary quality, market class, merchantable quality

handelsübliche Tara *(f)* customary tare

handelsübliche Verpackung *(f)* customary packing

handelsübliche Vertragsformeln *(pl)* trade terms

handelsübliche Warenbezeichnung *(f)* normal trade description of goods

handelsüblicher Rabatt *(m)* customary allowance

Handels- und Industrieausstellung *(f)* trade and industrial exhibition

Handels- und Produktionsgeheimnisklausel *(f)* trade and manufacture clause

Handelsunternehmen *(n)* business enterprise, commercial undertaking

Handelsurkunden *(pl)* commercial documents, commercial papers

Kasse gegen Handelsurkunden *(f)* cash against commercial documents

voller Satz von Handelsurkunden *(m)* complete set of commercial documents, full set of commercial documents

Handelsusance *(f)* usage of trade, usance

Handelsverband *(m)* trade association

Handelsverbot *(n)* interdiction of commerce, prohibition of trade

Handelsvereinbarung *(f)* business agreement, contract of trade, trade agreement, trade arrangement

Handelsvergehen *(n)* commercial fraud, trade fraud

Handelsverhältnis *(n)* terms of trade
faktorielles Handelsverhältnis Import/Export *(n)* factorial terms of trade

Handelsverhandlungen *(pl)* bargaining, trade negotiations
multilaterale Handelsverhandlungen *(pl)* multilateral trade negotiations

Handelsverkehr *(m)* commercial intercourse, trade turnover
innergemeinschaftlicher Handelsverkehr *(m)* intra-Community traffic

Handelsverlust *(m)* business loss

Handelsvermittler *(m)* agent, broker

Handelsvermittlung *(f)* trade intermediary

Handelsverpackung *(f)* trade packing

Handelsverpflichtung *(f)* trade liability

Handelsvertrag *(m)* commercial agreement, commercial treaty, trade pact, trade treaty

Handelsvertreter *(m)* agent carrying stock, agent middleman, commercial agent, commercial representative
nicht ausschließlicher Handelsvertreter *(m)* numerous agent, non-exclusive agent

Handelsvertretervertrag *(m)* contract of agency

Handelsvertretung *(f)* commercial agency, commercial business, commercial office, mercantile agency, trade agency, trade office

Handelsvolumen *(n)* sales volume, volume of sales

Handelswachstum *(n)* growth of trade, increase in trade

Handelsware *(f)* trade article
Ausfuhr von Handelswaren aus dem Zollgebiet *(f)* exportation of goods from the customs territory
Einfuhr von Handelswaren *(f)* importation of commercial goods

gute Handelsware *(f)* good marketable quality

Handelswechsel *(m)* commercial bill, commercial draft, commodity paper, trade paper

Handelsweg *(m)* channel of distribution, trade channel

Handelswert *(m)* commercial value, trade value
Muster ohne Handelswert *(n)* non-commercial sample, sample of no commercial value

Handelswesen *(n)* trade, trading

Handelswettbewerb *(m)* trade competition

Handelswettbewerber *(m)* commercial rival

Handelszeichen *(n)* brand, commercial mark, trade mark

Handelszentrale *(f)* central marketing board

Handelszentrum *(n)* shopping centre

Handelszweig *(m)* trade

Handelszyklus *(m)* trade cycle

Handgepäck *(n)* hand baggage, personal luggage

Händler *(m)* dealer, merchant

Händlergarantie *(f)* vendor's guarantee

Händlernetz *(n)* dealer system, network of dealers

Händlernetzwerk *(n)* dealer system, network of dealers

Händlervertrag *(m)* dealer agreement

Händlerwerbung *(f)* commercial advertising, trade advertising

Handlung *(f)* action
fiskalische strafbare Handlung *(f)* fiscal offence, taxation offence
rechtliche Handlung *(f)* act in the law, legal act

Handlungsfähigkeit *(f)* capacity to act, legal capacity

Handlungsmakler *(m)* agent middleman, commercial agent

Hangar *(m)* hangar

harmonisiert harmonized
harmonisiertes System (n) harmonized system
Harmonisiertes System zur Beschreibung und Codierung von Waren (n) Harmonized Commodity Description and Coding System
Harmonisierung (f) harmonization
Harmonisierung der Zolltarife (f) customs tariff harmonization
Harmonisierung des Währungsrechts (f) harmonization of law of foreign exchange
* Internationales Übereinkommen zur Vereinfachung und Harmonisierung der Zollverfahren (n) International Convention on the simplification and Harmonization of Customs Procedures
hart hard
harte Währung (f) convertible currency, hard currency, key currency
Härteklausel (f) hardship clause
Häufigkeit (f) frequency
Häufungspunkt (m) limit point
Haupflichtversicherung (f) personal liability insurance
Hauptagent (m) general agent, head agent
Hauptamt (n) central office
Hauptbahn (f) line-haul railroad
Hauptbahnhof (m) central station
Hauptbedingungen (pl) basic terms, principal conditions
Hauptbuch (Buchhaltung) (n) ledger
Hauptdeck (n) main deck, main shipboard
Haupteisenbahn (f) arterial railway, trunk road
Hauptfinanzplan (m) master financial plan
Hauptgeschäftssitz (m) general headquarters, headquarters
Hauptgeschäftsstelle (f) general headquarters, headquarters
Haupthafen (m) base port, main port
Hauptimporteur (m) major importer
Hauptladeraum (m) main hold
Hauptlager (n) main depot, main store
Hauptlieferant (m) general supplier, principal supplier

Hauptmarketingplan (m) master marketing plan
Hauptniederlage (f) main store, main warehouse
Hauptniederlassung (f) principal place of business
Hauptsitz (m) central headquarters, principal office, principal place of business
Hauptspediteur (m) general forwarder, general forwarding agent
Hauptstraße (f) arterial road, main road
Hauptveranlagung (f) general assessment
Hauptverpflichtete (m) principal
Pflichten des Hauptverpflichteten (pl) obligations of the principal
Hauptweg (m) arterial road, main road
Hauptzollamt (n) Customs and Excise
Haus (n) business, company, house
ab Haus (n) ex domicile, ex residence
franko Haus (n) delivered free to house of purchaser, free domicile
frei ab Haus (n) ex warehouse, ex store
frei Haus (n) free consignee, free house, franco domicile, free domicile
Lieferung frei Haus (f) delivery at residence, home delivery service, house to house delivery
Lieferung von Haus zu Haus (f) door-to-door cargo delivery
Preis ab Haus (m) price ex domicile
Preis frei Haus - verzollt (m) free domicile - duty paid price
verzolt frei Haus - verzolt (n) duty-paid free house
Hause-Pier-Verkehr (m) house-pier
Hausfrachtbrief (m) house waybill
Haushalt (m) budget
Abführung an den Haushalt (f) budget payment
Haushaltsanstalt (f) budgetary entity
Haushaltsbeschränkung (f) budget constraint
Haushaltsdefizit (n) budget deficit, budgetary deficit
Haushaltseinnahmen (pl) budget receipts, budgetary revenues

Haushaltsentwurf *(m)* draft budget

Haushaltsjahr *(n)* budget year, fiscal year

Haushaltskürzung *(f)* budget reduction

Haushaltsmittel *(pl)* budgeting funds

Haushaltsvorschriften *(pl)* budgetary provisions

Haushaltszuschuss *(m)* transfer from the budget

Haus-Haus-Transport *(m)* house/ house

Hausluftfrachtbrief *(m)* forwarder's airbill, House Air Waybill (HAWB), neutral air waybill

Hausse *(f)* boom

Hausseereise *(f)* home-bound voyage, homeward voyage

Haus-zu-Haus Verkehr *(m)* house to house transport

Havarie *(f)* average

Havarie, die nach York-Antwerpener Regeln abgewickelt wird *(f)* foreign general average

* **besondere Havarie** *(f)* particular average, simple average

frei von besonderer Havarie *(f)* free of particular average (FPA), free from particular average

inklusive besondere Havarie *(f)* with average

mit besonderer Havarie *(f)* with particular average, including particular average

nicht gegen besondere Havarie versichert (amerikanische Bedingungen) *(f)* free from particular average, American conditions

ohne besondere Havarie *(f)* free from particular average, free of particular average (FPA)

Police frei von besonderer Havarie *(f)* free of particular average policy

Police mit besonderer Havarie *(f)* particular average policy

frei von Havarie *(f)* free from average

frei-von-Havarie-Klausel *(f)* free from general average clause

gemeinsame Havarie *(f)* general average

frei von gemeinsamer Havarie *(f)* free from general average

frei-von-gemeinsamer-Havarie-Klausel *(f)* free from general average clause

Risiko einer gemeinsamen Havarie *(n)* general average risk

gemeinschaftliche Havarie *(f)* general aver-age

Schaden aus gemeinschaftlicher Havarie *(m)* general average loss

gemeinschaftliche Havarie abrechnen *(f)* adjust the general average, settle the general average

gemeinschaftliche Havarie abwickeln *(f)* adjust the general average, settle the general average

große Havarie *(f)* general average

frei von großer Havarie *(f)* free from gene-ral average

Klausel der Havarie, die nach York-Antwerpener Regeln abgewickelt wird *(f)* foreign general average clause

kleine Havarie *(f)* petty average

Havarieakt *(m)* act of average

Havarieattest *(n)* certificate of average, certificate of damage, damage certificate

Havarieaufmachung *(f)* average adjustment, general average account, general average adjustment, general average statement

besondere Havarieaufmachung *(f)* particular average adjustment

Havariebeitrag *(m)* average payment, premium average

Havariebeleg *(m)* average certificate, certificate of average

Havariebond *(m)* average bond

Lloyd's Havariebond *(m)* Lloyd's Average Bond

Havarieeinschuss *(m)* general average deposit

Havarieescheinigung *(f)* average certificate, certificate of average

Havariegarantie *(f)* average guarantee

Havariegeld *(n)* average damages

Havariegrosse *(f)* general average

Havarie-Grosse-Abkommen *(n)* general average agreement

Havarie-Grosse-Beitrag *(m)* general average contribution

Havarie-Grosse-Klausel *(f)* general average clause

Havarie-Grosse-Maßnahmeakt *(m)* general average act

* Rechnung über Havariegrosse aufmachen *(f)* settle the general average, adjust the general average

Havariegutachten *(n)* certificate of damage, damage report

Havarie-Klausel *(f)* average clause

Havariekommissar *(m)* average agent, average surveyor

Havariekonto *(n)* average account

Havariekosten *(pl)* general average expenses

Havarieort *(m)* average place

Havarierechnung *(f)* average adjustment, claims adjustment

Havarierechnungskosten *(pl)* adjusting charge, adjustment charge

Havariereparatur *(f)* damage repair

Havarierevers *(m)* average guarantee

Havariesachverständiger *(m)* assessor for shipping casualties, average surveyor

Havarieschaden *(m)* average loss

Havarieschaden festlegen *(m)* make up the average

Havarieschadenaufstellung *(f)* average statement, statement of account

Havarieschein *(m)* average bond, average guarantee, general average bond

Havarieverlust *(m)* average loss

Havarie-Verpflichtungsschein *(m)* average bond, general average bond

Havarieverschreibung *(f)* average guarantee, general average bond

Havarievertrag *(m)* average agreement

Havarievertreter *(m)* average agent, average surveyor

Havariezertifikat *(n)* certificate of damage, certificate of survey, damage report, survey report

heben lift

Last heben *(f)* lift cargo

Heben *(n)* hoist

Heckluke *(f)* after hatch

Heckrampe *(f)* stern ramp

Hehlerei *(f)* receiving

Heimathafen *(m)* home port, native port

Heimfracht *(f)* homeward freight, homeward passage freight, out freight, out-bound cargo, out-bound freight, return trip freight

Heimreise *(f)* homeward journey, homeward passage, voyage home

Heimreisefracht *(f)* return journey freight, return passage freight

Hemmung *(f)* curb, curtailment

herabsetzen cut, reduce

Budget herabsetzen *(n)* cut the budget

Preis herabsetzen *(m)* cut down a price, reprice, revaluate, reduce the price, abate a price, lower the price

Steuer herabsetzen *(f)* cut down a tax, reduce a tax

Valutakurs herabsetzen *(m)* debase the currency, reduce a currency rate

obere Grenze heraufsetzen *(f)* increase the ceiling

Preis heraufsetzen *(m)* augment a price, advance a price

Zoll heraufsetzen *(m)* raise a tariff

Herabsetzung *(f)* debasement, decrease, depreciation, reduction, rundown

Herabsetzung der Qualität *(f)* deterioration of quality, quality deterioration

Herabsetzung des Steuersatzes *(f)* lowering of the rates of tax, reduction of tax rates

Herabsetzung des Zollwertes *(f)* reduction of the customs value

heraufsetzen enhance, increase

Herausgabe *(f)* surrender

Herausgabe der Dokumente *(f)* delivery of documents, surrender of the documents

Herausgabe von Urkunde *(f)* handling over of document

hereinnehmen take in

Tratte zum Inkasso hereinnehmen *(f)* take a draft for collection

Herfracht *(f)* import cargo, inward cargo, return goods

hergestellt obtained

hergestellte Erzeugnisse *(pl)* obtained products

herkömmlich conventional

herkömmliches Faktoring *(n)* conventional factoring

Herkunft *(f)* origin, provenance
ausländische Herkunft *(f)* foreign origin
Bescheinigung über Herkunft der Tiere *(f)* certificate of pedigree, pedigree note
Erzeugnisse mit Herkunft aus ... *(pl)* products coming from ...
inländische Herkunft *(f)* domestic origin
Herkunftbestätigung *(f)* confirmation of origin
Herkunftort *(m)* place of origin
Herkunftsland *(n)* country of dispatch, country of origin **2.** country of departure, shipping country
Herkunftsregelart *(f)* preference rule type
Herkunftsregion *(f)* region of origin
Herkunftstier-Bescheinigung *(f)* certificate of pedigree, pedigree note
Herkunftszeugnis *(n)* certificate of origin, origin note
hermetisch airtight
hermetische Verpackung *(f)* airtight packing, sealed package
herrschend dominant
herrschendes Unternehmen *(n)* leading company
herstellen fabricate, manufacture, produce
Waren herstellen *(pl)* produce goods
Hersteller *(m)* contractor, maker, manufacturer, performer, provider
Angaben über den Hersteller der Waren *(pl)* information on the goods manufacturer
direkter Hersteller *(m)* immediate producer
Exportvertreter des Herstellers *(m)* manufacturer's export agent
Zolllager des Herstellers *(n)* bonded manufacturer's warehouse
Herstellerbetrieb *(m)* manufacturer's plant
Preis des Herstellerbetriebes *(m)* producer's price, ex-works price
Hersteller-Code *(m)* vendor code
Herstellergarantie *(f)* manufacturer's guarantee
Herstellerlager *(n)* manufacturer's warehouse
Herstellerpreis *(m)* factory price, manufacturer's price

Herstellerrisiko *(n)* manufacturer's risk, producer's risk
Herstellungsbescheinigung *(f)* certificate of manufacture
Herstellung *(f)* manufacture
Qualität der Herstellung *(f)* quality of manufacture
Herstellungsdatum *(n)* production date
Herstellungskosten *(pl)* costs of production, factory cost, manufacturing cost, processing costs, production costs
Herstellungsland *(n)* country of manufacturing, country of production
Herstellungsmethode *(f)* method of production
Herstellungsort *(m)* place of production
Herstellungsprozess *(m)* industrial process
Herstellungsqualität *(f)* product quantity, quality of production
heruntersetzen price down
Preis heruntersetzen *(m)* reduce the prices
heutig today's
heutiger Kurs *(m)* ruling price
heutiger Preis *(m)* current price
Hilfe *(f)* assistance, support
Hilfe bringen *(f)* aid, assist
* Abkommen über gegenseitige Hilfe treaty of mutual assistance
finanzielle Hilfe *(f)* financial aid
gegenseitige Hilfe *(f)* mutual assistance
internationale Hilfe *(f)* international assistance
technische Hilfe *(f)* technical aid, technical assistance
Vereinbarung über technische Hilfe *(f)* technical assistance treaty
Hilfsadresse *(f)* auxiliary address
Hilfsklausel *(f)* subsidiary clause
Hin- und Rückfracht *(f)* journey out and home freight, journey there and back freight, round voyage freight
Hin- und Rückreise *(f)* round trip, round voyage
Hin- und Rückreisecharter *(m)* round charter, round voyage charter

hinauslassen emit, release
hinausschieben postpone
  Termin hinausschieben *(m)* defer the term, extend a term, delay the time
  Zahlung hinausschieben *(f)* postpone the payment
hinauszögern default
Hindernis *(n)* obstruction
  Hindernisse niederreißen *(pl)* remove obstacles
Hinfracht *(f)* export cargo, out freight, out-bound cargo, out-bound freight, out-freight, outward freight
hinterlegen deposit, lodge, place on deposit
  Angebot hinterlegen *(n)* make a tender, make an offer
  Dokumente hinterlegen *(pl)* furnish documents
  Garantie hinterlegen *(f)* provide a guarantee
  Kaution hinterlegen *(f)* lodge a security, put up a guarantee
  Sicherheit hinterlegen *(f)* provide a security, give a security
Hinterleger *(m)* depositor
Hinterlegung *(f)* lodgement
  Hinterlegung der Dokumente *(f)* submission of documents
  Hinterlegung der Sicherheit *(f)* deposit of a security, presentation of a guarantee
Hinterlegungsschein *(m)* consignment note
Hinterlegungsvertrag *(m)* deposit agreement
Hinterlegungszeitpunkt *(m)* date of deposit
  Hinterlegungszeitpunkt einer Anmeldung *(m)* application date, filing date
Hinterziehung *(f)* avoidance
Hinweis *(m)* explanatory note, explanatory notice
  Hinweis auf die Bewilligung *(m)* particulars of the authorization
hochklassig highly valuable
Hochsee *(f)* high sea, main sea
Hochsee-Eisbrecher *(m)* ocean icebreaker

hochseefest sea-tight, seaworthy
  hochseefeste Verpackung *(f)* seaproof packing, sea-tight packing, seaworthy packing
Hochseefischerei *(f)* fishery on the open sea, open-sea fishery
Hochseeschiff *(n)* foreign-going ship, sea vessel, sea-going ship
Hochseeschifffahrt *(f)* deep-sea navigation, distant trade, foreign trade
Hochseeschiffsverkehr *(m)* distant trade, foreign navigation, foreign trade
Hochseeschlepper *(m)* ocean tug, ocean-going tug, ocean-going tugboat
Höchstbelastung *(f)* finite loading, peak load
Höchstbetrag *(m)* maximum amount
  Höchstbetrag der Bürgschaft *(m)* maximum amount of guarantee
höchst extreme, highest
  höchste Qualität *(f)* best quality, top grade
  höchster Preis *(m)* extreme rate
Höchstfrachtsatz *(m)* maximal freight rate
Höchstfrist *(f)* maximum deadline
  Höchstfrist der vorübergehenden Verwahrung *(f)* maximum duration of temporary storage
Höchstgewicht *(n)* maximum weight, weight limit
Höchstgrenze *(f)* ceiling, limit
  Höchstgrenze überschreiten *(f)* exceed the ceiling
Höchstkurs *(m)* high quotation, maximum rate
Höchstkurspreis *(m)* ceiling price
Höchstmenge *(f)* maximum quantity
Höchstsatz *(m)* maximum rate
Höchstschaden *(m)* maximum loss
  wahrscheinlicher Höchstschaden *(m)* maximum probable loss
hochwertig valuable
  hochwertige Qualität *(f)* high class, high quality
  hochwertige Ware *(f)* high grade article, quality goods

Höhe *(f)* high, size
Höhe der Abfindung *(f)* amount of compensation
Höhe der Abgaben *(f)* level of tax
Höhe der Entschädigung *(f)* scale of compensation, scale of indemnity
Höhe der Schadensersatzleistung *(f)* scale of compensation, scale of indemnity, volume of compensation
Höhe des Plafonds *(f)* level of ceiling
Höhe des Risikos *(f)* risk level
hohe high
hohe Qualität *(f)* excellence
hohe Qualität garantieren *(f)* guarantee high quality
hohe See *(f)* deep sea, high sea
hoher Preis *(m)* high price
höhere Gewalt *(f)* act of God, force majeure
  Bescheinigung über höhere Gewalt *(f)* certificate of force majeure
  Höhere-Gewalt-Klausel *(f)* force majeure clause
Hoheitsgebiet *(n)* national territory
Hoheitsgewässer *(pl)* territorial sea
Grenze der Hoheitsgewässer *(f)* limit of the territorial sea
Hohlmaß *(n)* cubic measure, solid measure
Hohlmaß für Flüssigkeiten *(n)* liquid measure
Holding *(f)* holding
Holdinggesellschaft *(f)* holding, holding company
holländisch Dutch
holländische Versteigerung *(f)* Dutch auction
Holzfahrer *(m)* lumber carrier, timber carrier, timber-carrying vessel, wood-cargo vessel
Holzfrachter *(m)* lumber carrier, timber carrier, timber-carrying vessel, wood-cargo vessel
Holzfrachtvertrag *(m)* timber charter
Holzpalette *(f)* wood pallet
Holzwasserlinie *(f)* lumber load-line, timber load-line
homogen homogeneous, uniform
homogene Ladung *(f)* homogenous cargo, uniform cargo
homogene Schiffsladung *(f)* homogenous cargo, uniform cargo

Honorant *(m)* acceptor for honour
Honorar *(n)* fee
Honorar erheben *(n)* charge a fee, collect a royalty
Honorar fordern *(n)* charge a fee, collect a royalty
honorieren honour
Wechsel honorieren *(m)* honour a bill, meet a bill, answer a bill
Honorierung *(f)* reward
Honorierung einer Tratte verweigern *(f)* refuse to accept a draft, repudiate a draft
Huckepacktransport *(m)* combined road/rail service, combined transport, intermodal traffic, intermodal transport
Huckepackverkehr *(m)* combined road and rail transport, piggy-back traffic
Hygienedienst *(m)* health service
Hygieneinspektion *(f)* sanitary inspection
Hypothek *(f)* hypothecation, mortgage
Hypothek auf das Grundstück *(f)* mortgage on land
* abgesichert durch eine Hypothek *(f)* secured by mortgage
dritte Hypothek *(f)* third mortgage
mit einer Hypothek belasten *(f)* mortgage, encumber an estate with a mortgage
nachrangige Hypothek *(f)* aggregate mortgage, collective mortgage
Rückzahlung einer Hypothek *(f)* redemption of mortgage
zweite Hypothek *(f)* second mortgage
zweitrangige Hypothek *(f)* second mortgage
hypothekarisch hypothecary
hypothekarische Anleihe *(f)* loan on mortgage
hypothekarische Belastung *(f)* mortgage
hipothekarische Schuld *(f)* debt on mortgage, mortgage debt
hypothekarische Sicherheit *(f)* mortgage, hypothecary security, on mortgage security
Hypothekenabtretung *(f)* assignment of mortgage
Hypothekenbank *(f)* hypothecary bank, land bank, mortgage bank
Hypothekenbrief *(m)* mortgage certificate, mortgage deed

Hypothekendarlehen *(n)* hypothecary credit, real estate loan

Hypothekengarantie *(f)* mortgage guarantee

Hypothekengebühr *(f)* mortgage duty

Hypothekengläubiger *(m)* holder of a mortgage, owner of a mortgage

Hypothekeninstitut *(n)* hypothecary bank

Hypothekenklausel *(f)* security clause

Hypothekenkredit *(m)* hypothecary credit, real estate loan

Hypothekennehmer *(m)* owner of a mortgage

Hypothekenpfandbrief *(m)* bond of security, letter of hypothecation, mortgage bond, mortgage deed

Hypothekenregister *(n)* mortgage register

Hypothekenschuld *(f)* debt on mortgage, mortgage debt

Hypothekenverpflichtung *(f)* mortgage commitment

Hypothekenverschuldung *(f)* mortgage arrears, mortgage debt

Hypothekenvertrag *(m)* mortgage agreement

Hypothekenwechsel *(m)* mortgage note

I

Idee *(f)* conception, idea
Identifikation *(f)* identification
Identifikation von Waren *(f)* identification of goods, identification of merchandise
Identifikationscode *(m)* identification code
Identifikationsnummer *(f)* identification number
identifizieren identify
Ladung identifizieren *(f)* identify a cargo
Passagiere identifizieren *(pl)* identify passengers
Identifizierer *(m)* identifier
Identifizierung *(f)* identification
Methoden zur Identifizierung der ausgeführten Waren *(pl)* methods of identification of exported goods
Methoden zur Identifizierung der eingeführten Waren *(pl)* methods of identification of imported goods
identisch identical
Identität *(f)* identity
Identität des Preises *(f)* price identity
Identitätsausweis *(m)* identity document
Identitätsdokument *(n)* identity card, identity document
illegal illicit, unauthorized
illegale Ausfuhr *(f)* moonshine export
illegale Warenausfuhr *(f)* illegal exportation of goods
illegale Wareneinfuhr *(f)* illegal importation of goods, illegal introduction of goods
illegaler Markt *(m)* illicit market
illegaler Verkauf *(m)* illicit sale
illegales Geschäft *(n)* illegal transaction
illegales Verbringen von Waren *(n)* illegal importation of goods, illegal introduction of goods
illustrierter Katalog *(m)* descriptive catalogue
im in
im Ausstand sein *(m)* be behind
im Eisenbahnverkehr *(m)* by rail, per railroad

im Größen kaufen *(f)* buy in quantity, buy wholesale
im Großhandel verkaufen *(m)* sell in bulk, sell wholesale
im Vertrag vereinbarte Frist *(f)* contract date
im Voraus bezahlen pay beforehand, pay in advance, prepay
im Voraus bezahlt prepaid
im Voraus zahlbar payable in advance
im Voraus zahlen pay beforehand, pay in advance
im Zolllager lagern *(n)* deposit in a customs warehouse
Immobilienhändler *(m)* real estate agent
Impfbescheinigung *(f)* vaccination certificate
Import *(m)* import, importation
Import einstellen *(m)* stop import
Import entwickeln *(m)* increase import
Import finanzieren *(m)* finance import
Import sperren *(m)* suspend an Import
Import von Energierohstoffen *(m)* energy imports
Import von Lizenzen *(m)* import of licences
Import von militärischen Gütern *(m)* military import
* ausschließlicher Import *(m)* exclusive import right
bedingter Import *(m)* admission import, conditional import
CIF-Import *(m)* import c.i.f.
direkter Import *(m)* direct import
ergänzender Import *(m)* complementary import
exklusiver Import *(m)* sole import
faktorielles Handelsverhältnis Import/Export *(n)* factorial terms of trade
halblegaler Import *(m)* grey import
indirekter Import *(f)* indirect import
konkurrenzfähiger Import *(m)* competitive import, sensitive imports
Kontingentierung des Imports *(f)* quota system for imports, import control
landwirtschaftlicher Import *(m)* agricultural Import
sichtbarer Import *(m)* visible import
subventionierter Import *(m)* subsidized import
Umfang des Imports *(m)* quantum of import
unmittelbarer Import *(m)* direct import

unsichtbarer Import *(m)* invisible importation, invisible import

vorübergehender Import *(m)* temporary import, temporary importation

Warenstruktur des Imports *(f)* commodity composition of imports, import structure

zollfreier Import *(m)* free admission import, free import, free admission, duty-free importation, duty-free import, free importation

zusätzlicher Import *(m)* additional import

Importabgabe *(f)* import charge, import fee, import surcharge

Importabkommen *(n)* import arrangement

Importabteilung *(f)* import department, import office

Importagent *(m)* agent for importation, import broker, importing agent

Importagentur *(f)* import agency

Importartikel *(m)* import product

Importauftrag *(m)* import order

Importbedarf *(m)* demand for imports, import demand

Importbeschränkungen *(pl)* import curbs, import restrictions, restrictions on Import, restrictions on imports

Importbestimmungen *(pl)* import regulations, import rules

Importbewilligung *(f)* import certificate, import licence, import permit

Importdefizit *(n)* import deficit

Importdirekteisenbahnfrachtbrief *(m)* railroad through import bill of lading

Importdiversifikation *(f)* diversification of imports

Importelastizität *(f)* elasticity of import, import elasticity

Importerleichterung *(f)* bounty on importation

Importerzeugnis *(n)* import product

Importeur *(m)* import merchant

Importeur von Industriewaren *(m)* importer of industrial products

Importeur von Rohstoffen *(m)* importer of raw materials

* **Bank des Importeurs** *(f)* importer's bank

direkter Importeur *(m)* direct importer

gebietsfremder Importeur *(m)* non-resident importer (NRI)

regelmässiger Importeur *(m)* regular importer

Importeurprotest *(m)* importer's protest

Import/Export-Spanne *(f)* import-export gap

Importfähigkeit *(f)* import capacity

Import-Faktor *(m)* import factor

Importfaktoring *(n)* factoring

direktes Importfaktoring *(n)* import direct factoring

indirektes Importfaktoring *(n)* import indirect factoring

Importfinanzierung *(f)* import financing, importing financing

Importfirma *(f)* import agency, import company, import house, importing house

Importförderung *(f)* boosting imports

Importgebühr *(f)* import charge, import fee

Importgenehmigung *(f)* import licence, import permit

Importgeschäft *(n)* firm dealing in imports

Importgrenze *(f)* import limit

Importgut *(n)* import cargo, inward cargo

Importhändler *(m)* import trader

importieren import

Waren importieren *(pl)* import goods

importiert imported

Importinkasso *(n)* import collection, import encashment

Importkapazität *(f)* import potential

Importkaufmann *(m)* import trader

Importkonnossement *(n)* homeward bill of lading, import bill of lading, inward bill of lading

Importkontingent *(n)* import quota, quantitative restrictions

Importkontingentierung *(f)* import control, quota system for imports

Export- und Importkontingentierung *(f)* control over export and import

Importkontrolle *(f)* control of imports, import control

Importkosten *(pl)* cost of imports, import costs

Importkreditbrief *(m)* import credit

Importladung *(f)* imported cargo

Importland *(n)* country of importing, importing country

Importlandwährung *(f)* importer's currency

Importliberalisierung *(f)* liberalization of imports

Importliste *(f)* import list, list of imports

Importlizenz *(f)* entry permit, implicence, import certificate, import licence

  allgemeine Importlizenz *(f)* general import licence

Importlizenzpromesse *(f)* promise of an import licence

Importmakler *(m)* agent for importation

Importmarkt *(m)* import market

Importmeldung *(f)* bill of entry

Importmenge *(f)* import volume

Importmonopol *(n)* import monopoly

Importplan *(m)* import plan, plan of import

Importpolitik *(f)* import policy

Importpotential *(n)* import potential

Importprämie *(f)* bounty on importation, import bonus

Importpreis *(m)* import price

  Relation von Export- zu Importpreisen *(f)* terms of trade

Importpreisindex *(m)* import price index

Importquote *(f)* import quota

Importquotensystem *(n)* import quota system

Importrate *(f)* import rate

Importrechnung *(f)* import invoice

Importregelung *(f)* import arrangement, import regulation

Importreglementierung *(f)* control of imports, import rationing

Importrestriktionen *(pl)* import curbs, restrictions on imports

Importrückgang *(m)* import fall

Importsendung *(f)* import consignment

Importspediteur *(m)* buyer's shipping agent

Importsperre *(f)* ban on Import, embargo on imports

Importsteigerung *(f)* increase of imports

Importstruktur *(f)* import structure

Importsubvention *(f)* bounty on importation, import subsidy

Importsubventionierung *(f)* subsidization of agriculture

Importtarif *(m)* tariff of import duties

Importtratte *(f)* import draft

Importüberschuss *(m)* excess of importation, excess of imports

Importumsatz *(m)* import turnover

Import- und Exportplan *(m)* export-import plan

Importunternehmen *(n)* import company, import house

Importverbot *(n)* ban on import, embargo on imports, import embargo, prohibition of import

Importverfahren *(n)* import procedure

Importverpackung *(f)* import packing

Importvertrag *(m)* import contract

Importvertreter *(m)* agent for importation, import agent, importing agent

Importvertretung *(f)* import agency

Importwarenstruktur *(f)* commodity composition of imports

  Export- und Importwarenstruktur *(f)* export and import pattern

Importwert *(m)* import value

Importzertifikat *(n)* import certificate

Importzoll *(m)* duty in imports, duty on importation, duty on imports

Impuls *(m)* incentive, stimulus

in in

  in Ballen packen *(pl)* bale

  in Ballen verpacken *(pl)* bale

  in Büchsen packen *(pl)* can, tin

  in Bündel verpacken *(n)* bundle

  in Container laden *(m)* containerise

in **Container packen** (m) pack a container
in **Container verladen** (m) containerise
in **Container verpacken** (m) containerised
in **das Register eintragen** (n) record, register
in **den freien Verkehr übergehen** (m) enter into home use
in **ein Zolllager einlagern** (n) place in bonded warehouse
in **einer einzigen Sendung einführen** (f) import in a single consignment
in **einzelnen Stücken verkaufen** (pl) sell by the piece, sell singly
in **Fässer abfüllen** (pl) barrel, cask
in **Fässer gießen** (pl) barrel, tun
in **Fässer packen** (pl) barrel, cask
in **Geld** (n) cash money, cash on hand
in **Haft nehmen** (f) arrest
in **Käfig packen** (m) crate
in **Kasten packen** (pl) box, case
in **Kisten verpacken** (pl) box, case
in **nationaler Währung ausgedrückter Gegenwert** (m) equivalent value in national currency
in **Quarantäne legen** (f) perform quarantine
in **Raten abzahlen** (pl) pay by instalments, pay in instalments
in **Raten zahlen** (pl) pay by instalments, pay in instalments
in **Rechnung stellen** (f) make out an invoice
in **Teilsendungen einführen** (pl) import by instalments
in **Übereinstimmung mit dem Kontrakt liefern** (f) deliver according to the contract
in **Umschließungen enthaltene Waren** (pl) contained goods
ins **Schiff stauen** (n) load abroad, place on board

Inanspruchnahme (f) use
Inanspruchnahme des Verfahrens (f) use of the arrangements, use of the procedure
* **Avis über Inanspruchnahme eines Akkreditivs** (n) advice of exhaust a letter of credit, advice of use of credit, notification of a letter of credit
Bedingungen der Inanspruchnahme der Sicherheit (pl) conditions of the use of the guarantee

in-Ballastfahrt (f) ballast passage
inbegriffen inclusive
Kosten inbegriffen (pl) cost free, free of charges

Inch (m) inch
inclusiv including
inclusive Lieferkosten (pl) delivery charges included, including the delivery charges
inclusive Lieferungskosten (pl) delivery charges comprised

Incoterms (n) Incoterms, International Commercial Terms
Indent (m) indent
Index (m) index
laufender Index (m) current rate
prozentualer Index (m) percentage index
statistischer Index (m) statistical factor, statistical index

indexiert indexed
indexierter Satz (m) indexed rate
Indexklausel (f) index clause
Indexzahl (f) index, rate
Indikator (m) index, indicator, rate
indirekt indirect
indirekte Adresse (f) indirect address
indirekte Ausfuhr (f) indirect export
indirekte Einfuhr (f) indirect import
indirekte Garantie (f) indirect guarantee
indirekte Kosten (pl) overhead costs
indirekte Subvention implicit price subsidy, indirect subvention
indirekte Verbindung (f) indirect traffic
indirekte Vertretung (f) indirect representation
indirekte Werbung (f) indirect advertising
indirekter Export (m) indirect export
indirekter Import (f) indirect import
indirekter Reexport (m) indirect reexport
indirekter Tarifsatz (m) indirect tariff rate
indirekter Transit (m) indirect transit
indirekter Transithandel (m) indirect transit trade
indirekter Umschlag (m) indirect loading
indirektes Faktoring (n) indirect factoring, maturity factoring
indirektes Franchising (n) indirect franchising
indirektes Leasing (n) indirect leasing
indirektes Umbeladen (n) indirect handling
Individualfranchising (n) individual franchising
Individualisation (f) appropriation

Individualisierung *(f)* individualisation
Individualisierung von Ware *(f)* appropriation of goods, product personality
individuell individual
individueller Verkauf *(m)* individual sales
individuelles Kennzeichen *(n)* distinctive mark
indossieren endorse, indorse
Indossament *(m)* endorsement, indorsement, backing
Indossament der Lagerquittung *(n)* indorsement of warehouse receipt, indorsement of warehouse-keeper's certificate
Indossament des Depositenzertifikats *(n)* indorsement of deposit receipt, indorsement of letter of deposit
Indossament des Lagerempfangsscheins *(n)* indorsement of letter of deposit, indorsement of warehouse certificate
Indossament des Lagerscheins *(n)* indorsement of warehouse receipt, indorsement of warehouse-keeper's certificate
Indossament des Warenscheins *(n)* indorsement of letter of deposit, indorsement of warehouse certificate
Indossament garantieren *(n)* guarantee an endorsement
Indossament mit Ausschluss der Haftung *(n)* restrictive endorsement
Indossament nach Protest *(n)* endorsement supra protest
Indossament ohne Obligo *(n)* endorsement without recourse, qualified endorsement
Indossament ohne Regress *(n)* endorsement without recourse, qualified endorsement
* bedingtes Indossament *(n)* restricted endorsement, limited endorsement
beschränktes Indossament *(n)* conditional endorsement, limited endorsement, restricted endorsement
durch Indossament übertragbares Konnossement *(n)* bill of lading capable of being transferred by indorsement
durch Indossament übertragen *(n)* transfer by endorse
einschränkendes Indossament *(n)* restrictive endorsement
fiduziarisches Indossament *(n)* restrictive endorsement
gefälschtes Indossament *(n)* forged endorsement

gemeinsames Indossament *(n)* joint endorsement
Übertragung durch Indossament *(f)* transfer by endorsement
Übertragung von Rechten durch Indossament *(f)* transfer of rights by endorsement
unbedingtes Indossament *(n)* unconditional endorsement, absolute endorsement
unbeschränktes Indossament *(n)* unconditional endorsement, absolute endorsement
vollständiges Indossament *(n)* regular endorsement, full endorsement, indorsement in full, restrictive endorsement

Indossant *(m)* backer, endorser, endorser
nachfolgender Indossant *(m)* subsequent endorser

Indossat *(m)* endorsee, indorsee

indossieren back, endorse, indorse
Blanko indossieren endorse in blank
blanko indossiert endorsed in blank
Konnossement indossieren *(n)* endorse a bill of lading
Scheck indossieren *(m)* endorse back of cheque, endorse a cheque
voll indossieren endorse to a person
Wechsel blanko indossieren *(m)* endorse a bill in blank
Wechsel indossieren *(m)* endorse a draft, endorse a bill

Indossieren *(n)* endorsement, indorsement

indossiert endorsed, indorsed
indossierter Wechsel *(m)* endorsed bill, indorsed bill
indossiertes Konnossement *(n)* backed bill of lading, negotiable bill of lading

Indossierung *(f)* backing, endorsement
Indossierung des Konnossements *(f)* endorsement of bill of lading
Indossierung des Lagerscheines *(f)* endorsement of deposit receipt

Industrie *(f)* industry
Industrie und Handel industry and commerce
* Ausschuss für Handel und Industrie *(m)* committee for trade and industry

Industrieausstellung *(f)* industrial exhibition
Handels- und Industrieausstellung *(f)* trade and industrial exhibition

Industriefranchising *(n)* industrial franchising, production franchising

Industriegüter *(pl)* industrial goods
  Exporteur von Industriegütern *(m)* exporter of industrial goods

Industriekammer *(f)* chamber of industry

Industriekooperation *(f)* industrial co-operation
  internationale Industriekooperation *(f)* international industrial co-operation

Industrieladen *(m)* branch store, company store

industriell industrial
  industrielle Kooperation *(f)* industrial co-operation
  industrieller Export *(m)* industrial export
  industrielles Eigentum *(n)* industrial rights
    Schutz des industriellen Eigentums *(m)* protection of industrial property, protection of industrial rights
  industrielles Marketing *(n)* industrial marketing, organizational marketing

Industriemuster *(n)* industrial design
  Schutz der Industriemuster *(m)* protection of industrial design

Industrienorm *(f)* industrial standard

Industriespionage *(f)* industrial intelligence

Industrietätigkeit *(f)* industrial activity, industrial business

Industrie- und Handelskammer *(f)* chamber of industry and commerce

Industrieware *(f)* industrial product
  Importeur von Industriewaren *(m)* importer of industrial products

Ineffektivität *(f)* ineffectiveness

inferior inferior
  inferiores Gut *(n)* inferior goods

Inflation *(f)* inflation

Inflationshemmung *(f)* slowing of inflation

Inflationsindex *(m)* inflation rate, inflation ratio

Inflationsindikator *(m)* inflation rate, inflation ratio

Inflationsrate *(f)* rate of inflation, rate of price inflation (RPI)

Inflationsrisiko *(n)* inflation risk, risk of inflation

Information *(f)* information
  Information erteilen *(f)* furnish information, supply information
  Information übertragen *(f)* impart an information, submit an information, transfer an information
  * **aktuelle Information** *(f)* running information
  Authentizität einer Information *(f)* authenticity of information
  Fluss der Informationen *(m)* information flow
  notwendige Information *(f)* necessary information
  Prüfung von Informationen *(f)* verification of information
  statistische Information *(f)* statistical information
  strategische Information *(f)* strategic information
  technische Information *(f)* technical brochure
  unrichtige Information *(f)* incorrect information, misleading information
  vertrauliche Information *(f)* confidential information

Informationsbericht *(m)* newsletter

Informationsblatt *(n)* information sheet

Informationsbulletin *(n)* newsletter

Informationsbüro *(n)* commercial inquiry office

Informationsdienst *(m)* information service

Informationsschalter *(m)* information desk

Informationsstelle *(f)* information office

Informationssystem *(n)* information system

Informationsübertragungsgeschwindigkeit *(f)* transmission rate

Informationswert *(m)* value of information

Informationszuverlässigkeit *(f)* reliability of information

Informatisierung *(f)* informatization

informieren inform, notify
  Zollbehörde informieren *(f)* inform the customs authorities

Infoservice *(m)* information service

Infrastruktur *(f)* infrastructure

Ingenieur *(m)* engineer

beratender Ingenieur *(m)* consultary engineer, technical adviser

Inhaber *(m)* bearer, holder

Inhaber des TIR-Carnets *(m)* holder of a TIR Carnet

Inhaber des Zollverfahrens *(m)* holder of the authorization

Inhaber eines Wechsels *(m)* bearer of a bill, holder of a bill

* **Carnet-TIR-Inhaber** *(m)* holder of a TIR Carnet

rechtsmäßiger Inhaber *(m)* lawful holder, lawful owner

Inhaberakkreditiv *(n)* on-sight letter of credit

Inhaberdokument *(n)* bearer document, document to bearer

Inhaberindossament *(n)* bearer endorsement

Inhaberkonnossement *(n)* bearer bill of lading, bill of lading to bearer

Inhaberpapier *(n)* bearer document, document to bearer

Inhaberpolice *(f)* bearer policy, policy to bearer

Inhaberscheck *(m)* bearer cheque, cheque to bearer

Inhaberwechsel *(m)* bearer bill, bill to bearer, inscribed bill

Inhalt *(m)* content

Inhaltsdeklaration *(f)* declaration of contents

Inhaltserklärung *(f)* declaration of contents

Initialmarkt *(m)* initial market, primary market

initiieren initiate

Inkasso *(n)* collection

Inkasso ausstellen *(n)* draw up a collection

Inkasso bei Lieferung *(n)* collect on delivery

Inkasso besorgen *(n)* effect the collection

Inkasso eines Wechsels *(n)* bills collection, collection of bills

Inkasso gegen Dokumenten *(n)* collection of documents

Inkasso mit obligatorischem Akzept *(n)* collection with compulsory acceptance

Inkasso mit telegrafischer Instruktion *(n)* collection with telegraphic instruction

Inkasso mit Vertragsakzept *(n)* collection with contractual acceptance

Inkasso und Lieferung *(n)* collection and delivery

* **akzeptloses Inkasso** *(n)* non-acceptance collection

direktes Inkasso *(n)* captain's mail collection, direct collection, direct encashment

dokumentäres Inkasso *(n)* document collection, documentary encashment, documentary collection

dokumentäres Inkasso mit Bankbürschaft *(n)* encashment with bank guarantee, collection with bank guarantee

einfaches Inkasso *(n)* clean collection

garantiertes Inkasso *(n)* guaranteed collection

nichtdokumentäres Inkasso *(n)* clean collection

offenes Inkasso *(n)* clean encashment

telegrafisches Inkasso *(n)* telegraphic collection

Tratte zum Inkasso hereinnehmen *(f)* take a draft for collection

Währung zum Inkasso *(f)* value for collection

zum Inkasso einsenden *(n)* send for collection, remit for collection

zum Inkasso senden *(n)* send for collection, remit for collection

zum Inkasso vorziehen *(n)* hand in for collection

Inkassoauftrag *(m)* collection instruction, collection order, letter of delegation

Inkassoavis *(m)* notification of collection, collection advice

Inkassobank *(f)* collecting bank

Dokumentendisposition steht der Inkassobank zu *(pl)* documents against discretion

Inkassobedingungen *(pl)* terms of collection

Inkassobüro *(n)* collecting agency, debt collection agency

Inkassoempfänger *(m)* beneficiary of collection

Inkassogebühr *(f)* collecting commission, collection charge, collection fee, cost of collection, freight collection fee

Inkassogeschäft *(n)* collection transaction

Inkassohandlungen *(pl)* collecting business

Inkassoindossament *(n)* endorsement for collection, indorsement for collection

Inkassoinstruktion *(f)* collection instruction
 Spezifikation der Inkassoinstruktion *(f)* listed in the collection instruction

Inkassokonto *(n)* collection account

Inkassokosten *(pl)* collecting charges, collecting expenditures, collection charge, cost of collection

Inkassoordnung *(f)* collecting procedure

Inkassoprovision *(f)* collecting commission, freight collection fee

Inkassorisiko *(n)* collection risk

Inkassospesen *(pl)* collecting fee, collection charge, collection fee

Inkassovollmacht *(f)* authority to collect, authorized to undertake collection

Inkassowechsel *(m)* bill for collection, bills receivable

inklusiv with
 inklusiv Zinsen *(pl)* with interest
 inklusive besondere Havarie *(f)* with average

inkomplett incomplete

Inkraftsetzung *(f)* validation

Inkrafttreten *(n)* enforcement

inländisch domestic, home
 inländische Beförderung *(f)* domestic haulage
 inländische Herkunft *(f)* domestic origin
 inländische Währung *(f)* internal currency, local currency
 inländischer Verkehrszweig *(m)* mode of inland transport
 inländisches Preisniveau *(n)* national price level
 inländisches Recht *(n)* domestic law, national law

Inlandsaussteller *(m)* domestic exhibitor

Inlandscarrier *(m)* inland carrier

Inlandsgeschäft *(n)* domestic transaction

Inlandshafen *(m)* inland harbour, inland port

Inlandshandel *(m)* inland trade, internal trade

Inlandsmarkt *(m)* home market, inland market

Inlandsmesse *(f)* inland fair, national fair

Inlandspreis *(m)* domestic price, home market price, internal price

Inlandspreisliste *(f)* home market price-list

Inlandsrate *(bei Luftfracht)* *(f)* domestic rate

Inlandsschiff *(n)* inland vessel, inland-navigation vessel

Inlandsseeschiffsregister *(n)* home register

Inlandsspediteur *(m)* domestic forwarder

Inlandstarif *(m)* inland rates, internal tariff

Inlandswährung *(f)* national currency

Innen- interior

Innenhafen *(m)* domestic port, inner port

Inneninformation *(f)* internal information

Innenverpackung *(f)* inner packing, internal packing

innere inner
 innere Unruhen *(pl)* civil commotion
 innere Verpackung *(f)* inner packing, internal packing
 innerer Handel *(m)* inland trade

innergemeinschaftlich Intra-Community

 innergemeinschaftlicher Handel *(m)* intra-Community trade, trade within the Community
 innergemeinschaftlicher Handelsverkehr *(m)* intra-Community traffic
 innergemeinschaftlicher Verkehr *(m)* intra-Community trade, trade within the Community
 vorübergehender innergemeinschaftlicher Verkehr *(m)* temporary movement of goods within the Community
 innergemeinschaftlicher Warenverkehr *(m)* intra-Community trade, trade within the Community

innerstaatlich domestic
innerstaatliche Vorschriften *(pl)* provisions of national law
innerstaatlicher Preis *(m)* domestic price, home market price
innerstaatliches Recht *(n)* domestic law, national law, national legislation
innerzweiglich intra-industry
innerzweiglicher Handel *(m)* intra-industry trade (IIT)
innewohnend inherent
innewohnender Mangel *(m)* inherent defect
Innovation *(f)* innovation, novelty
Innovationsfirma *(f)* innovation firm
insgesamt all in
Insolvenz *(f)* insolvency, non-liquidity
Insolvenzgericht *(n)* bankruptcy court, court of bankruptcy
Inspektion *(f)* survey
Pre-Shipment-Inspektion *(f)* pre-shipment inspection
technische Inspektion *(f)* technical inspection
Inspektor *(m)* inspector
nautischer Inspektor *(m)* marine superintendent
Inspektorat *(n)* inspection office, inspectorate
inspizieren inspect
Schiff inspizieren *(n)* inspect a vessel
instabil unstable
instabile Qualität *(f)* spotty quality
Instandhaltuungskosten *(pl)* maintenance charges, maintenance costs
Institut *(n)* institute
Institute-Frachtklauseln *(pl)* institute clauses
Institution *(f)* body
institutionell institutional
institutionelle Garantie *(f)* institutional guarantee
Instruktion *(f)* direction, instruction
Instruktion für Spediteur *(f)* letter of instruction
* administrative Instruktion *(f)* administrative instruction
Inkasso mit telegrafischer Instruktion *(n)* collection with telegraphic instruction
schriftliche Instruktion *(f)* written instruction

instruktionsgemäß according, in compliance with instructions
Integralfranchise *(f)* conditional franchise, integral franchise
Integralfranchiseklausel *(f)* integral franchise clause
Integration *(f)* integration
europäische Integration *(f)* European integration
  Ökonomik der europäischen Integration *(f)* European integration economics
ökonomische Integration *(f)* economic integration
politische Integration *(f)* political integration
regionale Integration *(f)* regional integration
wirtschaftliche Integration *(f)* economic integration
intellektuell intellectual
intellektuelles Eigentum *(n)* intellectual property
  Schutz des intellektuellen Eigentums *(m)* protection of intellectual property
Intensivierung *(f)* intensification
Interbank-Clearing *(n)* interbank clearing
Interbankmarkt *(m)* interbank market
Intercity *(m)* intercity express (ICE), intercity train
Intercityzug *(m)* intercity express (ICE), intercity train
Interesse *(n)* deal
Interessen des Fiskus *(pl)* fiscal interests, revenue interests
* fiskalische Interessen *(pl)* revenue interests, fiscal interests
versicherbares Interesse *(n)* insurable interest
wirtschaftliches Interesse *(n)* business interest, economic interest
Interessent *(m)* client, interested party
Interimsfaktur *(f)* memorandum bill
Interimsschein *(m)* certificate ad interim, interim certificate, temporary certificate
Interimszollschein *(m)* temporary admission certificate
interkontinental intercontinental
interkontinentaler Container *(m)* intercontinental container

intermodal intermodal

intermodaler Container *(m)* intermodal container

intermodaler Transport *(m)* combined transport, intermodal traffic, intermodal transport

Intermodallandbrücke *(f)* intermodal landbridge

international international

internationale Arbitrage *(f)* international arbitration

internationale Auktion *(f)* international auction

internationale Ausschreibung *(f)* international auction, international tender

internationale Ausstellung *(f)* international exhibition, international show

internationale Bank *(f)* international bank

internationale Beziehungen *(pl)* international relations

internationale Devisenreserven *(pl)* international monetary reserve

internationale Doppelbesteuerung *(f)* international double taxation

internationale Einheit *(f)* international unit

Internationale Föderation der Spediteurorganisationen *(f)* International Federation of Forwarding Agent's Associations

internationale Garantie *(f)* international guarantee

Internationale Gesellschaft der Eisenbahnen für Kühltransporte *(f)* Intercontainer-Interfrigo (ICF)

internationale Gesundheitsbestimmungen *(pl)* international sanitary regulations

internationale Handelsbedingungen *(pl)* Incoterms, Standard Conditions for Sale and Delivery of Goods

Internationale Handelskammer *(f)* International Chamber of Commerce

Internationale Handelsklauseln *(pl)* Incoterms, Standard Conditions for Sale and Delivery of Goods

internationale handelsübliche Vertragsformeln *(pl)* International Commercial Terms

internationale Hilfe *(f)* international assista-nce

internationale Industriekooperation *(f)* international industrial co-operation

internationale Kabotageschifffahrt *(f)* international coastwise shipping

internationale Konkurrenz *(f)* international competition

internationale Kontrolle *(f)* international control

internationale Konvention *(f)* international convention, universal convention

internationale Korporation *(f)* international corporation, multinational corporation

internationale Messe *(f)* international fair

internationale Norm *(f)* global standard, international standard

internationale Organisation *(f)* international organization

Internationale Regeln zur Auslegung von handelsüblichen Vertragsformen *(pl)* Incoterms, International Commercial Terms

Internationale Schifffahrtskammer *(f)* International Chamber of Shipping

internationale Situation *(f)* international situation

internationale Spedition *(f)* international forwarding

internationale statistische Klassifikation *(f)* International Statistical Classification

internationale Transitfreiheit *(f)* freedom of international transit

internationale Übereinkunft *(f)* international agreement, international contract

internationale Vereinbarung *(f)* international agreement, international contract

internationale Verpflichtung *(f)* international obligation, foreign commitment

internationale Versteigerung *(f)* international auction, international tender

internationale Währung *(f)* international currency

internationale Wareverträge *(pl)* international commodity agreements

internationale Zahlungen *(pl)* international payments

internationale Zahlungsanweisung *(f)* international money order

internationale Zeit *(f)* international time

internationale Zollanmeldung *(f)* international customs declaration

internationale Zusammenarbeit *(f)* international cooperation

internationaler Lufttransport *(m)* international air transport

internationaler Austausch *(m)* international exchange

internationaler Bahntransport *(m)* international carriage by rail

internationaler Behälterverkehr (m) international transport by containers

internationaler Brauch (m) international custom

internationaler Code (m) international code

internationaler Eisenbahnverkehr (m) international rail service

internationaler Expressgutschein (TIEx) (m) International Express Parcels Consignment Note (TIEx)

internationaler Frachtbrief (m) international consignment note, international waybill

internationaler Frachtführer (m) international carrier

internationaler kombinierter Verkehr (m) international intermodal transport

internationaler Konzern (m) international concern

internationaler Kredit (m) external credit, international credit

internationaler LKW-Frachtbrief (m) international consignment note

internationaler Luftfrachtbrief (m) air waybill letter

internationaler Luftverkehr (m) international transportation by air

Internationaler Luftverkehrstransport (m) international carriage by air

internationaler Markt (m) international market

internationaler Preis (m) international price, world price

internationaler Produktlebenszyklus (m) international product life cycle

internationaler Richter (m) international judge

internationaler schienengebundener Transport (m) international rail carriage

internationaler Spediteur (m) foreign freight forwarder, international forwarding agent, international standard

internationaler Straßengüterverkehr (m) international carriage of goods by road

internationaler Straßentransport (m) international highway transportation

internationaler Streit (m) international dispute

internationaler Tarif (m) international tariff

internationaler Transit (m) international transit

internationaler Transitweg (m) international transit route

internationaler Transport (m) international haulage, international transport

internationaler Transport unter Zollverschluss (m) international transport under customs seal

internationaler Verkehr (m) international haulage, international traffic, international transport

internationaler Vertrag (m) international contract, international treaty

internationaler Warentransport mit Straßenfahrzeugen (m) international transport of goods by road vehicles

internationaler Warenverkauf (m) international sale of goods

internationaler Warenversand (m) international transit of goods

internationaler Wasserweg (m) international waterway

internationaler Zahlungsauftrag (m) international money order

internationaler Zahlungsverkehr (m) exchange arrangements, international settlements

internationaler Zug (m) international train

internationales Abkommen (n) international agreement, international contract

internationales Bürgschaftssystem (n) international guarantee system

internationales Clearing (n) international clearing

internationales Finanzrecht (n) international financial law

internationales Freibordzertifikat (n) international load line certificate, international loading certificate

internationales Geld (n) international money

internationales Gericht (n) international court

internationales Geschäft (n) international transaction

internationales Gesundheitszeugnis (n) international health insurance certificate

internationales Handelsgesetz (n) international law of the sea

internationales Handelsrecht (n) international trade law, law of international trade

internationales Handelsabkommen (n) international trade agreement

internationales Kartell (n) international cartel

internationales Luftrecht *(n)* international air law

internationales Marketing *(n)* international marketing

internationales Schiffsregister *(n)* international register

internationales Seerecht *(n)* international maritime law, international shipping law

internationales Seeschiffsregister *(n)* international register

internationales Steuerrecht *(n)* international tax law

internationales Strafrecht *(n)* international penal law

Internationales Übereinkommen zur Vereinfachung und Harmonisierung der Zollverfahren *(n)* International Convention on the simplification and Harmonization of Customs Procedures (1973)

internationales Versicherungsrecht *(n)* international insurance law

Internationales Warenverzeichnis für den Außenhandel *(n)* Standard International Trade Classification (SITC)

internationales Zertifikat *(n)* international certificate

internationales Zollgesetz *(n)* international customs law

internationales Zollpapier *(n)* international customs document

internationales Zollrecht *(n)* international customs law

Internationales Zuckerabkommen *(n)* international sugar agreement

* Entscheidung des internationalen Gerichts *(f)* decision of an international court

Erlaubnis für den internationaler Zolltransit *(f)* permission for international customs transit

Verfahren des internationalen Eisenbahnverkehrs *(n)* procedure of international transit by rail *(TIF Convention)*

Verfahren des internationalen Transits *(n)* international customs transit procedure

Verfahren des internationalen Verkehrs *(n)* international transport procedures

Verfahren des internationalen Warentransports mit Carnets TIR *(n)* procedure of international transport of goods under cover of TIR carnets

Vergleichs- und Schiedsordnung der internationalen Handelskammer *(f)* Rules of Conciliation and Arbitration of the International Chamber of Commerce

Zentrum für internationaler Handel *(n)* world trade center

Internationalisierung *(f)* internationalisation

intern internal

interne Kontrolle des Marketings *(f)* marketing audit

internes Audit *(n)* internal audit

internes gemeinschaftliches Versandverfahren *(n)* internal Community transit procedure

internes gemeinschaftliches Versandverfahren mit Versandanmeldung T2 *(n)* internal Community transit procedure T2

internes gemeinschaftliches Versandverfahren T2F *(n)* internal Community transit procedure T2F

internes Versandverfahren *(n)* internal transit procedure, inward transit procedure

Internethandel *(m)* e-commerce, internet trade

Internetversandhandel *(m)* internet retailing, internet trade

Interpretation *(f)* interpretation

falsche Interpretation *(f)* wrong interpretation, misconception

statistische Interpretation *(f)* statistical interpretation

Interpretationsklausel *(f)* interpretation clause

interpretieren interpret

Intervention *(f)* intervention, interference, supporting

ökonomische Intervention *(f)* economic intervention

Interventionismus *(m)* interventionism

staatlicher Interventionismus *(m)* government interventionism

Interventionsbestand *(m)* intervention stock

intragemeinschaftlich intra-Community

intragemeinschaftliche Warenbeförderung über EFTA-Staaten *(f)* Intra-Community movement of goods via EFTA countries

Intrastat-System (n) Intrastat system

Intriebsnahme (f) start, starting

Inventar (n) stocktaking

inventarisieren catalogue, inventory

Inventarliste (f) stock sheet

Inventarverzeichnis (n) stock list

Inventur (f) inventory-taking
fließende Inventur (f) running inventory
jährliche Inventur (f) annual inventory, annual stock-taking, running inventory

investieren invest

Investierung (f) investing, investment

Investition (f) investment
Investitionen subventionieren (pl) subside the investments
* Abzug für Investitionen (m) investment relief
ausländische Investitionen (pl) foreign investments
Abkommen über ausländische Investitionen (n) foreign investment agreement
Belebung der Investitionen (f) encouragement of investment, stimulation of investment
langfristige Investition (f) long-term investment

Investitionalkredit (m) loan for capital investment

Investitionsabzug (m) investment allowance

Investitionsbank (f) hold house, investment bank

Investitionsexport (m) investment export

Investitionsflaute (f) lag in investment

Investitionsgarantie (f) investment guarantee

Investitionsgewinn (m) investment profit

Investitionsgüter (pl) capital assets, capital goods, fixed assets, investment goods

Investitionsimport (m) investment import

Investitionskooperation (f) investment cooperation

Investitionskostenzuschüsse (pl) capital subsidies, subsidies to investment

Investitionsliberalisierung (f) investment liberalization

Investitionsplan (m) investment plan, plan of investment outlays

Investitionsprojekt (n) investment project

Investitionsrentabilität (f) investment profitability, return of investment

Investitionsrückstellung (f) investment reserve

Investitionsschutz (m) protection of investment, security of investment

Investitionssubventionen (pl) capital subsidies, subsidies to investment

Investitionsträger (m) investor

Investitionsumfrage (f) investment survey

Investitionsverpflichtungen (pl) investment commitments

Investitionsvertrag (m) investment contract

Investitionsvolumen (n) investment quote

Investitionszweck (m) investment purpose

Investment (n) investment

Investmentfirma (f) investment firm

Investmentsteigerung (f) increase of investment

Investmentvorhaben (n) fixed investment

Investmentzertifikat (n) investment certificate

Investor (m) investor
strategischer Investor (m) strategic investor

Investor-Relations (n) investors relations

Irrtum (m) error
Irrtum und Auslassungen vorbehalten (m/pl) errors and omissions excepted
Irrtum vorbehalten (m) errors excepted

Irrtumsklausel (f) errors clause

ISO-Container (m) ISO-container

Istzustand (m) fact of a case

J

Jahr *(n)* year
laufendes Jahr *(n)* present year
Jahresabschluss *(m)* annual balance, annual balance-sheet
Jahresangaben *(pl)* annual data, yearly data
Jahresbedarf *(m)* annual requirements
Jahresbeitrag *(m)* yearly premium
Jahresbericht *(m)* annual account, annual report
Jahresbilanz *(f)* annual balance, annual balance-sheet
Jahresende *(n)* end of year
Jahreserlös *(m)* yearly output
Jahresgebühr *(f)* annual charge, annual fee
Jahresgewinn *(m)* annual profit
Jahresplan *(m)* yearly plan
Jahresprodukt *(n)* annual product
Jahresschlußpreis *(m)* year-end price
Jahressteuererklärung *(f)* annual return *(income tax)*
Jahresumsatz *(m)* annual sales, annual turnover
Jahresverkaufsmenge *(f)* annual sales
Jahresverlust *(m)* annual loss
Jahresvoranschlag *(m)* annual estimate
Jahreswert *(m)* annual value
jährlich annual, yearly
jährliche Abrechnung *(f)* annual settlement
jährliche Inventur *(f)* annual inventory, annual stock-taking
jährliche Steuererklärung *(f)* annual tax declaration
jährliche Veranlagung *(f)* annual assessment
jährlicher Plafond *(m)* annual ceiling *(in respect of imports)*
jährliches zollfreies Kontingent *(n)* annual duty-free import quota
jede any
jede Beschädigung die Ware ist vom Versicherer zu ersetzen *(f)* with particular average

jede gute Marke *(f)* any good brand
Jettison *(n)* jetsam, jettisoned cargo
Job *(m)* job, work
Jobber *(m)* jobber
Joint Sales Agreement *(n)* joint marketing arrangement, joint sales agreement
Joint Venture *(n)* joint enterprise, joint venture
Junktimgeschäft *(n)* barter business, compensation deal
Junktimtransaktion *(f)* junctim transaction
Jurisdiktion *(f)* jurisdiction
Jurisdiktionsklausel *(f)* jurisdiction clause
Jurist *(m)* lawyer
juristisch juridical
juristische Abteilung *(f)* law bureau, legal department
juristische Adresse *(f)* de jure address, legal address
juristische Bezeichnung der Firma *(f)* legal entity name
juristische Formel *(f)* legal formula
juristische Grundlage *(f)* legal foundation, legal ground
juristische Konsultation *(f)* legal advice
juristische Person *(f)* juridical person, legal entity, legal person
juristische Sanktionen *(pl)* legal sanctions
juristischer Berater *(m)* counsellor at law, law adviser, legal adviser, legal counsellor
juristischer Sachverständiger *(m)* legal expert
juristisches Dokument *(n)* judicial document, legal document
juristisches Gutachten *(n)* counsel's opinion, legal opinion
Justiz *(f)* administration of justice
Justizsystem *(n)* legal system

K

Kabotage *(f)* cabotage, coast trade, coasting, coastwise traffic
 große Kabotage *(f)* intercoastal trade
 kleine Kabotage *(f)* local shipping, limited coastal trade
Kabotagehandel *(m)* coastal trade, coastwise trade
Kabotagekahn *(m)* coastal barge, coastwise barge
Kabotageleichter *(m)* coasting barge
Kabotageschifffahrt *(f)* coastwise shipping
 internationale Kabotageschifffahrt *(f)* international coastwise shipping
Käfig *(m)* cage
 in Käfig packen *(m)* crate
Kahn *(m)* lighter, sea-bourne barge
 frei Kahn *(m)* free at dock
 LASH-Kahn *(m)* LASH carrier, LASH, lighter abroad ship
 Preis frei Kahn *(m)* free lighter price, free barge price
Kahnschlepper *(m)* barge-handling tug, craft tug
Kai *(m)* jetty, quay, quay berth, wharf
 ab Kai *(m)* ex pier, ex quay
 frei Kai *(m)* free at quay, free quay
 Frei Kai, verzollt ... /benannter Hafen/ *(m)* ex quay (duty paid) ... /named port of destination/
 geliefert ab Kai ... /benannter Bestimmungshafen/ *(m)* delivered ex quay ... /named port of destination/
 längsseits Kai *(m)* alongside the quay
 Preis ab Kai *(m)* ex quay price, price ex quay, dock price
 Preis geliefert ab Kai - verzollt *(m)* ex quay (duty paid) price
 sicherer Kai *(m)* safe berth
  sicherer Kai, sicherer Hafen *(m/m)* safe berth, safe port, safe berth-port
Kaiabgabe *(f)* quayage, wharf duty, wharfage, wharfage charge
Kaibesitzer *(m)* wharfinger, wharf-master
Kaibesitzerhaftung *(f)* wharfowner's liability

Kaiempfangsschein *(m)* quay receipt, wharfinger's receipt
Kaigebühr *(f)* berth charge, quay loading charge, wharf handling charge, wharfage, wharfage charge, berthage, quayage
Kaigeld *(n)* berth charge, quay loading charge, wharf handling charge, wharfage, wharfage charge, berthage, quayage
Kaigesellschaft *(f)* dock and wharf company, dock company
Kaihalter *(m)* dock and wharf company, dock company
Kaiinhaber *(m)* wharfinger, wharf-master
Kaikosten *(pl)* quay charge
Kaikran *(m)* dockside crane
Kailager *(n)* short-term warehouse
Kailagergebühr *(f)* quay rent
Kailagergeld *(n)* wharf demurrage
Kailagerinhaber *(m)* wharf-master
Kailänge *(f)* length of berth
Kaispesen *(pl)* quay dues, wharfage charges
Kaiumschlag *(m)* quay handling
Kaiverwalter *(m)* wharf superintendent
Kalender *(m)* calendar
Kalenderdatum *(n)* calendar date
Kalenderjahr *(n)* calendar year
Kalendermonat *(m)* calendar month
Kalendertag *(m)* calendar day
 laufende Kalendertage *(pl)* consecutive days, running days
Kalenderzeit *(f)* calendar time
Kalkulation *(f)* calculation
 Kalkulation der Preise *(f)* price estimate, pricing
Kalkulationsbasis *(f)* basis for calculation
Kalkulationspreis *(m)* calculated price, shadow price
kalkulieren calculate
Kalogrenzen *(pl)* rates of natural loss
Kältemaschine *(f)* refrigerator
Kältemaschinenwagen *(m)* mechanically-refrigerated wagon

Kälteraum *(m)* cold chamber, cold room
Kaltlagerraum *(m)* cold chamber, cold room
Kaltlagerung *(f)* cold storage
Kammer *(f)* chamber
Kammer für Außenhandel *(f)* chamber of foreign trade
Kampagne *(f)* campaign
Kampfzoll *(m)* fighting tariff
Kanal *(m)* canal
auf Bahn und Kanal rail and canal
auf Bahn, Kanal und See rail, canal and lake
Kanalabgabe *(f)* canal charge, canal fee, canal due, canal toll, toll money
Kanalgebühr *(f)* canal charge, canal fee, canal due, canal toll, toll money
Kanalgeld *(n)* canal charge, canal fee, canal due, canal toll, toll money
Kanalkahn *(m)* canal barge
Kanalschlepper *(m)* canal tug
Kanalzoll *(m)* canal charge, canal fee, canal due, canal toll, toll money
Kanzlei *(f)* chancellery, office
Kapazität *(f)* capacity
Kaperbrief *(m)* letter of marque
Kapital *(n)* capital, funds
angelegtes Kapital *(n)* capital investment
Entzug von Kapital *(m)* negative investment
Kapitalanlage *(f)* capital investment, fixed investment, investment
Kapitalanlagefinanzierung *(f)* financing of investment
Kapitalanlageplan *(m)* investment plan, plan of investment outlays
Kapitalanlageprozess *(m)* investment process
Kapitalanlagestruktur *(f)* pattern of investments
Kapitalausfuhr *(f)* capital export, export of capital, outflow of capital
Kapitalbilanz *(f)* balance of capital transactions
Kapitaldienstrelation *(f)* debt service ratio
Kapitaleinfuhr *(f)* capital import, import of capital

Kapitalertrag *(m)* return on capital (ROC)
Kapitalexport *(m)* capital export, export of capital, outflow of capital
Kapitalexporteur *(m)* capital exporter
Kapitalgeber *(m)* capital investor, investor
Kapitalgewinn *(m)* return on capital (ROC)
Kapitalimport *(m)* capital Import, import of capital
Kapitalimporteur *(m)* capital importer
kapitalisiert capitalized
kapitalisierte Zinsen *(pl)* capitalized interest
Kapitalisierungskoeffizient *(m)* capitalization factor
Kapitalmarkt *(m)* capital market
Kapitalrücklage *(f)* investment reserve
Kapitalüberführung *(f)* capital transaction
Kapitalverkehr *(m)* capital turnover, movement of capital
Kapitalverkehrsbilanz *(f)* balance of capital transactions
Kapitän *(m)* captain
Kapitän der Handelsflotte *(m)* master mariner, ship's master
Kapitän der Handelsschifffahrt *(m)* master mariner, merchant captain
Kapitän des Schleppers *(m)* tug master
* Bericht des Kapitäns *(m)* master's report, captain's report
Reisebericht des Kapitäns *(m)* master's report, captain's report
Kapitänoption *(f)* captain's option
Menge zu Kapitänoption *(f)* quantity at captain's option
Kapitänpfandrecht *(n)* shipmaster's lien
Kapitänpfandrechtklausel *(f)* shipmaster's lien clause
Kapitänsdeklaration *(f)* captain's declaration
Kapitänskonnossement *(n)* master's bill of lading, ship's bill of lading
Käpitanskopie *(f)* captain's copy
Kapitänwahl *(f)* captain's option
Kapitel *(n)* chapter
Karat *(n)* carat

Karenz *(f)* grace, grace period
Karenzzeit *(f)* qualifying period
Kargadeuer *(m)* port captain
Kargo *(m)* cargo, freight, haul, ship cargo
Kargo auf Bord *(m)* cargo on board, shipped cargo
Kargo liefern *(m)* deliver a cargo
Kargo prüfen *(m)* survey cargo
* **gefährlicher Kargo** *(m)* hazardous cargo, risky cargo
Kargobehandlung *(f)* cargo handling
Kargokontrolle *(f)* cargo inspection, cargo survey
Kargonichtlieferung *(f)* non-delivery of cargo, non-delivery of freight
Kargopfand *(n)* lien on cargo
Kargopfandrecht *(n)* cargo pledge
Kargo-Plan *(m)* stowage plan
Kargopolice *(f)* cargo policy, goods insurance policy, goods policy
Kargosicherheit *(f)* safety of cargo
Kargoversand *(n)* forwarding of cargo
Kargoversicherer *(m)* cargo underwriter
Kargoversicherung *(f)* cargo insurance, insurance in transit, insurance of cargo, insurance on cargo
Karosserie *(f)* body
Karte *(f)* card
Kartell *(n)* cartel
internationales Kartell *(n)* international cartel
Kartellabkommen *(n)* cartel agreement, pooling contract
Kartellpreis *(m)* cartel price
Kartellrecht *(n)* antitrust law
Kartellverbotsgesetzgebung *(f)* antitrust law
Kartellvertrag *(m)* cartel agreement, pooling contract
Kartonageverpackung *(f)* cardboard package
Kartothek *(f)* file
Kasko *(m)* casco insurance, hull insurance

Kaskoversicherung *(f)* casco insurance, insurance on casco
Kassageschäft *(n)* money transaction, spot contract, spot trading, spot transaction
Kassalieferung *(f)* spot delivery
Kassapreis *(m)* cash price, spot price
Kassationsgericht *(n)* court of review
kassatorisch cassation
kassatorische Klausel *(f)* cassation clause, resolutive clause
Kasse *(f)* cash deck, cash money, cash on hand
Kasse bei Abfertigung *(f)* cash on shipment
Kasse bei Bestellung *(f)* cash with order
Kasse bei Empfang *(f)* cash on delivery
Kasse bei Lieferung *(f)* cash before delivery
Kasse bei Verladung *(f)* cash on shipment
Kasse bei Versand *(f)* cash on shipment
Kasse bei Warenabnahme *(f)* cash on receipt of merchandise
Kasse bei Warenempfang *(f)* cash on receipt of merchandise
Kasse gegen Handelspapiere *(f)* cash against commercial documents
Kasse gegen Handelsurkunden *(f)* cash against commercial documents
Kasse gegen Dokumente *(f)* cash against documents, cash in exchange for documents
Kasse vor Lieferung *(f)* cash before delivery
* **Klausel „Kasse gegen Dokumente"** *(f)* cash against documents clause
per Kasse zahlen *(f)* pay cash, settle in cash
Verkauf gegen Kasse *(m)* sales for cash
zahlbar mit Kasse *(f)* payable in cash, cash less discount
Kasselwagen-Auflieger *(m)* tank semi-trailer
Kassenbeleg *(m)* accountable receipt, book-keeping voucher, cash voucher
Kassenquittung *(f)* accountable receipt, cash voucher
Kassenscheck *(m)* cashier's cheque, uncrossed cheque
Kassenverkehr *(m)* cash operations
Kassenzettel *(m)* book-keeping voucher, cash voucher, sales slip

Kasten *(m)* box
Anzahl der Kasten *(f)* number of cases
in Kasten packen *(pl)* case, box
Katalog *(m)* catalogue
Katalog mit Warenbeschreibung *(m)* descriptive catalogue
* alphabetischer Katalog *(m)* alphabetical catalogue
illustrierter Katalog *(m)* descriptive catalogue
laut Katalog *(m)* as per catalogue
Verkauf nach Katalog *(m)* catalogue sale
Katalognummer *(f)* catalogue number
Katalogpreis *(m)* catalogue price, list price, scheduled price
Katasterwert *(m)* cadastral value
Katastrophenklausel *(f)* escape clause
Kauf *(m)* buying, purchase, purchasing
Kauf auf eigene Rechnung *(m)* purchase on one's own account
Kauf auf Kredit *(m)* credit purchase, purchase on credit
Kauf auf Probe *(m)* purchase on approval, purchase on trial, sale on approval
Kauf auf Versteigerung *(m)* purchase at auction, purchase in auction
Kauf für fremde Rechnung *(m)* purchase on another person's account, purchase on somebody's account
Kauf laut Beschreibung *(m)* purchase by description
Kauf laut Firmenzeichen *(m)* purchase by brand
Kauf laut Muster *(m)* purchase by sample
Kauf nach Basis *(m)* purchase at the basis, purchase on base
Kauf nach Beschreibung *(m)* purchase by description
Kauf nach Gewicht *(m)* purchase by weight
Kauf nach Muster *(m)* purchase by pattern, purchase on sample, purchase up to the pattern
Kauf nach Probe *(m)* buying to sample, purchase on sample
Kauf nach Zeichen *(m)* purchase by brand
Kauf und Verkauf *(m/m)* purchase and sale
Kauf und Verkaufsgeschäft *(n)* purchase and sales transaction
Kauf von unterwegs befindlichen Waren *(m)* purchase of goods afloat, purchase on passage

Kauf von Waren *(m)* commodity buying, purchase of goods
* bedingter Kauf *(m)* conditional purchase
Zahlung bei Kauf *(f)* ready money down
Kaufangebot *(n)* bid, offer to buy
Kaufanwartschaftsvertrag *(m)* option contract
Kaufauftrag *(m)* order to buy, purchase order
Kaufbedingungen *(pl)* purchase conditions
Kaufbeleg *(m)* certificate of purchase, proof of purchase
Kaufbrief *(m)* buying contract, purchase contract
Kaufdatum *(n)* date of purchase, purchase date
kaufen purchase
auf Auktion kaufen *(f)* buy at auction
auf Probe kaufen *(f)* buy on approbation
im Größen kaufen *(f)* buy in quantity, buy wholesale
nach Probe kaufen *(f)* buy by sample, purchase by sample
nach Probestück kaufen *(n)* buy according to sample, purchase by sample
rollende Waren kaufen *(pl)* buy goods on passage
schwimmende Waren kaufen *(pl)* buy afloat, buy cargo afloat
Wechsel gegen Zinsabzug kaufen *(m)* discount a bill, negotiate a bill
Kaufentscheidung *(f)* buying decision
Käufer *(m)* buyer, purchaser
erster Käufer *(m)* first purchaser
Lieferung nach Wahl des Käufers *(f)* buyer's option
Preis frei Lager des Käufers *(m)* price ex warehouse of the purchaser
vom Käufer benannten Frachtführer *(m)* carrier nominated by the buyer
Käuferlager *(n)* buyer's warehouse, warehouse of purchaser
frei Käuferlager *(n)* delivered free to warehouse of purchaser, free at buyer's warehouse
Kaufermächtigung *(f)* authority to purchase
Käufermarkt *(m)* buyers' market, consumer's market

Käuferoption *(f)* buyer's option

Käufersitz *(m)* house of purchaser, place of business of the buyer's

Kaufgeschäft *(n)* purchasing

Kaufgesuch *(n)* offer to buy

Kaufgröße *(f)* buying quantity, purchase quantity

Kaufhaus *(n)* general store, supermarket

Kaufkapazität *(f)* buying power, spending capacity

Kaufkontrakt *(m)* sales contract, trade contract

Kaufkraft *(f)* buying power, spending capacity

Kaufkurs *(m)* buyer's rate, buying rate, purchase price

Kaufmann *(m)* merchant, trader

kaufmännisch mercantile
  kaufmännischer Leiter *(m)* commercial director

Kaufmenge *(f)* buying quantity, purchase quantity

Kaufnachweis *(m)* certificate of purchase, proof of purchase

Kaufoption *(f)* call option

Kauforder *(f)* order to purchase, purchase order, purchasing order

Kaufpreis *(m)* buying price, purchase price

Kauftermin *(m)* date of purchase, purchase date

Kaufvertrag *(m)* buying contract, deed of buy, purchase contract
  Kaufvertrag durchführen *(m)* execute a contract of sale

Kauf- und Verkaufsakt *(m)* sale contract

Kaufwert *(m)* commercial value, trade value

Kaution *(f)* bail, bailment, surety
  Kaution hinterlegen *(f)* lodge a security, put up a guarantee
  Kaution leisten *(f)* furnish a security, give a guarantee
  Kaution stellen *(f)* lodge a security, put up a guarantee

Kautionsversicherung *(f)* guarantee insurance

Kautionswechsel *(m)* bill of exchange of security, bill of security, bill on deposit, guarantee bill

Kavent *(f)* surety, warrantor

kein no
  keine Deckung *(f)* no funds

Keller *(m)* cellar

Kennnummer *(f)* identification number
  Kennnummern der Container *(pl)* identifying numbers of containers

kennzeichnen earmark, make markings, mark

Kennzeichen *(n)* mark, marking
  Kennzeichen der Packstücke *(n)* marking of the packages
  Kennzeichen der Waren *(n)* marking of goods
  Kennzeichen des Beförderungsmittels *(pl)* identity of means of transport
    Fehlen der Angabe des Kennzeichens des Beförderungsmittels *(n)* absence of the registration number of the means of transport
  Kennzeichen des Eisenbahnwaggons *(n)* railway carriage's number
  Kennzeichen des Fahrzeugs *(n)* vehicle's registration number
  * individuelles Kennzeichen *(n)* distinctive mark

Kennzeichnung *(f)* marking, tallying
  Kennzeichnung der Kisten *(f)* case marking, marking of cases
  Kennzeichnung von Fracht *(f)* marking of cargo
  Kennzeichnung von Ladung *(f)* marking of cargo
  Kennzeichnung von Waren *(f)* branding, marking
  * Anordnungen über die Kennzeichnung *(pl)* marking requirements

Kennzeichnungspflicht *(f)* obligation to marking

Kennziffer *(f)* code number
  quantitative Kennziffer der Qualität *(f)* quantitative quality coefficient
  wertmäßige Kennziffer *(f)* monetary indicator

Kernmarkt *(m)* core market

Kesselcontainer *(m)* cooled container, reefer

Kesselwaggon *(m)* petroleum car, tank car

Kielgebühr *(f)* anchor toll, anchorage, anchorage toll, keelage

Kielgeld *(n)* anchor toll, anchorage, anchorage toll, keelage

Kilogramm *(n)* kilogram

Kilogrammpreis *(m)* per kg price, price per kilogram

Kilometer *(m)* kilometre

Kipp-Container *(m)* hopper

Kippschute *(f)* hopper barge, self-dumping barge

Kiste *(f)* box, case
in Kisten verpacken *(pl)* case, in Kisten verpacken *(pl)* box
Kennzeichnung der Kisten *(f)* marking of cases, case marking
Markierung der Kisten *(f)* case marking, marking of cases

Klage *(f)* complaint, suit
Klage auf Erklärung der Nichtigkeit *(f)* nullity suit
Klage auf Schadenersatz *(f)* suit for damages
Klage einbringen *(f)* lodge a suit, put in a claim
Klage erheben *(f)* sue
Klage zurücknehmen *(f)* waive a claim
* Grundlosigkeit der Klage *(f)* unfounded claim
Rücknahme einer Klage *(f)* waiver of an action, withdrawal of an action
zivilrechtliche Klage *(f)* action in personality, civil claim

Klageantrag *(m)* motion for judgment
Klageantrag zurücknehmen *(m)* withdraw a claim

klarieren clear, impose a duty
auslaufendes Schiff klarieren *(n)* clear outwards
einlaufendes Schiff klarieren *(n)* clear inwards
Schiff klarieren *(n)* clear a ship
Ware klarieren *(f)* clear goods

Klariererungsgeld *(n)* clearance charge

Klarierung *(f)* clearance, customs clearance of a ship, ship's clearance, vessel's clearance
Klarierung des Schiffes *(f)* customs clearance of a ship

Klarierungsagent *(m)* consignee of the ship

Klarierungsattest *(n)* clearance certificate, clearing certificate

Klarierungsbrief *(m)* certificate of clearance outwards, clearance certificate, clearance papers, clearance permit, clearing certificate, outward clearance certificate

Klarierungsgebühr *(f)* clearance charge

Klarierungskarte *(f)* clearance card

Klarierungsklausel *(f)* clearance clause

Klarierungsschein *(m)* clearance card

Klasse *(f)* category, class, sort
Einteilung in Klassen *(f)* rating

Klassenerneuerung *(f)* reclassification
Klassenerneuerung eines Schiffes *(f)* reclassification of a ship

Klassenregister *(n)* register
Klassenregister von Schiffen *(n)* classification register

Klassenzeichen *(n)* class mark, classification mark

Klassenzertifikat *(n)* certificate of competency, classification certificate

Klassifikation *(f)* classification
internationale statistische Klassifikation *(f)* International Statistical Classification

Klassifikationsanforderungen *(pl)* classification requirements

Klassifikationsaufseher *(m)* classification surveyor

Klassifikationscode *(m)* classification code

Klassifikationsgesellschaft *(f)* classification society

Klassifikationsrate *(f)* classification rate

Klassifikationssystem *(n)* classification system

Klassifikationszahl *(f)* classification number

Klassifikationszertifikat *(n)* classification certificate, inspection certificate

klassifizieren class, rate a ship

Klassifizierung (f) breakdown, classification

Klassifizierungsprüfung (f) classification survey

Klausel (f) clause

Klausel der allgemeinen Teilnahme (f) all-participation clause

Klausel der Havarie, die nach York-Antwerpener Regeln abgewickelt wird (f) foreign general average clause

Klausel der höheren Gewalt (f) force majeure clause

Klausel enthalten (f) contain a notation

Klausel formulieren (f) formulate a clause

Klausel „Haftungsfreilassung" (f) exemption of liability clause

Klausel Kasse gegen Dokumente (f) cash against documents clause

Klausel mit grüner Tinte (f) green clause

Klausel mit roter Tinte (bei Akkreditiven) (f) red clause

Klausel „Recht auf Schiffsersatz" (f) substitution clause

Klausel so wie die Dinge liegen (f) clausula rebus sic stantibus, rebus sic stantibus clause

Klausel über die Zahlungsbedingungen (f) payment clause

Klausel vereinbaren (f) negotiate a clause

Klausel zur Schadensabwendung und Schadensminderung (f) sue and labour clause

* **Akkreditiv mit „grüner Klausel"** (n) green clause letter of credit

Akkreditiv mit „roter Klausel" (n) red clause letter of credit

beeinträchtigende Klausel (f) restrictive clause, restraint clause

Berth-Terms-Klausel (f) berth terms clause

beschränkende Klausel (f) restrictive clause, restraint clause

Brutto-für-Netto-Klausel (f) gross-net clause, gross weight for net clause

Cash- and Carry-Klausel (f) cash and carry clause

DDP-Klausel (f) d.d.p. clause

DDU-Klausel (f) d.d.u. clause

DEQ-Klausel (f) d.e.q. clause

EXW-Klausel (f) e.x.w. clause

FAS-Klausel (f) fas clause

fi-Klausel (f) fi clause

fio-Klausel (f) fio clause

fios-Klausel (f) fios clause

fiot-Klausel (f) fiot clause

fixed-price-Klausel (f) fixed price clause

fob-fob-Klausel (f) free on board/free on board clause

fo-Klausel (f) fo clause

Free-Discharge-Klausel (f) free discharge clause

Free-Loading-Klausel (f) free loading clause

frei Klausel (f) free clause

frei-Längsseite-des-Schiffes-Klausel (f) free alongside clause, fas clause

frei-längsseits-Schiff-Klausel (f) fas clause, free alongside clause

frei-von-besonderer-Havarie-Klausel (f) free from particular average clause

frei-von-Eilgeld-Klausel (f) free from dispatch money clause

frei-von-gemeinsamer-Havarie-Klausel (f) free from general average clause

frei-von-Havarie-Klausel (f) free from general average clause

gebührenfreie Klausel (f) no-charge clause

gerichtliche Klausel (f) judicial clause

Gross-Terms-Klausel (f) gross terms clause

Havarie-Grosse-Klausel (f) general average clause

Höhere-Gewalt-Klausel (f) force majeure clause

kassatorische Klausel (f) resolutive clause, cassation clause

nachträgliche Klausel (f) further clause, additional clause

Net-Terms-Klausel (f) net terms clause

nichtige Klausel (f) invalid clause

Salvatorische Klausel (f) severability clause

schwimmende Klausel (f) afloat clause

So-wie-die-Dinge-Liegen-Klausel (f) clausula rebus sic stantibus, rebus sic stantibus clause

Tel-quel-Klausel (f) tel-quel clause

unwirksame Klausel (f) invalid clause

Wortlaut der Klausel (m) wording of a clause

zusätzliche Klausel (f) rider

Klebezettel (m) sticker

Klebezettel auf den Umschließungen anbringen (m) affix a label

klein small

kleine Fahrt (f) short-sea service

kleine Havarie (f) petty average

kleine Kabotage *(f)* limited coastal trade, local shipping

kleine Küstenschifffahrt *(f)* limited coastal trade, local shipping

Kleindiebstahl *(m)* pilferage

Diebstahl, Kleindiebstahl, Nichtauslieferung theft, pilferage and non-delivery

Kleinhandelspreis *(m)* consumer price, retail price

Kleinpackung *(f)* consumer pack, consumer package

Kleinsendung *(f)* small consignment

Kleinsendung ohne kommerziellen Charakter *(f)* small consignment of a non-commercial nature

Kleinserienproduktion *(f)* job-shop-type production, small-lot manufacturing

Kleinverbraucherverpackung *(f)* consumer pack, unit package

Kleinverpackung *(f)* consumer pack, inner packing, internal packing, unit package

klimatisiert air-conditioned

klimatisierter Zug *(m)* air-conditioned train

Klimazone *(f)* climatic zone

Knappheit *(f)* deficit, lack, shortage

Knappheit an Devisen *(f)* shortage of foreign currency

Know-how *(n)* know-how

Know-how-Vertrag *(m)* agreement on the transfer of know-how, know-how contract

Kode *(m)* code

Kode der Art des Geschäfts *(m)* nature of transaction code

Kode für das Land *(m)* code of the country

Kodex *(m)* code

Kodex über Subventionen und Ausgleichszölle *(m)* Code on Subsidies and Countervailing Duties

Kodezeichen *(n)* code reference

Koeffizient *(m)* coefficient, factor

Kohlencharter *(m)* coal charter

Kohlenfrachter *(m)* coal-ship, collier

Kohlengarantie *(f)* colliery guarantee

Kohlenleichter *(m)* coal barge

Kohlenschiff *(n)* coal-ship, collier

Kohlenterminal *(m)* coal terminal

Kojencharter *(m)* berth charter

Kollektion *(f)* collection

Kollektivgarantie *(f)* joint guarantee, joint surety

Kollektivität *(f)* collectivity

Kollektivvertrag *(m)* collective bargaining contract, collective contract

Kollision *(f)* clash, collision

Kollisionsklausel *(f)* collision clause, running down clause

Kollisionsklausel bei beiderseitigem Verschulden *(f)* both to blame collision clause

Kollisionsschaden *(m)* collision damage

Kollisionsschott *(n)* collision bulkhead

Kollispezifikation *(f)* specification

Kollo *(n)* collo, parcel, piece

Kolonne *(f)* brigade

Kombinat *(n)* combine, plant

kombiniert combined

Kombinierte Nomenklatur (KN) *(f)* combined nomenclature of goods, combined nomenclature, Nomenclature of the Harmonized Commodity Description and Coding System

kombinierte Zolltarif- und Statistiknomenklatur *(f)* combined tariff/statistical nomenclature

kombinierter Güterverkehr Land/See *(m)* combined land/sea service

kombinierter Güterverkehr Schiene/Kraftfahrzeug *(m)* combined road and rail transport, combined road/rail service

kombinierter Güterverkehr Schiene/See *(m)* combined road and sea transport, combined road/sea service

kombinierter Güterverkehr Schiene/Straße *(m)* combined road/rail service

kombinierter Güterverkehr Schiene/Wasser *(m)* combined rail/water service, rail-and-water service

kombinierter Satz *(m)* combined rate, mixed rate

kombinierter Tarif *(m)* combination rates, joint rates

kombinierter Transport *(m)* combined service, combined traffic, combined transport

Beförderungsdokument für den kombinierten Transport *(n)* multimodal transport document, container bill of lading

Container für kombinierten Transport *(m)* intermodal container

Dokument des kombinierten Transports *(n)* multimodal transport document, combined transport document, container bill of lading

Unternehmer des kombinierten Transports *(m)* container operator, multimodal transport operator, combined transport operator

kombinierter Verkehr *(m)* traffic with transhipment, transport by different carrier

kombinierter Zoll *(m)* combined duty, compound duty, mixed duty

kombinierter Zolltarif *(m)* compound tariff, contractual tariff

kombiniertes Transportkonnossement *(n)* combined transport bill of lading, multimodal bill of lading

Kombi-Transport *(m)* combined service, combined traffic, combined transport

Komitee *(n)* committee

Komitee für Frachtverkehrsverfahren *(n)* Cargo Traffic Procedures Committee *(IATA)*

Kommanditgesellschaft *(f)* limited company, limited partnership, partnership limited by shares

Kommerz *(m)* trade

Kommerzbank *(f)* bank of commerce, commercial bank

kommerziell commercial, mercantile

kommerzielle Absicht *(f)* commercial intent

kommerzielle Fracht *(f)* commercial cargo, commercial load

kommerzielle Kooperation *(f)* trade cooperation

kommerzielle Tradition *(f)* commercial tradition, trade tradition

kommerzielle Transaktion *(f)* commercial business, commercial dealing

kommerzielle Vertretung *(f)* commercial agency, commercial business

kommerzieller Charakter *(m)* commercial character

kommerzieller Gewinn *(m)* commercial profit, trade profit

kommerzieller Kredit *(m)* commercial credit, mercantile credit, trade credit

kommerzieller Verlust *(m)* business loss

kommerzieller Vorrat *(m)* commercial stock, trade stock

kommerzielles Angebot *(n)* commercial offer, commercial proposal

kommerzielles Risiko *(n)* mercantile risk, trade risk

* gute kommerzielle Qualität *(f)* good commercial quality

Kleinsendung ohne kommerziellen Charakter *(f)* small consignment of a non-commercial nature

Kommerztonnagemeile *(f)* revenue ton-mile

Kommerzveranstaltung *(f)* commercial event

Kommerzwechsel *(m)* commercial bill, commodity paper

Kommissar *(m)* commissioner

Kommissgut *(n)* consigned goods

Kommission *(f)* commission

Kommission der Europäischen Gemeinschaften *(f)* Commission of the European Communities

* ständige Kommission *(f)* permanent commission, standing committee

Kommissionär *(m)* commission agent, consignee

Kommissionsagent *(m)* commission agent, commission merchant

Kommissionsauftrag *(m)* commission order

Kommissionsfirma *(f)* commission house

Kommissionsgebühr *(f)* commission, commission charge, commission fee, factorage

Kommissionsgebührentarif *(m)* schedule of commission charges

Kommissionsgeschäft *(n)* agency business, commission business, commission house, commission operation, trade on commission, transaction on commission

Kommissionshaus *(n)* commission business, commission house

Kommissionspreis *(m)* commission price

Kommissionsrisiko *(n)* commission risk

Kommissionsvergütung *(f)* commission, factorage

Kommissionsverkauf *(m)* commission sale, sale by commission, sale through an agent

Kommissionsvertrag *(m)* contract with commission merchant

Kommissionsvertreter *(m)* commission merchant

Kommunalabgaben *(pl)* charge for public utility services

Kommunalverwaltung *(f)* local administration

Kompanie *(f)* co-partnership

Kompanie *(f)* partnership

komparativ comparable

  komparativer Preis *(m)* comparable price, comparative price

Kompensation *(f)* compensation, equation

Kompensationsakkreditiv *(n)* back-to-back letter of credit, countervailing letter of credit

Kompensationsgebühr *(f)* compensation fee

Kompensationsgeschäft *(n)* barter transaction, offset, reciprocal buying, reciprocal transaction

Kompensationshandel *(m)* barter, trade by barter

Kompensationskauf *(m)* counter-purchase

Kompensationskurs *(m)* compensation rate

Kompensationsvertrag *(m)* buy-back agreement

Kompensationszahlungen *(pl)* compensatory payments

Kompensationszoll *(m)* compensation duty

Kompetenz *(f)* competency

  Kompetenzen überschreiten *(pl)* exceed one's authority, overstep one's authority

Komplementärgüter *(pl)* complementary goods

Komplettcontainer *(m)* container load, full container load (FCL)

komplett complete

  komplette Lieferung *(f)* complete delivery, total delivery

Komplettladung *(f)* entire cargo, full container load (FCL), total load, vehicle load

Komplexität *(f)* complexity

Komponente *(f)* component

Komprador *(m)* comprador

Kompromiss *(m)* compromise

Kondition *(f)* condition, state, term

Konditionierung *(f)* conditioning

Konditionsattest *(n)* certificate of conditioning, conditioning certificate

Konditionsbescheinigung *(f)* certificate of conditioning, conditioning certificate

Konferenz *(f)* conference

Konferenzbedingungen *(pl)* conference terms (CT)

Konferenzcarrier *(m)* conference carrier

Konferenzlinie *(f)* conference line

Konferenzrabatt *(m)* conference rebate, deferred rebate

Konferenzrate *(f)* conference rate

Konferenzraten *(pl)* conference port liner terms charges

Konferenzsatz *(m)* conference rate

Konferenzschiff *(n)* conference vessel

Konferenzvertrag *(m)* conference contract

Konferenzzentrum *(n)* convention center

Konferenzzimmer *(n)* conference room

Konfiskation *(f)* forfeit

  Konfiskation der Ladung *(f)* seizure of load

Konflikt *(m)* conflict

Konformitätsbescheinigung *(f)* certificate of conformity *(VAT)*

Konformitätserklärung *(f)* declaration of conformity

Konjunktur *(f)* economic cycle, economic situation

  wirtschaftliche Konjunktur *(f)* business prospect, economic prospect

Konjunkturänderung *(f)* change in the business cycle, change in the economic trend

Konjunkturbelebung *(f)* upward movement of the market

konjunkturell cyclical
konjunkturelle Aussichten *(pl)* business prospects
Konjunkturfaktor *(m)* market factor
Konjunkturforschung *(f)* analysis of cyclical trend, business analysis, market analysis
Konjunkturprognose *(f)* business forecasting, economic situation forecast
Konjunkturrückgang *(m)* declining economic activity, declining tendencies in the economy, deterioration of the economic situation, downward movement of the market, slowing down of economic activities
Konjunkturrückschlag *(m)* price weakness
Konjunkturschwankungen *(pl)* fluctuations of market
Konjunkturstabilisierung *(f)* economic cycle stabilization, economic situation stabilization
Konjunkturverfall *(m)* decline in the economic activity, setback in the economic activity
Konjunkturvoraussage *(f)* business forecasting
konkludieren conclude
Konkurenzklausel *(f)* competitive clause
Konkurrent *(m)* rival
Konkurrentunternehmen *(n)* competitor's business
Konkurrenz *(f)* competition, rivalry
freie Konkurrenz *(f)* free competition
internationale Konkurrenz *(f)* international competition
monopolistische Konkurrenz *(f)* monopolistic competition
schrankenlose Konkurrenz *(f)* unrestrained competition, unlimited competition
unlautere Konkurrenz *(f)* unfair competition
vollkommene Konkurrenz *(f)* perfect competition, pure competition
Konkurrenzausschreibung *(f)* tender
beschränkte Konkurrenzausschreibung *(f)* limited tender, limited invitation to tender, closed tender
unbeschränkte Konkurrenzausschreibung *(f)* public invitation to tender, advertised tender

konkurrenzfähig competitive
konkurrenzfähiger Import *(m)* competitive import, sensitive imports
Konkurrenzfähigkeit *(f)* competitive capacity, competitive power, competitiveness
Konkurrenzfirma *(f)* competitor's business
Konkurrenzkampf *(m)* business struggle, competitive struggle
Konkurrenzklausel *(f)* clause forbidding competition, non-competition clause
Konkurrenzmechanismus *(m)* competition mechanism
Konkurrenzpreis *(m)* competitive price
Konkurrenzprodukt *(n)* competing product, competitive product
konkurrieren compete
mit den Preisen konkurrieren *(pl)* compete in prices
Konkurs *(m)* bankruptcy, insolvency
Konkurs anmelden *(m)* declare bankruptcy
Konkurs erklären *(m)* declare bankruptcy
Konkursdelikt *(n)* act of bankruptcy
Konkurserklärung *(f)* declaration of bankruptcy
Konkursgericht *(n)* bankruptcy court, court of bankruptcy
Konkursmeldung *(f)* declaration of bankruptcy
Konkursrecht *(n)* bankrupt law, law of bankruptcy
Konkursschuldner *(m)* bankrupt
Konkursverfahren *(n)* bankruptcy proceedings
Eröffnung des Konkursverfahrens *(f)* institution of the bankruptcy proceedings
Konkursverwalter *(m)* receiver in bankruptcy
Konnossement *(n)* bill of lading
Konnossement an Bord *(n)* on board bill of lading
Konnossement ausstellen *(n)* make out a bill of lading, write out a bill of lading
Konnossement des Lagerhalters *(n)* custody bill of lading
Konnossement des Transportunternehmens *(n)* carrier's bill of lading

Konnossement entsprechend (n) according to bill of lading, as per bill of lading
Konnossement gegen Dokumente (n) bill of lading against documents
Konnossement indossieren (n) endorse a bill of lading
Konnossement zusenden (n) forward a bill of lading, send a bill of lading
* abgelaufenes Konnossement (n) stale bill of lading
an Bord Konnossement (n) on board bill of lading, on board ocean bill of lading, on deck bill of lading
an Order ausgestelltes Konnossement (n) bill of lading issued to order, bill of lading to order
begebbares Konnossement (n) negotiable bill of lading
direktes Konnossement (n) through bill of lading, thro' bill of lading, direct bill of lading
dispositives Konnossement (n) optional bill of lading
durch Indossament übertragbares Konnossement (n) bill of lading capable of being transferred by indorsement
durchlaufendes Konnossement (n) transhipment bill of lading
einfaches Konnossement (n) direct bill of lading
einheitliches Konnossement (n) uniform bill of lading
einschränkendes Konnossement (n) unclean bill of lading, qualified bill of lading, dirty bill of lading, bill of lading bearing reservations, foul bill of lading
Exemplar eines Konnossements (n) part of a bill lading
fehlendes Konnossement (n) missing bill of lading (MSBL)
Garantie für Konnossement (f) bill of lading guarantee
gemeinsames Konnossement (n) joint bill of lading
generelles Konnossement (n) blanket bill of lading
indossiertes Konnossement (n) backed bill of lading, negotiable bill of lading
Indossierung des Konnossements (f) endorsement of bill of lading
laut Konnossement (n) according to bill of lading, as per bill of lading

nicht übertragbares Konnossement (n) non-negotiable bill of lading
nichtbegebbares Konnossement (n) non-negiotable bill of lading
nominelles Konnossement (n) bill of lading issued to a name, bill of lading to a named person
reines Konnossement (n) unclaused bill of lading
Rückseite des Konnossements (f) reverse of bill of lading
Tratte und Konnossement beigefügt sight draft, bill of lading attached (SDBL)
uneingeschränktes Konnossement (n) clear bill of lading
unreines Konnossement (n) claused bill of lading, dirty bill of lading, foul bill of lading, qualified bill of lading, bill of lading bearing reservations
unübertragbares Konnossement (n) non-negotiable bill of lading
verjährtes Konnossement (n) stale bill of lading
Vermerk im Konnossement (m) reservation in a bill of lading
versichertes Konnossement (n) insured bill of lading
Verweis auf das Konnossement (m) reference for the bill of lading
voller Satz von Konnossement (m) full set of bill of lading
vordatiertes Konnossement (n) backdated bill of lading
Zustellung vollen Satzes von Konnossementen (f) delivery of full set of bill of lading
Konnossementsabschrift (f) bill of lading duplicate, copy of bill of lading
Konnossementsausfertigung (f) part of a bill lading
Konnossementsbedingungen (pl) bill of lading terms
Konnossementsbesitzer (m) bearer of a bill of lading
Konnossementsform (f) bill of lading form
Konnossementsformular (n) bill of lading form
Konnossementsgewicht (n) weight as per bill of lading

Konnossementskopie *(f)* bill of lading copy, bill of lading duplicate

Konnossementsnichtlieferung *(f)* non-delivery of full set bills of lading

Konnossementsnummer *(f)* bill of lading number

Konnossementssatz *(m)* full set of bill of lading

Konnossementssatz beibringen *(m)* deliver full set of bill of lading

vollständiger Konnossementssatz *(m)* full set of bill of lading

Zustellung des Konnossementssatzes *(f)* delivery of full set of bill of lading

Konnossements-Teilschein *(m)* local bill of lading

Konnossementsvermerk *(m)* detrimental clause in a bill of lading

Konnossementsvorbehalt *(m)* clause in a bill lading

konsekutiv consecutiv

konsekutive Reise *(f)* consecutive voyage

Konsignant *(m)* consignor

Konsignanthaftung *(f)* liability of consigner

Konsignatar *(m)* consignatary

Konsignationsabkommen *(n)* consignment agreement

Konsignationsbedingungen *(pl)* consignment terms

Konsignationsgeschäft *(n)* business on consignment, consignment business

Konsignationsgut *(n)* consigned goods, consignment goods

Konsignationslager *(n)* consignment warehouse

Konsignationsrechnung *(f)* consignment invoice, consignment note, shipping invoice

Konsignationsverkauf *(m)* consignment selling, sale on consignment

Konsignationsvertrag *(m)* consignment agreement

Konsolidation *(f)* consolidation, unification

konsolidiert consolidated

konsolidierte Liste *(f)* consolidated list

konsolidierte Schuld *(f)* consolidated debt

Konsolidierung *(f)* consolidation

Konsolidierung der Schulden *(f)* debt funding, debt unification

Konsortialkredit *(m)* consortium credit

Konsortium *(n)* consortium, syndicate

konstruktiv constructive

konstruktiver Totalverlust *(m)* constructive total loss

Konsul *(m)* consul

Konsularabkommen *(n)* consular convention, consular treaty

Konsularagent *(m)* consular agent

Konsularagentur *(f)* consular agency

Konsularamt *(n)* consular office

Konsularbestätigung *(f)* consular legalization

Konsularbestimmungen *(pl)* consular regulations

Konsularbüro *(n)* consular office

Konsulardeklaration *(f)* consular declaration

Konsulargebühr *(f)* consulage, consular fee

konsularisch consular

konsularische Amtshandlung *(f)* consular act

konsularische Post *(f)* consular post

konsularischer Schutz *(m)* consular protection

konsularischer Vertreter *(m)* consular agent

konsularisches Schriftstück *(n)* consular document

Konsularpersonal *(n)* consulate personnel

Konsularrechnung *(f)* consular invoice

Konsularrecht *(n)* consular law

Konsularschutz *(m)* consular protection

Konsularvertrag *(m)* consular treaty

Konsularvorschriften *(pl)* consular regulations

Konsularzeugnis *(n)* consular certificate

Konsulat *(n)* consulate

Sitz des Konsulates *(m)* seat of the consulate

Konsulatsfaktura *(f)* consular invoice

Konsultation *(f)* consultation

juristische Konsultation *(f)* legal advice

Konsultationsgebühr *(f)* consultation fee

Konsulatsrechnung *(f)* consular invoice

Konsumanleihe *(f)* consumer loan

Konsumartikel *(m)* consumer product, consumption product

Konsumentenrecht *(n)* consumer law, consumer's law

Konsumentenverband *(m)* consumers' association

Konsumkreditgesetz *(n)* consumer credit act

Kontaktadresse *(f)* accommodation address

Kontenstand *(m)* position of an account

Konterbande *(f)* contraband, smuggling

Kontingent *(n)* contingent, quota

Kontingent erschöpfen *(n)* exhaust a quota

Kontingent festsetzen *(n)* enact a quota, establish a quota, impose a quota

Kontingent überziehen *(n)* exceed the quota, outrun the quota

Kontingent verwalten *(n)* administer quotas

* **autonomes Kontingent** *(n)* autonomous quota, autonomous contingent

Bekanntgabe des Kontingents *(f)* announcement of the quota

durch Lizenzverfahren verwaltetes Kontingent *(n)* quota administered through licences

mengenmäßiges Kontingent *(n)* quantitative quota *(customs)*

Verringerung eines Kontingents *(f)* reduction of a quota

wertmäßiges Kontingent *(n)* value quota, valuable quota

zollfreies Kontingent *(n)* duty-free contingent, duty-free quota

jährliches zollfreies Kontingent *(n)* annual duty-free import quota

Kontingenthöhe *(f)* level of quota

kontingentieren enact quotas, impose quotas

Kontingentierung *(f)* fixing of quotas, rationing

Kontingentierung der Ausfuhr *(f)* export rationing, quantitative regulations of exports, quota system for exports

Kontingentierung der Einfuhr *(f)* control of imports, import rationing, quantitative regulations of imports, quota system for imports

Kontingentierung des Außenhandels *(f)* foreign trade rationing, quantitative restriction of foreign trade

Kontingentierung des Exports *(f)* quota system for exports

Kontingentierung des Imports *(f)* import control, quota system for imports

Kontingentierungsliste *(f)* contingent list, quota list

Kontingentierungssteuer *(f)* contingent charge

Kontingentierungssystem *(n)* quota system

Kontingentsbetrag *(m)* amount of the quota, quota amount

Kontingentsmenge *(f)* amount of the quota, quota amount

Kontingentszeitraum *(m)* quota period

Konto *(n)* account

Konto bei einer Bank eröffnen *(n)* open an account at a bank, open an account with a bank

Konto belasten *(n)* debit an account with an amount

Konto eröffnen *(n)* open an account

Konto sperren *(n)* block an account

* **auf ein Konto einzahlen** *(n)* pay into account

blockiertes Konto *(n)* blocked account

Eröffnung eines Kontos *(f)* opening of an account

gesperrtes Konto *(n)* frozen account

laufendes Konto *(n)* current account, running account

Saldo des laufenden Kontos *(m)* balance on current account

Überweisung auf ein Konto *(f)* transfer into account

zinsloses Konto *(n)* non-interest bearing account

Kontobelastung *(f)* charge, charging of an account

Kontoinhaber *(m)* account holder

Kontokorrent *(n)* account current

Kontokorrentkonto *(n)* account current, running account

Kontokorrentkredit *(m)* current account loan, current credit, overdraft credit

Kontonummer *(f)* account number, bank account code, bank account number

Kontor *(n)* exchange office

Kontoüberziehung *(f)* overdraft

Kontrahent *(m)* contracting party, contractor

ausländischer Kontrahent *(m)* foreign partner

Kontrahierung *(f)* conclusion of a contract, contract award

Kontrakt *(m)* bill of sale, contract

Kontrakt abfassen *(m)* draw up a contract, prepare a contract

Kontrakt abschließen *(m)* clinch a contract, make a contract

Kontrakt annullieren *(m)* cancel a contract, rescind a contract

Kontrakt auf Ankunft *(m)* arrival contract

Kontrakt auf spätere Lieferung *(m)* contract for delivery, forward contract

Kontrakt auf Verladung *(m)* contract on shipment, shipment contract

Kontrakt auf Verschiffung *(m)* contract on shipment, shipment contract

Kontrakt aufheben *(m)* break a contract

Kontrakt auflösen *(m)* terminate a contract

Kontrakt ausfertigen *(m)* draw a contract, make a contract

Kontrakt brechen *(m)* infringe a contract, transgress a contract

Kontrakt erfüllen *(m)* carry out a contract, execute a contract

Kontrakt kündigen *(m)* back out of a contract, break a contract, denounce a contract, terminate a contract

Kontrakt paraphieren *(m)* initial a contract

Kontrakt rückgängig machen *(m)* cancel a contract

Kontrakt schließen *(m)* clinch a contract, make a contract

Kontrakt verletzen *(m)* infringe a contract, transgress a contract

Kontrakt zurückdatieren *(m)* antedate a contract

* Abänderungen zu einem Kontrakt *(pl)* amendments to a contract

Ablauf eines Kontraktes *(m)* termination of a contract, ending of a contract

Abschrift des Kontraktes *(f)* copy of a contract

Ausführung des Kontraktes *(f)* fulfillment of the contract

befristeter Kontrakt *(m)* temporary contract

Erlöschen eines Kontraktes *(n)* termination of a contract, ending of a contract

Erneuerung des Kontraktes *(f)* renewal of a contract, extension of a contract

geltender Kontrakt *(m)* contract in force

Haftung aus Kontrakt *(f)* contractual liability

in Übereinstimmung mit dem Kontrakt liefern *(f)* deliver according to the contract

langfristiger Kontrakt *(m)* long-term contract

Laufzeit des Kontrakts *(f)* life of a contract, validity of a contract

Menge entspricht dem Kontrakt *(f)* quantity as per contract

Nichtausführung eines Kontraktes *(f)* non-performance of a contract

Rücktritt vom Kontrakt *(m)* cancellation of a contract, annulment of a contract

Stornierung eines Kontraktes *(f)* annulment of a contract, avoidance of contract

Überprüfung des Kontraktes *(f)* revision of a contract

Ungültigkeit eines Kontraktes *(f)* invalidity of a contract, nullity of a contract

Verlängerung des Kontraktes *(f)* extension of a contract, renewal of a contract

Vollmacht zum Abschluss von Kontrakt *(f)* power to contract

vom Kontrakt zurücktreten *(m)* denounce a contract, back out of a contract

Kontraktabschluss *(m)* conclusion of a contract, contract award

Kontraktabschlussvollmacht *(f)* power to contract

Kontraktabschrift *(f)* copy of a contract, duplicate of contract

Kontraktänderung *(f)* change of contract, revision of a contract

Kontraktannullierung *(f)* rescission of a contract, termination of a contract

Kontraktartikel *(m)* article of a contract, item of a contract

Kontraktaufhebung *(f)* nullification of contract, repudiation of a contract, withdrawal from a contract

Kontraktauflösung *(f)* annulment of a contract, cancellation of a contract, nullification of contract, repudiation of a contract

Kontraktausführung *(f)* execution of a contract
Zeit der **Kontraktausführung** *(f)* period of execution of a contract
Kontraktbedingungen *(pl)* contract terms
Nichteinhaltung der **Kontraktbedingungen** *(f)* non-observance of the terms of an contract
Verletzung der **Kontraktbedingungen** *(f)* infringement of the contract terms
Kontraktbetrag *(m)* contract sum, sum of a contract
Kontraktbruch *(m)* break of a contract, termination of a contract
Kontraktdoppel *(n)* contract copy
Kontrakteinheit *(f)* contract unit, unit of contract
Kontraktforderung *(f)* claim under a contract
Kontraktklausel *(f)* article of a contract
Kontraktkopie *(f)* copy of a contract, dup-,licate of contract
kontraktlich contractual
kontraktliche **Haftung** *(f)* contractual liability
kontraktliche **Verpflichtungen** *(pl)* commitments under a contract
Kontraktnummer *(f)* contract code, number of contract
Kontraktrisiko *(n)* contract risk
Kontraktrücktrittsrecht *(n)* right of rescission
Kontraktsprache *(f)* contract language
Kontraktstrafe *(f)* contract penalty, penalty for nonperformance of a contract
Kontraktunterzeichnung *(f)* signing of contract
Kontraktverletzung *(f)* break of a contract, defection of contract
kontrasignieren countersign
Kontrollabnahme *(f)* check acceptance
Kontrollabschnitt *(m)* control sheet *(CMC)*
Kontrollbericht *(m)* examination report
Kontrolle *(f)* control, inspection, superintendence, supervision
Kontrolle aus gesundheitlichen **Gründen** *(f)* sanitary control, sanitary inspection

Kontrolle aus pflanzenschutzrechtlichen **Gründen** *(f)* inspection for phytopathological reasons, phytosanitary inspection
Kontrolle aus veterinärpolizeilichen **Gründen** *(f)* inspection for veterinary reasons
Kontrolle der Anmeldung *(f)* control of declaration
Kontrolle der Beförderungsmittel *(f)* inspection means of transport
Kontrolle der Echtheit der Urkunden *(f)* verification of authenticity of documents
Kontrolle der Warenbeförderung *(f)* control the goods movement
Kontrolle des aufgegebenen Gepäcks *(f)* examination of registered baggage
Kontrolle des Gepäcks *(f)* inspection of luggage, luggage inspection
Kontrolle des Transportmittels *(f)* inspecting mean of transport
Kontrolle des Ursprungs *(f)* control of origin
Kontrolle des Verfahrensendens *(f)* control of the end of the procedure
Kontrolle mit Gewichtsgarantie *(f)* superintendence with guarantee of weight
Kontrolle unterliegen *(f)* be subject to control
* amtliche **Kontrolle** *(f)* official inspection
gegenseitige **Kontrolle** *(f)* mutual inspection, joint survey
gemeinsame **Kontrolle der Waren und Dokumente** *(f)* joint control of goods and documents *(customs)*
internationale **Kontrolle** *(f)* international control
interne **Kontrolle des Marketings** *(f)* marketing audit
Koordinierung der Kontrollen *(f)* co-ordination of controls
Papier zur Kontrolle *(n)* control document
pflanzenschutzrechtliche **Kontrolle** *(f)* phytosanitary inspection, inspection for phytopathological reasons
spezifische **Kontrolle** *(f)* specific control
stichprobenweise **Kontrolle** *(f)* random examination, random inspection
technische **Kontrolle** *(f)* product quality control, technical inspection
Umfang der **Kontrolle** *(m)* amount of inspection, inspection scope
Kontrolleinheit *(f)* controlling unit

Kontrollexemplar *(n)* specimen copy, control copy

Nummer des Kontrollexemplars T5 *(f)* serial number of the T5 control copy

Kontrollgesellschaft *(f)* dominant company, dominant enterprise, dominant undertaking

Kontrollhandlungen *(pl)* superintendence

kontrollieren control, supervise

Gewicht kontrollieren *(n)* check a weight, reweigh

Preise kontrollieren *(pl)* control the prices, check the prices

Qualität der Ware kontrollieren *(f)* check quality of goods

Kontrollinstanz *(f)* control service, inspection service

Kontrollkarte *(f)* control card, inspection card

Kontrollliste *(f)* check list, tally roll

Kontrollmaßnahmen *(pl)* control measures, customs control measures

Kontrollnummer *(f)* check number

Kontrollprobe *(f)* check sample, control sample

Kontrollprüfung *(f)* control survey

Kontrollpunkt *(m)* checkpoint

Kontrollstelle *(f)* control service, inspection service

Kontrollsumme *(f)* control sum

Kontrollsystem *(n)* system of control

Kontrolluntersuchung *(f)* proof test

Kontrollverfahren *(n)* control procedure

Kontrollweise *(f)* inspection technique

Kontrollzeit *(f)* check time

Kontrollzertifikat *(n)* survey certificate

Kontrollzone *(f)* control zone

Konvention *(f)* convention

Konvention ratifizieren *(f)* ratify a convention

* internationale Konvention *(f)* international convention, universal convention

Ratifizierung der Konvention *(f)* ratification of a convention

Konventionalkontingent *(n)* conventional contingent, conventional quota

Konventionallinienfahrt *(f)* conventional line service, conventional liner trade

Konventionallinienschifffahrt *(f)* conventional line service, conventional liner trade

Konventionalquote *(f)* conventional contingent, conventional quota

Konventionalstrafe *(f)* contractual penalty, conventional penalty, penal sum

Konventionalstückladung *(f)* break bulk cargo

Konventionaltrampschifffahrt *(f)* conventional tramp service

konventionell conventional

konventionelle Beladung eines Schiffes *(f)* lift-on/lift-off system

konventionelle Ladung *(f)* conventional cargo

konventionelles Risiko *(n)* conventional risk

Konversion *(f)* conversion

Konversionfranchising *(n)* affiliation franchising, conversion franchising

Konversionsguthaben *(n)* balance of conversion

konvertierbar convertible

Akkreditiv mit Zahlung in frei konvertierbarer Währung *(n)* letter of credit payable in freely convertible currency

konvertibel convertible

konvertibeles Containerschiff *(n)* convertible container ship

Konvertibilität *(f)* convertibility, exchange ability

Konvertierbarkeit *(f)* convertibility, exchange ability

Konvertierung *(f)* translation

Konvoi *(m)* convoy

Konzeption *(f)* conception, idea

Konzern *(m)* concern, group

internationaler Konzern *(m)* international concern

transnationaler Konzern *(m)* transnational concern

Konzerngesellschaften *(pl)* group companies

konzernintern intercompany

konzerninterner Verkauf *(m)* intercompany sales

Konzession *(f)* concession
Konzession annullieren *(f)* cancel a concession
Konzession erhalten *(f)* take out a charter
Konzession gewähren *(f)* grant a concession
Konzession verlängern *(f)* extend a concession
Konzession zurückziehen *(f)* cancel a concession
* **ausländische Konzession** *(f)* foreign concession
Konzessionär *(m)* concessionaire, licensee
konzessionieren licence
Konzessionsabgabe *(f)* franchise tax
Konzessionsetzung *(f)* withdrawal of concession
Konzessionshandel *(m)* licensed trade
Konzessionsprozess *(m)* concession process
Konzessionsvertrag *(m)* concession agreement
Kooperation *(f)* collaboration, co-operation
aktive Kooperation *(f)* active co-operation
industrielle Kooperation *(f)* industrial co-operation
kommerzielle Kooperation *(f)* trade co-operation
regionale Kooperation *(f)* regional cooperation, regional partnerships
Kooperationsimport *(m)* co-operative import
Kooperationsvertrag *(m)* co-operation agreement
Koordinierung *(f)* co-ordination
Koordinierung der Kontrollen *(f)* co-ordination of controls
Kopie *(f)* copy, double, tenor, transcript
Kopie anbei *(f)* enclosed copy
Kopie beglaubigen *(f)* authenticate a copy, verify a copy
Kopie beibringen *(f)* provide copy
Kopie der Bewilligung *(f)* copy of the authorisation
Kopie der Urkunde *(f)* copy of a document
Kopie des Antrags *(f)* copy of the application
Kopie des Beförderungspapiers *(f)* copy of a transport document
Kopie des Dokumentes *(f)* copy of a document

Kopie des Handelspapiers *(f)* copy of a commercial document
Kopie des Manifestes *(f)* copy of the manifest
Kopie legalisieren *(f)* legalize a copy
Kopie machen *(f)* make a copy, take a copy
* **beglaubigte Kopie** *(f)* certificated copy, certified copy
beglaubigte Kopie der Bewilligung *(f)* authenticated copy of the authorisation
beglaubigte Kopien des Dokumentes *(pl)* certify copies of document
beglaubigte Kopie des Originaltexts *(f)* certified copy of the original text
beglaubigte Kopien von Urkunden *(pl)* certify copies of documents
bestätigte Kopie *(f)* confirmed copy
Original und drei Kopien *(n)* original and three copies
Koppelungsgeschäft *(n)* tie-in transaction
Körperschaft *(f)* body, legal entity, legal person
Korporation *(f)* corporation
internationale Korporation *(f)* international corporation
multinationale Korporation *(f)* multinational corporation
Korrektiv *(n)* adjustment factor, correcting factor
Korrektur *(f)* adjustment, correction
Korrekturart *(f)* type of correction
Korrekturfaktur *(f)* correcting invoice
Korrespondentspediteur *(m)* corresponding forwarding agent
Korrespondenz *(f)* correspondence
Korrespondenz führen *(f)* correspond
* **ausgehende Korrespondenz** *(f)* outgoing correspondence
Eingang der Korrespondenz *(m)* letters arrival, letters incoming
eingehende Korrespondenz *(f)* incoming correspondence
registrierte Korrespondenz *(f)* registered correspondence
Korrespondenzbank *(f)* correspondent bank
ausländische Korrespondenzbank *(f)* foreign correspondent bank

Korrespondenzbankbeziehungen *(pl)* correspondent relations

Korrespondenzpartner *(m)* correspondence partner

Liste von Korrespondenzpartnern *(f)* list of correspondents

korrespondierend corresponding

korrespondierendes Mitglied *(n)* corresponding member

korrigieren amend, correct

Akkreditiv korrigieren *(n)* modify a letter of credit, amend a letter of credit

Preise korrigieren *(pl)* adjust prices, correct prices

korrigiert corrected

korrigierte Rechnung *(f)* amended invoice

korrigiertes Dokument *(n)* corrected document

Korrigierung *(f)* adjustment, correction

korrosionsfest corrosion-proof

Kosten *(pl)* charge, cost

Kosten aufbringen *(pl)* cover the expenses

Kosten berechnen *(pl)* calculate expenses, calculate outlays, compute the cost

Kosten bestreiten *(pl)* carry costs, incur expenses

Kosten decken *(pl)* cover costs, cover the expenses

Kosten der Beitreibung *(pl)* costs of recovery

Kosten der Prüfung *(pl)* costs of checking, costs of control

Kosten inbegriffen *(pl)* cost free, free of charges

Kosten je Einheit *(pl)* single cost

Kosten senken *(pl)* reduce costs

Kosten tragen *(pl)* carry costs, incur expenses

Kosten und evtl. Frachtnachnahme *(pl)* charges forward

Kosten und Fracht ... /benannter Bestimmungshafen/ CFR ... /insert named place of destination/, cost and freight ... /insert named place of destination/

Kosten, Versicherung und Fracht ... /benannter Bestimmungshafen/ CIF ... /insert named place of destination/, cost, insurance and freight ... / insert named place of destination/

* allgemeine Kosten *(pl)* general expenses, general charges

Aufschlüsselung von Kosten *(f)* allocation of costs

Aufschlüsselung von Kosten *(f)* statements of expenses

direkte Kosten *(pl)* traceable costs

handelsbedingte Kosten *(pl)* trade expenses, business expenses

indirekte Kosten *(pl)* overhead costs

aufende Kosten *(pl)* operating cost, costs of carry

Minderung der Kosten *(f)* retrenching of costs, costs saving, reduction of costs, cost cutting

Prognostizierung der Kosten *(f)* cost forecasting, forecasting of costs

Senkung der Kosten *(f)* cost cutting, costs saving, reduction of costs, retrenching of costs

vorausbezahlte Kosten *(pl)* charges prepaid, prepaid costs

zusätzliche Kosten *(pl)* additional expenses, additional costs

Kostenanalyse *(f)* analysis of expenses, cost analysis

Kostenanschlag *(m)* cost mark-up

Kostenanschlag aufstellen *(m)* draw up an estimate

Kostenanstieg *(m)* cost improvement, cost increase

Kostenanteil *(m)* portion of costs, share in costs

Kostenaufschlüsselung *(f)* statement of charges, statement of costs

Kostenaufstellung *(f)* bill of costs, bill of expenditures, charge account, charge note, note of charges, note of cost

Kostenausgleich *(m)* costs equation

Kostenberechnung *(f)* calculation of costs, computation of costs, cost accounting, cost calculation

Kostenbetrag *(m)* amount of costs, amount of expenses

Kostendämmung *(f)* cost reduction, retrenchment of costs

Kosteneinsparung *(f)* costs cutting, reduction of costs

Kostenerstattung *(f)* costs refunding, refunding of expenses

kostenfrei free of charges

Kostenkalkulation *(f)* cost accounting, cost calculation

Kostenklausel *(f)* cost clause

Kostenkonto *(n)* expense account

kostenlos free, unpayable
kostenlose Lieferung *(f)* free delivery, gratis delivery
kostenlose Werbung *(f)* free advertisement, free advertising
kostenloses Muster *(n)* free sample

Kostenmodell *(n)* cost model

Kosten-Nutzen-Analyse *(f)* cost-benefit analysis (CBA)

Kosten-Nutzen-Modell *(n)* cost benefit model

Kosten-Nutzen-Rechnung *(f)* cost-benefit calculation

Kosten-Nutzen-Verhältnis *(n)* benefit-cost ratio

Kostenreduktion *(f)* cost cutting, reduction of costs

Kostenreduzierung *(f)* expenditure reduction, expense reduction

Kostenschätzungen *(pl)* cost budget

Kostensenkung *(f)* costs cutting, cutting of costs, reduction of charges, reduction of costs

Kostenspezifikation *(f)* note of charges, note of cost

Kostensteigerung *(f)* cost improvement, cost increase

Kostenstruktur *(f)* cost structure, structure of costs

Kostensumme *(f)* amount of costs, amount of expenses

Kostenverrechnung *(f)* cost allocation, cost distribution

Kostenverzeichnis *(n)* statement of charges, statement of costs

Kostenvollstreckung *(f)* execution of costs

Kostenvoranschlag *(m)* estimates of expenditure, preliminary estimates

Kostenvorschlag *(m)* cost budget, estimates of costs, estimates of expenditure, estimates of expenses, operating budget

Kraft *(f)* force, power

Kraftfahrzeug *(n)* motor vehicle
kombinierter Güterverkehr Schiene/Kraftfahrzeug *(m)* combined road and rail transport, combined road/rail service
per Kraftfahrzeug senden *(m)* send by truck
Schiene-Kraftfahrzeug-Verkehr *(m)* combined road and rail transport, combined road/rail service

Kraftfahrzeugbeförderung *(f)* motor-truck transport, truckage

Kraftfahrzeugpark *(m)* fleet of motor vehicles

Kraftfahrzeugtransport *(m)* truck transport

Kraftfahrzeugverkehr *(m)* motor transport, truck transport

Kraftfahrzeugversicherung *(f)* vehicle insurance

Kraftloserklärung *(f)* nullification

Kraftverkehr *(m)* motor transport, truck transport

Kraftverkehrsagent *(m)* cargo agent, carrier agent

Kraftwagen *(m)* automotive vehicle, car
per Kraftwagen senden *(m)* send by truck
Umschlag Schiff/Kraftwagen *(m)* ship-to-truck cargo handling

Kraftwagenfähre *(f)* auto ferry, car ferry

Kraftwagenfrachtbrief *(m)* road consignment note, trucking bill of lading

Kraftwagenführer *(m)* driver

Kran *(m)* crane

Kranführer *(m)* craneman

Krangebühr *(f)* cranage, crane charge

Krangeld *(n)* cranage, crane charge

Kranhaken *(m)* crane hook

Kranschiff *(n)* ship crane

Kredit *(m)* credit
Kredit aufnehmen *(m)* contract a debt, contract a loan, make a loan
Kredit aufnehmen *(m)* take on credit
Kredit ausnutzen *(m)* use a credit
Kredit einziehen *(m)* cancel a credit

Kredit entziehen *(m)* withdraw a credit
Kredit eröffnen *(m)* establish a credit
Kredit erschöpfen *(m)* utilize a credit
Kredit garantieren *(m)* guarantee a credit
Kredit geben *(m)* accord a loan
Kredit gewähren *(m)* accord a loan
Kredit kündigen *(m)* call a loan
Kredit ohne materielle Sicherheit *(m)* blank credit
Kredit prolongieren *(m)* prolong a credit
Kredit sperren *(m)* freeze a credit
* **Auszahlung eines Kredites** *(f)* granting of a credit
beschränkter Kredit *(m)* limited credit
Bewilligung des Kredits *(f)* allocation of credit
gebundener Kredit *(m)* tied credit
gedeckter Kredit *(m)* secured credit, covered credit
gesicherter Kredit *(m)* secured credit, cove-red credit
gestundeter Kredit *(m)* guaranted letter of credit
internationaler Kredit *(m)* international credit, external credit
Kauf auf Kredit *(m)* credit purchase, purchase on credit
kommerzieller Kredit *(m)* commercial credit, trade credit, mercantile credit
kurzfristiger Kredit *(m)* short credit
langfristiger Kredit *(m)* long-term credit
laufender Kredit *(m)* overdraft credit, current account loan, blank credit
Lieferung auf Kredit *(f)* credit delivery
offener Kredit *(m)* clean credit, opened credit
Prolongation des Kredits *(f)* extension of credit, prolongation of credit
revolvierender Kredit *(m)* evergreen credit
Roll-over-Kredit *(m)* roll-over credit
Rückzahlung des Kredits *(f)* loan repayment
staatlicher Kredit *(m)* government credit, state credit
technischer Kredit *(m)* swing credit
überfälliger Kredit *(m)* overdue credit, past-due credit
Überschreitung des Kredits *(f)* overdraw
unbefristeter Kredit *(m)* perpetual credit
ungedeckter Kredit *(m)* blank credit, non-secured credit
ungesichtbarer Kredit *(m)* non-secured credit, blank credit

unwiderruflicher Kredit *(m)* irrevocable credit
Verkauf gegen Kredit *(m)* sale on credit, credit sale
verzinslicher Kredit *(m)* credit at interest
warengesicherter Kredit *(m)* goods credit, commodity credit
widerruflicher Kredit *(m)* revocable credit
Zugang zu Kredit *(m)* access to credit
Kreditabzahlungsfrist *(f)* term of a loan
Kreditakzept *(n)* credit acceptance
Kreditanforderungen *(pl)* credit requirements
Kreditanstalt *(f)* credit bank, loan bank
Kreditantrag *(m)* credit application
Kreditart *(f)* kind of credit
Kreditauftrag *(m)* credit order
Kreditauskunft *(f)* status information
Kreditausweitung *(f)* expansion of credit, extension of credit
Kreditbank *(f)* credit bank, loan bank
Kreditbedingungen *(pl)* credit terms
Kreditbeschränkung *(f)* credit restraint, credit squeeze
Kreditbestätigung *(f)* confirmation of credit
Kreditbetrag *(m)* amount of credit, volume of credit
Kreditbrief *(m)* credit certificate, letter of credit
Begünstigte eines Kreditbriefes *(m)* payee of a letter of credit
Kreditbürgschaft *(f)* guarantee of loan, loan guarantee
Kreditbüro *(f)* credit house, credit institution
Kreditdauer *(f)* credit period
Kreditdirektor *(m)* director of credit
Kreditdiskriminierung *(f)* credit discrimination
Kreditdumping *(n)* credit dumping
Krediteinschränkung *(f)* credit cutback
Krediteinschränkungen *(pl)* credit restrictions
Kreditentziehung *(f)* withdrawal of credit
Krediteröffnung *(f)* credit opening

Kreditfähigkeit *(f)* borrowing power
Einschätzung der Kreditfähigkeit *(f)* credit rating, credit worthiness appraisal
Garantie der Kreditfähigkeit *(f)* guarantee of responsibility, guarantee of solvency
Kreditfähigkeitsprüfung *(f)* credit capacity analysis
Kreditforderung *(f)* credit claim
Kreditform *(f)* form of credit
Kreditfrist *(f)* credit period
Kreditgarantie *(f)* credit guarantee, guarantee of credit
Kreditgeber *(m)* creditor, lender
Kreditgenehmigung *(f)* credit approval
Kreditgeschäft *(n)* credit business, credit operation, credit operations, credit transaction, operation on credit, transaction on credit
Kreditgewährung *(f)* granting of a credit
Kreditgrenze *(f)* accommodation line, ceiling restrictions on lending, credit ceiling, credit limit, line of credit
Kredithandel *(m)* credit trade
Kredithöchstgrenze *(f)* credit ceiling, global credit, limit of credit
Kreditierung *(f)* crediting
Einstellung der Kreditierung *(f)* lending stop
Kreditinstitut *(n)* credit house, credit institution
Kreditinstitution *(f)* credit house, credit institution
Kreditkarte *(f)* credit card
Authorisierung der Kreditkarte *(f)* authorization of credit card
Kreditkauf *(m)* credit buying, credit purchase, purchase on account, purchase on credit, purchase on deferred terms
Kreditkonto *(n)* credit account
Kreditkosten *(pl)* borrowing cost, credit charge, credit costs
Kreditkündigung *(f)* notice of the withdrawal of a credit
Kreditlaufzeit *(f)* period of credit, term of payment
Kreditlieferung *(f)* credit delivery

Kreditlimit *(n)* ceiling restrictions on lending, credit ceiling, limit of credit
Kreditmakler *(m)* credit broker
Kreditmarkt *(m)* loan market
Kreditnehmer *(m)* accreditee
kreditöffend credit-issuing
kreditöffende Bank *(f)* credit-issuing bank, issuing bank
Kreditor *(m)* debtee
Kreditoren *(pl)* accounts payable
Kreditplafond *(m)* ceiling restrictions on lending, credit ceiling, limit of credit
Kreditplan *(m)* credit plan
Kreditpolitik *(f)* credit policy, lending policy
Kreditpromesse *(f)* credit approval, stand-by credit
Kreditprovision *(f)* credit commission
Kreditrechnung *(f)* credit invoice
Kreditrestriktion *(f)* credit restraint, credit squeeze
Kreditrisiko *(n)* credit risk
Kreditrückzahlung *(f)* repayment of a credit
Garantie für Kreditrückzahlung *(f)* letter of guarantee
Kreditsaldo *(m)* balance of credit, credit balance
Kreditsanktionen *(pl)* credit sanctions
Kreditsatz *(m)* interest rates on credit
Kreditsbeschränkungen *(pl)* credit restrictions
Kreditsicherheit *(f)* loan security, surety for a credit
Kreditsperre *(f)* stoppage of credit
Kreditsumme *(f)* amount of credit, volume of credit
Kreditvereinbarung *(f)* credit facility agreement
Kreditverfahren *(n)* form of credit
Kreditverkauf *(m)* sale on credit
Kreditverlängerung *(f)* extension of credit, prolongation of a credit, prolongation of credit
Kreditverlust *(m)* loss of credit

Kreditvermerk *(m)* credit ticket

Kreditverpflichtung *(f)* credit obligation

Kreditversicherung *(f)* credit insurance

Kreditversicherungspolice *(f)* payment default policy

Kreditvertrag *(m)* credit agreement

Kredit-Verzeichnis *(n)* list of credit

Kreditvollstreckung *(f)* loan collection

Kreditvolumen *(n)* credit volume

Kreditvorschriften *(pl)* credit regulations

Kreditwürdigkeit *(f)* credit capacity, credit solvency, credit worthiness

  Beurteilung der Kreditwürdigkeit *(f)* credit rating, credit worthiness appraisal

  Verlust der Kreditwürdigkeit *(m)* loss of creditworthiness

Kreditzinsen *(pl)* credit interest

Kreditzusage *(f)* credit approval, stand-by credit

Kreditzweck *(m)* purpose of credit

Kreuzband *(n)* excise band, tax band

Kreuzpreiselastizität *(f)* cross-elasticity of prices

Krieg *(m)* war

Kriegsklausel *(f)* Queen's enemies, war clause

Kriegsrisiko *(n)* war risk

  Versicherung gegen Kriegsrisiko *(f)* insurance against war risk, war risk insurance

Kriegsrisikoklausel *(f)* war risk clause

Kriegsrisikoversicherung *(f)* insurance against war risk, war insurance, war risk insurance

Kriegszustand *(m)* state of war

Kriminalitätsanstieg *(m)* crime wave

Krise *(f)* crisis, recession

Krisensituation *(f)* crisis situation

Krisenzyklus *(m)* cyclical trend, economic cycle

Kriterium *(n)* benchmark, criterion

Kubikmeter *(pl)* cubic meters

  Fracht berechnet nach Kubikmetern *(f)* freight assessed on the basis of cubic measurement, freight by measurement

Kubatur *(f)* measurement

Kühlanhänger *(m)* refrigerated trailer

Kühlanlage *(f)* freezing chamber, refrigeration plant

Kühl-Auflieger *(m)* refrigerated semitrailer

Kühlbehälter *(m)* cooled container, reefer, refrigerator container

Kühlcontainer *(m)* cooled container, reefer, refrigerator container

Kühlcontainerschiff *(n)* refrigerated container ship

kühlen cool

Kühlfracht *(f)* refrigerated cargo

Kühlfrachtschiff *(n)* reefer vessel, refrigerated freighter, refrigerator vessel

Kühlfruchtfrachter *(m)* fruit ship

Kühlgut *(n)* chilled cargo, cooled cargo

Kühlgutfrachtschiff *(n)* general refrigerated ship, general refrigerated vessel

Kühlgutversicherung *(f)* chilled goods insurance

Kühlhauslagerung *(f)* cold storage

Kühlkahn *(m)* refrigerated barge

Kühlladeraum *(m)* refrigerated hold

Kühlladung *(f)* chilled cargo

Kühl-Lastkraftwagen *(m)* refrigerated lorry, refrigerated truck

Kühlleichter *(m)* refrigerated freighter

Kühllinienfrachtschiff *(n)* refrigerated cargo liner

Kühlmaschinencontainer *(m)* mechanically refrigerated container

Kühlmotorschiff *(n)* refrigerated cargo motorship

Kühlraum *(m)* freezing chamber, refrigeration plant

Kühlraumladung *(f)* cooled cargo

Kühlraumschiff *(n)* chill ship

Kühlschiff *(n)* cold-storage boat, reefer vessel, refrigerated ship, refrigerator vessel

Kühlschrank *(m)* refrigerator

Kühltransport *(m)* refrigerated transport
Internationale Gesellschaft der Eisenbahnen für Kühltransporte *(f)* Intercontainer-Interfrigo (ICF)
Kühlwagen *(m)* refrigerated lorry, refrigerated truck
Kühlwaggon *(m)* refrigerated car, refrigerated van
Kühlzeit *(f)* cooling time
Kühlzug *(m)* refrigerated train, refrigerator train
Kumulationsakkreditiv *(n)* cumulative letter of credit
Kumulationsfranchise *(f)* cumulative franchise
  nicht Kumulationsfranchise *(f)* non-cumulative franchise
Kumulationsfranchiseklausel *(f)* cumulative franchise clause
  nicht Kumulationsfranchiseklausel *(f)* non-cumulative franchise clause
Kunde *(m)* acquirer, consumer, recipient
  Lager des Kunden *(n)* buyer's warehouse
Kundenanalyse *(f)* consumer's analysis
Kundenanforderungen *(pl)* buyer's requirements, consumer's requirements
Kundenauftrag *(m)* customer order
Kundenauftragsabwicklung *(f)* customer order servicing
Kundendienst *(m)* attendance on customer, customer service, service department
Kundendienstabteilung *(f)* customer service, service department
Kundendienstklausel *(f)* service clause
Kundenkantor *(n)* buying office, procurement office
Kundenliste *(f)* customer's register
Kundennummer *(f)* customer number, customer's reference number
Kundenregistrierung *(f)* client registration
Kundenservice *(m)* attendance on customer, customer service
Kundenspezifikation *(f)* customer specification

Kundenspezifikationen *(pl)* customer specifications
kündigen back out, renounce, terminate, undo
  Abkommen kündigen *(n)* terminate an agreement
  Bürgschaftsvertrag kündigen *(m)* cancel the guarantee *(CT)*
  Kontrakt kündigen *(m)* terminate a contract, denounce a contract, break a contract, back out of a contract
  Kredit kündigen *(m)* call a loan
  Versicherungsvertrag kündigen *(m)* cancel a contract of insurance
  Vertrag kündigen *(m)* recede from a contract, dissolve an agreement, determine a contract, denounce a contract, back out of a contract, rescind a contract, terminate a contract
Kündigung *(f)* cancellation, notice, withdrawal
  Kündigung der Bewilligung *(f)* cancellation of the authorisation
  Kündigung der Anleihe *(f)* withdrawal of a loan
  Kündigung des Vertrags *(f)* contract termination
  * **Grundlosigkeit der Kündigung** *(f)* groundlessness of the notice
  Tag der Kündigung *(m)* notice day
Kündigungsbrief *(m)* declaring the contract avoided
Kündigungsfrist *(f)* period of notice, term of notice, term of notice as stipulated by contract
Kündigungsklausel *(f)* cancellation clause, denunciation clause, escape clause
Kündigungsschreiben *(n)* declaring the contract avoided
Kündigungstermin *(m)* term of notice as stipulated by contract
Kurier *(m)* courier
  per Kurier senden *(m)* send by courier
  Zustellung durch Kurier *(f)* delivery by courier
Kurierdienste *(pl)* carrier services
  Beförderung durch Express- oder Kurierdienste *(f)* rapid transit, transport by express carriers
Kuriergeschäft *(n)* courier firm, courier house

Kurierzustellung *(f)* delivery by courier
Kurs *(m)* rate, price
Kurs ermäßigen *(m)* decrease a rate, depress a rate
Kurs nach Börsenschluss *(m)* price after hours
Kurs senken *(m)* decrease a rate, depress a rate
* **aktueller Kurs** *(m)* current rate, going price
amtlicher Kurs *(m)* official quotation, official rate, legal rate of exchange
direkter Kurs *(m)* direct rate of exchange
Fallen der Kurse *(n)* fall in exchange
fester Kurs *(m)* fixed rate
fixierter Kurs *(m)* fixed rate of exchange
flexibler Kurs *(m)* flexible exchange rate, floating rate
floatender Kurs *(m)* flexible exchange rate, floating rate
heutiger Kurs *(m)* ruling price
laufender Kurs *(m)* current rate, going price
niedriger Kurs *(m)* minimum price, low price
nomineller Kurs *(m)* nominal exchange
offizieller Kurs *(m)* legal rate of exchange, official rate, official quotation
unamtlicher Kurs *(m)* unofficial quotation
Kursabfall *(m)* fall in exchange, sag
Kursabschlag *(m)* backwardation, decline in rates
Kursabweichung *(f)* exchange fluctuations, price range
Kursänderung *(f)* alteration in rates, change in the exchange rate
Kursanstieg *(m)* price advance
Kursanzeigetafel *(f)* list of foreign exchange, list of stock-exchange quotations, table of exchange rates, table of exchanges
Kursaufschlag *(m)* improvement in exchange, rise in quotation
Kursbericht *(m)* stock exchange report
Kursblatt *(n)* stock exchange report
Kursdifferenz *(f)* difference of exchange, difference on exchange
Kursfestsetzung *(f)* determination of price
Kursgarantie *(f)* rate guarantee
Kursgewinn *(m)* exchange profit

Kursmakler *(m)* exchange broker, stock broker, stock exchange broker
Kursniveau *(n)* rates level
Kursnotierung *(f)* exchange listing, price quotation, stock exchange quotation
Kursrisiko *(n)* currency risk, foreign exchange risk
Kursrückgang *(m)* cutting of quotation, diminution of prices, drop in prices, fall in exchange, sag
Kursschwankung *(f)* rate fluctuation
Kursschwankungen *(pl)* exchange fluctuations, fluctuations in the rate of exchange, price range
Kursspanne *(f)* price range
Kurssteigerung *(f)* bull slide
Kursverfall *(m)* cutting of quotation, diminution of prices
Kursvergleich *(m)* arbitrage
Kursverlust *(m)* exchange loss, loss on exchange
Kursverlustversicherung *(f)* loss-on-exchange insurance
Kurszettel *(m)* broker's memorandum, list, sold note, stock exchange report, stock list, table of exchange rates, table of exchanges
Kurzanschrift *(f)* abbreviated address
Kurzbezeichnung *(f)* shortcut
Kurzbezeichnung T *(f)* symbol 'T' *(CT)*
Kurzbezeichnung T1 *(f)* symbol T1
kürzen cut off
kurzfristig short-term
kurzfristige Garantie *(f)* short-term guarantee
kurzfristige Lagerung *(f)* limited storage, short-term storage
kurzfristige Schuld *(f)* floating debt
kurzfristiger Charter *(m)* short-term charter
kurzfristiger Kredit *(m)* short credit
kurzfristiger Vertrag *(m)* short-term contract
Kurzfristprognose *(f)* short-term forecast
Kurztarif *(m)* reduced tariff
Kurzzeitfaktor *(m)* short-term factor

Kurzzeitlager *(n)* short-term warehouse

Küste *(f)* bank, coast, shore

 Fischen an der Küste *(n)* coastal fishing

Küstenbahn *(f)* coast railway

Küstenfahrer *(m)* coastal craft, coastal vessel, coastal ship, coasting craft, coasting vessel

Küstenfahrtsmanifest *(n)* coasting manifest

Küstenfahrzeug *(n)* coastal craft, coastal vessel, coastal ship, coasting craft, coasting vessel

Küstenfrachtrate *(f)* coasting rate

Küstengewässer *(n)* territorial sea

Küstenhandel *(m)* coasting trade, coastwise trade

Küstenlinie *(f)* coast line

Küstenlotse *(m)* coasting pilot

Küstenmeer *(n)* territorial sea

Küstenreise *(f)* coastwise voyage

Küstenschiff *(n)* coastal vessel, coaster, coasting vessel, short-sea ship

Küstenschifffahrt *(f)* coastal navigation, coastal shipping

 kleine Küstenschifffahrt *(f)* limited coastal trade, local shipping

Küstenschifffahrtkonnossement *(n)* coastwise bill of lading

Küstenschifffahrtleichter *(m)* coasting barge

Küstenschlepper *(m)* coastal tug

Küstenstaat *(m)* coastal state

Küstenverkehr *(m)* coast trade, coastwise traffic

Küstenverkehrleichter *(m)* coal lighter

Kutter *(m)* cutter

L

Laboranalyse *(f)* laboratory analysis, laboratory assay

Laboratorium *(n)* laboratory

Laboratoriumsuntersuchung *(f)* laboratory test

Labormuster *(n)* laboratory sample

Lackage *(f)* ullage

Lackverlust *(m)* ullage

Ladebarge *(f)* cargo barge

Ladebaum *(m)* boom, derrick

Ladearbeiten *(pl)* loading works
    Vergütung für Ladearbeiten *(f)* stevedoring charge, handling charge
    Warenqualität nach Ladearbeiten *(f)* landed quality

Ladebereitschaft *(f)* loading readiness, loadreadiness, readiness to charging, readiness to load
    Anzeige der Ladebereitschaft *(f)* captains' note
    Tag der Ladebereitschaft *(m)* alongside date, date of readiness

Ladebereitschaftsanzeige *(f)* captain's note, captain's notice, notice of readiness

Ladebereitschaftserklärung *(f)* captain's notice

Ladebereitschaftsmeldung *(f)* captain's note, captain's notice, notice of readiness, notice of readiness to consignation, notice of readiness to discharge, notice of readiness to forwarding, notice of readiness to lade, notice of readiness to load

Ladebereitschaftsnotiz *(f)* captain's note, captain's notice, notice of readiness, notice of readiness to consignation, notice of readiness to discharge, notice of readiness to forwarding, notice of readiness to lade, notice of readiness to load

Ladeblock *(m)* cargo block

Ladebord *(m)* cargo deck

Ladebreite *(f)* loading breadth

Ladebrief *(m)* bill of lading
    Ladebrief zusenden *(m)* forward a bill of lading, send a bill of lading

Ladebuch *(n)* cargo book

Ladedeklaration *(f)* freight declaration, load declaration

Ladeeinheit *(f)* cargo unit, load unit, shipping unit 2. *(Lufttransport)* air-mode container, unit load device (ULD)
    Unifizierung der Ladeeinheiten *(f)* unification of loading units

Ladefähigkeit *(f)* carrying capacity, carrying power, cubic capacity, dead-weight capacity, freight capacity

Ladefaktor *(m)* load factor

Ladefläche *(f)* load platform *(TIR)*

Ladefrist *(f)* date of shipment

Ladegebühr *(f)* cargo due, due on cargo
    Seefracht und hafenübliche Ladegebühren inklusive, Löschgebühren ausgenommen *(f)* liner in free out

Ladegeld *(n)* due on cargo, wharfage

Ladegestell *(n)* loading pallet

Ladegewicht *(n)* cargo tonnage, cargo weight, intaken weight, shipped weight

Ladegleis *(n)* loading siding

Ladegut *(n)* cargo, lading

Ladehafen *(m)* harbour of landing, port of clearance, port of shipment, shipping port
    benannter Ladehafen *(m)* named port of shipment

Ladekapazität *(f)* cargo capacity, cargo carrying capacity, cargo deadweight, charge capacity, charging capacity, loaded capacity, measurement capacity, tonnage

Ladekosten *(pl)* lading cost, loading charges, loading cost

Ladekran *(m)* cargo crane, loading crane

Ladelinie *(f)* load line, load water line, loadline, water load-line

Ladeliste *(f)* cargo sheet, lading list, loading list, manifest, packing list
    Anzahl der Ladelisten *(f)* number of loading lists
    besondere Ladeliste *(f)* special loading list
      Verwendung der besonderen Ladelisten *(f)* use of special loading lists

Ladeluke *(f)* cargo hatch

Ladelukekontrolle *(f)* survey of hatches

Lademanifest *(n)* lading manifest, shipment manifest

Lademarke *(f)* freeboard mark, Plimsoll's mark

Lademaß *(n)* loading gauge, profile

Lademaßüberschreitung *(f)* out of profile

Lademenge *(f)* intaken quantity

laden charge, lade
  in Container laden *(m)* containerise

Laden *(n)* loading **2.** shop
  Bedingungen des Ladeplatzes bezüglich Ladens und Löschens *(pl)* berth terms, liner terms
  frei Laden und Löschen *(n/n)* free in and out

Ladenkatalog *(m)* advertising brochure, circular

Ladenraum *(m)* storage room

Ladeort *(m)* place of loading, place of shipment, point of origin, point of shipment, shipping place
  Preis frei Ladeort *(m)* free loading place price

Ladepapiere *(pl)* dispatch documents, shipper's papers
  zahlbar gegen Ladepapiere *(pl)* payable against shipping documents

Ladeplatz *(m)* charging wharf, loading wharf, loading place, place of shipment
  Bedingungen des Ladeplatzes bezüglich Ladens und Löschens *(pl)* liner terms, berth terms
  benannter Ladeplatz *(m)* named loading place
  frei Ladeplatz *(m)* free loading place, free place of shipment

Ladeprofil *(n)* loading gauge, profile

Ladequalität *(f)* shipping quality

Ladequantum *(n)* quantity loaded, shipped quantity

Laderampe *(f)* loading platform, loading ramp

Laderaum *(m)* cargo space, freight space, stowage space **2.** *(TIR carnet)* load compartment
  Ladung im Laderaum stauen *(f)* stow the cargo
  Ladung in Laderaum *(f)* hold cargo
  Meister des Laderaumes *(m)* master of the hold

Reinigung eines Laderaumes *(f)* cleaning of holds

selbsttrimmender Laderaum *(m)* self-trimming hold

wärmeisolierter Laderaum *(m)* insulated load compartment

Laderauminhalt *(m)* capacity for cargo, capacity of cargo spaces, stowage capacity
  Laderauminhalt für Getreide *(m)* grain capacity

Laderungsgehalt *(m)* charge capacity, measurement capacity

Ladeschein *(m)* bordereau, carrier's receipt, consignment note, shipping note, shipping order

Ladestation *(f)* loading station

Ladestelle *(f)* loading place, place of shipment
  frei Ladestelle *(f)* free loading place, free place of shipment

Ladetage *(pl)* loading days

Ladetermin *(m)* loading period
  Ladetermin bestimmen *(m)* determine the time of shipment

Ladetiefgang *(m)* laden draught, load draught, loaded draft, loaded draught

Ladetonnage *(f)* dead-weight capacity, dead-weight tonnage

Ladetragfähigkeit *(f)* cargo deadweight tonnage

Ladevermögen *(n)* cargo carrying capacity, cargo deadweight

Ladevorschriften *(pl)* lading rules, shipment rules

Ladewasserlinie *(f)* load line

Ladezeit *(f)* date of lading, term of shipment

Ladezettel *(m)* carriage note

Ladung *(f)* loading, stowage
  Ladung abwiegen *(f)* weigh cargo
  Ladung ausliefern *(f)* hand over cargo
  Ladung buchen *(f)* book cargo, book freight, book space
  Ladung einnehmen *(f)* accept a cargo, take a cargo, take in cargo
  Ladung identifizieren *(f)* identify a cargo
  Ladung im Laderaum stauen *(f)* stow the cargo
  Ladung in Ballen *(f)* bale cargo
  Ladung in Laderaum *(f)* hold cargo

Ladung in Paketen *(f)* package cargo
Ladung in Schachteln *(f)* cartonised cargo
Ladung lagern *(f)* store cargo
Ladung löschen *(f)* discharge cargo
Ladung ohne Begleitpapiere *(f)* undocumented cargo
Ladung schicken *(f)* forward a cargo, ship a cargo
Ladung stauen *(f)* stow the cargo
Ladung trimmen *(f)* trim, trimming
Ladung übernehmen *(f)* accept a cargo, take a cargo, take in cargo
Ladung umschlagen *(f)* handle cargo
Ladung unter Deck *(f)* inboard cargo, underdeck cargo
Ladung versichern *(f)* underwrite a cargo
Ladung verteilen *(f)* stow, stow the cargo
Ladung wird angeboten und herabgelassen *(f)* lift-on/lift-off system, lo-lo
Ladung zustellen *(f)* deliver a cargo
* abgehende Ladung *(f)* exported cargo, out-bound freight
adressierte Ladung *(f)* addressed cargo
Akt über Beschlagnahme der Ladung vom Zollamt *(m)* seizure note
Ankunftsdatum der Ladung *(n)* ship-to-arrive-by date
Art der Ladung *(f)* cargo type
Aufbewahrung der Ladung *(f)* storing cargo
ausgehende Ladung *(f)* out cargo
Auslieferung einer Ladung *(f)* cargo delivery, delivery of cargo
ballenweise Ladung *(f)* bale cargo
Befestigung der Ladung *(f)* cargo lashing, lashing cargo, lashing
Befrachtung der Ladung *(f)* cargo booking, booking of cargo
benetzte Ladung *(f)* wetted goods
beschädigte Ladung *(f)* damaged cargo
Beschaffenheit der Ladung *(f)* condition of cargo, quality of cargo
Beschlagnahme einer Ladung *(f)* detention of cargo, arrest of cargo
bezahlte Ladung *(f)* payload
Buchung einer Ladung *(f)* cargo booking, booking of cargo
containerische Ladung *(f)* container cargo, container load
containerisierte Ladung *(f)* containerized cargo

deklarierte Ladung *(f)* declared cargo
direkte Ladung *(f)* direct shipment, through shipment
Disponent der Ladung *(m)* shipper
Empfang der Ladung *(m)* cargo receipt, receipt of cargo
fässerweise Ladung *(f)* barrel cargo, cargo in barrels
FCL-Ladung *(f)* full container load (FCL), container load
feuergefährliche Ladung *(f)* inflammable cargo, combustible goods
flüssige Ladung *(f)* liquid cargo
gefährliche Ladung *(f)* hazardous cargo, dangerous cargo
gekühlte Ladung *(f)* cooled and refrigerated cargo
gemischte Ladung *(f)* heterogeneous cargo, mixed cargo, mixed general cargo
geruchsverbreitende Ladung *(f)* fetid cargo
geschüttete Ladung *(f)* bulk liquid cargo, loose bulk cargo
gestapelte Ladung *(f)* stacked cargo
homogene Ladung *(f)* uniform cargo, homogenous cargo
Kennzeichnung von Ladung *(f)* marking of cargo, marking
Konfiskation der Ladung *(f)* seizure of load
konventionelle Ladung *(f)* conventional cargo
lange Ladung *(f)* long-load
lebende Ladung *(f)* live cargo
leichte Ladung *(f)* light cargo, light goods, bulky cargo, measure goods, measurement cargo
leichtverderbliche Ladung *(f)* perishable cargo
lose Ladung *(f)* loose bulk cargo, uncased goods, mass freight, package cargo, bulk freight, unprotected cargo, break bulk cargo
Markierung der Ladung *(f)* cargo marking, mark of the cargo, marking of cargo
mechanische Ladung *(f)* mechanical loading
nasse Ladung *(f)* wet cargo
nicht gelieferte Ladung *(f)* non-delivered cargo
paketierte Ladung *(f)* package cargo
paketweise Ladung *(f)* package cargo
Palette mit Ladung *(f)* pallet load
palettierte Ladung *(f)* palletized load, palletized freight, palletized cargo
riechende Ladung *(f)* odorous cargo

Rücksendung von Ladung *(f)* return of cargo
sackweise Ladung *(f)* cargo in bags, bagged cargo
saubere Ladung *(f)* clean cargo
schwere Ladung *(f)* heavy cargo, heavy freight, heavy lift, heavy package, heavy freight
schwimmende Ladung *(f)* shipped cargo, cargo on board, floating cargo
sehr wichtige Ladung *(f)* very important cargo
sperrige Ladung *(f)* measurement goods, oversized cargo, light freight, out-of-gauge cargo, light goods
Trennung der Ladung *(f)* cargo segregation
über Bord geworfene Ladung *(f)* jetsam, jettisoned cargo
Übergabe einer Ladung *(f)* delivery of cargo, release of cargo
Umadressierung der Ladung *(f)* rerouting cargo, readdressing of cargo
umgeschlagene Ladung *(f)* handled cargo
unreine Ladung *(f)* dirty cargo
unterwegs befindliche Ladung *(f)* cargo to arrive
unverpackte Ladung *(f)* bulk freight, mass freight, unwrapped cargo
Verlust der Ladung *(m)* loss of cargo
Verlust von Ladung *(n)* loss of freight
verpackte Ladung *(f)* package cargo, packed cargo
Versand der Ladung *(m)* cargo dispatch, shipment of cargo, dispatch of cargo
versicherte Ladung *(f)* insured goods
Versicherung der Ladung *(f)* transportation insurance, freight insurance, transport insurance, insurance of freight
Versicherung von Schiff und Ladung *(f)* hull and cargo insurance
verspätete Empfang der Ladung *(m)* delayed receipt of cargo
Verteilung der Ladung *(f)* placement of cargo, cargo disposition
volle Ladung *(f)* complete cargo, full and complete cargo
Zollausfuhrbewilligung der Ladung ab Lager *(f)* warehouse order
zollbare Ladung *(f)* dutiable goods
zollfreie Ladung *(f)* duty-free cargo
Zustand der Ladung *(m)* condition of cargo
Ladungsabmessungen *(pl)* measurements of cargo

Ladungsabsender *(m)* sender of freight, shipper
Ladungsabsonderung *(f)* cargo separation, separation of cargo
Ladungsangebot *(n)* cargo offerings, freight offerings
Ladungsanmeldung *(f)* receiving note
Ladungsannahme *(f)* acceptance of cargo, cargo reception
Ladungsarrest *(m)* arrest of cargo
Ladungsart *(f)* nature of cargo
Ladungsauslieferung *(f)* delivery of goods, release of cargo
Ladungsbehandlung *(f)* cargo handling, freight handling
Ladungsbericht *(m)* list of cargo, specification of cargo
Ladungsbeschädigung *(f)* cargo damage, damage to cargo
Ladungsbeschlagnahme *(f)* arrest of cargo, seizure of cargo
Ladungsbeschreibung *(f)* description of cargo
Ladungsbrief *(m)* bill of lading
Ladungsdeck *(n)* cargo deck
Ladungsdeklaration *(f)* freight declaration, load declaration
Ladungseigentümer *(m)* cargo owner, owner of cargo
Ladungseingang *(m)* load arrival
Ladungseinheit *(f)* unit load
Ladungsempfang *(m)* cargo acceptance, collection of cargo, reception of cargo
Ladungsempfängername *(m)* name of consignee, name of receiver of cargo
Ladungserwerb *(m)* acquisition of cargo
Ladungsfähigkeit *(f)* dead-weight capacity, dead-weight cargo tonnage, dead-weight tonnage, loading capacity
Ladungsfahrt *(f)* cargo passage
Ladungsgebühr *(f)* discharge fee
Ladungsgeld *(n)* charging charge, charging fee

Ladungsgewicht *(n)* landed weight, landing weight, weight of cargo

Ladungsinhaber *(m)* cargo owner, owner of cargo

Ladungskonsignatar *(m)* consignee of the cargo

Ladungskontrolle *(f)* cargo inspection, cargo survey

Ladungskontrolleur *(m)* cargo checker, tallier, tally clerk, tallyman

  vereidigter Ladungskontrolleur *(m)* sworn cargo checker, sworn tallyman

Ladungslieferung *(f)* cargo delivery, delivery of cargo

Ladungsliste *(f)* freight list

Ladungsmakler *(m)* loading broker

Ladungsmangel *(m)* dearth of freight, scarcity of cargo

Ladungsmanifest *(n)* captain's manifest, cargo report, freight list, goods manifest, list of loaded goods, list of shipped goods, shipment manifest, shipper's manifest, shipping manifest

Ladungsmarkierung *(f)* cargo marking, mark of the cargo, marking of cargo

Ladungsmenge *(f)* quantity of cargo

Ladungsmitinhaber *(m)* part owner of cargo

Ladungsname *(m)* name of cargo

Ladungsnichtlieferung *(f)* non-delivery of shipment, shortage of cargo

Ladungsnorm *(f)* loading rate

Ladungsorder *(f)* delivery order, loading order, shipping order

Ladungspartie *(f)* batch of cargo, parcel of cargo

Ladungspfand *(n)* lien of cargo, lien on cargo, maritime liens on cargo

Ladungspfandrecht *(n)* lien of cargo, lien on cargo, lien on goods

Ladungspfandrechtsklausel *(f)* lien of cargo clause, tacit hypothecation clause

Ladungsplan *(m)* cargo plan, cargo stowage plan

Ladungspolice *(f)* cargo policy, goods insurance policy

Ladungsraum *(m)* measurement of cargo

Ladungsrest *(m)* remainder of cargo

Ladungsschaden *(m)* damage of cargo, load damage, loading damage

Ladungsschaden *(m)* shipping damage

Ladungsschein *(m)* bordereau, consignment note, delivery order, freight receipt, shipping order

Ladungssicherheit *(f)* safety of cargo

Ladungsspezifikation *(f)* cargo list, packing list

Ladungstruktur *(f)* cargo structure

Ladungsumladung *(f)* handling

Ladungsverkehr *(m)* cargo turnover, turnover of load

Ladungsverlust *(m)* cargo loss

Ladungsversicherer *(m)* cargo insurer

Ladungsversicherung *(f)* insurance in transit, insurance of cargo, transport insurance, transportation insurance

Ladungsverteilung *(f)* disposition of cargo

Ladungsverzeichnis *(n)* cargo manifest, freight manifest, manifest, manifest of cargo, ship's manifest, vessel manifest

  Container-Ladungsverzeichnis *(n)* container manifest

Lage *(f)* position

  aussichtslose Lage *(f)* deadlock

  finanzielle Lage *(f)* financial standing, financial position, financial situation

  wirtschaftliche Lage *(f)* economic situation, business situation

Lager *(n)* stockhouse, store, warehouse

  Lager des Kunden *(n)* buyer's warehouse

  Lager für den aktiven Veredelungsverkehr *(n)* warehouse for inward processing

  Lager unter Verbrauchssteueraufschub *(n)* excise duty-free warehouse, tax warehouse

  Lager unter Zollverschluss *(n)* bonded store, customs warehouse

  * ab Lager *(n)* ex warehouse, ex godown, ex store

frei Lager *(n)* free warehouse, delivered in store

frei Lager des Empfängers *(n)* on-call delivery, delivered in store, delivery as required, free at buyer's warehouse

frei Lager des Käufers *(n)* delivered free to warehouse of purchaser, free at buyer's warehouse

Preis frei Lager des Käufers *(m)* price ex warehouse of the purchaser

Preis frei Lager des Empfängers *(m)* delivered in store price

Preis ab Lager des Verkäufers *(m)* price ex seller's warehouse

Lieferung ab Lager *(f)* delivery ex warehouse

lizenziertes Lager *(n)* licenced warehouse

Menge auf Lager *(f)* quantity held

öffentliches Lager *(n)* public warehouse, open-type warehouse

Preis ab Lager *(m)* price ex warehouse, price ex store

Preis frei Lager *(m)* free warehouse price, delivered in store price, price ex warehouse

privates Lager *(n)* private warehouse, closed-type warehouse

Register der Halter von Lagern für vorübergehende Verwahrung *(n)* Register of Owners of Temporary Storage Warehouses

Stückzahl im Lager *(f)* on-hand quantity, quantity in stock

Ware auf Lager nehmen *(f)* take in bond

zentrales Lager *(n)* main warehouse, central warehouse

Zollausfuhrbewilligung der Ladung ab Lager *(f)* warehouse order

Lageraufseher *(m)* chief storekeeper, store clerk

Lagerauftrag *(m)* store order, warehouse order

Lagerbedingungen *(pl)* storage conditions

besondere Lagerbedingungen *(pl)* special storage conditions

Lagerbefundbuch *(n)* cargo book, store book

Lagerbestand *(m)* inventory, store

Lagerbetrieb *(m)* warehouse business, warehouse line

Lagerbuch *(n)* store book

Lagerbuchhaltung *(f)* stock bookkeeping

Lagerdauer *(f)* housing period, stock life, stock-carrying period, storage period, storage time, storing period, storing time

Lagerei *(f)* housing, place of warehousing, point of warehousing, warehousing, warehousing point

Lagereigentümer *(m)* storer

Lagerempfangsschein *(m)* warehouse certificate, warehouse receipt, warehouse warrant

Indossament des Lagerempfangsscheins *(n)* indorsement of letter of deposit, indorsement of warehouse certificate

Lagerfähigkeit *(f)* storage capability, warehouse capacity

Lagerfläche *(f)* storage room

Lagerfrist *(f)* storage period, storekeeping period

Lagergebühr *(f)* sheddage, storage, storage charge, store rent

Lagergeld *(n)* storage cost, storage dues, store rent, warehouse charge, warehouse rent, warehousing

Lagerhalle *(f)* depot, dock shed, shed, warehouse

Lagerhalter *(m)* parcel clerk, warehouse keeper, warehousekeeper, warehouseman

Konnossement des Lagerhalters *(n)* custody bill of lading

Lagerhaltung *(f)* management of stores, storage economy

Lagerhaltungszeit *(f)* keeping time, period of storage

Lagerhaus *(n)* depot, storehouse, warehouse

Preis ab Lagerhaus *(m)* price ex store, price ex godown

Preis frei Lagerhaus *(m)* free warehouse price, delivered in store price

Lagerhausraum *(m)* storage space

Lagerist *(m)* stockkeeper, warehouse keeper

Lagerkapazität *(f)* storage capacity, warehouse capacity

Lagerkarte *(f)* stock card

Lagerkauf *(m)* ex warehouse purchase

Lagerkosten *(pl)* storage charge

Lager-Lager-Versicherung *(f)* warehouse-to-warehouse insurance

Lagerleiter *(m)* chief storekeeper, store clerk, storeman, warehouse manager

Lagermiete *(f)* housing charge, storage, storage due, warehouse charge

lagern house, stockpile, warehouse
im Zolllager lagern *(n)* deposit in a customs warehouse
Ladung lagern *(f)* store cargo
unter Verschluss lagern *(m)* place into bond

Lagernummer *(f)* stock number, warehousing number

Lagerorder *(f)* store order, warehouse order

Lagerort *(m)* custodianship place, place of storage, place of warehousing, point of warehousing, warehousing point

Lagerplatz *(m)* place of storage, stacking yard, storage ground, storing place

Lagerquittung *(f)* warehouse certificate, warehouse receipt, wharfinger's certificate
Indossament der Lagerquittung *(n)* indorsement of warehouse-keeper's certificate, indorsement of warehouse receipt
unübertragbare Lagerquittung *(f)* non-assignable certificate of deposit

Lagerraum *(m)* storage accommodation, storage room, storage space, warehouse room, warehouse space
Preis ab Lagerraum *(m)* price ex godown, price ex store

Lagerschaden *(m)* warehouse damage

Lagerschein *(m)* warehouse receipt, warehouse receipt and warrant, warehouse warrant
Indossament des Lagerscheines *(n)* indorsement of warehouse receipt, indorsement of warehouse-keeper's certificate
Indossierung des Lagerscheines *(f)* endorsement of deposit receipt
unübertragbarer Lagerschein *(m)* non-assignable certificate of deposit

Lagerschluppen *(m)* dock shed, shed, storage berth, warehouse wharf

Lagerspesen *(pl)* housing charge, storage fees, warehouse charge, warehouse rent

Lagertemperatur *(f)* storage temperature

Lagerumschlag *(m)* stock handling, stock turnover, turnover of stock

Lagerung *(f)* keeping, storage
Lagerung unter Zollverschluss *(f)* bonding, warehousing in bond
kurzfristige Lagerung *(f)* limited storage, short-term storage

Lagerungsbedingungen *(pl)* storing conditions

Lagerungsbestimmungen *(pl)* storage instructions, store instructions

Lagerungschaden *(m)* warehouse damage

Lagerungsenheit *(f)* stock keeping unit

Lagerungsfrage *(f)* storage problem

Lagerungsfrist *(f)* period of storage, time of storage

Lagerungskai *(m)* storage quay, storing berth

Lagerungskosten *(pl)* storage costs, store rent, storing charges, warehouse costs, warehousing costs

Lagerungsvertrag *(m)* contract of storage

Lagerungsvorschriften *(pl)* store instructions, storing instructions, warehousing regulations

Lagerungszeit *(f)* housing period, period of storage, stock-carrying period, storage time, time of storage

Lagerverlust *(m)* storage depreciation, storage shortage

Lagerversicherung *(f)* warehouse goods insurance

Lagerverwalter *(m)* warehouse-keeper

Lagervorrat *(m)* goods in stock

Lagervoschriften *(pl)* warehousing regulations

Lagerwirtschaft *(f)* storage, storage economy

Lagerzeit *(f)* period of custody, storage period, storekeeping period

Land *(n)* country
Land der vorübergehenden Einfuhr *(n)* country of temporary admission, country of temporary importation
Land mit hohem Risiko *(n)* country of high risk

* **einführendes Land** *(n)* importing country
Kode für das Land *(m)* code of the country
kombinierter Güterverkehr Land/See *(m)*
combined land/sea service
meistbegünstigtes Land *(n)* most-favoured
nation
Transport zu Lande *(m)* surface transport,
surface transportation, land-borne transport
Landbrücke *(f)* landbridge
Landcontainerterminal *(n)* land container terminal
Landen *(n)* landing
Landeplatz *(m)* landing place
Länderrisiko *(n)* country risk
Landeserzeugnis *(n)* local product
Landesgrenze *(f)* country border, land frontier
Landesprodukt *(n)* home-made goods
Landesschaden *(m)* country damage
Landeswährung *(f)* internal currency, local currency
  zahlbar in Landeswährung *(f)* payment in local currency
Landeszeit *(f)* local time
Land-Fähre-Verkehr *(m)* land and ferry transport
Landfracht *(f)* land freight
Landgebiet *(n)* land territory
Landhandel *(m)* land-borne trade
Landschaden *(m)* land damage
Land-See-Containertransport *(m)* land and sea container transport
Landsendung *(f)* dispatch by land
Landtransit *(m)* land transit
Landtransport *(m)* land carriage, overland transport, surface transport, surface transportation
Landtransportrisiko *(n)* land risk
Landtransportversicherung *(f)* overland insurance
Landung *(f)* cargo
Landungsbrücke *(f)* jetty, quay
Landverkehr *(m)* surface transport

Landweg *(m)* land route
  auf Bahn und Landweg rail and road
  auf dem Landweg *(m)* by land, by road
landwirtschaftlich agricultural
landwirtschaftliche Einfuhr *(f)* agricultural import
landwirtschaftlicher Import *(m)* agricultural import
landwirtschaftlicher Unternehmer *(m)* agricultural producer
landwirtschaftliches Erzeugnis *(n)* agricultural product, agro-based product
landwirtschaftliches Unternehmen *(n)* agricultural undertaking
Landwirtschaft *(f)* agriculture
  Subventionierung der Landwirtschaft *(f)* agriculture support
Länge *(f)* length
  Länge des Trailers *(f)* trailer length
  Länge in der Wasserlinie *(f)* length on the designed load waterline
  Länge über alles *(f)* length over all, overall length
* **Lloyd's-Länge** *(f)* Lloyd's length
  zulässige Länge *(f)* permissible length
lange long
  lange Ladung *(f)* long-load
Langefahrtschiff *(n)* foreign-going ship, sea-going ship
Längenmaß *(n)* long measure
langfristig long-term
  langfristige Anleihe *(f)* long-term loan
  langfristige Einlage *(f)* long-term deposit
  langfristige Einlagerung *(f)* indefinite storage, long-term storage
  langfristige Garantie *(f)* long-term guarantee
  langfristige Investition *(f)* long-term investment
  langfristige Schuld *(f)* long-term debt
  langfristiger Kontrakt *(m)* long-term contract
  langfristiger Kredit *(m)* long-term credit
  langfristiger Vertrag *(m)* long term contract
  langfristiger Wechsel *(m)* long bill, long-dated bill
  langfristiges Akkreditiv *(n)* long-term letter of credit
Langladung *(f)* long goods

Längseite *(f)* long side
Längseite des Schiffes *(f)* alongside ship, shipside
* **frei Längsseite** *(f)* free from alongside, free alongside
frei Längsseite des Abgangshafens *(f)* free alongside quay
frei Längsseite Schiff ... /benannter Verschiffungshafen/ FAS ... /insert named port of shipment/, free alongside ship ... /insert named port of shipment/
frei unter Längsseite *(f)* free from alongside
Preis frei längsseite *(m)* free alongside price
Ware längsseite Schiffs liefern *(f)* deliver the goods alongside ship
Längsschott *(n)* side bulkhead
längsseits alongside, alongside ship, alongside vessel, shipside
längsseits des Seeschiffes *(n)* alongside ship, shipside
längsseits Kai *(m)* alongside the quay
längsseits Lieferung *(f)* delivery alongside
* **frei-Längsseite-des-Schiffes-Klausel** *(f)* fas clause, free alongside clause
frei-längsseits-Schiff-Klausel *(f)* fas clause, free alongside clause
geliefert längsseits delivered alongside ship
Preis frei Längsseits Schiff *(m)* free alongside ship price
Längsseitsklausel *(f)* free alongside clause
Längsseits-Konnossement *(n)* free alongside bill of lading, received for shipment bill of lading
Längsseitslieferung *(f)* alongside delivery, fas delivery
Längsseitslieferungsdokument *(n)* alongside delivery document
Langzeitcharter *(m)* long-term charter
Langzeiterklärung *(f)* long-term declaration
Langzeitlagerung *(f)* long-time keeping
Langzeitpacht *(f)* long-term lease
Langzeitprognose *(f)* long-term forecast
Langzeitsatz *(m)* long-term rate
Langzeitversicherung *(f)* long term insurance

Lascheschifffahrt *(f)* barge carrier shipping
LASH-Carrier *(n)* lash-type vessel
LASH-Kahn *(m)* LASH carrier, LASH, lighter abroad ship
Last *(f)* freight 2. weight
Last abladen *(f)* put goods ashore
Last ausladen *(f)* put cargo ashore
Last heben *(f)* lift cargo
Last unter Deck *(f)* inboard cargo, underdeck cargo
* **Rücksendung von Last** *(f)* return of cargo
tote Last *(f)* dead freight, dead cargo
zulässige Last *(f)* permissible load, admissible load
Lastannahme *(f)* cargo acceptance, reception of cargo
Lastauto *(n)* autotruck
auf Bahn und Lastauto rail and truck
Lasteingang *(m)* cargo arrival, freight arrival
Lastfracht *(f)* freight by weight
Lastgewicht *(n)* cargo weight
Lastgut *(n)* slow goods
Lasthaken *(m)* cargo hook, hook
Lasthaken-, Öl- und Süßwasserschaden *(m)* hook, oil and fresh water damage
Lasthakenschaden *(m)* hook damage
Lastheben *(n)* lifting of cargo
Lastigkeit *(f)* capacity of a ship, carrying capacity, carrying power
Lastkahn *(m)* barge, lighter
Lastkraftfahrzeug *(n)* truck
auf Bahn und Lastkraftfahrzeug rail and truck
frei Lastkraftfahrzeug *(n)* free on lorry, free in truck
Preis frei Lastkraftfahrzeug *(m)* free in truck price
Lastkraftwagen *(m)* lorry, motor truck
auf Bahn und Lastkraftwagen rail and truck
auf Lastkraftwagen *(m)* on truck
auf Lastkraftwagen oder Bahn on truck or rail, on truck or railway
frei Lastkraftwagen *(m)* free in truck, free on lorry

Lastkraftwagenzug *(m)* combination vehicle, trailer truck

Lastmasse *(f)* weight cargo

Lastpfandrecht *(n)* cargo lien

Lastpfandrechtsklausel *(f)* lien of cargo clause, tacit hypothecation clause

Lastrest *(m)* remainder of cargo

Lastschiff *(n)* cargo steamer, freighter

Lastschrift *(f)* debit advice

Lastschriftanzeige *(f)* debit note

Lasttransport *(m)* cargo transport, cargo transportation

Lastversand *(n)* cargo dispatch, shipment of cargo

Lastwagen *(m)* lorry, motor truck
 frei Lastwagen *(m)* free in truck

Lastwaggon *(m)* freight car, freight wagon

latent latent

latenter Fehler *(m)* concealed vice, invisible waste

latenter Mangel *(m)* concealed vice, invisible waste

Lauf *(m)* course

Lauf der Verjährung *(m)* flow of time limitation, period of prescription

Lauf der Verjährungsfrist *(m)* flow of time limitation, period of prescription

laufend actual, current, going, present

laufende Angaben *(pl)* current data, current expenses, operating expenditures

laufende Frachtrate *(f)* current rate of freight

laufende Frachttarif *(m)* current rate of freight

laufende Inventur *(f)* running inventory

laufende Kalendertage *(pl)* consecutive days, running days

laufende Kosten *(pl)* costs of carry, operating cost

laufende Nummer *(f)* consecutive number, running number, serial number

laufende Police *(f)* global policy, open cover

laufende Rate *(f)* current rate (CR)

laufende Reparatur *(f)* current repair

laufende Revision *(f)* current inspection

laufende Stunden *(pl)* running hours

laufende Verpflichtungen *(pl)* current liabilities, current maturity

laufende Versicherung *(f)* floating policy insurance, open cargo insurance

laufende Woche *(f)* current week

laufende Zinsen *(pl)* current interest, running interest

laufender Frachtpreis *(m)* current rate of freight

laufender Index *(m)* current rate

laufender Kredit *(m)* blank credit, current account loan, overdraft credit

laufender Kurs *(m)* current rate, going price

laufender Marktpreis *(m)* going market price

laufender Monat *(m)* current month

laufender Preis *(m)* actual price

laufender Tag *(m)* running day

laufender Verbrauch *(m)* current consumption, immediate consumption

laufender Zinssatz *(m)* current interest rate

laufendes Jahr *(n)* present year

laufendes Konto *(n)* account current, current account, running account

laufendes Leasing *(n)* current leasing

laufendes Meter *(n)* running metre

Laufkosten *(pl)* current costs

Laufzeit *(f)* real time, running time

Laufzeit des Charters *(f)* charter time

Laufzeit des Darlehens *(f)* period of loan

Laufzeit des Kontrakts *(f)* life of a contract, validity of a contract

Laufzeit des Wechsels *(f)* bill to maturity

Laufzeit des Vertrags *(f)* life of a contract

laut according, as per

laut Beschreibung *(f)* by description

laut Gesetz *(n)* according to law, in conformity with the law, inside in law

laut Hafenbrauch *(m)* according to the custom of the port

laut Katalog *(m)* as per catalogue

laut Konnossement *(n)* according to bill of lading, as per bill of lading

laut Liste *(f)* as per list

laut Muster *(n)* equal to sample, per sample

laut Rechnung *(f)* according to invoice, as per invoice

laut Spezifikation *(f)* as per list

laut Vertrag *(m)* according to a contract, as arranged, as per contract

LCL-Container *(m)* less than container load (LCL)

Leader *(m)* leader

Leads and Lags *(n)* leads and lags

Leasing *(n)* leasing
  Leasing von Anlagen *(n)* capital leasing
  * **direktes Leasing** *(n)* direct leasing
  indirektes Leasing *(n)* indirect leasing
  laufendes Leasing *(n)* current leasing

Leasingdienst *(m)* leasing service

Leasingfirma *(f)* leasing company

Leasinggeber *(m)* leaser, lessor

Leasinggebühr *(f)* leasing fee

Leasinggeschäft *(n)* leasing transaction

Leasinggesellschaft *(f)* leasing company

Leasingnehmer *(m)* leaseholder, lessee

Leasingobjekt *(n)* subject of leasing

Leasingvertrag *(m)* leasing contract

lebend live
  lebende Ladung *(f)* live cargo

Lebensbedingungen *(pl)* living conditions

Lebensdauer *(f)* service life
  wirtschaftliche Lebensdauer *(f)* period of economic use

Lebensmittelexport *(m)* food export

Lebensmittelexporteur *(m)* exporter of foodstuffs

Lebensmittelimport *(m)* food import

Lebensmittelpreisindex *(m)* food price index

Lebensmittelüberwachung *(f)* food control, food inspection

Lebensstandard *(m)* living standard

Lebensversicherung *(f)* life cover, life insurance

Lebensversicherungsbedingungen *(pl)* life insurance provisions

Leck *(n)* leak, leakage, shortage, ullage

Leckage *(f)* leak damage, leakage, leakage damage, shrinkage
  Verlust durch Leckage *(m)* loss by leakage, leakage loss
  Versicherung gegen Leckage *(f)* leak insurance, leakage insurance

Leckagebonifikation *(f)* leakage

Leckagerisiko *(n)* leakage risk, risk of ullage

Leckageversicherung *(f)* insurance against leakage

Leckrisiko *(n)* risk of leakage

Leckstelle *(f)* leak, leakage

Leckverlust *(m)* spillage, ullage

leer empty
  leer eingeführte Umschließungen *(pl)* packings imported empty
  leerer Container *(m)* empty container
  leerer Tiefgang *(m)* light draught

Leerfahrt *(f)* empty run
  Fahrzeug, das eine Leerfahrt vornimmt *(n)* vehicle travelling unladen

Leerfracht *(f)* dead cargo, dead freight

Leergewicht *(n)* dead-weight, empty weight, tare, tare weight

Leergewichtsskala *(f)* dead-weight scale

Leergutrücksendung *(f)* empty return shipment

Leerladeraum *(m)* dead space

Leerschiffcharter *(m)* demise charter, bare-boat charter

Leertiefgang *(m)* light draught

legal gesetzlich
  legaler Handel *(m)* lawful trade, legal trade
  legaler Markt *(m)* legal market

Legalhypothek *(f)* statutory lien, tacit mortgage

Legalisation *(f)* legalization
  bedingungslose Legalisation *(f)* unconditional legalization

legalisieren authenticate, certify, legalize
  Dokument legalisieren *(n)* legalize a document, attest a document
  Kopie legalisieren *(f)* legalize a copy

legalisiert accredited
  legalisierte Rechnung *(f)* certified account, certified invoice, legalized invoice

Legalisierung *(f)* certification, legalization
  Legalisierung der Urkunden *(f)* authentication of documents, legalization of documents
  bedingte Legalisierung *(f)* conditional legalization
  obligatorische Legalisierung *(f)* compulsory legalization, obligatory legalization

legen put
Embargo legen *(n)* lay an embargo, embargo
in Quarantäne legen *(f)* perform quarantine
legislatorisch legislative
legislatorische Anforderungen *(pl)* legislative requirements
legitim legal, legitimate
leicht light
leicht verderbliche Ware *(f)* perishable goods
leichte Ladung *(f)* bulky cargo, light cargo, light goods, measure goods, measurement cargo
Leichter *(m)* barge, lighter
Leichter ohne Antrieb *(m)* towed lighter
* ab Leichter *(m)* ex lighter
frei Leichter *(m)* free overboard, free overside
Preis ab Leichter *(m)* price ex lighter
Preis frei Leichter *(m)* free overside price, price ex lighter
leichtbrennbar flammable
leichtbrennbare Ware *(f)* flammable goods
Leichtergebühr *(f)* lighterage
Leichtergeld *(n)* lighterage, lightering charges
Leichterklausel *(f)* lighterage clause
Leichterkosten *(pl)* lighterage, lightering charges
Leichtermann *(m)* lighterman
leichtern discharge, lightern
Schiff leichtern *(n)* lighten a ship, lighten a vessel
Leichterrisiko *(n)* lighter risk
Leichterschiff *(n)* coasting barge, lighter
Leichter-Trägerschiff *(n)* barge-carrying vessel, lash-type vessel
Leichtertransport *(m)* lightering, lighterage
Leichtertransportschiff *(n)* lash barge carrier
Leichtertransportvertrag *(m)* contract of lighterage
Leichterung *(f)* lighterage
Leichterverkehr *(m)* lightering
Leichtgewicht *(n)* deficiency in weight, underweight
Leichtgut *(n)* light freight, measure goods
Leichtöltanker *(m)* petroleum ship

leichtverderblich erishable
leichtverderbliche Ladung *(f)* perishable cargo
leichtverderbliches Gut *(n)* perishable load
Leichtwasserlinie *(f)* light line, light load line, light water-line
leihen lend
gegen Warenkaution leihen *(f)* lend on goods, advance on goods
gegen Warenpfand leihen *(n)* lend on goods, advance on goods
Leihen *(n)* hire, hiring
Leihhaus *(n)* loan office, lombard
Leinen *(n)* cloth
Leinwand *(f)* cloth, linen
leisten perform
Bürgschaft für einen Betrag leisten *(f)* guarantee a sum
Dienste leisten *(pl)* render services, perform services
für ein Darlehen Sicherheit leisten guarantee a loan
Gesamtbürgschaft leisten *(f)* provide a comprehensive guarantee, provide a general security
Kaution leisten *(f)* furnish a security, give a guarantee
Sicherheit leisten *(f)* grant a guarantee, provide a security, furnish a guarantee, give a security
Zahlung leisten *(f)* make a payment, effect a payment
Leistung *(f)* benefit
Leistung der Sicherheit *(f)* deposit of a security, opening of security, presentation of a guarantee, provision of a security
* Ort der Leistung *(m)* place of fulfillment of the contract, place of performance of contract
zusätzliche Leistung *(f)* fringe benefit
Leistungsbilanzüberschuss *(m)* external surplus
leistungsfähig efficient
Leistungsgarantie *(f)* performance guarantee, performance security
Leistungsmaßstab *(m)* performance indicator
Leistungspflicht *(f)* obligation to perform

Leistungsprüfung *(f)* service test

Leistungssaldo *(m)* balance of current transactions

Leistungsvertrag *(m)* economic agreement, economic contract, work contract

leiten manage

Leiter *(m)* chief, manager

Leiter der Agentur *(m)* agency head, head of agency

Leiter der Einkaufsabteilung *(m)* purchase manager, purchasing manager

Leiter der Exportabteilung *(m)* export manager

Leiter der Gütekontrolleabteilung *(m)* quality manager

Leiter der Schadensabteilung *(m)* complaint manager

Leiter der Transportabteilung *(m)* transport manager

* **kaufmännischer Leiter** *(m)* commercial director

Leitkurs *(m)* central rate

bilateraler Leitkurs *(m)* bilateral central rate

Leitwährung *(f)* key currency, sound currency

letzte final

letzte Lieferung *(f)* final delivery

Leuchtturm *(m)* lighthouse

Leuchtturmgebühr *(f)* lighthouse due, lighthouse fee

liberalisieren liberalize

Liberalisierung *(f)* liberalization

Liberalisierung des Handels *(f)* liberalization of commerce, trade liberalization

Liebestätigkeit *(f)* charitable activity

Lieferangebot *(n)* offer for delivery, tender of delivery

Lieferanschrift *(f)* delivery address

Lieferant *(m)* vendor

Angebot des Lieferanten *(n)* supplier proposal

Frachtkosten für Lieferant *(pl)* carriage paid, carriage free

Gegenakkreditiv für inländische Lieferanten *(n)* back-to-back letter of credit

Rechnung des Lieferanten *(f)* supplier's invoice

Lieferantenbescheinigung *(f)* vendor certificate

Lieferantenerklärung *(f)* long-term suppliers' declaration, suppliers' declaration

Lieferanzeige *(f)* advice note, notice of dispatch

Lieferauftrag *(m)* delivery order

Lieferbedingungen *(pl)* terms of delivery

allgemeine Lieferbedingungen *(pl)* general terms of delivery

Lieferbestimmungen *(pl)* delivery of goods instructions

Lieferdatum *(n)* date of delivery, date of supply, delivery date

Waren vor Lieferdatum liefern *(pl)* deliver before delivery date, deliver before delivery date

Lieferentenkredit *(m)* supplier's credit

Lieferer *(m)* provider of goods, supplier of goods

Lieferfirma *(f)* supplying firm

Lieferfriestüberschreitung *(f)* exceeding the term of delivery

Lieferfrist *(f)* delivery time, period of delivery

Lieferfrist einhalten *(f)* meet the delivery period, meet the delivery term

Lieferfristreklamation *(f)* claim of delivery period, claim of delivery time

Liefergarantie *(f)* guarantee of delivery, performance bond

Liefergegenstand *(m)* matter of delivery, subject of delivery

Liefergraphik *(f)* delivery schedule

Lieferhäufigkeit *(f)* delivery frequency, frequency of delivery

Lieferklausel *(f)* delivery terms clause

Lieferkonditionen *(pl)* conditions of delivery, terms of delivery

Lieferkontrakt *(m)* contract for delivery

Lieferkoordination *(f)* co-ordination of delivery, integration of delivery

Lieferkosten *(pl)* delivery charges

inclusive Lieferkosten *(pl)* including the delivery charges, delivery charges included

Liefermengenbericht *(m)* out-turn report, tally card

liefern deliver, provide
liefern gegen Dokumente *(pl)* deliver against documents
* an eine andere Person die Ware liefern *(f)* deliver the goods to another person
an Frachtführer die Ware liefern *(m)* deliver the goods to the carrier
frei Bahnhof liefern *(m)* deliver to station, deliver to railway station
liefern Gut liefern *(n)* supply goods, supply a merchandise
in Übereinstimmung mit dem Kontrakt liefern *(f)* deliver according to the contract
Kargo liefern *(m)* deliver a cargo
unentgeltlich liefern supply free of charge
Ware an Bord des Schiffes liefern *(f)* deliver the goods on the board the vessel
Ware längsseite Schiffs liefern *(f)* deliver the goods alongside ship
Ware liefern *(f)* supply goods, supply a merchandise
Ware und Handelsrechnung liefern *(f)* provide the goods and the commercial invoice
Waren gegen Dokumente liefern *(pl)* deliver goods against documents
Waren im benannten Ort liefern *(pl)* deliver the goods at particular place
Waren liefern *(pl)* deliver the goods, ship the goods
Waren vor Liefertermin liefern *(pl)* deliver before delivery date
zum ersten Verkehrsträger liefern *(m)* take to first carrier
Lieferort *(m)* place of delivery, point of delivery
Lieferpflicht *(f)* duty to delivery, obligation to delivery
Lieferplan *(m)* delivery plan, delivery schedule
Lieferpreis *(m)* delivered price, delivery price, supply price
Lieferrechnung *(f)* delivery invoice
Lieferrückstand *(m)* default of delivery, delay in delivery
Lieferschein *(m)* bill of freight, certificate of delivery, delivery note, delivery order, receipt of delivery, shipping bill
   Lieferschein beibringen *(m)* provide the delivery order

Lieferservice *(m)* delivery service
Lieferstatus *(m)* delivery status
Lieferstopp *(m)* stoppage of supplies
Liefertag *(m)* day of supply, delivery day
Liefertermin *(m)* date of delivery, delivery date
Liefertermin verlängern *(m)* postpone the delivery time
* Überschreitung des Liefertermins *(f)* exceeding the term of delivery
Lieferterminreklamation *(f)* claim of delivery period, claim of delivery time
Lieferung *(f)* delivery, supply
Lieferung ab Lager *(f)* delivery ex warehouse
Lieferung abnehmen *(f)* accept a delivery of a shipment, accept a delivery of goods
Lieferung an Bord des Schiffes *(f)* delivery on board
Lieferung an den Empfänger *(f)* delivery to the consignee
Lieferung auf Abruf *(f)* delivery on call, on-call delivery
Lieferung auf Grund eines Abkommens *(f)* contract delivery
Lieferung auf Kredit *(f)* credit delivery
Lieferung auf Zeit *(f)* terminable delivery
Lieferung bei Schiffsankunft *(f)* delivery to arrive
Lieferung durch Luftpost *(f)* air delivery
Lieferung durchführen *(f)* effect a supply, make a delivery
Lieferung einstellen *(f)* hold up delivery, stop a delivery
Lieferung entgegennehmen *(f)* accept a delivery, take delivery
Lieferung erfüllen *(f)* complete a delivery, effect a delivery, effect a supply, make a delivery
Lieferung frei Bestimmungshafen *(f)* delivery at destination
Lieferung frei Haus *(f)* delivery at residence, home delivery service, house to house delivery
Lieferung gegen Annahme *(f)* delivery against acceptance
Lieferung gegen Dokumente *(f)* delivery against documents
Lieferung gegen Zahlung *(f)* delivery against payment
Lieferung nach Wahl des Käufers *(f)* buyer's option

Lieferung ohne Garantie *(f)* delivery not guaranteed

Lieferung per Post *(f)* delivery by post

Lieferung verlangen *(f)* demand a delivery

Lieferung vollziehen *(f)* complete a delivery, effect a delivery, effect a supply

Lieferung von Haus zu Haus *(f)* door-to-door cargo delivery

* **Annahme der Lieferung verweigern** *(f)* refuse to take delivery of goods, refuse to take delivery

auf Lieferung verkaufen *(f)* sell for delivery

bei Lieferung zahlen *(f)* collect on delivery

beschleunigte Lieferung *(f)* expedited delivery

Cif-Lieferung *(f)* delivery cif

direkte Lieferung *(f)* direct shipment, direct delivery

FAS-Lieferung *(f)* free alongside ship, fas delivery

Fob-Lieferung *(f)* delivery fob

Gegenstand der Lieferung *(m)* subject of delivery, matter of delivery

Geschäft auf Lieferung *(n)* business for future delivery, business on delivery

Güterbestand bei Lieferung *(m)* as-received condition

Inkasso bei Lieferung *(n)* collect on delivery

Inkasso und Lieferung *(n)* collection and delivery

Kasse vor Lieferung *(f)* cash before delivery

komplette Lieferung *(f)* total delivery, complete delivery

Kontrakt auf spätere Lieferung *(m)* forward contract, contract for delivery

kostenlose Lieferung *(f)* gratis delivery, free delivery

längsseits Lieferung *(f)* delivery alongside

letzte Lieferung *(f)* final delivery

Löschung und Lieferung *(f/f)* landing and delivery

Nachnahme, zahlbar bei Lieferung *(f)* cash on delivery

nichtkomplette Lieferung *(f)* incomplete delivery, deficient delivery

Ort der Lieferung *(m)* place of delivery, point of delivery

Preis ohne Lieferung *(m)* price without delivery

prompte Lieferung *(f)* immediate delivery, delivery at once

Sofortzahlung nach Lieferung *(f)* cash down

steuerpflichtige Lieferung *(f)* taxable supply

Strafe auf verspätete Lieferung *(f)* penalty for delayed delivery, penalty for delayed delivery

sukzessive Lieferung *(f)* successive delivery

Tag der Lieferung *(m)* date of delivery, date of supply

termingerechte Lieferung *(f)* punctual delivery

unkomplette Lieferung *(f)* incomplete delivery, deficient delivery

unverzügliche Lieferung *(f)* prompt delivery, delivery on spot

unvollständige Lieferung *(f)* deficient delivery

Verkauf auf Lieferung *(m)* sale for delivery, forward selling, future sale

Verweigerung der Annahme der Lieferung *(f)* refusal to take delivery

Verkauf auf sofortige Lieferung *(m)* sale for prompt delivery

Vertrag auf spätere Lieferung *(m)* forward contract, contract for delivery

Verkauf gegen sofortige Lieferung *(m)* spot business, spot sale

Verkauf mit Zahlung bei Lieferung *(m)* cash on delivery sale

verzögerte Lieferung *(f)* delayed delivery

vollständige Lieferung *(f)* full delivery

vollzogene Lieferung *(f)* accomplished delivery

vorfristige Lieferung *(f)* anticipatory delivery

zahlbar bei Lieferung *(f)* payable on delivery, payment on delivery, cash on delivery

Zahlung bei Lieferung *(f)* payment on delivery, cash on delivery

Lieferungsannahme *(f)* delivery receipt

Barzahlung bei Lieferungsannahme *(f)* cash on delivery

Lieferungsausführung *(f)* effecting delivery

Lieferungsbedingungen *(pl)* conditions of delivery, terms of delivery

allgemeine Lieferungsbedingungen (ALB) *(pl)* general terms of delivery, general conditions of delivery

Lieferungsbereitschaft *(f)* readiness to deliver

Lieferungsbezahlung *(f)* delivery fee
Lieferungsfolge *(f)* turn of delivery
Lieferungsform *(f)* mode of delivery, way of delivery
Lieferungsgebühr *(f)* delivery fee
Lieferungsgeschäft *(n)* forward transaction, transaction for future delivery
Lieferungsgröße *(f)* batch quantity, purchase quantity
Lieferungshafen *(m)* final port, final port of destination, port of arrival, port of delivery, port of destination, receiving port
Lieferungsinstruktion *(f)* delivery instruction, forwarding instruction
Lieferungskoordination *(f)* co-ordination of delivery, integration of delivery
Lieferungskosten *(pl)* charge for delivery, cost of delivery
  * inclusive Lieferungskosten *(pl)* delivery charges comprised
Lieferungsmenge *(f)* batch quantity, purchase quantity
Lieferungsort *(m)* delivery place, place of delivery
Lieferungspflicht *(f)* duty to delivery, obligation to delivery
Lieferungsqualität *(f)* delivered quality
Lieferungsrest *(m)* balance of delivery
Lieferungsschein *(m)* delivery order
Lieferungsspesen *(pl)* charge for delivery, cost of delivery
Lieferungssystem *(n)* delivery system
Lieferungsverzug *(m)* delay in delivery
Lieferungsvorschriften *(pl)* shipping instructions
Lieferungsweise *(f)* mode of delivery, way of delivery
Lieferungszeit *(f)* delivery time, period of delivery
Lieferungszyklus *(m)* cycle of delivery, delivery lead time
Liefervertrag *(m)* contract for delivery, contract of delivery

Lieferverweigerung *(f)* refusal to deliver
Lieferverzug *(m)* default of delivery, delay in delivery
Liefervorschrift *(f)* delivery instruction, forwarding instruction
Liefervorschriften *(pl)* delivery specifications
Lieferwert *(m)* value of arrival
Lieferzeit *(f)* date of delivery, delivery date
  Lieferzeit einhalten *(f)* meet the date of delivery
  * **Nichtunterhaltung der Lieferzeit** *(f)* break of the delivery time, break of the delivery date
Lieferzeitplan *(m)* delivery schedule
Liegegebühr *(f)* charge for demurrage, demurrage, demurrage charge, staying dues
Liegegeld *(n)* charge for demurrage, demurrage, demurrage charge, staying dues
  Fracht und Liegegeld *(f/n)* freight and demurrage
Liegehafen *(m)* port of anchorage, port of necessity
Liegeplatz *(m)* berth, berthage, stand
Liegeplatzgebühr *(f)* berth charge, wharfage
Liegetage *(pl)* demurrage time, lay-days, lay-time, stand days, stay days, turn about, turn around
  Liegetage für Löschen *(pl)* lay-days for discharging, lay-days for unloading
  Liegetage vor der Rückreise *(pl)* reversible lay days
Liegetageausstellung *(f)* lay days statement, time statement
Liegezeit *(f)* demurrage time lay-days, lay-time, stand days, stay days, turn about, turn around
  Liegezeit für Löschen *(f)* lay-days for discharging, lay-days for unloading
  Liegezeit für Verschiffung *(f)* lay-days for loading
Liegezeitaufstellung *(f)* lay days statement, lay time statement
Lighterschiff *(n)* LASH-lighter abroad ship
Limit *(n)* ceiling, limit
  Limit erhöhen *(n)* extend the limit

Limit senken (n) lower a limit
Limit überschreiten (n) outrun the limit
Limitation (f) abridgement, restriction
limitiert restricted
limitierte Ausgaben (pl) limit expenses
Limitierung (f) limitation
Limitpreis (m) limit price
linear linear
Linie (f) line
regüläre Linie (f) regular line
Linie-Durchfrachtkonnossement (n) direct bill of lading, liner through bill of lading
Liniefrachttarif (m) berth rate, liner rate of freight
Linie-Konnossement (n) liner bill of lading
Linienagent (m) liner agent
Linienagentur (f) ship's delivery
Linienbedingungen (pl) liner terms
Liniencargo (m) liner cargo, liner freight
Liniendienst (m) liner service
Linienfahrtschiff (n) liner boat
Linienfahrt (f) line service, liner service, liner shipping, liner traffic
Frachtschiff in der Linienfahrt (n) cargo liner
Linienfahrtschiff (n) liner
Linienflotte (f) liner fleet
Linienflug (m) scheduled flight
Linienfracht (f) liner freighting
Linienfrachter (m) cargo liner
Linienfrachtsatz (m) berth rate, liner rate of freight
Linienfrachtsätze (pl) conference rates, liner rates of freight
Linienkonferenz (f) liner conference
Linienladung (f) liner cargo, liner freight
Linienreederei (f) liner shipping company, regular shipping line
Liniensatz (m) liner rate
Linienschiff (n) liner, liner boat
Linienschifffahrt (f) line service, liner service, liner shipping, liner traffic
Linienschiffskonnossement (n) liner bill of lading

Linientarif (m) berth rate, liner freight rate, liner tariff
Linientransport (m) line traffic, liner traffic
Linienverfrachtung (f) liner freighting
Linienverkehr (m) line traffic, liner service, liner traffic, regular service, regular shipping service
Linienverkehr mit Flugzeug (m) regular air service
Linienverkehr mit Schiff (m) shipping line
* Usancen des Linienverkehrs (pl) liner terms, berth terms
Verfahren zur Genehmigung von Linienverkehren (n) procedure for authorising regular services
Liquidation (f) abolition, liquidation
Liquidation der Gesellschaft (f) liquidate a company, separate a partnership
Liquidation des Schadens (f) liquidation of damages, settle of losses
Liquidationsbilanz (f) liquidation balance-sheet
Liquidator (m) liquidator, official receiver
liquidieren liquidate
liquidiert liquidated
Liste (f) list, roll, schedule
Liste anfertigen (f) compile a list, fix a list
Liste aufstellen (f) compile a list, draw up a list
Liste der Ausstellers (f) list of exhibitors
Liste der Schiedsrichter (f) arbitration panel, panel of arbitrators
Liste der Zollagenten (f) register of customs agents
Liste der Zollkontingente (f) tariff quota list
Liste der Zugeständnisse (f) schedule of concessions (customs)
Liste erstellen (f) compile a list, draw up a list
Liste prüfen (f) scrutinize a list
Liste von Experten (f) list of experts
Liste von Korrespondenzpartnern (f) list of correspondents
Liste vorbereiten (f) establish a list, fix a list
* alphabetische Liste (f) alphabetical list
detaillierte Liste (f) detailed specification, detailed list, specified list
konsolidierte Liste (f) consolidated list
laut Liste (f) as per list
schwarze Liste (f) black list

strategische Liste *(f)* strategic list
vorläufige Liste *(f)* preliminary list
Listenpreis *(m)* catalogue price, list price, scheduled price
Lizenz *(f)* licence, permit
Lizenz annullieren *(f)* revoke a licence
Lizenz erteilen *(f)* issue a licence, license
Lizenz vergeben *(f)* issue a licence, license
Lizenz zurücknehmen *(f)* cancel a licence, withdraw a licence
* **Gültigkeitsdauer der Lizenz** *(f)* duration of a licence, term of a licence
Handel mit Lizenzen *(m)* trade in licences, licence trade
Import von Lizenzen *(m)* import of licences
nicht-ausschließliche Lizenz *(f)* non-exclusive licence
Nummer der benutzten EG-Lizenzen *(f)* number of the EC licence
Nummer der Lizenz *(f)* number of the licence
Lizenzabgabe *(f)* licence payment, royalty
Lizenzabkommen *(n)* licence contract
Lizenzabrede *(f)* licensing agreement
Lizenzannullierung *(f)* revocation of a licence
Lizenzantrag *(m)* application for a licence, licence application
Lizenzausgabe *(f)* issuance of a licence
Lizenzbedingungen *(pl)* license conditions
Lizenzbeschränkungen *(pl)* licence restrictions
Lizenzbestimmungen *(pl)* license regulations
Lizenzdatum *(n)* date of licensing
Lizenzdauer *(f)* period of a licence
Lizenzduplikat *(n)* copy of concession
Lizenzerteilung *(f)* licensing
Antrag auf Lizenzerteilung *(m)* application for a licence, licence application
Lizenzexport *(m)* export of licences
Lizenzforderung *(f)* licence charge
Lizenzgeber *(m)* licenser
Lizenzgebühr *(f)* licence duty, licence fee, licence payment, royalty
Lizenzgebühren zahlen *(pl)* pay the royalties

Lizenzgeschäft *(n)* licence business
Lizenzgewährung *(f)* granting of a licence
Lizenzhandel *(m)* licence trade, trade in licences
lizenzieren license
lizenziert licenced
lizenziertes Lager *(n)* licenced warehouse
Lizenzierung *(f)* licensing
Lizenzierung des Exports *(f)* export licensing procedures
Lizenznehmer *(m)* holder of concessionary rights, licensee
Lizenzobjekt *(n)* subject of licence
lizenzpflichtig subject to license
lizenzpflichtige Ware *(f)* product subject to the licensing requirement
Lizenzpolitik *(f)* licence policy
Lizenzpool *(m)* licence pool
Lizenzrecht *(n)* law of licence
Lizenzrisiko *(n)* licence risk
Lizenzvergabe *(f)* licensing
Lizenzverfahren *(n)* licensing procedure
durch Lizenzverfahren verwaltetes Kontingent *(n)* quota administered through licences
Lizenzverkauf *(m)* sale of a licence, vending of a licence
Lizenzvertrag *(m)* licence contract
LKW-Befrachter *(m)* road haulage agent
LKW-Frachtbrief *(m)* international consignment note
internationaler LKW-Frachtbrief *(m)* international consignment note
LKW-Ladung *(f)* motor freight
volle LKW-Ladung *(f)* truck load
LKW-Transport *(m)* automobile transport, motor-truck transport
Lloyd Lloyd
Lloyd's Havariebond *(m)* Lloyd's Average Bond
Lloyd's Register *(n)* Lloyd's register, Lloyd's Register of Shipping
Lloydsagent *(m)* Lloyd's agent
Lloydsinspektor *(m)* Lloyd's surveyor
Lloyd's-Länge *(f)* Lloyd's length
Lloyd's-Risiko *(n)* Lloyd's risk

Lloyds-Seeversicherungspolice *(f)* Lloyd's marine policy, Lloyd's policy

Lloyd's-Versicherungspolice *(f)* Lloyd's marine policy, Lloyd's policy

Lloyd's-Vertreter *(m)* Lloyd's agent

Locoklausel *(f)* local clause

Logistik *(f)* logistics

Logistikkosten *(pl)* logistics costs

logistisch logistic
  logistisches Modell *(n)* logistic model

Lohn *(m)* gratification, pay, wage, wages
  Löhne und Gehälter *(pl)* fee, wages

Lohnfondszuwachs *(m)* increase of wage

Lohngesetz *(n)* law of wages

Lohnhöhe *(f)* amount of wages and salaries

Lohnminimum *(n)* minimum wage

Lohnsatz *(m)* labour rate, pay rate

Lohntarif *(m)* schedule of wages

Lohnumfang *(m)* amount of wages and salaries

Löhnung *(f)* payment of wages

Lohnzuschlag *(m)* additional pay, extra pay, extra payments of wages, wage supplement

Lokalagent *(m)* local agent

Lokalbank *(f)* domestic bank

Lokalbedingungen *(pl)* local conditions

lokal local
  lokale Sternenzeit *(f)* local sidereal time

Lokalerzeugnis *(n)* local product

Lokalisierung *(f)* localization, location

Lokalkonnossement *(n)* local bill of lading

Lokogeschäft *(n)* local business, spot business, spot transaction, transaction on the spot

Lokoklausel *(f)* loco clause

Lokoware *(f)* goods on spot, spot

Lo-Lo-Schiff *(n)* lo-lo ship

Lo-Lo-System *(n)* float-on/float-off system, lo-lo

Lombard *(m)* loan office, lombard

Lombardgeschäft *(n)* collateral loan business

Lombardkredit *(m)* pawn credit

Lombardsatz *(m)* lombard rate

Londonklausel *(f)* London clause

Lore *(f)* flat car, railway truck, truck

los loose
  los verladen ship in bulk

Löschauftrag *(m)* landing order

Löschbereitschaft *(f)* readiness to unload

Löschbrücke *(f)* berth, moorage

Löschdatum *(n)* discharging time, unshipment term

löschen discharge, unload
  Ladung löschen *(f)* discharge cargo
  Schiff löschen *(n)* unship

Löschen *(n)* discharge, disembarkation, unloading
  Bedingungen des Ladeplatzes bezüglich Ladens und Löschens *(pl)* berth terms, liner terms
  frei Löschen *(n)* free discharging, free discharge, free unloading
  Güterbestand bei Löschen *(m)* landed quality
  Liegetage für Löschen *(pl)* lay-days for discharging, lay-days for unloading
  Liegezeit für Löschen *(f)* lay-days for unloading, lay-days for discharging
  Verschiffung und Löschen *(f)* loading and unloading
  Zeit für das Löschen *(f)* time for discharge

Löschenarbeiten *(pl)* unload works
  Warenqualität nach Löschenarbeiten *(f)* landed quality

Löschendatum *(n)* date of unshipment, discharging day

Löschenort *(m)* place of discharge, place of disembarkation
  benannter Löschenort *(m)* named place of discharge, named place of disembarkation

Löschentag *(m)* date of discharging, disembarkation date

Löscherlaubnis *(f)* discharging permit, unloading permission

Löschfrist *(f)* period allowed for unloading, term of unloading

Löschgebühren *(pl)* landing charge
  Seefracht und hafenübliche Ladegebühren inklusive, Löschgebühren ausgenommen *(f)* liner in free out

Löschgüterliste *(f)* list of unloaded goods, list of unshipped goods

Löschhafen *(m)* port of discharge, port of landing

Löschkai *(m)* unloading wharf, unshipping wharf

Löschkosten *(pl)* cost of lightening, discharging expense, landing charge, unloading charge

Löschkosten für Reeder *(pl)* gross terms, landing at cost for shipowner

Löschkosten für Verfrachter *(pl)* landing at cost for affreighter, landing at freighter's expense

Löschkosten für Verlader *(pl)* free in, fi

Löschmanifest *(n)* list of unloaded goods, list of unshipped goods

Löschmenge *(f)* landed quantity

Löschorder *(f)* discharge order, landing order

Löschort *(m)* disembarkation point, landing place

Löschplatz *(m)* discharging wharf, loading-out place

Löschquantum *(n)* discharged quantity, unloaded quantity

Löschung *(f)* landing

Löschung und Lieferung *(f/f)* landing and delivery

* **Fracht zahlbar gleichzeitig mit der Löschung** *(f)* freight payable concurrent with discharge

Fracht zahlbar gleichzeitig mit der Löschung *(f)* collect freight

Löschungshafen *(m)* port of discharge, port of landing

benannter Löschungshafen *(m)* named port of destination

frei Löschungshafen *(m)* free port of destination, free at port of discharge

Löschungsnorm *(f)* rate of discharge

Charterverladungs- und Löschungsnorm *(f)* rate of loading and discharging

Verladungs- und Löschungsnorm *(f)* rate of loading and discharging

Löschungsplan *(m)* schedule of unloading

Löschungsrate *(f)* discharging rate

Löschungs- und Beladungsrate *(f)* rate of loading and discharging

Löschungsvorschriften *(pl)* principles of unloading

Löschverlust *(m)* loss during discharge

Löschvorschriften *(pl)* discharging instructions

Löschzeit *(f)* period allowed for unloading, term of unloading

lose loose

lose Ladung *(f)* break bulk cargo, bulk freight, loose bulk cargo, mass freight, package cargo, unprotected cargo

lösen dissolve, resolve

Aufgabe lösen *(f)* handle a problem, defeat a contract

Lösung *(f)* solution

gangbare Lösung *(f)* feasible solution

optimale Lösung *(f)* optimal solution

Lossagung *(f)* renouncing

Lossagung vom Vertrag *(f)* recession from a contract

Lotse *(m)* pilot

Lotseflagge *(f)* pilot flag

lotsen pilot

Lotsen *(n)* pilotage

Lotsenboat *(n)* pilot boat

Lotsendienst *(m)* pilotage service

Lotsendienste *(pl)* pilot service

Lotsenfahrzeug *(n)* pilot ship

Lotsenfreiheit *(f)* free pilotage, optional pilotage

Lotsengebühr *(f)* pilot duty, pilotage, pilotage due, pilotage duty, pilotage fee

Lotsengeld *(n)* pilot duty, pilotage, pilotage due, pilotage duty, pilotage fee

Lotsenkutter *(m)* pilot cutter

Lotsenleistungen *(pl)* pilotage service

Lotsenpatent *(n)* pilotage certificate

Lotsenschein *(m)* pilotage receipt, piloting receipt

Lotsenversetzboot *(n)* pilot boat

Lotsenvertrag *(m)* pilotage contract

Lotsenzwang *(m)* compulsory pilotage

LPG-Schiff *(n)* liquefied petroleum gas carrier

LPG-Terminal *(m)* liquid petroleum gas terminal, LPG terminal

Lücken *(pl)* lacunae

Lücken der Zollregelung *(pl)* lacunae in the rules on customs

lückenlos gapless

lückenloses Qualitätsmanagement *(n)* total quality management (TQM)

Luftagent *(m)* air cargo agent, air shipping agent

Luftbeförderer *(m)* aircraft operator

Name des Luftbeförderers *(m)* name of the aircraft operator

Luftbeförderung *(f)* air conveyance, transport by air

Luftbeförderungspapiere *(pl)* air transportation documents

Luftbeförderungverlust *(m)* air loss

Luftbrief *(m)* air bill, air waybill

Luftbrücke *(f)* air-lift

Luftembargo *(n)* air embargo

Luftexpressfracht *(f)* air express freight

Luftfahrt *(f)* aerial traffic, air traffic, aviation

Luftfahrtgesellschaft *(f)* airline, airline company, air carrier

franko Ort der Übergabe an die Luftfahrtgesellschaft *(m)* free place of delivery to air carrier at seller's country

Luftfahrzeug *(n)* aircraft

Eintragungsstaat des Luftfahrzeugs *(m)* state of registration of the aircraft

frei Luftfahrzeug *(n)* free on aircraft

luftfest air-proof

luftfeste Verpackung *(f)* air-proof packing, air-worthy packing

Luftfracht *(f)* air cargo, air freight

als Luftfracht schicken *(f)* send by air

Beförderung von Luftfracht auf der Straße *(f)* air freight carried by road

Luftfrachtagent *(m)* airline agent

Luftfrachtagentur *(f)* air agency, airline agency

Luftfrachtbrief *(m)* air consignment note, air waybill (AWB)

internationaler Luftfrachtbrief *(m)* air waybill letter

Nummer des Luftfrachtbriefs *(f)* number of the air waybill

Luftfracht-Charter *(m)* air charter

Luftfrachtcontainer *(m)* airfreight container, air-mode container

Luftfrachtdokument *(n)* air cargo document

Ausstellungstag des Luftfrachtdokuments *(m)* date of issuance of air transport document

Luftfrachtführer *(m)* air carrier, carrier by air

franko Ort der Übergabe an den Luftfrachtführer *(m)* free place of delivery to air carrier

Preis frei Luftfrachtführer *(m)* free on aircraft price

Luftfrachtkosten *(pl)* airfreight cost

Luftfrachtlinie *(f)* cargo air line

Luftfrachtmakler *(m)* air broker

Luftfrachtsendung *(f)* air parcel, air shipment

Luftfrachtspediteur *(m)* air freight forwarder

Luftfrachttarif *(m)* air freight tariff

Luftfrachtversicherung *(f)* air-cargo insurance, aircraft insurance, aviation insurance

Luftfrachtvertrag *(m)* contract of air carriage

Luftgesellschaft *(f)* airline, airline company, air carrier

Buchprüfung bei der Luftgesellschaft *(f)* audit of the records held by the airline

Luftgut *(n)* air cargo, air freight

Luftkonvention *(f)* air agreement, air convention

Luftkuriermanifest *(n)* air courier manifest

Luftladungsmanifest *(n)* aircraft manifest

Luftlieferung *(f)* delivery by air

Luftlinie *(f)* air carrier

Luftmanifest *(n)* aircraft manifest

luftmäßig air-proof

luftmäßige Verpackung *(f)* air-proof packing, air-worthy packing

Luftpassagiertransport *(m)* air-passenger transport

Luftpost *(f)* air post, air-mail service
 Lieferung durch Luftpost *(f)* air delivery
 per Luftpost senden *(f)* forward by air

Luftpostbrief *(m)* air mail

Luftposteinlieferungsschein *(m)* air mail receipt

Luftpostpaket *(n)* air parcel

Luftpostsendung *(f)* air mail parcel, air parcel, air shipment

Luftraum *(m)* air space

Luftrecht *(n)* air law
 internationales Luftrecht *(n)* international air law

Luftrisiko *(n)* air risk

Luftschifffahrt *(f)* aerial navigation, air navigation, airline service

Luftschifffahrtsverkehr *(m)* aerial navigation, air navigation

Luftstraße *(f)* air route, flight plan

Lufttarif *(m)* air fare, air rate

Luftterminal *(n)* air terminal, airport terminal

Lufttransit *(m)* air transit

Lufttransport *(m)* aerial transportation, air conveyance, air freight operations, air traffic, air transport, air transportation
 internationaler Lufttransport *(m)* international air transport

Lufttransportdokument *(n)* air transport document

Lufttransportordnung *(f)* air regulations

Lufttransportpapiere *(pl)* air transportation documents

Lufttransportversicherung *(f)* aerial insurance, air transport insurance, air-cargo insurance, air-transportation insurance

Lufttüchtigkeitsschein *(m)* airworthiness certificate, certificate of airworthines

Lufttüchtigkeitszeugnis *(n)* airworthiness certificate, certificate of airworthines

Luftverkehr *(m)* air conveyance, transport by air
 Beförderung im Luftverkehr *(f)* air traffic, air transport
 internationaler Luftverkehr *(m)* international transportation by air
 Luftverkehr Versicherung des Luftverkehrs *(f)* aircraft insurance, aviation insurance

Luftverkehrsbetrieb *(m)* air company, airline company

Luftverkehrscontainer *(m)* air container, unit load device (ULD)

Luftverkehrsgesellschaft *(f)* air transport enterprise, airline, airline operator
 Luftverkehrsgesellschaft
 Agentur der Luftverkehrsgesellschaft *(f)* airline agency, air agency
 Manifest der Luftverkehrsgesellschaft *(n)* air goods manifest
 Manifest der Luftverkehrsgesellschaft in elektronischer Form *(n)* goods manifest in electronic form
 Manifest der Luftverkehrsgesellschaft in Papierform *(n)* goods manifest in paper form
 Name der Luftverkehrsgesellschaft *(m)* name of the airline
 Unterschrift eines bevollmächtigten Vertreters der Luftverkehrsgesellschaft *(f)* signature of an authorised representative of the airline
 Warenmanifest der Luftverkehrsgesellschaft *(n)* airline's goods manifest

Luftverkehrsgesellschaftsvertreter *(m)* representative of the airline

Luftverkehrshaftung *(f)* air liability

Luftverkehrsordnung *(f)* air regulations

Luftverkehrsschaden *(m)* air damage

Luftverkehrsspedition *(f)* air forwarding

Luftverkehrstarif *(m)* air rate

Luftverkehrstransport *(m)* air conveyance, air freight operations, air traffic, air transport, air transportation
 Internationaler Luftverkehrstransport *(m)* international carriage by air

Luftverkehrsverlust *(m)* air loss

Luftverkehrsversicherung *(f)* air-transport insurance

Luftverladung *(f)* air shipment

Luftversicherer *(m)* air insurer

Luftversicherung *(f)* aerial insurance, air-transportation insurance

Luftvertrag *(m)* air agreement, air convention

Luftweg *(m)* air route

Anwendung des vereinfachtes Verfahren auf dem Luftweg *(f)* application of simplified procedures at air transport

auf dem Luftweg *(m)* airway

Beförderung auf dem Luftweg *(f)* carriage by air, journey by air, transport by air

vereinfachte Verfahren für die Warenbeförderung auf dem Luftweg *(pl)* simplified procedures for goods carried by air

Versandverfahren für Beförderungen auf dem Luftweg *(n)* transit by air

Luftwegverpackung *(f)* packing suitable for air

Luke *(f)* hatch, hatchway

arbeitsfähige Luke *(f)* workable hatch

Luxusverpackung *(f)* fancy packing

Luxusware *(f)* article of luxury, luxury goods, luxury product

M

machen do, make
Anspruch geltend machen *(m)* rise a claim
Bankrott machen *(m)* fail, become insolvent, go broke
Kopie machen *(f)* make a copy, take a copy
Pleite machen *(f)* smash, become bankrupt
Preisangebot machen *(n)* offer a price
Vorschlag machen *(m)* submit an offer
machinell mechanical, mechanically
machinell gekühlter Container *(m)* mechanically refrigerated container
Magazin *(n)* base, depot
ab Magazin *(n)* ex godown, ex warehouse
Magazinieur *(m)* storehouse keeper, warehouseman
Magistrale *(f)* magistral
Mahnbrief *(m)* reminder
Mahnschreiben *(n)* dunning letter, letter of reminder, monitory, request to pay
Mahnung *(f)* letter of reminder, monitory, reminder
Makler *(m)* broker
Makler des Reeders *(m)* ship's agent
Makler ser Schifffahrtsagentur *(m)* agency broker, shipping agency broker
* beeidigter Makler *(m)* sworn broker, accredited broker
vereidigter Makler *(m)* accredited broker, sworn broker
Maklerbüro *(n)* brokerage house
Maklercourtage *(f)* brokerage, commission
Maklerdarlehen *(n)* broker's credit
Maklerdienst *(m)* brokerage service
Maklergebühr *(f)* brokerage fee, broker's commission, broker's fee
Maklergeschäft *(n)* brokerage, broking
Maklerhaus *(n)* brokerage house
Maklerlohn *(m)* brokerage
Maklerprovision *(f)* broker's commission, broker's fee
Maklertätigkeit *(f)* brokerage, broker's business

Maklerunternehmen *(n)* brokerage house
Maklervertrag *(m)* brokerage agreement, brokerage contract
makroökonomisch macroeconomic
makroökonomische Analyse *(f)* macroeconomic analysis
makroökonomische Prognose *(f)* macroeconomic forecast
Managementsystem *(n)* management system, system of management
Mandatierung *(f)* granting of a power of attorney
Mangel *(m)* damage, deficiency, deficit, flaw, lack, shortage
Mangel an Aufträgen *(m)* lack of orders
Mangel an Bargeld *(m)* cash shortage, lack of money
* innewohnender Mangel *(m)* inherent defect
latenter Mangel *(m)* concealed vice, invisible waste
offenkundiger Mangel *(m)* patent defect
zugelassener Mangel *(m)* allowable defect
zulässiger Mangel *(m)* acceptable defect
mangelfrei free of damage
mangelhaft defective
mangelhafte Qualität *(f)* defective quality
mangelhafte Stauung *(f)* defective stowage
mangelhafte Verpackung *(f)* defective packing, faulty packing, insufficient packing
mangelhafte Ware *(f)* brack goods, defective goods
mangelhafter Zustand *(m)* defective condition
mangelnd poor
mangelnde Menge *(f)* quantity short, short quantity
mangelnde Qualität *(f)* low quality, poor quality
Mängelrüge *(f)* notice of defect
Manifest *(n)* manifest, manifest of cargo, ship's manifest
Manifest als Versandanmeldung *(n)* manifest as transit declaration
Manifest der Luftverkehrsgesellschaft *(n)* air goods manifest
Manifest der Luftverkehrsgesellschaft in elektronischer Form *(n)* air goods manifest in electronic form

Manifest der Luftverkehrsgesellschaft in Papierform *(n)* air goods manifest in paper form

Manifest des Express-Kurierdienstes *(n)* express company manifest

Manifest für Sammelsendungen *(n)* groupage manifest

* **Aufstellung der Manifeste** *(f)* list of the manifests

beglaubigtes Manifest *(n)* certified manifest

Containerimportfracht-Manifest *(n)* container import cargo manifest

Form des Manifestes *(f)* type of the manifest

Gewicht nach Manifest *(n)* manifest weight

Kopie des Manifestes *(f)* copy of the manifest

Prüfung der Manifeste *(f)* audit of the manifests

Referenznummer des Manifestes *(f)* reference number of manifest

T1-Manifest *(n)* manifest T1

T2F-Manifest *(n)* manifest T2F

Manipulation *(f)* handling, manipulation

Manipulationsgebühr *(f)* customs charge **2.** handling fee

Manipulationskosten *(pl)* handling costs

Manko *(n)* deficit, lack, shortage

Mannschaft *(f)* personnel, staff

Schiffsmiete ohne Mannschaft und Treibstoff *(f)* bare-boat charter

Mannschaftsliste *(f)* crew list, list of the crew, muster-roll, shipping articles

Mantelgesellschaft *(f)* parent company

Marge *(f)* difference, margin

marginal marginal

marginaler Exporteur *(m)* marginal exporter

Marine *(f)* sea fleet, sea service, sea-going fleet

marine naval

marine Pipeline *(f)* off-shore pipeline

Marineattaché *(m)* naval attaché

Marinenwesen *(n)* marine

Marineunglück *(n)* shipping casualty

Marke *(f)* brand, mark, merchandise brand, trade-mark **2.** stamp

Anmeldung für die Eintragung einer Marke *(f)* application for registration of the trade-mark

Bescheinigung über die Eintragung einer Marke *(f)* certificate of registration of trademark

eingetragene Marke *(f)* proprietary brand

jede gute Marke *(f)* any good brand

Markenartikel *(m)* branded article, branded merchandise, branded goods, trademarked goods

Markengesetz *(n)* trade marks act

Markenname *(m)* commercial name, trade name

Markenverkauf *(m)* brand selling

Markenware *(f)* trade-registered article

Marketing *(n)* marketing

Conversion-Marketing *(n)* conversion marketing

Marketing industrielles Marketing *(n)* industrial marketing, organizational marketing

internationales Marketing *(n)* international marketing

strategisches Marketing *(n)* strategic marketing

Marketingabteilung *(f)* marketing department

Marketingagentur *(f)* marketing agency

Marketingallianz *(f)* marketing alliance

Marketinganalyse *(f)* marketing analysis

Marketingaudit *(n)* marketing audit

Marketingberater *(m)* marketing consultant

Marketingforschung *(f)* marketing research

Zentrum für Marketingforschung *(n)* marketing research centre, marketing centre

Marketing-Gesellschaft *(f)* marketing company

Marketingidee *(f)* marketing idea

Marketing-Information *(f)* marketing information, marketing message

Marketingkampagne *(f)* marketing campaign

Marketingkanal *(m)* marketing channel

Marketingkommunikation *(f)* marketing communication

Marketing-Kontrolle *(f)* marketing control, marketing organization audit

Marketingmanager *(m)* marketing manager

Marketingmethode *(f)* marketing technique

Marketingmix *(n)* marketing mix

Marketingmodell *(n)* marketing model

Marketingoption *(f)* marketing option

Marketingorganisation *(f)* marketing organization

Marketingplanung *(f)* marketing planning

Marketingpolitik *(f)* marketing policy

Marketingprogramm *(n)* marketing program

Marketingstrategie *(f)* marketing policy, marketing strategy

Marketingvereinbarung *(f)* marketing agreement

  gemeinsame Marketingvereinbarung *(f)* joint-marketing agreement

markieren earmark, mark, marking

Markierung *(f)* marking, shipping mark, tallying

  Markierung der Kisten *(f)* case marking, marking of cases

  Markierung der Ladung *(f)* cargo marking, mark of the cargo, marking of cargo

  * ungenügende Markierung *(f)* insufficient markings

Markt *(m)* market, outlet

  Markt außerhalb der Börse *(m)* over counter market, unlisted securities market

  Markt forschen *(m)* analyse the market

  Markt für Termingeschäfte *(m)* futures market, terminal market

  * Abdeckung des Marktes *(f)* slice in the market, market share

  Anteil an den Markt *(f)* slice in the market, market share

  aufnahmefähiger Markt *(m)* target market, absorptive market

  Aufnahmefähigkeit des Marktes *(f)* market capacity, volume of market

  formaler Markt *(m)* organized market, formal market

  freier Markt *(m)* free market, open market

  Preis des freien Marktes *(m)* open price, free-market price

  gemeinsamer Markt *(m)* single market, common market

  illegaler Markt *(m)* illicit market

  internationaler Markt *(m)* international market

  legaler Markt *(m)* legal market

  nationaler Markt *(m)* inland market, national market

  neue Märkte forschen *(pl)* explore new markets

  offener Markt *(m)* open market, over counter market

  örtlicher Markt *(m)* local market

  sekundärer Markt *(m)* secondary market

  Zugang zu Märkten *(m)* access to markets, markets access

Marktanalyse *(f)* market analysis

Marktanteil *(m)* market share, slice in the market

Marktaufteilung *(f)* market sharing

  Abkommen über Marktaufteilung *(n)* market-sharing agreement

  Vereinbarung über die Marktaufteilung *(f)* market sharing agreement

Marktbarriere *(f)* market barrier

Marktbedingungen *(pl)* competitive environment, market environment, market relations

Marktdiskontsatz *(m)* market rate of discount

Markteinheitlichkeit *(f)* market homogeneity

marktfähig marketable

Marktforschungsmethode *(f)* mode of market test, way of market exploration

Marktführerschaft *(f)* market leadership

Marktgeschäft *(n)* market transaction

Marktgleichgewicht *(n)* market balance, market equilibrium

Marktinformation *(f)* market information

Marktinfrastruktur *(f)* market infrastructure

Marktintervention *(f)* market intervention

Marktinterview *(n)* marketing intelligence

Marktkonkurrenz *(f)* market competition, market rivalry

Marktkrach *(m)* crash on the market, slump in business

Marktkurs *(m)* market rate

Marktlage *(f)* market situation, position of the market

Marktmechanismus *(m)* market mechanism

Marktmonopol *(m)* monopoly market

Marktposition *(f)* market standing

Marktpreis *(m)* arm's length price, fair market value

　Bruttosozialprodukt zu Marktpreisen (BSP) *(n)* gross national product at market prices

　laufender Marktpreis *(m)* going market price

Marktprodukte *(pl)* market products

Marktprognose *(f)* market forecast, market outlook, market projection

Marktrate *(f)* market rate

Marktreaktion *(f)* market reaction, reaction of the market

Marktregulierung *(f)* market regulation

Marktrisiko *(n)* market risk, risk of the market

Marktsättigung *(f)* market saturation, saturation of the market

Marktschwankungen *(pl)* fluctuation of market, market fluctuations

Marktsegment *(n)* market segment, segment of the market

Marktsegmentierung *(f)* differentiated marketing, market segmentation

Marktstabilität *(f)* market stability

Marktstand *(m)* market stand, state of the market

Marktstrategie *(f)* market strategy, marketing strategy

Marktstruktur *(f)* market structure, structure of market

Marktsystem *(n)* market system

Markttag *(m)* market-day, selling day, trade day

marktüblich marketable

　gute marktübliche Qualität *(f)* good marketable quality

Marktuntersuchung *(f)* market analysis

Marktverlust *(m)* market loss

Marktware *(f)* market goods

Marktwert *(m)* market value

Marktwert der Dienstleistung *(m)* market value of services

Marktwert der eingeführten Waren *(m)* market value of imported goods

* **gegenwärtiger Marktwert** *(m)* current market value

Marktwertklausel *(f)* market value clause

Marktwirtschaft *(f)* market economy

freie Marktwirtschaft *(f)* free enterprise economy, free economy

Marschroute *(f)* route

Maschinenausfuhr *(f)* machinery export

Maß *(n)* gauge, measure

Gebühr per Maß *(f)* measurement charge

Masse *(f)* mass

Masseinheit *(f)* unit of measure

Massenartikel *(m)* article of general consumption

Massenfrachter *(m)* bulk cargo carrier, bulk carrier, dry-cargo freighter

Massengut *(n)* bulk cargo, bulk freight, bulk goods, bulk merchandise, bulked goods, cargo in bulk, general cargo, goods in bulk, loose goods, mass freight

Container für flüssiges Massengut *(m)* bulk liquid container

Frachtschiff für wahlweisen Transport von Erz, Massengut oder Öl *(n)* ore-bulk-oil ship

Verladung als Massengut *(f)* loading in bulk

Massengutcontainer *(m)* bulk container, bulk freight container, dry bulk container, general cargo container, general purpose container

Massengutfrachter *(m)* bulk cargo carrier, bulk cargo ship, bulk carrier, bulk freighter, bulker, dry-cargo freighter

Erz-Öl-Massengutfrachter *(m)* oil-ore-carrier

Massengutladung *(f)* cargo in bulk, light freight, light goods, mass freight, measure goods, measurement cargo

Massengutschiff *(n)* bulk cargo carrier, bulk cargo ship, bulk carrier, bulk freighter, bulker, dry-cargo freighter

Massengutsumladung *(f)* bulk handling

Massengutterminal *(m)* bulk cargo terminal, bulk terminal

Massenguttransport *(m)* bulk conveying, bulk traffic, bulk transport

Massenimport *(m)* bulk import

Massenladung *(f)* cargo in bulk, light freight, light goods, mass freight, measure goods, measurement cargo

Massenmarketing *(n)* mass marketing

Massenpreis *(m)* ex-works price, wholesale price

Massenspeicherung *(f)* bulk storage

Massenverkauf *(m)* bulk marketing, sale in bulk

Massenverlust *(m)* decalo, draftage, evaporation, scattering, shrinkage
  Versicherung gegen Massenverlust *(f)* insurance against shrinkage, shrinkage insurance

Massenverlustrisiko *(n)* risk of shrinkage

Massenware *(f)* bulk merchandise, goods in bulk

Massenwerbung *(f)* mass advertising

Maßgut *(n)* light load, measure goods, outsize load

Maßnahme *(f)* decree, disposition, measure
  Maßnahmen anwenden *(pl)* apply measures
  Maßnahme zur Handelsstimulierung *(f)* trade promoting measure
  Maßnahmen zur Nachfragestimulierung *(pl)* demand stimulation activities
  Maßnahmen zur Nämlichkeitssicherung *(pl)* identification measures, means of identification
  * **außertarifliche Maßnahmen** *(pl)* non-tariff measures *(CCC)*
  gesundheitliche Maßnahmen *(pl)* sanitary measures
  handelspolitische Maßnahmen *(pl)* commercial policy measures, means of trade policy
  nichttarifäre Maßnahmen *(pl)* non-tariff measures *(CCC)*
  provisorische Maßnahme *(f)* temporary measure
  zolltarifliche Maßnahmen *(pl)* customs measures relating to tariffs

Maßspezifikation *(f)* statement of measurement

Maßstab *(m)* gauge, scale

Masstonne *(f)* measurement ton

Mastkran *(m)* derrick

Material *(n)* material
  brennbares Material *(n)* inflammable material, combustible material
  nichtbrennbares Material *(n)* non-inflammable material

Materialausgabeplanung *(f)* material issue planning

Materialfehler *(m)* material defect

Materiallager *(n)* material storage

Materialliste *(f)* bill of materials

materiell material
  materielle Sicherheit *(f)* material security
  Kredit ohne materielle Sicherheit *(m)* blank credit
  materielle Sicherung *(f)* material security
  materielle Verantwortlichkeit *(f)* pecuniary responsibility
  materieller Verlust *(m)* material damage, material loss

Mautstraße *(f)* toll road, turnpike road

maximal maximum
  maximale Entschädigung *(f)* maximum indemnity

Maximalbestand *(m)* maximum stock

Maximalgewicht *(n)* maximum weight, weight limit

Maximalkapazität *(f)* maximum capacity, utmost capacity

Maximalkurs *(m)* high quotation, maximum rate

Maximallänge *(f)* extreme length

Maximalrate *(f)* highest rate, top rate

Maximaltarif *(m)* maximum tariff

Maximalzoll *(m)* maximum duty

mechanisch mechanical
  mechanische Beschädigung *(f)* mechanical damage
  mechanische Ladung *(f)* mechanical loading

Mechanismus *(m)* mechanism

Medio *(m)* middle of the month

Meer *(n)* sea
  auf Bahn und Meer rail and ocean
  offenes Meer *(n)* high sea, main sea
  Verschmutzung des Meeres *(f)* sea pollution

Meereis *(n)* sea ice

Meereiskarte *(f)* sea-ice map

Meereisprognose *(f)* sea-ice forecast

Meergefahr *(f)* marine adventure, marine peril

Mehrmengen *(pl)* excess quantities
Angaben zu Mehrmengen *(pl)* details of excess quantities

Meerrisiko *(n)* marine adventure, marine peril

Meerwasser *(n)* sea water

Mehrfacharbitrage *(f)* compound arbitrage

mehrfach multiple
mehrfaches Franchising *(n)* multiple-unit franchising

Mehrfachzolltarif *(m)* multilinear tariff, multiple tariff

Mehrfracht *(f)* additional freight, distance freight, extra freight, pro rate freight

Mehrgewicht *(n)* extra weight

Mehrheit *(f)* most

mehrjährig multiannual

Mehrkosten *(pl)* extra cost

Mehrladung *(f)* additional cargo, extra freight

Mehrlieferung *(f)* additional delivery, surplus delivery

Mehrlohn *(m)* extra pay, extra wage

mehrmalig repeated
mehrmaliges Clearing *(n)* multiple clearing
mehrmals verwendete Verpackung *(f)* reuse package

Mehrpreis *(m)* additional price

mehrseitig multilateral
mehrseitige Vereinbarung *(f)* multilateral arrangement

Mehrwegpalette *(f)* returnable pallet, reusable pallet

Mehrwegverpackung *(f)* re-use package

Mehrwertsteuer *(f)* value added tax *(VAT)*
Erstattung der Mehrwertsteuer *(f)* refund of VAT, Vat return
Rechnung mit ausgewiesener Mehrwertsteuer *(f)* VAT invoice

Mehrwertsteuerbemessungsgrundlage *(f)* basis of assessment for VAT, VAT assessment basis

Mehrwertsteuerbetrag *(m)* net amount of the VAT

Mehrwertsteuerpflichtiger *(m)* taxable person for the purposes of VAT

Mehrwertsteuerregelung *(f)* VAT system

Mehrwertsteuersystem *(n)* system of VAT
gemeinsames Mehrwertsteuersystem *(n)* common system of VAT

Mehrzweck-Chassis *(n)* combination chassis

Mehrzweckfrachter *(m)* multipurpose cargo ship

Mehrzweckschiff *(n)* all-purpose vessel, multipurpose cargo vessel

Mehrzweck-Trailer *(m)* bimodal trailer

Meierbrief *(m)* contract of tenancy, tenancy agreement

Meile *(f)* mile

Meinung *(f)* opinion

meistbegünstigt most-favoured
meistbegünstigte Nation *(f)* most-favoured nation
meistbegünstigtes Land *(n)* most-favoured nation

Meistbegünstigungsklausel *(f)* most-favoured nation clause

Meistbegünstigungsland *(n)* most-favoured nation

Meistbegünstigungstarif *(m)* most-favoured-nation tariff

Meister *(m)* foreman, master
Meister des Laderaumes *(m)* master of the hold
Meister des Stauraums *(m)* master of the hold

melden declare, file

Meldung *(f)* announcement, guidance, information, note

Menge *(f)* quantity, volume
Menge auf Lager *(f)* quantity held
Menge entspricht dem Dokumente *(f)* quantity vouchered

Menge entspricht dem Frachtbrief *(f)* manifest quantity
Menge entspricht dem Kontrakt *(f)* quantity as per contract
Menge nach Gewicht *(f)* quantity by weight
Menge nach Verzeichnis *(f)* quantity as per list
Menge zu Kapitänoption *(f)* quantity at captain's option
* angelandete Menge *(f)* unloaded quantity, discharged quantity
angenommene Menge *(f)* intaken quantity
annähernde Menge *(f)* approximate quantity
ausgelieferte Menge *(f)* quantity issued, delivered quantity
begrenzte Menge *(f)* limited quantity
erforderliche Menge *(f)* required quantity
erhaltene Menge *(f)* received quantity
garantierte Menge *(f)* guaranteed quantity
gelieferte Menge *(f)* delivered quantity, quantity issued
geschätzte Menge *(f)* estimated quantity
mangelnde Menge *(f)* short quantity, quantity short
notwendige Menge *(f)* necessary quantity
optimale Menge *(f)* optimum quantity
statistische Menge *(f)* statistical quantity
überflüssige Menge *(f)* quantity over
verladene Menge *(f)* shipped quantity, quantity shipped out, quantity loaded
vertragsgerechte Menge *(f)* quantity stipulated in a contract
zulässige Menge *(f)* admissible quantity, tolerance quantity
Mengegarantie *(f)* quantity guarantee
Gewicht und Mengegarantie *(f)* weight and quantity guarantee
Mengekontrolle *(f)* quantity control, quantity inspection
Mengenangaben *(pl)* quantitative data, statement of quantity
Mengenbescheinigung *(f)* certificate of quantity
Mengenbeschränkungen *(pl)* quantitative restrictions, quantity restrictions
Mengenbonifikation *(f)* quantity rebate
Mengendifferenz *(f)* variation in quantities
Mengeneinheit *(f)* unit of quantity
Mengenklausel *(f)* quantity clause

mengenmäßig quantitative
mengenmäßige Beschränkungen *(pl)* quantitative restrictions
mengenmäßige Einfuhrbeschränkungen *(pl)* quantitative import restrictions
mengenmäßige Präferenzvereinbarung *(f)* preferential quantitative arrangement
mengenmäßiges Gemeinschaftszollkontingent *(n)* Community quantitative quota *(EU)*
mengenmäßiges Kontingent *(n)* quantitative quota
mengenmäßiges Zollkontingent *(n)* quantitative quota
Mengenprüfung *(f)* quantitative test
Mengenrabatt *(m)* group discount, volume discount
Mengereklamation *(f)* quantity claim
Merchandising *(n)* merchandising
Merkmal *(n)* attribute, earmark
Messbrief *(m)* certificate count, certificate of count, count certificate, tally note, tally sheet, tallysheet
Messe *(f)* exhibition, fair
internationale Messe *(f)* international fair
Messebüro *(n)* fair office
Messegelände *(n)* exhibition ground, fair ground
Messestand *(m)* stand at the fair
Messeversicherung *(f)* exhibition risks insurance
Messeverwaltung *(f)* fair administration
Messungsattest *(m)* certificate of count, count certificate
Messungszeugnis *(n)* measurement certificate
Meter *(n)* metre
laufendes Meter *(n)* running metre
Methantanker *(m)* gas carrier
Methode *(f)* mode
Methode zur Zollwertbestimmung *(f)* method for determining the customs value
Methoden zur Identifizierung der ausgeführten Waren *(pl)* methods of identification of exported goods

Methoden zur Identifizierung der einge-führten Waren *(pl)* methods of identification of imported goods

metrisch metric
metrische Einheit *(f)* metric unit
metrische Tonne *(f)* continental ton, metric ton

Miete *(f)* rent
Mietentgelt *(n)* rental fee
Mieter *(m)* lessee, tenant
Mietpreis *(m)* rental charge
Mietsatz *(m)* rent rate, rental rate
Mietverhältnis *(n)* tenancy
  Beginn des Mietverhältnisses *(m)* inception of the lease
Mietverkauf *(m)* instalment sales
Mietvertrag *(m)* contract of lease, hiring contract
Militärexport *(m)* military export
Militärladungsmanifest *(n)* military cargo manifest
Militärmanifest *(n)* military cargo manifest
Minderkosten *(pl)* cost reduction, retrenchment of costs
Minderlieferung *(f)* short delivery
Mindermenge *(f)* quantity short, short quantity
mindern lower
  Qualität mindern *(f)* lower a quality, reduce the quantity
Minderpreis *(m)* reduced price
Minderqualität *(f)* cheap quality
Minderung *(f)* decrease, reduction
  Minderung der Kosten *(f)* cost cutting, costs saving, reduction of costs, retrenching of costs
minderwertig substandard
  minderwertige Qualität *(f)* low quality, poor quality, substandard quality
Mindestbedingung *(f)* minimum condition
Mindestbetrag *(m)* minimum amount
Mindestdeckung *(f)* minimum cover
Mindestdeckungsklausel *(f)* minimum coverage clause
Mindestfracht *(f)* lowest freight, minimum freight

Mindestfrachtsatz *(m)* minimum charge
Mindestfrist *(f)* minimum period
Mindestgebühr *(f)* minimum charge, minimum levy
Mindestgehalt *(n)* minimum pay, minimum salary, minimum wage
Mindestlaufzeit *(f)* minimum term
Mindestlevel *(n)* minimum level
Mindestlohn *(m)* minimum pay, minimum salary, minimum wage
Mindestmenge *(f)* minimum quantity
Mindestpreis *(m)* reserve price
Mindestpreissystem *(n)* minimum price system
Mindestrate *(f)* minimum rate
Mindestsatz *(m)* minimum charge
Mindestschwelle *(f)* minimum threshold
Mindestseeschifffrachttarif *(m)* bottom freight, lowest freight
Mindesttarif *(m)* minimum tariff
Mindestumsatzklausel *(f)* minimum turnover clause
Mindestverkaufspreis *(m)* minimum selling price
Mindestzollwert *(m)* minimum customs value

minimal fractional
  minimale Wartezeit *(f)* least wait
Minimalfracht *(f)* bottom freight, lowest freight
Minimalfrachttarif *(m)* lowest freight
Minimalfreibordschiff *(n)* minimum freeboard vessel
Minimalgewinn *(m)* minimum profit
Ministerium *(n)* ministry
  Ministerium für Handel *(n)* Department of Commerce, Ministry of Trade
Mischladung *(f)* mixed cargo, mixed general cargo
Mischtarif *(m)* compound tariff, contractual tariff
Mischzoll *(m)* combined duty, compound duty, mixed duty

Missbrauch *(m)* abuse
Missbrauch des Verfahrens *(m)* abuse of a procedure *(CCC)*, abuse of arrangements
Missbrauch eines Warenzeichns *(m)* infringement of trade mark, trade mark infringement
mit with
mit Adresse versehen *(f)* address
mit Akzise belegen *(f)* lay excise, levy inland duty
mit Ballast beladen *(m)* ballast
mit besonderer Havarie *(f)* including particular average, with particular average
mit Datum versehen *(n)* date
mit dem Schiff schicken *(n)* dispatch by sea, send by sea, send by ship
mit dem Verschluss versehener Zugang *(m)* seal aperture
mit dem Visum versehen *(n)* stamp a visa
mit den Preisen konkurrieren *(pl)* compete in prices
mit der Bezahlung im Ausstand sein *(f)* be behindhand with one's payment, be in arrears with one's payment
mit der Eisenbahn *(f)* by rail
mit der Hypothek belasten *(f)* encumber an estate with a mortgage, mortgage
mit der Plombe verschließen *(f)* affix the leads, seal with lead
mit der Plombe versehen *(f)* affix the leads, seal with lead
mit der Post aufgeben *(f)* post
mit der Post schicken *(f)* send by mail
mit der Zahlung ausbleiben *(f)* be behindhand with one's payment, be in arrears with one's payment
mit Gewinn verkaufen *(m)* sell at a profit
mit Scheck bezahlen *(m)* pay by way of the cheque, remit by cheque
mit Scheck zahlbar *(m)* payable by cheque
mit Schulden belasten *(pl)* burden with debts
mit Steuer belegen *(f)* lay a tax, lay on a tax
mit Steuer besteuern *(f)* lay a tax, lay on a tax
mit Transfer zahlen *(m)* pay by transfer
mit Übertragung zahlen *(f)* pay by transfer
mit Verlust verkaufen *(m)* sell at a loss, sell at a sacrifice, sell below cost
mit Wechsel zahlen *(m)* pay by means of a bill, pay in bill
mit Zoll belegen *(m)* clap a duty, lay a duty, lay on customs-duties, lay on duties

mit Zollstrafen belegen *(pl)* lay a customhouse fine, lay a customs fine
Mitarbeiter *(m)* employee
Mitarbeiter der Zollorgane *(m)* customs official
Mitbesitzer *(m)* co-owner, part owner
Mitbürgschaft *(f)* counter security, mutual guarantee
Miteigentum *(n)* co-ownership
Mitgarantie *(f)* joint guarantee, joint surety
Mitgesellschafter *(m)* co-partner, joint partner
Mitglied *(n)* member
assoziiertes Mitglied *(n)* associated member
korrespondierendes Mitglied *(n)* corresponding member
Mitgliederliste *(f)* register of members
Mitgliedsbeitrag *(m)* membership fee
Mitgliedschaft *(f)* membership
Mitgliedsgründer *(m)* founding member
Mitgliedsland *(n)* member country
Mitgliedstaat *(m)* member state *(CCC)*
Mitgliedstaat der Ausfuhr *(m)* member state of exportation
Mitgliedstaat der Erstattung *(m)* member state of refund
* Gebiet des anderen Mitgliedstaats *(n)* territory of a member state
gemeinsames Zolltarifschema der Mitgliedstaaten *(n)* Common Customs Tariff nomenclature of the Member States *(EU)*
Mitinhaber *(m)* co-owner, part owner
Mitreeder *(m)* part owner of ship
Mitte *(f)* centre
mitteilen give notice, notify
Mitteilung *(f)* announcement, notification
Mitteilung an den Zollschuldner *(f)* communication to the debtor
Mittel *(n)* average, mean **2.** means
finanzielle Mittel *(pl)* financial resources, funds
flüssige Mittel *(pl)* financial resources
geometrisches Mittel *(n)* geometrical average, geometric average
gesetzliche Mittel *(pl)* legal instruments
gewogenes Mittel *(n)* weighted average

mitteleuropäisch Central European
mitteleuropäische Zeit (f) Central European Time
Mitteleuropäisches Freihandelsabkommen (n) Central European Free Trade Agreement
mittelfristig intermediate, medium-term
Mittelkurs (m) average rate, mean rate
mittelmäßig medium
mittelmäßige Qualität (f) medium quality
Mittelpunkt (m) centre
Mittelqualität (f) medium quality
aufrichtige Mittelqualität (f) fair average quality
gute Mittelqualität (f) good average quality
mittels through
mittels Versteigerung verkaufen (f) auction, sell at auction
Mittelsperre (f) funds blocking
mittlere average
mittlere Export-Qualität (f) shipping quality
Mittlere Greenwich Zeit (MGZ) (f) Greenwich time, Greenwich Mean Time, Z time
mittlere Qualität (f) average quality
mittlerer Satz (m) average rate, middle rate
gewogener mittlerer Satz (m) weighted average rate
Mitunternehmer (m) co-partner, joint partner
Mitversicherung (f) co-insurance
Mitversicherungsklausel (f) coinsurance clause
Möbelbehälter (m) furniture container
mobil mobile
mobiler Ballast (m) shifting ballast
Modell (n) model
gewerbliches Modell (n) industrial design, production piece
Kosten-Nutzen-Modell (n) cost benefit model
logistisches Modell (n) logistic model
Modelleingang (m) design arrival, model arrival
modern modern
modernes Schiff (n) modern vessel
Monat (m) month
laufender Monat (m) current month

monatlich monthly
monatliche Erklärung (f) monthly return
monatliche Zahlung (f) monthly payment
Monatsbericht (m) monthly report
Monatsende (n) end of the month
Monatsgehalt (n) monthly salary
Monatsmenge (f) monthly quantity
Monatssatz (m) monthly rate
Monatsverkaufsplan (m) monthly sales plan
Monopol (n) monopoly
Monopolabgabe (f) monopoly duty
Monopolabkommen (n) monopoly agreement
Monopolagent (m) monopoly agent, sole agent
monopolistisch monopolistic
monopolistische Konkurrenz (f) monopolistic competition
Monopolklausel (f) monopoly clause
Monopolpreis (m) monopolistic price, monopoly price
Monopolvertrag (m) monopoly contract
Monopolvorteil (n) exclusionary privilege
Montage (f) assembly
Moralverlust (m) moral damage
Moratorium (n) deferment of due date, maturity postponement
Motorboot (n) motor boat
Motorgüterschiff (n) motor barge, river cargo vessel
Motorkahn (m) self-propelled barge
Motorschiff (n) motor ship
Multikonzeptionsfranchising (n) multi-concept franchising
multilateral multilateral
multilaterale Handelsverhandlungen (pl) multilateral trade negotiations
multilateraler Vertrag (m) multilateral agreement
multilaterales Clearing (n) multilateral clearing
multilaterales Garantiefonds (n) multilateral guarantee fund

multilaterales Geschäft *(n)* multilateral transaction

multilaterales Handelsabkommen *(n)* multilateral trade agreement

multimodal multimodal

multimodaler Transport *(m)* multimodal transport

multimodales Terminal *(n)* intermodal terminal

Unternehmer des multimodalen Transports *(m)* multimodal transport operator, combined transport operator

multimodales Transportdokument *(n)* multimodal transport document

multimodales Transportsystem *(n)* intermodal shipping system

multinational multinational

multinationale Gesellschaft *(f)* multinational company

multinationale Korporation *(f)* multinational corporation

multinationales Unternehmen *(n)* multinational enterprise (MNE), multinational firm

Multiplikator *(m)* multiplier

Multiwährungsclearing *(n)* multi-currency clearing

mündlich oral, verbal

mündliche Anmeldung *(f)* oral statement

mündliche Erklärung *(f)* oral declaration

mündliche Versteigerung *(f)* oral auction

mündliches Angebot *(n)* verbal offer

Muster *(n)* model, sample, sheet, specimen

Muster des Anmeldungsvordrucks *(n)* declaration specimen, specimen declaration form

Muster entsprechen *(n)* be according to sample, conform to the sample

Muster ohne Handelswert *(n)* non-commercial sample, sample of no commercial value

Muster ohne Wert *(n)* non-commercial sample, sample of no commercial value, sample with no commercial value

Muster ohne Zollwert *(n)* sample of no commercial value

* Abweichung vom Muster *(f)* deviation from a sample

als Muster *(n)* as a sample

Bestellung nach Muster *(f)* order as per sample, sample order

Einfuhr von Mustern im Zollvormerkverkehr *(f)* temporary duty-free admission of sample

gesetzlich geschütztes Muster *(n)* registered design

Kauf laut Muster *(m)* purchase by sample

Kauf nach Muster *(m)* purchase on sample, purchase up to the pattern, purchase by pattern

kostenloses Muster *(n)* free sample

laut Muster *(n)* equal to sample, per sample

nach Muster *(n)* per sample, on sample, by sample

nach Muster bestellen *(n)* buy on the authority of the sample, purchase by sample

nach Muster produzieren *(n)* make to sample

patentiertes Muster *(n)* patented design

plombiertes Muster *(n)* sealed sample

Qualität laut Muster *(f)* quality as per sample, sampled quality

Standardisierung der Muster *(f)* specimen's standardization

vorgeschriebenes Muster *(n)* official model

Musterangebot *(n)* offer accompanied by samples, sampled offer

Musterausstellung *(f)* sample exhibition

Musterauswahl *(f)* pattern assortment, sample assortment

Musterbuch *(n)* book of samples, pattern book

Mustereingang *(m)* pattern arrival, sample arrival

mustergemäß as per sample, sampled, according to sample

mustergemäße Qualität *(f)* quality as per sample, sampled quality

Musterkauf *(m)* purchase by pattern, purchase on sample

Musterkollektion *(f)* assortment of samples, collection of samples, sample book

Musterprüfung *(f)* sample assay

Musterregister *(n)* register of trade mark

Musterrolle *(f)* muster-roll, shipping articles

Mustersammlung *(f)* pattern book, range of patterns

Mustervertrag *(m)* standard contract

Mustervordruck *(m)* model form

Musterzieher *(m)* sampler

Mutterfirma *(f)* parent company, parent firm

Muttergesellschaft *(f)* mother firm, original house, parent company

Mutterhaus *(n)* original firm, parent company

Mutterunternehmen *(n)* parent company, parent firm

MwSt. *(Abk)* **Mehrwertsteuer** value added tax

MwSt.-Bemessungsgrundlage *(f)* basis of assessment for VAT, VAT assessment basis

MwSt.-Gesamtbelastung *(f)* amount of total VAT

* Preis vor MwSt. *(m)* price excluding VAT

Verfahren zur Erstattung der MwSt. *(n)* arrangements for the refund of VAT

N

nach according, as per
nach Angebot *(n)* according to an offer
nach Gewicht verkaufen *(n)* sell by weight
nach Muster *(n)* by sample, on sample, per sample
nach Muster bestellen *(n)* buy on the authority of the sample, purchase by sample
nach Muster produzieren *(n)* make to sample
nach Probe kaufen *(f)* buy by sample, purchase by sample
nach Probestück kaufen *(n)* buy according to sample, purchase by sample
nach Vereinbarung *(f)* as arranged, as per contract
nach Vorlage *(f)* a vista
nach Wert *(m)* according to value
nach Wunsch *(m)* as requested
nach Zeitplan *(m)* according to schedule
Nachahmungseffekt *(m)* imitation effect
Nachauftrag *(m)* renewed order, reorder
Nachbarland *(n)* adjacent country
Nachbedingung *(f)* additional clause, additional condition
Nachbesserung *(f)* service, servicing
nachdatiert antedated
nachdatierter Scheck *(m)* antedated cheque
nachfolgend subsequent
nachfolgender Indossant *(m)* subsequent endorser
Nachfrage *(f)* demand
Nachfrage befriedigen *(f)* respond to the demand, satisfy a demand
* Angebot und Nachfrage *(n)* supply and demand
Erhöhung der Nachfrage *(f)* accretion of demand, increase in demand
Gesetz von Nachfrage und Angebot *(n)* law of supply and demand
Gleichgewicht von Angebot und Nachfrage *(n)* equilibrium of supply and demand, supply-and-demand equilibrium
Preiselastizität der Nachfrage *(f)* price demand elasticity
Prognostizierung der Nachfrage *(f)* forecasting of demand, demand forecasting

Stagnation der Nachfrage *(f)* stagnant demand
tatsächliche Nachfrage *(f)* actual demand, effective demand
Nachfrageanalyse *(f)* demand analysis
Nachfrageelastizität *(f)* elasticity of demand, flexibility of demand
Nachfragerückgang *(m)* decline in consumption, drop in demand
Nachfrageschwankungen *(pl)* demand fluctuations, swings of demand
Nachfragestimulierung *(f)* demand stimulation
Maßnahmen zur Nachfragestimulierung *(pl)* demand stimulation activities
Nachfragestruktur *(f)* composition of demand, pattern of demand
Nachfrageumfang *(m)* market size
Nachfragevoraussage *(f)* demand forecast, demand forecasting
Nachfrist *(f)* additional respite, additional term, deferment of time, delay of time, grace period, period of grace, supplementary period
Nachlass *(m)* bonification, deduction
üblicher Nachlass *(m)* customary rebate
Nachlieferung *(f)* additional delivery, additional supply
Nachnahme *(f)* collection, drawing, intake
Nachnahme, zahlbar bei Lieferung *(f)* cash on delivery
* Fracht gegen Nachnahme *(f)* forward freight, collect freight, freight forward
zahlbar gegen Nachnahme *(f)* cash on acceptance
zahlbar per Nachnahme *(f)* cash on acceptance
nachnehmen collect
Fracht nachnehmen *(f)* collect freight, forward freight
Nachporto *(n)* additional postage
nachprüfen control, examine
nachprüfend rechecking
nachprüfende Behörde *(f)* control authority
Nachprüfung *(f)* inspection
Nachprüfung anstellen *(f)* check, control
* Ergebnis der Nachprüfung *(n)* result of examination, result of verification
Nachprüfungsverfahren *(n)* post-clearance verification

nachrangig subordinate
nachrangige Hypothek *(f)* aggregate mortgage, collective mortgage
Nachricht *(f)* advice, note
Nachsendeadresse *(f)* accommodation address, address for letters, mailing address, postal address
Nachsichttratte *(f)* time draft
nächstfolgend next
nächstfolgender Beitrag *(m)* part payment
Nachtarbeitszulage *(f)* bonus for night work
Nachteil *(m)* injury
nachteilig unfavourable
Nachtrag *(m)* addendum, addition
nachträglich extra
nachträgliche Devisengenehmigung *(f)* currency certificate
nachträgliche Klausel *(f)* additional clause, further clause
Nachtragskredit *(m)* additional credit, supplementary credit
Nachttarif *(m)* night charge
Nachtzug *(m)* night train
Nachuntersuchung *(f)* follow-up survey
Nachvertrag *(m)* contract addendum, contract appendix
Nachweis *(m)* attestation, proof, evidence
Nachweis der Übereinstimmung *(m)* evidence of conformity
Nachweis der Verbringung der Ware *(m)* proof of delivery of goods
Nachweis des Gemeinschaftscharakters der Waren *(m)* document certifying the Community status of goods
Nachweis des Gemeinschaftscharakters durch einen zugelassenen Versender *(m)* proof of Community status by an authorised consignor
Nachweis des Gemeinschaftscharakters von Eisenbahnwagen *(m)* proof of Community status of railway wagons
Nachweis des Gemeinschaftscharakters von Waren *(m)* proof of the Community status of goods
Nachweis des Gemeinschaftscharakters von Straßenkraftfahrzeugen *(m)* proof of Community status of motorised road vehicles

Nachweis des Verlustes *(m)* damage certificate, proof of loss
Nachweis über die Beendigung des Verfahrens *(m)* proof of the end of the procedure
nachweisen document, documentary, evidence, supply documentary evidence
Gemeinschaftscharakter der Waren nachweisen *(m)* establish the Community status of goods *(EU)*
Nachzahlung *(f)* additional payment, extra payment
Nachzahlung *(f)* subsequent payment, supplementary payment
Nachzoll *(m)* additional duty
Näheklausel *(f)* near clause
Nahrung *(f)* food
Nahrungsmittelexport *(m)* food export
Name *(m)* name
Name der Luftverkehrsgesellschaft *(m)* name of the airline
Name der Schifffahrtsgesellschaft *(m)* name of the shipping company
Name des Abgangsflughafens *(m)* name of the airport of departure
Name des Beförderers *(m)* carrier's name
Name des Bestimmungsbahnhofs *(m)* name of the railway terminal of destination
Name des Bestimmungsflughafens *(m)* name of the airport of destination
Name des Bestimmungslands *(m)* name of the country of destination
Name des Containerbesitzers *(m)* name of the owner of container
Name des Entladeflughafens *(m)* name of the airport of unloading
Name des Entladehafens *(m)* name of the port of unloading
Name des Luftbeförderers *(m)* name of the aircraft operator
Name des Schiffes *(m)* name of ship, ship's name
Name des Verladehafens *(m)* name of the port of loading
Name des Versandbahnhofs *(m)* name of the railway terminal of departure
Name des Versandhafens *(m)* name of the port of departure
Name des Versendungslands *(m)* name of the country of departure

Name des Warenempfängers *(m)* name of goods recipient

Name des Warenversenders *(m)* name of goods dispatcher

Name des Zollbeförderers *(m)* name of the customs carrier

Name des Zolllagerinhabers *(m)* name of the owner of a bonded warehouse

Name des Zwischenhafens *(m)* name of the port of call

Name und Anschrift des Warenempfängers *(m)* name and address of goods recipient

Name und Anschrift des Warenversenders *(m)* name and address of goods dispatcher

* eingetragener Name *(m)* registered name

Namensindossament *(n)* endorsement in full, regular endorsement

Namenspapier *(n)* non-negotiable document

Namenspolice *(f)* named policy, straight policy

Namensscheck *(m)* non-negotiable cheque, registered cheque

Namenszertifikat *(n)* registered certificate

namentlich nominal

namentliche Police *(f)* named policy, straight policy

Nämlichkeit *(f)* identity of goods

Nämlichkeit der Waren *(f)* identification of goods, identity of goods

Feststellung der Nämlichkeit der Waren *(f)* identification of goods *(CCC)*

Nämlichkeit der Waren durch Verschluss sichern *(f)* ensure identification of goods by sealing

Nämlichkeit des Beförderungsmittels *(f)* identity of the means of transport

Nämlichkeitssicherungen *(pl)* identification measures, means of identification

Maßnahmen zur Nämlichkeitssicherung *(pl)* identification measures, means of identification

Nämlichkeitszeichen *(pl)* identifying marks

angelegte Zollverschlüsse oder Nämlichkeitszeichen *(pl)* seals or identification marks applied *(TIR carnet)*

Zollverschlüsse oder Nämlichkeitszeichen unverletzt *(pl)* seals or identification marks found to be intact *(TIR carnet)*

nass wet

nasse Ladung *(f)* wet cargo

Nassgewicht *(n)* wet weight

Nassstauung *(f)* wet stowage

Nation *(f)* nation

meistbegünstigte Nation *(f)* most-favoured nation

Status der Meistbegünstigte Nation *(m)* status of a most favoured nation

national national

nationale Fahrt *(f)* coasting voyage, coastwise voyage

nationale Grenze *(f)* national border

nationale Norm *(f)* national norm, national standard

nationale Währung *(f)* national currency

in nationaler Währung ausgedrückter Gegenwert *(m)* equivalent value in national currency

nationaler Markt *(m)* inland market, national market

Nationalbank *(f)* national bank

Nationaleinkommen *(n)* national income, national product

Nationalfeiertag *(m)* national holiday

Nationalflagge *(f)* national ensign

nationalisiert nationalised

nationalisierte Ware *(f)* nationalised product

Nationalklausel *(f)* national clause

Nationalsprache *(f)* national language

NATO-Formblatt 302 *(n)* NATO Form 302

Naturalgewicht *(n)* natural weight

Naturalumsatz *(m)* not involving cash turnover

natürlich natural

natürliche Person *(f)* individual, natural person

natürliche Ressourcen *(pl)* natural resources

natürlicher Abgang *(m)* natural loss of goods, natural wastage

natürlicher Schwund *(m)* natural loss of goods, natural wastage

natürliches Abgangrisiko *(n)* natural loss risk

natürliches Schwundrisiko *(n)* natural wastage risk, risk of natural wastage

nautisch nautical

nautischer Fehler *(m)* error in navigation, navigation error

nautischer Inspektor *(m)* marine superintendent

Navigation *(f)* navigation

Navigationsfehler *(m)* error in navigation, navigation error

Navigationsfreiheit *(f)* freedom of navigation

Navigationssystem *(n)* navigation system

automatisiertes Navigationssystem *(n)* automated navigation system

Navigationszeit *(f)* shipping season

Navigationszwischenfall *(m)* incident of navigation

Nebenanspruch *(m)* accessory claim, supplementary claim

Nebenbürgschaft *(f)* additional collateral, additional cover

Nebenfehler *(m)* incidental defect

Nebengeleise *(n)* siding

Nebenkarte *(f)* annexed sheet

Nebenkosten *(pl)* extra expenditures, incidental charges

Nebenplan *(m)* additional plan

Nebenprodukt *(n)* by-product, secondary product

Nebensicherheit *(f)* further margin

negativ negative

negative Antwort *(f)* negative reply

negativer Wert *(m)* negative value

Negativbilanz *(f)* passive balance

negoziierbar negotiable

negoziierbares Akkreditiv *(n)* negotiation credit

negoziieren negotiate

Negoziierung *(f)* negotiation

Negoziierung der Dokumente *(f)* negotiation of documents

nehmen accept

als Pfand nehmen *(n)* accept as collateral

auf Kredit nehmen *(m)* take on credit

in Haft nehmen arrest

Proben nehmen *(pl)* draw samples

Verlust nehmen *(m)* meet with a loss, suffer a loss

Ware auf Lager nehmen *(f)* take in bond

Nehmer *(m)* acceptor

Nennbetrag *(m)* nominal amount

Nennleistung *(f)* nominal productivity

Net-Terms-Klausel *(f)* net terms clause

Netto *(n)* net

Brutto für Netto *(m)* gross weight for net, gross-net

Brutto-für-Netto-Klausel *(f)* gross weight for net clause, gross-net clause

Nettoausfuhr *(f)* net export, net export surplus

Nettobedingungen *(pl)* net terms, fio

Nettobetrag *(m)* net amount, net sum

Nettobetriebsverlust *(m)* net operating loss (NOL)

Nettobilanz *(f)* net balance

Nettocharter *(m)* net charter, net terms charter, net-term charter

Nettocharterbedingungen *(pl)* net charter terms

Nettoeinkommen *(n)* net income, net proceeds, net receipts

Nettoertrag *(m)* net income, net proceeds

Nettoexport *(m)* net export, net export surplus

Nettoexporteur *(m)* net exporter

Netto-Fakturpreis *(m)* net invoice price

Nettofracht *(f)* net freight

Nettofrachtcharter *(m)* net charter, net terms charter

Nettogewicht *(n)* net mass, net weight

effektives Nettogewicht *(n)* actual net weight

Nettoimport *(m)* net import, net import surplus

Nettoimporteur *(m)* net importer

Nettoimporteur von Waren *(m)* net importer of a commodity

Netto-Importland *(n)* net importer country

Nettokosten *(pl)* net cost

Nettokursverlust *(m)* net loss on currency exchange

Nettoleasing *(n)* net leasing

Netto-Leasing *(n)* net leasing

Nettopreis *(m)* net price

Nettoraumgehalt *(m)* net capacity

Nettoraumgehalt in Registertonnen *(m)* net tonnage

Nettoregistertonne *(f)* net register ton

Nettosatz *(m)* net rate

Nettosozialprodukt *(n)* net national product (NNP)

Nettotara *(f)* net tare

Nettotonnage *(f)* net register tonnage, net registered tonnage

Nettotonne *(f)* net ton

Nettotonnengehalt *(m)* net capacity

Nettoumsatz *(m)* net turnover, turnover net of tax

Nettoverlust *(m)* net loss

Nettoverzollung *(f)* collection of duties on net weight

Nettowert *(m)* net worth

Nettozollgewicht *(n)* net custom-house weight

Netz *(n)* network

Netzhaftung *(f)* network liability

Netzplanung *(f)* network planning

Netzverantwortung *(f)* network liability

Netzwerk-Marketing *(n)* network marketing

neu new

neue Märkte forschen *(pl)* explore new markets

neue Ware *(f)* new product

neue Zollverschlüsse anlegen *(pl)* affix new seals *(customs)*

Neuerungspreis *(m)* novelty price

Neuzuteilung *(f)* redistribution

nicht not

nicht abgeholt unreceived

nicht abgeholtes Gut *(n)* abandoned merchandise, uncollected cargo, unreceived cargo

nicht abtretbar non-negotiable, untransferable

nicht akzeptierter Wechsel *(m)* draft dishonoured

nicht ausschließlicher Handelsvertreter *(m)* non-exclusive agent, numerous agent

nicht begebbar unassignable

nicht begebbare Urkunde *(f)* non-negotiable instrument, non-transferable instrument

nicht begebbarer Scheck *(m)* non-negotiable cheque

nicht begebbarer Seefrachtbrief *(m)* non-negotiable sea waybill, unassignable bill of lading

nicht beglaubigt unauthenticated, uncertified

nicht containerfähig uncontainernable

nicht containerfähige Güter *(pl)* uncontainernable goods

nicht eingelös dishonoured, unredeemed

nicht eingelöster Scheck *(m)* dishonoured cheque, unpaid cheque

nicht eingelöster Wechsel *(m)* bill in suspense

nicht endgültiger Beschluss *(m)* non-final action, non-final decision

nicht erhalten unreceived

nicht erhobene Abgaben *(pl)* duties not collected *(customs)*

nicht exportierte Ware *(f)* unsuitable article for export

nicht gedeckter Scheck *(m)* bad cheque, kite

nicht gegen besondere Havarie versichert (amerikanische Bedingungen) *(f)* free from particular average, American conditions

nicht gelieferte Ladung *(f)* non-delivered cargo

nicht genehmigte Abweichung *(f)* unauthorized deviation

nicht im zollrechtlich freien Verkehr befindliche Waren *(pl)* goods not in free circulation

nicht in Empfang genommenes Gut *(n)* uncollected cargo, unreceived cargo

nicht indossierbare Urkunde *(f)* non-negotiable instrument, non-transferable instrument

nicht indossierbarer Scheck *(m)* non-negotiable cheque

nicht konviertierbar inconvertible

nicht konviertierbare Währung *(f)* inconvertible currency, irredeemable money

nicht Kumulationsfranchise *(f)* non-cumulative franchise

nicht Kumulationsfranchiseklausel *(f)* non-cumulative franchise clause

nicht limitiert unlimited

nicht offene Ausschreibung *(f)* selective tender

nicht präferenzieller Warenursprung *(f)* non-preferential origin of goods

nicht revolvierendes Akkreditiv *(n)* non-renewable letter of credit

nicht rückzahlbare Schuld *(f)* non-repayable debt

nicht übertragbar unmarketable

nicht übertragbares Akkreditiv *(n)* non-transferable letter of credit

nicht übertragbares Konnossement *(n)* non-negotiable bill of lading

nicht umsetzbar unconvertible

nicht versicherbares Risiko *(n)* non-insurable risk

nicht wandelbar irredeemable

nicht wiederverwendbare Palette *(f)* non-reusable pallet

nicht zollpflichtig undutiable

nicht zollpflichtige Ware *(f)* undutiable goods

Nichtabnahme *(f)* rejection

Nichtabnahme der Ware *(f)* refusal of goods

Nichtannahme des Wechsels *(f)* non-acceptance of a bill

Nichtausführung *(f)* backlog, default

Nichtausführung des Auftrages *(f)* non-performance of an order

Nichtausführung des Kontraktes *(f)* non-performance of a contract

Nichtausführung des Vertrags *(f)* non-execution of contract, non-performance of a contract

Strafe auf Nichtausführung eines Vertrags *(f)* penalty for breach of the contract

Nichtauslieferung *(f)* non-delivery

Diebstahl, Beraubung, Nichtauslieferung theft, pilferage and non-delivery, theft, pilferage, non and/or short delivery

Diebstahl, Kleindiebstahl, Nichtauslieferung theft, pilferage and non-delivery

nicht-ausschließlich non-exclusive

nicht-ausschließliche Lizenz *(f)* non-exclusive licence

Nichtbeachtung *(f)* non-observance

Nichtbeachtung der Gültigkeitsdauer *(f)* non-observance of time limit

Nichtbefolgung *(f)* disregard

nichtbegebbar non-negotiable

nichtbegebbares Konnossement *(n)* non-negotiable bill of lading

Nicht-Bestätigung *(f)* lack of acknowledgment

Nichtbesteuerung *(f)* non-taxation

Nichtbezahlung *(f)* default to pay, failure in payment, non-payment, want of payment

Nichtbezahlung der Zollen und Steuern *(f)* non-payment of customs duties and taxes

nichtbrennbar non-inflammable

nichtbrennbares Material *(n)* non-inflammable material

nichtdiskriminierend non-discriminatory

nichtdiskriminierender Zolltarif *(m)* non-discriminatory customs tariff

nichtdokumentär non-documentary

nichtdokumentäres Inkasso *(n)* clean collection

Nichteinhaltung *(f)* breach, failure, non-observance

Nichteinhaltung der Bedingungen *(f)* failure to comply with the conditions

Nichteinhaltung der Frist *(f)* failure to comply with the term, failure to observe the time limit, failure to respect the time limit

Nichteinhaltung der Kontraktbedingungen *(f)* non-observance of the terms of an contract

Nichteinhaltung des Vertrags *(f)* non-observance of the terms of an agreement

Nichteinlösung *(f)* disapproval, dishonour, refusal

Nichteinlösung des Schecks *(f)* dishonour of a cheque

Nichteinlösung des Wechsels *(f)* dishonour by non-payment, dishonour of a bill, refusal to pay a bill

Nichterfüllung *(f)* failure, non-performance

Nichterfüllung des Vertrags *(f)* breach of a contract, non-performance of a contract

Nichterhebung von Zöllen *(f)* remission of duty

Nichterhebungsverfahren *(n)* suspensive arrangement

nicht-exklusiv non-exclusive

nicht-exklusiver Agent *(m)* non-exclusive agent

Nichtgemeinschaftscharakter *(m)* non-Community status

Nichtgleichgewicht *(n)* non-equilibrium

Nichthandelsschiff *(n)* non-trader

Nichthonorierung *(f)* dishonour

Nichthonorierung des Wechsels *(f)* dishonour by non-payment, refusal to pay a bill

nichtig invalid, void
nichtige Klausel *(f)* invalid clause
nichtiger Vertrag *(m)* void contract
nichtiges Geschäft *(n)* void contract
Nichtigkeit *(f)* invalidity
Klage auf Erklärung der Nichtigkeit *(f)* nullity suit
nichtkommerziell non-commercial, uncommercial
nichtkommerzielle Einfuhr *(f)* importation of a non-commercial nature
nichtkommerzielle Qualität *(f)* non-commercial quality
Nichtkommerztonnagemeile *(f)* non-revenue ton-mile
nichtkomplett incomplete
nichtkomplette Lieferung *(f)* deficient delivery, incomplete delivery
nicht-landwirtschaftlich non-agricultural
nicht-landwirtschaftlicher Export *(m)* non-agricultural export
Nichtleistung *(f)* backlog, default
Nichtmitgliedstaat *(m)* non-member country
Nichtnachkommen *(n)* non-performance
Nichtnachkommen einer Bestellung *(n)* non-performance of an order
Nichtnachkommen des Vertrags *(n)* breach of a contract, non-performance of a contract
nichtpräferentiell non-preferential
nichtpräferentieller Ursprung *(m)* non-preferential origin of goods
nichtprohibitiv non-prohibitive
nichtprohibitive Zolltarif *(m)* non-prohibitive tariff
nichttarifäre non-tariff
nichttarifäre Barriere *(f)* invisible tariff
nichttarifäre Maßnahmen *(pl)* non-tariff measures *(CCC)*
nichttariflich non-tariff
Nichtunterhaltung *(f)* failure
Nichtunterhaltung der Ablieferungsfrist *(f)* break of the delivery date, break of the delivery time
Nichtunterhaltung der Frist *(f)* failure to comply with the term, failure to observe the time limit

Nichtunterhaltung der Lieferzeit *(f)* break of the delivery date, break of the delivery time
Nichtunterhaltung der Verfallzeit *(f)* break of due date
Nichtunterhaltung des Ablieferungstermins *(f)* slow delivery
Nichtunterhaltung des Verfalldatums *(f)* break of due day, break of maturity
Nichtunterhaltung des Zahlungstermins *(f)* break of due date
Nichtursprungserzeugnis *(n)* non-originating product
nichtversichert uninsured
nichtversichertes Risiko *(n)* uninsured risk
Nichtzahlung *(f)* default to pay, failure in payment, non-payment, refusal of payment, refusal to pay, want of payment
Nichtzustellung *(f)* non-delivery
Niederlage *(f)* depot
frei Niederlage *(f)* free warehouse, delivered in store
Niederlassung *(f)* agency, branch, branch office, subsidiary
Niederlassung der Firma *(f)* branch
niederreißen remove
Hindernisse niederreißen *(pl)* remove obstacles
Niederschrift *(f)* minutes, protocol
niederschreiben write down
Bericht niederschreiben *(m)* draw up a report, draw up a statement
niedrig low
niedriger Kurs *(m)* low price, minimum price
niedriger Preis *(m)* minor price
niedrigst lowest
niedrigste Qualität *(f)* bottom quality
niedrigste Preis *(m)* bottom price, lowest price
niedrigster Tarif *(m)* minimum tariff
Niedrigstkurs *(m)* minimum price
Niveau *(n)* level
Nomenklatur *(f)* nomenclature
Nomenklatur des Rates für die Zusammenarbeit auf dem Gebiet des Zollwesens *(f)* Customs Co-operation Council Nomenclature (CCCN)
* Brüsseler Nomenklatur *(f)* Brussels Tariff Nomenclature

kombinierte Nomenklatur (KN) *(f)* combined nomenclature, combined nomenclature of goods, Nomenclature of the Harmonized Commodity Description and Coding System
kombinierte Zolltarif- und Statistiknomenklatur *(f)* combined tariff/statistical nomenclature
statistische Nomenklatur *(f)* statistical nomenclature
Nominalbetrag *(m)* nominal amount
Nominalladefähigkeit *(f)* nominal capacity
Nominalparität *(f)* nominal par
nominieren nominate
Hafen nominieren *(m)* designate a port
Schiff nominieren *(n)* nominate a ship
nominell nom, nominal
nomineller Arbeitslohn *(m)* nominal money, nominal wage
nomineller Kurs *(m)* nominal exchange
nomineller Preis *(m)* nominal rate
nomineller Satz *(m)* nominal rate
nominelles Konnossement *(n)* bill of lading issued to a name, bill of lading to a named person
nominieren nominate
No-Name-Produkt *(n)* generic product
non-äquivalent non-equivalent
Non-Negotiable FIATA Multimodal Transport Waybill *(n)* Non-Negotiable FIATA Multimodal Transport Waybill - FWB
Non-Standard-Qualität *(f)* non-standard quality
Non-Tarifbeschränkungen *(pl)* non-tariff restraints, non-tariff barriers
nordamerikanisch North American
nordamerikanische Tonne *(f)* net ton, short ton
Norm *(f)* norm
normal normal, ordinary
normale Arbeitszeit *(f)* ordinary working hours
normale Bedingungen *(f)* normal conditions, usual terms
normale Qualität *(f)* standard quality
normale Transportbedingungen *(pl)* normal conditions of haulage
normaler Verlust *(m)* natural diminution, normal loss, trade shortage
normales Verfahren *(n)* normal procedure

normales Warenmanifest *(n)* normal commercial goods
***** **Europäische Norm** *(f)* euronorm
internationale Norm *(f)* international standard, global standard
nationale Norm *(f)* national standard, national norm
staatliche Norm *(f)* mandatory standard
technische Norm *(f)* technical standard
Normalbedingungen *(pl)* normal conditions, usual terms
Normalisierung *(f)* normalization
Normalisierung der Waren *(f)* normalization of goods
Normalpackung *(f)* standard packing
Normalpolice *(f)* simple policy, single policy
Normalsatz *(m)* going rate
Normalspurbahn *(f)* standard gauge railway, standard railway
Normalvertrag *(m)* standard form contract
Normalwert *(m)* normal value
Normalzeit *(f)* standard time
Normativakt *(m)* normative act
Normensammlung *(f)* collection of standards
normieren normalize, standardize
Normierung *(f)* equalization
Notadressat *(m)* referee in case of need
Notar *(m)* notary
Beurkundung durch den Notar *(f)* notarial act
Notarialsgeschäft *(n)* notarial act
Notariat *(n)* notary's office
Notariatsgebühr *(f)* fee for notarial service, notarial fee
Notariatsiegel *(n)* official seal
Notariatsvollmacht *(f)* notarial power of attorney
Notariatszeugnis *(n)* notarial certificate
notariell notarial
notariell beurkundet notarized
notarielle Beglaubigung *(f)* notarial witness, notarization
notarielle Beurkundung *(f)* notarial witness, notarization

notarielle Urkunde *(f)* document certified by a notary, notarial act, notarial deed, notarial document

notarieller Vertrag *(m)* notarial contract

notarielles Siegel *(n)* notarial seal, notary's seal

Notariellhandlung *(f)* notarial act

notarisch notarial

notarische Urkunde *(f)* document certified by a notary, notarial act, notarial deed, notarial document

notarisches Siegel *(n)* notarial seal, notary's seal

Notarskanzlei *(f)* notarial office

Notartarif *(m)* notarial tariff

Notbedingungen *(pl)* emergency conditions

Note *(f)* note

Nothafen *(m)* port of distress

Notierung *(f)* quotation

Notierungen auf dem Weltmarkt *(pl)* quotations on the world market

Notifikation *(f)* notice of dishonour, notification

Notifizieren *(n)* notice

Notifizierung der Streitigkeit *(f)* notification of a dispute

Notiz *(f)* memorandum, notation, notice, remark

Notizfrist *(f)* advice time, notice date, time for notification

Notizklausel *(f)* notification clause, notify clause

notleitend outstanding

notleitender Wechsel *(m)* outstanding bill

Notmaßnahmen *(pl)* emergency measures, exceptional measures

Notverkauf *(m)* distress sale

notwendig indispensable, necessary

notwendige Bedingung *(f)* indispensable condition

notwendige Information *(f)* necessary information

notwendige Menge *(f)* necessary quantity

notwendiges Dokument *(n)* necessary document

null zero

Einfuhrzoll "Null" *(m)* zero rate of import duty *(CCC)*

Nullsatz *(m)* zero rate

Numerierung *(f)* numeration

Nummer *(f)* number

Nummer der Anmeldung *(f)* declaration number

Nummer der benutzten EG-Lizenzen *(f)* number of the EC licence

Nummer der Bescheinigung *(f)* certificate number, number of the certificate

Nummer der Genehmigung *(f)* permit number

Nummer der Lizenz *(f)* number of the licence

Nummer der Versandanmeldung *(f)* number of the transit declaration

Nummer der Zollurkunde *(f)* customs serial number of the declaration

Nummer des Containers *(f)* container number, container's number

Nummer des Einheitspapiers *(f)* number of the SAD

Nummer des Frachtbriefes *(f)* bill of lading number

Nummer des Kontrollexemplars T5 *(f)* serial number of the T5 control copy

Nummer des Luftfrachtbriefs *(f)* number of the air waybill

* laufende Nummer *(f)* serial number, consecutive number (goods), running number

Nutzfahrzeugverkehr *(m)* commercial transport

Nutzladefähigkeit *(f)* capacity of a ship, cargo carrying capacity, freight-carrying capacity, tonnage, useful load

Nutzlast *(f)* useful load

zulässige Nutzlast des Containers *(f)* allowable container load

Nutztragfähigkeit *(f)* dead-weight capacity

Nutzungsdauer *(f)* operating period, operating time, service live, usage time

Nutzungseigenschaft *(f)* functional quality

O

Oberaufseher *(m)* overseer

Oberdeck *(n)* upper deck

ober above

  obere Grenze heraufsetzen *(f)* increase the ceiling

Oberschiedsrichter *(m)* umpire

Obertarif *(m)* maximum tariff

Obhut *(f)* superintendence, supervision

Objekt *(n)* object

Objektleistungslohn *(m)* piece rate pay, price wage

Objektlohn *(m)* piece rate pay, price wage

Obligation *(f)* liability, obligation **2.** bond

  Ertrag der Obligationen *(m)* bond yield

Obligationenmarkt *(m)* bond market

obligatorisch compulsory, mandatory, obligatory

  obligatorische Bedingung *(f)* compulsory condition, mandatory condition, obligatory condition

  obligatorische Gebühr *(f)* obligatory charge

  obligatorische Legalisierung *(f)* compulsory legalization, obligatory legalization

  obligatorische Rückversicherung *(f)* obligatory reinsurance

  obligatorische Sicherheitsleistung *(f)* compulsory guarantee

  obligatorische Versicherung *(f)* compulsory insurance, obligatory insurance

  obligatorische Zahlung *(f)* obligatory payment

  obligatorischer Vertrag *(m)* binding contract

  obligatorisches Akzept *(n)* compulsory acceptance, obligatory acceptance

  Inkasso mit obligatorischem Akzept *(n)* collection with compulsory acceptance

  * Ergebnis der obligatorischen Überprüfung *(n)* result of the compulsory check

Obligenheit *(f)* duty, obligation

obligieren oblige, put under an obligation

Obligo *(n)* liability

  Indossament ohne Obligo *(n)* endorsement without recourse, qualified endorsement

  ohne Obligo *(n)* without liability

offen open

  offene Bestellung *(f)* open order

  offene Handelsgesellschaft *(f)* unlimited partnership

  offene Police *(f)* floating insurance policy, open policy

  offene Rechnung *(f)* current account, open account

  offene Reede *(f)* open roadstead

  offene Versicherung *(f)* open insurance

  offene Versicherungspolice *(f)* floating insurance policy, open policy

  offene Versteigerung *(f)* open auction

  offene Wirtschaft *(f)* open economy

  offener Auftrag *(m)* open order

  offener Charter *(m)* open charter

  offener Chartervertrag *(m)* open charter

  offener Hafen *(m)* open harbour, open port

  offener Kredit *(m)* clean credit, opened credit

  offener Markt *(m)* open market, over counter market

  offener Scheck *(m)* cashier's cheque, open cheque

  offener Waggon *(m)* railway truck, truck, undecked wagon

  offenes Akkreditiv *(n)* open letter of credit

  offenes Faktoring *(n)* open factoring

  offenes Giro *(n)* general endorsement

  offenes Inkasso *(n)* clean encashment

  offenes Meer *(n)* high sea, main sea

  offenes Schiffsregister *(n)* open register

offenkundig patently

  offenkundiger Mangel *(m)* patent defect

öffentlich public

  öffentliche Ausschreibung *(f)* public auction

  öffentliche Sicherheit *(f)* public security

  öffentliche Straße *(f)* public road

  öffentliche Versteigerung *(f)* public auction, public tender

  öffentliche Verwaltung *(f)* public authority

  öffentliche Zollniederlage *(f)* public customs warehouse

  öffentlicher Auftrag *(m)* government contract, public contract

  öffentlicher Hafen *(m)* public port

  öffentlicher Speicher *(m)* King's warehouse, open-type warehouse, public warehouse

  öffentliches Amt *(n)* government office

  öffentliches Lager *(n)* open-type warehouse, public warehouse öffentliches Transportunternehmen *(n)* common carrier

öffentliches Unternehmen *(n)* government enterprise, state-owned enterprise

öffentliches Zolllager *(n)* public customs warehouse

Offerte *(f)* offer, proposal

Offerte abberufen *(f)* annul an offer, withdraw an offer

Offerte akzeptieren *(f)* accept a bid

Offerte formulieren *(f)* formulate a proposal

Offerte rückgängig machen *(f)* annul a proposal, retract an offer, withdraw an offer

* bedingte Offerte *(f)* conditional offer

feste Offerte *(f)* binding offer, firm order

freibleibende Offerte *(f)* open bid, open offer

Gültigkeit der Offerte *(f)* validity of a proposal, validity of an offer

günstige Offerte *(f)* advantageous offer, favourable offer

unverbindliche Offerte *(f)* open offer, not binding offer

verbindliche Offerte *(f)* firm bid, engagement offer

Offertenannahme *(f)* acceptance of a bid, acceptance of an offer, offer acceptance

Offertengarantie *(f)* tender bond

Offertenverweigerung *(f)* declining of an offer, refusal of an offer

offiziell official, officially

offizielle Bestätigung *(f)* official confirmation

offizielle Währung *(f)* functional currency

offizieller Kurs *(m)* legal rate of exchange, official quotation, official rate

offizieller Preis *(m)* official price, officially fixed price

offizieller Vertreter *(m)* official representative

offizieller Wechselkurs *(m)* official exchange rate

Offizier *(m)* officer

erster Offizier *(m)* chief officer, first officer

Öffnung *(f)* opening

Öffnung der Sendung opening of the parcel

Öffnungsdauer *(f)* business hours

Öffnungsdauer der Grenzübergangsstellen *(f)* business hours at frontier posts

Öffnungszeiten *(pl)* business hours, working hours, hours of opening, office hours, opening hours

Offset *(n)* offset

Offsetgeschäft *(n)* offset, offset operation, offset transaction

Off-Shore-Bankeinrichtung *(f)* off-shore banking unit (OBU), off-shore banking center

Off-Shore-Banking *(n)* off-shore banking

Off-Shore-Finanzzentrum *(n)* off-shore financial centre (OFC)

ohne without

ohne Anzeige *(f)* no advice

ohne Avis *(m)* no advice

ohne Aviso *(n)* no advice

ohne besondere Havarie *(f)* free from particular average, free of particular average (FPA)

ohne Deckung *(f)* insufficient funds *(written on the dishonoures cheque)*

ohne Obligo *(n)* without liability

ohne Unterschrift *(f)* unsigned

ohne Vergütung *(f)* gratuitous, unremunerated

ohne Verspätung *(f)* according to schedule, scheduled

* Schiff ohne Antrieb *(n)* non-propelled craft

Ökonomik *(f)* economics

Ökonomik der europäischen Integration *(f)* European integration economics

Ökonomik des Auslandshandels *(f)* foreign trade economics

ökonomisch economic

ökonomische Analyse *(f)* economic analysis

ökonomische Integration *(f)* economic integration

ökonomische Intervention *(f)* economic intervention

ökonomische Präferenzen *(pl)* economic preferences

ökonomische Sicherheit *(f)* economic safety, economic security

ökonomische Stabilisierung *(f)* economic stabilization

ökonomische Statistik *(f)* economic statistics

Ölembargo *(n)* oil embargo

Öltanker *(m)* oil tanker

Open-Container *(m)* open container

Open-Sided-Container *(m)* open-sided container

Open-Top-Container *(m)* open-top container

Operation *(f)* operation
Export-Import-Operationen *(pl)* export-import operations

Operating-Leasing *(n)* operating leasing

operationall operational
operationalles **Audit** *(n)* operational audit

operativ operational
operative **Fracht** *(f)* operational freight
operativer **Gewinn** *(m)* business profit
* **Verlustvortrag aus dem operativen Geschäft** *(m)* operational loss

Operator *(m)* operator
Container-Transport-Operator *(m)* container operator, container transport operator

optimal optimal, optimum
optimale **Bedingungen** *(pl)* optimal conditions
optimale **Lösung** *(f)* optimal solution
optimale **Menge** *(f)* optimum quantity
optimale **Strategie** *(f)* optimal strategy
optimaler **Weg** *(m)* optimal route

Optimalpreis *(m)* optimum price

Optimalqualität *(f)* optimum quality

Option *(f)* option
Option des Versicherers *(f)* insurer's option

Optionsfracht *(f)* optional cargo, optional freight

Optionsfrachtklausel *(f)* optional cargo clause

Optionsgeschäft *(n)* option business, option deal

Optionshafen *(m)* option port

Optionsklausel *(f)* option clause, optional clause

Optionsrate *(f)* optional rate

Optionssatz *(m)* optional rate, weight or measure

Order *(f)* instruction, order
an Order ausgestelltes Konnossement *(n)* bill of lading to order, bill of lading issued to order

Ordergut *(n)* order freight

Orderhafen *(m)* intermediate port, port of call, port of call for orders

Orderhafenklausel *(f)* calling clause
Orderkonnossement *(n)* bill of lading under order, negotiable bill of lading, bill of lading issued to order, bill of lading to order

Ordernummer *(f)* order number

Orderpapier *(n)* order document

Orderpolice *(f)* order policy, policy to order

Orderscheck *(m)* cheque to order, order cheque

Orderwechsel *(m)* order bill

Ordnung *(f)* order, procedure, regulation, statutes
Ordnung für eine Freizone *(f)* rules for functioning of free zone
* **gesetzliche Ordnung** *(f)* law order, legal order

ordnungsgemäß correct
ordnungsgemäße **Verpackung** *(f)* adequate packing

Ordnungsstrafe *(f)* administrative penalty, disciplinary penalty

ordnungswirdig incorrect

Organ *(n)* body
Organe der Gemeinschaft *(pl)* Community authorities *(EU)*

Organisation *(f)* association, organization
Organisation des Vertriebs *(f)* distributing system
* **internationale Organisation** *(f)* international organization

Organisationsschaubild *(n)* organization chart

Organisationsstruktur *(f)* organizational structure, structure of organization

organoleptisch organoleptic
organoleptische **Prüfung** *(f)* tasting

Orientierungspreis *(m)* approximate price, benchmark price, tentative price

Orientierungstermin *(m)* duration guideline

Original *(n)* original
Original für Absender *(n)* original for consignor
Original für Empfänger *(n)* original for consignee

Original für Verlader *(n)* original for shipper
Original und drei Kopien *(n)* original and three copies
Originalakkreditiv *(n)* original of letter of credit
Originaldeklaration *(f)* original of declaration
Originaldokument *(n)* original of a document
originalgetreu corresponding to the original
Originalkonnossement *(n)* original bill of lading, original of bill of lading
Originalkontrakt *(m)* original copy of contract
Originalpackung *(f)* original package
Originalrechnung *(f)* invoice of origin, original of a bill, original of an invoice, original invoice
Originaltara *(f)* original tare
Originaltext *(m)* original text
 beglaubigte Kopie des Originaltexts *(f)* certified copy of the original text
Originalurkunde *(f)* original of a document, original of act
Originalzeugnis *(n)* original certificate
Ort *(m)* place, point
 Ort der Beschau *(m)* place of inspection
 Ort der Leistung *(m)* place of fulfillment of the contract, place of performance of contract
 Ort der Lieferung *(m)* place of delivery, point of delivery
 Ort der Zollabfertigung *(m)* customs clearance place, point of clearance trough the customs
 Ort des Unfalls *(m)* place of the accident *(TIR carnet)*
 Ort des Verbringens *(m)* entry point
 Ort des Vertragsabschlusses *(m)* place of conclusion of the contract, place of contract
 Ort des Zollamtes *(m)* location of a customs office
 * erster Ort des Verbringens *(m)* first place of introduction
 franko Ort der Übergabe an den Luftfrachtführer *(m)* free place of delivery to air carrier
 franko Ort der Übergabe an die Luftfahrtgesellschaft *(m)* free place of delivery to air carrier at seller's country

 franko Ort der Verladung *(m)* free point of shipment
 franko Ort der Zollabfertigung *(m)* free at place of customs treatment, free at place of customs examination, free at place of customs clearance
 frei benannter Ort *(m)* free delivery
 geliefert am Ort ... /benannter Bestimmungsort/ DAP ... /insert named place of destination/, delivered at place ... /insert named place of destination/
 Preis am Ort *(m)* spot price, loco price
 Verkaufsagent vor Ort *(m)* regional sales agent
 Waren im benannten Ort liefern *(pl)* deliver the goods at particular place
 Wechsel an eigenen Ort *(m)* sola bill, house bill
örtlich local
örtliche Steuer *(f)* local tax
örtliche Verwaltung *(f)* local administration
örtliche Zollstelle *(f)* local customs office
örtlicher Markt *(m)* local market
örtlicher Vertreter *(m)* local agent, resident agent
Ortsfrachtenmakler *(m)* local freight agent
Ortsgebrauch *(m)* custom of the place, local custom
Ortsnetzkennzahl *(f)* area code
Ortstarif *(m)* local tariff
ortsüblich customary in a place
 ortsüblicher Preis *(m)* local price
Outsider *(m)* non-conference carrier, outsider
Ozean *(m)* ocean
Ozeansschiff *(n)* sea ship, sea-going vessel

P

Pacht *(f)* hire, lending, rent
Pachtbedingungen *(pl)* lease term, provisions of a lease
Pachtdauer *(f)* duration of a lease, term of a lease
Pachtgeld *(n)* ground rent, rent
Pachtkontrakt *(m)* contract of location, tenancy contract
Pachtrate *(f)* rent rate, rental rate
Pachtvertrag *(m)* contract of location, lease contract, tenancy contract
Pachtzins *(m)* ground rent, rent
Pack *(m)* pack, parcel
Päckchen *(n)* packet, parcel
packen pack, package
 in **Ballen packen** *(pl)* bale
 in **Büchsen packen** *(pl)* tin, can
 in **Container packen** *(m)* pack a container
 in **Fässer packen** *(pl)* barrel, cask
 in **Käfig packen** *(m)* crate
 in **Kasten packen** *(pl)* case, box
Packen *(n)* boxing
Packer *(m)* stevedore
Packerei *(f)* package, packaging
Packereikosten *(pl)* packaging costs, packing costs
Packgut *(n)* packaged cargo, packet cargo
Packkiste *(f)* case
Packkosten *(pl)* cost of packing, packaging cost
Packleinwand *(f)* packing cloth
Packliste *(f)* list of cargo, packing list, specification of cargo
Packmaterial *(n)* packeting, wrapping
Packmittelgebühr *(f)* packing charge, packing fee
Packraum *(m)* accommodation for cargo, hold
Packstück *(n)* package
 Packstücke und Warenbeschreibung *(pl/f)* packages and description of goods

* **Anzahl der erledigten Packstücke** *(f)* number of packages discharged *(TIR carnet)*
Anzahl der Packstücke *(f)* number of packages
Art der Packstücke *(f)* kind of the packages
Anzahl und Art der Packstücke *(f)* number and kind of packages
Kennzeichen der Packstücke *(n)* marking of the packages
Zollverschlüsse an Packstücken *(pl)* seals on packages
Zusammenstellen von Packstücken *(n)* assembly of consignments
Packung *(f)* binder, packing
Packungsreklamation *(f)* claim of package, claim of packing
Packungsrisiko *(n)* packaging risk, wrapper risk
Packzettel *(m)* packing list, specification
Paket *(n)* bundle, pack, package
 Ladung in Paketen *(f)* package cargo
Paketempfangsschein *(m)* parcel receipts
Paketenempfangsschein *(m)* parcel ticket
paketiert packaged
 paketierte Ladung *(f)* package cargo
Paketierung *(f)* packaging, packeting
Paketversicherung *(f)* packet insurance
paketweise in packets
 paketweise Ladung *(f)* package cargo
Palette *(f)* load board, pallet
 Palette mit Ladung *(f)* pallet load
 * **Erklärung des Gemeinschaftscharakters von Paletten** *(f)* declaration of Community status for pallets
 nicht wiederverwendbare Palette *(f)* non-reusable pallet
 verlorene Palette *(f)* expendable pallet, one-way pallet
 zurückgetauschte Palette *(f)* exchange pallet
 zusammenklappbare Palette *(f)* foldingend flatrack, collapsible pallet
Palettencontainer *(m)* pallet container
Palettenkran *(m)* pallet crane
Palettenpool *(m)* pallet pool
Palettenschiff *(n)* pallet carrier
Palettentransport *(m)* pallet handling

palettiert palletized
palettierte Ladung *(f)* palletized cargo, palletized freight, palletized load
palettierter Ware *(f)* palleted goods
Transport von palettierter Ware *(m)* transportation of palleted goods, palletization
Palettisierung *(f)* palletization
Panne *(f)* defect, flaw
Papier *(n)* document 2. instrument
Papier mit einem Sichtvermerk versehen *(n)* endorse a document
Papier mit einem Stempel versehen *(n)* endorse a document
Papier übergeben *(n)* deliver the document
Papier zur Bescheinigung des Gemeinschaftscharakters von Waren *(n)* document certifying the Community status of goods
Papier zur Kontrolle *(n)* control document
* **Einheitlichkeit der Papiere** *(f)* uniformity in documentation
Standardisierung der Papiere *(f)* standardisation of documents
Vorlage der Papiere *(f)* presentation of the documents
Papiere *(pl)* papers
Papierverlust *(m)* paper loss
Paradie *(n)* paradise
Paragraph *(m)* paragraph, section
Parallelimport *(m)* parallel import
Parallelmarkt *(m)* parallel market
Parameter *(m)* parameter
Garantie für technische Parameter *(f)* performance assurance
paraphieren initial
Abkommen paraphieren *(n)* initial an agreement
Dokument paraphieren *(n)* initial a document
Kontrakt paraphieren *(m)* initial a contract
Vertrag paraphieren *(m)* initial an agreement, initial a contract
Paraphierung *(f)* initialing
Paraphierung des Vertrags *(f)* initialing of contract
Parikurs *(m)* nominal rate, parity value
Parität *(f)* parity, parity of prices
amtliche Parität *(f)* official parity
Paritätsklausel *(f)* parity clause

Paritätskurs *(m)* nominal rate, parity value
Parkplatz *(m)* car park
Parteistaat *(m)* signatory state
Parteistaat eines Vertrags *(m)* contracting state
Partie *(f)* parcel *(goods)*
Partie schicken *(f)* ship in lots
Partieverkauf *(m)* sale by lot
Partner *(m)* associate, partner
ausländischer Partner *(m)* foreign partner
Partnerstaat *(m)* partner state
Pass *(m)* passport
Passabfertigung *(f)* passport control
Passagegeld *(n)* passage money
Passagier *(m)* passenger
Passagiere identifizieren *(pl)* identify passengers
* **Beförderung von Passagieren** *(f)* passenger transport
sehr wichtiger Passagier *(m)* very important passager
Passagierfluglinie *(f)* air-passenger service
Passagierfrachtschiff *(n)* passenger and cargo boat
Passagierliste *(f)* list of passengers on board
Passagierluftfahrt *(f)* passenger air service
Passagiermanifest *(n)* passenger manifest
Passagierschiff *(n)* passenger ship
Passagierverkehr *(m)* passenger service
Passagier- und Autofähre *(f)* passenger-car ferry
Passformalitäten *(pl)* passport formalities
Passgebühr *(f)* passport fee
passieren pass
passiv passive
passive Bilanz *(f)* passive balance, unfavourable balance
passive Handelsbilanz *(f)* adverse balance, passive balance of trade, visible deficit
passive Rückversicherung *(f)* passive reinsurance

passive Veredelung *(f)* outward processing
Anmeldung für die vorübergehende Ausfuhr zur passiven Veredelung *(f)* declaration for the temporary exportation of goods for outward processing
vorübergehende Ausfuhr zur passiven Veredelung *(f)* temporary exportation for outward processing
passive Zahlungsbilanz *(f)* balance of payments deficit, balance-of-payments drain, passive balance of payment
passiver Veredelungsverkehr *(m)* outward improvement
Bewilligung des passiven Veredelungsverkehrs *(f)* outward processing authorization, authorization to use the outward processing procedure
Erledigung eines passives Veredelungsverkehrs *(f)* completion of an outward processing operation
Vorgang des passiven Veredelungsverkehrs *(m)* outward processing procedure
Passivbilanz *(f)* passive balance
Passivsaldo *(m)* passive balance, short balance
Passkontrolle *(f)* examination of passports
Patent *(n)* patent
Patent anmelden *(n)* issue a patent
Patent erteilen *(n)* grant a patent
* Abtretung des Patents *(f)* assignment of patent
Agent für Verkauf von Patenten *(m)* patent agent
Datum des Patents *(n)* patent date, date of patent
Geltungsdauer des Patents *(f)* term of patent protection
Gültigkeitsdauer des Patentes *(f)* term of a patent, duration of a patent
Handel mit Patenten *(m)* trade in patents
vorläufiges Patent *(n)* temporary letter patent
Patentabkommen *(n)* patent agreement, patent contract
Patentablauf *(m)* expiration of a patent
Patentagent *(m)* patent agent
Patentagentur *(f)* patent agency
Patentamt *(n)* patent office
Patentanmeldung *(f)* patent application

Patentannullierung *(f)* repeal of a patent
Patentantrag *(m)* patent application
Patentanwalt *(m)* patent agent, patent attorney
Patentblockade *(f)* patent blockade
Patentbroker *(m)* patent broker
Patentbruch *(m)* patent infringement
Patentdauer *(f)* patent term, term of the patent
Verlängerung der Patentdauer *(f)* renewal of a patent
Patentdokument *(n)* patent document
Patenteintragung *(f)* registration of patents
Patentenschutz *(m)* patent cover, patent protection
Patenterneuerungsgebühr *(f)* renewal fee of a patent
Patenterteilungstag *(m)* date of patent, patent date
Patentexpertise *(f)* patent report
Patentgebühr *(f)* patent charge
Patentgebührentarif *(m)* patent tariff
Patentgericht *(n)* patent court
Patentgesetzgebung *(f)* patent legislation
Patenthandlungen *(pl)* patent action
Patentierbarkeit *(f)* patentability
patentieren grant a patent, patent
patentiert patented
patentiertes Muster *(n)* patented design
Patentierung *(f)* patenting
Patentierungsdatum *(n)* patenting date
Patentinhaber *(m)* patent holder
Patent-Kodex *(m)* patent code
Patentliste *(f)* patent register, patent rolls
Patentlizenz *(f)* patent licence
Patentlizenzvergabevertrag *(m)* patent licensing contract
Patentmakler *(m)* patent broker
Patentpool *(m)* patent pool
Patentprüfung *(f)* examination of a patent application
Patentrecht *(n)* patent law

Patentrechtsverletzung *(f)* contravention of the patent legislation

Patentregister *(n)* patent register, patent rolls

Patentschutz *(m)* patent protection, protection by letter patent

Patentschutzdauer *(f)* term of patent protection

Patentstreit *(m)* patent dispute, patent litigation

Patentvereinbarung *(f)* patent agreement

Patentverletzung *(f)* contravention of the patent legislation, infringement of a patent

Patentvertrag *(m)* patent agreement, patent contract

Patrouillenschiff *(n)* patrol vessel

pauschal global, lump

  pauschale Regelung *(f)* flat-rate system

  pauschale Schadensersatzleistung *(f)* lump indemnity, lump-sum indemnity

  pauschaler Ausbeutesatz *(m)* standard rates of yield

Pauschalabschätzung *(f)* empirical assessment

Pauschalbeitrag *(m)* lump-sum premium

Pauschalbetrag *(m)* flat-rate amount, global sum, lump-sum, lump-sum amount

Pauschalbürgschaft *(f)* lump-sum guarantee

  Sicherheitstitel im Rahmen der Pauschalbürgschaft *(m)* flat-rate guarantee voucher *(CT)*

  System der Pauschalbürgschaft *(n)* flat-rate guarantee system

Pauschalcharter *(m)* lump-sum charter

Pauschalfracht *(f)* lump freight, lump-sum freight

Pauschalfracht *(f)* through freight

Pauschalfrachtsatz *(m)* inclusive rate, lump-sum rate

Pauschalfrachtvertrag *(m)* lump-sum charter

Pauschalgarantie *(f)* lump-sum guarantee

Pauschalgebühr *(f)* lump-sum charge

Pauschalpolice *(f)* blanked policy, global policy, unlimited policy

Pauschalpreis *(m)* blanket price, inclusive price

Pauschalrate *(f)* lump-sum rate

  einheitliche Pauschalrate *(f)* uniform flat rate

Pauschalsatz *(m)* flat rate, inclusive rate, lump-sum rate

Pauschalsicherung *(f)* flat-rate security

Pauschalsumme *(f)* all-round amount, global sum, lump-sum, lump-sum amount

Pauschalwert *(m)* standard value

Pause *(f)* stoppage

Pavillon *(m)* pavilion

pazifisch Pacific

  pazifische Standardzeit *(f)* Pacific Standard Time

Pendelfahrt *(f)* shuttle service

Pendelverkehr *(m)* shuttle, shuttle service

per by

  per Bahn senden *(f)* send by rail, send by railroad

  per Eisenbahn senden *(f)* send by rail, send by railroad

  per Flugzeug senden *(n)* send by air

  per Kasse zahlen *(f)* pay cash, settle in cash

  per Kraftfahrzeug senden *(m)* send by truck

  per Kraftwagen senden *(m)* send by truck

  per Kurier senden *(m)* send by courier

  per Luftpost senden *(f)* forward by air

  per Post schicken *(f)* mail, send by post

  per Prokura unterzeichnen *(f)* sign on authorization

  per See *(f)* by sea

Performanceklausel *(f)* performance clause

Periode *(f)* duration, period, time

periodisch periodic

  periodische Anmeldung *(f)* periodic declaration *(customs)*

  periodische Gebühr *(f)* maintenance fee

  periodische Prüfung *(f)* periodic inspection

  periodische Schwankungen *(pl)* periodic fluctuations

  periodische Zolldeklaration *(f)* periodic customs declaration

Person *(f)* person

  Person mit zwei Wohnsitzen *(f)* dual resident

Person ohne Wohnsitz im betreffenden Staat *(f)* non-resident
Person, die in der Gemeinschaft ansässig ist *(f)* person established in the Community
* an eine andere Person die Ware liefern *(f)* deliver the goods to another person
ausländische Person *(f)* foreign person
bevollmächtigte Person *(f)* authorized person, person in authority
dritte Person *(f)* third party
Haftung für dritte Personen *(f)* liability for third parties
juristische Person *(f)* legal person, juridical person, legal entity
natürliche Person *(f)* natural person, individual
Status der steuerpflichtigen Person *(m)* status of taxable person
Personal *(n)* personnel
Personalabteilung *(f)* personal department, personnel division
Personalausweis *(m)* certificate of identity, identity card, identity document
Personalerlass *(m)* persons allowance
Personalien *(pl)* particulars of the persons, personal data
Personalkürzung *(f)* reduction a staff
Personal-Leasing *(n)* personnel leasing
Personenbahnhof *(m)* passenger station
Personenbeförderungstarif *(m)* passenger tariff, rail fare
Personengesellschaft *(f)* civil partnership, general partnership
Personenhaftung *(f)* personal liability
dritter Personenhaftung *(f)* third party liability
Personenlinienschiff *(n)* passenger vehicle
Personentarif *(m)* passenger tariff
Personen-, Waren- und Dienstleistungsverkehr *(m)* movement of persons, goods and services
persönlich personal
persönliche Garantie *(f)* personal guarantee
persönliche Verantwortlichkeit *(f)* personal responsibility
persönliches Gepäck *(n)* hand luggage, personal luggage

persönliches Reisegepäck *(n)* personal baggage
* Waren für den persönlichen Gebrauch *(pl)* goods intended for personal use
Persönlichkeit *(f)* personality
Perspektive *(f)* outlook, prospect
Pfand *(n)* gage, hypothecation, lien
Pfand einlösen *(n)* take out of pledge
* als Pfand nehmen *(n)* accept as collateral
Pfandgläubiger *(m)* gagee
Pfandindossament *(n)* pawn indorsement
Pfandklausel *(f)* lien clause, pledge clause
Pfandnehmer *(m)* lienor, pledgee
Pfandobjekt *(n)* subject of pledge
Pfandrecht *(n)* gage, hypothecation, lien, right of lien
* allgemeines Pfandrecht *(n)* general lien
gesetzliches Pfandrecht *(n)* statutory lien
Pfandrechtsklausel *(f)* lien clause, pledge clause
Pfandsatz *(m)* pledging rate
Pfandschein *(m)* pawn note, pawn receipt, pawn ticket
Pfandung *(f)* confiscation, seizure
Pfandurkunde *(f)* pawn note, pawn ticket
Pfandvertrag *(m)* contract of pledge, gage
Pflanzengesundheitszeugnis *(n)* phytosanitary certificate
Pflanzenprodukte *(pl)* vegetable products
pflanzenschutzrechtlich phytosanitary
pflanzenschutzrechtliche Bestimmungen *(pl)* phytosanitary regulations
pflanzenschutzrechtliche Kontrolle *(f)* inspection for phytopathological reasons, phytosanitary inspection
pflanzenschutzrechtliches Zeugnis *(n)* phytopathological certificate
Pflicht *(f)* duty, obligation
Pflicht der Wiedergutmachung des Schadens *(f)* duty to redress the damage
Pflichten des Agenten *(pl)* duties of an agent
Pflichten des Hauptverpflichteten *(pl)* obligations of the principal
Pflichten des Zollagenten *(pl)* obligations of a customs broker

Pflichten des zollamtlichen Beförderers *(pl)* obligations of the customs carrier

Pflichten des Zolllagerhalters *(pl)* obligations of the owner of a bonded warehouse

* Entbindung von der Pflicht *(f)* release from duty

Übergang von Rechten und Pflichten *(m)* devolution of rights and dues

Pflichtbeitrag *(m)* obligatory contribution

Pflichtenbereich *(m)* range of obligations, scope of obligations

Pflichtenkreis *(m)* range of obligations, scope of obligations

Pflichterfüllung *(f)* satisfaction of an obligation

Pflichtlotse *(m)* compulsory pilot

Pflichtübergang *(m)* devolution of duty

Pflichtversäumnis *(n)* neglect of duty

Pflichtversicherung *(f)* compulsory insurance, obligatory insurance

Pfund *(n)* pound

physikalisch physically

physikalische Größe *(f)* physical quantity

physisch physical

physische Distribution *(f)* physical distribution

physischer Vorrat *(m)* physical stock

phytopathologisch phytopathological

phytopathologisches Gesundheitszeugnis *(n)* phytosanitary certificate, phytosanitary note, sanitary phytopathological note

phytosanitär phytosanitary

Pier *(f)* pier

Pier-Haus-Transport *(m)* pier-to-house

* Hause-Pier-Verkehr *(m)* house-pier

Pipeline *(f)* piping

Pipelinetransport *(m)* pipeline service

Piratenschiff *(n)* pirate ship

Plafond *(m)* ceiling

Plafond festsetzen *(m)* establish the ceilings

* Höhe des Plafonds *(f)* level of ceiling

jährlicher Plafond *(m)* annual ceiling *(in respect of imports)*

Plakatwerbung *(f)* poster publicity

Plan *(m)* schedule, scheme, plan

Plan ändern *(m)* change a plan

Plan erfüllen *(m)* fulfil a plan

* strategischer Plan *(m)* strategic plan

planmäßig according to schedule, planned, projected

planmäßige Ankunft *(f)* expected time of arrival (ETA)

planmäßige Ankunftszeit *(f)* scheduled time delivery of goods

planmäßiger Abschlusstermin *(m)* scheduled completion date

Plantage *(f)* plantation

ab Plantage *(f)* ex plantation

Preis frei ab Plantage *(m)* price ex plantation

Planung *(f)* planning

Planwirtschaft *(f)* planned economy

Plattenauflieger *(m)* platform semitrailer

Plattform *(f)* stage

Plattformcontainer *(m)* platform container, container flat-car

Plattformwagen *(m)* flat car

Container auf Platformwagen *(m)* container of flat car, container of flat wagon *(GB)*, container on-flat-car (rail flatcar) *(US)*

Platz *(m)* place

Platz für Verladung *(m)* shipping space

Platzgeschäft *(n)* local business, spot business

Platzscheck *(m)* domestic cheque

Platzspediteur *(m)* shipper's forwarding agent

Platzusance *(f)* custom of the place, local custom

Platzverkauf *(m)* spot business, spot sale

Platzvertreter *(m)* resident agent

Platzwechsel *(m)* local bill

Pleite *(f)* bankruptcy, insolvency

Pleite machen *(f)* become bankrupt, smash

Plenipotenz *(f)* plenipotence

Plenipotenz erteilen *(f)* authorize, revoke a power of attorney

Plenipotenz geben *(f)* give a power, grant an authority

Plenipotenz vorlegen *(f)* produce one's power of attorney, produce one's proxy

Plombe *(f)* seal

Plombe des Spediteurs *(f)* forwarder seal

* mit einer Plombe verschließen *(f)* affix the leads, seal with lead mit einer Plombe versehen *(t)* seal with lead, affix the leads

plombieren seal

plombiert sealed

plombiertes Muster *(n)* sealed sample

Police *(f)* policy

Police annullieren *(t)* cancel a policy

Police ausstellen *(t)* make out a policy, subscribe to a policy

Police erneuern *(t)* renew a policy

Police frei von besonderer Havarie *(t)* free of particular average policy

Police für eine einzige Fahrt *(t)* trip policy, voyage policy

Police mit besonderer Havarie *(t)* particular average policy

Police ohne Wertangabe *(t)* floating policy, general policy

* Ablauf der Police *(m)* expiration of a policy

Abtretung der Police *(t)* assignment of a policy

Ausstellung einer Police *(t)* issue of policy, issuance of policy

Berichtigung der Police *(t)* adjustment of the policy

gemischte Police *(t)* mixed policy

laufende Police *(t)* global policy, open cover

namentliche Police *(t)* straight policy, named policy

offene Police *(t)* open policy, floating insurance policy

taxierte Police *(t)* valued policy, valuation policy

untaxierte Police *(t)* unvalued policy, nonvalued policy

verfallene Police *(t)* expired insurance policy

Versicherungswert nach Police *(m)* policy value

zeitlich befristete Police *(t)* time policy

Policeanullierung *(t)* policy exclusion

Policebesitzer *(m)* policy holder, the insured

Policeerneuerung *(t)* renewal of a policy, renewal of an insurance policy

Policefolmular *(n)* blank policy

Policeinhaber *(m)* insurance holder, policy holder, policy-holder, the insured

Policeliste *(t)* policy book

Policenrückkauf *(m)* redemption of insurance policy

Policenummer *(f)* insurance policy number, policy number

Policestempelsgebühr *(f)* policy stamp, stamp duty on policy

Politik *(t)* policy

Politik der Handelsexpansion *(t)* policy of trade expansion

Politik des Außenhandels *(t)* external commercial policy, foreign trade policy

Politik des Handels *(t)* commercial policy, mercantile policy

politisch political

politische Integration *(t)* political integration

politisches Risiko *(n)* political risk

Polizze *(AUT) (t)* policy

Pönale *(t)* penalty

Pool *(m)* pool

Poolcharter *(m)* pool charter party

Portalkran *(m)* portal crane

Portfolio *(n)* portfolio

Portkanal *(m)* port canal, ship channel

Port-Konnossement *(n)* harbour bill of lading

Porto *(n)* mail charges

portofrei post-free

portofrei Empfänger *(m)* franco domicile, free consignee

Positionsberichte *(t)* position report

Positions-Nummer *(t)* item number

positiv affirmative, positive

positive Antwort *(t)* affirmative reply

positives Ergebnis *(n)* positive result

Post *(t)* mail, post

diplomatische Post *(t)* diplomatic mail

Beförderung der diplomatischen Post *(t)* conveyance of diplomatic mail

durch die Post *(t)* by post

elektronische Post *(t)* e-mail, electronic mail

konsularische Post *(t)* consular post

Lieferung per Post *(t)* delivery by post

mit der Post aufgeben *(t)* post

mit der Post schicken *(t)* send by mail

per Post schicken *(t)* mail, send by post

Werbung durch Post *(t)* mail advertising, postal advertising

Zustellung durch die Post *(t)* postal delivery

Postamt *(n)* post, post office
frei Postamt *(n)* free post office
Postanschrift *(f)* mailing address, postal address
  Postanschrift des Absenders *(f)* return address
Postanzeige *(f)* mail advice
Postauftrag *(m)* letter order, mail order
Posteinlieferungsschein *(m)* certificate of posting, parcel post ticket, post receipt
Postfach *(n)* post office box
Postleitzahl (PLZ) *(f)* post-code, postal code
Postlieferungsschein *(m)* certificate of posting, post receipt
Postmarke *(f)* postage stamp
Postnachnahme *(f)* postal collection order
postnumerando afterwards
  postnumerando zahlbar payable afterwards
Postpaket *(n)* postal parcel
Postrezepisse *(n)* certificate of posting, post receipt
Postscheck *(m)* postal cheque
Postschiff *(n)* mail-boat, post ship
Postsendung *(f)* post parcel
  Empfang der Postsendung *(m)* collecting postal delivery
  Zustellung von Postsendungen *(f)* delivery of postal parcels
Postsendungsversicherung *(f)* parcel post insurance
Poststempel *(m)* date stamp, date-maker, mail stamp, postal mark
  Datum des Poststempels *(n)* date of postmark
Posttarif *(m)* postal tariff
Postverkehr *(m)* postal traffic
Postvertrag *(m)* postal convention
Postvorschriften *(pl)* postal regulations
Postzolldeklaration *(f)* mail entry
Postzollerklärung *(f)* post-entry
Postzustellung *(f)* delivery by mail, postal delivery

Potential *(n)* potential
Präambel *(f)* preamble
  Präambel des Rechtsaktes *(f)* introductory clause
präferentiell preferential
  präferentieller Ursprung von Waren *(m)* preferential origin of goods
Präferenzabkommen *(n)* preferential arrangement *(customs)*
Präferenzbedingungen *(pl)* concessionary terms, favourable conditions
  Warenverkehr zu Präferenzbedingungen *(m)* preferential trade
präferenzbegünstigt preferential
  präferenzbegünstigter Warenverkehr *(m)* preferential trade
Präferenzen *(pl)* preferences
  Präferenzen einräumen *(pl)* grant preferences
  * gegenseitige Präferenzen *(pl)* mutual preferences, reciprocal preferences
  ökonomische Präferenzen *(pl)* economic preferences
  tarifliche Präferenzen *(pl)* tariff preferences
Präferenzmaßnahmen *(pl)* preferential measures
  tarifliche Präferenzmaßnahmen *(pl)* preferential tariff measures
Präferenzensystem *(n)* system of preferences
  Allgemeines Präferenzsystem (APS) *(n)* Generalized System of Preferences
Präferenzgebühr *(f)* reduced charge
Präferenzliste *(f)* preference list, preferential list
Präferenzpreis *(m)* preferential price, privilege price, privileged price, reduced price
Präferenzrate *(f)* preferential rate, reduced rate, special rate
Präferenzsatz *(m)* preferential rate, reduced rate, special rate
Präferenztarif *(m)* preferential tariff
Präferenzursprung *(m)* preferential origin
  Waren mit Präferenzursprung *(pl)* products having preferential origin status
Präferenzursprungsregeln *(pl)* preferential origin rules *(EU)*, rules governing the preferential origin of goods
Präferenzursprungszeugnis *(n)* preferential certificate of origin

Präferenzvereinbarung *(f)* preferential arrangement *(customs)*
  mengenmäßige Präferenzvereinbarung *(f)* preferential quantitative arrangement
Präferenzwarenliste *(f)* preference list
Präferenzzollsatz *(m)* preferential rate
Prahmgeld *(n)* lighterage
praktisch practical
  praktische Anwendung *(f)* practical application
praktizieren practise
  Dumping praktizieren *(n)* practise dumping
Prämie *(f)* bounty, premium
  Prämie berechnen *(f)* charge a premium
  * **erste Prämie** *(f)* first premium
Prämiengeschäft *(n)* premium bargain, premium deal
Prämienhöhe *(f)* premium amount
Prämienzahlung *(f)* bonus payment
Prämienzuschlag *(m)* additional premium
pränumerando in advance
  pränumerando zahlen pay beforehand, pay in advance
Präsentation *(f)* presentation, production, rendering, sight
Präsentationstunden *(pl)* hours of presentation
Präsentationweise *(f)* manner of presentation, mode of presentation
präsentieren present, produce
  Wechsel präsentieren *(m)* submit a bill, present a bill
Präventionssystem *(n)* system of prevention
Präventivmaßnahmen *(pl)* preventive measures
Praxis *(f)* practice, usage
Präzedenzfall *(m)* precedent
  gerichtlicher Präzedenzfall *(m)* judicial precedent, test case
präzisieren specify
Preis *(m)* price
  Preis ab Haus *(m)* price ex domicile
  Preis ab Kai *(m)* dock price, ex quay price, price ex quay

  Preis ab Lager *(m)* price ex store, price ex warehouse
  Preis ab Lager des Verkäufers *(m)* price ex seller's warehouse
  Preis ab Lagerhaus *(m)* price ex godown, price ex store
  Preis ab Lagerraum *(m)* price ex godown, price ex store
  Preis ab Leichter *(m)* price ex lighter
  Preis ab Schiff *(m)* price ex ship, price ex steamer
  Preis ab Werk *(m)* ex-works price, price ex factory, price ex works
  Preis ab Zolllager *(m)* price ex bonded warehouse
  Preis akzeptieren *(m)* accept a price
  Preis am Ankunftstag *(m)* day-of-arrival price
  Preis am Ort *(m)* loco price, spot price
  Preis am Verschiffungstag *(m)* day-of-shipment price
  Preis ändern *(m)* alter price
  Preis auf dem Binnenmarkt *(m)* internal price
  Preis aufschlagen *(m)* advance a price, augment a price
  Preis ausrechnen *(m)* calculate the price
  Preis bei Barzahlung *(m)* cash price
  Preise berechnen *(pl)* calculate prices
  Preise berichtigen *(pl)* adjust prices, correct prices
  Preis bestätigen *(m)* confirm the price
  Preis bestimmen *(m)* mark a price, set a price
  Preis bieten *(m)* offer a price
  Preis Cif *(m)* CIF price, quotation c.i.f.
  Preis c.&f. *(m)* cost and freight price
  Preis des freien Marktes *(m)* free-market price, open price
  Preis des Herstellerbetriebes *(m)* ex-works price, producer's price
  Preis des Verkäufers *(m)* ask price
  Preis drücken *(m)* lower a price
  Preis erhöhen *(m)* bid the price up, level up price
  Preis erziehen *(m)* realize a price
  Preis fas *(m)* FAS price, free alongside price
  Preis festsetzen *(m)* approve a price, confirm the price, mark a price, price, put a price
  Preis franko Hafen *(m)* free harbour price, free in harbour price
  Preis frei ab Plantage *(m)* price ex plantation
  Preis frei ab Schute *(m)* price ex lighter

Preis frei ab Werk *(m)* price ex factory, price ex works

Preis frei Ablieferungsort *(m)* delivery price

Preis frei an Bord *(m)* free on board price, price ex ship

Preis frei Beförderer *(m)* free on FOT price, free on truck price

Preis frei Bestimmungshafen landed price

Preis frei Betrieb *(m)* free at factory price, free factory price

Preis frei Dock *(m)* delivery dock price, price ex dock

Preis frei Empfänger *(m)* free consignee price, free domicile price

Preis frei Entladestelle *(m)* free point of shipment price

Preis frei Frachtführer *(m)* free on FOT price, free on truck price

Preis frei Frachtgebühr *(m)* free carriage price, free freight price

Preis frei Frachtkosten *(m)* free carriage price, free freight price

Preis frei Grenze *(m)* free-at-frontier price, free-frontier price

Preis frei Hafen *(m)* free harbour price, free in harbour price

Preis frei Hafenkosten *(m)* free harbour dues price

Preis frei Haus - verzollt *(m)* free domicile - duty paid price

Preis frei Kahn *(m)* free barge price, free lighter price

Preis frei Ladeort *(m)* free loading place price

Preis frei Lager *(m)* delivered in store price, free warehouse price, price ex warehouse

Preis frei Lager des Empfängers *(m)* delivered in store price

Preis frei Lager des Käufers *(m)* price ex warehouse of the purchaser

Preis frei Lagerhaus *(m)* delivered in store price, free warehouse price

Preis frei längsseite *(m)* free alongside price

Preis frei Längsseits Schiff *(m)* free alongside ship price

Preis frei Lastkraftfahrzeug *(m)* free in truck price

Preis frei Leichter *(m)* free overside price, price ex lighter

Preis frei Llängsseite Seeschiff *(m)* free alongside price

Preis frei Luftfrachtführer *(m)* free on aircraft price

Preis frei Quai *(m)* price ex-quay

Preis frei Rampe *(m)* free on FOT price, free on truck price

Preis frei Schiffbord *(m)* free shipboard price, free ship's side price

Preis frei Schiffsseite *(m)* free shipboard price, free ship's side price

Preis frei Schute *(m)* free barge price, free lighter price, price ex lighter

Preis frei Seeschiffsseite *(m)* free alongside price

Preis frei Versandhafen *(m)* dock price, free at port of shipment price

Preis frei Verzollungsort *(m)* free at place of clearance price, free at place of clearing price

Preis frei Waggon *(m)* free on rail price, free on truck price

Preis frei Waggon - Versandbahnhof *(m)* free on rail - dispatching station price

Preis frei Werk *(m)* free at factory price, free factory price

Preis frei Zisterne *(m)* free cistern price

Preis frei Zollbehandlungsort *(m)* free at place of clearing price, free at place of customs treatment price

Preis frei Zollklarierungsort *(m)* free at place of clearance price, free at place of clearing price

Preis für Dienstleistungen *(m)* cost of the services, price of services

Preis garantieren *(m)* guarantee a price

Preis geliefert ab Kai - verzollt *(m)* ex quay (duty paid) price

Preis gemäß Vereinbarung *(m)* price as per agreement

Preis herabsetzen *(m)* abate a price, cut down a price, lower the price, reduce the price, reprice, revaluate

Preis heraufsetzen *(m)* advance a price, augment a price

Preis heruntersetzen *(m)* reduce the prices

Preise kontrollieren *(pl)* check the prices, control prices

Preise korrigieren *(pl)* adjust prices, correct prices

Preis mit Zustellung *(m)* delivered price, free price

Preis ohne Lieferung *(m)* price without delivery

Preis ohne Steuer *(m)* price exclusive of tax
Preis ohne Verpackung *(m)* packing not included, price without packing
Preis ohne Zoll *(m)* inbound price, price ex bond
Preis per Stück *(m)* unit price
Preis portofrei Empfänger *(m)* free consignee price, free domicile price
Preis pro Sack *(m)* price per pelt
Preis schliesst alle Unkosten ein *(pl)* free of charge
Preis senken *(m)* abate a price, cut down a price, level down a price
Preise stützen *(pl)* subsidize the prices
Preis vereinbaren *(m)* agree on price, settle the price
Preis verleihen *(m)* award a prize
Preis vor MwSt. *(m)* price excluding VAT
Preis zahlen *(m)* pay a price
Preis zu hoch ansetzen *(m)* overvalue
* abgemachter Preis *(m)* match price, settled price, contract price
ab-Lager-Preis *(m)* price ex warehouse, price ex store
ab-Werk-Preis *(m)* ex-factory price
ab-Zollfreilager-Preis *(m)* in-bond price
Angleichung der Preise *(f)* price alignment, adjustment of prices
auf den Preis aufschlagen *(m)* bid
äußerster Preis *(m)* utmost price, last price
Ausverkauf zu herabgesetzten Preisen *(m)* event, clearing sale
Benchmark-Preis *(m)* reserved price, offered price
CIF-Preis *(m)* quotation c.i.f., CIF price
durchschnittlicher Preis *(m)* average price, mean price
effektiver Preis *(m)* going price, current price
einheitlicher Preis frei Bestimmungsort *(m)* uniform free domicile price
elastischer Preis *(m)* elastic price, flexible price
endgültiger Preis *(m)* closing price, end price
erhöhter Preis *(m)* increased price, advanced price
Erhöhung der Preise *(f)* advance in price, price advance
fakturierter Preis *(m)* invoice price, invoice cost
FA-Preis *(m)* free alongside price
FAS-Preis *(m)* free alongside price
fester Preis *(m)* rigid price, fixing price

Festigung der Preise *(f)* price stabilization, strengthening of prices
fixer Preis *(m)* rigid price, fixing price
flexibler Preis *(m)* elastic price, flexible price
Fluktuation der Preise *(f)* fluctuation in prices, price fluctuation
Frei-Grenze-Preis *(m)* free-at-frontier price, free-frontier price
geforderter Preis *(m)* demanded price, asked price
geltender Preis *(m)* real price, effective price
geplanter Preis *(m)* object price, planned price
geringster Preis *(m)* reserved price, offered price
gesteuerter Preis *(m)* controlled price
gestützter Preis *(m)* subsidizing price
gezahlter Preis *(m)* price paid
gleicher Preis *(m)* similar price
gleitender Preis *(m)* sliding-scale price, graduated price
globaler Preis *(m)* all-round price, global price
heutiger Preis *(m)* current price
höchster Preis *(m)* extreme rate
hoher Preis *(m)* high price
Identität des Preises *(f)* price identity
innerstaatlicher Preis *(m)* domestic price, home market price
internationaler Preis *(m)* world price, international price
Kalkulation der Preise *(f)* price estimate, pricing
komparativer Preis *(m)* comparative price
laufender Preis *(m)* actual price
mit den Preisen konkurrieren *(pl)* compete in prices
niedriger Preis *(m)* minor price
niedrigster Preis *(m)* low price, bottom price
nomineller Preis *(m)* nominal rate
offizieller Preis *(m)* officially fixed price, official price
ortsüblicher Preis *(m)* local price
psychologischer Preis *(m)* psychological price
Schwankungsbreite der Preise *(f)* limit of price fluctuations
staatlich festgesetzter Preis *(m)* state price
subventionierter Preis *(m)* subsidizing price
überhöhter Preis *(m)* inflated price, unreasonable price, overcharged price
unveränderter Preis des Basiszeitraumes *(m)* fixed basis price

Preisabbau   **302**

unverbindlicher Preis *(m)* price without engagement
unverzollbarer Preis *(m)* price ex bond, inbound price, dutiable price, bonded price
Preis unverzollter Preis *(m)* bonded price, dutiable price
Variabilität von Preisen *(f)* price variability, fluctuation of prices
preis Veränderung von Preisen *(f)* alternation in prices, modification of prices
verbilligter Preis *(m)* cut-rate price
Verhältnis von Preis und Ertrag *(n)* price/earnings ratio
verzollter Preis *(m)* duty-paid price
voller Preis *(m)* total price, all-in price, full price, overall price
Ware zu herabgesetzten Preisen *(f)* cut-price goods
Ware zu herabgesetzten Preisen *(f)* price-off merchandise
vereinbarter Preis *(m)* contract value, contracted price
zu jetzigen Preisen *(pl)* at present prices
zu niedrig festgesetzter Preis *(m)* knock-down price, underselling price
Preisabbau *(m)* decline in prices, decrease of prices, falling prices, price reduction
einschneidender Preisabbau *(m)* sharp fall in prices, slump in prices
Preisabschlag *(m)* cut in prices, cutting of prices, price cutting, price deduction
Preisabsprache *(f)* price collusion, price convention, pricing agreement
Preisanalyse *(f)* price analysis
Preisänderung *(f)* price mark-down, re-pricing
Preisänderung der Waren *(f)* revaluation of goods
Preisänderungsklausel *(f)* up or down alternation of price clause
Preisänderungsrisiko *(n)* oscillation of price risk, price movement risk
Preisanfrage *(f)* inquiry of price, price inquiry
Preisangabe *(f)* price information, pricing information
Preisangebot *(n)* price quotation, quotation
Preisangebot machen *(n)* offer a price
Preisangleichung *(f)* equation of prices levels, price adjustment, price level adjustment

Preisanstieg *(m)* rise in prices, rise of prices
Preisauswahl *(f)* price choice
Preisbasis *(f)* price base
Preisbeanstandung *(f)* complaint on prices, price claim
Preisbereich *(m)* margin of prices, price range
Preisberichtigung *(f)* price adjustment
Preisbestätigung *(f)* price confirmation
Preisbildung *(f)* price estimate, pricing
Preisboom *(m)* price-boom
Preisdifferenz *(f)* difference in prices, price differential, price margin
Preisdifferenzreklamation *(f)* claim of prices difference
Preisdiskriminierung *(f)* discriminatory pricing, price discrimination
Preisdumping *(n)* price dumping
Preiseffekt *(m)* price effect
Preiseinbruch *(m)* sharp fall in prices, slump in prices
Preiseinheitlichkeit *(f)* price homogeneity
Preiseinschränkung *(f)* restriction of prices
Preiselastizität *(f)* price elasticity, price flexibility
Preiselastizität der Nachfrage *(f)* price demand elasticity
Preisempfehlung *(f)* recommended price
Preisensenkung *(f)* fall in prices
Preisentscheidung *(f)* price action, pricing decision
Preisentwicklung *(f)* price behaviour, price fluctuations
Preiserhöhung *(f)* price growth, price improvement, price increase, price rise, write-up
Preiserhöhungsklausel *(f)* up-price clause
Preisermäßigung *(f)* price cut, price deduction, price discount, price fall, price mark-down, reduction in price
Preis-Ertrags-Verhältnis *(n)* price-earnings ratio

Preisetikett *(n)* price label, price ticket

Preisfluktuation *(f)* price fluctuation, price movement

Preisform *(f)* price form

Preisformel *(f)* price formula

Preisgarantie *(f)* price guarantee

Preisgefüge *(n)* pattern of prices, structure of prices

preisgemindert price-off
  preisgeminderte Ware *(f)* cut-price goods, price-off merchandise

Preisgenehmigung *(f)* acceptance of prices, approval of prices

Preisgrenze *(f)* price limit

Preisgruppe *(f)* price group

Preisherabsetzung *(f)* decrease in prices, diminution of price, price cutting, price reduction

Preishöchstgrenze *(f)* price point

Preishöhe *(f)* level of prices, price standard

Preisindex *(m)* index of prices

Preisinformation *(f)* price information

Preiskalkulationsprozess *(m)* price calculation process

Preiskampf *(m)* price competition, price war

Preiskatalog *(m)* list of prices, price catalogue, trade list

Preiskategorie *(f)* price category

Preiskennziffer *(f)* index of prices, price index

Preisklasse *(f)* price line

Preisklassifikation *(f)* price classification

Preisklausel *(f)* price clause

Preiskonkurrent *(m)* cut-price competitor

Preiskonkurrenzfähigkeit *(f)* price competitive power, price competitiveness

Preiskonzeption *(f)* price concept

Preiskorrektur *(f)* price adjustment

Preislenkung *(f)* price adjustment, price management

Preisliberalisierung *(f)* liberalization of prices, price liberalisation

Preislimit *(n)* price ceiling, price limit, price point

Preisliste *(f)* catalogue, list of prices, price list, price-current, trade list
  detaillierte Preisliste *(f)* detailed price-list

Preismarketing *(n)* price marketing

Preismäßigung *(f)* price mark-down

Preismechanismus *(m)* price mechanism, price-determining mechanism

Preismodell *(n)* price model

Preisnachlass *(m)* abatement, allowance, cut in prices, cutting of prices, decrease in prices, deduction from prices, fall in prices, price allowance, price bonification, price cutting, price rebate, price reduction, write-down

Preisnachlassklausel *(f)* down-price clause

Preisniveau *(n)* price level
  Bestimmung des Preisniveaus *(f)* determination of price, price determination
  inländisches Preisniveau *(n)* national price level

Preisniveauregulierung *(f)* management of the price level

Preisnotierung *(f)* price quotation

Preisoszillation *(f)* price fluctuation, price movement

Preisparität *(f)* parity of prices, price parity

Preisplanung *(f)* price planning

Preispolitik *(f)* price policy, pricing policy

Preisrabatt *(m)* price rebate, price allowance

Preisreduktion *(f)* price cut, price fall

Preisreform *(f)* price reform

Preisregelung *(f)* price control, price regulation

Preisregulierung *(f)* price regulation

Preisreklamation *(f)* complaint on prices, price claim

Preisrevision *(f)* price adaptation, price revision

Preisrevisionsklausel *(f)* price revision clause, price variation clause

Preisrisiko *(n)* price risk, price risk formula

Preisrunde *(f)* round of price negotiations

Preisschleuderei *(f)* dumping export

Preisschutz *(m)* price protection

Preisschwankung *(f)* fluctuation in prices, fluctuation of prices, price fluctuation, price variability

Preisschwankungenrisiko *(n)* price variations risk

Preissenkung *(f)* cut in prices, cutting of prices, decrease of prices, price reduction

Preisskala *(f)* measure of prices, price scale

Preisspanne *(f)* measure of prices, price margin, price scale

Preissperre *(f)* price stop

Preisstabilität *(f)* price stability, stability of prices

Preisstatistik *(f)* price statistics

Preissteigerung *(f)* rise in prices, rise of prices

Preisstrategie *(f)* price strategy

Preissturz *(m)* decline in prices, falling prices, reduction of prices

Preissystem *(n)* price system

Preistrend *(m)* price trend

Preisüberprüfung *(f)* price adaptation, price revision

Preisüberschreitung *(f)* forcing up the prices, overshooting of prices

Preisüberwachung *(f)* price control

Preisumfang *(m)* maximum/minimum price fluctuation

Preisunterbietung *(f)* dumping

Preisunterschied *(m)* difference in prices, price margin

Preisverabredung *(f)* price collusion

Preisveränderung *(f)* change in prices, change of prices

Preisvergleich *(m)* price comparison

Preisverzeichnis *(n)* price list

　amtliches Preisverzeichnis *(n)* official price list

Preisvolatilität *(f)* maximum/minimum price fluctuation

Preisvorschlag *(m)* price quotation, quotation

Preisvorschriften *(pl)* price regulations, pricing policy

Preiswährung *(f)* currency of price

Preiswechsel *(m)* change in prices, change of prices

Preiszone *(f)* price zone

Preiszuschlag *(m)* additional charge, premium price

Preiszuwendung *(f)* price subsidy

Prellerei *(f)* hoax, swindle

Preplaner *(m)* preplanner

Pre-shipment Finanzierung *(f)* pre-shipment finance

Pre-Shipment-Inspektion *(f)* pre-shipment inspection

Pre-Shipment-Sample *(n)* pre-shipment sample

Prestigepreis *(m)* prestige price

Primage *(f)* freight surcharge, primage

Primaqualität *(f)* prime selected quality, superior quality, top quality

Primärmarkt *(m)* initial market, primary market

Primasorte *(f)* first-class quality, selected quality

Primawechsel *(m)* first bill, first bill of exchange, first of bill of exchange, original bill, original draft

Primgeld *(n)* additional freight, extra freight, hat money, primage

Prinzip *(n)* rule

Pritschencontainer *(m)* container platform

privat private

　private Unfallversicherung *(f)* personal accident insurance

　privates Lager *(n)* closed-type warehouse, private warehouse

　privates Recht *(n)* private law

　privates Unternehmen *(n)* non-corporated firm, private enterprise

　privates Zolllager *(n)* private customs warehouse

Privatadresse *(f)* home address

Privatbahnabzweigung *(f)* private siding

Privatfirma *(f)* private firm

Privatkai *(m)* private wharf

Privatquai *(m)* private wharf
Privatrecht *(n)* private law
Privatunternehmen *(n)* non-corporated firm, private enterprise
Privatvertrag *(m)* private arrangement
privatwirtschaftlich private
  privatwirtschaftliches Risiko *(n)* non-commercial risk, non-trade risk
privilegiert privileged
  privilegierter Transit *(m)* privileged transit
Privilegium *(n)* benefit, franchise
Probe *(f)* sample, specimen, test
  Proben nehmen *(pl)* draw samples
  * auf Probe kaufen *(f)* buy on approbation
  durchschnittliche Probe *(f)* average sample
  Kauf auf Probe *(m)* sale on approval, purchase on approval, purchase on trial
  Kauf nach Probe *(m)* purchase on sample, buying to sample
  nach Probe kaufen *(f)* buy by sample, purchase by sample
  Verkauf auf Probe *(m)* sale on trial, sale on approval, sale per sample, sale on sample
Probeauftrag *(m)* pilot order, trial order
Probebestellung *(f)* pilot order, trial order
Probeeingang *(m)* pattern arrival, sample arrival
Probeentnahmeschein *(m)* certificate of sampling
Probeexemplar *(n)* specimen copy, test specimen, no value sample, sample of no value
Probekauf *(m)* purchase on approval, purchase on trial
Probekollektion *(f)* collection of samples, sample book
Probelieferung *(f)* trial shipment
Probemuster *(n)* presentation sample
Probenahmebescheinigung *(f)* certificate of supervision
Probenziehung *(f)* taking of samples
Probepackung *(f)* trial package
Probequalität *(f)* pilot quantity, trial quantity
Probesendung *(f)* parcel with samples
Probestück *(n)* sample
  nach Probestück kaufen *(n)* buy according to sample, purchase by sample

probieren test, try
Problem *(n)* problem, question
Produkt *(n)* commodity, make, product
  * forstwirtschaftliche Produkte *(pl)* forestry products
  No-Name-Produkt *(n)* generic product
  Standardisierung von Produkten *(f)* products standardization
Produkteigenschaft *(f)* characteristics of the article, product characteristics
Produktenbezeichnung *(f)* marking of products
Produktenbörse *(f)* commodity market, mercantile exchange
Produktenstandardisierung *(f)* products standardization
Produkthaftung *(f)* product liability
Produktion *(f)* production
  gemischte Produktion *(f)* mixed production
  Qualität der Produktion *(f)* product quantity, quality of production
  Rückgang der Produktion *(m)* diminution in production, falling off in manufacturing
  Wachstum der Produktion *(n)* growth of production, increase in production
Produktionsabfall *(m)* diminution in production, falling off in manufacturing
Produktionsablauf *(m)* manufacturing cycle, production cycle
Produktionsanlauf *(m)* starting of production
Produktionsauftrag *(m)* job order, production order
Produktionsbedingungen *(pl)* conditions of production
Produktionsbetrieb *(m)* manufacturer, production firm
Produktionsdatum *(n)* production date
Produktionseinschränkung *(f)* curtailment of production, restriction of production
Produktionsfähigkeit *(f)* productive capacity
Produktionsfehler *(m)* defect in manufacture
Produktionsinformation *(f)* production information

Produktionskapazität *(f)* production capacity, productive power

Produktionskartell *(n)* production cartel

Produktionsgeheimnisklausel *(f)* manufacture clause

Handels- und Produktionsgeheimnisklausel *(f)* trade and manufacture clause

Produktionskosten *(pl)* cost of manufacture, costs of production, manufacturing cost, pr**oduction costs**

Produktionsleistung *(f)* efficiency of production

Produktionsleiter *(m)* manufacturing manager, production manager

Produktionsmittel *(pl)* means of production

Produktionspalette *(f)* product mix

Produktionspotential *(n)* production capacity, productive power

Produktionsprogramm *(n)* production program

Produktionsqualität *(f)* product quantity, production quality

Produktionsrentabilität *(f)* production profitability, profitability of production

Produktionsrisiko *(n)* manufacturing risk, production risk

Produktionssenkung *(f)* reduction in production

Produktionssteigerung *(f)* rise of production

Produktionsstruktur *(f)* production pattern, structure of production

Produktionssystem *(n)* manufacturing system, production system

Produktionsunterbrechung *(f)* disruption of production

Produktionsteilung *(f)* production sharing

Vertrag über Produktionsteilung *(m)* production sharing agreement (PSA)

Produktionsvolumen *(n)* production volume, quantity of output, volume of production

Produktionsweise *(f)* manufacturing method, method of manufacture

Produktionszertifikat *(n)* certificate of production

Produktionszuwachs *(m)* growth of production, increase in production

Produktivität *(f)* effectiveness, productiveness

Produktivitätskoeffizient *(m)* productivity factor

Produktlebensdauer *(f)* product useful life

Produktlebenszyklus *(m)* product life cycle (PLC)

internationaler Produktlebenszyklus *(m)* international product life cycle

Produktmuster *(n)* product sample

Produktpalette *(f)* range of products, product patent

Produktprüfung *(f)* product analysis

Produktqualität *(f)* product quality

Produzent *(m)* contractor, producer, manufacturer

produzieren fabricate, manufacture

für den Export produzieren *(m)* produce for export

nach Muster produzieren *(n)* make to sample

produzierend productional

produzierende Einheit *(f)* producer unit

Profil *(n)* profile

Profit *(m)* profit

Profitabilität *(f)* profitability, profitableness

Profitniveau *(n)* profit level

Profitrate *(f)* profit rate, rate of profit

Profitspanne *(f)* margin of profit, profit margin

Proforma-Konnossement *(n)* proforma bill of lading

Proformarechnung *(f)* fictitious invoice, invoice pro forma, memorandum bill, no-charge invoice, preliminary invoice, proforma invoice

Prognose *(f)* forecast

makroökonomische Prognose *(f)* macroeconomic forecast

strategische Prognose *(f)* strategic forecast

wirtschaftliche Prognose *(f)* economic forecast

prognostizieren forecast

Prognostizierung *(f)* forecasting, prediction

Prognostizierung der Kosten *(f)* cost forecasting, forecasting of costs

Prognostizierung der Nachfrage *(f)* demand forecasting, forecasting of demand

Programm *(n)* program

progressiv progressive

progressiver Tarif *(m)* progressive tariff

progressiver Zuwachs *(m)* progressive growth

Progressivsatz *(m)* graduated rate

Prohibitivfrachtrate *(f)* discriminating freight

Prohibitivtarif *(m)* prohibitive tariff

Prohibitivzoll *(m)* discriminatory duty, prohibitive duty

System der Prohibitivzölle *(n)* prohibitive system, system of prohibitive tariffs

Prohibitivzolltarif *(m)* prohibitive tariff

Projekt *(n)* project

technisches Projekt *(n)* technical project

Projektierungsunterlagen *(f)* project documentation

Projektrealisierung *(f)* realization of a project

Prokura *(f)* plenary power, universal proxy

per Prokura unterzeichnen *(f)* sign on authorization

Prokuraindossament *(n)* restrictive endorsement

Prokurist *(m)* authorized clerk, authorized representante

Prolongation *(f)* delay, extension of the time of payment, postponement, postponement of time

Prolongation des Akkreditivs *(f)* extension of a letter of credit, prolongation of a letter of credit

Prolongation des Kredits *(f)* extension of credit, prolongation of credit

Prolongation des Wechsels *(f)* extension of a draft, prolongation of a bill

Prolongation gewähren *(f)* accord a respite, grant a delay

Prolongationsgeschäft *(n)* carry-over transaction, report

Prolongationsklausel *(f)* continuation clause, prolongation clause

Prolongationswechsel *(m)* extended bill, renewal bill

prolongieren extend, prolong, prolongate

Kredit prolongieren *(m)* prolong a credit

Vertrag prolongieren *(m)* prolongate a contract

Wechsel prolongieren *(m)* renew a bill

prolongiert prolonged

prolongierter Wechsel *(m)* prolonged note, renewal note

Prolongierung *(f)* prolongation

Promesse *(f)* promise, voucher

Promotionsrabatt *(m)* promotion discount, promotional discount

prompt immediate, prompt

prompt bezahlen pay down, pay in cash

prompte Antwort *(f)* immediate answer, prompt answer

prompte Bezahlung *(f)* immediate payment, instant payment

prompte Lieferung *(f)* delivery at once, immediate delivery

Promptinkasso *(n)* prompt collection

Promptware *(f)* goods on spot, physical commodity

proportional proportional, proportionally

proportionale Rückversicherung *(f)* proportionally reinsurance

proportionaler Satz *(m)* proportional rate

proportionaler Tarif *(m)* proportional rate

Prospekt *(m)* prospectus

Protektionismus *(m)* protectionism

Protektionismus im Handel *(m)* protectionism in trade

protektionistisch protectionist

protektionistische Diskriminierung *(f)* protectionist discrimination

Protektionszoll *(m)* protective duty

Protest *(m)* protest

Protest erheben *(m)* enter a protest, file a protest, lodge a protest

Protest mangels Annahme *(m)* protest for non-acceptance

* Indossament nach Protest *(n)* endorsement supra protest
Wechsel zu Protest geben *(m)* note, protest a bill
Protestakt *(m)* act of protest
Protestanzeige *(f)* notice of protest, notification of protest
protestieren protest
 Scheck protestieren *(m)* protest a cheque
 Wechsel protestieren *(m)* protest a bill, note
protestiert protested
 protestierter Scheck *(m)* protested cheque
 protestierter Wechsel *(m)* noted bill
Protestkosten *(pl)* protest charges
Proteststreik *(m)* protest strike
Protesturkunde *(f)* deed of protest
Protokoll *(n)* protocol
 Protokoll anfertigen *(n)* take the protocol
 Protokoll aufnehmen *(n)* draw up the certified report *(TIR carnet)*
 Protokoll aufstellen *(n)* prepare a record
 Protokoll fälschen *(n)* forge a protocol
 Protokoll über Divergenzen *(n)* protocol of differences
 * Berichtigung des Protokolls *(f)* correction of protocol
 diplomatisches Protokoll *(n)* diplomatic protocol
Protokollauszug *(m)* official copy of a protocol
Protokollbuch *(n)* minute book
Protokollkopie *(f)* copy of minutes
Prototyp *(m)* prototype
Provision *(f)* commission
 Provision für Garantie *(f)* guarantee commission, guarantee fee
 Provision vom Verkauf *(f)* commission for sale, selling brokerage
 Provision zahlen *(f)* pay a commission
 * prozentuale Provision *(f)* percent commission, percentage
Provisionsabrechnung *(f)* statement of commission
Provisionsanspruch *(m)* commission claim
Provisionskonto *(n)* commission account
Provisionssatz *(m)* commission rate, rate of commission
Provisionssystem *(n)* commission system
provisorisch provisional
 provisorische Maßnahme *(f)* temporary measure
 provisorische Rechnung *(f)* preliminary invoice
 provisorische Zolldeklaration *(f)* bill of sight, preliminary entry, provisional declaration, entry by bill of sight
 provisorische Zollerklärung *(f)* bill of sight, preliminary entry, provisional declaration, entry by bill of sight
 provisorischer Bordereu *(m)* preliminary waybill
Prozedur *(f)* procedure
Prozedurfrage *(f)* procedural question
Prozent *(n)* interest, per cent
Prozentanteil *(m)* participating interest, percentage share
Prozentgehalt *(m)* percentage composition
Prozentpunkt *(m)* percentage point
prozentual percental, percentage
 prozentuale Provision *(f)* percent commission, percentage
 prozentuale Tara *(f)* percentage tare
 prozentualer Anteil *(m)* participating interest, percentage share
 prozentualer Index *(m)* percentage index
 prozentuales Verhältnis *(n)* per cent rate, percentage
 prozentueler Rabatt *(m)* rebate of ... per cent, rebate of interest
Prozess *(m)* action at law, legal proceedings, process
 gerichtlicher Prozess *(m)* action at law, legal proceedings
Prozessbevollmächtigter *(m)* agent for litigation, proxy
Prozessplanung *(f)* process planning
Prozessvertreter *(m)* law agent, legal agent
Prüfbeamte *(m)* accountant, surveyor
Prüfbericht *(m)* audit certificate, auditor's certificate
prüfen control, examine, inspect, search, superintend

Angebot prüfen *(n)* evaluate an offer
Bücher prüfen *(pl)* control the books, audit the books
Dokument prüfen *(n)* inspect a document, examine a document
Rechnung prüfen *(f)* examine an invoice, check an invoice
Gewicht prüfen *(n)* check a weight, reweigh
Kargo prüfen *(m)* survey cargo
Liste prüfen *(f)* scrutinize a list
Schiff prüfen *(n)* inspect a vessel
Prüfer *(m)* examiner, superintendent, supervisor
Prüferhonorar *(n)* auditor's fee
Prüfkarte *(f)* control card, inspection card
Prüfmaßnahmen *(pl)* acts of customs control
Prüfmuster *(n)* control trial
Prüfung *(f)* checking, control, examination, inspection
  Prüfung bei Warenabnahme *(f)* acceptance test, acceptance trial
  Prüfung bei Warenübernahme *(f)* acceptance test, acceptance trial
  Prüfung der Anmeldung *(f)* checking of goods declaration, examination of the entry
  Prüfung der Bücher *(f)* examination of books, inspection of the records
  Prüfung der Dokumente *(f)* documentary check, examination of documents, inspection of documents, verification of documents
  Prüfung der Manifeste *(f)* audit of the manifests
  Prüfung der Unterlagen *(f)* documentary check, examination of documents, inspection of documents, verification of documents
    Prüfung der Unterlagen des Betreibers der Rohrleitung *(f)* audit of the records held by the owner of the pipeline
  Prüfung der Urkunden *(f)* inspection of documents
  Prüfung der Zollanmeldung *(f)* checking of goods declaration, examination of a customs declaration
  Prüfung des Steuersystems *(f)* tax system overhaul
  Prüfung durch die Abgangsstelle *(f)* control by office of departure
  Prüfung von Informationen *(f)* verification of information
  * Ergebnis der Prüfung *(n)* result of examination, result of verification
  Kosten der Prüfung *(pl)* costs of control, costs of checking
  organoleptische Prüfung *(f)* tasting
  periodische Prüfung *(f)* periodic inspection
  technische Prüfung *(f)* engineering supervision, technical control
  Umfang der Prüfung *(m)* amount of control
  Umwandlung unter zollamtlicher Prüfung *(f)* processing under customs control, processing under customs supervision
  visuelle Prüfung *(f)* inspection, survey
  zollamtliche Prüfung *(f)* customs control, custom-house examination
  zur Prüfung vorführen *(f)* present for inspection
Prüfungsbericht *(m)* audit certificate, auditor's certificate
Prüfungskosten *(pl)* inspection costs
Prüfungsprotokoll *(n)* audit report, inspection protocol
Prüfungszeugnis *(n)* certificate of inspection
Prüfzeichen *(n)* acceptance stamp, inspection stamp
psychologisch psychological
  psychologischer Preis *(m)* psychological price
Publikumsgesellschaft *(f)* public company, public corporation
publizieren declare
Puffervorrat *(m)* buffer stock
Punkt *(m)* point
  Punkt des Vertrags *(m)* contract clause, contractual clause
pünktlich punctual
  pünktlich zahlen meet the due date, pay on time
  pünktliche Rückzahlung *(f)* payment on time
Pünktlichkeit *(f)* promptness, timeliness
Punkt-Punkt-Verkehr *(m)* point to point
Puschalpreis *(m)* all-round price, global price

Q

Quadratmeter *(n)* square metre
Quai *(m)* berth, wharf
frei Quai *(m)* ex pier, ex quay
Preis frei Quai *(m)* price ex-quay, price ex quay
Quaioperation *(f)* quay operation
Qualität *(f)* grade, quality
Qualität anerkennen *(f)* approve quality
Qualität bestätigen *(f)* confirm quality
Qualität der Herstellung *(f)* quality of manufacture
Qualität der Produktion *(f)* product quantity, quality of production
Qualität der Ware kontrollieren *(f)* check quality of goods
Qualität erhöhen *(f)* upgrade the quality
Qualität feststellen *(f)* assess a quality
Qualität laut Muster *(f)* quality as per sample, sampled quality
Qualität mindern *(f)* lower a quality, reduce the quantity
Qualität und Quantität unbekannt *(f/f)* quality and quantity unknown
Qualität verschlechtert sich *(f)* the quality is going down
* Anforderungen an die Qualität *(pl)* quality requirements, requirements for quality
angemessene Qualität *(f)* appropriate quality
annehmbare Qualität *(f)* acceptable quality
auserlesene Qualität *(f)* first-rate quality, premium quality
ausgezeichnete Qualität *(f)* choice quality, excellent quality
Beschreibung der Qualität *(f)* quality description
bessere Qualität *(f)* superior quality
beste Qualität *(f)* premium quality, first-rate quality, finest quality, best quality
durchschnittliche Qualität *(f)* average quality, middling
einfache Qualität *(f)* ordinary quality, standard quality
einwandfreie Qualität *(f)* excellent quality, top quality, choice quality, best quality
erstklassige Qualität *(f)* first-rate quality, premium quality

funktionale Qualität *(f)* functional quality
Garantie für Qualität *(f)* warranty of quality, guarantee of quality
garantierte Qualität *(f)* warranted quality, guaranteed quality
gewöhnliche Qualität *(f)* current quality
gleichmäßige Qualität *(f)* even quality
gute kommerzielle Qualität *(f)* good commercial quality
gute marktübliche Qualität *(f)* good marketable quality
gute Qualität *(f)* good quality, fair quality
gute zugesicherte Qualität *(f)* warranted fine quality
handelsübliche Qualität *(f)* customary quality, merchantable quality, commercial quality, market class
Herabsetzung der Qualität *(f)* deterioration of quality, quality deterioration
höchste Qualität *(f)* best quality, top grade
hochwertige Qualität *(f)* high class, high quality
hohe Qualität *(f)* excellence
hohe Qualität garantieren *(f)* guarantee high quality
instabile Qualität *(f)* spotty quality
mangelhafte Qualität *(f)* defective quality
mangelnde Qualität *(f)* low quality, poor quality
minderwertige Qualität *(f)* substandard quality, poor quality, low quality
mittelmäßige Qualität *(f)* medium quality
mittlere Export-Qualität *(f)* shipping quality
mittlere Qualität *(f)* average quality
mustergemäße Qualität *(f)* sampled quality, quality as per sample
nichtkommerzielle Qualität *(f)* non-commercial quality
niedrigste Qualität *(f)* bottom quality
Non-Standard-Qualität *(f)* non-standard quality
normale Qualität *(f)* standard quality
prima Qualität *(f)* prime quality
quantitative Kennziffer der Qualität *(f)* quantitative quality coefficient
schlechte Qualität *(f)* poor quality, bad quality
schlechtere Qualität *(f)* inferior quality
Schutz der Qualität *(m)* quality protection
sehr gute Qualität *(f)* very fine quality
übliche Qualität *(f)* standard quality

unzureichende Qualität *(f)* unsatisfactory quality, insufficient quality

vereinbarte Qualität *(f)* stipulated quality

verlangte Qualität *(f)* required quality

vertraglich ausbedingte Qualität *(f)* contract quality

vorzügliche Qualität *(f)* best quality, top quality

Qualitätsabfall *(m)* decline in quality

Qualitätsabnahme *(f)* quality acceptance, quality acceptance test, quality test

Qualitätsabschlag *(m)* quality discount, quality rebate

Qualitätsabweichung *(f)* run of quality

Qualitätsänderung *(f)* qualitative change

Qualitätsarbitrage *(f)* quality arbitration

Qualitätsbeanstandung *(f)* claim of quality, claims for quality, quality claim, quality complaint

Qualitätsbescheinigung *(f)* certificate of quality, quality certificate

Qualitätsbeschreibung *(f)* quality description

Qualitätsdifferenz *(f)* difference in quality, difference of quality

Qualitätsfehler *(m)* defect as to quality, quality defect

Qualitätsgarantie *(f)* guarantee of quality, warranty of quality

Qualitätsgutachten *(n)* certificate of quality, quality expertise

Qualitätsklasse *(f)* quality class

Qualitätsklausel *(f)* quality clause

Qualitätskonkurrenz *(f)* competition in quality, competition on quality

Qualitätskontrolle *(f)* checking of quality, quality control

  totale Qualitätskontrolle *(f)* total quality, total quality control

Qualitätskontrolleabteilung *(f)* quality control department, quality department

Qualitätskontrollemethode *(f)* quality control method

Qualitätskontrolleur *(m)* sampleman

Qualitätskontrollsystem *(n)* quality auditing system, quality system

Qualitätsleiter *(m)* director of quality assurance, quality control manager

Qualitätsmanagement *(n)* quality management

  lückenloses Qualitätsmanagement *(n)* total quality management (TQM)

Qualitätsmangel *(m)* defect as to quality, quality defect

qualitätsmäßig qualitative

  qualitätsmäßige Beschränkung *(f)* qualitative restriction

Qualitätsmerkmal *(n)* qualitative characteristics, qualitative feature

Qualitätsminderung *(f)* deterioration in quality

Qualitätsniveau *(n)* quality level, standard of quality

Qualitätsprämie *(f)* quality bonus

Qualitätsprobe *(f)* quality test

Qualitätsprüfbericht *(m)* quality control report

Qualitätsprüfung *(f)* quality research

Qualitätsprüfungsprogramm *(n)* quality check programme, quality test programme

Qualitätsrabatt *(m)* quality discount, quality rebate

Qualitätsreklamation *(f)* claims for quality of goods, quality claim, quality complaint

Qualitätsrisiko *(n)* quality risk

Qualitätsrüge *(f)* quality claim, quality complaint

Qualitätssicherung *(f)* quality assurance, quality guarantee

Qualitätsstandard *(m)* quality standard

  Qualitätsstandard der Warenpartie *(m)* lot quality standard

Qualitätsstempel *(m)* seal of quality

Qualitätsüberwachung *(f)* audit for quality, checking of quality, quality control, supervision of quality

Qualitätsüberwachungspro-gramm *(n)* quality-monitoring programme

Qualitäts- und Quantitätsabnahme *(f)* acceptance of goods delivered, quality and quantity acceptance of goods

Qualitäts- und Verpackungs-bedingungen *(pl)* quality requirements

Qualitätsverbesserung *(f)* improvement of quality, quality improvement

Qualitätsverschlechterung *(f)* deterioration of quality, quality degradation, quality deterioration

Qualitätszeichen *(n)* mark of quality, quality mark

Qualitätszertifikat *(n)* certificate of quality, quality certificate

Qualitätszeugnis *(n)* certificate of quality, quality certificate

Quality-Assurance-Ingenieur *(m)* quality assurance engineer

Quantität *(f)* quantity
   Qualität und Quantität unbekannt *(f/f)* quality and quantity unknown

quantitativ quantitative, quantity
   quantitative Abnahme *(f)* quantity acceptance
   quantitative Analyse *(f)* quantitative analysis
   quantitative Einfuhrbeschränkungen *(pl)* quantitative restrictions
   quantitative Kennziffer der Qualität *(f)* quantitative quality coefficient
   quantitative Quote *(f)* quantitative quota

Quantitätsabnahme *(f)* quantity acceptance
   Qualitäts- und Quantitätsabnahme *(f)* acceptance of goods delivered, quality and quantity acceptance of goods

Quantitätsbestimmung *(f)* determination of quantity

Quantitätsgarantie *(f)* quantity guarantee

Quantitätskontrolle *(f)* quantity control, quantity inspection

Quantitätsmängel *(m)* deficiency in quantity

Quantitätsprüfung *(f)* quantitative test

Quarantäne *(f)* quarantine
   Quarantäne auferlegen *(f)* quarantine

Quarantäne der Einfuhrwaren *(f)* quarantine of import goods
   Quarantäne widerrufen *(f)* withdraw a quarantine
   * in Quarantäne legen *(f)* perform quarantine
   Rechtsvorschriften über Quarantäne *(pl)* quarantine regulations
   unter Quarantäne stellen *(f)* quarantine
   von der Quarantäne freilassen *(f)* release from quarantine

Quarantäneankerplatz *(m)* quarantine anchorage

Quarantäneanmeldung *(f)* quarantine declaration

Quarantäneaufsicht *(f)* quarantine inspection

quarantänebar quarantining

Quarantänedeklaration *(f)* quarantine declaration

Quarantäneflagge *(f)* quarantine flag

Quarantänegebühr *(f)* quarantine fee

Quarantänegeld *(n)* quarantine due

Quarantänehafen *(m)* port of quarantine, quarantine port

Quarantänekontrolle *(f)* quarantine control, quarantine inspection

Quarantäneschein *(m)* certificate of quarantine, quarantine certificate

Quarantänesicherheit *(f)* quarantine safety

Quarantänestelle *(f)* quarantine station

Quarantänevorschriften *(pl)* quarantine regulations

Quarantänezertifikat *(n)* certificate of quarantine, quarantine certificate

Quartalsplan *(m)* quarterly plan

Quittung *(f)* bill, receipt
   Quittung ausfertigen *(f)* draw up a receipt, issue a receipt, make out a receipt
   Quittung ausstellen *(f)* draw up a receipt, issue a receipt, make out a receipt
   * vorläufige Quittung *(f)* temporary receipt

Quittungsstempelgebühr *(f)* stamp duty on receipts

Quote *(f)* amount, sum **2.** contingent, quota
autonome Quote *(f)* autonomous contingent, autonomous quota
bilaterale Quoten *(pl)* bilateral quotas
Festlegung der Quote *(f)* fixing of quotas
quantitative Quote *(f)* quantitative quota
wertmäßige Quote *(f)* valuable quota, value quota
zollfreie Quote *(f)* duty-free quotas, duty-free contingent, duty-free quota

Quotenliste *(f)* contingent list, quota list

Quotenpreis *(m)* quota price

Quotenverteilung *(f)* allocation of quotas

R

Rabatt *(m)* allowance, price abatement
Rabatt bewilligen *(m)* allow a discount, allow a reduction, discount, grant a discount, grant a rebate, grant an allowance
Rabatt einräumen *(m)* allow a discount, allow a reduction, discount, grant a discount, grant a rebate, grant an allowance
Rabatt erhalten *(m)* obtain a reduction
Rabatt erteilen *(m)* allow a discount, allow a reduction, discount, grant a discount, grant a rebate, grant an allowance
Rabatt geben *(m)* grant a rebate, grant an allowance
Rabatt gewähren *(m)* grant a concession, grant price concession, reduce the price
* außergewöhnlicher Rabatt *(m)* extraordinary rebate, special rebate
gegenseitiger Rabatt *(m)* mutual allowance
handelsüblicher Rabatt *(m)* customary allowance
prozentualer Rabatt *(m)* rebate of ... per cent, rebate of interest
Verkauf mit einem Rabatt *(m)* trade discount, sell at the rebate
zurückgestellter Rabatt *(m)* patronage discount, deferred rebate, freight deferred rebate
Rabattberechnung *(f)* calculation of discount
Rabattgewährung *(f)* grant of a rebate
verkaufen unter Rabattgewährung *(f)* sell at a discount, sell at a rebate
Radioaktivitätszertifikat *(n)* radioactive certificate
Rahmen *(m)* ceiling, coverage, scope
Rahmen der Versicherung *(m)* amount of security, insurance coverage
Sicherheitstitel im Rahmen der Pauschalbürgschaft *(m)* flat-rate guarantee voucher *(CT)*
Rahmenabkommen *(n)* general agreement, model agreement, model contract
Rahmenvordruck *(m)* model form
Rampe *(f)* ramp
Preis frei Rampe *(m)* free on FOT price, free on truck price

Ramschware *(f)* rejects, rummage goods
Rang *(m)* rank
Rangehafen *(m)* range port
Rangeport *(m)* range port
Rangezuschlag *(m)* outport additional, range additional
Rangiergebühr *(f)* charging charge
Rapport *(m)* report
Rat *(m)* board, council
Rat der Europaischen Gemeinschaften *(m)* Council of the European Communities
* Nomenklatur des Rates für die Zusammenarbeit auf dem Gebiet des Zollwesens *(f)* Customs Co-operation Council Nomenclature (CCCN)
Rate *(f)* coefficient, factor, rate, ratio
Rate festsetzen *(f)* establish a rate
Rate senken *(f)* depress a rate, reduce a rate
* abgemachte Rate *(f)* conventional rate
laufende Rate *(f)* current rate (CR)
in Raten abzahlen *(pl)* pay by instalments, pay in instalments
in Raten zahlen *(pl)* pay by instalments, pay in instalments
Ratenanstieg *(m)* increase in rates
Rateneinkauf *(m)* hire purchase
Ratenerhöhung *(f)* increase in rates
Ratenkauf *(m)* hire purchase
Ratenverkauf *(m)* sale by instalments
Ratenzahlung *(f)* hire-purchase payment, installment payment, instalment payment, part payment, partial payment, payment by instalments, repayment by instalments, repayment on an instalment system
Ratifikation *(f)* ratification
Ratifikation des Abkommens *(f)* ratification of an agreement
Ratifikation des Vertrages *(f)* affirmation of a contract, ratification of contract
Ratifikationsklausel *(f)* ratification clause
ratifizieren ratify
Abkommen ratifizieren *(n)* ratify an agreement
Konvention ratifizieren *(f)* ratify a convention
Vertrag ratifizieren *(m)* ratify an agreement

Ratifizierung *(f)* ratification, validation
Ratifizierung der Konvention *(f)* ratification of a convention
Ratingagentur *(f)* credit rating agency, rating agency
Rationalisierung *(f)* rationalization
Rattenbekämpfung *(f)* deratization, deratting
Rattenvertilgungszertifikat *(n)* certificate of deratization, deratization certificate, deratting certificate
Räucherungsattest *(n)* certificate of fumigation, fumigation certificate, fumigation note
Räucherungszeugnis *(n)* certificate of fumigation, fumigation certificate, fumigation note
Raum *(m)* area, room, space
Raum buchen *(m)* book space
Raumcharter *(m)* cargo-space charter
Raumfracht *(f)* freight assessed on the basis of cubic measurement, freight by measurement 2. light freight, light goods, measure goods, measurement goods
Raumfrachtrate *(f)* measurement rate
Raumfrachtvertrag *(m)* charter
Raumgehalt *(m)* tonnage
Raumgehalt des Schiffes *(m)* capacity of a ship, carrying capacity
Raumgehaltsplan *(m)* capacity plan, tonnage plan
Rauminhalt *(f)* capacity, cubature
Rauminhalt oder Gewicht *(f/n)* measurement/weight
Raumladung *(f)* light freight, light goods, measure goods, measurement goods
Raumlufttemperatur *(f)* room air temperature
Raumoption *(f)* measurement option
Gewicht-Raumoption *(f)* weight-measurement option
Raummaß *(n)* cubic measure, solid measure
Raummaß des Schiffes *(n)* shipping capacity, tonnage
Raumrate *(f)* measurement rate
Raumtonne *(f)* measurement ton

Reaktion *(f)* reaction, response
Reaktion des Bestimmungslandes auf die Suchanzeige *(f)* reaction of the country of destination to the enquiry notice
Reaktion des Durchgangslandes auf die Suchanzeige *(f)* reaction to the country of transit to the enquiry notice
real actual, real
reale Zuwachsrate *(f)* real rate of increase
realer Wert *(m)* real value
Realbedingungen *(pl)* effective terms
Realgehalt *(n)* real earnings, real wage
Realisation *(f)* implementation, realization
realisieren carry out
Bestellung realisieren *(f)* fill an order, carry out an order
Reallohn *(m)* real earnings, real wage
Realpreis *(m)* effective price, real price
Reassekuranz *(f)* reassurance
Rechenfehler *(m)* error in calculation, miscalculation
Rechenmethode *(f)* calculation method, method of calculation
rechnen calculate, compute
Rechnung *(f)* account, bill, invoice
Rechnung abnehmen *(f)* accept a bill
Rechnung abwickeln *(f)* settle an account
Rechnung aufstellen *(f)* draw up an account, draw up an bill, make out a bill, make out an invoice
Rechnung ausfertigen *(f)* draw up an account, draw up an bill, make out a bill, make out an invoice
Rechnung ausstellen *(f)* draw up an account, draw up an bill, make out a bill, make out an invoice
Rechnung beschicken *(f)* forward an invoice
Rechnung bezahlen *(f)* honour a bill, pay an invoice
Rechnung der Agentur *(f)* agency invoice
Rechnung des Lieferanten *(f)* supplier's invoice
Rechnung diskontieren *(f)* discount an invoice
Rechnung mit ausgewiesener Mehrwertsteuer *(f)* VAT invoice
Rechnung schicken *(f)* send an invoice

Rechnung über Havariegrosse aufmachen *(t)* adjust the general average, settle the general average
Rechnung zahlen *(t)* pay a bill, pay an invoice, settle an account
Rechnung zuschicken *(t)* forward an invoice
Rechnung zustellen *(t)* deliver a bill
* Aufbewahrung der Rechnungen *(t)* storage of invoices
beglaubigte Rechnung *(t)* legalized invoice, certified invoice
Berichtigung der Rechnung *(t)* adjustment of an invoice
elektronische Aufbewahrung der Rechnungen *(t)* electronic storage of invoices
endgültige Rechnung *(t)* final invoice
ergänzende Rechnung *(t)* supplementary invoice
Exemplar der Rechnung *(n)* copy of the invoice
fällige Rechnung *(t)* account payable, due bill
fingierte Rechnung *(t)* fictitious invoice, memorandum bill, invoice pro forma
Gewicht nach Rechnung *(n)* invoice weight
in Rechnung stellen *(t)* make out an invoice
Kauf auf eigene Rechnung *(m)* purchase on one's own account
Kauf für fremde Rechnung *(m)* purchase on somebody's account, purchase on another person's account
korrigierte Rechnung *(t)* amended invoice
Kosten-Nutzen-Rechnung *(t)* cost-benefit calculation
laut Rechnung *(t)* according to invoice, as per account, as per invoice
legalisierte Rechnung *(t)* legalized invoice, certified invoice
offene Rechnung *(t)* current account, open account
Pro-Forma-Rechnung *(t)* pro forma invoice, preliminary invoice, no-charge invoice, pro-forma invoice
spezifizierte Rechnung *(t)* invoice of parcels, invoice-specification
unbezahlte Rechnung *(t)* unpaid invoice
verjährte Rechnung *(t)* past due invoice
vorläufige Rechnung *(t)* memorandum invoice, preliminary invoice
Rechnungsabschrift *(t)* bill duplicate, duplicate in bill, copy of an invoice, duplicate invoice

Rechnungsadresse *(t)* invoicing address
Rechnungsart *(t)* type of invoice
Rechnungsausstellung *(t)* issue of the invoice, making out an invoice
Zeitpunkt der Rechnungsstellung *(m)* time of invoicing
Rechnungsaustellungsdatum *(n)* date of issuance of invoice, date of issue of invoice
Rechnungsausstellungstag *(m)* date of issuance of invoice, date of issue of invoice
Rechnungsbetrag *(m)* amount of an invoice, invoice amount, invoice total
Rechnungsbuch *(n)* book of invoices, invoice book
Rechnungsdatum *(n)* date of invoice, invoice date
Rechnungsdiskont *(m)* invoice discount
Rechnungsdiskontierung *(t)* invoice discounting
Rechnungsdoppel *(n)* bill duplicate, copy of bill, duplicate in bill, copy of an invoice, duplicate invoice
Rechnungsduplikat *(n)* bill duplicate, copy of bill, duplicate in bill, copy of an invoice, duplicate invoice
Rechnungseinheit *(t)* calculation unit
Rechnungsfehler *(m)* account error, error of calculation 2. invoice error
Rechnungsführer *(m)* accountant, bookkeeper
Rechnungsgewicht *(n)* invoice weight
Rechnungskopie *(t)* bill duplicate, copy of bill, duplicate in bill, copy of an invoice, duplicate invoice
Rechnungslegung *(t)* accountancy, accounting, accounts
Rechnungslegungsunterlagen *(pl)* accounting documents
Rechnungsmenge *(t)* quantity as per invoice, quantity invoiced
Rechnungsnummer *(f)* account number, invoice number
Rechnungsperiode *(t)* accounting period

Rechnungspreis *(m)* invoice cost, invoice price, invoiced price

Rechnungsrabatt *(m)* discount on an invoice

Rechnungswert *(m)* invoice value, invoice worth

Rechnungstara *(t)* invoice tare

Rechnungswesen *(n)* accounting, accounts

Rechnungszweitschrift *(t)* copy of invoice, duplicate invoice, duplicate of invoice, invoice in duplicate

Recht *(n)* law, right

Recht auf Wiedergabe *(n)* copyright, law on copyright

Recht beugen *(n)* evade the law

Recht übertreten *(n)* transgress the law

Recht zugestehen *(n)* grant the right

Recht zur Auflösung des Vertrages *(n)* right to annul an agreement

Rechte übertragen *(pl)* assign a right

Rechte wiedergewähren *(pl)* restitute the rights

* Abtretung der Rechte *(t)* cession of a right, assignment of a right, transfer of rights

Abtretung von Rechten *(t)* cession of a right, assignment of a right, transfer of rights

alleiniges Recht *(n)* sole right, absolute right

bürgerliches Recht *(n)* civil law

diplomatisches Recht *(n)* diplomatic law

Einhaltung eines Rechts *(t)* observance of the law

Erwerb eines Rechts *(m)* acquisition of a right

geltendes Recht *(n)* provisions in force, rules in force, binding law

Gesellschaft bürgerlichen Rechts *(t)* association of persons

Gewährung eines Rechts *(t)* granting of right

inländisches Recht *(n)* national law, domestic law

innerstaatliches Recht *(n)* domestic law, national law, national legislation

Klausel „Recht auf Schiffsersatz" *(t)* substitution clause

privates Recht *(n)* private law

Übergang von Rechten und Pflichten *(m)* devolution of rights and dues

Übertragung der Rechte *(t)* transfer of rights, transmission of rights

Übertragung von Rechten durch Indossament *(t)* transfer of rights by endorsement

Zession von Rechte *(t)* cession of a right

zurückzufordernde Rechte in Bezug auf Zoll *(pl)* drawback claims

zwingendes Recht *(n)* mandatory law

rechtlich legally, legal, legitimately

rechtliche Anerkennung *(t)* de jure recognition, legal recognition

rechtliche Anforderungen *(pl)* legal requirements

rechtliche Grundlage *(t)* legal basis, legal ground

rechtliche Haftung *(t)* legal liability, legal responsibility

rechtliche Handlung *(t)* act in the law, legal act

rechtliche Sicherheit *(t)* legal guarantee

rechtliche Stellung *(t)* juridical position

rechtliche Verantwortlichkeit *(t)* legal liability, legal responsibility

rechtliche Voraussetzung *(t)* legal foundation, legal ground

rechtlicher Beistand *(m)* legal advice, legal aid

rechtlicher Schutz *(m)* legal protection

rechtmäßig lawful

Rechtmäßigkeit *(t)* lawfulness, legality

Rechtmäßigkeit des Dokuments *(t)* legality of a document

Rechtsabteilung *(t)* law bureau, law department, legal department

Rechtsakt *(m)* act of justice, law transaction, legal act

Präambel des Rechtsaktes *(t)* introductory clause

Rechtsansicht *(t)* counsel's opinion, legal opinion

Rechtsanspruch *(m)* legal title

Rechtsanwaltsgebühr *(t)* lawyer's fee, legal fee

Rechtsanwendung *(t)* application of law

Rechtsauffassung *(t)* counsel's opinion, legal opinion

Rechtsbegründung *(t)* legal basis

Rechtsberater *(m)* counsellor at law, law adviser, legal adviser, legal counselor, legal expert

Rechtsbestimmung *(t)* rules of the law

Rechtsdienst *(m)* lawyer's service

Rechtsdokument *(n)* judicial document, legal document, title certificate

Rechtsexperte *(m)* legal expert

Rechtsfähigkeit *(f)* capacity for action, capacity to act, legal capacity
  fehlende Rechtsfähigkeit *(f)* lack of ability, legal incapacity
  Unwirksamkeit eines Rechtsgeschäfts *(f)* invalidity of legal transaction

Rechtsform *(f)* juridical form, legal form

Rechtsformalitäten *(pl)* legal formalities

rechtsgemäß according to law, lawfully

Rechtsgeschäft *(n)* act of justice, law transaction

Rechtsgeschäftsfähigkeit *(f)* capacity to act, legal capacity

Rechtsgleichheit *(f)* equality before the law

Rechtsgültigkeit *(f)* legal force
  Rechtsgültigkeit des Vertrags *(f)* force of an agreement
  Rechtsgültigkeit des Zertifikats *(f)* validity of a certificate

Rechtsgutachten *(n)* counsel's opinion, legal opinion

Rechtshandlung *(f)* act in the law, law act, legal act

Rechtshilfe *(f)* judicial assistance, legal aid

Rechtskonsultant *(m)* legal expert

rechtskräftig legally binding
  rechtskräftig machen authorize, render a verdict final and binding
  rechtskräftig werden come into force
  rechtskräftige Entscheidung *(f)* conclusive action, final decision
  rechtmäßiger Besitzer *(m)* lawful holder, lawful owner
  rechtmäßiger Inhaber *(m)* lawful holder, lawful owner

Rechtsmittelverfahren *(n)* appeal mechanism, appeal procedure

Rechtsnorm *(f)* legal norm

Rechtsordnung *(f)* law order, legal order

Rechtsperson *(f)* juridical person, legal entity

Rechtspersönlichkeit *(f)* legal personality, legal status

Rechtsprechung *(f)* judicial decisions, jurisdiction

Rechtsregel *(f)* rule of law

Rechtsschutz *(m)* legal protection
  gewerblicher Rechtsschutz *(m)* protection of industrial rights, protection of industrial property

Rechtssicherheit *(f)* reliability of a legally established order

Rechtsspruch *(m)* judgement, legal decision

Rechtsstatus *(m)* legal standing, legal status
  Rechtsstellung der Waren *(f)* situation of goods, status of goods
  Rechtsstellung von Waren in vorübergehender Verwahrung *(f)* status of goods in temporary storage

Rechtssystem *(n)* legal system

Rechtstitel *(m)* legal title, itle document

Rechtsübertragung *(f)* assignment of a right, transfer of rights, transmission of rights

Rechtsunfähigkeit *(f)* lack of ability, legal incapacity

rechtsverbindlich legally binding

Rechtsverhältnis *(n)* legal relation, legal relationship

Rechtsverkehr *(m)* conduct of a legal transaction, legal relations
  Sicherheit des Rechtsverkehrs *(f)* security and certainty of legal transactions

Rechtsverletzung *(f)* infringement of a law, legal offence

Rechtsverlust *(m)* loss of right

Rechtsvertreter *(m)* legal agent, legal representative

Rechtsvorschrift *(f)* legal rule
  Rechtsvorschriften über Quarantäne *(pl)* quarantine regulations
  * **verbindliche Rechtsvorschriften** *(pl)* binding legislation

rechtswidrig illicit
  rechtswidriger Handel *(m)* black trading, illicit trading

rechtswirksam effective in law
rechtswirksamer Vertrag *(m)* contract by deed, valid contract
Rechtswirksamkeit *(f)* legal force, legal validity
Rechtszustand *(m)* legal situation, legal status
Rechtzeitigkeit *(f)* punctuality
Rediskont *(m)* rediscount
Wechsel zum Rediskont weitergeben *(m)* rediscount a bill of exchange, rediscount a bill
Rediskontgrenze *(f)* rediscount line
rediskontieren rediscount
Rediskontierung *(f)* rediscount
Rediskontrate *(f)* rediscount rate
Reduktion *(f)* cut, degression, lowering, reduction
reduzieren diminish, reduce
Ausgaben reduzieren *(pl)* reduce a expenditures
Steuerbelastung reduzieren *(f)* reduce taxation
Reduzierung *(f)* degression, lowering, reduction
Reduzierung des Betrags der Sicherheit *(f)* reduction of the amount of guarantee
Reede *(f)* roads, roadstead
offene Reede *(f)* open roadstead
Reeder *(m)* maritime transport operator, sea carrier
Abladelohn für Reeder *(m)* gross terms, landing at cost for shipowner
Beschädigungsrisiko für Reeder *(n)* owner's risk of damage
Brandrisiko für Reeder *(n)* owner's risk of fire
Ein- und Ausladekosten für Reeder *(pl)* berth terms
Gefrierenrisiko für Reeder *(n)* owner's risk of freezing
Haftung der Reeder *(f)* liability of ship holder
Löschkosten für Reeder *(pl)* gross terms, landing at cost for shipowner
Makler des Reeders *(m)* ship's agent
Stauenkosten für Reeder *(pl)* free in and out excluding stowing, fio excluding stowing
Stauungskosten für Reeder *(pl)* fio excluding stowing, free in and out excluding stowing

Trimmenkosten für Reeder *(pl)* fio excluding trimming
Trimmungskosten für Reeder *(pl)* fio excluding trimming
Versicherungsverein auf Gegenseitigkeit für Reeder *(m)* Protection and Indemnity Club (P & I Club)
Reederdisposition *(f)* ship operator's order
Reederei *(f)* enterprise operating ships, owner, shipping company, shipping corporation, shipping house
Reedereiagent *(m)* owner's broker, shipowner's broker, shipping agent, steamship agent
Reedereidisposition *(f)* owner's order, shipholder's order
Reedereigesellschaft *(f)* shipping business, shipping house
Reedereihaftung *(f)* liability of shipowner, liability of ship's operator, owner's liability, shipowner's liability
Reedereimakler *(m)* owner's broker, shipowner's broker
Reedereioption *(f)* owner's option, ship's holder's option
Reedereivertreter *(m)* owner's representative
Reederpfandrecht *(n)* shipowner's lien
Reedersagent *(m)* owner's agent, shipowner's agent
Reedersmakler *(m)* chartering broker, freight broker
Reexpeditionskosten *(pl)* transhipping charge
Reexport *(m)* re-export, reexportation, export of imported merchandise
Reexport von ungenutzten Waren *(m)* re-export of unused materials
* direkter Reexport *(m)* direct reexport
indirekter Reexport *(m)* indirect reexport
Reexporter *(m)* reexporter
Reexportgenehmigung *(f)* re-export permit
reexportieren re-export

reexportiert reexported
reexportierte Waren *(pl)* reexports
Reexportklausel *(f)* re-export clause
Reexportverbot *(n)* prohibition of re-export
Reexportverbotsklausel *(f)* prohibition of re-export clause
Refaktie *(f)* discount from the price, tret
Referenz *(f)* references
Referenzbetrag *(m)* reference amount
Referenzbetrag der Gesamtbürgschaft *(m)* reference amount of the comprehensive guarantee
* **Berechnung des Referenzbetrags** *(f)* calculation of the reference amount
Referenznummer *(f)* file number, reference, reference number
Referenznummer des Manifestes *(f)* reference number of manifest
Referenzperiode *(f)* period in question, reference period
Refinanzierung *(f)* refinancing, refunding
Refinanzierung der Auslandsverschuldung *(f)* external debt refinancing
Refinanzierungskredit *(m)* refinancing credit
Reform *(f)* reform
Reform des Versandverfahrensrechts *(f)* reform of transit
Regel *(n)* law, norm, rule
Regeln beachten *(pl)* comply with the regulations, keep within the regulations
* **allgemeine Regel** *(f)* general rule
Einhaltung der Regeln *(f)* observance of the regulations
geltende Regeln *(pl)* binding rules
gemäß den Regeln *(pl)* in accordance with the rules
Haager Regeln *(pl)* International Convention for the Unification of certain Rules relating to Bills of Lading, Hague Rules
Haag-Visby Regeln *(pl)* Protocol to amend the International Convention for the Unification of certain Rules relating to Bills of Lading, Hague-Visby Rules
Hamburger Regeln *(pl)* United Nations convention on the Carriage of goods by Sea, Hamburg Rules

Havarie, die nach York-Antwerpener Regeln abgewickelt wird *(f)* foreign general average
Internationale Regeln zur Auslegung von handelsüblichen Vertragsformen *(pl)* International Commercial Terms, Incoterms
Klausel der Havarie, die nach York-Antwerpener Regeln abgewickelt wird *(f)* foreign general average clause
steuerliche Regel *(f)* revenue regulation, tax ordinance
Visby Regeln *(pl)* Convention for the Unification of certain rules of Law relating to Bills of Lading, Visby Rules
Warschau-Oxford-Regeln *(pl)* Warsaw-Oxford Rules
Regelbelastung *(f)* admissible load, permissible load
Regellast *(f)* allowable load
regelmäßig regularly
regelmäßiger Importeur *(m)* regular importer
Regelsicherheitsleistung *(f)* standard transit guarantee
Regelspurbahn *(f)* standard gauge railway, standard railway, transferor railway
Regelung *(f)* control, regularization **2.** regulation
Regelungen für sicheren Transport radioaktiver Stoffe *(pl)* Regulations for the safe transport of radioactive materials, IAEA regulations
Regelung unterliegen *(f)* be subject to a system
* **besondere Regelung** *(f)* special scheme
gemeinsame Regelungen *(pl)* Community provisions *(CCC)*
pauschale Regelung *(f)* flat-rate system
steuerrechtliche Regelung *(f)* revenue regulation
wirtschaftliche Regelungen *(pl)* economic measures
Regelversandsverfahren *(n)* standard transit procedure
Regenwasserschaden *(m)* fresh water damage, rain-water damage
Regierung *(f)* government

Regierungsabkommen *(n)* inter-governmental agreement, intergovernmental treaty

Regierungsauftrag *(m)* government order

Regierungsgarantie *(f)* sovereign guarantee, state guarantee

Regierungskauf *(m)* government purchase

Regierungskredit *(m)* government credit

Regierungsvereinbarung *(f)* government agreement

Regime *(n)* regime

Region *(f)* region

regional regional
   regionale Integration *(f)* regional integration
   regionale Kooperation *(f)* regional cooperation, regional partnerships
   regionaler Handel *(m)* regional trade
   regionaler Tarif *(m)* regional tariff
   regionaler Vertrag *(m)* regional treaty

Regionalbahn *(f)* local railroad

Regionalentwicklungsagentur *(f)* regional development agency

Regionalmarketing *(n)* regional marketing

Regionalvertretung *(f)* regional office

Regionalzollamt *(n)* regional customs department

Register *(n)* ledger, register
   Register der Halter von Lagern für vorübergehende Verwahrung *(n)* Register of Owners of Temporary Storage Warehouses
   Register der Zollbeförderer *(n)* Register of Customs Carriers
   Register der Zollbroker *(n)* Register of Customs Brokers
   Register der Zolllagerhalter *(n)* Register of Owners of Bonded Warehouses
   * in das Register eintragen *(n)* record, register
   Lloyd's Register *(n)* Lloyd's Register of Shipping, Lloyd's register

Registerauszug *(m)* extract of a register

Registerhafen *(m)* home port, native port, port of registry, register port

Registerpfandrecht *(n)* pledge by registration

Registertonnage *(f)* register tonnage

Registertonne *(f)* register ton
Nettoraumgehalt in Registertonnen *(m)* net tonnage

Registertonnengehalt *(m)* registered tonnage

registrieren record, register
   Akzept registrieren *(n)* register an acceptance
   Dokument registrieren *(n)* register a document
   Handelsmarke registrieren *(f)* trade-mark
   Warenzeichen registrieren *(n)* trade-mark, register a trade mark

Registrierland *(n)* country of registration

Registriernummer *(f)* number of registration, registration number
   Registriernummer des Einheitspapiers *(f)* registration number of the SAD

registriert registered
   registrierte Korrespondenz *(f)* registered correspondence
   registrierter Agent *(m)* chartered agent
   registriertes Schiff *(n)* documented vessel

Registrierung *(f)* recording, registration
   Registrierung der ankommenden Sendungen *(f)* registration of arrivals
   Registrierung der Dokumente *(f)* registration of documents
   Registrierung der Versandanmeldung *(f)* registration of the transit declaration
   Registrierung der Zollanmeldung *(f)* registration of customs declaration
   Registrierung des Schiffs *(f)* registration of a ship
   Registrierung des Vertrags *(f)* registration of a contract
   * elektronische Registrierung *(f)* electronic registration
   Zeitpunkt der Registrierung *(m)* date of registration
   Zeitpunkt der Registrierung der Zollanmeldung *(m)* date of submission of the customs declaration

Registrierungsdatum *(n)* period of registration, time of recording

Registrierungsgebühr *(f)* registry fee

Registrierungsklausel *(f)* registration clause

Registrierungsprozess *(m)* registration process

Registrierungsschein *(m)* certificate of registration, registration certificate

Registrierungssystem *(n)* registration system

Registrierungstag *(m)* time of recording

Registrierungszeugnis *(n)* certificate of registration, certificate of registry

Reglement *(n)* rules

reglementieren regulate

Reglementierung *(f)* control

Regress *(m)* recource, regress
  Regress mangels Annahme *(m)* recourse for want of acceptance
  * **Diskont ohne Regress** *(m)* discounting without recourse
  Indossament ohne Regress *(n)* endorsement without recourse, qualified endorsement

Regressfaktoring *(n)* factoring with recourse, recourse factoring

Regressklausel *(f)* recourse clause

Regressrecht *(n)* recourse, right of recourse

regulär regular
  reguläre Arbeitszeiten *(pl)* regular hours
  reguläre Fluglinie *(f)* certified route air carrier
  reguläre Linie *(f)* regular line
  regulärer Vertreter *(m)* permanent agent, regular agent

Reihenfolge *(f)* order, sequence

Reihennummer *(f)* serial number **2.**
(goods) consecutive number

Reimport *(m)* re-import, re-importation
  zollfreier Reimport *(m)* duty-free return

Reimportdeklaration *(f)* bill of store

Reimporterlaubnis *(f)* permit for re-export

Reimporthandel *(m)* re-import trade

reimportiert re-imported
  reimportierte Waren *(pl)* reimports

Reimportware *(f)* goods returned from abroad

Reimportzertifikat *(n)* certificate of re-importation

rein clean
  reine Tratte *(f)* clean draft
  reiner Charter *(m)* clean charter, net charter
  reiner Wechsel *(m)* clean bill
  reines Akkreditiv *(n)* clean letter of credit, money letter of credit, open letter of credit, traveler's letter of credit
  reines Gesundheitszeugnis *(n)* clean certificate of health
  reines Konnossement *(n)* unclaused bill of lading
  reines Trattenakzept *(n)* general acceptance
  reines Verpackungsgewicht *(n)* actual tare, real tare

Reinerlös *(m)* pure income, pure yield

Reinerlöse *(pl)* net receipts

Reinertrag *(m)* pure income, pure yield

Reingewinn *(m)* net gain, net profit

Reinigung *(f)* cleaning
  Reinigung des Containers *(f)* cleaning of container
  Reinigung des Laderaumes *(f)* cleaning of holds
  Reinigung des Stauraums *(f)* cleaning of holds

Reinumsatz *(m)* net turnover, turnover net of tax

Reinverlust *(m)* net loss

Reinvestitionserlass *(m)* re-investment relief

Reise *(f)* journey, sea passage, voyage
  Reise mit einer Ballastladung *(f)* ballast voyage
  * **Fracht für die ganze Reise** *(f)* voyage freight
  für Reise chartern *(f)* charter for a voyage, charter for a trip
  konsekutive Reise *(f)* consecutive voyage
  Versicherung auf eine bestimmte Reise *(f)* voyage insurance

Reiseagent *(m)* travelling salesman

Reiseausweis *(m)* travel document

Reisebefrachtung *(f)* trip chartering, voyage chartering

Reisebericht *(m)* travel book
  Reisebericht des Kapitäns *(m)* captain's report, master's report

Reisecharter *(m)* trip charter, voyage charter
aufeinanderfolgender Reisecharter *(m)* consecutive voyages charter
Zeit- und Reisecharter *(m)* time-trip charter
Reisecharterung *(t)* trip chartering
Reisecharterung *(t)* voyage chartering
Reisefracht *(t)* voyage freight
Reisefrachter *(m)* voyage charterer
Reisegepäck *(n)* baggage, luggage
persönliches Reisegepäck *(n)* personal baggage
unbeaufsichtigtes Reisegepäck *(n)* unattended baggage
Untersuchung des Reisegepäcks *(t)* luggage inspection, inspection luggage
Reisegepäcktarif *(m)* luggage tariff
Reisegepäckversicherung *(t)* baggage insurance, luggage insurance
Reisegeschwindigkeit *(t)* commercial speed
Reiseklausel *(t)* voyage clause
Reisekosten *(pl)* travelling charge, travelling expenses
Reisekreditbrief *(m)* circular letter of credit, general letter of credit
Reiseleasing *(n)* trip lease
Reiseleasing-Vertrag *(m)* trip lease
Reisende *(m)* tourist
Reisende in der Durchfuhr *(m)* passengers in transit
Reisenkreditbrief *(m)* traveller's letter of credit
Reisenscheck *(m)* traveler's cheque
Reisepolice *(t)* trip policy, voyage policy
Reiseroute *(t)* transit
Reisespesen *(pl)* travelling cost
Reise- und Zeitpolice *(t)* mixed policy
Reiseverkehr *(m)* movement of travelers, tourist traffic *(CCC)*
grenzüberschreitender Reiseverkehr *(m)* international travel
Reiseversicherung *(t)* voyage insurance
Reisezug *(m)* passenger train

Reklamation *(t)* complain, reclamation
Reklamation ablehnen *(t)* disallow a claim, repudiate a claim
Reklamation anmelden *(t)* file a claim, lodge a claim, raise a claim, raise a complaint
Reklamation geltend machen *(t)* file a claim, raise a complaint
Reklamation zurückweisen *(t)* refuse a complaint, reject a complaint
* **Ablehnung der Reklamation** *(t)* refusal of a claim, rejection of a claim
aufgenommene Reklamation *(t)* admitted claim
begründete Reklamation *(t)* founded complaint, founded claim
schriftliche Reklamation *(t)* claim letter, letter of complaint
unberechtigte Reklamation *(t)* groundless complaint, groundless claim
Zurückweisung der Reklamation *(t)* refusal of a claim, rejection of a claim
Reklamationsabteilung *(t)* claim department, complaints department
Reklamationsanspruch *(m)* complaint claim
Reklamationsdatum *(n)* complaint date, time for complaint
Reklamationsfrist *(t)* date of complaint, time of complaint
Reklamationsgegenstand *(m)* target of the claim
Reklamationsgrundlosigkeit *(t)* groundlessness of the claim
Reklamationsklausel *(t)* reclamation clause
Reklamationskosten *(pl)* complaint costs
Reklamationsmeldung *(t)* notice of complaint
Datum der Reklamationsmeldung *(n)* day of notice of complaint
Reklamationstermin *(m)* date of complaint, time of complaint
Reklamationsverfahren *(n)* claim procedure, complaint proceedings, procedure for lodging complaints

Reklamegeber *(m)* advertiser, advertiser client

Reklametarif *(m)* advertising rate

rekompensieren indemnity

Rekordverkauf *(m)* sales peak

Rektaindossament *(n)* conditional endorsement, restrictive endorsement, special endorsement

Rektakonnossement *(n)* bill of lading to a specified person, straight bill of lading

Rektaladeschein *(m)* bill of lading to a specified person, straight bill of lading

Rektascheck *(m)* non-negotiable cheque, registered cheque

Rektawechsel *(m)* non-negotiable bill

Relation *(f)* relationship
Relation von Export- zu Importpreisen *(f)* terms of trade

Rembours *(m)* reimbursement
Einheitliche Richtlinien für Rembourse (ERR 725) *(pl)* Uniform Rules for Bank-to-Bank Reimbursements

Remboursakkreditiv *(n)* reimbursement letter of credit

Remboursbank *(f)* reimbursing bank

Remboursgeschäft *(n)* reimbursement operation

Rembourskredit *(m)* documentary acceptance credit, reimbursement credit

Remboursrückgriff *(m)* reimbursement recourse

Rembourstag *(m)* reimbursement date

Rembourswechsel *(m)* reimbursement draft

Remittanz *(f)* remittance

Remittentbank *(f)* payee's bank

remittieren remit

Remittieren *(n)* repayment

Rendant *(m)* chief accountant

Rendite *(f)* profitability, rate of return

renovieren renew, renovate

Renovierung *(f)* refurbishment, renewal

Rentabilität *(f)* profitability, profitableness

Rentabilitätsgrenze *(f)* limit of earning power, limit of profitability

Reorganisation *(f)* reorganization

Reparatur *(f)* repair, repair operations, reparation
Reparatur von Waren *(f)* goods repair
* größere Reparatur *(f)* heavy repair, major repair
aufende Reparatur *(f)* current repair

Reparaturaufwand *(m)* cost of repair, overhaul cost, reconditioning outlay, repair cost

Reparaturbrigade *(f)* repair gang

Reparaturdauer *(f)* repair time

Reparaturkosten *(pl)* cost of repair, repair cost

reparieren repair

Reportgeschäft *(n)* carry-over transaction, report

Repräsentationsausgaben *(pl)* entertainment costs, official entertainement expenditures

repräsentativ representative
repräsentative Stichprobe *(f)* representative sample

Repräsinstanz *(f)* field organization

Repressivzoll *(m)* retaliatory tariff

Requisit *(n)* requisite

Reserve *(f)* provision, reserve, stock
Reserve für Steuerentrichtung *(f)* provision for taxes payable

Reserveakkreditiv *(n)* standby letter of credit

reservieren book, engage, reserve

Reservierung *(f)* booking, engagement, reservation

Resident *(m)* domestic person, resident

Resignation *(f)* resignation

Ressourcen *(pl)* resources
finanzielle Ressourcen *(pl)* funds, financial resources
natürliche Ressourcen *(pl)* natural resources

Respekttage *(pl)* days of grace

Responsabilität *(f)* blame

Ressort *(n)* department

Rest *(m)* remainder, rest

Restabweichung *(f)* residual deviation

Restbetrag *(m)* amount of balance, balance

restriktiv restrictive
 restriktive Bedingung *(f)* restrictive clause, restrictive covenant
 restriktive Handelspolitik *(f)* restrictive trade policy

Restriktivmaßnahmen *(pl)* restrictive measures

Restrukturierung *(f)* restructuring
 Restrukturierung der Schuld *(f)* restructuring of debt

Restschuld *(f)* balance due, balance of a debt

Resultat *(n)* effect, result

resultieren result

Retorsionsakt *(m)* act of retortion

Retorsionszoll *(m)* retaliatory customs duty, retaliatory duty

Retourfracht *(f)* back freight, freight home

Retourtarif *(m)* return rate

Retourwechsel *(m)* bill for collection, bill receivable

Retrozessionsvertrag *(m)* assignment contract, transfer agreement

retten rescue, salvage
 Fracht retten *(f)* salvage a cargo

Retter *(m)* salvor

Rettungsdienst *(m)* salvaging

Rettungsdock *(n)* salvage dock

Rettungsgeld *(n)* salvage money, salvage reward

Rettungslohn *(m)* salvage money, salvage reward

Revalvation *(f)* revalorization

Revers *(n)* warehouse receipt and warrant

Revident *(m)* examiner, supervisor

revidieren revise, search

Revision *(f)* inspection
 Revision des Vertrags *(f)* alteration of contract, modification of contract
 * **laufende Revision** *(f)* current inspection

revolvierend revolving
 revolvierender Kredit *(m)* evergreen credit

revolvierendes Akkreditiv *(n)* renewable letter of credit, revolving letter of credit

Revolvingakkreditiv *(n)* extended letter of credit, revolving letter of credit

Revolvinggarantie *(f)* renewable guarantee

Revolvingkredit *(m)* revolving credit

Rezepisse *(n)* receipt

Rezession *(f)* recession

Reziprozitätsklausel *(f)* reciprocity clause

Rheinmanifest *(n)* Rhine manifest
 Versandverfahren mit dem Rheinmanifest *(n)* Rhine manifest procedure

Rheinwasserstraßen *(pl)* Rhine waterways
 Beförderung auf den Rheinwasserstraßen *(f)* carriage of goods on the Rhine waterways

Richter *(m)* judge, justice
 internationaler Richter *(m)* international judge

richterlich judicial
 richterliche Vorentscheidung *(f)* judicial precedent, test case
 richterlicher Beschluss *(m)* court decision, judicial decision

Richtigkeit *(f)* accuracy

Richtigstellung *(f)* amendment, correction, rectification

Richtlinien *(pl)* uniform rules
 Einheitliche Richtlinien für auf Anfordern zahlbare Garantien (ERAG) *(pl)* Uniform Rules for Demand Guarantees
 Einheitliche Richtlinien für Rembourse (ERR 725) *(pl)* Uniform Rules for Bank-to-Bank Reimbursements
 Einheitliche Richtlinien für Vertragsgarantien (ERV) *(pl)* Uniform Rules for Contract Guarantees
 Einheitliche Richtlinien und Gebräuchen für Dokumentenakkreditive *(pl)* Uniform Customs and Practice for Documentary Credits

Richtpreis *(m)* base price, basic price, guiding price, initial quotation

Richtungsanweisung *(f)* ordering of vessel

riechend odorous
 riechende Ladung *(f)* odorous cargo

Ringstraße *(f)* round road

Rinnverlust *(m)* leakage, shrinkage

Risiko *(n)* risk
Risiko bei Fluss- und Binnengewässer-transport *(n)* inland water risk
Risiko decken *(n)* cover a risk
Risiko des Eigentümers *(n)* owner's risk
Risiko der gemeinsamen Havarie *(n)* general average risk
Risiko eingrenzen *(n)* reduce the risk
Risiko übernehmen *(n)* take a risk
* **finanzielles Risiko** *(n)* financial risk
Garantie bei politischen Risiken *(f)* political risk guarantee
Risiko gedecktes Risiko *(n)* covered peril, perils insured against
Risiko gegen alle Risken *(pl)* free of all average
Höhe des Risikos *(f)* risk level
kommerzielles Risiko *(n)* mercantile risk, trade risk
konventionelles Risiko *(n)* conventional risk
Land mit hohem Risiko *(n)* country of high risk
Lloyd's-Risiko *(n)* Lloyd's risk
nicht versicherbares Risiko *(n)* non-insurable risk
nichtversichertes Risiko *(n)* uninsured risk
politisches Risiko *(n)* political risk
privatwirtschaftliches Risiko *(n)* non-commercial risk, non-trade risk
unbegrenztes Risiko *(n)* unlimited risk
unversicherbares Risiko *(n)* unmeasurable risk
versicherungsfähiges Risiko *(n)* insurable risk
vertretbares Risiko *(n)* allowed risk
wirtschaftliches Risiko *(n)* business risk, economic risk
zulässiges Risiko *(n)* tolerated risk

Risikoanalyse *(f)* risk analysis

Risikobewertung *(f)* risk rating

Risikodeckung *(f)* cover, risk coverage

Risikodiversifikation *(f)* diversification of risk, risk spreading

Risikoidentifikation *(f)* identification of risk

Risikokategorie *(f)* class of risk, risk rating

Risikoklasse *(f)* risk category, risk class

Risikoklassifikation *(f)* risk classification

Risikoklausel *(f)* risk clause

Risikomanagementprozess *(m)* risk management process

Risikoprämie *(f)* risk premium

Risikoschätzung *(f)* risk valuation

Risikosenkung *(f)* decrease of risk

Risikosteigerung *(f)* increase of risk

Risikostruktur *(f)* risk profile

Risikoverringerung *(f)* reduction of risk

Risikoversicherung *(f)* insurance against risk

Risikoverteilung *(f)* distribution of risk, diversification of risk, risk spreading, spreading of risk

riskieren risk

Roheinkommen *(n)* gross yield

Rohmasse *(f)* gross mass

Rohrleitung *(f)* pipeline
Prüfung der Unterlagen des Betreibers der Rohrleitung *(f)* audit of the records held by the owner of the pipeline
vereinfachte Verfahren für die Warenbeförderung durch Rohrleitungen *(pl)* simplified procedures for goods moving by pipeline

Rohstoff *(m)* raw material
Einfuhr von Rohstoffen *(f)* import of raw materials
Importeur von Rohstoffen *(m)* importer of raw materials

Rohstoffmarkt *(m)* raw material market

Rolle *(f)* roll, ship list

Rollende Landstraße *(f)* rolling highway

rollend rolling
rollende Waren kaufen *(pl)* buy goods on passage

Rollgeld *(n)* haulage charge

Rollkran *(m)* travelling crane

roll on-roll off roll on-roll off
Roll-on/Roll-off-Containerschiff *(n)* roll-on/roll-off vessel
Roll-on-roll-off-Schiff *(n)* trailer ship, roll on roll off
Roll-on/Roll-off-System *(n)* roll-on/roll-off system

Roll-over-Kredit *(m)* roll-over credit

Ro-Ro-Fähre *(f)* ro-ro vessel

Ro-Ro-Schiff *(n)* roll in-roll out vessel, roll on-roll off ship, ro-ro ship, ro-ro vessel

Ro-Ro-System *(n)* roll in - roll-off

Rost *(m)* rust

Rotation *(f)* rotation

Rotklausel *(f)* red clause

Route *(f)* route, routing

Routenvorschriften *(pl)* routing order

Routineuntersuchung *(f)* routine test

Rüchflug *(m)* return flight

Rückanzeige *(f)* advice in return

Rückausfuhr *(f)* re-exportation
Rückausfuhr der vorübergehend eingeführten Waren *(f)* re-exportation of temporarily imported goods

Rückavis *(n)* advice in return

Rückballastfahrt *(f)* homeward in ballast

Rückbeförderung *(f)* reconsignment,
reforwarding, return carriage, return transport

Rückbeförderungsgebühr *(f)* reexpedition charge

rückerstatten reimburse

Rückfahrt *(f)* homeward journey, homeward
trade

Rückfahrtcharter *(m)* homeward charter-
party

Rückfinanzierung *(f)* refinancing, refunding

Rückfracht *(f)* back freight, freight home,
home cargo, homeward cargo, return cargo,
return load 2. homeward passage freight,
return trip freight
Rückfracht annehmen *(f)* load homewards
* Aus- und Rückfracht *(f)* freight out-and-
home, out-and-home freight, round journey
freight, freight both ways
Hin- und Rückfracht *(f)* journey there and
back freight, round voyage freight, journey
out and home freight

Rückgabe *(f)* refund
Rückgabe der Schuld *(f)* return of a debt
Rückgabe der Urkunde *(f)* return of document

Rückgaberecht *(n)* return privilege

Rückgabeverfahren *(n)* refund procedure

Rückgabeverpackung *(f)* empties to
be returned

Rückgang *(m)* recource, regress, slump
Rückgang der Produktion *(m)* diminution
in production, falling off in manufacturing
Rückgang der Verkäufe *(m)* sales slump,
slump in sales

rückgängig machen invalidate, undo
Akkreditiv rückgängig machen *(n)* cancel
a letter of credit
Bestellung rückgängig machen *(f)* countermand an order, repeal an order, withdraw
an order
Bevollmächtigung rückgängig machen *(f)*
revoke a power
Kontrakt rückgängig machen *(m)* cancel a
contract
Offerte rückgängig machen *(f)* withdraw
an offer, retract an offer, annul a proposal
Vertrag rückgängig machen *(m)* annul a
contract, cancel a contract, repeal a contract,
terminate a contract, terminate an agreement

Rückgriffanspruch *(m)* claim on a bill
of exchange, claim on a promissory note

Rückgriffsrecht *(n)* recourse, right of recourse

Rückindossament *(n)* return endorsement

Rückladung *(f)* back freight, freight home,
home cargo, homeward cargo, return, cargo,
return load

rückliefern redeliver

Rücknahme *(f)* withdrawal
Rücknahme der Bewilligung *(f)* revocation
of the authorisation
Rücknahme der Bürgschaft *(f)* withdrawal
of a power, withdrawal of the power of attorney
Rücknahme der Klage *(f)* waiver of an action, withdrawal of an action

Rückreise *(f)* homeward journey, homeward passage
Hin- und Rückreise *(f)* round voyage, round trip
Liegetage vor der Rückreise *(pl)* reversible
lay days

Rückreisecharter *(m)* homeward charter,
homeward charter-party

Hin- und Rückreisecharter (m) round charter, round voyage charter

Rückreisefracht (f) return journey freight, return passage freight

Rückschein (m) advice of delivery, return copy

Rückschlag (m) set-back

wirtschaftlicher Rückschlag (m) economic set-back, softening of economy

Rückseereise (f) homeward journey, homeward trade

Rückseite (f) reverse side

Rückseite des Akkredditives (f) reverse side of letter of credit

Rückseite des Konnossements (f) reverse of bill of lading

Rücksendung (f) return shipment

Rücksendung von Ladung (f) return of cargo

Rücksendung von Last (f) return of cargo

Rückstand (m) arrears

Vorsprünge und Rückstände (pl/pl) leads and lags

rückständig in arrears

rückständige Abgabe (f) outstanding tax liability, tax arrears

rückständige Forderung (f) outstanding claim

rückständige Schuld (f) overdue debt

rückständige Zahlung (f) payment in arrear

rückständige Zinsen (pl) arrears of interest, interest arrears, interest in arrears

Rückstandssumme (f) amount of arrears

Rücktransport (m) return carriage, return transport

Rücktritt (m) annulment, repudiation

Rücktritt vom Kontrakt (m) annulment of a contract, cancellation of a contract

Rücktritt vom Vertrag (m) notice of termination, repudiation of the contract

Rücktrittserklärung (f) declaring the contract avoided

Rücktrittsklausel (f) avoidance clause, cancellation clause, escape clause

Rücktrittsrecht (n) right of avoidance, right of rescission, right to terminate a contract

rückvergüten compensate

Rückvergütung (f) restitution

Rückversicherer (m) reinsurer

rückversichern reassure

Rückversicherung (f) reinsurance

aktive Rückversicherung (f) active reinsurance

automatische Rückversicherung (f) automatic reinsurance

fakultative Rückversicherung (f) facultative reinsurance

freiwillige Rückversicherung (f) facultative reinsurance

obligatorische Rückversicherung (f) obligatory reinsurance

passive Rückversicherung (f) passive reinsurance

proportionale Rückversicherung (f) proportionally reinsurance

Rückversicherungsbroker (m) reinsurance broker

Rückversicherungspolice (f) policy of reinsurance, reinsurance policy

Rückversicherungsprämie (f) reinsurance premium

Rückwaren (pl) returned goods

Rückwechsel (m) counter bill, return draft

rückweisen protest

Rückzahlung (f) redemption, paying up

Rückzahlung der Hypothek (f) redemption of mortgage

Rückzahlung des Kredits (f) loan repayment

Rückzahlung des Vorschusses (f) return of advance

* **pünktliche Rückzahlung** (f) payment on time

Rückzahlungssarantie (f) full refund guarantee

Rückzahlungstermin (m) payment date, repayment date

Rückzoll (m) customs drawback, drawback

Rückzollschein (m) customs debenture, debenture

rügen complain

Ruhe (f) depression, dullness

Runde (f) round

Rundfahrt (f) round voyage, round trip

Rundfahrtcharter (m) round charter

Rundfahrtchartervertrag *(m)* round charter

Rundfahrtfracht *(f)* freight out-and-home, round journey freight

Rundflug *(m)* round flight

Rundfunkwerbung *(f)* broadcast advertising, radio advertising

Rundreise *(f)* round voyage, round trip

Rundreisecharter *(m)* round charter party, round trip charter

Rundreisefracht *(f)* round passage freight, round voyage freight

Rundreisekreditbrief *(m)* circular letter of credit, general letter of credit

Rundroute *(f)* roundabout route

Rundseereise *(f)* round trip, round voyage

S

Saal *(m)* hall

Sabotage *(f)* sabotage

Sachanlagen *(pl)* capital assets, fixed assets

Sachausgaben *(pl)* actual costs

Sache *(f)* matter, question **2.** property **3.** imposture

unbewegliche Sachen *(pl)* immoveable property, immoveables

Sachpfand *(n)* property pledge

Sachschaden *(n)* property damage

Sachversicherung *(f)* property insurance

Sachverständiger *(m)* expert

juristischer Sachverständiger *(m)* legal expert

Gutachten des Sachverständigen *(n)* expert's statement, expert testimony, expert's opinion

vereidigter Sachverständiger *(m)* sworn expert

Sachverständigenausschuss *(m)* committee of experts

Sachverständigengebühr *(f)* expert's fee

Sachverständigengutachten *(n)* expert evidence, expert's opinion, expert's statement

Sachverständigenurteil *(n)* expert evidence, expert's opinion

Sachverständiger *(m)* consultant, expert

Sack *(m)* bag, sack

Ballen oder Sack *(m)* bale or bag

Preis pro Sack *(m)* price per pelt

Sackhafen *(m)* terminal port

Sackladung *(f)* bag cargo, bagged cargo

sackweise bagged, in sacks

sackweise Ladung *(f)* bagged cargo, cargo in bags

Saisonabschlag *(m)* seasonal discount

Saisonabschluss *(m)* close of a season

Saisonalbeitragsstaffelung *(f)* seasonal rate schedule

Saisonalhafen *(m)* seasonal port

Saisonallinie *(f)* seasonal line, seasonal service

Saisonaltiefladeline *(f)* seasonal load-line

Saisonhandel *(m)* seasonal trade

Saisonkredit *(m)* seasonal credit

Saisonpreis *(m)* seasonal price

Saisonschlussverkauf *(m)* seasonal clearance sale

Saisonschwankungen *(pl)* seasonal fluctuations, seasonal variations

Saisonsende *(n)* end of season

Saisontarif *(m)* seasonal tariff

Saldo *(m)* amount of balance, balance

Saldo des laufenden Kontos *(m)* balance on current account

Saldoübertragung *(f)* transfer of balance

Salon *(m)* saloon, show

salvatorisch safeguarding

salvatorische Klausel *(f)* severability clause

Salz- und Sodaterminal *(m)* salt and soda terminal

Salzwasser *(n)* salt water

Salzwasserbeschädigung *(f)* seawater damage

Sammelcontainerfracht *(f)* less than container load

Sammelfracht *(f)* groupage consignment, joint cargo

Sammelgut *(n)* break bulk cargo, combination shipment, combined carload, less-than-carload lot

Sammelgutpalette *(f)* collecting tray

Sammelgutsendung *(f)* consolidated shipment, less-than-carload freight

Sammelgutverkehr *(m)* transport of consolidated shipment, transport of groupage consignment

Sammelkonnossement *(n)* collective bill of lading, groupage bill of lading, joint bill of lading, omnibus bill of lading

Sammelladung *(f)* consignment shipment

Sammelladungskonnossement *(n)* collective bill of lading, groupage bill of lading, joint bill of lading, omnibus bill of lading

Sammelladungsspediteur *(m)* groupage operator

Sammelladungsverkehr *(m)* transport of consolidated shipment, transport of groupage consignment

Sammelmanifest *(n)* consolidation manifest

sammeln aggregate, collect

Sammelpolice *(f)* group policy

Sammelsendung *(f)* combination shipment, combined carload
Beförderung der Sammelsendungen *(f)* transport of the consolidation goods
Manifest für Sammelsendungen *(n)* groupage manifest

Sammelspediteur *(m)* consolidator

Sammeltarif *(m)* combination rates, joint rates

Sammelverpackung *(f)* omnibus packing

Sammlung *(f)* aggregation, collection

Sanitärinspektorat *(n)* sanitary inspectorate

Sanitärspass *(m)* certificate of health, health certificate
unechter Sanitärspass *(m)* claused health certificate, claused certificate of health

Sanitätsbedingungen *(pl)* sanitary conditions

Sanitätsbestimmungen *(pl)* sanitary regulations

Sanitätsinspektion *(f)* sanitary control, sanitary inspection

Sanitätsschein *(m)* bill of health, sanitary certificate

Sanktion *(f)* sanction
Sanktion anwenden *(f)* impose a penalty, impose a punishment
Sanktionen ergreifen *(pl)* apply the sanctions, impose the sanctions
Sanktionen verhängen *(pl)* apply the sanctions, impose the sanctions
* Anwendung der Sanktion *(f)* application of a sanction, sanctions application
juristische Sanktionen *(pl)* legal sanctions

Satellitennavigation *(f)* satellite navigation

Satellitennavigationssystem *(n)* satellite navigation system

Sattelanhänger *(m)* semi-trailer

Sattelauflieger *(m)* semi-trailer

Sattelschlepper *(m)* tractor for semi-trailer, truck-tractor

Sattelschlepperanhänger *(m)* semi-trailer

Sattelzugmaschine *(f)* tractor for semi-trailer, truck-tractor

Sättigung *(f)* absorption, saturation

Satz *(m)* rate 2. part lot 3. complement, set, portion
Satz ändern *(m)* amend the rate, change the rate
Satz anwenden *(m)* apply a rate
Satz der Handelsdokumente *(m)* full set of commercial documents, set of commercial documents
Satz festsetzen *(m)* fix a rate
Satz senken *(m)* depress a rate, reduce a rate
* amtlicher Satz *(m)* official rate
autonomer Satz *(m)* autonomous rate
besonderer Satz *(m)* special rate
einheitlicher Satz *(m)* single rate
erhöhter Satz *(m)* increased rate
ermäßigter Satz *(m)* reduced rate
fester Satz *(m)* fixed rate
gemeinsamer Satz *(m)* common rate
gemischter Satz *(m)* combination rate
gewogener mittlerer Satz *(m)* weighted average rate
indexierter Satz *(m)* indexed rate
mittlerer Satz *(m)* average rate, middle rate
nomineller Satz *(m)* nominal rate
proportionaler Satz *(m)* proportional rate
Senkung der Sätze *(f)* reduction in rates
Verminderung der Sätze *(f)* reduction in rates
voller Satz *(m)* full rate
voller Satz von Geschäftspapieren *(m)* complete set of commercial documents, full set of commercial documents
voller Satz von Handelsurkunden *(m)* complete set of commercial documents, full set of commercial documents
voller Satz von Konnossement *(m)* full set of bill of lading
voller Satz von Unterlagen *(m)* set of documents, complete set of documents
Zustellung vollen Satzes von Konnossementen *(f)* delivery of full set of bill of lading

Satzbetrag *(m)* quota rate

Satzregulierung *(f)* adjustment of rates

Satzsteigerung *(f)* rate increase

sauber clean

saubere Ladung *(f)* clean cargo

Säumniszinsen *(pl)* interest for late payment, interest on arrears

S-Bahn *(m)* shuttle train, suburban train

Schaden *(m)* loss, damage, injury

Schaden anrichten *(m)* damage

Schaden aus gemeinschaftlicher Havarie *(m)* general average loss

Schaden begleichen *(m)* make good a loss, offset the loss

Schaden durch Wetter *(m)* heavy weather damage, weather damage

Schaden ersetzen *(m)* indemnify, make good a loss, offset the loss

Schaden schätzen *(m)* appraise the loss

Schaden und Verlust *(m)* loss and damage

* **Abschätzung des Schadens** *(f)* loss assessment, estimation of damage

Anmeldung des Schadens *(f)* loss advice, notice of claim

direkter Schaden *(m)* direct damage

effektiver Schaden *(m)* actual damage

Größe des Schadens *(f)* extent of the damage, extent of the loss

größtmöglicher Schaden *(m)* maximum possible loss

Liquidation des Schadens *(f)* liquidation of damages, settle of losses

Pflicht der Wiedergutmachung des Schadens *(f)* duty to redress the damage

teilweiser Schaden *(m)* part damage, partial loss

verantwortlich für Schaden *(m)* liable in damage

Schadenabschätzung *(f)* appraisal of damage, assessment of damage

Schadenersatz *(m)* damages

Schadenersatz bei Vertragsbruch *(m)* damages for breach of a contract

Schadenersatz erhalten *(m)* recover damages

Schadenersatz für nutzlos aufgewandte Wartezeit *(m)* damages for detention

Schadenersatz wegen nichterfüllung des vertrages *(m)* damages for breach of a contract

* **Betrag des Schadenersatzes** *(m)* amount of compensation, amount of damages

gesetzlicher Schadenersatz *(m)* statutory damages

Klage auf Schadenersatz *(f)* suit for damages

Schadensabteilung *(f)* claims department

Leiter der Schadensabteilung *(m)* complaint manager

Schadensabwicklung *(f)* liquidation of damages, settle of losses

Schadensabwendung *(f)* prevention of damage

Klausel zur Schadensabwendung und Schadensminderung *(f)* sue and labour clause

Schadensachbearbeiter *(m)* adjuster

Schadensanzeige *(f)* damage report, loss advice, notice of claim, notification of damage

Schadensart *(f)* kind of damage

Schadensaufnahme *(f)* damage survey

Schadensaufstellung *(f)* list of damages

Schadensausgleich *(m)* compensation of damage

Schadensausmaß *(n)* extent of the damage, extent of the loss

Schadensavis *(m)* loss advice, notice of claim

Schadensberechnung *(f)* calculation of losses, settlement of damage

Schadensbericht *(m)* certificate of survey, damage report

Schadensbewertung *(f)* estimation of damage

Schadensermittlung *(f)* ascertainment of damage

Schadensersatz *(m)* compensation for a loss, compensation for damage, indemnifcation, recovery of a loss, recovery of the damage

Schadensersatz erhalten *(m)* recover damages

Schadensersatz für die Verzögerung *(m)* damages for delay

Schadensersatz in natura *(m)* compensation in kind

Schadensersatz zahlen *(m)* pay damages

Schadensersatz zugestehen *(m)* award damages

* **Zuerkennung von Schadensersatz** *(f)* award of damages

Schadensersatzanspruch *(m)* claim for indemnity, right to recovery

Schadensersatzbetrag *(m)* sum of indemnity

  Schadensersatzbetrag feststellen *(m)* assess a damage

Schadensersatzforderung *(f)* demand for cover of damages

Schadensersatzklausel *(f)* damages clause, indemnity clause

Schadensersatzleistung *(f)* payment of damages

  Höhe der Schadensersatzleistung *(f)* volume of compensation, scale of indemnity, scale of compensation

  pauschale Schadensersatzleistung *(f)* lump indemnity, lump-sum indemnity

Schadensersatzpflicht *(f)* liability to adjustment of the damage, obligation to pay damages

Schadensfeststellung *(f)* ascertainment of damage

Schadensgutachten *(n)* damage survey

Schadenshaftung *(f)* liability to compensation of the damage

Schadenshöhe *(f)* amount of damage, amount of losses

Schadensliste *(f)* damage report, list of damages

Schadensmeldung *(f)* damage report, damaged cargo report, notification of damage

  Datum der Schadensmeldung *(n)* date of loss advice

Schadensminderung *(f)* mitigation, damage reduction

  Klausel zur Schadensabwendung und Schadensminderung *(f)* sue and labour clause

Schadensnachweis *(m)* damage certificate, proof of loss

  Schadensnachweis erbringen *(m)* delivery proof of damage

Schadensprüfung *(f)* damage survey

Schadensregulierung *(f)* compensation of losses, loss adjustment

Schadensschätzung *(f)* appraisal of damage, assessment of damage

Schadenssumme *(f)* amount of loss

Schadensumfang *(m)* amount of loss

Schadensvergütung *(f)* adjustment of the damage

Schadensversicherung *(f)* damage insurance, loss insurance

Schadenzertifikat *(n)* certificate of average, certificate of damage, damage certificate, certificate of survey, survey report

schadhaft unsound

  schadhafte Ware *(f)* damaged merchandise, unsound merchandise

Schadloshaltung *(f)* amends for a damage, amends for a loss

Schalterbeamte *(m)* booking clerk

Schanzkleid *(n)* ship's rail, vessel's rail

Schanzkleidung *(f)* vessel's rail

schätzen estimate

  Schaden schätzen *(m)* appraise the loss

Schätzer *(m)* appraiser, valuator

Schätzung *(f)* evaluation, valuation

Schätzungstara *(f)* estimated tare

Schaubild *(n)* diagram, graph

Schauermann *(m)* docker, shoreman

Scheck *(m)* check *(US)*, cheque *(GB)*

  Scheck annehmen *(m)* accept a cheque

  Scheck auf eine Bank ausstellen *(m)* draw a cheque on the bank

  Scheck ausfertigen *(m)* draw a cheque, draw up a cheque, write a cheque

  Scheck ausfüllen *(m)* fill up a cheque

  Scheck ausschreiben *(m)* draw up a cheque, write a cheque

  Scheck beglaubigen *(m)* certify a cheque

  Scheck bestätigen *(m)* certify a cheque

  Scheck einlösen *(m)* cash a cheque

  Scheck einlösen *(m)* collect a cheque, encash a cheque, obtain a cash from check

  Scheck einziehen *(m)* cash a cheque, collect a cheque, encash a cheque

  Scheck indossieren *(m)* endorse a cheque, endorse back of cheque

  Scheck mit Avis *(m)* advised cheque

Scheck mit zusätzlicher Bedingung *(m)* specially crossed cheque

Scheck ohne Deckung *(m)* dud cheque, kite cheque

Scheck protestieren *(m)* protest a cheque

Scheck sperren *(m)* stop a cheque

Scheck stornieren *(m)* cancel a cheque

Scheck verweigern *(m)* honour a cheque

Scheck zahlen *(m)* honour, pay by way of the cheque, remit by cheque

Scheck zum Einzug übergeben *(m)* send a cheque for collection

Scheck zur Einlösung vorlegen *(m)* present a cheque for payment

* akzeptierter Scheck *(m)* accepted cheque, guaranteed cheque

Annahme des Schecks *(f)* acceptance of cheque

Annahme des Schecks verweigern *(f)* dishonour a cheque, reject a cheque

annullierter Scheck *(m)* voided cheque

ausländischer Scheck *(m)* foreign cheque, foreign-exchange cheque

Ausstellung eines Schecks *(f)* drawing

beglaubigter Scheck *(m)* marked cheque, certified cheque

bestätigter Scheck *(m)* certified cheque

bezahlter Scheck *(m)* cashed cheque, paid cheque

Deckungsbestätigung eines Schecks *(n)* certification of cheque

durch Scheck zahlen *(m)* pay by cheque

durchkreuzter Scheck *(m)* invalid cheque

eingelöster Scheck *(m)* paid cheque

Einlösung des Schecks verweigern *(f)* reject a cheque, dishonour a cheque

Einlösung von Schecks *(f)* encashment of a cheque

Einzug des Schecks *(m)* encashment of a cheque, collection of a cheque, cashing of cheque

Fälschung des Schecks *(f)* fraud by cheque, forgery of a cheque

garantierter Scheck *(m)* guaranteed cheque

gefälschter Scheck *(m)* bad cheque, raised cheque, forged cheque

gekreuzter Scheck *(m)* crossed cheque

Gültigkeitsdauer des Schecks *(f)* cheque life

mit Scheck bezahlen *(m)* remit by cheque, pay by way of the cheque

nachdatierter Scheck *(m)* antedated cheque

nicht begebbarer Scheck *(m)* non-negotiable cheque

nicht eingelöster Scheck *(m)* dishonoured cheque, unpaid cheque

nicht gedeckter Scheck *(m)* kite, bad cheque

nicht indossierbarer Scheck *(m)* non-negotiable cheque

Nichteinlösung des Schecks *(f)* dishonour of a cheque

offener Scheck *(m)* cashier's cheque, open cheque

protestierter Scheck *(m)* protested cheque

übertragbarer Scheck *(m)* negotiable cheque

unbezahlter Scheck *(m)* outstanding cheque, unpaid cheque

uneingelöster Scheck *(m)* unpaid cheque

uneingelöster Scheck *(m)* dishonoured cheque

ungedeckter Scheck *(m)* kite cheque, uncovered cheque

verfallener Scheck *(m)* out-of-date cheque, outdated cheque

verjährter Scheck *(m)* stale cheque

verlorener Scheck *(m)* lost cheque

vertragsmäßig ausgestellter Scheck *(m)* limited cheque

vordatierter Scheck *(m)* memorandum cheque, antidated cheque

Widerruf eines Schecks *(m)* cancellation of cheque

Zahlung durch Scheck *(f)* payment on cheque, payment by cheque

Zahlung per Scheck *(f)* payment by cheque, cheque payment

Zahlungseinstellung von einem Scheck *(f)* cheque stop-payment

zurückdatierter Scheck *(m)* ante-dated cheque

Scheckakzept *(n)* acceptance of a cheque, cheque acceptance

Scheckannahme *(f)* acceptance of a cheque

Scheckaussteller *(m)* drawer of a cheque

Scheckbesitzer *(m)* bearer of a cheque, cheque holder

Scheckbezogener *(m)* drawee of a cheque

Scheckbuch *(n)* cheque book

Scheckdiskontierung *(f)* cheque discounting

Scheckeinlösung *(f)* cashing of cheque, collection of a cheque

Scheckempfänger *(m)* payee of cheque

Scheckfähigkeit *(f)* capacity to draw cheques

Scheckfälschung *(f)* forgery of a cheque, fraud by cheque

Scheckfrist *(f)* cheque cashing time

Scheckheft *(n)* cheque book

Scheckindossament *(n)* cheque endorsement

Scheckinhaber *(m)* bearer of a cheque, cheque holder

Scheckinkasso *(n)* collection of a cheque, encashment of a cheque

Scheckkarte *(f)* cheque card

Scheckkonto *(n)* check account, cheque account

Schecknummer *(f)* cheque number

Scheckprotest *(m)* cheque protest, cheque protestation

Scheckrecht *(n)* cheque law

Schecksperre *(f)* stop payment order

Schecksteuermarke *(f)* cheque stamp

Schecksumme *(f)* amount of a cheque

Scheckverkehr *(m)* cheque turnover, transaction by cheque

Scheckvordruck *(m)* cheque form

Scheckzahlung *(f)* cashing a cheque, cheque payment, payment by cheque, payment on cheque

Scheffel *(m)* bushel

Schein *(m)* bond, receipt

Scheinauktion *(f)* mock auction

Scheinfirma *(f)* bogus company

Scheingesellschaft *(f)* fictitious company

Scheinkontrakt *(m)* fictitious contract

Scheinrechnung *(f)* dummy invoice

Schelterdecker *(m)* shelterdeck vessel, shelterdecker

Schema *(n)* chart, scheme
 allgemeines Schema *(n)* general schema
 Ausschuss für das Schema des gemeinsamen Zolltarifs *(m)* Committee on Common Customs Tariff Nomenclature *(EU)*

Schenkung *(f)* endowment, gift, grant

Schenkungsurkunde *(f)* deed of donation, deed of gift

Schenkungsvertrag *(m)* contract of donation

Scherbe *(f)* breaking

Scherbebonifikation *(f)* allowance for breakage, discount for breakage

schicken send, ship
 als Luftfracht schicken *(f)* send by air
 Auftrag schicken *(m)* send an order
 Ladung schicken *(f)* forward a cargo, ship a cargo
 mit dem Schiff schicken *(n)* dispatch by sea, send by ship
 mit der Post schicken *(f)* send by mail
 Partie schicken *(f)* ship in lots
 per Post schicken *(f)* mail, send by post
 Rechnung schicken *(f)* send an invoice

Schiedsgericht *(n)* arbitration court, court of arbitration, court of conciliation
 an ein Schiedsgericht verweisen *(n)* submit to arbitration, refer to arbitration
 Entscheidung des Schiedsgerichts *(f)* decision of a court of arbitration

schiedsgerichtlich arbitral
 schiedsgerichtliche Entscheidung einholen *(f)* refer to arbitration, submit to arbitration
 schiedsgerichtliches Verfahren *(n)* arbitration proceedings

Schiedsgerichtsbarkeit *(f)* arbitration

Schiedsgerichtsentscheidung *(f)* arbitral decision, arbitrament

Schiedsgerichtsgebühr *(f)* arbitration charge, arbitration fee

Schiedsgerichtsklausel *(f)* arbitral clause, compromissary clause

Schiedsgerichtsordnung *(f)* arbitration rules

Schiedsgerichtsvereinbarung *(f)* arbitration agreement, mediation agreement

Schiedsgerichtsverfahren *(n)* arbitration, arbitration procedure, arbitration proceedings, award procedure

Schiedsgerichtvertrag *(m)* arbitrage agreement, arbitrage contract

Schiedsgutachten *(n)* arbitration award, arbitrator's award

Schiedsklausel *(f)* arbitral clause, arbitration clause, compromissary clause

Schiedsordnung *(f)* rules of arbitration
Vergleichs- und Schiedsordnung der internationalen Handelskammer *(f)* Rules of Conciliation and Arbitration of the International Chamber of Commerce

Schiedsrichter *(m)* arbiter, arbitrator, umpire
Liste der Schiedsrichter *(f)* arbitration panel, panel of arbitrators

Schiedsrichtergebühr *(f)* arbiter fee

schiedsrichterlich arbitrarily
schiedsrichterliche Entscheidung *(f)* arbitration award
schiedsrichterliches Urteil *(n)* arbitration award
schiedsrichterliches Verfahren *(n)* arbitration, arbitration procedure, arbitration proceedings

Schiedsrichterliste *(f)* arbitration panel, panel of arbitrators

Schiedsspruch *(m)* arbitral decision, arbitrament, arbitration award, arbitration decision

Schiedsstelle *(f)* arbitral authority, arbitration board

Schiedsurteil *(n)* arbitral decision, arbitrament, arbitration award, arbitration decision

Schiedsverfahren *(n)* arbitration

Schiedsvertrag *(m)* arbitrage agreement, arbitrage contract, arbitration agreement, mediation agreement

Schiene *(f)* rail
kombinierter Güterverkehr Schiene/Kraftfahrzeug *(m)* combined road and rail transport, combined road/rail service
kombinierter Güterverkehr Schiene/See *(m)* combined road/sea service, combined road and sea transport
kombinierter Güterverkehr Schiene/Straße *(m)* combined road/rail service
kombinierter Güterverkehr Schiene/Wasser *(m)* rail-and-water service, combined rail/water service

Umschlag Straße/Schiene *(m)* truck-to-wagon cargo handling

Schiene-Kraftfahrzeug-Verkehr *(m)* combined road and rail transport, combined road/rail service

Schienennetz *(n)* rail network

Schienenstrecke *(f)* railway district

Schienentransportdokument *(n)* rail transport document, railway transport document

Schienenverkehrsrverlust *(m)* railroad loss

Schiene-See-Verkehr *(m)* combined road and sea transport, combined road/sea service

Schiene-Straße-Verkehr *(m)* combined road and rail transport

Schieneverkehr *(m)* rail service, railway carriage

Schiff *(n)* ship vessel
Schiff abandonieren *(n)* abandon a ship
Schiff an einen Anlegeplatz bringen *(n)* moor a vessel
Schiff aufhalten *(n)* arrest a ship, arrest a vessel
Schiff ausklarieren *(n)* clear outwards
Schiff befrachten *(n)* freight a ship
Schiff bergen *(n)* salvage a ship, salvage a vessel
Schiff beschlagnahmen *(n)* arrest a ship, arrest a vessel
Schiff chartern *(n)* charter a ship, charter a vessel
Schiff im Binnenverkehr *(n)* inland waterway vessel
Schiff inspizieren *(n)* inspect a vessel
Schiff klarieren *(n)* clear, clear a ship
Schiff leichtern *(n)* lighten a ship, lighten a vessel
Schiff löschen *(n)* unship
Schiff nominieren *(n)* nominate a ship
Schiff ohne Antrieb *(n)* non-propelled craft
Schiff prüfen *(n)* inspect a vessel
Schiff zur Beförderung verflüssigter Gase *(n)* gas carrier vessel, LPG carrier
* ab Schiff *(n)* ex vessel, ex ship
Agentierung von Schiffen *(f)* agency service
an Bord des Schiffes bringen *(m)* put on board

an Bord des Schiffes geliefert *(m)* delivered on board

Ankunft des Schiffes *(f)* vessel's arrival, ship's arrival, arrival of steamer

Aufgabe eines Schiffes *(f)* abandonment of a ship

ausländisches Schiff *(n)* foreign bottom, foreign ship

auslaufendes Schiff klarieren *(n)* clear outwards

Avis über das Eintreffen eines Schiffes *(m)* advice of arrival, arrival advice, arrival note

befrachtes Schiff *(n)* chartered ship

Bergung eines Schiffs *(f)* salvage of a vessel

Betreiber ohne Schiff *(m)* non vessel operator

Bezeichnung der auf dem Schiff vorhandenen Schiffsvorräte *(f)* description and quantity of stores on board the vessel

Bunkerung eines Schiffs *(f)* fueling

Charter des Schiffes ohne Besatzung *(m)* charter by demise, bare-boat charter

Charterung des ganzen Schiffs *(f)* chartering in full

direktes Schiff *(n)* direct steamer, direct vessel

Dokumente gegen Zahlung nach Ankunft des Schiffes *(pl)* documents against payment on arrival of vessel

einlaufendes Schiff klarieren *(n)* clear inwards

Entlöschung des Schiffes *(f)* discharge of a ship

erstes verfügbares Schiff *(n)* first available vessel

Export per Schiff *(m)* sea-borne export

fahruntaugliches Schiff *(n)* disabled ship

Flaggenrecht des Schiffes *(n)* law of the ship's flag

frei ab Schiff *(n)* free on board, ex steamer

frei Längsseite Schiff ... /benannter Verschiffungshafen/ free alongside ship ... /insert named port of shipment/, FAS ... /insert named port of shipment/

frei Schiff *(n)* free on board, ex steamer, free overside, free over side

frei Schiff ... /benannter Bestimmungshafen/ *(n)* DES ... /named port of destination/, delivered ex ship ... /named port of destination/

frei Längsseite des Schiffes *(f)* free alongside ship

frei-Längsseite-des-Schiffes-Klausel *(f)* fas clause, free alongside clause

frei-längsseits-Schiff-Klausel *(f)* fas clause, free alongside clause

geliefert ab Schiff ... /genannter Bestimmungshafen/ *(n)* delivered ex ship ... /named port of destination/, DES ... /named port of destination/

ins Schiff stauen *(n)* load abroad, place on board

Klarierung eines Schiffes *(f)* customs clearance of a ship

Klassenerneuerung eines Schiffes *(f)* re-classification of a ship

Klassenregister von Schiffen *(n)* classification register

konventionelle Beladung eines Schiffes *(f)* lift-on/lift-off system

Längseite des Schiffes *(f)* shipside, alongside ship

Lieferung an Bord des Schiffes *(f)* delivery on board

Linienverkehr mit Schiff *(m)* shipping line

Schiff Lo-Lo-Schiff *(n)* lo-lo ship

LPG-Schiff *(n)* liquefied petroleum gas carrier

mit dem Schiff schicken *(n)* dispatch by sea, send by ship

modernes Schiff *(n)* modern vessel

Name des Schiffes *(m)* ship's name, name of ship

Preis ab Schiff *(m)* price ex ship, price ex steamer

Preis frei Längsseits Schiff *(m)* free alongside ship price

Raumgehalt eines Schiffes *(m)* capacity of a ship, carrying capacity

Raummaß eines Schiffes *(n)* shipping capacity, tonnage

registriertes Schiff *(n)* documented vessel

Registrierung eines Schiffs *(f)* registration of a ship

Roll-on/Roll-off-Schiff *(n)* roll on roll off, trailer ship

Ro-Ro-Schiff *(n)* ro-ro vessel, roll in-roll out vessel, roll on-roll off ship, ro-ro ship, roll-on/roll off ship

schrottreifes Schiff *(n)* derelict ship

seetüchtiges Schiff *(n)* navigable ship, seaworthy ship

Seeverkehrsunternehmen ohne Einsatz von Schiffen *(n)* non vessel operating carrier

selbstlöschendes Schiff *(n)* self-unloading ship

Tiefgang des beladenen Schiffes *(m)* load draught, loaded draught

Tiefgang des leeren Schiffes *(m)* light water-line, light draught

Tiefgang des Schiffes *(m)* ship's draught, draught

Tiefung des Schiffes *(f)* ship's draught, draft, draught

Tragfähigkeit des Schiffes *(f)* dead-weight, dead-weight all told, dead-weight tonnage

Tragfähigkeit des Schiffes in Tonnen *(f)* dead-weight tonnage

Umadressierung des Schiffes *(f)* diversion of a vessel

Umschlag Schiff/Kraftwagen *(m)* ship-to-truck cargo handling

Umschlag Straße/Schiff *(m)* truck-to-ship cargo handling

Umschlag vom Waggon ins Schiff *(m)* wagon-to-ship cargo handling

Ursprung des Schiffes *(m)* origin of vessel

Verfrachtung auf ein Schiff *(f)* shipment on board, embark, embarkation, load on board a ship

Verfrachtung des Schiffes *(f)* marine chartering, affreightment

Verladung auf ein Schiff *(f)* embarkation, loading on board, shipment on board, load abroad, place on board

Verlust des Schiffes *(m)* loss of ship

Vermietung des Schiffes ohne Besatzung *(f)* bare hull charter, bare-boat charter, charter by demise, demise charter

Vermittlungsservice des Schiffes *(m)* ship's agency service

Versicherung von Schiff und Ladung *(f)* hull and cargo insurance

voll beladenes Schiff *(n)* fully laden ship

Ware an Bord des Schiffes im Verschiffungshafen liefern *(f)* deliver the goods on the board the vessel at the port of shipment

Schiff Ware an Bord des Schiffes liefern *(f)* deliver the goods on the board the vessel

Ware längsseite Schiffs liefern *(f)* deliver the goods alongside ship

Zollrevision des Schiffes *(f)* jerquing, rummage

Schiffbord *(m)* shipboard

frei Schiffbord *(m)* free shipboard, free ship's side

geliefert zum Schiffbord brought alongside ship, delivered alongside ship

Preis frei Schiffbord *(m)* free shipboard price, free ship's side price

schiffen carry by sea

Schifferprobe *(f)* ship test

Schifffahrt *(f)* marine navigation, shipping

Fracht-Schifffahrts-Konferenz *(f)* maritime conference, shipping conference, steamship conference, shipping pool, traffic pool

Freiheit der Schifffahrt *(f)* freedom of navigation

Vertrag über Handel und Schifffahrt *(m)* treaty of commerce and navigation

Schifffahrtsagent *(m)* shipping agent, steamship agent

Schifffahrtsagentur *(f)* maritime agency, shipping agency

Makler der Schifffahrtsagentur *(m)* agency broker, shipping agency broker

Schifffahrtsbörse *(f)* charter market, freight exchange

Schifffahrtseröffnung *(f)* opening of navigation

sofort nach Schifffahrtseröffnung *(f)* first open water

Schifffahrtsgesellschaft *(f)* shipping business, shipping company, shipping corporation, shipping house

Buchprüfung bei der Schifffahrtsgesellschaft *(f)* audit of the records held by shipping company

Geschäftsaufzeichnung der Schifffahrtsgesellschaft *(f)* commercial record of shipping company

Name der Schifffahrtsgesellschaft *(m)* name of the shipping company

Unterschrift eines bevollmächtigten Vertreters der Schifffahrtsgesellschaft *(f)* signature of an authorised representative of the shipping company

Warenmanifest der Schifffahrtsgesellschaft *(n)* ships' goods manifest

Schifffahrtsgesetz *(n)* shipping act

Schifffahrtskammer *(f)* chamber of shipping

Internationale Schifffahrtskammer *(f)* International Chamber of Shipping

Schifffahrtskonferenz *(f)* maritime conference, pool, shipping combination, shipping conference, shipping pool, shipping ring, steamship conference, traffic pool

Schifffahrtslinie *(f)* shipping company, shipping corporation, shipping house, shipping line

Schifffahrtsrecht *(n)* shipping legislation

Schifffahrtsroute *(f)* shipping route

Schifffahrtssicherheit *(f)* safety of navigation

Schifffahrtsstopp *(m)* stoppage of navigation

Schifffahrtsstraße *(f)* waterway

Schifffahrtssubvention *(f)* navigation bounty

Schifffahrtstarif *(m)* marine transport rate, river tariff

Schifffahrtsversicherung *(f)* shipping insurance

Schifffahrtsvertrag *(m)* contract of affreightment (COA)
  Freundschafts-, Handels-und Schifffahrtsvertrag *(m)* treaty of friendship, commerce and navigation

Schifffracht *(f)* freight, ship cargo

Schifffrachtpool *(m)* maritime conference, pool, shipping combination, shipping conference, shipping pool, shipping ring, steamship conference, traffic pool

Schiffklarierung *(f)* ship's clearance, vessel's clearance

Schiffsagent *(m)* chartering broker, ship broker, ship's agent

Schiffsagentur *(f)* agency service for ships, shipping agency, steamship agency

Schiffsankunft *(f)* arrival of steamer, ship's arrival, vessel's arrival
  Lieferung bei Schiffsankunft *(f)* delivery to arrive
  Dokumente gegen Zahlung nach Schiffsankunft *(pl)* documents against payment on arrival of vessel

Schiffsarrest *(m)* arrest of a ship, arrest of a vessel, detention, seizure of a ship

Schiffsarzt *(m)* ship's doctor

Schiffsausrüster *(m)* shipchandler

Schiffsbedarfsfirma *(f)* shipchandlery

Schiffsbefrachtung *(f)* affreightment, marine chartering

Schiffsbefrachtungskontrakt *(m)* contract of affreightment

Schiffsbergungsklausel *(f)* salvage clause

Schiffsbesatzung *(f)* ship's crew

Schiffsbeschädigung *(f)* damage to ship

Schiffsbeschlagnahme *(f)* seizure of a ship

Schiffsbesitzer *(m)* owner, shipowner
  Haftung der Schiffsbesitzer *(f)* owner's liability, ship owner's liability, shipowner's liability

Schiffsbesitzerhaftung *(f)* ship owner's liability (S.O.L.)

Schiffsbesitzeroption *(f)* owner's option, ship's holder's option

Schiffsbord *(m)* shipboard

Schiffsbörse *(f)* freight exchange, shipping exchange

Schiffsdeck *(n)* ship's deck

Schiffsdienst *(m)* service of ship
  Schiffsdienst auf See *(m)* at-sea servicing

Schiffseigentümer *(m)* owner, shipowner

Schiffsersatzrechtklausel *(f)* substitution clause

Schiffsfahragentur *(f)* shipping agency, steamship agency

Schiffsfahrt *(f)* sea journey, sea trip

Schiffsflagge *(f)* colours, vessel's flag

Schiffsflaggenrecht *(n)* law of the ship's flag

Schiffsfracht *(f)* cargo

Schiffsfrachtbrief *(m)* bill of lading

Schiffsfrachtvertrag *(m)* contract for carriage by sea, freight agreement

Schiffsführer *(m)* master, shipmaster

Schiffsgarantie *(f)* tonnage guarantee

Schiffsgeschäft *(n)* shipping business, shipping company

Schiffsgeschwindigkeit *(f)* speed of vessel, vessel speed

Schiffsgesundheitszertifikat *(n)* vessel's bill of health

Schiffsgesundheitszeugnis *(n)* vessel's bill of health

Schiffsgut *(n)* cargo, ship cargo

Schiffshändler *(m)* shipchandler

Schiffshavarie *(f)* average

Schiffsheuer *(f)* payment of charter hire

Schiffshypothek *(f)* maritime lien, ship mortgage, ship's lien, ship's mortgage

Schiffsinspektion *(f)* survey of the ship

Schiffsjournal *(n)* mate's log

Schiffskapitän *(m)* master, shipmaster

Schiffsklarierung *(f)* clearance of the ship, ship's clearance

Schiffsklasse *(f)* class of a ship

Schiffsklasseänderung *(f)* reclassification of a ship

Schiffsklasseattest *(n)* class of ship certificate

Schiffsklassifikation *(f)* vessel rating

Schiffskonsignatar *(m)* consignee of the ship

Schiffskörper *(m)* hull, ship's hull

Schiffskörperversicherer *(m)* hull insurer

Schiffsladebereitschaftstermin *(m)* date of readiness, readiness date

Schiffsladeschein *(m)* bill of lading

Schiffsladung *(f)* cargo, complete cargo, full and complete cargo, shipload
 homogene **Schiffsladung** *(f)* homogenous cargo, uniform cargo

Schiffslände *(f)* pier

Schiffslast *(f)* capacity of vessel, registered tonnage, ship cargo

Schiffsleasing *(n)* ship lease

Schiffsleasingcharter *(m)* open charter, open charter-party

Schiffsleib *(m)* body, hull, hull of a ship, ship's hull

Schiffslieferant *(m)* shipchandler, shipchandlery

Schiffsliegeplatz *(m)* berth
 sicherer **Schiffsliegeplatz** *(m)* safe berth

Schiffsliegezeit *(f)* ship demurrage, vessel idleness

Schiffsliste *(f)* register of shipping, vessel register

Schiffsmakler *(m)* chartering broker, ship broker, ship holder's broker
 Schiffsmakler und Spediteur *(m)* shipping and forwarding agent

Schiffsmaklerbüro *(n)* shipping office

Schiffsmaklerei *(f)* ship brokerage

Schiffsmaklerpfandrecht *(n)* broker's lien

Schiffsmanifest *(n)* freight list, ship's manifest

Schiffsmannschaft *(f)* ship's company, ship's crew

Schiffsmessbrief *(m)* bill of tonnage, certificate of measurement, certificate of tonnage, measurement certificate, tonnage certificate

Schiffsmiete *(f)* berth charter, berth charter-party, charter hire, charter money
 Schiffsmiete ohne Mannschaft und Treibstoff *(f)* bare-boat charter

Schiffsmieterhaftung *(f)* liability of ship's charterer, ship's charterer liability

Schiffsmieteroption *(f)* charterer's option (ch. opt.)

Schiffsname *(m)* name of ship, ship's name

Schiffsoption *(f)* ship's option, vessels convenience

Schiffspapiere *(pl)* maritime documents, ship's documents, vessel's documents

Schiffspartie *(f)* shipful

Schiffspfand *(n)* bottomry lien, lien on a ship, maritime liens on vessel, mortgage of ship

Schiffspfandbrief *(m)* bottomry contract, bottomry letter, master-carpenter's certificate

Schiffspfandrechtsklausel *(f)* tacit hypothecation clause

Schiffsposition *(f)* position of a vessel, vessel's position

Schiffspost *(f)* captain's mail, captain's mail, sea mail

Schiffspostbescheinigung *(f)* confirmation of captain's bag, confirmation of captain's mail

Schiffspostbestätigung *(f)* confirmation of captain's bag, confirmation of captain's mail

Schiffsraum *(m)* accommodation for cargo, hold, ship tonnage

Schiffsraummangel *(m)* scarcity of shipping

Schiffsreeder *(m)* shipholder, ship's holder

Schiffsreederei *(f)* shipholder, ship's holder
  Haftung der Schiffsreederei *(f)* liability of shipowner, liability of ship's operator

Schiffsreedereioption *(f)* ship holder's option, shipowner's option

Schiffsreedereiverfügung *(f)* owner's order, shipholder's order

Schiffsregister *(n)* register of ships, shipping register, ship's register
  internationales Schiffsregister *(n)* international register
  offenes Schiffsregister *(n)* open register

Schiffsregisterbrief *(m)* certificate of ownership, certificate of registry, enrolment, ship's certificate of registry

Schiffsreise *(f)* ship's journey

Schiffsreparatur *(f)* repair of vessel

Schiffsrisiko *(n)* ship's risk

Schiffsrolle *(f)* list of the crew, muster roll

Schiffsrumpf *(m)* body, hull of a ship

Schiffsseite *(f)* shipboard
  frei Schiffsseite *(f)* free shipboard, free ship's side
  geliefert zur Schiffsseite delivered alongside ship, brought alongside ship
  Preis frei Schiffsseite *(m)* free ship's side price, free shipboard price

Schiffssendung *(f)* ship shipment

Schiffssicherheit *(f)* safety of ship

Schiffstagebuch *(n)* sea log, ship's book, vessel's logbook

Schiffsunternehmen *(n)* shipping business, shipping company

Schiffsverkehrstopp *(m)* stoppage of navigation

Schiffsverkehrversicherung *(f)* shipping insurance

Schiffsverpfändung *(f)* bottomry, bottomry loan

Schiffsverpfändungszinsen *(pl)* marine interest, maritime interest

Schiffsversicherung *(f)* hull insurance, insurance on hull

Schiffsversorgungsvertrag *(m)* ship's agency service agreement

Schiffsverzeichnis *(n)* freight list, ship's manifest

Schiffsvorrat *(m)* ship's store
  Bezeichnung der auf dem Schiff vorhandenen Schiffsvorräte *(f)* description and quantity of stores on board the vessel
  Erklärung über die Schiffsvorräte *(f)* ship's stores declaration

Schiffswahl *(f)* ship's option, vessels convenience

Schiffswartezeit *(f)* ship demurrage, vessel idleness

Schiffszeit *(f)* ship's time

Schiffszertifikat *(n)* certificate of ownership, certificate of registry, enrolment

Schiffszettel *(m)* shipping note

Schiffszollinspektion *(f)* customs search of ship

Schiffszubehörhändler *(m)* shipchandler

Schild *(n)* plate
  Schild
  TIR-Schild *(n)* TIR plate

schlampig shoddy

schlecht bad, poor
  schlechte Qualität *(f)* bad quality, poor quality

schlechter inferior
  schlechtere Qualität *(f)* inferior quality

Schlechtwetterklausel *(f)* bad-weather clause

Schleichhandel *(m)* contraband trade

Schlepp *(m)* hawser, towing hawser

Schleppboot *(n)* tug, tug-boat

Schleppdampfer *(m)* deep-sea tug, fleet tug, tug, tug-boat

schleppen haul, tow

Schleppen *(n)* tow

Schleppengebühr *(f)* haulage, tug-boat due

Schlepper *(m)* tug boat
  eisbrechender **Schlepper** *(m)* ice-breaking tug
  Kapitän des Schleppers *(m)* tug master

Schlepperdienste *(pl)* tuggage services

Schlepperentgeld *(n)* haulage, tug-boat due

Schlepperzug *(m)* combination vehicle, trailer truck

Schleppgeld *(n)* tug-boat charge

Schleppkahn *(m)* dumb barge, towed barge

Schleppklausel *(f)* towage clause

Schlepplohn *(m)* towage, tuggage

Schleppschiff *(n)* deep-sea tug, fleet tug

Schleppschifflohnquittung *(f)* towage receipt

Schlepptau *(n)* hawser, towing hawser

Schleppvertrag *(m)* towing contract

Schleuderausfuhr *(f)* dumping export

Schleuderpreis *(m)* dumping price, underprice
  Export zu Schleuderpreisen *(m)* dumping export

Schleuderware *(f)* dumping goods, dumping merchandise

Schleusengeld *(n)* lock dues, sluice duty

Schlichtungsklausel *(f)* conciliation clause

Schlichtungskommission *(f)* arbitrating committee, arbitration commission

Schlichtungsstelle *(f)* arbitration board

Schlichtungsverfahren *(n)* arbitration process

schließen close
  Kontrakt schließen *(m)* clinch a contract, make a contract
  schließen Vertrag schließen *(m)* contract, negotiate a contract, settle a contract

Schließung *(f)* closing
  Schließung des Betriebs *(f)* closing of an enterprise

Schlingerschott *(n)* swash bulkhead

Schluppenhangar *(m)* transit shed

Schlussabrechnung *(f)* final settlement

Schlussbrief *(m)* letter of confirmation

Schlusskurs *(m)* closing rate, latest quotation

Schlussnote *(f)* broker note, broker's contract note

Schlusspreis *(m)* closing price, end price, last price, utmost price

Schlusstermin *(m)* final date, latest time

Schmelztemperatur *(f)* melting point

Schmiergeld *(n)* backhandler, bribe

Schmuggel *(m)* contraband, smuggling

Schmuggelei *(f)* contraband trade, smuggling

Schmuggelrisiko *(n)* risk of smuggling

Schmuggelware *(f)* contraband goods, smuggled goods

Schmugglerschiff *(n)* smuggler

schmutzig dirty
  schmutziger Ballast *(m)* dirty ballast

schnell quickly
  schnelle Bezahlung *(f)* prompt cash payment

Schott *(n)* bulkhead

Schottwand *(f)* bulkhead

Schranke *(f)* barrier

schrankenlos limitless
  schrankenlose Konkurrenz *(f)* unlimited competition, unrestrained competition

schreiben write
  Zeugnis schreiben *(n)* give a certificate, issue a certificate, draw up a certificate

Schreiben *(n)* letter

Schreiben
  Empfangsdatum des Schreibens *(n)* date of receipt
  Erhalt eines Schreibens bestätigen *(m)* acknowledge a receipt of letter, acknowledge a letter

Schrift *(f)* document

Schriftform *(f)* written form

schriftlich written
  schriftlich anzeigen advise by letter
  schriftlich bestätigen confirm in writing

schriftliche Ausschreibung *(f)* auction of closed bids, sale by tender
schriftliche beschränkte Ausschreibung *(f)* binding by tender open to selected person
schriftliche Bestätigung *(f)* confirmation by letter
schriftliche Deklaration *(f)* written declaration
schriftliche Garantie *(f)* written guarantee
schriftliche Instruktion *(f)* written instruction
schriftliche Reklamation *(f)* claim letter, letter of complaint
schriftliche Vereinbarung *(f)* agreement in writing, written contract
schriftliche Versteigerung *(f)* auction of closed bids
schriftliche Vollmacht *(f)* letter of attorney
schriftlicher Vertrag *(m)* agreement in writing, contract in writing, written contract
schriftliches Angebot *(n)* written offer
schriftliches Zeugnis *(n)* attestation
Schriftstück *(n)* document
Empfangsdatum des Schriftstückes *(n)* date of receipt of a letter
konsularisches Schriftstück *(n)* consular document
Schriftverkehr *(m)* business correspondence
amtlicher Schriftverkehr *(m)* official correspondence
schrottreif ready for the scrap heap
schrottreifes Schiff *(n)* derelict ship
Schubprahm *(m)* pushed barge
Schuld *(f)* debit, debit side, debt, liability
Schuld ablösen *(f)* service a debt
Schuld abtragen *(f)* cancel a debt, remit a debt
Schuld annullieren *(f)* cancel a debt, remit a debt
Schuld begleichen *(f)* clear a debt, discharge a debt, pay debt, service a debt, settle a debt
Schuld bezahlen *(f)* service a debt
Schuld decken *(f)* cover a debt
Schuld eintreiben *(f)* call in a debt, collect a debt, recover a debt
Schuld tilgen *(f)* liquidate a debts
Schuld zurückerstatten *(f)* repay
* Ablösung einer Schuld *(f)* cancellation of a debt
Anrechnung auf eine Schuld *(f)* appropriation to a debt

aufgeschobene Schuld *(f)* deferred debt
ausstehende Schuld *(f)* debt due, unpaid debt, unsettled debt, claimable debt
Bilanz der internationalen Forderungen und Schulden *(f)* international assets and liabilities balance
einbringliche Schuld *(f)* recoverable debt
fällige Schuld *(f)* debt payable
frei von Schulden *(pl)* unincumbered
gesicherte Schuld *(f)* secured debt
hipothekarische Schuld *(f)* mortgage debt, debt on mortgage
konsolidierte Schuld *(f)* consolidated debt
Konsolidierung der Schulden *(f)* debt funding, debt unification
kurzfristige Schuld *(f)* floating debt
langfristige Schuld *(f)* long-term debt
mit Schulden belasten *(pl)* burden with debts
nicht rückzahlbare Schuld *(f)* non-repayable debt
Restrukturierung der Schuld *(f)* restructuring of debt
Rückgabe einer Schuld *(f)* return of a debt
rückständige Schuld *(f)* overdue debt
Stundung einer Schuld *(f)* debt recycling
unbefristete Schuld *(f)* perpetual debt
uneinbringliche Schuld *(f)* bad debt, unrecoverable debt
ungesicherte Schuld *(f)* unsecured debt
ungetilgte Schuld *(f)* debt due, claimable debt, unsettled debt, unpaid debt
unverzinsliche Schuld *(f)* non-interest bearing debt, ex interest debt, barren money
verjährte Schuld *(f)* prescribed debt
verzinsliche Schuld *(f)* yielding debt
Schuldanerkenntnis *(f)* admission of a debt
Schuldbegleichung *(f)* acquittal of a debt, liquidation of debt, redemption of indebtedness
Schuldbeitreibung *(f)* enforcement of debts
Schuldenbelastung *(f)* indebtedness
Schuldendienst *(m)* service of debt, service on loan
Schuldenerlass *(m)* cancelled debt
Schuldenfundierung *(f)* debt funding, debt unification
Schuldengarantie *(f)* guarantee of debt
Schuldenkonsolidierung *(f)* consolidation of debts

Schuldenrückzahlungsplan *(m)* debt repayment schedule

Schuldenzahlung *(f)* acquittal of a debt, liquidation of debt

Schulderlass *(m)* acquittal

Schuldforderung *(f)* claim, outstanding liability

schuldig due
 schuldige Summe *(f)* amount owing

Schuldner *(m)* borrower
 fauler Schuldner *(m)* bad debtor
 zahlungsfähiger Schuldner *(m)* solvent debtor

Schuldrecht *(n)* contractual law, law of contract

Schuldrest *(m)* remainder of debt

Schuldschein *(m)* bond of security, surety deed

Schuldsumme *(f)* amount owed, volume of indebtedness

Schuldzinsen *(pl)* interest on debt

Schund *(m)* junk

Schute *(f)* barge
 frei Schute *(f)* free into barge
 Preis frei ab Schute *(m)* price ex lighter, free lighter price, price ex lighter, free barge price

Schüttgut *(n)* bulk freight, loose goods

Schüttgutcontainer *(m)* dry bulk container

Schüttgüter *(pl)* uncased goods, unprotected cargo

Schüttgutfrachter *(m)* bulk carrier, bulker

Schüttgutladung *(f)* dry goods

Schüttguttransport *(m)* bulk cargo transport

Schüttladung *(f)* bulk cargo, bulk goods

Schutz *(m)* protection
 Schutz der Industriemuster *(m)* protection of industrial design
 Schutz der Qualität *(m)* quality protection
 Schutz des geistigen Eigentums *(m)* protection of intellectual property
 Schutz des industriellen Eigentums *(m)* protection of industrial property, protection of industrial rights
 Schutz des intellektuellen Eigentums *(m)* protection of intellectual property

Schutz von Auslandsinvestitionen *(m)* protection of foreign investments
 Schutz von Urheberrechten *(m)* copyright, protection of copyrights
 * konsularischer Schutz *(m)* consular protection
 rechtlicher Schutz *(m)* legal protection

Schutzbarriere *(f)* protectionist barrier

Schutzdeck *(n)* shelter deck
 Fahrzeug mit Schutzdecke *(n)* sheeted vehicle *(TIR)*

schützen secure

Schutzfirma *(f)* private protection agency

Schutzhafen *(m)* place of necessity, port of refuge

Schutzklausel *(f)* protection clause
 Schutzmaßnahmen *(pl)* protective measures
 besondere Schutzmaßnahmen *(pl)* special protection facilities
 vorläufige Schutzmaßnahmen *(pl)* interim protective measures

Schutzpackung *(f)* protective packing

Schutzpolitik *(f)* protectionism

Schutztarif *(m)* preferential tariff, protection tariff

Schutzverpackung *(f)* protective packing

Schutzzoll *(m)* discriminatory duty, prohibitive tariff, protective customs duty, protective duty
 System der Schutzzölle *(n)* system of protection tariffs

schwach frail
 schwache Verpackung *(f)* frail package
 schwache Währung *(f)* low monetary standard, soft currency

Schwankungen *(pl)* fluctuations, oscillation
 Schwankungen der Wahrungen *(pl)* currency fluctuations
 * periodische Schwankungen *(pl)* periodic fluctuations

Schwankungsbreite *(f)* limit of fluctuations
 Schwankungsbreite der Preise *(f)* limit of price fluctuations

schwarz black
 schwarze Liste *(f)* black list

Schwarzfahren *(n)* illicit traffic

Schwarzmarkt *(m)* black market
Schwarzmarktkurs *(m)* black market exchange rate
Schwarzmarktpreis *(m)* black market price, curb price, kerb price
Schwefelterminal *(m)* sulphur terminal
Schwelle *(f)* threshold
Schwellenpreis *(m)* threshold price
schwer heavy
  schwere Ladung *(f)* dead-weight cargo, heavy cargo, heavy cargo freight, heavy freight, heavy lift, heavy package, weight cargo
  schwere Waren *(pl)* heavy goods
Schwergewichtsgut *(n)* dead-weight cargo, heavy cargo, heavy cargo freight, heavy freight, heavy lift, heavy package, weight cargo
Schwergut *(n)* dead-weight cargo, heavy cargo, heavy cargo freight, heavy freight, heavy lift, heavy package, weight cargo
Schwergütertransport *(m)* heavy-lift transport
Schwergutfracht *(f)* heavy haul freight, weight goods freight
Schwergutfrachtvertrag *(m)* dead-weight charter
Schwergutladung *(f)* dead-weight cargo, heavy cargo, heavy cargo freight, heavy freight, heavy lift, heavy package, weight cargo
Schwergutladungsfracht *(f)* dead-weight cargo, heavy cargo, heavy cargo freight, heavy freight, heavy lift, heavy package, weight cargo
Schwergutschiff *(n)* heavy lift ship, heavy lift vessel, heavy-cargo ship
Schwergutzuschlag *(m)* extras on heavy lifts
Schwerladung *(f)* dead-weight cargo, heavy cargo, heavy cargo freight, heavy freight, heavy lift, heavy package, weight cargo
Schwerladungsfracht *(f)* dead-weight cargo, heavy cargo, heavy cargo freight, heavy freight, heavy lift, heavy package, weight cargo
Schwerladungszuschlag *(m)* extras on heavy lifts
Schwerlast-Container *(m)* heavy-duty container

Schwerpunkt *(m)* centre of gravity
schwerwiegend serious
  schwerwiegende Unregelmäßigkeiten *(pl)* major irregularities
Schwesterfirma *(f)* affiliated firm
Schwestergeselltschaft *(f)* affiliated company
Schwesterschiff *(n)* sister ship
Schwimmcontainer *(m)* floating container
Schwimmdock *(n)* floating dock
Schwimmelevator *(m)* floating elevator
schwimmend afloat
  schwimmende Klausel *(f)* afloat clause
  schwimmende Ladung *(f)* cargo on board, floating cargo, shipped cargo
  schwimmende Sendung *(f)* shipment afloat
  schwimmende Ware *(f)* goods afloat
  schwimmende Waren kaufen *(pl)* buy afloat, buy cargo afloat
  schwimmender Warenverkauf *(m)* sale of goods afloat
Schwimmkran *(m)* derrick barge, floating crane
Schwund *(m)* shortage, ullage
  Bonifikation für Schwund von Waren *(f)* allowance for wastage
  natürlicher Schwund *(m)* natural loss of goods, natural wastage
Schwundrisiko *(n)* risk of wastage
  natürliches Schwundrisiko *(n)* natural wastage risk, risk of natural wastage
See *(f)* sea
  auf Bahn und See rail and ocean, rail and lake
  auf Bahn, Kanal und See rail, canal and lake
  auf Bahn, See und Bahn rail, lake and rail
  erfrorene See solid sea
  hohe See *(f)* high sea, deep sea
  kombinierter Güterverkehr Land/See *(m)* combined land/sea service
  kombinierter Güterverkehr Schiene/See *(m)* combined road and sea transport, combined road/sea service
  per See *(f)* by sea
  Schiffsdienst auf See *(m)* at-sea servicing
  Sicherheit auf See *(f)* safety at sea
  Zugang zu See *(m)* access to sea

Seeagentur *(f)* maritime agency, shipping agency

Seeagenturvertrag *(m)* maritime agency contract

Seeamt *(n)* marine board, marine office

Seearbitrage *(f)* sea arbitration

Seearbitragekommission *(f)* Maritime Arbitration Commission

Seebarge *(f)* sea-going barge

Seebeförderung *(f)* carriage by sea, carriage by water

Seebegleitschein *(m)* liner waybill, sea waybill

Seeberater *(m)* marine consultant

Seebergungsdienst *(m)* live-saving service

Seeblockade *(f)* naval blockade, sea blockade

Seebrauch *(m)* custom of the sea, maritime custom

Seebrief *(m)* ocean bill of lading

Seebrise *(f)* sea breeze

Seecontainer *(m)* marine cargo container, shipping container

Seedarlehen *(n)* bottomry loan, maritime loan

Seefähigkeit *(f)* seaworthiness, ship's seaworthiness

Seefähigkeitsattest *(n)* certificate of seaworthiness

Seefahrt *(f)* sea journey, sea trip

Seefahrzeug *(n)* sea ship, sea-going vessel

seefest sea-proof
  seefeste Verpackung *(f)* sea-proof packing

Seefischerei *(f)* sea fishery
  Erzeugnisse der Seefischerei *(pl)* sea-fishing products

Seeflotte *(f)* marine

Seefracht *(f)* ocean freight, sea freight, seaborne cargo
  Seefracht und hafenübliche Ladegebühren inklusive, Löschgebühren ausgenommen *(f)* liner in free out

Seefrachtbrief *(m)* bill of lading, liner waybill, sea waybill
  Seefrachtbrief zuschicken *(m)* forward a bill of lading, send a bill of lading

* **nicht begebbarer Seefrachtbrief** *(m)* unassignable bill of lading, non-negotiable sea waybil

Seefrachtführer *(m)* maritime transport operator, sea carrier

Seefrachtkarte *(f)* sea waybill

Seefrachtsatz *(m)* ocean freight rate

Seefrachtsbörse *(f)* freight exchange, shipping exchange

Seefrachtschiff *(n)* cargo carrier, freight vessel, sea-faring freighter

Seefrachtvertrag *(m)* charter contract, contract of affreightment, contract of sea carriage

Seegebiet *(n)* maritime area, maritime territory

Seegefahr *(f)* hazards of the sea, marine perils, maritime perils, perils of the sea, sea perils

Seegericht *(n)* Admiralty Court, maritime court

Seegerichtsbarkeit *(f)* Admirality jurisdiction, maritime jurisdiction

Seegesetzgebuch *(n)* maritime legislation

Seegesundheitserklärung *(f)* maritime declaration of health

Seegewohnheitsrecht *(n)* common law of the sea

Seegrenze *(f)* sea frontier

Seehafen *(m)* sea port, seaport, ocean port, harbour station

Seehafenausnahmetarif *(m)* preferential railroad rates

Seehafenbehörde *(f)* authorities of the port

Seehafenordnung *(f)* port by-laws

Seehafenspediteur *(m)* shipping forwarder

Seehafenzollamt *(n)* maritime customhouse

Seehandel *(m)* maritime commerce, maritime trade
  Seehandel führen *(m)* traffic on the sea

Seehandelsrecht *(n)* merchant shipping law

Seehandelsschifffahrt *(f)* marine navigation, maritime shipping

Seehandelsstatistik *(f)* sea-borne trade statistics

Seehypothek *(f)* ship's lien, ship's mortgage

Seekammer *(f)* maritime chamber

Seekanal *(m)* ship canal

Seekaskoversicherung *(f)* marine hull insurance, vessel insurance

Seekodex *(m)* maritime code, Maritime Code Act, merchant shipping code

Seekonnossement *(n)* marine bill of lading, ocean bill of lading, sea bill of lading

Seekonsulat *(n)* maritime consulate

Seekühlcontainer *(m)* marine refrigerated container

Seeküste *(f)* sea bank, sea-coast

Seeladekonnssement *(n)* ship bill of lading, steamer bill of lading

Seeladeschein *(m)* ship bill of lading, steamer bill of lading

Seeleichter *(m)* sea lighter, sea-going barge

Seelotse *(m)* lodeman, sea pilot

Seemakler *(m)* ship's agent

seemäßig sea-tight, seaworthy
  seemäßige Verpackung *(f)* sea-tight packing, seaworthy packing

Seenavigation *(f)* marine navigation

Seenotrettungsdienst *(m)* live saving service

Seepfandrecht *(n)* admiralty lien, maritime lien

Seeplattform *(f)* sea platform

Seeposition *(f)* position of a vessel, vessel's position

Seeprämie *(f)* marine premium

Seeprotest *(m)* master's protest, sea protest

Seerecht *(n)* law of sea, sea law
  internationales Seerecht *(n)* international maritime law, international shipping law

Seerechtsbuch *(n)* maritime code, Maritime Code Act

Seeregister *(n)* naval register

Seereise *(f)* sea passage

Seerettungsaktion *(f)* sea salvage

Seerisiko *(n)* navigation risk, sea risk

Seesachverständiger *(m)* marine surveyor

Seeschaden *(m)* sea damage

Seeschadenersatzanspruch *(m)* average claim

Seeschadensberechnung *(f)* settlement of sea damage

Seeschiff *(n)* deep-sea vessel, foreign-going vessel, ocean vessel, ocean-going ship, ocean-going vessel
  Arrest in Seeschiff *(m)* arrest of a ship, detention
  Binnenschiff auf Seeschiff *(n)* inland waterway vessel on sea-going vessel
  Eisenbahnwaggon auf Seeschiff *(m)* railway wagon on sea-going vessel
  längsseits des Seeschiffes *(n)* alongside ship
  längsseits des Seeschiffes *(n)* shipside
  Preis frei Llängsseite Seeschiff *(m)* free alongside price
  Straßenkraftfahrzeug auf Seeschiff *(n)* powered road vehicle on sea-going vessel

Seeschifffahrt *(f)* marine navigation, maritime shipping
  Unternehmen der Seeschifffahrt *(n)* enterprise operating ships

Seeschifffahrtsstraße *(f)* sea lane

Seeschifffahrtstarif *(m)* marine transport rate

Seeschiffsregister *(n)* register of shipping, register of ships, ship's register, vessel register
  internationales Seeschiffsregister *(n)* international register

Seeschiffsseite *(f)* alongside
  an die Seeschiffsseite bringen *(f)* discharge alongside
  Preis frei Seeschiffsseite *(m)* free alongside price

Seesendung *(f)* shipment by sea

Seespediteur *(m)* shipping forwarder

Seespedition *(f)* shipping forwarding

Seesperre *(f)* naval blockade, sea blockade

Seestraße *(f)* maritime route

Seeterminal *(m)* naval base, sea terminal

Seetonnage *(f)* sea tonnage

Seetransit *(m)* sea transit

Seetransport *(m)* carriage by sea, carriage by water, journey by sea, maritime transport, ocean shipping, sea transport

Seetransportgefahr *(f)* navigation risk, sea risk

Seetransportrisiko *(n)* marine line, sea perils

Seetransportschaden *(m)* marine loss, sea damage

Seetransportunfähigkeit *(f)* unseaworthiness

Seetransportverlust *(m)* loss at sea, marine loss

Seetransportversicherung *(f)* ocean transport insurance, sea transport insurance

Seetrecker *(m)* ocean-going tug, ocean-going tugboat

seetüchtig seaworthy

  seetüchtige Verpackung *(f)* oversea packing, packing for shipment

  seetüchtiges Schiff *(n)* navigable ship, seaworthy ship

Seetüchtigkeit *(f)* seaworthiness, ship's seaworthiness

Seetüchtigkeitsattestat *(n)* certificate a ship's of seaworthiness, seaworthiness certificate

Seetüchtigkeitszeugnis *(n)* certificate a ship's of seaworthiness, seaworthiness certificate

Seeunfähigkeit *(f)* unseaworthiness

Seeunfall *(m)* accident at sea, sea accident, shipping casualty

Seeuntüchigkeit *(f)* unseaworthiness

Seeverkehr *(m)* sea navigation

  Beförderung von Gütern im Seeverkehr *(f)* carriage of goods by sea

Seeverkehrsdienst *(m)* transport service

Seeverkehrsrecht *(n)* law of sea, sea law

Seeverkehrsunternehmen *(n)* shipping company

  Seeverkehrsunternehmen ohne Einsatz von Schiffen *(n)* non vessel operating carrier

Seeverkehrsverlust *(m)* loss at sea

Seeverkehrswirtschaft *(f)* shipping economics

  Amt für Seeverkehrswirtschaft *(n)* Central Marine Board

Seeverladung *(f)* sea shipment

Seeverpackung *(f)* shipping container

Seeversanddokumente *(pl)* maritime documents

Seeversandpapiere *(pl)* maritime documents, ocean documents, vessel documents

Seeversandunterlagen *(pl)* maritime documents, ocean documents, vessel documents

Seeversicherer *(m)* marine insurer, marine underwriter

Seeversicherung *(f)* maritime insurance, ocean transport insurance, sea insurance, sea transport insurance

Seeversicherungbescheinigung *(f)* marine insurance certificate

Seeversicherungsmakler *(m)* marine insurance broker, maritime insurance agent

Seeversicherungsmarkt *(m)* marine insurance market

Seeversicherungspolice *(f)* marine insurance policy, marine policy, policy of marine insurance

  Lloyds-Seeversicherungspolice *(f)* Lloyd's policy, Lloyd's marine policy

Seeversicherungssatz *(m)* marine rate

Seewasserbeständigkeit *(f)* salt water resistance

seewasserfest *(n)* salt water-proof

Seewasserschaden *(m)* sea water damage, seawater damage

Seewasserstraße *(f)* ocean course, sea route

Seewechsel *(m)* bill of bottomry, bottomry bill

Seeweg *(m)* sea route

  Anwendung des vereinfachtes Verfahren auf dem Seeweg *(f)* application of simplified procedures at sea transport

  auf dem Seeweg *(m)* by sea

Beförderung auf dem Seeweg *(f)* journey by sea, sea transport
vereinfachte Verfahren für die Warenbeförderung auf dem Seeweg *(pl)* simplified procedures for goods carried by sea
Warenbeförderung auf dem Seeweg *(f)* goods carried by ship, ocean shipping, maritime transport
Seewegklausel *(f)* sea voyage clause
Seewirtschaftszone *(f)* maritime economic area
Seezollgebiet *(n)* customs maritime zone, customs waters, customs-enforcement area, maritime customs area
Seezollgrenze *(f)* sea customs border
Seezollhafen *(m)* bonded harbour, bonded port, bonding port, customs port
Seezone *(f)* maritime zone
Segment *(n)* segment
strategisches Segment *(n)* strategic segment
Segmentation *(f)* segmentation
Segregation *(f)* segregation
sehr very
sehr gefährliche Güter, die nur auf Deck verladen werden dürfen *(pl)* dangerous deck cargo
sehr gute Qualität *(f)* very fine quality
sehr wichtige Ladung *(f)* very important cargo
sehr wichtiger Passagier *(m)* very important passager
Seite *(f)* party
vertragsschließende Seite *(f)* contract beneficiary, beneficiary of contract
Seitenradschiff *(n)* paddle vessel
sekundär secondary
sekundäre Sicherheit *(f)* additional collateral, additional cover
sekundärer Markt *(m)* secondary market
Sekundärmarkt *(m)* secondary market
Sekundärqualität *(f)* second quality
Sekundawechsel *(m)* copy of bill, duplicate bill, duplicate of bill, second bill, second of exchange
Selbstabholung *(f)* customer pick up
Selbstbedienungsautomat *(m)* selling machine, vending machine

Selbstentladeschute *(f)* hopper barge, self-dumping barge
Selbstentladewaggon *(m)* dump car, dumping wagon
Selbstgenügsamkeit *(f)* autarchy, self-sufficiency
selbstlöschend self-unloading
selbstlöschendes Schiff *(n)* self-unloading ship
Selbstlöscher *(m)* self unloading ship
Selbstrimmer *(m)* self trimming vessel, selftrimming ship, self-trimming vessel
selbstständig autonomous, independent
selbstständiger Vermittler *(m)* independent intermediary
selbsttrimmend self-trimming
selbsttrimmender Laderaum *(m)* self-trimming hold
Semicontainerschiff *(n)* semi-container ship, semi-container vessel
senden consign, dispatch, send
per Bahn senden *(f)* send by railroad, send by rail
per Eisenbahn senden *(f)* send by railroad, send by rail
per Flugzeug senden *(n)* send by air
per Kraftfahrzeug senden *(m)* send by truck
per Kraftwagen senden *(m)* send by truck
per Kurier senden *(m)* send by courier, forward by air
zum Inkasso senden *(n)* send for collection, remit for collection
Sendung *(f)* cargo, consignment, lot of goods **2.** expedition, shipment
Sendungen empfangen *(pl)* receive consignments
Sendung mit unterschiedlichen Waren *(f)* composite consignment, mixed consignment
Sendung mit Wertangabe *(f)* consignment of valuables, consignment with value declared
* **Anzahl von Sendungen** *(f)* number of freight cases
Aufteilung der Sendung *(f)* breaking up consignments, split consignment
dringende Sendung *(f)* urgent consignment
Sendung gemischte Sendung *(f)* mixed consignment, composite consignment
Öffnung der Sendung opening of the parcel

Registrierung der ankommenden Sendungen *(f)* registration of arrivals

schwimmende Sendung *(f)* shipment afloat

Spezifikation der Sendung *(f)* packing slip

unterwegs befindliche Sendung *(f)* incoming shipment

verpackte Sendung *(f)* packed consignment

Verweigerung der Annahme der Sendung *(f)* refusal to receive postal matter

Vorbereitung für Sendung *(f)* preparation for dispatch, preparation for forwarding

Sendungsavis *(m)* advice of dispatch, forwarding advice

Sendungsdatum *(n)* date of consignation, date of shipment

Sendungseingang *(m)* consignment arrival, parcel arrival

Sendungsmarkierung *(f)* shipment marking

Sendungspfandrecht *(n)* cargo lien

Sendungspfandrechtklausel *(f)* cargo lien clause

Sendungstag *(m)* dispatch day, forwarding day

Sendungsvorbehaltung *(f)* stopping a parcel

senken beat down

Diskontsatz senken *(m)* lower the discount rate

Kosten senken *(pl)* reduce costs

Kurs senken *(m)* depress a rate, decrease a rate

Limit senken *(n)* lower a limit

Preis senken *(m)* abate a price, cut down a price, level down prices

Rate senken *(f)* reduce a rate, depress a rate

Satz senken *(m)* depress a rate, reduce a rate

Steuer senken *(f)* abate a tax, cut down a tax, reduce a tax

Tarif senken *(m)* reduce tariff, lower the tariff

Zinssatz senken *(m)* reduce the interest rate

Zoll senken *(m)* reduce a customs duty

Zollsatz senken *(m)* reduce a tariff rate

Senkung *(f)* degression, lowering

Senkung der Kosten *(f)* cost cutting, costs saving, reduction of costs, retrenching of costs

Senkung der Sätze *(f)* reduction in rates

Senkung des Diskontsatzes *(f)* cut in the minimum lending rate

Senkung des Zinssatzes *(f)* interest rate reduction

Serienanfertigung *(f)* series production

Serienmuster *(n)* production sample

Seriennummer *(f)* serial number

Service *(m)* after-sales service, attendance, handling, service

Erreichbarkeit des Services *(f)* service availability

technischen Service *(m)* technical service

Vertrag für technischen Service *(m)* technical service contract

Zugänglichkeit des Services *(f)* service availability

Serviceaktivität *(f)* service activity

Service-Marketing *(n)* marketing of services, service marketing

Servicenetz *(n)* service network

Servicepreisliste *(f)* price-list for services

Servicequalität *(f)* grading of service, quality of services

Session *(f)* sitting

setzen put

Unterschrift setzen *(f)* set down a signature

Seuchengefahr *(f)* danger of an epidemic

sicher safe

sicher und gesund safe and sound

sicherer Hafen *(m)* safe harbour

sicherer Hafen, sicherer Kai *(m/m)* safe berth-port

sicherer Kai *(m)* safe berth

sicherer Kai, sicherer Hafen *(m/m)* safe berth, safe port

sicherer Schiffsliegeplatz *(m)* safe berth

sichergestellt covered

Sicherheit *(f)* safety

Sicherheit auf See *(f)* safety at sea

Sicherheit bieten *(f)* furnish a security, stand del credere

Sicherheit des Rechtsverkehrs *(f)* security and certainty of legal transactions

Sicherheit fordern *(f)* demand a guarantee

Sicherheit freigeben *(f)* release a security

Sicherheit gewähren *(f)* furnish a guarantee, stand a security

Sicherheit hinterlegen *(f)* give a security, provide a security

Sicherheit im Straßenverkehr (f) road safety

Sicherheit leisten (f) furnish a guarantee, give a security, grant a guarantee, provide a security

Sicherheit stellen (f) enter into guarantee, furnish a security, stand del credere

* Ablehnung der Sicherheit (f) refusal to accept security, refusal of an acceptance of safeguard

als Sicherheit (f) as cover

Art der Sicherheit (f) form of guarantee, form of security

bankmäßige Sicherheit (f) security in the form of a bank guarantee

Betrag der Sicherheit (m) amount of security, guarantee amount

  Berechnung des Betrags der Sicherheit (f) calculation of the amount of the guarantee

  Reduzierung des Betrags der Sicherheit (f) reduction of the amount of guarantee

Betrag der zu leistenden Sicherheit (m) amount of security, guarantee amount

dingliche Sicherheit (f) on mortgage security, hypothecary security, collateral on property, security on property

erforderliches Dokument über die Sicherheit (m) required guarantee document

finanzielle Sicherheit (f) financial security

Freigabe der Sicherheit (f) release from the security

für ein Darlehen Sicherheit leisten guarantee a loan

gegen Sicherheit aufnehmen (f) borrow on security

globale Sicherheit vorlegen (f) provide a comprehensive guarantee, provide a general security

Hinterlegung einer Sicherheit (f) presentation of a guarantee, deposit of a security

hypothekarische Sicherheit (f) mortgage, hypothecary security, on mortgage security

Inanspruchnahme der Sicherheit (f) use of the guarantee

  Bedingungen der Inanspruchnahme der Sicherheit (pl) conditions of the use of the guarantee

Kredit ohne materielle Sicherheit (m) blank credit

Leistung einer Sicherheit (f) opening of security, presentation of a guarantee, deposit of a security, provision of a security

öffentliche Sicherheit (f) public security

ökonomische Sicherheit (f) economic safety, economic security

rechtliche Sicherheit (f) legal guarantee

sekundäre Sicherheit (f) additional cover, additional collateral

umfassende Sicherheit (f) comprehensive security

Verweigerung der Sicherheit (f) refusal to accept security, refusal of an acceptance of safeguard

Sicherheitbescheinigung (f) certificate of safety

Sicherheitsform (f) form of guarantee, form of security

Sicherheitsleistung (f) guarantee, guarantee deposit, security deposit, warranty

Sicherheitsleistung für den Zollschuldbetrag (f) security to cover customs debt

Sicherheitsleistung im Versandverfahren (f) transit guarantee

* einzelne Sicherheitsleistung (f) individual security, individual guarantee

Erfordernis der Sicherheitsleistung (n) necessity for a guarantee

generelle Sicherheitsleistung (f) global guarantee, comprehensive bond

obligatorische Sicherheitsleistung (f) compulsory guarantee

Sicherheitsmaßnahmen (pl) security measures

Sicherheitsregelungen (pl) safety regulations

Sicherheitstitel (m) guarantee voucher

Sicherheitstitel im Rahmen der Pauschalbürgschaft (m) flat-rate guarantee voucher (CT)

* Einzelsicherheit durch Sicherheitstitel (f) individual guarantee by means of vouchers

Einzelsicherheit in Form von Sicherheitstiteln (f) individual guarantee in the form of vouchers

Sicherheitszertifikat (n) certificate of safety, safety certificate

Ausrüstungs-Sicherheitszertifikat (n) cargo ship safety equipment certificate

Sicherheitsziffer (f) check digit, data check digit

sicherstellen ensure

Sicherstellung *(f)* cover, protection
Sicherstellung der Forderungen *(f)* claim bond
Sicherung *(f)* security
Sicherung der Beweise *(f)* preserving of testimony
* **materielle Sicherung** *(f)* material security
Sicherungshypothek *(f)* mortgage to cover future debts
Sicherungsmaßnahmen *(pl)* protection facilities, protective measures
Sicherungspfandrecht *(n)* right of lien
Sicht *(f)* presentment
bei Sicht *(f)* a vista, at sight
bei Sicht zahlen *(f)* pay at sight
Wechsel auf lange Sicht *(m)* long bill, long-dated bill
zahlbar bei Sicht *(f)* payable on call, payable on presentation, payable at sight, payable on demand
Sichtakkreditiv *(n)* sight letter of credit
sichtbar apparent, visible
sichtbare Ausfuhr *(f)* visible export, visible exportation
sichtbare Einfuhr *(f)* import of commodities, merchandise Import, visible Import
sichtbarer Export *(m)* visible export, visible exportation
sichtbarer Fehler *(m)* apparent defect, visible defect
sichtbarer Handel *(m)* visible trade
sichtbarer Import *(m)* visible Import
Sichteinlage *(f)* sight deposit
Sichterheitswechsel *(m)* bill of security, guarantee bill
Sichtinkasso *(n)* sight collection, sight encashment
Sichttratte *(f)* demand draft, sight draft
Sichtvermerk *(m)* visa
Datum des Sichtvermerks *(n)* date of endorsement
Papier mit einem Sichtvermerk versehen *(n)* endorse a document
Sichtwechsel *(m)* bill of demand, bill payable at sight, demand bill, sight bill
Sichtzahlung *(f)* sight payment

Sickerverlust *(m)* leak damage, leakage damage, leakage loss, loss by leakage
Sickerverlustrisiko *(n)* leakage risk, risk of ullage
Sickerverlustversicherung *(f)* leak insurance, leakage insurance
Siegel *(n)* seal
notarielles Siegel *(n)* notarial seal, notary's seal
notarisches Siegel *(n)* notarial seal, notary's seal
Siegelabdruck *(m)* impression of a seal, stamp mark
Signatarstaat *(m)* signatory state
Signatur *(f)* sign, signature
Silos *(m)* grain elevator, grain silo
sinken recede
Site *(f)* page, side
Situation *(f)* situation
internationale Situation *(f)* international situation
wirtschaftliche Situation *(f)* business situation, economic situation
Situationsanalyse *(f)* situation analysis
Sitz *(m)* domicile, registered office, residence
Sitz des Konsulates *(m)* seat of the consulate
Sitz des Verkäufers *(m)* place of business of the seller's, seller's premises
Sitz des Warenempfängers *(m)* domicile of goods recipient
Sitz des Warenversenders *(m)* domicile of goods dispatcher
Sitzstreik *(m)* stay-down strike
Skelett-Container *(m)* cage frame container
skontieren lower
Skonto *(n)* cash discount
Skonto gewähren *(n)* allow a discount, discount
so as
so schnell wie möglich as fast as you can, as soon as possible, as soon as quickly, soon as possible
so schnell wie üblich fast as can as customary

sobald once
sobald als möglich as early as possible
sobald wie möglich as soon as possible
sofort at once, promt
sofort nach Schifffahrtseröffnung (f) first open water
Sofortabfertigung (f) immediate shipment
Sofortbefrachtung (f) immediate shipment
Sofortbezahlung (f) immediate payment, instant payment
Soforteinlieferung (f) delivery at once, immediate delivery
Soforteinschiffung (f) immediate shipment
sofortig immediate, prompt
sofortige Annahme (f) immediate acceptance
sofortige Rückantwort (f) immediate answer, prompt answer
sofortige Zahlung (f) prompt cash, spot cash
* Verkauf auf sofortige Lieferung (m) sale for prompt delivery
Verkauf gegen sofortige Lieferung (m) spot sale, spot business
Sofortkasse (f) spot cash
Sofortlieferung (f) delivery at once, immediate delivery
Sofortlieferung auf Abruf (f) delivery as required, on-call delivery
* auf Sofortlieferung verkaufen (f) sell for prompt shipment
Sofortschiff (n) prompt ship
Sofortversand (m) immediate loading, prompt shipment
Sofortverschiffung (f) prompt shipment
auf Sofortverschiffung verkaufen (f) sell for prompt shipment
Sofortversendung (f) immediate shipment
Sofortvollstreckungsklausel (f) immediate execution formula
Sofortzahlung (f) prompt cash, prompt payment, spot cash
Sofortzahlung nach Lieferung (f) cash down
Solawechsel (m) blank bill, note of hand, promissory note
Solidarbürge (m) solidary guarantor

solidarisch solidary
solidarische Haftung (f) joint and several liability, joint and several responsibility, joint guarantee, joint security
Solidarschuldner (m) joint and several debtor, joint debtor
Solidarverpflichtung (f) joint and several liability, joint and several obligation
Soll (n) debit, debit side
Sollsaldo (m) debit balance
Solvenz (f) liquidity, solvency
Sommerfreibord (m) summer freeboard
Sommerladelinie (f) summer load-line
Sommertiefladelinie (f) summer load-line
tropische Sommertiefladeline (f) tropical summer load-line
Sommerzeit (f) summer time
Sonderabgabe (f) special duty, special levy
Sonderanfertigung (f) manufacture to customer's specification
Sonderangebot (n) special offer
Sonderbevollmächtigter (m) special agent
Sondercharter (m) special charter
Sondererlaubnis (f) special authorization
Sonderguterfrachtsatz (m) specific commodity rate
Sonderguterfrachtsätze (pl) commodity rate
Sondermaßnahme (f) special measure
Sondernachlass (m) special abatement, special discount
Sonderprovision (f) special commission
Sonderrabatt (m) special abatement, special discount
Sonderrechtsklausel (f) liberties clause
Sonderstempel (m) special stamp
Abdruck des Sonderstempels (m) imprint of the special stamp
Sonderstempelabdruck (m) bearing special stamp
Sondertarif (m) exceptional tariff, preferential tariff, reduced tariff, special tariff

Sonderverfahren *(n)* special procedure
Sondervollmacht *(f)* special power, special proxy
Sonderwirtschaftsgebiet *(n)* special economic area
Sonderzoll *(m)* special duty
Sonderzollstatistik *(f)* special customs statistics
Sondierung *(f)* survey
sonstig other
  sonstige Zahlungserleichterungen *(pl)* convenient terms of payment, payment facilities
Sorte *(f)* style, type
  erste Sorte *(f)* first grade
  Frachten aller Sorten und Güter *(pl)* freight all kinds (FAK)
Sortenankaufskurs *(m)* bid quotation
Sortenbreite *(f)* line of goods
sortieren sort
Sortieren *(n)* segregation
Sortierer *(m)* classifier
Sortierung *(f)* goods grading, sorting
  Sortierung der Ware *(f)* sorting of goods
  * **automatische Sortierung** *(f)* automatic sorting
Sortiment *(n)* assortment
Sortimentsanalyse *(f)* sales mix analysis
Sortimentsänderung *(f)* change of assortment, product line shift
Sortimentserweiterung *(f)* extension of assortment, extension of product line
Sortimentsstruktur *(f)* product range, range of commodities
Souveränität *(f)* independence, sovereignty
soweit if
  soweit nicht anders vereinbart unless otherwise agreed
So-wie-die-Dinge-Liegen-Klausel *(f)* clausula rebus sic stantibus, rebus sic stantibus clause
Sozialversicherung *(f)* social security
Spanne *(f)* margin
  Spanne zwischen Ein- und Ausfuhr *(f)* import-export gap
  * **Import/Export-Spanne** *(f)* import-export gap

Spareinlage *(f)* savings deposit
Sparkassensystem *(n)* savings bank system
Sparkonto *(n)* deposit account
Spediteur *(m)* forwarder, forwarding agent, freight clerk, freight forwarder, transport agent
  Ausfuhranmeldung des Spediteurs *(f)* shipper's export declaration
  bevollmächtigter Spediteur *(m)* plenipotentiary forwarder
  Disposition für Spediteur *(f)* letter of instruction
  Instruktion für Spediteur *(f)* letter of instruction
  internationaler Spediteur *(m)* international forwarding agent, foreign freight forwarder
  Plombe des Spediteurs *(f)* forwarder seal
  Schiffsmakler und Spediteur *(m)* shipping and forwarding agent
  Vorschrift für Spediteur *(f)* letter of instruction
Spediteuragentur *(f)* forwarding agency, forwarding office, shipping agency
Spediteuranzeige *(f)* forwarding advice, shipping advice
Spediteur-Bordereau *(m)* forwarding agent's waybill
Spediteurdisposition *(f)* forwarding agent's order, forwarding's order
Spediteurfrachtbrief *(m)* House Air Waybill (HAWB), neutral air waybill
Spediteurgeschäft *(n)* forwarding agency, forwarding business
Spediteurhaftung *(f)* responsibility of forwarder
Spediteurinkasso *(n)* forwarding collection
Spediteurkonnossement *(n)* forward bill of lading, forwarder's bill of lading
Spediteurmeldung *(f)* forwarding advice, notice of shipment, notification of dispatch, shipping advice
Spediteur-Offerte *(f)* forwarder's offer
Spediteurorder *(f)* freight forwarder's order, shipper's order
Spediteurpfandrecht *(n)* carrier's lien, forwarding agent's lien

Spediteurpfandrechtklausel *(f)* carrier's lien clause

Spediteurprovision *(f)* forwarder's commission, forwarding agent's commission

Spediteursammelkonnossement *(n)* grouped bill of lading

Spediteurskommission *(f)* forwarder's commission, forwarding agent's commission

Spediteurstransportbescheinigung *(f)* FIATA Forwarders certificate of transport

Spediteursübernahmebescheinigung *(f)* certificate of receipt, forwarder's certificate, forwarder's certificate of receipt, forwarder's receipt, forwarding agent's receipt, FIATA Forwarders Certificate of Receipt

Spediteurunternehmung *(f)* forwarding agency, forwarding business

Spediteurverband *(m)* forwarder association

Spediteurverfügung *(f)* forwarding agent's order, forwarding's order

Spediteurvertrag *(m)* forwarding agency

Spedition *(f)* forwarding

  internationale Spedition *(f)* international forwarding

Speditionsagent *(m)* freight forwarder, shipping agent

Speditionsauftrag *(m)* forwarding instruction, forwarding order, shipping instruction, shipping order

Speditionsbedingungen *(pl)* forwarding terms

Speditionsbuch *(n)* shipping book

Speditionsbüro *(n)* shipping agency

Speditionsfehler *(m)* forwarding error

Speditionsfirma *(f)* shipping business, shipping firm

Speditionsgeschäft *(f)* shipping business, shipping firm, shipping house

Speditionshandlungen *(pl)* forwarding operations

Speditionskonto *(n)* forwarding's agent account

Speditionslager *(n)* forwarding warehouse

Speditionsoperation *(f)* carrying operation, carrying trade operation

Speditionstarif *(m)* forwarding tariff

Speditionsübernahmebescheinigung *(f)* forwarding agent's certificate of receipt

Speditionsversandbescheinigung *(f)* forwarding agent's certificate of transport

Speditionsversicherung *(f)* forwarding insurance

Speditionsversicherungsschein *(m)* forwarding's policy

Speditionsvertrag *(m)* contract of forwarding, forwarding agency, forwarding contract

Speicher *(m)* elevator, grain elevator **2.** stockhouse, store, warehouse

  öffentlicher Speicher *(m)* open-type warehouse, King's warehouse, public warehouse

Speichergebühr *(f)* sheddage, storage

Speichergeld *(n)* storage due, storage fees, store rent, warehouse rent

Spekulationsgeschäft *(n)* speculative dealing, speculative operation, speculative transaction

Spekulationsgewinn *(m)* speculative gain

Spekulationspreis *(m)* speculative price

Spekulativhandel *(m)* speculative trade

Sperre *(f)* blockade, embargo, interdict

  Sperre verhängen *(f)* impose a ban

sperren block

  Export sperren *(m)* suspend an export

  Hafen sperren *(m)* block a port, blockade a port

  Import sperren *(m)* suspend an import

  Konto sperren *(n)* block an account, freeze a credit

  Scheck sperren *(m)* stop a cheque

Sperrgut *(n)* bulky goods, light goods, light load, measure goods, measurement cargo, out-of-gauge cargo, oversized cargo

sperrig bulky

  sperrige Ladung *(f)* light freight, light goods, measurement goods, out-of-gauge cargo, oversized cargo

  sperrige Waren *(pl)* bulky goods

  sperriges Gut *(n)* light cargo, measurement cargo

Sperrtarif *(m)* prohibitive tariff

Sperrung *(f)* stoppage

Sperrzoll *(m)* prohibitive tariff

Spesen *(pl)* disbursements, expenses

Spesenabrechnung *(f)* allocation of costs, statements of expenses

Spesenaufstellung *(f)* negative list, reckoning

Spesenberechnung *(f)* cost accounting, cost calculation

Spesenrechnung *(f)* bill of costs, bill of expenditures, charge account, charge note, cost account, expense account

Spesensenkung *(f)* reduction of expenses

Spesenvergütung *(f)* compensation for costs, reimbursement of costs

Spezialanforderungen *(pl)* special requirements

Spezialbedingungen *(pl)* particular covenants

Spezialcontainer *(m)* container for special use, individual container, specific-purpose container

Spezialklausel *(f)* special provision

Spezialkreditbrief *(m)* advised letter of credit

Spezialladung *(f)* special cargo

Speziallinienfahrt *(f)* specialized liner shipping, specialized liner traffic

Speziallinienschifffahrt *(f)* specialized liner shipping, specialized liner traffic

Spezialrate *(f)* special rate

Spezialschiff *(n)* special-purpose vessel

Spezialtarif *(m)* discount tariff, exceptional tariff

Spezialtrampfahrt *(f)* specialized tramp service, specialized tramp shipping

Spezialtrampschifffahrt *(f)* specialized tramp service, specialized tramp shipping

Spezialtransport *(m)* special transport

Spezialverpackung *(f)* extra packing

Spezialvertreter *(m)* special agent

Spezialvollmacht *(f)* special power, special proxy

speziell particular, specific

spezieller Tarif *(m)* specific tariff

spezieller Zolltarif *(m)* specific tariff

Spezifik *(f)* specific character, specificity

Spezifikation *(f)* specification

Spezifikation der Inkassoinstruktion *(f)* listed in the collection instruction

Spezifikation der Sendung *(f)* packing slip

* **laut Spezifikation** *(f)* as per list

Spezifikationskauf *(m)* purchase to specification

Spezifikationsnummer *(f)* number of the specification

Spezifikationsverkauf *(m)* sale by specification, sale to specification

spezifisch specific

spezifische Kontrolle *(f)* specific control

spezifischer Zoll *(m)* fixed duty, pecific duty

spezifisches Gewicht *(n)* spacific weight

Spezifität *(f)* specificity

spezifizieren detail, enumerate, specify

spezifiziert specified

spezifizierte Rechnung *(f)* invoice of parcels, invoice-specification

Spezifizierung *(f)* enumeration, specification

Spezifizierung eines Auftrages *(f)* specification of an order

Spionage *(f)* intelligence

Spitzenqualität *(f)* best quality, top grade, top quality

Spitzenrate *(m)* highest rate, top rate

Spitzenverkaufszahlen *(pl)* peak in sales, peak sales

Spotmarkt *(m)* spot market

Spot-Verkauf *(m)* spot sale

Sprache *(f)* language

Sprecher *(m)* advocate, representative

Spruch *(m)* decision

Spurbahn *(f)* railway gauge

Staat *(m)* state

Handel zwischen zwei Staaten *(m)* bilateral trade

intragemeinschaftliche Warenbeförderung über EFTA-Staaten *(f)* Intra-Community movement of goods via EFTA countries

Person ohne Wohnsitz im betreffenden Staat _(f)_ non-resident

staatlich government
  staatlich festgesetzter Preis _(m)_ state price
  staatliche Auflagen _(pl)_ statutory requirements
  staatliche Garantie _(f)_ government guarantee
  staatliche Norm _(f)_ mandatory standard
  staatlicher Interventionismus _(m)_ government interventionism
  staatlicher Kredit _(m)_ government credit, state credit
  staatlicher Zuschuss _(m)_ grant from the government

Staatsanleihe _(f)_ national loan

Staatsauftrag _(m)_ government contract, government order, public contract, state order

Staatsbank _(f)_ government bank, state bank

Staatsbeamte _(m)_ government official

Staatsbetrieb _(m)_ government corporation

Staatsgarantie _(f)_ sovereign guarantee, state guarantee

Staatsgrenze _(f)_ boundary, frontier, national frontier

Staatshandel _(m)_ governmental trade

Staatskredit _(m)_ government credit, state credit

Staatsmonopol _(n)_ government monopoly

Staatstarif _(m)_ government tariff

Staatsvertrag _(m)_ treaty

Staatszuschuss _(m)_ government subsidy

stabil stable
  stabile Währung _(f)_ hard currency, key currency, sound currency, stable currency

Stabilisation _(f)_ stabilization
  Stabilisation des Devisenkurses _(f)_ exchange stabilization, stabilization of exchange

Stabilisierung _(f)_ stabilization
  ökonomische Stabilisierung _(f)_ economic stabilization

Stabilität _(f)_ firmness, stability
  Stabilität der Bedingungen _(f)_ stability of conditions

Stadtgarantie _(f)_ local authority guarantee

Stadtverkehr _(m)_ public transport

Staffeltarif _(m)_ differential tariff, gliding tariff, peak-period tariff, sliding tariff

Stagflation _(f)_ recession
  Stagnation der Nachfrage _(f)_ stagnant demand

Stammblatt _(Nr. 1, Nr. 2)_ _(n)_ counterfoil _(No 1, No 2)_ _(TIR carnet)_

Stammhaus _(n)_ parent company, parent firm

Stammhausgarantie _(f)_ parental guarantee

Stammpolice _(f)_ basic policy, primary policy

Stammsitz _(m)_ central headquarters, principal office

Stand _(m)_ stall, stand

Standard _(m)_ rule, standard
  Internationaler Standard _(m)_ international standard

Standardcharter _(m)_ standard charter, standard form of the charter-party, type charter-party, uniform charter

Standardcharterpartie _(f)_ standard forms of charter-party, uniform charter

Standardcharterpartieformular _(n)_ standard charter party form

Standardcontainer _(m)_ 20- footer, approved container, general cargo container, general purpose container, standardized freight container, twenty-foot equivalent unit

Standardfaktoring _(n)_ old-line factoring

Standardformular _(n)_ standard form

Standardfragebogen _(m)_ standard questionnaire

Standardgewicht _(n)_ standard weight

Standardisierung _(f)_ standardization
  Standardisierung der Besteuerung _(f)_ standardization of taxation
  Standardisierung der Muster _(f)_ specimen's standardization
  Standardisierung der Papiere _(f)_ standardisation of documents
  Standardisierung von Dokumenten _(f)_ standardization of documents
  Standardisierung von Produkten _(f)_ products standardization

Standardklausel *(f)* boilerplate clause
Standardkonnossement *(n)* standard bill of lading, uniform bill of lading
Standardmuster *(n)* standard sample, type sample
Standardsatz *(m)* standard rate
Standardware *(f)* standard good
Standardzeit *(f)* standard time
  Atlantische Standardzeit *(f)* Atlantic Standard Time
  pazifische Standardzeit *(f)* Pacific Standard Time
Standardzertifikat *(n)* certificate of standardization
Standgeld *(n)* berth charge, demurrage, staying dues
  Fracht und Standgeld *(f/n)* freight and demurrage
Standgeldrate *(f)* demurrage rate, rate of demurrage
ständig permanent, standing
  ständige Kommission *(f)* permanent commission, standing committee
  ständiger Aufenthaltsort *(m)* legal domicile
  ständiger Vertreter *(m)* permanent representative, regular agent
Standort *(m)* localization, location
stapelbar stackable
  stapelbarer Container *(m)* stackable container
Stapeln *(n)* stacking
  Stapeln von Containern *(n)* stacking of containers
Stapelort *(f)* storage ground, yard
Stapelplatz *(m)* stacking yard, storing place
Stapelung *(f)* stacking
Stapelware *(f)* staple goods
stark strong
  starke Währung *(f)* strong currency
Station *(f)* station
  frei Station *(f)* free station
  frei Station des Empfängers *(f)* free consignee's station
Statistik *(f)* statistics
  Amt für Statistik *(n)* statistical office
  Exemplar für die Statistik *(n)* statistical copy *(of a customs document)*
  ökonomische Statistik *(f)* economic statistics

  Zentralamt für Statistik *(n)* Chief Central Statistical Office
Statistikbehörde *(f)* statistical authorities
statistisch statistical
  statistische Erhebung *(f)* statistical recording
  statistische Erhebung der Ausfuhr *(f)* export statistics
  statistische Erhebung der Durchfuhr *(f)* transit statistics
  statistische Information *(f)* statistical information
  statistische Interpretation *(f)* statistical interpretation
  statistische Menge *(f)* statistical quantity
  statistische Nomenklatur *(f)* statistical nomenclature
  statistische Stelle *(f)* statistical heading
  statistische Warennummer *(f)* statistical number of goods
  statistischer Index *(m)* statistical factor, statistical index
  statistischer Wert *(m)* statistical value
  statistisches Warenverzeichnis *(n)* statistical nomenclature
  * **Exemplar für statistische Zwecke** *(n)* copy for statistical purposes
  internationale statistische Klassifikation *(f)* International Statistical Classification
  Tarif- oder statistische Warennummer *(f)* commodity number *(box in the "goods declaration" form)*
Status *(m)* status
  Status der Meistbegünstigte Nation *(m)* status of a most favoured nation
  Status der steuerpflichtigen Person *(m)* status of taxable person
  Status der Transportmittel *(m)* status of means of transport
  Status der Waren *(m)* position of goods
  Status des Exportartikels *(m)* status of export goods
  * **zollrechtlicher Status** *(m)* customs status
  zollrechtlicher Status der Transportmittels *(m)* customs status of means of transport
  zollrechtlicher Status der Waren *(m)* customs status of goods
Statut *(n)* articles
  York-Antwerpen Statuten *(pl)* York-Antwerp Rules

stauen stow
ins Schiff stauen *(n)* load abroad, place on board
Ladung im Laderaum stauen *(f)* stow the cargo
Ladung stauen *(f)* stow the cargo
Stauen *(n)* stevedoring, stowage, stowing of cargo
Stauenkosten *(pl)* stowage costs
Stauenkosten für Reeder *(pl)* fio excluding stowing, free in and out excluding stowing
Stauensachverständiger *(m)* expert on stowage, stowage surveyor
Stauenzertifikat *(n)* certificate of stowage, stowage certificate
Stauer *(m)* stevedore
Stauerbrigade *(f)* longshoremen's gang, longshoremen's staff
Stauergeld *(n)* stowage
Stauerkolonne *(f)* longshoremen's gang, longshoremen's staff
Stauerlohn *(m)* stevedorage, stevedoring charge
Stauerzwang *(m)* compulsory stevedore
Stauluke *(f)* cargo hatch
Stauplan *(m)* cargo plan, loading plan, stowage plan
Stauraum *(m)* stowage space, stowage
Meister des Stauraums *(m)* master of the hold
Reinigung des Stauraums *(f)* cleaning of holds
Stauung *(f)* stevedorage, stowage, stowing
mangelhafte Stauung *(f)* defective stowage
Stauungsattest *(n)* certificate of stowage, stowage certificate
Stauungsaufseher *(m)* ship foreman, shipworker
Stauungskosten *(pl)* stowage costs
Stauungskosten für Reeder *(pl)* fio excluding stowing, free in and out excluding stowing
Stauungsmeister *(m)* ship foreman, shipworker
Stauungsplan *(m)* cargo plan, loading plan, shipping programme, stowage plan
Stauungsvorschrift *(f)* stowage instruction

Stauungszertifikat *(n)* stowage certificate, stowing certificate
Stauverlust *(m)* broken stowage
Stehzeit *(f)* lay-days, lay-time
steif rigid
steife Verpackung *(f)* rigid container
steigen run up
steigend increasing
steigendes Defizit *(n)* rising deficit
steigern enhance, increase, raise
Export steigern *(m)* expand export, increase export
Steigerungsrate *(f)* rate of increase
Stelle *(f)* position, location 2. post 3. space, place
statistische Stelle *(f)* statistical heading
stellen place, put
Akkreditiv stellen *(n)* establish a letter of credit, open a letter of credit
Bürgschaft stellen *(f)* give a guarantee, furnish a security
Garantie stellen *(f)* give a guarantee, furnish a security
in Rechnung stellen *(f)* make out an invoice
Kaution stellen *(f)* put up a guarantee, lodge a security
Sicherheit stellen *(f)* stand del credere, enter into guarantee, furnish a security
unter Quarantäne stellen *(f)* quarantine
Waren bei der Abgangszollstelle stellen *(pl)* produce the goods at the office of departure
Waren der Bestimmungszollstelle stellen *(pl)* produce the goods at the office of destination
Waren einer Zollstelle stellten *(pl)* present the goods at a customs office
zu Verkauf stellen *(m)* put on sale
Stellung *(f)* position, status
Stellung eines Akkreditivs *(f)* issuance of a letter of credit, issue of a letter of credit
* rechtliche Stellung *(f)* juridical position
Stellvertretung *(f)* agency, representation
Stempel *(m)* seal, stamp
Stempel auf dem Dokument *(m)* stamp on a document
Stempel des Zollamtes *(m)* custom-house seal, customs office stamp

* **erforderliche Stempels** *(pl)* required stamps
Papier mit einem Stempel versehen *(n)* endorse a document
Stempelabdruck *(m)* impression of a seal, stamp mark
Stempelgebühr *(f)* fee for notarial service, stamp duty
Stempelmarke *(f)* revenue stamp
Stempelmarke auf Wechsel *(f)* bills of exchange stamp
Stempelmarke für Beförderungspapiere *(f)* transport contract stamp
Stempelmarke für Beförderungsvertrag *(f)* transport contract stamp
stempeln stamp
Stempeln *(n)* sealing
Stempelsteuer *(f)* contract stamp, documentary stamp tax, stamp charge, stamp tax
Stempelsteuermarke *(f)* revenue stamp, stamp tax
Stempeluhr *(f)* clock stamp
Stempelwertzeichen *(n)* revenue stamp, stamp tax
Stempelzeichen *(n)* stamp
Steuer *(f)* tax
Steuern aufbürden *(pl)* levy taxes
Steuer abführen *(f)* pay a tax
Steuer abschaffen *(f)* abolish a tax
Steuer aufbringen *(f)* pay a tax
Steuer auferlegen *(f)* charge tax
Steuer auflegen *(f)* impose a tax, lay on tax
Steuer beitreiben *(f)* collect a tax, impose taxes
Steuer bemessen *(f)* calculate tax
Steuern eintreiben *(pl)* raise taxes
Steuer entrichten *(f)* pay a tax
Steuern einziehen *(pl)* raise taxes
Steuer erhöhen *(f)* increase taxation
Steuer erlassen *(f)* remit tax
Steuer errechnen *(f)* determine the tax
Steuer herabsetzen *(f)* cut down a tax, reduce a tax
Steuer senken *(f)* abate a tax, cut down a tax, reduce a tax
Steuer stunden *(f)* postpone tax
Steuer vergüten *(f)* refund a tax, repay a tax

Steuer zurückzahlen *(f)* refund a tax, repay a tax
* **Abschaffung von Steuern** *(f)* liquidation of taxes, tax abatement, cancellation of a tax
Befreiung von der Steuer *(f)* exemption from taxation
Berechnung der Zollgebühren und Steuern *(f)* calculation of customs duties and taxes
Betrag der Steuer *(m)* amount of tax, tax amount
Einführung einer neuen Steuer *(f)* introduction of a new tax
Einkommen von der Entrichtung der Steuern *(n)* gross yield
Einziehung von Steuern *(f)* collection of taxes, tax levy
Erhebung der Steuern *(f)* levy of the taxes, levying of taxes
Erhebung von Steuern *(f)* levy of the taxes, levying of taxes
Fälligkeit der Steuer *(f)* date for tax payment
Fälligkeitstermin der Steuer *(m)* due date for tax payment, tax payment date
mit Steuer belegen *(f)* lay a tax, lay on a tax
mit Steuer besteuern *(f)* lay a tax, lay on a tax
Nichtbezahlung der Zollen und Steuern *(f)* non-payment of customs duties and taxes
örtliche Steuer *(f)* local tax
Preis ohne Steuer *(m)* price exclusive of tax
Umlegung von Steuern *(f)* redistribution of taxes
Verlust vor Steuer *(m)* loss before tax
zusätzliche Steuer *(n)* surtax, surcharge
Steuerabschlag *(m)* tax rebate
Steuerabwehr *(f)* tax avoidance, tax dodging
Steueramt *(n)* collection office, tax office
Steueranspruch *(m)* chargeability of taxes
Steuerart *(f)* category of tax, type of tax
Steueraufkommen *(n)* tax proceeds, tax returns
Steueraufschub *(m)* tax deferment, tax respite
Steueraufsicht *(f)* tax audit
Steueraufwendungen *(pl)* tax costs
Steuerausscheidung *(f)* allocation of taxes
Steueraussetzung *(f)* grace period for tax, tax deferment, tax respite

Steuerbanderole *(f)* tax band, tax label

steuerbar taxable

steuerbarer Umsatz *(m)* tax turnover, taxable turnover

Steuerbarriere *(f)* tax barrier

Steuerbasis *(f)* basis of taxation

Steuerbefreiung *(f)* duty-free concessions, tax exempt status, tax exemption, tax release
* **Umfang der Steuerbefreiung** *(m)* scope of the exemption *(in respect of tax)*

Steuerbeitreibung *(f)* collection of taxes, enforcement of the taxes, taxing

Steuerbelastung *(f)* fiscal charge, tax expense

  Steuerbelastung reduzieren *(f)* reduce taxation

Steuerbemessungsgrundlage *(f)* tax base, tax basis

Steuerberater *(m)* tax consultant, tax expert

Steuerberatung *(f)* tax consulting

Steuerberechnung *(f)* calculation of tax

Steuerbestimmungen *(pl)* rules on taxation, tax rules

Steuerbetrag *(m)* amount of tax, tax amount

Steuerbilanz *(f)* tax balance-sheet

Steuerbord *(f)* starboard, starboard side

Steuerdeklaration *(f)* tax return

Steuerdifferenzierung *(f)* tax differentiation

Steuerdomizil *(n)* country of domicile for tax purposes, tax domicile

Steuerdumping *(n)* tax dumping

Steuereingang *(m)* tax proceeds, tax returns

Steuereintreiber *(m)* tax agent, tax-gatherer

Steuereinzieher *(m)* collector of taxes, tax collector

Steuererhebung *(f)* collection of taxes, enforcement of the taxes, tax treatment, taxation

Steuererhöhung *(f)* increase in taxes, tax increase

Steuererklärung *(f)* tax declaration, tax return, return
  Steuererklärung abgeben *(f)* submit a return, submit a tax declaration

Steuererklärung einreichen *(f)* submit a return, submit a tax declaration
* **jährliche Steuererklärung** *(f)* annual tax declaration

Steuererlass *(m)* tax relief

Steuererleichterung *(f)* cut in taxes, lowering of taxes, reduction of taxes

Steuererstattung *(f)* refund of a tax
  Antrag auf Steuererstattung *(m)* application for refund of a tax

Steuerfachmann *(m)* tax consultant, tax expert

Steuerfähigkeit *(f)* fiscal capacity, tax capacity, taxable capacity

Steuerfaktor *(m)* tax ratio

Steuerfestsetzung *(f)* tax imputation

Steuerforderung *(f)* debt for tax

Steuerformular *(n)* tax form

steuerfrei tax-free, tax-exempt
  steuerfreie Einfuhr *(f)* import free of duty
  steuerfreie Ware *(f)* zero-rated commodity
  steuerfreie Zone *(f)* tax free zone
  steuerfreier Betrag *(m)* exempted amount

Steuerfreigrenze *(f)* tax exemption limit
  Abschaffung der Steuergrenzen *(f)* abolition of fiscal frontiers
  Betrag der Steuerfreigrenze *(m)* amount of the exemption

Steuerfreiheit *(f)* freedom from tax

Steuerfreijahre *(pl)* tax holiday

Steuerfreizone *(f)* tax free zone

Steuergerichtsbarkeit *(f)* tax jurisdiction

Steuergesetz *(n)* fiscal act, fiscal law, tax bill, taxation law

Steuergesetzgebung *(f)* fiscal legislation

Steuergläubiger *(m)* tax creditor

Steuergrenze *(f)* tax ceiling

Steuergrundlage *(f)* tax assessment basis

Steuergutschriftsystem *(n)* tax credit system

Steuerhinterziehung *(f)* fiscal evasion, tax evasion, tax fraud, tax-dodging

Steueridentifikationsnummer (INN) *(f)* taxpayer identification number

Steuerinformation *(f)* tax information

Steuerinspektion *(f)* tax inspection

Steuerinspektor *(m)* inspector of taxes, tax inspector

Steuerjahr *(n)* taxable year

Steuerkarte *(f)* tax card

Steuerkategorie *(f)* category of tax, type of tax

Steuerklausel *(f)* tax clause

Steuerkraft *(f)* tax capacity, taxable capacity

Steuerkürzung *(f)* tax cut

Steuerlager *(n)* excise duty-free warehouse, tax warehouse

steuerlich fiscal
  steuerliche Bedingungen *(pl)* terms of taxation
  steuerliche Belastung *(f)* fiscal charge, tax expense
  steuerliche Erleichterung *(f)* tax abatement, tax rebate, tax relief
  steuerliche Regel *(f)* **revenue** regulation, tax ordinance
  steuerlicher Anspruch *(m)* tax claim

Steuerliste *(f)* tax roll

Steuermannsquittung *(f)* board receipt, mate's receipt
  unechte Steuermannsquittung *(f)* foul ship's receipt

Steuermannsschein *(m)* ship's receipt, foul receipt
  unechter Steuermannsschein *(m)* foul ship's receipt, foul receipt

Steuernummer *(f)* tax reference number

Steueroase *(f)* international offshore financial center, tax harbour, tax haven, tax shelter

Steuerobjekt *(n)* tax entity

Steuerordnungswidrigkeit *(f)* fiscal offence, tax delinquency, tax offence, taxation offence

Steuerperiode *(f)* taxation period

Steuerpflicht *(f)* tax liability

steuerpflichtig taxable
  steuerpflichtige Lieferung *(f)* taxable supply
  steuerpflichtige Ware *(f)* taxable article
  steuerpflichtiger Gewinn *(m)* taxable profit
  steuerpflichtiger Umsatz *(m)* tax turnover, taxable turnover

Steuerpolitik *(f)* fiscal policy, tax policy
  gemeinsame Steuerpolitik *(f)* Community tax policy *(EU)*

Steuerpräferenzen *(pl)* tax preferences

Steuerprinzip *(n)* principle of taxation, principle taxation

Steuerprotokoll *(n)* tax protocol

Steuerprüfbericht *(m)* tax audit report

Steuerquelle *(f)* tax quele

Steuerrechnung *(f)* tax invoice

Steuerrecht *(n)* fiscal law, taxation law
  Steuerrecht der Gesellschaften *(n)* company tax law
  Steuerrecht des Unternehmens *(n)* company tax law
  * **internationales Steuerrecht** *(n)* international tax law

steuerrechtlich fiscal
  steuerrechtliche Barriere *(f)* fiscal barrier, fiscal wall
  steuerrechtliche Regelung *(f)* revenue regulation
  steuerrechtliche Vorschriften *(pl)* tax legislation, tax regulations

Steuerreduktion *(f)* tax cut

Steuerreform *(f)* tax reform

Steuerregelung *(f)* tax system

Steuerrevisor *(m)* inspector of taxes, tax inspector

Steuersache *(f)* revenue case

Steuersammlung *(f)* collection of taxes

Steuersatz *(m)* tax rate
  Steuersatz erhöhen *(m)* increase the rate of tax
  Steuersatz vermindern *(m)* lower the rate of tax
  * **Differenzierung der Steuersätze** *(f)* differentiation in the rates
  Ermäßigung des Steuersatzes *(f)* reduction of tax rates
  Herabsetzung des Steuersatzes *(f)* lowering of the rates of tax, reduction of tax rates

Steuerschätzung *(f)* appraisal for taxation, assessment of a tax

Steuerschuld *(f)* tax debt
  Steuerschuld errechnen *(f)* compute the tax

Steuerschwelle *(f)* tax threshold

Steuersenkung *(f)* cut in taxes, reduction of taxes

Steuerstatus *(m)* tax status

Steuerstrafe *(f)* fiscal penalty, tax penalty

Steuersubjekt *(n)* taxpayer

Steuersystem *(n)* tax system
einheitliches **Steuersystem** *(n)* unitary tax system
Prüfung des Steuersystems *(f)* tax system overhaul

Steuertabelle *(f)* tax rate schedule

Steuertarif *(m)* taxation scale

Steuertechnik *(f)* taxation practice

Steuerträger *(m)* tax bearer, taxpayer

Steuerverbindlichkeit *(f)* tax debt, tax liability

Steuervereinbarung *(f)* tax convention

Steuervergehen *(n)* tax delinquency, tax evasion, tax fraud, tax offence

Steuerverlust *(m)* tax loss

Steuervermeidung *(f)* tax evasion

Steuerverordnung *(f)* tax ordinance

Steuerverpflichtung *(f)* tax debt, tax liability

Steuerverwaltung *(f)* tax administration

Steuervorschriften *(pl)* tax rules
Einheitliche Steuervorschriften *(pl)* uniform tax rules

Steuervorteil *(m)* taxation privilege

Steuerwachstum *(n)* tax hike

Steuerwohnsitz *(m)* country of domicile for tax purposes, tax domicile

Steuerzahlung *(f)* payment of taxes, repayment of tax

Steuerzahlungsfrist *(f)* due date for tax payment, tax payment date

Steuerzeichen *(n)* tax label

Steuerzeitraum *(m)* tax period
Ende des Steuerzeitraums *(n)* end of the tax period

Steuerzertifikat *(n)* tax certificate

Stichprobe *(f)* random sample, sample taken at random
repräsentative Stichprobe *(f)* representative sample

Stichprobendurchschnitt *(m)* average sample

Stichprobenprüfer *(m)* sampleman

Stichprobenprüfung *(f)* random examination, random inspection

stichprobenweis random
stichprobenweise Kontrolle *(f)* random examination, random inspection

still tacit
stilles Akzept *(n)* tacit acceptance

Stillstand *(m)* bad time, dead time, down time

Stillstandskosten *(pl)* costs of idleness

Stillstandzeit *(f)* dead time, standing time
störungsbedingte Stillstandszeit *(in der Logistik)* *(f)* down time

Stimulierung *(f)* stimulation
Stimulierung des Verkaufs *(f)* marketing, selling inducements

Stimulus *(m)* incentive, stimulus

Stockung *(f)* stay

Stoff *(m)* cloth, material
Regelungen für sicheren Transport radioaktiver Stoffe *(pl)* Regulations for the safe transport of radioactive materials, IAEA regulations

Stollengebür *(f)* tunnel toll

Stollenlohn *(m)* tunnel toll

Stopppreis *(m)* freezed price, stop price

stornieren annul, cancel, extinguish, revoke
Scheck stornieren *(m)* cancel a cheque
Vertrag stornieren *(m)* dissolve an agreement, rescind a contract

Stornierung *(f)* annulment, cancellation
Stornierung des Auftrags *(f)* cancellation of an order, counter-order
Stornierung des Kontraktes *(f)* annulment of a contract, voidance of contract
Stornierung des Vertrags *(f)* avoidance of an agreement

Stornierungsgebühr *(f)* cancellation fee

Stornogebühr *(f)* cancellation fee

störungsbedingt cancellational
störungsbedingte Stillstandszeit *(in der Logistik)* *(f)* down time

Strafe *(f)* penalty, punishment
Strafe auf Nichtausführung eines Vertrags *(f)* penalty for breach of the contract

Strafe auf verzögerte Lieferung *(f)* penalty for delayed delivery

Strafe auferlegen *(f)* impose a penalty, impose a punishment

Strafe für Vertragsbruch *(f)* contract penalty, penalty for nonperformance of a contract

Strafe zahlen *(f)* pay a fine

* administrative Strafe *(f)* administrative penalty

Auferlegung einer Strafe *(f)* imposition of a punishment

Strafgericht *(n)* criminal court

Strafklausel *(f)* penalty clause

Strafprozess *(m)* criminal trial

Strafrecht *(n)* criminal law, penal law

internationales Strafrecht *(n)* international penal law

strafrechtlich criminal

strafrechtliche Ahndung *(f)* criminal investigation, judicial inquiry

strafrechtliche Verantwortung *(f)* criminal responsibility

Strafsteuer *(f)* penalty tax

Straftarif *(m)* retaliation tariff

Strafverfolgung *(f)* accusatorial proceedings, criminal investigation, judicial inquiry

Strafzinsen *(pl)* penalty interest

Strafzoll *(m)* penalty duty

Strandgut *(n)* floatsam, stranded goods

Straße *(f)* road, route

Beförderung von Luftfracht auf der Straße *(f)* air freight carried by road

kombinierter Güterverkehr Schiene/Straße *(m)* combined road/rail service

öffentliche Straße *(f)* public road

Umschlag Straße/Flugzeug *(m)* air-to-air cargo handling

Umschlag Straße/Schiene *(m)* truck-to-wagon cargo handling

Umschlag Straße/Schiff *(m)* truck-to-ship cargo handling

Warenbeförderung auf der Straße *(f)* road service, road traffic

Straßenabgabe *(f)* road toll

Straßenbrücke *(f)* road bridge, vehicular bridge

Straßenfahrzeug *(n)* road vehicle

Straßenfahrzeug auf Eisenbahnwaggon *(n)* road vehicle on rail-wagon

internationaler Warentransport mit Straßenfahrzeugen *(m)* international transport of goods by road vehicles

straßenfest rail-tight

straßenfeste Verpackung *(f)* rail-tight packing, road-worthy packing

Straßenfrachtbrief *(m)* road consignment note, trucking bill of lading

Straßenfrachtsatz *(m)* haulage rate

Straßengüterverkehr *(m)* carriage of goods by road

Frachtbrief im Straßengüterverkehr *(m)* truck bill of lading, road consignment note

internationaler Straßengüterverkehr *(m)* international carriage of goods by road

Straßenhandel *(m)* street sale

Straßeninfrastruktur *(f)* road infrastructure

Straßenkesselwagen *(m)* road tank vehicle

Straßenkraftfahrzeug *(n)* powered road vehicle

Straßenkraftfahrzeug auf Seeschiff *(n)* powered road vehicle on sea-going vessel

* Gemeinschaftscharakter von Straßenkraftffahrzeugen *(m)* Community status of motorised road vehicles

Nachweis des Gemeinschaftscharakters von Straßenkraftffahrzeugen *(m)* proof of Community status of motorised road vehicles

straßenmäßig railroad-proof

straßenmäßige Verpackung *(f)* railroad-proof packing, rail-worthy packing

Straßentransport *(m)* highway transportation, road haulage

internationaler Straßentransport *(m)* international highway transportation

Straßentransportdokument *(n)* road transport document

straßentüchtig road-proof

straßentüchtige Verpackung *(f)* railroad-proof packing, rail-worthy packing, road-proof packing

Straßenverkehr *(m)* road service, road traffic, road transport, wheel transport

Beschädigung während des Straßenverkehrs *(f)* road-damage

Sicherheit im Straßenverkehr *(f)* road safety

Straßenverkehrsfrachtbrief *(m)* road consignment note

Straßenverkehrsordnung *(f)* highway-code

Straßenverkehrspedition *(f)* road forwarding

Straßenverkehrsträger *(m)* carrier by road, road carrier

Straßenverkehrsunfahll *(m)* road accident, traffic accident

Straßenverpackung *(f)* rail-tight packing, road-worthy packing

Straßenweg *(m)* road
     auf dem Straßenweg *(m)* by road, by land

Straßenzugmaschine *(f)* road convoy, road-train

Strategie *(f)* strategy

strategisch strategic
     strategische Allianz *(f)* strategic alliance
     strategische Analyse *(f)* strategic analysis
     strategische Güter *(pl)* strategic goods
     strategische Information *(f)* strategic information
     strategische Liste *(f)* strategic list
     strategische Prognose *(f)* strategic forecast
     strategischer Investor *(m)* strategic investor
     strategischer Plan *(m)* strategic plan
     strategisches Marketing *(n)* strategic marketing
     strategisches Segment *(n)* strategic segment
     * **optimale Strategie** *(f)* optimal strategy

Strecke *(f)* distance

Streifband *(n)* postal wrapper

Streik *(m)* strike, turn-out
     Streik durch Verlangsamung der Arbeit *(m)* labour slowdown, sit-down strike
     Streik, Aufruhr und Bürgerkriegsklausel *(f)* strikes, riots and civil commotions clause
     Streik, Aufruhr und bürgerliche Unruhen strikes, riots and civil commotions
     Streik, Aufruhr und Bürgkrieg strikes, riots and civil commotions
     Streiks, Tumulte und Unruhen strikes, riots and civil commotions
     * **Aufruhr, Bürgerkrieg und Streik** *(f/m/m)* riots, civil commotions and strike
     Aufruhr, Streik, bürgerliche Unruhen *(f/m/pl)* riots, strikes and civil commotions

verkehter Streik *(m)* sit-down

wilder Streik *(m)* wildcat strike

Streikaktie *(f)* strike action

Streikklausel *(f)* strike clause

Streikverbotklause *(f)* prohibition of strike clause

Streit *(m)* contest, dispute
     internationaler Streit *(m)* international dispute

Streitigkeit *(f)* dispute
     Notifizierung der Streitigkeit *(f)* notification of a dispute

Streitobjekt *(n)* object at issue

Streuung *(f)* ullage

Strichcode *(m)* bar code

strittig disputed
     strittige Angelegenheit *(f)* matter in dispute

Struktur *(f)* composition, scheme, structure

Stück *(n)* piece
     Fracht per Stück *(f)* freight per piece, freight by case
     in einzelnen Stücken verkaufen *(pl)* sell by the piece, sell singly
     Preis per Stück *(m)* unit price

Stückeisenbahnfrachtsatz *(m)* less-than-carload rate

Stückfracht *(f)* general cargo, general merchandise, less-than-carload lot, parcels, smalls

Stückfrachtbeförderung *(f)* general-cargo trade

Stückfrachtenstruktur *(f)* general cargo structure

Stückfrachtrate *(f)* general cargo rate

Stückgewicht *(n)* case-lot weight

Stückgut *(n)* break bulk cargo, general cargo, loose goods, package cargo, packed goods, piece goods
     Befrachtung auf Stückgüter *(f)* general-cargo charter
     Frachttarif für Stückgut *(m)* less-than-carload rates, part-load rates

Stückgut-Container *(bei Luftfracht) (m)* general cargo container

Stückguterfrachter *(m)* general cargo freighter, general cargo ship, general cargo vessel

Stückgüterfrachtumschlag *(m)* break bulk handling cargo, handling of less-than-carload freight

Stückgutfrachtsatz *(m)* less-than-carload rate, mixed carload rate

Stückgutfrachtschiff *(n)* general cargo ship, general ship

Stückgutfrachttarif *(m)* general cargo rates

Stückguthafen *(m)* general cargo port

Stückgutladung *(f)* general merchandise, less-than-truckload lot

Stückgutlinienschiff *(n)* general cargo liner

Stückgutpartie *(f)* batch of parcels

Stückgutsendung *(f)* less-than-carload shipment, part load consignment

Stückguttarif *(m)* less than wagon load freight tariff, mixed cargo rate

Stückgutumladung *(f)* general cargo handling, mixed cargo handling

Stückgutumschlag *(m)* handling of break-bulk cargo

Stückgutverkehr *(m)* general cargo carriage, part-load traffic, shipment of general cargo

Stückgutwaggon *(m)* package car

Stückladung *(n)* general cargo
  gemischte Stückladung *(f)* mixed general cargo

Stückliste *(f)* list of parts, packing list, parts list

Stückpreis *(m)* piece price, price per piece, unit price

stückt piece
  stücktes Gut *(n)* piece goods

Stückverkauf *(m)* sale by piece, unit sales

stückweise by piece
  stückweise verkaufen sell by the piece, sell singly
  stückweiser Verkauf *(m)* sale by piece, unit sales

Stückzahl *(f)* number of pices
  Stückzahl im Lager *(f)* on-hand quantity, quantity in stock

Stückzoll *(m)* duty by piece, duty per article, specific duty

Stufentarif *(m)* differential tariff, graded tariff

Stunde *(f)* hour
  laufende Stunden *(pl)* running hours

stunden delay
  Steuer stunden *(f)* postpone tax
  Zahlung stunden *(f)* postpone the payment, defer a payment
  Zahlungstermin stunden *(m)* enlarge a payment, postpone a payment

Stundung *(f)* delay, postponement
  Stundung der Forderung *(f)* day of payment postponement, deferment of maturity date, postpone of payment, prolongation of payment
  Stundung der Schuld *(f)* debt recycling
  Stundung des Zolles *(f)* deferment of duty payment

Sturzgut *(n)* bulk freight, bulk goods, bulked goods, cargo in bulk, loose cargo

Sturzladung *(f)* bulk freight, cargo in bulk

Stütze *(f)* brace

stützen support
  Preise stützen *(pl)* subsidize the prices
  Wechsel stützen *(m)* back a bill

Stützungspreis *(m)* intervention price, support price

Subjekt *(n)* entity, subject

Subkontrakt *(m)* subcontract

Sublieferant *(m)* subcontractor, subsupplier

Subskriptionsgebühr *(f)* subscription fee

Substitutionsgüter *(pl)* substitute goods

Subvention *(f)* subsidy, subvention
  direkte Subvention *(f)* direct subsidy, direct subvention
  Gewährung von Subventionen *(f)* provision of subsidies
  indirekte Subvention *(f)* indirect subvention, implicit price subsidy
  Kodex über Subventionen und Ausgleichszölle *(m)* Code on Subsidies and Countervailing Duties

subventionieren subside, subsidize
  Export subventionieren *(m)* subsidize export
  Investitionen subventionieren *(pl)* subside the investments

subventioniert subsidized, subsidizing
subventionierte Ausfuhr *(f)* subsidized export
subventionierte Einfuhr *(f)* subsidized import
subventionierter Export *(m)* subsidized export
subventionierter Import *(m)* subsidized import
subventionierter Preis *(m)* subsidizing price
Subventionierung *(f)* subsidization, subsidizing
Subventionierung der Landwirtschaft *(f)* agriculture support
Suchanzeige *(f)* enquiry notice
Reaktion des Bestimmungslandes auf die Suchanzeige *(f)* reaction of the country of destination to the enquiry notice
Reaktion des Durchgangslandes auf die Suchanzeige *(f)* reaction to the country of transit to the enquiry notice
sukzessiv successive
sukzessive Lieferung *(f)* successive delivery
Sulfurterminal *(m)* sulphur terminal
summarisch summary
summarische Anmeldung *(f)* summary declaration
summarische Beschau *(f)* summary examination of goods *(customs)*
summarische Zollanmeldung *(f)* summary declaration *(customs)*
summarisches Verfahren *(n)* summary procedure, summary proceedings
Summe *(f)* amount, sum, totality
geschätzte Summe *(f)* estimated amount
schuldige Summe *(f)* amount owing
Supercargo *(m)* supercargo
Superschiff *(n)* supership
Supplement *(n)* supplement
Suspendierung *(f)* discontinuance, stop
Süßwasserbeschädigung *(f)* fresh water damage
Süßwasserschaden *(m)* fresh water damage
Lasthaken-, Öl- und Süßwasserschaden *(m)* hook, oil and fresh water damage
Süßwassertiefladelinie *(f)* fresh water mark
Swapgeschäft *(n)* swap, swap transaction
Swift *(n)* swift

Swing *(m)* swing
Switch *(n)* switch
System *(n)* system
System der Pauschalbürgschaft *(n)* flat-rate guarantee system
System der Prohibitivzölle *(n)* prohibitive system, system of prohibitive tariffs
System der Schutzzölle *(n)* system of protection tariffs
System der Vorzugszölle *(n)* system of preference tariffs, system of protective tariffs
System der Zölle *(n)* system of tariffs, tariff system
System des Elektronischen Zahlungsverkehrs *(n)* electronic funds transfer system
System zur Bezeichnung und Codierung der Waren *(n)* Coding system of the Customs Co-operation Council
* allgemeines System der Präferenzzertifikate *(n)* general system of preferences certiticate
besonderes System *(n)* special system
flo/flo-System *(n)* float-on/float-off system
gemeinschaftliches System *(n)* Community system *(EU)*
harmonisiertes System *(n)* harmonized system
Harmonisiertes System zur Beschreibung und Codierung von Waren *(n)* Harmonized Commodity Description and Coding System
Harmonisiertes System zur Bezeichnung und Codierung der Waren (HS) *(n)* Harmonized Commodity Description and Coding System
Lo-Lo-System *(n)* lo-lo, float-on/float-off system
Roll-on/Roll-off-System *(n)* roll-on/roll-off system
Ro-Ro-System *(n)* roll in - roll-off
TIR-System *(n)* TIR system

T

T1-Manifest *(n)* manifest T1
T1-Verfahren *(n)* procedure T1, T1 operation
T2F-Manifest *(n)* manifest T2F
T2F-Verfahren *(n)* T2F procedure
T2-Verfahren *(n)* procedure T2, T2 operation, T2 procedure
Tabelle *(f)* chart, scale, schedule, table
Tafel *(f)* chart, scale, schedule, table
Tag *(m)* date, day, time
Tag der Annahme der Zollanmeldung *(m)* date of acceptance of customs declaration, date of acceptance of entry, date of acceptance of the customs declaration
Tag der Bereitschaftsnotiz *(m)* reporting day
Tag der Entrichtung *(m)* date of maturity, date of payment
Tag der Kündigung *(m)* notice day
Tag der Ladebereitschaft *(m)* alongside date, date of readiness
Tag der Lieferung *(m)* date of delivery, date of supply
Tag der Überweisung *(m)* remittance date
Tag des Empfangs *(m)* date of arrival, date of incoming
Tag und Nacht *(m/f)* civil day
* **aufeinanderfolgende Tage** *(pl)* consecutive days, running days
beide Tage eingeschlossen both days inclusive
laufender Tag *(m)* running day
Tagebuch *(n)* brokerage journal, broker's book, daybook, journal
Tagelohnsatz *(m)* day rate, per diem rate
Tagesbericht *(m)* bulletin, daily statement, newsletter
Tagesdurchschnitt *(m)* daily average
Tageserlös *(m)* day output
Tageskasse *(f)* daily receipts, total revenue
Tageskurs *(m)* current quotation, current rate, daily exchange
Tagesladungsnorm *(f)* daily loading rate, daily rate of loading

Tagesleistung *(f)* daily productivity
Tageslöschungsnorm *(f)* daily discharging rate
Tagesnorm *(f)* daily rate, daily standard
Tagesordnung *(f)* agenda
Tagesplan *(m)* daily plan, daily routine
Tagespreis *(m)* arm's length price, fair market value, going price, today's price
Tagessatz *(m)* day rate, per diem rate
Tagesstempel *(m)* date stamp, datemaker
Tagesumsatz *(m)* daily turnover, day trading
täglich daily
täglicher Zeitplan *(m)* daily schedule
Tagung *(f)* conference, meeting
Talliergeld *(n)* checking charge
Tallykarte *(f)* out-turn report, tally card, tallyman's receipt
Tallyman *(m)* tally clerk, tallyman
vereidigter Tallymann *(m)* sworn cargo checker, sworn tallyman
Tankanhänger *(m)* tank trailer
Tankauflieger *(m)* tank semitrailer
Tankauto *(n)* tank car
Tankcontainer *(m)* liquid container, tank container, tanktainer
Tanker *(m)* oil-tank ship, tank ship, tanker
Tankerflotte *(f)* tanker fleet
Tankfahrzeug *(n)* tank freight car, tank truck
Tankkahn *(m)* fuel barge, fuel oil barge, tank barge
Tankprahm *(m)* fuel barge, fuel oil barge, tank barge
Tankschiff *(n)* liquid cargo carrier, tank ship
Tankschifffahrt *(f)* tanker shipping
Tankwagen *(m)* railroad tank car, tank, tank freight car, ank truck, tank wagon
Tankwagen-Auflieger *(m)* tank semitrailer
Tankwaggon *(m)* rail tank car
Tara *(f)* tare
durchschnittliche Tara *(f)* average tare

Frachttarif für Tara *(m)* tariff for tare carriage

geschätzte Tara *(f)* estimated tare

gesetzliche Tara *(f)* legal tare, custom-house tare, customs tare

handelsübliche Tara *(f)* customary tare

prozentuale Tara *(f)* percentage tare

übliche Tara *(f)* customary tare

Tara berechnen *(f)* take the tare

Taragewicht *(n)* tare weight, weight of packing

tarieren tare

Tarierung *(f)* taring

Tarif *(m)* tariff

Tarif anwenden *(m)* apply a tariff

Tarif erhöhen *(m)* increase a tariff

Tarif ermäßigen *(m)* lower the tariff, reduce tariff

Tarif für Containerleistungen *(m)* container service tariff (CST)

Tarif für die Beförderung *(m)* tariff for carriage

Tarif senken *(m)* lower the tariff, reduce tariff

* **Änderung des Tarifs** *(f)* change of tariff

autonomer Tarif *(m)* autonomous tariff

degressiver Tarif *(m)* tapering rates

einheitlicher Tarif *(m)* uniform tariff

einspaltiger Tarif *(m)* single tariff, general tariff

Erhöhung des Tarifs *(f)* rise of tariff, rising of tariff

flexibeler Tarif *(m)* flexible tariff

gemischter Tarif *(m)* mixed tariff

internationaler Tarif *(m)* international tariff

konventionaler Tarif *(m)* convention customs tariff

niedrigster Tarif *(m)* minimum tariff

progressiver Tarif *(m)* progressive tariff

proportionaler Tarif *(m)* proportional rate

regionaler Tarif *(m)* regional tariff

spezieller Tarif *(m)* specific tariff

übliche Tarif *(m)* usual tariff

Tarifabkommen *(n)* tariff agreement

Tarifangleichung *(f)* tariff harmonization

Tarifausgleich *(m)* alignment of tariffs

Tarifautonomie *(f)* tariff autonomy

Tarifbasis *(f)* rate base

Tarifbegünstigung *(f)* tariff allowance, tariff reduction

Tarifbeitrag *(m)* class rate

Tarifbeschränkungen *(pl)* tariff restrictions

Tarifbeschränkungen beseitigen *(pl)* remove tariff restrictions

* **Non-Tarifbeschränkungen** *(pl)* non-tariff barriers, non-tariff restraints

Tarifbestimmungen *(pl)* tariff regulations, tariff rules

Tarifcode *(m)* tariff code

Tarifdifferenz *(f)* tariff difference

Tarifdifferenzierung *(f)* differentiation of tariffs

Tarifengeld *(n)* schedule fee

Tarifentfernung *(f)* tariff distance

Tariferhöhung *(f)* rise of tariff, rising of tariff, tariff escalation

Tariferlass *(m)* tariff cut, tariff reduction

Tarifermäßigung *(f)* abatement of tariff, tariff reduction

Tariffrachtrate *(f)* freight tariff rate

Tariffreibetrag *(m)* tariff quota

allgemeiner Tariffreibetrag *(m)* general tariff quota

Tarifgebühr *(f)* schedule fee

Tarifherabsetzung *(f)* lowering of the rates, reduction of tariff

Tarifierung *(f)* tariff classification

Tarifikation *(f)* tariffication, tariffing

Tarifinformation *(f)* tariff information

Tarifkalkulation *(f)* tariff making

Tarifklasse *(f)* tariff category, tariff class

Tarifkommission *(f)* Tariff Commission

Tarifkonkurrenz *(f)* tariff competition

Tarifkontingent *(n)* tariff quota

Tarifkontingent festlegen *(n)* establish a tariff quota

tariflich scheduled

tarifliche Einreihung der Waren *(f)* tariff classification of goods

tarifliche Präferenzen *(pl)* tariff preferences

tarifliche Präferenzmaßnahmen *(pl)* preferential tariff measures

tarifliche Warenbezeichnung *(f)* tariff description of goods *(customs)*

tarifmässig tariff
  tarifmässige Abrechnung *(f)* payment as per tariff
Tarifnachlass *(m)* customs rate reduction, cut in rate of duty
Tarifnetz *(n)* tariff scale, tariff schedule
Tarifniveau *(n)* tariff level
Tarifnomenklatur *(f)* tariff nomenclature
Tarifnummer *(f)* heading number, tariff number
  Tarifnummer des Brüsseler Zolltarif-schemas *(f)* number of the Brussels Nomenclature heading
  Tarifnummer zugewiesen werden *(f)* come under a heading, come under a tariff heading
  * **unter eine Tarifnummer fallen** *(f)* be classified in a tariff heading, receive a classification under a heading
  Wechsel der Tarifnummer *(m)* change of tariff heading
  zu einer Tarifnummer gehören *(f)* be classified in a tariff heading, receive a classification under a heading
  Zulassung zu einer Tarifnummer *(f)* inclusion (of goods) under a heading
Tarif- oder statistische Warennummer *(f)* commodity number *(box in the "goods declaration" form)*
Tarifordnung *(f)* schedule, table of rates, tariff **2.** tariff regulations, tariff rules
Tarifplafond *(m)* tariff ceiling
  Tarifplafond festlegen *(m)* establish a tariff ceiling
Tarifpolitik *(f)* tariff policy
Tarifposition *(f)* position, position in the customs tariff, tariff heading, tariff item
Tarifpreis *(m)* tariff price
Tarifprotektionismus *(m)* tariff protectionism
Tarifquote *(f)* rate tariff
Tarifrabatt *(m)* tariff rebate
Tarifrate *(f)* tariff rate
Tarifsatz *(m)* tariff rate
  direkter Tarifsatz *(m)* through rate
  Erhöhung der Tarifsätze *(f)* increase of rates, rise of rates

  Erhöhung der Zollsätze *(f)* raising of customs duties
  indirekter Tarifsatz *(m)* indirect tariff rate
Tarifsatzherabsetzung *(f)* lowering of tariff rates
Tarifschema *(n)* tariff system
Tarifsenkung *(f)* customs tariff reduction, cut in tariff rates, lowering of the rates, rate reduction, reduction of tariff, tariff reduction
Tarifspezifikation *(f)* tariff specification
Tarifsteigerung *(f)* increase in tariff, tariff escalation
Tarifstelle *(f)* classification
  Tarifstelle des GZT (Gemeinsame Zolltarif) *(f)* classification in the CCT
  * **Erzeugnisse der Tarifstelle ...** *(pl)* products falling within subheading ... *(customs tariff)*
Tarifstruktur *(f)* structure of rates, tariff structure
Tarifvereinbarung *(f)* tariff agreement
Tarifverhandlungen *(pl)* tariff bargaining, tariff negotiations
Tarifvertrag *(m)* tariff agreement
Tarifwert *(m)* tariff value
Tarifzone *(f)* tariff zone
Tasche *(f)* holder
Tatbestandsaufnahme *(f)* damage certificate, damage survey, inspection report, survey report
tätigen effect
  Ausgaben tätigen *(pl)* incur expenses
Tätigkeit *(f)* action, activity
  gewerbliche Tätigkeit ausüben *(f)* carry on business
Tätigkeitskreis *(m)* field of operation, sphere of operation
Tatsache *(f)* fact
  Tatsache feststellen *(f)* establish a fact
  * **Darstellung der Tatsachen** *(f)* statement of facts
Tatsachenfeststellung *(f)* ascertainment of facts
tatsächlich current, intrinsic, present
  tatsächliche Adresse *(f)* de facto address
  tatsächliche Ausfuhr der Waren *(f)* goods actually exported

tatsächliche Ausgaben *(pl)* actual costs, actual expenses

tatsächliche Bestimmungsstelle *(f)* actual office of destination

tatsächliche Durchgangszollstelle *(f)* actual office of transit

tatsächliche Nachfrage *(f)* actual demand, effective demand

tatsächlicher Totalschaden *(m)* actual total loss, constructive actual damage

tatsächlicher Totalverlust *(m)* actual total loss

tatsächlicher Verkauf *(m)* observed sale

tatsächlicher Verlust *(m)* actual loss

tatsächlicher Wert *(m)* current cost, present worth

tatsächliches Aufkommen *(n)* actual yield

tatsächliches Ergebnis *(n)* actual result

Tausch *(m)* change, exchange

Tauschgeschäft *(n)* barter, barter business, barter deal, barter transaction, reciprocal buying, reciprocal transaction

Tauschhandel *(m)* barter, barter exchange, bartering, trade by barter

Tauschkontrakt *(m)* barter contract

Tauschpartner *(m)* other party to a contract

Taxator *(m)* fixed

taxier appraised, valuation, valued

taxierte Police *(f)* valuation policy, valued policy

taxierte Versicherungspolice *(f)* valuation policy, valued policy

Taxwert *(m)* appraised value

Technik *(f)* engineering, technique

Technik des Außenhandels *(f)* foreign trade technique, technique of foreign trade

technisch technical

technische Abteilung *(f)* engineering department

technische Analyse *(f)* technical analysis

technische Anforderungen *(pl)* technical requirements

technische Basis *(f)* technical base

technische Bedingungen *(pl)* technical conditions, technical terms

technische Beschaffenheit *(f)* technical characteristics

technische Beschreibung *(f)* specification

technische Dokumentation *(f)* technical documentation

technische Durchsicht *(f)* technical inspection, technical survey

technische Einrichtungen *(pl)* technical equipment

technische Expertise *(f)* technical report

technische Forderungen *(pl)* engineering specification

technische Hilfe *(f)* technical aid, technical assistance

technische Information *(f)* technical brochure

technische Inspektion *(f)* technical inspection

technische Kontrolle *(f)* product quality control, technical inspection

technische Norm *(f)* technical standard

technische Prüfung *(f)* engineering supervision, technical control

technische Überwachung *(f)* engineering supervision, technical inspection, technical survey

technische Unterstützung *(f)* technical aid, technical assistance

technische Wartung *(f)* regular service, technical maintenance

technischer Berater *(m)* consultary engineer, technical adviser

technischer Containerzustand *(m)* container condition

technischer Dienst *(m)* technical service

technischer Direktor *(m)* technical director

technischer Kredit *(m)* swing credit

technischer Zustand *(m)* technical condition

technisches Projekt *(n)* technical project

Technologie *(f)* technology

Einführung einer neuen Technologie *(f)* introduction of new technology

Technologieanforderungen *(pl)* process requirements

Technologietransfer *(m)* technology transfer, transfer of technology

technologisch technological

technologischer Austausch *(m)* technological exchange

technologisches Verfahren *(n)* technological process

Teil *(m)* part

Teil der ATA *(m)* part of ATA

Teil der Fracht *(m)* part of cargo

Teil des Zollgebiets *(m)* part of the customs territory

Teilabnahme *(f)* partial acceptance of goods delivered

Teilakkreditiv *(n)* divisible letter of credit

Teilakzept *(m)* part acceptance, partial acceptance

Teilanerkenntnis *(f)* partial acknowledgement

Teilannahme *(f)* part acceptance, partial acceptance

teilbar divisible
  teilbares Akkreditiv *(n)* divisible letter of credit

Teilbefreiung *(f)* partial relief

Teilcharter *(m)* charter for part cargo

Teilclearing *(n)* part clearing

Teilcontainerladung *(f)* less than container load (LCL)

Teilcontainerschiff *(n)* part container ship, partial container ship

Teilenliste *(f)* list of parts, parts list

Teilfracht *(f)* fractional cargo, part cargo

Teilfrachtstück *(n)* part shipment

Teilgarantie *(f)* partial guarantee

Teilgut *(n)* fractional load

Teilhaber *(m)* partner

Teilhaftung *(f)* partial liability

Teilindossament *(n)* partial endorsement

Teilkonnossement *(n)* partial bill of lading

Teilkontingent *(f)* partial contingent

Teilladung *(f)* fractional cargo, instalment shipment, part cargo, part load, partial consignment, partial loading

Teilleistung *(f)* part performance

Teillieferung *(f)* delivery by instalments, part delivery, partial delivery, split delivery, underloading

Teilnahme *(f)* participation
  Klausel der allgemeinen Teilnahme *(f)* all-participation clause

teilnehmen take part
  an der Auktion teilnehmen *(f)* participate in an auction
  an der Zollkontrolle teilnehmen *(f)* attend the customs control procedures

Teilnehmer *(m)* participator

Teilrembours *(m)* partial reimbursement

Teilsendung *(f)* instalment shipment, partial consignment, partial shipment, shipment by instalments
  in Teilsendungen einführen *(pl)* import by instalments
  Wiedereinfuhr der Waren in Teilsendungen *(f)* split re-importation

Teilung *(f)* allocation, division

Teilverladung *(f)* part shipment, shipment by instalments, short shipment, underload

Teilverlust *(m)* part loss, partial loss

Teilverrechnung *(f)* part settlement

Teilversand *(m)* part shipment

Teilversicherung *(f)* partial insurance

Teilversteigerung *(f)* partial bid

teilweise partly
  teilweise bedingte Befreiung von der Zölle *(f)* partial conditional exemption from customs duties
  teilweise Befreiung *(f)* partial remission *(in respect of taxes)*
  teilweise Befreiung von den Einfuhrabgaben *(f)* partial relief from import duties
  teilweise bezahlt partly paid
  teilweise Entschädigung *(f)* partial compensation
  teilweise Zollbefreiung *(f)* partial relief from duty
  teilweiser Schaden *(m)* part damage, partial loss
  teilweiser Verlust *(m)* part loss, partial loss
  teilweises Entladen *(n)* partial unloading

Teilwiederausfuhr *(f)* reimportation in split consignments, split re-exportation

Teilzahlung *(f)* part payment, partial payment, payment in part

Teilzahlungskauf *(m)* hire purchase

Teilzahlungskredit *(m)* instalment credit

Telefaxnummer *(f)* fax number

Telefoninterview *(n)* telephone interview, telephone survey

telefonisch telephonic
  telefonische Verbindung *(f)* call

Telefonnummer *(f)* telephone number

telegrafisch telegraphic
telegrafisch anzeigen advise by cable
telegrafisch gestelltes Akkreditiv *(n)* telegraphic letter of credit
telegrafische Auszahlung *(f)* telegraphic money order
telegrafische Geldüberweisung *(f)* telegraphic money order
telegrafisches Angebot *(n)* cable offer, cable proposal
telegrafisches Inkasso *(n)* telegraphic collection
Telegraphenschlüssel *(m)* telegraphic code

Tel-quel-Klausel *(f)* tel-quel clause
Temperatur *(f)* temperature
Temperaturschwankung *(f)* temperature fluctuation
Tempo *(n)* rate
temporär interim, temporary
temporäre Einfuhr *(f)* temporary importation
Tendenzumkehr *(f)* change of tendency
Tenderausschuss *(m)* auction commission, tender committee
Termin *(m)* time, term
Termin absagen *(m)* call away an appointment
Termin bestimmen *(m)* appoint the day, define the term, define the time, fix a term
Termin der Erfüllung der Verbindlichkeit *(m)* time for performance of an obligation
Termin einhalten *(m)* keep the deadline, keep the term
Termin festlegen *(m)* appoint the day, fix a term
Termin hinausschieben *(m)* defer the term, delay the time, extend a term
Termin überschreiten *(m)* exceed a deadline, exceed a term, exceed a time, overrun a deadline
Termin verschieben *(m)* defer the term, delay the time
Termin vertagen *(m)* defer the time, delay the term
* auf Termin verkaufen *(m)* sell ahead
äußerster Termin *(m)* latest time, deadline, final date
bindender Termin *(m)* obligatory maturity
endgültiger Termin für die Einsendung von Angeboten *(m)* deadline for tenders

fixer Termin *(m)* established period
geplanter Termin *(m)* planned period
Terminal *(m)* base, terminal
benannter Terminal *(m)* named terminal
geliefert Terminal ... /benannter Terminal im Bestimmungshafen oder am Bestimmungsort/ DAT ... /insert named terminal at port or place of destination/, delivered at terminal ... /insert named terminal at port or place of destination/
LPG-Terminal *(m)* LPG terminal, liquid petroleum gas terminal
multimodales Terminal *(n)* intermodal terminal
Terminänderung *(f)* change of time
Terminauftrag *(m)* forward order
Terminbörse *(f)* forward market, futures market
Termineinkauf *(m)* future purchase, purchase for future delivery
Terminfestsetzung *(f)* setting a date, time fixing
termingerecht punctual
termingerechte Lieferung *(f)* punctual delivery
Termingeschäft *(n)* business for future delivery, contract for forward delivery, forward transaction
Markt für Termingeschäfte *(m)* futures market, terminal market
Terminkalender *(m)* diary, timetable
Terminkauf *(m)* forward purchase, purchase for delivery
Terminkontrakt *(m)* long-term contract, termed contract
Terminkurs *(m)* forward rate
Terminlieferung *(f)* forward delivery
Terminmarkt *(m)* forward market
Terminnotierung *(f)* forward quotation
Terminologie *(f)* nomenclature, terminology
Terminplan *(m)* diagram
Terminüberschreitung *(f)* exceeding the time limit, failure to respect the time limit, non-compliance with deadline
Terminverkauf *(m)* forward sale, time sale
Terminverlegung *(f)* deferment of the term

Terminvertrag *(bei Börsengeschäften)* *(m)* long-term contract, termed contract

Terminwechsel *(m)* period bill, time draft

Territorium *(n)* area, territory

Territoriumsklausel *(f)* territory clause

Testament *(n)* testamentary document

Text *(m)* copy, text, wording
  authentischer Text *(m)* original text, authentic text

Thermoscontainer *(m)* low-temperature container, thermal container

Tiefe *(f)* depth

Tiefgang *(m)* draft, draught
  Tiefgang des beladenen Schiffes *(m)* load draught, loaded draught
  Tiefgang des leeren Schiffes *(m)* light draught, light water-line
  Tiefgang des Schiffes *(m)* draught, ship's draught
  * beladener Tiefgang *(m)* laden draught, loaded draft
  größter Tiefgang *(m)* maximum draught
  leerer Tiefgang *(m)* light draught

Tiefgangsmarke *(f)* draught numeral

Tiefgangsmarken *(pl)* draft marks, water marks

Tiefgangsskala *(f)* displacement scale, draft marks, tonnage scale, water marks

Tiefladeanhänger *(m)* low loading trailer

Tiefladelinie *(f)* freeboard, Plimsoll line

Tiefsee *(f)* deep sea, high sea

Tiefung *(f)* draft
  Tiefung des Schiffes *(f)* draft, draught, ship's draught

tierarzlich veterinary
  tierarzliches Zeugnis *(n)* health certificate, veterinary note

Tierarzt *(m)* veterinary, veterinary surgeon

Tierfracht *(f)* live cargo

Tiermediziner *(m)* vet, veterinary

tilgen settle
  Schuld tilgen *(f)* liquidate a debts

Tilgungsrate *(f)* redemption rate

Tilgungszeitraum *(m)* repayment period

Timing *(n)* co-ordination

TIR *(abk)* *Transport International Routier* TIR
  TIR-Abkommen *(n)* TIR Agreement
  TIR-Carnet *(n)* Carnet TIR, TIR carnet
  Erledigungsbescheinigungzeugnis des Carnets TIR *(n)* certificate of discharge of the TIR carnet
  Inhaber des TIR-Carnets *(m)* holder of a TIR Carnet, Inhaber des TIR-Carnets *(m)* holder of a mortgage
  Trennabschnitt aus dem TIR-Carnet *(m)* voucher from the TIR
  Vorlage des Carnets TIR *(f)* presentation of a carnet TIR
  Warenmanifest des Carnets TIR *(n)* manifest of the TIR carnet
  Warentransport mit Carnet TIR *(m)* transport under cover of a TIR carnet, transport operation performed under cover of a TIR carnet
  TIR-Garantie *(f)* TIR guarantee
  TIR-Schild *(n)* TIR plate
  TIR-System *(n)* TIR system
  TIR-Transport *(m)* TIR operation
  TIR-Transport aussetzen *(m)* suspend the TIR operation
  TIR-Transport Beendigung des TIR-Transports *(f)* completion of a TIR operation
  TIR-Verfahren *(n)* TIR procedure
    Beginn eines TIR-Versands *(m)* start of a TIR operation
  TIR-Verfahren Beförderung der Waren im TIR-Verfahren *(f)* transport of goods under the TIR procedure
  TIR-Verfahren Zulassung zum TIR-Verfahren *(f)* access to the TIR procedure

Titel *(m)* title

Tochtergesellschaft *(f)* associated company, brother-sister corporation, subsidiary company
  Tochtergesellschaft im Ausland *(f)* overseas branch

Toleranz *(f)* tolerance

Toleranzgrenze *(f)* limit of tolerance

Toleranzmenge *(f)* admissible quantity, tolerance quantity

Toleranztara *(f)* tare allowance

Tonnage *(f)* capacity of vessel, registered tonnage, tonnage

Buchung einer Tonnage *(f)* tonnage booking

Deadweight-Tonnage *(f)* dead-weight cargo capacity

Fracht per Tonnage *(f)* freight per ton dead-weight capacity

ungenutzte Tonnage *(f)* idle tonnage

Tonnageangebot *(n)* tonnage offerings

Tonnagegehalt *(m)* burden

Tonnagegeld *(n)* ship dues, tonnage due

Tonnagelänge *(f)* tonnage length

Tonnagemeile *(f)* ton-mile

Tonnageplan *(m)* capacity plan, tonnage plan

Tonnageskala *(f)* displacement scale, tonnage scale

Tonne *(f)* ton

amerikanische Tonne *(f)* net ton, short ton

britische Tonne *(f)* United Kingdom ton, shipping ton, long ton

englische Tonne *(f)* United Kingdom ton, shipping ton, long ton

metrische Tonne *(f)* metric ton, continental ton

nordamerikanische Tonne *(f)* net ton, short ton

Tragfähigkeit eines Schiffes in Tonnen *(f)* dead-weight tonnage

Tonnegebühr *(f)* buoy hire, buoyage

Tonnenfracht *(f)* freight per ton weight

Tonnengehalt *(m)* tonnage, buoy hire, buoyage

Tonnengeld *(n)* buoy hire, buoyage

Tonnen-Last *(f)* ton weight

tot dead

tote Fracht *(f)* dead cargo, dead freight

tote Last *(f)* dead cargo, dead freight

total total

totale Qualitätskontrolle *(f)* total quality, total quality control

totales Clearing *(n)* total clearing

Totaleinnahme *(f)* total revenue

Totalgewicht *(n)* total weight

Totalschaden *(m)* absolute total loss

tatsächlicher Totalschaden *(m)* actual total loss, constructive actual damage

Totalverlust *(m)* dead loss

fingierter Totalverlust *(m)* constructive total loss

konstruktiver Totalverlust *(m)* constructive total loss

tatsächlicher Totalverlust *(m)* actual total loss

wirklicher Totalverlust *(m)* actual total loss

Totalwert *(m)* global price

Totenschein *(m)* certificate of death

Touristenagentur *(f)* tourist agency, tourist bureau

Touristenklasse *(f)* economy class

Touristik *(f)* tourism

Tradition *(f)* tradition

kommerzielle Tradition *(f)* commercial tradition, trade tradition

traditionell traditional

traditioneller Export *(m)* traditional export

Traditionspapier *(n)* document of title to goods

tragen incur

Kosten tragen *(pl)* carry costs, incur expenses

Tragfähigkeit *(f)* charging capacity, dead-weight cargo capacity, lifting capacity, loaded capacity, loading capacity

Tragfähigkeit des Schiffes *(f)* dead-weight, dead-weight all told, dead-weight tonnage

Tragfähigkeit eines Schiffes in Tonnen *(f)* dead-weight tonnage

Tragfähigkeitstonne *(f)* dead-weight ton, ton burden

Tragkraft *(f)* lifting capacity

Trailer *(m)* trailer

Länge des Trailers *(f)* trailer lengt

Trailerschiff *(n)* roll-on/roll off ship, ro-ro ship

Tramp *(m)* tramp, tramp ship, tramp vessel

Trampdampfer *(m)* contracting carrier, tramp ship

Trampfahrt *(f)* irregular shipping, tramp navigation, tramp service, tramp shipping, tramping

Trampfracht *(f)* tramp freight

Trampfrachtrate *(f)* tramp rate of freight

Trampladung *(f)* tramp cargo

Trampschiff *(n)* cargo tramp, contract carrier, contracting carrier, tramp, tramp ship, tramp vessel

Trampschifffahrt *(f)* irregular shipping, tramp service, tramping

Tranche *(f)* lot, portion

Transaktion *(f)* transaction

Transaktion *(f)* transaction
 kommerzielle Transaktion *(f)* commercial business, commercial dealing

Transaktionsnummer *(f)* transaction number

Transaktionsrisiko *(n)* transaction risk

Transaktionswährung *(f)* transaction currency

Transaktionswert *(m)* transaction value

Transcontainer *(m)* transcontainer

Transfer *(m)* assignment, remit, remittance, transfer
 * **mit Transfer zahlen** *(m)* pay by transfer

transferabel assignable, transferable
 transferabeles Akkreditiv *(n)* assignable letter of credit, negotiable letter of credit, transferable letter of credit

Transferakkreditiv *(n)* transferable letter of credit, transmissible letter of credit

Transferpreis *(m)* transfer price

Transferrisiko *(n)* exchange transfer risk

Transhipmentdauer *(f)* freight handling time, transhipment time

Transit *(m)* transit
 direkter Transit *(m)* direct transit
 freier Transit *(m)* free transit
 indirekter Transit *(m)* indirect transit
 internationaler Transit *(m)* international transit
 privilegierter Transit *(m)* privileged transit
 Verfahren des internationalen Transits *(n)* international customs transit procedure
 zollfreier Transit *(m)* duty-free transit, free transit

Transitanforderungen *(pl)* transit requirements

Transitbahn *(f)* transit railroad

Transitbedingungen *(pl)* conditions of transit

Transitbewilligung *(f)* permit of transit, transit bill, transit permit

Transitdeklaration *(f)* declaration for customs transit, transit declaration

Transitdokument *(n)* transit document

Transiteinlagerung *(f)* storage in transit, transit storage

Transitentfernung *(f)* transit distance

Transiterklärung *(f)* declaration for customs transit, transit declaration, transit entry

Transitflug *(m)* transit passage

Transitflughafen *(m)* transit airport

Transitfracht *(f)* in-transit freight, transit charge, transit freight

Transitfrachttarif *(m)* tariff for the transit

Transitfreiheit *(f)* freedom of transit
 internationale Transitfreiheit *(f)* freedom of international transit

Transitgenehmigung *(f)* transit permit
 zollfreie Transitgenehmigung *(f)* transhipment delivery order

Transitgebühr *(f)* transit fee

Transitgeld *(n)* in-transit freight, transit charge, transit due

Transitgenehmigung *(f)* transit permit

Transitgut *(n)* cargo in transit, goods in transit, transit cargo

Transitgutbeförderung *(f)* transport of transit cargo

Transitgutverzeichnis *(n)* list of goods in transit, list of transit goods

Transithafen *(m)* port of transit, transit port

Transithandel *(m)* transit trade
 direkter Transithandel *(m)* direct transit trade
 indirekter Transithandel *(m)* indirect transit trade

Transitklausel *(f)* transit clause

Transitkosten *(pl)* transit cost

Transitladung *(f)* cargo in transit, transit cargo

Transitladungsmanifest *(n)* transit manifest

Transitlager *(n)* transit store, transit storehouse, transit warehouse

Transitlagerung *(f)* transit storage
Transitland *(n)* country of transit, transit country
Transitlinie *(f)* transit route
Transitlizenz *(f)* transit authorization certificate, transit licence
Transitnote *(f)* transit declaration, transit note
Transitpassagier *(m)* transit visitor
Transitrecht *(n)* priority of transit, right of transit
Transitreise *(f)* transit passage
Transitrisiko *(n)* transit risk
Transitschein *(m)* transit bond, transit note
Transitsendung *(f)* through shipment, transit shipment
Transitstaat *(m)* state of transit
Transitstation *(f)* transit station
Transitstraße *(f)* transit route
Transittarif *(m)* tariff for the transit of goods, transit tariff
  einheitlicher Transittarif *(m)* uniform transit rate
Transittarifsatz *(m)* transit rate
Transittransport *(m)* traffic in transit, transit traffic
Transitverbot *(n)* transit embargo
Transitverkehr *(m)* traffic in transit, transit carriage, transit traffic
Transitverlust *(m)* loss in transit
Transitversicherung *(f)* transit insurance
Transitvertrag *(m)* transit contract
Transitvisum *(n)* transit visa
Transitware *(f)* international transit merchandise, in-transit merchandise, transit goods
  Einlagerung von Transitwaren *(f)* storage of transit merchandise
  vorübergehende Einlagerung von Transitwaren *(f)* temporary storage of transit merchandise
  Umschlag von Transitwaren *(m)* transhipment of transit merchandise
Transitweg *(m)* transit route
  internationaler Transitweg *(m)* international transit route

Transitzoll *(m)* transit duty
Transitzolltarif *(m)* tariff for the transit of goods
Transitzone *(f)* transit area
Transitzug *(m)* through train
transnational transnational
  transnationaler Konzern *(m)* transnational concern
  transnationales Unternehmen *(n)* multinational enterprise (MNE), multinational firm
Transport *(m)* transport, transportation
  Transport bezahlt *(m)* carriage free, carriage paid
  Transport mit Carnet TIR *(m)* transport operation performed under cover of a TIR carnet, transport under cover of a TIR carnet
  Transport unter Zollverschluss *(m)* customs carriage, transport under customs seals
  Transport von palettierter Ware *(m)* palletization, transportation of palleted goods
  Transport zu Lande *(m)* land-borne transport, surface transport, surface transportation
  * Beschädigung auf dem Transport *(f)* damage in transit
  Beschädigung während des Transports *(f)* damage in transit
  Fracht, Versicherung, Transport freight, insurance, carriage
  Frachtschiff für wahlweisen Transport von Erz, Massengut oder Öl *(n)* ore-bulk-oil ship
  für den Transport vorbereiten *(m)* prepare (goods) for shipment
  gebrochener Transport *(m)* combined service, combined transport
  Haus-Haus-Transport *(m)* house/house
  intermodaler Transport *(m)* intermodal transport, combined transport, intermodal traffic
  internationaler Transport *(m)* international haulage, international transport
  internationaler Transport unter Zollverschluss *(m)* international transport under customs seal
  kombinierter Transport multimodal transport
    Beförderungsdokument für den kombinierten Transport *(n)* multimodal transport document, container bill of lading

Container für kombinierten Transport (m) intermodal container

Dokument des kombinierten Transports (n) container bill of lading, combined transport document, multimodal transport document

Unternehmer des kombinierten Transports (m) multimodal transport operator, combined transport operator

multimodaler Transport (m) multimodal transport

Unternehmer des multimodalen Transports (m) combined transport operator, multimodal transport operator

Regelungen für sicheren Transport radioaktiver Stoffe (pl) Regulations for the safe transport of radioactive materials, IAEA regulations

TIR-Transport (m) TIR operation

unter Verwendung eines Carnets TIR durchgeführter Transport (m) operation under cover of a TIR carnet

Vorbereitung für Transport (f) preparation for carrying, preparation for carriage

zum Transport unter Zollverschluss zugelassen (m) approved for transport under customs seal

Transportabteilung (f) traffic department, transport department

Leiter der Transportabteilung (m) transport manager

Transportabwicklung (f) management of carriage

Transportagentur (f) transport agency

Transportart (f) manner of conveyance, mode of conveyance, mode of transport

Transportbedingungen (pl) conditions of carriage, terms of carriage, transport conditions

normale Transportbedingungen (pl) normal conditions of haulage

Transportbegleitpapiere (pl) shipping documents, shipping papers

Transportbehälter (m) cargo transporter, container, shipping container, transport container

Transportbescheinigung (f) bill of freight, commercial bill of lading

Transportbetrieb (m) cartage contractors

Transportblockade (f) transit blockade

Transportbüro (n) transport office

Transportcharter (m) wet lease

Transportcontainerisierung (f) containerisation of carriage

Transportdauer (f) carrying time, transport time

Transportdienst (m) transport service

Transportdienstangebot (n) supply of transport services, transport services offering

Transportdienste (pl) transport services, trucking services

Transportdistanz (f) carrying distance

Transportdokument (n) carriage document, carriage note, consignment document, shipping document, transport document

CTD-Transportdokument (n) combined transport document

echtes Transportdokument (n) clean transport document

einheitliches Transport-Dokument (n) single transport document (CCC)

gebrochenes Transportdokument (n) combined transport document (CTD)

multimodales Transportdokument (n) multimodal transport document

Transportdokumentation (f) shipping documentation

Transporteinheit (f) shipping unit, transport unit

Transportentfernung (f) length of haul

Transporteur (m) carrier

frei Transporteur (m) free carrier

Haftpflicht des Transporteurs (f) haulage contractor's liability, cartage contractor's liability

Transportexperte (m) traffic expert

transportfähig ready for carrying, ready for traffic, ready for transport

Transportfluss (m) flow of cargo

Transportgefahr (f) transport risk

Transportgefäß (n) transport container

Transportgeschäft (n) carrying company, transport company, trucking company

Transportgesellschaft *(f)* shipping organization, shipping partnership

Transporthaftung *(f)* cartage contractor's liability, haulage contractor's liability, liability of cartage contractour, responsibility of carrier

Transporthavarie *(f)* transport accident

Transporthindernis *(n)* hindrance to traffic

Transportinstitut *(n)* institute of transport

Transportkapazität *(f)* transport capacity

Transportklausel *(f)* transport clause

Transportkosten *(pl)* carriage charge, carriage costs, carrying cost, cost of carriage, costs of transport, costs of transportation, freight expenses, shipping costs, transportation charges

Transportkostenrechnung *(f)* freight contract, note booking

Transportlizenz *(f)* transport licence

Transportluftfahrt *(f)* transport aviation

Transportmarkierung *(f)* transportation marking

Transportmarkt *(m)* transport market

Transportmenge *(f)* volume of transport

Transportmittel *(n)* means of transport, transport medium

  Geleiten von Transportmittel *(n)* escort of means of transport

  Kontrolle des Transportmittels *(f)* inspecting mean of transport

  Status der Transportmittel *(m)* status of means of transport

  zollrechtlicher Status der Transportmittels *(m)* customs status of means of transport

Transportmittelabgabe *(f)* vehicle tax

Transportmittelidentifikation *(f)* identification of means of transport

Transportmittelversicherung *(f)* insurance of means of conveyance, transport medium insurance

Transportnetz *(n)* transportation net

Transportoperation *(f)* transport operation

Transportorder *(f)* carrying order, transport order

Transportpapiere *(pl)* transport documents

Transportpreis *(m)* carriage charge, cost of carriage

Transportprozess *(m)* transport process

Transportraum *(m)* cargo space, freight space

Transportrechnung *(f)* transportation invoice

Transportrisiko *(n)* risk of transport, transport risk

Transportsatz *(m)* freight rate

Transportschaden *(m)* loss during carriage, loss in transit, transit damage, transport damage

Transportschadenversicherung *(f)* transport insurance

Transportschein *(m)* bill of lading, waybill

  unübertragbarer Transportschein *(m)* cargo key receipt, non-negotiable bill of lading

Transportscheinzweitschrift *(f)* copy of consignment note, duplicate consignment note

Transportspezifikation *(f)* traffic specification, transport specification

Transportstrecke *(f)* carriage route, transport route

Transportsystem *(n)* transport system

  multimodales Transportsystem *(n)* intermodal shipping system

Transporttarif *(m)* transport tariff, transportation rates

Transportträger *(m)* freight carrier, transporter

Transportunternehmen *(n)* carrying business, carrying company, transport company, transport enterprise

  Konnossement eines Transportunternehmens *(n)* carrier's bill of lading

  öffentliches Transportunternehmen *(n)* common carrier

Transportverlust *(m)* loss during transport, loss in transit, loss of weight during transportation

Transportverpackung *(f)* omnibus packing, transportation packing

Transportverrechnung *(f)* freight settlement

Transportversicherung *(f)* insurance on goods in transit, transport insurance

Transportvertrag *(m)* contract of portage

Transportvorschriften *(pl)* transport regulations

Transportwesen *(n)* system of transport, transport system

Transportzeit *(f)* carrying time, period of transportation, transport time

Transportzweig *(m)* branch of transport, line of transport

Transsshipment *(n)* reloading, transhipment
Transsshipment unter Zollkontrolle *(n)* handling under customs control, handling under customs examination, handling under customs inspection

Trasportauftrag *(m)* carrying order, transport order

Trassant *(m)* giver of a bill of exchange

Trassantname *(m)* drawer

trassieren draw a bill, draw up a bill
Wechsel trassieren *(m)* value, draw

trassiert drawn
trassierter Wechsel *(m)* bill of entry, bill of exchange, documentary draft, draft, drawn bill

Tratte *(f)* draft, time bill
Tratte avisieren *(f)* advise a draft
Tratte einlösen *(f)* honour a draft
Tratte erneuern *(f)* extend a draft
Tratte und Konnossement beigefügt sight draft, bill of lading attached (SDBL)
Tratte verlängern *(f)* extend a draft
Tratte ziehen *(f)* issue a draft
Tratte zum Inkasso hereinnehmen *(f)* take a draft for collection
* **akzeptierte Tratte** *(f)* acceptance bill, bill of acceptance
Einlösung einer Tratte verweigern *(f)* refuse to accept a draft, repudiate a draft
Einzug einer Tratte *(m)* draft collection
Honorierung einer Tratte verweigern *(f)* repudiate a draft, refuse to accept a draft
reine Tratte *(f)* clean draft
Verlängerung einer Tratte *(f)* renewal of a draft, extension of draft

Tratte Ziel einer Tratte *(n)* tenor of bill of exchange, tenor of a draft

Trattenakzept *(n)* acceptance of draft
reines Trattenakzept *(n)* general acceptance

Trattenanzeige *(f)* advice of draft, notice of draft, notification of draft

Trattenavis *(m)* advice of a draft, advice of draft

Trattenbedingungen *(pl)* draft terms

Tratteprolongation *(f)* extension of draft, renewal of a draft

Trauung *(f)* faith

Travellerscheck *(m)* circular cheque, treveller's cheque

treffen meet
Vereinbarung treffen *(f)* enter into a contract, make an agreement
Handel treiben *(m)* engage in the trade, trade, merchandise, be engaged in traffic

treiben lead

Treideln *(n)* towage

Trennabschnitt *(m)* counterfoil, voucher
Trennabschnitt aus dem TIR-Carnet *(m)* voucher from the TIR
Trennabschnitt eines Carnets ATA *(m)* voucher of an ATA
Trennabschnitt eines Carnets TIR *(m)* counterfoil of TIR carnet, voucher of a TIR

Trennung *(f)* segregation
Trennung der Ladung *(f)* cargo segregation

Treuerabatt *(m)* deferred rebate, patronage discount

Treuhandvertrag *(m)* agreement on transfer, transfer agreement

trimmen trim, trimming
Ladung trimmen *(f)* trim, trimming

Trimmen *(n)* trimming

Trimmenkosten *(pl)* trimming costs
Trimmenkosten für Reeder *(pl)* fio excluding trimming
* **Verschiffungs- und Trimmkosten für Charterer** *(f)* fob and trimmed

Trimmer *(m)* selftrimming ship, self-trimming vessel

Trimmlohn *(m)* trimming charge

Trimmluke *(f)* trimming hatch

Trimmung *(f)* trimming

Trimmungskosten *(pl)* trimming costs
  Trimmungskosten für Reeder *(pl)* fio excluding trimming

Trimmverlust *(m)* trimming loss

Trimmzertifikat *(n)* trimming certificate

trocken dry

Trockendock *(n)* dry dock

Trockeneiscontainer *(m)* dry ice container

Trockenfracht *(f)* dry cargo

Trockenfrachtcharter *(m)* dry cargo charter

Trockenfrachtcontainer *(m)* container dry cargo, dry cargo container

Trockenfrachtschiff *(n)* dry-cargo vessel, general dry cargo ship

Trockengewicht *(n)* dry weight

Trockengut *(n)* dry cargo

Trockenladeraum *(m)* dry cargo hold

Trockenladung *(f)* dry cargo

Trockenmaß *(n)* dry measure

Trockenverlust *(m)* loss due to drying, shrinkage

Tropensüßwasserfreibord *(m)* tropical fresh water load-line

tropisch tropical
  tropische Sommertiefladeline *(f)* tropical summer load-line
  tropischer Freibord *(m)* tropical load-line

Tunnelgeld *(n)* tunnel toll

Tweendecker *(m)* tweendecker

Typ *(m)* type
  Typ des Containers *(m)* type of container

Typenmuster *(n)* bulk sample, standard sample, type sample

typisch typic
  typischer Vertrag *(m)* standard contract

U

über above
über Bord geworfene Ladung *(f)* jetsam, jettisoned cargo
Überangebot *(n)* excess of supply, supply surplus
Überbelastung *(f)* excessive load
überbewerten overestimate, overstate
Überbewertung *(f)* overvaluation
Überbewertung der Währung *(f)* overvaluation of currency
überbieten outbid
Überbordwerfen *(n)* jettison of cargo, jettisoned cargo
überbringen deliver
Dokumente überbringen *(pl)* deliver documents
Überbringerpolice *(f)* bearer policy, policy to bearer
Überbringer *(m)* bearer
an den Überbringer zahlbar *(m)* payable to bearer
Überbringerscheck *(m)* bearer cheque, cheque to bearer
überdacht covered
überdachter Container *(m)* covered container
überdenken consider
Angebot überdenken *(n)* consider an offer
Übereinkommen *(n)* accommodation, accord 2. agreement, convention
Artikel des Übereinkommens *(m)* article of convention
ATA-Übereinkommen *(n)* ATA convention
Auslegung des Übereinkommens *(f)* interpretation of a convention
Europäisches Übereinkommen über die internationale Beförderung gefährlicher Güter auf der Straße *(n)* European Agreement concerning the International Carriage of Dangerous Goods by Road
Internationales Übereinkommen zur Vereinfachung und Harmonisierung der Zollverfahren *(n)* International Convention on the simplification and Harmonization of Customs Procedures

Übereinkunft *(f)* agreement
internationale Übereinkunft *(f)* international agreement, international contract 2. international transaction
übereinstimmend according
übereinstimmend mit der Bestellung *(f)* according to order, as per order
Übereinstimmung *(f)* conformity
Übereinstimmung der Codes *(f)* conformity of codes
Übereinstimmung mit den Anforderungen *(f)* conformity with demands
* in Übereinstimmung mit dem Kontrakt liefern *(f)* deliver according to the contract
Nachweis der Übereinstimmung *(m)* evidence of conformity
Überfahrt *(f)* crossing
überfällig past-due
überfällige Zahlung *(f)* back payment, overdue payment
überfälliger Kredit *(m)* overdue credit, past-due credit
überfälliger Wechsel *(m)* bill overdue
überflüssig zbędny
überflüssige Menge *(f)* quantity over
Überführung *(f)* placement
Überführung der Waren in das Versandverfahren *(f)* placement of goods under the transit procedure
Überführung der Ware in das Zollverfahren *(f)* placement of goods under a customs procedure
Überführung der Waren in die vorübergehende Verwendung *(f)* placement of goods under the temporary importation arrangements
Überführung der Waren in die vorübergehende Verwendung *(f)* subjecting goods to the customs procedure
Überführung der Waren in ein Zolllager *(f)* entry into bonded warehouse
Überführung der Waren in eine Freizone *(f)* entry into free zone
Überführung in das Ausfuhrverfahren *(f)* release for export
Überführung in das Verfahren *(f)* placement under the procedure
Überführung in das Zollverfahren *(f)* placement under a customs procedure
Überführung in den Freiverkehr *(f)* release for free circulation, release for home use

Überführung in den zollrechtlich freien Verkehr *(f)* release for free circulation, release for home use
* Anmeldung zur Überführung in das Verfahren der Umwandlung unter zollamtlicher Überwachung *(f)* declaration for placement goods under the arrangements for processing under customs control
Bewilligung zur Überführung von Waren in ein Zollregime *(f)* permission for subjecting goods to a desired customs procedure
erste Überführung in den zollrechtlich freien Verkehr *(f)* first released for free circulation
unrechtsmäßige Überführung von Waren über die Zollgrenze *(f)* illegal conveyance of goods across the customs border
Zeitpunkt der Überführung der Waren in den freien Verkehr *(m)* time of clearance
Zulassung zur Überführung in den zollrechtlich freien Verkehr *(f)* authorization for release for free circulation
Überfüllung *(f)* congestion
Zuschlag für Wartezeiten wegen Überfüllung *(m)* congestion surcharge
Übergabe *(f)* surrender
Übergabe der Ladung *(f)* delivery of cargo, release of cargo
* franko Ort der Übergabe an den Luftfrachtführer *(m)* free place of delivery to air carrier
franko Ort der Übergabe an die Luftfahrtgesellschaft *(m)* free place of delivery to air carrier at seller's country
Vertrag zur schlüsselfertigen Übergabe *(m)* turnkey contract
Übergabe-Abnahmeprotokoll *(n)* certificate of delivery, delivery-acceptance act
Übergabebescheinigung *(f)* acknowledgement of receipt, receipt of delivery
Übergabeprotokoll *(n)* handling-over record, handling-over report
Übergabeschein *(m)* delivery order, transfer note
Übergang *(m)* passage
Übergang von Autorenvermögensrechten *(m)* assignment of copyright
Übergang von Eigentumsrecht *(m)* passage of property, passage of title

Übergang von Rechten und Pflichten *(m)* devolution of rights and dues
Übergangsvorschriften *(pl)* transitional regulations
übergeben send, transfer
in den freien Verkehr übergehen *(m)* enter into home use
Papier übergeben *(n)* deliver the document
Scheck zum Einzug übergeben *(m)* send a cheque for collection
Ware übergeben *(f)* deliver goods
Zollpapier übergeben *(n)* lodge a customs document
Übergepäck *(n)* excess baggage
Übergewicht *(n)* overweight, surplus of weight
Übergröße *(f)* oversize
Fracht mit Übergröße *(f)* out of gauge cargo
Überhang *(m)* overhang, excess
überhöht excessive, inflated
überhöhter Preis *(m)* inflated price, overcharged price, unreasonable price
Überladung *(f)* overloading
Überlandbahn *(f)* main-line railway
Überlassen *(n)* release
Überlassen der Ware *(n)* release of goods
Überlassungsvertrag *(m)* agreement on transfer, assignment contract, transfer agreement
Überlegenheit *(f)* superiority
Überliegegeld *(n)* demurrage, demurrage charges
Überliegepfandrecht *(n)* demurrage lien
Überliegetage *(pl)* days of demurrage, days on demurrage, dead time, demurrage days, standing time
Überliegezeit *(f)* lay time, lay-days
Überliegezeitklausel *(f)* demurrage clause
Übermaß *(n)* abundance, excess
übermitteln deliver
Auskünfte übermitteln *(pl)* supply information, furnish information
Unterlagen übermitteln *(pl)* forward the documents, hand over documents

Übernachfrage (f) demand surplus, excess of demand

Übernahme (f) pick up
 Übernahme und Auslieferung (f) pick up and delivery

Übernahmebedingungen (pl) terms of acceptance

Übernahmebescheinigung (f) inspection certificate

Übernahmeklausel (f) acceptance clause, receipt of goods clause

Übernahmekonnossement (n) received for shipment bill of lading

Übernahmeprotokoll (n) certificate of delivery, deed of acceptance, delivery-acceptance act, protocol of reception

Übernahmeverweigerung (f) refusal of receipt, refusal of receiving

übernehmen undertake
 Garantie übernehmen (f) safeguard
 Ladung übernehmen (f) accept a cargo, take a cargo, take in cargo
 Risiko übernehmen (n) take a risk
 Ware übernehmen (f) accept goods, receive goods
 zur Aufbewahrung übernehmen (f) receive into the custody, take into the custody

überprüfen inspect, search, verify
 Fahrzeug überprüfen (n) examine the vehicle
 Unterschrift überprüfen (f) verify a signature
 Waren überprüfen (pl) examine the goods

Überprüfung (f) verification
 Überprüfung der erforderlichen Unterlagen (f) verification of required documents
 Überprüfung der Zollanmeldung (f) checking of goods declaration, examination of the entry
 Überprüfung der Zollverschlüsse (f) inspection customs seals, inspection of customs seals
 Überprüfung des Kontraktes (f) revision of a contract
 * Ergebnis der obligatorischen Überprüfung (n) result of the compulsory check
 verwaltungsmäßige Überprüfung (f) administrative control
 zollamtliche Abfertigung ohne Überprüfung (f) cleared without examination

Überschätzung (f) overstatement, revaluation

Überschlagsrechnung (f) estimate calculation

überschreiten exceed , surpass, transgress
 Frist überschreiten (f) exceed a deadline, overrun a deadline, exceed a term, exceed a time
 Grenze überschreiten (f) cross a frontier
 Höchstgrenze überschreiten (f) exceed the ceiling
 Kompetenzen überschreiten (pl) exceed one's authority, overstep one's authority
 Limit überschreiten (n) outrun the limit
 Termin überschreiten (m) exceed a time, exceed a deadline, overrun a deadline, exceed a term
 Vollmacht überschreiten (f) exceed one's authority, overstep one's authority

Überschreitung (f) crossing **2.** exceeding **3.** offence, transgression, trespass
 Überschreitung der Grenze (f) crossing of frontier, frontier crossing
 Überschreitung der Zahlungsfrist (f) exceeding the date of payment, exceeding the time of payment
 Überschreitung der Zollgrenze (f) crossing of the customs border
 Überschreitung des Kredits (f) overdraw
 Überschreitung des Liefertermins (f) exceeding the term of delivery
 Überschreitung des Zahlungstermins (f) exceeding the date of payment, exceeding the time of payment

Überseefracht (f) ocean freight, sea freight

Überseehafen (m) foreign port

Überseehandel (m) maritime commerce, maritime trade, overseas trade

Überseeverkehr (m) sea traffic

Überseeverpackung (f) oversea packing, packing for shipment

übersenden consign, send

Übersendung (f) consignation, consignment

Übersetzung (f) translation
 beglaubigte Übersetzung (f) authorized translation

Übersetzungsbüro (n) translation bureau

übersteigen exceed, override
zugelassene Befreiungen übersteigen *(pl)* exceed the duty-free entitlements
Überstunden *(pl)* extra hours, overtime, overtime hours
Zuschlag für Überstunden *(m)* overtime bonus, overtime and night differential
Übertara *(f)* excess tare, extra tare
übertragbar negotiable, transmissible
übertragbare Garantie *(f)* transmissible guarantee
übertragbarer Scheck *(m)* negotiable cheque
übertragbares Akkreditiv *(n)* negotiable letter of credit, transferable letter of credit
übertragen convoy, pass over, submit
durch Giro übertragen *(n)* transfer by endorsement
durch Indossament übertragen *(n)* transfer by endorse
Information übertragen *(f)* impart an information, submit an information, transfer an information
Rechte übertragen *(pl)* assign a right
übertragend transferring
übertragende Bank *(f)* transferring bank
Übertragung *(f)* assignment, cession, **2.** delivery **3.** remit transfer, transmission
Übertragung an den Frachtführer *(f)* delivery to carrier
Übertragung der Bestellung *(f)* transfer of an order
Übertragung der Rechte *(f)* transfer of rights, transmission of rights
Übertragung des Eigentums *(f)* conveyance of property, ownership transfer
Übertragung durch Indossament *(f)* transfer by endorsement
Übertragung von Aktien *(f)* share transfer, transfer of shares
Übertragung von Rechten durch Indossament *(f)* transfer of rights by endorsement
Übertragung von Wertpapieren *(f)* transfer of securities
* mit Übertragung zahlen *(f)* pay by transfer
Übertragungsakt *(m)* deed of assignment, deed of transfer
Übertragungsauftrag *(m)* remittance order, transfer order

Übertragungsdatum *(n)* date of transfer
Übertragungsempfänger *(m)* transferee
Übertragungsurkunde *(f)* transfer, transfer deed
übertreten derogate
Gesetz übertreten *(n)* violate the law, contravene the law, infringe the law
Recht beugen *(n)* evade the law
Recht übertreten *(n)* transgress the law
Zollregelung übertreten *(f)* contravene the law on customs
Übertretung *(f)* encroachment, excess, infringement, violation
Übertretung der Vorschrift *(f)* legal offence
Übertretung des Zollgesetzes *(f)* breach of the tariff law
Überversicherung *(f)* overinsurance
überwachen check, control, supervise
Überwacher *(m)* checker, examiner
Überwachung *(f)* control, custody, inspection, supervision
Überwachung der Bestimmung *(f)* control of use *(of goods)*
Überwachung mit der Gewichtsgarantie *(f)* superintendence with guarantee of weight
* technische Überwachung *(f)* technical inspection, engineering supervision, technical survey
vorherige gemeinschaftliche Überwachung *(f)* prior Community surveillance *(customs)* *(EU)*
zollamtliche Überwachung *(f)* customs supervision, supervision by the customs authorities
Anmeldung zur Überführung in das Verfahren der Umwandlung unter zollamtlicher Überwachung *(f)* declaration for placement goods under the arrangements for processing under customs control
Entziehung der einfuhrabgabenpflichtigen Ware der zollamtlichen Überwachung *(f)* unlawful removal from customs supervision of goods
Waren unter zollamtlicher Überwachung *(pl)* goods under customs control
Umwandlung unter zollamtlicher Überwachung *(f)* processing of goods under customs control

unter zollamtlicher Überwachung bleiben *(f)* remain under customs control

Verfahren der Umwandlung unter zollamtlicher Überwachung *(n)* processing under customs supervision procedure, arrangements for processing under customs control, system of processing under customs control

Zollverfahren der Umwandlung von Waren unter zollamtlicher Überwachung vor ihrer Überführung in den zollrechtlich freien Verkehr *(n)* arrangements permitting goods to be processed under customs control before being put into free circulation

zollamtliche Überwachung der Verwendung der Waren *(f)* customs control of the use of goods

zollamtliche Überwachung entziehen *(f)* withdraw from customs control

zollamtliche Überwachung vorenthalten *(f)* withhold from customs control

zollamtlicher Überwachung unterliegen *(f)* be subject to customs control

Überwachungsmaßnahmen *(pl)* supervision measures *(customs)*

Überwachungssystem *(n)* surveillance system, system of surveillance

überweisen remit
auf Konto Nr. ... überweisen *(n)* pay to account No ...

überweisend remitting
überweisende Bank *(f)* remitting bank

Überweisung *(f)* draft, order, transfer
Überweisung auf ein Konto *(f)* transfer into account
Überweisung des Akkreditivs *(f)* transfer of letter of credit
* Tag der Überweisung *(m)* remittance date

Überweisungsakt *(m)* act of transfer

Überweisungsauftrag *(m)* order for remittance, order for transfer, order to transfer, transfer instruction, transfer order

Überweisungsempfänger *(m)* remittee

Überweisungsformular *(n)* transfer form, transfer ticket

Überweisungsscheck *(m)* crossed cheque

Überweisungsschein *(m)* remittance order, transfer order

überzahlen overpay

Überzahlung *(f)* excess payment, overpayment

überziehen overdraw
Kontingent überziehen *(n)* exceed the quota, outrun the quota

üblich customary, usual
übliche Bedingungen *(pl)* usual conditions, usual terms
übliche Qualität *(f)* standard quality
übliche Tara *(f)* customary tare
übliche Tarif *(m)* usual tariff
üblicher Abzug *(m)* customary rebate, usual allowance
üblicher Nachlass *(m)* customary rebate

Ufer *(n)* quay
frei Ufer *(n)* free at quay, free quay

Ufermauer *(f)* berth, wharf

Uhrzeit *(f)* time
Uhrzeit des Wareneingangs *(f)* time of arrival of goods, time of dispatch of goods
* Datum und Uhrzeit der Unterrichtung der zuständigen Zollstelle *(n)* date and hour on which the competent office is informed
Datum und Uhrzeit des Beginns des Entladens des Beförderungsmittels *(n)* date and hour of the start of unloading the means of transport
Datum und Uhrzeit des Wareneingangs *(n)* date and time of arrival of goods
Datum und Uhrzeit des Warenversands *(n)* date and time of dispatch of goods

ULD-Diskont *(m)* unit load device discount

ULD-Ermäßigung *(f)* ULD discount

Ultimo *(n)* ultimo

Umadressierung *(f)* readdressing, reshipping
Umadressierung der Ladung *(f)* readdressing of cargo, rerouting cargo
Umadressierung des Schiffes *(f)* diversion of a vessel

Umbeladen *(n)* handling
indirektes Umbeladen *(n)* indirect handling

Umfahrungsstraße *(f)* loop road, relief road

Umfang *(m)* amount, limit
Umfang der Kontrolle *(m)* amount of inspection, inspection scope
Umfang der Prüfung *(m)* amount of control
Umfang der Steuerbefreiung *(m)* scope of the exemption (in respect of tax
Umfang der Versicherung *(m)* amount of security, insurance coverage
Umfang der Vollmacht *(m)* terms of reference
Umfang des Exports *(m)* volume of exports
Umfang des Imports *(m)* quantum of import
umfassend comprehensive
umfassende Sicherheit *(f)* comprehensive security
Umgebungstemperatur *(f)* ambient temperature
Umgehungsstraße *(f)* relief road
umgeschlagen handled
umgeschlagene Ladung *(f)* handled cargo
Umladedauer *(f)* handling time
Umladegebühr *(f)* stevedorage, transhipping charge
Umladehafen *(m)* harbour of transshipment, port of transshipment, transhipment port
Umladekonnossement *(n)* transhipment bill of lading
Umladekosten *(pl)* handling costs, reloading charges, transhipping charges
Umlademagazin *(n)* transhipment store, transhipment warehouse
Umladen *(n)* transhipment
Umladen gestattet *(n)* transhipment allowed
umladen tranship
umladen unter Zollverschluss *(n)* tranship goods under bond
* **Waren umladen** *(pl)* transfer goods *(TIR)*, tranship goods
Umladung *(f)* cargo handling, cargo transfer, transshipment, transhipping
Umladung nicht gestattet *(f)* transhipment prohibited
Umladung unter Zollkontrolle *(f)* handling under customs control, handling under customs examination
Umladungen während der Beförderung *(pl)* transhipments during carriage *(CT)*

* **direkte Umladung** *(f)* direct handling
Zeit für die Umladung *(f)* time for cargo handling
Umladungsbahnhof *(m)* transfer station, transhipment station
Umladungsbestimmungen *(pl)* cargo handling instructions, handling instructions
Umladungschein *(m)* transhipment bond note, transhipment receipt
Umladungsdatum *(n)* cargo handling date
Umladungsdauer *(f)* freight handling time, transhipment time
Umladungsgeschäft *(n)* transhipping company
Umladungskai *(m)* loading berth
Umladungsklausel *(f)* transhipment clause
Umladungskosten *(pl)* cost of handling, transhipping charge
Umladungslieferschein *(m)* handling order, transhipment bond note, transhipment receipt
Umladungsplatz *(m)* transhipping place
Umladungsspediteur *(m)* transhipping forwarder
Umladungsstelle *(f)* cargo handling place, loading berth
Umladungstag *(m)* cargo handling day, date of cargo handling, transhipping day
Umladungsverlust *(m)* loss during cargo handling, loss during handling, loss during transhipment
Umladungszeit *(f)* allowed time for cargo handling
umlagern reload, tranship
Umlauf *(m)* circulation, turnover
Umpackung *(f)* repackaging
Umrechnung *(f)* recalculation, recount
Umrechnung der Fremdwährung *(f)* recalculation of foreign currency
Umrechnungskurs *(m)* conversion rate, exchange rate, rate of exchange
Umrechnungssatz *(m)* conversion rate

Umrechnungstabelle *(f)* conversion table

Umsatz *(m)* turnover

Umsatze nur gelegentlich bewirken *(pl)* carry out occasional transactions *(VAT)*

Umsatzart *(f)* category of transactions *(VAT)*

* **bargeldloser Umsatz** *(m)* traffic not involving cash, non-cash turnover

steuerbarer Umsatz *(m)* tax turnover, taxable turnover

steuerpflichtiger Umsatz *(m)* taxable turnover, tax turnover

Umsatzausgleichssteuer *(f)* countervailing duty, matching duty

Umsatzbetrag *(m)* amount of sales, amount of turnover

Umsatzgarantie *(f)* sales guarantee, sales warranty

Umsatzprognose *(f)* turnover forecast

Umsatzprovision *(f)* commission on sales, turnover commission

Umsatzrendite *(f)* profit/sales ratio (P/S ratio), profitability of sales, return on sales

Umsatzrückgang *(m)* sales slump, slump in sales

Umsatzsteigerung *(f)* expansion of sales, sales increase

Umsatzsteuer *(f)* purchase tax

Umsatzsteuer-Nummer *(f)* VAT registration number

Umsatzsteuersystem *(n)* system of turnover taxes

Umsatzstruktur *(f)* marketing structure, sales pattern

umschätzen reprice, revaluate

Umschglaggebühr *(f)* terminal charge

umschiffen overside, reship

Umschiffung *(f)* reshipment

Umschlag *(m)* handling, rotation

Umschlag der Ware *(m)* cargo handling

Umschlag des Hafens *(m)* rotation of ports

Umschlag Schiff/Kraftwagen *(m)* ship-to-truck cargo handling

Umschlag Straße/Flugzeug *(m)* air-to-air cargo handling

Umschlag Straße/Schiene *(m)* truck-to-wagon cargo handling

Umschlag Straße/Schiff *(m)* truck-to-ship cargo handling

Umschlag unter Zollkontrolle *(m)* handling under customs inspection

Umschlag vom Waggon ins Schiff *(m)* wagon-to-ship cargo handling

Umschlag von Transitwaren *(m)* transhipment of transit merchandise

* **indirekter Umschlag** *(m)* indirect loading

Umschlagagent *(m)* handling agent

Umschlagarbeiten *(pl)* handling operation

Umschlagblatt *(n)* cover page

Carnet-TIR-Umschlagblatt *(n)* cover page of the TIR carnet

erstes Umschlagblatt *(n)* front cover *(CMC)*

Umschlagchaden *(m)* damage in freight handling

Umschlagdatum *(n)* day of cargo handling, day of freight handling

Umschlagdeklaration *(f)* transhipment entry

Umschlagdepot *(n)* store for goods in transit, transhipment store

umschlagen handle cargo, reload, tranship

Ladung umschlagen *(f)* handle cargo

Umschlagerlaubnis *(f)* transhipment permit

Umschlagfaktor *(m)* stock turnover ratio

Umschlaggenehmigung *(f)* transhipment permit

Umschlaggeschwindigkeit *(f)* transhipment rate

Umschlaggut *(n)* transhipment cargo

Umschlaghafen *(m)* port of transshipment, transhipment port

Umschlaghandlungen *(pl)* cargo handling, freight handling

Umschlagkapazität *(f)* handling capacity

Umschlagkosten *(pl)* cost of handling, reloading charges, transhipping charge, transshipping charges

Umschlaglager *(n)* store for goods in transit, transhipment store, transhipment warehouse

Umschlagliste *(f)* transhipment list

Umschlagplatz *(m)* transhipping yard

Umschlagpunkt *(m)* freight handling point, handling point

Umschlagqualität *(f)* transhipment quality

Umschlagsleistungen *(pl)* cargo-handling services

Umschlagspesen *(pl)* handling charge, stevedoring charge

Umschlagtag *(m)* transhipping day

Umschlagtechnik *(f)* cargo handling equipment

Umschlagverlust *(m)* loss during cargo handling, loss during handling, loss during transhipment

Bord-Bord-Umschlagverlust *(m)* loss during reshipping

Umschlagvorschriften *(pl)* cargo handling instructions, handling instructions

Umschlagzeit *(f)* allowed time for handling, time for freight handling

Umschlaplatz *(m)* transhipping ground

Umschließungen *(pl)* packagings

Umschließungen ohne Gemeinschaftscharakter *(pl)* packaging not having Community status

* **Erklärung des Gemeinschaftscharakters von Umschließungen** *(f)* declaration of Community status for packaging

gefüllt eingeführte Umschließungen *(pl)* packings imported full

in Umschließungen enthaltene Waren *(pl)* contained goods

Klebezettel auf den Umschließungen anbringen *(m)* affix a label

leer eingeführte Umschließungen *(pl)* packings imported empty

Umschuldung *(f)* conversion of debts

Umschulung *(f)* training

Umtausch *(m)* change, exchange

Umwandlung *(f)* processing

Umwandlung unter zollamtlicher Prüfung *(f)* processing under customs control, processing under customs supervision

Umwandlung unter zollamtlicher Überwachung *(f)* processing of goods under customs control

* **Verfahren der Umwandlung unter zollamtlicher Überwachung** *(n)* system of processing under customs control, processing under customs supervision procedure, arrangements for processing under customs control

Zollverfahren der Umwandlung von Waren unter zollamtlicher Überwachung vor ihrer Überführung in den zollrechtlich freien Verkehr *(n)* arrangements permitting goods to be processed under customs control before being put into free circulation

Umwandlungserzeugnis *(n)* processed product

Umwandlungsverfahren *(n)* conversion process

Bewilligung des Umwandlungsverfahrens *(f)* authorization for processing under customs control, authorization for processing under customs supervision

Umwegreisecharter *(m)* round charter party, round trip charter

Umwegreisefracht *(f)* journey out and home freight, journey there and back freight, round voyage freight

Umweltverträglichkeit *(f)* ecological safety

Umweltverträglichkeitsprüfung (UVP) *(f)* environment impact analysis, environmental analysis

unabdingbar inalienable

unabdingbarer Bestandteil des Vertrags *(m)* integral part of the contract

unabhängig independent

unabhängige Expertise *(f)* independent report

unabhängiger Experte *(m)* free-lance expert

unabhängiger Vertreter *(m)* independent agent

unabhängiges Unternehmen *(n)* independent enterprise

unamtlich unofficial

unamtlicher Kurs *(m)* unofficial quotation

unangemeldet unentered

unangemeldete Ware *(f)* unentered goods

Unausgewogenheit *(f)* non-equilibrium

unbar non-cash, not involving cash

unbare Zahlungsweise *(f)* non-cash payment, payment by transfer

unbeaufsichtigt unattended

unbeaufsichtigtes Reisegepäck *(n)* unattended baggage

unbedingt absolute, unconditional
unbedingte Garantie *(f)* absolute guarantee, unconditional guarantee
unbedingte Zahlung *(f)* unconditional payment
unbedingtes Indossament *(n)* absolute endorsement, unconditional endorsement
unbefristete Garantie *(f)* absolute security, continuing guarantee, non-limited guarantee
unbefristete Schuld *(f)* perpetual debt
unbefristete Verbindlichkeit *(f)* obligation of unlimited duration
unbefristeter Kredit *(m)* perpetual credit
unbefristeter Vertrag *(m)* open-end contract, contract for an indefinite term
unbefristetes Akkreditiv *(n)* letter of credit without time-limit, unlimited letter of credit
unbeglaubigt unauthenticated, uncertified
unbegrenzt unlimited
unbegrenzte Haftung *(f)* absolute liability
unbegrenztes Risiko *(n)* unlimited risk
unbegründet baseless, unfounded, unjustified
unbegründete Beanstandung *(f)* groundless claim, groundless complaint
unberechtigte Reklamation *(f)* groundless claim, groundless complaint
unberechtigter Anspruch *(m)* unfounded claim
unbeschädigt undamaged
unbeschädigte Ware *(f)* sound goods
unbeschränkt unqualified
unbeschränkte Ausschreibung *(f)* non-limited tender, open tender
unbeschränkte Garantie *(f)* absolute guarantee, unqualified guarantee
unbeschränkte Konkurrenzausschreibung *(f)* advertised tender, public invitation to tender
unbeschränkte Vollmacht *(f)* unlimited power of attorney
unbeschränktes Akzept *(n)* general acceptance, unconditional acceptance
unbeschränktes Indossament *(n)* absolute endorsement, absolute endorsement, unconditional endorsement
unbeständig floating
unbestätig unconfirmed
unbestätiges, unwiderrufliches Akkreditiv *(n)* unconfirmed, irrevocable credit

unbestätigt unconfirmed
unbestätigte Garantie *(f)* unconfirmed guarantee
unbestätigtes Akkreditiv *(n)* unconfirmed letter of credit
unbestätigtes avisierendes Akkreditiv *(n)* unconfirmed advised letter of credit
unbesteuert tax-free
unbestritten uncontested
unbestrittenes Dokument *(n)* uncontested document, unquestioned document
unbeweglich immoveable
unbewegliche Habe *(f)* immoveables, real property
unbewegliche Sachen *(pl)* immoveable property, immoveables
unbezahlt outstanding, unpaid
unbezahlte Rechnung *(f)* outstanding account, unpaid invoice
unbezahlter Scheck *(m)* outstanding cheque, unpaid cheque
unbezahlter Wechsel *(m)* unpaid bill
Underdecksendung *(f)* underdeck shipment
undirekt indirect
undirekter Verkehr *(m)* indirect transport
unecht foul
unechte Steuermannsquittung *(f)* foul ship's receipt
unechter Bordempfangsschein *(m)* foul receipt
unechter Sanitärspass *(m)* claused certificate of health, claused health certificate
unechter Steuermannsschein *(m)* foul receipt, foul ship's receipt
unechtes Gesundheitszeugnis *(n)* claused certificate of health, claused health certificate, unclean bill of health
uneinbringliche unrecoverable
uneinbringliche Schuld *(f)* bad debt, unrecoverable debt
uneingelöst unredeemed
uneingelöster Scheck *(m)* dishonoured cheque, unpaid cheque
uneingeschränkt unrestricted
uneingeschränkte Befreiung *(f)* total exemption
uneingeschränktes Konnossement *(n)* clear bill of lading
unempfindlich proof

unentgeltlich duty-free, toll-free
unentgeltlich liefern supply free of charge *(goods)*
unentgeltliche Beförderung *(f)* free transportation
unentgeltlicher Vertrag *(m)* gratuitous contract
unerheblich minor
unerledigt unfulfiled
unerledigte Bestellung *(f)* unfulfiled order
Unfähigkeit *(f)* incapability, unfitness
Unfall *(m)* accident
Ort des Unfalls *(m)* place of the accident *(TIR carnet)*
Unfallrisiko *(n)* accident risk
Unfallschaden *(m)* accidental damage
Unfallversicherung *(f)* accident insurance
private Unfallversicherung *(f)* personal accident insurance
Unfallzusatzversicherung *(f)* additional insurance clause
unfrei carriage forward
ungedeckt uncovered
ungedeckter Kredit *(m)* blank credit, non-secured credit
ungedeckter Scheck *(m)* kite cheque, uncovered cheque
ungedeckter Wechsel *(m)* uncovered acceptance, uncovered bill
ungedecktes Akkreditiv *(n)* uncovered letter of credit
ungedecktes Darlehen *(n)* fiduciary loan
ungeeignet unsuitable
ungefähr about, circa
ungegründet unfounded, unjustified
ungenügend deficient, inadequate
ungenügende Markierung *(f)* insufficient markings
ungenügende Verpackung *(f)* insufficient packing
ungenutzt idle
ungenutzte Tonnage *(f)* idle tonnage
ungerechterweise contrary to law, lawless
ungesetzlich illegal, unauthorized
ungesichert unbacked, unsecured
ungesicherte Schuld *(f)* unsecured debt
ungesicherte Verschuldung *(f)* unsecured debts

ungesichtbarer Kredit *(m)* blank credit, non-secured credit
ungetilgt claimable
ungetilgte Schuld *(f)* claimable debt, debt due, unpaid debt, unsettled debt
ungleich dissimilar
ungleiche Bedingungen *(pl)* dissimilar conditions
Ungleichgewicht *(n)* disequilibrium
Ungleichgewicht der Zahlungsbilanz *(n)* balance of payments disequilibrium, disequilibrium in the balance of payment, imbalance of payments
Ungleichwertigkeit *(f)* inequivalency
Unglück *(n)* debacle, disaster
ungültig invalid, unvalid
ungültige Garantie *(f)* guarantee not valid
ungültige Urkunde *(f)* unvalid document
ungültiges Akkreditiv *(n)* invalid letter of credit
ungültiges Dokument *(n)* invalid document, unvalid document
Ungültigkeit *(f)* invalidity, nullity
Ungültigkeit der Urkunde *(f)* invalidity of a document
Ungültigkeit des Kontraktes *(f)* invalidity of a contract, nullity of a contract
Ungültigkeit des Vertrags *(f)* nullity of a contract
Ungültigkeitserklärung *(f)* nullification
Ungültigkeitserklärung der Anmeldung *(f)* invalidation of the declaration
ungünstig unfavorable, unprofitable
ungünstige Bedingung *(f)* adverse condition
ungünstiger Wechselkurs *(m)* unfavorable exchange rate
Unifizierung *(f)* unification
Unifizierung der Ladeeinheiten *(f)* unification of loading units
Union *(f)* union
Europäische Union *(f)* European Union
Universalbank *(f)* universal bank
Universalbehälter *(m)* collapside container, general purpose container
Universalcharter *(m)* standard forms of charter-party, uniform charter
Universalcontainer *(m)* collapside container, general purpose container

Universalversicherungspolice *(f)* all risks insurance policy, all-in policy, all-risk policy

unkomplett incomplete
unkomplette Lieferung *(f)* deficient delivery, incomplete delivery

unkonvertibel inconvertible
unkonvertibele Währung *(f)* inconvertible currency, irredeemable money

unkonvertierbar unconvertible
unkonvertierbare Währung *(f)* irredeemable currency, soft currency

unlauter foul, unfair
unlautere Konkurrenz *(f)* unfair competition
unlauterer Handelsbrauch *(m)* unfair business practice, unfair trade practice

unlesbar illegible, indecipherable
unleserlich illegible, indecipherable
unleserliche Unterschrift *(f)* indecipherable signature

unmittelbar direct
unmittelbare Durchfuhr *(f)* through transit
unmittelbare Einfuhr *(f)* direct Import
unmittelbarer Import *(m)* direct Import
unmittelbarer Verlust *(m)* direct loss

Unmöglichkeit *(f)* unenforceability
Unmöglichkeit der Vertragserfüllung *(f)* frustration of a contract, unenforceability of a contract

unnotiert unlisted

unrechtsmäßig illegal
unrechtsmäßige Überführung von Waren über die Zollgrenze *(f)* illegal conveyance of goods across the customs border

unregelmäßig irregular
Unregelmäßigkeit *(f)* irregularity
schwerwiegende Unregelmäßigkeiten *(pl)* major irregularities

unrein dirty
unreine Ladung *(f)* dirty cargo
unreine Verladebescheinigung *(f)* foul ship's receipt
unreines Gesundheitszertifikat *(n)* claused bill of health, dirty bill of health, claused bill of health, dirty bill of health
unreines Konnossement *(n)* bill of lading bearing reservations, claused bill of lading, dirty bill of lading, foul bill of lading, qualified bill of lading

Unrentabilität *(f)* lack of profit, unprofitability

unrichtig false
unrichtige Information *(f)* incorrect information, misleading information

Unruhen *(pl)* commotions, riots
Aufruhr, Streik, bürgerliche Unruhen riots, strikes and civil commotions
bürgerliche Unruhen *(pl)* civil commotions
Aufruhr und bürgerliche Unruhen riots and civil commotions
Streik, Aufruhr und bürgerliche Unruhen strikes, riots and civil commotions
innere Unruhen *(pl)* civil commotion
Streiks, Tumulte und Unruhen strikes, riots and civil commotions
zivile Unruhen *(pl)* civil commotion

unsecured ungesichert

unsichtbar invisible
unsichtbare Ausfuhr *(f)* invisible export, invisible exportation
unsichtbare Einfuhr *(f)* invisible import, invisible importation
unsichtbare Wiederausfuhr *(f)* invisible re-export
unsichtbarer Export *(m)* invisible export, invisible exportation
unsichtbarer Fehler *(m)* latent defect
unsichtbarer Import *(m)* invisible Import, invisible importation

Untauglichkeit *(f)* unqualification

untaxiert unvalued
untaxierte Police *(f)* non-valued policy, unvalued policy

unteilbar indivisible
unteilbares Akkreditiv *(n)* indivisible letter of credit

unter under
unter dem Vorbehalt der Wiederausfuhr *(m)* subject to re-exportation
unter eine Tarifnummer fallen *(f)* be classified in a tariff heading, receive a classification under a heading
unter Quarantäne stellen *(f)* quarantine
unter Verschluss lagern *(m)* place into bond
unter Verwendung eines Carnets TIR durchgeführter Transport *(m)* operation under cover of a TIR carnet

unter zollamtlicher Überwachung bleiben *(f)* remain under customs control

unter Zollüberwachung bleiben *(f)* remain under customs control

unterbefrachten re-charter, sub-charter

Unterbefrachter *(m)* subcharterer, underfreighter

Unterbefrachtung *(f)* subcharter, subchartering

Unterbelastung *(f)* short shipment, underload

Unterbietung *(f)* dumping

unterbrechen break

Unterbrechung *(f)* cessation, disruption
Unterbrechung der Verhandlungen *(f)* cessation of negotiations

unterbreiten lay
Angebot unterbreiten *(n)* present an offer, make an offer, produce an offer, submit an offer
unterbreiten zur Akzeptierung unterbreiten *(f)* produce for acceptance

unterbringen stow, stow the cargo

Untercharterer *(m)* subcharterer, underfreighter

unterchartern re-charter, sub-charter

Unterchartern *(n)* re-charter, subcharter

Untercharterung *(f)* re-charter, subchartering

Unterdeck *(n)* lower deck

Unterfrachtführer *(m)* sub-carrier

Untergesellschaft *(f)* associated company, brother-sister corporation

Untergestell *(n)* chassis

Untergewicht *(n)* deficiency in weight, short weight, underweight

Unterhaltung *(f)* parley

Unterhaltungskosten *(pl)* maintenance charges, maintenance costs

unterhandeln bargain

Unterlagen *(pl)* documents
Unterlagen einreichen *(pl)* put in documents
Unterlagen übermitteln *(pl)* forward the documents, hand over documents
* Echtheit der beigefügten Unterlagen *(f)* authenticity of the accompanying documents, authenticity of the documents attached

Prüfung der Unterlagen *(f)* verification of documents, documentary check, examination of documents, inspection of documents
Prüfung der Unterlagen des Betreibers der Rohrleitung *(f)* audit of the records held by the owner of the pipeline
Überprüfung der erforderlichen Unterlagen *(f)* verification of required documents
Vorlage der Unterlagen *(f)* production of the documents
voller Satz von Unterlagen *(m)* set of documents, complete set of documents

unterlegen liable for
Ausfuhrabgaben unterliegen *(pl)* be liable to export duties, be chargeable with export duties
Beschränkungen unterliegen *(pl)* be subject to restrictions
Besteuerung unterliegen *(f)* be liable to tax
Einfuhrabgaben unterliegen *(pl)* be liable to import duties, be chargeable with import duties
Regelung unterliegen *(f)* be subject to a system
Verboten unterliegen *(pl)* be subject to prohibitions
zollamtlicher Überwachung unterliegen *(f)* be subject to customs control

unterliegen be amenable

Untermiete *(f)* subhire, sub-rental

Untermietvertrag *(m)* subtenancy contract

Unternehmen *(n)* enterprise, undertaking
2. action
Unternehmen der Binnenschifffahrt *(n)* enterprise engaged in inland waterways transport
Unternehmen der Seeschifffahrt *(n)* enterprise operating ships
* assoziiertes Unternehmen *(n)* affiliated enterprise, affiliated undertaking
gemeinsames Unternehmen *(n)* joint enterprise, joint venture
herrschendes Unternehmen *(n)* leading company
landwirtschaftliches Unternehmen *(n)* agricultural undertaking
multinationales Unternehmen *(n)* multinational enterprise (MNE), multinational firm
öffentliches Unternehmen *(n)* state-owned enterprise, government enterprise

privates Unternehmen *(n)* private enterprise, non-corporated firm
Steuerrecht des Unternehmens *(n)* company tax law
transnationales Unternehmen *(n)* multinational enterprise (MNE), multinational firm
unabhängiges Unternehmen *(n)* independent enterprise

Unternehmensbedarfsplanung *(f)* business requrements planning

Unternehmensgruppe *(f)* group undertakings

Unternehmensinternationalisierung *(f)* internationalisation of enterprise, internationalism of business

Unternehmensmarketing *(n)* corporate marketing, intrepreneurial marketing

Unternehmensmitinhaber *(m)* part owner of enterprise

Unternehmer *(m)* contractor, enterpreneur
Unternehmer des kombinierten Transports *(m)* combined transport operator, container operator, multimodal transport operator
Unternehmer des multimodalen Transports *(m)* combined transport operator, multimodal transport operator
* **landwirtschaftlicher Unternehmer** *(m)* agricultural producer

Unternehmerfreiheit *(f)* free enterprise
Unternehmertum *(n)* enterprising
gemeinsames Unternehmertum *(n)* joint enterprising

Unternehmung *(f)* business, operation, undertaking

untersagt prohibited

Unterschied *(m)* difference, variance
Unterschied in den Devisenkursen *(m)* difference in quotation, difference of exchange

unterschiedlich different
unterschiedliche zollrechtliche Behandlung *(f)* different customs treatment

Unterschlagung *(f)* defalcation, embezzlement

unterschreiben set a signature
Vertrag unterschreiben *(m)* sign an agreement, sign a contract

unterschrieben signed
unterschriebenes Dokument *(n)* signed document

Unterschreibung *(f)* signing

Unterschreitung *(f)* squeezing

Unterschrift *(f)* sign, signature
Unterschrift anerkennen *(f)* honour a signature
Unterschrift beglaubigen *(f)* certify a signature
Unterschrift des Beamten *(f)* officer's signature
Unterschrift des Zollbeamten *(f)* signature of a customs official
Unterschrift eines bevollmächtigten Vertreters der Luftverkehrsgesellschaft *(f)* signature of an authorised representative of the airline
Unterschrift eines bevollmächtigten Vertreters der Schifffahrtsgesellschaft *(f)* signature of an authorised representative of the shipping company
Unterschrift setzen *(f)* set down a signature
Unterschrift überprüfen *(f)* verify a signature
* **authentische Unterschrift** *(f)* authentic signature, genuine signature
Authentizität einer Unterschrift *(f)* authenticity of signature
beglaubigte Unterschrift *(f)* authenticated signature, legalized signature
Beglaubigung der Unterschrift *(f)* attestation of a signature, authentication of a signature
bevollmächtigte Unterschrift *(f)* authorized signature
Dokument ohne Unterschrift *(n)* unsigned document
Dokument zur Unterschrift vorlegen *(n)* present a document for signature
eigenhändige Unterschrift *(f)* authentic signature, genuine signature, handwritten signature
elektronische Unterschrift *(f)* electronic signature
erforderliche Unterschriften *(pl)* required signatures
Feststellung der Unterschrift *(f)* authentication of a signature
gefälschte Unterschrift *(f)* forged signature
ohne Unterschrift *(f)* unsigned

unleserliche Unterschrift *(f)* indecipherable signature

Unterschriftenkarte *(f)* signature card

Unterschriftsbeglaubigung *(f)* authentication of a signature

Unterschriftsprobe *(f)* signature form, specimen signature

Unterschriftsvollmacht *(f)* authority to sign, power to sign

unterscreiben set one's name

Unterspediteur *(m)* sub-forwarding agent

unterstellen subject
Zollkontrolle unterstellen *(f)* place under customs control

Unterstützung *(f)* support
technische Unterstützung *(f)* technical aid, technical assistance

Untersuchung *(f)* control
zollabgefertigt ohne Untersuchung *(f)* cleared without examination

Untersuchung *(beim Einkauf)* *(f)* enquiry
Untersuchung des Reisegepäcks *(f)* inspection luggage
Untersuchung des Reisegepäcks *(f)* luggage inspection

Untersuchungsbericht *(m)* certificate of damage, survey certificate, survey report

Untersuchungsverfahren *(n)* investigation procedure

unterverfrachten re-charter, sub-charter

Unterverfrachter *(m)* underfreighter

Untervermietung *(f)* re-letting, sub-rental

Unterversicherung *(f)* underinsurance

unterwegs underway
unterwegs befindliche Ladung *(f)* cargo to arrive
unterwegs befindliche Sendung *(f)* incoming shipment
unterwegs befindliche Ware *(f)* goods afloat, goods in transit
unterwegs befindlicher Warenverkauf *(m)* sale of goods afloat
* Verladungsdokumente unterwegs *(pl)* documents of the way

Unterwegsbahnhof *(m)* intermediate station, through station

Unterweisung *(f)* direction, instruction

unterwerfen put
Waren einem Zollregime unterwerfen *(pl)* subject the goods to a customs procedure
Zollkontrolle unterwerfen *(f)* place under customs control, place under customs supervision

unterzeichnen initial, sign, subscribe
Dokument unterzeichnen *(n)* sign a document
per Prokura unterzeichnen *(f)* sign on authorization
Vertrag unterzeichnen *(m)* sign a contract, sign an agreement
Wechsel unterzeichnen *(m)* draw a bill

Unterzeichner *(m)* signatory, signer

Unterzeichnung *(f)* sign, signature
Unterzeichnung der Versandanmeldung *(f)* signing of the transit declaration
Unterzeichnung des Abkommens *(f)* execution of an agreement
Unterzeichnung des Vertrags *(f)* signing of contract
* zur Unterzeichnung vorlegen *(f)* produce for sign

Unterzeichnungsdatum *(n)* date of signature

Untiefe *(f)* bar, shoal

unübertragbar non-negotiable, unassignable, untransferable
unübertragbare Garantie *(f)* non-assignable guarantee
unübertragbare Lagerquittung *(f)* non-assignable certificate of deposit
unübertragbare Urkunde *(f)* non-assignable document, non-negotiable document
unübertragbarer Begleitschein *(m)* cargo key receipt
unübertragbarer Frachtschein *(m)* non-negotiable sea waybill, unassignable bill of lading
unübertragbarer Lagerschein *(m)* non-assignable certificate of deposit
unübertragbarer Transportschein *(m)* cargo key receipt, non-negotiable bill of lading
unübertragbares Dokument *(n)* non-assignable document, non-negotiable document
unübertragbares Konnossement *(n)* non-negotiable bill of lading

unverändert unchanged
unveränderter Preis des Basiszeitraumes *(m)* fixed basis price
Unverantwortlichkeit *(f)* non-liability, non-responsibility
unveräußerlich non-assignable, unmarketable
unverbindlich without liability
unverbindliche Offerte *(f)* not binding offer, open offer
unverbindlicher Preis *(m)* price without engagement
unverbindliches Angebot *(n)* free offer, offer without engagement
unverkäuflich unsaleable
unverkäufliche Ware *(f)* dead stock, unsaleable goods
unverlangt unsolicited
unverlangtes Angebot *(n)* unsolicited offer, voluntary offer
unveröffentlicht undisclosed
unveröffentlichtes Faktoring *(n)* non-notified factoring, undisclosed factoring
unverpackt loose, unpacked, unwrapped
unverpackte Ladung *(f)* bulk freight, mass freight, unwrapped cargo
unverpacktes Gut *(n)* loose goods, unprotected cargo
unversicherbar uninsurable
unversicherbares Risiko *(n)* unmeasurable risk
unversteuert duty-unpaid
unversteuerter Zoll *(m)* duty unpaid
unverzinslich interest-free, free of interest
unverzinsliche Anleihe *(f)* free of interest loan, interest-free loan
unverzinsliche Schuld *(f)* barren money, ex interest debt, non-interest bearing debt
unverzollbar bonded
unverzollbarer Preis *(m)* bonded price, dutiable price, inbound price, price ex bond
* **unverzollbares Gut** *(n)* free goods
  Deklaration der unverzollbaren Güter *(f)* entry for free goods
unverzollt duty-unpaid, uncustomed
unverzollte Ware *(f)* uncustomed goods
unverzollter Preis *(m)* bonded price, dutiable price
unverzollter Wert *(m)* bonded value

* **geliefert, unverzollt ...** /benannter Bestimmungspunkt/ **MWSt. und andere Steuern unbezahlt** delivered duty unpaid ... /named point of destination/ exclusive Vat and/or Taxes
geliefert, unverzollt ... /benannter Terminal/ delivered ... /named terminal/ duty unpaid
unverzüglich immediate, prompt
unverzügliche Lieferung *(f)* delivery on spot, prompt delivery
unverzügliche Verladung *(f)* prompt loading, prompt shipment
unverzügliche Verschiffung *(f)* prompt loading, prompt shipment
unvollständig partial, incomplete
unvollständig verladen ship short
unvollständige Adresse *(f)* incomplete address
unvollständige Lieferung *(f)* deficient delivery
unvollständige Verschiffung *(f)* short-shipment
Unvollständigkeit *(f)* incompleteness
unwesentlich minor
unwesentlicher Fehler *(m)* minor defect
unwichtig null, unvalid
Unwichtigkeit *(f)* invalidity
unwiderruflich indivertible, irrevocable, non-revocable
unwiderrufliche Garantie *(f)* irrevocable guarantee
unwiderruflicher Kredit *(m)* irrevocable credit
unwiderruflicher Verlust *(m)* indivertible loss
unwiderrufliches Akkreditiv *(n)* direct letter of credit, irrevocable documentary credit, irrevocable letter of credit
  bestätigtes unwiderrufliches Akkreditiv *(n)* confirmed irrevocable letter of credit
  unbestätiges, unwiderrufliches Akkreditiv *(n)* unconfirmed irrevocable letter of credit
unwiederbringlich irrecoverable
unwiederbringliche Ausgaben *(pl)* irrecoverable expenses
unwirksam invalid
unwirksame Klausel *(f)* invalid clause
Unwirksamkeit *(f)* invalidity, ineffectiveness
Unwirksamkeit eines Rechtsgeschäfts *(f)* invalidity of legal transaction

Unze *(f)* ounce
unzulänglich bad
unzureichend insufficient
  unzureichende Qualität *(f)* insufficient quality, unsatisfactory quality
Unzustellbarkeitsmeldung *(f)* notice of abandonment
Urheberrecht *(n)* author's rights, opyright law
  Schutz von Urheberrechten *(m)* protection of copyrights, copyright
  Verletzung des Urheberrechts *(f)* infringement of copyright
urheberrechtlich copyrighted
  urheberrechtlicher Vertrag *(m)* author's contract
Urheberrechtsgebühr *(f)* licence payment, licence tax
Urheberrechtsverletzung *(f)* copyright infringement
Urkunde *(f)* act, document
  Urkunde verfälschen *(f)* falsify a document, tamper with a document
  * **Abschrift einer Urkunde** *(f)* copy of a document
  amtliche Urkunde *(f)* public document
  beglaubigte Kopien von Urkunden *(pl)* certify copies of documents
  beglaubigte Urkunde *(f)* authenticated document
  echte Urkunde *(f)* original document, authentic document
  Erstellung einer Urkunde *(f)* issue of document, creation of document
  falsche Urkunde *(f)* false document, counterfeit document, forged document
  Gültigkeit der Urkunde *(f)* validity of a document
  Herausgabe von Urkunde *(f)* handling over of document
  Kontrolle der Echtheit der Urkunden *(f)* verification of authenticity of documents
  Kopie einer Urkunde *(f)* copy of a document
  Legalisierung einer Urkunden *(f)* legalization of documents, authentication of documents
  nicht begebbare Urkunde *(f)* non-negotiable instrument, non-transferable instrument
  nicht indossierbare Urkunde *(f)* non-transferable instrument, non-negotiable instrument

  notarielle Urkunde *(f)* notarial act, document certified by a notary, notarial deed, notarial document
  notarische Urkunde *(f)* notarial deed, notarial act
  Prüfung der Urkunden *(f)* inspection of documents
  Rückgabe der Urkunde *(f)* return of document
  ungültige Urkunde *(f)* unvalid document
  Ungültigkeit einer Urkunde *(f)* invalidity of a document
  unübertragbare Urkunde *(f)* non-negotiable document, non-assignable document
  Verlust von Urkunden *(m)* loss of the documents
  zum Ausstellen von Urkunden befugte Person *(f)* person authorized to issue documents
  Zustellung der Urkunden *(f)* documents delivery, service of a document
  Zweitschrift der Urkunde *(f)* copy of a document
Urkunden *(pl)* file, records, dokuments
Urkundenabschrift *(f)* copy of a document
Urkundenbeifügung *(f)* enclosing a document
Urkundenempfänger *(m)* receiver of documents, recipient of documents
Urkundenfälschung *(f)* documents forgery, falsification of a document
Urkundenstempel *(m)* stamp on a document
Urschrift *(f)* original
Ursprung *(m)* origin, provenance
  Ursprung der Dienstleistungen *(m)* origin of the services *(VAT)*
  Ursprung der Waren *(m)* origin of goods
  Ursprung des Schiffes *(m)* origin of vessel
  * **Bestimmung des Ursprungs** *(f)* determination of the origin
  Kontrolle des Ursprungs *(f)* control of origin *(customs)*
  nichtpräferentieller Ursprung *(m)* non-preferential origin of goods
  präferentieller Ursprung von Waren *(m)* preferential origin of goods

ursprünglich original, primitive
ursprüngliche Ausführer *(m)* original exporter
ursprünglicher Verladehafen *(n)* original port of shipment
ursprüngliches Angebot *(n)* initial proposal
Ursprungsbedingungen *(pl)* origin requirements
Ursprungsbescheinigung *(f)* certificate of origin, declaration of origin, origin note
Ursprungsbezeichnung *(f)* mark of origin
Ursprungserklärung *(f)* certificate of origin, declaration of origin, origin note
  beglaubigte Ursprungserklärung *(f)* certified declaration of origin
Ursprungserzeugnis *(n)* originating product
Ursprungsland *(n)* country of origin, shipping country
  Festlegung des Ursprungslandes *(f)* establishment of country of origin, determination of the country of origin of goods
Ursprungslandcode *(m)* code of the country of origin
Ursprungsnachweis *(m)* certificate of origin of goods *(CCC)*
Ursprungsregeln *(pl)* rules of origin
  gemeinsame Ursprungsregeln *(pl)* common rules of origin
Ursprungsware *(f)* originating product
  Eigenschaft von Ursprungswaren *(f)* status of originating products
Ursprungszertifikat *(n)* certificate of origin, declaration of origin, origin note
  Wert- und Ursprungszertifikat *(n)* certificate of value and origin
Ursprungszeugnis *(n)* certificate of origin, declaration of origin, origin note
Urteil *(n)* court decision, verdict
  Anfechtung des Urteils *(f)* appeal against a decree
  schiedsrichterliches Urteil *(n)* arbitration award
Usance *(f)* practice, usage, usance
  Usancen des Linienverkehrs *(pl)* berth terms, liner terms

Usancetara *(f)* uso-tare, usual tare
Usotara *(f)* uso-tare, usual tare

V

Vadium *(n)* gage, tender guarantee
validierbar validated
validierbares Dokument *(n)* validated document
valorisieren valorize
Valuta *(f)* foreign currency
Valutadumping *(n)* currency dumping, foreign exchange dumping
Valutaerklärung *(f)* currency declaration
Valutaerlöse *(pl)* currency receipts, inflow of foreign currency
Valutagegenwert *(m)* currency equivalent
Valutageschäft *(n)* currency dealing, currency transaction
Valutaintervention *(f)* currency intervention
Valutaklausel *(f)* currency clause, exchange clause, valorisation clause
Valutakurs *(m)* par of exchange, par rate of exchange
Valutakurs herabsetzen *(m)* debase the currency, reduce a currency rate
Valutakursregulierung *(f)* foreign exchange rate adjustment
Valutakursstabilität *(f)* exchange stability
Valutakurssteigerung *(f)* appreciation of currency
Valutamangel *(m)* shortage of currency
Valutarisiko *(n)* translation risk
Valutawechsel *(m)* currency draft
Variabilität *(f)* variability
Variabilität von Preisen *(f)* fluctuation of prices, price variability
Variation *(f)* variation
VAT-Steuerzahler *(m)* VAT tax-payer
ventiliert ventilated
ventilierter Container *(m)* ventilated container
Verabredung *(f)* collusion, conspiracy
Veränderlichkeit *(f)* variability, variableness

Veränderung *(f)* modification
Veränderung von Preisen *(f)* alternation in prices, modification of prices
Verankern *(n)* anchoring
Verankern das Festmachen *(n)* mooring
Veranlagung *(f)* assessment
jährliche Veranlagung *(f)* annual assessment
Veranschlagung *(f)* appraisal, estimation
Veranstaltung *(f)* event
verantwortlich liable
verantwortlich für Schaden *(m)* liable in damage
Verantwortlichkeit *(f)* amenability, liability
Haftung und Verantwortlichkeit *(f)* liability and responsibilities
materielle Verantwortlichkeit *(f)* pecuniary responsibility
persönliche Verantwortlichkeit *(f)* personal responsibility
rechtliche Verantwortlichkeit *(f)* legal responsibility, legal liability
Versicherung gegen zivilrechtliche Verantwortlichkeit *(f)* liability insurance
Verantwortung *(f)* accountability, liability
Verantwortung für die Beförderung der Waren *(f)* responsibility for the carriage of goods *(ccc)*
* administrative Verantwortung *(f)* management responsibility
strafrechtliche Verantwortung *(f)* criminal responsibility
zivilrechtliche Verantwortung *(f)* personal liability, civil liability
Verantwortungslosigkeit *(f)* non-liability, non-responsibility
Verarbeitung *(f)* processing
Be- oder Verarbeitung von Waren *(f)* working or processing of goods
Verarbeitungsverhalten *(n)* processing behavior
Verarbeitungsvorgang *(m)* processing operation
Be- oder Verarbeitungsvorgänge *(pl)* working or processing operations
veräußern dispose
Veräußerung *(f)* sale
Veräußerungskosten *(pl)* costs of distribution, costs of goods sold

Verband *(m)* association, society, block, union
bürgender Verband *(m)* guaranteeing association
Verbesserung *(f)* improvement, upturn
Verbesserung der Terms of Trade *(f)* improvement in terms of trade
verbilligt cheapens
verbilligter Preis *(m)* cut-rate price
verbinden oblige, put under an obligation
verbindlich binding, compulsory, firm, mandatory, obligatory
verbindliche Bedingung *(f)* mandatory condition, obligatory condition
verbindliche Bestellung *(f)* definite order, firm order
verbindliche Offerte *(f)* engagement offer, firm bid
verbindliche Rechtsvorschriften *(pl)* binding legislation
verbindliche Vereinbarung *(f)* binding agreement, current agreement
verbindliche Zolltarifauskunft (VZTA) *(f)* binding tariff information (BIT)
Änderung der verbindlichen Zolltarifauskunft *(f)* change of binding tariff information
verbindlicher Akt *(m)* binding act
verbindlicher Wechselkurs *(m)* binding exchange rate
verbindliches Angebot *(n)* engagement offer, firm bid, firm offer
Verbindlichkeit *(f)* liability
fällige Verbindlichkeit *(f)* current maturity, current liabilities
Termin der Erfüllung der Verbindlichkeit *(m)* time for performance of an obligation
unbefristete Verbindlichkeit *(f)* obligation of unlimited duration
Verbindlichkeitshandelsnorm *(f)* commercial standard
Verbindlichkeitsnorm *(f)* binding norm
Verbindung *(f)* alliance, communication, connection
direkte Verbindung *(f)* direct connection, direct traffic, through traffic
indirekte Verbindung *(f)* indirect traffic
telefonische Verbindung *(f)* call
Verbindungslinie *(f)* communication line, transport-service line

verborgen hidden, latent
verborgener Fehler *(m)* hidden defect, latent defect
Verbot *(n)* ban
Verbot aufheben *(n)* raise a ban
Verboten unterliegen *(pl)* be subject to prohibitions
Verbot verhängen *(n)* impose a ban
Verbot verletzen *(n)* break a ban
Aufhebung eines Verbots *(f)* removal of a ban
gerichtliches Verbot *(n)* court injunction
Verbotaufhebung *(f)* repeal of a ban
verboten banned
verbotenes Gut *(n)* banned goods
Verbotsliste *(f)* banned list
Verbrauch *(m)* consumption
globaler Verbrauch *(m)* apparent consumption, total consumption
laufender Verbrauch *(m)* immediate consumption, current consumption
Verbraucher *(m)* consumer
Verbrauchermarkt *(m)* consumer's market, market is a seller
Verbraucherpreis *(m)* consumer price
Verbraucherschutz *(m)* consumers protection
Verbrauchsabgabe *(f)* duty of excise
Verbrauchsforschung *(f)* demand research
Verbrauchsgüter *(pl)* consumer goods
Verbrauchskapazität *(f)* power of consumption
Verbrauchsplanung *(f)* cost planning
Verbrauchssteuer *(f)* duty of excise, excise, excise duty
Verbrauchssteuer auf Spirituosen *(f)* excise on spirits
Verbrauchssteuer auf Tabakwaren *(f)* excise on tobacco
Verbrauchssteuer auferlegen *(f)* lay excise duty, levy duty of excise
Verbrauchssteuer erheben *(f)* apply an excise to ...
Verbrauchssteuern unterliegende Erzeugnisse *(pl)* excise goods
* Ad-Valorem-Verbrauchssteuer *(f)* ad valorem excise duty

Verbrauchssteueraufschub *(m)* consumption tax deferral
Lager unter Verbrauchssteueraufschub *(n)* excise duty-free warehouse, tax warehouse
Verbrauchssteueranspruch *(m)* chargeability of excise
Verbrauchssteuerbasis *(f)* excise base
Verbrauchssteuererklärung *(f)* excise return
Verbrauchssteuergesetzgebung *(f)* excise legislation
verbrauchssteuerpflichtig liable for excise
verbrauchssteuerpflichtige Ware *(f)* goods liable for excise taxes
Verbrauchssteuerrecht *(n)* excise law
Verbrauchssteuerregelung *(f)* excise system
Verbrauchssteuersystem *(n)* system of excise duties
Verbrauchssteuervorschriften *(pl)* provisions relating to excise
Verbrauchsstruktur *(f)* structure of consumption
Verbreiterung *(f)* broadening
Verbreiterung der Bemessungsgrundlage *(f)* tax base broadening
verbringen carry, introduce
Waren in ein Zolllager verbringen *(pl)* place goods in a customs warehouse, place goods in a free zone
Verbringen *(n)* introduction, importation
Verbringen der Waren in das Zollgebiet *(n)* introduction of goods into the customs territory
Verbringen von Waren in Freilager *(n)* introduction of goods into free warehouse
Verbringen von Waren in Freizonen *(n)* introduction of goods into a free zone
* **erster Ort des Verbringens** *(m)* first place of introduction
illegales Verbringen von Waren *(n)* illegal importation of goods, illegal introduction of goods
Nachweis der Verbringung der Ware *(m)* proof of delivery of goods
Ort des Verbringens *(m)* entry point

Verbringung *(f)* entry
Verbringung in eine Freizone *(f)* entry into a free zone
verbuchen bring into the books
verbunden associate
verbundene Gesellschaft *(f)* affiliated enterprise, affiliated undertaking
verbürgen give a guarantee
Verchartereroption *(f)* ship holder's option, shipowner's option
Verdampfungsrisiko *(n)* evaporation risk
verdeckt hidden
verdeckter Fehler *(m)* hidden defect, latent defect
verderblich perishable
verderbliche Ware *(f)* perishable goods, perishables, perishable commodities
Verdienst *(m)* earning, salary
Verdrängung *(f)* displacement, displacement tonnage
Veredelung *(f)* processing
aktive Veredelung *(f)* processing under customs control, processing under customs supervision, inward processing
Anmeldung für die vorübergehende Einfuhr zur aktiven Veredelung *(f)* declaration for temporary admission for inward processing
Waren zur aktive Veredelung anmelden *(pl)* enter (goods) for inward processing
passive Veredelung *(f)* outward processing
Anmeldung für die vorübergehende Ausfuhr zur passiven Veredelung *(f)* declaration for the temporary exportation of goods for outward processing
vorübergehende Ausfuhr zur passiven Veredelung *(f)* temporary exportation for outward processing
zur passiven Veredelung vorübergehend ausgeführte Waren *(pl)* goods temporarily exported for outward processing
Veredelungserzeugnisse *(pl)* compensating products
aus Ersatzwaren hergestellte Veredelungserzeugnisse *(pl)* compensating products to be obtained from equivalent goods
Veredelungsfrist *(f)* duration of the processing procedure

Veredelungsverkehr *(m)* free importation for processing, improvement trade, temporary importation for processing
  aktiver Veredelungsverkehr *(m)* inward improvement, inward processing arrangements, inward processing relief arrangements, inward temporary importation for processing
    Bewilligung des aktiven Veredelungsverkehrs *(f)* authorization to use the inwards procedure
    Erledigung eines aktiven Veredelungsverkehrs *(f)* completion of an inward processing operation
    Lager für den aktiven Veredelungsverkehr *(n)* warehouse for inward processing
    Vorgang des aktiven Veredelungsverkehrs *(m)* inward processing operation
    zum aktiven Veredelungsverkehr abfertigen *(m)* put into inward processing
  passiver Veredelungsverkehr *(m)* outward improvement
    Bewilligung des passiven Veredelungsverkehrs *(f)* outward processing authorization, authorization to use the outward processing procedure
    Erledigung eines passives Veredelungsverkehrs *(f)* completion of an outward processing operation
    Vorgang des passiven Veredelungsverkehrs *(m)* outward processing procedure
Veredelungsvorgang *(m)* processing operation, refining operation
  Durchführung der Veredelungsvorgänge *(f)* completion of the processing operations
vereidigt sworn
  vereidigter Buchrevisor *(m)* certified public accountant, chartered accountant
  vereidigter Ladungskontrolleur *(m)* sworn cargo checker, sworn tallyman
  vereidigter Makler *(m)* accredited broker, sworn broker
  vereidigter Sachverständiger *(m)* sworn expert
  vereidigter Tallymann *(m)* sworn cargo checker, sworn tallyman
Verein *(m)* association, block, society, union
vereinbaren stipulate
  Klausel vereinbaren *(f)* negotiate a clause

  Preis vereinbaren *(m)* agree on price, settle the price
  Vertrag vereinbaren *(m)* negotiate a contract
vereinbart agreed, stipulated
  vereinbarte Qualität *(f)* stipulated quality
  vereinbarte Währung *(f)* contract currency, currency of contract
  vereinbarter Wert *(m)* agreed cost, agreement value
  * **im Vertrag vereinbarte Frist** *(f)* contract date
  vertraglich vereinbarter Preis *(m)* contracted price, contract value
Vereinbarung *(f)* agreement
  Vereinbarung ausführen *(f)* abide by an agreement, keep an agreement
  Vereinbarung treffen *(f)* enter into a contract, make an agreement
  Vereinbarung über den Grenzverkehr *(f)* agreement concerning frontier traffic
  Vereinbarung über die Marktaufteilung *(f)* market sharing agreement
  Vereinbarung über technische Hilfe *(f)* technical assistance treaty
  Vereinbarung über Vertrieb und Verkauf *(f)* ordinary marketing agreement
  * **Bruch der Vereinbarung** *(m)* rupture of an agreement
  Datum der Vereinbarung *(n)* date of an agreement
  finanzielle Vereinbarung *(f)* financial agreement
  internationale Vereinbarung *(f)* international agreement, international contract
  mehrseitige Vereinbarung *(f)* multilateral arrangement
  nach Vereinbarung *(f)* as per contract, as arranged
  Preis gemäß Vereinbarung *(m)* price as per agreement
  Vereinbarung schriftliche Vereinbarung *(f)* agreement in writing, written contract
  verbindliche Vereinbarung *(f)* binding agreement, current agreement
vereinbarungsgemäß according to a contract, as by agreement, as per agreement, as per contract
vereinfachen ease, simplify
  Zollverfahren vereinfachen *(n)* ease customs formalities

vereinfacht simplified
vereinfachte Verfahren für die Warenbeförderung auf dem Luftweg *(pl)* simplified procedures for goods carried by air
vereinfachte Verfahren für die Warenbeförderung auf dem Seeweg *(pl)* simplified procedures for goods carried by sea
vereinfachte Verfahren für die Warenbeförderung durch Rohrleitungen *(pl)* simplified procedures for goods moving by pipeline
vereinfachte Warenbeförderungen im in Großbehältern *(pl)* simplified procedures for goods carried by large container
vereinfachtes Verfahren *(n)* simplified procedure
> **Anwendung des vereinfachtes Verfahren auf dem Luftweg** *(f)* application of simplified procedures at air transport
> **Anwendung des vereinfachtes Verfahren auf dem Seeweg** *(f)* application of simplified procedures at sea transport
> **vereinfachtes Verfahren der Stufe 1** *(n)* level 1 simplified procedure
> **vereinfachtes Verfahren der Stufe 2** *(n)* level 2 simplified procedure

Vereinfachung *(f)* simplification
Vereinfachung der Förmlichkeiten *(f)* simplification of formalities
Vereinfachung für das gemeinschaftliche Versandverfahren *(f)* simplified Community transit procedure
* Anwendung der Vereinfachung *(f)* use of simplified procedure
Bewilligung für eine Vereinfachung im Versandverfahren *(f)* authorisation for a transit simplification

vereinheitlichen standardize
vereinheitlicht simplified
vereinheitlichter Beleg *(m)* standard document

Vereinheitlichung *(f)* normalization, standardization

Vereinigung *(f)* association, integration

Verfahren *(n)* mode, procedure, proceeding, way
Verfahren abschließen *(n)* complete the arrangements, conclude a proceeding
Verfahren beenden *(n)* complete the arrangements, conclude a proceeding

Verfahren der Umwandlung unter zollamtlicher Überwachung *(n)* system of processing under customs control
Verfahren der Durchfuhr *(n)* transit arrangements
Verfahren der Umwandlung unter zollamtlicher Überwachung *(n)* arrangements for processing under customs control, processing under customs supervision procedure
Verfahren der vorübergehenden Einfuhr *(n)* temporary importation procedure, system of temporary admission
Verfahren der vorübergehenden Verwendung *(n)* temporary admission arrangements, temporary admission procedure
Verfahren der Zollgutlagerung *(n)* customs warehousing procedure
Verfahren des Binnenzolltransits *(n)* domestic customs transit procedure
Verfahren des internationalen Eisenbahnverkehrs *(n)* procedure of international transit by rail *(TIF Convention)*
Verfahren des internationalen Transits *(n)* international customs transit procedure
Verfahren des internationalen Verkehrs *(n)* international transport procedures
Verfahren des internationalen Warentransports mit Carnets TIR *(n)* procedure of international transport of goods under cover of TIR carnets
Verfahren in Strafsachen *(n)* accusatorial proceedings
Verfahren zur Erstattung der MwSt. *(n)* arrangements for the refund of VAT
Verfahren zur Genehmigung von Linienverkehren *(n)* procedure for authorising regular services
* Abschluss des Verfahrens *(m)* completion of the procedure, discharge of the procedure
Anmeldung zur Überführung in das Verfahren der Umwandlung unter zollamtlicher Überwachung *(f)* declaration for placement goods under the arrangements for processing under customs control
Beschreibung des Verfahrens *(f)* description of the procedure
Einstellung des Verfahrens *(f)* abatement of an action

Erledigung des Verfahrens *(f)* completion of the procedure, discharge of the procedure
für die Bewilligung des Verfahrens in Betracht kommen *(f)* be eligible for the arrangements
Inanspruchnahme des Verfahrens *(f)* use of the arrangements
Inanspruchnahme des Verfahrens *(f)* use of the procedure
Missbrauch des Verfahrens *(m)* abuse of arrangements, abuse of a procedure *(CCC)*
Nachweis über die Beendigung des Verfahrens *(m)* proof of the end of the procedure
normales Verfahren *(n)* normal procedure
schiedsgerichtliches Verfahren *(n)* arbitration proceedings, arbitration proceedings, arbitration procedure, arbitration
summarisches Verfahren *(n)* summary proceedings, summary procedure
T1-Verfahren *(n)* T1 operation, T1 procedure, procedure T1
T2F-Verfahren *(n)* T2F procedure
T2-Verfahren *(n)* T2 procedure, T2 operation, procedure T2
technologisches Verfahren *(n)* technological process
TIR-Verfahren *(n)* TIR procedure
Überführung in das Verfahren *(f)* placement under the procedure
vereinfachtes Verfahren *(n)* simplified procedure
  Anwendung des vereinfachtes Verfahren auf dem Luftweg *(f)* application of simplified procedures at air transport
  Anwendung des vereinfachtes Verfahren auf dem Seeweg *(f)* application of simplified procedures at sea transport
vereinfachte Verfahren für die Warenbeförderung auf dem Luftweg *(pl)* simplified procedures for goods carried by air
vereinfachte Verfahren für die Warenbeförderung auf dem Seeweg *(pl)* simplified procedures for goods carried by sea
vereinfachte Verfahren für die Warenbeförderung durch Rohrleitungen *(pl)* simplified procedures for goods moving by pipeline
vereinfachtes Verfahren der Stufe 1 *(n)* level 1 simplified procedure
vereinfachtes Verfahren der Stufe 2 *(n)* level 2 simplified procedure

Verletzung des Verfahrens *(f)* violation of the procedure
zu einem einzelstaatlichen Verfahren abfertigen *(n)* put under a national procedure *(customs)*
Zulassung zu einem Verfahren *(f)* grant of a regime
Verfahrensende *(n)* end of procedure
Kontrolle des Verfahrensendens *(f)* control of the end of the procedure
Verfahrenskode *(m)* procedure code
Verfahrensregeln *(pl)* procedural rules, rules of practice
Verfall *(m)* expiry
Verfall einer Versicherung *(m)* expiration of insurance
* zahlbar bei Verfall *(m)* payable at maturity
Verfalldatum *(n)* date of validity, expiration date, expiry date, maturity date, time of termination
Verfalldatum des Akkreditivs *(n)* expiry date of the credit
* Nichtunterhaltung des Verfalldatums *(f)* break of due day, break of maturity
verfallen expired, outdated, out-of-date
verfallene Police *(f)* expired insurance policy
verfallener Scheck *(m)* outdated cheque, out-of-date cheque
Verfallfrist *(f)* day of maturity, prompt day
Versäumung der Verfallfrist *(f)* break of maturity
Verfallklausel *(f)* cassation clause
Verfallszeit *(f)* term of a note
Verfalltag *(m)* due date, expiry date, prompt date, time of termination
zahlbar am Verfalltag *(m)* payable at maturity
Verfalltermin *(m)* date of expiry, term of validity
Verfallzeit *(f)* due date
Nichtunterhaltung der Verfallzeit *(f)* break of due date
verfälschen falsify
Bücher verfälschen *(pl)* tamper with the books
Urkunde verfälschen *(f)* falsify a document, tamper with a document
Verfertiger *(m)* manufacturer
verflüssigt liquid
verflüssigter Erdgasterminal *(m)* liquid natural gas terminal

Verfolgung *(f)* prosecution
gerichtliche Verfolgung *(f)* legal proceedings, legal procedure
verfrachten load, reship
Verfrachter *(m)* affreighter, freighter, merchant **2.** forwarder, forwarding agent, freight forwarder
Abladelohn für Verfrachter *(m)* landing at cost for affreighter, landing at freighter's expense
Haftung des Verfrachters *(f)* marine carrier's liability
Löschkosten für Verfrachter *(pl)* landing at freighter's expense, landing at cost for affreighter
Verladungs- und Bezeichnungskosten für Verfrachter *(f)* shipper's load and tally
Verfrachterhaftung *(f)* liability of consigner, merchant's liability
verfrachtet freighted
verfrachtetes Gewicht *(n)* laden weight, loading weight
Verfrachtung *(f)* expedite, shipment **2.** freight contracting, freightage
Verfrachtung auf ein Schiff *(f)* embark, embarkation, load on board a ship, shipment on board
Verfrachtung des Schiffes *(f)* affreightment, marine chartering
* Beendung der Verfrachtung *(f)* completion of loading, completion of shipment
Güterbestand bei Verfrachtung *(m)* condition when shipped, shipped quality
verfügbar available
verfügbare Ware *(f)* goods on hand, on-hand stock
Verfügbarkeit *(f)* accessibility
Verfügung *(f)* disposal, disposition
amtliche Verfügung *(f)* administrative decision
Vergantung *(f)* bidding
vergeben forgive
Exportbewilligung vergeben *(f)* license exports
Lizenz vergeben *(f)* license, issue a licence
Vergehen *(n)* contravention, infraction of law, legal offence, offence
vergelten recompense, reward

Vergeltungszoll *(m)* retaliatory duty
Vergeltungszolltarif *(m)* penalty tariff, retaliation tariff
Vergleich *(m)* comparison
Abschluss des Vergleiches *(m)* conclusion of a compromise, come to terms
Vergleichsabschluss *(m)* come to terms, conclusion of a compromise
Vergleichstag *(m)* settling day
Vergleichs- und Schiedsordnung der internationalen Handelskammer *(f)* Rules of Conciliation and Arbitration of the International Chamber of Commerce
vergrößern increase, raise
Vergrößerung *(f)* gain, growth
Vergünstigung *(f)* allowance, relief
Vergünstigung einräumen *(f)* grant an allowance
Vergünstigung *(f)* allowance
Vergünstigung gewähren *(f)* accord an allowance
vergüten reimburse, refund
Steuer vergüten *(f)* repay a tax, refund a tax
Vergütung *(f)* charge, compensation, duty
Vergütung für Ladearbeiten *(f)* handling charge, stevedoring charge
* Antrag auf Vergütung *(m)* claim for repayment *(in respect of taxes)*
ohne Vergütung *(f)* unremunerated, gratuitous
Vergütungsklausel *(f)* compensation clause
Vergütungsland *(n)* country of refund
Verhaftung *(f)* arrest, stoppage
Verhaltensregeln *(pl)* rules of conduct
Verhältnis *(n)* ratio
Verhältnis von Preis und Ertrag *(n)* price/earnings ratio
Verhältnis zwischen Fremdkapital und Eigenkapital *(n)* debt-equity ratio
* Deposit-Währungs-Verhältnis *(n)* deposit-currency ratio
Kosten-Nutzen-Verhältnis *(n)* benefit-cost ratio
Preis-Ertrags-Verhältnis *(n)* price-earnings ratio
prozentuales Verhältnis *(n)* percentage, per cent rate

verhältnismäßig comparative, relative
verhandeln bargain
Verhandlungen *(pl)* bargaining, negotiations
Verhandlungen führen *(pl)* be in negotiations
Verhandlungen über den Vertrag *(pl)* contract negotiations, negotiations under contract
* Abschluss der Verhandlungen *(m)* finish of talks
Unterbrechung der Verhandlungen *(f)* cessation of negotiations
Zusammenbruch der Verhandlungen *(m)* breakdown of negotiations
Verhandlungssache *(f)* subject of negotiations
verhängen bring in, introduce
Embargo verhängen *(n)* impose an embargo
Geldbuße verhängen *(f)* inflict a fine, set a fine
Geldstrafe verhängen *(f)* set a fine, inflict a fine
Sanktionen verhängen *(pl)* apply the sanctions, impose the sanctions
Sperre verhängen *(f)* impose a ban
Verbot verhängen *(n)* impose a ban
Verhängung *(f)* levying
Verhängung des Embargos *(f)* imposition of an embargo
Verhinderung *(f)* precuation
Verhütungsmaßregeln *(pl)* preventive measures
Verifikation *(f)* verification
Verifikation der Dokumente *(f)* verification of documents
verjährt stale
verjährte Forderung *(f)* stale claim
verjährte Rechnung *(f)* past due invoice
verjährte Schuld *(f)* prescribed debt
verjährter Scheck *(m)* stale cheque
verjährtes Konnossement *(n)* stale bill of lading
Verjährung *(f)* statute of limitation
Verjährung des Documents *(f)* limitation of document
* Lauf der Verjährung *(m)* flow of time limitation, period of prescription
Verjährungsfrist *(f)* period of limitation, period of prescription
* Lauf der Verjährungsfrist *(m)* period of prescription, flow of time limitation
Verjährungszeit *(f)* period of limitation

Verkauf *(m)* sale, selling
Verkauf an der Börse *(m)* exchange sale
Verkauf auf einer Auktion *(m)* sale at an auction
Verkauf auf Lieferung *(m)* forward selling, future sale, sale for delivery
Verkauf auf Probe *(m)* sale on approval, sale on trial
Verkauf auf sofortige Lieferung *(m)* sale for prompt delivery
Verkauf auf Zeit *(m)* forward sale, sale for future delivery, time sale
Verkauf auf Ziel *(m)* sale on credit
Verkauf aus dem Zolllager *(m)* sale on consignment
Verkauf der Einrichtung *(m)* sale of equipment
Verkauf der Erfindung *(m)* sale of an invention, vending of an invention
Verkauf erweitern *(m)* develop sales
Verkauf gegen Kasse *(m)* sales for cash
Verkauf gegen Kredit *(m)* credit sale, sale on credit
Verkauf gegen sofortige Lieferung *(m)* spot business, spot sale
Verkauf laut Angabe *(m)* sale by description
Verkauf laut Probe *(m)* sale on sample, sale per sample
Verkauf mit einem Rabatt *(m)* sell at the rebate, trade discount
Verkauf mit Gewinn *(m)* profitable sales, sale at a profit
Verkauf mit Verlust *(m)* sell to disadvantage
Verkauf mit Zahlung bei Lieferung *(m)* cash on delivery sale
Verkauf nach Gewicht *(m)* sale by weight
Verkauf nach Katalog *(m)* catalogue sale
Verkauf nur gegen Barzahlung *(m)* cash-only sale
Verkauf ohne Verlust *(m)* break-even sales
Verkauf so, wie die Ware ist *(m)* sale as is
Verkauf unter Eigentumsvorbehalt *(m)* qualified sale
Verkauf unter Vorbehalt *(m)* conditional sale, memorandum sale, sale with reservation
Verkauf von Devisen *(m)* sale of foreign exchange
Verkauf von Dienstleistungen *(m)* sale of services
Verkauf von Waren *(m)* commodity sale, sale of goods
Verkauf zu Dumpingpreisen *(m)* selling at dumping prices, slaughter

* Agent für Verkauf von Patenten *(m)* patent agent
ausländischer Verkauf *(m)* foreign sale, sales abroad
direkter Verkauf *(m)* direct selling
erwarteter Verkauf *(m)* potential marketing, anticipated sale
fiktiver Verkauf *(m)* bogus sale, fictitious sale
freihändiger Verkauf *(m)* free sale, amicable sale
garantierter Verkauf *(m)* assured sale
gebundener Verkauf *(m)* matched sales
gegenseitiger Verkauf *(m)* reciprocal selling
Gesetz betreffend den Verkauf von Waren *(n)* sale and goods act
illegaler Verkauf *(m)* illicit sale
individueller Verkauf *(m)* individual sales
Kauf und Verkauf *(m/m)* purchase and sale
konzerninterner Verkauf *(m)* intercompany sales
Provision vom Verkauf *(f)* commission for sale, selling brokerage
Rückgang der Verkäufe *(m)* sales slump, slump in sales
Stimulierung des Verkaufs *(f)* marketing, selling inducements
stückweiser Verkauf *(m)* sale by piece, unit sales
tatsächlicher Verkauf *(m)* observed sale
Vereinbarung über Vertrieb und Verkauf *(f)* ordinary marketing agreement
zollfreier Verkauf *(m)* tax-free sale, duty-free sale
zu Verkauf stellen *(m)* put on sale
zum Verkauf ausstellen *(m)* expose for sale
verkaufen sell
  verkaufen unter Rabattgewährung *(f)* sell at a discount, sell at a rebate
  * **auf der Aktion verkaufen** *(f)* sell at auction, auction
  auf Kredit verkaufen *(m)* sell on credit, sell on account
  auf Lieferung verkaufen *(f)* sell for delivery
  auf Sofortlieferung verkaufen *(f)* sell for prompt shipment
  auf Sofortverschiffung verkaufen *(f)* sell for prompt shipment
  auf Termin verkaufen *(m)* sell ahead
  Einzelhandel verkaufen *(m)* sell by retail
  im Großhandel verkaufen *(m)* sell in bulk, sell wholesale

  in einzelnen Stücken verkaufen *(pl)* sell singly, sell by the piece
  mit Gewinn verkaufen *(m)* sell at a profit
  mit Verlust verkaufen *(m)* sell below cost, sell at a sacrifice, sell at a loss
  mittels Versteigerung verkaufen *(f)* auction, sell at auction
  nach Gewicht verkaufen *(n)* sell by weight
  stückweise verkaufen sell by the piece, sell singly
Verkäufer *(m)* seller
Preis ab Lager des Verkäufers *(m)* price ex seller's warehouse
Preis des Verkäufers *(m)* ask price
Sitz des Verkäufers *(m)* place of business of the seller's, seller's premises
Verkäufermarkt *(m)* seller's market
Verkäuferoption *(f)* seller's option
Verkäuferpfandrecht *(n)* seller's lien
Verkäuferpfandrechtklausel *(f)* seller's lien clause
Verkäuferrisiko *(n)* seller's risk
Verkäufersitz *(m)* place of business of the seller's, seller's premises
verkäuflich saleable
  verkäufliche Ware *(f)* saleable goods, go-go stock
Verkaufsabteilung *(f)* marketing department
Verkaufsagent *(m)* distributing agent, marketing agent, sales agent, sales representative, seller's broker, selling agent
  Verkaufsagent vor Ort *(m)* regional sales agent
Verkaufsakt *(m)* act of sale
  Kauf- und Verkaufsakt *(m)* sale contract
Verkaufsaktion *(f)* sales campaign
Verkaufsangebot *(n)* sales offer
Verkaufsanzeige *(f)* note of sale, sale note
Verkaufsauftrag *(m)* order to sell, selling order
Verkaufsausstellung *(f)* selling exhibition
Verkaufsbedingungen *(pl)* conditions and terms of sale, terms of sale
  allgemeine Lieferungs- und Verkaufsbedingungen *(pl)* general terms of sale and delivery

allgemeine Verkaufsbedingungen *(pl)* general conditions of sale, general terms of sale

Verkaufsbeschränkung *(f)* selling restriction

Verkaufsbestätigung *(f)* confirmation of sale

Verkaufsbezirk *(m)* area of marketing, distribution area

Verkaufsbuch *(n)* sales book, sales day book, sales journal

Verkaufsbüro *(n)* sales office, selling office

Verkaufschancen *(pl)* prospects of marketing

Verkaufsdatum *(n)* disposal date, time of purchase, time of sale

Verkaufsdirektor *(m)* sales director

Verkaufsfläche *(f)* sales area, trade area

Verkaufsförderaktion *(f)* promotion of sales, sales promotion

Verkaufsförderung *(f)* marketing, promotion of sales, sales promotion, selling inducements

Verkaufsförderungsaufwendungen *(pl)* sales promotion costs

Verkaufsförderungsausgaben *(pl)* sales promotion costs

Verkaufsform *(f)* form of sales

Verkaufsforschung *(f)* sales research

Verkaufsgebiet *(n)* area of marketing, distribution area, sales territory

Verkaufsgeschäft *(n)* sales outlet
  Kauf und Verkaufsgeschäft *(n)* purchase and sales transaction

Verkaufsgenehmigung *(f)* licence to sell, selling licence

Verkaufskampagne *(f)* sales campaign

Verkaufskanal *(m)* selling channel

Verkaufskommissionär *(m)* sales representative, seller's broker, selling agent

Verkaufskonditionen *(pl)* conditions and terms of sale, terms of sale

Verkaufskonto *(n)* sales account

Verkaufskosten *(pl)* costs of distribution, costs of goods sold, marketing expenses, selling costs

Verkaufskurs *(m)* asked price, seller's rate, selling rate

Verkaufsleiter *(m)* sales director

Verkaufslizenz *(f)* licence to sell, selling licence

Verkaufsmakler *(m)* distributing agent, selling broker

Verkaufsmerkmal *(n)* sales characteristics, sales parameter

Verkaufsmodell *(n)* marketing model

Verkaufsoffensive *(f)* selling campaign

Verkaufsoption *(f)* option to sell, put option

Verkaufsorder *(f)* disposal instructions, order to sell, selling order

Verkaufsorganisation *(f)* marketing

Verkaufsort *(m)* point of sale

Verkaufsplan *(m)* marketing plan, marketing scheme

Verkaufsplanung *(f)* sales planning

Verkaufspraxis *(f)* custom of the merchants, trade practice

Verkaufspreis *(m)* sales price, selling price

Verkaufspreisklausel *(f)* selling price clause

Verkaufsprognose *(f)* sales forecast, sales projection

Verkaufsprovision *(f)* commission for sale, selling brokerage

Verkaufspunkt *(m)* point of sale

Verkaufsraum *(m)* sales room

Verkaufsrentabilität *(f)* profitability of sales, return on sales

Verkaufsstrategie *(f)* sales strategy, selling strategy

Verkaufsstruktur *(f)* marketing structure, sales pattern

Verkaufsverbot *(n)* ban on sales

Verkaufsvertrag *(m)* sales agreement, selling arrangement

Verkaufsvertreter *(m)* sales representative, selling agent, selling broker

Verkaufsvertretung *(f)* distributing agency, selling agency

Verkaufsvolumen *(n)* sales volume

durchschnittliches Verkaufsvolumen *(n)* average sales

Verkaufsvolumensteigerung *(f)* expansion of trade

Verkaufsvorhersage (VH) *(f)* sales forecast, sales projection

Verkaufswert *(m)* sales value

Verkaufszeit *(f)* business hours, selling hours

Verkaufszeitpunkt *(m)* disposal date

Verkehr *(m)* flow, movement **2.** traffic, transport, transportation

Verkehr in der Grenzzone *(m)* frontier traffic, frontier-zone traffic

Verkehr unter Zollverschluss *(m)* customs carriage, customs cartage, transport under customs seals

* amtlicher Verkehr *(m)* official trade

Bahn-Wasser-Verkehr *(m)* rail-and-water service, combined rail/water service

freier Verkehr *(m)* **free** circulation

Anmeldung von Waren zum freien Verkehr *(f)* declaration for entry of goods for home use

erste Überführung in den zollrechtlich freien Verkehr *(f)* first released for free circulation

in den freien Verkehr übergehen *(m)* enter into home use

Überführung in den zollrechtlich freien Verkehr *(f)* release for free circulation, release for home use

Ware zur vorübergehenden Verwendung anmelden *(f)* enter goods for temporary importation

Waren abgabenfrei in den zollrechtlich freien Verkehr *(pl)* goods released for free circulation

Zeitpunkt der Überführung der Waren in den freien Verkehr *(m)* time of clearance

Zulassung zur Überführung in den zollrechtlich freien Verkehr *(f)* authorization for release for free circulation

zum zollrechtlich freien Verkehr abgefertigte Ware *(f)* goods declared for free circulation

gebrochener Verkehr *(m)* traffic with transhipment, transport by different carrier

gemischter Verkehr *(m)* intermodal transport, combined transport, intermodal traffic

Hause-Pier-Verkehr *(m)* house-pier

Haus-zu-Haus Verkehr *(m)* house to house transport

internationaler kombinierter Verkehr *(m)* international intermodal transport

internationaler Verkehr *(m)* international haulage, international transport, international traffic

Verfahren des internationalen Verkehrs *(n)* international transport procedures

nicht im zollrechtlich freien Verkehr befindliche Waren *(pl)* goods not in free circulation

Schiene-Kraftfahrzeug-Verkehr *(m)* combined road/rail service, combined road and rail transport

Schiene-See-Verkehr *(m)* combined road and sea transport, combined road/sea service

Schiene-Straße-Verkehr *(m)* combined road and rail transport

undirekter Verkehr *(m)* indirect transport

vorübergehender innergemeinschaftlicher Verkehr *(m)* temporary movement of goods within the Community

Verkehrsabteilung *(f)* traffic department, transport department

Verkehrsaufkommen *(n)* volume of traffic

Verkehrsinfrastruktur *(f)* communication infrastructure

Verkehrskoordination *(f)* co-ordination of transport

Verkehrslinie *(f)* communication line, transport-service line

Verkehrsministerium *(n)* Department of Transportation

Verkehrsmittel *(n)* means of transport, transport medium

Verkehrsordnungen *(pl)* traffic regulations, traffic rules

Verkehrspolice *(f)* block policy, general policy

Verkehrspolitik *(f)* transport policy

Verkehrsregeln *(pl)* traffic regulations, traffic rules

Verkehrsschaden *(m)* transit damage

Verkehrsschaden *(m)* transport damage

Verkehrstarif *(m)* transport tariff, ransportation rates

Verkehrsträger *(m)* carrier

erster **Verkehrsträger** *(m)* first carrier

zum ersten **Verkehrsträger liefern** *(m)* take to first carrier

Verkehrsvorschriften *(pl)* rules of the road

Verkehrszweig *(m)* branch of transport, line of transport

inländischer **Verkehrszweig** *(m)* mode of inland transport

Verkehrszweig an der Grenze *(m)* mode of transport at the border

verkürzt shorted, shortened

verkürzte **Arbeitszeit** *(f)* reduced working day, shortened work time

Verladearbeiten *(pl)* handling operation

Verladeauftrag *(m)* forwarding instruction, loading order, shipping order

Verlade-Avis *(m)* loading advice, shipping advice

Verladebescheinigung *(f)* ship's receipt

unreine **Verladebescheinigung** *(f)* foul ship's receipt

Verladebestimmung *(f)* shipper's letter of instruction, shipping instruction, shipping order

Verladebuch *(n)* loading record

Verladedatum *(n)* date of loading, date of shipment, loading date, term of shipment

Verladedokumente *(pl)* dispatch documents, loading documents, shipping documents

Verladeflughafen *(m)* airport of loading

Verladeformel *(f)* loading terms

Verladegenehmigung *(f)* landing permit, loading permit, permit to lade

Verladegewicht *(n)* intaken weight, loaded weight, original weight, shipped weight

Verladehafen *(m)* harbour of loading, loading port, port of embarkation, shipping port

Verladehafen bestimmen *(m)* determine the port of shipment

* erster **Verladehafen** *(m)* initial port of departure

Name des Verladehafens *(m)* name of the port of loading

ursprünglicher **Verladehafen** *(n)* original port of shipment

Verladehandlungen *(pl)* loading operations

Verladeinstruktionen *(pl)* shipping instructions

Verladekai *(m)* embarkation quay, lading wharf

Verladekosten *(pl)* lading cost, loading cost

Verladekosten für Charterer *(pl)* free in

Verladeliste *(f)* loading chart

verladen load, reship

in **Container verladen** *(m)* containerise

unvollständig verladen ship short

Waren verladen *(pl)* load goods

Verladen *(n)* loading, stowage

Verladen von Waren *(n)* loading of goods

* **Beendung des Verladens** *(f)* completion of lading, completion of shipping

verladen loaded

verladene **Menge** *(f)* quantity loaded, quantity shipped out, shipped quantity

Verladepapiere *(pl)* loading documents, shipment documents, shipping documents

Verladepapiereinstruktion *(f)* instruction for loading documents, instruction for shipment documents

Verladeplattform *(bei Luftfracht)* *(f)* platform

Verladeplatz *(m)* point of shipment, shipping place

Verladepunkt *(m)* freight handling point, handling point

Verlader *(m)* freighter, shipper

Löschkosten für Verlader *(pl)* free in, fi

Original für Verlader *(n)* original for shipper

Verschiffungs- und Bezeichnungkosten für Verlader *(f)* shipper's load and tally

Verladergewicht *(n)* shipper's weight

Verladerinstruktion *(f)* shipper's letter of instruction

Verladerprotest *(m)* shipper's protest

Verladerrisiko *(n)* shipper's risk

Verladerzeichen (n) shipper's mark

Verladestation (f) loading station

Verladetermin (m) date of dispatch, date of loading, date of shipment, day of dispatch

Verladevorrat (m) loading stock

Verladevorschrift (f) loading instruction

Verladevorschriften (pl) lading rules, shipment rules

Verladezyklus (m) loading lead time

Verladung (f) loading, shipment
Verladung als Massengut (f) loading in bulk
Verladung auf ein Schiff (f) embarkation, load abroad, loading on board, place on board, shipment on board
Verladung und Ablieferung (f) loading & delivery
Verladung von Ware (f) loading of goods
* Agent für Verladung und Versand der Waren (m) shipping and forwarding agent
Beendung der Verladung (f) completion of lading, completion of shipping
franko Ort der Verladung (m) free point of shipment
Geschäft auf Verladung (n) business for shipment, transaction for shipment
Güterbestand bei Verladung (m) shipped quality, condition when shipped
Kasse bei Verladung (f) cash on shipment
Kontrakt auf Verladung (m) contract on shipment, shipment contract
Platz für Verladung (m) shipping space
unverzügliche Verladung (f) prompt shipment, prompt loading
verspätete Verladung (f) late shipment
Zahlung bei Verladung (f) cash on shipment

Verladungsanweisung (f) shipping agent's order

Verladungsart (f) method of shipment, way of shipment

Verladungsaviso (n) advice of shipment, loading advice

Verladungsdauer (f) loading days

Verladungsdokumente (pl) loading documents
Verladungsdokumente unterwegs (pl) documents of the way

Verladungsfolge (f) turn of loading

Verladungshafen (m) harbour of loading, port of lading
benannter Verladungshafen (m) named port of shipment

Verladungsharmonogramm (n) diagram of loading, schedule of loading

Verladungskosten (pl) shipping costs

Verladungsort (m) point of shipment
frei Verladungsort (m) free shipping place, free point of shipment

Verladungsplatz (m) shipping space

Verladungspunkt (m) point of shipment

Verladungsschaden (m) loading damage, shipping damage

Verladungsschein (m) shipping note, shipping order

Verladungsscheine (pl) shipment documents, shipping documents

Verladungsstation (f) loading station

Verladungstag (m) day of shipment, lading day, loading day, shipping day

Verladung- und Entladungskosten für Charterer (f) free in and out

Verladungs- und Bezeichnungskosten für Verfrachter (f) shipper's load and tally

Verladungs- und Löschungsnorm (f) rate of loading and discharging

Verlagsrecht (n) author's rights, copyright law

verlangen request, require
Bezahlung verlangen (f) demand payment, call for payment
Lieferung verlangen (f) demand a delivery
Zahlung verlangen (f) demand payment, call for payment

Verlangen (n) demand
zahlbar auf Verlangen (n) payable on call, payable on demand

verlängern continue, extend, grant a respite, prolong, prolongate
Akkreditiv verlängern (n) extend a letter of credit
Frist verlängern (f) defer the time, delay the term
Gültigkeit des Akkreditivs verlängern (f) extend a letter of credit, prolong a letter of credit

Gültigkeit verlängern *(f)* extend validity
Konzession verlängern *(f)* extend a concession
Liefertermin verlängern *(m)* postpone the delivery time
Vertrag verlängern *(m)* extend an agreement, prolongate a contract, extend a contract
Vertragsgültigkeit verlängern *(f)* extend the validity of a contract
Wechsel verlängern *(m)* prolong a bill, extend a bill
Zahlungsfrist verlängern *(f)* postpone a payment, enlarge a payment
verlängert prolonged
verlängerte Frist *(f)* prolonged term
Verlängerung *(f)* delay, granting of a respite, prolongation
Verlängerung der Anmeldungsfrist *(f)* prolongation of registration
Verlängerung der Frist *(f)* extension of the time limit, prorogation
Verlängerung der Garantie *(f)* prolongation of a guarantee
Verlängerung der Patentdauer *(f)* renewal of a patent
Verlängerung der Zahlungsfrist *(f)* delay of payment, maturity postponement
Verlängerung der Tratte *(f)* extension of draft, renewal of a draft
Verlängerung des Abkommens *(f)* extension of contract, extension of the contract
Verlängerung des Kontraktes *(f)* extension of a contract, renewal of a contract
Verlängerung des Vertrags *(f)* continuation of an agreement, extension of a contract
Verlängerung des Wechsels *(f)* extension of a draft, prolongation of a bill
Verlängerung des Zahlungstermins *(f)* maturity postponement, prolongation of a term of payment
Verlängerung des Zahlungsziels *(f)* maturity postponement, prolongation of a term of payment
Verlängerungsgebühr *(f)* prolongation fee
Verlängerungsklausel *(f)* continuation clause, prolongation clause
Verlängerungsstück *(n)* adjunct
verlangt requiring
verlangte Qualität *(f)* required quality
verlangtes Angebot *(n)* solicited offer

verlegen defer, respite
Verlegervertrag *(m)* publishing agreement
Verleiher *(m)* creditor, lender
verleihen award
Preis verleihen *(m)* award a prize
verletzen contravene, violate
Abkommen verletzen *(n)* break an agreement, infringe an agreement
Gesetz verletzen *(n)* violate the law, contravene the law
Kontrakt verletzen *(m)* transgress a contract, infringe a contract
Verbot verletzen *(n)* break a ban
Vertrag verletzen *(m)* violate a contract, infringe a contract
Vertragsbedingungen verletzen *(pl)* default on the agreement
Vorschriften verletzen *(pl)* infringe the regulations, infringe the law
Zollverschlüsse verletzen *(m)* break the customs seals, break the seals and fastenings
Verletzung *(f)* transgression, trespass
Verletzung der Bedingungen *(f)* breach of the terms and conditions
Verletzung der Kontraktbedingungen *(f)* infringement of the contract terms
Verletzung der Verpflichtung *(f)* violation of the undertaking
Verletzung der Verschlüsse *(f)* breakage of seals
Verletzung der Vertragsbedingungen *(f)* infringement of the contract terms
Verletzung der Zollverschlüsse *(f)* breaking the seals
Verletzung der Zusicherung *(f)* breach of guarantee, breach of warranty
Verletzung des Berufsgeheimnisses *(f)* breach of professional secrecy
Verletzung des Firmenzeichens *(f)* infringement of trade-mark
Verletzung des Gesetzes *(f)* contravention of the law
Verletzung des Geschäftsgeheimnisses *(f)* breach of business secrecy
Verletzung des Urheberrechts *(f)* infringement of copyright
Verletzung des Verfahrens *(f)* violation of the procedure
Verletzung des Zollverschlusses *(f)* breaking the customs seals

verlieren lose
an Gewicht verlieren *(n)* fall in weight
an Wert verlieren *(n)* lose in value, decline in value, depreciate
Geld verlieren *(n)* expend money
verloren lost
verlorene Palette *(f)* expendable pallet, one-way pallet
verlorener Scheck *(m)* lost cheque
Verlust *(m)* deficiency, deficit, forfeiture, loss, shortage, shrinkage
Verlust abdecken *(m)* cover a loss
Verlust der Aufträge *(m)* loss of orders
Verlust der Kreditwürdigkeit *(m)* loss of creditworthiness
Verlust der Ladung *(m)* loss of cargo
Verlust des Schiffes *(m)* loss of ship
Verlust durch Leckage *(m)* leakage loss, loss by leakage
Verlust erleiden *(m)* incur a loss
Verlust nehmen *(m)* meet with a loss, suffer a loss
Verlust von Ladung *(n)* loss of freight
Verlust von Urkunden *(m)* loss of the documents
Verlust vor Steuer *(m)* loss before tax
* Anzeige über den Verlust von versichertem Gut *(f)* notification on the loss of insured goods
Ausgleich von den Verlusten *(m)* allowance for waste
außerordentlicher Verlust *(m)* extraordinary loss
Begleichung von Verlusten *(f)* coverage of losses
direkter Verlust *(m)* direct loss
Ersatz der Verluste *(m)* recovery of the damage, recovery of a loss, compensation for a loss
Garantie gegen Verluste *(f)* guarantee against losses
gebräuchlicher Verlust *(m)* customary trade loss
Gewinn oder Verlust *(m/m)* profit or loss
kommerzieller Verlust *(m)* business loss
materieller Verlust *(m)* material loss, material damage
mit Verlust verkaufen *(m)* sell below cost, sell at a loss, sell at a sacrifice
Nachweis des Verlustes *(m)* damage certificate, proof of loss

normaler Verlust *(m)* normal loss, natural diminution, trade shortage
Schaden und Verlust *(m)* loss and damage
tatsächlicher Verlust *(m)* actual loss
teilweiser Verlust *(m)* part loss, partial loss
unmittelbarer Verlust *(m)* direct loss
unwiderruflicher Verlust *(m)* indivertible loss
Verkauf mit Verlust *(m)* sell to disadvantage
Verkauf ohne Verlust *(m)* break-even sales
versicherter Verlust *(m)* insured loss
zufälliger Verlust *(m)* causality loss, accidental loss, casualty
Verlustanzeige *(f)* loss advice
Verlustausgleich *(m)* compensation for the losses, loss compensation
Verlustkonto *(n)* loss account
Verlustmenge *(f)* extent of the loss
Verlustquellenberechnung *(f)* calculation of losses
Verlustvortrag *(m)* loss carryforward
Verlustvortrag aus dem operativen Geschäft *(m)* operational loss
Vermarktungsagentur *(f)* marketing agency
vermeiden overcome
Zollschränken vermeiden *(pl)* overcome customs barriers
Vermerk *(m)* notation, notice, remark
Vermerk im Konnossement *(m)* reservation in a bill of lading
vermieten lease
Vermietung *(f)* hire, letting
Vermietung des Schiffes ohne Besatzung *(f)* bare hull charter, bare-boat charter, charter by demise, demise charter
vermindern lower, reduce
Steuersatz vermindern *(m)* lower the rate of tax
Verminderung *(f)* reduction
Verminderung der Sätze *(f)* reduction in rates
vermittelnd intermediary
vermittelnde Bank *(f)* bank agency
vermittelt indirect
vermittelte Ausfuhr *(f)* indirect export
Vermittler *(m)* intermediary
selbstständiger Vermittler *(m)* independent intermediary

Vermittlung *(f)* intermediation
Vermittlungsservice *(m)* agency service
Vermittlungsservice des Schiffes *(m)* ship's agency service
Vermittlungsspediteur *(m)* intermediate forwarder, intermediate forwarding agent, intermediate shipping agent
Vermittlungsstelle *(f)* agency
Vermögen *(n)* estate, real wealth, wealth
Einziehung von Vermögen *(f)* confiscation of property
Vermögensbeschlagnahme *(f)* arrest of property, seizure of property
Vermögenseinziehung *(f)* distraint, seizure
Vermögensgarantie *(f)* guarantee of property, property guarantee
Vermögenspfand *(n)* mortgage of property
Vermögensschaden *(m)* property damage
Vermögenssicherung *(f)* collateral on property, security on property
Vermögensübergang *(m)* transfer of capital
Vermögenswerte *(pl)* assets, estate
Vermögenszuwachs *(m)* capital appreciation
Vernachlässigung *(f)* want of care
Verneinung *(f)* denial
Vernichtung *(f)* destruction
Vernichtung unter Aufsicht der Zollbehörde *(f)* destruction under customs control
Veröffentlichung *(f)* disclosure, publication
amtliche Veröffentlichung *(f)* official publication
Veröffentlichungsdatum *(n)* date of official publication
Verordnung *(f)* administrative order, regulation, rule
Verordnung einhalten *(f)* comply with a regulation, keep within the regulations
Verpachtung *(f)* hire, lease
verpacken pack, package
in Ballen verpacken *(pl)* bale
in Bündel verpacken *(n)* bundle
in Kisten verpacken *(pl)* box, case

Verpacker *(m)* packer
verpackt packed
verpackte Ladung *(f)* package cargo, packed cargo
verpackte Sendung *(f)* packed consignment
Verpackung *(f)* packaging
Verpackung von Waren *(f)* packaging of goods
* **Art der Verpackung** *(f)* type of packaging
Ausfuhr von Verpackungen *(f)* export of packing
vorübergehende Ausfuhr von Verpackungen *(f)* temporary export of packing
äußere Verpackung *(f)* secondary package, outer packing, external packing
Gewicht mit Verpackung *(n)* packed weight
handelsübliche Verpackung *(f)* customary packing
hermetische Verpackung *(f)* airtight packing, sealed package
hochseefeste Verpackung *(f)* seaworthy packing, sea-tight packing, seaproof packing
innere Verpackung *(f)* inner packing, internal packing
luftfeste Verpackung *(f)* air-worthy packing, air-proof packing
luftmäßige Verpackung *(f)* air-proof packing, air-worthy packing
mangelhafte Verpackung *(f)* defective packing, insufficient packing, faulty packing
mehrmals verwendete Verpackung *(f)* re-use package
ordnungsgemäße Verpackung *(f)* adequate packing
Preis ohne Verpackung *(m)* packing not included, price without packing
schwache Verpackung *(f)* frail package
seefeste Verpackung *(f)* sea-proof packing
seemäßige Verpackung *(f)* sea-tight packing, seaworthy packing
seetüchtige Verpackung *(f)* oversea packing, packing for shipment
steife Verpackung *(f)* rigid container
straßenfeste Verpackung *(f)* rail-tight packing, road-worthy packing
straßenmäßige Verpackung *(f)* railroad-proof packing, rail-worthy packing
straßentüchtige Verpackung *(f)* rail-worthy packing, road-proof packing, railroad-proof packing
ungenügende Verpackung *(f)* insufficient packing

wasserdichte Verpackung *(f)* waterproof packing
weiche Verpackung *(f)* soft packing
wiederverwendbare Verpackung *(f)* returnable container, returned empty
Verpackungsanweisung *(f)* packing instruction
Verpackungsart *(f)* kind of package
Verpackungsbedingungen *(pl)* packing conditions
Qualitäts- und Verpackungsbedingungen *(pl)* quality requirements
Verpackungsbeschreibung *(f)* description of packagings
Verpackungseinheit *(f)* packing unit
Verpackungsgebühr *(f)* packing charge, packing fee
Verpackungsgewicht *(n)* tare, tare weight
reines Verpackungsgewicht *(n)* real tare, actual tare
Verpackungsinstruktion *(f)* packing instruction, packing stipulation
Verpackungskiste *(f)* shipping case
Verpackungsklausel *(f)* packing clause
Verpackungskosten *(pl)* cost of packing, costs of packing, packaging cost, packaging costs, packing charge, packing costs
Verpackungsliste *(f)* lading list, loading list
Verpackungsmenge *(f)* packaged quantity
Verpackungsmittel *(n)* packing
Verpackungsmuster *(n)* sample packing
Verpackungsreklamation *(f)* claim of package, claim of packing
Verpackungsstückliste *(f)* packaging bill of material
Verpackungsvorschrift *(f)* packing instruction
Verpackungsweise *(f)* manner of packing, method of packing
Verpackungzertifikat *(n)* certificate of packing
verpakt packaged, packed
verpaktes Gut *(n)* packaged cargo, packet cargo
verpfänden give in mortgage
Ware verpfänden *(f)* mortgage goods

Verpfänder *(m)* pledger
Verpfandung *(f)* hypothecation, giving as security, loan on mortgage, mortgage
Verpfändungsbescheinigung *(f)* pawn note, pawn receipt, pawn ticket
Verpfändungserklärung *(f)* letter of hypothecation
Verpflichtung *(f)* liability, obligation
Verpflichtung auferlegen *(f)* impose an obligation
Verpflichtung aus dem Vertrag *(f)* contract liability, contractual obligation, obligation of contract, contractual commitment
Verpflichtung, den gestellten Waren eine zollrechtliche Bestimmung zu geben *(f)* obligation to assign goods presented to customs a customs-approved treatment or use
Verpflichtung eingehen *(f)* contract a liability, incur a liability
Verpflichtung einlösen *(f)* perform an obligation
Verpflichtungen erfüllen *(pl)* fulfil obligations
Verpflichtung zur Wiederausfuhr *(f)* requirement of re-exportation
* **bedingte Verpflichtung** *(f)* conditional obligation
gesamtschulderische Verpflichtung *(f)* joint and several liability, joint and several obligation
internationale Verpflichtung *(f)* international obligation, foreign commitment
kontraktliche Verpflichtungen *(pl)* commitments under a contract
laufende Verpflichtungen *(pl)* current liabilities, current maturity
Verletzung der Verpflichtung *(f)* violation of the undertaking
vertragliche Verpflichtung *(f)* obligation of contract, contractual obligation
von einer Verpflichtung befreien *(f)* exempt from a requirement
weitere Verpflichtung *(f)* additional duty
Verpflichtungsschein *(m)* average damages, bond, general average bond, warehouse receipt and warrant
verrechnen clear
Verrechnung *(f)* clearing of accounts
bargeldlose Verrechnungen *(pl)* settlements not involving cash, non-cash settlements
bilaterale Verrechnungen *(pl)* bilateral settlements

Verrechnungsabkommen *(n)* clearing agreement, clearing arrangement, clearing contract

Verrechnungsbank *(f)* clearing bank, compensation bank, settlement bank

Verrechnungsbilanz *(f)* clearing balance

Verrechnungseinheit *(f)* accounting unit

Verrechnungsgeschäft *(n)* clearing operation, clearing transaction

Verrechnungskonto *(n)* clearing account, offset account, settlement account

Verrechnungskredit *(m)* settlement credit

Verrechnungskurs *(m)* clearing rate

Verrechnungspreis *(m)* accounting price

Verrechnungsscheck *(m)* account payee cheque, cheque in settlement, giro cheque

Verrechnungsstelle *(f)* accounting office *(US)*, accounts department

  automatisierte Verrechnungsstelle *(f)* automated clearing house (ACH)

Verrechnungstag *(m)* settlement date, settlement day

Verrechnungsverfahren *(n)* clearing, clearing settlement

Verrechnungsverkehr *(m)* clearance

Verrechnungswährung *(f)* settlement currency

Verrechnungswert *(m)* clearing value

verringern reduce

  Zoll verringern *(m)* decrease a duty, reduce a duty

Verringerung *(f)* reduction

  Verringerung eines Kontingents *(f)* reduction of a quota

Versagung *(f)* refusal

  Versagung der Zollbefreiung *(f)* refusal of exemption *(customs)*

Versammlung *(f)* assembly

Versand *(m)* carrying, forwarding, shipment

  Versand beschleunigen *(m)* hurry on shipment

  Versand der Ladung *(m)* cargo dispatch, dispatch of cargo, shipment of cargo

  * **Agent für Verladung und Versand der Waren** *(m)* shipping and forwarding agent

  Beginn eines TIR-Versands *(m)* start of a TIR operation

  direkter Versand *(m)* direct shipping, through shipment

  Kasse bei Versand *(f)* cash on shipment

Versandabteilung *(f)* dispatch department, forwarding department

Versandadresse *(f)* address for dispatch *(GB)*

Versandanmeldung *(f)* transit declaration, transit entry

  Versandanmeldung auf dem Einheitspapier *(f)* transit declaration on the SAD

  * **Annahme der Versandanmeldung** *(f)* acceptance of the transit declaration

  Exemplar der Versandanmeldung *(n)* copy of the SAD

  für die Versandanmeldung verwendeten Exemplare *(pl)* copies for transit declaration

  Manifest als Versandanmeldung *(n)* manifest as transit declaration

  Nummer der Versandanmeldung *(f)* number of the transit declaration

  Registrierung der Versandanmeldung *(f)* registration of the transit declaration

  einzelne Schritte der Versandanmeldung *(pl)* declaration procedure

  Unterzeichnung der Versandanmeldung *(f)* signing of the transit declaration

Versandanschrift *(f)* shipping address

Versandanweisungen *(pl)* consignment instructions, expedition instructions

Versandanzeige *(f)* advice note, advice of dispatch, advice of shipment, note of shipment, notice of dispatch, notice of shipment, notification of dispatch, shipping advice **2.** disbursement account, note of charges

Versandart *(f)* method of expedition, mode of delivery, type of dispatch, type of sending

Versandauftrag *(m)* dispatch order, shipping notice

Versandavis *(m)* advice of dispatch, advice of shipment, forwarding certificate, shipping advice

Versandavis *(n)* note of shipment, forwarding railway

Versandbahnhof *(m)* sending station, station of dispatch

Name des Versandbahnhofs *(m)* name of the railway terminal of departure
Preis frei Waggon Versandbahnhof *(m)* free on rail - dispatching station price
versandbar awaiting shipment
versandbare Ware *(f)* goods awaiting shipment
Versandbedingungen *(pl)* terms of shipment
Versandbegleitdokument *(n)* transit accompanying document (TAD)
versandbereit ready for dispatch, ready for shipping
versandbereite Ware *(f)* goods awaiting shipment
Versandbereitschaft *(f)* readiness for forwarding, readiness for shipment, readiness to sending
Versandbereitschaftsanzeige *(f)* notice of readiness to consignment, notice of readiness to sending, notice of readiness to shipment
Versandbereitschaftsmeldung *(f)* notice of readiness to sending, notice of readiness to shipment
Versandbereitschaftsnotiz *(f)* notice of readiness to consignation, notice of readiness to consignment, notice of readiness to forwarding, notice of readiness to shipment
Versandbescheinigung *(f)* certificate of shipment, consignment confirmation, consignment note, forwarding certificate, shipment confirmation
Versandbüro *(n)* chartering office, forwarding agency, forwarding office, freight office
Versanddatum *(n)* date of consignation, date of dispatch, date of shipment, shipping date
Versanddienste *(pl)* forwarding services
Versanddisposition *(f)* dispatch order, forwarding order, dispatch instructions, shipping instructions
Versanddokumente *(pl)* shipper's papers, shipping documents, forwarding documents
zahlbar gegen Versanddokumente *(pl)* payable against shipping documents
Versandeinheit *(f)* cargo unit, shipping unit

versandfähig ready for dispatch, ready for shipping
versandfertig ready for consignment, ready for forwarding
Versandgeschäft *(n)* mail order business
Versandgewicht *(n)* shipping weight
Versandhafen *(m)* loading port
Name des Versandhafens *(m)* name of the port of departure
Preis frei Versandhafen *(m)* free at port of shipment price, dock price
Versandhaus *(n)* mail-order firm
Versandinstruktion *(f)* forwarding instruction, shipping instruction
Versandkosten *(pl)* forwarding costs, forwarding expenses
Versandland *(m)* country of dispatch, dispatch country, country of dispatch, shipping country
Versandlandcode *(m)* code of country of consignment
Versandliste *(f)* cargo list, packing list
Versandmuster *(n)* shipment sample
Versandnote *(f)* forwarding advice, note of shipment, notification of dispatch
Versandoperation *(f)* carrying operation, carrying trade operation
Versandort *(m)* consignment point, originating point, place of shipment, shipping point
Versandpackung *(f)* dispatch packing, shipment packing
Versandpapier *(n)* certificate of shipment, dispatch note, forwarding document
Versandpapier T1 *(n)* T1 document
Versandpapier T2 *(n)* T2 document
Versandpapier T2L *(n)* T2L document
* Art des Versandpapiers *(f)* type of transit document
Versandpapiere *(pl)* loading documents, shipping documents
Versandpapierevorschrift *(f)* instruction for loading documents, instruction for shipment documents
Versandrechnung *(f)* shipping invoice

Versandschein *(m)* certificate of shipment, consignment note, dispatch note, transit document **2.** cost account, expense account
  Versandschein T1 *(m)* document T1
  Versandschein T2 *(m)* document T2
Versandspediteur *(m)* cargo agent, carrier agent, dispatching forwarder
Versandspezifikation *(f)* packing slip, shipping specification
Versandstaat *(m)* country of dispatch, dispatch country
Versandstation *(f)* forwarding station, sending station, station of departure, station of dispatch
Versandtag *(m)* shipment day, shipping day
Versandtermin *(m)* date of lading, date of shipment, day of dispatch, time of dispatch
  zusätzlicher Versandtermin *(m)* additional shipping deadline
Versandunterlagen *(pl)* dispatch documents, shipper's papers
Versandverfahren *(n)* customs transit procedure, transit movement, transit procedure, transit transaction
  Versandverfahren für Beförderungen auf dem Luftweg *(n)* transit by air
  Versandverfahren mit Carnet ATA *(n)* ATA-carnet procedure
  Versandverfahren mit dem Rheinmanifest *(n)* Rhine manifest procedure
  Versandverfahren regelmäßig in Anspruch nehmen *(n)* regularly use the transit procedure
  * **Bewilligung für eine Vereinfachung im Versandverfahren** *(f)* authorisation for a transit simplification
  Durchführung des Versandverfahrens *(f)* implementation of the transit procedure
  Ende der Warenbeförderung im Versandverfahren *(n)* end of the transit movement the goods
  externes Versandverfahren *(n)* external transit procedure
  Förmlichkeiten für das Versandverfahren *(pl)* transit formalities
  gemeinsames Versandverfahren *(n)* common transit, common transit procedure
  gemeinschaftliches Versandverfahren *(n)* Community transit procedure, Community transit system, Community transit, Community transit arrangements
  Anmeldung zum internen gemeinschaftlichen Versandverfahren *(f)* declaration for internal Community transit
  Ausschuss für das gemeinschaftliche Versandverfahren *(m)* Committee on Community Transit *(EU)*
  internes gemeinschaftliches Versandverfahren *(n)* internal Community transit procedure
  Vereinfachung für das gemeinschaftliche Versandverfahren *(f)* simplified Community transit procedure
  internes gemeinschaftliches Versandverfahren mit Versandanmeldung T2 *(n)* internal Community transit procedure T2
  internes gemeinschaftliches Versandverfahren T2F *(n)* internal Community transit procedure T2F
  internes Versandverfahren *(n)* inward transit procedure, internal transit procedure
  Sicherheitsleistung im Versandverfahren *(f)* transit guarantee
  Überführung der Waren in das Versandverfahren *(f)* placement of goods under the transit procedure
Versandverfahrensrecht *(n)* transit law
  Reform des Versandverfahrensrechts *(f)* reform of transit
Versandverkauf *(m)* mail order
Versandverpackung *(f)* dispatch packing, shipment packing
Versandverzug *(m)* delay in forwarding
Versandvorgang *(m)* customs transit operation
  einziger Versandvorgang *(m)* single transit movement
Versandvorinformation *(f)* pre-shipment information
Versandvorschrift *(f)* shipping instruction
Versandvorschriften *(pl)* forwarding instructions, dispatch instructions, shipping instructions
Versandwechsel *(m)* outside bill
Versandweise *(f)* manner of forwarding

Versandweisung *(f)* dispatch order, forwarding order

Versandzeichen *(n)* shipping mark

Versäumnis *(n)* negligence

Versäumnisklausel *(f)* omissions clause

Versäumung negligence

Versäumung der Verfallfrist *(f)* break of due day

verschaffen provide

Angaben verschaffen *(pl)* deliver data, supply the data

Verschickung *(f)* shipment

verschieben delay

Termin verschieben *(m)* defer the term, delay the time

Zahlung verschieben *(f)* postpone the payment, delay a payment, defer a payment

Verschiedenheit *(f)* differentiation, diversity

verschifft shipped

verschifftes Gewicht *(n)* loading weight

Verschiffung *(f)* loading, shipment, shipment by sea

Verschiffung so schnell wie möglich *(f)* shipment as soon as possible

Verschiffung und Löschen *(f)* loading and unloading

* Barzahlung bei Verschiffung *(f)* cash on shipment

Güterqualität bei Verschiffung *(f)* condition when shipped

Kontrakt auf Verschiffung *(m)* contract on shipment, shipment contract

Liegezeit für Verschiffung *(f)* lay-days for loading

unverzügliche Verschiffung *(f)* prompt shipment, prompt loading

unvollständige Verschiffung *(f)* short-shipment

Zahlung bei Verschiffung *(f)* cash on shipment

Verschiffungsagent *(m)* freight contractor, freight forwarder, loading broker, shipping agent

Verschiffungsanzeige *(f)* embarkation notice, freight arrival notice, loading advice, shipping advice

Verschiffungsauftrag *(m)* embarkation order, forwarding order, shipping order

Verschiffungsbereitschaft *(f)* loading readiness, readiness to load

Verschiffungsbereitschaftsnotiz *(f)* notice of readiness to load

Verschiffungsbescheinigung *(f)* confirmation of affreightment, consignment confirmation, embarkation confirmation, shipment confirmation

Verschiffungsdaten *(pl)* shipping data

Verschiffungsdatum *(n)* loading time

Verschiffungsgebühr *(f)* fee for loading

Verschiffungsgewicht *(n)* house weight, laden weight, loaded weight, loading weight, original weight, shipping weight

Verschiffungshafen *(m)* embarkation port, harbour of loading, port of embarkation, port of lading

benannter Verschiffungshafen *(m)* named port of shipment

frei Verschiffungshafen *(m)* free at port of shipment

Ware an Bord des Schiffes im Verschiffungshafen liefern *(f)* deliver the goods on the board the vessel at the port of shipment

Verschiffungskai *(m)* charging wharf, lading wharf

Verschiffungsklausel *(f)* loading clause

Verschiffungskonnossement *(n)* shipper's bill of lading

Verschiffungskosten *(pl)* loading costs, embarkation costs

Verschiffungskosten für Befrachter *(pl)* free loading

Verschiffungskosten für Charterer *(pl)* free on board, net terms

Verschiffungsmanifest *(n)* shipment manifest, shipping manifest

Verschiffungsorder *(f)* chartering broker's order, embarkation order, shipping order, steamship agent's order

Verschiffungsort *(m)* consignment point, forwarding point, loading point, shipping point

Verschiffungspapiere *(pl)* loading documents, shipment documents, shipping documents

Verschiffungspapiereinstruktion *(f)* instruction for cargo documents

Verschiffungsqualität *(f)* shipped quality

Verschiffungsrate *(f)* shipment rate

Verschiffungsrisiko *(n)* shipment risk

Verschiffungsspediteur *(m)* freight contractor, freight forwarder, loading broker, shipping agent

Verschiffungsspezifikation *(f)* loading specification

Verschiffungstag *(m)* day of shipment, lading day
  Preis am Verschiffungstag *(m)* day-of-shipment price

Verschiffungstermin *(m)* date of shipment, term of loading

Verschiffungs- und Bezeichnungkosten für Verlader *(f)* shipper's load and tally

Verschiffungs- und Trimmkosten für Charterer *(f)* fob and trimmed

Verschiffungsverlust *(m)* loss during loading

Verschiffungszeitplan *(m)* diagram of loading, schedule of loading

Verschlechterung *(f)* deterioration, impairment

verschließen seal
  mit einer Plombe verschließen *(f)* seal with lead, affix the leads
  zollamtlich verschließen affix customs seals

Verschleißkoeffizient *(m)* depreciation coefficient

Verschlimmerung *(f)* deterioration

Verschluss *(m)* sealing
  Verschlüsse angebracht vom Zoll/Zollanmelder *(pl)* seals affixed by customs
  * Anforderungen an Verschlüsse *(pl)* characteristic of seals
  besondere Verschlüsse *(pl)* special types of seals
   Verwendung der besonderen Verschlüsse *(f)* use of seals of a special type
  mit einem Verschluss versehener Zugang *(m)* seal aperture
  Nämlichkeit der Waren durch Verschluss sichern *(f)* ensure identification of goods by sealing
  unter Verschluss lagern *(m)* place into bond

Verletzung der Verschlüsse *(f)* breakage of seals
  Waren in Verschluss tun *(pl)* bond goods
  Zollbehörden zugelassene Verschlüsse *(pl)* seals approved by customs

Verschlussanerkenntnis *(f)* approval certificate *(vehicles or Containers)* *(TIR)*

Verschlusssache *(f)* classified document

Verschlusssystem *(n)* sealing system

Verschmutzung *(f)* pollution
  Verschmutzung des Meeres *(f)* sea pollution

Verschreibung *(f)* order in writing

Verschuldung *(f)* arrears, debt
  ungesicherte Verschuldung *(f)* unsecured debts

Verschuldungsumlagerung *(f)* debt swap

Verschüttern *(n)* scattering
  Gewichtsschwund durch Verschütteln *(m)* loss by scattering, scattering, dissipation

verschwenden waste
  Zeit verschwenden *(f)* waste time

versehen provide
  mit Adresse versehen *(f)* address
  mit Datum versehen *(n)* date
  mit einem Visum versehen *(n)* stamp a visa
  mit einer Plombe versehen *(f)* affix the leads, seal with lead
  Papier mit einem Stempel versehen *(n)* endorse a document

Versehen *(n)* error, mistake

versenden expedite, forward
  Waren versenden *(pl)* send goods, consign goods

Versender *(m)* forwarder
  Deklaration des Versenders *(f)* shipper's declaration
  Exemplar für den Versender *(n)* copy for consignor
  zugelassener Versender *(m)* authorised consignor
  Nachweis des Gemeinschaftscharakters durch einen zugelassenen Versender *(m)* proof of Community status by an authorised consignor

Versenderbahnabzweigung *(f)* consigner's railway siding, dispatcher's railway siding

Versenderbahnschluss *(m)* consigner's railway siding, dispatcher's railway siding

Versenderinstruktion *(f)* sender's instruction

Versendung *(f)* forwarding, dispatch
Anmeldung zur Versendung *(f)* declaration for dispatch
Anmeldung zur vorübergehenden Versendung *(f)* temporary clearance certificate, temporary customs certificate
Vorbereitung für Versendung *(f)* preparation for forwarding, preparation for dispatch

Versendungsanzeige *(f)* forwarding advice, notice of shipment, note of shipment

versendungsbereit ready for consignment, ready for forwarding

Versendungsland *(n)* country of departure, country of dispatch
Name des Versendungslands *(m)* name of the country of departure

Versendungsmitgliedstaat *(m)* member state of dispatch
Exemplar für den Versendungsmitgliedstaat *(n)* copy for member state of dispatch *(CD) (EU)*

Versendungstag *(m)* shipment day

Versendungstag *(m)* shipping day

Versetzung *(f)* assignation

versicherbar insurable
versicherbares Interesse *(n)* insurable interest
versicherbares Interesseklausel *(f)* insurable interest clause

Versicherer *(m)* insurer, underwriter
Garantie des Versicherers *(f)* insurance guarantee, underwriter's guarantee
Haftpflicht des Versicherers *(f)* insurer's liability
jede Beschädigung die Ware ist vom Versicherer zu ersetzen *(f)* with particular average
Option des Versicherers *(f)* insurer's option

Versicherershaftungsgrenze *(f)* limit of insurer's liability

versichern assure, place a risk, underwrite
Ladung versichern *(f)* underwrite a cargo

versichert insured
versicherte Gefahr *(f)* covered peril, perils insured against
versicherte Ladung *(f)* insured goods
versicherte Ware *(f)* insured goods
versicherter Verlust *(m)* insured loss
versichertes Gut *(n)* insured goods
Anzeige über den Verlust von versichertem Gut *(f)* notification on the loss of insured goods
versichertes Konnossement *(n)* insured bill of lading
* **Frachtfrei versichert ...** /benannter Bestimmungsort/ CIP ... /insert named place of destination/, carriage and insurance paid to ... /insert named place of destination/
Frachtfrei Versichert ... /benannter Bestimmungsort/ carriage and insurance paid to ... /named place of destination/

Versicherung *(f)* assurance, insurance
Versicherung abschließen *(f)* effect an insurance
Versicherung annullieren *(f)* cancel a cover
Versicherung auf eine bestimmte Reise *(f)* voyage insurance
Versicherung auf Gegenseitigkeit *(f)* mutual insurance
Versicherung auf Zeit *(f)* time insurance
Versicherung der Ladung *(f)* freight insurance, insurance of freight
Versicherung des Luftverkehrs *(f)* aircraft insurance, aviation insurance
Versicherung gegen Baratterie *(f)* barratry insurance
Versicherung gegen Brand *(f)* fire insurance, insurance against fire
Versicherung gegen Bruch *(f)* insurance against breakage
Versicherung gegen Decalo *(f)* insurance against shrinkage, shrinkage insurance
Versicherung gegen Diebstahl *(f)* insurance against theft
Versicherung gegen Kriegsrisiko *(f)* insurance against war risk, war risk insurance
Versicherung gegen Leckage *(f)* leak insurance, leakage insurance
Versicherung gegen Masseverlust *(f)* insurance against shrinkage, shrinkage insurance
Versicherung gegen zivilrechtliche Verantwortlichkeit *(f)* liability insurance

Versicherung von Schiff und Ladung *(f)* hull and cargo insurance

* Ablauf einer Versicherung *(m)* end of the risk, expiration of insurance

Auslaufen der Versicherung *(n)* end of period of insurance, end of period of coverage

Ende der Versicherung *(n)* end of period of insurance, end of period of coverage

Ersatzleistung der Versicherung *(f)* insurance sum, insurance indemnification

fakultative Versicherung *(f)* facultative insurance

Fracht, Versicherung, Transport *(f/f/m)* freight, insurance, carriage

freiwillige Versicherung *(f)* voluntary insurance, optional insurance

Gegenstand der Versicherung *(m)* subject of insurance, subject-master of the insurance

Kosten, Fracht und Versicherung *(pl)* cost, freight and insurance

Kosten, Versicherung und Fracht ... /benannter Bestimmungspunkt/ *(pl)* cost, insurance and freight ... /named inland point of destination/

Kosten, Versicherung und Fracht ... /benannter Bestimmungshafen/ CIF ... /insert named port of destination/, cost, insurance and freight ... /insert named port of destination/

Lager-Lager-Versicherung *(f)* warehouse-to-warehouse insurance

laufende Versicherung *(f)* floating policy insurance, open cargo insurance

obligatorische Versicherung *(f)* compulsory insurance, obligatory insurance

offene Versicherung *(f)* open insurance

Rahmen der Versicherung *(m)* amount of security, insurance coverage

Umfang der Versicherung *(m)* amount of security, insurance coverage

Verfall einer Versicherung *(m)* end of the risk, expiration of insurance

Versicherungsabkommen *(n)* agreement for insurance, contract of insurance

Versicherungsabschluss *(m)* execution of a policy

Versicherungsabwicklung *(f)* management of insurance

Versicherungsagent *(m)* insurance agent, insurance broker, insurance canvasser, policy broker

Versicherungsagentur *(f)* insurance agency

Versicherungsanspruch *(m)* insurance claim

Versicherungsanstalt *(f)* insurance association

Versicherungsantrag *(m)* application for insurance, insurance application form, insurance declaration

Versicherungsart *(f)* class of insurance, type of insurance

Versicherungsaudit *(n)* insurance audit

Versicherungsaufseher *(m)* insurance appraiser

Versicherungsauftrag *(m)* insurance order

Versicherungsausstellung *(f)* issuance of policy, issue of policy

Versicherungsauszug *(m)* cover note, covering note, insurance binder, insurance broker's cover note

Versicherungsbedingungen *(pl)* insurance conditions, insurance terms and conditions

  allgemeine Versicherungsbedingungen *(pl)* general insurance conditions, general terms of insurance

Versicherungsbeginn *(m)* inception of insurance cover, inception of insurance protection, start of cover

Versicherungsbeitrag *(m)* insurance contribution, insurance premium

  Zahlung des Versicherungsbetrags *(f)* insurance payment

Versicherungsbereich *(m)* extent of cover

Versicherungsbescheinigung *(f)* certificate of insurance, insurance certificate

Versicherungsbetrag *(m)* amount at risk, sum insured, risk amount

Versicherungsbetragfixierung *(f)* valuation of the policy

Versicherungsbörse *(f)* insurance exchange

Versicherungsbrauch *(m)* custom of insurance

Versicherungsdauer *(f)* insurance period, period of coverage, period of insurance, currency of a policy, duration of a policy

Versicherungsdienste *(pl)* insurance service, insurance services

Versicherungsentschädigung *(f)* insurance compensation, insurance indemnification, insurance indemnity, insurance sum

versicherungsfähig insurable
  versicherungsfähiges Risiko *(n)* insurable risk

Versicherungsfall *(m)* insurance case, insurance occurrence

Versicherungsfirma *(f)* insurance company

Versicherungsforderung *(f)* insurance claim

Versicherungsformular *(n)* insurance slip

Versicherungsgebühr *(f)* insurance contribution, insurance premium

Versicherungsgefahren *(pl)* insured perils

Versicherungsgesellschaft *(f)* assurance company, insurance company, insurance society

Versicherungsgesetzgebung *(f)* insurance legislation

Versicherungshaftung *(f)* insurance liability

Versicherungsinstitution *(f)* insurance institution

Versicherungskartell *(n)* insurers' ring, tariff ring

Versicherungsklausel *(f)* insurance clause

Versicherungskonsortium *(n)* insurance group

Versicherungskosten *(pl)* costs of insurance, insurance costs

Versicherungsleistungen *(pl)* insurance service, insurance services

Versicherungsmakler *(m)* insurance broker

Versicherungsmarkt *(m)* insurance market

versicherungsmathematisch actuarial

Versicherungsmonopol *(n)* insurance monopoly

Versicherungsnummer *(f)* insurance number, insurance policy number, policy number

Versicherungsobjekt *(n)* subject of insurance, subject-master of the insurance

Versicherungsobjektverlustavis *(n)* notification on the loss of insured goods

Versicherungsordnung *(f)* insurance regulations

Versicherungsperiode *(f)* life of a policy, period of coverage, period of insurance, policy period

Versicherungspolice *(f)* insurance policy, policy
  Ablauftermin der Versicherungspolice *(m)* policy expiry date
  Ausstellung einer Versicherungspolice *(f)* issue of policy
  Erneuerung der Versicherungspolice *(f)* renewal of an insurance policy, renewal of a policy
  Gültigkeitsdauer der Versicherungspolice *(f)* term of a policy
  Lloyd's-Versicherungspolice *(f)* Lloyd's marine policy, Lloyd's policy
  offene Versicherungspolice *(f)* floating insurance policy, open policy
  taxierte Versicherungspolice *(f)* valuation policy, valued policy

Versicherungspoliceformular *(n)* policy form

Versicherungspool *(m)* insurance pool, insurers' ring, tariff ring

Versicherungsprämie *(f)* insurance premium, insurance rate, rate of insurance

Versicherungsprovision *(f)* insurance brokerage, insurance commission

Versicherungsrecht *(n)* insurance law, law of insurance
  internationales Versicherungsrecht *(n)* international insurance law

Versicherungsregeln *(pl)* rules of insurance

Versicherungsregress *(m)* insurance recourse

Versicherungsrisiko *(n)* insurance risk, underwriting risk

Versicherungssachverständiger *(m)* insurance adjuster

Versicherungssatz *(m)* insurance rate, premium, rate of insurance

Versicherungsschein *(m)* certificate of insurance, insurance certificate

Versicherungsschutz *(m)* insurance cover, insurance protection
  Versicherungsschutz und Entschädigung *(m)* protection and indemnity
  * **Beginn des Versicherungsschutzes** *(m)* inception of insurance cover, inception of insurance protection

Versicherungsschwindel *(m)* insurance evasions

Versicherungssumme *(f)* sum insured, cover amount

Versicherungssystem *(n)* insurance scheme

Versicherungstarif *(m)* insurance tariff

Versicherungstätigkeit *(f)* insurance activity

Versicherungstaxator *(m)* insurance appraiser

versicherungstechnisch actuarial
  versicherungstechnische Berechnung *(f)* insurance mathematics

Versicherungsträger *(m)* beneficiary of an insurance policy, policy holder

Versicherungsunfall *(m)* insurance accident

Versicherungsurkunde *(f)* certificate of insurance, insurance certificate, insurance document

Versicherungsverein *(m)* insurance company 2. mutual insurance
  Versicherungsverein auf Gegenseitigkeit für Reeder *(m)* Protection and Indemnity Club (P & I Club)

Versicherungsverlängerung *(f)* renewal of an insurance

Versicherungsverlust *(m)* actuarial loss

Versicherungsvertrag *(m)* contract of insurance, insurance contract
  Versicherungsvertrag kündigen *(m)* cancel a contract of insurance

Versicherungsvertragsaufhebung *(f)* cancellation of an insurance contract

Versicherungsvertragsgesetz *(n)* insurance act

Versicherungsvertreter *(m)* insurance agent, policy broker, underwriting agent

Versicherungswert *(m)* insurance value, insured value
  Versicherungswert nach Police *(m)* policy value

Versicherungszahlung *(f)* insurance payment

Versicherungszeit *(f)* currency of a policy, duration of a policy, life of a policy, period of cover, policy period

Versicherungszeitraum *(m)* insurance term

Versicherungszertifikat *(n)* certificate of insurance, insurance certifcate

Versicherungszweig *(m)* insurance class

versiegelt sealed

versorgen stock

Versorgungsagent *(m)* buying agent, purchasing agent

Versorgungssystem *(n)* supply system

verspätet belated, delayed, late, overdue
  verspätete Empfang der Ladung *(m)* delayed receipt of cargo
  verspätete Lieferung *(f)* delayed delivery
  Strafe auf verspätete Lieferung *(f)* penalty for delayed delivery, penalty for delayed delivery
  verspätete Verladung *(f)* late shipment
  verspätete Zahlung *(f)* belated payment, delayed payment, overdue payment
  verspätetes Angebot *(n)* delayed offer

Verspätung *(f)* delay
  ohne Verspätung *(f)* according to schedule, scheduled

Verspätungspapiere *(pl)* back documents, late documents

Verspätungszinsen *(pl)* interest on arrears
verstauen place, stevedore
Verstauung *(f)* stowage, stowing
Verstauungsaufseher *(m)* ship foreman, shipworker
Verstauungsbrigade *(f)* stevedore gang
Verstauungsgebühr *(f)* stevedorage, stevedoring charge
Verstauungskapazität *(f)* capacity for cargo, stowage capacity
Verstauungsmanifest *(n)* stowage manifest
Verstauungsmeister *(m)* ship foreman, shipworker
Verstauungsorder *(f)* stowage order
Verstauungszertifikat *(n)* stowage certificate, stowing certificate
versteckt hidden
   versteckte Abwertung *(f)* hidden devaluation
versteigern auction, sell at auction
   auf der Auktion versteigern *(f)* sell at auction, auction
Versteigerung *(f)* auction, public sale, sale by auction, tender
   Versteigerung abhalten *(f)* hold an auction
   Versteigerung von Waren der Zollkammer *(f)* customs auction
   * **holländische Versteigerung** *(f)* Dutch auction
   internationale Versteigerung *(f)* international tender
   internationale Versteigerung *(f)* international auction
   Kauf auf Versteigerung *(m)* purchase at auction, purchase in auction
   mittels Versteigerung verkaufen *(f)* auction, sell at auction
   mündliche Versteigerung *(f)* oral auction
   offene Versteigerung *(f)* open auction
   öffentliche Versteigerung *(f)* public tender, public auction
   schriftliche Versteigerung *(f)* sale by tender, auction of closed bids
   zur Versteigerung bringen *(f)* bring under the hammer
Versteigerungsagent *(m)* auctioneer

Versteigerungsgebühr *(f)* auctioneer's commission, auctioneer's fee
Versteigerungstag *(m)* auction day
Versteigerungstermin *(m)* auction date
versteuert duty paid
Versteuerung *(f)* imposition, imposition of a tax, levy of a tax, taxation
Verstopfung *(f)* congestion
Verstopfungsklausel *(f)* congestion clause
Verstopfungszuschlag *(m)* congestion surcharge
Verstoß *(m)* breach, breach of regulations, delinquency, infringement, infringement of the law, offence
verstoßen break, infringe
   gegen den Vertrag verstoßen *(m)* infringe an agreement
Verstreuung *(f)* ullage
vertagen adjourn, suspend
   Termin vertagen *(m)* defer the time, delay the term
Vertagung *(f)* delay, postponement
Vertäuenort *(m)* loading berth
Vertäuenplatz *(m)* mooring berth, mooring place
Vertäutrosse *(f)* fast, mooring line
verteilen space
   Ladung verteilen *(f)* stow, stow the cargo
Verteiler *(m)* distributor
   exklusiver Verteiler *(m)* exclusive distributor, sole distributor
Verteilernetz *(n)* chain of distribution, distributive net
Verteilung *(f)* distribution, distributing trade **2.** allocation, division, sharing
   Verteilung der Ladung *(f)* cargo disposition, placement of cargo
Verteilungskosten *(pl)* distributive costs
Verteilungsnetz *(n)* chain of distribution, distributive net
Verteilungsprozess *(m)* distribution modelling, marketing process
Verteilungssystem *(n)* distribution system, system of distribution

Verteilungszentrum *(n)* distribution centre

Vertrag *(m)* agreement, contract

Vertrag abfassen *(m)* draw up a contract, execute a contract

Vertrag abschließen *(m)* contract

Vertrag annullieren *(m)* cancel a contract, dissolve an agreement, rescind a contract, terminate a contract, terminate an agreement

Vertrag antedatieren *(m)* antedate a contract, antedate an arrangement

Vertrag auf spätere Lieferung *(m)* contract for delivery, forward contract

Vertrag aufheben *(m)* determine a contract, repudiate a contract

Vertrag auflösen *(m)* annul a contract, determine a contract, repeal a contract, undo a contract

Vertrag aufstellen *(m)* draw up a contract

Vertrag ausfertigen *(m)* draw up a contract, execute a contract, make out a contract

Vertrag auslegen *(m)* interpret a contract

Vertrag brechen *(m)* break a contract, infringe a contract, violate a contract

Vertrag einhalten *(m)* abide by an agreement, keep a contract

Vertrag erfüllen *(m)* carry out a contract, execute a contract, fill a contract, implement a contract, perform a contract

Vertrag erneuern *(m)* renew a contract, renew an agreement

Vertrag für technischen Service *(m)* technical service contract

Vertrag für ungültig erklären *(m)* abrogate a treaty

Vertrag genehmigen *(m)* approve a contract, validate a contract

Vertrag kündigen *(m)* back out of a contract, denounce a contract, dissolve an agreement, recede from a contract, rescind a contract, terminate a contract, determine a contract, repudiate a contract

Vertrag lösen *(m)* defeat a contract

Vertrag mit Schlüssen *(m)* turn-key contract

Vertrag parafieren *(m)* initial a contract, initial an agreement

Vertrag paraphieren *(m)* initial a contract, initial an agreement

Vertrag prolongieren *(m)* prolongate a contract

Vertrag ratifizieren *(m)* ratify an agreement

Vertrag rückgängig machen *(m)* annul a contract, cancel a contract, repeal a contract, terminate a contract

Vertrag schließen *(m)* contract, negotiate a contract, settle a contract

Vertrag stornieren *(m)* back out of a contract, denounce a contract, dissolve an agreement, recede from a contract, rescind a contract, terminate a contract, determine a contract, repudiate a contract

Vertrag lösen *(m)* defeat a contract

Vertrag über Handel und Schifffahrt *(m)* treaty of commerce and navigation

Vertrag über Handelsmarken *(m)* trademark agreement

Vertrag über Produktionsteilung *(m)* production sharing agreement (PSA)

Vertrag über Warenaustausch *(m)* barter agreement, barter contract

Vertrag unterschreiben *(m)* sign a contract, sign an agreement

Vertrag unterzeichnen *(m)* sign a contract, sign an agreement

Vertrag vereinbaren *(m)* negotiate a contract

Vertrag verlängern *(m)* extend a contract, extend an agreement, prolongate a contract

Vertrag verletzen *(m)* infringe a contract, violate a contract

Vertrag widerrufen *(m)* determine a contract, undo a contract

Vertrag zur schlüsselfertigen Übergabe *(m)* turnkey contract

Vertrag zurückdatieren *(m)* antedate a contract, antedate an arrangement

Vertrag zustande bringen *(m)* enter into a contract, make an agreement

Vertrag zuwiderhandeln *(m)* break a contract, violate a contract

* Ablauf des Vertrags *(m)* determination of a contract, termination of an agreement

Anlage zum Vertrag *(f)* appendix to contract, annex to a contract

Art des Vertrags *(f)* type of contract

Aufrechterhaltung des Vertrags *(f)* renewal of the agreement, prolongation of a contract, extension of the contract, continuation of an agreement

Ausführung eines Vertrags *(f)* performance of a contract

außenwirtschaftlicher Vertrag *(m)* foreign economic agreement
befristeter Vertrag *(m)* terminal contract, fixed-term contract
Beilage zu einem Vertrag *(f)* annex to a contract, supplement of contract
Berichtigung zum Vertrag *(f)* amendment to a contract
Bestätigung des Vertrags *(f)* affirmation of a contract, ratification of contract
bilateraler Vertrag *(m)* bilateral agreement, bilateral contract, bilateral treaty, reciprocal treaty
bürgerlicher Vertrag *(m)* civil contract
Datum der Annullierung des Vertrags *(n)* cancelling date
Duplikat des Vertrags *(n)* duplicate contract, copy of a contract
Einhaltung eines Vertrages *(f)* observance of the contract terms
einseitiger Vertrag *(m)* unilateral contract
Erlöschen eines Vertrags *(n)* determination of a contract, termination of an agreement
Erneuerung des Vertrags *(f)* renewal of the agreement, revival of a contract, prolongation of a contract, renewal of a contract
Fähigkeit zum Abschluss von Verträgen *(f)* contractual capacity
fiktiver Vertrag *(m)* bogus contract
Form eines Vertrags *(f)* contract form
Formular des Vertrags *(n)* contract form
gegen den Vertrag *(m)* contrary to the contract
gegen den Vertrag verstoßen *(m)* infringe an agreement
gültiger Vertrag *(m)* binding agreement, current agreement, valid contract, contract by deed
Gültigkeitsdauer des Vertrags *(f)* currency of contract, term of a contract
Haftung aus Vertrag *(f)* contractual liability
im Vertrag vereinbarte Frist *(f)* contract date
internationaler Vertrag *(m)* international contract, international treaty
Know-how-Vertrag *(m)* know-how contract, agreement on the transfer of know-how
Kündigung eines Vertrags *(f)* contract termination
kurzfristiger Vertrag *(m)* short-term contract
langfristiger Vertrag *(m)* long term contract
Laufzeit des Vertrags *(f)* life of a contract

laut Vertrag *(m)* as per contract, as arranged, according to a contract
Lossagung vom Vertrag *(f)* recession from a contract
multilateraler Vertrag *(m)* multilateral agreement
Nichtausführung eines Vertrags *(f)* non-execution of contract, non-performance of a contract
Nichteinhaltung des Vertrags *(f)* non-observance of the terms of an agreement, breach of a contract, non-performance of a contract
nichtiger Vertrag *(m)* void contract
Nichtnachkommen eines Vertrags *(n)* non-performance of a contract
Nichtnachkommen eines Vertrags *(n)* breach of a contract
notarieller Vertrag *(m)* notarial contract
obligatorischer Vertrag *(m)* binding contract
Paraphierung des Vertrags *(f)* initialing of contract
Parteistaat des Vertrags *(m)* contracting state
Punkt eines Vertrags *(m)* contract clause, contractual clause
Ratifikation des Vertrages *(f)* ratification of contract, affirmation of a contract
Recht zur Auflösung des Vertrages *(n)* right to annul an agreement
Rechtsgültigkeit des Vertrags *(f)* force of an agreement
rechtswirksamer Vertrag *(m)* contract by deed, valid contract
regionaler Vertrag *(m)* regional treaty
Registrierung des Vertrags *(f)* registration of a contract
Revision eines Vertrags *(f)* alteration of contract, modification of contract
Rücktritt vom Vertrag *(m)* repudiation of the contract, notice of termination
schriftlicher Vertrag *(m)* contract in writing, agreement in writing, written contract
Stornierung eines Vertrags *(f)* avoidance of an agreement
Strafe auf Nichtausführung des Vertrags *(f)* penalty for breach of the contract
typischer Vertrag *(m)* standard contract
unabdingbarer Bestandteil des Vertrags *(m)* integral part of the contract
unbefristeter Vertrag *(m)* open-end contract, treaty for an indefinite term

unentgeltlicher Vertrag *(m)* gratuitous contract

Ungültigkeit eines Vertrags *(f)* nullity of a contract

Unterzeichnung des Vertrags *(f)* signing of contract

urheberrechtlicher Vertrag *(m)* author's contract

Verhandlungen über den Vertrag *(pl)* contract negotiations, negotiations under contract

Verlängerung des Vertrags *(f)* extension of contract, extension of the contract, continuation of an agreement

Verpflichtung aus dem Vertrag *(f)* agreed upon commitment, contract liability, contractual obligation, contractual commitment, obligation of contract

völkerrechtlicher Vertrag *(m)* international contract, international agreement

Vollmacht zum Abschluss vom Vertrag *(f)* power to contract, authority to contract

vom Vertrag gefordert *(m)* stipulated in a contract

vom Vertrag zurücktreten *(m)* recede from a contract, denounce a contract, back out of a contract, resile form a contract, withdraw from a contract

Wortlaut eines Vertrags *(m)* text of an agreement

authentischer Wortlaut eines Vertrags *(m)* genuine text of a contract

zivilrechtlicher Vertrag *(m)* civil law treaty

Zustandekommen des Vertrags *(n)* making a contract, bargaining

vertraglich as by agreement, as per agreement, contracted, contractual

vertraglich ausbedingte Qualität *(f)* contract quality

vertraglich vereinbarter Preis *(m)* contract value, contracted price

vertragliche Beschränkung *(f)* contractual reservation

vertragliche Haftung *(f)* contractual liability

vertragliche Verpflichtung *(f)* contractual obligation, obligation of contract

vertraglicher Frachtführer *(m)* contract carrier, contracting carrier

vertragliches Akzept *(n)* contractual acceptance

Vertragsabrede *(f)* clause in contract, clause of contract, contract clause

Vertragsabschluss *(m)* celebration of a contract, conclusion of a contract, execution of contract, making of a contract

Datum des Vertragsabschlusses *(n)* date of closing of a contract, date of entry into a contract

Frist zum Vertragsabschluss *(f)* time limit to conclude a contract

Ort des Vertragsabschlusses *(m)* place of contract, place of conclusion of the contract

Vertragsabschlussdatum *(n)* date of closing of a contract, date of entry into a contract

Vertragsabschlussrecht *(n)* freedom of contract

Vertragsabschlussvollmacht *(f)* authority to contract, power to contract

Vertragsabteilung *(f)* contract division, contracts department

Vertragsakzept *(n)* contractual acceptance

Inkasso mit Vertragsakzept *(n)* collection with contractual acceptance

Vertragsänderung *(f)* alteration of contract, modification of contract, revision of a contract

Vertragsannullierungsdatum *(n)* cancelling date

Vertragsart *(f)* type of contract

Vertragsartikel *(m)* article of a contract, article of an agreement, contract article, item of a contract

Vertragsaufhebung *(f)* annulment of a contract, denunciation of a contract, dissolution of a contract, recession from a contract, vitiation of a contract

Vertragsauflösung *(f)* abrogation of a treaty, nullification of contract

Vertragsauflösungklausel *(f)* cancellation clause

Vertragsausführung *(f)* execution of a contract

Zeit der Vertragsausführung *(f)* term of a contract, period of execution of a contract

Vertragsauslegung *(f)* contract interpretation, interpretation of an agreement, interpretation of contract

Vertragsbedingung *(f)* clause in contract

Vertragsbedingungen *(pl)* contractual terms, terms of a contract
  Vertragsbedingungen akzeptieren *(pl)* accept the terms of a contract
  Vertragsbedingungen erfüllen *(pl)* fulfil the contractual terms
  Vertragsbedingungen verletzen *(pl)* default on the agreement
  Vertragsbedingungen vorschlagen *(pl)* propose the conditions of contract, propose the contract terms
  * allgemeine Vertragsbedingungen *(pl)* general stipulated conditions
  Erfüllung der Vertragsbedingungen *(f)* accomplishment of contract specifications, accomplishment of contract terms
  Verletzung der Vertragsbedingungen *(f)* infringement of the contract terms

Vertragsbesprechungen *(pl)* contract negotiations, negotiations under contract

Vertragsbestimmung *(f)* article, clause of an agreement, contract clause, contract item, contractual clause

Vertragsbestimmungen *(pl)* conditions of a contract
  Vertragsbestimmungen vorschlagen *(pl)* propose the conditions of contract, propose the contract terms

Vertragsbruch *(m)* breach of a contract, breach of an agreement, defection of contract, violation of a contract
  Schadenersatz bei Vertragsbruch *(m)* damages for breach of a contract
  Strafe für Vertragsbruch *(f)* penalty for non-performance of a contract, contract penalty

Vertragsdatum *(n)* contract date, date of contract

Vertragsdauer *(f)* duration of a contract, life of a contract, validity of a contract

Vertragsdoppel *(n)* agreement copy, copy of a contract, copy of agreement, duplicate contract

Vertragseinheit *(f)* contract unit, conventional unit, unit of contract

Vertragsentwurf *(m)* draft of a contract, draft of an agreement
  Vertragsentwurf vorlegen *(m)* submit a draft agreement

* Akzeptierung eines Vertragsentwurfs *(f)* acceptance of a draft agreement

Vertragserfüllung *(f)* accomplishment of contract specifications, accomplishment of contract terms, carrying out of a contract, execution of a contract, performance of a contract
  Aufschub der Vertragserfüllung *(m)* stay of the execution of a contract
  Unmöglichkeit der Vertragserfüllung *(f)* unenforceability of a contract, frustration of contract

Vertragserneuerung *(f)* renewal of a contract

Vertragsexemplar *(n)* copy of a contract

Vertragsfähigkeit *(f)* capacity to contract, power to contract

Vertragsform *(f)* form for a deed, form of a contract, form of contract

Vertragsformeln *(pl)* trade terms
  handelsübliche Vertragsformeln *(pl)* trade terms
  internationale handelsübliche Vertragsformeln *(pl)* International Commercial Terms

Vertragsformular *(n)* form for a deed, form of contract

Vertragsfrist *(f)* contractual period, duration of a contract, validity of a contract

Vertragsgarantie *(f)* contract bond, contract guarantee
  Einheitliche Richtlinien für Vertragsgarantien (ERV) *(pl)* Uniform Rules for Contract Guarantees

Vertragsgegenstand *(m)* object of a contract, subject of a contract

Vertragsgegenstandsklausel *(f)* matter of contract clause, subject of a contract clause

vertragsgerecht stipulated in a contract
  vertragsgerechte Anzahl *(f)* quantity stipulated in a contract
  vertragsgerechte Menge *(f)* quantity stipulated in a contract

Vertragsgewicht *(n)* contractual weight

Vertragsgültigkeit *(f)* validity of a contract
  Vertragsgültigkeit verlängern *(f)* extend the validity of a contract

Vertragshafen *(m)* contractual port
Vertragshaftung *(f)* contractual liability
Vertragsklage *(f)* action in contract
Vertragsklausel *(f)* article of a contract, article of an agreement, clause in contract, clause of contract, contract clause
Vertragskondition *(f)* contract condition
Änderung der Vertragskonditionen *(f)* change of contract conditions
Vertragskopie *(f)* agreement copy, copy of a contract, copy of agreement
Vertragskündigung *(f)* termination of a contract
Vertragskündigungsfrist *(f)* term of notice as stipulated by contract
Vertragskündigungsrecht *(n)* right to terminate a contract, right to terminate a contract
Vertragsmarge *(f)* contractual margin
vertragsmäßig conventional, stipulated
vertragsmäßig ausgestellter Scheck *(m)* limited cheque
vertragsmäßige Entschädigung *(f)* contractual indemnity, stipulated damages
vertragsmäßige Zinsen *(pl)* contract interest, stipulated interest
vertragsmäßiger Zoll *(m)* convention duty, conventional duty
vertragsmäßiger Zollsatz *(m)* bottom duty
Vertragsmenge *(f)* agreed quantity, contract quantity, contracted quantity
Vertragsobjekt *(n)* object of a contract, subject of a contract, subject-matter of contract
Vertragsobjektsklausel *(f)* matter of contract clause, subject of a contract clause
Vertragspartei *(f)* contracting party, contractor
Vertragspartner *(m)* contract holder, contract partner, contracting party
Vertragspflicht *(f)* contract liability
Vertragspräambel *(f)* preamble of contract
Vertragspreis *(m)* contract price, contractual price, price as per agreement, settled price, transaction price
Vertragspunkt *(m)* article, clause of a contract, contract clause

Vertragsqualität *(f)* contract quality
Vertragsrecht *(n)* law of contract
Vertragsrücktritt *(m)* recession from a contract
Vertragssanktion *(f)* contractual sanction
vertragsschließend contracting
vertragsschließende Seite *(f)* beneficiary of contract, contract beneficiary
Vertragsschließende *(m)* beneficiary of contract, contract beneficiary
Vertragsschließung *(f)* celebration of a contract, conclusion of a contract
Vertragsschluss *(m)* closing of a contract
Vertragsschlussort *(m)* place of conclusion of the contract, place of contract
Vertragsspediteur *(m)* contractual forwarder, contractual forwarding agent
Vertragsstaat *(m)* contracting state
Vertragsstempelsgebühr *(f)* stamp duty on contracts
Vertragsstrafe *(f)* contract penalty, contractual penalty, conventional penalty, penal sum, penalty for breach of a contract, penalty under a contract
Vertragsstrafeklausel *(f)* penal clause, penalty clause
Vertragssumme *(f)* contract sum, sum of a contract
Vertragstarif *(m)* agreed tariff, negotiated tariff
Vertragstext *(m)* wording of contract
Vertragsvereinbarung *(f)* contract agreement
Vertragsverhältnis *(n)* privity of contract
Vertragsverlängerung *(f)* renewal of a contract, revival of a contract
Vertragsverletzung *(f)* breach of an agreement, breach of a contract, breach of contract, defection of contract, infringement of a treaty
Vertragsverletzung der Bedingungen *(f)* non-fulfillment of conditions
* **wesentliche Vertragsverletzung** *(f)* material breach of contract

Vertragsverpflichtung *(f)* agreed upon commitment, contractual commitment
Ausführung der Vertragsverpflichtungen *(f)* fulfillment of contractual obligations
Vertragsversicherung *(f)* contract insurance
Vertragsvorschlag *(m)* contract proposal
Vertragswährung *(f)* contract currency, currency of contract
Vertragswert *(m)* contract value, contract worth
Vertragszeit *(f)* contractual period, duration of a contract
Vertragszeitraum *(m)* currency of contract, term of a contract
Vertragszinsen *(pl)* contract interest, stipulated interest
Vertragszoll *(m)* contract duty
Vertragszollsystem *(n)* conventional tariff system
Vertragszolltarif *(m)* bargaining tariff, contractual tariff
Vertrauen *(n)* trust
vertrauenswürdig trustworthy
vertrauenswürdiger Agent *(m)* trustworthy agent
vertraulich confidential
vertrauliche Information *(f)* confidential information
Vertraulichkeitsklausel *(f)* confidentiality clause
vertretbar acceptable
vertretbares Risiko *(n)* allowed risk
Vertreter *(m)* representative
Vertreter der Firma *(m)* agent, representative of company
* aktiver Vertreter *(m)* active agent
ausländischer Vertreter *(m)* foreign representative, foreign agent
bevollmächtigter Vertreter *(m)* plenipotentiary representative, authorized representative, authorized agent
diplomatischer Vertreter *(m)* diplomatic agent
gesetzlicher Vertreter *(m)* legal representative, legal agent
konsularischer Vertreter *(m)* consular agent
Lloyd's-Vertreter *(m)* Lloyd's agent

offizieller Vertreter *(m)* official representative
örtlicher Vertreter *(m)* resident agent, local agent
regulärer Vertreter *(m)* permanent agent, regular agent
ständiger Vertreter *(m)* permanent representative, regular agent
unabhängiger Vertreter *(m)* independent agent
Unterschrift eines bevollmächtigten Vertreters der Schifffahrtsgesellschaft *(f)* signature of an authorised representative of the shipping company
Unterschrift eines bevollmächtigten Vertreters der Luftverkehrsgesellschaft *(f)* signature of an authorised representative of the airline
Vertreterbestimmung *(f)* appointment of an agent
Vertreterfirma *(f)* agency company, agency firm
Vertreterprovision *(f)* agency charges
Vertretertarif *(m)* agency tariff
Vertretervertrag *(m)* agency contract
Vertretervollmacht *(f)* power for agent
Vertretung *(f)* agency, mission, representation
direkte Vertretung *(f)* direct representation
indirekte Vertretung *(f)* indirect representation
kommerzielle Vertretung *(f)* commercial business, commercial agency
Vertretungsgebühr *(f)* agency fee, agent's commission
Vertretungsprovision *(f)* agency fee, agent's commission
Vertretungsvereinbarung *(f)* agency arrangement
Vertrieb *(m)* distribution
Organisation des Vertriebs *(f)* distributing system
Vereinbarung über Vertrieb und Verkauf *(f)* ordinary marketing agreement
Vertriebsabteilung *(f)* marketing department, selling department
Vertriebsberater *(m)* sales consultant

Vertriebserlös *(m)* sales revenue

Vertriebskampagne *(f)* selling campaign

Vertriebskanal *(m)* channel of distribution, marketing channel

Vertriebskartell *(n)* distribution ring, selling ring

Vertriebskosten *(pl)* selling outlay

Vertriebsleiter *(m)* director of sales, marketing manager

Vertriebsorganisation *(f)* marketing, marketing organization, marketing system, organization of distribution, selling organization

Vertriebsplan *(m)* distribution plan

Vertriebsplanung *(f)* sales policy

Vertriebsrecht *(n)* right of sales

Vertriebsstelle *(f)* distributing agency, distributing house

Vertriebsstruktur *(f)* marketing structure

Vertriebsvertrag *(m)* distribution agreement

Vertriebs- und Marketingspezialist *(m)* sales and marketing specialist

Vertriebsweg *(m)* channel of distribution, marketing channel

Vertriebszentrum *(n)* distribution center *(US)*, distribution centre

Verunreinigung *(f)* pollution

Verunstaltung *(f)* deformation

Veruntreuung *(f)* misappropriation

Vervollständigung *(f)* supplement

Verwahrung *(f)* custody, escrow
Frist der vorübergehenden Verwahrung *(f)* term of temporary storage

Verwahrungsgebühr *(f)* storage, store rent

Verwahrungslager *(für Waren) (n)* temporary store

Verwahrungsort *(m)* custodianship place, warehousing point

verwalten administer, direct, manage
Kontingente verwalten *(pl)* administer quotas

Verwalter *(m)* administrator, manager

Verwaltung *(f)* administration, management **2.** management team
öffentliche Verwaltung *(f)* public authority, local administration

Verwaltungsabgabe *(f)* contract stamp, documentary stamp tax

Verwaltungsabteilung *(f)* administrative department

Verwaltungsakt *(m)* act of administration, administrative act

Verwaltungsaufwendungen *(pl)* administrative expenses, costs of administration

Verwaltungsausschuss *(m)* administrative committee

Verwaltungsbescheid *(m)* administrative decision

Verwaltungsdienst *(m)* government service

Verwaltungsdienststelle *(f)* administrative office

Verwaltungsdirektor *(m)* director of administration

Verwaltungsdokument *(n)* administrative document, official document
Einheitliches Verwaltungsdokument *(n)* single administrative document

Verwaltungseinheit *(f)* administrative unit

Verwaltungsentscheidung *(f)* administrative decision
Widerruf der Verwaltungsentscheidung *(m)* revocation of an administrative decision

Verwaltungsformalitäten *(pl)* administrative formalities

Verwaltungsgebühr *(f)* administration charge, administrative fee

Verwaltungsgericht *(n)* administrative court, court of administration

Verwaltungsgerichtsbarkeit *(f)* administrative jurisdiction

Verwaltungskodex *(m)* administrative code

Verwaltungskontrolle *(f)* administrative control

Verwaltungskosten *(pl)* administrative expenses, costs of administration, traceable costs

verwaltungsmäßig administrative
verwaltungsmäßige Überprüfung *(f)* administrative control
Verwaltungsmaßnahmen *(pl)* administrative measures
Verwaltungspapier *(n)* administrative document, official document
Verwaltungspersonal *(n)* administrative staff
Verwaltungspraktik *(f)* administrative practice
Verwaltungspraxis *(f)* administrative practice
Verwaltungsrat *(m)* supervisory board
Verwaltungsrecht *(n)* administrative law
Verwaltungssache *(f)* administrative case
Verwaltungssanktion *(f)* administrative sanction
Verwaltungsstrafe *(f)* administrative fine, administrative penalty
Verwaltungssystem *(n)* system of administration
Verwaltungsverfahren *(n)* administrative proceedings
Verwaltungsverfahrenordnung *(f)* code of administrative proceedings
Verwaltungsvorschrift *(f)* administrative regulation
  einzelstaatliche Rechts- und Verwaltungsvorschriften *(pl)* internal rules
Verwaltungsweg *(m)* administrative course
Verwaltungszwang *(m)* administrative coercion
verweigern refuse
  Akzeptierung des Wechsels verweigern *(f)* dishonour a bill by non-acceptance, refuse an acceptance of a bill
  Annahme der Lieferung verweigern *(f)* refuse to take delivery, refuse to take delivery of goods
  Annahme des Schecks verweigern *(f)* dishonour a cheque, reject a cheque
  Annahme einer Ware verweigern *(f)* refuse to take delivery of goods

  Annahme verweigern *(f)* refuse an acceptance, decline an acceptance, decline to accept
  Bewilligung verweigern *(f)* withhold the authorization
  Einlösung des Schecks verweigern *(f)* dishonour a cheque, reject a cheque
  Einlösung einer Tratte verweigern *(f)* refuse to accept a draft, repudiate a draft
  Einlösung eines Wechsels verweigern *(f)* dishonour a bill by non-acceptance, refuse an acceptance of a bill
  Honorierung einer Tratte verweigern *(f)* refuse to accept a draft, repudiate a draft
  Scheck verweigern *(m)* honour a cheque
  Warenabnahme verweigern *(f)* refuse the goods, refuse to take delivery of goods, refuse to take delivery
  Zahlung verweigern *(f)* refuse a payment, decline payment
Verweigerung *(f)* disapproval, refusal, rejection, repudiation
  Verweigerung der Akzeptierung *(f)* refusal of acceptance
  Verweigerung der Annahme *(f)* non-acceptance
  Verweigerung der Annahme der Lieferung *(f)* refusal to take delivery
  Verweigerung der Annahme der Sendung *(f)* refusal to receive postal matter
  Verweigerung der Sicherheit *(f)* refusal of an acceptance of safeguard, refusal to accept security
  Verweigerung der Warenabnahme *(f)* refusal of goods
  Verweigerung der Warenlieferung *(f)* refused delivery
Verweis reference
  Verweis auf das Konnossement *(m)* reference for the bill of lading
verweisen refer
  an ein Schiedsgericht verweisen *(n)* submit to arbitration, refer to arbitration
Verwendung *(f)* purpose, use
  Verwendung der besonderen Ladelisten *(f)* use of special loading lists
  Verwendung der besonderen Verschlüsse *(f)* use of seals of a special type
  Verwendung der Vordrucke *(f)* use of the forms
  Verwendung der Waren *(f)* use of goods

zollamtliche Überwachung der Verwendung der Waren *(f)* customs control of the use of goods
* vorübergehende Verwendung *(f)* temporary admission, temporary clearance, temporary importation
Bewilligung der vorübergehenden Verwendung *(f)* authorization for temporary admission, authorization for temporary importation, temporary importation authorization
Verfahren der vorübergehenden Verwendung *(n)* temporary admission procedure, temporary admission arrangements, temporary importation procedure, processing under customs supervision procedure
vorübergehende Verwendung bei teilweiser Befreiung *(f)* temporary importation on a partial relief basis
vorübergehende Verwendung bei vollständiger Befreiung *(f)* temporary importation on a total relief basis
vorübergehende Verwendung von Waren *(f)* temporary admission of goods
verwerten effectuate
Verwertung *(f)* disposal, exhaustion
Verwertung der Waren *(f)* disposal of goods
Verwertung des Akkreditivs *(f)* exhaustion a letter of credit, use of letter of credit
Verwirklichung *(f)* realization
Verwirklichung des Binnenmarktes *(f)* creation of a single market
Verzeichnis *(n)* list **2.** ledger, register **3.** schedule
Verzeichnis anlegen *(n)* compile a list, fix a list, make up a list
Verzeichnis der Flughäfen der Gemeinschaft *(n)* list of Community airports
* detailliertes Verzeichnis *(n)* detailed list, detailed specification
Menge nach Verzeichnis *(f)* quantity as per list
Verzicht *(m)* waiver
Verzicht auf Befreiung *(m)* resignation from exemption
verzichten resign, waive
Verzichtleistung *(f)* abandonment
Verzichtsklausel *(f)* abandonment clause, avoidance clause, escape clause, waiver clause
verzinsen pay interest

verzinslich at interest
verzinsliche Anleihe *(f)* percent loan
verzinsliche Schuld *(f)* yielding debt
verzinslicher Kredit *(m)* credit at interest
Verzinsung *(f)* interest
verzögern defer
verzögert belated, delayed
verzögerte Akkreditiveröffnung *(f)* delay in opening a letter of credit
verzögerte Lieferung *(f)* delayed delivery
verzögerte Zahlung *(f)* belated payment, delayed payment
Verzögerung *(f)* delay
Schadensersatz für die Verzögerung *(m)* damages for delay
verzollbar customable
verzollen clear trough the customs, pay the duty on
Ware verzollen *(f)* clear goods
verzollt duty-paid
verzollte Waren *(pl)* customs duty paid goods, duty paid goods, goods out of bond
verzollter Preis *(m)* duty-paid price
verzollter Wert *(m)* dutiable value
* Frei Kai, verzollt ... /benannter Hafen/ ex quay (duty paid) ... /named port of destination/
Geliefert verzollt ... /benannter Bestimmungsort/ delivered duty paid ... /insert named place of destination/, DDP ... /insert named place of destination/
geliefert verzollt ... /Käufersitz/ delivered buyer's premises duty paid
Verzollung *(f)* clearance, payment of customs duties
Verzollung der Waren *(f)* goods customs clearance, goods customs registration
* zur Verzollung angeben *(f)* enter
Verzollungsagent *(m)* custom-house agent, customs agent
Verzollungsgebühr *(f)* charge for clearance, clearance fee
Verzollungsort *(m)* clearing trough the customs point, customs treatment place
Preis frei Verzollungsort *(m)* free at place of clearance price, free at place of clearing price
Verzollungsverfahren *(n)* customs procedure

Verzugshaftung *(f)* liability for a late performance

Verzugsstrafe *(f)* penalty for delay

Verzugszinsen *(pl)* default interest, interest on arrears

Verzugszuschlag *(m)* interest for late payment, interest on arrears

Veterinär *(m)* veterinary, veterinary surgeon

Veterinärbescheinigung *(f)* health certificate, veterinary certificate, veterinary note

Veterinärdienst *(m)* veterinary service

Veterinärkontrolle *(f)* veterinary inspection

veterinärmedizinisch veterinary
   veterinärmedizinische Bestimmungen *(pl)* veterinary regulations

Veterinärsachverständiger *(m)* veterinary expert

Veterinärschein *(m)* veterinary certificate, veterinary note

Viehschiff *(n)* cattle ship, cattle vessel, livestock carrier

Viehtransportschiff *(n)* cattle ship, cattle vessel, livestock carrier

Viehwaggon *(m)* stock car

vielseitig multilateral

Vielzweckcontainer *(m)* multipurpose container

vierteljährlich quarterly
   vierteljährliche Erklärung *(f)* quarterly return

Vierwege-Palette *(f)* four-way pallet

vis major force majeure, vis maior

Visby Regeln *(pl)* Convention for the Unification of certain rules of Law relating to Bills of Lading, Visby Rules

visiert visaed
   visiertes Dokument *(n)* visaed document

Visitenkarte *(f)* visiting card

Vistawechsel *(m)* bill at sight, bill of demand, demand bill

visuell visual
   visuelle Prüfung *(f)* inspection, survey

Visum *(n)* visa
   Ausgabe eines Visums *(f)* issue of a visa

Gültigkeitsdauer des Visums *(f)* validity of visa

mit einem Visum versehen stamp a visa

Völkerrecht *(n)* international law

völkerrechtlich of international law
   völkerrechtlicher Vertrag *(m)* international agreement, international contract

Völkerrechtskonvention *(f)* international convention, universal convention

voll complete, full
   voll beladenes Schiff *(n)* fully laden ship
   voll indossieren endorse to a person
   volle Adresse *(f)* complete address
   volle Containerladung *(f)* container load, full container load (FCL)
   volle Einzahlung *(f)* full payment, payment in full
   volle Entschädigung *(f)* full compnsation
   volle Ladung *(f)* complete cargo, full and complete cargo
   volle LKW-Ladung *(f)* truck load
   volle Satzverschiffungsdokumente *(pl)* complete set of loading documents
   volle Zahlung *(f)* full discharge, payment in full
   voller Preis *(m)* all-in price, full price, overall price, total price
   voller Satz *(m)* full rate **2.** complete set
   voller Satz von Geschäftspapieren *(m)* complete set of commercial documents, full set of commercial documents
   voller Satz von Handelsurkunden *(m)* complete set of commercial documents, full set of commercial documents
   voller Satz von Konnossement *(m)* full set of bill of lading
   voller Satz von Unterlagen *(m)* complete set of documents, set of documents
   voller Satz von Verschiffungsdokumente *(m)* complete set of cargo documents
   volles Akzept *(n)* full acceptance

Vollbeschäftigungsgesetz *(n)* full employment bill

Vollcharter *(m)* full-cargo charter, whole-cargo charter

Vollcontainer *(m)* container load, full container load (FCL)

Vollentlastung *(f)* full relief

Vollewährungskonvertibilität *(f)* full convertibility

Vollgiro *(n)* endorsement in full, full endorsement, indorsement in full, restrictive endorsement, special endorsement
völlig overall, total
Vollindossament *(n)* endorsement in full, full endorsement, indorsement in full, restrictive endorsement, special endorsement
vollkommene perfectly
vollkommene Konkurrenz *(f)* perfect competition, pure competition
vollkommener Wettbewerb *(m)* perfect competition, pure competition
Volllast *(f)* total load
Vollmacht *(f)* authority
Vollmacht des Agenten *(f)* agent's authority, power of agent
Vollmacht entziehen *(f)* revoke a power of attorney
Vollmacht erteilen *(f)* give a power, grant authority
Vollmacht geben *(f)* accord a power, grant authority
Vollmacht überschreiten *(f)* exceed one's authority, overstep one's authority
Vollmacht vorlegen *(f)* produce one's power of attorney, produce one's proxy
Vollmacht zum Abschluss vom Vertrag *(f)* authority to contract, power to contract
Vollmacht zum Abschluss von Kontrakt *(f)* authority to contract, power to contract
Vollmacht zurücknehmen *(f)* withdraw a power, withdraw a power of attorney
* **allgemeine Vollmacht** *(f)* general power, general proxy, general power of attorney
Beschränkung der Vollmacht *(f)* limitation of powers
Erlöschen einer Vollmacht *(n)* expiration of power of attorney, expiration of power
schriftliche Vollmacht *(f)* letter of attorney
Umfang der Vollmacht *(m)* terms of reference
unbeschränkte Vollmacht *(f)* unlimited power of attorney
Zurücknahme einer Vollmacht *(f)* withdrawal of the power of attorney, withdrawal of a power
Vollmachtgeber *(m)* ordering party
Vollmachträger *(m)* plenipotentiary
Vollmachtsüberschreitung *(f)* excess of power

Vollrembourse *(f)* full reimbursement
Vollspurbahn *(f)* transferee railway
vollständig wholly
vollständige Anschrift *(f)* full address
vollständige Auszahlung *(f)* full payment, payment in full
vollständige Befreiung *(f)* total relief basis
vorübergehende Verwendung bei vollständiger Befreiung *(f)* temporary importation on a total relief basis
vollständige Lieferung *(f)* full delivery
vollständige Zahlung *(f)* full payment
vollständige Zollabfertigung *(f)* perfect clearance
vollständige Zollbefreiung *(f)* total relief from duty
vollständige Zollerklärung *(f)* perfect entry
vollständiger Konnossementssatz *(m)* full set of bill of lading
vollständiges Entladen *(n)* total unloading
vollständiges Indossament *(n)* full endorsement, indorsement in full, regular endorsement, restrictive endorsement
vollstrecken enforce, exact
Vollstreckung *(f)* execution
Vollstreckungshandlung *(f)* act of execution
Vollstreckungsklausel *(f)* executory clause
Vollverlust *(m)* total loss
vollziehen fulfil
Lieferung vollziehen *(f)* effect a supply, complete a delivery, effect a delivery
vollzogen executed
vollzogene Lieferung *(f)* accomplished delivery
Volumen *(n)* cubage, volume
Volumen des Containers *(n)* volume of a container
Volumenrabatt *(m)* group discount, volume discount
von from
vom Käufer benannten Frachtführer *(m)* carrier nominated by the buyer
vom Kontrakt zurücktreten *(m)* back out of a contract, denounce a contract
vom Vertrag gefordert *(m)* stipulated in a contract

vom **Vertrag zurücktreten** (m) back out of a contract, denounce a contract, recede from a contract, resile form a contract, withdraw from a contract

vom **Zoll befreien** (m) exempt from duty, free from the duty

vom **Zoll freilassen** (m) exempt from duty, free from the duty

vom **Zoll überwachter Bereich** (m) customs surveillance zone

vom **Zollamt bestätigt** (n) endorsed by the customs office

von der **Bank bestätigtes Akkreditiv** (n) banker confirmed letter of credit

von der **Behörde eingeleitete Ermittlung** (f) administrative enquiry

von der **Besteuerung befreien** (f) exempt from taxation

von der **Quarantäne freilassen** (f) release from quarantine

von der **Zollstelle erteilte Bescheinigung** (f) customs certification

von einer **Verpflichtung befreien** (f) exempt from a requirement

vor before

vor **Fälligkeit bezahlen** (f) pay before maturity

vor **Fälligkeit eingelöstes Akzept** (n) rebated acceptance

Voranschlagswert (m) estimate cost

Voranzeige (f) preliminary advice

voraus ahead

voraus bezahlen pay beforehand, pay in advance

vorausbestellen order in advance

vorausbezahlt prepaid

vorausbezahlte Fracht (f) advance freight, freight advance, freight in advance, freight paid, freight prepaid, prepaid freight

vorausbezahlte Gebühren (pl) charges prepaid, prepaid costs

vorausbezahlte Kosten (pl) charges prepaid, prepaid costs

* **Fracht vorausbezahlt** (f) freight prepaid, advance freight

Vorausbezahlung (f) advance payment, anticipated payment, cash in advance, layaway, payment in advance, prepayment, previous payment

Voraussage (f) forecast

Voraussetzung (f) condition

Voraussetzungen erfüllen (pl) fulfil the conditions, meet the conditions

* **rechtliche Voraussetzung** (f) legal ground, legal foundation

wirtschaftliche Voraussetzungen (pl) economic climate, economic conditions

voraussichtlich anticipated, estimated, expected, prospective

voraussichtliche Abfahrtszeit (f) estimated time of departure, estimated time of sailing, excepted time of sailing, expected time of departure, expected time of sailing

voraussichtliche Ankunftszeit (f) estimated time of arrival, expected time of arrival

voraussichtlicher Abfahrtstermin (m) estimated time of departure

voraussichtlicher Ankunftstermin (m) estimated time of arrival

voraussichtliches Ankunftsdatum (n) expected date of arrival

vorauszahlbar prepaid

Fracht vorauszahlbar (f) freight prepaid, advance freight

Vorauszahlung (f) advance, advance money, advance payment, anticipated payment, anticipation payment, cash before delivery, cash in advance, interim payment, previous payment

vorläufige Vorauszahlung (f) interim payment, advance payment

Vorauszahlungbetrag (m) amount of an advance payment

Vorauszahlungsgarantie (f) advance payment guarantee

Vorbedingung (f) preliminary condition, prior condition

Vorbehalt (m) condition, limitation

Vorbehalt einlegen (m) lodge a reservation

* **Akzept mit Vorbehalt** (n) acceptance with provision

Anerkennung mit Vorbehalt (f) acknowledgement with reserve

Anmeldung zur Ausfuhr unter Vorbehalt der Wiedereinfuhr (f) goods declaration for exportation with notification of intended return

Annahme ohne Vorbehalt (f) clean acceptance

annehmen mit Vorbehalt accept on condition
annehmen ohne Vorbehalt accept unconditionally, accept without qualification
Erledigung unter Vorbehalt *(f)* conditional discharge *(TIR carnet)*
unter dem Vorbehalt der Wiederausfuhr *(m)* subject to re-exportation
Verkauf unter Vorbehalt *(m)* conditional sale, sale with reservation, memorandum sale
vorbehalten reserve, reserved
Irrtum und Auslassungen vorbehalten *(m/pl)* errors and omissions excepted
Irrtum vorbehalten *(m)* errors excepted
Irrtümer und Auslassungen vorbehalten *(pl/pl)* errors and omissions excepted
vorbehaltlos absolute, unconditional, without reservation
vorbehaltlose Bestätigung *(f)* unconditional confirmation
Vorbehaltsklausel *(f)* loading warranties
Vorbehaltspreis *(m)* conditional price
Vorberechnung *(f)* estimation of cost, precalculation
vorbereiten get ready, prepare
Dokument vorbereiten *(n)* prepare a document
für den Transport vorbereiten *(m)* prepare (goods) for shipment
Liste vorbereiten *(f)* fix a list, establish a list
Vorbereitung *(f)* preparation
Vorbereitung für Abfertigung *(f)* preparation for consignment
Vorbereitung für Abnahme *(f)* preparation for acceptance, preparation for examination
Vorbereitung für Beförderung *(f)* preparation for carriage, preparation for carrying
Vorbereitung für Empfang *(f)* preparation for acceptance, preparation for examination
Vorbereitung für Sendung *(f)* preparation for dispatch, preparation for forwarding
Vorbereitung für Transport *(f)* preparation for carriage, preparation for carrying
Vorbereitung für Versendung *(f)* preparation for dispatch, preparation for forwarding
Vorbestellrabatt *(m)* discount on advance orders
Vorbestellung *(f)* booking, preliminary order, proforma order, reservation
Vorbestellung annullieren *(f)* cancel a reservation

vorbezahlt prepaid
Vorbild *(n)* prototype
Vorbörse *(f)* black market, street market
Vorbuchung *(f)* advance booking
vordatiert antedated, backdated
vordatierter Scheck *(m)* antidated cheque, memorandum cheque
vordatiertes Konnossement *(n)* backdated bill of lading
* **Wechsel vordatieren** *(m)* antedate a bill
Vordruck *(m)* blank, blank form, form
Vordruck 302 *(m)* form 302
Vordruck ausfüllen *(m)* fill in a form, fill up a form
Vordruck der Warenanmeldung *(m)* goods declaration form
Vordruck EX *(m)* form EX (export)
Vordruck für die Anmeldung zum Zollgutversand *(m)* goods declaration form for customs transit
Vordruck für die Eingangsbescheinigung *(m)* form of receipt
Vordruck IM *(m)* form IM (import)
* **amtlicher Vordruck** *(m)* official form
Einheitlichkeit der Vordrucke *(f)* uniformity of the forms
Verwendung der Vordrucke *(f)* use of the forms
vorenthalten withhold
zollamtliche Überwachung vorenthalten *(f)* withhold from customs control
Vorentscheidung *(f)* reliminary decision
richterliche Vorentscheidung *(f)* test case, judicial precedent
Vorferraum *(m)* fore hold
vorfristig anticipation
vorfristig bezahlen anticipate a payment, pay beforehand
vorfristige Lieferung *(f)* anticipatory delivery
vorführen present
Waren der Abgangszollstelle vorführen *(pl)* produce the goods at the office of departure
zur Prüfung vorführen *(f)* present for inspection
Vorgang *(m)* processing
Vorgang der vorübergehenden Verwendung *(m)* processing under customs supervision procedure

Vorgang der vorübergehenden Verwendung *(m)* temporary importation procedure

Vorgang des aktiven Veredelungsverkehrs *(m)* inward processing operation

Vorgang des passiven Veredelungs-verkehrs *(m)* outward processing procedure

vorgeschrieben compulsory

vorgeschriebenes Muster *(n)* official model

Vorhaben *(n)* design, intent, intention

vorherig prior

vorherige gemeinschaftliche Überwachung *(f)* prior Community surveillance *(customs)* *(EU)*

vorherrschend dominant

vorherrschende Firma *(f)* dominant enterprise, dominant undertaking

Vorkalkulation *(f)* estimation of cost, pre-calculation

Vorlage *(f)* presentation

Vorlage der Ausfuhranmeldung *(f)* presentation of an export declaration

Vorlage der Papiere *(f)* presentation of the documents

Vorlage der Reisepasse *(f)* presentation of passport

Vorlage der Unterlagen *(f)* production of the documents

Vorlage des Carnets TIR *(f)* presentation of a carnet TIR

Vorlage des Zollpapiers *(f)* presentation of a customs document

Vorlage zum Akzept *(f)* presentation for acceptance

Vorlage zur Zahlung *(f)* presentation for payment

* **nach Vorlage** *(f)* a vista

zahlbar bei Vorlage *(f)* payable on presentation

Vorlageneingang *(m)* design arrival, model arrival

vorläufig provisional

vorläufige Anmeldung *(f)* preliminary entry, provisional declaration

vorläufige Liste *(f)* preliminary list

vorläufige Quittung *(f)* temporary receipt

vorläufige Rechnung *(f)* memorandum invoice, preliminary invoice

vorläufige Schutzmaßnahmen *(pl)* interim protective measures

vorläufige Vorauszahlung *(f)* advance payment, interim payment

vorläufige Zolldeklaration *(f)* imperfect entry

vorläufiges Patent *(n)* temporary letter patent

vorlegen present

Anmeldung vorlegen *(f)* present a declaration

Attest vorlegen *(n)* present an attest, present a certificate

Bescheinigung vorlegen *(f)* present a certificate, present an attest, submit a certificate

Beweis vorlegen *(m)* submit a proof

Bilanz vorlegen *(f)* render a statement

Deklaration vorlegen *(f)* make a declaration

Dokument vorlegen *(n)* produce a document

erforderliche Dokumente vorlegen *(pl)* submit documents required

globale Sicherheit vorlegen *(f)* provide a general security, provide a comprehensive guarantee

Plenipotenz vorlegen *(f)* produce one's proxy, produce one's power of attorney

Scheck zur Einlösung vorlegen *(m)* present a cheque for payment

Vertragsentwurf vorlegen *(m)* submit a draft agreement

Vollmacht vorlegen *(f)* produce one's proxy, produce one's power of attorney

Vorschlag vorlegen *(m)* submit a proposal

Wechsel vorlegen *(m)* sight a bill, present a bill

Wechsel zur Annahme vorlegen *(m)* present a bill for acceptance

Wechsel zur Zahlung vorlegen *(m)* present a bill for payment

Zertifikat vorlegen *(n)* produce an attest, produce a certificate, present a certificate

Zolldokument vorlegen *(n)* lodge a customs document

Zollerklärung vorlegen *(f)* submit a customs declaration

Zollpapier vorlegen *(n)* lodge a customs document

zum Akzept vorlegen *(n)* present for acceptance

zur Annahme vorlegen *(f)* present for acceptance

zur Unterzeichnung vorlegen *(f)* produce for sign

zur Zahlung vorlegen *(f)* present for payment

vorlegend presenting

vorlegende Bank *(f)* presenting bank

Vorlegung *(f)* presentation, sight, submission
Vorlegung eines Angebots *(f)* submission of an offer, submission of tender
vornehmen undertake
Abänderungen vornehmen *(pl)* make corrections
Warennachprüfung vornehmen *(f)* examine the goods, inspect the goods
Vorortzug *(m)* shuttle train, suburban train
Vorpapier *(n)* previous document
Vorprobe *(f)* preliminary trial
Vorprüfung *(f)* pre-examination
Vorrat *(m)* reserve, stock
All-time-Vorrat *(m)* all-time stock
Ausnutzung der Vorräte *(f)* utilization of stores
kommerzieller Vorrat *(m)* trade stock, commercial stock
physischer Vorrat *(m)* physical stock
zyklischer Vorrat *(m)* cycle stock
Vorratsniveau *(n)* level of stock, stock level
Vorrecht *(n)* benefit, franchise
Vorreisebahn *(f)* feeder railroad, feeder railway
Vorreiseeisenbahn *(f)* feeder railroad, feeder railway
Vorreisegut *(n)* goods delivered to base port
Vorreisehafen *(m)* feeder port, secondary port
Vorreisekonnossement *(n)* local bill of lading
Vorreiselinie *(f)* feeder line, feeder service
Vorreisereederei *(f)* feeder-carrier
Vorreiseschiff *(n)* feeder, feeder ship
Vorreiseschifffahrt *(f)* tender service
Vorreiseschiffverkehr *(m)* feeder service
Vorreiseservice *(m)* feeder service
Vorschiffluke *(f)* fore hatch, forehatchway
Vorschlag *(m)* application, petition, proposition **2.** estimates, preliminary estimate
Vorschlag ablehnen *(m)* refuse a proposal, reject a proposition
Vorschlag beurteilen *(m)* evaluate a proposal
Vorschlag machen *(m)* submit an offer
Vorschlag vorlegen *(m)* submit a proposal

* **Beurteilung des Vorschlags** *(f)* evaluation of proposal
vorschlagen offer, offer a proposition, propose
Vertragsbedingungen vorschlagen *(pl)* propose the conditions of contract, propose the contract terms
Vertragsbestimmungen vorschlagen *(pl)* propose the contract terms, propose the conditions of contract
Vorschrift *(f)* regulation, rule
Vorschriften brechen *(pl)* infringe the law, infringe the regulations
Vorschrift für Spediteur *(f)* letter of instruction
Vorschriften verletzen *(pl)* infringe the law, infringe the regulations
* **Allgemeine Vorschriften für die Auslegung des Zolltarifschemas** *(pl)* General Rules for the Interpretation of the Nomenclature
detaillierte Vorschriften *(pl)* specific rules
gegen die Vorschriften *(pl)* contrary to the regulations
innerstaatliche Vorschriften *(pl)* provisions of national law
steuerrechtliche Vorschriften *(pl)* tax regulations, tax legislation
Übertretung der Vorschrift *(f)* legal offence
zollamtliche Vorschrift *(f)* customs provision, customs regulation
zollrechtliche Vorschriften *(pl)* tariff legislation, customs law
Vorschriftensammlung *(f)* books of rules, set of rules
vorschriftsgemäß duly
Vorschuss *(m)* earnest
Rückzahlung eines Vorschusses *(f)* return of advance
Vorschussbetrag *(m)* advanced amount
Vorserie *(f)* pilot order
Vorsortierung *(f)* pre-bracking, pre-sorting
Vorsprung *(m)* advance
Vorsprünge und Rückstände *(pl/pl)* leads and lags
Vorstandsmitglied *(n)* member of board
Vorstellungsweise *(f)* manner of presentation, mode of presentation

Vorteil *(m)* advantage
vorteilhaft advantageous
vorteilhaftes Angebot *(n)* advantageous offer, favourable offer
vorübergehend interim, temporarily, temporary, transitional
vorübergehend ausführen export temporarily
vorübergehend ausgeführt temporarily exported
vorübergehend ausgeführte Beförderungsmittel *(pl)* temporarily exported means of transport
vorübergehend ausgeführte Waren *(pl)* goods temporarily exported
vorübergehend einführen import temporarily
vorübergehend eingeführt temporarily imported
vorübergehend eingeführte Waren *(pl)* goods temporarily imported, temporarily imported goods
vorübergehend verwahrte Waren *(pl)* goods in temporary storage
vorübergehende Ausfuhr *(f)* temporary export, temporary exportation, temporary re-exportation
  Ware der vorübergehenden Ausfuhr *(f)* temporary exported goods
  Waren der vorübergehenden Ausfuhr *(pl)* temporary exported goods
  Wert der Waren der vorübergehenden Ausfuhr *(m)* value of the temporary exported goods
vorübergehende Ausfuhr von einem Transportmitteln *(f)* temporary exportation of means of transport
vorübergehende Ausfuhr von Veredelungserzeugnissen *(f)* temporary exportation of compensating products
vorübergehende Ausfuhr von Verpackungen *(f)* temporary export of packing
vorübergehende Ausfuhr zur passiven Veredelung *(f)* temporary exportation for outward processing
vorübergehende Aussetzung *(f)* temporary suspension
vorübergehende Benutzung *(f)* temporary use
vorübergehende Einfuhr *(f)* admission import, conditional import, temporary import, temporary importation

Anmeldung für die vorübergehende Einfuhr zur aktiven Veredelung *(f)* declaration for temporary admission for inward processing
Bedingungen für die Zulassung zur vorübergehenden Einfuhr *(pl)* conditions of granting of temporary admission
Land der vorübergehenden Einfuhr *(n)* country of temporary admission, country of temporary importation
Verfahren der vorübergehenden Einfuhr *(n)* temporary importation procedure, system of temporary admission
vorübergehende Einfuhr unter Zollverschluss *(f)* temporary importation under bond
vorübergehende Einfuhr von Containern *(f)* temporary importation of containers
vorübergehende Einlagerung *(f)* temporary storage, temporary warehousing
vorübergehende Einlagerung von Transitwaren *(f)* temporary storage of
vorübergehende Verwahrung *(f)* temporary storage
  Frist der vorübergehenden Verwahrung *(f)* term of temporary storage
  Höchstfrist der vorübergehenden Verwahrung *(f)* maximum duration of temporary storage
  Rechtsstellung von Waren in vorübergehender Verwahrung *(f)* status of goods in temporary storage
  Register der Halter von Lagern für vorübergehende Verwahrung *(n)* Register of Owners of Temporary Storage Warehouses
vorübergehende Verwahrung von Waren *(f)* temporary storage of merchandise
vorübergehende Verwendung *(f)* temporary admission, temporary clearance, temporary importation
  Bewilligung der vorübergehenden Verwendung *(f)* authorization for temporary admission, authorization for temporary importation, temporary importation authorization
  Verfahren der vorübergehenden Verwendung *(n)* temporary admission procedure, temporary admission arrangements, temporary importation procedure, processing under customs supervision procedure

vorübergehende Verwendung bei teilweiser Befreiung *(f)* temporary importation on a partial relief basis
vorübergehende Verwendung bei vollständiger Befreiung *(f)* temporary importation on a total relief basis
vorübergehende Verwendung von Waren *(f)* temporary admission of goods
vorübergehende zollfreie Wareneinfuhr *(f)* temporary duty-free importation of goods
vorübergehender Export *(m)* temporary export, temporary exportation
vorübergehender Import *(f)* temporary importation, temporary Import
vorübergehender innergemeinschaftlicher Verkehr *(m)* temporary movement of goods within the Community
vorübergehender Satz *(m)* temporary rate
vorübergehendes Ausfuhrverfahren *(n)* customs procedure of temporary exportation, temporary exportation procedure
vorübergehendes Einfuhrverfahren *(n)* customs procedure of temporary importation, temporary import arrangements, temporary importation procedure
Vorverkauf *(m)* advance booking
Vorvertrag *(m)* preliminary contract, tentative contract
vorweisen present, submit
Vorweisung *(f)* presentation, presentment
Vorwurf *(m)* allegation
vorzeigen present, sight
 Wechsel vorzeigen *(m)* sight a bill, present a bill
Vorzeigung *(f)* presentation, production
Vorzug *(m)* advantage
vorzüglich excellent
 vorzügliche Qualität *(f)* best quality, top quality
Vorzugsaktie *(f)* preferential share
Vorzugsbedingungen *(pl)* favourable conditions
Vorzugsbehandlungen *(f)* privileged operation
Vorzugsrabatt *(m)* preferential discount
Vorzugstarif *(m)* preferential tariff, reduced tariff

Vorzugstarifzone *(f)* preferential tariff zone
Vorzugszinssatz *(m)* concessionary interest rate, soft lending rate
Vorzugszoll *(m)* preference duty, preferential duty
 System der Vorzugszölle *(n)* system of prefe-rence tariffs
Vorzugszöllesystem *(n)* system of preference tariffs, system of protective tariffs

W

Waage *(f)* balance

Waagegeld *(n)* weighage, weight charge

Wagen *(m)* truck
auf Wagen oder Bahn on truck or rail, on truck or railway

Waageschein *(m)* weight slip
amtlicher Waageschein *(m)* certificate of weight

Waagezettel *(m)* scale ticket, weight slip

Wache *(f)* guard

Wachstum *(n)* growth, increase
Wachstum der Produktion *(n)* growth of production, increase in production

Wachstumsrate *(f)* economic growth rate, rate of economic growth

Wachstumstempo *(n)* growth rate

Wägegebühr *(f)* weighage, weighing charge, weight charge

wagen carry a risk

Wagen *(m)* car

wägen scale, weight

Wägen *(n)* weighing

Wagenfrachtstückgut *(n)* consolidated cargo

Wagengattung *(f)* type of wagon

Wagengebühr *(f)* weighage, weighing charge, weight charge

Wägengeld *(n)* weighage, weighing charge, weight charge

Wagenisolierung *(f)* car insulation

Wagenknappheit *(f)* shortage of cars

Wagenladung *(f)* car load, carload, carload shipment, full wagon load, lorry-load, truckload, wagonload

Wagenladungsfrachtsatz *(m)* carload railroad freight, truckload rate

Wagenladungsgut *(n)* truck load

Wagenlast *(f)* car load, complete car load

Wagenpartie *(f)* carload lot

Wagenraum *(m)* car occupancy

Wagensammelgutsendung *(f)* consolidated shipment

Wagenstandgeld *(n)* demurrage, railroad demurrage

Wäger *(m)* weigher
amtlicher Wäger *(m)* official weigher, sworn weigher
zollamtlicher Wäger *(m)* customs weigher

Wägermeister *(m)* weighman, weighmaster

Wägeschein *(m)* scale ticket, weight slip

Wagevorschrift *(f)* route instruction, routing instruction

Wagezettel *(m)* bill of weight, weighing note

Waggon *(m)* wagon
franko Waggon *(m)* free into wagon, free on car
frei Waggon *(m)* free on wagon, free on car, free into wagon
gedeckter Waggon *(m)* covered van, box car
offener Waggon *(m)* truck, undecked wagon, railway truck
Preis frei Waggon *(m)* free on truck price, free on rail price
Preis frei Waggon Versandbahnhof *(m)* free on rail - dispatching station price
Umschlag vom Waggon ins Schiff *(m)* wagon-to-ship cargo handling

Waggonfracht *(f)* freight per rail car

Waggonladung *(f)* carload, lorry-load, wagon-load

Waggonsstandzeit *(f)* car detention, inactivity of car

Waggonstandgeld *(n)* demurrage charge, railroad demurrage

Waggonswartezeit *(f)* inactivity of car

Wagnis *(n)* venture

Wagonsendung *(f)* carload shipment, full wagon load

Wahl *(f)* option
Lieferung nach Wahl des Käufers *(f)* buyer's option

Wahlfracht *(f)* optional cargo

Wahlfreiheit *(f)* freedom of choice

Wahlhafen *(m)* optional port

Wahlzoll *(m)* alternative duty

wahrscheinlich probably

wahrscheinlicher Höchstschaden *(m)* maximum probable loss

Währung *(f)* money **2.** Währungs-

Währung aufwerten *(f)* revalue currency

Währung der Zahlung *(f)* currency of payment, currency used for payment

Währung devaluieren *(f)* devaluate currency

* Aufwertung einer Währung *(f)* currency appreciation

ausländische Währung *(f)* foreign currency, foreign exchange, foreign value

Deposit-Währungs-Verhältnis *(n)* deposit-currency ratio

fremde Währung *(f)* foreign currency

harte Währung *(f)* hard currency, convertible currency, key currency

inländische Währung *(f)* local currency, internal currency

internationale Währung *(f)* international currency

konvertierbare Währung *(f)* convertible currency

Akkreditiv mit Zahlung in frei konvertierbarer Währung *(n)* letter of credit payable in freely convertible currency

nationale Währung *(f)* national currency

in nationaler Währung ausgedrückter Gegenwert *(m)* equivalent value in national currency

nicht konviertierbare Währung *(f)* irredeemable money, inconvertible currency

offizielle Währung *(f)* functional currency

schwache Währung *(f)* soft currency

Schwankungen der Wahrungen *(pl)* currency fluctuations

stabile Währung *(f)* stable currency, sound currency

starke Währung *(f)* strong currency

Überbewertung der Währung *(f)* overvaluation of currency

unkonvertibele Währung *(f)* inconvertible currency, irredeemable money

unkonvertierbare Währung *(f)* soft currency, irredeemable currency

vereinbarte Währung *(f)* contract currency, currency of contract

weiche Währung *(f)* soft currency, irredeemable currency

Zahlung in Währung *(f)* exchange payment

Währung entwerten *(f)* depreciate currency

Währung zum Inkasso *(f)* value for collection

Währungsabkommen *(n)* currency agreement, monetary agreement

Währungsabwertung *(f)* currency devaluation, depreciation of currency

Währungsarbitrage *(f)* currency arbitrage, exchange arbitration

Währungsausgleich *(m)* currency compensation

Währungsausgleichsbetrag *(m)* monetary compensatory amount

Währungsausgleichsbetrag erheben *(m)* levy a monetary compensatory amount

Währungsbestände *(pl)* currency reserves

Währungsbeziehungen *(pl)* currency relations

Währungsblock *(m)* currency block

Währungscode *(m)* currency code

Währungsdumping *(n)* currency dumping, foreign exchange dumping

Währungseffekt *(m)* currency effect

Währungseinfuhr *(f)* import of currency

Währungseinheit *(f)* currency unit

Währungseinheit *(f)* unit of currency

Währungsentwertunsgrisiko *(n)* risk of currency depreciation

Währungsexport *(m)* currency export

Währungsgarantie *(f)* currency rate guarantee, exchange guarantee

Währungsgebiet *(n)* currency area, currency zone

Währungsgeschäft *(n)* currency business

Währungsgesetzgebung *(f)* currency law

Währungsintegration *(f)* monetary integration

Währungsklausel *(f)* currency clause, valorisation clause

Währungskonto *(n)* currency account, foreign currency account, foreign exchange account

Währungskontrolle *(f)* exchange management, foreign exchange control

Währungskonvertibilität *(f)* convertibility of currency

  beschränkte **Währungskonvertibilität** *(f)* currency limited convertibility

Währungskorb *(m)* currency basket

Währungskrieg *(m)* currency war

Währungskurs *(m)* currency exchange rate

  effektiver **Währungskurs** *(m)* effective exchange rate

Währungskursausgleich *(m)* currency realignment

Währungsmonopol *(n)* currency monopoly

Währungsnotierung *(f)* quotation for currency

Währungsoption *(f)* currency option

Währungsparität *(f)* currency parity, par rate of exchange

Währungspolitik *(f)* currency policy, exchange policy

Währungsprämie *(f)* currency premium

Währungspreis *(m)* currency price, price in foreign currency

Währungsrecht *(n)* foreign currency regulations

  Harmonisierung des **Währungsrechts** *(f)* harmonization of law of foreign exchange

Währungsreform *(f)* currency reform

Währungsreserven *(pl)* currency reserves

Währungsrisiko *(n)* currency risk, exchange risk

Währungsschlange *(f)* currency snake

Währungsschwankungen *(pl)* currency fluctuations, fluctuation in exchange, foreign exchange movement, foreign exchange rate fluctuation

Währungssouveränität *(f)* monetary sovereignty

Währungsstabilisierung *(f)* stabilization of currency

Währungsstabilität *(f)* currency stability, stability of currency

Währungsswap *(n)* currency swap

Währungssystem *(n)* currency regime, currency standard, currency system

Währungsüberweisung *(f)* currency transfer

Währungsumrechnung *(f)* currency conversion, switching currency

Währungsumstellung *(f)* currency conversion, switching currency

Währungsumtausch *(m)* currency exchange, exchange

Währungsunion *(f)* monetary union

Währungsverbrechen *(n)* currency offence, infringement of foreign currency regulations

Währungsvertrag *(m)* currency agreement, foreign exchange contract

Währungszone *(f)* currency area, currency zone

Währungszuschlag *(m)* currency adjustment charge, currency adjustment factor

Walboot *(n)* whaling vessel

Wandlung *(f)* conversion

  Wandlung der Anleihe *(f)* loan conversion

Ware *(f)* goods

  Waren abgabenfrei in den zollrechtlich freien Verkehr *(pl)* goods released for free circulation

  Ware an Bord des Schiffes im Verschiffungshafen liefern *(f)* deliver the goods on the board the vessel at the port of shipment

  Ware an Bord des Schiffes liefern *(f)* deliver the goods on the board the vessel

  Ware angeben *(f)* declare the goods at the custom-house

  Ware auf Lager nehmen *(f)* take in bond

  Waren ausliefern *(pl)* consign goods, send goods

  Waren ausschiffen *(pl)* unload goods

  Waren bei der Abgangszollstelle stellen *(pl)* produce the goods at the office of departure

  Ware bestellen *(f)* order goods

  Ware, die in das Zollgebiet der Gemeinschaft zurückkehrt *(f)* goods returned to the customs territory of the Community

  Waren, die in der Gemeinschaft hergestellt sind *(pl)* goods produced in the Community

Waren der Abgangszollstelle vorführen *(pl)* produce the goods at the office of departure
Waren der Bestimmungszollstelle stellen *(pl)* produce the goods at the office of destination
Waren der vorübergehenden Ausfuhr *(pl)* temporary exported goods
Waren, deren Einfuhr verboten ist *(pl)* goods whose importation is prohibited
Waren einem anderen Zollverfahren zuführen *(pl)* subject the goods to another customs procedure
Waren einem Zollregime unterwerfen *(pl)* subject the goods to a customs procedure
Waren einem Zollverfahren zuführen *(pl)* place goods under a customs procedure
Waren einer Zollstelle stellten *(pl)* present the goods at a customs office
Waren einkaufen *(pl)* purchase goods
Ware entgegennehmen *(t)* accept a delivery, take delivery
Waren entschiffen *(pl)* stow the cargo
Waren exportieren *(pl)* export goods
Ware forschen *(t)* inspect goods
Waren für den amtlichen Gebrauch *(pl)* goods intended for official use
Waren für den persönlichen Gebrauch *(pl)* goods intended for personal use
Waren gegen Dokumente liefern *(pl)* deliver goods against documents
Waren herstellen *(pl)* produce goods
Waren im benannten Ort liefern *(pl)* deliver the goods at particular place
Ware im schlechtem Zustand *(t)* goods in bad order
Waren importieren *(pl)* import goods
Waren in das Zolllagerverfahren angeben *(pl)* enter goods for a customs procedure
Waren in ein Zolllager verbringen *(pl)* place goods in a customs warehouse
Waren in eine Freizone verbringen *(pl)* place goods in a free zone
Waren in Verschluss tun *(pl)* bond goods
Ware klarieren *(t)* clear goods
Ware längsseite Schiffs liefern *(t)* deliver the goods alongside ship
Waren liefern *(pl)* deliver the goods, ship goods, supply goods, supply a merchandise
Ware lose verladen *(t)* load in bulk
Waren mit doppeltem Verwendungszweck *(pl)* dual use goods
Waren mit einem erhöhten Betrugsrisiko *(pl)* goods involving higher risk

Ware mit Guarantie *(t)* goods under guarantee
Waren mit Präferenzursprung *(pl)* products having preferential origin status
Ware mit einem Zoll belegen *(t)* impose a duty on goods
Waren überprüfen *(pl)* examine the goods
Ware übergeben *(t)* deliver goods
Ware übernehmen *(t)* accept goods, receive goods
Waren umladen *(pl)* transfer goods *(TIR)*, tranship goods
Ware und Handelsrechnung liefern *(t)* provide the goods and the commercial invoice
Waren unter zollamtlicher Überwachung *(pl)* goods under customs control
Ware unter Zollverschluss *(t)* bond goods, cargo in bond, goods of bond, merchandise in bond
Ware unter Zollversiegelung *(t)* bond goods, cargo in bond, goods of bond, merchandise in bond
Waren verladen *(pl)* load goods
Ware verpfänden *(t)* mortgage goods
Waren versenden *(pl)* consign goods, send goods
Ware verzollen *(t)* clear goods
Waren vor Liefertermin liefern *(pl)* deliver before delivery date
Ware wiegen *(t)* weight goods
Waren zu einem Zollverfahren anmelden *(pl)* enter goods for customs purposes
Waren zu einem Zollverkehr abfertigen *(pl)* subject the goods to a customs procedure
Ware zu herabgesetzten Preisen *(t)* cut-price goods, price-off merchandise
Waren zum Zollgutversand anmelden *(pl)* declare the goods for customs transit
Waren zur aktive Veredelung anmelden *(pl)* enter (goods) for inward processing
Ware zur vorübergehenden Verwendung anmelden *(t)* enter goods for temporary importation
* Abfertiger einer Ware *(m)* shipper
Abfertigung der Waren *(t)* customs registration of goods, customs clearance of goods
zollamtliche Abfertigung der Waren *(t)* goods customs registration, goods customs clearance
Abladung der Waren *(t)* unloading of goods
Abpacken von Waren *(n)* packeting of goods
Agent für Verladung und Versand der Waren *(m)* shipping and forwarding agent

an eine andere Person die Ware liefern (f) deliver the goods to another person
an Frachtführer die Ware liefern (m) deliver the goods to the carrier
Anmeldung von Waren zum freien Verkehr (f) declaration for entry of goods for home use
Annahme einer Ware verweigern (f) refuse to take delivery of goods
Art der Waren (f) type of goods
Anzahl und Art der Waren (f) quantity and nature of goods
auf einem Carnet ATA abgefertigte Waren (pl) goods admitted under cover of an ATA Carnet
Aufteilung der Waren (f) piling of goods
ausgeführte Ware (f) exported goods
Identifizierung der ausgeführten Waren (f) identification of exported goods
Methoden zur Identifizierung der ausgeführten Waren (pl) methods of identification of exported goods
vorübergehend ausgeführte Waren (pl) goods temporarily exported
zur passiven Veredelung vorübergehend ausgeführte Waren (pl) goods temporarily exported for outward processing
Auslieferung der Ware (f) handling the goods
Auspacken der Waren (n) unpacking of goods
Bearbeitung von Waren (f) **goods** processing operations, working of goods
Beförderung der Waren (f) conveyance of goods, carriage of goods, transportation of goods
Beförderung der Waren im TIR-Verfahren (f) transport of goods under the TIR procedure
Beförderung von Waren über die Zollgrenze (f) conveyance of goods across the customs border
Beförderung von Waren unter Zollverschluss (f) customs carriage, transport of goods under customs seals
Be- oder Verarbeitung von Waren (f) working or processing of goods
beschädigte Ware (f) damaged goods
Beschaffenheit der Ware (f) condition of goods, goods condition 2. nature of goods, kind of goods
Beschau der Waren (f) examination of goods, inspection of goods, control of goods

eingehende Beschau der Waren (f) detailed examination of goods
zollamtliche Beschau der Waren (f) customs examination of goods
Besichtigung der Ware (f) inspection of goods
Bestimmung der Waren (f) destination of goods
zollrechtliche Bestimmung einer Ware (f) customs-approved treatment or use of goods
Bestimmungsland der Ware (n) country of origin of goods
Betwilligung zur Überführung von Waren in ein Zollregime (f) permission for subjecting goods to a desired customs procedure
Bonifikation für Schwund von Waren (f) allowance for wastage
defekte Ware (f) unsound merchandise, damaged merchandise
eingeführte Ware (f) imported goods
Identifizierung der eingeführten Waren (f) identification of imported goods
Marktwert der eingeführten Waren (m) market value of imported goods
Methoden zur Identifizierung der eingeführten Waren (pl) methods of identification of imported goods
vorübergehend eingeführte Waren (pl) goods temporarily imported, temporarily imported goods
Zollwert eingeführter Waren (m) customs value of imported goods
Eigentümer der Waren (m) owner of goods, possessor of goods
Einfuhr von Waren und Dienstleistungen (f) import of goods and services
Eingang der Waren (m) entry of goods
einheimische Waren (pl) home-made goods, domestic goods
einheitliche Waren (pl) homogeneous goods
Einordnung der Waren in die Zolltarife (f) classification of goods under customs tariff
Einreihung der Waren (f) classification of goods
tarifliche Einreihung der Waren (f) tariff classification of goods
Zolltarifschema für die Einreihung der Waren in die Zolltarife (n) Nomenclature for the classification of goods in customs tariff
Einreihung von Waren (f) commodity classification, classification of goods

Einreihung von Waren nach der Warennomenklatur des Zolltarifs *(f)* classification of goods according to the customs tariff
nomenclature of goods

Eintreffen der Ware *(n)* arrival of goods,
goods arrival

zahlbar nach Eintreffen der Ware *(n)*
payable on arrival

Empfang der Ware *(m)* receipt of goods,
receiving of goods

Entziehung der einfuhrabgabenpflichtigen
Ware der zollamtlichen Überwachung *(f)*
unlawful removal from customs supervision
of goods

entzündbare Ware *(f)* flammable goods

Erhalt der Ware *(f)* receipt of goods

zahlbar nach Erhalt der Ware *(m)* payable
on receipt of goods

Erhaltung der Waren *(f)* preservation of goods

Erklärung des Gemeinschaftscharakters
von Waren, die von Reisenden mitgeführt werden *(f)* declaration of Community
status for passengers accompanied baggage

exportierte Ware *(f)* exported goods

fehlerhafte Ware *(f)* defective goods

Festellung von Waren *(f)* presentation of
goods

flüssige Ware *(f)* liquid goods

Freigabe der Waren *(f)* customs registration of goods, customs clearance of goods

gedumpte Waren *(pl)* dumping products

gemeinsame Kontrolle der Waren und
Dokumente *(f)* joint control of goods and
documents *(customs)*

Gemeinschaftscharakter der Waren *(m)*
Community status of goods *(EU)*

Gemeinschaftscharakter der Waren
nachweisen *(m)* establish the Community
status of goods *(EU)*

Nachweis des Gemeinschaftscharakters der
Waren *(m)* document certifying the Community status of goods

Gemeinschaftscharakter von Waren *(m)*
Community status of goods *(EU)*

Nachweis des Gemeinschaftscharakters
von Waren *(m)* proof of the Community status
of goods

Gesetz betreffend den Verkauf von Waren
(n) sale and goods act

Gestellung der Waren *(f)* presentation of
goods

Gestellung der Waren an die Zollbehörden *(f)* presentation of goods to the customs authority

gesund geliefert Ware *(f)* sound delivered
goods

gleiche Waren *(pl)* identical goods

Zollwert gleicher Waren *(m)* customs value
of identical goods

Grenzübergang von Waren *(m)* passage of
goods at frontier

Harmonisiertes System zur Beschreibung
und Codierung von Waren *(n)* Harmonized
Commodity Description and Coding System

Harmonisiertes System zur Bezeichnung
und Codierung der Waren *(n)* Harmonized
Commodity Description and Coding System

Hersteller der Waren *(m)* goods manufacturer

Angaben über den Hersteller der Waren *(pl)*
information on the goods manufacturer

hochwertige Ware *(f)* high grade article,
quality goods

Identifikation von Waren *(f)* identification
of goods, identification of merchandise

in Umschließungen enthaltene Waren *(pl)*
contained goods

Individualisierung von Ware *(f)* appropriation of goods, product personality

jede Beschädigung die Ware ist vom
Versicherer zu ersetzen *(f)* with particular
average

Kauf von unterwegs befindlichen Waren *(m)*
purchase of goods afloat, purchase on passage

Kauf von Waren *(m)* commodity buying,
purchase of goods

Kennzeichen der Waren *(n)* marking of
goods

Kennzeichnung von Waren *(f)* marking,
branding

leicht verderbliche Ware *(f)* perishable
goods

leichtbrennbare Ware *(f)* flammable goods

lizenzpflichtige Ware *(f)* product subject to
the licensing requirement

mangelhafte Ware *(f)* brack goods, defective goods

Nämlichkeit der Waren *(f)* identification of
goods, identity of goods

Feststellung der Nämlichkeit der
Waren *(f)* identification of goods *(CCC)*

Nämlichkeit der Waren durch Verschluss sichern *(f)* ensure identification of
goods by sealing

nationalisierte Ware *(f)* nationalised product
Nettoimporteur von Waren *(m)* net importer of a commodity
neue Ware *(f)* new product
nicht exportierte Ware *(f)* unsuitable article for export
nicht im zollrechtlich freien Verkehr befindliche Waren *(pl)* goods not in free circulation
nicht zollpflichtige Ware *(f)* undutiable goods
Nichtabnahme der Ware *(f)* refusal of goods
Normalisierung der Waren *(f)* normalization of goods
palettierte Ware *(f)* palleted goods
Transport von palettierter Ware *(m)* palletization, transportation of palleted goods
Papier zur Bescheinigung des Gemeinschaftscharakters von Waren *(n)* document certifying the Community status of goods
Preisänderung der Waren *(f)* revaluation of goods
preisgeminderte Ware *(f)* cut-price goods, price-off merchandise
Qualität der Ware kontrollieren *(f)* check quality of goods
Rechtsstellung der Waren *(f)* situation of goods, status of goods
Rechtsstellung von Waren in vorübergehender Verwahrung *(f)* status of goods in temporary storage
Reexport von ungenutzten Waren *(m)* re-export of unused materials
reimportierte Waren *(pl)* reimports
Reparatur von Waren *(f)* goods repair
rollende Waren *(pl)* goods on passage
  Geschäft in rollender Ware *(n)* business on arrival
  rollende Waren kaufen *(pl)* buy goods on passage
Rückausfuhr der vorübergehend eingeführten Waren *(f)* re-exportation of temporarily imported goods
Ware schadhafte Ware *(f)* unsound merchandise, damaged merchandise
schwere Waren *(pl)* heavy goods
schwimmende Ware *(f)* goods afloat
  schwimmende Waren kaufen *(pl)* buy afloat, buy cargo afloat
Sendung mit unterschiedlichen Waren *(f)* composite consignment, mixed consignment
Sortierung der Ware *(f)* sorting of goods
sperrige Waren *(pl)* bulky goods

Status der Waren *(m)* position of goods
zollrechtlicher Status der Waren *(m)* customs status of goods
steuerfreie Ware *(f)* zero-rated commodity
steuerpflichtige Ware *(f)* taxable article
System zur Bezeichnung und Codierung der Waren *(n)* Coding system of the Customs Co-operation Council
tatsächliche Ausfuhr der Waren *(f)* goods actually exported
Überführung der Waren in das Versandverfahren *(f)* placement of goods under the transit procedure
Überführung der Waren in die vorübergehende Verwendung *(f)* subjecting goods to the customs procedure, placement of goods under the temporary importation arrangements
Überführung der Waren in ein Zolllager *(f)* entry into bonded warehouse
Überführung der Waren in eine Freizone *(f)* entry into free zone
Überführung der Ware in das Zollverfahren *(f)* placement of goods under a customs procedure
Überlassen der Ware *(n)* release of goods
Umschlag der Ware *(m)* cargo handling
unangemeldete Ware *(f)* unentered goods
unbeschädigte Ware *(f)* sound goods
unrechtsmäßige Überführung von Waren über die Zollgrenze *(f)* illegal conveyance of goods across the customs border
unterwegs befindliche Ware *(f)* goods in transit, goods afloat
unverkäufliche Ware *(f)* dead stock, unsaleable goods
unverzollte Ware *(f)* uncustomed goods
Ursprung der Waren *(m)* origin of goods
  präferentieller Ursprung von Waren *(m)* preferential origin of goods
Verantwortung für die Beförderung der Waren *(f)* responsibility for the carriage of goods *(CCC)*
verbrauchssteuerpflichtige Ware *(f)* goods liable for excise taxes
Verbringen der Waren in das Zollgebiet *(n)* introduction of goods into the customs territory
Verbringen von Waren *(n)* importation of goods, introduction of goods
  illegales Verbringen von Waren *(n)* illegal importation of goods, illegal introduction of goods

Verbringen von Waren in Freilager *(n)* introduction of goods into free warehouse
Verbringen von Waren in Freizonen *(n)* introduction of goods into a free zone
Verbringung der Ware delivery of goods
 Nachweis der Verbringung der Ware *(m)* proof of delivery of goods
verderbliche Ware *(f)* perishables, perishable goods, perishable commodities
verfügbare Ware *(f)* on-hand stock, goods on hand
Verkauf so, wie die Ware ist *(m)* sale as is
Verkauf von Waren *(m)* sale of goods, commodity sale
verkäufliche Ware *(f)* saleable goods, go-go stock
Verladen von Waren *(n)* loading of goods
Verladung von Ware *(f)* loading of goods
Verpackung von Waren *(f)* packaging of goods
Verpflichtung, den gestellten Waren eine zollrechtliche Bestimmung zu geben *(f)* obligation to assign goods presented to customs a customs-approved treatment or use
versandbare Ware *(f)* goods awaiting shipment
versandbereite Ware *(f)* goods awaiting shipment
versicherte Ware *(f)* insured goods
Versteigerung von Waren der Zollkammer *(f)* customs auction
Verwahrung von Waren *(f)* storage of merchandise
Verwendung der Waren *(f)* use of goods
 zollamtliche Überwachung der Verwendung der Waren *(f)* customs control of the use of goods
Verwertung der Waren *(f)* disposal of goods
verzollte Ware *(f)* customs duty paid goods, goods out of bond, duty paid goods
Verzollung der Waren *(f)* goods customs clearance, goods customs registration
vorübergehend verwahrte Waren *(pl)* goods in temporary storage
vorübergehende Verwahrung von Waren *(f)* temporary storage of merchandise
vorübergehende Verwendung von Waren *(f)* temporary admission of goods
Wert der gleichartigen Waren *(m)* value of similar goods
Wert der Waren der vorübergehenden Ausfuhr *(m)* value of the temporary exported goods

wie die Ware steht und liegt *(f)* tale quale
Wiedereinfuhr der Waren in Teilsendungen *(f)* split re-importation
Wiederverladen der Waren *(n)* reloading of goods
Wiegen der Waren *(n)* weighing of goods
Zeitpunkt der Überführung der Waren in den freien Verkehr *(m)* time of clearance
Zerstörung einer Ware *(f)* merchandise destruction
Zollabfertigung der Ware *(f)* clearance of goods
zollamtliche Gestellung der Waren *(f)* production of goods to the customs
zollfreie Ware *(f)* goods free of duty, free article, duty-free goods, free goods
zollpflichtige Ware *(f)* dutiable article, dutiable goods
Zollrevision der Waren *(f)* customs inspection of goods
Zollwert der Waren *(m)* value of goods for customs purposes, customs value of goods
Zollwert gleichartiger Waren *(m)* customs value of similar goods
zum zollrechtlich freien Verkehr abgefertigte Ware *(f)* goods declared for free circulation
Zusammenstellen von Waren *(n)* sorting of goods
Zustand der Ware *(m)* condition of goods, goods condition

Warenabkommen *(n)* commodity agreement

Warenabnahme *(f)* acceptance of goods, receipt of goods

Warenabnahme verweigern *(f)* refuse the goods
Kasse bei Warenabnahme *(f)* cash on receipt of merchandise
Prüfung bei Warenabnahme *(f)* acceptance trial, acceptance test
Verweigerung der Warenabnahme *(f)* refusal of goods

Warenabnahmeprotokoll *(n)* protocol of reception of goods

Warenagent *(m)* merchandise broker, produce broker

Warenakkreditiv *(n)* commercial letter of credit

Warenakzept *(n)* acceptance of goods

Warenanmeldung *(f)* goods declaration
Vordruck der Warenanmeldung *(m)* goods declaration form

Warenannahme *(f)* accepting delivery, reception of goods
Warenannahme verweigern *(f)* refuse to take delivery, refuse to take delivery of goods

Warenartikel *(m)* commodity, product

Warenauktion *(f)* auction of goods, commodity auction

Warenaufbewahrung *(f)* safety of goods
Garantie für Warenaufbewahrung *(f)* guarantee of the safety of goods

Warenausfuhr *(f)* export of goods, exportation of goods, merchandise export
illegale Warenausfuhr *(f)* illegal exportation of goods

Warenausstellung *(f)* setout of goods

Warenaustausch *(m)* commerce, commodity exchange, exchange of goods, merchandise trade
Vertrag über Warenaustausch *(m)* barter contract, barter agreement

Warenaustauschverhältnis *(n)* commodity terms of trade

Warenautomat *(m)* selling machine, vending machine

Warenavis *(m)* advice of dispatch, advice of shipment

Warenbeförderung *(f)* transport of goods
Warenbeförderung auf Binnengewässern *(f)* inland waterway transport, inside navigation
Warenbeförderung auf dem Seeweg *(f)* goods carried by ship, maritime transport, ocean shipping
Warenbeförderung auf der Straße *(f)* road service, road traffic
Warenbeförderung im Eisenbahnverkehr *(f)* goods carried by rail
Warenbeförderung in Großbehältern *(f)* goods carried by large containers
* intragemeinschaftliche Warenbeförderung über EFTA-Staaten *(f)* Intra-Community movement of goods via EFTA countries
Kontrolle der Warenbeförderung *(f)* control the goods movement

vereinfachte Verfahren für die Warenbeförderung auf dem Luftweg *(pl)* simplified procedures for goods carried by air
vereinfachte Verfahren für die Warenbeförderung auf dem Seeweg *(pl)* simplified procedures for goods carried by sea
vereinfachte Verfahren für die Warenbeförderung durch Rohrleitungen *(pl)* simplified procedures for goods moving by pipeline
vereinfachte Warenbeförderungen im in Großbehältern *(pl)* simplified procedures for goods carried by large container

Warenbegleitdokument *(n)* goods accompenying document

Warenbegleitschein *(m)* bill of freight, packing slip, shipping specification

Warenbegleitscheindoppel *(n)* copy of waybill, counterfoil waybill

Warenbenennung *(f)* customs nomenclature

Warenbescheinigung *(f)* movement certificate

Warenbeschlagnahme *(f)* seizure of goods

Warenbeschlagsnahmeanzeige *(f)* seizure note

Warenbeschreibung *(f)* description of goods, trade description
genaue Warenbeschreibung *(f)* exact description of goods
Katalog mit Warenbeschreibung *(m)* descriptive catalogue
Packstücke und Warenbeschreibung *(pl/f)* packages and description of goods

Warenbestand *(m)* commodity stock, inventory, merchandise stock, residuals

Warenbewegung *(f)* goods movement, movement of goods

Warenbezeichnung *(f)* commodity description, description of goods, name of goods, trade description
handelsübliche Warenbezeichnung *(f)* normal trade description of goods
tarifliche Warenbezeichnung *(f)* tariff description of goods *(customs)*

Warenbezieher *(m)* receiver of goods, recipient of goods

Warenbeziehungen *(pl)* commodity relations

Warendeckung *(f)* commodity collateral

Warendeklaration *(f)* cargo manifest, vessel manifest

Warendumping *(n)* goods dumping

Wareneinfuhr *(f)* arrival of goods, import of goods
  illegale **Wareneinfuhr** *(f)* illegal importation of goods, illegal introduction of goods
  vorübergehende zollfreie **Wareneinfuhr** *(f)* temporary duty-free importation of goods

Wareneingang *(m)* arrival of goods
  Datum des **Wareneingangs** *(n)* date of arrival of goods
  Uhrzeit des **Wareneingangs** *(f)* time of arrival of goods
  zahlbar nach **Wareneingang** *(m)* payable on arrival
  Zahlung sofort nach **Wareneingang** *(f)* cash on arrival

Wareneingangsabteilung *(f)* acceptance of goods department, reception of goods department

Wareneingangsdeklaration *(f)* declaration of goods receipts

Wareneingangskontrolle *(f)* acceptance inspection, incoming goods inspection, receiving inspection

Warenempfang *(m)* acceptance of goods, accepting delivery, accepting delivery of goods, reception of goods
  Kasse bei **Warenempfang** *(f)* cash on receipt of merchandise

Warenempfänger *(m)* consignee
  Name und Anschrift des **Warenempfängers** *(m)* name and address of goods recipient
  Sitz des **Warenempfängers** *(m)* domicile of goods recipient

Warenerklärung *(f)* declaration of goods

Warenetikett *(n)* mercantile label

Warenewechsel *(m)* business paper, mercantile bill

Warenexperte *(m)* expert on merchandise

Warenexport *(m)* commodity export, exportation of goods

zollfreier **Warenexport** *(m)* duty-free export of goods

Warenflusssteuerungssystem *(n)* goods flow control system

Warenfreigabe *(f)* release of goods

Warengattung *(f)* brand of goods
  Exporteur von mehreren **Warengattungen** *(m)* general shipper, general exporter

Warengeschäft *(n)* transaction in commodities, transaction in goods

warengesichert commodity
  warengesicherter Kredit *(m)* commodity credit, goods credit

Warenhandel *(m)* goods rotation, trade in goods

Warenhaus *(n)* department store

Warenherkunftsregeln *(pl)* rules of origin of goods

Warenhersteller *(m)* goods manufacturer, producer of goods

Warenimport *(m)* import of commodities, import of goods, merchandise Import

Warenkatalog *(m)* catalogue of products, product catalogue

Warenkategorie *(f)* class of commodities, class of goods

Warenkauf *(m)* commodity buying, purchase of goods

Warenkennzeichnung *(f)* marking of goods

Warenklasse *(f)* products class

Warenklassenrate *(bei Luftfracht)* *(f)* class rate

Waren-Klassifizierungscodes *(pl)* goods classification codes

Warenknappheit *(f)* shortage of goods, want of goods

Warenkode *(m)* commodity code

Warenkontingent *(n)* commodity quota

Warenkontrolle *(f)* goods inspection, inspection of goods

Warenkontrollzertitkat *(n)* goods control certificate

Warenkredit *(m)* business credit, trade credit

Warenkunde *(f)* merchandise knowledge, science of commodities

Warenlagerschein *(m)* deposit receipt, warehouse receipt

Warenlieferung *(f)* delivery of goods, goods delivery

Verweigerung der Warenlieferung *(f)* refused delivery

Warenluke *(f)* cargo hutch

Warenmakler *(m)* merchandise broker, produce broker

Warenmangel *(m)* shortage of goods, want of goods

Warenmanifest *(n)* general declaration, goods manifest, shipper's manifest

Warenmanifest der Luftverkehrsgesellschaft *(n)* airline's goods manifest

Warenmanifest der Schifffahrtsgesellschaft *(n)* ships' goods manifest

Warenmanifest des Carnets TIR *(n)* manifest of the TIR carnet

***normales Warenmanifest** *(n)* normal commercial goods

Warenmarkt *(m)* commodity market

Warenmenge *(f)* quantity of goods

Warenmuster *(n)* commerce sample

Warennachprüfung *(f)* control of goods

Warennachprüfung vornehmen *(f)* examine the goods, inspect the goods

Warenname *(m)* name of goods

Warennomenklatur *(f)* commodity classification, goods nomenclature, name of goods

Einreihung von Waren nach der Warennomenklatur des Zolltarifs *(f)* classification of goods according to the customs tariff nomenclature of goods

Warennummer *(f)* commodity code

statistische Warennummer *(f)* statistical number of goods

Tarif- oder statistische Warennummer *(f)* commodity number *(box in the "goods declaration" form)*

Warenort *(m)* location of goods

Warenpartie *(f)* lot

Qualitätsstandard der Warenpartie *(m)* lot quality standard

Warenpartiequalität *(f)* quality of lot

Warenpfand *(n)* mortgaging of goods, pledge of goods

gegen Warenpfand leihen *(n)* lend on goods, advance on goods

Warenposten *(m)* goods item

Warenpostenqualität *(f)* first-class quality, selected quality

Warenpreis *(m)* product price, quotation for goods

Warenpreisklausel *(f)* price clause

Warenprobe *(f)* commercial sample, goods sample, sample of goods

Warenproduktion *(f)* production of commodities, production of goods

Warenprüfbescheinigung *(f)* certificate of inspection, certificate of supervision, certificate of survey

Warenprüfung *(f)* attribute acceptance, checking of quality, checking quality, goods inspection, inspection of goods

Warenqualität *(f)* quality of goods

Warenqualität nach Ladearbeiten *(f)* landed quality

Warenqualität nach Löschenarbeiten *(f)* landed quality

Warenqualitätsabnahme *(f)* acceptance of goods, receipt of goods

Warenqualitätsübernahme *(f)* acceptance of goods, receipt of goods

Warenrabatt *(m)* merchandise allowance, trade-in allowance

Warenrechnung *(f)* bill of goods, invoice

Warenreklamation *(f)* goods claim

Warenrücksendung *(f)* goods return shipment

Warenschein *(m)* warehouse receipt, warehouse warrant

Indossament des Warenscheins *(n)* indorsement of warehouse certificate, indorsement of letter of deposit

Warenschwundbonifikation *(f)* allowance for wastage

Warensendung *(f)* consignment, goods shipment, lot of goods, merchandise shipment

Warensendunsgbereitschaft *(f)* readiness for forwarding, readiness to sending

Warensicherheit *(f)* safety of goods

Warensorte *(f)* brand of goods

Warenspezifikation *(f)* commodity specification, list of goods, physical count of goods

Warenstatus *(m)* situation of goods, status of goods

Warensteuer *(f)* excise tax

Warenstruktur *(f)* commodity composition, goods structure

Warenstruktur des Imports *(f)* commodity composition of imports, import structure

Warenswitch *(n)* commodity switch

Warentransit *(m)* transit of goods

Warentransport *(m)* freight, goods transport

Warentransport mit Carnet TIR *(m)* transport operation performed under cover of a TIR carnet, transport under cover of a TIR carnet

Warentransport unter Zollverschluss *(m)* transport of goods under customs seals

* internationaler Warentransport mit Straßenfahrzeugen *(m)* international transport of goods by road vehicles

Verfahren des internationalen Warentransports mit Carnets TIR *(n)* procedure of international transport of goods under cover of TIR carnets

Warenübergabe *(f)* delivery of goods, goods delivery

Warenübernahme *(f)* goods acceptance

Prüfung bei Warenübernahme *(f)* acceptance test, acceptance trial

Warenübernahmebereitschaft *(f)* readiness for receipt, readiness to reception

Warenübernahmeprotokoll *(n)* protocol of reception

Warenumsatzstruktur *(f)* commodity pattern, composition of trade

Warenumschlag *(m)* cargo handling, freight handling, goods turnover, rotation of goods

Warenursprung *(m)* origin of goods

nicht präferenzieller Warenursprung *(f)* non-preferential origin of goods

Warenursprungszeugnis *(n)* certificate of origin, origin note

Warenverkauf *(m)* commodity sale, sale of goods

internationaler Warenverkauf *(m)* international sale of goods

schwimmender Warenverkauf *(m)* sale of goods afloat

unterwegs befindlicher Warenverkauf *(m)* sale of goods afloat

Warenverkaufsmakler *(m)* merchandise broker

Warenverkehr *(m)* commodity turnover, goods movement, merchandise traffic, movement of goods

Warenverkehr zu Präferenzbedingungen *(m)* preferential trade

* freier Warenverkehr *(m)* free circulation of goods, free movement of goods *(EU)*

innergemeinschaftlicher Warenverkehr *(m)* intra-Community trade, trade within the Community

präferenzbegünstigter Warenverkehr *(m)* preferential trade

Warenverkehrsbescheinigung *(f)* movement certificate

Warenverkehrscarnet *(n)* movement carnet

gemeinschaftliches Warenverkehrscarnet *(n)* Community movement carnet *(EU)*

Warenversand *(m)* dispatch of goods

Datum des Warenversands *(n)* date of dispatch of goods

internationaler Warenversand *(m)* international transit of goods *(customs)*

Uhrzeit des Warenversands *(f)* time of dispatch of goods

Datum und Uhrzeit des Warenversands *(n)* date and time of dispatch of goods

Warenversender *(m)* goods dispatcher

Adresse des Warenversenders address of goods' dispatcher

Name des Warenversenders *(m)* name of goods dispatcher

Name und Anschrift des Warenversenders *(m)* name and address of goods dispatcher

Sitz des Warenversenders *(m)* domicile of goods dispatcher

Warenversicherung *(f)* goods insurance, insurance on goods

Warenverteilung *(f)* commodity marketing, distribution of goods

Warenverzeichnis *(n)* list of goods, nomenclature

Internationales Warenverzeichnis für den Außenhandel *(n)* Standard International Trade Classification (SITC)

statistisches Warenverzeichnis *(n)* statistical nomenclature

Warenwechsel *(m)* commercial acceptance, trade acceptance

Warenwert *(m)* value of goods

Warenwiederausfuhr *(f)* re-exportation of goods, visible reexport

Warenzeichen *(n)* trademark

Warenzeichen registrieren *(n)* register a trade mark, trade-mark

eingetragenes Warenzeichen *(n)* registered mark, registered trade mark

Missbrauch eines Warenzeichens *(m)* infringement of trade mark, trade mark infringement

Warenzeichenlizenz *(f)* trade-mark licence

Warenzeichenlizenzvertrag *(m)* Trademark License Agreement

Warenzeichenrolle *(f)* register of trade marks

Warenzirkulation *(f)* circulation of goods, goods circulation

wärmeisolierend heat-insulated

wärmeisolierender Container *(m)* heat-insulated container

wärmeisolierter Laderaum *(m)* insulated load compartment

Warnstreik *(m)* sympathetic strike, token strike

Warrant *(m)* warrant

Warrantprotest *(m)* protest of the warrant

Warschau-Oxford-Regeln *(pl)* Warsaw-Oxford Rules

Wartezeit *(f)* grace, race period **2.** lay time, lay-days **3.** waiting time

minimale Wartezeit *(f)* least wait

Schadenersatz für nutzlos aufgewandte Wartezeit damages for detention

Zuschlag für Wartezeiten wegen Überfüllung *(m)* congestion surcharge

Wartung *(f)* service

technische Wartung *(f)* regular service, technical maintenance

Wartungsgarantie *(f)* maintenance guarantee, servicing guarantee

Wartungsservice *(m)* service maintenance

Wartungsvertrag *(m)* service contract

Wasser *(n)* water

erstes offenes Wasser *(n)* shipment with open water, first open water

kombinierter Güterverkehr Schiene/ Wasser *(m)* rail-and-water service, combined rail/water service

Wasserbeförderung *(f)* water transportation, waterage

Wasserbeschädigung *(f)* water damage

wasserdicht waterproof

wasserdichte Verpackung *(f)* waterproof packing

Wasserfahrzeug *(n)* vessel, watercraft

Wasserfracht *(f)* freight

wassergeschädigt water damaged

Wasserkanal *(m)* water channel

Wasserlinie *(f)* freeboard, load-line, water load-line, water-line

Länge in der Wasserlinie *(f)* length on the designed load waterline

Wasserraum *(m)* water space

Wasserschaden *(m)* water damage

Wasserschadenversicherung *(f)* water damage insurance

Wasserstraße *(f)* waterway

auf Bahn, Wasserstraße und Bahn rail-water-rail

Wassertransport *(m)* water-borne transport

Wassertransportschaden *(m)* water damage, water transport damage

Wasserverkehrsschaden *(m)* water damage, water transport damage

Wasserweg *(m)* waterway

internationaler Wasserweg *(m)* international waterway

Wasserzeichen *(n)* water mark
Website *(f)* website
Wechsel *(m)* bill, bill of exchange **2.** change
3. Wechsel-
Wechsel akzeptieren *(m)* accept a bill
Wechsel an eigenen Ort *(m)* house bill, sola bill
Wechsel annehmen *(m)* accept a bill
Wechsel annullieren *(m)* cancel a bill
Wechsel auf lange Sicht *(m)* long bill, long-dated bill
Wechsel ausstellen *(m)* draw a bill of exchange, issue a bill, make out a bill
Wechsel avisieren *(m)* advise a bill
Wechsel bei einer Bank diskontieren *(m)* discount a bill through the bank
Wechsel bezahlen *(m)* honour a bill
Wechsel blanko indossieren *(m)* endorse a bill in blank
Wechsel der Bestimmungsstelle *(m)* change of office of destination
Wechsel der Durchgangszollstelle *(m)* change of office of transit
Wechsel der Tarifnummer *(m)* change of tariff heading
Wechsel diskontieren *(m)* accept a bill for discount, discount a bill, get a bill discounted, negotiate a bill
Wechsel domizilieren *(m)* domicile a bill, domiciliate, make a bill payable at ...
Wechsel einkassieren *(m)* cash a bill, collect a bill, collect a note
Wechsel einlösen *(m)* answer a bill, encash a bill, honour a bill, meet a bill, retire a bill
Wechsel einziehen *(m)* cash a bill, collect a bill, collect a note
Wechsel entnehmen *(m)* draw
Wechsel erneuern *(m)* extend a bill, prolong a bill
Wechsel für ungültig erklären *(m)* cancel a bill
Wechsel garantieren *(m)* guarantee a bill of exchange
Wechsel gegen Zinsabzug kaufen *(m)* discount a bill, negotiate a bill
Wechsel honorieren *(m)* answer a bill, honour a bill, meet a bill
Wechsel in der Bank domizilieren *(m)* domicile a bill at the bank
Wechsel indossieren *(m)* endorse a draft, endorse a bill

Wechsel nicht akzeptieren *(m)* dishonour a bill
Wechsel nicht einlösen *(m)* dishonour a bill
Wechsel ohne Deckung *(m)* uncovered acceptance, uncovered bill
Wechsel präsentieren *(m)* present a bill, submit a bill
Wechsel prolongieren *(m)* renew a bill
Wechsel protestieren *(m)* note, protest a bill
Wechsel protestieren lassen *(m)* protest a draft
Wechsel stützen *(m)* back a bill
Wechsel trassieren *(m)* draw, value
Wechsel unterzeichnen *(m)* draw a bill
Wechsel verlängern *(m)* extend a bill, prolong a bill
Wechsel voll indossieren *(m)* endorse a bill to a person
Wechsel vordatieren *(m)* antedate a bill
Wechsel vorlegen *(m)* present a bill, sight a bill
Wechsel vorzeigen *(m)* present a bill, sight a bill
Wechsel zahlen *(m)* honour a bill
Wechsel zu Protest geben *(m)* note, protest a bill
Wechsel zum Rediskont weitergeben *(m)* rediscount a bill, rediscount a bill of exchange
Wechsel zur Annahme vorlegen *(m)* present a bill for acceptance
Wechsel zur Zahlung vorlegen *(m)* present a bill for payment
* akzeptierter Wechsel *(m)* accepted bill
Akzeptierung des Wechsels verweigern *(f)* refuse an acceptance of a bill, dishonour a bill by non-acceptance
angenommener Wechsel *(m)* bill accepted, bill of acceptance
Annahme des Wechsels *(f)* bill acceptance, acceptance of a bill, acceptance of a bill of exchange
Ausgabe eines Wechsels *(f)* drawing
ausländischer Wechsel *(m)* foreign draft, foreign bill
Ausstellung eines Wechsels *(f)* issue of bill, drawing of bill
avalierter Wechsel *(m)* guaranteed bill, backed bill
begebbarer Wechsel *(m)* negotiable bill
bezahlter Wechsel *(m)* paid bill, honored bill
datierter Wechsel *(m)* fixed bill, bill payable at a fixed date

Deckung eines Wechsels *(f)* bill cover, cover for a bill

diskontierter Wechsel *(m)* bill for discount, bill to be discounted

domizilierter Wechsel *(m)* addressed bill, domicile bill

Einlösung eines Wechsels *(f)* honouring of bill, meeting of a bill

Einlösung eines Wechsels verweigern *(f)* refuse an acceptance of a bill, dishonour a bill by non-acceptance

Erstausfertigung eines Wechsels *(f)* first bill, original bill

erste Ausfertigung des Wechsels *(f)* first of bill of exchange, original draft

fälliger Wechsel *(m)* due bill, overdue bill

Fälligkeitsdatum eines Wechsels *(n)* date of maturity

falscher Wechsel *(m)* forged bill

garantierter Wechsel *(m)* guaranteed bill of exchange

gezogener Wechsel *(m)* draft, drawn bill, bill of exchange

indossierter Wechsel *(m)* endorsed bill, indorsed bill

Inhaber des Wechsels *(m)* bearer of a bill, holder of a bill

Inkasso des Wechsels *(n)* collection of bills, bills collection

langfristiger Wechsel *(m)* long-dated bill, long bill

Laufzeit eines Wechsels *(f)* bill to maturity

mit Wechsel zahlen *(m)* pay by means of a bill, pay in bill

nicht akzeptierter Wechsel *(m)* draft dishonoured

nicht eingelöster Wechsel *(m)* bill in suspense

Nichtannahme eines Wechsels *(f)* non-acceptance of a bill

Nichteinlösung des Wechsels *(f)* dishonour by non-payment, dishonour of a bill, refusal to pay a bill

Nichthonorierung des Wechsels *(f)* dishonour by non-payment, refusal to pay a bill

notleitender Wechsel *(m)* outstanding bill

Prolongation eines Wechsels *(f)* prolongation of a bill, extension of a draft

prolongierter Wechsel *(m)* prolonged note, renewal note

protestierter Wechsel *(m)* noted bill

reiner Wechsel *(m)* clean bill

Stempelmarke auf Wechsel *(f)* bills of exchange stamp

trassierter Wechsel *(m)* bill of entry, documentary draft, draft, drawn bill, bill of exchange

überfälliger Wechsel *(m)* bill overdue

unbezahlter Wechsel *(m)* unpaid bill

ungedeckter Wechsel *(m)* uncovered bill, uncovered acceptance

Verlängerung eines Wechsels *(f)* extension of a draft, prolongation of a bill

wertloser Wechsel *(m)* worthless bill

Zahlungsgarantie für Wechsel *(f)* payment of bill guarantee

Ziel eines Wechsels *(n)* run of a draft, tenor of a bill

Wechselagent *(m)* foreign-exchange dealer, money dealer

Wechselakzept *(n)* acceptance of a bill, acceptance of a bill of exchange, honouring

Wechselallonge *(f)* allonge, rider

Wechselannahme *(f)* acceptance of a bill, honouring

Wechselannahmeverweigerung *(f)* dishonouring by non-acceptance of the bill, dishonouring of the bill

Avis über Wechselannahmeverweigerung *(n)* notice of dishonour

Wechselarbitrage *(f)* arbitrage in exchange

Wechselaufbau *(m)* swap body

Wechselausstellung *(f)* rotating exhibition

Wechselaval *(m)* guaranty of a bill, surety of a bill

Wechselavis *(n)* advice of draft

Wechselbehälter *(m)* interchangeable container

Wechselbetrag *(m)* amount of a bill

Wechselbörse *(f)* bill market

Wechselbuch *(n)* acceptance register, bill book

Wechselbürge *(m)* backer of a bill, guarantor of a bill

Wechselbürgschaft *(f)* guarantee of bill, guaranty of a bill, surety of a bill

Wechseldeckung *(f)* bill cover, cover for a bill

Wechseldiskont *(m)* bill discount, buying of draft, discount of bills, selling of a drafts

Wechseldiskontierung *(f)* bill discount, bill discounting, buying of draft, discount of bills, selling of a drafts

Wechselduplikat *(n)* duplicate of a bill, duplicate of exchange, transcript of a bill of exchange

Wechselempfänger *(m)* payee, payee of bill

Wechselfähigkeit *(f)* capacity to draw bills

Wechselforderung *(f)* claim on a bill of exchange, claim on a promissory note

Wechselforderungsrest *(m)* balance of a bill

Wechselformblatt *(n)* bill form, form of a bill of exchange

Wechselformular *(n)* bill form, form of a bill of exchange

Wechselfrist *(f)* date of maturity, run of a draft, tenor of a bill

Wechselgarantie *(f)* bill guarantee, guarantee of bill of exchange

Wechselgeschäft *(n)* bill turnover, circulation of bills

Wechselgiro *(n)* draft endorsement, endorsement on a bill of exchange

Wechselhaftigkeit *(f)* variability, variableness

Wechselhaftung *(f)* liability on a bill

Wechselhändler *(m)* bill broker, note broker

Wechselindossemment *(n)* draft endorsement, endorsement on a bill of exchange

Wechselinhaber *(m)* bearer of a bill, bill holder, holder of a bill, holder of bill of exchange, payee, payee of bill

Wechselinkasso *(n)* bills collection, collection of bills

Wechselklage *(f)* bill of exchange action

Wechselkonto *(n)* bills account

Wechselkopie *(f)* duplicate of a bill

Wechselkredit *(m)* acceptance credit, discount credit

Wechselkurs *(m)* list of prices, list of quotations

   amtlicher Wechselkurs *(m)* official rate of exchange

   flexibeler Wechselkurs *(m)* flexible exchange rate, free exchange rate

   floatender Wechselkurs *(m)* fluctuating exchange rate, floating rate of exchange

   offizieller Wechselkurs *(m)* official exchange rate

   ungünstiger Wechselkurs *(m)* unfavorable exchange rate

   verbindlicher Wechselkurs *(m)* binding exchange rate

wechselkursbereinigt exchange-rate-adjusted

Wechselkursindex *(m)* exchange rate index

Wechselkursmechanismus *(m)* exchange rate mechanism

Wechselkursrisiko *(n)* foreign exchange risk

   Abdeckung der Wechselkursrisiken *(f)* insurance against loss of exchange

Wechselkurszettel *(m)* list of prices, list of quotations

Wechselmakler *(m)* bill broker, discount agent, discount broker, foreign-exchange dealer, money dealer, note broker

wechseln change

   Geld wechseln *(n)* change money

Wechselnehmer *(m)* remitter

Wechseloblilgo *(n)* obligation resulting from a bill of exchange

Wechselpritsche *(f)* swap body

Wechselprotest *(m)* protest of a bill

Wechselprotestakt *(m)* act of protest, protest certificate

Wechselprotestdatum *(n)* term of lodging a protest

Wechselrediskont *(m)* bills rediscount, rediscounting

Wechselregress *(m)* draft recourse, recourse on a bill of exchange, recourse on bill

Wechselrembours *(m)* reimbursement by draft
Wechselrückgriff *(m)* recourse on a bill of exchange, recourse on bill
Wechselsatz *(n)* bills in a set
Wechselschuld *(f)* bill debt
Wechselschuldner *(m)* bill debtor
wechselseitig mutual
wechselseitige Bürgschaft *(f)* counter surety, mutual guarantee
Wechselstube *(f)* exchange office
Wechselsumme *(f)* amount of a bill of exchange, principal of a bill of exchange
Wechselverbindlichkeit *(f)* liability on bills of exchange
Wechselverkehr *(m)* bill turnover, circulation of bills
Wechselwährung *(f)* currency of a bill
Wechselzahlung *(f)* payment by bill
Wechselzweitausfertigung *(f)* copy of bill, duplicate of bill, second bill
Weg *(m)* mode, way
Weg der Arbitrage *(m)* arbitration procedure, course of arbitration
* optimaler Weg *(m)* optimal route
Wegegeld *(n)* road tax, road toll
Wegesteuer *(f)* road toll
Wegwerfpalette *(f)* expendable pallet, one-way pallet
weich soft
weiche Verpackung *(f)* soft packing
weiche Währung *(f)* irredeemable currency, low monetary standard, soft currency
Weigerungsprotest *(m)* protest for want of payment
weiter additional
weitere Abgangszollstelle *(f)* additional customs office of departure
weitere Bestimmungszollstelle *(f)* additional customs office of destination
weitere Verpflichtung *(f)* additional duty
Weiterbeförderung *(f)* reconsignment, reforwarding
Weitergabe *(f)* transfer
Weitergabe von Akten *(f)* surrender of documents

weitergeben pass
Wechsel zum Rediskont weitergeben *(m)* rediscount a bill, rediscount a bill of exchange
Weltausfuhr *(f)* world export
Weltausstellung *(f)* world exhibition
Weltbank *(f)* World Bank
Welthandel *(m)* global trade, international trade, world trade
Welthandelszentrum *(n)* centre of the international trade, world trade center
Weltkonjunktur *(f)* world economic cycle
Weltmarke *(f)* global brand
Weltmarkt *(m)* world market, worldwide market
Notierungen auf dem Weltmarkt *(pl)* quotations on the world market *(products)*
Weltmarktpreis *(m)* world market price, world price
Weltpreis *(m)* international price, world price
Weltproduktion *(f)* world production
Weltstandard *(m)* world standard
Weltwährung *(f)* world currency
Weltwährungssystem *(n)* international monetary system
weltweit global, total
Weltweizenabkommen *(n)* international wheat agreement
Weltwirtschaft *(f)* global economy, world economy
Weltwirtschaftskrise *(f)* world economy crisis
Weltzeit *(f)* mean time, universal time
weniger less
weniger als Containerladung *(f)* less than container load, less-than-carload lot
wenn if
wenn das Wetter es erlaubt *(n)* weather permitting
Werbeagent *(m)* advertising agent, publicity agent
Werbeagentur *(f)* advertising agency, advertising house, advertising office

Werbeaktionplan *(m)* advertising programme
Werbeangebot *(n)* trial offer
Werbeausgaben *(pl)* advertising expenditures, publicity expenditures
Werbebüro *(n)* advertising agency, advertising office
Werbeexemplar *(n)* advertising copy, presentation copy, showpiece
Werbekatalog *(m)* advertising brochure, circular
Werbekosten *(pl)* advertising charges, advertising expenses
Werbeleiter *(m)* advertising manager
Werbematerial *(n)* advertising material
Werbepreisliste *(f)* advertising price-list
Werbeprospekt *(m)* advertising brochure, circular
Werber *(m)* canvasser, traveller
Werberabatt *(m)* advertising discount
Werbeschrift *(f)* advertising brochure, circular
Werbesendung *(f)* advertising mail, direct mail piece
Werbeverkauf *(m)* promotional sale
Werbevertrag *(m)* advertising contract
Werbung *(f)* advertising
  Werbung durch Post *(f)* mail advertising, postal advertising
  * direkte Werbung *(f)* direct mail, direct advertising
  indirekte Werbung *(f)* indirect advertising
  kostenlose Werbung *(f)* free advertising, free advertisement
Werbungskosten *(pl)* advertising charges, advertising expenses **2.** income-related expenses
Werbungsstrategie *(f)* advertising strategy
Werk *(n)* factory, plant, works
  ab Werk *(n)* ex mill, ex factory
  ab Werk ... /benannter Lieferort/ EXW ... /insert named place of delivery/, ex works ... /insert named place of delivery/
  frei ab Werk *(n)* ex works, ex mill
  Preis ab Werk *(m)* price ex works, price ex factory, ex-works price

Preis frei ab Werk *(m)* price ex works, price ex factory
Preis frei Werk *(m)* free factory price, free at factory price
Werkgarantie *(f)* manufacturer's guarantee
Werkpreis *(m)* factory list price, factory price, first cost
Werkstatt *(f)* workshop
Werktag *(m)* active day, business day, week-day
  erster Werktag *(m)* first working day, first business day
Wert *(m)* price, value
  Wert der gleichartigen Waren *(m)* value of similar goods
  Wert der Waren der vorübergehenden Ausfuhr *(m)* value of the temporary exported goods
  * absoluter Wert *(m)* absolute value
  aktueller Wert *(m)* present value
  an Wert verlieren *(n)* depreciate, decline in value, lose in value
  angegebener Wert *(m)* declared value
  Begriffsbestimmung des Wertes *(f)* definition of customs value
  einzelner Wert der Gegenstände *(m)* individual value of items
  fiktiver Wert *(m)* fictitious value
  Frei-Grenze-Wert *(m)* free-at-frontier value
  gegenwärtiger Wert *(m)* present worth, current cost
  geringer Wert *(m)* negligible value
  Muster ohne Wert *(n)* sample with no commercial value, non-commercial sample, sample of no commercial value
  nach Wert *(m)* according to value
  negativer Wert *(m)* negative value
  realer Wert *(m)* real value
  statistischer Wert *(m)* statistical value
  tatsächlicher Wert *(m)* current cost, present worth
  unverzollter Wert *(m)* bonded value
  vereinbarter Wert *(m)* agreement value, agreed cost
  verzollter Wert *(m)* dutiable value
Wertänderung *(f)* change in values
Wertangabe *(f)* declaration of value, statement of value
  Police ohne Wertangabe *(f)* general policy, floating policy
  Sendung mit Wertangabe *(f)* consignment of valuables, consignment with value declared

Wertanpassungsklausel *(f)* adjustment clause

Wertbeständigkeitsklausel *(f)* currency adjustment factor

Wertbestimmung *(f)* define of value, determination of value

Wertdeklaration *(f)* declaration of value, statement of value

Wertdifferenz *(f)* difference of value

Werte *(pl)* securities, valuable papers

Wertfall *(m)* decrease in value, fall in value

Wertfracht *(f)* ad valorem freight

Wertfracht *(f)* freight ad valorem, freight assessed according to the value of goods **2.** high-value cargo, valuable cargo

wertfrei valueless, without value

Wertgebühr *(f)* valuation charge

Wertklausel *(f)* valuation clause

Wertladung *(f)* cargo of valuables, valuable cargo

wertlos valueless, without value, worthless
  wertloser **Wechsel** *(m)* worthless bill

Wertmarke *(f)* bill

wertmäßig valuable
  wertmäßige **Kennziffer** *(f)* monetary indicator
  wertmäßige **Quote** *(f)* valuable quota, value quota
  wertmäßiges **Kontingent** *(n)* valuable quota, value quota

Wertminderung *(f)* decrease in value, loss in value

Wertpaket *(n)* parcel with value declared, value parcel

Wertpapierbörse *(f)* stock exchange, stock market

Wertpapiere *(pl)* securities, valuable papers
  Besitzer von **Wertpapieren** *(m)* fund-holder
  Übertragung von **Wertpapieren** *(f)* transfer of securities

Wertpapiergesetz *(n)* securities act

Wertrate *(f)* ad valorem rate

Wertrückgang *(m)* decrease in value, fall in value

Wertschätzung *(f)* appreciation

Wertsendung *(f)* consignment of valuables, consignment with value declared

Wertsenkung *(f)* decrease in value, reduction in value

Wertsicherungsklausel *(f)* value clause

Wertsteigerung *(f)* appreciation, rise in value, value increment

Wertsteigerungspolice *(f)* honour policy, policy proof of interest

Werttarif *(m)* ad valorem tariff

Wertung *(f)* appraisal, evaluation

Wert- und Ursprungszertifikat *(n)* certificate of value and origin

Wertverlust *(m)* debasement, depreciation, devaluation, fall in value, loss of value

Wertzeugnis *(n)* certificate of value

Wertzoll *(m)* ad valorem duty

Wertzolltarif *(m)* ad valorem tariff

Wertzunahme *(f)* rise in value, value increment

wesentlich actual, intrinsic, material
  wesentliche **Interessen von Gemeinschaftherstellern** *(pl)* essential interests of Community producers
  wesentliche **Vertragsverletzung** *(f)* material breach of contract

wettbewerbsfähig competitive
  wettbewerbsfähiges **Angebot** *(n)* competitive offer, competitive proposal

Wettbewerb *(m)* competition
  vollkommener **Wettbewerb** *(m)* perfect competition, pure competition

Wettbewerbsfähigkeit *(f)* competitive capacity, competitive power

Wettbewerbsmarkt *(m)* competitive market, competitive marketplace

Wettbewerbsverbotsklausel *(f)* non-compete clause, non-competition clause

wetteifern compete

Wetter *(n)* weather
  Schaden durch **Wetter** *(m)* weather damage, heavy weather damage

wenn das Wetter es erlaubt *(n)* weather permitting

wetterabhängig weather-dependent
wetterabhängiger Arbeitstag *(m)* weather working day

Wetterdeck *(n)* weather deck

wetterlaubend weather-dependent
wetterlaubende Arbeitstage *(pl)* weather working days

Wetterschaden *(n)* heavy weather damage, weather damage

Wichtigkeit *(f)* importance

Widerklage *(f)* counter action, counter suit

widerrchtlich unlawful

Widerruf *(m)* revocation, withdrawal
Widerruf der Bewilligung *(m)* revocation of the authorization
Widerruf der Bürgschaft *(m)* withdrawal of a guarantee
Widerruf der Verwaltungsentscheidung *(m)* revocation of an administrative decision
Widerruf der Zollerklärung *(m)* withdrawal of a customs declaration
Widerruf des Akkreditivs *(m)* revocation of a letter of credit
Widerruf des Angebots *(m)* retraction of an offer
Widerruf des Schecks *(m)* cancellation of cheque
Widerruf des Zertifikats *(m)* withdrawal of certificate
* Angebot gültig bis Widerruf *(n)* offer remains open until recall

widerrufen cancel, recall
Akkreditiv widerrufen *(n)* annul a letter of credit, withdraw a letter of credit
Angebot widerrufen *(n)* annul an offer, retract an offer, withdraw an offer
Auftrag widerrufen *(m)* withdraw an order, countermand an order
Bevollmächtigung widerrufen *(f)* withdraw an authority, revoke an authority
Genehmigung widerrufen *(f)* revoke the authorization
Quarantäne widerrufen *(f)* withdraw a quarantine
Vertrag widerrufen *(m)* determine a contract, undo a contract

widerruflich revocable
widerruflicher Kredit *(m)* revocable credit
widerrufliches Akkreditiv *(n)* revocable letter of credit

Widerrufsdatum *(n)* cancelling date

widersprüchlich contradictive

widerstandsfähig resistant

Widerstandsfähigkeit *(f)* resistance

wie as
wie die Ware steht und liegt *(f)* tale quale
wie möglich if possible, possible

Wiederaufnahme *(f)* renewal, resumption

Wiederausfuhr *(f)* re-export, re-exportation, re-export trade, entrepôt trade, export of imported merchandise
Wiederausfuhr aus dem Zollgebiet der Gemeinschaft *(f)* re-exportation from the customs territory of the Community
Wiederausfuhr in unverändertem Zustand *(f)* re-exportation of goods in the same state as imported
* unsichtbare Wiederausfuhr *(f)* invisible reexport
unter dem Vorbehalt der Wiederausfuhr *(m)* subject to re-exportation
Verpflichtung zur Wiederausfuhr *(f)* requirement of re-exportation

Wiederausfuhrbescheinigung *(f)* re-exportation certificate

Wiederausfuhrfrist *(f)* period fixed for the re-exportation of goods

Wiederausfuhrgeschäft *(n)* re-export transaction

Wiederausfuhrhafen *(m)* free harbour, free port

Wiederbeladung *(f)* reloading

Wiederbelebung *(f)* activity, expansion

Wiedereinfuhr *(f)* re-import, re-importation
Wiedereinfuhr der Waren in Teilsendungen *(f)* split re-importation
* Anmeldung zur Ausfuhr unter Vorbehalt der Wiedereinfuhr *(f)* goods declaration for exportation with notification of intended return

Wiedereinfuhrbewilligung *(f)* reimport permit

wiedereinführen reimport

Wiedereinführer (m) re-importer

Wiedereinfuhrverfahren (n) re-import procedure

Wiedereinfuhrzertifikat (n) certificate of re-importation

Wiedereinfuhrzollstelle (f) customs office of reimportation

Wiedergabe (f) reproduction
Recht auf Wiedergabe (n) law on copyright, copyright

wiedergewähren reintroduce
Rechte wiedergewähren (pl) restitute the rights

Wiedergewährung (f) restoration
Wiedergewährung einer Frist (f) restoration of period

Wiederherstellung (f) re-establishing, restoration

wiederholt repeat
wiederholter Auftrag (m) renewed order, reorder

Wiederkaufsrecht (n) right of redemption

Wiederverkaufspreis (m) resale price, reselling price

Wiederverkaufsrecht (n) right of resale

Wiederverladen (n) reloading
Wiederverladen der Waren (n) reloading of goods

Wiederverladung (f) reloading

wiederverwendbar returnable
wiederverwendbare Verpackung (f) returnable container, returned empty

Wiegebescheinigung (f) certificate of weight

Wiegegeld (n) poundage, weight charge

wiegen weight
Ware wiegen (f) weight goods

Wiegen (n) weighing
Wiegen der Waren (n) weighing of goods

wiegend weighting

Wieger (m) weighman, weighmaster

Wiegeschein (m) bill of weight, weighing certificate, weight certificate, weight note

wild wild
wilde Fahrt (f) tramp navigation, tramp shipping
wilder Streik (m) wildcat strike

Willenserklärung (f) memorandum of intent, memorandum of understandings

willkürlich arbitrary
willkürlicher Wert (m) arbitrary value

Winterfreibord (m) winter freeboard

Winterladelinie (f) winter load-line

wirklich effective, real
wirklicher Totalverlust (m) actual total loss
wirkliches Gewicht (n) actual weight

Wirkungskreis (m) scope of operation

Wirtschaft (f) economics, economy, husbandry
Belebung der Wirtschaft (f) economic uplift, business revival
geschlossene Wirtschaft (f) closed economy
offene Wirtschaft (f) open economy

wirtschaftlich economic
wirtschaftliche Aktivität (f) business, economic activity, economic performance
wirtschaftliche Arbitrage (f) business arbitration, economic arbitration
wirtschaftliche Ausbreitung (f) business expansion, economic expansion
wirtschaftliche Bedeutung (f) economic impact
Ausschuss für Zollverfahren mit wirtschaftlicher Bedeutung (m) Committee for Customs Procedures with Economic Impact (EU)
Zollverfahren mit wirtschaftlicher Bedeutung (n) customs economic procedure, customs procedure with economic impact (CCC)
wirtschaftliche Beschränkungen (pl) economic restrictions
wirtschaftliche Beziehungen (pl) economic relations
wirtschaftliche Integration (f) economic integration
wirtschaftliche Konjunktur (f) business prospect, economic prospect
wirtschaftliche Lage (f) business situation, economic situation
wirtschaftliche Lebensdauer (f) period of economic use
wirtschaftliche Prognose (f) economic forecast

wirtschaftliche Regelungen *(pl)* economic measures

wirtschaftliche Situation *(f)* business situation, economic situation

wirtschaftliche Voraussetzungen *(pl)* economic climate, economic conditions

wirtschaftlicher Aufschwung *(m)* economic revival, revival in the market

wirtschaftlicher Faktor *(m)* economic factor

wirtschaftlicher Rückschlag *(m)* economic set-back, softening of economy

wirtschaftliches Interesse *(n)* business interest, economic interest

wirtschaftliches Risiko *(n)* business risk, economic risk

Wirtschaftlichkeitsrechnung *(f)* economic account, economic calculation

Wirtschaftsabkommen *(n)* economic agreement, economic convention

Wirtschaftsaktivität *(f)* economic activity, economic performance

Wirtschaftsanalyse *(f)* economic analysis

Wirtschaftsaufschwung *(m)* business revival, economic uplift

Wirtschaftsausnutzung *(f)* economic use

Wirtschaftsbelebung *(f)* economic revival

Wirtschaftsberater *(m)* economic adviser

Wirtschaftsbericht *(m)* business report, trade survey

Wirtschaftsbeteiligter *(m)* economic entity, economic operator

Wirtschaftsblock *(m)* economic block

Wirtschaftsblockade *(f)* economic blockade, economic embargo

Wirtschaftsboykott *(m)* economical boycott

Wirtschaftsbranche *(f)* branch of the economy, line of economy

Wirtschaftseffektivität *(f)* economic efficiency

Wirtschaftsexpansion *(f)* economic expansion

Wirtschaftsfreiheit *(f)* economic freedom, freedom of enterprise

Wirtschaftsgebiet *(n)* economic area, economic territory

Wirtschaftsgeschäft *(n)* economic transaction

Wirtschaftsgesetz *(n)* economic law

Wirtschaftsintegration *(f)* economic integration

Wirtschaftsinternationalisierung *(f)* internationalisation of economy

Wirtschaftskammer *(f)* chamber of economy

Wirtschaftskonjunktur *(f)* business prospect, economic prospect, economic situation

Wirtschaftskrieg *(m)* economic war

Wirtschaftskrise *(f)* business crisis, economic crisis

Wirtschaftslage *(f)* business situation, economic situation

Wirtschaftsliberalisierung *(f)* liberalization of economy

Wirtschaftsplan *(m)* economic plan

Wirtschaftsprüfungsgesellschaft *(f)* audit firm

Wirtschaftsraum *(m)* economic area, economic zone

Wirtschaftsrecht *(n)* business law, economical law

Wirtschaftsrezession *(f)* economic set-back, softening of economy

Wirtschaftsrückgang *(m)* economic decline

Wirtschaftssanktionen *(pl)* economic sanctions

Wirtschaftssouveränität *(f)* economic independence, economic sovereignty

Wirtschaftsspionage *(f)* business intelligence

Wirtschaftsstabilität *(f)* economic stability

Wirtschaftsstatistik *(f)* business statistics, economic statistics

Wirtschaftsstruktur *(f)* economic structure

Wirtschaftssubjekt *(n)* economic entity, economic operator

Wirtschaftssystem *(n)* economic system

Wirtschaftstätigkeit *(f)* business, economic activity, economic performance

Wirtschaftsunion *(f)* economic union

Wirtschaftsverband *(m)* business association

Wirtschaftsvereinbarung *(f)* economic agreement, economic convention

Wirtschaftsvergehen *(n)* economic crime

Wirtschaftsvertrag *(m)* economic agreement, economic contract

Wirtschaftswachstum *(n)* economic growth

Wirtschaftswachstumsrate *(f)* economic growth rate, rate of economic growth

Wirtschaftswerbung *(f)* commercial advertising, trade advertising

Wirtschaftszoll *(m)* economic duty

Wirtschaftszone *(f)* economic area, economic zone

Wirtschaftszusammenarbeit *(f)* economic cooperation

Wirtschaftszweig *(m)* branch of the economy, line of economy

Wirtschaftszweignorm *(f)* industry-wide standard

Wirtschaftszyklus *(m)* business cycle, economic cycle

wissenschaftlich scientific
  wissenschaftlicher Apparat *(m)* scientific apparatus

Woche *(f)* week
  laufende Woche *(f)* current week

Wochentag *(m)* week-day

wohlbehalten safely
  wohlbehaltenes Eintreffen *(n)* safe arrival

Wohngeld *(n)* housing allowance, lodging allowance

Wohnort *(m)* place of business, residence
  zahlbar im Wohnort *(m)* payable at the domicile, payable at the address of payable

Wohnsitz *(m)* legal domicile
  ab Wohnsitz *(m)* ex domicile, ex residence
  Person mit zwei Wohnsitzen *(f)* dual resident
  Person ohne Wohnsitz im betreffenden Staat *(f)* non-resident
  zahlbar im Wohnsitz *(m)* payable at the address of payable, payable at the domicile
  zweiter Wohnsitz *(m)* secondary residence, secondary place of residence

Wohnsteuer *(f)* tax on furnished accommodation

Wohnungsgeld *(n)* housing allowance, lodging allowance

wortgetreu verbatim

Wortlaut *(m)* wording
  Wortlaut der Klausel *(m)* wording of a clause
  Wortlaut des Dokumentes *(m)* phrasing of a document
  Wortlaut des Vertrags *(m)* text of an agreement
  * **authentischer Wortlaut** *(m)* authentic text, original text
  authentischer Wortlaut eines Vertrags *(m)* genuine text of a contract

Wrackgut *(n)* wreckage, wrecked cargo

Wucherpreis *(m)* inflated price, unreasonable price

Z

Zahl *(f)* number
zahlbar payable
zahlbar am Verfalltag *(m)* payable at maturity
zahlbar auf Verlangen *(n)* payable on call, payable on demand
zahlbar bei Ablieferung *(f)* payable on receipt, payable on delivery
zahlbar bei Ankunft *(f)* payable on arrival
zahlbar bei Auftragserteilung *(f)* cash with order (CWO)
zahlbar bei Auslieferung *(f)* cash on delivery, payable on delivery
zahlbar bei Empfang *(m)* payable on receipt, payable on delivery
zahlbar bei Lieferung *(f)* payable on delivery
zahlbar bei Sicht *(f)* payable at sight, payable on call, payable on demand, payable on presentation
zahlbar bei Verfall *(m)* payable at maturity
zahlbar bei Vorlage *(f)* payable on presentation
zahlbar Bestimmungsort *(m)* payable at destination
zahlbar gegen Dokumente *(pl)* payable against documents
zahlbar gegen Ladepapiere *(pl)* payable against shipping documents
zahlbar gegen Nachnahme *(f)* cash on acceptance
zahlbar gegen Versanddokumente *(pl)* payable against shipping documents
zahlbar im Bestimmungsort *(m)* payable at destination
zahlbar im Wohnort *(m)* payable at the address of payable, payable at the domicile
zahlbar im Wohnsitz *(m)* payable at the address of payable, payable at the domicile
zahlbar in bar payable in cash, down cash, down money
zahlbar in Landeswährung *(f)* payment in local currency
zahlbar mit Kasse *(f)* payable in cash
zahlbar nach Auslieferung *(f)* payable on delivery
zahlbar nach Eintreffen der Ware *(n)* payable on arrival

zahlbar nach Erhalt der Ware *(m)* payable on receipt of goods
zahlbar nach Wareneingang *(m)* payable on arrival
zahlbar per Kasse *(f)* cash less discount
zahlbar per Lieferung *(f)* cash on delivery, payment on delivery
* **an den Überbringer zahlbar** *(m)* payable to bearer
Fracht zahlbar am Bestimmungsort *(f)* freight payable at destination, collect freight
Fracht zahlbar gleichzeitig mit der Löschung *(f)* freight payable concurrent with discharge, collect freight
Fracht zahlbar im Bestimmungshafen *(f)* freight forward
im Voraus zahlbar payable in advance
mit Scheck zahlbar *(m)* payable by cheque
Zahlbetrag *(m)* amount of payment, sum of payment
zahlen discharge, hand out, pay out, repay
bar zahlen pay down, pay in cash
bei Abnahme zahlen *(f)* pay on delivery, pay on receipt
bei Empfang zahlen *(m)* pay on receipt, pay on delivery
bei Fälligkeit zahlen *(f)* pay at due-date, pay at maturity
bei Lieferung zahlen *(f)* collect on delivery
bei Sicht zahlen *(f)* pay at sight
durch Akkreditiv zahlen *(n)* pay by a letter of credit
durch Scheck zahlen *(m)* pay by cheque
Entlohnung zahlen *(f)* pay a remuneration
Fracht zahlen *(f)* pay a freight, clear a freight
im Voraus zahlen pay beforehand, pay in advance
in Raten zahlen *(pl)* pay by instalments, pay in instalments
Lizenzgebühren zahlen *(pl)* pay the royalties
mit Transfer zahlen *(m)* pay by transfer
mit Übertragung zahlen *(f)* pay by transfer
mit Wechsel zahlen *(m)* pay in bill, pay by means of a bill
per Kasse zahlen *(f)* pay cash, settle in cash
pränumerando zahlen pay in advance, pay beforehand
Preis zahlen *(m)* pay a price
Provision zahlen *(f)* pay a commission
pünktlich zahlen pay on time, meet the due date
Rechnung zahlen *(f)* pay an invoice, pay a bill, settle an account

Schadensersatz zahlen *(m)* pay damages
Scheck zahlen *(m)* honour, pay by way of the cheque, remit by cheque
Wechsel zahlen *(m)* honour a bill
Zinsen zahlen *(pl)* pay interest
Zoll zahlen *(m)* pay customs duty
zählen calculate, compute
zahlend paying
zahlende Bank *(f)* paying bank
zahlenmäßig numerical, quantity
zahlenmäßige Bewertung *(f)* quantity rating
Zahler *(m)* payer
Zählgut *(n)* piece goods
Zahlstellenwechsel *(m)* addressed bill, domicile bill
Zahltag *(m)* day of payment, due day, payment day, term of payment
Zahlung *(f)* discharge, liquidation, payment, payoff, settlement
Zahlung aufschieben *(f)* defer a payment, delay a payment, extend maturity, postpone a maturity
Zahlung aus dem Akkreditiv *(f)* payment by a letter of credit, payment in the form of a letter of credit
Zahlung bei Ablieferung *(f)* payment on delivery
Zahlung bei Auftrag *(f)* cash in advance, cash with order
Zahlung bei Auftragserteilung *(f)* cash with order
Zahlung bei Bestellung *(f)* cash in advance, cash with order
Zahlung bei Einschiffung *(f)* cash on shipment
Zahlung bei Kauf *(f)* ready money down
Zahlung bei Lieferung *(f)* payment on delivery
Zahlung bei Verladung *(f)* cash on shipment
Zahlung bei Verschiffung *(f)* cash on shipment
Zahlung beitreiben *(f)* exact payment
Zahlung des Garantiebetrags *(f)* payment of a guarantee amount
Zahlung des Versicherungsbetrags *(f)* insurance payment
Zahlung durch Akkreditiv *(f)* payment by a letter of credit, payment in the form of a letter of credit, payment through a letter of credit
Zahlung durch Scheck *(f)* payment by cheque, payment on cheque

Zahlung einstellen *(pl)* suspend a payment
Zahlung eines festen Betrags *(f)* fixed payment
Zahlung gegen Dokumente *(f)* cash against documents (CAD), cash in exchange for documents, payment against documents
Zahlung hinausschieben *(f)* postpone the payment
Zahlung im Voraus *(f)* payment in advance
Zahlung in bar *(f)* cash payment, payment in cash
Zahlung in Fremdwährung *(f)* payment in foreign currency
Zahlung in Währung *(f)* exchange payment
Zahlung leisten *(f)* effect a payment, make a payment
Zahlung mittels Akkreditivs *(f)* payment through a letter of credit
Zahlung nach Einlieferung *(f)* cash on delivery
Zahlung nach Lieferung *(f)* cash on delivery
Zahlung per Akkreditiv *(f)* payment through a letter of credit
Zahlung per Scheck *(f)* cheque payment, payment by cheque
Zahlung sofort nach Wareneingang *(f)* cash on arrival
Zahlung stunden *(f)* defer a payment, postpone the payment
Zahlung verlangen *(f)* call for payment, demand payment
Zahlung verschieben *(f)* defer a payment, delay a payment, postpone the payment
Zahlung verweigern *(f)* decline payment, refuse a payment
Zahlung vor dem Fristablauf *(f)* early payment
Zahlung zu einem späteren Zeitpunkt *(f)* deferred payment, delay in payment
* Abzug bei sofortiger Zahlung *(m)* discount, cash discount
Abzug bei sofortiger Zahlung gewähren *(m)* discount, allow a discount
Akkreditiv mit Zahlung in frei konvertierbarer Währung *(n)* letter of credit payable in freely convertible currency
Anweisung zur Zahlung *(f)* order to pay
aufgeschobene Zahlung *(f)* delay in payment, deferred payment
Aufschub einer Zahlung *(m)* prolongation of payment, postpone of payment
Ausbleiben der Zahlung *(n)* failure to pay on a due date

ausständige Zahlungen *(pl)* arrearages
Avis über Zahlung *(n)* advice of payment
bedingte Zahlung *(f)* conditional payment
Dokumente gegen Zahlung *(pl)* documents against cash, documents against payment
Dokumente gegen Zahlung bei Sicht *(pl)* documents against payment on presentation
Dokumente gegen Zahlung nach Ankunft des Schiffes *(pl)* documents against payment on arrival of vessel
Dokumente gegen Zahlung nach Schiffankunft *(pl)* documents against payment on arrival of vessel
Einstellung der Zahlungen *(f)* suspension of payments, stoppage of payments
elektronische Zahlung *(f)* electronic payment
gegenseitige Zahlungen *(pl)* mutual payments
internationale Zahlungen *(pl)* international payments
Lieferung gegen Zahlung *(f)* delivery against payment
mit der Zahlung ausbleiben *(f)* be behindhand with one's payment, be in arrears with one's payment
monatliche Zahlung *(f)* monthly payment
obligatorische Zahlung *(f)* obligatory payment
rückständige Zahlung *(f)* payment in arrear
sofortige Zahlung *(f)* spot cash, prompt cash
überfällige Zahlung *(f)* overdue payment, back payment
unbedingte Zahlung *(f)* unconditional payment
Verkauf mit Zahlung bei Lieferung *(m)* cash on delivery sale
verspätete Zahlung *(f)* belated payment, overdue payment, delayed payment, belated payment
volle Zahlung *(f)* payment in full, full discharge
vollständige Zahlung *(f)* full payment
Vorlage zur Zahlung *(f)* presentation for payment
Währung der Zahlung *(f)* currency used for payment, currency of payment
Wechsel zur Zahlung vorlegen *(m)* present a bill for payment
Zahlungsabkommen *(n)* payment agreement
Zahlungsagent *(m)* paying agent
Zahlungsanspruch *(m)* claim for payment

Zahlungsanweisung *(f)* cash remittance, money order, order to pay
internationale Zahlungsanweisung *(f)* international money order
Zahlungsanweisungen *(pl)* payment instructions
Zahlungsanzeige *(f)* advice of payment, payment advice
Zahlungsart *(f)* mode of payment, type of payment
Zahlungsaufforderung *(f)* dunning letter, request to pay
Zahlungsaufschub *(m)* deferment of payment, delay of payment, maturity postponement
Zahlungsaufschub gewähren *(m)* delay a payment, extend a maturity
Zahlungsauftrag *(m)* order for payment, order to pay, payment order
internationaler Zahlungsauftrag *(m)* international money order
Zahlungsausfallrisiko *(n)* payment risk
Zahlungsaviso *(n)* advice of payment, payment advice
Zahlungsbedingungen *(pl)* conditions of payments, payment terms
Klausel über die Zahlungsbedingungen *(f)* payment clause
Zahlungsberechtigter *(m)* payee
Zahlungsbestätigung *(f)* payment confirmation
Zahlungsbeziehungen *(pl)* payment relations
Zahlungsbilanz *(f)* balance of international payments, balance of payments, external account
Zahlungsbilanz ausgleichen *(f)* balance the external account, balance the international payments
* aktive Zahlungsbilanz *(f)* active balance of payment
passive Zahlungsbilanz *(f)* balance-of-payments drain, balance of payments deficit, passive balance of payment
Ungleichgewicht der Zahlungsbilanz *(n)* balance of payments disequilibrium, imbalance of payments, disequilibrium in the balance of payment

Zahlungsbilanzdefizit *(n)* balance of payments deficit, balance-of-payments drain

Zahlungsbilanzgleichgewicht *(n)* balance of payments equilibrium, balanced international payments

Zahlungsbilanzlage *(f)* balance of payments position, external payments position

Zahlungsbilanzüberschuss *(m)* balance of payments surplus, surplus on balance of payments

Zahlungsbürgschaft *(f)* payment guarantee

Zahlungsdokument *(n)* payment document

Zahlungseingang *(m)* payment receipt, receipt for payment, voucher for payment

Zahlungseinheit *(f)* unit of account

Zahlungseinstellung *(f)* stoppage of payments, suspension of payments

  Zahlungseinstellung von einem Scheck *(f)* cheque stop-payment

Zahlungseinstellungsorder *(f)* stop payment letter

Zahlungsempfänger *(m)* payee, remittee

Zahlungserleichterungen *(pl)* convenient terms of payment, payment facilities

  sonstige Zahlungserleichterungen *(pl)* payment facilities, convenient terms of payment

zahlungsfähig solvent

  zahlungsfähiger Schuldner *(m)* solvent debtor

Zahlungsfähigkeit *(f)* ability to pay, liquidity, paying capacity, payment capacity, solvency, soundness

  Zahlungsfähigkeit der Firma *(f)* business solvency

Zahlungsfolge *(f)* ranking of payments, turn of payment

Zahlungsforderung *(f)* call for payment, claim for indemnity, claim for payment, payment claim

Zahlungsform *(f)* form of payment, mode of payment, payment form

Zahlungsfrist *(f)* maturity

  Zahlungsfrist aufschieben *(f)* delay a payment, extend a maturity

Zahlungsfrist verlängern *(f)* enlarge a payment, postpone a payment

  * **Überschreitung der Zahlungsfrist** *(f)* exceeding the date of payment, exceeding the time of payment

  Verlängerung der Zahlungsfrist *(f)* maturity postponement, delay of payment

Zahlungsfristverlängerung *(f)* date of payment postponement, day of maturity postponement, deferment of due date, maturity postponement

Zahlungsgarantie *(f)* guarantee of payment, payment guarantee

  Zahlungsgarantie für Akkreditiv *(f)* payment of letter of credit guarantee

  Zahlungsgarantie für Dokumenteninkasso *(f)* payment of document collection guarantee

  Zahlungsgarantie für Wechsel *(f)* payment of bill guarantee

  Zahlungsgarantie für Zollschuld *(f)* guarantee of dutiable payments, payment of customs debt guarantee

Zahlungsgleichgewicht *(n)* payment equilibrium

Zahlungskalender *(m)* payment schedule

Zahlungsklage *(f)* action for payment

Zahlungsklausel *(f)* payment clause

Zahlungskraft *(f)* ability to pay, paying capacity

Zahlungsliste *(f)* list of payments

Zahlungsmodalitäten *(pl)* conditions of payments, payment terms

Zahlungsmodus *(m)* manner of payment, method of payment, payment terms, terms of payment

Zahlungsort *(m)* payment place, place of payment

Zahlungspflicht *(f)* liability to pay, obligation to pay

Zahlungsprolongation *(f)* date of payment postponement, day of maturity postponement

Zahlungsraum *(m)* payment area

Zahlungsrisiko *(n)* non-payment risk, risk of non-payment

Zahlungsscheck *(m)* pay cheque

Zahlungsschein *(m)* receipt for payment, voucher for payment

Zahlungssumme *(f)* amount of payment, sum of payment

Zahlungssystem *(n)* payment system, system of payments
 elektronisches Zahlungssystem *(n)* electronic payment system

Zahlungstag *(m)* date of payment, day of payment, due date, term day, term of payment

Zahlungstermin *(m)* date of maturity, date of payment, day of maturity, day of payment, prompt day, term of payment
 Zahlungstermin aufschieben *(m)* delay a payment, extend a maturity
 Zahlungstermin stunden *(m)* enlarge a payment, postpone a payment
 * Nichtunterhaltung des Zahlungstermins *(f)* break of due date
 Überschreitung des Zahlungstermins *(f)* exceeding the time of payment
 Verlängerung des Zahlungstermins *(f)* maturity postponement, prolongation of a term of payment

Zahlungsunfähigkeit *(f)* bankruptcy, inability to pay, insolvency, non-liquidity
 Erklärung der Zahlungsunfähigkeit *(f)* declaration of insolvency

Zahlungsverbindlichkeit *(f)* liability to pay, obligation to pay

Zahlungsvereinbarung *(f)* arrangement about payments, pay agreement, payment agreement

Zahlungsverkehr *(m)* turnover of payment
 Zahlungsverkehr mit dem Ausland *(m)* exchange arrangements
 * bargeldloser Zahlungsverkehr *(m)* traffic not involving cash, settlements not involving cash, non-cash turnover, non-cash settlements
 elektronischer Zahlungsverkehr *(m)* electronic funds transfer (EFT)
 System des Elektronischen Zahlungsverkehrs *(n)* electronic funds transfer system
 Förmlichkeiten des Zahlungsverkehrs *(pl)* financial formalities
 internationaler Zahlungsverkehr *(m)* international settlements

Zahlungsverpflichtung *(f)* liability to pay, obligation to pay

Zahlungsverweigerung *(f)* refusal of payment, refusal to pay
 Avis über Zahlungsverweigerung *(n)* advice of non-payment

Zahlungsverweigerungsbeschluss *(m)* dishonour decision

Zahlungsverweigerungsmeldung *(f)* advice of non-payment

Zahlungsverzögerung *(f)* delay in paying

Zahlungsverzug *(m)* delay in paying, failure in payment, payment in arrear

Zahlungsvollmacht *(f)* payment authority, payment power

Zahlungsvorschriften *(pl)* payment instructions

Zahlungswährung *(f)* currency of payment, currency used for payment

Zahlungsweise *(f)* manner of payment, method of payment
 unbare Zahlungsweise *(f)* non-cash payment, payment by transfer

Zahlungsziel *(n)* date of payment, period of payment
 Verlängerung des Zahlungsziels *(f)* prolongation of a term of payment, maturity postponement

Zedent *(m)* assignor, transferor

zedieren assign, cede

Zeichen *(n)* brand, merchandise brand **2.** stamp **3.** symbol
 amtliche Zeichen *(n)* official marks
 Kauf nach Zeichen *(m)* purchase by brand

Zeichensteuer *(f)* tax band

Zeichnungsbedingungen *(pl)* terms of subscription

Zeichnungsrecht *(n)* authority to sign

Zeit *(f)* time
 Zeit der Kontraktausführung *(f)* period of execution of a contract
 Zeit der Vertragsausführung *(f)* period of execution of a contract, term of a contract
 Zeit für das Löschen *(f)* time for discharge
 Zeit für die Beladung *(f)* time for loading
 Zeit für die Umladung *(f)* time for cargo handling
 Zeit vergeuden *(f)* waste time

Zeit verschwenden *(t)* loiter, waste time
* freie Zeit *(t)* free time, notice time
für Zeit chartern *(t)* charter on time
gesparte Zeit *(t)* time saved
Greenwicher Zeit *(t)* Greenwich Mean Time
internationale Zeit *(t)* international time
Lieferung auf Zeit *(t)* terminable delivery
mitteleuropäische Zeit *(t)* Central Europe-
an Time
Mittlere Greenwich Zeit (MGZ) Green-
wich time, Greenwich Mean Time, Z time
Verkauf auf Zeit *(m)* forward sale, sale for
future delivery, time sale
Versicherung auf Zeit *(t)* time insurance
Zeitaufstellung *(t)* time-sheet
Zeitbefrachtung *(t)* time chartering
Zeitcharter *(m)* time charter, time charter-
party
Zeitcharterer *(m)* time-charterer
Zeitcharterfracht *(t)* time freight
Zeitcharterung *(t)* time chartering, time
charter-party
Zeitdauer *(t)* span, span of time
Zeitdepositum *(m)* interim deposit, tem-
porary deposit
Zeiteinheit *(t)* time unit
Zeitfracht *(t)* periodical freight, time freight
Zeitfrachtvertrag *(m)* time charter, time
charter-party
Zeitleasing *(n)* time lease
Zeitleasing-Vertrag *(m)* time lease
zeitlich temporary
zeitlich befristete Police *(t)* time policy
Zeitlimit *(n)* final date, time limit
Zeitnorm *(t)* time standard
Zeitplan *(m)* diary, timetable
nach Zeitplan *(m)* according to schedule
täglicher Zeitplan *(m)* daily schedule
Zeitpolice *(t)* term policy, time policy
Reise- und Zeitpolice *(t)* mixed policy
Zeitpunkt *(m)* date
Zeitpunkt der Auslagerung *(m)* date of re-
moval from the warehouse
Zeitpunkt der Ausstellung *(m)* date of issue,
issue date
Zeitpunkt der Einfuhr *(m)* date of importa-
tion
Zeitpunkt der Einlagerung *(m)* date of de-
posit in the warehouse

Zeitpunkt der Entstehung der Zollschuld *(m)*
date on which the customs debt incurred
Zeitpunkt der Rechnungsstellung *(m)* time
of invoicing
Zeitpunkt der Registrierung *(m)* date of
registration
**Zeitpunkt der Registrierung der Zollan-
meldung** *(m)* date of submission of the cus-
toms declaration
**Zeitpunkt der Überführung der Waren
in den freien Verkehr** *(m)* time of clearance
Zeitpunkt der Zollabfertigung *(m)* time of
customs registration
* Zahlung zu einem späteren Zeitpunkt *(t)*
delay in payment, deferred payment
Zeitraum *(m)* period, time
Zeitungsreklame *(t)* newspaper publicity,
press advertisement
Zeit- und Reisecharter *(m)* time-trip
charter
Zeitverkauf *(m)* forward selling, future sale
Zeitverlust *(m)* loss of time
Zeitversicherung *(t)* time insurance
Zeitwechsel *(m)* period bill **2.** time draft
zeitweilig temporary
zeitweilige Befreiung *(t)* temporary remis-
sion *(in respect of taxes)*
Zeitzone *(t)* time zone
Zellencontainerschiff *(n)* cell-type con-
tainer ship, full cellular ship, cellular container
ship, cellular container vessel
Zellenschiff *(n)* cellular container vessel
Zeltleinwand *(t)* canvas, tarpaulin
Zeltstoff *(m)* canvas, tarpaulin
Zementfrachtschiff *(n)* cement carrier
Zentimeter *(m)* centimetre
Zentner *(m)* quintal
zentral central
zentrales Lager *(n)* central warehouse, main
warehouse
Zentralamt *(n)* central office
Zentralamt für Statistik *(n)* Chief Central
Statistical Office
Zentralbank *(t)* central bank
Zentralbüro *(n)* head office

Zentrale *(f)* head office, headquarters, parent house

Zentralgewalt *(f)* central authority

Zentralisierung *(f)* centralization

Zentralkurs *(m)* fixed exchange rate

Zentralstelle *(f)* head office, headquarters, parent house

Zentrum *(n)* center, centre *(GB)*

  Zentrum für internationaler Handel *(n)* world trade center

  Zentrum für Marketingforschung *(n)* marketing centre, marketing research centre

zerbrechlich fragile

  zerbrechliche Fracht *(f)* fragile cargo

zerlegbar collapsible

  zerlegbarer Behälter *(m)* collapsible container

Zerstörung *(f)* destruction

  Zerstörung einer Ware *(f)* merchandise destruction

  Zerstörung unter zollamtlicher Aufsicht *(f)* destruction of goods under customs supervision

Zertifikat *(n)* certificate

  Zertifikat ausstellen *(n)* draw up a certificate

  Zertifikat vorlegen *(n)* present a certificate, produce a certificate, produce an attest

  Containerverpackungs-Zertifikat *(n)* container packings certificate

  Debenture-Zertifikat *(n)* debenture, debenture certificate

  internationales Zertifikat *(n)* international certificate

  Rechtsgültigkeit des Zertifikats *(f)* validity of a certificate

  Widerruf des Zertifikats withdrawal of certificate

Zertifikatnummer *(m)* certificate number

Zertifizierung *(f)* certification

Zertifizierungsdokument *(n)* certifying document

Zession *(f)* cession

  Zession von Rechte *(f)* cession of a right

  entgeltliche Zession *(f)* renumerative assignment, renumerative cession

Zessionar *(m)* assignee, cessionary

Zessionsakt *(m)* deed of conveyance, deed of transfer

Zessionsavis *(n)* notice of assignment

Zessionsdeklaration *(f)* notice of assignment, notice of cession

Zessionsmeldung *(f)* notification of assignment

Zessionsurkunde *(f)* instrument of assignment, letter of subrogation

Zettel *(m)* docket (on goods), share-list

Zeuge *(m)* witness

Zeugnis *(n)* attest, attestation, certificate

  Zeugnis ausfertigen *(n)* draw up a certificate, issue a certificate

  Zeugnis ausstellen *(n)* give a certificate, issue a certificate

  Zeugnis schreiben *(n)* draw up a certificate, give a certificate, issue a certificate

  * **ärztliches Zeugnis** *(n)* doctor's certificate, medical certificate

  pflanzenschutzrechtliches Zeugnis *(n)* phytopathological certificate

  tierarzliches Zeugnis *(n)* veterinary note, health certificate

Zeugnisduplikat *(n)* certificate duplicate, duplicate of a certificate

ziehen draw

  Tratte ziehen *(f)* issue a draft

Ziehen *(n)* towing, tug entrepot

Ziel *(n)* target

  Ziel einer Tratte *(n)* tenor of a draft, tenor of bill of exchange

  Ziel eines Wechsels *(n)* run of a draft, tenor of a bill

  * **Verkauf auf Ziel** *(m)* sale on credit

Zielflug *(m)* homing flight

Zielflughafen *(m)* aerodrome of destination, airport of destination

Zielgruppe *(f)* purposeful group, target group

Zielkauf *(m)* credit purchase, purchase on credit **2.** future purchase, purchase for future delivery

Zielmarkt *(m)* target market

Zielort *(m)* final destination, place of destination

Zielpreis *(m)* object price, target price

Ziffer *(f)* figure

ziffernmäßig numerical
ziffernmäßige Angaben *(pl)* figures, numerical data

Zins *(m)* interest, per cent

Zinsabzug *(m)* deduction of interest
Wechsel gegen Zinsabzug kaufen *(m)* negotiate a bill, discount a bill

Zinsarbitrage *(f)* interest arbitrage

Zinsaußenstände *(pl)* arrears of interest, interest in arrears

Zinsberechnung *(f)* calculation of interests, computation of interest

Zinsbetrag *(m)* interest amount, sum of interest

Zinsen *(pl)* interest
Zinsen aus Handelsforderungen *(pl)* interest arising out of commercial credit
Zinsen berechnen *(pl)* calculate interest, compute the interest
Zinsen für Forderungen *(pl)* interest on debts
Zinsen zahlen *(pl)* pay interest
* **aufgelaufene Zinsen** *(pl)* accrued interest
ausstehende Zinsen *(pl)* outstanding interest
einfache Zinsen *(pl)* simple interest
fällige Zinsen *(pl)* interest due
inklusiv Zinsen with interest
kapitalisierte Zinsen *(pl)* capitalized interest
laufende Zinsen *(pl)* running interest, current interest
rückständige Zinsen *(pl)* interest in arrears, interest arrears, arrears of interest
vertragsmäßige Zinsen *(pl)* stipulated interest, contract interest

Zinsenrest *(m)* balance of interest

Zinsenszinsen *(pl)* compound interest

zinsfrei bearing no interest, interest-free
zinsfreie Anleihe *(f)* gratuitous loan, free of interest loan, interest-free loan
zinsfreies Darlehen *(n)* gratuitous loan, free of interest loan, interest-free loan

Zinsfuss *(m)* interest rate, rate of interest
gesetzlicher Zinsfuss *(m)* legal rate of interest

zinslos interest-free
zinsloses Konto *(n)* non-interest bearing account

Zinsrate *(f)* price of money

Zinsrechnung *(f)* calculation of interests, computation of interest

Zinssatz *(m)* interest rate, rate of interest
Zinssatz senken *(m)* reduce the interest rate
* **ermäßigter Zinssatz** *(m)* soft lending rate, concessionary interest rate
gesetzlicher Zinssatz *(m)* legal interest
laufender Zinssatz *(m)* current interest rate
Senkung des Zinssatzes *(f)* interest rate reduction
zwischenbanklicher Zinssatz *(m)* interbank rate

Zinssatzsteigerung *(f)* interest rate development

Zinstabelle *(f)* table of interests

Zinstermin *(m)* interest payment date

Zinszahlung *(f)* interest payment, payment of interest

zirka about, circa

Zirkularkreditbrief *(m)* circular letter of credit, general letter of credit

Zirkularscheck *(m)* circular cheque

Zirkulation *(f)* circulation, turnover

Zisterne *(f)* cistern
frei Zisterne *(f)* free cistern, free tank
Preis frei Zisterne *(m)* free cistern price

Zisternwagen *(m)* railroad tank car, tank wagon

zivil civil
zivile Gesellschaft *(f)* general partnership, partnership
zivile Unruhen *(pl)* civil commotion

Zivilgericht *(n)* civil court, civil law court

Zivilgerichtsbarkeit *(f)* civil jurisdiction

Zivilklage *(f)* action in personality, civil claim, complaint, suit

Zivilluftfahrt *(f)* civil air

Zivilprozess *(m)* lawsuit

zivilrechtlich according to civil law
zivilrechtliche Haftpflicht *(f)* civil liability, personal liability, civil responsibility, public liability
zivilrechtliche Klage *(f)* action in personality, civil claim

zivilrechtliche Verantwortlichkeit *(f)* civil liability, personal liability
zivilrechtliche Verantwortung *(f)* civil liability, personal liability
zivilrechtlicher Vertrag *(m)* civil law treaty
zögern delay
Zoll *(m)* customs duty **2.** Zoll- customs
Zoll abbauen *(m)* decrease a duty, reduce a duty
Zoll abführen *(m)* pay a duty, pay a customs duty
Zoll ad valorem *(m)* ad valorem duty
Zoll anheben *(m)* raise a duty
Zoll aufheben *(m)* suspend a duty
Zoll bezahlen *(m)* clear, pay a duty, pay customs duty
Zoll einbringen *(m)* introduce a duty
Zoll einziehen *(m)* charge a duty, collect customs duty, collect a duty, exact a duty, levy a duty
Zoll entrichten *(m)* pay a duty
Zoll erheben *(m)* charge a duty, collect a duty, exact a duty, levy a duty
Zoll erhöhen *(m)* raise a duty, increase the rates of duty
Zoll heraufsetzen *(m)* raise a duty
Zoll senken *(m)* decrease a tariff, reduce a customs duty
Zoll und Akzise *(m/f)* customs and excise
Zoll verringern *(m)* decrease a duty, reduce a duty
Zoll zahlen *(m)* pay customs duty
Zoll zurückerstatten *(m)* refund the duty
* Abschaffung der Zölle *(f)* abolition of customs duties
Ad-Valorem-Zoll *(m)* ad valorem duty
Angleichung der Zölle *(f)* alignment of the duties
ausgleichender Zoll *(m)* matching duty, countervailing duty
autonomer Zoll *(m)* autonomous duty
einschließlich Zölle *(pl)* including customs duties
Erhebung der Zölle aussetzen *(f)* suspend the customs duties
Erhebung von Zöllen *(f)* levying of customs duties, imposition of customs duties, collection of dutiable payments
Festsetzung des Zolles *(f)* computation of duty, assessment of duty
Fracht und Zoll bezahlt *(f)* freight and duty paid
frei von Zoll *(m)* non-dutiable, duty-exempt
frei von Zöllen und sonstigen Abgaben free of all customs duties and charges

gemischter Zoll *(m)* mixed duty, combined duty
mit Zoll belegen *(m)* lay on customs-duties, lay a duty, lay on duties, clap a duty
Nichtbezahlung der Zollen und Steuern *(f)* non-payment of customs duties and taxes
Nichterhebung von Zöllen *(f)* remission of duty
Preis ohne Zoll *(m)* inbound price, price ex bond
spezifischer Zoll *(m)* specific duty, fixed duty
Stundung eines Zolles *(f)* deferment of duty payment
System der Zölle *(n)* system of tariffs, tariff system
unversteuerter Zoll *(m)* duty unpaid
Verschlüsse angebracht vom Zoll/Zollanmelder *(pl)* seals affixed by customs
vertragsmäßiger Zoll *(m)* conventional duty, convention duty
vom Zoll befreien *(m)* exempt from duty, free from the duty
vom Zoll freilassen *(m)* free from the duty, exempt from duty
vom Zoll überwachter Bereich *(m)* customs surveillance zone
Ware mit einem Zoll belegen *(f)* impose a duty on goods
zurückzufordernde Rechte in Bezug auf Zoll *(pl)* drawback claims
Zollabandonnierung *(f)* customs abandonment
Zollabbau *(m)* reduction of customs duties, reduction of duty
Zollabfertigung *(f)* clearing, customs clearance, customs clearing, customs control, customs examination, customs formalities clearance, customs operation, customs supervision
Zollabfertigung der Ware *(f)* clearance of goods
Zollabfertigung im fahrenden Zuge *(f)* customs examination while the train is in motion
Zollabfertigung von Beförderungsmitteln *(f)* customs registration of means of transport
* Beamter der Zollabfertigung *(m)* customs officer
franko Ort der Zollabfertigung *(m)* free at place of customs treatment, free at place of customs examination, free at place of customs clearance
Bescheid der bedingten Zollabfertigung *(m)* bond note, certificate of conditional clearance

Ort der Zollabfertigung *(m)* customs clearance place, point of clearance trough the customs
vollständige Zollabfertigung *(f)* perfect clearance
Zeitpunkt der Zollabfertigung *(m)* time of customs registration

Zollabfertigungsdatum *(n)* date of clearance, date of customs inspection

Zollabfertigungsdokumente *(pl)* clearance papers

Zollabfertigungsformalitäten *(pl)* custom-house formalities, customs formalities

Zollabfertigungsgebühr *(f)* custom-house duty

Zollabfertigungshafen *(m)* bonded harbour, customs port

Zollabfertigungskosten *(pl)* clearance charge, cost of customs formalities, customs expenses

Zollabfertigungsort *(m)* customs clearance place, customs formalities place

Zollabfertigungspapier *(n)* clearance document, clearance note, clearing certificate, customs clearance document

Zollabfertigungspapiere *(pl)* clearance papers

Zollabfertigungsschein *(m)* certificate of clearing, clearance bill, clearance card, clearance certificate, customs bill of lading, customs permit, customs receipt

Zollabfertigungsstelle *(f)* customs house
durch die Zollabfertigungsstelle bringen *(f)* bring through customs, pass through customs

Zollabgabe *(f)* customs duty

Zollabgaben *(pl)* amount of customs duties, amount of dutiable payments, customs duties
Zollabgaben bezahlen *(pl)* disburse customs duties

Zollabgabentarif *(m)* scale of custom-house fees, scale of customs

zollabgefertigt cleared
zollabgefertigt ohne Untersuchung *(f)* cleared without examination

Zollabkommen *(n)* customs agreement, customs convention, tariff agreement

Zollagent *(m)* custom-house agent, custom-house broker, customs agent, customs broker
Liste der Zollagenten *(f)* register of customs agents
Pflichten des Zollagenten *(pl)* obligations of a customs broker

Zollagentur *(f)* custom-house agency, customs agency

Zollamt *(n)* customs, customs house, customs office, office of customs
Akt über Beschlagnahme der Ladung vom Zollamt *(m)* seizure note
Arbeitszeiten des Zollamtes *(pl)* working hours of the customs office
Ort des Zollamtes *(m)* location of a customs office
Stempel des Zollamtes *(m)* customs office stamp, custom-house seal
vom Zollamt bestätigt *(n)* endorsed by the customs office

Zollamtgebäude *(n)* custom-house

Zollamtkredit *(m)* custom-house credit

zollamtlich customs
zollamtlich abfertigen clear trough customs, clear, clear at the custom-house
zollamtlich verschließen affix customs seals
zollamtliche Abfertigung *(f)* clearing trough the customs, customs clearance
zollamtliche Abfertigung der Waren *(f)* goods customs clearance, goods customs registration
zollamtliche Abfertigung ohne Überprüfung *(f)* cleared without examination
zollamtliche Aufsicht *(f)* customs check, customs control
zollamtliche Behandlung *(f)* customs clearance
zollamtliche Beschau der Waren *(f)* customs examination of goods
zollamtliche Bestimmung *(f)* customs-approved treatment or use
zollamtliche Bestimmung erhalten *(f)* be assigned a customs-approved treatment or use
zollamtliche Erfordernisse *(pl)* customs requirements
zollamtliche Gestellung der Waren *(f)* production of goods to the customs
zollamtliche Prüfung *(f)* custom-house examination, customs control
zollamtliche Überwachung *(f)* customs supervision, supervision by the customs authorities

zollamtliche Überwachung der Verwendung der Waren *(f)* customs control of the use of goods

zollamtliche Überwachung entziehen *(f)* withdraw from customs control

zollamtliche Überwachung vorenthalten *(f)* withhold from customs control

zollamtliche Vorschrift *(f)* customs provision, customs regulation

zollamtlicher Beschaubefund *(m)* report of customs survey

zollamtlicher Bleiverschluss *(m)* customs lead, customs seal

zollamtliche Überwachung *(f)* customs control

zollamtlicher Überwachung unterliegen *(f)* be subject to customs control

zollamtlicher Wäger *(m)* customs weigher

zollamtliches Zeichen *(n)* customs mark

Zollamtsformalitäten *(pl)* custom-house formalities, customs formalities

Zollamtssiegel *(n)* customs office stamp, customs seal

Zollangabe *(f)* customs declaration

Datum der Zollangabe *(n)* date of acceptance of entry, ate of acceptance of customs declaration

Zollangelegenheit *(f)* customs affair

Zollangestellter *(m)* customs officer

Zollanmelder *(m)* declarant

Verschlüsse angebracht vom Zoll/Zollanmelder *(pl)* seals affixed by customs/declarant

Zollanmeldung *(f)* customs declaration, customs entry, entry

Annahme der Zollanmeldung *(f)* acceptance of the customs declaration

Tag der Annahme der Zollanmeldung *(m)* date of acceptance of entry, date of acceptance of the customs declaration

internationale Zollanmeldung *(f)* international customs declaration

Prüfung der Zollanmeldung *(f)* checking of goods declaration, examination of a customs declaration

Registrierung der Zollanmeldung *(f)* registration of customs declaration

Zeitpunkt der Registrierung der Zollanmeldung *(m)* date of submission of the customs declaration

summarische Zollanmeldung *(f)* summary declaration

Überprüfung der Zollanmeldung *(f)* examination of the entry, checking of goods declaration

Zollanschluss *(m)* customs annexation

Zollanschlussgebiet *(n)* customs area, customs territory

Zollanstieg *(m)* duty escalation

Zollanweisung *(f)* customs transfer

Zollanweisungsverfahren *(n)* order of customs control procedures

Zollaufschlag *(m)* supplementary customs charge

Zollaufsicht *(f)* customs check, customs control, customs supervision, supervision by the customs authorities

Zollaufsichtsstelle *(f)* customs checkpoint, place of customs control

Zollaufstellung *(f)* customs list

Zollausfuhrbewilligung *(f)* export clearance

Zollausfuhrbewilligung der Ladung ab Lager *(f)* warehouse order

Zollausfuhrschein *(m)* outward clearance, outward clearing certificate

Zollausgaben *(pl)* customs expenses

Zollauskunft *(f)* tariff information

Zollausschlussgebiet *(n)* bonded zone, duty-free zone, free trade area, free zone

Zollaussetzung *(f)* duty suspension, suspension of customs duties

Zollbahnhof *(m)* customs railway station, customs station

Zollbanderole *(f)* customs band

zollbar dutiable, subject to duty

zollbare Ladung *(f)* dutiable goods

Zollbarriere *(f)* customs barrier, tariff barrier

Zollbasis *(f)* customs basis

Zollbeamter *(m)* customs examiner

Unterschrift des Zollbeamten *(f)* signature of a customs official

Zollbeförderer *(m)* bonded carrier, customs carrier

Name des Zollbeförderers *(m)* name of the customs carrier

Register der Zollbeförderer *(n)* Register of Customs Carriers

Zollbeförderung *(f)* customs cartage, transport under customs seals

Zollbefreiung *(f)* immunity from customs-duty, relief from customs duty

Zollbefreiung beantragen *(bei der Einfuhr) (f)* request duty-free admission

Antrag auf Zollbefreiung *(m)* application for exemption

Gewährung der Zollbefreiung *(f)* granting of duty-free admission, grant of exemption

teilweise Zollbefreiung *(f)* partial relief from duty

Versagung der Zollbefreiung *(f)* refusal of exemption *(customs)*

vollständige Zollbefreiung *(f)* total relief from duty

Zollbefreiungsregelung *(f)* system for duty relief

Zollbefund *(m)* customs examination list, result of customs check

Zollbegleitbrief *(m)* certificate of clearing, customs certificate

Zollbegleitpapier *(n)* custom-house cer-tificate, customs certificate

Zollbegleitschein *(m)* certificate of clearing, certificate of conditional clearance, customs certificate, customs mortgage bond, customs specification

Zollbegünstigung *(f)* customs allowance

Zollbegünstigungen *(pl)* preference duties, tariff preferences

Zollbehandlung *(f)* clearing trough the customs, customs clearance, customs treat-ment, fulfillment of customs formalities

Zollbehandlungsort *(m)* clearing place, clearing point

Preis frei Zollbehandlungsort *(m)* free at place of customs treatment price, free at place of clearing price

Zollbehörde *(f)* customs authority, clearance office

Zollbehörde informieren *(f)* inform the cus-toms authorities

Zollbehörden zugelassene Verschlüsse *(pl)* seals approved by customs

* Aufsicht der Zollbehörde *(f)* customs su-pervision, customs examination

Vernichtung unter Aufsicht der Zollbe-hörde *(f)* destruction under customs control

Gestellung der Waren an die Zollbe-hörden *(f)* presentation of goods to the cus-toms authority

Zollbemessung *(f)* assessment of duty, customs valuation, duty assessment, tariff valuation

Zollbemessungsgrundlage *(f)* basis of duty

Zollbeobachtung *(f)* customs monitoring

Zollberater *(m)* customs advisor

Zollberechnung *(f)* calculation dutiable payments, calculation of customs duty, calcula-tion of duty, duty calculation, estimation of duty

Zollbereich *(m)* customs area, customs territory

Zollbereinigung *(f)* customs clearance, customs formalities clearance

Zollbeschau *(f)* customs control

äußere Zollbeschau *(f)* export customs control

Zollbeschlagnahme *(f)* customs seizure

Zollbestimmungen *(pl)* custom-house regulations

Zollbeteiligte *(m)* customs broker

Zollbewertung *(f)* customs valuation, tariff valuation

Zollbezirk *(m)* customs district

Zollblockade *(f)* customs blockade

Zollboot *(n)* revenue boat, revenue cutter

Zollbroker *(m)* custom-house broker, cus-toms broker

Register der Zollbroker *(n)* Register of Customs Brokers

Zollbund *(m)* tariff union

Zollbürge *(m)* customs guarantor

Zollbürgschaft *(f)* bond, customs guarantee

Zollcode *(m)* customs code

Zolldaten *(pl)* customs data

Zolldeklarant *(m)* clearing agent, custom-house agent, customs agent, customs broker

Zolldeklaration *(f)* bill of entry, customs declaration, customs return

Zolldeklaration abgeben *(f)* file customs return

* Annahme der Zolldeklaration *(f)* accep-tance of a customs declaration

gekürzte Zolldeklaration *(f)* incomplete customs declaration

periodische Zolldeklaration *(f)* periodic customs declaration

provisorische Zolldeklaration *(f)* provisional declaration, preliminary entry, bill of sight

vorläufige Zolldeklaration *(f)* imperfect entry

Zolldeklarationsformular *(n)* customs declaration form

Zolldelikt *(n)* customs offence, violation on the customs regulations

Zolldepot *(n)* customs store

Zolldienst *(m)* customs service

Zolldienststelle *(f)* customs authority

Zolldiskriminierung *(f)* tariff discrimination

Zolldokument *(n)* customs document

Zolldokument vorlegen *(n)* lodge a customs document

Zolldokumentation *(f)* customs documentation

Zolldokumente *(pl)* customs documents, customs papers

Zolleigenlager *(n)* appraiser's store, bonded warehouse

Zolleinfuhrschein *(m)* customs entry, declaration inwards, import declaration

Zolleinführung *(f)* imposition of a duty

Zolleingenlager *(n)* bonded warehouse, customs bonded warehouse

Zolleinkünfte *(pl)* customs revenues

Zolleinnahme *(f)* collection of dutiable payments, collection of duty, levy of a duty

Zolleinnahmen *(pl)* customs receipts

Zolleinnehmer *(m)* customs receiver

Zolleintreibung *(f)* collection of duties, exaction of duties

Zolleinziehung *(f)* collection of duty, levy of a duty

Zollempfangsbescheinigung *(f)* custom-house certificate, customs certificate

Zöllenerhöhung *(f)* tariff increase

Zollentladegenehmigung *(f)* landing order, landing permit

Zollentrichtung *(f)* clearing, payment of customs duty, payment of duty

Zollerheber *(m)* receiver of customs

Zollerhebung *(f)* collection of duties, customs levy, exaction of duties, levy of a duty, levying of duties

Zollerhebung ganz aussetzen *(f)* suspend the collection of customs duties in full

Zollerhebung teilweise aussetzen *(f)* suspend the collection of customs duties in part

Zollerhöhung *(f)* increase of duty, raise of duty, raising of customs duty

Zollerklärung *(f)* customs declaration, duty entry

Zollerklärung abgeben *(f)* submit a customs declaration

Zollerklärung vorlegen *(f)* submit a customs declaration

* **provisorische Zollerklärung** *(f)* entry by bill of sight

vollständige Zollerklärung *(f)* perfect entry

Widerruf der Zollerklärung *(m)* withdrawal of a customs declaration

Zollerlass *(m)* customs relief, exemption from customs duties, exemption from duty, relief from duty, tariff reduction

Zollerlaubnisschein *(m)* customs order, customs permit

Zollerledigungsort *(m)* clearing place, clearing point

Zollerlöse *(pl)* customs receipts

Zollermäßigung *(f)* customs reduction, customs relief, reduction of duties, reduction of duty, tariff cut, tariff cutting

Zollermäßigung *(f)* tariff reduction

Zollerschwernisse *(pl)* tariff barriers

Zollerstattung *(f)* drawback on customs duties, duty drawback, reimbursement of customs duties, repayment of a duty

Antrag auf Zollerstattung *(m)* application for repayment of duty

Zolletikette *(f)* customs label

Zollflagge *(f)* customs flag

Zollflughafen *(m)* airport of entry, customs airport

Zollfolgung *(f)* customs investigation

Zollformalitäten *(pl)* customs formalities
Zollformalitäten erfüllen *(pl)* bring through customs, go through customs, pass through customs
Zollförmlichkeiten *(pl)* customs formalities
Zollförmlichkeiten für die Ausfuhr *(pl)* customs formalities on export
* **Erledigung der Zollformalitäten** *(f)* fulfillment of customs formalities
Zollformular *(n)* customs form
zollfrei duty-free, exempt of duty, free of duty
zollfreie Ausfuhr *(f)* duty-free export
zollfreie Durchfuhr *(f)* duty-free transit, free transit
zollfreie Einfuhr *(f)* duty-free import, duty-free importation, free admission, free admission import, free entry, free import, free importation, importation free of duty, imports in bond
  zollfreie Einfuhr beantragen *(f)* request duty-free admission
  zollfreie Ladung *(f)* duty-free cargo
zollfreie Quote *(f)* duty-free contingent, duty-free quota, duty-free quotas
zollfreie Transitgenehmigung *(f)* transhipment delivery order
zollfreie Waren *(pl)* free articles, goods free of duty, duty-free goods, free goods
zollfreie Zone *(f)* duty-free area, duty-free zone, free customs zone
zollfreier Bereich *(m)* bonded zone, free zone
zollfreier Export *(m)* duty-free export, duty-free exportation
zollfreier Handel *(m)* duty-free trade, free-trade
zollfreier Import *(m)* duty-free import, duty-free importation, free admission, free admission import, free entry, free import, free importation, importation free of duty, imports in bond
zollfreier Reimport *(m)* duty-free return
zollfreier Transit *(m)* duty-free transit, free transit
zollfreier Verkauf *(m)* duty-free sale, tax-free sale
zollfreier Warenexport *(m)* duty-free export of goods
zollfreies Gebiet *(n)* duty-free area, duty-free zone

zollfreies Geschäft *(n)* duty-free shop, tax free shop
zollfreies Kontingent *(n)* duty-free contingent, duty-free quota
* **fracht- und zollfrei** freight and duty paid
Zollfreigebiet *(n)* duty-free area, duty-free zone, free zone
Zollfreihafen *(m)* free harbour, free port
Zollfreiheit *(f)* exemption from duty, relief from duty
Zollfreiheitsrecht *(n)* right to customs exemption
Zollfreiheitsverfahren *(n)* duty-free trade customs procedure, duty-free treatment
Zollfreilager *(n)* bonded warehouse, duty-free store, duty-free warehouse, free warehouse
Zollfreischein *(m)* bond note, customs-exemption certificate, transhipment pricking note
Zollfreizone *(f)* duty-free area, duty-free zone
Zollgarantie *(f)* bond, customs guarantee
Zollgebiet *(n)* customs area, customs zone, customs-enforcement area
  Zollgebiet der Gemeinschaft *(n)* customs territory of the Community
  Zollgebiet der Gemeinschaft
  Ware, die in das Zollgebiet der Gemeinschaft zurückkehrt *(f)* goods returned to the customs territory of the Community
  Wiederausfuhr aus dem Zollgebiet der Gemeinschaft *(f)* re-exportation from the customs territory of the Community
* **gemeinsames Zollgebiet** *(n)* common customs territory
  Teil des Zollgebiets *(m)* part of the customs territory
  Verbringen der Waren in das Zollgebiet *(n)* introduction of goods into the customs territory
Zollgebühren *(pl)* customs duties
  Zollgebühren erheben *(pl)* levy the customs duties
* **Berechnung der Zollgebühren und Steuern** *(f)* calculation of customs duties and taxes
  frei von Zollgebühr *(f)* customs-free, duty-free
Zollgeldstrafe *(f)* customs fine, customs penalty

Zollgeleitschein *(m)* clearance certificate, clearance permit

Zollgenehmigung *(f)* permission of the customs authorities

Zollgericht *(n)* court of customs, customs court

Zollgesetz *(n)* customs law
  Ermittlung von Zuwiderhandlungen gegen die Zollgesetze *(f)* investigation of contraventions of the customs law
  internationales Zollgesetz *(n)* international customs law
  Übertretung des Zollgesetzes *(f)* breach of the tariff law
  Zuwiderhandlung gegen die Zollgesetze *(f)* violation of the customs law, contravention of customs law
  Zuwiderhandlungen gegen die Zollgesetze ermitteln *(pl)* investigate contraventions of customs law

Zollgesetzbuch *(n)* customs code

Zollgesetzgebung *(f)* customs law, tariff legislation

Zollgewahrsam *(m)* customs custody

Zollgewahrsamsverfahren *(n)* customs regime, procedure of customs

Zollgewicht *(n)* customs tare, dutiable weight, legal weight

Zollgrenze *(f)* customs border
  Beförderung von Waren über die Zollgrenze *(f)* conveyance of goods across the customs border
  Überschreitung der Zollgrenze *(f)* crossing of the customs border
  unrechtsmäßige Überführung von Waren über die Zollgrenze *(f)* illegal conveyance of goods across the customs border

Zollgrenzstelle *(f)* border custom-house

Zollgröße *(f)* size of duty

Zollgut *(n)* customs cargo, customs goods

Zollgutlager *(n)* bonded store

Zollgutlagerung *(f)* customs warehousing
  Verfahren der Zollgutlagerung *(n)* customs warehousing procedure

Zollgutversand *(m)* customs transit
  Anmeldung zum Zollgutversand goods declaration for customs transit

  Vordruck für die Anmeldung zum Zollgutversand *(m)* goods declaration form for customs transit
  sich im Zollgutversand befinden *(m)* be under customs transit
  Waren zum Zollgutversand anmelden *(pl)* declare the goods for customs transit

Zollgutversandverfahren *(n)* customs transit system

Zollhafen *(m)* bonded port, bonding port

Zollhangar *(m)* customs shed

Zollhehlerei *(f)* customs receiving

Zollherabsetzung *(f)* lowering of customs duties, reduction of customs duties

Zollhinterziehung *(f)* evasion of customs duties

Zollhochheit *(f)* customs jurisdiction

Zollhöhe *(f)* amount of a duty

Zollhoheit *(f)* customs sovereignty

Zollidentifikation *(f)* customs identification

Zollinformation *(f)* tariff information

Zollinhaltserklärung *(f)* baggage declaration, baggage entry **2.** bill entry, customs declaration, entry
  Berichtigung der Zollinhaltserklärung *(f)* amendment the customs declaration

Zollinspektion *(f)* customs inspection, customs search

Zollinspektor *(m)* customs inspector, customs officer, inspector of customs

Zollinstruktion *(f)* customs instruction

Zollinstruktionen *(pl)* customs instructions

Zollkai *(m)* customs berth, legal quay, legal wharf, sufferance wharf

Zollkammer *(f)* custom-house
  Versteigerung von Waren der Zollkammer *(f)* customs auction

Zollkartell *(n)* tariff ring

Zollkeller *(m)* bonded vault

Zollklarierung *(f)* customs clearance

Zollklarierungsort *(m)* place of customs registration

Preis frei Zollklarierungsort *(m)* free at place of clearance price, free at place of clearing price

Zollklassifizierung *(f)* customs classification

Zollkodex *(m)* customs code

Zollkodex der Gemeinschaften *(m)* Community Customs Code *(CCC)*

Zollkommissar *(m)* customs officer, customs supervisor

Zollkonferenz *(f)* tariff negotiations

Zollkontingent *(n)* customs contingent

Aufteilung des Zollkontingents *(f)* allocation of the quota *(EU)*

Eröffnung des Zollkontingents *(f)* opening of a tariff quota

gemeinschaftliches Zollkontingent *(n)* Community tariff quota *(EU)*

Liste der Zollkontingente *(f)* tariff quota list

mengenmäßiges Zollkontingent *(n)* quantitative quota

Zollkontrolform *(f)* form of customs control

Zollkontrolle *(f)* customs examination, customs inspection, customs search, customs supervision

Zollkontrolle durchführen *(f)* carry out an customs examination, effect the customs control measures

Zollkontrolle unterstellen *(f)* place under customs control

Zollkontrolle unterwerfen *(f)* place under customs control, place under customs supervision

* an der Zollkontrolle teilnehmen attend the customs control procedures

Befreiung von Zollkontrolle *(f)* exemption from customs inspection

Ergebnisse der Zollkontrollen *(pl)* customs control results

Transshipment unter Zollkontrolle *(n)* handling under customs control, handling under customs examination, handling under customs inspection

Umladung unter Zollkontrolle *(f)* handling under customs control, handling under customs examination, handling under customs inspection

Zollkontrollsystem *(n)* system of customs control

Zollkonvention *(f)* convention on tariff, customs treaty, tariff agreement

Zollkonvoi *(m)* customs convoy, customs escort

Zollkredit *(m)* custom-house credit, customs credit

Zollkrieg *(m)* tariff war

Zollladungsplatz *(m)* customs berth, customs quay

Zolllager *(n)* bond store, bonded warehouse, customs store, free warehouse

Zolllager des Herstellers *(n)* bonded manufacturer's warehouse

* ab Zolllager *(n)* ex bonded warehouse

Aufbewahrung im Zolllager *(f)* bonded storage

Bewilligung zum Betrieb des Zolllagers *(f)* authorization to operate a customs warehouse

frei Zolllager *(n)* free into bond

im Zolllager lagern *(n)* deposit in a customs warehouse

in ein Zolllager einlagern *(n)* place in bonded warehouse

öffentliches Zolllager *(n)* public customs warehouse

Preis ab Zolllager *(m)* price ex bonded warehouse

privates Zolllager *(n)* private customs warehouse

Überführung der Waren in ein Zolllager *(f)* entry into bonded warehouse

Verkauf aus dem Zolllager *(m)* sale on consignment

Waren in ein Zolllager verbringen *(pl)* place goods in a customs warehouse

Zolllagerhalter *(m)* owner of a bonded warehouse

Pflichten des Zolllagerhalters *(pl)* obligations of the owner of a bonded warehouse

Register der Zolllagerhalter *(n)* Register of Owners of Bonded Warehouses

Zolllagerinhaber *(m)* bonder

Name des Zolllagerinhabers *(m)* name of the owner of a bonded warehouse

Zolllagerung *(f)* system of customs warehouses

Zolllagerverfahren *(n)* customs warehousing procedure
  Waren in das Zolllagerverfahren angeben *(pl)* enter goods for a customs procedure
Zolllinie *(f)* customs border
Zollliste *(f)* bill of stores
Zolllizenz *(f)* customs licence
Zollluftfrachtbrief *(m)* custom-house air waybill
Zollmakler *(m)* custom-house broker, customs broker
Zollmanifest *(n)* customs manifest
Zollmaßnahmen *(pl)* customs measures
Zollmechanismus *(m)* customs mechanism
Zollmeldungsstelle *(f)* customs point
Zollmole *(f)* customs berth, legal wharf
Zollnachforderung *(f)* additional collection of duty
Zollnachlass *(m)* tariff cut, tariff cutting
Zollnachweis *(m)* customs certificate
Zollnebengebühr *(f)* additional duty, customs surcharge
Zollniederlage *(f)* bond
  öffentliche Zollniederlage *(f)* public customs warehouse
Zolloperationen *(pl)* customs operations
Zollorgan *(n)* customs authority
  Mitarbeiter der Zollorgane *(m)* customs official
Zollpapiere *(pl)* customs documents, customs papers **2.** customs documentation
  Zollpapiere übergeben *(pl)* lodge a customs documents
  Zollpapiere vorlegen *(pl)* lodge a customs documents
  * internationales Zollpapier *(n)* international customs document
  Vorlage eines Zollpapiers *(f)* presentation of a customs document
Zollpassierschein *(m)* customs order, customs permit
Zollpfandbrief *(m)* customs bond
Zollpflicht *(f)* bond

zollpflichtig dutiable, liable to duty, subject to duty
  zollpflichtig sein be liable to duty
  zollpflichtige Ware *(f)* dutiable article, dutiable goods
Zollplombe *(f)* customs lead, customs seal, seal of the customs office
  Anlegung von Zollplomben und -siegeln *(f)* affixation of customs seals and stamps, affixation of seals and stamps
Zollpolitik *(f)* tariff policy
  gemeinsame Zollpolitik *(f)* common customs policy *(EU)*
Zollpolitikreform *(f)* tariff reform
Zollpräferenzabkommen *(n)* preferential tariff arrangement
Zollpräferenzbehandlungen *(pl)* preferential tariff, tariff preferences
Zollpräferenzen *(pl)* preference duties, tariff preferences
Zollpräferenzensystem *(n)* system of customs preferences
Zollpräferenzmaßnahmen *(pl)* preferential tariff measures
Zollprotektionismus *(m)* customs protectionism, protective tariffs system
Zollprotokoll *(n)* customs report
Zollquittung *(f)* bill of clearance, clearing certificate, custom-house receipt
Zollrechnung *(f)* special customs invoice, customs invoice, special customs invoice
Zollrecht *(n)* customs law, law of customs, tariff law
  internationales Zollrecht *(n)* international customs law
zollrechtlich customs
  zollrechtlich freier Verkehr *(m)* free circulation
    erste Überführung in den zollrechtlich freien Verkehr *(f)* first released for free circulation
    Überführung in den zollrechtlich freien Verkehr *(f)* release for free circulation, release for home use
  zollrechtliche Behandlung *(f)* customs procedure, customs treatment

besondere zollrechtliche Behandlung *(f)* special customs procedure

unterschiedliche zollrechtliche Behandlung *(f)* different customs treatment

zollrechtliche Bestimmung *(f)* customs-approved treatment or use

Verpflichtung, den gestellten Waren eine zollrechtliche Bestimmung zu geben *(f)* obligation to assign goods presented to customs a customs-approved treatment or use

zollrechtliche Bestimmung einer Ware *(f)* customs-approved treatment or use of goods

zollrechtliche Vorschriften *(pl)* customs law, tariff legislation

zollrechtlicher Status *(m)* customs status

zollrechtlicher Status der Transportmittels *(m)* customs status of means of transport

zollrechtlicher Status der Waren *(m)* customs status of goods

Zollrechtsangleichung *(f)* harmonization of tariff law

Zollreform *(f)* customs reform

Zollregelung *(f)* customs arrangements

Zollregelung übertreten *(f)* contravene the law on customs

* **allgemeine Zollregelungen** *(pl)* general customs rules

Lücken der Zollregelung *(pl)* lacunae in the rules on customs

Zollregime *(n)* procedure of customs

Zollrevision *(f)* customs check, customs control, customs examination, customs inspection

Zollrevision der Waren *(f)* customs inspection of goods

Zollrevision des Schiffes *(f)* jerquing, rummage

Zollregime *(f)* customs procedure

Betwilligung zur Überführung von Waren in ein Zollregime *(f)* permission for subjecting goods to a desired customs procedure

Garantie der Einhaltung des Zollregimes *(f)* guarantee of observance of customs procedures

Waren einem Zollregime unterwerfen *(pl)* subject the goods to a customs procedure

Zollrevision *(f)* customs examination

zusätzliche Zollrevision *(f)* additional customs examination

Zollrevisor *(m)* customs examiner, searcher

Zollrückerstattung *(f)* drawback on customs duties, duty refund, reimbursement of a duty, reimbursement of customs duties

Zollrückerstattungsentschluss *(m)* order of repayment of a duty

Zollrückgabeschein *(m)* custom-house debenture, customs debenture, debenture

Zollrückvergütungssystem *(n)* drawback system

Zollrückvergütungsverfahren *(n)* drawback procedure

Zollrückzahlung *(f)* duty drawback, repayment of a duty

Zollsachverständiger *(m)* customs expert

Zollsanktionen *(pl)* customs sanctions

Zollsatz *(m)* customs duty rate, duty rate, rate of duty

Zollsätze anwenden *(pl)* apply duties

Zollsätze bei der Ausfuhr *(pl)* customs duties on exports

Zollsätze bei der Einfuhr *(pl)* customs duties on imports

Zollsatz senken *(m)* reduce a tariff rate

* **Aussetzung der Zollsätze** *(f)* duty suspension, suspension of customs duties

autonomer Zollsatz *(m)* autonomous rate of duty

einheitliche Zollsätze *(pl)* general rates of customs duties

gesenkter Zollsatz *(m)* reduced duty

vertragsmäßiger Zollsatz *(m)* bottom duty

Zollsatzabschlag *(m)* customs rate reduction, cut in rate of duty

Zollsatzherabsetzung *(f)* rate decrease

Zollsatzsenkung *(f)* reduction of customs duty rate

Zollschätzung *(f)* customs appraisement

Zollschein *(m)* certificate of clearance, clearance bill, clearance card, clearance certificate, customs house warrant, customs receipt, customs receipt for goods

Zollschranke *(f)* customs barrier, customs wall

Zollschränken beseitigen *(pl)* remove customs barriers

Zollschränken vermeiden *(pl)* overcome customs barriers

Zollschuld *(f)* customs debt, liability to duty, liability to pay customs duties
  Betrag der Zollschuld *(m)* amount of the customs debt
  Entstehung der Zollschuld *(f)* incurrence of a customs debt
  Erfüllung der Zollschuld *(f)* payment of the customs debt
  Erlöschen der Zollschuld *(n)* extinction of customs debt
  Garantie für Zollschuld *(f)* security to ensure payment of the customs debt
  Zahlungsgarantie für Zollschuld *(f)* guarantee of dutiable payments, payment of customs debt guarantee
  Zeitpunkt der Entstehung der Zollschuld *(m)* date on which the customs debt incurred

Zollschuldbetrag *(m)* amount of customs debt
  Erhebung des Zollschuldbetrags *(f)* recovery of the amount of the customs debt
  Sicherheitsleistung für den Zollschuldbetrag *(f)* security to cover customs debt

Zollschuldner *(m)* customs debtor
  Mitteilung an den Zollschuldner *(f)* communication to the customs debtor

Zollschuppen *(m)* bonded warehouse, customs bonded warehouse

Zollschutz *(m)* customs protection, tariff protection

Zollschutzbegleitung *(f)* customs convoy, customs escort

Zollsendung *(f)* consignment subject to customs control

Zollsenkung *(f)* duty concession, reduction of duty, rundown in tariffs

Zollsicherungsverkehr *(m)* customs carriage

Zollsiegel *(n)* customs lead, customs seal, customs stamp

Zollspediteur *(m)* customs forwarder

Zollspeicher *(m)* bond store, customs store

Zollsperre *(f)* customs blockade, customs wall, tariff wall

Zollspesen *(pl)* customs expenses

Zollstation *(f)* customs station

Zollstatistik *(f)* customs statistics

Zollsteigerung *(f)* duty raise, price growth

Zollstelle *(f)* customs checkpoint, customs post, customs station **2.** customs guard
  Zollstelle der Eintragung *(f)* office of registration *(CTD)*
  Zollstelle des Hafens *(f)* customs authorities of the port
  * **Datum und Uhrzeit der Unterrichtung der zuständigen Zollstelle** *(n)* date and hour on which the competent office is informed
  örtliche Zollstelle *(f)* local customs office
  von der Zollstelle erteilte Bescheinigung *(f)* customs certification
  Waren einer Zollstelle stellten *(pl)* present the goods at a customs office
  zu einer Zollstelle befördern *(f)* convey to a customs office
  Zuständigkeit der Zollstellen *(f)* competence of the customs offices

Zollstempel *(m)* custom-house stamp, customs seal, customs stamp, duty mark

Zollstrafe *(f)* customs fine, customs penalty
  Zollstrafe auferlegen *(f)* lay a custom-house fine, lay a customs fine
  * **mit Zollstrafen belegen** *(pl)* lay a customs fine, lay a custom-house fine

Zollstrafrecht *(n)* criminal customs law

Zollstraße *(f)* customs route

Zollstreitigkeit *(f)* customs conflict

Zollstundung *(f)* custom-house credit, customs credit

Zollsystem *(n)* system of tariffs, tariff system

Zolltara *(f)* custom-house tare, customs tare, legal tare

Zolltarif *(m)* customs tariff
  Zolltarif aufstellen *(m)* compile a customs tariff
  Zolltarif der Europäischen Gemeinschaften *(m)* Customs Tariff of the European Communities
  * **ausländischer Zolltarif** *(m)* foreign tariff
  autonomer Zolltarif *(m)* autonomous customs tariff, autonomous tariff
  diskriminierender Zolltarif *(m)* discriminatory customs tariff

Einordnung der Waren in die Zolltarife *(f)* classification of goods under customs tariff
Einreihung von Waren nach der Warennomenklatur des Zolltarifs *(f)* classification of goods according to the customs tariff nomenclature of goods
geltender Zolltarif *(m)* applicable tariff
gemeinsamer Zolltarif *(m)* joint external tariff 2. *(EG-Länder)* common customs tariff
Ausschuss für das Schema des gemeinsamen Zolltarifs *(m)* Committee on Common Customs Tariff Nomenclature *(EU)*
gemischter Zolltarif *(m)* mixed tariff
gleitender Zolltarif *(m)* gliding tariff
Harmonisierung der Zolltarife *(f)* customs tariff harmonization
nichtdiskriminierender Zolltarif *(m)* non-discriminatory customs tariff
nichtprohibitive Zolltarif *(m)* non-prohibitive tariff
spezieller Zolltarif *(m)* specific tariff
Zolltarifschema für die Einreihung der Waren in die Zolltarife *(n)* Nomenclature for the classification of goods in customs tariff
Zolltarifabkommen *(n)* tariff agreement
Zolltarifauskunft *(f)* tariff information
verbindliche Zolltarifauskunft (VZTA) *(f)* binding tariff information (BIT)
Änderung der verbindlichen Zolltarifauskunft *(f)* change of binding tariff information
Zolltarifgesetz *(n)* customs act
Zolltarifkode *(m)* customs tariff code
zolltariflich tariff
zolltarifliche Behandlung *(f)* customs treatment, tariff treatment
zolltarifliche Einreihung *(f)* tariff ceiling
zolltarifliche Maßnahmen *(pl)* customs measures relating to tariffs
Zolltarifschema *(n)* customs nomenclature, customs schedule
Zolltarifschema für die Einreihung der Waren in die Zolltarife *(n)* Nomenclature for the classification of goods in customs tariff
* Allgemeine Vorschriften für die Auslegung des Zolltarifschemas *(pl)* General Rules for the Interpretation of the Nomenclature
Ausschuss für das Zolltarifschema *(m)* Nomenclature Committee (of the Customs Co-operation Council)

Tarifnummer des Brüsseler Zolltarifschemas *(f)* number of the Brussels Nomenclature heading
gemeinsames Zolltarifschema der Mitgliedstaaten *(n)* Common Customs Tariff nomenclature of the Member States *(EU)*
Zolltarifzugeständnis *(n)* tariff concession
Zolltaxator *(m)* customs appraiser, general appraiser
Zollterminal *(n)* customs terminal
Zolltonne *(f)* revenue ton
Zolltransit *(m)* customs transit
internationaler Zolltransit *(m)* international customs transit
Erlaubnis für den internationaler Zolltransit *(f)* permission for international customs transit
Zollüberwachung *(f)* control of the customs authorities
unter Zollüberwachung bleiben *(f)* remain under customs control
Zollüberzahlung *(f)* overpayment of duty
Zollumgehung *(f)* customs fraud, customs swindle
Zoll- und Handelsabkommen *(n)* agreement on tariffs and trade
Zollunion *(f)* customs union
Bildung der Zollunion *(f)* establishment of a customs union
Zollunionseffekte *(pl)* customs union effects
Zolluntersuchung *(f)* customs examination, customs inspection
Zollurkunde *(f)* customs declaration
Nummer der Zollurkunde *(f)* customs serial number of the declaration
Zollveredelungsverkehr *(m)* customs processing arrangements, customs processing turnover
Zollverfahren *(n)* customs procedure, customs proceedings, process of customs control
Zollverfahren der Umwandlung von Waren unter zollamtlicher Überwachung vor ihrer Überführung in den zollrechtlich freien Verkehr *(n)* arrangements permitting goods to be processed under customs control before being put into free circulation

Zollverfahren mit bedingter Abgabenbefreiung *(n)* procedure affording conditional relief

Zollverfahren mit wirtschaftlicher Bedeutung *(n)* customs economic procedure, customs procedure with economic impact *(CCC)*, economic customs procedure

Zollverfahren vereinfachen *(n)* ease customs formalities

* **angegebenes Zollverfahren** *(n)* declared customs procedure

Anwendung der verschiedenen Zollverfahren *(f)* application of various customs procedures

Inhaber des Zollverfahrens *(m)* holder of the authorization

Internationales Übereinkommen zur Vereinfachung und Harmonisierung der Zollverfahren *(n)* International Convention on the simplification and Harmonization of Customs Procedures

Überführung einer Ware in das Zollverfahren *(f)* placement of goods under a customs procedure

Überführung in das Zollverfahren *(f)* placement under a customs procedure

Waren einem anderen Zollverfahren zuführen *(pl)* subject the goods to another customs procedure

Waren einem Zollverfahren zuführen *(pl)* place goods under a customs procedure

Waren zu einem Zollverfahren anmelden *(pl)* enter goods for customs purposes

Zollverfahrenscode *(m)* customs procedure code

Zollvergehen *(n)* customs dodging, customs fraud

Zollvergütung *(f)* duty refund, reimbursement of a duty

Zollverhandlungenrunde *(f)* round of tariff negotiations

Zollverkehr *(m)* customs carriage, customs cartage

Waren zu einem Zollverkehr abfertigen *(pl)* subject the goods to a customs procedure

Zollverladegenehmigung *(f)* permit to lade

Zollverletzung *(f)* contraventions of customs law, infringement of customs regulations, violation of the customs law

Zollverschlüsse *(pl)* customs seals, leads

Zollverschlüsse an Beförderungsmitteln *(pl)* seals on means of transport

Zollverschlüsse an Packstücken *(pl)* seals on packages

Zollverschlüsse anbringen *(m)* affix customs seals

Zollverschlüsse beschädigen *(pl)* damage the customs seals

Zollverschlüsse oder Nämlichkeitszeichen unverletzt *(pl)* seals or identification marks found to be intact *(TIR carnet)*

Zollverschlüsse verletzen *(m)* break the customs seals, break the seals and fastenings

Zollverschlüsse wurden versehentlich verletzt *(pl)* customs seals are accidentally broken

* **angelegte Zollverschlüsse oder Nämlichkeitszeichen** *(pl)* seals or identification marks applied *(TIR carnet)*

angelegter Zollverschluss *(m)* seals affixed

Beförderung unter Zollverschluss *(f)* system of transport under customs seal

Beförderung von Waren unter Zollverschluss *(f)* customs carriage, transport of goods under customs seals

Container unter Zollverschluss *(m)* container under customs seal

Einfuhren unter Zollverschluss *(pl)* imports in bond

Fahrzeug ohne Zollverschlüsse *(n)* non-sealed vehicle (TIR)

Frachttransport unter Zollverschluss *(m)* transport of goods under customs seals, customs carriage

Gut unter Zollverschluss *(f)* bonded goods

Güterbeförderung unter Zollverschluss *(f)* transport of goods under customs seals

Gütertransport unter Zollverschluss *(m)* transport of goods under customs seals

internationaler Transport unter Zollverschluss *(m)* international transport under customs seal

Lager unter Zollverschluss *(n)* customs warehouse, bonded store

Lagerung unter Zollverschluss *(f)* warehousing in bond, bonding

neue Zollverschlüsse anlegen *(pl)* affix new seals *(customs)*

Transport unter Zollverschluss *(m)* customs carriage, transport under customs seals

Überprüfung der Zollverschlüsse *(f)* inspection of customs seals
umladen unter Zollverschluss *(n)* tranship goods under bond
Verkehr unter Zollverschluss *(m)* customs carriage, customs cartage, transport under customs seals
Verletzung der Zollverschlüsse *(f)* breaking the seals, breaking the customs seals
vorübergehende Einfuhr unter Zollverschluss *(f)* temporary importation under bond
Ware unter Zollverschluss *(f)* goods of bond, cargo in bond
Warentransport unter Zollverschluss *(m)* transport of goods under customs seals
zum Transport unter Zollverschluss zugelassen *(m)* approved for transport under customs seal
Zollverschlusslager *(n)* bonded store, customs warehouse
Zollverschlussware *(f)* goods in bond
Zollversiegelung *(f)* customs seal
Ware unter Zollversiegelung *(f)* bond goods, merchandise in bond
Zollversteigerung *(f)* custom-house auction, customs auction
Zollverstoß *(m)* customs offence, customs petty offence
Zollvertrag *(m)* customs treaty, tariff agreement
Zollvertreter *(m)* customs clearance agent
Zollverwaltung *(f)* administration of the customs, customs authority
Bediensteter der Zollverwaltung *(m)* customs officer
Zollverwendung *(f)* customs-approved treatment or use
Zollvollmacht *(f)* customs power
Zollvollstreckung *(f)* execution of duty
Zollvormerkverfahren *(n)* conditional clearance, temporary admission
Zollvormerkverkehr *(m)* conditional clearance, temporary admission
Zollvorrecht *(n)* duty benefit, duty preference
Zollvorschrift *(f)* customs instruction, customs provision, customs regulation
Zollvorteil *(m)* duty benefit, duty preference

Zollvorzugsbehandlung *(f)* application of preferential tariff
Zollwache *(f)* customs checkpoint, customs post **2.** customs protection, tariff protection
Zollwachtschiff *(n)* coast guard ship, coast guard vessel, revenue vessel, revenuer
Zollwarenklassifikation *(f)* customs goods classification
Zollwarenverzeichnis *(n)* customs nomenclature, customs schedule
Zollwarrant *(m)* customs warrant
Zollwert *(m)* customs value, value for customs purposes
Zollwert der Waren *(m)* customs value of goods, value of goods for customs purposes
Zollwert eingeführter Waren *(m)* customs value of imported goods
Zollwert gleichartiger Waren *(m)* customs value of similar goods
Zollwert gleicher Waren *(m)* customs value of identical goods
* angegebener Zollwert *(m)* declared value for customs
Ausschuss für den Zollwert *(m)* Committee on Customs Valuation (GATT), Valuation Committee *(of the Customs Co-operation Council)*, Customs Valuation Committee *(EU)*
deklarierter Zollwert *(m)* declared value
Herabsetzung des Zollwertes *(f)* reduction of the customs value
Muster ohne Zollwert *(n)* sample of no commercial value
Zollwertanmeldung *(f)* declaration of customs value
Zollwertbegriff *(m)* definition of customs value
Brüsseler Zollwertbegriff *(m)* Brussels definition of value
Zollwertbestimmung *(f)* determining of customs value
Methode zur Zollwertbestimmung *(f)* method for determining the customs value
Zollwertermittlung *(f)* assessment of the dutiable value
Zollwesen *(n)* customs matters
Nomenklatur des Rates für die Zusammenarbeit auf dem Gebiet des Zollwesens *(f)* Customs Co-operation Council Nomenclature (CCCN)

Zollzahler *(m)* payer of customs duties
Zollzahlungsverweigerung *(f)* refusal to pay duty
Zollzettel *(m)* customs label
Zollzone *(f)* customs zone, customs-enforcement area
Zollzugeständnisse *(pl)* tariff concessions
Aussetzung von Zollzugeständnissen *(f)* suspension of tariff concessions *(customs)*
einstweilige Aufhebung von Zollzugeständnissen *(f)* suspension of tariff concessions *(customs)*
Zollzweck *(pl)* customs purposes
Begleitdokument für Zollzwecke *(n)* accompanying document for customs purposes
Dokumente für Zollzwecke *(pl)* documentation for customs purposes
Zone *(f)* area, zone
steuerfreie Zone *(f)* tax free zone
zollfreie Zone *(f)* duty-free area, duty-free zone, free customs zone
Zonenpreis *(m)* zone price
Zonenpreissystem *(n)* zone pricing
Zonentarif *(m)* zone tariff
Zonenzeit *(f)* zone time
zu to
zu einem einzelstaatlichen Verfahren abfertigen *(n)* put under a national procedure *(customs)*
zu einer Tarifnummer gehören *(f)* be classified in a tariff heading, receive a classification under a heading
zu einer Zollstelle befördern *(f)* convey to a customs office
zu hoch bezahlen overpay, pay over
zu jetzigen Preisen at present prices
zu niedrig festgesetzter Preis *(m)* knockdown price, underselling price
zu pari al pari
zu Verkauf stellen *(m)* put on sale
zum aktiven Veredelungsverkehr abfertigen *(m)* put into inward processing
zum Akzept vorlegen *(n)* present for acceptance
zum Ausstellen von Urkunden befugte Person *(f)* person authorized to issue documents
zum ersten Verkehrsträger liefern *(m)* take to first carrier

zum Inkasso einsenden *(n)* remit for collection, send for collection
zum Inkasso senden *(n)* remit for collection, send for collection
zum Inkasso vorziehen *(n)* hand in for collection
zum Transport unter Zollverschluss zugelassen *(m)* approved for transport under customs seal
zum Verkauf ausstellen *(m)* expose for sale
zum zollrechtlich freien Verkehr abgefertigte Ware *(f)* goods declared for free circulation
zur Akzeptierung unterbreiten *(f)* produce for acceptance
zur Annahme vorlegen *(f)* present for acceptance
zur Aufbewahrung überlassen *(f)* deposit
zur Aufbewahrung übernehmen *(f)* receive into the custody, take into the custody
zur endgültigen Ausfuhr abfertigen *(f)* clear for outright exportation
zur endgültigen Ausfuhr anmelden *(f)* declare for outright exportation
zur passiven Veredelung vorübergehend ausgeführte Waren *(pl)* goods temporarily exported for outward processing
zur Prüfung vorführen *(f)* present for inspection
zur Unterzeichnung vorlegen *(f)* produce for sign
zur Versteigerung bringen *(f)* bring under the hammer
zur Verzollung angeben *(f)* enter
zur Zahlung vorlegen *(f)* present for payment
Zubehör *(n)* equipment, fittings
Zubringerschiff *(n)* coastal craft, coastal ship **2.** feeder ship, feeder vessel
Zuckerfrachter *(n)* bulk sugar carrier
Zuckerfrachtschiff *(n)* bulk sugar carrier
Zuerkennung *(f)* award
Zuerkennung von Schadensersatz *(f)* award of damages
zufällig accidental
zufälliger Verlust *(m)* accidental loss, casualty, causality loss
Zufallsmuster *(n)* random sample, sample taken at random
Zufallsstichprobe *(f)* probability sample, random sample

Zufuhr *(f)* delivery
zuführen bring
   Waren einem anderen Zollverfahren zuführen *(pl)* subject the goods to another customs procedure
   Waren einem Zollverfahren zuführen *(pl)* place goods under a customs procedure
Zuführung *(f)* delivery, transportation
Zug *(m)* train
   durchgehender Zug *(m)* through train, through-running train
   internationaler Zug *(m)* international train
   klimatisierter Zug *(m)* air-conditioned train
   Zollabfertigung im fahrenden Zuge *(f)* customs examination while the train is in motion
Zugang *(m)* access, accession
   Zugang zu Kredit *(m)* access to credit
   Zugang zu Märkten *(m)* access to markets, markets access
   Zugang zu See *(m)* access to sea
   * mit einem Verschluss versehener Zugang *(m)* seal aperture
Zugänglichkeit *(f)* availability
   Zugänglichkeit des Services *(f)* service availability
zugelassen approved, authorised
   zugelassene Befreiungen übersteigen *(pl)* exceed the duty-free entitlements
   zugelassener Container *(m)* approved container
   zugelassener Empfänger *(m)* authorised consignee
   zugelassener Mangel *(m)* allowable defect
   zugelassener Versender *(m)* authorised consignor
   * Zollbehörden zugelassene Verschlüsse *(pl)* seals approved by customs
   zum Transport unter Zollverschluss zugelassen *(m)* approved for transport under customs seal
Zugestandnis *(n)* concession
   Liste der Zugeständnisse *(f)* schedule of concessions *(customs)*
zugestehen admit
   Fristverlängerung zugestehen *(f)* accord a respite, grant a delay
   Recht zugestehen *(n)* grant the right
   Schadensersatz zugestehen *(m)* award damages

Zugklasse *(f)* train class
Zugverbindung *(f)* rail connection, train connection
Zugverkehr *(m)* railway operation
Zuladung *(f)* additional cargo, extra cargo
Zulage *(f)* addition
zulässig admissible, allowable, permissible
   zulässige Behandlungen *(pl)* authorized operations
   zulässige Gesamtmasse *(f)* permissible maximum weight
   zulässige Grenze *(f)* permissible limit
   zulässige Länge *(f)* permissible length
   zulässige Last *(f)* admissible load, permissible load
   zulässige Menge *(f)* admissible quantity, tolerance quantity
   zulässige Nutzlast des Containers *(f)* allowable container load
   zulässiger Fehler *(m)* admissible error
   zulässiger Mangel *(m)* acceptable defect
   zulässiges Gesamtgewicht *(n)* gross vehicle weight
   zulässiges Risiko *(n)* tolerated risk
Zulassung *(f)* admission, allowance
   Zulassung von Behältern zur vorübergehenden Einfuhr ohne Entrichtung der Eingangsabgaben *(f)* temporary admission of containers free of import duties and import taxes
   Zulassung von dem Behälter *(f)* approval of container
   Zulassung zu einem Verfahren *(f)* grant of a regime
   Zulassung zu einer Tarifnummer *(f)* inclusion (of goods) under a heading
   Zulassung zum TIR-Verfahren *(f)* access to the TIR procedure
   Zulassung zur Überführung in den zollrechtlich freien Verkehr *(f)* authorization for release for free circulation
   * Bedingungen für die Zulassung zur vorübergehenden Einfuhr *(pl)* conditions of granting of temporary admission
   Erneuerung der Zulassung *(f)* renewal of approval *(TIR)*
Zulassungsantrag *(m)* application for authorization

Zulassungsbescheinigung *(f)* certificate of approval *(vehicles or Containers)* *(TIR)*

Zulassungstafel *(f)* approval plate

Zulassungsverfahren *(n)* approval procedure *(containers)*

Zulieferer *(m)* provider

Zulieferername *(m)* name of supplier, supplier's name

Zuliefern *(n)* supply

zurechnen calculate

zurückdatieren antedate, predate
  Dokument zurückdatieren *(n)* predate a document
  Kontrakt zurückdatieren *(m)* antedate a contract
  Vertrag zurückdatieren *(m)* antedate a contract, antedate an arrangement

zurückdatiert antedated
  zurückdatierter Scheck *(m)* ante-dated cheque
  zurückdatiertes Dokument *(n)* antedated document

zurückerstatten give back, repay, refund
  Schuld zurückerstatten *(f)* repay
  Zoll zurückerstatten *(m)* refund the duty

zurückfordern claim back, redemand

Zurückforderung *(f)* refund claim

zurückgestellt deferred
  zurückgestellter Rabatt *(m)* deferred rebate, freight deferred rebate, patronage discount

zurückgetauscht exchange
  zurückgetauschte Palette *(f)* exchange pallet

Zurücknahme *(f)* revocation, withdrawal
  Zurücknahme der Bürgschaft *(f)* revocation of power of attorney, withdrawal of a guarantee
  Zurücknahme der Genehmigung *(f)* withdraw of a licence
  Zurücknahme der Vollmacht *(f)* withdrawal of a guarantee, withdrawal of a power, withdrawal of the power of attorney

zurücknehmen withdraw
  Bevollmächtigung zurücknehmen *(f)* withdraw a power, withdraw a power of attorney
  Klage zurücknehmen *(f)* waive a claim
  Klageantrag zurücknehmen *(m)* withdraw a claim

Lizenz zurücknehmen *(f)* withdraw a licence, cancel a licence

Vollmacht zurücknehmen *(f)* withdraw a power, withdraw a power of attorney

zurücktreten back out, cede, surrender
  vom Kontrakt zurücktreten *(m)* denounce a contract, back out of a contract
  vom Vertrag zurücktreten *(m)* denounce a contract, resile form a contract, withdraw from a contract, recede from a contract, back out of a contract

zurückweisen challenge, refuse, reject
  Dokumente zurückweisen *(pl)* reject documents
  Reklamation zurückweisen *(f)* refuse a complaint, reject a complaint

Zurückweisung *(f)* decline, denial, dismissal, repudiation
  Zurückweisung der Reklamation *(f)* refusal of a claim, rejection of a claim

zurückzahlen clear a debt, discharge a debt, reimburse, repay
  Geld zurückzahlen *(n)* refund money
  Steuer zurückzahlen *(f)* refund a tax, repay a tax

zurückziehen recall, repeal, retire, withdraw
  Akkreditiv zurückziehen *(n)* withdraw a letter of credit, revoke a letter of credit
  Angebot zurückziehen *(n)* retract an offer, withdraw an offer
  Auftrag zurückziehen *(m)* withdraw an order
  Bescheid zurückziehen *(m)* revoke a decision
  Garantie zurückziehen *(f)* rescind a guarantee
  Konzession zurückziehen *(f)* cancel a concession
  Auftrag züruckziehen *(m)* cancel an order

Zurückziehung *(f)* cancellation , withdrawal
  Zurückziehung der Bestellung *(f)* cancellation of an order, counter order
  Zurückziehung der Bürgschaft *(f)* withdrawal of a guarantee

zurückzufordernd demand back
  zurückzufordernde Rechte in Bezug auf Zoll *(pl)* drawback claims

Zusage *(f)* promise, voucher

Zusammenarbeit *(f)* collaboration, co-operation
Angebot für die Zusammenarbeit *(n)* offer for cooperation
grenzüberschreitende Zusammenarbeit *(f)* trans-border co-operation
internationale Zusammenarbeit *(f)* international cooperation
Nomenklatur des Rates für die Zusammenarbeit auf dem Gebiet des Zollwesens *(f)* Customs Co-operation Council Nomenclature (CCCN)
Zusammenbruch *(m)* bankruptcy 2. breakdown
Zusammenbruch der Verhandlungen *(m)* breakdown of negotiations
zusammenfassend recapitulative
zusammenfassende Anmeldung *(f)* recapitulative declaration *(customs)*
zusammenfassender Bericht *(m)* summary report
zusammengesetzt compound
zusammengesetzte Arbitrage *(f)* bill brokerage
zusammenklappbar collapsible
zusammenklappbare Palette *(f)* collapsible pallet, folding-end flatrack
Zusammensetzung *(f)* composition, structure
chemische Zusammensetzung *(f)* chemical compound
Zusammenstellen *(n)* collecting
Zusammenstellen von Packstücken *(n)* assembly of consignments
Zusammenstellen von Waren *(n)* sorting of goods
Zusammenstellung *(f)* statement
Zusammenstoß *(m)* clash, collision
zusammenzählen totalize
Zusatzabkommen *(n)* accessory contract, supplementary contract
Zusatzanteil *(m)* additional contribution
Zusatzauftrag *(m)* additional order, follow-up order
Zusatzbedingung *(f)* additional clause, additional condition
Zusatzbericht *(m)* supplementary statement

Zusatzbeschäftigung *(f)* subsidiary occupation
Zusatzbescheinigung *(f)* additional certificate, supplementary certificate
Zusatzbeschreibung *(f)* additional description
Zusatzbestellung *(f)* subsequent order
Zusatzbetrag *(m)* extra money
Zusatzbonus *(m)* additional bonus
Zusatzbürgschaft *(f)* secondary surety
Zusatzdienste *(pl)* optional services
Zusatzeinfuhrgebühr *(f)* import surcharge
Zusatzentschädigung *(f)* additional damages, extra compensation
Zusatzerlöse *(pl)* extra proceeds
Zusatzflug *(m)* additional flight, extra section flight
Zusatzforderung *(f)* accessory claim, supplementary claim
Zusatzfrist *(f)* additional term, period of grace
Zusatzgarantie *(f)* additional collateral, additional guarantee
Zusatzgewinn *(m)* extra profit
Zusatzhandelsurkunden *(pl)* complementary commercial documents, supplementary commercial documents
Zusatzinformation *(f)* additional information, supplementary information
Zusatzklausel *(f)* additional clause, further clause
Zusatzkontrakt *(m)* ancillary contract
Zusatzkosten *(pl)* extra expenditures, incidental charges
Zusatzkredit *(m)* additional credit, supplementary credit
Zusatzladung *(f)* berth cargo, completion cargo
zusätzlich auxiliary, supplementary
zusätzliche Arbeitszeit *(f)* surplus labor time
zusätzliche Bedingung *(f)* additional condition
Scheck mit zusätzlicher Bedingung *(m)* specially crossed cheque

zusätzliche Einfuhr *(f)* complementary import
zusätzliche Frist *(f)* additional time, further period
zusätzliche Garantie *(f)* additional collateral, additional guarantee
zusätzliche Gebühr *(f)* special surcharge
zusätzliche Klausel *(f)* rider
zusätzliche Kosten *(pl)* additional costs, additional expenses
zusätzliche Leistung *(f)* fringe benefit
zusätzliche Steuer *(n)* surcharge, surtax
zusätzliche Steuer einführen *(f)* impose a supplementary tax
zusätzliche Zahlung *(f)* extra pay
zusätzliche Zollrevision *(f)* additional customs examination
zusätzlicher Arbeitslohn *(m)* additional pay
zusätzlicher Beweis *(m)* additional evidence, additional proof
zusätzlicher Einfuhrzoll *(m)* additional import duty
zusätzlicher Export *(m)* additional export
zusätzlicher Import *(m)* additional import
zusätzlicher Versandtermin *(m)* additional shipping deadline
zusätzliches Angebot *(n)* additional offer
zusätzliches Exemplar *(n)* added copy, additional copy
zusätzliches Exemplar des Exemplars Nr. 5 des Einheitspapiers *(n)* additional copy of copy 5 of the SAD
zusätzliches Geldmittel *(n)* additional financial resources, additional resources
Zusatzlieferung *(f)* additional delivery, additional supply
Zusatzliste *(f)* supplementary list
Zusatzlohn *(m)* additional pay, extra pay, extra wage
Zusatzmuster *(n)* additional sample
Zusatznachweis *(m)* additional evidence, additional proof
Zusatzpersonal *(n)* additional personnel
Zusatzpolice *(f)* supplementary policy
Zusatzprämie *(f)* additional premium
Zusatzprotokoll *(n)* additional protocol, supplementary protocol
Zusatzprotokoll zum Handelsabkommen *(n)* additional protocol to trade agreement

Zusatzprovision *(f)* additional commission, extra commission
Zusatzquote *(f)* additional quota
Zusatzrisiko *(n)* additional risk
Zusatzstrafe *(f)* additional punishment
Zusatztermin *(m)* additional time, further period
Zusatzverdienst *(m)* additional earnings, fringe earnings
Zusatzverpackung *(f)* extra packing
Zusatzversicherung *(f)* additional insurance, contributory insurance
Zusatzvertrag *(m)* collateral contract 2. contract addendum, contract appendix
Zusatzwerbung *(f)* ancillary publicity
Zusatzzahlung *(f)* additional payment, extra payment, supplementary payment
Zusatzzug *(m)* additional train, auxiliary train
zuschicken forward
Rechnung zuschicken *(f)* forward a invoice
Seefrachtbrief zuschicken *(m)* send a bill of lading, forward a bill of lading
Zuschlag *(m)* additional payment, subsequent payment, surcharge, surtax
Zuschlag für Bunkerung *(m)* bunker adjustment factor
Zuschlag für Überstunden *(m)* overtime and night differential, overtime bonus
Zuschlag für Wartezeiten wegen Überfüllung *(m)* congestion surcharge
* CAF-Zuschlag *(m)* currency adjustment factor
zuschlagen calculate
Zuschlaggebühr *(f)* additional payment, extra charge
Zuschlagsteuer *(f)* additional tax
Zuschlagszoll *(m)* additional duty, customs surcharge, extra duty
Zuschuss *(m)* adjunct, supplement
Zuschüsse gewähren *(pl)* grant, subsidize
* staatlicher Zuschuss *(m)* grant from the government
zusenden send
Dokumente zusenden *(pl)* forward the documents, send documents

Konnossement zusenden (n) forward a bill of lading, send a bill of lading
Ladebrief zusenden (m) send a bill of lading, forward a bill of lading
zusichern ensure
Zusicherung (f) warranty
Verletzung einer Zusicherung (f) breach of guarantee, breach of warranty
Zustand (m) condition, state
Zustand der Ladung (m) condition of cargo
Zustand der Ware (m) condition of goods, goods condition
* **mangelhafter Zustand** (m) defective condition
technischer Zustand (m) technical condition
Ware im schlechtem Zustand (f) goods in bad order
Wiederausfuhr in unverändertem Zustand (f) re-exportation of goods in the same state as imported
Zustandekommen (n) accomplishmen
Zustandekommen eines Vertrags (n) bargaining, making a contract
Zuständigkeit competence
Zuständigkeit der Zollstellen (f) competence of the customs offices
Zuständigkeit des Gerichts (f) competence of court
Zuständigkeitsklausel (f) jurisdiction clause
Zustelladressat (m) consignatary
zustellen deliver
frei Bahnhof zustellen (m) deliver to station, deliver to railway station
Ladung zustellen (f) deliver a cargo
Rechnung zustellen (f) deliver a bill
Zustellgebühr (f) delivery fee
Zustellung (f) delivery
Zustellung der Dokumente (f) documents delivery
Zustellung der Dokumente gegen Akzept (f) delivery of documents against acceptance
Zustellung der Dokumente gegen Zahlung (f) delivery of documents against payment
Zustellung der Entscheidung (f) delivery of a decision
Zustellung der Urkunden (f) documents delivery, service of documents

Zustellung des Konnossementssatzes (f) delivery of full set of bill of lading
Zustellung durch die Post (f) postal delivery
Zustellung durch Kurier (f) delivery by courier
Zustellung vollen Satzes von Konnossementen (f) delivery of full set of bill of lading
Zustellung von Postsendungen (f) delivery of postal parcels
* **Preis mit Zustellung** (m) delivered price, free price
Zustimmung (f) approbation
Zuteilung (f) allotment
Zuteilung von Devisen (f) allotment of currency, exchange allowance
Zuverdienst (m) additional earnings, fringe earnings
zuviel too much
zuviel berechnete Fracht (f) overfreight
Zuwachs (m) growth, increase
progressiver Zuwachs (m) progressive growth
Zuwachsrate (f) rate of increase
reale Zuwachsrate (f) real rate of increase
Zuweisung (f) allotment, assignment
Zuwendung (f) alimentation, subsidy
zuwiderhandeln contravene
Vertrag zuwiderhandeln (m) violate a contract, break a contract
Zuwiderhandlung (f) contravention, violation
Zuwiderhandlung gegen die Zollgesetze (f) contraventions of customs law, violation of the customs law
Zuwiderhandlungen gegen die Zollgesetze ermitteln (pl) investigate contravention of customs law
* **Ermittlung von Zuwiderhandlungen gegen die Zollgesetze** (f) investigation of contraventions of the customs law
zuzahlen make an additional payment, pay extra
Zwang (m) enforcement
Zwangsabgabe (f) compulsory payment
Zwangsabtretung (f) compulsory cession
Zwangsarbitrage (f) compulsory arbitration
Zwangshypothek (f) compulsory mortgage, compulsory real estate mortgage

Zwangsliquidation *(f)* compulsory liquidation

Zwangslizenz *(f)* compulsory licence

Zwangslotse *(m)* compulsory pilot

Zwangsverkauf *(m)* forced sale

Zwangsversteigerung *(f)* compulsory auction

Zwangszahlung *(f)* involuntary payment

Zwanzig-Fuß-Äquivalente-Einheit *(f)* 20- footer, 20-foot container, twenty-foot equivalent unit *(container)*

Zweck *(m)* objective, purpose
  statistische Zwecke Exemplar für statistische Zwecke *(n)* copy for statistical purposes

Zweckbestimmung *(f)* allotment, assignment

Zweckzuwendung *(f)* specific-purpose transfer

Zweideckschiff *(n)* double decker

Zweifel *(m)* question

zweifelhaft doubtful

Zweig *(m)* branch, line

zweigleisig double-track
  zweigleisige Bahn *(f)* double way

Zweigniederlassung *(f)* branch, department, subsidiary

Zweigstelle *(f)* agency, branch, branch office, department

zweiseitig bilateral
  zweiseitiges Abkommen *(n)* bilateral agreement

zweit second
  zweite Hypothek *(f)* second mortgage
  zweiter Wohnsitz *(m)* secondary place of residence, secondary residence

Zweitausfertigung *(f)* duplicate

zweitrangig secondary
  zweitrangige Hypothek *(f)* second mortgage

Zweitschrift *(f)* double, duplicate, copy
  Zweitschrift der Urkunde *(f)* copy of a document
  beglaubigte Zweitschrift *(f)* certified copy

zweitseitig bilateral, two-sides
  zweitseitiges Clearing *(n)* bilateral clearing, two-sides clearing

Zweitstück *(n)* duplicate
  Zweitstück des Carnets *(n)* duplicate of the carnet

Zweitwohnsitz *(m)* secondary place of residence, secondary residence

Zweiwegpalette *(f)* two way pallet

Zwillingsschraubenschiff *(n)* twin-screw boat

zwingend mandatory
  zwingendes Recht *(n)* mandatory law

Zwischenbahnhof *(m)* intermediate station, through station

zwischenbanklich interbank
  zwischenbanklicher Zinssatz *(m)* interbank rate

Zwischenfall *(m)* incident

Zwischenhafen *(m)* port of call, port of call for orders
  erster Zwischenhafen *(m)* first port of call
  Name des Zwischenhafens *(m)* name of the port of call

Zwischenhandel *(m)* agency trade, intermediary trade

Zwischenhändler *(m)* agent, broker

Zwischenpunkt *(m)* intermediate point

Zwischenschein *(m)* interim certificate, temporary certificate

Zwischenspediteur *(m)* intermediate forwarder, intermediate forwarding agent

Zwischenzollstelle *(f)* intermediate office *(customs)*

zyklisch cyclical
  zyklische Zahlung *(f)* periodical payment
  zyklischer Vorrat *(m)* cycle stock

Zyklus *(m)* cycle

Wörterbuch für Außenhandel

Englisch-Deutsch

Dictionary of foreign trade

English-German

A

20- footer Standardcontainer *(m)*, Zwanzig-Fuß-Äquivalente-Einheit *(f)*

40-foot container 40-Fuß-Container *(m)*

a vista bei Sicht *(f)*, nach Vorlage *(f)*

abandon abandonieren
abandon a claim Anspruch aufgeben *(m)*
abandon a ship Schiff abandonieren *(n)*
abandon aircraft Flugzeug abandonieren *(n)*

abandoned verlassen
abandoned merchandise nicht abgeholtes Gut *(n)*

abandonment Abandon *(m)*, Abandonnement *(n)*, Abtretung *(f)*, Entmutigung *(f)*, Verzichtleistung *(f)*
abandonment clause Abandonklausel *(f)*, Verzichtsklausel *(f)*
abandonment of a ship Aufgabe eines Schiffes *(f)*
* act of abandonment Abandonakt *(m)*
customs abandonment Zollabandonnierung *(f)*
notice of abandonment Abandonerklärung *(f)*, Unzustellbarkeitsmeldung *(f)*

abate herabsetzen
abate a price Preis herabsetzen *(m)*, Preis senken *(m)*
abate a tax Steuer senken *(f)*

abatement Abschlag *(m)*, Abzug *(m)*, Preisnachlass *(m)*, Ungültigkeitserklärung *(f)*
abatement of an action Einstellung des Verfahrens *(f)*
abatement of tariff Tarifermäßigung *(f)*
* price abatement Ermäßigung *(f)*, Rabatt *(m)*
special abatement Sonderbevollmächtigter *(m)*, Sondernachlass *(m)*, Sonderrabatt *(m)*
tax abatement Abschaffung von Steuern *(f)*, teuerliche Erleichterung *(f)*

abbreviated abgekürzt
abbreviated address Kurzanschrift *(f)*

abide einhalten
abide by an agreement Abkommen erfüllen *(n)*, Vereinbarung ausführen *(f)*, Vertrag einhalten *(m)*

ability Befähigung *(f)*
ability to pay Zahlungsfähigkeit *(f)*, Zahlungskraft *(f)*
* exchange ability Konvertibilität *(f)*, Konvertierbarkeit *(f)*
lack of ability fehlende Rechtsfähigkeit *(f)*, Rechtsunfähigkeit *(f)*

abode Aufenthaltsort *(m)*, Sitz *(m)*

abolish abschaffen
abolish a duty Zoll abbauen *(m)*
abolish a tax Steuer abschaffen *(f)*

abolishment Abschaffung *(f)*
abolishment of a law Aufhebung eines Gesetzes *(f)*, Gesetzesaufhebung *(f)*

abolition Abolition *(f)*, Abschaffung *(f)*, Aufhebung *(f)*, Einlösung *(f)*, Liquidation *(f)*
abolition of customs duties Abschaffung der Zölle *(f)*
abolition of fiscal frontiers Abschaffung der Steuergrenzen *(f)*

about ungefähr, zirka

abridgement Auszug *(m)*, Limitation *(f)*

abroad im Ausland
agency abroad ausländische Agentur *(f)*, Auslandsvertretung *(f)*
business relations abroad Außenwirtschaftsbeziehungen *(pl)*
goods returned from abroad Reimportware *(f)*
load abroad ins Schiff stauen *(n)*, Verladung auf ein Schiff *(f)*
sales abroad ausländischer Verkauf *(m)*

abrogate kündigen
abrogate a treaty Vertrag für ungültig erklären *(m)*

abrogation Abschaffung *(f)*, Aufhebung *(f)*
abrogation of a treaty Vertragsauflösung *(f)*

absence Fehlen *(n)*
absence of any indication of the office of transit fehlende Angabe der Durchgangszollstelle *(f)*
absence of the registration number of the means of transport Fehlen der Angabe des Kennzeichens des Beförderungsmittels *(n)*

absolute absolut, unbedingt, vorbehaltlos
absolute assignment Forderungsabtretung *(f)*
absolute deadline Endtermin *(m)*

absolute embargo absolutes Embargo (n)
absolute endorsement unbedingtes Indossament (n), unbeschränktes Indossament (n)
absolute export ban absoluter Ausfuhrverbot (m)
absolute export prohibition absoluter Ausfuhrverbot (m)
absolute guarantee bedingungslose Garantie (f), unbedingte Garantie (f), unbeschränkte Garantie (f)
absolute liability Gefährdungshaftung (f), unbegrenzte Haftung (f)
absolute right alleiniges Recht (n), Alleinrecht (n)
absolute security absolute Garantie (f), unbefristete Garantie (f)
absolute total loss Totalschaden (m)
absolute value absoluter Wert (m)

absorption Sättigung (f)
power of absorption Aufnahmefähigkeit (f)

absorptive absorptionsfähig
absorptive market aufnahmefähiger Markt (m)

absorptiveness Aufnahmefähigkeit (f)

abstract Auszug (m)

abundance Überhang (m), Übermaß (n)

abuse Missbrauch (m)
abuse of arrangements Missbrauch des Verfahrens (m)
abuse of a procedure (CCC) Missbrauch des Verfahrens (m)

acceleration Beschleunigung (f)
acceleration of decision Beschleunigung der Entscheidung (f)

accept akzeptieren, einnehmen, anerkennen
accept the application Ersuchen entsprechen (n)
accept as collateral als Pfand nehmen (n)
accept a bid Offerte akzeptieren (f)
accept a bill Rechnung abnehmen (f) 2. Wechsel akzeptieren (m), Wechsel annehmen (m)
 accept a bill for discount Wechsel diskontieren (m)
accept a cargo Ladung übernehmen (f), Ladung einnehmen (f)
accept a cheque Scheck annehmen (m)
accept the conditions Bedingungen akzeptieren (pl)

accept a declaration (customs) Anmeldung annehmen (f)
accept a delivery Lieferung entgegennehmen (f), Ware entgegennehmen (f)
 accept a delivery of goods Einlieferung abnehmen (f), Lieferung abnehmen (f)
 accept a delivery of a shipment Einlieferung abnehmen (f), Lieferung abnehmen (f)
accept the documents Dokumente aufnehmen (pl)
accept on condition annehmen mit Vorbehalt (m)
accept goods Ware übernehmen (f)
accept an offer Angebot annehmen (n)
accept an order Auftrag annehmen (m), Bestellung annehmen (f)
accept a price Preis akzeptieren (m)
accept the terms Bedingungen akzeptieren (pl), Bedingungen annehmen (pl)
accept the terms of a contract Vertragsbedingungen akzeptieren (pl)
accept unconditionally annehmen ohne Vorbehalt (m), bedingungslos annehmen
accept without qualification annehmen ohne Vorbehalt (m)

acceptable akzeptabel, zulässig
acceptable defect zulässiger Mangel (m)
acceptable difference akzeptable Differenz (f)
acceptable quality annehmbare Qualität (f)
 acceptable quality level annehmbare Qualitätslage (f)

acceptance Akzept (n), Akzeptation (f), Akzeptleistung (f), Anerkennung (f) 2. Akzept-
acceptance account Akzeptkonto (n)
acceptance against documents Akzept gegen Dokumente (n)
acceptance bill akzeptierte Tratte (f)
acceptance charge Akzeptgebühr (f), Akzeptprovision (f)
acceptance clause Abnahmeklausel (f), Übernahmeklausel (f)
acceptance collection Akzeptinkasso (n)
acceptance credit Akzeptionskredit (m), Akzeptationkredit (m), Wechselkredit (m)
 documentary acceptance credit Rembourskredit (m)
acceptance date Akzeptierungsdatum (n), Akzepttag (m), Annahmedatum (n)
acceptance date Annahmetag (m)
acceptance encashment Akzeptinkasso (n)

acceptance house Akzeptbank *(f)*, akzeptierende Bank *(f)*

acceptance inspection Abnahmeprüfung *(f)*, Wareneingangskontrolle *(f)*

acceptance interval Gültigkeitsdauer des Akzepts *(f)*

acceptance letter of credit Akzeptakkreditiv *(n)*

acceptance liability Akzeptverbindlichkeit *(f)*

acceptance of a bid Offertenannahme *(f)*

acceptance of a bill Annahme des Wechsels *(f)*, Wechselakzept *(n)*, Wechselannahme *(f)*

   refuse an acceptance of a bill Akzeptierung des Wechsels verweigern *(f)*, Einlösung eines Wechsels verweigern *(f)*

   acceptance ofbill of exchange Annahme des Wechsels *(f)*, Wechselakzept *(n)*

acceptance of a cargo Frachtabnahme *(f)*, Ladungsannahme *(f)*

acceptance of a cheque Annahme des Schecks *(f)*, Scheckakzept *(n)*, Scheckannahme *(f)*

acceptance of conditions Anerkennung von Bedingungen *(f)*

acceptance of cover Deckungsübernahme *(f)*

acceptance of a customs declaration Annahme der Zolldeklaration *(f)*, Annahme der Zollanmeldung *(f)*

   date of acceptance of customs declaration Datum der Zollangabe *(n)*, Tag der Annahme der Zollanmeldung *(m)*, Tag der Annahme der Zollanmeldung *(m)*

acceptance of the declaration *(customs)* Annahme der Anmeldung *(f)*

acceptance of entry Annahme der Zollanmeldung *(f)*

   date of acceptance of entry Datum der Zollangabe *(n)*, Tag der Annahme der Zollanmeldung *(m)*

acceptance of a draft Tratteakzept *(n)*

   acceptance of a draft agreement Akzeptierung eines Vertragsentwurfs *(f)*

acceptance of goods Warenabnahme *(f)*, Warenakzept *(n)*, Warenempfang *(m)*, Warenqualitätsabnahme *(f)*, Warenqualitätsübernahme *(f)*

   certificate of acceptance of goods *(TIR carnet)* Abfertigungsbescheinigung *(f)*

   quality and quantity acceptance of goods Qualitäts- und Quantitätsabnahme *(f)*

   partial acceptance of goods delivered Teilabnahme *(f)*

acceptance of goods clause Abnahme- und Güterbestimmungenklausel *(f)*

acceptance of goods delivered Qualitäts- und Quantitätsabnahme *(f)*

acceptance of goods department Wareneingangsabteilung *(f)*

acceptance of letter of credit Akkreditivbestätigung *(f)*

acceptance of an offer Annahme eines Angebots *(f)*, Offertenannahme *(f)*

acceptance of prices Preisgenehmigung *(f)*

acceptance of proposal Angebotsannahme *(f)*, Annahme eines Angebots *(f)*

acceptance of the transit declaration Annahme der Versandanmeldung *(f)*

acceptance protocol Abnahmeprotokoll *(n)*

acceptance register Wechselbuch *(n)*

acceptance requirements Abnahmeanforderungen *(pl)*

acceptance stamp Prüfzeichen *(n)*

acceptance term Akzepttag *(m)*, Annahmetag *(m)*

acceptance test Abnahmeprüfung *(f)*, Prüfung bei Warenabnahme *(f)*, Prüfung bei Warenübernahme *(f)*

   quality acceptance test Qualitätsabnahme *(f)*

acceptance trial Prüfung bei Warenabnahme *(f)*, Prüfung bei Warenübernahme *(f)*

acceptance with provision Akzept mit Vorbehalt *(n)*

* accommodation acceptance Gefälligkeitsakzept *(n)*, Gefälligkeitsannahme *(f)*

advice acceptance Akzeptavis *(n)*

advice of acceptance Akzeptavis *(n)*, Akzeptmeldung *(f)*, Annahmeanzeige *(f)*, Empfangsanzeige *(f)*, Empfangsbestätigung *(f)*

amount of acceptance Akzeptsumme *(f)*

answer an acceptance Akzept einlösen *(n)*

attribute acceptance Warenprüfung *(f)*

bank acceptance Bankakzept *(n)*

bill acceptance Annahme des Wechsels *(f)*

bill of acceptance akzeptierte Tratte *(f)*, angenommener Wechsel *(m)*

blank acceptance Blankoakzept *(n)*

cargo acceptance Ladungsempfang *(m)*, Lastannahme *(f)*

cash on acceptance zahlbar gegen Nachnahme *(f)*, zahlbar per Nachnahme *(f)*

check acceptance Kontrollabnahme *(f)*

cheque acceptance Scheckakzept *(n)*

clean acceptance Annahme ohne Vorbehalt *(f)*

collateral acceptance Deckungsakzept *(n)*
commercial acceptance Warenwechsel *(m)*
compulsory acceptance obligatorisches Akzept *(n)*
  collection with compulsory acceptance Inkasso mit obligatorischem Akzept *(n)*
conditional acceptance bedingtes Akzept *(n)*
conditions of acceptance Akzeptbedingungen *(pl)*
contractual acceptance vertragliches Akzept *(n)*
  collection with contractual acceptance Inkasso mit Vertragsakzept *(n)*
credit acceptance Kreditakzept *(n)*
date of acceptance Akzeptierungsdatum *(n)*, Annahmedatum *(n)*
decline an acceptance Annahme verweigern *(f)*
deed of acceptance Übernahmeprotokoll *(n)*
delivery against acceptance Lieferung gegen Annahme *(f)*
discount of acceptance Akzeptdiskont *(m)*
documents against acceptance Dokumente gegen Akzept *(pl)*
  delivery of documents against acceptance Zustellung der Dokumente gegen Akzept *(f)*
domiciled acceptance Domizilakzept *(n)*
final acceptance Endabnahme *(f)*
financial acceptance Finanzakzept *(n)*
form of acceptance Akzeptform *(f)*
full acceptance volles Akzept *(n)*
general acceptance allgemeines Akzept *(n)*, reines Trattenakzept *(n)*, unbeschränktes Akzept *(n)*
immediate acceptance sofortige Annahme *(f)*
limited acceptance begrenztes Akzept *(n)*
line of acceptance Akzeptionskredit *(m)*
notice of acceptance Akzeptmeldung *(f)*
obligatory acceptance obligatorisches Akzept *(n)*
obtain an acceptance Akzept einholen *(n)*
offer acceptance Angebotsannahme *(f)*, Offertenannahme *(f)*
order acceptance Annahme des Auftrags *(f)*, Auftragsaufnahme *(f)*, Bestellungsannahme *(f)*
part acceptance Teilakzept *(m)*, Teilannahme *(f)*
partial acceptance Teilakzept *(m)*, Teilannahme *(f)*
pay an acceptance Akzept einlösen *(n)*, Akzept einlösen *(n)*
payment by acceptance Bezahlung mittels Akzept *(f)*

payment of acceptance Einlösung des Akzepts *(f)*
period of acceptance Abnahmetermin *(m)*, Annahmefrist *(f)*
  comply with the period of acceptance Abnahmetermin einhalten *(m)*
place of acceptance Annahmestelle *(f)*, Empfangsort *(m)*
preparation for acceptance Vorbereitung für Abnahme *(f)*, Vorbereitung für Empfang *(f)*
present a bill for acceptance Wechsel zur Annahme vorlegen *(m)*
present for acceptance zum Akzept vorlegen *(n)*, zur Annahme vorlegen *(f)*
presentation for acceptance Vorlage zum Akzept *(f)*
produce for acceptance zur Akzeptierung unterbreiten *(f)*
qualified acceptance bedingtes Akzept *(n)*, eingeschränktes Akzept *(n)*
quality acceptance Güterkontrolle *(f)*, Qualitätsabnahme *(f)*, Warenprüfung *(f)*
quantity acceptance quantitative Abnahme *(f)*, Quantitätsabnahme *(f)*
readiness for acceptance Abnahmebereitschaft *(f)*
rebated acceptance vor Fälligkeit eingelöstes Akzept *(n)*
recourse for want of acceptance Regress mangels Annahme *(m)*
refusal of acceptance Verweigerung der Akzeptierung *(f)*
refuse an acceptance Annahme verweigern *(f)*
register an acceptance Akzept registrieren *(n)*
special acceptance bedingtes Akzept *(n)*
sum of acceptance Akzeptbetrag *(m)*
tacit acceptance stilles Akzept *(n)*
term of acceptance Annahmefrist *(f)*, Annahmetermin *(m)*
terms of acceptance Abnahmebedingungen *(pl)*, Akzeptbedingungen *(pl)*, Übernahmebedingungen *(pl)*
trade acceptance Warenwechsel *(m)*
unconditional acceptance bedingungsloses Akzept *(n)*, unbeschränktes Akzept *(n)*
uncovered acceptance Akzept ohne Deckung *(n)*, ungedeckter Wechsel *(m)*, Wechsel ohne Deckung *(m)*

accepted akzeptiert
accepted bill akzeptierter Wechsel *(m)*

accepted cheque akzeptierter Scheck *(m)*
* **bill accepted** angenommener Wechsel *(m)*
accepting Annahme *(f)* **2.** akzeptierend, Akzept-
    accepting bank Akzeptbank *(f)*, akzeptierende Bank *(f)*
    accepting commission Akzeptgebühr *(f)*, Akzeptprovision *(f)*
    accepting delivery Warenannahme *(f)*, Warenempfang *(m)*
      accepting delivery of goods Warenabnahme *(f)*, Warenempfang *(m)*
    accepting house Akzepthaus *(n)*
acceptor Nehmer *(m)*
    acceptor for honour Honorant *(m)*
* **liability of acceptor** Haftung des Akzeptanten *(f)*
access Zugang *(m)*
    access to credit Zugang zu Kredit *(m)*
    access to markets Zugang zu Märkten *(m)*
    access to sea Zugang zu See *(m)*
    access to the TIR procedure Zulassung zum TIR-Verfahren *(f)*
* **markets access** Zugang zu Märkten *(m)*
accessibility Verfügbarkeit *(f)*
accession Akzession *(f)*, Zugang *(m)*
    accession clause Adhäsionsklausel *(f)*, Akzessionsklausel *(f)*, Akzessklausel *(f)*
    accession negotiations Beitrittsverhandlungen *(pl)*
* **treaty of accession** Akzessionsvertrag *(m)*, Beitrittsvertrag *(m)*
accessory zusätzlich
    accessory claim Nebenanspruch *(m)*, Zusatzforderung *(f)*
    accessory contract Ergänzungsvertrag *(m)*, Zusatzabkommen *(n)*
accident Zufall *(m)*, Unfall *(m)*
    accident at sea Seeunfall *(m)*
    accident risk Unfallrisiko *(n)*
* **insurance accident** Versicherungsunfall *(m)*
    personal accident insurance private Unfallversicherung *(f)*
    place of the accident *(TIR carnet)* Ort des Unfalls *(m)*
    road accident Straßenverkehrsunfall *(m)*
    sea accident Seeunfall *(m)*
    traffic accident Straßenverkehrsunfall *(m)*
    train accident Bahnunfall *(m)*
    transport accident Transporthavarie *(f)*

accidental zufällig
    accidental damage Unfallschaden *(m)*
    accidental loss zufälliger Verlust *(m)*
accommodate gewähren
    accommodate with a loan Darlehen einräumen *(n)*
    accommodate with money Darlehen einräumen *(n)*
accommodated untergebracht
    accommodated party Benefiziant *(m)*, Berechtigte *(m)*
accommodation Übereinkommen *(n)*
    accommodation acceptance Gefälligkeitsakzept *(n)*, Gefälligkeitsannahme *(f)*
    accommodation address Deckadresse *(f)*, Kontaktadresse *(f)*, Nachsendeadresse *(f)*
    accommodation endorsement Gefälligkeitsindossament *(n)*
    accommodation for cargo Packraum *(m)*, Schiffsraum *(m)*
    accommodation line Kreditgrenze *(f)*
* **storage accommodation** Lagerraum *(m)*
    tax on furnished accommodation Wohnsteuer *(f)*
accompanying beiliegend
    accompanying document anliegendes Dokument *(n)*, Begleitpapier *(n)*, beiliegendes Dokument *(n)*, Dokument anbei *(n)*
    accompanying document for customs purposes Begleitdokument für Zollzwecke *(n)*
    accompanying letter Begleitschreiben *(n)*
    accompanying licence Begleitlizenz *(f)*
* **transit accompanying document (TAD)** Versandbegleitdokument *(n)*
accomplish durchführen
accomplished vollkommen
    accomplished delivery vollzogene Lieferung *(f)*
accomplishment Erfüllung *(f)*
    accomplishment of contract specifications Erfüllung der Vertragsbedingungen *(f)*, Vertragserfüllung *(f)*
    accomplishment of contract terms Erfüllung der Vertragsbedingungen *(f)*, Vertragserfüllung *(f)*
accord gewähren, übereinstimmen
    accord an allowance Vergünstigung gewähren *(f)*

accord a loan Kredit geben (m), Kredit gewähren (m)

accord a power bevollmächtigen, Vollmacht geben (f)

accord a respite Fristverlängerung zugestehen (f)

accord a respite Prolongation gewähren (f)

accord Übereinkommen (n)

according laut, nach

according to a contract laut Vertrag (m), vereinbarungsgemäß

according to bill of lading Konnossement entsprechend (n), laut Konnossement (n)

according to invoice laut Rechnung (f)

according to law laut Gesetz (n), rechtsgemäß

according to an offer nach Angebot (n)

according to order Auftrag entsprechend (m), übereinstimmend mit der Bestellung (f)

according to sample müstergemäß

according to schedule nach Zeitplan (m), ohne Verspätung (f), planmäßig

according to the custom of the port laut Hafenbrauch (m)

according to value nach Wert (m)

accordingly gemäß

account Bilanz (f) **2.** Konto (n) **3.** Rechnung (f) **4.** Berichterstattung (f) **5.** Rechnungs-, Konto-

account current Kontokorrent (n), Kontokorrentkonto (n), laufendes Konto (n)

account day Abrechnungstag (m)

account error Rechnungsfehler (m)

account holder Kontoinhaber (m)

account in foreign currency Devisenkonto (n)

account number Kontonummer (f), Rechnungsnummer (f)

  bank account number Bankkontonummer (f), Kontonummer (f)

account of an agent Bericht des Agenten (m)

account payable fällige Rechnung (f)

account payee cheque Verrechnungsscheck (m)

* acceptance account Akzeptkonto (n)

annual account Jahresbericht (m)

as per account laut Rechnung (f)

average account Havariekonto (n)

bank account Bankkonto (n), Bankrechnung (f)

  bank account code Bankkontonummer (f), Kontonummer (f)

banking account Bankkonto (n), Bankrechnung (f)

bills account Wechselkonto (n)

block an account Konto sperren (n)

blocked account blockiertes Konto (n)

cashless settlement of accounts bargeldloser Zahlverkehr (m), Clearing (n)

carriage account Frachtkonto (n), legalisierte Rechnung (f)

charge account Kostenaufstellung (f), Spesenrechnung (f)

charging of an account Kontobelastung (f)

check account Scheckkonto (n)

cheque account Scheckkonto (n)

clearing account Clearingkonto (n), Verrechnungskonto (n)

clearing of accounts Verrechnung (f)

collection account Inkassokonto (n)

commercial account Handelsrechnung (f)

commission account Provisionskonto (n)

cost account Spesenrechnung (f), Versandschein (m)

credit account Kreditkonto (n)

currency account Währungskonto (n)

  foreign currency account Währungskonto (n)

current account laufendes Konto (n), offene Rechnung (f)

  balance on current account Saldo des laufenden Kontos (m)

current account loan Kontokorrentkredit (m), laufender Kredit (m)

debit an account with an amount Konto belasten (n)

deposit account Depositenkonto (n), Sparkonto (n)

disbursement account Auslagenrechnung (f), Auszahlungsrechnung (f), Versandanzeige (f)

draw up an account Rechnung ausstellen (f)

economic account Wirtschaftlichkeitsrechnung (f)

expense account Kostenkonto (n), Spesenrechnung (f), Versandschein (m)

external account Restzahlung (f), Zahlungsbilanz (f)

  balance the external account Zahlungsbilanz ausgleichen (f)

foreign account Auslandskonto (n)

foreign exchange account Währungskonto (n)

forwarding's agent account Speditionskonto (n)

freight account Frachtanweisung (f), Frachtberechnung (f), Frachtrechnung (f) **2.** Frachtkonto (n)

frozen account gesperrtes Konto *(n)*
general average account Aufmachung der Dispache *(f)*, Havarieaufmachung *(f)*
loss account Verlustkonto *(n)*
name of bank and number of account Bankverbindung *(f)*
no-acceptance settlement of accounts bargeldlose Verrechnung *(f)*
non-interest bearing account zinsloses Konto *(n)*
offset account Verrechnungskonto *(n)*
official inspection of accounts Audit *(n)*
open account offene Rechnung *(f)*
open an account Konto eröffnen *(n)*
open an account at a bank Bankkonto eröffnen *(n)*, Konto bei einer Bank eröffnen *(n)*
open an account with a bank Bankkonto eröffnen *(n)*, Konto bei einer Bank eröffnen *(n)*
opening of an account Eröffnung eines Kontos *(f)*
outstanding account unbezahlte Rechnung *(f)*
pay into account auf ein Konto einzahlen *(n)*
pay to account No ... auf Konto Nr. ... Überweisen *(n)*
payment on account Akontozahlung *(f)*
position of an account Kontenstand *(m)*
purchase on account Darlehenskauf *(m)*, Kreditkauf *(m)*
purchase on another person's account Kauf für fremde Rechnung *(m)*
purchase on one's own account Kauf auf eigene Rechnung *(m)*
purchase on somebody's account Kauf für fremde Rechnung *(m)*
purchases account Einkaufskonto *(n)*
running account Kontokorrentkonto *(n)*, laufendes Konto *(n)*
sales account Verkaufskonto *(n)*
sell on account auf Kredit verkaufen *(m)*
settle an account Rechnung abwickeln *(f)*
settle an account Rechnung zahlen *(f)*
settlement account Verrechnungskonto *(n)*
settlement of account by letters of credit Bezahlung durch Akkreditiv *(f)*
statement of account Havarieschadenaufstellung *(f)*
transfer into account Überweisung auf ein Konto *(f)*
unit of account Zahlungseinheit *(f)*
weight account Gewichtsnota *(f)*, Gewichtsspezifikation *(f)*

accountability Erfassung *(f)*, Evidenz *(f)* **2.** Verantwortung *(f)*
accountable rechenschaftspflichtig **2.** verantwortlich
  accountable receipt Kassenbeleg *(m)*, Kassenquittung *(f)*
accountancy Berichterstattung *(f)*, Rechnungslegung *(f)*
accountant Buchführer *(m)*, Buchprüfer *(m)*, Prüfbeamter *(m)*, Rechnungsführer *(m)*
  certified accountant Bücherrevisor *(m)*
  certified public accountant beeidigter Buchprüfer *(m)*, vereidigter Buchrevisor *(m)*
  chartered accountant beeidigter Buchprüfer *(m)*, vereidigter Buchrevisor *(m)*
  chief accountant Rendant *(m)*
accounting Buchung *(f)*, Eintragung *(f)*, Evidenz *(f)*, Rechnungslegung *(f)*, Rechnungswesen *(n)* **2.** Buchungs-
  accounting data Buchungsdaten *(pl)*
  accounting documents Buchungsunterlagen *(pl)*, Rechnungslegungsunterlagen *(pl)*
  accounting office *(US)* Buchhaltung *(f)*, Verrechnungsstelle *(f)*
  accounting period Abrechnungszeitraum *(m)*, Erhebungszeitraum *(m)*, Rechnungsperiode *(f)*
  accounting price Verrechnungspreis *(m)*
  accounting record Bucheintragung *(f)*
  accounting records Aufzeichnungen *(pl)*
  accounting report Buchhaltungsbericht *(m)*
  accounting unit Verrechnungseinheit *(f)*
  accounting year Gesellschaftsjahr *(n)*
  * cost accounting Kostenberechnung *(f)*, Kostenkalkulation *(f)*, Spesenberechnung *(f)*
  financial accounting Finanzberichterstattung *(f)*
accounts Buchung *(f)*, Rechnungslegung *(f)*, Rechnungswesen *(n)*
  accounts department Buchhaltung *(f)*, Verrechnungsstelle *(f)*
  accounts payable Kreditoren *(pl)*
accredit akkreditieren
accreditation Akkreditierung *(f)*
accredited legalisiert
  accredited agent beglaubigter Agent *(m)*
  accredited broker beeidigter Makler *(m)*, vereidigter Makler *(m)*

accreditee Kreditnehmer *(m)*

accretion Zuwachs *(m)*, Wertsteigerung *(f)*
accretion of demand Erhöhung der Nachfrage *(f)*

accrued aufgelaufen
accrued interest aufgelaufene Zinsen *(pl)*

accuracy Richtigkeit *(f)*

accusatorial Anklage-
accusatorial proceedings Strafverfolgung *(f)*, Verfahren in Strafsachen *(n)*

acknowledge bestätigen , bekräftigen
acknowledge a letter Empfang eines Briefes bestätigen *(m)*, Erhalt eines Schreibens bestätigen *(m)*
acknowledge an order Auftrag bestätigen *(m)*, Bestellung bestätigen *(f)*
acknowledge a receipt Empfang bestätigen *(m)*, Eingang bestätigen *(m)*
acknowledge a receipt of letter Empfang des Briefes bestätigen *(m)*, Erhalt des Schreibens bestätigen *(m)*

acknowledgement Anerkenntnis *(f)*, Bescheinigung *(f)*, Bestätigung *(f)*
acknowledgement of receipt Eingangsbestätigung *(f)*, Empfangsanzeige *(f)*, Empfangsbestätigung *(f)*, Übergabebescheinigung *(f)*
acknowledgement with reserve Anerkennung mit Vorbehalt *(f)*
* **lack of acknowledgment** Nicht-Bestätigung *(f)*
partial acknowledgement Teilanerkenntnis *(f)*
take acknowledgment Bestätigung erhalten *(f)*

acquirement Erziehung *(f)*

acquirer Einkäufer *(m)*, Kunde *(m)*

acquisition Anschaffung *(f)*, Erwerb *(m)*
acquisition of cargo Ladungserwerb *(m)*
acquisition of goods Erwerb von Gütern *(m)*
acquisition of property Eigentumserwerb *(m)*
acquisition of a right Erwerb eines Rechts *(m)*
acquisition planning Akquisitionsplanung *(f)*
acquisition price Bezugspreis *(m)*

acquittal Schulderlass *(m)*
acquittal of a debt Schuldbegleichung *(f)*, Schuldenzahlung *(f)*

acquittance Bescheinigung *(f)*

acquitted bezahlt

act Akt *(m)*, Urkunde *(f)*
act in the law rechtliche Handlung *(f)*, Rechtshandlung *(f)*
act of abandonment Abandonakt *(m)*
act of administration Administrationsakt *(m)*, Verwaltungsakt *(m)*
act of average Havarieakt *(m)*
act of bankruptcy Konkursdelikt *(n)*
acts of customs control Prüfmaßnahmen *(pl)*
act of execution Vollstreckungshandlung *(f)*
act of God höhere Gewalt *(f)*
act of justice Rechtsakt *(m)*, Rechtsgeschäft *(n)*
act of merchant Handelsgeschäft *(n)*
act of protest Protestakt *(m)*, Wechselprotestakt *(m)*
act of retortion Retorsionsakt *(m)*
act of sale Verkaufsakt *(m)*
act of transfer Überweisungsakt *(m)*
* **administrative act** Administrationsakt *(m)*, Verwaltungsakt *(m)*
article of an act Artikel eines Gesetzes *(m)*
banking act Bankgesetz *(n)*
binding act verbindlicher Akt *(m)*
capacity to act Geschäftsfähigkeit *(f)*, Handlungsfähigkeit *(f)*, Rechtsfähigkeit *(f)*, Rechtsgeschäftsfähigkeit *(f)*
commercial act Handelsgeschäft *(n)*
Community act Gemeinschaftsakt *(m)*
consular act konsularische Amtshandlung *(f)*
consumer credit act Konsumkreditgesetz *(n)*
customs act Zolltarifgesetz *(n)*
delivery-acceptance act Übergabe-Abnahmeprotokoll *(n)*, Übernahmeprotokoll *(n)*
employment act Beschäftigungsgesetz *(n)*
fiscal act Abgabengesetz *(n)*, Steuergesetz *(n)*
general average act Havarie-Grosse-Maßnahmeakt *(m)*
insurance act Versicherungsvertragsgesetz *(n)*
judicial act Gerichtsakt *(m)*
law act Rechtshandlung *(f)*
legal act rechtliche Handlung *(f)*, Rechtshandlung *(f)*
Maritime Code Act Seekodex *(m)*, Seerechtsbuch *(n)*
normative act Normativakt *(m)*
notarial act Beurkundung durch einen Notar *(f)*, Notarialsgeschäft *(n)*, notarielle Urkunde *(f)*, notariellhandlung *(f)*, notaris-che Urkunde *(f)*
sale and goods act Gesetz betreffend den Verkauf von Waren *(n)*

securities act Wertpapiergesetz *(n)*
shipping act Schifffahrtsgesetz *(n)*
trade act Handelsgesetz *(n)*
trade marks act Markengesetz *(n)*
action Gerichtsverfahren *(n)*, Tätigkeit *(f)*
action at law gerichtlicher Prozess *(m)*, Prozess *(m)*
action for payment Zahlungsklage *(f)*
action in contract Vertragsklage *(f)*
action in personality Zivilklage *(f)*, zivilrechtliche Klage *(f)*
action insurance Beförderungsversicherung *(f)*
action of the court gerichtliche Entscheidung *(f)*
* **abatement of an action** Einstellung des Verfahrens *(f)*
bill of exchange action Wechselklage *(f)*
capacity for action Rechtsfähigkeit *(f)*
conclusive action endgültiger Beschluss *(m)*, rechtskräftige Entscheidung *(f)*
counter action Gegenklage *(f)*, Widerklage *(f)*
final action abschließende Entscheidung *(f)*
forced action gerichtliche Auktion *(f)*
non-final action nicht endgültiger Beschluss *(m)*
patent action Patenthandlungen *(pl)*
price action Preisentscheidung *(f)*
strike action Streikaktie *(f)*
waiver of an action Rücknahme der Klage *(f)*
withdrawal of an action Rücknahme einer Klage *(f)*

active aktiv
active agent aktiver Vertreter *(m)*
active balance aktive Bilanz *(f)*, Aktivsaldo *(m)*, Bilanzüberschuss *(m)*, Habensaldo *(m)*
active balance of payment aktive Zahlungsbilanz *(f)*
active balance of trade aktive Handelsbilanz *(f)*
active business Aktivhandel *(m)*
active co-operation aktive Kooperation *(f)*
active day Arbeitstag *(m)*, Werktag *(m)*
active reinsurance aktive Rückversicherung *(f)*
active trade Ausfuhrhandel *(m)*, Außenhandel *(m)*

activity Belebung *(f)*, Tätigkeit *(f)*, Wiederbelebung *(f)*
activity-based costing analysis ABC-Analyse *(f)*
* **banking activity** Banktätigkeit *(f)*

banking activities Bankgeschäft *(n)*, Banktätigkeiten *(pl)*
business activity Geschäftstätigkeit *(f)*
charitable activity Liebestätigkeit *(f)*
demand stimulation activities Maßnahmen zur Nachfragestimulierung *(pl)*
economic activity Geschäftstätigkeit *(f)*, wirtschaftliche Aktivität *(f)*, Wirtschaftsaktivität *(f)*, Wirtschaftstätigkeit *(f)*
decline in the economic activity Konjunkturverfall *(m)*
declining economic activity Konjunkturrückgang *(m)*
export marketing activities Exporttätigkeit *(f)*
external economic activity Außenwirtschaftsaktivität *(f)*
financial activity Finanztätigkeit *(f)*
foreign trade activity Außenhandelstätigkeit *(f)*
industrial activity Industrietätigkeit *(f)*
insurance activity Versicherungstätigkeit *(f)*
regulation of foreign trade activities Außenhandelsregelung *(f)*
service activity Serviceaktivität *(f)*
setback in the economic activity Konjunkturverfall *(m)*
slowing down of economic activities Konjunkturrückgang *(m)*
trading activity Geschäftstätigkeit *(f)*
actual derzeitig, laufend, real, wesentlich
actual costs Sachausgaben *(pl)*, tatsächliche Ausgaben *(pl)*
actual damage effektiver Schaden *(m)*
constructive actual damage tatsächlicher Totalschaden *(m)*
actual data faktische Daten *(pl)*
actual expenses tatsächliche Ausgaben *(pl)*
actual loss tatsächlicher Verlust *(m)*
actual net weight effektives Nettogewicht *(n)*
actual office of destination tatsächliche Bestimmungsstelle *(f)*
actual office of transit tatsächliche Durchgangszollstelle *(f)*
actual price laufender Preis *(m)*
actual result tatsächliches Ergebnis *(n)*
actual tare reines Verpackungsgewicht *(n)*
actual total loss tatsächlicher Totalschaden *(m)*, tatsächlicher Totalverlust *(m)*, wirklicher Totalverlust *(m)*

actual value Aktualwert *(m)*
actual weight wirkliches Gewicht *(n)*
actual yield tatsächliches Aufkommen *(n)*
actual demand tatsächliche Nachfrage *(f)*
actuarial versicherungsmathematisch, versicherungstechnisch
actuarial loss Versicherungsverlust *(m)*
actuary Aktuar *(m)*
ad valorem ad valorem
ad valorem duty Ad-Valorem-Zoll *(m)*, Wertzoll *(m)*, Zoll ad valorem *(m)*
ad valorem excise duty Ad-Valorem-Verbrauchssteuer *(f)*
ad valorem freight Ad-Valorem-Fracht *(f)*, Wertfracht *(f)*
ad valorem rate Wertrate *(f)*
ad valorem tariff Werttarif *(m)*, Wertzolltarif *(m)*
* freight ad valorem Wertfracht *(f)*
add beifügen
added zusätzlich
added copy zusätzliches Exemplar *(n)*
addendum Nachtrag *(m)*
addition Zulage *(f)*
additional Nach- zusätzlich, Zusatz-
additional agreement Ergänzungsvertrag *(m)*
additional bonus Zusatzbonus *(m)*
additional cargo Beiladung *(f)*, Mehrladung *(f)*, Zuladung *(f)*
additional certificate Zusatzbescheinigung *(f)*
additional charge Aufpreis *(m)*, Gebührenzuschlag *(m)*, Preiszuschlag *(m)*
additional clause Nachbedingung *(f)*, Zusatzbedingung *(f)* 2. nachträgliche Klausel *(f)*, Zusatzklausel *(f)*
additional collateral Nebenbürgschaft *(f)*, sekundäre Sicherheit *(f)*, Zusatzgarantie *(f)*, zusätzliche Garantie *(f)*
additional collection of duty Zollnachforderung *(f)*
additional commission Zusatzprovision *(f)*
additional condition Nachbedingung *(f)*, Zusatzbedingung *(f)*
additional contribution Zusatzanteil *(m)*
additional copy zusätzliches Exemplar *(n)*
additional copy of copy 5 of the SAD zusätzliches Exemplar des Exemplars Nr. 5 des Einheitspapiers *(n)*
additional costs zusätzliche Kosten *(pl)*

additional cover Nebenbürgschaft *(f)*, sekundäre Sicherheit *(f)*
additional credit Nachtragskredit *(m)*, Zusatzkredit *(m)*
additional customs examination zusätzliche Zollrevision *(f)*
additional customs office of departure weitere Abgangszollstelle *(f)*
additional customs office of destination weitere Bestimmungszollstelle *(f)*
additional damages Zusatzentschädigung *(f)*
additional delivery Mehrlieferung *(f)*, Nachlieferung *(f)*, Zusatzlieferung *(f)*
additional description Zusatzbeschreibung *(f)*
additional duty Nachzoll *(m)*, weitere Verpflichtung *(f)*, Zollnebengebühr *(f)*, Zuschlagszoll *(m)*
additional earnings Zusatzverdienst *(m)*, Zuverdienst *(m)*
additional evidence zusätzlicher Beweis *(m)*, Zusatznachweis *(m)*
additional expenses zusätzliche Kosten *(pl)*
additional export zusätzlicher Export *(m)*
additional fee Ergänzungsbeitrag *(m)*
additional financial resources zusätzliches Geldmittel *(n)*
additional flight Zusatzflug *(m)*
additional freight Extrafracht *(f)*, Frachtaufschlag *(m)*, Mehrfracht *(f)*, Primgeld *(n)*
additional guarantee Zusatzgarantie *(f)*, zusätzliche Garantie *(f)*
additional import zusätzlicher Import *(m)*
additional import duty zusätzlicher Einfuhrzoll *(m)*
additional information Zusatzinformation *(f)*
additional insurance Zusatzversicherung *(f)*
additional insurance clause Unfallzusatzversicherung *(f)*
additional offer zusätzliches Angebot *(n)*
additional order Zusatzauftrag *(m)*
additional pay Lohnzuschlag *(m)*, zusätzlicher Arbeitslohn *(m)*, Zusatzlohn *(m)*
additional payment Nachzahlung *(f)*, Zusatzzahlung *(f)*, Zuschlag *(m)*, Zuschlaggebühr *(f)*
make an additional payment Geld zusetzen *(n)*, zuzahlen
additional personnel Zusatzpersonal *(n)*
additional plan Nebenplan *(m)*
additional postage Nachporto *(n)*
additional premium Ergänzungsbeitrag *(m)*, Prämienzuschlag *(m)*, Zusatzprämie *(f)*

additional price Mehrpreis *(m)*
additional proof zusätzlicher Beweis *(m)*,
Zusatznachweis *(m)*
additional protocol Ergänzungsprotokoll *(n)*,
Zusatzprotokoll *(n)*
additional protocol to trade agreement
Zusatzprotokoll zum Handelsabkommen *(n)*
additional punishment Zusatzstrafe *(f)*
additional quota Zusatzquote *(f)*
additional resources zusätzliches Geldmittel *(n)*
additional respite Nachfrist *(f)*
additional risk Zusatzrisiko *(n)*
additional sample Zusatzmuster *(n)*
additional shipping deadline zusätzlicher
Versandtermin *(m)*
additional supply Nachlieferung *(f)*, Zusatzlieferung *(f)*
additional tax Zuschlagsteuer *(f)*
additional term Nachfrist *(f)*, Zusatzfrist *(f)*
additional time zusätzliche Frist *(f)*, Zusatztermin *(m)*
additional train Zusatzzug *(m)*
* outport additional Rangezuschlag *(m)*,
Range-Zuschlag *(m)*
range additional Rangezuschlag *(m)*
address adressieren, domizilieren, mit
Adresse versehen *(f)*
address a letter Brief adressieren *(m)*
address Adresse *(f)*
address bureau Adressenstelle *(f)*
address card Anschriftsklebezettel *(m)*
address commission Adresskommission *(f)*
address for dispatch Versandadresse *(f)*
address for letters Nachsendeadresse *(f)*
address label Adresszettel *(m)*, Aufklebeadresse *(f)*
address list Adressenliste *(f)*
address of an enterprise Geschäftssitz *(m)*
address of the consignor Adresse des
Ausführers *(f)*
address of goods' dispatcher Adresse des
Warenversenders *(f)*
address register Adressregister *(n)*
* abbreviated address Kurzanschrift *(f)*
accommodation address Deckadresse *(f)*,
Deckadresse *(f)*, Kontaktadresse *(f)*, Nachsendeadresse *(f)*
auxiliary address Hilfsadresse *(f)*
business address Adresse eines Betriebs *(f)*,
Firmenadresse *(f)*, Geschäftsadresse *(f)*

cable address Drahtanschrift *(f)*
carrier's address Adresse des Beförderers *(f)*
change of address Adressenänderung *(f)*
company address Geschäftsadresse *(f)*, volle
Adresse *(f)*
cover address Deckadresse *(f)*
de facto address tatsächliche Adresse *(f)*
de jure address juristische Adresse *(f)*
delivery address Lieferanschrift *(f)*
direct address direkte Adresse *(f)*
false address falsche Anschrift *(f)*
full address vollständige Anschrift *(f)*
home address Privatadresse *(f)*
incomplete address unvollständige Adresse *(f)*
incorrect address falsche Anschrift *(f)*
indirect address indirekte Adresse *(f)*
invoicing address Rechnungsadresse *(f)*
legal address juristische Adresse *(f)*
mailing address Nachsendeadresse *(f)*,
Postanschrift *(f)*
name and address of goods dispatcher
Name und Anschrift des Warenversenders *(m)*
name and address of goods recipient Name
und Anschrift des Warenempfängers *(m)*
office address Adresse eines Betriebs *(f)*,
Geschäftsadresse *(f)*
payable at the address of payable zahlbar im Wohnort *(m)*, zahlbar im Wohnsitz *(m)*
postal address Nachsendeadresse *(f)*, Postanschrift *(f)*
present address gegenwärtige Anschrift *(f)*
return address Postanschrift des Absenders *(f)*
shipping address Versandanschrift *(f)*
addressed adressiert
addressed bill domizilierter Wechsel *(m)*,
Zahlstellenwechsel *(m)*
addressed cargo adressierte Ladung *(f)*
addressee Empfänger *(m)*
adequate geeignet
adequate packing ordnungsgemäße Verpackung *(f)*
adhere einhalten
adhere to a treaty Abkommen erfüllen *(n)*
adherence Einhaltung *(f)*
adherence to an agreement Ausführung des
Abkommens *(f)*, Erfüllung eines Abkommens *(f)*
adhesion Adhäsion *(f)*
adhesion contract Beitrittsvertrag *(m)*
* clause of adhesion Akzessklausel *(f)*
contract of adhesion Beitrittsvertrag *(m)*

adhesive klebend
  adhesive label Aufklebezettel (m)
adjacent angrenzend
  adjacent country Nachbarland (n)
adjourn vertagen
adjournment Aufschiebung (f)
adjunct Verlängerungsstück (n), Zuschuss (m)
adjust korrigieren
  adjust the general average Dispache aufmachen (f), gemeinschaftliche Havarie abrechnen (f), gemeinschaftliche Havarie abwickeln (f), Rechnung über Havariegrosse aufmachen (f)
  adjust prices Preise berichtigen (pl), Preise korrigieren (pl)
adjusted angepasst
  adjusted proposal angepasstes Angebot (n)
adjuster Schadensachbearbeiter (m)
  adjuster office Dispacheurstelle (f)
  * average adjuster Dispacheur (m)
  insurance adjuster Versicherungssachverständiger (m)
adjusting anpassend
  adjusting charge Dispachekosten (pl), Havarierechnungskosten (pl)
adjustment Bereinigung (f), Korrektur (f), Korrigierung (f)
  adjustment charge Dispachekosten (pl), Havarierechnungskosten (pl)
  bunker adjustment charge (BAC) Bunkermanipulationsgebühr (f)
  currency adjustment charge Währungszuschlag (m)
  adjustment clause Wertanpassungsklausel (f)
  adjustment factor Korrektiv (n)
  bunker adjustment factor Bunker Adjustment Factor (n), Bunkerfactor (m), Bunkerzuschlag (m), Zuschlag für Bunkerung (m)
  currency adjustment factor CAF-Zuschlag (m), Währungszuschlag (m), Wertbeständigkeitsklausel (f)
  fuel adjustment factor Bunker Adjustment Factor (n), Bunkerausgleichsfaktor (m), Bunkerzuschlag (m)
  adjustment of an invoice Berichtigung der Rechnung (f)
  adjustment of cross-claims Befriedigung von gegenseitigen Ansprüchen (f)
  adjustment of the damage Schadensvergütung (f)
  liability to adjustment of the damage Schadensersatzpflicht (f)
  adjustment of a declaration Berichtigung der Anmeldung (f)
  adjustment of the policy Berichtigung der Police (f)
  adjustment of prices Angleichung der Preise (f)
  adjustment of rates Satzregulierung (f)
  * average adjustment Aufmachung der Dispache (f), Havarieaufmachung (f), Havarierechnung (f)
  claims adjustment Havarierechnung (f)
  foreign exchange rate adjustment Valutakursregulierung (f)
  loss adjustment Schadensregulierung (f)
  make an adjustment Dispache aufmachen (f)
  particular average adjustment besondere Havarieaufmachung (f)
  price adjustment Preisangleichung (f), Preisberichtigung (f), Preiskorrektur (f), Preislenkung (f)
  price level adjustment Preisangleichung (f)
administer administrieren, erwalten
  administer quotas Kontingente verwalten (pl)
administration Verwaltung (f) **2.** Verwaltungs-
  administration charge Verwaltungsgebühr (f)
  administration of the budget Ausführung des Haushaltsplans (f)
  administration of the customs Zollverwaltung (f)
  administration of justice Justiz (f)
  * act of administration Administrationsakt (m), Verwaltungsakt (m)
  costs of administration Verwaltungsaufwendungen (pl), Verwaltungskosten (pl)
  court of administration Verwaltungsgericht (n)
  customs administration Abfertigungsbehörde (f)
  director of administration Verwaltungsdirektor (m)
  fair administration Messeverwaltung (f)
  harbour administration Hafenverwaltung (f)
  local administration Kommunalverwaltung (f), örtliche Verwaltung (f)
  port administration Hafenamt (n), Hafenbehörde (f)
  railway administration Bahnverwaltung (f), Eisenbahnverwaltung (f)

system of administration Verwaltungssystem (n)

tax administration Steuerverwaltung (f)

administrative Verwaltungs-

administrative act Administrationsakt (m), Verwaltungsakt (m)

administrative assistance Amtshilfe (f)

administrative case Verwaltungssache (f)

administrative code Verwaltungskodex (m)

administrative coercion Verwaltungszwang (m)

administrative committee Verwaltungsausschuss (m)

administrative control Verwaltungskontrolle (f), verwaltungsmäßige Überprüfung (f)

administrative course Verwaltungsweg (m)

administrative court Verwaltungsgericht (n)

administrative decision amtliche Verfügung (f), Verwaltungsbescheid (m), Verwaltungsentscheidung (f)

revocation of an administrative decision Widerruf der Verwaltungsentscheidung (m)

administrative department Verwaltungsabteilung (f)

administrative document Verwaltungsdokument (n), Verwaltungspapier (n)

Single Administrative Document (SAD) Einheitspapier (der Versandanmeldung) (n), Einheitliches Verwaltungsdokument (n)

administrative enquiry von der Behörde eingeleitete Ermittlung (f)

administrative expenses Verwaltungsaufwendungen (pl), Verwaltungskosten (pl)

administrative fee Verwaltungsgebühr (f)

administrative fine Verwaltungsstrafe (f)

administrative formalities Verwaltungsformalitäten (pl)

administrative instruction administrative Instruktion (f)

administrative jurisdiction Verwaltungsgerichtsbarkeit (f)

administrative law Verwaltungsrecht (n)

administrative measures Verwaltungsmaßnahmen (pl)

administrative office Verwaltungsdienststelle (f)

administrative order Verordnung (f)

administrative penalty administrative Strafe (f), Ordnungsstrafe (f), Verwaltungsstrafe (f)

administrative practice Verwaltungspraktik (f), Verwaltungspraxis (f)

administrative procedure Administrativverfahren (n)

administrative proceedings Administrativverfahren (n), Verwaltungsverfahren (n)

code of administrative proceedings Verwaltungsverfahrenordnung (f)

administrative regulation Verwaltungsvorschrift (f)

administrative sanction Verwaltungssanktion (f)

administrative staff Verwaltungspersonal (n)

administrative supervision administrative Aufsicht (f)

administrative unit Verwaltungseinheit (f)

administrator Administrator (m), Verwalter (m)

Admirality Admiralität (f) **2.** Admiralitäts-

Admirality jurisdiction Admiralitätsgerichtsbarkeit (f), Seegerichtsbarkeit (f)

Admiralty Court Seegericht (n)

admiralty lien Seepfandrecht (n)

admissible zulässig

admissible error zulässiger Fehler (m)

admissible load Regelbelastung (f), zulässige Last (f)

admissible quantity Toleranzmenge (f), zulässige Menge (f)

admission Zulassung (f)

admission condition Abnahmebedingung (f)

admission import bedingter Import (m), vorübergehende Einfuhr (f)

admission of containers Zulassung von Behältern (f)

temporary admission of containers free of import duties and import taxes Zulassung von Behältern zur vorübergehenden Einfuhr ohne Entrichtung der Eingangsabgaben (f)

admission of a debt Schuldanerkenntnis (f)

admission of goods Verwendung von Waren (f)

temporary admission of goods vorübergehende Verwendung von Waren (f)

* duty-free admission zollfreie Einfuhr (f)

authorization for duty-free admission Genehmigung für die zollfreie Einfuhr (f)

granting of duty-free admission Gewährung der Zollbefreiung (f)

request duty-free admission Zollbefreiung beantragen (bei der Einfuhr) (f), zollfreie Einfuhr beantragen (f)

temporary duty-free admission of sample
Einfuhr von Mustern im Zollvormerkverkehr *(f)*
free admission zollfreie Einfuhr *(f)*, zollfreier
Import *(m)*
  free admission import zollfreie Einfuhr *(f)*,
  zollfreier Import *(m)*
temporary admission vorübergehende Verwendung *(f)*, Zollvormerkverfahren *(n)*, Zollvormerkverkehr *(m)*
  authorization for temporary admission
  Bewilligung der vorübergehenden Verwendung *(f)*
  **conditions of granting of temporary
  admission** Bedingungen für die Zulassung
  zur vorübergehenden Einfuhr *(pl)*
  country of temporary admission Land
  der vorübergehenden Einfuhr *(n)*
  **declaration for temporary admission
  for inward processing** Anmeldung für die
  vorübergehende Einfuhr zur aktiven Veredelung *(f)*
  system of temporary admission Verfahren der vorübergehenden Einfuhr *(n)*
  temporary admission arrangements
  Verfahren der vorübergehenden Verwendung *(n)*
  temporary admission certificate Interimszollschein *(m)*
  temporary admission procedure Verfahren der vorübergehenden Verwendung *(n)*
Admission Temporaire Carnet
Carnet ATA *(n)*

admitted aufgenommen
admitted claim aufgenommene Reklamation *(f)*

adopt akzeptieren

adoption Annahme *(f)*
adoption of order Auftragsaufnahme *(f)*,
Bestellungsannahme *(f)*

advance vorlegen
advance a price Preis aufschlagen *(m)*, Preis
heraufsetzen *(m)*

advance Angeld *(n)*, Anzahlung *(f)*,
Draufgeld *(n)*, Vorauszahlung *(f)*
advance booking Vorbuchung *(f)*, Vorverkauf *(m)*
advance freight Fracht im voraus bezahlt *(f)*,
Fracht vorausbezahlt *(f)*, Fracht vorauszahlbar *(f)*, Frachtvorschuss *(m)*, vorausbezahlte
Fracht *(f)*

advance in price Erhöhung der Preise *(f)*
advance invoice Anzahlungsrechnung *(f)*
advance money Angeld *(n)*, Anzahlung *(f)*,
Draufgeld *(n)*, Vorauszahlung *(f)*
advance of money Geldvorschuss *(m)*
advance on goods gegen Warenkaution
leihen *(f)*, gegen Warenpfand leihen *(n)*
advance payment Antizipandozahlung *(f)*,
Vorausbezahlung *(f)*, Vorauszahlung *(f)*, vorläufige Vorauszahlung *(f)*
  amount of an advance payment Vorauszahlungbetrag *(m)*
advance payment guarantee Vorauszahlungsgarantie *(f)*
advance payment of freight Frachtvorauszahlung *(f)*
advance premium Vorauszahlung *(f)*
advanced fortgeschritten
* **bank advance** Bankdarlehen *(n)*
cash advance Geldvorschuss *(m)*
cash in advance Antizipandozahlung *(f)*,
Vorausbezahlung *(f)*, Vorauszahlung *(f)*, Zahlung bei Auftrag *(f)*, Zahlung bei Bestellung *(f)*
discount on advance orders Vorbestellrabatt *(m)*
freight advance Frachtvorschuss *(m)*, vorausbezahlte Fracht *(f)*
freight in advance Fracht im voraus bezahlt *(f)*, vorausbezahlte Fracht *(f)*
give an advance anzahlen, draufzahlen
order in advance vorbestellen
pay in advance anzahlen, draufzahlen, im
Voraus bezahlen, im Voraus zahlen, pränumerando zahlen, voraus bezahlen
payable in advance im Voraus zahlbar
payment in advance Antizipandozahlung *(f)*,
Vorausbezahlung *(f)*, Zahlung im Voraus *(f)*
price advance Erhöhung der Preise *(f)*,
Kursanstieg *(m)*

advanced erhöht
advanced amount Vorschussbetrag *(m)*
advanced price erhöhter Preis *(m)*

advantage Vorteil *(m)*, Vorzug *(m)*
financial advantage Finanzerleichterung *(f)*

advantageous vorteilhaft
advantageous offer günstige Offerte *(f)*,
vorteilhaftes Angebot *(n)*

adventure Risiko *(n)*
marine adventure Meergefahr *(f)*, Meerrisiko *(n)*

adverse ungünstig
adverse balance passive Handelsbilanz *(f)*
adverse condition ungünstige Bedingung *(f)*
advertised annonciert
advertised tender unbeschränkte Konkurrenzausschreibung *(f)*
advertisement Anzeige *(f)*
advertisement office Annoncenbüro *(n)*
advertisement office Anzeigeagentur *(f)*
* free advertisement kostenlose Werbung *(f)*
press advertisement Zeitungsreklame *(f)*
advertiser Reklamegeber *(m)*
advertiser client Reklamegeber *(m)*
advertising Anzeige *(f)*
advertising Reklame *(f)*
advertising agency Anzeigenannahme *(f)*, Werbeagentur *(f)*, Werbebüro *(n)*
advertising agent Anzeigenakquisiteur *(m)*, Anzeigenwerber *(m)*, Anzeigevertreter *(m)*, Werbeagent *(m)*
advertising brochure Ladenkatalog *(m)*, Werbekatalog *(m)*, Werbeprospekt *(m)*, Werbeschrift *(f)*
advertising charges Werbekosten *(pl)*, Werbungskosten *(pl)*
advertising contract Werbevertrag *(m)*
advertising copy Werbeexemplar *(n)*
advertising discount Werberabatt *(m)*
advertising expaenses Werbekosten *(pl)*, Werbungskosten *(pl)*
advertising expenditures Werbeausgaben *(pl)*
advertising house Annoncebüro *(n)*, Werbeagentur *(f)*
advertising mail Werbesendung *(f)*
advertising manager Werbeleiter *(m)*
advertising material Werbematerial *(n)*
advertising office Annoncenbüro *(n)*, Anzeigeagentur *(f)*, Werbeagentur *(f)*, Werbebüro *(n)*
advertising price-list Werbepreisliste *(f)*
advertising programme Werbeaktionplan *(m)*
advertising rate Reklametarif *(m)*
advertising strategy Werbungsstrategie *(f)*
broadcast advertising Rundfunkwerbung *(f)*
commercial advertising Händlerwerbung *(f)*, Wirtschaftswerbung *(f)*
direct advertising direkte Werbung *(f)*
export advertising Exportreklame *(f)*
free advertising kostenlose Werbung *(f)*
indirect advertising indirekte Werbung *(f)*

mail advertising Werbung durch Post *(f)*
mass advertising Massenwerbung *(f)*
outdoor advertising Außenwerbung *(f)*
postal advertising Werbung durch Post *(f)*
radio advertising Rundfunkwerbung *(f)*
telephone advertising Telefonmarketing *(n)*, Telefonverkauf *(m)*
television advertising Fernsehwerbung *(f)*
trade advertising Händlerwerbung *(f)*, Wirtschaftswerbung *(f)*

advice Anzeige *(f)*, Avis *(m)*, Bekanntmachung *(f)*, Benachrichtigung *(f)*, Nachricht *(f)*
advice acceptance Akzeptavis *(n)*
advice in return Rückanzeige *(f)*, Rückavis *(n)*
advice note Anzeige *(f)*, Aviso *(n)*, Lieferanzeige *(f)*, Versandanzeige *(f)*
advice of acceptance Akzeptavis *(n)*, Akzeptmeldung *(f)*, Annahmeanzeige *(f)*, Empfangsanzeige *(f)*, Empfangsbestätigung *(f)*
advice of arrival Avis über das Eintreffen eines Schiffes *(m)*
advice of claim Anspruchavis *(n)*, Anspruchsanzeige *(f)*
advice of delivery Ablieferungsanzeige *(f)*, Empfangsbescheinigung *(f)*, Empfangsbestätigung *(f)*, Rückschein *(m)*
advice of dispatch Beladungsaviso *(n)*, Frachtgutavis *(m)*, Sendungsavis *(m)*, Versandanzeige *(f)*, Versandavis *(m)*, Warenavis *(m)*
advice of draft Trattenanzeige *(f)*, Trattenavis *(m)*, Wechselavis *(m)*
advice of exhaust a letter of credit Avis über Inanspruchnahme eines Akkreditivs *(n)*
advice of issuing a letter of credit Avis über Eröffnung eines Akkreditivs *(m)*
advice of non-acceptance Annahmeverweigerungsnotiz *(f)*, Avis über Annahmeverweigerung *(m)*
advice of non-payment Avis über Zahlungsverweigerung *(m)*, Zahlungsverweigerungsmeldung *(f)*
advice of payment Avis über Zahlung *(m)*, Zahlungsanzeige *(f)*, Zahlungsaviso *(n)*
advice of receipt Eingangsbestätigung *(f)*, Empfangsanzeige *(f)*, Empfangsbestätigung *(f)*
advice of shipment Avis über Beladen *(n)*, Verladungsaviso *(n)*, Versandanzeige *(f)*, Versandavis *(m)*, Warenavis *(m)*
advice of use of credit Avis über Inanspruchnahme eines Akkreditivs *(m)*

advice time Notizfrist *(f)*
* **arrival advice** Avis über das Eintreffen eines Schiffes *(m)*
collection advice Inkassoavis *(n)*
credit advice Gutschein *(m)*, Gutschriftsanzeige *(f)*
debit advice Belastungsanzeige *(f)*, Debetnote *(f)*, Lastschrift *(f)*
forwarding advice Frachtgutavis *(m)*, Sendungsavis *(m)*, Spediteuranzeige *(f)*, Spediteurmeldung *(f)*, Versandnote *(f)*, Versendungsanzeige *(f)*
legal advice juristische Konsultation *(f)*, rechtlicher Beistand *(m)*
letter of advice Aviso *(n)*, briefliche Benachrichtigung *(f)*
loading advice Avis über Beladen *(n)*, Verlade-Avis *(m)*, Verladungsaviso *(n)*, Verschiffungsanzeige *(f)*
loss advice Anmeldung des Schadens *(f)*, Schadensanzeige *(f)*, Schadensavis *(m)*, Verlustanzeige *(f)*
  date of loss advice Datum der Schadensmeldung *(n)*
mail advice Postanzeige *(f)*
no advice ohne Anzeige *(f)*, ohne Avis *(m)*, ohne Aviso *(n)*
payment advice Zahlungsanzeige *(f)*, Zahlungsaufforderung *(f)*, Zahlungsaviso *(n)*
preliminary advice Voranzeige *(f)*
railway advice Eisenbahnavis *(n)*
shipping advice Beladungsaviso *(n)*, Spediteuranzeige *(f)*, Spediteurmeldung *(f)*, Verlade-Avis *(m)*, Versandanzeige *(f)*, Versandavis *(m)*, Verschiffungsanzeige *(f)*
telegraphic advice Drahtavis *(n)*
transit advice note *(CT)* Grenzübergangsschein *(m)*
advise ankündigen, anzeigen, benachrichtigen
advise a bill Wechsel avisieren *(m)*
advise a draft Tratte avisieren *(f)*
advise a letter of credit Akkreditiv avisieren *(n)*
advise by cable telegrafisch anzeigen
advise by letter schriftlich anzeigen
advised angekündigt
advised cheque Scheck mit Avis *(m)*
advised letter of credit Spezialkreditbrief *(m)*
* **special advised letter of credit** besondere Avisierung des Akkreditivs *(n)*

unconfirmed advised letter of credit unbestätigtes avisierendes Akkreditiv *(n)*
adviser Berater *(m)*
commercial adviser Handelsberater *(m)*
economic adviser Wirtschaftsberater *(m)*
international trade adviser Außenhandelsberater *(m)*
law adviser juristischer Berater *(m)*, Rechtsberater *(m)*
legal adviser juristischer Berater *(m)*, Rechtsberater *(m)*
technical adviser beratender Ingenieur *(m)*, technischer Berater *(m)*
advising avisierend
advising bank avisierende Bank *(f)*, eröffende Bank *(f)*
advisory beratend
advisory committee beratender Ausschuss *(m)*
Advisory Committee on customs matters *(EU)* Beratender Ausschuss für Zollfragen *(m)*
advocate Anwalt *(m)*
advocate Sprecher *(m)*
aerial Flug- Luft-
aerial insurance Lufttransportversicherung *(f)*, Luftversicherung *(f)*
aerial navigation Luftschifffahrt *(f)*, Luftschifffahrtsverkehr *(m)*
aerial traffic Flugverkehr *(m)*, Luftfahrt *(f)*
  irregular aerial traffic Bedarfsflugverkehr *(m)*, Charterverkehr *(m)*
aerial transportation Lufttransport *(m)*
aerodrome Flughafen *(m)*
aerodrome of departure Abflug-Flughafen *(m)*
aerodrome of destination Bestimmungsflughafen *(m)*, Zielflughafen *(m)*
aeroplane Flugzeug *(n)*
transport cargo aeroplane Frachtflugzeug *(n)*
affair Affäre *(f)*
customs affair Zollangelegenheit *(f)*
affected beschädigt, fehlerhaft
affiliated assoziiert
affiliated company angeschlossener Betrieb *(m)*, Schwestergesellschaft *(f)*
affiliated enterprise assoziiertes Unternehmen *(n)*, verbundene Gesellschaft *(f)*
affiliated firm Schwesterfirma *(f)*

affiliated undertaking assoziiertes Unternehmen *(n)*, verbundene Gesellschaft *(f)*

affiliation Zugehörigkeit *(f)*

affiliation franchising Konversionfranchising *(n)*

affirm bescheinigen

affirmation Bescheinigung *(f)*, Bestätigung *(f)*

affirmation of a contract Bestätigung des Vertrags *(f)*, Ratifikation des Vertrages *(f)*

affirmative positiv

affirmative reply positive Antwort *(f)*

affix anbringen

affix a label Klebezettel auf den Umschließungen anbringen *(m)*

affix customs seals zollamtlich verschließen, Zollverschlüsse anbringen *(m)*

affix the leads mit einer Plombe verschließen *(f)*, Plombe versehen *(f)*

affix new seals neue Zollverschlüsse anlegen *(pl)*

affixation Anlegung *(f)*

affixation of customs seals and stamps Anlegung von Zollplomben und -siegeln *(f)*

affixation of seals and stamps Anlegung von Zollplomben und -siegeln *(f)*

affixing Anlegung *(f)*

affixing the customs seals Anlegung von Zollplomben und -siegeln *(f)*

affreight befördern, frachten

affreighter Befrachter *(m)*, Verfrachter *(m)*

landing at cost for affreighter Abladelohn für Verfrachter *(m)*, Löschkosten für Verfrachter *(pl)*

affreightment Befrachtung *(f)*, Charterung *(f)*, Schiffsbefrachtung *(f)*, Verfrachtung des Schiffes *(f)*

affreightment date Befrachtungsdatum *(n)*, Befrachtungstermin *(m)*

affreightment term Befrachtungsdatum *(n)*, Befrachtungstermin *(m)*

* confirmation of affreightment Verschiffungsbescheinigung *(f)*

contract of affreightment Schifffahrtsvertrag *(m)*, Schiffsbefrachtungskontrakt *(m)*, Seefrachtvertrag *(m)*

contract of affreightment charter party Generalfrachtvertrag *(m)*

afloat schwimmend

afloat clause schwimmende Klausel *(f)*

* buy afloat schwimmende Waren kaufen *(pl)*

buy cargo afloat schwimmende Waren kaufen *(pl)*

goods afloat schwimmende Ware *(f)*, unterwegs befindliche Ware *(f)*

purchase of goods afloat Kauf von unterwegs befindlichen Waren *(m)*

shipment afloat schwimmende Sendung *(f)*

after nach

after deck Achterdeck *(n)*

after hatch Heckluke *(f)*

after-sales service Service *(m)*

age Alter *(n)*

age certificate Altersattest *(n)*, Alterszeugnis *(n)*

age note Altersattest *(n)*, Alterszeugnis *(n)*

agency Agentur *(f)*, Geschäftsstelle *(f)*, Niederlassung *(f)*, Stellvertretung *(f)*, Vermittlungsstelle *(f)*, Vertretung *(f)*, Zweigstelle *(f)*

2. Agentur-, Vertretungs-

agency abroad ausländische Agentur *(f)*, Auslandsvertretung *(f)*

agency arrangement Vertretungsvereinbarung *(f)*

agency broker Makler der Schifffahrtsagentur *(m)*

shipping agency broker Makler der Schifffahrtsagentur *(m)*

agency business Kommissionsgeschäft *(n)*

agency charges Courtage *(f)*, Vertreterprovision *(f)*

agency company Agentur *(f)*, Vertreterfirma *(f)*

agency contract Agenturvertrag *(m)*, Vertretervertrag *(m)*

maritime agency contract Seeagenturvertrag *(m)*

agency fee Agentengebühr *(f)*, Agenturprovision *(f)*, Vertretungsgebühr *(f)*, Vertretungsprovision *(f)*

agency firm Agentur *(f)*, Vertreterfirma *(f)*

agency head Leiter der Agentur *(m)*

agency house Geschäftsstelle *(f)*

agency invoice Rechnung der Agentur *(f)*

agency office Agentur *(f)*

agency order Agenturauftrag *(m)*

agency representation Agenturvertretung *(f)*

agency risk Agenturrisiko *(n)*

agency service Agentierung von Schiffen (f), Agenturdienst (m)
  ship's agency service Vermittlungsservice des Schiffes (m)
  ship's agency service agreement Schiffsversorgungsvertrag (m)
  agency service for ships Schiffsagentur (f)
agency tariff Vertretertarif (m)
agency trade Zwischenhandel (m)
* advertising agency Anzeigenannahme (f), Werbeagentur (f)
advertising agency Werbebüro (n)
air agency Agentur der Luftverkehrsgesellschaft (f), Luftfrachtagentur (f)
airline agency Agentur der Luftverkehrsgesellschaft (f), Luftfrachtagentur (f)
bank agency Bankfiliale (f), vermittelnde Bank (f)
buying agency Einkaufsagentur (f), Einkaufsvertretung (f)
collecting agency Inkassobüro (n)
commercial agency Handelsagentur (f), Handelsvertretung (f), kommerzielle Vertretung (f)
consular agency Konsularagentur (f)
contract of agency Handelsvertretervertrag (m)
custom-house agency Zollagentur (f)
customs agency Zollagentur (f)
debt collection agency Inkassobüro (n)
distributing agency Verkaufsvertretung (f), Vertriebsstelle (f)
exclusive agency Alleinagentur (f), Alleinvertretung (f), Generalagentur (f)
export agency Exportgeschäft (n), Exportvertretung (f)
export credit agency Exportkreditagentur (f)
export sales agency Exportvertretung (f)
foreign agency ausländische Agentur (f)
forwarding agency Abfertigungsamt (n), Spediteuragentur (f), Spediteurgeschäft (n), Spediteurunternehmung (f), Spediteurvertrag (m), Speditionsvertrag (m), Versandbüro (n)
freight agency Frachtagentur (f)
general agency Generalagentur (f), Generalvertretung (f)
head of agency Leiter der Agentur (m)
import agency Importagentur (f), Importfirma (f), Importvertretung (f)
insurance agency Versicherungsagentur (f)
maritime agency Schifffahrtsagentur (f), Seeagentur (f)

marketing agency Absatzkontor (n), Marketingagentur (f), Vermarktungsagentur (f)
mercantile agency Ankunftsbüro (n), Handelsagentur (f)
mercantile agency Handelsvertretung (f)
national employment agency Arbeitsamt (n)
patent agency Patentagentur (f)
private protection agency Schutzfirma (f)
purchasing agency Einkaufsagentur (f), Einkaufsvertretung (f)
rating agency Ratingagentur (f)
regional development agency Regionalentwicklungsagentur (f)
selling agency Verkaufsvertretung (f)
shipping agency Schifffahrtsagentur (f) Schiffsagentur (f), Schiffsfahragentur (f), Seeagentur (f), Spediteuragentur (f), Speditionsbüro (n)
sole agency Alleinagentur (f), Alleinvertretung (f), Generalagentur (f)
steamship agency Schiffsagentur (f), Schiffsfahragentur (f)
sub-office agency Abteilung (f), Filiale (f)
terms of agency Agenturvertragsbedingungen (pl)
tourist agency Touristenagentur (f)
trade agency Ankunftsbüro (n), Handelsagentur (f), Handelsvertretung (f)
transport agency Transportagentur (f)

agenda Tagesordnung (f), Geschäftsordnung (f)

agent Agent (m), Bevollmächtigter (m), Firmenvertreter (m), Geschäftsvertreter (m), Handelsvermittler (m), Vertreter der Firma (m), Zwischenhändler (m)
agent's authority Agentenbefugnis (f), Vollmacht eines Agenten (f)
agent carrying stock Handelsvertreter (m)
agent's commission Vertretungsgebühr (f), Vertretungsprovision (f)
agent's contract Agenturvertrag (m)
agent dealing with exports Exportagent (m), Exportmakler (m), Exportvertreter (m)
agent's discount Agentenrabatt (m)
agent's fee Agenturprovision (f)
agent for exportation Exportagent (m), Exportmakler (m), Exportvertreter (m)
agent for importation Importagent (m), Importmakler (m), Importvertreter (m), Einfuhrhändler (m)
agent for litigation Prozessbevollmächtigter (m)

agent's liability Haftung des Agenten *(f)*
agent's lien Handelsagentpfandrecht *(n)*
agent middleman Courtier *(m)*, Handelsvertreter *(m)*, Handlungsmakler *(m)*
agent's order Agentorder *(f)*
  shipping agent's order Verladungsanweisung *(f)*
  steamship agent's order Charteragentorder *(f)*, Verschiffungsorder *(f)*
* **accredited agent** beglaubigter Agent *(m)*
active agent aktiver Vertreter *(m)*
advertising agent Anzeigenakquisiteur *(m)*, Anzeigenwerber *(m)*, Anzeigevertreter *(m)*, Werbeagent *(m)*
air cargo agent Luftagent *(m)*
airline agent Fluglinieagent *(m)*, Luftfrachtagent *(m)*
appoint an agent Agent berufen *(m)*, Agent ernennen *(m)*
appointment of an agent Vertreterbestimmung *(f)*
authentication agent Beglaubigungsagent *(m)*
authorised agent Bevollmächtigte *(m)*, bevollmächtigter Vertreter *(m)*
average agent Havariekommissar *(m)*, Havarievertreter *(m)*
bank agent Bankagent *(m)*
break bail agent Empfangsspediteur *(m)*
business agent Handelsbevollmächtigter *(m)*
buying agent Ankaufsagent *(m)*, Einkaufsvertreter *(m)*, Versorgungsagent *(m)*
canvassing agent Akquisiteur *(m)*
cargo agent Kraftverkehrsagent *(m)*, Versandspediteur *(m)*
carrier agent Kraftverkehrsagent *(m)*, Versandspediteur *(m)*
chartered agent registrierter Agent *(m)*, Charterfracht *(f)*
charterer's agent Agent eines Charterers *(m)*
chartering agent Befrachtungsagent *(m)*, Frachtbroker *(m)*
chartering agent Frachtmakler *(m)*
choice of an agent Agentenauswahl *(f)*
CIF agent CIF-Agent *(m)*
clearing agent Clearingagent *(m)*, Zolldeklarant *(m)*
commercial agent Handelsagent *(m)*, Handelsbevollmächtigter *(m)*, Handelsvertreter *(m)*, Handlungsmakler *(m)*, Kommissionär *(m)*
commission agent Kommissionsagent *(m)*
commission travelling agent Akquisiteur *(m)*

consular agent Konsularagent *(m)*, konsularischer Vertreter *(m)*
custom-house agent Verzollungsagent *(m)*, Zollagent *(m)*, Zolldeklarant *(m)*
customs agent Verzollungsagent *(m)*, Zollagent *(m)*, Zolldeklarant *(m)*
  register of customs agents Liste der Zollagenten *(f)*
customs clearance agent Zollvertreter *(m)*
del credere agent Delkredereagent *(m)*
diplomatic agent diplomatischer Vertreter *(m)*
discount agent Wechselmakler *(m)*
distributing agent Verkaufsagent *(m)*, Verkaufsmakler *(m)*
duties of an agent Pflichten des Agenten *(pl)*
entrepot through agents Handel mittels Agenten *(m)*
export agent Exportmakler *(m)*
export commission agent Ausfuhrkommissionär *(m)*
foreign agent ausländischer Vertreter *(m)*, Auslandsagent *(m)*, Auslandsvertreter *(m)*
forwarding agent Spediteur *(m)*, Verfrachter *(m)*
  contractual forwarding agent Vertragsspediteur *(m)*
  corresponding forwarding agent Korrespondentspediteur *(m)*
  general forwarding agent Hauptspediteur *(m)*
  intermediate forwarding agent Vermittlungsspediteur *(m)*, Zwischenspediteur *(m)*
  international forwarding agent internationaler Spediteur *(m)*
  railway forwarding agent Bahnspediteur *(m)*, Eisenbahnspediteur *(m)*
  shipper's forwarding agent Platzspediteur *(m)*
  shipping and forwarding agent Agent für Verladung und Versand der Waren *(m)*
  shipping and forwarding agent Schiffsmakler und Spediteur *(m)*
forwarding's agent account Speditionskonto *(n)*
forwarding agent on the frontier Grenzspediteur *(m)*
forwarding agent's certificate of receipt Speditionsübernahmebescheinigung *(f)*
forwarding agent's certificate of transport Speditionsversandbescheinigung *(f)*

forwarding agent's commission Spediteurprovision *(f)*, Spediteurskommission *(f)*

forwarding agent's lien Spediteurpfandrecht *(n)*

forwarding agent's order Spediteurdisposition *(f)*, Spediteurverfügung *(f)*

forwarding agent's receipt Spediteurübernahmebescheinigung *(f)*

forwarding agent's waybill Spediteur-Bordereau *(m)*

freight agent Frachtagent *(m)*, Frachtmakler *(m)*

general freight agent Generalfrachtenmakler *(m)*

local freight agent Ortsfrachtenmakler *(m)*

full-time agent Berufsvertreter *(m)*

general agent Generalbevollmächtigter *(m)*, Generalvertreter *(m)*, Hauptagent *(m)*

handling agent Umschlagagent *(m)*

head agent Generalbevollmächtigter *(m)*, Generalvertreter *(m)*, Hauptagent *(m)*

import agent Einfuhragent *(m)*, Importagent *(m)*, Importvertreter *(m)*

importing agent Einfuhragent *(m)*, Importagent *(m)*, Importvertreter *(m)*

independent agent unabhängiger Vertreter *(m)*

insurance agent Versicherungsagent *(m)*, Versicherungsvertreter *(m)*

maritime insurance agent Seeversicherungsmakler *(m)*

law agent Prozessvertreter *(m)*

legal agent gesetzlicher Vertreter *(m)*, Prozessvertreter *(m)*, Rechtsvertreter *(m)*

liner agent Linienagent *(m)*

Lloyd's agent Lloydsagent *(m)*, Lloyd's-Vertreter *(m)*

local agent Lokalagent *(m)*, örtlicher Vertreter *(m)*

managing agent Geschäftsführer *(m)*

manufacturer's export agent Exportvertreter des Herstellers *(m)*

marketing agent Verkaufsagent *(m)*

monopoly agent Alleinvertreter *(m)*, Monopolagent *(m)*

named agent benannter Agent *(m)*

non-exclusive agent nicht ausschließlicher Handelsvertreter *(m)*, nicht-exklusiver Agent *(m)*

numerous agent nicht ausschließlicher Handelsvertreter *(m)*

owner's agent Reedersagent *(m)*

patent agent Agent für Verkauf von Patenten *(m)*, Patentagent *(m)*, Patentanwalt *(m)*

paying agent Zahlungsagent *(m)*

permanent agent regulärer Vertreter *(m)*

power for agent Vertretervollmacht *(f)*

power of agent Agentenbefugnis *(f)*, Vollmacht eines Agenten *(f)*

publicity agent Anzeigenakquisiteur *(m)*, Anzeigenwerber *(m)*, Anzeigevertreter *(m)*, Werbeagent *(m)*

purchase agent Ankaufsagent *(m)*, Einkaufsvertreter *(m)*, Versorgungsagent *(m)*

purchasing agent Ankaufsagent *(m)*, Einkaufsvertreter *(m)*, Versorgungsagent *(m)*

railway carting agent Bahnspediteur *(m)*, Eisenbahnspediteur *(m)*

real estate agent Immobilienhändler *(m)*

register of agents Agentenregister *(n)*

regular agent regulärer Vertreter *(m)*, ständiger Vertreter *(m)*

resident agent örtlicher Vertreter *(m)*, Platzvertreter *(m)*

road haulage agent LKW-Befrachter *(m)*

sale through an agent Kommissionsverkauf *(m)*

sales agent Verkaufsagent *(m)*, Verkaufskommissionär *(m)*, Verkaufsvertreter *(m)*

general sales agent Generalverkaufsagent *(m)*

regional sales agent Verkaufsagent vor Ort *(m)*

selling agent Verkaufsagent *(m)*, Verkaufskommissionär *(m)*, Verkaufsvertreter *(m)*

shipowner's agent Reedersagent *(m)*

shipping agent Frachtmakler *(m)*, Reedereiagent *(m)*, Schifffahrtsagent *(m)*, Speditionsagent *(m)*, Verschiffungsagent *(m)*, Verschiffungsspediteur *(m)*

air shipping agent Luftagent *(m)*

buyer's shipping agent Importspediteur *(m)*

intermediate shipping agent Vermittlungsspediteur *(m)*

seller's shipping agent Exportspediteur *(m)*

ship's agent Makler des Reeders *(m)*, Schiffsagent *(m)*, Seemakler *(m)*

sole agent Alleinagent *(m)*, Alleinverkäufer *(m)*, Alleinvertreter *(m)*, Exklusivvertreter *(m)*, Monopolagent *(m)*

steamship agent Reedereiagent *(m)*, Schifffahrtsagent *(m)*

sub-forwarding agent Unterspediteur *(m)*

tax agent Steuereintreiber *(m)*

tied agent Bevollmächtigte (m)
trade without agents Handel ohne Agente (m)
transport agent Spediteur (m)
trustworthy agent vertrauenswürdiger Agent (m)
underwriting agent Versicherungsvertreter (m)
universal agent Generalagent (m)
aggregate sammeln
aggregate Gesamt-, gesamt
aggregate amount Gesamtbetrag (m), Gesamtsumme (f)
aggregate costs Gesamtausgaben (pl)
aggregate mortgage Gesamthypothek (f), nachrangige Hypothek (f)
aggregate quantity Gesamtmenge (f)
aggregate sale Gesamtumsatz (m)
aggregate sum Gesamtbetrag (m), Gesamtsumme (f)
aggregation Sammlung (f)
agio Agio (n)
agiotage Agiotage (f)
agree akzeptieren
agree on price Preis vereinbaren (m)
agreed vereinbart
agreed cost vereinbarter Wert (m)
agreed quantity Vertragsmenge (f)
agreed tariff Vertragstarif (m)
agreed upon commitment Verpflichtung aus einem Vertrag (f), Vertragsverpflichtung (f)
agreement Abkommen (n), Vertrag (m) **2.** Abstimmung (f), Vereinbarung (f) **3.** vereinbart
agreement concerning frontier traffic Vereinbarung über den Grenzverkehr (f)
agreement copy Vertragsdoppel (n), Vertragskopie (f)
agreement for insurance Versicherungsabkommen (n)
agreement in writing schriftliche Vereinbarung (f), schriftlicher Vertrag (m)
agreement on tariffs and trade Zoll- und Handelsabkommen (n)
Agreement on the importation of educational, scientific and cultural materials Abkommen über die Einfuhr von Gegenständen erzieherischen, wissenschaftlichen oder kulturellen Charakters (n)
agreement on the transfer of know-how Know-how-Vertrag (m)

agreement on transfer Treuhandvertrag (m), Überlassungsvertrag (m)
agreement value vereinbarter Wert (m)
* abide by an agreement Abkommen erfüllen (n), Vereinbarung ausführen (f), Vertrag einhalten (m)
additional agreement Ergänzungsvertrag (m)
adherence to an agreement Ausführung des Abkommens (f)
adherence to an agreement Erfüllung eines Abkommens (f)
air agreement Luftkonvention (f), Luftvertrag (m)
arbitrage agreement Schiedsgerichtvertrag (m), Schiedsvertrag (m)
arbitration agreement Schiedsgerichtsvereinbarung (f), Schiedsvertrag (m)
article of an agreement Bestimmung (f), Vertragsartikel (m), Vertragsklausel (f)
as by agreement vereinbarungsgemäß, vertraglich, vereinbarungsgemäß, vertraglich
association agreement Assoziationsabkommen (n)
auction by agreement freiwillige Auktion (f)
average agreement Havarievertrag (m)
avoidance of an agreement Stornierung eines Vertrags (f)
barter agreement Vertrag über Warenaustausch (m)
bilateral agreement bilateraler Vertrag (m), bilaterales Abkommen (n), zweiseitiges Abkommen (n)
binding agreement gültiger Vertrag (m), verbindliche Vereinbarung (f)
breach of an agreement Vertragsbruch (m), Vertragsverletzung (f)
break an agreement Abkommen verletzen (n)
brokerage agreement Maklervertrag (m)
business agreement geschäftliche Abmachung (f), Geschäftsabkommen (n), Geschäftsvertrag (m), Handelsvereinbarung (f)
buy-back agreement Kompensationsvertrag (m)
cartel agreement Kartellabkommen (n), Kartellvertrag (m)
Central European Free Trade Agreement Mitteleuropäisches Freihandelsabkommen (n)
charter agreement Charterpartie (f), Chartervertrag (m)

clause of an agreement Vertragsbestimmung *(f)*
clearing agreement Clearing *(n)*, Clearingabkommen *(n)*, Verrechnungsabkommen *(n)*
commercial agreement Handelsvertrag *(m)*
commodity agreement Warenabkommen *(n)*
concession agreement Konzessionsvertrag *(m)*
consignment agreement Konsignationsabkommen *(n)*, Konsignationsvertrag *(m)*
continuation of an agreement Aufrechterhaltung des Vertrags *(f)*, Verlängerung des Vertrags *(f)*
contract agreement Vertragsvereinbarung *(f)*
co-operation agreement Kooperationsvertrag *(m)*
common servicing agreement gemeinsame Dienstleistungsvereinbarung *(f)*
copy of agreement Vertragsdoppel *(n)*, Vertragskopie *(f)*
credit agreement Kreditvertrag *(m)*
credit facility agreement Kreditvereinbarung *(f)*
currency agreement Währungsabkommen *(n)*, Währungsvertrag *(m)*
current agreement gültiger Vertrag *(m)*, verbindliche Vereinbarung *(f)*
customs agreement Zollabkommen *(n)*
date of an agreement Datum der Vereinbarung *(n)*
dealer agreement Händlervertrag *(m)*
default on the agreement Vertragsbedingungen verletzen *(pl)*
deposit agreement Hinterlegungsvertrag *(m)*
dissolve an agreement Vertrag annullieren *(m)*, Vertrag kündigen *(m)*, Vertrag stornieren *(m)*
distribution agreement Vertriebsvertrag *(m)*
draft of an agreement Vertragsentwurf *(m)*
economic agreement Leistungsvertrag *(m)*, Wirtschaftsabkommen *(n)*, Wirtschaftsvereinbarung *(f)*, Wirtschaftsvertrag *(m)*
foreign economic agreement außenwirtschaftlicher Vertrag *(m)*
European Agreement concerning the International Carriage of Dangerous Goods by Road Europäisches Übereinkommen über die internationale Beförderung gefährlicher Güter auf der Straße *(n)*
execution of an agreement Unterzeichnung des Abkommens *(f)*
extend an agreement Vertrag verlängern *(m)*

factoring agreement Factoringvertrag *(m)*
financial agreement Finanzabkommen *(n)*, finanzielle Vereinbarung *(f)*
force of an agreement Rechtsgültigkeit des Vertrags
foreign investment agreement Abkommen über ausländische Investitionen *(n)*
foreign trade agreement Außenhandelsabkommen *(n)*
franchising agreement Franchisingvertrag *(m)*
freight agreement Schiffsfrachtvertrag *(m)*
general freight agreement Generalfrachtvertrag *(m)* Generalschiffsfrachtvertrag *(m)*,
frontier agreement Grenzabkommen *(n)*
general agreement Rahmenabkommen *(n)*
general average agreement Havarie-Grosse-Abkommen *(n)*
General Agreement on Tariffs and Trade (GATT) Allgemeines Zoll- und Handelsabkommen *(n)*
gentleman's agreement Frühstückskartell *(n)*
government agreement Abkommen auf Regierungsebene *(n)*, Regierungsvereinbarung *(f)*
guarantee agreement Bürgschaftsvertrag *(m)*, Garantieleistungsvertrag *(m)*
implementation of an agreement Ausführung des Abkommens *(f)*, Erfüllung eines Abkommens *(f)*
indemnity agreement Garantievertrag *(m)*
infringe an agreement Abkommen verletzen *(n)*, gegen den Vertrag verstoßen *(m)*
initial an agreement Abkommen paraphieren *(n)*, Vertrag parafieren *(m)*, Vertrag paraphieren *(m)*
inter-governmental agreement Abkommen auf Regierungsebene *(n)*, Regierungsabkommen *(n)*
international agreement internationale Übereinkunft *(f)*, internationale Vereinbarung *(f)*, internationales Abkommen *(n)*, völkerrechtlicher Vertrag *(m)*
international commodity agreements internationale Warenverträge *(pl)*
international sugar agreement Internationales Zuckerabkommen *(n)*
international wheat agreement Weltweizenabkommen *(n)*
interpretation of an agreement Vertragsauslegung *(f)*
joint-marketing agreement gemeinsame Marketingvereinbarung *(f)*

keep an agreement Abkommen erfüllen (n), Vereinbarung ausführen (f)
licensing agreement Lizenzabrede (f)
make an agreement Vereinbarung treffen (f), Vertrag zustande bringen (m)
market sharing agreement Vereinbarung über die Marktaufteilung (f), Abkommen über Marktaufteilung (n)
mediation agreement Schiedsgerichtsvereinbarung (f), Schiedsvertrag (m)
merger agreement Fusionsvertrag (m)
model agreement Rahmenabkommen (n)
monetary agreement Währungsabkommen (n)
monopoly agreement Monopolabkommen (n)
mortgage agreement Hypothekenvertrag (m)
multilateral agreement multilateraler Vertrag (m)
ordinary marketing agreement Vereinbarung über Vertrieb und Verkauf (f)
non-observance of the terms of an agreement Nichteinhaltung des Vertrags (f)
patent agreement Patentabkommen (n), Patentvereinbarung (f), Patentvertrag (m)
pay agreement Zahlungsvereinbarung (f)
payment agreement Zahlungsabkommen (n), Zahlungsvereinbarung (f)
price as per agreement Preis gemäß Vereinbarung (m), Vertragspreis (m)
pricing agreement Preisabsprache (f)
production sharing agreement (PSA) Vertrag über Produktionsteilung (m)
publishing agreement Verlegervertrag (m)
ratification of an agreement Ratifikation des Abkommens (f)
ratify an agreement Abkommen ratifizieren (n), Vertrag ratifizieren (m)
renew an agreement Vertrag erneuern (m)
renewal of the agreement Aufrechterhaltung des Vertrags (f), Erneuerung des Vertrags (f)
right to annul an agreement Recht zur Auflösung des Vertrages (n)
rupture of an agreement Bruch der Vereinbarung (m)
sales agreement Verkaufsvertrag (m)
joint sales agreement Joint Sales Agreement (n)
salvage agreement Bergungsvertrag (m)
secret agreement Geheimabmachung (f)
ship's agency service agreement Schiffsversorgungsvertrag (m)

sign an agreement Vertrag unterschreiben (m), Vertrag unterzeichnen (m)
submit a draft agreement Vertragsentwurf vorlegen (m)
tariff agreement Tarifabkommen (n), Tarifvereinbarung (f), Tarifvertrag (m) 2. Zollabkommen (n), Zollkonvention (f), Zolltarifabkommen (n), Zollvertrag (m)
tenancy agreement Meierbrief (m)
terminate an agreement Abkommen kündigen (n), Vertrag annullieren (m), Vertrag rückgängig machen (m)
termination of an agreement Ablauf des Vertrags (m), Erlöschen eines Vertrags (n)
text of an agreement Abkommenswortlaut (m), Wortlaut eines Vertrags (m)
TIR Agreement TIR-Abkommen (n)
trade agreement Handelsabkommen (n), Handelsvereinbarung (f)
  additional protocol to trade agreement Zusatzprotokoll zum Handelsabkommen (n)
  bilateral trade agreement bilaterales Handelsabkommen (n)
  free trade agreement Freihandelsabkommen (n)
  international trade agreement internationales Handelsabkommen (n)
  temporary trade agreement Handelsprovisorium (n)
  Trade Agreement Committee Ausschuss für Handelsabkommen (m)
trademark agreement Vertrag über Handelsmarken (m)
Trademark License Agreement Warenzeichenlizenzvertrag (m)
transfer agreement Retrozessionsvertrag (m), Treuhandvertrag (m), Überlassungsvertrag (m)
transportation agreement Beförderungsvertrag (m)
triangular agreement Dreiecksvertrag (m)

agricultural landwirtschaftlich, Agrar-
agricultural duty Agrarzoll (m)
agricultural export Agrarausfuhr (f), Agrarexport (m)
agricultural import landwirtschaftliche Einfuhr (f), landwirtschaftlicher Import (m)
agricultural producer landwirtschaftlicher Unternehmer (m)
agricultural product Agrarprodukt (n), landwirtschaftliches Erzeugnis (n)

agricultural undertaking landwirtschaftliches Unternehmen *(n)*
* **common agricultural policy (CAP)** gemeinsame Agrarpolitik *(f)*
agriculture Landwirtschaft *(f)*
agriculture support Subventionierung der Landwirtschaft *(f)*
* **subsidization of agriculture** Importsubventionierung *(f)*
agro-based landwirtschaftlich, Agrar-
agro-based product Agrarprodukt *(n)*, landwirtschaftliches Erzeugnis *(n)*
aid Hilfe bringen *(f)*, subventionieren
aid Hilfe *(f)*
financial aid finanzielle Hilfe *(f)*
foreign aid Auslandshilfe *(f)*
legal aid rechtlicher Beistand *(m)*, Rechtshilfe *(f)*
technical aid technische Hilfe *(f)*, technische Unterstützung *(f)*
air Flug- Luft-
air agency Agentur der Luftverkehrsgesellschaft *(f)*, Luftfrachtagentur *(f)*
air agreement Luftkonvention *(f)*, Luftvertrag *(m)*
air and rail auf Flugzeug und Bahn *(n/f)*
air bill Flugkonnossement *(n)*, Luftbrief *(m)*
 forwarder's air bill Hausluftfrachtbrief *(m)*
air broker Luftfrachtmakler *(m)*
air cargo Luftfracht *(f)*, Luftgut *(n)*
 air cargo agent Luftagent *(m)*
 air cargo insurance Luftfrachtversicherung *(f)*
air carrier Luftlinie *(f)*
 certified route air carrier reguläre Fluglinie *(f)*
 free place of delivery to air carrier franko Ort der Übergabe an den Luftfrachtführer *(m)*
 free place of delivery to air carrier at seller's country franko Ort der Übergabe an die Luftfahrtgesellschaft *(m)*
air charter Luftfracht-Charter *(m)*
air clearance Flugzeugverzollung *(f)*, Flugzollabfertigung *(f)*
air company Fluggesellschaft *(f)*, Luftverkehrsbetrieb *(m)*
air consignment note Flugkonnossement *(n)*, Luftfrachtbrief *(m)*
air container Luftverkehrscontainer *(m)*
air convention Luftkonvention *(f)*, Luftvertrag *(m)*

air conveyance Luftbeförderung *(f)*, Lufttransport *(m)*, Luftverkehr *(m)*
air courier manifest Luftkuriermanifest *(n)*
air crash Flugzeugunglück *(n)*
air damage Luftverkehrsschaden *(m)*
air delivery Lieferung durch Luftpost *(f)*
air embargo Luftembargo *(n)*
air express freight Luftexpressfracht *(f)*
air fare Lufttarif *(m)*, Luftverkehrstarif *(m)*
air forwarding Luftverkehrsspedition *(f)*
air freight Luftfracht *(f)*, Luftgut *(n)*
air freight carried by road Beförderung von Luftfracht auf der Straße *(f)*
air freight forwarder Luftfrachtspediteur *(m)*
air freight operations Lufttransport *(m)*
air freight tariff Luftfrachttarif *(m)*
air goods manifest Manifest der Luftverkehrsgesellschaft *(n)*
air insurer Luftversicherer *(m)*
air law Luftrecht *(n)*
 international air law internationales Luftrecht *(n)*
air liability Luftverkehrshaftung *(f)*
air line Luftlinie *(f)*
 cargo air line Luftfrachtlinie *(f)*
air link Anschlussflug *(m)* 2. Flugverbindung *(f)*
air loss Luftbeförderungverlust *(m)*, Luftverkehrsverlust *(m)*
air mail Luftpostbrief *(m)*
air mail parcel Luftpostsendung *(f)*
air mail receipt Luftposteinlieferungsschein *(m)*
air navigation Flugnavigation *(f)*, Luftschifffahrt *(f)*, Luftschifffahrtsverkehr *(m)*
air parcel Luftfrachtsendung *(f)*, Luftpostpaket *(n)*, Luftpostsendung *(f)*
air passenger Flugpassagier *(m)*
air post Flugpost *(f)*, Luftpost *(f)*
air rates Lufttarif *(m)*, Luftverkehrstarif *(m)*
air registration certificate Flugzeugzertifikat *(n)*
air regulations Lufttransportordnung *(f)*, Luftverkehrsordnung *(f)*
air risk Luftrisiko *(n)*
air route Flugroute *(f)*, Flugstrecke *(f)*, Luftstraße *(f)*
air service Luftfahrt *(f)*
 passenger air service Passagierluftfahrt *(f)*
 regular air service Linienverkehr mit Flugzeug *(m)*
air shed Flughalle *(f)*, Flugzeughalle *(f)*

air shipment Luftfrachtsendung *(f)*, Luftpostsendung *(f)*, Luftverladung *(f)*
air shipping agent Luftagent *(m)*
air space Luftraum *(m)*
air station Flughafen *(m)*
air terminal Flughafenterminal *(n)*, Luftterminal *(n)*
air traffic Beförderung im Luftverkehr *(f)*,
Flugverbindung *(f)*, Flugverkehr *(m)*, Luftfahrt *(f)*,
Lufttransport *(m)*
   irregular air traffic Bedarfsflugverkehr *(m)*,
Charterverkehr *(m)*
air transit Lufttransit *(m)*
air transport Beförderung im Luftverkehr *(f)*,
Lufttransport *(m)*
   application of simplified procedures at
air transport Anwendung des vereinfachtes Verfahren auf dem Luftweg *(f)*
   air transport document Luftfrachtdokument *(n)*
     date of issuance of air transport do-
cument Ausstellungstag des Luftfrachtdokuments *(m)*
   international air transport internationaler Lufttransport *(m)*
air transport document Lufttransportdokument *(n)*
air transport enterprise Luftverkehrsgesellschaft *(f)*
air transport insurance Lufttransportversicherung *(f)*
air transportation Lufttransport *(m)*
air transportation documents Luftbeförderungspapiere *(pl)*, Lufttransportpapiere *(pl)*
air traveller Flugreisende *(f)*
air trip Flugreise *(f)*
air waybill Flugkonnossement *(n)*, Luftbrief *(m)*,
Luftfrachtbrief *(m)*, internationaler Luftfrachtbrief *(m)*
   custom-house air waybill Zollluftfrachtbrief *(m)*
   House Air Waybill (HAWB) Hausluftfrachtbrief *(m)*, Spediteurfrachtbrief *(m)*
   neutral air waybill Haus-Luftfrachtbrief *(m)*,
Spediteurfrachtbrief *(m)*
   number of the air waybill Nummer des
Luftfrachtbriefs *(f)*
* carriage by air Beförderung auf dem
Luftweg *(f)*
   international carriage by air Internationaler Luftverkehrstransport *(m)*

carrier by air Luftfrachtführer *(m)*
civil air Zivilluftfahrt *(f)*
contract of air carriage Luftfrachtvertrag *(m)*
delivery by air Luftlieferung *(f)*
forward by air per Luftpost senden *(f)*
journey by air Beförderung auf dem Luftweg *(f)*
open air storage Aufbewahrung im Freien *(f)*
packing suitable for air Luftwegverpak-
kung *(f)*
rail and air auf Bahn und Flugzeug
room air temperature Raumlufttemperatur *(f)*
send by air als Luftfracht schicken *(f)*, per
Flugzeug senden *(n)*
simplified procedures for goods carried
by air vereinfachte Verfahren für die Warenbeförderung auf dem Luftweg *(pl)*
transport by air Beförderung auf dem Luftweg *(f)*, Luftbeförderung *(f)*, Luftverkehr *(m)*
international transportation by air internationaler Luftverkehr *(m)*

air-cargo Luftfracht *(f)*
air-cargo insurance Luftfrachtversicherung *(f)*,
Lufttransportversicherung *(f)*

air-conditioned klimatisiert
air-conditioned train klimatisierter Zug *(m)*

aircraft Flugzeug *(n)*
aircraft clearance Flugzeugverzollung *(f)*,
Flugzollabfertigung *(f)*
aircraft departure Abflug *(m)*
aircraft insurance Luftfrachtversicherung *(f)*,
Versicherung des Luftverkehrs *(f)*
aircraft manifest Luftladungsmanifest *(n)*,
Luftmanifest *(n)*
aircraft operator Luftbeförderer *(m)*
   name of the aircraft operator Name des
Luftbeförderers *(m)*
aircraft parking area Abstellfläche für Flugzeuge *(f)*
aircraft shed Flughalle *(f)*, Flugzeughalle *(f)*
* abandon aircraft Flugzeug abandonieren *(n)*
free on aircraft frei Flugzeug *(n)*, frei Luftfahrzeug *(n)*
   free on aircraft price Preis frei Luftfrachtführer *(m)*
state of registration of the aircraft Eintragungsstaat des Luftfahrzeugs *(m)*

airdrome Flughafen *(m)*, Flugplatz *(m)*

airfreight Luftfracht *(f)* **2.** Luftfracht-
airfreight container Luftfrachtcontainer *(m)*
airfreight cost Luftfrachtkosten *(pl)*
airlane Luftroute *(f)*
air-lift Luftbrücke *(f)*
airline Fluglinie *(f)*, Luftverkehrsgesell-schaft *(f)*
airline agency Agentur der Luftverkehrs-gesellschaft *(f)*, Luftfrachtagentur *(f)*
airline agent Fluglinieagent *(m)*, Luftfracht-agent *(m)*
airline company Fluggesellschaft *(f)*, Luft-verkehrsbetrieb *(m)*
airline firm Fluggesellschaft *(f)*
airline's goods manifest Warenmanifest der Luftverkehrsgesellschaft *(n)*
airline operator Luftverkehrsgesellschaft *(f)*
airline service Luftschifffahrt *(f)*
airline time-table Flugplan *(m)*
* audit of the records held by the airline Buchprüfung bei der Luftgesellschaft *(f)*
name of the airline Name der Luftverkehrs-gesellschaft *(m)*
representative of the airline Luftverkehrs-gesellschaftsvertreter *(m)*
signature of an authorised representa-tive of the airline Unterschrift eines be-vollmächtigten Vertreters der Luftverkehrs-gesellschaft *(f)*
air-mail Flugpost *(f)*
air-mail service Flugpost *(f)*, Luftpost *(f)*
air-mode container Ladeeinheit (ULD) *(f)*, Luftfrachtcontainer *(m)*
air-passenger Luftpassagier *(m)* **2.** Luftpassagier-
air-passenger service Passagierfluglinie *(f)*
air-passenger transport Luftpassagier-transport *(m)*
airport Flughafen *(m)*, Flugplatz *(m)*
airport customs office Flughafenzollstelle *(f)*
airport of arrival Bestimmungsflughafen *(m)*
airport of the Community Flughafen der Gemeinschaft *(n)*
airport of departure Abflughafen *(m)*, Ab-gangsflughafen *(m)*
name of the airport of departure Name des Abgangsflughafens *(m)*
airport of destination Bestimmungsflugha-fen *(m)*, Zielflughafen *(m)*

name of the airport of destination Name des Bestimmungsflughafens *(m)*
airport of entry Zollflughafen *(m)*
airport of loading Verladeflughafen *(m)*
airport of unloading Entladeflughafen *(m)*
name of the airport of unloading Name des Entladeflughafens *(m)*
airport tax Flughafengebühr *(f)*
airport terminal Flughafen-Terminal *(n)*, Luftterminal *(n)*
* authorities of the airport Flughafenbe-hörde *(f)*
customs airport Zollflughafen *(m)*
Community airport Flughafen der Gemein-schaft *(n)*
list of Community airports Verzeichnis der Flughäfen der Gemeinschaft *(n)*
free airport frei an Bord benannter Auf-flugshafen *(m)*
transit airport Transitflughafen *(m)*
air-proof luftfest, luftmäßig
air-proof packing luftfeste Verpackung *(f)*
air-proof packing luftmäßige Verpackung *(f)*
airspace Luftraum *(m)*
airtight hermetisch
airtight packing hermetische Verpackung *(f)*
air-to-air cargo handling Umschlag Straße/Flugzeug *(m)*
air-transport Lufttransport-
air-transport insurance Luftverkehrsver-sicherung *(f)*
air-transportation Lufttransport-
air-transportation insurance Lufttrans-portversicherung *(f)*, Luftversicherung *(f)*
airway Fluglinie *(f)*, Luftverkehrsgesell-schaft *(f)* **2.** auf dem Luftweg *(m)*,
airway bill Luftfrachtbrief *(m)*
airworthiness Flugfähigkeit *(f)*
airworthiness certificate Lufttüchtigkeits-schein *(m)*, Lufttüchtigkeitszeugnis *(n)*
* certificate of airworthines Lufttüchtig-keitsschein *(m)*, Lufttüchtigkeitszeugnis *(n)*
air-worthy flugfähig
air-worthy packing luftfeste Verpackung *(f)*, luftmäßige Verpackung *(f)*
al pari zu pari
algorithm Algorithmus *(m)*

alignment Angleichung *(f)*
alignment of the duties Angleichung der Zölle *(f)*
alignment of tariffs Tarifausgleich *(m)*
* **price alignment** Angleichung der Preise *(f)*
alimentation Zuwendung *(f)*
all ganz
all in insgesamt
all-in policy Universalversicherungspolice *(f)*
all-in price voller Preis *(m)*
all-inclusive price Gesamtpreis *(m)*
all loss insurance Gesamtversicherung *(f)*
all-participation clause Klausel der allgemeinen Teilnahme *(f)*
all-purpose für alle Zwecke
all-purpose vessel Mehrzweckschiff *(n)*
all risks alle Risiken *(pl)*
all-risk gegen alle Gefahren
all risks insurance policy Universalversicherungspolice *(f)*
all-risk policy Universalversicherungspolice *(f)*
all-round ganz rund
all-round amount Pauschalsumme *(f)*
all-round price globaler Preis *(m)*, Puschalpreis *(m)*
all-time aller Zeit
all-time order Endbestellung *(f)*
all-time stock All-time-Vorrat *(m)*
all-up weight Gesamtgewicht *(n)*, Gesamtlast *(f)*
allegation Vorwurf *(m)*
alliance Verbindung *(f)*
marketing alliance Marketingallianz *(f)*
strategic alliance strategische Allianz *(f)*
allocate assignieren
allocate money Geld bewilligen *(n)*
allocation Teilung *(f)*, Verteilung *(f)*
allocation of costs Aufschlüsselung von Kosten *(f)*, Spesenabrechnung *(f)*
allocation of credit Bewilligung eines Kredits *(f)*
allocation of the quota *(customs)* *(EU)* Aufteilung des Zollkontingents *(f)*
allocation of quotas Quotenverteilung *(f)*
allocation of taxes Steuerausscheidung *(f)*
* **cost allocation** Kostenverrechnung *(f)*
allonge Allonge *(f)*, Wechselallonge *(f)*

allotment Anteil *(m)*, Zuweisung *(f)*, Zweckbestimmung *(f)*
allotment of currency Devisenzuteilung *(f)*, Zuteilung von Devisen *(f)*
* **exchange allotment** Devisenzuteilung *(f)*
allow gewähren
allow a deduction Abzug gewähren *(m)*
allow a discount Abzug bei sofortiger Zahlung gewähren *(m)*, Rabatt bewilligen *(m)*, Rabatt einräumen *(m)*, Skonto gewähren *(n)*
allow a reduction Rabatt bewilligen *(m)*, Rabatt erteilen *(m)*
allowable zulässig
allowable container load zulässige Nutzlast des Containers *(f)*
allowable defect zugelassener Mangel *(m)*
allowable load Regellast *(f)*
allowance Ermäßigung *(f)*, Preisnachlass *(m)*, Rabatt *(m)*, Zulassung *(f)*
allowance for breakage Brokkenbonifikation *(f)*, Scherbebonifikation *(f)*
allowance for wastage Bonifikation für Schwund von Waren *(f)*, Warenschwundbonifikation *(f)*
allowance for waste Ausgleich von den Verlusten *(m)*
* **accord an allowance** Vergünstigung gewähren *(f)*
customary allowance handelsüblicher Rabatt *(m)*
customs allowance Zollbegünstigung *(f)*
exchange allowance Devisenzuteilung *(f)*, Zuteilung von Devisen *(f)*
freight allowance Frachtbegünstigung *(f)*
grant an allowance Abzug gewähren *(m)*, Rabatt bewilligen *(m)*, Rabatt geben *(m)*, Vergünstigung einräumen *(f)*
housing allowance Wohngeld *(n)*, Wohnungsgeld *(n)*
investment allowance Investitionsabzug *(m)*
lodging allowance Wohngeld *(n)*, Wohnungsgeld *(n)*
merchandise allowance Warenrabatt *(m)*
mutual allowance gegenseitige Bonifikation *(f)*, gegenseitiger Rabatt *(m)*
persons allowance Personalerlass *(m)*
price allowance Preisnachlass *(m)*, Preisrabatt *(m)*
tare allowance Toleranztara *(f)*

tariff allowance Tarifbegünstigung *(f)*
trade-in allowance Warenrabatt *(m)*
usual allowance üblicher Abzug *(m)*
weight allowance Gewichtstoleranz *(f)*

allowed zugelassen
allowed risk vertretbares Risiko *(n)*
allowed time for cargo handling Umladungszeit *(f)*
allowed time for handling Umschlagzeit *(f)*
* transhipment allowed Umladen gestattet *(n)*

alongside längsseits
alongside date Tag der Ladebereitschaft *(m)*
alongside delivery Längsseitslieferung *(f)*
alongside delivery document Längsseitslieferungsdokument *(n)*
alongside the quay längsseits Kai *(m)*
alongside ship Längseite des Schiffes *(f)*, längsseits, längsseits des Seeschiffes *(n)*
deliver the goods alongside ship Ware längsseite Schiffs liefern *(f)*
delivered alongside ship geliefert längsseits, geliefert zum Schiffbord
free alongside ship price Preis frei Längsseits Schiff *(m)*
alongside vessel längsseits
* delivery alongside längsseits Lieferung *(f)*
discharge alongside an die Seeschiffsseite bringen *(f)*
free alongside frei Längsseite *(f)*
free alongside bill of lading Empfangskonnossement *(n)*, Längsseits-Konnossement *(n)*
free alongside clause frei-Längsseite-des-Schiffes-Klausel *(f)*, frei-längsseits-Schiff-Klausel *(f)*, Längsseitsklausel *(f)*
free alongside elevator frei Elevator *(m)*
free alongside price FA-Preis *(m)*, FAS-Preis *(m)*, Preis fas *(m)*, Preis frei längsseite *(m)*, Preis frei Llängsseite Seeschiff *(m)*, Preis frei Seeschiffsseite *(m)*
free alongside quay frei Längsseite des Abgangshafens *(f)*
free alongside ship FAS-Lieferung *(f)*, frei Längsseite des Schiffes *(f)*, frei längsseite Schiff *(f)*, Längsseitslieferung *(f)*
free alongside ship ... /insert named port of shipment/ FAS ... /insert named port of shipment/, frei Längsseite Schiff ... /benannter Verschiffungshafen/
free from alongside frei Längsseite *(f)*, frei unter Längsseite *(f)*

alphabetical alphabetisch
alphabetical catalogue alphabetischer Katalog *(m)*
alphabetical list alphabetische Liste *(f)*

alter ändern
alter price Preis ändern *(m)*

alteration Änderung *(f)*
alteration in rates Kursänderung *(f)*
alteration of contract Revision eines Vertrags *(f)*, Vertragsänderung *(f)*

alternation Veränderung *(f)*
alternation in prices Veränderung von Preisen *(f)*
* endorse an alteration Änderung bestätigen *(f)*

alternative Alternativ-
alternative duty Wahlzoll *(m)*
alternative price Alternativpreis *(m)*
alternative proof Alternativnachweis *(m)*

altogether ganz und gar, vollständig

ambient umgebend
ambient temperature Umgebungstemperatur *(f)*

amenability Verantwortlichkeit *(f)*

amend korrigieren
amend a letter of credit Akkreditiv korrigieren *(n)*

amend ändern
amend the rate Satz ändern *(m)*

amended abgeändert
amended invoice korrigierte Rechnung *(f)*

amendment Änderung *(f)*, Ergänzung *(f)*, Richtigstellung *(f)*
amendment of the authorisation Änderung der Bewilligung *(f)*
amendment of the decision Entscheidungsänderung *(f)*
amendment the customs declaration Berichtigung der Zollinhaltserklärung *(f)*
amendment to a contract Berichtigung zum Vertrag *(f)*
amendments to a contract Abänderungen zu einem Kontrakt *(pl)*
amendment to a letter of credit Abänderung eines Akkreditivs *(f)*
amendment to a treaty Berichtigung zum Vertrag *(f)*

amends Ersatz *(m)*
amends for a damage Ersatz der Verluste *(m)*, Schadloshaltung *(f)*
amends for a loss Schadloshaltung *(f)*
amicability Gütlichkeit *(f)*
amicable freihändig
amicable sale freihändiger Verkauf *(m)*
amount Quote *(f)*, Summe *(f)*, Betrag *(m)*
amount at risk Versicherungsbetrag *(m)*
amount due fälliger Betrag *(m)*, geschuldeter Betrag *(m)*
amount of acceptance Akzeptsumme *(f)*
amount of an advance payment Vorauszahlungbetrag *(m)*
amount of an invoice Rechnungsbetrag *(m)*
amount of arrears Rückstandssumme *(f)*
amount of balance Restbetrag *(m)*, Saldo *(m)*
amount of a bill Wechselbetrag *(m)*
amount of a bill of exchange Wechselsumme *(f)*
amount of cash deposit Bareinlagebetrag *(m)*
amount of a cheque Schecksumme *(f)*
amount of compensation Abfindungsgeld *(n)*, Betrag des Schadenersatzes *(m)*, Entschädigungsbetrag *(m)*, Entschädigungssumme *(f)*, Höhe der Abfindung *(f)*
amount of comprehensive guarantee Betrag der Gesamtbürgschaft *(m)*
reference amount of the comprehensive guarantee Referenzbetrag der Gesamtbürgschaft *(m)*
amount of control Umfang der Prüfung *(m)*
amount of costs Kostenbetrag *(m)*, Kostensumme *(f)*
amount of credit Kreditbetrag *(m)*, Kreditsumme *(f)*
amount of customs debt Betrag der Zollschuld *(m)*
recovery of the amount of the customs debt Erhebung des Zollschuldbetrags *(f)*
amount of customs duties Zollabgaben *(pl)*
amount of damage Schadenshöhe *(f)*
amount of damages Abfindungsgeld *(n)*, Betrag des Schadenersatzes *(m)*, Entschädigungsbetrag *(m)*, Entschädigungshöhe *(f)*, Entschädigungssumme *(f)*, Schadenshöhe *(f)*
amount of drawing under a letter of credit Akkreditivbetrag *(m)*
amount of dutiable payments Zollabgaben *(pl)*

amount of a duty Zollhöhe *(f)*
remission of the amount of duty Erlass des Abgabenbetrages *(m)*
amount of the exemption Betrag der Steuererfreigrenze *(m)*, Freibetrag *(m)*
amount of expenses Kostenbetrag *(m)*, Kostensumme *(f)*
amount of finance Finanzhöhe *(f)*
amount of guarantee Bürgschaftssumme *(f)*, Garantiebetrag *(m)*, Garantiesumme *(f)*
calculation of the amount of the guarantee Berechnung des Betrags der Sicherheit *(f)*
maximum amount of guarantee Höchstbetrag der Bürgschaft *(m)*
reduction of the amount of guarantee Reduzierung des Betrags der Sicherheit *(f)*
amount of import duties Einfuhrabgaben *(pl)*
determination of amount of import duties Berechnung der Einfuhrabgaben *(f)*
amount of indemnity Entschädigungshöhe *(f)*
fixing the amount of indemnity Entschädigungsfeststellung *(f)*, Festlegung der Entschädigungshöhe *(f)*
amount of inspection Umfang der Kontrolle *(m)*
amount of a letter of credit Akkreditivbetrag *(m)*, Akkreditivsumme *(f)*
initial amount of letter of credit Anfangsbetrag des Akkreditivs *(m)*
amount of loss Schadenssumme *(f)*, Schadensumfang *(m)*, Schadenshöhe *(f)*
amount of payment Zahlbetrag *(m)*, Zahlungssumme *(f)*
amount of the quota Kontingentsbetrag *(m)*
amount of sales Umsatzbetrag *(m)*
amount of security Betrag der Sicherheit *(m)*, Betrag der zu leistenden Sicherheit *(m)*, Rahmen der Versicherung *(m)*, Umfang der Versicherung *(m)*
amount of tax Betrag der Steuer *(m)*, Steuerbetrag *(m)*
amount of total VAT MwSt.-Gesamtbelastung *(f)*
amount of turnover Umsatzbetrag *(m)*
amount of the VAT Mehrwertsteuerbetrag *(m)*
amount of wage Lohnhöhe *(f)*, Lohnumfang *(m)*
amount of wages and salaries Lohnhöhe *(f)*, Lohnumfang *(m)*
amount owed Schuldsumme *(f)*
amount owing schuldige Summe *(f)*

* advanced amount Vorschussbetrag (m)
aggregate amount Gesamtbetrag (m), Gesamtsumme (f)
all-round amount Pauschalsumme (f)
claim amount Forderungshöhe (f)
compensatory amount Ausgleichsbetrag (m)
  levy a monetary compensatory amount Währungsausgleichsbetrag erheben (m)
debit an account with an amount Konto belasten (n)
deductible amount Abzugsfranchise (f), Excedentenfranchise (f)
estimated amount geschätzte Summe (f), geschätzter Betrag (m)
exempted amount steuerfreier Betrag (m)
flat-rate amount Pauschalbetrag (m)
gross amount Bruttobetrag (m)
guarantee amount Betrag der Sicherheit (m), Betrag der zu leistenden Sicherheit (m), Bürgschaftssumme (f), Garantiebetrag (m), Garantiesumme (f)
payment of a guarantee amount Zahlung des Garantiebetrags (f)
interest amount Zinsbetrag (m)
invoice amount Rechnungsbetrag (m), Rechnungsbetrag (m)
lump-sum amount Pauschalbetrag (m), Pauschalsumme (f)
maximum amount Höchstbetrag (m)
minimum amount Mindestbetrag (m)
monetary amount Geldbetrag (m)
net amount Nettobetrag (m)
nominal amount Nennbetrag (m), Nominalbetrag (m)
order amount Auftragssumme (f)
outstanding amount fälliger Betrag (m), geschuldeter Betrag (m)
premium amount Prämienhöhe (f)
quota amount Kontingentsmenge (f)
reference amount Referenzbetrag (m)
  calculation of the reference amount Berechnung des Referenzbetrags (f)
tax amount Betrag der Steuer (m), tax amount Steuerbetrag (m)
total amount Endbetrag (m), Gesamtbetrag (m), Gesamtsumme (f)

analyse analysieren
analyse the market Markt forschen (m)

analysing Analysierung (f)

analysis Analyse (f) 2. Analysen-
analysis certificate chemisches Zusammensetzungsattest (n), chemisches Zusammensetzungszertifikat (n)
analysis note Analysenschein (m), Analysenzertifikat (n)
analysis of cyclical trend Konjunkturforschung (f)
analysis of expenses Kostenanalyse (f)
analysis result Analysenresultat (n)
* container user analysis Containeranwenderanalyse (f)
ABC analysis ABC-Analyse (f)
activity-based costing analysis ABC-Analyse (f)
balance-sheet analysis Bilanzprüfung (f)
business analysis Konjunkturforschung (f)
certificate of analysis Analysenschein (m), Analysenzertifikat (n)
consumer's analysis Kundenanalyse (f)
cost analysis Kostenanalyse (f)
cost-benefit analysis (CBA) Cost-Benefit-Analyse (f), Kosten-Nutzen-Analyse (f)
credit capacity analysis Kreditfähigkeitsprüfung (f)
data analysis Datenauswertung (f)
demand analysis Anforderungsanalyse (f), Bedarfsanalyse (f), Bedarfsforschung (f), Nachfrageanalyse (f)
economic analysis ökonomische Analyse (f), Wirtschaftsanalyse (f)
environment impact analysis Umweltverträglichkeitsprüfung (UVP) (f)
environmental analysis Umweltverträglichkeitsprüfung (UVP) (f)
factorial analysis Faktorenanalyse (f)
financial analysis finanzielle Analyse (f)
hazard analysis Gefahranalyse (f)
laboratory analysis Laboranalyse (f)
macroeconomic analysis makroökonomische Analyse (f)
market analysis Konjunkturforschung (f), Marktanalyse (f), Marktuntersuchung (f)
marketing analysis Marketinganalyse (f)
price analysis Preisanalyse (f)
product analysis Produktprüfung (f)
quantitative analysis quantitative Analyse (f)
risk analysis Risikoanalyse (f)
sales mix analysis Sortimentsanalyse (f)
situation analysis Situationsanalyse (f)
strategic analysis strategische Analyse (f)

supply analysis Angebotsanalyse *(f)*
technical analysis technische Analyse *(f)*
anchor Anker *(m)* **2.** Anker-
anchor ground Ankerplatz *(m)*
anchor toll Ankergeld *(n)*, Kielgeld *(n)*
* cast anchor ankern
anchorage Ankerplatz *(m)* **2.** Ankergeld *(n)*,
Kielgeld *(n)*
anchorage permit Ankergenehmigung *(f)*
anchorage toll Ankergeld *(n)*, Kielgeld *(n)*
anchoring berth Ankerplatz *(m)*
* port of anchorage Liegehafen *(m)*
quarantine anchorage Quarantäneankerplatz *(m)*
ancillary zusätzlich
ancillary contract Zusatzkontrakt *(m)*
ancillary publicity Zusatzwerbung *(f)*
annex Anhang *(m)*, Annex *(m)*, Beilage *(f)*
annex to a contract Annex *(m)*, Anlage zum
Vertrag *(f)*, Beilage zu einem Vertrag *(f)*
annexation Annexion *(f)*
annexed anhängend
annexed sheet Nebenkarte *(f)*
annexation Anschluss *(m)*
customs annexation Zollanschluss *(m)*
announce anmelden, benachrichtigen, deklarieren
announcement Anzeige *(f)*, Meldung *(f)*,
Mitteilung *(f)*
announcement of the quota Bekanntgabe
des Kontingents *(f)*
annual Jahres-, jährlich
annual account Jahresbericht *(m)*
annual assessment jährliche Veranlagung *(f)*
annual balance Jahresabschluss *(m)*, Jahresbilanz *(f)*
annual balance-sheet Jahresabschluss *(m)*,
Jahresbilanz *(f)*
annual ceiling *(in respect of imports)* jährlicher
Plafond *(m)*
annual charge Jahresgebühr *(f)*
annual data Jahresangaben *(pl)*
annual duty-free import quota jährliches
zollfreies Kontingent *(n)*
annual estimate Jahresvoranschlag *(m)*
annual fee Jahresgebühr *(f)*
annual inventory jährliche Inventur *(f)*

annual load-line Freibordhöhe *(f)*
annual loss Jahresverlust *(m)*
annual product Jahresprodukt *(n)*
annual profit Jahresgewinn *(m)*
annual report Jahresbericht *(m)*
annual requirements Jahresbedarf *(m)*
annual return *(income tax)* Jahressteuererklärung *(f)*
annual sales Jahresumsatz *(m)*, Jahresverkaufsmenge *(f)*
annual settlement jährliche Abrechnung *(f)*
annual stock-taking jährliche Inventur *(f)*
annual tax declaration jährliche Steuererklärung *(f)*
annual turnover Jahresumsatz *(m)*
annual value Jahreswert *(m)*
annul auflösen, stornieren
annul a contract Vertrag auflösen *(m)*, rückgängig machen *(m)*
annul a guarantee Garantie annullieren *(f)*
annul a letter of credit Akkreditiv widerrufen *(n)*
annul an offer Angebot widerrufen *(n)*, offer
Offerte abberufen *(f)*
annul a proposal Offerte rückgängig machen *(f)*
* right to annul an agreement Recht zur
Auflösung des Vertrages *(n)*
annulment Annullierung *(f)*
annulment of a contract Kontraktauflösung *(f)*,
Rücktritt vom Kontrakt *(m)*, Stornierung des
Kontraktes *(f)*, Vertragsaufhebung *(f)*
annulment of a decision Aufhebung einer
Entscheidung *(f)*
annulment of an order Auftragsannullierung *(f)*, Bestellungsannullierung *(f)*
answer antworten
answer an acceptance Akzept einlösen *(n)*
answer a bill Wechsel einlösen *(m)*, Wechsel honorieren *(m)*
answer to the description Beschreibung
entsprechen *(f)*
answer Antwort *(f)*
definitive answer endgültige Antwort *(f)*
immediate answer prompte Antwort *(f)*,
sofortige Rückantwort *(f)*
prompt answer prompte Antwort *(f)*, sofortige Rückantwort *(f)*

antedate antedatieren, zurückdatieren
antedate a bill Wechsel vordatieren *(m)*
antedate an arrangement Vertrag antedatieren *(m)*, Vertrag zurückdatieren *(m)*
antedate a contract Kontrakt zurückdatieren *(m)*, Vertrag antedatieren *(m)*, Vertrag zurückdatieren *(m)*
antedated nachdatiert, zurückdatiert
antedated cheque nachdatierter Scheck *(m)*
antedated cheque zurückdatierter Scheck *(m)*
antedated document zurückdatiertes Dokument *(n)*
anticipate antizipieren
anticipate a payment vorfristig bezahlen
anticipated erwartet, voraussichtlich
anticipated demand Bedarfsprognose *(f)*,
Bedarfsvorhersage *(f)*
anticipated payment Antizipandozahlung *(f)*,
Vorausbezahlung *(f)*, Vorauszahlung *(f)*
anticipated sale erwarteter Verkauf *(m)*
anticipation Antizipation *(f)*
anticipation payment Antizipandozahlung *(f)*,
Vorauszahlung *(f)*
anticipatory vorausschauend
anticipatory delivery vorfristige Lieferung *(f)*
antedated vordatiert
antidated cheque vordatierter Scheck *(m)*
anti-dumping antidumping, gegen
das Dumping gerichtet *(n)*
anti-dumping duty Antidumpingzoll *(m)*
anti-dumping measures Antidumpingmaßnahmen *(pl)*
anti-dumping procedure Antidumpingverfahren *(n)*
notice of termination of the anti-dumping procedure *(EU)* Bekanntmachung des
Abschlusses des Antidumping-/Antisubven-
tionsverfahrens *(f)*
anti-dumping proceedings Antidumpingverfahren *(n)*
* system of anti-dumping tariff Antidumpingzöllesystem *(n)*
anti-import Antiimport-
anti-import policy Antiimportpolitik *(f)*
anti-import product Antiimportprodukt *(n)*
antimonopoly Antimonopol-
antimonopoly office Antimonopolamt *(n)*

antitrust Kartellverbots-
antitrust law Kartellrecht *(n)*, Kartellverbotsgesetzgebung *(f)*
Antwerp Hamburg range Bereich
Antwerpen - Hamburg *(m)*
any jede
any good brand jede gute Marke *(f)*
aperture Öffnung *(f)*
seal aperture mit einem Verschluss versehener Zugang *(m)*
apparatus Apparat *(m)*
scientific apparatus wissenschaftlicher
Apparat *(m)*
apparent sichtbar
apparent consumption globaler Verbrauch *(m)*
apparent defect sichtbarer Fehler *(m)*
appeal Appellation *(f)* **2.** Beschwerde-
appeal against a decree Anfechtung des
Urteils *(f)*
appeal mechanism Beschwerdeverfahren *(n)*,
Rechtsmittelverfahren *(n)*
appeal procedure Beschwerdeverfahren *(n)*,
Rechtsmittelverfahren *(n)*
* court of appeal Appellationsgericht *(n)*,
Berufungsgericht *(n)*
notice of appeal Appellation *(f)*
right to appeal Berufungsrecht *(n)*
appendix Annex *(m)*, Beilage *(f)*
appendix to contract Anlage zum Vertrag *(f)*,
Annex *(m)*
* contract appendix Nachvertrag *(m)*, Zusatzvertrag *(m)*
applicable anwendbar
applicable tariff geltender Zolltarif *(m)*
applicant Antragsteller *(m)*, Bewerber *(m)*
application Angabe *(f)*, Anmeldung *(f)*,
Bitte *(f)*, Vorschlag *(m)*
application date Anmeldetag *(m)*, Hinterlegungszeitpunkt einer Anmeldung *(m)*
application fee Antragsgebühr *(f)*
application for a licence Antrag auf Lizenzerteilung *(m)*, Lizenzantrag *(m)*
application for authorization Zulassungsantrag *(m)*
application for exemption Antrag auf
Zollbefreiung *(m)*
application for insurance Versicherungsantrag *(m)*

application for letter of credit Akkreditiveröffnungsantrag *(m)*, Beantragung der Akkreditiveröffnung *(f)*

application for opening a letter of credit Akkreditiveröffnungantrag *(m)*, Beantragung der Akkreditiveröffnung *(f)*

application for refund Antrag auf Erstattung *(m)*

application for refund of a tax Antrag auf Steuererstattung *(m)*

application for registration of the trademark Anmeldung für die Eintragung einer Marke *(f)*

application for repayment of duty Antrag auf Zollerstattung *(m)*

application form Antragsformular *(n)*

insurance application form Versicherungsantrag *(m)*

application of law Gesetzesanwendung *(f)*, Rechtsanwendung *(f)*

application of preferential tariff Zollvorzugsbehandlung *(f)*

application of a sanction Anwendung der Sanktion *(f)*

application of simplified procedures at air transport Anwendung des vereinfachtes Verfahren auf dem Luftweg *(f)*

application of simplified procedures at sea transport Anwendung des vereinfachtes Verfahren auf dem Seeweg *(f)*

application of various customs procedures Anwendung der verschiedenen Zollverfahren *(f)*

* **accept the application** Ersuchen entsprechen *(n)*

copy of the application Kopie des Antrags *(f)*

credit application Kreditantrag *(m)*

decline an application Antrag ablehnen *(m)*

examination of a patent application Patentprüfung *(f)*

export application Ausfuhrantrag *(m)*

import application Einfuhrantrag *(m)*

licence application Lizenzantrag *(m)*

lodge an application Antrag einreichen *(m)*

make an application Antrag einbringen *(m)*, Antrag einreichen *(m)*

patent application Patentanmeldung *(f)*, Patentantrag *(m)*

practical application praktische Anwendung *(f)*

sanctions application Anwendung der Sanktionen *(f)*

submit an application Antrag einbringen *(m)*, Antrag einreichen *(m)*, Gesuch stellen *(n)*

apply anwenden

apply an excise Verbrauchssteuer erheben *(f)*

apply duties Zollsätze anwenden *(pl)*

apply a rate Satz anwenden *(m)*

apply measures Maßnahmen anwenden *(pl)*

apply the law Gesetz anwenden *(n)*

apply the sanctions Sanktionen ergreifen *(pl)*, Sanktionen verhängen *(pl)*

apply a tariff Tarif anwenden *(m)*

appoint einstellen **2.** bestimmen, festlegen

appoint an agent Agent berufen *(m)*, Agent ernennen *(m)*

appoint the date Datum festlegen *(n)*

appoint the day Termin bestimmen *(m)*, Termin festlegen *(m)*

appointment Bestimmung *(f)*, Bezeichnung *(f)*

appointment of an agent Vertreterbestimmung *(f)*

appraisal Bemessung *(f)*, Veranschlagung *(f)*, Wertung *(f)*

appraisal for taxation Steuerschätzung *(f)*

appraisal of damage Schadenabschätzung *(f)*, Schadensschätzung *(f)*

appraisal of duty Gebührenbemessung *(f)*

* **credit worthiness appraisal** Beurteilung der Kreditwürdigkeit *(f)*, Einschätzung der Kreditfähigkeit *(f)*

appraise abschätzen, einschätzen

appraise the loss Schaden schätzen *(m)*

appraised geschätzt, taxiert

appraised value Taxwert *(m)*

appraisement Schätzung *(f)*

customs appraisement Zollschätzung *(f)*

appraiser Abschätzer *(m)*, Schätzer *(m)*

appraiser's store Zolleigenlager *(n)*

* **customs appraiser** Zolltaxator *(m)*

general appraiser Zolltaxator *(m)*

insurance appraiser Versicherungsaufseher *(m)*, Versicherungstaxator *(m)*

appreciation Wertsteigerung *(f)*

appreciation of currency Valutakurssteigerung *(f)*

* **capital appreciation** Vermögenszuwachs *(m)*
currency appreciation Aufwertung *(f)*, Aufwertung einer Währung *(f)*

approbation Zustimmung *(f)*
buy on approbation auf Probe kaufen *(f)*

appropriate angemessen
appropriate quality angemessene Qualität *(f)*

appropriation Individualisation *(f)*
appropriation of goods Individualisierung von Ware *(f)*
appropriation to a debt Anrechnung auf eine Schuld *(f)*
* **commitment appropriation** Finanzverpflichtungen *(pl)*

approval Anerkennung *(f)*
approval certificate *(vehicles or Containers) (TIR)* Verschlussanerkenntnis *(f)*
approval of container Zulassung von dem Behälter *(f)*
approval of prices Preisgenehmigung *(f)*
approval plate Zulassungstafel *(f)*
approval procedure *(containers)* Zulassungsverfahren *(n)*
* **certificate of approval** *(vehicles or containers) (TIR)* Zulassungsbescheinigung *(f)*
credit approval Kreditgenehmigung *(f)*, Kreditpromesse *(f)*, Kreditzusage *(f)*
import approval Einfuhrgenehmigung *(f)*, Einfuhrschein *(m)*
purchase on approval Kauf auf Probe *(m)*, Probekauf *(m)*
renewal of approval *(TIR)* Erneuerung der Zulassung *(f)*
sale on approval Kauf auf Probe *(m)*, Verkauf auf Probe *(m)*

approve bestätigen, gutheißen
approve a contract Vertrag genehmigen *(m)*
approve a price Preis festsetzen *(m)*
approve a project Entwurf zustimmen *(m)*
approve a proposal Angebot gutheißen *(n)*
approve a quality Qualität anerkennen *(f)*

approved zugelassen
approved container zugelassener Container *(m)*, Standardcontainer *(m)*
approved for transport under customs seal zum Transport unter Zollverschluss zugelassen *(m)*

approximate ungefähr
approximate price Etwapreis *(m)*, Orientierungspreis *(m)*
approximate quantity annähernde Menge *(f)*

arbiter Arbiter *(m)*, Schiedsrichter *(m)* **2.** Arbiter-, Schiedsrichter-
arbiter fee Arbitergebühr *(f)*, Schiedsrichtergebühr *(f)*
* **sole arbiter** Alleinarbiter *(m)*

arbitrage Arbitrage *(f)* **2.** Kursvergleich *(m)*
arbitrage agreement Schiedsgerichtvertrag *(m)*, Schiedsvertrag *(m)*
arbitrage broker Arbitrageur *(m)*
arbitrage contract Schiedsgerichtvertrag *(m)*, Schiedsvertrag *(m)*
arbitrage in exchange Akzeptgeschäft *(n)*, Wechselarbitrage *(f)*
arbitrage operation Arbitragegeschäft *(n)*
arbitrage transaction Arbitragegeschäft *(n)*
* **compound arbitrage** Mehrfacharbitrage *(f)*
currency arbitrage Devisenarbitrage *(f)*, Währungsarbitrage *(f)*
direct arbitrage direkte Arbitrage *(f)*, einfache Arbitrage *(f)*
interest arbitrage Zinsarbitrage *(f)*
stock arbitrage Effektenarbitrage *(f)*

arbitrageur Arbitrageur *(m)*

arbitral schiedsgerichtlich
arbitral authority Schiedsstelle *(f)*
arbitral clause Arbitrageklausel *(f)*, Arbitragevereinbarung *(f)*, Schiedsgerichtsklausel *(f)*, Schiedsklausel *(f)*
arbitral decision Schiedsgerichtsentscheidung *(f)*, Schiedsspruch *(m)*, Schiedsurteil *(n)*

arbitrament Schiedsgerichtsentscheidung *(f)*, Schiedsspruch *(m)*, Schiedsurteil *(n)*

arbitrary willkürlich
arbitrary value willkürlicher Wert *(m)*

arbitrating schlichtend
arbitrating committee Schlichtungskommission *(f)*

arbitration Arbitrageverfahren *(n)*, Schiedsgerichtsbarkeit *(f)*, Schiedsgerichtsverfahren *(n)*, schiedsrichterliches Verfahren *(n)*, Schiedsverfahren *(n)*
arbitration agreement Schiedsgerichtsvereinbarung *(f)*, Schiedsvertrag *(m)*
arbitration award Schiedsgutachten *(n)*, schiedsrichterliche Entscheidung *(f)*, schiedsrichterliches Urteil *(n)*, Schiedsspruch *(m)*, Schiedsurteil *(n)*

arbitration board Schiedsstelle *(f)*, Schlichtungsstelle *(f)*

arbitration charge Arbitragegebühr *(f)*, Schiedsgerichtsgebühr *(f)*

arbitration claim Arbitrageklage *(f)*

arbitration clause Arbitrageklausel *(f)*, Schiedsklausel *(f)*

arbitration commission Schlichtungskommission *(f)*

  Maritime Arbitration Commission Seearbitragekommission *(f)*

arbitration commission in foreign trade Außenhandels-Arbitragekommission *(f)*

arbitration court Arbitragegericht *(n)*, Schiedsgericht *(n)*

arbitration decision Schiedsspruch *(m)*, Schiedsurteil *(n)*

arbitration fee Arbitragegebühr *(f)*, Schiedsgerichtsgebühr *(f)*

arbitration of exchange Börsenarbitrage *(f)*

arbitration panel Liste der Schiedsrichter *(f)*, Schiedsrichterliste *(f)*

arbitration procedure Arbitrageverfahren *(n)*, Schiedsgerichtsverfahren *(n)*, schiedsrichterliches Verfahren *(n)*, Weg der Arbitrage *(m)*

arbitration proceedings schiedsgerichtliches Verfahren *(n)*, Schiedsgerichtsverfahren *(n)*, schiedsrichterliches Verfahren *(n)*

  capacity to be a party to arbitration proceedings Arbitragefähigkeit *(f)*

arbitration process Schlichtungsverfahren *(n)*

arbitration rules Schiedsgerichtsordnung *(f)*

* **business arbitration** wirtschaftliche Arbitrage *(f)*

commercial arbitration Handelsgericht *(n)*

compulsory arbitration Zwangsarbitrage *(f)*

course of arbitration Weg der Arbitrage *(m)*

court of arbitration Arbitragegericht *(n)*, Schiedsgericht *(n)*

  decision of a court of arbitration Entscheidung des Schiedsgerichts *(f)*

economic arbitration wirtschaftliche Arbitrage *(f)*

exchange arbitration Devisenarbitrage *(f)*, Währungsarbitrage *(f)*

international arbitration internationale Arbitrage *(f)*

quality arbitration Qualitätsarbitrage *(f)*

refer to arbitration an ein Schiedsgericht verweisen *(n)*, schiedsgerichtliche Entscheidung einholen *(f)*

Rules of Conciliation and Arbitration of the International Chamber of Commerce Vergleichs- und Schiedsordnung der internationalen Handelskammer *(f)*

sea arbitration Seearbitrage *(f)*

submit to arbitration an ein Schiedsgericht verweisen *(n)*

submit to arbitration schiedsgerichtliche Entscheidung einholen *(f)*

trade arbitration Handelsgericht *(n)*

arbitrator Arbiter *(m)*, Schiedsrichter *(m)*

arbitrator's award Schiedsgutachten *(n)*

* **panel of arbitrators** Liste der Schiedsrichter *(f)*, Schiedsrichterliste *(f)*

area Bereich *(m)*, Bezirk *(m)*, Fläche *(f)*, Raum *(m)*, Gebiet *(n)*, Territorium *(n)*, Zone *(f)*

area code Ortsnetzkennzahl *(f)*

area of marketing Verkaufsbezirk *(m)*, Verkaufsgebiet *(n)*

area pattern of trade geographische Struktur des Außenhandels *(f)*

* **aircraft parking area** Abstellfläche für Flugzeuge *(f)*

currency area Währungsgebiet *(n)*, Währungszone *(f)*

customs area Zollanschlussgebiet *(n)*, Zollbereich *(m)*, Zollgebiet *(n)*

  maritime customs area Seezollgebiet *(n)*

customs-enforcement area Seezollgebiet *(n)*, Zollgebiet *(n)*, Zollzone *(f)*

distribution area Verkaufsbezirk *(m)*, Verkaufsgebiet *(n)*

dock area Hafengebiet *(n)*

duty-free area Freihandelsgebiet *(n)*, zollfreie Zone *(f)*, zollfreies Gebiet *(n)*, Zollfreigebiet *(n)*, Zollfreizone *(f)*

duty-free dock area Freihafengebiet *(n)*

economic area Wirtschaftsgebiet *(n)*, Wirtschaftsraum *(m)*, Wirtschaftszone *(f)*

  maritime economic area Seewirtschaftszone *(f)*

  special economic area Sonderwirtschaftsgebiet *(n)*

exchange area Devisengebiet *(n)*, Devisenraum *(m)*

export area Exportgebiet *(n)*

free area Freizone *(f)*

frontier area Grenzgebiet *(n)*, Grenzzone *(f)*

harbour area Hafenviertel *(n)*
maritime area Seegebiet *(n)*
marketing area diversification Absatz-markterweiterung *(f)*
payment area Zahlungsraum *(m)*
port area Hafengebiet *(n)*, Hafenviertel *(n)*
sales area Verkaufsfläche *(f)*
trade area Verkaufsfläche *(f)*
 free trade area Freihandelsgebiet *(n)*, Freihandelszone *(f)*, Zollausschlussgebiet *(n)*
transit area Transitzone *(f)*
transport-unloading area Entladegebiet *(n)*
water area Aquatorium *(n)*
 water area of harbour Hafengebiet *(n)*, Hafengewässer *(n)*
argument Argument *(n)*, Beweis *(m)*
argumentation Argumentation *(f)*
arm's Arm-
 arm's length price Marktpreis *(m)*, Tagespreis *(m)*
arrange abmachen
arrangement Abrede *(f)*, Vereinbarung *(f)*, Übereinkommen *(n)*
arrangement about payments Zahlungsvereinbarung *(f)*
* agency arrangement Vertretungsvereinbarung *(f)*
antedate an arrangement Vertrag antedatieren *(m)*, Vertrag zurückdatieren *(m)*
clearing arrangement Clearingabkommen *(n)*, Verrechnungsabkommen *(n)*
exportation arrangement Ausfuhrverfahren *(n)*, Ausfuhrzollverfahren *(n)*
financing arrangement Finanzvertrag *(m)*
import arrangement Einfuhrregelung *(f)*, Importabkommen *(n)*, Importregelung *(f)*
joint marketing arrangement Joint Sales Agreement *(n)*
multilateral arrangement mehrseitige Vereinbarung *(f)*
preferential arrangement *(customs)* Präferenzabkommen *(n)*, Präferenzvereinbarung *(f)*
preferential quantitative arrangement mengenmäßige Präferenzvereinbarung *(f)*
private arrangement Privatvertrag *(m)*
selling arrangement Verkaufsvertrag *(m)*
suspensive arrangement Nichterhebungsverfahren *(n)*

tariff arrangement Zollbehandlung *(f)*
 preferential tariff arrangement Zollpräferenzabkommen *(n)*
trade arrangement Handelsabkommen *(n)*, trade arrangement Handelsvereinbarung *(f)*
arrangements Verfahren *(n)*
arrangements for processing under customs control Verfahren der Umwandlung unter zollamtlicher Überwachung *(n)*
arrangements for the refund of VAT Verfahren zur Erstattung der MwSt. *(n)*
arrangements permitting goods to be processed under customs control before being put into free circulation Zollverfahren der Umwandlung von Waren unter zollamtlicher Überwachung vor ihrer Überführung in den zollrechtlich freien Verkehr *(n)*
* abuse of arrangements Missbrauch des Verfahrens *(m)*
be eligible for the arrangements für die Bewilligung des Verfahrens in Betracht kommen *(f)*
complete the arrangements Verfahren abschließen *(n)*, Verfahren beenden *(n)*
customs arrangements Zollregelung *(f)*
customs processing arrangements Zollveredelungsverkehr *(m)*
exchange arrangements internationaler Zahlungsverkehr *(m)*, Zahlungsverkehr mit dem Ausland *(m)*
free zone arrangements Freizonenregelung *(f)*
inward processing relief arrangements aktiver Veredelungsverkehr *(m)*
inward processing arrangements aktiver Veredelungsverkehr *(m)*
placement of goods under the temporary importation arrangements Überführung der Waren in die vorübergehende Verwendung *(f)*
temporary admission arrangements Verfahren der vorübergehenden Verwendung *(n)*
temporary import arrangements vorübergehendes Einfuhrverfahren *(n)*
transit arrangements Verfahren der Durchfuhr *(n)*
Community transit arrangements gemeinschaftliches Versandverfahren *(n)*
use of the arrangements Inanspruchnahme des Verfahrens *(f)*

arrearages ausständige Zahlungen *(pl)*
arrears Rückstand *(m)*, Verschuldung *(f)*
  arrears of interest rückständige Zinsen *(pl)*, Zinsaußenstände *(pl)*
  * **amount of arrears** Rückstandssumme *(f)*
  in arrears rückständig
  interest arrears rückständige Zinsen *(pl)*
  interest in arrears rückständige Zinsen *(pl)*, insaußenstände *(pl)*
  interest on arrears Säumniszinsen *(pl)*, Verspätungszinsen *(pl)*, Verzugszinsen *(pl)*
  mortgage arrears Hypothekenverschuldung *(f)*
  tax arrears rückständige Abgabe *(f)*
arrest aufhalten, in Haft nehmen
  arrest a ship Schiff aufhalten *(n)*, Schiff beschlagnahmen *(n)*
  arrest a vessel Schiff aufhalten *(n)*, Schiff beschlagnahmen *(n)*
arrest Arrest *(m)*, Festnahme *(f)*, Verhaftung *(f)*
  arrest of cargo Beschlagnahme einer Ladung *(f)*, Ladungsarrest *(m)*, Ladungsbeschlagnahme *(f)*
  arrest of property Beschlagnehmung *(f)*, Vermögensbeschlagnahme *(f)*
  arrest of a ship Arrest in Seeschiff *(m)*, Schiffsarrest *(m)*
  arrest of a vessel Arrest in Seeschiff *(m)*, Schiffsarrest *(m)*
arrival Ankunft *(f)*, Eingang *(m)*, Eintreffen *(n)* **2.** Ankunfts-, Eingangs-
  arrival advice Avis über das Eintreffen eines Schiffes *(m)*
  arrival book Frachtbuch *(n)*
  arrival contract Kontrakt auf Ankunft *(m)*
  arrival date Ankunftsdatum *(n)*, Eingangsdatum *(n)*
  arrival day Ankunftsdatum *(n)*, Eingangsdatum *(n)*
  arrival note Avis über das Eintreffen des Schiffes *(m)*
  arrival notice Ankunftsanzeige *(f)*, Eingangsanzeige *(f)*, Frachteingangsbenachrichtigung *(f)*
    freight arrival notice Verschiffungsanzeige *(f)*
  arrival of goods Eintreffen der Ware *(n)*, Wareneinfuhr *(f)*, Wareneingang *(m)*
    date and time of arrival of goods Datum und Uhrzeit des Wareneingangs *(n)*

date of arrival of goods Datum des Wareneingangs *(n)*, Uhrzeit des Wareneingangs *(f)*
arrival of steamer Ankunft des Schiffes *(f)*, Schiffsankunft *(f)*
arrival register Eingangsregister *(n)*
arrival of vessel Ankunft des Schiffes *(f)*, Schiffankunft *(f)*
documents against payment on arrival of vessel Dokumente gegen Zahlung nach Ankunft des Schiffes *(pl)*, Dokumente gegen Zahlung nach Schiffankunft *(pl)*
arrival port Ankunftshafen *(m)*
  first arrival port erster Ankunftshafen *(m)*
arrival time Ankunftszeit *(f)*
  * **advice of arrival** Avis über das Eintreffen eines Schiffes *(m)*
airport of arrival Bestimmungsflughafen *(m)*
business on arrival Geschäft auf Ankunft *(n)*, Geschäft in rollender Ware *(n)*
cargo arrival Frachteingang *(m)*, Lasteingang *(m)*
cash on arrival Zahlung sofort nach Wareneingang *(f)*
consignment arrival Frachtguteingang *(m)*, Sendungseingang *(m)*
date of arrival Ankunftsdatum *(n)*, Datum des Empfanges *(n)*, Empfangsdatum *(n)*, Tag des Empfangs *(m)*
  expected date of arrival voraussichtliches Ankunftsdatum *(n)*, planmäßige Ankunft *(f)*
design arrival Modelleingang *(m)*, Vorlageneingang *(m)*
freight arrival Frachteingang *(m)*, Lasteingang *(m)*
goods arrival Eintreffen der Ware *(n)*
instruction arrival Auftragseingang *(m)*, Bestelleingang *(m)*
load arrival Ladungseingang *(m)*
model arrival Modelleingang *(m)*, Vorlageneingang *(m)*
notice of arrival Ankunftsanzeige *(f)*, Eingangsanzeige *(f)*
parcel arrival Frachtguteingang *(m)*, Sendungseingang *(m)*
pattern arrival Mustereingang *(m)*, Probeeingang *(m)*
payable on arrival zahlbar bei Ankunft *(f)*, zahlbar nach Eintreffen der Ware *(n)*, zahlbar nach Wareneingang *(m)*

port of arrival Einfuhrhafen *(m)*, Eingangshafen *(m)*, Lieferungshafen *(m)*
post office of arrival Bestimmungspoststelle *(f)*
registration of arrivals Registrierung der ankommenden Sendungen *(f)*
safe arrival wohlbehaltenes Eintreffen *(n)*
sample arrival Mustereingang *(m)*, Probeeingang *(m)*
ship's arrival Ankunft des Schiffes *(f)*, Schiffsankunft *(f)*
time of arrival Ankunftsstunde *(f)*, Ankunftszeit *(f)*
  estimated time of arrival voraussichtliche Ankunftszeit *(f)*, voraussichtlicher Ankunftstermin *(m)*
  value of arrival Lieferwert *(m)*
  vessel's arrival Ankunft des Schiffes *(f)*, Schiffsankunft *(f)*

arterial Haupt-
  arterial railway Haupteisenbahn *(f)*
  arterial road Hauptstraße *(f)*, Hauptweg *(m)*

article Artikel *(m)*, Vertragsbestimmung *(f)*, Vertragspunkt *(m)*
  article for export exportierte Ware *(f)*
  unsuitable article for export nicht exportierte Ware *(f)*
  article of an act Artikel eines Gesetzes *(m)*
  article of an agreement Bestimmung *(f)*, Vertragsartikel *(m)*, Vertragsklausel *(f)*
  article of common use Bedarfsartikel *(m)*, Gebrauchsgegenstand *(m)*
  article of a contract Bestimmung *(f)*, Kontraktartikel *(m)*, Kontraktklausel *(f)*, Vertragsartikel *(m)*, Vertragsklausel *(f)*
  article of convention Artikel des Übereinkommens *(m)*
  article of general consumption Massenartikel *(m)*
  article of general use Bedarfsartikel *(m)*, Gebrauchsgegenstand *(m)*
  article of importation Einfuhrposition *(f)*
  article of luxury Luxusware *(f)*
  article of merchandise Handelsgegenstand *(m)*
  * branded article Markenartikel *(m)*
  characteristics of the article Produkteigenschaft *(f)*
  contract article Vertragsartikel *(m)*
  dangerous article Gefahrengut *(n)*, efährliche Güter *(pl)*

dutiable article zollpflichtige Ware *(f)*
duty per article Stückzoll *(m)*
equivalent article Gegenstand *(m)*
free article zollfreie Ware *(f)*
high grade article hochwertige Ware *(f)*
semi-finished article Halbprodukt *(n)*
taxable article steuerpflichtige Ware *(f)*
trade article Handelsguter *(n)*, Handelsware *(f)*
trade-registered article Markenware *(f)*

articles Statut *(n)*
  articles of association Gesellschaftsvertrag *(m)*
  articles of partnership Genossenschaftsvertrag *(m)*, Gesellschaftsvertrag *(m)*
  * shipping articles Mannschaftsliste *(f)*, Musterrolle *(f)*

as als, wie
  as a sample als Beispiel *(n)*, als Muster *(n)*
  as arranged laut Vertrag *(m)*, nach Vereinbarung *(f)*
  as by agreement vereinbarungsgemäß, vertraglich
  as cover als Sicherheit *(f)*
  as early as possible sobald als möglich
  as fast as you can so schnell wie möglich
  as it is es ist wie est ist
  as per laut, nach
  as per agreement vereinbarungsgemäß, vertraglich
  as per bill of lading Konnossement entsprechend *(n)*, laut Konnossement *(n)*
  as per catalogue laut Katalog *(m)*
  as per contract laut Vertrag *(m)*, nach Vereinbarung *(f)*, vereinbarungsgemäß
  as per invoice laut Rechnung *(f)*
  as per list laut Liste *(f)*, laut Spezifikation *(f)*
  as per order Auftrag entsprechend *(m)*, übereinstimmend mit der Bestellung *(f)*
  as per sample mustergemäß
  as requested nach Wunsch *(m)*
  as soon as possible so schnell wie möglich, sobald wie möglich
  as soon as quickly so schnell wie möglich

ascertaintment Ermittlung *(f)* .
  ascertainment of damage Schadensfeststellung *(f)*, Schadensermittlung *(f)*
  ascertainment of facts Tatsachenfeststellung *(f)*

ask Briefkurs *(m)*
  ask price Preis des Verkäufers *(m)*

asked gefordert
asked price geforderter Preis *(m)*, Verkaufskurs *(m)*
as-received Anlieferungs-
as-received condition Anlieferungszustand *(m)*,
Güterbestand bei Lieferung *(m)*
assay Analyse *(f)*
laboratory assay Laboranalyse *(f)*
sample assay Musterprüfung *(f)*
assembly Aufstellung *(f)*, Montage *(f)*,
Versammlung *(f)*
assembly of consignments Zusammenstellen von Packstücken *(n)*
assent billigen, übereinstimmen
assess feststellen
assess a damage Schadensersatzbetrag
feststellen *(m)*
assess a quality Qualität feststellen *(f)*
assessment Besteuerung *(f)*, Beurteilung *(f)*
assessment basis Bemessungsgrundlage *(f)*
tax assessment basis Steuergrundlage *(f)*
VAT assessment basis Mehrwertsteuerbemessungsgrundlage *(f)*, MwSt.-Bemes-
sungsgrundlage *(f)*
assessment of damage Schadenabschätzung *(f)*, Schadensschätzung *(f)*
assessment of damages Entschädigungsfeststellung *(f)*, Festlegung der Entschädigungshöhe *(f)*
assessment of the dutiable value Zollwertermittlung *(f)*
assessment of duty Festsetzung des Zolles *(f)*, Zollbemessung *(f)*
assessment of a tax Steuerschätzung *(f)*
* annual assessment jährliche Veranlagung *(f)*
basis of assessment for VAT Mehrwertsteuerbemessungsgrundlage *(f)*, MwSt.-Be-
messungsgrundlage *(f)*
duty assessment Zollbemessung *(f)*
empirical assessment Pauschalabschätzung *(f)*
general assessment Hauptveranlagung *(f)*
income tax assessment Einkommensteuerbescheid *(n)*
loss assessment Abschätzung des Schadens *(f)*
special assessment procedure besonderes Erhebungsverfahren *(n)*

assessor Gutachter *(m)*
assessor for shipping casualties Havariesachverständiger *(m)*
assets Vermögenswerte *(pl)*
assets life Abschreibungszeitraum *(m)*,
Amortisationsfrist *(f)*
* capital assets Investitionsgüter *(pl)*, Sachanlagen *(pl)*
currency assets Devisenmittel *(pl)*
fixed assets Investitionsgüter *(pl)*, Sachanlagen *(pl)*
foreign currency assets Devisenwerte *(pl)*
international assets and liabilities balance
Bilanz der internationalen Forderungen und
Schulden *(f)*
assign abtreten, zedieren
assign a right Rechte übertragen *(pl)*
assign an expert Experte ernennen *(m)*
assignable transferabel
assignable letter of credit transferabeles
Akkreditiv *(n)*
assignation Versetzung *(f)*
assignee Abtretungsempfänger *(m)*, Anspruchsberechtigter *(m)*, Zessionar *(m)*
assignment Abtretung *(f)*, Bestimmung *(f)*,
Transfer *(m)*, Übertragung *(f)*, Zuweisung *(f)*,
Zweckbestimmung *(f)*
assignment contract Retrozessionsvertrag *(m)*,
Überlassungsvertrag *(m)*
assignment in blank Blankoabtretung *(f)*,
Blankoübertragung *(f)*
assignment of a claim Abtretung von Forderungen *(f)*, Forderungsabtretung *(f)*
assignment of copyright Übergang von
Autorenvermögensrechten *(m)*
assignment of debts Forderungsabtretung *(f)*
assignment of a mortgage Hypothekenabtretung *(f)*
assignment of a patent Abtretung des Patents *(f)*
assignment of a policy Abtretung der Police *(f)*
assignment of receivables Abtretung von
Forderungen *(f)*, Forderungsabtretung *(f)*
assignment of a right Abtretung von Rechten *(f)*, Rechtsübertragung *(f)*
* absolute assignment Forderungsabtretung *(f)*

deed of assignment Abtretungsurkunde *(f)*, Übertragungsakt *(m)*
instrument of assignment Abtretungsurkunde *(f)*, Zessionsurkunde *(f)*
notice of assignment Abtretungsdeklaration *(f)*, Auslösungsanzeige *(f)*, Zessionsavis *(n)*, Zessionsdeklaration *(f)*
renumerative assignment entgeltliche Zession *(f)*
assignor Begebender *(m)*, Zedent *(m)*
assist Hilfe bringen *(f)*
assistance Hilfe *(f)*
assistance
administrative assistance Amtshilfe *(f)*
international assistance internationale Hilfe *(f)*
judicial assistance Rechtshilfe *(f)*
maritime assistance Bergungsarbeiten *(pl)*
mutual assistance gegenseitige Hilfe *(f)*
   treaty of mutual assistance Abkommen über gegenseitige Hilfe
technical assistance technische Hilfe *(f)*, technische Unterstützung *(f)*
   technical assistance treaty Vereinbarung über technische Hilfe *(f)*
assistant Assistent *(m)*
associate Partner *(m)*
associated assoziiert
associated company Tochtergesellschaft *(f)*, Untergesellschaft *(f)*
associated member assoziiertes Mitglied *(n)*
association Einrichtung *(f)*, Gesellschaft *(f)*, Organization *(f)*, Verband *(m)*, Verein *(m)*, Vereinigung *(f)*
association agreement Assoziationsabkommen *(n)*
association of persons Gesellschaft bürgerlichen Rechts *(f)*
* articles of association Gesellschaftsvertrag *(m)*
business association Wirtschaftsverband *(m)*
consumers' association Konsumentenverband *(m)*
forwarder association Spediteurverband *(m)*
guaranteeing association bürgender Verband *(m)*
insurance association Versicherungsanstalt *(f)*
trade association Handelsverband *(m)*
   free trade association Freihandelsassoziation *(f)*

assortment Sortiment *(n)*
assortment of products Artikelauswahl *(f)*
assortment of samples Musterkollektion *(f)*
* change of assortment Sortimentsänderung *(f)*
extension of assortment Sortimentserweiterung *(f)*
pattern assortment Musterauswahl *(f)*
sample assortment Musterauswahl *(f)*
specification of assortment Auswahlspezifikation *(f)*
assurance Assekuranz *(f)*, Versicherung *(f)*
2. Versicherungs-
assurance company Versicherungsgesellschaft *(f)*
* performance assurance Garantie für technische Parameter *(f)*
quality assurance Beschaffenheitsgarantie *(f)*, Qualitätssicherung *(f)*
director of quality assurance Qualitätsleiter *(m)*
quality assurance engineer Quality-Assurance-Ingenieur *(m)*
assure versichern
assured gesichert
assured sale garantierter Verkauf *(m)*
at an
at interest verzinslich
at present prices zu jetzigen Preisen
at railway station ab Bahnhof *(m)*
at sight bei Sicht *(f)*
ATA *(Customs convention on the ATA Carnet for the temporary admission of goods)* ATA
   ATA Carnet Carnet ATA *(n)*
   goods admitted under cover of an ATA Carnet auf einem Carnet ATA abgefertigte Waren *(pl)*
   expiry of the validity of the carnet ATA Ablauf der Gültigkeitsdauer des ATA-Carnets *(m)*
   ATA convention ATA-Übereinkommen *(n)*
   ATA-carnet procedure Versandverfahren mit Carnet ATA *(n)*
   * customs certificates on ATA carnets Bescheinigung in den Carnets ATA *(f)*
   expiry of the validity of the carnet ATA Ablauf der Gültigkeitsdauer des ATA-Carnets *(m)*

goods admitted under cover of an ATA
Carnet auf einem Carnet ATA abgefertigte
Waren *(pl)*
part of ATA Teil der ATA *(m)*
voucher of an ATA Trennabschnitt eines
Carnets ATA *(m)*
Atlantic atlantisch
Atlantic Standard Time Atlantische Standardzeit *(f)*
at-sea auf See
at-sea servicing Schiffsdienst auf See *(m)*
attach beilegen
attach documents Dokumente anschließen *(pl)*
attaché Attaché *(m)*
naval attaché Marineattaché *(m)*
attached beiliegend
attached document Begleitdokument *(n)*
transport and attached documents Beförderungs- und Begleitpapiere *(pl)*
attack angreifen
attack a result Ergebnis anfechten *(n)*, Ergebnis beanstanden *(n)*
attend begleiten
attend the customs control procedures
an der Zollkontrolle teilnehmen
attendance Dienst *(m)*, Service *(m)*
attendance on customer Kundendienst *(m)*, Kundenservice *(m)*
attending begleitend
attending personnel Bedienungspersonal *(n)*
attention Anmerkung *(f)*
attest attestieren, bestätigen
attest a document Dokument legalisieren *(n)*
attest Attest *(n)*, Bescheinigung *(f)*, Bestätigung *(f)*, Zeugnis *(n)*
present an attest Attest vorlegen *(n)*, Bescheinigung vorlegen *(f)*
produce an attest Zertifikat vorlegen *(n)*
attestation Bescheinigung *(f)*, Bestätigung *(f)*, Nachweis *(m)*, schriftliches Zeugnis *(n)*, Zeugnis *(n)*
attestation of output Attestierung der Erzeugnisse *(f)*
attestation of a signature Beglaubigung der Unterschrift *(f)*
attested beglaubigt
attested copy beglaubigte Abschrift *(f)*

attorney Anwalt *(m)*
power of attorney Ermächtigung *(f)*
expiration of power of attorney Erlöschen einer Bevollmächtigung *(n)*, Erlöschen einer Vollmacht *(n)*
general power of attorney allgemeine Ermächtigung *(f)*, allgemeine Vollmacht *(f)*, Generalvollmacht *(f)*
granting of a power of attorney Mandatierung *(f)*
produce one's power of attorney Plenipotenz vorlegen *(f)*, Vollmacht vorlegen *(f)*
revocation of power of attorney Zurücknahme der Bürgschaft *(f)*
revoke a power of attorney Plenipotenz erteilen *(f)*
revoke a power of attorney Vollmacht entziehen *(f)*
unlimited power of attorney unbeschränkte Vollmacht *(f)*
withdraw a power of attorney Bevollmächtigung zurücknehmen *(f)*, Vollmacht zurücknehmen *(f)*
* letter of attorney Bevollmächtigung *(f)*, schriftliche Vollmacht *(f)*
patent attorney Patentanwalt *(m)*
attract anziehen
attribute Merkmal *(n)*
attribute acceptance Warenprüfung *(f)*
auction versteigern, auf der Aktion verkaufen *(f)*, auf einer Auktion versteigern *(f)*, mittels Versteigerung verkaufen *(f)*
auction Auktion *(f)*, Ausschreibung *(f)*, Auktionskatalog *(m)* **2.** Auktions-
auction broker Auktionsmakler *(m)*
auction by agreement freiwillige Auktion *(f)*
auction charge Agenturprovision *(f)*
auction commission Ausschreibungskommission *(f)*, Tenderausschuss *(m)*
auction company Auktionsgesellschaft *(f)*
auction contract Auktionsvertrag *(m)*
auction date Versteigerungstermin *(m)*
auction day Versteigerungstag *(m)*
auction dealer Auktionator *(m)*, Auktionsmakler *(m)*
auction fee Auktionsgebühr *(f)*
auction hall Auktionssaal *(m)*
auction house Auktionsgesellschaft *(f)*

auction of closed bids schriftliche Ausschreibung *(f)*, schriftliche Versteigerung *(f)*
auction of goods Warenauktion *(f)*
auction price Auktionspreis *(m)*, Hammerpreis *(m)*
auction rules Auktionsregeln *(pl)*
auction sale Auktion *(f)*, Auktionsverkauf *(m)*
auction sale catalogue Auktionskatalog *(m)*
* **buy at auction** auf Auktion kaufen *(f)*, ersteigern, auf Auktion ersteigern *(f)*
closing of an auction Auktionsabschluss *(m)*
commodity auction Warenauktion *(f)*
compulsory auction gerichtliche Auktion *(f)*, Zwangsversteigerung *(f)*
conduct an auction Auktion abhalten *(f)*, Auktion durchführen *(f)*
custom-house auction Zollversteigerung *(f)*
customs auction Versteigerung von Waren der Zollkammer *(f)*, Zollversteigerung *(f)*
dispose at auction auktionieren
double auction Doppelausschreibung *(f)*
Dutch auction Auktion mit allmählicher Ermäßigung *(f)*, Dutch-Auktion *(f)*, holländische Versteigerung *(f)*
English auction britische Auktion *(f)*
hold an auction Auktion abhalten *(f)*, Auktion durchführen *(f)*
hold an auction Versteigerung abhalten *(f)*
international auction internationale Auktion *(f)*, internationale Ausschreibung *(f)*, internationale Versteigerung *(f)*
mock auction Scheinauktion *(f)*
notify the sale by auction Auktion abhalten *(f)*
open an auction Auktion eröffnen *(f)*
open auction offene Versteigerung *(f)*
oral auction mündliche Versteigerung *(f)*
participate in an auction an der Auktion teilnehmen
port auction Hafenauktion *(f)*, Hafenverkauf *(m)*
public auction öffentliche Ausschreibung *(f)*, öffentliche Versteigerung *(f)*
purchase at auction Kauf auf Versteigerung *(m)*, Kauf auf Versteigerung *(m)*
sale at an auction Verkauf auf einer Auktion *(m)*
sale by auction Versteigerung *(f)*
sell at auction auf der Aktion verkaufen *(f)*, auf einer Auktion versteigern *(f)*, mittels Versteigerung verkaufen *(f)*, versteigern
stock auction Börsenauktion *(f)*
terms of auction Auktionsbedingungen *(pl)*

auctioneer Auktionator *(m)*, Bieter *(m)*, Versteigerungsagent *(m)*
auctioneer's commission Versteigerungsgebühr *(f)*
auctioneer's fee Versteigerungsgebühr *(f)*
audit auditieren, prüfen
audit the books Bücher prüfen *(pl)*
audit Audit *(n)*, Bücherrevision *(f)* 2. Audit-
audit certificate Auditbericht *(m)*, Prüfbericht *(m)*, Prüfungsbericht *(m)*
audit firm Wirtschaftsprüfungsgesellschaft *(f)*
audit for quality Qualitätsüberwachung *(f)*
audit of the manifests Prüfung der Manifeste *(f)*
audit of the records held by the airline Buchprüfung bei der Luftgesellschaft *(f)*
audit of the records held by shipping company Buchprüfung bei der Schifffahrtsgesellschaft *(f)*
audit of the records held by the owner of the pipeline Prüfung der Unterlagen des Betreibers der Rohrleitung *(f)*
audit report Auditbericht *(m)*, Buchführungsexpertise *(f)*, Prüfungsprotokoll *(n)*
audit risk Auditrisiko *(n)*
* **bank audit** Bankprüfung *(f)*
book audit Buchprüfung *(f)*
insurance audit Versicherungsaudit *(n)*
internal audit internes Audit *(n)*
marketing organization audit Marketing-Kontrolle *(f)*
marketing audit interne Kontrolle des Marketings *(f)*, Marketingaudit *(n)*
operational audit operationales Audit *(n)*
tax audit Steueraufsicht *(f)*
tax audit report Steuerprüfbericht *(m)*
auditing Revision *(f)*
quality auditing system Qualitätskontrollsystem *(n)*
auditor Auditor *(m)*
auditor's certificate Auditbericht *(m)*, Prüfbericht *(m)*, Prüfungsbericht *(m)*
auditor's fee Prüferhonorar *(n)*
augment vergrößern
augment a price Preis aufschlagen *(m)*, Preis heraufsetzen *(m)*
autarchy Autarkie *(f)*, Selbstgenügsamkeit *(f)*

autenticated bescheinigt
autenticated document bescheinigtes Dokument *(n)*

authentic authentisch, echt
authentic document authentisches Dokument *(n)*, echte Urkunde *(f)*
authentic signature authentische Unterschrift *(f)*, eigenhändige Unterschrift *(f)*
authentic text authentischer Text *(m)*, authentischer Wortlaut *(m)*

authenticate beglaubigen, legalisieren
authenticate a copy Kopie beglaubigen *(f)*

authenticated beglaubigt
authenticated copy of the authorisation beglaubigte Kopie der Bewilligung *(f)*
authenticated document beglaubigte Urkunde *(f)*
authenticated signature beglaubigte Unterschrift *(f)*

authentication Beglaubigung *(f)*, Bestätigung *(f)*
authentication agent Beglaubigungsagent *(m)*
authentication of date Bestätigung des Datums *(f)*, Datumsbestätigung *(f)*
authentication of documents Authentifikation von Dokumenten *(f)*, Legalisierung einer Urkunden *(f)*
authentication of a signature Beglaubigung der Unterschrift *(f)*, Feststellung der Unterschrift *(f)*, Unterschriftsbeglaubigung *(f)*

authenticity Authentizität *(f)*
authenticity of the accompanying documents Echtheit der beigefügten Unterlagen *(f)*
authenticity of document Echtheit der Urkunden *(f)*
verification of authenticity of documents Kontrolle der Echtheit der Urkunden *(f)*
authenticity of documents attached Echtheit der beigefügten Unterlagen *(f)*
authenticity of information Authentizität einer Information *(f)*
authenticity of letter of credit Akkreditivauthentizität *(f)*
authenticity of signature Authentizität einer Unterschrift *(f)*
* certificate of authenticity Echtheitszertifikat *(n)*
proof of authenticity Echtheitsbeweis *(m)*

author Autor *(m)*
author's certificate Autorenzertifikat *(n)*
author's contract urheberrechtlicher Vertrag *(m)*
author's rights Urheberrecht *(n)*, Verlagsrecht *(n)*
author supervision Autorenaufsicht *(f)*

authorisation Bewilligung *(f)*
authorisation for a transit simplification Bewilligung für eine Vereinfachung im Versandverfahren *(f)*
* amendment of the authorisation Änderung der Bewilligung *(f)*
cancellation of the authorisation Kündigung der Bewilligung *(f)*
copy of the authorisation Kopie der Bewilligung *(f)*
authenticated copies of the authorisation beglaubigte Kopie der Bewilligung *(f)*
revocation of the authorisation Rücknahme der Bewilligung *(f)*
revocation of the authorization Widerruf der Bewilligung *(m)*
written authorisation Erlaubnisurkunde *(f)*

authorised zugelassen
authorised agent Bevollmächtigte *(m)*
authorised consignee zugelassener Empfänger *(m)*
authorised consignor zugelassener Versender *(m)*
proof of Community status by an authorised consignor Nachweis des Gemeinschaftscharakters durch einen zugelassenen Versender *(m)*
authorised representative bevollmächtigter Vertreter *(m)*
signature of an authorised representative of the airline Unterschrift eines bevollmächtigten Vertreters der Luftverkehrsgesellschaft *(f)*
signature of an authorised representative of the shipping company Unterschrift eines bevollmächtigten Vertreters der Schifffahrtsgesellschaft *(f)*

authority Administration *(f)*, Behörde *(f)*
2. Experte *(m)*, Gutachter *(m)* **3.** Vollmacht *(f)*
authorities of airport Flughafenbehörde *(f)*
authorities of the port Seehafenbehörde *(f)*

customs authorities of the port Zoll-stelle des Hafens *(f)*
authority to collect Einziehungsermäßigung *(f)*, Inkassovollmacht *(f)*
authority to contract Vertragsabschlussvollmacht *(f)*, Vollmacht zum Abschluss vom Vertrag *(f)*
authority to purchase Kaufermächtigung *(f)*
authority to sign Unterschriftsvollmacht *(f)*, Zeichnungsrecht *(n)*
***** **agent's authority** Agentenbefugnis *(f)*, Vollmacht eines Agenten *(f)*
arbitral authority Schiedsstelle *(f)*
buy on the authority of the sample nach Muster bestellen *(n)*
central authority Zentralgewalt *(f)*
Community authorities *(EU)* Organe der Gemeinschaft *(pl)*
control authority nachprüfende Behörde *(f)*
customs authority Abfertigungsbehörde *(f)*, Zollbehörde *(f)*, Zolldienststelle *(f)*, Zollorgan *(n)*, Zollverwaltung *(f)*
  control of the customs authorities Zollüberwachung *(f)*
  sheet for the competent authorities *(CMC)* Abschnitt für die zuständigen Behörden *(m)*
  inform the customs authorities Zollbehörde informieren
  permission of the customs authorities Zollgenehmigung *(f)*
  presentation of goods to the customs authority Gestellung der Waren an die Zollbehörden *(f)*
  supervision by the customs authorities zollamtliche Überwachung *(f)*, Zollaufsicht *(f)*
delivery authority Bestimmungszollstelle *(f)*, Empfangszolldienststelle *(f)*
exceed one's authority Kompetenzen überschreiten *(pl)*, Vollmacht überschreiten *(f)*
grant authority bevollmächtigen, Plenipotenz geben *(f)*, Vollmacht erteilen *(f)*, Vollmacht geben *(f)*
harbour authority Hafenverwaltung *(f)*
health authorities Gesundheitsbehörde *(f)*
letter of authority Ermächtigungsschreiben *(n)*
local authority Gemeindeverwaltung *(f)*
  local authority guarantee Stadtgarantie *(f)*
overstep one's authority Kompetenzen überschreiten *(pl)*, Vollmacht überschreiten *(f)*

payment authority Zahlungsvollmacht *(f)*
person in authority bevollmächtigte Person *(f)*, Bewilligungsinhaber *(m)*
port authority Hafenamt *(n)*, Hafenverwaltung *(f)*, Hafenbehörde *(f)*
public authority öffentliche Verwaltung *(f)*
revoke an authority Befugnis entziehen *(f)*, Bevollmächtigung widerrufen *(f)*
statistical authorities Statistikbehörde *(f)*
taxation authorities Finanzverwaltung *(f)*
withdraw an authority Befugnis entziehen *(f)*, Bevollmächtigung widerrufen *(f)*

authorization Authorisierung *(f)*, Ermächtigung *(f)*
authorization for duty-free admission Genehmigung für die zollfreie Einfuhr *(f)*
authorization for processing under customs control Bewilligung des Umwandlungsverfahrens *(f)*
authorization for processing under customs supervision Bewilligung des Umwandlungsverfahrens *(f)*
authorization for release for free circulation Zulassung zur Überführung in den zollrechtlich freien Verkehr *(f)*
authorization for temporary admission Bewilligung der vorübergehenden Verwendung *(f)*
authorization for temporary importation Bewilligung der vorübergehenden Verwendung *(f)*
authorization form Genehmigungsvordruck *(m)*
authorization of credit card Authorisierung der Kreditkarte *(f)*
authorization to operate a customs warehouse Bewilligung zum Betrieb des Zolllagers *(f)*
authorization to use the inwards procedure Bewilligung des aktiven Veredelungsverkehrs *(f)*
authorization to use the outward processing procedure Bewilligung des passiven Veredelungsverkehrs *(f)*
***** **application for authorization** Zulassungsantrag *(m)*
be granted an authorization Bewilligung erhalten *(f)*, Genehmigung erhalten *(f)*
continuation of the authorization Aufrechterhaltung der Bewilligung *(f)*
date of authorization Authorisierungsdatum *(n)*

exchange authorization Devisengenehmigung *(f)*
export authorization Ausfuhrerlaubnis *(f)*
granting of an authorization Erteilung der Bewilligung *(f)*
holder of the authorization Inhaber des Zollverfahrens *(m)*
import authorization Einfuhrgenehmigung *(f)*, Einfuhrschein *(m)*
obtain an authorization Bewilligung erhalten *(f)*, Genehmigung erhalten *(f)*
outward processing authorization Bewilligung des passiven Veredelungsverkehrs *(f)*
particulars of the authorization Hinweis auf die Bewilligung *(m)*
revoke the authorization Genehmigung widerrufen *(f)*
sign on authorization per Prokura unterzeichnen *(f)*
special authorization Sondererlaubnis *(f)*
temporary importation authorization Bewilligung zur vorübergehenden Verwendung *(f)*
withhold the authorization Bewilligung verweigern *(f)*
authorize ermächtigen, Plenipotenz erteilen *(f)*, rechtskräftig machen
authorized autorisiert, bevollmächtigt
authorized agent bevollmächtigter Vertreter *(m)*
authorized bank bevollmächtigte Bank *(f)*
authorized clerk Prokurist *(m)*
authorized operations zulässige Behandlungen *(pl)*
authorized person bevollmächtigte Person *(f)*, Bewilligungsinhaber *(m)*
authorized representante Prokurist *(m)*, bevollmächtigter Vertreter *(m)*
authorized signature bevollmächtigte Unterschrift *(f)*
authorized to undertake collection Einziehungsermäßigung *(f)*, Inkassovollmacht *(f)*
authorized translation beglaubigte Übersetzung *(f)*
auto Auto *(n)*
auto ferry Autofährschiff *(n)*, Kraftwagenfähre *(f)*

automated automatisiert
automated clearing house (ACH) automatisierte Verrechnungsstelle *(f)*
automated data processing automatische Datenverarbeitung *(f)*
automated navigation system automatisiertes Navigationssystem *(n)*
automatic automatisch
automatic data-processing system automatisiertes Datenverarbeitungssystem *(n)*
automatic discharge automatische Entladung *(f)*
automatic exchange of information automatischer Auskunftsaustausch *(m)*
automatic reinsurance automatische Rückversicherung *(f)*
automatic sorting automatische Sortierung *(f)*
automobile Auto *(n)*
automobile transport LKW-Transport *(m)*
automotive vehicle Kraftwagen *(m)*
autonomous selbstständig
autonomous contingent autonome Quote *(f)*, autonomes Kontingent *(n)*
autonomous customs tariff autonomer Zolltarif *(m)*
autonomous duty autonomer Zoll *(m)*
autonomous port autonomer Hafen *(m)*
autonomous quota autonome Quote *(f)*, autonomes Kontingent *(n)*
autonomous rate autonomer Satz *(m)*
autonomous rate of duty autonomer Zollsatz *(m)*
autonomous suspensive autonome Aussetzungsmaßnahmen *(pl)*
autonomous tariff autonomer Tarif *(m)*, autonomer Zolltarif *(m)*
autonomy Autonomie *(f)*
tariff autonomy Tarifautonomie *(f)*
autotruck Lastauto *(n)*
auxiliary zusätzlich
auxiliary address Hilfsadresse *(f)*
auxiliary train Zusatzzug *(m)*
aval Aval *(m)*
availability Lieferbarkeit *(f)*
export availabilities Exportkapazitäten *(pl)*
service availability Erreichbarkeit des Services *(f)*, Zugänglichkeit des Services *(f)*

average Durchschnitt *(m)*, Mittel *(n)*
2. Havarie *(f)*, Schiffshavarie *(f)* **3.** durchschnittlich, mittlere
average account Havariekonto *(n)*
average adjuster Dispacheur *(m)*
average adjustment Aufmachung der Dispache *(f)*, Havarieaufmachung *(f)*, Havarierechnung *(f)*
average agent Havariekommissar *(m)*, Havarievertreter *(m)*
average agreement Havarievertrag *(m)*
  general average adjustment Dispache *(f)*,
Havarieaufmachung *(f)*, Havarie-Grosse-
Abkommen *(n)*
average bond Havarieschein *(m)*, Havarie-
Verpflichtungsschein *(m)*
  general average bond Havarieschein *(m)*,
Havarie-Verpflichtungsschein *(m)*, Havarieverschreibung *(f)*, Verpflichtungsschein *(m)*
  Lloyd's Average Bond Lloyd's Havariebond *(m)*
average certificate Havariebeleg *(m)*, Havarieescheinigung *(f)*
average claim Seeschadenersatzanspruch *(m)*
average clause Havarie-Klausel *(f)*
  deductible average clause Abzugsfranchi-se-
klausel *(f)*, Excedentenfranchiseklausel *(f)*
average container load durchschnittliche
Containertragfähigkeit *(f)*
average costs Durchschnittskosten *(pl)*
average damages Havariegeld *(n)*, Verpflichtungsschein *(m)*
average exchange rate Durchschnittswechselkurs *(m)*
average guarantee Havariegarantie *(f)*,
Havarierevers *(m)*, Havarieschein *(m)*, Havarieverschreibung *(f)*
average loss Havarieverlust *(m)*
average payment Havariebeitrag *(m)*
average place Havarieort *(m)*
average price durchschnittlicher Preis *(m)*,
Durchschnittspreis *(m)*
  weighted average price gewogener
Durchschnittspreis *(m)*
average quality durchschnittliche Qualität *(f)*,
Durchschnittsqualität *(f)*, mittlere Qualität *(f)*
  fair average quality aufrichtige Mittelqualität *(f)*, gute Durchschnitlichequalität *(f)*, gute
Durchschnittsqualität *(f)*
  good average quality gute Mittelqualität *(f)*

average rate Durchschnittskurs *(m)*, Durchschnittssatz *(m)*, Mittelkurs *(m)*, mittlerer Satz *(m)*
  weighted average rate gewogener mittlerer Satz *(m)*
average sales durchschnittliches Verkaufsvolumen *(n)*
average sample durchschnittliche Probe *(f)*,
Stichprobendurchschnitt *(m)*
average statement Havarieschadenaufstellung *(f)*
average stater Dispacheur *(m)*
average surveyor Havariekommissar *(m)*,
Havariesachverständiger *(m)*, Havarievertreter *(m)*
average tare durchschnittliche Tara *(f)*
average weight durchschnittliches Gewicht *(n)*,
Durchschnittsgewicht *(n)*
* act of average Havarieakt *(m)*
certificate of average Havarieattest *(n)*,
Havariebeleg *(m)*, Havarieescheinigung *(f)*,
Schadenszertifikat *(n)*
daily average Tagesdurchschnitt *(m)*
deductible average Decortfranchise *(f)*, erste
Franchise *(f)*
free from average frei von Havarie *(f)*
free of all average frei von jeder Beschädigung *(f)*, gegen alle Risken *(pl)*
general average große Havarie *(f)*
  adjust the general average Dispache
aufmachen *(f)*, gemeinschaftliche Havarie
abrechnen *(f)*, gemeinschaftliche Havarie
abwickeln *(f)*, Rechnung über Havariegrosse aufmachen *(f)*
  foreign general average Havarie, die
nach York-Antwerpener Regeln abgewik-
kelt wird *(f)*
  foreign general average clause Klausel der Havarie, die nach York-Antwerpener Regeln abgewickelt wird *(f)*
  free from general average frei von gemeinsamer Havarie *(f)*, frei von gemeinschaftlicher Havarie *(f)*, frei von großer
Havarie *(f)*
  free from general average clause frei-
von-gemeinsamer-Havarie-Klausel *(f)*, frei-
von-Havarie-Klausel *(f)*
  settle the general average Dispache
aufmachen *(f)*, gemeinschaftliche Havarie
abrechnen *(f)*, gemeinschaftliche Havarie
abwickeln *(f)*, Rechnung über Havariegrosse
aufmachen *(f)*

general average account Aufmachung der Dispache *(f)*, Havarieaufmachung *(f)*

general average act Havarie-Grosse-Maßnahmeakt *(m)*

general average clause Havarie-Grosse-Klausel *(f)*

general average contribution gemeinschaftlicher Havarie-Beitrag *(m)*, Havariegrosse-Beitrag *(m)*

general average deposit Havarieeinschuss *(m)*

general average expenses Havariekosten *(pl)*

general average loss Schaden aus gemeinschaftlicher Havarie *(m)*

general average risk Risiko einer gemeinsamen Havarie *(n)*

general average statement Havarieaufmachung *(f)*

geometric average geometrisches Mittel *(n)*

geometrical average geometrisches Mittel *(n)*

make up the average Havarieschaden festlegen *(m)*

on the average durchschnittlich

petty average kleine Havarie *(f)*

premium average Havariebeitrag *(m)*

simple average besondere Havarie *(f)*

weighted average gewogenes Mittel *(n)*

with average inklusive besondere Havarie *(f)*

particular average besondere Havarie *(f)*

free from particular average frei von besonderer Havarie *(f)*, ohne besondere Havarie *(f)*

free from particular average clause frei-von-besonderer-Havarie-Klausel *(f)*

free from particular average, American conditions nicht gegen besondere Havarie versichert (amerikanische Bedingungen) *(f)*

free of particular average (FPA) frei von besonderer Havarie *(f)*, ohne besondere Havarie *(f)*

free of particular average policy Police frei von besonderer Havarie *(f)*

including particular average mit besonderer Havarie *(f)*

with particular average jede Beschädigung die Ware ist vom Versicherer zu ersetzen *(f)*

with particular average mit besonderer Havarie *(f)*

particular average adjustment besondere Havarieaufmachung *(f)*

particular average policy Police mit besonderer Havarie *(f)*

aviation Luftfahrt *(f)*

aviation broker Flugzeugbroker *(m)*

aviation insurance Luftfrachtversicherung *(f)*, Versicherung des Luftverkehrs *(f)*

* **commercial aviation** Handelsluftfahrt *(f)*

transport aviation Transportluftfahrt *(f)*

avoidance Hinterziehung *(f)*

avoidance clause Rücktrittsklausel *(f)*, Verzichtsklausel *(f)*

avoidance of an agreement Stornierung eines Vertrags *(f)*

avoidance of contract Stornierung eines Kontraktes *(f)*

* **tax avoidance** Steuerabwehr *(f)*

award verleihen

award damages Schadensersatz zugestehen *(m)*

award a prize Preis verleihen *(m)*

award Entscheidung *(f)*, Entschließung *(f)*

award of contracts by competitive tendering durch Submission offene Auktion *(f)*

award of contracts by inviting tenders durch Submission offene Auktion *(f)*

award of damages Zuerkennung von Schadensersatz *(f)*

award procedure Gerichtsverfahren *(n)*, Schiedsgerichtsverfahren *(n)*

* **arbitration award** Schiedsgutachten *(n)*, schiedsrichterliche Entscheidung *(f)*, schiedsrichterliches Urteil *(n)*, Schiedsspruch *(m)*, Schiedsurteil *(n)*

arbitrator's award Schiedsgutachten *(n)*

contract award Kontrahierung *(f)*, Kontraktabschluss *(m)*

awkward gefährlich

awkward cargo Außerlademassgut *(n)*

B

back finanzieren, girieren, indossieren
back a bill bürgen, Wechsel stützen (m)
back zurück
back cargo Rückladung (f)
back documents Verspätungspapiere (pl)
back freight Retourfracht (f), Rückfracht (f)
back payment überfällige Zahlung (f)
* call back abbestellen
claim back zurückfordern
money back guarantee Geld-zurück-Garantie (f)
back out kündigen
back out of a contract Kontrakt kündigen (m), Vertrag kündigen (m), vom Kontrakt zurücktreten (m), vom Vertrag zurücktreten (m)
backboard Backbord (m)
backdated vordatiert
backdated bill of lading vordatiertes Konnossement (n)
backed gesichert
backed bill Akzept (n), avalierter Wechsel (m)
backed bill of lading indossiertes Konnossement (n)
backer Avalist (m), Gewährsmann (m), Indossant (m)
backer of bill Awalist (m), Wechselbürge (m)
backhandler Bestechungsgeld (n), Schmiergeld (n)
backing Giro (n), Indossament (n), Indossierung (f)
backlog Nichtausführung (f), Nichtleistung (f)
back-to-back nacheinander
back-to-back letter of credit Gegenakkreditiv für inländische Lieferanten (n)
backwardation Kursabschlag (m)
BACO barge container carrier Containerkahn (m)
bad schlecht, unzulänglich
bad cheque Blüte (f), gefälschter Scheck (m), nicht gedeckter Scheck (m)

bad debt uneinbringliche Schuld (f)
bad debtor fauler Schuldner (m)
bad quality schlechte Qualität (f)
bad time Ausfallzeit (f), Auslaufzeit (f), Stillstand (m)
bad-weather clause Schlechtwetterklausel (f)
* goods in bad order Ware im schlechtem Zustand (f)
BAF BAF-Zuschlag (m)
bag absacken, einsacken
bag Sack (m) **2.** Sack-
bag cargo Sackladung (f)
bag-filling Absacken (n), Eintüten (n)
* bale or bag Ballen oder Sack (m)
cargo in bags abgesacktes Gut (n), sackweise Ladung (f)
confirmation of captain's bag Schiffspostbescheinigung (f), Schiffspostbestätigung (f)
diplomatic bag diplomatisches Kuriergepäck (n)
baggage Gepäck (n) **2.** Gepäck-
baggage declaration Gepäckzollerklärung (f), Zollinhaltserklärung (f)
baggage entry Gepäckdeklaration (f), Gepäckzollerklärung (f), Zollinhaltserklärung (f)
baggage insurance Gepäckversicherung (f), Reisegepäckversicherung (f)
* damage to baggage Gepäckbeschädigung (f)
declaration of Community status for passengers accompanied baggage Erklä-rung des Gemeinschaftscharakters von Waren, die von Reisenden mitgeführt werden (f)
examination of registered baggage Abfertigung des aufgegebenen Gepäcks (f), Kontrolle des aufgegebenen Gepäcks (f)
excess baggage Übergepäck (n)
hand baggage Handgepäck (n)
personal baggage persönliches Reisegepäck (n)
unattended baggage unbeaufsichtigtes Reisegepäck (n)
bagged abgesackt
bagged cargo abgesacktes Gut (n), Sackladung (f), sackweise Ladung (f)
bail Kaution (f)
bail bond Bürgschaft (f)
bailee Depositar (m)
bailee receipt Depotschein (m)

bailment Depositum *(n)*, Kaution *(f)*
balance ausgleichen, balancieren
balance the external account Zahlungsbilanz ausgleichen *(f)*
balance the international payments Zahlungsbilanz ausgleichen *(f)*
balance Balance *(f)*, Restbetrag *(m)*, Saldo *(m)*
2. *(Gerät)* Waage *(f)*
balance due geschuldeter Betrag *(m)*, Restschuld *(f)*
balance of an order Auftragsrest *(m)*
balance of a bill Wechselforderungsrest *(m)*
balance of capital transactions Kapitalbilanz *(f)*, Kapitalverkehrsbilanz *(f)*
balance of clearing Abrechnungssaldo *(m)*
balance of conversion Konversionsguthaben *(n)*
balance of credit Habensaldo *(m)*, Kreditsaldo *(m)*
balance of current transactions Leistungssaldo *(m)*
balance of a debt geschuldeter Betrag *(m)*, Restschuld *(f)*
balance of delivery Lieferungsrest *(m)*
balance of external claims and liabilities Auslandsverschuldungsbilanz *(f)*
balance of finance Finanzbilanz *(f)*
balance of foreign trade Außenhandelsbilanzsaldo *(m)*, Außenhandelssaldo *(m)*
balance of foreign trade exterior Außenhandelsbilanz *(f)*
balance of freight Frachtbetragrest *(m)*
balance of interest Zinsenrest *(m)*
balance of international payments Restzahlung *(f)*, Zahlungsbilanz *(f)*
balance of letter of credit Akkreditivbetragsrest *(m)*, Akkreditivsaldo *(m)*
balance of payments Zahlungsbilanz *(f)*
  active balance of payment aktive Zahlungsbilanz *(f)*
  disequilibrium in the balance of payment Ungleichgewicht der Zahlungsbilanz *(n)*
  passive balance of payment passive Zahlungsbilanz *(f)*
  surplus on balance of payments Zahlungsbilanzüberschuss *(m)*
balance of payments deficit passive Zahlungsbilanz *(f)*, Zahlungsbilanzdefizit *(n)*
balance of payments disequilibrium Ungleichgewicht der Zahlungsbilanz *(n)*

balance-of-payments drain passive Zahlungsbilanz *(f)*, Zahlungsbilanzdefizit *(n)*
balance of payments equilibrium Zahlungsbilanzgleichgewicht *(n)*
balance of payments position Zahlungsbilanzlage *(f)*
balance of payments surplus Zahlungsbilanzüberschuss *(m)*
balance of sum Betragsrest *(m)*
balance of trade Handelsbilanz *(f)*
  active balance of trade aktive Handelsbilanz *(f)*
  export balance of trade aktive Handelsbilanz *(f)*
  passive balance of trade passive Handelsbilanz *(f)*
  visible balance of trade Außenhandelssaldo *(m)*
balance of trade deficit Außenhandelsdefizit *(n)*, Handelsbilanzdefizit *(n)*
balance of trade surplus Exportüberschuss *(m)*, Handelsbilanzüberschuss *(m)*
balance on current account Saldo des laufenden Kontos *(m)*
balance profit Bilanzgewinn *(m)*
* active balance aktive Bilanz *(f)*, Aktivsaldo *(m)*, Bilanzüberschuss *(m)*, Habensaldo *(m)*
adverse balance passive Handelsbilanz *(f)*
amount of balance Restbetrag *(m)*, Saldo *(m)*
annual balance Jahresabschluss *(m)*, Jahresbilanz *(f)*
clearing balance Abrechnungssaldo *(m)*, Verrechnungsbilanz *(f)*
composition of balances Bilanzstruktur *(f)*
credit balance Bilanzüberschuss *(m)*, Habensaldo *(m)*, Kreditsaldo *(m)*
debit balance Sollsaldo *(m)*
favourable balance aktive Bilanz *(f)*, Aktivsaldo *(m)*
foreign exchange balance Devisensaldo *(m)*
foreign trade balance Außenhandelsbilanz *(f)*
international assets and liabilities balance Bilanz der internationalen Forderungen und Schulden *(f)*
market balance Marktgleichgewicht *(n)*
net balance Nettobilanz *(f)*
passive balance Negativbilanz *(f)*, Passivbilanz *(f)*, passive Bilanz *(f)*, Passivsaldo *(m)*
produce the balance bilanzieren
short balance Passivsaldo *(m)*

trade balance Handelsbilanz *(f)*
transfer of balance Saldoübertragung *(f)*
unfavourable balance passive Bilanz *(f)*
balanced balanciert
balanced international payments Zahlungsbilanzgleichgewicht *(n)*
balance-sheet Bilanzaufstellung *(f)*, Bilanzbericht *(m)*
  draw up a balance-sheet Bilanz abschließen *(f)*, Bilanz aufstellen *(f)*
  prepare a balance-sheet Bilanz abschließen *(f)*, Bilanz aufstellen *(f)*
  annual balance-sheet Jahresabschluss *(m)*, Jahresbilanz *(f)*
  draw up a balance-sheet bilanzieren external balance-sheet Bilanz der Auslandszahlungen *(f)*
  final balance-sheet Abschlussbilanz *(f)*
  interpretation of balance-sheet Bilanzanalyse *(f)*
  liquidation balance-sheet Liquidationsbilanz *(f)*
  opening balance-sheet Eröffnungsbilanz *(f)*
  tax balance-sheet Steuerbilanz *(f)*
  balance-sheet analysis Bilanzprüfung *(f)*
  balance-sheet profit Bilanzgewinn *(m)*
balancing balancierend
bale in Ballen packen *(pl)*, in Ballen verpacken *(pl)*
bale Ballen *(m)* **2.** Ballen-, ballenweise
  bale cargo Ballenware *(f)*, ballenweise Ladung *(f)*, Ladung in Ballen *(f)*
  bale cubic capacity Balleninhalt *(m)*
  bale measure Balleninhalt *(m)*
  bale or bag Ballen oder Sack *(m)*
  * cargo in bales Ballengut *(n)*
ballast mit Ballast beladen *(m)*
ballast Auflast *(f)*, Ballast *(m)*, Ballastladung *(f)* **2.** Ballast-
  ballast cargo Ballast *(m)*, Ballastfracht *(f)*, Ballastladung *(f)*, Faulfracht *(f)*
  ballast lighter Ballastleichter *(m)*
  ballast passage Ballastfahrt *(f)*, in-Ballastfahrt *(f)*, Ballastreise *(f)*, Reise mit einer Ballastladung *(f)*
  ballast port Ballasthafen *(m)*
  ballast trimming Ballasttrimmung *(f)*
  ballast voyage Ballastfahrt *(f)*, in-Ballastfahrt *(f)*,

Ballastreise *(f)*, Reise mit einer Ballastladung *(f)*
  * dirty ballast schmutziger Ballast *(m)*
  homeward in ballast Rückballastfahrt *(f)*
  shifting ballast mobiler Ballast *(m)*
ballastage Ballastgebühr *(f)*, Ballastgeld *(n)*
Baltic Ostsee *(f)*
Baltic Exchange Baltic Exchange *(f)*
  Baltic Exchange Dry Index (BDI) Baltic Exchange Dry Index (BDI)
  Baltic Mercantile and Shipping Exchange Baltic Exchange *(f)*
ban Verbot *(n)*, Sperre *(f)*
  ban on export Ausfuhrverbot *(n)*, Exportverbot *(n)*, Exportsperre *(f)*
  ban on import Einfuhrverbot *(n)*, Importsperre *(f)*, Importverbot *(n)*
  ban on sales Verkaufsverbot *(n)*
  * absolute export ban absoluter Ausfuhrverbot *(m)*, absoluter Ausfuhrverbot *(m)*
  break a ban Verbot verletzen *(n)*
  export ban Ausfuhrverbot *(n)*, Exportverbot *(n)*
  impose a ban Sperre verhängen *(f)*, Verbot verhängen *(n)*
  raise a ban Verbot aufheben *(n)*
  removal of a ban Aufhebung eines Verbots *(f)*
  repeal of a ban Verbotaufhebung *(f)*
banana Banane *(f)*
  banana boat Bananendampfer *(m)*
  banana carrier Bananendampfer *(m)*
band Band *(n)*
  customs band Zollbanderole *(f)*
  excise band Banderole *(f)*, Kreuzband *(n)*
  fiscal band Banderole *(f)*
  tax band Banderole *(f)*, Kreuzband *(n)*, Steuerbanderole *(f)*, Zeichensteuer *(f)*
bank Bank *(f)*, Geldinstitut *(n)* **2.** Küste *(f)* **3.** Bank-, Banken-
  bank acceptance Bankakzept *(n)*
  bank account Bankkonto *(n)*, Bankrechnung *(f)*
  bank account code Bankkontonummer *(f)*, Kontonummer *(f)*
  bank account number Bankkontonummer *(f)*, Kontonummer *(f)*
  bank advance Bankdarlehen *(n)*
  bank agency Bankfiliale *(f)*, vermittelnde Bank *(f)*
  bank agent Bankagent *(m)*

bank audit Bankprüfung (f)
bank bill Bankwechsel (m)
bank branch Bankagentur (f), Bankfiliale (f)
bank brokerage Bankgebühr (f)
bank business Bankbetrieb (m), Bankunternehmen (n)
bank card Karte (f)
bank certificate Bankzertifikat (n)
bank's charge Bankzinsen (pl)
bank cheque Bankierscheck (m), Bankscheck (m)
bank clearing Bankclearing (n)
bank code Bankleitzahl (f)
bank collection Bankeinzug (m), Bankinkasso (n)
bank control Bankkontrolle (f)
bank credit Bankkredit (m), Geldkredit (m)
bank custom Bankusance (f)
bank debt Bankschuld (f)
bank discount Bankdiskont (m)
bank discount rate Bankdiscountrate (f), Bankdiskontsatz (m), Bankdiskontfuss (m)
bank discounting Bankdiskont (m)
bank document Bankdokument (n)
bank encashment Bankeinziehung (f)
bank endorsement Bankgiro (n), Bankindossament (n)
bank expert examination Bankexpertise (f)
bank fee Bankgebühr (f)
bank for foreign trade Außenhandelsbank (f), Bank für Außenhandel (f)
bank guarantee Bankaval (m), Bankbürgschaft (f), Bankenhaftung (f)
collection with bank guarantee dokumentäres Inkasso mit Bankbürschaft (n), Dokumenteninkasso mit Bankgarantie (n)
credit by way bank guarantee Bürgschaftskredit (m)
loan guaranteed by way of bank guarantee Avalkredit (m)
security in the form of a bank guarantee bankmäßige Sicherheit (f)
bank holiday Bankfeiertag (m)
bank house Bankbetrieb (m), Bankhaus (n), Bankunternehmen (n)
bank indorsement Bankgiro (n), Bankindossament (n)
bank instruction Bankinstruktion (f)
bank interest Bankzinsen (pl)
bank language Banksprache (f)
bank law Bankrecht (n)

bank legislation Bankgesetzgebung (f)
bank loan Bankdarlehen (n)
bank manager Bankdirektor (m)
bank margin Bankmarge (f)
bank merger Bankenzusammenschluss (m)
bank notice Bankavis (n)
bank of commerce Geschäftsbank (f), Kommerzbank (f)
bank of foreign trade Außenhandelsbank (AHB) (f), Bank für Außenhandel (f)
bank operation Bankgeschäft (n)
bank order Bankanweisung (f), Bankauftrag (m), Bankorder (f), Banküberweisung (f)
bank paper Banknote (f), Bankwechsel (m)
bank payment Bankeinzahlung (f)
bank payment card Bankzahlungskarte (f)
bank place Banksitz (m)
bank pledge Bankpfandrecht (n)
bank rate Bankrate (f), Banksatz (m)
bank rate of discount Bankdiscountrate (f), Bankdiskontsatz (m)
bank receipt Bankquittung (f)
bank references Bankreferenz (f), Bankzeugnis (n)
bank reimbursement Bankrembours (m)
bank representative Bankvertreter (m)
bank's requirements Bankanforderungen (pl)
bank return Bankbericht (m)
bank risk Bankrisiko (n)
bank sanction Banksanktion (f)
bank secrecy Bankgeheimnis (n)
bank security Bankdeckung (f), Bankgarantie (f)
bank settlement Bankverrechnung (f)
bank stamp Banksiegel (n)
bank statement Bankauszug (m)
bank subsidiary Bankfiliale (f), Bankniederlassung (f), Filialbank (f)
bank transfer Bankanweisung (f), Banküberweisung (f)
* accepting bank Akzeptbank (f), akzeptierende Bank (f)
advising bank avisierende Bank (f), eröffnende Bank (f)
authorized bank bevollmächtigte Bank (f)
branch bank Bankfiliale (f), Filialbank (f)
branch of a bank Bankfiliale (f), Bankniederlassung (f)
cartel of banks Bankkartell (n)
central bank Zentralbank (f)

claiming bank fordernde Bank *(f)*
clearing bank Abrechnungsbank *(f)*, Clearingbank *(f)*, Verrechnungsbank *(f)*
collecting bank einziehende Bank *(f)*, Inkassobank *(f)*
collection by the bank Bankeinziehung *(f)*, Bankeinzug *(m)*, Bankinkasso *(n)*
commercial bank Geschäftsbank *(f)*, Handelsbank *(f)*, Kommerzbank *(f)*
compensation bank Verrechnungsbank *(f)*
confirming bank bestätigende Bank *(f)*
 liability of confirming bank Haftung der bestätigenden Bank *(f)*
correspondent bank Korrespondenzbank *(f)*
 foreign correspondent bank ausländische Korrespondenzbank *(f)*
credit bank Kreditanstalt *(f)*, Kreditbank *(f)*
credit-issuing bank Akkreditivbank *(f)*, eröffnende Bank *(f)*, kreditöffende Bank *(f)*
data bank Datenbank *(f)*
deposit bank Geschäftsbank *(f)*
development bank Entwicklungsbank *(f)*
discount a bill through the bank Wechsel bei einer Bank diskontieren *(m)*
discount bank Diskontbank *(f)*, diskontierende Bank *(f)*
discounting bank Diskontbank *(f)*, diskontierende Bank *(f)*
domestic bank Lokalbank *(f)*
domicile a bill at the bank Wechsel in der Bank domizilieren *(m)*
draw a cheque on the bank Scheck auf eine Bank ausstellen *(m)*
export bank Exportbank *(f)*
exporter's bank Bank des Exporteurs *(f)*
export-import bank (Ex-Im Bank) Export- und Importbank *(f)*
foreign bank Auslandsbank *(f)*
 guarantee of a foreign bank Auslandsbankgarantie *(f)*
foreign exchange bank Devisenbank *(f)*
foreign trade bank Außenhandelsbank *(f)*
government bank Staatsbank *(f)*
guarantor bank Bürgebank *(f)*, Garantbank *(f)*
hypothecary bank Hypothekenbank *(f)*, Hypothekeninstitut *(n)*
importer's bank Bank des Importeurs *(f)*
intermediary bank eingeschaltete Bank *(f)*
international bank internationale Bank *(f)*
investment bank Anlagebank *(f)*, Investitionsbank *(f)*

issuing bank Akkreditivbank *(f)*, anweisende Bank *(f)*, eröffnende Bank *(f)*, kreditöffende Bank *(f)*
 liability of issuing bank Haftung der anweisenden Bank *(f)*
land bank Hypothekenbank *(f)*
lending bank Gläubigerbank *(f)*
loan bank Kreditanstalt *(f)*, Kreditbank *(f)*
mortgage bank Hypothekenbank *(f)*
municipal bank Kommunalbank *(f)*
name of bank and number of account Bankverbindung *(f)*
national bank Nationalbank *(f)*
negotiating bank Akkreditivbank *(f)*, eröffnende Bank *(f)*
nominated bank anstehende Bank *(f)*
offshore bank Auslandsbank *(f)*
open an account at a bank Bankkonto eröffnen *(n)*, Konto bei einer Bank eröffnen *(n)*
open an account with a bank Bankkonto eröffnen *(n)*, Konto bei einer Bank eröffnen *(n)*
opening bank anweisende Bank *(f)*
orderer's bank Bank des Auftraggebers *(f)*
ordering bestellen
payee's bank Remittentbank *(f)*
payer's bank Bank des Zahlungspflichtigen *(f)*
paying bank zahlende Bank *(f)*
presenting bank vorlegende Bank *(f)*
register of banks Bankregister *(n)*
reimbursing bank Remboursbank *(f)*
remitting bank Einreicherbank *(f)*, überweisende Bank *(f)*
savings bank system Sparkassensystem *(n)*
sea bank Seeküste *(f)*
settlement bank Clearingbank *(f)*, Verrechnungsbank *(f)*
state bank Staatsbank *(f)*
surety bank Bürgebank *(f)*, Garantbank *(f)*
transferring bank übertragende Bank *(f)*, übertragende Bank *(f)*
Uniform Rules for Bank-to-Bank Reimbursements Einheitliche Richtlinien für Rembourse *(pl)*
universal bank Universalbank *(f)*
World Bank Weltbank *(f)*
banker Bankier *(m)*
banker's bill Banktratte *(f)*
banker's cheque Bankierscheck *(m)*, Bankscheck *(m)*
banker confirmed letter of credit von der Bank bestätigtes Akkreditiv *(n)*

bankers' credit Bankkredit *(m)*
banker's deposit Bankdepot *(n)*
banker's draft Banktratte *(f)*
banker's guarantee Bankdeckung *(f)*, Bankgarantie *(f)*
banker's letter of credit Bankakkreditiv *(n)*
banker's paper Banknote *(f)*, Bankwechsel *(m)*
banker's references Bankreferenz *(f)*, ankzeugnis *(n)*
banking Bankverkehr *(m)*, Bankwesen *(n)*
banking account Bankkonto *(n)*, Bankrechnung *(f)*
banking act Bankgesetz *(n)*
banking activities Bankgeschäft *(n)*, Banktätigkeiten *(pl)*
banking business Bankgeschäfte *(pl)*, Bankoperation *(f)*, Banktätigkeit *(f)*, Banktransaktionen *(pl)*
banking clause Bankspesenklausel *(f)*
banking consortium Bankenkonsortium *(n)*
banking credit Bankkredit *(m)*
banking day Banktag *(m)*
banking documentation Bankdokumentation *(f)*
banking group Bankenkonsortium *(n)*
banking hours Banköffnungszeiten *(pl)*
banking house Bank *(f)*, Bankhaus *(n)*, Geldinstitut *(n)*
banking law Bankgesetzgebung *(f)*, Bankrecht *(n)*
banking management Bankverkehr *(m)*, Bankwesen *(n)*
banking operations Bankgeschäfte *(pl)*, Banktätigkeiten *(pl)*
banking policy Bankpolitik *(f)*
banking practice Bankpraxis *(f)*
banking secrecy Bankgeheimnis *(n)*
banking service Bankdienst *(m)*
banking supervision Bankaufsicht *(f)*
banking system Bankensystem *(n)*
banking transactions Bankgeschäfte *(pl)*, Bankoperation *(f)*, Banktransaktionen *(pl)*
banking turnover Bankverkehr *(m)*
* **offshore banking** Off-Shore-Banking *(n)*
offshore banking center Off-Shore-Bankenzentrum *(n)*
offshore banking unit (OBU) Off-Shore-Bankeinrichtung *(f)*
bankrupt bankrottieren

bankrupt Bankbrüchige *(m)*, Gemeinschuldner *(m)*, Konkursschuldner *(m)*
bankrupt law Konkursrecht *(n)*
* **become bankrupt** bankrottieren, Pleite machen *(f)*
go bankrupt bankrottieren
bankruptcy Konkurs *(m)*, Pleite *(f)*, Zahlungsunfähigkeit *(f)*, Zusammenbruch *(m)*
bankruptcy court Insolvenzgericht *(n)*, Konkursgericht *(n)*
bankruptcy proceedings Konkursverfahren *(n)*
bankruptcy risk Bankrottrisiko *(n)*
* **act of bankruptcy** Konkursdelikt *(n)*
court of bankruptcy Insolvenzgericht *(n)*, Konkursgericht *(n)*
declaration of bankruptcy Falliterklärung *(f)*, Konkurserklärung *(f)*, Konkursmeldung *(f)*
declare bankruptcy Konkurs anmelden *(m)*, Konkurs erklären *(m)*
institution of the bankruptcy proceedings Eröffnung des Konkursverfahrens *(f)*
law of bankruptcy Konkursrecht *(n)*
receiver in bankruptcy Konkursverwalter *(m)*
banned verboten
banned goods verbotenes Gut *(n)*
banned list Verbotsliste *(f)*
bar Flach *(n)*, Untiefe *(f)*
bar code Strichcode *(m)*
bare nackt
bare boat charter Bareboat-Chartervertrag *(m)*, Charter des Schiffes ohne Besatzung *(m)*
bare hull charter Flugmiete *(f)*, Flugmietevertrag *(m)*, Vermietung des Schiffes ohne Besatzung *(f)*
bare load Beschwerungslast *(f)*
bare-boat ohne Bemannung
bare-boat charter Charter des Schiffes ohne Besatzung *(m)*, Frachtvertrag ohne Bemannung *(m)*, Leerschiffcharter *(m)*, Schiffsmiete ohne Mannschaft und Treibstoff *(f)*, Vermietung des Schiffes ohne Besatzung *(f)*
bargain unterhandeln, verhandeln, verkaufen
bargain Geschäft *(n)*
conclusion of a bargain Geschäftsabschluss *(m)*
premium bargain Prämiengeschäft *(n)*

bargaining Abkommensabschluss *(m)*, Handelsverhandlungen *(pl)*, Verhandlungen *(pl)*, Zustandekommen eines Vertrags *(n)* **2.** Vertrags-
bargaining tariff Vertragszolltarif *(m)*
* tariff bargaining Tarifverhandlungen *(pl)*
barge Lastkahn *(m)*, Leichter *(m)*
barge carrier shipping Lascheschifffahrt *(f)*
barge-carrying ship Barge-Carrier *(m)*, Leichter-Trägerschiff *(n)*
barge-carrying vessel Barge-Carrier *(m)*, Leichter-Trägerschiff *(n)*
barge-handling tug Kahnschlepper *(m)**
* canal barge Kanalkahn *(m)*, Frachtkahn *(m)*, Frachtschute *(f)*, Ladebarge *(f)*
coal barge Kohlenleichter *(m)*
coastal barge Kabotageleichter *(m)*, Küstenschifffahrtleichter *(m)*, Leichterschiff *(n)*
coasting barge Kabotageleichter *(m)*, Küstenschifffahrtleichter *(m)*, Leichterschiff *(n)*
coastwise barge Kabotagekahn *(m)*
container barge Containerkahn *(m)*
derrick barge Schwimmkran *(m)*
dumb barge Schleppkahn *(m)*
floating barge container Containerleichter *(m)*
free barge price Preis frei Kahn *(m)*, Preis frei Schute *(m)*
free into barge frei Schute *(f)*
fuel barge Tankkahn *(m)*, fuel barge Tankprahm *(m)*
fuel oil barge Tankkahn *(m)*, Tankprahm *(m)*
hopper barge Kippschute *(f)*, Selbstentladeschute *(f)*
lash barge carrier Leichtertransportschiff *(n)*
pushed barge Schubprahm *(m)*
refrigerated barge Kühlkahn *(m)*
river barge Flusskahn *(m)*
 river barge captain Flußkapitän *(m)*
sea-bourne barge Frachtkahn *(m)*, Kahn *(m)*
sea-going barge Seebarge *(f)*, Seeleichter *(m)*
self-dumping barge Kippschute *(f)*, Selbstentladeschute *(f)*
self-propelled barge Motorkahn *(m)*
tank barge Tankkahn *(m)*
towed barge Schleppkahn *(m)*
utility barge Hafenkahn *(m)*
barratry Baratterie *(f)* **2.** Baratterie-
barratry insurance Baratterieversicherug *(f)*, Versicherung gegen Baratterie *(f)*

barrel einfassen, auf Fässer abfüllen *(pl)*, in Fässer abfüllen *(pl)*, in Fässer gießen *(pl)*, in Fässer packen *(pl)*
barrel Barrel *(n)*, Fass *(n)*
barrel cargo fässerweise Ladung *(f)*, Fassladung *(f)*
* cargo in barrels fässerweise Ladung *(f)*, Fassladung *(f)*
barrier Barriere *(f)*, Schranke *(f)*
barrier to entry Eintrittsbarriere *(f)*
barrier to exit Ausgangsbarriere *(f)*
barrier to trade Handelshindernis *(n)*
* currency barrier Devisenbarriere *(f)*
customs barrier Zollbarriere *(f)*, Zollschranke *(f)*
overcome customs barriers Zollschränken vermeiden *(pl)*
remove customs barriers Zollschränken beseitigen *(pl)*
fiscal barrier Fiskalsperre *(f)*, steuerrechtliche Barriere *(f)*
foreign trade barrier Außenhandelsbarriere *(f)*
import barrier Einfuhrschranke *(f)*
market barrier Marktbarriere *(f)*
non-tariff barriers Non-Tarifbeschränkung *(f)*
protectionist barrier Schutzbarriere *(f)*
tariff barriers Zollerschwernisse *(pl)*, Zollbarrieren *(pl)*
tax barrier Steuerbarriere *(f)*
trade barriers Handelsschranken *(pl)*
barrister Anwalt *(n)*
consulting barrister Rechtsbestand *(m)*
barter Barter *(n)*, Gegenseitigkeitsgeschäft *(n)*, Kompensationshandel *(m)*, Tauschgeschäft *(n)*, Tauschhandel *(m)* **2.** Tausch-
barter agreement Vertrag über Warenaustausch *(m)*
barter business Barattgeschäft *(n)*, Gegenseitigkeitsgeschäft *(n)*, Junktimgeschäft *(n)*, Tauschgeschäft *(n)*
barter contract Tauschkontrakt *(m)*, Vertrag über Warenaustausch *(m)*
barter deal Tauschgeschäft *(n)*
barter exchange Baratthandel *(m)*, Tauschhandel *(m)*
barter trade Barterhandel *(m)*
barter transaction Kompensationsgeschäft *(n)*, Tauschgeschäft *(n)*
* trade by barter Baratthandel *(m)*, Kompensationshandel *(m)*, Tauschhandel *(m)*

bartering Tauschhandel *(m)*
barting Barting *(m)*
base Magazin *(n)*, Terminal *(m)* **2.** Basis-
base currency Basiswährung *(f)*
base freight Basisfracht *(f)*
base port Basishafen *(m)*, Haupthafen *(m)*
base price Grundpreis *(m)*, Richtpreis *(m)*
  base price system Grundpreissystem *(n)*
base rate Basisrate *(f)*, Basissatz *(m)*, Einstandssatz *(m)*, Grundsatz *(m)*
  base rate of wage Fertigungsgrundlohn *(m)*, Grundlohn *(m)*
base rates Basistarif *(m)*
base wage Fertigungsgrundlohn *(m)*, Grundlohn *(m)*
* excise base Verbrauchssteuerbasis *(f)*
financial base finanzielle Basis *(f)*
freight base Frachtbasis *(f)*
naval base Seeterminal *(m)*
price base Preisbasis *(f)*
purchase on base Kauf nach Basis *(m)*
rate base Tarifbasis *(f)*
tax base Steuerbemessungsgrundlage *(f)*
  tax base broadening Verbreiterung der Bemessungsgrundlage *(f)*
technical base technische Basis *(f)*
container base (CB) Containerboden *(n)*
goods delivered to base port Vorreisegut *(n)*
baseless unbegründet
base-year Basisjahr-
base-year price Basisjahrpreis *(m)*
basic Grund-
basic contract Basisvertrag *(m)*
basic customs rate Grundzollsatz *(m)*
basic data Grunddaten *(pl)*
basic point price Frachtbasispreis *(m)*
basic policy Basispolice *(f)*, Stammpolice *(f)*
basic premium Grundprämie *(f)*
basic price Grundpreis *(m)*, Richtpreis *(m)*
  fixed basis price unveränderter Preis des Basiszeitraumes *(m)*
basic products Grunderzeugnisse *(pl)*
basic rate Basisrate *(f)*, Grundsatz *(m)*
basic relief Basiserlass *(m)*
basic risk Basisrisiko *(n)*
basic standard Basisstandard *(m)*
basic tariff Basiszolltarif *(m)*, Grundtarif *(m)*
basic terms Basisbedingungen *(pl)*, Hauptbedingungen *(pl)*

basic threshold Basisschwelle *(f)*
* contract on a compensatory basis Entschädigungsvertrag *(m)*
customs basis Zollbasis *(f)*
freight assessed on the basis of cubic measurement Fracht berechnet nach Kubikmetern *(f)*, Raumfracht *(f)*
freight basis Frachtbasis *(f)*
legal basis rechtliche Grundlage *(f)*, Rechtsbegründung *(f)*
purchase at the basis Kauf nach Basis *(m)*
tax assessment basis Steuergrundlage *(f)*
tax basis Bemessungsgrundlage *(f)*, Steuerbemessungsgrundlage *(f)*
VAT assessment basis Mehrwertsteuerbemessungsgrundlage *(f)*, MwSt.-Bemessungsgrundlage *(f)*
basin Bassin *(n)*
basis Basis *(f)*, Grund *(m)* **2.** Basis-
basis for calculation Kalkulationsbasis *(f)*
basis grade Basisstandard *(m)*
basis of assessment for VAT Mehrwertsteuerbemessungsgrundlage *(f)*, MwSt.-Bemessungsgrundlage *(f)*
basis of calculation Bemessungsgrundlage *(f)*
basis of duty Zollbemessungsgrundlage *(f)*
basis of taxation Steuerbasis *(f)*
basis point Basispunkt *(m)*
basis quality Basisqualität *(f)*
basis rate Einstandssatz *(m)*, Grundsatz *(m)*
basket Korb *(m)*
basket of shares Aktienpaket *(n)*
* currency basket Währungskorb *(m)*
batch Stapel *(m)*
batch of cargo Gutpartie *(f)*, Ladungspartie *(f)*
batch of parcels Stückgutpartie *(f)*
batch quantity Lieferungsgröße *(f)*, Lieferungsmenge *(f)*
to be sein
be according to sample Muster entsprechen *(n)*
be amenable unterliegen
be assigned a customs-approved treatment or use zollamtliche Bestimmung erhalten *(f)*
be behind im Ausstand sein *(m)*
be behindhand with one's payment mit der Bezahlung im Ausstand sein *(f)*, mit der Zahlung ausbleiben *(f)*

be chargeable with export duties Ausfuhrabgaben unterliegen *(pl)*
be chargeable with import duties Einfuhrabgaben unterliegen *(pl)*
be classified in a tariff heading unter eine Tarifnummer fallen *(f)*, zu einer Tarifnummer gehören *(f)*
be eligible for the arrangements für die Bewilligung des Verfahrens in Betracht kommen *(f)*
be engaged in traffic Handel führen *(m)*, Handel treiben *(m)*
be granted an authorization Bewilligung erhalten *(f)*, Genehmigung erhalten *(f)*
be in arrears with one's payment mit der Bezahlung im Ausstand sein *(f)*, mit der Zahlung ausbleiben *(f)*
be in negotiations Verhandlungen führen *(pl)*
be liable to duty zollpflichtig sein
be liable to export duties Ausfuhrabgaben unterliegen *(pl)*
be liable to import duties Einfuhrabgaben unterliegen *(pl)*
be liable to tax Besteuerung unterliegen *(f)*
be subject to a system Regelung unterliegen *(f)*
be subject to control Kontrolle unterliegen *(f)*
be subject to customs control zollamtlicher Überwachung unterliegen *(f)*
be subject to prohibitions Verboten unterliegen *(pl)*
be subject to restrictions Beschränkungen unterliegen *(pl)*
be under customs transit sich im Zollgutversand befinden *(m)*
bearer Besitzer *(m)*, Inhaber *(m)* **2.** Inhaber-
bearer bill Inhaberwechsel *(m)*
  bearer bill of lading Blankokonnossement *(n)*, Inhaberkonnossement *(n)*
bearer cheque Inhaberscheck *(m)*, Überbringerscheck *(m)*
bearer document Inhaberdokument *(n)*, Inhaberpapier *(n)*
bearer endorsement Inhaberindossament *(n)*
bearer of a bill Inhaber eines Wechsels *(m)*, Wechselinhaber *(m)*
bearer of a bill of lading Konnossementsbesitzer *(m)*
bearer of a cheque Scheckbesitzer *(m)*, Scheckinhaber *(m)*

bearer policy Inhaberpolice *(f)*, Überbringerpolice *(f)*
* bill of lading to bearer Blankokonnossement *(n)*, Inhaberkonnossement *(n)*
bill to bearer Inhaberwechsel *(m)*
cheque to bearer Inhaberscheck *(m)*, Überbringerscheck *(m)*
document to bearer Inhaberdokument *(n)*, Inhaberpapier *(n)*
payable to bearer an den Überbringer zahlbar *(m)*
policy to bearer Inhaberpolice *(f)*, Überbringerpolice *(f)*
tax bearer Steuerträger *(m)*
bearing Lage *(f)* **2.** tragend
bearing no interest zinsfrei
bearing special stamp Sonderstempelabdruck *(m)*
beat down senken
become anfangen, werden
become bankrupt bankrottieren, Pleite machen *(f)*
become insolvent Bankrott machen *(m)*
beforehand vorab
pay beforehand im Voraus bezahlen, im Voraus zahlen, pränumerando zahlen, voraus bezahlen, vorfristig bezahlen
beginning Anfang *(m)*, Beginn *(m)*
belated verspätet
belated payment verspätete Zahlung *(f)*, verzögerte Zahlung *(f)*
behavior Verhalten *(n)*
processing behavior Verarbeitungsverhalten *(n)*
price behaviour Preisentwicklung *(f)*
benchmark Kriterium *(n)*
benchmark price Etwapreis *(m)*, Orientierungspreis *(m)*
beneficiary Begünstigter *(m)*
beneficiary of an insurance policy Versicherer *(m)*, Versicherungsträger *(m)*
beneficiary of collection Inkassoempfänger *(m)*
beneficiary of contract Vertragsschließende *(m)*, vertragsschließende Seite *(f)*
beneficiary of services Empfänger der Dienstleistungen *(m)*
* contract beneficiary Vertragsschließende *(m)*, vertragsschließende Seite *(f)*
statement by the beneficiary Begünstigtererklärung *(f)*

benefit Gewinn *(m)* **2.** Leistung *(f)* **3.** Privilegium *(n)*, Vorrecht *(n)*
benefit clause Begünstigungsklausel *(f)*
benefit-cost ratio Kosten-Nutzen-Verhältnis *(n)*
* duty benefit Zollvorrecht *(n)*, Zollvorteil *(m)*
fringe benefit zusätzliche Leistung *(f)*
transfer of benefits Gewinnabführung *(f)*

berth Anlegeplatz *(m)*, Anlegestelle *(f)*, Liegeplatz *(m)*, Löschbrücke *(f)*, Quai *(m)*, Schiffsliegeplatz *(m)*, Ufermauer *(f)*
berth cargo Beipackung *(f)*, Zusatzladung *(f)*
berth charge Kaigebühr *(f)*, Liegeplatzgebühr *(f)*, Standgeld *(n)*
berth charter Kojencharter *(m)*, Schiffsmiete *(f)*
berth charter-party Schiffsmiete *(f)*
berth freight Beipackung *(f)*
berth rate Linienfrachtsatz *(m)* **2.** Liniefrachttarif *(m)*, Linientarif *(m)*
berth terms Bedingungen des Ladeplatzes bezüglich Ladens und Löschens *(pl)*, Ein- und Ausladekosten für Reeder *(pl)*, Usancen des Linienverkehrs *(pl)*
berth terms clause Berth-Terms-Klausel *(f)*
* anchoring berth Ankerplatz *(m)*
container berth Containerkai *(m)*, Containerliegeplatz *(m)*, Containerplatz *(m)*, Containerterminal *(m)*
customs berth Zollkai *(m)*, Zollladungsplatz *(m)*, Zollmole *(f)*
length of berth Kailänge *(f)*
loading berth Güterumschlagsplatz *(m)*, Umladungskai *(m)*, Umladungsstelle *(f)*, Vertäuenort *(m)*
mooring berth Festmachenstelle *(f)*, Vertäuenplatz *(m)*
port berth Hafenkai *(m)*
quay berth Kai *(m)*
safe berth sicherer Kai *(m)*, sicherer Schiffsliegeplatz *(m)*
safe berth, safe port sicherer Kai, sicherer Hafen *(m/m)*
storage berth Lagerschuppen *(m)*
storing berth Lagerungskai *(m)*

berthage Anlegeplatz *(m)*, Festmachenplatz *(m)*, Liegeplatz *(m)* **2.** Kaigebühren *(pl)*, Kaigeld *(n)*

berthing Anlegen *(n)*
berthing tug Bugsierungsschlepper *(m)*

best beste
best quality beste Qualität *(f)*, einwandfreie Qualität *(f)*, höchste Qualität *(f)*, Spitzenqualität *(f)*, vorzügliche Qualität *(f)*

between zwischen
between product Halberzeugnis *(n)*, Halbfertigfabrikat *(n)*

bid anbieten, anpreisen, auf den Preis aufschlagen *(m)*
bid the price up Preis erhöhen *(m)*
bid Kaufangebot *(n)*
bid bond Ausschreibungsgarantie *(f)*, Bietungsgarantie *(f)*
bid quotation Geldkurs *(m)*, Sortenankaufskurs *(m)*
* accept a bid Offerte akzeptieren *(f)*
acceptance of a bid Offertenannahme *(f)*
auction of closed bids schriftliche Ausschreibung *(f)*, schriftliche Versteigerung *(f)*
call for a bid ausschreiben
firm bid verbindliche Offerte *(f)*, verbindliches Angebot *(n)*
highest bid bestes Angebot *(n)*
open bid freibleibende Offerte *(f)*, freibleibendes Angebot *(n)*
partial bid Teilversteigerung *(f)*
refusal of bid Ablehnung eines Angebots *(f)*

bidder Anbietende *(m)*, Bieter *(m)*

bidding Vergantung *(f)*

bilateral bilateral
bilateral agreement bilateraler Vertrag *(m)*, bilaterales Abkommen *(n)*, zweiseitiges Abkommen *(n)*
bilateral central rate bilateraler Leitkurs *(m)*
bilateral chamber of commerce gemischte Handelskammer *(f)*
bilateral clearing bilaterales Clearing *(n)*, zweitseitiges Clearing *(n)*
bilateral contract bilateraler Vertrag *(m)*
bilateral quotas bilaterale Quoten *(pl)*
bilateral relations bilaterale Beziehungen *(pl)*
bilateral settlements bilaterale Verrechnungen *(pl)*
bilateral trade bilateraler Austausch *(m)*, bilateraler Handel *(m)*, Handel zwischen zwei Staaten *(m)*
bilateral trade agreement bilaterales Handelsabkommen *(n)*

bilateral transaction bilaterales Geschäft *(n)*
bilateral treaty bilateraler Vertrag *(m)*
bill fakturieren, Rechnung ausstellen *(f)*
bill Rechnung *(f)* **2.** Quittung *(f)* **3.** Wechsel *(m)*
4. Gesetzentwurf *(m)*, Gesetzesentwurf *(m)*
bill acceptance Annahme des Wechsels *(f)*
bill accepted angenommener Wechsel *(m)*
bills account Wechselkonto *(n)*
bill at sight Vistawechsel *(m)*
bill book Wechselbuch *(n)*
bill broker Wechselhändler *(m)*, Wechselmakler *(m)*
bill brokerage zusammengesetzte Arbitrage *(f)*
bills collection Inkasso eines Wechsels *(n)*, Wechselinkasso *(n)*
bill cover Deckung eines Wechsels *(f)*, Wechseldeckung *(f)*
bill debt Wechselschuld *(f)*
bill debtor Wechselschuldner *(m)*
bill discount Wechseldiskont *(m)*, Wechseldiskontierung *(f)*
bill discounting Wechseldiskontierung *(f)*
bill duplicate Rechnungsabschrift *(f)*, Rechnungsduplikat *(n)*
bill entry Zollinhaltserklärung *(f)*
bill for collection Inkassowechsel *(m)*, Retourwechsel *(m)*
bill for discount diskontierter Wechsel *(m)*, Diskontwechsel *(m)*
bill form Wechselformblatt *(n)*, Wechselformular *(n)*
bill guarantee Bankbürgschaft *(f)*, Wechselgarantie *(f)*
payment of bill guarantee Zahlungsgarantie für Wechsel *(f)*
bill holder Wechselinhaber *(m)*
bills in a set Wechselsatz *(n)*
bill in suspense nicht eingelöster Wechsel *(m)*
bill market Wechselbörse *(f)*
foreign bill market Devisenmarkt *(m)*
bill of acceptance akzeptierte Tratte *(f)*, angenommener Wechsel *(m)*
bill of bottomry Seewechsel *(m)*
bill of carriage Frachtbrief *(m)*
bill of clearance Zollquittung *(f)*
bill of costs Gebührenaufstellung *(f)*, Kostenaufstellung *(f)*, Spesenrechnung *(f)*
bill of debt Garantieschein *(m)*, Lagerschein *(m)*
bill of demand Sichtwechsel *(m)*, Vistawechsel *(m)*

bill of entry Einfuhrdeklaration *(f)*, Einfuhrerklärung *(f)*, Zolldeklaration *(f)* **2.** trassierter Wechsel *(m)*
bill of exchange Wechsel *(m)*, gezogener Wechsel *(m)*, trassierter Wechsel *(m)* **2.** Wechsel-
acceptance of a bill of exchange Annahme des Wechsels *(f)*, Wechselakzept *(n)*
amount of a bill of exchange Wechselsumme *(f)*
claim on a bill of exchange Rückgriffanspruch *(m)*, Wechselforderung *(f)*
draw a bill of exchange Wechsel ausstellen *(m)*
endorsement on a bill of exchange Wechselgiro *(n)*, Wechselindossement *(n)*
first bill of exchange Primawechsel *(m)*
first of bill of exchange erste Ausfertigung des Wechsels *(f)*, Primawechsel *(m)*
form of a bill of exchange Wechselformblatt *(n)*, Wechselformular *(n)*
giver of a bill of exchange Trassant *(m)*
guarantee a bill of exchange Wechsel garantieren *(m)*
guarantee of bill of exchange Wechselgarantie *(f)*
guaranteed bill of exchange garantierter Wechsel *(m)*
holder of bill of exchange Wechselinhaber *(m)*
liability on bills of exchange Wechselverbindlichkeit *(f)*
obligation resulting from a bill of exchange Wechselobligo *(n)*
principal of a bill of exchange Wechselsumme *(f)*
recourse on a bill of exchange Wechselregress *(m)*, Wechselrückgriff *(m)*
rediscount a bill of exchange Wechsel zum Rediskont weitergeben *(m)*
tenor of bill of exchange Ziel der Tratte *(n)*
transcript of a bill of exchange Wechselduplikat *(n)*
bill of exchange action Wechselklage *(f)*
bill of exchange of security Deckungswechsel *(m)*, Kautionswechsel *(m)*
bill of exchange stamp Stempelmarke auf Wechsel *(f)*
bill of expenditures Kostenaufstellung *(f)*, Spesenrechnung *(f)*

bill of freight Eisenbahnfrachtbrief (m), Frachtbrief (m), ieferschein (m), Warenbegleit- schein (m), Transportbescheinigung (f)
bill of freight CIM Eisenbahnfrachtbrief CIM (m), Frachtbrief CIM (m)
bill of freight SMGS Eisenbahnfrachtbrief SMGS (m), Frachtbrief SMGS (m)
bill of goods Handelsrechnung (HR) (f), Warenrechnung (f)
bill of health Gesundheitsattest (n), Gesund- heitsbescheinigung (f), Gesundheitszertifikat (n), Gesundheitszeugnis (n), Sanitätsschein (m)
claused bill of health unreines Gesundheitszer- tifikat (n), unreines Gesundheitszeugnis (n)
dirty bill of health unreines Gesundheits- zertifikat (n), unreines Gesundheitszeugnis (n)
unclean bill of health unechtes Gesund- heitszeugnis (n)
vessel's bill of health Schiffsgesundheits- zertifikat (n), Schiffsgesundheitszeugnis (n)
bill of lading Frachtbrief (m), Konnossement (n), Ladungsbrief (m), Schiffsfrachtbrief (m), Schiffs- ladeschein (m), Seefrachtbrief (m), Transport- schein (m)
    according to bill of lading Konnosse- ment entsprechend (n), laut Konnossement (n)
    as per bill of lading Konnossement ent- sprechend (n), laut Konnossement (n)
    backdated bill of lading vordatiertes Konnossement (n)
    backed bill of lading indossiertes Kon- nossement (n), indossiertes Konnossement (n)
    bearer bill of lading Inhaberkonnossement (n)
    bearer of a bill of lading Konnossements- besitzer (m)
    blank bill of lading Blankokonnossement (n)
    blanket bill of lading generelles Kon- nossement (n)
    carrier's bill of lading Konnossement eines Transportunternehmens (n)
    charter party bill of lading Charterkon- nossement (n), Charterpartiekonnossement (n)
    clause in a bill lading Konnossements- vorbehalt (m)
    claused bill of lading unreines Konnos- sement (n)
    clean bill of lading reines Konnossement (n)
    clear bill of lading uneingeschränktes Konnossement (n)

coastwise bill of lading Küstenschiff- fahrtkonnossement (n)
collective bill of lading Sammelkonnos- sement (n)
FIATA Combined Transport Bill of La- ding FIATA kombinierter Transport Bill of Lading (n)
commercial bill of lading Transport- bescheinigung (f)
container bill of lading Beförderungs- dokument für den kombinierten Transport (n), Containerfrachtbrief (m), Containerkonnos- sement (n), Dokument des kombinierten Transports (n)
Convention for the Unification of cer- tain rules of Law relating to Bills of Lading Visby Regeln (pl)
copy of bill of lading Konnossements- abschrift (f)
custody bill of lading Konnossement des Lagerhalters (n)
customs bill of lading Zollabfertigungs- schein (m)
detrimental clause in a bill of lading Konnossementsvermerk (m)
direct bill of lading direkter Fracht- brief (m), direktes Konnossement (n), einfa- ches Konnossement (n), Linie-Durchfracht- konnossement (n)
dirty bill of lading einschränkendes Kon- nossement (n), unreines Konnossement (n)
endorse a bill of lading Konnossement indossieren (n)
endorsement of bill of lading Indos- sierung des Konnossements (f)
export bill of lading Außenkonnosse- ment (n), Exportdurchkonnossement (n), Ex- portkonnossement (n)
final bill of lading Finalkonnossement (n)
forward a bill of lading Konnossement zusenden (n), Ladebrief zusenden (m), See- frachtbrief zuschicken (m)
forward bill of lading Spediteurkonnos- sement (n)
forwarder's bill of lading Spediteurkon- nossement (n)
foul bill of lading einschränkendes Kon- nossement (n), unreines Konnossement (n)

free alongside bill of lading Empfangskonnossement *(n)*, Längsseits-Konnossement *(n)*

full set of bill of lading Konnossementssatz *(m)*, voller Satz von Konnossement *(m)*, vollständiger Konnossementssatz *(m)*

non-delivery of full set bills of lading Konnossementsnichtlieferung *(f)*

deliver full set of bill of lading Konnossementssatz beibringen *(m)*

delivery of full set of bill of lading Zustellung des Konnossementssatzes *(f)*, Zustellung vollen Satzes von Konnossementen *(f)*

groupage bill of lading Sammelkonnossement *(n)*

grouped bill of lading Sammelladungskonnossement *(n)*, Spediteursammelkonnossement *(n)*

harbour bill of lading Hafenkonnossement *(n)*, Port-Konnossement *(n)*

homeward bill of lading Importkonnossement *(n)*

import bill of lading Importkonnossement *(n)*

inland waterway bill of lading Binnenkonnossement *(n)*, Flusskonnossement *(n)*, Flussladeschein *(m)*

insured bill of lading versichertes Konnossement *(n)*

International Convention for the Unification of certain Rules relating to Bills of Lading Haager Regeln *(pl)*

inward bill of lading Importkonnossement *(n)*

joint bill of lading gemeinsames Konnossement *(n)*, Sammelkonnossement *(n)*

liner bill of lading Linie-Konnossement *(n)*, Linienschiffskonnossement *(n)*, Sammelkonnossement *(n)*

liner through bill of lading direkter Frachtbrief *(m)*, Linie-Durchfrachtkonnossement *(n)*

local bill of lading Konnossements-Teilschein *(m)*, Lokalkonnossement *(n)*, Vorreisekonnossement *(n)*

make out a bill of lading Konnossement ausstellen *(n)*

marine bill of lading Frachtbrief *(m)*, Seekonnossement *(n)*

master's bill of lading Kapitänskonnossement *(n)*

missing bill of lading (MSBL) fehlendes Konnossement *(n)*

multimodal bill of lading kombiniertes Transportkonnossement *(n)*

negotiable bill of lading begebbares Konnossement *(n)*, indossiertes Konnossement *(n)*, Orderkonnossement *(n)*

non-negotiable bill of lading nicht übertragbares Konnossement *(n)*, unübertragbares Konnossement *(n)*, unübertragbarer Transportschein *(m)*

ocean bill of lading Seebrief *(m)*, Seekonnossement *(n)*

omnibus bill of lading Sammelkonnossement *(n)*, Sammelladungskonnossement *(n)*

on board bill of lading Abladekonnossement *(n)*, Bordkonnossement *(n)*, an Bord Konnossement *(n)*, Konnossement an Bord *(n)*

on deck bill of lading an Deck Konnossement *(n)*

optional bill of lading dispositives Konnossement *(n)*

original bill of lading Originalkonnossement *(n)*, Originalkonnossement *(n)*

outward bill of lading Außenkonnossement *(n)*, Exportkonnossement *(n)*

part of a bill lading Exemplar eines Konnossements *(n)*, Konnossementsausfertigung *(f)*

partial bill of lading Teilkonnossement *(n)*

port bill of lading Hafenkonnossement *(n)*

port-to-port bill of lading Direktkonnossement *(n)*

proforma bill of lading Proforma-Konnossement *(n)*

Protocol to amend the International Convention for the Unification of certain Rules relating to Bills of Lading Haag-Visby Regeln *(pl)*

qualified bill of lading einschränkendes Konnossement *(n)*, unreines Konnossement *(n)*

railroad bill of lading Eisenbahnfrachtbrief *(m)*, Frachtbrief *(m)*

railroad bill of lading SMGS Eisenbahnfrachtbrief SMGS *(m)*, Frachtbrief SMGS *(m)*

railroad through bill of lading direkter Eisenbahnfrachtbrief *(m)*, Direkteisenbahnfrachtbrief *(m)*

railroad through import bill of lading Importdirekteisenbahnfrachtbrief *(m)*

railway bill of lading Bahnfrachtbrief *(m)*, Eisenbahnfrachtbrief *(m)*

received-for-shipment bill of lading Übernahmekonnossement *(n)*

reference for the bill of lading Verweis auf das Konnossement *(m)*

reservation in a bill of lading Vermerk im Konnossement *(m)*

reverse of bill of lading Rückseite des Konnossements *(f)*

river bill of lading Binnenkonnossement *(n)*, Flussfrachtbrief *(m)*, Flusskonnossement *(n)*, Flussladeschein *(m)*

sea bill of lading Frachtbrief *(m)*, Seekonnossement *(n)*

send a bill of lading Konnossement zusenden *(n)*, Ladebrief zusenden *(n)*, Seefrachtbrief zuschicken *(m)*

ship bill of lading Seeladekonnssement *(n)*, Seeladeschein *(m)*

shipped on board bill of lading Bordempfangsschein *(m)*

shipper's bill of lading Verschiffungskonnossement *(n)*

ship's bill of lading Kapitänskonnossement *(n)*

stale bill of lading abgelaufenes Konnossement *(n)*, verjährtes Konnossement *(n)*

standard bill of lading Standardkonnossement *(n)*

steamer bill of lading Seeladekonnssement *(n)*, Seeladeschein *(m)*

straight bill of lading Rektakonnossement *(n)*, Rektaladeschein *(m)*

thro' bill of lading direktes Konnossement *(n)*, einziges, durchgehendes Frachtpapier *(n)*

through bill of lading direktes Konnossement *(n)*, Durchkonnossement *(n)*, einziges, durchgehendes Frachtpapier *(n)*

transhipment bill of lading durchlaufendes Konnossement *(n)*, Umladekonnossement *(n)*

truck bill of lading Frachtbrief im Straßengüterverkehr *(m)*

trucking bill of lading Kraftwagenfrachtbrief *(m)*, Straßenfrachtbrief *(m)*

unassignable bill of lading nicht begebbarer Seefrachtbrief *(m)*, unübertragbarer Frachtschein *(m)*

unclaused bill of lading reines Konnossement *(n)*

unclean bill of lading einschränkendes Konnossement *(n)*

uniform bill of lading einheitliches Konnossement *(n)*, Standardkonnossement *(n)*

weight as per bill of lading Konnossementsgewicht *(n)*

write out a bill of lading Konnossement ausstellen *(n)*

bill of lading against documents Konnossement gegen Dokumente *(n)*

bill of lading bearing reservations einschränkendes Konnossement *(n)*, unreines Konnossement *(n)*

bill of lading capable of being transferred by indorsement durch Indossament übertragbares Konnossement *(n)*

bill of lading copy Abschriftladeschein *(m)*, Konnossementskopie *(f)*

bill of lading duplicate Abschriftladeschein *(m)*, Konnossementsabschrift *(f)*, Konnossementskopie *(f)*

bill of lading form Konnossementsform *(f)*, Konnossementsformular *(n)*

bill of lading guarantee Garantie für Konnossement *(f)*

bill of lading in blank Blankokonnossement *(n)*

bill of lading issued to a name nominelles Konnossement *(n)*

bill of lading issued to order an Order ausgestelltes Konnossement *(n)*, Orderladeschein *(m)*

bill of lading number Konnossementsnummer *(f)*, Nummer des Frachtbriefes *(f)*

bill of lading terms Konnossementsbedingungen *(pl)*

bill of lading to a named person nominelles Konnossement *(n)*

bill of lading to a specified person Rektakonnossement *(n)*, Rektaladeschein *(m)*

bill of lading to bearer Blankokonnossement *(n)*, Inhaberkonnossement *(n)*

bill of lading to order an Order ausgestelltes Konnossement *(n)*, Orderladeschein *(m)*

bill of lading under order Orderkonnossement (n)
bill of materials Materialliste (f)
bill of parcels spezifizierte Rechnung (f)
bill of sale Einlieferungsschein (m), Kontrakt (m)
bill of security Kautionswechsel (m)
bill of sight provisorische Zolldeklaration (f)
  entry by bill of sight provisorische Zollerklärung (f)
bill of stores Zollliste (f)
bill of tonnage Schiffsmessbrief (m)
bill of weight Gewichtsbescheinigung (f), Gewichtsnota (f), Wagezettel (m), Wiegeschein (m)
bill on deposit Kautionswechsel (m)
bill overdue überfälliger Wechsel (m)
bill payable at a fixed date datierter Wechsel (m)
bill payable at sight Sichtwechsel (m)
bills receivable Inkassowechsel (m), Retourwechsel (m)
bills rediscount Wechselrediskont (m)
bill to be discounted diskontierter Wechsel (m), Diskontwechsel (m)
bill to bearer Inhaberwechsel (m)
bill to maturity Laufzeit eines Wechsels (f)
bill turnover Wechselgeschäft (n), Wechselverkehr (m)
bill with documents attached Dokumententratte (f), Dokumentenwechsel (m)
* accept a bill Rechnung abnehmen (f), Wechsel akzeptieren (m), Wechsel annehmen (m)
accept a bill for discount Wechsel diskontieren (m)
acceptance bill akzeptierte Tratte (f)
acceptance of a bill Annahme des Wechsels (f), Wechselakzept (n), Wechselannahme (f)
  refuse an acceptance of a bill Akzeptierung des Wechsels verweigern (f), Einlösung eines Wechsels verweigern (f)
accepted bill akzeptierter Wechsel (m)
addressed bill domizilierter Wechsel (m), Zahlstellenwechsel (m)
advise a bill Wechsel avisieren (m)
air bill Flugkonnossement (n), Luftbrief (m)
airway bill Luftfrachtbrief (m)
amount of a bill Wechselbetrag (m)
answer a bill Wechsel einlösen (m), Wechsel honorieren (m)
antedate a bill Wechsel vordatieren (m)
auction bill Auktionskatalog (m)

back a bill bürgen, Wechsel stützen (m)
backed bill Akzept (n), avalierter Wechsel (m)
backer of a bill Awalist (m), Wechselbürge (m)
balance of a bill Wechselforderungsrest (m)
bank bill Bankwechsel (m)
banker's bill Banktratte (f)
bearer bill Inhaberwechsel (m)
bearer of a bill Inhaber eines Wechsels (m), Wechselinhaber (m)
blank bill Blankowechsel (m), Solawechsel (m)
bottomry bill Seewechsel (m)
cancel a bill Wechsel annullieren (m), Wechsel für ungültig erklären (m)
capacity to draw bills Wechselfähigkeit (f)
cash a bill Wechsel einkassieren (m), Wechsel einziehen (m)
circulation of bills Wechselgeschäft (n), Wechselverkehr (m)
clean bill reiner Wechsel (m)
clearance bill Zollabfertigungsschein (m), Zollschein (m)
collect a bill Wechsel einkassieren (m), Wechsel einziehen (m)
collection of bills Inkasso eines Wechsels (n), Wechselinkasso (n)
commercial bill Handelswechsel (m), Kommerzwechsel (m)
copy of a bill Rechnungskopie (f), Rechnungsduplikat (n) **2.** Sekundawechsel (m), Wechselzweitausfertigung (f)
counter bill Rückwechsel (m)
cover for a bill Deckung eines Wechsels (f), Wechseldeckung (f)
currency of a bill Wechselwährung (f)
deliver a bill Rechnung zustellen (f)
demand bill Sichtwechsel (m), Vistawechsel (m)
deposit bill Depositwechsel (m)
discount a bill Wechsel diskontieren (m), Wechsel gegen Zinsabzug kaufen (m)
discount bill Diskontwechsel (m)
discount of bills Wechseldiskont (m), Wechseldiskontierung (f)
dishonour a bill Wechsel nicht akzeptieren (m), Wechsel nicht einlösen (m)
dishonour of a bill Nichteinlösung des Wechsels (f)
dishonouring of the bill Annahmeverweigerung (f), Wechselannahmeverweigerung (f)
documentary bill Dokumententratte (f), Dokumentenwechsel (m)
domicile a bill Wechsel domizilieren (m)

domicile a bill at the bank Wechsel in der Bank domizilieren *(m)*

domicile bill domizilierter Wechsel *(m)*, Zahlstellenwechsel *(m)*

domiciled bill Domizilwechsel *(m)*

draft of a bill Gesetzentwurf *(m)*, Gesetzesentwurf *(m)*

draw a bill trassieren, Wechsel unterzeichnen *(m)*

draw up a bill trassieren 2. Rechnung aufstellen *(f)*, Rechnung ausstellen *(f)*

drawing of bill Ausstellung eines Wechsels *(f)*

drawn bill gezogener Wechsel *(m)*, trassierter Wechsel *(m)*

due bill fällige Rechnung *(f)* 2. fälliger Wechsel *(m)*

duplicate bill Sekundawechsel *(m)*

duplicate of a bill Wechselduplikat *(n)*, Wechselkopie *(f)*, Sekundawechsel *(m)*, Wechselzweitausfertigung *(f)*

encash a bill Wechsel einlösen *(m)*

endorse a bill Wechsel indossieren *(m)*

endorse a bill in blank Wechsel blanko indossieren *(m)*

endorse a bill to a person Wechsel voll indossieren *(m)*

endorsed bill indossierter Wechsel *(m)*

extend a bill Wechsel erneuern *(m)*, Wechsel verlängern *(m)*

extended bill Prolongationswechsel *(m)*

first bill Erstausfertigung eines Wechsels *(f)*, Primawechsel *(m)*

fixed bill datierter Wechsel *(m)*

foreign bill ausländischer Wechsel *(m)*, Auslandswechsel *(m)*

forged bill falscher Wechsel *(m)*

freight bill Frachtberechnung *(f)*, Frachtnota *(f)*, Frachtrechnung *(f)*

full employment bill Vollbeschäftigungsgesetz *(n)*

get a bill discounted Wechsel diskontieren *(m)*

guarantee bill Deckungswechsel *(m)*, Kautionswechsel *(m)*

guarantee of bill Wechselbürgschaft *(f)*

guaranteed bill Akzept *(n)*, avalierter Wechsel *(m)*

guarantor of a bill Awalist *(m)*, Wechselbürge *(m)*

guaranty of a bill Wechselaval *(m)*, Wechselbürgschaft *(f)*

holder of a bill Inhaber eines Wechsels *(m)*, Wechselinhaber *(m)*

honored bill bezahlter Wechsel *(m)*

honour a bill Rechnung bezahlen *(f)* 2. Wechsel bezahlen *(m)*, Wechsel einlösen *(m)*, Wechsel honorieren *(m)*, Wechsel zahlen *(m)*

honouring of bill Einlösung eines Wechsels *(f)*

house bill Eigenwechsel *(m)*, Wechsel an eigenen Ort *(m)*

indorsed bill indossierter Wechsel *(m)*

inscribed bill Inhaberwechsel *(m)*

issue a bill Wechsel ausstellen *(m)*

issue of bill Ausstellung eines Wechsels *(f)*

liability on a bill Wechselhaftung *(f)*

local bill Platzwechsel *(m)*

long bill langfristiger Wechsel *(m)*, Wechsel auf lange Sicht *(m)*

long-dated bill langfristiger Wechsel *(m)*, Wechsel auf lange Sicht *(m)*

make a bill payable at ... Wechsel domizilieren *(m)*

make out a bill Rechnung aufstellen *(f)*, Rechnung ausstellen *(f)* 2. Wechsel ausstellen *(m)*

meet a bill Wechsel einlösen *(m)*, Wechsel honorieren *(m)*

meeting of a bill Einlösung eines Wechsels *(f)*

memorandum bill fingierte Rechnung *(f)*, Interimsfaktur *(f)*, Proformarechnung *(f)*

mercantile bill Warenwechsel *(m)*

negotiable a bill begebbarer Wechsel *(m)*, Wechsel diskontieren *(m)*, Wechsel gegen Zinsabzug kaufen *(m)*

non-acceptance of a bill Nichtannahme eines Wechsels *(f)*, Akzeptverweigerung *(f)*

    dishonouring by non-acceptance of bill Akzeptverweigerung *(f)*, Annahmeverweigerung *(f)*, Wechselannahmeverweigerung *(f)*

noted bill protestierter Wechsel *(m)*

order bill Orderwechsel *(m)*

original bill Erstausfertigung eines Wechsels *(f)*, Primawechsel *(m)*

original of a bill Originalrechnung *(f)*

outside bill Versandwechsel *(m)*

outstanding bill notleidender Wechsel *(m)*

overdue bill fälliger Wechsel *(m)*

packaging bill of material Verpackungsstückliste *(f)*

paid bill bezahlter Wechsel *(m)*
pay a bill Rechnung zahlen *(f)*
  refusal to pay a bill Nichteinlösung des
  Wechsels *(f)*, Nichthonorierung des Wechsels *(f)*
pay by means of a bill mit Wechsel zahlen *(m)*
pay in bill mit Wechsel zahlen *(m)*
payee of bill Wechselempfänger *(m)*, Wechselinhaber *(m)*
payment by bill Rembours *(m)*, Wechselzahlung *(f)*
period bill Terminwechsel *(m)*, Zeitwechsel *(m)*
present a bill Wechsel präsentieren *(m)*,
Wechsel vorlegen *(m)*, Wechsel vorzeigen *(m)*
present a bill for acceptance Wechsel zur
Annahme vorlegen *(m)*
present a bill for payment Wechsel zur
Zahlung vorlegen *(m)*
prolong a bill Wechsel erneuern *(m)*, Wechsel verlängern *(m)*
prolongation of a bill Prolongation eines
Wechsels *(f)*, Verlängerung eines Wechsels *(f)*
promissory bill Eigenwechsel *(m)*
protest a bill Wechsel protestieren *(m)*,
Wechsel zu Protest geben *(m)*
protest of a bill Wechselprotest *(m)*
recourse on bill Wechselregress *(m)*, Wechselrückgriff *(m)*
rediscount a bill Wechsel zum Rediskont
weitergeben *(m)*
renew a bill Wechsel prolongieren *(m)*, Prolongationswechsel *(m)*
repudiation of a bill Akzeptverweigerung *(f)*,
Annahmeverweigerung *(f)*
retire a bill Wechsel einlösen *(m)*
second bill Sekundawechsel *(m)*, Wechselzweitausfertigung *(f)*
shipping bill Frachtbrief *(m)*, Lieferschein *(m)*
sight a bill Wechsel vorlegen *(m)*, Wechsel
vorzeigen *(m)*
sight bill Sichtwechsel *(m)*
sola bill Eigenwechsel *(m)*, Wechsel an eigenen Ort *(m)*
submit a bill Wechsel präsentieren *(m)*
surety of a bill Wechselaval *(m)*, Wechselbürgschaft *(f)*
taker of a bill Akzeptant *(m)*
tax bill Abgabengesetz *(n)*, Steuergesetz *(n)*
tenor of a bill Wechselfrist *(f)*, Ziel eines
Wechsels *(n)*
time bill Tratte *(f)*

trade bill Handelsrechnung *(f)*
transit bill Durchreisegenehmigung *(f)*,
Transitbewilligung *(f)*
uncovered bill ungedeckter Wechsel *(m)*,
Wechsel ohne Deckung *(m)*
unpaid bill unbezahlter Wechsel *(m)*
worthless bill wertloser Wechsel *(m)*
billing Fakturierarbeit *(f)*, Fakturierung *(f)*
bimodal bimodal
  bimodal trailer Mehrzweck-Trailer *(m)*
binder Packung *(f)*
  insurance binder Deckungsnote *(f)*, Versicherungsauszug *(m)*
binding verbindlich
  binding act verbindlicher Akt *(m)*
  binding agreement gültiger Vertrag *(m)*,
verbindliche Vereinbarung *(f)*
  **binding by tender open to selected per-
son** schriftliche beschränkte Ausschreibung *(f)*
  binding contract obligatorischer Vertrag *(m)*
  binding exchange rate verbindlicher Wechselkurs *(m)*
  binding law geltendes Recht *(n)*
  binding legislation verbindliche Rechtsvorschriften *(pl)*
  binding norm Verbindlichkeitsnorm *(f)*
  binding offer Festangebot *(n)*, feste Offerte *(f)*,
fixes Angebot
  binding order fester Auftrag *(m)*
  binding proposal festes Angebot *(n)*, verbindliches Angebot *(n)*
  binding rules geltende Regeln *(pl)*
  binding tariff information (BIT) verbindliche Zolltarifauskunft (VZTA) *(f)*
  * legally binding rechtsverbindlich
  render a verdict final and binding rechtskräftig machen
  binding tariff information verbindliche
Zolltarifauskunft *(f)*
  change of binding tariff information Änderung der verbindlichen Zolltarifauskunft *(f)*
black schwarz
  black list schwarze Liste *(f)*
  black market Abendbörse *(f)*, Vorbörse *(f)*
  2. Schwarzmarkt *(m)*
    black market exchange rate Schwarz-
marktkurs *(m)*
    black market price Schwarzmarktpreis *(m)*
  black trading gesetzwidriger Handel *(m)*,
rechtswidriger Handel *(m)*

blame Responsabilität *(f)*
blank Vordruck *(m)* **2.** Blanko-
blank acceptance Blankoakzept *(n)*
blank bill Blankowechsel *(m)*, Solawechsel *(m)*
blank bill of lading Blankokonnessement *(n)*
blank cheque Blankoscheck *(m)*
blank credit Kredit ohne materielle Sicherheit *(m)*, laufender Kredit *(m)*, ungedeckter Kredit *(m)*, ungesichtbarer Kredit *(m)*
blank endorsement Blankogiro *(n)*, Blankoindossament *(n)*
blank form Blankoformular *(n)*, Formblatt *(n)*, Formular *(n)*, Vordruck *(m)*
blank letter of credit Blankoakkreditiv *(n)*
blank policy Blankopolice *(f)*, Policefolmular *(n)*
blank signature Blankounterschrift *(f)*
blank transfer Blankoabtretung *(f)*, Blankoübertragung *(f)*
* assignment in blank Blankoabtretung *(f)*, Blankoübertragung *(f)*
bill of lading in blank Blankokonnessement *(n)*
endorse a bill in blank Wechsel blanko indossieren *(m)*
endorse in blank Blanko indossieren
endorsed in blank blanko indossiert
endorsement in blank Blankogiro *(n)*, Blankoindossament *(n)*
order blank Bestellformular *(n)*, Bestellschein *(m)*
blanked gelöscht
blanked policy Generalpolice *(f)*, Pauschalpolice *(f)*
blanket Haupt-
blanket bill of lading generelles Konnossement *(n)*
blanket policy Generalpolice *(f)*
blanket price Pauschalpreis *(m)*
blanket rate Akkordlohnsatz *(m)*, Akkordsatz *(m)*
blister Blister *(m)*
blister pack Blisterverpackung *(f)*
blister packaging Blisterverpackung *(f)*
block blockieren, sperren
block a port Hafen sperren *(m)*
block an account Konto sperren *(n)*
block Verband *(m)*, Verein *(m)* **2.** Paket *(n)*
block of stocks Aktienpaket *(n)*
block policy Blankopolice *(f)*, Verkehrspolice *(f)*

* cargo block Ladeblock *(m)*
container block Containerblock *(m)*
currency block Währungsblock *(m)*
economic block Wirtschaftsblock *(m)*
trade block Handelsblock *(m)*
blockade blockieren
blockade a port Hafen sperren *(m)*
blockade Blockade *(f)*, Sperre *(f)*
blockage of exchange Devisenbeschränkungen *(pl)*
* commercial blockade Handelsblockade *(f)*, Handelsembargo *(n)*
customs blockade Zollblockade *(f)*, Zollsperre *(f)*
economic blockade Wirtschaftsblockade *(f)*
financial blockade Finanzblokade *(f)*
naval blockade Seeblockade *(f)*, Seesperre *(f)*
patent blockade Patentblockade *(f)*
sea blockade Seeblockade *(f)*, Seesperre *(f)*
trade blockade Handelssperre *(f)*
transit blockade Transportblockade *(f)*
blocked eingeschlossen
blocked account blockiertes Konto *(n)*
blocking Blockade *(f)*
funds blocking Mittelsperre *(f)*
board Behörde *(f)* **2.** Bord *(m)* **3.** Rat *(m)*
board receipt Bordempfangsschein *(m)*, Steuermannsquittung *(f)*
board time Bordzeit *(f)*
* arbitration board Schiedsstelle *(f)*, Schlichtungsstelle *(f)*
Central Marine Board Amt für Seeverkehrswirtschaft *(n)*
central marketing board Absatzzentrale *(f)*, Handelszentrale *(f)*
deliver the goods on the board the vessel Ware an Bord des Schiffes liefern *(f)*
delivered on board an Bord des Schiffes geliefert *(m)*
delivery on board Lieferung an Bord des Schiffes *(f)*
free on board Ein- und Ausladekosten für Charterer *(pl)*, Verschiffungskosten für Charterer *(pl)* **2.** frei ab Schiff *(n)*, frei Schiff *(n)*
free on board ... /insert named port of shipment/ FOB ... /benannter Verschiffungshafen/, frei an Bord ... /benannter Verschiffungshafen/
free on board car frei auf Güterwagen *(m)*, frei Güterwagen *(m)*

free on board price Preis frei an Bord (m)
free on board/free off board frei an Bord
und wieder frei von Bord (m)
free on board/free on board clause fob-
fob-Klausel (f)
harbour board Hafenamt (n), Hafenverwaltung (f)
list of passengers on board Passagierliste (f)
load board Palette (f)
load on board a ship Verfrachtung auf ein
Schiff (f)
loading on board Verladung auf ein Schiff (f)
marine board Seeamt (n)
member of board Vorstandsmitglied (n)
on board bill of lading Abladekonnossement (n), an Bord Konnossement (n), Konnossement an Bord (n)
on board ocean bill of lading Abladekonnossement (n), an Bord Konnossement (n), Bordkonnossement (n)
place on board ins Schiff stauen (n), Verladung auf ein Schiff (f)
put on board an Bord des Schiffes bringen (m)
reception of goods on board Anbordnahme (f)
revenue board Finanzamtskasse (f)
shipment on board Verfrachtung auf ein
Schiff (f), Verladung auf ein Schiff (f)
shipped on board bill of lading Bordempfangsschein (m)
supervisory board Aufsichtsrat (m), Verwaltungsrat (m)
boarding Entern (n)
boat Boot (n)
banana boat Bananendampfer (m)
bare boat charter Bareboat-Chartervertrag (m),
Charter des Schiffes ohne Besatzung (m)
bunkering boat Bunkerschiff (n)
cold-storage boat Gefrierschiff (n), Kühlschiff (n)
liner boat Linienfahrtschiff (n), Linienschiff (n)
passenger and cargo boat Passagierfrachtschiff (n)
pilot boat Lotsenboot (n), Lotsenversetzboot (n)
revenue boat Zollboot (n)
river boat Flussschiff (n)
salvage boat Bergungsfahrzeug (n), Bergungsschiff (n)
tug boat Schlepper (m)
boatswain Bootsmann (m)
harbour boatswain Bootsmannsamt (n)

body Institution (f), Organ (n) 2. juristische
Person (f), Körperschaft (f) 3. Karosserie (f)
4. Schiffsleib (m), Schiffsrumpf (m)
bogus Falsch-
bogus company Scheinfirma (f)
bogus contract fiktiver Vertrag (m)
bogus sale fiktiver Verkauf (m)
boilerplate Standardklausel (f)
boilerplate clause Standardklausel (f)
bolster Bolster (n)
bolt Ballen (m)
bond Bon (m), Schein (m), Verpflichtungsschein (m) 2. Zollbürgschaft (f), Zollgarantie (f) 3. Zollniederlage (f) 4. Zollpflicht (f)
bond goods Ware unter Zollversiegelung (f),
Waren in Verschluss tun (pl)
bond market Obligationenmarkt (m)
bond note Bescheid der bedingten Zollabfertigung (m), Zollfreischein (m)
transhipment bond note Umladung-schein
(m), Umladungslieferschein (m)
bond of indemnity Garantiebrief (m)
bond of security Depositenschein (m), Garantieschreiben (n), Hypothekenpfandbrief (m),
Schuldschein (m)
bond store Zolllager (n), Zollspeicher (m)
bond yield Ertrag der Obligationen (m)
* average bond Havarieschein (m), Havarie-
Verpflichtungsschein (m)
general average bond Havarieschein (m),
Havarie-Verpflichtungsschein (m), Havarieverschreibung (f), Verpflichtungsschein (m)
bail bond Bürgschaft (f)
bid bond Bietungsgarantie (f), Bietungsgarantie (f)
bottomry bond Bodmereiverpflichtung (f)
cargo in bond Ware unter Zollverschluss (f)
claim bond Sicherstellung der Forderungen (f)
comprehensive bond generelle Sicherheitsleistung (f)
contract bond Erfüllungsgarantie (f), Vertragsgarantie (f)
customs bond Zollpfandbrief (m), Zollverschluss (m)
free into bond frei Zolllager (n)
goods in bond Zollverschlussware (f)
goods of bond Ware unter Zollverschluss (f)
goods out of bond verzollte Waren (pl)

imports in bond Einfuhren unter Zollverschluss *(pl)*, zollfreie Einfuhr *(f)*
mortgage bond Absichtserklärung *(f)*, Hypothekenpfandbrief *(m)*
performance bond Gewährleistungsgarantie *(f)*, Liefergarantie *(f)*
place into bond unter Verschluss lagern *(m)*
price ex bond Freihandelspreis *(m)*, Preis ohne Zoll *(m)*, unverzollbarer Preis *(m)*
proposal bond Ausschreibungsgarantie *(f)*, Bietungsgarantie *(f)*
respondentia bond Bodmereibond *(m)*
salvage bond Bergungsverschreibung *(f)*
take in bond Ware auf Lager nehmen *(f)*
temporary importation under bond vorübergehende Einfuhr unter Zollverschluss *(f)*
tender bond Bietungsgarantie *(f)*, Offertengarantie *(f)*
tranship goods under bond umladen unter Zollverschluss *(n)*
transit bond Transitschein *(m)*
warehousing in bond Lagerung unter Zollverschluss *(f)*

bonded unter Zollverschluss
bonded carrier Zollbeförderer *(m)*
bonded free zone Freihafen *(m)*
bonded goods Gut unter Zollverschluss *(f)*
bonded harbour Seezollhafen *(m)*, Zollabfertigungshafen *(m)*
bonded manufacturer's warehouse Zolllager des Herstellers *(n)*
bonded port Seezollhafen *(m)*, Zollhafen *(m)*
bonded price unverzollbarer Preis *(m)*, unverzollter Preis *(m)*
bonded storage Aufbewahrung im Zolllager *(f)*
bonded store Lager unter Zollverschluss *(n)*, Zollgutlager *(n)*, Zollverschlusslager *(n)*
bonded value unverzollter Wert *(m)*
bonded vault Zollkeller *(m)*
bonded warehouse Freilager *(n)*, Zolleigenlager *(n)*, Zolleingenlager *(n)*, Zollfreilager *(n)*, Zolllager *(n)*, Zollschuppen *(m)*
   entry into bonded warehouse Überführung der Waren in ein Zolllager *(f)*
   ex bonded warehouse ab Zolllager *(n)*
   obligations of the owner of a bonded warehouse Pflichten des Zolllagerhalters *(pl)*
   name of the owner of a bonded warehouse Name des Zolllagerinhabers *(m)*
   place in bonded warehouse in ein Zolllager einlagern *(n)*, Preis ab Zolllager *(m)*

Register of Owners of Bonded Warehouses Register der Zolllagerhalter *(n)*
bonded zone Freihafengebiet *(n)*, Zollausschlussgebiet *(n)*, zollfreier Bereich *(m)*

bonder Zolllagerinhaber *(m)*

bonding Lagerung unter Zollverschluss *(f)*
bonding port Seezollhafen *(m)*, Zollhafen *(m)*

bondsman Bürge *(m)*

bonification Nachlass *(m)*
export bonification Exportnachlass *(m)*, Exportvergütung *(f)*
price bonification Preisnachlass *(m)*

bonus Bonus *(m)*
bonus for night work Nachtarbeitszulage *(f)*
bonus in foreign exchange Devisenbonus *(m)*
bonus payment Prämienzahlung *(f)*
* additional bonus Zusatzbonus *(m)*
currency bonus Devisenbonus *(m)*
export bonus Ausfuhrprämie *(f)*, Exportbonus *(m)*, Exportvergütung *(f)*
import bonus Einfuhrsubvention *(f)*, Importprämie *(f)*
overtime bonus Zuschlag für Überstunden *(m)*
quality bonus Qualitätsprämie *(f)*

book bestellen, buchen, reservieren
book an order Auftrag annehmen *(m)*, Auftrag geben *(m)*, Bestellung annehmen *(f)*
book cargo Fracht buchen *(f)*, Ladung buchen *(f)*
book freight Fracht buchen *(f)*, Ladung buchen *(f)*
book space Ladung buchen *(f)*, Raum buchen *(m)*
book stowage space Frachtraum buchen *(m)*

book Buch *(n)* **2.** Buch-
book audit Buchprüfung *(f)*
book loss Buchverlust *(m)*
book of invoices Rechnungsbuch *(n)*
book of reference Broschüre *(f)*
books of rules Vorschriftensammlung *(f)*
book of samples Musterbuch *(n)*
book price Aktivbuchwert *(m)*
book value Buchwert *(m)*
* arrival book Frachtbuch *(n)*
audit the books Bücher prüfen *(pl)*
bring into the books verbuchen
broker's book Tagebuch *(n)*
business book Handelsbuch *(n)*
cargo book Ladebuch *(n)*, Lagerbefundbuch *(n)*
cheque book Scheckbuch *(n)*, Scheckheft *(n)*

closing of the books Bilanzabschluss (m)
commercial book Geschäftsbuch (n), Handelsbuch (n)
commercial reference book Branchenbuch (n), Handelsadressbuch (n)
control the books Bücher prüfen (pl)
examination of books Prüfung der Bücher (f)
invoice book Rechnungsbuch (n)
landing book Ausladebuch (n), Entladebuch (n)
minute book Protokollbuch (n)
order book Bestellbuch (n)
pattern book Musterbuch (n), Mustersammlung (f)
policy book Policeliste (f)
purchases book Einkaufsbuch (n)
sales book Verkaufsbuch (n)
sales day book Verkaufsbuch (n)
sample book Musterkollektion (f), Probekollektion (f)
shipping book Speditionsbuch (n)
ship's book Schiffstagebuch (n)
store book Lagerbefundbuch (n), Lagerbuch (n)
tamper with the books Bücher verfälschen (pl)
booking Buchung (f), Reservierung (f), Vorbestellung (f) 2. (in transport) Frachtraumbuchung (f)
booking clerk Schalterbeamte (m)
booking confirmation Buchungsbestätigung (f)
booking contract Buchungsfrachtvertrag (m)
booking fee Buchungsgebühr (f), Buchungsgeld (n)
booking list Buchungsliste (f)
booking note Buchungsbestätigung (f), Frachtrechnung (f)
booking number Buchungsnummer (f)
booking of cargo Befrachtung einer Ladung (f), Buchung einer Fracht (f), Buchung einer Ladung (f)
booking permit Buchungsnote (f)
* advance booking Vorbuchung (f), Vorverkauf (m)
cargo booking Befrachtung einer Ladung (f), Buchung einer Ladung (f)
confirmation of booking Buchungsbestätigung (f)
freight booking Buchung einer Fracht (f), Frachtrechnung (f)
note booking Transportkostenrechnung (f)
tonnage booking Buchung einer Tonnage (f)

bookkeeper Buchführer (m), Rechnungsführer (m)
book-keeping Buchführung (f), Buchinventur (f) 2. Buchungs-
book-keeping error Buchungsfehler (m)
book-keeping voucher Kassenbeleg (m), Kassenzettel (m)
* stock bookkeeping Lagerbuchhaltung (f)
boom Boom (m), Hausse (f) 2. Ladebaum (m)
boost anheben
boosting verstärkend
boosting imports Importförderung (f)
border Grenze (f) 2. Grenz-
border charge Grenzgebühr (f), Grenzgeld (n)
border control Grenzkontrolle (f)
border crossing Grenzübergang (m), Grenzübergangsstelle (f), Grenzüberschreitung (f)
border crossing date Datum der Grenzüberschreitung (n)
border custom-house Grenzzollamt (n), Zollgrenzstelle (f)
border customs clearance Grenzzollabfertigung (f)
border duty Grenzzoll (m)
border guard Grenzwache (f)
border point Grenzstelle (f), Grenzübergangsstelle (f)
border service Grenzdienst (m)
* closing of border Abschließung der Grenze (f), Grenzsperrung (f)
country border Landesgrenze (f)
customs border Zollgrenze (f), Zolllinie (f)
conveyance of goods across the customs border Beförderung von Waren über die Zollgrenze (f)
crossing of the customs border Überschreitung der Zollgrenze (f)
illegal conveyance of goods across the customs border unrechtmäßige Über-führung von Waren über die Zollgrenze (f)
free border frei Grenze (f)
means of transport crossing the border grenzüberschreitendes Beförderungsmittel (n)
mode of transport at the border Verkehrszweig an der Grenze (m)
national border nationale Grenze (f)
protection of borders Grenzschutz (m)
bordereau Ladungsschein (m), Ladeschein (m)

bordero Bordereau *(m)*, Bordero *(n)*

borrow leihen

borrow on security gegen Sicherheit aufnehmen *(t)*

borrower Darlehensgeber *(m)*, Darlehensnehmer *(m)*, Schuldner *(m)*

borrowing Ausleihen *(n)*

borrowing cost Kreditkosten *(pl)*

borrowing limit Beleihungsgrenze *(t)*

borrowing power Kreditfähigkeit *(t)*

both beide

both days inclusive beide Tage eingeschlossen *(pl)*

both to blame collision clause Kollisionsklausel bei beiderseitigem Verschulden *(t)*

bottom untere

bottom cargo Ballastfracht *(t)*, Ballastgut *(n)*, Ballastladung *(t)*

bottom duty vertragsmäßiger Zollsatz *(m)*

bottom freight Mindestfrachttarif *(m)*, Mindestseeschifffrachttarif *(m)*, Minimalfracht *(t)*

bottom price niedrigster Preis *(m)*

bottom quality niedrigste Qualität *(t)*

* foreign bottom ausländisches Schiff *(n)*

land bottom Boden *(m)*

bottomry Bodmerei *(t)*, Schiffsverpfändung *(t)*

bottomry bill Seewechsel *(m)*

bottomry bond Bodmereiverpflichtung *(t)*

bottomry contract Bodmereibrief *(m)*, Bodmereivertrag *(m)*, Schiffspfandbrief *(m)*

bottomry debt Bodmereischuld *(t)*

bottomry interest Bodmereiprämie *(t)*

bottomry letter Bodmereibrief *(m)*, Schiffspfandbrief *(m)*

bottomry lien Schiffspfand *(n)*

bottomry loan Bodmerei *(t)*, Bodmereianleihe *(t)*, Schiffsverpfändung *(t)*, Seedarlehen *(n)*

* bill of bottomry Seewechsel *(m)*

bound Grenze *(t)*

boundary Grenze *(t)*, Staatsgrenze *(t)* **2.** Grenz-

boundary line Grenzlinie *(t)*

boundaries of free zones Begrenzungen der Freizonen *(pl)*

bounty Aufgeld *(n)*, Prämie *(t)*

bounty of importation Einfuhrerleichterung *(t)*

bounty on exportation Ausfuhrprämie *(t)*, Exportbonus *(m)*

bounty on freight Frachterlaß *(m)*, Frachtermäßigung *(t)*

bounty on importation Importerleichterung *(t)*, Importprämie *(t)*, Importsubvention *(t)*

* export bounty Ausfuhrprämie *(t)*, Exportbonifikation *(t)*, Exportprämie *(t)*, Exportsubvention *(t)*

navigation bounty Schifffahrtssubvention *(t)*

bourse Börse *(t)*

bow Bug *(m)*

bow ramp Bugrampe *(t)*

box einschachteln, in Kasten packen *(pl)*, in Kisten verpacken *(pl)*

box Box *(t)*, Container *(m)*

box car gedeckter Waggon *(m)*

boxes for economic operators Felder für Beteiligte *(pl)*

box pallet Boxpalette *(t)*

box rate Containerrate *(t)*, Containersatz *(m)*

* collapsible box Faltkiste *(t)*

post office box Postfach *(n)*

skeleton transport box Gitterpalette *(t)*

boxing Aufmachung *(t)*, Packen *(n)*

boycott Boykott *(m)*

economical boycott Wirtschaftsboykott *(m)*

trade boycott Handelsboykott *(m)*

brace Stütze *(t)*

brack fehlen

brack Defizit *(n)* **2.** mangelhaft

brack goods mangelhafte Ware *(t)*

brackish brackig

brackish water Brackwasser *(n)*

branch Branche *(t)*, Zweig *(m)* **2.** Betriebsabteilung *(t)*, Niederlassung *(t)*, Niederlassung der Firma *(t)*, Zweigniederlassung *(t)*, Zweigstelle *(t)*

branch bank Bankfiliale *(t)*, Filialbank *(t)*

branch exhibition Branchenausstellung *(t)*

branch house Abteilung *(t)*, Filiale *(t)*

branch manager Filialleiter *(m)*

branch of a bank Bankfiliale *(t)*, Bankniederlassung *(t)*

branch of the economy Wirtschaftsbranche *(t)*, Wirtschaftszweig *(m)*

branch of trade Handelsbranche *(t)*

branch of transport Transportzweig *(m)*, Verkehrszweig *(m)*
branch office Filiale *(f)*, Geschäftsstelle *(f)*, Niederlassung *(f)*, Zweigstelle *(f)*
branch railway Bahnabzweigung *(f)*, Bahnanschluss *(m)*
branch show Branchenausstellung *(f)*
branch statistics Branchenstatistik *(f)*
branch store Industrieladen *(m)*
* bank branch Bankagentur *(f)*, Bankfiliale *(f)*
overseas branch Tochtergesellschaft im Ausland *(f)*
specific character of branch Branchenspezifität *(f)*
specificity of branch Branchenspezifität *(f)*
brand Marke *(f)*, Handelsmarke *(f)*, Handelszeichen *(n)*, Zeichen *(n)*
brand label Firmenzeichen *(n)*
brand of goods Warengattung *(f)*, Warensorte *(f)*
brand selling Markenverkauf *(m)*
* any good brand jede gute Marke *(f)*
global brand Weltmarke *(f)*
house brand Firmenzeichen *(n)*
manufacture brand Fabrikmarke *(f)*
merchandise brand Marke *(f)*, Zeichen *(n)*
proprietary brand eingetragene Marke *(f)*, Firmenmarke *(f)*
purchase by brand Kauf laut Firmenzeichen *(m)*, Kauf nach Zeichen *(m)*
branded Marken-
branded article Markenartikel *(m)*
branded goods Markenartikel *(pl)*
branded merchandise Markenartikel *(m)*
branding Auszeichnung *(f)*, Beschriftung *(f)*, Kennzeichnung von Waren *(f)*
breach Abbruch *(m)*, Bruch *(m)*, Verstoß *(m)*
2. Nichteinhaltung *(f)*
breach of an agreement Vertragsbruch *(m)*, Vertragsverletzung *(f)*
breach of business secrecy Geschäftsgeheimnisverletzung *(f)*, erletzung des Geschäftsgeheimnisses *(f)*
breach of contract Kontraktbruch *(m)*, Nichterfüllung eines Vertrags *(f)*, Nichtnachkommen eines Vertrags *(n)*, Vertragsbruch *(m)*, Vertragsverletzung *(f)*
damages for breach of a contract Schadenersatz bei Vertragsbruch *(m)*, Schadenersatz wegen nichterfüllung des vertrages *(m)*

material breach of contract wesentliche Vertragsverletzung *(f)*
penalty for breach of a contract Vertragsstrafe *(f)*, Strafe auf Nichtausführung eines Vertrags *(f)*
breach of guarantee Garantiebruch *(m)*, Verletzung einer Zusicherung *(f)*
breach of the law Gesetzverletzung *(f)*
breach of professional secrecy Berufsgeheimnisverletzung *(f)*, Verletzung des Berufsgeheimnisses *(f)*
breach of regulations Verstoß *(m)*
breach of secrecy Geheimnisverletzung *(f)*
breach of the tariff law Übertretung des Zollgesetzes *(f)*
breach of the terms and conditions Verletzung der Bedingungen *(f)*
breach of warranty Garantiebruch *(m)*, Verletzung einer Zusicherung *(f)*
breadth Breite *(f)*
extreme breadth Breite über alles *(f)*
loading breadth Ladebreite *(f)*
vehicle breadth Fahrzeugbreite *(f)*
break aufheben, brechen, unterbrechen, verstoßen
break an agreement Abkommen verletzen *(n)*
break a ban Verbot verletzen *(n)*
break a contract Kontrakt aufheben *(m)*, Kontrakt kündigen *(m)*, Vertrag brechen *(m)*, Vertrag zuwiderhandeln *(m)*
break the customs seals Zollverschlüsse verletzen *(m)*
break the seals and fastenings Zollverschlüsse verletzen *(pl)*
break Abbruch *(m)*, Bruch *(m)*
break bail agent Empfangsspediteur *(m)*
break bulk cargo Konventionalstückladung *(f)*, lose Ladung *(f)*, Sammelgut *(n)*, Stückgut *(n)*
break bulk handling cargo Stückgüterfrachtumschlag *(m)*
break of a contract Kontraktbruch *(m)*, Kontraktverletzung *(f)*
break of the delivery date Nichtunterhaltung der Ablieferungsfrist *(f)*, Nichtunterhaltung der Lieferzeit *(f)*
break of the delivery time Nichtunterhaltung der Ablieferungsfrist *(f)*, Nichtunterhaltung der Lieferzeit *(f)*

break of due date Nichtunterhaltung der Verfallzeit *(f)*, Nichtunterhaltung des Zahlungstermins *(f)*
break of due day Nichtunterhaltung des Verfalldatums *(f)*
break of maturity Nichtunterhaltung des Verfalldatums *(f)*
breakage Bruch *(m)*
breakage of seals Verletzung der Verschlüsse *(f)*
breakage risk Bruchrisiko *(n)*
* allowance for breakage Brokkenbonifikation *(f)*, Scherbebonifikation *(f)*
discount for breakage Brokkenbonifikation *(f)*, Scherbebonifikation *(f)*
insurance against breakage Versicherung gegen Bruch *(f)*
risk of breakage Bruchrisiko *(n)*

break-bulk break-bulk
break-bulk cargo Generalkargo *(m)*

breakdown Klassifizierung *(f)*
breakdown of income Einkommensaufteilung *(f)*
breakdown of negotiations Zusammenbruch der Verhandlungen *(m)*

break-even Break-even *(m)*
break-even sales Verkauf ohne Verlust *(m)*

breaking Verletzung *(f)*
breaking the customs seals Verletzung des Zollverschlusses *(f)*
breaking the seals Verletzung der Zollverschlüsse *(f)*

breaking up Aufteilung *(f)*
breaking up consignments Aufteilung der Sendung *(f)*

bribe Bestechungsgeld *(n)*, Schmiergeld *(n)*

bridge Brücke *(f)* **2.** Brücke-
bridge toll Brückegebühr *(f)*, Brückegeld *(n)*
* railway bridge Bahnbrücke *(f)*
road bridge Straßenbrücke *(f)*
vehicular bridge Straßenbrücke *(f)*

brigade Brigade *(f)*, Kolonne *(f)*

bring bringen
bring into the books verbuchen
bring to a conclusion abschließen
bring under the hammer zur Versteigerung bringen *(f)*

bring through durchbringen
bring through customs durch die Zollabfertigungsstelle bringen *(f)*, Zollformalitäten erfüllen *(pl)*
bring in verhängen
bring up heraufbringen
bring up to time aktualisieren
broad breit
broad railway Breitspurbahn *(f)*, breitspurige Eisenbahn *(f)*
broadening Verbreiterung *(f)*
tax base broadening Verbreiterung der Bemessungsgrundlage *(f)*
broad-gauge breitspurig
broad-gauge railway Breitspurbahn *(f)*, breitspurige Eisenbahn *(f)*
brochure Prospekt *(m)*
advertising brochure Ladenkatalog *(m)*, Werbekatalog *(m)*, Werbeprospekt *(m)*, Werbeschrift *(f)*
technical brochure technische Information *(f)*
broken gebrochen
broken stowage Stauverlust *(m)*
* customs seals are accidentally broken Zollverschlüsse wurden versehentlich verletzt *(pl)*
broker Broker *(m)*, Handelsmakler *(m)*, Handelsvermittler *(m)*, Zwischenhändler *(m)*
broker's book Tagebuch *(n)*
broker's business Brokertätigkeit *(f)*, Maklertätigkeit *(f)*
broker's commission Maklergebühr *(f)*, Maklerprovision *(f)*
broker's contract note Schlussnote *(f)*
broker's credit Brokerskredit *(m)*, Maklerdarlehen *(n)*
broker's fee Maklergebühr *(f)*, Maklerprovision *(f)*
broker's lien Schiffsmaklerpfandrecht *(n)*
broker's memorandum Kurszettel *(m)*
broker note Schlussnote *(f)*
* accredited broker beeidigter Makler *(m)*, vereidigter Makler *(m)*
agency broker Makler der Schifffahrtsagentur *(m)*
shipping agency broker Makler der Schifffahrtsagentur *(m)*
air broker Luftfrachtmakler *(m)*
arbitrage broker Arbitrageur *(m)*

auction broker Auktionsmakler *(m)*
aviation broker Flugzeugbroker *(m)*
buying broker Einkaufsmakler *(m)*
cargo broker Frachtbroker *(m)*, Frachtmakler *(m)*
chartering broker Befrachtungsmakler *(m)*, Reedersmakler *(m)*, Schiffsagent *(m)*, Schiffsmakler *(m)*
  chartering broker's order Charteragentorder *(f)*, Verschiffungsorder *(f)*
credit broker Kreditmakler *(m)*
custom-house broker Zollagent *(m)*, Zollbroker *(m)*, Zollmakler *(m)*
customs broker Zollagent *(m)*, Zollbeteiligte *(m)*, Zollbroker *(m)*, Zolldeklarant *(m)*, Zollmakler *(m)*
  obligations of a customs broker Pflichten des Zollagenten *(pl)*
  Register of Customs Brokers Register der Zollbroker *(n)*
discount broker Wechselmakler *(m)*
exchange broker Börsenagent *(m)*, Kursmakler *(m)*
export broker Exportagent *(m)*, Exportmakler *(m)*, Exportvertreter *(m)*
freight broker Befrachtungsmakler *(m)*, Reedersmakler *(m)*
import broker Einfuhragent *(m)*, Importagent *(m)*
insurance broker Versicherungsagent *(m)*, Versicherungsmakler *(m)*
  marine insurance broker Seeversicherungsmakler *(m)*
insurance broker's cover note Deckungsnote *(f)*, Deckungszusage *(f)*, Deckunszusage *(f)*, Versicherungsauszug *(m)*
loading broker Akquisiteur *(m)*, Ladungsmakler *(m)*, Verschiffungsagent *(m)*, Verschiffungsspediteur *(m)*
merchandise broker Warenagent *(m)*, Warenmakler *(m)*, Warenverkaufsmakler *(m)*
note broker Wechselhändler *(m)*, Wechselmakler *(m)*
owner's broker Reedereiagent *(m)*, Reedereimakler *(m)*
patent broker Patentbroker *(m)*, Patentmakler *(m)*
policy broker Versicherungsagent *(m)*, Versicherungsvertreter *(m)*
produce broker Warenagent *(m)*, Warenmakler *(m)*
reinsurance broker Rückversicherungsbroker *(m)*

seller's broker Verkaufsagent *(m)*, Verkaufskommissionär *(m)*
selling broker Verkaufsmakler *(m)*, Verkaufsvertreter *(m)*
ship broker Schiffsagent *(m)*, Schiffsmakler *(m)*
ship holder's broker Schiffsmakler *(m)*, Reedereiagent *(m)*, Reedereimakler *(m)*
shipping broker Frachtbroker *(m)*, Frachtmakler *(m)*
stock broker Kursmakler *(m)*
stock exchange broker Kursmakler *(m)*
sworn broker beeidigter Makler *(m)*, vereidigter Makler *(m)*

brokerage Courtage *(f)*, Maklercourtage *(f)*, Maklerlohn *(m)* **2.** Maklertätigkeit *(f)*, Maklergeschäft *(n)* **3.** Broker-, Makler-
brokerage agreement Maklervertrag *(m)*
brokerage clause Courtageklausel *(f)*
brokerage contract Maklervertrag *(m)*
brokerage fee Maklergebühr *(f)*
brokerage house Brokerfirma *(f)*, Brokerhaus *(n)*, Maklerbüro *(n)*, Maklerhaus *(n)*, Maklerunternehmen *(n)*
brokerage journal Tagebuch *(n)*
brokerage service Maklerdienst *(m)*
* bank brokerage Bankgebühr *(f)*
freight brokerage Befrachtungskommission *(f)*, Befrachtungsmaklergebühr *(f)*, Frachtgebühr *(f)*
insurance brokerage Versicherungsprovision *(f)*
selling brokerage Provision vom Verkauf *(f)*, Verkaufsprovision *(f)*
ship brokerage Schiffsmaklerei *(f)*

broking Maklergeschäft *(n)*

brother-sister Tochter-
brother-sister corporation Tochtergesellschaft *(f)*, Untergesellschaft *(f)*
brushing Reinigung *(f)*

Brussels Brüsseler
Brussels definition of value Brüsseler Zollwertbegriff *(m)*
Brussels Tariff Nomenclature Brüsseler Nomenklatur *(f)*

brutto Brutto-
brutto register ton Bruttoregistertonne *(f)*

budget Budget *(n)* **2.** Budget-, Haushalts-
budget constraint Haushaltsbeschränkung *(f)*

budget deficit Budgetdefizit *(n)*, Haushaltsdefizit *(n)*
budget payment Abführung an den Haushalt *(f)*
budget planning Budgetplanung *(f)*
budget receipts Haushaltseinnahmen *(pl)*
budget reduction Budgetkürzung *(f)*, Haushaltskürzung *(f)*
budget year Budgetjahr *(n)*, Haushaltsjahr *(n)*
* **administration of the budget** Ausführung des Haushaltsplans *(f)*
cost budget Kostenschätzungen *(pl)*, Kostenvorschlag *(m)*
cut the budget Budget herabsetzen *(n)*
draft budget Haushaltsentwurf *(m)*
exceeding the budget Budgetüberschreitung *(f)*
excess the budget Budgetüberschreitung *(f)*
operating budget Kostenvorschlag *(m)*
transfer from the budget Haushaltszuschuss *(m)*

budgetary Budget-, Haushalts-
budgetary deficit Budgetdefizit *(n)*, Haushaltsdefizit *(n)*
budgetary entity Haushaltsanstalt *(f)*
budgetary provisions Haushaltsvorschrif-
ten *(pl)*
budgetary revenues Haushaltseinnahmen *(pl)*

buffer Puffer-
buffer stock Puffervorrat *(m)*

building Gebäude *(n)*
building export Bauexport *(m)*
building location Bauort *(m)*

bulk Aufnahmefähigkeit *(f)*, Umfang *(m)*
2. Massen-
bulk bauxite ore-carrier Bauxitfrachter *(m)*
bulk business Großhandelsfirma *(f)*, Großhandelsunternehmen *(n)*
bulk cargo flüssiges Gut *(n)*, Massengut *(n)*,
Schüttladung *(f)*
bulk cargo carrier Massenfrachter *(m)*,
Massengutfrachter *(m)*
bulk cargo ship Bulkcarrier *(m)*, Massengutfrachter *(m)*
bulk cargo terminal Massengutterminal *(m)*
bulk cargo transport Schüttguttransport *(m)*
bulk carrier Massenfrachter *(m)*, Massengutfrachter *(m)*, Schüttgutfrachter *(m)*
bulk container Massengutcontainer *(m)*

bulk conveying Massenguttransport *(m)*
bulk delivery Großhandelslieferung *(f)*
bulk freight Freiladung *(f)*, lose Ladung *(f)*,
Massengut *(n)*, Massengüter *(pl)*, Massenladung *(f)*, Schüttgut *(n)*, Sturzgut *(n)*, Sturzladung *(f)*, unverpackte Ladung *(f)*
bulk freight container Massengutcontainer *(m)*
bulk freighter Bulkcarrier *(m)*, Massengutschiff *(n)*
bulk goods Bulkladung *(f)*, Freiladung *(f)*,
Massengut *(n)*, Massengüter *(pl)*, Schüttladung *(f)*,
Sturzgut *(n)*
bulk handling Massengutsumladung *(f)*
bulk import Massenimport *(m)*
bulk liquid cargo geschüttete Ladung *(f)*
bulk liquid container Container für flüssiges Massengut *(m)*
bulk marketing Massenverkauf *(m)*
bulk merchandise Massengut *(n)*, Massenware *(f)*
bulk point Entladeplatz *(m)*, Entladestelle *(f)*
bulk sample Typenmuster *(n)*
bulk selling Großhandelsverkauf *(m)*, Großverkauf *(m)*
bulk storage Massenspeicherung *(f)*
bulk stowage Frachtverstauung *(f)*
bulk sugar carrier Zuckerfrachter *(n)*,
Zuckerfrachtschiff *(n)*
bulk terminal Massengutterminal *(m)*
bulk traffic Massengut-Transport *(m)*
bulk transport Massengut-Transport *(m)*
* **break bulk handling cargo** Stückgüterfrachtumschlag *(m)*
cargo in bulk Massengüter *(pl)*, Massengutladung *(f)*, Sturzgut *(n)*, Sturzladung *(f)*
goods in bulk Massengut *(n)*, Massenware *(f)*
load in bulk Ware lose verladen *(f)*, Ware
lose verladen *(f)*
loading in bulk Verladung als Massengut *(f)*
sale in bulk Massenverkauf *(m)*
sell in bulk im Großhandel verkaufen *(m)*
ship in bulk los verladen

bulk-buying Großeinkauf *(m)*
bulked Massen-
bulked goods Bulkladung *(f)*, Freiladung *(f)*,
Massengut *(n)*, Massengüter *(pl)*, Schüttladung *(f)*,
Sturzgut *(n)*
bulker Bulkcarrier *(m)*, Massengutfrachter *(m)*,
Massengutschiff *(n)*, Schüttgutfrachter *(m)*

bulkhead Schott *(n)*, Schottwand *(f)*
collision bulkhead Kollisionsschott *(n)*
fire-resisting bulkhead Feuerschott *(n)*
grain bulkhead Getreideschott *(n)*
side bulkhead Längsschott *(n)*

bulky sperrig
bulky cargo leichte Ladung *(f)*
bulky goods Sperrgut *(n)*, sperrige Waren *(pl)*

bull Bulle *(m)*
bull slide Kurssteigerung *(f)*

bulletin Bulletin *(n)*, Tagesbericht *(m)*
exchange bulletin Börsenblatt *(n)*

bundle in Bündel verpacken *(n)*

bundle Paket *(n)*

bunker bunkern

bunker Bunker *(m)*
bunker adjustment charge (BAC) Bunkermanipulationsgebühr *(f)*
bunker adjustment factor Bunker Adjustment Factor *(n)*, Bunkerfactor *(m)*, Bunkerzuschlag *(m)*, Zuschlag für Bunkerung *(m)*
bunker clause Bunkerklausel *(f)*
bunker deviation clause Bunkerabweichungsklausel *(f)*
* **capacity for bunkers** Bunkerfähigkeit *(f)*

bunkering Bunkern *(n)*, Bunkerung *(f)*
bunkering boat Bunkerschiff *(n)*
bunkering clause Bunkerklausel *(f)*

buoy Boje *(f)*
buoy hire Tonnegebühr *(f)*, Tonnengeld *(n)*

buoyage Tonnegebühr *(f)*, Tonnengeld *(n)*

burden belasten
burden with debts mit Schulden belasten *(pl)*

burden Tonnagegehalt *(m)*
ton burden Tragfähigkeitstonne *(f)*

bureau Büro *(n)*
address bureau Adressenstelle *(f)*
law bureau juristische Abteilung *(f)*, Rechtsabteilung *(f)*
tourist bureau Touristenagentur *(f)*
translation bureau Übersetzungsbüro *(n)*

bureaucracy Bürokratie *(f)*

burglary Einbruch *(m)*
burglary insurance Diebstahlsversicherung *(f)*

burst-up Zusammenbruch *(m)*

bushel Scheffel *(m)*

business Betrieb *(m)*, Unternehmung *(f)*
2. Geschäft *(n)* **3.** wirtschaftliche Aktivität *(f)*, Wirtschaftstätigkeit *(f)*
business activity Geschäftstätigkeit *(f)*
business address Adresse eines Betriebs *(f)*, Firmenadresse *(f)*, Geschäftsadresse *(f)*
business agent Handelsbevollmächtigter *(m)*
business agreement geschäftliche Abmachung *(f)*, Geschäftsabkommen *(n)*, Geschäftsvertrag *(m)*, Handelsvereinbarung *(f)*
business analysis Konjunkturforschung *(f)*
business arbitration wirtschaftliche Arbitrage *(f)*
business association Wirtschaftsverband *(m)*
business book Handelsbuch *(n)*
business contract geschäftliche Abmachung *(f)*, Geschäftsvertrag *(m)*
business correspondence Handelskorrespondenz *(f)*, Schriftverkehr *(m)*
business credit Warenkredit *(m)*
business crisis Wirtschaftskrise *(f)*
business cycle Wirtschaftszyklus *(m)*
change in the business cycle Konjunkturänderung *(f)*
business day Arbeitstag *(m)*, Werktag *(m)*
first business day erster Arbeitstag *(m)*, erster Werktag *(m)*
business enterprise Gesellschaft des Handelsrechts *(f)*, Handelsunternehmen *(n)*
business expansion wirtschaftliche Ausbreitung *(f)*
business expenses Geschäftsausgaben *(pl)*, handelsbedingte Kosten *(pl)*
business for future delivery Geschäft auf Lieferung *(n)*, Termingeschäft *(n)*
business for shipment Abladegeschäft *(n)*, Geschäft auf Verladung *(n)*
business forecasting Konjunkturprognose *(f)*, Konjunkturvoraussage *(f)*
business hours Dienststunden *(pl)*, Geschäftsstunden *(pl)*, Öffnungszeiten *(pl)*
business hours at frontier posts Öffnungsdauer der Grenzübergangsstellen *(f)*
business house Handelshaus *(n)*
business income Handelseinkommen *(n)*
business information Geschäftsinformation *(f)*, Handelsinformation *(f)*
business intelligence Wirtschaftsspionage *(f)*
business interest wirtschaftliches Interesse *(n)*

business law Wirtschaftsrecht (n)
business letter Geschäftsbrief (m), Handelsbrief (m)
business loss Handelsverlust (m), kommerzieller Verlust (m)
business name Bezeichnung der Firma (f), Firmenname (m)
business obstacle Handelshindernis (pl)
business on arrival Geschäft auf Ankunft (n), Geschäft in rollender Ware (n)
business on consignment Konsignationsgeschäft (n)
business on delivery Geschäft auf Lieferung (n)
business paper Warenewechsel (m)
business partner Geschäftspartner (m), Handelspartner (m)
business plan Businessplan (m), Geschäftsplan (m)
business practice Geschäftsgepflogenheit (f)
  unfair business practice unlauterer Handelsbrauch (m)
business premises Geschäftslokal (n), Geschäftsräume (pl)
business profit Betriebsgewinn (m), Handelsgewinn (m), operativer Gewinn (m)
business prospect wirtschaftliche Konjunktur (f), Wirtschaftskonjunktur (f)
business prospects Geschäftsaussichten (pl), konjunkturelle Aussichten (pl)
business relations geschäftliche Beziehungen (pl), Handelsbeziehungen (pl)
business relations abroad Außenwirtschaftsbeziehungen (pl)
business report Wirtschaftsbericht (m)
business requirements planning Unternehmensbedarfsplanung (f)
business revival Belebung der Wirtschaft (f), Wirtschaftsaufschwung (m)
business risk Geschäftsrisiko (n), wirtschaftliches Risiko (n)
business sales Gesamtumsatz (m)
business secrecy Geschäftsgeheimnis (n)
  breach of business secrecy Geschäftsgeheimnisverletzung (f), Verletzung des Geschäftsgeheimnisses (f)
business situation Geschäftslage (f), wirtschaftliche Lage (f), wirtschaftliche Situation (f), Wirtschaftslage (f)
business solvency Zahlungsfähigkeit der Firma (f)

business stamp Firmensiegel (n), Firmenstempel (m)
business statistics Wirtschaftsstatistik (f)
business struggle Konkurrenzkampf (m)
business term Handelsausdruck (m)
business terms Handelsbedingungen (pl)
business transaction contract Geschäftsabschluss (m)
business trip Geschäftsreise (f)
business undertaking Handelsfirma (f), Handelshaus (n)
business writing Geschäftskorrespondenz (f)
* **active business** Aktivhandel (m)
agency business Kommissionsgeschäft (n)
bank business Bankbetrieb (m), Bankunternehmen (n)
banking business Bankgeschäfte (pl), Bankoperation (f), Banktätigkeit (f), Banktransaktionen (pl)
barter business Barattgeschäft (n), Gegenseitigkeitsgeschäft (n), Junktimgeschäft (n), Tauschgeschäft (n)
broker's business Brokertätigkeit (f), Maklertätigkeit (f)
bulk business Großhandelsfirma (f), Großhandelsunternehmen (n)
carrier's business Fuhrunternehmen (n)
carry on business gewerbliche Tätigkeit ausüben (f)
carrying business Transportunternehmen (n)
class of business Gewerbeart (f)
close a business Geschäft abschließen (n)
closing of business Arbeitsschluss (m)
collateral loan business Lombardgeschäft (n)
collecting business Inkassohandlungen (pl)
commercial business Handelsgeschäft (n), Handelsvertretung (f), kommerzielle Transaktion (f), kommerzielle Vertretung (f)
commission business Kommissionsgeschäft (n), Kommissionshaus (n)
competitor's business Konkurrentunternehmen (n), Konkurrenzfirma (f)
consignment business Konsignationsgeschäft (n)
credit business Kreditgeschäft (n)
currency business Währungsgeschäft (n)
discounting business Disagio-Geschäften (pl), Diskontgeschaften (pl)
exchange business Börsengeschäft (n), Börsentransaktion (f), Handel an der Börse (m)

export business Ausfuhrtätigkeit *(f)*, Exporthandel *(m)*, Exporttätigkeit *(f)*

forwarding business Spediteurgeschäft *(n)*, Spediteurunternehmung *(f)*

import business Einfuhrhandel *(m)*

industrial business Industrietätigkeit *(f)*

internationalism of business Unternehmensinternationalisierung *(f)*

licence business Lizenzgeschäft *(n)*

local business Lokogeschäft *(n)*, Platzgeschäft *(n)*

mail order business Versandgeschäft *(n)*

money business Bargeschäft *(n)*, Bartransaktion *(f)*

official business Amtsangelegenheit *(f)*

option business Optionsgeschäft *(n)*

place of business Betriebsstelle *(f)*, Wohnort *(m)*
  principal place of business Hauptniederlassung *(f)*, Hauptsitz *(m)*
  place of business of the buyer's Käufersitz *(m)*
  place of business of the seller's Sitz des Verkäufers *(m)*, Verkäufersitz *(m)*

registration of business Gewerbeanmeldung *(f)*

revival of business Belebung des Handels *(f)*

sham business fiktives Geschäft *(n)*

shipping business Reedereigesellschaft *(f)*, Schifffahrtsgesellschaft *(f)*, Schiffsgeschäft *(n)*, Schiffsunternehmen *(n)* 2. Speditionsfirma *(f)*, Speditionsgeschäft *(f)*

slump in business Marktkrach *(m)*

spot business Lokogeschäft *(n)*, Platzgeschäft *(n)*, Platzverkauf *(m)*, Verkauf gegen sofortige Lieferung *(m)*

terms and conditions of business Geschäftsbedingungen *(pl)*

warehouse business Lagerbetrieb *(m)*, Lagerhaus *(n)*

wholesale business Großhandelsfirma *(f)*, Großhandelsunternehmen *(n)*

buy einkaufen

buy according to sample nach Probestück kaufen *(n)*

buy afloat schwimmende Waren kaufen *(pl)*

buy at auction auf Auktion kaufen *(f)*, ersteigern

buy by auction auf Auktion ersteigern *(f)*

buy by sample nach Probe kaufen *(f)*

buy cargo afloat schwimmende Waren kaufen *(pl)*

buy goods on passage rollende Waren kaufen *(pl)*

buy in quantity im Größen kaufen *(f)*

buy on the authority of the sample nach Muster bestellen *(n)*

buy on approbation auf Probe kaufen *(f)*

buy wholesale im Größen kaufen *(f)*

buy Kauf *(m)* 2. Kauf-

deed of buy Kaufvertrag *(m)*

offer to buy Kaufangebot *(n)*, Kaufgesuch *(n)*

order to buy Kaufauftrag *(m)*

buy-back Buy-Back *(n)*

buy-back agreement Kompensationsvertrag *(m)*

buyer Käufer *(m)*

buyer's country Abnehmerland *(n)*

buyers' market Käufermarkt *(m)*

buyer's option Käuferoption *(f)*, Lieferung nach Wahl des Käufers *(f)*

buyer's premises Sitz des Käufers *(m)*
  delivered buyer's premises duty paid geliefert verzollt ... /Käufersitz/

buyer's rate Kaufkurs *(m)*

buyer's requirements Kundenanforderungen *(pl)*

buyer's responsibility Absenderhaftung *(f)*

buyer's siding Empfängeranschlussbahn *(f)*
  free buyer's siding frei Empfängeranschlussbahn *(f)*

buyer's shipping agent Importspediteur *(m)*

buyer's warehouse Lager des Kunden *(n)*
  free at buyer's warehouse frei Empfängerlager *(n)*, frei Käuferlager *(n)*, frei Lager des Empfängers *(n)*, frei Lager des Käufers *(n)*
  * carrier nominated by the buyer vom Käufer benannten Frachtführer *(m)*

place of business of the buyer's Käufersitz *(m)*

wholesale buyer Großhandelsabnehmer *(m)*, Großhandelseinkäufer *(m)*

buying Ankauf *(m)*, Erwerb *(m)*, Erwerbung *(f)*, Kauf *(m)*

buying agency Einkaufsagentur *(f)*, Einkaufsvertretung *(f)*

buying agent Ankaufsagent *(m)*, Einkaufsvertreter *(m)*, Versorgungsagent *(m)*

buying broker Einkaufsmakler *(m)*

buying contract Kaufbrief *(m)*, Kaufvertrag *(m)*

buying decision Kaufentscheidung *(f)*

buying of currency Devisenkauf *(m)*
buying of draft Wechseldiskont *(m)*, Wechseldiskontierung *(f)*
buying office Einkaufsbüro *(n)*, Kundenkantor *(n)*
buying power Kaufkapazität *(f)*, Kaufkraft *(f)*
buying price Ankaufspreis *(m)*, Anschaffungspreis *(m)*, Einkaufspreis *(m)*, Kaufpreis *(m)*
buying quantity Kaufgröße *(f)*, Kaufmenge *(f)*
buying rate Kaufkurs *(m)*
buying to sample Kauf nach Probe *(m)*
* commodity buying Kauf von Waren *(m)*, Warenkauf *(m)*
credit buying Darlehenskauf *(m)*, Kreditkauf *(m)*
defray of buying Ankauf finanzieren *(m)*
reciprocal buying Kompensationsgeschäft *(n)*, Tauschgeschäft *(n)*

by bei, von
by air auf dem Luftweg
  transit by air Versandverfahren für Beförderungen auf dem Luftweg *(n)*
by description laut Beschreibung *(f)*
by land auf dem Landweg *(m)*, auf dem Straßenweg *(m)*, Landweg *(m)*
by post durch die Post *(f)*
by rail im Eisenbahnverkehr *(m)*, mit der Eisenbahn *(f)*
by road auf dem Landweg *(m)*, auf dem Straßenweg *(m)*
by sample nach Muster *(n)*
by sea auf dem Seeweg *(m)*, per See *(f)*
by-laws Verordnungen *(pl)*
port by-laws Hafenordnung *(f)*, Seehafenordnung *(f)*
by-product Nebenprodukt *(n)*

C

cable telegrafisch
  cable address Drahtanschrift *(f)*
  cable offer telegrafisches Angebot *(n)*
  cable proposal telegrafisches Angebot *(n)*
  * advise by cable telegrafisch anzeigen
  letter of credit opened by cable Drahtakkreditiv *(n)*

cabotage Kabotage *(f)*

cadastral Kataster-
  cadastral value Katasterwert *(m)*

CAF CAF-Zuschlag *(m)*

cage Gitter-
  cage frame container Skelett-Container *(m)*
  cage pallet Gitterbox *(f)*

calculate abrechnen, ausrechnen, berechnen, kalkulieren
  calculate expenses Kosten berechnen *(pl)*
  calculate interest Zinsen berechnen *(pl)*
  calculate outlays Kosten berechnen *(pl)*
  calculate prices Preise berechnen *(pl)*, Preise ausrechnen *(pl)*
  calculate tax Steuer bemessen *(f)*

calculated Kalkulations-
  calculated price Kalkulationspreis *(m)*

calculation Abrechnung *(f)*, Anrechnung *(f)*, Berechnung *(f)*, Kalkulation *(f)*
  calculation dutiable payments Zollberechnung *(f)*
  calculation method Berechnungsmethode *(f)*, Rechenmethode *(f)*
  calculation of the amount of the guarantee Berechnung des Betrags der Sicherheit *(f)*
  calculation of costs Kostenberechnung *(f)*
  calculation of customs duties and taxes Berechnung der Zollgebühren und Steuern *(f)*
  calculation of customs duty Zollberechnung *(f)*
  calculation of discount Diskontberechnung *(f)*, Rabattberechnung *(f)*
  calculation of duty Zollberechnung *(f)*
  calculation of interests Zinsberechnung *(f)*, Zinsrechnung *(f)*
  calculation of losses Schadensberechnung *(f)*, Verlustquellenberechnung *(f)*

calculation of the reference amount Berechnung des Referenzbetrags *(f)*
calculation of tax Abgabenberechnung *(f)*, Steuerberechnung *(f)*
calculation unit Rechnungseinheit *(f)*
calendar Kalender *(m)*
* basis for calculation Kalkulationsbasis *(f)*, Bemessungsgrundlage *(f)*
cost calculation Kostenberechnung *(f)*, Kostenkalkulation *(f)*, Spesenberechnung *(f)*
cost-benefit calculation Kosten-Nutzen-Rechnung *(f)*
detailed calculation detaillierte Berechnung *(f)*
duty calculation Zollberechnung *(f)*
economic calculation Wirtschaftlichkeitsrechnung *(f)*
error in calculation Rechenfehler *(m)*, Rechnungsfehler *(m)*
estimate calculation Überschlagsrechnung *(f)*
export calculation Exportkalkulation *(f)*
final calculation Abschlussrechnung *(f)*, Endkalkulation *(f)*
method of calculation Berechnungsmethode *(f)*, Berechnungsverfahren *(n)*, Rechenmethode *(f)*
price calculation process Preiskalkulationsprozess *(m)*
trade calculation Handelsberechnung *(f)*, Handelskalkulation *(f)*

calendar Kalender *(m)*
  calendar date Kalenderdatum *(n)*
  calendar day Kalendertag *(m)*
  calendar month Kalendermonat *(m)*
  calendar time Kalenderzeit *(f)*
  calendar year Kalenderjahr *(n)*

call fordern
  call a loan Kredit kündigen *(m)*
  call away an appointment Termin absagen *(m)*
  call for a bid ausschreiben
  call for payment Bezahlung verlangen *(f)*, Zahlung verlangen *(f)*

call telefonische Verbindung *(f)* **2.** Kaufoption *(f)*
  call option Kaufoption *(f)*
  * delivery on call Lieferung auf Abruf *(f)*, zahlbar auf Verlangen *(n)*, zahlbar bei Sicht *(f)*
  port of call Orderhafen *(m)*, Zwischenhafen *(m)*
  port of call for orders Orderhafen *(m)*, Zwischenhafen *(m)*
  first port of call erster Zwischenhafen *(m)*
  name of the port of call Name des Zwischenhafens *(m)*

call back abbestellen
call in rufen
call in a debt eintreiben, Schuld eintreiben (f)
call off abberufen
call on a guarantee Garantie ausnutzen (f)
calling Beruf (m)
calling clause Orderhafenklausel (f)
calling off Abberufung (f), Abruf (m), Aufhebung (f)
campaign Kampagne (f)
export campaign Ausfuhrkampagne (f), Exportförderung (f)
marketing campaign Marketingkampagne (f)
sales campaign Verkaufsaktion (f), Verkaufskampagne (f)
selling campaign Verkaufsoffensive (f), Vertriebskampagne (f)
can Büchsen einmachen (pl), in Büchsen packen (pl)
canal Kanal (m) **2.** Kanal-
canal barge Kanalkahn (m)
canal charge Kanalabgabe (f), Kanalgebühr (f)
canal due Kanalgeld (n), Kanalzoll (m)
canal fee Kanalabgabe (f), Kanalgebühr (f)
canal toll Kanalgebühr (f)
canal tug Kanalschlepper (m)
* port canal Hafenkanal (m), Portkanal (m)
rail and canal auf Bahn und Kanal
rail, canal and lake auf Bahn, Kanal und See
ship canal Seekanal (m)
cancel annullieren, auflösen, stornieren, widerrufen
cancel a bill Wechsel annullieren (m), Wechsel für ungültig erklären (m)
cancel a cheque Scheck stornieren (m)
cancel a concession Konzession annullieren (f), Konzession zurückziehen (f)
cancel a contract Kontrakt annullieren (m), Kontrakt rückgängig machen (m), Vertrag annullieren (m), Vertrag rückgängig machen (m)
cancel a contract of insurance Versicherungsvertrag kündigen (m)
cancel a cover Versicherung annullieren (f)
cancel a credit Kredit einziehen (m)
cancel a debt Schuld abtragen (f), Schuld annullieren (f)
cancel a guarantee Garantie entziehen (f), Garantie für ungültig erklären (f) **2.** (CT) Bürgschaftsvertrag kündigen (m)

cancel a letter of credit Akkreditiv annullieren (n), Akkreditiv rückgängig machen (n)
cancel a licence Genehmigung annullieren (f), Lizenz zurücknehmen (f)
cancel an offer Angebot annullieren (n)
cancel an order Auftrag züruckziehen (m)
cancel a permit Genehmigung annullieren (f)
cancel a policy Police annullieren (f)
cancel a reservation Vorbestellung annullieren (f)
cancellation Abbestellung (f), Annullierung (f), Aufhebung (f)
cancellation clause Annullierungsklausel (f), Kündigungsklausel (f), Rücktrittsklausel (f), Streichungsklausel (f), Vertragsauflösungsklausel (f)
cancellation date Annullierungsdatum (n)
cancellation fee Annullierungsgebühr (f), Stornierungsgebühr (f), Stornogebühr (f)
cancellation of a authorisation Kündigung der Bewilligung (f)
cancellation of cheque Widerruf eines Schecks (m)
cancellation of a contract Kontraktauflösung (f), Rücktritt vom Kontrakt (m)
cancellation of a debt Ablösung einer Schuld (f)
cancellation of a declaration Annullierung der Anmeldung (f)
cancellation of an insurance contract Versicherungsvertragsaufhebung (f)
cancellation of a letter of credit Akkreditivzurückziehung (f)
cancellation of an order Abbestellung (f), Annullierung des Auftrages (f), Auftragsannullierung (f), Auftragsstornierung (f), Bestellungsannullierung (f), Stornierung des Auftrags (f), Zurückziehung der Bestellung (f)
cancellation of a tax Abschaffung von Steuern (f)
* notice of cancellation Annullierungsanzeige (f)
cancelled widerrufen
cancelled debt Schuldenerlass (m)
* order cancelled annullierte Bestellung (f)
cancelling Abberufung (f), Abruf (m) **2.** Charterannullierung (f), Charterpartieannullierung (f)
cancelling clause Annullierungsklausel (f), Streichungsklausel (f)
cancelling date Annullierungsdatum (n), Datum der Annullierung des Vertrags (n), Vertragsannullierungsdatum (n), Widerrufsdatum (n)
canvas Zeltleinwand (f), Zeltstoff (m)

canvasser Akquisiteur *(m)*, Werber *(m)*
freight canvasser Frachtmakler *(m)*
insurance canvasser Versicherungsagent *(m)*
canvassing Akquisition *(f)*, Erwerb *(m)*
canvassing agent Akquisiteur *(m)*
capability Fähigkeit *(f)*
storage capability Lagerfähigkeit *(f)*
capacity Aufnahmefähigkeit *(f)*, Belastungsfähigkeit *(f)* **2.** Kapazität *(f)* **3.** Fähigkeit *(f)* **4.** Rechtsfähigkeit *(f)*
capacity factor Arbeitsausnutzungsfaktor *(m)*
capacity for action Rechtsfähigkeit *(f)*
capacity for bunkers Bunkerfähigkeit *(f)*
capacity for cargo Laderauminhalt *(m)*, Verstauungskapazität *(f)*
capacity of cargo spaces Laderauminhalt *(m)*
capacity of a ship Lastigkeit *(f)*, Nutzladefähigkeit *(f)*, Raumgehalt eines Schiffes *(m)*
capacity of vessel Schiffslast *(f)*, Tonnage *(f)*
capacity plan Raumgehaltsplan *(m)*, Tonnageplan *(m)*
capacity to act Geschäftsfähigkeit *(f)*, Handlungsfähigkeit *(f)*, Rechtsfähigkeit *(f)*, Rechtsgeschäftsfähigkeit *(f)*
capacity to be a party to arbitration proceedings Arbitragefähigkeit *(f)*
capacity to contract Geschäftsfähigkeit *(f)*, Vertragsfähigkeit *(f)*
capacity to draw bills Wechselfähigkeit *(f)*
capacity to draw cheques Scheckfähigkeit *(f)*
* bale cubic capacity Balleninhalt *(m)*
cargo capacity Ladekapazität *(f)*
dead-weight cargo capacity Deadweight-Tonnage *(f)*, Gesamtzuladung *(f)*, Tragfähigkeit *(f)*
carrying capacity Ladefähigkeit *(f)*, Lastigkeit *(f)*, Raumgehalt eines Schiffes *(m)*
cargo carrying capacity Frachtkapazität *(f)*, Ladekapazität *(f)*, Ladevermögen *(n)*, Nutzladefähigkeit *(f)*
charge capacity Ladekapazität *(f)*, Laderungsgehalt *(m)*
charging capacity Belastungsfähigkeit *(f)*, Ladekapazität *(f)*, Tragfähigkeit *(f)*
competitive capacity Konkurrenzfähigkeit *(f)*, Wettbewerbsfähigkeit *(f)*
container capacity Containertragfähigkeit *(f)*
contractual capacity Fähigkeit zum Abschluss von Verträgen *(f)*

credit capacity Kreditwürdigkeit *(f)*
credit capacity analysis Kreditfähigkeitsprüfung *(f)*
cubic capacity Ladefähigkeit *(f)*
dead-weight capacity Frachttonnage *(f)*, Ladefähigkeit *(f)*, Ladetonnage *(f)*, Ladungsfähigkeit *(f)*, Nutztragfähigkeit *(f)*
freight per ton dead-weight capacity Fracht per Tonnage *(f)*
export capacity Exportfähigkeit *(f)*, Exportkapazität *(f)*
fiscal capacity Steuerfähigkeit *(f)*
freight capacity Ladefähigkeit *(f)*
freight-carrying capacity Frachtkapazität *(f)*, Nutzladefähigkeit *(f)*
grain capacity Laderauminhalt für Getreide *(m)*
gross capacity Bruttoraumgehalt *(m)*, Bruttotonnengehalt *(m)*
handling capacity Umschlagkapazität *(f)*
handling capacity of port Hafenkapazität *(f)*
import capacity Importfähigkeit *(f)*
legal capacity Geschäftsfähigkeit *(f)*, Handlungsfähigkeit *(f)*, Rechtsfähigkeit *(f)*, Rechtsgeschäftsfähigkeit *(f)*
lifting capacity Tragfähigkeit *(f)*, Tragkraft *(f)*
loaded capacity Ladekapazität *(f)*, Tragfähigkeit *(f)*
loading capacity Fahrzeugkapazität *(f)*, Ladungsfähigkeit *(f)*, Tragfähigkeit *(f)*
loss of earning capacity Arbeitsunfähigkeit *(f)*
market capacity Aufnahmefähigkeit des Marktes *(f)*
maximum capacity Maximalkapazität *(f)*
measurement capacity Ladekapazität *(f)*, Laderungsgehalt *(m)*
net capacity Nettoraumgehalt *(m)*, Nettotonnengehalt *(m)*
nominal capacity Nominalladefähigkeit *(f)*
paying capacity Zahlungsfähigkeit *(f)*, Zahlungskraft *(f)*
payment capacity Zahlungsfähigkeit *(f)*
production capacity Produktionskapazität *(f)*, Produktionspotential *(n)*
productive capacity Produktionsfähigkeit *(f)*
shipping capacity Raummaß eines Schiffes *(n)*, Tonnengehalt *(m)*
spending capacity Kaufkapazität *(f)*, Kaufkraft *(f)*

storage capacity Lagerkapazität *(f)*, Laderauminhalt *(m)*, Verstauungskapazität *(f)*
tax capacity Steuerfähigkeit *(f)*, Steuerkraft *(f)*
taxable capacity Steuerfähigkeit *(f)*, Steuerkraft *(f)*
transport capacity Transportkapazität *(f)*
utmost capacity Maximalkapazität *(f)*
warehouse capacity Lagerfähigkeit *(f)*, Lagerkapazität *(f)*

capital Kapital *(n)* **2.** Kapital-
capital appreciation Vermögenszuwachs *(m)*
capital assets Investitionsgüter *(pl)*, Sachanlagen *(pl)*
capital export Kapitalausfuhr *(f)*, Kapitalexport *(m)*
capital exporter Kapitalexporteur *(m)*
capital goods Investitionsgüter *(pl)*
capital import Kapitaleinfuhr *(f)*, Kapitalimport *(m)*
capital importer Kapitalimporteur *(m)*
capital investment angelegtes Kapital *(n)*, Kapitalanlage *(f)*
  loan for capital investment Investitionalkredit *(m)*
capital investor Kapitalgeber *(m)*
capital leasing Leasing von Anlagen *(n)*
capital market Kapitalmarkt *(m)*
capital spending Kapitalanlage *(f)*
capital subsidies Investitionskostenzuschüsse *(pl)*, Investitionssubventionen *(pl)*
capital transaction Kapitalüberführung *(f)*
  balance of capital transactions Kapitalbilanz *(f)*, Kapitalverkehrsbilanz *(f)*
capital turnover Kapitalverkehr *(m)*
* export of capital Kapitalausfuhr *(f)*, Kapitalexport *(m)*
import of capital Kapitaleinfuhr *(f)*, Kapitaleinfuhr *(f)*
import of capital Kapitalimport *(m)*
movement of capital Kapitalverkehr *(m)*
outflow of capital Kapitalausfuhr *(f)*, Kapitalexport *(m)*
return on capital (ROC) Kapitalertrag *(m)*, Kapitalgewinn *(m)*
transfer of capital Vermögensübergang *(m)*
capitalization Kapitalisierung *(f)*
capitalization factor Kapitalisierungskoeffizient *(m)*
capitalized kapitalisiert
capitalized interest kapitalisierte Zinsen *(pl)*

captain Kapitän *(m)*
captain's bag Schiffspost *(f)*
  confirmation of captain's bag Schiffspostbescheinigung *(f)*, Schiffspostbestätigung *(f)*
captain's copy Käpitanskopie *(f)*
captain's declaration Kapitänsdeklaration *(f)*
captain's mail Schiffspost *(f)*
  confirmation of captain's mail Schiffspostbescheinigung *(f)*, Schiffspostbestätigung *(f)*
  captain's mail collection direktes Inkasso *(n)*, Direktinkasso *(n)*
captain's manifest Ladungsmanifest *(n)*
captain's note Ladebereitschaftsanzeige *(f)*, Ladebereitschaftsmeldung *(f)*, Anzeige der Ladebereitschaft *(f)*
captain's notice Ladebereitschaftsanzeige *(f)*, Ladebereitschaftserklärung *(f)*, Ladebereitschaftsmeldung *(f)*, Ladebereitschaftsnotiz *(f)*
captain of the port Hafenkapitän *(m)*, Hafenmeister *(m)*
captain's option Kapitänoption *(f)*, Kapitänwahl *(f)*
  quantity at captain's option Menge zu Kapitänoption *(f)*
captain's report Bericht des Kapitäns *(m)*, Reisebericht des Kapitäns *(m)*
* merchant captain Handelsschiffskapitän *(m)*, Kapitän der Handelsschifffahrt *(m)*
port captain Frachtladungsaufseher *(m)*, Kargadeuer *(m)*
river barge captain Flußkapitän *(m)*
sea captain Handelskapitän *(m)*
capture Kapern *(n)*
free of capture, seizure, riots and civil commotions frei von jedem Risiko bei gewaltsamer Wegnahme, Beschlagnahme und Aufruhr
car Kraftwagen *(m)* **2.** Wagen *(m)*
car carrier Autotransportschiff *(n)*
car deck Autodeck *(n)*
car detention Waggonsstandzeit *(f)*
car ferry Autofährschiff *(n)*, Kraftwagenfähre *(f)*
car hire Autovermietung *(f)*
car insulation Wagenisolierung *(f)*
car load Wagenladung *(f)*, Wagenlast *(f)*
  complete car load Wagenlast *(f)*
car occupancy Wagenraum *(m)*
car park Parkplatz *(m)*
* box car gedeckter Waggon *(m)*

container car *(US)* Containerwagen *(m)*, Containerwaggon *(m)*
flat car Lore *(f)*, Plattformwagen *(m)*
free on board car frei auf Güterwagen *(m)*, frei Güterwagen *(m)*
free on car franko Fahrzeug *(n)*, franko Waggon *(m)*, frei Waggon *(m)* **2.** frei Fahrzeug *(n)*
freight car Frachtwaggon *(m)*, Lastwaggon *(m)*
inactivity of car Waggonsstandzeit *(f)*, Waggonswartezeit *(f)*
package car Stückgutwaggon *(m)*
petroleum car Kesselwaggon *(m)*
refrigerated car Eisenbahn-Kühlwaggon *(m)*, Kühlwaggon *(m)*
shortage of cars Wagenknappheit *(f)*
stock car Viehwaggon *(m)*
tank car Kesselwaggon *(m)*, Tankauto *(n)*
tank freight car Tankwagen *(m)*
vehicle car Autotransportwaggon *(m)*
carat Karat *(n)*
car-container Containerwagen *(m)*
card Karte *(f)*
address card Anschriftsklebezettel *(m)*
bank card Karte *(f)*
bank payment card Bankzahlungskarte *(f)*
cheque card Scheckkarte *(f)*
clearance card Klarierungskarte *(f)*, Klarierungsschein *(m)*, Zollabfertigungsschein *(m)*, Zollschein *(m)*
control card Kontrollkarte *(f)*, Prüfkarte *(f)*
credit card Kreditkarte *(f)*
authorization of credit card Authorisierung der Kreditkarte *(f)*
identity card Ausweis *(m)*, Identitätsdokument *(n)*, Personalausweis *(m)*
inspection card Kontrollkarte *(f)*, Prüfkarte *(f)*
rate card Beitragsstaffelung *(f)*
signature card Unterschriftenkarte *(f)*
stock card Lagerkarte *(f)*
tally card Liefermengenbericht *(m)*, Tallykarte *(f)*
tax card Steuerkarte *(f)*
visiting card Visitenkarte *(f)*
cardboard Karton *(m)*
cardboard package Kartonageverpackung *(f)*
care Pflege *(f)*
want of care Vernachlässigung *(f)*

cargo Fracht *(f)*, Frachtgut *(n)*, Kargo *(m)*, Ladegut *(n)*, Landung *(f)*, Schiffsfracht *(f)*, Schiffsgut *(n)*, Schiffsladung *(f)*, Sendung *(f)* **2.** Ladungs-
cargo acceptance Ladungsempfang *(m)*, Lastannahme *(f)*
cargo afloat schwimmende Ladung *(f)*
buy cargo afloat schwimmende Waren kaufen *(pl)*
cargo agent Kraftverkehrsagent *(m)*, Versandspediteur *(m)*
air cargo agent Luftagent *(m)*
cargo air line Luftfrachtlinie *(f)*
cargo arrival Frachteingang *(m)*, Lasteingang *(m)*
cargo barge Frachtkahn *(m)*, Frachtschute *(f)*, Ladebarge *(f)*
cargo block Ladeblock *(m)*, Ladebuch *(n)*, Lagerbefundbuch *(n)*
cargo booking Befrachtung einer Ladung *(f)*, Buchung einer Ladung *(f)*
cargo broker Frachtbroker *(m)*, Frachtmakler *(m)*
cargo capacity Ladekapazität *(f)*
dead-weight cargo capacity Deadweight-Tonnage *(f)*, Gesamtzuladung *(f)*, Tragfähigkeit *(f)*
cargo carriage Gütertransport *(m)*
cargo carrier Frachter *(m)*, Frachtschiff *(n)*, Güterschiff *(n)*, Seefrachtschiff *(n)*
bulk cargo carrier Massenfrachter *(m)*, Massengutfrachter *(m)*
cargo carrying capacity Frachtkapazität *(f)*, Ladekapazität *(f)*, Ladevermögen *(n)*, Nutzladefähigkeit *(f)*
cargo checker Ladungskontrolleur *(m)*
sworn cargo checker vereidigter Ladungskontrolleur *(m)*, vereidigter Tallymann *(m)*
cargo container Container *(m)*
dry cargo container Box-Container *(m)*, Trockenfrachtcontainer *(m)*
marine cargo container Seecontainer *(m)*
cargo container ship Bahälterschiff *(n)*, Containerfrachtschiff *(n)*
cargo crane Ladekran *(m)*
cargo customs declaration Abfertigungsschein *(m)*
cargo damage Ladungsbeschädigung *(f)*
cargo deadweight Ladekapazität *(f)*, Ladevermögen *(n)*

cargo deadweight tonnage Ladetragfähigkeit *(f)*

cargo deck Ladebord *(m)*, Ladungsdeck *(n)*

cargo declaration Frachtschein *(m)*

cargo delivery Auslieferung einer Ladung *(f)*, Ladungslieferung *(f)*

cargo dispatch Lastversand *(n)*, Versand der Ladung *(m)*

cargo disposition Verteilung der Ladung *(f)*

cargo documents Verschiffungsdokumente *(pl)*

  complete set of cargo documents voller Satz von Verschiffungsdokumente *(m)*

  complete set of commercial documents voller Satz von Geschäftspapieren *(m)*

  instruction for cargo documents Verschiffungspapiereinstruktion *(f)*

cargo due Ladegebühr *(f)*

cargo handling Aufladung *(f)*, Baladen *(n)*, Güterumschlag *(m)*, Kargobehandlung *(f)*, Ladungsbehandlungen *(pl)*, Umladung *(f)*, Umschlag der Ware *(m)*, Umschlaghandlungen *(pl)*, Warenumschlag *(m)*

  allowed time for cargo handling Umladungszeit *(f)*

  air-to-air cargo handling Umschlag Straße/Flugzeug *(m)*

  date of cargo handling Umladungstag *(m)*

  day of cargo handling Umschlagdatum *(n)*

  loss during cargo handling Umladungsverlust *(m)*, Umschlagverlust *(m)*

  mixed cargo handling Stückgutumladung *(f)*

  ship-to-truck cargo handling Umschlag Schiff/Kraftwagen *(m)*

  time for cargo handling Zeit für die Umladung *(f)*

  truck-to-ship cargo handling Umschlag Straße/Schiff *(m)*

  truck-to-wagon cargo handling Umschlag Straße/Schiene *(m)*

  wagon-to-ship cargo handling Umschlag vom Waggon ins Schiff *(m)*

cargo handling date Umladungsdatum *(n)*

cargo handling day Umladungstag *(m)*

cargo handling equipment Umschlagtechnik *(f)*

cargo handling instructions Umladungsbestimmungen *(pl)*, Umschlagvorschriften *(pl)*

cargo handling place Güterumschlagsplatz *(m)*, Umladungsstelle *(f)*

cargo-handling services Umschlagsleistungen *(pl)*

cargo handling terminal Frachtterminal *(n)*, Fracht-Terminal *(n)*

cargo hatch Ladeluke *(f)*, Stauluke *(f)*

cargo hold Laderaum *(m)*

  dry cargo hold Trockenladeraum *(m)*

cargo hook Lasthaken *(m)*

cargo hutch Warenluke *(f)*

cargo in bags abgesacktes Gut *(n)*, sackweise Ladung *(f)*

cargo in bales Ballengut *(n)*

cargo in barrels fässerweise Ladung *(f)*, Fassladung *(f)*

cargo in bond Ware unter Zollverschluss *(f)*

cargo in bulk Massengüter *(pl)*, Massengutladung *(f)*, Sturzgut *(n)*, Sturzladung *(f)*

cargo in tanks flüssiges Gut *(n)*

cargo in transit Transitgut *(n)*, Transitladung *(f)*

cargo inspection Kargokontrolle *(f)*, Ladungskontrolle *(f)*

cargo insurance Frachtversicherung *(f)*, Güterversicherung *(f)*, Kargoversicherung *(f)*

  air cargo insurance Luftfrachtversicherung *(f)*

  open cargo insurance laufende Versicherung *(f)*

cargo insurer Ladungsversicherer *(m)*

cargo key receipt unübertragbarer Begleitschein *(m)*, unübertragbarer Transportschein *(m)*

cargo lashing Befestigung der Ladung *(f)*

cargo lien Frachtführerpfandrecht *(n)*, Lastpfandrecht *(n)*, Sendungspfandrecht *(n)*

cargo lien clause Sendungspfandrechtklausel *(f)*

cargo liner Frachtschiff in der Linienfahrt *(n)*, Linienfrachter *(m)*

  refrigerated cargo liner Kühllinienfrachtschiff *(n)*

cargo list Ladungsspezifikation *(f)*, Versandliste *(f)*

cargo loss Ladungsverlust *(m)*

cargo manifest Ladungsverzeichnis *(n)*, Warendeklaration *(f)*

  container import cargo manifest Containerimportfracht-Manifest *(n)*

  dangerous cargo manifest Gefahrgütermanifest *(n)*

  diplomatic cargo manifest Diplomatenladungsmanifest *(n)*, Diplomatenmanifest *(n)*

  military cargo manifest Militärladungsmanifest *(n)*, Militärmanifest *(n)*

cargo manifest for river tankers Flusstankermanifest *(n)*

cargo marking Ladungsmarkierung *(f)*, Markierung der Ladung *(f)*
cargo motorship Motorschiff *(n)*
  refrigerated cargo motorship Kühlmotorschiff *(n)*
cargo of valuables Wertladung *(f)*
cargo offerings Frachtangebot *(n)*, Ladungsangebot *(n)*
cargo on board Kargo auf Bord *(m)*, schwimmende Ladung *(f)*
cargo owner Frachteigentümer *(m)*, Ladungseigentümer *(m)*, Ladungsinhaber *(m)*
cargo passage Ladungsfahrt *(f)*
cargo plan Ladungsplan *(m)*, Stauplan *(m)*, Stauungsplan *(m)*
cargo pledge Kargopfandrecht *(n)*
cargo policy Frachtversicherungspolice *(f)*, Kargopolice *(f)*, Ladungspolice *(f)*
cargo pool Cargopool *(m)*
cargo rate Beförderungssatz *(m)*, Frachtsatz *(m)*
  deck cargo rate Decklasttarif *(m)*
  mixed cargo rate Stückguttarif *(m)*
cargo receipt Empfang der Ladung *(m)*
cargo reception Ladungsannahme *(f)*
cargo report Frachtliste *(f)*, Ladungsmanifest *(n)*
  damaged cargo report Schadensmeldung *(f)*
cargo reporting Frachterklärung *(f)*
cargo segregation Trennung der Ladung *(f)*
cargo separation Absonderung *(f)*, Ladungsabsonderung *(f)*
cargo service Güterbeförderung *(f)*, Gütertransport *(m)*
  dangerous cargo service Beförderung der Gefahrgüter *(f)*, Gefahrengütertransport *(m)*, Gefahrgüterbeförderung *(f)*
cargo sharing Frachtaufteilung *(f)*
cargo sheet Ladeliste *(f)*
cargo ship Frachter *(m)*
  bulk cargo ship Bulkcarrier *(m)*, Massengutfrachter *(m)*
  container cargo ship Bahälterschiff *(n)*, Containerfrachtschiff *(n)*
  general cargo ship Frachtschiff *(n)*, Stückguterfrachter *(m)*, Stückgutfrachtschiff *(n)*
  general dry cargo ship Trockenfrachtschiff *(n)*
  multipurpose cargo ship Mehrzweckfrachter *(m)*
cargo ship safety equipment certificate Ausrüstungs-Sicherheitszertifikat *(n)*

cargo space Laderaum *(m)*, Transportraum *(m)*
  capacity of cargo spaces Laderauminhalt *(m)*
  cargo-space charter Raumcharter *(m)*
cargo station Güterbahnhof *(m)*
cargo steamer Lastschiff *(n)*
cargo stowage Frachtverstauung *(f)*
  cargo stowage plan Ladungsplan *(m)*
cargo structure Ladungstruktur *(f)*
cargo superintendent Frachtladungsaufseher *(m)*, Kargadeuer *(m)*
cargo survey Kargokontrolle *(f)*, Ladungskontrolle *(f)*
cargo tariff Frachttarif *(m)*, Gütertarif *(m)*
cargo terminal Frachtterminal *(n)*
  general cargo structure Stückfrachtenstruktur *(f)*
  general cargo terminal Generalkargoterminal *(m)*
cargo to arrive unterwegs befindliche Ladung *(f)*
cargo tonnage Ladegewicht *(n)*
  dead-weight cargo tonnage Ladungsfähigkeit *(f)*
Cargo Traffic Procedures Committee *(IATA)* Komitee für Frachtverkehrsverfahren *(n)*
cargo tramp Trampschiff *(n)*
cargo transfer Umladung *(f)*
cargo transport Gütertransport *(m)*, Lasttransport *(m)*
cargo transportation Gütertransport *(m)*, Lasttransport *(m)*
cargo transporter Container *(m)*, Transportbehälter *(m)*
cargo trip Frachtfahrt *(f)*, Frachtreise *(f)*
cargo turnover Frachtenumsatz *(m)*, Ladungsverkehr *(m)*
cargo type Art der Ladung *(f)*
cargo underwriter Kargoversicherer *(m)*
cargo unit Ladeeinheit *(f)*, Versandeinheit *(f)*
cargo vessel Frachtschiff *(n)*, Güterschiff *(n)*
  general cargo vessel Frachtschiff *(n)*, Stückguterfrachter *(m)*
  multipurpose cargo vessel Mehrzweckschiff *(n)*
cargo volume Frachtaufkommen *(n)*, Frachtrauminhalt *(m)*
cargo weight Ladegewicht *(n)*, Lastgewicht *(n)*
* accept a cargo Ladung einnehmen *(f)*, Ladung übernehmen *(f)*

acceptance of cargo Frachtabnahme (f), Ladungsannahme (f)
accommodation for cargo Packraum (m), Schiffsraum (m)
acquisition of cargo Ladungserwerb (m)
additional cargo Beiladung (f), Mehrladung (f), Zuladung (f)
addressed cargo adressierte Ladung (f)
air cargo Luftfracht (f), Luftgut (n)
arrest of cargo Beschlagnahme einer Ladung (f), Ladungsarrest (m)
arrest of cargo Ladungsbeschlagnahme (f)
awkward cargo Außerlademassgut (n)
back cargo Rückladung (f)
bag cargo Sackladung (f)
bagged cargo Sackladung (f), sackweise Ladung (f)
bale cargo Ballenware (f), ballenweise Ladung (f), Ladung in Ballen (f)
ballast cargo Ballast (m), Ballastfracht (f), Ballastladung (f), Faulfracht (f)
barrel cargo fässerweise Ladung (f), Fassladung (f)
batch of cargo Gutpartie (f), Ladungspartie (f)
berth cargo Beipackung (f), Zusatzladung (f)
book cargo Fracht buchen (f), Ladung buchen (f)
booking of cargo Befrachtung einer Ladung (f), Buchung einer Fracht (f), Buchung einer Ladung (f)
bottom cargo Ballastfracht (f), Ballastgut (n), Ballastladung (f)
break bulk handling cargo Stückgüterfrachtumschlag (m)
break-bulk cargo Generalkargo (m), Konventionalstückladung (f),
bulk cargo flüssiges Gut (n), Massengut (n), Schüttladung (f)
bulk cargo terminal Massengutterminal (m)
bulk cargo transport Schüttguttransport (m)
bulk liquid cargo geschüttete Ladung (f)
bulked goods Freiladung (f), Massengüter (pl), Sturzgut (n)
bulky cargo leichte Ladung (f), Sperrgut (n), sperrige Waren (pl)
capacity for cargo Laderauminhalt (m), Verstauungskapazität (f)
cartonised cargo Ladung in Schachteln (f)
chilled cargo Kühlgut (n), Kühlladung (f)
chilled goods insurance Kühlgutversicherung (f)

classification of cargoes Güteklassifizierung (f)
clean cargo saubere Ladung (f)
clearance of cargo Frachtabfertigung (f)
collection of cargo Gutabnahme (f), Ladungsempfang (m)
commercial cargo Handelsbelastung (f), kommerzielle Fracht (f)
complete cargo Schiffsladung (f), volle Ladung (f)
full and complete cargo Schiffsladung (f), volle Ladung (f)
completion cargo Zusatzladung (f)
condition of cargo Beschaffenheit der Ladung (f), Zustand der Ladung (m)
consignee of the cargo Frachtempfänger (m), Ladungskonsignatar (m)
consolidated cargo Wagenfrachtstückgut (n)
container cargo containerische Ladung (f), Containerladung (f)
containerized cargo containerisierte Fracht (f), containerisierte Ladung (f)
conventional cargo konventionelle Ladung (f)
cooled and refrigerated cargo gekühlte Ladung (f)
cooled cargo Kühlgut (n), Kühlraumladung (f)
customs cargo Zollgut (n)
damage of cargo Ladungsschaden (m)
damage to cargo Ladungsbeschädigung (f)
damaged cargo beschädigte Ladung (f)
dangerous cargo gefährliche Ladung (f)
dead cargo Ballastladung (f), Faulfracht (f), Leerfracht (f), tote Fracht (f), tote Last (f)
dead-weight cargo Schwergewichtsgut (n), Schwergut (n), Schwerladung (f)
deck cargo Deckgut (n), Deckladung (f)
insurance on deck cargo load Decklastversicherung (f)
deck cargo load Deckgut (n), Deckladung (f)
declared cargo deklarierte Ladung (f)
deliver a cargo Kargo liefern (m), Ladung zustellen (f)
delivery of cargo Auslieferung einer Ladung (f), Ladungslieferung (f), Übergabe einer Ladung (f)
detention of cargo Beschlagnahme einer Ladung (f)
direct cargo Durchfracht (f), Durchfrachtgut (n)
dirty cargo unreine Ladung (f)
dispatch of cargo Frachtabfertigung (f), Frachtversand (m), Versand der Ladung (m)
disposition of cargo Ladungsverteilung (f)

door-to-door cargo delivery Lieferung von Haus zu Haus *(f)*

dry cargo Trockenfracht *(f)*, Trockengut *(n)*, Trockenladung *(f)*

  container dry cargo Trockenfrachtcontainer *(m)*

  dry cargo charter Trockenfrachtcharter *(m)*

due on cargo Ladegebühr *(f)*, Ladegeld *(n)*

duty-free cargo zollfreie Ladung *(f)*

entire cargo Gesamtladung *(f)*, Komplettladung *(f)*

expedition of cargo Frachtabfertigung *(f)*, Frachtversand *(m)*

export cargo Exportladung *(f)*, Hinfracht *(f)*

exported cargo abgehende Ladung *(f)*, ausgehende Fracht *(f)*

express cargo Expressfracht *(f)*, Expresssendung *(f)*

extra cargo Beiladung *(f)*, Zuladung *(f)*

fetid cargo geruchsverbreitende Ladung *(f)*

floating cargo schwimmende Ladung *(f)*

flow of cargo Transportfluss *(m)*

foreign cargo Auslandsladung *(f)*

forward a cargo Ladung schicken *(f)*

fractional cargo Teilfracht *(f)*, Teilladung *(f)*

fragile cargo zerbrechliche Fracht *(f)*

frozen cargo Gefriergut *(n)*

general cargo Generalkargo *(m)*, Massengut *(n)*, Stückfracht *(f)*, Stückgut *(n)*

  mixed general cargo gemischte Ladung *(f)*, gemischte Stückladung *(f)*, Mischladung *(f)*

  shipment of general cargo Stückgutverkehr *(m)*

general cargo carriage Stückgutverkehr *(m)*

general cargo container Massengutcontainer *(m)*, Standard-Container *(m)* 2. *(in aircargo)* Stückgut-Container *(m)*

general cargo freighter Stückguterfrachter *(m)*

general cargo handling Stückgutumladung *(f)*

general cargo liner Stückgutlinienschiff *(n)*

general cargo port Stückguthafen *(m)*

general cargo rate Stückfrachtrate *(f)* 2. Stückgutfrachttarif *(m)* 3. *(in aircargo)* allgemeine Frachtrate *(f)*

hand over cargo Ladung ausliefern *(f)*

handle cargo Ladung umschlagen *(f)*, umschlagen

handled cargo umgeschlagene Ladung *(f)*

handling of break-bulk cargo Stückgutumschlag *(m)*

hazardous cargo gefährlicher Kargo *(m)*, gefährliches Gut *(n)*

  transport of hazardous cargo Beförderung gefährlicher Güter *(f)*, Gefahrguttransport *(m)*

hazardous cargo declaration Gefahrgüterdeklaration *(f)*

hazardous cargo service Beförderung der Gefahrgüter *(f)*, Gefahrgüterbeförderung *(f)*, Gefahrgütertransport *(m)*

heavy cargo Außerlademassgut *(n)*, Gewichtsgut *(n)*, schwere Ladung *(f)*, Schwergutladung *(f)*

  heavy cargo freight Gewichtsgut *(n)*, schwere Ladung *(f)*, Schwergutladungsfracht *(f)*, Schwerladungsfracht *(f)*

heterogeneous cargo gemischte Ladung *(f)*

high-value cargo Wertfracht *(f)*

hold cargo Ladung in Laderaum *(f)*

home cargo Rückfracht *(f)*

homeward cargo Rückfracht *(f)*, Rückladung *(f)*

homogenous cargo homogene Ladung *(f)*, homogene Schiffsladung *(f)*

hull and cargo insurance Versicherung von Schiff und Ladung *(f)*

identify a cargo Ladung identifizieren *(f)*

import cargo Herfracht *(f)*, Importgut *(n)*

imported cargo Importladung *(f)*

inboard cargo Ladung unter Deck *(f)*, Last unter Deck *(f)*

inflammable cargo feuergefährliche Ladung *(f)*

insurance of cargo Kargoversicherung *(f)*, Ladungsversicherung *(f)*

insurance on cargo Frachtversicherung *(f)*, Kargoversicherung *(f)*

inward cargo Herfracht *(f)*, Importgut *(n)*

jettison of cargo Überbordwerfen *(n)*

jettisoned cargo Jettison *(n)*, über Bord geworfene Ladung *(f)*, Überbordwerfen *(n)*

joint cargo Gesamtfracht *(f)*, Sammelfracht *(f)*

lashing cargo Befestigung der Ladung *(f)*

lien of cargo Ladungspfand *(n)*, Ladungspfandrecht *(n)*, Frachtstückpfandrecht *(n)*, Kargopfand *(n)*

lien on cargo Ladungspfand *(n)*, Ladungspfandrecht *(n)*, Frachtstückpfandrecht *(n)*, Kargopfand *(n)*

  maritime liens on cargo Ladungspfand *(n)*

lift cargo Last heben *(f)*
lifting of cargo Lastheben *(n)*
light cargo leichte Ladung *(f)*, sperriges Gut *(n)*
liner cargo Liniencargo *(m)*, Linienladung *(f)*
liquid cargo flüssige Ladung *(f)*, Flüssigladung *(f)*
  liquid cargo carrier Tankschiff *(n)*
list of cargo Ladungsbericht *(m)*, Packliste *(f)*, Güterverzeichnis *(n)*
live cargo lebende Ladung *(f)*, Tierfracht *(f)*
loose bulk cargo geschüttete Ladung *(f)*, lose Ladung *(f)*
loose cargo Sturzgut *(n)*
loss of cargo Verlust der Ladung *(m)*
manifest of cargo Ladungsverzeichnis *(n)*, Manifest *(n)*
mark of cargo Kennzeichnung von Fracht *(f)*, Kennzeichnung von Ladung *(f)*, Ladungsmarkierung *(f)*, Markierung der Ladung *(f)*
marking of cargo Kennzeichnung von Fracht *(f)*, Kennzeichnung von Ladung *(f)*, Ladungsmarkierung *(f)*, Markierung der Ladung *(f)*
measurement cargo leichte Ladung *(f)*, Massengutladung *(f)*, Massenladung *(f)*, Sperrgut *(n)*, sperriges Gut *(n)*
measurements of cargo Ladungsabmessungen *(pl)*
missing cargo (MSCA) fehlendes Gut *(n)*
mixed cargo gemischte Ladung *(f)*, Mischladung *(f)*
name of cargo Frachtname *(m)*, Ladungsname *(m)*
nature of cargo Ladungsart *(f)*
non-delivered cargo nicht gelieferte Ladung *(f)*
non-delivery of cargo Frachtgutnichtlieferung *(f)*, Kargonichtlieferung *(f)*
odorous cargo riechende Ladung *(f)*
on-deck cargo Deckladung *(f)*
open cargo Freiladung *(f)*
optional cargo Optionsfracht *(f)*, Wahlfracht *(f)*
  optional cargo clause Optionsfrachtklausel *(f)*
out cargo ausgehende Ladung *(f)*
out of gauge cargo Fracht mit Übergröße *(f)*
out-bound cargo Heimfracht *(f)*, Hinfracht *(f)*
out-of-gauge cargo Sperrgut *(n)*, sperrige Ladung *(f)*
outsized cargo Außerlademassgut *(n)*
outward cargo Ausfracht *(f)*, Exportfracht *(f)*
oversized cargo Außerlademassgut *(n)*, Sperrgut *(n)*, sperrige Ladung *(f)*

owner of cargo Frachteigentümer *(m)*, Ladungseigentümer *(m)*, Ladungsinhaber *(m)*
  part owner of cargo Ladungsmitinhaber *(m)*
package cargo Ladung in Paketen *(f)*, lose Ladung *(f)*, paketierte Ladung *(f)*, paketweise Ladung *(f)*, Stückgut *(n)*, verpackte Ladung *(f)*
packaged cargo Packgut *(n)*, verpacktes Gut *(n)*
packed cargo verpackte Ladung *(f)*
packet cargo Packgut *(n)*, verpacktes Gut *(n)*
palletized cargo palettierte Ladung *(f)*
parcel of cargo Gutpartie *(f)*, Ladungspartie *(f)*
part cargo Teilfracht *(f)*, Teilladung *(f)*
  charter for part cargo Teilcharter *(m)*
part of cargo Teil der Fracht *(m)*
passenger and cargo boat Passagierfrachtschiff *(n)*
perishable cargo leichtverderbliche Ladung *(f)*
placement of cargo Verteilung der Ladung *(f)*
put cargo ashore Last ausladen *(f)*
quality of cargo Beschaffenheit der Ladung *(f)*
quantity of cargo Gütermenge *(f)*, Ladungsmenge *(f)*
railway cargo Eisenbahnfracht *(f)*, Eisenbahngut *(n)*
readdressing of cargo Umadressierung der Ladung *(f)*
receipt of cargo Empfang der Ladung *(m)*, Frachtabnahme *(f)*
  delayed receipt of cargo verspätete Empfang der Ladung *(m)*
receive cargo Fracht bekommen *(f)*
receiver of cargo Güterempfänger *(m)*, Ladungsempfänger *(m)*
  name of receiver of cargo Güterempfängername *(m)*, Ladungsempfängername *(m)*
reception of cargo Gutabnahme *(f)*, Ladungsempfang *(m)*, Lastannahme *(f)*
refrigerated cargo Kühlfracht *(f)*
release of cargo Ladungsauslieferung *(f)*, Übergabe einer Ladung *(f)*
remainder of cargo Ladungsrest *(m)*, Lastrest *(m)*
rerouting cargo Umadressierung der Ladung *(f)*
return cargo Rückladung *(f)*
return of cargo Rücksendung von Ladung *(f)*, Rücksendung von Last *(f)*
risky cargo gefährlicher Kargo *(m)*, gefährliches Gut *(n)*

risky cargo service Gefahrgütertransport *(m)*, Gefahrguttransport *(m)*

river cargo vessel Flussmotorschiff *(n)*, Motorgüterschiff *(n)*

safety of cargo Kargosicherheit *(f)*, Ladungssicherheit *(f)*

salvage a cargo Fracht retten *(f)*, Bergegut *(n)*

scarcity of cargo Ladungsmangel *(m)*

sea-borne cargo Seefracht *(f)*

seizure of cargo Ladungsbeschlagnahme *(f)*

separation of cargo Absonderung *(f)*, Ladungsabsonderung *(f)*

ship a cargo Ladung schicken *(f)*

ship cargo Frachtgut *(n)*, Kargo *(m)*, Schifffracht *(f)*, Schiffsgut *(n)*, Schiffslast *(f)*

shipment of cargo Lastversand *(m)*, Versand der Ladung *(m)*

shipped cargo Kargo auf Bord *(m)*, schwimmende Ladung *(f)*

shortage of cargo Ladungsnichtlieferung *(f)*

special cargo Spezialladung *(f)*

specification of cargo Ladungsbericht *(m)*, Packliste *(f)*

stacked cargo gestapelte Ladung *(f)*

store cargo Ladung lagern *(f)*

storing cargo Aufbewahrung der Ladung *(f)*

stow the cargo aufstauen, Ladung im Laderaum stauen *(f)*, Ladung stauen *(f)*, Ladung verteilen *(f)*

stowing of cargo Stauen *(n)*

survey cargo Kargo prüfen *(m)*

take a cargo Ladung einnehmen *(f)*, Ladung übernehmen *(f)*

take in cargo Ladung einnehmen *(f)*, Ladung übernehmen *(f)*

through cargo Durchfracht *(f)*, Durchfrachtgut *(n)*

tramp cargo Trampladung *(f)*

transhipment cargo Durchfrachtgut *(n)*, Umschlaggut *(n)*

transit cargo Transitgut *(n)*, Transitladung *(f)*

transport of transit cargo Transitgutbeförderung *(f)*

transport cargo aeroplane Frachtflugzeug *(n)*

uncollected cargo nicht abgeholtes Gut *(n)*, nicht in Empfang genommenes Gut *(n)*

underdeck cargo Ladung unter Deck *(f)*, Last unter Deck *(f)*

underwrite a cargo Ladung versichern *(f)*

undocumented cargo Ladung ohne Begleitpapiere *(f)*

uniform cargo homogene Ladung *(f)*, homogene Schiffsladung *(f)*

unprotected cargo lose Ladung *(f)*, Schüttgüter *(pl)*, unverpacktes Gut *(n)*

unreceived cargo nicht abgeholtes Gut *(n)*, nicht in Empfang genommenes Gut *(n)*

unwrapped cargo unverpackte Ladung *(f)*

valuable cargo Wertfracht *(f)*, Wertladung *(f)*

very important cargo sehr wichtige Ladung *(f)*

weigh a cargo Ladung abwiegen *(f)*

weight cargo Lastmasse *(f)*, Schwergut *(n)*

weight of cargo Ladungsgewicht *(n)*

wet cargo nasse Ladung *(f)*

wrecked cargo Wrackgut *(n)*

carload Wagenladung *(f)*, Waggonladung *(f)*

carload lot Wagenpartie *(f)*

carload railroad freight Wagenladungsfrachtsatz *(m)*

carload shipment Wagenladung *(f)*, Wagonsendung *(f)*

* combined carload Sammelgut *(n)*, Sammelsendung *(f)*

mixed carload rate Frachttarif für Stückgut *(m)*, Stückgutfrachtsatz *(m)*

carnet Carnet *(n)*

ATA Carnet Carnet ATA *(n)*

goods admitted under cover of an ATA Carnet auf einem Carnet ATA abgefertigte Waren *(pl)*

expiry of the validity of the carnet ATA Ablauf der Gültigkeitsdauer des ATA-Carnets *(m)*

Community movement carnet *(EU)* gemeinschaftliches Warenverkehrscarnet *(n)*

CPD carnet CPD-Carnet *(n)*

duplicate of the carnet Zweitstück des Carnets *(n)*

guarantee carnet Garantiecarnet *(n)*

TIR carnet TIR-Carnet *(n)*

certificate of discharge of the TIR carnet Erledigungsbescheinigungzeugnis des Carnets TIR *(n)*

counterfoil of TIR carnet Trennabschnitt eines Carnets TIR *(m)*

cover page of the TIR carnet Carnet-TIR-Umschlagblatt *(n)*

holder of a TIR Carnet Carnet-TIR-Inhaber *(m)*, Inhaber des TIR-Carnets *(m)*

manifest of the TIR carnet Warenmanifest des Carnets TIR *(n)*

operation under cover of a TIR carnet unter Verwendung eines Carnets TIR durchgeführter Transport *(m)*

presentation of a carnet TIR Vorlage des Carnets TIR *(f)*

procedure of international transport of goods under cover of TIR carnets Verfahren des internationalen Warentransports mit Carnets TIR *(n)*

transport operation performed under cover of a TIR carnet Transport mit Carnet TIR *(m)*, Warentransport mit Carnet TIR *(m)*

transport under cover of a TIR carnet Transport mit Carnet TIR *(m)*, Warentransport mit Carnet TIR *(m)*

carriage Beförderung *(f)* **2.** Beförderungskosten *(pl)*, Fracht *(f)*

carriage account Frachtkonto *(n)*

carriage and insurance paid to ... /insert named place of destination/ CIP ... /insert named place of destination/, Frachtfrei versichert ... /benannter Bestimmungsort/

carriage and insurance paid to ... /named place of destination/ Frachtfrei Versichert ... /benannter Bestimmungsort/, CIP ... /benannter Bestimmungsort/

carriage by air Beförderung auf dem Luftweg *(f)*

international carriage by air Internationaler Luftverkehrstransport *(m)*

carriage by rail Bahnförderung *(f)*, Eisenbahntransport *(m)*, Eisenbahnverkehr *(m)*

international carriage by rail internationaler Bahntransport *(m)*

carriage by sea Seebeförderung *(f)*, Seetransport *(m)*

contract for carriage by sea Schiffsfrachtvertrag *(m)*

carriage by water Seebeförderung *(f)*, Seetransport *(m)*

carriage charge Beförderungsgebühr *(f)*, Frachtgebühr *(f)*, Frachtlohn *(m)*, Transportkosten *(pl)*, Transportpreis *(m)*

carriage contract Frachtvertrag *(m)*

carriage costs Beförderungskosten *(pl)*, Transportkosten *(pl)*

carriage document Begleitpapier *(n)*, Transportdokument *(n)*

carriage fare Beförderungsgebühr *(f)*, Frachtgeld *(n)*

carriage forward Beförderungskosten für Empfänger *(pl)*, unfrei

carriage free frachtfrei, Frachtkosten für Lieferant *(pl)*, Transport bezahlt *(m)*

carriage insurance Transportversicherung *(f)*

railway carriage insurance Bahntransportversicherung *(f)*

carriage law Beförderungsrecht *(n)*

carriage note Begleitschein *(m)*, Ladezettel *(m)*, Transportdokument *(n)*

carriage of goods Beförderung der Waren *(f)*

international carriage of goods grenzüberschreitende Güterbeförderung *(f)*

responsibility for the carriage of goods *(CCC)* Verantwortung für die Beförderung der Waren *(f)*

carriage of goods by rail Eisenbahnfrachtverkehr *(m)*

carriage of goods by road Güterkraftverkehr *(m)*

carriage of goods by sea Beförderung von Gütern im Seeverkehr *(f)*

carriage of goods on the Rhine waterways Beförderung auf den Rheinwasserstraßen *(f)*

carriage paid Frachtkosten für Lieferant *(pl)*, Transport bezahlt *(m)*

carriage paid to ... /insert named place of destination/ CPT ... /insert named place of destination/, Frachtfrei ... /benannter Bestimmungsort/

carriage route Beförderungsweg *(m)*, Transportstrecke *(f)*

* air carripocztaage Luftbeförderung *(f)*

contract of air carriage Luftfrachtvertrag *(m)*

bill of carriage Frachtbrief *(m)*

cargo carriage Gütertransport *(m)*

charges for carriage Fracht *(f)*, Frachtgeld *(n)*

conditions of carriage Transportbedingungen *(pl)*

containerisation of carriage Transportcontainerisierung *(f)*

contract of carriage Frachtvertrag *(m)*

cost of carriage Transportkosten *(pl)*, Transportpreis *(m)*

customs carriage Beförderung von Waren unter Zollverschluss *(f)*, Frachttransport unter Zollverschluss *(m)*, Transport unter Zollverschluss *(m)*, Verkehr unter Zollverschluss *(m)*, Zollsicherungsverkehr *(m)*, Zollverkehr *(m)*
extra carriage Mehrfracht *(f)*
free carriage price Preis frei Frachtgebühr *(m)*, Preis frei Frachtkosten *(m)*
freight or carriage paid to ... /named point of destination/ Fracht oder Beförderungskosten bezahlt ... /benannter Bestimmungsort/
freight, insurance, carriage Fracht, Versicherung, Transport
general cargo carriage Stückgutverkehr *(m)*
immediate carriage direkte Beförderung *(f)*
international carriage of goods by road internationaler Straßengüterverkehr *(m)*
international rail carriage internationaler schienengebundener Transport *(m)*
land carriage Landtransport *(m)*
loss during carriage Transportschaden *(m)*
management of carriage Transportabwicklung *(f)*
preparation for carriage Vorbereitung für Beförderung *(f)*, Vorbereitung für Transport *(f)*
rail carriage insurance Bahnbeförderungversicherung *(f)*, Eisenbahntransportversicherung *(f)*
railroad carriage Eisenbahnbeförderung *(f)*
contract for railroad carriage Eisenbahnbeförderungvertrag *(m)*, Eisenbahnfrachtvertrag *(m)*
railway carriage Eisenbahnbeförderung *(f)*
contract for railway carriage Eisenbahnbeförderungvertrag *(m)*, Eisenbahnfrachtvertrag *(m)*
railway carriage's number Kennzeichen des Eisenbahnwaggons *(n)*
return carriage Rückbeförderung *(f)*, Rücktransport *(m)*
sea carriage Seebeförderung *(m)*
contract of sea carriage Seefrachtvertrag *(m)*
tariff for carriage Tarif für die Beförderung *(m)*
tariff for tare carriage Frachttarif für Tara *(m)*
terms of carriage Beförderungsbedingungen *(pl)*, Transportbedingungen *(pl)*
through carriage Direkttransport *(m)*
transhipments during carriage *(CT)* Umladungen während der Beförderung *(pl)*

transit carriage Transitverkehr *(m)*
United Nations convention on the Carriage of goods by Sea Hamburger Regeln *(pl)*
carrier Beförderer *(m)*, Frachtführer *(m)*
carrier's address Adresse des Beförderers *(f)*
carrier agent Kraftverkehrsagent *(m)*, Versandspediteur *(m)*
carrier's name Name des Beförderers *(m)*
carrier's bill of lading Konnossement eines Transportunternehmens *(n)*
carrier's business Fuhrunternehmen *(n)*
carrier by air Luftfrachtführer *(m)*
carrier by road Straßenverkehrsträger *(m)*
carrier's charges Fracht *(f)*, Frachtlohn *(m)*
carrier's haulage Carrier-Haulage *(n)*
carrier's liability Frachtführerhaftung *(f)*, Haftpflicht des Frachtführers *(f)*
limit of carrier's liability Frachtführerhaftungsgrenze *(f)*
marine carrier's liability Haftung des Verfrachters *(f)*
carrier's lien Beförderer-Pfandrecht *(n)*, Spediteurpfandrecht *(n)*
carrier's lien clause Carrierpfandrechtklausel *(f)*, Spediteurpfandrechtklausel *(f)*
carrier nominated by the buyer vom Käufer benannten Frachtführer *(m)*
carrier's receipt Ladeschein *(m)*
carrier ship Frachtschiff *(n)*
carrier's stamp Carrierstempel *(m)*, Frachtführerstempel *(m)*
* air carrier Luftlinie *(f)*
certified route air carrier reguläre Fluglinie *(f)*
BACO barge container carrier Containerkahn *(m)*
banana carrier Bananendampfer *(m)*
bonded carrier Zollbeförderer *(m)*
bulk carrier Massenfrachter *(m)*, Massengutfrachter *(m)*, Schüttgutfrachter *(m)*
bulk cargo carrier Massenfrachter *(m)*, Massengutfrachter *(m)*
bulk sugar carrier Zuckerfrachter *(n)*, Zuckerfrachtschiff *(n)*
car carrier Autotransportschiff *(n)*
cargo carrier Frachter *(m)*, Frachtschiff *(n)*, Güterschiff *(n)*, Seefrachtschiff *(n)*
cement carrier Zementfrachtschiff *(n)*
common carrier öffentliches Transportunternehmen *(n)*

conference carrier Konferenzcarrier *(m)*
container carrier Containerschiff *(n)*
contract carrier Trampschiff *(n)*, vertraglicher Frachtführer *(m)*
contracting carrier Trampdampfer *(m)*, Trampschiff *(n)*, vertraglicher Frachtführer *(m)*
customs carrier Zollbeförderer *(m)*
   name of the customs carrier Name des Zollbeförderers *(m)*
   obligations of the customs carrier Pflichten des zollamtlichen Beförderers *(pl)*
   Register of Customs Carriers Register der Zollbeförderer *(n)*
deliver the goods to the carrier an Frachtführer die Ware liefern *(m)*
delivery to carrier Übertragung an den Frachtführer *(f)*
first carrier erster Verkehrsträger *(m)*
   take to first carrier zum ersten Verkehrsträger liefern *(m)*
free carrier frei Beförderer *(m)*, frei Carrier *(m)*, frei Frachtführer *(m)*, frei Transporteur *(m)*
free carier ... /insert named place of delivery/ FCA
   ... /insert named place of delivery/, Frei Frachtführer
   ... /benannter Lieferort/
freight carrier Carrier *(m)*, Transportträger *(m)*
gas carrier Methantanker *(m)*
grain carrier Getreidefrachter *(m)*
inland carrier Inlandscarrier *(m)*
international carrier internationaler Frachtführer *(m)*
lash barge carrier Leichtertransportschiff *(n)*
LASH carrier LASH-Kahn *(m)*
liability of carrier by rail Haftung des Eisenbahnfrachtführers *(f)*
liquefied petroleum gas carrier Flüssigerdgastanker *(m)*, LPG-Schiff *(n)*
livestock carrier Viehschiff *(n)*
LPG carrier Schiff zur Beförderung verflüssigter Gase *(n)*
lumber carrier Holzfahrer *(m)*, Holzfrachter *(m)*
non vessel operating carrier Seeverkehrsunternehmen ohne Einsatz von Schiffen *(n)*
non-conference carrier Outsider *(m)*
ore bulk carrier Erzfrachtschiff *(n)*
pallet carrier Palettenschiff *(n)*
railroad carrier Eisenbahnbeförderer *(m)*
railway carrier Eisenbahnbeförderer *(m)*
responsibility of carrier Befördererhaftung *(f)*, Transporthaftung *(f)*

road carrier Straßenverkehrsträger *(m)*
sea carrier Reeder *(m)*, Seefrachtführer *(m)*
transport by different carrier gebrochener Verkehr *(m)*, kombinierter Verkehr *(m)*
transport by express carriers Beförderung durch Express- oder Kurierdienste *(f)*
timber carrier Holzfahrer *(m)*, Holzfrachter *(m)*
very large crude carrier Großtanker *(m)*
carry verbringen
carry a risk wagen
carry costs Kosten bestreiten *(pl)*, Kosten tragen *(pl)*
carry on business gewerbliche Tätigkeit ausüben *(f)*
carry out durchführen
carry out a contract Kontrakt erfüllen *(m)*, Vertrag erfüllen *(m)*
carry out an customs examination Zollkontrolle durchführen *(f)*
carry out the formalities Formalitäten erledigen *(pl)*
carry out an order Bestellung realisieren *(f)*
carry out occasional transactions *(VAT)* Umsatze nur gelegentlich bewirken *(pl)*
carrying Spedition *(f)*, Versand *(m)*, Transport *(m)* **2.** Transport-
carrying business Transportunternehmen *(n)*
carrying capacity Ladefähigkeit *(f)*, Lastigkeit *(f)*, Raumgehalt eines Schiffes *(m)*
   cargo carrying capacity Frachtkapazität *(f)*, Ladekapazität *(f)*, Ladevermögen *(n)*, Nutzladefähigkeit *(f)*
carrying charge Beförderungsgebühr *(f)*, Frachtgebühr *(f)*
carrying company Transportgeschäft *(n)*, Transportunternehmen *(n)*
carrying cost Förderkosten *(pl)*, Transportkosten *(pl)*
carrying distance Transportdistanz *(f)*
carrying operation Speditionsoperation *(f)*, Versandoperation *(f)*
carrying order Transportorder *(f)*, Trasportauftrag *(m)*
carrying power Beförderungskapazität *(f)*, Ladefähigkeit *(f)*, Lastigkeit *(f)*
carrying time Transportdauer *(f)*, Transportzeit *(f)*
carrying trade operation Speditionsoperation *(f)*, Versandoperation *(f)*

carrying traffic Verfrachtung *(f)*
* agent carrying stock Handelsvertreter *(m)*
containerisation of carrying Beförderungscontainerisierung *(f)*
preparation for carrying Vorbereitung für Beförderung *(f)*, Vorbereitung für Transport *(f)*
ready for carrying beförderungsfertig, transportfähig

carrying out Durchführung *(f)*
carrying out of a contract Vertragserfüllung *(f)*
carrying out of the formalities Erfüllung der Formalitäten *(f)*

carry-over Übertrag *(m)*
carry-over transaction *(stock exchange)* Prolongationsgeschäft *(n)*, Reportgeschäft *(n)*

cartage Fracht *(f)*, Frachtgebühr *(f)*, Frachtlohn *(m)*
cartage contractors Transportbetrieb *(m)*
    liability of cartage contractour Beförderererhaftung *(f)*, Transporthaftung *(f)*
cartage contractor's liability Haftpflicht des Transporteurs *(f)*, Transporthaftung *(f)*
* customs cartage Verkehr unter Zollverschluss *(m)*, Zollbeförderung *(f)*, Zollverkehr *(m)*
free cartage frei Fracht *(f)*, frei Frachtkosten *(pl)*

cartel Kartell *(n)* **2.** Kartell-
cartel agreement Kartellabkommen *(n)*, Kartellvertrag *(m)*
cartel of banks Bankkartell *(n)*
cartel price Kartellpreis *(m)*
* export cartel Exportkartell *(n)*
international cartel internationales Kartell *(n)*
production cartel Produktionskartell *(n)*

cartonised Karton-
cartonised cargo Ladung in Schachteln *(f)*

car-transport vessel Autotransportschiff *(n)*

casco Kasko *(m)*
casco insurance Kasko *(m)*, Kaskoversicherung *(f)*
* insurance on casco Güterversicherung *(f)*, Kaskoversicherung *(f)*

case in Kasten packen *(pl)*, in Kisten verpacken *(pl)*

case Packkiste *(f)* **2.** Sache *(f)*
case marking Kennzeichnung der Kisten *(f)*, Markierung der Kisten *(f)*
* administrative case Verwaltungssache *(f)*
fact of a case Istzustand *(m)*
freight by case Fracht berechnet nach Kollizahl *(f)*, Fracht per Stück *(f)*
insurance case Versicherungsfall *(m)*
marking of cases Kennzeichnung der Kisten *(f)*, Markierung der Kisten *(f)*
number of cases Anzahl der Kasten *(f)*
number of freight cases Anzahl von Sendungen *(f)*
referee in case of need Notadressat *(m)*
revenue case Steuersache *(f)*
shipping case Verpackungskiste *(f)*
skeleton case Gitterkiste *(f)*
test case gerichtlicher Präzedenzfall *(m)*, richterliche Vorentscheidung *(f)*

case-lot weight Stückgewicht *(n)*

cash bezahlen, einkassieren, einziehen
cash a bill Wechsel einkassieren *(m)*, Wechsel einziehen *(m)*
cash a cheque Scheck einlösen *(m)*, Scheck einziehen *(m)*

cash Bargeld *(n)*, Barzahlung *(f)* **2.** Geld-
cash advance Geldvorschuss *(m)*
cash against commercial documents Kasse gegen Handelspapiere *(f)*, Kasse gegen Handelsurkunden *(f)*
cash against documents Geld gegen Dokumente *(n)*, Kasse gegen Dokumente *(f)*, Zahlung gegen Dokumente *(f)*
cash against documents clause Klausel Kasse gegen Dokumente *(f)*
cash and carry clause Cash- and Carry-Klausel *(f)*
cash before delivery Kasse bei Lieferung *(f)*, Kasse vor Lieferung *(f)*, Vorauszahlung *(f)*
cash collection Geldinkasso *(n)*
cash compensation Barausgleich *(m)*
cash contribution Geldbeitrag *(m)*
cash costs Geldausgaben *(pl)*
cash credit Barkredit *(m)*
cash deck Kasse *(f)*
cash deposit Bardepot *(n)*, Bareinlage *(f)*, Bareinlage *(f)*, Barsicherheit *(f)*
    amount of cash deposit Bareinlagebetrag *(m)*
    cash deposit as guaranty Barkaution *(f)*

cash disbursements Barauszahlung *(f)*
cash discount Abzug bei sofortiger Zahlung *(m)*, Barrabatt *(m)*, Barzahlungsrabatt *(m)*, Barzahlungsskonto *(n)*
cash dispenser Bankautomat *(m)*, Bargeld-Terminal *(n)*, Geldausgabeautomat *(m)*
cash down Sofortzahlung nach Lieferung *(f)*
cash funds Barmittel *(pl)*, Geldmittel *(pl)*
cash in advance Antizipandozahlung *(f)*, Vorausbezahlung *(f)*, Vorauszahlung *(f)*, Zahlung bei Auftrag *(f)*, Zahlung bei Bestellung *(f)*
cash in exchange for documents Kasse gegen Dokumente *(f)*, Zahlung gegen Dokumente *(f)*
cash indemnification Barabfindung *(f)*
cash less discount zahlbar per Kasse *(f)*
cash money in Geld *(n)*, Kasse *(f)*
cash offer Barangebot *(n)*
cash on acceptance zahlbar gegen Nachnahme *(f)*, zahlbar per Nachnahme *(f)*
cash on arrival Zahlung sofort nach Wareneingang *(f)*
cash on delivery Barzahlung bei Lieferungsannahme *(f)*, gegen Bezahlung *(f)*, Kasse bei Empfang *(f)*, Nachnahme, zahlbar bei Lieferung *(f)*, zahlbar bei Auslieferung *(f)*, zahlbar per Lieferung, Zahlung nach Einlieferung *(f)*, Zahlung nach Lieferung *(f)*
 cash on delivery sale Verkauf mit Zahlung bei Lieferung *(m)*
cash on hand in Geld *(n)*, Kasse *(f)*
cash on receipt of merchandise Kasse bei Warenabnahme *(f)*, Kasse bei Warenempfang *(f)*
cash on shipment Barzahlung bei Verschiffung *(f)*, Kasse bei Abfertigung *(f)*, Kasse bei Versand *(f)*, Kasse bei Verladung *(f)*, Zahlung bei Einschiffung *(f)*, Zahlung bei Verladung *(f)*, Zahlung bei Verschiffung *(f)*
cash operations Kassenverkehr *(m)*
cash payment Bareinzahlung *(f)*, Barzahlung *(f)*, Geldzahlung *(f)*, Zahlung in bar *(f)*
 prompt cash payment schnelle Bezahlung *(f)*
cash price Barzahlungspreis *(m)*, Kassapreis *(m)*, Preis bei Barzahlung *(m)*
cash rebate Barrabatt *(m)*, Barzahlungsrabatt *(m)*
cash receipts Barerlöse *(pl)*
cash reimbursement Barrembours *(m)*
cash remittance Zahlungsanweisung *(f)*
cash resources Bargeldreserven *(pl)*

cash sale Barverkauf *(m)*
cash settlement Barverrechnung *(f)*
cash shortage Geldmangel *(m)*, Mangel an Bargeld *(m)*
cash stock Geldvorrat *(m)*
cash transaction Bargeschäft *(n)*, Bartransaktion *(f)*
cash turnover Kassenumsatz *(m)*
 not involving cash turnover Naturalumsatz *(m)*
cash voucher Kassenbeleg *(m)*, Kassenquittung *(f)*, Kassenzettel *(m)*
* compensation in cash Abfindung in Geld *(f)*, Geldentschädigung *(f)*
dealing for cash Effektivgeschäft *(n)*
discount for cash Barzahlungsrabatt *(m)*
documents against cash Dokumente gegen Zahlung *(pl)*
down cash zahlbar in bar *(f)*
individual guarantee in cash Einzelsicherheit in Form einer Barsicherheit *(f)*
not involving cash bargeldlos, unbar
obtain a cash from checking Scheck einlösen *(f)*
pay cash Geld bezahlen *(n)*, per Kasse zahlen *(f)*
pay in cash bar zahlen, prompt bezahlen
payable in cash zahlbar in bar, zahlbar mit Kasse *(f)*
payment in cash Bareinzahlung *(f)*, Barzahlung *(f)*, Zahlung in bar *(f)*, Geldleistung *(f)*
price for cash Barzahlungspreis *(m)*
prompt cash sofortige Zahlung *(f)*, Sofortzahlung *(f)*
settle in cash Geld bezahlen *(n)*, per Kasse zahlen *(f)*
settlements not involving cash bargeldlose Verrechnungen *(pl)*, bargeldloser Zahlungsverkehr *(m)*
spot cash sofortige Zahlung *(f)*, Sofortkasse *(f)*, Sofortzahlung *(f)*
traffic not involving cash bargeldloser Umsatz *(m)*
traffic not involving cash bargeldloser Zahlungsverkehr *(m)*
withdrawal of cash Barabhebung *(f)*

cashed kassiert
cashed cheque bezahlter Scheck *(m)*

cashier Kassierer *(m)*
cashier's cheque Barscheck *(m)*, Kassenscheck *(m)*, cheque offener Scheck *(m)*

cashing einkassierend
cashing a cheque Scheckzahlung *(f)*, Einzug eines Schecks *(m)*, Scheckeinlösung *(f)*
cashless bargeldlos
cashless flow Abrechnungsverkehr *(m)*
cashless settlement of accounts bargeldloser Zahlverkehr *(m)*, Clearing *(n)*
cash-only sale Verkauf nur gegen Barzahlung *(m)*
cask einfassen, auf Fässer abfüllen *(pl)*, in Fässer abfüllen *(pl)*, in Fässer packen *(pl)*
cask Fass *(n)*
cassation Kassation *(f)*
cassation clause kassatorische Klausel *(f)*, Verfallklausel *(f)*
cast anchor ankern
casualty Unfall *(m)*, zufälliger Verlust *(m)*
shipping casualty Marineunglück *(n)*, Seeunfall *(m)*
assessor for shipping casualties Havariesachverständiger *(m)*
catalogue inventarisieren
catalogue Katalog *(m)*, Preisliste *(f)* **2.** Katalog-
catalogue number Katalognummer *(f)*
catalogue of products Warenkatalog *(m)*
catalogue price Katalogpreis *(m)*, Listenpreis *(m)*
catalogue sale Verkauf nach Katalog *(m)*
* alphabetical catalogue alphabetischer Katalog *(m)*
as per catalogue laut Katalog *(m)*
auction sale catalogue Auktionskatalog *(m)*
descriptive catalogue illustrierter Katalog *(m)*, Katalog mit Warenbeschreibung *(m)*
export catalogue Exportartikelskatalog *(m)*, Exportkatalog *(m)*
manufacturer's catalogue Firmenkatalog *(m)*
price catalogue Preiskatalog *(m)*
product catalogue Warenkatalog *(m)*
catch anziehen
category Klasse *(f)*
category of tax Steuerart *(f)*, Steuerkategorie *(f)*
category of transactions *(VAT)* Umsatzart *(f)*
* price category Preiskategorie *(f)*
risk category Risikoklasse *(f)*
tariff category Tarifklasse *(f)*

catering Catering *(n)*
cattle Vieh *(n)*
cattle ship Viehschiff *(n)*, Viehtransportschiff *(n)*
cattle vessel Viehschiff *(n)*, Viehtransportschiff *(n)*
causality Kausalität *(f)*
causality loss Elementarschaden *(n)*, zufälliger Verlust *(m)*
cause Grund *(m)*
cause for complaint Beanstandunggrund *(m)*
CCT *(Abk.)* **Customs Tariff of the European Communities** Zolltarif der Europäischen Gemeinschaften *(m)*
CCT classification Einreihung in den Gemeischaftlicher Zolltarif *(f)*
cede abtreten, zedieren, zurücktreten
ceiling Grenze *(f)*, Höchstgrenze *(f)*, Limit *(n)*, Plafond *(m)*
ceiling commercial letter of credit Akkreditivgrenze *(f)*, Akkreditivplafond *(m)*
ceiling of letter of credit Akkreditivgrenze *(f)*, Akkreditivplafond *(m)*
ceiling price Höchstkurspreis *(m)*
ceiling restrictions on lending Kreditgrenze *(f)*, Kreditlimit *(n)*, Kreditplafond *(m)*
* annual ceiling *(in respect of imports)* jährlicher Plafond *(m)*
credit ceiling Kreditgrenze *(f)*, Kredithöchstgrenze *(f)*, Kreditlimit *(n)*, Kreditplafond *(m)*
discount ceiling Diskontgrenze *(f)*
establish the ceilings Plafond festsetzen *(m)*
exceed the ceiling Höchstgrenze überschreiten *(f)*
increase the ceiling obere Grenze heraufsetzen *(f)*
letter of credit ceiling Akkreditivgrenze *(f)*, Akkreditivplafond *(m)*
level of ceiling Höhe des Plafonds *(f)*
outlays ceiling Ausgabengrenze *(f)*
price ceiling Preislimit *(n)*
tariff ceiling Tarifplafond *(m)*, zolltarifliche Einreihung *(f)*
establish a tariff ceiling Tarifplafond festlegen *(m)*
tax ceiling Steuergrenze *(f)*
celebration Fest *(n)*
celebration of a contract Vertragsabschluss *(m)*, Vertragsschließung *(f)*

cell Containerzelle *(f)*
cell guide Containerstaugerüst *(n)*
cellar Keller *(m)*
cell-type Zellen-
  cell-type container ship Containerschiff *(n)*, Zellencontainerschiff *(n)*
cellular Zellen-
  cellular container ship Containerschiff *(n)*, Zellen-Containerschiff *(m)*
  cellular container vessel Containerschiff *(n)*, Zellen-Containerschiff *(m)*, Zellenschiff *(n)*
  cellular ship Containerschiff *(n)*
cement Zement *(m)* **2.** Zement-
  cement carrier Zementfrachtschiff *(n)*
center Zentrum *(n)*
  convention center Konferenzzentrum *(n)*
  distribution center *(US)* Vertriebszentrum *(n)*, Großhandelsniederlassung *(f)*
  offshore banking center Off-Shore-Bankenzentrum *(n)*
  world trade center Welthandelszentrum *(n)*, Zentrum für internationaler Handel *(n)*
centimetre Zentimeter *(m)*
central Zentral-, zentral
  central authority Zentralgewalt *(f)*
  central bank Zentralbank *(f)*
  Central European Free Trade Agreement Mitteleuropäisches Freihandelsabkommen *(n)*
  Central European Time mitteleuropäische Zeit *(f)*
  central headquarters Hauptsitz *(m)*, Stammsitz *(m)*
  Central Marine Board Amt für Seeverkehrswirtschaft *(n)*
  central marketing board Absatzzentrale *(f)*, Handelszentrale *(f)*
  central office Hauptamt *(n)*
  central station Hauptbahnhof *(m)*
  central warehouse zentrales Lager *(n)*
  * **Central Statistical Office** Zentralamt für Statistik *(n)*
  bilateral central rate bilateraler Leitkurs *(m)*
centralization Zentralisierung *(f)*
centre Mitte *(f)*, Mittelpunkt *(m)*
  centre of gravity Schwerpunkt *(m)*
  centre of the international trade Welthandelszentrum *(n)*

centre Zentrum *(n)*
  distribution centre Verteilungszentrum *(n)*, Vertriebszentrum *(n)*
  marketing centre Zentrum für Marketingforschung *(n)*
  offshore financial centre (OFC) Off-Shore-Finanzzentrum *(n)*
  international offshore financial centre Steueroase *(f)*
  marketing research centre Zentrum für Marketingforschung *(n)*
  shopping centre Handelszentrum *(n)*
certificate bestätigen
certificate Attest *(n)*, Bescheinigung *(f)*, Zertifikat *(n)*, Zeugnis *(n)*
  certificate ad interim Interimsschein *(m)*
  certificate count Messbrief *(m)*, Zählungsattest *(n)*
  certificate duplicate Zeugnisduplikat *(n)*
  certificate number Nummer der Bescheinigung *(f)*, Zertifikatnummer *(m)*
  certificate of acceptance of goods *(TIR carnet)* Abfertigungsbescheinigung *(f)*
  certificate of airworthines Lufttüchtigkeitsschein *(m)*, Lufttüchtigkeitszeugnis *(n)*
  certificate of analysis Analysenschein *(m)*, Analysenzertifikat *(n)*
  certificate of approval *(vehicles or Containers) (TIR)* Zulassungsbescheinigung *(f)*
  certificate of authenticity Echtheitszertifikat *(n)*
  certificate of average Havarieattest *(n)*, Havariebeleg *(m)*, Havarieescheinigung *(f)*, Schadenzertifikat *(n)*
  certificate of clearance Abfertigungsschein *(m)*, Zollschein *(m)*
  certificate of clearance inwards Einklarierungsattest *(n)*
  certificate of clearance outwards Ausklarierungsattest *(n)*, Klarierungsbrief *(m)*
  certificate of clearing Zollabfertigungsschein *(m)*, Zollbegleitbrief *(m)*, Zollbegleitschein *(m)*
  certificate of competency Befähigungszeugnis *(n)*
  certificate of compliance Übereinstimmungszertifikat *(n)*
  certificate of conditional clearance Bescheid der bedingten Zollabfertigung *(m)*, Zollbegleitschein *(m)*

certificate of conditioning Konditionsattest *(n)*, Konditionsbescheinigung *(f)*
certificate of conformity *(VAT)* Konformitätsbescheinigung *(f)*
certificate of count Messbrief *(m)*, Messungsattest *(m)*, Zählungsattest *(n)*
certificate of damage Beschädigungsschein *(m)*, Havarieattest *(n)*, Havariegutachten *(n)*, Havariezertifikat *(n)*, Schadenszertifikat *(n)*, Schadenzertifikat *(n)*, Untersuchungsbericht *(m)*
certificate of death Totenschein *(m)*
certificate of delivery Ablieferungsschein *(m)*, Einlieferungsschein *(m)*, Lieferschein *(m)*, Übergabe-Abnahmeprotokoll *(n)*, Übernahmeprotokoll *(n)*
certificate of deposit Depositenschein *(m)*, Depotquittung *(f)*, Depotschein *(m)*
  non-assignable certificate of deposit unübertragbare Lagerquittung *(f)*, unübertragbarer Lagerschein *(m)*
certificate of deratization Entrattungsschein *(m)*, Rattenvertilgungszertifikat *(n)*
certificate of discharge of the TIR carnet Erledigungsbescheinigungzeugnis des Carnets TIR *(n)*
certificate of disinfection Desinfektionsattest *(n)*, Desinfektionsbescheinigung *(f)*, Desinfektionszeugnis *(n)*
certificate of force majeure Bescheinigung über höhere Gewalt *(f)*
certificate of freeboard Freibordzertifikat *(n)*, Freibordzeugnis *(n)*
certificate of fumigation Räucherungsattest *(n)*, Räucherungszeugnis *(n)*
certificate of guarantee Garantieschein *(m)*, Garantiezeugnis *(n)*
certificate of health Gesundheitszeugnis *(n)*, Sanitärspass *(m)*
  claused certificate of health unechter Sanitärspass *(m)*, unechtes Gesundheitszeugnis *(n)*
  clean certificate of health echtes Gesundheitszeugnis *(n)*, reines Gesundheitszeugnis *(n)*
certificate of identity Ausweis *(m)*, Personalausweis *(m)*
certificate of import Einfuhrpapier *(n)*
certificate of inspection Besichtigungsschein *(m)*, Prüfungszeugnis *(n)*, Warenprüfbescheinigung *(f)*
certificate of insurance Versicherungsbescheinigung *(f)*, Versicherungsschein *(m)*, Versicherungsurkunde *(f)*, Versicherungszertifikat *(n)*

certificate of manufacture Herstellungsbescheinigung *(f)*
certificate of measurement Schiffsmessbrief *(m)*
certificate of non-dumping Antidumpingschein *(m)*, Antidumpingzertifikat *(n)*
certificate of origin Herkunftszeugnis *(n)*, Ursprungsbescheinigung *(f)*, Ursprungszeugnis *(n)*, Warenursprungszeugnis *(n)*
  preferential certificate of origin Präferenzursprungszeugnis *(n)*
certificate of origin of goods *(CCC)* Ursprungsnachweis *(m)*
certificate of ownership Eigentumsbescheinigung *(f)*, Eigentumszertifikat *(n)*, Flaggenzeugnis *(n)*, Schiffsregisterbrief *(m)*, Schiffszertifikat *(n)*
certificate of packing Verpackungzertifikat *(n)*
certificate of pedigree Bescheinigung über Herkunft der Tiere *(f)*, Herkunftstier-Bescheinigung *(f)*
certificate of posting Posteinlieferungsschein *(m)*, Postlieferungsschein *(m)*, Postrezepisse *(n)*
certificate of production Produktionszertifikat *(n)*
certificate of proprietorship Eigentumsbescheinigung *(f)*
certificate of purchase Kaufbeleg *(m)*, Kaufnachweis *(m)*
certificate of quality Gütezeugnis *(n)*, Qualitätsbescheinigung *(f)*, Qualitätsgutachten *(n)*, Qualitätszertifikat *(n)*, Qualitätszeugnis *(n)*
certificate of quantity Mengenbescheinigung *(f)*
certificate of quarantine Quarantäneschein *(m)*, Quarantänezertifikat *(n)*
certificate of receipt Spediteurübernahmebescheinigung *(f)*
Certificate of Receipt Übernahmebescheinigung *(f)*
  FIATA Forwarders Certificate of Receipt Spediteur Übernahmebescheinigung *(f)*
  forwarder's certificate of receipt Spediteur-Übernahmebescheinigung *(f)*
  forwarding agent's certificate of receipt Speditionsübernahmebescheinigung *(f)*
certificate of registration Eintragungsbescheinigung *(f)*, Registrierungsschein *(m)*, Registrierungszeugnis *(n)*

certificate of registration of trade-mark Bescheinigung über die Eintragung einer Marke *(f)*

certificate of registry Eintragungszertifikat *(n)*, Flaggenzertifikat *(n)*, Registrierungszeugnis *(n)*, Schiffsregisterbrief *(m)*, Schiffszertifikat *(n)*

ship's certificate of registry Flaggenzertifikat *(n)*, Schiffsregisterbrief *(m)*

certificate of re-importation Reimportzertifikat *(n)*, Wiedereinfuhrzertifikat *(n)*

certificate of safety Sicherheitbescheinigung *(f)*, Sicherheitszertifikat *(n)*

certificate of sampling Probeentnahmeschein *(m)*

certificate of sanitary control Gesundheitszeugnis *(n)*

certificate of seaworthiness Seefähigkeitsattest *(n)*

certificate a ship's of seaworthiness Seetüchtigkeitsattestat *(n)*, Seetüchtigkeitszeugnis *(n)*

certificate of shipment Versandbescheinigung *(f)*, Versandpapier *(n)*, Versandschein *(m)*

certificate of standardization Standardzertifikat *(n)*

certificate of stowage Stauenzertifikat *(n)*, Stauungsattest *(n)*

certificate of supervision Abnahmebescheinigung *(f)*, Probenahmebescheinigung *(f)*, Warenprüfbescheinigung *(f)*

certificate of survey Besichtigungsprotokoll *(n)*, Besichtigungsschein *(m)*, Besichtigungsschein *(m)*, Havariezertifikat *(n)*, Schadensbericht *(m)*, Schadenszertifikat *(n)*, Warenprüfbescheinigung *(f)*

certificate of transport Transportbescheinigung *(f)*

FIATA Forwarders certificate of transport Spediteur Transportbescheinigung *(f)*

forwarding agent's certificate of transport Speditionsversandbescheinigung *(f)*

certificate of tonnage Schiffsmessbrief *(m)*

certificate of value Wertzeugnis *(n)*

certificate of value and origin Wert- und Ursprungszertifikat

certificate of weight amtlicher Waageschein *(m)*, Wiegebescheinigung *(f)*

* additional certificate Zusatzbescheinigung *(f)*

age certificate Altersattest *(n)*, Alterszeugnis *(n)*

air registration certificate Flugzeugzertifikat *(n)*

airworthiness certificate Lufttüchtigkeitsschein *(m)*, Lufttüchtigkeitszeugnis *(n)*

analysis certificate chemisches Zusammensetzungsattest *(n)*, chemisches Zusammensetzungszertifikat *(n)*

approval certificate *(vehicles or containers)* *(TIR)* Verschlussanerkenntnis *(f)*

audit certificate Auditbericht *(m)*, Prüfbericht *(m)*, Prüfungsbericht *(m)*

auditor's certificate Auditbericht *(m)*, Prüfbericht *(m)*, Prüfungsbericht *(m)*, Autorenzertifikat *(n)*

average certificate Havariebeleg *(m)*, Havarieescheinigung *(f)*

bank certificate Bankzertifikat *(n)*

cargo ship safety equipment certificate Ausrüstungs-Sicherheitszertifikat *(n)*

class of ship certificate Schiffsklasseattest *(n)*

classification certificate Klassenzertifikat *(n)*, Klassifikationszertifikat *(n)*

clearance certificate Klarierungsattest *(n)*, Klarierungsbrief *(m)*, Zollabfertigungsschein *(m)*, Zollgeleitschein *(m)*, Zollschein *(m)*

outward clearance certificate Ausklarierungsattest *(n)*, Klarierungsbrief *(m)*

temporary clearance certificate Anmeldung zur vorübergehenden Versendung *(f)*

clearing certificate Abfertigungsunterlage *(f)*, Klarierungsattest *(n)*, Klarierungsbrief *(m)*, Zollabfertigungspapier *(n)*, Zollquittung *(f)*

outward clearing certificate Ausklarierungsattest *(n)*, Zollausfuhrschein *(m)*

composition certificate Analysenschein *(m)*

composition certificate chemisches Zusammensetzungsattest *(n)*, chemisches Zusammensetzungszertifikat *(n)*

conditioning certificate Konditionsattest *(n)*, Konditionsbescheinigung *(f)*

consular certificate Konsularzeugnis *(n)*

container packings certificate Containerverpackungs-Zertifikat *(n)*

count certificate Messbrief *(m)*, Messungsattest *(m)*, Zählungsattest *(n)*

credit certificate Kreditbrief *(m)*

currency certificate Devisenbescheinigung *(f)*, Devisengenehmigung *(f)*, Devisenzertifikat *(n)*

custom-house certificate Zollbegleitpapier *(n)*, Zollempfangsbescheinigung *(f)*

customs certificate Zollbegleitbrief (m), Zollbegleitpapier (n), Zollbegleitschein (m), Zollempfangsbescheinigung (f), Zollnachweis (m)
  customs certificate on ATA carnets Bescheinigung in den Carnets ATA (f)
customs-exemption certificate Zollfreischein (m)
damage certificate Beschädigungsschein (m), Havarieattest (n), Nachweis des Verlustes (m), Schadensnachweis (m), Schadenszertifikat (n)
debenture certificate Debenture-Zertifikat (n), Exportprämiezertifikat (n)
deposit certificate Depositzertifikat (n), Depotquittung (f), Depotschein (m)
deratization certificate Entrattungsschein (m), Rattenvertilgungszertifikat (n)
deratting certificate Entrattungsschein (m), Rattenvertilgungszertifikat (n)
disinfection certificate Desinfektionsbescheinigung (f), Desinfektionszeugnis (n)
doctor's certificate ärztliches Attest (n), ärztliches Zeugnis (n)
draw up a certificate Zertifikat ausstellen (n), Zeugnis ausfertigen (n), Zeugnis schreiben (n)
duplicate of a certificate Zeugnisduplikat (n)
export certificate Ausfuhrbewilligung (f), Ausfuhrerlaubnis (f), Exportgenehmigung (f), Exportzertifikat (n) **2.** (CCC) Exportbewilligung (f)
forgery of certificates Bescheinigungsfälschung (f)
forwarders certificate Spediteurübernahmebescheinigung (f)
forwarding certificate Versandavis (m), Versandbescheinigung (f)
freeboard certificate Freibordzertifikat (n)
fumigation certificate Räucherungsattest (n), Räucherungszeugnis (n)
general certificate Abiturientenzeugnis (n)
give a certificate Zeugnis ausstellen (n), Zeugnis schreiben (n)
goods control certificate Warenkontrollzertitkat (n)
guarantee certificate Bürgschaftsbescheinigung (f), Garantiezeugnis (n)
health certificate Gesundheitszeugnis (n), Sanitärspass (m) **2.** tierarzliches Zeugnis (n), Veterinärbescheinigung (f)
  claused health certificate unechter Sanitärspass (m), unechtes Gesundheitszeugnis (n)
import certificate Einfuhrbewilligung (f), Einfuhrlizenz (f), Einfuhrschein (m), Importbewilligung (f), Importlizenz (f), Importzertifikat (n)

inspection certifcate Besichtigungszertifkat (n) **2.** Annahmeschein (m), Empfangsbescheinigung (f), Übernahmebescheinigung (f) **3.** Klassifikationszertifikat (n)
insurance certifcate Versicherungszertifikat (n), Versicherungsbescheinigung (f), Versicherungsschein (m), Versicherungsurkunde (f)
  marine insurance certificate Seeversicherungbescheinigung (f)
interim certificate Interimsschein (m), Zwischenschein (m)
international certificate internationales Zertifikat (n)
international health insurance certificate internationales Gesundheitszeugnis (n)
investment certificate Investmentzertifikat (n)
issue a certificate Zeugnis ausfertigen (n), Zeugnis ausstellen (n), Zeugnis schreiben (n)
landing certificate Anlandebescheinigung (f)
loadline certificate Freibordzertifikat (n), Freibordzeugnis (n)
  international load line certificate internationales Freibordzertifikat (n)
master-carpenter's certificate Schiffspfandbrief (m)
measurement certificate Messungszeugnis (n), Schiffsmessbrief (m), Schiffsmessbrief (m)
medical certificate ärztliches Attest (n), ärztliches Zeugnis (n)
moisture certificate Feuchtigkeitszertifikat (n)
mortgage certificate Hypothekenbrief (m)
movement certificate Warenbescheinigung (f), Warenverkehrsbescheinigung (f)
non-dumping certificate Antidumpingschein (m), Antidumpingzertifikat (n)
notarial certificate Notariatszeugnis (n)
number of the certificate Nummer der Bescheinigung (f)
original certificate Originalzeugnis (n)
ownership certificate Eintragungszertifikat (n)
phytopathological certificate pflanzenschutzrechtliches Zeugnis (n)
  sanitary phytopathological certificate Gesundheitsattest (n)
phytosanitary certificate Gesundheitattest (n), Gesundheitsattest (n), Pflanzengesundheitszeugnis (n), phytopathologisches Gesundheitszeugnis (n)
pilotage certificate Lotsenpatent (n)
preference certiticate Präferenzzertifikat (n)

general system of preferences certiti-cate allgemeines System der Präferenzzertifikate *(n)*
present a certificate Attest vorlegen *(n)*, Bescheinigung vorlegen *(f)*, Zertifikat vorlegen *(n)*
produce a certificate Zertifikat vorlegen *(n)*
protest certificate Wechselprotestakt *(m)*
qualification certificate Befähigungszeugnis *(n)*, Befähigungszeugnis *(n)*
quality certificate Beschaffenheitszeugnis *(n)*, Gütezeugnis *(n)*, Qualitätsbescheinigung *(f)*, Qualitätszertifikat *(n)*
quality certificate Qualitätszeugnis *(n)*
quarantine certificate Quarantäneschein *(m)*, Quarantänezertifikat *(n)*
radioactive certificate Radioaktivitätszertifikat *(n)*
re-exportation certificate Wiederausfuhrbescheinigung *(f)*
registered certificate Namenszertifikat *(n)*
registration certificate Registrierungsschein *(m)*
safety certificate Sicherheitszertifikat *(n)*
sanitary certificate Gesundheitsattest *(n)*, Gesundheitsbescheinigung *(f)*, Sanitätsschein *(m)*
seaworthiness certificate Seetüchtigkeitsattestat *(n)*, Seetüchtigkeitszeugnis *(n)*
stowage certificate Stauenzertifikat *(n)*, Stauungsattest *(n)*, Stauungszertifikat *(n)*, Verstauungszertifikat *(n)*
stowing certificate Stauenzertifikat *(n)*, Stauungsattest *(n)*, Stauungszertifikat *(n)*, Verstauungszertifikat *(n)*
submit a certificate Bescheinigung vorlegen *(f)*
supplementary certificate Zusatzbescheinigung *(f)*
survey certificate Kontrollzertifikat *(n)*, Untersuchungsbericht *(m)*
tax certificate Steuerzertifikat *(n)*
temporary admission certificate Interimszollschein *(m)*
temporary certificate Interimsschein *(m)*, Zwischenschein *(m)*
temporary customs certificate Anmeldung zur vorübergehenden Versendung *(f)*
title certificate Rechtsdokument *(n)*
tonnage certificate Schiffsmessbrief *(m)*
trading certificate Handelserlaubnis *(f)*, Handelskonzession *(f)*
transit authorization certificate Transitlizenz *(f)*

transit certificate Durchgangsschein *(m)*
transport certificate Beförderungsbescheinigung *(f)*
trimming certificate Trimmzertifikat *(n)*
vaccination certificate Impfbescheinigung *(f)*
validation certificate gerichtliche Beglaubigung *(f)*
validity of a certificate Rechtsgültigkeit des Zertifikats *(f)*
period of validity of certificates Gültigkeitsdauer der Bescheinigung *(f)*
vendor certificate Lieferantenbescheinigung *(f)*
extermination of vermin certificate Desinfektionszeugnis *(n)*
veterinary certificate Veterinärbescheinigung *(f)*, Veterinärschein *(m)*
warehouse certificate Lagerempfangsschein *(m)*, Lagerquittung *(f)*
indorsement of warehouse certificate Indossament des Lagerempfangsscheins *(n)*, Indossament des Warenscheins *(n)*
warehouse-keeper's certificate Lagerempfangsschein *(m)*, Lagerquittung *(f)*
indorsement of warehouse-keeper's certificate Indossament der Lagerquittung *(n)*, Indossament des Lagerscheins *(n)*
weighing certificate Gewichtsnota *(f)*, Wiegeschein *(m)*, Gewichtsbescheinigung *(f)*, Gewichtsnachweis *(m)*, Gewichtsnota *(f)*, Gewichtsschein *(m)*, Gewichtsspezifikation *(f)*, Wiegeschein *(m)*
wharfinger's certificate Dockempfangsschein *(m)*, Dockwarrant *(m)*, Lagerquittung *(f)*
withdrawal of certificate Widerruf des Zertifikats *(m)*

certificated bestätigt
certificated copy beglaubigte Kopie *(f)*

certification Beglaubigung *(f)*, Bestätigung *(f)*, Legalisierung *(f)*, Zertifizierung *(f)*
certification of cheque Deckungsbestätigung eines Schecks *(n)*
certification of date Bestätigung des Datums *(f)*, Datumsbestätigung *(f)*
certification of weight Gewichtslegalisierung *(f)*
* customs certification von der Zollstelle erteilte Bescheinigung *(f)*

certified bestätigt, legalisiert
certified account legalisierte Rechnung *(f)*
certified accountant Bücherrevisor *(m)*
certified cheque beglaubigter Scheck *(m)*,
bestätigter Scheck *(m)*
certified copy beglaubigte Abschrift *(f)*, beglaubigte Kopie *(f)*, beglaubigte Zweitschrift *(f)*
certified copy of the original text beglaubigte Kopie des Originaltexts *(f)*
certified declaration of origin beglaubigte
Ursprungserklärung *(f)*
certified document beglaubigtes Dokument *(n)*
certified invoice beglaubigte Rechnung *(f)*,
legalisierte Rechnung *(f)*
certified manifest beglaubigtes Manifest *(n)*
certified public accountant beeidigter
Buchprüfer *(m)*, vereidigter Buchrevisor *(m)*
certified route air carrier reguläre Fluglinie *(f)*
* draw up the certified report *(TIR carnet)*
Protokoll aufnehmen *(n)*
certify beglaubigen, legalisieren
certify a cheque Scheck beglaubigen *(m)*,
Scheck bestätigen *(m)*
certify a signature Unterschrift beglaubigen *(f)*
certify beglaubigt
certify copies of documents beglaubigte
Kopien von Urkunden *(pl)*
certify copies of document beglaubigte
Kopien des Dokumentes *(pl)*
certifying Zertifizierungs-
certifying document Zertifizierungsdokument *(n)*
cessation Unterbrechung *(f)*
cessation of negotiations Unterbrechung
der Verhandlungen *(f)*
cesser Aufhören *(n)*
cession Abtretung *(f)*, Übertragung *(f)*
cession of a right Abtretung der Rechte *(f)*,
Zession von Rechte *(f)*
* compulsory cession Zwangsabtretung *(f)*
notice of cession Abtretungsdeklaration *(f)*,
Zessionsdeklaration *(f)*
renumerative cession entgeltliche Zession *(f)*
cessionary Abtretungsempfänger *(m)*,
Zessionar *(m)*
CFR ... /insert named place of destination/ CFR ...
/benannter Bestimmungshafen/, Kosten und Fracht ...
/benannter Bestimmungshafen/

chain Netz *(n)*
chain of distribution Verteilernetz *(n)*, Verteilungsnetz *(n)*
* wholesale chain Großhandelsnetz *(n)*
challenge erleben, zurückweisen
chamber Kammer *(f)* **2.** Raum *(m)*
chamber of commerce Handelskammer *(f)*,
Handelskammer *(f)*
bilateral chamber of commerce gemischte Handelskammer *(f)*
International Chamber of Commerce
Internationale Handelskammer *(f)*
mixed chamber of commerce bilaterale
Handelskammer *(f)*
chamber of economy Wirtschaftskammer *(f)*
chamber of foreign trade Außenhandelskammer *(f)*, Kammer für Außenhandel *(f)*
chamber of industry Industriekammer *(f)*
chamber of industry and commerce In-
dustrie- und Handelskammer *(f)*
chamber of shipping Schifffahrtskammer *(f)*
International Chamber of Shipping Internationale Schifffahrtskammer *(f)*
chamber of trade Handelskammer *(f)*
* cold chamber Kälteraum *(m)*, Kaltlagerraum *(m)*
freezing chamber Kühlanlage *(f)*, Kühlraum *(m)*
maritime chamber Seekammer *(f)*
chance Gelegenheit *(f)*
chancellery Kanzlei *(f)*
change ändern
change a plan Plan ändern *(m)*
change the rate Satz ändern *(m)*
change Tausch *(m)*, Umtausch *(m)*
change date Änderungsdatum *(n)*
change in prices Preisveränderung *(f)*,
Preiswechsel *(m)*
change in the business cycle Konjunkturänderung *(f)*
change in the economic trend Konjunkturänderung *(f)*
change in the exchange rate Kursänderung *(f)*
change in values Wertänderung *(f)*
change money Geld wechseln *(n)*
change of address Adressenänderung *(f)*
change of assortment Sortimentsänderung *(f)*
change of binding tariff information Änderung der verbindlichen Zolltarifauskunft *(f)*

change of contract Kontraktänderung *(f)*
change of contract conditions Änderung der Vertragskonditionen *(f)*
change of decision Änderung des Entscheidung *(f)*
change of letter of credit Akkreditivveränderung *(f)*
change of office of destination Änderung der Bestimmungsstelle *(f)*, Wechsel der Bestimmungsstelle *(m)*
change of office of transit Änderung der Durchgangszollstelle *(f)*, Wechsel der Durchgangszollstelle *(m)*
change of the owner Besitzerwechsel *(m)*
change of prices Preisveränderung *(f)*, Preiswechsel *(m)*
change of tariff Änderung des Tarifs *(f)*
change of tariff heading Wechsel der Tarifnummer *(m)*
change of tendency Tendenzumkehr *(f)*
change of time Terminänderung *(f)*
* qualitative change Qualitätsänderung *(f)*
channel Kanal *(m)*
channel of distribution Absatzkanal *(m)*, Absatzweg *(m)*, Distributionskanal *(m)*, Handelskanal *(m)*, Handelsweg *(m)*, Vertriebskanal *(m)*, Vertriebsweg *(m)*
* marketing channel Absatzweg *(m)*, Distributionskanal *(m)*, Marketingkanal *(m)*, Vertriebskanal *(m)*, Vertriebsweg *(m)*
selling channel Verkaufskanal *(m)*
ship channel Hafenkanal *(m)*, Portkanal *(m)*
trade channel Absatzkanal *(m)*, Absatzweg *(m)*, Handelskanal *(m)*, Handelsweg *(m)*
water channel Wasserkanal *(m)*
chapter Kapitel *(n)*
character Charakter *(m)*, Zeichen *(n)*
commercial character kommerzieller Charakter *(m)*
specific character Spezifik *(f)*
specific character of branch Branchenspezifität *(f)*
characteristic Kennzeichnung *(f)*
characteristics of the article Produkteigenschaft *(f)*
characteristic of seals Anforderungen an Verschlüsse *(pl)*
* product characteristics Produkteigenschaft *(f)*
qualitative characteristics Qualitätsmerkmal *(n)*

sales characteristics Verkaufsmerkmal *(n)*
technical characteristics technische Beschaffenheit *(f)*
charge beladen, belasten, einladen laden 2. eintreiben, einziehen, Gebühr erheben *(f)*
charge a duty Zoll einziehen *(m)*, Zoll erheben *(m)*
charge a fee Gebühr erheben *(f)*, Honorar erheben *(n)*, Honorar fordern *(n)*
charge a premium Prämie berechnen *(f)*
charge tax Steuer auferlegen *(f)*
charge Abgabe *(f)* 2. Aufwand *(m)*, Kosten *(pl)* 3. Kontobelastung *(f)* 4. Frachtgut *(n)*
charge account Kostenaufstellung *(f)*, Spesenrechnung *(f)*
charge capacity Ladekapazität *(f)*, Laderungsgehalt *(m)*
charges collection Gebührenbeitreibung *(f)*, Gebührnachnahme *(f)*
charges for carriage Fracht *(f)*, Frachtgeld *(n)*
charge for clearance Verzollungsgebühr *(f)*
charge for delivery Lieferungskosten *(pl)*, Lieferungsspesen *(pl)*
charge for demurrage Liegegeld *(n)*
charges for freight Frachtgebühr *(f)*, Frachtgeld *(n)*, Frachtkosten *(pl)*, Frachtlohn *(m)*
charge for public utility services Kommunalabgaben *(pl)*
charges forward Kosten und evlt. Frachtnachnahme *(pl)*
charge note Kostenaufstellung *(f)*, Kostenkonto *(n)*, Spesenrechnung *(f)*
charges prepaid vorausbezahlte Gebühren *(pl)*, vorausbezahlte Kosten *(pl)*
* acceptance charge Akzeptgebühr *(f)*, Akzeptprovision *(f)*
additional charge Aufpreis *(m)*, Gebührenzuschlag *(m)*, Preiszuschlag *(m)*
adjusting charge Dispachekosten *(pl)*, Havarierechnungskosten *(pl)*
adjustment charge Dispachekosten *(pl)*, Havarierechnungskosten *(pl)*
bunker adjustment charge (BAC) Bunkermanipulationsgebühr *(f)*
currency adjustment charge Währungszuschlag *(m)*
administration charge Verwaltungsgebühr *(f)*
advertising charges Werbekosten *(pl)*, Werbungskosten *(pl)*

agency charges Courtage *(f)*, Vertreterprovision *(f)*

annual charge Jahresgebühr *(f)*

arbitration charge Arbitragegebühr *(f)*, Schiedsgerichtsgebühr *(f)*

auction charge Agenturprovision *(f)*

bank's charge Bankzinsen *(pl)*

berth charge Kaigebühr *(f)*, Liegeplatzgebühr *(f)*, Standgeld *(n)*

border charge Grenzgebühr *(f)*, Grenzgeld *(n)*

canal charge Kanalabgabe *(f)*, analgebühr *(f)*

carriage charge Frachtgebühr *(f)*, Frachtlohn *(m)*, Transportkosten *(pl)*, Transportpreis *(m)*, Beförderungsgebühr *(f)*, Fahrlohn *(m)*

carrier's charges Fracht *(f)*, Frachtlohn *(m)*

carrying charge Beförderungsgebühr *(f)*, Frachtgebühr *(f)*

charging charge Ladungsgeld *(n)*, Rangiergebühr *(f)*, Verfrachtung *(f)*

checking charge Talliergeld *(n)*

clearance charge Abfertigungsvergütung *(f)*, Klariererungsgeld *(n)*, Klarierungsgebühr *(f)*, Zollabfertigungskosten *(pl)*

collecting charge Einzugsgebühr *(f)*, Beitreibungskosten *(pl)*, Einzugsgebühren *(pl)*, Inkassokosten *(pl)*

collection charge Inkassogebühr *(f)*, Inkassokosten *(pl)*, Inkassospesen *(pl)*

collection of charges Gebührenbeitreibung *(f)*, Gebührnachnahme *(f)*

commission charge Kommissionsgebühr *(f)*

  schedule of commission charges Kommissionsgebührentarif *(m)*

community charge Gemeindeumlage *(f)*

conference port liner terms charges Konferenzraten *(pl)*

container charge Container-Gebühr *(f)*

container terminal charges Containerterminalgebühren *(pl)*

contingent charge Kontingentierungssteuer *(f)*

countervailing charge *(EU)* Ausgleichsabgabe *(f)*

crane charge Krangebühr *(f)*, Krangeld *(n)*

credit charge Kreditkosten *(pl)*

customs charge Manipulationsgebühr *(f)*

  supplementary customs charge Zollaufschlag *(m)*

cutting of charges Gebührenermäßigung *(f)*, Gebührenherabsetzung *(f)*, Gebührensenkung *(f)*

delivery charges comprised inclusive Lieferungskosten *(pl)*

delivery charges included freie Lieferung *(f)*

delivery charges included inclusive Lieferkosten *(pl)*

demurrage charge Liegegebühr *(f)*, Liegegeld *(n)*, Waggonstandgeld *(n)*, Überliegegeld *(n)*

discharging charge Abladegebühr *(f)*, Entladegebühr *(f)*

dock charge Dockgeld *(n)*, Docklohn *(m)*

equalization charge Gleichstellung *(f)*

exemption from charges Gebührenbefreiung *(f)*, Gebührenerlass *(m)*, Gebührenfreiheit *(f)*

export charge Ausfuhrgebühr *(f)*, Exportgebühr *(f)*

extra charge Zuschlaggebühr *(f)*

factoring charges Factoring-Gebühren *(pl)*

ferry charge Fähregebühr *(f)*, Fähregeld *(n)*

fiscal charge Steuerbelastung *(f)*, steuerliche Belastung *(f)*

forwarding charge Abfertigungsgebühr *(f)*

free of all customs duties and charges frei von Zöllen und sonstigen Abgaben *(pl/pl)*

free of charge Preis schliesst alle Unkosten ein *(pl)*

free of charges Kosten inbegriffen *(pl)*, kostenfrei

  supply free of charge (goods) unentgeltlich liefern

freight charge Frachtbetrag *(m)*, Frachtgeld *(n)*, Beförderungsgebühr *(f)*, Fahrlohn *(m)*

  collection of freight charges Frachtinkasso *(n)*

frontier charge Grenzgebühr *(f)*, Grenzgeld *(n)*

general charges allgemeine Kosten *(pl)*, Gemeinkosten *(pl)*

handling charge Umschlagspesen *(pl)*, Vergütung für Ladearbeiten *(f)*

  wharf handling charge Kaigebühr *(f)*

haul charge Beförderungsgebühr *(f)*, Frachtgebühr *(f)*

haulage charge Rollgeld *(n)*

hauling charge Beförderungsgeld *(n)*

housing charge Lagermiete *(f)*, Lagerspesen *(pl)*

import charge Einfuhrabgabe *(f)*, Einfuhrabschöpfung *(f)*, Importabgabe *(f)*, Importgebühr *(f)*

incidental charges Nebenkosten *(pl)*, Zusatzkosten *(pl)*

including the delivery charges freie Lieferung *(f)*, inclusive Lieferkosten *(pl)*

landing charge Entladekosten *(pl)*, Löschkosten *(pl)*
licence charge Lizenzforderung *(f)*
lightering charges Leichtergeld *(n)*, Leichterkosten *(pl)*
loading charges Ladekosten *(pl)*
lump-sum charge Pauschalgebühr *(f)*
mail charges Porto *(n)*
maintenance charges Instandhaltuungskosten *(pl)*, Unterhaltungskosten *(pl)*
measurement charge Gebühr per Maß *(f)*
minimum charge Mindestfrachtsatz *(m)*, Mindestgebühr *(f)*, Mindestsatz *(m)*
night charge Nachttarif *(m)*
note of charges Auslagenrechnung *(f)*, Kostenaufstellung *(f)*, Kostenspezifikation *(f)*, Versandanzeige *(f)*
obligatory charge obligatorische Gebühr *(f)*
packing charge Packmittelgebühr *(f)*, Verpackungsgebühr *(f)*, Verpackungskosten *(pl)*
patent charge Patentgebühr *(f)*
port charge Hafengebühr *(f)*, Hafengeld *(n)*
 scale of port charges Hafengeldtarif *(m)*, Hafentarif *(m)*
 table of port charges Hafengeldtarif *(m)*, Hafentarif *(m)*
postal charge Frankogebühr *(f)*, Freigebühr *(f)*
prepayment of charges Frankierung *(f)*
protest charges Protestkosten *(pl)*
quay charge Kaikosten *(pl)*
quay loading charge Kaigebühr *(f)*
rail charge Bahngebühr *(f)*
railroad charge Bahnfracht *(f)*, Eisenbahnfracht *(f)*
railway charges Bahnfracht *(f)*, Eisenbahnfracht *(f)*
reduced charge Präferenzgebühr *(f)*
reduction of charges Kostensenkung *(f)*
reexpedition charge Rückbeförderungsgebühr *(f)*
reloading charges Umladekosten *(pl)*, Umschlagkosten *(pl)*
rental charge Mietpreis *(m)*
river charge Flussgebühr *(f)*
salvage charges Bergungsspesen *(pl)*
scale of charges Gebührentarif *(m)*, Gebührenverzeichnis *(n)*
schedule of charges Gebührentabelle *(f)*
service charge Dienstleistungtarif *(m)*, Dienstzuschlag *(m)*
sojourn charge Aufenthaltskosten *(pl)*

stamp charge Stempelsteuer *(f)*
statement of charges Kostenverzeichnis *(n)*
stevedoring charge Stauerlohn *(m)*, Umschlagsspesen *(pl)*, Vergütung für Ladearbeiten *(f)*, Verstauungsgebühr *(f)*
storage charge Lagergebühr *(f)*, Lagerkosten *(pl)*
storing charges Lagerungskosten *(pl)*
supplementary charge Gebührenzuschlag *(m)*
supplementary customs charge Zollaufschlag *(m)*
supply free of charge (goods) unentgeltlich liefern
terminal charge Ausführungskosten *(pl)*, Umschglaggebühr *(f)*
transhipping charge Reexpeditionskosten *(pl)* 2. Umladegebühr *(f)*, Umladungskosten *(pl)*, Umschlagkosten *(pl)*
transit charge Durchgangsgebühr *(f)*, Transitfracht *(f)*, Transitgeld *(n)*
transhipping charges Umladekosten *(pl)*, Umschlagkosten *(pl)*
transport charge Frachtkosten *(pl)*
transportation charge Förderkosten *(pl)*, Frachtgeld *(n)*, Transportkosten *(pl)*
travelling charge Fahrtkosten *(pl)*, Reisekosten *(pl)*
trimming charge Trimmlohn *(m)*
tug-boat charge Schleppgeld *(n)*
uniform charge Einheitsgebühr *(f)*
unloading charge Abladegebühr *(f)*, Abladekosten *(pl)*, Entladegebühr *(f)*, Löschkosten *(pl)*
valuation charge Wertgebühr *(f)*, Wertklausel *(f)*
warehouse charge Lagergeld *(n)*, Lagermiete *(f)*, Lagerspesen *(pl)*
weighing charge Wägegebühr *(f)*
weight charge Gewichtsgebühr *(f)*, Waagegeld *(n)*, Wägegebühr *(f)*, Wiegegeld *(n)*
wharf handling charge Kaigebühr *(f)*
wharfage charge Kaiabgabe *(f)*, Kaigebühr *(f)*, Kaigeld *(n)*, Kaispesen *(pl)*

chargeability Eintreibbarkeit *(f)*
chargeability of excise Verbrauchssteueranspruch
chargeability of taxes Steueranspruch *(m)*
chargeable gebührenpflichtig
chargeable to tax abgabenpflichtig
charging Beschickung *(f)*, Verfrachtung *(f)*
charging capacity Belastungsfähigkeit *(f)*, Ladekapazität *(f)*, Tragfähigkeit *(f)*
charging charge Ladungsgeld *(n)*, Rangiergebühr *(f)*

chart **600**

charging fee Ladungsgeld (n), Verfrachtung (f)
charging of an account Kontobelastung (f)
charging of duties Erhebung von Abgaben (f)
charging wharf Ladeplatz (m), Verschiffungskai (m)
* readiness to charging Beladungsbereitschaft (f), Ladebereitschaft (f)

chart Diagramm (m), Schema (n), Tabelle (f)
loading chart Verladeliste (f)
organization chart Organisationsschaubild (n)

charter befrachten, chartern
charter a ship Schiff chartern (n)
charter a vessel Schiff chartern (n)
charter for a trip für Fahrt chartern (f), für Reise chartern (f)
charter for a voyage für Fahrt chartern (f), für Reise chartern (f)

charter Cahrter (m), Frachtvertrag (m), Raumfrachtvertrag (m)
charter agreement Charterpartie (f), Chartervertrag (m)
charter by demise Bareboat-Chartervertrag (m), Charter des Schiffes ohne Besatzung (m), Vermietung des Schiffes ohne Besatzung (f)
charter commission Befrachtungskommission (f), Befrachtungsmaklergebühr (f)
charter contract Charterpartie (f), Chartervertrag (m), Generalfrachtvertrag (m), Seefrachtvertrag (m)
charter exchange Frachtbörse (f)
charter flight Charterflug (m)
charter for part cargo Teilcharter (m)
charter form Charterpartieformular (n)
charter freight Charterfracht (f)
charter hire Schiffsmiete (f)
charter market Chartermarkt (m), Frachtbörse (f), Schifffahrtsbörse (f)
charter money Schiffsmiete (f)
charter on time für Zeit chartern (f)
charter operation Charterbeförderung (f)
charter party Befrachtungsvertrag (m), Charterpartie (f), Chartervertrag (m)
charter party bill of lading Charterkonnossement (n), Charterpartiekonnossement (n)
charter rate Chartersatz (m)
charter service Charterdienst (m)
charter ship Charterschiff (n)
charter time Charterzeit (f), Laufzeit eines Charters (f)

* air charter Luftfracht-Charter (m)
bare boat charter Bareboat-Chartervertrag (m), Charter des Schiffes ohne Besatzung (m)
bare hull charter Flugmiete (f), Flugmietevertrag (m) 2. Vermietung des Schiffes ohne Besatzung (f)
bare-boat charter Charter des Schiffes ohne Besatzung (m), Frachtvertrag ohne Bemannung (m), Leerschiffcharter (m), Schiffsmiete ohne Mannschaft und Treibstoff (f), Vermietung des Schiffes ohne Besatzung (f)
berth charter Kojencharter (m), Schiffsmiete (f)
cargo-space charter Raumcharter (m)
carload Wagenladung (f)
clean charter reiner Charter (m)
coal charter Kohlencharter (m)
conditions of charter Charterbedingungen (pl)
consecutive voyages charter aufeinanderfolgender Reisecharter (m)
dead-weight charter Schwergutfrachtvertrag (m)
demise charter Bareboat-Charter (m), Bareboat-Chartervertrag (m), Frachtvertrag ohne Bemannung (m), Leerschiffcharter (m), Vermietung des Schiffes ohne Besatzung (f)
dry cargo charter Trockenfrachtcharter (m)
full-cargo charter Ganzcharter (m), Vollcharter (m)
general charter Generalchartervertrag (m)
general-cargo charter Befrachtung auf Stückgüter (f)
grain charter Getreidecharter (m)
gross charter Bruttobedingungen (pl), Bruttocharter (m), Bruttofrachtcharter (m)
gross-form charter Bruttocharter (m), Bruttofrachtcharter (m)
harbour charter Hafencharter (m)
homeward charter Rückreisecharter (m)
long-term charter Langzeitcharter (m)
lump-sum charter Pauschalcharter (m), Pauschalfrachtvertrag (m)
marine charter Befrachtungsvertrag (m), Charterpartie (f), Chartervertrag (m)
net charter Nettocharter (m), Nettofrachtcharter (m), reiner Charter (m)
net charter terms Nettocharterbedingungen (pl)
net terms charter Nettocharter (m), Nettofrachtcharter (m), Nettocharter (m)
open charter offener Charter (m), offener Chartervertrag (m), Schiffsleasingcharter (m)

outward charter Ausgangsfahrtcharter *(m)*
round charter Hin- und Rückreisecharter *(m)*
round charter Rundfahrtcharter *(m)*, Rundfahrtchartervertrag *(m)*
round trip charter Rundreisecharter *(m)*,
Umwegreisecharter *(m)*
round voyage charter Hin- und Rückreisecharter *(m)*
sea charter Charterpartie *(f)*
short-term charter kurzfristiger Charter *(m)*
single charter Einzelreisechartervertrag *(m)*
single-trip charter Einzelreisecharter *(m)*
special charter Sondercharter *(m)*
standard charter Standardcharter *(m)*
take out a charter Konzession erhalten *(f)*
terms of a charter Charterbedingungen *(pl)*
timber charter Holzfrachtvertrag *(m)*
time charter Zeitcharter *(m)*, Zeitfrachtvertrag *(m)*
time-trip charter Zeit- und Reisecharter *(m)*
trip charter Fachrtcharter *(m)*, Reisecharter *(m)*
uniform charter Standardcharter *(m)*, Standardcharterpartie *(f)*, Universalcharter *(m)*
voyage charter Fachrtcharter *(m)*, Reisecharter *(m)*
  consecutive voyages charter aufeinanderfolgender Reisecharter *(m)*
  whole-cargo charter Ganzcharter *(m)*, Vollcharter *(m)*

chartered befracht **2.** beeidigt
chartered accountant beeidigter Buchprüfer *(m)*, vereidigter Buchrevisor *(m)*
chartered agent registrierter Agent *(m)*
chartered freight Charterfracht *(f)*
chartered ship befrachtes Schiff *(n)*

charterer Charterer *(m)*
charterer's agent Agent eines Charterers *(m)*
charterer's liability Güterversenderhaftung *(f)*
charterer's option Befrachteroption *(f)*,
Schiffsmieteroption *(f)*
charterer's/owner's idea of freight rate
Frachtidee *(f)*
* liability of ship's charterer Haftung des
Charterers *(f)*, Schiffsmieterhaftung *(f)*
ship's charterer liability Haftung des Charterers *(f)*, Schiffsmieterhaftung *(f)*
voyage charterer Reisefrachter *(m)*

chartering Befrachtung *(f)*, Charterung *(f)*
chartering agent Befrachtungsagent *(m)*,
Frachtbroker *(m)*, Frachtmakler *(m)*

chartering broker Befrachtungsmakler *(m)*,
Reedersmakler *(m)*, Schiffsagent *(m)*, Schiffsmakler *(m)*
chartering broker's order Charteragentorder *(f)*, Verschiffungsorder *(f)*
chartering in full Charterung des ganzen
Schiffs *(f)*
chartering office Frachtagentur *(f)*, Versandbüro *(n)*
chartering order Charterungauftrag *(m)*
* marine chartering Schiffsbefrachtung *(f)*,
Verfrachtung des Schiffes *(f)*
time chartering Zeitbefrachtung *(f)*, Zeitcharterung *(f)*
trip chartering Reisebefrachtung *(f)*, Reisecharterung *(f)*
voyage chartering Reisebefrachtung *(f)*,
Reisecharterung *(f)*

charter-party Befrachtungsvertrag *(m)*,
Charterpartie *(f)*, Chartervertrag *(m)*
charter-party clause Charterklausel *(f)*,
Charterpartieklausel *(f)*
charter-party form Charterpartieformular *(n)*
* berth charter-party Schiffsmiete *(f)*
contract of affreightment charter party
Generalfrachtvertrag *(m)*
form of charter-party Charterpartieformular *(n)*
grain charter-party Getreidecharter *(m)*
homeward charter-party Rückfahrtcharter *(m)*,
Rückreisecharter *(m)*
open charter-party Schiffsleasingcharter *(m)*
pool charter-party Poolcharter *(m)*
port charter-party Hafencharter *(m)*
round charter-party Rundreisecharter *(m)*,
Umwegreisecharter *(m)*
standard charter-party form Standardcharterpartieformular *(n)*
standard form of the charter-party Standardcharter *(m)*, Universalcharter *(m)*
standard forms of charter-party Standardcharterpartie *(f)*, Universalcharter *(m)*
time charter-party Zeitcharter *(m)*, Zeitcharterung *(f)*, Zeitfrachtvertrag *(m)*
type charter-party Standardcharter *(m)*

chassis Untergestell *(n)*
combination chassis Mehrzweck-Chassis *(n)*

cheap billig
cheap flag billige Flagge *(f)*, Billigflagge *(f)*
cheap quality Minderqualität *(f)*
cheap tariff Begünstigungstarif *(m)*

check kontrollieren, Nachprüfung anstellen *(f)*, überwachen
  check an invoice Rechnung prüfen *(f)*
  check prices Preise kontrollieren *(pl)*
  check quality of goods Qualität der Ware kontrollieren *(f)*
  check a weight Gewicht kontrollieren *(n)*, Gewicht prüfen *(n)*

check Kontrolle *(f)*, Prüfung *(f)* **2.** *(US)* Scheck *(m)*
  check acceptance Kontrollabnahme *(f)*
  check account Scheckkonto *(n)*
  check digit Sicherheitsziffer *(f)*
  check list Kontrollliste *(f)*
  check number Kontrollnummer *(f)*
  check sample Kontrollprobe *(f)*
  check time Kontrollzeit *(f)*
  * **customs check** zollamtliche Aufsicht *(f)*, Zollaufsicht *(f)*, Zollrevision *(f)*
  result of customs check Zollbefund *(m)*
  compulsory check obligatorische Überprüfung *(f)*
  result of the compulsory check Ergebnis der obligatorischen Überprüfung *(n)*
  data check digit Sicherheitsziffer *(f)*
  documentary check Prüfung der Unterlagen *(f)*
  quality check programme Qualitätsprüfungsprogramm *(n)*

checker Überwacher *(m)*
  cargo checker Ladungskontrolleur *(m)*
  sworn cargo checker vereidigter Ladungskontrolleur *(m)*, vereidigter Tallymann *(m)*

checking Prüfung *(f)*
  checking charge Talliergeld *(n)*
  checking note Zählungsattest *(n)*
  checking of goods declaration Prüfung der Anmeldung *(f)*, Prüfung der Zollanmeldung *(f)*, Überprüfung der Zollanmeldung *(f)*
  checking of quality Güterkontrolle *(f)*, Qualitätskontrolle *(f)*, Qualitätsüberwachung *(f)*, Warenprüfung *(f)*
  checking quality Güterkontrolle *(f)*, Warenprüfung *(f)*
  * **costs of checking** Kosten der Prüfung *(pl)*
  obtain a cash from checking Scheck einlösen *(m)*

checkpoint Kontrollpunkt *(m)*
  customs checkpoint Zollaufsichtsstelle *(f)*, Zollstelle *(f)*, Zollwache *(f)*

chemical chemisch
  chemical compound chemische Zusammensetzung *(f)*
  chemical tanker Chemikalientanker *(m)*

cheque Scheck *(m)* **2.** Scheck-
  cheque acceptance Scheckakzept *(n)*
  cheque account Scheckkonto *(n)*
  cheque book Scheckbuch *(n)*, Scheckheft *(n)*
  cheque card Scheckkarte *(f)*
  cheque cashing time Scheckfrist *(f)*
  cheque discounting Scheckdiskontierung *(f)*
  cheque endorsement Scheckindossament *(n)*
  cheque for collection Scheck zum Einzug *(m)*
  send a cheque for collection Scheck zum Einzug übergeben *(m)*
  cheque form Scheckvordruck *(m)*
  cheque holder Scheckbesitzer *(m)*, Scheckinhaber *(m)*
  cheque in settlement Verrechnungsscheck *(m)*
  cheque law Scheckrecht *(n)*
  cheque life Gültigkeitsdauer des Schecks *(f)*
  cheque number Schecknummer *(f)*
  cheque payment Scheckzahlung *(f)*, Zahlung per Scheck *(f)*
  cheque protest Scheckprotest *(m)*
  cheque protestation Scheckprotest *(m)*
  cheque rate Briefkurs *(m)*
  cheque stamp Schecksteuermarke *(f)*
  cheque stop-payment Zahlungseinstellung von einem Scheck *(f)*
  cheque to bearer Inhaberscheck *(m)*, Überbringerscheck *(m)*
  cheque to order Orderscheck *(m)*
  cheque turnover Scheckverkehr *(m)*
  * **accept a cheque** Scheck annehmen *(m)*
  acceptance of a cheque Scheckakzept *(n)*, Scheckannahme *(f)*, Annahme des Schecks *(f)*
  account payee cheque Verrechnungsscheck *(m)*
  accepted cheque akzeptierter Scheck *(m)*
  advised cheque Scheck mit Avis *(m)*
  amount of a cheque Schecksumme *(f)*
  ante-dated cheque nachdatierter Scheck *(m)*, zurückdatierter Scheck *(m)*, vordatierter Scheck *(m)*
  bad cheque Blüte *(f)*, gefälschter Scheck *(m)*, nicht gedeckter Scheck *(m)*
  bank cheque Bankierscheck *(m)*, Bankscheck *(m)*
  banker's cheque Bankierscheck *(m)*, Bankscheck *(m)*
  bearer cheque Inhaberscheck *(m)*, Überbringerscheck *(m)*

bearer of a cheque Scheckbesitzer (m), Scheckinhaber (m)
blank cheque Blankoscheck (m)
cancel a cheque Scheck stornieren (m)
cancellation of cheque Widerruf eines Schecks (m)
capacity to draw cheques Scheckfähigkeit (f)
cash a cheque Scheck einlösen (m), Scheck einziehen (m)
cashed cheque bezahlter Scheck (m)
cashier's cheque Barscheck (m), Kassenscheck (m), offener Scheck (m)
cashing of cheque Einzug eines Schecks (m), Scheckeinlösung (f)
certification of cheque Deckungsbestätigung eines Schecks (n)
certified cheque beglaubigter Scheck (m), bestätigter Scheck (m)
certify a cheque Scheck beglaubigen (m), Scheck bestätigen (m)
circular cheque Travellerscheck (m), Zirkularscheck (m)
collect a cheque Scheck einlösen (m), Scheck einziehen (m)
collection of a cheque Einzug eines Schecks (m), Scheckeinlösung (f), Scheckinkasso (n)
crossed cheque gekreuzter Scheck (m), Überweisungsscheck (m)
  specially crossed cheque Scheck mit zusätzlicher Bedingung (m)
dishonour a cheque Annahme des Schecks verweigern (f), Einlösung des Schecks verweigern (f)
dishonour of a cheque Nichteinlösung des Schecks (f)
dishonoured cheque nicht eingelöster Scheck (m), uneingelöster Scheck (m)
domestic cheque Platzscheck (m)
domiciled cheque Domizilscheck (m)
draw a cheque Scheck ausfertigen (m)
  draw a cheque on the bank Scheck auf eine Bank ausstellen (m)
draw up a cheque Scheck ausfertigen (m), Scheck ausschreiben (m)
drawee of a cheque Scheckbezogener (m)
drawer of a cheque Scheckaussteller (m)
dud cheque Scheck ohne Deckung (m)
encash a cheque Scheck einlösen (m), Scheck einziehen (m)

encashment of a cheque Einlösung von Schecks (f), Einzug eines Schecks (m), Scheckinkasso (n)
endorse a cheque Scheck indossieren (m)
endorse back of cheque Scheck indossieren (m)
fill up a cheque Scheck ausfüllen (m)
foreign cheque ausländischer Scheck (m), Auslandsscheck (m)
foreign currency cheque Fremdwährungsscheck (m)
foreign-exchange cheque ausländischer Scheck (m), Auslandsscheck (m)
forged cheque gefälschter Scheck (m)
forgery of a cheque Fälschung des Schecks (f), Scheckfälschung (f)
fraud by cheque Scheckfälschung (f), Fälschung des Schecks (f)
generally crossed cheque einfacher Verrechnungsscheck (m)
giro cheque Verrechnungsscheck (m)
guaranteed cheque akzeptierter Scheck (m), garantierter Scheck (m)
honour a cheque Scheck verweigern (m)
kite cheque Scheck ohne Deckung (m), ungedeckter Scheck (m)
limited cheque vertragsmäßig ausgestellter Scheck (m)
lost cheque verlorener Scheck (m)
marked cheque beglaubigter Scheck (m)
memorandum cheque vordatierter Scheck (m)
negotiable cheque übertragbarer Scheck (m)
non-negotiable cheque Namensscheck (m), nicht begebbarer Scheck (m), nicht indossierbarer Scheck (m), Rektascheck (m)
open cheque Barscheck (m), offener Scheck (m)
order cheque Orderscheck (m)
outdated cheque verfallener Scheck (m)
out-of-date cheque verfallener Scheck (m), Fernscheck (m)
outstanding cheque unbezahlter Scheck (m)
paid cheque bezahlter Scheck (m), eingelöster Scheck (m)
pay by cheque durch Scheck zahlen (m)
pay by way of the cheque mit Scheck bezahlen (m), Scheck zahlen (m)
pay cheque Zahlungsscheck (m)
payable by cheque mit Scheck zahlbar (m)
payee of cheque Scheckempfänger (m)
payment by cheque Scheckzahlung (f), Zahlung durch Scheck (f), Zahlung per Scheck (f)

payment on cheque Scheckzahlung *(f)*, Zahlung durch Scheck *(f)*
postal cheque Postscheck *(m)*
present a cheque for payment Scheck zur Einlösung vorlegen *(m)*
protest a cheque Scheck protestieren *(m)*
protested cheque protestierter Scheck *(m)*
raised cheque gefälschter Scheck *(m)*
rate for a cheque Briefkurs *(m)*
registered cheque Namensscheck *(m)*, Rektascheck *(m)*
reject a cheque Annahme des Schecks verweigern *(f)*, Einlösung des Schecks verweigern *(f)*
remit by cheque mit Scheck bezahlen *(m)*, Scheck zahlen *(m)*
specially crossed cheque Scheck mit zusätzlicher Bedingung *(m)*
stale cheque verjährter Scheck *(m)*
stop a cheque Scheck sperren *(m)*
transaction by cheque Scheckverkehr *(m)*
traveler's cheque Reisenscheck *(m)*, Travellerscheck *(m)*
uncovered cheque ungedeckter Scheck *(m)*
uncrossed cheque Barscheck *(m)*, Kassenscheck *(m)*
unpaid cheque nicht eingelöster Scheck *(m)*, unbezahlter Scheck *(m)*, uneingelöster Scheck *(m)*
voided cheque annullierter Scheck *(m)*
write a cheque Scheck ausfertigen *(m)*, Scheck ausschreiben *(m)*
chief Chef *(m)*, Führer *(m)*, Leiter *(m)*
chief accountant Rendant *(m)*
Chief Central Statistical Office Zentralamt für Statistik *(n)*
chief executive officer Geschäftsführer *(m)*
chief financial officer Finanzdirektor *(m)*
chief officer Erster *(m)*, erster Offizier *(m)*
chief storekeeper Lageraufseher *(m)*, Lagerleiter *(m)*
chill kalt
chill ship Kühlraumschiff *(n)*
chilled gekühlt
chilled cargo Kühlgut *(n)*, Kühlladung *(f)*
chilled goods insurance Kühlgutversicherung *(f)*
choice Auswahl *(f)* **2.** ausgezeichnet
choice of an agent Agentenauswahl *(f)*
choice quality ausgezeichnete Qualität *(f)*, einwandfreie Qualität *(f)*

* freedom of choice Wahlfreiheit *(f)*
price choice Preisauswahl *(f)*
chop Lizenz *(f)* **2.** Stempel *(m)*
CIF ... /insert named place of destination/ CIF ... /benannter Bestimmungshafen/, Kosten, Versicherung und Fracht ... /benannter Bestimmungshafen/
CIF agent CIF-Agent *(m)*
CIF forward delivery price CIF-Preis für Terminkäufe *(m)*
CIF price CIF-Preis *(m)*, Preis Cif *(m)*
CIP ... /insert named place of destination/ CIP ... /benannter Bestimmungsort/, Frachtfrei versichert ... /benannter Bestimmungsort/
circa ungefähr, zirka
circular Ladenkatalog *(m)*, Werbekatalog *(m)*, Werbeprospekt *(m)*, Werbeschrift *(f)* **2.** rund
circular cheque Travellerscheck *(m)*, Zirkularscheck *(m)*
circular letter of credit Reisekreditbrief *(m)*, Rundreisekreditbrief *(m)*, Zirkularkreditbrief *(m)*
circulation Umlauf *(m)*, Zirkulation *(f)*
circulation of bills Wechselgeschäft *(n)*, Wechselverkehr *(m)*
circulation of documents Belegdurchlauf *(m)*, Dokumentenzirkulation *(f)*
circulation of goods Warenzirkulation *(f)*
* documents circulation Belegdurchlauf *(m)*, Dokumentenzirkulation *(f)*
free circulation freier Verkehr *(m)*
authorization for release for free circulation Zulassung zur Überführung in den zollrechtlich freien Verkehr *(f)*
first released for free circulation erste Überführung in den zollrechtlich freien Verkehr *(f)*
goods declared for free circulation zum zollrechtlich freien Verkehr abgefertigte Ware *(f)*
goods not in free circulation nicht im zollrechtlich freien Verkehr befindliche Waren *(pl)*
release for free circulation Überführung in den Freiverkehr *(f)*, Überführung in den zollrechtlich freien Verkehr *(f)*
goods released for free circulation Waren abgabenfrei in den zollrechtlich freien Verkehr *(pl)*

free circulation of goods freier Warenverkehr *(m)*
goods circulation Warenzirkulation *(f)*
transit commodity circulation Gütertransitverkehr *(m)*
cistern Zisterne *(f)*
free cistern frei Zisterne *(f)*
free cistern price Preis frei Zisterne *(m)*
civil bürgerlich
civil air Zivilluftfahrt *(f)*
civil claim Zivilklage *(f)*, zivilrechtliche Klage *(f)*
civil code Bürgerliches Gesetzbuch *(n)*
civil commotion innere Unruhen *(pl)*, zivile
Unruhen *(pl)*
riots and civil commotions Aufruhr und
bürgerliche Unruhen
riots, civil commotions and strike Aufruhr, Bürgerkrieg und Streik, Aufruhr, Bürgerkrieg und Streik
riots, strikes and civil commotions Aufruhr, Streik, bürgerliche Unruhen
free of capture, seizure, riots and civil
commotions frei von jedem Risiko bei gewaltsamer Wegnahme, Beschlagnahme und
Aufruhr
strikes, riots and civil commotions
Streik, Aufruhr und bürgerliche Unruhe,
Streik, Aufruhr und Bürgkrieg, Streiks,
Tumulte und Unruhen
strikes, riots and civil commotions clause
Streik, Aufruhr und Bürgerkriegsklausel *(f)*
civil contract bürgerlicher Vertrag *(m)*
civil court Zivilgericht *(n)*
civil day Tag und Nacht *(m/f)*
civil jurisdiction Zivilgerichtsbarkeit *(f)*
civil law bürgerliches Recht *(n)*
civil law court Zivilgericht *(n)*
civil law treaty zivilrechtlicher Vertrag *(m)*
civil liability zivilrechtliche Haftpflicht *(f)*,
zivilrechtliche Verantwortung *(f)*
civil partnership Personengesellschaft *(f)*
civil responsibility zivilrechtliche Haftung *(f)*
claim beanstanden
claim Anspruch *(m)*, Forderung *(f)*, Schuldforderung *(f)*
claims adjustment Havarierechnung *(f)*
claim amount Forderungshöhe *(f)*

claim back zurückfordern
claim bond Sicherstellung der Forderungen *(f)*
claim department Reklamationsabteilung *(f)*
claim for compensation Anspruch auf Entschädigung *(m)*, Entschädigungsanspruch *(m)*,
Entschädigungsforderung *(f)*, Ersatzforderung *(f)*
claim for damages Anspruch auf Entschädigung *(m)*, Entschädigungsanspruch *(m)*
claims for quality Qualitätsbeanstandung *(f)*
claims for quality of goods Qualitätsreklamation *(f)*
claim for guarantee Garantieforderung *(f)*
claim for indemnity Schadensersatzanspruch *(m)*, Zahlungsforderung *(f)*
claim for payment Zahlungsanspruch *(m)*,
Zahlungsforderung *(f)*, Zahlungsforderung *(f)*
claim for repayment *(in respect of taxes)* Antrag auf Vergütung *(m)*
claim letter schriftliche Reklamation *(f)*
claim of delivery period Lieferfristreklamation *(f)*, Lieferterminreklamation *(f)*
claim of delivery time Lieferfristreklamation *(f)*, Lieferterminreklamation *(f)*
claim of package Packungsreklamation *(f)*,
Verpackungsreklamation *(f)*, Packungsreklamation *(f)*, Verpackungsreklamation *(f)*
claim of prices difference Preisdifferenzreklamation *(f)*
claim of quality Qualitätsbeanstandung *(f)*
claim on a bill of exchange Rückgriffanspruch *(m)*, Wechselforderung *(f)*
claim on a promissory note Rückgriffanspruch *(m)*, Wechselforderung *(f)*
claim procedure Reklamationsverfahren *(n)*
claim under a contract Kontraktforderung *(f)*
* abandon a claim Anspruch aufgeben *(m)*
accessory claim Nebenanspruch *(m)*, Zusatzforderung *(f)*
admitted claim aufgenommene Reklamation *(f)*
advice of claim Anspruchavis *(n)*, Anspruchsanzeige *(f)*
arbitration claim Arbitrageklage *(f)*
assignment of a claim Abtretung von Forderungen *(f)*, Forderungsabtretung *(f)*
average claim Seeschadenersatzanspruch *(m)*
balance of external claims and liabilities
Auslandsverschuldungsbilanz *(f)*
civil claim Zivilklage *(f)*, zivilrechtliche Klage *(f)*
clearing claim Clearingforderung *(f)*
commission claim Provisionsanspruch *(m)*
complaint claim Reklamationsanspruch *(m)*

credit claim Kreditforderung *(f)*
cross claim Gegenanspruch *(m)*
disallow a claim Reklamation ablehnen *(f)*
drawback claims zurückzufordernde Rechte in Bezug auf Zoll *(pl)*
file a claim Reklamation anmelden *(f)*, Reklamation geltend machen *(f)*
financial claim Finanzförderung *(f)*
founded claim begründete Reklamation *(f)*
freight claim Frachtforderung *(f)*
goods claim Warenreklamation *(f)*
groundless claim unbegründete Beanstandung *(f)*, unberechtigte Reklamation *(f)*
groundlessness of the claim Reklamationsgrundlosigkeit *(f)*
guaranty claim Garantieforderung *(f)*
insurance claim Versicherungsanspruch *(m)*, Versicherungsforderung *(f)*
legal claim gesetzlicher Anspruch *(m)*
limitation of claim Anspruchsverjährung *(f)*
lodge a claim Anspruch erheben *(m)*, Reklamation anmelden *(f)*
matter of a claim Anspruchsgegenstand *(m)*
meet a claim Ansprüche befriedigen *(pl)*
money claim Geldforderung *(f)*
mutual claim Gegenanspruch *(m)*, Gegenforderung *(f)*
notice of claim Anmeldung des Schadens *(f)*, Schadensanzeige *(f)*, Schadensavis *(n)*
outstanding claim rückständige Forderung *(f)*
payment claim Zahlungsforderung *(f)*
price claim Preisbeanstandung *(f)*, Preisreklamation *(f)*
put in a claim Klage einbringen *(f)*
quality claim Qualitätsbeanstandung *(f)*, Qualitätsreklamation *(f)*, Qualitätsrüge *(f)*
quantity claim Mengereklamation *(f)*
raise a claim Reklamation anmelden *(f)*
recognition of a claim Anerkennung eines Anspruchs *(f)*
recompense claim Entschädigungsforderung *(f)*, Ersatzforderung *(f)*
recourse claim Ersatzanspruch *(m)*
refund claim Zurückforderung *(f)*
refusal of a claim Ablehnung der Forderungen *(f)*, Ablehnung der Reklamation *(f)*, Zurückweisung der Reklamation *(f)*
refuse a claim Forderung ablehnen *(f)*
rejection of a claim Ablehnung der Reklamation *(f)*, Zurückweisung der Reklamation *(f)*
remission of a claim Anspruchsverzicht *(m)*

repudiate a claim Reklamation ablehnen *(f)*
rise a claim Anspruch geltend machen *(m)*
salvaging claim Bergungsanspruch *(m)*
satisfaction of counter claims Befriedigung von gegenseitigen Ansprüchen *(f)*
satisfy claims Ansprüche befriedigen *(pl)*
set up a claim beanstanden
stale claim verjährte Forderung *(f)*
subject of a claim Anspruchsgegenstand *(m)*
supplementary claim Nebenanspruch *(m)*, Zusatzforderung *(f)*
target of the claim Reklamationsgegenstand *(m)*
tax claim steuerlicher Anspruch *(m)*
transfer of a claim Abtretung von Forderungen *(f)*, Forderungsabtretung *(f)*
unfounded claim Grundlosigkeit der Klage *(f)*, unberechtigter Anspruch *(m)*
waive a claim Klage zurücknehmen *(f)*
waiver of a claim Anspruchsverzicht *(m)*
withdraw a claim Klageantrag zurücknehmen *(m)*

claimable beanspruchbar
claimable debt ausstehende Schuld *(f)*, ungetilgte Schuld *(f)*

claiming fordernd
claiming bank fordernde Bank *(f)*

clap klappen
clap a duty mit Zoll belegen *(m)*

clash Kollision *(f)*, Zusammenstoß *(m)*

class klassifizieren

class Klasse *(f)*
class mark Klassenzeichen *(n)*
class of business Gewerbeart *(f)*
class of commodities Warenkategorie *(f)*
class of goods Warenkategorie *(f)*
class of insurance Versicherungsart *(f)*
class of risk Gefahrenklasse *(f)*, Risikokategorie *(f)*
class of a ship Schiffsklasse *(f)*
class of ship certificate Schiffsklasseattest *(n)*
class rate Tarifbeitrag *(m)* 2. *(in aircargo)* Warenklassenrate *(f)*
* economy class Touristenklasse *(f)*
high class hochwertige Qualität *(f)*
insurance class Versicherungszweig *(m)*
market class handelsübliche Qualität *(f)*
products class Warenklasse *(f)*
quality class Qualitätsklasse *(f)*
risk class Risikoklasse *(f)*

tariff class Tarifklasse *(f)*
train class Zugklasse *(f)*
classification Klassifizierung *(f)* 2.
Klassifikations-
classification certificate Klassenzertifikat *(n)*,
Klassifikationszertifikat *(n)*
classification code Klassifikationscode *(m)*
classification in the CCT Tarifstelle des
GZT (Gemeinsame Zolltarif) *(f)*
classification mark Klassenzeichen *(n)*
classification number Klassifikationszahl *(f)*
classification of cargoes Güteklassifizierung *(f)*
classification of dangerous goods Gefahrgüterklassifizierung *(f)*
classification of goods Einreihung von
Waren *(f)*
  **classification of goods according to the
customs tariff nomenclature of goods**
Einreihung von Waren nach der Warennomenklatur des Zolltarifs *(f)*
  classification of goods under customs tariff
Einordnung der Waren in die Zolltarife *(f)*
classification rate Klassifikationsrate *(f)*
classification register Klassenregister von
Schiffen *(n)*
classification requirements Klassifikationsanforderungen *(pl)*
classification society Klassifikationsgesellschaft *(f)*
classification survey Klassifizierungsprüfung *(f)*
classification surveyor Klassifikationsaufseher *(m)*
classification system Klassifikationssystem *(n)*
* CCT classification Einreihung in den
Gemeischaftlicher Zolltarif *(f)*
commercial classification Handelsklassifikation *(f)*
commodity classification Einreihung von
Waren *(f)*, Warennomenklatur *(f)*
customs classification Zollklassifizierung *(f)*
customs goods classification Zollwarenklassifikation *(f)*
goods classification codes Waren-Klassifizierungscodes *(pl)*
International Statistical Classification
internationale statistische Klassifikation *(f)*
**Nomenclature for the classification of
goods in customs tariff** Zolltarifschema für
die Einreihung der Waren in die Zolltarife *(n)*

price classification Preisklassifikation *(f)*
risk classification Risikoklassifikation *(f)*
**Standard International Trade
Classification (SITC)** Internationales Warenverzeichnis für den Außenhandel *(n)*
receive a classification under a heading
unter eine Tarifnummer fallen *(f)*, zu einer
Tarifnummer gehören *(f)*
tariff classification Tarifierung *(f)*
  tariff classification of goods tarifliche
Einreihung der Waren *(f)*
trade classification Handelsklassifikation *(f)*
classified klassifiziert
classified document Verschlusssache *(f)*
classifier Sortierer *(m)*
clause Klausel *(f)*
clause forbidding competition Konkurrenzklausel *(f)*
clause in a bill lading Konnossementsvorbehalt *(m)*
clause in contract Vertragsabrede *(f)*, Vertragsbedingung *(f)*, Vertragsklausel *(f)*
clause of adhesion Akzessklausel *(f)*
clause of an agreement Vertragsbestimmung *(f)*
clause of a contract Klausel *(f)*, Vertragsabrede *(f)*, Vertragsklausel *(f)*, Vertragspunkt *(m)*
clause of warranty Garantieklausel *(f)*, Garantievermerk *(m)*
* abandonment clause Abandonklausel *(f)*,
Verzichtsklausel *(f)*
acceptance clause Abnahmeklausel *(f)*,
Übernahmeklausel *(f)*
acceptance of goods clause Abnahme- und
Güterbestimmungenklausel *(f)*
accession clause Adhäsionsklausel *(f)*, Akzessionsklausel *(f)*, Akzessklausel *(f)*
additional clause Nachbedingung *(f)*, nachträgliche Klausel *(f)*, Zusatzbedingung *(f)*, Zusatzklausel *(f)*
additional insurance clause Unfallzusatzversicherung *(f)*
adjustment clause Wertanpassungsklausel *(f)*
afloat clause schwimmende Klausel *(f)*
all-participation clause Klausel der allgemeinen Teilnahme *(f)*
arbitral clause Arbitrageklausel *(f)*, Arbitragevereinbarung *(f)*, Schiedsgerichtsklausel *(f)*,
Schiedsklausel *(f)*

arbitration clause Arbitrageklausel *(f)*, Schiedsklausel *(f)*
average clause Havarie-Klausel *(f)*
avoidance clause Rücktrittsklausel *(f)*, Verzichtsklausel *(f)*
bad-weather clause Schlechtwetterklausel *(f)*
banking clause Bankspesenklausel *(f)*
benefit clause Begünstigungsklausel *(f)*
berth terms clause Berth-Terms-Klausel *(f)*
boilerplate clause Standardklausel *(f)*
both to blame collision clause Kollisionsklausel bei beiderseitigem Verschulden *(f)*
brokerage clause Courtageklausel *(f)*
bunker clause Bunkerklausel *(f)*
bunker deviation clause Bunkerabweichungsklausel *(f)*
bunkering clause Bunkerklausel *(f)*
calling clause Orderhafenklausel *(f)*
cancellation clause Annullierungsklausel *(f)*, Kündigungsklausel *(f)*, Rücktrittsklausel *(f)*, Vertragsauflösungklausel *(f)*
cancelling clause Annullierungsklausel *(f)*
cash against documents clause Klausel Kasse gegen Dokumente *(f)*
cash and carry clause Cash- and Carry-Klausel *(f)*
cassation clause kassatorische Klausel *(f)*, Verfallklausel *(f)*
charter-party clause Charterklausel *(f)*, Charterpartieklausel *(f)*
clearance clause Klarierungsklausel *(f)*
coinsurance clause Mitversicherungsklausel *(f)*
collision clause Kollisionsklausel *(f)*
commercial clause Handelsklausel *(f)*
compensation clause Vergütungsklausel *(f)*
competition clause Ausfallzeitwettbewerbsklausel *(f)*, Konkurrenzklausel *(f)*
compromissary clause Schiedsgerichtsklausel *(f)*, Schiedsklausel *(f)*
conciliation clause Schlichtungsklausel *(f)*
confidentiality clause Vertraulichkeitsklausel *(f)*
congestion clause Verstopfungsklausel *(f)*
continuation clause Friststreckungsklausel *(f)*, Prolongationsklausel *(f)*, Verlängerungsklausel *(f)*
contract clause Klausel *(f)*, Punkt eines Vertrags *(m)*, Vertragsabrede *(f)*, Vertragsbestimmung *(f)*, Vertragsklausel *(f)*, Vertragspunkt *(m)*
contractual clause Klausel *(f)*, Punkt eines Vertrags *(m)*, Vertragsabrede *(f)*, Vertragsbestimmung *(f)*, Vertragsklausel *(f)*, Vertragspunkt *(m)*

cost clause Kostenklausel *(f)*
currency clause Devisenklausel *(f)*, Valutaklausel *(f)*
currency clause Währungsklausel *(f)*
d.a.f. clause DAF-Klausel *(f)*
d.d.p. clause DDP-Klausel *(f)*
d.d.u. clause DDU-Klausel *(f)*
d.e.q. clause DEQ-Klausel *(f)*
damages clause Schadensersatzklausel *(f)*
deck cargo clause Deckladungsklausel *(f)*
deductible average clause Abzugsfranchiseklausel *(f)*, Excedentenfranchiseklausel *(f)*
deductible clause Abzugsklausel *(f)*
delivery terms clause Lieferklausel *(f)*
demurrage clause Demurrage-Klausel *(f)*, Überliegezeitklausel *(f)*
denunciation clause Kündigungsklausel *(f)*
depreciation clause Abwertungsklausel *(f)*, Entwertungsklausel *(f)*
derogatory clause Abandonierungsklausel *(f)*, Derogationsklausel *(f)*
detrimental clause in a bill of lading Konnossementsvermerk *(m)*
deviation clause Abweichungsklausel *(f)*
docking clause Dockierungsklausel *(f)*
domiciliary clause Domizilklausel *(f)*
down-price clause Preisnachlassklausel *(f)*
e.x.w. clause EXW-Klausel *(f)*
enacting clause Einleitung *(f)*
errors clause Irrtumsklausel *(f)*
escape clause Ausweichklausel *(f)*, Katastrophenklausel *(f)*, Kündigungsklausel *(f)*, Rücktrittsklausel *(f)*, Verzichtsklausel *(f)*
exchange clause Devisenklausel *(f)*, Valutaklausel *(f)*
exclusion clause Ausschlussklausel *(f)*, Vollstreckungsklausel *(f)*
exemption of liability clause Haftungsbefreiungsklausel *(f)*, Klausel „Haftungsfreilassung" *(f)*
exoneration clause Befreiungsklausel *(f)*
facultative clause Fakultativklausel *(f)*
fas clause FAS-Klausel *(f)*
fas clause frei-Längsseite-des-Schiffes-Klausel *(f)*
fas clause frei-längsseits-Schiff-Klausel *(f)*
fio clause fio-Klausel *(f)*
fios clause fios-Klausel *(f)*
fiot clause fiot-Klausel *(f)*
fire clause Feuerklausel *(f)*
fixed price clause fixed-price-Klausel *(f)*

flag clause Flaggenklausel *(f)*
fo clause fo-Klausel *(f)*
fob/fob clause frei an Bord und wieder frei von Bord Klausel *(m)*
force majeure clause Höhere-Gewalt-Klausel *(f)*, Klausel der höheren Gewalt *(f)*
foreign general average clause Klausel der Havarie, die nach York-Antwerpener Regeln abgewickelt wird *(f)*
franchise clause Franchiseklausel *(f)*
cumulative franchise clause Kumulationsfranchiseklausel *(f)*
deductible franchise clause Abzugsfranchiseklausel *(f)*, Excedentenfranchiseklausel *(f)*
integral franchise clause Integralfranchiseklausel *(f)*
non-cumulative franchise clause nicht Kumulationsfranchiseklausel *(f)*
free alongside clause frei-Längsseite-des-Schiffes-Klausel *(f)*, frei-längsseits-Schiff-Klausel *(f)*, Längsseitsklausel *(f)*
free clause frei Klausel *(f)*
free discharge clause Free-Discharge-Klausel *(f)*
free from dispatch money clause frei-von-Eilgeld-Klausel *(f)*
free from general average clause frei-von-gemeinsamer-Havarie-Klausel *(f)*, frei-von-Havarie-Klausel *(f)*
free from particular average clause frei-von-besonderer-Havarie-Klausel *(f)*
free loading clause Free-Loading-Klausel *(f)*
free on board/free on board clause fob-fob-Klausel *(f)*
freight clause Frachtklausel *(f)*
further clause nachträgliche Klausel *(f)*, Zusatzklausel *(f)*
general average clause Havarie-Grosse-Klausel *(f)*
general clause Generalklausel *(f)*
gold clause Goldklausel *(f)*, Goldwertklausel *(f)*
green clause Klausel mit grüner Tinte *(f)*
gross terms clause Gross-Terms-Klausel *(f)*
gross weight for net clause Brutto-für-Netto-Klausel *(f)*
gross-net clause Brutto-für-Netto-Klausel *(f)*
guarantee clause Garantieklausel *(f)*
hardship clause Härteklausel *(f)*
heavy lifts clause Außergabaritladungsklausel *(f)*
ice clause Eisklausel *(f)*

indemnity clause Schadensersatzklausel *(f)*
index clause Indexklausel *(f)*
institute clauses Institute-Frachtklauseln *(pl)*
insurable interest clause versicherbares Interesseklausel *(f)*
insurance clause Versicherungsklausel *(f)*
interpretation clause Interpretationsklausel *(f)*
introductory clause Präambel des Rechtsaktes *(f)*
invalid clause nichtige Klausel *(f)*, unwirksame Klausel *(f)*
judicial clause gerichtliche Klausel *(f)*
jurisdiction clause Jurisdiktionsklausel *(f)*, Zuständigkeitsklausel *(f)*
liberties clause Sonderrechtsklausel *(f)*
lien clause Pfandklausel *(f)*, Pfandrechtsklausel *(f)*
cargo lien clause Sendungspfandrechtklausel *(f)*
carrier's lien clause Carrierpfandrechtklausel *(f)*, Spediteurpfandrechtklausel *(f)*
shipmaster's lien clause Kapitänpfandrechtklausel *(f)*
lien for freight clause Frachtführerpfandrechtklausel *(f)*
lien of cargo clause Ladungspfandrechtsklausel *(f)*, Ladungspfandrechtsklausel *(f)*, Lastpfandrechtsklausel *(f)*
lighterage clause Leichterklausel *(f)*
limitation of liability clause Einschlussklausel *(f)*
loading clause Verschiffungsklausel *(f)*
local clause Locoklausel *(f)*
loco clause Lokoklausel *(f)*
London clause Londonklausel *(f)*
market value clause Marktwertklausel *(f)*
matter of contract clause Vertragsgegenstandsklausel *(f)*, Vertragsobjektsklausel *(f)*
minimum coverage clause Mindestdeckungsklausel *(f)*
minimum turnover clause Mindestumsatzklausel *(f)*
monopoly clause Alleinvertreterklausel *(f)*, Ausschließlichkeitsklausel *(f)*, Exklusivitätklausel *(f)*, Monopolklausel *(f)*
most-favoured nation clause Meistbegünstigungsklausel *(f)*, Meistbegünstigungsklausel *(f)*
multiple currency clause Devisenverrechnungsklausel *(f)*
national clause Nationalklausel *(f)*
near clause Näheklausel *(f)*

negotiate a clause Klausel vereinbaren *(t)*
net terms clause Net-Terms-Klausel *(t)*
no-charge clause gebührenfreie Klausel *(t)*
non-compete clause Konkurrenzklausel *(t)*, Wettbewerbsverbotsklausel *(t)*
non-competition clause Konkurrenzklausel *(t)*, Wettbewerbsverbotsklausel *(t)*
notification clause Anzeigeklausel *(t)*, Notizklausel *(t)*
notify clause Anzeigeklausel *(t)*, Notizklausel *(t)*
omissions clause Versäumnisklausel *(t)*
omnibus clause Generalklausel *(t)*
optional cargo clause Optionsfrachtklausel *(t)*
option clause Optionsklausel *(t)*
optional clause Fakultativklausel *(t)*, Optionsklausel *(t)*
overriding clause Abandonierungsklausel *(t)*, Derogationsklausel *(t)*
packing clause Verpackungsklausel *(t)*
parity clause Paritätsklausel *(t)*
payment clause Klausel über die Zahlungsbedingungen *(t)*, Zahlungsklausel *(t)*
penal clause Vertragsstrafeklausel *(t)*
penalty clause Geldstrafklausel *(t)*, Strafklausel *(t)*
penalty clause Vertragsstrafeklausel *(t)*
performance clause Performanceklausel *(t)*
pledge clause Pfandklausel *(t)*, Pfandrechtsklausel *(t)*
price clause Preisklausel *(t)*, Warenpreisklausel *(t)*
price revision clause Preisrevisionsklausel *(t)*
price variation clause Preisrevisionsklausel *(t)*
prohibition of re-export clause Reexportverbotsklausel *(t)*
prohibition of strike clause Streikverbotklause *(t)*
prolongation clause Friststreckungsklausel *(t)*, Prolongationsklausel *(t)*, Verlängerungsklausel *(t)*
protection clause Schutzklausel *(t)*
quality clause Qualitätsklausel *(t)*
quantity clause Mengenklausel *(t)*
ratification clause Ratifikationsklausel *(t)*
rebus sic stantibus clause Klausel so wie die Dinge liegen *(t)*, So-wie-die-Dinge-Liegen-Klausel *(t)*
receipt of goods clause Abnahmeklausel *(t)*, Übernahmeklausel *(t)*
reciprocity clause Gegenseitigkeitsklausel *(t)*, Reziprozitätsklausel *(t)*
reclamation clause Reklamationsklausel *(t)*
recourse clause Regressklausel *(t)*

red clause Klausel mit roter Tinte *(bei Akkreditiven) (t)*, Rotklausel *(t)*
re-export clause Reexportklausel *(t)*
reference-to-gold clause Goldwertklausel *(t)*
registration clause Registrierungsklausel *(t)*
relieving clause Entlastungsklausel *(t)*
replacement clause Ersatzwarenklausel *(t)*
resolutive clause kassatorische Klausel *(t)*
restraint clause beeinträchtigende Klausel *(t)*, beschränkende Klausel *(t)*
restrictive clause beeinträchtigende Klausel *(t)*, beschränkende Bedingung *(t)*, beschränkende Klausel *(t)*, restriktive Bedingung *(t)*
risk clause Risikoklausel *(t)*
salvage clause Bergungsklausel *(t)*, Schiffsbergungsklausel *(t)*
sea voyage clause Seewegklausel *(t)*
security clause Hypothekenklausel *(t)*
service clause Kundendienstklausel *(t)*
severability clause Salvatorische Klausel *(t)*
sliding-price clause Gleitpreisklausel *(t)*
strike clause Streikklausel *(t)*
strikes, riots and civil commotions clause Streik, Aufruhr und Bürgerkriegsklausel *(t)*
subject of a contract clause Vertragsgegenstandsklausel *(t)*, Vertragsobjektsklausel *(t)*
subsidiary clause Hilfsklausel *(t)*
substitution clause Klausel „Recht auf Schiffsersatz" *(t)*, Schiffsersatzrechtklausel *(t)*
sue and labour clause Klausel zur Schadensabwendung und Schadensminderung *(t)*
tacit hypothecation clause Ladungspfandrechtsklausel *(t)*, Lastpfandrechtsklausel *(t)*, Schiffspfandrechtsklausel *(t)*
tax clause Steuerklausel *(t)*
territory clause Territoriumsklausel *(t)*
towage clause Schleppklausel *(t)*
trade and manufacture clause Handels- und Produktionsgeheimnisklausel *(t)*
training clause Ausbildungsklausel *(t)*
transhipment clause Umladungsklausel *(t)*
transit clause Durchgangsverkehrsklausel *(t)*, Transitklausel *(t)*
transport clause Transportklausel *(t)*
up or down alternation of price clause Preisänderungsklausel *(t)*
up-price clause Preiserhöhungsklausel *(t)*
valorisation clause Valutaklausel *(t)*, Währungsklausel *(t)*
value clause Wertsicherungsklausel *(t)*
  market value clause Marktwertklausel *(t)*
voyage clause Reiseklausel *(t)*

sea voyage clause Seewegklausel *(f)*
waiver clause Verzichtsklausel *(f)*
war clause Kriegsklausel *(f)*
warranty clause Garantieklausel *(f)*, Garantievermerk *(m)*
wording of a clause Wortlaut der Klausel *(m)*
claused unrein, unecht
claused bill of health unreines Gesundheitszertifikat *(n)*, unreines Gesundheitszeugnis *(n)*
claused bill of lading unreines Konnossement *(n)*
claused certificate of health unechter Sanitärspass *(m)*, unechtes Gesundheitszeugnis *(n)*
claused health certificate unechter Sanitärspass *(m)*, unechtes Gesundheitszeugnis *(n)*
clausula Klausel *(f)*
clausula rebus sic stantibus Klausel so wie die Dinge liegen *(f)*, So-wie-die-Dinge-Liegen-Klausel *(f)*
clean rein 2. ohne Vorbehalt
clean acceptance Annahme ohne Vorbehalt *(f)*
clean bill reiner Wechsel *(m)*
clean bill of lading reines Konnossement *(n)*
clean cargo saubere Ladung *(f)*
clean certificate of health echtes Gesundheitszeugnis *(n)*, reines Gesundheitszeugnis *(n)*
clean charter reiner Charter *(m)*
clean collection einfaches Inkasso *(n)*, nichtdokumentäres Inkasso *(n)*
clean credit Kontokorrektkredit *(m)*, offener Kredit *(m)*
clean draft reine Tratte *(f)*
clean encashment offenes Inkasso *(n)*
clean letter of credit clean Akkreditiv *(n)*, einfaches Akkreditiv *(n)*, reines Akkreditiv *(n)*
clean transport document echtes Transportdokument *(n)*
cleaning Reinigung *(f)*
cleaning of container Reinigung eines Containers *(f)*
cleaning of holds Reinigung eines Laderaumes *(f)*, Reinigung eines Stauraums *(f)*
clear abfertigen, ausklarieren, klarieren, Schiff klarieren *(n)* 2. verrechnen 3. Zoll bezahlen *(m)*, zollamtlich abgefertigen 4. zahlen, zurückzahlen
clear a debt Schuld begleichen *(f)*, zurückzahlen
clear a freight Fracht abführen *(f)*, Fracht zahlen *(f)*

clear a ship Schiff klarieren *(n)*
clear at the custom-house zollamtlich abgefertigen
clear for outright exportation zur endgültigen Ausfuhr abfertigen *(f)*
clear goods Ware klarieren *(f)*, Ware verzollen *(f)*
clear inwards ausklarieren, einlaufendes Schiff klarieren *(n)*
clear outwards auslaufendes Schiff klarieren *(n)*, Schiff ausklarieren *(n)*
clear the ship inward einklarieren
clear trough customs zollamtlich abfertigen, verzollen
clear frei
clear bill of lading uneingeschränktes Konnossement *(n)*
* harbour clear of ice eisfreier Hafen *(m)*
clearance Ausgleich *(m)*, Verrechnungsverkehr *(m)* 2. Klarierung *(f)* 3. Ausfuhrzollschein *(m)*, Verzollung *(f)* 4. Zollabfertigungs-
clearance bill Zollabfertigungsschein *(m)*, Zollschein *(m)*
clearance card Klarierungskarte *(f)*, Klarierungsschein *(m)*, Zollabfertigungsschein *(m)*, Zollschein *(m)*
clearance certificate Klarierungsattest *(n)*, Klarierungsbrief *(m)*, Zollabfertigungsschein *(m)*, Zollgeleitschein *(m)*, Zollschein *(m)*
clearance charge Abfertigungsvergütung *(f)*, Klarierungsgeld *(n)*, Klarierungsgebühr *(f)*, Zollabfertigungskosten *(pl)*
clearance clause Klarierungsklausel *(f)*
clearance costs Abfertigungskosten *(pl)*
clearance dimensions Außenabmessungen *(pl)*
clearance document Abfertigungsunterlage *(f)*, Zollabfertigungspapier *(n)*
clearance fee Verzollungsgebühr *(f)*
clearance inwards Einfuhrverzollung *(f)*, Einklarierung *(f)*, Einklärung *(f)*
certificate of clearance inwards Einklarierungsattest *(n)*
clearance note Zollabfertigungspapier *(n)*
clearance of cargo Frachtabfertigung *(f)*
clearance of goods Gutabfertigung *(f)*, Zollabfertigung der Ware *(f)*
clearance of the ship Schiffsklarierung *(f)*
customs clearance of a ship Klarierung *(f)*, Klarierung eines Schiffes *(f)*

clearance outwards Ausfuhrzollabfertigung *(f)*, Ausklarierung *(f)*

certificate of clearance outwards Ausklarierungsattest *(n)*, Klarierungsbrief *(m)*

clearance papers Abfertigungsunterlagen *(pl)*, Klarierungsbrief *(m)*, Zollabfertigungsdokumente *(pl)*, Zollabfertigungspapiere *(pl)*

clearance permit Klarierungsbrief *(m)*, Zollgeleitschein *(m)*

clearance procedures Abfertigungsverfahren *(n)*

* **air clearance** Flugzeugverzollung *(f)*, Flugzollabfertigung *(f)*

aircraft clearance Flugzeugverzollung *(f)*, Flugzollabfertigung *(f)*

bill of clearance Zollquittung *(f)*

certificate of clearance Abfertigungsschein *(m)*, Zollschein *(m)*

certificate of conditional clearance Bescheid der bedingten Zollabfertigung *(m)*, Zollbegleitschein *(m)*

charge for clearance Verzollungsgebühr *(f)*

conditional clearance Zollvormerkverfahren *(n)*, Zollvormerkverkehr *(m)*

customs clearance Zollabfertigung *(f)*, zollamtliche Abfertigung *(f)*, zollamtliche Behandlung *(f)*, Zollbehandlung *(f)*, Zollbereinigung *(f)*, Zollklarierung *(f)*

border customs clearance Grenzzollabfertigung *(f)*

goods customs clearance Verzollung der Waren *(f)*, zollamtliche Abfertigung der Waren *(f)*

free at place of customs clearance franko Ort der Zollabfertigung *(m)*, frei Zollabfertigungsort *(m)*

customs clearance agent Zollvertreter *(m)*

customs clearance department Abfertigungsbehörde *(f)*

customs clearance document Zollabfertigungspapier *(n)*

customs clearance of goods Abfertigung der Waren *(f)*, Freigabe der Waren *(f)*

customs clearance office Zollbehörde *(f)*

customs clearance place Ort der Zollabfertigung *(m)*, Zollabfertigungsort *(m)*

customs formalities clearance Zollabfertigung *(f)*, Zollbereinigung *(f)*

date of clearance Zollabfertigungsdatum *(n)*

export clearance Ausfuhrzollabfertigung *(f)*, Zollausfuhrbewilligung *(f)*

export clearance number Ausfuhrdeklarationsnummer *(f)*

free at place of clearance price Preis frei Verzollungsort *(m)*, Preis frei Zollklarierungsort *(m)*

inland clearance depot Binnenzollagentur *(f)*

inward clearance Einklarierung *(f)*, Einklarierungsattest *(n)*, Einklärung *(f)*

outward clearance Ausfuhrzollabfertigung *(f)*, Ausklarierung *(f)*, Ausklarierungsattest *(n)*, Zollausfuhrschein *(m)*

outward clearance certificate Ausklarierungsattest *(n)*, Klarierungsbrief *(m)*

perfect clearance vollständige Zollabfertigung *(f)*

point of clearance trough the customs Ort der Zollabfertigung *(m)*

port of clearance Abgangshafen *(m)*, Ladehafen *(m)*

seasonal clearance sale Saisonschlussverkauf *(m)*

ship's clearance Klarierung *(f)*, Schiffklarierung *(f)*, Schiffsklarierung *(f)*

temporary clearance certificate Anmeldung zur vorübergehenden Versendung *(f)*

time of clearance Zeitpunkt der Überführung der Waren in den freien Verkehr *(m)*

type of clearance Abfertigungsart *(f)*

type of clearance through the customs Abfertigungsart *(f)*

vessel's clearance Klarierung *(f)*, Schiffklarierung *(f)*

cleared zollabgefertigt

cleared without examination zollabgefertigt ohne Untersuchung *(f)*, zollamtliche Abfertigung ohne Überprüfung *(f)*

clearing Abrechnung *(f)*, Clearing *(n)*, Clearingverfahren *(n)*, Clearingverkehr *(m)*, Clearingverrechnung *(f)*, Verrechnungsverfahren *(n)* **2.** Zollabfertigung *(f)*, Zollentrichtung *(f)*

clearing account Clearingkonto *(n)*, Verrechnungskonto *(n)*

clearing agent Clearingagent *(m)* **2.** Zolldeklarant *(m)*

clearing agreement Clearing *(n)*, Clearingabkommen *(n)*, Verrechnungsabkommen *(n)*

clearing arrangement Clearingabkommen *(n)*, Verrechnungsabkommen *(n)*

clearing balance Abrechnungssaldo *(m)*, Verrechnungsbilanz *(f)*

clearing bank Abrechnungsbank *(f)*, Clearingbank *(f)*, Verrechnungsbank *(f)*
clearing certificate Abfertigungsunterlage *(f)*, Klarierungsattest *(n)*, Klarierungsbrief *(m)*, Zollabfertigungspapier *(n)*, Zollquittung *(f)*
clearing claim Clearingforderung *(f)*
clearing contract Clearingabkommen *(n)*, Clearingsvertrag *(m)*, Verrechnungsabkommen *(n)*
clearing currency Clearingwährung *(f)*
clearing debt Clearingforderungen *(pl)*, Clearingschuld *(f)*
clearing fee Clearinggebühr *(f)*
clearing house Abrechnungsstelle *(f)*, Clearinghaus *(n)*
　automated clearing house (ACH) automatisierte Verrechnungsstelle *(f)*
clearing of accounts Verrechnung *(f)*
clearing office Clearinghaus *(n)*, Girozentrale *(f)*
clearing operation Clearingoperation *(f)*, Verrechnungsgeschäft *(n)*
clearing outward Ausklarierung *(f)*
clearing place Zollbehandlungsort *(m)*. Zollerledigungsort *(m)*
clearing point Zollbehandlungsort *(m)*, Zollerledigungsort *(m)*
clearing price Clearingpreis *(m)*
clearing rate Clearingkurs *(m)*, Verrechnungskurs *(m)*
clearing sale Ausverkauf zu herabgesetzten Preisen *(m)*
clearing settlement Clearingverrechnung *(f)*, Verrechnungsverfahren *(n)*, Clearingverrechnung *(f)*
clearing transaction Abrechnungsverkehr *(m)*, Clearingoperation *(f)*, Verrechnungsgeschäft *(n)*
clearing trough the customs zollamtliche Abfertigung *(f)*, Zollbehandlung *(f)*
　clearing trough the customs point Verzollungsort *(m)*
clearing value Verrechnungswert *(m)*
***** **balance of clearing** Abrechnungssaldo *(m)*
bank clearing Bankclearing *(n)*
bilateral clearing bilaterales Clearing *(n)*, zweitseitiges Clearing *(n)*
certificate of clearing Zollabfertigungsschein *(m)*, Zollbegleitbrief *(m)*, Zollbegleitschein *(m)*
customs clearing Zollabfertigung *(f)*
exchange clearing Devisenclearing *(n)*

free at place of clearing price Preis frei Verzollungsort *(m)*, Preis frei Zollbehandlungsort *(m)*, Preis frei Zollklarierungsort *(m)*
interbank clearing Interbank-Clearing *(n)*
international clearing internationales Clearing *(n)*
multi-currency clearing Multiwährungsclearing *(n)*
multilateral clearing multilaterales Clearing *(n)*
multiple clearing mehrmaliges Clearing *(n)*
outward clearing certificate Ausklarierungsattest *(n)*, Zollausfuhrschein *(m)*
part clearing Teilclearing *(n)*
total clearing totales Clearing *(n)*
two-sides clearing bilaterales Clearing *(n)*, zweitseitiges Clearing *(n)*
unilateral clearing einseitiges Clearing *(n)*
clerk Angestellter *(m)*
authorized clerk Prokurist *(m)*
booking clerk Schalterbeamte *(m)*
dispatch clerk Absender *(m)*
freight clerk Frachtmakler *(m)*, Spediteur *(m)*
head clerk Bürochef *(m)*, Bürovorsteher *(m)*
managing clerk Büroleiter *(m)*
parcel clerk Lagerhalter *(m)*
store clerk Lageraufseher *(m)*, Lagerleiter *(m)*
tally clerk Ladungskontrolleur *(m)*, Tallyman *(m)*
client Interessent *(m)*
client registration Kundenregistrierung *(f)*
***** **advertiser client** Reklamegeber *(m)*
climate Klima *(n)*
economic climate wirtschaftliche Voraussetzungen *(pl)*
climatic klimatisch
climatic zone Klimazone *(f)*
clinch schließen
clinch a contract Kontrakt abschließen *(m)*, Kontrakt schließen *(m)*
clock Uhr *(f)*
clock stamp Stempeluhr *(f)*
close schließen
close a business Geschäft abschließen *(n)*
close Schluss *(m)*
close of a season Saisonabschluss *(m)*
close price Endpreis *(m)*
closed abgesperrt
closed economy geschlossene Wirtschaft *(f)*

closed joint stock society geschlossene Aktiengesellschaft *(f)*
closed port geschlossener Hafen *(m)*
closed tender beschränkte Konkurrenzausschreibung *(f)*
closed-type warehouse privates Lager *(n)*
closed vented/ventilated container geschlossener belüfteter Container *(m)*

closing Abschluss *(m)*
closing of an auction Auktionsabschluss *(m)*
closing of an enterprise Schließung des Betriebs *(f)*
closing of the books Bilanzabschluss *(m)*
closing of border Abschließung der Grenze *(f)*, Grenzsperrung *(f)*
closing of business Arbeitsschluss *(m)*
closing of a contract Vertragsschluss *(m)*
closing of a credit Kreditkündigung *(f)*
closing of exchange Börsenschluss *(m)*
closing of the frontier Abschließung der Grenze *(f)*, Grenzsperrung *(f)*
closing price endgültiger Preis *(m)*, Schlusspreis *(m)*
closing rate Schlusskurs *(m)*
closing time Dienstschluss *(m)*
* date of closing of a contract Datum des Vertragsabschlusses *(n)*

cloth Leinen *(n)*, Leinwand *(f)*, Stoff *(m)*
packing cloth Packleinwand *(f)*

club Club *(m)*

coal Kohlen-
coal barge Kohlenleichter *(m)*
coal charter Kohlencharter *(m)*
coal lighter Küstenverkehrleichter *(m)*
coal terminal Kohlenterminal *(m)*
coal-ship Kohlenfrachter *(m)*, Kohlenschiff *(n)*

coast Küste *(f)* **2.** Küsten-
coast guard ship Zollwachtschiff *(n)*
coast guard vessel Zollwachtschiff *(n)*
coast line Küstenlinie *(f)*
coast railway Küstenbahn *(f)*
coast trade Kabotage *(f)*, Küstenverkehr *(m)*

coastal Küsten-
coastal barge Kabotagekahn *(m)*
coastal craft Küstenfahrzeug *(n)*, Zubringerschiff *(n)*
coastal fishing Fischen an der Küste *(n)*
coastal navigation Küstenschifffahrt *(f)*
coastal port Außenhafen *(m)*, Vorreisehafen *(m)*
coastal ship Küstenfahrzeug *(n)*, Zubringerschiff *(n)*

coastal shipping Küstenschifffahrt *(f)*
coastal state Küstenstaat *(m)*
coastal trade Kabotagehandel *(m)*
coastal tug Küstenschlepper *(m)*
coastal vessel Küstenfahrer *(m)*, Küstenschiff *(n)*
* limited coastal trade kleine Kabotage *(f)*, kleine Küstenschifffahrt *(f)*

coaster Küstenschiff *(n)*

coasting Kabotage *(f)*
coasting barge Hafenkahn *(m)*, Hafenschute *(f)*, Kabotageleichter *(m)*, Küstenschifffahrtleichter *(m)*, Leichterschiff *(n)*
coasting craft Küstenfahrzeug *(n)*
coasting manifest Küstenfahrtsmanifest *(n)*
coasting pilot Küstenlotse *(m)*
coasting rate Küstenfrachtrate *(f)*
coasting trade Küstenhandel *(m)*
coasting vessel Küstenfahrer *(m)*, Küstenschiff *(n)*
coasting voyage nationale Fahrt *(f)*

coast-line Küstenlinie *(f)*

coastwise Kabotage-, Küsten-
coastwise barge Kabotagekahn *(m)*
coastwise bill of lading Küstenschifffahrtkonnossement *(n)*
coastwise shipping Kabotageschifffahrt *(f)*
coastwise trade Kabotagehandel *(m)*, Küstenhandel *(m)*
coastwise traffic Kabotage *(f)*, Küstenverkehr *(m)*
coastwise voyage Küstenreise *(f)*, nationale Fahrt *(f)*
* international coastwise shipping internationale Kabotageschifffahrt *(f)*

code Chiffre *(f)*, Code *(m)* **2.** Gesetzbuch *(n)*
code number Codeziffer *(f)*, Kennziffer *(f)*
code of administrative proceedings Verwaltungsverfahrenordnung *(f)*
code of commerce Handelsgesetzbuch *(n)*
code of the country Kode für das Land *(m)*
code of country of consignment Versandlandcode *(m)*
code of the country of destination Bestimmungslandcode *(m)*
code of the country of origin Ursprungslandcode *(m)*
Code on Subsidies and Countervailing Duties Kodex über Subventionen und Ausgleichszölle *(m)*
code reference Kodezeichen *(n)*

* **administrative code** Verwaltungskodex *(m)*
area code Ortsnetzkennzahl *(f)*
bank account code Bankkontonummer *(f)*, Kontonummer *(f)*
bank code Bankleitzahl *(f)*
bar code Strichcode *(m)*
civil code Bürgerliches Gesetzbuch *(n)*
classification code Klassifikationscode *(m)*
commercial code Handelsgesetzbuch *(n)*
commodity code Warenkode *(m)*, Warennummer *(f)*
Community Customs Code *(CCC)* Zollkodex der Gemeinschaften *(m)*
conformity of codes Übereinstimmung der Codes *(f)*
contract code Kontraktnummer *(f)*
currency code Währungscode *(m)*
customs code Zollcode *(m)* **2.** Zollgesetzbuch *(n)*, Zollkodex *(m)*
customs procedure code Zollverfahrenscode *(m)*
customs tariff code Zolltarifkode *(m)*
goods classification codes Waren-Klassifizierungscodes *(pl)*
identification code Identifikationscode *(m)*
international code internationaler Code *(m)*
maritime code Seekodex *(m)*, Seerechtsbuch *(n)*
Maritime Code Act Seekodex *(m)*, Seerechtsbuch *(n)*
merchant shipping code Seekodex *(m)*
nature of transaction code Kode der Art des Geschäfts *(m)*
order code Bestellcode *(m)*
patent code Patent-Kodex *(m)*
postal code Postleitzahl *(f)*
procedure code Verfahrenskode *(m)*
tariff code Tarifcode *(m)*
telegraphic code Telegraphenschlüssel *(m)*
Uniform Commercial Code Einheitliches Handelsgesetz *(n)*
vendor code Hersteller-Code *(m)*
coding Codierung *(f)*
Coding system of the Customs Co-operation Council System zur Bezeichnung und Codierung der Waren *(n)*
coefficient Faktor *(m)*, Koeffizient *(m)*, Rate *(f)*
cost coefficient Einsatzkoeffizient *(m)*
depreciation coefficient Verschleißkoeffizient *(m)*
gross coefficient Bruttofaktor *(m)*

quantitative quality coefficient quantitative Kennziffer der Qualität *(f)*
co-insurance Mitversicherung *(f)*
co-insurance clause Mitversicherungsklausel *(f)*
cold Kälte *(f)* **2.** Kalt-, Kühl-
cold chamber Kälteraum *(m)*, Kaltlagerraum *(m)*
cold room Kälteraum *(m)*, Kaltlagerraum *(m)*
cold storage Kaltlagerung *(f)*, Kühlhauslagerung *(f)*
cold-storage boat Gefrierschiff *(n)*, Kühlschiff *(n)*
collaboration Kooperation *(f)*, Zusammenarbeit *(f)*
collapsible zusammenklappbar, zerlegbar
collapsible box Faltkiste *(f)*
collapsible container zerlegbarer Behälter *(m)*
collapsible pallet zusammenklappbare Palette *(f)*
collapside container Universalbehälter *(m)*, Universalcontainer *(m)*
collateral begleitend
collateral acceptance Deckungsakzept *(n)*
collateral contract Zusatzvertrag *(m)*
collateral loan business Lombardgeschäft *(n)*
collateral on property dingliche Sicherung *(f)*, Vermögenssicherung *(f)*
* **accept as collateral** als Pfand nehmen *(n)*
additional collateral Nebenbürgschaft *(f)*, sekundäre Sicherheit *(f)*, Zusatzgarantie *(f)*, zusätzliche Garantie *(f)*
commodity collateral Warendeckung *(f)*
loan on collateral besicherte Anleihe *(f)*, besichertes Darlehen *(n)*
collect einkassieren, einziehen
collect a bill Wechsel einkassieren *(m)*, Wechsel einziehen *(m)*
collect a cheque Scheck einlösen *(m)*, Scheck einlösen *(m)*, Scheck einziehen *(m)*
collect the customs duties Zölle einziehen *(pl)*
collect a debt eintreiben, Schuld eintreiben *(f)*
collect the debts Forderungen eintreiben *(pl)*
collect documents Dokumente annehmen *(pl)*
collect duties Gebühren erheben *(pl)*
collect a duty Zoll einziehen *(m)*, Zoll erheben *(m)*
collect an excise Akzise beitreiben *(f)*

collect a note Wechsel einkassieren *(m)*, Wechsel einziehen *(m)*

collect a royalty Honorar erheben *(n)*, Honorar fordern *(n)*

collect a tax Steuer beitreiben *(f)*

collect freight Fracht gegen Nachnahme *(f)*, Fracht nachnehmen *(f)*, Fracht zahlbar am Bestimmungsort *(f)*, Fracht zahlbar gleichzeitig mit der Löschung *(f)*, Fracht zahlt der Empfänger *(f)*

collect on delivery bei Lieferung zahlen *(f)*, Inkasso bei Lieferung *(n)*

collecting Einlösung *(f)*, Einziehung *(f)*

collecting agency Inkassobüro *(n)*

collecting bank einziehende Bank *(f)*, Inkassobank *(f)*

collecting business Inkassohandlungen *(pl)*

collecting charges Einzugsgebühren *(pl)* 2. Beitreibungskosten *(pl)*, Inkassokosten *(pl)*

collecting commission Inkassogebühr *(f)*, Inkassoprovision *(f)*

collecting expenditures Einzugsgebühren *(pl)*, Inkassokosten *(pl)*

collecting fee Inkassospesen *(pl)*

collecting postal delivery Empfang der Postsendung *(m)*

collecting procedure Inkassoordnung *(f)*

collecting tray Sammelgutpalette *(f)*

collection Einlösung *(f)*, Einnahme *(f)*, Einzeichnung *(f)*, Einziehung *(f)*, Erhebung *(f)*, Nachnahme *(f)*, Inkasso *(n)*, Sammlung *(f)* 2. Inkasso-

collection account Inkassokonto *(n)*

collection advice Inkassoavis *(n)*

collection and delivery Inkasso und Lieferung *(n)*

collection by the bank Bankeinziehung *(f)*, Bankeinzug *(m)*, Bankinkasso *(n)*

collection charge Inkassospesen *(pl)*, Inkassogebühr *(f)*, Inkassokosten *(pl)*

collection fee Inkassospesen *(pl)*, Inkassogebühr *(f)*

collection instruction Inkassoauftrag *(m)*, Inkassoinstruktion *(f)*

collection of accounts receivable Einzug von Forderungen *(m)*, Enziehung von Forderungen *(f)*

collection of bills Inkasso eines Wechsels *(n)*, Wechselinkasso *(n)*

collection of cargo Gutabnahme *(f)*, Ladungsempfang *(m)*

collection of charges Gebührenbeitreibung *(f)*, Gebührnachnahme *(f)*

collection of a cheque Einzug eines Schecks *(m)*, Scheckeinlösung *(f)*, Scheckinkasso *(n)*

collection of customs duty Zollerhebung *(f)*, Erhebung des Zolls *(f)*

suspend the collection of customs duties in full Zollerhebung ganz aussetzen *(f)*

suspend the collection of customs duties in part Zollerhebung teilweise aussetzen *(f)*

collection of debts Einzug von Forderungen *(m)*, Enziehung von Forderungen *(f)*

collection of documents Inkasso gegen Dokumenten *(n)*

collection of dutiable payments Erhebung von Zöllen *(f)*, Zolleinnahme *(f)*

collection of duties Zolleintreibung *(f)*, Zollerhebung *(f)*

collection of duties on net weight Nettoverzollung *(f)*

collection of duty Zolleinnahme *(f)*, Zolleinziehung *(f)*

additional collection of duty Zollnachforderung *(f)*

collection of financial items Finanzinkasso *(n)*

collection of freight Frachtinkasso *(n)*

collection of freight charges Frachtinkasso *(n)*

collection of interest Erhebung von Zinsen *(f)*

collection of samples Musterkollektion *(f)*, Probekollektion *(f)*

collection of standards Normensammlung *(f)*

collection of taxes Einziehung von Steuern *(f)*, Steuerbeitreibung *(f)*, Steuererhebung *(f)*, Steuersammlung *(f)*

collection office Steueramt *(n)*

collection order Inkassoauftrag *(m)*

collection risk Inkassorisiko *(n)*

collection transaction Inkassogeschäft *(n)*

collection with bank guarantee dokumentäres Inkasso mit Bankbürschaft *(n)*, Dokumenteninkasso mit Bankgarantie *(n)*

collection with compulsory acceptance Inkasso mit obligatorischem Akzept *(n)*

collection with contractual acceptance Inkasso mit Vertragsakzept *(n)*

collection with telegraphic instruction Inkasso mit telegrafischer Instruktion *(n)*

* acceptance collection Akzeptinkasso *(n)*

authorized to undertake collection Einziehungsermäßigung *(f)*, Inkassovollmacht *(f)*

bank collection Bankeinzug *(m)*, Bankinkasso *(n)*
beneficiary of collection Inkassoempfänger *(m)*
bill for collection Inkassowechsel *(m)*, Retourwechsel *(m)*
bills collection Inkasso eines Wechsels *(n)*, Wechselinkasso *(n)*
captain's mail collection direktes Inkasso *(n)*, Direktinkasso *(n)*
cash collection Geldinkasso *(n)*
charges collection Gebührenbeitreibung *(f)*, Gebührnachnahme *(f)*
clean collection einfaches Inkasso *(n)*, nichtdokumentäres Inkasso *(n)*
cost of collection Inkassogebühr *(f)*, Inkassokosten *(pl)*
costs of collection Beitreibungskosten *(pl)*
data collection system Datenerfassungssystem *(n)*
direct collection direktes Inkasso *(n)*, Direktinkasso *(n)*
document collection dokumentäres Inkasso *(n)*, Dokumenteninkasso *(n)*
documentary collection dokumentäres Inkasso *(n)*, Dokumenteninkasso *(n)*
draft collection Einzug einer Tratte *(m)*
draw up a collection Inkasso ausstellen *(n)*
effect the collection Inkasso besorgen *(n)*
endorsement for collection Inkassoindossament *(n)*
export collection Exportinkasso *(n)*
for collection Inkassoindossament *(n)*
forwarding collection Spediteurinkasso *(n)*
freight collection fee Inkassogebühr *(f)*, Inkassoprovision *(f)*
guaranteed collection garantiertes Inkasso *(n)*
guaranty of collection Ausfallbürgschaft *(f)*
hand in for collection zum Inkasso vorziehen *(n)*
import collection Importinkasso *(n)*
indorsement for collection Inkassoindossament *(n)*
listed in the collection instruction Spezifikation der Inkassoinstruktion *(f)*
loan collection Kreditvollstreckung *(f)*
method of collection Erhebungsverfahren *(n)*
non-acceptance collection akzeptloses Inkasso *(n)*
notice of collection Empfangsanzeige *(f)*, Empfangsbestätigung *(f)*
order of collection Abbuchungsauftrag *(m)*, Entnahmeauftrag *(m)*
prompt collection Promptinkasso *(n)*

remit for collection zum Inkasso einsenden *(n)*, zum Inkasso senden *(n)*
send a cheque for collection Scheck zum Einzug übergeben *(m)*
send for collection zum Inkasso einsenden *(n)*, zum Inkasso senden *(n)*
sight collection Sichtinkasso *(n)*
take a draft for collection Tratte zum Inkasso hereinnehmen *(f)*
telegraphic collection telegrafisches Inkasso *(n)*
terms of collection Inkassobedingungen *(pl)*
value for collection Währung zum Inkasso *(f)*

collective Kollektiv-, Sammel-
collective bargaining contract Kollektivvertrag *(m)*
collective bill of lading Sammelkonnossement *(n)*
collective contract Kollektivvertrag *(m)*
collective liability gemeinsame Haftung *(f)*
collective liability Gesamthaftung *(f)*
collective mortgage Gesamthypothek *(f)*, Gesamtpfand *(n)*, nachrangige Hypothek *(f)*

collectivity Kollektivität *(f)*

collector Erheber *(m)*
collector of taxes Steuereinzieher *(m)*
* tax collector Steuereinzieher *(m)*

collier Kohlenfrachter *(m)*, Kohlenschiff *(n)*

colliery Kohlegrube *(f)*
colliery guarantee Kohlengarantie *(f)*

collision Kollision *(f)*, Zusammenstoß *(m)*
2. Kollisions-
collision bulkhead Kollisionsschott *(n)*
collision clause Kollisionsklausel *(f)*
collision damage Kollisionsschaden *(m)*
* both to blame collision clause Kollisionsklausel bei beiderseitigem Verschulden *(f)*

collo Kollo *(n)*

collusion Einverständnis *(n)*, Verabredung *(f)*
price collusion Preisabsprache *(f)*, Preisverabredung *(f)*

colours Schiffsflagge *(f)*

combination Kombination *(f)*
combination chassis Mehrzweck-Chassis *(n)*
combination export manager Exportgruppe *(f)*
combination franchising gebundenes Franchising *(n)*

Combination of trade terms with a comprehensive system for coast distribution between seller and buyer Combiterms *(n)*
combination rate gemischter Satz *(m)*
combination rates kombinierter Tarif *(m)*, Sammeltarif *(m)*
combination shipment Sammelgut *(n)*, Sammelsendung *(f)*
combination vehicle Lastkraftwagenzug *(m)*, Schlepperzug *(m)*
* shipping combination Schifffahrtskonferenz *(f)*

combine Kombinat *(n)*

combined kombiniert
combined carload Sammelgut *(n)*, Sammelsendung *(f)*
combined duty gemischter Zoll *(m)*, kombinierter Zoll *(m)*, Mischzoll *(m)*
combined land/sea service kombinierter Güterverkehr Land/See *(m)*
combined nomenclature kombinierte Nomenklatur (KN) *(f)*
combined nomenclature of goods Kombinierte Nomenklatur *(f)*
combined rail/water service Bahn-Wasser-Verkehr *(m)*, kombinierter Güterverkehr Schiene/Wasser *(m)*
combined rate kombinierter Satz *(m)*
combined road and rail transport Hukkepackverkehr *(m)*, kombinierter Güterverkehr Schiene/Kraftfahrzeug *(m)*, Schiene-Kraftfahrzeug-Verkehr *(m)*, Schiene-Straße-Verkehr *(m)*
combined road and sea transport kombinierter Güterverkehr Schiene/See *(m)*, Schiene-See-Verkehr *(m)*
combined road/rail service Huckepacktransport *(m)*, kombinierter Güterverkehr Schiene/Kraftfahrzeug *(m)*, kombinierter Güterverkehr Schiene/Straße *(m)*, Schiene-Kraftfahrzeug-Verkehr *(m)*
combined road/sea service kombinierter Güterverkehr Schiene/See *(m)*, Schiene-See-Verkehr *(m)*
combined service gebrochener Transport *(m)*, kombinierter Transport *(m)*, Kombi-Transport *(m)*
combined tariff/statistical nomenclature kombinierte Zolltarif- und Statistiknomenklatur *(f)*
combined traffic kombinierter Transport *(m)*, Kombi-Transport *(m)*

combined transport gebrochener Transport *(m)*, gemischter Verkehr *(m)*, Huckepacktransport *(m)*, intermodaler Transport *(m)*, kombinierter Transport *(m)*, Kombi-Transport *(m)*
combined transport bill of lading kombiniertes Transportkonnossement *(n)*
combined transport document CTD-Transportdokument *(n)*, Dokument des kombinierten Transports *(n)*, gebrochenes Transportdokument *(n)*
combined transport operator Gesamtfrachtführer *(m)*, Gesamtfrachtführer verantwortlich für den Gesamttransport *(m)*, Unternehmer des kombinierten Transports *(m)*, Unternehmer des multimodalen Transports *(m)*
combined transport operator's liability Gesamtfrachtführer verantwortlich für den Gesamttransport *(m)*
* FIATA Combined Transport Bill of Lading FIATA kombinierter Transport Bill of Lading *(n)*

Combiterms Combiterms *(n)*

combustible brennbar
combustible goods feuergefährliche Ladung *(f)*
combustible material brennbares Material *(n)*

come ankommen
come into force rechtskräftig werden
come under a heading Tarifnummer zugewiesen werden *(f)*
come under a tariff heading Tarifnummer zugewiesen werden *(f)*

comfortable angenehm

commencement Antritt *(m)*

commendatory empfehlend
commendatory letter Empfehlungsbrief *(m)*, Empfehlungsschreiben *(n)*

commerce Handel *(m)*, Handelsaustausch *(m)*, Warenaustausch *(m)*
commerce sample Warenmuster *(n)*
* bank of commerce Geschäftsbank *(f)*, Kommerzbank *(f)*
chamber of commerce Handelskammer *(f)*
bilateral chamber of commerce gemischte Handelskammer *(f)*
International Chamber of Commerce Internationale Handelskammer *(f)*
mixed chamber of commerce bilaterale Handelskammer *(f)*

chamber of industry and commerce Industrie- und Handelskammer *(f)*
code of commerce Handelsgesetzbuch *(n)*
court of commerce Handelsgericht *(n)*
Department of Commerce Ministerium für Handel *(n)*
export commerce Ausfuhr *(f)*
industry and commerce Industrie und Handel
interdiction of commerce Handelsverbot *(n)*
law of commerce Handelsrecht *(n)*
liberalization of commerce Handelsliberalisierung *(f)*, Liberalisierung des Handels *(f)*
maritime commerce Seehandel *(m)*, Überseehandel *(m)*
register of commerce Handelsbücher *(pl)*, Handelsregister *(n)*
treaty of commerce and navigation Vertrag über Handel und Schifffahrt *(m)*
treaty of friendship, commerce and navigation Freundschafts-, Handels-und Schifffahrtsvertrag *(m)*
wholesale commerce Engroßhandel *(m)*, Handel im Großen *(m)*

commercial geschäftlich, kommerziell
commercial acceptance Warenwechsel *(m)*
commercial account Handelsrechnung *(f)*
commercial act Handelsgeschäft *(n)*
commercial advertising Händlerwerbung *(f)*, Wirtschaftswerbung *(f)*
commercial adviser Handelsberater *(m)*
commercial agency Handelsagentur *(f)*, Handelsvertretung *(f)*, kommerzielle Vertretung *(f)*
commercial agent Handelsagent *(m)*, Handelsbevollmächtigter *(m)*, Handelsvertreter *(m)*, Handlungsmakler *(m)*
commercial agreement Handelsvertrag *(m)*
commercial arbitration Handelsgericht *(n)*
commercial attaché Handelsattaché *(m)*
commercial aviation Handelsluftfahrt *(f)*
commercial bank Geschäftsbank *(f)*, Handelsbank *(f)*, Kommerzbank *(f)*
commercial bill Handelswechsel *(m)*, Kommerzwechsel *(m)*
commercial bill of lading Transportbescheinigung *(f)*
commercial blockade Handelsblockade *(f)*, Handelsembargo *(n)*
commercial book Geschäftsbuch *(n)*, Handelsbuch *(n)*

commercial business Handelsgeschäft *(n)* **2.** kommerzielle Transaktion *(f)* **3.** kommerzielle Vertretung *(f)*, Handelsvertretung *(f)*
commercial cargo Handelsbelastung *(f)*, kommerzielle Fracht *(f)*
Commercial Code Handelsgesetz *(n)*
  Uniform Commercial Code Einheitliches Handelsgesetz *(n)*
commercial character kommerzieller Charakter *(m)*
commercial classification Handelsklassifikation *(f)*
commercial clause Handelsklausel *(f)*
commercial code Handelsgesetzbuch *(n)*
commercial company Handelsgesellschaft *(f)*
commercial condition Handelsbedingung *(f)*
commercial connections Handelsbeziehungen *(pl)*
commercial convention Handelskonvention *(f)*
commercial correspondence Geschäftskorrespondenz *(f)*, Handelskorrespondenz *(f)*
commercial counsellor Handelsberater *(m)*
  commercial counsellor office Handelsratbüro *(n)*
commercial credit Handelskredit *(m)*, kommerzieller Kredit *(m)*
* interest arising out of commercial credit Zinsen aus Handelsforderungen *(pl)*
commercial data Handelsdaten *(pl)*
commercial dealing Geschäftsabschluss *(m)*, Geschäftstransaktion *(f)*, Handelsgeschäft *(n)*, kommerzielle Transaktion *(f)*
commercial debt Handelsschuld *(f)*
commercial director Handelsdirektor *(m)*, kaufmännischer Leiter *(m)*
commercial directory Branchenbuch *(n)*, Handelsadressbuch *(n)*
commercial discount Handelsrabatt *(m)*
commercial dispute Handelsstreit *(m)*
commercial documents Geschäftspapiere *(pl)*, Geschäftsunterlagen *(pl)*, Handelsdokumenten *(pl)*, Handelspapiere *(pl)*, Handelsurkunden *(pl)*
cash against commercial documents Kasse gegen Handelspapiere *(f)*, Kasse gegen Handelsurkunden *(f)*
complementary commercial documents Zusatzhandelsurkunden *(pl)*
complete set of commercial documents voller Satz von Handelsurkunden *(m)*
copy of a commercial document Kopie eines Handelspapiers *(f)*

deliver commercial documents Handelsdokumente aushändigen *(pl)*

full set of commercial documents voller
Satz von Geschäftspapieren *(m)*, voller Satz
von Handelsurkunden *(m)*

set of commercial documents Satz der
Handelsdokumente *(m)*

supplementary commercial documents
Zusatzhandelsurkunden *(pl)*

commercial draft Geschäftswechsel *(m)*,
Handelswechsel *(m)*

commercial event Kommerzveranstaltung *(f)*

commercial expert Handelsexperte *(m)*

commercial firm Geschäftshaus *(n)*

commercial fishery Erwerbsfischerei *(f)*

commercial fraud Handelsvergehen *(n)*

commercial goods Handelsgüter *(pl)*

importation of commercial goods Einfuhr von Handelswaren *(f)*

normal commercial goods normales
Warenmanifest *(n)*

commercial harbour Handelshafen *(m)*

commercial house Handelshaus *(n)*

commercial infrastructure Handelsinfrastruktur *(f)*

commercial inquiry office Auskunftei *(f)*,
Auskunftsbüro *(n)*, Informationsbüro *(n)*

commercial intelligence Handelsspionage *(f)*

commercial intent kommerzielle Absicht *(f)*

commercial intercourse Handelsverkehr *(m)*

commercial invoice Handelsrechnung *(f)*

provide the commercial invoice Handelsrechnung beibringen *(f)*

**provide the goods and the commercial
invoice** Ware und Handelsrechnung liefern *(f)*

commercial law Handelsrecht *(n)*

commercial legislation Handelsgesetzgebung *(f)*

commercial letter Geschäftsbrief *(m)*, Handelsbrief *(m)*

commercial letter of credit Dokumentakkreditiv *(n)*, dokumentarisches Akkreditiv *(n)*,
Warenakkreditiv *(n)*

ceiling commercial letter of credit Akkreditivgrenze *(f)*, Akkreditivplafond *(m)*

commercial load Handelsbelastung *(f)*, kommerzielle Fracht *(f)*

commercial loss Geschäftsverlust *(m)*, Handelsschaden *(m)*

commercial manifest Handelsmanifest *(n)*

commercial mark Handelsmarke *(f)*, Handelszeichen *(n)*

commercial market Warenmarkt *(m)*

commercial mission Handelsdelegation *(f)*

commercial name Markenname *(m)*

commercial navigation Handelsschifffahrt *(f)*

commercial offer kommerzielles Angebot *(n)*

commercial office Handelsbüro *(n)*, Handelsvertretung *(f)*

commercial operation Gewerbebetrieb *(m)*

commercial papers Geschäftspapiere *(pl)*,
Geschäftsunterlagen *(pl)*, Handelspapiere *(pl)*,
Handelsurkunden *(pl)*

commercial policy Handelspolitik *(f)*, Politik
des Handels *(f)*

common commercial policy gemeinsame
Handelspolitik *(f)*

discrimination in the commercial policy
Diskrimination in der Handelspolitik *(f)*

external commercial policy Außenhandelspolitik *(f)*, Politik des Außenhandels *(f)*

commercial policy measures handelspolitische Maßnahmen *(pl)*

commercial port Handelshafen *(m)*

commercial practice Handelsbrauch *(m)*

commercial privilege Handelsprivilegium *(n)*

commercial profit Handelsprofit *(m)*, kommerzieller Gewinn *(m)*

commercial project Handelsprojekt *(n)*

commercial proposal kommerzielles Angebot *(n)*

commercial protocol Handelsprotokoll *(n)*

commercial quality Handelsqualität *(f)*, handelsübliche Qualität *(f)*

good commercial quality gute kommerzielle Qualität *(f)*

commercial range of goods Handelssortiment *(n)*

commercial record Handelsbücher *(pl)*,
Handelsregister *(n)*

commercial record of shipping company
Geschäftsaufzeichnung der Schifffahrtsgesellschaft *(f)*

commercial records Geschäftsbuch *(n)*,
Handelsbuch *(n)*

commercial reference book Branchenbuch *(n)*,
Handelsadressbuch *(n)*

commercial representative Handelsagent *(m)*,
Handelsbevollmächtigter *(m)*, Handelsvertreter *(m)*

commercial rival Handelskonkurrent *(m)*, Handelswettbewerber *(m)*
commercial sample Warenprobe *(f)*
commercial secret Geschäftsgeheimnis *(n)*, Handelsgeheimnis *(n)*
commercial speed Reisegeschwindigkeit *(f)*
commercial stagnation Handelsflaute *(f)*
commercial standard Verbindlichkeitshandelsnorm *(f)*
commercial statistics Handelsstatistik *(f)*
commercial stock kommerzieller Vorrat *(m)*
commercial system Handelssystem *(n)*
commercial terms Handelsbedingungen *(pl)*
International Commercial Terms Incoterms, internationale handelsübliche Vertragsformeln *(pl)*, Internationale Regeln zur Auslegung von handelsüblichen Vertragsformen *(pl)*
commercial tradition Handelstradition *(f)*, kommerzielle Tradition *(f)*
commercial transport Gütertransport *(m)*, Güterverkehr *(m)*, Nutzfahrzeugverkehr *(m)*
commercial treaty Handelsvertrag *(m)*
commercial undertaking Gesellschaft des Handelsrechts *(f)*, Handelsunternehmen *(n)*
commercial value Handelswert *(m)*, Kaufwert *(m)*
sample of no commercial value Muster ohne Handelswert *(n)*, Muster ohne Wert *(n)*, Muster ohne Zollwert *(n)*
sample with no commercial value Muster ohne Wert *(n)*
commercial variety Handelssortiment *(n)*
commercial weight Handelsgewicht *(n)*
commercial year Geschäftsjahr *(n)*
commercially einträglich
commission Kommission *(f)* **2.** Kommissionsgebühr *(f)*, Kommissionsvergütung *(f)*, Maklercourtage *(f)*, Provision *(f)*
commission account Provisionskonto *(n)*
commission agent Kommissionär *(m)*, Kommissionsagent *(m)*
commission business Kommissionsgeschäft *(n)*, Kommissionshaus *(n)*
commission charge Kommissionsgebühr *(f)*
schedule of commission charges Kommissionsgebührentarif *(m)*
commission claim Provisionsanspruch *(m)*
commission fee Kommissionsgebühr *(f)*
commission for sale Provision vom Verkauf *(f)*, Verkaufsprovision *(f)*

commission house Kommissionsfirma *(f)*, Kommissionsgeschäft *(n)*, Kommissionshaus *(n)*
commission letter Bestellungsbrief *(m)*
commission merchant Kommissionsagent *(m)*, Kommissionsvertreter *(m)*
contract with commission merchant Kommissionsvertrag *(m)*
del credere commission merchant Delk00rederekommissionär *(m)*
Commission of the European Communities Kommission der Europäischen Gemeinschaften *(f)*
commission on guarantee Avalprovision *(f)*, Bürgschaftsprovision *(f)*
commission on sales Umsatzprovision *(f)*
commission operation Kommissionsgeschäft *(n)*
commission order Kommissionsauftrag *(m)*
commission price Kommissionspreis *(m)*
commission rate Provisionssatz *(m)*
commission risk Kommissionsrisiko *(n)*
commission sale Kommissionsverkauf *(m)*
commission system Provisionssystem *(n)*
commission travelling agent Akquisiteur *(m)*
* accepting commission Akzeptgebühr *(f)*, Akzeptprovision *(f)*
additional commission Zusatzprovision *(f)*
address commission Adresskommission *(f)*
agent's commission Vertretungsgebühr *(f)*, Vertretungsprovision *(f)*
arbitration commission Schlichtungskommission *(f)*
Maritime Arbitration Commission Seearbitragekommission *(f)*
arbitration commission in foreign trade Außenhandels-Arbitragekommission *(f)*
auction commission Ausschreibungskommission *(f)*, Tenderausschuss *(m)*
auctioneer's commission Versteigerungsgebühr *(f)*
broker's commission Maklergebühr *(f)*, Maklerprovision *(f)*
charter commission Befrachtungskommission *(f)*, Befrachtungsmaklergebühr *(f)*
collecting commission Inkassogebühr *(f)*, Inkassoprovision *(f)*
credit commission Kreditprovision *(f)*
del credere commission Delkredereprovision *(f)*
export commission agent Ausfuhrkommissionär *(m)*

export commission house Ausfuhrkommissionär (m), Exportgesellschaft (f), Exporthaus (n)
extra commission Zusatzprovision (f)
forwarder's commission Spediteurprovision (f), Spediteurskommission (f)
forwarding agent's commission Spediteurprovision (f), Spediteurskommission (f)
freight commission Frachtprovision (f)
guarantee commission Avalprovision (f), Bürgschaftsprovision (f), Provision für Garantie (f)
insurance commission Versicherungsprovision (f)
opening commission Akkreditivprovision (f)
pay a commission Provision zahlen (f)
percent commission prozentuale Provision (f)
permanent commission ständige Kommission (f)
rate of commission Provisionssatz (m)
sale by commission Kommissionsverkauf (m)
special commission Sonderprovision (f)
statement of commission Provisionsabrechnung (f)
surety commission Delkredereprovision (f)
Tariff Commission Tarifkommission (f)
trade commission Handelsprovision (f)
trade on commission Kommissionsgeschäft (n)
transaction on commission Kommissionsgeschäft (n)
turnover commission Umsatzprovision (f)

commissioner Kommissar (m)
commit auftragen
commitment Verpflichtung (f)
commitment appropriation Finanzverpflichtungen (pl)
commitments under a contract kontraktliche Verpflichtungen (pl)
* agreed upon commitment Verpflichtung aus einem Vertrag (f)
agreed upon commitment Vertragsverpflichtung (f)
contractual commitment Verpflichtung aus einem Vertrag (f), Vertragsverpflichtung (f)
foreign commitments internationale Verpflichtungen (pl)
foreign exchange commitments Devisenengagement (n)
investment commitments Investitionsverpflichtungen (pl)
mortgage commitment Hypothekenverpflichtung (f)

committee Ausschuss (m)
Committee for Customs Procedures with Economic Impact (EU) Ausschuss für Zollverfahren mit wirtschaftlicher Bedeutung (m)
committee for trade and industry Ausschuss für Handel und Industrie (m)
committee of experts Sachverständigenausschuss (m)
Committee on Common Customs Tariff Nomenclature (EU) Ausschuss für das Schema des gemeinsamen Zolltarifs (m)
Committee on Community Transit (EU) Ausschuss für das gemeinschaftliche Versandverfahren (m)
Committee on Customs Valuation (GATT) Ausschuss für den Zollwert (m)
Committee on Origin (EU) Ausschuss für Ursprungsfragen (m)
* administrative committee Verwaltungsausschuss (m)
advisory committee beratender Ausschuss (m)
Advisory Committee on customs matters (EU) Beratender Ausschuss für Zollfragen (m)
arbitrating committee Schlichtungskommission (f)
Cargo Traffic Procedures Committee (IATA) Komitee für Frachtverkehrsverfahren (n)
expert's committee Expertenkommission (f), Fachausschuss (m), Gutachterausschuss (m)
Nomenclature Committee (of the Customs Co-operation Council) Ausschuss für das Zolltarifschema (m)
standing committee ständige Kommission (f)
tender committee Ausschreibungskommission (f), Tenderausschuss (m)
Trade Agreement Committee Ausschuss für Handelsabkommen (m)
trade committee Handelsausschuss (m)
Valuation Committee (of the Customs Co-operation Council) Ausschuss für den Zollwert (m)
Customs Valuation Committee (EU) Ausschuss für den Zollwert (m)

commodity Produkt (n), Warenartikel (m)
2. Waren-
commodity agreement Warenabkommen (n)
international commodity agreements internationale Wareverträge (pl)
commodity auction Warenauktion (f)
commodity buying Kauf von Waren (m), Warenkauf (m)

commodity classification Einreihung von Waren *(f)*, Warennomenklatur *(f)*
commodity code Warenkode *(m)*, Warennummer *(f)*
commodity collateral Warendeckung *(f)*
commodity composition Warenstruktur *(f)*
commodity composition of exports Exportwarenstruktur *(f)*
commodity composition of imports Warenstruktur des Imports *(f)*
commodity composition of trade Außenhandelswarenstruktur *(f)*
commodity credit warengesicherter Kredit *(m)*
commodity description Warenbezeichnung *(f)*
Harmonized Commodity Description and Coding System Harmonisiertes System zur Beschreibung und Codierung von Waren *(n)*, Harmonisiertes System zur Bezeichnung und Codierung der Waren *(n)*
commodity exchange Güteraustausch *(m)*, Warenaustausch *(m)* 2. Warenbörse *(f)*
commodity export Warenexport *(m)*
commodity in short supply Defizitware *(f)*
commodity market Produktenbörse *(f)*, Warenmarkt *(m)*
commodity marketing Warenverteilung *(f)*
commodity number *(box in the "goods declaration" form)* Tarif- oder statistische Warennummer *(f)*
commodity paper Handelswechsel *(m)*, Kommerzwechsel *(m)*
commodity pattern Warenumsatzstruktur *(f)*
commodity quota Warenkontingent *(n)*
commodity rate Sondergüterfrachtsatz *(m)*
specific commodity rate Sondergüterfrachtsatz *(m)*
commodity relations Warenbeziehungen *(pl)*
commodity sale Güterverkauf *(m)*, Verkauf von Waren *(m)*, Warenverkauf *(m)*
commodity specification Warenspezifikation *(f)*
commodity stock Warenbestand *(m)*
commodity structure of foreign trade Außenhandelswarenstruktur *(f)*
commodity switch Warenswitch *(n)*
commodity terms of trade Warenaustauschverhältnis *(n)*
commodity turnover Warenverkehr *(m)*
* class of commodities Warenkategorie *(f)*
import of commodities sichtbare Einfuhr *(f)*, Warenimport *(m)*

net importer of a commodity Nettoimporteur von Waren *(m)*
Nomenclature of the Harmonized Commodity Description and Coding System kombinierte Nomenklatur (KN) *(f)*
perishable commodities verderbliche Waren *(pl)*
physical commodity Promptware *(f)*
production of commodities Warenproduktion *(f)*
range of commodities Sortimentsstruktur *(f)*
scarce commodity Defizitware *(f)*
science of commodities Warenkunde *(f)*
transaction in commodities Warengeschäft *(n)*
transit commodity circulation Gütertransitverkehr *(m)*
zero-rated commodity steuerfreie Ware *(f)*

common gemeinsam
common agricultural policy (CAP) gemeinsame Agrarpolitik *(f)*
common carrier öffentliches Transportunternehmen *(n)*
common commercial policy gemeinsame Handelspolitik *(f)*
common customs policy *(EU)* gemeinsame Zollpolitik *(f)*
common customs tariff gemeinsamer Zolltarif (EG-Länder) *(m)*
Common Customs Tariff nomenclature of the Member States *(EU)* gemeinsames Zolltarifschema der Mitgliedstaaten *(n)*
common customs territory gemeinsames Zollgebiet *(n)*
common fisheries policy gemeinsame Fischereipolitik *(f)*
common law Brauchtumsrecht *(n)*, Gewonheitsrecht *(n)*
common law of the sea Seegewohnheitsrecht *(n)*
common market gemeinsamer Markt *(m)*
common rate gemeinsamer Satz *(m)*
common rules for imports gemeinsame Einfuhrregelung *(f)*
common rules of origin gemeinsame Ursprungsregeln *(pl)*
common servicing agreement gemeinsame Dienstleistungsvereinbarung *(f)*
common system of VAT gemeinsames Mehrwertsteuersystem *(n)*

common trade policy gemeinsame Handelspolitik *(f)*
common transit gemeinsames Versandverfahren *(n)*
common transit procedure gemeinsames Versandverfahren *(n)*
Commonwealth of Independent States Gemeinschaft unabhängiger Staaten (GUS) *(f)*
* **article of common use** Bedarfsartikel *(m)*, Gebrauchsgegenstand *(m)*
Committee on Common Customs Tariff Nomenclature *(EU)* Ausschuss für das Schema des gemeinsamen Zolltarifs *(m)*
commotions Unruhen *(pl)*
civil commotions innere Unruhen *(pl)*, zivile Unruhen *(pl)*
strikes, riots and civil commotions Streik, Aufruhr und bürgerliche Unruhen, Streik, Aufruhr und Bürgkrieg, Streiks, Tumulte und Unruhen
communication Verbindung *(f)*
communication by rail Bahnverkehr *(m)*, Eisenbahnlinie *(f)*
communication infrastructure Verkehrsinfrastruktur *(f)*
communication line Verbindungslinie *(f)*, Verkehrslinie *(f)*
communication to the debtor Mitteilung an den Zollschuldner *(f)*
community Gemeinschaft *(f)* **2.** Gemeinschafts-
Community airport Flughafen der Gemeinschaft *(m)*
list of Community airports Verzeichnis der Flughäfen der Gemeinschaft *(n)*
Community act Gemeinschaftsakt *(m)*
Community authorities *(EU)* Organe der Gemeinschaft *(pl)*
community charge Gemeindeumlage *(f)*
Community Customs Code *(CCC)* Zollkodex der Gemeinschaften *(m)*
Community goods Gemeinschaftswarenstatus *(m)*
Community law Gemeinschaftsrecht *(n)*
Community legislation Gemeinschaftsvorschriften *(pl)*
Community movement carnet *(EU)* gemeinschaftliches Warenverkehrscarnet *(n)*
Community procedure *(EU)* Gemeinschaftsbehandlung *(f)*, Gemeinschaftsverfahren *(n)*
Community producer Gemeinschaftshersteller *(m)*

essential interests of Community producers wesentliche Interessen von Gemeinschaftherstellern *(pl)*
Community provisions Gemeinschaftsregeln *(pl)*, Gemeinschaftsregelungen *(pl)* **2.** *(CCC)* gemeinsame Regelungen *(pl)*
Community quantitative quota *(EU)* mengenmäßiges Gemeinschaftszollkontingent *(n)*
Community rate *(EU) (VAT)* gemeinschaftlicher Satz *(m)*
Community regulation *(EU)* Gemeinschaftsverordnung *(f)*
Community rules Gemeinschaftsregeln *(pl)*, Gemeinschaftsregelungen *(pl)*
Community status Gemeinschaftscharakter *(m)*
declaration of Community status for passengers accompanied baggage Erklärung des Gemeinschaftscharakters von Waren, die von Reisenden mitgeführt werden *(f)*
packaging not having Community status Umschließungen ohne Gemeinschaftscharakter *(pl)*
proof of Community status by an authorised consignor Nachweis des Gemeinschaftscharakters durch einen zugelassenen Versender *(m)*
Community status for packaging Gemeinschaftscharakter von Umschließungen *(m)*
declaration of Community status for packaging Erklärung des Gemeinschaftscharakters von Umschließungen *(f)*
Community status for pallets Gemeinschaftscharakter von Paletten *(m)*
declaration of Community status for pallets Erklärung des Gemeinschaftscharakters von Paletten *(f)*
Community status of goods Gemeinschaftscharakter von Waren *(m)*
document certifying the Community status of goods Nachweis des Gemeinschaftscharakters der Waren *(m)*, Papier zur Bescheinigung des Gemeinschaftscharakters von Waren *(n)*
establish the Community status of goods *(EU)* Gemeinschaftscharakter der Waren nachweisen *(m)*
proof of the Community status of goods Nachweis des Gemeinschaftscharakters von Waren *(m)*

Community status of motorised road vehicles Gemeinschaftscharakter von Straßenkraftffahrzeugen *(m)*

  proof of Community status of motorised road vehicles Nachweis des Gemeinschaftscharakters von Straßenkraftffahrzeugen *(m)*

Community status of railway wagons Gemeinschaftscharakter von Eisenbahnwagen *(m)*

  proof of Community status of railway wagons Nachweis des Gemeinschaftscharakters von Eisenbahnwagen *(m)*

Community surveillance gemeinschaftliche Überwachung *(f)*

  prior Community surveillance *(customs)* *(EU)* vorherige gemeinschaftliche Überwachung *(f)*

Community system *(EU)* gemeinschaftliches System *(n)*

Community tariff quota *(EU)* gemeinschaftliches Zollkontingent *(n)*, Gemeinschaftszollkontingent *(n)*

Community tax policy *(EU)* gemeinsame Steuerpolitik *(f)*

Community trade gemeinschaftlicher Handel *(m)*

  external Community trade externer gemeinschaftlicher Handel *(m)*

Community transit gemeinschaftliches Versandverfahren *(n)*

  Committee on Community Transit *(EU)* Ausschuss für das gemeinschaftliche Versandverfahren *(m)*

  external Community transit externes gemeinschaftliches Versandverfahren *(n)*

  declaration for internal Community transit Anmeldung zum internen gemeinschaftlichen Versandverfahren *(f)*

Community transit arrangements gemeinschaftliches Versandverfahren *(n)*

Community transit procedure gemeinschaftliches Versandverfahren *(n)*

  external Community transit procedure externes gemeinschaftliches Versandverfahren *(n)*

  internal Community transit procedure internes gemeinschaftliches Versandverfahren *(n)*

  internal Community transit procedure T2 internes gemeinschaftliches Versandverfahren mit Versandanmeldung T2 *(n)*

  internal Community transit procedure T2F internes gemeinschaftliches Versandverfahren T2F *(n)*

  simplified Community transit procedure Vereinfachung für das gemeinschaftliche Versandverfahren *(f)*

Community transit system Gemeinschaftliches Versandverfahren *(n)*

Community treatment *(EU)* Gemeinschaftsbehandlung *(f)*, Gemeinschaftsverfahren *(n)*

* airport of the Community Flughafen der Gemeinschaft *(pl)*

customs territory of the Community Zollgebiet der Gemeinschaft *(n)*

European Community Europäische Gemeinschaft *(f)*

  Commission of the European Communities Kommission der Europäischen Gemeinschaften *(f)*

  Council of the European Communities Rat der Europaischen Gemeinschaften *(m)*

  Customs Tariff of the European Communities Zolltarif der Europäischen Gemeinschaften *(m)*

export from the Community Ausfuhr aus der Gemeinschaft *(f)*

  export from the Community subject to duty Ausgang aus der Gemeinschaft Abgabenerhebung unterworfen *(m)*

  export from the Community subject to restriction Ausgang aus der Gemeinschaft Beschränkungen unterworfen *(m)*

goods produced in the Community Waren, die in der Gemeinschaft hergestellt sind *(pl)*

goods returned to the customs territory of the Community Ware, die in das Zollgebiet der Gemeinschaft zurückkehrt *(f)*

person established in the Community Person, die in der Gemeinschaft ansässig ist *(f)*

re-exportation from the customs territory of the Community Wiederausfuhr aus dem Zollgebiet der Gemeinschaft *(f)*

trade within the Community innergemeinschaftlicher Handel *(m)*, innergemeinschaftlicher Warenverkehr *(m)*

temporary movement of goods within the Community vorübergehender innergemeinschaftlicher Verkehr *(m)*

company Firma *(f)*, Gesellschaft *(f)*, Unternehmen *(n)* **2.** Firmen-
company address Geschäftsadresse *(f)*
company financial year Buchführungsjahr *(n)*
company for foreign trade Außenhandels-zentrale *(f)*
company law Gesellschaftsrecht *(n)*
company name Firmenname *(m)*, Handels-name *(m)*
company stamp Firmenstempel *(m)*
company store Industrieladen *(m)*
company tax law Steuerrecht der Gesell-schaften *(n)*, Steuerrecht des Unternehmens *(n)*
company taxation Besteuerung der Gesell-schaften *(f)*
* affiliated company angeschlossener Be-trieb *(m)*, Schwestergesellltschaft *(f)*
agency company Agentur *(f)*, Vertreterfirma *(f)*
air company Fluggesellschaft *(f)*, Luftver-kehrsbetrieb *(m)*
airline company Fluggesellschaft *(f)*, Luft-verkehrsbetrieb *(m)*
associated company Tochtergesellschaft *(f)*, Untergesellschaft *(f)*
assurance company Versicherungsgesell-schaft *(f)*
auction company Auktionsgesellschaft *(f)*
bogus company Scheinfirma *(f)*
carrying company Transportgeschäft *(n)*, Transportunternehmen *(n)*
commercial company Handelsgesellschaft *(f)*
construction company Bauunternehmen *(n)*, Bauunternehmung *(f)*
consulting company Beratungsgesellschaft *(f)*, Beratungsunternehmen *(n)*
dock and wharf company Kaigesellschaft *(f)*, Kaihalter *(m)*
dock company Kaigesellschaft *(f)*, Kaihalter *(m)*
dominant company Kontrollgesellschaft *(f)*
export company Exportfirma *(f)*
export management company Außenhan-delsbetrieb *(m)*, Außenhandelsunternehmen *(n)*
express company manifest Manifest des Express-Kurierdienstes *(n)*
factoring company Faktoringbetrieb *(m)*
fictitious company Scheingesellschaft *(f)*
foreign company ausländische Firma *(f)*, ausländische Gesellschaft *(f)*, Auslandsfirma *(f)*, Auslandsunternehmen *(n)*
form a company Gesellschaft errichten *(f)*
global company globale Firma *(f)*

group companies Konzerngesellschaften *(pl)*
guarantee company Garantiegesellschaft *(f)*
holding company Holdinggesellschaft *(f)*
import company Importfirma *(f)*, Importun-ternehmen *(n)*
incorporate a company Gesellschaft grün-den *(f)*
insurance company Versicherungsfirma *(f)*, Versicherungsgesellschaft *(f)*
investment company Dachgesellschaft *(f)*
joint company gemeinsame Gesellschaft *(f)*
joint stock company Aktiengesellschaft *(f)*
leading company herrschendes Unterneh-men *(n)*, Leasingfirma *(f)*, Leasinggesellschaft *(f)*
limited company Gesellschaft mit be-schränkter Haftung *(f)*, Kommanditgesell-schaft (KG) *(f)*
limited liability company Gesellschaft mit beschränkter Haftung *(f)*
liquidate a company Liquidation der Ge-sellschaft *(f)*
marketing company Marketing-Gesell-schaft *(f)*
mercantile company Handelsverband *(m)*
mixed company gemischte Gesellschaft *(f)*
multinational company multinationale Ge-sellschaft *(f)*
parent company Dachgesellschaft *(f)*, Man-telgesellschaft *(f)*, Mutterfirma *(f)*, Mutterge-sellschaft *(f)*, Mutterhaus *(n)*, Mutterunterneh-men *(n)*, Stammhaus *(n)*
public company Aktiengesellschaft *(f)*, Pu-blikumsgesellschaft *(f)*
railway company Eisenbahngesellschaft *(f)*
registration of company Eintragung einer Gesellschaft *(f)*
representative of company Firmenvertre-ter *(m)*, Geschäftsvertreter *(m)*, Vertreter der Firma *(m)*
shipping company Dumpferlinie *(f)*, Reede-rei *(f)*, Schifffahrtsgesellschaft *(f)*, Schifffahrts-linie *(f)*, Schiffsgeschäft *(n)*, Schiffsunterneh-men *(n)*
audit of the records held by shipping company Buchprüfung bei der Schifffahrts-gesellschaft *(f)*
commercial record of shipping compa-ny Geschäftsaufzeichnung der Schiff-fahrtsgesellschaft *(f)*
liner shipping company Linienrederei *(f)*

name of the shipping company Name der Schifffahrtsgesellschaft *(m)*
ship's company Schiffsmannschaft *(f)*
stock company Aktiengesellschaft (AG) *(f)*
subsidiary company Tochtergesellschaft *(f)*
transhipping company Umladungsgeschäft *(n)*
transport company Transportgeschäft *(n)*, Transportunternehmen *(n)*
trucking company Transportgeschäft *(n)*
winding up of a company Auflösung einer Gesellschaft *(f)*

comparable komparativ
comparable price komparativer Preis *(m)*
comparative relativ, verhältnismäßig
comparative price komparativer Preis *(m)*
comparison Vergleich *(m)*
compartment Abteilung *(f)*
load compartment *(TIR carnet)* Laderaum *(m)*
insulated load compartment wärmeisolierter Laderaum *(m)*

compensate ausgleichen, rückvergüten
compensating kompensatorisch
compensating products Veredelungserzeugnisse *(pl)*
   compensating products to be obtained from equivalent goods aus Ersatzwaren hergestellte Veredelungserzeugnisse *(pl)*
   temporary exportation of compensating products vorübergehende Ausfuhr von Veredelungserzeugnissen *(f)*
compensating tariff Ausgleichstarif *(m)*, Ausgleichszolltarif *(m)*
compensation Abfindung *(f)*, Kompensation *(f)*, Vergütung *(f)*
compensation bank Verrechnungsbank *(f)*
compensation clause Vergütungsklausel *(f)*
compensation contract Entschädigungsvertrag *(m)*
compensation deal Junktimgeschäft *(n)*
compensation duty Ausgleichszoll *(m)*, Kompensationszoll *(m)*
compensation fee Kompensationsgebühr *(f)*
compensation for a loss Ersatz der Verluste *(m)*, Schadensersatz *(m)*
compensation for costs Spesenvergütung *(f)*
compensation for damage Schadensersatz *(m)*
compensation for the losses Verlustausgleich *(m)*

compensation goods Ersatzwaren *(pl)*
compensation in cash Abfindung in Geld *(f)*, Geldentschädigung *(f)*
compensation in kind Schadensersatz in natura *(m)*
compensation in money Abfindung in Geld *(f)*
compensation of damage Schadensausgleich *(m)*
   liability to compensation of the damage Schadenshaftung *(f)*
compensation of losses Schadensregulierung *(f)*
compensation payments Kompensationszahlungen *(pl)*
compensation rate Kompensationskurs *(m)*
* **amount of compensation** Betrag des Schadenersatzes *(m)*, Entschädigungsbetrag *(m)*, Entschädigungssumme *(f)*, Höhe der Abfindung *(f)*
cash compensation Barausgleich *(m)*
claim for compensation Anspruch auf Entschädigung *(m)*, Entschädigungsanspruch *(m)*, Entschädigungsforderung *(f)*, Ersatzforderung *(f)*
currency compensation Währungsausgleich *(m)*
equivalent compensation gleichwertiger Ausgleich *(m)*
extra compensation Zusatzentschädigung *(f)*
full compensation volle Entschädigung *(f)*
immediate compensation einmalige Abfindung *(f)*, einmalige Entschädigung *(f)*
insurance compensation Versicherungsentschädigung *(f)*
loss compensation Verlustausgleich *(m)*
losses compensation Verlustausgleich *(m)*
money compensation Abfindung in Geld *(f)*, Geldausgleich *(m)*, Geldentschädigung *(f)*
obligation to compensation Ausgleichspflicht *(f)*, Ersatzpflicht *(f)*
partial compensation teilweise Entschädigung *(f)*
pecuniary compensation Buy-Back *(n)*
scale of compensation Höhe der Entschädigung *(f)*, Höhe der Schadensersatzleistung *(f)*
volume of compensation Höhe der Schadensersatzleistung *(f)*

compensatory ausgleichend, Ersatz-
compensatory amount Ausgleichsbetrag *(m)*
levy a monetary compensatory amount Währungsausgleichsbetrag erheben *(m)*
compensatory payments Kompensationszahlungen *(pl)*

compensatory performance Ausgleichsleistung *(f)*
* **contract on a compensatory basis** Entschädigungsvertrag *(m)*

compete wetteifern
compete in prices mit den Preisen konkurrieren *(pl)*

competence Eigenschaft *(f)*
competence of court Zuständigkeit eines Gerichts *(f)*
competence of the customs offices Zuständigkeit der Zollstellen *(f)*
* **legal competence** Geschäftsfähigkeit *(f)*

competency Kompetenz *(f)*
certificate of competency Befähigungszeugnis *(n)*

competing konkurrierend
competing product Konkurrenzprodukt *(n)*

competition Konkurrenz *(f)*
competition clause Ausfallzeitwettbewerbsklausel *(f)*, Konkurrenzklausel *(f)*
competition in quality Qualitätskonkurrenz *(f)*
competition mechanism Konkurrenzmechanismus *(m)*
competition on quality Qualitätskonkurrenz *(f)*
* **clause forbidding competition** Konkurrenzklausel *(f)*
free competition freie Konkurrenz *(f)*
international competition internationale Konkurrenz *(f)*
market competition Marktkonkurrenz *(f)*
monopolistic competition monopolistische Konkurrenz *(f)*
perfect competition vollkommene Konkurrenz *(f)*, vollkommener Wettbewerb *(m)*
price competition Preiskampf *(m)*
pure competition vollkommene Konkurrenz *(f)*, vollkommener Wettbewerb *(m)*
tariff competition Tarifkonkurrenz *(f)*
trade competition Handelskonkurrenz *(f)*, Handelswettbewerb *(m)*
unfair competition unlautere Konkurrenz *(f)*
unlimited competition schrankenlose Konkurrenz *(f)*
unrestrained competition schrankenlose Konkurrenz *(f)*

competitive Konkurrenz-
competitive capacity Konkurrenzfähigkeit *(f)*, Wettbewerbsfähigkeit *(f)*
competitive clause Konkurrenzklausel *(f)*

competitive environment Marktbedingungen *(pl)*
competitive import konkurrenzfähiger Import *(m)*
competitive market Wettbewerbsmarkt *(m)*
competitive marketplace Wettbewerbsmarkt *(m)*
competitive offer wettbewerbsfähiges Angebot *(n)*
competitive power Konkurrenzfähigkeit *(f)*, Wettbewerbsfähigkeit *(f)*
competitive price Konkurrenzpreis *(m)*
competitive product Konkurrenzprodukt *(n)*
competitive proposal wettbewerbsfähiges Angebot *(n)*
competitive struggle Konkurrenzkampf *(m)*
* **price competitive power** Preiskonkurrenzfähigkeit *(f)*

competitiveness Konkurrenzfähigkeit *(f)*
price competitiveness Preiskonkurrenzfähigkeit *(f)*

competitor Konkurrent *(m)*, Wettbewerber *(m)*
competitor's business Konkurrentunternehmen *(n)*, Konkurrenzfirma *(f)*
* **cut-price competitor** Preiskonkurrent *(m)*

compile zusammentragen
compile a customs tariff Zolltarif aufstellen *(m)*
compile a list Liste anfertigen *(f)*, Liste aufstellen *(f)*, Liste erstellen *(f)*, Verzeichnis anlegen *(n)*

complaint rügen

complaint Reklamation *(f)*, Klage *(f)*, Zivilklage *(f)*
complaint claim Reklamationsanspruch *(m)*
complaint costs Reklamationskosten *(pl)*
complaint date Reklamationsdatum *(n)*
complaints department Reklamationsabteilung *(f)*
complaint manager Leiter der Schadensabteilung *(m)*
complaint on prices Preisbeanstandung *(f)*, Preisreklamation *(f)*
complaint proceedings Reklamationsverfahren *(n)*
* **cause for complaint** Beanstandunggrund *(m)*
date of complaint Reklamationsfrist *(f)*, Reklamationstermin *(m)*

day of notice of complaint Datum der Reklamationsmeldung *(n)*
file a complaint beanstanden
groundless complaint unbegründete Beanstandung *(f)*, unberechtigte Reklamation *(f)*
letter of complaint schriftliche Reklamation *(f)*
quality complaint Qualitätsbeanstandung *(f)*, Qualitätsreklamation *(f)*, Qualitätsrüge *(f)*
procedure for lodging complaints Reklamationsverfahren *(n)*
raise a complaint Reklamation anmelden *(f)*, Reklamation geltend machen *(f)*
refuse a complaint Reklamation zurückweisen *(f)*
reject a complaint Reklamation zurückweisen *(f)*
time for complaint Reklamationsfrist *(f)*, Reklamationstermin *(m)*, Reklamationsdatum *(n)*
time of complaint Reklamationsfrist *(f)*, Reklamationstermin *(m)*, Reklamationsdatum *(n)*

complement Satz *(m)*

complementary zusätzlich
complementary commercial documents Zusatzhandelsurkunden *(pl)*
complementary goods Komplementärgüter *(pl)*
complementary import ergänzender Import *(m)*, zusätzliche Einfuhr *(f)*

complete ausfüllen, erfüllen, füllen
complete the arrangements Verfahren abschließen *(n)*
complete the arrangements Verfahren beenden *(n)*
complete the declaration *(customs)* Anmeldung ausstellen *(f)*
complete a delivery Lieferung erfüllen *(f)*, Lieferung vollziehen *(f)*
complete a document Dokument anfertigen *(n)*
complete a form Formblatt ausfüllen *(n)*
complete an order Auftrag ausführen *(m)*, Bestellung ausführen *(f)*
complete the return Deklaration ausfüllen *(f)*
complete the SAD Einheitspapier ausfüllen *(n)*

complete Gesamt-, voll
complete address volle Adresse *(f)*
complete car load Wagenlast *(f)*
complete cargo Schiffsladung *(f)*, volle Ladung *(f)*
complete delivery Gesamtlieferung *(f)*, komplette Lieferung *(f)*

complete set of cargo documents voller Satz von Verschiffungsdokumente *(m)*
complete set of commercial documents voller Satz von Geschäftspapieren *(m)*, voller Satz von Handelsurkunden *(m)*
complete set of documents voller Satz von Unterlagen *(m)*
complete set of loading documents volle Satzverschiffungsdokumente *(pl)*

completion Anfertigung *(f)*, Ende *(n)*
completion cargo Zusatzladung *(f)*
completion guarantee Fertigstellungsgarantie *(f)*
completion of an inward processing operation Erledigung eines aktiven Veredelungsverkehrs *(f)*
completion of an outward processing operation Erledigung eines passives Veredelungsverkehrs *(f)*
completion of discharge Beendung der Abladung *(f)*
completion of discharging Beendung der Entladung *(f)*
completion of a document Ausfüllen eines Dokumentes *(n)*
completion of a form Ausfüllen eines Formblatts *(n)*, Ausfüllen eines Formulars *(n)*, Ausstellung eines Formblatts *(f)*
completion of lading Beendung der Verladung *(f)*, Beendung des Verladens *(f)*
completion of loading Beendung der Verfrachtung *(f)*
completion of outturn Beendung der Abladung *(f)*
completion of procedure Abschluss des Verfahrens *(m)*, Erledigung des Verfahrens *(f)*
completion of the processing operations Durchführung der Veredelungsvorgänge *(f)*
completion of shipment Beendung der Verfrachtung *(f)*
completion of shipping Beendung der Verladung *(f)*, Beendung des Verladens *(f)*
completion of a TIR operation Beendigung des TIR-Transports *(f)*

complexity Komplexität *(f)*

complimentary kostenlos
complimentary copy Freiexemplar *(n)*

comply erfüllen
comply with a regulation *(EU)* Regeln beachten *(pl)*, Verordnung einhalten *(f)*

comply with the conditions Bedingungen einhalten *(pl)*, Bedingungen entsprechen *(pl)*
comply with the formalities Formalitäten erfüllen *(f)*
comply with the period of acceptance Abnahmetermin einhalten *(m)*
component Komponente *(f)*
composite gemischt
composite consignment gemischte Sendung *(f)*, Sendung mit unterschiedlichen Waren *(f)*
composition Struktur *(f)*, Zusammensetzung *(f)*
composition by weight Gewichtszusammensetzung *(f)*
composition certificate Analysenschein *(m)*, chemisches Zusammensetzungsattest *(n)*, chemisches Zusammensetzungszertifikat *(n)*
composition of balances Bilanzstruktur *(f)*
composition of demand Nachfragestruktur *(f)*
composition of expenses Ausgabenstruktur *(f)*
composition of investment Anlagestruktur *(f)*
composition of trade Warenumsatzstruktur *(f)*
  commodity composition of trade Außenhandelswarenstruktur *(f)*
  * commodity composition Warenstruktur *(f)*
  percentage composition Prozentgehalt *(m)*
compound zusammengesetzt
compound arbitrage Mehrfacharbitrage *(f)*
compound duty kombinierter Zoll *(m)*, Mischzoll *(m)*
compound interest Zinseszinsen *(pl)*
compound tariff kombinierter Zolltarif *(m)*, Mischtarif *(m)*
comprador Komprador *(m)*
comprehensive umfassend
comprehensive bond generelle Sicherheitsleistung *(f)*
comprehensive guarantee Gesamtbürgschaft *(f)*
  provide a comprehensive guarantee Gesamtbürgschaft leisten *(f)*, globale Sicherheit vorlegen *(f)*
  reference amount of the comprehensive guarantee Referenzbetrag der Gesamtbürgschaft *(m)*
comprehensive security umfassende Sicherheit *(f)*

compromise Kompromiss *(m)*
conclusion of a compromise Abschluss des Vergleiches *(m)*, Vergleichsabschluss *(m)*
compromissary Schiedsgerichts-
compromissary clause Schiedsgerichtsklausel *(f)*, Schiedsklausel *(f)*
compulsory obligatorisch, verbindlich
compulsory acceptance obligatorisches Akzept *(n)*
  collection with compulsory acceptance Inkasso mit obligatorischem Akzept *(n)*
compulsory arbitration Zwangsarbitrage *(f)*
compulsory auction gerichtliche Auktion *(f)*, Zwangsversteigerung *(f)*
compulsory cession Zwangsabtretung *(f)*
compulsory condition obligatorische Bedingung *(f)*
compulsory guarantee obligatorische Sicherheitsleistung *(f)*
compulsory insurance obligatorische Versicherung *(f)*, Pflichtversicherung *(f)*
compulsory legalization obligatorische Legalisierung *(f)*
compulsory licence Zwangslizenz *(f)*
compulsory liquidation Zwangsliquidation *(f)*
compulsory mortgage Zwangshypothek *(f)*
compulsory payment Zwangsabgabe *(f)*
compulsory pilot Pflichtlotse *(m)*, Zwangslotse *(m)*
compulsory pilotage Lotsenzwang *(m)*
compulsory real estate mortgage Zwangshypothek *(f)*
compulsory registration Anmeldepflicht *(f)*
compulsory stevedore Stauerzwang *(m)*
  * result of the compulsory check Ergebnis der obligatorischen Überprüfung *(n)*
computation Berechnung *(f)*, Einschätzung *(f)*, Schätzung *(f)*
computation of costs Kostenberechnung *(f)*
computation of dues Gebührenberechnung *(f)*
computation of duty Festsetzung des Zolles *(f)*
computation of interest Zinsberechnung *(f)*, Zinsrechnung *(f)*
compute ausrechnen, berechnen, rechnen
compute the cost Kosten berechnen *(pl)*
compute the interest Zinsen berechnen *(pl)*
compute the tax Steuerschuld errechnen *(f)*

computerized computerisiert
computerized system for processing declarations Datenverarbeitungsanlage zur Behandlung der Anmeldungen *(f)*
concealed verdeckt
concealed vice latenter Fehler *(m)*, latenter Mangel *(m)*
conception Idee *(f)*, Konzeption *(f)*
concern Konzern *(m)*
international concern internationaler Konzern *(m)*
transnational concern transnationaler Konzern *(m)*
concession Erlaubnis *(f)*, Genehmigung *(f)*, Lizenz *(f)*
concession agreement Konzessionsvertrag *(m)*
concession process Konzessionsprozess *(m)*
* cancel a concession Konzession annullieren *(f)*, Konzession zurückziehen *(f)*
copy of concession Lizenzduplikat *(n)*
duty concession Zollsenkung *(f)*
duty-free concessions *(EU)* Steuerbefreiung *(f)*
export concession Ausfuhrerlaubnis *(f)*, Exportgenehmigung *(f)*
extend a concession Konzession verlängern *(f)*
foreign concession ausländische Konzession *(f)*
grant a concession Konzession gewähren *(f)*, Rabatt gewähren *(m)*
grant price concession Rabatt gewähren *(m)*
price concession Preisabschlag *(m)*
schedule of concessions *(customs)* Liste der Zugeständnisse *(f)*
tariff concession Zolltarifzugeständnis *(n)*
suspension of tariff concessions *(customs)* Aussetzung von Zollzugeständnissen *(f)*, einstweilige Aufhebung von Zollzugeständnissen *(f)*
withdrawal of concession Konzessionsetzung *(f)*
concessionaire Konzessionär *(m)*
concessionary Bewilligungs-
concessionary interest rate ermäßigter Zinssatz *(m)*, Vorzugszinssatz *(m)*
concessionary terms Präferenzbedingungen *(pl)*
* holder of concessionary rights Lizenznehmer *(m)*

conciliation Schlichtung *(f)* **2.** Schlichtungs-
conciliation clause Schlichtungsklausel *(f)*
* court of conciliation Schiedsgericht *(n)*
Rules of Conciliation and Arbitration of the International Chamber of Commerce Vergleichs- und Schiedsordnung der internationalen Handelskammer *(f)*
conclude konkludieren
conclude a proceeding Verfahren abschließen *(n)*, Verfahren beenden *(n)*
* time limit to conclude a contract Frist zum Vertragsabschluss *(f)*
conclusion Abmachung *(f)*, Abschluss *(m)*, Beschluss *(m)*, Entschließung *(f)*
conclusion of a bargain Geschäftsabschluss *(m)*
conclusion of a compromise Abschluss des Vergleiches *(m)*, Vergleichsabschluss *(m)*
conclusion of a contract Kontrahierung *(f)*, Kontraktabschluss *(m)*, Vertragsabschluss *(m)*, Vertragsschließung *(f)*
conclusion of a deal Geschäftsabschluss *(m)*, Geschäftstransaktion *(f)*
* bring to a conclusion abschließen
place of conclusion of the contract Ort des Vertragsabschlusses *(m)*, Vertragsschlussort *(m)*
conclusive schlüssig
conclusive action endgültiger Beschluss *(m)*, rechtskräftige Entscheidung *(f)*
condition Beschaffenheit *(f)*, Kondition *(f)*, Zustand *(m)* **2.** Situation *(f)* **3.** Bedingung *(f)*, Vorbehalt *(m)*
conditions and terms of sale Verkaufsbedingungen *(pl)*, Verkaufskonditionen *(pl)*
conditions of acceptance Akzeptbedingungen *(pl)*
condition of cargo Beschaffenheit der Ladung *(f)*, Zustand der Ladung *(m)*
conditions of carriage Transportbedingungen *(pl)*
conditions of charter Charterbedingungen *(pl)*
conditions of contract Vertragsbestimmungen *(pl)*
propose the conditions of contract Vertragsbedingungen vorschlagen *(pl)*, Vertragsbestimmungen vorschlagen *(pl)*
conditions of delivery Lieferkonditionen *(pl)*, Lieferungsbedingungen *(pl)*

general conditions of delivery allgemeine Lieferungsbedingungen (ALB) *(pl)*

conditions of employment Anstellungsbedingungen *(pl)*, Einstellungsbedingungen *(pl)*

condition of goods Beschaffenheit der Ware *(f)*, Zustand der Ware *(m)*

conditions of granting of temporary admission Bedingungen für die Zulassung zur vorübergehenden Einfuhr *(pl)*

conditions of a guarantee Garantiebedingungen *(pl)*

conditions of haulage Transportbedingungen *(pl)*

normal conditions of haulage normale Transportbedingungen *(pl)*

conditions of payments Zahlungsbedingungen *(pl)*, Zahlungsmodalitäten *(pl)*

conditions of production Produktionsbedingungen *(pl)*

conditions of sale Verkaufsbedingungen *(pl)*

general conditions of sale allgemeine Verkaufsbedingungen *(pl)*

conditions of transit Transitbedingungen *(pl)*

conditions of the use of the guarantee Bedingungen der Inanspruchnahme der Sicherheit *(pl)*

condition on landing Güterbestand bei Abladung *(m)*, Güterbestand bei Entladung *(m)*

condition when shipped Güterbestand bei Verfrachtung *(m)*, Güterbestand bei Verladung *(m)*, Güterqualität bei Verschiffung *(f)*

* accept on condition annehmen mit Vorbehalt *(m)*

accept the conditions Bedingungen akzeptieren *(pl)*

acceptance of conditions Anerkennung von Bedingungen *(f)*

additional condition Nachbedingung *(f)*, Zusatzbedingung *(f)*

admission condition Abnahmebedingung *(f)*

adverse condition ungünstige Bedingung *(f)*

as-received condition Anlieferungszustand *(m)*, Güterbestand bei Lieferung *(m)*

breach of the terms and conditions Verletzung der Bedingungen *(f)*

change of contract conditions Änderung der Vertragskonditionen *(f)*

commercial condition Handelsbedingung *(f)*

comply with the conditions Bedingungen einhalten *(pl)*, Bedingungen entsprechen *(pl)*

compulsory condition obligatorische Bedingung *(f)*

container condition technischer Containerzustand *(m)*

defective condition mangelhafter Zustand *(m)*

dissimilar conditions ungleiche Bedingungen *(pl)*

domestic market conditions Bedingungen des Binnenmarkts *(pl)*

economic conditions wirtschaftliche Voraussetzungen *(pl)*

emergency conditions Notbedingungen *(pl)*

equilibrium conditions Gleichgewichtsbedingungen *(pl)*

export conditions Exportbedingungen *(pl)*

external conditions Außenbedingungen *(pl)*

failure to comply with the conditions Nichteinhaltung der Bedingungen *(f)*

favourable conditions Präferenzbedingungen *(pl)*, Vorzugsbedingungen *(pl)*

free from particular average, American conditions nicht gegen besondere Havarie versichert (amerikanische Bedingungen) *(f)*

fulfil the conditions Bedingungen erfüllen *(pl)*, Voraussetzungen erfüllen *(pl)*

fulfillment of conditions Bedingungserfüllung *(f)*

general conditions allgemeine Bedingungen *(pl)*

general insurance conditions allgemeine Versicherungsbedingungen *(pl)*

general stipulated conditions allgemeine Vertragsbedingungen *(pl)*

goods condition Beschaffenheit der Ware *(f)*, Güterbestand *(m)*, Zustand der Ware *(m)*

guarantee conditions Garantiebedingungen *(pl)*

import conditions Einfuhrbedingungen *(pl)*

indispensable condition notwendige Bedingung *(f)*

infringe the conditions Bedingungen brechen *(pl)*

insurance conditions Versicherungsbedingungen *(pl)*

insurance terms and conditions Versicherungsbedingungen *(pl)*

letter of credit conditions Akkreditivbedingungen *(pl)*

license conditions Lizenzbedingungen *(pl)*

living conditions Lebensbedingungen *(pl)*

local conditions Lokalbedingungen *(pl)*

main condition Basisbedingung *(f)*

mandatory condition obligatorische Bedingung *(f)*, verbindliche Bedingung *(f)*

meet the conditions Bedingungen erfüllen *(pl)*, Voraussetzungen erfüllen *(pl)*

minimum condition Mindestbedingung *(f)*

non-fulfillment of conditions Vertragsverletzung der Bedingungen *(f)*

normal conditions Normalbedingungen *(pl)*, normale Bedingungen *(f)*

obligatory condition obligatorische Bedingung *(f)*, verbindliche Bedingung *(f)*

optimal conditions optimale Bedingungen *(pl)*

preliminary condition Vorbedingung *(f)*

principal conditions Basisbedingungen *(pl)*, Hauptbedingungen *(pl)*

prior condition Vorbedingung *(f)*

purchase conditions Kaufbedingungen *(pl)*

sanitary conditions Sanitätsbedingungen *(pl)*

satisfy the conditions Bedingungen einhalten *(pl)*, Bedingungen entsprechen *(pl)*

special storage conditions besondere Lagerbedingungen *(pl)*

stability of conditions Stabilität der Bedingungen *(f)*

Standard Conditions for Sale and Delivery of Goods (Incoterms) internationale Handelsbedingungen *(pl)*, Internationale Handelsklauseln *(pl)*

start conditions Anfangsbedingungen *(pl)*

storing conditions Lagerungsbedingungen *(pl)*

technical condition technischer Zustand *(m)*

technical conditions technische Bedingungen *(pl)*

terms and conditions of business Geschäftsbedingungen *(pl)*

transaction conditions Geschäftsbedingungen *(pl)*

transport conditions Beförderungsbedingungen *(pl)*, Beförderungsbestimmungen *(pl)*, Transportbedingungen *(pl)*

usual conditions übliche Bedingungen *(pl)*

conditional bedingt

conditional acceptance bedingtes Akzept *(n)*, Zollvormerkverfahren *(n)*

conditional clearance Zollvormerkverkehr *(m)*

conditional discharge *(TIR carnet)* Erledigung unter Vorbehalt *(f)*

conditional duty-free import bedingt zollfreie Einfuhr *(f)*

conditional endorsement beschränkendes Indossament *(n)*, Rektaindossament *(n)*

conditional franchise Integralfranchise *(f)*

conditional import bedingter Import *(m)*, vorübergehende Einfuhr *(f)*

conditional legalization bedingte Legalisierung *(f)*

conditional obligation bedingte Verpflichtung *(f)*

conditional offer bedingte Offerte *(f)*, eingeschränktes Angebot *(n)*

conditional payment bedingte Zahlung *(f)*

conditional price Vorbehaltspreis *(m)*

conditional purchase bedingter Kauf *(m)*

conditional sale Verkauf unter Vorbehalt *(m)*

conditional tender bedingte Offerte *(f)*, eingeschränktes Angebot *(n)*

* certificate of conditional clearance Bescheid der bedingten Zollabfertigung *(m)*, Zollbegleitschein *(m)*

partial conditional exemption from customs duties teilweise bedingte Befreiung von der Zölle *(f)*

procedure affording conditional relief Zollverfahren mit bedingter Abgabenbefreiung *(n)*

conditionally bedingt

conditioning Konditionierung *(f)*

conditioning certificate Konditionsattest *(n)*, Konditionsbescheinigung *(f)*

* certificate of conditioning Konditionsattest *(n)*, Konditionsbescheinigung *(f)*

conduct durchführen

conduct an auction Auktion abhalten *(f)*, Auktion durchführen *(f)*

conduct inquiries Ermittlungen anstellen *(pl)*

conduct of a legal transaction Rechtsverkehr *(m)*

* rules of conduct Verhaltensregeln *(pl)*

conference Konferenz *(f)*, Tagung *(f)*
2. Konferenz-

conference carrier Konferenzcarrier *(m)*

conference contract Konferenzvertrag *(m)*

conference line Konferenzlinie *(f)*

conference port liner terms charges Konferenzraten *(pl)*

conference rate Konferenzrate *(f)*, Konferenzsatz *(m)*

conference rates Linienfrachtsätze *(pl)*

conference rebate Konferenzrabatt *(m)*

conference room Konferenzzimmer *(n)*

conference terms (CT) Konferenzbedingungen *(pl)*

conference vessel Konferenzschiff (n)
* homeward conference Eingangsschifffahrtskonferenz (f), Eingangsschifffrachtpool (m)
inward conference Eingangsschifffahrtskonferenz (f), Eingangsschifffrachtpool (m)
liner conference Linienkonferenz (f)
maritime conference Fracht-Schifffahrts-
Konferenz (f), Schifffahrtskonferenz (f), Schifffrachtpool (m)
outward conference Ausgangsschifffahrtskonferenz (f), Ausgangsschiffsfrachtpool (m)
shipping conference Fracht-Schifffahrts-
Konferenz (f), Schifffahrtskonferenz (f), Schifffrachtpool (m)
steamship conference Fracht-Schifffahrts-
Konferenz (f), Schifffahrtskonferenz (f), Schifffrachtpool (m)

confidential vertraulich
confidential information vertrauliche Information (f)
confidentiality clause Vertraulichkeitsklausel (f)

confirm bestätigen
confirm a decision Entscheidung bestätigen (f)
confirm a guarantee Garantie bestätigen (f)
confirm a letter of credit Akkreditiv bestätigen (n)
confirm an order Auftrag bestätigen (m), Bestellung bestätigen (f), Bestellung bestätigen (f)
confirm the price Preis bestätigen (m), Preis
festsetzen (m)
confirm in writing schriftlich bestätigen
confirm quality Qualität bestätigen (f)

confirmation Beglaubigung (f), Bestätigung (f)
confirmation by letter schriftliche Bestätigung (f)
confirmation of affreightment Verschiffungsbescheinigung (f)
confirmation of an offer Angebotsbestätigung (f)
confirmation of an order Auftragsbestätigung (f), Bestätigung eines Auftrags (f)
confirmation of booking Buchungsbestätigung (f)
confirmation of captain's bag Schiffspostbescheinigung (f), Schiffspostbestätigung (f)

confirmation of captain's mail Schiffspostbescheinigung (f), Schiffspostbestätigung (f)
confirmation of credit Kreditbestätigung (f)
confirmation of origin Herkunftbestätigung (f)
confirmation of sale Verkaufsbestätigung (f)
* booking confirmation Buchungsbestätigung (f)
consignment confirmation Versandbescheinigung (f), Verschiffungsbescheinigung (f)
embarkation confirmation Verschiffungsbescheinigung (f)
guarantee confirmation Garantiebestätigung (f)
letter of confirmation Schlussbrief (m)
official confirmation offizielle Bestätigung (f)
order confirmation (o/c) Auftragsbestätigung (f), Bestätigung eines Auftrags (f)
  order confirmation form Auftragsbestätigungsformular (n)
payment confirmation Zahlungsbestätigung (f)
price confirmation Preisbestätigung (f)
shipment confirmation Versandbescheinigung (f), Verschiffungsbescheinigung (f)
unconditional confirmation vorbehaltlose
Bestätigung (f)

confirmed bestätigt
confirmed copy bestätigte Kopie (f)
confirmed guarantee bestätigte Garantie (f)
confirmed irrevocable letter of credit
bestätigtes unwiderrufliches Akkreditiv (n)
confirmed letter of credit bestätigtes Akkreditiv (n)
* banker confirmed letter of credit von der
Bank bestätigtes Akkreditiv (n)

confirming bestätigend
confirming bank bestätigende Bank (f)
liability of confirming bank Haftung der
bestätigenden Bank (f)
confirming house Bestätigungshaus (n)

confiscation Einnahme (f), Einziehen (n),
Entziehung (f), Pfändung (f)
confiscation of property Einziehung von
Vermögen (f)

conflict Konflikt (m)
customs conflict Zollstreitigkeit (f)

conform entsprechen
conform to the sample Muster entsprechen (n)

conformity Übereinstimmung *(f)*
conformity of codes Übereinstimmung der Codes *(f)*
conformity with demands Übereinstimmung mit den Anforderungen *(f)*
* certificate of conformity *(VAT)* Konformitätsbescheinigung *(f)*
declaration of conformity Konformitätserklärung *(f)*
evidence of conformity Nachweis der Übereinstimmung *(m)*
congestion Verstopfung *(f)* **2.** Verstopfungs-
congestion clause Verstopfungsklausel *(f)*
congestion of the port Hafenverstopfung *(f)*
congestion surcharge Hafenverstopfungszuschlag *(m)*, Verstopfungszuschlag *(m)*, Zuschlag für Wartezeiten wegen Überfüllung *(m)*
connection Verbindung *(f)*
direct connection direkte Verbindung *(f)*
commercial connections Handelsbeziehungen *(pl)*
rail connection Eisenbahnverbindung *(f)*, Zugverbindung *(f)*
trade connections Handelsbeziehungen *(pl)*
train connection Eisenbahnverbindung *(f)*, Zugverbindung *(f)*
con-ro ship Con-Ro-Schiff *(n)*
consecutive aufeinanderfolgend
consecutive days aufeinanderfolgende Tage *(pl)*, laufende Kalendertage *(pl)*
consecutive number (goods) laufende Nummer *(f)*, Reihennummer *(f)*
consecutive voyage konsekutive Reise *(f)*
consecutive voyages charter aufeinanderfolgender Reisecharter *(m)*
consent Bewilligung *(f)*
consider bedenken, überdenken
consider an offer Angebot überdenken *(n)*
consideration Bezahlung *(f)*, Entlohnung *(f)*
consign senden, übersenden
consign goods Waren ausliefern *(pl)*, Waren versenden *(pl)*
consignatary Konsignatar *(m)*
consignation Übersendung *(f)*
consignation instructions Absenderanweisungen *(pl)*, Versandanweisungen *(pl)*

* date of consignation Sendungsdatum *(n)*, Versanddatum *(n)*
notice of readiness to consignation Ladebereitschaftsmeldung *(f)*, Versandbereitschaftsnotiz *(f)*
consignatory Annehmer *(m)*, Kunde *(m)*
consigned Konsignations-
consigned goods Kommissgut *(n)*, Konsignationsgut *(n)*
consignee Kommissionär *(m)* **2.** Frachtempfänger *(m)*, Güterempfänger *(m)*, Warenempfänger *(m)*
consignee of the cargo Frachtempfänger *(m)*, Ladungskonsignatar *(m)*
consignee of the freight Frachtempfänger *(m)*
consignee of the ship Klarierungsagent *(m)*, Schiffskonsignatar *(m)*
consignee's railway siding Annehmerbahnschluss *(m)*, Empfängeranschlussbahn *(f)*
* authorised consignee zugelassener Empfänger *(m)*
copy for consignee Exemplar für den Empfänger *(n)*
delivery to the consignee Lieferung an den Empfänger *(f)*
direct consignee Direktabnehmer *(m)*, Direktempfänger *(m)*
free consignee frei Haus *(n)*, portofrei Empfänger *(m)*
free consignee price Preis frei Empfänger *(m)*, Preis portofrei Empfänger *(m)*
free consignee's station frei Empfangsbahnhof *(m)*, frei Station des Empfängers *(f)*
name of consignee Güterempfängername *(m)*, Ladungsempfängername *(m)*
original for consignee Original für Empfänger *(n)*
consigner Frachtversender *(m)*
consigner's declaration Absendererklärung *(f)*
consigner's railway siding Versenderbahnabzweigung *(f)*, Versenderbahnschluss *(m)*
* del credere consigner Delkrederekommittent *(m)*
liability of consigner Konsignanthaftung *(f)*, Verfrachterhaftung *(f)*
consignment Absendung *(f)*, Übersendung *(f)* **2.** Sendung *(f)*
consignment agreement Konsignationsabkommen *(n)*, Konsignationsvertrag *(m)*

consignment arrival Frachtguteingang (m), Sendungseingang (m)

consignment business Konsignationsgeschäft (n)

consignment confirmation Versandbescheinigung (f), Verschiffungsbescheinigung (f)

consignment document Transportdokument (n)

consignment goods Konsignationsgut (n)

consignment invoice Konsignationsrechnung (f)

consignment note Frachtberechnung (f), Frachtrechnung (f) 2. Konsignationsrechnung (f) 3. Ladeschein (m), Ladungsschein (m), Versandbescheinigung (f), Versandschein (m), Hinterlegungsschein (m)

    air consignment note Flugkonnossement (n), Luftfrachtbrief (m)

    copy of consignment note Frachtbriefduplikat (n), Transportscheinzweitschrift (f)

    duplicate consignment note Frachtbriefdoppel (n), Transportscheinzweitschrift (f)

    international consignment note internationaler Frachtbrief (m), internationaler LKW-Frachtbrief (m), LKW-Frachtbrief (m)

    International Express Parcels Consignment Note (TIEx) internationaler Expressgutschein (TIEx) (m)

    railroad consignment note Bahnfrachtbrief (m), Eisenbahnfrachtbrief (m)

    copy of railroad consignment note Duplikatfrachtbrief (m), Frachtbriefdoppel (n)

    railway consignment note Eisenbahnfrachtbrief (m)

    road consignment note Frachtbrief im Straßengüterverkehr (m), Kraftwagenfrachtbrief (m), Straßenfrachtbrief (m), Straßenverkehrsfrachtbrief (m)

    through consignment note Durchgangsbegleitschein (m)

consignment note duplicate Duplikatfrachtbrief (m), Frachtbriefdoppel (n)

consignment of goods Güterabfertigung (f), Güterversand (m)

consignment of valuables Sendung mit Wertangabe (f), Wertsendung (f)

consignment point Versandort (m), Verschiffungsort (m)

consignment selling Konsignationsverkauf (m)

consignment sheet Frachtnota (f)

consignment shipment Sammelladung (f)

consignment subject to customs control Zollsendung (f)

consignment terms Konsignationsbedingungen (pl)

consignment warehouse Konsignationslager (n)

consignment with value declared Sendung mit Wertangabe (f), Wertsendung (f)

* assembly of consignments Zusammenstellen von Packstücken (n)

breaking up consignments Aufteilung der Sendung (f)

business on consignment Konsignationsgeschäft (n)

code of country of consignment Versandlandcode (m)

composite consignment gemischte Sendung (f), Sendung mit unterschiedlichen Waren (f)

export consignment Exportpartie (f), Exportsendung (f)

groupage consignment Sammelfracht (f)

    transport of groupage consignment Sammelgutverkehr (m), Sammelladungsverkehr (m)

import consignment Importsendung (f)

import in a single consignment in einer einzigen Sendung einführen (f)

mixed consignment gemischte Sendung (f), Sendung mit unterschiedlichen Waren (f)

notice of readiness to consignment Versandbereitschaftsanzeige (f), Versandbereitschaftsnotiz (f)

packed consignment verpackte Sendung (f)

part load consignment Frachtstückgut (n), Stückgutsendung (f)

partial consignment Teilladung (f), Teilsendung (f)

preparation for consignment Vorbereitung für Abfertigung (f)

rail part load consignment Bahnsammelgutsendung (f), Bahnstückgut (n)

ready for consignment versandfertig, versendungsbereit

receive consignments Sendungen empfangen (pl)

reimportation in split consignments Teilwiederausfuhr (f)

sale on consignment Konsignationsverkauf (m), Verkauf aus dem Zolllager (m)

small consignment Kleinsendung (f)

small **consignment of a non-commercial nature** Kleinsendung ohne kommerziellen Charakter *(f)*
split **consignment** Aufteilung der Sendung *(f)*
urgent **consignment** dringende Sendung *(f)*
consignor Absender *(m)*, Einsender *(m)* **2.** Konsignant *(m)*
address of the consignor Adresse des Ausführers *(f)*
authorised consignor zugelassener Versender *(m)*
proof of Community status by an authorised consignor Nachweis des Gemeinschaftscharakters durch einen zugelassenen Versender *(m)*
copy for consignor Exemplar für den Versender *(n)*
original for consignor Original für Absender *(n)*
consistent konform
consolidated Kollektiv-, Sammel-
consolidated cargo Wagenfrachtstückgut *(n)*
consolidated debt konsolidierte Schuld *(f)*
consolidated list konsolidierte Liste *(f)*
consolidated report Gesamtbericht *(m)*
consolidated return Zusammenstellung *(f)*
consolidated shipment Sammelgutsendung *(f)*, Wagensammelgutsendung *(f)*
consolidated shipment by rail Bahnsammelgutsendung *(f)*, Bahnstückgut *(n)*
* transport of consolidated shipment Sammelgutverkehr *(m)*, Sammelladungsverkehr *(m)*
consolidation Fusion *(f)*, Konsolidation *(f)*
consolidation manifest Sammelmanifest *(n)*
consolidation of debts Schuldenkonsolidierung *(f)*
* transport of the consolidation goods Beförderung der Sammelsendungen *(f)*
consolidator Sammelspediteur *(m)*
consortium Konsortium *(n)*
consortium credit Konsortialkredit *(m)*
* banking consortium Bankenkonsortium *(n)*
conspiracy Einverständnis *(n)*, Verabredung *(f)*
constant fest
constant expenditures feste Ausgaben *(pl)*
constant quality gleich bleibende Eigenschaft *(f)*

* budget constraint Haushaltsbeschränkung *(f)*
construction Bau *(m)* **2.** Bau-
construction company Bauunternehmen *(n)*, Bauunternehmung *(f)*
construction enterprise Bauunternehmen *(n)*, Bauunternehmung *(f)*
construction number Fabrikationsnummer *(f)*
constructive konstruktiv
constructive actual damage tatsächlicher Totalschaden *(m)*
constructive total loss fingierter Totalverlust *(m)*, konstruktiver Totalverlust *(m)*
consul Konsul *(m)*
consul general Generalkonsul *(m)*
* trading consul Handelskonsul *(m)*
consulage Konsulargebühr *(f)*
consular konsularisch
consular act konsularische Amtshandlung *(f)*
consular agency Konsularagentur *(f)*
consular agent Konsularagent *(m)*, konsularischer Vertreter *(m)*
consular certificate Konsularzeugnis *(n)*
consular convention Konsularabkommen *(n)*
consular declaration Konsulardeklaration *(f)*
consular document konsularisches Schriftstück *(n)*
consular fee Konsulargebühr *(f)*
consular invoice Konsularrechnung *(f)*, Konsulatsfaktura *(f)*
consular law Konsularrecht *(n)*
consular legalization Konsularbestätigung *(f)*
consular office Konsularamt *(n)*, Konsularbüro *(n)*
consular post konsularische Post *(f)*
consular protection konsularischer Schutz *(m)*, Konsularschutz *(m)*
consular regulations Konsularbestimmungen *(pl)*, Konsularvorschriften *(pl)*
consular treaty Konsularabkommen *(n)*, Konsularvertrag *(m)*
consulate Konsulat *(n)*
consulate general Generalkonsulat *(n)*
consulate personnel Konsularpersonal *(n)*
* maritime consulate Seekonsulat *(n)*
seat of the consulate Sitz des Konsulates *(m)*
consultancy Beratung *(f)*, Consulting *(n)*
consultant Berater *(m)*, Sachverständiger *(m)*
consultary engineer beratender Ingenieur *(m)*, technischer Berater *(m)*

* **marine consultant** Seeberater *(m)*
marketing consultant Absatzberater *(m)*, Marketingberater *(m)*
sales consultant Vertriebsberater *(m)*
tax consultant Steuerberater *(m)*, Steuerfachmann *(m)*
consultation Konsultation *(f)*
consultation fee Konsultationsgebühr *(f)*
consultation on trade Handelskonsultation *(f)*
consulting Beratung *(f)*, Consulting *(n)* **2.** Beratungs-
consulting barrister Rechtsbestand *(m)*
consulting company Beratungsgesellschaft *(f)*, Beratungsunternehmen *(n)*
consulting engineer Fachberater *(m)*
consulting firm Beratungsgesellschaft *(f)*, Beratungsunternehmen *(n)*, Consultingfirma *(f)*
* **tax consulting** Steuerberatung *(f)*
consumer Kunde *(m)*, Verbraucher *(m)* **2.** Verbrauchs-
consumer's analysis Kundenanalyse *(f)*
consumers' association Konsumentenverband *(m)*
consumer credit act Konsumkreditgesetz *(n)*
consumer goods Verbrauchsgüter *(pl)*
consumer law Konsumentenrecht *(n)*
consumer loan Konsumanleihe *(f)*
consumer's market Käufermarkt *(m)*, Verbrauchermarkt *(m)*
consumer pack Einwegverpackung *(f)*, Kleinpackung *(f)*, Kleinverbraucherverpackung *(f)*, Kleinverpackung *(f)*
consumer package Kleinpackung *(f)*
consumer price Kleinhandelspreis *(m)*, Verbraucherpreis *(m)*
consumer product Konsumartikel *(m)*
consumer's protection Verbraucherschutz *(m)*
consumer's requirements Kundenanforderungen *(pl)*
* **final consumer** Endverbraucher *(m)*
index of consumer prices Detailindex *(m)*
consumers protection Verbraucherschutz *(m)*
consumption Verbrauch *(m)* **2.** Konsum-
consumption product Konsumartikel *(m)*
* **apparent consumption** globaler Verbrauch *(m)*
article of general consumption Massenartikel *(m)*
current consumption laufender Verbrauch *(m)*

decline in consumption Nachfragerückgang *(m)*
immediate consumption laufender Verbrauch *(m)*
power of consumption Verbrauchskapazität *(f)*
structure of consumption Verbrauchsstruktur *(f)*
total consumption globaler Verbrauch *(m)*
contain beinhalten
contain a notation Klausel enthalten *(f)*
contained enthalten
contained goods in Umschließungen enthaltene Waren *(pl)*
container Behälter *(m)*, Container *(m)*, Transportbehälter *(m)* **2.** Container-
container barge Containerkahn *(m)*
container base (CB) Containerboden *(n)*
container berth Containerkai *(m)*, Containerliegeplatz *(m)*, Containerplatz *(m)*, Containerterminal *(m)*
container bill of lading Beförderungsdokument für den kombinierten Transport *(n)*, Containerkonossement *(n)*, Containerfrachtbrief *(m)*, Dokument des kombinierten Transports *(n)*
container block Containerblock *(m)*
container capacity Containertragfähigkeit *(f)*
container car Containertragwaggon *(m)*, Containerwaggon *(m)* **2.** *(US)* Containerwagen *(m)*, Containerwaggon *(m)*
container cargo containerische Ladung *(f)*, Containerladung *(f)*
container cargo ship Bahälterschiff *(n)*, Containerfrachtschiff *(n)*
container carrier Containerschiff *(n)*
container charge Container-Gebühr *(f)*
container condition technischer Containerzustand *(m)*
container control Containerkontrolle *(f)*
Container Control and Logistics (CCL) Containerverkehrssystem *(n)*
container crane Containerkran *(m)*
container damage Containerbeschädigung *(f)*
container depot Containerbahnhof *(m)*, Containerdepot *(n)*
container dock Containerkai *(m)*
container dry cargo Trockenfrachtcontainer *(m)*
container dues Containergebühren *(pl)*
container external dimension Containeraußenabmessungen *(pl)*
container fittings Containerzubehör *(n)*

container flat waggon Containertragwaggon *(m)*, Containerwaggon *(m)*
container flat-car Plattform-Container *(m)*
container for special use Spezialcontainer *(m)*
container frame Containerrahmen *(m)*
container freight station (CFS) Container-Terminal *(n)*, Containerfrachtstation *(f)*, Containerpackstation *(f)*, Container Freight Station *(n)*
container head Containerkopf *(m)*
container import cargo manifest Containerimportfracht-Manifest *(n)*
container leasing Containerleasing *(n)*
container line Containerreihe *(f)*
container list Containerliste *(f)*
container load containerische Ladung *(f)*, Containerladung *(f)*, FCL-Ladung *(f)*, Komplettcontainer *(m)*, volle Containerladung *(f)*
  allowable container load zulässige Nutzlast des Containers *(f)*
  average container load durchschnittliche Containertragfähigkeit *(f)*
  full container load (FCL) Containerladung *(f)*, FCL-Ladung *(f)*, Komplettcontainer *(m)*, Komplettladung *(f)*, Vollcontainer *(m)*, volle Containerladung *(f)*
container manifest Containerladungsmanifest *(n)*, Container-Ladungsverzeichnis *(n)*, Containermanifest *(n)*
container market Containermarkt *(m)*
container number Containernummer *(f)*, Nummer des Containers *(f)*
container's number Containernummer *(f)*, Nummer des Containers *(f)*
container of flat car Container auf Platformwagen *(m)*
container of flat wagon *(GB)* Container auf Platformwagen *(m)*
container on-flat-car (rail flatcar) *(US)* Container auf Platformwagen *(m)*
container operator Container-Operator *(m)*, Containerspediteur *(m)*, Container-Transport-Operator *(m)*, Containerunternehmer *(m)*, Unternehmer des kombinierten Transports *(m)*
container packings certificate Containerverpackungs-Zertifikat *(n)*
container/pallet ship Containerpalleteschiff *(n)*
container park Containerpark *(m)*
container partload Containerstückgut *(n)*

container platform Pritschencontainer *(m)*
container pool Containerpool *(m)*
container port Containerhafen *(m)*
container rate Containerrate *(f)*, Containersatz *(m)*
container seal Containerplombe *(f)*
container service Behältertransport *(m)*, Containertransport *(m)*, Containerdienst *(m)*, Containerservice *(m)*
container service tariff (CST) Containerdienstleistungtarif *(m)*, Containerdienst-Tarif *(m)*, Tarif für Containerleistungen *(m)*
container ship Bahälterschiff *(n)*, Containerschiff *(n)*
  cell-type container ship Containerschiff *(n)*, Zellencontainerschiff *(n)*
  cellular container ship Containerschiff *(n)*, Zellen-Containerschiff *(m)*
  convertible container ship konvertibeles Containerschiff *(n)*
  part container ship Teilcontainerschiff *(n)*
  partial container ship Teilcontainerschiff *(n)*
  refrigerated container ship Kühlcontainerschiff *(n)*
container size and type Containermuster *(n)*
container size/type Containergröße/-Bauform *(f)*
container space Containerplatzzutailung *(f)*
container stack Containerstapel *(m)*
container station Containerbanhof *(m)*
container stuffing Containererfüllung *(f)*
container substituted Ersatzbehälter *(m)*
container terminal Containerterminal *(n)*
  land container terminal Landcontainerterminal *(n)*
container terminal charges Containerterminalgebühren *(pl)*
container traffic Behältertransport *(m)*, Containertransport *(m)*, Containerverkehr *(m)*
container trailer Containertrailer *(m)*
container train Containerzug *(m)*
container transport Behältertransport *(m)*, Containertransport *(m)*
  land and sea container transport Land-See-Containertransport *(m)*
container transport operator Container-Operator *(m)*, Container-Transport-Operator *(m)*
container transport system (CTS) Containertransportsystem *(n)*
container type Containermuster *(m)*
container under customs seal Container unter Zollverschluss *(m)*

container unstuffing Containerentladung *(f)*
container use Containerverwendung *(f)*
container user analysis Containeranwenderanalyse *(f)*
container utilization Containernutzung *(f)*
container vessel Containerschiff *(n)*
  cellular container vessel Containerschiff *(n)*, Zellen-Containerschiff *(m)*, Zellenschiff *(n)*
container wagon *(GB)* Containerwagen *(m)*, Containerwaggon *(m)*
container wharf Containerkai *(m)*, Containerladeplatz *(m)*
container yard Container-Depot *(n)*, Containerumschlagbahnhof *(m)*
* 20-foot container 20-Fuß-Container *(m)*
40-foot container 40-Fuß-Container *(m)*
air container Luftverkehrscontainer *(m)*
airfreight container Luftfrachtcontainer *(m)*
air-mode container Ladeeinheit (ULD) *(f)*, Luftfrachtcontainer *(m)*
approval of container Zulassung von dem Behälter *(f)*
approved container Standardcontainer *(m)*, zugelassener Container *(m)*
BACO barge container carrier Containerkahn *(m)*
bulk container Massengutcontainer *(m)*
bulk liquid container Container für flüssiges Massengut *(m)*
cage frame container Skelett-Container *(m)*
cargo container Container *(m)*
  dry cargo container Box-Container *(m)*, Trockenfrachtcontainer *(m)*
  marine cargo container Seecontainer *(m)*
  cargo container ship Bahälterschiff *(n)*, Containerfrachtschiff *(n)*
cleaning of container Reinigung eines Containers *(f)*
closed vented/ventilated container geschlossener belüfteter Container *(m)*
collapsible container zerlegbarer Behälter *(m)*
collapside container Universalbehälter *(m)*, Universalcontainer *(m)*
cooled container Kesselcontainer *(m)*, Kühlcontainer *(m)*
covered container überdachter Container *(m)*
demurrage of a container Containerwartezeit *(f)*
dry bulk container Massengutcontainer *(m)*, Schüttgutcontainer *(m)*

dry ice container Trockeneiscontainer *(m)*
empties to be returned Rückgabeverpackung *(f)*
empty container leerer Container *(m)*
examination of the container Beschau des Behälters *(f)*
fleet of containers Containerpark *(m)*
floating barge container Containerleichter *(m)*
floating container Schwimmcontainer *(m)*
freight container Container *(m)*
  bulk freight container Massengutcontainer *(m)*
  standardized freight container Standardcontainer *(m)*
furniture container Möbelbehälter *(m)*
general cargo container Massengutcontainer *(m)*, Standard-Container *(m)* 2. *(in aircargo)* Stückgut-Container *(m)*
general purpose container Massengutcontainer *(m)*, Standard-Container *(m)*, Universalbehälter *(m)*, Universalcontainer *(m)*
handling of containers Containerumladung *(f)*
heated container beheizter Container *(m)*
heat-insulated container wärmeisolierender Container *(m)*
heavy-duty container Schwerlast-Container *(m)*
high cube container Großraum-Container *(m)*, Großvolumen-Container *(m)*
importation of container Einfuhr von Containern *(f)*
  temporary importation of containers vorübergehende Einfuhr von Containern *(f)*
identifying numbers of containers Kennnummern der Container *(pl)*
individual container Spezialcontainer *(m)*
interchangeable container Wechselbehälter *(m)*
intercontinental container interkontinentaler Container *(m)*
intermodal container Container für kombinierten Transport *(m)*, intermodaler Container *(m)*
ISO-container ISO-Container *(m)*
large container Großbehälter *(m)*
  goods carried by large containers Warenbeförderung in Großbehältern *(f)*
  simplified procedures for goods carried by large container vereinfachte Warenbeförderungen im in Großbehältern *(pl)*

liquid container Flüssigkeitscontainer *(m)*, Tankcontainer *(m)*

load a container Behälter beladen *(m)*, Container beladen *(m)*

low-temperature container Thermoscontainer *(m)*

marking of a container Containermarkierung *(f)*

modular automated container handling automatisierte Containerumschlaganlage *(f)*

multipurpose container Vielzweckcontainer *(m)*

multi-tonnage container Großcontainer *(m)*

name of the owner of container Name des Containerbesitzers *(m)*

non-returnable container Einwegcontainer *(m)*

open container Open-Container *(m)*

open sided container Open-Sided-Container *(m)*

open top container Open-Top-Container *(m)*

open-sided container Open-Side-Container *(m)*

open-top container Open-Top-Container *(m)*

pack a container in Container packen *(m)*

pallet container Palettencontainer *(m)*

platform container Plattformcontainer *(m)*

railway container Bahnbehälter *(m)*

refrigerator container Kühlcontainer *(m)*, Kühlbehälter *(m)*

  marine refrigerated container Seekühlcontainer *(m)*

  mechanically refrigerated container Kühlmaschinencontainer *(m)*, machinell gekühlter Container *(m)*

returnable container wiederverwendbare Verpackung *(f)*

rigid container steife Verpackung *(f)*

shipping container Seecontainer *(m)*, Transportbehälter *(m)*

single-service container Flüssigkeitscontainer *(m)*

skeleton container Gitter-Container *(m)*

specific-purpose container Spezialcontainer *(m)*

stackable container stapelbarer Container *(m)*

stacking of containers Stapeln von Containern *(n)*

stuff a container Behälter beladen *(m)*, Container beladen *(m)*

stuffing of a container Beladen der Container *(n)*

tank container Tankcontainer *(m)*

temporary admission of containers free of import duties and import taxes Zulassung von Behältern zur vorübergehenden Einfuhr ohne Entrichtung der Eingangsabgaben *(f)*

thermal container Thermoscontainer *(m)*

traffic of container Containerverkehr *(m)*

transport container Transportbehälter *(m)*, Transportgefäß *(n)*

  international transport by containers internationaler Behälterverkehr *(m)*

type of container Typ des Containers *(m)*

unload a container Container entladen *(m)*

ventilated container ventilierter Container *(m)*

volume of a container Volumen des Containers *(n)*

containerisation Containerisierung *(f)*

containerisation of carriage Transportcontainerisierung *(f)*

containerisation of carrying Beförderungscontainerisierung *(f)*

containerise containerisieren, in Container laden *(m)*, in Container verladen *(m)*

containerized containerisiert, in Container verpacken *(m)*

  containerized cargo containerisierte Fracht *(f)*, containerisierte Ladung *(f)*

  containerized freight containerisierte Fracht *(f)*

  containerized shipment Behältertransport *(m)*

  containerized shipping Containerverladung *(f)*, Containerversand *(m)*, Containerverschiffung *(f)*

containernable containerfähig

content Inhalt *(m)*

contention Argument *(n)*, Beweis *(m)*

contest Streit *(m)*

contested bestritten

  contested document unbestrittenes Dokument *(n)*

continental kontinental

  continental ton metrische Tonne *(f)*

contingent Kontingent *(n)*, Quote *(f)* **2.** Kontingentierungs-, Quoten-

  contingent charge Kontingentierungssteuer *(f)*

  contingent list Kontingentierungsliste *(f)*, Quotenliste *(f)*

  * autonomous contingent autonome Quote *(f)*, autonomes Kontingent *(n)*

conventional contingent Konventionalkontingent *(n)*, Konventionalquote *(f)*
customs contingent Zollkontingent *(n)*
duty-free contingent zollfreie Quote *(f)*, zollfreies Kontingent *(n)*
import contingent Einfuhrkontingent *(n)*, Einfuhrquote *(f)*
partial contingent Teilkontingent *(f)*

continuation Verlängerung *(f)* **2.** Prolongations-
continuation clause Friststreckungsklausel *(f)*, Prolongationsklausel *(f)*, Verlängerungsklausel *(f)*
continuation of an agreement Aufrechterhaltung des Vertrags *(f)*, Verlängerung des Vertrags *(f)*
continuation of the authorization Aufrechterhaltung der Bewilligung *(f)*
continuation order Fortsetzungsbestellung *(f)*

continue verlängern

continuing weiter
continuing guarantee unbefristete Garantie *(f)*

contraband Konterbande *(f)*, Schmuggel *(m)* **2.** Schmuggel-
contraband goods Bannware *(f)*, Schmuggelware *(f)*
contraband trade Schleichhandel *(m)*, Schmuggelei *(f)*

contract Vertrag abschließen *(m)*, Vertrag schließen *(m)*
contract a debt Kredit aufnehmen *(m)*
contract a liability Verpflichtung eingehen *(f)*
contract a loan Darlehen aufnehmen *(n)*, Kredit aufnehmen *(m)*

contract Kontrakt *(m)*, Vertrag *(m)* **2.** vertragsmäßig, Vertrags-, Kontrakt-
contract addendum Nachvertrag *(m)*, Zusatzvertrag *(m)*
contract agreement Vertragsvereinbarung *(f)*
contract appendix Nachvertrag *(m)*, Zusatzvertrag *(m)*
contract article Vertragsartikel *(m)*
contract award Kontrahierung *(f)*, Kontraktabschluss *(m)*
contract beneficiary Vertragsschließende *(m)*, vertragsschließende Seite *(f)*
contract bond Erfüllungsgarantie *(f)*, Vertragsgarantie *(f)*

contract by deed gültiger Vertrag *(m)*, rechtswirksamer Vertrag *(m)*
contract by tender Ausschreibung *(f)*
contract carrier Trampschiff *(n)* **2.** vertraglicher Frachtführer *(m)*
contract clause Klausel *(f)*, Punkt eines Vertrags *(m)*, Vertragsabrede *(f)*, Vertragsbestimmung *(f)*, Vertragsklausel *(f)*, Vertragspunkt *(m)*
matter of contract clause Vertragsgegenstandsklausel *(f)*, Vertragsobjektsklausel *(f)*
subject of contract clause Vertragsgegenstandsklausel *(f)*, Vertragsobjektsklausel *(f)*
contract code Kontraktnummer *(f)*, Kontraktdoppel *(n)*
contract conditions Vertragskonditionen *(f)*
change of contract conditions Änderung der Vertragskonditionen *(f)*
contract note
contract currency vereinbarte Währung *(f)*, Vertragswährung *(f)*
contract date im Vertrag vereinbarte Frist *(f)*, Vertragsdatum *(n)*
contract delivery Lieferung auf Grund eines Abkommens *(f)*
contracts department Vertragsabteilung *(f)*
contract division Vertragsabteilung *(f)*
contract duty Vertragszoll *(m)*
contract for carriage by sea Schiffsfrachtvertrag *(m)*
contract for delivery Kontrakt auf spätere Lieferung *(m)*, Lieferkontrakt *(m)*, Liefervertrag *(m)*, Vertrag auf spätere Lieferung *(m)*
contract for forward delivery Termingeschäft *(n)*
contract for freight Frachtvertrag *(m)*
contract for railroad carriage Eisenbahnbeförderungvertrag *(m)*, Eisenbahnfrachtvertrag *(m)*
contract for railway carriage Eisenbahnbeförderungvertrag *(m)*, Eisenbahnfrachtvertrag *(m)*
contract for services Dienstleistungsvertrag *(m)*
contract form Form eines Vertrags *(f)*, Formular des Vertrags *(n)*
contract guarantee Vertragsgarantie *(f)*
Uniform Rules for Contract Guarantees Einheitliche Richtlinien für Vertragsgarantien (ERV) *(pl)*
contract holder Vertragspartner *(m)*
contract in force geltender Kontrakt *(m)*

contract in writing schriftlicher Vertrag *(m)*
contract insurance Vertragsversicherung *(f)*
contract interest vertragsmäßige Zinsen *(pl)*, Vertragszinsen *(pl)*
contract interpretation Vertragsauslegung *(f)*
contract item Vertragsbestimmung *(f)*
contract language Kontraktsprache *(f)*
contract liability Verpflichtung aus dem Vertrag *(f)*, Vertragspflicht *(f)*
contract negotiations Verhandlungen über den Vertrag *(pl)*, Vertragsbesprechungen *(pl)*
contract of adhesion Beitrittsvertrag *(m)*
contract of affreightment Schifffahrtsvertrag *(m)*, Schiffsbefrachtungskontrakt *(m)*, Seefrachtvertrag *(m)*, Generalfrachtvertrag *(m)*
contract of agency Handelsvertretervertrag *(m)*
contract of air carriage Luftfrachtvertrag *(m)*
contract of carriage Frachtvertrag *(m)*
contract of delivery Liefervertrag *(m)*
contract of donation Schenkungsvertrag *(m)*
contract of employment Anstellungsvertrag *(m)*
contract of factoring Factoringvertrag *(m)*
contract of forwarding Absendervertrag *(m)*, Speditionsvertrag *(m)*
contract of franchising Franchisevertrag *(m)*
contract of general insurance Generalversicherungsvertrag *(m)*
contract of guarantee Garantieleistungsvertrag *(m)*, Haftungsvertrag *(m)*
contract of insurance Versicherungsabkommen *(n)*, Versicherungsvertrag *(m)*
　cancel a contract of insurance Versicherungsvertrag kündigen *(m)*
contract of lease Mietvertrag *(m)*
contract of lighterage Leichtertransportvertrag *(m)*
contract of location Pachtkontrakt *(m)*, Pachtvertrag *(m)*
contract of pledge Pfandvertrag *(m)*
contract of portage Transportvertrag *(m)*
contract of sale Kaufvertrag *(m)*
　execute a contract of sale Kaufvertrag durchführen *(m)*
　contract of sale and delivery Ablieferungsvertrag *(m)*
contract of sea carriage Seefrachtvertrag *(m)*
contract of service Anstellungsvertrag *(m)*, Dienstleistungsvertrag *(m)*
contract of storage Lagerungsvertrag *(m)*
contract of surety Garantieleistungsvertrag *(m)*, Haftungsvertrag *(m)*
contract of tenancy Meierbrief *(m)*

contract of towage Bugsiervertrag *(m)*
contract of trade Handelsabkommen *(n)*, Handelsvereinbarung *(f)*
contract on a compensatory basis Entschädigungsvertrag *(m)*
contract on shipment Kontrakt auf Verladung *(m)*, Kontrakt auf Verschiffung *(m)*
contract partner Abkommenspartner *(m)*, Vertragspartner *(m)*
contract penalty Kontraktstrafe *(f)*, Strafe für Vertragsbruch *(f)*, Vertragsstrafe *(f)*
contract price abgemachter Preis *(m)*, Vertragspreis *(m)*
contract proposal Vertragsvorschlag *(m)*
contract quality vertraglich ausbedingte Qualität *(f)*, Vertragsqualität *(f)*
contract quantity Vertragsmenge *(f)*
contract risk Kontraktrisiko *(n)*
contract stamp Stempelsteuer *(f)*, Verwaltungsabgabe *(f)*
contract sum Kontraktbetrag *(m)*, Vertragssumme *(f)*
infringement of the contract terms Verletzung der Kontraktbedingungen *(f)*, Verletzung der Vertragsbedingungen *(f)*
observance of the contract terms Einhaltung eines Vertrages *(f)*
propose the contract terms Vertragsbedingungen vorschlagen *(pl)*, Vertragsbestimmungen vorschlagen *(pl)*
contract termination Kündigung eines Vertrags *(f)*
contract unit Kontrakteinheit *(f)*, Vertragseinheit *(f)*
contract value vertraglich vereinbarter Preis *(m)*, Vertragswert *(m)*
contract with commission merchant Kommissionsvertrag *(m)*
contract worth Vertragswert *(m)*
* accept the terms of a contract Vertragsbedingungen akzeptieren *(pl)*
accessory contract Ergänzungsvertrag *(m)*, Zusatzabkommen *(n)*
accomplishment of contract specifications Erfüllung der Vertragsbedingungen *(f)*, Vertragserfüllung *(f)*
according to a contract laut Vertrag *(m)*, vereinbarungsgemäß
action in contract Vertragsklage *(f)*
adhesion contract Beitrittsvertrag *(m)*
advertising contract Werbevertrag *(m)*
affirmation of a contract Bestätigung des Vertrags *(f)*, Ratifikation des Vertrages *(f)*

agency contract Agenturvertrag *(m)*, Vertretervertrag *(m)*
  maritime agency contract Seeagenturvertrag
agent's contract Agenturvertrag *(m)*
alteration of contract Revision eines Vertrags *(f)*, Vertragsänderung *(f)*
amendment to a contract Berichtigung zum Vertrag *(f)*
amendments to a contract Abänderungen zu einem Kontrakt *(pl)*
ancillary contract Zusatzkontrakt *(m)*
annex to a contract Anlage zum Vertrag *(f)*, Annex *(m)*, Beilage zu einem Vertrag *(f)*
annul a contract Vertrag auflösen *(m)*, Vertrag rückgängig machen *(m)*
annulment of a contract Kontraktauflösung *(f)*, Rücktritt vom Kontrakt *(m)*, Stornierung eines Kontraktes *(f)*, Vertragsaufhebung *(f)*
antedate a contract Kontrakt zurückdatieren *(m)*, Vertrag antedatieren *(m)*, Vertrag zurückdatieren *(m)*
appendix to contract Anlage zum Vertrag *(f)*, Annex *(m)*
approve a contract Vertrag genehmigen *(m)*
arbitrage contract Schiedsgerichtvertrag *(m)*, Schiedsvertrag *(m)*
arrival contract Kontrakt auf Ankunft *(m)*
article of a contract Bestimmung *(f)*, Kontraktartikel *(m)*, Kontraktklausel *(f)*, Vertragsartikel *(m)*, Vertragsklausel *(f)*
as per contract laut Vertrag *(m)*, nach Vereinbarung *(f)*, vereinbarungsgemäß
assignment contract Retrozessionsvertrag *(m)*, Überlassungsvertrag *(m)*
auction contract Auktionsvertrag *(m)*
authority to contract Vertragsabschlussvollmacht *(f)*, Vollmacht zum Abschluss vom Vertrag *(f)*
author's contract urheberrechtlicher Vertrag *(m)*
avoidance of contract Stornierung eines Kontraktes *(f)*
award of contracts by competitive tendering durch Submission offene Auktion *(f)*
award of contracts by inviting tenders durch Submission offene Auktion *(f)*
back out of a contract Kontrakt kündigen *(m)*, Vertrag kündigen *(m)*, vom Kontrakt zurücktreten *(m)*, vom Vertrag zurücktreten *(m)*
barter contract Tauschkontrakt *(m)*, Vertrag über Warenaustausch *(m)*

basic contract Basisvertrag *(m)*
beneficiary of contract Vertragsschließende *(m)*, vertragsschließende Seite *(f)*
bilateral contract bilateraler Vertrag *(m)*
binding contract obligatorischer Vertrag *(m)*
bogus contract fiktiver Vertrag *(m)*
booking contract Buchungsfrachtvertrag *(m)*
bottomry contract Bodmereibrief *(m)*, Bodmereivertrag *(m)*, Schiffspfandbrief *(m)*
breach of a contract Nichterfüllung eines Vertrags *(f)*, Nichtnachkommen eines Vertrags *(n)*, Vertragsbruch *(m)*, Vertragsverletzung *(f)*, Kontraktbruch *(m)*
  damages for breach of a contract Schadenersatz bei Vertragsbruch *(m)*, Schadenersatz wegen nichterfüllung des vertrages *(m)*
  material breach of contract wesentliche Vertragsverletzung *(f)*
  penalty for breach of a contract Vertragsstrafe *(f)*, Strafe auf Nichtausführung eines Vertrags *(f)*
break a contract Kontrakt aufheben *(m)*, Kontrakt kündigen *(m)*, Vertrag brechen *(m)*, Vertrag zuwiderhandeln *(m)*
break of a contract Kontraktbruch *(m)*, Kontraktverletzung *(f)*
broker's contract note Schlussnote *(f)*
brokerage contract Maklervertrag *(m)*
business contract geschäftliche Abmachung *(f)*, Geschäftsvertrag *(m)*
business transaction contract Geschäftsabschluss *(m)*
buying contract Kaufbrief *(m)*, Kaufvertrag *(m)*
cancel a contract Kontrakt annullieren *(m)*, Kontrakt rückgängig machen *(m)*, Vertrag annullieren *(m)*, Vertrag rückgängig machen *(m)*
cancellation of a contract Kontraktauflösung *(f)*, Rücktritt vom Kontrakt *(m)*
capacity to contract Geschäftsfähigkeit *(f)*, Vertragsfähigkeit *(f)*
carriage contract Frachtvertrag *(m)*
carry out a contract Kontrakt erfüllen *(m)*, Vertrag erfüllen *(m)*
carrying out of a contract Vertragserfüllung *(f)*
celebration of a contract Vertragsabschluss *(m)*, Vertragsschließung *(f)*
change of contract Kontraktänderung *(f)*
charter contract Charterpartie *(f)*, Chartervertrag *(m)*, Generalfrachtvertrag *(m)*, Seefrachtvertrag *(m)*

civil contract bürgerlicher Vertrag *(m)*
claim under a contract Kontraktforderung *(f)*
clause in contract Vertragsabrede *(f)*, Vertragsbedingung *(f)*, Vertragsklausel *(f)*
clause of a contract Klausel *(f)*, Vertragspunkt *(m)*, Vertragsabrede *(f)*, Vertragsklausel *(f)*
clearing contract Clearingabkommen *(n)*, Clearingsvertrag *(m)*, Verrechnungsabkommen *(n)*
clinch a contract Kontrakt abschließen *(m)*, Kontrakt schließen *(m)*
closing of a contract Vertragsschluss *(m)*
  date of closing of a contract Datum des Vertragsabschlusses *(n)*, Vertragsabschlussdatum *(n)*
collateral contract Zusatzvertrag *(m)*
collective bargaining contract Kollektivvertrag *(m)*
collective contract Kollektivvertrag *(m)*
commitments under a contract kontraktliche Verpflichtungen *(pl)*
compensation contract Entschädigungsvertrag *(m)*
conclusion of a contract Kontrahierung *(f)*, Kontraktabschluss *(m)*, Vertragsabschluss *(m)*, Vertragsschließung *(f)*
  place of conclusion of the contract Ort des Vertragsabschlusses *(m)*, Vertragsschlussort *(m)*
conditions of a contract Vertragsbestimmungen *(pl)*
  propose the conditions of contract Vertragsbedingungen vorschlagen *(pl)*, Vertragsbestimmungen vorschlagen *(pl)*
conference contract Konferenzvertrag *(m)*
contrary to the contract gegen den Vertrag *(m)*
copy of a contract Abschrift des Kontraktes *(f)*, Duplikat des Vertrags *(n)*, Kontraktabschrift *(f)*, Kontraktkopie *(f)*, Vertragsdoppel *(n)*, Vertragsexemplar *(n)*, Vertragskopie *(f)*
  original copy of contract Originalkontrakt *(m)*
currency contract Devisengeschäft *(n)*
date of contract Vertragsdatum *(n)*
declaring the contract avoided Kündigungsbrief *(m)*, Kündigungsschreiben *(n)*, Rücktrittserklärung *(f)*
defeat a contract Vertrag lösen *(m)*
defection of contract Kontraktverletzung *(f)*, Vertragsbruch *(m)*, Vertragsverletzung *(f)*
definite contract Abschlussvertrag *(m)*

deliver according to the contract in Übereinstimmung mit dem Kontrakt liefern *(f)*
delivery contract Ablieferungsvertrag *(m)*
denounce a contract Kontrakt kündigen *(m)*, Vertrag kündigen *(m)*, vom Kontrakt zurücktreten *(m)*, vom Vertrag zurücktreten *(m)*
denunciation of a contract Vertragsaufhebung *(f)*
  date of entry into a contract Datum des Vertragsabschlusses *(n)*, Vertragsabschlussdatum *(n)*
determination of a contract Ablauf des Vertrags *(m)*, Erlöschen eines Vertrags *(n)*
determine a contract Vertrag aufheben *(m)*, Vertrag auflösen *(m)*, Vertrag kündigen *(m)*, Vertrag widerrufen *(m)*
dissolution of a contract Vertragsaufhebung *(f)*
distribution contract Distributionsvertrag *(m)*
draft of a contract Vertragsentwurf *(m)*
draw a contract Kontrakt ausfertigen *(m)*
draw up a contract Kontrakt abfassen *(m)*, Vertrag abfassen *(m)*, Vertrag aufstellen *(m)*, Vertrag ausfertigen *(m)*
duplicate contract Duplikat des Vertrags *(n)*, Vertragsdoppel *(n)*
duplicate of contract Kontraktabschrift *(f)*, Kontraktkopie *(f)*
duration of a contract Vertragsdauer *(f)*, Vertragsfrist *(f)*, Vertragszeit *(f)*
economic contract Leistungsvertrag *(m)*, Wirtschaftsvertrag *(m)*
employment contract Arbeitskontrakt *(m)*, Einstellungsvertrag *(m)*
ending of a contract Ablauf eines Kontraktes *(m)*, Erlöschen eines Kontraktes *(n)*
enter into a contract Vereinbarung treffen *(f)*, Vertrag zustande bringen *(m)*
exclusive contract Exklusivvertrag *(m)*
execute a contract Kontrakt erfüllen *(m)*, Vertrag abfassen *(m)*, Vertrag ausfertigen *(m)*, Vertrag erfüllen *(m)*
execution of a contract Vertragserfüllung *(f)*
execution of contract Vertragsabschluss *(m)*
  period of execution of a contract Erfüllungstermin *(m)*, Zeit der Kontraktausführung *(f)*, Zeit der Vertragsausführung *(f)*
export contract Ausfuhrvertrag *(m)*, Exportvertrag *(m)*
extend a contract Vertrag verlängern *(m)*

extension of a contract Erneuerung des Kontraktes *(t)*, Verlängerung des Kontraktes *(t)*, Verlängerung des Vertrags *(t)*, Verlängerung eines Abkommens *(t)*
extension of the contract Aufrechterhaltung des Vertrags *(t)*, Verlängerung des Vertrags *(t)*
extension of the contract Verlängerung eines Abkommens *(t)*
fictitious contract Scheinkontrakt *(m)*
fill a contract Vertrag erfüllen *(m)*
financing contract Finanzvertrag *(m)*
fixed-term contract befristeter Vertrag *(m)*, Fixgeschäft *(n)*
foreign exchange contract Währungsvertrag *(m)*
foreign trade contract Außenhandelsvertrag *(m)*
form of contract Vertragsform *(t)*, Vertragsformular *(n)*
forward contract Fixgeschäft *(n)*, Kontrakt auf spätere Lieferung *(m)*, Vertrag auf spätere Lieferung *(m)*
forwarding contract Absendervertrag *(m)*, Speditionsvertrag *(m)*
freedom of contract Vertragsabschlussrecht *(n)*
freight contract Buchungsbestätigung *(t)*, Buchungsnote *(t)*, Buchungsvermerk *(m)*, Transportkostenrechnung *(t)*
  general freight contract Generalfrachtvertrag *(m)*
frustration of contract Unmöglichkeit der Vertragserfüllung *(t)*
fulfillment of the contract Ausführung des Kontraktes *(t)*
  place of fulfillment of the contract Bestimmungsort *(m)*, Ort der Leistung *(m)*
general contract allgemeines Abkommen *(n)*
genuine text of a contract authentischer Wortlaut eines Vertrags *(m)*
global contract Globalabkommen *(n)*
government contract öffentlicher Auftrag *(m)*, Staatsauftrag *(m)*
gratuitous contract unentgeltlicher Vertrag *(m)*
haulage contract Frachtkontrakt *(m)*
hiring contract Mietvertrag *(m)*
implement a contract Vertrag erfüllen *(m)*
import contract Einfuhrvertrag *(m)*, Importvertrag *(m)*
indemnity contract Garantievertrag *(m)*

infringe a contract Kontrakt brechen *(m)*, Kontrakt verletzen *(m)*, Vertrag brechen *(m)*, Vertrag verletzen *(m)*
initial a contract Kontrakt paraphieren *(m)*, Vertrag parafieren *(m)*, Vertrag paraphieren *(m)*
initialing of contract Paraphierung des Vertrags *(t)*
insurance contract Versicherungsvertrag *(m)*
  cancellation of an insurance contract Versicherungsvertragsaufhebung *(t)*
integral part of the contract unabdingbarer Bestandteil des Vertrags *(m)*
international contract internationale Übereinkunft *(t)*, internationale Vereinbarung *(t)*, internationaler Vertrag *(m)*, internationales Abkommen *(n)*, völkerrechtlicher Vertrag *(m)*
interpret a contract Vertrag auslegen *(m)*
interpretation of contract Vertragsauslegung *(t)*
invalidity of a contract Ungültigkeit eines Kontraktes *(t)*
investment contract Investitionsvertrag *(m)*
item of a contract Kontraktartikel *(m)*, Vertragsartikel *(m)*
keep a contract Vertrag einhalten *(m)*
know-how contract Know-how-Vertrag *(m)*
law of contract Schuldrecht *(n)*, Vertragsrecht *(n)*
lease contract Pachtvertrag *(m)*
leasing contract Leasingvertrag *(m)*
licence contract Lizenzabkommen *(n)*, Lizenzvertrag *(m)*
  patent licensing contract Patentlizenzvergabevertrag *(m)*
life of a contract Laufzeit des Kontrakts *(t)*, Laufzeit des Vertrags *(t)*, Vertragsdauer *(t)*
loan contract Darlehensvertrag *(m)*
long-term contract langfristiger Kontrakt *(m)*, langfristiger Vertrag *(m)* **2.** *(bei Börsengeschäften)* Terminkontrakt *(m)*, Terminvertrag *(m)*
make a contract Kontrakt abschließen *(m)*, Kontrakt ausfertigen *(m)*, Kontrakt schließen *(m)*
make out a contract Vertrag ausfertigen *(m)*
making a contract Abkommensabschluss *(m)*, Zustandekommen eines Vertrags *(n)*
making of a contract Vertragsabschluss *(m)*
model contract Rahmenabkommen *(n)*
modification of contract Revision eines Vertrags *(t)*, Vertragsänderung *(t)*
monopoly contract Monopolvertrag *(m)*
negotiate a contract Vertrag schließen *(m)*, Vertrag vereinbaren *(m)*

negotiations under contract Verhandlungen über den Vertrag *(pl)*, Vertragsbesprechungen *(pl)*

non-execution of contract Nichtausführung eines Vertrags *(f)*

non-performance of a contract Nichtausführung eines Kontraktes *(f)*, Nichtausführung eines Vertrags *(f)*, Nichterfüllung eines Vertrags *(f)*, Nichtnachkommen eines Vertrags *(n)*

penalty for non-performance of a contract Kontraktstrafe *(f)*, Strafe für Vertragsbruch *(f)*

notarial contract notarieller Vertrag *(m)*

nullification of contract Kontraktaufhebung *(f)*, Kontraktauflösung *(f)*, Vertragsauflösung *(f)*

nullity of a contract Ungültigkeit eines Kontraktes *(f)*, Ungültigkeit eines Vertrags *(f)*

number of contract Kontraktnummer *(f)*

object of a contract Vertragsgegenstand *(m)*, Vertragsobjekt *(n)*

obligation of contract Verpflichtung aus dem Vertrag *(f)*, vertragliche Verpflichtung *(f)*

open-end contract unbefristeter Vertrag *(m)*

option contract Kaufanwartschaftsvertrag *(m)*

other party to a contract Tauschpartner *(m)*

patent contract Patentabkommen *(n)*, Patentvertrag *(m)*

penalty under a contract Vertragsstrafe *(f)*

perform a contract Vertrag erfüllen *(m)*

performance of a contract Ausführung des Vertrags *(f)*, Vertragserfüllung *(f)*

place of performance of contract Bestimmungsort *(m)*, Ort der Leistung *(m)*

pilotage contract Lotsenvertrag *(m)*

place of contract Ort des Vertragsabschlusses *(m)*, Vertragsschlussort *(m)*

pooling contract Kartellabkommen *(n)*, Kartellvertrag *(m)*

power to contract Geschäftsfähigkeit *(f)*, Kontraktabschlussvollmacht *(f)*, Vertragsabschlussvollmacht *(f)*, Vertragsfähigkeit *(f)*, Vollmacht zum Abschluss von Vertrag *(f)*, Vollmacht zum Abschluss von Kontrakt *(f)*

preamble of contract Vertragspräambel *(f)*

preliminary contract Vorvertrag *(m)*

prepare a contract Kontrakt abfassen *(m)*

principal contract Basisvertrag *(m)*

privity of contract Vertragsverhältnis *(n)*

prolongate a contract Vertrag prolongieren *(m)*, Vertrag verlängern *(m)*

prolongation of a contract Aufrechterhaltung des Vertrags *(f)*, Erneuerung des Vertrags *(f)*

public contract öffentlicher Auftrag *(m)*, Staatsauftrag *(m)*

purchase contract Kaufbrief *(m)*, Kaufvertrag *(m)*

quantity as per contract Menge entspricht dem Kontrakt *(f)*

quantity stipulated in a contract vertragsgerechte Anzahl *(f)*, vertragsgerechte Menge *(f)*

ratification of contract Bestätigung des Vertrags *(f)*, Ratifikation des Vertrages *(f)*

recede from a contract Vertrag kündigen *(m)*, vom Vertrag zurücktreten *(m)*

recession from a contract Lossagung vom Vertrag *(f)*, Vertragsaufhebung *(f)*, Vertragsrücktritt *(m)*

registration of a contract Registrierung des Vertrags *(f)*

renew a contract Vertrag erneuern *(m)*

renewal of a contract Erneuerung des Kontraktes *(f)*, Erneuerung des Vertrags *(f)*, Verlängerung des Kontraktes *(f)*, Vertragserneuerung *(f)*, Vertragsverlängerung *(f)*

repeal a contract Vertrag auflösen *(m)*, Vertrag rückgängig machen *(m)*

repudiate a contract Vertrag aufheben *(m)*, Vertrag kündigen *(n)*

repudiation of a contract Kontraktaufhebung *(f)*, Kontraktauflösung *(f)*, Rücktritt vom Vertrag *(m)*

rescind a contract Kontrakt annullieren *(m)*, Vertrag annullieren *(m)*, Vertrag kündigen *(m)*, Vertrag stornieren *(m)*

rescission of a contract Kontraktannullierung *(f)*

resile form a contract vom Vertrag zurücktreten *(n)*

revision of a contract Kontraktänderung *(f)*, Überprüfung des Kontraktes *(f)*, Vertragsänderung *(f)*

revival of a contract Erneuerung des Vertrags *(f)*, Vertragsverlängerung *(f)*

sale contract Kauf- und Verkaufsakt *(m)*, Kontrakt *(m)*, Kaufkontrakt *(m)*

sales contract Kauf- und Verkaufsakt *(m)*, Kontrakt *(m)*, Kaufkontrakt *(m)*

salvage contract Bergungsvertrag *(m)*

service contract Arbeitskontrakt *(m)*, Einstellungsvertrag *(m)*, Wartungsvertrag *(m)*

technical service contract Vertrag für technischen Service *(m)*

settle a contract Vertrag schließen *(m)*

shipment contract Kontrakt auf Verladung *(m)*, Kontrakt auf Verschiffung *(m)*

short-term contract kurzfristiger Vertrag *(m)*

sign a contract Vertrag unterschreiben *(m)*, Vertrag unterzeichnen *(m)*

signing of contract Abschluss *(m)*, Kontraktunterzeichnung *(f)*, Unterzeichnung des Vertrags *(f)*

simulated contract fiktives Geschäft *(n)*

social contract Gesellschaftsvertrag *(m)*

spot contract Kassageschäft *(n)*

stamp duty on contracts Vertragsstempelsgebühr *(f)*

standard contract Mustervertrag *(m)*, typischer Vertrag *(m)*

standard form contract Normalvertrag *(m)*

stipulated in a contract vom Vertrag gefordert *(m)*

subject of a contract Vertragsgegenstand *(m)*, Vertragsobjekt *(n)*

subject-matter of contract Vertragsobjekt *(n)*

subtenancy contract Untermietvertrag *(m)*

sum of a contract Kontraktbetrag *(m)*, Vertragssumme *(f)*

supplement of contract Beilage zu einem Vertrag *(f)*

supplementary contract Zusatzabkommen *(n)*

temporary contract befristeter Kontrakt *(m)*

tenancy contract Pachtkontrakt *(m)*, Pachtvertrag *(m)*

tentative contract Vorvertrag *(m)*

term of a contract Erfüllungstermin *(m)*, Gültigkeitsdauer des Vertrags *(f)*, Vertragszeitraum *(m)*, Zeit der Vertragsausführung *(f)*

non-observance of the terms of an contract Nichteinhaltung der Kontraktbedingungen *(f)*

term of notice as stipulated by contract Kündigungsfrist *(f)*, Kündigungstermin *(m)*, Vertragskündigungsfrist *(f)*

termed contract Terminkontrakt *(m)*, Terminvertrag *(bei Börsengeschäften) (m)*

terminal contract befristeter Vertrag *(m)*, Fixgeschäft *(n)*

terminate a contract Kontrakt auflösen *(m)*, Kontrakt kündigen *(m)*, Vertrag annullieren *(m)*, Vertrag kündigen *(m)*, Vertrag rückgängig machen *(m)*

right to terminate a contract Rücktrittsrecht *(n)*, Vertragskündigungsrecht *(n)*

termination of a contract Ablauf eines Kontraktes *(m)*, Erlöschen eines Kontraktes *(n)*, Kontraktannullierung *(f)*, Kontraktbruch *(m)*, Vertragskündigung *(f)*

time limit to conclude a contract Frist zum Vertragsabschluss *(f)*

towing contract Schleppvertrag *(m)*

trade contract Kaufkontrakt *(m)*

transgress a contract Kontrakt brechen *(m)*, Kontrakt verlezen *(m)*

transit contract Transitvertrag *(m)*

transport contract Frachtkontrakt *(m)*

transportation contract Beförderungsvertrag *(m)*

turn-key contract Vertrag zur schlüsselfertigen Übergabe *(m)*, Vertrag mit Schlüssen *(m)*

type of contract Art des Vertrags *(f)*, Vertragsart *(f)*

undo a contract Vertrag auflösen *(m)*, Vertrag widerrufen *(m)*

unenforceability of a contract Unmöglichkeit der Vertragserfüllung *(f)*

unit of contract Kontrakteinheit *(f)*, Vertragseinheit *(f)*

valid contract gültiger Vertrag *(m)*, rechtswirksamer Vertrag *(m)*

validate a contract Vertrag genehmigen *(m)*

validity of a contract Laufzeit des Kontrakts *(f)*, Vertragsdauer *(f)*, Vertragsfrist *(f)*

extend the validity of a contract Vertragsgültigkeit verlängern *(f)*

variation of contract Vertragsänderung *(f)*

violate a contract Vertrag brechen *(m)*, Vertrag verletzen *(m)*, Vertrag zuwiderhandeln *(m)*

violation of a contract Vertragsbruch *(m)*, Vertragsaufhebung *(f)*

void contract nichtiger Vertrag *(m)*, nichtiges Geschäft *(n)*

withdraw from a contract vom Vertrag zurücktreten *(n)*

withdrawal from a contract Kontraktaufhebung *(f)*

wording of contract Vertragstext *(m)*

work contract Leistungsvertrag *(m)*

written contract schriftliche Vereinbarung *(f)*, schriftlicher Vertrag *(m)*

contracted vertraglich

contracted price vertraglich vereinbarter Preis *(m)*

contracted quantity Vertragsmenge *(f)*

contracting vertraglich

contracting carrier Trampdampfer *(m)*, Trampschiff *(n)*, vertraglicher Frachtführer *(m)*

contracting party Kontrahent *(m)*, Vertragspartei *(f)*, Vertragspartner *(m)*

contracting state Parteistaat eines Vertrags *(m)*, Vertragsstaat *(m)*
* **freight contracting** Befrachtung *(f)*, Verfrachtung *(f)*
contractor Geschäftsmann *(m)*, Unternehmer *(m)* **2.** Hersteller *(m)*, Produzent *(m)*
3. Kontrahent *(m)*, Vertragspartei *(f)*
contractor proposal Auftragnehmerangebot *(n)*
* **cartage contractors** Transportbetrieb *(m)*
cartage contractor's liability Haftpflicht des Transporteurs *(f)*, Transporthaftung *(f)*
freight contractor Akquisiteur *(m)*, Verschiffungsagent *(m)*, Verschiffungsspediteur *(m)*
haulage contractor's liability Haftpflicht des Transporteurs *(f)*, Transporthaftung *(f)*
contractual vertraglich, Vertrags-
contractual acceptance vertragliches Akzept *(n)*
contractual capacity Fähigkeit zum Abschluss von Verträgen *(f)*
contractual clause Punkt eines Vertrags *(m)*, Vertragsbestimmung *(f)*
contractual commitment Verpflichtung aus einem Vertrag *(f)*, Vertragsverpflichtung *(f)*
contractual forwarder Vertragsspediteur *(m)*
contractual forwarding agent Vertragsspediteur *(m)*
contractual indemnity vertragsmäßige Entschädigung *(f)*
contractual law Schuldrecht *(n)*
contractual liability Haftung aus Kontrakt *(f)*, Haftung aus Vertrag *(f)*, kontraktliche Haftung *(f)*, vertragliche Haftung *(f)*, Vertragshaftung *(f)*, Vertragshaftung *(f)*
contractual margin Vertragsmarge *(f)*
contractual obligation Verpflichtung aus dem Vertrag *(f)*, vertragliche Verpflichtung *(f)*
contractual penalty Konventionalstrafe *(f)*, Vertragsstrafe *(f)*
contractual period Vertragsfrist *(f)*, Vertragszeit *(f)*
contractual port Vertragshafen *(m)*
contractual price Vertragspreis *(m)*
contractual reservation vertragliche Beschränkung *(f)*
contractual sanction Vertragssanktion *(f)*
contractual tariff kombinierter Zolltarif *(m)*, Mischtarif *(m)*, Vertragszolltarif *(m)*
contractual weight Vertragsgewicht *(n)*
* **collection with contractual acceptance** Inkasso mit Vertragsakzept *(n)*

fulfil the contractual terms Vertragsbedingungen erfüllen *(pl)*
contraventioninvestigation of contraventions of the customs law Ermittlung von Zuwiderhandlungen gegen die Zollgesetze *(f)*
investigate contraventions of customs law Zuwiderhandlungen gegen die Zollgesetze ermitteln *(pl)*
contradiction Bestreitung *(f)*
contradictive widersprüchlich
contrary Protest-
contrary to the contract gegen den Vertrag *(m)*
contrary to law gegen das Gesetz *(n)*, ungerechterweise
contrary to the regulations gegen die Vorschriften *(pl)*
contravene angreifen, verlezen
contravene the law Gesetz übertreten *(n)*, Gesetz verletzen *(n)*
contravene the law on customs Zollregelung übertreten *(f)*
contravention Vergehen *(n)*, Verstoß *(m)*
contravention of customs law Zollverletzung *(f)*, Zuwiderhandlung gegen die Zollgesetze *(f)*
contravention of the law Gesetzesverstoß *(m)*, Verletzung eines Gesetzes *(f)*
contravention of the law of exchange Devisenverstoß *(m)*
contravention of the patent legislation Patentrechtsverletzung *(f)*, Patentverletzung *(f)*
contribution Anteil *(m)*, Beitrag *(m)*
additional contribution Zusatzanteil *(m)*
cash contribution Geldbeitrag *(m)*
general average contribution gemeinschaftlicher Havarie-Beitrag *(m)*, Havariegrosse-Beitrag *(m)*
insurance contribution Versicherungsbeitrag *(m)*, Versicherungsgebühr *(f)*
obligatory contribution Pflichtbeitrag *(m)*
outstanding contribution abgelaufener Beitrag *(m)*
contributor Anteilseigner *(m)*, Einleger *(m)*
contributory beitragsbezogen
contributory insurance Zusatzversicherung *(f)*
controffer Gegenvorschlag *(m)*

control kontrollieren, nachprüfen, Nachprüfung anstellen *(f)*, prüfen, überwachen
control the books Bücher prüfen *(pl)*
control the prices Preise kontrollieren *(pl)*
control Aufsicht *(f)*, Kontrolle *(f)*, Überwachung *(f)*, Untersuchung *(f)* **2.** Regelung *(f)*, Reglementierung *(f)*
control authority nachprüfende Behörde *(f)*
control by office of departure Prüfung durch die Abgangsstelle *(f)*
control card Kontrollkarte *(f)*, Prüfkarte *(f)*
control document Papier zur Kontrolle *(n)*
control measures Kontrollmaßnahmen *(pl)*
  currency control measures Devisenabfertigungen *(pl)*
  effect the customs control measures Zollkontrolle durchführen *(f)*
control of the customs authorities Zollüberwachung *(f)*
control of declaration Kontrolle der Anmeldung *(f)*
control of the end of the procedure Kontrolle des Verfahrensendens *(f)*
control of exchange Devisenbeschränkungen *(pl)*, Devisenregelung *(f)*
control of exports Ausfuhrkontrolle *(f)*, Exportkontrolle *(f)*
control of foreign trade Außenhandelskontrolle *(f)*
control of goods Beschau der Waren *(f)*
control of imports Einfuhrkontrolle *(f)*, Importkontrolle *(f)*, Importreglementierung *(f)*, Kontingentierung der Einfuhr *(f)*
control of origin *(customs)* Kontrolle des Ursprungs *(f)*
control of use (of goods) Überwachung der Bestimmung *(f)*
control over export and import Export- und Importkontingentierung *(f)*
control procedure Kontrollverfahren *(n)*
control sample Kontrollprobe *(f)*
control service Kontrollinstanz *(f)*, Kontrollstelle *(f)*
control sheet *(CMC)* Kontrollabschnitt *(m)*
control sum Kontrollsumme *(f)*
control survey Kontrollprüfung *(f)*
control the goods movement Kontrolle der Warenbeförderung *(f)*
control trial Prüfmuster *(n)*
control zone Kontrollzone *(f)*
* administrative control Verwaltungskontrolle *(f)*, verwaltungsmäßige Überprüfung *(f)*

amount of control Umfang der Prüfung *(m)*
bank control Bankkontrolle *(f)*
be subject to control Kontrolle unterliegen *(f)*
border control Grenzkontrolle *(f)*
container control Containerkontrolle *(f)*
Container Control and Logistics (CCL) Containerverkehrssystem *(n)*
co-ordination of controls Koordinierung der Kontrollen *(f)*
costs of control Kosten der Prüfung *(pl)*
customs control Zollabfertigung *(f)*, zollamtliche Aufsicht *(f)*, zollamtliche Prüfung *(f)*, Zollaufsicht *(f)*, Zollrevision *(f)*
  acts of customs control Prüfmaßnahmen *(pl)*
  arrangements permitting goods to be processed under customs control before being put into free circulation Zollverfahren der Umwandlung von Waren unter zollamtlicher Überwachung vor ihrer Überführung in den zollrechtlich freien Verkehr *(n)*
  attend the customs control procedures an der Zollkontrolle teilnehmen
  be subject to customs control zollamtlicher Überwachung unterliegen *(f)*
  consignment subject to customs control Zollsendung *(f)*
  destruction under customs control Vernichtung unter Aufsicht der Zollbehörde *(f)*
  effect the customs control measures Zollkontrolle durchführen *(f)*
  export customs control äußere Zollbeschau *(f)*
  form of customs control Zollkontrollform *(f)*
  goods under customs control Waren unter zollamtlicher Überwachung *(pl)*
  handling under customs control Transshipment unter Zollkontrolle *(n)*, Umladung unter Zollkontrolle *(f)*
  order of customs control procedures Zollanweisungsverfahren *(n)*
  place of customs control Zollaufsichtsstelle *(f)*
  place under customs control Zollkontrolle unterstellen *(f)*, Zollkontrolle unterwerfen *(f)*
  process of customs control Zollverfahren *(n)*
  processing of goods under customs control Umwandlung unter zollamtlicher Überwachung *(f)*

processing under customs control aktive Veredelung *(f)*, Umwandlung unter zollamtlicher Prüfung *(f)*
arrangements for processing under customs control Verfahren der Umwandlung unter zollamtlicher Überwachung *(n)*
authorization for processing under customs control Bewilligung des Umwandlungsverfahrens *(f)*
declaration for placement goods under the arrangements for processing under customs control Anmeldung zur Überführung in das Verfahren der Umwandlung unter zollamtlicher Überwachung *(f)*
system of processing under customs control Verfahren der Umwandlung unter zollamtlicher Überwachung *(n)*
customs control of the use of goods zollamtliche Überwachung der Verwendung der Waren *(f)*
customs control results Ergebnisse der Zollkontrollen *(pl)*
exchange control Devisenbewirtschaftung *(f)*, Devisenkontrolle *(f)*
export control Ausfuhrkontingentierung *(f)*, Exportkontingentierung *(f)* 2. Ausfuhrkontrolle *(f)*, Exportkontrolle *(f)*
export control act Gesetz über die Exportkontrolle *(n)*
final control Abschlussverifikation *(f)*, Endkontrolle *(f)*
financial control Finanzinspektion *(f)*, Finanzkontrolle *(f)*
food control Lebensmittelüberwachung *(f)*
foreign exchange control Devisenbewirtschaftung *(f)*, Devisenkontrolle *(f)*, Währungskontrolle *(f)*
foreign trade control Außenhandelskontrolle *(f)*
goods control certificate Warenkontrollzertitkat *(n)*
goods flow control system Warenflusssteuerungssystem *(n)*
immigration control Einwanderungskontrolle *(f)*
import control Einfuhrkontrolle *(f)*, Importkontingentierung *(f)*, Importkontrolle *(f)*, Kontingentierung des Imports *(f)*
international control internationale Kontrolle *(f)*

joint control of goods and documents *(customs)* gemeinsame Kontrolle der Waren und Dokumente *(f)*
marketing control Marketing-Kontrolle *(f)*
order control Auftragskontrolle *(f)*
order progress control Auftragsfortschrittskontrolle *(f)*
passport control Passabfertigung *(f)*
port control Hafenkontrolle *(f)*
price control Preisregelung *(f)*, Preisüberwachung *(f)*
quality control Qualitätskontrolle *(f)*, Qualitätsüberwachung *(f)*
product quality control technische Kontrolle *(f)*
total quality control totale Qualitätskontrolle *(f)*
quality control department Qualitätskontrolleabteilung *(f)*
quality control manager Qualitätsleiter *(m)*
quality control method Qualitätskontrollemethode *(f)*
quality control report Qualitätsprüfbericht *(m)*
quantity control Mengekontrolle *(f)*, Quantitätskontrolle *(f)*
quarantine control Quarantänekontrolle *(f)*
sanitary control Kontrolle aus gesundheitlichen Gründen *(f)*, Sanitätsinspektion *(f)*
certificate of sanitary control Gesundheitszeugnis *(n)*
serial number of the T5 control copy Nummer des Kontrollexemplars T5 *(f)*
specific control spezifische Kontrolle *(f)*
system of control Kontrollsystem *(n)*
technical control technische Prüfung *(f)*

controlled kontrolliert
controlled price gesteuerter Preis *(m)*

controlling Controlling *(n)*
controlling unit Kontrolleinheit *(f)*

convenience Vergünstigung *(f)*
flags of convenience billige Flagge *(f)*, Billigflagge *(f)*

convenient geeignet
convenient terms of payment sonstige Zahlungserleichterungen *(pl)*, Zahlungserleichterungen *(pl)*

convention Konvention *(f)*
convention duty vertragsmäßiger Zoll *(m)*

Convention for the Unification of certain rules of Law relating to Bills of Lading Visby Regeln *(pl)*
convention on tariff Zollkonvention *(f)*
* air convention Luftkonvention *(f)*, Luftvertrag *(m)*
article of convention Artikel des Übereinkommens *(m)*
ATA convention ATA-Übereinkommen *(n)*
commercial convention Handelsabkommen *(n)*, Handelskonvention *(f)*
consular convention Konsularabkommen *(n)*
customs convention Zollabkommen *(n)*
economic convention Wirtschaftsabkommen *(n)*, Wirtschaftsvereinbarung *(f)*
international convention internationale Konvention *(f)*, Völkerrechtskonvention *(f)*
International Convention for the Unification of certain Rules relating to Bills of Lading Haager Regeln *(pl)*
International Convention on the simplification and Harmonization of Customs Procedures Internationales Übereinkommen zur Vereinfachung und Harmonisierung der Zollverfahren *(n)*
interpretation of a convention Auslegung des Übereinkommens *(f)*
postal convention Postvertrag *(m)*
price convention Preisabsprache *(f)*
Protocol to amend the International Convention for the Unification of certain Rules relating to Bills of Lading Haag-Visby Regeln *(pl)*
ratification of a convention Ratifizierung der Konvention *(f)*
ratify a convention Konvention ratifizieren *(f)*
tax convention Steuervereinbarung *(f)*
trade convention Handelsabkommen *(n)*, Handelskonvention *(f)*
universal convention internationale Konvention *(f)*, Völkerrechtskonvention *(f)*

conventional konventionell
conventional cargo konventionelle Ladung *(f)*
conventional contingent Konventionalkontingent *(n)*, Konventionalquote *(f)*
conventional duty vertragsmäßiger Zoll *(m)*
conventional factoring herkömmliches Faktoring *(n)*
conventional line service Konventionallinienfahrt *(f)*, Konventionallinienschifffahrt *(f)*
conventional liner trade Konventionallinienfahrt *(f)*, Konventionallinienschifffahrt *(f)*

conventional penalty Konventionalstrafe *(f)*, Vertragsstrafe *(f)*
conventional quota Konventionalkontingent *(n)*, Konventionalquote *(f)*
conventional rate abgemachte Rate *(f)*
conventional risk konventionelles Risiko *(n)*
conventional tariff system Vertragszollsystem *(n)*
conventional tramp service Konventionaltrampschifffahrt *(f)*
conventional unit Vertragseinheit *(f)*
conversation Konversation *(f)*
conversion Konversion *(f)*, Umrechnung *(f)*
conversion franchising Konversionfranchising *(n)*
conversion marketing Conversion-Marketing *(n)*
conversion of debts Umschuldung *(f)*
conversion rate Umrechnungskurs *(m)*, Umrechnungssatz *(m)*
conversion table Umrechnungstabelle *(f)*
* balance of conversion Konversionsguthaben *(n)*
currency conversion Währungsumrechnung *(f)*, Währungsumstellung *(f)*
loan conversion Anleihekonversion *(f)*, Wandlung einer Anleihe *(f)*
convertibility Konvertibilität *(f)*, Konvertierbarkeit *(f)*
full convertibility Vollewährungskonvertibilität *(f)*
currency limited convertibility beschränkte Währungskonvertibilität *(f)*
letter of credit payable in freely convertible currency Akkreditiv mit Zahlung in frei konvertierbarer Währung *(n)*
convertible konvertibel
convertible container ship konvertibeles Containerschiff *(n)*
convertible currency freie Devisen *(pl)*, harte Währung *(f)*
convey befördern
convey to a customs office zu einer Zollstelle befördern *(f)*
conveyance Beförderung *(f)*
conveyance of diplomatic mail Beförderung der diplomatischen Post *(f)*
conveyance of goods Beförderung der Waren *(f)*

conveyance of goods across the customs border Beförderung von Waren über die Zollgrenze (f)
conveyance of property Übertragung des Eigentums (f)
* **air conveyance** Luftbeförderung (f), Lufttransport (m), Luftverkehr (m)
deed of conveyance Abtretungsakt (m), Zessionsakt (m)
manner of conveyance Transportart (f)
mode of conveyance Transportart (f)
convoy ausführen, übertragen
convoy Begleitung (f), Konvoi (m)
customs convoy Zollkonvoi (m), Zollschutzbegleitung (f)
road convoy Straßenzugmaschine (f)
convoying Geleiten (n)
cool kühlen
cooled gekühlt
cooled and refrigerated cargo gekühlte Ladung (f)
cooled cargo Kühlgut (n), Kühlraumladung (f)
cooled container Kesselcontainer (m), Kühlcontainer (m)
cooling abkühlend
cooling time Kühlzeit (f)
co-operation Kooperation (f), Zusammenarbeit (f) **2.** Kooperations-
co-operation agreement Kooperationsvertrag (m)
co-operative Genossenschaft (f) **2.** Kooperations-
co-operative import Kooperationsimport (m)
co-ordination Koordinierung (f), Timing (n)
co-ordination of controls Koordinierung der Kontrollen (f)
co-ordination of delivery Lieferkoordination (f), Lieferungskoordination (f)
co-ordination of transport Verkehrskoordination (f)
* **Customs Co-operation Council Nomenclature (CCCN)** Nomenklatur des Rates für die Zusammenarbeit auf dem Gebiet des Zollwesens (f)
economic co-operation Wirtschaftszusammenarbeit (f)
international co-operation internationale Zusammenarbeit (f)
international industrial co-operation internationale Industriekooperation (f)

investment co-operation Investitionskooperation (f)
offer for co-operation Angebot für die Zusammenarbeit (n)
regional co-operation regionale Kooperation (f)
trade co-operation Handelskooperation (f)
active co-operation aktive Kooperation (f)
industrial co-operation industrielle Kooperation (f)
trade co-operation kommerzielle Kooperation (f)
trans-border co-operation grenzüberschreitende Zusammenarbeit (f)
co-owner Mitbesitzer (m), Mitinhaber (m)
co-ownership Miteigentum (n)
co-partner Mitgesellschafter (m), Mitunternehmer (m)
co-partnership Gesellschaft (f), Kompanie (f)
copy Abschrift (f), Doppelschrift (f), Duplikat (n), Exemplar (n), Kopie (f) **2.** Text (m)
copy for consignee Exemplar für den Empfänger (n)
copy for consignor Exemplar für den Versender (n)
copy for member state of destination (CD) (EU) Exemplar für den Bestimmungsmitgliedstaat (n)
copy for member state of dispatch (CD) (EU) Exemplar für den Versendungsmitgliedstaat (n)
copy for office of departure (CD) Exemplar für die Abgangszollstelle (n)
copy for office of destination (CD) Exemplar für die Bestimmungszollstelle (n)
copy for statistical purposes Exemplar für statistische Zwecke (n)
copies for transit declaration für die Versandanmeldung verwendeten Exemplare (pl)
copy of agreement Vertragsdoppel (n), Vertragskopie (f)
copy of an application Kopie des Antrags (f)
copy of an authorisation Kopie der Bewilligung (f)
authenticated copies of the authorisation beglaubigte Kopie der Bewilligung (f)
copy of a bill Rechnungskopie (f), Rechnungsduplikat (n) **2.** Sekundawechsel (m), Wechselzweitausfertigung (f)
copy of bill of lading Konnossementsabschrift (f)
copy of a commercial document Kopie eines Handelspapiers (f)

copy of concession Lizenzduplikat *(n)*
copy of consignment note Frachtbriefduplikat *(n)*, Transportscheinzweitschrift *(f)*
copy of a contract Abschrift des Kontraktes *(f)*, Duplikat des Vertrags *(n)*, Kontraktabschrift *(f)*, Kontraktkopie *(f)*, Vertragsdoppel *(n)*, Vertragsexemplar *(n)*, Vertragskopie *(f)*
  original copy of contract Originalkontrakt *(m)*
copy of a document Abschrift einer Urkunde *(f)*, Kopie des Dokumentes *(f)*, Kopie einer Urkunde *(f)*, Urkundenabschrift *(f)*, Zweitschrift der Urkunde *(f)*
  certify copies of documents beglaubigte Kopien von Urkunden *(pl)*, beglaubigte Kopien der Dokumente *(pl)*
copy of an invoice Abschrift einer Rechnung *(f)*, Rechnungsabschrift *(f)*, Rechnungsduplikat *(n)*, Rechnungszweitschrift *(f)*, Rechnungsdoppel *(n)*, Rechnungskopie *(f)*
copy of letter of credit Akkreditivduplikat *(n)*, Doppelakkreditiv *(n)*
copy of the manifest Kopie des Manifestes *(f)*
copy of minutes Protokollkopie *(f)*
copy of a protocol Protokollkopie *(f)*
  official copy of a protocol Protokollauszug *(m)*
copy of railroad consignment note Duplikatfrachtbrief *(m)*, Frachtbriefdoppel *(n)*
copy of railroad waybill Frachtbriefduplikat *(n)*
copy of a receipt Doppelquittung *(f)*
copy of the SAD Exemplar der Versandanmeldung *(n)*
copy of the SAD-bis forms Einheitspapier-Ergänzungsvordruck *(m)*
copy of a transport document Kopie eines Beförderungspapiers *(f)*
copy of waybill Begleitscheinduplikat *(n)*, Warenbegleitscheindoppel *(n)*
* added copy zusätzliches Exemplar *(n)*
additional copy zusätzliches Exemplar *(n)*
  additional copy of copy 5 of the SAD zusätzliches Exemplar des Exemplars Nr. 5 des Einheitspapiers *(n)*
advertising copy Werbeexemplar *(n)*
agreement copy Vertragsdoppel *(n)*, Vertragskopie *(f)*
attested copy beglaubigte Abschrift *(f)*
authenticate a copy Kopie beglaubigen *(f)*
bill of lading copy Abschriftladeschein *(m)*, Konnossementskopie *(f)*

captain's copy Käpitanskopie *(f)*
certificated copy beglaubigte Kopie *(f)*
certified copy beglaubigte Abschrift *(f)*, beglaubigte Kopie *(f)*, beglaubigte Zweitschrift *(f)*
certified copy of the original text beglaubigte Kopie des Originaltexts *(f)*
complimentary copy Freiexemplar *(n)*
confirmed copy bestätigte Kopie *(f)*
contract copy Kontraktdoppel *(n)*
destination copy Bestimmungsexemplar *(n)*
duplicate copy Doppel *(n)*, Duplikat *(n)*
enclosed copy Kopie anbei *(f)*
legalize a copy Kopie legalisieren *(f)*
make a copy Kopie machen *(f)*
official copy Auszug *(m)*, gleich lautende bescheinigte Abschrift *(f)*
order copy Bestellungskopie *(f)*
original and three copies Original und drei Kopien *(n)*
photocopy of copy 5 of the SAD Fotokopie des Exemplars Nr. 5 des Einheitspapiers *(f)*
presentation copy Werbeexemplar *(n)*
provide copy Kopie beibringen *(f)*
return copy Rückschein *(m)*
serial number of the T5 control copy Nummer des Kontrollexemplars T5 *(f)*
specimen copy Kontrollexemplar *(n)*, Probeexemplar *(n)*
statistical copy *(of a customs document)* Exemplar für die Statistik *(n)*
take a copy Kopie machen *(f)*
true copy genaue Abschrift *(f)*
verbatim copy beglaubigte Durchschrift *(f)*
verify a copy Kopie beglaubigen *(f)*
copyright Recht auf Wiedergabe *(n)*, Schutz von Urheberrechten *(m)*
  copyright infringement Urheberrechtsverletzung *(f)*
copyright law Urheberrecht *(n)*, Verlagsrecht *(n)*
* assignment of copyright Übergang von Autorenvermögensrechten *(m)*
infringement of copyright Verletzung des Urheberrechts *(f)*
law on copyright Recht auf Wiedergabe *(n)*
protection of copyrights Schutz von Urheberrechten *(m)*
core Kern *(m)*
core market Kernmarkt *(m)*
corn Getreide *(n)*
corn exchange Getreidebörse *(f)*

corporate Unternehmens-
corporate marketing Unternehmensmarketing (n)
corporate treasurer Finanzdirektor (m)

corporation Korporation (f)
brother-sister corporation Tochtergesellschaft (f), Untergesellschaft (f)
business corporation Handelsgesellschaft (f)
commercial corporation Handelsverband (m)
foreign corporation ausländische Gesellschaft (f)
government corporation Staatsbetrieb (m)
international corporation internationale Korporation (f)
multinational corporation internationale Korporation (f), multinationale Korporation (f)
public corporation Aktiengesellschaft (f), Publikumsgesellschaft (f)
shipping corporation Dampferlinie (f), Reederei (f), Schifffahrtsgesellschaft (f), Schifffahrtslinie (f)
stock corporation Aktiengesellschaft (AG) (f)

correct korrigieren
correct an entry (customs) Anmeldung berichtigen (f)
correct prices Preise berichtigen (pl), Preise korrigieren (pl)

corrected korrigiert
corrected document korrigiertes Dokument (n)

correcting verbessernd
correcting factor Korrektiv (n)
correcting invoice Korrekturfaktur (f)

correction Bereinigung (f), Korrektur (f), Korrigierung (f), Richtigstellung (f)
correction of the declaration Berichtigung der Anmeldung (f)
correction of errors Fehlerberichtigung (f), Fehlerkorrektur (f)
correction of protocol Berichtigung des Protokolls (f)
* make corrections Abänderungen vornehmen (pl)
type of correction Korrekturart (f)

correspond Korrespondenz führen (f)

correspondence Briefverkehr (m), Korrespondenz (f)
business correspondence Handelskorrespondenz (f), Schriftverkehr (m)

commercial correspondence Geschäftskorrespondenz (f), Handelskorrespondenz (f)
incoming correspondence eingehende Korrespondenz (f)
official correspondence amtlicher Schriftverkehr (m)
outgoing correspondence ausgehende Korrespondenz (f)
registered correspondence registrierte Korrespondenz (f)

correspondent Korrespondent (m) **2.** Korrespondenz-
correspondent bank Korrespondenzbank (f)
foreign correspondent bank ausländische Korrespondenzbank (f)
correspondent relations Korrespondenzbankbeziehungen (pl)
* list of correspondents Liste von Korrespondenzpartnern (f)

corresponding korrespondierend
corresponding forwarding agent Korrespondentspediteur (m)
corresponding member korrespondierendes Mitglied (n)
corresponding to the original originalgetreu

corroboration Bestätigung (f)

corrosion-proof korrosionsfest

cost Aufwand (m), Kosten (pl)
cost account Spesenrechnung (f), Versandschein (m)
cost accounting Kostenberechnung (f), Kostenkalkulation (f), Spesenberechnung (f)
cost allocation Kostenverrechnung (f)
cost analysis Kostenanalyse (f)
cost and freight ... /insert named place of destination/ CFR ... /insert named place of destination/, Kosten und Fracht ... /benannter Bestimmungshafen/
cost-benefit analysis (CBA) Cost-Benefit-Analyse (f), Kosten-Nutzen-Analyse (f)
cost-benefit calculation Kosten-Nutzen-Rechnung (f)
cost benefit model Kosten-Nutzen-Modell (n)
cost budget Kostenschätzungen (pl), Kostenvorschlag (m)
cost calculation Kostenberechnung (f), Kostenkalkulation (f), Spesenberechnung (f)
cost clause Kostenklausel (f)
cost coefficient Einsatzkoeffizient (m)

cost cutting Kosteneinsparung (f), Kostenreduktion (f), Minderung der Kosten (f), Senkung der Kosten (f)
cost distribution Kostenverrechnung (f)
costs equation Kostenausgleich (m)
cost forecasting Prognostizierung der Kosten (f)
cost free Kosten inbegriffen (pl)
cost improvement Kostenanstieg (m), Kostensteigerung (f)
cost increase Kostenanstieg (m), Kostensteigerung (f)
cost, insurance and freight ... /insert named place of destination/ CIF ... /insert named place of destination/, Kosten, Versicherung und Fracht ... /benannter Bestimmungshafen/
cost model Kostenmodell (n)
costs of administration Verwaltungsaufwendungen (pl), Verwaltungskosten (pl)
cost of carriage Transportkosten (pl), Transportpreis (m)
costs of carry laufende Kosten (pl)
costs of checking Kosten der Prüfung (pl)
cost of collection Inkassogebühr (f), Inkassokosten (pl), Beitreibungskosten (pl)
costs of control Kosten der Prüfung (pl)
cost of customs formalities Zollabfertigungskosten (pl)
cost of delivery Lieferungskosten (pl), Lieferungsspesen (pl)
costs of distribution Veräußerungskosten (pl), Verkaufskosten (pl)
costs of goods sold Veräußerungskosten (pl), Verkaufskosten (pl)
cost of handling Umladungskosten (pl), Umschlagkosten (pl)
costs of idleness Stillstandskosten (pl)
cost of imports Importkosten (pl)
costs of insurance Versicherungskosten (pl)
cost of lightening Abladekosten (pl), Löschkosten (pl)
cost of manufacture Produktionskosten (pl)
cost of packing Packkosten (pl), Verpackungskosten (pl)
cost of repair Reparaturaufwand (m), Reparaturkosten (pl)
cost of the services Preis für Dienstleistungen (m)
costs of packing Verpackungskosten (pl)
cost planning Verbrauchsplanung (f)
cost price Anschaffungspreis (m)

costs of production Herstellungskosten (pl), Produktionskosten (pl)
costs of recovery (debts) Beitreibungskosten (pl), Kosten der Beitreibung (pl)
costs of transport Frachtkosten (pl), Transportkosten (pl)
costs of transportation Frachtkosten (pl), Transportkosten (pl)
cost reduction Kostendämmung (f), Minderkosten (pl)
costs refunding Kostenerstattung (f)
costs saving Minderung der Kosten (f), Senkung der Kosten (f)
cost structure Kostenstruktur (f)
cost, freight and insurance Kosten, Fracht und Versicherung (pl)
* actual costs Sachausgaben (pl), tatsächliche Ausgaben (pl)
additional costs zusätzliche Kosten (pl)
aggregate costs Gesamtausgaben (pl)
agreed cost vereinbarter Wert (m)
airfreight cost Luftfrachtkosten (pl)
allocation of costs Aufschlüsselung von Kosten (f), Spesenabrechnung (f)
amount of costs Kostenbetrag (m), Kostensumme (f)
average costs Durchschnittskosten (pl)
bill of costs Gebührenaufstellung (f), Kostenaufstellung (f), Spesenrechnung (f)
borrowing cost Kreditkosten (pl)
calculation of costs Kostenberechnung (f)
carriage costs Beförderungskosten (pl), Transportkosten (pl)
carry costs Kosten bestreiten (pl), Kosten tragen (pl)
carrying cost Förderkosten (pl), Transportkosten (pl)
cash costs Geldausgaben (pl)
clearance costs Abfertigungskosten (pl)
compensation for costs Spesenvergütung (f)
complaint costs Reklamationskosten (pl)
computation of costs Kostenberechnung (f)
compute the cost Kosten berechnen (pl)
cover costs Kosten aufbringen (pl), Kosten decken (pl)
credit costs Kreditkosten (pl)
current cost gegenwärtiger Wert (m), Laufkosten (pl), tatsächlicher Wert (m)
cutting of costs Kostensenkung (f)
defray costs Ausgaben decken (pl)
delivery cost free Freilieferung (f)
distributive costs Verteilungskosten (pl)

entertainment costs Repräsentationsausgaben *(pl)*
estimate cost Voranschlagswert *(m)*
estimates of costs Kostenvorschlag *(m)*
estimation of cost Erstkalkulation *(f)*, Vorberechnung *(f)*, Vorkalkulation *(f)*
execution of costs Kostenvollstreckung *(f)*
extra cost Mehrkosten *(pl)*
factory cost Herstellungskosten *(pl)*
first cost Herstellerpreis *(m)*, Werkpreis *(m)*
forecasting of costs Prognostizierung der Kosten *(f)*
forwarding costs Versandkosten *(pl)*
full costs Gesamtkosten *(pl)*
gross cost Bruttokosten *(pl)*
handling costs Manipulationskosten *(pl)*, Umladekosten *(pl)*
historical cost Anschaffungspreis *(m)*, Einkaufspreis *(m)*
import costs Importkosten *(pl)*
inspection costs Prüfungskosten *(pl)*
insurance costs Versicherungskosten *(pl)*
invoice cost Fakturenpreis *(m)*, fakturierter Preis *(m)*
lading cost Ladekosten *(pl)*, Verladekosten *(pl)*
landing at cost for affreighter Abladelohn für Verfrachter *(m)*, Löschkosten für Verfrachter *(pl)*
landing at cost for shipowner Abladelohn für Reeder *(m)*, Löschkosten für Reeder *(pl)*
legal cost Gerichtskosten *(pl)*
loading cost Ladekosten *(pl)*, Verladekosten *(pl)*
logistics costs Logistikkosten *(pl)*
maintenance costs Instandhaltuungskosten *(pl)*, Unterhaltungskosten *(pl)*
manufacturing cost Herstellungskosten *(pl)*, Produktionskosten *(pl)*
net cost Nettokosten *(pl)*
note of cost Kostenaufstellung *(f)*, Kostenspezifikation *(f)*
operating costs laufende Kosten *(pl)*, Betriebskosten *(pl)*, Festkosten *(pl)*
original cost Anschaffungskosten *(pl)*
overhaul cost Reparaturaufwand *(m)*
overhead costs indirekte Kosten *(pl)*
packaging cost Packkosten *(pl)*, Verpackungskosten *(pl)*, Packereikosten *(pl)*, Verpackungskosten *(pl)*
portion of costs Kostenanteil *(m)*
prepaid costs vorausbezahlte Gebühren *(pl)*, vorausbezahlte Kosten *(pl)*
processing costs Herstellungskosten *(pl)*

production costs Herstellungskosten *(pl)*, Produktionskosten *(pl)*
reduce costs Kosten senken *(pl)*
reduction of costs Kosteneinsparung *(f)*, Kostenreduktion *(f)*, Kostensenkung *(f)*, Minderung der Kosten *(f)*, Senkung der Kosten *(f)*
reimbursement of costs Spesenvergütung *(f)*
repair cost Reparaturaufwand *(m)*, Reparaturkosten *(pl)*
retrenching of costs Ausgabenbegrenzung *(f)*, Ausgabeneinschränkung *(f)*, Minderung der Kosten *(f)*, Senkung der Kosten *(f)*
retrenchment of costs Kostendämmung *(f)*, Minderkosten *(pl)*
sales promotion costs Verkaufsförderungsaufwendungen *(pl)*, Verkaufsförderungsausgaben *(pl)*
sell below cost mit Verlust verkaufen *(m)*
selling costs Verkaufskosten *(pl)*
share in costs Kostenanteil *(m)*
shipping costs Beförderungskosten *(pl)*, Förderkosten *(pl)*, Transportkosten *(pl)*, Verladungskosten *(pl)*
single cost Kosten je Einheit *(pl)*
statement of costs Kostenaufschlüsselung *(f)*, Kostenverzeichnis *(n)*
stay cost Aufenthaltskosten *(pl)*
storage cost Lagergeld *(n)*, Einlagerungskosten *(pl)*, Lagerungskosten *(pl)*
structure of costs Kostenstruktur *(f)*
tax costs Steueraufwendungen *(pl)*
total costs Gesamtkosten *(pl)*
traceable costs direkte Kosten *(pl)*, Verwaltungskosten *(pl)*
transit cost Transitkosten *(pl)*
transport cost Fracht *(f)*
travelling cost Reisespesen *(pl)*
warehouse costs Einlagerungskosten *(pl)*, Lagerungskosten *(pl)*
warehousing costs Lagerungskosten *(pl)*
working costs Betriebskosten *(pl)*, Festkosten *(pl)*

council Rat *(m)*
Council of the European Communities Rat der Europaischen Gemeinschaften *(m)*
counsel Berater *(m)*
counsel's fee Anwaltsgebühr *(f)*
counsel's opinion juristisches Gutachten *(n)*, Rechtsansicht *(f)*, Rechtsauffassung *(f)*, Rechtsgutachten *(n)*

counselor Berater *(m)*
counsellor at law juristischer Berater *(m)*, Rechtsberater *(m)*
counsellor of an embassy Botschaftsberater *(m)*
* commercial counsellor Handelsberater *(m)*
legal counsellor juristischer Berater *(m)*, Rechtsberater *(m)*
count abrechnen
count Anzahl *(f)* **2.** Auszählung *(f)*, Zählung *(f)*
count certificate Messbrief *(m)*, Messungsattest *(m)*, Zählungsattest *(n)*
* certificate count Messbrief *(m)*, Messungsattest *(m)*, Zählungsattest *(n)*
certificate of count Messbrief *(m)*, Messungsattest *(m)*, Zählungsattest *(n)*
physical count of goods Warenspezifikation *(f)*
counter Gegen-
counter action Gegenklage *(f)*, Widerklage *(f)*
counter bill Rückwechsel *(m)*
counter order Abbestellung *(f)*, Zurückziehung der Bestellung *(f)*
counter proposal Gegenangebot *(n)*, Gegenofferte *(f)*
counter security Mitbürgschaft *(f)*
counter suit Gegenklage *(f)*, Widerklage *(f)*
counter surety wechselseitige Bürgschaft *(f)*
* satisfaction of counter claims Befriedigung von gegenseitigen Ansprüchen *(f)*
counterargument Gegenargument *(n)*
counterbid Gegenvorschlag *(m)*
counter-bond Garantieschein *(m)*, Lagerschein *(m)*
counterclaim Gegenanspruch *(m)*, Gegenforderung *(f)*
counterfeit gefälscht
counterfeit document falsche Urkunde *(f)*
counterfoil *(No 1, No 2)* *(TIR carnet)* Stammblatt *(Nr. 1, Nr. 2)* *(n)*
counterfoil of TIR carnet Trennabschnitt eines Carnets TIR *(m)*
counterfoil waybill Begleitscheinduplikat *(n)*, Warenbegleitscheindoppel *(n)*
counter-guarantee Gegengarantie *(f)*
countermand stornieren, widerrufen
countermand an order abbestellen, Auftrag annullieren *(m)*, Auftrag widerrufen *(m)*, Bestellung aufheben *(f)*, Bestellung rückgängig machen *(f)*

countermanding Berufung *(f)*
counter-offer Gegenangebot *(n)*, Gegenofferte *(f)*
counter-order Annullierung des Auftrages *(f)*, Auftragsstornierung *(f)*, Stornierung des Auftrags *(f)*
counterpart Duplikat *(f)*, Kopie *(f)*
counterpart of a deed Duplikat des Vertrags *(n)*
counter-purchase Gegenkauf *(m)*, Kompensationskauf *(m)*
countersign gegenzeichnen, kontrasignieren
countervailing ausgleichend
countervailing charge *(EU)* Ausgleichsabgabe *(f)*
countervailing duty ausgleichender Zoll *(m)*, Umsatzausgleichssteuer *(f)*
countervailing letter of credit Kompensationsakkreditiv *(n)*
* Code on Subsidies and Countervailing Duties Kodex über Subventionen und Ausgleichszölle *(m)*
country Land *(n)* **2.** Landes-
country border Landesgrenze *(f)*
country damage Landesschaden *(m)*
country of consignment Versandland *(n)*
code of country of consignment Versandlandcode *(m)*
country of departure Abgangsland *(n)*, Herkunftsland *(n)*, Versendungsland *(n)*
name of the country of departure Name des Versendungslands *(m)*
country of despatch Versandland *(n)*
country of destination Bestimmungsland *(n)*
code of the country of destination Bestimmungslandcode *(m)*
first country of destination erstes Bestimmungsland *(n)*
name of the country of destination Name des Bestimmungslands *(m)*
reaction of the country of destination to the enquiry notice Reaktion des Bestimmungslandes auf die Suchanzeige *(f)*
country of destination of goods Bestimmungsland der Waren *(n)*

country of dispatch Versandland *(m)*, Versandstaat *(m)*, Versendungsland *(n)*, Herkunftsland *(n)*
country of domicile for tax purposes Steuerdomizil *(n)*, Steuerwohnsitz *(m)*
country of entry Eingangsland *(n)*
country of export Ausfuhrland *(n)*
country of exportation Ausfuhrland *(n)*, Exportland *(n)*
country of exporting Exportland *(n)*
country of high risk Land mit hohem Risiko *(n)*
country of import Einfuhrland *(n)*
country of importation Einfuhrland *(n)*
country of importing Einfuhrland *(n)*, Importland *(n)*
country of manufacturing Herstellungsland *(n)*
country of marketing Absatzland *(n)*
country of origin Herkunftsland *(n)*, Ursprungsland *(n)*
   code of the country of origin Ursprungslandcode *(m)*
   establishment of country of origin Festlegung des Ursprungslandes *(f)*
   determination of the country of origin of goods Festsetzung des Ursprungslands *(f)*
   country of origin of goods Bestimmungsland der Ware *(n)*
country of production Herstellungsland *(n)*
country of purchase Einkaufsland *(n)*
country of refund Vergütungsland *(n)*
country of registration Registrierland *(n)*
country of temporary admission Land der vorübergehenden Einfuhr *(n)*
country of temporary importation Land der vorübergehenden Einfuhr *(n)*
country of trade Handelsland *(n)*
country of transit Durchfuhrland *(n)*, Durchgangsland *(n)*, Transitland *(n)*
   reaction to the country of transit to the enquiry notice Reaktion des Durchgangslandes auf die Suchanzeige *(f)*
country risk Länderrisiko *(n)*
country to which the goods are sent Bestimmungsland der Ware *(n)*
country traversed Durchgangsland *(n)*
* **adjacent country** Nachbarland *(n)*
buyer's country Abnehmerland *(n)*
code of the country Kode für das Land *(m)*
dispatch country Versandland *(m)*, Versandstaat *(m)*
export country Ausfuhrland *(n)*

exporting country Ausfuhrland *(n)*
foreign countries Ausland *(n)*
importing country einführendes Land *(n)*, Einfuhrland *(n)*, Importland *(n)*
Intra-Community movement of goods via EFTA countries intragemeinschaftliche Warenbeförderung über EFTA-Staaten *(f)*
member country Mitgliedsland *(n)*
net importer country Netto-Importland *(n)*
non-member country Nichtmitgliedstaat *(m)*
shipping country Herkunftsland *(n)*, Ursprungsland *(n)*, Versandland *(n)*
third country Drittland *(n)*
transit country Durchfuhrland *(n)*, Transitland *(n)*
coupon Abschnitt *(m)*
courier Kurier *(m)*
courier firm Kuriergeschäft *(n)*
courier house Kuriergeschäft *(n)*
courier receipt Ablieferungsschein *(m)*
* **air courier manifest** Luftkuriermanifest *(n)*
delivery by courier Kurierzustellung *(f)*, Zustellung durch Kurier *(f)*
send by courier per Kurier senden *(m)*
course Lauf *(m)*
course of arbitration Weg der Arbitrage *(m)*
* **administrative course** Verwaltungsweg *(m)*
ocean course Seewasserstraße *(f)*
court Gericht *(n)*
court decision Bescheid *(m)*, richterlicher Beschluss *(m)*, Urteil *(n)*
court injunction gerichtliches Verbot *(n)*
court of administration Verwaltungsgericht *(n)*
court of appeal Appellationsgericht *(n)*, Berufungsgericht *(n)*
court of arbitration Arbitragegericht *(n)*, Schiedsgericht *(n)*
   decision of a court of arbitration Entscheidung des Schiedsgerichts *(f)*
court of bankruptcy Insolvenzgericht *(n)*, Konkursgericht *(n)*
court of commerce Handelsgericht *(n)*
court of conciliation Schiedsgericht *(n)*
court of customs Zollgericht *(n)*
court of justice Gericht *(n)*
court of review Appellationsgericht *(n)*, Berufungsgericht *(n)*, assationsgericht *(n)*
* **action of the court** gerichtliche Entscheidung *(f)*
administrative court Verwaltungsgericht *(n)*
Admiralty Court Seegericht *(n)*

arbitration court Arbitragegericht *(n)*, Schiedsgericht *(n)*
bankruptcy court Insolvenzgericht *(n)*, Konkursgericht *(n)*
civil court Zivilgericht *(n)*
competence of court Zuständigkeit eines Gerichts *(f)*
criminal court Strafgericht *(n)*
customs court Zollgericht *(n)*
decision of a court gerichtliche Entscheidung *(f)*
foreign court Auslandsgericht *(n)*
international court internationales Gericht *(n)*
  decision of an international court Entscheidung des internationalen Gerichts *(f)*
maritime court Seegericht *(n)*
patent court Patentgericht *(n)*
covenant Bedingung *(f)*
  particular covenants Spezialbedingungen *(pl)*
  restrictive covenant beschränkende Bedingung *(f)*, restriktive Bedingung *(f)*
cover decken
  cover costs Kosten aufbringen *(pl)*, Kosten decken *(pl)*
  cover a debt Schuld decken *(f)*
  cover the expenses Ausgaben begleichen *(pl)*, Ausgaben decken *(pl)*, Kosten aufbringen *(pl)*, Kosten decken *(pl)*
  cover a deficit Defizit decken *(n)*
  cover a loss Verlust abdecken *(m)*
  cover a risk Risiko decken *(n)*
cover Absicherung *(f)*, Deckungsschutz *(m)*, Risikodeckung *(f)*, Sicherstellung *(f)* **2.** Deckung *(f)* **3.** Deckel *(m)*
  cover address Deckadresse *(f)*
  cover for a bill Deckung eines Wechsels *(f)*, Wechseldeckung *(f)*
  cover funds Abdeckung *(f)*
  cover instruction Begleitbrief *(m)*
  cover note Deckungsnote *(f)*, Deckungszusage *(f)*, Versicherungsauszug *(m)*
    insurance broker's cover note Deckungsnote *(f)*, Deckungszusage *(f)*, Deckunszusage *(f)*, Versicherungsauszug *(m)*
  cover of a letter of credit Deckung eines Akkreditivs *(f)*
  cover page of the TIR carnet Carnet-TIR-Umschlagblatt *(n)*
  cover sum Deckungssumme *(f)*

* acceptance of cover Deckungsübernahme *(f)*
additional cover Nebenbürgschaft *(f)*, sekundäre Sicherheit *(f)*
as cover als Sicherheit *(f)*
cancel a cover Versicherung annullieren *(f)*
extent of cover Versicherungsbereich *(m)*
front cover *(CMC)* erstes Umschlagblatt *(n)*
guarantee cover Geltungsbereich *(m)*
insurance cover Versicherungsschutz *(m)*
inception of insurance cover Beginn des Versicherungsschutzes *(m)*, Versicherungsbeginn *(m)*
life cover Lebensversicherung *(f)*
minimum cover Mindestdeckung *(f)*
open cover laufende Police *(f)*
patent cover Patentenschutz *(m)*
period of cover Versicherungszeit *(f)*
registered cover eingeschriebener Brief *(m)*, Einschreibebrief *(m)*
security to cover customs debt Sicherheitsleistung für den Zollschuldbetrag *(f)*
start of cover Versicherungsbeginn *(m)*
coverage Deckungsschutz *(m)*, Geltungsbereich *(m)*
  coverage of losses Begleichung von Verlusten *(f)*
  * insurance coverage Rahmen der Versicherung *(m)*, Umfang der Versicherung *(m)*
  minimum coverage clause Mindestdeckungsklausel *(f)*
  period of coverage Versicherungsdauer *(f)*, Versicherungsperiode *(f)*
    end of priod of coverage Auslaufen der Versicherung *(n)*, Ende der Versicherung *(n)*
  risk coverage Risikodeckung *(f)*
covered sichergestellt
  covered container überdachter Container *(m)*
  covered credit gedeckter Kredit *(m)*, gesicherter Kredit *(m)*
  covered letter of credit gedecktes Akkreditiv *(n)*
  covered peril gedecktes Risiko *(n)*, versicherte Gefahr *(f)*
  covered van gedeckter Waggon *(m)*
covering Deckungs-
  covering letter Begleitbrief *(m)*, Begleitschreiben *(n)*
  covering note Deckungsnote *(f)*, Deckungszusage *(f)*, Versicherungsauszug *(m)*

CPD carnet CPD-Carnet (n)

CPT ... /insert named place of destination/ CPT ... /benannter Bestimmungsort/, Frachtfrei ... /benannter Bestimmungsort/

craft Schiff (n)
craft tug Bugsierungsschlepper (m), Hafenschlepper (m), Kahnschlepper (m)
* coastal craft Küstenfahrzeug (n), Zubringerschiff (n)
coasting craft Küstenfahrzeug (n)
fishing craft Fischereifahrzeug (n), Fischereischiff (n)
non-propelled craft Schiff ohne Antrieb (n)
search and rescue craft Bergungsschiff (n)

cranage Krangebühr (f), Krangeld (n)
crane Kran (m) **2.** Kran-
crane charge Krangebühr (f), Krangeld (n)
crane hook Kranhaken (m)
* cargo crane Ladekran (m)
container crane Containerkran (m)
dockside crane Kaikran (m)
floating crane Schwimmkran (m)
loading crane Ladekran (m)
pallet crane Palettenkran (m)
portal crane Portalkran (m)
quay crane Hafenkran (m)
railway crane Bahnkran (m), Eisenbahnkran (m)
ship crane Kranschiff (n)
travelling crane Rollkran (m)

craneman Kranführer (m)
crash Crash (m)
crash on the market Marktkrach (m)
* air crash Flugzeugunglück (n)

crate in Käfig packen (m)
crate pallet Gitterboxpalette (f)
create schaffen
create an enterprise Gesellschaft errichten (f)
creation Bildung (f)
creation of document Ausstellung eines Dokumentes (f), Erstellung einer Urkunde (f)
creation of a single market Verwirklichung des Binnenmarktes (f)

credibility Glaubhaftigkeit (f), Glaubwürdigkeit (f)

credit Kredit (m) **2.** Kredit-
credit acceptance Kreditakzept (n)
credit account Kreditkonto (n)
credit advice Gutschein (m), Gutschriftsanzeige (f)

credit agreement Kreditvertrag (m)
credit application Kreditantrag (m)
credit approval Kreditgenehmigung (f), Kreditpromesse (f), Kreditzusage (f)
credit at interest verzinslicher Kredit (m)
credit balance Bilanzüberschuss (m), Habensaldo (m), Kreditsaldo (m)
credit bank Kreditanstalt (f), Kreditbank (f)
credit broker Kreditmakler (m)
credit business Kreditgeschäft (n)
credit buying Darlehenskauf (m), Kreditkauf (m)
credit by way bank guarantee Bürgschaftskredit (m)
credit capacity Kreditwürdigkeit (f)
  credit capacity analysis Kreditfähigkeitsprüfung (f)
credit card Kreditkarte (f)
  authorization of credit card Authorisierung der Kreditkarte (f)
credit ceiling Kreditgrenze (f), Kredithöchstgrenze (f), Kreditlimit (n), Kreditplafond (m)
credit certificate Kreditbrief (m)
credit charge Kreditkosten (pl)
credit claim Kreditforderung (f)
credit commission Kreditprovision (f)
credit costs Kreditkosten (pl)
credit cutback Krediteinschränkung (f)
credit delivery Kreditlieferung (f), Lieferung auf Kredit (f)
credit discrimination Kreditdiskriminierung (f)
credit dumping Kreditdumping (n)
credit facility agreement Kreditvereinbarung (f)
credit guarantee Kreditgarantie (f)
  export credit guarantee Exportkreditgarantie (f), Garantie von Exportkrediten (f)
credit house Kreditbüro (f), Kreditinstitut (n), Kreditinstitution (f)
credit institution Kreditinstitut (n), Kreditinstitution (f)
credit insurance Kreditversicherung (f)
credit interest Kreditzinsen (pl)
credit invoice Kreditrechnung (f)
credit item Habenbuchung (f)
credit limit Kreditgrenze (f)
credit note Gutschein (m), Gutschriftsanzeige (f)
credit notification Avis über Eröffnung eines Akkreditivs (m)
credit number Akkreditivnummer (f)
credit obligation Kreditverpflichtung (f)
credit opening Krediteröffnung (f)

credit operation Kreditgeschäft (n)
credit operations Kreditgeschäft (n)
credit order Kreditauftrag (m)
credit outstanding Beleihungsgrenze (f)
credit period Kreditdauer (f), Kreditfrist (f)
credit plan Kreditplan (m)
credit policy Kreditpolitik (f)
credit purchase Kauf auf Kredit (m), Kreditkauf (m), Zielkauf (m)
credit rating Beurteilung der Kreditwürdigkeit (f), Einschätzung der Kreditfähigkeit (f)
credit rating agency Ratingagentur (f)
credit regulations Kreditvorschriften (pl)
credit reimbursement Akkreditivrembourse (f)
credit requirements Kreditanforderungen (pl)
credit restraint Kreditbeschränkung (f), Kreditrestriktion (f)
credit restrictions Krediteinschränkungen (pl), Kreditsbeschränkungen (pl)
credit risk Kreditrisiko (n)
credit sale Verkauf gegen Kredit (m)
credit sanctions Kreditsanktionen (pl)
credit solvency Kreditwürdigkeit (f)
credit squeeze Kreditbeschränkung (f), Kreditrestriktion (f)
credit terms Kreditbedingungen (pl)
credit ticket Kreditvermerk (m)
credit trade Kredithandel (m)
credit transaction Kreditgeschäft (n)
credit volume Kreditvolumen (n)
credit worthiness Kreditwürdigkeit (f)
credit worthiness appraisal Beurteilung der Kreditwürdigkeit (f), Einschätzung der Kreditfähigkeit (f)
* acceptance credit Akzeptationkredit (m), Akzeptionskredit (m), Wechselkredit (m)
documentary acceptance credit Rembourskredit (m)
access to credit Zugang zu Kredit (m)
additional credit Nachtragskredit (m), Zusatzkredit (m)
allocation of credit Bewilligung des Kredits (f)
amount of credit Kreditbetrag (m), Kreditsumme (f)
back-to-back credit Gegenakkreditiv (n), Kompensationsakkreditiv (n)
balance of credit Habensaldo (m), Kreditsaldo (m)
bank credit Bankkredit (m), Geldkredit (m)
banking credit Bankkredit (m)

blank credit Kredit ohne materielle Sicherheit (m), laufender Kredit (m), ungedeckter Kredit (m), ungesichtbarer Kredit (m)
broker's credit Brokerskredit (m), Maklerdarlehen (n)
business credit Warenkredit (m)
cancel a credit Kredit einziehen (m)
cash credit Barkredit (m)
clean credit Kontokorrektkredit (m), offener Kredit (m)
closing of a credit Kreditkündigung (f)
commercial credit Handelskredit (m), kommerzieller Kredit (m)
interest arising out of commercial credit Zinsen aus Handelsforderungen (pl)
commodity credit warengesicherter Kredit (m)
confirmation of credit Kreditbestätigung (f)
consortium credit Konsortialkredit (m)
consumer credit act Konsumkreditgesetz (n)
covered credit gedeckter Kredit (m), gesicherter Kredit (m)
current credit Kontokorrentkredit (m)
custom-house credit Zollamtkredit (m), Zollkredit (m), Zollstundung (f)
customs credit Zollkredit (m), Zollstundung (f)
date of issue of a credit Eröffnungsdatum des Akkreditivs (n)
direct credit unwiderrufliches Akkreditiv (n)
director of credit Kreditdirektor (m)
discount credit Diskontkredit (m), Wechselkredit (m)
establish a credit Kredit eröffnen (m)
evergreen credit revolvierender Kredit (m)
expansion of credit Kreditausweitung (f)
expiry date of the credit Verfalldatum des Akkreditivs (n)
export credit Ausfuhrkredit (m), Exportkredit (m)
export credit agency Exportkreditagentur (f)
export credit insurance Exportkreditversicherung (f)
export credit support Exportkreditgewährung (f)
extension of credit Kreditausweitung (f), Kreditverlängerung (f), Prolongation eines Kredits (f)
external credit internationaler Kredit (m)
financial credit Finanzkredit (m)
form of credit Kreditform (f), Kreditverfahren (n)
freeze a credit Kredit sperren (m)

general credit Rundreisekreditbrief (m), Zirkularkreditbrief (m)
global credit Kredithöchstgrenze (f)
goods credit warengesicherter Kredit (m)
government credit Regierungskredit (m), staatlicher Kredit (m), Staatskredit (m)
grant a credit Anleihe gewähren (f)
granting of a credit Auszahlung eines Kredites (f), Kreditgewährung (f)
grantor of credit Geldgeber (m)
guarantee a credit Kredit garantieren (m)
guarantee of credit Kreditgarantie (f)
hypothecary credit Hypothekendarlehen (n), Hypothekenkredit (m)
import credit Importkreditbrief (m)
instalment credit Teilzahlungskredit (m)
interest rates on credit Kreditsatz (m)
international credit internationaler Kredit (m)
irrevocable credit unwiderruflicher Kredit (m)
kind of credit Kreditart (f)
letter of credit Akkreditiv (n), Dokumentenakkreditiv (n), Kreditbrief (m)
limit of credit Kredithöchstgrenze (f), Kreditlimit (n), Kreditplafond (m)
limited credit beschränkter Kredit (m)
line of credit Beleihungsgrenze (f), Kreditgrenze (f)
list of credit Kredit-Verzeichnis (n)
long-term credit langfristiger Kredit (m)
loss of credit Kreditverlust (m)
mercantile credit Handelskredit (m), kommerzieller Kredit (m)
money credit Barkredit (m), Geldkredit (m)
negotiation credit negoziierbares Akkreditiv (n)
non-secured credit ungedeckter Kredit (m), ungesichtbarer Kredit (m)
opened credit offener Kredit (m)
operating credit Betriebsmittelkredit (m)
operation on credit Kreditgeschäft (n)
overdraft credit Kontokorrentkredit (m), laufender Kredit (m)
overdue credit überfälliger Kredit (m)
past-due credit überfälliger Kredit (m)
pawn credit Lombardkredit (m)
period of credit Kreditlaufzeit (f)
perpetual credit unbefristeter Kredit (m)
prolong a credit Kredit prolongieren (m)
prolongation of credit Kreditverlängerung (f), Prolongation eines Kredits (f)
purchase on credit Kauf auf Kredit (m), Kreditkauf (m), Zielkauf (m)

purpose of credit Kreditzweck (m)
refinancing credit Refinanzierungskredit (m)
reimbursement credit Rembourskredit (m)
renewable credit revolvierendes Akkreditiv (n)
repayment of a credit Kreditrückzahlung (f)
revocable credit widerruflicher Kredit (m)
revolving credit Revolvingkredit (m)
roll-over credit Roll-over-Kredit (m)
sale on credit Kreditverkauf (m), Verkauf auf Ziel (m), Verkauf gegen Kredit (m)
seasonal credit Saisonkredit (m)
secured credit gedeckter Kredit (m), gesicherter Kredit (m)
sell on credit auf Kredit verkaufen (m)
settlement credit Verrechnungskredit (m)
short credit kurzfristiger Kredit (m)
stand-by credit Beistandskredit (m), Kreditpromesse (f), Kreditzusage (f)
state credit staatlicher Kredit (m), Staatskredit (m)
stoppage of credit Kreditsperre (f)
supplementary credit Nachtragskredit (m), Zusatzkredit (m)
supplier's credit Lieferentenkredit (m)
surety for a credit Kreditsicherheit (f)
swing credit technischer Kredit (m)
take on credit auf Kredit nehmen (m)
tax credit system Steuergutschriftsystem (n)
temporary credit Blankokredit (m)
tied credit gebundener Kredit (m)
trade credit Handelskredit (m), kommerzieller Kredit (m), Warenkredit (m)
external trade credit Außenhandelskredit (m)
transaction on credit Kreditgeschäft (n)
transfer of credit Anweisung des Akkreditivs (f)
use a credit Kredit ausnutzen (m)
utilize a credit Kredit erschöpfen (m)
volume of credit Kreditbetrag (m), Kreditsumme (f)
withdraw a credit Kredit entziehen (m)
withdrawal of credit Kreditentziehung (f)
notice of the withdrawal of a credit Kreditkündigung (f)

crediting Kreditierung (f)
crediting of trade Handelskreditierung (f)
* foreign trade crediting Außenhandelskreditierung (f)

credit-issuing kreditöffend
credit-issuing bank Akkreditivbank (f), eröffnende Bank (f), kreditöffende Bank (f)

creditor Gläubiger *(m)*, Kreditgeber *(m)*, Verleiher *(m)*
creditor's risk Gläubigerrisiko *(n)*
* tax creditor Steuergläubiger *(m)*
creditworthiness Kreditwürdigkeit *(m)*
loss of creditworthiness Verlust der Kreditwürdigkeit *(m)*
crew Besatzung *(f)*
crew's effects declaration Erklärung über die persönliche Habe der Besatzung *(f)*
crew list Mannschaftsliste *(f)*
crew member Besatzungsliste *(f)*, Besatzungsmitglied *(n)*
crew size Crewgröße *(f)*
* flight crew Flugpersonal *(n)*
list of the crew Mannschaftsliste *(f)*, Schiffsrolle *(f)*
pier crew Dockkolonne *(f)*
ship's crew Schiffsbesatzung *(f)*, Schiffsmannschaft *(f)*
criminal strafrechtlich, Straf-
criminal court Strafgericht *(n)*
criminal customs law Zollstrafrecht *(n)*
criminal investigation strafrechtliche Ahndung *(f)*, Strafverfolgung *(f)*
criminal law Strafrecht *(n)*
criminal responsibility strafrechtliche Verantwortung *(f)*
criminal trial Strafprozess *(m)*
crisis Krise *(f)*
crisis situation Krisensituation *(f)*
* business crisis Wirtschaftskrise *(f)*
economic crisis Wirtschaftskrise *(f)*
criterion Kriterium *(n)*
cross überschreiten
cross a frontier Grenze überschreiten *(f)*
cross Kreuz *(n)*
cross claim Gegenanspruch *(m)*
adjustment of cross-claims Befriedigung von gegenseitigen Ansprüchen *(f)*
cross-border grenzüberschreitend
cross-border trade Grenzhandel *(m)*, grenzüberschreitender Handel *(m)*
crossed gekreuzt
crossed cheque gekreuzter Scheck *(m)*, Überweisungsscheck *(m)*
specially crossed cheque Scheck mit zusätzlicher Bedingung *(m)*

cross-elasticity Kreuzelastizitäts-
cross-elasticity of prices Kreuzpreiselastizität *(f)*
crossing Überfahrt *(f)* **2.** Überschreitung *(f)*
crossing of the customs border Überschreitung der Zollgrenze *(f)*
crossing of frontier Grenzübergang *(m)*, Überschreitung der Grenze *(f)*
* border crossing Grenzübergang *(m)*, Grenzübergangsstelle *(f)*, Grenzüberschreitung *(f)*
ferry crossing Fährüberfahrt *(f)*
frontier crossing Grenzübergang *(m)*, Überschreitung der Grenze *(f)*
border crossing date Datum der Grenzüberschreitung *(n)*
frontier crossing point Eingangsort *(m)*, Grenzübergang *(m)*
means of transport crossing the border grenzüberschreitendes Beförderungsmittel *(n)*
crowding Verstopfung *(f)*
crowding of a port Hafenverstopfung *(f)*
cubage Volumen *(n)*
cubature Größe *(f)*
cubic Kubik-
cubic capacity Ladefähigkeit *(f)*
cubic measure Hohlmaß *(n)*, Raummaß *(n)*
freight assessed on the basis of cubic measurement Fracht berechnet nach Kubikmetern *(f)*, Raumfracht *(f)*
cubic metre Kubikmeter *(m)*
cumulative Kumulations-
cumulative franchise Kumulationsfranchise *(f)*
cumulative franchise clause Kumulationsfranchiseklausel *(f)*
cumulative letter of credit Kumulationsakkreditiv *(n)*
curb Abbremsung *(f)*, Hemmung *(f)*
curb price Schwarzmarktpreis *(m)*
* import curbs Importbeschränkungen *(pl)*, Importrestriktionen *(pl)*
currency Währung *(f)* **2.** Geltung *(f)* **3.** Währungs-
currency account Währungskonto *(n)*
foreign currency account Währungskonto *(n)*
currency adjustment charge Währungszuschlag *(m)*

currency adjustment factor CAF-Zuschlag (m), Währungszuschlag (m), Wertbeständigkeitsklausel (f)
currency agreement Währungsabkommen (n), Währungsvertrag (m)
currency appreciation Aufwertung einer Währung (f)
currency arbitrage Devisenarbitrage (f), Währungsarbitrage (f)
currency area Währungsgebiet (n), Währungszone (f)
currency assets Devisenmittel (pl)
 foreign currency assets Devisenwerte (pl)
currency barrier Devisenbarriere (f)
currency basket Währungskorb (m)
currency block Währungsblock (m)
currency bonus Devisenbonus (m)
currency business Währungsgeschäft (n)
currency certificate Devisenbescheinigung (f), Devisengenehmigung (f), Devisenzertifikat (n)
currency clause Devisenklausel (f), Valutaklausel (f), Währungsklausel (f)
 multiple currency clause Devisenverrechnungsklausel (f)
currency code Währungscode (m)
currency compensation Währungsausgleich (m)
currency contract Devisengeschäft (n)
currency control measures Devisenabfertigungen (pl)
currency conversion Währungsumrechnung (f), Währungsumstellung (f)
currency dealing Devisengeschäft (n), Valutageschäft (n)
currency declaration Devisenerklärung (f), Valutaerklärung (f)
currency depreciation Entwertung des Geldes (f), Geldentwertung (f)
 risk of currency depreciation Währungsentwertunsgrisiko (n)
currency devaluation Währungsabwertung (f)
currency draft Valutawechsel (m)
currency dumping Devisendumping (n), Valutadumping (n), Währungsdumping (n)
currency effect Währungseffekt (m)
currency equivalent Valutagegenwert (m)
currency exchange Devisenumtausch (m), Währungsumtausch (m)
 net loss on currency exchange Nettokursverlust (m)

currency exchange rate Währungskurs (m)
currency exchange regulation Devisenbewirtschaftung (f), Devisenkontrolle (f)
currency export Ausfuhr von Devisen (f), Währungsexport (m)
currency fluctuations Schwankungen der Wahrungen (pl), Währungsschwankungen (pl)
currency holdings Devisenbestand (m)
currency intervention Valutaintervention (f)
currency law Währungsgesetzgebung (f)
currency legislation Devisengesetzgebung (f)
currency limited convertibility beschränkte Währungskonvertibilität (f)
currency market Devisenbörse (f)
currency monopoly Währungsmonopol (n)
currency of a bill Wechselwährung (f)
currency of contract vereinbarte Währung (f), Vertragswährung (f) 2. Gültigkeitsdauer des Vertrags (f), Vertragszeitraum (m)
currency of payment Währung der Zahlung (f), Zahlungswährung (f)
currency of a policy Versicherungsdauer (f), Versicherungzeit (f)
currency of price Preiswährung (f)
currency offence Devisenvergehen (n), Währungsverbrechen (n)
currency option Währungsoption (f)
currency parity Währungsparität (f)
currency policy Währungspolitik (f)
currency premium Währungsprämie (f)
currency price Devisenpreis (m), Währungspreis (m)
currency quotation Devisennotierung (f)
currency rate Valutakurs (m)
 reduce a currency rate Valutakurs herabsetzen (m)
currency rate guarantee Währungsgarantie (f)
currency realignment Währungskursausgleich (m)
currency receipts Devisenerlös (m), Valutaerlöse (pl)
currency reform Währungsreform (f)
currency regime Währungssystem (n)
currency regulations Devisenbewirtschaftung (f), Devisenkontrolle (f), Devisenvorschriften (pl)
currency relations Währungsbeziehungen (pl)
currency reserves Währungsbestände (pl), Währungsreserven (pl)

currency restrictions Devisenbeschränkungen *(pl)*, Devisenrestriktionen *(pl)*
currency risk Kursrisiko *(n)*, Währungsrisiko *(n)*
currency smuggling Devisenschmuggel *(m)*
currency snake Währungsschlange *(f)*
currency stability Währungsstabilität *(f)*
currency standard Währungssystem *(n)*
currency swap Währungsswap *(n)*
currency system Geldwesen *(n)*, Währungssystem *(n)*
currency trading Devisenhandel *(m)*
currency transaction Devisengeschäft *(n)*, Valutageschäft *(n)*
currency transfer Währungsüberweisung *(f)*
currency unit Währungseinheit *(f)*
currency used for payment Währung der Zahlung *(f)*, Zahlungswährung *(f)*
currency war Währungskrieg *(m)*
currency zone Währungsgebiet *(n)*, Währungszone *(f)*
* allotment of currency Devisenzuteilung *(f)*, Zuteilung von Devisen *(f)*
appreciation of currency Valutakurssteigerung *(f)*
base currency Basiswährung *(f)*
buying of currency Devisenkauf *(m)*
clearing currency Clearingwährung *(f)*
contract currency vereinbarte Währung *(f)*, Vertragswährung *(f)*
convertible currency freie Devisen *(pl)*, harte Währung *(f)*
debase the currency Valutakurs herabsetzen *(m)*
depreciate currency Währung entwerten *(f)*
depreciation of currency Entwertung des Geldes *(f)*, Geldentwertung *(f)*, Währungsabwertung *(f)*
devaluate currency Währung devaluieren *(f)*
devaluation clause Abwertungsklausel *(f)*, Entwertungsklausel *(f)*
foreign currency ausländische Währung *(f)*, fremde Währung *(f)*, Fremdwährung *(f)*
  account in foreign currency Devisenkonto *(n)*
  inflow of foreign currency Valutaerlöse *(pl)*
  infringement of foreign currency regulations Devisenverbrechen *(n)*, Devisenvergehen *(n)*, Währungsverbrechen *(n)*
  payment in foreign currency Zahlung in Fremdwährung *(f)*

  price in foreign currency Devisenpreis *(m)*, Währungspreis *(m)*
  recalculation of foreign currency Umrechnung der Fremdwährung *(f)*
  shortage of foreign currency Devisenmangel *(m)*, Knappheit an Devisen *(f)*
foreign currency cheque Fremdwährungsscheck *(m)*
foreign currency operator Devisenbroker *(m)*
foreign currency policy Devisenpolitik *(f)*
foreign currency regulations Währungsrecht *(n)*
free currency freie Devisen *(pl)*
functional currency offizielle Währung *(f)*
gold currency Goldwährung *(f)*
hard currency harte Währung *(f)*, stabile Währung *(f)*, stabile Währung *(f)*
import of currency Währungseinfuhr *(f)*
importer's currency Importlandwährung *(f)*
inconvertible currency nicht konvertierbare Währung *(f)*, unkonvertibele Währung *(f)*
internal currency inländische Währung *(f)*, Landeswährung *(f)*
international currency internationale Währung *(f)*
irredeemable currency unkonvertierbare Währung *(f)*, weiche Währung *(f)*
key currency harte Währung *(f)*, Leitwährung *(f)*, stabile Währung *(f)*
letter of credit payable in freely convertible currency Akkreditiv mit Zahlung in frei konvertierbarer Währung *(n)*
local currency inländische Währung *(f)*, Landeswährung *(f)*
national currency Inlandswährung *(f)*
  equivalent value in national currency in nationaler Währung ausgedrückter Gegenwert *(m)*
overvaluation of currency Überbewertung der Währung *(f)*
payment in local currency zahlbar in Landeswährung *(f)*
quotation for currency Währungsnotierung *(f)*
revalue currency Währung aufwerten *(f)*
settlement currency Verrechnungswährung *(f)*
shortage of currency Devisenknappheit *(f)*, Valutamangel *(m)*
soft currency schwache Währung *(f)*, unkonvertierbare Währung *(f)*, weiche Währung *(f)*
sound currency Leitwährung *(f)*, stabile Währung *(f)*

stability of currency Währungsstabilität *(f)*
stabilization of currency Währungsstabilisierung *(f)*
stable currency stabile Währung *(f)*
strong currency starke Währung *(f)*
switching currency Währungsumrechnung *(f)*, Währungsumstellung *(f)*
transaction currency Transaktionswährung *(f)*
unit of currency Währungseinheit *(f)*
world currency Weltwährung *(f)*
current dauernd, derzeitig, laufend
current account laufendes Konto *(n)*, offene Rechnung *(f)*
   balance on current account Saldo des laufenden Kontos *(m)*
   current account loan Kontokorrentkredit *(m)*, laufender Kredit *(m)*
current agreement gültiger Vertrag *(m)*, verbindliche Vereinbarung *(f)*
current consumption laufender Verbrauch *(m)*
current gegenwärtig, tatsächlich, laufend
current cost Laufkosten *(pl)*
current credit Kontokorrentkredit *(m)*
current data laufende Angaben *(pl)*
current expenses laufende Ausgaben *(pl)*
current inspection laufende Revision *(f)*
current interest laufende Zinsen *(pl)*
current interest rate laufender Zinssatz *(m)*
current leasing laufendes Leasing *(n)*
current liabilities fällige Verbindlichkeit *(f)*, laufende Verpflichtungen *(pl)*
current market value gegenwärtiger Marktwert *(m)*
current maturity fällige Verbindlichkeit *(f)*, laufende Verpflichtungen *(pl)*
current month laufender Monat *(m)*
current price effektiver Preis *(m)*, heutiger Preis *(m)*
current quality gewöhnliche Qualität *(f)*
current quotation Tageskurs *(m)*
current rate (CR) laufende Rate *(f)* 2. aktueller Kurs *(m)*, laufender Kurs *(m)*, Tageskurs *(m)* 3. laufender Index *(m)*
current rate of freight laufende Frachtrate *(f)*, laufender Frachtpreis *(m)*
current repair laufende Reparatur *(f)*
current week laufende Woche *(f)*
* account current Kontokorrent *(n)*, Kontokorrentkonto *(n)*, laufendes Konto *(n)*
balance of current transactions Leistungssaldo *(m)*

curtail begrenzen
curtailment Abbremsung *(f)*, Hemmung *(f)*
curtailment of production Produktionseinschränkung *(f)*
custodianship Verwahrung *(f)*
custodianship place Lagerort *(m)*, Verwahrungsort *(m)*
custody Überwachung *(f)*
custody bill of lading Konnossement des Lagerhalters *(n)*
* customs custody Zollgewahrsam *(m)*
documents custody Dokumentenablage *(f)*
period of custody Lagerzeit *(f)*
receive into the custody zur Aufbewahrung übernehmen *(f)*
take into the custody zur Aufbewahrung übernehmen *(f)*
custom Brauch *(m)*
custom of insurance Versicherungsbrauch *(m)*
custom of the merchants Geschäftsbrauch *(m)*, Handelsbrauch *(m)*, Handelspraxis *(f)*, Verkaufspraxis *(f)*
custom of the place Ortsgebrauch *(m)*, Platzusance *(f)*
custom of port Hafenbrauch *(m)*, Hafenusance *(f)*
   according to the custom of the port laut Hafenbrauch *(m)*
custom of the sea Seebrauch *(m)*
custom of trade Handelsgewohnheit *(f)*
* bank custom Bankusance *(f)*
exchange custom Börsenusance *(f)*
international custom internationaler Brauch *(m)*
local custom Ortsgebrauch *(m)*, Platzusance *(f)*
maritime custom Seebrauch *(m)*
Uniform Customs and Practice for Documentary Credits Einheitliche Richtlinien und Gebräuchen für Dokumentenakkreditive *(pl)*
customable verzollbar
customary üblich
customary allowance handelsüblicher Rabatt *(m)*
customary dispatch Gewohnheitsumschlagsgeschwindigkeit *(f)*
customary law Brauchtumsrecht *(n)*, Gewohnheitsrecht *(n)*

customary packing handelsübliche Verpakkung (f)

customary quality handelsübliche Qualität (f)

customary rebate üblicher Abzug (m), üblicher Nachlass (m)

customary tare handelsübliche Tara (f), übliche Tara (f)

customary trade loss gebräuchlicher Verlust (m)

* fast as can as customary so schnell wie üblich

customer Kunde (m) **2.** Kunden-

customer number Kundennummer (f)

customer order Kundenauftrag (m)

customer order servicing Kundenauftragsabwicklung (f)

customer pick up Selbstabholung (f)

customer's reference number Kundennummer (f)

customer's register Kundenliste (f)

customer service Kundendienst (m), Kundenservice (m)

customer specifications Kundenspezifikationen (pl)

* attendance on customer Kundendienst (m), Kundenservice (m)

foreign customer Auslandsabnehmer (m), Auslandsempfänger (m)

manufacture to customer's specification Sonderanfertigung (f)

custom-house Zollamtgebäude (n), Zollkammer (f)

custom-house agency Zollagentur (f)

custom-house agent Verzollungsagent (m), Zollagent (m), Zolldeklarant (m)

custom-house air waybill Zollluftfrachtbrief (m)

custom-house auction Zollversteigerung (f)

custom-house broker Zollagent (m), Zollbroker (m), Zollmakler (m)

custom-house certificate Zollbegleitpapier (n), Zollempfangsbescheinigung (f)

custom-house credit Zollamtkredit (m), Zollkredit (m), Zollstundung (f)

custom-house debenture Zollrückgabeschein (m)

custom-house duty Zollabfertigungsgebühr (f)

custom-house examination zollamtliche Prüfung (f)

custom-house formalities Zollabfertigungsformalitäten (pl), Zollamtsformalitäten (pl)

custom-house receipt Zollquittung (f)

custom-house regulations Zollbestimmungen (pl)

custom-house seal Stempel des Zollamtes (m)

custom-house stamp Zollstempel (m)

custom-house tare gesetzliche Tara (f), Zolltara (f)

* border custom-house Grenzzollamt (n), Zollgrenzstelle (f)

clear at the custom-house zollamtlich abgefertigen

declare the goods at the customs-house Ware angeben (f)

lay a custom-house fine mit Zollstrafen belegen (pl), Zollstrafe auferlegen (f)

maritime custom-house Hafenzollamt (n), Seehafenzollamt (n)

net custom-house weight Nettozollgewicht (n)

railway custom-house Bahnzollamt (n)

scale of custom-house fees Zollabgabentarif (m)

customs Zollamt (n), Abfertigungsstelle (f) **2.** Zoll-

customs abandonment Zollabandonnierung (f)

customs act Zolltarifgesetz (n)

customs administration Abfertigungsbehörde (f)

customs advisor Zollberater (m)

customs affair Zollangelegenheit (f)

customs agency Zollagentur (f)

customs agent Verzollungsagent (m), Zollagent (m), Zolldeklarant (m)

register of customs agents Liste der Zollagenten (f)

customs agreement Zollabkommen (n)

customs airport Zollflughafen (m)

customs allowance Zollbegünstigung (f)

Customs and Excise Hauptzollamt (n)

customs and excise Zoll und Akzise (m/f)

customs annexation Zollanschluss (m)

customs appraisement Zollschätzung (f)

customs appraiser Zolltaxator (m)

customs-approved treatment or use Zollverwendung (f)

be assigned a customs-approved treatment or use zollamtliche Bestimmung erhalten (f)

obligation to assign goods presented to customs a customs-approved treatment or use Verpflichtung, den gestellten Waren eine zollrechtliche Bestimmung zu geben (f)

customs-approved treatment or use of goods zollrechtliche Bestimmung einer Ware *(f)*
customs area Zollanschlussgebiet *(n)*, Zollbereich *(m)*, Zollgebiet *(n)*
maritime customs area Seezollgebiet *(n)*
customs arrangements Zollregelung *(f)*
customs auction Versteigerung von Waren der Zollkammer *(f)*, Zollversteigerung *(f)*
customs authority Zollbehörde *(f)*, Zolldienststelle *(f)*, Zollorgan *(n)*, Zollverwaltung *(f)*, Abfertigungsbehörde *(f)*
  control of the customs authorities Zollüberwachung *(f)*
  inform the customs authorities Zollbehörde informieren *(f)*
  permission of the customs authorities Zollgenehmigung *(f)*
  presentation of goods to the customs authority Gestellung der Waren an die Zollbehörden *(f)*
  supervision by the customs authorities zollamtliche Überwachung *(f)*, Zollaufsicht *(f)*
  customs authorities of the port Zollstelle des Hafens *(f)*
customs band Zollbanderole *(f)*
customs barrier Zollbarriere *(f)*, Zollschranke *(f)*
  overcome customs barriers Zollschranken vermeiden *(pl)*
  remove customs barriers Zollschranken beseitigen *(pl)*
customs basis Zollbasis *(f)*
customs berth Zollkai *(m)*, Zollladungsplatz *(m)*, Zollmole *(f)*
customs bill of lading Zollabfertigungsschein *(m)*
customs blockade Zollblockade *(f)*, Zollsperre *(f)*
customs bond Zollpfandbrief *(m)*, Zollverschluss *(m)*
customs bonded warehouse Zolleingenlager *(n)*, Zollschuppen *(m)*
customs border Zollgrenze *(f)*, Zolllinie *(f)*
  conveyance of goods across the customs border Beförderung von Waren über die Zollgrenze *(f)*
  crossing of the customs border Überschreitung der Zollgrenze *(f)*
  illegal conveyance of goods across the customs border unrechtsmäßige Überführung von Waren über die Zollgrenze *(f)*
  sea customs border Seezollgrenze *(f)*

customs broker Zollagent *(m)*, Zollbeteiligter *(m)*, Zollbroker *(m)*, Zolldeklarant *(m)*, Zollmakler *(m)*
  obligations of a customs broker Pflichten des Zollagenten *(pl)*
  Register of Customs Brokers Register der Zollbroker *(n)*
customs cargo Zollgut *(n)*
customs carriage Beförderung von Waren unter Zollverschluss *(f)*, Frachttransport unter Zollverschluss *(m)*, Transport unter Zollverschluss *(m)*, Verkehr unter Zollverschluss *(m)*, Zollsicherungsverkehr *(m)*, Zollverkehr *(m)*
customs carrier Zollbeförderer *(m)*
  name of the customs carrier Name des Zollbeförderers *(m)*
  obligations of the customs carrier Pflichten des zollamtlichen Beförderers *(pl)*
  Register of Customs Carriers Register der Zollbeförderer *(n)*
customs cartage Verkehr unter Zollverschluss *(m)*, Zollbeförderung *(f)*, Zollverkehr *(m)*
customs certificate Zollbegleitbrief *(m)*, Zollbegleitpapier *(n)*, Zollbegleitschein *(m)*, Zollempfangsbescheinigung *(f)*, Zollnachweis *(m)*
customs certificates on ATA carnets Bescheinigung in den Carnets A.TA. *(f)*
customs certification von der Zollstelle erteilte Bescheinigung *(f)*
customs charge Manipulationsgebühr *(f)*
  supplementary customs charge Zollaufschlag *(m)*
customs check zollamtliche Aufsicht *(f)*, Zollaufsicht *(f)*, Zollrevision *(f)*
  result of customs check Zollbefund *(m)*
customs checkpoint Zollaufsichtsstelle *(f)*, Zollstelle *(f)*, Zollwache *(f)*
customs classification Zollklassifizierung *(f)*
customs clearance Zollabfertigung *(f)*, zollamtliche Abfertigung *(f)*, zollamtliche Behandlung *(f)*, Zollbehandlung *(f)*, Zollbereinigung *(f)*, Zollklarierung *(f)*
  border customs clearance Grenzzollabfertigung *(f)*
  goods customs clearance Verzollung der Waren *(f)*, zollamtliche Abfertigung der Waren *(f)*
  free at place of customs clearance franko Ort der Zollabfertigung *(m)*, frei Zollabfertigungsort *(m)*, franko Ort der Zollabfertigung *(m)*

customs clearance agent Zollvertreter *(m)*
customs clearance department Abfertigungsbehörde *(f)*
customs clearance document Zollabfertigungspapier *(n)*
customs clearance of goods Abfertigung der Waren (zollamtlich) *(f)*, Freigabe der Waren *(f)*
customs clearance of a ship Klarierung *(f)*, Klarierung eines Schiffes *(f)*
customs clearance office Zollbehörde *(f)*
customs clearance place Ort der Zollabfertigung *(m)*, Zollabfertigungsort *(m)*
customs clearing Zollabfertigung *(f)*
customs code Zollcode *(m)*, Zollgesetzbuch *(n)*, Zollkodex *(m)*
Community Customs Code *(CCC)* Zollkodex der Gemeinschaften *(m)*
customs conflict Zollstreitigkeit *(f)*
customs contingent Zollkontingent *(n)*
customs control zollamtliche Aufsicht *(f)*, zollamtliche Prüfung *(f)*, Zollaufsicht *(f)*, Zollrevision *(f)*
acts of customs control Prüfmaßnahmen *(pl)*
arrangements permitting goods to be processed under customs control before being put into free circulation Zollverfahren der Umwandlung von Waren unter zollamtlicher Überwachung vor ihrer Überführung in den zollrechtlich freien Verkehr *(n)*
attend the customs control procedures an der Zollkontrolle teilnehmen
be subject to customs control zollamtlicher Überwachung unterliegen *(f)*
consignment subject to customs control Zollsendung *(f)*
destruction under customs control Vernichtung unter Aufsicht der Zollbehörde *(f)*
effect the customs control measures Zollkontrolle durchführen *(f)*
export customs control äußere Zollbeschau *(f)*
form of customs control Zollkontrolform *(f)*
goods under customs control Waren unter zollamtlicher Überwachung *(pl)*
handling under customs control Transshipment unter Zollkontrolle *(n)*, Umladung unter Zollkontrolle *(f)*

order of customs control procedures Zollanweisungsverfahren *(n)*
place of customs control Zollaufsichtsstelle *(f)*
place under customs control Zollkontrolle unterstellen *(f)*, Zollkontrolle unterwerfen *(f)*
process of customs control Zollverfahren *(n)*
processing of goods under customs control Umwandlung unter zollamtlicher Überwachung *(f)*
processing under customs control aktive Veredelung *(f)*, Umwandlung unter zollamtlicher Prüfung *(f)*
arrangements for processing under customs control Verfahren der Umwandlung unter zollamtlicher Überwachung *(n)*
authorization for processing under customs control Bewilligung des Umwandlungsverfahrens *(f)*
declaration for placement goods under the arrangements for processing under customs control Anmeldung zur Überführung in das Verfahren der Umwandlung unter zollamtlicher Überwachung *(f)*
system of processing under customs control Verfahren der Umwandlung unter zollamtlicher Überwachung *(n)*
remain under customs control unter zollamtlicher Überwachung bleiben *(f)*, unter Zollüberwachung bleiben *(f)*
system of customs control Zollkontrollsystem *(n)*
withdraw from customs control zollamtliche Überwachung entziehen *(f)*
withhold from customs control zollamtliche Überwachung vorenthalten *(f)*
customs control measures Kontrollmaßnahmen *(pl)*
customs control of the use of goods zollamtliche Überwachung der Verwendung der Waren *(f)*
customs control results Ergebnisse der Zollkontrollen *(pl)*
customs convention Zollabkommen *(n)*

customs convoy Zollkonvoi *(m)*, Zollschutz-begleitung *(f)*

Customs Co-operation Council Rat für die Zusammenarbeit auf dem Gebiet des Zollwesens *(m)*

Coding system of the Customs Co-operation Council System zur Bezeichnung und Codierung der Waren *(n)*

Customs Co-operation Council Nomenclature (CCCN) Nomenklatur des Rates für die Zusammenarbeit auf dem Gebiet des Zollwesens *(f)*

customs court Zollgericht *(n)*

customs credit Zollkredit *(m)*, Zollstundung *(f)*

customs custody Zollgewahrsam *(m)*

customs data Zolldaten *(pl)*

customs debenture Rückzollschein *(m)*, Zollrückgabeschein *(m)*

customs debt Zollschuld *(f)*

  amount of the customs debt Betrag der Zollschuld *(m)*

  recovery of the amount of the customs debt Erhebung des Zollschuldbetrags *(f)*

  date on which the customs debt incurred Zeitpunkt der Entstehung der Zollschuld *(m)*

  extinction of customs debt Erlöschen der Zollschuld *(n)*

  incurrence of a customs debt Entstehung der Zollschuld *(f)*

  payment of the customs debt Erfüllung der Zollschuld *(f)*

  payment of customs debt guarantee Zahlungsgarantie für Zollschuld *(f)*

  security to cover customs debt Sicherheitsleistung für den Zollschuldbetrag *(f)*

  security to ensure payment of the customs debt Garantie für Zollschuld *(f)*

customs debt on exportation Ausfuhrzollschuld *(f)*

customs debt on importation Einfuhrzollschuld *(f)*

customs debtor Zollschuldner *(m)*

customs declaration Zollangabe *(f)*, Zollanmeldung *(f)*, Zolldeklaration *(f)*, Zollerklärung *(f)*, Zollinhaltserklärung *(f)*

  acceptance of a customs declaration Annahme der Zolldeklaration *(f)*

  acceptance of the customs declaration Annahme der Zollanmeldung *(f)*

  date of acceptance of customs declaration Datum der Zollangabe *(n)*, Tag der Annahme der Zollanmeldung *(m)*

  amendment the customs declaration Berichtigung der Zollinhaltserklärung *(f)*

  cargo customs declaration Abfertigungsschein *(m)*

  date of submission of the customs declaration Zeitpunkt der Registrierung der Zollanmeldung *(m)*

  examination of a customs declaration Prüfung der Zollanmeldung *(f)*

  incomplete customs declaration gekürzte Zolldeklaration *(f)*

  international customs declaration internationale Zollanmeldung *(f)*

  periodic customs declaration periodische Zolldeklaration *(f)*

  registration of customs declaration Registrierung der Zollanmeldung *(f)*

  submit a customs declaration Zollerklärung abgeben *(f)*, Zollerklärung vorlegen *(f)*

  withdrawal of a customs declaration Widerruf der Zollerklärung *(m)*

customs declaration for export Ausgangsdeklaration *(f)*, Ausfuhrerklärung *(f)*

customs declaration for Import Einfuhrdeklaration *(f)*, Einfuhrerklärung *(f)*

customs declaration form Zolldeklarationsformular *(n)*

customs district Zollbezirk *(m)*

customs documentation Zolldokumentation *(f)*, Zollpapiere *(pl)*

customs documents Zolldokumente *(pl)*, Zollpapiere *(pl)*

  international customs document internationales Zollpapier *(n)*

  lodge a customs document Zolldokument vorlegen *(n)*, Zollpapier übergeben *(n)*, Zollpapier vorlegen *(n)*

  presentation of a customs document Vorlage eines Zollpapiers *(f)*

customs dodging Zollvergehen *(n)*

customs drawback Rückzoll *(m)*

customs duties Zollabgaben *(pl)*

  customs duties on exports Zollsätze bei der Ausfuhr *(pl)*

  customs duties on imports Einfuhrzölle *(pl)*, Eingangszölle *(pl)*, Zollsätze bei der Einfuhr *(pl)*

customs duty Zoll *(m)*, Zollabgabe *(f)*

abolition of customs duties Abschaffung der Zölle *(f)*

amount of customs duties Zollabgaben *(pl)*

calculation of customs duty Zollberechnung *(f)*

calculation of customs duties and taxes Berechnung der Zollgebühren und Steuern *(f)*

collect customs duties Zölle einziehen *(pl)*

disburse customs duties Zollabgaben bezahlen *(pl)*

drawback on customs duties Zollerstattung *(f)*, Zollrückerstattung *(f)*

evasion of customs duties Zollhinterziehung *(f)*

exemption from customs duties Zollerlass *(m)*

export customs duties Ausfuhrabgaben *(pl)*

free of all customs duties and charges frei von Zöllen und sonstigen Abgaben *(pl/pl)*

general rates of customs duties einheitliche Zolsätze *(pl)*

import customs duties Einfuhrabgaben *(pl)*

imposition of customs duties Erhebung von Zöllen *(f)*

including customs duties einschließlich Zölle *(pl)*

lay on customs duties mit Zoll belegen *(m)*

levy customs duties Zollgebühren erheben *(pl)*

levying of customs duties Erhebung von Zöllen *(f)*

lowering of customs duties Zollherabsetzung *(f)*

non-payment of customs duties and taxes Nichtbezahlung der Zollen und Steuern *(f)*

partial conditional exemption from customs duties teilweise bedingte Befreiung von der Zölle *(f)*

pay customs duty Zoll abführen *(m)*, Zoll bezahlen *(m)*, Zoll zahlen *(m)*

liability to pay customs duties Zollschuld *(f)*

payer of customs duties Zollzahler *(m)*

payment of customs duties Verzollung *(f)*, Zollentrichtung *(f)*

preferential customs duty Begünstigungszoll *(m)*

raising of customs duties Erhöhung der Zollsätze *(f)*

raising of customs duty Zollerhöhung *(f)*

reduce a customs duty Zoll senken *(m)*

reduction of customs duty rate Zollsatzsenkung *(f)*

reduction of customs duties Zollabbau *(m)*, Zollherabsetzung *(f)*

reimbursement of customs duties Zollerstattung *(f)*, Zollrückerstattung *(f)*

relief from customs duty Zollbefreiung *(f)*

retaliatory customs duty Retorsionszoll *(m)*

suspend the customs duties Erhebung der Zölle aussetzen *(f)*

suspend the collection of customs duties in full Zollerhebung ganz aussetzen *(f)*

suspend the collection of customs duties in part Zollerhebung teilweise aussetzen *(f)*

suspension of customs duties Aussetzung der Zollsätze *(f)*, Zollaussetzung *(f)*

customs duty paid verzollte Ware *(f)*

customs duty paid goods verzollte Ware *(f)*

customs duty rate Zollsatz *(m)*

customs economic procedure Zollverfahren mit wirtschaftlicher Bedeutung *(n)*

customs-enforcement area Seezollgebiet *(n)*, Zollgebiet *(n)*, Zollzone *(f)*

customs entry Zollanmeldung *(f)*, Zolleinfuhrschein *(m)*

customs escort Zollkonvoi *(m)*, Zollschutzbegleitung *(f)*

customs examination Aufsicht der Zollbehörde *(f)*, Zollabfertigung *(f)*, Zollkontrolle *(f)*, Zollrevision *(f)*, Zolluntersuchung *(f)*

additional customs examination zusätzliche Zollrevision *(f)*

carry out an customs examination Zollkontrolle durchführen *(f)*

handling under customs examination Transshipment unter Zollkontrolle *(n)*, Umladung unter Zollkontrolle *(f)*

right to customs exemption Zollfreiheitsrecht *(n)*

customs examination list Zollbefund *(m)*

customs examination of goods zollamtliche Beschau der Waren *(f)*

customs examination while the train is in motion Zollabfertigung im fahrenden Zuge *(f)* customs examiner Zollbeamter *(m)*, Zollrevisor *(m)*

customs-exemption certificate Zollfreischein *(m)*

customs expenses Zollabfertigungskosten *(pl)*, Zollausgaben *(pl)*, Zollspesen *(pl)*

customs expert Zollsachverständiger *(m)*

customs export formalities Ausfuhrzollförmlichkeiten *(pl)*

customs fine Zollgeldstrafe *(f)*, Zollstrafe *(f)*

lay a customs fine mit Zollstrafen belegen *(pl)*, Zollstrafe auferlegen *(f)*

customs flag Zollflagge *(f)*

customs form Zollformular *(n)*

customs formalities Zollabfertigungsformalitäten *(pl)*, Zollamtsformalitäten *(pl)*

  cost of customs formalities Zollabfertigungskosten *(pl)*

  ease customs formalities Zollverfahren vereinfachen *(n)*

  fulfillment of customs formalities Erledigung der Zollformalitäten *(f)*, Zollbehandlung *(f)*

customs formalities clearance Zollabfertigung *(f)*, Zollbereinigung *(f)*

customs formalities on export Zollförmlichkeiten für die Ausfuhr *(pl)*

customs formalities place Zollabfertigungsort *(m)*

customs forwarder Zollspediteur *(m)*

customs fraud Zollumgehung *(f)*, Zollvergehen *(n)*

customs-free frei von Zollgebühr *(f)*

customs goods Zollgut *(n)*

  customs goods classification Zollwarenklassifikation *(f)*

customs guarantee Zollbürgschaft *(f)*, Zollgarantie *(f)*

customs guarantor Zollbürge *(m)*

customs guard Zollstelle *(f)*

customs house Abfertigungsstelle *(f)*, Zollamt *(n)*

  customs house warrant Abfertigungsschreiben *(n)*, Zollschein *(m)*

customs identification Zollidentifikation *(f)*

customs inspection Zollinspektion *(f)*, Zollkontrolle *(f)*, Zollrevision *(f)*, Zolluntersuchung *(f)*

  date of customs inspection Zollabfertigungsdatum *(n)*

  handling under customs inspection Transshipment unter Zollkontrolle *(n)*, Umschlag unter Zollkontrolle *(m)*

customs inspection of goods Zollrevision der Waren *(f)*

customs inspector Zollinspektor *(m)*

customs instruction Zollinstruktion *(f)*, Zollvorschrift *(f)*

customs investigation Zollfolgung *(f)*

customs invoice Zollrechnung *(f)*

  special customs invoice Zollrechnung *(f)*

customs inward and outward Aus- und Einfuhrzollabfertigung *(f)*

customs jurisdiction Zollhochheit *(f)*

customs label Zolletikette *(f)*, Zollzettel *(m)*

customs law Zollgesetzgebung *(f)*, Zollrecht *(n)*, zollrechtliche Vorschriften *(pl)*

contravention of customs law Zollverletzung *(f)*, Zuwiderhandlung gegen die Zollgesetze *(f)*

criminal customs law Zollstrafrecht *(n)*

international customs law internationales Zollgesetz *(n)*, internationales Zollrecht *(n)*

investigate contraventions of customs law Zuwiderhandlungen gegen die Zollgesetze ermitteln *(pl)*

investigation of contraventions of the customs law Ermittlung von Zuwiderhandlungen gegen die Zollgesetze *(f)*

violation of the customs law Zollverletzung *(f)*, Zuwiderhandlung gegen die Zollgesetze *(f)*

customs lead zollamtlicher Bleiverschluss *(m)*, Zollplombe *(f)*, Zollsiegel *(n)*

customs levy Zollerhebung *(f)*

customs licence Zolllizenz *(f)*

customs list Zollaufstellung *(f)*

customs manifest Zollmanifest *(n)*

customs maritime zone Seezollgebiet *(n)*

customs mark zollamtliches Zeichen *(n)*

customs matters *(pl)* Zollfragen

Advisory Committee on customs matters *(EU)* Beratender Ausschuss für Zollfragen *(m)*

customs measures Zollmaßnahmen *(pl)*

customs measures relating to tariffs zolltarifliche Maßnahmen *(pl)*

customs mechanism Zollmechanismus *(m)*

customs monitoring Zollbeobachtung *(f)*

customs mortgage bond Zollbegleitschein *(m)*

customs nomenclature Zolltarifschema *(n)*, Zollwarenverzeichnis *(n)*, Warenbenennung *(f)*

customs offence Zolldelikt *(n)*, Zollverstoß *(m)*

customs office Zollamt (n)
  airport customs office Flughafenzollstelle (f)
  competence of the customs offices Zuständigkeit der Zollstellen (f)
  convey to a customs office zu einer Zollstelle befördern (f)
  endorsed by the customs office vom Zollamt bestätigt (n)
  inland customs office Binnenzollamt (n)
  local customs office örtliche Zollstelle (f)
  location of a customs office Ort des Zollamtes (m)
  present the goods at a customs office Waren einer Zollstelle stellen (pl)
  seal of the customs office Zollplombe (f)
  working hours of the customs office Arbeitszeiten des Zollamtes (pl)
customs office at the frontier Grenzzollamt (n)
customs office en route Durchgangszollstelle (f)
customs office of departure Abgangszollstelle (f)
  additional customs office of departure weitere Abgangszollstelle (f)
customs office of destination Bestimmungszollstelle (f)
  additional customs office of destination weitere Bestimmungszollstelle (f)
customs office of export Ausfuhrzollstelle (f)
customs office of importation Eingangszollamt (n)
customs office of reimportation Wiedereinfuhrzollstelle (f)
customs office stamp Stempel des Zollamtes (m), Zollamtssiegel (n)
customs officer Beamter der Zollabfertigung (m), Bediensteter der Zollverwaltung (m), Grenzaufsichtsbeamter (m), Zollangestellter (m), Zollinspektor (m), Zollkommissar (m)
customs official Mitarbeiter der Zollorgane (m)
  signature of a customs official Unterschrift des Zollbeamten (f)
customs operation Zollabfertigung (f)
customs operations Zolloperationen (pl)
customs order Zollerlaubnisschein (m), Zollpassierschein (m)
customs papers Zolldokumente (pl), Zollpapiere (pl)
customs penalty Zollgeldstrafe (f), Zollstrafe (f)

customs permit Zollabfertigungsschein (m), Zollerlaubnisschein (m), Zollpassierschein (m)
customs petty offence Zollverstoß (m)
customs point Zollmeldungsstelle (f)
customs policy Zollpolitik (f)
  common customs policy (EU) gemeinsame Zollpolitik (f)
customs port Seezollhafen (m), Zollabfertigungshafen (m)
customs post Zollstelle (f), Zollwache (f)
customs power Zollvollmacht (f)
customs preferences Zollpräferenzen (n)
  system of customs preferences Zollpräferenzensystem (n)
customs procedure Zollverfahren (n), Verzollungsverfahren (n)
  application of various customs procedures Anwendung der verschiedenen Zollverfahren (f)
  Committee for Customs Procedures with Economic Impact (EU) Ausschuss für Zollverfahren mit wirtschaftlicher Bedeutung (m)
  declared customs procedure angegebenes Zollverfahren (n)
  duty-free trade customs procedure Zollfreiheitsverfahren (n)
  economic customs procedure Zollverfahren mit wirtschaftlicher Bedeutung (n)
  enter goods for a customs procedure Waren in das Zolllagerverfahren angeben (pl)
  export customs procedure Ausfuhrzollverfahren (n)
  guarantee of observance of customs procedures Garantie der Einhaltung des Zollregimes (f)
  International Convention on the simplification and Harmonization of Customs Procedures Internationales Übereinkommen zur Vereinfachung und Harmonisierung der Zollverfahren (n)
  permission for subjecting goods to a desired customs procedure Betwilligung zur Überführung von Waren in ein Zollregime (f)
  place goods under a customs procedure Waren einem Zollverfahren zuführen (pl)
  placement of goods under a customs procedure Überführung einer Ware in das Zollverfahren (f)

placement under a customs procedure Überführung in das Zollverfahren *(f)*

special customs procedure besondere zollrechtliche Behandlung *(f)*

subject the goods to another customs procedure Waren einem anderen Zollverfahren zuführen *(pl)*

subject the goods to a customs procedure Waren einem Zollregime unterwerfen *(pl)*, Waren zu einem Zollverkehr abfertigen *(pl)*

subjecting goods to the customs procedure Überführung der Waren in die vorübergehende Verwendung *(f)*

customs procedure code Zollverfahrenscode *(m)*

customs procedure of temporary exportation vorübergehendes Ausfuhrverfahren *(n)*

customs procedure of temporary importation vorübergehendes Einfuhrverfahren *(n)*

customs procedure with economic impact *(ccc)* Zollverfahren mit wirtschaftlicher Bedeutung *(n)*

customs proceedings Zollverfahren *(n)*

customs processing arrangements Zollveredelungsverkehr *(m)*

customs processing turnover Zollveredelungsverkehr *(m)*

customs protection Zollschutz *(m)*, Zollwache *(f)*

customs protectionism Zollprotektionismus *(m)*

customs provision zollamtliche Vorschrift *(f)*, Zollvorschrift *(f)*

customs purposes Zollzwecke *(pl)*

accompanying document for customs purposes Begleitdokument für Zollzwecke *(n)*

documentation for customs purposes Dokumente für Zollzwecke *(pl)*

enter goods for customs purposes Waren zu einem Zollverfahren anmelden *(pl)*

value for customs purposes Zollwert *(m)*

value of goods for customs purposes Zollwert der Waren *(m)*

customs quay Zollladungsplatz *(m)*

customs railway station Zollbahnhof *(m)*

customs rate Zollsatz *(m)*

basic customs rate Grundzollsatz *(m)*

effective customs rate Effektivzollsatz *(m)*

export customs rate Ausfuhrzollsatz *(m)*

customs rate reduction Tarifnachlass *(m)*, Zollsatzabschlag *(m)*

customs receipt Abfertigungsschein *(m)*, Zollabfertigungsschein *(m)*, Zollschein *(m)*

customs receipt for goods Abfertigungsschreiben *(n)*, Zollschein *(m)*

customs receipts Zolleinnahmen *(pl)*, Zollerlöse *(pl)*

customs receiver Zolleinnehmer *(m)*

customs receiving Zollhehlerei *(f)*

customs reduction Zollermäßigung *(f)*

customs reform Zollreform *(f)*

customs regime Zollgewahrsamsverfahren *(n)*

customs registration Zollabfertigung *(f)*

goods customs registration Verzollung der Waren *(f)*, zollamtliche Abfertigung der Waren *(f)*

place of customs registration Zollklarierungsort *(m)*

time of customs registration Zeitpunkt der Zollabfertigung *(m)*

customs registration of goods Abfertigung der Waren *(f)*, Freigabe der Waren *(f)*

customs registration of means of transport Zollabfertigung von Beförderungsmitteln *(f)*

customs regulation zollamtliche Vorschrift *(f)*, Zollvorschrift *(f)*

infringement of customs regulations Zollverletzung *(f)*

violation on the customs regulations Zolldelikt *(n)*

customs relief Zollerlass *(m)*, Zollermäßigung *(f)*

customs report Zollprotokoll *(n)*

customs requirements zollamtliche Erfordernisse *(pl)*

customs return Zolldeklaration *(f)*

file customs return Zolldeklaration abgeben *(f)*

customs revenues Zolleinkünfte *(pl)*

customs route Zollstraße *(f)*

customs rules Zollregelungen *(pl)*

general customs rules allgemeine Zollregelungen *(pl)*

customs sanctions Zollsanktionen *(pl)*

customs schedule Zolltarifschema *(n)*, Zollwarenverzeichnis *(n)*

customs seal Zollamtssiegel *(n)*, Zollsiegel *(n)*, Zollstempel *(m)*, Zollplombe *(f)*, zollamtlicher Bleiverschluss *(m)*

customs seals Zollverschlüsse *(pl)*

affix customs seals zollamtlich verschließen, Zollverschlüsse anbringen *(m)*

affixation of customs seals and stamps Anlegung von Zollplomben und -siegeln *(f)*

affixing the customs seals Anlegung von Zollplomben und -siegeln *(f)*

break the customs seal Zollverschluss verletzen *(m)*, Zollverschlüsse verletzen *(m)*

breaking the customs seals Verletzung des Zollverschlusses *(f)*

container under customs seal Container unter Zollverschluss *(m)*

damage the customs seals Zollverschlüsse beschädigen *(pl)*

inspection of customs seals Überprüfung der Zollverschlüsse *(f)*

transport of goods under customs seals Beförderung von Waren unter Zollverschluss *(f)*, Frachttransport unter Zollverschluss *(m)*, Güterbeförderung unter Zollverschluss *(f)*, Gütertransport unter Zollverschluss *(m)*, Warentransport unter Zollverschluss *(m)*

transport under customs seal Beförderung unter Zollverschluss *(f)*, Transport unter Zollverschluss *(m)*, Verkehr unter Zollverschluss *(m)*, Zollbeförderung *(f)*

　approved for transport under customs seal zum Transport unter Zollverschluss zugelassen *(m)*

　international transport under customs seal internationaler Transport unter Zollverschluss *(m)*

customs seals are accidentally broken Zollverschlüsse wurden versehentlich verletzt *(pl)*

customs search Zollinspektion *(f)*, Zollkontrolle *(f)*

　customs search of ship Schiffszollinspektion *(f)*

customs seizure Zollbeschlagnahme *(f)*

customs serial number of the declaration Nummer der Zollurkunde *(f)*

customs service Zolldienst *(m)*

customs shed Zollhangar *(m)*

customs sovereignty Zollhoheit *(f)*

customs specification Zollbegleitschein *(m)*

customs stamp Zollsiegel *(n)*, Zollstempel *(m)*

customs station Zollbahnhof *(m)*, Zollstation *(f)* **2.** Zollstelle *(f)*

　frontier customs station Grenzzollbahnhof *(m)*

customs statistics Zollstatistik *(f)*

　special customs statistics Sonderzollstatistik *(f)*

customs status zollrechtlicher Status *(m)*

　customs status of goods zollrechtlicher Status der Waren *(m)*

　customs status of means of transport zollrechtlicher Status der Transportmittels *(m)*

customs store Zolldepot *(n)*, Zolllager *(n)*, Zollspeicher *(m)*

customs supervision Aufsicht der Zollbehörde *(f)*, Zollabfertigung *(f)*, zollamtliche Überwachung *(f)*, Zollaufsicht *(f)*, Zollkontrolle *(f)*, Zollkommissar *(m)*

　destruction of goods under customs supervision Zerstörung unter zollamtlicher Aufsicht *(f)*

　place under customs supervision Zollkontrolle unterwerfen *(f)*

　processing under customs supervision aktive Veredelung *(f)*, Umwandlung unter zollamtlicher Prüfung *(f)*

　　authorization for processing under customs supervision Bewilligung des Umwandlungsverfahrens *(f)*

　processing under customs supervision procedure Verfahren der Umwandlung unter zollamtlicher Überwachung *(n)*, Vorgang der vorübergehenden Verwendung *(m)*

　unlawful removal from customs supervision of goods Entziehung der einfuhrabgabenpflichtigen Ware der zollamtlichen Überwachung *(f)*

customs surcharge Zollnebengebühr *(f)*, Zuschlagszoll *(m)*

customs surveillance zone vom Zoll überwachter Bereich *(m)*

customs survey Zollinspektion *(f)*

　report of customs survey zollamtlicher Beschaubefund *(m)*

customs swindle Zollumgehung *(f)*

customs tare gesetzliche Tara *(f)*, Zollgewicht *(n)*

customs tare Zolltara *(f)*

customs tariff Zolltarif *(m)*

autonomous customs tariff autonomer Zolltarif *(m)*

classification of goods according to the customs tariff nomenclature of goods Einreihung von Waren nach der Warennomenklatur des Zolltarifs *(f)*

classification of goods under customs tariff Einordnung der Waren in die Zolltarife *(f)*

Committee on Common Customs Tariff Nomenclature *(EU)* Ausschuss für das Schema des gemeinsamen Zolltarifs *(m)*

common customs tariff gemeinsamer Zolltarif (EG-Länder) *(m)*

Common Customs Tariff nomenclature of the Member States *(EU)* gemeinsames Zolltarifschema der Mitgliedstaaten *(n)*

compile a customs tariff Zolltarif aufstellen *(m)*

convention customs tariff konventionaler Tarif *(m)*

discriminatory customs tariff diskriminierender Zolltarif *(m)*, Diskriminierungstarif *(m)*

Nomenclature for the classification of goods in customs tariff Zolltarifschema für die Einreihung der Waren in die Zolltarife *(n)*

non-discriminatory customs tariff nichtdiskriminierender Zolltarif *(m)*

position in the customs tariff Tarifposition *(f)*

customs tariff code Zolltarifkode *(m)*

customs tariff harmonization Harmonisierung der Zolltarife *(f)*

Customs Tariff of the European Communities Zolltarif der Europäischen Gemeinschaften *(m)*

customs tariff reduction Tarifsenkung *(f)*

customs terminal Zollterminal *(n)*

customs territory Zollanschlussgebiet *(n)*, Zollbereich *(m)*

common customs territory gemeinsames Zollgebiet *(n)*

exportation of goods from the customs territory Ausfuhr von Handelswaren aus dem Zollgebiet *(f)*

goods returned to the customs territory of the Community Ware, die in das Zollgebiet der Gemeinschaft zurückkehrt *(f)*

introduction of goods into the customs territory Verbringen der Waren in das Zollgebiet *(n)*

part of the customs territory Teil des Zollgebiets *(m)*

re-exportation from the customs territory of the Community Wiederausfuhr aus dem Zollgebiet der Gemeinschaft *(f)*

customs territory of the Community Zollgebiet der Gemeinschaft *(n)*

customs transfer Zollanweisung *(f)*

customs transit Zollgutversand *(m)*

be under customs transit sich im Zollgutversand befinden *(m)*

declaration for customs transit Transitdeklaration *(f)*, Transiterklärung *(f)*

declare the goods for customs transit Waren zum Zollgutversand anmelden *(pl)*

domestic customs transit procedure Verfahren des Binnenzolltransits *(n)*

goods declaration form for customs transit Vordruck für die Anmeldung zum Zollgutversand *(m)*

international customs transit procedure Verfahren des internationalen Transits *(n)*

permission for international customs transit Erlaubnis für den internationaler Zolltransit *(f)*

customs transit operation Versandvorgang *(m)*

customs transit procedure Versandverfahren *(n)*

customs transit system Zollgutversandverfahren *(n)*

customs treatment Zollbehandlung *(f)*, zolltarifliche Behandlung *(f)*

different customs treatment unterschiedliche zollrechtliche Behandlung *(f)*

free at place of customs treatment franko Ort der Zollabfertigung *(m)*

free at place of customs treatment price Preis frei Zollbehandlungsort *(m)*

customs treatment place Verzollungsort *(m)*

customs treaty Zollkonvention *(f)*, Zollvertrag *(m)*

customs union Zollunion *(f)*
  establishment of a customs union Bildung der Zollunion *(f)*
customs union effects Zollunionseffekte *(pl)*
customs valuation Zollbemessung *(f)*, Zollbewertung *(f)*
  Committee on Customs Valuation *(GATT)* Ausschuss für den Zollwert *(m)*
  Customs Valuation Committee *(EU)* Ausschuss für den Zollwert *(m)*
customs value Zollwert *(m)*
  declaration of customs value Zollwertanmeldung *(f)*
  definition of customs value Begriffsbestimmung des Wertes *(f)*
  method for determining the customs value Methode zur Zollwertbestimmung *(f)*
  minimum customs value Mindestzollwert *(m)*
  reduction of the customs value Herabsetzung des Zollwertes *(f)*
customs value of goods Zollwert der Waren *(m)*
customs value of identical goods Zollwert gleicher Waren *(m)*
customs value of imported goods Zollwert eingeführter Waren *(m)*
customs value of similar goods Zollwert gleichartiger Waren *(m)*
customs wall Zollschranke *(f)*, Zollsperre *(f)*
customs warehouse Lager unter Zollverschluss *(n)*, Zollverschlusslager *(n)*
  authorization to operate a customs warehouse Bewilligung zum Betrieb des Zolllagers *(f)*
  deposit in a customs warehouse im Zolllager lagern *(n)*
  place goods in a customs warehouse Waren in ein Zolllager verbringen *(pl)*
  private customs warehouse privates Zolllager *(n)*
  system of customs warehouses Zolllagerung *(f)*
customs warehousing procedure Verfahren der Zollgutlagerung *(n)*, Zolllagerverfahren *(n)*
customs warrant Zollwarrant *(m)*
customs waters Seezollgebiet *(n)*
customs weigher zollamtlicher Wäger *(m)*
customs zone Zollgebiet *(n)*, Zollzone *(f)*

* **administration of the customs** Zollverwaltung *(f)*
bring through customs durch die Zollabfertigungsstelle bringen *(f)*, Zollformalitäten erfüllen *(pl)*
clear trough customs zollamtlich abfertigen, verzollen
clearance through the customs Zollabfertigung *(m)*
  point of clearance trough the customs Ort der Zollabfertigung *(m)*
  type of clearance through the customs Abfertigungsart *(f)*
clearing trough the customs zollamtliche Abfertigung *(f)*, Zollbehandlung *(f)*
clearing trough the customs point Verzollungsort *(m)*
court of customs Zollgericht *(n)*
go through customs Zollformalitäten erfüllen *(pl)*
inspector of customs Grenzaufseher *(m)*, Grenzaufsichtsbeamte *(m)*
inspector of customs Zollinspektor *(m)*
law of customs Zollrecht *(n)*
law on customs Zollrecht *(n)*
  contravene the law on customs Zollregelung übertreten *(f)*
office of customs Zollamt *(n)*
pass through customs durch die Zollabfertigungsstelle bringen *(f)*, Zollformalitäten erfüllen *(pl)*
procedure of customs Zollverfahren *(n)*, Zollgewahrsamsverfahren *(n)*, Zollregime *(n)*
production of goods to the customs zollamtliche Gestellung der Waren *(f)*
protective customs Schutzzoll *(m)*
receiver of customs Zollerheber *(m)*
regional customs department Regionalzollamt *(n)*
rules on customs Zollregelungen *(pl)*
  lacunae in the rules on customs Lücken der Zollregelung *(pl)*
scale of customs Zollabgabentarif *(m)*
seals affixed by customs Verschlüsse angebracht vom Zoll/Zollanmelder *(pl)*
seals approved by customs Zollbehörden zugelassene Verschlüsse *(pl)*
temporary customs certificate Anmeldung zur vorübergehenden Versendung *(f)*
value for customs Zollwert *(m)*

declared value for customs angegebener Zollwert *(m)*

cut abbauen, herabsetzen

cut the budget Budget herabsetzen *(n)*

cut Abbau *(m)*, Ermäßigung *(f)*, Reduktion *(f)*

cut in prices Preisabschlag *(m)*, Preisnachlass *(m)*, Preissenkung *(f)*

cut in rate of duty Tarifnachlass *(m)*, Zollsatzabschlag *(m)*

cut in tariff rates Tarifsenkung *(f)*

cut in taxes Steuererleichterung *(f)*, Steuersenkung *(f)*

cut in the minimum lending rate Senkung des Diskontsatzes *(f)*

cut of expenditures Ausgabenkürzung *(f)*

* minimum lending rate cut Diskontsatzherabsetzung *(f)*

price cut Preisermäßigung *(f)*, Preisreduktion *(f)*

tariff cut Tariferlass *(m)*, Zollermäßigung *(f)*, Zollnachlass *(m)*

tax cut Steuerkürzung *(f)*, Steuerreduktion *(f)*

cut down reduzieren, herabsetzen

cut down a price Preis herabsetzen *(m)*, Preis senken *(m)*

cut down a tax Steuer herabsetzen *(f)*, Steuer senken *(f)*

cut off kürzen

cutback Kürzung *(f)*

cutback of spending Ausgabeneinschränkung *(f)*

* credit cutback Krediteinschränkung *(f)*

cut-off abgeschnitten

cut-off procedure Abschlussverifikation *(f)*

cut-off procedure Endkontrolle *(f)*

cut-price preisgemindert

cut-price competitor Preiskonkurrent *(m)*

cut-price goods preisgeminderte Ware *(f)*, Ware zu herabgesetzten Preisen *(f)*

cut-rate price verbilligter Preis *(m)*

cutter Kutter *(m)*

pilot cutter Lotsenkutter *(m)*

revenue cutter Zollboot *(n)*

cutting Ermäßigung *(f)*, Senkung *(f)*

cutting of charges Gebührenermäßigung *(f)*, Gebührenherabsetzung *(f)*, Gebührensenkung *(f)*

cutting of costs Kostensenkung *(f)*

cutting of prices Preisabschlag *(m)*, Preisnachlass *(m)*, Preissenkung *(f)*

cutting of quotation Kursrückgang *(m)*, Kursverfall *(m)*

* cost cutting Kosteneinsparung *(f)*, Kostenreduktion *(f)*, Minderung der Kosten *(f)*, Senkung der Kosten *(f)*

price cutting Preisabschlag *(m)*, Preisherabsetzung *(f)*, Preisnachlass *(m)*

tariff cutting Zollermäßigung *(f)*, Zollnachlass *(m)*

cycle Zyklus *(m)*

cycle of delivery Lieferungszyklus *(m)*

cycle stock zyklischer Vorrat *(m)*

* business cycle Wirtschaftszyklus *(m)*

change in the business cycle Konjunkturänderung *(f)*

economic cycle Konjunktur *(f)*, Krisenzyklus *(m)*, Wirtschaftszyklus *(m)*

world economic cycle Weltkonjunktur *(f)*

economic cycle stabilization Konjunkturstabilisierung *(f)*

in-transit cycle Beförderungszyklus *(m)*

product life cycle (PLC) Produktlebenszyklus *(m)*

international product life cycle internationaler Produktlebenszyklus *(m)*

manufacturing cycle Produktionsablauf *(m)*

production cycle Produktionsablauf *(m)*

trade cycle Handelszyklus *(m)*

cyclical zyklisch

cyclical trend Krisenzyklus *(m)*

analysis of cyclical trend Konjunkturforschung *(f)*

D

daily Tages-
daily average Tagesdurchschnitt (m)
daily discharging rate Tageslöschungsnorm (f)
daily exchange Tageskurs (m)
daily loading rate Tagesladungsnorm (f)
daily official list Börsenkurszettel (m)
daily plan Tagesplan (m)
daily productivity Tagesleistung (f)
daily quotations Börsenzettel (m)
daily rate Tagesnorm (f)
 daily rate of loading Tagesladungsnorm (f)
daily receipts Tageskasse (f)
daily routine Tagesplan (m)
daily schedule täglicher Zeitplan (m)
daily standard Tagesnorm (f)
daily statement Tagesbericht (m)
daily turnover Tagesumsatz (m)
damage beschädigen, Schaden anrichten (m)
damage the customs seals Zollverschlüsse
beschädigen (pl)
damage Beschädigung (f), Damnum (n),
Einbuße (f), Mangel (m), Schaden (n)
damage certificate Beschädigungsschein (m),
Havarieattest (n), Nachweis des Verlustes (m),
Schadensnachweis (m), Schadenzertifikat (n),
Tatbestandsaufnahme (f)
damage in freight handling Umschlagscha-
den (m)
damage in transit Beschädigung auf dem
Transport (f), Beschädigung während des
Transports (f)
damage in transport Beförderungsschaden (m)
damage insurance Schadensversicherung (f)
damage of cargo Ladungsschaden (m)
damage repair Havariereparatur (f)
damage report Havariegutachten (n), Havariezertifikat (n), Schadensliste (f), Schadensanzeige (f), Schadensbericht (m), Schadensmeldung (f)
damage risk Beschädigungsgefahr (f)
damage survey Beschädigungsschein (m),
Schadensaufnahme (f), Schadensgutachten (n),
Schadensprüfung (f), Tatbestandsaufnahme (f)

damage to baggage Gepäckbeschädigung (f)
damage to cargo Ladungsbeschädigung (f)
damage to ship Schiffsbeschädigung (f)
* accidental damage Unfallschaden (m)
actual damage effektiver Schaden (m)
constructive actual damage tatsächlicher
Totalschaden (m)
adjustment of the damage Schadensvergütung (f)
 liability to adjustment of the damage
Schadensersatzpflicht (f)
air damage Luftverkehrsschaden (m)
amends for a damage Ersatz der Verluste (m),
Schadloshaltung (f)
appraisal of damage Schadenabschätzung (f),
Schadensschätzung (f)
ascertainment of damage Schadensfeststellung (f), Schadensermittlung (f)
assess a damage Schadensersatzbetrag
feststellen (m)
assessment of damage Schadenabschätzung (f), Schadensschätzung (f)
cargo damage Ladungsbeschädigung (f)
certificate of damage Beschädigungsschein (m),
Havarieattest (n), Havariegutachten (n), Havariezertifikat (n), Schadenszertifikat (n), Untersuchungsbericht (m)
collision damage Kollisionsschaden (m)
compensation for damage Schadensersatz (m),
Schadensausgleich (m)
compensation of the damage Schadensersatz (m), Schadensausgleich (m)
 liability to compensation of the damage
Schadenshaftung (f)
container damage Containerbeschädigung (f)
country damage Landesschaden (m)
delivery proof of damage Schadensnachweis erbringen (m)
direct damage direkter Schaden (m)
duty to redress the damage Pflicht der Wiedergutmachung des Schadens (f)
estimation of damage Abschätzung des
Schadens (f), Schadensbewertung (f)
extent of the damage Größe des Schadens (f),
Schadensausmaß (n)
financial damage Finanzschaden (m)
fire damage Brandschaden (m)
free of damage mangelfrei
frost damage Frostschaden (m)
hailstorm damage Hagelschaden (m)

hook damage Hakenschaden *(m)*, Lasthaken-schaden *(m)*

hook, oil and fresh water damage Last-haken-, Öl- und Süßwasserschaden *(m)*

kind of damage Schadensart *(f)*

land damage Landschaden *(m)*

leak damage Leckage *(f)*, Sickerverlust *(m)*

leakage damage Leckage *(f)*, Sickerverlust *(m)*

liable in damage verantwortlich für Scha-den *(m)*

load damage Ladungsschaden *(m)*

loading damage Ladungsschaden *(m)*, Ver-ladungsschaden *(m)*

loss and damage Schaden und Verlust *(m)*

material damage materieller Verlust *(m)*

mechanical damage mechanische Beschä-digung *(f)*

moral damage Moralverlust *(m)*

own damage Eigenverlust *(m)*

owner's risk of damage Beschädigungsri-siko für Reeder *(n)*

part damage teilweiser Schaden *(m)*

pecuniary damage Geldverlust *(m)*

property damage Sachschaden *(n)*, Vermö-gensschaden *(m)*

rail damage Eisenbahntransportschaden *(m)*, Eisenbahnverkehrsschaden *(m)*

railway damage Eisenbahntransportscha-den *(m)*, Eisenbahnverkehrsschaden *(m)*

rain-water damage Regenwasserschaden *(m)*

random damage Elementarschaden *(m)*

recovery of damage Ersatz der Verluste *(m)*, Schadensersatz *(m)*

sea damage Seeschaden *(m)*, Seetransport-schaden *(m)*

  settlement of sea damage Seeschadens-berechnung *(f)*

seawater damage Salzwasserbeschädigung *(f)*, Seewasserschaden *(m)*

settlement of damage Schadensberech-nung *(f)*

shipping damage Ladungsschaden *(m)*, Ver-ladungsschaden *(m)*

transit damage Transportschaden *(m)*, Ver-kehrsschaden *(m)*

transport damage Transportschaden *(m)*, Verkehrsschaden *(m)*

  water transport damage Wassertrans-portschaden *(m)*, Wasserverkehrsschaden *(m)*

warehouse damage Einlagerungsschaden *(m)*, Lagerschaden *(m)*, Lagerungsschaden *(m)*

water damage Wasserbeschädigung *(f)*, Wasserschaden *(m)*, Wassertransportschaden *(m)*, Wasserverkehrsschaden *(m)*

  fresh water damage Regenwasserschaden *(m)*, Süßwasserbeschädigung *(f)*, Süßwasser-schaden *(m)*

weather damage Schaden durch Wetter *(m)*, Wetterschaden *(n)*

  heavy weather damage Schaden durch Wetter *(m)*, Wetterschaden *(n)*

  water damage insurance Wasserscha-denversicherung *(f)*

damaged beschädigt, fehlerhaft

damaged cargo beschädigte Ladung *(f)*

damaged cargo report Schadensmeldung *(f)*

damaged documents beschädigtes Doku-ment *(n)*

damaged goods beschädigte Ware *(f)*, be-schädigte Waren *(pl)*

damaged merchandise defekte Ware *(f)*, schadhafte Ware *(f)*

* water damaged wassergeschädigt

damages Abfindung *(f)*, Abgeltung *(f)*
2. Schadensersatz-

damages clause Schadensersatzklausel *(f)*

damages for breach of a contract Scha-denersatz bei Vertragsbruch *(m)*, Schadener-satz wegen nichterfüllung des vertrages *(m)*

damages for delay Schadensersatz für die Verzögerung *(m)*

damages for detention Schadenersatz für nutzlos aufgewandte Wartezeit *(m)*

additional damages Zusatzentschädigung *(f)*

amount of damages Abfindungsgeld *(n)*

amount of damages Betrag des Schaden-ersatzes *(m)*, Entschädigungsbetrag *(m)*, Ent-schädigungshöhe *(f)*, Entschädigungssumme *(f)*, Schadenshöhe *(f)*

assessment of damages Entschädigungs-feststellung *(f)*, Festlegung der Entschädi-gungshöhe *(f)*

average damages Havariegeld *(n)*, Ver-pflichtungsschein *(m)*

award damages Schadensersatz zugeste-hen *(m)*

award of damages Zuerkennung von Scha-densersatz *(f)*

claim for damages Anspruch auf Entschä-digung *(m)*, Entschädigungsanspruch *(m)*

demand for cover of damages Schadens-ersatzforderung *(f)*
liability for damages Ersatzpflicht *(f)*
liquidation of damages Liquidation des Schadens *(f)*, Schadensabwicklung *(f)*
list of damages Schadensliste *(f)*, Schadens-aufstellung *(f)*
measure of damages Entschädigungshöhe *(f)*
money damages Barabfindung *(f)*
obligation to damages Ausgleichspflicht *(f)*, Ersatzpflicht *(f)*
pay damages Schadensersatz zahlen *(m)*
  obligation to pay damages Schadenser-satzpflicht *(f)*
recover damages Schadenersatz erhalten *(m)*
statutory damages gesetzlicher Schaden-ersatz *(m)*
stipulated damages vertragsmäßige Ent-schädigung *(f)*
suit for damages Klage auf Schadenersatz *(f)*
dampening Schwächung *(f)*
damp-proof feuchtefest
danger Gefährdung *(f)*, Gefährlichkeit *(f)*
danger of an epidemic Seuchengefahr *(f)*
dangerous gefahrbringend, gefährlich
dangerous article Gefahrengut *(n)*, gefähr-liche Güter *(pl)*
dangerous cargo gefährliche Ladung *(f)*
  dangerous cargo manifest Gefahrgüter-manifest *(n)*
  dangerous cargo service Beförderung der Gefahrgüter *(f)*, Gefahrengütertransport *(m)*, Gefahrgüterbeförderung *(f)*
dangerous deck sehr gefährliche Güter, die nur auf Deck verladen werden dürfen *(pl)*
dangerous goods Gefahrengüter *(pl)*, Ge-fahrenmaterial *(n)*
  classification of dangerous goods Ge-fahrgüterklassifizierung *(f)*
  European Agreement concerning the International Carriage of Dangerous Goods by Road Europäisches Überein-kommen über die internationale Beförde-rung gefährlicher Güter auf der Straße *(n)*
  transport of dangerous goods Gefahr-gütertransport *(m)*
    declaration for the transport of dan-gerous goods Gefahrgüterdeklaration *(f)*
  transportation of dangerous goods Gefahrgütertransport *(m)*

dangerous goods declaration Gefahrgu-terklärung *(f)*
dangerous goods freight Gefahrgutfracht *(f)*
DAP ... /insert named place of destination/ DAP ... /benannter Bestimmungsort/, geliefert am Ort ... /be-nannter Bestimmungsort/
DAT ... /insert named terminal at port or place of de-stination/ DAT ... /benannter Terminal im Bestimmungsha-fen oder am Bestimmungsort/, geliefert Terminal ... /benannter Terminal im Bestimmungshafen oder am Bestim-mungsort/
data Daten *(pl)*
data analysis Datenauswertung *(f)*
data bank Datenbank *(f)*
data check digit Sicherheitsziffer *(f)*
data collection system Datenerfassungs-system *(n)*
data corruption Datenfälschung *(f)*
data exchange Datenaustausch *(m)*
data interchange Datenaustausch *(m)*
data processing Datenaufbereitung *(f)*, Da-tenverarbeitung *(f)*
  automated data processing automatische Datenverarbeitung *(f)*
  electronic data processing elektronische Datenverarbeitung *(f)*
data protection Datenschutz *(m)*
data updating Aktualisierung der Daten *(f)*
data verification Datenüberprüfung *(f)*
* **accounting data** Buchungsdaten *(pl)*
actual data faktische Daten *(pl)*
annual data Jahresangaben *(pl)*
basic data Grunddaten *(pl)*
commercial data Handelsdaten *(pl)*
current data laufende Angaben *(pl)*
customs data Zolldaten *(pl)*
deliver data Angaben verschaffen *(pl)*
detailed data detaillierte Daten *(pl)*
discrepancy between the data Diskrepanz zwischen den Daten *(f)*
entry of data Dateneingabe *(f)*
estimated data geschätzte Angaben *(pl)*
final data endgültige Angaben *(pl)*
missing data fehlende Angaben *(pl)*
numerical data ziffernmäßige Angaben *(pl)*
personal data Personalien *(pl)*
quantitative data Mengenangaben *(pl)*
raw data Grunddaten *(pl)*

reliability of data Datenzuverlässigkeit *(f)*
shipping data Verschiffungsdaten *(pl)*
supply the data Angaben verschaffen *(pl)*
supply the data Angaben verschiffen *(pl)*
trade data Handelsdaten *(pl)*
updating of data Aktualisierung der Daten *(f)*
yearly data Jahresangaben *(pl)*
database Datenbank *(f)*
date datieren, Datum einsetzen *(n)*, mit Datum versehen *(n)*
date Datum *(n)*, Tag *(m)*
date and hour of the start of unloading the means of transport Datum und Uhrzeit des Beginns des Entladens des Beförderungsmittels *(n)*
date and hour on which the competent office is informed Datum und Uhrzeit der Unterrichtung der zuständigen Zollstelle *(n)*
date and time of arrival of goods Datum und Uhrzeit des Wareneingangs *(n)*
date and time of dispatch of goods Datum und Uhrzeit des Warenversands *(n)*
date for tax payment Fälligkeit der Steuer *(f)*
date of acceptance Akzeptierungsdatum *(n)*, Annahmedatum *(n)*
date of acceptance of the customs declaration Tag der Annahme der Zollanmeldung *(m)*, Tag der Annahme der Zollanmeldung *(m)*, Datum der Zollangabe *(n)*
date of acceptance of entry Datum der Zollangabe *(n)*, Tag der Annahme der Zollanmeldung *(m)*
date of an agreement Datum der Vereinbarung *(n)*
date of an order Bestellungsdatum *(n)*
date of arrival Ankunftsdatum *(n)*, Datum des Empfanges *(n)*, Empfangsdatum *(n)*, Tag des Empfangs *(m)*
  expected date of arrival voraussichtliches Ankunftsdatum *(n)*
  date of arrival of goods Datum des Wareneingangs *(n)*
date of authorization Authorisierungsdatum *(n)*
date of birth Geburtsdatum *(n)*
date of cargo handling Umladungstag *(m)*
date of clearance Zollabfertigungsdatum *(n)*
date of closing of a contract Datum des Vertragsabschlusses *(n)*, Vertragsabschlussdatum *(n)*

date of complaint Reklamationsfrist *(f)*, Reklamationstermin *(m)*
date of completion Erfüllungszeit *(f)*
date of completion of the document Ausstellungsdatum des Dokumentes *(n)*
date of consignation Sendungsdatum *(n)*, Versanddatum *(n)*
date of contract Vertragsdatum *(n)*
date of customs inspection Zollabfertigungsdatum *(n)*
date of delivery Lieferdatum *(n)*, Liefertermin *(m)*, Lieferzeit *(f)*, Tag der Lieferung *(m)*
  meet the date of delivery Ablieferungsfrist einhalten *(f)*, Lieferzeit einhalten *(f)*
date of departure Abfahrtsdatum *(n)*, Abfahrtstag *(m)*
date of deposit in the warehouse Zeitpunkt der Einlagerung *(m)*
date of discharging Entladungstag *(m)*, Löschentag *(m)*
date of dispatch Abgangsdatum *(n)*, Verladetermin *(m)*, Versanddatum *(n)*
  date of dispatch of goods Datum des Warenversands *(n)*
date of endorsement Datum des Sichtvermerks *(n)*
date of entry into a contract Datum des Vertragsabschlusses *(n)*, Vertragsabschlussdatum *(n)*
date of expiration Ablauffrist *(f)*, Ablauftermin *(m)*
date of expiry Gültigkeitsdauer *(f)*, Verfalltermin *(m)*
date of flight Datum des Fluges *(n)*, Flugdatum *(n)*, Flugtag *(m)*
date of importation Zeitpunkt der Einfuhr *(m)*
date of incoming Empfangsdatum *(n)*, Tag des Empfangs *(m)*
date of invoice Rechnungsdatum *(n)*
date of issuance Ausstellungstag *(m)*
date of issuance of air transport document Ausstellungstag des Luftfrachtdokuments *(m)*
date of issuance of documents Dokumentausstellungstag *(m)*
date of issuance of invoice Rechnungsausstellungsdatum *(n)*, Rechnungsausstellungstag *(m)*
date of issue Ausgabetag *(m)*, Ausstellungsdatum *(n)*, Zeitpunkt der Ausstellung *(m)*

date of issue of a credit Eröffnungsdatum des Akkreditivs *(n)*
date of issue of invoice Rechnungsausstellungsdatum *(n)*, Rechnungsausstellungstag *(m)*
date of issue of a letter of credit Akkreditivgestellungstag *(m)*, Eröffnungsdatum des Akkreditivs *(n)*, Gestellungstag des Akkreditivs *(m)*
date of lading Ladezeit *(f)*, Versandtermin *(m)*
date of licensing Lizenzdatum *(n)*
date of loading Verladedatum *(n)*, Verladetermin *(m)*
date of loss advice Datum der Schadensmeldung *(n)*
date of maturity Fälligkeitsdatum *(n)*, Fälligkeitstag *(m)*, Fälligkeitstermin *(m)*, Tag der Entrichtung *(m)*, Zahlungstermin *(m)* 2. Fälligkeitsdatum eines Wechsels *(n)*, Wechselfrist *(f)*
date of official publication Veröffentlichungsdatum *(n)*
date of patent Datum des Patents *(n)*, Patenterteilungstag *(m)*
date of payment Fälligkeitsdatum *(n)*, Fälligkeitstermin *(m)*, Tag der Entrichtung *(m)*, Zahlungstag *(m)*, Zahlungstermin *(m)*
exceeding the date of payment Überschreitung der Zahlungsfrist *(f)*, Überschreitung des Zahlungstermins *(f)*
date of payment postponement Zahlungsfristverlängerung *(f)*, Zahlungsprolongation *(f)*
date of pick-up Empfangsdatum *(n)*
date of postmark Datum des Poststempels *(n)*
date of publication Erscheinungstermin *(m)*
date of purchase Einkaufsdatum *(n)*, Einkaufstag *(m)*, Kaufdatum *(n)*, Kauftermin *(m)*
date of readiness Schiffsladebereitschaftstermin *(m)*, Tag der Ladebereitschaft *(m)*
date of receipt Empfangsdatum *(n)*, Empfangsdatum des Schreibens *(n)*
date of receipt of a letter Empfangsdatum des Schriftstückes *(n)*
date of registration Zeitpunkt der Registrierung *(m)*
date of removal from the warehouse Zeitpunkt der Auslagerung *(m)*
date of settlement Abrechnungstag *(m)*
date of shipment Ladefrist *(f)*, Sendungsdatum *(n)*, Verladedatum *(n)*, Verladetermin *(m)*, Versanddatum *(n)*, Versandtermin *(m)*
date of shipment Verschiffungstermin *(m)*

date of signature Unterzeichnungsdatum *(n)*
date of submission of the customs declaration Zeitpunkt der Registrierung der Zollanmeldung *(m)*
date of supply Lieferdatum *(n)*, Tag der Lieferung *(m)*
date of transfer Übertragungsdatum *(n)*
date of unshipment Entladungsfrist *(f)*, Löschendatum *(n)*
date of validity Gültigkeitsdatum *(n)*, Verfalldatum *(n)*
date of validity of an offer Bestellfrist *(f)*
date on which the customs debt incurred Zeitpunkt der Entstehung der Zollschuld *(m)*
date stamp Datumsstempel *(m)*, Poststempel *(m)*
* acceptance date Akzeptierungsdatum *(n)*, Akzepttag *(m)*, Annahmedatum *(n)*, Annahmetag *(m)*
affreightment date Befrachtungsdatum *(n)*, Befrachtungstermin *(m)*
alongside date Tag der Ladebereitschaft *(m)*
application date Anmeldetag *(m)*, Hinterlegungszeitpunkt einer Anmeldung *(m)*
appoint the date Datum festlegen *(n)*, Ankunftsdatum *(n)*, Eingangsdatum *(n)*
auction date Versteigerungstermin *(m)*
authentication of date Bestätigung des Datums *(f)*, Datumsbestätigung *(f)*
bill payable at a fixed date datierter Wechsel *(m)*
calendar date Kalenderdatum *(n)*
cancellation date Annullierungsdatum *(n)*
cancelling date Annullierungsdatum *(n)*, Datum der Annullierung des Vertrags *(n)*, Vertragsannullierungsdatum *(n)*, Widerrufsdatum *(n)*
cargo handling date Umladungsdatum *(n)*, Bestätigung des Datums *(f)*
certification of date Datumsbestätigung *(f)*
change date Änderungsdatum *(n)*
complaint date Reklamationsdatum *(n)*
contract date im Vertrag vereinbarte Frist *(f)*, Vertragsdatum *(n)*
delivery date Lieferdatum *(n)*, Liefertermin *(m)*, Lieferzeit *(f)*
break of the delivery date Nichtunterhaltung der Ablieferungsfrist *(f)*, Nichtunterhaltung der Lieferzeit *(f)*
deliver before delivery date Waren vor Lieferdatum liefern *(pl)*, Waren vor Liefertermin liefern *(pl)*

disembarkation date Entladungstag *(m)*, Löschentag *(m)*

disposal date Verkaufsdatum *(n)*, Verkaufszeitpunkt *(m)*

due date Fälligkeitstermin *(m)*, Verfalltag *(m)*, Zahlungstag *(m)*

  break of due date Nichtunterhaltung der Verfallzeit *(f)*, Nichtunterhaltung des Zahlungstermins *(f)*

  deferment of due date Moratorium *(n)*, Zahlungsfristverlängerung *(f)*

  meet the due date pünktlich zahlen

due date for tax payment Fälligkeitstermin der Steuer *(m)*, Steuerzahlungsfrist *(f)*

effective date Gültigkeitsdatum *(n)*, Gültigkeitsdauer *(f)*

end date Ablauffrist *(f)*, Ablauftermin *(m)*

ending date Abschlussdatum *(n)*

expiration date Auslaufdatum *(n)*, Gültigkeitsdatum *(n)*, Verfalldatum *(n)*

expiry date Verfalldatum *(n)*, Verfalltag *(m)*

  policy expiry date Ablauftermin der Versicherungspolice *(m)*

  expiry date of the credit Verfalldatum des Akkreditivs *(n)*

filing date Anmeldetag *(m)*, Hinterlegungszeitpunkt einer Anmeldung *(m)*

final date äußerster Termin *(m)*, Endtermin *(m)*, Schlusstermin *(m)*, Zeitlimit *(n)*

fix the date Datum festlegen *(n)*

invoice date Rechnungsdatum *(n)*

issue date Ausstellungsdatum *(n)*, Ausstellungstag *(m)*, Entleihdatum *(n)*, Zeitpunkt der Ausstellung *(m)*

loading date Verladedatum *(n)*

lodgement date Einreichungsdatum *(n)*

mailing date Abgangsdatum *(n)*

maturity date Fälligkeitsdatum *(n)*, Fälligkeitstag *(m)*, Fälligkeitstermin *(m)*, Verfalldatum *(n)*

  deferment of maturity date Stundung einer Forderung *(f)*

notice date Notizfrist *(f)*

patent date Datum des Patents *(n)*, Patenterteilungstag *(m)*

patenting date Patentierungsdatum *(n)*

payment date Rückzahlungstermin *(m)*

  interest payment date Zinstermin *(m)*

  tax payment date Fälligkeitstermin der Steuer *(m)*, Steuerzahlungsfrist *(f)*

production date Herstellungsdatum *(n)*, Produktionsdatum *(n)*

prompt date Verfalltag *(m)*

purchase date Einkaufsdatum *(n)*, Einkaufstag *(m)*, Kaufdatum *(n)*, Kauftermin *(m)*

readiness date Schiffsladebereitschaftstermin *(m)*

reference date Bezugszeitpunkt *(m)*

reimbursement date Rembourstag *(m)*

remittance date Tag der Überweisung *(m)*

repayment date Rückzahlungstermin *(m)*

sailing date Abfahrtsdatum *(n)*, Abfahrtstag *(m)*

scheduled completion date planmäßiger Abschlusstermin *(m)*

setting a date Fristbestimmung *(f)*, Terminfestsetzung *(f)*

settlement date Verrechnungstag *(m)*

shipping date Abgangsdatum *(n)*, Versanddatum *(n)*

ship-to-arrive-by date Ankunftsdatum der Ladung *(n)*

tender date Datum der Ausschreibung *(n)*

date-maker Poststempel *(m)*, Tagesstempel *(m)*

dating Datierung *(f)*

dating machine Datumstempel *(m)*

day Tag *(m)*, Termin *(m)*

day-of-arrival price Preis am Ankunftstag *(m)*

day of cargo handling Umschlagdatum *(n)*

days of demurrage Discounttage *(pl)*, Überliegetage *(pl)*

day of dispatch Verladetermin *(m)*, Versandtermin *(m)*

day of freight handling Umschlagdatum *(n)*

days of grace Respekttage *(pl)*

day of maturity Verfallfrist *(f)*, Zahlungstermin *(m)*

day of maturity postponement Zahlungsfristverlängerung *(f)*, Zahlungsprolongation *(f)*

day of notice of complaint Datum der Reklamationsmeldung *(n)*

day of payment Fälligkeitstermin *(m)*, Zahltag *(m)*, Zahlungstag *(m)*, Zahlungstermin *(m)*

day of payment postponement Stundung einer Forderung *(f)*

day of shipment Verladungstag *(m)*, Verschiffungstag *(m)*

day-of-shipment price Preis am Verschiffungstag *(m)*

day of supply Auslieferungstermin *(m)*, Liefertag *(m)*

days on demurrage Discounttage *(pl)*, Überliegetage *(pl)*
day output Tageserlös *(m)*
day rate Tagelohnsatz *(m)*, Tagessatz *(m)*
day trading Tagesumsatz *(m)*
* **account day** Abrechnungstag *(m)*
active day Arbeitstag *(m)*, Werktag *(m)*
appoint the day Termin bestimmen *(m)*, Termin festlegen *(m)*
arrival day Ankunftsdatum *(n)*, Eingangsdatum *(n)*
auction day Versteigerungstag *(m)*
banking day Banktag *(m)*
both days inclusive beide Tage eingeschlossen *(pl)*
business day Arbeitstag *(m)*, Werktag *(m)*
  first business day erster Arbeitstag *(m)*, erster Werktag *(m)*
calendar day Kalendertag *(m)*
cargo handling day Umladungstag *(m)*
civil day Tag und Nacht *(m/f)*
consecutive days aufeinanderfolgende Tage *(pl)*, laufende Kalendertage *(pl)*
delivery day Auslieferungstermin *(m)*, Liefertag *(m)*
demurrage days Überliegetage *(pl)*
discharge day Entladungstag *(m)*
discharging day Abladungstag *(m)*, Ausladungstag *(m)*, Entladungsfrist *(f)*, Löschendatum *(n)*
discount days Discounttage *(pl)*
dispatch day Absendetag *(m)*, Sendungstag *(m)*
due day Fälligkeitstag *(m)*, Zahltag *(m)*
  break of due day Nichtunterhaltung des Verfalldatums *(f)*
exchange day Börsentag *(m)*
forwarding day Absendetag *(m)*, Sendungstag *(m)*
holiday day Feiertag *(m)*, Festtag *(m)*
idle day Feiertag *(m)*
lading day Verladungstag *(m)*, Verschiffungstag *(m)*
last day Abschlussdatum *(n)*
lay days Liegetage *(pl)*, Liegezeit *(f)*
  reversible lay days Liegetage vor der Rückreise *(pl)*
  lay days statement Liegetageausstellung *(f)*, Liegezeitaufstellung *(f)*
loading day Beladungstag *(m)*, Verladungstag *(m)*

loading days Ladetage *(pl)*, Verladungsdauer *(f)*
non-business day Feiertag *(m)*, Festtag *(m)*
outturn day Entladungsfrist *(f)*
payment day Fälligkeitstag *(m)*, Zahltag *(m)*
prompt day Verfallfrist *(f)*, Zahlungstermin *(m)*
reporting day Tag der Bereitschaftsnotiz *(m)*
running days aufeinanderfolgende Tage *(pl)*, laufende Kalendertage *(pl)*
sales day book Verkaufsbuch *(n)*
selling day Handelstag *(m)*, Markttag *(m)*
settlement day Verrechnungstag *(m)*
settling day Vergleichstag *(m)*
shipment day Versandtag *(m)*, Versendungstag *(m)*
shipping day Beladungstag *(m)*, Verladungstag *(m)*, Versandtag *(m)*, Versendungstag *(m)*
stand days Liegetage *(pl)*, Liegezeit *(f)*
stay days Liegetage *(pl)*, Liegezeit *(f)*
tender day Ausschreibungsdatum *(n)*
term day Zahlungstag *(m)*
trade day Handelstag *(m)*, Markttag *(m)*
transhipping day Umladungstag *(m)*, Umschlagtag *(m)*
unloading day Abladungstag *(m)*, Ausladungstag *(m)*
working day Arbeitstag *(m)*
  first working day erster Arbeitstag *(m)*, erster Werktag *(m)*
  reduced working day verkürzte Arbeitszeit *(f)*
  weather working day wetterabhängiger Arbeitstag *(m)*

daybook Tagebuch *(n)*

DDP ... */insert named place of destination/* DDP ... */benannter Bestimmungsort/*, Geliefert verzollt ... */benannter Bestimmungsort/*

de facto faktisch
  de facto address tatsächliche Adresse *(f)*
de jure de jure, laut Gesetz
  de jure address juristische Adresse *(f)*
  de jure recognition De-jure-Anerkennung *(f)*, rechtliche Anerkennung *(f)*

dead tot
  dead cargo Ballastladung *(f)*, Faulfracht *(f)*, Leerfracht *(f)*, tote Fracht *(f)*, tote Last *(f)*
  dead freight Faulfracht *(f)*, Leerfracht *(f)*, tote Fracht *(f)*, tote Last *(f)*
  dead load Eigengewicht *(n)*

dead loss Totalverlust *(m)*
dead space Faulladeraum *(m)*, Leerladeraum *(m)*
dead stock unverkäufliche Ware *(f)*
dead time Stillstand *(m)*, Stillstandzeit *(f)*,
Überliegetage *(pl)*
deadline äußerster Termin *(m)*, Deadline *(f)*
deadline for tenders endgültiger Termin
für die Einsendung von Angeboten *(m)*
* **absolute deadline** Endtermin *(m)*
additional shipping deadline zusätzlicher
Versandtermin *(m)*
exceed a deadline Frist überschreiten *(f)*,
Termin überschreiten *(m)*
keep the deadline Frist einhalten *(f)*, Termin einhalten *(m)*
non-compliance with deadline Fristüberschreitung *(f)*, Terminüberschreitung *(f)*
overrun a deadline Frist überschreiten *(f)*,
Termin überschreiten *(m)*
deadlock aussichtslose Lage *(f)*
dead-weight Deadweight *(n)*, Frachttonnage *(f)*, Tragfähigkeit des Schiffes *(f)*,
Leergewicht *(n)*
dead-weight all told Gesamtzuladung *(f)*,
Tragfähigkeit des Schiffes *(f)*
dead-weight capacity Frachttonnage *(f)*,
Ladefähigkeit *(f)*, Ladetonnage *(f)*, Ladungsfähigkeit *(f)*, Nutztragfähigkeit *(f)*
dead-weight cargo Schwergewichtsgut *(n)*,
Schwergut *(n)*, Schwerladung *(f)*
dead-weight cargo capacity Deadweight-
Tonnage *(f)*, Gesamtzuladung *(f)*, Tragfähigkeit *(f)*
dead-weight cargo tonnage Ladungsfähigkeit *(f)*
dead-weight charter Schwergutfrachtvertrag *(m)*
dead-weight scale Faulgewichtskala *(f)*,
Leergewichtsskala *(f)*
dead-weight ton Tragfähigkeitstonne *(f)*
dead-weight tonnage Ladetonnage *(f)*, Ladungsfähigkeit *(f)*, Tragfähigkeit des Schiffes *(f)*,
Tragfähigkeit eines Schiffes in Tonnen *(f)*
* **cargo dead-weight** Ladekapazität *(f)*, Ladevermögen *(n)*
freight per ton dead-weight capacity
Fracht per Tonnage *(f)*
cargo dead-weight tonnage Ladetragfähigkeit *(f)*

deal Handel führen *(m)*
deal Geschäft *(n)*, Interesse *(n)*
barter deal Tauschgeschäft *(n)*
compensation deal Junktimgeschäft *(n)*
conclusion of a deal Geschäftsabschluss *(m)*,
Geschäftstransaktion *(f)*
import deal Einfuhrgeschäft *(n)*
option deal Optionsgeschäft *(n)*
premium deal Prämiengeschäft *(n)*
dealer Dealer *(m)*, Broker *(m)*, Händler *(m)*
dealer agreement Händlervertrag *(m)*
dealer rebate Dealerdiskont *(m)*
dealer system Händlernetz *(n)*, Händlernetzwerk *(n)*
* **auction dealer** Auktionator *(m)*, Auktionsmakler *(m)*
foreign-exchange dealer Wechselagent *(m)*,
Wechselmakler *(m)*
money dealer Wechselagent *(m)*, Wechselmakler *(m)*
network of dealers Händlernetz *(n)*, Händlernetzwerk *(n)*
wholesale dealer Großhändler *(m)*, Großkaufmann *(m)*
dealing Handelsgeschäft *(n)*
dealing for cash Effektivgeschäft *(n)*
* **commercial dealing** Geschäftsabschluss *(m)*,
Geschäftstransaktion *(f)*, Handelsgeschäft *(n)*,
kommerzielle Transaktion *(f)*
currency dealing Devisengeschäft *(n)*, Valutageschäft *(n)*
exclusive dealing Handelsausschließlichkeit *(f)*
firm dealing in imports Importgeschäft *(n)*
market dealings Börsengeschäft *(n)*, Börsentransaktion *(f)*
speculative dealing Spekulationsgeschäft *(n)*
dearth Mangel *(m)*
dearth of freight Ladungsmangel *(m)*
debacle Unglück *(n)*
debark ausschiffen
debarkation Ausschiffung *(f)* 2. Aus-
schiffungs-
debarkation port Ausschiffungshafen *(m)*
* **seaport of debarkation** Einschiffungshafen *(m)*
debase abwerten, an Wert verlieren *(n)*
debase the currency Valutakurs herabsetzen *(m)*

debasement Entwertung *(f)*, Herabsetzung *(f)*, Wertverlust *(m)*

debenture Rückzollschein *(m)*, Rückzollschein *(m)*, Zollrückgabeschein *(m)*, Debenture-Zertifikat *(n)*, Exportprämiezertifikat *(n)*

  debenture certificate Debenture-Zertifikat *(n)*, Exportprämiezertifikat *(n)*

  * **custom-house debenture** Zollrückgabeschein *(m)*

  customs debenture Rückzollschein *(m)*, Zollrückgabeschein *(m)*

debit belasten, debitieren

debit Belastung *(f)*, Schuld *(f)*, Soll *(n)*

  debit advice Belastungsanzeige *(f)*, Debetnote *(f)*, Lastschrift *(f)*

  debit an account with an amount Konto belasten *(n)*

  debit balance Sollsaldo *(m)*

  debit note Belastungsanzeige *(f)*, Lastschriftanzeige *(f)*

  debit side Schuld *(f)*, Soll *(n)*

  debit ticket Debetnote *(f)*

debt Forderung *(f)*, Schuld *(f)*, Verschuldung *(f)*

  debt collection agency Inkassobüro *(n)*

  debt due ausstehende Schuld *(f)*, ungetilgte Schuld *(f)*

  debt-equity ratio Verhältnis zwischen Fremdkapital und Eigenkapital *(n)*

  debt for tax Steuerforderung *(f)*

  debt funding Konsolidierung der Schulden *(f)*, Schuldenfundierung *(f)*

  debt on mortgage hypothekarische Schuld *(f)*, Hypothekenschuld *(f)*

  debt payable fällige Schuld *(f)*

  debt recycling Stundung einer Schuld *(f)*

  debt repayment schedule Schuldenrückzahlungsplan *(m)*

  debt service ratio Kapitaldienstrelation *(f)*

  debt swap Verschuldungsumlagerung *(f)*

  debt unification Konsolidierung der Schulden *(f)*, Schuldenfundierung *(f)*

  * **acquittal of a debt** Schuldbegleichung *(f)*, Schuldenzahlung *(f)*

  admission of a debt Schuldanerkenntnis *(f)*

  appropriation to a debt Anrechnung auf eine Schuld *(f)*

  assignment of debts Forderungsabtretung *(f)*

bad debt uneinbringliche Schuld *(f)*

balance of a debt geschuldeter Betrag *(m)*, Restschuld *(f)*

bank debt Bankschuld *(f)*

bill of debt Garantieschein *(m)*, Lagerschein *(m)*

bottomry debt Bodmereischuld *(f)*

burden with debts mit Schulden belasten *(pl)*

call in a debt eintreiben, Schuld eintreiben *(f)*

cancel a debt Schuld abtragen *(f)*, Schuld annullieren *(f)*

cancellation of a debt Ablösung einer Schuld *(f)*

cancelled debt Schuldenerlass *(m)*

claimable debt ausstehende Schuld *(f)*, ungetilgte Schuld *(f)*

clear a debt Schuld begleichen *(f)*, zurückzahlen

clearing debt Clearingforderungen *(pl)*, Clearingschuld *(f)*

collect a debt eintreiben, Schuld eintreiben *(f)*

collect the debts Forderungen eintreiben *(pl)*

collection of debts Einzug von Forderungen *(m)*, Enziehung von Forderungen *(f)*

commercial debt Handelsschuld *(f)*

consolidated debt konsolidierte Schuld *(f)*

consolidation of debts Schuldenkonsolidierung *(f)*

contract a debt Kredit aufnehmen *(m)*

conversion of debts Umschuldung *(f)*

cover a debt Schuld decken *(f)*

customs debt Zollschuld *(f)*

  amount of the customs debt Betrag der Zollschuld *(m)*

  date on which the customs debt incurred Zeitpunkt der Entstehung der Zollschuld *(m)*

  extinction of customs debt Erlöschen der Zollschuld *(n)*

  incurrence of a customs debt Entstehung der Zollschuld *(f)*

  payment of customs debt guarantee Zahlungsgarantie für Zollschuld *(f)*

  payment of the customs debt Erfüllung der Zollschuld *(f)*

  security to cover customs debt Sicherheitsleistung für den Zollschuldbetrag *(f)*

  security to ensure payment of the customs debt Garantie für Zollschuld *(f)*

  recovery of the amount of the customs debt Erhebung des Zollschuldbetrags *(f)*

customs debt on exportation Ausfuhrzoll-schuld *(f)*
customs debt on importation Einfuhrzoll-schuld *(f)*
deferred debt aufgeschobene Schuld *(f)*
discharge a debt Schuld begleichen *(f)*, zu-rückzahlen
doubtful debt dubiose Forderung *(f)*
dumping debt Dumpingschuld *(f)*
enforcement of debts Schuldbeitreibung *(f)*
ex interest debt unverzinsliche Schuld *(f)*
external debt Auslandsverschuldung *(f)*, Außenschuld *(f)*
  external debt refinancing Refinanzierung der Auslandsverschuldung *(f)*
  external debt service Auslandsschuld-dienst *(m)*
floating debt kurzfristige Schuld *(f)*
foreign debt Auslandsschulden *(pl)*, Aus-landsverschuldung *(f)*, Außenschuld *(f)*
guarantee of debt Schuldengarantie *(f)*
interest on debt Schuldzinsen *(pl)*, Zinsen für Forderungen *(pl)*
liquidate a debts Schuld tilgen *(f)*
liquidation of debt Schuldbegleichung *(f)*, Schuldenzahlung *(f)*
long-term debt langfristige Schuld *(f)*
monetary debt Geldverbindlichkeit *(f)*, Geld-verpflichtung *(f)*
mortgage debt hipothekarische Schuld *(f)*, Hypothekenschuld *(f)*, Hypothekenverschul-dung *(f)*
mortgage to cover future debts Siche-rungshypothek *(f)*
non-interest bearing debt unverzinsliche Schuld *(f)*
non-repayable debt nicht rückzahlbare Schuld *(f)*
overdue debt rückständige Schuld *(f)*
pay debt Schuld begleichen *(f)*
perpetual debt unbefristete Schuld *(f)*
prescribed debt verjährte Schuld *(f)*
recover a debt Schuld eintreiben *(f)*
recoverable debt einbringliche Schuld *(f)*
remainder of debt Schuldrest *(m)*
remit a debt Schuld abtragen *(f)*, Schuld annullieren *(f)*
restructuring of debt Restrukturierung der Schuld *(f)*
return of a debt Rückgabe einer Schuld *(f)*

secured debt gesicherte Schuld *(f)*
service a debt Schuld ablösen *(f)*, Schuld begleichen *(f)*, Schuld bezahlen *(f)*
service of debt Schuldendienst *(m)*
settle a debt Schuld begleichen *(f)*
tax debt Steuerverbindlichkeit *(f)*, Steuerver-pflichtung *(f)*
trade debt Handelsschuld *(f)*
transfer of a debt Abtretung von Forderun-gen *(f)*
unpaid debt ausstehende Schuld *(f)*, unge-tilgte Schuld *(f)*
unrecoverable debt uneinbringliche Schuld *(f)*, uneinbringliche Schuld *(f)*
unsecured debt Anleiheschuld *(f)*, ungesi-cherte Schuld *(f)*
unsettled debt ausstehende Schuld *(f)*, un-getilgte Schuld *(f)*
yielding debt verzinsliche Schuld *(f)*
debtee Gläubiger *(m)*, Kreditor *(m)*
debts Aktivforderungen *(pl)*
debtor Schuldner *(m)*
  bad debtor fauler Schuldner *(m)*
  customs debtor Zollschuldner *(m)*
  joint and several debtor Solidarschuldner *(m)*
  joint debtor Solidarschuldner *(m)*
  solvent debtor zahlungsfähiger Schuldner *(m)*
decalo Decalo *(n)*, Massenverlust *(m)*
decide entscheiden
deciding Beschlussfassung *(f)*, Ent-schlussfassung *(f)*
decilitre Deziliter *(m)*
decision Bescheid *(m)*, Beschluss *(m)*, Entscheidung *(f)*, Spruch *(m)*
  decision of a court gerichtliche Entschei-dung *(f)*
    decision of a court of arbitration Entsc-heidung des Schiedsgerichts *(f)*
  decision of an international court Ent-scheidung des internationalen Gerichts *(f)*
  decision process Entscheidungsprozess *(m)*
  * **acceleration of decision** Beschleunigung der Entscheidung *(f)*
  administrative decision amtliche Verfü-gung *(f)*, Verwaltungsbescheid *(m)*, Verwal-tungsentscheidung *(f)*

revocation of an administrative decision Widerruf der Verwaltungsentscheidung *(m)*
amendment of the decision Entscheidungsänderung *(f)*
annulment of a decision Aufhebung einer Entscheidung *(f)*
arbitral decision Schiedsgerichtsentscheidung *(f)*, Schiedsspruch *(m)*, Schiedsurteil *(n)*
arbitration decision Schiedsspruch *(m)*, Schiedsurteil *(n)*
buying decision Kaufentscheidung *(f)*
change of decision Änderung des Entscheidung *(f)*
confirm a decision Entscheidung bestätigen *(f)*
court decision Bescheid *(m)*, richterlicher Beschluss *(m)*, Urteil *(n)*
definite decision abschließende Entscheidung *(f)*
delivery of a decision Zustellung der Entscheidung *(f)*
dishonour decision Zahlungsverweigerungsbeschluss *(m)*
enforcement of decision Entscheidungsrealisierung *(f)*
  stay of enforcement of decision Aussetzung einer Entscheidung *(f)*
  suspension of enforcement of the decision Aussetzung einer Entscheidung *(f)*
expiration of a decision Beschlussablauf *(m)*
final decision endgültiger Beschluss *(m)*, rechtskräftige Entscheidung *(f)*
give a decision Entscheidung fällen *(f)*
judicial decision richterlicher Beschluss *(m)*, Rechtsprechung *(f)*
legal decision Gerichtsbeschluss *(m)*, Rechtsspruch *(m)*
negative decision abschlägiger Bescheid *(m)*
non-final decision nicht endgültiger Beschluss *(m)*
overrule a decision Entscheidung annullieren *(f)*
passing a decision Beschlussfassung *(f)*, Entschlussfassung *(f)*
pricing decision Preisentscheidung *(f)*
rescind a decision Entscheidung annullieren *(f)*, Entscheidung aufheben *(f)*
revocation of decision Aufhebung einer Entscheidung *(f)*, Aufhebung eines Beschlusses *(f)*, Bescheidaufhebung *(f)*
revoke a decision Bescheid zurückziehen *(m)*

decision-maker Entscheider *(m)*
deck Deck *(n)*
  deck cargo Deckgut *(n)*, Deckladung *(f)*
  deck cargo clause Deckladungsklausel *(f)*
  deck-cargo insurance Deckfrachtversicherung *(f)*
  deck cargo rate Decklasttarif *(m)*
  deck fittings Deckzubehör *(n)*
  deck line Decklinie *(f)*
* after deck Achterdeck *(n)*
  car deck Autodeck *(n)*
  cargo deck Ladebord *(m)*, Ladungsdeck *(n)*
  cash deck Kasse *(f)*
  dangerous deck sehr gefährliche Güter, die nur auf Deck verladen werden dürfen *(pl)*
  flush deck ship Glattdecker *(m)*, Glattdeckschiff *(n)*
  forecastle deck Backdeck *(n)*
  freeboard deck Freiborddeck *(n)*
  insurance on deck cargo load Decklastversicherung *(f)*
  lodading on deck Deckverladung *(f)*
  lower deck Unterdeck *(n)*
  main deck Hauptdeck *(n)*
  navigation bridge deck Brückendeck *(n)*
  on deck bill of lading an Deck Konnossement *(n)*
  shelter deck Schutzdeck *(n)*
  ship's deck Schiffsdeck *(n)*
  superstructure deck Aufbaudeck *(n)*
  upper deck Oberdeck *(n)*
  weather deck Wetterdeck *(n)*
  working deck Arbeitsdeck *(n)*
declarant Anmelder *(m)*
declaration Angabe *(f)*, Deklaration *(f)*, Erklärung *(f)*
  declaration for customs transit Transitdeklaration *(f)*, Transiterklärung *(f)*
  declaration for dispatch Anmeldung zur Versendung *(f)*, Ausgangsdeklaration *(f)*
  declaration for entry of goods for home use Anmeldung von Waren zum freien Verkehr *(f)*
  declaration for internal Community transit Anmeldung zum internen gemeinschaftlichen Versandverfahren *(f)*
  declaration for placement goods under the arrangements for processing under customs control Anmeldung zur Überführung in das Verfahren der Umwandlung unter zollamtlicher Überwachung *(f)*

declaration for temporary admission for inward processing Anmeldung für die vorübergehende Einfuhr zur aktiven Veredelung *(f)*

declaration for the temporary exportation of goods for outward processing Anmeldung für die vorübergehende Ausfuhr zur passiven Veredelung *(f)*

declaration for the transport of dangerous goods Gefahrgüterdeklaration *(f)*

declaration form Deklarationsformular *(n)*

customs declaration form Zolldeklarationsformular *(n)*

goods declaration form Vordruck der Warenanmeldung *(m)*

import declaration form Ausfuhrdeklarationsformular *(n)*

specimen declaration form Erklärungsvordruck *(m)*, Muster des Anmeldungsvordrucks *(n)*

declaration inwards Einfuhrdeklaration *(f)*, Eingangsdeklaration *(f)*, Zolleinfuhrschein *(m)*

declaration number Anmeldungsnummer *(f)*, Nummer der Anmeldung *(f)*

declaration of bankruptcy Falliterklärung *(f)*, Konkurserklärung *(f)*, Konkursmeldung *(f)*

declaration of Community status for packaging Erklärung des Gemeinschaftscharakters von Umschließungen *(f)*

declaration of Community status for pallets Erklärung des Gemeinschaftscharakters von Paletten *(f)*

declaration of Community status for passengers accompanied baggage Erklärung des Gemeinschaftscharakters von Waren, die von Reisenden mitgeführt werden *(f)*

declaration of conformity Konformitätserklärung *(f)*

declaration of contents Inhaltsdeklaration *(f)*, Inhaltserklärung *(f)*

declaration of customs value Zollwertanmeldung *(f)*

declaration of goods Warenerklärung *(f)*

declaration of goods receipts Wareneingangsdeklaration *(f)*

declaration of insolvency Erklärung der Zahlungsunfähigkeit *(f)*

declaration of origin Ursprungsbescheinigung *(f)*, Ursprungserklärung *(f)*, Ursprungszertifikat *(n)*, Ursprungszeugnis *(n)*

certified declaration of origin beglaubigte Ursprungserklärung *(f)*

declaration of value Wertangabe *(f)*, Wertdeklaration *(f)*

declaration of weight Gewichtsangabe *(f)*, Gewichtszertifikat *(n)*, Gewichtszettel *(m)*

declaration outwards Ausgangsdeklaration *(f)*, Exportdeklaration *(f)*

declaration policy Abschreibepolice *(f)*, Blankopolice *(f)*, Generalpolice *(f)*

declaration procedure einzelne Schritte der Versandanmeldung *(pl)*

declaration specimen Erklärungsvordruck *(m)*, Muster des Anmeldungsvordrucks *(n)*

declaration type *(arrivals/dispatches)* Art der Deklaration *(f)*

* **accept a declaration** *(customs)* Anmeldung annehmen *(f)*

acceptance of the declaration *(customs)* Annahme der Anmeldung *(f)*

adjustment of a declaration Berichtigung der Anmeldung *(f)*

baggage declaration Gepäckzollerklärung *(f)*, Zollinhaltserklärung *(f)*

cancellation of the declaration Annullierung der Anmeldung *(f)*

captain's declaration Kapitänsdeklaration *(f)*

cargo declaration Frachtschein *(m)*

complete the declaration *(customs)* Anmeldung ausstellen *(f)*

computerized system for processing declarations Datenverarbeitungsanlage zur Behandlung der Anmeldungen *(f)*

consigner's declaration Absendererklärung *(f)*

consular declaration Konsulardeklaration *(f)*

control of declaration Kontrolle der Anmeldung *(f)*

correction of the declaration Berichtigung der Anmeldung *(f)*

crew's effects declaration Erklärung über die persönliche Habe der Besatzung *(f)*

currency declaration Devisenerklärung *(f)*, Valutaerklärung *(f)*

customs declaration Zollangabe *(f)*, Zollanmeldung *(f)*, Zolldeklaration *(f)*, Zollerklärung *(f)*, Zollinhaltserklärung *(f)*

acceptance of the customs declaration Annahme der Zollanmeldung *(f)*

amendment the customs declaration Berichtigung der Zollinhaltserklärung *(f)*

cargo customs declaration Abfertigungsschein *(m)*

date of acceptance of customs declaration Datum der Zollangabe *(n)*, Tag der Annahme der Zollanmeldung *(m)*, Tag der Annahme der Zollanmeldung *(m)*
examination of a customs declaration Prüfung der Zollanmeldung *(f)*
incomplete customs declaration gekürzte Zolldeklaration *(f)*
international customs declaration internationale Zollanmeldung *(f)*
periodic customs declaration periodische Zolldeklaration *(f)*
registration of customs declaration Registrierung der Zollanmeldung *(f)*
submit a customs declaration Zollerklärung abgeben *(f)*
submit a customs declaration Zollerklärung vorlegen *(f)*
withdrawal of a customs declaration Widerruf der Zollerklärung *(m)*
customs declaration for export Ausgangsdeklaration *(f)*
customs declaration for import Einfuhrdeklaration *(f)*, Einfuhrerklärung *(f)*
customs serial number of the declaration Nummer der Zollurkunde *(f)*
export declaration Anmeldung zum Ausfuhrverfahren *(f)*, Ausfuhranmeldung *(f)*, Ausfuhrerklärung *(f)*, Ausfuhrmeldung *(f)*, Ausgangsdeklaration *(f)*, Exportdeklaration *(f)*
presentation of an export declaration Vorlage einer Ausfuhranmeldung *(f)*
shipper's export declaration Ausfuhranmeldung des Spediteurs *(f)*
exporter's declaration Erklärung des Ausführers *(f)*
false declaration falsche Anmeldung *(f)*
fictious declaration falsche Erklärung *(f)*
freight declaration Ladedeklaration *(f)*, Ladungsdeklaration *(f)*
general declaration Warenmanifest *(n)*, Warenanmeldung *(f)* **2.** *(export of Community goods)* globale Anmeldung *(f)*
goods declaration Zollanmeldung *(f)*
checking of goods declaration Prüfung der Anmeldung *(f)*, Prüfung der Zollanmeldung *(f)*, Überprüfung der Zollanmeldung *(f)*
dangerous goods declaration Gefahrguterklärung *(f)*

goods declaration for exportation with notification of intended return Anmeldung zur Ausfuhr unter Vorbehalt der Wiedereinfuhr *(f)*
goods declaration form for customs transit Vordruck für die Anmeldung zum Zollgutversand *(m)*
hazardous cargo declaration Gefahrgüterdeklaration *(f)*
import declaration Eingangsdeklaration *(f)*, Zolleinfuhrschein *(m)*
insurance declaration Versicherungsantrag *(m)*
invalidation of the declaration Ungültigkeitserklärung der Anmeldung *(f)*
load declaration Frachtschein *(m)*, Ladedeklaration *(f)*, Ladungsdeklaration *(f)*
lodging of a declaration Abgabe einer Anmeldung *(f)*, Abgabe einer Erklärung *(f)*
long-term declaration Langzeiterklärung *(f)*
long-term suppliers' declaration Lieferantenerklärung *(f)*
make a declaration Deklaration vorlegen *(f)*, erklären
making of declaration Ausfüllen einer Deklaration *(n)*
maritime declaration of health Seegesundheitserklärung *(f)*
oral declaration mündliche Erklärung *(f)*
original of declaration Originaldeklaration *(f)*
particulars of the declaration *(customs)* Angaben der Anmeldung *(pl)*
periodic declaration *(customs)* periodische Anmeldung *(f)*
present a declaration Anmeldung vorlegen *(f)*
provisional declaration provisorische Zolldeklaration *(f)*, vorläufige Anmeldung *(f)*
quarantine declaration Quarantäneanmeldung *(f)*, Quarantänedeklaration *(f)*
recapitulative declaration *(customs)* zusammenfassende Anmeldung *(f)*
registration of the declaration *(CT)* Eintragung der Anmeldung *(f)*
shipper's declaration Absendererklärung *(f)*, Deklaration des Versenders *(f)*
ship's stores declaration Erklärung über die Schiffsvorräte *(f)*
submission of a declaration Abgabe einer Anmeldung *(f)*, Abgabe einer Erklärung (MwSt.) *(f)*

summary declaration summarische Anmeldung (f), summarische Zollanmeldung (f)
suppliers' declaration Lieferantenerklärung (f)
tax declaration Steuererklärung (f)
annual tax declaration jährliche Steuererklärung (f)
submit a tax declaration Steuererklärung abgeben (f), Steuererklärung einreichen (f)
transit declaration Transitdeklaration (f), Transiterklärung (f), Transitnote (f), Versandanmeldung (f)
  acceptance of the transit declaration Annahme der Versandanmeldung (f)
  copies for transit declaration für die Versandanmeldung verwendeten Exemplare (pl)
  manifest as transit declaration Manifest als Versandanmeldung (n)
  number of the transit declaration Nummer der Versandanmeldung (f)
  registration of the transit declaration Registrierung der Versandanmeldung (f)
  signing of the transit declaration Unterzeichnung der Versandanmeldung (f)
transit declarations on the SAD Versandanmeldung auf dem Einheitspapier (f)
written declaration schriftliche Deklaration (f)
declare anmelden, Deklaration abgeben (f), deklarieren, melden
declare bankruptcy Konkurs anmelden (m), Konkurs erklären (m)
declare for outright exportation zur endgültigen Ausfuhr anmelden (f)
declare the goods at the custom-house Ware angeben (f)
declare the goods for customs transit Waren zum Zollgutversand anmelden (pl)
declared angegeben, deklariert
declared cargo deklarierte Ladung (f)
declared customs procedure angegebenes Zollverfahren (n)
declared value angegebener Wert (m), deklarierter Zollwert (m)
declared value for customs angegebener Zollwert (m)
* goods declared for free circulation zum zollrechtlich freien Verkehr abgefertigte Ware (f)
declaring deklarierend
declaring the contract avoided Kündigungsbrief (m), Kündigungsschreiben (n), Rücktrittserklärung (f)

decline verweigern
decline an acceptance Annahme verweigern (f)
decline an application Antrag ablehnen (m)
decline payment Zahlung verweigern (f)
decline to accept Annahme verweigern (f)
* economic decline Wirtschaftsrückgang (m)
export decline Exportrückgang (m)
decline Baisse (f), Zurückweisung (f)
decline in consumption Nachfragerückgang (m)
decline in prices Preisabbau (m), Preissturz (m)
decline in quality Qualitätsabfall (m)
decline in rates Kursabschlag (m)
decline in sales Absatzvolumenrückgang (m)
decline in the economic activity Konjunkturverfall (m)
decline in value an Wert verlieren (m)
declining Rückgang (m) **2.** zurückgehend
declining economic activity Konjunkturrückgang (m)
declining of an offer Offertenverweigerung (f)
declining tendencies in the economy Konjunkturrückgang (m)
decort Dekort (m)
decrease ermäßigen
decrease a duty Zoll abbauen (m), Zoll verringern (m)
decrease a rate Kurs ermäßigen (m), Kurs senken (m)
decrease a tariff Zoll senken (m)
decrease Herabsetzung (f), Minderung (f)
decrease in prices Preisherabsetzung (f), Preisnachlass (m)
decrease in value Wertfall (m), Wertminderung (f), Wertrückgang (m), Wertsenkung (f)
decrease of prices Preisabbau (m), Preissenkung (f)
decrease of risk Risikosenkung (f)
* rate decrease Zollsatzherabsetzung (f)
decree leiten, verwalten
deductible abzugsfähig
deductible amount Abzugsfranchise (f), Excedentenfranchise (f)
deductible average Decortfranchise (f), erste Franchise (f)
  deductible average clause Abzugsfranchiseklausel (f), Excedentenfranchiseklausel (f)
deductible clause Abzugsklausel (f)

deductible franchise Abzugsfranchise *(f)*, Excedentenfranchise *(f)*

deductible franchise clause Abzugsfranchiseklausel *(f)*, Excedentenfranchiseklausel *(f)*

deduction Abschlag *(m)*, Abzug *(m)*, Nachlass *(m)*

deduction from prices Preisnachlass *(m)*

* **allow a deduction** Abzug gewähren *(m)*

price deduction Preisabschlag *(m)*, Preisermäßigung *(f)*

deed Dokument *(n)*, Urkunde *(f)*

deed of acceptance Übernahmeprotokoll *(n)*

deed of assignment Abtretungsurkunde *(f)*, Übertragungsakt *(m)*

deed of buy Kaufvertrag *(m)*

deed of conveyance Abtretungsakt *(m)*, Zessionsakt *(m)*

deed of donation Schenkungsurkunde *(f)*

deed of gift Schenkungsurkunde *(f)*

deed of protest Protesturkunde *(f)*

deed of settlement Gründungsurkunde *(f)*

deed of transfer Abtretungsakt *(m)*, Übertragungsakt *(m)*, Zessionsakt *(m)*

* **contract by deed** gültiger Vertrag *(m)*, rechtswirksamer Vertrag *(m)*

counterpart of a deed Duplikat des Vertrags *(n)*

form for a deed Vertragsform *(f)*, Vertragsformular *(n)*

mortgage deed Hypothekenbrief *(m)*, Hypothekenpfandbrief *(m)*

notarial deed notarielle Urkunde *(f)*, notarische Urkunde *(f)*

surety deed Garantieschreiben *(n)*, Schuldschein *(m)*

transfer deed Übertragungsurkunde *(f)*

deep-sea hohe See *(f)*, Tiefsee *(f)*

deep-sea navigation Hochseeschifffahrt *(f)*

deep-sea tug Schleppdampfer *(m)*, Schleppschiff *(n)*

deep-sea vessel Seeschiff *(n)*

defalcation Defraudation *(f)*, Unterschlagung *(f)*

default hinauszögern

default Aufschub *(m)*, Nichtausführung *(f)*, Nichtleistung *(f)*

default interest Verzugszinsen *(pl)*

default of delivery Lieferrückstand *(m)*, Lieferverzug *(m)*

default on the agreement Vertragsbedingungen verletzen *(pl)*

default to pay Nichtbezahlung *(f)*m Nichtzahlung *(f)*

defeat vernichten

defeat a contract Vertrag lösen *(m)*

defect Defekt *(m)*, Fehler *(m)*, Panne *(f)*

defect as to quality Qualitätsfehler *(m)*, Qualitätsmangel *(m)*

defect in manufacture Produktionsfehler *(m)*

* **acceptable defect** zulässiger Mangel *(m)*

allowable defect zugelassener Mangel *(m)*

apparent defect sichtbarer Fehler *(m)*

discovered defect entdeckter Fehler *(m)*

hidden defect verborgener Fehler *(m)*, verdeckter Fehler *(m)*

incidental defect Nebenfehler *(m)*

inherent defect innewohnender Mangel *(m)*

latent defect unsichtbarer Fehler *(m)*, verborgener Fehler *(m)*, verdeckter Fehler *(m)*

manufacturing defect Fabrikationsfehler *(m)*

material defect Materialfehler *(m)*

minor defect unwesentlicher Fehler *(m)*

notice of defect Mängelrüge *(f)*

patent defect offenkundiger Mangel *(m)*

quality defect Qualitätsfehler *(m)*, Qualitätsmangel *(m)*

visible defect sichtbarer Fehler *(m)*

defection Treuebruch *(m)*

defection of contract Kontraktverletzung *(f)*, Vertragsbruch *(m)*, Vertragsverletzung *(f)*

defective fehlerhaft, mangelhaft

defective condition mangelhafter Zustand *(m)*

defective goods fehlerhafte Ware *(f)*, mangelhafte Ware *(f)*

defective packing mangelhafte Verpackung *(f)*

defective quality mangelhafte Qualität *(f)*

defective stowage mangelhafte Stauung *(f)*

defendant beschwerte Partei *(f)*

defer verlegen, verzögern

defer a payment Zahlung aufschieben *(f)*, Zahlung stunden *(f)*, Zahlung verschieben *(f)*

defer the term Termin hinausschieben *(m)*, Termin verschieben *(m)*

defer the time Frist verlängern *(f)*, Termin vertagen *(m)*

deferment Vertagung *(f)* **2.** Stundung *(f)*
deferment of due date Moratorium *(n)*, Zahlungsfristverlängerung *(f)*
deferment of duty payment Stundung eines Zolles *(f)*
deferment of maturity date Stundung einer Forderung *(f)*
deferment of payment Zahlungsaufschub *(m)*
deferment of the term Terminverlegung *(f)*
deferment of time Fristverlängerung *(f)*, Nachfrist *(f)*
* **tax deferment** Steueraufschub *(m)*, Steueraussetzung *(f)*

deferred aufgeschoben
deferred debt aufgeschobene Schuld *(f)*
deferred payment aufgeschobene Zahlung *(f)*, Zahlung zu einem späteren Zeitpunkt *(f)*
deferred rebate Konferenzrabatt *(m)*, Treuerabatt *(m)*, zurückgestellter Rabatt *(m)*
* **freight deferred rebate** zurückgestellter Rabatt *(m)*
purchase on deferred terms Kreditkauf *(m)*

deficiency Defizit *(n)*, Mangel *(m)*, Verlust *(m)*
deficiency guarantee Ausfallbürgschaft *(f)*
deficiency in quantity Quantitätsmängel *(m)*
deficiency in weight Gewichtsmanko *(n)*, Leichtgewicht *(n)*, Untergewicht *(n)*

deficient ungenügend
deficient delivery nichtkomplette Lieferung *(f)*, unkomplette Lieferung *(f)*, unvollständige Lieferung *(f)*

deficit Defizit *(n)*, Fehlbetrag *(m)*, Knappheit *(f)*, Mangel *(m)*, Manko *(n)*, Verlust *(m)*
balance of payments deficit passive Zahlungsbilanz *(f)*, Zahlungsbilanzdefizit *(n)*
budget deficit Budgetdefizit *(n)*, Haushaltsdefizit *(n)*
budgetary deficit Budgetdefizit *(n)*, Haushaltsdefizit *(n)*
cover a deficit Defizit decken *(n)*
details of deficits Angaben zu Fehlmengen *(pl)*
export deficit Außenhandelsdefizit *(n)*, Handelsdefizit *(n)*
foreign trade deficit Außenhandelsdefizit *(n)*, Defizit des Außenhandels *(n)*
import deficit Importdefizit *(n)*
merchandise deficit Außenhandelsdefizit *(n)*, Handelsdefizit *(n)*

rising deficit steigendes Defizit *(n)*
trade deficit Handelsbilanzdefizit *(n)*, Handelsdefizit *(n)*
balance of trade deficit Außenhandelsdefizit *(n)*, Handelsbilanzdefizit *(n)*
visible trade deficit Außenhandelsdefizit *(n)*, Handelsbilanzdefizit *(n)*
visible deficit passive Handelsbilanz *(f)*

define bestimmen
define the term Frist bestimmen *(f)*, Termin bestimmen *(m)*
define the time Frist bestimmen *(f)*, Termin bestimmen *(m)*

define Bestimmung *(f)*
define of value Wertbestimmung *(f)*

definite definitiv, endgültig
definite contract Abschlussvertrag *(m)*
definite decision abschließende Entscheidung *(f)*
definite order feste Bestellung *(f)*, verbindliche Bestellung *(f)*

definition Definition *(f)*
definition of customs value Begriffsbestimmung des Wertes *(f)*
* **Brussels definition of value** Brüsseler Zollwertbegriff *(m)*

definitive definitiv, endgültig
definitive answer endgültige Antwort *(f)*
definitive duties endgültige Zölle *(pl)*
definitive exportation endgültige Ausfuhr *(f)*, endgültiger Export *(m)*

deflation Deflation *(f)*

deformation Verunstaltung *(f)*

defray bezahlen, entrichten
defray costs Ausgaben decken *(pl)*
defray of buying Ankauf finanzieren *(m)*

degression Reduktion *(f)*, Reduzierung *(f)*, Senkung *(f)*

del credere Delkredere *(n)*
del credere agent Delkredereagent *(m)*
del credere commission Delkredereprovision *(f)*
del credere commission merchant Delkrederekommissionär *(m)*
del credere consigner Delkrederekommittent *(m)*
del credere risk Delkredererisiko *(n)*

* **stand del credere** Sicherheit bieten (f), Sicherheit stellen (f)

delay stunden, verschieben, zögern

delay a payment Zahlung aufschieben (f), Zahlung verschieben (f), Zahlungsaufschub gewähren (m), Zahlungsfrist aufschieben (f), Zahlungstermin aufschieben (m)

delay the term Frist verlängern (f), Termin vertagen (m)

delay the time Termin hinausschieben (m), Termin verschieben (m)

delay Aufschub (m), Fristverlängerung (f), Prolongation (f), Stundung (f), Verlängerung (f), Vertagung (f), Verzögerung (f)

delay in delivery Lieferrückstand (m), Lieferungsverzug (m), Lieferverzug (m)

delay in forwarding Versandverzug (m)

delay in opening a letter of credit verzögerte Akkreditiveröffnung (f)

delay in paying Zahlungsverzögerung (f), Zahlungsverzug (m)

delay in payment aufgeschobene Zahlung (f), Zahlung zu einem späteren Zeitpunkt (f), Verlängerung der Zahlungsfrist (f), Zahlungsaufschub (m)

delay of time Fristverlängerung (f), Nachfrist (f)

* **damages for delay** Schadensersatz für die Verzögerung (m)

grant a delay Fristverlängerung zugestehen (f), Prolongation gewähren (f)

penalty for delay Verzugsstrafe (f)

delayed verspätet, verzögert

delayed delivery verzögerte Lieferung (f)

delayed offer verspätetes Angebot (n)

delayed payment verspätete Zahlung (f), verzögerte Zahlung (f)

delayed receipt of cargo verspätete Empfang der Ladung (m)

* **penalty for delayed delivery** Strafe auf verspätete Lieferung (f), Strafe auf verzögerte Lieferung (f)

delegation Abordnung (f)

letter of delegation Inkassoauftrag (m)

trade delegation Handelsdelegation (f)

delicate empfindlich

delinquency Verstoß (m)

tax delinquency Steuerordnungswidrigkeit (f), Steuervergehen (n)

deliver abliefern, liefern, zustellen

deliver a bill Rechnung zustellen (f)

deliver a cargo Kargo liefern (m), Ladung zustellen (f)

deliver according to the contract in Übereinstimmung mit dem Kontrakt liefern (f)

deliver against documents liefern gegen Dokumente (pl)

deliver before delivery date Waren vor Lieferdatum liefern (pl), Waren vor Liefertermin liefern (pl)

deliver commercial documents Handelsdokumente aushändigen (pl)

deliver data Angaben verschaffen (pl)

deliver documents Dokumente aushändigen (pl), Dokumente überbringen (pl)

deliver full set of bill of lading Konnossementssatz beibringen (m)

deliver goods Ware übergeben (f), Waren liefern (pl)

deliver goods against documents Waren gegen Dokumente liefern (pl)

deliver the goods alongside ship Ware längsseite Schiffs liefern (f)

deliver the goods at particular place Waren im benannten Ort liefern (pl)

deliver the goods on the board the vessel Ware an Bord des Schiffes liefern (f)

deliver the goods on the board the vessel at the port of shipment Ware an Bord des Schiffes im Verschiffungshafen liefern (f)

deliver the goods to another person an eine andere Person die Ware liefern (f)

deliver the goods to the carrier an Frachtführer die Ware liefern (m)

deliver to railway station frei Bahnhof liefern (m), frei Bahnhof zustellen (m)

deliver to station frei Bahnhof liefern (m), frei Bahnhof zustellen (m)

* **readiness to deliver** Lieferungsbereitschaft (f)

refusal to deliver Lieferverweigerung (f)

delivered geliefert

delivered ... /named terminal/ duty unpaid geliefert, unverzollt ... /benannter Terminal/

delivered alongside ship geliefert längsseits, geliefert zum Schiffbord, geliefert zur Schiffsseite

delivered at frontier ... /named place/ geliefert Grenze ... /benannter Ort/ (f)

delivered at place ... /insert named place of destination/ **geliefert am Ort** ... /benannter Bestimmungsort/

delivered at terminal ... /insert named terminal at port or place of destination/ **geliefert Terminal** ... /benannter Terminal im Bestimmungshafen oder am Bestimmungsort/

delivered buyer's premises duty paid geliefert verzollt ... /Kaufersitz/

delivered duty paid ... /insert named place of destination/ **geliefert verzollt** ... /benannter Bestimmungsort/

delivered duty unpaid ... /named point of destination/ **exclusive Vat and/or Taxes** geliefert, unverzollt ... /benannter Bestimmungspunkt/ MWSt. und andere Steuern unbezahlt

delivered ex quay ... /named port of destination/ geliefert ab Kai ... /benannter Bestimmungshafen/ (m)

delivered ex ship frei Schiff ... /benannter Bestimmungshafen/ (n)

delivered ex ship ... /named port of destination/ geliefert ab Schiff ... /genannter Bestimmungshafen/ (n)

delivered free to house of purchaser franko Haus (n)

delivered free to warehouse of purchaser frei Käuferlager (n), frei Lager des Käufers (n)

delivered in store frei Empfängerlager (n), frei Lager (n), frei Lager des Empfängers (n), frei Niederlage (f)

delivered in store price Preis frei Lager (m), Preis frei Lager des Empfängers (m), Preis frei Lagerhaus (m)

delivered on board an Bord des Schiffes geliefert (m)

delivered price Lieferpreis (m), Preis mit Zustellung (m)

delivered quality Lieferungsqualität (f)

delivered quantity ausgelieferte Menge (f), gelieferte Menge (f)

delivered weight Ablieferungsgewicht (n), ausgeliefertes Gewicht (n)

* **free delivered** ... /named point of destination/ frei ... /benannter Bestimmungsort/

sound delivered goods gesund geliefert Ware (f)

delivery Ablieferung (f), Anlieferung (f), Auslieferung (f), Lieferung (f), Zufuhr (f), Zuführung (f), Zustellung (f)

delivery-acceptance act Übergabe-Abnahmeprotokoll (n), Übernahmeprotokoll (n)

delivery address Lieferanschrift (f)

delivery against acceptance Lieferung gegen Annahme (f)

delivery against documents Lieferung gegen Dokumente (f)

delivery against payment Lieferung gegen Zahlung (f)

delivery alongside längsseits Lieferung (f)

delivery as required frei Lager des Empfängers (n), Sofortlieferung auf Abruf (f)

delivery at a residence Freihauslieferung (f)

delivery at a trader's premises Freihauslieferung (f)

delivery at destination Lieferung frei Bestimmungshafen (f)

delivery at once prompte Lieferung (f), Soforteinlieferung (f), Sofortlieferung (f)

delivery at residence Freihauslieferung (f), Lieferung frei Haus (f)

delivery authority Bestimmungszollstelle (f), Empfangszolldienststelle (f)

delivery by air Luftlieferung (f)

delivery by courier Kurierzustellung (f), Zustellung durch Kurier (f)

delivery by instalments Teillieferung (f)

delivery by mail Postzustellung (f)

delivery by post Lieferung per Post (f)

delivery by rail Bahnlieferung (f), Bahnzustellung (f)

delivery by railway Bahnlieferung (f), Bahnzustellung (f)

delivery charges Lieferkosten (pl)

including the delivery charges freie Lieferung (f), inclusive Lieferkosten (pl)

delivery charges comprised inclusive Lieferungskosten (pl)

delivery charges included freie Lieferung (f), inclusive Lieferkosten (pl)

delivery cif Cif-Lieferung (f)

delivery contract Ablieferungsvertrag (m)

delivery cost free Freilieferung (f)

delivery date Lieferdatum (n), Liefertermin (m), Lieferzeit (f)

break of the delivery date Nichtunterhaltung der Ablieferungsfrist (f), Nichtunterhaltung der Lieferzeit (f)

deliver before delivery date Waren vor Lieferdatum liefern (pl), Waren vor Liefertermin liefern (pl)

delivery day Auslieferungstermin (m), Liefertag (m)

delivery dock price Preis frei Dock (m)

delivery document Lieferungsdokument (n)
 alongside delivery document Längsseitslieferungsdokument (n)
delivery ex warehouse Lieferung ab Lager (f)
delivery fee Lieferungsbezahlung (f), Lieferungsgebühr (f), Zustellgebühr (f)
delivery fob Fob-Lieferung (f)
delivery free Freilieferung (f)
delivery frequency Lieferhäufigkeit (f)
delivery invoice Lieferrechnung (f)
delievery instruction Lieferungsinstruktion (f),
Liefervorschrift (f)
delivery lead time Lieferungszyklus (m)
delivery letter Exportgutschein (m)
delivery not guaranteed Lieferung ohne
Garantie (f)
delivery note Anlieferungszertifikat (n), Lieferschein (m)
delivery of cargo Auslieferung einer Ladung (f), Ladungslieferung (f), Übergabe einer
Ladung (f)
delivery of a decision Zustellung der Entscheidung (f)
delivery of documents Aushändigung der
Dokumente (f), Herausgabe der Dokumente (f)
delivery of documents against acceptance
Zustellung der Dokumente gegen Akzept (f)
delivery of documents against payment
Zustellung der Dokumente gegen Zahlung (f)
delivery of full set of bill of lading Zustellung des Konnossementssatzes (f), Zustellung vollen Satzes von Konnossementen (f)
delivery of goods Ladungsauslieferung (f),
Warenlieferung (f), Warenübergabe (f)
 accepting delivery of goods Warenabnahme (f), accepting delivery of goods
 Warenempfang (m)
 proof of delivery of goods Nachweis
 der Verbringung der Ware (m)
 refuse to take delivery of goods Annahme der Lieferung verweigern (f), Annahme einer Ware verweigern (f), Warenannahme verweigern (f)
 scheduled time delivery of goods planmäßige Ankunftszeit (f)
delivery of goods instructions Lieferbestimmungen (pl)
delivery of postal parcels Zustellung von
Postsendungen (f)
delivery on board Lieferung an Bord des
Schiffes (f)

delivery on call Lieferung auf Abruf (f)
delivery on spot unverzügliche Lieferung (f)
delivery order Auflieferungsauftrag (m),
Auflieferungsschein (m), Auslieferungsorder (f),
Bezugsanweisung (f), Ladungsorder (f), Ladungsschein (m), Lieferauftrag (m), Lieferschein (m), Lieferungsschein (m), Übergabeschein (m)
 provide the delivery order Auslieferungsauftrag beibringen (m), Lieferschein
 beibringen (m)
 transhipment delivery order zollfreie
 Transitgenehmigung (f)
delivery period Lieferfrist (f)
 claim of delivery period Lieferfristreklamation (f), Lieferterminreklamation (f)
 meet the delivery period Lieferfrist einhalten (f)
delivery place Annahmestelle (f), Lieferungsort (m)
delivery plan Lieferplan (m)
delivery point Ablieferungsort (m), Abnahmebahnhof (m), Empfangsstation (f)
delivery price Lieferpreis (m), Lieferwert (m),
Preis frei Ablieferungsort (m)
 CIF forward delivery price CIF-Preis für
 Terminkäufe (m)
delivery proof of damage Schadensnachweis erbringen (m)
delivery receipt Lieferungsannahme (f)
delivery schedule Liefergraphik (f), Lieferplan (m), Lieferzeitplan (m)
delivery service Lieferservice (m)
delivery specifications Liefervorschriften (pl)
delivery status Lieferstatus (m)
delivery system Lieferungssystem (n)
delivery terms clause Lieferklausel (f)
delivery term Einlieferungszeit (f), Lieferfrist (f), Lieferungszeit (f)
 meet the delivery term Ablieferungsfrist
 einhalten (f), Lieferfrist einhalten (f)
delivery time Einlieferungszeit (f), Lieferfrist (f),
Lieferungszeit (f)
 break of the delivery time Nichtunterhaltung der Ablieferungsfrist (f), Nichtunterhaltung der Lieferzeit (f)
 claim of delivery time Lieferfristreklamation (f), Lieferterminreklamation (f)
 postpone the delivery time Liefertermin
 verlängern (m)

delivery to arrive Lieferung bei Schiffsankunft *(f)*
delivery to carrier Übertragung an den Frachtführer *(f)*
delivery to the consignee Lieferung an den Empfänger *(f)*
delivery weight Ablieferungsgewicht *(n)*
* **accept a delivery** Lieferung entgegennehmen *(f)*, Ware entgegennehmen *(f)*
  accept a delivery of a shipment Einlieferung abnehmen *(f)*, Lieferung abnehmen *(f)*
  accepting delivery Warenannahme *(f)*, Warenempfang *(m)*
accomplished delivery vollzogene Lieferung *(f)*
additional delivery Mehrlieferung *(f)*, Nachlieferung *(f)*, Zusatzlieferung *(f)*
advice of delivery Ablieferungsanzeige *(f)*, Empfangsbescheinigung *(f)*, Empfangsbestätigung *(f)*, Rückschein *(m)*
air delivery Lieferung durch Luftpost *(f)*
alongside delivery Längsseitslieferung *(f)*
anticipatory delivery vorfristige Lieferung *(f)*
balance of delivery Lieferungsrest *(m)*
bulk delivery Großhandelslieferung *(f)*
business on delivery Geschäft auf Lieferung *(n)*
cargo delivery Auslieferung einer Ladung *(f)*, Ladungslieferung *(f)*
cash before delivery Kasse bei Lieferung *(f)*, Kasse vor Lieferung *(f)*, Vorauszahlung *(f)*
cash on delivery zahlbar bei Auslieferung *(f)*, zahlbar per Lieferung, Zahlung nach Einlieferung *(f)*, Zahlung nach Lieferung *(f)*
  cash on delivery sale Verkauf mit Zahlung bei Lieferung *(m)*
certificate of delivery Ablieferungsschein *(m)*, Einlieferungsschein *(m)*, Lieferschein *(m)*, Übergabe-Abnahmeprotokoll *(n)*, Übernahmeprotokoll *(n)*
charge for delivery Lieferungskosten *(pl)*, Lieferungsspesen *(pl)*
collect on delivery bei Lieferung zahlen *(f)*, Inkasso bei Lieferung *(n)*
collection and delivery Inkasso und Lieferung *(n)*
complete a delivery Lieferung erfüllen *(f)*, Lieferung vollziehen *(f)*
complete delivery Gesamtlieferung *(f)*, komplette Lieferung *(f)*
conditions of delivery Lieferkonditionen *(pl)*, Lieferungsbedingungen *(pl)*

contract delivery Lieferung auf Grund eines Abkommens *(f)*
contract for delivery Kontrakt auf spätere Lieferung *(m)*, Lieferkontrakt *(m)*, Liefervertrag *(m)*, Vertrag auf spätere Lieferung *(m)*
contract of delivery Liefervertrag *(m)*
contract of sale and delivery Ablieferungsvertrag *(m)*
co-ordination of delivery Lieferkoordination *(f)*, Lieferungskoordination *(f)*
cost of delivery Lieferungskosten *(pl)*, Lieferungsspesen *(pl)*
credit delivery Kreditlieferung *(f)*, Lieferung auf Kredit *(f)*
cycle of delivery Lieferungszyklus *(m)*
date of delivery Lieferdatum *(n)*, Liefertermin *(m)*, Lieferzeit *(f)*, Tag der Lieferung *(m)*
  meet the date of delivery Ablieferungsfrist einhalten *(f)*, Lieferzeit einhalten *(f)*
default of delivery Lieferrückstand *(m)*, Lieferverzug *(m)*
deficient delivery nichtkomplette Lieferung *(f)*, unkomplette Lieferung *(f)*, unvollständige Lieferung *(f)*
delay in delivery Lieferrückstand *(m)*, Lieferungsverzug *(m)*, Lieferverzug *(m)*
delayed delivery verzögerte Lieferung *(f)*
penalty for delayed delivery Strafe auf verspätete Lieferung *(f)*, Strafe auf verzögerte Lieferung *(f)*
demand a delivery Lieferung verlangen *(f)*
direct delivery direkte Lieferung *(f)*, Direktlieferung *(f)*
documents delivery Zustellung der Dokumente *(f)*, Zustellung der Urkunden *(f)*
door-to-door cargo delivery Lieferung von Haus zu Haus *(f)*
duty to delivery Lieferpflicht *(f)*, Lieferungspflicht *(f)*
effect a delivery Lieferung erfüllen *(f)*, Lieferung vollziehen *(f)*
effecting delivery Lieferungsausführung *(f)*
expedited delivery beschleunigte Lieferung *(f)*
export delivery Exportlieferung *(f)*
express delivery Eilzustellung *(f)*
fas delivery FAS-Lieferung *(f)*, Längsseitslieferung *(f)*
final delivery letzte Lieferung *(f)*
forward delivery Terminlieferung *(f)*
  contract for forward delivery Termingeschäft *(n)*

free delivery Gratislieferung *(f)*, kostenlose Lieferung *(f)*

frequency of delivery Lieferhäufigkeit *(f)*

full delivery vollständige Lieferung *(f)*

general conditions of delivery allgemeine Lieferungsbedingungen (ALB) *(pl)*

future delivery Terminlieferung *(f)*

  business for future delivery Geschäft auf Lieferung *(n)*, Termingeschäft *(n)*

  purchase for future delivery Termineinkauf *(m)*, Zielkauf *(m)*

  sale for future delivery Verkauf auf Zeit *(m)*

  transaction for future delivery Lieferungsgeschäft *(n)*

goods delivery Warenlieferung *(f)*, Warenübergabe *(f)*

gratis delivery Gratislieferung *(f)*, kostenlose Lieferung *(f)*

guarantee of delivery Liefergarantie *(f)*

hold up delivery Lieferung einstellen *(f)*

home delivery service Freihauslieferung *(f)*, Lieferung frei Haus *(f)*

house to house delivery Lieferung frei Haus *(f)*

immediate delivery prompte Lieferung *(f)*, Soforteinlieferung *(f)*, Sofortlieferung *(f)*

incomplete delivery nichtkomplette Lieferung *(f)*, unkomplette Lieferung *(f)*

integration of delivery Lieferkoordination *(f)*, Lieferungskoordination *(f)*

landing and delivery Löschung und Lieferung

loading & delivery Verladung und Ablieferung *(f)*

make a delivery Lieferung durchführen *(f)*, Lieferung erfüllen *(f)*

matter of delivery Gegenstand der Lieferung *(m)*, Liefergegenstand *(m)*

mode of delivery Lieferungsform *(f)*, Lieferungsweise *(f)*, Versandart *(f)*

notice of delivery Eingangsbescheinigung *(f)*

obligation to delivery Lieferpflicht *(f)*, Lieferungspflicht *(f)*

offer for delivery Lieferangebot *(n)*

on-call delivery Lieferung auf Abruf *(f)*, Sofortlieferung auf Abruf *(f)*

part delivery Teillieferung *(f)*

partial delivery Teillieferung *(f)*

pay on delivery bei Abnahme zahlen *(f)*, bei Empfang zahlen *(m)*

payable on delivery zahlbar bei Ablieferung *(f)*, zahlbar bei Auslieferung *(f)*, zahlbar bei Empfang *(m)*, zahlbar bei Lieferung *(f)*

payment on delivery Zahlung bei Ablieferung *(f)*, Zahlung bei Lieferung *(f)*

period of delivery Einlieferungszeit *(f)*, Lieferfrist *(f)*, Lieferungszeit *(f)*

pick up and delivery Übernahme und Auslieferung *(f)*

place of delivery Annahmestelle *(f)*, Lieferort *(m)*, Lieferungsort *(m)*, Ort der Lieferung *(m)*

  free place of delivery to air carrier franko Ort der Übergabe an den Luftfrachtführer *(m)*

point of delivery Lieferort *(m)*, Ort der Lieferung *(m)*

port of delivery Ausschiffungshafen *(m)*, Endhafen *(m)*, Entladehafen *(m)*, Lieferungshafen *(m)*

postal delivery Postzustellung *(f)*, Zustellung durch die Post *(f)*

  collecting postal delivery Empfang der Postsendung *(m)*

price without delivery Preis ohne Lieferung *(m)*

prompt delivery unverzügliche Lieferung *(f)*

  sale for prompt delivery Verkauf auf sofortige Lieferung *(m)*

proof of delivery Ablieferungsschein *(m)*

  provide the usual proof of delivery Gewohnheitsauslieferungsauftrag beibringen *(m)*

punctual delivery termingerechte Lieferung *(f)*

purchase for delivery Terminkauf *(m)*

receipt of delivery Ablieferungsschein *(m)*, Abnahmeschein *(m)*, Anlieferungszertifikat *(n)*, Empfangsbestätigung *(f)*, Lieferschein *(m)*, Übergabebescheinigung *(f)*

reciprocal delivery Gegenlieferung *(f)*

refusal to take delivery Verweigerung der Annahme der Lieferung *(f)*

refuse to take delivery Annahme der Lieferung verweigern *(f)*, Warenannahme verweigern *(f)*

refused delivery Verweigerung der Warenlieferung *(f)*

replacement delivery Ersatzbelieferung *(f)*

replacement delivery Ersatzlieferung *(f)*

sale for delivery Verkauf auf Lieferung *(m)*

sell for delivery auf Lieferung verkaufen *(f)*

ship's delivery Linienagentur *(f)*

short delivery Minderlieferung *(f)*
theft, pilferage, non and/or short delivery
Diebstahl, Beraubung, Nichtauslieferung *(m/f/f)*
slow delivery Nichtunterhaltung des Ablieferungstermins *(f)*
split delivery Teillieferung *(f)*
spot delivery Kassalieferung *(f)*
stop a delivery Lieferung einstellen *(f)*
subject of delivery Gegenstand der Lieferung *(m)*, Liefergegenstand *(m)*
successive delivery sukzessive Lieferung *(f)*
surplus delivery Mehrlieferung *(f)*
take delivery Lieferung entgegennehmen *(f)*,
Ware entgegennehmen *(f)*
tender of delivery Lieferangebot *(n)*
term of delivery Ablieferungsfrist *(f)*, Ablieferungstermin *(m)*
  exceeding the term of delivery Lieferfriestüberschreitung *(f)*, Überschreitung des
  Liefertermins *(f)*
terminable delivery Lieferung auf Zeit *(f)*
terms of delivery Lieferkonditionen *(pl)*,
Lieferungsbedingungen *(pl)*
  general terms of delivery allgemeine
  Geschäftsbedingungen *(pl)*, allgemeine Lieferbedingungen *(pl)*, allgemeine Lieferungsbedingungen (ALB) *(pl)*
    general terms of sale and delivery all-
    gemeine Lieferungs- und Verkaufsbedin-
    gungen *(pl)*
time for delivery Ablieferungsfrist *(f)*, Ablieferungstermin *(m)*
total delivery Gesamtlieferung *(f)*, komplette
Lieferung *(f)*
transit delivery Durchlieferung *(f)*
turn of delivery Lieferungsfolge *(f)*
usual proof of delivery Gewohnheitsauslieferungsauftrag *(m)*
  provide the usual proof of delivery Gewohnheitsauslieferungsauftrag beibringen *(m)*
way of delivery Lieferungsform *(f)*, Lieferungsweise *(f)*
wholesale delivery Großhandelslieferung *(f)*
demand fordern
  demand payment Bezahlung verlangen *(f)*,
  Zahlung verlangen *(f)*
demand Anspruch *(m)*, Bedarf *(m)*, Nachfrage *(f)* **2.** Sicht-
  demand a delivery Lieferung verlangen *(f)*
  demand a guarantee Sicherheit fordern *(f)*

demand analysis Anforderungsanalyse *(f)*,
Bedarfsanalyse *(f)*, Bedarfsforschung *(f)*,
Nachfrageanalyse *(f)*
demand bill Sichtwechsel *(m)*, Vistawechsel *(m)*
demand draft Sichttratte *(f)*
demand fluctuations Nachfrageschwankungen *(pl)*
demand for abroad Exportbedarf *(m)*
demand for cover of damages Schadens-
ersatzforderung *(f)*
demand for imports Importbedarf *(m)*
demand forecast Bedarfsprognose *(f)*, Bedarfsvorhersage *(f)*, Nachfragevoraussage *(f)*
demand forecasting Nachfragevoraussage *(f)*,
Prognostizierung der Nachfrage *(f)*
demand rate Ankaufskurs *(m)*
demand research Verbrauchsforschung *(f)*
demand stimulation activities Maßnahmen
zur Nachfragestimulierung *(pl)*
demand surplus Übernachfrage *(f)*, Übernachfrage *(f)*
* accretion of demand Erhöhung der Nachfrage *(f)*
actual demand tatsächliche Nachfrage *(f)*
anticipated demand Bedarfsprognose *(f)*,
Bedarfsvorhersage *(f)*
bill of demand Sichtwechsel *(m)*, Vistawechsel *(m)*
composition of demand Nachfragestruktur *(f)*
conformity with demands Übereinstimmung mit den Anforderungen *(f)*
diminution in demand Bedarfssenkung *(f)*
drop in demand Nachfragerückgang *(m)*
effective demand tatsächliche Nachfrage *(f)*
elasticity of demand Nachfrageelastizität *(f)*
equilibrium of supply and demand Gleichgewicht von Angebot und Nachfrage *(n)*
excess of demand Übernachfrage *(f)*
export demand Exportbedarf *(m)*
flexibility of demand Nachfrageelastizität *(f)*
forecast demand Bedarf prognostizieren *(m)*
forecasting of demand Prognostizierung
der Nachfrage *(f)*
import demand Importbedarf *(m)*
increase in demand Erhöhung der Nachfrage *(f)*
law of supply and demand Gesetz von
Nachfrage und Angebot *(n)*
pattern of demand Nachfragestruktur *(f)*
payable on demand zahlbar auf Verlangen *(n)*,
zahlbar bei Sicht *(f)*
price demand elasticity Preiselastizität der
Nachfrage *(f)*

respond to the demand Nachfrage befriedigen *(f)*
satisfy a demand Nachfrage befriedigen *(f)*
stagnant demand Stagnation der Nachfrage *(f)*
supply and demand Angebot und Nachfrage *(n)*
swings of demand Nachfrageschwankungen *(pl)*
Uniform Rules for Demand Guarantees Einheitliche Richtlinien für auf Anfordern zahlbare Garantien (ERAG) *(pl)*

demanded gefordert
demanded price geforderter Preis *(m)*
* **quantity demanded** Nachfrageumfang *(m)*

demise ohne Besatzung
demise charter Bareboat-Charter *(m)*, Bareboat-Chartervertrag *(m)*, Frachtvertrag ohne Bemannung *(m)*, Leerschiffcharter *(m)*, Vermietung des Schiffes ohne Besatzung *(f)*
* **charter by demise** Bareboat-Chartervertrag *(m)*, Charter des Schiffes ohne Besatzung *(m)*, Vermietung des Schiffes ohne Besatzung *(f)*

demolition Vernichtung *(f)*, Zerstörung *(f)*

demonstrate bekunden, nachweisen

demonstration Demonstration *(f)* **2.** Demonstrations-
demonstration effect Demonstrationseffekt *(m)*

demurrage Liegegebühr *(f)*, Liegegeld *(n)*, Standgeld *(n)*, Überliegegeld *(n)*, Wagenstandgeld *(n)* **2.** *(rail-road)* Standgeld *(n)*
demurrage charges Liegegebühr *(f)*, Liegegeld *(n)*, Standgeld *(n)*, Überliegegeld *(n)*, Wagenstandgeld *(n)*
demurrage clause Demurrage-Klausel *(f)*, Überliegezeitklausel *(f)*
demurrage days Überliegetage *(pl)*
demurrage lien Überliegepfandrecht *(n)*
demurrage of a container Containerwartezeit *(f)*
demurrage rate Standgeldrate *(f)*
demurrage time Liegezeit *(f)*
* **charge for demurrage** Liegegeld *(n)*
days of demurrage Überliegetage *(pl)*
days on demurrage Discounttage *(pl)*, Überliegetage *(pl)*
freight and demurrage Fracht und Liegegeld *(f/n)*, Fracht und Standgeld *(f/n)*
railroad demurrage Wagenstandgeld *(n)*, Waggonstandgeld *(n)*

rate of demurrage Standgeldrate *(f)*
ship demurrage Schiffsliegezeit *(f)*, Schiffswartezeit *(f)*
wharf demurrage Kailagergeld *(n)*

denial Verneinung *(f)*, Zurückweisung *(f)*

denomination Kennzeichnung *(f)*

denounce aufkündigen
denounce a contract Kontrakt kündigen *(m)*, Vertrag kündigen *(m)*
denounce a contract vom Kontrakt zurücktreten *(m)*, zurücktreten *(m)*

denunciation Anklage *(f)*
denunciation clause Kündigungsklausel *(f)*
denunciation of a contract Vertragsaufhebung *(f)*

depalletizing Depalettisierung *(f)*

department Abteilung *(f)*, Departement *(n)* **2.** Ressort *(n)* **3.** Zweigniederlassung *(f)*

department Zweigstelle *(f)*
department head Abteilungsleiter *(m)*
department manager Abteilungsleiter *(m)*
Department of Commerce Ministerium für Handel *(n)*
Department of Overseas Trade Außenhandelsministerium *(n)*
Department of Transportation Verkehrsministerium *(n)*
department store Warenhaus *(n)*
* **acceptance of goods department** Wareneingangsabteilung *(f)*
accounts department Buchhaltung *(f)*, Verrechnungsstelle *(f)*
administrative department Verwaltungsabteilung *(f)*
claim department Reklamationsabteilung *(f)*
complaints department Reklamationsabteilung *(f)*
contracts department Vertragsabteilung *(f)*
customs clearance department Abfertigungsbehörde *(f)*
dispatch department Versandabteilung *(f)*
export department Exportabteilung *(f)*, Exportbüro *(n)*
finance department Finanzabteilung *(f)*
foreign department Auslandsabteilung *(f)*
forwarding department Versandabteilung *(f)*
head of department Abteilungsleiter *(m)*
import department Importabteilung *(f)*

invoicing department Fakturierungsabteilung *(f)*
law department Rechtsabteilung *(f)*
legal department juristische Abteilung *(f)*, Rechtsabteilung *(f)*
marketing department Marketingabteilung *(f)*, Verkaufsabteilung *(f)*, Vertriebsabteilung *(f)*
order department Bestelldienstabteilung *(f)*
personal department Personalabteilung *(f)*
purchase department Einkaufsabteilung *(f)*
quality control department Qualitätskontrolleabteilung *(f)*
quality department Qualitätskontrolleabteilung *(f)*
regional customs department Regionalzollamt *(n)*
reception of goods department Wareneingangsabteilung *(f)*
selling department Vertriebsabteilung *(f)*
service department Kundendienst *(m)*, Kundendienstabteilung *(f)*
supplies department Einkaufsabteilung *(f)*
trade department Handelsabteilung *(f)*
traffic department Transportabteilung *(f)*, Verkehrsabteilung *(f)*, Transportabteilung *(f)*, Verkehrsabteilung *(f)*

departure Abreise *(f)*, Auslaufen *(n)*
departure tax Flughafengebühr *(f)*
* aerodrome of departure Abflug-Flughafen *(m)*
aircraft departure Abflug *(m)*
airport of departure Abflughafen *(m)*, Abgangsflughafen *(m)*
name of the airport of departure Name des Abgangsflughafens *(m)*
country of departure Abgangsland *(n)*, Herkunftsland *(n)*, Versendungsland *(n)*
name of the country of departure Name des Versendungslands *(m)*
date of departure Abfahrtsdatum *(n)*, Abfahrtstag *(m)*
member state of departure *(EU)* Abgangsmitgliedstaat *(m)*
office of departure Abgangsstelle *(f)*, Abgangszollstelle *(f)*
additional customs office of departure weitere Abgangszollstelle *(f)*
control by office of departure Prüfung durch die Abgangsstelle *(f)*
copy for office of departure *(CD)* Exemplar für die Abgangszollstelle *(n)*

formalities at office of departure Förmlichkeiten bei der Abgangsstelle *(pl)*
one office of departure einzige Abgangsstelle *(f)*
post office of departure Abgangspoststelle *(f)*
produce the goods at the office of departure Waren bei der Abgangszollstelle stellen *(pl)*, Waren der Abgangszollstelle vorführen *(pl)*
sheet for the office of departure Abschnitt für die Abgangszollstelle *(m)*
point of departure Abflugort *(m)*, Abgangsort *(m)*, Ablaufort *(m)*, Auslaufpunkt *(m)*
port of departure Abfahrtshafen *(m)*, Abgangshafen *(m)*, Auslaufhafen *(m)*
free port of departure frei Abfahrtshafen *(m)*, frei Auslaufhafen *(m)*
initial port of departure erster Verladehafen *(m)*
name of the port of departure Name des Versandhafens *(m)*
railway terminal of departure Versandbahnhof *(m)*
name of the railway terminal of departure Name des Versandbahnhofs *(m)*
station of departure Abgangsbahnhof *(m)*, Versandstation *(f)*
time of departure Abfahrtsstunde *(f)*, Abfahrtszeit *(f)*, Abfertigungszeit *(f)*
estimated time of departure voraussichtliche Abfahrtszeit *(f)*, voraussichtlicher Abfahrtstermin *(m)*
expected time of departure voraussichtliche Abfahrtszeit *(f)*

deplete aufbrauchen, ausschöpfen

deposit deponieren, hinterlegen, zur Aufbewahrung überlassen *(f)*

deposit Bietungsgarantie *(f)*, Einlage *(f)*, Geldeinlage *(f)* **2.** Depositen-
deposit account Depositenkonto *(n)*, Sparkonto *(n)*
deposit agreement Hinterlegungsvertrag *(m)*
deposit bank Geschäftsbank *(f)*
deposit bill Depositwechsel *(m)*
deposit certificate Depositzertifikat *(n)*, Depotquittung *(f)*, Depotschein *(m)*
deposit-currency ratio Deposit-Währungs-Verhältnis *(n)*

deposit guarantee Anlagegarantie *(f)*
deposit guarantee system Einlagensicherungssystem *(n)*
deposit in a customs warehouse im Zolllager lagern *(n)*
deposit interest rate Einlagenzinsfuß *(m)*
deposit of money Bardepot *(n)*, Bareinlage *(f)*
deposit of a security Hinterlegung einer Sicherheit *(f)*, Leistung einer Sicherheit *(f)*
deposit receipt Warenlagerschein *(m)*
  endorsement of deposit receipt Indossierung des Lagerscheines *(f)*
  indorsement of deposit receipt Indossament des Depositenzertifikats *(n)*
* banker's deposit Bankdepot *(n)*
bill on deposit Kautionswechsel *(m)*
cash deposit Bardepot *(n)*, Bareinlage *(f)*, Barsicherheit *(f)*
  amount of cash deposit Bareinlagebetrag *(m)*
cash deposit as guaranty Barkaution *(f)*
certificate of deposit Depositenschein *(m)*, Depotquittung *(f)*, Depotschein *(m)*
date of deposit in the warehouse Zeitpunkt der Einlagerung *(m)*
non-assignable certificate of deposit unübertragbare Lagerquittung *(f)*
export deposit Ausfuhreinlage *(f)*
general average deposit Havarieeinschuss *(m)*
guarantee deposit Garantiehinterlegung *(f)*, Sicherheitsleistung *(f)*
guaranty deposit Garantiekaution *(f)*
import deposit Einfuhreinlage *(f)*
interim deposit befristetes Depositum *(n)*, Zeitdepositum *(m)*
letter of deposit Depositenschein *(m)*, Depotquittung *(f)*, Empfangsbestätigung *(f)*
  indorsement of letter of deposit Indossament des Depositenzertifikats *(n)*, Indossament des Lagerempfangsscheins *(n)*, Indossament des Warenscheins *(n)*
long-term deposit langfristige Einlage *(f)*
monetary deposit Geldpfand *(n)*
place on deposit deponieren, hinterlegen
savings deposit Spareinlage *(f)*
security deposit Garantiehinterlegung *(f)*, Sicherheitsleistung *(f)*
sight deposit Sichteinlage *(f)*
temporary deposit befristetes Depositum *(n)*, Zeitdepositum *(m)*

deposited hingelegt
deposited money Bareinlage *(f)*
depositor Deponent *(m)*, Depositeninhaber *(m)*, Hinterleger *(m)*
depot Depot *(n)*, Lagerhalle *(f)*, Lagerhaus *(n)*, Magazin *(n)*, Niederlage *(f)* **2.** *(for containers)* Container-Lager *(n)*
depot ship Depotschiff *(n)*
* container depot Containerbahnhof *(m)*, Containerdepot *(n)*
freight depot Güterbahnhof *(m)*
inland clearance depot Binnenzollagentur *(f)*
main depot Hauptlager *(n)*
depreciate abwerten, an Wert verlieren *(n)*, devaluieren
depreciate currency Währung entwerten *(f)*
depreciation Abwertung *(f)*, Entwertung *(f)*, Wertverlust *(m)* **2.** Amortisation *(f)* **3.** Abwertungs-, Entwertungs- **4.** Amortisations-
depreciation clause Abwertungsklausel *(f)*, Entwertungsklausel *(f)*
depreciation coefficient Verschleißkoeffizient *(m)*
depreciation of a currency Geldentwertung *(f)*, Entwertung des Geldes *(f)*, Währungsabwertung *(f)*
depreciation period Abschreibungszeitraum *(m)*, Amortisationsfrist *(f)*
* currency depreciation Entwertung des Geldes *(f)*, Geldentwertung *(f)*
stock price appreciation Anstieg der Aktienkurse *(m)*, Aktienkursverfall *(m)*
storage depreciation Lagerverlust *(m)*
risk of currency depreciation Währungsentwertunsgrisiko *(n)*
depress senken
depress a rate Kurs ermäßigen *(m)*, Kurs senken *(m)* **2.** Rate senken *(f)*, Satz senken *(m)*
depression Ruhe *(f)*
depth Tiefe *(f)*
deratization Deratisation *(f)*, Rattenbekämpfung *(f)* **2.** Entrattungs-
deratization certificate Entrattungsschein *(m)*, Rattenvertilgungszertifikat *(n)*
* certificate of deratization Entrattungsschein *(m)*, Rattenvertilgungszertifikat *(n)*

deratting Deratisation (f), Rattenbekämpfung (f) **2.** Entrattungs-
deratting certificate Entrattungsschein (m),
Rattenvertilgungszertifikat (n)
derelict baufällig
derelict ship schrottreifes Schiff (n)
derogate übertreten
derogatory Derogations-
derogatory clause Abandonierungsklausel (f),
Derogationsklausel (f)
derrick Ladebaum (m), Mastkran (m)
derrick barge Schwimmkran (m)
description Beschreibung (f)
**description and quantity of stores on board
the vessel** Bezeichnung der auf dem Schiff
vorhandenen Schiffsvorräte (f)
description of cargo Ladungsbeschreibung (f)
description of goods detaillierte Beschreibung (f), Warenbeschreibung (f), Warenbezeichnung (f)
  exact description of goods genaue Warenbeschreibung (f)
  normal trade description of goods handelsübliche Warenbezeichnung (f)
  packages and description of goods
  Packstücke und Warenbeschreibung (pl/f)
  tariff description of goods (customs) tarifliche Warenbezeichnung (f)
description of packagings Verpackungsbeschreibung (f)
description of the procedure Beschreibung
des Verfahrens (f)
* additional description Zusatzbeschreibung (f)
answer to the description Beschreibung
entsprechen (f)
by description laut Beschreibung (f)
commodity description Warenbezeichnung (f)
**Harmonized Commodity Description and
Coding System** Harmonisiertes System zur
Beschreibung und Codierung von Waren (n),
Harmonisiertes System zur Bezeichnung und
Codierung der Waren (HS) (n)
detailed description detaillierte Beschreibung (f)
purchase by description Kauf laut Beschreibung (m), Kauf nach Beschreibung (m)
quality description Beschreibung der Qualität (f), Qualitätsbeschreibung (f)

sale by description Verkauf laut Angabe (m)
trade description Warenbeschreibung (f),
Warenbezeichnung (f)
precise trade description genaue Handelsbezeichnung (f)
descriptive beschreibend
descriptive catalogue illustrierter Katalog (m),
Katalog mit Warenbeschreibung (m)
design Vorhaben (n)
design arrival Modelleingang (m), Vorlageneingang (m)
design patent Gebrauchsmuster (n)
* industrial design gewerbliches Modell (n)
patented design patentiertes Muster (n)
protection of industrial design Schutz der
Industriemuster (m)
registered design gesetzlich geschütztes
Muster (n)
registration of a design Gebrauchsmustereintragung (f)
designate nominieren
designate a port Hafen nominieren (m)
designated gesetzt
designed bestimmt
designed patent Geschmacksmusterpatent (n)
desk Schalter (m) **2.** Arbeitstisch (m)
desk research Desk-Research (n)
* information desk Informationsschalter (m)
destination Bestimmung (f), Finalpunkt (m) **2.** Bestimmungs-
destination copy Bestimmungsexemplar (n)
destination of goods Bestimmung der
Waren (f)
  country of destination of goods Bestimmungsland der Waren (n)
destination railway Empfangsbahn (f)
destination station Bestimmungsbahnhof (m),
Bestimmungsstation (f), Endstation (f)
* aerodrome of destination Bestimmungsflughafen (m), Zielflughafen (m)
airport of destination Bestimmungsflughafen (m), Zielflughafen (m)
  name of the airport of destination Name
  des Bestimmungsflughafens (m)
copy for member state of destination (CD) (EU)
Exemplar für den Bestimmungsmitgliedstaat (n)
country of destination Bestimmungsland (n)
code of the country of destination Bestimmungslandcode (m)
  first country of destination erstes Bestimmungsland (n)

name of the country of destination Name des Bestimmungslands *(m)*

reaction of the country of destination to the enquiry notice Reaktion des Bestimmungslandes auf die Suchanzeige *(f)*

customs office of destination Bestimmungszollstelle *(f)*

additional customs office of destination weitere Bestimmungszollstelle *(f)*

delivery at destination Lieferung frei Bestimmungshafen *(f)*

determine the destination Bestimmungsort bestimmen *(m)*

final destination Bestimmungsort *(m)*, Bestimmungspunkt *(m)*, Endpunkt *(m)*, Finalpunkt *(m)*, Zielort *(m)*

free destination franko Bestimmungsort *(m)*

freight payable at destination Fracht zahlbar am Bestimmungsort *(f)*, Fracht zahlt der Empfänger *(f)*

office of destination Bestimmungszollstelle *(f)*, Empfangszolldienststelle *(f)*

actual office of destination tatsächliche Bestimmungsstelle *(f)*

change of office of destination Änderung der Bestimmungsstelle *(f)*, Wechsel der Bestimmungsstelle *(m)*

copy for office of destination *(CD)* Exemplar für die Bestimmungszollstelle *(n)*

customs office of destination Bestimmungszollstelle *(f)*

formalities at the office of destination Förmlichkeiten bei der Bestimmungsstelle *(pl)*

impression of the stamp of the office of destination Abdruck des Dienststempels der Bestimmungsstelle *(m)*

one office of destination einzige Bestimmungsstelle *(f)*

produce the goods at the office of destination Waren der Bestimmungszollstelle stellen *(pl)*

payable at destination zahlbar Bestimmungsort *(m)*, zahlbar im Bestimmungsort *(m)*

place of destination Bestimmungsort *(m)*, Erfüllungsort *(m)*, Zielort *(m)*

first place of destination erster Bestimmungsort *(m)*

point of destination Bestimmungsort *(m)*, Destinationort *(m)*, Erfüllungsort *(m)*

named point of destination benannter Bestimmungsort *(m)*

port of destination Ausladehafen *(m)*, Bestimmungshafen *(m)*, Empfangshafen *(m)*, Lieferungshafen *(m)*

final port of destination Ausladehafen *(m)*, Bestimmungshafen *(m)*, Lieferungshafen *(m)*

free at port of destination frei Bestimmungshafen *(m)*, frei Entladehafen *(m)*,

free port of destination frei Löschungshafen *(m)*

named port of destination benannter Entladehafen *(m)*, benannter Löschungshafen *(m)*

station of destination Bestimmungsbahnhof *(m)*

free station of destination frei Bestimmungsstation *(f)*

destruction Zerstörung *(f)*, Vernichtung *(f)*

destruction of goods under customs supervision Zerstörung unter zollamtlicher Aufsicht *(f)*

destruction under customs control Vernichtung unter Aufsicht der Zollbehörde *(f)*

* merchandise destruction Zerstörung einer Ware *(f)*

detail spezifizieren

detail Detail *(n)*

details of deficits Angaben zu Fehlmengen *(pl)*

details of excess quantities Angaben zu Mehrmengen *(pl)*

detail planning Detailplanung *(f)*

detailed detailliert

detailed calculation detaillierte Berechnung *(f)*

detailed data detaillierte Daten *(pl)*

detailed description detaillierte Beschreibung *(f)*

detailed examination of goods eingehende Beschau der Waren *(f)*

detailed list detaillierte Liste *(f)*, detailliertes Verzeichnis *(n)*

detailed price-list detaillierte Preisliste *(f)*

detailed report ausführliche Berichterstattung *(f)*, ausführlicher Bericht *(m)*, Detailbericht *(m)*, detaillierter Bericht *(m)*

detailed specification detaillierte Liste *(f)*, detailliertes Verzeichnis *(n)*

detailed statement ausführliche Berichterstattung *(f)*, ausführlicher Bericht *(m)*, Detailbericht *(m)*, detaillierter Bericht *(m)*

detention Haft *(f)* **2.** Arrest in See-schiff *(m)*, Schiffsarrest *(m)*
detention of cargo Beschlagnahme einer Ladung *(f)*
* car detention Waggonsstandzeit *(f)*
damages for detention Schadenersatz für nutzlos aufgewandte Wartezeit

deterioration Verschlechterung *(f)*, Verschlimmerung *(f)*
deterioration in quality Qualitätsminderung *(f)*
deterioration of the economic situation Konjunkturrückgang *(m)*
deterioration of quality Herabsetzung der Qualität *(f)*, Qualitätsverschlechterung *(f)*
* owner's risk of deterioration Beschädigungsrisiko für Frachtführer *(n)*
quality deterioration Herabsetzung der Qualität *(f)*, Qualitätsverschlechterung *(f)*

determination Ermittlung *(f)*, Festlegung *(f)* **2.** Ablauf *(m)*
determination of amount of import duties Berechnung der Einfuhrabgaben *(f)*
determination of a contract Ablauf des Vertrags *(m)*, Erlöschen eines Vertrags *(n)*
determination of the country of origin of goods Festsetzung des Ursprungslands *(f)*
determination of the origin Bestimmung des Ursprungs *(f)*
determination of price Bestimmung des Preisniveaus *(f)*, Kursfestsetzung *(f)*
determination of quantity Quantitätsbestimmung *(f)*
determination of value Wertbestimmung *(f)*
* price determination Bestimmung des Preisniveaus *(f)*

determinative entscheidend
determinative factor entscheidender Faktor *(m)*

determine bezeichnen, entscheiden, festsetzen **2.** auflösen
determine a contract Vertrag aufheben *(m)*, Vertrag auflösen *(m)*, Vertrag kündigen *(m)*, Vertrag widerrufen *(m)*
determine the destination Bestimmungsort bestimmen *(m)*
determine the port of shipment Verladehafen bestimmen *(m)*
determine the tax Steuer errechnen *(f)*
determine the time of shipment Ladetermin bestimmen *(m)*

determined benannt, bestimmt
determining Festsetzung *(f)*
determining import duties Festsetzung der Einfuhrabgaben *(f)*

detrimental schädlich
detrimental clause in a bill of lading Konnossementsvermerk *(m)*

devaluate abwerten, devaluieren
devaluate currency Währung devaluieren *(f)*

devaluation Abwertung *(f)*, Wertverlust *(m)*
devaluation clause Abwertungsklausel *(f)*, Entwertungsklausel *(f)*
* currency devaluation Währungsabwertung *(f)*
hidden devaluation versteckte Abwertung *(f)*

develop entwickeln
develop markets Absatzmärkte entwickeln *(pl)*
develop sales Verkauf erweitern *(m)*
develop trade Handel aufbauen *(m)*

development Entwicklung *(f)*
development bank Entwicklungsbank *(f)*
development of export Exportentwicklung *(f)*
development of foreign trade Außenhandelsentwicklung *(f)*
development of trade Handelsentwicklung *(f)*
* interest rate development Zinssatzsteigerung *(f)*
marketing development Absatzmarkterweiterung *(f)*
port development Entwicklung der Häfen *(f)*
rate of development Entwicklungstempo *(n)*
regional development agency Regionalentwicklungsagentur *(f)*
research and development Forschung und Entwicklung
trade development Handelsentwicklung *(f)*

deviance Abweichung *(f)*, Deviation *(f)*

deviation Abweichung *(f)*, Deviation *(f)*
deviation clause Abweichungsklausel *(f)*
deviation from a sample Abweichung vom Muster *(f)*
* bunker deviation clause Bunkerabweichungsklausel *(f)*
excusable deviation entschuldbare Abweichung *(f)*
residual deviation Restabweichung *(f)*
unauthorized deviation nicht genehmigte Abweichung *(f)*

device Apparatur *(f)*
unit load device Ladeeinheit (ULD) *(f)*, Luftverkehrscontainer *(m)*
unit load device discount ULD-Diskont *(m)*
devolution Übergang *(m)*
devolution of duty Pflichtübergang *(m)*
devolution of rights and dues Übergang von Rechten und Pflichten *(m)*
diagnosis Diagnose *(f)*
diagram Diagramm *(n)*, Schaubild *(n)* **2.** Terminplan *(m)*
diagram of loading Verladungsharmonogramm *(n)*, Verschiffungszeitplan *(m)*
diary Terminkalender *(m)*, Zeitplan *(m)*
difference Differenz *(f)*, Handelsspanne *(f)*, Marge *(f)*, Unterschied *(m)*
difference in prices Preisdifferenz *(f)*, Preisunterschied *(m)*
difference in quality Qualitätsdifferenz *(f)*
difference in quotation Unterschied in den Devisenkursen *(m)*
difference in weight Gewichtsdifferenz *(f)*
difference of exchange Kursdifferenz *(f)*, Unterschied in den Devisenkursen *(m)*
difference of quality Qualitätsdifferenz *(f)*
difference of value Wertdifferenz *(f)*
difference of weight Gewichtsunterschied *(m)*
difference on exchange Kursdifferenz *(f)*
* **acceptable difference** akzeptable Differenz *(f)*
claim of prices difference Preisdifferenzreklamation *(f)*
protocol of differences Differenzprotokoll *(n)*, Protokoll über Divergenzen *(n)*
tariff difference Tarifdifferenz *(f)*
different unterschiedlich
different customs treatment unterschiedliche zollrechtliche Behandlung *(f)*
* **transport by different carrier** gebrochener Verkehr *(m)*, kombinierter Verkehr *(m)*
differential Differenz-
differential duty Differentialzoll *(m)*
differential tariff Differenzialtarif *(m)*, Staffeltarif *(m)*, Stufentarif *(m)*
* **freight differential** Frachtdifferenz *(f)*
overtime and night differential Zuschlag für Überstunden *(m)*
price differential Preisdifferenz *(f)*

differentiation Differenzierung *(f)*
differentiation in the rates Differenzierung der Steuersätze *(f)*
differentiation of tariffs Tarifdifferenzierung *(f)*
* **tax differentiation** Steuerdifferenzierung *(f)*
dimension Ausmaß *(n)*, Abmessungen *(pl)*
container external dimension Containeraußenabmessungen *(pl)*
clearance dimensions Außenabmessungen *(pl)*
diminish reduzieren
diminishment Einschränkung *(f)*
diminution Reduktion *(f)*, Senkung *(f)*
diminution in demand Bedarfssenkung *(f)*
diminution in production Produktionsabfall *(m)*, Rückgang der Produktion *(m)*
diminution of price Preisherabsetzung *(f)*
diminution of prices Kursrückgang *(m)*, Kursverfall *(m)*
* **natural diminution** normaler Verlust *(m)*
diplomatic diplomatisch
diplomatic agent diplomatischer Vertreter *(m)*
diplomatic bag diplomatisches Kuriergepäck *(n)*
diplomatic cargo manifest Diplomatenladungsmanifest *(n)*, Diplomatenmanifest *(n)*
diplomatic law diplomatisches Recht *(n)*
diplomatic mail diplomatische Post *(f)*
diplomatic protocol diplomatisches Protokoll *(n)*
diplomatic relations diplomatische Beziehungen *(pl)*
diplomatic service diplomatischer Dienst *(m)*
* **conveyance of diplomatic mail** Beförderung der diplomatischen Post *(f)*
direct direkt
direct address direkte Adresse *(f)*
direct advertising direkte Werbung *(f)*
direct arbitrage direkte Arbitrage *(f)*, einfache Arbitrage *(f)*
direct bill of lading einfaches Konnossement *(n)*, direktes Konnossement *(n)*, direkter Frachtbrief *(m)*, Linie-Durchfrachtkonnossement *(n)*
direct cargo Durchfracht *(f)*, Durchfrachtgut *(n)*
direct collection direktes Inkasso *(n)*, Direktinkasso *(n)*
direct connection direkte Verbindung *(f)*
direct consignee Direktabnehmer *(m)*, Direktempfänger *(m)*

direct damage direkter Schaden *(m)*
direct delivery direkte Lieferung *(f)*, Direkt-lieferung *(f)*
direct encashment direktes Inkasso *(n)*, Direktinkasso *(n)*
direct export direkte Ausfuhr *(f)*, direkter Export *(m)*
direct exportation direkte Ausfuhr *(f)*, direkter Export *(m)*
direct factoring direktes Faktoring *(n)*
direct franchising direktes Franchising *(n)*
direct freight Durchgangsfracht *(f)*, Pau-schalfracht *(f)*
direct guarantee bestätigte Garantie *(f)*, Direktgarantie *(f)*
direct handling direkte Umladung *(f)*
direct import direkte Einfuhr *(f)*, Direktein-fuhr *(f)*, direkter Import *(m)*, unmittelbare Ein-fuhr *(f)*, unmittelbarer Import *(m)*
direct importer direkter Importeur *(m)*
direct insurance Direktversicherung *(f)*
direct investment direkte Anlage *(f)*
direct leasing direktes Leasing *(n)*
direct letter of credit unwiderrufliches Akkreditiv *(n)*
direct loss direkter Verlust *(m)*, loss unmit-telbarer Verlust *(m)*
direct mail direkte Werbung *(f)*
direct mail piece Werbesendung *(f)*
direct marketing Direktmarketing *(n)*
direct port direkter Hafen *(m)*
direct rate of exchange direkter Kurs *(m)*
direct receiver Direktabnehmer *(m)*, Direkt-empfänger *(m)*
direct reexport direkter Reexport *(m)*
direct representation direkte Vertretung *(f)*
direct responsibility Direkthaftung *(f)*
direct route Direktroute *(f)*
direct selling direkter Verkauf *(m)*, Direkt-verkauf *(m)*
direct shipment Direktbeförderung *(f)*
direct shipment direkte Ladung *(f)*, Direk-teladung *(f)* **2.** direkte Lieferung *(f)*, Direkt-lieferung *(f)*, direkter Versand *(m)*, Direktver-sand *(m)*
direct steamer direktes Schiff *(n)*
direct subsidy direkte Subvention *(f)*
direct subvention direkte Subvention *(f)*
direct tariff Durchgangstarif *(m)*
direct traffic direkte Verbindung *(f)*, direk-ter Austausch *(m)*, Direkttransport *(m)*, Direkt-verbindung *(f)*

direct transit direkter Transit *(m)*
direct transit trade direkter Transithan-del *(m)*
direct transport Direktverkehr *(m)*
direct waybill direkter Frachtbrief *(m)*
* **export direct factoring** direktes Export-faktoring *(n)*
import direct factoring direktes Import-faktoring *(n)*
direction Adresse *(f)* **2.** Instruktion *(f)*, Unterweisung *(f)*
director Direktor *(m)*
director of administration Verwaltungs-direktor *(m)*
director of credit Kreditdirektor *(m)*
director of quality assurance Qualitäts-leiter *(m)*
director of sales Absatzleiter *(m)*, Vertriebs-leiter *(m)*
* **commercial director** Handelsdirektor *(m)*, kaufmännischer Leiter *(m)*
managing director (MD) geschäftsführen-der Direktor *(m)*
port director Hafendirektor *(m)*
sales director Verkaufsdirektor *(m)*, Ver-kaufsleiter *(m)*
technical director technischer Direktor *(m)*
directoriate Direktion *(f)*
directory Adressregister *(n)*, Branchen-adressbuch *(n)*
commercial directory Branchenbuch *(n)*, Handelsadressbuch *(n)*
dirty schmutzig, unrein
dirty ballast schmutziger Ballast *(m)*
dirty bill of health unreines Gesundheits-zertifikat *(n)*, unreines Gesundheitszeugnis *(n)*
dirty bill of lading einschränkendes Kon-nossement *(n)*, unreines Konnossement *(n)*
dirty cargo unreine Ladung *(f)*
disabled fahruntauglich
disabled ship fahruntaugliches Schiff *(n)*
disadvantage Schaden *(m)*, Verlust *(m)*
sell to disadvantage Verkauf mit Verlust *(m)*
disaggio Disagio *(n)*
disallow verweigern
disallow a claim Reklamation ablehnen *(f)*
disapproval Nichteinlösung *(f)*, Ver-weigerung *(f)*

disaster Unglück *(n)*
railway disaster Eisenbahnunglück *(n)*
disburse bezahlen
disburse customs duties Zollabgaben bezahlen *(pl)*
disbursement Bezahlung *(f)*, Zahlung *(f)*
2. Auszahlungs-
disbursement account Auslagenrechnung *(f)*, Auszahlungsrechnung *(f)*
disbursement of money Geldzahlung *(f)*
* cash disbursement Barauszahlung *(f)*
disbursements Spesen *(pl)*
discard ausscheiden, sortieren
discarded verworfen
discarded sample Ausschussmuster *(n)*
discharge abladen, leichtern, löschen
2. bezahlen, entrichten, zahlen
discharge a debt Schuld begleichen *(f)*, zurückzahlen
discharge alongside an die Seeschiffsseite bringen *(f)*
discharge cargo Ladung löschen *(f)*
discharge Abladung *(f)*, Ausladung *(f)*, Löschen *(n)* **2.** Entrichtung *(f)*, Erlass *(m)*, Zahlung *(f)* **3.** Ausladungs-
discharge day Entladungstag *(m)*
discharge fee Ladungsgebühr *(f)*
discharge from liability Befreiung von der Haftung *(f)*, Haftungsausschluss *(m)*
discharge of the procedure Abschluss des Verfahrens *(m)*, Erledigung des Verfahrens *(f)*
discharge of a ship Entlöschung des Schiffes *(f)*
discharge order Löschorder *(f)*
discharge point Abflugort *(m)*
discharge time Abladungsdauer *(f)*, Ausladungsdauer *(f)*
* automatic discharge automatische Entladung *(f)*
certificate of discharge of the TIR carnet Erledigungsbescheinigungzeugnis des Carnets TIR *(n)*
completion of discharge Beendung der Abladung *(f)*
conditional discharge *(TIR carnet)* Erledigung unter Vorbehalt *(f)*
free discharge Abladelohn für Befrachter *(m)*, frei Einladen *(n)*, frei Löschen *(n)*

free discharge clause Free-Discharge-Klausel *(f)*
freight payable concurrent with discharge Fracht zahlbar gleichzeitig mit der Löschung *(f)*
full discharge volle Zahlung *(f)*
loss during discharge Ausladungsverlust *(m)*, Entladungsverlust *(m)*, Löschverlust *(m)*
notice of readiness to discharge Ladebereitschaftsmeldung *(f)*
place of discharge Abladungsort *(m)*
named place of discharge benannter Abladungsort *(m)*, benannter Löschenort *(m)*
port of discharge Abladestelle *(f)*, Entschiffungshafen *(m)*, Löschhafen *(m)*, Löschungshafen *(m)*
free at port of discharge frei Entladehafen *(m)*, frei Löschungshafen *(m)*
rate of discharge Löschungsnorm *(f)*
time for discharge Zeit für das Löschen *(f)*
discharged angelandet
discharged quantity angelandete Menge *(f)*, Löschquantum *(n)*
* number of packages discharged *(TIR carnet)* Anzahl der erledigten Packstücke *(f)*
discharging Ausladung *(f)*, Entladung *(f)* **2.** Ablade-, Ausladungs-, Entlade- Lösch-
discharging charge Abladegebühr *(f)*, Entladegebühr *(f)*
discharging day Abladungstag *(m)*, Ausladungstag *(m)*, Entladungsfrist *(f)*, Löschendatum *(n)*
discharging expense Entladekosten *(pl)*, Löschkosten *(pl)*
discharging instructions Ausladungsinstruktionen *(pl)*, Löschvorschriften *(pl)*
discharging permit Ausladeerlaubnis *(f)*, Löscherlaubnis *(f)*
discharging point Entladeort *(m)*, Entladungsort *(m)*
discharging rate Löschungsrate *(f)*
discharging speed Abladungsgeschwindigkeit *(f)*
discharging time Abladungsdauer *(f)*, Ausladungsdauer *(f)*, Löschdatum *(n)*
discharging wharf Löschplatz *(m)*
* completion of discharging Beendung der Entladung *(f)*
daily discharging rate Tageslöschungsnorm *(f)*
date of discharging Entladungstag *(m)*, Löschentag *(m)*

free discharging frei Entladung *(f)*, frei Löschen *(n)*
lay-days for discharging Liegetage für Löschen *(pl)*, Liegezeit für Löschen *(f)*
place of discharging Ausladeplatz *(m)*, Entladeort *(m)*, Entladestelle *(f)*
rate of loading and discharging Charterverladungs- und Löschungsnorm *(f)*, Löschungs- und Beladungsrate *(f)*, Verladungs- und Löschungsnorm *(f)*
disciplinary disziplinarisch
disciplinary penalty Ordnungsstrafe *(f)*
discipline Disziplin *(f)*
financial discipline Finanzdisziplin *(f)*
disclosure Veröffentlichung *(f)*
discontinuance Suspendierung *(f)*
discount diskontieren **2.** Abzug bei sofortiger Zahlung gewähren *(m)*, Skonto gewähren *(n)* **3.** Rabatt bewilligen *(m)*, Rabatt einräumen *(m)*
  discount a bill Wechsel diskontieren *(m)*, Wechsel gegen Zinsabzug kaufen *(m)*
  discount a bill through the bank Wechsel bei einer Bank diskontieren *(m)*
discount Abzinsung *(f)*, Abzug bei sofortiger Zahlung *(m)* **2.** Rabatt *(m)*
discount agent Wechselmakler *(m)*
discount an invoice Rechnung diskontieren *(f)*
discount bank Diskontbank *(f)*, diskontierende Bank *(f)*
discount bill Diskontwechsel *(m)*
discount broker Wechselmakler *(m)*
discount ceiling Diskontgrenze *(f)*
discount credit Diskontkredit *(m)*, Wechselkredit *(m)*
discount days Discounttage *(pl)*
discount factor Abzinsungsfaktor *(m)*
discount for breakage Brokkenbonifikation *(f)*
discount for cash Barzahlungsrabatt *(m)*
discount for large quantities Großhandelsrabatt *(m)*
discount from the price Gewichtsabzug *(m)*, Refaktie *(f)*
discount lending Diskontkredit *(m)*
discount letter of credit Diskontakkreditiv *(n)*
discount market Diskontmarkt *(m)*
discount of acceptance Akzeptdiskont *(m)*
discount of bills Wechseldiskont *(m)*, Wechseldiskontierung *(f)*
discount on advance orders Vorbestellrabatt *(m)*

discount on an invoice Rechnungsrabatt *(m)*
discount rate Bankdiskontfuss *(m)*, Diskontierungsfaktor *(m)*, Diskontsatz *(m)*
  bank discount rate Bankdiscountrate *(f)*, Bankdiskontfuss *(m)*, Bankdiskontsatz *(m)*
  lower the discount rate Diskontsatz senken *(m)*
discount sale Bonusverkauf *(m)*, Diskontverkauf *(m)*
discount standard Diskontsatz *(m)*
discount table Diskonttafel *(f)*
discount tariff Begünstigungstarif *(m)*, Spezialtarif *(m)*
discount transaction Disagiogeschäft *(n)*, Diskontgeschäft *(n)*
* accept a bill for discount Wechsel diskontieren *(m)*
advertising discount Werberabatt *(m)*
agent's discount Agentenrabatt *(m)*
allow a discount Abzug bei sofortiger Zahlung gewähren *(m)*, Rabatt bewilligen *(m)*, Rabatt einräumen *(m)*, Skonto gewähren *(n)*
bank discount Bankdiskont *(m)*
bill for discount diskontierter Wechsel *(m)*, Diskontwechsel *(m)*
calculation of discount Diskontberechnung *(f)*, Rabattberechnung *(f)*
cash discount Abzug bei sofortiger Zahlung *(m)*, Barrabatt *(m)*, Barzahlungsrabatt *(m)*, Barzahlungsskonto *(n)*
cash less discount zahlbar per Kasse *(f)*
commercial discount Handelsrabatt *(m)*
export discount Exportdiskont *(m)*, Exportnachlass *(m)*, Exportvergütung *(f)*
freight discount Frachtdiskont *(m)*, Frachtermäßigung *(f)*, Frachtnachlass *(m)*, Frachtrabatt *(m)*
grant a discount Rabatt bewilligen *(m)*, Rabatt erteilen *(m)*
group discount Mengenrabatt *(m)*, Volumenrabatt *(m)*
invoice discount Rechnungsdiskont *(m)*
large order discount Großauftragrabatt *(m)*
patronage discount Treuerabatt *(m)*, zurückgestellter Rabatt *(m)*
preferential discount Vorzugsrabatt *(m)*
price discount Preisermäßigung *(f)*
promotion discount Promotionsrabatt *(m)*
promotional discount Promotionsrabatt *(m)*
quality discount Qualitätsabschlag *(m)*, Qualitätsrabatt *(m)*
rate of discount Diskontsatz *(m)*

bank rate of discount Bankdiscountrate *(f)*, Bankdiskontsatz *(m)*

market rate of discount Marktdiskontsatz *(m)*

retail discount Einzelhandelsrabatt *(m)*

seasonal discount Saisonabschlag *(m)*

sell at a discount verkaufen unter Rabattgewährung *(f)*

special discount Sondernachlass *(m)*, Sonderrabatt *(m)*

take on discount abzinsen

trade discount Handelsabschlag *(m)*, Handelsrabatt *(m)*, Verkauf mit einem Rabatt *(m)*

ULD discount ULD-Ermäßigung *(f)*

unit load device discount ULD-Diskont *(m)*

volume discount Mengenrabatt *(m)*, Volumenrabatt *(m)*

discountable diskontfähig

discounted diskontiert

bill to be discounted diskontierter Wechsel *(m)*, Diskontwechsel *(m)*

discounting Abzinsung *(f)*, Diskontierung *(f)*

discounting bank Diskontbank *(f)*, diskontierende Bank *(f)*

discounting business Disagio-Geschäften *(pl)*, Diskontgeschaften *(pl)*

discounting without recourse Diskont ohne Regress *(m)*

* bank discounting Bankdiskont *(m)*

cheque discounting Scheckdiskontierung *(f)*

invoice discounting Rechnungsdiskontierung *(f)*

large-order discounting Großauftragrabatt *(m)*

discovered entdeckt

discovered defect entdeckter Fehler *(m)*

discrepancy Diskrepanz *(f)*

discrepancy between the data Diskrepanz zwischen den Daten *(f)*

discrepancy report Differenzprotokoll *(n)*

discriminating diskriminierend

discriminating freight diskriminierender Frachttarif *(m)*, Prohibitivfrachtrate *(f)*

discrimination Diskriminierung *(f)*

discrimination in the commercial policy Diskrimination in der Handelspolitik *(f)*

* credit discrimination Kreditdiskriminierung *(f)*

flag discrimination Flaggendiskriminierung *(f)*

price discrimination Preisdiskriminierung *(f)*

protectionist discrimination protektionistische Diskriminierung *(f)*

tariff discrimination Zolldiskriminierung *(f)*

trade discrimination Handelsdiskriminierung *(f)*

discriminatory diskriminierend, Diskriminierungs-

discriminatory customs tariff diskriminierender Zolltarif *(m)*, Diskriminierungstarif *(m)*

discriminatory duty Prohibitivzoll *(m)*, Schutzzoll *(m)*

discriminatory price Diskriminierungspreis *(m)*

discriminatory pricing Preisdiskriminierung *(f)*

disembarkation Ausladung *(f)*, Ausschiffung *(f)*, Löschen *(n)*

disembarkation date Entladungstag *(m)*, Löschentag *(m)*

disembarkation point Abladeplatz *(m)*, Löschort *(m)*

* place of disembarkation Ausladestelle *(f)*, Entladeort *(m)*

named place of disembarkation benannte Entladestelle *(f)*, benannter Abladungsort *(m)*, benannter Löschenort *(m)*

disequilibrium Ungleichgewicht *(n)*

disequilibrium in the balance of payment Ungleichgewicht der Zahlungsbilanz *(n)*

* balance of payments disequilibrium Ungleichgewicht der Zahlungsbilanz *(n)*

dishonour nicht akzeptieren, nicht einlösen

dishonour a bill Wechsel nicht akzeptieren *(m)*, nicht einlösen *(m)*

dishonour a bill by non-acceptance Akzeptierung des Wechsels verweigern *(f)*, Einlösung eines Wechsels verweigern *(f)*

dishonour a cheque Annahme des Schecks verweigern *(f)*, Einlösung des Schecks verweigern *(f)*

* notice of dishonour Annahmeverweigerungsnotiz *(f)*, Anzeige der Akzeptverweigerung *(f)*, Avis über Annahmeverweigerung *(m)*, Avis über Wechselannahmeverweigerung *(n)*

dishonour Nichteinlösung *(f)*

dishonour by non acceptance Akzeptverweigerung *(f)*

dishonour by non-payment Nichteinlösung des Wechsels *(f)*, Nichthonorierung des Wechsels *(f)*
dishonour decision Zahlungsverweigerungsbeschluss *(m)*
dishonour of a bill Nichteinlösung des Wechsels *(f)*
dishonour of a cheque Nichteinlösung des Schecks *(f)*
dishonoured nicht eingelöst
dishonoured cheque nicht eingelöster Scheck *(m)*, uneingelöster Scheck *(m)*
dishonouring Nichthonorierung *(f)*, Verweigerung *(f)*
dishonouring by non-acceptance of a bill Akzeptverweigerung *(f)*, Annahmeverweigerung *(f)*, Wechselannahmeverweigerung *(f)*
dishonouring of the bill Annahmeverweigerung *(f)*, Wechselannahmeverweigerung *(f)*
disinfect desinfizieren
disinfection Desinfektion *(f)*
disinfection certificate Desinfektionsbescheinigung *(f)*, Desinfektionszeugnis *(n)*
* **certificate of disinfection** Desinfektionsattest *(n)*, Desinfektionsbescheinigung *(f)*, Desinfektionszeugnis *(n)*
dismisal Entlassung *(f)*
dismiss abweisen
dismissal Ablehnung *(f)*, Zurückweisung *(f)*
dismission Dimission *(f)*
dispatch absenden, expedieren, senden
dispatch by sea mit dem Schiff schicken *(n)*
dispatch Abfertigung *(f)*, Ablieferung *(f)*, Absendung *(f)*, Expedition *(f)* **2.** Aufmachung der Dispache *(f)* **3.** Dispache *(f)*, Eilgeld *(n)*
dispatch by land Landsendung *(f)*
dispatch clerk Absender *(m)*
dispatch country Versandland *(m)*, Versandstaat *(m)*
dispatch day Absendetag *(m)*, Sendungstag *(m)*
dispatch department Versandabteilung *(f)*
dispatch documents Ladepapiere *(pl)*, Verladedokumente *(pl)*, Versandunterlagen *(pl)*
dispatch instructions Versanddisposition *(pl)*, Versandvorschriften *(pl)*

dispatch money Dispache *(f)*, Eilgeld *(n)*
free from dispatch money frei von Eilgeld *(n)*
free from dispatch money clause frei-von-Eilgeld-Klausel *(f)*
dispatch note Versandpapier *(n)*, Versandschein *(m)*
dispatch of cargo Frachtabfertigung *(f)*, Frachtversand *(m)*, Versand der Ladung *(m)*
dispatch of goods Güterabfertigung *(f)*, Güterexpedition *(f)*
date of dispatch of goods Datum des Warenversands *(n)*
time of dispatch of goods Uhrzeit des Warenversands *(f)*
dispatch order Versandauftrag *(m)*, Versanddisposition *(f)*, Versandweisung *(f)*
dispatch packing Versandpackung *(f)*, Versandverpackung *(f)*
* **address for dispatch** Versandadresse *(f)*
advice of dispatch Beladungsaviso *(n)*, Frachtgutavis *(m)*, Sendungsavis *(m)*, Versandanzeige *(f)*, Versandavis *(m)*, Warenavis *(m)*
cargo dispatch Lastversand *(n)*, Versand der Ladung *(m)*
country of dispatch Herkunftsland *(n)*, Versandland *(m)*, Versandstaat *(m)*, Versendungsland *(n)*
customary dispatch Gewohnheitsumschlagsgeschwindigkeit *(f)*
date of dispatch Abgangsdatum *(n)*, Verladetermin *(m)*, Versanddatum *(n)*
day of dispatch Verladetermin *(m)*, Versandtermin *(m)*
declaration for dispatch Anmeldung zur Versendung *(f)*, Ausgangsdeklaration *(f)*
member state of dispatch Versendungsmitgliedstaat *(m)*
copy for member state of dispatch *(CD)* *(EU)* Exemplar für den Versendungsmitgliedstaat *(n)*
notice of dispatch Lieferanzeige *(f)*, Versandanzeige *(f)*
place of dispatch Aufgabeort *(m)*
port dispatch Hafendispache *(f)*, Hafengeschwindigkeit *(f)*
preparation for dispatch Vorbereitung für Sendung *(f)*, Vorbereitung für Versendung *(f)*
ready for dispatch versandbereit, versandfähig
station of dispatch Abgabebahnhof *(m)*, Versandbahnhof *(m)*, Versandstation *(f)*
time of dispatch Versandtermin *(m)*
type of dispatch Versandart *(f)*

dispatcher Absender *(m)*, Expedient *(m)*
2. Dispatcher *(m)*
dispatcher's railway siding Versender-bahnabzweigung *(f)*, Versenderbahnschluss *(m)*
* goods dispatcher Warenversender *(m)*
address of goods' dispatcher Adresse des Warenversenders
domicile of goods dispatcher Sitz des Warenversenders *(m)*
name and address of goods dispatcher Name und Anschrift des Warenversenders *(m)*
name of goods dispatcher Name des Warenversenders *(m)*
port dispatcher Hafenmeister *(m)*
dispatching Versendung *(f)*
dispatching forwarder Abfertigungsspediteur *(m)*, Abrollspediteur *(m)*, Versandspediteur *(m)*
dispatching number Aufgabenummer *(f)*
* free on rail - dispatching station price Preis frei Waggon Versandbahnhof *(m)*
displacement Verdrängung *(f)*
displacement scale Tiefgangsskala *(f)*, Tonnageskala *(f)*
displacement ton Deplacementstonne *(f)*
displacement tonnage Verdrängung *(f)*
display Ausstellung *(f)*
display sample Demonstrationsmodell *(n)*
display stand Ausstellungsstand *(m)*
disposable Einweg-
disposable pallet Einwegpalette *(f)*
disposal Absatz *(m)*, Verfügung *(f)*
disposal date Verkaufsdatum *(n)*, Verkaufszeitpunkt *(m)*
disposal instructions Verkaufsorder *(f)*
disposal of goods Verwertung der Waren *(f)*
dispose veräußern
dispose at auction auktionieren
disposer Disponent *(m)*
disposition Maßnahme *(f)*, Verfügung *(f)*
disposition of cargo Ladungsverteilung *(f)*
* cargo disposition Verteilung der Ladung *(f)*
dispute anfechten, beanstanden
dispute a result Ergebnis anfechten *(n)*, Ergebnis beanstanden *(n)*
dispute evidence Beweise beanstanden *(pl)*
dispute Streit *(m)*
commercial dispute Handelsstreit *(m)*
international dispute internationaler Streit *(m)*

matter in dispute strittige Angelegenheit *(f)*
notification of a dispute Notifizierung der Streitigkeit *(f)*
patent dispute Patentstreit *(m)*
disqualification Disqualifikation *(f)*
disregard Nichtbefolgung *(f)*
disruption Unterbrechung *(f)*
disruption of production Produktionsunterbrechung *(f)*
dissimilar ungleich
dissimilar conditions ungleiche Bedingungen *(pl)*
dissipation Gewichtsschwund durch Verschüttern *(m)*
dissolution Aufhebung *(f)*
dissolution of a contract Vertragsaufhebung *(f)*
dissolve auflöschen, auflösen
dissolve an agreement Vertrag annullieren *(m)*, kündigen *(m)*, Vertrag stornieren *(m)*
distance Entfernung *(f)* **2.** Distanz-
distance freight Distanzfracht *(f)*, Mehrfracht *(f)*
distance rate Distanzfrachtpreis *(m)*, Distanzfrachtrate *(f)*
distance tariff Distanztarif *(m)*, Entfernungstarif *(m)*
* carrying distance Transportdistanz *(f)*
tariff distance Tarifentfernung *(f)*
transit distance Transitentfernung *(f)*
distant entfernt
distant trade Hochseeschifffahrt *(f)*, Hochseeschiffsverkehr *(m)*
distinctive charakteristisch
distinctive mark individuelles Kennzeichen *(n)*
distraint Arrestlegung *(f)*, Beschlagnahme *(f)*, Entziehung *(f)*, Vermögenseinziehung *(f)*
distress überbringen
distress Gefährdung *(f)*, Gefährlichkeit *(f)*
distress freight Ausnahmefrachtsatz *(m)*
distress sale Notverkauf *(m)*
* port of distress Nothafen *(m)*
distributing verteilend
distributing agency Verkaufsvertretung *(f)*, Vertriebsstelle *(f)*
distributing agent Verkaufsagent *(m)*, Verkaufsmakler *(m)*
distributing house Vertriebsstelle *(f)*

distributing system Organisation des Vertriebs *(f)*

distributing trade Verteilung *(f)*

distribution Distribution *(f)*, Verteilung *(f)*, Vertrieb *(m)* **2.** Vertriebs-

distribution agreement Vertriebsvertrag *(m)*

distribution area Verkaufsbezirk *(m)*, Verkaufsgebiet *(n)*

distribution center *(US)* Vertriebszentrum *(n)*, Großhandelsniederlassung *(f)*

distribution centre Verteilungszentrum *(n)*, Vertriebszentrum *(n)*

distribution contract Distributionsvertrag *(m)*

distribution licence (DL) Distributionslizenz *(f)*

distribution modelling Distributionsprozess *(m)*, Verteilungsprozess *(m)*

distribution of costs Ausgabenverteilung *(f)*

distribution of goods Warenverteilung *(f)*

distribution of risk Risikoverteilung *(f)*

distribution plan Vertriebsplan *(m)*

distribution ring Vertriebskartell *(n)*

distribution risk Absatzrisiko *(n)*

distribution strategy Distributionsstrategie *(f)*

distribution system Verteilungssystem *(n)*

* **chain of distribution** Verteilernetz *(n)*, Verteilungsnetz *(n)*

channel of distribution Absatzkanal *(m)*, Absatzweg *(m)*, Distributionskanal *(m)*, Handelskanal *(m)*, Handelsweg *(m)*, Vertriebskanal *(m)*, Vertriebsweg *(m)*

cost distribution Kostenverrechnung *(f)*

costs of distribution Veräußerungskosten *(pl)*, Verkaufskosten *(pl)*

organization of distribution Vertriebsorganisation *(f)*

physical distribution physische Distribution *(f)*

product distribution franchising Distributionsfranchising *(n)*

system of distribution Verteilungssystem *(n)*

distributive verteilend

distributive costs Verteilungskosten *(pl)*

distributive net Verteilernetz *(n)*, Verteilungsnetz *(n)*

distributive network Handelsnetz *(n)*

distributor Distributor *(m)*

exclusive distributor exklusiver Verteiler *(m)*

sole distributor Alleinagent *(m)*, Alleinverkäufer *(m)*, Alleinvertreter *(m)*, exklusiver Verteiler *(m)*, Exklusivvertreter *(m)*

district Bezirk *(m)*

customs district Zollbezirk *(m)*

fishing district Fischereibezirk *(m)*

free district Freihandelszone *(f)*

railway district Schienenstrecke *(f)*

diversification Diversifikation *(f)*

diversification of exports Exportdiversifikation *(f)*

diversification of imports Importdiversifikation *(f)*

diversification of risk Risikodiversifikation *(f)*, Risikoverteilung *(f)*

diversification of trade Handelsdiversifikation *(f)*

* **export diversification** Exportdiversifikation *(f)*

marketing area diversification Absatzmarkterweiterung *(f)*

trade diversification Handelsdiversifikation *(f)*

diversify differenzieren

diversion Umleitung *(f)*

diversion of a vessel Umadressierung des Schiffes *(f)*

diversity Verschiedenheit *(f)*

dividend Dividende *(f)*

pay dividends Dividenden ausschütten *(pl)*

divisible teilbar

divisible letter of credit Teilakkreditiv *(n)*, teilbares Akkreditiv *(n)*

division Teilung *(f)*, Verteilung *(f)*

division of the responsibility Haftungsverteilung *(f)*

* **contract division** Vertragsabteilung *(f)*

export division Auslandsabteilung *(f)*

personnel division Personalabteilung *(f)*

dock Dock *(n)*, Hafenbecken *(n)* **2.** Dock-

dock and wharf company Kaigesellschaft *(f)*, Kaihalter *(m)*

dock area Hafengebiet *(n)*

dock charge Dockgeld *(n)*, Docklohn *(m)*

dock company Kaigesellschaft *(f)*, Kaihalter *(m)*

dock due Dockgebühr *(f)*

dock pilot Hafenlotse *(m)*

dock price Preis ab Kai *(m)*, Preis frei Versandhafen *(m)*

dock receipt Dockempfangschein *(m)*, Dockquittung *(f)*, Dockschein *(m)*

dock service Dienstleistungen im Hafen *(pl)*, Hafendienstleistungen *(pl)*

dock shed Lagerhalle *(f)*, Lagerschluppen *(m)*
dock tug Bugsierungsschlepper *(m)*, Hafenschlepper *(m)*
dock warehouse Docklager *(n)*, Hafenlager *(n)*
dock warrant Docklagerschein *(m)*, Dockschein *(m)*, Dockwarrant *(m)*
dock-working tug Dockschlepper *(m)*
* container dock Containerkai *(m)*
delivery dock price Preis frei Dock *(m)*
dry dock Trockendock *(n)*
floating dock Schwimmdock *(n)*
free at dock frei Dock *(n)*, frei Kahn *(m)*
free dock frei Dock *(n)*
price ex dock Preis frei Dock *(m)*
salvage dock Rettungsdock *(n)*
shipbuilding dock Baudock *(n)*
dockage Dockgeld *(n)*, Docklohn *(m)*
docker Dockarbeiter *(m)*, Hafenarbeiter *(m)*, Schauermann *(m)*
docket *(on goods)* Zettel *(m)*
docking Docking *(n)*
docking clause Dockierungsklausel *(f)*
docking plan Eindockenplan *(m)*
dockside Kai *(m)*
dockside crane Kaikran *(m)*
dockside-worker Hafenarbeiter *(m)*
doctor Arzt *(m)*
doctor's certificate ärztliches Attest *(n)*, ärztliches Zeugnis *(n)*
* ship's doctor Schiffsarzt *(m)*
document nachweisen
document Dokument *(n)*, Urkunde *(f)*
documents against acceptance Dokumente gegen Akzept *(pl)*
documents against cash Dokumente gegen Zahlung *(pl)*
documents against discretion Dokumentendisposition steht der Inkassobank zu *(pl)*
documents against payment Dokumente gegen Zahlung *(pl)*
delivery of documents against payment Zustellung der Dokumente gegen Zahlung *(f)*
documents against payment on arrival of vessel Dokumente gegen Zahlung nach Ankunft des Schiffes *(pl)*, Dokumente gegen Zahlung nach Schiffsankunft *(pl)*

documents against payment on presentation Dokumente gegen Zahlung bei Sicht *(pl)*
document certified by a notary notarielle Urkunde *(f)*
document certifying the Community status of goods Nachweis des Gemeinschaftscharakters der Waren *(m)*, Papier zur Bescheinigung des Gemeinschaftscharakters von Waren *(n)*
documents circulation Belegdurchlauf *(m)*, Dokumentenzirkulation *(f)*
document collection dokumentäres Inkasso *(n)*, Dokumenteninkasso *(n)*
documents custody Dokumentenablage *(f)*
documents delivery Zustellung der Dokumente *(f)*, Zustellung der Urkunden *(f)*
document for customs purposes Zolldokument *(n)*
accompanying document for customs purposes Begleitdokument für Zollzwecke *(n)*
document for importation Einfuhrpapier *(n)*
document forgery Dokumentenfälschung *(f)*, Urkundenfälschung *(f)*
document form Blankourkunde *(f)*
document holder Containertasche *(f)*
document of title to goods Traditionspapier *(n)*
documents of the way Verladungsdokumente unterwegs *(pl)*
document T1 Versandschein T1 *(m)*
document T2 Versandschein T2 *(m)*
document to bearer Inhaberdokument *(n)*, Inhaberpapier *(n)*
document type Belegart *(f)*
* accept documents Dokumente aufnehmen *(pl)*
acceptance against documents Akzept gegen Dokumente *(n)*
accompanying document anliegendes Dokument *(n)*, Begleitpapier *(n)*, beiliegendes Dokument *(n)*, Dokument anbei *(n)*
transit accompanying document (TAD) Versandbegleitdokument *(n)*
accounting documents Buchungsunterlagen *(pl)*, Rechnungslegungsunterlagen *(pl)*
administrative document Verwaltungsdokument *(n)*, Verwaltungspapier *(n)*
Single Administrative Document (SAD) Einheitliches Verwaltungsdokument *(n)*, Einheitspapier (der Versandanmeldung) *(n)*
air transport document Luftfrachtdokument *(n)*

date of issuance of air transport document
Ausstellungstag des Luftfrachtdokuments *(m)*

antedated document zurückdatiertes Dokument *(n)*

alongside delivery document Längsseitslieferungsdokument *(n)*

attach documents Dokumente anschließen *(pl)*

attached document Begleitdokument *(n)*

transport and attached documents Beförderungs- und Begleitpapiere *(pl)*

attest a document Dokument legalisieren *(n)*

autenticated document bescheinigtes Dokument *(n)*

authentic document authentisches Dokument *(n)*, echte Urkunde *(f)*

authenticated document beglaubigte Urkunde *(f)*

authentication of documents Authentifikation von Dokumenten *(f)*, Legalisierung einer Urkunden *(f)*

authenticity of the accompanying documents Echtheit der beigefügten Unterlagen *(f)*

authenticity of the documents attached Echtheit der beigefügten Unterlagen *(f)*

back documents Verspätungspapiere *(pl)*

bank document Bankdokument *(n)*

bearer document Inhaberdokument *(n)*, Inhaberpapier *(n)*

bill of lading against documents Konnossement gegen Dokumente *(n)*

bill with documents attached Dokumententratte *(f)*, Dokumentenwechsel *(m)*

cargo document Verschiffungsdokumente *(n)*

complete set of cargo documents voller Satz von Verschiffungsdokumente *(m)*

instruction for cargo documents Verschiffungspapiereinstruktion *(f)*

carriage document Begleitpapier *(n)*, Transportdokument *(n)*

cash against documents (CAD) Geld gegen Dokumente *(n)*, Kasse gegen Dokumente *(f)*, Zahlung gegen Dokumente *(f)*

cash against documents clause Klausel Kasse gegen Dokumente *(f)*

cash in exchange for documents Kasse gegen Dokumente *(f)*, Zahlung gegen Dokumente *(f)*

certified document beglaubigtes Dokument *(n)*

certifying document Zertifizierungsdokument *(n)*

circulation of documents Belegdurchlauf *(m)*, Dokumentenzirkulation *(f)*

classified document Verschlusssache *(f)*

clearance document Abfertigungsunterlage *(f)*, Zollabfertigungspapier *(n)*

collect documents Dokumente annehmen *(pl)*

collection of documents Inkasso gegen Dokumenten *(n)*

commercial documents Geschäftsunterlagen *(pl)*, Geschäftspapiere *(pl)*, Handelsdokumente *(pl)*, Handelspapiere *(pl)*, Handelsurkunden *(pl)*

cash against commercial documents Kasse gegen Handelspapiere *(f)*, Kasse gegen Handelsurkunden *(f)*

complementary commercial documents Zusatzhandelsurkunden *(pl)*

complete set of commercial documents voller Satz von Handelsurkunden *(m)*, voller Satz von Geschäftspapieren *(m)*

copy of a commercial document Kopie eines Handelspapiers *(f)*

deliver commercial documents Handelsdokumente aushändigen *(pl)*

full set of commercial documents voller Satz von Geschäftspapieren *(m)*, voller Satz von Handelsurkunden *(m)*

supplementary commercial documents Zusatzhandelsurkunden *(pl)*

complete a document Dokument anfertigen *(n)*

complete set of documents voller Satz von Unterlagen *(m)*

completion of a document Ausfüllen eines Dokumentes *(n)*

date of completion of the document Ausstellungsdatum des Dokumentes *(n)*

consignment document Transportdokument *(n)*

consular document konsularisches Schriftstück *(n)*

contested document unbestrittenes Dokument

control document Papier zur Kontrolle *(n)*

copy of a document Abschrift einer Urkunde *(f)*, Kopie des Dokumentes *(f)*, Kopie einer Urkunde *(f)*, Urkundenabschrift *(f)*, Zweitschrift der Urkunde *(f)*

certify copy of document beglaubigte Kopien des Dokumentes *(pl)*

corrected document korrigiertes Dokument *(n)*

counterfeit document falsche Urkunde *(f)*

creation of document Ausstellung eines Dokumentes *(f)*, rstellung einer Urkunde *(f)* customs clearance document Zollabfertigungspapier *(n)*

customs documents Zolldokumente *(pl)*, Zollpapiere *(pl)*

  international customs document internationales Zollpapier *(n)*

  lodge a customs document Zolldokument vorlegen *(n)*, Zollpapier übergeben *(n)*, Zollpapier vorlegen *(n)*

  presentation of a customs document Vorlage eines Zollpapiers *(f)*

damaged document beschädigtes Dokument *(n)*

date of issuance of documents Dokumentausstellungstag *(m)*

deliver against documents liefern gegen Dokumente *(pl)*

deliver documents Dokumente aushändigen *(pl)*, Dokumente überbringen *(pl)*

deliver goods against documents Waren gegen Dokumente liefern *(pl)*

delivery against documents Lieferung gegen Dokumente *(f)*

delivery of documents Aushändigung der Dokumente *(f)*, Herausgabe der Dokumente *(f)*

  delivery of documents against acceptance Zustellung der Dokumente gegen Akzept *(f)*

dispatch documents Ladepapiere *(pl)*, Verladedokumente *(pl)*, Versandunterlagen *(pl)*

draft document Dokumentenentwurf *(m)*

draw up a document Dokument ausfertigen *(n)*, Dokument ausstellen *(n)*

duplicate document Dokumentkopie *(f)*

Electronic CIM Document Elektronischer CIM-Frachtbrief *(m)*

electronic archive of documents elektronischer Datenaustausch *(m)*

electronic document elektronisches Dokument *(n)*

enclose documents Dokumente anschließen *(pl)*

endorse a document Papier mit einem Sichtvermerk versehen *(n)*, Papier mit einem Stempel versehen *(n)*

examination of documents Prüfung der Dokumente *(f)*, Prüfung der Unterlagen *(f)*

examine documents Dokumente prüfen *(pl)*

execute a document Dokument ausfertigen *(n)*, Dokument ausstellen *(n)*

exhibit a document Dokument beibringen *(n)*

export document Ausfuhranmeldung *(f)*, Ausfuhrdokument *(n)*, Ausfuhrpapier *(n)*

Export Document Number (EDN) Exportdokumentnummer *(f)*

external document externer Beleg *(m)*

extract from a document Auszug aus Dokument *(m)*

false document falsche Urkunde *(f)*

falsification of a document Urkundenfälschung *(f)*

falsify a document Dokument fälschen *(n)*, Urkunde verfälschen *(f)*

financial document Finanzdokument *(n)*

foreign trade documents Außenhandelsdokumente *(pl)*

forged document falsche Urkunde *(f)*

forward the documents Dokumente zusenden *(pl)*, Unterlagen übermitteln *(pl)*

forwarding document Versanddokument *(n)*, Versandpapier *(n)*

founded complaint begründete Reklamation *(f)*

founding document Gründungsurkunde *(f)*

freight document Frachtdokument *(n)*

furnish documents Dokumente hinterlegen *(pl)*

genuineness of a document Authentizität eines Belegs *(f)*

goods accompenying document Warenbegleitdokument *(n)*

guarantee document Bürgschaftsleistung *(f)*

  required guarantee document erforderliches Dokument über die Sicherheit *(m)*

hand over documents Unterlagen übermitteln *(pl)*

handling over of document Herausgabe von Urkunde *(f)*

holder of document Dokumentbesitzer *(m)*

identity document Identitätsausweis *(m)*, Identitätsdokument *(n)*, Personalausweis *(m)*

initial a document Dokument paraphieren *(n)*

inspect a document Dokument prüfen *(n)*

inspection of documents Prüfung der Unterlagen *(f)*, Prüfung der Urkunden *(f)*

insurance document Versicherungsurkunde *(f)*

invalid document ungültiges Dokument *(n)*

invalidity of a document Ungültigkeit einer Urkunde *(f)*

issue of document Ausstellung eines Dokumentes *(f)*, Erstellung einer Urkunde *(f)*

joint control of goods and documents *(customs)* gemeinsame Kontrolle der Waren und Dokumente *(f)*

judicial document juristisches Dokument *(n)*, Rechtsdokument *(n)*

keeping of documents Dokumentenablage *(f)*
late documents Verspätungspapiere *(pl)*
legal document juristisches Dokument *(n)*, Rechtsdokument *(n)*
legality of a document Rechtmäßigkeit des Dokuments *(f)*
legalization of documents Authentifikation von Dokumenten *(f)*, Legalisierung einer Urkunden *(f)*
legalize a document Dokument legalisieren *(n)*
legalized document beglaubigtes Dokument *(n)*
lifting document Versanddokument *(n)*, Versandpapier *(n)*
limitation of document Verjährung des Dokuments *(f)*
list of documents Dokumentenverzeichnis *(n)*
loading documents Verladedokumente *(pl)*, Verladepapiere *(pl)*, Versandpapiere *(pl)*, Verschiffungspapiere *(pl)*
  complete set of loading documents volle Satzverschiffungsdokumente *(pl)*
  instruction for loading documents Verladepapiereinstruktion *(f)*, Versandpapierevorschrift *(f)*
loss of the documents Verlust von Urkunden *(m)*
lost document abhandengekommenes Dokument *(n)*
make out a document Dokument ausfertigen *(n)*, Dokument erstellen *(n)*
make up a document Dokument ausfertigen *(n)*, Dokument ausstellen *(n)*
making out of documents Anfertigung eines Dokumentes *(f)*
maritime documents Schiffspapiere *(pl)*, Seeversanddokumente *(pl)*, Seeversandpapiere *(pl)*, Seeversandunterlagen *(pl)*
missing document Fehlurkunde *(f)*
multimodal transport document Beförderungsdokument für den kombinierten Transport *(n)*, Dokument des kombinierten Transports *(n)*, multimodales Transportdokument *(n)*
necessary document notwendiges Dokument *(n)*
negotiable document begebbares Dokument *(n)*
negotiation of documents Negoziierung der Dokumente *(f)*

non-assignable document unübertragbare Urkunde *(f)*, unübertragbares Dokument *(n)*
non-negotiable document Namenspapier *(n)*, unübertragbare Urkunde *(f)*, unübertragbares Dokument *(n)*
notarial document notarielle Urkunde *(f)*
number of a document Dokumentnummer *(f)*
obtaining of documents Empfang der Dokumente *(m)*
ocean documents Seeversandpapiere *(pl)*, Seeversandunterlagen *(pl)*
official document amtliches Dokument *(n)*, Verwaltungsdokument *(n)*, Verwaltungspapier *(n)*
order document Orderpapier *(n)*
original document authentisches Dokument *(n)*, echte Urkunde *(f)*
original of a document Originaldokument *(n)*, Originalurkunde *(f)*
patent document Patentdokument *(n)*
payable against documents zahlbar gegen Dokumente *(pl)*
payment against documents Kasse gegen Dokumente *(f)*, Zahlung gegen Dokumente *(f)*
payment documents Zahlungsdokumente *(pl)*
  payment of document collection guarantee Zahlungsgarantie für Dokumenteninkasso *(f)*
person authorized to issue documents zum Ausstellen von Urkunden befugte Person *(f)*
phrasing of a document Wortlaut des Dokumentes *(m)*
predate a document Dokument zurückdatieren *(n)*
prepare a document Dokument ausfertigen *(n)*, Dokument erstellen *(n)*, Dokument vorbereiten *(n)*
present a document Dokument beibringen *(n)*
  present a document for signature Dokument zur Unterschrift vorlegen *(n)*
presentation of the documents Vorlage der Papiere *(f)*
previous document Vorpapier *(n)*
produce documents Dokumente vorlegen *(pl)*
production of the documents Vorlage der Unterlagen *(f)*
provide the documents Dokumente beibringen *(pl)*
public document amtliche Urkunde *(f)*
publication of documents Dokumentenpublikation *(f)*

put in documents Unterlagen einreichen *(pl)*
questioned document unbestrittenes Dokument
receiver of documents Dokumentenempfänger *(m)*, Urkundenempfänger *(m)*
recipient of documents Dokumentenempfänger *(m)*, Urkundenempfänger *(m)*
register a document Dokument registrieren *(n)*
registration of documents Registrierung der Dokumente *(f)*
reject documents Dokumente zurückweisen *(pl)*
required documents erforderliche Dokumente *(pl)*
  verification of required documents Überprüfung der erforderlichen Unterlagen *(f)*
  required guarantee document erforderliches Dokument über die Sicherheit *(m)*
return of document Rückgabe der Urkunde *(f)*, Investitionsrentabilität *(f)*
send documents Dokumente zusenden *(pl)*
service of a document Zustellung einer Urkunde *(f)*
set of documents Satz von Unterlagen *(m)*
  complete set of documents voller Satz von Unterlagen *(m)*
settlement documents Abrechnungspapiere *(pl)*
ship's documents Schiffspapiere *(pl)*
shipment documents Verladepapiere *(pl)*, Verladungsscheine *(pl)*, Verschiffungspapiere *(pl)*
shipping documents Frachtpapiere *(pl)*, Transportbegleitpapiere *(pl)*, Verladedokumente *(pl)*, Verladepapiere *(pl)*, Verladungsscheine *(pl)*, Versanddokumente *(pl)*, Versandpapiere *(pl)*, Verschiffungspapiere *(pl)*
  payable against shipping documents zahlbar gegen Ladepapiere *(pl)*, zahlbar gegen Versanddokumente *(pl)*
sign a document Dokument unterzeichnen *(n)*
signed document unterschriebenes Dokument *(n)* 2.*(customs)* Einheitspapier *(n)*
single transport document *(CCC)* einheitliches Transport-Dokument *(n)*
Single Administrative Document (SAD) Einheitliches Verwaltungsdokument *(n)*, Einheitspapier (der Versandanmeldung) *(n)*
stale document abgelaufenes Dokument *(n)*
stamp on a document Stempel auf dem Dokument *(m)*, Urkundenstempel *(m)*
standard document Einheitsbeleg *(m)*, vereinheitlichter Beleg *(m)*

standardisation of documents Standardisierung der Papiere *(f)*, Standardisierung von Dokumenten *(f)*
stealing of documents Diebstahl der Dokumenten *(m)*
submission of documents Hinterlegung der Dokumente *(f)*
submit documents required erforderliche Dokumente vorlegen *(pl)*
surrender of the documents Aushändigung der Dokumente *(f)*, Herausgabe der Dokumente *(f)*, Weitergabe von Akten *(f)*
symbol of documents Geschäftszahl *(f)*
T1 document Versandpapier T1 *(n)*
T2 document Versandpapier T2 *(n)*
T2L document Versandpapier T2L *(n)*
take documents Dokumente aufnehmen *(pl)*
tamper with a document Dokument fälschen *(n)*, Urkunde verfälschen *(f)*
testamentary document Testament *(n)*
title document Rechtstitel *(m)*
transit accompanying document (TAD) Versandbegleitdokument *(n)*
transit document Durchfuhrpapier *(n)*, Transitdokument *(n)*, Versandschein *(m)*
  type of transit document Art des Versandpapiers *(f)*
transport document Beförderungsdokument *(n)*, Beförderungspapier *(n)*, Transportdokument *(n)*
air transport document Lufttransportdokument *(n)*
clean transport document echtes Transportdokument *(n)*
combined transport document CTD-Transportdokument *(n)*, Dokument des kombinierten Transports *(n)*, gebrochenes Transportdokument *(n)*
copy of a transport document Kopie eines Beförderungspapiers *(f)*
inland waterway transport document Binnenwassertransportdokument *(n)*
rail transport document Eisenbahntransportdokument *(n)*, Schienentransportdokument *(n)*
railway transport document Eisenbahntransportdokument *(n)*, Schienentransportdokument *(n)*
road transport document Straßentransportdokument *(n)*

single transport document *(ccc)* einheitliches Transport-Dokument *(n)*
transportation document Beförderungsdokument *(n)*, Beförderungspapier *(n)*
  air transportation documents Luftbeförderungspapiere *(pl)*, Lufttransportpapiere *(pl)*
  travel document Reiseausweis *(m)*
unsigned document Dokument ohne Unterschrift *(n)*
unvalid document ungültige Urkunde *(f)*, ungültiges Dokument *(n)*
validated document validierbares Dokument *(n)*
validity of a document Gültigkeit der Urkunde *(f)*
verification of documents Prüfung der Dokumente *(f)*, Prüfung der Unterlagen *(f)*
verification of authenticity of documents Kontrolle der Echtheit der Urkunden *(f)*
verification of documents Verifikation der Dokumente *(f)*
verification of required documents Überprüfung der erforderlichen Unterlagen *(f)*
vessel's documents Schiffspapiere *(pl)*, Seeversandpapiere *(pl)*, Seeversandunterlagen *(pl)*
visaed document visiertes Dokument *(n)*
documentary nachweisen
documentary acceptance credit Rembourskredit *(m)*
documentary bill Dokumententratte *(f)*, Dokumentenwechsel *(m)*
documentary check Prüfung der Unterlagen *(f)*
documentary collection dokumentäres Inkasso *(n)*, Dokumenteninkasso *(n)*
documentary draft Dokumententratte *(f)*, trassierter Wechsel *(m)*
documentary encashment dokumentäres Inkasso *(n)*
documentary stamp tax Stempelsteuer *(f)*, Verwaltungsabgabe *(f)*
* irrevocable documentary letter of credit unwiderrufliches Akkreditiv *(n)*
Uniform Customs and Practice for Documentary Credits Einheitliche Richtlinien und Gebräuchen für Dokumentenakkreditive *(pl)*
supply documentary evidence nachweisen
documentation Dokumentation *(f)*
documentation for customs purposes Dokumente für Zollzwecke *(pl)*

* banking documentation Bankdokumentation *(f)*
customs documentation Zolldokumentation *(f)*, Zollpapiere *(pl)*
haulier's own documentation Dokumente der betreffenden Beförderungsart *(pl)*
project documentation Entwurfsdokumentation *(f)*
project documentation Projektierungsunterlagen *(f)*
shipping documentation Transportdokumentation *(f)*
technical documentation technische Dokumentation *(f)*
uniformity in documentation Einheitlichkeit der Papiere *(f)*
documented dokumentiert
documented vessel registriertes Schiff *(n)*
dodging Vergehen *(n)*
customs dodging Zollvergehen *(n)*
tax dodging Steuerabwehr *(f)*
domestic Binnen-, inländisch
domestic bank Lokalbank *(f)*
domestic cheque Platzscheck *(m)*
domestic customs transit procedure Verfahren des Binnenzolltransits *(n)*
domestic exhibitor Inlandsaussteller *(m)*
domestic forwarder Inlandsspediteur *(m)*
domestic goods einheimische Waren *(pl)*
domestic haulage inländische Beförderung *(f)*
domestic law inländisches Recht *(n)*, innerstaatliches Recht *(n)*
domestic market Binnenmarkt *(m)*
  domestic market conditions Bedingungen des Binnenmarkts *(pl)*
domestic origin inländische Herkunft *(f)*
domestic person Resident *(m)*
domestic port Innenhafen *(m)*
domestic price Inlandspreis *(m)*, innerstaatlicher Preis *(m)*
domestic rate *(in aircargo)* Inlandsrate *(f)*
domestic transaction Inlandsgeschäft *(n)*
* gross domestic income Bruttoinlandseinkommen (BNE) *(n)*
gross domestic product (GDP) Bruttoinlandsprodukt (BIP) *(n)*
domicile domizilieren
domicile a bill Wechsel domizilieren *(m)*
domicile a bill at the bank Wechsel in der Bank domizilieren *(m)*

domicile Domizil *(n)*, Sitz *(m)*
domicile bill domizilierter Wechsel *(m)*, Zahlstellenwechsel *(m)*
domicile of goods dispatcher Sitz des Warenversenders *(m)*
domicile of goods recipient Sitz des Warenempfängers *(m)*
* **ex domicile** ab Haus *(n)*, ab Wohnsitz *(m)*
franco domicile frei Haus *(n)*, portofrei Empfänger *(m)*
free domicile franko Haus *(n)*, frei Empfänger *(m)*, frei Haus *(n)*, frei ins Haus *(n)*
free domicile - duty paid price Preis frei Haus - verzollt *(m)*
free domicile price Preis frei Empfänger *(m)*, Preis portofrei Empfänger *(m)*
legal domicile ständiger Aufenthaltsort *(m)*, Wohnsitz *(m)*
payable at the domicile zahlbar im Wohnort *(m)*, zahlbar im Wohnsitz *(m)*
price ex domicile Preis ab Haus *(m)*
tax domicile Steuerdomizil *(n)*, Steuerwohnsitz *(m)*
  country of domicile for tax purposes Steuerdomizil *(n)*, Steuerwohnsitz *(m)*
  uniform free domicile price einheitlicher Preis frei Bestimmungsort *(m)*
domiciled domiziliert
domiciled acceptance Domizilakzept *(n)*
domiciled bill Domizilwechsel *(m)*
domiciled cheque Domizilscheck *(m)*
domiciliary Domizil-
domiciliary clause Domizilklausel *(f)*
domiciliate Wechsel domizilieren *(m)*
dominant vorherrschend
dominant company Kontrollgesellschaft *(f)*
dominant enterprise Kontrollgesellschaft *(f)*, vorherrschende Firma *(f)*
dominant undertaking Kontrollgesellschaft *(f)*, vorherrschende Firma *(f)*
  donation Gabe *(f)*
door Tür *(f)*
door-to-door cargo delivery Lieferung von Haus zu Haus *(f)*
dotation Beihilfe *(f)*, Dotation *(f)*, Dotierung *(f)*
  contract of donation Schenkungsvertrag *(m)*
  deed of donation Schenkungsurkunde *(f)*

double Kopie *(f)*, Zweitschrift *(f)* **2.** doppelt
double auction Doppelausschreibung *(f)*
double column tariff Doppeltarif *(m)*
double-deck pallet Doppeldeckpalette *(f)*
double-decked pallet Doppeldeck-Flachpalette *(f)*
double decker Zweideckschiff *(n)*
double freight Double-Fracht *(f)*
double insurance Doppelversicherung *(f)*
double price Doppelpreis *(m)*
double rate Doppelfrachtrate *(f)*
double tariff Doppeltarif *(m)*, Doppelzolltarif *(m)*
double tax Doppelsteuer *(f)*
double taxation Doppelbesteuerung *(f)*
  international double taxation internationale Doppelbesteuerung *(f)*
  double taxation treaty Doppelbesteuerungsabkommen *(n)*
double way zweigleisige Bahn *(f)*
double wharfage Doppelkaigeld *(n)*
doubtful zweifelhaft
doubtful debt dubiose Forderung *(f)*
down herunter
down cash zahlbar in bar *(f)*
down money zahlbar in bar *(f)*
down time Ausfallzeit *(f)*, Stillstand *(m)* **2.** *(in logistics)* störungsbedingte Stillstandszeit *(f)*
down-price clause Preisnachlassklausel *(f)*
downward rückläufig
downward movement of the market Konjunkturrückgang *(m)*
draft Tratte *(f)*. trassierter Wechsel *(m)*, gezogener Wechsel *(m)*
draft Tiefgang *(m)*, Tiefung des Schiffes *(f)* **2.** Überweisung *(f)* **3.** Entwurf *(m)*
draft budget Haushaltsentwurf *(m)*
draft collection Einzug einer Tratte *(m)*
draft dishonoured nicht akzeptierter Wechsel *(m)*
draft document Dokumentenentwurf *(m)*
draft endorsement Wechselgiro *(n)*, Wechselindossement *(n)*
draft for collection Tratte zum Inkasso *(f)*
  take a draft for collection Tratte zum Inkasso hereinnehmen *(f)*
draft marks Tiefgangsmarken *(pl)*, Tiefgangsskala *(f)*

draft of an agreement Vertragsentwurf (m)
acceptance of a draft agreement Akzeptierung eines Vertragsentwurfs (f)
draft of a bill Gesetzentwurf (m), Gesetzesentwurf (m)
draft of a contract Vertragsentwurf (m)
draft of a law Gesetzesvorschlag (m)
draft recourse Wechselregress (m)
draft terms Trattenbedingungen (pl)
* **acceptance of draft** Trattenakzept (n)
 acceptance of a draft agreement Akzeptierung eines Vertragsentwurfs (f)
 advice of a draft Trattenavis (m), Trattenanzeige (f), Wechselavis (n)
 advise a draft Tratte avisieren (f)
 banker's draft Banktratte (f)
 buying of draft Wechseldiskont (m), Wechseldiskontierung (f)
 clean draft reine Tratte (f)
 commercial draft Geschäftswechsel (m), Handelswechsel (m)
 currency draft Valutawechsel (m)
 demand draft Sichttratte (f)
 documentary draft Dokumententratte (f), trassierter Wechsel (m)
 endorse a draft Wechsel indossieren (m)
 export draft Exporttrate (f)
 extend a draft Tratte erneuern (f), Tratte verlängern (f)
 extension of draft Tratteprolongation (f), Verlängerung einer Tratte (f)
 external draft Auslandstratte (f)
 foreign draft ausländischer Wechsel (m), Auslandswechsel (m)
 honour a draft Tratte einlösen (f)
 import draft Importtratte (f)
 issue a draft Tratte ziehen (f)
 loaded draft beladener Tiefgang (m), Ladetiefgang (m)
 notice of draft Trattenanzeige (f)
 original draft erste Ausfertigung des Wechsels (f), Primawechsel (m)
 protest a draft Wechsel protestieren lassen (m)
 refuse to accept a draft Einlösung einer Tratte verweigern (f), Honorierung einer Tratte verweigern (f)
 reimbursement by draft Wechselrembours (m)
 reimbursement draft Rembourswechsel (m)
 renewal of a draft Tratteprolongation (f), Verlängerung einer Tratte (f)

repudiate a draft Einlösung einer Tratte verweigern (f), Honorierung einer Tratte verweigern (f)
return draft Rückwechsel (m)
run of a draft Wechselfrist (f), Ziel eines Wechsels (n)
selling of a drafts Wechseldiskont (m), Wechseldiskontierung (f)
sight draft Sichttratte (f)
sight draft, bill of lading attached Tratte und Konnossement beigefügt
tenor of a draft Ziel einer Tratte (n)
time draft Nachsichttratte (f), Terminwechsel (m), Zeitwechsel (m)

draftage Frachtrabatt (m), Gewichtsausfall (m), Massenverlust (m)

draught Tiefgang (m), Tiefgang des Schiffes (m), Tiefung des Schiffes (f)
draught numeral Tiefgangsmarke (f)
* **laden draught** beladener Tiefgang (m), Ladetiefgang (m)
light draught leerer Tiefgang (m), Leertiefgang (m), Tiefgang des leeren Schiffes (m)
load draught Ladetiefgang (m), Tiefgang des beladenen Schiffes (m)
loaded draught Ladetiefgang (m), Tiefgang des beladenen Schiffes (m)
maximum draught größter Tiefgang (m)
ship's draught Tiefgang des Schiffes (m), Tiefung des Schiffes (f)

draw Wechsel entnehmen (m), Wechsel trassieren (m), ziehen
draw a bill trassieren Wechsel unterzeichnen (m)
draw a bill of exchange Wechsel ausstellen (m)
draw a cheque Scheck ausfertigen (m)
draw a cheque on the bank Scheck auf eine Bank ausstellen (m)
draw a contract Kontrakt ausfertigen (m)
draw a letter of credit Akkreditiv ausstellen (n), Akkreditiv einräumen (n), Akkreditiv eröffnen (n)
draw samples Proben nehmen (pl)

draw up anfertigen, aufsetzen
draw up an account Rechnung ausstellen (f), Rechnung aufstellen (f)
draw up a balance-sheet Bilanz abschließen (f), Bilanz aufstellen (f), bilanzieren
draw up a bill trassieren 2. Rechnung aufstellen (f), Rechnung ausstellen (f)

draw up a certificate Zertifikat ausstellen *(n)*, Zeugnis ausfertigen *(n)*, Zeugnis schreiben *(n)*
draw up the certified report *(TIR carnet)* Protokoll aufnehmen *(n)*
draw up a cheque Scheck ausfertigen *(m)*, Scheck ausschreiben *(m)*
draw up a collection Inkasso ausstellen *(n)*
draw up a contract Kontrakt abfassen *(m)*, Vertrag abfassen *(m)*, Vertrag aufstellen *(m)*, Vertrag ausfertigen *(m)*
draw up a document Dokument ausfertigen *(n)*, Dokument ausstellen *(n)*
draw up an estimate Kostenanschlag aufstellen *(m)*
draw up an invoice Rechnung ausstellen *(f)*, Rechnung ausfertigen *(f)*
draw up a list Liste aufstellen *(f)*, Liste erstellen *(f)*
draw up a receipt Quittung ausfertigen *(f)*, Quittung ausstellen *(f)*
draw up a report Bericht niederschreiben *(m)*
draw up a statement Bericht niederschreiben *(m)*

drawback Rückzoll *(m)*
drawback claims zurückzufordernde Rechte in Bezug auf Zoll *(pl)*
drawback on customs duties Zollerstattung *(f)*, Zollrückerstattung *(f)*
drawback procedure Zollrückvergütungsverfahren *(n)*
drawback system Zollrückvergütungssystem *(n)*
* customs drawback Rückzoll *(m)*
duty drawback Zollerstattung *(f)*, Zollrückzahlung *(f)*
permission to use the drawback system Verfahren der Zollrückvergütung *(n)*

drawee Bezogener *(m)*
drawee of a cheque Scheckbezogener *(m)*

drawer Aussteller *(m)*, Trassantname *(m)*
drawer of a cheque Scheckaussteller *(m)*
drawer of a letter of credit Akkreditivaussteller *(m)*

drawing Anfertigung *(f)* **2.** Ausgabe eines Wechsels *(f)*, Ausstellung eines Schecks *(f)*, Wechselausstellung *(f)*
drawing of bill Ausstellung eines Wechsels *(f)*

drawn gezogen
drawn bill gezogener Wechsel *(m)*, trassierter Wechsel *(m)*

driver Chauffeur *(m)*, Fahrer *(m)*, Kraftwagenführer *(m)*

drop in vorbeikommen
drop in prices billig werden, flauen

drop Ermäßigung *(f)*
drop in demand Nachfragerückgang *(m)*
drop in prices Kursrückgang *(m)*

drumming Akquisition *(f)*

dry trocken
dry bulk container Massengutcontainer *(m)*, Schüttgutcontainer *(m)*
dry cargo Trockenfracht *(f)*, Trockengut *(n)*, Trockenladung *(f)*
dry cargo charter Trockenfrachtcharter *(m)*
dry cargo container Box-Container *(m)*, Trockenfrachtcontainer *(m)*
dry-cargo freighter Massenfrachter *(m)*, Massengutfrachter *(m)*
dry cargo hold Trockenladeraum *(m)*
dry-cargo vessel Trockenfrachtschiff *(n)*
dry dock Trockendock *(n)*
dry goods Schüttgutladung *(f)*
dry harbour Flusshafen *(m)*
dry ice container Trockeneiscontainer *(m)*
dry measure Trockenmaß *(n)*
dry weight Trockengewicht *(n)*
* container dry cargo Trockenfrachtcontainer *(m)*

dual doppelt
dual freight rate Doppelfrachtrate *(f)*
dual price Doppelpreis *(m)*
dual resident Person mit zwei Wohnsitzen *(f)*
dual use goods Waren mit doppeltem Verwendungszweck *(pl)*

dud gefälscht
dud cheque Scheck ohne Deckung *(m)*

due Aktivforderungen *(pl)*
due bill fällige Rechnung *(f)*, fälliger Wechsel *(m)*
due date Fälligkeitstermin *(m)*, Verfalltag *(m)*, Zahlungstag *(m)*
break of due date Nichtunterhaltung der Verfallzeit *(f)*, Nichtunterhaltung des Zahlungstermins *(f)*
deferment of due date Moratorium *(n)*, Zahlungsfristverlängerung *(f)*
failure to pay on a due date Ausbleiben der Zahlung *(n)*
meet the due date pünktlich zahlen

pay at due-date bei Fälligkeit bezahlen *(f)*, bei Fälligkeit zahlen *(f)*

due date for tax payment Fälligkeitstermin der Steuer *(m)*, Steuerzahlungsfrist *(f)*

due day Fälligkeitstag *(m)*, Zahltag *(m)*

break of due day Nichtunterhaltung des Verfalldatums *(f)*

due on cargo Ladegebühr *(f)*, Ladegeld *(n)*

* amount due fälliger Betrag *(m)*, geschuldeter Betrag *(m)*

balance due geschuldeter Betrag *(m)*, Restschuld *(f)*

canal due Kanalgeld *(n)*, Kanalzoll *(m)*

cargo due Ladegebühr *(f)*

collect one's dues Forderungen einziehen *(pl)*

computation of dues Gebührenberechnung *(f)*

container dues Containergebühren *(pl)*

customs duties Zollabgaben *(pl)*

debt due ausstehende Schuld *(f)*, ungetilgte Schuld *(f)*

devolution of rights and dues Übergang von Rechten und Pflichten *(m)*

dock due Dockgebühr *(f)*

free harbour dues franko Hafenkosten *(pl)*, frei Hafenkosten *(pl)*

import duties Einfuhrabgaben *(pl)*

interest due fällige Zinsen *(pl)*

legally due gesetzlicher Abgabenbetrag *(m)*

lighthouse due Leuchtturmgebühr *(f)*

lock dues Schleusengeld *(n)*

pilotage due Lotsengebühr *(f)*, Lotsengeld *(n)*

port due Hafenkosten *(pl)*, Hafenzoll *(m)*

quarantine due Quarantänegeld *(n)*

quay dues Kaiabgaben *(pl)*, Kaispesen *(pl)*

river due Flussgebühr *(f)*

ship dues Frachtzoll *(m)*, Tonnagegeld *(n)*

staying dues Liegegeld *(n)*, Standgeld *(n)*

storage due Lagermiete *(f)*, Speichergeld *(n)*, Lagergeld *(n)*

tonnage due Frachtzoll *(m)*, Tonnagegeld *(n)*

transit due Durchgangsgebühr *(f)*, Transitgeld *(n)*

tug-boat due Schleppengebühr *(f)*, Schlepperentgeld *(n)*

dullness Ruhe *(f)*

duly vorschriftsgemäß

dummy unecht

dummy invoice Scheinrechnung *(f)*

dump Kippe *(f)*

dump car Entlader *(m)*, Selbstentladewaggon *(m)*

dumping Dumping *(n)*, Preisunterbietung *(f)*, Unterbietung *(f)*

dumping barge Kippschute *(f)*, Selbstentladeschute *(f)*

dumping debt Dumpingschuld *(f)*

dumping duty Antidumpingzoll *(m)*

dumping export Dumpingausfuhr *(f)*, Dumpingexport *(m)*, Export zu Schleuderpreisen *(m)*, Exportdumping *(n)*, Preisschleuderei *(f)*, Schleuderausfuhr *(f)*

dumping goods Dumpingware *(f)*, Schleuderware *(f)*

dumping ground Abladeplatz *(m)*

dumping import gedumpte Einfuhr *(f)*

dumping margin Dumpingspanne *(f)*

dumping merchandise Dumpingware *(f)*, Schleuderware *(f)*

dumping price Dumpingpreis *(m)*, Schleuderpreis *(m)*

dumping products gedumpte Waren *(pl)*

dumping wagon Entlader *(m)*, Selbstentladewaggon *(m)*

* credit dumping Kreditdumping *(n)*

currency dumping Devisendumping *(n)*, Valutadumping *(n)*, Währungsdumping *(n)*

foreign exchange dumping Valutadumping *(n)*, Währungsdumping *(n)*

goods dumping Warendumping *(n)*

practise dumping Dumping praktizieren *(n)*

price dumping Preisdumping *(n)*

selling at dumping prices Dumpingverkauf *(m)*, Verkauf zu Dumpingpreisen *(m)*

tax dumping Fiskaldumping *(n)*, Steuerdumping *(n)*

dunning Mahnung *(f)*

dunning letter Mahnschreiben *(n)*, Zahlungsaufforderung *(f)*

duplicate Doppel *(n)*, Doppelschrift *(f)*, Duplikat *(n)*, Zweitausfertigung *(f)*, Zweitschrift *(f)*

duplicate bill Sekundawechsel *(m)*

duplicate consignment note Frachtbriefdoppel *(n)*, Transportscheinzweitschrift *(f)*

duplicate contract Duplikat des Vertrags *(n)*, Vertragsdoppel *(n)*

duplicate copy Doppel *(n)*, Duplikat *(n)*

duplicate document Dokumentkopie *(f)*

duplicate in bill Rechnungsabschrift *(f)*, Rechnungsduplikat *(n)*

duplicate invoice Abschrift einer Rechnung *(f)*, Rechnungsabschrift *(f)*, Rechnungsdoppel *(n)*, Rechnungsduplikat *(n)*,
duplicate letter Akkreditivduplikat *(n)*, Briefabschrift *(f)*, Doppelakkreditiv *(n)*
duplicate of bill Sekundawechsel *(m)*, Wechselduplikat *(n)*, Wechselkopie *(f)*, Wechselzweitausfertigung *(f)*
duplicate of the carnet Zweitstück des Carnets *(n)*
duplicate of a certificate Zeugnisduplikat *(n)*
duplicate of contract Kontraktabschrift *(f)*, Kontraktkopie *(f)*
duplicate of exchange Wechselduplikat *(n)*
duplicate of invoice Abschrift einer Rechnung *(f)*, Rechnungsabschrift *(f)*, Rechnungsdoppel *(n)*, Rechnungsduplikat *(n)*
duplicate of waybill Frachtbriefduplikat *(n)*
* bill of lading duplicate Abschriftladeschein *(m)*, Konnossementsabschrift *(f)*, Konnossementskopie *(f)*
certificate duplicate Zeugnisduplikat *(n)*
consignment note duplicate Duplikatfrachtbrief *(m)*, Frachtbriefdoppel *(n)*
invoice in duplicate Rechnungsdoppel *(n)*, Rechnungsduplikat *(n)*
true duplicate beglaubigte Abschrift *(f)*
durable beständig
duration Periode *(f)*
duration guideline Orientierungstermin *(m)*
duration of a contract Vertragsdauer *(f)*, Vertragsfrist *(f)*, Vertragszeit *(f)*
duration of guaranty Garantiedauer *(f)*, Garantiefrist *(f)*
duration of a lease Pachtdauer *(f)*
duration of a licence Gültigkeitsdauer der Lizenz *(f)*
duration of a patent Gültigkeitsdauer des Patents *(f)*
duration of a policy Versicherungsdauer *(f)*, Versicherungszeit *(f)*
duration of the processing procedure Veredelungsfrist *(f)*
duration of stay in free zone Dauer des Verbleibs in der Freizone *(f)*
duration of validity Gültigkeitsdauer *(f)*
* obligation of unlimited duration unbefristete Verbindlichkeit *(f)*
maximum duration of temporary storage Höchstfrist der vorübergehenden Verwahrung *(f)*

Dutch holländisch, niederländisch
Dutch auction Auktion mit allmählicher Ermäßigung *(f)*, Dutch-Auktion *(f)*, holländische Versteigerung *(f)*
dutiable zollbar, zollpflichtig
dutiable article zollpflichtige Ware *(f)*
dutiable goods zollbare Ladung *(f)*, zollpflichtige Ware *(f)*
dutiable payments Zollabgaben *(pl)*
  assessment of the dutiable value Zollwertermittlung *(f)*
  calculation dutiable payments Zollberechnung *(f)*
  collection of dutiable payments Erhebung von Zöllen *(f)*, Zolleinnahme *(f)*
  guarantee of dutiable payments Zahlungsgarantie für Zollschuld *(f)*
dutiable price unverzollbarer Preis *(m)*, unverzollter Preis *(m)*
dutiable value verzollter Wert *(m)*
dutiable weight Zollgewicht (Z.G.) *(n)*
duty Abgabe *(f)*, Gebühr *(f)*, Vergütung *(f)* **2.** Zoll *(m)* **3.** Obligenheit *(f)*, Pflicht *(f)* **4.** Zoll-
duty assessment Zollbemessung *(f)*
duty benefit Zollvorrecht *(n)*, Zollvorteil *(m)*
duty by piece Stückzoll *(m)*
duty by weight Gewichtszoll *(m)*
duty calculation Zollberechnung *(f)*
duty concession Zollsenkung *(f)*
duty drawback Zollerstattung *(f)*, Zollrückzahlung *(f)*
duty entry Zollerklärung *(f)*
duty escalation Zollanstieg *(m)*
duty in imports Eingangszoll *(m)*, Importzoll *(m)*
duty mark Zollstempel *(m)*
duties not collected *(customs)* nicht erhobene Abgaben *(pl)*
duties of an agent Pflichten des Agenten *(pl)*
duty of excise Akzise *(f)*, Banderolensteuer *(f)*, Verbrauchsabgabe *(f)*, Verbrauchssteuer *(f)*
duty on exportation Ausfuhrzoll *(m)*, Ausgangszoll *(m)*, Exportzoll *(m)*, Exportabgabe *(f)*
duty on exports Ausfuhrzoll *(m)*, Ausgangszoll *(m)*, Exportzoll *(m)*, Exportabgabe *(f)*
duty on Import Einfuhrabgabe *(f)*, Einfuhrzoll *(m)*, Importzoll *(m)*
duty on importation Einfuhrabgabe *(f)*, Einfuhrzoll *(m)*, Importzoll *(m)*, Eingangsabgabe *(f)*

duty on imports Einfuhrabgabe *(f)*, Einfuhrzoll *(m)*, Importzoll *(m)*, Eingangsabgabe *(f)*
duty paid versteuert
   customs duty paid goods verzollte Ware *(f)*
   delivered buyer's premises duty paid
geliefert verzollt ... /Kaufersitz/
   delivered duty paid ... /insert named place of
destination/ DDP ... /benannter Bestimmungsort/,
geliefert verzollt ... /benannter Bestimmungsort/
   free domicile - duty paid price Preis frei
Haus - verzollt *(m)*
   freight and duty paid Fracht und Zoll
bezahlt *(f)*, fracht- und zollfrei
   duty paid goods verzollte Waren *(pl)*
   duty paid price verzollter Preis *(m)*
duty per article Stückzoll *(m)*
duty preference Zollvorrecht *(n)*, Zollvorteil *(m)*
duty raise Zollsteigerung *(f)*
duty rate Zollsatz *(m)*
duty refund Zollrückerstattung *(f)*, Zollvergütung *(f)*
duty suspension Aussetzung der Zollsätze *(f)*,
Zollaussetzung *(f)*
duty to delivery Lieferpflicht *(f)*, Lieferungspflicht *(f)*
duty to file return Deklarationszwang *(m)*
duty to indemnity Ersatzpflicht *(f)*
duty to redress the damage Pflicht der
Wiedergutmachung des Schadens *(f)*
duty unpaid unversteuerter Zoll *(m)*
   delivered ... /named terminal/ **duty unpaid**
geliefert, unverzollt ... /benannter Terminal/
   delivered duty unpaid ... /named point of desti-
nation/ **exclusive Vat and/or Taxes** geliefert, unverzollt ... /benannter Bestimmungspunkt/
MWSt. und andere Steuern unbezahlt
* **abolish a duty** Zoll abbauen *(m)*
ad valorem duty Ad-Valorem-Zoll *(m)*,
Wertzoll *(m)*, Zoll ad valorem *(m)*
additional duty Nachzoll *(m)*, weitere Verpflichtung *(f)*, Zollnebengebühr *(f)*, Zuschlagszoll *(m)*
agricultural duty Agrarzoll *(m)*
alignment of the duties Angleichung der
Zölle *(f)*
alternative duty Wahlzoll *(m)*
amount of a duty Zollhöhe *(f)*
   remission of the amount of duty Erlass
des Abgabenbetrages *(m)*
anti-dumping duty Antidumpingzoll *(m)*
apply duties Zollsätze anwenden *(pl)*

appraisal of duty Gebührenbemessung *(f)*
assessment of duty Festsetzung des Zolles *(f)*, Zollbemessung *(f)*
autonomous duty autonomer Zoll *(m)*
basis of duty Zollbemessungsgrundlage *(f)*
be liable to duty zollpflichtig sein
border duty Grenzzoll *(m)*
bottom duty vertragsmäßiger Zollsatz *(m)*
calculation of duty Zollberechnung *(f)*
charge a duty Zoll einziehen *(m)*, Zoll erheben *(m)*
charging of duties Erhebung von Abgaben *(f)*
clap a duty mit Zoll belegen *(m)*
collect a duty Zoll einziehen *(m)*, Zoll erheben *(m)*
collect duties Gebühren erheben *(pl)*
collection of duties Zolleintreibung *(f)*, Zollerhebung *(f)*
   collection of duties on net weight Nettoverzollung *(f)*
collection of duty Zolleinnahme *(f)*, Zolleinziehung *(f)*
   additional collection of duty Zollnachforderung *(f)*
combined duty gemischter Zoll *(m)*, kombinierter Zoll *(m)*, Mischzoll *(m)*
compensation duty Ausgleichszoll *(m)*, Kompensationszoll *(m)*
compound duty kombinierter Zoll *(m)*,
Mischzoll *(m)*
computation of duty Festsetzung des Zolles *(f)*
contract duty Vertragszoll *(m)*
convention duty vertragsmäßiger Zoll *(m)*
conventional duty vertragsmäßiger Zoll *(m)*
countervailing duty ausgleichender Zoll *(m)*,
Umsatzausgleichssteuer *(f)*
**Code on Subsidies and Countervailing
Duties** Kodex über Subventionen und Ausgleichszölle *(m)*
custom-house duty Zollabfertigungsgebühr *(f)*
customs duty Zoll *(m)*, Zollabgabe *(f)*
   amount of customs duties Zollabgaben *(pl)*
   calculation of customs duty Zollberechnung *(f)*
   collect customs duties Zölle einziehen *(pl)*
   disburse customs duties Zollabgaben
bezahlen *(pl)*
   drawback on customs duties Zollerstattung *(f)*

drawback on customs duties Zollrückerstattung *(f)*
evasion of customs duties Zollhinterziehung *(f)*
exemption from customs duties Zollerlass *(m)*
import customs duties Einfuhrabgaben *(pl)*
imposition of customs duties Erhebung
von Zöllen *(f)*
including customs duties einschließlich
Zölle *(pl)*
lay on customs duties mit Zoll belegen *(m)*
levying of customs duties Erhebung von
Zöllen *(f)*
lowering of customs duties Zollherabsetzung *(f)*
pay customs duty Zoll abführen *(m)*, Zoll
bezahlen *(m)*, Zoll zahlen *(m)*
payer of customs duties Zollzahler *(m)*
payment of customs duty Zollentrichtung *(f)*
preferential customs duty Begünstigungszoll *(m)*
raising of customs duties Erhöhung der
Zollsätze *(f)*, Zollerhöhung *(f)*
reduce a customs duty Zoll senken *(m)*
reduction of customs duties Zollabbau *(m)*,
Zollherabsetzung *(f)*
reimbursement of customs duties
Zollerstattung *(f)*, Zollrückerstattung *(f)*
relief from customs duty Zollbefreiung *(f)*
retaliatory customs duty Retorsionszoll *(m)*
suspend the customs duties Erhebung
der Zölle aussetzen *(f)*
suspension of customs duties Aussetzung der Zollsätze *(f)*, Zollaussetzung *(f)*
customs duty paid verzollte Ware *(f)*
customs duty rate Zollsatz *(m)*
decrease a duty Zoll abbauen *(m)*, Zoll verringern *(m)*
definitive duties endgültige Zölle *(pl)*
deferment of duty payment Stundung eines Zolles *(f)*
delivered duty paid geliefert verzollt
devolution of duty Pflichtübergang *(m)*
differential duty Differentialzoll *(m)*
discriminatory duty Prohibitivzoll *(m)*,
Schutzzoll *(m)*

dumping duty Antidumpingzoll *(m)*
economic duty Wirtschaftszoll *(m)*
educational duty Erziehungszoll *(m)*
entrance duty Eingangsabgabe *(f)*, Eingangszoll *(m)*
equalising duty Gleichstellung *(f)*
estimation of duty Zollberechnung *(f)*
exact a duty Zoll einziehen *(m)*, Zoll erheben *(m)*
exaction of dues Erhebung von Gebühren *(f)*
exaction of duties Zolleintreibung *(f)*, Zollerhebung *(f)*
excise duty Akzise *(f)*, Akzisezoll *(m)*, Banderolensteuer *(f)*, Verbrauchssteuer *(f)*
  ad valorem excise duty Ad-Valorem-Verbrauchssteuer *(f)*
  lay excise duty Verbrauchssteuer auferlegen *(f)*
  subject to excise duty akzisebar, akzisepflichtig
  system of excise duties Verbrauchssteuersystem *(n)*
execution of duty Zollvollstreckung *(f)*
exempt from duty vom Zoll befreien *(m)*,
vom Zoll freilassen *(m)*
exempt of duty zollfrei
exemption from customs inspection Befreiung von Zollkontrolle *(f)*
exemption from duties Gebührenbefreiung *(f)*,
Gebührenerlass *(m)*, Gebührenfreiheit *(f)*
exemption from duty Zollerlass *(m)*, Zollfreiheit *(f)*
export duties Ausfuhrabgaben *(pl)*, Ausfuhrzölle *(pl)*
export duty Ausfuhrzoll *(m)*, Ausgangszoll *(m)*,
Exportzoll *(m)*
  be chargeable with export duties Ausfuhrabgaben unterliegen *(pl)*
  be liable to export duties Ausfuhrabgaben unterliegen *(pl)*
**export from the Community subject to
duty** Ausgang aus der Gemeinschaft Abgabenerhebung unterworfen *(m)*
extra duty Zuschlagszoll *(m)*
financial duty Finanzzoll *(m)*
fiscal duty Fiskalzoll *(m)*
fixed duty spezifischer Zoll *(m)*
free from the duty vom Zoll befreien *(m)*,
vom Zoll freilassen *(m)*
free of duty zollfrei
  goods free of duty zollfreie Ware *(f)*

import free of duty steuerfreie Einfuhr *(f)*
importation free of duty zollfreie Einfuhr *(f)*
harbour duty Hafengebühr *(f)*, Hafengeld *(n)*
import duty Einfuhrzoll *(m)*
additional import duty zusätzlicher Einfuhrzoll *(m)*
amount of import duties Einfuhrabgaben *(pl)*
determination of amount of import duties Berechnung der Einfuhrabgaben *(f)*
be chargeable with import duties Einfuhrabgaben unterliegen *(pl)*
be liable to import duties Einfuhrabgaben unterliegen *(pl)*
determining import duties Festsetzung der Einfuhrabgaben *(f)*
exemption from import duties and taxes Befreiung von den Eingangsabgaben *(f)*
partial relief from import duties teilweise Befreiung von den Einfuhrabgaben *(f)*
reduction of an import duty Ermäßigung von Einfuhrabgaben *(f)*
relief from import duties Befreiung von den Einfuhrabgaben *(f)*, Eingangsabgabenbefreiung *(f)*
remission of import duties Erlass der Einfuhrabgaben *(m)*
repayment of import duties and taxes Erstattung der Eingangsabgaben *(f)*
suspension of an import duty Aussetzung von Einfuhrabgaben *(f)*
tariff of import duties Importtarif *(m)*
impose a duty abfertigen, klarieren
impose a duty on goods Ware mit einem Zoll belegen *(f)*
imposition of a duty Zolleinführung *(f)*
increase of duty Zollaufschlag *(m)*, Zollerhöhung *(f)*
introduce a duty Zoll einbringen *(m)*
lay a duty mit Zoll belegen *(m)*
lay on duties mit Zoll belegen *(m)*
levy a duty Zoll einziehen *(m)*, Zoll erheben *(m)*
levy the customs duties Zollgebühren erheben *(pl)*
levy duty of excise Verbrauchssteuer auferlegen *(f)*
levy of a duty Zolleinnahme *(f)*, Zolleinziehung *(f)*, Zollerhebung *(f)*
levying of duties Zollerhebung *(f)*
liability to duty Zollschuld *(f)*
liable to duty zollpflichtig

licence duty Lizenzgebühr *(f)*
matching duty ausgleichender Zoll *(m)*, Umsatzausgleichsteuer *(f)*
maximum duty Maximalzoll *(m)*
mixed duty gemischter Zoll *(m)*, kombinierter Zoll *(m)*, Mischzoll *(m)*
monopoly duty Monopolabgabe *(f)*, Hypothekengebühr *(f)*
neglect of duty Pflichtversäumnis *(n)*
non-recurring duty einmalige Abgabe *(f)*
overpayment of duty Zollüberzahlung *(f)*
pay a duty Zoll abführen *(m)*, Zoll bezahlen *(m)*, Zoll entrichten *(m)*,
pay the duty on verzollen
payment of duty Zollentrichtung *(f)*
penalty duty Strafzoll *(m)*
pilot duty Lotsengebühr *(f)*, Lotsengeld *(n)*
pilotage duty Lotsengebühr *(f)*, Lotsengeld *(n)*
port duty Hafenkosten *(pl)*, Hafenzoll *(m)*
preferential duty Vorzugszoll *(m)*
protective duty Protektionszoll *(m)*, Schutzzoll *(m)*
punishment to compel performance of duty Geldbuße *(f)*
raise a duty Zoll anheben *(m)*, Zoll erhöhen *(m)*
raise of duty Zollaufschlag *(m)*, Zollerhöhung *(f)*
rate of duty Zollsatz *(m)*
autonomous rate of duty autonomer Zollsatz *(m)*
cut in rate of duty Tarifnachlass *(m)*, Zollsatzabschlag *(m)*
increase the rates of duty Zölle erhöhen *(pl)*
reduce a duty Zoll abbauen *(m)*, Zoll verringern *(m)*
reduced duty gesenkter Zollsatz *(m)*
reduction of duty Zollabbau *(m)*, Zollermäßigung *(f)*, Zollsenkung *(f)*
refund the duty Zoll zurückerstatten *(m)*
refusal to pay duty Zollzahlungsverweigerung *(f)*
reimbursement of a duty Zollrückerstattung *(f)*, Zollvergütung *(f)*
release from duty Entbindung von der Pflicht *(f)*
relief from duty Zollerlass *(m)*, Zollfreiheit *(f)*
partial relief from duty teilweise Zollbefreiung *(f)*
remission of duty Nichterhebung von Zöllen *(f)*
repayment of a duty Zollerstattung *(f)*, Zollrückzahlung *(f)*

application for repayment of duty Antrag auf Zollerstattung *(m)*
order of repayment of a duty Zollrückerstattungsentschluss *(m)*
retaliatory duty Retorsionszoll *(m)*, Vergeltungszoll *(m)*
size of duty Zollgröße *(f)*
sluice duty Schleusengeld *(n)*
special duty Sonderabgabe *(f)*, Sonderzoll *(m)*
specific duty spezifischer Zoll *(m)*, Stückzoll *(m)*
stamp duty Stempelgebühr *(f)*
subject to duty zollbar, zollpflichtig
suspend a duty Zoll aufheben *(m)*
system for duty relief Zollbefreiungsregelung *(f)*
transfer duty Börsenumsatzsteuer *(f)*
transit duty Durchfahrtszoll *(m)*, Transitzoll *(m)*
uniform duty Einheitszoll *(m)*
wharf dues Kaigebühren *(pl)*, Kaigeld *(n)*
wharf duty Kaiabgabe *(f)*, Kaigeld *(n)*

duty-exempt frei von Zoll *(m)*

duty-free frei von Zollgebühr *(f)*, unentgeltlich, zollfrei

duty-free admission zollfreie Einfuhr *(f)*
authorization for duty-free admission Genehmigung für die zollfreie Einfuhr *(f)*
granting of duty-free admission Gewährung der Zollbefreiung *(f)*
request duty-free admission Zollbefreiung beantragen (bei der Einfuhr) *(f)*, zollfreie Einfuhr beantragen *(f)*
temporary duty-free admission of sample Einfuhr von Mustern im Zollvormerkverkehr *(f)*
duty-free area Freihandelsgebiet *(n)*, zollfreie Zone *(f)*, zollfreies Gebiet *(n)*, Zollfreigebiet *(n)*, Zollfreizone *(f)*
duty-free cargo zollfreie Ladung *(f)*
duty-free concessions *(EU)* Steuerbefreiung *(f)*
duty-free contingent zollfreie Quote *(f)*, zollfreies Kontingent *(n)*
duty-free dock area Freihafengebiet *(n)*
duty-free export zollfreie Ausfuhr *(f)*, zollfreier Export *(m)*
duty-free export of goods zollfreier Warenexport *(m)*
duty-free exportation zollfreier Export *(m)*
duty-free goods zollfreie Waren *(pl)*
duty-free import zollfreie Einfuhr *(f)*, zollfreier Import *(m)*, abgabenfreie Einfuhr *(f)*

duty-free importation zollfreie Einfuhr *(f)*, zollfreier Import *(m)*, abgabenfreie Einfuhr *(f)*
duty-free quota zollfreie Quote *(f)*, zollfreies Kontingent *(n)*
duty-free return zollfreier Reimport *(m)*
duty-free sale zollfreier Verkauf *(m)*
duty-free shop Duty-Free-Shop *(m)*, zollfreies Geschäft *(n)*
duty-free store Zollfreilager *(n)*
duty-free trade Freihandel *(m)*, zollfreier Handel *(m)*
duty-free trade customs procedure Zollfreiheitsverfahren *(n)*
duty-free transit zollfreie Durchfuhr *(f)*, zollfreier Transit *(m)*
duty-free treatment Zollfreiheitsverfahren *(n)*
duty-free warehouse Freilager *(n)*, Zollfreilager *(n)*
duty-free zone Freihandelsgebiet *(n)*, Freihandelszone *(f)*, Zollausschlussgebiet *(n)*, zollfreie Zone *(f)*, zollfreies Gebiet *(n)*, Zollfreigebiet *(n)*, Zollfreizone *(f)*
* annual duty-free import quota jährliches zollfreies Kontingent *(n)*
conditional duty-free import bedingt zollfreie Einfuhr *(f)*
exceed the duty-free entitlements zugelassene Befreiungen übersteigen *(pl)*
excise duty-free warehouse Lager unter Verbrauchssteueraufschub *(n)*, Steuerlager *(n)*
grant duty-free entry *(customs)* Befreiung gewähren (bei der Einfuhr) *(f)*
temporary duty-free importation of goods vorübergehende zollfreie Wareneinfuhr *(f)*

duty-paid verzollt
duty-paid free house frei Haus - verzolt *(n)*
duty-paid price verzollter Preis *(m)*

duty-unpaid unversteuert, unverzollt

E

early frühzeitig
early payment Zahlung vor dem Fristablauf *(f)*
earmark kennzeichnen, markieren
earmark Merkmal *(n)*
earn gewinnen
earnest Vorschuss *(m)*
  earnest money Anzahlung *(f)*
earning Verdienst *(m)*
  earning factor Ertragskoeffizient *(m)*
  * **additional earnings** Zusatzverdienst *(m)*, Zuverdienst *(m)*
  export earnings Exporteinnahmen *(pl)*, Exporterlöse *(pl)*
  factor earnings Faktoreinkommen *(n)*
  fringe earnings Zusatzverdienst *(m)*, Zuverdienst *(m)*
  real earnings Realgehalt *(n)*, Reallohn *(m)*
ease erleichtern
  ease customs formalities Zollverfahren vereinfachen *(n)*
ecological ökologisch
  ecological safety Umweltverträglichkeit *(f)*
e-commerce E-Commerce *(m)*, Internethandel *(m)*
economic wirtschaftlich, Wirtschafts-
economic account Wirtschaftlichkeitsrechnung *(f)*
economic activity Geschäftstätigkeit *(f)*, wirtschaftliche Aktivität *(f)*, Wirtschaftsaktivität *(f)*, Wirtschaftstätigkeit *(f)*
  decline in the economic activity Konjunkturverfall *(m)*
  declining economic activity Konjunkturrückgang *(m)*
  external economic activity Außenwirtschaftsaktivität *(f)*
  setback in the economic activity Konjunkturverfall *(m)*
  slowing down of economic activities Konjunkturrückgang *(m)*
economic adviser Wirtschaftsberater *(m)*

economic agreement Wirtschaftsabkommen *(n)*, Wirtschaftsvereinbarung *(f)*, Wirtschaftsvertrag *(m)*
  foreign economic agreement außenwirtschaftlicher Vertrag *(m)*
economic analysis ökonomische Analyse *(f)*, Wirtschaftsanalyse *(f)*
economic arbitration wirtschaftliche Arbitrage *(f)*
economic area Wirtschaftsgebiet *(n)*, Wirtschaftsraum *(m)*, Wirtschaftszone *(f)*
  maritime economic area Seewirtschaftszone *(f)*
  special economic area Sonderwirtschaftsgebiet *(n)*
economic block Wirtschaftsblock *(m)*
economic blockade Wirtschaftsblockade *(f)*
economic calculation Wirtschaftlichkeitsrechnung *(f)*
economic climate wirtschaftliche Voraussetzungen *(pl)*
economic conditions wirtschaftliche Voraussetzungen *(pl)*
economic contract Wirtschaftsabkommen *(n)*, Wirtschaftsvereinbarung *(f)*, Wirtschaftsvertrag *(m)*
economic convention Wirtschaftsabkommen *(n)*, Wirtschaftsvereinbarung *(f)*
economic cooperation Wirtschaftszusammenarbeit *(f)*
economic crime Wirtschaftsvergehen *(n)*
economic crisis Wirtschaftskrise *(f)*
economic customs procedure Zollverfahren mit wirtschaftlicher Bedeutung *(n)*
economic cycle Konjunktur *(f)*, Krisenzyklus *(m)*, Wirtschaftszyklus *(m)*
  world economic cycle Weltkonjunktur *(f)*
  economic cycle stabilization Konjunkturstabilisierung *(f)*
economic decline Wirtschaftsrückgang *(m)*
economic duty Wirtschaftszoll *(m)*
economic efficiency Wirtschaftseffektivität *(f)*
economic embargo Wirtschaftsblockade *(f)*
economic entity Wirtschaftsbeteiligter *(m)*, Wirtschaftssubjekt *(n)*
economic expansion wirtschaftliche Ausbreitung *(f)*, Wirtschaftsexpansion *(f)*
economic factor wirtschaftlicher Faktor *(m)*
economic forecast wirtschaftliche Prognose *(f)*
economic freedom Wirtschaftsfreiheit *(f)*

economic growth Wirtschaftswachstum *(n)*
  rate of economic growth Wachstumsrate *(f)*, Wirtschaftswachstumsrate *(f)*
economic growth rate Wachstumsrate *(f)*, Wirtschaftswachstumsrate *(f)*
economic impact wirtschaftliche Bedeutung *(f)*
Committee for Customs Procedures with Economic Impact *(EU)* Ausschuss für Zollverfahren mit wirtschaftlicher Bedeutung *(m)*
  customs procedure with economic impact *(CCC)* Zollverfahren mit wirtschaftlicher Bedeutung *(n)*
economic independence Wirtschaftssouveränität *(f)*
economic integration ökonomische Integration *(f)*, wirtschaftliche Integration *(f)*, Wirtschaftsintegration *(f)*
economic interest wirtschaftliches Interesse *(n)*
economic intervention ökonomische Intervention *(f)*
economic law Wirtschaftsgesetz *(n)*
economic measures wirtschaftliche Regelungen *(pl)*
economic operator Wirtschaftsbeteiligter *(m)*, Wirtschaftssubjekt *(n)*
  boxes for economic operators Felder für Beteiligte *(pl)*
economic order quantity model Andler-Formel-Modell *(n)*
economic performance Geschäftstätigkeit *(f)*, wirtschaftliche Aktivität *(f)*, Wirtschaftsaktivität *(f)*, Wirtschaftstätigkeit *(f)*
economic plan Wirtschaftsplan *(m)*
economic preferences ökonomische Präferenzen *(pl)*
economic prospect wirtschaftliche Konjunktur *(f)*, Wirtschaftskonjunktur *(f)*
economic relations wirtschaftliche Beziehungen *(pl)*
  economic relations abroad Außenwirtschaftsbeziehungen *(pl)*
economic restrictions wirtschaftliche Beschränkungen *(pl)*
economic revival wirtschaftlicher Aufschwung *(m)*, Wirtschaftsbelebung *(f)*
economic risk wirtschaftliches Risiko *(n)*
economic safety ökonomische Sicherheit *(f)*
economic sanctions Wirtschaftssanktionen *(pl)*
economic security ökonomische Sicherheit *(f)*
economic set-back wirtschaftlicher Rückschlag *(m)*, Wirtschaftsrezession *(f)*

economic situation Geschäftslage *(f)*, Konjunktur *(f)*, wirtschaftliche Lage *(f)*, wirtschaftliche Situation *(f)*, Wirtschaftskonjunktur *(f)*, Wirtschaftslage *(f)*
  deterioration of the economic situation Konjunkturrückgang *(m)*
economic situation forecast Konjunkturprognose *(f)*
economic situation stabilization Konjunkturstabilisierung *(f)*
economic sovereignty Wirtschaftssouveränität *(f)*
economic stability Wirtschaftsstabilität *(f)*
economic stabilization ökonomische Stabilisierung *(f)*
economic statistics ökonomische Statistik *(f)*, Wirtschaftsstatistik *(f)*
economic structure Wirtschaftsstruktur *(f)*
economic system Wirtschaftssystem *(n)*
economic territory Wirtschaftsgebiet *(n)*
economic transaction Wirtschaftsgeschäft *(n)*
  external economic transaction Außenhandelsgeschäft *(n)*
economic union Wirtschaftsunion *(f)*
economic uplift Belebung der Wirtschaft *(f)*, Wirtschaftsaufschwung *(m)*
economic use Wirtschaftsausnutzung *(f)*
  period of economic use wirtschaftliche Lebensdauer *(f)*
economic war Wirtschaftskrieg *(m)*
economic zone Wirtschaftsraum *(m)*, Wirtschaftszone *(f)*
* **customs economic procedure** Zollverfahren mit wirtschaftlicher Bedeutung *(n)*
change in the economic trend Konjunkturänderung *(f)*
economical ökonomisch
economical boycott Wirtschaftsboykott *(m)*
economical law Wirtschaftsrecht *(n)*
economics Wirtschaft *(f)*
European integration economics Ökonomik der europäischen Integration *(f)*
foreign trade economics Ökonomik des Auslandshandels *(f)*
economy Wirtschaft *(f)*
economy class Touristenklasse *(f)*
* **branch of the economy** Wirtschaftsbranche *(f)*, Wirtschaftszweig *(m)*
chamber of economy Wirtschaftskammer *(f)*

closed economy geschlossene Wirtschaft *(f)*
declining tendencies in the economy Konjunkturrückgang *(m)*
free economy freie Marktwirtschaft *(f)*
free enterprise economy freie Marktwirtschaft *(f)*
global economy Weltwirtschaft *(f)*
internationalisation of economy Wirtschaftsinternationalisierung *(f)*
liberalization of economy Wirtschaftsliberalisierung *(f)*
line of economy Wirtschaftsbranche *(f)*, Wirtschaftszweig *(m)*
open economy offene Wirtschaft *(f)*
planned economy Planwirtschaft *(f)*
softening of economy wirtschaftlicher Rückschlag *(m)*, Wirtschaftsrezession *(f)*
storage economy Lagerhaltung *(f)*, Lagerwirtschaft *(f)*
world economy Weltwirtschaft *(f)*
  world economy crisis Weltwirtschaftskrise *(f)*
education Erziehung *(f)* **2.** Erziehungs-
educational duty Erziehungszoll *(m)*
effacement Einlösung *(f)*
effect erfüllen
effect the collection Inkasso besorgen *(n)*
effect the customs control measures Zollkontrolle durchführen *(f)*
effect a delivery Lieferung erfüllen *(f)*, Lieferung vollziehen *(f)*
effect an insurance Versicherung abschließen *(f)*
effect an order Auftrag ausführen *(m)*, Bestellung ausführen *(f)*
effect a payment Zahlung leisten *(f)*, einzahlen
effect a supply Lieferung durchführen *(f)*, Lieferung erfüllen *(f)*, Lieferung vollziehen *(f)*
effect Effekt *(m)*, Ergebnis *(n)*, Resultat *(n)*
currency effect Währungseffekt *(m)*
customs union effects Zollunionseffekte *(pl)*
demonstration effect Demonstrationseffekt *(m)*
financial effect Finanzeffekt *(m)*
imitation effect Nachahmungseffekt *(m)*
price effect Preiseffekt *(m)*
effecting ausrichtend
effecting delivery Lieferungsausführung *(f)*
effective effektiv, wirklich
effective customs rate Effektivzollsatz *(m)*
effective date Gültigkeitsdatum *(n)*, Gültigkeitsdauer *(f)*
effective demand tatsächliche Nachfrage *(f)*

effective exchange rate effektiver Währungskurs *(m)*
effective export effektiver Export *(m)*
effective price geltender Preis *(m)*, Realpreis *(m)*
effective terms Realbedingungen *(pl)*
effective transaction effektives Geschäft *(n)*
effectiveness Effektivität *(f)*, Effizienz *(f)*, Produktivität *(f)*
effectiveness of exports Exporteffektivität *(f)*
effectuate erfüllen
efficiency Effektivität *(f)*
efficiency of production Produktionsleistung *(f)*
* economic efficiency Wirtschaftseffektivität *(f)*
enhancement of efficiency Effizienzsteigerung *(f)*
foreign trade efficiency Außenhandelseffektivität *(f)*
efficient leistungsfähig
elastic elastisch, flexibel
elastic price elastischer Preis *(m)*, flexibler Preis *(m)*
elasticity Elastizität *(f)*
elasticity of demand Nachfrageelastizität *(f)*
elasticity of import Importelastizität *(f)*
* export elasticity Exportelastizität *(f)*
import elasticity Importelastizität *(f)*
income elasticity of foreign trade Einkommenselastizität des Außenhandels *(f)*
price elasticity Preiselastizität *(f)*
price demand elasticity Preiselastizität der Nachfrage *(f)*
electronic elektronisch
electronic archive of documents elektronischer Datenaustausch *(m)*
Electronic CIM Document Elektronischer CIM-Frachtbrief *(m)*
electronic data processing elektronische Datenverarbeitung *(f)*
electronic document elektronisches Dokument *(n)*
electronic form elektronische Form *(f)*
electronic funds transfer (EFT) elektronischer Zahlungsverkehr *(m)*
  electronic funds transfer system System des Elektronischen Zahlungsverkehrs *(n)*
electronic mail elektronische Post *(f)*, E-Mail *(f)*
electronic payment elektronische Zahlung *(f)*
electronic payment system elektronisches Zahlungssystem *(n)*

electronic registration elektronische Registrierung *(f)*
electronic reporting elektronische Berichterstattung *(f)*
electronic signature elektronische Unterschrift *(f)*
electronic storage of invoices elektronische Aufbewahrung der Rechnungen *(f)*
* goods manifest in electronic form Manifest der Luftverkehrsgesellschaft in elektronischer Form *(n)*

elevator Elevator *(m)*, Speicher *(m)*
floating elevator Schwimmelevator *(m)*
free alongside elevator frei Elevator *(m)*
grain elevator Elevator *(m)*, Getreidespeicher *(m)*, Silos *(m)*, Speicher *(m)*

eliminate abschaffen, liquidieren

elimination Beseitigung *(f)*

elsewhere anderswo

e-mail elektronische Post *(f)*, E-Mail *(f)*

emark Kennzeichen *(n)*

embarcation Stauen *(n)*

embargo Embargo legen *(n)*

embargo Embargo *(n)*, Sperre *(f)*
embargo list Embargoliste *(f)*
embargo on exports Ausfuhrsperre *(f)*, Ausfuhrverbot *(n)*, Exportverbot *(n)*
embargo on imports Einfuhrsperre *(f)*, Importsperre *(f)*, Importverbot *(n)*
embargo on trade Handelsblockade *(f)*
* absolute embargo absolutes Embargo *(n)*, absolutes Embargo *(n)*
air embargo Luftembargo *(n)*
economic embargo Wirtschaftsblockade *(f)*
exchange embargo Devisensperre *(f)*
export embargo Ausfuhrsperre *(f)*, Exportverbot *(n)*
implementation of embargo Embargoverhängung *(f)*
import embargo Einfuhrsperre *(f)*, Einfuhrverbot *(n)*, Importverbot *(n)*
impose an embargo Embargo auferlegen *(n)*, Embargo belegen *(n)*, Embargo verhängen *(n)*
imposition of an embargo Verhängung des Embargos *(f)*
lay an embargo Embargo legen *(n)*
lift off the embargo Embargo aufheben *(n)*
lifting of embargo Embargoabschaffung *(f)*

oil embargo Ölembargo *(n)*
place an embargo Embargo belegen *(n)*
port embargo Hafensperre *(f)*
put an embargo Embargo belegen *(n)*
trade embargo Handelsblockade *(f)*, Handelsembargo *(n)*, Handelssperre *(f)*
transit embargo Transitverbot *(n)*

embark Verfrachtung auf ein Schiff *(f)*

embarkation Verfrachtung auf ein Schiff *(f)*, Verladung auf ein Schiff *(f)* 2. Verschiffungs-
embarkation confirmation Verschiffungsbescheinigung *(f)*
embarkation notice Verschiffungsanzeige *(f)*
embarkation order Verschiffungsauftrag *(m)*, Verschiffungsorder *(f)*
embarkation port Verschiffungshafen *(m)*
embarkation quay Verladekai *(m)*
* port of embarkation Einschiffungshafen *(m)*, Verladehafen *(m)*, Verschiffungshafen *(m)*

embassy Botschaft *(f)*
counsellor of an embassy Botschaftsberater *(m)*

embezzlement Defraudation *(f)*, Unterschlagung *(f)*

emergency Notfall *(m)* 2. Not-
emergency conditions Notbedingungen *(pl)*
emergency measures Ausnahmemaßnahmen *(pl)*, Notmaßnahmen *(pl)*

emission Emission *(f)*

emit hinauslassen

empirical erfahrungsgemäß
empirical assessment Pauschalabschätzung *(f)*

employ ausnutzen

employment Beschäftigung *(f)* 2. Beschäftigungs-
employment act Beschäftigungsgesetz *(n)*
employment contract Arbeitskontrakt *(m)*, Einstellungsvertrag *(m)*
employment office Agentur für Arbeit *(f)*, Arbeitsvermittlung *(f)*
employment service Agentur für Arbeit *(f)*, Arbeitsvermittlung *(f)*
* conditions of employment Anstellungsbedingungen *(pl)*, Einstellungsbedingungen *(pl)*

contract of employment Anstellungsvertrag *(m)*
full employment bill Vollbeschäftigungsgesetz *(n)*
national employment agency Arbeitsamt *(n)*
empty leer
empty container leerer Container *(m)*
empty return shipment Leergutrücksendung *(f)*
empty weight Leergewicht *(n)*
* packings imported empty leer eingeführte Umschließungen *(pl)*
returned empty wiederverwendbare Verpackung *(f)*
weight empty Eigenlast *(f)*
empties Leergut *(n)*
empties to be returned Rückgabeverpakkung *(f)*
enact einsetzen
enact a quota Kontingent festsetzen *(n)*, kontingentieren
enacting verfügend
enacting clause Einleitung *(f)*
encash einkassieren, einziehen
encash a bill Wechsel einlösen *(m)*
encash a cheque Scheck einlösen *(m)*, Scheck einziehen *(m)*
encashment Einkassierung *(f)*, Einzeichnung *(f)*, Erhebung *(f)*
encashment of a cheque Einlösung von Schecks *(f)*, Einzug eines Schecks *(m)*, Scheckinkasso *(n)*
encashment with bank guarantee dokumentäres Inkasso mit Bankbürschaft *(n)*, Dokumenteninkasso mit Bankgarantie *(n)*
* acceptance encashment Akzeptinkasso *(n)*
bank encashment Bankeinziehung *(f)*
clean encashment offenes Inkasso *(n)*
direct encashment direktes Inkasso *(n)*, Direktinkasso *(n)*
documentary encashment dokumentäres Inkasso *(n)*
import encashment Importinkasso *(n)*
sight encashment Sichtinkasso *(n)*
enclose beifügen
enclose an invoice Rechnung beilegen *(f)*
enclose the documents Dokumente anschließen *(pl)*

enclosed anbei
enclosed copy Kopie anbei *(f)*
enclosed sea Binnenmeer *(n)*
enclosing Beilage *(f)*
enclosure Annex *(m)*
encouragement Förderung *(f)*
encouragement of export Exportstimulierung *(f)*
encouragement of investment Anlagenförderung *(f)*, Belebung der Investitionen *(f)*
encroachment Übertretung *(f)*
encumber belasten
encumber an estate with a mortgage mit einer Hypothek belasten *(f)*
end Ende *(n)*
end date Ablauffrist *(f)*, Ablauftermin *(m)*
end of the month Monatsende *(n)*
end of period of insurance Auslaufen der Versicherung *(n)*, nde der Versicherung *(n)*
end of period of coverage Auslaufen der Versicherung *(n)*, Ende der Versicherung *(n)*
end of the risk Ablauf einer Versicherung *(m)*, Verfall einer Versicherung *(m)*
end of season Saisonsende *(n)*
end of the tax period Ende des Steuerzeitraums *(n)*
end of the transit movement the goods Ende der Warenbeförderung im Versandverfahren *(n)*
end of year Jahresende *(n)*
end price endgültiger Preis *(m)*, Endpreis *(m)*, Schlusspreis *(m)*
* control of the end of the procedure Kontrolle des Verfahrensendens *(f)*
proof of the end of the procedure Nachweis über die Beendigung des Verfahrens *(m)*
ending Ende *(n)*, Schluss *(m)* **2.** Abschluss-
ending date Abschlussdatum *(n)*
ending of a contract Ablauf eines Kontraktes *(m)*, Erlöschen eines Kontraktes *(n)*
endorse bestätigen, genehmigen **2.** girieren, indossieren
endorse an alteration Änderung bestätigen *(f)*
endorse back of cheque Scheck indossieren *(m)*
endorse a bill Wechsel indossieren *(m)*
endorse a bill in blank Wechsel blanko indossieren *(m)*

endorse a bill of lading Konnossement indossieren *(n)*
endorse a bill to a person Wechsel voll indossieren *(m)*
endorse a cheque Scheck indossieren *(m)*
endorse a document Papier mit einem Sichtvermerk versehen *(n)*, Papier mit einem Stempel versehen *(n)*
endorse a draft Wechsel indossieren *(m)*
endorse in blank Blanko indossieren
endorse to a person voll indossieren
* **transfer by endorse** durch Indossament übertragen *(n)*

endorsed indossiert
endorsed bill indossierter Wechsel *(m)*
endorsed by the customs office vom Zollamt bestätigt *(n)*
endorsed in blank blanko indossiert

endorsee Girant *(m)*, Giratar *(m)*, Indossant *(m)*, Indossat *(m)*

endorsement Giro *(n)*, Indossament *(m)*, Indossieren *(n)*
endorsement for collection Inkassoindossament *(n)*
endorsement in blank Blankogiro *(n)*, Blankoindossament *(n)*
endorsement in full Namensindossament *(n)*, Vollgiro *(n)*, Vollindossament *(n)*
endorsement of bill of lading Indossierung des Konnossements *(f)*
endorsement of deposit receipt Indossierung des Lagerscheines *(f)*
endorsement on a bill of exchange Wechselgiro *(n)*, Wechselindossemment *(n)*
endorsement supra protest Indossament nach Protest *(n)*
endorsement without recourse Indossament ohne Obligo *(n)*, Indossament ohne Regress *(n)*
* **absolute endorsement** unbedingtes Indossament *(n)*, unbeschränktes Indossament *(n)*
accommodation endorsement Gefälligkeitsindossament *(n)*
bank endorsement Bankgiro *(n)*, Bankindossament *(n)*
bearer endorsement Inhaberindossament *(n)*
blank endorsement Blankogiro *(n)*, Blankoindossament *(n)*
cheque endorsement Scheckindossament *(n)*

conditional endorsement beschränkendes Indossament *(n)*, Rektaindossament *(n)*
date of endorsement Datum des Sichtvermerks *(n)*
draft endorsement Wechselgiro *(n)*, Wechselindossemment *(n)*
forged endorsement gefälschtes Indossament *(n)*
full endorsement Vollindossament *(n)*, vollständiges Indossament *(n)*
general endorsement offenes Giro *(n)*
guarantee an endorsement Indossament garantieren *(n)*
joint endorsement gemeinsames Indossament *(n)*
limited endorsement bedingtes Indossament *(n)*, beschränktes Indossament *(n)*
partial endorsement Teilindossament *(n)*
qualified endorsement Indossament ohne Obligo *(n)*, Indossament ohne Regress *(n)*
regular endorsement Namensindossament *(n)*, vollständiges Indossament *(n)*
restricted endorsement bedingtes Indossament *(n)*, beschränktes Indossament *(n)*
restrictive endorsement einschränkendes Indossament *(n)*, fiduziarisches Indossament *(n)*, Indossament mit Ausschluss der Haftung *(n)*, Prokuraindossament *(n)*, Rektaindossament *(n)*
return endorsement Rückindossament *(n)*
special endorsement Rektaindossament *(n)*, Vollgiro *(n)*, Vollindossament *(n)*
transfer by endorsement durch Giro übertragen *(n)*, Übertragung durch Indossament *(f)*
transfer of rights by endorsement Übertragung von Rechten durch Indossament *(f)*
unconditional endorsement unbedingtes Indossament *(n)*, unbeschränktes Indossament *(n)*

endorser Girant *(m)*, Indossant *(m)*
subsequent endorser nachfolgender Indossant *(m)*

endowment Ausstattung *(f)* **2.** Dotierung *(f)*, Schenkung *(f)*

energy Energie *(f)*
energy imports Import von Energierohstoffen *(m)*

enforce eintreiben, vollstrecken
enforce a law Gesetz anwenden *(n)*
enforce payment Forderungen einziehen *(pl)*

enforcement Exekution *(f)*, Inkrafttreten *(n)*, Zwang *(m)*
enforcement of debts Schuldbeitreibung *(f)*
enforcement of decision Entscheidungsrealisierung *(f)*
enforcement of the taxes Steuerbeitreibung *(f)*, Steuererhebung *(f)*
* enforcement of decision
stay of enforcement of decision Aussetzung einer Entscheidung *(f)*
suspension of enforcement of the decision Aussetzung einer Entscheidung *(f)*

engage bestellen, reservieren
engage in the trade Handel führen *(m)*, Handel treiben *(m)*

engagement Buchung *(f)*, Reservierung *(f)* **2.** verbindlich
engagement offer verbindliche Offerte *(f)*, verbindliches Angebot *(n)*
* offer without engagement freibleibendes Angebot *(n)*, unverbindliches Angebot *(n)*
price without engagement unverbindlicher Preis *(m)*

engineer Ingenieur *(m)*
consultary engineer beratender Ingenieur *(m)*, technischer Berater *(m)*
consulting engineer Fachberater *(m)*
quality assurance engineer Quality-Assurance-Ingenieur *(m)*
railway engineer Bahningenieur *(m)*
superintendent engineer Hafeningenieur *(m)*

engineering Technik *(f)* **2.** technisch
engineering department technische Abteilung *(f)*
engineering specification technische Forderungen *(pl)*
engineering supervision technische Prüfung *(f)*, technische Überwachung *(f)*

English Englisch *(n)* **2.** englisch
English auction britische Auktion *(f)*

enhance erhöhen, heraufsetzen, steigern
enhancement Erhöhung *(f)*, Steigerung *(f)*
enhancement of efficiency Effizienzsteigerung *(f)*

enjoyment Gebrauch *(m)*

enlarge aufschieben, erweitern
enlarge a payment Zahlungsfrist verlängern *(f)*, Zahlungstermin stunden *(m)*

enlargement Aufschub *(m)*, Erneuerung *(f)*
enquiry Anfrage *(f)* **2.** *(in purchasing)* Untersuchung *(f)*
enrolment Schiffsregisterbrief *(m)*, Schiffszertifikat *(n)*
enquiry Anzeige *(f)*
enquiry notice Suchanzeige *(f)*
reaction of the country of destination to the enquiry notice Reaktion des Bestimmungslandes auf die Suchanzeige *(f)*
reaction to the country of transit to the enquiry notice Reaktion des Durchgangslandes auf die Suchanzeige *(f)*
* administrative enquiry von der Behörde eingeleitete Ermittlung *(f)*

ensemble Gruppe *(f)*
ensign Flagge *(f)*
national ensign Nationalflagge *(f)*
ensure sicherstellen, zusichern
ensure identification of goods by sealing Nämlichkeit der Waren durch Verschluss sichern *(f)*

enter angeben **2.** Deklaration abgeben *(f)* **3.** deklarieren, Verzollung angeben *(f)*
enter (goods) for inward processing Waren zur aktive Veredelung anmelden *(pl)*
enter a protest Protest erheben *(m)*
enter goods for a customs procedure Waren in das Zolllagerverfahren angeben *(pl)*
enter goods for customs purposes Waren zu einem Zollverfahren anmelden *(pl)*
enter goods for temporary importation Ware zur vorübergehenden Verwendung anmelden *(f)*
enter into a contract Vereinbarung treffen *(f)*, Vertrag zustande bringen *(m)*
enter into guarantee Sicherheit stellen *(f)*
enter into home use in den freien Verkehr übergehen *(m)*

entered angegeben
enterpreneur Geschäftsmann *(m)*, Unternehmer *(m)*

enterprise Unternehmen *(n)*
enterprise engaged in inland waterways transport (DTC) Unternehmen der Binnenschifffahrt *(n)*

enterprise operating ships Reederei *(f)*, Unternehmen der Seeschifffahrt *(n)*
* address of an enterprise Geschäftssitz *(m)*
affiliated enterprise assoziiertes Unternehmen *(n)*, verbundene Gesellschaft *(f)*
business enterprise Gesellschaft des Handelsrechts *(f)*, Handelsunternehmen *(n)*
closing of an enterprise Schließung des Betriebs *(f)*
construction enterprise Bauunternehmen *(n)*, Bauunternehmung *(f)*
create an enterprise Gesellschaft errichten *(f)*
dominant enterprise Kontrollgesellschaft *(f)*, vorherrschende Firma *(f)*
export enterprise Exporthaus *(n)*
foreign trade enterprise Außenhandelsbetrieb *(m)*, Außenhandelsunternehmen *(n)*
free enterprise Unternehmerfreiheit *(f)*
freedom of enterprise Wirtschaftsfreiheit *(f)*
government enterprise öffentliches Unternehmen *(n)*
independent enterprise unabhängiges Unternehmen *(n)*
internationalisation of enterprise Unternehmensinternationalisierung *(f)*
joint enterprise gemeinsames Unternehmen *(n)*, Gemeinschaftsunternehmen *(n)*, Joint Venture *(n)*
multinational enterprise (MNE) multinationales Unternehmen *(n)*, transnationales Unternehmen *(n)*
part owner of enterprise Unternehmensmitinhaber *(m)*
private enterprise privates Unternehmen *(n)*, Privatunternehmen *(n)*
state-owned enterprise öffentliches Unternehmen *(n)*
transport enterprise Transportunternehmen *(n)*
air transport enterprise Luftverkehrsgesellschaft *(f)*
inland waterways transport enterprise Binnenschifffahrtsunternehmen *(n)*
type of enterprise Betriebstyp *(m)*
entertainment Unterhaltung *(f)*
entertainment costs Repräsentationsausgaben *(pl)*
entire vollständig
entire cargo Gesamtladung *(f)*, Komplettladung *(f)*
entity Subjekt *(n)*
budgetary entity Haushaltsanstalt *(f)*

economic entity Wirtschaftsbeteiligter *(m)*, Wirtschaftssubjekt *(n)*
legal entity juristische Person *(f)*, Körperschaft *(f)*, Rechtsperson *(f)*
legal entity name juristische Bezeichnung der Firma *(f)*
tax entity Steuerobjekt *(n)*
entrance Eintritt *(m)* **2.** Eingangs-
entrance duty Eingangsabgabe *(f)*, Eingangszoll *(m)*
entrance fee Beitrittsgebühr *(f)*, Eintrittsgeld *(n)*
entrance rate Anfangssatz *(m)*
entrepôt Lagerhalle *(f)*, Warenlager *(n)*
entrepôt port Hafenmarkt *(m)*
entrepot through agents Handel mittels Agenten *(m)*
entrepôt trade Wiederausfuhr *(f)*
entry Aufgang *(m)* **2.** Einschreiben *(n)*, Einschreibung *(f)* **3.** Anmeldung *(f)*, Zollanmeldung *(f)*, Zollinhaltserklärung *(f)* **4.** Überführung *(f)*
entry by bill of sight provisorische Zollerklärung *(f)*
entry for free goods Deklaration der unverzollbaren Güter *(f)*
entry in the records Anschreibung in der Buchführung *(f)*
entry in the trade register Eintragung in das Handelsregister *(f)*
entry into a contract Vertragsabschluss *(m)*
date of entry into a contract Datum des Vertragsabschlusses *(n)*
date of entry into a contract Vertragsabschlussdatum *(n)*
entry into a free zone Verbringung in eine Freizone *(f)*
entry into bonded warehouse Überführung der Waren in ein Zolllager *(f)*
entry into free zone Überführung der Waren in eine Freizone *(f)*
entry inwards Einfuhrdeklaration *(f)*, Einfuhrmeldung *(f)*
entry number Deklarationsnummer *(f)*
entry of data Dateneingabe *(f)*
entry of goods Eingang der Waren *(m)*
entry operations *(customs)* Eingangsförmlichkeiten *(pl)*
entry outwards Ausfuhrmeldung *(f)*, Exportdeklaration *(f)*

entry permit Einfuhrbewilligung *(f)*, Einfuhr-genehmigung *(f)*, Einreisegenehmigung *(f)*, Ent-lauferlaubnis *(f)*, Importlizenz *(f)*
entry point Ort des Verbringens *(m)*
entry sheet *(CMC)* Eingangsabschnitt *(m)*
entry visa Einreisevisum *(n)*
* **airport of entry** Zollflughafen *(m)*
baggage entry Gepäckdeklaration *(f)*, Ge-päckzollerklärung *(f)*, Zollinhaltserklärung *(f)*
barrier to entry Eintrittsbarriere *(f)*
bill of entry Einfuhrdeklaration *(f)*, Einfuhr-erklärung *(f)*, Zolldeklaration *(f)*
correct an entry *(customs)* Anmeldung be-richtigen *(f)*
country of entry Eingangsland *(n)*
customs entry Zollanmeldung *(f)*, Zollein-fuhrschein *(m)*
date of acceptance of entry Datum der Zollangabe *(n)*, Tag der Annahme der Zoll-anmeldung *(m)*
declaration for entry of goods for home use Anmeldung von Waren zum freien Verkehr *(f)*
duty entry Zollerklärung *(f)*
examination of the entry Prüfung der An-meldung *(f)*, Überprüfung der Zollanmeldung *(f)*
free entry zollfreie Einfuhr *(f)*
free entry list Einfuhrfreiliste *(f)*
grant duty-free entry *(customs)* Befreiung gewähren *(bei der Einfuhr)* *(f)*
imperfect entry vorläufige Zolldeklaration *(f)*
import entry Einfuhrdeklaration *(f)*, Ein-gangsdeklaration *(f)*
importation entry Einfuhrdeklaration *(f)*, Einfuhrmeldung *(f)*
luggage entry Gepäckdeklaration *(f)*
mail entry Postzolldeklaration *(f)*
perfect entry vollständige Zollerklärung *(f)*
place of entry Eingangsort *(m)*, **2.** Grenz-übergang *(m)*
point of entry Eingangszollstelle *(f)*
port entry Hafeneinfahrt *(f)*
port of entry Abfertigungshafen *(m)*, Einfuhr-hafen *(m)*, Eingangshafen *(m)*
preliminary entry provisorische Zolldekla-ration *(f)*, vorläufige Anmeldung *(f)*
supplementary entry *(customs)* ergänzende Anmeldung *(f)*
transhipment entry Umschlagdeklaration *(f)*
transit entry Durchfuhrdeklaration *(f)*, Tran-siterklärung *(f)*, Versandanmeldung *(f)*

enumerate aufzählen, detaillieren, spezifizieren
enumeration Enumeration *(f)*, Spezifi-zierung *(f)*
environment Umwelt *(f)* **2.** Umwelt-
environment impact analysis Umweltver-träglichkeitsprüfung (UVP) *(f)*
* **competitive environment** Marktbedin-gungen *(pl)*
market environment Marktbedingungen *(pl)*
environmental Umwelt-
environmental analysis Umweltverträglich-keitsprüfung (UVP) *(f)*
equal geeignet
equal to sample laut Muster *(n)*
equalising ausgleichend
equalising duty Gleichstellung *(f)*
equality Gleichung *(f)*
equality before the law Rechtsgleichheit *(f)*
equality of treatment Gleichbehandlung *(f)*
equalization Angleichung *(f)*, Ausgleich *(m)*, Normierung *(f)*
equalization charge Gleichstellung *(f)*
equalize angleichen
equation Kompensation *(f)*, Gleichung *(f)*
equation of prices levels Preisangleichung *(f)*
equilibrium Balance *(f)*
equilibrium conditions Gleichgewichtsbe-dingungen *(pl)*
equilibrium of supply and demand Gleich-gewicht von Angebot und Nachfrage *(n)*
* **balance of payments equilibrium** Zah-lungsbilanzgleichgewicht *(n)*
market equilibrium Marktgleichgewicht *(n)*
payment equilibrium Zahlungsgleichge-wicht *(n)*
supply-and-demand equilibrium Gleichge-wicht von Angebot und Nachfrage *(n)*
world trade equilibrium Außenhandels-gleichgewicht *(n)*
equipment Ausrüstung *(f)*, Fahrpark *(m)*, Zubehör *(n)*
cargo handling equipment Umschlagtech-nik *(f)*
exhibition equipment Ausstellungsausrü-stung *(f)*

port equipment Hafenausrüstung *(f)*
sale of equipment Verkauf der Einrichtung *(m)*
technical equipment technische Einrichtungen *(pl)*

equivalent Äquivalent *(n)*
equivalent article Gegenstand *(m)*
equivalent compensation gleichwertiger Ausgleich *(m)*
equivalent exchange Äquivalentenaustausch *(m)*
equivalent goods Ersatzwaren *(pl)*
compensating products to be obtained from equivalent goods aus Ersatzwaren hergestellte Veredelungserzeugnisse *(pl)*
equivalent in kind Äquivalent in Natura *(n)*
equivalent in money Geldäquivalent *(n)*
equivalent unit äquivalente Einheit *(f)*
forty foot equivalent unit 40-Fuß-Containereinheit *(f)*, Bearbeitungseinheit *(in der Logistik)* *(f)*
twenty-foot equivalent unit *(containers)* Standardcontainer *(m)*, 20-Fuß-Containereinheit *(f)*
equivalent value Gegenwert *(m)*
equivalent value in national currency in nationaler Währung ausgedrückter Gegenwert *(m)*
* currency equivalent Valutagegenwert *(m)*

error Fehler *(m)*, Fehltritt *(m)*, Irrtum *(m)*, Versehen *(n)*
error in calculation Rechenfehler *(m)*
error in navigation nautischer Fehler *(m)*, Navigationsfehler *(m)*
error of calculation Rechnungsfehler *(m)*
errors and omissions excepted Irrtum und Auslassungen vorbehalten *(m/pl)*, Irrtümer und Auslassungen vorbehalten *(pl/pl)*
errors clause Irrtumsklausel *(f)*
errors excepted Irrtum vorbehalten *(m)*
* account error Rechnungsfehler *(m)*
admissible error zulässiger Fehler *(m)*
book-keeping error Buchungsfehler *(m)*
correction of errors Fehlerberichtigung *(f)*, Fehlerkorrektur *(f)*
forwarding error Speditionsfehler *(m)*
invoice error Rechnungsfehler *(m)*
limit of error Fehlergrenze *(f)*
navigation error nautischer Fehler *(m)*, Navigationsfehler *(m)*

escalation Eskalation *(f)*
escape clause Ausweichklausel *(f)*, Katastrophenklausel *(f)*, Kündigungsklausel *(f)*, Rücktrittsklausel *(f)*, Verzichtsklausel *(f)*
* duty escalation Zollanstieg *(m)*
tariff escalation Tariferhöhung *(f)*, Tarifsteigerung *(f)*

escort Geleiten *(n)*
escort of means of transport Geleiten von Transportmittel *(n)*

escrow Verwahrung *(f)*

essential erheblich
essential interests of Community producers wesentliche Interessen von Gemeinschaftherstellern *(pl)*
* customs escort Zollkonvoi *(m)*, Zollschutzbegleitung *(f)*

establish einrichten, festlegen, festsetzen, gründen
establish the ceilings Plafond festsetzen *(m)*
establish the Community status of goods *(EU)* Gemeinschaftscharakter der Waren nachweisen *(m)*
establish a credit Kredit eröffnen *(m)*
establish a fact Tatsache feststellen *(f)*
establish a firm Geschäft eröffnen *(n)*
establish a letter of credit Akkreditiv ausstellen *(n)*, Akkreditiv stellen *(n)*
establish a list Liste vorbereiten *(f)*
establish a quota Kontingent festsetzen *(n)*
establish a rate Rate festsetzen *(f)*
establish a tariff ceiling Tarifplafond festlegen *(m)*
establish a tariff quota Tarifkontingent festlegen *(n)*

established festgestellt
established period fixer Termin *(m)*

establishment Festlegung *(f)*
establishment of country of origin Festlegung des Ursprungslandes *(f)*
establishment of a customs union Bildung der Zollunion *(f)*
* place of establishment Geschäftssitz *(m)*
wholesale establishment Großgeschäft *(n)*, Großhandelsstelle *(f)*, Großhandlung *(f)*

estate Vermögen *(n)*, Vermögenswerte *(pl)*
encumber an estate with a mortgage mit einer Hypothek belasten *(f)*
mortgage of real estate Hypothek *(f)*

real estate agent Immobilienhändler *(m)*
real estate loan Hypothekendarlehen *(n)*, Hypothekenkredit *(m)*
estimate schätzen

estimate Abrechnung *(f)*, Einschätzung *(f)*
estimate calculation Überschlagsrechnung *(f)*
estimate cost Voranschlagswert *(m)*
* annual estimate Jahresvoranschlag *(m)*
draw up an estimate Kostenanschlag aufstellen *(m)*
preliminary estimate Vorschlag *(m)*
price estimate Kalkulation der Preise *(f)*, Preisbildung *(f)*
preliminary estimates Kostenvoranschlag *(m)*

estimated geschätzt, Schätz- **2.** voraussichtlich
estimated amount geschätzte Summe *(f)*, geschätzter Betrag *(m)*
estimated data geschätzte Angaben *(pl)*
estimated quantity geschätzte Menge *(f)*
estimated tare geschätzte Tara *(f)*, Schätzungstara *(f)*
estimated time of arrival voraussichtliche Ankunftszeit *(f)*, voraussichtlicher Ankunftstermin *(m)*
estimated time of departure voraussichtliche Abfahrtszeit *(f)*, voraussichtlicher Abfahrtstermin *(m)*
estimated time of sailing voraussichtliche Abfahrtszeit *(f)*
estimated weight geschätztes Gewicht *(n)*

estimates Vorschlag *(m)*
estimates of costs Kostenvorschlag *(m)*
estimates of expenditure Ausgabenplan *(m)*, Kostenvoranschlag *(m)*
estimates of expenses Ausgabenplan *(m)*, Kostenvorschlag *(m)*

estimation Abschätzung *(f)*, Veranschlagung *(f)*
estimation of cost Erstkalkulation *(f)*, Vorberechnung *(f)*, Vorkalkulation *(f)*
estimation of damage Abschätzung des Schadens *(f)*, Schadensbewertung *(f)*
estimation of duty Zollberechnung *(f)*

estuary Mündung *(f)*
estuary port Flusshafen *(m)*
estuary tug Binnenschlepper *(m)*, Flussschlepper *(m)*

euro Euro *(m)*
eurocontainer Eurocontainer *(m)*
eurocredit Euro-Devisenkredit *(m)*, Eurokredit *(m)*, Eurowährungskredit *(m)*
euro-currency Euro-Währung *(f)*
euro-currency loan Euro-Devisenkredit *(m)*, Eurokredit *(m)*, Eurowährungskredit *(m)*
euronorm Europäische Norm *(f)*
europallet Europalette *(f)*
European europäisch
European Agreement concerning the International Carriage of Dangerous Goods by Road Europäisches Übereinkommen über die internationale Beförderung gefährlicher Güter auf der Straße *(n)*
European Community Europäische Gemeinschaft *(f)*
Council of the European Communities Rat der Europaischen Gemeinschaften *(m)*
Commission of the European Communities Kommission der Europäischen Gemeinschaften *(f)*
Customs Tariff of the European Communities Zolltarif der Europäischen Gemeinschaften *(m)*
European integration economics Ökonomik der europäischen Integration *(f)*
European Union Europäische Union *(f)*
* Central European Free Trade Agreement Mitteleuropäisches Freihandelsabkommen *(n)*
Central European Time mitteleuropäische Zeit *(f)*

evade beugen
evade the law Recht beugen *(n)*
evaluate abschätzen, beurteilen
evaluate an offer Angebot prüfen *(n)*
evaluate a proposal Vorschlag beurteilen *(m)*
evaluation Abschätzung *(f)*, Beurteilung *(f)*, Bewertung *(f)*, Schätzung *(f)* **2.** Wertung *(f)*
evaluation of proposal Beurteilung des Vorschlags *(f)*
evaporation Decalo *(n)*, Massenverlust *(m)*
evaporation risk Verdampfungsrisiko *(n)*
evasion Hinterziehung *(f)*
evasion of customs duties Zollhinterziehung *(f)*

* **fiscal evasion** Steuerhinterziehung *(f)*
insurance evasions Versicherungsschwindel *(m)*
tax evasion Steuerhinterziehung *(f)*, Steuervergehen *(n)*, Steuervermeidung *(f)*
even gleichmäßig
 even quality gleichmäßige Qualität *(f)*
event Ausverkauf zu herabgesetzten Preisen *(m)*, Veranstaltung *(f)*
 commercial event Kommerzveranstaltung *(f)*
evergreen immergrün
 evergreen credit revolvierender Kredit *(m)*
evidence nachweisen
evidence Beweis *(m)*, Nachweis *(m)*
 evidence of conformity Nachweis der Übereinstimmung *(m)*
 evidence of importation Einfuhrnachweis *(m)*
 * **additional evidence** zusätzlicher Beweis *(m)*, Zusatznachweis *(m)*
 dispute evidence Beweise beanstanden *(pl)*
 expert evidence Sachverständigengutachten *(n)*, Sachverständigenurteil *(n)*
 supply documentary evidence nachweisen
ex ab
 ex bonded warehouse ab Zolllager *(n)*
 ex domicile ab Haus *(n)*, ab Wohnsitz *(m)*
 ex factory ab Werk *(n)*
  ex-factory price ab-Werk-Preis *(m)*
 ex godown ab Lager *(n)*, ab Magazin *(n)*
 ex interest debt unverzinsliche Schuld *(f)*
 ex lighter ab Barke *(f)*, ab Leichter *(m)*
 ex mill ab Werk *(n)*, frei ab Werk *(n)*
 ex mine ab Bergwerk *(n)*
 ex pier ab Kai *(m)*, frei Quai *(m)*
 ex plantation ab Plantage *(f)*, frei ab Pflanzung *(f)*
 ex quay ab Kai *(m)*, frei Quai *(m)*
  ex quay (duty paid) ... /named port of destination/ Frei Kai, verzollt ... /benannter Hafen/
  ex quay (duty paid) price Preis ab Kai *(m)*, Preis geliefert ab Kai - verzollt *(m)*
 ex residence ab Haus *(n)*, ab Wohnsitz *(m)*
 ex ship ab Schiff *(n)*, frei an Bord *(m)*
 ex steamer frei ab Schiff *(n)*, frei Schiff *(n)*
 ex store ab Lager *(n)*, frei ab Haus *(n)*
 ex vessel ab Schiff *(n)*
 ex warehouse ab Lager *(n)*, ab Lager *(n)*, ab Magazin *(n)*, frei ab Haus *(n)*
  ex warehouse purchase Lagerkauf *(m)*

ex works ... /insert named place of delivery/ Ab Werk ... /benannter Lieferort/, EXW ... /insert named place of delivery/
exact eintreiben, fordern, vollstrecken
 exact a duty Zoll einziehen *(m)*, Zoll erheben *(m)*
 exact payment Zahlung beitreiben *(f)*
 exact genau
 exact description of goods genaue Warenbeschreibung *(f)*
exaction Eintreibung *(f)*
 exaction of dues Erhebung von Gebühren *(f)*
 exaction of duties Zolleintreibung *(f)*, Zollerhebung *(f)*
examination prüfen
examination Prüfung *(f)*, Überprüfung *(f)*
 examination of books Prüfung der Bücher *(f)*
 examination of the container Beschau des Behälters *(f)*
 examination of a customs declaration Prüfung der Zollanmeldung *(f)*
 examination of documents Prüfung der Dokumente *(f)*, Prüfung der Unterlagen *(f)*
 examination of the entry Prüfung der Anmeldung *(f)*, Überprüfung der Zollanmeldung *(f)*
 examination of goods Beschau der Waren *(f)*
  customs examination of goods zollamtliche Beschau der Waren *(f)*
  detailed examination of goods eingehende Beschau der Waren *(f)*
  summary examination of goods *(customs)* summarische Beschau *(f)*
 examination of luggage Gepäckzollkontrolle *(f)*
 examination of passports Passkontrolle *(f)*
 examination of a patent application Patentprüfung *(f)*
 examination of registered baggage Abfertigung des aufgegebenen Gepäcks *(f)*, Kontrolle des aufgegebenen Gepäcks *(f)*
 examination report Kontrollbericht *(m)*
 * **bank expert examination** Bankexpertise *(f)*
 cleared without examination zollabgefertigt ohne Untersuchung *(f)*, zollamtliche Abfertigung ohne Überprüfung *(f)*
 custom-house examination zollamtliche Prüfung *(f)*
 customs examination Aufsicht der Zollbehörde *(f)*, Zollabfertigung *(f)*, Zollkontrolle *(f)*, Zollrevision *(f)*, Zolluntersuchung *(f)*

additional customs examination zusätzliche Zollrevision *(f)*
carry out an customs examination Zollkontrolle durchführen *(f)*
handling under customs examination Transshipment unter Zollkontrolle *(n)*, Umladung unter Zollkontrolle *(f)*
customs examination while the train is in motion Zollabfertigung im fahrenden Zuge *(f)*
customs examination list Zollbefund *(m)*
luggage examination Gepäckzollkontrolle *(f)*
preparation for examination Vorbereitung für Abnahme *(f)*, Vorbereitung für Empfang *(f)*
random examination Stichprobenprüfung *(f)*, stichprobenweise Kontrolle *(f)*
ready for examination abnahmebereit, empfangsbereit
release without examination lohnlose Entlassung *(f)*
result of examination Ergebnis der Nachprüfung *(n)*, Ergebnis der Prüfung *(n)*
examine nachprüfen, prüfen
examine an invoice Rechnung prüfen *(f)*
examine documents Dokumente prüfen *(pl)*
examine the goods Waren überprüfen *(pl)*, Warennachprüfung vornehmen *(f)*
examine the vehicle Fahrzeug überprüfen *(n)*
examiner Beschauer *(m)*, Prüfer *(m)*, Revident *(m)*, Überwacher *(m)*
customs examiner Zollbeamte *(m)*, Zollrevisor *(m)*
example Muster *(n)*
example of the invention Erfindungsmuster *(n)*
exceed überschreiten
exceed the ceiling Höchstgrenze überschreiten *(f)*
exceed a deadline Frist überschreiten *(f)*, Termin überschreiten *(m)*
exceed the duty-free entitlements zugelassene Befreiungen übersteigen *(pl)*
exceed one's authority Kompetenzen überschreiten *(pl)*, Vollmacht überschreiten *(f)*
exceed the quota Kontingent überziehen *(n)*
exceed a term Frist überschreiten *(f)*, Termin überschreiten *(m)*
exceed a time Frist überschreiten *(f)*, Termin überschreiten *(m)*

exceeding Überschreitung *(f)*
exceeding the budget Budgetüberschreitung *(f)*
exceeding the date of payment Überschreitung der Zahlungsfrist *(f)*, Überschreitung des Zahlungstermins *(f)*
exceeding the term of delivery Lieferfristüberschreitung *(f)*, Überschreitung des Liefertermins *(f)*
exceeding the time limit Fristüberschreitung *(f)*, Terminüberschreitung *(f)*
exceeding the time of payment Überschreitung der Zahlungsfrist *(f)*, Überschreitung des Zahlungstermins *(f)*
excellence hohe Qualität *(f)*
excellent ausgezeichnet
excellent quality ausgezeichnete Qualität *(f)*, einwandfreie Qualität *(f)*
excepted exklusive
excepted time of sailing voraussichtliche Abfahrtszeit *(f)*
* **errors excepted** Irrtum vorbehalten *(m)*
exception Ausschluss *(m)*
exception from liability Befreiung von der Haftung *(f)*, Haftungsausschluss *(m)*
exceptional außergewöhnlich
exceptional measures Ausnahmemaßnahmen *(pl)*, Notmaßnahmen *(pl)*
exceptional tariff Sondertarif *(m)*, Spezialtarif *(m)*
excess Überhang *(m)*, Übermaß *(n)*, Überschreitung *(f)*
excess baggage Übergepäck *(n)*
excess budget Budgetüberschreitung *(f)*
excess of demand Übernachfrage *(f)*
excess-of-loss insurance Decortfranchise *(f)*, erste Franchise *(f)*
excess of importation Einfuhrüberschuss *(m)*, Importüberschuss *(m)*
excess of imports Einfuhrüberschuss *(m)*, Importüberschuss *(m)*
excess of power Vollmachtsüberschreitung *(f)*
excess of supply Angebotsüberhang *(m)*, Überangebot *(n)*
excess payment Überzahlung *(f)*
excess tare Übertara *(f)*
excessive übermäßig
excessive load Überbelastung *(f)*
exchange austauschen

exchange Tausch *(m)*, Umtausch *(m)*, Wechsel *(m)* **2.** Börse *(f)*

exchange ability Konvertibilität *(f)*, Konvertierbarkeit *(f)*

exchange allotment Devisenzuteilung *(f)*

exchange allowance Devisenzuteilung *(f)*, Zuteilung von Devisen *(f)*

exchange arbitration Devisenarbitrage *(f)*, Währungsarbitrage *(f)*

exchange area Devisengebiet *(n)*, Devisenraum *(m)*

exchange arrangements internationaler Zahlungsverkehr *(m)*, Zahlungsverkehr mit dem Ausland *(m)*

exchange authorization Devisengenehmigung *(f)*

exchange broker Börsenagent *(m)*, Kursmakler *(m)*

exchange bulletin Börsenblatt *(n)*

exchange business Börsengeschäft *(n)*, Börsentransaktion *(f)*, Handel an der Börse *(m)*

exchange clause Devisenklausel *(f)*, Valutaklausel *(f)*

exchange clearing Devisenclearing *(n)*

exchange control Devisenbewirtschaftung *(f)*, Devisenkontrolle *(f)*

exchange custom Börsenusance *(f)*

exchange day Börsentag *(m)*

exchange embargo Devisensperre *(f)*

exchange fluctuations Kursabweichung *(f)*, Kursschwankungen *(pl)*

exchange fraud Devisenvergehen *(n)*

exchange goods Börsenwaren *(pl)*

exchange guarantee Währungsgarantie *(f)*

exchange hours Börsenstunden *(pl)*, Börsenzeit *(f)*

exchange listing Börsenotierung *(f)*, Kursnotierung *(f)*

exchange loss Disagio *(n)*, Kursverlust *(m)*

exchange management Devisenbewirtschaftung *(f)*, Währungskontrolle *(f)*

exchange market Börsenmarkt *(m)*, Devisenmarkt *(m)*

exchange of goods Handelsaustausch *(m)*, Warenaustausch *(m)*

exchange of information Auskunftsaustausch *(m)*

  automatic exchange of information automatischer Auskunftsaustausch *(m)*

exchange of money Geldwechsel *(m)*

exchange of services Dienstverkehr *(m)*

exchange office Kontor *(n)*, Wechselstube *(f)*

exchange operation Börsengeschäft *(n)*, Devisengeschäft *(n)*, Devisentransaktion *(f)*

exchange order Börsenauftrag *(m)*

exchange pallet zurückgetauschte Palette *(f)*

exchange payment Zahlung in Währung *(f)*

exchange permit Devisengenehmigung *(f)*

exchange policy Währungspolitik *(f)*

exchange price Börsenkurs *(m)*, Börsenpreis *(m)*

exchange profit Kursgewinn *(m)*

exchange rate Devisenkurs *(m)*, Umrechnungskurs *(m)*, Wechselkurs *(m)*

  average exchange rate Durchschnittswechselkurs *(m)*

  binding exchange rate verbindlicher Wechselkurs *(m)*

  black market exchange rate Schwarzmarktkurs *(m)*

  change in the exchange rate Kursänderung *(f)*

  currency exchange rate Währungskurs *(m)*

  effective exchange rate effektiver Währungskurs *(m)*

  fixed exchange rate Zentralkurs *(m)*

  flexible exchange rate flexibeler Wechselkurs *(m)*, flexibler Wechselkurs *(m)* **2.** flexibler Kurs *(m)*, floatender Kurs *(m)*

  fluctuating exchange rate floatender Wechselkurs *(m)*

  foreign exchange rate adjustment Valutakursregulierung *(f)*

  foreign exchange rate fluctuation Währungsschwankungen *(pl)*

  free exchange rate flexibeler Wechselkurs *(m)*

  free market exchange rate Freiverkehrskurs *(m)*

  official exchange rate offizieller Wechselkurs *(m)*

  quotation of exchange rates Devisenkursnotierung *(f)*, Devisennotierung *(f)*, Kursanzeigetafel *(f)*

  table of exchange rates Kurszettel *(m)*

  unfavorable exchange rate ungünstiger Wechselkurs *(m)*

exchange rate index Wechselkursindex *(m)*

exchange rate mechanism Wechselkursmechanismus *(m)*

exchange regulations Börsenordnung *(f)*, Devisenvorschriften *(pl)*

violation on the exchange regulations Devisenverbrechen *(n)*
exchange restrictions Devisenbeschränkungen *(pl)*, Devisenregelung *(f)*, Devisenrestriktionen *(pl)*
exchange risk Währungsrisiko *(n)*
exchange sale Verkauf an der Börse *(m)*
exchange session Börsensitzung *(f)*
exchange stability Valutakursstabilität *(f)*
exchange stabilization Stabilisation des Devisenkurses *(f)*
exchange territory Devisengebiet *(n)*, Devisenraum *(m)*
exchange trade Börsenhandel *(m)*, Handel an der Börse *(m)*
exchange transaction Devisengeschäft *(n)*, Devisentransaktion *(f)*
exchange transfer risk Transferrisiko *(n)*
* arbitrage in exchange Akzeptgeschäft *(n)*, Wechselarbitrage *(f)*
arbitration of exchange Börsenarbitrage *(f)*
Baltic Exchange Baltic Exchange *(f)*
Baltic Exchange Dry Index Baltic Exchange Dry Index (BDI)
Baltic Mercantile and Shipping Exchange Baltic Exchange *(f)*
barter exchange Baratthandel *(m)*, Tauschhandel *(m)*
bills of exchange stamp Stempelmarke auf Wechsel *(f)*
blockage of exchange Devisenbeschränkungen *(pl)*
cash in exchange for documents Kasse gegen Dokumente *(f)*, Zahlung gegen Dokumente *(f)*
charter exchange Frachtbörse *(f)*
closing of exchange Börsenschluss *(m)*
commodity exchange Güteraustausch *(m)*, Warenaustausch *(m)*
control of exchange Devisenbeschränkungen *(pl)*, Devisenregelung *(f)*
corn exchange Getreidebörse *(f)*
currency exchange Devisenumtausch *(m)*, Währungsumtausch *(m)*
daily exchange Tageskurs *(m)*
data exchange Datenaustausch *(m)*
difference of exchange Kursdifferenz *(f)*, Unterschied in den Devisenkursen *(m)*
difference on exchange Kursdifferenz *(f)*
duplicate of exchange Wechselduplikat *(n)*
equivalent exchange Äquivalentenaustausch *(m)*

fall in exchange Fallen der Kurse *(n)*, Kursabfall *(m)*, Kursrückgang *(m)*
fluctuation in exchange Währungsschwankungen *(pl)*
foreign exchange ausländische Währung *(f)*, fremde Währung *(f)*, Fremdwährung *(f)*
harmonization of law of foreign exchange Harmonisierung des Währungsrechts *(f)*
law of foreign exchange Devisenrecht *(n)*
list of foreign exchange Devisenkurstabelle *(f)*, Kursanzeigetafel *(f)*
sale of foreign exchange Verkauf von Devisen *(m)*
foreign exchanges Devisenwerte *(pl)*
quotation of foreign exchange rates Devisenkursnotierung *(f)*, Devisennotierung *(f)*
freight exchange Frachtbörse *(f)*, Schifffahrtsbörse *(f)*, Schiffsbörse *(f)*, Seefrachtsbörse *(f)*
grain exchange Getreidebörse *(f)*
improvement in exchange Kursaufschlag *(m)*
insurance exchange Versicherungsbörse *(f)*
international exchange internationaler Austausch *(m)*
law of exchange Devisenrecht *(n)*
contravention of the law of exchange Devisenverstoß *(m)*
loss on exchange Disagio *(n)*, Kursverlust *(m)*
insurance against loss of exchange Abdeckung der Wechselkursrisiken *(f)*
mercantile exchange Produktenbörse *(f)*
net loss on currency exchange Nettokursverlust *(m)*
nominal exchange nomineller Kurs *(m)*
par of exchange Devisenkurs *(m)*, Valutakurs *(m)*
rate of exchange Umrechnungskurs *(m)*
direct rate of exchange direkter Kurs *(m)*
fixed rate of exchange fixierter Kurs *(m)*
floating rate of exchange floatender Wechselkurs *(m)*
fluctuations in the rate of exchange Kursschwankungen *(pl)*
legal rate of exchange amtlicher Kurs *(m)*, offizieller Kurs *(m)*
official rate of exchange amtlicher Wechselkurs *(m)*
par rate of exchange Devisenkurs *(m)*, Valutakurs *(m)*, Währungsparität *(f)*
second of exchange Sekundawechsel *(m)*

shipping exchange Schiffsbörse *(f)*, Seefrachtsbörse *(f)*
stabilization of exchange Stabilisation des Devisenkurses *(f)*
stock exchange Börse *(f)*, Effektenbörse *(f)*, Wertpapierbörse *(f)*
table of exchanges Kursanzeigetafel *(f)*, Kurszettel *(m)*
technological exchange technologischer Austausch *(m)*

exchange-rate-adjusted wechselkursbereinigt

excisable akzisebar, akzisepflichtig

excise Verbrauchssteuer *(f)*
excise band Banderole *(f)*, Kreuzband *(n)*
excise base Verbrauchssteuerbasis *(f)*
excise duty Akzise *(f)*, Akzisezoll *(m)*, Banderolensteuer *(f)*, Verbrauchssteuer *(f)*
　ad valorem excise duty Ad-Valorem-Verbrauchssteuer *(f)*
　lay excise duty Verbrauchssteuer auferlegen *(f)*
　subject to excise duty akzisebar, akzisepflichtig
　system of excise duties Verbrauchssteuersystem *(n)*
excise duty-free warehouse Lager unter Verbrauchssteueraufschub *(n)*, Steuerlager *(n)*
excise goods Verbrauchssteuern unterliegende Erzeugnisse *(pl)*
　export of excise goods Akzisewarenexport *(m)*
excise law Verbrauchssteuerrecht *(n)*
excise legislation Verbrauchssteuergesetzgebung *(f)*
excise on spirits Verbrauchssteuer auf Spirituosen *(f)*
excise on tobacco Verbrauchssteuer auf Tabakwaren *(f)*
excise product Akziseware *(f)*
excise receipts Akziseaufkommen *(n)*
excise return Verbrauchssteuererklärung *(f)*
excise system Verbrauchssteuerregelung *(f)*
excise tax Banderolensteuer *(f)*, Warensteuer *(f)*, Verbrauchssteuer *(f)*
　goods liable for excise taxes verbrauchssteuerpflichtige Ware *(f)*
　* apply an excise to ... Verbrauchssteuer erheben *(f)*

chargeability of excise Verbrauchssteueranspruch
collect an excise Akzise beitreiben *(f)*
Customs and Excise Hauptzollamt *(n)*, Zoll und Akzise *(m/f)*
duty of excise Akzise *(f)*, Banderolensteuer *(f)*, Verbrauchsabgabe *(f)*, Verbrauchssteuer *(f)*
lay excise Akzise auferlegen *(f)*, mit Akzise belegen *(f)*
levy duty of excise Verbrauchssteuer auferlegen *(f)*
provisions relating to excise Verbrauchssteuervorschriften *(pl)*

exclusion Ausschluss *(m)*
exclusion clause Ausschlussklausel *(f)*
* policy exclusion Policeanullierung *(f)*

exclusionary ausschließend
exclusionary privilege Monopolvorteil *(n)*

exclusive uneingeschränkt
exclusive agency Alleinagentur *(f)*, Alleinvertretung *(f)*, Generalagentur *(f)*
exclusive contract Exklusivvertrag *(m)*
exclusive dealing Handelsausschließlichkeit *(f)*
exclusive distributor exklusiver Verteiler *(m)*
exclusive export right ausschließlicher Export *(m)*
exclusive exporter Alleinexporteur *(m)*
exclusive import Alleineinfuhr *(f)*
　exclusive import right ausschließlicher Import *(m)*
exclusive importer Alleinimporteur *(m)*, einziger Einführer *(m)*
exclusive licence Alleinberechtigungslizenz *(f)*, Alleinlizenz *(f)*
exclusive representative Alleinvertreter *(m)*
exclusive right Exklusivrecht *(n)*
exclusive right of sale Alleinverkaufsrecht *(n)*
exclusive sale Alleinverkauf *(m)*

excusable entschuldbar
excusable deviation entschuldbare Abweichung *(f)*

execlusiveness Ausschließlichkeit *(f)*
execute erfüllen, vollstrecken
execute a contract Kontrakt erfüllen *(m)*, Vertrag abfassen *(m)*, Vertrag ausfertigen *(m)*, Vertrag erfüllen *(m)*
execute a contract of sale Kaufvertrag durchführen *(m)*
execute a document Dokument ausfertigen *(n)*, Dokument ausstellen *(n)*

execution Einziehung *(f)*, Exekution *(f)*, Vollstreckung *(f)*
execution of an agreement Unterzeichnung des Abkommens *(f)*
execution of contract Vertragsabschluss *(m)*, Vertragserfüllung *(f)*
execution of costs Kostenvollstreckung *(f)*
execution of duty Zollvollstreckung *(f)*
execution of a fine Geldstrafevollstreckung *(f)*
execution of an order Bestellungsausführung *(f)*
execution of a policy Versicherungsabschluss *(m)*
* act of execution Vollstreckungshandlung *(f)*
period of execution of a contract Erfüllungstermin *(m)*, Zeit der Kontraktausführung *(f)*, Zeit der Vertragsausführung *(f)*
stay of the execution of a contract Aufschub der Vertragserfüllung *(m)*
executive geschäftsführend
executive manager geschäftsführender Direktor *(m)*, Geschäftsführer *(m)*
executory vollstreckend
executory clause Vollstreckungsklausel *(f)*
exempt befreien, freilassen
exempt from a requirement von einer Verpflichtung befreien *(f)*
exempt from duty vom Zoll befreien *(m)*, vom Zoll freilassen *(m)*
exempt from taxation von der Besteuerung befreien *(f)*
exempted freigestellt
exempted amount steuerfreier Betrag *(m)*
exemption Befreiung *(f)*, Erlass *(m)*
exemption from charges Gebührenbefreiung *(f)*, Gebührenerlass *(m)*, Gebührenfreiheit *(f)*
exemption from customs duties Zollerlass *(m)*
exemption from customs inspection Befreiung von Zollkontrolle *(f)*
exemption from duties Gebührenbefreiung *(f)*, Gebührenerlass *(m)*, Gebührenfreiheit *(f)*
exemption from duty Zollerlass *(m)*, Zollfreiheit *(f)*
exemption from import duties and taxes Befreiung von den Eingangsabgaben *(f)*
exemption from taxation Befreiung von der Steuer *(f)*
exemption of liability clause Haftungsbefreiungsklausel *(f)*, Klausel „Haftungsfreilassung" *(f)*

exemption system Befreiungsregelung *(f)*
* amount of the exemption Betrag der Steuerfreigrenze *(m)*, Freibetrag *(m)*
application for exemption *(customs)* Antrag auf Zollbefreiung *(m)*
grant of exemption Gewährung der Zollbefreiung *(f)*
partial conditional exemption from customs duties teilweise bedingte Befreiung von der Zölle *(f)*
refusal of exemption *(customs)* Versagung der Zollbefreiung *(f)*
request exemption Befreiung beantragen *(f)*
resignation from exemption Verzicht auf Befreiung *(m)*
right to customs exemption Zollfreiheitsrecht *(n)*
scope of the exemption *(in respect of tax)* Umfang der Steuerbefreiung *(m)*
tax exemption Steuerbefreiung *(f)*
total exemption uneingeschränkte Befreiung *(f)*
exhaust ausschöpfen, erschöpfen
exhaust a letter of credit Akkreditiv ausschöpfen *(n)*
advice of exhaust a letter of credit Avis über Inanspruchnahme eines Akkreditivs *(n)*
exhaust a quota Kontingent erschöpfen *(n)*
exhaustion Verwertung *(f)*
exhaustion a letter of credit Verwertung des Akkreditivs *(f)*
exhibit ausstellen
exhibit a document Dokument beibringen *(n)*
exhibit Ausstellungsgegenstand *(m)*
exhibiting Exponat *(n)* **2.** Ausstellung *(f)* Messe *(f)* **3.** Ausstellungs-, Messe-
exhibition equipment Ausstellungsausrüstung *(f)*
exhibition ground Messegelände *(n)*
exhibition goods Ausstellungsgegenstand *(m)*
exhibition hall Ausstellungspavillon *(m)*, Ausstellungssaal *(m)*
exhibition risks insurance Messeversicherung *(f)*
exhibition room Ausstellungssaal *(m)*
exhibition sample Austellungsmuster *(n)*
exhibition stand Ausstellungsstand *(m)*
* branch exhibition Branchenausstellung *(f)*
export exhibition Exportausstellung *(f)*
industrial exhibition Industrieausstellung *(f)*

international exhibition internationale Ausstellung *(f)*
permanent exhibition Dauerausstellung *(f)*
rotating exhibition Wechselausstellung *(f)*
sample exhibition Musterausstellung *(f)*
selling exhibition Verkaufsausstellung *(f)*
specialized exhibition Fachausstellung *(f)*
trade and industrial exhibition Handels- und Industrieausstellung *(f)*
trade exhibition Handelsausstellung *(f)*
world exhibition Weltausstellung *(f)*
exhibitor Aussteller *(m)*
domestic exhibitor Inlandsaussteller *(m)*
list of exhibitors Liste der Aussteller *(f)*
exigencies Anforderungen *(pl)*
exit Ausgang *(m)* **2.** Ausgangs-
exit formalities Ausgangsförmlichkeiten *(pl)*
exit permit Ausfuhrerlaubnis *(f)*, Ausfuhrgenehmigung *(f)*, Ausreisegenehmigung *(f)*
exit sheet *(carnet)* Ausgangsabschnitt *(m)*
* barrier to exit Ausgangsbarriere *(f)*
office of transit on exit *(CT)* Ausgangsgrenzübergangsstelle *(f)*
point of exit Ausgangszollstelle *(f)*
readiness to exit to the sea Auslaufbereitschaft *(f)*
exit visa Ausreisevisum *(n)*
exoneration Entlastung *(f)*
exoneration clause Befreiungsklausel *(f)*
expand entwickeln
expand export Export entwickeln *(m)*, Export steigern *(m)*
expand international trade Außenhandel entwickeln *(m)*
expand markets Absatzmärkte entwickeln *(pl)*
expand trade Handel aufbauen *(m)*
expansion Belebung *(f)*, Erweiterung *(f)*, Expansion *(f)*
expansion Wiederbelebung *(f)*
expansion of credit Kreditausweitung *(f)*
expansion of export Exportexpansion *(f)*
expansion of sales Absatzausweitung *(f)*, Umsatzsteigerung *(f)*
expansion of trade Verkaufsvolumensteigerung *(f)*
* business expansion wirtschaftliche Ausbreitung *(f)*
economic expansion wirtschaftliche Ausbreitung *(f)*, Wirtschaftsexpansion *(f)*

trade expansion Handelsexpansion *(f)*
policy of trade expansion Politik der Handelsexpansion *(f)*
expected voraussichtlich
expected date of arrival voraussichtliches Ankunftsdatum *(n)*
expected time of arrival planmäßige Ankunft *(f)*, voraussichtliche Ankunftszeit *(f)*
expected time of departure voraussichtliche Abfahrtszeit *(f)*
expected time of sailing voraussichtliche Abfahrtszeit *(f)*
expedite absenden, versenden
expedite Verfrachtung *(f)*
expedited beschleunigt
expedited delivery beschleunigte Lieferung *(f)*
expedition Absendung *(f)*, Sendung *(f)*
expedition instructions Absenderanweisungen *(pl)*, Versandanweisungen *(pl)*
expedition of cargo Frachtabfertigung *(f)*, Frachtversand *(m)*
* method of expedition Versandart *(f)*
expend ausgeben
expend money Geld verlieren *(n)*
expendable überflüssig
expendable pallet verlorene Palette *(f)*, Wegwerfpalette *(f)*
expenditure Ausgabe *(f)*, Spesen *(pl)*
expenditure reduction Ausgabenkürzung *(f)*, Kostenreduzierung *(f)*
* bill of expenditures Kostenaufstellung *(f)*, Spesenrechnung *(f)*
collecting expenditures Einzugsgebühren *(pl)*, Inkassokosten *(pl)*
constant expenditures feste Ausgaben *(pl)*
cut of expenditures Ausgabenkürzung *(f)*
estimates of expenditure Ausgabenplan *(m)*
estimates of expenditure Kostenvoranschlag *(m)*
estimates of expenditure Kostenvorschlag *(m)*
extra expenditures Nebenkosten *(pl)*, Zusatzkosten *(pl)*
official entertainement expenditures Repräsentationsausgaben *(pl)*
operating expenditures laufende Ausgaben *(pl)*
publicity expenditures Werbeausgaben *(pl)*
put down one's expenditure Ausgaben einschränken *(pl)*
reduce a expenditures Ausgaben reduzieren *(pl)*
advertising expenditures Werbeausgaben *(pl)*

expense Ausgabe *(f)*, Spesen *(pl)* **2.** Spesen-
expense account Kostenkonto *(n)*, Spesenrechnung *(f)*, Versandschein *(m)*
expense limit Ausgabengrenze *(f)*
expenses list Ausgabenliste *(f)*
expenses of shipping Beförderungsauslagen *(pl)*
expense reduction Ausgabenkürzung *(f)*,
Kostenreduzierung *(f)*
actual expenses tatsächliche Ausgaben *(pl)*
additional expenses zusätzliche Kosten *(pl)*
administrative expenses Verwaltungsaufwendungen *(pl)*, Verwaltungskosten *(pl)*
advertising expenses Werbekosten *(pl)*,
Werbungskosten *(pl)*
amount of expenses Kostenbetrag *(m)*, Kostensumme *(f)*
analysis of expenses Kostenanalyse *(f)*
business expenses Geschäftsausgaben *(pl)*,
handelsbedingte Kosten *(pl)*
calculate expenses Kosten berechnen *(pl)*
composition of expenses Ausgabenstruktur *(f)*
cover the expenses Ausgaben begleichen *(pl)*,
Ausgaben decken *(pl)*, Kosten aufbringen *(pl)*,
Kosten decken *(pl)*
current expenses laufende Ausgaben *(pl)*
customs expenses Zollabfertigungskosten *(pl)*,
Zollausgaben *(pl)*, Zollspesen *(pl)*
discharging expense Entladekosten *(pl)*,
Löschkosten *(pl)*
estimates of expenses Ausgabenplan *(m)*,
Kostenvorschlag *(m)*
forwarding expenses Versandkosten *(pl)*
freight expenses Förderkosten *(pl)*, Transportkosten *(pl)*
general average expenses Havariekosten *(pl)*
general expenses allgemeine Kosten *(pl)*,
Gemeinkosten *(pl)*, Geschäftskosten *(pl)*
incur expenses Ausgaben haben *(pl)*, Ausgaben tätigen *(pl)*, Kosten bestreiten *(pl)*, Kosten tragen *(pl)*
irrecoverable expenses unwiederbringliche Ausgaben *(pl)*
landing at freighter's expense Abladelohn
für Verfrachter *(m)*, Löschkosten für Verfrachter *(pl)*
limit expenses limitierte Ausgaben *(pl)*
list of expenses Ausgabenverzeichnis *(n)*
marketing expenses Verkaufskosten *(pl)*

recover expenses Ausgaben begleichen *(pl)*,
Ausgaben decken *(pl)*
reduction of expenses Spesensenkung *(f)*,
Kostenerstattung *(f)*
reimburse expenses Auslagen erstatten *(pl)*
reimbursement of expenses Erstattung
von Auslagen *(f)*
running expense Betriebskosten *(pl)*
statements of expenses Aufschlüsselung
von Kosten *(f)*, Spesenabrechnung *(f)*
tax expense Steuerbelastung *(f)*, steuerliche
Belastung *(f)*
trade expenses handelsbedingte Kosten *(pl)*
travelling expenses Reisekosten *(pl)*
expert Experte *(m)*, Gutachter *(m)*, Sachverständiger *(m)*
expert's committee Expertenkommission *(f)*,
Fachausschuss *(m)*, Gutachterausschuss *(m)*
expert evidence Sachverständigengutachten *(n)*, Sachverständigenurteil *(n)*
expert's fee Sachverständigengebühr *(f)*
expert's findings Expertenschätzung *(f)*
expert on merchandise Warenexperte *(m)*
expert on stowage Stauensachverständiger *(m)*
expert opinion Expertenschätzung *(f)*, Gutachten *(n)*
expert's opinion Gutachten *(n)*, Gutachten
des Sachverständigen *(n)*, Sachverständigengutachten *(n)*, Sachverständigenurteil *(n)*
expert panel Expertenkommission *(f)*, Fachausschuss *(m)*
expert's statement Gutachten *(n)*, Gutachten des Sachverständigen *(n)*, Sachverständigengutachten *(n)*
expert testimony Gutachten des Sachverständigen *(n)*
* assign an expert Experte ernennen *(m)*
commercial expert Handelsexperte *(m)*
committee of experts Sachverständigenausschuss *(m)*
customs expert Zollsachverständiger *(m)*
free-lance expert unabhängiger Experte *(m)*
legal expert juristischer Sachverständiger *(m)*,
Rechtsberater *(m)*, Rechtsexperte *(m)*, Rechtskonsultant *(m)*
sworn expert vereidigter Sachverständiger *(m)*
tax expert Steuerberater *(m)*, Steuerfachmann *(m)*
trade expert Handelsexperte *(m)*, Handelsprofi *(m)*

traffic expert Transportexperte *(m)*
veterinary expert Veterinärsachverständiger *(m)*
bank expert examination Bankexpertise *(f)*
expertise Expertise *(f)*,
Gutachten *(n)*
quality expertise Qualitätsgutachten *(n)*
expiration Ablauf *(m)*, Verfall *(m)*
expiration date Auslaufdatum *(n)*, Gültigkeitsdatum *(n)*, Verfalldatum *(n)*
expiration of a decision Beschlussablauf *(m)*
expiration of insurance Ablauf einer Versicherung *(m)*, Verfall einer Versicherung *(m)*
expiration of a patent Patentablauf *(m)*
expiration of a policy Ablauf der Police *(m)*
expiration of power Erlöschen einer Bevollmächtigung *(n)*, Erlöschen einer Vollmacht *(n)*
expiration of power of attorney Erlöschen einer Bevollmächtigung *(n)*, Erlöschen einer Vollmacht *(n)*
* date of expiration Ablauffrist *(f)*, Ablauftermin *(m)*
expired verfallen
expired insurance policy verfallene Police *(f)*
expiry Verfall *(m)*
expiry date Verfalldatum *(n)*, Verfalltag *(m)*
expiry date of the credit Verfalldatum des Akkreditivs *(n)*
expiry of a guarantee Ablauf der Garantie *(m)*
expiry of the letter of credit Akkreditiv-Ablauf *(m)*
expiry of a period Ablauf einer Frist *(m)*
expiry of the validity of the carnet ATA Ablauf der Gültigkeitsdauer des ATA-Carnets *(m)*
* date of expiry Gültigkeitsdauer *(f)*, Verfalltermin *(m)*
notice of expiry Entlöschenanzeige *(f)*
policy expiry date Ablauftermin der Versicherungspolice *(m)*
presentation of goods after expiry of time limit Gestellung nach Fristablauf *(f)*
explain auslegen
explanation Interpretation *(f)*
explanatory erklärend
explanatory note Anmerkung *(f)*, Hinweis *(m)*
explanatory notice Anmerkung *(f)*, Hinweis *(m)*
exploitation Verwertung *(f)*
explore forschen
explore new markets neue Märkte forschen *(pl)*

exploration Erforschung *(f)*
way of market exploration Marktforschungsmethode *(f)*
explosion Explosion *(f)*
explosion risk Auslaufrisiko *(n)*
export ausführen, exportieren
export goods Waren exportieren *(pl)*
export temporarily vorübergehend ausführen
export Ausfuhr *(f)*, Export *(m)* **2.** Ausfuhr-, Export-, exportabel
export advertising Exportreklame *(f)*
export agency Exportvertretung *(f)*
export agent Exportmakler *(m)*
export and import pattern Export- und Importwarenstruktur *(f)*
export application Ausfuhrantrag *(m)*
export area Exportgebiet *(n)*
export authorization Ausfuhrerlaubnis *(f)*
export availabilities Exportkapazitäten *(pl)*
export balance of trade aktive Handelsbilanz *(f)*
export ban Ausfuhrverbot *(n)*, Exportverbot *(n)*
export bank Exportbank *(f)*
export bill of lading Außenkonnossement *(n)*, Exportdurchkonnossement *(n)*, Exportkonnossement *(n)*
export bonification Exportnachlass *(m)*, Exportvergütung *(f)*
export bonus Ausfuhrprämie *(f)*, Exportbonus *(m)*, Exportvergütung *(f)*
export bounty Ausfuhrprämie *(f)*, Exportbonifikation *(f)*, Exportprämie *(f)*, Exportsubvention *(f)*
export broker Exportagent *(m)*, Exportmakler *(m)*, Exportvertreter *(m)*
export business Aktivhandel *(m)*, Ausfuhrtätigkeit *(f)*, Exporthandel *(m)*, Exporttätigkeit *(f)*
export calculation Exportkalkulation *(f)*
export campaign Ausfuhrkampagne *(f)*, Exportförderung *(f)*
export capacities Exportkapazitäten *(pl)*
export capacity Exportfähigkeit *(f)*
export cargo Exportladung *(f)*, Hinfracht *(f)*
export cartel Exportkartell *(n)*
export catalogue Exportartikelskatalog *(m)*, Exportkatalog *(m)*
export certificate Ausfuhrbewilligung *(f)*, Ausfuhrerlaubnis *(f)*, Exportgenehmigung *(f)*, Exportzertifikat *(n)* **2.** *(ccc)* Exportbewilligung *(f)*

export charge Ausfuhrgebühr *(f)*, Exportgebühr *(f)*

export clearance Ausfuhrzollabfertigung *(f)*, Zollausfuhrbewilligung *(f)*

export clearance number Ausfuhrdeklarationsnummer *(f)*

export collection Exportinkasso *(n)*

export commerce Ausfuhr *(f)*

export commission agent Ausfuhrkommissionär *(m)*

export commission house Ausfuhrkommissionär *(m)*, Exporthaus *(n)*

export company Exportfirma *(f)*

export concession Ausfuhrerlaubnis *(f)*, Exportgenehmigung *(f)*

export conditions Exportbedingungen *(pl)*

export consignment Exportpartie *(f)*, Exportsendung *(f)*

export contract Ausfuhrvertrag *(m)*, Exportvertrag *(m)*

export control Ausfuhrkontingentierung *(f)*, Ausfuhrkontrolle *(f)*, Exportkontingentierung *(f)*, Exportkontrolle *(f)*

export control act Gesetz über die Exportkontrolle *(n)*

export country Ausfuhrland *(n)*

export credit Ausfuhrkredit *(m)*, Exportkredit *(m)*

export credit agency Exportkreditagentur *(f)*

export credit guarantee Exportkreditgarantie *(f)*, Garantie von Exportkrediten *(f)*

export credit insurance Exportkreditversicherung *(f)*

export credit support Exportkreditgewährung *(f)*

export customs control äußere Zollbeschau *(f)*

export customs duties Ausfuhrabgaben *(pl)*

export customs procedure Ausfuhrzollverfahren *(n)*

export customs rate Ausfuhrzollsatz *(m)*

export declaration Anmeldung zum Ausfuhrverfahren *(f)*, Ausfuhranmeldung *(f)*, Ausfuhrerklärung *(f)*, Ausfuhrmeldung *(f)*, Ausgangsdeklaration *(f)*, Exportdeklaration *(f)*

presentation of an export declaration Vorlage einer Ausfuhranmeldung *(f)*

shipper's export declaration Ausfuhranmeldung des Spediteurs *(f)*

export decline Exportrückgang *(m)*

export deficit Außenhandelsdefizit *(n)*, Handelsdefizit *(n)*

export delivery Exportlieferung *(f)*

export demand Exportbedarf *(m)*

export department Exportabteilung *(f)*, Exportbüro *(n)*

export deposit Ausfuhreinlage *(f)*

export direct factoring direktes Exportfaktoring *(n)*

export discount Exportdiskont *(m)*, Exportnachlass *(m)*, Exportvergütung *(f)*

export diversification Exportdiversifikation *(f)*

export division Auslandsabteilung *(f)*

export document Ausfuhranmeldung *(f)*, Ausfuhrdokument *(n)*, Ausfuhrpapier *(n)*

Export Document Number (EDN) Exportdokumentnummer *(f)*

export draft Exporttrate *(f)*

export drive Ausfuhrkampagne *(f)*

export duties Ausfuhrabgaben *(pl)*, Ausfuhrzölle *(pl)*

be chargeable with export duties Ausfuhrabgaben unterliegen *(pl)*

be liable to export duties Ausfuhrabgaben unterliegen *(pl)*

liable to export duties *(goods)* ausfuhrabgabenpflichtig

liable to export duties *(goods)* ausfuhrabgabenpflichtig

export duty Ausfuhrzoll *(m)*, Ausgangszoll *(m)*, Exportabgabe *(f)*, Exportzoll *(m)*

export earnings Exporteinnahmen *(pl)*, Exporterlöse *(pl)*

export elasticity Exportelastizität *(f)*

export embargo Ausfuhrsperre *(f)*, Exportverbot *(n)*

export enterprise Exporthaus *(n)*

export exhibition Exportausstellung *(f)*

export factor Export-Faktor *(m)*

export factoring Exportfaktoring *(n)*

export fall Exportrückgang *(m)*

export fee Ausfuhrgebühr *(f)*, Exportgebühr *(f)*

export finance Ausgangsfinanzierung *(f)*, Exportfinanzierung *(f)*

export financing Ausgangsfinanzierung *(f)*, Exportfinanzierung *(f)*

export firm Exportgesellschaft *(f)*, Exporthaus *(n)*

export form Ausfuhrvordruck *(m)*

export formalities Ausfuhrförmlichkeiten *(pl)*

customs export formalities Ausfuhrzollförmlichkeiten *(pl)* export from the Community Ausfuhr aus der Gemeinschaft *(f)*

export from the Community subject to duty Ausgang aus der Gemeinschaft Abgabenerhebung unterworfen *(m)*

export from the Community subject to restriction Ausgang aus der Gemeinschaft Beschränkungen unterworfen *(m)*

export gap Exportdefizit *(n)*

export goods Ausfuhrwaren *(pl)*, Exportartikel *(m)*, Exportwaren *(pl)*

packing for export goods Exportverpackung *(f)*

range of export goods Exportsortiment *(n)*

status of export goods Status des Exportartikels *(m)*

export guarantee Ausfuhrgarantie *(f)*, Exportgarantie *(f)*

export house Exporthaus *(n)*

export-import bank (Ex-Im Bank) Export- und Importbank *(f)*

export-import operations Export-Import-Operationen *(pl)*

export-import plan Import- und Exportplan *(m)*

export incentive Exportförderung *(f)*

export incentives Exportbegünstigung *(f)*

export income Exporteinnahmen *(pl)*

export indent Exportauftrag *(m)*

export information Exportinformation *(f)*

export inspection Exportkontrolle *(f)*

export insurance Exportversicherung *(f)*

export invoice Ausfuhrwarenrechnung *(f)*, Exportrechnung *(f)*

export item Exportposition *(f)*

export leasing Exportleasing *(n)*

export letter of credit Exportakkreditiv *(n)*

export levy Ausfuhrgebühr *(f)*, Exportabgabe *(f)*, Exportsteuer *(f)*

export licence Ausfuhrbewilligung *(f)*, Ausfuhrerlaubnis *(f)*, Ausfuhrgenehmigung *(f)*, Ausfuhrlizenz *(f)*, Exportlizenz *(f)*

export licensing procedures Lizenzierung des Exports *(f)*

export limit Exportgrenze *(f)*

export list Ausfuhrliste *(f)*, Exportliste *(f)*

export loan Ausfuhrkredit *(m)*, Exportkredit *(m)*

export management company Außenhandelsbetrieb *(m)*, Außenhandelsunternehmen *(n)*

export manager Exportleiter *(m)*, Leiter der Exportabteilung *(m)*

combination export manager Exportgruppe *(f)*

export market Exportmarkt *(m)*

export market research Exportmarktforschung *(f)*

export marketing activities Exporttätigkeit *(f)*

export merchandise Ausfuhrware *(f)*, Exportartikel *(m)*

export monopoly Exportmonopol *(n)*

export of capital Kapitalausfuhr *(f)*, Kapitalexport *(m)*

export of excise goods Akzisewarenexport *(m)*

export of goods Warenausfuhr *(f)*

duty-free export of goods zollfreier Warenexport *(m)*

export of goods and services Export von Gütern und Dienstleistungen *(m)*

export of imported merchandise Reexport *(m)*, Wiederausfuhr *(f)*

export of licences Lizenzexport *(m)*

export of services Export von Dienstleistungen *(m)*

export offer Exportangebot *(n)*

export offering list Exportartikelkatalog *(m)*, Exportkatalog *(m)*

export office Exportabteilung *(f)*, Exportbüro *(n)*

export operation Ausfuhrgeschäft *(n)*, Exportgeschäft *(n)*

export order Auslandsauftrag *(m)*, Exportauftrag (EA) *(m)*

export outlook Exportkonjunktur *(f)*

export package Exportverpackung *(f)*

export packing Exportverpackung *(f)*

export paper Exportbewilligung *(f)*

export pattern Exportstruktur *(f)*

export permit Ausfuhrbewilligung *(f)*, Ausfuhrlizenz *(f)*, Exportlizenz *(f)*

export plan Ausfuhrplan *(m)*, Exportplan *(m)*, Exportprogramm *(n)*

export policy Exportpolitik *(f)*

export potential Exportkapazität *(f)*

export potentialities Exportpotential *(n)*

export preferences Exportpräferenzen *(pl)*

export price Ausfuhrpreis *(m)*, Exportpreis *(m)*

export price index Exportpreisindex *(m)*

export price list Exportwarenpreisliste *(f)*

export pricing Exportpreispolitik *(f)*

export procedure Ausfuhrverfahren *(n)*, Ausfuhrzollverfahren *(n)*

export proceeds Exporteinkünfte *(pl)*, Exporteinnahmen *(pl)*, Exporterlöse *(pl)*

export-processing zone Export-Veredelungszone *(f)*

export product Exportartikel *(m)*, Exporterzeugnis *(n)*

export production Exportproduktion *(f)*

export programme Ausfuhrplan *(m)*, Exportprogramm *(n)*

export prohibition Ausfuhrsperre *(f)*, Ausfuhrverbot *(n)*

export promotion Exportförderung *(f)*, Export-Promotion *(f)*

export promotion undertaking Exportförderung *(f)*, Export-Promotion *(f)*

export prospects Exportkonjunktur *(f)*

export publicity Exportreklame *(f)*

export quality Exportqualität *(f)*

export quota Ausfuhrkontingent *(n)*, Ausfuhrquote *(f)*, Exportkontingent *(n)*, Exportquote *(f)*

export quotation Exportpreis *(m)*

export rate Exportsatz *(m)*

 marginal export rate Grenzexportsatz *(m)*

export rates Ausfuhrtarif *(m)*

export ratio Exportanteil *(m)*

export rationing Kontingentierung der Ausfuhr *(f)*

export rebate Exportrabatt *(m)*

export receipts Exporterlöse *(pl)*

export receivables Exporteinkünfte *(pl)*, Exporterlöse *(pl)*

export refund Ausfuhrerstattung *(f)*, Erstattung bei der Ausfuhr *(f)*

export regulation Ausfuhrregelung *(f)*, Exportregelung *(f)*

export regulations Ausfuhrbestimmungen *(pl)*, Ausfuhrordnung *(f)*, Exportverfahren *(n)*

export restraint Ausfuhrbeschränkung *(f)*

 measures for export restraint Ausfuhrbeschränkungensmaßnahmen *(pl)*

export restrictions Exportbeschränkungen *(pl)*, Exporterschwerungen *(pl)*, Exportrestriktionen *(pl)*, Ausfuhrbeschränkungen *(pl)*, Exportbeschränkungen *(pl)*

export revenues Exporteinnahmen *(pl)*, Exporterlöse *(pl)*

export ring Exportkartell *(n)*

export risk Exportrisiko *(n)*

export sale Exportverkauf *(m)*

export sales agency Exportvertretung *(f)*

export sales coordination Exportkoordination *(f)*

export sales coordinator Exportkoordinator *(m)*

export sales policy Exportverkaufspolitik *(f)*

export-sales representative Exportvertreter *(m)*

export salesman Exportexperte *(m)*

export service Exportdienst *(m)*

export shipment Exportlieferung *(f)*, Exportsendung *(f)*

export situation Exportmarktlage *(f)*

export society Exportverband *(m)*

export specialist Exportexperte *(m)*

export statistics statistische Erhebung der Ausfuhr *(f)*

export structure Exportstruktur *(f)*, Exportwarenstruktur *(f)*

export subsidies Exportsubventionen *(pl)*

export subsidization Ausfuhrsubvention *(f)*

export subsidy Exportsubvention *(f)*, Exportzuschuss *(m)*

export subvention Ausfuhrprämie *(f)*, Exportsubvention *(f)*

export supply Exportangebot *(n)*, Exportlieferung *(f)*

export surcharge Exportabgabe *(f)*, Exportzuschuss *(m)*

export surety Ausfuhrgarantie *(f)*, Exportgarantie *(f)*

export surplus Exportüberschuss *(m)*, Handelsbilanzüberschuss *(m)*

 net export surplus Nettoausfuhr *(f)*, Nettoexport *(m)*

export targets Exportplan *(m)*

export tariff Ausfuhrtarif *(m)*, Ausfuhrzolltarif *(m)*

export tax Ausfuhrsteuer *(f)*

export trade Ausfuhrhandel *(m)*, Außenhandel *(m)*

export trader Ausfuhrhändler *(m)*, Exportkaufmann *(m)*

export transaction Ausfuhrgeschäft *(n)*, Exportgeschäft *(n)*

export turnover Exportgröße *(f)*, Exportmenge *(f)*, Exportvolumen *(n)*

export value Exportwert *(m)*

export volume Exportgröße *(f)*, Exportmenge *(f)*, Exportvolumen *(n)*

export zone Export-Veredelungszone *(f)*

* additional export zusätzlicher Export *(m)*
agent dealing with exports Exportagent *(m)*, Exportmakler *(m)*, Exportvertreter *(m)*
agricultural export Agrarausfuhr *(f)*, Agrarexport *(m)*
ban on export Ausfuhrverbot *(n)*, Exportsperre *(f)*, Exportverbot *(n)*
building export Bauexport *(m)*
capital export Kapitalausfuhr *(f)*, Kapitalexport *(m)*
commodity composition of exports Exportwarenstruktur *(f)*
commodity export Warenexport *(m)*
control of exports Ausfuhrkontrolle *(f)*, Exportkontrolle *(f)*
control over export and import Export- und Importkontingentierung *(f)*
country of export Ausfuhrland *(n)*
currency export Ausfuhr von Devisen *(f)*, Währungsexport *(m)*
customs declaration for export Ausgangsdeklaration *(f)*
customs duties on exports Ausfuhrzölle *(pl)*, Ausgangszölle *(pl)*, Zollsätze bei der Ausfuhr *(pl)*
customs formalities on export Zollförmlichkeiten für die Ausfuhr *(pl)*
customs office of export Ausfuhrzollstelle *(f)*
development of export Exportentwicklung *(f)*
direct export direkte Ausfuhr *(f)*, direkter Export *(m)*
dumping export Dumpingausfuhr *(f)*, Dumpingexport *(m)*, Export zu Schleuderpreisen *(m)*, Exportdumping *(n)*, Preisschleuderei *(f)*, Schleuderausfuhr *(f)*
duty on exports Exportabgabe *(f)*, Exportzoll *(m)*
duty-free export zollfreie Ausfuhr *(f)*, zollfreier Export *(m)*
effective export effektiver Export *(m)*
effectiveness of exports Exporteffektivität *(f)*
embargo on exports Ausfuhrsperre *(f)*, Ausfuhrverbot *(n)*, Exportverbot *(n)*
encouragement of export Exportstimulierung *(f)*
exclusive export right ausschließlicher Export *(m)*
expand export Export entwickeln *(m)*, Export steigern *(m)*
expansion of export Exportexpansion *(f)*
foreign export merchant Auslandsexporteur *(m)*

finance export Export finanzieren *(m)*
food export Lebensmittelexport *(m)*, Nahrungsmittelexport *(m)*
formalities on export Förmlichkeiten für die Ausfuhr *(pl)*
customs formalities on export Zollförmlichkeiten für die Ausfuhr *(pl)*
diversification of exports Exportdiversifikation *(f)*
gross export Gesamtexport *(m)*
growth in exports Exportwachstum *(n)*
imports and exports Einfuhr und Ausfuhr *(f)*
increase export Export steigern *(m)*
increase of exports Exportwachstum *(n)*
indirect export indirekte Ausfuhr *(f)*, indirekter Export *(m)*, vermittelte Ausfuhr *(f)*
industrial export industrieller Export *(m)*
intensification of export Exportintensivierung *(f)*
investment export Investitionsexport *(m)*
invisible export unsichtbare Ausfuhr *(f)*, unsichtbarer Export *(m)*
item of export Exportposition *(f)*
license exports Exportbewilligung vergeben *(f)*
list of experts Liste von Experten *(f)*, Ausfuhrliste *(f)*, Exportliste *(f)*
machinery export Maschinenausfuhr *(f)*
merchandise export Warenausfuhr *(f)*
military export Militärexport *(m)*
moonshine export illegale Ausfuhr *(f)*
net export Exportnetto *(n)*, Nettoausfuhr *(f)*, Nettoexport *(m)*
non-agricultural export nicht-landwirtschaftlicher Export *(m)*
permission to export Ausfuhrbewilligung *(f)*
permit for export Exportbewilligung *(f)*
pioneer export bahnbrechender Export *(m)*
plan of export Exportplan *(m)*
point of export Exportstelle *(f)*
produce for export für den Export produzieren *(m)*
production of exports Exportproduktion *(f)*
prohibition of exports Ausfuhrsperre *(f)*, Ausfuhrverbot *(n)*, Exportrverbot *(n)*, Exportsperre *(f)*
promotion of export Exportförderung *(f)*, Export-Promotion *(f)*
quota system for exports Ausfuhrkontingentierung *(f)*, Exportkontingentierung *(f)*, Kontingentierung der Ausfuhr *(f)*, Kontingentierung des Exports *(f)*

rate of export Exportsatz *(m)*
rationalization of the export Exportrationalisierung *(f)*
refund on export Ausfuhrerstattung *(f)*
regulation of export Ausfuhrregelung *(f)*, Exportregelung *(f)*
  quantitative regulations of exports Ausfuhrkontingentierung *(f)*, Ausfuhrkontrolle *(f)*, Kontingentierung der Ausfuhr *(f)*
release for export Überführung in das Ausfuhrverfahren *(f)*
restrictions on export Exporterschwerungen *(pl)*, Exportrestriktionen *(pl)*, Ausfuhrbeschränkungen *(pl)*, Exportbeschränkungen *(pl)*
  put restrictions on export Export beschränken *(m)*
returns from export Exporterlöse *(pl)*
sale for export Exportverkauf *(m)*
sea-borne export Export per Schiff *(m)*
share of exports Exportanteil *(m)*
stimulation of exports Exportförderung *(f)*
subsidization of export Exportsubventionierung *(f)*
subsidize export Export subventionieren *(m)*
subsidized export subventionierte Ausfuhr *(f)*, subventionierter Export *(m)*
suspend an export Export sperren *(m)*
system of exports Exportsystem *(n)*
tax on export Exportabgabe *(f)*, Exportsteuer *(f)*
temporary export vorübergehende Ausfuhr *(f)*, vorübergehender Export *(m)*
  temporary export of packing vorübergehende Ausfuhr von Verpackungen *(f)*
total export Gesamtexport *(m)*
traditional export traditioneller Export *(m)*
unsuitable article for export nicht exportierte Ware *(f)*
visible export sichtbare Ausfuhr *(f)*, sichtbarer Export *(m)*
volume of exports Umfang des Exports *(m)*
world export Weltausfuhr *(f)*

exportability Exportfähigkeit *(f)*

exportable exportabel
exportable goods Ausfuhrgut *(n)*

exportation Ausfuhr *(f)*, Export *(m)*
exportation arrangement Ausfuhrverfahren *(n)*, Ausfuhrzollverfahren *(n)*
  exportation of goods Warenausfuhr *(f)*, Warenexport *(m)*

illegal exportation of goods illegale Warenausfuhr *(f)*
exportation of goods from the customs territory Ausfuhr von Handelswaren aus dem Zollgebiet *(f)*
exportation of means of transport Ausfuhr von einem Transportmitteln *(f)*
temporary exportation of means of transport vorübergehende Ausfuhr von einem Transportmitteln *(f)*
*agent for exportation Exportvertreter *(m)*
bounty on exportation Ausfuhrprämie *(f)*, Exportbonus *(m)*
country of exportation Ausfuhrland *(n)*, Exportland *(n)*
definitive exportation endgültige Ausfuhr *(f)*, endgültiger Export *(m)*
direct exportation direkte Ausfuhr *(f)*, direkter Export *(m)*
duty on exportation Ausfuhrzoll *(m)*, Ausgangszoll *(m)*, Exportzoll *(m)*
duty-free exportation zollfreier Export *(m)*
invisible exportation unsichtbare Ausfuhr *(f)*, unsichtbarer Export *(m)*
member state of exportation *(EU)* Mitgliedstaat der Ausfuhr *(m)*
outright exportation endgültige Ausfuhr *(f)*, endgültiger Export *(m)*
  clear for outright exportation zur endgültigen Ausfuhr abfertigen *(f)*
  declare for outright exportation zur endgültigen Ausfuhr anmelden *(f)*
price at exportation Ausfuhrpreis *(m)*
temporary exportation vorübergehende Ausfuhr *(f)*, vorübergehender Export *(m)*
  customs procedure of temporary exportation vorübergehendes Ausfuhrverfahren *(n)*
  temporary exportation for outward processing vorübergehende Ausfuhr zur passiven Veredelung *(f)*
  temporary exportation of compensating products vorübergehende Ausfuhr von Veredelungserzeugnissen *(f)*
time limit of exportation Ausfuhrfrist *(f)*
visible exportation sichtbare Ausfuhr *(f)*, sichtbarer Export *(m)*

exported exportiert
exported cargo abgehende Ladung *(f)*, ausgehende Fracht *(f)*

exported goods Ausfuhrwaren (pl), exportierte Ware (f), Exportwaren (pl)
identification of exported goods Ausfuhrwarenidentifikation (f)
methods of identification of exported goods Methoden zur Identifizierung der ausgeführten Waren (pl)
temporary exported goods Ware der vorübergehenden Ausfuhr (f), Waren der vorübergehenden Ausfuhr (pl)
exported means of transport ausgeführte Beförderungsmittel (pl)
temporarily exported means of transport vorübergehend ausgeführte Beförderungsmittel (pl)
* goods temporarily exported vorübergehend ausgeführte Waren (pl)
exporter Ausführer (m), Exporteuer (m)
exporter's bank Bank des Exporteurs (f)
exporter's declaration Erklärung des Ausführers (f)
exporter's invoice Ausfuhrwarenrechnung (f), Exportrechnung (f)
exporter of foodstuffs Lebensmittelexporteur (m)
exporter of industrial goods Exporteur von Industriegütern (m)
exporter's sale price Exportpreis (m)
exporter status Exporteurstatus (m)
* capital exporter Kapitalexporteur (m)
exclusive exporter Alleinexporteur (m)
general exporter allgemeiner Exporteuer (m), Exporteur von mehreren Warengattungen (m), Generalexporteur (m)
marginal exporter marginaler Exporteur (m)
net exporter Nettoexporteur (m)
original exporter ursprüngliche Ausführer (m)
sole exporter Alleinexporteur (m)
wholesale exporter Großexporteur (m), Großhandelsexporteur (m)
exporting Ausfuhr (f) 2. ausführend, exportierend
exporting country Exportland (n), Ausfuhrland (n)
* country of exporting Exportland (n), Ausfuhrland (n)
exports Exportwaren (pl)
expose zeigen
expose for sale zum Verkauf ausstellen (m)

exposure Ausfertigung (f)
express Express (m) 2. Express-
express cargo Expressfracht (f), Expresssendung (f)
express company manifest Manifest des Express-Kurierdienstes (n)
express delivery Eilzustellung (f)
express freight rate Expressbeförderungstarif (m)
express goods Expressfracht (f), Expressgut (n), Expressgutsendung (f), Expresssendung (f)
express letter Expressbrief (m)
express line ship Expresslinienschiff (n)
express mail Eilpost (f)
express parcel Expressgut (n), Expressgutsendung (f)
express shipment Eilsendung (f), Expresssendung (f)
express vessel Expressschiff (n)
* air express freight Luftexpressfracht (f)
intercity express (ICE) Intercity (m), Intercity-Express (ICE) (m), Intercityzug (m)
International Express Parcels Consignment Note (TIEx) internationaler Expressgutschein (TIEx) (m)
transport by express carriers Beförderung durch Express- oder Kurierdienste (f)
expropriation Enteignung (f)
extend prolongieren, verlängern
extend an agreement Vertrag verlängern (m)
extend a bill Wechsel erneuern (m), Wechsel verlängern (m)
extend a concession Konzession verlängern (f)
extend a contract Vertrag verlängern (m)
extend a draft Tratte erneuern (f), Tratte verlängern (f)
extend a letter of credit Akkreditiv erneuern (n), Akkreditiv verlängern (n), Gültigkeit des Akkreditivs verlängern (f)
extend the limit Limit erhöhen (n)
extend a maturity Zahlungsfrist aufschieben (f), Zahlungstermin aufschieben (m), Zahlung aufschieben (f), Zahlungsaufschub gewähren (m)
extend a term Termin hinausschieben (m)
extend trade Handel entwickeln (m)
extend validity Gültigkeit verlängern (f)
extend the validity of a contract Vertragsgültigkeit verlängern (f)

extended erweitert, verlängert
extended bill Prolongationswechsel *(m)*
extended letter of credit Revolvingakkreditiv *(n)*
extension Aufschub *(m)*, Erneuerung *(f)*
extension of assortment Sortimentserweiterung *(f)*
extension of a contract Erneuerung des Kontraktes *(f)*, Verlängerung des Kontraktes *(f)*, Verlängerung des Vertrags *(f)*
extension of contract Verlängerung des Vertrags *(f)*, Verlängerung des Abkommens *(f)*
extension of credit Kreditausweitung *(f)*, Kreditverlängerung *(f)*, Prolongation eines Kredits *(f)*
extension of a draft Prolongation eines Wechsels *(f)*, Tratteprolongation *(f)*, Verlängerung einer Tratte *(f)*, Verlängerung eines Wechsels *(f)*
extension of a letter of credit Akkreditivverlängerung *(f)*, Prolongation eines Akkreditivs *(f)*
extension of product line Sortimentserweiterung *(f)*
extension of a term Fristverlängerung *(f)*
extension of the time limit Fristverlängerung *(f)*, Verlängerung der Frist *(f)*
extension of the time of payment Prolongation *(f)*
extension of trade Handelsausweitung *(f)*
extent Bereich *(m)*
extent of cover Versicherungsbereich *(m)*
extent of the damage Größe des Schadens *(f)*, Schadensausmaß *(n)*
extent of the loss Größe des Schadens *(f)*, Schadensausmaß *(n)*, Verlustmenge *(f)*
extermination Vernichtung *(f)*
extermination of vermin certificate Desinfektionszeugnis *(n)*
external externe, Außen-
external account Restzahlung *(f)*, Zahlungsbilanz *(f)*
balance the external account Zahlungsbilanz ausgleichen *(f)*
external balance-sheet Bilanz der Auslandszahlungen *(f)*
external commercial policy Außenhandelspolitik *(f)*, Politik des Außenhandels *(f)*
external Community trade externer gemeinschaftlicher Handel *(m)*

external Community transit externes gemeinschaftliches Versandverfahren *(n)*
external Community transit procedure externes gemeinschaftliches Versandverfahren *(n)*
external conditions Außenbedingungen *(pl)*
external credit internationaler Kredit *(m)*
external debt Auslandsverschuldung *(f)*, Außenschuld *(f)*
external debt refinancing Refinanzierung der Auslandsverschuldung *(f)*
external debt service Auslandsschulddienst *(m)*
external document externer Beleg *(m)*
external draft Auslandstratte *(f)*
external economic activity Außenwirtschaftsaktivität *(f)*
external economic transaction Außenhandelsgeschäft *(n)*
external market Auslandsmarkt *(m)*
external packing äußere Verpackung *(f)*, Außerverpackung *(f)*
external payments position Zahlungsbilanzlage *(f)*
external prices Außenhandelspreise *(pl)*
external surplus Ausfuhrüberhang *(m)*, Außenhandelsüberschuss *(m)*, Leistungsbilanzüberschuss *(m)*
external tariff Außentarif *(m)*, Außenzolltarif *(m)*
joint external tariff gemeinsamer Zolltarif *(m)*
external trade credit Außenhandelskredit *(m)*
external trade regulations Außenhandelsvorschriften *(pl)*
external trade statistics Außenhandelsstatistik *(f)*
external transit procedure externes Versandverfahren *(n)*
* balance of external claims and liabilities Auslandsverschuldungsbilanz *(f)*
container external dimension Containeraußenabmessungen *(pl)*
extinction Erlöschen *(n)*
extinction of customs debt Erlöschen der Zollschuld *(n)*
extinguish annullieren, stornieren
extra besonder-, Extra-, speziell, zusätzlich
extra cargo Beiladung *(f)*, Zuladung *(f)*
extra carriage Mehrfracht *(f)*
extra charge Zuschlaggebühr *(f)*

extra commission Zusatzprovision (f)
extra compensation Zusatzentschädigung (f)
extra cost Mehrkosten (pl)
extra duty Zuschlagszoll (m)
extra expenditures Nebenkosten (pl), Zusatzkosten (pl)
extra-fast service Expresszug (m)
extra freight Extrafracht (f), Mehrfracht (f), Mehrladung (f) **2.** Frachtaufschlag (m), Primgeld (n)
extra hours Überstunden (pl)
extra money Zusatzbetrag (m)
extra packing Spezialverpackung (f), Zusatzverpackung (f)
extra pay Geldzulage (f), Lohnzuschlag (m), Mehrlohn (m), Zusatzlohn (m) **2.** zusätzliche Zahlung (f)
extra payment Nachzahlung (f), Zusatzzahlung (f)
extra payments of wages Lohnzuschlag (m)
extra proceeds Zusatzerlöse (pl)
extra profit Zusatzgewinn (m)
extra section flight Zusatzflug (m)
extra tare Übertara (f)
extra wage Mehrlohn (m), Zusatzlohn (m)
extra weight Mehrgewicht (n)
* pay extra Geld zusetzen (n), zuzahlen

extract Auszug (m), Dokumentenauszug (m)
extract from a document Auszug aus Dokument (m)
extract of a register Registerauszug (m)
extraordinary außerordentlich
extraordinary loss außerordentlicher Verlust (m)
extraordinary rebate außergewöhnlicher Rabatt (m)
extras Nebenkosten (pl)
extras on heavy lifts Schwergutzuschlag (m)
extras on heavy lifts Schwerladungszuschlag (m)
extreme extrem
extreme breadth Breite über alles (f)
extreme length Maximallänge (f)
extreme rate höchster Preis (m)
EXW ... /insert named place of delivery/ Ab Werk ...
/benannter Lieferort/, EXW ... /benannter Lieferort/
ex-works price Erzeugerpreis (m), Großhandelspreis (m), Massenpreis (m), Preis ab Werk (m), Preis des Herstellerbetriebes (m)

F

fabricate erzeugen, herstellen, produzieren

facsimile Faksimilestempel *(m)*
 facsimile signature Faksimileunterschrift *(f)*
facilities Einrichtungen *(pl)*
 payment facilities sonstige Zahlungserleichterungen *(pl)*, Zahlungserleichterungen *(pl)*
 protection facilities Sicherungsmaßnahmen *(pl)*
 special protection facilities besondere Schutzmaßnahmen *(pl)*
fact Fakt *(m)*
 fact of a case Istzustand *(m)*
 * **ascertainment of facts** Tatsachenfeststellung *(f)*
 establish a fact Tatsache feststellen *(f)*
 statement of facts Darstellung der Tatsachen *(f)*
factor Faktor *(m)* **2.** Koeffizient *(m)*, Rate *(f)*
 factor earnings Faktoreinkommen *(n)*
 factor income Faktoreinkommen *(n)*
 * **adjustment factor** Korrektiv *(n)*
 bunker adjustment factor Bunker Adjustment Factor *(n)*, Bunkerfactor *(m)*, Bunkerzuschlag *(m)*, Zuschlag für Bunkerung *(m)*
 currency adjustment factor CAF-Zuschlag *(m)*, Währungszuschlag *(m)*, Wertbeständigkeitsklausel *(f)*
 fuel adjustment factor Bunker Adjustment Factor *(n)*, Bunkersausgleichsfaktor *(m)*, Bunkerzuschlag *(m)*
 beta factor Betafaktor *(m)*
 capacity factor Arbeitsausnutzungsfaktor *(m)*
 capitalization factor Kapitalisierungskoeffizient *(m)*
 correcting factor Korrektiv *(n)*
 determinative factor entscheidender Faktor *(m)*
 discount factor Abzinsungsfaktor *(m)*
 earning factor Ertragskoeffizient *(m)*
 economic factor wirtschaftlicher Faktor *(m)*
 export factor Export-Faktor *(m)*
 import factor Import-Faktor *(m)*
 load factor Ladefaktor *(m)*
 market factor Konjunkturfaktor *(m)*

 operating factor Betriebsfaktor *(m)*
 productivity factor Produktivitätskoeffizient *(m)*
 short-term factor Kurzzeitfaktor *(m)*
 statistical factor statistischer Index *(m)*
 trade factor Handelsfaktor *(m)*
factorage Factoringgebühr *(f)*, Kommissionsgebühr *(f)*, Kommissionsvergütung *(f)*
factorial faktoriell
 factorial analysis Faktorenanalyse *(f)*
 factorial terms of trade faktorielles Handelsverhältnis Import/Export *(n)*
factoring Faktoring *(n)*
 factoring agreement Factoringvertrag *(m)*
 factoring charges Factoring-Gebühren *(pl)*
 factoring company Faktoringbetrieb *(m)*
 factoring house Faktoringbetrieb *(m)*, Faktoringhaus *(n)*
 factoring with recourse Regressfaktoring *(n)*
 * **contract of factoring** Factoringvertrag *(m)*
 conventional factoring herkömmliches Faktoring *(n)*
 direct factoring direktes Faktoring *(n)*
 export direct factoring direktes Exportfaktoring *(n)*
 import direct factoring direktes Importfaktoring *(n)*
 export factoring Exportfaktoring *(n)*
 full factoring echtes Faktoring *(n)*
 half-open factoring halboffenes Faktoring *(n)*
 indirect factoring indirektes Faktoring *(n)*
 maturity factoring Fälligkeitsfaktoring *(n)*, indirektes Faktoring *(n)*
 old-line factoring Standardfaktoring *(n)*
 open factoring offenes Faktoring *(n)*
 recourse factoring Regressfaktoring *(n)*
 undisclosed factoring unveröffentlichtes Faktoring *(n)*
factory Betrieb *(m)*, Fabrik *(f)*, Werk *(n)* **2.** Fabrik-, Werk-
 factory cost Herstellungskosten *(pl)*
 factory instruction Betriebsinstruktion *(f)*
 factory list price Werkpreis *(m)*
 factory mark Fabrikmarke *(f)*
 factory price Herstellerpreis *(m)*, Werkpreis *(m)*
 factory product Fabrikat *(n)*
 factory ship Fabrikschiff *(n)*
 factory siding Fabrikanschlussgleis *(n)*
 factory test Betriebsprobe *(f)*

factory vessel Fabrikschiff *(n)*
factory warehouse Fabriklager *(n)*
* ex factory ab Werk *(n)*
free at factory frei Betrieb *(m)*, frei Fabrik *(f)*
free at factory price Preis frei Betrieb *(m)*, Preis frei Werk *(m)*
price ex factory Preis ab Werk *(m)*, Preis frei ab Werk *(m)*
trade factory Handelsniederlassung *(f)*
free factory price Preis frei Betrieb *(m)*, Preis frei Werk *(m)*
facultative fakultativ
facultative clause Fakultativklausel *(f)*
facultative insurance fakultative Versicherung *(f)*
facultative reinsurance fakultative Rückversicherung *(f)*, freiwillige Rückversicherung *(f)*
fail Bankrott machen *(m)*
failing Fehler *(m)*
failure Nichteinhaltung *(f)*, Nichterfüllung *(f)*
failure in payment Nichtbezahlung *(f)*, Nichtzahlung *(f)*
failure to comply with the conditions Nichteinhaltung der Bedingungen *(f)*
failure to comply with the term Nichteinhaltung der Frist *(f)*, Nichtunterhaltung der Frist *(f)*
failure to observe the time limit Nichteinhaltung der Frist *(f)*, Nichtunterhaltung der Frist *(f)*
failure to pay on a due date Ausbleiben der Zahlung *(n)*
failure to respect the time limit Fristüberschreitung *(f)*, Nichteinhaltung einer Frist *(f)*, Terminüberschreitung *(f)*
fair Messe *(f)* **2.** Messe- **3.** fair
fair administration Messeverwaltung *(f)*
fair average quality aufrichtige Mittelqualität *(f)*, gute Durchschnitlichequalität *(f)*, gute Durchschnittsqualität *(f)*
fair ground Messegelände *(n)*
fair market value Marktpreis *(m)*, Tagespreis *(m)*
fair offer faires Angebot *(n)*, Handelsangebot *(n)*
fair office Messebüro *(n)*
fair proposition faires Angebot *(n)*, Handelsangebot *(n)*
fair quality gute Qualität *(f)*
* inland fair Inlandsmesse *(f)*

international fair internationale Messe *(f)*
national fair Inlandsmesse *(f)*
specialized fair Branchenmesse *(f)*, Fachmesse *(f)*
stand at the fair Messestand *(m)*
trade fair Branchenmesse *(f)*
wholesale fair Großhandelsmesse *(f)*
faith Trauung *(f)*
FAK Frachten aller Sorten und Güter *(pl)*
FAK Box Rate FAK-Box-Satz *(m)*
fall Ermäßigung *(f)*
fall in exchange Fallen der Kurse *(n)*, Kursabfall *(m)*, Kursrückgang *(m)*
fall in prices Preisensenkung *(f)*, Preisnachlass *(m)*
fall in value Wertfall *(m)*, Wertrückgang *(m)*, Wertverlust *(m)*
fall in weight an Gewicht verlieren *(n)*
* export fall Exportrückgang *(m)*
import fall Importrückgang *(m)*
price fall Preisermäßigung *(f)*, Preisreduktion *(f)*
sharp fall in prices einschneidender Preisabbau *(m)*, Preiseinbruch *(m)*
falling rückläufig
falling prices Preisabbau *(m)*, Preissturz *(m)*
falling-off Rückgang *(m)*
falling-off in manufacturing Produktionsabfall *(m)*, Rückgang der Produktion *(m)*
falling-off in sales Absatzvolumenrückgang *(m)*
falling-off of orders Bestellungsrückgang *(m)*
false falsch
false address falsche Anschrift *(f)*
false declaration falsche Anmeldung *(f)*
false document falsche Urkunde *(f)*
falsification Falsifikation *(f)*, Falsifizierung *(f)*
falsification of a document Urkundenfälschung *(f)*
falsifity fälschen
falsify a document Dokument fälschen *(n)*, Urkunde verfälschen *(f)*
family Familien-
family partnership Familiengesellschaft *(f)*
fancy modisch
fancy packing Luxusverpackung *(f)*
fare Frachtpreis *(m)*
air fare Lufttarif *(m)*, Luftverkehrstarif *(m)*

carriage fare Beförderungsgebühr *(f)*, Frachtgeld *(n)*
rail fare Personenbeförderungstarif *(m)*
railway fare Eisenbahnfahrpreis *(m)*
FAS ... /insert named port of shipment/ FAS ... / benannter Verschiffungshafen/, frei Längsseite Schiff ... /benannter Verschiffungshafen/
fas clause FAS-Klausel *(f)*, frei-Längsseite-des-Schiffes-Klausel *(f)*, frei-längsseits-Schiff-Klausel *(f)*
fas delivery FAS-Lieferung *(f)*, Längsseitslieferung *(f)*
FAS price Preis fas *(m)*
fast Festmacheleine *(f)*, Vertäutrosse *(f)*
2. schnell
fast as can as customary so schnell wie üblich
fast freight Eilgut *(n)*, Eilsendung *(f)*, Expresssendung *(f)*
fast goods Eilfracht *(f)*, Eilgut *(n)*
fault Fehler *(m)*
manufacturing fault Fabrikationsfehler *(m)*
faulty fehlerhaft
faulty packing mangelhafte Verpackung *(f)*
favourable günstig
favourable conditions Präferenzbedingungen *(pl)*, Vorzugsbedingungen *(pl)*
favourable balance aktive Bilanz *(f)*, Aktivsaldo *(m)*
favourable offer günstige Offerte *(f)*, vorteilhaftes Angebot *(n)*
FCA ... /insert named place of delivery/ FCA ... /benannter Lieferort/, Frei Frachtführer ... /benannter Lieferort/
FCL FCL-Ladung *(f)*, Komplettladung *(f)*
feasible möglich, solution gangbare Lösung *(f)*
feature Eigenschaft *(f)*
qualitative feature Qualitätsmerkmal *(n)*
federal Bundes-
federal funds Bundesmittel *(pl)*
federal statute Bundesgesetz *(n)*
federation Föderation *(f)*
International Federation of Forwarding Agent's Associations Internationale Föderation der Spediteurorganisationen *(f)*

fee Beitrag *(m)* **2.** Löhne und Gehälter *(pl)* **3.** Honorar *(n)*
fee for loading Verschiffungsgebühr *(f)*
fee for notarial service Notariatsgebühr *(f)*, Stempelgebühr *(f)*
* additional fee Ergänzungsbeitrag *(m)*
administrative fee Verwaltungsgebühr *(f)*
agency fee Agentengebühr *(f)*, Agenturprovision *(f)*, Vertretungsgebühr *(f)*, Vertretungsprovision *(f)*
agent's fee Agenturprovision *(f)*
annual fee Jahresgebühr *(f)*
application fee Antragsgebühr *(f)*
arbiter fee Arbitergebühr *(f)*, Schiedsrichtergebühr *(f)*
arbitration fee Arbitragegebühr *(f)*, Schiedsgerichtsgebühr *(f)*
auction fee Auktionsgebühr *(f)*
auctioneer's fee Versteigerungsgebühr *(f)*
auditor's fee Prüferhonorar *(n)*
bank fee Bankgebühr *(f)*
booking fee Buchungsgebühr *(f)*, Buchungsgeld *(n)*
brokerage fee Maklergebühr *(f)*
broker's fee Maklergebühr *(f)*, Maklerprovision *(f)*
broker's lien Schiffsmaklerpfandrecht *(n)*
canal fee Kanalabgabe *(f)*, Kanalgebühr *(f)*
cancellation fee Annullierungsgebühr *(f)*, Stornierungsgebühr *(f)*, Stornogebühr *(f)*
charge a fee Gebühr erheben *(f)*, Honorar erheben *(n)*, Honorar fordern *(n)*
charging fee Ladungsgeld *(n)*, Verfrachtung *(f)*
clearance fee Verzollungsgebühr *(f)*
clearing fee Clearinggebühr *(f)*
collecting fee Inkassospesen *(pl)*, Inkassogebühr *(f)*, Inkassospesen *(pl)*
commission fee Kommissionsgebühr *(f)*
compensation fee Kompensationsgebühr *(f)*
consular fee Konsulargebühr *(f)*
consultation fee Konsultationsgebühr *(f)*
counsel's fee Anwaltsgebühr *(f)*
delivery fee Lieferungsbezahlung *(f)*, Lieferungsgebühr *(f)*, Zustellgebühr *(f)*
discharge fee Ladungsgebühr *(f)*
entrance fee Beitrittsgebühr *(f)*, Eintrittsgeld *(n)*
expert's fee Sachverständigengebühr *(f)*
export fee Ausfuhrgebühr *(f)*, Exportgebühr *(f)*
filing fee Anmeldegebühr *(f)*, Eintragungssteuer *(f)*

flat fee Einheitsgebühr *(f)*
franchise fee Franchisegebühr *(f)*
guarantee fee Bürgschaftsprovision *(f)*, Provision für Garantie *(f)*
guaranty fee Bürgschaftsprovision *(f)*
handling fee Manipulationsgebühr *(f)*
import fee Einfuhrgebühr *(f)*, Importabgabe *(f)*, Importgebühr *(f)*
initiation fee Eintrittsgeld *(n)*
lawyer's fee Anwaltsgebühr *(f)*, Rechtsanwaltsgebühr *(f)*
leasing fee Leasinggebühr *(f)*
legal fee Gerichtsgebühr *(f)*, Rechtsanwaltsgebühr *(f)*
licence fee Lizenzgebühr *(f)*
lighthouse fee Leuchtturmgebühr *(f)*
maintenance fee periodische Gebühr *(f)*
membership fee Mitgliedsbeitrag *(m)*
notarial fee Notariatsgebühr *(f)*
notary's fee Stempelgebühr *(f)*
packing fee Packmittelgebühr *(f)*, Verpackungsgebühr *(f)*
passport fee Passgebühr *(f)*
penalty fees Bußgeld *(n)*
pilotage fee Lotsengebühr *(f)*, Lotsengeld *(n)*
prolongation fee Verlängerungsgebühr *(f)*
quarantine fee Quarantänegebühr *(f)*
registration fee Beitrittsgebühr *(f)*, Eintrittsgeld *(n)*
registry fee Registrierungsgebühr *(f)*
renewal fee of a patent Patenterneuerungsgebühr *(f)*
sanitary fee Gesundheitsabgabe *(f)*
scale of custom-house fees Zollabgabentarif *(m)*
schedule fee Tarifengeld *(n)*, Tarifgebühr *(f)*
security fee Bürgschaftsprovision *(f)*
stock exchange fee Börsegebühr *(f)*
storage fees Lagerspesen *(pl)*, Speichergeld *(n)*
subscription fee Abonnementsgebühr *(f)*, Subskriptionsgebühr *(f)*
table of fees Gebührentarif *(m)*
transfer fee Frachtgeld *(n)*
transit fee Beförderungsgeld *(n)*, Transitgebühr *(f)*
feeder Vorreiseschiff *(n)*
feeder line Vorreiselinie *(f)*
feeder port Außenhafen *(m)*, Vorreisehafen *(m)*
feeder railroad Vorreisebahn *(f)*, Vorreiseeisenbahn *(f)*

feeder railway Vorreisebahn *(f)*, Vorreiseeisenbahn *(f)*
feeder service Vorreiselinie *(f)*, Vorreiseschiffverkehr *(m)*, Vorreiseservice *(m)*
feeder ship Feederschiff *(n)*, Vorreiseschiff *(n)*, Zubringerschiff *(n)*
feeder vessel Feederschiff *(n)*, Vorreiseschiff *(n)*, Zubringerschiff *(n)*
feeder-carrier Vorreiserederei *(f)*
ferriage Fähregebühr *(f)* **2.** Fährtransport *(m)*, Fährverkehr *(m)*
ferry Fährboot *(n)*, Fähre *(f)* **2.** Fährtransport *(m)*, Fährverkehr *(m)*
ferry charge Fähregebühr *(f)*, Fähregeld *(n)*
ferry crossing Fährüberfahrt *(f)*
ferry line Fährelinie *(f)*
* auto ferry Autofährschiff *(n)*, Kraftwagenfähre *(f)*
car ferry Autofährschiff *(n)*, Kraftwagenfähre *(f)*
land and ferry transport Land-Fähre-Verkehr *(m)*
passenger-car ferry Passagier- und Autofähre *(f)*
railway ferry Eisenbahnfähre *(f)*
ferryboat Fährboot *(n)*, Fähre *(f)*
ferry-boat port Fährhafen *(m)*
fi *(Abk.)* *free in* frei Einladen *(n)*, Löschkosten für Verlader *(pl)*
fi clause fi-Klausel *(f)*
FIATA *(Abk.)* *International Federation of Freight Forwarders Associations* Internationale Föderationder Spediteurorganisationen
FIATA Combined Transport Bill of Lading FIATA kombinierter Transport Bill of Lading *(n)*
FIATA Forwarders Certificate of Receipt Spediteur Übernahmebescheinigung *(f)*
FIATA Forwarders certificate of transport Spediteur Transportbescheinigung *(f)*
FIATA Forwarding Instructions FIATA Speditionsvorschriften *(pl)*
FIATA Warehouse Receipt FIATA Warehouse Receipt *(n)*
fictious fiktiv
fictious declaration falsche Erklärung *(f)*
fictitious company Scheingesellschaft *(f)*

fictitious contract Scheinkontrakt (m)
fictitious invoice fingierte Rechnung (f), Proformarechnung (f)
fictitious sale fiktiver Verkauf (m)
fictitious value fiktiver Wert (m)
fiduciary treuhänderisch
fiduciary loan ungedecktes Darlehen (n)
field Bereich (m)
field of operation Tätigkeitskreis (m)
field office Filiale (f), Geschäftsstelle (f)
field organization Repräsinstanz (f)
fighting Kampf-
fighting tariff Kampfzoll (m)
figure Ziffer (f)
figures ziffernmäßige Angaben (pl)
import figures Einfuhrzahlen (pl)
tax figures Buchhaltungsangaben (pl)
file anmelden, einreichen, melden
file a claim Reklamation anmelden (f), Reklamation geltend machen (f)
file a complaint beanstanden
file a protest Protest erheben (m)
file customs return Zolldeklaration abgeben (f)
file Kartothek (f) **2.** Urkunden (pl) **3.** Akten-
file number Aktenzeichen (n), Referenznummer (f)
file reference Aktenkennzeichen (n)
filing Anmelde-
filing date Anmeldetag (m), Hinterlegungszeitpunkt einer Anmeldung (m)
filing fee Anmeldegebühr (f), Eintragungssteuer (f)
fill ausfüllen
fill a contract Vertrag erfüllen (m)
fill an order Bestellung realisieren (f)
fill in ausfüllen
fill in a form Formblatt ausfüllen (n), Formular ausfüllen (n), Vordruck ausfüllen (m)
fill up ausfüllen
fill up a cheque Scheck ausfüllen (m)
fill up a form Formblatt ausfüllen (n), Formular ausfüllen (n), Vordruck ausfüllen (m)
filling Erfüllung (f)
filling an order Bestellungsausführung (f)
filling of an order Auftragserfüllung (f)
final endgültig, abschließend, letzte
final acceptance Endabnahme (f)
final action abschließende Entscheidung (f)
final balance-sheet Abschlussbilanz (f)

final bill of lading Finalkonnossement (n)
final calculation Abschlussrechnung (f), Endkalkulation (f)
final consumer Endverbraucher (m)
final control Abschlussverifikation (f), Endkontrolle (f)
final data endgültige Angaben (pl)
final date äußerster Termin (m), Endtermin (m), Schlusstermin (m), Zeitlimit (n)
final decision endgültiger Beschluss (m), rechtskräftige Entscheidung (f)
final delivery letzte Lieferung (f)
final destination Bestimmungsort (m), Bestimmungspunkt (m), Endpunkt (m), Finalpunkt (m), Zielort (m)
final importation endgültige Einfuhr (f)
final invoice endgültige Rechnung (f), Abschlussrechnung
final order fester Auftrag (m)
final point Bestimmungsort (m), Bestimmungspunkt (m), Destinationort (m), Endpunkt (m), Finalpunkt (m)
final port Ausladehafen (m), Bestimmungshafen (m), Lieferungshafen (m)
final port of destination Ausladehafen (m), Bestimmungshafen (m), Lieferungshafen (m)
final product Endprodukt (n)
final protocol Abschlussprotokoll (n)
final report Abschlussbericht (m)
final result Endergebnis (n)
final settlement Schlussabrechnung (f)
final solution Endlösung (f)
final waybill endgültiger Bordereau (m)
* render a verdict final and binding rechtskräftig machen

finance finanzieren
finance a loan Darlehen finanzieren (n)
finance export Export finanzieren (m)
finance import Import finanzieren (m)
finance Finanzwesen (n). Finanzierung (f)
2. Finanzierungs-, Finanz-
finance department Finanzabteilung (f)
finance leasing Finanzierungsleasing (n), Finanzleasing (n)
finance report Finanzbericht (m), finanzielle Abrechnung (f)
finance result Finanzergebnis (n), Finanzresultat (n)
finance statistics Finanzstatistik (f)
* amount of finance Finanzhöhe (f)

balance of finance Finanzbilanz *(f)*
export finance Ausgangsfinanzierung *(f)*, Exportfinanzierung *(f)*
pre-shipment finance pre-shipment Finanzierung *(f)*
financial finanziell
financial acceptance Finanzakzept *(n)*
financial accounting Finanzberichterstattung *(f)*
financial activity Finanztätigkeit *(f)*
financial advantage Finanzerleichterung *(f)*
financial agreement Finanzabkommen *(n)*, finanzielle Vereinbarung *(f)*
financial aid finanzielle Hilfe *(f)*
financial analysis finanzielle Analyse *(f)*
financial base finanzielle Basis *(f)*
financial blockade Finanzblokade *(f)*
financial claim Finanzförderung *(f)*
financial control Finanzinspektion *(f)*, Finanzkontrolle *(f)*
financial credit Finanzkredit *(m)*
financial damage Finanzschaden *(m)*
financial discipline Finanzdisziplin *(f)*
financial document Finanzdokument *(n)*
financial duty Finanzzoll *(m)*
financial effect Finanzeffekt *(m)*
financial formalities Förmlichkeiten des Zahlungsverkehrs *(pl)*
financial fraud Finanzvergehen *(n)*
financial group Finanzierungskonsortium *(n)*
financial guarantee Finanzgarantie *(f)*
financial harm Finanzverlust *(m)*
financial information finanzielle Auskunft *(f)*
financial inspection Finanzinspektion *(f)*
financial inspection Finanzkontrolle *(f)*
financial institution Finanzinstitut *(n)*
financial leasing Finanzierungsleasing *(n)*, Finanzleasing *(n)*
financial loss Finanzverlust *(m)*
financial market Finanzmarkt *(m)*
financial obligation Finanzverpflichtung *(f)*
financial operation Finanzoperation *(f)*
financial participation finanzielle Beteiligung *(f)*
financial plan Finanzplan *(m)*
financial pool Finanzabkommen *(n)*, Finanzpool *(m)*
financial position finanzielle Lage *(f)*, Finanzlage *(f)*
financial procedure Finanzierungsregelung *(f)*

financial ratio Finanzfaktor *(m)*
financial records Finanzdokumentation *(f)*
financial relations finanzielle Beziehungen *(pl)*
financial reporting Finanzberichterstattung *(f)*
financial resources finanzielle Mittel *(pl)*, finanzielle Ressourcen *(pl)*, flüssige Mittel *(pl)*
financial result Finanzergebnis *(n)*, Finanzresultat *(n)*
financial risk finanzielles Risiko *(n)*
financial sanctions Finanzsanktionen *(pl)*
financial security finanzielle Sicherheit *(f)*
financial situation finanzielle Lage *(f)*, Finanzlage *(f)*
financial stability Finanzstabilität *(f)*
financial stabilization Finanzstabilisierung *(f)*
financial standing finanzielle Lage *(f)*
financial statement Finanzbericht *(m)*, finanzielle Abrechnung *(f)*, Geschäftsbericht *(m)*
financial structure Finanzstruktur *(f)*
financial switch Finanzswitch *(n)*
financial system Finanzsystem *(n)*
financial transaction Finanzgeschäft *(n)*
* **offshore financial centre (OFC)** Off-Shore-Finanzzentrum *(n)*
international offshore financial centre Steueroase *(f)*
collection of financial items Finanzinkasso *(n)*
international financial law internationales Finanzsrecht *(n)*
chief financial officer Finanzdirektor *(m)*
master financial plan Hauptfinanzplan *(m)*
additional financial resources zusätzliches Geldmittel *(n)*
company financial year Buchführungsjahr *(n)*
financing Finanzieren *(n)*, Finanzierung *(f)*
financing arrangement Finanzvertrag *(m)*
financing contract Finanzvertrag *(m)*
financing of foreign trade Außenhandelsfinanzierung *(f)*, Finanzierung des Außenhandels *(f)*
financing of investment Kapitalanlagefinanzierung *(f)*
* **export financing** Ausgangsfinanzierung *(f)*, Exportfinanzierung *(f)*
foreign trade financing Außenhandelsfinanzierung *(f)*, Finanzierung des Außenhandels *(f)*
form of financing Finanzverfahren *(n)*, Finanzweg *(m)*
import financing Einfuhrfinanzierung *(f)*, Importfinanzierung *(f)*

importing financing Einfuhrfinanzierung *(f)*, Importfinanzierung *(f)*

method of financing Finanzierungsart *(f)*, Finanzierungsmethode *(f)*

mode of financing Finanzierungsart *(f)*, Finanzierungsmethode *(f)*, Finanzverfahren *(n)*, Finanzweg *(m)*

proposal for financing Finanzvorschlag *(m)*

stoppage of financing Finanzeinstellung *(f)*

terms of financing Finanzbedingungen *(pl)*

fine Bußgeld *(n)*

administrative fine Verwaltungsstrafe *(f)*

customs fine Zollgeldstrafe *(f)*, Zollstrafe *(f)*

execution of a fine Geldstrafevollstreckung *(f)*

inflict a fine Geldbuße verhängen *(f)*, Geldstrafe verhängen *(f)*

lay a custom-house fine mit Zollstrafen belegen *(pl)*, Zollstrafe auferlegen *(f)*

lay a customs fine mit Zollstrafen belegen *(pl)*, Zollstrafe auferlegen *(f)*

money fine Geldauflage *(f)*, Geldstrafe *(f)*

pay a fine Strafe zahlen *(f)*

set a fine Geldbuße verhängen *(f)*, Geldstrafe verhängen *(f)*

finest beste

finest quality beste Qualität *(f)*

finish beenden

finish Ende *(n)*

finish of talks Abschluss der Verhandlungen *(m)*

finished fertig

finished goods fertige Erzeugnisse *(pl)*, Fertigware *(f)*

finished product Gesamtprodukt *(n)*

finite begrenzt

finite loading begrenzte Belastung *(f)*, Höchstbelastung *(f)*

fio *(Abk.)* *frei in end out* frei ein und aus, Nettobedingungen *(pl)*

fio clause fio-Klausel *(f)*

fio excluding stowing Stauenkosten für Reeder *(pl)*, Stauungskosten für Reeder *(pl)*

fio excluding trimming Trimmenkosten für Reeder *(pl)*, Trimmungskosten für Reeder *(pl)*

fios clause fios-Klausel *(f)*

fiot clause fiot-Klausel *(f)*

fire Feuer-

fire clause Feuerklausel *(f)*

fire damage Brandschaden *(m)*

fire-fighting vessel Feuerschiff *(n)*

fire insurance Feuerversicherung *(f)*, Versicherung gegen Brand *(f)*

fire policy Brandpolice *(f)*

fire premium Brandversicherungsbeitrag *(m)*

fire risk Brandgefahr *(f)*

fire-resisting bulkhead Feuerschott *(n)*

* insurance against fire Feuerversicherung *(f)*, Versicherung gegen Brand *(f)*

owner's risk of fire Brandrisiko für Reeder *(n)*

firm fest, verbindlich

firm bid verbindliche Offerte *(f)*, verbindliches Angebot *(n)*

firm dealing in imports Importgeschäft *(n)*

firm name Firmenname *(m)*

firm offer festes Angebot *(n)*, verbindliches Angebot *(n)*

firm order feste Bestellung *(f)*, feste Offerte *(f)*, fixes Angebot *(n)*, verbindliche Bestellung *(f)*

firm stamp Firmensiegel *(n)*

* affiliated firm Schwesterfirma *(f)*

agency firm Agentur *(f)*, Vertreterfirma *(f)*

airline firm Fluggesellschaft *(f)*

audit firm Wirtschaftsprüfungsgesellschaft *(f)*

commercial firm Geschäftshaus *(n)*

consulting firm Beratungsgesellschaft *(f)*, Beratungsunternehmen *(n)*, Consultingfirma *(f)*

courier firm Kuriergeschäft *(n)*

establish a firm Geschäft eröffnen *(n)*

export firm Exportgesellschaft *(f)*, Exporthaus *(n)*

foreign firm ausländische Firma *(f)*, Auslandsfirma *(f)*, Auslandsunternehmen *(n)*

guarantee of a firm Firmengarantie *(f)*

import firm Einfuhrfirma *(f)*, Einfuhrgeschäft *(n)*

innovation firm Innovationsfirma *(f)*

investment firm Investmentfirma *(f)*

liquidate a firm Firma liquidieren *(f)*

mail-order firm Versandhaus *(n)*

mother firm Muttergesellschaft *(f)*

multinational firm multinationales Unternehmen *(n)*, transnationales Unternehmen *(n)*

non-corporated firm privates Unternehmen *(n)*, Privatunternehmen *(n)*

original firm Mutterhaus *(n)*

parent firm Mutterfirma *(f)*, Mutterunternehmen *(n)*, Stammhaus *(n)*

private firm Privatfirma *(f)*

production firm Produktionsbetrieb *(m)*

register a firm Firma eintragen *(f)*

shipping firm Speditionsfirma *(f)*, Speditionsgeschäft *(f)*

status of a firm Firmenstatus *(m)*
style of the firm Bezeichnung der Firma *(f)*, Firmenname *(m)*
supplying firm Lieferfirma *(f)*
wholesale firm Großgeschäft *(n)*, Großhandelsstelle *(f)*, Großhandlung *(f)*
firmness Stabilität *(f)*
first erste
first arrival port erster Ankunftshafen *(m)*
first available vessel erstes verfügbares Schiff *(n)*
first bill Erstausfertigung eines Wechsels *(f)*, Primawechsel *(m)*
 first bill of exchange Primawechsel *(m)*
first business day erster Arbeitstag *(m)*, erster Werktag *(m)*
first carrier erster Verkehrsträger *(m)*
first-class quality Primasorte *(f)*, Warenpostenqualität *(f)*
first cost Herstellerpreis *(m)*, Werkpreis *(m)*
first country of destination erstes Bestimmungsland *(n)*
first grade erste Sorte *(f)*
first of bill of exchange erste Ausfertigung des Wechsels *(f)*, Primawechsel *(m)*
first office of transit erste Grenzübergangsstelle *(f)*
first officer Erster *(m)*, erster Offizier *(m)*
first open water erstes offenes Wasser *(n)*, sofort nach Schifffahrtseröffnung *(f)*
first place of destination erster Bestimmungsort *(m)*
first place of introduction erster Ort des Verbringens *(m)*
first port of call erster Zwischenhafen *(m)*
first premium erste Prämie *(f)*
first purchaser erster Käufer *(m)*
first released for free circulation erste Überführung in den zollrechtlich freien Verkehr *(f)*
first-rate quality auserlesene Qualität *(f)*, beste Qualität *(f)*, erstklassige Qualität *(f)*
first working day erster Arbeitstag *(m)*, erster Werktag *(m)*
* take to first carrier zum ersten Verkehrsträger liefern *(m)*
fiscal fiskalisch, Fiskal-
fiscal act Abgabengesetz *(n)*, Steuergesetz *(n)*
fiscal band Banderole *(f)*
fiscal barrier Fiskalsperre *(f)*, steuerrechtliche Barriere *(f)*

fiscal capacity Steuerfähigkeit *(f)*
fiscal charge Steuerbelastung *(f)*, steuerliche Belastung *(f)*
fiscal duty Fiskalzoll *(m)*
fiscal evasion Steuerhinterziehung *(f)*
fiscal interests fiskalische Interessen *(pl)*, Interessen des Fiskus *(pl)*
fiscal law Steuergesetz *(n)*, Steuerrecht *(n)*
fiscal legislation Steuergesetzgebung *(f)*
fiscal offence fiskalische strafbare Handlung *(f)*, Steuerordnungswidrigkeit *(f)*
fiscal penalty Steuerstrafe *(f)*
fiscal policy Steuerpolitik *(f)*
fiscal wall Fiskalsperre *(f)*, steuerrechtliche Barriere *(f)*
fiscal year Budgetjahr *(n)*, Haushaltsjahr *(n)*
* abolition of fiscal frontiers Abschaffung der Steuergrenzen *(f)*
taxation of imports for fiscal purposes Besteuerung der Einfuhr zur Erzielung von Einnahmen *(f)*
fish Fisch-
fish transport ship Fischtransportschiff *(n)*
fisher Fischereifahrzeug *(n)*, Fischereischiff *(n)*
fishery Fischerei *(f)* **2.** Fischerei-
fishery flag Fischereiflagge *(f)*
fishery on the open sea Hochseefischerei *(f)*
* commercial fishery Erwerbsfischerei *(f)*
open-sea fishery Hochseefischerei *(f)*
common fisheries policy gemeinsame Fischereipolitik *(f)*
sea fishery Seefischerei *(f)*
fishing Fischerei *(f)*
fishing craft Fischereifahrzeug *(n)*, Fischereischiff *(n)*
fishing district Fischereibezirk *(m)*
fishing harbor Fischereihafen *(m)*
fishing port Fischereihafen *(m)*
* coastal fishing Fischen an der Küste *(n)*
fittings Ausrüstung *(f)*, Zubehör *(n)*
container fittings Containerzubehör *(n)*
deck fittings Deckzubehör *(n)*
fix festlegen, festsetzen
fix the date Datum festlegen *(n)*
fix a list Liste anfertigen *(f)*, Liste vorbereiten *(f)*, Verzeichnis anlegen *(n)*
fix a rate Satz festsetzen *(m)*
fix a term Termin bestimmen *(m)*, Termin festlegen *(m)*
fix a time limit Frist festsetzen *(f)*

fix a time of payment Fälligkeitsdatum festlegen (n)
fixation Ermittlung (f), Festlegung (f)
fixed fest
fixed assets Investitionsgüter (pl), Sachanlagen (pl)
fixed basis price unveränderter Preis des
Basiszeitraumes (m)
fixed bill datierter Wechsel (m)
fixed duty spezifischer Zoll (m)
fixed exchange rate Zentralkurs (m)
fixed investment Kapitalanlage (f)
fixed payment Zahlung eines festen Betrags (f)
fixed price Festpreis (m)
fixed price clause fixed-price-Klausel (f)
fixed rate fester Kurs (m), fester Satz (m)
 fixed rate of exchange fixierter Kurs (m)
fixed-term contract befristeter Vertrag (m),
Fixgeschäft (n)
* **bill payable at a fixed date** datierter
Wechsel (m)
officially fixed price offizieller Preis (m)
fixing Befestigung (f)
fixing the amount of indemnity Entschädigungsfeststellung (f), Festlegung der Entschädigungshöhe (f)
fixing of quotas Festlegung der Quote (f),
Kontingentierung (f)
fixing price fester Preis (m), fixer Preis (m)
* **time fixing** Fristbestimmung (f), Terminfestsetzung (f)
flag Flagge (f)
flag clause Flaggenklausel (f)
flag discrimination Flaggendiskriminierung (f)
flags of convenience billige Flagge (f), Billigflagge (f)
* **cheap flag** billige Flagge (f), Billigflagge (f)
customs flag Zollflagge (f)
fishery flag Fischereiflagge (f)
law of the flag Flaggenrecht (n)
law of the ship's flag Flaggenrecht des
Schiffes (n), Schiffsflaggenrecht (n)
mercantile flag Handelsflagge (f)
merchant flag Handelsflagge (f)
pilot flag Lotseflagge (f)
quarantine flag Quarantäneflagge (f)
verification of flag Flaggenprüfung (f)
vessel's flag Schiffsflagge (f)
flammable brennbar
flammable goods entzündbare Ware (f),
leichtbrennbare Ware (f)

flat Flach-
flat bed trailer Flachtrailer
flat car Lore (f), Plattformwagen (m)
flat-car
container flat-car Plattform-Container (m)
flat fee Einheitsgebühr (f)
flat pallet Flachpalette (f)
flat rack (container) Flachcontainer (m)
flat rate Einheitssatz (m), Pauschalsatz (m)
flat-rate amount Pauschalbetrag (m)
flat-rate guarantee system System der
Pauschalbürgschaft (n)
flat-rate guarantee voucher (CT) Sicherheitstitel im Rahmen der Pauschalbürgschaft (m)
flat-rate security Pauschalsicherung (f)
flat-rate system pauschale Regelung (f)
* **container of flat car** Container auf Platformwagen (m)
uniform flat rate einheitliche Pauschalrate (f)
container flat waggon Containertragwaggon (m), Containerwaggon (m)
container of flat wagon (GB) Container auf
Platformwagen (m)
flaw Defekt (m), Mangel (m), Panne (f)
fleet Flotte (f)
fleet of containers Containerpark (m)
fleet of merchantmen Handelsflotte (f)
fleet of motor vehicles Kraftfahrzeugpark (m)
fleet tug Schleppdampfer (m), Schleppschiff (n)
* **inland navigation fleet** Binnenflotte (f),
Binnenschifffahrtsflotte (f)
liner fleet Linienflotte (f)
sea fleet Handelsflotte (f), Marine (f)
sea-going fleet Handelsflotte (f), Marine (f)
tanker fleet Tankerflotte (f)
flexibility Flexibilität (f)
flexibility of demand Nachfrageelastizität (f)
* **price flexibility** Preiselastizität (f)
flexible elastisch, flexibel
flexible exchange rate flexibeler Wechselkurs (m), flexibler Kurs (m), flexibler Wechselkurs (m), floatender Kurs (m)
flexible price elastischer Preis (m), flexibler
Preis (m)
flexible tariff flexibeler Tarif (m)
flight Flug (m) **2.** Flug-
flight crew Flugpersonal (n)
flight number Flugnummer (f)
flight plan Luftstraße (f)

flight readiness Abflugbereitschaft *(f)*
flight schedule Flugplan *(m)*
* **additional flight** Zusatzflug *(m)*
charter flight Charterflug *(m)*
date of flight Datum des Fluges *(n)*, Flugdatum *(n)*, Flugtag *(m)*
extra section flight Zusatzflug *(m)*
homing flight Zielflug *(m)*
return flight Rückflug *(m)*
round flight Rundflug *(m)*
scheduled flight Linienflug *(m)*
floating fließend, Schwimm-
floating barge container Containerleichter *(m)*
floating cargo schwimmende Ladung *(f)*
floating container Schwimmcontainer *(m)*
floating crane Schwimmkran *(m)*
floating debt kurzfristige Schuld *(f)*
floating dock Schwimmdock *(n)*
floating elevator Schwimmelevator *(m)*
floating insurance policy Abschreibepolice *(f)*, Blankopolice *(f)*, Generalpolice *(f)*, offene Police *(f)*, offene Versicherungspolice *(f)*, Police ohne Wertangabe *(f)*, laufende Versicherung *(f)*
floating policy Abschreibepolice *(f)*, Blankopolice *(f)*, Generalpolice *(f)*, offene Police *(f)*, offene Versicherungspolice *(f)*, Police ohne Wertangabe *(f)*, laufende Versicherung *(f)*
floating floatend, flexibel
floating rate flexibler Kurs *(m)*, floatender Kurs *(m)*
floating rate of exchange floatender Wechselkurs *(m)*
float-on/float-off system flo/flo-System *(n)*, Lo-Lo-System *(n)*
floatsam Strandgut *(n)*
flow Fluss *(m)*
flow of cargo Transportfluss *(m)*
flow of time limitation Lauf der Verjährung *(m)*, Lauf der Verjährungsfrist *(m)*
* **cashless flow** Abrechnungsverkehr *(m)*
information flow Fluss der Informationen *(m)*
fluctuating schwankend
fluctuating exchange rate floatender Wechselkurs *(m)*
fluctuation Fluktuation *(f)*
fluctuation in exchange Währungsschwankungen *(pl)*
fluctuation in prices Fluktuation der Preise *(f)*, Preisschwankung *(f)*

fluctuation of market Marktschwankungen *(pl)*
fluctuation of prices Preisschwankung *(f)*, Variabilität von Preisen *(f)*
fluctuations Schwankungen *(pl)*
fluctuations in the rate of exchange Kursschwankungen *(pl)*
fluctuations of market Konjunkturschwankungen *(pl)*
* **currency fluctuations** Schwankungen der Wahrungen *(pl)*, Währungsschwankungen *(pl)*
demand fluctuations Nachfrageschwankungen *(pl)*
exchange fluctuations Kursabweichung *(f)*, Kursschwankungen *(pl)*
foreign exchange rate fluctuation Währungsschwankungen *(pl)*
market fluctuations Marktschwankungen *(pl)*
periodic fluctuations periodische Schwankungen *(pl)*
price fluctuation Fluktuation der Preise *(f)*, Preisfluktuation *(f)*, Preisoszillation *(f)*, Preisschwankung *(f)*
limit of price fluctuations Schwankungsbreite der Preise *(f)*
maximum/minimum price fluctuation Preisumfang *(m)*, Preisvolatilität *(f)*
rate fluctuation Kursschwankung *(f)*
seasonal fluctuations Saisonschwankungen *(pl)*
temperature fluctuation Temperaturschwankung *(f)*
flush flach
flush deck ship Glattdecker *(m)*, Glattdeckschiff *(n)*
flush decked vessel Glattdecker *(m)*, Glattdeckschiff *(n)*
flying Fliegen *(n)*
flying time Flugzeit *(f)*
fo clause Fo-Klausel *(f)*
FOA frei Luftfahrzeug *(n)*
fob Abladelohn für Befrachter *(m)*, frei Einladen *(n)*
FOB ... /insert named port of shipment/ FOB ... /benannter Verschiffungshafen/, frei an Bord ... /benannter Verschiffungshafen/
fob and trimmed Verschiffungs- und Trimmkosten für Charterer *(f)*
fob/fob frei an Bord und wieder frei von Bord *(m)*
fob/fob clause frei an Bord und wieder frei von Bord Klausel *(m)*

folder Broschüre *(f)*
folding-end flatrack zusammenklappbare Palette *(f)*
follow-up nachfolgend
follow-up order Zusatzauftrag *(m)*
follow-up survey Nachuntersuchung *(f)*
food Nahrung *(f)* **2.** Lebens-
food control Lebensmittelüberwachung *(f)*
food export Lebensmittelexport *(m)*, Nahrungsmittelexport *(m)*
food import Lebensmittelimport *(m)*
food inspection Lebensmittelüberwachung *(f)*
food price index Lebensmittelpreisindex *(m)*
foot Fuß *(m)*
forty foot equivalent unit 40-Fuß-Container-
einheit *(f)*, Bearbeitungseinheit *(in der Logistik) (f)*
force abnötigen
force Gültigkeit *(f)*, Kraft *(f)*
force majeure höhere Gewalt *(f)*, vis major
  certificate of force majeure Bescheinigung über höhere Gewalt *(f)*
  force majeure clause Höhere-Gewalt-
Klausel *(f)*, Klausel der höheren Gewalt *(f)*
force of an agreement Rechtsgültigkeit des
Vertrags *(f)*
* come into force rechtskräftig werden
contract in force geltender Kontrakt *(m)*
legal force Rechtswirksamkeit *(f)*
offer in force gültiges Angebot *(n)*
provisions in force geltendes Recht *(n)*
rules in force geltendes Recht *(n)*
forced gezwungen
forced action gerichtliche Auktion *(f)*
forced sale Zwangsverkauf *(m)*
forcibly widerrchtlich
fore vorn
fore hatch Vorschiffluke *(f)*
fore hold Vorferraum *(m)*
forecast prognostizieren
forecast demand Bedarf prognostizieren *(m)*
forecast Prognose *(f)*, Voraussage *(f)*
demand forecast Bedarfsprognose *(f)*, Bedarfsvorhersage *(f)*, Nachfragevoraussage *(f)*
economic forecast wirtschaftliche Prognose *(f)*
economic situation forecast Konjunkturprognose *(f)*
long-term forecast Langzeitprognose *(f)*
macroeconomic forecast makroökonomische Prognose *(f)*

market forecast Marktprognose *(f)*
sales forecast Absatzprognose *(f)*, Absatzvorhersage *(f)*, Verkaufsprognose *(f)*, Verkaufsvorhersage (VH) *(f)*
sea-ice forecast Meereisprognose *(f)*
short-term forecast Kurzfristprognose *(f)*
strategic forecast strategische Prognose *(f)*
turnover forecast Umsatzprognose *(f)*
forecasting Prognostizierung *(f)*
forecasting of costs Prognostizierung der
Kosten *(f)*
forecasting of demand Prognostizierung
der Nachfrage *(f)*
* business forecasting Konjunkturprognose *(f)*,
Konjunkturvoraussage *(f)*
cost forecasting Prognostizierung der Kosten *(f)*
demand forecasting Nachfragevoraussage *(f)*,
Prognostizierung der Nachfrage *(f)*
sales forecasting Absatzprognose *(f)*, Absatzprognostizierung *(f)*
forecastle Vorderdeck *(n)*
forecastle deck Backdeck *(n)*
forehatchway Vorschiffluke *(f)*
foreign ausländisch, Auslands-
foreign account Auslandskonto *(n)*
foreign agency ausländische Agentur *(f)*
foreign agent ausländischer Vertreter *(m)*,
Auslandsagent *(m)*, Auslandsvertreter *(m)*
foreign aid Auslandshilfe *(f)*
foreign bank Auslandsbank *(f)*
  guarantee of a foreign bank Auslandsbankgarantie *(f)*
foreign bill ausländischer Wechsel *(m)*, Auslandswechsel *(m)*
  foreign bill market Devisenmarkt *(m)*
foreign bottom ausländisches Schiff *(n)*
foreign cargo Auslandsladung *(f)*
foreign cheque ausländischer Scheck *(m)*,
Auslandsscheck *(m)*
foreign commitments internationale Verpflichtungen *(pl)*
foreign company ausländische Firma *(f)*,
ausländische Gesellschaft *(f)*, Auslandsfirma *(f)*,
Auslandsunternehmen *(n)*
foreign concession ausländische Konzession *(f)*
foreign corporation ausländische Gesellschaft *(f)*

foreign correspondent bank ausländische Korrespondenzbank *(f)*
foreign countries Ausland *(n)*
foreign court Auslandsgericht *(n)*
foreign credit Auslandskredit *(m)*
foreign currency ausländische Währung *(f)*, fremde Währung *(f)*, Fremdwährung *(f)*
   account in foreign currency Devisenkonto *(n)*
   inflow of foreign currency Valutaerlöse *(pl)*
   infringement of foreign currency regulations Devisenverbrechen *(n)*, Devisenvergehen *(n)*, Währungsverbrechen *(n)*
   payment in foreign currency Zahlung in Fremdwährung *(f)*
   price in foreign currency Devisenpreis *(m)*, Währungspreis *(m)*
   recalculation of foreign currency Umrechnung der Fremdwährung *(f)*
   shortage of foreign currency Devisenmangel *(m)*, Knappheit an Devisen *(f)*
foreign currency account Währungskonto *(n)*
foreign currency assets Devisenwerte *(pl)*
foreign currency cheque Fremdwährungsscheck *(m)*
foreign currency operator Devisenbroker *(m)*
foreign currency policy Devisenpolitik *(f)*
foreign currency regulations Währungsrecht *(n)*
foreign customer Auslandsabnehmer *(m)*, Auslandsempfänger *(m)*
foreign debt Auslandsschulden *(pl)*, Auslandsverschuldung *(f)*, Außenschuld *(f)*
foreign department Auslandsabteilung *(f)*
foreign draft ausländischer Wechsel *(m)*, Auslandswechsel *(m)*
foreign economic agreement außenwirtschaftlicher Vertrag *(m)*
foreign exchange ausländische Währung *(f)*, fremde Währung *(f)*, Fremdwährung *(f)* **2.** Währungs-
   bonus in foreign exchange Devisenbonus *(m)*
   law of foreign exchange Devisenrecht *(n)*
   harmonization of law of foreign exchange Harmonisierung des Währungsrechts *(f)*
   list of foreign exchange Devisenkurstabelle *(f)*, Kursanzeigetafel *(f)*

   quotation of foreign exchange rates Devisenkursnotierung *(f)*, Devisennotierung *(f)*
   sale of foreign exchange Verkauf von Devisen *(m)*
   transfer of foreign exchange Devisenüberweisung *(f)*
foreign exchange account Währungskonto *(n)*
foreign exchange balance Devisensaldo *(m)*
foreign exchange bank Devisenbank *(f)*
foreign-exchange cheque ausländischer Scheck *(m)*, Auslandsscheck *(m)*
foreign exchange commitments Devisenengagement *(n)*
foreign exchange contract Währungsvertrag *(m)*
foreign exchange control Devisenbewirtschaftung *(f)*, Devisenkontrolle *(f)*, Währungskontrolle *(f)*
foreign-exchange dealer Wechselagent *(m)*, Wechselmakler *(m)*
foreign exchange dumping Valutadumping *(n)*, Währungsdumping *(n)*
foreign exchange list Devisen-Kurszettel *(m)*
foreign exchange market Devisenbörse *(f)*, Devisenmarkt *(m)*
foreign exchange movement Währungsschwankungen *(pl)*
foreign exchange operation Devisengeschäft *(n)*, Devisentransaktion *(f)*, Devisenverkehr *(m)*
foreign exchange rate adjustment Valutakursregulierung *(f)*
foreign exchange rate fluctuation Währungsschwankungen *(pl)*
foreign exchange restrictions Devisenbeschränkungen *(pl)*, Devisenbestimmungen *(pl)*
foreign exchange risk Kursrisiko *(n)*
foreign exchange trading Devisenhandel *(m)*
foreign exchange transaction Devisengeschäft *(n)*, Devisentransaktion *(f)*
foreign exchange turnover Devisenverkehr *(m)*
foreign exchanges Devisenwerte *(pl)*
foreign export merchant Auslandsexporteur *(m)*
foreign firm ausländische Firma *(f)*, Auslandsfirma *(f)*, Auslandsunternehmen *(n)*
foreign freight forwarder internationaler Spediteur *(m)*
foreign general average Havarie, die nach York-Antwerpener Regeln abgewickelt wird *(f)*

foreign general average clause Klausel der Havarie, die nach York-Antwerpener Regeln abgewickelt wird *(f)*
foreign-going ship Hochseeschiff *(n)*, Langefahrtschiff *(n)*
foreign-going vessel Seeschiff *(n)*
foreign goods traffic Außenhandelsumsatz *(m)*
foreign investment agreement Abkommen über ausländische Investitionen *(n)*
foreign investments ausländische Investitionen *(pl)*
protection of foreign investments Schutz von Auslandsinvestitionen *(m)*
foreign investor ausländischer Anleger *(m)*
foreign language Fremdsprache *(f)*
foreign loan Auslandsanleihe *(f)*
foreign market Auslandsmarkt *(m)*
foreign marketing Außenmarketing *(n)*
foreign navigation Hochseeschiffsverkehr *(m)*
foreign offer Auslandsangebot *(n)*
foreign order Auslandsauftrag *(m)*, Exportauftrag *(m)*
foreign origin ausländische Herkunft *(f)*
foreign partner ausländischer Kontrahent *(m)*, ausländischer Partner *(m)*
foreign person ausländische Person *(f)*
foreign port ausländischer Hafen *(m)*, fremder Hafen *(m)*, Überseehafen *(m)*
foreign remittance ausländische Anweisung *(f)*
foreign representative ausländischer Vertreter *(m)*, Auslandsvertreter *(m)*
foreign sale ausländischer Verkauf *(m)*
foreign tariff ausländischer Zolltarif *(m)*
foreign trade Außenhandel *(m)* 2. Hochseeschifffahrt *(f)*, Hochseeschiffsverkehr *(m)*
arbitration commission in foreign trade Außenhandels-Arbitragekommission *(f)*
balance of foreign trade Außenhandelsbilanzsaldo *(m)*, Außenhandelssaldo *(m)*
balance of foreign trade exterior Außenhandelsbilanz *(f)*
bank for foreign trade Außenhandelsbank (AHB) *(f)*, Bank für Außenhandel *(f)*
bank of foreign trade Außenhandelsbank (AHB) *(f)*, Bank für Außenhandel *(f)*
chamber of foreign trade Außenhandelskammer *(f)*, Kammer für Außenhandel *(f)*
commodity structure of foreign trade Außenhandelswarenstruktur *(f)*
company for foreign trade Außenhandelszentrale *(f)*

control of foreign trade Außenhandelskontrolle *(f)*
development of foreign trade Außenhandelsentwicklung *(f)*
financing of foreign trade Außenhandelsfinanzierung *(f)*, Finanzierung des Außenhandels *(f)*
geographical structure of foreign trade geographische Struktur des Außenhandels *(f)*
income elasticity of foreign trade Einkommenselastizität des Außenhandels *(f)*
Ministry of Foreign Trade Außenhandelsministerium *(n)*
model of foreign trade Außenhandelsmodell *(n)*
monopoly of foreign trade Außenhandelsmonopol *(n)*
pattern of foreign trade Außenhandelsstruktur *(f)*
regulation of foreign trade activities Außenhandelsregelung *(f)*
restrictions of foreign trade Außenhandelsbeschränkungen *(pl)*
quantitative restriction of foreign trade Außenhandelskontingentierung *(f)*, Kontingentierung des Außenhandels *(f)*
technique of foreign trade Technik des Außenhandels *(f)*
volume of foreign trade Außenhandelsumsätze *(pl)*
foreign trade activity Außenhandelstätigkeit *(f)*
foreign trade agreement Außenhandelsabkommen *(n)*
foreign trade balance Außenhandelsbilanz *(f)*
foreign trade bank Außenhandelsbank *(f)*
foreign trade barrier Außenhandelsbarriere *(f)*
foreign trade contract Außenhandelsvertrag *(m)*
foreign trade control Außenhandelskontrolle *(f)*
foreign trade crediting Außenhandelskreditierung *(f)*
foreign trade deficit Außenhandelsdefizit *(n)*, Defizit des Außenhandels *(n)*
foreign trade documents Außenhandelsdokumente *(pl)*
foreign trade economics Ökonomik des Auslandshandels *(f)*

foreign trade efficiency Außenhandelseffektivität (f)

foreign trade enterprise Außenhandelsbetrieb (m), Außenhandelsunternehmen (n)

foreign trade financing Außenhandelsfinanzierung (f), Finanzierung des Außenhandels (f)

foreign trade monopoly Außenhandelsmonopol (n)

foreign trade multiplier Außenhandelsmultiplikator (m)

foreign trade office Außenhandelsbüro (n)

foreign trade organization Außenhandelsinstitution (f), Außenhandelsorganisation (f)

foreign trade pattern Außenhandelsstruktur (f)

foreign-trade plan Außenhandelsplan (m), Außenhandelsprogramm (n)

foreign trade policy Außenhandelspolitik (f), Politik des Außenhandels (f)

foreign trade price index Außenhandelspreisindex (m)

foreign trade prices Außenhandelspreise (pl)

foreign trade promotion Außenhandelsförderung (f), Außenwirtschaftsförderung (f)

foreign trade rationing Außenhandelskontingentierung (f), Kontingentierung des Außenhandels (f)

foreign trade statistics Außenhandelsstatistik (f)

foreign trade technique Technik des Außenhandels (f)

foreign trade transaction Außenhandelsgeschäft (n)

foreign trade turnover Außenhandelsumsatz (m)

foreign trade turnovers Außenhandelsumsätze (pl)

foreign trade volume Außenhandelsvolumen (n)

foreign trade zone Freihafengebiet (n)

foreign turnover Auslandsverkehr (m)

foreign value ausländische Währung (f), Fremdwährungen (pl)

foreign voyage ausländische Fahrt (f)

foreigner Ausländer (m)

foreman Meister (m)

ship foreman Stauungsaufseher (m), Stauungsmeister (m), Verstauungsaufseher (m), Verstauungsmeister (m)

forestry forstwirtschaftlich

forestry products Forsterzeugnisse (pl), forstwirtschaftliche Produkte (pl)

forfaiting Forfaitierung (f)

forfeit Konfiskation (f)

forfeiture Verlust (m)

forge fälschen

forge a protocol Protokoll fälschen (n)

forged gefälscht

forged bill falscher Wechsel (m)

forged cheque gefälschter Scheck (m)

forged document falsche Urkunde (f)

forged endorsement gefälschtes Indossament (n)

forged signature gefälschte Unterschrift (f)

forgery Falsifikation (f), Falsifizierung (f)

forgery of certificates Bescheinigungsfälschung (f)

forgery of a cheque Fälschung des Schecks (f), Scheckfälschung (f)

* documents forgery Dokumentenfälschung (f), Urkundenfälschung (f)

form ausfertigen, formen

form Begründung (f), Bildung (f) **2.** Form (f), Formblatt (n), Formular (n), Vordruck (m)

form 302 Vordruck 302 (m)

form a company Gesellschaft errichten (f)

form EX (export) Vordruck EX (m)

form for a deed Vertragsform (f), Vertragsformular (n)

form IM (import) Vordruck IM (m)

form of acceptance Akzeptform (f)

form of a bill of exchange Wechselformblatt (n), Wechselformular (n)

form of charter-party Charterpartieformular (n)

form of a contract Vertragsform (f)

form of contract Vertragsformular (n)

form of credit Kreditform (f), Kreditverfahren (n)

form of customs control Zollkontrolform (f)

form of financing Finanzverfahren (n), Finanzweg (m)

form of guarantee Art der Sicherheit (f), Garantieart (f), Sicherheitsform (f)

form of payment Zahlungsform (f)

form of receipt Vordruck für die Eingangsbescheinigung (m)

form of sales Verkaufsform (f)

form of security Art der Sicherheit (f), Sicherheitsform (f)

* application form Antragsformular *(n)*
insurance application form Versicherungsantrag *(m)*
authorization form Genehmigungsvordruck *(m)*
bill of lading form Konnossementsform *(f)*, Konnossementsformular *(n)*
blank form Blankoformular *(n)*, Formblatt *(n)*, Formular *(n)*, Vordruck *(m)*
charter form Charterpartieformular *(n)*
charter-party form Charterpartieformular *(n)*
standard charter party form Standardcharterpartieformular *(n)*
cheque form Scheckvordruck *(m)*
complete a form Formblatt ausfüllen *(n)*
completion of a form Ausfüllen eines Formblatts *(n)*, Ausfüllen eines Formulars *(n)*, Ausstellung eines Formblatts *(f)*
contract form Form eines Vertrags *(f)*, Formular des Vertrags *(n)*
customs form Zollformular *(n)*
declaration form Deklarationsformular *(n)*
customs declaration form Zolldeklarationsformular *(n)*
goods declaration form Vordruck der Warenanmeldung *(m)*
import declaration form Ausfuhrdeklarationsformular *(n)*
specimen declaration form Erklärungsvordruck *(m)*, Muster des Anmeldungsvordrucks *(n)*
document form Blankourkunde *(f)*
electronic form elektronische Form *(f)*
export form Ausfuhrvordruck *(m)*
fill in a form Formblatt ausfüllen *(n)*, Formular ausfüllen *(n)*, Vordruck ausfüllen *(m)*
fill up a form Formblatt ausfüllen *(n)*, Formular ausfüllen *(n)*, Vordruck ausfüllen *(m)*
goods manifest in electronic form Manifest der Luftverkehrsgesellschaft in elektronischer Form *(n)*
goods manifest in paper form Manifest der Luftverkehrsgesellschaft in Papierform *(n)*
indent form Bestellvordruck *(m)*
juridical form gesetzliche Form *(f)*, Rechtsform *(f)*
legal form gesetzliche Form *(f)*, Rechtsform *(f)*
making out of a form Ausfüllen eines Formblatts *(n)*, Ausfüllen eines Formulars *(n)*, Ausstellung eines Formblatts *(f)*
model form Mustervordruck *(m)*, Rahmenvordruck *(m)*

official form amtlicher Vordruck *(m)*
order confirmation form Auftragsbestätigungsformular *(n)*
order form Auftragsformular *(n)*, Bestellformular *(n)*, Bestellschein *(m)*, Formular für eine Bestellung *(n)*
payment form Zahlungsform *(f)*
payment in the form of a letter of credit Zahlung aus dem Akkreditiv *(f)*, Zahlung durch Akkreditiv *(f)*
policy form Versicherungspoliceformular *(n)*
price form Preisform *(f)*
printed form Blankett *(n)*, Formular *(n)*
SAD-BIS form Einheitspapier-Ergänzungsvordruck *(m)*, Ergänzungsvordruck des Einheitspapiers *(m)*
copy of the SAD-bis forms Einheitspapier-Ergänzungsvordruck *(m)*
security in the form of a bank guarantee bankmäßige Sicherheit *(f)*
signature form Unterschriftsprobe *(f)*
standard form Standardformular *(n)*
standard form of charter-party Standardcharter *(m)*, Universalcharter *(m)*, Standardcharterpartie *(f)*, Universalcharter *(m)*
supplementary form Ergänzungsvordruck *(m)*
tax form Steuerformular *(n)*
transfer form Überweisungsformular *(n)*
uniformity of the forms Einheitlichkeit der Vordrucke *(f)*
use of the forms Verwendung der Vordrucke *(f)*
written form Schriftform *(f)*

formal formal

formal market formaler Markt *(m)*
formal proposal formales Angebot *(n)*

formalities Formalitäten *(pl)*

formalities at office of departure Förmlichkeiten bei der Abgangsstelle *(pl)*
formalities at the office of destination Förmlichkeiten bei der Bestimmungsstelle *(pl)*
formalities en route Förmlichkeiten während der Beförderung *(pl)*
formalities on export Förmlichkeiten für die Ausfuhr *(pl)*
* accomplishment of formalities Erfüllung der Förmlichkeiten *(f)*
administrative formalities Verwaltungsformalitäten *(pl)*
carry out the formalities Formalitäten erledigen *(pl)*

carrying out of the formalities Erfüllung der Formalitäten *(f)*
comply with the formalities Formalitäten erfüllen *(f)*
customs export formalities Ausfuhrzollförmlichkeiten *(pl)*
custom-house formalities Zollabfertigungsformalitäten *(pl)*, Zollamtsformalitäten *(pl)*
customs formalities Zollabfertigungsformalitäten *(pl)*, Zollamtsformalitäten *(pl)*
  cost of customs formalities Zollabfertigungskosten *(pl)*
  ease customs formalities Zollverfahren vereinfachen *(n)*
  fulfillment of customs formalities Erledigung der Zollformalitäten *(f)*, Zollbehandlung *(f)*
customs formalities on export Zollförmlichkeiten für die Ausfuhr *(pl)*
customs formalities clearance Zollabfertigung *(f)*, Zollbereinigung *(f)*
customs formalities place Zollabfertigungsort *(m)*
exit formalities Ausgangsförmlichkeiten *(pl)*
export formalities Ausfuhrförmlichkeiten *(pl)*
financial formalities Förmlichkeiten des Zahlungsverkehrs *(pl)*
health formalities gesundheitliche Formalitäten *(pl)*
importation formalities Einfuhrformalietaten *(pl)*
legal formalities Rechtsformalitäten *(pl)*
passport formalities Passformalitäten *(pl)*
settlement of formalities Erledigung der Formalitäten *(f)*
simplification of formalities Vereinfachung der Förmlichkeiten *(f)*
simplify the formalities Förmlichkeiten erleichtern *(pl)*
transit formalities Förmlichkeiten für das Versandverfahren *(pl)*
formation Begründung *(f)*, Bildung *(f)* **2.** Gruppierung *(f)*
formula Formel *(f)*
immediate execution formula Sofortvollstreckungsklausel *(f)*
legal formula juristische Formel *(f)*
price formula Preisformel *(f)*
price risk formula Preisrisiko *(n)*

formulate formulieren
formulate a clause Klausel formulieren *(f)*
formulate a proposal Offerte formulieren *(f)*
forty vierzig
forty foot equivalent unit 40-Fuß-Containereinheit *(f)*, Bearbeitungseinheit *(in der Logistik)* *(f)*
forward absenden, beschicken, einsenden, versenden
forward a bill of lading Konnossement zusenden *(n)*, Ladebrief zusenden *(m)*, Seefrachtbrief zuschicken *(m)*
forward a cargo Ladung schicken *(f)*
forward the documents Dokumente zusenden *(pl)*, Unterlagen übermitteln *(pl)*
forward an invoice Rechnung beschicken *(f)*, Rechnung zuschicken *(f)*
forward by air per Luftpost senden *(f)*
forward vorwärts, Termin-
forward bill of lading Spediteurkonnossement *(n)*
forward contract Fixgeschäft *(n)*, Kontrakt auf spätere Lieferung *(m)*, Vertrag auf spätere Lieferung *(m)*
forward delivery Terminlieferung *(f)*
forward freight Fracht gegen Nachnahme *(f)*
forward market Futures-Markt *(m)*, Terminbörse *(f)*, Terminmarkt *(m)*
forward order Terminauftrag *(m)*
forward purchase Terminkauf *(m)*
forward quotation Terminnotierung *(f)*
forward rate Terminkurs *(m)*
forward sale Terminverkauf *(m)*, Verkauf auf Zeit *(m)*
forward selling Verkauf auf Lieferung *(m)*, Zeitverkauf *(m)*
forward transaction Lieferungsgeschäft *(n)*, Termingeschäft *(n)*
* carriage forward Beförderungskosten für Empfanger *(pl)*, unfrei
charges forward Kosten und evlt. Frachtnachnahme *(pl)*
CIF forward delivery price CIF-Preis für Terminkäufe *(m)*
contract for forward delivery Termingeschäft *(n)*
freight forward Fracht gegen Nachnahme *(f)*, Fracht zahlbar im Bestimmungshafen *(f)*, Frachtnachnahme *(f)*, Frachtnachnahme, unfrei *(f)*

forwarder Spediteur (m), Verfrachter (m), Versender (m)
forwarder's airbill Hausluftfrachtbrief (m)
forwarder association Spediteurverband (m)
forwarder's bill of lading Spediteurkonnossement (n)
forwarders certificate Spediteurübernahmebescheinigung (f)
forwarder's certificate of receipt Spediteur-Übernahmebescheinigung (f)
forwarder's commission Spediteurprovision (f), Spediteurskommission (f)
forwarder's offer Spediteur - Offerte (f)
forwarder's receipt Spediteurübernahmebescheinigung (f)
forwarder seal Plombe des Spediteurs (f)
* air freight forwarder Luftfrachtspediteur (m)
contractual forwarder Vertragsspediteur (m)
customs forwarder Zollspediteur (m)
dispatching forwarder Abfertigungsspediteur (m), Abrollspediteur (m), Versandspediteur (m)
domestic forwarder Inlandsspediteur (m)
FIATA Forwarders Certificate of Receipt Spediteur Übernahmebescheinigung (f), Spediteur Transportbescheinigung (f)
foreign freight forwarder internationaler Spediteur (m)
freight forwarder Frachtmakler (m), Spediteur (m), Speditionsagent (m), Verfrachter (m), Verschiffungsagent (m), Verschiffungsspediteur (m)
freight forwarder's order Spediteurorder (f)
general forwarder Hauptspediteur (m)
intermediate forwarder Vermittlungsspediteur (m), Zwischenspediteur (m)
plenipotentiary forwarder bevollmächtigter Spediteur (m)
receiving forwarder Briefsspediteur (m), Empfangsspediteur (m)
responsibility of forwarder Spediteurhaftung (f)
river forwarder Flussspediteur (m)
rub forwarder Befehlsspediteur (m)
shipping forwarder Seehafenspediteur (m), Seespediteur (m)
transhipping forwarder Umladungsspediteur (m)

forwarding Abfertigung (f), Spedition (f), Versand (m) **2.** Spediteur-, Speditions-
forwarding advice Frachtgutavis (m), Sendungsavis (m), Spediteuranzeige (f), Spediteurmeldung (f), Versandnote (f), Versendungsanzeige (f)
forwarding agency Abfertigungsamt (n), Spediteuragentur (f), Spediteurgeschäft (n), Spediteurunternehmung (f), Versandbüro (n)
forwarding agent Spediteur (m), Verfrachter (m)
contractual forwarding agent Vertragsspediteur (m)
corresponding forwarding agent Korrespondentspediteur (m)
general forwarding agent Hauptspediteur (m)
intermediate forwarding agent Vermittlungsspediteur (m)
intermediate forwarding agent Zwischenspediteur (m)
International Federation of Forwarding Agent's Associations Internationale Föderation der Spediteurorganisationen (f)
international forwarding agent internationaler Spediteur (m)
railway forwarding agent Bahnspediteur (m), Eisenbahnspediteur (m)
shipper's forwarding agent Platzspediteur (m)
shipping and forwarding agent Agent für Verladung und Versand der Waren (m), Schiffsmakler und Spediteur (m)
forwarding's agent account Speditionskonto (n)
forwarding agent's certificate of receipt Speditionsübernahmebescheinigung (f), Speditionsversandbescheinigung (f)
forwarding agent's commission Spediteurprovision (f), Spediteurskommission (f)
forwarding agent's lien Spediteurpfandrecht (n)
forwarding agent on the frontier Grenzspediteur (m)
forwarding agent's order Spediteurdisposition (f), Spediteurverfügung (f)
forwarding agent's receipt Spediteurübernahmebescheinigung (f)
forwarding agent's waybill Spediteur-Bordereau (m)

forwarding business Spediteurgeschäft *(n)*, Spediteurunternehmung *(f)*
forwarding certificate Versandavis *(m)*, Versandbescheinigung *(f)*
forwarding charge Abfertigungsgebühr *(f)*
forwarding collection Spediteurinkasso *(n)*
forwarding contract Absendervertrag *(m)*, Spediteurvertrag *(m)*, Speditionsvertrag *(m)*
forwarding costs Versandkosten *(pl)*
forwarding day Absendetag *(m)*, Sendungstag *(m)*
forwarding department Versandabteilung *(f)*
forwarding document Versanddokument *(n)*, Versandpapier *(n)*
forwarding error Speditionsfehler *(m)*
forwarding expenses Versandkosten *(pl)*
forwarding instruction Lieferungsinstruktion *(f)*, Liefervorschrift *(f)*, Speditionsauftrag *(m)*, Verladeauftrag *(m)*, Versandinstruktion *(f)*, Versandvorschrift *(f)*
forwarding insurance Speditionsversicherung *(f)*
forwarding of cargo Kargoversand *(n)*
forwarding office Spediteuragentur *(f)*, Versandbüro *(n)*
forwarding operations Speditionshandlungen *(pl)*
forwarding order Speditionsauftrag *(m)*, Versanddisposition *(f)*, Versandweisung *(f)*, Verschiffungsauftrag *(m)*
forwarding's order Spediteurdisposition *(f)*, Spediteurverfügung *(f)*
forwarding point Verschiffungsort *(m)*
forwarding's policy Speditionsversicherungsschein *(m)*
forwarding railway Versandbahn *(f)*
forwarding services Versanddienste *(pl)*
forwarding station Abgangsbahnhof *(m)*, Versandstation *(f)*
forwarding tariff Speditionstarif *(m)*
forwarding terms Speditionsbedingungen *(pl)*
forwarding warehouse Speditionslager *(n)*
* air forwarding Luftverkehrsspedition *(f)*
contract of forwarding Absendervertrag *(m)*, Speditionsvertrag *(m)*
delay in forwarding Versandverzug *(m)*
FIATA Forwarding Instructions FIATA Speditionsvorschriften *(pl)*
international forwarding internationale Spedition *(f)*
manner of forwarding Versandweise *(f)*

preparation for forwarding Vorbereitung für Sendung *(f)*, Vorbereitung für Versendung *(f)*
rail forwarding Bahnversand *(m)*, Eisenbahnverkehrsspedition *(f)*
railroad forwarding Bahnspedition *(f)*, Eisenbahnverkehrsspedition *(f)*
railway forwarding Bahnspedition *(f)*, Bahnversand *(m)*, Eisenbahnverkehrsspedition *(f)*
readiness for forwarding Versandbereitschaft *(f)*, Warensendungsbereitschaft *(f)*
notice of readiness to forwarding Ladebereitschaftsmeldung *(f)*, Versandbereitschaftsnotiz *(f)*
ready for forwarding versandfertig, versendungsbereit
river forwarding Flussspedition *(f)*
road forwarding Straßenverkehrspedition *(f)*
shipping forwarding Seespedition *(f)*
foul unlauter
foul bill of lading einschränkendes Konnossement *(n)*, unreines Konnossement *(n)*
foul receipt unechter Bordempfangsschein *(m)*, unechter Steuermannsschein *(m)*
foul ship's receipt unechte Steuermannsquittung *(f)*, unechter Steuermannsschein *(m)*, unreine Verladebescheinigung *(f)*
foundation Basis *(f)*
legal foundation juristische Grundlage *(f)*, rechtliche Voraussetzung *(f)*
founded begründet
founded claim begründete Reklamation *(f)*
founded complaint begründete Reklamation *(f)*
founding Gründung *(f)* **2.** Gründungs-
founding document Gründungsurkunde *(f)*
founding member Mitgliedsgründer *(m)*
four-way Vierwege-
four-way pallet Vierwege-Palette *(f)*
fractional minimal, Teil-
fractional cargo Teilfracht *(f)*, Teilladung *(f)*
fractional load Teilgut *(n)*
fragile zerbrechlich
fragile cargo zerbrechliche Fracht *(f)*
frail schwach
frail package schwache Verpackung *(f)*
franchise Erlaubnis *(f)*, Franchise *(f)*, Gewerbeberechtigung *(f)*, Privilegium *(n)*, Vorrecht *(n)*
franchise clause Franchiseklausel *(f)*
cumulative franchise clause Kumulationsfranchiseklausel *(f)*

deductible franchise clause Abzugsfranchiseklausel *(f)*, Excedentenfranchiseklausel *(f)*
integral franchise clause Integralfranchiseklausel *(f)*
non-cumulative franchise clause nicht Kumulationsfranchiseklausel *(f)*
franchise fee Franchisegebühr *(f)*
franchise tax Konzessionsabgabe *(f)*
* conditional franchise Integralfranchise *(f)*
cumulative franchise Kumulationsfranchise *(f)*
deductible franchise Abzugsfranchise *(f)*, Excedentenfranchise *(f)*
integral franchise Integralfranchise *(f)*
non-cumulative franchise nicht Kumulationsfranchise *(f)*
unconditional franchise Abzugsfranchise *(f)*
franchisee Franchisenehmer *(m)*
franchiser Franchisegeber *(m)*
franchising Franchising *(n)*
franchising agreement Franchisingvertrag *(m)*
* affiliation franchising Konversionfranchising *(n)*
combination franchising gebundenes Franchising *(n)*
contract of franchising Franchisevertrag *(m)*
conversion franchising Konversionfranchising *(n)*
direct franchising direktes Franchising *(n)*
indirect franchising indirektes Franchising *(n)*
individual franchising Individualfranchising *(n)*
industrial franchising Industriefranchising *(n)*
mixed franchising gemischtes Franchising *(n)*
multi-concept franchising Multikonzeptionsfranchising *(n)*
multiple-unit franchising mehrfaches Franchising *(n)*
product distribution franchising Distributionsfranchising *(n)*
production franchising Industriefranchising *(n)*
franco free
franco domicile frei Haus *(n)*, portofrei Empfänger *(m)*
frank frankieren
franking Frankieren *(n)*
fraud Betrug *(m)*
fraud by cheque Fälschung des Schecks *(f)*, Scheckfälschung *(f)*
* commercial fraud Handelsvergehen *(n)*
customs fraud Zollumgehung *(f)*, Zollvergehen *(n)*

exchange fraud Devisenvergehen *(n)*
financial fraud Finanzvergehen *(n)*
tax fraud Steuerhinterziehung *(f)*, Steuervergehen *(n)*
trade fraud Handelsvergehen *(n)*
free befreien 2. frankieren
free from the duty vom Zoll befreien *(m)*, vom Zoll freilassen *(m)*
free franko 2. frei, gratis, kostenlos
free admission zollfreie Einfuhr *(f)*, zollfreier Import *(m)*
free admission import zollfreie Einfuhr *(f)*, zollfreier Import *(m)*
free advertisement kostenlose Werbung *(f)*
free advertising kostenlose Werbung *(f)*
free airport frei an Bord benannter Aufflugshafen *(m)*
free alongside frei Längsseite *(f)*
free alongside bill of lading Empfangskonnossement *(n)*, Längsseits-Konnossement *(n)*
free alongside clause frei-Längsseite-des-Schiffes-Klausel *(f)*, frei-längsseits-Schiff-Klausel *(f)*, Längsseitsklausel *(f)*
free alongside elevator frei Elevator *(m)*
free alongside price FA-Preis *(m)*, FAS-Preis *(m)*, Preis fas *(m)*, Preis frei längsseite *(m)*, Preis frei Llängsseite Seeschiff *(m)*, Preis frei Seeschiffsseite *(m)*
free alongside quay frei Längsseite des Abgangshafens *(f)*
free alongside ship frei Längsseite des Schiffes *(f)*, frei längsseite Schiff *(f)*, Längsseitslieferung *(f)*
free alongside ship ... /insert named port of shipment/ frei Längsseite Schiff ... /benannter Verschiffungshafen/
free alongside ship price Preis frei Längsseits Schiff *(m)*
free area Freizone *(f)*
free article zollfreie Ware *(f)*
free at buyer's warehouse frei Empfängerlager *(n)*, frei Käuferlager *(n)*, frei Lager des Empfängers *(n)*, frei Lager des Käufers *(n)*
free at dock frei Dock *(n)*, frei Kahn *(m)*
free at factory frei Betrieb *(m)*, frei Fabrik *(f)*
free at factory price Preis frei Betrieb *(m)*, Preis frei Werk *(m)*
free-at-frontier price Frei-Grenze-Preis *(m)*, Preis frei Grenze *(m)*
free-at-frontier value Frei-Grenze-Wert *(m)*

free at place of clearance price Preis frei Verzollungsort *(m)*, Preis frei Zollklarierungsort *(m)*
free at place of clearing price Preis frei Verzollungsort *(m)*, Preis frei Zollbehandlungsort *(m)*, Preis frei Zollklarierungsort *(m)*
free at place of customs clearance franko Ort der Zollabfertigung *(m)*, frei Zollabfertigungsort *(m)*
free at place of customs examination franko Ort der Zollabfertigung *(m)*
free at place of customs treatment franko Ort der Zollabfertigung *(m)*
free at place of customs treatment price Preis frei Zollbehandlungsort *(m)*
free at port of destination frei Bestimmungshafen *(m)*
free at port of discharge frei Entladehafen *(m)*, frei Löschungshafen *(m)*
free at port of shipment frei Abgangshafen *(m)*, frei Verschiffungshafen *(m)*
free at port of shipment price Preis frei Versandhafen *(m)*
free at quay frei Kai *(m)*, frei Ufer *(n)*
free barge price Preis frei Kahn *(m)*, Preis frei Schute *(m)*
free border frei Grenze *(f)*
free buyer's siding frei Empfängeranschlussbahn *(f)*
free carriage price Preis frei Frachtgebühr *(m)*, Preis frei Frachtkosten *(m)*
free carrier frei Beförderer *(m)*, frei Carrier *(m)*, frei Frachtführer *(m)*, frei Transporteur *(m)*
free carrier ... /insert named place of delivery/ frei Frachtführer ... /benannter Lieferort/
free cartage frei Fracht *(f)*, frei Frachtkosten *(pl)*
free circulation freier Verkehr *(m)*
authorization for release for free circulation Zulassung zur Überführung in den zollrechtlich freien Verkehr *(f)*
arrangements permitting goods to be processed under customs control before being put into free circulation Zollverfahren der Umwandlung von Waren unter zollamtlicher Überwachung vor ihrer Überführung in den zollrechtlich freien Verkehr *(n)*
first released for free circulation erste Überführung in den zollrechtlich freien Verkehr *(f)*

goods declared for free circulation zum zollrechtlich freien Verkehr abgefertigte Ware *(f)*
goods not in free circulation nicht im zollrechtlich freien Verkehr befindliche Waren *(pl)*
goods released for free circulation Waren abgabenfrei in den zollrechtlich freien Verkehr *(pl)*
release for free circulation Überführung in den Freiverkehr *(f)*, berführung in den zollrechtlich freien Verkehr *(f)*
free circulation of goods freier Warenverkehr *(m)*
free cistern frei Zisterne *(f)*
free cistern price Preis frei Zisterne *(m)*
free clause frei Klausel *(f)*
free competition freie Konkurrenz *(f)*
free consignee frei Haus *(n)*, portofrei Empfänger *(m)*
free consignee price Preis frei Empfänger *(m)*, Preis portofrei Empfänger *(m)*
free consignee's station frei Empfangsbahnhof *(m)*, frei Station des Empfängers *(f)*
free currency freie Devisen *(pl)*
free customs zone zollfreie Zone *(f)*
free delivered ... /named point of destination/ frei ... /benannter Bestimmungsort/
free delivery frei ... /benannter Ort/ 2. Gratislieferung *(f)*, kostenlose Lieferung *(f)*
free destination franko Bestimmungsort *(m)*
free discharge Abladelohn für Befrachter *(m)*, frei Einladen *(n)*, frei Löschen *(n)*
free discharge clause Free-Discharge-Klausel *(f)*
free discharging frei Entladung *(f)*, frei Löschen *(n)*
free district Freihandelszone *(f)*
free dock frei Dock *(n)*
free domicile franko Haus *(n)*, frei Empfänger *(m)*, frei Haus *(n)*, frei ins Haus *(n)*
free domicile - duty paid price Preis frei Haus - verzollt *(m)*
free domicile price Preis frei Empfänger *(m)*, Preis portofrei Empfänger *(m)*
uniform free domicile price einheitlicher Preis frei Bestimmungsort *(m)*
free economy freie Marktwirtschaft *(f)*
free enterprise Unternehmerfreiheit *(f)*

free enterprise economy freie Marktwirtschaft *(f)*

free entry zollfreie Einfuhr *(f)*

free entry list Einfuhrfreiliste *(f)*

free exchange rate flexibeler Wechselkurs *(m)*

free factory price Preis frei Betrieb *(m)*, Preis frei Werk *(m)*

free freight frei Beförderungsgeld *(n)*, frei Frachtlohn *(m)*

free freight price Preis frei Frachtgebühr *(m)*, Preis frei Frachtkosten *(m)*

free freightage frei Fracht *(f)*, frei Frachtkosten *(pl)*

free from alongside frei Längsseite *(f)*, frei unter Längsseite *(f)*

free from average frei von Havarie *(f)*

free from dispatch money frei von Eilgeld *(n)*

free from dispatch money clause frei-von-Eilgeld-Klausel *(f)*

free from general average frei von gemeinsamer Havarie *(f)*, frei von gemeinschaftlicher Havarie *(f)*, frei von großer Havarie *(f)*

free from general average clause frei-von-gemeinsamer-Havarie-Klausel *(f)*, frei-von-Havarie-Klausel *(f)*

free from particular average frei von besonderer Havarie *(f)*, ohne besondere Havarie *(f)*

free from particular average clause frei-von-besonderer-Havarie-Klausel *(f)*

free from particular average, American conditions nicht gegen besondere Havarie versichert (amerikanische Bedingungen) *(f)*

free-frontier price Frei-Grenze-Preis *(m)*, Preis frei Grenze *(m)*

free frontier-station frei Grenzbahnhof *(m)*

free goods zollfreie Waren *(pl)*

entry for free goods Deklaration der unverzollbaren Güter *(f)*

free harbour Freihafen (Fr.-H) *(m)*, Wiederausfuhrhafen *(m)*, Zollfreihafen *(m)*

free harbour dues franko Hafenkosten *(pl)*, frei Hafenkosten *(pl)*

free harbour dues price Preis frei Hafenkosten *(m)*

free harbour price Preis franko Hafen *(m)*, Preis frei Hafen *(m)*

free house frei Empfänger *(m)*, frei Haus *(n)*, frei ins Haus *(n)*

duty-paid free house frei Haus - verzolt *(n)*

free import zollfreie Einfuhr *(f)*, zollfreier Import *(m)*

free importation zollfreie Einfuhr *(f)*, zollfreier Import *(m)*

free importation for processing Veredelungsverkehr *(m)*

free in frei Einladen *(n)*, Löschkosten für Verlader *(pl)*, Verladekosten für Charterer *(pl)*

free in and out frei Laden und Löschen *(n/n)*, Verladungs- und Entladungskosten für Charterer *(f)*

free in and out excluding stowing Stauenkosten für Reeder *(pl)*, Stauungskosten für Reeder *(pl)*

free in harbour franko Hafen *(m)*, frei Hafen *(m)*

free in harbour price Preis franko Hafen *(m)*, price Preis frei Hafen *(m)*

free in truck frei Lastkraftfahrzeug *(n)*, frei Lastkraftwagen *(m)*, frei Lastwagen *(m)*

free in truck price Preis frei Lastkraftfahrzeug *(m)*

free into barge frei Schute *(f)*

free into bond frei Zolllager *(n)*

free into wagon franko Waggon *(m)*, frei Waggon *(m)*

free-lance expert unabhängiger Experte *(m)*

free lighter frei Kahn *(m)*, frei Schute *(m)*

free lighter price Preis frei Kahn *(m)*, Preis frei Schute *(m)*

free lighterage frei von Ableichtern *(n)*

free list Einfuhrfreiliste *(f)*

free loading frei Beladen *(n)*, Verschiffungskosten für Befrachter *(pl)*

free loading clause Free-Loading-Klausel *(f)*

free loading place frei Ladeplatz *(m)*, frei Ladestelle *(f)*

free loading place price Preis frei Ladeort *(m)*

free market freier Markt *(m)*

free market exchange rate Freiverkehrskurs *(m)*

free market price Freihandelspreis *(m)*, Preis des freien Marktes *(m)*

free-market rate Freiverkehrskurs *(m)*

free movement of goods *(EU)* freier Warenverkehr *(m)*

free movement of services *(EU)* freier Dienstleistungsverkehr *(m)*

free of all average frei von jeder Beschädigung *(f)*, gegen alle Risken *(pl)*

free of all customs duties and charges frei von Zöllen und sonstigen Abgaben *(pl/pl)*

free of capture, seizure, riots and civil commotions frei von jedem Risiko bei gewaltsamer Wegnahme, Beschlagnahme und Aufruhr

free of charge Preis schliesst alle Unkosten ein *(pl)*

free of charge into vessel's holds frei Frachtraum *(m)*

free of charges Kosten inbegriffen *(pl)*, kostenfrei

  supply free of charge (goods) unentgeltlich liefern

free of damage mangelfrei

free of duty zollfrei

  goods free of duty zollfreie Ware *(f)*

  import free of duty steuerfreie Einfuhr *(f)*

  importation free of duty zollfreie Einfuhr *(f)*

free of interest loan unverzinsliche Anleihe *(f)*, zinsfreies Darlehen *(n)*

free of particular average (FPA) frei von besonderer Havarie *(f)*, ohne besondere Havarie *(f)*

free of particular average policy Police frei von besonderer Havarie *(f)*

free offer freibleibendes Angebot *(n)*, unverbindliches Angebot *(n)*

free on aircraft frei Flugzeug *(n)*, frei Luftfahrzeug *(n)*

  free on aircraft price Preis frei Luftfrachtführer *(m)*

free on board Ein- und Ausladekosten für Charterer *(pl)*

free on board frei ab Schiff *(n)*, frei Schiff *(n)*, Verschiffungskosten für Charterer *(pl)* **2. free on board ...** /insert named port of shipment/ frei an Bord ... /benannter Verschiffungshafen/

free on board car frei auf Güterwagen *(m)*, frei Güterwagen *(m)*

free on board price Preis frei an Bord *(m)*

free on board/free off board frei an Bord und wieder frei von Bord *(m)*

free on board/free on board clause fob-fob-Klausel *(f)*

free on car franko Fahrzeug *(n)*, frei Fahrzeug *(n)* **2.** franko Waggon *(m)*, frei Waggon *(m)*

free on FOT price Preis frei Beförderer *(m)*, Preis frei Frachtführer *(m)*, Preis frei Rampe *(m)*

free on lorry frei Lastkraftfahrzeug *(n)* **2.** frei Lastkraftwagen *(m)*

free on rail frei auf Güterwagen *(m)*, frei Güterwagen *(m)*

free on rail - dispatching station price Preis frei Waggon Versandbahnhof *(m)*

free on rail price for-Preis *(m)*, Preis frei Waggon *(m)*

free on station frei Bahnhof *(m)*

free on truck price for-Preis *(m)*, Preis frei Beförderer *(m)*, Preis frei Frachtführer *(m)* **2.** Preis frei Rampe *(m)* **3.** Preis frei Waggon *(m)*

free on wagon frei Waggon *(m)*

free over side frei Schiff *(n)*

free overboard frei Beladen *(n)*, frei Leichter *(m)*

free overside frei Beladen *(n)*, frei Leichter *(m)*, frei Schiff *(n)*

  free overside price Preis frei Leichter *(m)*

free pilotage Lotsenfreiheit *(f)*

free place of delivery to air carrier franko Ort der Übergabe an den Luftfrachtführer *(m)*

free place of delivery to air carrier at seller's country franko Ort der Übergabe an die Luftfahrtgesellschaft *(m)*

free place of shipment frei Ladeplatz *(m)*, frei Ladestelle *(f)*, franko Ort der Verladung *(m)*, frei Verladungsort *(m)*

  free point of shipment price Preis frei Entladestelle *(m)*

free port franko Hafen *(m)*, frei Hafen *(m)* **2.** Freihafen *(m)*, Wiederausfuhrhafen *(m)*, Zollfreihafen *(m)*

free port of departure frei Abfahrtshafen *(m)*, frei Auslaufhafen *(m)*

free port of destination frei Entladehafen *(m)*, frei Löschungshafen *(m)*

free portage frei Beförderungsgeld *(n)*, frei Frachtlohn *(m)*

free post office frei Postamt *(n)*

free price Frankopreis *(m)*, Lieferpreis *(m)*, Preis mit Zustellung *(m)*

free quay frei Kai *(m)*, frei Ufer *(n)*

free sale freihändiger Verkauf *(m)*

free sample Gratismuster *(n)*, kostenloses Muster *(n)*

free shipboard frei Schiffbord *(m)*, frei Schiffsseite *(f)*

free shipboard price Preis frei Schiffbord *(m)*, Preis frei Schiffsseite *(m)*

free shipping place franko Ort der Verladung *(m)*, frei Verladungsort *(m)*

free ship's side frei Schiffbord *(m)*, frei Schiffsseite *(f)*

  free ship's side price Preis frei Schiffbord *(m)*, Preis frei Schiffsseite *(m)*

free station frei Bahn *(f)*, frei Station *(f)*
free station of destination frei Bestimmungsstation *(f)*
free tank frei Zisterne *(f)*
free time freie Zeit *(f)*, Freizeit *(f)*
free trade freier Handel *(m)*, Freihandel *(m)*, zollfreier Handel *(m)*
free trade agreement Freihandelsabkommen *(n)*
Central European Free Trade Agreement Mitteleuropäisches Freihandelsabkommen *(n)*
free trade area Freihandelsgebiet *(n)*, Freihandelszone *(f)*, Zollausschlussgebiet *(n)*
free trade association Freihandelsassoziation *(f)*
free trade organization Freihandelsorganisation *(f)*
free trade policy Freihandelspolitik *(f)*
free transit freier Transit *(m)*, zollfreie Durchfuhr *(f)*, zollfreier Transit *(m)*
free transportation unentgeltliche Beförderung *(f)*
free unloading frei Löschen *(n)*
free warehouse frei Lager *(n)*, frei Niederlage *(f)*, Zollfreilager *(n)*, Zolllager *(n)*
introduction of goods into free warehouse Verbringen von Waren in Freilager *(n)*
free warehouse price Preis frei Lager *(m)*, Preis frei Lagerhaus *(m)*
free zone Freihandelszone *(f)*, Zollausschlussgebiet *(n)*, zollfreier Bereich *(m)*, Zollfreigebiet *(n)*
bonded free zone Freihafen *(m)*
boundaries of free zones Begrenzungen der Freizonen *(pl)*
duration of stay in free zone Dauer des Verbleibs in der Freizone *(f)*
entry into a free zone Verbringung in eine Freizone *(f)*, Überführung der Waren in eine Freizone *(f)*
introduction of goods into a free zone Verbringen von Waren in Freizonen *(n)*
operation of free zones Funktionieren von Freizonen *(n)*
place goods in a free zone Waren in eine Freizone verbringen *(pl)*
rules for functioning of free zone Ordnung für eine Freizone *(f)*

free zone arrangements Freizonenregelung *(f)*
* carriage free frachtfrei, Frachtkosten für Lieferant *(pl)*, Transport bezahlt *(m)*
cost free Kosten inbegriffen *(pl)*
delivered free to house of purchaser franko Haus *(n)*
delivery cost free Freilieferung *(f)*
delivery free Freilieferung *(f)*
liner in free out Seefracht und hafenübliche Ladegebühren inklusive, Löschgebühren ausgenommen *(f)*
price of free Frankopreis *(m)*
tax free shop Duty-Free-Shop *(m)*, zollfreies Geschäft *(n)*
tax free zone steuerfreie Zone *(f)*, Steuerfreizone *(f)*
freeboard Tiefladelinie *(f)*, Wasserlinie *(f)*
freeboard certificate Freibordzertifikat *(n)*
freeboard deck Freiborddeck *(n)*
freeboard mark Freibordmarke *(f)*, Lademarke *(f)*
* certificate of freeboard Freibordzertifikat *(n)*, Freibordzeugnis *(n)*
minimum freeboard vessel Minimalfreibordschiff *(n)*
summer freeboard Sommerfreibord *(m)*
winter freeboard Winterfreibord *(m)*
freedom Freiheit *(f)*
freedom from tax Steuerfreiheit *(f)*
freedom of choice Wahlfreiheit *(f)*
freedom of contract Vertragsabschlussrecht *(n)*
freedom of enterprise Wirtschaftsfreiheit *(f)*
freedom of international transit internationale Transitfreiheit *(f)*
freedom of navigation Freiheit der Schifffahrt *(f)*, Navigationsfreiheit *(f)*
freedom of trade Handelsfreiheit *(f)*
freedom of transit Freiheit der Durchfuhr *(f)*, Transitfreiheit *(f)*
* economic freedom Wirtschaftsfreiheit *(f)*
restraint on freedom of trade Beschränkung der Handelsfreiheit *(f)*
freeze frieren
freeze a credit Kredit sperren *(m)*
freezed gekühlt
freezed price Stopppreis *(m)*
freezing Kühl-
freezing chamber Kühlanlage *(f)*, Kühlraum *(m)*
freezing point Erstarrungstemperatur *(f)*

* **owner's risk of freezing** Gefrierenrisiko für Beförderer *(n)*, Gefrierenrisiko für Reeder *(n)*

freight befördern, frachten

freight a ship Schiff befrachten *(n)*

freight Fracht *(f)*, Frachtgeld *(n)*, Frachtkosten *(pl)*, Frachtbetrag *(m)*, Beförderungsgebühr *(f)*, Wasserfracht *(f)*, Schifffracht *(f)*
2. Fracht *(f)*, Frachtgut *(n)*, Kargo *(m)*, Last *(f)*
3. Befrachtung *(f)* **4.** Gütertransport *(m)*, Güterverkehr *(m)*, Warentransport *(m)*

freight account Frachtanweisung *(f)*, Frachtberechnung *(f)*, Frachtkonto *(n)*, Frachtrechnung *(f)*

freight ad valorem Wertfracht *(f)*

freight advance Frachtvorschuss *(m)*, vorausbezahlte Fracht *(f)*

freight agency Frachtagentur *(f)*

freight agent Frachtagent *(m)*, Frachtmakler *(m)*
general freight agent Generalfrachtenmakler *(m)*
local freight agent Ortsfrachtenmakler *(m)*

freight agreement Schiffsfrachtvertrag *(m)*
general freight agreement Generalfrachtvertrag *(m)*, Generalschiffsfrachtvertrag *(m)*

freight all kinds Fracht (für Güter) aller Art *(f)*, Frachten aller Sorten und Güter *(pl)*

freight allowance Frachtbegünstigung *(f)*

freight and demurrage Fracht und Liegegeld *(f/n)*, Fracht und Standgeld *(f/n)*

freight and duty paid Fracht und Zoll bezahlt *(f)*, fracht- und zollfrei

freight arrival Frachteingang *(m)*, Lasteingang *(m)*

freight arrival notice Verschiffungsanzeige *(f)*

freight assessed according to the value of goods Ad-Valorem-Fracht *(f)*, Wertfracht *(f)*

freight assessed by weight Bruttogewichtsfracht *(f)*, Fracht per Bruttogewicht *(f)*, Fracht per Gewicht *(f)*, Gewichtsfracht *(f)*

freight assessed on the basis of cubic measurement Fracht berechnet nach Kubikmetern *(f)*, Raumfracht *(f)*

freight base Frachtbasis *(f)*

freight basis Frachtbasis *(f)*

freight bill Frachtberechnung *(f)*, Frachtnota *(f)*, Frachtrechnung *(f)*

freight booking Buchung einer Fracht *(f)*, Frachtrechnung *(f)*

freight both ways Aus- und Rückfracht *(f)*

freight broker Befrachtungsmakler *(m)*, Reedersmakler *(m)*

freight brokerage Befrachtungskommission *(f)*, Befrachtungsmaklergebühr *(f)*, Frachtgebühr *(f)*

freight by case Fracht berechnet nach Kollizahl *(f)*, Fracht per Stück *(f)*

freight by measurement Fracht berechnet nach Kubikmetern *(f)*, Raumfracht *(f)*

freight by weight Bruttogewichtsfracht *(f)*, Fracht per Bruttogewicht *(f)*, Fracht per Gewicht *(f)*, Gewichtsfracht *(f)*

freight canvasser Frachtmakler *(m)*

freight capacity Ladefähigkeit *(f)*

freight car Frachtwaggon *(m)*, Lastwaggon *(m)*
tank freight car Tankfahrzeug *(n)*, Tankwagen *(m)*

freight carrier Carrier *(m)*, Transportträger *(m)*

freight-carrying capacity Frachtkapazität *(f)*, Nutzladefähigkeit *(f)*

freight charges Frachtbetrag *(m)*, Frachtgeld *(n)*, Beförderungsgebühr *(f)*, Fahrlohn *(m)*
collection of freight charges Frachtinkasso *(n)*

freight claim Frachtforderung *(f)*

freight clause Frachtklausel *(f)*

freight clerk Frachtmakler *(m)*, Spediteur *(m)*

freight collection fee Inkassogebühr *(f)*, Inkassoprovision *(f)*

freight commission Frachtprovision *(f)*

freight container Container *(m)*
bulk freight container Massengutcontainer *(m)*
standardized freight container Standardcontainer *(m)*

freight contract Buchungsbestätigung *(f)*, Buchungsnote *(f)*, Buchungsvermerk *(m)*, Transportkostenrechnung *(f)*
general freight contract Generalfrachtvertrag *(m)*

freight contracting Befrachtung *(f)*, Verfrachtung *(f)*

freight contractor Akquisiteur *(m)*, Verschiffungsagent *(m)*, Verschiffungsspediteur *(m)*
liability of freight contractour Frachtführerhaftung *(f)*, Haftpflicht des Frachtführers *(f)*

freight declaration Ladedeklaration *(f)*, Ladungsdeklaration *(f)*

freight deferred rebate zurückgestellter Rabatt *(m)*

freight depot Güterbahnhof (m)
freight differential Frachtdifferenz (f)
freight discount Frachtdiskont (m), Frachtermäßigung (f), Frachtnachlass (m), Frachtrabatt (m)
freight document Frachtdokument (n)
freight exchange Frachtbörse (f), Schifffahrtsbörse (f), Schiffsbörse (f), Seefrachtsbörse (f)
freight expenses Förderkosten (pl), Transportkosten (pl)
freight forward Fracht gegen Nachnahme (f), Fracht zahlbar im Bestimmungshafen (f), Frachtnachnahme (f), Frachtnachnahme, unfrei (f)
freight forwarder Frachtmakler (m), Spediteur (m), Speditionsagent (m), Verfrachter (m), Verschiffungsagent (m), Verschiffungsspediteur (m)
   foreign freight forwarder internationaler Spediteur (m)
   freight forwarder's order Spediteurorder (f)
freight handling Güterumschlag (m), Ladungsbehandlung (f), Umschlaghandlungen (pl), Warenumschlag (m)
   damage in freight handling Umschlagchaden (m)
   day of freight handling Umschlagdatum (n)
   time for freight handling Umschlagzeit (f)
   freight handling point Umschlagpunkt (m), Verladepunkt (m)
   freight handling time Transhipmentdauer (f), Umladungsdauer (f)
freight home Retourfracht (f), Rückfracht (f)
freight idea Frachtidee (f)
freight in advance Fracht im voraus bezahlt (f), vorausbezahlte Fracht (f)
freight index Frachtindex (m)
freight insurance Versicherung der Ladung (f)
   freight, insurance, carriage Fracht, Versicherung, Transport
freight list Frachtliste (f), Güterverzeichnis (n), Ladungsliste (f), Ladungsmanifest (n), Schiffsmanifest (n), Schiffsverzeichnis (n)
freight manifest Frachtmanifest (n), Ladungsverzeichnis (n)
freight market Frachtmarkt (m)
   freight market research Frachtmarketforschung (f)
freight money Befrachtungskommission (f), Fracht (f), Frachtgeld (n), Frachtprovision (f), Frachtspesen (pl)

freight monopoly Befrachtungsmonopol (n)
freight note Frachtanweisung (f), Frachtberechnung (f), Frachtrechnung (f)
freight offerings Frachtangebot (n), Ladungsangebot (n)
freight office Frachtagentur (f), Versandbüro (n)
freight or carriage paid to ... /named point of destination/ Fracht oder Beförderungskosten bezahlt ... /benannter Bestimmungsort/
freight order Befrachtungsauftrag (m), Frachtorder (f)
freight out-and-home Aus- und Rückfracht (f), Rundfahrtfracht (f)
freight owner Frachteigentümer (m)
freight paid Fracht im Voraus bezahlt (f), frachtfrei, Frachtgebühr bezahlt bis ... (f), vorausbezahlte Fracht (f)
   freight paid to ... Fracht frei bis ... (f)
freight parity Frachtparität (f)
freight payable at destination Fracht zahlbar am Bestimmungsort (f), Fracht zahlt der Empfänger (f)
freight payable concurrent with discharge Fracht zahlbar gleichzeitig mit der Löschung (f)
freight payee Frachtempfänger (m)
freight per piece Fracht berechnet nach Kolizahl (f), Fracht per Stück (f)
freight per rail car Waggonfracht (f)
freight per ton dead-weight capacity Fracht per Tonnage (f)
freight per ton weight Tonnenfracht (f)
freight policy Frachtversicherungspolice (f)
freight pool Frachtenpool (m), Frachtkartell (n)
freight prepaid Fracht im voraus bezahlt (f), Fracht im Voraus bezahlt (f), Fracht vorausbezahlt (f), Fracht vorauszahlbar (f), vorausbezahlte Fracht (f)
freight quotation Frachtnotierung (f)
freight rate Transportsatz (m), Gütertransportpreis (m)
   charterer's/owner's idea of freight rate Frachtidee (f)
   dual freight rate Doppelfrachtrate (f)
   express freight rate Expressbeförderungstarif (m)
   liner freight rate Linientarif (m)
   maximal freight rate Höchstfrachtsatz (m)
   ocean freight rate Seefrachtsatz (m)
   through freight rate direkte Frachtrate (f), Durchgangsfrachtsatz (m)
   rail freight rates Eisenbahngütertarif (m)

freight rebate Frachterlaß *(m)*, Frachtermäßigung *(f)*, Frachtnachlass *(m)*, Frachtrabatt *(m)*
freight receipt Frachtempfangsbescheinigung *(f)*, Frachtorder *(f)*, Ladungsschein *(m)*
freight risk Frachtrisiko *(n)*
freight service Frachtdienst *(m)*
freight settlement Transportverrechnung *(f)*
freight space Laderaum *(m)*, Transportraum *(m)*
freight surcharge Frachtzuschlag *(m)*, Primage *(f)*
freight tariff Eisenbahngütertarif *(m)*, Frachttarif *(m)*, Gütertarif *(m)*
  air freight tariff Luftfrachttarif *(m)*
  less than wagon load freight tariff Stückguttarif *(m)*
freight tariff rate Tariffrachtrate *(f)*
freight traffic Güterbeförderung *(f)*
  railway freight traffic Eisenbahngüterverkehr *(m)*
freight traffic statistics Güterverkehrsstatistik *(f)*
freight train Frachtzug *(m)*, Güterzug *(m)*
freight unit Frachteinheit *(f)*
freight vessel Frachtschiff *(n)*, Seefrachtschiff *(n)*
freight wagon Frachtwaggon *(m)*, Lastwaggon *(m)*
* ad valorem freight Ad-Valorem-Fracht *(f)*, Wertfracht *(f)*
additional freight Extrafracht *(f)*, Frachtaufschlag *(m)*, Mehrfracht *(f)*, Primgeld *(n)*
advance freight Fracht im voraus bezahlt *(f)*, Fracht vorausbezahlt *(f)*, Fracht vorauszahlbar *(f)*, Frachtvorschuss *(m)*, vorausbezahlte Fracht *(f)*
air express freight Luftexpressfracht *(f)*
air freight Luftfracht *(f)*, Luftgut *(n)*
air freight carried by road Beförderung von Luftfracht auf der Straße *(f)*
air freight forwarder Luftfrachtspediteur *(m)*
air freight operations Lufttransport *(m)*
advance payment of freight Frachtvorauszahlung *(f)*
back freight Retourfracht *(f)*, Rückfracht *(f)*
balance of freight Frachtbetragrest *(m)*
base freight Basisfracht *(f)*
berth freight Beipackung *(f)*
bill of freight Eisenbahnfrachtbrief *(m)*, Frachtbrief *(m)*, Lieferschein *(m)*, Transportbescheinigung *(f)*, Warenbegleitschein *(m)*

bill of freight CIM Eisenbahnfrachtbrief CIM *(m)*, Frachtbrief CIM *(m)*
bill of freight SMGS Eisenbahnfrachtbrief SMGS *(m)*, Frachtbrief SMGS *(m)*
book freight Fracht buchen *(f)*, Ladung buchen *(f)*
bottom freight Mindestfrachttarif *(m)*, Mindestseeschifffrachttarif *(m)*, Minimalfracht *(f)*
bounty on freight Frachterlaß *(m)*, Frachtermäßigung *(f)*
bulk freight Freiladung *(f)*, lose Ladung *(f)*, Massengut *(n)*, Massengüter *(pl)*, Massenladung *(f)*, Schüttgut *(n)*, unverpackte Ladung *(f)*
carload railroad freight Wagenladungsfrachtsatz *(m)*
charges for freight Frachtgebühr *(f)*, Frachtgeld *(n)*, Frachtkosten *(pl)*, Frachtlohn *(m)*
charter freight Charterfracht *(f)*
clear a freight Fracht abführen *(f)*, Fracht zahlen *(f)*
collect freight Fracht einziehen *(f)*, Fracht nachnehmen *(f)*
collect freight Fracht gegen Nachnahme *(f)*, Fracht zahlbar am Bestimmungsort *(f)*, Fracht zahlbar gleichzeitig mit der Löschung *(f)*, Fracht zahlt der Empfänger *(f)*
collection of freight Frachtinkasso *(n)*
consignee of the freight Frachtempfänger *(m)*
container freight station (CFS) Containerfrachtstation *(f)*, Containerpackstation *(f)*, Container-Terminal *(n)*
containerized freight containerisierte Fracht *(f)*
contract for freight Frachtvertrag *(m)*
cost and freight ... /insert named port of destination/ CFR ... /insert named port of destination/, Kosten und Fracht ... /benannter Bestimmungshafen/
cost, insurance and freight ... /insert named port of destination/ CIF ... /benannter Bestimmungshafen/, Kosten, Versicherung und Fracht ... /benannter Bestimmungshafen/
dangerous goods freight Gefahrgutfracht *(f)*
dead freight Faulfracht *(f)*, Leerfracht *(f)*, tote Fracht *(f)*, tote Last *(f)*
dearth of freight Ladungsmangel *(m)*
direct freight Durchgangsfracht *(f)*, Pauschalfracht *(f)*
discriminating freight diskriminierender Frachttarif *(m)*, Prohibitivfrachtrate *(f)*
distance freight Distanzfracht *(f)*

distress freight Ausnahmefrachtsatz (m)
double freight Double-Fracht (f)
extra freight Extrafracht (f), Frachtaufschlag (m), Mehrfracht (f), Mehrladung (f) 2. Primgeld (n)
fast freight Eilgut (n), Eilsendung (f), Expresssendung (f)
forward freight Fracht gegen Nachnahme (f), Fracht nachnehmen (f)
free freight frei Beförderungsgeld (n), frei Frachtlohn (m)
free freight price Preis frei Frachtgebühr (m), Preis frei Frachtkosten (m)
gross freight Bruttofracht (f)
guaranteed freight garantierte Fracht (f)
heavy cargo freight Gewichtsgut (n), schwere Ladung (f), Schwergutladungsfracht (f), Schwerladungsfracht (f)
heavy freight schwere Ladung (f), Schwergewichtsgut (n), Schwergutladungsfracht (f), Schwerladung (f), Schwerladungsfracht (f)
heavy haul freight Schwergutfracht (f), Schwergutladung (f)
homeward freight Ausgangsfracht (f), Heimfracht (f)
homeward passage freight Heimfracht (f), Rückfracht (f)
increase of freight Frachterhöhung (f)
inland freight Binnengewässerfracht (f), Flussfracht (f)
insurance of freight Versicherung der Ladung (f)
insurance on freight Frachtversicherung (f)
in-transit freight Transitfracht (f), Transitgeld (n)
journey out and home freight Hin- und Rückfracht (f), Umwegreisefracht (f)
journey there and back freight Hin- und Rückfracht (f), Umwegreisefracht (f)
land freight Landfracht (f)
less-than-carload freight Sammelgutsendung (f)
 handling of less-than-carload freight Stückgüterfrachtumschlag (m)
lien for freight Frachtführerpfandrecht (n)
lien for freight clause Frachtführerpfandrechtsklausel (f)
light freight Leichtgut (n), Massengutladung (f), Raumfracht (f), sperrige Ladung (f)
liner freight Liniencargo (m), Linienladung (f)
lowest freight Mindestfracht (f), Mindestfrachttarif (m), Minimalfracht (f)

lump freight Pauschalfracht (f)
lump-sum freight Pauschalfracht (f), Pauschalfracht (f)
mass freight lose Ladung (f), Massengut (n), Massengutladung (f), Massenladung (f), unverpackte Ladung (f)
minimum freight Mindestfracht (f)
net freight Nettofracht (f)
non-delivery of freight Frachtgutnichtlieferung (f), Kargonichtlieferung (f)
number of freight cases Anzahl von Sendungen (f)
ocean freight Seefracht (f), Überseefracht (f)
operational freight operative Fracht (f)
optional freight Optionsfracht (f)
order freight Ordergut (n)
out freight Heimfracht (f), Hinfracht (f)
out-and-home freight Aus- und Rückfracht (f)
out-bound freight abgehende Ladung (f), Ausgangsfracht (f), ausgehende Fracht (f) 2. Heimfracht (f), Hinfracht (f)
outward freight Hinfracht (f)
owner of freight Frachteigentümer (m)
palletized freight palettierte Ladung (f)
pay a freight Fracht abführen (f), Fracht zahlen (f)
pay the freight Fracht abführen (f)
periodical freight Zeitfracht (f)
prepaid freight vorausbezahlte Fracht (f)
price of freight Frachtpreis (m)
pro rata freight Distanzfracht (f), Mehrfracht (f)
railroad freight Bahnfracht (f), Eisenbahnfracht (f), Eisenbahngut (n)
railway freight Bahnfracht (f)
rate of freight Frachtrate (f)
 current rate of freight laufende Frachtrate (f), laufende Frachttarif (m), laufender Frachtpreis (m)
 tramp rate of freight Trampfrachtrate (f)
liner rate of freight Linienfrachtsatz (m)
liner rates of freight Linienfrachtsätze (pl), Liniefrachttarif (m)
rebate of freight Frachtnachlass (m)
return journey freight Heimreisefracht (f), Rückreisefracht (f)
return passage freight Heimreisefracht (f), Rückreisefracht (f)
return trip freight Heimfracht (f), Rückfracht (f)
river freight Binnengewässerfracht (f), Flussfracht (f), Flussgebühr (f)

round journey freight Aus- und Rückfracht *(f)*, Rundfahrtfracht *(f)*
round passage freight Rundreisefracht *(f)*
round voyage freight Hin- und Rückfracht *(f)*, Rundreisefracht *(f)*, Umwegreisefracht *(f)*
sea freight Seefracht *(f)*, Überseefracht *(f)*
sender of freight Frachtabsender *(m)*, Ladungsabsender *(m)*
surcharge on the freight Frachtzuschlag *(m)*
take in freight Güter annehmen *(pl)*
through freight Durchgangsfracht *(f)*, Pauschalfracht *(f)*
time freight Zeitcharterfracht *(f)*, Zeitfracht *(f)*
tramp freight Trampfracht *(f)*
transit freight Durchfracht *(f)*, Transitfracht *(f)*
voyage freight Fracht für die ganze Reise *(f)*, Reisefracht *(f)*
freightage Befrachtung *(f)*, Fracht *(f)*, Verfrachtung *(f)*
free freightage frei Fracht *(f)*, frei Frachtkosten *(pl)*
freighter Befrachter *(m)*, Frachtversender *(m)*, Verfrachter *(m)*, Verlader *(m)* **2.** Lastschiff *(n)*
freighter's liability Abladerhaftung *(f)*, Befrachterhaftung *(f)*, Haftung des Absenders *(f)*
freighter's option Charteroption *(f)*
* bulk freighter Bulkcarrier *(m)*, Massengutschiff *(n)*
dry-cargo freighter Massenfrachter *(m)*, Massengutfrachter *(m)*
general cargo freighter Stückgutfrachter *(m)*
landing at freighter's expense Abladelohn für Verfrachter *(m)*, Löschkosten für Verfrachter *(pl)*
refrigerated freighter Kühlfrachtschiff *(n)*, Kühlleichter *(m)*
sea-faring freighter Seefrachtschiff *(n)*
freighting Befrachtung *(f)*
liner freighting Linienfracht *(f)*, Linienverfrachtung *(f)*
frequency Häufigkeit *(f)*
frequency of delivery Lieferhäufigkeit *(f)*
frequency
* delivery frequency Lieferhäufigkeit *(f)*
fresh frisch
fresh water Frischwasser *(n)*
fresh water damage Regenwasserschaden *(m)*, Süßwasserbeschädigung *(f)*, Süßwasserschaden *(m)*

fresh water mark Süßwassertiefladelinie *(f)*
* hook, oil and fresh water damage Lasthaken-, Öl- und Süßwasserschaden *(m)*
tropical fresh water load-line Tropensüßwasserfreibord *(m)*
fringe nebensächlich
fringe benefit zusätzliche Leistung *(f)*
fringe earnings Zusatzverdienst *(m)*, Zuverdienst *(m)*
front Vorderseite *(f)*
front cover *(CMC)* erstes Umschlagblatt *(n)*
frontier Grenze *(f)*, Staatsgrenze *(f)* **2.** Grenz-
frontier agreement Grenzabkommen *(n)*
frontier area Grenzgebiet *(n)*, Grenzzone *(f)*
frontier charge Grenzgebühr *(f)*, Grenzgeld *(n)*
frontier crossing Grenzübergang *(m)*, Überschreitung der Grenze *(f)*
frontier crossing point Eingangsort *(m)*, Grenzübergang *(m)*
frontier customs station Grenzzollbahnhof *(m)*
frontier guard Grenzschutz *(m)*
frontier point Grenzstelle *(f)*, Grenzübergangsstelle *(f)*
frontier post Grenzposten *(m)*, Grenzübergangsstelle *(f)*
business hours at frontier posts Öffnungsdauer der Grenzübergangsstellen *(f)*
frontier station Grenzbahnhof *(m)*
free frontier station frei Grenzbahnhof *(m)*
frontier trade Grenzhandel *(m)*, grenznaher Austausch *(m)*, grenzüberschreitender Handel *(m)*
frontier traffic Grenzverkehr *(m)*, Verkehr in der Grenzzone *(m)*
agreement concerning frontier traffic Vereinbarung über den Grenzverkehr *(f)*
frontier zone Grenzgebiet *(n)*, Grenzzone *(f)*
frontier-zone traffic Grenzverkehr *(m)*, Verkehr in der Grenzzone *(m)*
frontier-zone worker Grenzarbeiter *(m)*
* abolition of fiscal frontiers Abschaffung der Steuergrenzen *(f)*
closing of the frontier Abschließung der Grenze *(f)*, Grenzsperrung *(f)*
cross a frontier Grenze überschreiten *(f)*
crossing of frontier Grenzübergang *(m)*, Überschreitung der Grenze *(f)*
customs office at the frontier Grenzzollamt *(n)*

delivered at frontier ... /named place/ geliefert Grenze ... /benannter Ort/
forwarding agent on the frontier Grenzspediteur *(m)*
land frontier Landesgrenze *(f)*
named place at the frontier benannter Grenzort *(m)*
national frontier Staatsgrenze *(f)*
passage of goods at frontier Grenzübergang von Waren *(m)*
sea frontier Seegrenze *(f)*
frost Frost *(m)*
frost damage Frostschaden *(m)*
frozen eingefroren, gefroren
frozen account gesperrtes Konto *(n)*
frozen cargo Gefriergut *(n)*
fruit Obst *(n)*
fruit ship Fruchtfrachter *(m)*, Kühlfruchtfrachter *(m)*
fruiter Fruchtfrachter *(m)*
frustration Nutzlosigkeit *(f)*
frustration of contract Unmöglichkeit der Vertragserfüllung *(f)*
fuel Kraftstoff *(m)*
fuel adjustment factor Bunker Adjustment Factor *(n)*, Bunkersausgleichsfaktor *(m)*, Bunkerzuschlag *(m)*
fuel barge Tankkahn *(m)*, Tankprahm *(m)*
fuel oil barge Tankkahn *(m)*, Tankprahm *(m)*
fueling Bunkerung eines Schiffs *(f)*
fulfil ausfüllen, erfüllen, füllen
fulfil a plan Plan erfüllen *(m)*
fulfil obligations Verpflichtungen erfüllen *(pl)*
fulfil the conditions Bedingungen erfüllen *(pl)*, Voraussetzungen erfüllen *(pl)*
fulfil the contractual terms Vertragsbedingungen erfüllen *(pl)*
fulfillment Ausführung *(f)*, Einhaltung *(f)*, Füllung *(f)*
fulfillment of conditions Bedingungserfüllung *(f)*
fulfillment of contract Ausführung des Kontraktes *(f)*
place of fulfillment of the contract Bestimmungsort *(m)*, Ort der Leistung *(m)*
fulfillment of contractual obligations Ausführung der Vertragsverpflichtungen *(f)*
fulfillment of customs formalities Erledigung der Zollformalitäten *(f)*, Zollbehandlung *(f)*
fulfillment of order Auftragsausfertigung *(f)*

full ganz, voll
full acceptance volles Akzept *(n)*
full address vollständige Anschrift *(f)*
full and complete cargo Schiffsladung *(f)*, volle Ladung *(f)*
full-cargo charter Ganzcharter *(m)*, Vollcharter *(m)*
full cellular ship Containerschiff *(n)*, Zellencontainerschiff *(n)*
full compensation volle Entschädigung *(f)*
full container load (FCL) Containerladung *(f)*, FCL-Ladung *(f)*, Komplettcontainer *(m)*, Komplettladung *(f)*, Vollcontainer *(m)*, volle Containerladung *(f)*
full convertibility Vollewährungskonvertibilität *(f)*
full costs Gesamtkosten *(pl)*
full delivery vollständige Lieferung *(f)*
full discharge volle Zahlung *(f)*
full employment bill Vollbeschäftigungsgesetz *(n)*
full endorsement Vollindossament *(n)*, vollständiges Indossament *(n)*
full factoring echtes Faktoring *(n)*
full payment volle Einzahlung *(f)*, vollständige Auszahlung *(f)*, vollständige Zahlung *(f)*
full price voller Preis *(m)*
full rate voller Satz *(m)*
full refund guarantee Rückzahlungssarantie *(f)*
full reimbursement Vollrembourse *(f)*
full relief Vollentlastung *(f)*
full set of bill of lading Konnossementssatz *(m)*, vollständiger Konnossementssatz *(m)*, voller Satz von Konnossementen *(m)*
deliver full set of bill of lading Konnossementssatz beibringen *(m)*
delivery of full set of bill of lading Zustellung des Konnossementssatzes *(f)*, Zustellung vollen Satzes von Konnossementen *(f)*
non-delivery of full set bill of lading Konnossementsnichtlieferung *(f)*
full set of commercial documents Satz der Handelsdokumente *(m)*, voller Satz von Geschäftspapieren *(m)*, voller Satz von Handelsurkunden *(m)*
full-time agent Berufsvertreter *(m)*
full wagon load Wagenladung *(f)*, Wagonsendung *(f)*
full weight Gesamtgewicht *(n)*

* **packings imported full** gefüllt eingeführte Umschließungen *(pl)*

payment in full volle Einzahlung *(f)*, volle Zahlung *(f)*, vollständige Auszahlung *(f)*

fully völlig

fully laden ship voll beladenes Schiff *(n)*

fumigation Ausräucherung *(f)*, Fumigation *(f)*

   fumigation certificate Räucherungsattest *(n)*, Räucherungszeugnis *(n)*

   fumigation note Räucherungsattest *(n)*, Räucherungszeugnis *(n)*

   * **certificate of fumigation** Räucherungsattest *(n)*, Räucherungszeugnis *(n)*

functional funktional

   functional currency offizielle Währung *(f)*

   functional quality funktionale Qualität *(f)*, Nutzungseigenschaft *(f)*

functionary Amtsperson *(f)*, Beamter *(m)*, Funktionär *(m)*

fund Fonds *(m)*

fundamental fundamental

   fundamental risk Fundamentalrisiko *(n)*

fund-holder Besitzer von Wertpapieren *(m)*

funding Finanzieren *(n)*, Finanzierung *(f)*

   debt funding Konsolidierung der Schulden *(f)*, Schuldenfundierung *(f)*

funds finanzielle Mittel *(pl)*, finanzielle Ressourcen *(pl)*, Kapital *(n)*

   funds blocking Mittelsperre *(f)*

   * **budgeting funds** Haushaltsmittel *(pl)*

   cash funds Barmittel *(pl)*, Geldmittel *(pl)*

   cover funds Abdeckung *(f)*

   electronic funds transfer (EFT) System des Elektronischen Zahlungsverkehrs *(n)*

   federal funds Bundesmittel *(pl)*

   insufficient funds *(written on the dishonoures cheque)* ohne Deckung *(f)*

furnish liefern **2.** versorgen

   furnish the documents Dokumente hinterlegen *(pl)*

   furnish a guarantee Sicherheit gewähren *(f)*, Sicherheit leisten *(f)*

   furnish an information Auskunft erteilen *(f)*, Auskunft geben *(f)*, Auskünfte übermitteln *(pl)*, Information erteilen *(f)*

   furnish a security Bürgschaft stellen *(f)*, Kaution leisten *(f)*, Sicherheit bieten *(f)*, Sicherheit stellen *(f)*

furnishing Einlieferung *(f)*

furniture Möbel *(pl)* **2.** Möbel-

   furniture container Möbelbehälter *(m)*

further zusätzlich

   further clause nachträgliche Klausel *(f)*, Zusatzklausel *(f)*

   further margin Nebensicherheit *(f)*

   further period zusätzliche Frist *(f)*, Zusatztermin *(m)*

fusion Fusion *(f)*

future Zukunft *(f)*, zukünftig

   future purchase Termineinkauf *(m)*, Zielkauf *(m)*

   future sale Fixverkauf *(m)*, Verkauf auf Lieferung *(m)*, Zeitverkauf *(m)*

   futures market Futures-Markt *(m)*, Markt für Termingeschäfte *(m)*, Terminbörse *(f)*

   * **business for future delivery** Geschäft auf Lieferung *(n)*, Termingeschäft *(n)*

   purchase for future delivery Termineinkauf *(m)*, Zielkauf *(m)*

   sale for future delivery Verkauf auf Zeit *(m)*

   transaction for future delivery Lieferungsgeschäft *(n)*

G

gage Gewährleistung *(f)*, Pfand *(n)*, Pfandrecht *(n)*, Pfandvertrag *(m)*, Vadium *(n)*
gagee Pfandgläubiger *(m)*
gain erwerben
net gain Reingewinn *(m)*
speculative gain Spekulationsgewinn *(m)*
gain Ausweitung *(f)*, Vergrößerung *(f)*
gainful gewinnbringend
gallon Gallon *(n)*
gang Brigade *(f)*
longshoremen's gang Stauerbrigade *(f)*, Stauerkolonne *(f)*
repair gang Reparaturbrigade *(f)*
stevedore gang Verstauungsbrigade *(f)*
gangman Brigadier *(m)*
gap Defizit *(n)*
export gap Exportdefizit *(n)*
import-export gap Import/Export-Spanne *(f)*, Spanne zwischen Ein- und Ausfuhr *(f)*
trade gap Handelsbilanzdefizit *(n)*, Handelsdefizit *(n)*
gas Gas *(n)*
gas carrier Methantanker *(m)*, Schiff zur Beförderung verflüssigter Gase *(n)*
gas carrier vessel Methantanker *(m)*, Schiff zur Beförderung verflüssigter Gase *(n)*
gas pipeline Gaspipeline *(f)*
gauge bezeichnen
gauge Maß *(n)*, Maßstab *(m)*
loading gauge Lademaß *(n)*, Ladeprofil *(n)*
railway gauge Bahnbegrenzung *(f)*, Spurbahn *(f)*
vehicle gauge Fahrzeugbegrenzung *(f)*
general allgemein, Gesamt-
general acceptance allgemeines Akzept *(n)*, reines Trattenakzept *(n)*, unbeschränktes Akzept *(n)*
general agency Generalagentur *(f)*, Generalvertretung *(f)*
general agent Generalbevollmächtigter *(m)*, Generalvertreter *(m)*, Hauptagent *(m)*
general agreement Rahmenabkommen *(n)*
General Agreement on Tariffs and Trade (GATT) Allgemeines Zoll- und Handelsabkommen *(n)*

general appraiser Zolltaxator *(m)*
general assessment Hauptveranlagung *(f)*
general average große Havarie *(f)*
adjust the general average Dispache aufmachen *(f)*, gemeinschaftliche Havarie abrechnen *(f)*, gemeinschaftliche Havarie abwickeln *(f)*, Rechnung über Havariegrosse aufmachen *(f)*
foreign general average Havarie, die nach York-Antwerpener Regeln abgewickelt wird *(f)*
foreign general average clause Klausel der Havarie, die nach York-Antwerpener Regeln abgewickelt wird *(f)*
free from general average frei von gemeinsamer Havarie *(f)*, frei von gemeinschaftlicher Havarie *(f)*, frei von großer Havarie *(f)*
free from general average clause frei-von-gemeinsamer-Havarie-Klausel *(f)*, frei-von-Havarie-Klausel *(f)*
settle the general average Dispache aufmachen *(f)*, gemeinschaftliche Havarie abrechnen *(f)*, gemeinschaftliche Havarie abwickeln *(f)*, Rechnung über Havariegrosse aufmachen *(f)*
general average account Aufmachung der Dispache *(f)*, Havarieaufmachung *(f)*
general average act Havarie-Grosse-Maßnahmeakt *(m)*
general average adjustment Dispache *(f)*, Havarieaufmachung *(f)*, Havarie-Grosse-Abkommen *(n)*
general average bond Havarieschein *(m)*, Havarie-Verpflichtungsschein *(m)*, Havarieverschreibung *(f)*, Verpflichtungsschein *(m)*
general average clause Havarie-Grosse-Klausel *(f)*
general average contribution gemeinschaftlicher Havarie-Beitrag *(m)*, Havariegrosse-Beitrag *(m)*
general average deposit Havarieeinschuss *(m)*
general average expenses Havariekosten *(pl)*
general average loss Schaden aus gemeinschaftlicher Havarie *(m)*
general average risk Risiko einer gemeinsamen Havarie *(n)*
general average statement Havarieaufmachung *(f)*

general cargo Generalkargo (m), Massengut (n), Stückfracht (f), Stückgut (n)

mixed general cargo gemischte Ladung (f), gemischte Stückladung (f), Mischladung (f)

shipment of general cargo Stückgutverkehr (m)

general cargo carriage Stückgutverkehr (m)

general-cargo charter Befrachtung auf Stückgüter (f)

general cargo container Massengutcontainer (m), Standard-Container (m) **2.** (in aircargo) Stückgut-Container (m)

general cargo freighter Stückguterfrachter (m)

general cargo handling Stückgutumladung (f)

general cargo liner Stückgutlinienschiff (n)

general cargo port Stückguthafen (m)

general cargo rate Stückfrachtrate (f), Stückgutfrachttarif (m)

general cargo rates allgemeine Frachtraten im Luftverkehr (pl)

general cargo ship Frachtschiff (n), Stückguterfrachter (m), Stückgutfrachtschiff (n)

general-cargo trade Stückfrachtbeförderung (f)

general cargo structure Stückfrachtenstruktur (f)

general cargo terminal Generalkargoterminal (m)

general cargo vessel Frachtschiff (n), Stückguterfrachter (m)

general certificate Abiturientenzeugnis (n)

general charges allgemeine Kosten (pl)

general charges Gemeinkosten (pl)

general charter Generalchartervertrag (m)

general clause Generalklausel (f)

general conditions allgemeine Bedingungen (pl)

general conditions of delivery allgemeine Lieferungsbedingungen (ALB) (pl)

general conditions of sale allgemeine Verkaufsbedingungen (pl)

general contract allgemeines Abkommen (n)

general customs rules allgemeine Zollregelungen (pl)

general declaration Warenmanifest (n) **2.** (export of Community goods) globale Anmeldung (f)

general dry cargo ship Trockenfrachtschiff (n)

general endorsement offenes Giro (n)

general expenses allgemeine Kosten (pl), Gemeinkosten (pl), Geschäftskosten (pl)

general exporter allgemeiner Exporteuer (m), Exporteur von mehreren Warengattungen (m), Generalexporteur (m)

general forwarder Hauptspediteur (m)

general forwarding agent Hauptspediteur (m)

general freight agent Generalfrachtenmakler (m)

general freight agreement Generalfrachtvertrag (m), Generalschiffsfrachtvertrag (m)

general freight contract Generalfrachtvertrag (m)

general headquarters Hauptgeschäftssitz (m), Hauptgeschäftsstelle (f)

general import licence allgemeine Importlizenz (f), Einfuhrerlaubnis (f)

general importer Generaleinführer (m), Generalimporteur (m)

general insurance Generalversicherung (f)

contract of general insurance Generalversicherungsvertrag (m)

general insurance conditions allgemeine Versicherungsbedingungen (pl)

general letter of credit Reisekreditbrief (m), Zirkularkreditbrief (m)

general lien allgemeines Pfandrecht (n)

general manager geschäftsführender Direktor (m), Geschäftsführer (m), Geschäftsführer (m)

general merchandise Stückfracht (f), Stückgutladung (f)

general partnership bürgerliche Gesellschaft (f), Personengesellschaft (f), zivile Gesellschaft (f)

general policy Blankopolice (f), Police ohne Wertangabe (f), Verkehrspolice (f)

general power allgemeine Ermächtigung (f), allgemeine Vollmacht (f)

general power of attorney allgemeine Ermächtigung (f), allgemeine Vollmacht (f), Generalvollmacht (f)

general provisions allgemeine Bestimmungen (pl)

general proxy allgemeine Vollmacht (f), Generalvollmacht (f)

general purpose container Massengutcontainer (m), Standard-Container (m), Universalbehälter (m), Universalcontainer (m)

general rates of customs duties einheitliche Zollsätze (pl)

general refrigerated ship Kühlgutfrachtschiff (n)

general refrigerated vessel Kühlgutfracht-schiff (n)

general report Gesamtbericht (m)

general representative Generalvertreter (m)

general rule allgemeine Regel (f)

General Rules for the Interpretation of the Nomenclature Allgemeine Vorschriften für die Auslegung des Zolltarifschemas (pl)

general sales agent Generalverkaufsagent (m)

general schema allgemeines Schema (n)

general security Gesamtbürgschaft (f)

provide a general security Gesamtbürgschaft leisten (f), globale Sicherheit vorlegen (f)

general ship Frachtschiff (n), Stückgutfracht-schiff (n)

general shipper Exporteur von mehreren Warengattungen (m), Generalexporteur (m), Generalverlader (m)

general stipulated conditions allgemeine Vertragsbedingungen (pl)

general store Kaufhaus (n)

general strike Generalstreik (m)

general supplier Generallieferant (m), Hauptlieferant (m)

general survey Gesamtübersicht (f)

general system of preferences certificate allgemeines System der Präferenzzertifikate (n)

general tariff Einheitszolltarif (m), Einspal-tentarif (m), einspaltiger Tarif (m), Generalta-rif (m), Generalzolltarif (m)

general tariff quota allgemeiner Tariffrei-betrag (m)

general terms of delivery allgemeine Lie-ferbedingungen (pl), allgemeine Lieferungs-bedingungen (ALB) (pl)

general terms of insurance allgemeine Versicherungsbedingungen (pl)

general terms of sale allgemeine Ver-kaufsbedingungen (pl)

general terms of sale and delivery allgemeine Lieferungs- und Verkaufsbedingungen (pl)

* article of general consumption Mas-senartikel (m)

article of general use Bedarfsartikel (m), Gebrauchsgegenstand (m)

consul general Generalkonsul (m)

consulate general Generalkonsulat (n)

generalised verallgemeinert

Generalised System of Preferences All-gemeines Bevorzugungssystem (n), Allgemei-nes Präferenzsystem (APS) (n)

generally allgemein

generally crossed cheque einfacher Ver-rechnungsscheck (m)

generic generisch

generic product No-Name-Produkt (n)

gentleman Gentleman (m)

gentleman's agreement Frühstückskartell (n)

genuine authentisch, echt

genuine signature authentische Unter-schrift (f), eigenhändige Unterschrift (f)

genuine text of a contract authentischer Wortlaut eines Vertrags (m)

genuineness Authentizität (f)

genuineness of a document Authentizität eines Belegs (f)

genuineness of letter of credit Akkredi-tiveinheit (f)

geographical geographisch

geographical structure of foreign trade geographische Struktur des Außenhandels (f)

geometric geometrisch

geometric average geometrisches Mittel (n)

geometrical geometrisch

geometrical average geometrisches Mit-tel (n)

get gewinnen

get a bill discounted Wechsel diskontie-ren (m)

get money off a letter of credit Geld vom Akkreditiv abheben (n)

get ready vorbereiten

gift Geschenk (n), Schenkung (f)

deed of gift Schenkungsurkunde (f)

giro Giro-

giro cheque Verrechnungsscheck (m)

give give

give an advance anzahlen, draufzahlen

give a certificate Zeugnis ausstellen (n), Zeugnis schreiben (n)

give a decision Entscheidung fällen (f)

give a guarantee Bürgschaft stellen (f), Kau-tion leisten (f), verbürgen

give a power Plenipotenz geben (f), Voll-macht erteilen (f)

give a security Sicherheit hinterlegen (f), Sicherheit leisten (f)

give a time Fristverlängerung bewilligen (f)

give back zurückerstatten

give in mortgage verpfänden
give judgment Gutachten abgeben *(n)*
give notice anzeigen, mitteilen
give relief Ermäßigung gewähren *(f)*
give the instructions Anweisungen geben *(pl)*
giving Übertragung *(f)* **2.** großzügig
giving as security Verpfändung *(f)*
gliding gleitend
gliding tariff gleitender Zolltarif *(m)*, Staffeltarif *(m)*
global allgemein, Gesamt-, pauschal, weltweit
global brand Weltmarke *(f)*
global company globale Firma *(f)*
global contract Globalabkommen *(n)*
global credit Kredithöchstgrenze *(f)*
global economy Weltwirtschaft *(f)*
global guarantee generelle Sicherheitsleistung *(f)*, Gesamtbürgschaft *(f)*
global marketing Globalmarketing *(n)*
global policy Generalpolice *(f)*, laufende Police *(f)*, Pauschalpolice *(f)*
global price globaler Preis *(m)*, Puschalpreis *(m)*, Totalwert *(m)*
global product Bruttoprodukt *(n)*
global standard internationale Norm *(f)*
global sum Pauschalbetrag *(m)*, Pauschalsumme *(f)*
global trade Welthandel *(m)*
glue aufkleben
go gehen
go bankrupt bankrottieren
go broke Bankrott machen *(m)*
go through customs Zollformalitäten erfüllen *(pl)*
godown Lager *(n)*
ex godown ab Lager *(n)*, ab Magazin *(n)*
price ex godown Preis ab Lagerhaus *(m)*, Preis ab Lagerraum *(m)*
go-go hip
go-go stock verkäufliche Ware *(f)*
going laufend
going market price laufender Marktpreis *(m)*
going price aktueller Kurs *(m)*, laufender Kurs *(m)*, effektiver Preis *(m)*, Tagespreis *(m)*
going rate Normalsatz *(m)*
gold Gold *(n)* **2.** Gold-
gold clause Goldklausel *(f)*, Goldwertklausel *(f)*
gold currency Goldwährung *(f)*
gold reservation Goldklausel *(f)*

good gut
good average quality gute Mittelqualität *(f)*
good commercial quality gute kommerzielle Qualität *(f)*
good marketable quality gute Handelsware *(f)*, gute marktübliche Qualität *(f)*
good quality gute Qualität *(f)*
goods Ware *(f)* **2.** Waren-
goods accompenying document Warenbegleitdokument *(n)*
goods actually exported tatsächliche Ausfuhr der Waren *(f)*
goods admitted under cover of an ATA Carnet auf einem Carnet ATA abgefertigte Waren *(pl)*
goods afloat schwimmende Ware *(f)*, unterwegs befindliche Ware *(f)*
purchase of goods afloat Kauf von unterwegs befindlichen Waren *(m)*
goods arrival Eintreffen der Ware *(n)*
goods awaiting shipment versandbare Ware *(f)*, versandbereite Ware *(f)*
goods carried by large containers Warenbeförderung in Großbehältern *(f)*
goods carried by rail Warenbeförderung im Eisenbahnverkehr *(f)*
goods carried by ship Warenbeförderung auf dem Seeweg *(f)*
goods circulation Warenzirkulation *(f)*
goods claim Warenreklamation *(f)*
goods classification Warenklassifikation *(f)*
customs goods classification Zollwarenklassifikation *(f)*
goods classification codes Waren-Klassifizierungscodes *(pl)*
goods condition Beschaffenheit der Ware *(f)*, Güterbestand *(m)*, Zustand der Ware *(m)*
goods control certificate Warenkontrollzertitkat *(n)*
goods credit warengesicherter Kredit *(m)*
goods customs clearance Verzollung der Waren *(f)*, zollamtliche Abfertigung der Waren *(f)*
goods customs registration Verzollung der Waren *(f)*, zollamtliche Abfertigung der Waren *(f)*
goods declaration Warenanmeldung *(f)*
checking of goods declaration Prüfung der Anmeldung *(f)*, Prüfung der Zollanmeldung *(f)*, Überprüfung der Zollanmeldung *(f)*

dangerous goods declaration Gefahrguterklärung *(f)*

goods declaration for exportation with notification of intended return Anmeldung zur Ausfuhr unter Vorbehalt der Wiedereinfuhr *(f)*

goods declaration form Vordruck der Warenanmeldung *(m)*

goods declaration form for customs transit Vordruck für die Anmeldung zum Zollgutversand *(m)*

goods declared for free circulation zum zollrechtlich freien Verkehr abgefertigte Ware *(f)*

goods delivered to base port Vorreisegut *(n)*

goods delivery Warenlieferung *(f)*, Warenübergabe *(f)*

goods dispatcher Warenversender *(m)*

address of goods' dispatcher Adresse des Warenversenders *(f)*

domicile of goods dispatcher Sitz des Warenversenders *(m)*

name and address of goods dispatcher Name und Anschrift des Warenversenders *(m)*

goods dumping Warendumping *(n)*

goods flow control system Warenflusssteuerungssystem *(n)*

goods free of duty zollfreie Ware *(f)*

goods grading Sortierung *(f)*

goods in bad order Ware im schlechtem Zustand *(f)*

goods in bond Zollverschlussware *(f)*

goods in bulk Massengut *(n)*, Massenware *(f)*

goods in stock Lagervorrat *(m)*

goods in temporary storage vorübergehend verwahrte Waren *(pl)*

status of goods in temporary storage Rechtsstellung von Waren in vorübergehender Verwahrung *(f)*

goods in transit Durchfuhrgut *(n)*, Durchgangsware *(f)*, Transitgut *(n)*, unterwegs befindliche Ware *(f)*

insurance on goods in transit Transportversicherung *(f)*

list of goods in transit Durchgangswarenverzeichnis *(n)*, Transitgutverzeichnis *(n)*

store for goods in transit Umschlagdepot *(n)*, Umschlaglager *(n)*

goods inspection Warenkontrolle *(f)*, Warenprüfung *(f)*

incoming goods inspection Wareneingangskontrolle *(f)*

goods insurance Güterversicherung *(f)*, Warenversicherung *(f)*

goods insurance policy Kargopolice *(f)*, Ladungspolice *(f)*

goods intended for official use Waren für den amtlichen Gebrauch *(pl)*

goods intended for personal use Waren für den persönlichen Gebrauch *(pl)*

goods involving higher risk Waren mit einem erhöhten Betrugsrisiko *(pl)*

goods item Warenposten *(m)*

goods liable for excise taxes verbrauchssteuerpflichtige Ware *(f)*

goods manifest Ladungsmanifest *(n)*, Warenmanifest *(n)*

air goods manifest Manifest der Luftverkehrsgesellschaft *(n)*

airline's goods manifest Warenmanifest der Luftverkehrsgesellschaft *(n)*

ships' goods manifest Warenmanifest der Schifffahrtsgesellschaft *(n)*

goods manifest in electronic form Manifest der Luftverkehrsgesellschaft in elektronischer Form *(n)*

goods manifest in paper form Manifest der Luftverkehrsgesellschaft in Papierform *(n)*

goods manufacturer Warenhersteller *(m)*

information on the goods manufacturer Angaben über den Hersteller der Waren *(pl)*

goods movement Warenbewegung *(f)*, Warenverkehr *(m)*

control the goods movement Kontrolle der Warenbeförderung *(f)*

goods nomenclature Warennomenklatur *(f)*

goods not in free circulation nicht im zollrechtlich freien Verkehr befindliche Waren *(pl)*

goods of bond Ware unter Zollverschluss *(f)*

goods on hand verfügbare Ware *(f)*

goods on spot Lokoware *(f)*, Promptware *(f)*

goods out of bond verzollte Waren *(pl)*

goods policy Frachtversicherungspolice *(f)*, Kargopolice *(f)*

goods processing operations Bearbeitung von Waren *(f)*

goods produced in the Community Waren, die in der Gemeinschaft hergestellt sind *(pl)*

goods recipient Warenempfänger *(m)*

domicile of goods recipient Sitz des Warenempfängers *(m)*

name and address of goods recipient Name und Anschrift des Warenempfängers *(m)*

goods rejection Abnahmeverweigerung *(f)*

goods released for free circulation Waren abgabenfrei in den zollrechtlich freien Verkehr *(pl)*

goods repair Reparatur von Waren *(f)*

goods return shipment Warenrücksendung *(f)*

goods returned from abroad Reimportware *(f)*

goods returned to the customs territory of the Community Ware, die in das Zollgebiet der Gemeinschaft zurückkehrt *(f)*

goods rotation Güterverkehr *(m)*, Warenhandel *(m)*

goods sample Warenprobe *(f)*

goods shipment Fracht *(f)*, Warensendung *(f)*

goods siding Güteranschlussgleis *(n)*

goods station Güterbahnhof (Gbh.) *(m)*

goods structure Warenstruktur *(f)*

goods temporarily exported vorübergehend ausgeführte Waren *(pl)*

goods temporarily exported for outward processing zur passiven Veredelung vorübergehend ausgeführte Waren *(pl)*

goods temporarily imported vorübergehend eingeführte Waren *(pl)*

goods train Frachtzug *(m)*, Güterzug *(m)*

goods transport Gütertransport *(m)*, Warentransport *(m)*

goods turnover Warenumschlag *(m)*

goods under customs control Waren unter zollamtlicher Überwachung *(pl)*

goods under guarantee Ware mit Garantie *(f)*

goods whose importation is prohibited Waren, deren Einfuhr verboten ist *(pl)*

* accept a delivery of goods Einlieferung abnehmen *(f)*, Lieferung abnehmen *(f)*

accept goods Ware übernehmen *(f)*

acceptance of goods Warenabnahme *(f)*, Warenakzept *(n)*, Warenempfang *(m)*, Warenqualitätsabnahme *(f)*, Warenqualitätsübernahme *(f)*

  certificate of acceptance of goods *(TIR carnet)* Abfertigungsbescheinigung *(f)*

  quality and quantity acceptance of goods Qualitäts- und Quantitätsabnahme *(f)*

acceptance of goods clause Abnahme- und Güterbestimmungsklausel *(f)*

acceptance of goods delivered Qualitäts- und Quantitätsabnahme *(f)*

acceptance of goods department Wareneingangsabteilung *(f)*

acquisition of goods Erwerb von Gütern *(m)*

advance on goods gegen Warenkaution leihen *(f)*, gegen Warenpfand leihen *(n)*

appropriation of goods Individualisierung von Ware *(f)*

arrival of goods Eintreffen der Ware *(n)*, Wareneinfuhr *(f)*, Wareneingang *(m)*

  date and time of arrival of goods Datum und Uhrzeit des Wareneingangs *(n)*

  date of arrival of goods Datum des Wareneingangs *(n)*

  time of arrival of goods Uhrzeit des Wareneingangs *(f)*

auction of goods Warenauktion *(f)*

banned goods verbotenes Gut *(n)*

bill of goods Handelsrechnung *(f)*, Warenrechnung *(f)*

bonded goods Gut unter Zollverschluss *(f)*

brack goods mangelhafte Ware *(f)*

brand of goods Warengattung *(f)*, Warensorte *(f)*

branded goods Markenartikel *(pl)*

bulk goods Bulkladung *(f)*, Massengut *(n)*, Massengüter *(pl)*, Schüttladung *(f)*, Sturzgut *(n)*

buy goods on passage rollende Waren kaufen *(pl)*

capital goods Investitionsgüter *(pl)*

carriage of goods Beförderung der Waren *(f)*

  international carriage of goods grenzüberschreitende Güterbeförderung *(f)*

  responsibility for the carriage of goods *(CCC)* Verantwortung für die Beförderung der Waren *(f)*

carriage of goods by rail Eisenbahnfrachtverkehr *(m)*

carriage of goods by road Güterkraftverkehr *(m)*

carriage of goods by sea Beförderung von Gütern im Seeverkehr *(f)*

carriage of goods on the Rhine waterways Beförderung auf den Rheinwasserstraßen *(f)*

circulation of goods Warenzirkulation *(f)*

free circulation of goods freier Warenverkehr *(m)*

class of goods Warenkategorie (f)

classification of goods Einreihung von Waren (f)

Nomenclature for the classification of goods in customs tariff Zolltarifschema für die Einreihung der Waren in die Zolltarife (n)

tariff classification of goods tarifliche Einreihung der Waren (f)

classification of goods under customs tariff Einordnung der Waren in die Zolltarife (f)

clear goods Ware klarieren (f), Ware verzollen (f)

clearance of goods Gutabfertigung (f), Zollabfertigung der Ware (f)

customs clearance of goods Abfertigung der Waren (f), Freigabe der Waren (f)

combined nomenclature of goods Kombinierte Nomenklatur (f)

combustible goods feuergefährliche Ladung (f)

commercial goods Handelsgüter (pl)

importation of commercial goods Einfuhr von Handelswaren (f)

normal commercial goods normales Warenmanifest (n)

commercial range of goods Handelssortiment (n)

Community goods Gemeinschaftswarenstatus (m)

Community status of goods Gemeinschaftscharakter der Waren (m)

document certifying the Community status of goods Nachweis des Gemeinschaftscharakters der Waren (m), Papier zur Bescheinigung des Gemeinschaftscharakters von Waren (n)

establish the Community status of goods (EU) Gemeinschaftscharakter der Waren nachweisen (m)

proof of the Community status of goods Nachweis des Gemeinschaftscharakters von Waren (m)

customs status of goods zollrechtlicher Status der Waren (m)

compensation goods Ersatzwaren (pl)

complementary goods Komplementärgüter (pl)

condition of goods Beschaffenheit der Ware (f), Zustand der Ware (m)

consign goods Waren ausliefern (pl), Waren versenden (pl)

consigned goods Kommissgut (n), Konsignationsgut (n)

consignment goods Konsignationsgut (n)

consignment of goods Güterabfertigung (f), Güterversand (m)

consolidation goods Sammelsendung (f)

transport of the consolidation goods Beförderung der Sammelsendungen (f)

consumer goods Verbrauchsgüter (pl)

contained goods in Umschließungen enthaltene Waren (pl)

contraband goods Bannware (f), Schmuggelware (f)

control of goods Beschau der Waren (f)

country of destination of goods Bestimmungsland der Waren (n)

conveyance of goods Beförderung der Waren (f)

conveyance of goods across the customs border Beförderung von Waren über die Zollgrenze (f)

costs of goods sold Veräußerungskosten (pl), Verkaufskosten (pl)

country to which the goods are sent Bestimmungsland der Ware (n)

customs duty paid goods verzollte Ware (f)

customs goods Zollgut (n)

customs receipt for goods Abfertigungsschreiben (n), Zollschein (m)

customs registration of goods Abfertigung der Waren (f), Freigabe der Waren (f)

customs-approved treatment or use of goods zollrechtliche Bestimmung einer Ware (f)

cut-price goods preisgeminderte Ware (f), Ware zu herabgesetzten Preisen (f)

damaged goods beschädigte Ware (f), beschädigte Waren (pl)

dangerous goods Gefahrengüter (pl), Gefahrenmaterial (n)

classification of dangerous goods Gefahrgüterklassifizierung (f)

transport of dangerous goods Gefahrgütertransport (m)

transportation of dangerous goods Gefahrgütertransport (m)

declaration for the transport of dangerous goods Gefahrgüterdeklaration (f)

dangerous goods freight Gefahrgutfracht (f)

declaration for entry of goods for home use Anmeldung von Waren zum freien Verkehr *(f)*
declaration for placement goods under the arrangements for processing under customs control Anmeldung zur Überführung in das Verfahren der Umwandlung unter zollamtlicher Überwachung *(f)*
declaration for the temporary exportation of goods for outward processing Anmeldung für die vorübergehende Ausfuhr zur passiven Veredelung *(f)*
declaration of goods receipts Wareneingangsdeklaration *(f)*
declare the goods at the customs-house Ware angeben *(f)*
declare the goods for customs transit Waren zum Zollgutversand anmelden *(pl)*
defective goods fehlerhafte Ware *(f)*, mangelhafte Ware *(f)*
deliver goods Ware übergeben *(f)*, Waren liefern *(pl)*
deliver goods against documents Waren gegen Dokumente liefern *(pl)*
deliver the goods alongside ship Ware längsseite Schiffs liefern *(f)*
deliver the goods at particular place Waren im benannten Ort liefern *(pl)*
deliver the goods on the board the vessel Ware an Bord des Schiffes liefern *(f)*
deliver the goods on the board the vessel at the port of shipment Ware an Bord des Schiffes im Verschiffungshafen liefern *(f)*
deliver the goods to another person an eine andere Person die Ware liefern *(f)*
deliver the goods to the carrier an Frachtführer die Ware liefern *(m)*
delivered goods gelieferte Ware *(f)*
sound delivered goods gesund geliefert Ware *(f)*
delivery of goods Ladungsauslieferung *(f)*, Warenlieferung *(f)*, Warenübergabe *(f)*
accepting delivery of goods Warenabnahme *(f)*, Warenempfang *(m)*
proof of delivery of goods Nachweis der Verbringung der Ware *(m)*
refuse to take delivery of goods Annahme der Lieferung verweigern *(f)*, Annahme einer Ware verweigern *(f)*, Warenannahme verweigern *(f)*

scheduled time delivery of goods planmäßige Ankunftszeit *(f)*
delivery of goods instructions Lieferbestimmungen *(pl)*
description of goods detaillierte Beschreibung *(f)*, Warenbeschreibung *(f)*, Warenbezeichnung *(f)*, Bestimmung der Waren *(f)*
exact description of goods genaue Warenbeschreibung *(f)*
normal trade description of goods handelsübliche Warenbezeichnung *(f)*
packages and description of goods Packstücke und Warenbeschreibung *(pl/f)*
tariff description of goods *(customs)* tarifliche Warenbezeichnung *(f)*
destruction of goods under customs supervision Zerstörung unter zollamtlicher Aufsicht *(f)*
dispatch of goods Güterabfertigung *(f)*, Güterexpedition *(f)*
date and time of dispatch of goods Datum und Uhrzeit des Warenversands *(n)*
date of dispatch of goods Datum des Warenversands *(n)*
time of dispatch of goods Uhrzeit des Warenversands *(f)*
disposal of goods Verwertung der Waren *(f)*
document of title to goods Traditionspapier *(n)*
domestic goods einheimische Waren *(pl)*
dry goods Schüttgutladung *(f)*
dual use goods Waren mit doppeltem Verwendungszweck *(pl)*
dumping goods Dumpingware *(f)*, Schleuderware *(f)*
dutiable goods zollbare Ladung *(f)*, zollpflichtige Ware *(f)*
duty paid goods verzollte Waren *(pl)*
duty-free goods zollfreie Waren *(pl)*
economics goods Güter *(pl)*
ensure identification of goods by sealing Nämlichkeit der Waren durch Verschluss sichern *(f)*
enter goods for a customs procedure Waren in das Zolllagerverfahren angeben *(pl)*
enter goods for customs purposes Waren zu einem Zollverfahren anmelden *(pl)*
enter goods for temporary importation Ware zur vorübergehenden Verwendung anmelden *(f)*

entry of goods Eingang der Waren *(m)*
equivalent goods Ersatzwaren *(pl)*
compensating products to be obtained from equivalent goods aus Ersatzwaren hergestellte Veredelungserzeugnisse *(pl)*
examination of goods Beschau der Waren *(f)*
customs examination of goods zollamtliche Beschau der Waren *(f)*
detailed examination of goods eingehende Beschau der Waren *(f)*
summary examination of goods *(customs)* summarische Beschau *(f)*
examine the goods Waren überprüfen *(pl)*, Warennachprüfung vornehmen *(f)*
exchange goods Börsenwaren *(pl)*
exchange of goods Handelsaustausch *(m)*, Warenaustausch *(m)*
excise goods Verbrauchssteuern unterliegende Erzeugnisse *(pl)*
export of excise goods Akzisewarenexport *(m)*
exhibition goods Ausstellungsgegenstand *(m)*
export goods Ausfuhrwaren *(pl)*, Exportartikel *(m)*, Exportwaren *(pl)*
packing for export goods Exportverpackung *(f)*
range of export goods Exportsortiment *(n)*
status of export goods Status des Exportartikels *(m)*
export the goods Waren exportieren *(pl)*
export of goods Warenausfuhr *(f)*
export of goods and services Export von Gütern und Dienstleistungen *(m)*
exportable goods Ausfuhrgut *(n)*
exportation of goods Warenausfuhr *(f)*, Warenexport *(m)*
illegal exportation of goods illegale Warenausfuhr *(f)*
exportation of goods from the customs territory Ausfuhr von Handelswaren aus dem Zollgebiet *(f)*
exported goods Ausfuhrwaren *(pl)*, exportierte Ware *(f)*, Exportwaren *(pl)*
identification of exported goods Ausfuhrwarenidentifikation *(f)*
temporary exported goods Waren der vorübergehenden Ausfuhr *(pl)*
methods of identification of exported goods Methoden zur Identifizierung der ausgeführten Waren *(pl)*

express goods Expressfracht *(f)*, Expressgut *(n)*, Expressgutsendung *(f)*, Expresssendung *(f)*
fast goods Eilfracht *(f)*, Eilgut *(n)*
finished goods fertige Erzeugnisse *(pl)*, Fertigware *(f)*
flammable goods entzündbare Ware *(f)*, leichtbrennbare Ware *(f)*
foreign goods traffic Außenhandelsumsatz *(m)*
free goods zollfreie Waren *(pl)*
entry for free goods Deklaration der unverzollbaren Güter *(f)*
handling the goods Auslieferung der Ware *(f)*
hazardous goods Gefahrengut *(n)*, gefährliche Güter *(pl)*, gefährliche Ladung *(f)*
hazardous goods service Beförderung gefährlicher Güter *(f)*, Gefahrguttransport *(m)*
heavy goods Außergabaritladung *(f)*, Gewichtsgut *(n)*, schwere Waren *(pl)*, Schwergutladung *(f)*
home-made goods einheimische Waren *(pl)*, Landesprodukt *(n)*
homogeneous goods einheitliche Waren *(pl)*
identical goods gleiche Waren *(pl)*
customs value of identical goods Zollwert gleicher Waren *(m)*
identification of goods Identifikation von Waren *(f)*, Nämlichkeit der Waren *(f)* 2. *(CCC)* Feststellung der Nämlichkeit der Waren *(f)*
identity of goods Nämlichkeit der Waren *(f)*
illegal conveyance of goods across the customs border unrechtsmäßige Überführung von Waren über die Zollgrenze *(f)*
import goods Einfuhrwaren *(pl)*, Einfuhrwaren *(pl)*
import the goods Waren importieren *(pl)*
import of goods Wareneinfuhr *(f)*, Warenimport *(m)*
quarantine of import goods Quarantäne der Einfuhrwaren *(f)*
import of goods and services Einfuhr von Waren und Dienstleistungen *(f)*
importation of goods Wareneinfuhr *(f)*
illegal importation of goods illegale Wareneinfuhr *(f)*, illegales Verbringen von Waren *(n)*
temporary duty-free importation of goods vorübergehende zollfreie Wareneinfuhr *(f)*
imported goods eingeführte Waren *(pl)*
customs value of imported goods Zollwert eingeführter Waren *(m)*

identification of imported goods Einfuhr-warenidentifikation (f)

methods of identification of imported goods Methoden zur Identifizierung der eingeführten Waren (pl)

market value of imported goods Marktwert der eingeführten Waren (m)

re-exportation of temporarily imported goods Rückausfuhr der vorübergehend eingeführten Waren (f)

impose a duty on goods Ware mit einem Zoll belegen (f)

industrial goods Industriegüter (pl)

exporter of industrial goods Exporteur von Industriegütern (m)

inferior goods inferiores Gut (n)

inspect the goods Ware forschen (f), Warennachprüfung vornehmen (f)

inspection of goods Beschau der Waren (f), Besichtigung der Ware (f), Warenkontrolle (f), Warenprüfung (f)

customs inspection of goods Zollrevision der Waren (f)

insurance on goods Güterversicherung (f), Warenversicherung (f)

insured goods versicherte Ladung (f), versicherte Ware (f)

notification on the loss of insured goods Anzeige über den Verlust von versichertem Gut (f), Versicherungsobjektverlustavis (n)

international carriage of goods by road internationaler Straßengüterverkehr (m)

introduction of goods Verbringen von Waren (n)

illegal introduction of goods illegale Wareneinfuhr (f), illegales Verbringen von Waren (n)

introduction of goods into a customs territory Verbringen der Waren in das Zollgebiet (n)

introduction of goods into a free zone Verbringen von Waren in Freizonen (n)

introduction of goods into a free warehouse Verbringen von Waren in Freilager (n)

investment goods Investitionsgüter (pl)

joint control of goods and documents (customs) gemeinsame Kontrolle der Waren und Dokumente (f)

kind of goods Beschaffenheit der Waren (f)

lend on goods gegen Warenkaution leihen (f), gegen Warenpfand leihen (n)

lien on goods Frachtstückpfandrecht (n), Ladungspfandrecht (n)

light goods leichte Ladung (f), Massengutladung (f), Massenladung (f), Raumladung (f), Sperrgut (n), sperrige Ladung (f)

line of goods Sortenbreite (f)

liquid goods flüssige Ware (f)

list of goods Warenspezifikation (f), Warenverzeichnis (n)

list of loaded goods Ladungsmanifest (n)

list of shipped goods Ladungsmanifest (n)

list of unloaded goods Löschgüterliste (f), Löschmanifest (n)

list of unshipped goods Löschgüterliste (f), Löschmanifest (n)

load goods Waren verladen (pl)

loading of goods Verladen von Waren (n), Verladung von Ware (f)

location of goods Warenort (m)

long goods Langladung (f)

loose goods Massengut (n), Schüttgut (n), Stückgut (n), unverpacktes Gut (n)

lot of goods Sendung (f), Warensendung (f)

luxury goods Luxusware (f)

market goods Marktware (f)

marking of goods Kennzeichen der Waren (n), Warenkennzeichnung (f)

measure goods leichte Ladung (f), Leichtgut (n), Massengutladung (f), Maßgut (n), Raumladung (f), Raumfracht (f), sperrige Ladung (f)

measurement goods leichte Ladung (f), Leichtgut (n), Massengutladung (f), Maßgut (n), Raumladung (f), Raumfracht (f), sperrige Ladung (f)

mortgage goods Ware verpfänden (f)

mortgaging of goods Warenpfand (n)

movement of goods Warenbewegung (f), Warenverkehr (m)

end of the transit movement the goods Ende der Warenbeförderung im Versandverfahren (n)

free movement of goods freier Warenverkehr (m)

Intra-Community movement of goods via EFTA countries intragemeinschaftliche Warenbeförderung über EFTA-Staaten (f)

temporary movement of goods within the Community vorübergehender innergemeinschaftlicher Verkehr *(m)*

movement of persons, goods and services Personen-, Waren- und Dienstleistungsverkehr *(m)*

name of goods Warenbezeichnung *(f)*, Warenname *(m)*, Warennomenklatur *(f)*

natural loss of goods natürlicher Abgang *(m)*, natürlicher Schwund *(m)*

nature of goods Beschaffenheit der Waren *(f)*

  quantity and nature of goods Anzahl und Art der Waren *(f)*

normalization of goods Normalisierung der Waren *(f)*

obligation to assign goods presented to customs a customs-approved treatment or use Verpflichtung, den gestellten Waren eine zollrechtliche Bestimmung zu geben *(f)*

off-gauge goods Außergabaritgut *(n)*, Außergabaritladung *(f)*, Außerlademassgut *(n)*

order goods Ware bestellen *(f)*

origin of goods Ursprung der Waren *(m)*, Warenursprung *(m)*

  certificate of origin of goods *(CCC)* Ursprungsnachweis *(m)*

  country of origin of goods Bestimmungsland der Ware *(n)*

  determination of the country of origin of goods Festsetzung des Ursprungslands *(f)*

  non-preferential origin of goods nicht präferenzieller Warenursprung *(f)*, nichtpräferentieller Ursprung *(m)*

  preferential origin of goods präferentieller Ursprung von Waren *(m)*

  rules governing the preferential origin of goods Präferenzursprungsregeln *(pl)*

  rules of origin of goods Warenherkunftsregeln *(pl)*

owner of goods Eigentümer der Waren *(m)*

packaging of goods Verpackung von Waren *(f)*

packed goods Stückgut *(n)*

packeting of goods Abpacken von Waren *(n)*

palleted goods palettierte Waren *(pl)*

transportation of palleted goods Transport von palettierter Ware *(m)*

passage of goods at frontier Grenzübergang von Waren *(m)*

perishable goods leicht verderbliche Ware *(f)*, verderbliche Ware *(f)*

permission for subjecting goods to a desired customs procedure Betwilligung zur Überführung von Waren in ein Zollregime *(f)*

partial acceptance of goods delivered Teilabnahme *(f)*

piece goods Stückgut *(n)*, stücktes Gut *(n)*, Zählgut *(n)*

piling of goods Aufteilung der Waren *(f)*

place goods in a customs warehouse Waren in ein Zolllager verbringen *(pl)*

place goods in a free zone Waren in eine Freizone verbringen *(pl)*

place goods under a customs procedure Waren einem Zollverfahren zuführen *(pl)*

placement of goods under a customs procedure Überführung einer Ware in das Zollverfahren *(f)*

placement of goods under the temporary importation arrangements Überführung der Waren in die vorübergehende Verwendung *(f)*

placement of goods under the transit procedure Überführung der Waren in das Versandverfahren *(f)*

pledge of goods Warenpfand *(n)*

position of goods Status der Waren *(m)*

possessor of goods Eigentümer der Waren *(m)*

present the goods at a customs office Waren einer Zollstelle stellen *(pl)*

presentation of goods Festellung von Waren *(f)*, Gestellung der Waren *(f)*

presentation of goods after expiry of time limit Gestellung nach Fristablauf *(f)*

presentation of goods to the customs authority Gestellung der Waren an die Zollbehörden *(f)*

preservation of goods Erhaltung der Waren *(f)*

procedure of international transport of goods under cover of TIR carnets Verfahren des internationalen Warentransports mit Carnets TIR *(n)*

processing of goods under customs control Umwandlung unter zollamtlicher Überwachung *(f)*

produce goods Waren herstellen *(pl)*

produce the goods at the office of departure Waren bei der Abgangszollstelle stellen *(pl)*, Waren der Abgangszollstelle vorführen *(pl)*

produce the goods at the office of destination Waren der Bestimmungszollstelle stellen *(pl)*

producer of goods Warenhersteller *(m)*

production of goods Warenproduktion *(f)*

production of goods to the customs zollamtliche Gestellung der Waren *(f)*

provide the goods and the commercial invoice Ware und Handelsrechnung liefern *(f)*

provider of goods Lieferer *(m)*

physical count of goods Warenspezifikation *(f)*

purchase goods Waren einkaufen *(pl)*

purchase of goods Kauf von Waren *(m)*, Warenkauf *(m)*

put goods ashore Last abladen *(f)*

quality goods hochwertige Ware *(f)*

quality of goods Warenqualität *(f)*

check quality of goods Qualität der Ware kontrollieren *(f)*

claims for quality of goods Qualitätsreklamation *(f)*

quantity of goods Warenmenge *(f)*

quotation for goods Warenpreis *(m)*

readiness of goods for shipment Abfertigungsbereitschaft *(f)*

receipt of goods Empfang der Ware *(m)*, Warenabnahme *(f)*, Warenqualitätsabnahme *(f)*, Warenempfang *(m)*, Warenqualitätsübernahme *(f)*

payable on receipt of goods zahlbar nach Erhalt der Ware *(m)*

receipt of goods clause Abnahmeklausel *(f)*, Übernahmeklausel *(f)*

receive goods Ware übernehmen *(f)*

receiver of goods Warenbezieher *(m)*

receiving of goods Empfang der Ware *(m)*, Warenabnahme *(f)*, Warenqualitätsabnahme *(f)*, Warenempfang *(m)*, Warenqualitätsübernahme *(f)*

reception of goods Empfang der Ware *(m)*, Warenabnahme *(f)*, Warenqualitätsabnahme *(f)*, Warenempfang *(m)*, Warenqualitätsübernahme *(f)*

protocol of reception of goods Warenabnahmeprotokoll *(n)*

reception of goods department Wareneingangsabteilung *(f)*

reception of goods on board Anbordnahme *(f)*

recipient of goods Frachtempfänger *(m)*, Güterempfänger *(m)*, Warenbezieher *(m)*

re-exportation of goods Warenwiederausfuhr *(f)*

period fixed for the re-exportation of goods Wiederausfuhrfrist *(f)*

re-exportation of goods in the same state as imported Wiederausfuhr in unverändertem Zustand *(f)*

refusal of goods Nichtabnahme einer Ware *(f)*, Verweigerung der Warenabnahme *(f)*

refuse the goods Warenabnahme verweigern *(f)*

release of goods Überlassen der Ware *(n)*, Warenfreigabe *(f)*

reloading of goods Wiederverladen der Waren *(n)*

return goods Herfracht *(f)*

returned goods Rückwaren *(pl)*

revaluation of goods Preisänderung der Waren *(f)*

rotation of goods Warenumschlag *(m)*

rummage goods Ramschware *(f)*

safety of goods Warensicherheit *(f)*

guarantee of the safety of goods Garantie für Warenaufbewahrung *(f)*

sale and goods act Gesetz betreffend den Verkauf von Waren *(n)*

sale of goods Güterverkauf *(m)*, Verkauf von Waren *(m)*, Warenverkauf *(m)*

international sale of goods internationaler Warenverkauf *(m)*

sale of goods afloat schwimmender Warenverkauf *(m)*, unterwegs befindlicher Warenverkauf *(m)*

saleable goods verkäufliche Ware *(f)*

sample of goods Warenprobe *(f)*

second-hand goods Gebrauchtwaren *(pl)*

seizure of goods Warenbeschlagnahme *(f)*

selection of goods Assortiment *(n)*

send goods Waren ausliefern *(pl)*, Waren versenden *(pl)*

setout of goods Warenausstellung *(f)*

ship goods Waren liefern *(pl)*

shipment of goods Güterabfertigung *(f)*, Güterversand *(m)*

shipping goods Gütertransport *(m)*

shortage of goods Warenknappheit *(f)*, Warenmangel *(m)*

similar goods gleichartige Waren *(pl)*

customs value of similar goods Zollwert gleichartiger Waren *(m)*

value of similar goods Wert der gleichartigen Waren *(m)*

simplified procedures for goods carried by air vereinfachte Verfahren für die Warenbeförderung auf dem Luftweg *(pl)*

simplified procedures for goods carried by sea vereinfachte Verfahren für die Warenbeförderung auf dem Seeweg *(pl)*

simplified procedures for goods moving by pipeline vereinfachte Verfahren für die Warenbeförderung durch Rohrleitungen *(pl)*

situation of goods Rechtsstellung der Waren *(f)*, Warenstatus *(m)*

slow goods Frachtgut *(n)*, Lastgut *(n)*

smuggled goods Bannware *(f)*, Schmuggelware *(f)*

sorting of goods Sortierung der Ware *(f)*, Zusammenstellen von Waren *(n)*

sound goods unbeschädigte Ware *(f)*

Standard Conditions for Sale and Delivery of Goods (Incoterms) internationale Handelsbedingungen *(pl)*, Internationale Handelsklauseln *(pl)*

staple goods Stapelware *(f)*

statistical number of goods statistische Warennummer *(f)*

status of goods Rechtsstellung der Waren *(f)*, Warenstatus *(m)*

stranded goods Strandgut *(n)*

strategic goods strategische Güter *(pl)*

subject the goods to a customs procedure Waren einem Zollregime unterwerfen *(pl)*, Waren zu einem Zollverkehr abfertigen *(pl)*, Überführung der Waren in die vorübergehende Verwendung *(f)*

substitute goods Substitutionsgüter *(pl)*

supplier of goods Lieferer *(m)*

supply goods Gut liefern *(n)*, Ware liefern *(f)*

temporary admission of goods vorübergehende Verwendung von Waren *(f)*

trade in goods Güterverkehr *(m)*, Warenhandel *(m)*

trademarked goods Markenartikel *(pl)*

transaction in goods Warengeschäft *(n)*

transfer goods *(TIR)* Waren umladen *(pl)*

tranship goods Waren umladen *(pl)*

  tranship goods under bond umladen unter Zollverschluss *(n)*

transit goods Durchfuhrgut *(n)*, Durchgangsware *(f)*, Transitwaren *(pl)*

  list of transit goods Durchgangswarenverzeichnis *(n)*, Transitgutverzeichnis *(n)*

transit of goods Warentransit *(m)*

international transit of goods *(customs)* internationaler Warenversand *(m)*

tariff for the transit of goods Durchgangstarif *(m)*, Transittarif *(m)*, Transitzolltarif *(m)*

transport of goods under customs seals Beförderung von Waren unter Zollverschluss *(f)*, Frachttransport unter Zollverschluss *(m)*, Güterbeförderung unter Zollverschluss *(f)*, Gütertransport unter Zollverschluss *(m)*, Warentransport unter Zollverschluss *(m)*

transport of goods under the TIR procedure Beförderung der Waren im TIR-Verfahren *(f)*

transportation of goods Beförderung von Waren *(f)*

type of goods Art der Waren *(f)*

uncased goods lose Ladung *(f)*, Schüttgüter *(pl)*

uncontainernable goods nicht containerfähige Güter *(pl)*

uncustomed goods unverzollte Ware *(f)*

undutiable goods nicht zollpflichtige Ware *(f)*

unentered goods unangemeldete Ware *(f)*

United Nations convention on the Carriage of goods by Sea Hamburger Regeln *(pl)*

unlawful removal from customs supervision of goods Entziehung der einfuhrabgabenpflichtigen Ware der zollamtlichen Überwachung *(f)*

unload goods Waren ausschiffen *(pl)*

unloading of goods Abladung der Waren *(f)*

unpacking of goods Auspacken der Waren *(n)*

unsaleable goods unverkäufliche Ware *(f)*

use of goods Verwendung der Waren *(f)*

  customs control of the use of goods zollamtliche Überwachung der Verwendung der Waren *(f)*

value of goods Warenwert *(m)*

  customs value of goods Zollwert der Waren *(m)*

  freight assessed according to the value of goods Ad-Valorem-Fracht *(f)*, Wertfracht *(f)*

value of goods for customs purposes Zollwert der Waren *(m)*

value of the temporary exported goods Wert der Waren der vorübergehenden Ausfuhr *(m)*

want of goods Warenknappheit *(f)*, Warenmangel *(m)*

warehouse goods insurance Lagerversicherung *(f)*

weighing of goods Wiegen der Waren *(n)*

weight goods Außergabaritladung *(f)*, Gewichtsgut *(n)*, Ware wiegen *(f)*

 weight goods freight Schwergutfracht *(f)*

wetted goods benetzte Ladung *(f)*

working of goods Bearbeitung von Waren *(f)*

working or processing of goods Be- oder Verarbeitung von Waren *(f)*

government Regierung *(f)* **2.** Regierungs-

government agreement Abkommen auf Regierungsebene *(n)*, Regierungsvereinbarung *(f)*

government bank Staatsbank *(f)*

government contract öffentlicher Auftrag *(m)*, Staatsauftrag *(m)*

government corporation Staatsbetrieb *(m)*

government credit Regierungskredit *(m)*, staatlicher Kredit *(m)*, Staatskredit *(m)*

government enterprise öffentliches Unternehmen *(n)*

government guarantee staatliche Garantie *(f)*

government interventionism staatlicher Interventionismus *(m)*

government monopoly Staatsmonopol *(n)*

government office öffentliches Amt *(n)*

government official Staatsbeamte *(m)*

government order Regierungsauftrag *(m)*, Staatsauftrag *(m)*

government purchase Regierungskauf *(m)*

government service Verwaltungsdienst *(m)*

government subsidy Staatszuschuss *(m)*

government tariff Staatstarif *(m)*

* grant from the government staatlicher Zuschuss *(m)*

governmental staatlich

governmental trade Staatshandel *(m)*

grace Karenz *(f)*, Wartezeit *(f)*

grace period Karenz *(f)*, Nachfrist *(f)*, Wartezeit *(f)*

* days of grace Respekttage *(pl)*

period of grace Nachfrist *(f)*, Zusatzfrist *(f)*

basis grade Basisstandard *(m)*

first grade erste Sorte *(f)*

top grade höchste Qualität *(f)*, Spitzenqualität *(f)*

grace period for tax Steueraussetzung *(f)*

grade Qualität *(f)*, Sorte *(f)*

graded gestaffelt

graded tariff Stufentarif *(m)*

grading Klassenbezeichnung *(f)*

grading of service Servicequalität *(f)*

* goods grading Sortierung *(f)*

graduated abgestuft

graduated price gleitender Preis *(m)*

graduated rate Progressivsatz *(m)*

grain Getreide *(n)* **2.** Getreide-

grain bulkhead Getreideschott *(n)*

grain capacity Laderauminhalt für Getreide *(m)*

grain carrier Getreidefrachter *(m)*

grain charter Getreidecharter *(m)*

 grain charter party Getreidecharter *(m)*

grain elevator Elevator *(m)*, Getreidespeicher *(m)*, Silos *(m)*, Speicher *(m)*

grain exchange Getreidebörse *(f)*

grain silo Getreidespeicher *(m)*, Silos *(m)*

grain terminal Getreideterminal *(m)*

grand-in-aid Dotation *(f)*

grant bewilligen, einräumen, gewähren **2.** subventionieren, Zuschüsse gewähren *(pl)*

grant an allowance Abzug gewähren *(m)*, entschädigen, Rabatt bewilligen *(m)*, Rabatt geben *(m)*, Vergünstigung einräumen *(f)*

grant an authority bevollmächtigen, Vollmacht geben *(f)*, Plenipotenz geben *(f)*, Vollmacht erteilen *(f)*

grant a concession Konzession gewähren *(f)*, Rabatt gewähren *(m)*

grant a credit Anleihe gewähren *(f)*

grant a delay Fristverlängerung zugestehen *(f)*, Prolongation gewähren *(f)*

grant a discount Rabatt bewilligen *(m)*, Rabatt erteilen *(m)*

grant a guarantee Sicherheit leisten *(f)*

grant a loan Darlehen gewähren *(n)*, Darlehen gewähren *(n)*

grant a patent Patent erteilen *(n)*, patentieren

grant a rebate Rabatt bewilligen *(m)*, Rabatt geben *(m)*

grant a respite verlängern

grant duty-free entry Befreiung gewähren *(bei der Einfuhr)* *(f)*

grant the preferences Präferenzen einräumen *(pl)*

grant a price concession Rabatt gewähren *(m)*

grant the right Recht zugestehen *(n)*

grant Schenkung *(f)*, Subvention *(f)*
grant for designed tasks Zweckzuwendung *(f)*
grant from the government staatlicher Zuschuss *(m)*
grant of exemption Gewährung der Zollbefreiung *(f)*
grant of a regime Zulassung zu einem Verfahren *(f)*
granting Gewährung *(f)*, Erteilung *(f)*
granting of an authorization Erteilung der Bewilligung *(f)*
granting of a credit Auszahlung eines Kredites *(f)*, Kreditgewährung *(f)*
granting of duty-free admission Gewährung der Zollbefreiung *(f)*
granting of a licence Lizenzgewährung *(f)*
granting of a power of attorney Mandatierung *(f)*
granting of relief Ermäßigungsgewährung *(f)*
granting of renewal Fristbewilligung *(f)*
granting of a respite Verlängerung *(f)*
granting of right Gewährung eines Rechts *(f)*
* **conditions of granting of temporary admission** Bedingungen für die Zulassung zur vorübergehenden Einfuhr *(pl)*
grantor Geber *(m)*
grantor of credit Geldgeber *(m)*
graph Schaubild *(n)*
gratification Belohnung *(f)*, Gehalt *(n)*, Lohn *(m)*
gratis Gratis-
gratis delivery Gratislieferung *(f)*, kostenlose Lieferung *(f)*
gratuitous frei, gratis, ohne Vergütung *(f)*
gratuitous contract unentgeltlicher Vertrag *(m)*
gratuitous loan zinsfreie Anleihe *(f)*
gratuitous outturn frei Entladung *(f)*
gravity Schwerkraft *(f)*
centre of gravity Schwerpunkt *(m)*
specific gravity spezifisches Gewicht *(n)*
great Groß-
great lighter Großleichter *(m)*
green grün
green clause Klausel mit grüner Tinte *(f)*,
green clause letter of credit Akkreditiv mit „grüner Klausel" *(n)*
Greenwich Greenwich *(n)*
Greenwich Mean Time Greenwicher Zeit *(f)*, Time Mittlere Greenwich Zeit (MGZ) *(f)*
Greenwich time Mittlere Greenwich Zeit *(f)*

grey halblegal
grey import halblegaler Import *(m)*
gross Brutto *(m)*
gross amount Bruttobetrag *(m)*
gross capacity Bruttoraumgehalt *(m)*, Bruttotonnengehalt *(m)*
gross charter Bruttobedingungen *(pl)*, Bruttocharter *(m)*, Brutto-Charter *(m)*, Bruttofrachtcharter *(m)*
gross coefficient Bruttofaktor *(m)*
gross cost Bruttokosten *(pl)*
gross domestic income Bruttoinlandseinkommen (BNE) *(n)*
gross domestic product (GDP) Bruttoinlandsprodukt (BIP) *(n)*
gross export Gesamtexport *(m)*
gross-form charter Bruttocharter *(m)*, Bruttofrachtcharter *(m)*
gross freight Bruttofracht *(f)*
gross import Bruttoimport *(m)*
gross kilogram Bruttokilogramm *(n)*
gross leasing Bruttoleasing *(n)*
gross loss Bruttoverlust *(m)*
gross margin Bruttomarge *(f)*, Handelsmarge *(f)*
gross mass Rohmasse *(f)*
gross national income (GNI) Brutto-Nationaleinkommen *(n)*
gross national product (GNP) Bruttonationaleinkommen *(n)*, Bruttosozialprodukt (BSP) *(n)*
gross national product at market prices Bruttosozialprodukt zu Marktpreisen (BSP) *(n)*
gross-net Brutto für Netto (b/n) *(m)*
gross-net clause Brutto-für-Netto-Klausel *(f)*
gross price Bruttopreis *(m)*
gross profit on sales Bruttoverkaufserlös *(m)*
gross rate Bruttorate *(f)*, Bruttosatz *(m)*
gross receipts Bruttoeinnahme *(f)*, Bruttoeinnahmen *(pl)*, Bruttoertrag *(m)*
gross register tonnage Bruttoraumgehalt *(m)*, Bruttotonnengehalt *(m)*, Bruttotonnage *(f)*, Großtonnage *(f)*
gross registered tonnage Bruttotonnage *(f)*
gross revenue Bruttoertrag *(m)*
gross sales Bruttoumsatz *(m)*
gross terms Abladelohn für Reeder *(m)*, Bruttobedingungen *(pl)*, Löschkosten für Reeder *(pl)*
gross terms clause Gross-Terms-Klausel *(f)*
gross tonnage Bruttotonnage *(f)*, Bruttotonnengehalt *(m)*

gross turnover Gesamtumsatz *(m)*
gross vehicle weight zulässiges Gesamtgewicht *(n)*
gross weight Bruttogewicht *(n)*, Großgewicht *(n)*
gross weight for net Brutto für Netto *(m)*
gross weight for net clause Brutto-für-Netto-Klausel *(f)*
gross yield Bruttoeinkommen *(n)*, Bruttoertrag *(m)*, Einkommen von der Entrichtung der Steuern *(n)*, Roheinkommen *(n)*
* in the gross Brutto *(m)*
yield gross Bruttoeinkommen *(n)*, Bruttoeinnahme *(f)*

ground Grund *(m)*, Grundlage *(f)*
ground rent Pachtgeld *(n)*, Pachtzins *(m)*
* anchor ground Ankerplatz *(m)*
dumping ground Abladeplatz *(m)*
exhibition ground Messegelände *(n)*
fair ground Messegelände *(n)*
holding ground Ankerngrund *(m)*
legal ground juristische Grundlage *(f)*, rechtliche Grundlage *(f)*, rechtliche Voraussetzung *(f)*
loading ground Einladeplatz *(m)*
storage ground Lagerplatz *(m)*, Stapelort *(f)*
transhipping ground Umschlaplatz *(m)*

groundage Ankergeld *(n)*

groundless grundlos
groundless claim unbegründete Beanstandung *(f)*, unberechtigte Reklamation *(f)*
groundless complaint unbegründete Beanstandung *(f)*, unberechtigte Reklamation *(f)*

groundlessness Grundlosigkeit *(f)*
groundlessness of the claim Reklamationsgrundlosigkeit *(f)*
groundlessness of the notice Grundlosigkeit der Kündigung *(f)*

group Gruppe *(f)*, Konzern *(m)*
group companies Konzerngesellschaften *(pl)*
group discount Mengenrabatt *(m)*, Volumenrabatt *(m)*
group policy Sammelpolice *(f)*
group undertakings Unternehmensgruppe *(f)*
* banking group Bankenkonsortium *(n)*
financial group Finanzierungskonsortium *(n)*
insurance group Versicherungskonsortium *(n)*
price group Preisgruppe *(f)*
purposeful group Zielgruppe *(f)*
target group Zielgruppe *(f)*
trade group Handelskonsortium *(n)*

groupage Gruppierung *(f)* 2. Sammelgroupage bill of lading Sammelkonnossement *(n)*
groupage consignment Sammelfracht *(f)*
groupage manifest Manifest für Sammelsendungen *(n)*
groupage operator Sammelladungsspediteur *(m)*
* transport of groupage consignment Sammelgutverkehr *(m)*
transport of groupage consignment Sammelladungsverkehr *(m)*

grouped gruppiert
grouped bill of lading Sammelladungskonnossement *(n)*, Spediteursammelkonnossement *(n)*

growth Ausweitung *(f)*, Entwicklung *(f)*, Vergrößerung *(f)*, Zuwachs *(m)*
growth in exports Exportwachstum *(n)*
growth of production Produktionszuwachs *(m)*, Wachstum der Produktion *(n)*
growth of trade Handelswachstum *(n)*
growth policy Entwicklungsstrategie *(f)*
growth rate Wachstumstempo *(n)*
* economic growth Wirtschaftswachstum *(n)*
price growth Preiserhöhung *(f)*, Zollsteigerung *(f)*
progressive growth progressiver Zuwachs *(m)*
rate of economic growth Wachstumsrate *(f)*, Wirtschaftswachstumsrate *(f)*
economic growth rate Wachstumsrate *(f)*, Wirtschaftswachstumsrate *(f)*

guarantee garantieren
guarantee a bill of exchange Wechsel garantieren *(m)*
guarantee a credit Kredit garantieren *(m)*
guarantee an endorsement Indossament garantieren *(n)*
guarantee a loan für ein Darlehen Sicherheit leisten
guarantee a price Preis garantieren *(m)*
guarantee a sum Bürgschaft für einen Betrag leisten *(f)*

guarantee Bürge *(m)*, Garantiebegünstigter *(m)*, Garantieempfänger *(m)*, Gewährträger *(m)* 2. Bürgschaft *(f)*, Garantie *(f)*, Gewährleistung *(f)*, Sicherheitsleistung *(f)*
guarantee against losses Garantie gegen Verluste *(f)*

guarantee agreement Bürgschaftsvertrag (m), Garantieleistungsvertrag (m)

guarantee amount Betrag der Sicherheit (m), Betrag der zu leistenden Sicherheit (m), Bürgschaftssumme (f), Garantiebetrag (m), Garantiesumme (f)

payment of a guarantee amount Zahlung des Garantiebetrags (f)

guarantee bill Deckungswechsel (m), Kautionswechsel (m)

guarantee carnet Garantiecarnet (n)

guarantee certificate Bürgschaftsbescheinigung (f), Garantiezeugnis (n)

guarantee clause Garantieklausel (f)

guarantee commission Avalprovision (f), Bürgschaftsprovision (f), Provision für Garantie (f)

guarantee company Garantiegesellschaft (f)

guarantee conditions Garantiebedingungen (pl)

guarantee confirmation Garantiebestätigung (f)

guarantee cover Geltungsbereich (m)

guarantee deposit Garantiehinterlegung (f), Sicherheitsleistung (f)

guarantee document Bürgschaftsleistung (f)

required guarantee document erforderliches Dokument über die Sicherheit (m)

guarantee fee Bürgschaftsprovision (f), Provision für Garantie (f)

guarantee fund Garantiefonds (n)

multilateral guarantee fund multilaterales Garantiefonds (n)

guarantee high quality hohe Qualität garantieren (f)

guarantee insurance Kautionsversicherung (f)

guarantee letter of credit Garantieakkreditiv (n)

guarantee limit Garantiegrenze (m)

guarantee maintenance Garantiekundendienst (m)

guarantee not valid ungültige Garantie (f)

guarantee obligation Garantieverpflichtung (f)

guarantee of bill Wechselbürgschaft (f), Wechselgarantie (f)

guarantee of bill of exchange Wechselbürgschaft (f), Wechselgarantie (f)

guarantee of credit Kreditgarantie (f)

guarantee of debt Schuldengarantie (f)

guarantee of delivery Liefergarantie (f)

guarantee of dutiable payments Zahlungsgarantie für Zollschuld (f)

guarantee of a firm Firmengarantie (f)

guarantee of a foreign bank Auslandsbankgarantie (f)

guarantee of foreign bank Auslandsbankgarantie (f)

guarantee of loan Darlehensgarantie (f), Kreditbürgschaft (f)

guarantee of observance of customs procedures Garantie der Einhaltung des Zollregimes (f)

guarantee of payment Garantie der Bezahlung (f), Zahlungsgarantie (f)

guarantee of property Vermögensgarantie (f)

guarantee of quality Garantie für Qualität (f), Qualitätsgarantie (f)

guarantee of responsibility Garantie der Kreditfähigkeit (f)

guarantee of the safety of goods Garantie für Warenaufbewahrung (f)

guarantee of solvency Garantie der Kreditfähigkeit (f)

guarantee of weight Gewichtsgarantie (f)

superintendence with guarantee of weight Kontrolle mit Gewichtsgarantie (f), Überwachung mit der Gewichtsgarantie (f)

guarantee overhaul Garantiereparatur (f)

guarantee paper Garantieschein (m)

guarantee payment Garantiezahlung (f)

guarantee period Garantiedauer (f), Garantiefrist (f)

guarantee repair Garantiereparatur (f)

guarantee risk Gewährleistungswagnis (n)

guarantee system Garantiesystem (n)

deposit guarantee system Einlagensicherungssystem (n)

flat-rate guarantee system System der Pauschalbürgschaft (n)

international guarantee system internationales Bürgschaftssystem (n)

guarantee test Garantieprobe (f)

* absolute guarantee bedingungslose Garantie (f), unbedingte Garantie (f), unbeschränkte Garantie (f)

additional guarantee Zusatzgarantie (f), zusätzliche Garantie (f)

advance payment guarantee Vorauszahlungsgarantie (f)

amount of guarantee Bürgschaftssumme (f), Garantiebetrag (m), Garantiesumme (f)

calculation of the amount of the guarantee Berechnung des Betrags der Sicherheit (f)

maximum amount of guarantee Höchstbetrag der Bürgschaft (m)

reduction of the amount of guarantee Reduzierung des Betrags der Sicherheit *(f)*
annul a guarantee Garantie annullieren *(f)*
average guarantee Havariegarantie *(f)*, Havarierevers *(m)*, Havarieschein *(m)*, Havarieverschreibung *(f)*
bank guarantee Bankaval *(m)*, Bankbürgschaft *(f)*, Bankenhaftung *(f)*
  collection with bank guarantee dokumentäres Inkasso mit Bankbürschaft *(n)*, Dokumenteninkasso mit Bankgarantie *(n)*
  credit by way bank guarantee Bürgschaftskredit *(m)*
  loan guaranteed by way of bank guarantee Avalkredit *(m)*
  security in the form of a bank guarantee bankmäßige Sicherheit *(f)*
banker's guarantee Bankdeckung *(f)*, Bankgarantie *(f)*
bill of lading guarantee Garantie für Konnossement *(f)*
breach of guarantee Garantiebruch *(m)*, Verletzung einer Zusicherung *(f)*
call on a guarantee Garantie ausnutzen *(f)*
cancel a guarantee Garantie entziehen *(f)*, Garantie für ungültig erklären *(f)* **2.** *(CT)* Bürgschaftsvertrag kündigen *(m)*
certificate of guarantee Garantieschein *(m)*, Garantiezeugnis *(n)*
claim for guarantee Garantieforderung *(f)*
colliery guarantee Kohlengarantie *(f)*
commission on guarantee Avalprovision *(f)*, Bürgschaftsprovision *(f)*
completion guarantee Fertigstellungsgarantie *(f)*
comprehensive guarantee Gesamtbürgschaft *(f)*
  provide a comprehensive guarantee Gesamtbürgschaft leisten *(f)*, globale Sicherheit vorlegen *(f)*
  reference amount of the comprehensive guarantee Referenzbetrag der Gesamtbürgschaft *(m)*
compulsory guarantee obligatorische Sicherheitsleistung *(f)*
conditions of a guarantee Garantiebedingungen *(pl)*
conditions of the use of the guarantee Bedingungen der Inanspruchnahme der Sicherheit *(pl)*

confirm a guarantee Garantie bestätigen *(f)*
confirmed guarantee bestätigte Garantie *(f)*
continuing guarantee unbefristete Garantie *(f)*
contract guarantee Vertragsgarantie *(f)*
contract of guarantee Garantieleistungsvertrag *(m)*, Haftungsvertrag *(m)*
credit guarantee Kreditgarantie *(f)*
currency rate guarantee Währungsgarantie *(f)*
customs guarantee Zollbürgschaft *(f)*, Zollgarantie *(f)*
deficiency guarantee Ausfallbürgschaft *(f)*
demand a guarantee Sicherheit fordern *(f)*
deposit guarantee Anlagegarantie *(f)*
direct guarantee bestätigte Garantie *(f)*, Direktgarantie *(f)*
encashment with bank guarantee dokumentäres Inkasso mit Bankbürschaft *(n)*, Dokumenteninkasso mit Bankgarantie *(n)*
enter into guarantee Sicherheit stellen *(f)*
exchange guarantee Währungsgarantie *(f)*
expiry of a guarantee Ablauf der Garantie *(m)*
export credit guarantee Exportkreditgarantie *(f)*, Garantie von Exportkrediten *(f)*
export guarantee Ausfuhrgarantie *(f)*, Exportgarantie *(f)*
financial guarantee Finanzgarantie *(f)*
flat-rate guarantee voucher *(CT)* Sicherheitstitel im Rahmen der Pauschalbürgschaft *(m)*
form of guarantee Art der Sicherheit *(f)*, Garantieart *(f)*, Sicherheitsform *(f)*
full refund guarantee Rückzahlungssarantie *(f)*
furnish a guarantee Sicherheit gewähren *(f)*, Sicherheit leisten *(f)*
give a guarantee Bürgschaft stellen *(f)*, Kaution leisten *(f)*
give a guarantee verbürgen
global guarantee generelle Sicherheitsleistung *(f)*, Gesamtbürgschaft *(f)*
goods under guarantee Ware mit Garantie *(f)*
government guarantee staatliche Garantie *(f)*
grant a guarantee Sicherheit leisten *(f)*
indirect guarantee indirekte Garantie *(f)*
individual guarantee einzelne Sicherheitsleistung *(f)*, Einzelsicherheit *(f)*
individual guarantee by means of vouchers Einzelsicherheit durch Sicherheitstitel *(f)*
individual guarantee in cash Einzelsicherheit in Form einer Barsicherheit *(f)*

individual guarantee in the form of vouchers Einzelsicherheit in Form von Sicherheitstiteln *(f)*
individual guarantee submitted by a guarantor Einzelsicherheit durch Bürgschaftsleistung *(f)*
institutional guarantee institutionelle Garantie *(f)*
insurance guarantee Garantie des Versicherers *(f)*
international guarantee internationale Garantie *(f)*
investment guarantee Investitionsgarantie *(f)*
irrevocable guarantee unwiderrufliche Garantie *(f)*
issue a guarantee Garantie ausfertigen *(f)*, Garantie ausstellen *(f)*
joint guarantee Gemeinbürgschaft *(f)*, Kollektivgarantie *(f)*, Mitgarantie *(f)*, solidarische Haftung *(f)*
legal guarantee gesetzliche Garantie *(f)*, rechtliche Sicherheit *(f)*
length of a guarantee Garantiedauer *(f)*, Gültigkeit der Garantie *(f)*
letter of guarantee Garantiebrief *(m)*, Garantieschein *(m)*
liability deriving from guarantee Garantiehaftung *(f)*, Haftung aus Garantievertrag *(f)*
limit the guarantee Garantie beschränken *(f)*
limited guarantee befristete Garantie *(f)*
loan guarantee Kreditbürgschaft *(f)*
long-term guarantee langfristige Garantie *(f)*
lump-sum guarantee Pauschalbürgschaft *(f)*, Pauschalgarantie *(f)*
maintenance guarantee Wartungsgarantie *(f)*
manufacturer's guarantee Herstellergarantie *(f)*, Werkgarantie *(f)*
money back guarantee Geld-zurück-Garantie *(f)*
money guarantee Geldgarantie *(f)*
mortgage guarantee Hypothekengarantie *(f)*
mutual guarantee Mitbürgschaft *(f)*, wechselseitige Bürgschaft *(f)*
necessity for a guarantee Erfordernis der Sicherheitsleistung *(n)*
non-assignable guarantee unübertragbare Garantie *(f)*
non-contractual guarantee außervertragliche Garantie *(f)*
non-limited guarantee absolute Garantie *(f)*, unbefristete Garantie *(f)*

obtain a guarantee Garantie bekommen *(f)*, Garantie erhalten *(f)*
parental guarantee Stammhausgarantie *(f)*
partial guarantee Teilgarantie *(f)*
payment guarantee Garantie der Bezahlung *(f)*, Zahlungsbürgschaft *(f)*, Zahlungsgarantie *(f)*
advance payment guarantee Vorauszahlungsgarantie *(f)*
payment of bill guarantee Zahlungsgarantie für Wechsel *(f)*
payment of customs debt guarantee Zahlungsgarantie für Zollschuld *(f)*
payment of document collection guarantee Zahlungsgarantie für Dokumenteninkasso *(f)*
payment of letter of credit guarantee Zahlungsgarantie für Akkreditiv *(f)*
performance guarantee Leistungsgarantie *(f)*
personal guarantee persönliche Garantie *(f)*
political risk guarantee Garantie bei politischen Risiken *(f)*
presentation of a guarantee Hinterlegung einer Sicherheit *(f)*, Leistung einer Sicherheit *(f)*
price guarantee Preisgarantie *(f)*
prolongation of a guarantee Verlängerung der Garantie *(f)*
promise of a guarantee Garantiezusage *(f)*
property guarantee Vermögensgarantie *(f)*
provide a guarantee Garantie hinterlegen *(f)*
put up a guarantee Garantie ausfertigen *(f)*, Garantie ausstellen *(f)*, Kaution hinterlegen *(f)*, Kaution stellen *(f)*
qualified guarantee bedingte Garantie *(f)*, beschränkte Garantie *(f)*
quality guarantee Beschaffenheitsgarantie *(f)*, Qualitätssicherung *(f)*
quantity guarantee Quantitätsgarantie *(f)*
rate guarantee Kursgarantie *(f)*
receive a guarantee Garantie bekommen *(f)*, Garantie erhalten *(f)*
renewable guarantee Revolvinggarantie *(f)*
rescind a guarantee Garantie entziehen *(f)*, Garantie für ungültig erklären *(f)*, Garantie zurückziehen *(f)*
reserved guarantee bedingte Garantie *(f)*, beschränkte Garantie *(f)*
sales guarantee Umsatzgarantie *(f)*
servicing guarantee Wartungsgarantie *(f)*
short-term guarantee kurzfristige Garantie *(f)*
single guarantee einmalig gestellte Garantie *(f)*

sovereign guarantee Regierungsgarantie *(f)*, Staatsgarantie *(f)*
state guarantee Regierungsgarantie *(f)*, Staatsgarantie *(f)*
submission of a guarantee Gewährung der Garantie *(f)*
tender guarantee Ausschreibungsgarantie *(f)*, Bietungsgarantie *(f)*, Gewährleistung *(f)*, Vadium *(n)*
term of guarantee Garantiefrist *(f)*, Gewährleistungfrist *(f)*
TIR guarantee TIR-Garantie *(f)*
tonnage guarantee Schiffsgarantie *(f)*
trade guarantee Handelsgarantie *(f)*
transit guarantee Sicherheitsleistung im Versandverfahren *(f)*
  standard transit guarantee Regelsicherheitsleistung *(f)*
transmissible guarantee übertragbare Garantie *(f)*
unconditional guarantee unbedingte Garantie *(f)*
unconfirmed guarantee unbestätigte Garantie *(f)*
underwriter's guarantee Garantie des Versicherers *(f)*
unqualified guarantee bedingungslose Garantie *(f)*, unbeschränkte Garantie *(f)*
validity of a guarantee Garantiedauer *(f)*, Gültigkeit der Garantie *(f)*
vendor's guarantee Händlergarantie *(f)*
weight and quantity guarantee Gewicht und Mengegarantie *(f)*
weight guarantee Gewichtsgarantie *(f)*
withdrawal of a guarantee Widerruf der Bürgschaft *(m)*, Zurücknahme der Bürgschaft *(f)*, Zurücknahme der Vollmacht *(f)*, Zurückziehung der Bürgschaft *(f)*
written guarantee schriftliche Garantie *(f)*
guaranteed garantiert
guaranteed bill Akzept *(n)*, avalierter Wechsel *(m)*
guaranteed bill of exchange garantierter Wechsel *(m)*
guaranteed cheque akzeptierter Scheck *(m)*, garantierter Scheck *(m)*
guaranteed collection garantiertes Inkasso *(n)*
guaranteed freight garantierte Fracht *(f)*
guaranteed loan garantierte Anleihe *(f)*
guaranteed quality garantierte Qualität *(f)*

guaranteed quantity garantierte Menge *(f)*
guaranteed weight garantiertes Gewicht *(n)*
* delivery not guaranteed Lieferung ohne Garantie *(f)*
loan guaranteed by way of bank guarantee Avalkredit *(m)*
guaranteeing Bürgschaft *(f)*, Garantie *(f)*
guaranteeing association bürgender Verband *(m)*
guarantor Bürge *(m)*, Garant *(m)*
guarantor bank Bürgebank *(f)*, Garantbank *(f)*
guarantor of a bill Awalist *(m)*, Wechselbürge *(m)*
guarantor's undertaking *(CT)* Bürgschaftserklärung *(f)*
* customs guarantor Zollbürge *(m)*
individual guarantee submitted by a guarantor Einzelsicherheit durch Bürgschaftsleistung *(f)*
liability of the guarantor Haftung des Bürgen *(f)*
solidary guarantor Solidarbürge *(m)*
guaranty Bürgschaft *(f)*, Garantie *(f)*, Gewährleistung *(f)*
guaranty claim Garantieforderung *(f)*
guaranty deposit Garantiekaution *(f)*
guaranty fee Bürgschaftsprovision *(f)*
guaranty of a bill Wechselaval *(m)*, Wechselbürgschaft *(f)*
* cash deposit as guaranty Barkaution *(f)*
duration of guaranty Garantiedauer *(f)*, Garantiefrist *(f)*
letter of guaranty Garantieschreiben *(n)*
guard Wache *(f)*
border guard Grenzwache *(f)*
customs guard Zollstelle *(f)*
frontier guard Grenzschutz *(m)*
coast guard ship Zollwachtschiff *(n)*
coast guard vessel Zollwachtschiff *(n)*
Railway Guards Bahnschutzdienst *(m)*
guidance Meldung *(f)*
guide Führer *(m)*
guiding price Richtpreis *(m)*
* cell guide Containerstaugerüst *(n)*
railway guide Bahnfahrplan *(m)*
guideline Richtlinie *(f)*
duration guideline Orientierungstermin *(m)*

H

habit Brauch *(m)*
Hague Haag *(n)*
  Hague Rules Haager Regeln *(pl)*
  Hague-Visby Rules Haag-Visby Regeln *(pl)*
hail Hagel *(m)* **2.** Hagel-
  hail insurance Hagelschadenversicherung *(f)*,
  Hagelversicherung *(f)*
hailstorm Hagel *(m)* **2.** Hagel-
  hailstorm damage Hagelschaden *(m)*
  hailstorm insurance Hagelschadenversicherung *(f)*, Hagelversicherung *(f)*
half Halb-
  half beam Halbbalken
  half-finished product Halberzeugnis *(n)*,
  Halbfertigfabrikat *(n)*
  half-open factoring halboffenes Faktoring *(n)*
hall Halle *(f)*, Saal *(m)*
  auction hall Auktionssaal *(m)*
  exhibition hall Ausstellungspavillon *(m)*,
  Ausstellungssaal *(m)*
halt Halt *(m)*, Stillzeit *(f)*
Hamburg Hamburg *(n)*
  Hamburg Rules Hamburger Regeln *(pl)*
hand Hand-
  hand baggage Handgepäck *(n)*
  hand luggage persönliches Gepäck *(n)*
  ***** **cash on hand** in Geld *(n)*, Kasse *(f)*
  goods on hand verfügbare Ware *(f)*
  note of hand Solawechsel *(m)*
hand out zahlen
hand over ausliefern
  hand over cargo Ladung ausliefern *(f)*
  hand over documents Unterlagen übermitteln *(pl)*
handbook Handbuch *(n)*
  service handbook Bedienungsvorschrift *(f)*,
  Gebrauchsanweisung *(f)*
handle lösen
  handle a problem Aufgabe lösen *(f)*
  handle cargo Ladung umschlagen *(f)*, umschlagen
handled umgeschlagen
  handled cargo umgeschlagene Ladung

handling Umschlag *(m)*, Umladung *(f)*
2. Dienst *(m)*, Service *(m)* **3.** Umschlags-
  handling agent Umschlagagent *(m)*
  handling capacity Umschlagkapazität *(f)*, of
  a port Hafenkapazität *(f)*
  handling charge Umschlagspesen *(pl)*, Vergütung für Ladearbeiten *(f)*
    wharf handling charge Kaigebühr *(f)*
  handling costs Manipulationskosten *(pl)*,
  Umladekosten *(pl)*
  handling fee Manipulationsgebühr *(f)*
  handling instructions Umladungsbestimmungen *(pl)*, Umschlagvorschriften *(pl)*
  handling of break-bulk cargo Stückgutumschlag *(m)*
  handling of containers Containerumladung *(f)*
  handling of less-than-carload freight
  Stückgüterfrachtumschlag *(m)*
  handling operation Umschlagarbeiten *(pl)*,
  Verladearbeiten *(pl)*
  handling order Umladungslieferschein *(m)*
  handling over of document Herausgabe
  von Urkunde *(f)*
  handling-over record Übergabeprotokoll *(n)*
  handling-over report Übergabeprotokoll *(n)*
  handling point Umschlagpunkt *(m)*, Verladepunkt *(m)*
    freight handling point Umschlagpunkt *(m)*,
    Verladepunkt *(m)*
  handling time Umladedauer *(f)*
  handling under customs control Transshipment unter Zollkontrolle *(n)*, Umladung
  unter Zollkontrolle *(f)*
  handling under customs examination
  Transshipment unter Zollkontrolle *(n)*, Umladung unter Zollkontrolle *(f)*
  ***** **allowed time for handling** Umschlagzeit *(f)*
  break bulk handling cargo Stückgüterfrachtumschlag *(m)*
  bulk handling Massengutumladung *(f)*
  cargo handling Aufladung *(f)*, Baladen *(n)*,
  Güterumschlag *(m)*, Kargobehandlung *(f)*, Ladungsbehandlungen *(pl)*, Umladung *(f)*, Umschlag der Ware *(m)*, Umschlaghandlungen *(pl)*,
  Warenumschlag *(m)*
    air-to-air cargo handling Umschlag
    Straße/Flugzeug *(m)*
    allowed time for cargo handling Um-
    ladungszeit *(f)*
    date of cargo handling Umladungstag *(m)*

day of cargo handling Umschlagdatum *(n)*
loss during cargo handling Umladungsverlust *(m)*, Umschlagverlust *(m)*
ship-to-truck cargo handling Umschlag
Schiff/Kraftwagen *(m)*
time for cargo handling Zeit für die
Umladung *(f)*
truck-to-ship cargo handling Umschlag
Straße/Schiff *(m)*
truck-to-wagon cargo handling Umschlag Straße/Schiene *(m)*
wagon-to-ship cargo handling Umschlag vom Waggon ins Schiff *(m)*
cargo handling date Umladungsdatum *(n)*
cargo handling day Umladungstag *(m)*
cargo handling equipment Umschlagtech-
nik *(f)*
cargo handling instructions Umladungsbestimmungen *(pl)*, Umschlagvorschriften *(pl)*
cargo handling place Güterumschlagsplatz
(m), Umladungsstelle *(f)*
cargo handling terminal Frachtterminal *(n)*,
Fracht-Terminal *(n)*
cost of handling Umladungskosten *(pl)*,
Umschlagkosten *(pl)*
direct handling direkte Umladung *(f)*
freight handling Güterumschlag *(m)*, Ladungsbehandlung *(f)*, Ladungsbehandlungen *(pl)*,
Umschlaghandlungen *(pl)*, Warenumschlag *(m)*
damage in freight handling Umschlagchaden *(m)*
day of freight handling Umschlagdatum *(n)*
time for freight handling Umschlagzeit *(f)*
freight handling time Transhipmentdauer *(f)*,
Umladungsdauer *(f)*
general cargo handling Stückgutumladung *(f)*
indirect handling indirektes Umbeladen *(n)*
loss during handling Umladungsverlust *(m)*
loss during handling Umschlagverlust *(m)*
modular automated container handling
automatisierte Containerumschlaganlage *(f)*
pallet handling Palettentransport *(m)*
port handling Hafenumschlag *(m)*
quay handling Kaiumschlag *(m)*
stock handling Lagerumschlag *(m)*
handout freies Warenmuster *(n)*
handwritten eigenhändig
handwritten signature eigenhändige Unterschrift *(f)*

hangar Hangar *(m)* **2.** Hafen-
harbour administration Hafenverwaltung *(f)*
harbour area Hafenviertel *(n)*
harbour authorities Hafenverwaltung *(f)*
harbour bill of lading Hafenkonnossement *(n)*,
Port-Konnossement *(n)*
harbour board Hafenamt *(n)*, Hafenverwaltung *(f)*
harbour boatswain Bootsmannsamt *(n)*
harbour charter Hafencharter *(m)*, Hafencharter *(m)*
harbour clear of ice eisfreier Hafen *(m)*
harbour duty Hafengebühr *(f)*, Hafengeld *(n)*
harbour master Hafenkapitän *(m)*, Hafenmeister *(m)*
harbour of landing Ladehafen *(m)*, Verladungshafen *(m)*
harbour of loading Verschiffungshafen *(m)*,
Verladehafen *(m)*
harbour of transhipment Umladehafen *(m)*
harbour pilot Hafenpilot *(m)*
harbour railway Hafenbahn *(f)*
harbour regulations Hafenordnung *(f)*, Hafenvorschriften *(pl)*
harbour ship Hafenschiff *(n)*
harbour station Hafenbahnhof *(m)*, Hafenstation *(f)*, Seehafen *(m)*
harbour tug Bugsierungsschlepper *(m)*, Hafenschlepper *(m)*
harbor waters Hafengebiet *(n)*, Hafengewässer *(n)*
* bonded harbour Seezollhafen *(m)*, Zollabfertigungshafen *(m)*
commercial harbour Handelshafen *(m)*
dry harbour Flusshafen *(m)*
free harbour Freihafen (Fr.-H) *(m)*, Wiederausfuhrhafen *(m)*, Zollfreihafen *(m)*
free harbour dues franko Hafenkosten *(pl)*,
frei Hafenkosten *(pl)*
free harbour dues price Preis frei Hafenkosten *(m)*
free harbour price Preis franko Hafen *(m)*,
Preis frei Hafen *(m)*
free in harbour franko Hafen *(m)*, frei Hafen *(m)*
free in harbour price Preis franko Hafen
(m), Preis frei Hafen *(m)*
fishing harbour Fischereihafen *(m)*
inland harbour Binnenhafen *(m)*, Inlandshafen *(m)*
open harbour Freihafen *(m)*, offener Hafen *(m)*

river harbour Binnenhafen *(m)*, Flusshafen *(m)*
safe harbour sicherer Hafen *(m)*
tax harbour Steueroase *(f)*, Steueroase *(f)*
water area of harbour Hafengebiet *(n)*, Hafengewässer *(n)*
hard hart
hard currency harte Währung *(f)*, stabile Währung *(f)*, stabile Währung *(f)*
hardship Not *(f)*
hardship clause Härteklausel *(f)*
harm Verletzung *(f)*
financial harm Finanzverlust *(m)*
harmonization Harmonisierung *(f)*
harmonization of law of foreign exchange Harmonisierung des Währungsrechts *(f)*
harmonization of tariff law Zollrechtsangleichung *(f)*
* **tariff harmonization** Tarifangleichung *(f)*
customs tariff harmonization Harmonisierung der Zolltarife *(f)*
harmonized harmonisiert
Harmonized Commodity Description and Coding System Harmonisiertes System zur Beschreibung und Codierung von Waren *(n)*, Harmonisiertes System zur Bezeichnung und Codierung der Waren *(n)*
harmonized system harmonisiertes System *(n)*
* **Nomenclature of the Harmonized Commodity Description and Coding System** kombinierte Nomenklatur (KN) *(f)*
harsh spitz
hat Hut *(m)*
hat money Frachtzuschlag *(m)*, Primgeld *(n)*
hatch Luke *(f)*
after hatch Heckluke *(f)*
cargo hatch Ladeluke *(f)*, Stauluke *(f)*
fore hatch Vorschiffluke *(f)*
survey of hatches Ladelukekontrolle *(f)*
trimming hatch Trimmluke *(f)*
workable hatch arbeitsfähige Luke *(f)*
hatchway Luke *(f)*
haul bugsieren, schleppen
haul Kargo *(m)*
haul charge Beförderungsgebühr *(f)*, Frachtgebühr *(f)*
* **heavy haul freight** Schwergutfracht *(f)*, Schwergutladung *(f)*
length of haul Beförderungsentfernung *(f)*, Transportentfernung *(f)*

haulage Beförderung *(f)* 2. Schleppengebühr *(f)*, Schlepperentgeld *(n)*
haulage charge Rollgeld *(n)*
haulage contract Frachtkontrakt *(m)*
haulage contractor's liability Haftpflicht des Transporteurs *(f)*, Transporthaftung *(f)*
haulage rate Straßenfrachtsatz *(m)*
* **carrier's haulage** Carrier-Haulage *(n)*
domestic haulage inländische Beförderung *(f)*
international haulage internationaler Transport *(m)*, internationaler Verkehr *(m)*
normal conditions of haulage normale Transportbedingungen *(pl)*
road haulage Straßentransport *(m)*, Transport *(m)*
road haulage agent LKW-Befrachter *(m)*
haulier Transportfirma *(f)*, Speditionsfirma *(f)* 2. Frachtführer *(m)*
haulier's own documentation Dokumente der betreffenden Beförderungsart *(pl)*
hauling schleppend
hauling charge Beförderungsgeld *(n)*
hawser Schlepp *(m)*, Schlepptau *(n)*
towing hawser Schlepp *(m)*, Schlepptau *(n)*
hazard Gefahr *(f)*
hazard analysis Gefahranalyse *(f)*
hazards of the sea Seegefahr *(f)*
hazardous gefahrbringend, gefährlich
hazardous cargo gefährlicher Kargo *(m)*, gefährliches Gut *(n)*
transport of hazardous cargo Beförderung gefährlicher Güter *(f)*, Gefahrguttransport *(m)*
hazardous cargo declaration Gefahrgüterdeklaration *(f)*
hazardous cargo service Beförderung der Gefahrgüter *(f)*, Gefahrgüterbeförderung *(f)*, Gefahrgütertransport *(m)*
hazardous goods Gefahrengut *(n)*, gefährliche Güter *(pl)*, gefährliche Ladung *(f)*
hazardous goods service Beförderung gefährlicher Güter *(f)*, Gefahrguttransport *(m)*
head Chef *(m)*, Leiter *(m)*
head agent Generalbevollmächtigter *(m)*, Generalvertreter *(m)*, Hauptagent *(m)*
head clerk Bürochef *(m)*, Bürovorsteher *(m)*
head manager Chef *(m)*
head of agency Leiter der Agentur *(m)*
head of department Abteilungsleiter *(m)*

head office Zentralbüro (n), Zentrale (f)
* agency head Leiter der Agentur (m)
container head Containerkopf (m)
department head Abteilungsleiter (m)
heading Titel (m)
heading number Tarifnummer (f)
* come under a heading Tarifnummer zugewiesen werden (f)
inclusion (of goods) under a heading Zulassung zu einer Tarifnummer (f)
receive a classification under a heading unter eine Tarifnummer fallen (f), zu einer Tarifnummer gehören (f)
statistical heading statistische Stelle (f)
tariff heading Tarifposition (f)
be classified in a tariff heading unter eine Tarifnummer fallen (f), zu einer Tarifnummer gehören (f)
change of tariff heading Wechsel der Tarifnummer (m)
come under a tariff heading Tarifnummer zugewiesen werden (f)
headquarters Hauptgeschäftssitz (m), Hauptgeschäftsstelle (f), Zentrale (f), Zentralstelle (f)
central headquarters Hauptsitz (m), Stammsitz (m)
general headquarters Hauptgeschäftssitz (m), Hauptgeschäftsstelle (f)
health Gesundheit (f) 2. Gesundheits-, gesundheitlich
health authorities Gesundheitsbehörde (f)
health certificate Gesundheitszeugnis (n), Sanitärspass (m), tierarzliches Zeugnis (n), Veterinärbescheinigung (f)
claused health certificate unechter Sanitärspass (m), unechtes Gesundheitszeugnis (n)
health formalities gesundheitliche Formalitäten (pl)
health officer Beamter des Gesundheitswesens (m), Hafenarzt (m)
health service Hygienedienst (m)
* bill of health Gesundheitsattest (n), Gesundheitsbescheinigung (f), Gesundheitszeugnis (n), Sanitätsschein (m)
claused bill of health unreines Gesundheitszertifikat (n), unreines Gesundheitszeugnis (n)
dirty bill of health unreines Gesundheitszertifikat (n), unreines Gesundheitszeugnis (n)

certificate of health Gesundheitszeugnis (n), Sanitärspass (m)
claused certificate of health unechter Sanitärspass (m), unechtes Gesundheitszeugnis (n)
clean certificate of health echtes Gesundheitszeugnis (n), reines Gesundheitszeugnis (n)
international health insurance certificate internationales Gesundheitszeugnis (n)
maritime declaration of health Seegesundheitserklärung (f)
heated beheizt
heated container beheizter Container (m)
heat-insulated wärmeisolierend
heat-insulated container wärmeisolierender Container (m)
heavy schwer
heavy cargo Außerlademassgut (n), Gewichtsgut (n), schwere Ladung (f), Schwergutladung (f)
heavy cargo freight Gewichtsgut (n), schwere Ladung (f), Schwergutladungsfracht (f), Schwerladungsfracht (f)
heavy-cargo ship Schwergutschiff (n)
heavy-duty container Schwerlast-Container (m)
heavy freight schwere Ladung (f), Schwergewichtsgut (n), Schwergutladungsfracht (f), Schwerladung (f), Schwerladungsfracht (f)
heavy goods Außergabaritladung (f), Gewichtsgut (n), schwere Waren (pl), Schwergutladung (f)
heavy haul freight Schwergutfracht (f), Schwergutladung (f)
heavy lift schwere Ladung (f), Schwergewichtsgut (n), Schwergut (n), Schwergutladungsfracht (n), Schwerladungsfracht (n)
extras on heavy lifts Schwergutszuschlag (m), Schwerladungszuschlag (m)
heavy lift clause Außergabaritladungsklausel (f)
heavy lift ship Schwergutschiff (n)
heavy-lift transport Schwergütertransport (m)
heavy lift vessel Schwergutschiff (n)
heavy package Außerlademassgut (n), schwere Ladung (f), Schwergut (n), Schwergutladung (f), Schwerladung (f)
heavy repair Generalreparatur (f), größere Reparatur (f)
heavy weather damage Schaden durch Wetter (m), Wetterschaden (n)

heterogeneous heterogen
heterogeneous cargo gemischte Ladung *(f)*
hidden verborgen, verdeckt
hidden defect verborgener Fehler *(m)*, verdeckter Fehler *(m)*
hidden devaluation versteckte Abwertung *(f)*
high Höhe *(f)* **2.** hoch
high class hochwertige Qualität *(f)*
high cube container Großraum-Container *(m)*, Großvolumen-Container *(m)*
high grade article hochwertige Ware *(f)*
high price hoher Preis *(m)*
high quality hochwertige Qualität *(f)*
high quotation Höchstkurs *(m)*, Maximalkurs *(m)*
high-run production Großserienproduktion *(f)*
high sea Hochsee *(f)*, hohe See *(f)*, offenes Meer *(n)*, Tiefsee *(f)*
high-speed transport Expreßbeförderung *(f)*
high-value cargo Wertfracht *(f)*
* guarantee high quality hohe Qualität garantieren *(f)*
country of high risk Land mit hohem Risiko *(n)*
highest höchste
highest bid bestes Angebot *(n)*
highest rate Maximalrate *(f)*, Spitzenrate *(m)*
highly sehr
highly valuable hochklassig
highway Schnellstraße *(f)*
highway transportation Straßentransport *(m)*, Transport *(m)*
* rolling highway Rollende Landstraße *(f)*
highway-code Straßenverkehrsordnung *(f)*
hindrance Hindernis *(n)*
hindrance to traffic Transporthindernis *(n)*
hire Leihen *(n)*, Pacht *(f)*, Vermietung *(f)*, Verpachtung *(f)*
hire purchase Abzahlungskauf *(m)*, Rateneinkauf *(m)*, Ratenkauf *(m)*, Teilzahlungskauf *(m)*
hire-purchase payment Abschlagszahlung *(f)*, Ratenzahlung *(f)*
hire purchase price Abzahlungspreis *(m)*
* buoy hire Tonnegebühr *(f)*
buoy hire Tonnengeld *(n)*
car hire Autovermietung *(f)*
charter hire Schiffsmiete *(f)*
payment of charter hire Schiffsheuer *(f)*
hiring Leihen *(n)*
hiring contract Mietvertrag *(m)*

historical historisch
historical cost Anschaffungspreis *(m)*, Einkaufspreis *(m)*
hoax Prellerei *(f)*
hoist Heben *(n)*
hold enthalten
hold an auction Auktion abhalten *(f)*, Auktion durchführen *(f)*, Versteigerung abhalten *(f)*
hold Packraum *(m)*, Schiffsraum *(m)*
hold cargo Ladung in Laderaum *(f)*
hold house Anlagebank *(f)*, Investitionsbank *(f)*
* cleaning of holds Reinigung eines Laderaumes *(f)*, Reinigung eines Stauraums *(f)*
dry cargo hold Trockenladeraum *(m)*
fore hold Vorferraum *(m)*
main hold Hauptladeraum *(m)*
master of the hold Meister des Laderaumes *(m)*, Meister des Stauraums *(m)*
refrigerated hold Kühlladeraum *(m)*
self-trimming hold selbsttrimmender Laderaum *(m)*
hold up einstellen
hold up delivery Lieferung einstellen *(f)*
holder Besitzer *(m)*, Inhaber *(m)* **2.** Tasche *(f)*
holder of the authorization Inhaber des Zollverfahrens *(m)*
holder of a bill Inhaber eines Wechsels *(m)*, Wechselinhaber *(m)*
holder of bill of exchange Wechselinhaber *(m)*
holder of concessionary rights Lizenznehmer *(m)*
holder of document Dokumentbesitzer *(m)*
holder of a letter of credit Akkreditivbesitzer *(m)*, Akkreditivhalter *(m)*, Besitzer des Akkreditivs *(m)*
holder of a mortgage Hypothekengläubiger *(m)*
holder of a TIR Carnet Carnet-TIR-Inhaber *(m)*, Inhaber des TIR-Carnets *(m)*
* account holder Kontoinhaber *(m)*
cheque holder Scheckbesitzer *(m)*, Scheckinhaber *(m)*
contract holder Vertragspartner *(m)*
document holder Containertasche *(f)*
insurance holder Policeinhaber *(m)*
lawful holder rechtmäßiger Besitzer *(m)*, rechtmäßiger Inhaber *(m)*
patent holder Patentinhaber *(m)*

policy holder Policebesitzer *(m)*, Policein-haber *(m)*, Versicherer *(m)*, Versicherungsträ-ger *(m)*
proxy holder Bevollmächtigter *(m)*
ship holder's broker Schiffsmakler *(m)*
ship holder's option Schiffsreedereioption *(f)*, VercharteEreroption *(f)*
ship's holder Schiffsreeder *(m)*, Schiffsree-derei *(f)*
liability of ship holder Haftung der Ree-der *(f)*
ship's holder's option Reedereioption *(f)*, Schiffsbesitzeroption *(f)*
holding Dachgesellschaft *(f)*, Holding *(f)*, Holdinggesellschaft *(f)*
holding company Holdinggesellschaft *(f)*
holding ground Ankerngrund *(m)*
* **currency holdings** Devisenbestand *(m)*
holiday Feiertag *(m)*
holiday day Feiertag *(m)*, Festtag *(m)*
* **bank holiday** Bankfeiertag *(m)*
legal holiday gesetzlicher Feiertag *(m)*
national holiday Nationalfeiertag *(m)*
public holiday Feiertag *(m)*, gesetzlicher Feiertag *(m)*
tax holiday Steuerfreijahre *(pl)*
holidays gesetzliche Feiertage *(pl)*
home Binnen-, inländisch
home address Privatadresse *(f)*
home-bound voyage Hausseereise *(f)*
home cargo Rückfracht *(f)*
home delivery service Freihauslieferung *(f)*, Lieferung frei Haus *(f)*
home market Inlandsmarkt *(m)*
home market price Inlandspreis *(m)*, in-nerstaatlicher Preis *(m)*
home market price-list Inlandspreisliste *(f)*
home port Heimathafen *(m)*, Registerhafen *(m)*
home register Inlandsseeschiffsregister *(n)*
home use Freiverkehr *(m)*
declaration for entry of goods for home use Anmeldung von Waren zum freien Verkehr *(f)*
enter into home use in den freien Ver-kehr übergehen *(m)*
release for home use Überführung in den Freiverkehr *(f)*, Überführung in den zollrecht-lich freien Verkehr *(f)*
* **freight home** Retourfracht *(f)*, Rückfracht *(f)*
voyage home Heimreise *(f)*

home-made einheimisch
home-made goods einheimische Waren *(pl)*, Landesprodukt *(n)*
homeward heimwärts
homeward bill of lading Importkonnosse-ment *(n)*
homeward cargo Rückfracht *(f)*, Rückladung *(f)*
homeward charter Rückreisecharter *(m)*, Rückreisecharter *(m)*
homeward charter-party Rückfahrtcharter *(m)*, Rückreisecharter *(m)*
homeward conference Ausgangsschiff-fahrtskonferenz *(f)*, Ausgangsschifffrachtpool *(m)*, Eingangsschifffahrtskonferenz *(f)*, Eingangs-schifffrachtpool *(m)*
homeward freight Ausgangsfracht *(f)*, Heim-fracht *(f)*
homeward in ballast Rückballastfahrt *(f)*
homeward journey Heimreise *(f)*, Rückfahrt *(f)*, Rückreise *(f)*, Rückseereise *(f)*
homeward passage Heimreise *(f)*, Rückreise *(f)*
homeward passage freight Heimfracht *(f)*, Rückfracht *(f)*
homeward trade Rückfahrt *(f)*, Rückseereise *(f)*
homeward voyage Hausseereise *(f)*
* **load homewards** Rückfracht annehmen *(f)*
homing Zielflug *(m)*
homing flight Zielflug *(m)*
homogeneity Einheitlichkeit *(f)*
homogeneous einheitlich, homogen
homogeneous goods einheitliche Waren *(pl)*
homogenous cargo homogene Ladung *(f)*, homogene Schiffsladung *(f)*
homogeneity Einheitlichkeit *(f)*
market homogeneity Markteinheitlichkeit *(f)*
price homogeneity Preiseinheitlichkeit *(f)*
honored bezahlt
honored bill bezahlter Wechsel *(m)*
honour akzeptieren, Scheck zahlen *(m)*
honour a bill Rechnung bezahlen *(f)* 2. Wechsel bezahlen *(m)*, Wechsel zahlen *(m)*, Wechsel einlösen *(m)*, Wechsel honorieren *(m)*
honour a cheque Scheck verweigern *(m)*
honour a draft Tratte einlösen *(f)*
honour a signature Unterschrift anerkennen *(f)*
honour Ehre *(f)*
honour policy Gefälligkeitspolice *(f)*, Wert-steigerungspolice *(f)*
* **acceptor for honour** Honorant *(m)*

honouring Wechselakzept *(n)*, Wechsel-annahme *(f)*

honouring of bill Einlösung eines Wechsels *(f)*

hook Haken *(m)*, Lasthaken *(m)*

hook damage Hakenschaden *(m)*, Lasthakenschaden *(m)*

hook, oil and fresh water damage Lasthaken-, Öl- und Süßwasserschaden *(m)*

* **cargo hook** Lasthaken *(m)*

crane hook Kranhaken *(m)*

hopper Kipp-Container *(m)*

hopper barge Kippschute *(f)*, Selbstentladeschute *(f)*

hour Stunde *(f)*

hours of opening Öffnungszeiten *(pl)*

hours of presentation Präsentationstunden *(pl)*

hours of work Arbeitsstunden *(pl)*, Öffnungszeit *(f)*

* **banking hours** Banköffnungszeiten *(pl)*

business hours Dienststunden *(pl)*, Geschäftsstunden *(pl)*, Offnungszeiten *(pl)*, Verkaufszeit *(f)*

business hours at frontier posts Offnungsdauer der Grenzübergangsstellen *(f)*

date and hour of the start of unloading the means of transport Datum und Uhrzeit des Beginns des Entladens des Beförderungsmittels *(n)*

date and hour on which the competent office is informed Datum und Uhrzeit der Unterrichtung der zuständigen Zollstelle *(n)*

exchange hours Börsenstunden *(pl)*, Börsenzeit *(f)*

extra hours Überstunden *(pl)*

idle hours Ausfallstunden *(pl)*

office hours Bürostunden *(pl)*, Öffnungszeiten *(pl)*

opening hours Bürostunden *(pl)*, Öffnungszeiten *(pl)*

overtime hours Überstunden *(pl)*

regular hours reguläre Arbeitszeiten *(pl)*

running hours laufende Stunden *(pl)*

selling hours Verkaufszeit *(f)*

stock exchange hours Börsenhandelszeiten *(pl)*

working hours Arbeitsstunden *(pl)*, Betriebsstunden *(pl)*, Dienststunden *(pl)*, Öffnungszeit *(f)*, Offnungszeiten *(pl)*

ordinary working hours normale Arbeitszeit *(f)*

working hours of the customs office Arbeitszeiten des Zollamtes *(pl)*

house aufbewahren, lagern

house Haus *(n)*

House Air Waybill (HAWB) Hausluftfrachtbrief *(m)*, Spediteurfrachtbrief *(m)*

house bill Eigenwechsel *(m)*, Wechsel an eigenen Ort *(m)*

house brand Firmenzeichen *(n)*

house/house Haus-Haus-Transport *(m)*

house of purchaser Käufersitz *(m)*

house to house delivery Lieferung frei Haus *(f)*

house to house transport Haus-zu-Haus Verkehr *(m)*

house-pier Hause-Pier-Verkehr *(m)*

house waybill Hausfrachtbrief *(m)*

house weight Ausgangsgewicht *(n)*, Verschiffungsgewicht *(n)*

* **acceptance house** Akzeptbank *(f)*, akzeptierende Bank *(f)*

accepting house Akzepthaus *(n)*

advertising house Annoncenbüro *(n)*, Werbeagentur *(f)*

agency house Geschäftsstelle *(f)*

auction house Auktionsgesellschaft *(f)*

bank house Bankbetrieb *(m)*, Bankhaus *(n)*, Bankunternehmen *(n)*

banking house Bank *(f)*, Bankhaus *(n)*, Geldinstitut *(n)*

branch house Abteilung *(f)*, Filiale *(f)*

brokerage house Brokerfirma *(f)*, Brokerhaus *(n)*, Maklerbüro *(n)*, Maklerhaus *(n)*, Maklerunternehmen *(n)*

business house Handelshaus *(n)*

clearing house Abrechnungsstelle *(f)*, Clearinghaus *(n)*

automated clearing house (ACH) automatisierte Verrechnungsstelle *(f)*

commercial house Handelshaus *(n)*

commission house Kommissionsfirma *(f)*, Kommissionsgeschäft *(n)*, Kommissionshaus *(n)*

confirming house Bestätigungshaus *(n)*

courier house Kuriergeschäft *(n)*

credit house Kreditbüro *(f)*, Kreditinstitut *(n)*, Kreditinstitution *(f)*

customs house Abfertigungsstelle *(f)*, Zollamt *(n)*

customs house warrant Abfertigungsschreiben *(n)*, Zollschein *(m)*

delivered free to house of purchaser franko Haus *(n)*
distributing house Vertriebsstelle *(f)*
duty-paid free house frei Haus - verzolt *(n)*
export commission house Ausfuhrkommissionär *(m)*, Exportgesellschaft *(f)*, Exporthaus *(n)*
export house Exporthaus *(n)*
factoring house Faktoringbetrieb *(m)*
factoring house Faktoringhaus *(n)*
free house frei Empfänger *(m)*, frei Haus *(n)*, frei ins Haus *(n)*
hold house Anlagebank *(f)*, Investitionsbank *(f)*
import house Einfuhrfirma *(f)*, Einfuhrgeschäft *(n)*, Importfirma *(f)*, Importunternehmen *(n)*
importing house Importfirma *(f)*
mercantile house Geschäftshaus *(n)*
original house Muttergesellschaft *(f)*
parent house Dachorganisation *(f)*, Zentrale *(f)*, Zentralstelle *(f)*
settlement house Clearinghaus *(n)*, Girozentrale *(f)*
shipping house Reederei *(f)*, Reedereigesellschaft *(f)*, Schifffahrtsgesellschaft *(f)*, Schifffahrtslinie *(f)*, Speditionsgeschäft *(n)*
trade house Handelsinstitution *(f)*
housing Aufspeicherung *(f)*, Lagerei *(f)*
housing allowance Wohngeld *(n)*, Wohnungsgeld *(n)*
housing charge Lagermiete *(f)*, Lagerspesen *(pl)*
housing period Lagerdauer *(f)*, Lagerungszeit *(f)*
hull Schiffskörper *(m)*, Schiffsleib *(m)*
hull and cargo insurance Versicherung von Schiff und Ladung *(f)*
hull insurance Kasko *(m)*, Schiffsversicherung *(f)*
hull insurer Schiffskörperversicherer *(m)*
hull of a ship Schiffsleib *(m)*, Schiffsrumpf *(m)*
* bare hull charter Flugmiete *(f)*, Flugmietevertrag *(m)*, Vermietung des Schiffes ohne Besatzung *(f)*
insurance on hull Schiffsversicherung *(f)*
marine hull insurance Seekaskoversicherung *(f)*
ship's hull Schiffskörper *(m)*, Schiffsleib *(m)*
hurry sich beeilen
hurry on shipment Versand beschleunigen *(m)*
husbandry Wirtschaft *(f)*

hypothecary Hypotheken-
hypothecary bank Hypothekeninstitut *(n)*, Hypothekenbank *(f)*
hypothecary credit Hypothekendarlehen *(n)*, Hypothekenkredit *(m)*
hypothecary security dingliche Sicherheit *(f)*, hypothekarische Sicherung *(f)*
hypothecation Hypothek *(f)*, Pfand *(n)*, Pfandrecht *(n)*, Verpfandung *(f)*
letter of hypothecation Depositenschein *(m)*, Hypothekenpfandbrief *(m)*, Verpfändungserklärung *(f)*

I

ice Eis *(n)* **2.** Eis-
ice-breaker Eisbrecher *(m)*
ice-breaker ship Eisbrecher *(m)*
ice-breaking tug eisbrechender Schlepper *(m)*
ice clause Eisklausel *(f)*
ice-free port eisfreier Hafen *(m)*
ice patrol ship Eisversorgungsschiff *(n)*
ice pilot Eislotse *(m)*
ice rail van Eiskühlwagen *(m)*
* harbour clear of ice eisfreier Hafen *(m)*
ocean ice-breaker Hochsee-Eisbrecher *(m)*
sea ice Meereis *(n*

idea Idee *(f)*, Konzeption *(f)*
charterer's/owner's idea of freight rate Frachtidee *(f)*
freight idea Frachtidee *(f)*
marketing idea Marketingidee *(f)*

identical identisch
identical goods gleiche Waren *(pl)*
customs value of identical goods Zollwert gleicher Waren *(m)*

identification Identifizierung *(f)* **2.** Identifikations-
identification code Identifikationscode *(m)*
identification measures Maßnahmen zur Nämlichkeitssicherung *(pl)*, Nämlichkeitssicherungen *(pl)*
identification number Erkennungsnummer *(f)*, Identifikationsnummer *(f)*, Kennnummer *(f)*
identification of exported goods Ausfuhrwarenidentifikation *(f)*
identification of goods Identifikation von Waren *(f)*, Nämlichkeit der Waren *(f)* **2.** *(CCC)* Feststellung der Nämlichkeit der Waren *(f)*
identification of imported goods Einfuhrwarenidentifikation *(f)*
identification of means of transport Transportmittelidentifikation *(f)*
identification of merchandise Identifikation von Waren *(f)*
identification of risk Risikoidentifikation *(f)*
identification symbols Erkennungszeichen *(pl)*
* customs identification Zollidentifikation *(f)*
ensure identification of goods by sealing Nämlichkeit der Waren durch Verschluss sichern *(f)*

means of identification Maßnahmen zur Nämlichkeitssicherung *(pl)*, Nämlichkeitssicherungen *(pl)*
methods of identification of exported goods Methoden zur Identifizierung der ausgeführten Waren *(pl)*
methods of identification of imported goods Methoden zur Identifizierung der eingeführten Waren *(pl)*
seals or identification marks applied *(TIR carnet)* angelegte Zollverschlüsse oder Nämlichkeitszeichen *(pl)*
seals or identification marks found to be intact *(TIR carnet)* Zollverschlüsse oder Nämlichkeitszeichen unverletzt *(pl)*
taxpayer identification number Steueridentifikationsnummer (INN) *(f)*
identifier Identifizierer *(m)*
identify identifizieren
identify a cargo Ladung identifizieren *(f)*
identify passengers Passagiere identifizieren *(pl)*
identifying Identifizierung *(f)*
identifying numbers of containers Kennnummern der Container *(pl)*
identity Identität *(f)*
identity card Ausweis *(m)*, Identitätsdokument *(n)*, Personalausweis *(m)*
identity document Identitätsausweis *(m)*, Identitätsdokument *(n)*, Personalausweis *(m)*
identity of goods Nämlichkeit der Waren *(f)*
identity of means of transport Kennzeichen des Beförderungsmittels *(pl)*, Nämlichkeit des Beförderungsmittels *(f)*
* certificate of identity Ausweis *(m)*, Personalausweis *(m)*
price identity Identität des Preises *(f)*
idle inaktiv
idle day Feiertag *(m)*
idle hours Ausfallstunden *(pl)*
idle tonnage ungenutzte Tonnage *(f)*
idleness Stillstand *(m)*
costs of idleness Stillstandskosten *(pl)*
vessel idleness Schiffsliegezeit *(f)*, Schiffswartezeit *(f)*
if wie
if possible wie möglich
illegal gesetzwidrig, ungesetzlich
illegal conveyance of goods across the customs border unrechtmäßige Überführung von Waren über die Zollgrenze *(f)*

illegal exportation of goods illegale Warenausfuhr *(f)*
illegal importation of goods illegale Wareneinfuhr *(f)*, illegales Verbringen von Waren *(n)*
illegal introduction of goods illegale Wareneinfuhr *(f)*, illegales Verbringen von Waren *(n)*
illegal transaction illegales Geschäft *(n)*
illegible unlesbar, unleserlich
ill-founded grundlos
illicit illegal, gesetzwidrig, rechtswidrig
illicit market illegaler Markt *(m)*
illicit sale illegaler Verkauf *(m)*
illicit trading gesetzwidriger Handel *(m)*, rechtswidriger Handel *(m)*
illicit traffic Schwarzfahren *(n)*
imbalance Ungleichgewicht *(n)*
imbalance of payments Ungleichgewicht der Zahlungsbilanz *(n)*
imitation Imitation *(f)*
imitation effect Nachahmungseffekt *(m)*
immediate sofortig, prompt
immediate acceptance sofortige Annahme *(f)*
immediate answer prompte Antwort *(f)*, sofortige Rückantwort *(f)*
immediate carriage direkte Beförderung *(f)*
immediate compensation einmalige Abfindung *(f)*, einmalige Entschädigung *(f)*
immediate consumption laufender Verbrauch *(m)*
immediate delivery prompte Lieferung *(f)*, Soforteinlieferung *(f)*, Sofortlieferung *(f)*
immediate execution formula Sofortvollstreckungsklausel *(f)*
immediate loading Sofortversand *(m)*
immediate payment prompte Bezahlung *(f)*, Sofortbezahlung *(f)*
immediate producer direkter Hersteller *(m)*
immediate shipment Sofortabfertigung *(f)*, Sofortbefrachtung *(f)*, Soforteinschiffung *(f)*, Sofortversendung *(f)*
immigration control Einwanderungskontrolle *(f)*
immigration requirements Einwanderungsbedingungen *(pl)*
immoveable unbeweglich
immoveable property unbewegliche Sachen *(pl)*
immoveables unbewegliche Habe *(f)*, unbewegliche Sachen *(pl)*

immunity Erlass *(m)*
immunity from customs-duty Zollbefreiung *(f)*
impairment Verschlechterung *(f)*
impact Bedeutung *(f)*
Committee for Customs Procedures with Economic Impact *(EU)* Ausschuss für Zollverfahren mit wirtschaftlicher Bedeutung *(m)*
customs procedure with economic impact *(CCC)* Zollverfahren mit wirtschaftlicher Bedeutung *(n)*
impart übermitteln
impart an information Information übertragen *(f)*
imperfect unvollständig
imperfect entry vorläufige Zolldeklaration *(f)*
implement umsetzen
implement a contract Vertrag erfüllen *(m)*
implement Ausstattung *(f)*
implementation Ausführung *(f)*, Realisation *(f)*
implementation of an agreement Ausführung des Abkommens *(f)*, Erfüllung eines Abkommens *(f)*
implementation of embargo Embargoverhängung *(f)*
implementation of the transit procedure Durchführung des Versandverfahrens *(f)*
implementing Inbetriebnahme *(f)* **2.** ausführend
implementing provisions Durchführungsvorschriften *(pl)*
implicence Einfuhrbewilligung *(f)*, Einfuhrerlaubnis *(f)*, Importlizenz *(f)*
implicit indirekt
implicit price subsidy indirekte Subvention *(f)*
import einführen, importieren
import goods Waren importieren *(pl)*
import temporarily vorübergehend einführen
import Einfuhr *(f)*, Einführung *(f)*, Import *(m)* **2.** Einfuhr-, Import-
import agency Importagentur *(f)*, Importfirma *(f)*, Importvertretung *(f)*
import agent Einfuhragent *(m)*, Importvertreter *(m)*
imports and exports Einfuhr und Ausfuhr *(f)*
import application Einfuhrantrag *(m)*
import approval Einfuhrgenehmigung *(f)*, Einfuhrschein *(m)*

import arrangement Importabkommen (n), Einfuhrregelung (f), Importregelung (f)
temporary import arrangements vorübergehendes Einfuhrverfahren (n)
import authorization Einfuhrgenehmigung (f), Einfuhrschein (m)
import barrier Einfuhrschranke (f)
import bill of lading Importkonnossement (n)
railroad through import bill of lading Importdirekteisenbahnfrachtbrief (m)
import bonus Einfuhrsubvention (f), Importprämie (f)
import broker Einfuhragent (m), Importagent (m)
import business Einfuhrhandel (m)
import by instalments in Teilsendungen einführen (pl)
import c.i.f. CIF-Import (m)
import capacity Importfähigkeit (f)
import cargo Herfracht (f), Importgut (n)
container import cargo manifest Containerimportfracht-Manifest (n)
import certificate Einfuhrbewilligung (f), Einfuhrlizenz (f), Einfuhrschein (m), Importbewilligung (f), Importlizenz (f), Importzertifikat (n)
import charge Einfuhrabgabe (f), Einfuhrabschöpfung (f), Importabgabe (f), Importgebühr (f)
import collection Importinkasso (n)
import company Importfirma (f), Importunternehmen (n)
import conditions Einfuhrbedingungen (pl)
import consignment Importsendung (f)
import contingent Einfuhrkontingent (n), Einfuhrquote (f)
import contract Einfuhrvertrag (m), Importvertrag (m)
import control Einfuhrkontrolle (f), Importkontingentierung (f), Importkontrolle (f), Kontingentierung des Imports (f)
import costs Importkosten (pl)
import credit Importkreditbrief (m)
import curbs Importbeschränkungen (pl), Importrestriktionen (pl)
import customs duties Einfuhrabgaben (pl)
import deal Einfuhrgeschäft (n)
import declaration Eingangsdeklaration (f), Zolleinfuhrschein (m)
import declaration form Ausfuhrdeklarationsformular (n)
import deficit Importdefizit (n)

import demand Importbedarf (m)
import department Importabteilung (f)
import deposit Einfuhreinlage (f)
import direct factoring direktes Importfaktoring (n)
import draft Importtratte (f)
import duties Einfuhrabgaben (pl)
import duty Einfuhrzoll (m)
additional import duty zusätzlicher Einfuhrzoll (m)
amount of import duties Einfuhrabgaben (pl)
be chargeable with import duties Einfuhrabgaben unterliegen (pl)
be liable to import duties Einfuhrabgaben unterliegen (pl)
determination of amount of import duties Berechnung der Einfuhrabgaben (f)
determining import duties Festsetzung der Einfuhrabgaben (f)
exemption from import duties and taxes Befreiung von den Eingangsabgaben (f)
partial relief from import duties teilweise Befreiung von den Einfuhrabgaben (f)
reduction of an import duty Ermäßigung von Einfuhrabgaben (f)
relief from import duties Befreiung von den Einfuhrabgaben (f), Eingangsabgabenbefreiung (f)
remission of import duties Erlass der Einfuhrabgaben (m)
repayment of import duties and taxes Erstattung der Eingangsabgaben (f)
suspension of an import duty Aussetzung von Einfuhrabgaben (f)
tariff of import duties Importtarif (m)
zero rate of import duty (ccc) Einfuhrzoll "Null" (m)
import elasticity Importelastizität (f)
import embargo Einfuhrverbot (n), Einfuhrsperre (f), Importverbot (n)
import encashment Importinkasso (n)
import entitlement Einfuhrerlaubnis (f)
import entry Einfuhrdeklaration (f), Eingangsdeklaration (f)
import-export gap Import/Export-Spanne (f), Spanne zwischen Ein- und Ausfuhr (f)
import factor Import-Faktor (m)
import fall Importrückgang (m)

import fee Einfuhrgebühr *(f)*, Importabgabe *(f)*, Importgebühr *(f)*
import figures Einfuhrzahlen *(pl)*
import financing Einfuhrfinanzierung *(f)*, Importfinanzierung *(f)*
import firm Einfuhrfirma *(f)*, Einfuhrgeschäft *(n)*
import free of duty steuerfreie Einfuhr *(f)*
import goods Einfuhrwaren *(pl)*, Einfuhrwaren *(pl)*
   quarantine of import goods Quarantäne der Einfuhrwaren *(f)*
import house Einfuhrfirma *(f)*, Einfuhrgeschäft *(n)*, Importfirma *(f)*, Importunternehmen *(n)*
imports in bond Einfuhren unter Zollverschluss *(pl)*, zollfreie Einfuhr *(f)*
import in a single consignment in einer einzigen Sendung einführen *(f)*
import invoice Einfuhrwarenrechnung *(f)*, Importrechnung *(f)*
import levy *(EU)* Abschöpfung bei der Einfuhr *(f)*, Einfuhrabgabe *(f)*, Einfuhrabschöpfung *(f)*
import licence Einfuhrbewilligung *(f)*, Einfuhrerlaubnis *(f)*, Importbewilligung *(f)*, Importgenehmigung *(f)*, Importlizenz *(f)*
   general import licence allgemeine Importlizenz *(f)*, Einfuhrerlaubnis *(f)*
   promise of an export licence Exportlizenzpromesse *(f)*, Importlizenzpromesse *(f)*
   specific import licence besondere Einfuhrlizenz *(f)*
import licensing procedures Einfuhrlizenzverfahren *(n)*
import licensing regime Einfuhrlizenzregelung *(f)*
import limit Importgrenze *(f)*
import list Einfuhrliste *(f)*, Importliste *(f)*
import loan Einfuhrkredit *(m)*
import market Importmarkt *(m)*
import merchandise Einfuhrware *(f)*
import merchant Importeur *(m)*
   specialized import merchant Brancheimporteur *(m)*
import monopoly Einfuhrmonopol *(n)*, Importmonopol *(n)*
import of capital Kapitaleinfuhr *(f)*, Kapitalimport *(m)*
import of commodities sichtbare Einfuhr *(f)*, Warenimport *(m)*
import of currency Währungseinfuhr *(f)*
import of goods Wareneinfuhr *(f)*, Warenimport *(m)*

import of goods and services Einfuhr von Waren und Dienstleistungen *(f)*
import of licences Import von Lizenzen *(m)*
import of raw materials Einfuhr von Rohstoffen *(f)*
import office Importabteilung *(f)*
import operation Einfuhrgeschäft *(n)*
import order Importauftrag *(m)*
import packing Importverpackung *(f)*
import permit Einfuhrbewilligung *(f)*, Einfuhrerlaubnis *(f)*, Importbewilligung *(f)*, Importgenehmigung *(f)*
import plan Einfuhrplan *(m)*, Importplan *(m)*
import policy Importpolitik *(f)*
import potential Importkapazität *(f)*, Importpotential *(n)*
import price Einfuhrungspreis *(m)*, Importpreis *(m)*
   import price index Einfuhrpreisindex *(m)*, Importpreisindex *(m)*
import procedure Importverfahren *(n)*
import product Importartikel *(m)*, Importerzeugnis *(n)*
import programme Einfuhrplan *(m)*
import prohibitions Einfuhrverboten *(n)*
   waiver of import prohibitions Freistellung von den Einfuhrverboten *(f)*
import quota Einfuhrkontingent *(n)*, Einfuhrquote *(f)*, Importkontingent *(n)*, Importquote *(f)*
   annual duty-free import quota jährliches zollfreies Kontingent *(n)*
   import quota system Importquotensystem *(n)*
import rate Einfuhrtarif *(m)*, Importrate *(f)*
   marginal import rate Grenzimportsatz *(m)*
import rationing Importreglementierung *(f)*, ontingentierung der Einfuhr *(f)*
import regulation Einfuhrregelung *(f)*, Importregelung *(f)*
import regulations Einfuhrbestimmungen *(pl)*, Importbestimmungen *(pl)*
import restrictions Einfuhrbeschränkungen *(pl)*, Einführungsbeschränkungen *(pl)*, Importbeschränkungen *(pl)*
   quantitative import restrictions mengenmäßige Einfuhrbeschränkungen *(pl)*
import ring Einfuhrkartell *(n)*
import rules Einfuhrbestimmungen *(pl)*, Importbestimmungen *(pl)*
import structure Importstruktur *(f)*, Warenstruktur des Imports *(f)*

import subsidies Importsubventionen *(pl)*
import surcharge Einfuhraufschlag *(m)*, Importabgabe *(f)*, Zusatzeinfuhrgebühr *(f)*
import tariff Einfuhrtarif *(m)*, Einfuhrzolltarif *(m)*
import tax Einfuhrabgabe *(f)*, Einfuhrsteuer *(f)*
import trader Einfuhrkaufmann *(m)*, Importhändler *(m)*, Importkaufmann *(m)*
import transaction Einfuhrgeschäft *(n)*
import turnover Importumsatz *(m)*
import value Importwert *(m)*
import volume Importmenge *(f)*
* additional import zusätzlicher Import *(m)*
admission import bedingter Import *(m)*, vorübergehende Einfuhr *(f)*
agricultural import landwirtschaftliche Einfuhr *(f)*, landwirtschaftlicher Import *(m)*
ban on import Einfuhrverbot *(n)*, Importsperre *(f)*, Importverbot *(n)*
boosting imports Importförderung *(f)*
bulk import Massenimport *(m)*
capital import Kapitaleinfuhr *(f)*, Kapitalimport *(m)*
certificate of import Einfuhrpapier *(n)*
commodity composition of imports Warenstruktur des Imports *(f)*
common rules for imports gemeinsame Einfuhrregelung *(f)*
competitive import konkurrenzfähiger Import *(m)*
complementary import ergänzender Import *(m)*, zusätzliche Einfuhr *(f)*
conditional duty-free import bedingt zollfreie Einfuhr *(f)*
conditional import bedingter Import *(m)*, vorübergehende Einfuhr *(f)*
control of imports Einfuhrkontrolle *(f)*, Importkontrolle *(f)*, Importreglementierung *(f)*, Kontingentierung der Einfuhr *(f)*
control over export and import Export- und Importkontingentierung *(f)*
co-operative import Kooperationsimport *(m)*
country of import Einfuhrland *(n)*
customs declaration for import Einfuhrdeklaration *(f)*
customs duties on imports Zollsätze bei der Einfuhr *(pl)*
direct import direkte Einfuhr *(f)*, Direkteinfuhr *(f)*, direkter Import *(m)*, unmittelbare Einfuhr *(f)*, unmittelbarer Import *(m)*
dumping import gedumpte Einfuhr *(f)*

duty in imports Eingangszoll *(m)*, Importzoll *(m)*
duty on import Einfuhrzoll *(m)*, Einfuhrabgabe *(f)*, Importzoll *(m)*
duty-free import zollfreie Einfuhr *(f)*, zollfreier Import *(m)*
elasticity of import Importelastizität *(f)*
embargo on imports Einfuhrsperre *(f)*, Importsperre *(f)*, Importverbot *(n)*
energy imports Import von Energierohstoffen *(m)*
excess of imports Einfuhrüberschuss *(m)*, Importüberschuss *(m)*
exclusive import Alleineinfuhr *(f)*
exclusive import right ausschließlicher Import *(m)*
export and import pattern Export- und Importwarenstruktur *(f)*
finance import Import finanzieren *(m)*
firm dealing in imports Importgeschäft *(n)*
food import Lebensmittelimport *(m)*
free admission zollfreie Einfuhr *(f)*
free admission import zollfreier Import *(m)*
free import zollfreie Einfuhr *(f)*, zollfreier Import *(m)*
grey import halblegaler Import *(m)*
gross import Bruttoimport *(m)*
increase import Import entwickeln *(m)*
increase of imports Importsteigerung *(f)*
indirect import indirekte Einfuhr *(f)*, indirekter Import *(f)*
investment import Investitionsimport *(m)*
invisible import unsichtbare Einfuhr *(f)*, unsichtbare Einfuhr *(f)*, unsichtbarer Import *(m)*, unsichtbarer Import *(m)*
item of import Einfuhrposition *(f)*
liberalization of imports Importliberalisierung *(f)*
list of imports Einfuhrliste *(f)*, Importliste *(f)*
merchandise import sichtbare Einfuhr *(f)*, Warenimport *(m)*
net import Nettoimport *(m)*
net import surplus Nettoimport *(m)*
parallel import Parallelimport *(m)*
permanently import endgültige Einfuhr *(f)*
plan of import Einfuhrplan *(m)*, Importplan *(m)*
prohibition of import Einfuhrverbot *(n)*, Importverbot *(n)*
quantitative regulations of imports Einfuhrkontingentierung *(f)*, Kontingentierung der Einfuhr *(f)*

quantum of import Umfang des Imports *(m)*
quota system for imports Einfuhrkontingentierung *(f)*, Importkontingentierung *(f)*, Kontingentierung der Einfuhr *(f)*, Kontingentierung des Imports *(f)*
release for import Einführbarkeit *(f)*
restrictions on import Einfuhrbeschränkungen *(pl)*, Importbeschränkungen *(pl)*
restrictions on imports Importbeschränkungen *(pl)*, Importrestriktionen *(pl)*
sensitive imports konkurrenzfähiger Import *(m)*
sole import Alleineinfuhr *(f)*, exklusiver Import *(m)*
stop import Import einstellen *(m)*
subsidized import subventionierte Einfuhr *(f)*, subventionierter Import *(m)*
suspend an import Import sperren *(m)*
tax reduction on imports Erleichterung für die Einfuhrbesteuerung *(f)*
taxation of imports for fiscal purposes Besteuerung der Einfuhr zur Erzielung von Einnahmen *(f)*
temporary admission of containers free of import duties and import taxes Zulassung von Behältern zur vorübergehenden Einfuhr ohne Entrichtung der Eingangsabgaben *(f)*
temporary import vorübergehende Einfuhr *(f)*, vorübergehender Import *(m)*
total import Gesamteinfuhr *(f)*, Gesamtimport *(m)*
unit value index of import Durchschnittsimportpreisindex *(m)*
visible import sichtbare Einfuhr *(f)*, sichtbarer Import *(m)*
importance Wichtigkeit *(f)*
important wichtig
very important cargo sehr wichtige Ladung *(f)*
very important passager sehr wichtiger Passagier *(m)*
importation Einfuhr *(f)*, Einführung *(f)*, Import *(m)* **2.** Einfuhr-, Import-
importation entry Einfuhrdeklaration *(f)*, Einfuhrmeldung *(f)*
importation formalities Einfuhrformalietaten *(pl)*
importation free of duty zollfreie Einfuhr *(f)*
importation of commercial goods Einfuhr von Handelswaren *(f)*
importation of goods Wareneinfuhr *(f)*, Verbringen von Waren *(n)*

illegal importation of goods illegale Wareneinfuhr *(f)*, illegales Verbringen von Waren *(n)*
temporary duty-free importation of goods vorübergehende zollfreie Wareneinfuhr *(f)*
importation of a non-commercial nature nichtkommerzielle Einfuhr *(f)*
importation of services Einfuhr von Dienstleistungen *(f)*
* agent for importation Einfuhrhändler *(m)*, Importagent *(m)*, Importmakler *(m)*, Importvertreter *(m)*
Agreement on the importation of educational, scientific and cultural materials Abkommen über die Einfuhr von Gegenständen erzieherischen, wissenschaftlichen oder kulturellen Charakters *(n)*
article of importation Einfuhrposition *(f)*
bounty of importation Einfuhrerleichterung *(f)*, Importerleichterung *(f)*, Importprämie *(f)*, Importsubvention *(f)*
country of importation Einfuhrland *(n)*
customs debt on importation Einfuhrzollschuld *(f)*
customs office of importation Eingangszollamt *(n)*
date of importation Zeitpunkt der Einfuhr *(m)*
document for importation Einfuhrpapier *(n)*
duty on importation Einfuhrabgabe *(f)*, Einfuhrzoll *(m)*, Importzoll *(m)*
duty-free importation abgabenfreie Einfuhr *(f)*, zollfreie Einfuhr *(f)*, zollfreier Import *(m)*
evidence of importation Einfuhrnachweis *(m)*
excess of importation Einfuhrüberschuss *(m)*, Importüberschuss *(m)*
final importation endgültige Einfuhr *(f)*
free importation zollfreie Einfuhr *(f)*, zollfreier Import *(m)*
free importation for processing Veredelungsverkehr *(m)*
goods whose importation is prohibited Waren, deren Einfuhr verboten ist *(pl)*
invisible importation unsichtbare Einfuhr *(f)*, unsichtbarer Import *(m)*
member state of importation Einfuhrmitgliedstaat *(m)*
temporary importation temporäre Einfuhr *(f)*, vorübergehende Einfuhr *(f)*, vorübergehende Verwendung *(f)*, vorübergehender Import *(f)*

authorization for temporary importation Bewilligung der vorübergehenden Verwendung *(f)*
country of temporary importation Land der vorübergehenden Einfuhr *(n)*
customs procedure of temporary importation vorübergehendes Einfuhrverfahren *(n)*
enter goods for temporary importation Ware zur vorübergehenden Verwendung anmelden *(f)*
inward temporary importation for processing aktiver Veredelungsverkehr *(m)*
temporary importation authorization Bewilligung zur vorübergehenden Verwendung *(f)*
temporary importation for processing Veredelungsverkehr *(m)*
temporary importation of containers vorübergehende Einfuhr von Containern *(f)*
temporary importation on a partial relief basis vorübergehende Verwendung bei teilweiser Befreiung *(f)*
temporary importation on a total relief basis vorübergehende Verwendung bei vollständiger Befreiung *(f)*
temporary importation procedure Verfahren der vorübergehenden Einfuhr *(n)*, Vorgang der vorübergehenden Verwendung *(m)*, vorübergehendes Einfuhrverfahren *(n)*
temporary importation under bond vorübergehende Einfuhr unter Zollverschluss *(f)*
imported importiert
imported cargo Importladung *(f)*
importer Importeur *(m)*
importer's bank Bank des Importeurs *(f)*
importer's currency Importlandwährung *(f)*
importer of industrial products Importeur von Industriewaren *(m)*
importer of raw materials Importeur von Rohstoffen *(m)*
importer price Einfuhrungspreis *(m)*
importer's protest Importeurprotest *(m)*
* capital importer Kapitalimporteur *(m)*
direct importer direkter Importeur *(m)*
exclusive importer Alleinimporteur *(m)*, einziger Einführer *(m)*
general importer Generaleinführer *(m)*, Generalimporteur *(m)*

major importer Hauptimporteur *(m)*
net importer country Netto-Importland *(n)*
net importer of a commodity Nettoimporteur von Waren *(m)*
non-resident importer (NRI) gebietsfremder Importeur *(m)*
regular importer regelmässiger Importeur *(m)*
sole importer Alleinimporteur *(m)*, einziger Einführer *(m)*
importing Einfuhr-, Import
importing agent Einfuhragent *(m)*, Importagent *(m)*, Importvertreter *(m)*
importing country einführendes Land *(n)*, Einfuhrland *(n)*, Importland *(n)*
importing financing Einfuhrfinanzierung *(f)*, Importfinanzierung *(f)*
importing house Importfirma *(f)*
* country of importing Einfuhrland *(n)*, Importland *(n)*
impose belegen, verhängen
impose a ban Sperre verhängen *(f)*, Verbot verhängen *(n)*
impose a duty abfertigen, klarieren
impose a duty on goods Ware mit einem Zoll belegen *(f)*
impose an embargo Embargo auferlegen *(n)*, Embargo verhängen *(n)*
impose an obligation Verpflichtung auferlegen *(f)*
impose a penalty Strafe auferlegen *(f)*
impose a punishment Strafe auferlegen *(f)*
impose the quotas Kontingent festsetzen *(n)*, kontingentieren
impose a supplementary tax zusätzliche Steuer einführen *(f)*
impose a tax Steuer auflegen *(f)*, Steuer beitreiben *(f)*
impose the sanctions Sanktionen ergreifen *(pl)*, Sanktionen verhängen *(pl)*
imposition Auflegung *(f)* **2.** Versteuerung *(f)*
imposition of an embargo Verhängung des Embargos *(f)*
imposition of customs duties Erhebung von Zöllen *(f)*
imposition of a duty Zolleinführung *(f)*
imposition of a punishment Auferlegung einer Strafe *(f)*
imposition of a tax Versteuerung *(f)*
impost Steuer *(f)*

imposture Sache *(f)*
impression Abdruck *(m)*
impression of a seal Siegelabdruck *(m)*, Stempelabdruck *(m)*
impression of the stamp Abdruck des Dienststempels *(m)*
impression of the stamp of the office of destination Abdruck des Dienststempels der Bestimmungsstelle *(m)*
imprint Abdruck *(m)*
imprint of the special stamp Abdruck des Sonderstempels *(m)*
improvement Verbesserung *(f)*
improvement in exchange Kursaufschlag *(m)*
improvement in terms of trade Verbesserung der Terms of Trade *(f)*
improvement of quality Qualitätsverbesserung *(f)*, Qualitätsverbesserung *(f)*
improvement trade Veredelungsverkehr *(m)*
* **cost improvement** Kostenanstieg *(m)*, Kostensteigerung *(f)*
inward improvement aktiver Veredelungsverkehr *(m)*
outward improvement passiver Veredelungsverkehr *(m)*
price improvement Preiserhöhung *(f)*
quality improvement Qualitätsverbesserung *(f)*
in in
in accordance with the rules gemäß den Regeln *(pl)*
in compliance with instructions instruktionsgemäß
in conformity with the law laut Gesetz *(n)*
in the gross Brutto *(m)*
inability Unfähigkeit *(f)*
inability to pay Zahlungsunfähigkeit *(f)*
incapacity Unfähigkeit *(f)*
legal incapacity fehlende Rechtsfähigkeit *(f)*, Rechtsunfähigkeit *(f)*
inactivity Inaktivität *(f)*
inactivity of car Waggonsstandzeit *(f)*, Waggonswartezeit *(f)*
inadequate ungenügend
inalienable unverkäuflich
inboard Innen-
inboard cargo Ladung unter Deck *(f)*, Last unter Deck *(f)*

in-bond unter Zollverschluss
in-bond price ab-Zollfreilager-Preis *(m)*, Freihandelspreis *(m)*, Preis ohne Zoll *(m)*, unverzollbarer Preis *(m)*
incapability Unfähigkeit *(f)*
incentive Impuls *(m)*, Stimulus *(m)*
export incentive Exportförderung *(f)*
inception Beginn *(m)*
inception of insurance cover Beginn des Versicherungsschutzes *(m)*, Versicherungsbeginn *(m)*
inception of insurance protection Beginn des Versicherungsschutzes *(m)*, Versicherungsbeginn *(m)*
inception of the lease Beginn des Mietverhältnisses *(m)*
inch Inch *(m)*
incident Zwischenfall *(m)*
incident of navigation Navigationszwischenfall *(m)*
incidental zufällig
incidental charges Nebenkosten *(pl)*, Zusatzkosten *(pl)*
incidental defect Nebenfehler *(m)*
include anrechnen
including einschließlich, inclusiv
including customs duties einschließlich Zölle *(pl)*
including particular average mit besonderer Havarie *(f)*
including the delivery charges freie Lieferung *(f)*, inclusive Lieferkosten *(pl)*
inclusion Anrechnung *(f)*, Anschluss *(m)*
inclusion (of goods) under a heading Zulassung zu einer Tarifnummer *(f)*
inclusive nklusive
inclusive price Pauschalpreis *(m)*
inclusive rate Pauschalfrachtsatz *(m)*, Pauschalsatz *(m)*
income Einkommen *(n)* **2.** Ertrag *(m)*
income before tax Bruttoertrag *(m)*
income elasticity of foreign trade Einkommenselastizität des Außenhandels *(f)*
income from trade Handelseinkommen *(n)*, Handelsertrag *(m)*
income redistribution Einkommensumverteilung *(f)*
income tax assessment Einkommensteuerbescheid *(n)*

income terms of trade Einkommensaustauschverhältnis *(n)*
* breakdown of income Einkommensaufteilung *(f)*
business income Handelseinkommen *(n)*
export income Exporteinnahmen *(pl)*
factor income Einnahme *(f)*, Faktoreinkommen *(n)*
gross domestic income Bruttoinlandseinkommen (BNE) *(n)*
national income Nationaleinkommen *(n)*
net income Nettoeinkommen *(n)*, Nettoertrag *(m)*
pure income Reinerlös *(m)*, Reinertrag *(m)*
incoming Ankunft *(f)*, Eingang *(m)* **2.** Gelderlöse *(pl)*
incoming correspondence eingehende Korrespondenz *(f)*
incoming goods inspection Wareneingangskontrolle *(f)*
incoming invoice Eingangsrechnung *(f)*, Einkaufsrechnung *(f)*
incoming shipment unterwegs befindliche Sendung *(f)*
* date of incoming Empfangsdatum *(n)*
date of incoming Tag des Empfangs *(m)*
incomplete inkomplett
incomplete address unvollständige Adresse *(f)*
incomplete customs declaration gekürzte Zolldeklaration *(f)*
incomplete delivery nichtkomplette Lieferung *(f)*, unkomplette Lieferung *(f)*
incompleteness Unvollständigkeit *(f)*
inconvertible nicht konviertierbar, unkonvertibel
inconvertible currency nicht konviertierbare Währung *(f)*
inconvertible currency unkonvertibele Währung *(f)*
incorporate gründen
incorporate a company Gesellschaft gründen *(f)*
incorrect ordnungswidrig
incorrect address falsche Anschrift *(f)*
incorrect information unrichtige Information *(f)*
Incoterms internationale Handelsbedingungen *(pl)*, Incoterms *(n)*, Internationale Regeln zur Auslegung von handelsüblichen Vertragsformen *(pl)*

increase erhöhen, heraufsetzen, steigern, vergrößern
increase a letter of credit Akkreditiv erhöhen *(n)*
increase a tariff Tarif erhöhen *(m)*
increase export Export steigern *(m)*
increase import Import entwickeln *(m)*
increase the ceiling obere Grenze heraufsetzen *(f)*
increase the rate of tax Steuersatz erhöhen *(m)*
increase the rates of duty Zölle erhöhen *(pl)*
increase taxation Steuer erhöhen *(f)*
increase Erhöhung *(f)*, Zuwachs *(m)*
increase in demand Erhöhung der Nachfrage *(f)*
increase in rates Ratenanstieg *(m)*, Ratenerhöhung *(f)*
increase in tariff Tarifsteigerung *(f)*
increase in taxes Steuererhöhung *(f)*
increase in trade Handelswachstum *(n)*
increase of duty Zollerhöhung *(f)*
increase of exports Exportwachstum *(n)*
increase of freight Frachterhöhung *(f)*
increase of imports Importsteigerung *(f)*
increase of investment Investmentsteigerung *(f)*
increase of rates Erhöhung der Tarifsätze *(f)*
increase of risk Risikosteigerung *(f)*
increase of wage Lohnfondszuwachs *(m)*
increase in production Produktionszuwachs *(m)*, Wachstum der Produktion *(n)*
* cost increase Kostenanstieg *(m)*, Kostensteigerung *(f)*
price increase Preiserhöhung *(f)*
rate increase Satzsteigerung *(f)*
rate of increase Steigerungsrate *(f)*
real rate of increase reale Zuwachsrate *(f)*
sales increase Absatzausweitung *(f)*, Umsatzsteigerung *(f)*
tariff increase Zöllenerhöhung *(f)*
tax increase Steuererhöhung *(f)*
increased erhöht
increased price erhöhter Preis *(m)*
increased rate erhöhter Satz *(m)*
increasing steigend
increment Revalvation *(f)*
value increment Wertsteigerung *(f)*, Wertzunahme *(f)*

incur aufladen
incur a loss Verlust erleiden *(m)*
incur expenses Ausgaben haben *(pl)*, Ausgaben tätigen *(pl)*, Kosten bestreiten *(pl)*, Kosten tragen *(pl)*
incur liability Verpflichtung eingehen *(f)*
incurrence Entstehung *(f)*
incurrence of a customs debt Entstehung der Zollschuld *(f)*
indebtedness Schuldenbelastung *(f)*
redemption of indebtedness Schuldbegleichung *(f)*
volume of indebtedness Schuldsumme *(f)*
indecipherable unlesbar, unleserlich
indecipherable signature unleserliche Unterschrift *(f)*
indefinite unbegrenzt
indefinite storage langfristige Einlagerung *(f)*
indemnifcation Schadensersatz *(m)*
cash indemnification Barabfindung *(f)*
insurance indemnification Ersatzleistung der Versicherung *(f)*, Versicherungsentschädigung *(f)*
indemnify Schaden ersetzen *(m)*, rekompensieren
indemnity Entschädigung *(f)*
indemnity agreement Garantievertrag *(m)*
indemnity clause Schadensersatzklausel *(f)*
indemnity contract Garantievertrag *(m)*
indemnity period Haftungsdauer *(f)*
* bond of indemnity Garantiebrief *(m)*
claim for indemnity Schadensersatzanspruch *(m)*, Zahlungsforderung *(f)*
contractual indemnity vertragsmäßige Entschädigung *(f)*
duty to indemnity Ersatzpflicht *(f)*
fixing the amount of indemnity Entschädigungsfeststellung *(f)*, Festlegung der Entschädigungshöhe *(f)*
insurance indemnity Versicherungsentschädigung *(f)*
limit of indemnity Haftungsgrenze *(f)*
lump indemnity pauschale Schadensersatzleistung *(f)*
lump-sum indemnity pauschale Schadensersatzleistung *(f)*
maximum indemnity maximale Entschädigung *(f)*

protection and indemnity Versicherungsschutz und Entschädigung *(m)*
Protection and Indemnity Club (P & I Club) Versicherungsverein auf Gegenseitigkeit für Reeder *(m)*
scale of indemnity Höhe der Entschädigung *(f)*, Höhe der Schadensersatzleistung *(f)*
single indemnity einmalige Abfindung *(f)*, einmalige Entschädigung *(f)*
indent Indent *(m)*
indent form Bestellvordruck *(m)*
export indent Exportauftrag *(m)*
indenture Kontrakt *(m)*
independence Souveränität *(f)*
economic independence Wirtschaftssouveränität *(f)*
independent selbstständig
independent agent unabhängiger Vertreter *(m)*
independent enterprise unabhängiges Unternehmen *(n)*
independent intermediary selbstständiger Vermittler *(m)*
independent report unabhängige Expertise *(f)*
index Index *(m)*, Indexzahl *(f)*, Indikator *(m)*
index clause Indexklausel *(f)*
index of consumer prices Detailindex *(m)*
index of prices Preisindex *(m)*, Preiskennziffer *(f)*
index of share quotation Aktienkursindex *(m)*
index of stocks Aktienindex *(m)*, Aktienkursindex *(m)*
index of wholesale prices Großhandelsindex *(m)*
* exchange rate index Wechselkursindex *(m)*
freight index Frachtindex *(m)*
percentage index prozentualer Index *(m)*
price index Preiskennziffer *(f)*
export price index Exportpreisindex *(m)*
food price index Lebensmittelpreisindex *(m)*
import price index Einfuhrpreisindex *(m)*, Importpreisindex *(m)*
retail price index (RPI) Detailindex *(m)*, Einzelhandelspreisindex *(m)*
share price index Aktienindex *(m)*, Aktienkursindex *(m)*
retail index Detailindex *(m)*, Einzelhandelspreisindex *(m)*
share index Aktienindex *(m)*

statistical index statistischer Index *(m)*
wholesale index Großhandelsindex *(m)*
indexed indexiert
indexed rate indexierter Satz *(m)*
indicator Indikator *(m)*
monetary indicator wertmäßige Kennziffer *(f)*
performance indicator Leistungsmaßstab *(m)*
indirect indirekt
indirect address indirekte Adresse *(f)*
indirect advertising indirekte Werbung *(f)*
indirect export indirekte Ausfuhr *(f)*, indirekter Export *(m)*, vermittelte Ausfuhr *(f)*
indirect factoring indirektes Faktoring *(n)*
indirect franchising indirektes Franchising *(n)*
indirect guarantee indirekte Garantie *(f)*
indirect handling indirektes Umbeladen *(n)*
indirect import indirekte Einfuhr *(f)*, indirekter Import *(f)*
indirect leasing indirektes Leasing *(n)*
indirect loading indirekter Umschlag *(m)*
indirect reexport indirekter Reexport *(m)*
indirect representation indirekte Vertretung *(f)*
indirect subvention indirekte Subvention
indirect tariff rate indirekter Tarifsatz *(m)*
indirect traffic indirekte Verbindung *(f)*
indirect transit indirekter Transit *(m)*
indirect transit trade indirekter Transithandel *(m)*
indirect transport undirekter Verkehr *(m)*
indispensable notwendig
indispensable condition notwendige Bedingung *(f)*
indivertible unwiderruflich
indivertible loss unwiderruflicher Verlust *(m)*
individual natürliche Person *(f)* 2. einzeln, Einzel-
individual container Spezialcontainer *(m)*
individual franchising Individualfranchising *(n)*
individual guarantee einzelne Sicherheitsleistung *(f)*, Einzelsicherheit *(f)*
individual guarantee by means of vouchers Einzelsicherheit durch Sicherheitstitel *(f)*
individual guarantee in cash Einzelsicherheit in Form einer Barsicherheit *(f)*
individual guarantee in the form of vouchers Einzelsicherheit in Form von Sicherheitstiteln *(f)*

individual guarantee submitted by a guarantor Einzelsicherheit durch Bürgschaftsleistung *(f)*
individual production Einzelfertigung *(f)*, Einzelherstellung *(f)*, Einzelproduktion *(f)*
individual sales individueller Verkauf *(m)*
individual security einzelne Sicherheitsleistung *(f)*, Einzelsicherheit *(f)*
individual value of items einzelner Wert der Gegenstände *(m)*
indivisible unteilbar
indivisible letter of credit unteilbares Akkreditiv *(n)*
indorse girieren, indossieren
indorsed indossiert
indorsed bill indossierter Wechsel *(m)*
indorsee Giratar *(m)*, Indossat *(m)*
indorsement Giro *(n)*, Indossament *(m)*, Indossieren *(n)*
indorsement for collection Inkassoindossament *(n)*
indorsement in full Vollindossament *(n)*, vollständiges Indossament *(n)*
indorsement of deposit receipt Indossament des Depositenzertifikats *(n)*
indorsement of letter of deposit Indossament des Depositenzertifikats *(n)*, Indossament des Lagerempfangsscheins *(n)*, Indossament des Warenscheins *(n)*
indorsement of warehouse certificate Indossament des Lagerempfangsscheins *(n)*, Indossament des Warenscheins *(n)*
indorsement of warehouse receipt Indossament der Lagerquittung *(n)*, Indossament des Lagerscheins *(n)*
indorsement of warehouse-keeper's certificate Indossament der Lagerquittung *(n)*, Indossament des Lagerscheins *(n)*
* bank indorsement Bankgiro *(n)*, Bankindossament *(n)*
bill of lading capable of being transferred by indorsement durch Indossament übertragbares Konnossement *(n)*
pawn indorsement Pfandindossament *(n)*
induce induzieren
induce overseas investments Auslandsinvestitionen anziehen *(pl)*
inducement Stimulierung *(f)*
selling inducements Stimulierung des Verkaufs *(f)*, Verkaufsförderung *(f)*

industrial industriell, Industrie-
industrial activity Industrietätigkeit *(f)*
industrial business Industrietätigkeit *(f)*
industrial co-operation industrielle Kooperation *(f)*
  international industrial co-operation
internationale Industriekooperation *(f)*
industrial design gewerbliches Modell *(n)*
  protection of industrial design Schutz der
Industriemuster *(m)*
industrial exhibition Industrieausstellung *(f)*
industrial export industrieller Export *(m)*
industrial franchising Industriefranchising *(n)*
industrial goods Industriegüter *(pl)*
  exporter of industrial goods Exporteur
von Industriegütern *(m)*
industrial intelligence Industriespionage *(f)*
industrial marketing industrielles Marketing *(n)*
industrial process Herstellungsprozess *(m)*
industrial product Industrieware *(f)*
  importer of industrial products Importeur von Industriewaren *(m)*
industrial property gewerbliches Eigentum *(n)*
  protection of industrial property gewerblicher Rechtsschutz *(m)*, Schutz des industriellen Eigentums *(m)*
industrial rights gewerbliche Rechte *(f)*
  protection of industrial rights gewerblicher Rechtsschutz *(m)*, Schutz des industriellen Eigentums *(m)*
industrial standard Industrienorm *(f)*
* trade and industrial exhibition Handels-
und Industrieausstellung *(f)*
industry Industrie *(f)*
industry and commerce Industrie und Handel
industry statistics Branchenstatistik *(f)*
* chamber of industry Industriekammer *(f)*
chamber of industry and commerce In-
dustrie- und Handelskammer *(f)*
committee for trade and industry Ausschuss für Handel und Industrie *(m)*
industry-wide auf Industrieebene
industry-wide standard Fachbereichstandard *(m)*
industry-wide standard Wirtschaftszweignorm *(f)*
ineffectiveness Ineffektivität *(f)*
inequivalency Ungleichwertigkeit *(f)*

inferior inferior, schlechter
inferior goods inferiores Gut *(n)*
inferior quality schlechtere Qualität *(f)*
inflammable brennbar, feuergefährlich
inflammable cargo feuergefährliche Ladung *(f)*
inflammable material brennbares Material *(n)*
inflated überhöht
inflated price überhöhter Preis *(m)*, Wucherpreis *(m)*
inflation Inflation *(f)* **2.** Inflations-
inflation rate Inflationsindex *(m)*, Inflationsindikator *(m)*
inflation ratio Inflationsindex *(m)*, Inflationsindikator *(m)*
inflation risk Inflationsrisiko *(n)*
* rate of inflation Inflationsrate *(f)*
rate of price inflation (RPI) Inflationsrate *(f)*
risk of inflation Inflationsrisiko *(n)*
slowing of inflation Inflationshemmung *(f)*
inflationary inflationär, Inflations-
inflationary pace Inflationsrate *(f)*
inflict verhängen
inflict a fine Geldstrafe verhängen *(f)*
inflow Zufluss *(m)*
inflow of foreign currency Valutaerlöse *(pl)*
influence Einfluss *(m)*
inform anzeigen, benachrichtigen, informieren
inform the customs authorities Zollbehörde informieren
information Anzeige *(f)*, Benachrichtigung *(f)*, Information *(f)*, Meldung *(f)*
information desk Informationsschalter *(m)*
information flow Fluss der Informationen *(m)*
information office Informationsstelle *(f)*
information on the goods manufacturer
Angaben über den Hersteller der Waren *(pl)*
information service Informationsdienst *(m)*,
Infoservice *(m)*
information sheet Informationsblatt *(n)*
information system Informationssystem *(n)*
* additional information Zusatzinformation *(f)*
authenticity of information Authentizität
einer Information *(f)*
automatic exchange of information automatischer Auskunftsaustausch *(m)*
business information Geschäftsinformation *(f)*, Handelsinformation *(f)*

confidential information vertrauliche Information *(f)*
export information Exportinformation *(f)*
financial information finanzielle Auskunft *(f)*
furnish an information Auskunft erteilen *(f)*, Auskunft geben *(f)*
furnish information Auskünfte übermitteln *(pl)*, Information erteilen *(f)*
impart an information Information übertragen *(f)*
incorrect information unrichtige Information *(f)*
internal information Inneninformation *(f)*
market information Marktinformation *(f)*
marketing information Marketing-Information *(f)*
misleading information unrichtige Information *(f)*
necessary information notwendige Information *(f)*
pre-shipment information Versandvorinformation *(f)*
price information Preisangabe *(f)*, Preisinformation *(f)*
pricing information Preisangabe *(f)* , Preisinformation *(f)*
production information Produktionsinformation *(f)*
reliability of information Informationszuverlässigkeit *(f)*
request for information Auskunftsersuchen *(n)*
running information aktuelle Information *(f)*
statistical information statistische Information *(f)*
status information Kreditauskunft *(f)*
strategic information strategische Information *(f)*
submit an information Auskunft erteilen *(f)*, Information übertragen *(f)*
supplementary information Zusatzinformation *(f)*
supply an information Auskunft erteilen *(f)*, Auskunft geben *(f)*, Auskunft übermitteln *(f)*, Information erteilen *(f)*
tariff information Tarifinformation *(f)*, Zollauskunft *(f)*, Zollinformation *(f)*
  binding tariff information (BIT) verbindliche Zolltarifauskunft (VZTA) *(f)*
  change of binding tariff information Änderung der verbindlichen Zolltarifauskunft *(f)*

tax information Steuerinformation *(f)*
trade information Geschäftsinformation *(f)*, Handelsinformation *(f)*
transfer an information Auskunft erteilen *(f)*, Information übertragen *(f)*
value of information Informationswert *(m)*
verification of information Prüfung von Informationen *(f)*
informatization Informatisierung *(f)*
infraction Verstoß *(m)*
  infraction of law Vergehen *(n)*
infrastructure Infrastruktur *(f)*
commercial infrastructure Handelsinfrastruktur *(f)*
communication infrastructure Verkehrsinfrastruktur *(f)*
market infrastructure Marktinfrastruktur *(f)*
port infrastructure Hafeninfrastruktur *(f)*
port transport infrastructure Hafentransportinfrastruktur *(f)*
rail infrastructure Eisenbahninfrastruktur *(f)*
road infrastructure Straßeninfrastruktur *(f)*
trade infrastructure Handelsinfrastruktur *(f)*
infringe brechen, verstoßen, verletzen
infringe an agreement Abkommen verletzen *(n)*, gegen den Vertrag verstoßen *(m)*
infringe a contract Kontrakt brechen *(m)*, Kontrakt verletzen *(m)*, Vertrag brechen *(m)*, Vertrag verletzen *(m)*
infringe the conditions Bedingungen brechen *(pl)*
infringe the law Gesetz übertreten *(n)*, Vorschriften brechen *(pl)*, Vorschriften verletzen *(pl)*
infringe the regulations Vorschriften brechen *(pl)*, Vorschriften verletzen *(pl)*
infringement Übertretung *(f)*, Verstoß *(m)*, Verbrechen *(n)*, Verletzung *(f)*
infringement of the contract terms Verletzung der Kontraksbedingungen *(f)*, Verletzung der Vertragsbedingungen *(f)*
infringement of copyright Verletzung des Urheberrechts *(f)*
infringement of customs regulations Zollverletzung *(f)*
infringement of foreign currency regulations Devisenverbrechen *(n)*, Devisenvergehen *(n)*, Währungsverbrechen *(n)*
infringement of a law Rechtsverletzung *(f)*, Verstoß *(m)*

infringement of a patent Patentverletzung *(f)*
infringement of trade mark Missbrauch des Warenzeichens *(m)*, Verletzung des Firmenzeichens *(f)*
infringement of a treaty Vertragsverletzung *(f)*
* **copyright infringement** Urheberrechtsverletzung *(f)*
patent infringement Patentbruch *(m)*
trade mark infringement Missbrauch eines Warenzeichns *(m)*
inherent innewohnend
inherent defect innewohnender Mangel *(m)*
in-house Firmen-
initial paraphieren, unterzeichnen
initial an agreement Abkommen paraphieren *(n)*, Vertrag parafieren *(m)*, Vertrag paraphieren *(m)*
initial a contract Kontrakt paraphieren *(m)*, Vertrag parafieren *(m)*, Vertrag paraphieren *(m)*
initial a document Dokument paraphieren *(n)*
initial Anfangs-
initial amount of letter of credit Anfangsbetrag des Akkreditivs *(m)*
initial market Initialmarkt *(m)*, Primärmarkt *(m)*
initial order Erstauftrag *(m)*
initial payment Draufgeld *(n)*
initial point Abgangspunkt *(m)*
initial port of departure erster Verladehafen *(m)*
initial price Anfangspreis *(m)*
initial proposal ursprüngliches Angebot *(n)*
initial quality Anfangsqualität *(f)*
initial quotation Anfangspreis *(m)*, Richtpreis *(m)*
initialing Paraphierung *(f)*
initialing of contract Paraphierung des Vertrags *(f)*
initiate initiieren
initiation Einführung *(f)*
initiation fee Eintrittsgeld *(n)*
injury Nachteil *(m)*, Schaden *(n)*
inland Binnen-
inland carrier Inlandscarrier *(m)*
inland clearance depot Binnenzollagentur *(f)*
inland customs office Binnenzollamt *(n)*
inland duty Binnenzoll *(m)*
levy inland duty Akzise auferlegen *(f)*, mit Akzise belegen *(f)*
inland fair Inlandsmesse *(f)*

inland freight Binnengewässerfracht *(f)*, Flussfracht *(f)*
inland harbour Binnenhafen *(m)*, Inlandshafen *(m)*
inland market Inlandsmarkt *(m)*, nationaler Markt *(m)*
inland navigation fleet Binnenflotte *(f)*, Binnenschifffahrtsflotte *(f)*
inland-navigation vessel Inlandsschiff *(n)*
inland port Binnenhafen *(m)*, Inlandshafen *(m)*
inland rates Inlandstarif *(m)*
inland risk Binnenwasserverkehrsrisiko *(n)*
inland trade Inlandshandel *(m)*, innerer Handel *(m)*
inland transport Binnenverkehr *(m)*
mode of inland transport inländischer Verkehrszweig *(m)*
inland transportation ship Binnenschiff *(n)*
inland vessel Inlandsschiff *(n)*
inland water risk Risiko bei Fluss- und Binnengewässertransport *(n)*
inland water transport Binnenschifffahrt *(f)*, Binnenschiffsverkehr *(m)*, Binnenwasserverkehr *(m)*
inland waterway Binnenwasserstraße *(f)*
transport by inland waterway Binnenschifffahrt *(f)*
inland waterway bill of lading Binnenkonnossement *(n)*, Flusskonnossement *(n)*, Flussladeschein *(m)*
inland waterway consignment note Flussladeschein *(m)*
inland waterway transport Binnenschifffahrt *(f)*, Binnenschiffsverkehr *(m)*, Warenbeförderung auf Binnengewässern *(f)*
enterprise engaged in inland waterways transport Unternehmen der Binnenschifffahrt *(n)*
inland waterways transport enterprise Binnenschifffahrtsunternehmen *(n)*
inland waterway transport document Binnenwassertransportdokument *(n)*
inland waterway vessel Schiff im Binnenverkehr *(n)*
inland waterway vessel on sea-going vessel Binnenschiff auf Seeschiff *(n)*
inner innere
inner packing Einzelverpackung *(f)*, Innenverpackung *(f)*, innere Verpackung *(f)*, Kleinverpackung *(f)*

inner port Innenhafen *(m)*
inner road Binnenreede *(f)*
innovation Innovation *(f)* **2.** Innovations-
innovation firm Innovationsfirma *(f)*
inquiry Anfrage *(f)*, Ermittlung *(f)*
inquiry of price Preisanfrage *(f)*
* commercial inquiry office Auskunftei *(f)*,
Auskunftsbüro *(n)*, Informationsbüro *(n)*
conduct inquiries Ermittlungen anstellen *(pl)*
judicial inquiry strafrechtliche Ahndung *(f)*,
Strafverfolgung *(f)*
price inquiry Preisanfrage *(f)*
sales inquiry Anfrage *(f)*
insertion Ankündigung *(f)*
inside innen
inside in law laut Gesetz *(n)*
inside navigation Binnenschifffahrt *(f)*, Warenbeförderung auf Binnengewässern *(f)*
insolvency Insolvenz *(f)*, Konkurs *(m)*,
Pleite *(f)*, Zahlungsunfähigkeit *(f)*
declaration of insolvency Erklärung der
Zahlungsunfähigkeit *(f)*
inspect prüfen, überprüfen
inspect a document Dokument prüfen *(n)*
inspect goods Ware forschen *(f)*, Warennachprüfung vornehmen *(f)*
inspect a vessel Schiff inspizieren *(n)*, Schiff
prüfen *(n)*
inspecting Kontrolle *(f)*, Prüfung *(f)*
inspecting luggage Kontrolle des Gepäcks *(f)*
inspecting mean of transport Kontrolle
des Transportmittels *(f)*
inspection Aufsicht *(f)*, Kontrolle *(f)*,
Nachprüfung *(f)*, Prüfung *(f)*, Revision *(f)*,
Überwachung *(f)*, visuelle Prüfung *(f)*
inspection card Kontrollkarte *(f)*, Prüfkarte *(f)*
inspection certifcate Besichtigungszertifkat *(n)*, Annahmeschein *(m)*, Empfangsbescheinigung *(f)*, Übernahmebescheinigung *(f)*
inspection costs Prüfungskosten *(pl)*
inspection customs seals Überprüfung der
Zollverschlüsse *(f)*
inspection for phytopathological reasons
Kontrolle aus pflanzenschutzrechtlichen
Gründen *(f)*, pflanzenschutzrechtliche Kontrolle *(f)*
inspection for veterinary reasons Kontrolle aus veterinärpolizeilichen Gründen *(f)*
inspection luggage Kontrolle des Gepäcks *(f)*,
Untersuchung des Reisegepäcks *(f)*

inspection means of transport Kontrolle
der Beförderungsmittel *(f)*
inspection of customs seals Überprüfung
der Zollverschlüsse *(f)*
inspection of documents Prüfung der Unterlagen *(f)*, Prüfung der Urkunden *(f)*
inspection of goods Beschau der Waren *(f)*,
Besichtigung der Ware *(f)*, Warenkontrolle *(f)*,
Warenprüfung *(f)*
customs inspection of goods Zollrevision
der Waren *(f)*
inspection of the records Prüfung der
Bücher *(f)*
inspection office Aufsichtsbehörde *(f)*, Inspektorat *(n)*
inspection protocol Prüfungsprotokoll *(n)*
inspection report Beschaubefund *(m)*, Tatbestandsaufnahme *(f)*
inspection scope Umfang der Kontrolle *(m)*
inspection service Kontrollinstanz *(f)*, Kontrollstelle *(f)*
inspection stamp Prüfzeichen *(n)*
inspection technique Kontrollweise *(f)*
* acceptance inspection Abnahmeprüfung *(f)*,
Wareneingangskontrolle *(f)*
amount of inspection Umfang der Kontrolle *(m)*
cargo inspection Kargokontrolle *(f)*, Ladungskontrolle *(f)*
certificate of inspection Besichtigungsschein *(m)*, Prüfungszeugnis *(n)*, Warenprüfbescheinigung *(f)*
current inspection laufende Revision *(f)*
customs inspection Zollinspektion *(f)*, Zollkontrolle *(f)*, Zollrevision *(f)*, Zolluntersuchung *(f)*
date of customs inspection Zollabfertigungsdatum *(n)*
handling under customs inspection
Transshipment unter Zollkontrolle *(n)*, Umschlag unter Zollkontrolle *(m)*
export inspection Exportkontrolle *(f)*
financial inspection Finanzinspektion *(f)*,
Finanzkontrolle *(f)*
food inspection Lebensmittelüberwachung *(f)*
goods inspection Warenkontrolle *(f)*, Warenprüfung *(f)*
incoming goods inspection Wareneingangskontrolle *(f)*
luggage inspection Kontrolle des Gepäcks *(f)*,
Untersuchung des Reisegepäcks *(f)*
mutual inspection gegenseitige Kontrolle *(f)*

official inspection amtliche Kontrolle *(f)*
official inspection of accounts Audit *(n)*
periodic inspection periodische Prüfung *(f)*
phytosanitary inspection Kontrolle aus pflanzenschutzrechtlichen Gründen *(f)*, pflanzenschutzrechtliche Kontrolle *(f)*
place of inspection Ort der Beschau *(m)*
present for inspection zur Prüfung vorführen *(f)*
pre-shipment inspection Pre-Shipment-Inspektion *(f)*
quality inspection Güterüberprüfung *(f)*
quantity inspection Mengekontrolle *(f)*, Quantitätskontrolle *(f)*
quarantine inspection Quarantäneaufsicht *(f)*, Quarantänekontrolle *(f)*
random inspection Stichprobenprüfung *(f)*, stichprobenweise Kontrolle *(f)*
receiving inspection Abnahmeprüfung *(f)*, Wareneingangskontrolle *(f)*
sanitary inspection Hygieneinspektion *(f)*, Kontrolle aus gesundheitlichen Gründen *(f)*, Sanitätsinspektion *(f)*
tax inspection Steuerinspektion *(f)*
technical inspection technische Durchsicht *(f)*, technische Inspektion *(f)*, technische Kontrolle *(f)*, technische Überwachung *(f)*
veterinary inspection Veterinärkontrolle *(f)*
inspector Aufsichtsbeamte *(m)*
inspector of customs Grenzaufseher *(m)*, Grenzaufsichtsbeamte *(m)*, Zollinspektor *(m)*
inspector of taxes Steuerinspektor *(m)*, Steuerrevisor *(m)*
* **customs inspector** Zollinspektor *(m)*
tax inspector Steuerinspektor *(m)*, Steuerrevisor *(m)*
inspectorate Aufsichtsbehörde *(f)*, Inspektorat *(n)*
sanitary inspectorate Sanitärinspektorat *(n)*
installation Aufstellung *(f)*
instalment Rate *(f)*, Teilzahlung *(f)* **2.** Teilinstalment credit Teilzahlungskredit *(m)*
installment letter of credit Akkreditiv mit Ratenzahlung *(n)*
installment payment Abschlagszahlung *(f)*, Ratenzahlung *(f)*
instalment sales Mietverkauf *(m)*
instalment shipment Teilladung *(f)*, Teilsendung *(f)*
* **delivery by instalments** Teillieferung *(f)*

import by instalments in Teilsendungen einführen *(pl)*
pay by instalments in Raten abzahlen *(pl)*, in Raten zahlen *(pl)*
pay in instalments in Raten abzahlen *(pl)*, in Raten zahlen *(pl)*
payment by instalments Ratenzahlung *(f)*
repayment by instalments Ratenzahlung *(f)*
repayment on an instalment system Ratenzahlung *(f)*
sale by instalments Ratenverkauf *(m)*
shipment by instalments Teilsendung *(f)*, Teilverladung *(f)*
instant *(the presents month)* laufender Monat *(m)*
instant payment prompte Bezahlung *(f)*, Sofortbezahlung *(f)*
intent Absicht *(f)*
commercial intent kommerzielle Absicht *(f)*
letter of intent Absichtserklärung *(f)*
memorandum of intent Willenserklärung *(f)*
institute festlegen, festsetzen
institute Institut *(n)* **2.** Institute-**institute clauses** Institute-Frachtklauseln *(pl)*
institute of transport Transportinstitut *(n)*
institution Eröffnung *(f)* **2.** Anstalt *(f)*
institution of the bankruptcy proceedings Eröffnung des Konkursverfahrens *(f)*
* **credit institution** Kreditbüro *(f)*, Kreditinstitut *(n)*, Kreditinstitution *(f)*
financial institution Finanzinstitut *(n)*
insurance institution Versicherungsinstitution *(f)*
institutional institutionell
institutional guarantee institutionelle Garantie *(f)*
instruct auftragen
instruction Anordnung *(f)*, Disposition *(f)*, Anweisung *(f)*, Instruktion *(f)*, Unterweisung *(f)* **2.** Auftrag *(m)*, Order *(f)*
instruction arrival Auftragseingang *(m)*, Bestelleingang *(m)*
instruction for cargo documents Verschiffungspapiereinstruktion *(f)*
instruction for loading documents Verladepapiereinstruktion *(f)*, Versandpapiervorschrift *(f)*
instruction for shipment documents Verladepapiereinstruktion *(f)*, Versandpapiervorschrift *(f)*

instruction for use Gebrauchsanweisung *(f)*
instruction to issue Akkreditiveröffnungsauftrag *(m)*
instruction to open a letter of credit Akkreditiveröffnungsauftrag *(m)*, Anweisung zur Eröffnung eines Akkreditivs *(f)*
* **administrative instruction** administrative Instruktion *(f)*
bank instruction Bankinstruktion *(f)*
cargo handling instructions Umladungsbestimmungen *(pl)*, Umschlagvorschriften *(pl)*
collection instruction Inkassoauftrag *(m)*, Inkassoinstruktion *(f)*
collection with telegraphic instruction Inkasso mit telegrafischer Instruktion *(n)*
consignation instructions Absenderanweisungen *(pl)*, Versandanweisungen *(pl)*
cover instruction Begleitbrief *(m)*
customs instruction Zollinstruktion *(f)*, Zollvorschrift *(f)*
delivery of goods instructions Lieferbestimmungen *(pl)*
delivery instruction Lieferungsinstruktion *(f)*, Liefervorschrift *(f)*
discharging instructions Ausladungsinstruktionen *(pl)*, Löschvorschriften *(pl)*
dispatch instructions Versanddisposition *(pl)*, Versandvorschriften *(pl)*
disposal instructions Verkaufsorder *(f)*
expedition instructions Absenderanweisungen *(pl)*, Versandanweisungen *(pl)*
factory instruction Betriebsinstruktion *(f)*
FIATA Forwarding Instructions FIATA Speditionsvorschriften *(pl)*
forwarding instruction Lieferungsinstruktion *(f)*, Liefervorschrift *(f)*, Speditionsauftrag *(m)*, Verladeauftrag *(m)*, Versandinstruktion *(f)*, Versandvorschrift *(f)*
give the instructions Anweisungen geben *(pl)*
handling instructions Umladungsbestimmungen *(pl)*, Umschlagvorschriften *(pl)*
in compliance with instructions instruktionsgemäß
letter of instruction Disposition für Spediteur *(f)*, Instruktion für Spediteur *(f)*, Vorschrift für Spediteur *(f)*
listed in the collection instruction Spezifikation der Inkassoinstruktion *(f)*
loading instruction Verladevorschrift *(f)*

packing instruction Verpackungsanweisung *(f)*, Verpackungsinstruktion *(f)*, Verpackungsvorschrift *(f)*
payment instructions Zahlungsanweisungen *(pl)*, Zahlungsvorschriften *(pl)*
provide the instructions Anweisungen geben *(pl)*
route instruction Wagevorschrift *(f)*
routing instruction Wagevorschrift *(f)*
sender's instruction Versenderinstruktion *(f)*
shipper's letter of instruction Beladevorschrift *(f)*, Verladebestimmung *(f)*, Verladerinstruktion *(f)*
shipping instruction Absenderanweisung *(f)*, Beladevorschrift *(f)*, Lieferungsvorschrift *(f)*, Speditionsauftrag *(m)*, Verladebestimmung *(f)*, Versandinstruktion *(f)*, Versandvorschrift *(f)*
storage instructions Lagerungsbestimmungen *(pl)*
store instructions Einlagerungsanweisungen *(pl)*, Lagerungsbestimmungen *(pl)*, Lagerungsvorschriften *(pl)*
storing instructions Einlagerungsanweisungen *(pl)*, Lagerungsvorschriften *(pl)*
stowage instruction Stauungsvorschrift *(f)*
transfer instruction Überweisungsauftrag *(m)*
written instruction schriftliche Instruktion *(f)*
instrument Urkunde *(f)*
instrument of assignment Abtretungsurkunde *(f)*, Zessionsurkunde *(f)*
* **legal instruments** gesetzliche Mittel *(pl)*
non-negotiable instrument nicht begebbare Urkunde *(f)*, nicht indossierbare Urkunde *(f)*
non-transferable instrument nicht begebbare Urkunde *(f)*, nicht indossierbare Urkunde *(f)*
trade policy instruments handelspolitische Instrumente *(pl)*
insufficient ungenügend
insufficient funds *(written on the dishonoures cheque)* ohne Deckung *(f)*
insufficient markings ungenügende Markierung *(f)*
insufficient packing mangelhafte Verpakkung *(f)*, ungenügende Verpackung *(f)*
insufficient quality unzureichende Qualität *(f)*
insulated isoliert
insulated load compartment wärmeisolierter Laderaum *(m)*
insulation Isolierung *(f)*
car insulation Wagenisolierung *(f)*

insurable versicherbar, versicherungsfähig
insurable interest versicherbares Interesse (n)
insurable interest clause versicherbares Interesseklausel (f)
insurable risk versicherungsfähiges Risiko (n)
insurance Assekuranz (f), Versicherung (f)
insurance accident Versicherungsunfall (m)
insurance act Versicherungsvertragsgesetz (n)
insurance activity Versicherungstätigkeit (f)
insurance adjuster Versicherungssachverständiger (m)
insurance against all risk Generalversicherung (f)
insurance against breakage Versicherung gegen Bruch (f)
insurance against fire Feuerversicherung (f), Versicherung gegen Brand (f)
insurance against leakage Leckageversicherung (f)
insurance against loss of exchange Abdeckung der Wechselkursrisiken (f)
insurance against risk Risikoversicherung (f)
insurance against shrinkage Versicherung gegen Decalo (f), Versicherung gegen Masseverlust (f)
insurance against theft Versicherung gegen Diebstahl (f)
insurance against war risk Kriegsrisikoversicherung (f), Versicherung gegen Kriegsrisiko (f)
insurance agency Versicherungsagentur (f)
insurance agent Versicherungsagent (m), Versicherungsvertreter (m)
  maritime insurance agent Seeversicherungsmakler (m)
insurance application form Versicherungsantrag (m)
insurance appraiser Versicherungsaufseher (m), Versicherungstaxator (m)
insurance association Versicherungsanstalt (f)
insurance audit Versicherungsaudit (n)
insurance binder Deckungsnote (f), Versicherungsauszug (m)
insurance broker Versicherungsagent (m), Versicherungsmakler (m)
  marine insurance broker Seeversicherungsmakler (m)
insurance brokerage Versicherungsprovision (f)

insurance broker's cover note Deckungsnote (f), Deckungszusage (f), Versicherungsauszug (m)
insurance canvasser Versicherungsagent (m)
insurance case Versicherungsfall (m)
insurance certifcate Versicherungszertifikat (n), Versicherungsbescheinigung (f), Versicherungsschein (m), Versicherungsurkunde (f)
  marine insurance certificate Seeversicherungbescheinigung (f)
insurance claim Versicherungsanspruch (m), Versicherungsforderung (f)
insurance class Versicherungszweig (m)
insurance clause Versicherungsklausel (f)
  additional insurance clause Unfallzusatzversicherung (f)
insurance commission Versicherungsprovision (f)
insurance company Versicherungsfirma (f), Versicherungsgesellschaft (f)
insurance compensation Versicherungsentschädigung (f)
insurance conditions Versicherungsbedingungen (pl)
  general insurance conditions allgemeine Versicherungsbedingungen (pl)
insurance contract Versicherungsvertrag (m)
  cancellation of an insurance contract Versicherungsvertragsaufhebung (f)
insurance contribution Versicherungsbeitrag (m), Versicherungsgebühr (f)
insurance costs Versicherungskosten (pl)
insurance cover Versicherungsschutz (m)
  inception of insurance cover Beginn des Versicherungsschutzes (m), Versicherungsbeginn (m)
insurance coverage Rahmen der Versicherung (m), Umfang der Versicherung (m)
insurance declaration Versicherungsantrag (m)
insurance document Versicherungsurkunde (f)
insurance evasions Versicherungsschwindel (m)
insurance exchange Versicherungsbörse (f)
insurance group Versicherungskonsortium (n)
insurance guarantee Garantie des Versicherers (f)
insurance holder Policeinhaber (m)
insurance in transit Kargoversicherung (f), Ladungsversicherung (f)
insurance indemnification Ersatzleistung der Versicherung (f), Versicherungsentschädigung (f)

insurance indemnity Versicherungsent-schädigung *(f)*
insurance institution Versicherungsinstitution *(f)*
insurance law Versicherungsrecht *(n)*
international insurance law internationales Versicherungsrecht *(n)*
insurance legislation Versicherungsgesetzgebung *(f)*
insurance liability Versicherungshaftung *(f)*
insurance market Versicherungsmarkt *(m)*
marine insurance market Seeversicherungsmarkt *(m)*
insurance mathematics versicherungstechnische Berechnung *(f)*
insurance monopoly Versicherungsmonopol *(n)*
insurance number Versicherungsnummer *(f)*
insurance occurrence Versicherungsfall *(m)*
insurance of cargo Kargoversicherung *(f)*, Ladungsversicherung *(f)*
insurance of freight Versicherung der Ladung *(f)*
insurance of means of conveyance Transportmittelversicherung *(f)*
insurance on cargo Frachtversicherung *(f)*, Kargoversicherung *(f)*, Güterversicherung *(f)*
insurance on casco Kaskoversicherung *(f)*
insurance on deck cargo good Deckfrachtversicherung *(f)*
insurance on deck cargo load Decklastversicherung *(f)*
insurance on freight Frachtversicherung *(f)*
insurance on goods Güterversicherung *(f)*, Warenversicherung *(f)*
insurance on goods in transit Transportversicherung *(f)*
insurance on hull Schiffsversicherung *(f)*
insurance on merchandise Frachtversicherung *(f)*, Güterversicherung *(f)*
insurance order Versicherungsauftrag *(m)*
insurance payment Versicherungszahlung *(f)*, Zahlung des Versicherungsbetrags *(f)*
insurance period Versicherungsdauer *(f)*
insurance policy Versicherungspolice *(f)*
insurance policy
all risks insurance policy Universalversicherungspolice *(f)*
beneficiary of an insurance policy Versicherer *(m)*

beneficiary of an insurance policy Versicherungsträger *(m)*
expired insurance policy verfallene Police
floating insurance policy offene Police *(f)*, offene Versicherungspolice *(f)*
goods insurance policy Kargopolice *(f)*, Ladungspolice *(f)*
marine insurance policy Seeversicherungspolice *(f)*
redemption of insurance policy Policenrückkauf *(m)*
renewal of an insurance policy Erneuerung der Versicherungspolice *(f)*, Policeerneuerung *(f)*
insurance policy number Policenummer *(f)*, Versicherungsnummer *(f)*
insurance pool Versicherungspool *(m)*
insurance premium Versicherungsbeitrag *(m)*, Versicherungsgebühr *(f)*, Versicherungsprämie *(f)*
insurance protection Versicherungsschutz *(m)*
inception of insurance protection Beginn des Versicherungsschutzes *(m)*, Versicherungsbeginn *(m)*
insurance rate Versicherungsprämie *(f)*, Versicherungssatz *(m)*
insurance recourse Versicherungsregress *(m)*
insurance regulations Versicherungsordnung *(f)*
insurance risk Versicherungsrisiko *(n)*
insurance scheme Versicherungssystem *(n)*
insurance services Versicherungsdienste *(pl)*, Versicherungsleistungen *(pl)*
insurance slip Versicherungsformular *(n)*
insurance society Versicherungsgesellschaft *(f)*
insurance sum Ersatzleistung der Versicherung *(f)*, Versicherungsentschädigung *(f)*
insurance tariff Versicherungstarif *(m)*
insurance term Versicherungszeitraum *(m)*
insurance terms and conditions Versicherungsbedingungen *(pl)*
insurance value Versicherungswert *(m)*
* action insurance Beförderungsversicherung *(f)*
additional insurance Zusatzversicherung *(f)*
aerial insurance Lufttransportversicherung *(f)*, Luftversicherung *(f)*
agreement for insurance Versicherungsabkommen *(n)*, Versicherungsschein *(m)*

air-cargo insurance Luftfrachtversicherung *(f)*, Lufttransportversicherung *(f)*

aircraft insurance Luftfrachtversicherung *(f)*, Versicherung des Luftverkehrs *(f)*

air-transport insurance Luftverkehrsversicherung *(f)*

air-transportation insurance Lufttransportversicherung *(f)*, Luftversicherung *(f)*

all loss insurance Gesamtversicherung *(f)*

application for insurance Versicherungsantrag *(m)*

aviation insurance Luftfrachtversicherung *(f)*, Versicherung des Luftverkehrs *(f)*

baggage insurance Gepäckversicherung *(f)*, Reisegepäckversicherung *(f)*

barratry insurance Barratterieversicherug *(f)*, Versicherung gegen Baratterie *(f)*

burglary insurance Diebstahlsversicherung *(f)*

cargo insurance Frachtversicherung *(f)*, Güterversicherung *(f)*, Kargoversicherung *(f)*
  air cargo insurance Luftfrachtversicherung *(f)*
  open cargo insurance laufende Versicherung *(f)*

carriage and insurance paid to ... /insert named place of destination/ CIP ... /insert named place of destination/, Frachtfrei versichert ... /benannter Bestimmungsort/

casco insurance Kasko *(m)*, Kaskoversicherung *(f)*

certificate of insurance Versicherungsbescheinigung *(f)*, Versicherungsschein *(m)*, Versicherungsurkunde *(f)*, Versicherungszertifikat *(n)*

chilled goods insurance Kühlgutversicherung *(f)*

class of insurance Versicherungsart *(f)*

compulsory insurance obligatorische Versicherung *(f)*, Pflichtversicherung *(f)*

contract insurance Vertragsversicherung *(f)*

contract of insurance Versicherungsabkommen *(n)*, Versicherungsschein *(m)*
  cancel a contract of insurance Versicherungsvertrag kündigen *(m)*

contributory insurance Zusatzversicherung *(f)*

cost, insurance and freight ... /insert named port of destination/ CIF ... /insert named port of destination/, Kosten, Versicherung und Fracht ... /benannter Bestimmungshafen/

costs of insurance Versicherungskosten *(pl)*

credit insurance Kreditversicherung *(f)*

custom of insurance Versicherungsbrauch *(m)*

damage insurance Schadensversicherung *(f)*

deck-cargo insurance Deckfrachtversicherung *(f)*

direct insurance Direktversicherung *(f)*

double insurance Doppelversicherung *(f)*

effect an insurance Versicherung abschließen *(f)*

end of period of insurance Auslaufen der Versicherung *(n)*, Ende der Versicherung *(n)*

excess-of-loss insurance Decortfranchise *(f)*, erste Franchise *(f)*

exhibition risks insurance Messeversicherung *(f)*

expiration of insurance Ablauf einer Versicherung *(m)*, Verfall einer Versicherung *(m)*

export credit insurance Exportkreditversicherung *(f)*

export insurance Exportversicherung *(f)*

facultative insurance fakultative Versicherung *(f)*

fire insurance Feuerversicherung *(f)*, Versicherung gegen Brand *(f)*

floating policy insurance laufende Versicherung *(f)*

forwarding insurance Speditionsversicherung *(f)*

freight insurance Versicherung der Ladung *(f)*

general insurance Generalversicherung *(f)*
  contract of general insurance Generalversicherungsvertrag *(m)*

general terms of insurance allgemeine Versicherungsbedingungen *(pl)*

goods insurance Güterversicherung *(f)*, Warenversicherung *(f)*

guarantee insurance Kautionsversicherung *(f)*

hail insurance Hagelschadenversicherung *(f)*, Hagelversicherung *(f)*

hailstorm insurance Hagelschadenversicherung *(f)*, Hagelversicherung *(f)*

hull and cargo insurance Versicherung von Schiff und Ladung *(f)*

hull insurance Kasko *(m)*, Schiffsversicherung *(f)*

international health insurance certificate internationales Gesundheitszeugnis *(n)*

law of insurance Versicherungsrecht *(n)*

leak insurance Sickerverlustversicherung *(f)*, Versicherung gegen Leckage *(f)*

leakage insurance Sickerverlustversicherung *(f)*, Versicherung gegen Leckage *(f)*
liability insurance Versicherung gegen zivilrechtliche Verantwortlichkeit *(f)*
life insurance Lebensversicherung *(f)*
long-term insurance Langzeitversicherung *(f)*
loss insurance Schadensversicherung *(f)*
loss-on-exchange insurance Kursverlustversicherung *(f)*
luggage insurance Gepäckversicherung *(f)*, Reisegepäckversicherung *(f)*
management of insurance Versicherungsabwicklung *(f)*
marine hull insurance Seekaskoversicherung *(f)*
maritime insurance Seeversicherung *(f)*
  policy of marine insurance Seeversicherungspolice *(f)*
mutual insurance Versicherung auf Gegenseitigkeit *(f)*
obligatory insurance obligatorische Versicherung *(f)*, Pflichtversicherung *(f)*
open insurance offene Versicherung *(f)*
optional insurance freiwillige Versicherung *(f)*
overland insurance Landtransportversicherung *(f)*
packet insurance Paketversicherung *(f)*
parcel post insurance Postsendungsversicherung *(f)*
partial insurance Teilversicherung *(f)*
period of insurance Versicherungsdauer *(f)*, Versicherungsperiode *(f)*
  end of period of insurance Auslaufen der Versicherung *(n)*, Ende der Versicherung *(n)*
personal accident insurance private Unfallversicherung *(f)*
personal liability insurance Haupflichtversicherung *(f)*
property insurance Sachversicherung *(f)*
public liability insurance Haftpflichtversicherung *(f)*
rail carriage insurance Bahnbeförderungversicherung *(f)*, Eisenbahntransportversicherung *(f)*
rail transportation insurance Eisenbahntransportversicherung *(f)*
railway carriage insurance Bahntransportversicherung *(f)*
rate of insurance Versicherungsprämie *(f)*, Versicherungssatz *(m)*

renewal of an insurance Versicherungsverlängerung *(f)*
rules of insurance Versicherungsregeln *(pl)*
sea insurance Seeversicherung *(f)*
shipping insurance Schifffahrtsversicherung *(f)*, Schiffsverkehrversicherung *(f)*
shrinkage insurance Versicherung gegen Decalo *(f)*, Versicherung gegen Masseverlust *(f)*
subject of insurance Gegenstand der Versicherung *(m)*, Versicherungsobjekt *(n)*
subject-master of the insurance Gegenstand der Versicherung *(m)*, Versicherungsobjekt *(n)*
third party insurance Haftpflichtversicherung *(f)*
time insurance Versicherung auf Zeit *(f)*, Zeitversicherung *(f)*
transit insurance Transitversicherung *(f)*
transport insurance Beförderungsversicherung *(f)*, Gütertransportversicherung *(f)*, Transportschadenversicherung *(f)*, Transportversicherung *(f)*
  air transport insurance Lufttransportversicherung *(f)*
  ocean transport insurance Seetransportversicherung *(f)*, Seeversicherung *(f)*
  rail transport insurance Bahnbeförderungversicherung *(f)*, Eisenbahntransportversicherung *(f)*
  sea transport insurance Seetransportversicherung *(f)*, Seeversicherung *(f)*
transport medium insurance Transportmittelversicherung *(f)*
type of insurance Versicherungsart *(f)*
vehicle insurance Beförderungsmittelversicherung *(f)*, Kraftfahrzeugversicherung *(f)*
vessel insurance Seekaskoversicherung *(f)*
voluntary insurance freiwillige Versicherung *(f)*
voyage insurance Reiseversicherung *(f)*, Versicherung auf eine bestimmte Reise *(f)*
water damage insurance Wasserschadenversicherung *(f)*
war insurance Kriegsrisikoversicherung *(f)*
war risk insurance Kriegsrisikoversicherung *(f)*, Versicherung gegen Kriegsrisiko *(f)*
warehouse goods insurance Lagerversicherung *(f)*
warehouse-to-warehouse insurance Lager-Lager-Versicherung *(f)*

insure assekurieren, versichern
insured Policebesitzer *(m)*, Policeinhaber *(m)*
2. versichert, Versicherungs-
insured bill of lading versichertes Konnossement *(n)*
insured goods versicherte Ladung *(f)*, versicherte Ware *(f)*
notification on the loss of insured goods Anzeige über den Verlust von versichertem Gut *(f)*, Versicherungsobjektverlus-tavis *(n)*
insured loss versicherter Verlust *(m)*
insured perils Versicherungsgefahren *(pl)*
insured value Versicherungswert *(m)*
* the insured Policebesitzer *(m)*, Policeinhaber *(m)*
insurer Assekurant *(m)*, Versicherer *(m)*
insurer's liability Haftpflicht des Versicherers *(f)*
insurer's option Option des Versicherers *(f)*
insurers' ring Versicherungskartell *(n)*, Versicherungspool *(m)*
* air insurer Luftversicherer *(m)*
cargo insurer Ladungsversicherer *(m)*
hull insurer Schiffskörperversicherer *(m)*
limit of insurer's liability Versicherershaftungsgrenze *(f)*
marine insurer Seeversicherer *(m)*
intake Akzept *(n)*, Empfang *(m)*, Nachnahme *(f)*
intaken angenommen
intaken quantity angenommene Menge *(f)*, Lademenge *(f)*
intaken weight Ladegewicht *(n)*, Verladegewicht *(n)*
integral integral
integral franchise Integralfranchise *(f)*
integral franchise clause Integralfranchiseklausel *(f)*
integral part of the contract unabdingbarer Bestandteil des Vertrags *(m)*
integration Integration *(f)*, Vereinigung *(f)*
2. Koordination *(f)*
integration of delivery Lieferkoordination *(f)*, Lieferungskoordination *(f)*
economic integration ökonomische Integration *(f)*, wirtschaftliche Integration *(f)*, Wirtschaftsintegration *(f)*
European integration economics Ökonomik der europäischen Integration *(f)*

monetary integration Währungsintegration *(f)*
political integration politische Integration *(f)*
regional integration regionale Integration *(f)*
intellectual geistig
intellectual property geistiges Eigentum *(n)*
protection of intellectual property Schutz des geistigen Eigentums *(m)*, Schutz des intellektuellen Eigentums *(m)*
intellectual property law geistiges Eigentumsrecht *(n)*
intelligence Spionage *(f)*
business intelligence Wirtschaftsspionage *(f)*
commercial intelligence Handelsspionage *(f)*
industrial intelligence Industriespionage *(f)*
marketing intelligence Marktinterview *(n)*
intended geplant
intensification Intensivierung *(f)*
intensification of export Exportintensivierung *(f)*
intent Absicht *(f)*, Vorhaben *(n)*
intention Absicht *(f)*, Vorhaben *(n)*
interbank zwischenbanklich
interbank clearing Interbank-Clearing *(n)*
interbank market Interbankmarkt *(m)*
interbank rate zwischenbanklicher Zinssatz *(m)*
interchange Wechsel *(m)*
data interchange Datenaustausch *(m)*
interchangeable auswechselbar
interchangeable container Wechselbehälter *(m)*
intercity Intercity *(m)*
intercity express (ICE) Intercity *(m)*, Intercity-Express (ICE) *(m)*, Intercityzug *(m)*
intercoastal intercoastal
intercoastal trade große Kabotage *(f)*
intercompany konzernintern
intercompany sales konzerninterner Verkauf *(m)*
Intercontainer-Interfrigo (ICF) Internationale Gesellschaft der Eisenbahnen für Kühltransporte *(f)*
intercontinental interkontinental
intercontinental container interkontinentaler Container *(m)*
interdict Sperre *(f)*
interdiction Verbot *(n)*
interdiction of commerce Handelsverbot *(n)*

interest Prozent *(n)*, Verzinsung *(f)*, Zins *(m)*, Zinsen *(pl)* **2.** Zins-
interest amount Zinsbetrag *(m)*
interest arbitrage Zinsarbitrage *(f)*
interest arising out of commercial credit Zinsen aus Handelsforderungen *(pl)*
interest arrears rückständige Zinsen *(pl)*
interest due fällige Zinsen *(pl)*
interest for late payment Säumniszinsen *(pl)*, Verzugszuschlag *(m)*
interest in arrears rückständige Zinsen *(pl)*, Zinsaußenstände *(pl)*
interest loan Darlehenszinsen *(pl)*
free of interest loan unverzinsliche Anleihe *(f)*, zinsfreies Darlehen *(n)*
interests of Community producers Interessen von Gemeinschaftherstellern *(pl)*
essential interests of Community producers wesentliche Interessen von Gemeinschaftherstellern *(pl)*
interest on arrears Säumniszinsen *(pl)*, Verspätungszinsen *(pl)*, Verzugszinsen *(pl)*, Verzugszuschlag *(m)*
interest on debts Schuldzinsen *(pl)*, Zinsen für Forderungen *(pl)*
interest payment Zinszahlung *(f)*
interest payment date Zinstermin *(m)*
interest rate Zinsfuss *(m)*, Zinssatz *(m)*
concessionary interest rate ermäßigter Zinssatz *(m)*, Vorzugszinssatz *(m)*
current interest rate laufender Zinssatz *(m)*
deposit interest rate Einlagenzinsfuß *(m)*
reduce an interest rate Zinssatz senken *(m)*
interest rate development Zinssatzsteigerung *(f)*
interest rate on credit Kreditsatz *(m)*
interest rate reduction Senkung des Zinssatzes *(f)*
*accrued interest aufgelaufene Zinsen *(pl)*
arrears of interest rückständige Zinsen *(pl)*, Zinsaußenstände *(pl)*
balance of interest Zinsenrest *(m)*
bank interest Bankzinsen *(pl)*
bearing no interest zinsfrei
bottomry interest Bodmereiprämie *(f)*
business interest wirtschaftliches Interesse *(n)*
calculate interest Zinsen berechnen *(pl)*
calculation of interests Zinsberechnung *(f)*, Zinsrechnung *(f)*

capitalized interest kapitalisierte Zinsen *(pl)*
collection of interest Erhebung von Zinsen *(f)*
compound interest Zinsenszinsen *(pl)*
computation of interest Zinsberechnung *(f)*, Zinsrechnung *(f)*
compute the interest Zinsen berechnen *(pl)*
contract interest vertragsmäßige Zinsen *(pl)*, Vertragszinsen *(pl)*
credit interest Kreditzinsen *(pl)*
current interest laufende Zinsen *(pl)*
default interest Verzugszinsen *(pl)*
economic interest wirtschaftliches Interesse *(n)*
ex interest debt unverzinsliche Schuld *(f)*
insurable interest versicherbares Interesse *(n)*
insurable interest clause versicherbares Interesseklausel *(f)*
legal interest gesetzlicher Zinssatz *(m)*
legal rate of interest gesetzlicher Zinsfuss *(m)*
marine interest Bodmereiprozent *(n)*, Bodmereizinsen *(pl)*, Schiffsverpfändungszinsen *(pl)*
maritime interest Bodmereiprozent *(n)*, Bodmereizinsen *(pl)*, Schiffsverpfändungszinsen *(pl)*
outstanding interest ausstehende Zinsen *(pl)*
participating interest Prozentanteil *(m)*, prozentualer Anteil *(m)*
pay interest verzinsen, Zinsen zahlen *(pl)*
payment of interest Zinszahlung *(f)*
penalty interest Strafzinsen *(pl)*
policy proof of interest Gefälligkeitspolice *(f)*, Wertsteigerungspolice *(f)*
rate of interest Zinsfuss *(m)*, Zinssatz *(m)*
rebate of interest prozentualer Rabatt *(m)*
running interest laufende Zinsen *(pl)*
simple interest einfache Zinsen *(pl)*
stipulated interest vertragsmäßige Zinsen *(pl)*, Vertragszinsen *(pl)*
sum of interest Zinsbetrag *(m)*
table of interests Zinstabelle *(f)*
with interest inklusiv Zinsen
interested interessiert
interested party Interessent *(m)*
interest-free zinsfrei
interest-free loan unverzinsliche Anleihe *(f)*, zinsfreies Darlehen *(n)*
interests Interessen *(pl)*
fiscal interests fiskalische Interessen *(pl)*, Interessen des Fiskus *(pl)*
revenue interests fiskalische Interessen *(pl)*, Interessen des Fiskus *(pl)*

interference Eingreifen *(n)*, Intervention *(f)*

intergovernmental zwischenstaatlich
intergovernmental agreement Abkommen auf Regierungsebene *(n)*, Regierungsabkommen *(n)*
intergovernmental treaty Regierungsabkommen *(n)*

interim temporär, vorübergehend
interim certificate Interimsschein *(m)*, Zwischenschein *(m)*
interim deposit befristetes Depositum *(n)*, Zeitdepositum *(m)*
interim payment Vorauszahlung *(f)*, vorläufige Vorauszahlung *(f)*
interim protective measures vorläufige Schutzmaßnahmen *(pl)*
* **certificate ad interim** Interimsschein *(m)*

interior Innen-, Landes-
interior transit Eingangsversand *(m)* **2.** *(from one inland customs office to another)* Binnenversand *(m)*

intermediary Vermittler *(m)*
intermediary bank eingeschaltete Bank *(f)*
intermediary trade Zwischenhandel *(m)*
* **independent intermediary** selbstständiger Vermittler *(m)*
trade intermediary Handelsvermittlung *(f)*

intermediate Zwischen-, Vermittlungs-
intermediate forwarder Vermittlungsspediteur *(m)*, Zwischenspediteur *(m)*
intermediate forwarding agent Vermittlungsspediteur *(m)*, Zwischenspediteur *(m)*
intermediate office *(customs)* Zwischenzollstelle *(f)*
intermediate point Zwischenpunkt *(m)*
intermediate port Orderhafen *(m)*
intermediate shipping agent Vermittlungsspediteur *(m)*
intermediate station Unterwegsbahnhof *(m)*, Zwischenbahnhof *(m)*

intermediation Vermittlung *(f)*
intermodal kombiniert
intermodal container Container für kombinierten Transport *(m)*, intermodaler Container *(m)*
intermodal landbridge Intermodallandbrücke *(f)*
intermodal shipping system multimodales Transportsystem *(n)*

intermodal terminal multimodales Terminal *(n)*
intermodal traffic gemischter Verkehr *(m)*, Huckepacktransport *(m)*, intermodaler Transport *(m)*
intermodal transport gemischter Verkehr *(m)*, Huckepacktransport *(m)*, intermodaler Transport *(m)*
* **international intermodal transport** internationaler kombinierter Verkehr *(m)*

internal intern
internal audit internes Audit *(n)*
internal Community transit procedure internes gemeinschaftliches Versandverfahren *(n)*
internal Community transit procedure T2 internes gemeinschaftliches Versandverfahren mit Versandanmeldung T2 *(n)*
internal Community transit procedure T2F internes gemeinschaftliches Versandverfahren T2F *(n)*
internal currency inländische Währung *(f)*, Landeswährung *(f)*
internal information Inneninformation *(f)*
internal packing Einzelverpackung *(f)*, Innenverpackung *(f)*, innere Verpackung *(f)*, Kleinverpackung *(f)*
internal price Inlandspreis *(m)*, Preis auf dem Binnenmarkt *(m)*
internal rules einzelstaatliche Rechts- und Verwaltungsvorschriften *(pl)*
internal sea Binnenmeer *(n)*
internal tariff Binnentarif *(m)*, Inlandstarif *(m)*
internal trade Inlandshandel *(m)*
internal transit procedure internes Versandverfahren *(n)*
* **internal Community transit declaration for internal Community transit** Anmeldung zum internen gemeinschaftlichen Versandverfahren *(f)*

international international
international agreement internationale Übereinkunft *(f)*, internationale Vereinbarung *(f)*, internationales Abkommen *(n)*, völkerrechtlicher Vertrag *(m)*
international air law internationales Luftrecht *(n)*
international air transport internationaler Lufttransport *(m)*
international arbitration internationale Arbitrage *(f)*

international assets and liabilities balance Bilanz der internationalen Forderungen und Schulden *(f)*

international assistance internationale Hilfe *(f)*

international auction internationale Auktion *(f)*, internationale Ausschreibung *(f)*, internationale Versteigerung *(f)*

international bank internationale Bank *(f)*

international carriage by air Internationaler Luftverkehrstransport *(m)*

international carriage by rail internationaler Bahntransport *(m)*

international carriage of goods grenzüberschreitende Güterbeförderung *(f)*

international carriage of goods by road internationaler Straßengüterverkehr *(m)*

international carrier internationaler Frachtführer *(m)*

international cartel internationales Kartell *(n)*

international certificate internationales Zertifikat *(n)*

International Chamber of Commerce Internationale Handelskammer *(f)*

international

  Rules of Conciliation and Arbitration of the International Chamber of Commerce Vergleichs- und Schiedsordnung der internationalen Handelskammer *(f)*

International Chamber of Shipping Internationale Schifffahrtskammer *(f)*

international clearing internationales Clearing *(n)*

international coastwise shipping internationale Kabotageschifffahrt *(f)*

international code internationaler Code *(m)*

International Commercial Terms Incoterms *(n)*, internationale handelsübliche Vertragsformeln *(pl)*, Internationale Regeln zur Auslegung von handelsüblichen Vertragsformen *(pl)*

international commodity agreements internationale Wareverträge *(pl)*

international competition internationale Konkurrenz *(f)*

international concern internationaler Konzern *(m)*

international consignment note internationaler Frachtbrief *(m)*, internationaler LKW-Frachtbrief *(m)*, LKW-Frachtbrief *(m)*

international contract internationaler Vertrag *(m)*, internationales Abkommen *(n)*, völkerrechtlicher Vertrag *(m)*

international control internationale Kontrolle *(f)*

international convention internationale Konvention *(f)*, Völkerrechtskonvention *(f)*

International Convention for the Unification of certain Rules relating to Bills of Lading Haager Regeln *(pl)*

International Convention on the simplification and Harmonization of Customs Procedures Internationales Übereinkommen zur Vereinfachung und Harmonisierung der Zollverfahren *(n)*

international cooperation internationale Zusammenarbeit *(f)*

international corporation internationale Korporation *(f)*

international court internationales Gericht *(n)*

  decision of an international court Entscheidung des internationalen Gerichts *(f)*

international credit internationaler Kredit *(m)*

international currency internationale Währung *(f)*

international custom internationaler Brauch *(m)*

international customs declaration internationale Zollanmeldung *(f)*

international customs document internationales Zollpapier *(n)*

international customs law internationales Zollgesetz *(n)*, internationales Zollrecht *(n)*

international customs transit internationaler Zolltransit *(m)*

  permission for international customs transit Erlaubnis für den internationaler Zolltransit *(f)*

international customs transit procedure Verfahren des internationalen Transits *(n)*

international dispute internationaler Streit *(m)*

international double taxation internationale Doppelbesteuerung *(f)*

international exchange internationaler Austausch *(m)*

international exhibition internationale Ausstellung *(f)*

International Express Parcels Consignment Note (TIEx) internationaler Expressgutschein (TIEx) *(m)*

international fair internationale Messe *(f)*
International Federation of Forwarding Agent's Associations Internationale Föderation der Spediteurorganisationen *(f)*
international financial law internationales Finanzrecht *(n)*
international forwarding internationale Spedition *(f)*
international forwarding agent internationaler Spediteur *(m)*
international guarantee internationale Garantie *(f)*
international guarantee system internationales Bürgschaftssystem *(n)*
international haulage internationaler Transport *(m)*, internationaler Verkehr *(m)*
international health insurance certificate internationales Gesundheitszeugnis *(n)*
international highway transportation internationaler Straßentransport *(m)*
international industrial co-operation internationale Industriekooperation *(f)*
international insurance law internationales Versicherungsrecht *(n)*
international intermodal transport internationaler kombinierter Verkehr *(m)*
international judge internationaler Richter *(m)*
international law Völkerrecht *(n)*
international law of the sea internationales Handelsgesetz *(n)*
international load line certificate internationales Freibordzertifikat *(n)*
international loading certificate internationales Freibordzertifikat *(n)*
international mail Auslandspost *(f)*
international maritime law internationales Seerecht *(n)*
international market internationaler Markt *(m)*
international marketing Globalmarketing *(n)*, internationales Marketing *(n)*
international monetary reserve internationale Devisenreserven *(pl)*
international monetary system Weltwährungssystem *(n)*
international money internationales Geld *(n)*
international money order internationale Zahlungsanweisung *(f)*, internationaler Zahlungsauftrag *(m)*
international obligation internationale Verpflichtung *(f)*

international offshore financial centre Steueroase *(f)*
international organization internationale Organisation *(f)*
international payments internationale Zahlungen *(pl)*
  balance of international payments Restzahlung *(f)*, Zahlungsbilanz *(f)*
  balance the international payments Zahlungsbilanz ausgleichen *(f)*
  balanced international payments Zahlungsbilanzgleichgewicht *(n)*
international penal law internationales Strafrecht *(n)*
international price internationaler Preis *(m)*, Weltpreis *(m)*
international product life cycle internationaler Produktlebenszyklus *(m)*
international rail carriage internationaler schienengebundener Transport *(m)*
international rail service internationaler Eisenbahnverkehr *(m)*
international register internationales Schiffsregister *(n)*, internationales Seeschiffsregister *(n)*
international relations internationale Beziehungen *(pl)*
international sale of goods internationaler Warenverkauf *(m)*
international sanitary regulations internationale Gesundheitsbestimmungen *(pl)*
international settlements internationaler Zahlungsverkehr *(m)*
international shipping law internationales Seerecht *(n)*
international show internationale Ausstellung *(f)*
international situation internationale Situation *(f)*
international standard internationale Norm *(f)*, Internationaler Standard *(m)*
International Statistical Classification internationale statistische Klassifikation *(f)*
international sugar agreement Internationales Zuckerabkommen *(n)*
international tariff internationaler Tarif *(m)*
international tax law internationales Steuerrecht *(n)*
international tender internationale Ausschreibung *(f)*, internationale Versteigerung *(f)*

international time internationale Zeit *(f)*
international trade Welthandel *(m)*
  centre of the international trade Welthandelszentrum *(n)*
  expand international trade Außenhandel entwickeln *(m)*
  law of international trade internationales Handelsrecht *(n)*
  office of international trade Außenhandelsbüro *(n)*
  promote international trade Außenhandel entwickeln *(m)*
  Standard International Trade Classification (SITC) Internationales Warenverzeichnis für den Außenhandel *(n)*
international trade adviser Außenhandelsberater *(m)*
international trade agreement internationales Handelsabkommen *(n)*
international trade law internationales Handelsrecht *(n)*
international traffic internationaler Verkehr *(m)*
international train internationaler Zug *(m)*
international transaction internationale Übereinkunft *(f)*, internationales Geschäft *(n)*
international transit internationaler Transit *(m)*
  freedom of international transit internationale Transitfreiheit *(f)*
  procedure of international transit by rail *(TIF Convention)* Verfahren des internationalen Eisenbahnverkehrs *(n)*
international transit merchandise Transitware *(f)*
international transit of goods *(customs)* internationaler Warenversand *(m)*
international transit route internationaler Transitweg *(m)*
international transport internationaler Transport *(m)*, internationaler Verkehr *(m)*
  procedure of international transport of goods under cover of TIR carnets Verfahren des internationalen Warentransports mit Carnets TIR *(n)*
international transport by containers internationaler Behälterverkehr *(m)*
international transport of goods by road vehicles internationaler Warentransport mit Straßenfahrzeugen *(m)*

international transport procedures Verfahren des internationalen Verkehrs *(n)*
international transport under customs seal internationaler Transport unter Zollverschluss *(m)*
international transportation by air internationaler Luftverkehr *(m)*
international travel grenzüberschreitender Reiseverkehr *(m)*
international treaty internationaler Vertrag *(m)*
international unit internationale Einheit *(f)*
international waterway internationaler Wasserweg *(m)*
international waybill internationaler Frachtbrief *(m)*
international wheat agreement Weltweizenabkommen *(n)*
internationalisation Internationalisierung *(f)*
internationalisation of economy Wirtschaftsinternationalisierung *(f)*
internationalisation of enterprise Unternehmensinternationalisierung *(f)*
* trade internationalisation Handelsinternationalisierung *(f)*
internationalism Internationalismus *(m)*
internationalism of business Unternehmensinternationalisierung *(f)*
internet Internet *(n)* **2.** Internet-
internet retailing elektronischer Handel *(m)*, Internetversandhandel *(m)*
internet trade E-Commerce *(m)*, elektronischer Handel *(m)*, Internethandel *(m)*, Internetversandhandel *(m)*
interpret interpretieren
interpret a contract Vertrag auslegen *(m)*
interpretation Auslegung *(f)*, Interpretation *(f)* **2.** Interpretations-
interpretation clause Interpretationsklausel *(f)*
interpretation of an agreement Vertragsauslegung *(f)*
interpretation of balance-sheets Bilanzanalyse *(f)*
interpretation of contract Vertragsauslegung *(f)*
interpretation of a convention Auslegung des Übereinkommens *(f)*
interpretation of law Auslegung eines Gesetzes *(f)*, Gesetzesinterpretation *(f)*

Interpretation of the Nomenclature Auslegung des Zolltarifschemas *(f)*
General Rules for the Interpretation of the Nomenclature Allgemeine Vorschriften für die Auslegung des Zolltarifschemas *(pl)*
* **contract interpretation** Vertragsauslegung *(f)*
legal interpretation Auslegung eines Gesetzes *(f)*, Gesetzesinterpretation *(f)*
statistical interpretation statistische Interpretation *(f)*
wrong interpretation falsche Auslegung *(f)*, falsche Interpretation *(f)*
intervention Intervention *(f)* **2.** Interventions-
intervention price Stützungspreis *(m)*
intervention stock Interventionsbestand *(m)*
* **currency intervention** Valutaintervention *(f)*
economic intervention ökonomische Intervention *(f)*
market intervention Marktintervention *(f)*
interventionism Interventionismus *(m)*
government interventionism staatlicher Interventionismus *(m)*
Intra-Community intragemeinschaftlich
Intra-Community movement of goods via EFTA countries intragemeinschaftliche Warenbeförderung über EFTA-Staaten *(f)*
intra-Community trade innergemeinschaftlicher Handel *(m)*, innergemeinschaftlicher Warenverkehr *(m)*
intra-Community traffic innergemeinschaftlicher Handelsverkehr *(m)*
intra-industry innerzweiglich
intra-industry trade (IIT) innerzweiglicher Handel *(m)*
in-transit Transit-
in-transit cycle Beförderungszyklus *(m)*
in-transit freight Transitfracht *(f)*, Transitgeld *(n)*
in-transit merchandise Transitware *(f)*
intra-port Hafen-
intra-port transport Hafentransport *(m)*
Intrastat Intrastat *(n)*
Intrastat system Intrastat-System *(n)*
intrinsic tatsächlich, wesentlich

introduce einführen, verbringen, verhängen
introduce a duty Zoll einbringen *(m)*
introduction Einleitung *(f)*, Einweisung *(f)*
introduction Wareneinfuhr *(f)*, Einführung *(f)*, Verbringen *(n)*
introduction of goods Verbringen von Waren *(n)*
illegal introduction of goods illegale Wareneinfuhr *(f)*, illegales Verbringen von Waren *(n)*
introduction of goods into a free zone Verbringen von Waren in Freizonen *(n)*
introduction of goods into free warehouse Verbringen von Waren in Freilager *(n)*
introduction of goods into the customs territory Verbringen der Waren in das Zollgebiet *(n)*
introduction of a new tax Einführung einer neuen Steuer *(f)*
introduction of new technology Einführung einer neuen Technologie *(f)*
* **first place of introduction** erster Ort des Verbringens *(n)*
letter of introduction Empfehlungsbrief *(m)*, Empfehlungsschreiben *(n)*
introductory Anfangs-
introductory clause Präambel des Rechtsaktes *(f)*
introductory rebate Einführungsrabatt *(m)*
invalid ungültig, nichtig
invalid cheque durchkreuzter Scheck *(m)*
invalid clause nichtige Klausel *(f)*, unwirksame Klausel *(f)*
invalid document ungültiges Dokument *(n)*
invalid letter of credit ungültiges Akkreditiv *(n)*
invalidate rückgängig machen
invalidation Aufhebung *(f)*, Ungültigkeitserklärung *(f)*
invalidation of the declaration Ungültigkeitserklärung der Anmeldung *(f)*
invalidity Annullierung *(f)*, Unwichtigkeit *(f)*
invalidity of a contract Ungültigkeit eines Kontraktes *(f)*
invalidity of a document Ungültigkeit einer Urkunde *(f)*

invalidity of legal transaction Unwirksamkeit eines Rechtsgeschäfts *(f)*

invention Erfindung *(f)*

example of the invention Erfindungsmuster *(n)*

sale of an invention Verkauf der Erfindung *(m)*

vending of an invention Verkauf der Erfindung *(m)*

inventory inventarisieren

inventory Lagerbestand *(m)*, Warenbestand *(m)*

annual inventory jährliche Inventur *(f)*

running inventory fließende Inventur *(f)*, laufende Inventur *(f)*

inventory-taking Inventur *(f)*

invest investieren

investigate überprüfen

investigate contraventions of customs law Zuwiderhandlungen gegen die Zollgesetze ermitteln *(pl)*

investigating untersuchend

investigating service *(customs)* Fahndungsdienst *(m)*

investigation Ermittlung *(f)*

investigation of contraventions of the customs law Ermittlung von Zuwiderhandlungen gegen die Zollgesetze *(f)*

investigation procedure Untersuchungsverfahren *(n)*

* criminal investigation strafrechtliche Ahndung *(f)*, Strafverfolgung *(f)*

customs investigation Zollfolgung *(f)*

investing Investierung *(f)*, Investment *(n)*

investment Investierung *(f)*, Investition *(f)*, Investment *(n)*, Kapitalanlage *(f)*

investment allowance Investitionsabzug *(m)*

investment bank Anlagebank *(f)*, Investitionsbank *(f)*

investment certificate Investmentzertifikat *(n)*

investment commitments Investitionsverpflichtungen *(pl)*

investment company Dachgesellschaft *(f)*

investment contract Investitionsvertrag *(m)*

investment cooperation Investitionskooperation *(f)*

investment export Investitionsexport *(m)*

investment firm Investmentfirma *(f)*

investment goods Investitionsgüter *(pl)*

investment guarantee Investitionsgarantie *(f)*

investment import Investitionsimport *(m)*

investment liberalization Investitionsliberalisierung *(f)*

investment market Anlagemarkt *(m)*

investment pattern Anlagestruktur *(f)*

investment plan Investitionsplan *(m)*, Kapitalanlageplan *(m)*

investment process Kapitalanlageprozess *(m)*

investment profit Investitionsgewinn *(m)*

investment profitability Investitionsrentabilität *(f)*

investment project Investitionsprojekt *(n)*

investment purpose Investitionszweck *(m)*

investment quote Investitionsvolumen *(n)*

investment relief Abzug für Investitionen *(m)*

investment reserve Investitionsrückstellung *(f)*, Kapitalrücklage *(f)*

investment survey Investitionsumfrage *(f)*

investment worth Anlagewert *(m)*

* capital investment angelegtes Kapital *(n)*, Kapitalanlage *(f)*

loan for capital investment Investitionalkredit *(m)*

composition of investment Anlagestruktur *(f)*

direct investment direkte Anlage *(f)*

encouragement of investment Anlagenförderung *(f)*, Belebung der Investitionen *(f)*

financing of investment Kapitalanlagefinanzierung *(f)*

fixed investment Investmentvorhaben *(n)*, Kapitalanlage *(f)*

foreign investments ausländische Investitionen *(pl)*

protection of foreign investments Schutz von Auslandsinvestitionen *(m)*

foreign investment agreement Abkommen über ausländische Investitionen *(n)*

increase of investment Investmentsteigerung *(f)*

lag in investment Investitionsflaute *(f)*

long-term investment langfristige Investition *(f)*

negative investment Entzug von Kapital *(m)*

Auslandsinvestitionen *(pl)*

induce overseas investments Auslandsinvestitionen anziehen *(pl)*

pattern of investments Kapitalanlagestruktur *(f)*

plan of investment outlays Investitionsplan *(m)*, Kapitalanlageplan *(m)*

portfolio investment abroad Auslandsportfolioinvestitionen *(pl)*
protection of investment Investitionsschutz *(m)*
security of investment Investitionsschutz *(m)*
stimulation of investment Anlagenförderung *(f)*, Belebung der Investitionen *(f)*
subside the investments Investitionen subventionieren *(pl)*
subsidies to investment Investitionskostenzuschüsse *(pl)*, Investitionssubventionen *(pl)*
investor Investitionsträger *(m)*, Investor *(m)*, Kapitalgeber *(m)*
investors relations Investor-Relations *(n)*
* capital investor Kapitalgeber *(m)*
foreign investor ausländischer Anleger *(m)*
strategic investor strategischer Investor *(m)*
invisible unsichtbar
invisible export unsichtbare Ausfuhr *(f)*, unsichtbarer Export *(m)*
invisible exportation unsichtbare Ausfuhr *(f)*, unsichtbarer Export *(m)*
invisibles import unsichtbare Einfuhr *(f)*, unsichtbarer Import *(m)*
invisible importation unsichtbare Einfuhr *(f)*, unsichtbarer Import *(m)*
invisible reexport unsichtbare Wiederausfuhr *(f)*
invisible tariff nichttarifäre Barriere *(f)*
invisible trade balance Dienstleistungssaldo *(m)*
invisible waste latenter Fehler *(m)*, latenter Mangel *(m)*
invoice Rechnung ausstellen *(f)*, fakturieren
invoice Handelsrechnung (HR) *(f)*, Rechnung *(f)*, Warenrechnung *(f)*
invoice amount Rechnungsbetrag *(m)*
invoice book Rechnungsbuch *(n)*
invoice cost Fakturenpreis *(m)*, fakturierter Preis *(m)*
invoice date Rechnungsdatum *(n)*
invoice discount Rechnungsdiskont *(m)*
invoice discounting Rechnungsdiskontierung *(f)*
invoice enclosed Rechnung anbei *(f)*
invoice error Rechnungsfehler *(m)*
invoice in duplicate Rechnungsdoppel *(n)*, Rechnungsduplikat *(n)*
invoice number Rechnungsnummer *(f)*

invoice of origin Originalfaktur *(f)*, Originalrechnung *(f)*
invoice of parcels spezifizierte Rechnung *(f)*
invoice payment Rechnung bezahlen *(f)*
invoice price Fakturenpreis *(m)*, fakturierter Preis *(m)*, Rechnungspreis *(m)*
invoice pro forma fingierte Rechnung *(f)*, Proformarechnung *(f)*
invoice tare Fakturentara *(f)*
invoice total Rechnungsbetrag *(m)*
invoice value Fakturenwert *(m)*, Rechnungswert *(m)*
invoice weight Rechnungsgewicht *(n)*, Gewicht nach Rechnung *(n)*
invoice worth Rechnungswert *(m)*
* according to invoice laut Rechnung *(f)*
adjustment of an invoice Berichtigung der Rechnung *(f)*
advance invoice Anzahlungsrechnung *(f)*
agency invoice Rechnung der Agentur *(f)*
amended invoice korrigierte Rechnung *(f)*
amount of an invoice Rechnungsbetrag *(m)*
as per invoice laut Rechnung *(f)*
book of invoices Rechnungsbuch *(n)*
certified invoice beglaubigte Rechnung *(f)*, legalisierte Rechnung *(f)*
check an invoice Rechnung prüfen *(f)*
commercial invoice Handelsrechnung *(f)*
provide the commercial invoice Handelsrechnung beibringen *(f)*
provide the goods and the commercial invoice Ware und Handelsrechnung liefern *(f)*
consignment invoice Konsignationsrechnung *(f)*
consular invoice Konsularrechnung *(f)*
copy of an invoice Rechnungsdoppel *(n)*, Rechnungskopie *(f)*
correcting invoice Korrekturrechnung *(f)*
credit invoice Kreditrechnung *(f)*
customs invoice Zollrechnung *(f)*
date of issuance of invoice Rechnungsausstellungsdatum *(n)*, Rechnungsausstellungstag *(m)*
date of invoice Rechnungsdatum *(n)*
delivery invoice Lieferrechnung *(f)*
discount an invoice Rechnung diskontieren *(f)*
discount on an invoice Rechnungsrabatt *(m)*
draw up an invoice Rechnung ausfertigen *(f)*
dummy invoice Scheinrechnung *(f)*
duplicate invoice Rechnungsdoppel *(n)*, Rechnungszweitschrift *(f)*

duplicate of invoice Rechnungsdoppel *(n)*, Rechnungszweitschrift *(f)*
enclose an invoice Rechnung beilegen *(f)*
examine an invoice Rechnung prüfen *(f)*
export invoice Ausfuhrwarenrechnung *(f)*, Exportrechnung *(f)*
exporter's invoice Ausfuhrwarenrechnung *(f)*, Exportrechnung *(f)*
fictitious invoice fingierte Rechnung *(f)*, Proformarechnung *(f)*
final invoice Abschlussrechnung *(f)*, endgültige Rechnung *(f)*
forward a invoice Rechnung beschicken *(f)*, Rechnung zuschicken *(f)*
import invoice Einfuhrwarenrechnung *(f)*, Importrechnung *(f)*
incoming invoice Eingangsrechnung *(f)*, Einkaufsrechnung *(f)*
issue of the invoice Rechnungsausstellung *(f)*
legalized invoice beglaubigte Rechnung *(f)*, legalisierte Rechnung *(f)*
licence invoice Rechnung-Lizenz *(f)*
make out an invoice in Rechnung stellen *(f)*, Rechnung ausfertigen *(f)*, Rechnung ausstellen *(f)*
making out an invoice Rechnungsausstellung *(f)*
memorandum invoice vorläufige Rechnung *(f)*
net invoice price Netto-Fakturpreis *(m)*
original invoice Originalfaktur *(f)*, Originalrechnung
original of an invoice Originalrechnung *(f)*
pas-due invoice verjährte Rechnung *(f)*
pay an invoice Rechnung bezahlen *(f)*, Rechnung zahlen *(f)*
preliminary invoice Pro-Forma-Rechnung *(f)*, provisorische Rechnung *(f)*, vorläufige Rechnung *(f)*
pro forma invoice Pro-Forma-Rechnung *(f)*, provisorische Rechnung *(f)*, vorläufige Rechnung *(f)*
purchase invoice Eingangsrechnung *(f)*
quantity as per invoice Rechnungsmenge *(f)*
send an invoice Rechnung schicken *(f)*
shipping invoice Konsignationsrechnung *(f)*, Versandrechnung *(f)*
storage of invoices Aufbewahrung der Rechnungen *(f)*
supplementary invoice ergänzende Rechnung *(f)*
supplier's invoice Rechnung des Lieferanten *(f)*

tax invoice Steuerrechnung *(f)*
trade invoice Handelsrechnung *(f)*
transportation invoice Transportrechnung *(f)*
type of invoice Rechnungsart *(f)*
unpaid invoice unbezahlte Rechnung *(f)*
VAT invoice Rechnung mit ausgewiesener Mehrwertsteuer *(f)*
invoiced fakturiert
invoiced price Fakturenpreis *(m)*
* quantity invoiced Rechnungsmenge *(f)*
invoiced price Fakturenpreis *(m)*
invoice-licence Rechnung-Lizenz *(f)*
invoice-specification spezifizierte Rechnung *(f)*
invoicing Fakturierarbeit *(f)*, Fakturierung *(f)*
invoicing address Rechnungsadresse *(f)*
invoicing department Fakturierungsabteilung *(f)*
* time of invoicing Zeitpunkt der Rechnungsstellung *(m)*
involuntary unfreiwillig
involuntary payment Zwangszahlung *(f)*
inward Rück-, Wieder-
inward bill of lading Importkonnossement *(n)*
inward cargo Herfracht *(f)*, Importgut *(n)*
inward clearance Einklarierung *(f)*, Einklarierungsattest *(n)*, Einklärung *(f)*
inward conference Eingangsschifffahrtskonferenz *(f)*, Eingangsschifffrachtpool *(m)*
inward improvement aktiver Veredelungsverkehr *(m)*,
inward manifest Einfuhrmanifest *(n)*
inward payment Einzahlung *(f)*
inward processing aktive Veredelung *(f)*
completion of an inward processing operation Erledigung eines aktiven Veredelungsverkehrs *(f)*
declaration for temporary admission for inward processing Anmeldung für die vorübergehende Einfuhr zur aktiven Veredelung *(f)*
enter (goods) for inward processing Waren zur aktive Veredelung anmelden *(pl)*
put into inward processing zum aktiven Veredelungsverkehr abfertigen *(m)*
warehouse for inward processing Lager für den aktiven Veredelungsverkehr *(n)*

inward processing arrangements aktiver Veredelungsverkehr *(m)*
inward processing operation Vorgang des aktiven Veredelungsverkehrs *(m)*
inward processing relief arrangements aktiver Veredelungsverkehr *(m)*
inward temporary importation for processing aktiver Veredelungsverkehr *(m)*
inward transit Binnenversand *(m)*, Eingangsversand *(m)*
inward transit procedure internes Versandverfahren *(n)*
* authorization to use the inwards procedure Bewilligung des aktiven Veredelungsverkehrs *(f)*
certificate of clearance inwards Einklarierungsattest *(n)*
clear inwards ausklarieren, einlaufendes Schiff klarieren *(n)*
clear the ship inward einklarieren
clearance inwards Einfuhrverzollung *(f)*, Einklarierung *(f)*, Einklärung *(f)*
customs inward and outward Aus- und Rückfracht *(f)*
declaration inwards Einfuhrdeklaration *(f)*, Eingangsdeklaration *(f)*, Zolleinfuhrschein *(m)*
entry inwards Einfuhrdeklaration *(f)*, Einfuhrmeldung *(f)*

irrecoverable unwiederbringlich
irrecoverable expenses unwiederbringliche Ausgaben *(pl)*

irredeemable nicht wandelbar
irredeemable currency unkonvertierbare Währung *(f)*, weiche Währung *(f)*
irredeemable money nicht konviertierbare Währung *(f)*, unkonvertibele Währung *(f)*

irregular unregelmäßig
irregular aerial traffic Bedarfsflugverkehr *(m)*, Charterverkehr *(m)*
irregular air traffic Bedarfsflugverkehr *(m)*, Charterverkehr *(m)*
irregular shipping Trampfahrt *(f)*, Trampschifffahrt *(f)*
irregular traffic Bedarfsverkehr *(m)*

irregularity Unregelmäßigkeit *(f)*
major irregularities schwerwiegende Unregelmäßigkeiten *(pl)*

irrespective unabhängig

irrevocable unwiderruflich
irrevocable credit unwiderruflicher Kredit *(m)*
irrevocable documentary credit unwiderrufliches Akkreditiv *(n)*

irrevocable guarantee unwiderrufliche Garantie *(f)*
irrevocable letter of credit unwiderrufliches Akkreditiv *(n)*
irrevocable unconfirmed letter of credit unwiderrufliches, unbestätigtes Akkreditiv *(n)*

ISO-container ISO-Container *(m)*
issuance Ausfertigung *(f)*
issuance of a letter of credit Stellung des Akkreditivs *(f)*
issuance of a licence Lizenzausgabe *(f)*
issuance of a policy Ausstellung einer Police *(f)*, Versicherungsausstellung *(f)*

issue ausgeben, ausschreiben, ausstellen
issue a bill Wechsel ausstellen *(m)*
issue a certificate Zeugnis ausfertigen *(n)*, Zeugnis ausstellen *(n)*, Zeugnis schreiben *(n)*
issue a draft Tratte ziehen *(f)*
issue a guarantee Garantie ausfertigen *(f)*, Garantie ausstellen *(f)*
issue a letter of credit Akkreditiv ausstellen *(n)*, Akkreditiv einräumen *(n)*, Akkreditiv eröffnen *(n)*
issue a licence Lizenz erteilen *(f)*, Lizenz vergeben *(f)*
issue a patent Patent anmelden *(n)*
issue a receipt Quittung ausfertigen *(f)*, Quittung ausstellen *(f)*

issue Auslieferung *(f)*, Ausstellung *(f)*
2. Ausstellungs-
issue date Ausstellungsdatum *(n)*, Ausstellungtag *(m)*, Entleihdatum *(n)*, Zeitpunkt der Ausstellung *(m)*
issue of bill Ausstellung eines Wechsels *(f)*
issue of document Ausstellung eines Dokumentes *(f)*, Erstellung einer Urkunde *(f)*
issue of the invoice Rechnungsausstellung *(f)*
issue of a letter of credit Stellung eines Akkreditivs *(f)*
issue of policy Ausstellung einer Police *(f)*, Ausstellung einer Versicherungspolice *(f)*, Versicherungsausstellung *(f)*
issue of a visa Ausgabe eines Visums *(f)*

issuance Ausstellung *(f)*
date of issuance Ausstellungstag *(m)*
date of issuance of air transport document Ausstellungstag des Luftfrachtdokuments *(m)*

date of issuance of documents Dokument-ausstellungstag *(m)*
date of issuance of invoice Rechnungs-ausstellungsdatum *(n)*
issue Ausgabe *(f)*, Emission *(f)*
issue of a letter of credit Eröffnungsda-tum des Akkreditivs *(n)*
  date of issue of a letter of credit Akkredi-tivgestellungstag *(m)*, Eröffnungsdatum des Akkreditivs *(n)*, Gestellungstag des Akkre-ditivs *(m)*
issue of invoice Rechnungsausstellung *(f)*
  date of issue of invoice Rechnungsaus-stellungsdatum *(n)*, Rechnungsausstellungs-tag *(m)*
* date of issue Ausgabetag *(m)*, Ausstel-lungsdatum *(n)*, Zeitpunkt der Ausstellung *(m)*
instruction to issue Akkreditiveröffnungs-auftrag *(m)*
material issue planning Materialausgabe-planung *(f)*
object at issue Streitobjekt *(n)*
person authorized to issue documents zum Ausstellen von Urkunden befugte Person *(f)*
place of issue Ausgabeort *(m)*, Ausstellungs-ort *(m)*
price of issue Ausgabepreis *(m)*
issuer Ausgeber *(m)*
issuing ausgebend
issuing bank Akkreditivbank *(f)*, anweisende Bank *(f)*, eröffnende Bank *(f)*, kreditöffende Bank *(f)*
  liability of issuing bank Haftung der an-weisenden Bank *(f)*
* advice of issuing a letter of credit Avis über Eröffnung eines Akkreditivs *(m)*
item Gegenstand *(m)*, Artikel *(m)*
item number Positions-Nummer *(f)*
item of a contract Kontraktartikel *(m)*, Ver-tragsartikel *(m)*
item of export Exportposition *(f)*, Einfuhr-position *(f)*
* collection of financial items Finanzin-kasso *(n)*
contract item Vertragsbestimmung *(f)*
credit item Habenbuchung *(f)*
export item Exportposition *(f)*
goods item Warenposten *(m)*

individual value of items einzelner Wert der Gegenstände *(m)*
tariff item Tarifposition *(f)*
itemization Spezifikation *(f)*

J

jerquing Zollrevision des Schiffes *(f)*

jetsam Jettison *(n)*, über Bord geworfene Ladung *(f)*

jettison Jettison *(n)*
  jettison of cargo Überbordwerfen *(n)*

jettisoned warf über Bord
  jettisoned cargo Jettison *(n)*, über Bord geworfene Ladung *(f)*, Überbordwerfen *(n)*

jetty Kai *(m)*, Landungsbrücke *(f)*

job Job *(m)*
  job number Auftragsnummer *(f)*, Bestellnummer (Best. Nr.) *(f)*
  job order Fertigungsbestellung *(f)*, Produktionsauftrag *(m)*
  job shop production Einzelfertigung *(f)*, Einzelherstellung *(f)*, Einzelproduktion *(f)*
  job-shop-type production Kleinserienproduktion *(f)*

jobber Jobber *(m)*

joint gemeinsam
  joint and several debtor Solidarschuldner *(m)*
  joint and several liability gemeinsame Haftung *(f)*, Gesamthaftung *(f)*, gesamtschulderische Haftung *(f)*, gesamtschulderische Verpflichtung *(f)*, solidarische Haftung *(f)*, Solidarverpflichtung *(f)*
  joint and several obligation gesamtschulderische Verpflichtung *(f)*, Solidarverpflichtung *(f)*
  joint and several responsibility Gesamthaftung *(f)*, gesamtschulderische Haftung *(f)*, solidarische Haftung *(f)*
  joint bill of lading gemeinsames Konnossement *(n)*, Sammelkonnossement *(n)*
  joint cargo Gesamtfracht *(f)*, Sammelfracht *(f)*
  joint company gemeinsame Gesellschaft *(f)*
  joint control of goods and documents *(customs)* gemeinsame Kontrolle der Waren und Dokumente *(f)*
  joint debtor Solidarschuldner *(m)*
  joint endorsement gemeinsames Indossament *(n)*
  joint enterprise gemeinsames Unternehmen *(n)*, Gemeinschaftsunternehmen *(n)*, Joint Venture *(n)*

joint enterprising gemeinsames Unternehmertum *(n)*
joint external tariff gemeinsamer Zolltarif *(m)*
joint guarantee Gemeinbürgschaft *(f)*, Kollektivgarantie *(f)*, Mitgarantie *(f)*, solidarische Haftung *(f)*
joint marketing agreement gemeinsame Marketingvereinbarung *(f)*, Joint Sales Agreement *(n)*
joint partner Mitgesellschafter *(m)*, Mitunternehmer *(m)*
joint rates kombinierter Tarif *(m)*, Sammeltarif *(m)*
joint responsibility Gesamthaftung *(f)*
joint sales agreement Joint Sales Agreement *(n)*
joint security Gemeinbürgschaft *(f)*, solidarische Haftung *(f)*
joint stock company Aktiengesellschaft *(f)*
joint surety Kollektivgarantie *(f)*, Mitgarantie *(f)*
joint survey gemeinsame Kontrolle *(f)*
joint venture gemeinsames Unternehmen *(n)*, Gemeinschaftsunternehmen *(n)*, Jointventure *(n)*
  * closed joint stock society geschlossene Aktiengesellschaft *(f)*

journal Tagebuch *(n)*
  journal of the law Gesetzblatt *(n)*
  * brokerage journal Tagebuch *(n)*
  sales journal Verkaufsbuch *(n)*

journey Fahrt *(f)*, Reise *(f)*
  journey by air Beförderung auf dem Luftweg *(f)*
  journey by sea Beförderung auf dem Seeweg *(f)*, Seetransport *(m)*
  journey out and home freight Hin- und Rückfracht *(f)*, Umwegreisefracht *(f)*
  journey there and back freight Hin- und Rückfracht *(f)*, Umwegreisefracht *(f)*
  * homeward journey Heimreise *(f)*, Rückfahrt *(f)*, Rückreise *(f)*, Rückseereise *(f)*
  outward journey Ausfahrtreise *(f)*, Ausreise *(f)*
  sea journey Schiffsfahrt *(f)*, Seefahrt *(f)*
  ship's journey Schiffsreise *(f)*

judge Richter *(m)*
  international judge internationaler Richter *(m)*

judgement Gerichtsbeschluss *(m)*, Rechtsspruch *(m)*
  give judgment Gutachten abgeben *(n)*

judicature Gerichtswesen *(n)*

judicial gerichtlich
judicial act Gerichtsakt *(m)*
judicial assistance Rechtshilfe *(f)*
judicial clause gerichtliche Klausel *(f)*
judicial decision richterlicher Beschluss *(m)*
judicial document juristisches Dokument *(n)*,
Rechtsdokument *(n)*
judicial inquiry strafrechtliche Ahndung *(f)*,
Strafverfolgung *(f)*
judicial precedent gerichtlicher Präzedenzfall *(m)*, richterliche Vorentscheidung *(f)*
judicial sale gerichtliche Auktion *(f)*
judicial sentence Gerichtsurteil *(n)*
judiciary Gerichtswesen *(n)*
junctim Junktim-
junctim transaction Junktimtransaktion *(f)*
junk Schund *(m)*
juridical juristisch
juridical form gesetzliche Form *(f)*, Rechtsform *(f)*
juridical person juristische Person *(f)*,
Rechtsperson *(f)*
juridical position rechtliche Stellung *(f)*
jurisdiction Jurisdiktion *(f)*, Rechtsprechung *(f)* 2. Jurisdiktions-
jurisdiction clause Jurisdiktionsklausel *(f)*,
Zuständigkeitsklausel *(f)*
* **administrative jurisdiction** Verwaltungsgerichtsbarkeit *(f)*
Admirality jurisdiction Admiralitätsgerichtsbarkeit *(f)*, Seegerichtsbarkeit *(f)*
civil jurisdiction Zivilgerichtsbarkeit *(f)*
customs jurisdiction Zollhochheit *(f)*
maritime jurisdiction Admiralitätsgerichtsbarkeit *(f)*, Seegerichtsbarkeit *(f)*
tax jurisdiction Steuergerichtsbarkeit *(f)*
jurist Anwalt *(m)*
justice Richter *(m)*
act of justice Rechtsakt *(m)*, Rechtsgeschäft *(n)*
administration of justice Justiz *(f)*
court of justice Gericht *(n)*
justification Begründetheit *(f)*, Begründung *(f)*, Berechtigung *(f)*

K

keelage Kielgebühr *(f)*, Kielgeld *(n)*

keep befolgen, einhalten, leiten

keep an agreement Abkommen erfüllen *(n)*, Vereinbarung ausführen *(f)*

keep a contract Vertrag einhalten *(m)*

keep records Buchführung halten *(f)*

keep the deadline Frist einhalten *(f)*, Termin einhalten *(m)*

keep the term Frist einhalten *(f)*, Termin einhalten *(m)*

keep within the regulations Regeln beachten *(pl)*, Verordnung einhalten *(f)*

keeper Aufseher *(m)*

storehouse keeper Magazinieur *(m)*

warehouse keeper Lagerhalter *(m)*, Lagerist *(m)*

keeping Lagerung *(f)*

keeping of documents Dokumentenablage *(f)*

keeping time Lagerhaltungszeit *(f)*

* long-time keeping Langzeitlagerung *(f)*

kerb Randstein *(m)*

kerb price Schwarzmarktpreis *(m)*

key Haupt-

key currency harte Währung *(f)*, Leitwährung *(f)*, stabile Währung *(f)*

kilogram Kilogramm *(n)*

gross kilogram Bruttokilogramm *(n)*

kilometre Kilometer *(m)*

kind Beschaffenheit *(f)*

kind of credit Kreditart *(f)*

kind of damage Schadensart *(f)*

kind of goods Beschaffenheit der Waren *(f)*

kind of package Verpackungsart *(f)*

kind of the packages Art der Packstücke *(f)*

* compensation in kind Schadensersatz in natura *(m)*

equivalent in kind Äquivalent in Natura *(n)*

freight all kinds Fracht (für Güter) aller Art *(f)*, Frachten aller Sorten und Güter *(pl)*

number and kind of packages Anzahl und Art der Packstücke *(f)*

king König *(m)*

King's warehouse öffentlicher Speicher *(m)*

kite Blüte *(f)*, icht gedeckter Scheck *(m)*

kite cheque Scheck ohne Deckung *(m)*, ungedeckter Scheck *(m)*

knock-down zerlegbar

knock-down price *(bookworm)* zu niedrig festgesetzter Preis *(m)*

know-how Know-how *(n)*

know-how contract Know-how-Vertrag *(m)*

* agreement on the transfer of know-how Know-how-Vertrag *(m)*

knowledge Wissen *(n)*

merchandise knowledge Warenkunde *(f)*

L

label Anklebezettel *(m)*, Etikette *(f)*
address label Adresszettel *(m)*, Aufklebeadresse *(f)*
adhesive label Aufklebezettel *(m)*
affix a label Klebezettel auf den Umschließungen anbringen *(m)*
brand label Firmenzeichen *(n)*
customs label Zolletikette *(f)*, Zollzettel *(m)*
mercantile label Warenetikett *(n)*
price label Preisetikett *(n)*
private label Anklebezettel *(m)*, Etikett *(n)*
tax label Steuerbanderole *(f)*, Steuerzeichen *(n)*

labor Arbeit *(f)*
sue and labour clause Klausel zur Schadensabwendung und Schadensminderung *(f)*
surplus labor time zusätzliche Arbeitszeit *(f)*

laboratory Laboratorium *(n)* **2.** Labor-
laboratory analysis Laboranalyse *(f)*
laboratory assay Laboranalyse *(f)*
laboratory sample Labormuster *(n)*
laboratory test Laboratoriumsuntersuchung *(f)*
labour rate Gehaltssatz *(m)*, Lohnsatz *(m)*
labour slowdown Bummelstreik *(m)*, Streik durch Verlangsamung der Arbeit *(m)*

lack Knappheit *(f)*, Mangel *(m)*, Manko *(n)*
lack of ability fehlende Rechtsfähigkeit *(f)*, Rechtsunfähigkeit *(f)*
lack of acknowledgment Nicht-Bestätigung *(f)*
lack of money Geldmangel *(m)*, Mangel an Bargeld *(m)*
lack of orders Mangel an Aufträgen *(m)*
lack of profit Unrentabilität *(f)*

lacunae Lücken *(pl)*
lacunae in the rules on customs Lücken der Zollregelung *(pl)*

lade befrachten, beladen, beschicken, laden

laden beladen
laden draught beladener Tiefgang *(m)*, Ladetiefgang *(m)*
laden weight verfrachtetes Gewicht *(n)*, Verschiffungsgewicht *(n)*

lading Ladegut *(n)*, Ladung *(f)* **2.** beladend
lading cost Ladekosten *(pl)*, Verladekosten *(pl)*

lading day Verladungstag *(m)*, Verschiffungstag *(m)*
lading list Ladeliste *(f)*, Verpackungsliste *(f)*
lading manifest Lademanifest *(n)*
lading platform Laderampe *(f)*
lading rules Ladevorschriften *(pl)*, Verladevorschriften *(pl)*
lading wharf Verladekai *(m)*, Verschiffungskai *(m)*
* completion of lading Beendung der Verladung *(f)*, Beendung des Verladens *(f)*
date of lading Ladezeit *(f)*, Versandtermin *(m)*
loss during lading Beladenverlust *(m)*, Verschiffungsverlust *(m)*
port of lading Verladungshafen *(m)*, Verschiffungshafen *(m)*

lake See *(m)*
rail and lake auf Bahn und See
rail, canal and lake auf Bahn, Kanal und See
rail, lake and rail auf Bahn, See und Bahn

land ausschiffen

land *(Staat)* Land *(n)* **2.** Land-
land and ferry transport Land-Fähre-Verkehr *(m)*
land and sea container transport Land-See-Containertransport *(m)*
land bank Hypothekenbank *(f)*
land bottom Boden *(m)*
land carriage Landtransport *(m)*
land container terminal Landcontainerterminal *(m)*
land damage Landschaden *(m)*
land freight Landfracht *(f)*
land frontier Landesgrenze *(f)*
land risk Landtransportrisiko *(n)*
land route Landweg *(m)*
land territory Landgebiet *(n)*
land transit Landtransit *(m)*
* by land auf dem Landweg *(m)*, auf dem Straßenweg *(m)*
combined land/sea service kombinierter Güterverkehr Land/See *(m)*
dispatch by land Landsendung *(f)*
mortgage on land Hypothek auf das Grundstück *(f)*

land-borne Land-
land-borne trade Landhandel *(m)*
land-borne transport Transport zu Lande *(m)*

landbridge Landbrücke *(f)*
intermodal landbridge Intermodallandbrücke *(f)*
landed gelandet
landed price Anladepreis *(m)*, Preis frei Bestimmungshafen
landed quality Güterbestand bei Löschen *(m)*, Warenqualität nach Ladearbeiten *(f)*, Warenqualität nach Löschenarbeiten *(f)*
landed quantity Löschmenge *(f)*
landed terms Entladungsbedingungen *(pl)*
landed weight Abladegewicht *(n)*, ausgeladenes Gewicht *(n)*, Ladungsgewicht *(n)*
* quality landed Güterbestand bei Abladung *(m)*, Güterbestand bei Entladung *(m)*
landing Entladung *(f)*, Landen *(n)*, Löschung *(f)*
landing and delivery Löschung und Lieferung
landing at cost for affreighter Abladelohn für Verfrachter *(m)*, Löschkosten für Verfrachter *(pl)*
landing at cost for shipowner Abladelohn für Reeder *(m)*, Löschkosten für Reeder *(pl)*
landing at freighter's expense Abladelohn für Verfrachter *(m)*, Löschkosten für Verfrachter *(pl)*
landing book Ausladebuch *(n)*, Entladebuch *(n)*
landing certificate Anlandebescheinigung *(f)*
landing charge Entladekosten *(pl)*, Löschkosten *(pl)*
landing notice Entladungsanzeige *(f)*, Frachteingangsbenachrichtung *(f)*
landing order Abladeauftrag *(m)*, Löschauftrag *(m)*, Löschorder *(f)* **2.** Zollentladegenehmigung *(f)*
landing permit Verladegenehmigung *(f)*, Zollentladegenehmigung *(f)*
landing place Abladeplatz *(m)*, Landeplatz *(m)*, Löschort *(m)*
landing weight Abladegewicht *(n)*, ausgeladenes Gewicht *(n)*, Ladungsgewicht *(n)*
* condition on landing Güterbestand bei Abladung *(m)*, Güterbestand bei Entladung *(m)*
harbour of landing Ladehafen *(m)*
port of landing Ausschiffungshafen *(m)*, Löschhafen *(m)*, Löschungshafen *(m)*
land-locked von Land umgeben
land-locked state Binnenstaat *(m)*

language Sprache *(f)*
language of the law Gerichtssprache *(f)*
* bank language Banksprache *(f)*
contract language Kontraktsprache *(f)*
foreign language Fremdsprache *(f)*
national language Nationalsprache *(f)*
technical language Fachsprache *(f)*
larboard Backbord *(m)*, Bordwand *(f)*
large Groß-
large container Großbehälter *(m)*
goods carried by large containers Warenbeförderung in Großbehältern *(f)*
simplified procedures for goods carried by large container vereinfachte Warenbeförderungen im in Großbehältern *(pl)*
large order discount Großauftragrabatt *(m)*
large-lot production Großserienproduktion *(f)*
large-order discounting Großauftragrabatt *(m)*
LASH LASH-Kahn *(m)*
lash barge carrier Leichtertransportschiff *(n)*
LASH carrier LASH-Kahn *(m)*
LASH-lighter abroad ship Lighterschiff *(n)*
lash-type vessel LASH-Carrier *(n)*, Leichter-Trägerschiff *(n)*
lashing Befestigung der Ladung *(f)*
lashing of cargo Befestigung der Ladung *(f)*
* cargo lashing Befestigung der Ladung *(f)*
last letzte
last day Abschlussdatum *(n)*
last port Endhafen *(m)*
last price äußerster Preis *(m)*, Schlusspreis *(m)*
late verspätet
late documents Verspätungspapiere *(pl)*
late shipment verspätete Verladung *(f)*
* interest for late payment Säumniszinsen *(pl)*, Verzugszuschlag *(m)*
liability for a late performance Verzugshaftung *(f)*
latent latent
latent defect unsichtbarer Fehler *(m)*, verborgener Fehler *(m)*, verdeckter Fehler *(m)*
latest aktuell
latest quotation Schlusskurs *(m)*
latest time äußerster Termin *(m)*, Schlusstermin *(m)*

law Gesetz *(n)*, Recht *(n)*
law act Rechtshandlung *(f)*
law adviser juristischer Berater *(m)*, Rechtsberater *(m)*
law agent Prozessvertreter *(m)*
law bureau juristische Abteilung *(f)*, Rechtsabteilung *(f)*
law department Rechtsabteilung *(f)*
law of bankruptcy Konkursrecht *(n)*
law of commerce Handelsrecht *(n)*
law of contract Schuldrecht *(n)*, Vertragsrecht *(n)*
law of customs Zollrecht *(n)*
law of exchange Devisenrecht *(n)*
  contravention of the law of exchange Devisenverstoß *(m)*
  harmonization of law of foreign exchange Harmonisierung des Währungsrechts *(f)*
law of the flag Flaggenrecht *(n)*
law of foreign exchange Devisenrecht *(n)*
law of insurance Versicherungsrecht *(n)*
law of international trade internationales Handelsrecht *(n)*
law of licence Lizenzrecht *(n)*
law of sea Seerecht *(n)*, Seeverkehrsrecht *(n)*
  common law of the sea Seegewohnheitsrecht *(n)*
  international law of the sea internationales Handelsgesetz *(n)*
law of the ship's flag Flaggenrecht des Schiffes *(n)*, Schiffsflaggenrecht *(n)*
law of supply and demand Gesetz von Nachfrage und Angebot *(n)*
law of wages Lohngesetz *(n)*
law on copyright Recht auf Wiedergabe *(n)*
law on customs Zollrecht *(n)*
  contravene the law on customs Zollregelung übertreten *(f)*
law order gesetzliche Ordnung *(f)*, Rechtsordnung *(f)*
law practice Anwaltspraxis *(f)*
law transaction Rechtsakt *(m)*, Rechtsgeschäft *(n)*
* **abolishment of a law** Aufhebung eines Gesetzes *(f)*, Gesetzesaufhebung *(f)*
according to law laut Gesetz *(n)*, rechtsgemäß
act in the law rechtliche Handlung *(f)*, Rechtshandlung *(f)*
action at law gerichtlicher Prozess *(m)*, Prozess *(m)*

administrative law Verwaltungsrecht *(n)*
air law Luftrecht *(n)*
  international air law internationales Luftrecht *(n)*
antitrust law Kartellrecht *(n)*, Kartellverbotsgesetzgebung *(f)*
application of law Gesetzesanwendung *(f)*, Rechtsanwendung *(f)*
apply the law Gesetz anwenden *(n)*
bank law Bankrecht *(n)*
banking law Bankgesetzgebung *(f)*, Bankrecht *(n)*
bankrupt law Konkursrecht *(n)*
binding law geltendes Recht *(n)*
breach of the law Gesetzverletzung *(f)*
business law Wirtschaftsrecht *(n)*
carriage law Beförderungsrecht *(n)*
cheque law Scheckrecht *(n)*
civil law bürgerliches Recht *(n)*
  civil law court Zivilgericht *(n)*
  civil law treaty zivilrechtlicher Vertrag *(m)*
commercial law Handelsrecht *(n)*
common law Brauchtumsrecht *(n)*, Gewonheitsrecht *(n)*
Community law Gemeinschaftsrecht *(n)*
company law Gesellschaftsrecht *(n)*
consular law Konsularrecht *(n)*
consumer law Konsumentenrecht *(n)*
consumer's law Konsumentenrecht *(n)*
contractual law Schuldrecht *(n)*
contrary to law gegen das Gesetz *(n)*, ungerechterweise
contravene the law Gesetz übertreten *(n)*, Gesetz verletzen *(n)*
contravention of the law Gesetzesverstoß *(m)*, Verletzung eines Gesetzes *(f)*
copyright law Urheberrecht *(n)*, Verlagsrecht *(n)*
counsellor at law juristischer Berater *(m)*, Rechtsberater *(m)*
criminal law Strafrecht *(n)*
currency law Währungsgesetzgebung *(f)*
customary law Brauchtumsrecht *(n)*, Gewonheitsrecht *(n)*
customs law Zollgesetzgebung *(f)*, Zollrecht *(n)*, zollrechtliche Vorschriften *(pl)*
  contravention of customs law Zollverletzung *(f)*, Zuwiderhandlung gegen die Zollgesetze *(f)*
  international customs law internationales Zollgesetz *(n)*, internationales Zollrecht *(n)*

investigate contraventions of customs law Zuwiderhandlungen gegen die Zollgesetze ermitteln *(pl)*
investigation of contraventions of the customs law Ermittlung von Zuwiderhandlungen gegen die Zollgesetze *(f)*
violation of the customs law Zollverletzung *(f)*, Zuwiderhandlung gegen die Zollgesetze *(f)*
diplomatic law diplomatisches Recht *(n)*
domestic law inländisches Recht *(n)*, innerstaatliches Recht *(n)*
draft of a law Gesetzesvorschlag *(m)*
economic law Wirtschaftsgesetz *(n)*
economical law Wirtschaftsrecht *(n)*
enforce a law Gesetz anwenden *(n)*
equality before the law Rechtsgleichheit *(f)*
evade the law Recht beugen *(n)*
excise law Verbrauchssteuerrecht *(n)*
fiscal law Steuergesetz *(n)*, Steuerrecht *(n)*
international financial law internationales Finanzsrecht *(n)*
in conformity with the law laut Gesetz *(n)*
infraction of law Vergehen *(n)*
infringe the law Gesetz übertreten *(n)*, Vorschriften brechen *(pl)*, Vorschriften verletzen *(pl)*
infringement of a law Rechtsverletzung *(f)*, Verstoß *(m)*
inside in law laut Gesetz *(n)*
insurance law Versicherungsrecht *(n)*
international insurance law internationales Versicherungsrecht *(n)*
intellectual property law geistiges Eigentumsrecht *(n)*
international law Völkerrecht *(n)*
interpretation of law Auslegung eines Gesetzes *(f)*, Gesetzesinterpretation *(f)*
journal of the law Gesetzblatt *(n)*
language of the law Gerichtssprache *(f)*
mandatory law zwingendes Recht *(n)*
maritime law Seerecht *(n)*
international maritime law internationales Seerecht *(n)*
national law inländisches Recht *(n)*, innerstaatliches Recht *(n)*
provisions of national law innerstaatliche Vorschriften *(pl)*
obey the law Gesetz beachten *(n)*, Gesetz einhalten *(n)*
observance of the law Einhaltung eines Rechts *(f)*

observe the law Gesetz beachten *(n)*, Gesetz einhalten *(n)*
patent law Patentrecht *(n)*
penal law Strafrecht *(n)*
international penal law internationales Strafrecht *(n)*
private law privates Recht *(n)*, Privatrecht *(n)*
revocation of a law Aufhebung eines Gesetzes *(f)*, Gesetzesaufhebung *(f)*
rule of law Rechtsregel *(f)*, Rechtsbestimmung *(f)*
sea law Seerecht *(n)*, Seeverkehrsrecht *(n)*
shipping law Seerecht *(n)*
international shipping law internationales Seerecht *(n)*
merchant shipping law Handelsseerecht *(n)*, Seehandelsrecht *(n)*
tariff law Zollrecht *(n)*
breach of the tariff law Übertretung des Zollgesetzes *(f)*
harmonization of tariff law Zollrechtsangleichung *(f)*
trade law Handelsrecht *(n)*
international trade law internationales Handelsrecht *(n)*
tax law Steuerrecht *(n)*
company tax law Steuerrecht der Gesellschaften *(n)*, Steuerrecht des Unternehmens *(n)*
international tax law internationales Steuerrecht *(n)*
taxation law Steuergesetz *(n)*, Steuerrecht *(n)*
transgress the law Recht übertreten *(n)*
transport law Beförderungsrecht *(n)*
violate the law Gesetz übertreten *(n)*, Gesetz verletzen *(n)*

lawful rechtmäßig
lawful holder rechtmäßiger Besitzer *(m)*, rechtmäßiger Inhaber *(m)*
lawful owner rechtmäßiger Besitzer *(m)*, rechtmäßiger Inhaber *(m)*
lawful trade gesetzlicher Handel *(m)*, legaler Handel *(m)*

lawfully rechtsgemäß

lawfulness Gesetzmäßigkeit *(f)*, Rechtmäßigkeit *(f)*

lawless gegen das Gesetz *(n)*, ungerechterweise

lawsuit Zivilprozess *(m)*

lawyer Jurist (m)
lawyer's fee Anwaltsgebühr (f), Rechtsanwaltsgebühr (f)
lawyer's service Rechtsdienst (m)
lay belegen **2.** besteuern
lay a custom-house fine mit Zollstrafen belegen (pl), Zollstrafe auferlegen (f)
lay a customs fine mit Zollstrafen belegen (pl), Zollstrafe auferlegen (f)
lay a duty mit Zoll belegen (m)
lay an embargo Embargo legen (n)
lay excise Akzise auferlegen (f), mit Akzise belegen (f)
lay excise duty Verbrauchssteuer auferlegen (f)
lay on a tax mit Steuer belegen (f), mit Steuer besteuern (f)
lay on customs-duties mit Zoll belegen (m)
lay on duties mit Zoll belegen (m)
lay on tax Steuer auflegen (f)
lay down einreichen
lay down terms Bedingungen formulieren (pl)
lay time Demmurage (f), Hafenliegezeit (f), Liegetage (pl), Liegezeit (f), Stehzeit (f), Überliegezeit (f), Wartezeit (f)
lay-time statement Liegetageausstellung (f), Liegezeitaufstellung (f)
lay-away Vorausbezahlung (f)
lay-day (m) Aufenthaltsdauer (f)
lay-days Demurrage (f), Hafenliegezeit (f), Liegetage (pl), Liegezeit (f), Stehzeit (f), Überliegezeit (f), Wartezeit (f)
lay-days for discharging Liegetage für Löschen (pl), Liegezeit für Löschen (f)
lay-days for loading Liegezeit für Verschiffung (f)
lay-days for unloading Liegetage für Löschen (pl), Liegezeit für Löschen (f)
lay-days statement Liegetageausstellung (f), Liegezeitaufstellung (f)
* reversible lay days Liegetage vor der Rückreise (pl)
lay-time Demurrage (f), Hafenliegezeit (f), Liegetage (pl), Liegezeit (f), Stehzeit (f), Überliegezeit (f), Wartezeit (f)
lead treiben
lead Führerschaft (f)
lead time for procurement Bestellungszyklus (m)

* delivery lead time Lieferungszyklus (m)
loading lead time Verladezyklus (m)
leader Leader (m)
leadership Führerschaft (f)
market leadership Marktführerschaft (f)
leading führend
leading company herrschendes Unternehmen (n)
leads Zollverschlüsse (pl)
leads and lags Leads and Lags (n), Vorsprünge und Rückstände (pl/pl)
* affix the leads mit einer Plombe verschließen (f), mit einer Plombe versehen (f)
customs lead zollamtlicher Bleiverschluss (m), Zollplombe (f), Zollsiegel (n)
seal with lead mit einer Plombe verschließen (f), mit einer Plombe versehen (f)
leaflet Flugblatt (n)
leak Leck (n), Leckstelle (f)
leak damage Leckage (f), Sickerverlust (m)
leak insurance Sickerverlustversicherung (f), Versicherung gegen Leckage (f)
leakage Leck (n), Leckage (f), Leckagebonifikation (f), Leckstelle (f), Rinnverlust (m)
leakage damage Leckage (f), Sickerverlust (m)
leakage insurance Sickerverlustversicherung (f), Versicherung gegen Leckage (f)
leakage loss Sickerverlust (m), Verlust durch Leckage (m)
leakage risk Leckagerisiko (n), Sickerverlustrisiko (n)
* insurance against leakage Leckageversicherung (f)
loss by leakage Sickerverlust (m), Verlust durch Leckage (m)
risk of leakage Leckrisiko (n)
lease vermieten
lease Verpachtung (f)
lease contract Pachtvertrag (m)
lease term Pachtbedingungen (pl)
* contract of lease Mietvertrag (m)
duration of a lease Pachtdauer (f)
inception of the lease Beginn des Mietverhältnisses (m)
long-term lease Langzeitpacht (f)
operating lease Operating-Leasing (n)
provisions of a lease Pachtbedingungen (pl)

leaseholder   **858**

ship lease Schiffsleasing *(n)*
term of a lease Pachtdauer *(f)*
time lease Zeitleasing *(n)*, Zeitleasing-Vertrag *(m)*
trip lease Reiseleasing *(n)*, Reiseleasing-Vertrag *(m)*
wet lease Transportcharter *(m)*
leaseholder Leasingnehmer *(m)*
leaser Leasinggeber *(m)*
leasing Leasing *(n)*
leasing company Leasingfirma *(f)*, Leasinggesellschaft *(f)*
leasing contract Leasingvertrag *(m)*
leasing fee Leasinggebühr *(f)*
leasing service Leasingdienst *(m)*
leasing transaction Leasinggeschäft *(n)*
* capital leasing Leasing von Anlagen *(n)*
container leasing Containerleasing *(n)*
current leasing laufendes Leasing *(n)*
direct leasing direktes Leasing *(n)*
export leasing Exportleasing *(n)*
finance leasing Finanzierungsleasing *(n)*, Finanzleasing *(n)*
financial leasing Finanzierungsleasing *(n)*, Finanzleasing *(n)*
gross leasing Bruttoleasing *(n)*
indirect leasing indirektes Leasing *(n)*
net leasing Nettoleasing *(n)*, Netto-Leasing *(n)*
operating leasing jederzeit kündbarer Leasing-Vertrag *(m)*, Operating-Leasing *(n)*
personnel leasing Personal-Leasing *(n)*
subject of leasing Leasingobjekt *(n)*
least kleinste
least wait minimale Wartezeit *(f)*
ledger *(Buchhaltung)* Hauptbuch *(n)* **2.** Register *(n)*, Verzeichnis *(n)*
purchases ledger Einkaufsbuch *(n)*
legal gesetzlich, juristisch, rechtlich **2.** amtlich, offiziell
legal act rechtliche Handlung *(f)*, Rechtshandlung *(f)*
legal address juristische Adresse *(f)*
legal advice juristische Konsultation *(f)*, rechtlicher Beistand *(m)*
legal adviser juristischer Berater *(m)*, Rechtsberater *(m)*
legal agent gesetzlicher Vertreter *(m)*, Prozessvertreter *(m)*, Rechtsvertreter *(m)*

legal aid rechtlicher Beistand *(m)*, Rechtshilfe *(f)*
legal basis rechtliche Grundlage *(f)*, Rechtsbegründung *(f)*
legal capacity Geschäftsfähigkeit *(f)*, Handlungsfähigkeit *(f)*, Rechtsfähigkeit *(f)*, Rechtsgeschäftsfähigkeit *(f)*
legal claim gesetzlicher Anspruch *(m)*
legal competence Geschäftsfähigkeit *(f)*
legal cost Gerichtskosten *(pl)*
legal counsellor juristischer Berater *(m)*, Rechtsberater *(m)*
legal decision Gerichtsbeschluss *(m)*, Rechtsspruch *(m)*
legal department juristische Abteilung *(f)*, Rechtsabteilung *(f)*
legal document juristisches Dokument *(n)*, Rechtsdokument *(n)*
legal domicile ständiger Aufenthaltsort *(m)*, Wohnsitz *(m)*
legal entity juristische Person *(f)*, Körperschaft *(f)*, Rechtsperson *(f)*
legal entity name juristische Bezeichnung der Firma *(f)*
legal expert juristischer Sachverständiger *(m)*, Rechtsberater *(m)*, Rechtsexperte *(m)*, Rechtskonsultant *(m)*
legal fee Gerichtsgebühr *(f)*, Rechtsanwaltsgebühr *(f)*
legal force Rechtswirksamkeit *(f)*
legal form gesetzliche Form *(f)*, Rechtsform *(f)*
legal formalities Rechtsformalitäten *(pl)*
legal formula juristische Formel *(f)*
legal foundation juristische Grundlage *(f)*, rechtliche Voraussetzung *(f)*
legal ground juristische Grundlage *(f)*, rechtliche Grundlage *(f)*, rechtliche Voraussetzung *(f)*
legal guarantee gesetzliche Garantie *(f)*, rechtliche Sicherheit *(f)*
legal holiday gesetzlicher Feiertag *(m)*
legal incapacity fehlende Rechtsfähigkeit *(f)*, Rechtsunfähigkeit *(f)*
legal instruments gesetzliche Mittel *(pl)*
legal interest gesetzlicher Zinssatz *(m)*
legal interpretation Auslegung eines Gesetzes *(f)*, Gesetzesinterpretation *(f)*
legal liability rechtliche Haftung *(f)*, rechtliche Verantwortlichkeit *(f)*
legal market legaler Markt *(m)*
legal norm Rechtsnorm *(f)*

legal offence Rechtsverletzung *(f)*, Übertretung einer Vorschrift *(f)*, Vergehen *(n)*
legal opinion juristisches Gutachten *(n)*, Rechtsansicht *(f)*, Rechtsauffassung *(f)*, Rechtsgutachten *(n)*
legal order gesetzliche Ordnung *(f)*, Rechtsordnung *(f)*
legal person juristische Person *(f)*, Körperschaft *(f)*
legal personality Rechtspersönlichkeit *(f)*
legal procedure gerichtliche Verfolgung *(f)*, Gerichtsverfahren *(n)*, Schiedsgerichtsverfahren *(n)*
legal proceedings gerichtliche Verfolgung *(f)*, gerichtlicher Prozess *(m)*, Gerichtsverfahren *(n)*, Prozess *(m)*
legal protection rechtlicher Schutz *(m)*, Rechtsschutz *(m)*, Wahrung der Rechte *(f)*
legal quay Zollkai *(m)*
legal rate of exchange amtlicher Kurs *(m)*, offizieller Kurs *(m)*
legal rate of interest gesetzlicher Zinsfuss *(m)*
legal recognition De-jure-Anerkennung *(f)*, rechtliche Anerkennung *(f)*
legal relation Rechtsverhältnis *(n)*
legal relations Rechtsverkehr *(m)*
legal relationship Rechtsverhältnis *(n)*
legal representative gesetzlicher Vertreter *(m)*, Rechtsvertreter *(m)*
legal requirements rechtliche Anforderungen *(pl)*
legal responsibility rechtliche Haftung *(f)*, rechtliche Verantwortlichkeit *(f)*
legal rule Rechtsvorschrift *(f)*
legal sanctions juristische Sanktionen *(pl)*
legal situation Gesetzeslage *(f)*, Rechtszustand *(m)*
legal standing Rechtsstatus *(m)*
legal status Gesetzeslage *(f)*, Rechtsstatus *(m)*, Rechtszustand *(m)*
legal system Justizsystem *(n)*, Rechtssystem *(n)*
legal tare gesetzliche Tara *(f)*
legal title Rechtsanspruch *(m)*, Rechtstitel *(m)*
legal trade gesetzlicher Handel *(m)*, legaler Handel *(m)*
legal transaction Rechtsgeschäft *(n)*
conduct of a legal transaction Rechtsverkehr *(m)*
invalidity of legal transaction Unwirksamkeit eines Rechtsgeschäfts *(f)*

security and certainty of legal transactions Sicherheit des Rechtsverkehrs *(f)*
legal validity Rechtswirksamkeit *(f)*
legal weight gesetzliches Gewicht *(n)*, Zollgewicht *(n)*
legal wharf Zollkai *(m)*, Zollmole *(f)*
legality Gesetzmäßigkeit *(f)*, Rechtmäßigkeit *(f)*
legality of a document Rechtmäßigkeit des Dokuments *(f)*
legalization Legalisierung *(f)*
legalization of documents Authentifikation von Dokumenten *(f)*, Legalisierung der Urkunden *(f)*
legalization of weight Gewichtslegalisierung *(f)*
* compulsory legalization obligatorische Legalisierung *(f)*
conditional legalization bedingte Legalisierung *(f)*
consular legalization Konsularbestätigung *(f)*
obligatory legalization obligatorische Legalisierung *(f)*
unconditional legalization bedingungslose Legalisation *(f)*
legalize amtlich beglaubigen, beglaubigen, bestätigen, gerichtlich beglaubigen, legalisieren
legalize a copy Kopie legalisieren *(f)*
legalize a document Dokument legalisieren *(n)*
legalized beglaubigt, bestätigt
legalized document beglaubigtes Dokument *(n)*
legalized invoice beglaubigte Rechnung *(f)*, legalisierte Rechnung *(f)*
legalized signature beglaubigte Unterschrift *(f)*
legally gesetzlich, rechtlich
legally binding rechtsverbindlich
legally bound gesetzlich verpflichtet
legally due gesetzlicher Abgabenbetrag *(m)*
legislation Gesetzgebung *(f)*
bank legislation Bankgesetzgebung *(f)*
binding legislation verbindliche Rechtsvorschriften *(pl)*
commercial legislation Handelsgesetzgebung *(f)*

Community legislation Gemeinschaftsvorschriften *(pl)*
currency legislation Devisengesetzgebung *(f)*
excise legislation Verbrauchssteuergesetzgebung *(f)*
fiscal legislation Steuergesetzgebung *(f)*
insurance legislation Versicherungsgesetzgebung *(f)*
maritime legislation Seegesetzbuch *(n)*
national legislation innerstaatliches Recht *(n)*
patent legislation Patentgesetzgebung *(f)*
contravention of the patent legislation Patentrechtsverletzung *(f)*, Patentverletzung *(f)*
shipping legislation Schifffahrtsrecht *(n)*
tariff legislation Zollgesetzgebung *(f)*, zollrechtliche Vorschriften *(pl)*
tax legislation steuerrechtliche Vorschriften *(pl)*
trade legislation Handelsgesetzgebung *(f)*

legislative legislatorisch
legislative requirements legislatorische Anforderungen *(pl)*

legitimate gesetzmäßig, legitim, rechtens, gesetzlich, rechtlich

lend Darlehen aufnehmen *(n)*
lend on goods gegen Warenkaution leihen *(f)*, gegen Warenpfand leihen *(n)*

lender Darlehensgeber *(m)*, Geldgeber *(m)*, Kreditgeber *(m)*, Verleiher *(m)*

lending Kredit *(m)*
lending bank Gläubigerbank *(f)*
lending policy Kreditpolitik *(f)*
lending rate Diskontsatz *(m)*, Lombardsatz *(m)*
cut in the minimum lending rate Senkung des Diskontsatzes *(f)*
minimum lending rate cut Diskontsatzherabsetzung *(f)*
soft lending rate Vorzugszinssatz *(m)*
lending stop Einstellung der Kreditierung *(f)*
* ceiling restrictions on lending Kreditgrenze *(f)*, Kreditlimit *(n)*, Kreditplafond *(m)*
discount lending Diskontkredit *(m)*

length Länge *(f)*
length of berth Kailänge *(f)*
length of a guarantee Garantiedauer *(f)*, Gültigkeit der Garantie *(f)*
length of haul Beförderungsentfernung *(f)*, Transportentfernung *(f)*

length of warranty Garantiezeitraum *(m)*
length on the designed load waterline Länge in der Wasserlinie *(f)*
length over all Gesamtlänge *(f)*, Länge über alles *(f)*
* extreme length Maximallänge *(f)*
Lloyd's length Lloyd's-Länge *(f)*
overall length Gesamtlänge *(f)*
overall length Länge über alles *(f)*
permissible length zulässige Länge *(f)*
tonnage length Tonnagelänge *(f)*
trailer length Länge des Trailers *(f)*

lessee Leasingnehmer *(m)*, Mieter *(m)*
lessor Leasinggeber *(m)*

less wenig
less-than container load weniger als eine Containerladung *(f)*
less-than-carload freight Sammelgutsendung *(f)*
handling of less-than-carload freight Stückgüterfrachtumschlag *(m)*
less-than-carload lot Sammelcontainerfracht *(f)*, Teilcontainerladung *(f)*, weniger als Containerladung *(f)* **2.** Massengut *(n)*, Sammelgut *(n)*, Stückfracht *(f)*
less-than-carload rate Stückeisenbahnfrachtsatz *(m)*, Stückgutfrachtsatz *(m)*
less-than-carload rates Frachttarif für Stückgut *(m)*
less-than-carload shipment Frachtstückgut *(n)*, Stückgutsendung *(f)*
less-than-truckload lot Generalkargo *(m)*, Massengut *(n)*, Stückgutladung *(f)*
less than wagon load freight tariff Stückguttarif *(m)*

letter *(document)* Schreiben *(n)*
letters arrival Eingang der Korrespondenz *(m)*, Eingang des Briefwechsels *(m)*
letters incoming Eingang der Korrespondenz *(m)*, Eingang des Briefwechsels *(m)*
letter of acceptance Annahmeschreiben *(n)*
letter of advice Aviso *(n)*, briefliche Benachrichtigung *(f)*
letter of attorney Bevollmächtigung *(f)*, schriftliche Vollmacht *(f)*
letter of authority Ermächtigungsschreiben *(n)*
letter of complaint schriftliche Reklamation *(f)*
letter of confirmation Schlussbrief *(m)*
letter of credence Beglaubigungsschreiben *(n)*

letter of credit Akkreditiv (n), Dokumenten-akkreditiv (n) **2.** Kreditbrief (m)

acceptance letter of credit Akzeptak-kreditiv (n)

acceptance of letter of credit Akkre-ditivbestätigung (f)

advice of exhaust a letter of credit Avis über Inanspruchnahme eines Akkreditivs (n)

advise a letter of credit Akkreditiv avi-sieren (n)

advised letter of credit Spezialkredit-brief (m)

　special advised letter of credit be-sondere Avisierung des Akkreditivs (n)

　unconfirmed advised letter of credit unbestätigtes avisierendes Akkreditiv (n)

amend a letter of credit Akkreditiv kor-rigieren (n)

amendment to a letter of credit Ab-änderung eines Akkreditivs (f)

amount of a letter of credit Akkredi-tivbetrag (m), Akkreditivsumme (f)

　initial amount of letter of credit An-fangsbetrag des Akkreditivs (m)

amount of drawing under a letter of credit Akkreditivbetrag (m)

annul a letter of credit Akkreditiv wi-derrufen (n)

application for letter of credit Akkre-ditiveröffnungsantrag (m), Beantragung der Akkreditiveröffnung (f)

assignable letter of credit transfera-beles Akkreditiv (n)

authenticity of letter of credit Akkre-ditivauthentizität (f)

back-to-back letter of credit Gegen-akkreditiv für inländische Lieferanten (n)

balance of letter of credit Akkreditiv-betragsrest (m)

balance of letter of credit Akkreditiv-saldo (m)

banker confirmed letter of credit von der Bank bestätigtes Akkreditiv (n)

banker's letter of credit Bankakkreditiv (n)

blank letter of credit Blankoakkreditiv (n)

cancel a letter of credit Akkreditiv annul-lieren (n), Akkreditiv rückgängig machen (n)

cancellation of a letter of credit Ak-kreditivzurückziehung (f)

ceiling of letter of credit Akkreditiv-grenze (f), Akkreditivplafond (m)

change of letter of credit Akkreditiv-veränderung (f)

circular letter of credit Reisekreditbrief (m), Rundreisekreditbrief (m), Zirkularkreditbrief (m)

clean letter of credit Barakkreditiv (n), einfaches Akkreditiv (n), offenes Akkreditiv (n), reines Akkreditiv (n)

commercial letter of credit Dokument-akkreditiv (n), dokumentarisches Akkredi-tiv (n), Warenakkreditiv (n)

　ceiling commercial letter of credit Akkreditivgrenze (f), Akkreditivplafond (m)

confirm a letter of credit Akkreditiv be-stätigen (n)

confirmed irrevocable letter of credit bestätigtes unwiderrufliches Akkreditiv (n)

confirmed letter of credit bestätigtes Akkreditiv (n)

copy of letter of credit Akkreditivdup-likat (n), Doppelakkreditiv (n)

countervailing letter of credit Kom-pensationsakkreditiv (n)

cover of a letter of credit Deckung eines Akkreditivs (f)

covered letter of credit gedecktes Ak-kreditiv (n)

cumulative letter of credit Kumulations-akkreditiv (n)

date of issue of a letter of credit Ak-kreditivgestellungstag (m), Eröffnungsdatum des Akkreditivs (n), Gestellungstag des Akkreditivs (m)

discount letter of credit Diskontakkre-ditiv (n)

divisible letter of credit Teilakkreditiv (n), teilbares Akkreditiv (n)

draw a letter of credit Akkreditiv aus-stellen (n), Akkreditiv einräumen (n), Akkre-ditiv eröffnen (n)

drawer of a letter of credit Akkreditiv-aussteller (m)

establish a letter of credit Akkreditiv ausstellen (n), Akkreditiv stellen (n)

exhaust a letter of credit Akkreditiv ausschöpfen (n)

advice of exhaust a letter of credit Avis über Inanspruchnahme eines Akkreditivs *(n)*

exhaustion a letter of credit Verwertung des Akkreditivs *(f)*

expiry of the letter of credit Akkreditiv-Ablauf *(m)*

export letter of credit Exportakkreditiv *(n)*

extend a letter of credit Akkreditiv erneuern *(n)*, Akkreditiv verlängern *(n)*, Gültigkeit des Akkreditivs verlängern *(f)*

extended letter of credit Revolvingakkreditiv *(n)*

extension of a letter of credit Akkreditivverlängerung *(f)*, Prolongation eines Akkreditivs *(f)*

general letter of credit Reisekreditbrief *(m)*, Zirkularkreditbrief *(m)*

genuineness of letter of credit Akkreditiveinheit *(f)*

get money off a letter of credit Geld vom Akkreditiv abheben *(n)*

green clause letter of credit Akkreditiv mit "grüner Klausel" *(n)*

guarantee letter of credit Garantieakkreditiv *(n)*

holder of a letter of credit Akkreditivbesitzer *(m)*, Akkreditivhalter *(m)*, Besitzer des Akkreditivs *(m)*

increase a letter of credit Akkreditiv erhöhen *(n)*

indivisible letter of credit unteilbares Akkreditiv *(n)*

installment letter of credit Akkreditiv mit Ratenzahlung *(n)*

instruction to open a letter of credit Akkreditiveröffnungsauftrag *(m)*, Anweisung zur Eröffnung eines Akkreditivs *(f)*

invalid letter of credit ungültiges Akkreditiv *(n)*

irrevocable documentary letter of credit unwiderrufliches Akkreditiv *(n)*

irrevocable letter of credit unwiderrufliches Akkreditiv *(n)*

issuance of a letter of credit Stellung eines Akkreditivs *(f)*

issue a letter of credit Akkreditiv ausstellen *(n)*, Akkreditiv einräumen *(n)*, Akkreditiv eröffnen *(n)*

issue of a letter of credit Stellung eines Akkreditivs *(f)*

date of issue of a letter of credit Akkreditivgestellungstag *(m)*, Eröffnungsdatum des Akkreditivs *(n)*, Gestellungstag des Akkreditivs *(m)*

limited letter of credit begrenztes Akkreditiv *(n)*

long-term letter of credit langfristiges Akkreditiv *(n)*

modification of a letter of credit Akkreditiveränderung *(f)*

modify a letter of credit Akkreditiv korrigieren *(n)*

money letter of credit Geldakkreditiv *(n)*, reines Akkreditiv *(n)*

negotiable letter of credit transferabeles Akkreditiv *(n)*, übertragbares Akkreditiv *(n)*

non-renewable letter of credit nicht revolvierendes Akkreditiv *(n)*

non-transferable letter of credit nicht übertragbares Akkreditiv *(n)*

notification of a letter of credit Avis über Eröffnung eines Akkreditivs *(m)*, Avis über Inanspruchnahme eines Akkreditivs *(m)*, Avisierung des Akkreditivs *(f)*

on-sight letter of credit Inhaberakkreditiv *(n)*

open a letter of credit Akkreditiv ausstellen *(n)*, Akkreditiv einräumen *(n)*, Akkreditiv stellen *(n)*

open letter of credit offenes Akkreditiv *(n)*

instruction to open a letter of credit Akkreditiveröffnungsauftrag *(m)*, Anweisung zur Eröffnung eines Akkreditivs *(f)*

opening of letter of credit Akkreditiveröffnung *(f)*, Akkreditivgestellung *(f)*, Akkreditivstellung *(f)*, Eröffnung eines Akkreditivs *(f)*

application for opening a letter of credit Akkreditiveröffnungantrag *(m)*, Beantragung der Akkreditiveröffnung *(f)*

delay in opening a letter of credit verzögerte Akkreditiveröffnung *(f)*

original of letter of credit Originalakkreditiv *(n)*

owner of a letter of credit Akkreditivinhaber *(m)*, Besitzer des Akkreditivs *(m)*

pay by a letter of credit durch Akkreditiv zahlen *(n)*

payee of a letter of credit Akkreditierter *(m)*, Begünstigte eines Kreditbriefes *(m)*

payment by a letter of credit Zahlung aus dem Akkreditiv *(f)*, Zahlung durch Akkreditiv *(f)*

payment in the form of a letter of credit Zahlung aus dem Akkreditiv *(f)*, Zahlung durch Akkreditiv *(f)*

payment of letter of credit guarantee Zahlungsgarantie für Akkreditiv *(f)*

payment through a letter of credit Zahlung durch Akkreditiv *(f)*, Zahlung mittels Akkreditivs *(f)*, Zahlung per Akkreditiv *(f)*

prolong a letter of credit Akkreditiv erneuern *(n)*, Gültigkeit des Akkreditivs verlängern *(f)*

prolongation of a letter of credit Akkreditivverlängerung *(f)*, Prolongation eines Akkreditivs *(f)*

red clause letter of credit Akkreditiv mit „roter Klausel" *(n)*

reimbursement letter of credit Remboursakkreditiv *(n)*

renewable letter of credit sich automatisch erneuerndes Akkreditiv *(n)*

reopening of a letter of credit Erneuerung des Akkreditivs *(f)*

reverse side of letter of credit Rückseite des Akkredditives *(f)*

revocation of a letter of credit Widerruf des Akkreditivs *(m)*

revoke a letter of credit Akkreditiv zurückziehen *(n)*

revolving letter of credit Revolvingakkreditiv *(n)*, sich automatisch erneuerndes Akkreditiv *(n)*

settlement by letters of credit Bezahlung durch Akkreditiv *(f)*

settlement of account by letters of credit Bezahlung durch Akkreditiv *(f)*

sight letter of credit Akkreditiv mit Trattenzahlung *(n)*, Barakkreditiv *(n)*, Sichtakkreditiv *(n)*

simple letter of credit einfaches Akkreditiv *(n)*, einmalig gestelltes Akkreditiv *(n)*

special letter of credit Barakkreditiv *(n)*

standby letter of credit Bankbürgschaft in Akkreditivform *(f)*, Reserveakkreditiv *(n)*

telegraphic letter of credit telegrafisch gestelltes Akkreditiv *(n)*

transfer of letter of credit Überweisung eines Akkreditivs *(f)*

transferable letter of credit betragbares Akkreditiv *(n)*, transferabeles Akkreditiv *(n)*, Transferakkreditiv *(n)*, übertragbares Akkreditiv *(n)*

transmissible letter of credit betragbares Akkreditiv *(n)*, Transferakkreditiv *(n)*

traveller's letter of credit Geldakkreditiv *(n)*, reines Akkreditiv *(n)*, Reisenkreditbrief *(m)*

unconfirmed letter of credit unbestätigtes Akkreditiv *(n)*

> **irrevocable unconfirmed letter of credit** unbestätigtes, unwiderrufliches Akkreditiv *(n)*

uncovered letter of credit ungedecktes Akkreditiv *(n)*

unlimited letter of credit unbefristetes Akkreditiv *(n)*

use of letter of credit Verwertung des Akkreditivs *(f)*

utilize a letter of credit Akkreditiv ausnutzen *(n)*

validity of a letter of credit Gültigkeit des Akkreditivs *(f)*, Gültigkeitsdauer des Akkreditivs *(f)*

withdraw a letter of credit Akkreditiv widerrufen *(n)*, Akkreditiv zurückziehen *(n)*

letter of credit ceiling Akkreditivgrenze *(f)*, Akkreditivplafond *(m)*

letter of credit conditions Akkreditivbedingungen *(pl)*

letter of credit drawn on ausgestelltes Akkreditiv *(n)*

letter of credit notification Akkreditivanzeige *(f)*, Avis über Eröffnung eines Akkreditivs *(m)*

letter of credit payable in freely convertible currency Akkreditiv mit Zahlung in frei konvertierbarer Währung *(n)*

letter of credit period Gültigkeitsdauer des Akkreditivs *(f)*

letter of credit valid for ... Akkreditiv mit einer Gültigkeitsdauer bis zum ... *(n)*

letter of credit without time-limit unbefristetes Akkreditiv *(n)*
letter of delegation Inkassoauftrag *(m)*
letter of deposit Depositenschein *(m)*, Depotquittung *(f)*, Empfangsbestätigung *(f)*
  indorsement of letter of deposit Indossament des Depositenzertifikats *(n)*, Indossament des Lagerempfangsscheins *(n)*, Indossament des Warenscheins *(n)*
letter of guarantee Garantie für Kreditrückzahlung *(f)*, Garantiebrief *(m)*, Garantieschein *(m)*
letter of guaranty Garantieschreiben *(n)*
letter of hypothecation Depositenschein *(m)*, Hypothekenpfandbrief *(m)*, Verpfändungserklärung *(f)*
letter of instruction Disposition für Spediteur *(f)*, Instruktion für Spediteur *(f)*, Vorschrift für Spediteur *(f)*
  shipper's letter of instruction Beladevorschrift *(f)*, Verladebestimmung *(f)*, Verladerinstruktion *(f)*
letter of intent Absichtserklärung *(f)*
letter of introduction Empfehlungsbrief *(m)*, Empfehlungsschreiben *(n)*
letter of marque Kaperbrief *(m)*
letter of reminder Erinnerungsschreiben *(n)*, Mahnschreiben *(n)*, Mahnung *(f)*
letter of security Garantiebrief *(m)*, Garantieschein *(m)*
letter of subrogation Abtretungsurkunde *(f)*, Zessionsurkunde *(f)*
letter order Bestellbrief *(m)*, Postauftrag *(m)*
letter post Schreiben *(n)*
* **accompanying letter** Begleitschreiben *(n)*
acknowledge a letter Empfang eines Briefes bestätigen *(m)*, Erhalt eines Schreibens bestätigen *(m)*
acknowledge a receipt of letter Empfang eines Briefes bestätigen *(m)*, Erhalt eines Schreibens bestätigen *(m)*
address a letter Brief adressieren *(m)*
address for letters Nachsendeadresse *(f)*
advise by letter schriftlich anzeigen
bottomry letter Bodmereibrief *(m)*, Schiffspfandbrief *(m)*
business letter Geschäftsbrief *(m)*, Handelsbrief *(m)*
claim letter schriftliche Reklamation *(f)*
commendatory letter Empfehlungsbrief *(m)*, Empfehlungsschreiben *(n)*

commercial letter Geschäftsbrief *(m)*, Handelsbrief *(m)*
commission letter Bestellungsbrief *(m)*
confirmation by letter schriftliche Bestätigung *(f)*
covering letter Begleitbrief *(m)*, Begleitschreiben *(n)*
date of receipt of a letter Empfangsdatum des Schriftstückes *(n)*
delivery letter Exportgutschein *(m)*
dunning letter Mahnschreiben *(n)*, Zahlungsaufforderung *(f)*
duplicate letter Briefabschrift *(f)*
express letter Expressbrief *(m)*
prepaid letter frankierter Brief *(m)*, Frankobrief *(m)*
registered letter eingeschriebener Brief *(m)*, Einschreibebrief *(m)*, Einschreibesendung *(f)*
request letter Akkreditiveröffnungsauftrag *(m)*
stamped letter frankierter Brief *(m)*, Frankobrief *(m)*

letter-head Firmenbogen *(m)*, Firmenbriefbogen *(m)*

letting Vermietung *(f)*

level Niveau *(n)*
level 1 simplified procedure vereinfachtes Verfahren der Stufe 1 *(n)*
level 2 simplified procedure vereinfachtes Verfahren der Stufe 2 *(n)*
level down prices Preis senken *(m)*
level of ceiling Höhe des Plafonds *(f)*
level of prices Preishöhe *(f)*
  level of prices at wholesale Großhandelspreisniveau *(n)*
level of quota Kontingenthöhe *(f)*
level of stock Vorratsniveau *(n)*
level of tax Höhe der Abgaben *(f)*
* **minimum level** Mindestlevel *(n)*
price level adjustment Preisangleichung *(f)*
  equation of prices levels Preisangleichung *(f)*
  management of the price level Preisniveauregulierung *(f)*
profit level Profitniveau *(n)*
quality level Qualitätsniveau *(n)*
  acceptable quality level annehmbare Qualitätslage *(f)*
rates level Kursniveau *(n)*
risk level Höhe des Risikos *(f)*
staff level Beschäftigtenzahl *(f)*

stock level Vorratsniveau *(n)*
tariff level Tarifniveau *(n)*
wholesale level Großhandelspreisniveau *(n)*
level out begleichen
level up erhöhen
level up price Preis erhöhen *(m)*
levy einfordern, eintreiben, einziehen
levy a duty Zoll einziehen *(m)*, Zoll erheben *(m)*
levy a monetary compensatory amount Währungsausgleichsbetrag erheben *(m)*
levy customs duties Zollgebühren erheben *(pl)*
levy duty of excise Verbrauchssteuer auferlegen *(f)*
levy inland duty Akzise auferlegen *(f)*, mit Akzise belegen *(f)*
levy taxes Steuern aufbürden *(pl)*
levy Einnahme *(f)*, Einziehung *(f)*,
levy of a duty Zolleinnahme *(f)*, Zolleinziehung *(f)*, Zollerhebung *(f)*
levy of a tax Versteuerung *(f)*
levy of the taxes Erhebung der Steuern *(f)*, Erhebung von Steuern *(f)*
* **customs levy** Zollerhebung *(f)*
export levy Ausfuhrgebühr *(f)*, Exportabgabe *(f)*, Exportsteuer *(f)*
import levy *(EU)* Abschöpfung bei der Einfuhr *(f)*, Einfuhrabgabe *(f)*, Einfuhrabschöpfung *(f)*
minimum levy Mindestgebühr *(f)*
special levy Sonderabgabe *(f)*
supplementary levy Ergänzungsabgabe *(f)*
tax levy Einziehung von Steuern *(f)*
levying Erhebung *(f)*
levying of customs duties Erhebung von Zöllen *(f)*
levying of duties Zollerhebung *(f)*
levying of taxes Erhebung der Steuern *(f)*
liability Forderung *(f)*, Schuld *(f)* **2.** Haftpflicht *(f)*, Verantwortlichkeit *(f)*, Verbindlichkeit *(f)*
liability and responsibilities Haftung und Verantwortlichkeit *(f)*
liability deriving from guarantee Garantiehaftung *(f)*
liability deriving from guarantee Haftung aus Garantievertrag *(f)*
liability for a late performance Verzugshaftung *(f)*
liability for a tax Abgabenpflicht *(f)*

liability for damages Ersatzpflicht *(f)*
liability for third parties Haftung für Dritte *(f)*, Haftung für dritte Personen *(f)*
liability insurance Versicherung gegen zivilrechtliche Verantwortlichkeit *(f)*
liability of acceptor Haftung des Akzeptanten *(f)*
liability of carrier by rail Haftung des Eisenbahnfrachtführers *(f)*
liability of cartage contractour Befördererhaftung *(f)*, Transporthaftung *(f)*
liability of confirming bank Haftung der bestätigenden Bank *(f)*
liability of consigner Konsignanthaftung *(f)*, Verfrachterhaftung *(f)*
liability of freight contractour Frachtführerhaftung *(f)*, Haftpflicht des Frachtführers *(f)*
liability of the guarantor Haftung des Bürgen *(f)*
liability of issuing bank Haftung der anweisenden Bank *(f)*
liability of ship holder Haftung der Reeder *(f)*
liability of shipowner Haftung der Schiffsreederei *(f)*, Reedereihaftung *(f)*
liability of ship's charterer Haftung des Charterers *(f)*, Schiffsmieterhaftung *(f)*
liability of ship's operator Haftung der Schiffsreederei *(f)*, Reedereihaftung *(f)*
liability on a bill Wechselhaftung *(f)*
liability on bills of exchange Wechselverbindlichkeit *(f)*
liability to adjustment of the damage Schadensersatzpflicht *(f)*
liability to compensation of the damage Schadenshaftung *(f)*
liability to duty Zollschuld *(f)*
liability to pay Zahlungspflicht *(f)*, Zahlungsverbindlichkeit *(f)*, Zahlungsverpflichtung *(f)*
liability to pay customs duties Zollschuld *(f)*
* **absolute liability** Gefährdungshaftung *(f)*, unbegrenzte Haftung *(f)*
acceptance liability Akzeptverbindlichkeit *(f)*
agent's liability Haftung des Agenten *(f)*
air liability Luftverkehrshaftung *(f)*
balance of external claims and liabilities Auslandsverschuldungsbilanz *(f)*
cartage contractor's liability Haftpflicht des Transporteurs *(f)*, Transporthaftung *(f)*
carrier's liability Frachtführerhaftung *(f)*, Haftpflicht des Frachtführers *(f)*

limit of carrier's liability Frachtführershaftungsgrenze *(f)*
marine carrier's liability Haftung des
Verfrachters *(f)*
charterer's liability Güterversenderhaftung *(f)*
civil liability zivilrechtliche Haftpflicht *(f)*,
zivilrechtliche Verantwortung *(f)*
collective liability gemeinsame Haftung *(f)*,
Gesamthaftung *(f)*
combined transport operator's liability
Gesamtfrachtführer verantwortlich für den
Gesamttransport *(m)*
contract a liability Verpflichtung eingehen *(f)*
contract liability Verpflichtung aus dem
Vertrag *(f)*, Vertragspflicht *(f)*
contractual liability Haftung aus Kontrakt *(f)*,
Haftung aus Vertrag *(f)*, kontraktliche Haftung *(f)*, vertragliche Haftung *(f)*, Vertragshaftung *(f)*
current liabilities fällige Verbindlichkeit *(f)*,
laufende Verpflichtungen *(pl)*
discharge from liability Befreiung von der
Haftung *(f)*, Haftungsausschluss *(m)*
exception from liability Befreiung von der
Haftung *(f)*, Haftungsausschluss *(m)*
exemption of liability clause Haftungsbefreiungsklausel *(f)*, Klausel „Haftungsfreilassung" *(f)*
freighter's liability Abladerhaftung *(f)*, Befrachterhaftung *(f)*, Haftung des Absenders *(f)*
incur liability Verpflichtung eingehen *(f)*
insurance liability Versicherungshaftung *(f)*
personal liability insurance Haupflichtversicherung *(f)*
public liability insurance Haftpflichtversicherung *(f)*
insurer's liability Haftpflicht des Versicherers *(f)*
limit of insurer's liability Versicherershaftungsgrenze *(f)*
joint and several liability gemeinsame
Haftung *(f)*, Gesamthaftung *(f)*, gesamtschulderische Haftung *(f)*, gesamtschulderische Verpflichtung *(f)*, solidarische Haftung *(f)*, Solidarverpflichtung *(f)*
legal liability rechtliche Haftung *(f)*, rechtliche Verantwortlichkeit *(f)*
limit of liability Haftungsgrenze *(f)*, Haftungslimit *(n)*
limitation of liability Haftungsbeschränkung *(f)*

limitation of liability clause Einschlussklausel *(f)*
limited liability beschränkte Haftung *(f)*
limited liability company Gesellschaft mit
beschränkter Haftung *(f)*
loader's liability Abladerhaftung *(f)*, Haftung
des Absenders *(f)*
merchant's liability Verfrachterhaftung *(f)*
network liability Netzhaftung *(f)*, Netzverantwortung *(f)*
outstanding liability Schuldforderung *(f)*
outstanding tax liability rückständige Abgabe *(f)*
owner's liability Haftung der Schiffsbesitzer *(f)*, Reedereihaftung *(f)*
partial liability Teilhaftung *(f)*
personal liability zivilrechtliche Haftpflicht *(f)*,
zivilrechtliche Verantwortung *(f)*
product liability Produkthaftung *(f)*
public liability zivilrechtliche Haftung *(f)*
scope of liability Haftungsumfang *(m)*
ship's charterer liability Haftung des Charterers *(f)*, Schiffsmieterhaftung *(f)*
ship owner's liability Haftung der Schiffsbesitzer *(f)*, Schiffsbesitzerhaftung *(f)*
shipowner's liability Haftung der Schiffsbesitzer *(f)*, Reedereihaftung *(f)*
shipper's liability Güterversenderhaftung *(f)*
tax liability Steuerpflicht *(f)*, Steuerverbindlichkeit *(f)*, Steuerverpflichtung *(f)*
third party liability dritter Personenhaftung *(f)*
trade liability Handelsverpflichtung *(f)*
wharfowner's liability Kaibesitzerhaftung *(f)*
without liability ohne Obligo *(n)*, unverbindlich

liable verantwortlich
liable in damage verantwortlich für Schaden *(m)*
liable to duty zollpflichtig
liable to export duties (goods) ausfuhrabgabenpflichtig

liberalization Liberalisierung *(f)*
liberalization of commerce Handelsliberalisierung *(f)*, Liberalisierung des Handels *(f)*
liberalization of economy Wirtschaftsliberalisierung *(f)*
liberalization of imports Importliberalisierung *(f)*
liberalization of prices Preisliberalisierung *(f)*
liberalization of trade Handelsliberalisierung *(f)*

* **price liberalisation** Preisliberalisierung (f)
investment liberalization Investitionsliberalisierung (f)
trade liberalization Liberalisierung des Handels (f)
liberalize liberalisieren
liberty Freiheit (f)
liberties clause Sonderrechtsklausel (f)
licence konzessionieren
licence Lizenz (f) **2.** Bewilligung (f), Erlaubnis (f), Genehmigung (f)
licence application Antrag auf Lizenzerteilung (m), Lizenzantrag (m)
licence business Lizenzgeschäft (n)
licence charge Lizenzforderung (f)
licence contract Lizenzabkommen (n), Lizenzvertrag (m)
licence duty Lizenzgebühr (f)
licence fee Lizenzgebühr (f)
licence invoice Rechnung-Lizenz (f)
licence payment Lizenzabgabe (f), Lizenzgebühr (f), Urheberrechtsgebühr (f)
licence policy Lizenzpolitik (f)
licence pool Lizenzpool (m)
licence restrictions Lizenzbeschränkungen (pl)
licence risk Lizenzrisiko (n)
licence tax Urheberrechtsgebühr (f)
licence to sell Verkaufsgenehmigung (f), Verkaufslizenz (f)
licence trade Handel mit Lizenzen (m), Lizenzhandel (m)
licenced lizenziert
licenced warehouse lizenziertes Lager (n)
license lizenzieren, Lizenz erteilen (f), Lizenz vergeben (f)
license exports Exportbewilligung vergeben (f)
license Lizenz (f), Konzession (f), Bewilligung (f)
license conditions Lizenzbedingungen (pl)
license contract Lizenzabkommen (n), Lizenzvertrag (m)
license regulations Lizenzbestimmungen (pl)
license value Lizenzgebühr (f)
* **accompanying licence** Begleitlizenz (f)
application for a licence Antrag auf Lizenzerteilung (m), Lizenzantrag (m)
cancel a licence Genehmigung annullieren (f), Lizenz zurücknehmen (f)
compulsory licence Zwangslizenz (f)

customs licence Zolllizenz (f)
distribution licence (DL) Distributionslizenz (f)
duration of a licence Gültigkeitsdauer der Lizenz (f)
exclusive licence Alleinberechtigungslizenz (f), Alleinlizenz (f)
export licence Ausfuhrbewilligung (f), Ausfuhrerlaubnis (f), Ausfuhrgenehmigung (f), Ausfuhrlizenz (f), Exportlizenz (f)
export of licences Lizenzexport (m)
granting of a licence Lizenzgewährung (f)
import licence Einfuhrbewilligung (f), Einfuhrerlaubnis (f), Importbewilligung (f), Importgenehmigung (f), Importlizenz (f)
 general import licence allgemeine Importlizenz (f), Einfuhrerlaubnis (f)
 promise of an import licence Importlizenzpromesse (f)
 specific import licence besondere Einfuhrlizenz (f)
import of licences Import von Lizenzen (m)
issuance of a licence Lizenzausgabe (f)
issue a licence Lizenz erteilen (f), Lizenz vergeben (f)
law of licence Lizenzrecht (n)
non-exclusive licence nicht-ausschließliche Lizenz (f)
number of the EC licence Nummer der benutzten EG-Lizenzen (f)
number of the licence Nummer der Lizenz (f)
patent licence Patentlizenz (f)
period of a licence Lizenzdauer (f)
quota administered through licences durch Lizenzverfahren verwaltetes Kontingent (n)
revocation of a licence Lizenzannullierung (f)
revoke a licence Lizenz annullieren (f)
sale of a licence Lizenzverkauf (m)
selling licence Verkaufsgenehmigung (f), Verkaufslizenz (f)
sole licence Alleinberechtigungslizenz (f), Alleinlizenz (f)
subject of licence Lizenzobjekt (n)
term of a licence Gültigkeitsdauer der Lizenz (f)
trade in licences Handel mit Lizenzen (m), Lizenzhandel (m)
trade licence Gewerbeschein (m), Handelserlaubnis (f), Handelskonzession (f)

trade-mark licence Warenzeichenlizenz *(f)*
transit licence Transitlizenz *(f)*
transport licence Transportlizenz *(f)*
type of licence Genehmigungsart *(f)*
vending of a licence Lizenzverkauf *(m)*
withdraw a licence Lizenz zurücknehmen *(f)*, Zurücknahme der Genehmigung *(f)*
licensed lizenziert, Konzessions-
licensed trade Konzessionshandel *(m)*
licensee Konzessionär *(m)*, Lizenznehmer *(m)*
licenser Lizenzgeber *(m)*
licensing Lizenzierung *(f)*, Lizenzvergabe *(f)*
licensing procedure Lizenzverfahren *(n)*
import licensing procedures Einfuhrlizenzverfahren *(n)*
export licensing procedures Lizenzierung des Exports *(f)*
licensing agreement Lizenzabrede *(f)*
* date of licensing Lizenzdatum *(n)*
import licensing regime Einfuhrlizenzregelung *(f)*
patent licensing contract Patentlizenzvergabevertrag *(m)*
product subject to the licensing requirement lizenzpflichtige Ware *(f)*
lien Pfand *(n)*, Pfandrecht *(n)*
lien clause Pfandklausel *(f)*, Pfandrechtsklausel *(f)*
  cargo lien clause Sendungspfandrechtklausel *(f)*
  carrier's lien clause Carrierpfandrechtklausel *(f)*
  seller's lien clause Verkäuferpfandrechtklausel *(f)*
  shipmaster's lien clause Kapitänpfandrechtklausel *(f)*
lien for freight Frachtführerpfandrecht *(n)*
lien for freight clause Frachtführerpfandrechtsklausel *(f)*
lien of cargo Ladungspfand *(n)*, Ladungspfandrecht *(n)*
lien of cargo clause Ladungspfandrechtsklausel *(f)*, Lastpfandrechtsklausel *(f)*
lien on a ship Schiffspfand *(n)*
lien on cargo Frachtstückpfandrecht *(n)*, Kargopfand *(n)*, Ladungspfand *(n)*, Ladungspfandrecht *(n)*

maritime liens on cargo Ladungspfand *(n)*
lien on goods Frachtstückpfandrecht *(n)*, Ladungspfandrecht *(n)*
* agent's lien Handelsagentpfandrecht *(n)*
bottomry lien Schiffspfand *(n)*
cargo lien Frachtführerpfandrecht *(n)*, Lastpfandrecht *(n)*, Sendungspfandrecht *(n)*
carrier's lien Beförderer-Pfandrecht *(n)*, Spediteurpfandrecht *(n)*
demurrage lien Überliegepfandrecht *(n)*
forwarding agent's lien Spediteurpfandrecht *(n)*
general lien allgemeines Pfandrecht *(n)*
maritime lien Frachtführerpfandrecht *(n)*, Schiffshypothek *(f)*, Seepfandrecht *(n)*
maritime liens on vessel Schiffspfand *(n)*
right of lien Pfandrecht *(n)*, Sicherungspfandrecht *(n)*
salvage lien Bergerpfand *(n)*, Bergerpfandrecht *(n)*
seller's lien Verkäuferpfandrecht *(n)*
shipmaster's lien Kapitänpfandrecht *(n)*
shipowner's lien Reederpfandrecht *(n)*
ship's lien Schiffshypothek *(f)*, Seehypothek *(f)*
statutory lien gesetzliches Pfandrecht *(n)*, Legalhypothek *(f)*
lienor Pfandnehmer *(m)*
life Leben *(n)* **2.** Laufzeit *(f)* **3.** Lebens-
life cover Lebensversicherung *(f)*
life insurance Lebensversicherung *(f)*
life insurance provisions Lebensversicherungsbedingungen *(pl)*
life of a contract Laufzeit des Vertrags *(f)*, Laufzeit des Kontrakts *(f)*, Vertragsdauer *(f)*
life of a policy Versicherungsperiode *(f)*, Versicherungszeit *(f)*
* assets life Amortisationsfrist *(f)*, Abschreibungszeitraum *(m)*
cheque life Gültigkeitsdauer des Schecks *(f)*
product life cycle (PLC) Produktlebenszyklus *(m)*
  international product life cycle internationaler Produktlebenszyklus *(m)*
product useful life Produktlebensdauer *(f)*
serviceable life Gültigkeitsdauer *(f)*
stock life Lagerdauer *(f)*
utility life Erwerbsleben *(n)*
working life Betriebsdauer *(f)*
lift heben
lift cargo Last heben *(f)*

lift off abheben
lift off the embargo Embargo aufheben *(n)*
lifting Aufhebung *(f)*
lifting capacity Tragfähigkeit *(f)*, Tragkraft *(f)*
lifting document Versanddokument *(n)*, Versandpapier *(n)*
lifting of cargo Lastheben *(n)*
lifting of embargo Embargoabschaffung *(f)*
lift-on/lift-off system konventionelle Beladung eines Schiffes *(f)*, Ladung wird angeboten und herabgelassen *(f)*
light leicht
light cargo leichte Ladung *(f)*, sperriges Gut *(n)*
light draught leerer Tiefgang *(m)*, Leertiefgang *(m)*, Tiefgang des leeren Schiffes *(m)*
light freight Leichtgut *(n)*, Massengutladung *(f)*, Raumfracht *(f)*, sperrige Ladung *(f)*
light goods leichte Ladung *(f)*, Massengutladung *(f)*, Massenladung *(f)*, Raumladung *(f)*, Sperrgut *(n)*, sperrige Ladung *(f)*
light line Ballastwasserlinie *(f)*, Leichtwasserlinie *(f)*
light load Maßgut *(n)*, Sperrgut *(n)*
light load-line Ballastwasserlinie *(f)*, Leichtwasserlinie *(f)*
light water-line Leichtwasserlinie *(f)*, Tiefgang des leeren Schiffes *(m)*
lighten ableichtern, leichtern
lighten a ship Schiff leichtern *(n)*
lighten a vessel Schiff leichtern *(n)*
lightening Aufhellung *(f)*
* cost of lightening Abladekosten *(pl)*, Löschkosten *(pl)*
place of lightening Ausladeplatz *(m)*, Ausladestelle *(f)*, Entladestelle *(f)*
lighter Hafenschute *(f)*, Kahn *(m)*, Lastkahn *(m)*, Leichter *(m)*, Leichterschiff *(n)*
lighter abroad ship LASH-Kahn *(m)*
lighter risk Leichterrisiko *(n)*
* ballast lighter Ballastleichter *(m)*
coal lighter Küstenverkehrleichter *(m)*
ex lighter ab Barke *(f)*, ab Leichter *(m)*
free lighter price Preis frei Kahn *(m)*, Preis frei Schute *(m)*
great lighter Großleichter *(m)*
price ex lighter Preis ab Leichter *(m)*, Preis frei ab Schute *(m)*, Preis frei Leichter *(m)*, Preis frei Schute *(m)*

sea lighter Seeleichter *(m)*
towed lighter Leichter ohne Antrieb *(m)*
lighterage Leichter-Transport *(m)*, Leichterung *(f)* **2.** Leichtergebühr *(f)*, Leichtergeld *(n)*, Leichterkosten *(pl)*, Prahmgeld *(n)*
lighterage clause Leichterklausel *(f)*
* contract of lighterage Leichtertransportvertrag *(m)*
free lighterage frei von Ableichtern *(n)*
lightering Leichtertransport *(m)*, Leichterverkehr *(m)*
lightering charges Leichtergeld *(n)*, Leichterkosten *(pl)*
lighterman Leichtermann *(m)*
lightern leichtern
lighthouse Leuchtturm *(m)*
lighthouse due Leuchtturmgebühr *(f)*
lighthouse fee Leuchtturmgebühr *(f)*
lightship Feuerschiff *(n)*
lightvessel Feuerschiff *(n)*
limit beschränken, einschränken
limit the guarantee Garantie beschränken *(f)*
limit Bereich *(m)*, Grenze *(f)*, Höchstgrenze *(f)*, Limit *(n)*, Umfang *(m)*
limit expenses limitierte Ausgaben *(pl)*
limit of carrier's liability Frachtführerhaftungsgrenze *(f)*
limit of credit Kredithöchstgrenze *(f)*, Kreditlimit *(n)*, Kreditplafond *(m)*
limit of earning power Rentabilitätsgrenze *(f)*
limit of error Fehlergrenze *(f)*
limit of indemnity Haftungsgrenze *(f)*
limit of insurer's liability Versicherershaftungsgrenze *(f)*
limit of liability Haftungsgrenze *(f)*, Haftungslimit *(n)*
limit of price fluctuations Schwankungsbreite der Preise *(f)*
limit of profitability Rentabilitätsgrenze *(f)*
limit of responsibility Haftungsgrenze *(f)*, Haftungslimit *(n)*
limit of the territorial sea Grenze der Hoheitsgewässer *(f)*
limit of tolerance Toleranzgrenze *(f)*
limit point Häufungspunkt *(m)*
limit price Limitpreis *(m)*
* borrowing limit Beleihungsgrenze *(f)*

credit limit Kreditgrenze *(f)*
expense limit Ausgabengrenze *(f)*
export limit Exportgrenze *(f)*
extend the limit Limit erhöhen *(n)*
guarantee limit Garantiegrenze *(m)*
import limit Importgrenze *(f)*
load limit Belastungsgrenze *(f)*
lower a limit Limit senken *(n)*
outrun the limit Limit überschreiten *(n)*
permissible limit zulässige Grenze *(f)*
price limit Preisgrenze *(f)*, Preislimit *(n)*
presentation of goods after expiry of time limit Gestellung nach Fristablauf *(f)*
time limit Endtermin *(m)*, Zeitlimit *(n)* 2. *(granted)* festgesetzte Frist *(f)*
  exceeding the time limit Fristüberschreitung *(f)*, Terminüberschreitung *(f)*
  extension of the time limit Fristverlängerung *(f)*, Verlängerung der Frist *(f)*
  failure to observe the time limit Nichteinhaltung der Frist *(f)*, Nichtunterhaltung der Frist *(f)*
  failure to respect the time limit Fristüberschreitung *(f)*, Nichteinhaltung einer Frist *(f)*, Terminüberschreitung *(f)*
  fix a time limit Frist festsetzen *(f)*
  non-observance of time limit Nichtbeachtung der Gültigkeitsdauer *(f)*
  set a time limit Frist festsetzen *(f)*
  time limit of exportation Ausfuhrfrist *(f)*
  time limit to conclude a contract Frist zum Vertragsabschluss *(f)*
trade limit Handelslimit *(n)*
trading limit Handelslimit *(n)*
weight limit Höchstgewicht *(n)*, Maximalgewicht *(n)*

limitation Limitierung *(f)*, Vorbehalt *(m)*
limitation of claim Anspruchsverjährung *(f)*
limitation of document Verjährung des Documents *(f)*
limitation of liability Haftungsbeschränkung *(f)*
  limitation of liability clause Einschlussklausel *(f)*
limitation of powers Beschränkung der Vollmacht *(f)*
limitation of spending Ausgabenbegrenzung *(f)*
* flow of time limitation Lauf der Verjährung *(m)*, Lauf der Verjährungsfrist *(m)*

period of limitation Verjährungsfrist *(f)*, Verjährungszeit *(f)*, Verjährung *(f)*
limited begrenzt
limited acceptance begrenztes Akzept *(n)*
limited cheque vertragsmäßig ausgestellter Scheck *(m)*
limited coastal trade kleine Kabotage *(f)*, kleine Küstenschifffahrt *(f)*
limited company Gesellschaft mit beschränkter Haftung *(f)*, Kommanditgesellschaft (KG) *(f)*
limited credit beschränkter Kredit *(m)*
limited endorsement bedingtes Indossament *(n)*, beschränktes Indossament *(n)*
limited guarantee befristete Garantie *(f)*
limited invitation to tender beschränkte Ausschreibung *(f)*, beschränkte Konkurrenzausschreibung *(f)*
limited letter of credit begrenztes Akkreditiv *(n)*
limited liability beschränkte Haftung *(f)*
  limited liability company Gesellschaft mit beschränkter Haftung *(f)*
limited partnership Kommanditgesellschaft *(f)*
limited quantity begrenzte Menge *(f)*
limited storage kurzfristige Lagerung *(f)*
limited tender beschränkte Ausschreibung *(f)*, beschränkte Konkurrenzausschreibung *(f)*
* currency limited convertibility beschränkte Währungskonvertibilität *(f)*
partnership limited by shares Kommanditgesellschaft *(f)*

line Linie *(f)*, Zweig *(m)*
line of acceptance Akzeptionskredit *(m)*
line of credit Beleihungsgrenze *(f)*, Kreditgrenze *(f)*
line of economy Wirtschaftsbranche *(f)*, Wirtschaftszweig *(m)*
line of goods Sortenbreite *(f)*
line of railway Bahnlinie *(f)*
line of transport Transportzweig *(m)*, Verkehrszweig *(m)*
line service Linienfahrt *(f)*, Linienschifffahrt *(f)*
  conventional line service Konventionallinienfahrt *(f)*, Konventionallinienschifffahrt *(f)*
line ship Linienschiff *(n)*
  express line ship Expresslinienschiff *(n)*
line traffic Linientransport *(m)*, Linienverkehr *(m)*
* accommodation line Kreditgrenze *(f)*
boundary line Grenzlinie *(f)*

coast line Küstenlinie *(f)*
communication line Verbindungslinie *(f)*, Verkehrslinie *(f)*
conference line Konferenzlinie *(f)*
container line Containerreihe *(f)*
deck line Decklinie *(f)*
extension of product line Sortimentserweiterung *(f)*
feeder line Vorreiselinie *(f)*
ferry line Fährelinie *(f)*
light line Ballastwasserlinie *(f)*, Leichtwasserlinie *(f)*
load line Ladelinie *(f)*, Ladewasserlinie *(f)*, Wasserlinie *(f)*
load water line Ladelinie *(f)*
marine line Seegefahr *(f)*, Seetransportrisiko *(n)*
mooring line Festmacheleine *(f)*, Vertäutrosse *(f)*
Plimsoll line Freibordzeichen *(n)*, Tiefladelinie *(f)*
price line Preisklasse *(f)*
product line shift Sortimentsänderung *(f)*
rail line Eisenbahnlinie *(f)*
railroad line Eisenbahnlinie *(f)*, Eisenbahnstrecke *(f)*
railway line Eisenbahnlinie *(f)*, Eisenbahnstrecke *(f)*
rediscount line Rediskontgrenze *(f)*
regular line reguläre Linie *(f)*
seasonal line Saisonallinie *(f)*
shipping line Dumpferlinie *(f)*, Linienverkehr mit Schiff *(m)*, Schifffahrtslinie *(f)*
  regular shipping line Linienrederei *(f)*
specification of line Auswahlspezifikation *(f)*
surety line Garantiegrenze *(f)*
transport-service line Verbindungslinie *(f)*, Verkehrslinie *(f)*
warehouse line Lagerbetrieb *(m)*, Lagerhaus *(n)*

linear linear

linen Leinwand *(f)*

liner Linienfahrtschiff *(n)*, Linienschiff *(n)*
2. Linien-
liner bill of lading Linie-Konnossement *(n)*, Linienschiffskonnossement *(n)*, Sammelkonnossement *(n)*
liner agent Linienagent *(m)*
liner boat Linienfahrtschiff *(n)*, Linienschiff *(n)*
liner cargo Liniencargo *(m)*, Linienladung *(f)*
liner conference Linienkonferenz *(f)*
liner fleet Linienflotte *(f)*

liner freight Liniencargo *(m)*, Linienladung *(f)*
liner freight rate Linientarif *(m)*
liner freighting Linienfracht *(f)*, Linienverfrachtung *(f)*
liner in free out Seefracht und hafenübliche Ladegebühren inklusive, Löschgebühren ausgenommen *(f)*
liner rate Liniensatz *(m)*
  liner rate of freight Linienfrachtsatz *(m)*
  liner rates of freight Linienfrachtsätze *(pl)*
2. Liniefrachttarif *(m)*
liner service Liniendienst *(m)*, Linienfahrt *(f)*, Linienschifffahrt *(f)*, Linienverkehr *(m)*
liner shipping Linienfahrt *(f)*, Linienschifffahrt *(f)*
  specialized liner shipping Speziallinienfahrt *(f)*, Spezialllinienschifffahrt *(f)*
liner shipping company Linienrederei *(f)*
liner tariff Linientarif *(m)*
liner terms Linienbedingungen *(pl)*, Usancen des Linienverkehrs *(pl)*, Bedingungen des Ladeplatzes bezüglich Ladens und Löschens *(pl)*
  conference port liner terms charges Konferenzraten *(pl)*
liner through bill of lading direkter Frachtbrief *(m)*, Linie-Durchfrachtkonnossement *(n)*
liner trade Linienschifffahrt *(f)*
  conventional liner trade Konventionallinienfahrt *(f)*, Konventionallinienschifffahrt *(f)*
liner traffic Linienfahrt *(f)*, Linienschifffahrt *(f)*, Linientransport *(m)*, Linienverkehr *(m)*
  specialized liner traffic Speziallinienfahrt *(f)*, Spezialllinienschifffahrt *(f)*
liner waybill Seebegleitschein *(m)*, Seefrachtbrief *(m)*
* cargo liner Frachtschiff in der Linienfahrt *(n)*, Linienfrachter *(m)*
general cargo liner Stückgutlinienschiff *(n)*

link Verbindung *(f)*
air link Anschlussflug *(m)*, Flugverbindung *(f)*

liquefied Flüssig-
liquefied natural gas tanker Flüssigerdgastanker *(m)*
liquefied petroleum gas carrier Flüssigerdgastanker *(m)*, LPG-Schiff *(n)*

liquid flüssig
liquid cargo flüssige Ladung *(f)*, Flüssigladung *(f)*
  liquid cargo carrier Tankschiff *(n)*

liquid chemicals terminal flüssiger Chemikalienterminal *(m)*
liquid container Flüssigkeitscontainer *(m)*, Tankcontainer *(m)*
liquid goods flüssige Ware *(f)*
liquid measure Hohlmaß für Flüssigkeiten *(n)*
liquid natural gas terminal verflüssigter Erdgasterminal *(m)*
liquid petroleum gas terminal Erdölgasterminal *(m)*, LPG-Terminal *(m)*
liquidate abschaffen, abzahlen **2.** liquidieren
liquidate a company Liquidation der Gesellschaft *(f)*
liquidate a debts Schuld tilgen *(f)*
liquidate a firm Firma liquidieren *(f)*
liquidated liquidiert
liquidation Liquidation *(f)* **2.** Abzahlung *(f)*, Zahlung *(f)* **3.** Liquidations-
liquidation balance-sheet Liquidationsbilanz *(f)*
liquidation of damages Liquidation des Schadens *(f)*, Schadensabwicklung *(f)*
liquidation of debt Schuldbegleichung *(f)*, Schuldenzahlung *(f)*
liquidation of loan Darlehenstilgung *(f)*
liquidation of taxes Abschaffung von Steuern *(f)*
***** **compulsory liquidation** Zwangsliquidation *(f)*
liquidator Liquidator *(m)*
liquidity Solvenz *(f)*, Zahlungsfähigkeit *(f)*
list aufzeichen
list Liste *(f)*, Verzeichnis *(n)* **2.** Kurszettel *(m)*
list of cargo Ladungsbericht *(m)*, Packliste *(f)*
list of cargoes Güterverzeichnis *(n)*
list of Community airports Verzeichnis der Flughäfen der Gemeinschaft *(n)*
list of correspondents Liste von Korrespondenzpartnern *(f)*
list of credit Kredit-Verzeichnis *(n)*
list of the crew Mannschaftsliste *(f)*, Schiffsrolle *(f)*
list of damages Schadensliste *(f)*, Schadensaufstellung *(f)*
list of documents Dokumentenverzeichnis *(n)*
list of exhibitors Liste der Ausstellers *(f)*
list of expenses Ausgabenverzeichnis *(n)*
list of experts Liste von Experten *(f)*

list of exports Ausfuhrliste *(f)*, Exportliste *(f)*
list of foreign exchange Devisenkurstabelle *(f)*, Kursanzeigetafel *(f)*
list of goods Warenspezifikation *(f)*, Warenverzeichnis *(n)*
list of goods in transit Durchgangswarenverzeichnis *(n)*, Transitgutverzeichnis *(n)*
list of imports Einfuhrliste *(f)*, Importliste *(f)*
list of loaded goods Ladungsmanifest *(n)*
list of the manifests Aufstellung der Manifeste *(f)*
list of parts Stückliste *(f)*, Teilenliste *(f)*
list of passengers on board Passagierliste *(f)*
list of payments Zahlungsliste *(f)*
list of prices Preiskatalog *(m)*, Preisliste *(f)* **2.** Wechselkurs *(m)*, Wechselkurszettel *(m)*
list of quotations Wechselkurs *(m)*, Wechselkurszettel *(m)*
list of shipped goods Ladungsmanifest *(n)*
list of stock-exchange quotations Devisenkurstabelle *(f)*, Kursanzeigetafel *(f)*
list of transit goods Durchgangswarenverzeichnis *(n)*, Transitgutverzeichnis *(n)*
list of unloaded goods Löschgüterliste *(f)*, Löschmanifest *(n)*
list of unshipped goods Löschgüterliste *(f)*, Löschmanifest *(n)*
list of wholesale prices Großhandelspreisliste *(f)*
list price Katalogpreis *(m)*, Listenpreis *(m)*
***** **address list** Adressenliste *(f)*
alphabetical list alphabetische Liste *(f)*
as per list laut Liste *(f)*, laut Spezifikation *(f)*
banned list Verbotsliste *(f)*
black list schwarze Liste *(f)*
booking list Buchungsliste *(f)*
cargo list Ladungsspezifikation *(f)*, Versandliste *(f)*
check list Kontrollliste *(f)*
compile a list Liste anfertigen *(f)*, Liste aufstellen *(f)*, Liste erstellen *(f)*, Verzeichnis anlegen *(n)*
consolidated list konsolidierte Liste *(f)*
container list Containerliste *(f)*
contingent list Kontingentierungsliste *(f)*, Quotenliste *(f)*
crew list Mannschaftsliste *(f)*
customs examination list Zollbefund *(m)*
customs list Zollaufstellung *(f)*
daily official list Börsenkurszettel *(m)*

detailed list detaillierte Liste *(f)*, detailliertes Verzeichnis *(n)*

draw up a list Liste aufstellen *(f)*, Liste erstellen *(f)*

embargo list Embargoliste *(f)*

establish a list Liste vorbereiten *(f)*

expenses list Ausgabenliste *(f)*

export list Ausfuhrliste *(f)*, Exportliste *(f)*

export offering list Exportartikelkatalog *(m)*

fix a list Liste anfertigen *(f)*, Liste vorbereiten *(f)*, Verzeichnis anlegen *(n)*

foreign exchange list Devisen-Kurszettel *(m)*

free entry list Einfuhrfreiliste *(f)*

free list Einfuhrfreiliste *(f)*

freight list Frachtliste *(f)*, Güterverzeichnis *(n)*, Ladungsliste *(f)*, Ladungsmanifest *(n)*, Schiffsmanifest *(n)*, Schiffsverzeichnis *(n)*

import list Einfuhrliste *(f)*, Importliste *(f)*

lading list Ladeliste *(f)*, Verpackungsliste *(f)*

loading list Ladeliste *(f)*, Verpackungsliste *(f)*

  number of loading lists Anzahl der Ladelisten *(f)*

  special loading list besondere Ladeliste *(f)*

mailing list Adressenliste *(f)*

make up a list Verzeichnis anlegen *(n)*

negative list Ausgabenliste *(f)*, Spesenaufstellung *(f)*

order list Bestellliste *(f)*

packing list Ladeliste *(f)*, Ladungsspezifikation *(f)*, Packliste *(f)*, Packzettel *(m)*, Stückliste *(f)*, Versandliste *(f)*

parts list Ersatzteilliste *(f)*, Stückliste *(f)*, Teilenliste *(f)*

preference list Präferenzliste *(f)*, Präferenzwarenliste *(f)*

preferential list Präferenzliste *(f)*

preliminary list vorläufige Liste *(f)*

price list Preisliste *(f)*

  export price list Exportwarenpreisliste *(f)*

  official price list amtliches Preisverzeichnis *(n)*

quantity as per list Menge nach Verzeichnis *(f)*

quota list Kontingentierungsliste *(f)*, Quotenliste *(f)*

sailing list Abfahrtsliste *(f)*

scrutinize a list Liste prüfen *(f)*

ship list Rolle *(f)*

specified list detaillierte Liste *(f)*

stock exchange list Börsenkurszettel *(m)*, Börsenzettel *(m)*

stock list Börsenzettel *(m)*, Inventarverzeichnis *(n)*, Kurszettel *(m)*

strategic list strategische Liste *(f)*

summary list Gesamtverzeichnis *(n)*

supplementary list Zusatzliste *(f)*

tariff quota list Liste der Zollkontingente *(f)*

tender list Angebotsliste *(f)*

trade list Preiskatalog *(m)*, Preisliste *(f)*

transhipment list Umschlagliste *(f)*

listed aufgelistet **2.** notiert

listed in the collection instruction Spezifikation der Inkassoinstruktion *(f)*

listing Börseneinführung *(f)*

exchange listing Börsenotierung *(f)*, Kursnotierung *(f)*

stock exchange listing Börsenkurs *(m)*

litigation Prozess *(m)*

agent for litigation Prozessbevollmächtigter *(m)*

patent litigation Patentstreit *(m)*

live lebend

live cargo lebende Ladung *(f)*, Tierfracht *(f)*

live saving service Seenotrettungsdienst *(m)*, Seebergungsdienst *(m)*

* service live Betriebsdauer *(f)*, Nutzungsdauer *(f)*

livestock Viehbestand *(m)*

livestock carrier Viehschiff *(n)*

living Leben *(n)* **2.** Lebens-

living conditions Lebensbedingungen *(pl)*

living standard Lebensstandard *(m)*

Lloyd Lloyd

Lloyd's agent Lloydsagent *(m)*, Lloyd's-Vertreter *(m)*

Lloyd's Average Bond Lloyd's Havariebond *(m)*

Lloyd's length Lloyd's-Länge *(f)*

Lloyd's marine policy Lloyds-Seeversicherungspolice *(f)*, Lloyd's-Versicherungspolice *(f)*

Lloyd's policy Lloyds-Seeversicherungspolice *(f)*, Lloyd's-Versicherungspolice *(f)*

Lloyd's register Lloyd's Register *(n)*

  Lloyd's Register of Shipping Lloyd's Register *(n)*

Lloyd's risk Lloyd's-Risiko *(n)*

Lloyd's surveyor Lloydsinspektor *(m)*

load beladen, beschicken, einladen, verladen, verfrachten

load a container Behälter beladen *(m)*, Container beladen *(m)*

load abroad ins Schiff stauen *(n)*
load goods Waren verladen *(pl)*
load homewards Rückfracht annehmen *(f)*
load in bulk Ware lose verladen *(f)*, Ware lose verladen *(f)*
load Fracht *(f)*, Ladung *(f)*
load abroad Verladung auf ein Schiff *(f)*
load arrival Ladungseingang *(m)*
load board Palette *(f)*
load compartment *(TIR carnet)* Laderaum *(m)*
 insulated load compartment wärmeisolierter Laderaum *(m)*
load damage Ladungsschaden *(m)*
load declaration Frachtschein *(m)*, Ladedeklaration *(f)*, Ladungsdeklaration *(f)*
load draught Ladetiefgang *(m)*, Tiefgang des beladenen Schiffes *(m)*
load factor Ladefaktor *(m)*
load limit Belastungsgrenze *(f)*
load line Ladelinie *(f)*, Ladewasserlinie *(f)*, Wasserlinie *(f)*
 light load line Leichtwasserlinie *(f)*, Ballastwasserlinie *(f)*
 international load line certificate internationales Freibordzertifikat *(n)*
load on board a ship Verfrachtung auf ein Schiff *(f)*
load platform *(TIR)* Ladefläche *(f)*
load unit Ladeeinheit *(f)*
load water line Ladelinie *(f)*
* admissible load Regelbelastung *(f)*, zulässige Last *(f)*
allowable load Regellast *(f)*
bare load Beschwerungslast *(f)*
car load Wagenladung *(f)*, Wagenlast *(f)*
 complete car load Wagenlast *(f)*
commercial load Handelsbelastung *(f)*, kommerzielle Fracht *(f)*
container load containerische Ladung *(f)*, Containerladung *(f)*, FCL-Ladung *(f)*, Komplettcontainer *(m)*, volle Containerladung *(f)*
 allowable container load zulässige Nutzlast des Containers *(f)*
 average container load durchschnittliche Containertragfähigkeit *(f)*
 full container load (FCL) Containerladung *(f)*, FCL-Ladung *(f)*, Komplettcontainer *(m)*, Komplettladung *(f)*, Vollcontainer *(m)*, volle Containerladung *(f)*

dead load Eigengewicht *(n)*
excessive load Überbelastung *(f)*
fractional load Teilgut *(n)*
full wagon load Wagenladung *(f)*, Wagensendung *(f)*
insurance on deck cargo load Decklastversicherung *(f)*
length on the designed load waterline Länge in der Wasserlinie *(f)*
less than container load Sammelcontainerfracht *(f)*, Teilcontainerladung *(f)*, weniger als Containerladung *(f)*, weniger als eine Containerladung *(f)*
light load Maßgut *(n)*, Sperrgut *(n)*
off-gauge load Außergabaritladung *(f)*, Außerlademassgut *(n)*
outsize load Maßgut *(n)*
pallet load Palette mit Ladung *(f)*
palletized load palettierte Ladung *(f)*
part load Teilladung *(f)*
 part load consignment Frachtstückgut *(n)*, Stückgutsendung *(f)*
peak load begrenzte Belastung *(f)*, Höchstbelastung *(f)*
perishable load leichtverderbliches Gut *(n)*
permissible load Regelbelastung *(f)*, zulässige Last *(f)*
rail part load consignment Bahnsammelgutsendung *(f)*, Bahnstückgut *(n)*
readiness to load Ladebereitschaft *(f)*, Verschiffungsbereitschaft *(f)*
 notice of readiness to load Ladebereitschaftsmeldung *(f)*, Verschiffungsbereitschaftsnotiz *(f)*
return load Rückfracht *(f)*
seizure of load Konfiskation der Ladung *(f)*
shipper's load and tally Verladungs- und Bezeichnungskosten für Verfrachter *(f)*, Verschiffungs- und Bezeichnungkosten für Verlader *(f)*
total load Gesamtladung *(f)*, Komplettladung *(f)*, Volllast *(f)*
truck load volle LKW-Ladung *(f)*, Wagenladungsgut *(n)*
turnover of load Frachtenumsatz *(m)*, Ladungsverkehr *(m)*
unit load Containerstapel *(m)*, Ladungseinheit *(f)*
useful load Nutzladefähigkeit *(f)*, Nutzlast *(f)*
vehicle load Komplettladung *(f)*

loaded beladen, Lade-
loaded capacity Ladekapazität *(f)*, Tragfähigkeit *(f)*
loaded draft beladener Tiefgang *(m)*, Ladetiefgang *(m)*
loaded draught Ladetiefgang *(m)*, Tiefgang des beladenen Schiffes *(m)*
loaded weight Verladegewicht *(n)*, Verschiffungsgewicht *(n)*
* **quantity loaded** Ladequantum *(n)*, verladene Menge *(f)*
list of loaded goods Ladungsmanifest *(n)*
loader Belader *(m)*
loader's liability Abladerhaftung *(f)*, Haftung des Absenders *(f)*
loading Beladung *(f)*, Verladen *(n)*, Verschiffung *(f)*
loading & delivery Verladung und Ablieferung *(f)*
loading advice Avis über Beladen *(n)*, Verlade-Avis *(m)*, Verladungsaviso *(n)*, Verschiffungsanzeige *(f)*
loading and unloading Verschiffung und Löschen *(f)*
loading berth Güterumschlagsplatz *(m)*, Umladungskai *(m)*, Umladungsstelle *(f)*, Vertäuenort *(m)*
loading breadth Ladebreite *(f)*
loading broker Akquisiteur *(m)*, Ladungsmakler *(m)*, Verschiffungsagent *(m)*, Verschiffungsspediteur *(m)*
loading capacity Fahrzeugkapazität *(f)*, Ladungsfähigkeit *(f)*, Tragfähigkeit *(f)*
loading charges Ladekosten *(pl)*
 quay loading charge Kaigebühr *(f)*
loading chart Verladeliste *(f)*
loading clause Verschiffungsklausel *(f)*
loading cost Ladekosten *(pl)*, Verladekosten *(pl)*
loading crane Ladekran *(m)*
loading damage Ladungsschaden *(m)*, Verladungsschaden *(m)*
loading date Verladedatum *(n)*
loading day Beladungstag *(m)*, Verladungstag *(m)*
loading days Ladetage *(pl)*, Verladungsdauer *(f)*
loading documents Verladedokumente *(pl)*, Verladepapiere *(pl)*, Versandpapiere *(pl)*, Verschiffungspapiere *(pl)*

instruction for loading documents Verladepapiereinstruktion *(f)*, Versandpapierevorschrift *(f)*
complete set of loading documents volle Satzverschiffungsdokumente *(pl)*
loading gauge Lademaß *(n)*, Ladeprofil *(n)*
loading ground Einladeplatz *(m)*
loading in Einladung *(f)*
 loading in bulk Verladung als Massengut *(f)*
loading instruction Verladevorschrift *(f)*
loading lead time Verladezyklus *(m)*
loading list Ladeliste *(f)*, Verpackungsliste *(f)*
number of loading lists Anzahl der Ladelisten *(f)*
 special loading list besondere Ladeliste *(f)*
 use of special loading lists Verwendung der besonderen Ladelisten *(f)*
loading of goods Verladen von Waren *(n)*, Verladung von Ware *(f)*
loading on board Verladung auf ein Schiff *(f)*
loading operations Verladehandlungen *(pl)*
loading order Ladungsorder *(f)*, Verladeauftrag *(m)*
loading out speed Ausladungsgeschwindigkeit *(f)*, Entladungsgeschwindigkeit *(f)*
loading pallet Ladegestell *(n)*
loading period Ladetermin *(m)*
loading permit Verladegenehmigung *(f)*
loading place Ladeplatz *(m)*
 free loading place frei Ladeplatz *(m)*, frei Ladestelle *(f)*
 free loading place price Preis frei Ladeort *(m)*
loading plan Stauplan *(m)*, Stauungsplan *(m)*
loading platform Laderampe *(f)*
loading point Verschiffungsort *(m)*
loading port Einschiffungshafen *(m)*, Verladehafen *(m)*, Versandhafen *(m)*
loading ramp Laderampe *(f)*
loading rate Beladungsrate *(f)*, Ladungsnorm *(f)*
 daily loading rate Tagesladungsnorm *(f)*
loading readiness Ladebereitschaft *(f)*, Verschiffungsbereitschaft *(f)*
loading record Verladebuch *(n)*
loading siding Ladegleis *(n)*
loading specification Verschiffungsspezifikation *(f)*
loading speed Verladungsgeschwindigkeit *(f)*
loading station Ladestation *(f)*, Verladestation *(f)*, Verladungsstation *(f)*

loading stock Verladevorrat *(m)*
loading terms Verladeformel *(f)*
loading time Verschiffungsdatum *(n)*
loading unit Ladeeinheit *(f)*
  unification of loading units Unifizierung der Ladeeinheiten *(f)*
loading warranties Vorbehaltsklausel *(f)*
loading weight verfrachtetes Gewicht *(n)*, verschifftes Gewicht *(n)*, Verschiffungsgewicht *(n)*
* airport of loading Verladeflughafen *(m)*
completion of loading Beendung der Verfrachtung *(f)*
date of loading Verladedatum *(n)*, Verladetermin *(m)*
diagram of loading Verladungsharmonogramm *(n)*, Verschiffungszeitplan *(m)*
fee for loading Verschiffungsgebühr *(f)*
finite loading begrenzte Belastung *(f)*
finite loading Höchstbelastung *(f)*
free loading frei Beladen *(n)*, Verschiffungskosten für Befrachter *(pl)*
  free loading clause Free-Loading-Klausel *(f)*
harbour of loading Verladehafen *(m)*, Verladungshafen *(m)*, Verschiffungshafen *(m)*
immediate loading Sofortversand *(m)*
indirect loading indirekter Umschlag *(m)*
international loading certificate internationales Freibordzertifikat *(n)*
lay-days for loading Liegezeit für Verschiffung *(f)*
loss during loading Beladenverlust *(m)*, Verschiffungsverlust *(m)*
mechanical loading mechanische Ladung *(f)*
partial loading Teilladung *(f)*
place of loading Ladeort *(m)*
port of loading Einschiffungshafen *(m)*
  name of the port of loading Name des Verladehafens *(m)*
prompt loading unverzügliche Verladung *(f)*, unverzügliche Verschiffung *(f)*
rate of loading and discharging Charterverladungs- und Löschungsnorm *(f)*, Löschungs- und Beladungsrate *(f)*, Verladungs- und Löschungsnorm *(f)*
schedule of loading Verladungsharmonogramm *(n)*, Verschiffungszeitplan *(m)*
term of loading Verschiffungstermin *(m)*
time for loading Zeit für die Beladung *(f)*
turn of loading Verladungsfolge *(f)*
loading-list Ladeliste *(f)*

loading-out Entlade-
loading-out manifest Beladungsmanifest *(n)*
loading-out place Löschplatz *(m)*
loading-out siding Entladegleis *(n)*
loading-out station Entladebahnhof *(m)*

load-line Ladelinie *(f)*, Wasserlinie *(f)*
load-line certificate Freibordzertifikat *(n)*, Freibordzeugnis *(n)*
* annual load-line Freibordhöhe *(f)*
fresh water load-line
  tropical fresh water load-line Tropensüßwasserfreibord *(m)*
lumber load-line Holzwasserlinie *(f)*
seasonal load-line Saisonaltiefladeline *(f)*
summer load line Sommerladelinie *(f)*, Sommertiefladelinie *(f)*
  tropical summer load-line tropische Sommertiefladeline *(f)*
timber load-line Holzwasserlinie *(f)*
tropical load-line tropischer Freibord *(m)*
water load-line Ladelinie *(f)*, Wasserlinie *(f)*
winter load-line Winterladelinie *(f)*

loadreadiness Beladungsbereitschaft *(f)*, Ladebereitschaft *(f)*

loan Anleihe *(f)*, Darlehen *(n)* **2.** Darlehens-
loan bank Kreditanstalt *(f)*, Kreditbank *(f)*
loan collection Kreditvollstreckung *(f)*
loan contract Darlehensvertrag *(m)*
loan conversion Anleihekonversion *(f)*, Wandlung einer Anleihe *(f)*
loan for capital investment Investitionalkredit *(m)*
loan guarantee Kreditbürgschaft *(f)*
loan guaranteed by way of bank guarantee Avalkredit *(m)*
loan market Kreditmarkt *(m)*
loan obligation Darlehensverpflichtung *(f)*
loan office Leihhaus *(n)*, Lombard *(m)*
loan on collateral besicherte Anleihe *(f)*, besichertes Darlehen *(n)*
loan on mortgage hypothekarische Anleihe *(f)*, Verpfändung *(f)*
loan redemption Darlehensrückzahlung *(f)*
loan repayment Rückzahlung eines Kredits *(f)*
loan security Kreditsicherheit *(f)*
* accommodate with a loan Darlehen einräumen *(n)*
accord a loan Kredit geben *(m)*, Kredit gewähren *(m)*

bank loan Bankdarlehen (n)
bottomry loan Bodmerei (f), Bodmereianleihe (f), Schiffsverpfändung (f), Seedarlehen (n)
call a loan Kredit kündigen (m)
collateral loan business Lombardgeschäft (n)
consumer loan Konsumanleihe (f)
contract a loan Darlehen aufnehmen (n),
Kredit aufnehmen (m)
current account loan Kontokorrentkredit (m),
laufender Kredit (m)
euro-currency loan Euro-Devisenkredit (m),
Eurokredit (m), Eurowährungskredit (m)
export loan Ausfuhrkredit (m), Exportkredit (m)
fiduciary loan ungedecktes Darlehen (n)
finance a loan Darlehen finanzieren (n)
foreign loan Auslandsanleihe (f)
free of interest loan unverzinsliche Anleihe (f),
zinsfreies Darlehen (n)
grant a loan Darlehen gewähren (n), Darlehen gewähren (n)
gratuitous loan zinsfreie Anleihe (f)
guarantee a loan für ein Darlehen Sicherheit leisten
guarantee of loan Darlehensgarantie (f),
Kreditbürgschaft (f)
guaranteed loan garantierte Anleihe (f)
import loan Einfuhrkredit (m)
interest-free loan unverzinsliche Anleihe (f),
zinsfreies Darlehen (n)
liquidation of loan Darlehenstilgung (f)
long-term loan langfristige Anleihe (f)
make a loan Kredit aufnehmen (m)
maritime loan Bodmereianleihe (f), Seedarlehen (n)
maturity of loan Darlehenslaufzeit (f)
national loan Staatsanleihe (f)
percent loan verzinsliche Anleihe (f)
period of loan Laufzeit eines Darlehens (f)
real estate loan Hypothekendarlehen (n),
Hypothekenkredit (m)
repayment of a loan Darlehensrückzahlung (f)
secured loan besicherte Anleihe (f), besichertes Darlehen (n)
service on loan Schuldendienst (m)
surety for a loan Darlehenssicherung (f)
term of a loan Kreditabzahlungsfrist (f)
tied loan gebundenes Darlehen (n)
withdrawal of a loan Kündigung einer Anleihe (f)
loanee Anleihenehmer (m), Darlehensnehmer (m)

loaner Darleher (m)
loan-taker Anleihenehmer (m), Darlehensnehmer (m)
local ab, örtlich, Orts-
local administration Kommunalverwaltung (f),
örtliche Verwaltung (f)
local agent Lokalagent (m), örtlicher Vertreter (m)
local authority Gemeindeverwaltung (f)
local authority guarantee Stadtgarantie (f)
local bill Platzwechsel (m)
local bill of lading Konnossements-Teilschein (m), Lokalkonnossement (n), Vorreisekonnossement (n)
local business Lokogeschäft (n), Platzgeschäft (n)
local clause Locoklausel (f)
local conditions Lokalbedingungen (pl)
local currency inländische Währung (f), Landeswährung (f)
local custom Ortsgebrauch (m), Platzusance (f)
local customs office örtliche Zollstelle (f)
local freight agent Ortsfrachtenmakler (m)
local market örtlicher Markt (m)
local price ortsüblicher Preis (m)
local product Landeserzeugnis (n), Lokalerzeugnis (n)
local railroad Regionalbahn (f)
local shipping kleine Kabotage (f), kleine
Küstenschifffahrt (f)
local sidereal time lokale Sternenzeit (f)
local tariff Ortstarif (m)
local tax örtliche Steuer (f)
local time Landeszeit (f)
* payment in local currency zahlbar in
Landeswährung (f)
localization Lokalisierung (f), Standort (m)
location Lokalisierung (f), Standort (m)
location of a customs office Ort des Zollamtes (m)
location of goods Warenort (m)
* building location Bauort (m)
contract of location Pachtkontrakt (m),
Pachtvertrag (m)
lock Schleuse (f) **2.** Schleusen-
lock dues Schleusengeld (n)
loco Loko-
loco clause Locoklausel (f)

loco price Ab-Preis *(m)*, Preis am Ort *(m)*
lodading on deck Deckverladung *(f)*

lodeman Seelotse *(m)*

lodge anmelden, hinterlegen
lodge an application Antrag einreichen *(m)*
lodge a claim Anspruch erheben *(m)*, Reklamation anmelden *(f)*
lodge a customs document Zolldokument vorlegen *(n)*, Zollpapier übergeben *(n)*, Zollpapier vorlegen *(n)*
lodge a protest Protest erheben *(m)*
lodge a reservation Vorbehalt einlegen *(m)*
lodge a security Kaution hinterlegen *(f)*, Kaution stellen *(f)*
lodge a suit Klage einbringen *(f)*

lodgement Depositum *(n)*, Einbringung *(f)*, Einlage *(f)*, Geldeinlage *(f)*
lodgement date Einreichungsdatum *(n)*

lodging Einbringung *(f)*
lodging allowance Wohngeld *(n)*, Wohnungsgeld *(n)*
lodging of a declaration Abgabe einer Anmeldung *(f)*, Abgabe einer Erklärung *(f)*
* procedure for lodging complaints Reklamationsverfahren *(n)*
term of lodging a protest Wechselprotestdatum *(n)*

log Bestellbuch *(n)*
mate's log Bordbuch *(n)*, Schiffsjournal *(n)*
port log Hafenbuch *(n)*
sea log Schiffstagebuch *(n)*

logbook Bordbuch *(n)*
vessel's logbook Schiffstagebuch *(n)*

logistic logistisch
logistic model logistisches Modell *(n)*

logistics Logistik *(f)*
logistics costs Logistikkosten *(pl)*
* Container Control and Logistics (CCL) Containerverkehrssystem *(n)*

logotype Buchstabenverbindung *(f)*

lo-lo Lo-Lo-System *(n)*, Ladung wird angeboten und herabgelassen *(f)*
lo-lo ship Lo-Lo-Schiff *(n)*

lombard Leihhaus *(n)*, Lombard *(m)* **2.** Lombard-
lombard rate Lombardsatz *(m)*

London London-
London clause Londonklausel *(f)*

long lang
long bill langfristiger Wechsel *(m)*, Wechsel auf lange Sicht *(m)*
long goods Langladung *(f)*
long measure Längenmaß *(n)*
long price Bruttopreis *(m)*
long term contract langfristiger Vertrag *(m)*
long term insurance Langzeitversicherung *(f)*
long ton britische Tonne *(f)*, englische Tonne *(f)*

long-dated langfristig
long-dated bill langfristiger Wechsel *(m)*, Wechsel auf lange Sicht *(m)*

long-distance Fern-
long-distance train Fernverkehrszug *(m)*

long-load lange Ladung *(f)*

longshoremen Schauerleute *(pl)*
longshoremen's gang Stauerbrigade *(f)*, Stauerkolonne *(f)*
longshoremen's staff Stauerbrigade *(f)*, Stauerkolonne *(f)*

long-term langfristig
long-term charter Langzeitcharter *(m)*
long-term contract langfristiger Kontrakt *(m)* **2.** *(bei Börsengeschäften)* Terminvertrag *(m)*, Terminkontrakt *(m)*
long-term credit langfristiger Kredit *(m)*
long-term debt langfristige Schuld *(f)*
long-term declaration Langzeiterklärung *(f)*
long-term deposit langfristige Einlage *(f)*
long-term forecast Langzeitprognose *(f)*
long-term guarantee langfristige Garantie *(f)*
long-term investment langfristige Investition *(f)*
long-term lease Langzeitpacht *(f)*
long-term letter of credit langfristiges Akkreditiv *(n)*
long-term loan langfristige Anleihe *(f)*
long-term rate Langzeitsatz *(m)*
long-term storage langfristige Einlagerung *(f)*
long-term suppliers' declaration Lieferantenerklärung *(f)*
long-time keeping Langzeitlagerung *(f)*

loop Umfahrungs-
loop road Umfahrungsstraße *(f)*

loose unverpackt
loose bulk cargo geschüttete Ladung *(f)*, lose Ladung *(f)*

loose cargo Sturzgut *(n)*
loose goods Massengut *(n)*, Schüttgut *(n)*, Stückgut *(n)*, unverpacktes Gut *(n)*
lorry Lastkraftwagen *(m)*, Lastwagen *(m)*
free on lorry frei Lastkraftfahrzeug *(n)*, frei Lastkraftwagen *(m)*
refrigerated lorry Kühl-Lastkraftwagen *(m)*, Kühlwagen *(m)*
lorry-load Wagenladung *(f)*, Waggonladung *(f)*
lose verlieren
lose in value an Wert verlieren *(m)*
loss Damnum *(n)*, Schaden *(m)*, Verlust *(m)*
loss account Verlustkonto *(n)*
loss adjustment Schadensregulierung *(f)*
loss advice Anmeldung des Schadens *(f)*, Schadensanzeige *(f)*, Schadensavis *(m)*, Verlustanzeige *(f)*
  date of loss advice Datum der Schadensmeldung *(n)*
loss and damage Schaden und Verlust *(m)*
loss assessment Abschätzung des Schadens *(f)*
loss at sea Seetransportverlust *(m)*, Seeverkehrsverlust *(m)*
loss before tax Verlust vor Steuer *(m)*
losses compensation Verlustausgleich *(m)*
loss by leakage Sickerverlust *(m)*, Verlust durch Leckage *(m)*
loss by scattering Gewichtsschwund durch Verschütteln *(m)*
loss compensation Verlustausgleich *(m)*
loss due to drying Trockenverlust *(m)*
loss due waiting periods Ausfallverlust *(m)*
loss during cargo handling Umladungsverlust *(m)*, Umschlagverlust *(m)*
loss during carriage Transportschaden *(m)*
loss during discharge Ausladungsverlust *(m)*, Entladungsverlust *(m)*, Löschverlust *(m)*
loss during handling Umladungsverlust *(m)*, Umschlagverlust *(m)*
loss during loading Beladenverlust *(m)*, Verschiffungsverlust *(m)*
loss during reshipping Bord-Bord-Umschlagverlust *(m)*
loss during transhipment Umladungsverlust *(m)*, Umschlagverlust *(m)*
loss during transport Transportverlust *(m)*
loss in transit Transitverlust *(m)*, Transportschaden *(m)*, Transportverlust *(m)*

loss in value Wertminderung *(f)*
loss in weight Gewichtsschwund *(m)*, Gewichtsverlust *(m)*
loss insurance Schadensversicherung *(f)*
loss of cargo Verlust der Ladung *(m)*
loss of credit Kreditverlust *(m)*
loss of creditworthiness Verlust der Kreditwürdigkeit *(m)*
loss of documents Verlust von Urkunden *(m)*
loss of earning capacity Arbeitsunfähigkeit *(f)*
loss of freight Verlust von Ladung *(n)*
loss of orders Verlust der Aufträge *(m)*
loss of right Rechtsverlust *(m)*
loss of ship Verlust des Schiffes *(m)*
loss of time Zeitverlust *(m)*
loss of value Wertverlust *(m)*
loss of weight Gewichtsschwund *(m)*, Gewichtsverlust *(m)*
loss of weight during transportation Transportverlust *(m)*
loss on exchange Disagio *(n)*, Kursverlust *(m)*
* absolute total loss Totalschaden *(m)*
accidental loss zufälliger Verlust *(m)*
actual loss tatsächlicher Verlust *(m)*
actuarial loss Versicherungsverlust *(m)*
air loss Luftbeförderungverlust *(m)*, Luftverkehrsverlust *(m)*
all loss insurance Gesamtversicherung *(f)*
amends for a loss Schadloshaltung *(f)*
amount of loss Schadenssumme *(f)*, Schadenshöhe *(f)*, Schadensumfang *(m)*
annual loss Jahresverlust *(m)*
appraise the loss Schaden schätzen *(m)*
average loss Havarieverlust *(m)*
book loss Buchverlust *(m)*
business loss Handelsverlust *(m)*, kommerzieller Verlust *(m)*
calculation of losses Schadensberechnung *(f)*, Verlustquellenberechnung *(f)*
cargo loss Ladungsverlust *(m)*
causality loss Elementarschaden *(n)*, zufälliger Verlust *(m)*
commercial loss Geschäftsverlust *(m)*, Handelsschaden *(m)*
compensation for a loss Ersatz der Verluste *(m)*, Schadensersatz *(m)*, Verlustausgleich *(m)*, Schadensregulierung *(f)*
cover a loss Verlust abdecken *(m)*
coverage of losses Begleichung von Verlusten *(f)*

customary trade loss gebräuchlicher Verlust *(m)*
dead loss Totalverlust *(m)*
direct loss direkter Verlust *(m)*, unmittelbarer Verlust *(m)*
exchange loss Disagio *(n)*, Kursverlust *(m)*
extent of the loss Größe des Schadens *(f)*, Schadensausmaß *(n)*, Verlustmenge *(f)*
extraordinary loss außerordentlicher Verlust *(m)*
financial loss Finanzverlust *(m)*
general average loss Schaden aus gemeinschaftlicher Havarie *(m)*
gross loss Bruttoverlust *(m)*
guarantee against losses Garantie gegen Verluste *(f)*
incur a loss Verlust erleiden *(m)*
indivertible loss unwiderruflicher Verlust *(m)*
insurance against loss of exchange Abdeckung der Wechselkursrisiken *(f)*
insured loss versicherter Verlust *(m)*
leakage loss Sickerverlust *(m)*, Verlust durch Leckage *(m)*
make good a loss Schaden begleichen *(m)*, Schaden ersetzen *(m)*
marine loss Seetransportschaden *(m)*, Seetransportverlust *(m)*
market loss Marktverlust *(m)*
material loss materieller Verlust *(m)*
maximum loss Höchstschaden *(m)*
maximum possible loss größtmöglicher Schaden *(m)*
maximum probable loss wahrscheinlicher Höchstschaden *(m)*
meet with a loss Verlust nehmen *(m)*
natural loss of goods natürlicher Abgang *(m)*, natürlicher Schwund *(m)*
natural loss risk natürliches Abgangrisiko *(n)*
net loss Nettoverlust *(m)*, Reinverlust *(m)*
net loss on currency exchange Nettokursverlust *(m)*
net operating loss (NOL) Nettobetriebsverlust *(m)*
normal loss normaler Verlust *(m)*
notification on the loss of insured goods Anzeige über den Verlust von versichertem Gut *(f)*, Versicherungsobjektverlustavis *(n)*
offset the loss Schaden begleichen *(m)*, Schaden ersetzen *(m)*
operational loss Verlustvortrag aus dem operativen Geschäft *(m)*

part loss Teilverlust *(m)*, teilweiser Schaden *(m)*, teilweiser Verlust *(m)*
partial loss Teilverlust *(m)*, teilweiser Schaden *(m)*, teilweiser Verlust *(m)*
profit or loss Gewinn oder Verlust *(m/m)*
proof of loss Nachweis des Verlustes *(m)*, Schadensnachweis *(m)*
railroad loss Bahnbeförderungverlust *(m)*, Eisenbahntransportverlust *(m)*, Schienenverkehrsverlust *(m)*
railway loss Bahnbeförderungverlust *(m)*, Eisenbahntransportverlust *(m)*
rates of natural loss Kalogrenzen *(pl)*
recovery of a loss Ersatz der Verluste *(m)*, Schadensersatz *(m)*
salvage loss Bergungsverlust *(m)*
sell at a loss mit Verlust verkaufen *(m)*
settle of losses Liquidation des Schadens *(f)*, Schadensabwicklung *(f)*
suffer a loss Verlust nehmen *(m)*
tax loss Steuerverlust *(m)*
total loss Ganzverlust *(m)*, Gesamtschaden *(m)*, Gesamtverlust *(m)*, Vollverlust *(m)*
actual total loss tatsächlicher Totalschaden *(m)*, tatsächlicher Totalverlust *(m)*, wirklicher Totalverlust *(m)*
constructive total loss fingierter Totalverlust *(m)*, konstruktiver Totalverlust *(m)*

loss-on-exchange Kursverlust-

loss-on-exchange insurance Kursverlustversicherung *(f)*

lost verloren, abhandengekommen

lost cheque verlorener Scheck *(m)*
lost document abhandengekommenes Dokument *(n)*

lot Tranche *(f)* 2. Warenpartie *(f)*

lot of goods Sendung *(f)*, Warensendung *(f)*
lot quality standard Qualitätsstandard der Warenpartie *(m)*
* carload lot Wagenpartie *(f)*
less-than-carload lot Massengut *(n)*, Sammelgut *(n)*, Stückfracht *(f)*, weniger als Containerladung *(f)*
less-than-truckload lot Generalkargo *(m)*, Massengut *(n)*, Stückgutladung *(f)*
part lot Satz *(m)*
pilot lot Anlaufserie *(f)*
quality of lot Warenpartiequalität *(f)*
sale by lot Partieverkauf *(m)*
ship in lots Partie schicken *(f)*

low niedrig
low loading trailer Tiefladeanhänger *(m)*
low monetary standard schwache Währung *(f)*, weiche Währung *(f)*
low price niedriger Kurs *(m)* **2.** niedrigster Preis *(m)*
low quality mangelnde Qualität *(f)*, minderwertige Qualität *(f)*
lower senken, skontieren
lower a limit Limit senken *(n)*
lower a price Preis drücken *(m)*
lower the discount rate Diskontsatz senken *(m)*
lower the price Preis herabsetzen *(m)*
lower a quality Qualität mindern *(f)*
lower the rate of tax Steuersatz vermindern *(m)*
lower the tariff Tarif ermäßigen *(m)*, Tarif senken *(m)*
lower niedriger
lower deck Unterdeck *(n)*
lowered abgesenkt
lowering Reduktion *(f)*, Reduzierung *(f)*, Senkung *(f)*
lowering of customs duties Zollherabsetzung *(f)*
lowering of the rates Tarifherabsetzung *(f)*, Tarifsenkung *(f)*
lowering of the rates of tax Herabsetzung des Steuersatzes *(f)*
lowering of tariff rates Tarifsatzherabsetzung *(f)*
lowering of taxes Steuererleichterung *(f)*
lowest niedrigste
lowest freight Mindestfracht *(f)*
lowest freight tariff Mindestfrachttarif *(m)*, Mindestseeschifffrachttarif *(m)*, Minimalfracht *(f)*, Minimalfrachttarif *(m)*
low-temperature Niedertemperatur-
low-temperature container Thermoscontainer *(m)*
LPG LPG-Schiff *(n)*
LPG carrier Schiff zur Beförderung verflüssigter Gase *(n)*
LPG terminal Erdölgasterminal *(m)*, LPG-Terminal *(m)*

luggage Gepäck *(n)*
luggage entry Gepäckdeklaration *(f)*
luggage examination Gepäckzollkontrolle *(f)*
luggage inspection Kontrolle des Gepäcks *(f)*, Untersuchung des Reisegepäcks *(f)*
luggage insurance Gepäckversicherung *(f)*, Reisegepäckversicherung *(f)*
luggage receipt Gepäckaufbewahrungsschein *(m)*, Gepäckschein *(m)*
luggage tariff Gepäcktarif *(m)*, Reisegepäcktarif *(m)*
luggage ticket Gepäckaufbewahrungsschein *(m)*, Gepäckschein *(m)*
* examination of luggage Gepäckzollkontrolle *(f)*
hand luggage persönliches Gepäck *(n)*
inspection luggage Kontrolle des Gepäcks *(f)*, Untersuchung des Reisegepäcks *(f)*
personal luggage Handgepäck *(n)*, persönliches Gepäck *(n)*
lumber Holz *(n)* **2.** Holz-
lumber carrier Holzfahrer *(m)*, Holzfrachter *(m)*
lumber load-line Holzwasserlinie *(f)*
lump Pauschal-, pauschal
lump-freight Pauschalfracht *(f)*
lump-indemnity pauschale Schadensersatzleistung *(f)*
lump-sum Gesamtbetrag *(m)*, Pauschalbetrag *(m)*, Pauschalsumme *(f)*
lump-sum amount Pauschalbetrag *(m)*, Pauschalsumme *(f)*
lump-sum charge Pauschalgebühr *(f)*
lump-sum charter Pauschalcharter *(m)*, Pauschalfrachtvertrag *(m)*
lump-sum freight Pauschalfracht *(f)*
lump-sum guarantee Pauschalbürgschaft *(f)*, Pauschalgarantie *(f)*
lump-sum indemnity pauschale Schadensersatzleistung *(f)*
lump-sum premium Pauschalbeitrag *(m)*
lump-sum rate Pauschalfrachtsatz *(m)*, Pauschalsatz *(m)*
luxury Luxus *(m)* **2.** Luxus-
luxury goods Luxusware *(f)*
luxury products Luxuswaren *(pl)*
luxury tax Aufwandsteuer *(f)*
* article of luxury Luxusware *(f)*

M

machine Maschine *(f)*
dating machine Datumstempel *(m)*
selling machine Selbstbedienungsautomat *(m)*, Warenautomat *(m)*
vending machine Selbstbedienungsautomat *(m)*, Warenautomat *(m)*
machinery Maschinen *(pl)*
machinery export Maschinenausfuhr *(f)*
macroeconomic makroökonomisch
macroeconomic analysis makroökonomische Analyse *(f)*
macroeconomic forecast makroökonomische Prognose *(f)*
magistral Magistrale *(f)*
mail per Post schicken *(f)*
mail Briefverkehr *(m)*
mail advertising Werbung durch Post *(f)*
mail advice Postanzeige *(f)*
mail charges Porto *(n)*
mail entry Postzolldeklaration *(f)*
mail order Bestellbrief *(m)*, Postauftrag *(m)*, Versandverkauf *(m)*
  mail order business Versandgeschäft *(n)*
mail parcel Postpaket *(n)*
  air mail parcel Luftpostsendung *(f)*
  direct mail piece Werbesendung *(f)*
mail stamp Poststempel *(m)*
* **advertising mail** Werbesendung *(f)*
air mail Luftpostbrief *(m)*
  air mail receipt Luftposteinlieferungsschein *(m)*
captain's mail Schiffspost *(f)*, Schiffspost *(f)*
  confirmation of captain's mail Schiffspostbescheinigung *(f)*, Schiffspostbestätigung *(f)*
delivery by mail Postzustellung *(f)*
diplomatic mail diplomatische Post *(f)*
  conveyance of diplomatic mail Beförderung der diplomatischen Post *(f)*
direct mail direkte Werbung *(f)*
electronic mail elektronische Post *(f)*, E-Mail *(f)*
express mail Eilpost *(f)*
international mail Auslandspost *(f)*
rail mail Bahnpost *(f)*
railway mail Bahnpost *(f)*

reply by mail Antwortbrief *(m)*
sea mail Schiffspost *(f)*
send by mail mit der Post schicken *(f)*
mail-boat Postschiff *(n)*
mailing Postbeförderung *(f)*
mailing address Nachsendeadresse *(f)*, Postanschrift *(f)*
mailing date Abgangsdatum *(n)*
mailing list Adressenliste *(f)*
mail-order Versand-
mail-order firm Versandhaus *(n)*
main Haupt-
main condition Basisbedingung *(f)*
main deck Hauptdeck *(n)*
main depot Hauptlager *(n)*
main hold Hauptladeraum *(m)*
main-line railway Überlandbahn *(f)*
main port Basishafen *(m)*, Haupthafen *(m)*
main road Hauptstraße *(f)*, Hauptweg *(m)*
main sea Hochsee *(f)*, offenes Meer *(n)*
main shipboard Hauptdeck *(n)*
main store Hauptlager *(n)*, Hauptniederlage *(f)*
main Trans-Siberian railway Transsibirische Eisenbahn *(f)*
main warehouse Hauptniederlage *(f)*, zentrales Lager *(n)*
maintenance Wartung *(f)*
maintenance charges Instandhaltuungskosten *(pl)*, Unterhaltungskosten *(pl)*
maintenance costs Instandhaltuungskosten *(pl)*, Unterhaltungskosten *(pl)*
maintenance fee periodische Gebühr *(f)*
maintenance guarantee Wartungsgarantie *(f)*
* **guarantee maintenance** Garantiekundendienst *(m)*
railway maintenance Bahnbetrieb *(m)*
service maintenance Wartungsservice *(m)*
technical maintenance technische Wartung *(f)*
major Haupt-
major importer Hauptimporteur *(m)*
major irregularities schwerwiegende Unregelmäßigkeiten *(pl)*
major repair Generalreparatur *(f)*, größere Reparatur *(f)*
make Produkt *(n)*
make to order Auftragsfertigung *(f)*
make herstellen **2.** machen
make an additional payment Geld zusetzen *(n)*, zuzahlen

make an adjustment Dispache aufmachen *(f)*
make an agreement Vereinbarung treffen *(f)*,
Vertrag zustande bringen *(m)*
make an application Antrag einbringen *(m)*,
Antrag einreichen *(m)*
make a bill payable at ... Wechsel domizilieren *(m)*
make a contract Kontrakt abschließen *(m)*,
Kontrakt ausfertigen *(m)*, Kontrakt schließen *(m)*
make a copy Kopie machen *(f)*
make corrections Abänderungen vornehmen *(pl)*
make a declaration Deklaration vorlegen *(f)*,
erklären
make a delivery Lieferung durchführen *(f)*,
Lieferung erfüllen *(f)*
make liable auflegen
make a loan Kredit aufnehmen *(m)*
make the markings kennzeichnen
make an offer Angebot hinterlegen *(n)*, Angebot unterbreiten *(n)*, anpreisen
make an order Auftrag geben *(m)*
make a payment Zahlung leisten *(f)*, begleichen, einzahlen
make a purchase einkaufen
make a tender Angebot hinterlegen *(n)*
make to sample nach Muster produzieren *(n)*
make good ausgleichen
make good a loss Schaden begleichen *(m)*,
Schaden ersetzen *(m)*
make out ausfertigen
make out a bill Rechnung aufstellen *(f)*,
Rechnung ausstellen *(f)*, Wechsel ausstellen *(m)*
make out a bill of lading Konnossement
ausstellen *(n)*
make out a contract Vertrag ausfertigen *(m)*
make out a document Dokument ausfertigen *(n)*, Dokument erstellen *(n)*
make out an invoice in Rechnung stellen *(f)*,
Rechnung ausfertigen *(f)*, Rechnung ausstellen *(f)*
make out a policy Police ausstellen *(f)*
make out a receipt Quittung ausstellen *(f)*
make up ausfertigen
make up the average Havarieschaden festlegen *(m)*
make up a document Dokument ausfertigen *(n)*, Dokument ausstellen *(n)*
make up a list Verzeichnis anlegen *(n)*

maker Hersteller *(m)*
making Anfertigen *(n)*
making a contract Abkommensabschluss *(m)*,
Zustandekommen eines Vertrags *(n)*
making good a deficit Defizitausgleich *(m)*
making of a contract Vertragsabschluss *(m)*
making of a declaration Ausfüllen einer
Deklaration *(n)*
* tariff making Tarifkalkulation *(f)*
making out Ausfüllen *(n)*
making out an invoice Rechnungsausstellung *(f)*
making out of documents Anfertigung eines Dokumentes *(f)*
making out of a form Ausfüllen eines Formblatts *(n)*, Ausfüllen eines Formulars *(n)*, Ausstellung eines Formblatts *(f)*
manage administrieren, führen, leiten,
verwalten
management Abwicklung *(f)* **2.** Verwaltung *(f)*, Management *(n)*
management of carriage Transportabwicklung *(f)*
management of insurance Versicherungsabwicklung *(f)*
management of the price level Preisniveauregulierung *(f)*
management of stocks Aktienmanagement *(n)*
management of stores Lagerhaltung *(f)*
management responsibility administrative
Verantwortung *(f)*
management system Führungssystem *(n)*,
Managementsystem *(n)*
management team Verwaltung *(f)*
* banking management Bankverkehr *(m)*,
Bankwesen *(n)*
exchange management Devisenbewirtschaftung *(f)*, Währungskontrolle *(f)*
export management company Außenhandelsbetrieb *(m)*, Außenhandelsunternehmen *(n)*
price management Preislenkung *(f)*
risk management process Risikomanagementprozess *(m)*
system of management Führungssystem *(n)*,
Managementsystem *(n)*
total quality management (TQM) lückenloses Qualitätsmanagement *(n)*

manager Chef (m), Führer (m), Leiter (m), Verwalter (m)
advertising manager Werbeleiter (m)
bank manager Bankdirektor (m)
branch manager Filialleiter (m)
combination export manager Exportgruppe (f)
complaint manager Leiter der Schadensabteilung (m)
department manager Abteilungsleiter (m)
executive manager geschäftsführender Direktor (m), Geschäftsführer (m)
export manager Exportleiter (m), Leiter der Exportabteilung (m)
general manager geschäftsführender Direktor (m), Geschäftsführer (m), Geschäftsführer (m)
head manager Chef (m)
manufacturing manager Produktionsleiter (m)
marketing manager Marketingmanager (m), Vertriebsleiter (m)
office manager Bürochef (m), Bürovorsteher (m)
production manager Produktionsleiter (m)
purchase manager Leiter der Einkaufsabteilung (m)
purchasing manager Leiter der Einkaufsabteilung (m)
quality control manager Qualitätsleiter (m)
quality manager Leiter der Gütekontrolleabteilung (m)
trade manager Handelsmanager (m)
transport manager Leiter der Transportabteilung (m)
warehouse manager Lagerleiter (m)

managing leitend
managing agent Geschäftsführer (m)
managing clerk Büroleiter (m)
managing director (MD) geschäftsführender Direktor (m)

mandatory Auftraggeber (m), Auftragnehmer (m) **2.** obligatorisch, verbindlich
mandatory condition obligatorische Bedingung (f), verbindliche Bedingung (f)
mandatory law zwingendes Recht (n)
mandatory standard staatliche Norm (f)

manifest Manifest (n), Frachtliste (f), Ladeliste (f), Ladungsverzeichnis (n)
manifest as transit declaration Manifest als Versandanmeldung (n)

manifest of cargo Ladungsverzeichnis (n), Manifest (n)
manifest of the TIR carnet Warenmanifest des Carnets TIR (n)
manifest quantity Menge entspricht dem Frachtbrief (f)
manifest T1 T1-Manifest (n)
manifest T2F T2F-Manifest (n)
manifest weight Gewicht nach Manifest (n)
* air courier manifest Luftkuriermanifest (n)
air goods manifest Manifest der Luftverkehrsgesellschaft (n)
aircraft manifest Luftladungsmanifest (n), Luftmanifest (n)
airline's goods manifest Warenmanifest der Luftverkehrsgesellschaft (n)
audit of the manifests Prüfung der Manifeste (f)
captain's manifest Ladungsmanifest (n)
cargo manifest Ladungsverzeichnis (n), Warendeklaration (f)
  container import cargo manifest Containerimportfracht-Manifest (n)
  dangerous cargo manifest Gefahrgütermanifest (n)
  diplomatic cargo manifest Diplomatenladungsmanifest (n), Diplomatenmanifest (n)
  military cargo manifest Militärladungsmanifest (n), Militärmanifest (n)
cargo manifest for river tankers Flusstankermanifest (n)
certified manifest beglaubigtes Manifest (n)
coasting manifest Küstenfahrtsmanifest (n)
commercial manifest Handelsmanifest (n)
consolidation manifest Sammelmanifest (n)
container manifest Containerladungsmanifest (n), Container-Ladungsverzeichnis (n), Containermanifest (n)
copy of the manifest Kopie des Manifestes (f)
customs manifest Zollmanifest (n)
express company manifest Manifest des Express-Kurierdienstes (n)
freight manifest Frachtmanifest (n), Ladungsverzeichnis (n)
goods manifest Ladungsmanifest (n), Warenmanifest (n)
  goods manifest in electronic form Manifest der Luftverkehrsgesellschaft in elektronischer Form (n)

goods manifest in paper form Manifest der Luftverkehrsgesellschaft in Papierform _(n)_
groupage manifest Manifest für Sammelsendungen _(n)_
inward manifest Einfuhrmanifest _(n)_
lading manifest Lademanifest _(n)_
list of the manifests Aufstellung der Manifeste _(f)_
loading-out manifest Beladungsmanifest _(n)_
outward manifest Ausfuhrmanifest _(n)_
passenger manifest Passagiermanifest _(n)_
reference number of manifest Referenznummer des Manifestes _(f)_
Rhine manifest Rheinmanifest _(n)_
Rhine manifest procedure Versandverfahren mit dem Rheinmanifest _(n)_
ship's manifest Schiffsmanifest _(n)_, Schiffsverzeichnis _(n)_
shipment manifest Lademanifest _(n)_, Ladungsmanifest _(n)_, Verschiffungsmanifest _(n)_
shipper's manifest Ladungsmanifest _(n)_, Warenmanifest _(n)_
shipping manifest Ladungsmanifest _(n)_, Verschiffungsmanifest _(n)_
ships' goods manifest Warenmanifest der Schifffahrtsgesellschaft _(n)_
ship's manifest Ladungsverzeichnis _(n)_
stowage manifest Verstauungsmanifest _(n)_
transit manifest Durchfuhrladungsmanifest _(n)_, Durchgangsmanifest _(n)_, Transitladungsmanifest _(n)_
type of the manifest Form des Manifestes _(f)_
vessel manifest Ladungsverzeichnis _(n)_, Warendeklaration _(f)_
manipulation Manipulation _(f)_
manner Methode _(f)_, Weise _(f)_
manner of conveyance Transportart _(f)_
manner of forwarding Versandweise _(f)_
manner of packing Verpackungsweise _(f)_
manner of payment Zahlungsmodus _(m)_, Zahlungsweise _(f)_
manner of presentation Präsentationsweise _(f)_, Vorstellungsweise _(f)_
manner of transporting Beförderungsart _(f)_
manufactory Betrieb _(m)_, Fabrik _(f)_
manufacture herstellen, produzieren

manufacture Herstellung _(f)_, Produktion _(f)_
manufacture brand Fabrikmarke _(f)_
manufacture to customer's specification Sonderanfertigung _(f)_
* certificate of manufacture Herstellungsbescheinigung _(f)_
cost of manufacture Produktionskosten _(pl)_
defect in manufacture Produktionsfehler _(m)_
method of manufacture Produktionsweise _(f)_
quality of manufacture Qualität der Herstellung _(f)_
trade and manufacture clause Handels- und Produktionsgeheimnisklausel _(f)_
manufacturer Erzeuger _(m)_, Hersteller _(m)_, Verfertiger _(m)_ **2.** Produktionsbetrieb _(m)_
manufacturer's catalogue Firmenkatalog _(m)_
manufacturer's export agent Exportvertreter des Herstellers _(m)_
manufacturer's guarantee Herstellergarantie _(f)_, Werkgarantie _(f)_
manufacturer's market Erzeugermarkt _(m)_
manufacturer's price Herstellerpreis _(m)_
manufacturer's risk Herstellerrisiko _(n)_
manufacturer's warehouse Herstellerlager _(n)_
* bonded manufacturer's warehouse Zolllager des Herstellers _(n)_
goods manufacturer Warenhersteller _(m)_
information on the goods manufacturer Angaben über den Hersteller der Waren _(pl)_
manufacturing Herstellung _(f)_, Produktion _(f)_ **2.** Herstellungs-, Produktions-
manufacturing cost Herstellungskosten _(pl)_, Produktionskosten _(pl)_
manufacturing cycle Produktionsablauf _(m)_
manufacturing defect Fabrikationsfehler _(m)_
manufacturing fault Fabrikationsfehler _(m)_
manufacturing manager Produktionsleiter _(m)_
manufacturing method Produktionsweise _(f)_
manufacturing risk Produktionsrisiko _(n)_
manufacturing system Produktionssystem _(n)_
* country of manufacturing Herstellungsland _(n)_
falling off in manufacturing Produktionsabfall _(m)_, Rückgang der Produktion _(m)_
small-lot manufacturing Kleinserienproduktion _(f)_
map Karte _(f)_
sea-ice map Meereiskarte _(f)_

margin Handelsspanne *(f)*, Marge *(f)*
margin of prices Preisbereich *(m)*
margin of profit Gewinnspanne *(f)*, Profitspanne *(f)*
* **bank margin** Bankmarge *(f)*
contractual margin Vertragsmarge *(f)*
dumping margin Dumpingspanne *(f)*
further margin Nebensicherheit *(f)*
gross margin Bruttomarge *(f)*, Handelsmarge *(f)*
price margin Preisdifferenz *(f)*, Preisspanne *(f)*, Preisunterschied *(m)*
profit margin Gewinnspanne *(f)*, Profitspanne *(f)*
wholesale margin Großhandelsspanne *(f)*

marginal marginal, Grenz-
marginal export rate Grenzexportsatz *(m)*
marginal exporter marginaler Exporteur *(m)*
marginal import rate Grenzimportsatz *(m)*
marginal relief Grenzerlass *(m)*

marine Seeflotte *(f)*, Marinenwesen *(n)* **2.** Meer-, Meeres-
marine adventure Meergefahr *(f)*, Meerrisiko *(n)*
marine bill of lading Frachtbrief *(m)*, Seekonnossement *(n)*
marine board Seeamt *(n)*
Central Marine Board Amt für Seeverkehrswirtschaft *(n)*
marine cargo container Seecontainer *(m)*
marine carrier's liability Haftung des Verfrachters *(f)*
marine charter Befrachtungsvertrag *(m)*, Charterpartie *(f)*, Chartervertrag *(m)*
marine chartering Schiffsbefrachtung *(f)*, Verfrachtung des Schiffes *(f)*
marine consultant Seeberater *(m)*
marine hull insurance Seekaskoversicherung *(f)*
marine insurance Seeversicherung *(f)*
policy of marine insurance Seeversicherungspolice *(f)*
marine insurance broker Seeversicherungsmakler *(m)*
marine insurance certificate Seeversicherungbescheinigung *(f)*
marine insurance market Seeversicherungsmarkt *(m)*
marine insurance policy Seeversicherungspolice *(f)*
marine insurer Seeversicherer *(m)*

marine interest Bodmereizinsen *(pl)*, Schiffsverpfändungszinsen *(pl)*
marine line Seegefahr *(f)*, Seetransportrisiko *(n)*
marine loss Seetransportschaden *(m)*, Seetransportverlust *(m)*
marine navigation Schifffahrt *(f)*, Seehandelsschifffahrt *(f)*, Seenavigation *(f)*, Seeschifffahrt *(f)*
marine office Seeamt *(n)*
marine peril Meergefahr *(f)*, Meerrisiko *(n)*, Seegefahr *(f)*
marine policy Seeversicherungspolice *(f)*
Lloyd's marine policy Lloyds-Seeversicherungspolice *(f)*, Lloyd's-Versicherungspolice *(f)*
marine premium Seeprämie *(f)*
marine rate Seeversicherungssatz *(m)*
marine refrigerated container Seekühlcontainer *(m)*
marine superintendent nautischer Inspektor *(m)*
marine surveyor Seesachverständiger *(m)*
marine transport rate Schifffahrtstarif *(m)*, Seeschifffahrtstarif *(m)*
marine underwriter Seeversicherer *(m)*
* **mercantile marine** Handelsflotte *(f)*

maritime Meer-, Meeres-, See-
maritime agency Schifffahrtsagentur *(f)*, Seeagentur *(f)*
maritime agency contract Seeagenturvertrag *(m)*
Maritime Arbitration Commission Seearbitragekommission *(f)*
maritime area Seegebiet *(n)*
maritime assistance Bergungsarbeiten *(pl)*
maritime chamber Seekammer *(f)*
maritime code Seekodex *(m)*, Seerechtsbuch *(n)*
Maritime Code Act Seekodex *(m)*, Seerechtsbuch *(n)*
maritime commerce Seehandel *(m)*, Überseehandel *(m)*
maritime conference Fracht-Schifffahrts-Konferenz *(f)*, Schifffahrtskonferenz *(f)*, Schifffrachtpool *(m)*
maritime consulate Seekonsulat *(n)*
maritime court Seegericht *(n)*
maritime custom Seebrauch *(m)*
maritime custom-house Hafenzollamt *(n)*, Seehafenzollamt *(n)*
maritime customs area Seezollgebiet *(n)*

maritime declaration of health Seegesundheitserklärung *(f)*

maritime documents Schiffspapiere *(pl)*, Seeversanddokumente *(pl)*, Seeversandpapiere *(pl)*, Seeversandunterlagen *(pl)*

maritime economic area Seewirtschaftszone *(f)*

maritime insurance Seeversicherung *(f)*

maritime insurance agent Seeversicherungsmakler *(m)*

maritime interest Bodmereiprozent *(n)*, Bodmereizinsen *(pl)*, Schiffsverpfändungszinsen *(pl)*

maritime jurisdiction Admiralitätsgerichtsbarkeit *(f)*, Seegerichtsbarkeit *(f)*

maritime legislation Seegesetzgebuch *(n)*

maritime lien Frachtführerpfandrecht *(n)*, Schiffshypothek *(f)*, Seepfandrecht *(n)*

maritime liens on cargo Ladungspfand *(n)*

maritime liens on vessel Schiffspfand *(n)*

maritime loan Bodmereianleihe *(f)*, Seedarlehen *(n)*

maritime perils Seegefahr *(f)*

maritime route Seestraße *(f)*

maritime shipping Seehandelsschifffahrt *(f)*, Seeschifffahrt *(f)*

maritime territory Seegebiet *(n)*

maritime trade Seehandel *(m)*, Überseehandel *(m)*

maritime transport Seetransport *(m)*, Warenbeförderung auf dem Seeweg *(f)*

maritime transport operator Reeder *(m)*, Seefrachtführer *(m)*

maritime zone Seezone *(f)*

* international maritime law internationales Seerecht *(n)*

customs maritime zone Seezollgebiet *(n)*

mark bezeichnen, kennzeichnen, markieren

mark a price Preis bestimmen *(m)*, Preis festsetzen *(m)*

mark Marke *(f)* 2. Markierung *(f)*

mark of the cargo Ladungsmarkierung *(f)*, Markierung der Ladung *(f)*

mark of origin Ursprungsbezeichnung *(f)*

mark of quality Qualitätszeichen *(n)*

* class mark Klassenzeichen *(n)*

classification mark Klassenzeichen *(n)*

commercial mark Handelsmarke *(f)*, Handelszeichen *(n)*

customs mark zollamtliches Zeichen *(n)*

distinctive mark individuelles Kennzeichen *(n)*

draft marks Tiefgangsmarken *(pl)*, Tiefgangsskala *(f)*

duty mark Zollstempel *(m)*

factory mark Fabrikmarke *(f)*

freeboard mark Freibordmarke *(f)*, Lademarke *(f)*

official marks amtliche Zeichen *(n)*

outside mark Außenzeichen *(n)*

Plimsoll's mark Freibordmarke *(f)*, Lademarke *(f)*

postal mark Poststempel *(m)*

proprietary mark geschützte Fabrikmarke *(f)*

quality mark Qualitätszeichen *(n)*

registered mark eingetragenes Warenzeichen *(n)*

seals or identification marks applied *(TIR carnet)* angelegte Zollverschlüsse oder Nämlichkeitszeichen *(pl)*

seals or identification marks found to be intact *(TIR carnet)* Zollverschlüsse oder Nämlichkeitszeichen unverletzt *(pl)*

shipper's mark Verladerzeichen *(n)*

shipping mark Markierung *(f)*, Versandzeichen *(n)*

stamp mark Siegelabdruck *(m)*, Stempelabdruck *(m)*

trade mark Handelszeichen *(n)*

trade mark infringement Missbrauch eines Warenzeichns *(m)*

trade marks act Markengesetz *(n)*

register a trade mark Warenzeichen registrieren *(n)*

register of trade mark Musterregister *(n)*, Warenzeichenrolle *(f)*

water marks Wasserzeichenen *(pl)*, Tiefgangsmarken *(pl)*, Tiefgangsskala *(f)*

mark up Zuschlag *(m)*

mark-down Preisrabatt *(m)*

price mark-down Preisänderung *(f)*, Preisermäßigung *(f)*, Preismäßigung *(f)* 2. Abwertung *(f)*

marked benannt, bestimmt

marked cheque beglaubigter Scheck *(m)*

market Markt *(m)* 2. Markt-

markets access Zugang zu Märkten *(m)*

market analysis Konjunkturforschung *(f)*, Marktanalyse *(f)*, Marktuntersuchung *(f)*

market balance Marktgleichgewicht *(n)*
market barrier Marktbarriere *(f)*
market capacity Aufnahmefähigkeit des Marktes *(f)*
market class handelsübliche Qualität *(f)*
market competition Marktkonkurrenz *(f)*
market dealings Börsengeschäft *(n)*, Börsentransaktion *(f)*
market environment Marktbedingungen *(pl)*
market equilibrium Marktgleichgewicht *(n)*
market exploration Marktforschung *(f)*
  way of market exploration Marktforschungsmethode *(f)*
market factor Konjunkturfaktor *(m)*
market fluctuations Marktschwankungen *(pl)*
market forecast Marktprognose *(f)*
market goods Marktware *(f)*
market homogeneity Markteinheitlichkeit *(f)*
market information Marktinformation *(f)*
market infrastructure Marktinfrastruktur *(f)*
market intervention Marktintervention *(f)*
market is a seller Verbrauchermarkt *(m)*
market leadership Marktführerschaft *(f)*
market loss Marktverlust *(m)*
market mechanism Marktmechanismus *(m)*
market outlook Marktprognose *(f)*
market price Marktpreis *(m)*
free market price Freihandelspreis *(m)*
  going market price laufender Marktpreis *(m)*
  gross national product at market prices Bruttosozialprodukt zu Marktpreisen *(n)*
  home market price innerstaatlicher Preis *(m)*
  world market price Weltmarktpreis *(m)*
market products Marktprodukte *(pl)*
market projection Marktprognose *(f)*
market rate Marktkurs *(m)*, Marktrate *(f)*
  market rate of discount Marktdiskontsatz *(m)*
market reaction Marktreaktion *(f)*
market regulation Marktregulierung *(f)*
market relations Marktbeziehungen *(pl)*
market research Marktforschung *(f)*
  export market research Exportmarktforschung *(f)*
  freight market research Frachtmarktforschung *(f)*
  overseas market research Auslandsmarktforschung *(f)*, Außenmarktforschung *(f)*, Exportmarktforschung *(f)*

market risk Marktrisiko *(n)*
market rivalry Marktkonkurrenz *(f)*
market saturation Marktsättigung *(f)*
market segment Marktsegment *(n)*
market segmentation Marktsegmentierung *(f)*
market share Abdeckung des Marktes *(f)*, Anteil an den Markt *(f)*, Marktanteil *(m)*
market-sharing agreement Abkommen über Marktaufteilung *(n)*, Vereinbarung über die Marktaufteilung *(f)*
market situation Marktlage *(f)*
market size Nachfrageumfang *(m)*
market stability Marktstabilität *(f)*
market stand Marktstand *(m)*
market standing Marktposition *(f)*
market strategy Marktstrategie *(f)*
market structure Marktstruktur *(f)*
market system Marktsystem *(n)*
market transaction Marktgeschäft *(n)*
market value Marktwert *(m)*
  current market value gegenwärtiger Marktwert *(m)*
  fair market value Marktpreis *(m)*, Tagespreis *(m)*
market value clause Marktwertklausel *(f)*
market value of imported goods Marktwert der eingeführten Waren *(m)*
market value of services Marktwert der Dienstleistung *(m)*
* absorptive market aufnahmefähiger Markt *(m)*
access to markets Zugang zu Märkten *(m)*
analyse the market Markt forschen *(m)*
black market Abendbörse *(f)*, Schwarzmarkt *(m)*, Vorbörse *(f)*
  black market exchange rate Schwarzmarktkurs *(m)*
  black market price Schwarzmarktpreis *(m)*
buyers' market Käufermarkt *(m)*
capital market Kapitalmarkt *(m)*
charter market Chartermarkt *(m)* **2.** Frachtbörse *(f)*, Schifffahrtsbörse *(f)*
commercial market Warenmarkt *(m)*
commodity market Produktenbörse *(f)*, Warenmarkt *(m)*
common market gemeinsamer Markt *(m)*
competitive market Wettbewerbsmarkt *(m)*
consumer's market Käufermarkt *(m)*, Verbrauchermarkt *(m)*
container market Containermarkt *(m)*
core market Kernmarkt *(m)*

crash on the market Marktkrach *(m)*
currency market Devisenbörse *(f)*
develop markets Absatzmärkte entwickeln *(pl)*
discount market Diskontmarkt *(m)*
domestic market Binnenmarkt *(m)*
  domestic market conditions Bedingungen des Binnenmarkts *(pl)*
downward movement of the market Konjunkturrückgang *(m)*
exchange market Börsenmarkt *(m)* 2. Devisenmarkt *(m)*
expand markets Absatzmärkte entwickeln *(pl)*
explore new markets neue Märkte forschen *(pl)*
export market Exportmarkt *(m)*
external market Auslandsmarkt *(m)*
financial market Finanzmarkt *(m)*
fluctuation of market Marktschwankungen *(pl)*
fluctuations of market Konjunkturschwankungen *(pl)*
foreign exchange market Devisenbörse *(f)*, Devisenmarkt *(m)*
foreign market Auslandsmarkt *(m)*
formal market formaler Markt *(m)*
forward market Futures-Markt *(m)*, Terminbörse *(f)*, Terminmarkt *(m)*
free market freier Markt *(m)*
  free market exchange rate Freiverkehrskurs *(m)*
freight market Frachtmarkt *(m)*
foreign bill market Devisenmarkt *(m)*
futures market Futures-Markt *(m)*, Markt für Termingeschäfte *(m)*, Terminbörse *(f)*
home market Inlandsmarkt *(m)*
  home market price Inlandspreis *(m)*
home market price-list Inlandspreisliste *(f)*
illicit market illegaler Markt *(m)*
import market Importmarkt *(m)*
initial market Initialmarkt *(m)*, Primärmarkt *(m)*
inland market Inlandsmarkt *(m)*, nationaler Markt *(m)*
insurance market Versicherungsmarkt *(m)*
interbank market Interbankmarkt *(m)*
international market internationaler Markt *(m)*
investment market Anlagemarkt *(m)*
legal market legaler Markt *(m)*
loan market Kreditmarkt *(m)*
local market örtlicher Markt *(m)*
manufacturer's market Erzeugermarkt *(m)*
marine insurance market Seeversicherungsmarkt *(m)*

monopoly market Marktmonopol *(m)*
national market nationaler Markt *(m)*
open market freier Markt *(m)*, Freiverkehrsmarkt *(m)*, offener Markt *(m)*
organized market formaler Markt *(m)*
over counter market Freiverkehrsmarkt *(m)*, Markt außerhalb der Börse *(m)*, offener Markt *(m)*
position of the market Marktlage *(f)*
primary market Initialmarkt *(m)*, Primärmarkt *(m)*
producer market Erzeugermarkt *(m)*
raw material market Rohstoffmarkt *(m)*
reaction of the market Marktreaktion *(f)*
revival in the market wirtschaftlicher Aufschwung *(m)*
risk of the market Marktrisiko *(n)*
saturation of the market Marktsättigung *(f)*
secondary market sekundärer Markt *(m)*, Sekundärmarkt *(m)*
securities market Effektenmarkt *(m)*
segment of the market Marktsegment *(n)*
seller's market Verkäufermarkt *(m)*
shares market Aktienmarkt *(m)*
shipping market Frachtmarkt *(m)*
single market Binnenmarkt *(m)*, gemeinsamer Markt *(m)*
  creation of a single market Verwirklichung des Binnenmarktes *(f)*
single-price market Binnenmarkt *(m)*
slice in the market Abdeckung des Marktes *(f)*, Anteil an den Markt *(f)*, Marktanteil *(m)*
spot market Spotmarkt *(m)*
state of the market Marktstand *(m)*
stock market Effektenbörse *(f)*, Wertpapierbörse *(f)*
street market Abendbörse *(f)*, Vorbörse *(f)*
structure of market Marktstruktur *(f)*
target market aufnahmefähiger Markt *(m)*, Zielmarkt *(m)*
terminal market Futures-Markt *(m)*, Markt für Termingeschäfte *(m)*
transport market Transportmarkt *(m)*
unlisted securities market Markt außerhalb der Börse *(m)*
upward movement of the market Konjunkturbelebung *(f)*
volume of market Aufnahmefähigkeit des Marktes *(f)*
wholesale market Großhandelsmarkt *(m)*
world market Weltmarkt *(m)*

quotations on the world market *(products)* Notierungen auf dem Weltmarkt *(pl)*
worldwide market Weltmarkt *(m)*

marketable marktfähig
marketable quality Handelsgüte *(f)*
* good marketable quality gute Handelsware *(f)*, gute marktübliche Qualität *(f)*

market-day Markttag *(m)*

marketing Marketing *(n)*, Vermarktung *(f)*
2. Stimulierung des Verkaufs *(f)*, Verkaufsförderung *(f)* **3.** Vertriebsorganisation *(f)*
4. Marketing-, Vermarktungs-
marketing agency Absatzkontor *(n)*, Marketingagentur *(f)*, Vermarktungsagentur *(f)*
marketing agent Verkaufsagent *(m)*
marketing alliance Marketingallianz *(f)*
marketing analysis Marketinganalyse *(f)*
marketing area diversification Absatzmarkterweiterung *(f)*
marketing audit interne Kontrolle des Marketings *(f)*, Marketingaudit *(n)*
marketing campaign Marketingkampagne *(f)*
marketing centre Zentrum für Marketingforschung *(n)*
marketing channel Absatzweg *(m)*, Distributionskanal *(m)*, Marketingkanal *(m)*, Vertriebskanal *(m)*, Vertriebsweg *(m)*
marketing communication Marketingkommunikation *(f)*
marketing company Marketing-Gesellschaft *(f)*
marketing consultant Absatzberater *(m)*, Marketingberater *(m)*
marketing control Marketing-Kontrolle *(f)*
marketing department Marketingabteilung *(f)*, Verkaufsabteilung *(f)*, Vertriebsabteilung *(f)*
marketing development Absatzmarkterweiterung *(f)*
marketing expenses Verkaufskosten *(pl)*
marketing idea Marketingidee *(f)*
marketing information Marketing-Information *(f)*
marketing intelligence Marktinterview *(n)*
marketing manager Marketingmanager *(m)*, Vertriebsleiter *(m)*
marketing message Marketing-Information *(f)*
marketing mix Marketingmix *(n)*
marketing model Marketingmodell *(n)*, Verkaufsmodell *(n)*

marketing of services Service-Marketing *(n)*
marketing officer Marketingmanager *(m)*, Vertriebsleiter *(m)*
marketing option Marketingoption *(f)*
marketing organization Marketingorganisation *(f)*, Vertriebsorganisation *(f)*
marketing organization audit Marketing-Kontrolle *(f)*
marketing plan Verkaufsplan *(m)*
marketing planning Marketingplanung *(f)*
marketing policy Marketingpolitik *(f)*, Marketingstrategie *(f)*
marketing process Distributionsprozess *(m)*, Verteilungsprozess *(m)*
marketing program Marketingprogramm *(n)*
marketing programme Marketingprogramm *(n)*
marketing research Marketingforschungen *(pl)*
 marketing research centre Zentrum für Marketingforschung *(n)*
marketing scheme Verkaufsplan *(m)*
marketing strategy Marketingstrategie *(f)*, Marktstrategie *(f)*
marketing structure Absatzstruktur *(f)*, Umsatzstruktur *(f)*, Verkaufsstruktur *(f)*, Vertriebsstruktur *(f)*
marketing study Bedarfsforschung *(f)*
marketing system Vertriebsorganisation *(f)*
marketing technique Marketingmethode *(f)*
* area of marketing Verkaufsbezirk *(m)*, Verkaufsgebiet *(n)*
bulk marketing Massenverkauf *(m)*
central marketing board Absatzzentrale *(f)*, Handelszentrale *(f)*
commodity marketing Warenverteilung *(f)*
conversion marketing Conversion-Marketing *(n)*
corporate marketing Unternehmensmarketing *(n)*
country of marketing Absatzland *(n)*
differentiated marketing Marktsegmentierung *(f)*
direct marketing Direktmarketing *(n)*
export marketing activities Exporttätigkeit *(f)*
foreign marketing Außenmarketing *(n)*
global marketing Globalmarketing *(n)*
industrial marketing industrielles Marketing *(n)*
international marketing Globalmarketing *(n)*, internationales Marketing *(n)*

joint marketing arrangement Joint Sales Agreement (n)

mass marketing Massenmarketing (n)

master marketing plan Hauptmarketing-plan (m)

network marketing Netzwerk-Marketing (n)

ordinary marketing agreement Vereinbarung über Vertrieb und Verkauf (f)

organizational marketing industrielles Marketing (n)

potential marketing erwarteter Verkauf (m)

price marketing Preismarketing (n)

prospects of marketing Absatzperspektiven (pl)

prospects of marketing Verkaufschancen (pl)

regional marketing Regionalmarketing (n)

retail marketing Einzelhandelsmarketing (n)

sales and marketing specialist Vertriebs- und Marketingspezialist (m)

service marketing Service-Marketing (n)

strategic marketing strategisches Marketing (n)

market-place Markt (m)

marking markieren

marking Kennzeichnung (f), Kennzeichnung von Ladung (f), Kennzeichnung von Waren (f), Markierung (f)

marking of cargo Kennzeichnung von Fracht (f), Kennzeichnung von Ladung (f), Ladungsmarkierung (f), Markierung der Ladung (f)

marking of cases Kennzeichnung der Kisten (f), Markierung der Kisten (f)

marking of a container Containermarkierung (f)

marking of goods Kennzeichen der Waren (n), Warenkennzeichnung (f)

marking of the packages Kennzeichen der Packstücke (n)

marking of products Produktenbezeichnung (f)

marking requirements Anordnungen über die Kennzeichnung (pl)

* cargo marking Ladungsmarkierung (f), Markierung der Ladung (f)

case marking Kennzeichnung der Kisten (f), Markierung der Kisten (f)

insufficient markings ungenügende Markierung (f)

make markings kennzeichnen

obligation to marking Kennzeichnungs-pflicht (f)

shipment marking Sendungsmarkierung (f)

transportation marking Transportmarkierung (f)

mass Masse (f) **2.** Massen-

mass advertising Massenwerbung (f)

mass freight lose Ladung (f), Massengut (n), Massengutladung (f), Massenladung (f), unver-packte Ladung (f)

mass marketing Massenmarketing (n)

* gross mass Rohmasse (f)

net mass Eigenmasse (f), Nettogewicht (n)

master Meister (m) **2.** Schiffsführer (m), Schiffskapitän (m) **3.** Haupt-

master's bill of lading Kapitänskonnossement (n)

master-carpenter's certificate Schiffs-pfandbrief (n)

master financial plan Hauptfinanzplan (m)

master mariner Handelsschiffskapitän (m), Kapitän der Handelsflotte (m), Kapitän der Handelsschifffahrt (f)

master marketing plan Hauptmarketing-plan (m)

master of the hold Meister des Laderaumes (m), Meister des Stauraums (m)

master's protest Seeprotest (m)

master's report Bericht des Kapitäns (m), Reisebericht des Kapitäns (m)

* harbour master Hafenkapitän (m), Hafenmeister (m)

ship master Handelsschiffskapitän (m)

ship's master Kapitän der Handelsflotte (m)

tug master Kapitän des Schleppers (m)

matched zusammenpassend

matched sales gebundener Verkauf (m)

matching duty ausgleichender Zoll (m) **2.** Umsatzausgleichssteuer (f)

material Material (n) **2.** wesentlich-, Material-

material breach of contract wesentliche Vertragsverletzung (f)

material damage materieller Verlust (m)

material defect Materialfehler (m)

material issue planning Materialausgabe-planung (f)

material loss materieller Verlust (m)

material security materielle Sicherung *(f)*
material storage Materiallager *(n)*
* advertising material Werbematerial *(n)*
Agreement on the importation of educational, scientific and cultural materials
Abkommen über die Einfuhr von Gegenständen erzieherischen, wissenschaftlichen oder kulturellen Charakters *(n)*
bill of materials Materialliste *(f)*
combustible material brennbares Material *(n)*
importer of raw materials Importeur von Rohstoffen *(m)*
inflammable material brennbares Material *(n)*
non-inflammable material nichtbrennbares Material *(n)*
re-export of unused materials Reexport von ungenutzten Waren *(m)*
Regulations for the safe transport of radioactive materials, IAEA regulations
Regelungen für sicheren Transport radioaktiver Stoffe *(pl)*
mate Steuermann *(n)*
mate's log Bordbuch *(n)*, Schiffsjournal *(n)*
mate's receipt Bordempfangsschein *(m)*, Steuermannsquittung *(f)*
mathematics Mathematik *(f)*
insurance mathematics versicherungstechnische Berechnung *(f)*
matter Sache *(f)* **2.** Genstand *(m)*
matter in dispute strittige Angelegenheit *(f)*
matter of a claim Anspruchsgegenstand *(m)*
matter of contract clause Vertragsgegenstandsklausel *(f)*, Vertragsobjektsklausel *(f)*
matter of delivery Gegenstand der Lieferung *(m)*, Liefergegenstand *(m)*
* Advisory Committee on customs matters *(EU)* Beratender Ausschuss für Zollfragen *(m)*
official matter Geschäftssache *(f)*
refusal to receive postal matter Verweigerung der Annahme der Sendung *(f)*
settle a matter Angelegenheit entscheiden *(f)*
maturity Zahlungsfrist *(f)*
maturity date Fälligkeitsdatum *(n)*, Fälligkeitstag *(m)*, Fälligkeitstermin *(m)*, Verfalldatum *(n)*
deferment of maturity date Stundung einer Forderung *(f)*
maturity factoring Fälligkeitsfaktoring *(n)*, indirektes Faktoring *(n)*

maturity of loan Darlehenslaufzeit *(f)*
maturity postponement Moratorium *(n)*, Verlängerung der Zahlungsfrist *(f)*, Verlängerung des Zahlungstermins *(f)*, Verlängerung des Zahlungsziels *(f)*, Zahlungsaufschub *(m)*, Zahlungsfristverlängerung *(f)*
day of maturity postponement Zahlungsfristverlängerung *(f)*, Zahlungsprolongation *(f)*
* bill to maturity Laufzeit eines Wechsels *(f)*
break of maturity Nichtunterhaltung des Verfalldatums *(f)*, Versäumung der Verfallfrist *(f)*
current maturity fällige Verbindlichkeit *(f)*, laufende Verpflichtungen *(pl)*
date of maturity Fälligkeitsdatum *(n)*, Fälligkeitstag *(m)*, Fälligkeitstermin *(m)*, Tag der Entrichtung *(m)*, Zahlungstermin *(m)* **2.** Fälligkeitsdatum eines Wechsels *(n)*, Wechselfrist *(f)*
day of maturity Verfallfrist *(f)*, Zahlungstermin *(m)*
extend a maturity Zahlungsfrist aufschieben *(f)*, Zahlungstermin aufschieben *(m)*
extend maturity Zahlung aufschieben *(f)*, Zahlungsaufschub gewähren *(m)*
obligatory maturity bindender Termin *(m)*
pay at maturity bei Fälligkeit bezahlen *(f)*, bei Fälligkeit zahlen *(f)*
pay before maturity vor Fälligkeit bezahlen *(f)*
payable at maturity zahlbar am Verfalltag *(m)*, zahlbar bei Verfall *(m)*
postpone a maturity Zahlung aufschieben *(f)*
maximal Höchst-
maximal freight rate Höchstfrachtsatz *(m)*
maximum Höchst-, maximal
maximum amount Höchstbetrag *(m)*
maximum amount of guarantee Höchstbetrag der Bürgschaft *(m)*
maximum capacity Maximalkapazität *(f)*
maximum draught größter Tiefgang *(m)*
maximum duration of temporary storage Höchstfrist der vorübergehenden Verwahrung *(f)*
maximum duty Maximalzoll *(m)*
maximum indemnity maximale Entschädigung *(f)*
maximum loss Höchstschaden *(m)*
maximum/minimum price fluctuation Preisumfang *(m)*, Preisvolatilität *(f)*

maximum possible loss größtmöglicher Schaden (m)

maximum probable loss wahrscheinlicher Höchstschaden (m)

maximum quantity Höchstmenge (f)

maximum rate Höchstkurs (m), Höchstsatz (m), Maximalkurs (m)

maximum stock Maximalbestand (m)

maximum tariff Maximaltarif (m), Obertarif (m)

maximum weight Höchstgewicht (n), Maximalgewicht (n)

* permissible maximum weight zulässige Gesamtmasse (f)

mean Durchschnitt (m), Mittel (n)

mean price durchschnittlicher Preis (m)

mean rate Durchschnittskurs (m), Mittelkurs (m)

mean time Weltzeit (f)

means Mittel (n)

means of conveyance Transportmittel (n), Verkehrsmittel (n)

insurance of means of conveyance Transportmittelversicherung (f)

means of identification Maßnahmen zur Nämlichkeitssicherung (pl), Nämlichkeitssicherungen (pl)

means of production Produktionsmittel (pl)

means of trade policy handelspolitische Maßnahmen (pl)

means of transport Transportmittel (n), Verkehrsmittel (n)

customs registration of means of transport Zollabfertigung von Beförderungsmitteln (f)

customs status of means of transport zollrechtlicher Status der Transportmittels (m)

date and hour of the start of unloading the means of transport Datum und Uhrzeit des Beginns des Entladens des Beförderungsmittels (n)

escort of means of transport Geleiten von Transportmittel (n)

identification of means of transport Transportmittelidentifikation (f)

identity of means of transport Kennzeichen des Beförderungsmittels (pl)

identity of the means of transport Nämlichkeit des Beförderungsmittels (f)

inspecting mean of transport Kontrolle des Transportmittels (f)

inspection means of transport Kontrolle der Beförderungsmittel (f)

seals on means of transport Zollverschlüsse an Beförderungsmitteln (pl)

single means of transport einziges Beförderungsmittel (n)

status of means of transport Status der Transportmittel (m)

temporary exportation of means of transport vorübergehende Ausfuhr von einem Transportmitteln (f)

temporarily exported means of transport vorübergehend ausgeführte Beförderungsmittel (pl)

means of transport crossing the border grenzüberschreitendes Beförderungsmittel (n)

* pecuniary means Barmittel (pl), Geldmittel (pl)

measure abschätzen, einschätzen

measure Maß (n), Bemessung (f) **2.** Maßnahme (f)

measures for export restraint Ausfuhrbeschränkungensmaßnahmen (pl)

measure goods leichte Ladung (f), Leichtgut (n), Massengutladung (f), Maßgut (n), Raumladung (f), Sperrgut (n)

measure of damages Entschädigungshöhe (f)

measure of prices Preisskala (f), Preisspanne (f)

* administrative measures Verwaltungsmaßnahmen (pl)

anti-dumping measures Antidumpingmaßnahmen (pl)

apply measures Maßnahmen anwenden (pl)

bale measure Balleninhalt (m)

commercial policy measures handelspolitische Maßnahmen (pl)

control measures Kontrollmaßnahmen (pl)

currency control measures Devisenabfertigungen (pl), Kontrollmaßnahmen (pl)

effect the customs control measures Zollkontrolle durchführen (f)

cubic measure Hohlmaß (n), Raummaß (n)

customs measures Zollmaßnahmen (pl)

customs measures relating to tariffs zolltarifliche Maßnahmen (pl)

dry measure Trockenmaß (n)

economic measures wirtschaftliche Regelungen (pl)

emergency measures Ausnahmemaßnahmen (pl), Notmaßnahmen (pl)

exceptional measures Ausnahmemaßnahmen (pl), Notmaßnahmen (pl)
identification measures Maßnahmen zur Nämlichkeitssicherung (pl), Nämlichkeitssicherungen (pl)
interim protective measures vorläufige Schutzmaßnahmen (pl)
liquid measure Hohlmaß für Flüssigkeiten (n)
long measure Längenmaß (n)
non-tariff measures (ccc) außertarifliche Maßnahmen (pl), nichttarifäre Maßnahmen (pl)
preferential tariff measures tarifliche Präferenzmaßnahmen (pl), Zollpräferenzmaßnahmen (pl)
preventive measures Präventivmaßnahmen (pl), Verhütungsmaßregeln (pl)
protective measures Sicherungsmaßnahmen (pl), Restriktivmaßnahmen (pl)
sanitary measures gesundheitliche Maßnahmen (pl)
security measures Sicherheitsmaßnahmen (pl)
solid measure Hohlmaß (n), Raummaß (n)
special measure Sondermaßnahme (f)
supervision measures (customs) Überwachungsmaßnahmen (pl)
temporary measure provisorische Maßnahme (f)
trade promoting measure Maßnahme zur Handelsstimulierung (f)
unit of measure Masseinheit (f)
weight or measure Optionssatz (m)

measurement Kubatur (f)
measurement capacity Ladekapazität (f), Laderungsgehalt (m)
measurement cargo leichte Ladung (f), Massengutladung (f), Massenladung (f), Sperrgut (n), sperriges Gut (n)
measurement certificate Messungszeugnis (n), Schiffsmessbrief (m)
measurement charge Gebühr per Maß (f)
measurement goods Raumfracht (f), Raumladung (f), sperrige Ladung (f)
measurement of cargo Ladungsraum (m)
measurements of cargo Ladungsabmessungen (pl)
measurement rate Raumfrachtrate (f), Raumrate (f)
measurement ton Frachttonne (f), Masstonne (f), Raumtonne (f)
measurement tonnage Frachttonnage (f)

measurement/weight Rauminhalt oder Gewicht (f/n)
* certificate of measurement Schiffsmessbrief (m)
freight assessed on the basis of cubic measurement Fracht berechnet nach Kubikmetern (f)
freight assessed on the basis of cubic measurement Raumfracht (f)
freight by measurement Fracht berechnet nach Kubikmetern (f), Raumfracht (f)
statement of measurement Maßspezifikation (f)

mechanical mechanisch
mechanical damage mechanische Beschädigung (f)
mechanical loading mechanische Ladung (f)

mechanically machinell
mechanically refrigerated container Kühlmaschinencontainer (m), machinell gekühlter Container (m)
mechanically-refrigerated wagon Kältemaschinenwagen (m)

mechanism Mechanismus (m)
mediation Mediation (f), Schlichtung (f)
mediation agreement Schiedsgerichtsvereinbarung (f), Schiedsvertrag (m)
* appeal mechanism Beschwerdeverfahren (n), Rechtsmittelverfahren (n)
competition mechanism Konkurrenzmechanismus (m)
customs mechanism Zollmechanismus (m)
exchange rate mechanism Wechselkursmechanismus (m)
market mechanism Marktmechanismus (m)
price mechanism Preismechanismus (m)
price-determining mechanism Preismechanismus (m)

medical medizinisch
medical certificate ärztliches Attest (n), ärztliches Zeugnis (n)
medical secrecy ärztliche Schweigepflicht (f)

medium Durchschnitts-
medium quality mittelmäßige Qualität (f), Mittelqualität (f)
* transport medium Transportmittel (n), Verkehrsmittel (n)
transport medium insurance Transportmittelversicherung (f)

medium-term mittelfristig

meet abfinden, decken
meet a bill Wechsel einlösen (m), Wechsel honorieren (m)
meet a claim Ansprüche befriedigen (pl)
meet the conditions Bedingungen erfüllen (pl), Voraussetzungen erfüllen (pl)
meet the date of delivery Ablieferungsfrist einhalten (f), Lieferzeit einhalten (f)
meet the delivery period Lieferfrist einhalten (f)
meet the delivery term Ablieferungsfrist einhalten (f), Lieferfrist einhalten (f)
meet the due date pünktlich zahlen
meet the requirements Anforderungen entsprechen (pl)
meet with a loss Verlust nehmen (m)

meeting Tagung (f)
meeting of a bill Einlösung eines Wechsels (f)

melting Schmelz-
melting point Schmelztemperatur (f)

member Angehörige (m)
member country Mitgliedsland (n)
member of board Vorstandsmitglied (n)
member state (CCC) Mitgliedstaat (m)
Common Customs Tariff nomenclature of the Member States (EU) gemeinsames Zolltarifschema der Mitgliedstaaten (n)
territory of a member state Gebiet des anderen Mitgliedstaats (n)
member state of departure (EU) Abgangsmitgliedstaat (m)
member State of destination Bestimmungsmitgliedstaat (m)
copy for member state of destination (CD) (EU) Exemplar für den Bestimmungsmitgliedstaat (n)
member state of dispatch Versendungsmitgliedstaat (m)
copy for member state of dispatch (CD) (EU) Exemplar für den Versendungsmitgliedstaat (n)
member state of exportation (EU) Mitgliedstaat der Ausfuhr (m)
member state of importation Einfuhrmitgliedstaat (m)
member state of refund (EU) Mitgliedstaat der Erstattung (m)

* **associated member** assoziiertes Mitglied (n)
corresponding member korrespondierendes Mitglied (n)
crew member Besatzungsliste (f), Besatzungsmitglied (n)
founding member Mitgliedsgründer (m)
honorary member Ehrenmitglied (n)
register of members Mitgliederliste (f)

membership Mitgliedschaft (f)
membership fee Mitgliedsbeitrag (m)

memorandum Notiz (f), Vermerk (m)
memorandum bill fingierte Rechnung (f), Interimsfaktur (f), Proformarechnung (f)
memorandum cheque vordatierter Scheck (m)
memorandum invoice vorläufige Rechnung (f)
memorandum of intent Willenserklärung (f)
memorandum of understandings Willenserklärung (f)
memorandum sale Verkauf unter Vorbehalt (m)
* **broker's memorandum** Kurszettel (m)

mercantile geschäftlich, kommerziell
mercantile agency Ankunftsbüro (n), Handelsagentur (f), Handelsvertretung (f)
mercantile bill Warenewechsel (m)
mercantile company Handelsunternehmen (n)
mercantile credit Handelskredit (m), kommerzieller Kredit (m)
mercantile exchange Produktenbörse (f)
mercantile flag Handelsflagge (f)
mercantile house Geschäftshaus (n)
mercantile label Warenetikett (n)
mercantile marine Handelsflotte (f)
mercantile policy Handelspolitik (f), Politik des Handels (f)
mercantile price Handelspreis (m)
mercantile risk Geschäftsrisiko (n), kommerzielles Risiko (n)

merchandise handeln, Handel führen (m), Handel treiben (m)

merchandise Erzeugnis (n)
merchandise allowance Warenrabatt (m)
merchandise brand Marke (f), Zeichen (n)
merchandise broker Warenagent (m), Warenmakler (m), Warenverkaufsmakler (m)
merchandise deficit Handelsdefizit (n)
merchandise destruction Zerstörung einer Ware (f)

merchandise export sichtbare Ausfuhr *(f)*, Warenausfuhr *(f)*
merchandise import sichtbare Einfuhr *(f)*, Warenimport *(m)*
merchandise in bond Ware unter Zollversiegelung *(f)*
merchandise knowledge Warenkunde *(f)*
merchandise shipment Fracht *(f)*, Warensendung *(f)*
merchandise stock Warenbestand *(m)*
merchandise trade Güteraustausch *(m)*, Warenaustausch *(m)*
merchandise traffic Warenverkehr *(m)*
* abandoned merchandise nicht abgeholtes Gut *(n)*
article of merchandise Handelsgegenstand *(m)*
branded merchandise Markenartikel *(m)*
bulk merchandise Massengut *(n)*, Massenware *(f)*
cash on receipt of merchandise (c.r.m.) Kasse bei Warenabnahme *(f)*, Kasse bei Warenempfang *(f)*
damaged merchandise defekte Ware *(f)*, schadhafte Ware *(f)*
dumping merchandise Dumpingware *(f)*, Schleuderware *(f)*
expert on merchandise Warenexperte *(m)*
export merchandise Ausfuhrware *(f)*, Exportartikel *(m)*
export of imported merchandise Reexport *(m)*, Wiederausfuhr *(f)*
general merchandise Stückfracht *(f)*, Stückgutladung *(f)*
identification of merchandise Identifikation von Waren *(f)*
import merchandise Einfuhrware *(f)*
insurance on merchandise Frachtversicherung *(f)*, Güterversicherung *(f)*
international transit merchandise Transitware *(f)*
in-transit merchandise Transitware *(f)*
price-off merchandise preisgeminderte Ware *(f)*, Ware zu herabgesetzten Preisen *(f)*
supply a merchandise Gut liefern *(n)*, Ware liefern *(f)*
temporary storage of merchandise vorübergehende Verwahrung von Waren *(f)*
temporary storage of transit merchandise vorübergehende Einlagerung von Transitwaren *(f)*

transhipment of transit merchandise Umschlag von Transitwaren *(m)*
unsound merchandise defekte Ware *(f)*, schadhafte Ware *(f)*

merchandising Merchandising *(n)*
merchandising research Erforschung der Absatzwege *(f)*

merchant Händler *(m)*, Kaufmann *(m)* 2.
Verfrachter *(m)*
merchant captain Handelsschiffskapitän *(m)*, Kapitän der Handelsschifffahrt *(m)*
merchant flag Handelsflagge *(f)*
merchant's liability Verfrachterhaftung *(f)*
merchant's order Absenderanweisung *(f)*
merchant's profit Handelsgewinn *(m)*
merchant ship Güterschiff *(n)*
merchant shipper Exportkaufmann *(m)*
merchant shipping Handelsflotte *(f)*
merchant shipping code Seekodex *(m)*
merchant shipping law Handelsseerecht *(n)*, Seehandelsrecht *(n)*
merchant vessel Handelsschiff *(n)*
* act of merchant Handelsgeschäft *(n)*
commission merchant Kommissionsagent *(m)*, Kommissionsvertreter *(m)*
contract with commission merchant Kommissionsvertrag *(m)*
del credere commission merchant Delkrederekommissionär *(m)*
custom of the merchants Geschäftsbrauch *(m)*, Handelsbrauch *(m)*, Handelspraxis *(f)*, Verkaufspraxis *(f)*
fleet of merchant Handelsflotte *(f)*
foreign export merchant Auslandsexporteur *(m)*
import merchant Importeur *(m)*
specialized import merchant Brancheimporteur *(m)*

merchantable handelsfähig
merchantable price Handelspreis *(m)*
merchantable quality Handelsqualität *(f)*, handelsübliche Qualität *(f)*

merger Fusion *(f)*, Zusammenschluss *(m)*
merger agreement Fusionsvertrag *(m)*
* bank merger Bankenzusammenschluss *(m)*

merging Fusion *(f)*, Zusammenschluss *(m)*

message Anküdigung *(f)*
marketing message Marketing-Information *(f)*

method Methode *(f)*
method for determining the customs value
Methode zur Zollwertbestimmung *(f)*
method of calculation Berechnungsmethode *(f)*,
Berechnungsverfahren *(n)*, Rechenmethode *(f)*
method of collection Erhebungsverfahren *(n)*
method of expedition Versandart *(f)*
method of financing Finanzierungsart *(f)*, Finanzierungsmethode *(f)*
methods of identification of exported goods Methoden zur Identifizierung der ausgeführten Waren *(pl)*
methods of identification of imported goods Methoden zur Identifizierung der eingeführten Waren *(pl)*
method of manufacture Produktionsweise *(f)*
method of packing Verpackungsweise *(f)*
method of payment Zahlungsmodus *(m)*, Zahlungsweise *(f)*
method of production Herstellungsmethode *(f)*
method of shipment Verladungsart *(f)*
method of transportation Beförderungsart *(f)*
* calculation method Berechnungsmethode *(f)*, Rechenmethode *(f)*
manufacturing method Produktionsweise *(f)*
quality control method Qualitätskontrollemethode *(f)*

meticulous genau

metre Meter *(n)*
running metre laufendes Meter *(n)*
square metre Quadratmeter *(n)*

metric metrisch
metric ton metrische Tonne *(f)*
metric unit metrische Einheit *(f)*

middle Mitte *(f)* **2.** mittlere
middle of the month Medio *(m)*
middle rate Durchschnittssatz *(m)*, mittlerer Satz *(m)*

middling durchschnittliche Qualität *(f)*
middling quality Durchschnittsqualität *(f)*

mile Meile *(f)*

military Militär-
military cargo manifest Militärladungsmanifest *(n)*, Militärmanifest *(n)*
military export Militärexport *(m)*
military import Import von militärischen Gütern *(m)*

mill Fabrik *(f)*

minimum minimal, Mindest-
minimum amount Mindestbetrag *(m)*
minimum charge Mindestgebühr *(f)* **2.** Mindestfrachtsatz *(m)*, Mindestsatz *(m)*
minimum condition Mindestbedingung *(f)*
minimum cover Mindestdeckung *(f)*
minimum coverage clause Mindestdeckungsklausel *(f)*
minimum customs value Mindestzollwert *(m)*
minimum freeboard vessel Minimalfreibordschiff *(n)*
minimum freight Mindestfracht *(f)*
minimum lending rate cut Diskontsatzherabsetzung *(f)*
minimum level Mindestlevel *(n)*
minimum levy Mindestgebühr *(f)*
minimum pay Mindestgehalt *(n)*, Mindestlohn *(m)*
minimum period Mindestfrist *(f)*
minimum price Mindestpreis *(m)* **2.** niedriger Kurs *(m)*, Niedrigstkurs *(m)*
minimum price system Mindestpreissystem *(n)*
minimum profit Minimalgewinn *(m)*
minimum quantity Mindestmenge *(f)*
minimum rate Mindestrate *(f)*
minimum salary Mindestgehalt *(n)*, Mindestlohn *(m)*
minimum selling price Mindestverkaufspreis *(m)*
minimum tariff Mindesttarif *(m)*, niedrigster Tarif *(m)*
minimum term Mindestlaufzeit *(f)*
minimum threshold Mindestschwelle *(f)*
minimum turnover clause Mindestumsatzklausel *(f)*
minimum wage Lohnminimum *(n)*, Mindestlohn *(m)*
* cut in the minimum lending rate Senkung des Diskontsatzes *(f)*

ministry Ministerium *(n)*
Ministry of Foreign Trade Außenhandelsministerium *(n)*
Ministry of Trade Ministerium für Handel *(n)*

minor unerheblich, unwesentlich
minor defect unwesentlicher Fehler *(m)*
minor price niedriger Preis *(m)*

minute Protokoll *(n)*
minute book Protokollbuch *(n)*

minutes Niederschrift *(f)*
  copy of minutes Protokollkopie *(f)*
misappropriation Veruntreuung *(f)*
miscalculation Rechenfehler *(m)*
misconception falsche Auslegung *(f)*,
falsche Interpretation *(f)*
misleading irreführend
  misleading information unrichtige Information *(f)*
missing fehlend
  missing bill of lading (MSBL) fehlendes
  Konnossement *(n)*
  missing cargo (MSCA) fehlendes Gut *(n)*
  missing data fehlende Angaben *(pl)*
  missing document Fehlurkunde *(f)*
mission Vertretung *(f)*
  commercial mission Handelsdelegation *(f)*
  trade mission Handelsmission *(f)*
mistake Versehen *(n)*
mixed gemischt
  mixed cargo gemischte Ladung *(f)*, Mischladung *(f)*
  mixed cargo handling Stückgutumladung *(f)*
  mixed cargo rate Stückguttarif *(m)*
  mixed carload rate Frachttarif für Stückgut *(m)*, Stückgutfrachtsatz *(m)*
  mixed chamber of commerce bilaterale
  Handelskammer *(f)*
  mixed company gemischte Gesellschaft *(f)*
  mixed consignment gemischte Sendung *(f)*,
  Sendung mit unterschiedlichen Waren *(f)*
  mixed duty gemischter Zoll *(m)*, kombinierter Zoll *(m)*, Mischzoll *(m)*
  mixed franchising gemischtes Franchising *(n)*
  mixed general cargo gemischte Ladung *(f)*,
  gemischte Stückladung *(f)*, Mischladung *(f)*
  mixed policy gemischte Police *(f)*, Reise- und
  Zeitpolice *(f)*
  mixed production gemischte Produktion *(f)*
  mixed rate kombinierter Satz *(m)*
  mixed tariff gemischter Tarif *(m)*, gemischter Zolltarif *(m)*
mock Schein-
  mock auction Scheinauktion *(f)*
mode Art *(f)*, Methode *(f)*, Verfahren *(n)*,
Weg *(m)*
  mode of conveyance Transportart *(f)*

  mode of delivery Lieferungsform *(f)*, Lieferungsweise *(f)*, Versandart *(f)*
  mode of financing Finanzierungsart *(f)*, Finanzierungsmethode *(f)*, Finanzverfahren *(n)*,
  Finanzweg *(m)*
  mode of inland transport inländischer Verkehrszweig *(m)*
  mode of market test Marktforschungsmethode *(f)*
  mode of payment Zahlungsart *(f)*, Zahlungsform *(f)*
  mode of presentation Präsentationweise *(f)*,
  Vorstellungsweise *(f)*
  mode of transport Beförderungsart *(f)*,
  Transportart *(f)*
    mode of transport at the border Ver-
    kehrszweig an der Grenze *(m)*
model Modell *(n)*, Muster *(n)* 2. Modell-
  model agreement Rahmenabkommen *(n)*
  model arrival Modelleingang *(m)*, Vorlageneingang *(m)*
  model contract Rahmenabkommen *(n)*
  model form Mustervordruck *(m)*, Rahmenvordruck *(m)*
  model of foreign trade Außenhandelsmodell *(n)*
  * cost benefit model Kosten-Nutzen-Modell *(n)*
  cost model Kostenmodell *(n)*
  economic order quantity model Andler-
  Formel-Modell *(n)*
  logistic model logistisches Modell *(n)*
  marketing model Marketingmodell *(n)*
  marketing model Verkaufsmodell *(n)*
  official model vorgeschriebenes Muster *(n)*
  price model Preismodell *(n)*
  utility model Gebrauchsmuster *(n)*
modern modern
  modern vessel modernes Schiff *(n)*
modification Veränderung *(f)*
  modification of contract Revision eines
  Vertrags *(f)*, Vertragsänderung *(f)*
  modification of a letter of credit Akkreditiveränderung *(f)*
  modification of prices Veränderung von
  Preisen *(f)*
modify ändern
  modify a letter of credit Akkreditiv korrigieren *(n)*

modular modular
modular automated container handling
automatisierte Containerumschlaganlage (f)
moisture Feuchtigkeit (f)
moisture certificate Feuchtigkeitszertifikat (n)
moisture-proof feuchtigkeitfest
monetary Geld-, Währungs-
monetary agreement Währungsabkommen (n)
monetary amount Geldbetrag (m)
monetary debt Geldverbindlichkeit (f), Geldverpflichtung (f)
monetary deposit Geldpfand (n)
monetary indicator wertmäßige Kennziffer (f)
monetary integration Währungsintegration (f)
monetary penalty Geldbuße (f), Geldstrafe (f)
monetary sovereignty Währungssouveränität (f)
monetary transaction Geldtransaktion (f)
monetary union Währungsunion (f)
money Geld (n)
* **monetary compensatory amount** Währungsausgleichsbetrag (m)
levy a monetary compensatory amount
Währungsausgleichsbetrag erheben (m)
international monetary reserve internationale Devisenreserven (pl)
low monetary standard schwache Währung (f), weiche Währung (f)
international monetary system Weltwährungssystem (n)
money Geld (n)
money back guarantee Geld-zurück-Garantie (f)
money business Bargeschäft (n), Bartransaktion (f)
money claim Geldforderung (f)
money compensation Abfindung in Geld (f),
Geldausgleich (m), Geldentschädigung (f)
money credit Barkredit (m), Geldkredit (m)
money damages Barabfindung (f)
money dealer Wechselagent (m), Wechselmakler (m)
money fine Geldauflage (f), Geldstrafe (f)
money guarantee Geldgarantie (f)
money in hand Barmittel (n)
money letter of credit Geldakkreditiv (n),
reines Akkreditiv (n)
money order Geldanweisung (f), Geldüberweisung (f), Zahlungsanweisung (f)

international money order internationale
Zahlungsanweisung (f), internationaler Zahlungsauftrag (m)
telegraphic money order telegrafische
Auszahlung (f), telegrafische Geldüberweisung (f)
money payment Geldzahlung (f)
money remittance Geldanweisung (f), Geldüberweisung (f)
money transaction Kassageschäft (n)
money transfer Geldtransfer (m), Geldüberweisung (f)
* **accommodate with money** Darlehen einräumen (n)
advance money Angeld (n), Anzahlung (f),
Draufgeld (n), Vorauszahlung (f)
advance of money Geldvorschuss (m)
allocate money Geld bewilligen (n)
barren money unverzinsliche Schuld (f)
cash money in Geld (n), Kasse (f)
change money Geld wechseln (n)
charter money Schiffsmiete (f)
compensation in money Abfindung in Geld (f)
deposit of money Bardepot (n), Bareinlage (f)
deposited money Bareinlage (f)
disbursement of money Geldzahlung (f)
dispatch money Dispache (f), Eilgeld (n)
free from dispatch money frei von Eilgeld (n)
free from dispatch money clause frei-
von-Eilgeld-Klausel (f)
down money zahlbar in bar (f)
earnest money Anzahlung (f)
equivalent in money Geldäquivalent (n)
exchange of money Geldwechsel (m)
expend money Geld verlieren (n)
extort money Geld abnötigen (n)
extra money Zusatzbetrag (m)
freight money Befrachtungskommission (f),
Fracht (f), Frachtgeld (n), Frachtprovision (f),
Frachtspesen (pl)
get money off a letter of credit Geld vom
Akkreditiv abheben (n)
hat money Frachtzuschlag (m), Primgeld (n)
international money internationales Geld (n)
irredeemable money nicht konvertierbare
Währung (f), unkonvertible Währung (f)
lack of money Geldmangel (m), Mangel an
Bargeld (m)
nominal money Effektivlohn (m), nomineller
Arbeitslohn (m)

passage money Passagegeld *(n)*
price of money Zinsrate *(f)*
ready money down Zahlung bei Kauf *(f)*
refund money Geld zurückzahlen *(n)*
remittance of money Geldtransfer *(m)*, Geldüberweisung *(f)*
salvage money Rettungsgeld *(n)*, Rettungslohn *(m)*
toll money Kanalgeld *(n)*, Kanalzoll *(m)*
transfer of money Geldtransfer *(m)*
monitoring Beobachtung *(f)*
customs monitoring Zollbeobachtung *(f)*
monitory Mahnschreiben *(n)*, Mahnung *(f)*
monopolistic monopolistisch
monopolistic competition monopolistische Konkurrenz *(f)*
monopolistic price Monopolpreis *(m)*
monopoly Monopol *(n)* **2.** Monopol-
monopoly agent Alleinvertreter *(m)*, Monopolagent *(m)*
monopoly agreement Monopolabkommen *(n)*
monopoly clause Alleinvertreterklausel *(f)*, Ausschließlichkeitsklausel *(f)*, Exklusivitätklausel *(f)*, Monopolklausel *(f)*
monopoly contract Monopolvertrag *(m)*
monopoly duty Monopolabgabe *(f)*
monopoly market Marktmonopol *(m)*
monopoly of foreign trade Außenhandelsmonopol *(n)*
monopoly price Monopolpreis *(m)*
* **currency monopoly** Währungsmonopol *(n)*
export monopoly Exportmonopol *(n)*
foreign trade monopoly Außenhandelsmonopol *(n)*
freight monopoly Befrachtungsmonopol *(n)*
government monopoly Staatsmonopol *(n)*
import monopoly Einfuhrmonopol *(n)*, Importmonopol *(n)*
insurance monopoly Versicherungsmonopol *(n)*
trade monopoly Handelsmonopol *(n)*
trading monopoly Handelsmonopol *(n)*
monorail Einschienenbahn *(f)*
monorail railway Einschienenbahn *(f)* month Monat *(m)*
month Monat *(m)*
calendar month Kalendermonat *(m)*
current month laufender Monat *(m)*

end of the month Monatsende *(n)*
middle of the month Medio *(m)*
monthly monatlich, Monats-
monthly payment monatliche Zahlung *(f)*
monthly quantity Monatsmenge *(f)*
monthly rate Monatssatz *(m)*
monthly report Monatsbericht *(m)*
monthly return monatliche Erklärung *(f)*
monthly salary Monatsgehalt *(n)*
monthly sales plan Monatsverkaufsplan *(m)*
moonshine illegal
moonshine export illegale Ausfuhr *(f)*
moor anlegen, festmachen
moor a vessel Schiff an einen Anlegeplatz bringen *(n)*
moorage Anlegestelle *(f)*, Löschbrücke *(f)* **2.** Festmachenlohn *(m)*
mooring Festmachen *(n)*, Verankern das Festmachen *(n)*
mooring berth Festmachenstelle *(f)*, Vertäuenplatz *(m)*
mooring line Festmacheleine *(f)*, Vertäutrosse *(f)*
mooring place Anlegeplatz *(m)*, Festmachenort *(m)*, Festmachenplatz *(m)*, Festmachenstelle *(f)*, Vertäuenplatz *(m)*
mooring services Festmachendienste *(pl)*
moral moralisch, Moral-
moral damage Moralverlust *(m)*
mortgage mit einer Hypothek belasten *(f)*
mortgage Hypothek *(f)*, hypothekarische Belastung *(f)*, hypothekarische Sicherheit *(f)*, Verpfändung *(f)*
mortgage agreement Hypothekenvertrag *(m)*
mortgage arrears Hypothekenverschuldung *(f)*
mortgage bank Hypothekenbank *(f)*
mortgage bond Absichtserklärung *(f)*, Hypothekenpfandbrief *(m)*
customs mortgage bond Zollbegleitschein *(m)*
mortgage certificate Hypothekenbrief *(m)*
mortgage commitment Hypothekenverpflichtung *(f)*
mortgage debt hipothekarische Schuld *(f)*, Hypothekenschuld *(f)*, Hypothekenverschuldung *(f)*

mortgage deed Hypothekenbrief (m), Hypothekenpfandbrief (m)

mortgage duty Hypothekengebühr (f)

mortgage goods Ware verpfänden (f)

mortgage guarantee Hypothekengarantie (f)

mortgage note Hypothekenwechsel (m)

mortgage of property Vermögenspfand (n)

mortgage of real estate Hypothek (f)

mortgage of ship Schiffspfand (n)

mortgage on land Hypothek auf das Grundstück (f)

mortgage register Hypothekenregister (n)

mortgage security Hypothek (f)

mortgage to cover future debts Sicherungshypothek (f)

* aggregate mortgage Gesamthypothek (f), nachrangige Hypothek (f)

assignment of mortgage Hypothekenabtretung (f)

collective mortgage Gesamthypothek (f), Gesamtpfand (n), nachrangige Hypothek (f)

compulsory mortgage Zwangshypothek (f)

compulsory real estate mortgage Zwangshypothek (f)

debt on mortgage hypothekarische Schuld (f), Hypothekenschuld (f)

encumber an estate with a mortgage mit einer Hypothek belasten (f)

give in mortgage verpfänden

holder of a mortgage Hypothekengläubiger (m)

loan on mortgage hypothekarische Anleihe (f), Verpfändung (f)

on mortgage security dingliche Sicherheit (f), hypothekarische Sicherung (f)

owner of a mortgage Hypothekengläubiger (m), Hypothekennehmer (m)

redemption of mortgage Rückzahlung einer Hypothek (f)

second mortgage zweite Hypothek (f), zweitrangige Hypothek (f)

secured by mortgage abgesichert durch eine Hypothek (f)

ship's mortgage Schiffshypothek (f), Seehypothek (f)

tacit mortgage Legalhypothek (f)

third mortgage dritte Hypothek (f)

mortgaging Pfand (n)

mortgaging of goods Warenpfand (n)

most Mehrheit (f)

most-favoured nation meistbegünstigte Nation (f), Meistbegünstigungsland (n), meistbegünstigtes Land (n),

most-favoured nation clause Meistbegünstigungsklausel (f)

most-favoured-nation tariff Meistbegünstigungstarif (m)

mother Mutter (f) 2. Mutter-

mother firm Muttergesellschaft (f)

motion Antragsschrift (f)

motion period Antragsfrist (f)

* reject a motion Antrag ablehnen (m)

motivation Begründung (f), Berechtigung (f)

motor motorisch, Motor-

motor barge Flussmotorschiff (n), Motorgüterschiff (n)

motor boat Motorboot (n)

motor freight LKW-Ladung (f)

motor ship Motorschiff (n)

motor transport Kraftfahrzeugverkehr (m), Kraftverkehr (m)

motor truck Lastkraftwagen (m), Lastwagen (m)

motor vehicle Kraftfahrzeug (n)

* fleet of motor vehicles Kraftfahrzeugpark (m)

motor vehicle Kraftfahrzeug (n)

motor-truck Auto-

motor-truck transport Autotransport (m), Autotransport (m), Kraftfahrzeugbeförderung (f), LKW-Transport (m)

movement Verkehr (m)

movement certificate Warenbescheinigung (f), Warenverkehrsbescheinigung (f)

movement of capital Kapitalverkehr (m)

movement of goods Warenbewegung (f), Warenverkehr (m)

free movement of goods (EU) freier Warenverkehr (m)

Intra-Community movement of goods via EFTA countries intragemeinschaftliche Warenbeförderung über EFTA-Staaten (f)

temporary movement of goods within the Community vorübergehender innergemeinschaftlicher Verkehr (m)

movement of persons, goods and services Personen-, Waren- und Dienstleistungsverkehr (m)
movement of services Dienstleistungsverkehr (m)
  free movement of services freier Dienstleistungsverkehr (m)
movement of travellers Reiseverkehr (m)
* Community movement carnet (EU) gemeinschaftliches Warenverkehrscarnet (n)
end of the transit movement the goods Ende der Warenbeförderung im Versandverfahren (n)
downward movement of the market Konjunkturrückgang (m)
end of the transit movement the goods Ende der Warenbeförderung im Versandverfahren (n)
foreign exchange movement Währungsschwankungen (pl)
goods movement Warenbewegung (f), Warenverkehr (m)
  control the goods movement Kontrolle der Warenbeförderung (f)
price movement Preisfluktuation (f), Preisoszillation (f), Preisänderungsrisiko (n)
transit movement Durchfuhr (f), Versandverfahren (n)
single transit movement einziger Versandvorgang (m)

multiannual mehrjährig

multi-concept Multikonzeptions-
multi-concept franchising Multikonzeptionsfranchising (n)

multi-currency Multiwährungs-
multi-currency clearing Multiwährungsclearing (n)

multilateral vielseitig
multilateral agreement multilateraler Vertrag (m)
multilateral arrangement mehrseitige Vereinbarung (f)
multilateral clearing multilaterales Clearing (n)
multilateral guarantee fund multilaterales Garantiefonds (n)
multilateral trade agreement multilaterales Handelsabkommen (n)
multilateral trade negotiations multilaterale Handelsverhandlungen (pl)

multilateral transaction multilaterales Geschäft (n)

multilinear multilinear
multilinear tariff Mehrfachzolltarif (m)

multimodal multimodal
multimodal bill of lading kombiniertes Transportkonnossement (n)
multimodal transport multimodaler Transport (m)
multimodal transport document Beförderungsdokument für den kombinierten Transport (n), Dokument des kombinierten Transports (n), multimodales Transportdokument (n)
  Non-Negotiable FIATA Multimodal Transport Waybill - FWB Non-Negotiable FIATA Multimodal Transport Waybill (n)
multimodal transport operator Gesamtfrachtführer (m), Gesamtfrachtführer verantwortlich für den Gesamttransport (m), Unternehmer des kombinierten Transports (m), Unternehmer des multimodalen Transports (m)

multinational multinational
multinational company multinationale Gesellschaft (f)
multinational corporation internationale Korporation (f), multinationale Korporation (f)
multinational enterprise (MNE) multinationales Unternehmen (n), transnationales Unternehmen (n)
multinational firm multinationales Unternehmen (n), transnationales Unternehmen (n)

multiple mehrfach
multiple clearing mehrmaliges Clearing (n)
multiple currency clause Devisenverrechnungsklausel (f)
multiple tariff Mehrfachzolltarif (m)

multiple-unit mehrfach
multiple-unit franchising mehrfaches Franchising (n)

multiplier Multiplikator (m)
foreign trade multiplier Außenhandelsmultiplikator (m)

multipurpose Mehrzweck-
multipurpose cargo ship Mehrzweckfrachter (m)
multipurpose cargo vessel Mehrzweckschiff (n)
multipurpose container Vielzweckcontainer (m)

multi-tonnage Groß-
multi-tonnage container Großcontainer *(m)*

municipal kommunal
municipal bank Kommunalbank *(f)*

muster roll Mannschaftsliste *(f)*, Musterrolle *(f)*, Schiffsrolle *(f)*, Mannschaftsliste *(f)*, Musterrolle *(f)*

mutual bilateral
mutual allowance gegenseitige Bonifikation *(f)*, gegenseitiger Rabatt *(m)*
mutual assistance gegenseitige Hilfe *(f)*
  treaty of mutual assistance Abkommen über gegenseitige Hilfe *(n)*
mutual claim Gegenanspruch *(m)*, Gegenforderung *(f)*
mutual guarantee Mitbürgschaft *(f)*, wechselseitige Bürgschaft *(f)*
mutual inspection gegenseitige Kontrolle *(f)*
mutual insurance Versicherung auf Gegenseitigkeit *(f)*
mutual payments gegenseitige Zahlungen *(pl)*
mutual preferences gegenseitige Begünstigungen *(pl)*, gegenseitige Präferenzen *(pl)*
mutual supply Gegenlieferung *(f)*

N

name Name (m), Benennung (f), Bezeichnung (f)

name and address of goods dispatcher Name und Anschrift des Warenversenders (m)

name and address of goods recipient Name und Anschrift des Warenempfängers (m)

name of the aircraft operator Name des Luftbeförderers (m)

name of the airline Name der Luftverkehrsgesellschaft (m)

name of the airport of departure Name des Abgangsflughafens (m)

name of the airport of destination Name des Bestimmungsflughafens (m)

name of the airport of unloading Name des Entladeflughafens (m)

name of bank and number of account Bankverbindung (f)

name of cargo Frachtname (m), Ladungsname (m)

name of consignee Güterempfängername (m), Ladungsempfängername (m)

name of the country of departure Name des Versendungslands (m)

name of the country of destination Name des Bestimmungslands (m)

name of the customs carrier Name des Zollbeförderers (m)

name of goods Warenbezeichnung (f), Warenname (m), Warennomenklatur (f)

name of goods dispatcher Name des Warenversenders (m)

name of goods recipient Name des Warenempfängers (m)

name of the owner of a bonded warehouse Name des Zolllagerinhabers (m)

name of the owner of container Name des Containerbesitzers (m)

name of the port of call Name des Zwischenhafens (m)

name of the port of departure Name des Versandhafens (m)

name of the port of destination Name des Bestimmungshafens (m)

name of the port of loading Name des Verladehafens (m)

name of the port of unloading Name des Entladehafens (m)

name of the railway terminal of departure Name des Versandbahnhofs (m)

name of the railway terminal of destination Name des Bestimmungsbahnhofs (m)

name of receiver of cargo Güterempfängername (m), Ladungsempfängername (m)

name of ship Name des Schiffes (m), Schiffsname (m)

name of the shipping company Name der Schifffahrtsgesellschaft (m)

name of supplier Zulieferername (m)

* **bill of lading issued to a name** nominelles Konnossement (n)

business name Bezeichnung der Firma (f), Firmenname (m)

carrier's name Name des Beförderers (m)

commercial name Markenname (m)

company name Firmenname (m), Handelsname (m)

firm name Firmenname (m)

legal entity name juristische Bezeichnung der Firma (f)

registered name eingetragener Name (m)

set one's name unterschreiben

ship's name Name des Schiffes (m), Schiffsname (m)

supplier's name Zulieferername (m)

trade name Markenname (m)

named benannt

named agent benannter Agent (m)

named destination benannter Bestimmungsort (m)

named loading place benannter Ladeplatz (m)

named place at the frontier benannter Grenzort (m)

named place of discharge benannter Abladungsort (m), benannter Löschenort (m)

named place of disembarkation benannter Abladungsort (m), benannter Löschenort (m)

named place of shipment benannte Entladestelle (f)

named place of shipping benannter Ladeplatz (m)

named point of destination benannter Bestimmungsort (m)

named policy Namenspolice (f), namentliche Police (f)

named port of destination benannter Entladehafen (m), benannter Löschungshafen (m)

named port of shipment benannter Ladehafen *(m)*, benannter Verladungshafen *(m)*,
benannter Verschiffungshafen *(m)*
named terminal benannter Terminal *(m)*
nation Nation *(f)*
most-favoured nation meistbegünstigte
Nation *(f)*, meistbegünstigtes Land *(n)*, Meistbegünstigungsland *(n)*
  status of a most favoured nation Status
  der Meistbegünstigte Nation *(m)*
national national, National-
national bank Nationalbank *(f)*
national border nationale Grenze *(f)*
national clause Nationalklausel *(f)*
national currency Inlandswährung *(f)*
national employment agency Arbeitsamt *(n)*
national ensign Nationalflagge *(f)*
national fair Inlandsmesse *(f)*
national frontier Staatsgrenze *(f)*
national holiday Nationalfeiertag *(m)*
national income Nationaleinkommen *(n)*
national language Nationalsprache *(f)*
national law inländisches Recht *(n)*, innerstaatliches Recht *(n)*
  provisions of national law innerstaatliche
  Vorschriften *(pl)*
national legislation innerstaatliches Recht *(n)*
national loan Staatsanleihe *(f)*
national market nationaler Markt *(m)*
national norm nationale Norm *(f)*
national price level inländisches Preisniveau *(n)*
national procedure einzelstaatliches Verfahren *(n)*
  put under a national procedure *(customs)*
  zu einem einzelstaatlichen Verfahren abfertigen *(n)*
national product Nationaleinkommen *(n)*
gross national income (GNI) Brutto-Nationaleinkommen *(n)*
gross national product (GNP) Bruttonationaleinkommen *(n)*, Bruttosozialprodukt (BSP) *(n)*
gross national product at market prices
Bruttosozialprodukt zu Marktpreisen (BSP) *(n)*
net national product (NNP) Nettosozialprodukt *(n)*
national standard nationale Norm *(f)*
national territory Hoheitsgebiet *(n)*
* **equivalent value in national currency**
in nationaler Währung ausgedrückter Gegenwert *(m)*

nationalised nationalisiert
nationalised product nationalisierte Ware *(f)*
native einheimisch
native port Heimathafen *(m)*, Registerhafen *(m)*
NATO Form 302 NATO-Formblatt
302 *(n)*
natural normal
natural diminution normaler Verlust *(m)*
natural loss of goods natürlicher Abgang *(m)*,
natürlicher Schwund *(m)*
natural loss risk natürliches Abgangrisiko *(n)*
natural person natürliche Person *(f)*
natural resources natürliche Ressourcen *(pl)*
natural wastage natürlicher Abgang *(m)*,
natürlicher Schwund *(m)*
natural wastage risk natürliches Schwundrisiko *(n)*
natural weight Naturalgewicht *(n)*
* **rates of natural loss** Kalogrenzen *(pl)*
risk of natural wastage natürliches Schwundrisiko *(n)*
nature Art *(f)*
nature of transaction code Kode der Art
des Geschäfts *(m)*
nature of cargo Ladungsart *(f)*
nature of goods Beschaffenheit der Waren *(f)*
  quantity and nature of goods Anzahl und
  Art der Waren *(f)*
* **importation of a non-commercial nature** nichtkommerzielle Einfuhr *(f)*
naval Marine-, See-
naval attaché Marineattaché *(m)*
naval base Seeterminal *(m)*
naval blockade Seeblockade *(f)*, Seesperre *(f)*
naval register Seeregister *(n)*
navigable schiffbar
navigable ship seetüchtiges Schiff *(n)*
navigation Navigation *(f)*
navigation bounty Schifffahrtssubvention *(f)*
navigation bridge deck Brückendeck *(n)*
navigation error nautischer Fehler *(m)*, Navigationsfehler *(m)*
navigation risk Seerisiko *(n)*, Seetransportgefahr *(f)*
* **aerial navigation** Luftschifffahrt *(f)*,
Luftschifffahrtsverkehr *(m)*
air navigation Flugnavigation *(f)*, Luftschifffahrt *(f)*, Luftschifffahrtsverkehr *(m)*

automated navigation system automatisiertes Navigationssystem *(n)*
coastal navigation Küstenschifffahrt *(f)*
commercial navigation Handelsschifffahrt *(f)*
deep-sea navigation Hochseeschifffahrt *(f)*
error in navigation nautischer Fehler *(m)*, Navigationsfehler *(m)*
foreign navigation Hochseeschiffsverkehr *(m)*
freedom of navigation Freiheit der Schifffahrt *(f)*, Navigationsfreiheit *(f)*
incident of navigation Navigationszwischenfall *(m)*
inside navigation Binnenschifffahrt *(f)*, Warenbeförderung auf Binnengewässern *(f)*
marine navigation Schifffahrt *(f)*, Seehandelsschifffahrt *(f)*, Seenavigation *(f)*, Seeschifffahrt *(f)*
right of navigation Durchfahrtsrecht *(n)*
safety of navigation Schifffahrtssicherheit *(f)*
satellite navigation Satellitennavigation *(f)*
sea navigation Seeverkehr *(m)*
stoppage of navigation Schifffahrtsstopp *(m)*, Schiffsverkehrstopp *(m)*
tramp navigation Trampfahrt *(f)*, wilde Fahrt *(f)*
treaty of commerce and navigation Vertrag über Handel und Schifffahrt *(m)*
treaty of friendship, commerce and navigation Freundschafts-, Handels-und Schifffahrtsvertrag *(m)*
near nah
near clause Näheklausel *(f)*
necessary notwendig
necessary document notwendiges Dokument *(n)*
necessary information notwendige Information *(f)*
necessary quantity notwendige Menge *(f)*
necessity Notwendigkeit *(f)*
necessity for a guarantee Erfordernis der Sicherheitsleistung *(n)*
* place of necessity Schutzhafen *(m)*
port of necessity Liegehafen *(m)*
needs Bedürfnisse *(f)*
referee in case of need Notadressat *(m)*
satisfaction of needs Bedürfnisbefriedigung *(f)*
negative negativ
negative decision abschlägiger Bescheid *(m)*
negative investment Entzug von Kapital *(m)*
negative list Ausgabenliste *(f)*, Spesenaufstellung *(f)*

negative reply negative Antwort *(f)*
negative value negativer Wert *(m)*
neglect Versäumnis *(n)*
neglect of duty Pflichtversäumnis *(n)*
negligence Versäumnis *(n)*
negligible gering
negligible value geringer Wert *(m)*
negotiable begebbar, übertragbar
negotiable bill begebbarer Wechsel *(m)*
negotiable bill of lading begebbares Konnossement *(n)*, indossiertes Konnossement *(n)*, Orderkonnossement *(n)*
negotiable cheque übertragbarer Scheck *(m)*
negotiable document begebbares Dokument *(n)*
negotiable letter of credit transferables Akkreditiv *(n)*, übertragbares Akkreditiv *(n)*
negotiate negoziieren
negotiate a bill Wechsel diskontieren *(m)*, Wechsel gegen Zinsabzug kaufen *(m)*
negotiate a clause Klausel vereinbaren *(f)*
negotiate a contract Vertrag schließen *(m)*, Vertrag vereinbaren *(m)*
negotiated Vertrags-
negotiated tariff Vertragstarif *(m)*
negotiating aushandelnd
negotiating bank Akkreditivbank *(f)*, eröffnende Bank *(f)*
negotiations Verhandlungen *(pl)*
negotiation credit negoziierbares Akkreditiv *(n)*
negotiation of documents Negoziierung der Dokumente *(f)*
negotiations under contract Verhandlungen über den Vertrag *(pl)*, Vertragsbesprechungen *(pl)*
* accession negotiations Beitrittsverhandlungen *(pl)*
be in negotiations Verhandlungen führen *(pl)*
breakdown of negotiations Zusammenbruch der Verhandlungen *(m)*
cessation of negotiations Unterbrechung der Verhandlungen *(f)*
contract negotiations Verhandlungen über den Vertrag *(pl)*
contract negotiations Vertragsbesprechungen *(pl)*
round of price negotiations Preisrunde *(f)*

round of tariff negotiations Zollverhandlungenrunde *(f)*
subject of negotiations Verhandlungssache *(f)*
tariff negotiations Tarifverhandlungen *(pl)*
2. Zollkonferenz *(f)*
trade negotiations Handelsbesprechungen *(pl)*
trade negotiations Handelsverhandlungen *(pl)*
net netto, Netto-
  net amount Nettobetrag *(m)*
  net amount of the VAT Mehrwertsteuerbetrag *(m)*
  net balance Nettobilanz *(f)*
  net capacity Nettoraumgehalt *(m)*, Nettotonnengehalt *(m)*
  net charter Nettocharter *(m)*, Nettofrachtcharter *(m)*, reiner Charter *(m)*
  net charter terms Nettocharterbedingungen *(pl)*
  net cost Nettokosten *(pl)*
  net custom-house weight Nettozollgewicht *(n)*
  net export Exportnetto *(n)*, Nettoausfuhr *(f)*,
Nettoexport *(m)*
  net export surplus Nettoausfuhr *(f)*, Nettoexport *(m)*
  net exporter Nettoexporteur *(m)*
  net freight Nettofracht *(f)*
  net gain Reingewinn *(m)*
  net import Nettoimport *(m)*
  net import surplus Nettoimport *(m)*
  net importer country Netto-Importland *(n)*
  net importer of a commodity Nettoimporteur von Waren *(m)*
  net income Nettoeinkommen *(n)*, Nettoertrag *(m)*
  net invoice price Netto-Fakturpreis *(m)*
  net leasing Nettoleasing *(n)*
  net loss Nettoverlust *(m)*, Reinverlust *(m)*
  net loss on currency exchange Nettokursverlust *(m)*
  net mass Eigenmasse *(f)*, Nettogewicht *(n)*
  net national product (NNP) Nettosozialprodukt *(n)*
  net operating loss (NOL) Nettobetriebsverlust *(m)*
  net price Nettopreis *(m)*
  net proceeds Nettoeinkommen *(n)*, Nettoertrag *(m)*
  net profit Reingewinn *(m)*
  net rate Nettosatz *(m)*
  net receipts Nettoeinnahmen *(pl)*, Reinerlöse *(pl)*

  net register ton Nettoregistertonne *(f)*
  net register tonnage Nettotonnage *(f)*
  net registered tonnage Nettotonnage *(f)*
  net sum Nettobetrag *(m)*
  net tare Nettotara *(f)*
  net terms Nettobedingungen *(pl)* **2.** Ein- und
Ausladekosten für Charterer *(pl)*, frei ein und
aus, Verschiffungskosten für Charterer *(pl)*
  net terms charter Nettocharter *(m)*, Nettofrachtcharter *(m)*
  net terms clause Net-Terms-Klausel *(f)*
  net ton amerikanische Tonne *(f)*, Nettotonne *(f)*,
nordamerikanische Tonne *(f)*
  net tonnage Nettoraumgehalt in Registertonnen *(m)*
  net turnover Nettoumsatz *(m)*, Reinumsatz *(m)*
  net weight Eigengewicht *(n)*, Eigenmasse *(f)*,
Nettogewicht *(n)*
    actual net weight effektives Nettogewicht *(n)*
    collection of duties on net weight Netto-
verzollung *(f)*
  net worth Nettowert *(m)*
  ***** **distributive net** Verteilernetz *(n)*, Verteilungsnetz *(n)*
  gross weight for net Brutto für Netto *(m)*
    gross weight for net clause Brutto-für-
Netto-Klausel *(f)*
  transportation net Transportnetz *(n)*
  turnover net of tax Nettoumsatz *(m)*, Reinumsatz *(m)*
network Netz *(n)*
  network liability Netzhaftung *(f)*, Netzverantwortung *(f)*
  network marketing Netzwerk-Marketing *(n)*
  network of dealers Händlernetz *(n)*, Händlernetzwerk *(n)*
  network planning Netzplanung *(f)*
  ***** **distributive network** Handelsnetz *(n)*
  rail network Schienennetz *(n)*
  service network Servicenetz *(n)*
  trading network Handelsnetz *(n)*
  wholesale network Großhandelsnetz *(n)*
neutral neutral
  neutral air waybill Haus-Luftfrachtbrief *(m)*,
Spediteurfrachtbrief *(m)*
new neu
  new product neue Ware *(f)*
newsletter Bulletin *(n)*, Informationsbericht *(m)*, Informationsbulletin *(n)*, Tagesbericht *(m)*

newspaper Zeitung *(f)* **2.** Zeitungs-
newspaper publicity Zeitungsreklame *(f)*
night Nacht-
night charge Nachttarif *(m)*
night train Nachtzug *(m)*
* bonus for night work Nachtarbeitszulage *(f)*
no nein
no advice ohne Anzeige *(f)*, ohne Avis *(m)*,
ohne Aviso *(n)*
no funds keine Deckung *(f)*
no value sample Gratismuster *(n)*, Probeexemplar *(n)*
no-acceptance settlement of accounts
bargeldlose Verrechnung *(f)*
no-charge clause gebührenfreie Klausel *(f)*
no-charge invoice Proformarechnung *(f)*,
Pro-Forma-Rechnung *(f)*
nomenclature Nomenklatur *(f)*, Warenverzeichnis *(n)* **2.** Terminologie *(f)*
Nomenclature Committee (of the Customs Co-
operation Council) Ausschuss für das Zolltarifschema *(m)*
**Nomenclature for the classification of
goods in customs tariff** Zolltarifschema für
die Einreihung der Waren in die Zolltarife *(n)*
**Nomenclature of the Harmonized Com-
modity Description and Coding System**
kombinierte Nomenklatur (KN) *(f)*
* combined nomenclature kombinierte
Nomenklatur (KN) *(f)*
combined nomenclature of goods Kombinierte Nomenklatur *(f)*
combined tariff/statistical nomenclature
kombinierte Zolltarif- und Statistiknomenklatur *(f)*
**Committee on Common Customs Tariff
Nomenclature** *(EU)* Ausschuss für das Schema des gemeinsamen Zolltarifs *(m)*
**Customs Co-operation Council Nomenc-
lature (CCCN)** Nomenklatur des Rates für
die Zusammenarbeit auf dem Gebiet des
Zollwesens *(f)*
customs nomenclature Warenbenennung *(f)*,
Zolltarifschema *(n)*, Zollwarenverzeichnis *(n)*
**General Rules for the Interpretation of
the Nomenclature** Allgemeine Vorschriften
für die Auslegung des Zolltarifschemas *(pl)*
goods nomenclature Warennomenklatur *(f)*

statistical nomenclature statistische Nomenklatur *(f)*, statistisches Warenverzeichnis *(n)*
tariff nomenclature Tarifnomenklatur *(f)*
Brussels Tariff Nomenclature Brüsseler
Nomenklatur *(f)*
**classification of goods according to the
customs tariff nomenclature of goods**
Einreihung von Waren nach der Warennomenklatur des Zolltarifs *(f)*
nominal nominal, nominell
nominal amount Nennbetrag *(m)*, Nominalbetrag *(m)*
nominal capacity Nominalladefähigkeit *(f)*
nominal exchange nomineller Kurs *(m)*
nominal money Effektivlohn *(m)*, nomineller
Arbeitslohn *(m)*
nominal par Nominalparität *(f)*
nominal productivity Nennleistung *(f)*
nominal rate nomineller Satz *(m)* **2.** Parikurs *(m)*, Paritätskurs *(m)*
nominal wage Effektivlohn *(m)*, nomineller
Arbeitslohn *(m)*
nominate nominieren
nominate a ship Schiff nominieren *(n)*
nominated nominiert
nominated bank anstehende Bank *(f)*
non nicht
non-acceptance Annahmeverweigerung *(f)*,
Verweigerung der Annahme *(f)*
advice of non-acceptance Annahmeverweigerungsnotiz *(f)*, Avis über Annahmeverweigerung *(m)*
dishonour a bill by non-acceptance
Akzeptierung des Wechsels verweigern *(f)*,
Einlösung eines Wechsels verweigern *(f)*
dishonour by non-acceptance Akzeptverweigerung *(f)*
protest for non-acceptance Protest
mangels Annahme *(m)*
risk of non-acceptance Abnahmerisiko *(n)*
non-acceptance collection akzeptloses
Inkasso *(n)*
non-acceptance of bill Akzeptverweigerung *(f)*, Nichtannahme eines Wechsels *(f)*
dishonouring by non-acceptance of a bill
Akzeptverweigerung *(f)*, Annahmeverweigerung *(f)*, Wechselannahmeverweigerung *(f)*
non-agricultural export nicht-landwirtschaftlicher Export *(m)*

non-assignable unveräußerlich
non-assignable certificate of deposit unübertragbare Lagerquittung *(f)*, unübertragbarer Lagerschein *(m)*
non-assignable document unübertragbare Urkunde *(f)*, unübertragbares Dokument *(n)*
non-assignable guarantee unübertragbare Garantie *(f)*
non-business day Feiertag *(m)*, Festtag *(m)*
non-cash bargeldlos, unbar
non-cash payment bargeldlose Auszahlung *(f)*, unbare Zahlungsweise *(f)*
non-cash settlements bargeldlose Verrechnungen *(pl)*, bargeldloser Zahlungsverkehr *(m)*
non-cash turnover bargeldloser Umsatz *(m)*, bargeldloser Zahlungsverkehr *(m)*
non-combustible material nichtbrennbares Material *(n)*
non-commercial nichtkommerziell
  importation of a non-commercial nature nichtkommerzielle Einfuhr *(f)*
  small consignment of a non-commercial nature Kleinsendung ohne kommerziellen Charakter *(f)*
non-commercial quality nichtkommerzielle Qualität *(f)*
non-commercial risk privatwirtschaftliches Risiko *(n)*
non-commercial sample Muster ohne Handelswert *(n)*, Muster ohne Wert *(n)*
non-Community status Nichtgemeinschaftscharakter *(m)*
non-compete clause Wettbewerbsverbotsklausel *(f)*
non-competition clause Konkurrenzklausel *(f)*, Wettbewerbsverbotsklausel *(f)*
non-compliance with deadline Fristüberschreitung *(f)*, Terminüberschreitung *(f)*
non-compulsory provision fakultative Bedingung *(f)*
non-conference carrier Outsider *(m)*
non-contractual guarantee außervertragliche Garantie *(f)*
non-corporated firm privates Unternehmen *(n)*, Privatunternehmen *(n)*
non-cumulative franchise nicht Kumulationsfranchise *(f)*
  non-cumulative franchise clause nicht Kumulationfranchiseklausel *(f)*
non-delivery Nichtauslieferung *(f)*, Nichtzustellung *(f)*

heft, pilferage and non-delivery Diebstahl, Beraubung, Nichtauslieferung, Diebstahl, Kleindiebstahl, Nichtauslieferung
non-delivery of cargo Frachtgutnichtlieferung *(f)*, Kargonichtlieferung *(f)*, nicht gelieferte Ladung *(f)*
non-delivery of freight Frachtgutnichtlieferung *(f)*, Kargonichtlieferung *(f)*
non-delivery of full set bills of lading Konnossementsnichtlieferung *(f)*
non-delivery of shipment Ladungsnichtlieferung *(f)*
non-discriminatory customs tariff nichtdiskriminierender Zolltarif *(m)*
non-dumping certificate Antidumpingschein *(m)*, Antidumpingzertifikat *(n)*
non-dutiable frei von Zoll *(n)*
non-equilibrium Nichtgleichgewicht *(n)*, Unausgewogenheit *(f)*
non-equivalent non-äquivalent
non-exclusive agent nicht ausschließlicher Handelsvertreter *(m)*, nicht-exklusiver Agent *(m)*
non-exclusive licence Ausfuhrgenehmigung *(f)*, nicht-ausschließliche Lizenz *(f)*
non-execution of contract Nichtausführung eines Vertrags *(f)*
non-final action nicht endgültiger Beschluss *(m)*
non-final decision nicht endgültiger Beschluss *(m)*
non-fulfillment of conditions Vertragsverletzung der Bedingungen *(f)*
non-insurable risk nicht versicherbares Risiko *(n)*
non-interest bearing account zinsloses Konto *(n)*
non-interest bearing debt unverzinsliche Schuld *(f)*
non-liability Unverantwortlichkeit *(f)*, Verantwortungslosigkeit *(f)*
non-limited guarantee absolute Garantie *(f)*, unbefristete Garantie *(f)*
non-limited tender unbeschränkte Ausschreibung *(f)*
non-liquidity Insolvenz *(f)*, Zahlungsunfähigkeit *(f)*
non-member country Nichtmitgliedstaat *(m)*
non-negotiable nicht abtretbar, unübertragbar
non-negotiable bill Rektawechsel *(m)*
non-negotiable bill of lading nicht übertragbares Konnossement *(n)*, unübertragbares Konnossement *(n)*, unübertragbarer Transportschein *(m)*

non-negotiable cheque Namensscheck *(m)*, nicht begebbarer Scheck *(m)*, nicht indossierbarer Scheck *(m)*, Rektascheck *(m)*

non-negotiable document Namenspapier *(n)*, unübertragbare Urkunde *(f)*, unübertragbares Dokument *(n)*

Non-Negotiable FIATA Multimodal Transport Waybill - FWB Non-Negotiable FIATA Multimodal Transport Waybill *(n)*

non-negotiable instrument nicht begebbare Urkunde *(f)*, nicht indossierbare Urkunde *(f)*

non-negotiable sea waybill nicht begebbarer Seefrachtbrief *(m)*, unübertragbarer Frachtschein *(m)*

non-notified factoring unveröffentlichtes Faktoring *(n)*

non-observance Nichtbeachtung *(f)*

non-observance of the terms of an agreement Nichteinhaltung des Vertrags *(f)*

non-observance of the terms of an contract Nichteinhaltung der Kontraktbedingungen *(f)*

non-observance of time limit Nichtbeachtung der Gültigkeitsdauer *(f)*

non-originating product Nichtursprungserzeugnis *(n)*

non-payment Nichtbezahlung *(f)*, Nichtzahlung *(f)*

  advice of non-payment Avis über Zahlungsverweigerung *(n)*, Zahlungsverweigerungsmeldung *(f)*

  dishonour by non-payment Nichteinlösung des Wechsels *(f)*, Nichthonorierung des Wechsels *(f)*

  risk of non-payment Zahlungsrisiko *(n)*

non-payment of customs duties and taxes Nichtbezahlung der Zollen und Steuern *(f)*

non-payment risk Zahlungsrisiko *(n)*

non-performance Nichterfüllung *(f)*

  penalty for non-performance of a contract Kontraktstrafe *(f)*, Strafe für Vertragsbruch *(f)*

non-performance of an order Nichtausführung eines Auftrages *(f)*, Nichtnachkommen einer Bestellung *(n)*

non-performance of a contract Nichtausführung eines Kontraktes *(f)*, Nichtausführung eines Vertrags *(f)*, Nichterfüllung eines Vertrags *(f)*, Nichtnachkommen eines Vertrags *(n)*

non-preferential nichtpräferentiell

non-preferential origin of goods nicht präferenzieller Warenursprung *(f)*, nichtpräferentieller Ursprung *(m)*

non-prohibitive tariff nichtprohibitive Zolltarif *(m)*

non-propelled craft Schiff ohne Antrieb *(n)*

non-receipt risk Abnahmerisiko *(n)*

non-receiving risk Abnahmerisiko *(n)*

non-recurring duty einmalige Abgabe *(f)*

non-recurring transaction Einmalgeschäft *(n)*

non-renewable letter of credit nicht revolvierendes Akkreditiv *(n)*

non-repayable debt nicht rückzahlbare Schuld *(f)*

non-repeat order einmaliger Auftrag *(m)*

non-resident Person ohne Wohnsitz im betreffenden Staat *(f)*

non-resident importer (NRI) gebietsfremder Importeur *(m)*

non-resident owner gebietsfremder Eigentümer *(m)*

non-responsibility Unverantwortlichkeit *(f)*, Verantwortungslosigkeit *(f)*

non-returnable container Einwegcontainer *(m)*

non-returnable packing Einwegverpackung *(f)*

non-reusable pallet nicht wiederverwendbare Palette *(f)*

non-revenue ton-mile Nichtkommerztonnagemeile *(f)*

non-revocable unwiderruflich

non-sealed vehicle *(TIR)* Fahrzeug ohne Zollverschlüsse *(n)*

non-secured credit ungedeckter Kredit *(m)*, ungesichtbarer Kredit *(m)*

non-standard quality Non-Standard-Qualität *(f)*

non-tariff nichttariflich

non-tariff barriers Non-Tarifbeschränkung *(f)*

non-tariff measures *(CCC)* außertarifliche Maßnahmen *(pl)*, nichttarifäre Maßnahmen *(pl)*

non-tariff restraints Non-Tarifbeschränkungen *(pl)*

non-taxation Nichtbesteuerung *(f)*

non-trade risk privatwirtschaftliches Risiko *(n)*

non-trader Nichthandelsschiff *(n)*

non-transferable nicht begebbar

non-transferable instrument nicht begebbare Urkunde *(f)*, nicht indossierbare Urkunde *(f)*

non-transferable letter of credit nicht übertragbares Akkreditiv *(n)*
non-valued policy untaxierte Police *(f)*
non vessel operating carrier Seeverkehrsunternehmen ohne Einsatz von Schiffen *(n)*
non vessel operator Betreiber ohne Schiff *(m)*
norm Norm *(f)*
binding norm Verbindlichkeitsnorm *(f)*
legal norm Rechtsnorm *(f)*
national norm nationale Norm *(f)*
normal gewöhnlich, Standard-
normal commercial goods normales Warenmanifest *(n)*
normal conditions Normalbedingungen *(pl)*, normale Bedingungen *(f)*
normal conditions of haulage normale Transportbedingungen *(pl)*
normal loss normaler Verlust *(m)*
normal procedure normales Verfahren *(n)*
normal trade description of goods handelsübliche Warenbezeichnung *(f)*
normal value Normalwert *(m)*
normalization Vereinheitlichung *(f)*
normalization of goods Normalisierung der Waren *(f)*
normalize normieren
normative normativ
normative act Normativakt *(m)*
not nicht
not binding offer unverbindliche Offerte *(f)*
not elsewhere classified anderenorts nicht klassifiziert
not elsewhere mentioned anderweitig nicht genannt
not elsewhere specified anderweitig nicht spezifiziert
not involving cash bargeldlos, cash unbar
not involving cash turnover Naturalumsatz *(m)*
notarial notariell, Notarials-, notarisch
notarial act Beurkundung durch einen Notar *(f)*, Notarialsgeschäft *(n)*, notarielle Urkunde *(f)*, Notariellhandlung *(f)*, notarische Urkunde *(f)*
notarial certificate Notariatszeugnis *(n)*
notarial contract notarieller Vertrag *(m)*
notarial deed notarielle Urkunde *(f)*, notarische Urkunde *(f)*
notarial document notarielle Urkunde *(f)*

notarial fee Notariatsgebühr *(f)*
notarial office Notarskanzlei *(f)*
notarial power of attorney Notariatsvollmacht *(f)*
notarial seal notarielles Siegel *(n)*, notarisches Siegel *(n)*
notarial tariff Notartarif *(m)*
notarial witness notarielle Beglaubigung *(f)*, notarielle Beurkundung *(f)*
* fee for notarial service Notariatsgebühr *(f)*, Stempelgebühr *(f)*
notarization notarielle Beglaubigung *(f)*, notarielle Beurkundung *(f)*
notarized notariell beurkundet
notary Notar *(m)*
notary's fee Stempelgebühr *(f)*
notary's office Notariat *(n)*
notary's seal notarielles Siegel *(n)*, notarisches Siegel *(n)*
* document certified by a notary notarielle Urkunde *(f)*
notation Anmerkung *(f)*, Notiz *(f)*, Vermerk *(m)*
contain a notation Klausel enthalten *(f)*
note Wechsel protestieren *(m)*, Wechsel zu Protest geben *(m)*
note Meldung *(f)*, Nachricht *(f)* 2. Note *(f)*
note booking Transportkostenrechnung *(f)*
note broker Wechselhändler *(m)*, Wechselmakler *(m)*
note of charges Auslagenrechnung *(f)*, Kostenaufstellung *(f)*, Kostenspezifikation *(f)*, Versandanzeige *(f)*
note of cost Kostenaufstellung *(f)*, Kostenspezifikation *(f)*
note of hand Solawechsel *(m)*
note of order Bestellvordruck *(m)*
note of sale Verkaufsanzeige *(f)*
note of shipment Versandanzeige *(f)*, Versandavis *(n)*, Versandnote *(f)*, Versendungsanzeige *(f)*
* advice note Anzeige *(f)*, Aviso *(n)*, Lieferanzeige *(f)*, Versandanzeige *(f)*
transit advice note *(CT)* Grenzübergangsschein *(m)*
age note Altersattest *(n)*, Alterszeugnis *(n)*
analysis note Analysenschein *(m)*, Analysenzertifikat *(n)*

arrival note Avis über das Eintreffen eines Schiffes (m)

booking note Buchungsbestätigung (f), Frachtrechnung (f)

captain's note Ladebereitschaftsanzeige (f), Ladebereitschaftsmeldung (f)

carriage note Begleitschein (m), Ladezettel (m), Transportdokument (n)

charge note Kostenaufstellung (f), Kostenkonto (n), Spesenrechnung (f)

checking note Zählungsattest (n)

clearance note Zollabfertigungspapier (n)

collect a note Wechsel einkassieren (m), Wechsel einziehen (m)

consignment note Frachtanweisung (f), Frachtberechnung (f), Frachtrechnung (f), Hinterlegungsschein (m), Konsignationsrechnung (f), Ladeschein (m), Ladungsschein (m), Versandbescheinigung (f), Versandschein (m)

   air consignment note Flugkonnossement (n), Luftfrachtbrief (m)

   copy of consignment note Frachtbriefduplikat (n), Transportscheinzweitschrift (f)

   duplicate consignment note Frachtbriefdoppel (n), Transportscheinzweitschrift (f)

   railroad consignment note Bahnfrachtbrief (m), Eisenbahnfrachtbrief (m)

   copy of railroad consignment note Duplikatfrachtbrief (m), Frachtbriefdoppel (n)

   railway consignment note Bahnfrachtbrief (m), Eisenbahnfrachtbrief (m)

   road consignment note Frachtbrief im Straßengüterverkehr (m), Kraftwagenfrachtbrief (m), Straßenfrachtbrief (m), Straßenverkehrsfrachtbrief (m)

   through consignment note Durchgangsbegleitschein (m)

consignment note duplicate Duplikatfrachtbrief (m), Frachtbriefdoppel (n)

cover note Deckungsnote (f), Deckunszusage (f), Versicherungsauszug (m)

covering note Deckungsnote (f), Deckungszusage (f), Versicherungsauszug (m)

credit note Gutschein (m), Gutschriftsanzeige (f)

debit note Belastungsanzeige (f), Lastschriftanzeige (f)

delivery note Anlieferungszertifikat (n), Lieferschein (m)

dispatch note Versandpapier (n), Versandschein (m)

explanatory note Anmerkung (f), Hinweis (m)

freight note Frachtanweisung (f), Frachtberechnung (f), Frachtrechnung (f)

fumigation note Räucherungsattest (n), Räucherungszeugnis (n)

insurance broker's cover note Deckungsnote (f), Deckungszusage (f), Deckunszusage (f), Versicherungsauszug (m)

mortgage note Hypothekenwechsel (m)

origin note Herkunftszeugnis (n), Ursprungszeugnis (n), Warenursprungszeugnis (n)

pawn note Pfandschein (m), Pfandurkunde (f), Verpfändungsbescheinigung (f)

pedigree note Bescheinigung über Herkunft der Tiere (f), Herkunftstier-Bescheinigung (f)

phytosanitary note Gesundheitattest (n), phytopathologisches Gesundheitszeugnis (n)

prolonged note prolongierter Wechsel (m)

promissory note Blankowechsel (m), Geldverschreibung (f), Solawechsel (m)

receiving note Beladevorschriften (pl), Ladungsanmeldung (f), Verladeinstruktionen (pl)

renewal note prolongierter Wechsel (m)

sale note Verkaufsanzeige (f)

sanitary phytopathological note phytopathologisches Gesundheitszeugnis (n)

seizure note Akt über Beschlagnahme der Ladung vom Zollamt (m), Warenbeschlagsnahmeanzeige (f)

shipping note Schiffszettel (m), Verladungsschein (m)

sold note Kurszettel (m)

tally note Messbrief (m), Zählungsattest (n)

term of a note Verfallszeit (f)

transfer note Übergabeschein (m)

transhipment pricking note Zollfreischein (m)

transit note Transitnote (f), Transitschein (m)

transit note TC 10 Grenzübergangsschein TC 10 (m)

veterinary note tierarzliches Zeugnis (n), Veterinärbescheinigung (f), Veterinärschein (m)

weighing note Gewichtsbescheinigung (f), Gewichtsnachweis (m), Gewichtsnota (f), Wagezettel (m)

weight note Gewichtsbescheinigung (f), Gewichtszertifikat (n), Gewichtszeugnis (n), Wiegeschein (m)

noted notiert

noted bill protestierter Wechsel (m)

notice Anzeige *(f)*, Avis *(m)*, Notiz *(f)* **2.** Bekanntmachung *(f)*, Notifizieren *(n)* **3.** Kündigung *(f)*
notice date Notizfrist *(f)*
notice day Tag der Kündigung *(m)*
notice in writing Avisbrief *(m)*
notice of abandonment Abandonerklärung *(f)*, Unzustellbarkeitsmeldung *(f)*
notice of acceptance Akzeptmeldung *(f)*
notice of appeal Appellation *(f)*
notice of arrival Ankunftsanzeige *(f)*, Eingangsanzeige *(f)*
notice of assignment Abtretungsdeklaration *(f)*, Auslösungsanzeige *(f)*, Zessionsavis *(n)*, Zessionsdeklaration *(f)*
notice of cancellation Annullierungsanzeige *(f)*
notice of cession Abtretungsdeklaration *(f)*, Zessionsdeklaration *(f)*
notice of claim Anmeldung des Schadens *(f)*, Schadensanzeige *(f)*, Schadensavis *(m)*
notice of collection Empfangsanzeige *(f)*, Empfangsbestätigung *(f)*
notice of defect Mängelrüge *(f)*
notice of delivery Eingangsbescheinigung *(f)*
notice of dishonour Annahmeverweigerungsnotiz *(f)*, Anzeige der Akzeptverweigerung *(f)*, Avis über Annahmeverweigerung *(m)*, Avis über Wechselannahmeverweigerung *(n)*, Notifikation *(f)*
notice of dispatch Lieferanzeige *(f)*, Versandanzeige *(f)*
notice of draft Trattenanzeige *(f)*
notice of expiry Entlöschenanzeige *(f)*
notice of protest Protestanzeige *(f)*
notice of readiness Bereitschaftsanzeige *(f)*, Bereitschaftsnotiz *(f)*, Ladebereitschaftsanzeige *(f)*, Ladebereitschaftsmeldung *(f)*, Ladebereitschaftsnotiz *(f)*
notice of readiness to consignation Ladebereitschaftsmeldung *(f)*, Versandbereitschaftsnotiz *(f)*
notice of readiness to consignment Versandbereitschaftsanzeige *(f)*, Versandbereitschaftsnotiz *(f)*
notice of readiness to discharge Ladebereitschaftsmeldung *(f)*
notice of readiness to forwarding Ladebereitschaftsmeldung *(f)*, Versandbereitschaftsnotiz *(f)*

notice of readiness to lade Ladebereitschaftsmeldung *(f)*, Verschiffungsbereitschaftsnotiz *(f)*
notice of readiness to load Ladebereitschaftsmeldung *(f)*, Verschiffungsbereitschaftsnotiz *(f)*
notice of readiness to sending Versandbereitschaftsanzeige *(f)*, Versandbereitschaftsmeldung *(f)*
notice of readiness to shipment Versandbereitschaftsanzeige *(f)*, Versandbereitschaftsmeldung *(f)*, Versandbereitschaftsnotiz *(f)*
notice of receipt Annahmeschein *(m)*, Eingangsbestätigung *(f)*, Empfangsanzeige *(f)*, Empfangsbestätigung *(f)*
notice of shipment Spediteurmeldung *(f)*, Versandanzeige *(f)*, Versendungsanzeige *(f)*
notice of termination Rücktritt vom Vertrag *(m)*
notice of termination of the anti-dumping procedure *(EU)* Bekanntmachung des Abschlusses des Antidumping-/Antisubventionsverfahrens *(f)*
notice of the withdrawal of a credit Kreditkündigung *(f)*
notice time freie Zeit *(f)*, Freizeit *(f)*
* arrival notice Ankunftsanzeige *(f)*, Eingangsanzeige *(f)*, Frachteingangsbenachrichtung *(f)*
bank notice Bankavis *(n)*
captain's notice Ladebereitschaftsanzeige *(f)*, Ladebereitschaftserklärung *(f)*, Ladebereitschaftsmeldung *(f)*, Ladebereitschaftsnotiz *(f)*
day of notice of complaint Datum der Reklamationsmeldung *(n)*
embarkation notice Verschiffungsanzeige *(f)*
explanatory notice Anmerkung *(f)*, Hinweis *(m)*
freight arrival notice Verschiffungsanzeige *(f)*
give notice anzeigen, mitteilen
groundlessness of the notice Grundlosigkeit der Kündigung *(f)*
landing notice Entladungsanzeige *(f)*, Frachteingangsbenachrichtung *(f)*
period of notice Kündigungsfrist *(f)*
shipping notice Versandauftrag *(m)*
term of notice Kündigungsfrist *(f)*
term of notice as stipulated by contract Kündigungsfrist *(f)*, Kündigungstermin *(m)*, Vertragskündigungsfrist *(f)*

notification Bekanntmachung *(f)*, Benachrichtigung *(f)*, Mitteilung *(f)*, Notifikation *(f)* **2.** Anzeige *(f)*, Avis *(m)*
notification clause Anzeigeklausel *(f)*, Notizklausel *(f)*
notification of acceptance Annahmebestätigung *(f)*
notification of assignment Zessionsmeldung *(f)*
notification of collection Inkassoavis *(m)*
notification of damage Schadensanzeige *(f)*, Schadensmeldung *(f)*
notification of dishonour Annahmeverweigerungsmeldung *(f)*
notification of dispatch Spediteurmeldung *(f)*, Versandanzeige *(f)*, Versandnote *(f)*
notification of a dispute Notifizierung der Streitigkeit *(f)*
notification of draft Trattenanzeige *(f)*
notification of forwarding Abgangsavis *(m)*
notification of a letter of credit Avis über Eröffnung eines Akkreditivs *(m)*, Avis über Inanspruchnahme eines Akkreditivs *(m)*, Avisierung des Akkreditivs *(f)*
notification of protest Protestanzeige *(f)*
notification of readiness Ladebereitschaftsnotiz *(f)*
notification on the loss of insured goods Anzeige über den Verlust von versichertem Gut *(f)*, Versicherungsobjektverlustavis *(n)*
* credit notification Avis über Eröffnung eines Akkreditivs *(m)*
letter of credit notification Akkreditivanzeige *(f)*, Avis über Eröffnung eines Akkreditivs *(m)*, Avis über Eröffnung eines Akkreditivs *(m)*
shipping notification Abgangsavis *(m)*
time for notification Notizfrist *(f)*
notify anzeigen, avisieren, informieren, mitteilen
notify the sale by auction Auktion ansetzen *(f)*
notify Melde-
notify clause Anzeigeklausel *(f)*, Notizklausel *(f)*
novelty Innovation *(f)*
novelty price Neuerungspreis *(m)*
null bedeutungslos, unwichtig
nullification Kraftloserklärung *(f)*
nullification of contract Kontraktaufhebung *(f)*, Kontraktauflösung *(f)*, Vertragsauflösung *(f)*

nullity Ungültigkeit *(f)*
nullity of a contract Ungültigkeit eines Kontraktes *(f)*, Ungültigkeit eines Vertrags *(f)*
nullity suit Klage auf Erklärung der Nichtigkeit *(f)*
number zahlen
number Anzahl *(f)*, Nummer *(f)*
number and kind of packages Anzahl und Art der Packstücke *(f)*
number of the air waybill Nummer des Luftfrachtbriefs *(f)*
number of the Brussels Nomenclature heading Tarifnummer des Brüsseler Zolltarifschemas *(f)*
number of cases Anzahl der Kasten *(f)*
number of the certificate Nummer der Bescheinigung *(f)*
number of contract Kontraktnummer *(f)*
number of a document Dokumentnummer *(f)*
number of the EC licence Nummer der benutzten EG-Lizenzen *(f)*
number of freight cases Anzahl von Sendungen *(f)*
number of the licence Nummer der Lizenz *(f)*
number of loading lists Anzahl der Ladelisten *(f)*
number of packages Anzahl der Packstücke *(f)*
number of packages discharged *(TIR carnet)* Anzahl der erledigten Packstücke *(f)*
number of pices Stückzahl *(f)*
number of registration Eintragungsnummer *(f)*, Registriernummer *(f)*
number of the SAD Nummer des Einheitspapiers *(f)*
number of the specification Spezifikationsnummer *(f)*
number of the transit declaration Nummer der Versandanmeldung *(f)*
* account number Kontonummer *(f)*, Rechnungsnummer *(f)*
bank account number Bankkontonummer *(f)*, Kontonummer *(f)*
bill of lading number Konnossementsnummer *(f)*, Nummer des Frachtbriefes *(f)*
booking number Buchungsnummer *(f)*
catalogue number Katalognummer *(f)*
certificate number Nummer der Bescheinigung *(f)*, Zertifikatnummer *(m)*
check number Kontrollnummer *(f)*

cheque number Schecknummer *(f)*
classification number Klassifikationszahl *(f)*
code number Codeziffer *(f)*, Kennziffer *(f)*
commodity number *(box in the "goods declaration" form)*
Tarif- oder statistische Warennummer *(f)*
consecutive number (goods) laufende
Nummer *(f)*, Reihennummer *(f)*
construction number Fabrikationsnummer *(f)*
container number Containernummer *(f)*,
Nummer des Containers *(f)*
container's number Containernummer *(f)*,
Nummer des Containers *(f)*
credit number Akkreditivnummer *(f)*
customer number Kundennummer *(f)*
customs serial number of the declaration
Nummer der Zollurkunde *(f)*
declaration number Anmeldungsnummer *(f)*,
Nummer der Anmeldung *(f)*
dispatching number Aufgabenummer *(f)*
entry number Deklarationsnummer *(f)*
export clearance number Ausfuhrdeklarationsnummer *(f)*
Export Document Number (EDN) Exportdokumentnummer *(f)*
file number Aktenzeichen *(n)*, Referenznummer *(f)*
flight number Flugnummer *(f)*
heading number Tarifnummer *(f)*
identification number Erkennungsnummer *(f)*,
Identifikationsnummer *(f)*, Kennnummer *(f)*
identifying numbers of containers Kennnummern der Container *(pl)*
insurance number Versicherungsnummer *(f)*
insurance policy number Policenummer *(f)*,
Versicherungsnummer *(f)*
invoice number Rechnungsnummer *(f)*
item number Positions-Nummer *(f)*
job number Auftragsnummer *(f)*, Bestellnummer (Best. Nr.) *(f)*
name of bank and number of account
Bankverbindung *(f)*
order number Auftragsnummer *(f)*, Bestellnummer *(f)*, Ordernummer *(f)*
permit number Nummer der Genehmigung *(f)*
policy number Policenummer *(f)*, Versicherungsnummer *(f)*
reference number Aktenzeichen *(n)*, Referenznummer *(f)*
   customer's reference number Kundennummer *(f)*

tax reference number Steuernummer *(f)*
reference number of manifest Referenznummer des Manifestes *(f)*
registration number Eintragungsnummer *(f)*,
Registriernummer *(f)*
registration number of the SAD Registriernummer des Einheitspapiers *(f)*
running number laufende Nummer *(f)*
serial number Fabriknummer *(f)*, laufende
Nummer *(f)*, Reihennummer *(f)*, Seriennummer *(f)*
serial number of the T5 control copy
Nummer des Kontrollexemplars T5 *(f)*
statistical number of goods statistische
Warennummer *(f)*
stock number Lagernummer *(f)*
tariff number Tarifnummer *(f)*
taxpayer identification number Steueridentifikationsnummer (INN) *(f)*
telephone number Telefonnummer *(f)*
transaction number Transaktionsnummer *(f)*
vehicle's registration number Kennzeichen des Fahrzeugs *(n)*
warehousing number Lagernummer *(f)*

numeration Numerierung *(f)*
numerical zahlenmäßig
numerical data ziffernmäßige Angaben *(pl)*
* **draught numeral** Tiefgangsmarke *(f)*

numerous vielzählig
numerous agent nicht ausschließlicher
Handelsvertreter *(m)*

O

obey befolgen
obey the law Gesetz beachten *(n)*, Gesetz einhalten *(n)*
object protestieren
object Objekt *(n)*
object at issue Streitobjekt *(n)*
object of a contract Vertragsgegenstand *(m)*, Vertragsobjekt *(n)*
object price geplanter Preis *(m)*, Zielpreis *(m)*
objection Einwand *(m)*
objective Zweck *(m)*
obligation Obligation *(f)*, Obligenheit *(f)*, Pflicht *(f)*
obligations of a customs broker Pflichten des Zollagenten *(pl)*
obligations of the customs carrier Pflichten des zollamtlichen Beförderers *(pl)*
obligation of contract Verpflichtung aus dem Vertrag *(f)*, vertragliche Verpflichtung *(f)*
obligations of the owner of a bonded warehouse Pflichten des Zolllagerhalters *(pl)*
obligations of the principal Pflichten des Hauptverpflichteten *(pl)*
obligation of unlimited duration unbefristete Verbindlichkeit *(f)*
obligation resulting from a bill of exchange Wechselobligo *(n)*
obligation to assign goods presented to customs a customs-approved treatment or use Verpflichtung, den gestellen Waren eine zollrechtliche Bestimmung zu geben *(f)*
obligation to compensation Ausgleichspflicht *(f)*, Ersatzpflicht *(f)*
obligation to damages Ausgleichspflicht *(f)*, Ersatzpflicht *(f)*
obligation to delivery Lieferpflicht *(f)*, Lieferungspflicht *(f)*
obligation to marking Kennzeichnungspflicht *(f)*
obligation to pay Zahlungspflicht *(f)*, Zahlungsverbindlichkeit *(f)*, Zahlungsverpflichtung *(f)*
obligation to pay damages Schadensersatzpflicht *(f)*
obligation to perform Leistungspflicht *(f)*

* **conditional obligation** bedingte Verpflichtung *(f)*, Verpflichtung aus dem Vertrag *(f)*, vertragliche Verpflichtung *(f)*
credit obligation Kreditverpflichtung *(f)*
financial obligation Finanzverpflichtung *(f)*
fulfil obligations Verpflichtungen erfüllen *(pl)*
guarantee obligation Garantieverpflichtung *(f)*
impose an obligation Verpflichtung auferlegen *(f)*
international obligation internationale Verpflichtung *(f)*
international organization internationale Organisation *(f)*
joint and several obligation gesamtschulderische Verpflichtung *(f)*, Solidarverpflichtung *(f)*
loan obligation Darlehensverpflichtung *(f)*
pecuniary obligation Geldverbindlichkeit *(f)*, Geldverpflichtung *(f)*
perform an obligation Verpflichtung einlösen *(f)*
put under an obligation obligieren, verbinden
range of obligations Pflichtenbereich *(m)*, Pflichtenkreis *(m)*
satisfaction of an obligation Pflichterfüllung *(f)*
scope of obligations Pflichtenbereich *(m)*, Pflichtenkreis *(m)*
time for performance of an obligation Termin der Erfüllung der Verbindlichkeit *(m)*
obligatory obligatorisch, verbindlich
obligatory acceptance obligatorisches Akzept *(n)*
obligatory charge obligatorische Gebühr *(f)*
obligatory condition obligatorische Bedingung *(f)*, verbindliche Bedingung *(f)*
obligatory contribution Pflichtbeitrag *(m)*
obligatory insurance obligatorische Versicherung *(f)*, Pflichtversicherung *(f)*
obligatory legalization obligatorische Legalisierung *(f)*
obligatory maturity bindender Termin *(m)*
obligatory payment obligatorische Zahlung *(f)*
obligatory reinsurance obligatorische Rückversicherung *(f)*
oblige obligieren, verbinden
observance Einhaltung *(f)*
observance of the contract terms Einhaltung eines Vertrages *(f)*
observance of the law Einhaltung eines Rechts *(f)*

observance of the regulations Einhaltung der Regeln *(f)*
* **guarantee of observance of customs procedures** Garantie der Einhaltung des Zollregimes *(f)*
observe beobachten
observe the law Gesetz beachten *(n)*, Gesetz einhalten *(n)*
observe the time Frist einhalten *(f)*
observed beobachtet
observed sale tatsächlicher Verkauf *(m)*
obstacle Hindernis *(n)*
obstacle to trade Handelshemmnis *(n)*
obstacle Hindernis *(pl)*
business obstacle Handelshindernis *(pl)*
remove obstacles Hindernisse niederreißen *(pl)*
remove trade obstacles Handelsschranken abbauen *(pl)*
obstruction Hindernis *(n)*
obtain gewinnen
obtain an acceptance Akzept einholen *(n)*
obtain an authorization Bewilligung erhalten *(f)*, Genehmigung erhalten *(f)*
obtain a cash from checking Scheck einlösen *(m)*
obtain a guarantee Garantie bekommen *(f)*, Garantie erhalten *(f)*
obtain a permission Genehmigung erhalten *(f)*
obtain a reduction Rabatt erhalten *(m)*
obtained erzieht
obtained products hergestellte Erzeugnisse *(pl)*
obtaining Bezug *(m)*
obtaining of documents Empfang der Dokumente *(m)*
occasion Gelegenheit *(f)*
occupant Eigentümer *(m)*
occupation Fach *(n)*
subsidiary occupation Zusatzbeschäftigung *(f)*
occurrence Vorfall *(m)*
insurance occurrence Versicherungsfall *(m)*
ocean Ozean *(m)* **2.** See-
ocean bill of lading Seekonnossement *(n)*, Seebrief *(m)*
ocean course Seewasserstraße *(f)*
ocean documents Seeversandpapiere *(pl)*, Seeversandunterlagen *(pl)*

ocean freight Seefracht *(f)*, Überseefracht *(f)*
 ocean freight rate Seefrachtsatz *(m)*
ocean ice-breaker Hochsee-Eisbrecher *(m)*
ocean port Seehafen *(m)*
ocean shipping Seetransport *(m)*, Warenbeförderung auf dem Seeweg *(f)*
ocean transport insurance Seetransportversicherung *(f)*, Seeversicherung *(f)*
ocean tug Hochseeschlepper *(m)*
ocean vessel Seeschiff *(n)*
ocean voyage ausländische Fahrt *(f)*
* **rail and ocean** auf Bahn und Meer, auf Bahn und See
on board ocean bill of lading Abladekonnossement *(n)*, an Bord Konnossement *(n)*, Bordkonnossement *(n)*
ocean-going hochseetüchtig
ocean-going ship Seeschiff *(n)*
ocean-going tug Hochseeschlepper *(m)*, Seetrecker *(m)*
ocean-going tugboat Hochseeschlepper *(m)*, Seetrecker *(m)*
ocean-going vessel Seeschiff *(n)*
odorous riechend
odorous cargo riechende Ladung *(f)*
offence Vergehen *(n)*, Verstoß *(m)*
currency offence Devisenvergehen *(n)*, Währungsverbrechen *(n)*
customs offence Zolldelikt *(n)*, Zollverstoß *(m)*
customs petty offence Zollverstoß *(m)*
fiscal offence fiskalische strafbare Handlung *(f)*, Steuerordnungswidrigkeit *(f)*
legal offence Rechtsverletzung *(f)*, Übertretung einer Vorschrift *(f)*, Vergehen *(n)*
regulations on the punishability of offences against foreign exchange regulations Devisenstrafrecht *(n)*
tax offence Steuerordnungswidrigkeit *(f)*, Steuervergehen *(n)*
taxation offence fiskalische strafbare Handlung *(f)*, Steuerordnungswidrigkeit *(f)*
offer vorschlagen
offer a price Preis bieten *(m)*, Preisangebot machen *(n)*
offer a proposition vorschlagen
offer Angebot *(n)*, Offerte *(f)*
offer acceptance Angebotsannahme *(f)*, Offertenannahme *(f)*
offer accompanied by samples bemustertes Angebot *(n)*, Musterangebot *(n)*

offer for cooperation Angebot für die Zusammenarbeit *(n)*
offer for delivery Lieferangebot *(n)*
offer in force gültiges Angebot *(n)*
offer open gültiges Angebot *(n)*
offer open until ... Angebot gültig bis ... *(n)*
offer remains open until recall Angebot gültig bis Widerruf *(n)*
offer to buy Kaufangebot *(n)* **2.** Kaufgesuch *(n)*
offer without engagement freibleibendes Angebot *(n)*, unverbindliches Angebot *(n)*
* accept an offer Angebot annehmen *(n)*
acceptance of an offer Annahme eines Angebots *(f)*, Offertenannahme *(f)*
according to an offer nach Angebot *(n)*
additional offer zusätzliches Angebot *(n)*
advantageous offer günstige Offerte *(f)*, vorteilhaftes Angebot *(n)*
annul an offer Angebot widerrufen *(n)*, Offerte abberufen *(f)*
binding offer Festangebot *(n)*, feste Offerte *(f)*, fixes Angebot
cable offer telegrafisches Angebot *(n)*
cash offer Barangebot *(n)*
commercial offer kommerzielles Angebot *(n)*
competitive offer wettbewerbsfähiges Angebot *(n)*
conditional offer bedingte Offerte *(f)*, eingeschränktes Angebot *(n)*
confirmation of an offer Angebotsbestätigung *(f)*
consider an offer Angebot überdenken *(n)*
date of validity of an offer Bestellfrist *(f)*
declining of an offer Offertenverweigerung *(f)*
delayed offer verspätetes Angebot *(n)*
engagement offer verbindliche Offerte *(f)*, verbindliches Angebot *(n)*
evaluate an offer Angebot prüfen *(n)*
export offer Exportangebot *(n)*
fair offer faires Angebot *(n)*, Handelsangebot *(n)*
favourable offer günstige Offerte *(f)*, vorteilhaftes Angebot *(n)*
firm offer festes Angebot *(n)*
firm offer verbindliches Angebot *(n)*
foreign offer Auslandsangebot *(n)*
forwarder's offer Spediteur - Offerte *(f)*
free offer freibleibendes Angebot *(n)*, unverbindliches Angebot *(n)*
make an offer Angebot hinterlegen *(n)*, Angebot unterbreiten *(n)*

make an offer anpreisen
not binding offer unverbindliche Offerte *(f)*
open offer freibleibende Offerte *(f)*, freibleibendes Angebot *(n)*, unverbindliche Offerte *(f)*
preference offer günstiges Angebot *(n)*
present an offer Angebot unterbreiten *(n)*
produce an offer Angebot unterbreiten *(n)*
reciprocal offer Gegenangebot *(n)*
refusal of an offer Ablehnung eines Angebots *(f)*, Ausschlagen eines Angebots *(n)*, Offertenverweigerung *(f)*
refuse an offer Angebot ablehnen *(n)*, Angebot abweisen *(n)*
reject an offer Angebot ablehnen *(n)*, Angebot abweisen *(n)*
rejection of an offer Ablehnung eines Angebots *(f)*, Ausschlagen eines Angebots *(n)*
retract an offer Angebot widerrufen *(n)*, Angebot zurückziehen *(n)*, Offerte rückgängig machen *(f)*
retraction of an offer Widerruf des Angebots *(m)*
sales offer Verkaufsangebot *(n)*
sampled offer bemustertes Angebot *(n)*, Musterangebot *(n)*
solicited offer angefordertes Angebot *(n)*, verlangtes Angebot *(n)*
special offer Sonderangebot *(n)*
submission of an offer Vorlegung eines Angebots *(f)*
submit an offer Angebot unterbreiten *(n)*, Vorschlag machen *(m)*
trial offer Werbeangebot *(n)*
unconditional offer bedingungsloses Angebot *(n)*
unsolicited offer unverlangtes Angebot *(n)*
validity of an offer Angebotsbindung *(f)*, Gültigkeit der Bestellung *(f)*, Gültigkeit der Offerte *(f)*
verbal offer mündliches Angebot *(n)*
voluntary offer unverlangtes Angebot *(n)*
withdraw an offer Angebot widerrufen *(n)*, Angebot zurückziehen *(n)*, Offerte abberufen *(f)*, Offerte rückgängig machen *(f)*
written offer schriftliches Angebot *(n)*
offered angeboten
offered price Benchmark-Preis *(m)*, geringster Preis *(m)*
offeree Anbietender *(m)*

offering Angebot *(n)*
offering price Einführungspreis *(m)*
offering prospectus Emissionsprospekt *(m)*
* **cargo offerings** Frachtangebot *(n)*, Ladungsangebot *(n)*
freight offerings Frachtangebot *(n)*, Ladungsangebot *(n)*
export offering list Exportartikelskatalog *(m)*, Exportkatalog *(m)*, Exportkatalog *(m)*
tonnage offerings Tonnageangebot *(n)*
transport services offering Beförderungsleistungenangebot *(n)*, Transportdienstangebot *(n)*

off-gauge Außergabarit-
off-gauge goods Außergabaritgut *(n)*, Außergabaritladung *(f)*, Außerlademassgut *(n)*
off-gauge load Außerlademassgut *(n)*, Außergabaritladung *(f)*

office Amtsstelle *(f)*, Bureau *(n)*, Büro *(n)*
office address Adresse eines Betriebs *(f)*, Geschäftsadresse *(f)*
office "en route" Durchgangszollstelle *(f)*, Grenzübergangsstelle *(f)*
office hours Bürostunden *(pl)*, Öffnungszeiten *(pl)*
office manager Bürochef *(m)*, Bürovorsteher *(m)*
office of customs Zollamt *(n)*
office of departure Abgangszollstelle *(f)*
additional customs office of departure weitere Abgangszollstelle *(f)*
control by office of departure Prüfung durch die Abgangsstelle *(f)*
copy for office of departure *(CD)* Exemplar für die Abgangszollstelle *(n)*
formalities at office of departure Förmlichkeiten bei der Abgangsstelle *(pl)*
one office of departure einzige Abgangsstelle *(f)*
post office of departure Abgangspoststelle *(f)*
produce the goods at the office of departure Waren bei der Abgangszollstelle stellen *(pl)*, Waren der Abgangsstelle vorführen *(pl)*
sheet for the office of departure Abschnitt für die Abgangszollstelle *(m)*
office of destination Bestimmungszollstelle *(f)*, Empfangszolldienststelle *(f)*

additional customs office of destination weitere Bestimmungszollstelle *(f)*
actual office of destination tatsächliche Bestimmungsstelle *(f)*
change of office of destination Änderung der Bestimmungsstelle *(f)*
change of office of destination Wechsel der Bestimmungsstelle *(m)*
copy for office of destination *(CD)* Exemplar für die Bestimmungszollstelle *(n)*
customs office of destination Bestimmungszollstelle *(f)*
formalities at the office of destination Förmlichkeiten bei der Bestimmungsstelle *(pl)*
impression of the stamp of the office of destination Abdruck des Dienststempels der Bestimmungsstelle *(m)*
one office of destination einzige Bestimmungsstelle *(f)*
produce the goods at the office of destination Waren der Bestimmungszollstelle stellen *(pl)*
office of international trade Außenhandelsbüro *(n)*
office of registration *(CTD)* Zollstelle der Eintragung *(f)*
office of reimportation Wiedereinfuhrzollstelle *(f)*
customs office of reimportation Wiedereinfuhrzollstelle *(f)*
office of transit Durchgangszollstelle *(f)*, Grenzübergangsstelle *(f)*
absence of the registration number of the means of transport Fehlen der Angabe des Kennzeichens des Beförderungsmittels *(n)*
actual office of transit tatsächliche Durchgangszollstelle *(f)*
change of office of transit Änderung der Durchgangszollstelle *(f)*, Wechsel der Durchgangszollstelle *(m)*
first office of transit erste Grenzübergangsstelle *(f)*
office of transit on exit *(CT)* Ausgangsgrenzübergangsstelle *(f)*
* **accounting office** *(US)* Buchhaltung *(f)*, Verrechnungsstelle *(f)*
adjuster office Dispacheurstelle *(f)*

administrative office Verwaltungsdienststelle *(f)*
advertisement office Annoncenbüro *(n)*, Anzeigeagentur *(f)*
advertising office Annoncenbüro *(n)*, Anzeigeagentur *(f)*, Anzeigenannahme *(f)*, Werbeagentur *(f)*, Werbebüro *(n)*
agency office Agentur *(f)*
antimonopoly office Antimonopolamt *(n)*
branch office Filiale *(f)*, Geschäftsstelle *(f)*, Niederlassung *(f)*, Zweigstelle *(f)*
buying office Einkaufsbüro *(n)*, Kundenkantor *(n)*
central office Hauptamt *(n)*
chartering office Frachtagentur *(f)*, Versandbüro *(n)*
clearing office Clearinghaus *(n)*, Girozentrale *(f)*
collection office Steueramt *(n)*
commercial counsellor office Handelsratbüro *(n)*
commercial inquiry office Auskunftei *(f)*, Auskunftsbüro *(n)*, Informationsbüro *(n)*
commercial office Handelsbüro *(n)*, Handelsvertretung *(f)*
consular office Konsularamt *(n)*, Konsularbüro *(n)*
customs clearance office Zollbehörde *(f)*
customs office Zollamt *(n)*
  airport customs office Flughafenzollstelle *(f)*
  competence of the customs offices Zuständigkeit der Zollstellen *(f)*
  convey to a customs office zu einer Zollstelle befördern *(f)*
  endorsed by the customs office vom Zollamt bestätigt *(n)*
  inland customs office Binnenzollamt *(n)*
  local customs office örtliche Zollstelle *(f)*
  location of a customs office Ort des Zollamtes *(m)*
  seal of the customs office Zollplombe *(f)*
  working hours of the customs office Arbeitszeiten des Zollamtes *(pl)*
customs office at the frontier Grenzzollamt *(n)*
customs office en route Durchgangszollstelle *(f)*
customs office of export Ausfuhrzollstelle *(f)*
customs office of importation Eingangszollamt *(n)*
customs office stamp Stempel des Zollamtes *(m)*, Zollamtssiegel *(n)*

date and hour on which the competent office is informed Datum und Uhrzeit der Unterrichtung der zuständigen Zollstelle *(n)*
employment office Agentur für Arbeit *(f)*, Arbeitsvermittlung *(f)*
exchange office Kontor *(n)*, Wechselstube *(f)*
export office Exportabteilung *(f)*, Exportbüro *(n)*
fair office Messebüro *(n)*
field office Filiale *(f)*, Geschäftsstelle *(f)*
foreign trade office Außenhandelsbüro *(n)*
forwarding office Spediteuragentur *(f)*, Versandbüro *(n)*
freight office Frachtagentur *(f)*, Versandbüro *(n)*
government office öffentliches Amt *(n)*
head office Zentralbüro *(n)*, Zentrale *(f)*
import office Importabteilung *(f)*
information office Informationsstelle *(f)*
inspection office Aufsichtsbehörde *(f)*, Inspektorat *(n)*
intermediate office *(customs)* Zwischenzollstelle *(f)*
loan office Leihhaus *(n)*, Lombard *(m)*
marine office Seeamt *(n)*
notarial office Notarskanzlei *(f)*
notary's office Notariat *(n)*
order office Bestelldienstabteilung *(f)*
patent office Patentamt *(n)*
post office Postamt *(n)*
  free post office frei Postamt *(n)*
  railway post office Bahnpostamt *(n)*
post office box Postfach *(n)*
principal office Hauptsitz *(m)*, Stammsitz *(m)*
procurement office Einkaufsbüro *(n)*, Kundenkantor *(n)*
regional office Regionalvertretung *(f)*
registered office Sitz *(m)*
sales office Absatzbüro *(n)*, Verkaufsbüro *(n)*
selling office Absatzbüro *(n)*, Verkaufsbüro *(n)*
shipping office Schiffsmaklerbüro *(n)*
statistical office Amt für Statistik *(n)*
tax collector's office Finanzamt *(n)*
tax office Finanzamt *(n)*, Steueramt *(n)*
taxation office Finanzamtskasse *(f)*
trade office Handelsbüro *(n)*, Handelsvertretung *(f)*
transport office Transportbüro *(n)*
Treasurer's Office Finanzamt *(n)*

officer Beamter *(m)*, Bediensteter *(m)*
officer's signature Unterschrift des Beamten *(f)*
* chief financial officer Finanzdirektor *(m)*
chief officer Erster *(m)*, erster Offizier *(m)*

customs officer Beamter der Zollabfertigung _(m)_, Bediensteter der Zollverwaltung _(m)_, Grenzaufseher _(m)_, Grenzaufsichtsbeamte _(m)_, Zollangestellter _(m)_, Zollinspektor _(m)_, Zollkommissar _(m)_
first officer Erster _(m)_, erster Offizier _(m)_
health officer Beamter des Gesundheitswesens _(m)_, Hafenarzt _(m)_
marketing officer Marketingmanager _(m)_, Vertriebsleiter _(m)_

official Beamter _(m)_, Bediensteter _(m)_, Funktionär _(m)_
customs official Mitarbeiter der Zollorgane _(m)_
signature of a customs official Unterschrift des Zollbeamten _(f)_
government official Staatsbeamte _(m)_

official offiziell
official business Amtsangelegenheit _(f)_
official confirmation offizielle Bestätigung _(f)_
official copy offizielle Abschrift _(f)_
official copy of a protocol Protokollauszug _(m)_
official correspondence amtlicher Schriftverkehr _(m)_
official document amtliches Dokument _(n)_, Verwaltungsdokument _(n)_, Verwaltungspapier _(n)_
official entertainement expenditures Repräsentationsausgaben _(pl)_
official exchange rate offizieller Wechselkurs _(m)_
official form amtlicher Vordruck _(m)_
official inspection amtliche Kontrolle _(f)_
 official inspection of accounts Audit _(n)_
official marks amtliche Zeichen _(n)_
official matter Geschäftssache _(f)_
official model vorgeschriebenes Muster _(n)_
official parity amtliche Parität _(f)_
official price offizieller Preis _(m)_
 official price list amtliches Preisverzeichnis _(n)_
official publication amtliche Veröffentlichung _(f)_
official quotation amtlicher Kurs _(m)_, offizieller Kurs _(m)_
official rate amtlicher Kurs _(m)_, offizieller Kurs _(m)_ 2. amtlicher Satz _(m)_
 official rate of exchange amtlicher Wechselkurs _(m)_
official receiver Liquidator _(m)_
official representative offizieller Vertreter _(m)_
official seal Amtssiegel _(n)_, Notariatssiegel _(n)_

official tour Dienstreise _(f)_, Geschäftsreise _(f)_
official trade amtlicher Verkehr _(m)_
official trip Dienstreise _(f)_, Delegation _(f)_
official weigher amtlicher Wäger _(m)_
* daily official list Börsenkurszettel _(m)_
date of official publication Veröffentlichungsdatum _(n)_
goods intended for official use Waren für den amtlichen Gebrauch _(pl)_

officially offiziell
officially fixed price offizieller Preis _(m)_
off-load ausladen
offshore offshore
international offshore financial centre Steueroase _(f)_
offset ausgleichen
offset the loss Schaden begleichen _(m)_, Schaden ersetzen _(m)_
offset Kompensationsgeschäft _(n)_, Offset _(n)_, Offsetgeschäft _(n)_
offset account Verrechnungskonto _(n)_
offset operation Offsetgeschäft _(n)_
offset transaction Offsetgeschäft _(n)_
off-shore Off-Shore-
off-shore bank Auslandsbank _(f)_
off-shore pipeline marine Pipeline _(f)_
oil Öl _(n)_
oil embargo Ölembargo _(n)_
oil-ore-carrier Erz-Öl-Massengutfrachter _(m)_
oil price Erdölpreis _(m)_
oil-tank ship Tanker _(m)_
oil tanker Öltanker _(m)_
old alt
old-line factoring Standardfaktoring _(n)_
omissions Auslassungen _(pl)_
omissions clause Versäumnisklausel _(f)_
* errors and omissions excepted Irrtum und Auslassungen vorbehalten _(m/pl)_, Irrtümer und Auslassungen vorbehalten _(pl/pl)_
omnibus zusammenstellend
omnibus bill of lading Sammelkonnossement _(n)_, Sammelladungskonnossement _(n)_
omnibus clause Generalklausel _(f)_
omnibus packing Sammelverpackung _(f)_, Transportverpackung _(f)_
on auf, nach
on board bill of lading Abladekonnossement _(n)_, an Bord Konnossement _(n)_, Bordkonnossement _(n)_, Konnossement an Bord _(n)_

on board ocean bill of lading Abladekonnossement (n), an Bord Konnossement (n), Bordkonnossement (n)
on-call delivery frei Lager des Empfängers (n), Lieferung auf Abruf (f), Sofortlieferung auf Abruf (f)
on deck bill of lading an Deck Konnossement (n)
on-deck cargo Deckladung (f)
on-hand quantity Stückzahl im Lager (f)
on-hand stock verfügbare Ware (f)
on mortgage security dingliche Sicherheit (f), hypothekarische Sicherung (f)
on sample nach Muster (n)
on-sight letter of credit Inhaberakkreditiv (n)
on standard normgemäß
on the average durchschnittlich
on truck auf Lastkraftwagen
 on truck or rail auf Lastkraftwagen oder Bahn (m/f), auf Wagen oder Bahn
 on truck or railway auf Lastkraftwagen oder Bahn (m/f), auf Wagen oder Bahn
one eins
one office of departure einzige Abgangsstelle (f)
one office of destination einzige Bestimmungsstelle (f)
one-decker Eindecker (m), Eindeckschiff (n)
one-time Einzel-
one-way pallet verlorene Palette (f), Wegwerfpalette (f)
open eröffnen
open an account Konto eröffnen (n)
 open an account at a bank Bankkonto eröffnen (n), Konto bei einer Bank eröffnen (n)
 open an account with a bank Bankkonto eröffnen (n), Konto bei einer Bank eröffnen (n)
open an auction Auktion eröffnen (f)
open a letter of credit Akkreditiv ausstellen (n), Akkreditiv einräumen (n), Akkreditiv stellen (n)
open offen
open account offene Rechnung (f)
open air storage Aufbewahrung im Freien (f)
open auction offene Versteigerung (f)
open bid freibleibende Offerte (f), freibleibendes Angebot (n)
open cargo Freiladung (f)

open cargo insurance laufende Versicherung (f)
open charter offener Charter (m), offener Chartervertrag (m), Schiffsleasingcharter (m)
open charter-party Schiffsleasingcharter (m)
open cheque Barscheck (m), offener Scheck (m)
open container Open-Container (m)
open cover laufende Police (f)
open economy offene Wirtschaft (f)
open factoring offenes Faktoring (n)
open harbour Freihafen (m), offener Hafen (m)
open insurance offene Versicherung (f)
open letter of credit Blankokredit (m), offenes Akkreditiv (n), reines Akkreditiv (n)
open market freier Markt (m), Freiverkehrsmarkt (m), offener Markt (m)
open offer freibleibende Offerte (f), freibleibendes Angebot (n), unverbindliche Offerte (f)
open order offene Bestellung (f), offener Auftrag (m)
open policy Abschreibepolice (f), offene Police (f), offene Versicherungspolice (f)
open port Freihafen (m), offener Hafen (m)
open price Preis des freien Marktes (m)
open register offenes Schiffsregister (n)
open roadstead offene Reede (f)
open sea Hochsee (f)
 fishery on the open sea Hochseefischerei (f)
open sided container Open-Sided-Container (m)
open tender unbeschränkte Ausschreibung (f)
open top container Open-Top-Container (m)
***** **binding by tender open to selected person** schriftliche beschränkte Ausschreibung (f)
instruction to open a letter of credit Akkreditiveröffnungsauftrag (m), Anweisung zur Eröffnung eines Akkreditivs (f)
offer open gültiges Angebot (n)
shipment with open water erstes offenes Wasser (n)
opened geöffnet
opened credit offener Kredit (m)
open-end unbegrenzt
open-end contract unbefristeter Vertrag (m)
opening Beginn (m), Eröffnung (f) **2.** einleitend
opening balance-sheet Eröffnungsbilanz (f)
opening bank anweisende Bank (f)

opening commission Akkreditivprovision *(f)*
opening hours Bürostunden *(pl)*, Öffnungszeiten *(pl)*
opening of an account Eröffnung eines
Kontos *(f)*
opening of letter of credit Akkreditiveröffnung *(f)*, Akkreditivgestellung *(f)*, Akkreditivstellung *(f)*, Eröffnung eines Akkreditivs *(f)*
  application for opening a letter of credit
  Akkreditiveröffnungantrag *(m)*, Beantragung
  der Akkreditiveröffnung *(f)*
  delay in opening a letter of credit verzögerte Akkreditiveröffnung *(f)*
opening of the parcel Öffnung der Sendung
Öffnung der
opening of security Leistung einer Sicherheit *(f)*
opening of a tariff quota Eröffnung eines
Zollkontingents *(f)*
opening price Anfangswert *(m)*, Eröffnungspreis *(m)*
opening quotation Eröffnungskurs *(m)*
opening rate Eröffnungskurs *(m)*
opening stock Anfangsbestand *(m)*
* credit opening Krediteröffnung *(f)*
hours of opening Öffnungszeiten *(pl)*

open-sea Hochsee-
  open-sea fishery Hochseefischerei *(f)*

open-sided Open-Side-
  open-sided container Open-Side-Container *(m)*

open-top Open-Top-
  open-top container Open-Top-Container *(m)*

open-type öffentlich
  open-type warehouse öffentlicher Speicher *(m)*,
  öffentliches Lager *(n)*

operate exploitieren

operating Betriebs-
  operating a port Hafenbetrieb *(m)*
  operating budget Kostenvorschlag *(m)*
  operating costs Betriebskosten *(pl)*, Festkosten *(pl)*, laufende Kosten *(pl)*
  operating credit Betriebsmittelkredit *(m)*
  operating expenditures laufende Ausgaben *(pl)*
  operating factor Betriebsfaktor *(m)*
  operating lease Operating-Leasing *(n)*
  operating leasing Operating-Leasing *(n)*

operating period Betriebsdauer *(f)*, Nutzungsdauer *(f)*
operating personnel Bedienungspersonal *(n)*,
Betriebspersonal *(n)*
operating risk Arbeitsrisiko *(n)*
operating statement Geschäftsbericht *(m)*
operating time Betriebszeit *(f)*, Nutzungsdauer *(f)*
* net operating loss (NOL) Nettobetriebsverlust *(m)*

operation Transaktion *(f)* **2.** Funktionieren *(n)*
operation manual Bedienungsvorschrift *(f)*,
Gebrauchsanweisung *(f)*
operation of free zones Funktionieren von
Freizonen *(n)*
operation on credit Kreditgeschäft *(n)*
operation under cover of a TIR carnet
unter Verwendung eines Carnets TIR durchgeführter Transport *(m)*
* air freight operations Lufttransport *(m)*
arbitrage operation Arbitragegeschäft *(n)*
authorized operations zulässige Behandlungen *(pl)*
bank operation Bankgeschäft *(n)*
banking operations Bankgeschäft *(n)*, Bankgeschäfte *(pl)*, Banktätigkeiten *(pl)*
carrying operation Speditionsoperation *(f)*,
Versandoperation *(f)*
carrying trade operation Speditionsoperation *(f)*, Versandoperation *(f)*
cash operations Kassenverkehr *(m)*
charter operation Charterbeförderung *(f)*
clearing operation Clearingoperation *(f)*,
Verrechnungsgeschäft *(n)*
commercial operation Gewerbebetrieb *(m)*
commission operation Kommissionsgeschäft *(n)*
credit operation Kreditgeschäft *(n)*
customs operation Zollabfertigung *(f)*,
Zolloperation *(f)*
customs transit operation Versandvorgang *(m)*
entry operations *(customs)* Eingangsförmlichkeiten *(pl)*
exchange operation Börsengeschäft *(n)*,
Devisengeschäft *(n)*, Devisentransaktion *(f)*
export operation Ausfuhrgeschäft *(n)*, Exportgeschäft *(n)*
export-import operations Export-Import-
Operationen *(pl)*
field of operation Tätigkeitskreis *(m)*

financial operation Finanzoperation *(f)*
foreign exchange operation Devisengeschäft *(n)*, Devisentransaktion *(f)*, Devisenverkehr *(m)*
forwarding operations Speditionshandlungen *(pl)*
goods processing operations Bearbeitung
von Waren *(f)*
handling operation Umschlagarbeiten *(pl)*,
Verladearbeiten *(pl)*
import operation Einfuhrgeschäft *(n)*
loading operations Verladehandlungen *(pl)*
offset operation Offsetgeschäft *(n)*
operation Unternehmung *(f)*
privileged operation Vorzugsbehandlungen *(f)*
processing operation Veredelungsvorgang *(m)*
completion of an inward processing
operation Erledigung eines aktiven Veredelungsverkehrs *(f)*
completion of an outward processing
operation Erledigung eines passives Veredelungsverkehrs *(f)*
completion of the processing operations
Durchführung der Veredelungsvorgänge *(f)*
inward processing operation Vorgang
des aktiven Veredelungsverkehrs *(m)*
working or processing operations Be-
oder Verarbeitungsvorgänge *(pl)*
quay operation Quaioperation *(f)*
railway operation Zugverkehr *(m)*
range of operation Betriebsbereich *(m)*
refining operation Veredelungsvorgang *(m)*
reimbursement operation Remboursgeschäft *(n)*
repair operations Reparatur *(f)*
scope of operation Wirkungskreis *(m)*
speculative operation Spekulationsgeschäft *(n)*
sphere of operation Tätigkeitskreis *(m)*
T1 operation T1-Verfahren *(n)*
T2 operation T2-Verfahren *(n)*
TIR operation TIR-Transport *(m)*
completion of a TIR operation Beendigung des TIR-Transports *(f)*
start of a TIR operation Beginn eines
TIR-Versands *(m)*
suspend the TIR operation TIR-Transport aussetzen *(m)*
transport operation Transportoperation *(f)*
transport operation performed under
cover of a TIR carnet Transport mit Carnet
TIR *(m)*, Warentransport mit Carnet TIR *(m)*

operational operationall, operativ
operational audit operationalles Audit *(n)*
operational freight operative Fracht *(f)*
operational loss Verlustvortrag aus dem
operativen Geschäft *(m)*
operational readiness Betriebsbereitschaft *(f)*
operator Betreiber *(m)*
airline operator Luftverkehrsgesellschaft *(f)*
boxes for economic operators Felder für
Beteiligte *(pl)*
combined transport operator Gesamtfrachtführer *(m)*, Gesamtfrachtführer verantwortlich für den Gesamttransport *(m)*, Unternehmer des kombinierten Transports *(m)*, Unternehmer des multimodalen Transports *(m)*
combined transport operator's liability
Gesamtfrachtführer verantwortlich für den
Gesamttransport *(m)*
container operator Container-Operator *(m)*,
Containerspediteur *(m)*, Container-Transport-
Operator *(m)*, Containerunternehmer *(m)*, Unternehmer des kombinierten Transports *(m)*
container transport operator Container-
Operator *(m)*, Container-Transport-Operator *(m)*
economic operator Wirtschaftsbeteiligter *(m)*,
Wirtschaftssubjekt *(n)*
foreign currency operator Devisenbroker *(m)*
groupage operator Sammelladungsspediteur *(m)*
maritime transport operator Reeder *(m)*,
Seefrachtführer *(m)*
multimodal transport operator Gesamtfrachtführer *(m)*, Gesamtfrachtführer verantwortlich für den Gesamttransport *(m)*, Unternehmer
des kombinierten Transports *(m)*, Unternehmer
des multimodalen Transports *(m)*
name of the aircraft operator Name des
Luftbeförderers *(m)*
non vessel operator Betreiber ohne Schiff *(m)*
ship operator's order Reederdisposition *(f)*
liability of ship's operator Haftung der
Schiffsreederei *(f)*, Reedereihaftung *(f)*
opinion Ansicht *(f)*, Gutachten *(n)*, Meinung *(f)*
counsel's opinion juristisches Gutachten *(n)*,
Rechtsansicht *(f)*, Rechtsauffassung *(f)*,
Rechtsgutachten *(n)*
expert opinion Expertenschätzung *(f)*, Gutachten *(n)*

expert's opinion Gutachten *(n)*, Gutachten des Sachverständigen *(n)*, Sachverständigengutachten *(n)*, Sachverständigenurteil *(n)*
legal opinion juristisches Gutachten *(n)*, Rechtsansicht *(f)*, Rechtsauffassung *(f)*, Rechtsgutachten *(n)*
optimal optimal
optimale conditions optimale Bedingungen *(pl)*
optimal route optimaler Weg *(m)*
optimal solution optimale Lösung *(f)*
optimal strategy optimale Strategie *(f)*
optimum optimal
optimum price Optimalpreis *(m)*
optimum quality Optimalqualität *(f)*
optimum quantity optimale Menge *(f)*
option Option *(f)*, Wahl *(f)* **2.** Options-
option business Optionsgeschäft *(n)*
option clause Optionsklausel *(f)*
option contract Kaufanwartschaftsvertrag *(m)*
option deal Optionsgeschäft *(n)*
option port Optionshafen *(m)*
option to sell Verkaufsoption *(f)*
* **buyer's option** Käuferoption *(f)*, Lieferung nach Wahl des Käufers *(f)*
call option Kaufoption *(f)*
captain's option Kapitänoption *(f)*, Kapitänwahl *(f)*
  quantity at captain's option Menge zu Kapitänoption *(f)*
charterer's option Befrachteroption *(f)*, Schiffsmieteroption *(f)*
currency option Währungsoption *(f)*
freighter's option Charteroption *(f)*
insurer's option Option des Versicherers *(f)*
marketing option Marketingoption *(f)*
owner's option Reedereioption *(f)*, Schiffsbesitzeroption *(f)*
put option Verkaufsoption *(f)*
seller's option Verkäuferoption *(f)*
ship holder's option Schiffsreedereioption *(f)*, Vercharteroption *(f)*
shipowner's option Schiffsreedereioption *(f)*, Vercharteroption *(f)*
ship's holder's option Reedereioption *(f)*, Schiffsbesitzeroption *(f)*
ship's option Schiffswahl *(f)*
weight-measurement option Gewicht-Raumoption *(f)*

optional fakultativ, Options-
optional bill of lading dispositives Konnossement *(n)*
optional cargo Optionsfracht *(f)*, Wahlfracht *(f)*
  optional cargo clause Optionsfrachtklausel *(f)*
optional clause Fakultativklausel *(f)*, Optionsklausel *(f)*
optional freight Optionsfracht *(f)*
optional insurance freiwillige Versicherung *(f)*
optional pilotage Lotsenfreiheit *(f)*
optional port Wahlhafen *(m)*
optional rate Optionsrate *(f)*, Optionssatz *(m)*
optional services Zusatzdienste *(pl)*
oral mündlich
oral auction mündliche Versteigerung *(f)*
oral declaration mündliche Erklärung *(f)*
oral statement mündliche Anmeldung *(f)*
order bestellen, ordern
order Auftrag *(m)*, Bestellung *(f)* **2.** Disposition *(f)*, Order *(f)* **3.** Ordnung *(f)*, Reihenfolge *(f)* **4.** Auftrags-, Bestellung-
order acceptance Annahme des Auftrags *(f)*, Auftragsaufnahme *(f)*, Bestellungsannahme *(f)*
order amount Auftragssumme *(f)*
order as per sample Bestellung nach Muster *(f)*
order bill Orderwechsel *(m)*
order blank Bestellformular *(n)*, Bestellschein *(m)*
order book Bestellbuch *(n)*
order cancelled annullierte Bestellung *(f)*
order cheque Orderscheck *(m)*
order code Bestellcode *(m)*
order confirmation (o/c) Auftragsbestätigung *(f)*, Bestätigung eines Auftrags *(f)*
order confirmation form Auftragsbestätigungsformular *(n)*
order control Auftragskontrolle *(f)*
order copy Bestellungskopie *(f)*
order-cycle time Bestellzeit *(f)*
order department Bestelldienstabteilung *(f)*
order document Orderpapier *(n)*
order for payment Assignation *(f)*, Zahlungsauftrag *(m)*
order for remittance Überweisungsauftrag *(m)*
order for transfer Überweisungsauftrag *(m)*
order form Auftragsformular *(n)*, Bestellformular *(n)*, Bestellschein *(m)*, Formular für eine Bestellung *(n)*

order freight Ordergut (n)
order goods Ware bestellen (f)
order in advance vorausbestellen
order in writing Verschreibung (f)
order list Bestellliste (f)
order number Auftragsnummer (f), Bestellnummer (f), Ordernummer (f)
order of collection Abbuchungsauftrag (m), Entnahmeauftrag (m)
order of customs control procedures Zollanweisungsverfahren (n)
order of repayment of a duty Zollrückerstattungsentschluss (m)
order office Bestelldienstabteilung (f)
order period Bestellungszyklus (m)
order planning Auftragsplanung (f)
order policy Orderpolice (f)
order processing Auftragsbearbeitung (f)
order progress control Auftragsfortschrittskontrolle (f)
order registration Auftragsregistrierung (f)
order time Bestellzeit (f)
order to buy Kaufauftrag (m)
order to pay Anweisung zur Zahlung (f), Zahlungsanweisung (f), Zahlungsauftrag (m)
order to purchase Kauforder (f)
order to sell Verkaufsauftrag (m), Verkaufsorder (f)
order to transfer Überweisungsauftrag (m)
order type Bestellungsart (f)
* accept an order Auftrag annehmen (m), Bestellung annehmen (f)
according to order Auftrag entsprechend (m), übereinstimmend mit der Bestellung (f)
acknowledge an order Auftrag bestätigen (m), Bestellung bestätigen (f)
additional order Zusatzauftrag (m)
administrative order Verordnung (f)
adoption of order Auftragsaufnahme (f), Bestellungsannahme (f)
agency order Agenturauftrag (m)
all-time order Endbestellung (f)
annulment of an order Auftragsannullierung (f), Bestellungsannullierung (f)
as per order Auftrag entsprechend (m), übereinstimmend mit der Bestellung (f)
balance of an order Auftragsrest (m)
bank order Bankanweisung (f), Bankauftrag (m), Bankorder (f), Banküberweisung (f)
bill of lading issued to order an Order ausgestelltes Konnossement (n), Orderladeschein (m)

bill of lading to order an Order ausgestelltes Konnossement (n), Orderladeschein (m)
binding order fester Auftrag (m)
book an order Auftrag annehmen (m), Auftrag geben (m), Bestellung annehmen (f)
cancel an offer Angebot annullieren (n), Auftrag züruckziehen (m)
cancellation of an order Abbestellung (f), Annullierung des Auftrages (f), Auftragsannullierung (f), Auftragsstornierung (f), Bestellungsannullierung (f), Stornierung des Auftrags (f), Zurückziehung der Bestellung (f)
carry out an order Bestellung realisieren (f)
carrying order Transportorder (f), Trasportauftrag (m)
cash with order Kasse bei Bestellung (f), Zahlung bei Auftrag (f), Zahlung bei Auftragserteilung (f), Zahlung bei Bestellung (f), zahlbar bei Auftragserteilung (f)
chartering broker's order Charteragentorder (f), Verschiffungsorder (f)
chartering order Charterungauftrag (m)
cheque to order Orderscheck (m)
collection order Inkassoauftrag (m)
commission order Kommissionsauftrag (m)
complete an order Auftrag ausführen (m), Bestellung ausführen (f)
confirm an order Auftrag bestätigen (m), Bestellung bestätigen (f), Bestellung bestätigen (f)
confirmation of an order Auftragsbestätigung (f), Bestätigung eines Auftrags (f)
continuation order Fortsetzungsbestellung (f)
counter order Abbestellung (f), Zurückziehung der Bestellung (f)
countermand an order abbestellen, Auftrag annullieren (m), Auftrag widerrufen (m), Bestellung aufheben (f), Bestellung rückgängig machen (f)
credit order Kreditauftrag (m)
customer order Kundenauftrag (m)
customer order servicing Kundenauftragsabwicklung (f)
customs order Zollerlaubnisschein (m), Zollpassierschein (m)
date of an order Bestellungsdatum (n)
definite order feste Bestellung (f), verbindliche Bestellung (f)
delivery order Auflieferungsauftrag (m), Auflieferungsschein (m), Auslieferungsorder (f),

Bezugsanweisung *(f)*, Ladungsorder *(f)*, Ladungsschein *(m)*, Lieferauftrag *(m)*, Lieferschein *(m)*, Lieferungsschein *(m)*, Übergabeschein *(m)*

provide the delivery order Auslieferungsauftrag beibringen *(m)*, Lieferschein beibringen *(m)*

discharge order Löschorder *(f)*

discount on advance orders Vorbestellrabatt *(m)*

dispatch order Versandauftrag *(m)*, Versanddisposition *(f)*, Versandweisung *(f)*

economic order quantity model Andler-Formel-Modell *(n)*

effect an order Auftrag ausführen *(m)*, Bestellung ausführen *(f)*

embarkation order Verschiffungsauftrag *(m)*, Verschiffungsorder *(f)*

exchange order Börsenauftrag *(m)*

execution of an order Bestellungsausführung *(f)*

export order Auslandsauftrag *(m)*, Exportauftrag (EA) *(m)*

falling-off of orders Bestellungsrückgang *(m)*

fill an order Bestellung realisieren *(f)*

filling an order Bestellungsausführung *(f)*

filling of an order Auftragserfüllung *(f)*

final order fester Auftrag *(m)*

firm order feste Bestellung *(f)*, feste Offerte *(f)*, fixes Angebot *(n)*, verbindliche Bestellung *(f)*

follow-up order Zusatzauftrag *(m)*

foreign order Auslandsauftrag *(m)*, Exportauftrag *(m)*

forward order Terminauftrag *(m)*

forwarding agent's order Spediteurdisposition *(f)*, Spediteurverfügung *(f)*

forwarding order Speditionsauftrag *(m)*, Versanddisposition *(f)*, Versandweisung *(f)*, Verschiffungsauftrag *(m)*

forwarding's order Spediteurdisposition *(f)*, Spediteurverfügung *(f)*

freight forwarder's order Spediteurorder *(f)*

freight order Befrachtungsauftrag *(m)*, Frachtorder *(f)*

fulfillment of the order Auftragsausfertigung *(f)*

goods in bad order Ware im schlechtem Zustand *(f)*

government order Regierungsauftrag *(m)*, Staatsauftrag *(m)*

handling order Umladungslieferschein *(m)*

import order Importauftrag *(m)*

initial order Erstauftrag *(m)*

insurance order Versicherungsauftrag *(m)*

job order Fertigungsbestellung *(f)*, Produktionsauftrag *(m)*

lack of orders Mangel an Aufträgen *(m)*

landing order Abladeauftrag *(m)*, Löschauftrag *(m)*, Löschorder *(f)* 2. Zollentladegenehmigung *(f)*

large order discount Großauftragrabatt *(m)*

law order gesetzliche Ordnung *(f)*, Rechtsordnung *(f)*

legal order gesetzliche Ordnung *(f)*, Rechtsordnung *(f)*

letter order Bestellbrief *(m)*, Postauftrag *(m)*

loading order Ladungsorder *(f)*, Verladeauftrag *(m)*

loss of orders Verlust der Aufträge *(m)*

mail order Bestellbrief *(m)*, Postauftrag *(m)*, Versandverkauf *(m)*

make an order Auftrag geben *(m)*

make to order Auftragsfertigung *(f)*

merchant's order Absenderanweisung *(f)*

money order Geldanweisung *(f)*, Geldüberweisung *(f)*, Zahlungsanweisung *(f)*

international money order internationale Zahlungsanweisung *(f)*, internationaler Zahlungsauftrag *(m)*

telegraphic money order telegrafische Auszahlung *(f)*, telegrafische Geldüberweisung *(f)*

non-performance of an order Nichtausführung eines Auftrages *(f)*, Nichtnachkommen einer Bestellung *(n)*

non-repeat order einmaliger Auftrag *(m)*

note of order Bestellvordruck *(m)*

open order offene Bestellung *(f)*, offener Auftrag *(m)*

owner's order Reedereidisposition *(f)*, Schiffsreedereiverfügung *(f)*

payment order Zahlungsauftrag *(m)*

stop payment letter Zahlungseinstellungsorder *(f)*, Schecksperre *(f)*

pick order Abbuchungsauftrag *(m)*, Entnahmeauftrag *(m)*

pilot order Probeauftrag *(m)*, Probebestellung *(f)*, Vorserie *(f)*

place an order Auftrag erteilen *(m)*, Auftrag geben *(m)*

policy to order Orderpolice *(f)*
port of call for orders Orderhafen *(m)*, Zwischenhafen *(m)*
postal collection order Postnachnahme *(f)*
preliminary order Vorbestellung *(f)*
printed order form Auftragsformular *(n)*, Formular für eine Bestellung *(n)*
production order Fertigungsbestellung *(f)*, Produktionsauftrag *(m)*
proforma order Vorbestellung *(f)*
purchase order Einkaufsorder *(f)*, Kaufauftrag *(m)*, Kauforder *(f)*
purchasing order Einkaufsorder *(f)*, Kauforder *(f)*
receipt of an order Auftragseingang *(m)*
recipient's order Empfängerdisposition *(f)*
refuse an order Auftrag ablehnen *(m)*, Bestellung ablehnen *(f)*
reliability of a legally established order Rechtssicherheit *(f)*
remittance order Übertragungsauftrag *(m)*, Überweisungsschein *(m)*
renewed order Nachauftrag *(m)*, wiederholter Auftrag *(m)*
repeal an order Auftrag abberufen *(m)*, Bestellung rückgängig machen *(f)*
routing order Routenvorschriften *(pl)*
sample order Bestellung nach Muster *(f)*
selling order Verkaufsauftrag *(m)*, Verkaufsorder *(f)*
send an order Auftrag schicken *(m)*
sender's order Absenderdisposition *(f)*, Einsenderdisposition *(f)*
settlement order Bezahlungsanweisung *(f)*
ship operator's order Reederdisposition *(f)*
shipping agent's order Verladungsanweisung *(f)*
shipholder's order Reedereidisposition *(f)*, Schiffsreedereiverfügung *(f)*
shipper's order Absenderdisposition *(f)*, Einsenderdisposition *(f)*, Spediteurorder *(f)*
shipping order Ladeschein *(m)*, Ladungsorder *(f)*, Ladungsschein *(m)*, Speditionsauftrag *(m)*, Verladeauftrag *(m)*, Verladebestimmungen *(pl)*, Verladungsschein *(m)*, Verschiffungsauftrag *(m)*, Verschiffungsorder *(f)*
single order Einmalauftrag *(m)*
size of an order Auftragsumfang *(m)*, Bestellgröße *(f)*
specification of an order Spezifizierung eines Auftrages *(f)*

state order Staatsauftrag *(m)*
steamship agent's order Charteragentorder *(f)*, Verschiffungsorder *(f)*
stock exchange order Börsenauftrag *(m)*
stop order Auszahlungssperre *(f)*
store order Lagerauftrag *(m)*, Lagerorder *(f)*
stowage order Verstauungsorder *(f)*
submit an order Auftrag erteilen *(m)*, Auftrag geben *(m)*
subsequent order Zusatzbestellung *(f)*
sum of an order Bestellungsbetrag *(m)*
transfer of an order Übertragung der Bestellung *(f)*
transfer order Übertragungsauftrag *(m)*, Überweisungsauftrag *(m)*, Überweisungsschein *(m)*
transport order Transportorder *(f)*, Trasportauftrag *(m)*
transportation order Beförderungsauftrag *(m)*
trial order Probeauftrag *(m)*, Probebestellung *(f)*
unfulfiled order unerledigte Bestellung *(f)*
urgent order Eilbestellung *(f)*
value of an order Auftragswert *(m)*
warehouse order Lagerauftrag *(m)*, Lagerorder *(f)* 2. Zollausfuhrbewilligung der Ladung ab Lager *(f)*
withdraw an order abbestellen, Auftrag annullieren *(m)*, Auftrag widerrufen *(m)*, Auftrag zurückziehen *(m)*, Bestellung aufheben *(f)*, Bestellung rückgängig machen *(f)*
ordered geordert
ordered quantity Bestellmenge *(f)*
orderer Auftraggeber *(m)*, Auftragnehmer *(m)*, Besteller *(m)*
orderer's bank Bank des Auftraggebers *(f)*
ordering bestellen
ordering bestellend
ordering of vessel Richtungsanweisung *(f)*
ordering party Vollmachtgeber *(m)*
ordering procedure Bestellverfahren *(n)*
ordering records Bestellunterlagen *(pl)*
ordinance Anordnung *(f)*
tax ordinance steuerliche Regel *(f)*, Steuerverordnung *(f)*
ordinary gewöhnlich, normal
ordinary marketing agreement Vereinbarung über Vertrieb und Verkauf *(f)*
ordinary quality einfache Qualität *(f)*

ordinary term gewöhnliches Datum *(n)*
ordinary working hours normale Arbeitszeit *(f)*
ore Erz *(n)*
ore bulk carrier Erzfrachtschiff *(n)*
ore-bulk-oil Erz-Öl-Frachtschiff *(n)*
ore-bulk-oil ship Frachtschiff für wahlweisen Transport von Erz, Massengut oder Öl *(n)*
ore/oil (carrier) Erz-Öl-Massengutfrachter *(m)*
ore ship Erzfrachter *(m)*, Erzschiff *(n)*
ore terminal Erzterminal *(m)*
ore vessel Erzfrachter *(m)*, Erzschiff *(n)*
* bulk bauxite ore-carrier Bauxitfrachter *(m)*

organization Einrichtung *(f)*, Organization *(f)*
   organization chart Organisationsschaubild *(n)*
   organization of distribution Vertriebsorganisation *(f)*
   * field organization Repräsinstanz *(f)*
   foreign trade organization Außenhandelsinstitution *(f)*, Außenhandelsorganisation *(f)*
   marketing organization Marketingorganisation *(f)*, Vertriebsorganisation *(f)*
   selling organization Vertriebsorganisation *(f)*
   shipping organization Transportgesellschaft *(f)*
   structure of organization Organisationsstruktur *(f)*
   trade organization Handelsorganisation *(f)*
   free trade organization Freihandelsorganisation *(f)*
   marketing organization audit Marketing-Kontrolle *(f)*

organizational organisatorisch
organizational marketing industrielles Marketing *(n)*
organizational structure Organisationsstruktur *(f)*

organized formal
organized market formaler Markt *(m)*

origin Herkunft *(f)*, Ursprung *(m)*
origin note Herkunftszeugnis *(n)*, Ursprungszeugnis *(n)*, Warenursprungszeugnis *(n)*
origin of goods Ursprung der Waren *(m)*, Warenursprung *(m)*
   certificate of origin of goods *(CCC)* Ursprungsnachweis *(m)*

country of origin of goods Bestimmungsland der Ware *(n)*
   determination of the country of origin of goods Festsetzung des Ursprungslands *(f)*
non-preferential origin of goods nicht präferenzieller Warenursprung *(f)*, nichtpräferentieller Ursprung *(m)*
preferential origin of goods präferentieller Ursprung von Waren *(m)*
   rules of origin of goods Warenherkunftsregeln *(pl)*
   rules governing the preferential origin of goods Präferenzursprungsregeln *(pl)*
origin of the services *(VAT)* Ursprung der Dienstleistungen *(m)*
origin of vessel Ursprung des Schiffes *(m)*
origin requirements *(customs)* Ursprungsbedingungen *(pl)*
origin station Abgabestation *(f)*
* certificate of origin Herkunftszeugnis *(n)*, Ursprungsbescheinigung *(f)*, Ursprungszeugnis *(n)*, Warenursprungszeugnis *(n)*
certificate of value and origin Wert- und Ursprungszertifikat *(n)*
Committee on Origin *(EU)* Ausschuss für Ursprungsfragen *(m)*
common rules of origin gemeinsame Ursprungsregeln *(pl)*
confirmation of origin Herkunftbestätigung *(f)*
control of origin *(customs)* Kontrolle des Ursprungs *(f)*
country of origin Herkunftsland *(n)*, Ursprungsland *(n)*
   code of the country of origin Ursprungslandcode *(m)*
   establishment of country of origin Festlegung des Ursprungslandes *(f)*
declaration of origin Ursprungserklärung *(f)*
   certified declaration of origin beglaubigte Ursprungserklärung *(f)*
determination of the origin Bestimmung des Ursprungs *(f)*
domestic origin inländische Herkunft *(f)*
foreign origin ausländische Herkunft *(f)*
invoice of origin Originalfaktur *(f)*, Originalrechnung *(f)*
mark of origin Ursprungsbezeichnung *(f)*
place of origin Herkunftort *(m)*

point of origin Ladeort *(m)*
preferential certificate of origin Präferenzursprungszeugnis *(n)*
preferential origin Präferenzursprung *(m)*
 preferential origin rules *(customs)* Präferenzursprungsregeln *(pl)*
products having preferential origin status Waren mit Präferenzursprung *(pl)*
region of origin Herkunftsregion *(f)*
rules of origin Ursprungsregeln *(pl)*
original Original *(n)*, Urschrift *(f)* **2.** ursprünglich
original and three copies Original und drei Kopien *(n)*
original bill Primawechsel *(m)*, Erstausfertigung eines Wechsels *(f)*
original bill of lading Originalkonnossement *(n)*
original certificate Originalzeugnis *(n)*
original copy of contract Originalkontrakt *(m)*
original cost Anschaffungskosten *(pl)*
original document authentisches Dokument *(n)*, echte Urkunde *(f)*
original draft erste Ausfertigung des Wechsels *(f)*
original draft Primawechsel *(m)*
original exporter ursprüngliche Ausführer *(m)*
original firm Mutterhaus *(n)*
original for consignee Original für Empfänger *(n)*
original for consignor Original für Absender *(n)*
original for shipper Original für Verlader *(n)*
original house Muttergesellschaft *(f)*
original invoice Originalrechnung *(f)*
original of act Originalurkunde *(f)*
original of a bill Originalrechnung *(f)*
 original of bill of lading Originalkonnossement *(n)*
original of declaration *(customs)* Originaldeklaration *(f)*
original of a document Originaldokument *(n)*, Originalurkunde *(f)*
original of an invoice Originalrechnung *(f)*
original of letter of credit Originalakkreditiv *(n)*
original package Originalpackung *(f)*
original port of shipment ursprünglicher Verladehafen *(n)*
original tare Originaltara *(f)*

original text authentischer Text *(m)*, authentischer Wortlaut *(m)*
original weight Verladegewicht *(n)*, Verschiffungsgewicht *(n)*
* corresponding to the original originalgetreu
certified copy of the original text beglaubigte Kopie des Originaltexts *(f)*
originating entstehend
originating point Abfertigungsort *(m)*, Abgangsstation *(f)*, Versandort *(m)*
originating product Ursprungserzeugnis *(n)*
 status of originating products Eigenschaft von Ursprungswaren *(f)*
oscillation Fluktuation *(f)*, Schwankungen *(pl)*
 oscillation of price risk Preisänderungsrisiko *(n)*
other andere
 other party to a contract Tauschpartner *(m)*
ounce Unze *(f)*
ouster Enteignung *(f)*
out aus
 out cargo ausgehende Ladung *(f)*
 out freight Heimfracht *(f)*, Hinfracht *(f)*
 out of gauge cargo Fracht mit Übergröße *(f)*
 out of profile Lademaßüberschreitung *(f)*
outage Leck *(n)*
out-and-home Aus- und Rück-
 out-and-home freight Aus- und Rückfracht *(f)*
out-bound abgehend
 out-bound cargo Heimfracht *(f)*, Hinfracht *(f)*
 out-bound freight Ausgangsfracht *(f)*, Heimfracht *(f)*, Hinfracht *(f)*
 out-bound freight abgehende Ladung *(f)*, ausgehende Fracht *(f)*
 out-bound voyage Bestimmungsseereise *(f)*, Endfahrt *(f)*
 out-cargo Ausfracht *(f)*, Exportfracht *(f)*
outdated verfallen
 outdated cheque verfallener Scheck *(m)*
outdoor Außen-
 outdoor advertising Außenwerbung *(f)*
 outdoor publicity Außenwerbung *(f)*
 outer äußere
 outer packing äußere Verpackung *(f)*, Außerverpackung *(f)*

outer port Außenhafen *(m)*
outer road Außenreede *(f)*
outflow Abfluss *(m)*
outflow of capital Kapitalausfuhr *(f)*, Kapitalexport *(m)*
out-freight Exportladung *(f)*, Hinfracht *(f)*
outgoing auslaufend
outgoing correspondence ausgehende Korrespondenz *(f)*
outlays Auslagen *(pl)*
outlays ceiling Ausgabengrenze *(f)*
* **calculate outlays** Kosten berechnen *(pl)*
plan of investment outlays Investitionsplan *(m)*, Kapitalanlageplan *(m)*
reconditioning outlay Reparaturaufwand *(m)*
selling outlay Vertriebskosten *(pl)*
sum of outlays Auslagenbetrag *(m)*
outlet Markt *(m)*
outlook Perspektive *(f)*
export outlook Exportkonjunktur *(f)*
market outlook Marktprognose *(f)*
out-of-date verfallen
out-of-date cheque verfallener Scheck *(m)*
out-of-gauge maßüberschreitend
out-of-gauge cargo Sperrgut *(n)*, sperrige Ladung *(f)*
out-of-town auswärts
out-of-town cheque Fernscheck *(m)*
outport Abfahrtshafen *(m)*, Abflughafen *(m)*
outport additional Rangezuschlag *(m)*
output Erzeugung *(f)* **2.** Erlös *(m)*
attestation of output Attestierung der Erzeugnisse *(f)*
day output Tageserlös *(m)*
quantity of output Produktionsvolumen *(n)*
total output Gesamterlös *(m)*
yearly output Jahreserlös *(m)*
outright vollständig
outright exportation endgültige Ausfuhr *(f)*, endgültiger Export *(m)*
  clear for outright exportation zur endgültigen Ausfuhr abfertigen *(f)*
  declare for outright exportation zur endgültigen Ausfuhr anmelden *(f)*
outrun überschritten
outrun the limit Limit überschreiten *(n)*

outrun the quota Kontingent überziehen *(n)*
outside außerhalb
outside bill Versandwechsel *(m)*
outside mark Außenzeichen *(n)*
outsider Außenseiter *(m)*, Outsider *(m)*
outsize übergroß
outsize load Maßgut *(n)*
outsized übergroß
outsized cargo Außerlademassgüter
outstanding unbezahlt, abgelaufen
outstanding amount fälliger Betrag *(m)*, geschuldeter Betrag *(m)*
outstanding bill notleitender Wechsel *(m)*
outstanding cheque unbezahlter Scheck *(m)*
outstanding claim rückständige Forderung *(f)*
outstanding contribution abgelaufener Beitrag *(m)*
outstanding interest ausstehende Zinsen *(pl)*
outstanding liability Schuldforderung *(f)*
outstanding tax liability rückständige Abgabe *(f)*
* **credit outstanding** Beleihungsgrenze *(f)*
out-turn Auslade-
out-turn day Entladungsfrist *(f)*
out-turn report Ausladebuch *(n)*, Entladebuch *(n)*, Liefermengenbericht *(m)*, Tallykarte *(f)*
out-turn weight Ablieferungsgewicht *(n)*, ausgeliefertes Gewicht *(n)*
* **completion of outturn** Beendung der Abladung *(f)*
gratuitous outturn frei Entladung *(f)*
outward auswärts, äußerlich
outward bill of lading Außenkonnossement *(n)*, Exportkonnossement *(n)*
outward cargo Ausfracht *(f)*, Exportfracht *(f)*
outward charter Ausgangsfahrtcharter *(m)*
outward clearance Ausfuhrzollabfertigung *(f)*, Ausklarierung *(f)*, Ausklarierungsattest *(n)*, Zollausfuhrschein *(m)*
  outward clearance certificate Ausklarierungsattest *(n)*, Klarierungsbrief *(m)*
outward clearing certificate Ausklarierungsattest *(n)*, Zollausfuhrschein *(m)*
outward conference Ausgangsschifffahrtskonferenz *(f)*, Ausgangsschiffsfrachtpool *(m)*
outward freight Hinfracht *(f)*
outward improvement passiver Veredelungsverkehr *(m)*

outward journey Ausfahrtreise *(f)*, Ausreise *(f)*
outward manifest Ausfuhrmanifest *(n)*
outward passage Ausgangsreise *(f)*, Bestimmungsseereise *(f)*, Endfahrt *(f)*
outward processing passive Veredelung *(f)*
   authorization to use the outward processing procedure Bewilligung des passiven Veredelungsverkehrs *(f)*
   completion of an outward processing operation Erledigung eines passives Veredelungsverkehrs *(f)*
   declaration for the temporary exportation of goods for outward processing Anmeldung für die vorübergehende Ausfuhr zur passiven Veredelung *(f)*
   goods temporarily exported for outward processing zur passiven Veredelung vorübergehend ausgeführte Waren *(pl)*
   outward processing authorization Bewilligung des passiven Veredelungsverkehrs *(f)*
   outward processing procedure Vorgang des passiven Veredelungsverkehrs *(m)*
outward trade Abgangsreise *(f)*, Auslaufreise *(f)*
outward transit Ausgangsversand *(m)*
outward trip Bestimmungsfahrt *(f)*, Endseereise *(f)*
outward voyage Abgangsreise *(f)*, Ausgangsreise *(f)*, Auslaufreise *(f)*
* clear outwards auslaufendes Schiff klarieren *(n)*, Schiff ausklarieren *(n)*
clearance outwards Ausfuhrzollabfertigung *(f)*, Ausklarierung *(f)*
certificate of clearance outwards Ausklarierungsattest *(n)*, Klarierungsbrief *(m)*
clearing outward Ausklarierung *(f)*
customs inward and outward Aus- und Rückfracht *(f)*
declaration outwards Ausgangsdeklaration *(f)*, Exportdeklaration *(f)*
entry outwards Ausfuhrmeldung *(f)*, Exportdeklaration *(f)*
over über
over counter market Freiverkehrsmarkt *(m)*, Markt außerhalb der Börse *(m)*, offener Markt *(m)*
* quantity over überflüssige Menge *(f)*
overall völlig
overall length Gesamtlänge *(f)*, Länge über alles *(f)*
overall price voller Preis *(m)*
overall quantity Gesamtmenge *(f)*

overcharge Umschlag *(m)*
overcharged überfordert
overcharged price überhöhter Preis *(m)*
overcome vermeiden
overcome customs barriers Zollschränken vermeiden *(pl)*
overdraft Kontoüberziehung *(f)*
overdraft credit Kontokorrentkredit *(m)*, laufender Kredit *(m)*
overdraw Überschreitung des Kredits *(f)*
overdue verspätet
overdue bill fälliger Wechsel *(m)*
overdue credit überfälliger Kredit *(m)*
overdue debt rückständige Schuld *(f)*
overdue payment überfällige Zahlung *(f)*, verspätete Zahlung *(f)*
* bill overdue überfälliger Wechsel *(m)*
overestimate überbewerten
overfreight Frachtaufschlag *(m)*, zuviel berechnete Fracht *(f)*
overhaul Reparatur-
overhaul cost Reparaturaufwand *(m)*
* guarantee overhaul Garantiereparatur *(f)*
overhead oben
overhead costs indirekte Kosten *(pl)*
overinsurance Überversicherung *(f)*
overland Land-
overland insurance Landtransportversicherung *(f)*
overland transport Landtransport *(m)*
overpay überzahlen, zu hoch bezahlen
overpayment Überzahlung *(f)*
overpayment of duty Zollüberzahlung *(f)*
override überbieten, übersteigen
overriding übergeordnet
overriding clause Abandonierungsklausel *(f)*, Derogationsklausel *(f)*
overrule aufheben
overrule a decision Entscheidung annullieren *(f)*
overrun überschritten
overrun a deadline Frist überschreiten *(f)*, Termin überschreiten *(m)*
oversea überseeisch
oversea packing seetüchtige Verpackung *(f)*, Überseeverpackung *(f)*

overseas ausländisch, Auslands-
overseas branch Tochtergesellschaft im Ausland *(f)*
overseas investments Auslandsinvestitionen *(pl)*
induce overseas investments Auslandsinvestitionen anziehen *(pl)*
overseas market research Auslandsmarktforschung *(f)*, Außenmarktforschung *(f)*, Exportmarktforschung *(f)*
*****overseas trade** Überseehandel *(m)*
Department of Overseas Trade Außenhandelsministerium *(n)*
overseer Oberaufseher *(m)*
overside umschiffen
overside overside
free overside frei Beladen *(n)*, frei Leichter *(m)*, free overside, frei Schiff *(n)*
free overside price Preis frei Leichter *(m)*
oversized überdimensional
oversized cargo Außerlademassgut *(n)*, Sperrgut *(n)*, sperrige Ladung *(f)*
overstate überbewerten
overstatement Überschätzung *(f)*
overstep überschreiten
overstep one's authority Kompetenzen überschreiten *(pl)*, Vollmacht überschreiten *(f)*
overtime Überstunden *(pl)*
overtime and night differential Zuschlag für Überstunden *(m)*
overtime bonus Zuschlag für Überstunden *(m)*
overtime hours Überstunden *(pl)*
overvaluation Überbewertung *(f)*
overvaluation of currency Überbewertung der Währung *(f)*
overvalue Preis zu hoch ansetzen *(m)*
overweight Übergewicht *(n)*
own eigen
own damage Eigenverlust *(m)*
own funds Eigenmittel *(pl)*
own risk Eigenrisiko *(n)*
owner Besitzer *(m)*, Eigentümer *(m)* **2.** Reederei *(f)*, Schiffsbesitzer *(m)*, Schiffseigentümer *(m)*
owner's agent Reedersagent *(m)*
owner's broker Reedereiagent *(m)*, Reedereimakler *(m)*

owner's liability Haftung der Schiffsbesitzer *(f)*, Reedereihaftung *(f)*
owner of a bonded warehouse Zolllagerinhaber *(m)*
name of the owner of a bonded warehouse Name des Zolllagerinhabers *(m)*
obligations of the owner of a bonded warehouse Pflichten des Zolllagerhalters *(pl)*
Register of Owners of Bonded Warehouses Register der Zolllagerhalter *(n)*
owner of cargo Frachteigentümer *(m)*, Ladungseigentümer *(m)*, Ladungsinhaber *(m)*
part owner of cargo Ladungsmitinhaber *(m)*
owner of container Containerbesitzer *(m)*
name of the owner of container Name des Containerbesitzers *(m)*
owner of enterprise Unternehmensinhaber *(m)*
part owner of enterprise Unternehmensmitinhaber *(m)*
owner of freight Frachteigentümer *(m)*
owner of goods Eigentümer der Waren *(m)*
owner of a letter of credit Akkreditivinhaber *(m)*, Besitzer des Akkreditivs *(m)*
owner of a mortgage Hypothekengläubiger *(m)*, Hypothekennehmer *(m)*
owner of ship Reeder *(m)*, Eigner eines Schiffes *(m)*
part owner of ship Mitreeder *(m)*
owner's option Reedereioption *(f)*, Schiffsbesitzeroption *(f)*
owner's order Reedereidisposition *(f)*, Schiffsreedereiverfügung *(f)*
owner's representative Reedereivertreter *(m)*
owner's risk Risiko des Eigentümers *(n)*
owner's risk of damage Beschädigungsrisiko für Reeder *(n)*
owner's risk of deterioration Beschädigungsrisiko für Frachtführer *(n)*
owner's risk of fire Brandrisiko für Reeder *(n)*
owner's risk of freezing Gefrierenrisiko für Beförderer *(n)*, Gefrierenrisiko für Reeder *(n)*
***** audit of the records held by the owner of the pipeline** Prüfung der Unterlagen des Betreibers der Rohrleitung *(f)*
cargo owner Frachteigentümer *(m)*, Ladungseigentümer *(m)*, Ladungsinhaber *(m)*
change of the owner Besitzerwechsel *(m)*
freight owner Frachteigentümer *(m)*

lawful owner rechtsmäßiger Besitzer (m), rechtsmäßiger Inhaber (m)

non-resident owner gebietsfremder Eigentümer (m)

part owner Mitbesitzer (m), Mitinhaber (m)

Register of Owners of Temporary Storage Warehouses Register der Halter von Lagern für vorübergehende Verwahrung (n)

ship owner's liability Haftung der Schiffsbesitzer (f), Schiffsbesitzerhaftung (f)

ownership Eigentum (n)

ownership certificate Eintragungszertifikat (n)

ownership transfer Übertragung des Eigentums (f)

* certificate of ownership Eigentumsbescheinigung (f), Eigentumszertifikat (n) **2.** Flaggenzeugnis (n), Schiffsregisterbrief (m), Schiffszertifikat (n)

title of ownership Eigentumstitel (m), Eigentumsurkunde (f)

P

pacific pazifisch
Pacific Standard Time pazifische Standardzeit (f)
pack Gepäckstück (n), Pack (m), Paket (n)
blister pack Blisterverpackung (f)
consumer pack Einwegverpackung (f), Kleinpackung (f), Kleinverbraucherverpackung (f), Kleinverpackung (f)
pack packen, verpacken
pack a container in Container packen (m)
package packen, verpacken
package Einpacken (n), Packerei (f) **2.** Paket (n)
packages and description of goods Packstücke und Warenbeschreibung (pl/f)
package car Stückgutwaggon (m)
package cargo Ladung in Paketen (f), lose Ladung (f), paketierte Ladung (f), paketweise Ladung (f), Stückgut (n), verpackte Ladung (f)
* cardboard package Kartonageverpackung (f)
claim of package Packungsreklamation (f), Verpackungsreklamation (f)
consumer package Kleinpackung (f)
export package Exportverpackung (f)
frail package schwache Verpackung (f)
heavy package Außerlademassgut (n), schwere Ladung (f), Schwergut (n), Schwergutladung (f), Schwerladung (f)
kind of package Art der Packstücke (f), Verpackungsart (f)
marking of the packages Kennzeichen der Packstücke (n)
number and kind of packages Anzahl und Art der Packstücke (f)
number of packages Anzahl der Packstücke (f)
number of packages discharged (TIR carnet) Anzahl der erledigten Packstücke (f)
original package Originalpackung (f)
re-use package mehrmals verwendete Verpackung (f), Mehrwegverpackung (f)
sealed package hermetische Verpackung (f)
seals on packages Zollverschlüsse an Packstücken (pl)

secondary package äußere Verpackung (f), Außerverpackung (f)
trial package Probepackung (f)
unit package Kleinverbraucherverpackung (f), Kleinverpackung (f)
packaged Komplex- **2.** verpakt
packaged cargo Packgut (n), verpaktes Gut (n)
packaged quantity Verpackungsmenge (f)
packaging Einpacken (n), Packerei (f), Paketierung (f)
packaging bill of material Verpackungsstückliste (f)
packaging costs Packereikosten (pl), Verpackungskosten (pl)
packaging not having Community status Umschließungen ohne Gemeinschaftscharakter (pl)
packaging of goods Verpackung von Waren (f)
packaging risk Packungsrisiko (n)
* Community status for packaging Gemeinschaftscharakter von Umschließungen (m)
declaration of Community status for packaging Erklärung des Gemeinschaftscharakters von Umschließungen (f)
blister packaging Blisterverpackung (f)
description of packagings Verpackungsbeschreibung (f)
type of packaging Art der Verpackung (f)
packed verpakt
packed cargo verpackte Ladung (f)
packed consignment verpackte Sendung (f)
packed goods Stückgut (n)
packed weight Bruttogewicht (n), Gewicht mit Verpackung (n), Großgewicht (n)
packer Verpacker (m)
packet Päckchen (n)
packet cargo Packgut (n), verpaktes Gut (n)
packet insurance Paketversicherung (f)
packeting Packmaterial (n) **2.** Paketierung (f)
packeting of goods Abpacken von Waren (n)
packing Einpackung (f), Emballage (f), Packung (f), Verpackung (f) **2.** Verpackung-
packing charge Packmittelgebühr (f), Verpackungsgebühr (f), Verpackungskosten (pl)
packing clause Verpackungsklausel (f)
packing cloth Packleinwand (f)

packing costs Packereikosten *(pl)*, Verpackungskosten *(pl)*
packing fee Packmittelgebühr *(f)*, Verpackungsgebühr *(f)*
packing for export goods Exportverpackung *(f)*
packing for shipment seetüchtige Verpackung *(f)*, Überseeverpackung *(f)*
packings imported empty leer eingeführte Umschließungen *(pl)*
packings imported full gefüllt eingeführte Umschließungen *(pl)*
packing instruction Verpackungsanweisung *(f)*, Verpackungsinstruktion *(f)*, Verpackungsvorschrift *(f)*
packing list Ladeliste *(f)*, Ladungsspezifikation *(f)*, Packliste *(f)*, Packzettel *(m)*, Stückliste *(f)*, Versandliste *(f)*
packing not included Preis ohne Verpackung *(m)*
packing slip Spezifikation der Sendung *(f)*, Versandspezifikation *(f)*, Warenbegleitschein *(m)*
packing stipulation Verpackungsinstruktion *(f)*
packing suitable for air Luftwegverpackung *(f)*
packing unit Verpackungseinheit *(f)*
* adequate packing ordnungsgemäße Verpackung *(f)*
air-proof packing luftfeste Verpackung *(f)*, luftmäßige Verpackung *(f)*
airtight packing hermetische Verpackung *(f)*
air-worthy packing luftfeste Verpackung *(f)*, luftmäßige Verpackung *(f)*
certificate of packing Verpackungzertifikat *(n)*
claim of packing Packungsreklamation *(f)*, Verpackungsreklamation *(f)*
container packings certificate Containerverpackungs-Zertifikat *(n)*
cost of packing Packkosten *(pl)*, Verpackungskosten *(pl)*
customary packing handelsübliche Verpackung *(f)*
defective packing mangelhafte Verpackung *(f)*
dispatch packing Versandpackung *(f)*, Versandverpackung *(f)*
export packing Exportverpackung *(f)*
external packing äußere Verpackung *(f)*, Außerverpackung *(f)*
extra packing Spezialverpackung *(f)*, Zusatzverpackung *(f)*

fancy packing Luxusverpackung *(f)*
faulty packing mangelhafte Verpackung *(f)*
import packing Importverpackung *(f)*
inner packing Einzelverpackung *(f)*, Innenverpackung *(f)*, Kleinverpackung *(f)*, innere Verpackung *(f)*
insufficient packing mangelhafte Verpackung *(f)*, ungenügende Verpackung *(f)*
internal packing Einzelverpackung *(f)*, Innenverpackung *(f)*, innere Verpackung *(f)*, Kleinverpackung *(f)*
manner of packing Verpackungsweise *(f)*
method of packing Verpackungsweise *(f)*
non-returnable packing Einwegverpackung *(f)*
omnibus packing Sammelverpackung *(f)*, Transportverpackung *(f)*
outer packing äußere Verpackung *(f)*, Außerverpackung *(f)*
oversea packing seetüchtige Verpackung *(f)*, Überseeverpackung *(f)*
price without packing Preis ohne Verpackung *(m)*
protective packing Schutzpackung *(f)*, Schutzverpackung *(f)*
railroad-proof packing straßenmäßige Verpackung *(f)*, straßentüchtige Verpackung *(f)*
rail-tight packing straßenfeste Verpackung *(f)*, Straßenverpackung *(f)*
rail-worthy packing straßenmäßige Verpackung *(f)*, straßentüchtige Verpackung *(f)*
road-proof packing straßentüchtige Verpackung *(f)*
road-worthy packing straßenfeste Verpackung *(f)*, Straßenverpackung *(f)*
sample packing Verpackungsmuster *(n)*
seaproof packing hochseefeste Verpackung *(f)*
sea-proof packing seefeste Verpackung *(f)*
sea-tight packing hochseefeste Verpackung *(f)*, seemäßige Verpackung *(f)*
seaworthy packing hochseefeste Verpackung *(f)*, seemäßige Verpackung *(f)*
shipment packing Versandpackung *(f)*, Versandverpackung *(f)*
soft packing weiche Verpackung *(f)*
standard packing Normalpackung *(f)*
temporary export of packing vorübergehende Ausfuhr von Verpackungen *(f)*
trade packing Handelsverpackung *(f)*
transportation packing Transportverpackung *(f)*

waterproof packing wasserdichte Verpackung *(f)*
weight of packing Taragewicht *(n)*
pact Abkommen *(n)*
trade pact Handelsabkommen *(n)*, Handelsvertrag *(m)*
paddle Paddel *(n)*
paddle vessel Seitenradschiff *(n)*
page Site *(f)*
cover page of the TIR carnet Carnet-TIR-Umschlagblatt *(n)*
paid ausbezahlt, bezahlt
paid bill bezahlter Wechsel *(m)*
paid cheque bezahlter Scheck *(m)*, eingelöster Scheck *(m)*
* **carriage and insurance paid to ...** /insert named place of destination/ CIP ... /benannter Bestimmungsort/, Frachtfrei versichert ... /benannter Bestimmungsort/
carriage paid Frachtkosten für Lieferant *(pl)*, Transport bezahlt *(m)*
carriage paid to ... /insert named place of destination/ CPT ... /benannter Bestimmungsort/, Frachtfrei ... /benannter Bestimmungsort/
freight paid Fracht im Voraus bezahlt *(f)*, frachtfrei, Frachtgebühr bezahlt bis ... *(f)*, vorausbezahlte Fracht *(f)*
partly paid teilweise bezahlt
price paid gezahlter Preis *(m)*
delivered duty paid ... /insert named place of destination/ DDP ... /benannter Bestimmungsort/, geliefert verzollt ... /benannter Bestimmungsort/
freight and duty paid Fracht und Zoll bezahlt *(f)*, fracht- und zollfrei
paid-out ausbezahlt
pallet Europalette *(f)*, Palette *(f)*
pallet carrier Palettenschiff *(n)*
pallet container Palettencontainer *(m)*
pallet crane Palettenkran *(m)*
pallet handling Palettentransport *(m)*
pallet load Palette mit Ladung *(f)*
pallet pool Palettenpool *(m)*
* **box pallet** Boxpalette *(f)*
collapsible pallet zusammenklappbare Palette *(f)*
declaration of Community status for pallets Erklärung des Gemeinschaftscharakters von Paletten *(f)*

crate pallet Gitterboxpalette *(f)*
disposable pallet Einwegpalette *(f)*
ouble-deck pallett Doppeldeckpalette *(f)*
double-decked pallet Doppeldeck-Flachpalette *(f)*
exchange pallet zurückgetauschte Palette *(f)*
expendable pallet verlorene Palette *(f)*, Wegwerfpalette *(f)*
flat pallet Flachpalette *(f)*
four-way pallet Vierwege-Palette *(f)*
loading pallet Ladegestell *(n)*
non-reusable pallet nicht wiederverwendbare Palette *(f)*
one-way pallet verlorene Palette *(f)*, Wegwerfpalette *(f)*
returnable pallet Mehrwegpalette *(f)*
reusable pallet Mehrwegpalette *(f)*
single-service pallet Einwegpalette *(f)*
two way pallet Zweiwegpalette *(f)*
wood pallet Holzpalette *(f)*
palletization Palettisierung *(f)* **2.** Transport von palettierter Ware *(m)*
palletized palettiert
palletized cargo palettierte Ladung *(f)*
palletized freight palettierte Ladung *(f)*
palletized load palettierte Ladung *(f)*
panel Team *(n)*
panel of arbitrators Liste der Schiedsrichter *(f)*, Schiedsrichterliste *(f)*
* **arbitration panel** Liste der Schiedsrichter *(f)*, Schiedsrichterliste *(f)*
expert panel Expertenkommission *(f)*, Fachausschuss *(m)*
paper *(document)* Belegstück *(n)*, Beweisstück *(n)* **2.** Papier-
paper loss Papierverlust *(m)*
* **bank paper** Banknote *(f)*, Bankwechsel *(m)*
banker's paper Banknote *(f)*, Bankwechsel *(m)*
business paper Warenewechsel *(m)*
clearance papers Abfertigungsunterlagen *(pl)*, Klarierungsbrief *(m)*, Zollabfertigungsdokumente *(pl)*, Zollabfertigungspapiere *(pl)*
commercial papers Handelspapiere *(pl)*, Handelsurkunden *(pl)*
commodity paper Handelswechsel *(m)*, Kommerzwechsel *(m)*
customs papers Zolldokumente *(pl)*, Zollpapiere *(pl)*
export paper Exportbewilligung *(f)*

goods manifest in paper form Manifest der Luftverkehrsgesellschaft in Papierform *(n)*
guarantee paper Garantieschein *(m)*
shipper's papers Beförderungspapiere *(pl)*, Ladepapiere *(pl)*, Versanddokumente *(pl)*, Versandunterlagen *(pl)*
shipping papers Frachtpapiere *(pl)*, Transportbegleitpapiere *(pl)*
trade paper Geschäftswechsel *(m)*, Handelswechsel *(m)*
valuable papers Werte *(pl)*, Wertpapiere *(pl)*
papers Papiere *(pl)*
par Par *(n)*
par of exchange Devisenkurs *(m)*, Valutakurs *(m)*
par price Nominalbetrag *(m)*
par rate of exchange Devisenkurs *(m)*, Valutakurs *(m)*, Währungsparität *(f)*
* nominal par Nominalparität *(f)*
paradise Paradie *(n)*
paragraph Paragraph *(m)*
parallel Paralle-
parallel import Parallelimport *(m)*
parallel market Parallelmarkt *(m)*
parameter Parameter *(m)*
sales parameter Verkaufsmerkmal *(n)*
parcel Gepäckstück *(n)*, Güterstück *(n)*, Kollo *(n)*, Pack *(m)*, Päckchen *(n)*, Partie *(f)*
parcel arrival Frachtguteingang *(m)*, Sendungseingang *(m)*
parcel clerk Lagerhalter *(m)*
parcel of cargo Gutpartie *(f)*, Ladungspartie *(f)*
parcel post insurance Postsendungsversicherung *(f)*
parcel post ticket Posteinlieferungsschein *(m)*
parcel receipts Paketempfangsschein *(m)*
parcel ticket Paketenempfangsschein *(m)*
parcel with samples Probesendung *(f)*
parcel with value declared Wertpaket *(n)*
* air mail parcel Luftpostsendung *(f)*
air parcel Luftfrachtsendung *(f)*, Luftpostpaket *(n)*, Luftpostsendung *(f)*
batch of parcels Stückgutpartie *(f)*
bill of parcels spezifizierte Rechnungs *(f)*
delivery of postal parcels Zustellung von Postsendungen *(f)*
express parcel Expressgut *(n)*, Expressgutsendung *(f)*

International Express Parcels Consignment Note (TIEx) internationaler Expressgutschein (TIEx) *(m)*
invoice of parcels spezifizierte Rechnung *(f)*
opening of the parcel Öffnung der Sendung *(f)*
post parcel Postsendung *(f)*
postal parcel Postpaket *(n)*
railway parcel Bahnsendung *(f)*
stopping a parcel Sendungsvorbehaltung *(f)*
value parcel Wertpaket *(n)*
parcels Stückfracht *(f)*
parent Elter *(m)*
parent company Dachgesellschaft *(f)*, Mantelgesellschaft *(f)*, Mutterfirma *(f)*, Muttergesellschaft *(f)*, Mutterhaus *(n)*, Mutterunternehmen *(n)*, Stammhaus *(n)*
parent firm Dachgesellschaft *(f)*, Mantelgesellschaft *(f)*, Mutterfirma *(f)*, Muttergesellschaft *(f)*, Mutterhaus *(n)*, Mutterunternehmen *(n)*, Stammhaus *(n)*
parent house Dachorganisation *(f)*, Zentrale *(f)*, Zentralstelle *(f)*
parental elterlich
parental guarantee Stammhausgarantie *(f)*
parity Parität *(f)*
parity clause Paritätsklausel *(f)*
parity of prices Parität *(f)*, Preisparität *(f)*
parity price Äquivalenzpreis *(m)*
parity value Parikurs *(m)*, Paritätskurs *(m)*
* currency parity Währungsparität *(f)*
freight parity Frachtparität *(f)*
official parity amtliche Parität *(f)*
price parity Preisparität *(f)*
park Park *(m)*
car park Parkplatz *(m)*
container park Containerpark *(m)*
parley Unterhaltung *(f)*
part Exemplar *(n)*, Teil *(m)* **2.** Teil-
part acceptance Teilakzept *(m)*, Teilannahme *(f)*
part cargo Teilfracht *(f)*, Teilladung *(f)*
part clearing Teilclearing *(n)*
part container ship Teilcontainerschiff *(n)*
part damage teilweiser Schaden *(m)*
part delivery Teillieferung *(f)*
parts list Ersatzteilliste *(f)*, Stückliste *(f)*, Teilenliste *(f)*
part load Teilladung *(f)*
part load consignment Frachtstückgut *(n)*, Stückgutsendung *(f)*

part loss Teilverlust *(m)*, teilweiser Verlust *(m)*
part lot Satz *(m)*
part of ATA Teil der ATA *(m)*
part of a bill lading Exemplar eines Konnossements *(n)*, Konnossementsausfertigung *(f)*
part of cargo Teil der Fracht *(m)*
part of the customs territory Teil des Zollgebiets *(m)*
part owner Mitbesitzer *(m)*, Mitinhaber *(m)*
  part owner of cargo Ladungsmitinhaber *(m)*
  part owner of enterprise Unternehmensmitinhaber *(m)*
  part owner of ship Mitreeder *(m)*
part payment nächstfolgender Beitrag *(m)*, Ratenzahlung *(f)*, Teilzahlung *(f)*
part performance Teilleistung *(f)*
part settlement Teilverrechnung *(f)*
part shipment Teilfrachtstück *(n)*, Teilverladung *(f)* 2. Teilversand *(m)*
* charter for part cargo Teilcharter *(m)*
list of parts Stückliste *(f)*
payment in part Abschlagszahlung *(f)*, Teilzahlung *(f)*

partial unvollständig, Teil-
partial acceptance Teilakzept *(m)*, Teilannahme *(f)*
  partial acceptance of goods delivered Teilabnahme *(f)*
partial acknowledgement Teilanerkenntnis *(f)*
partial bid Teilversteigerung *(f)*
partial bill of lading Teilkonnossement *(n)*
partial compensation teilweise Entschädigung *(f)*
partial conditional exemption from customs duties teilweise bedingte Befreiung von der Zölle *(f)*
partial consignment Teilladung *(f)*, Teilsendung *(f)*
partial container ship Teilcontainerschiff *(n)*
partial contingent Teilkontingent *(f)*
partial delivery Teillieferung *(f)*
partial endorsement Teilindossament *(n)*
partial guarantee Teilgarantie *(f)*
partial insurance Teilversicherung *(f)*
partial liability Teilhaftung *(f)*
partial loading Teilladung *(f)*
partial loss Teilverlust *(m)*, teilweiser Schaden *(m)*, teilweiser Verlust *(m)*
partial payment Ratenzahlung *(f)*, Teilzahlung *(f)*

partial reimbursement Teilrembours *(m)*
partial relief Teilbefreiung *(f)*
  partial relief from duty teilweise Zollbefreiung *(f)*
  partial relief from import duties teilweise Befreiung von den Einfuhrabgaben *(f)*
partial remission *(in respect of taxes)* teilweise Befreiung *(f)*
partial shipment Teilsendung *(f)*
partial unloading teilweises Entladen *(n)*

participate teilnehmen
participate in an auction an der Auktion teilnehmen

participation Beteiligung *(f)*
financial participation finanzielle Beteiligung *(f)*

participating beteiligt
participating interest Prozentanteil *(m)*, prozentualer Anteil *(m)*

participator Teilnehmer *(m)*

particular besondere
particular average besondere Havarie *(f)*
  particular average adjustment besondere Havarieaufmachung *(f)*
  particular average policy Police mit besonderer Havarie *(f)*
particular covenants Spezialbedingungen *(pl)*

particulars Daten *(pl)*, detaillierte Daten *(pl)*
particulars of the authorization Hinweis auf die Bewilligung *(m)*
particulars of the declaration *(customs)* Angaben der Anmeldung *(pl)*
particulars of the persons Personalien *(pl)*
* particular average besondere Havarie *(f)*
free from particular average frei von besonderer Havarie *(f)*, ohne besondere Havarie *(f)*
free from particular average clause frei-von-besonderer-Havarie-Klausel *(f)*
free from particular average, American conditions nicht gegen besondere Havarie versichert (amerikanische Bedingungen) *(f)*
free of particular average (FPA) frei von besonderer Havarie *(f)*, ohne besondere Havarie *(f)*
including particular average mit besonderer Havarie *(f)*
with particular average jede Beschädigung die Ware ist vom Versicherer zu ersetzen *(f)*, mit besonderer Havarie *(f)*

free of particular average policy Police frei von besonderer Havarie *(f)*

part-load Stückgut *(m)*

part-load rates Frachttarif für Stückgut *(m)*

part-load traffic Stückgutverkehr *(m)*

* **container partload** Containerstückgut *(n)*

partly teilweise

partly paid teilweise bezahlt

partner Partner *(m)*, Teilhaber *(m)* **2.** Partner-

partner state Partnerstaat *(m)*

* **business partner** Geschäftspartner *(m)*, Handelspartner *(m)*

contract partner Abkommenspartner *(m)*, Vertragspartner *(m)*

foreign partner ausländischer Kontrahent *(m)*, ausländischer Partner *(m)*

joint partner Mitgesellschafter *(m)*, Mitunternehmer *(m)*

trade partner Geschäftspartner *(m)*, Handelspartner *(m)*

trading partner Handelspartner *(m)*

partnership Partnerschaft *(f)*

partnership bürgerliche Gesellschaft *(f)*, Gesellschaft *(f)*, Kompanie *(f)*, zivile Gesellschaft *(f)*

partnership limited by shares Kommanditgesellschaft *(f)*

* **articles of partnership** Genossenschaftsvertrag *(m)*

articles of partnership Gesellschaftsvertrag *(m)*

civil partnership Personengesellschaft *(f)*

family partnership Familiengesellschaft *(f)*

general partnership bürgerliche Gesellschaft *(f)*, Personengesellschaft *(f)*, zivile Gesellschaft *(f)*

limited partnership Kommanditgesellschaft *(f)*

regional partnerships regionale Kooperation *(f)*

separate a partnership Liquidation der Gesellschaft *(f)*

shipping partnership Transportgesellschaft *(f)*

terms of partnership Genossenschaftsvertrag *(m)*, Gesellschaftsvertrag *(m)*

unlimited partnership offene Handelsgesellschaft *(f)*

party Partei *(f)*

accommodated party Benefiziar *(m)*, Berechtigte *(m)*

contracting party Kontrahent *(m)*, Vertragspartei *(f)*, Vertragspartner *(m)*

interested party Interessent *(m)*

liability for third parties Haftung für Dritte *(f)*, Haftung für dritte Personen *(f)*

ordering party Vollmachtgeber *(m)*

other party to a contract Tauschpartner *(m)*

third party Dritte *(m)*, dritte Person *(f)*

third party insurance Haftpflichtversicherung *(f)*

third party liability dritter Personenhaftung *(f)*

pass durchlaufen

pass through customs durch die Zollabfertigungsstelle bringen *(f)*, Zollformalitäten erfüllen *(pl)*

pass Durchgang *(m)*

pass over übertragen

passage Verkehr *(m)* **2.** Übergang *(m)*

passage money Passagegeld *(n)*

passage of goods at frontier Grenzübergang von Waren *(m)*

passage of property Eigentumsübergang *(m)*, Übergang von Eigentumsrecht *(m)*

passage of title Eigentumsübergang *(m)*, Übergang von Eigentumsrecht *(m)*

* **ballast passage** Ballastfahrt *(f)*, in-Ballastfahrt *(f)*

buy goods on passage rollende Waren kaufen *(pl)*

cargo passage Ladungsfahrt *(f)*

homeward passage Heimreise *(f)*, Rückreise *(f)*

homeward passage freight Heimfracht *(f)*, Rückfracht *(f)*

outward passage Ausgangsreise *(f)*, Bestimmungsseereise *(f)*, Endfahrt *(f)*

purchase on passage Kauf von unterwegs befindlichen Waren *(m)*

sea passage Fahrt *(f)*, Reise *(f)*, Seereise *(f)*

transit passage Transitflug *(m)*, Transitreise *(f)*

passenger Passagier *(m)* **2.** Passagier-

passenger air service Passagierluftfahrt *(f)*

passenger and cargo boat Passagierfrachtschiff *(n)*

passenger-car ferry Passagier- und Autofähre *(f)*

passengers in transit Reisende in der Durchfuhr *(m)*

passenger manifest Passagiermanifest *(n)*

passenger service Passagierverkehr (m)
passenger ship Passagierschiff (n)
passenger station Personenbahnhof (m)
passenger tariff Personenbeförderungstarif (m), Personentarif (m)
passenger train Reisezug (m)
passenger transport Beförderung von Passagieren (f)
passenger vehicle Personenlinienschiff (n)
* air passenger Flugpassagier (m)
identify passengers Passagiere identifizieren (pl)
list of passengers on board Passagierliste (f)

passing Durchgang (m)
passing a decision Beschlussfassung (f), Entschlussfassung (f)

passive passiv
passive balance Negativbilanz (f), Passivbilanz (f), passive Bilanz (f), Passivsaldo (m)
passive balance of payment passive Zahlungsbilanz (f)
passive balance of trade passive Handelsbilanz (f)
passive reinsurance passive Rückversicherung (f)

passport Pass (m) **2.** Pass-
passport control Passabfertigung (f)
passport fee Passgebühr (f)
passport formalities Passformalitäten (pl)
* examination of passports Passkontrolle (f)
presentation of passport Vorlage der Reisepasse (f)

past-due überfällig
past-due invoice verjährte Rechnung (f)
past-due credit überfälliger Kredit (m)

patent patentieren

patent Patent (n) **2.** Patent-
patent action Patenthandlungen (pl)
patent agency Patentagentur (f)
patent agent Patentagent (m), Patentanwalt (m), Agent für Verkauf von Patenten (m)
patent agreement Patentabkommen (n), Patentvereinbarung (f), Patentvertrag (m)
examination of a patent application Patentprüfung (f)
patent application Patentanmeldung (f), Patentantrag (m)
patent attorney Patentanwalt (m)

patent blockade Patentblockade (f)
patent broker Patentbroker (m), Patentmakler (m)
patent charge Patentgebühr (f)
patent code Patent-Kodex (m)
patent contract Patentabkommen (n), Patentvertrag (m)
patent court Patentgericht (n)
patent cover Patentenschutz (m)
patent date Datum des Patents (n), Patenterteilungstag (m)
patent defect offenkundiger Mangel (m)
patent dispute Patentstreit (m)
patent document Patentdokument (n)
patent holder Patentinhaber (m)
patent infringement Patentbruch (m)
patent law Patentrecht (n)
patent legislation Patentgesetzgebung (f)
  contravention of the patent legislation Patentrechtsverletzung (f), Patentverletzung (f)
patent licence Patentlizenz (f)
patent licensing contract Patentlizenzvergabevertrag (m)
patent litigation Patentstreit (m)
patent office Patentamt (n)
patent pool Patentpool (m)
patent protection Patentenschutz (m), Patentschutz (m)
  term of patent protection Geltungsdauer des Patents (f), Patentschutzdauer (f)
patent register Patentliste (f), Patentregister (n)
patent report Patentexpertise (f)
patent rolls Patentliste (f), Patentregister (n)
patent tariff Patentgebührentarif (m)
* assignment of patent Abtretung des Patents (f)
date of patent Datum des Patents (n), Patenterteilungstag (m)
design patent Gebrauchsmuster (n)
designed patent Geschmacksmusterpatent (n)
duration of a patent Gültigkeitsdauer des Patents (f)
expiration of a patent Patentablauf (m)
grant a patent Patent erteilen (n), patentieren
infringement of a patent Patentverletzung (f)
issue a patent Patent anmelden (n)
product patent Produktpatent (n)
protection by letter patent Patentschutz (m)
registration of patents Patenteintragung (f)

renewal fee of a patent Patenterneuerungsgebühr *(f)*
renewal of a patent Verlängerung der Patentdauer *(f)*
repeal of a patent Patentannullierung *(f)*
temporary letter patent vorläufiges Patent *(n)*
term of a patent Gültigkeitsdauer des Patentes *(f)*
trade in patents Handel mit Patenten *(m)*
patentability Patentierbarkeit *(f)*
patented patentiert
patented design patentiertes Muster *(n)*
patenting Patentierung *(f)*
patenting date Patentierungsdatum *(n)*
patrol Patrouille *(f)* **2.** Patrouillen-
patrol vessel Patrouillenschiff *(n)*
patronage Protektion *(f)*
patronage discount Treuerabatt *(m)*, zurückgestellter Rabatt *(m)*
pattern Muster *(m)* **2.** Struktur *(f)* **3.** Muster-
pattern arrival Mustereingang *(m)*, Probeeingang *(m)*
pattern assortment Musterauswahl *(f)*
pattern book Musterbuch *(n)*, Mustersammlung *(f)*
pattern of demand Nachfragestruktur *(f)*
pattern of foreign trade Außenhandelsstruktur *(f)*
pattern of investments Kapitalanlagestruktur *(f)*
pattern of prices Preisgefüge *(n)*
pattern of trade Handelsstruktur *(f)*
* commodity pattern Warenumsatzstruktur *(f)*
export and import pattern Export- und
Importwarenstruktur *(f)*
export pattern Exportstruktur *(f)*
foreign trade pattern Außenhandelsstruktur *(f)*
investment pattern Anlagestruktur *(f)*
production pattern Produktionsstruktur *(f)*
purchase by pattern Kauf nach Muster *(m)*,
Musterkauf *(m)*
purchase up to the pattern Kauf nach
Muster *(m)*
range of patterns Mustersammlung *(f)*
sales pattern Absatzstruktur *(f)*, Umsatzstruktur *(f)*, Verkaufsstruktur *(f)*
trading pattern Handelsstruktur *(f)*

pavilion Pavillon *(m)*
pawn Pfand *(n)* **2.** Pfand-
pawn credit Lombardkredit *(m)*
pawn indorsement Pfandindossament *(n)*
pawn note Pfandschein *(m)*, Pfandurkunde *(f)*,
Verpfändungsbescheinigung *(f)*
pawn receipt Pfandschein *(m)*, Verpfändungsbescheinigung *(f)*
pawn ticket Pfandschein *(m)*, Pfandurkunde *(f)*,
Verpfändungsbescheinigung *(f)*
pay abmachen, bezahlen, entrichten,
zahlen
pay an acceptance Akzept einlösen *(n)*, Akzept lösen *(n)*
pay at due-date bei Fälligkeit bezahlen *(f)*,
bei Fälligkeit zahlen *(f)*
pay at maturity bei Fälligkeit bezahlen *(f)*,
Fälligkeit zahlen *(f)*
pay at sight bei Sicht zahlen *(f)*
pay a bill Rechnung zahlen *(f)*
refusal to pay a bill Nichteinlösung des
Wechsels *(f)*, Nichthonorierung des Wechsels *(f)*
pay before maturity vor Fälligkeit bezahlen *(f)*
pay beforehand im Voraus bezahlen, im
Voraus zahlen, pränumerando zahlen, voraus
bezahlen, vorfristig bezahlen
pay by a letter of credit durch Akkreditiv
zahlen *(n)*
pay by cheque durch Scheck zahlen *(m)*
pay by instalments in Raten abzahlen *(pl)*,
in Raten zahlen *(pl)*
pay by means of a bill mit Wechsel zahlen *(m)*
pay by transfer mit Transfer zahlen *(m)*, mit
Übertragung zahlen *(f)*
pay by way of the cheque mit Scheck bezahlen *(m)*, Scheck zahlen *(m)*
pay cash bar bezahlen, Geld bezahlen *(n)*,
per Kasse zahlen *(f)*
pay a commission Provision zahlen *(f)*
pay a customs duty Zoll abführen *(m)*, Zoll
bezahlen *(m)*, Zoll zahlen *(m)*
pay damages Schadensersatz zahlen *(m)*
pay debt Schuld begleichen *(f)*
pay dividends Dividenden ausschütten *(pl)*
pay a duty Zoll abführen *(m)*, Zoll bezahlen *(m)*,
Zoll entrichten *(m)*, verzollen
pay the duties Abgaben entrichten *(pl)*
pay extra Geld zusetzen *(n)*, zuzahlen

pay a fine Strafe zahlen *(f)*
pay a freight Fracht abführen *(f)*, Fracht zahlen *(f)*
pay in advance anzahlen, draufzahlen, im Voraus bezahlen, im Voraus zahlen, pränumerando zahlen, voraus bezahlen
pay in bill mit Wechsel zahlen *(m)*
pay in cash bar zahlen, prompt bezahlen
pay in instalments in Raten abzahlen *(pl)*, in Raten zahlen *(pl)*
pay interest verzinsen, Zinsen zahlen *(pl)*
pay into account auf ein Konto einzahlen *(n)*
pay an invoice Rechnung bezahlen *(f)*, Rechnung zahlen *(f)*
pay on delivery bei Abnahme zahlen *(f)*, bei Empfang zahlen *(m)*
pay on receipt bei Abnahme zahlen *(f)*, bei Empfang zahlen *(m)*
pay on time pünktlich zahlen
pay a penalty Geldbuße entrichten *(f)*
pay a price Preis zahlen *(m)*
pay a remuneration Entlohnung zahlen *(f)*, Gehalt auszahlen *(n)*
pay the royalties Lizenzgebühren zahlen *(pl)*
pay a tax Steuer abführen *(f)*, Steuer aufbringen *(f)*, Steuer entrichten *(f)*
pay to account No ... auf Konto Nr. ... überweisen *(n)*
* ability to pay Zahlungsfähigkeit *(f)*, Zahlungskraft *(f)*
additional pay Lohnzuschlag *(m)*, zusätzlicher Arbeitslohn *(m)*, Zusatzlohn *(m)*
extra pay Geldzulage *(f)*, Lohnzuschlag *(m)*, Mehrlohn *(m)*, zusätzliche Zahlung *(f)*, Zusatzlohn *(m)*
failure to pay on a due date Ausbleiben der Zahlung *(n)*
inability to pay Zahlungsunfähigkeit *(f)*, Zahlungspflicht *(f)*, Zahlungsverbindlichkeit *(f)*, Zahlungsverpflichtung *(f)*
minimum pay Mindestgehalt *(n)*, Mindestlohn *(m)*
obligation to pay Zahlungspflicht *(f)*, Zahlungsverbindlichkeit *(f)*, Zahlungsverpflichtung *(f)*
order to pay Anweisung zur Zahlung *(f)*, Zahlungsanweisung *(f)*, Zahlungsauftrag *(m)*
piece rate pay Objektleistungslohn *(m)*, Objektlohn *(m)*
refusal to pay Nichtzahlung *(f)*, Zahlungsverweigerung *(f)*
request to pay Mahnschreiben *(n)*, Zahlungsaufforderung *(f)*

pay off abzahlen
pay Lohn *(m)*
pay agreement Zahlungsvereinbarung *(f)*
pay cheque Zahlungsscheck *(m)*
pay rate Gehaltssatz *(m)*, Lohnsatz *(m)*
pay down bar zahlen, prompt bezahlen
pay out abzahlen, auszahlen, zahlen
pay over zu hoch bezahlen
payable zahlbar
payable afterwards postnumerando zahlbar
payable against documents zahlbar gegen Dokumente *(pl)*
payable against shipping documents zahlbar gegen Ladepapiere *(pl)*, zahlbar gegen Versanddokumente *(pl)*
payable at destination zahlbar Bestimmungsort *(m)*, zahlbar im Bestimmungsort *(m)*
payable at maturity zahlbar am Verfalltag *(m)*, zahlbar bei Verfall *(m)*
payable at sight zahlbar bei Sicht *(f)*
payable at the address of payable zahlbar im Wohnort *(m)*, zahlbar im Wohnsitz *(m)*
payable at the domicile zahlbar im Wohnort *(m)*, zahlbar im Wohnsitz *(m)*
payable by cheque mit Scheck zahlbar *(m)*
payable in advance im Voraus zahlbar
payable in cash zahlbar in bar, zahlbar mit Kasse *(f)*
payable on arrival zahlbar bei Ankunft *(f)*, zahlbar nach Eintreffen der Ware *(n)*, zahlbar nach Wareneingang *(m)*
payable on call zahlbar auf Verlangen *(n)*, zahlbar bei Sicht *(f)*
payable on delivery zahlbar bei Ablieferung *(f)*, zahlbar bei Auslieferung *(f)*, zahlbar bei Empfang *(m)*, zahlbar bei Lieferung *(f)*
payable on demand zahlbar auf Verlangen *(n)*, zahlbar bei Sicht *(f)*
payable on presentation zahlbar bei Sicht *(f)*, zahlbar bei Vorlage *(f)*
payable on receipt of goods zahlbar nach Erhalt der Ware *(m)*
payable services bezahlte Dienste *(pl)*
payable to bearer an den Überbringer zahlbar *(m)*
* account payable fällige Rechnung *(f)*
accounts payable Kreditoren *(pl)*
bill payable at sight Sichtwechsel *(m)*
debt payable fällige Schuld *(f)*

sum payable Betrag *(m)*

payee Zahlungsberechtigter *(m)*, Zahlungsempfänger *(m)* **2.** Wechselempfänger *(m)*, Wechselinhaber *(m)*

payee's bank Remittentbank *(f)*

payee of bill Wechselempfänger *(m)*, Wechselinhaber *(m)*

payee of cheque Scheckempfänger *(m)*

payee of a letter of credit Akkreditierter *(m)*, Begünstigte eines Kreditbriefes *(m)*

* account payee cheque Verrechnungsscheck *(m)*

freight payee Frachtempfänger *(m)*

payer Zahler *(m)*

payer's bank Bank des Zahlungspflichtigen *(f)*

payer of customs duties Zollzahler *(m)*

paying Entrichtung *(f)*

paying agent Zahlungsagent *(m)*

paying bank zahlende Bank *(f)*

paying capacity Zahlungsfähigkeit *(f)*, Zahlungskraft *(f)*

* delay in paying Zahlungsverzögerung *(f)*, Zahlungsverzug *(m)*

paying up Rückzahlung *(f)*

payload bezahlte Ladung *(f)*

payment Abführung *(f)*, Auszahlung *(f)*, Bezahlung *(f)*, Einzahlung *(f)*, Fälligkeit *(f)*, Zahlung *(f)* **2.** Zahlungs-

payment advice Zahlungsanzeige *(f)*, Zahlungsaufforderung *(f)*, Zahlungsaviso *(n)*

payment against documents Kasse gegen Dokumente *(f)*, Zahlung gegen Dokumente *(f)*

payment agreement Zahlungsabkommen *(n)*, Zahlungsvereinbarung *(f)*

payment area Zahlungsraum *(m)*

payment as per tariff tarifmässige Abrechnung *(f)*

payment authority Zahlungsvollmacht *(f)*

payment by a letter of credit Zahlung aus dem Akkreditiv *(f)*, Zahlung durch Akkreditiv *(f)*, Zahlung durch ein Akkreditiv *(f)*

payment by acceptance Bezahlung mittels Akzept *(f)*

payment by bill Rembours *(m)*, Wechselzahlung *(f)*

payment by cheque Scheckzahlung *(f)*, Zahlung durch Scheck *(f)*, Zahlung per Scheck *(f)*

payment by instalments Ratenzahlung *(f)*

payment by transfer bargeldlose Auszahlung *(f)*, unbare Zahlungsweise *(f)*

payment capacity Zahlungsfähigkeit *(f)*

payment claim Zahlungsforderung *(f)*

payment clause Klausel über die Zahlungsbedingungen *(f)*, Zahlungsklausel *(f)*

payment confirmation Zahlungsbestätigung *(f)*

payment date Rückzahlungstermin *(m)*

interest payment date Zinstermin *(m)*

tax payment date Fälligkeitstermin der Steuer *(m)*, Steuerzahlungsfrist *(f)*

payment day Fälligkeitstag *(m)*, Zahltag *(m)*

payment default policy Kreditversicherungspolice *(f)*

payment document Zahlungsdokument *(n)*

payment equilibrium Zahlungsgleichgewicht *(n)*

payment facilities sonstige Zahlungserleichterungen *(pl)*, Zahlungserleichterungen *(pl)*

payment form Zahlungsform *(f)*

payment guarantee Garantie der Bezahlung *(f)*, Zahlungsbürgschaft *(f)*, Zahlungsgarantie *(f)*

payment in advance Antizipandozahlung *(f)*, Vorausbezahlung *(f)*, Zahlung im Voraus *(f)*

payment in arrear rückständige Zahlung *(f)*, Zahlungsverzug *(m)*

payment in cash Bareinzahlung *(f)*, Barzahlung *(f)*, Zahlung in bar *(f)*

payment in foreign currency Zahlung in Fremdwährung *(f)*

payment in full volle Einzahlung *(f)*, volle Zahlung *(f)*, vollständige Auszahlung *(f)*

payment in local currency zahlbar in Landeswährung *(f)*

payment in part Abschlagszahlung *(f)*, Teilzahlung *(f)*

payment in the form of a letter of credit Zahlung aus dem Akkreditiv *(f)*, Zahlung durch Akkreditiv *(f)*

payment instructions Zahlungsanweisungen *(pl)*, Zahlungsvorschriften *(pl)*

payment of acceptance Einlösung des Akzepts *(f)*

payment of bill guarantee Zahlungsgarantie für Wechsel *(f)*

payment of charter hire Schiffsheuer *(f)*

payment of customs duties Verzollung *(f)*, Zollentrichtung *(f)*

payment of customs debt Erfüllung der Zollschuld *(f)*
  payment of customs debt guarantee Zahlungsgarantie für Zollschuld *(f)*
payment of document collection guarantee Zahlungsgarantie für Dokumenteninkasso *(f)*
payment of duty Zollentrichtung *(f)*
payment of a guarantee amount Zahlung des Garantiebetrags *(f)*
payment of interest Zinszahlung *(f)*
payment of letter of credit guarantee Zahlungsgarantie für Akkreditiv *(f)*
payment of a security Garantiezahlung *(f)*
payment of taxes Steuerzahlung *(f)*
payment of wages Löhnung *(f)*
payment on account Akontozahlung *(f)*
payment on cheque Scheckzahlung *(f)*, Zahlung durch Scheck *(f)*
payment on delivery Zahlung bei Ablieferung *(f)*, Zahlung bei Lieferung *(f)*
payment on time pünktliche Rückzahlung *(f)*
payment order Zahlungsauftrag *(m)*
  stop payment letter Zahlungseinstellungsorder *(f)*, Schecksperre *(f)*
payment place Domizil *(n)*, Zahlungsort *(m)*
payment postponement Zahlungsfristverlängerung *(f)*, Zahlungsprolongation *(f)*
payment power Zahlungsvollmacht *(f)*
payment receipt Einzahlungsschein *(m)*, Zahlungseingang *(m)*
payment relations Zahlungsbeziehungen *(pl)*
payment risk Zahlungsausfallrisiko *(n)*
payment schedule Zahlungskalender *(m)*
payment system Zahlungssystem *(n)*
electronic payment system elektronisches Zahlungssystem *(n)*
payment terms Zahlungsbedingungen *(pl)*, Zahlungsmodalitäten *(pl)*, Zahlungsmodus *(m)*
payment through a letter of credit Zahlung durch Akkreditiv *(f)*, Zahlung mittels Akkreditivs *(f)*, Zahlung per Akkreditiv *(f)*
* **action for payment** Zahlungsklage *(f)*
additional payment Nachzahlung *(f)*, Zusatzzahlung *(f)*, Zuschlag *(m)*, Zuschlaggebühr *(f)*
  make an additional payment Geld zusetzen *(n)*, zuzahlen
advance payment Antizipandozahlung *(f)*, Vorausbezahlung *(f)*, Vorauszahlung *(f)*, vorläufige Vorauszahlung *(f)*
  amount of an advance payment Vorauszahlungbetrag *(m)*

advance payment guarantee Vorauszahlungsgarantie *(f)*
advance payment of freight Frachtvorauszahlung *(f)*
advice of payment Avis über Zahlung *(n)*, Zahlungsanzeige *(f)*, Zahlungsaviso *(n)*
amount of payment Zahlbetrag *(m)*, Zahlungssumme *(f)*
anticipate a payment vorfristig bezahlen
anticipated payment Antizipandozahlung *(f)*, Vorausbezahlung *(f)*, Vorauszahlung *(f)*
anticipation payment Antizipandozahlung *(f)*, Vorauszahlung *(f)*, Vorauszahlung *(f)*
arrangement about payments Zahlungsvereinbarung *(f)*
average payment Havariebeitrag *(m)*
back payment überfällige Zahlung *(f)*
balance the international payments Zahlungsbilanz ausgleichen *(f)*
balance of international payments Restzahlung *(f)*, Zahlungsbilanz *(f)*
balanced international payments Zahlungsbilanzgleichgewicht *(n)*
balance of payments Zahlungsbilanz *(f)*
active balance of payment aktive Zahlungsbilanz *(f)*
  disequilibrium in the balance of payment Ungleichgewicht der Zahlungsbilanz *(n)*
  passive balance of payment passive Zahlungsbilanz *(f)*
  surplus on balance of payments Zahlungsbilanzüberschuss *(m)*
balance of payments deficit passive Zahlungsbilanz *(f)*, Zahlungsbilanzdefizit *(n)*
balance of payments disequilibrium Ungleichgewicht der Zahlungsbilanz *(n)*
balance of payments equilibrium Zahlungsbilanzgleichgewicht *(n)*
balance of payments position Zahlungsbilanzlage *(f)*
balance of payments surplus Zahlungsbilanzüberschuss *(m)*
bank payment Bankeinzahlung *(f)*
bank payment card Bankzahlungskarte *(f)*
be behindhand with one's payment mit der Bezahlung im Ausstand sein *(f)*, mit der Zahlung ausbleiben *(f)*
be in arrears with one's payment mit der Bezahlung im Ausstand sein *(f)*, mit der Zahlung ausbleiben *(f)*

belated payment verspätete Zahlung *(f)*, verzögerte Zahlung *(f)*

bonus payment Prämienzahlung *(f)*

budget payment Abführung an den Haushalt *(f)*

call for payment Bezahlung verlangen *(f)*

call for payment Zahlung verlangen *(f)*, Zahlungsforderung *(f)*

cash payment Bareinzahlung *(f)*, Barzahlung *(f)*, Geldzahlung *(f)*, Zahlung in bar *(f)*

prompt cash payment schnelle Bezahlung *(f)*

cheque payment Scheckzahlung *(f)*, Zahlung per Scheck *(f)*

claim for payment Zahlungsforderung *(f)*

compensatory payments Kompensationszahlungen *(pl)*

compulsory payment Zwangsabgabe *(f)*

conditional payment bedingte Zahlung *(f)*

conditions of payments Zahlungsbedingungen *(pl)*, Zahlungsmodalitäten *(pl)*

currency used for payment Währung der Zahlung *(f)*, Zahlungswährung *(f)*

date for tax payment Fälligkeit der Steuer *(f)*

date of payment Fälligkeitsdatum *(n)*, Fälligkeitstermin *(m)*, Tag der Entrichtung *(m)*, Zahlungstag *(m)*, Zahlungstermin *(m)*, Zahltag *(m)*

exceeding the date of payment Überschreitung der Zahlungsfrist *(f)*, Überschreitung des Zahlungstermins *(f)*

day of payment Fälligkeitsdatum *(n)*, Fälligkeitstermin *(m)*, Tag der Entrichtung *(m)*, Zahlungstag *(m)*, Zahlungstermin *(m)*, Zahltag *(m)*

decline payment Zahlung verweigern *(f)*

defer a payment Zahlung aufschieben *(f)*, Zahlung stunden *(f)*, Zahlung verschieben *(f)*

deferment of duty payment Stundung eines Zolles *(f)*

deferment of payment Zahlungsaufschub *(m)*

deferred payment aufgeschobene Zahlung *(f)*, Zahlung zu einem späteren Zeitpunkt *(f)*

delay a payment Zahlung aufschieben *(f)*, Zahlung verschieben *(f)*, Zahlungsaufschub gewähren *(m)*, Zahlungsfrist aufschieben *(f)*, Zahlungstermin aufschieben *(m)*

delay in payment aufgeschobene Zahlung *(f)*, Zahlung zu einem späteren Zeitpunkt *(f)*

delay of payment Verlängerung der Zahlungsfrist *(f)*, Zahlungsaufschub *(m)*

delayed payment verspätete Zahlung *(f)*, verzögerte Zahlung *(f)*

delivery against payment Lieferung gegen Zahlung *(f)*

demand payment Bezahlung verlangen *(f)*, Zahlung verlangen *(f)*

documents against payment Dokumente gegen Zahlung *(pl)*

delivery of documents against payment Zustellung der Dokumente gegen Zahlung *(f)*

documents against payment on arrival of vessel Dokumente gegen Zahlung nach Ankunft des Schiffes *(pl)*, Dokumente gegen Zahlung nach Schiffankunft *(pl)*

documents against payment on presentation Dokumente gegen Zahlung bei Sicht *(pl)*

due date for tax payment Fälligkeitstermin der Steuer *(m)*, Steuerzahlungsfrist *(f)*

dutiable payments Zollabgaben *(pl)*

calculation dutiable payments Zollberechnung *(f)*

collection of dutiable payments Erhebung von Zöllen *(f)*, Zolleinnahme *(f)*

guarantee of dutiable payments Zahlungsgarantie für Zollschuld *(f)*

early payment Zahlung vor dem Fristablauf *(f)*

effect a payment Zahlung leisten *(f)*, einzahlen

electronic payment elektronische Zahlung *(f)*

enforce payment Forderungen einziehen *(pl)*

enlarge a payment Zahlungsfrist verlängern *(f)*, Zahlungstermin stunden *(m)*

exact payment Zahlung beitreiben *(f)*

excess payment Überzahlung *(f)*

exchange payment Zahlung in Währung *(f)*

external payments position Zahlungsbilanzlage *(f)*

extra payment Nachzahlung *(f)*, Zusatzzahlung *(f)*

extra payments of wages Lohnzuschlag *(m)*

failure in payment Nichtbezahlung *(f)*, Nichtzahlung *(f)*, Zahlungsverzug *(m)*

fixed payment Zahlung eines festen Betrags *(f)*

form of payment Zahlungsform *(f)*

full payment volle Einzahlung *(f)*, vollständige Auszahlung *(f)*, vollständige Zahlung *(f)*

guarantee of payment Garantie der Bezahlung *(f)*, Zahlungsgarantie *(f)*

hire-purchase payment Abschlagszahlung *(f)*, Ratenzahlung *(f)*

imbalance of payments Ungleichgewicht der Zahlungsbilanz *(n)*

immediate payment prompte Bezahlung *(f)*, Sofortbezahlung *(f)*

initial payment Draufgeld *(n)*
installment payment Abschlagszahlung *(f)*, Ratenzahlung *(f)*
instant payment prompte Bezahlung *(f)*, Sofortbezahlung *(f)*
insurance payment Versicherungszahlung *(f)*, Zahlung des Versicherungsbetrags *(f)*
interest for late payment Säumniszinsen *(pl)*, Verzugszuschlag *(m)*
interest payment Zinszahlung *(f)*
interim payment Vorauszahlung *(f)*, vorläufige Vorauszahlung *(f)*
international payments internationale Zahlungen *(pl)*
invoice payment Rechnung bezahlen *(f)*
involuntary payment Zwangszahlung *(f)*
inward payment Einzahlung *(f)*
licence payment Lizenzabgabe *(f)*, Lizenzgebühr *(f)*, Urheberrechtsgebühr *(f)*
list of payments Zahlungsliste *(f)*
make a payment Zahlung leisten *(f)*, begleichen, einzahlen
manner of payment Zahlungsmodus *(m)*, Zahlungsweise *(f)*
method of payment Zahlungsmodus *(m)*, Zahlungsweise *(f)*
mode of payment Zahlungsart *(f)*, Zahlungsform *(f)*
money payment Geldzahlung *(f)*
monthly payment monatliche Zahlung *(f)*
mutual payments gegenseitige Zahlungen *(pl)*
non-cash payment bargeldlose Auszahlung *(f)*, unbare Zahlungsweise *(f)*
obligatory payment obligatorische Zahlung *(f)*
order for payment Assignation *(f)*, Zahlungsauftrag *(m)*
overdue payment überfällige Zahlung *(f)*, verspätete Zahlung *(f)*
part payment Ratenzahlung *(f)*, Teilzahlung *(f)*
partial payment Ratenzahlung *(f)*, Teilzahlung *(f)*
periodical payment zyklische Zahlung *(f)*
place of payment Domizil *(n)*, Zahlungsort *(m)*
postpone a payment Zahlungsfrist verlängern *(f)*, Zahlungstermin stunden *(m)*
postpone of payment Aufschub einer Zahlung *(m)*, Stundung einer Forderung *(f)*
postpone the payment Zahlung hinausschieben *(f)*, Zahlung stunden *(f)*, Zahlung verschieben *(f)*

present a bill for payment Wechsel zur Zahlung vorlegen *(m)*
present a cheque for payment Scheck zur Einlösung vorlegen *(m)*
present for payment zur Zahlung vorlegen *(f)*
presentation for payment Vorlage zur Zahlung *(f)*
previous payment Vorausbezahlung *(f)*, Vorauszahlung *(f)*
prolongation of payment Aufschub einer Zahlung *(m)*, Stundung einer Forderung *(f)*
prompt payment Barzahlung *(f)*, Sofortzahlung *(f)*
ranking of payments Zahlungsfolge *(f)*
receipt for payment Einzahlungsschein *(m)*, Zahlungseingang *(m)*, Zahlungsschein *(m)*
refusal of payment Nichtzahlung *(f)*, Zahlungsverweigerung *(f)*
refuse a payment Zahlung verweigern *(f)*
security to ensure payment of the customs debt Garantie für Zollschuld *(f)*
sight payment Sichtzahlung *(f)*
stoppage of payments Einstellung der Zahlungen *(f)*, Zahlungseinstellung *(f)*
subsequent payment Nachzahlung *(f)*, Zuschlag *(m)*
sum of payment Zahlbetrag *(m)*, Zahlungssumme *(f)*
supplementary payment Nachzahlung *(f)*, Zusatzzahlung *(f)*
suspend a payment Zahlung einstellen *(pl)*
suspension of payments Einstellung der Zahlungen *(f)*, Zahlungseinstellung *(f)*
system of payments Zahlungssystem *(n)*
term of payment Fälligkeitstermin *(m)*, Kreditlaufzeit *(f)*, Zahltag *(m)*, Zahlungstag *(m)*, Zahlungstermin *(m)*
prolongation of a term of payment Verlängerung des Zahlungstermins *(f)*, Verlängerung des Zahlungsziels *(f)*
terms of payment Zahlungsmodus *(m)*
convenient terms of payment sonstige Zahlungserleichterungen *(pl)*, Zahlungserleichterungen *(pl)*
time of payment Zahlungsfrist *(f)*
exceeding the time of payment Überschreitung der Zahlungsfrist *(f)*, Überschreitung des Zahlungstermins *(f)*
extension of the time of payment Prolongation *(f)*

fix a time of payment Fälligkeitsdatum festlegen *(n)*
turn of payment Zahlungsfolge *(f)*
turnover of payment Zahlungsverkehr *(m)*
type of payment Art der Bezahlung *(f)*, Zahlungsart *(f)*
unconditional payment unbedingte Zahlung *(f)*
voucher for payment Zahlungseingang *(m)*, Zahlungsschein *(m)*
want of payment Nichtbezahlung *(f)*, Nichtzahlung *(f)*
  protest for want of payment Weigerungsprotest *(m)*

payoff Bezahlung *(f)*, Zahlung *(f)*

peak Gipfel *(m)*, Höhepunkt *(m)*
peak in sales Spitzenverkaufszahlen *(pl)*
peak load begrenzte Belastung *(f)*, Höchstbelastung *(f)*
peak-period tariff Staffeltarif *(m)*
peak sales Spitzenverkaufszahlen *(pl)*
peak
* sales peak Rekordverkauf *(m)*-

pecuniary Geld-
pecuniary compensation Buy-Back *(n)*
pecuniary damage Geldverlust *(m)*
pecuniary means Barmittel *(pl)*, Geldmittel *(pl)*
pecuniary obligation Geldverbindlichkeit *(f)*, Geldverpflichtung *(f)*
pecuniary penalty Geldbuße *(f)*, Geldstrafe *(f)*
pecuniary responsibility materielle Verantwortlichkeit *(f)*

pedigree Stammbaum *(m)*
pedigree note Bescheinigung über Herkunft der Tiere *(f)*, Herkunftstier-Bescheinigung *(f)*
* certificate of pedigree Bescheinigung über Herkunft der Tiere *(f)*, Herkunftstier-Bescheinigung *(f)*

penal Straf-, strafrechtlich
penal clause Vertragsstrafeklausel *(f)*
penal law Strafrecht *(n)*
penal sum Konventionalstrafe *(f)*, Vertragsstrafe *(f)*
* international penal law internationales Strafrecht *(n)*

penalty Buße *(f)*, Strafe *(f)*
penalty clause Geldstrafklausel *(f)*, Strafklausel *(f)*, Vertragsstrafeklausel *(f)*
penalty duty Strafzoll *(m)*

penalty fees Bußgeld *(n)*
penalty for breach of the contract Strafe auf Nichtausführung eines Vertrags *(f)*, Vertragsstrafe *(f)*
penalty for delay Verzugsstrafe *(f)*
penalty for delayed delivery Strafe auf verspätete Lieferung *(f)*, Strafe auf verzögerte Lieferung *(f)*
penalty for nonperformance of a contract Kontraktstrafe *(f)*, Strafe für Vertragsbruch *(f)*
penalty interest Strafzinsen *(pl)*
penalty tariff Vergeltungszolltarif *(m)*
penalty tax Strafsteuer *(f)*
penalty under a contract Vertragsstrafe *(f)*
* administrative penalty administrative Strafe *(f)*, Ordnungsstrafe *(f)*, Verwaltungsstrafe *(f)*
contract penalty Kontraktstrafe *(f)*, Strafe für Vertragsbruch *(f)*, Vertragsstrafe *(f)*
contractual penalty Konventionalstrafe *(f)*, Vertragsstrafe *(f)*
conventional penalty Konventionalstrafe *(f)*, Vertragsstrafe *(f)*
customs penalty Zollgeldstrafe *(f)*, Zollstrafe *(f)*
disciplinary penalty Ordnungsstrafe *(f)*
fiscal penalty Steuerstrafe *(f)*
impose a penalty Sanktion anwenden *(f)*, Strafe auferlegen *(f)*
monetary penalty Geldbuße *(f)*, Geldstrafe *(f)*
pay a penalty Geldbuße entrichten *(f)*
pecuniary penalty Geldbuße *(f)*, Geldstrafe *(f)*
tax penalty Steuerstrafe *(f)*
type of penalty Strafart *(f)*

per per
per diem rate Tagelohnsatz *(m)*, Tagessatz *(m)*
per kg price Kilogrammpreis *(m)*
per railroad auf Bahn und Landweg, im Eisenbahnverkehr *(m)*
per sample laut Muster *(n)*, nach Muster *(n)*
* quantity as per contract Menge entspricht dem Kontrakt *(f)*
quantity as per invoice Rechnungsmenge *(f)*
quantity as per list Menge nach Verzeichnis *(f)*
quality as per sample mustergemäße Qualität *(f)*, Qualität laut Muster *(f)*

percent Prozent *(n)*, Zins *(m)*
percent commission prozentuale Provision *(f)*
percent loan verzinsliche Anleihe *(f)*
percent rate prozentuales Verhältnis *(n)*

percentage Geschäftsanteil *(m)* **2.** prozentuale Provision *(f)* **3.** prozentuales Verhältnis *(n)*

percentage composition Prozentgehalt *(m)*
percentage index prozentualer Index *(m)*
percentage point Prozentpunkt *(m)*
percentage share Prozentanteil *(m)*, prozentualer Anteil *(m)*
percentage tare prozentuale Tara *(f)*

perfect perfekt
perfect clearance vollständige Zollabfertigung *(f)*
perfect competition vollkommene Konkurrenz *(f)*, vollkommener Wettbewerb *(m)*
perfect entry vollständige Zollerklärung *(f)*

perform ausführen, leisten
perform a contract Vertrag erfüllen *(m)*
perform quarantine in Quarantäne legen *(f)*
perform an obligation Verpflichtung einlösen *(f)*
perform services Dienste erbringen *(pl)*, Dienste leisten *(pl)*

performance Ausführung *(f)*, Erfüllung *(f)*, Funktionieren *(n)*
performance assurance Garantie für technische Parameter *(f)*
performance bond Gewährleistungsgarantie *(f)*, Liefergarantie *(f)*
performance clause Performanceklausel *(f)*
performance guarantee Leistungsgarantie *(f)*
performance indicator Leistungsmaßstab *(m)*
performance of contract Ausführung eines Vertrags *(f)*, Vertragserfüllung *(f)*
  place of performance of contract Bestimmungsort *(m)*, Ort der Leistung *(m)*
performance security Bürgschaft *(f)*, Leistungsgarantie *(f)*
* compensatory performance Ausgleichsleistung *(f)*
economic performance Geschäftstätigkeit *(f)*, wirtschaftliche Aktivität *(f)*, Wirtschaftsaktivität *(f)*, Wirtschaftstätigkeit *(f)*
liability for a late performance Verzugshaftung *(f)*
part performance Teilleistung *(f)*
place of performance Erfüllungsort *(m)*
quality performance Gütekoeffizient *(m)*

performer Hersteller *(m)*, Produzent *(m)*

peril Gefahr *(f)*
peril covered Gefahr gedeckt *(f)*
perils insured against gedecktes Risiko *(n)*, versicherte Gefahr *(f)*
perils of the sea Seegefahr *(f)*
* covered peril gedecktes Risiko *(n)*, versicherte Gefahr *(f)*
insured perils Versicherungsgefahren *(pl)*
marine perils Seegefahr *(f)*, Meergefahr *(f)*, Meerrisiko *(n)*
maritime perils Seegefahr *(f)*, Meergefahr *(f)*, Meerrisiko *(n)*
sea perils Seegefahr *(f)*, Seetransportrisiko *(n)*, Meergefahr *(f)*, Meerrisiko *(n)*

period Periode *(f)*, Zeitraum *(m)*
period allowed for unloading Löschfrist *(f)*, Löschzeit *(f)*
period bill Terminwechsel *(m)*, Zeitwechsel *(m)*
period fixed for the re-exportation of goods Wiederausfuhrfrist *(f)*
period in question Bezugszeitraum *(m)*, Referenzperiode *(f)*
period of acceptance Abnahmetermin *(m)*, Annahmefrist *(f)*
  comply with the period of acceptance Abnahmetermin einhalten *(m)*
period of cover Versicherungszeit *(f)*
period of coverage Versicherungsdauer *(f)*, Versicherungsperiode *(f)*
  end of period of coverage Auslaufen der Versicherung *(n)*, Ende der Versicherung *(n)*
period of credit Kreditlaufzeit *(f)*
period of custody Lagerzeit *(f)*
period of delivery Einlieferungszeit *(f)*, Lieferfrist *(f)*, Lieferungszeit *(f)*
period of economic use wirtschaftliche Lebensdauer *(f)*
period of execution of a contract Erfüllungstermin *(m)*, Zeit der Kontraktausführung *(f)*, Zeit der Vertragsausführung *(f)*
period of grace Nachfrist *(f)*, Zusatzfrist *(f)*
period of insurance Versicherungsdauer *(f)*, Versicherungsperiode *(f)*
  end of period of insurance Auslaufen der Versicherung *(n)*, Ende der Versicherung *(n)*
period of a licence Lizenzdauer *(f)*
period of limitation Verjährungsfrist *(f)*, Verjährungszeit *(f)*
period of loan Laufzeit eines Darlehens *(f)*
period of notice Kündigungsfrist *(f)*

period of prescription Lauf der Verjährung (m), Lauf der Verjährungsfrist (m), Verjährungsfrist (f)

period of registration Registrierungsdatum (n), Registrierungstag (m)

period of storage Lagerhaltungszeit (f), Lagerungsfrist (f), Lagerungszeit (f)

period of transportation Förderzeit (f), Transportzeit (f)

period of validity Dauer der Gültigkeit (f), Gültigkeitsdauer (f)

period of validity of certificates Gültigkeitsdauer der Bescheinigung (f)

period of warranty Garantiezeit (f), Gewährleistungfrist (f)

* accounting period Abrechnungszeitraum (m), Erhebungszeitraum (m), Rechnungsperiode (f)

contractual period Vertragsfrist (f), Vertragszeit (f)

credit period Kreditdauer (f), Kreditfrist (f)

delivery period Lieferfrist (f), Liefertermin (f)

claim of delivery period Lieferfristreklamation (f), Lieferterminreklamation (f)

meet the delivery period Lieferfrist einhalten (f)

depreciation period Abschreibungszeitraum (m), Amortisationsfrist (f)

established period fixer Termin (m)

expiry of a period Ablauf einer Frist (m)

further period zusätzliche Frist (f), Zusatztermin (m)

grace period Karenz (f), Nachfrist (f), Wartezeit (f)

grace period for tax Steueraussetzung (f)

guarantee period Garantiedauer (f), Garantiefrist (f)

housing period Lagerdauer (f), Lagerungszeit (f)

indemnity period Haftungsdauer (f)

insurance period Versicherungsdauer (f)

letter of credit period Gültigkeitsdauer des Akkreditivs (f)

loading period Ladetermin (m)

loss due waiting periods Ausfallverlust (m)

minimum period Mindestfrist (f)

motion period Antragsfrist (f)

operating period Betriebsdauer (f), Nutzungsdauer (f)

order period Bestellungszyklus (m)

planned period geplanter Termin (m)

policy period Versicherungsperiode (f), Versicherungszeit (f)

prescribed period festgesetzte Frist (f)

qualifying period Karenzzeit (f)

quota period (customs) Kontingentszeitraum (m)

reference period Bezugszeitraum (m), Referenzperiode (f)

repayment period Tilgungszeitraum (m)

restoration of period Wiedergewährung einer Frist (f)

settlement period Abrechnungszeitraum (m), Erhebungszeitraum (m)

stock-carrying period Lagerdauer (f), Lagerungszeit (f)

storage period Lagerdauer (f), Lagerfrist (f), Lagerzeit (f)

storekeeping period Lagerfrist (f), Lagerzeit (f)

storing period Lagerdauer (f)

supplementary period Nachfrist (f)

tax period Steuerperiode (f), Steuerzeitraum (m)

end of the tax period Ende des Steuerzeitraums (n)

taxation period Steuerperiode (f)

validity period Gültigkeitsdauer (f)

warranty period Garantiezeit (f), Gewährleistungfrist (f)

periodic periodisch

periodic customs declaration periodische Zolldeklaration (f)

periodic declaration (customs) periodische Anmeldung (f)

periodic fluctuations periodische Schwankungen (pl)

periodic inspection periodische Prüfung (f)

periodical periodisch

periodical freight Zeitfracht (f)

periodical payment zyklische Zahlung (f)

perishable verderblich

perishable cargo leichtverderbliche Ladung (f)

perishable commodities verderbliche Waren (pl)

perishable goods leicht verderbliche Ware (f), verderbliche Ware (f)

perishable load leichtverderbliches Gut (n)

perishables verderbliche Ware (f)

permanent ständig

permanent agent regulärer Vertreter (m)

permanent commission ständige Kommission (f)

permanent exhibition Dauerausstellung *(f)*
permanent representative ständiger Vertreter *(m)*
permanent visa Dauervisum *(n)*
permanently endgültig
permanently import endgültige Einfuhr *(f)*
permissible zulässig
permissible length zulässige Länge *(f)*
permissible limit zulässige Grenze *(f)*
permissible load Regelbelastung *(f)*, zulässige Last *(f)*
permissible maximum weight zulässige Gesamtmasse *(f)*
permission Erlaubnis *(f)*
permission for international customs transit Erlaubnis für den internationaler Zolltransit *(f)*
permission for subjecting goods to a desired customs procedure Betwilligung zur Überführung von Waren in ein Zollregime *(f)*
permission of the customs authorities Zollgenehmigung *(f)*
permission to export Ausfuhrbewilligung *(f)*
* obtain a permission Genehmigung erhalten *(f)*
unloading permission Ausladeerlaubnis *(f)*, Löscherlaubnis *(f)*
permit Bewilligung *(f)*, Genehmigung *(f)*, Lizenz *(f)*
permit for export Exportbewilligung *(f)*
permit for re-export Reimporterlaubnis *(f)*
permit number Nummer der Genehmigung *(f)*
permit of transit Transitbewilligung *(f)*
permit to lade Verladegenehmigung *(f)*, Zollverladegenehmigung *(f)*
* anchorage permit Ankergenehmigung *(f)*
booking permit Buchungsnote *(f)*
cancel a permit Genehmigung annullieren *(f)*
clearance permit Klarierungsbrief *(m)*, Zollgeleitschein *(m)*
customs permit Zollabfertigungsschein *(m)*, Zollerlaubnisschein *(m)*, Zollpassierschein *(m)*
discharging permit Ausladeerlaubnis *(f)*
discharging permit Löscherlaubnis *(f)*
entry permit Einfuhrbewilligung *(f)*, Einfuhrgenehmigung *(f)*, Einreisegenehmigung *(f)*, Entlauferlaubnis *(f)*, Importlizenz *(f)*
exchange permit Devisengenehmigung *(f)*
exit permit Ausfuhrerlaubnis *(f)*, Ausfuhrgenehmigung *(f)*, Ausreisegenehmigung *(f)*

export permit Ausfuhrbewilligung *(f)*, Ausfuhrlizenz *(f)*, Exportlizenz *(f)*
import permit Einfuhrbewilligung *(f)*, Einfuhrerlaubnis *(f)*, Importbewilligung *(f)*, Importgenehmigung *(f)*
landing permit Verladegenehmigung *(f)*, Zollentladegenehmigung *(f)*
loading permit Verladegenehmigung *(f)*
re-export permit Reexportgenehmigung *(f)*
reimport permit Wiedereinfuhrbewilligung *(f)*
transhipment permit Umschlagerlaubnis *(f)*, Umschlaggenehmigung *(f)*
transit permit Durchreisegenehmigung *(f)*, Transitbewilligung *(f)*, Transitgenehmigung *(f)*
type of permit Genehmigungsart *(f)*
withdraw a permit Genehmigung annullieren *(f)*
perpetual haltbar
perpetual credit unbefristeter Kredit *(m)*
perpetual debt unbefristete Schuld *(f)*
person Person *(f)*
person authorized to issue documents zum Ausstellen von Urkunden befugte Person *(f)*
person duly authorized Bevollmächtigter *(m)*
person established in the Community Person, die in der Gemeinschaft ansässig ist *(f)*
person in authority bevollmächtigte Person *(f)*, Bewilligungsinhaber *(m)*
personal Personal-
personal accident insurance private Unfallversicherung *(f)*
personal baggage persönliches Reisegepäck *(n)*
personal data Personalien *(pl)*
personal department Personalabteilung *(f)*
personal guarantee persönliche Garantie *(f)*
personal liability zivilrechtliche Haftpflicht *(f)*, zivilrechtliche Verantwortung *(f)*
personal liability insurance Haupflichtversicherung *(f)*
personal luggage Handgepäck *(n)*, persönliches Gepäck *(n)*
personal responsibility persönliche Verantwortlichkeit *(f)*
personal search körperliche Durchsuchung *(f)*
* association of persons Gesellschaft bürgerlichen Rechts *(f)*
authorized person bevollmächtigte Person *(f)*, Bewilligungsinhaber *(m)*
bill of lading to a named person nominelles Konnossement *(n)*

bill of lading to a specified person Rektakonnossement *(n)*, Rektaladeschein *(m)*
binding by tender open to selected person schriftliche beschränkte Ausschreibung *(f)*
deliver the goods to another person an eine andere Person die Ware liefern *(f)*
domestic person Resident *(m)*
endorse a bill to a person Wechsel voll indossieren *(m)*
endorse to a person voll indossieren
foreign person ausländische Person *(f)*
goods intended for personal use Waren für den persönlichen Gebrauch *(pl)*
juridical person juristische Person *(f)*, Rechtsperson *(f)*
legal person juristische Person *(f)*, Körperschaft *(f)*
movement of persons, goods and services Personen-, Waren- und Dienstleistungsverkehr *(m)*
natural person natürliche Person *(f)*
particulars of the persons Personalien *(pl)*
purchase on another person's account Kauf für fremde Rechnung *(m)*
taxable person for the purposes of VAT Mehrwertsteuerpflichtiger *(m)*
status of taxable person Status der steuerpflichtigen Person *(m)*

personality Persönlichkeit *(f)*
action in personality Zivilklage *(f)*, zivilrechtliche Klage *(f)*
legal personality Rechtspersönlichkeit *(f)*
product personality Individualisierung von Ware *(f)*

personnel Mannschaft *(f)*, Personal *(n)*
2. Personal-
personnel division Personalabteilung *(f)*
personnel leasing Personalleasing *(n)*
* additional personnel Zusatzpersonal *(n)*
attending personnel Bedienungspersonal *(n)*
consulate personnel Konsularpersonal *(n)*
operating personnel Bedienungspersonal *(n)*, Betriebspersonal *(n)*

petition Vorschlag *(m)*

petitioner Antragsteller *(m)*

petroleum Petroleum *(n)*
petroleum car Kesselwaggon *(m)*
petroleum ship Leichtöltanker *(m)*

petty klein
petty average kleine Havarie *(f)*
* customs petty offence Zollverstoß *(m)*

photocopy Fotokopie *(f)*
photocopy of copy 5 of the SAD Fotokopie des Exemplars Nr. 5 des Einheitspapiers *(f)*

phrasing Formulierung *(f)*
phrasing of a document Wortlaut des Dokumentes *(m)*

physical physisch
physical commodity Promptware *(f)*
physical count of goods Warenspezifikation *(f)*
physical distribution physische Distribution *(f)*
physical quantity physikalische Größe *(f)*
physical stock physischer Vorrat *(m)*

phytopathological phytopathologisch
phytopathological certificate pflanzenschutzrechtliches Zeugnis *(n)*
* sanitary phytopathological certificate Gesundheitsattest *(n)*
sanitary phytopathological note phytopathologisches Gesundheitszeugnis *(n)*

phytosanitary phytosanitär
phytosanitary certificate Gesundheitattest *(n)*, Gesundheitsattest *(n)*, Pflanzengesundheitszeugnis *(n)*, phytopathologisches Gesundheitszeugnis *(n)*
phytosanitary inspection Kontrolle aus pflanzenschutzrechtlichen Gründen *(f)*, pflanzenschutzrechtliche Kontrolle *(f)*
phytosanitary note Gesundheitattest *(n)*, phytopathologisches Gesundheitszeugnis *(n)*
phytosanitary regulations pflanzenschutzrechtliche Bestimmungen *(pl)*

pick Auswahl *(f)*
pick order Abbuchungsauftrag *(m)*, Entnahmeauftrag *(m)*

pick up Übernahme *(f)*
pick up and delivery Übernahme und Auslieferung *(f)*
* customer pick up Selbstabholung *(f)*
date of pick-up Empfangsdatum *(n)*

piece Kollo *(n)*
piece goods Stückgut *(n)*, stücktes Gut *(n)*, Zählgut *(n)*
piece price Einzelpreis *(m)*, Stückpreis *(m)*
piece rate pay Objektleistungslohn *(m)*, Objektlohn *(m)*

* **duty by piece** Stückzoll *(m)*
freight per piece Fracht berechnet nach Kolizahl *(f)*, Fracht per Stück *(f)*
number of pices Stückzahl *(f)*
production piece gewerbliches Modell *(n)*
sale by piece Stückverkauf *(m)*, stückweiser Verkauf *(m)*
sell by the piece in einzelnen Stücken verkaufen *(pl)*, stückweise verkaufen

pier Pier *(f)*, Schiffslände *(f)*
pier crew Dockkolonne *(f)*
* **ex pier** ab Kai *(m)*, frei Quai *(m)*

pier-to-house Pier-Haus-Transport *(m)*

piggy-back Huckepack-
piggy-back traffic Huckepackverkehr *(m)*

pilferage Kleindiebstahl *(m)*
theft, pilferage and non-delivery Diebstahl, Beraubung, Nichtauslieferung, Diebstahl, Kleindiebstahl, Nichtauslieferung
theft, pilferage, non and/or short delivery Diebstahl, Beraubung, Nichtauslieferung *(m/f/f)*

pillage Ausraubung *(f)*

pilot lotsen

pilot Lotse *(m)* **2.** Lotsen- **3.** Probe-
pilot boat Lotsenboat *(n)*, Lotsenversetzboot *(n)*
pilot cutter Lotsenkutter *(m)*
pilot duty Lotsengeld *(n)*
pilot flag Lotseflagge *(f)*
pilot lot Anlaufserie *(f)*
pilot order Probeauftrag *(m)*, Probebestellung *(f)*, Vorserie *(f)*
pilot quantity Probequalität *(f)*
pilot service Lotsendienste *(pl)*
pilot ship Lotsenfahrzeug *(n)*
* **coasting pilot** Küstenlotse *(m)*
compulsory pilot Pflichtlotse *(m)*, Zwangslotse *(m)*
dock pilot Hafenlotse *(m)*
harbour pilot Hafenpilot *(m)*
ice pilot Eislotse *(m)*
river pilot Flusslotse *(m)*
sea pilot Seelotse *(m)*

pilotage Lotsen *(n)* **2.** Lotsengebühr *(f)*, Lotsengeld *(n)*
pilotage certificate Lotsenpatent *(n)*
pilotage contract Lotsenvertrag *(m)*
pilotage due Lotsengebühr *(f)*, Lotsengeld *(n)*
pilotage duty Lotsengebühr *(f)*, Lotsengeld *(n)*

pilotage fee Lotsengebühr *(f)*, Lotsengeld *(n)*
pilotage receipt Lotsenschein *(m)*
pilotage service Lotsendienst *(m)*, Lotsenleistungen *(pl)*
* **compulsory pilotage** Lotsenzwang *(m)*
free pilotage Lotsenfreiheit *(f)*
optional pilotage Lotsenfreiheit *(f)*

piloting lotsend
piloting receipt Lotsenschein *(m)*

pinch Geld abnötigen *(n)*

pioneer Pionier *(m)* **2.** wegbereitend
pioneer export bahnbrechender Export *(m)*

pipeline Pipeline *(f)*, Rohrleitung *(f)* **2.** Pipeline-
pipeline service Pipelinetransport *(m)*
* **audit of the records held by the owner of the pipeline** Prüfung der Unterlagen des Betreibers der Rohrleitung *(f)*
gas pipeline Gaspipeline *(f)*
off-shore pipeline marine Pipeline *(f)*
simplified procedures for goods moving by pipeline vereinfachte Verfahren für die Warenbeförderung durch Rohrleitungen *(pl)*

piping Pipeline *(f)*

pirate Pirat *(m)*
pirate ship Piratenschiff *(n)*

place legen
place an embargo Embargo belegen *(n)*
place goods in a customs warehouse Waren in ein Zolllager verbringen *(pl)*
place goods in a free zone Waren in eine Freizone verbringen *(pl)*
place goods under a customs procedure Waren einem Zollverfahren zuführen *(pl)*
place in a warehouse einlagern *(n)*
place in bonded warehouse in ein Zolllager einlagern *(n)*
place into bond unter Verschluss lagern *(m)*
place on board ins Schiff stauen *(n)*, Verladung auf ein Schiff *(f)*
place on deposit deponieren, hinterlegen
place an order Auftrag erteilen *(m)*, Auftrag geben *(m)*
place a risk versichern
place under customs control Zollkontrolle unterstellen *(f)*, Zollkontrolle unterwerfen *(f)*
place under customs supervision Zollkontrolle unterwerfen *(f)*

place Ort *(m)*, Platz *(m)*
place of acceptance Annahmestelle *(f)*, Empfangsort *(m)*
place of the accident *(TIR carnet)* Ort des Unfalls *(m)*
place of business Betriebsstelle *(f)*, Wohnort *(m)*
  principal place of business Hauptniederlassung *(f)*, Hauptsitz *(m)*
  place of business of the buyer's Käufersitz *(m)*
  place of business of the seller's Sitz des Verkäufers *(m)*, Verkäufersitz *(m)*
place of clearance Verzollungsort *(m)*, Zollbehandlungsort *(m)*
  free at place of clearance price Preis frei Verzollungsort *(m)*, Preis frei Zollklarierungsort *(m)*
place of clearing Verzollungsort *(m)*, Zollbehandlungsort *(m)*
  free at place of clearing price Preis frei Verzollungsort *(m)*, Preis frei Zollbehandlungsort *(m)*, Preis frei Zollklarierungsort *(m)*
place of conclusion of the contract Ort des Vertragsabschlusses *(m)*, Vertragsschlussort *(m)*
place of contract Ort des Vertragsabschlusses *(m)*, Vertragsschlussort *(m)*
place of customs clearance Ort der Zollabfertigung *(m)*, Zollabfertigungsort *(m)*
  free at place of customs clearance franko Ort der Zollabfertigung *(m)*, frei Zollabfertigungsort *(m)*
place of customs control Zollaufsichtsstelle *(f)*
place of customs examination Ort der Zollabfertigung *(m)*
  free at place of customs examination franko Ort der Zollabfertigung *(m)*
place of customs registration Zollklarierungsort *(m)*
place of customs treatment Ort der Zollabfertigung *(m)*
  free at place of customs treatment franko Ort der Zollabfertigung *(m)*
place of delivery Annahmestelle *(f)*, Lieferort *(m)*, Lieferungsort *(m)*, Ort der Lieferung *(m)*
  free place of delivery to air carrier franko Ort der Übergabe an den Luftfrachtführer *(m)*
  free place of delivery to air carrier at seller's country franko Ort der Übergabe an die Luftfahrtgesellschaft *(m)*

place of destination Bestimmungsort *(m)*, Erfüllungsort *(m)*, Zielort *(m)*
  first place of destination erster Bestimmungsort *(m)*
place of discharge Abladungsort *(m)*, Löschenort *(m)*
  named place of discharge benannter Abladungsort *(m)*, benannter Löschenort *(m)*
place of discharging Ausladeplatz *(m)*, Entladeort *(m)*, Entladestelle *(f)*
place of disembarkation Ausladestelle *(f)*, Entladeort *(m)*
  named place of disembarkation benannte Entladestelle *(f)*, benannter Abladungsort *(m)*, benannter Löschenort *(m)*
place of dispatch Aufgabeort *(m)*
place of entry Eingangsort *(m)*, Grenzübergang *(m)*
place of establishment Geschäftssitz *(m)*
place of fulfillment Erfüllungsort *(m)*
  place of fulfillment of the contract Bestimmungsort *(m)*, Ort der Leistung *(m)*
place of inspection Ort der Beschau *(m)*
place of introduction Ort des Verbringens *(m)*
  first place of introduction erster Ort des Verbringens *(m)*
place of issue Ausgabeort *(m)*, Ausstellungsort *(m)*
place of lightening Ausladeplatz *(m)*, Ausladestelle *(f)*, Entladestelle *(f)*
place of loading Ladeort *(m)*
place of necessity Schutzhafen *(m)*
place of origin Herkunftort *(m)*
place of payment Domizil *(n)*, Zahlungsort *(m)*
place of performance Erfüllungsort *(m)*
  place of performance of contract Bestimmungsort *(m)*, Ort der Leistung *(m)*
place of production Herstellungsort *(m)*
place of residence Wohnsitz *(m)*
  secondary place of residence zweiter Wohnsitz *(m)*, Zweitwohnsitz *(m)*
place of shipment Abfertigungsort *(m)*, Ladeort *(m)*, Ladeplatz *(m)*, Versandort *(m)*
  free place of shipment frei Ladeplatz *(m)*, frei Ladestelle *(f)*
place of shipping Abfertigungsort *(m)*, Ladeort *(m)*, Ladeplatz *(m)*
  named place of shipping benannter Ladeplatz *(m)*
place of storage Ablageplatz *(m)*, Lagerort *(m)*, Lagerplatz *(m)*

place of transaction Geschäftsort *(m)*
place of warehousing Lagerei *(f)*, Lagerort *(m)*
* **average place** Havarieort *(m)*
bank place Banksitz *(m)*
cargo handling place Güterumschlagsplatz *(m)*, Umladungsstelle *(f)*
clearing place Zollbehandlungsort *(m)*, Zollerledigungsort *(m)*
custodianship place Lagerort *(m)*, Verwahrungsort *(m)*
customs clearance place Ort der Zollabfertigung *(m)*, Zollabfertigungsort *(m)*
custom of the place Ortsgebrauch *(m)*, Platzusance *(f)*
customs formalities place Zollabfertigungsort *(m)*
customs treatment place Verzollungsort *(m)*
deliver the goods at particular place Waren im benannten Ort liefern *(pl)*
delivered at place ... /insert named place of destination/ DAP ... /benannter Bestimmungsort/, geliefert am Ort ... /benannter Bestimmungsort/
delivery place Annahmestelle *(f)*, Lieferungsort *(m)*
landing place Abladeplatz *(m)*, Landeplatz *(m)*, Löschort *(m)*
free loading place frei Ladeplatz *(m)*, frei Ladestelle *(f)*
free loading place price Preis frei Ladeort *(m)*
named loading place benannter Entladungsort *(m)*, benannter Ladeplatz *(m)*
loading-out place Löschplatz *(m)*
mooring place Anlegeplatz *(m)*, Festmachenort *(m)*, Festmachenplatz *(m)*, Festmachenstelle *(f)*, Vertäuenplatz *(m)*
named place at the frontier benannter Grenzort *(m)*
payment place Domizil *(n)*, Zahlungsort *(m)*
shipping place Ladeort *(m)*, Verladeplatz *(m)*
free shipping place franko Ort der Verladung *(m)*, frei Verladungsort *(m)*
storing place Lagerplatz *(m)*, Stapelplatz *(m)*
transhipping place Umladungsplatz *(m)*
unloading place Ladeplatz *(m)*
placement Anlegung *(f)* **2.** Emission *(f)* **3.** *(zoll)* Überführung *(f)*
placement of cargo Verteilung der Ladung *(f)*
placement of goods under a customs procedure Überführung einer Ware in das Zollverfahren *(f)*

placement of goods under the temporary importation arrangements Überführung der Waren in die vorübergehende Verwendung *(f)*
placement of goods under the transit procedure Überführung der Waren in das Versandverfahren *(f)*
placement under a customs procedure Überführung in das Zollverfahren *(f)*
placement under the procedure Überführung in das Verfahren *(f)*

plan Plan *(m)*
plan of export Ausfuhrplan *(m)*, Exportplan *(m)*
plan of import Einfuhrplan *(m)*, Importplan *(m)*
plan of investment outlays Investitionsplan *(m)*, Kapitalanlageplan *(m)*
* **additional plan** Nebenplan *(m)*
business plan Businessplan *(m)*, Geschäftsplan *(m)*
capacity plan Raumgehaltsplan *(m)*, Tonnageplan *(m)*
cargo plan Ladungsplan *(m)*, Stauplan *(m)*, Stauungsplan *(m)*
cargo stowage plan Ladungsplan *(m)*, Stauplan *(m)*, Stauungsplan *(m)*
change a plan Plan ändern *(m)*
credit plan Kreditplan *(m)*
daily plan Tagesplan *(m)*
delivery plan Lieferplan *(m)*
distribution plan Vertriebsplan *(m)*
docking plan Eindockenplan *(m)*
economic plan Wirtschaftsplan *(m)*
export plan Ausfuhrplan *(m)*, Exportplan *(m)*, Exportprogramm *(n)*
export-import plan Import- und Exportplan *(m)*
financial plan Finanzplan *(m)*
flight plan Luftstraße *(f)*
foreign-trade plan Außenhandelsplan *(m)*, Außenhandelsprogramm *(n)*
fulfil a plan Plan erfüllen *(m)*
import plan Einfuhrplan *(m)*, Importplan *(m)*
investment plan Investitionsplan *(m)*, Kapitalanlageplan *(m)*
loading plan Stauplan *(m)*, Stauungsplan *(m)*
marketing plan Verkaufsplan *(m)*
master financial plan Hauptfinanzplan *(m)*
master marketing plan Hauptmarketingplan *(m)*
monthly sales plan Monatsverkaufsplan *(m)*
production plan Fertigungszeitplan *(m)*

promotion plan Absatzförderungsplan *(m)*, Förderprogramm *(n)*
quarterly plan Quartalsplan *(m)*
stowage plan Kargo-Plan *(m)*, Stauplan *(m)*, Stauungsplan *(m)*
strategic plan strategischer Plan *(m)*
tonnage plan Raumgehaltsplan *(m)*, Tonnageplan *(m)*
yearly plan Jahresplan *(m)*

planned planmäßig
planned economy Planwirtschaft *(f)*
planned period geplanter Termin *(m)*
planned price geplanter Preis *(m)*
planned receipt geplante Abnahme *(f)*

planning Planung *(f)*
acquisition planning Akquisitionsplanung *(f)*
budget planning Budgetplanung *(f)*
business requrements planning Unternehmensbedarfsplanung *(f)*
cost planning Verbrauchsplanung *(f)*
detail planning Detailplanung *(f)*
marketing planning Marketingplanung *(f)*
material issue planning Materialausgabeplanung *(f)*
network planning Netzplanung *(f)*
order planning Auftragsplanung *(f)*
price planning Preisplanung *(f)*
process planning Prozessplanung *(f)*
sales planning Verkaufsplanung *(f)*

plant Kombinat *(n)*, Werk *(n)*
refrigeration plant Kühlanlage *(f)*, Kühlraum *(m)*

plantation Plantage *(f)*
ex plantation ab Plantage *(f)*, frei ab Pflanzung *(f)*
price ex plantation Preis frei ab Plantage *(m)*

plate Schild *(n)*
approval plate Zulassungstafel *(f)*
TIR plate TIR-Schild *(n)*

platform Plattform *(f)* **2.** *(in aircargo)* Verladeplattform *(f)*
platform container Plattformcontainer *(m)*
platform semitrailer Plattenauflieger *(m)*
* container platform Pritschencontainer *(m)*
lading platform Laderampe *(f)*
load platform *(TIR)* Ladefläche *(f)*
loading platform Laderampe *(f)*
sea platform Seeplattform *(f)*
unloading platform Entladerampe *(f)*

pledge Pfand *(n)* **2.** Pfand-
pledge by registration Registerpfandrecht *(n)*
pledge clause Pfandklausel *(f)*, Pfandrechtsklausel *(f)*
pledge of goods Warenpfand *(n)*
* bank pledge Bankpfandrecht *(n)*
cargo pledge Kargopfandrecht *(n)*
contract of pledge Pfandvertrag *(m)*
property pledge Sachpfand *(n)*
subject of pledge Pfandobjekt *(n)*
take out of pledge Pfand einlösen *(n)*

pledgee Pfandnehmer *(m)*
pledger Verpfänder *(m)*
pledging Verpfändung *(f)*
pledging rate Pfandsatz *(m)*

plenary vollkommen
plenary power allgemeine Bevollmächtigung *(f)*, Prokura *(f)*

plenipotentiary Bevollmächtigter *(m)*, Vollmachtträger *(m)*
plenipotentiary forwarder bevollmächtigter Spediteur *(m)*
plenipotentiary representative bevollmächtigter Vertreter *(m)*

Plimsoll Plimsoll-
Plimsoll line Freibordzeichen *(n)*, Tiefladelinie *(f)*
Plimsoll's mark Freibordmarke *(f)*, Lademarke *(f)*

point Ort *(m)*, Punkt *(m)*
point of clearance trough the customs Ort der Zollabfertigung *(m)*
point of delivery Lieferort *(m)*, Ort der Lieferung *(m)*
point of departure Abflugort *(m)*, Abgangsort *(m)*, Ablaufort *(m)*, Auslaufpunkt *(m)*
point of destination Bestimmungsort *(m)*, Destinationort *(m)*, Erfüllungsort *(m)*
named point of destination benannter Bestimmungsort *(m)*
point of entry Eingangszollstelle *(f)*
point of exit Ausgangszollstelle *(f)*
point of export Exportstelle *(f)*
point of origin Ladeort *(m)*
point of sale Verkaufsort *(m)*, Verkaufspunkt *(m)*
point of shipment Absendungsort *(m)*, Ladeort *(m)*, Verladeplatz *(m)*, Verladungspunkt *(m)*
free point of shipment franko Ort der Verladung *(m)*, frei Verladungsort *(m)*

free point of shipment price Preis frei Entladestelle *(m)*
point of unlading Entladepunkt *(m)*
point of unloading Abladeort *(m)*
point of warehousing Lagerei *(f)*, Lagerort *(m)*
point to point Punkt-Punkt-Verkehr *(m)*
***basis point** Basispunkt *(m)*
border point Grenzstelle *(f)*, Grenzübergangsstelle *(f)*
bulk point Entladeplatz *(m)*, Entladestelle *(f)*
clearing point Zollbehandlungsort *(m)*, Zollerledigungsort *(m)*
clearing trough the customs point Verzollungsort *(m)*
consignment point Versandort *(m)*, Verschiffungsort *(m)*
customs point Zollmeldungsstelle *(f)*
delivery point Ablieferungsort *(m)*, Abnahmebahnhof *(m)*, Empfangsstation *(f)*
discharge point Abflugort *(m)*
discharging point Entladeort *(m)*, Entladungsort *(m)*
disembarkation point Abladeplatz *(m)*, Löschort *(m)*
entry point Ort des Verbringens *(m)*
final point Bestimmungsort *(m)*, Bestimmungspunkt *(m)*, Destinationort *(m)*, Endpunkt *(m)*, Finalpunkt *(m)*
forwarding point Verschiffungsort *(m)*
freezing point Erstarrungstemperatur *(f)*
freight handling point Umschlagpunkt *(m)*, Verladepunkt *(m)*
frontier crossing point Eingangsort *(m)*, Grenzübergang *(m)*
frontier point Grenzstelle *(f)*, Grenzübergangsstelle *(f)*
handling point Umschlagpunkt *(m)*, Verladepunkt *(m)*
initial point Abgangspunkt *(m)*
intermediate point Zwischenpunkt *(m)*
limit point Häufungspunkt *(m)*
loading point Verschiffungsort *(m)*
melting point Schmelztemperatur *(f)*
originating point Abfertigungsort *(m)*, Abgangsstation *(f)*, Versandort *(m)*
percentage point Prozentpunkt *(m)*
price point Preishöchstgrenze *(f)*, Preislimit *(n)*
shipping point Versandort *(m)*, Verschiffungsort *(m)*
starting point Ablaufort *(m)*, Auslaufpunkt *(m)*

unique selling point Alleinstellungsmerkmal *(n)*
unloading point Entladeort *(m)*, Entladeplatz *(m)*, Entladestelle *(f)*, Entladungsort *(m)*
warehousing point Lagerei *(f)*, Lagerort *(m)*, Verwahrungsort *(m)*
point out festlegen

policy Police *(f)*, Versicherungspolice *(f)*
2. Politik *(f)*
policy book Policeliste *(f)*
policy broker Versicherungsagent *(m)*, Versicherungsvertreter *(m)*
policy exclusion Policeanullierung *(f)*
policy expiry date Ablauftermin der Versicherungspolice *(m)*
policy form Versicherungspoliceformular *(n)*
policy holder Policebesitzer *(m)*, Policeinhaber *(m)*
policy number Policenummer *(f)*, Versicherungsnummer *(f)*
policy of marine insurance Seeversicherungspolice *(f)*
policy of reinsurance Rückversicherungspolice *(f)*
policy of trade expansion Politik der Handelsexpansion *(f)*
policy period Versicherungsperiode *(f)*, Versicherungszeit *(f)*
policy proof of interest Gefälligkeitspolice *(f)*, Wertsteigerungspolice *(f)*
policy stamp Policestempelsgebühr *(f)*
policy to bearer Inhaberpolice *(f)*, Überbringerpolice *(f)*
policy to order Orderpolice *(f)*
policy value Versicherungswert nach Police *(m)*
***adjustment of the policy** Berichtigung der Police *(f)*
all-in policy Universalversicherungspolice *(f)*
all-risk policy Universalversicherungspolice *(f)*
anti-import policy Anti-Importpolitik *(f)*
assignment of a policy Abtretung der Police *(f)*
banking policy Bankpolitik *(f)*
basic policy Basispolice *(f)*, Stammpolice *(f)*
bearer policy Inhaberpolice *(f)*, Überbringerpolice *(f)*
blank policy Blankopolice *(f)*, Policefolmular *(n)*
blanked policy Generalpolice *(f)*, Pauschalpolice *(f)*
blanket policy Generalpolice *(f)*
block policy Blankopolice *(f)*, Verkehrspolice *(f)*

cancel a policy Police annullieren *(f)*
cargo policy Frachtversicherungspolice *(f)*, Kargopolice *(f)*, Ladungspolice *(f)*
commercial policy Handelspolitik *(f)*, Politik des Handels *(f)*
  common commercial policy gemeinsame Handelspolitik *(f)*
  discrimination in the commercial policy Diskrimination in der Handelspolitik *(f)*
  external commercial policy Außenhandelspolitik *(f)*, Politik des Außenhandels *(f)*
  commercial policy measures handelspolitische Maßnahmen *(pl)*
common agricultural policy (CAP) gemeinsame Agrarpolitik *(f)*
common customs policy *(EU)* gemeinsame Zollpolitik *(f)*
common fisheries policy gemeinsame Fischereipolitik *(f)*
Community tax policy *(EU)* gemeinsame Steuerpolitik *(f)*
credit policy Kreditpolitik *(f)*
currency policy Währungspolitik *(f)*
declaration policy Abschreibepolice *(f)*, Blankopolice *(f)*, Generalpolice *(f)*
duration of a policy Versicherungsdauer *(f)*, Versicherungszeit *(f)*
exchange policy Währungspolitik *(f)*
execution of a policy Versicherungsabschluss *(m)*
expiration of a policy Ablauf der Police *(m)*
export policy Exportpolitik *(f)*
export sales policy Exportverkaufspolitik *(f)*
fire policy Brandpolice *(f)*
fiscal policy Steuerpolitik *(f)*
floating policy Abschreibepolice *(f)*, Blankopolice *(f)*, Generalpolice *(f)*, Police ohne Wertangabe *(f)*
  floating policy insurance laufende Versicherung *(f)*
foreign currency policy Devisenpolitik *(f)*
foreign trade policy Außenhandelspolitik *(f)*, Politik des Außenhandels *(f)*
forwarding's policy Speditionsversicherungsschein *(m)*
free of particular average policy Police frei von besonderer Havarie *(f)*
freight policy Frachtversicherungspolice *(f)*
general policy Blankopolice *(f)*, Police ohne Wertangabe *(f)*, Verkehrspolice *(f)*
global policy Generalpolice *(f)*, laufende Police *(f)*, Pauschalpolice *(f)*

goods policy Frachtversicherungspolice *(f)*, Kargopolice *(f)*
group policy Sammelpolice *(f)*
growth policy Entwicklungsstrategie *(f)*
honour policy Gefälligkeitspolice *(f)*, Wertsteigerungspolice *(f)*
import policy Importpolitik *(f)*
insurance policy Versicherungspolice *(f)*
  all risks insurance policy Universalversicherungspolice *(f)*
  beneficiary of an insurance policy Versicherer *(m)*, Versicherungsträger *(m)*
  expired insurance policy verfallene Police *(f)*
  floating insurance policy offene Police *(f)*, offene Versicherungspolice *(f)*
  goods insurance policy Kargopolice *(f)*, Ladungspolice *(f)*
  marine insurance policy Seeversicherungspolice *(f)*
  redemption of insurance policy Policenrückkauf *(m)*
  renewal of an insurance policy Erneuerung der Versicherungspolice *(f)*, Policeerneuerung *(f)*
  insurance policy number Policenummer *(f)*, Versicherungsnummer *(f)*
issuance of policy Ausstellung einer Police *(f)*, Versicherungsausstellung *(f)*
issue of policy Ausstellung einer Police *(f)*, Ausstellung einer Versicherungspolice *(f)*, Versicherungsausstellung *(f)*
lending policy Kreditpolitik *(f)*
licence policy Lizenzpolitik *(f)*
life of a policy Versicherungsperiode *(f)*, Versicherungszeit *(f)*
Lloyd's policy Lloyds-Seeversicherungspolice *(f)*, Lloyd's-Versicherungspolice *(f)*
make out a policy Police ausstellen *(f)*
marine policy Seeversicherungspolice *(f)*
Lloyd's marine policy Lloyds-Seeversicherungspolice *(f)*, Lloyd's-Versicherungspolice *(f)*
marketing policy Marketingpolitik *(f)*, Marketingstrategie *(f)*
mercantile policy Handelspolitik *(f)*, Politik des Handels *(f)*
mixed policy gemischte Police *(f)*, Reise- und Zeitpolice *(f)*

named policy Namenspolice *(f)*, namentliche Police *(f)*

non-valued policy untaxierte Police *(f)*

open policy Abschreibepolice *(f)*, offene Police *(f)*, offene Versicherungspolice *(f)*

order policy Orderpolice *(f)*

particular average policy Police mit besonderer Havarie *(f)*

payment default policy Kreditversicherungspolice *(f)*

price policy Preispolitik *(f)*

pricing policy Preispolitik *(f)*, Preisvorschriften *(pl)*

primary policy Basispolice *(f)*, Stammpolice *(f)*

reinsurance policy Rückversicherungspolice *(f)*

renew a policy Police erneuern *(f)*

renewal of a policy Erneuerung der Versicherungspolice *(f)*, Policeerneuerung *(f)*

running policy Blankopolice *(f)*

sales policy Vertriebsplanung *(f)*

simple policy Einzelpolice *(f)*, Normalpolice *(f)*

single policy Einzelpolice *(f)*, Normalpolice *(f)*

stamp duty on policy Policestempelsgebühr *(f)*

standard policy Einheitspolice *(f)*

straight policy Namenspolice *(f)*, namentliche Police *(f)*

subscribe to a policy Police ausstellen *(f)*

supplementary policy Zusatzpolice *(f)*

tariff policy Tarifpolitik *(f)*, Zollpolitik *(f)*

term of a policy Gültigkeitsdauer der Versicherungspolice *(f)*

term policy Zeitpolice *(f)*

ticket policy Blockpolice *(f)*, Einheitspolice *(f)*

time policy zeitlich befristete Police *(f)*, Zeitpolice *(f)*

trade policy Handelspolitik *(f)*

  common trade policy gemeinsame Handelspolitik *(f)*

  free trade policy Freihandelspolitik *(f)*

  means of trade policy handelspolitische Maßnahmen *(pl)*

  restrictive trade policy restriktive Handelspolitik *(f)*

  trade policy instruments handelspolitische Instrumente *(pl)*

transport policy Verkehrspolitik *(f)*

trip policy Police für eine einzige Fahrt *(f)*, Reisepolice *(f)*

unlimited policy Pauschalpolice *(f)*

unvalued policy untaxierte Police *(f)*

valuation of the policy Versicherungsbetragfixierung *(f)*

valuation policy taxierte Police *(f)*, taxierte Versicherungspolice *(f)*

valued policy taxierte Police *(f)*, taxierte Versicherungspolice *(f)*

voyage policy Police für eine einzige Fahrt *(f)*, Reisepolice *(f)*

policy-holder Policeinhaber *(m)*

political politisch

political integration politische Integration *(f)*

political risk politisches Risiko *(n)*

  political risk guarantee Garantie bei politischen Risiken *(f)*

pollution Verunreinigung *(f)*

sea pollution Verschmutzung des Meeres *(f)*

pool Pool *(m)*, Schifffahrtskonferenz *(f)*

pool charter party Poolcharter *(m)*

* cargo pool Cargopool *(m)*

container pool Containerpool *(m)*

financial pool Finanzabkommen *(n)*, Finanzpool *(m)*

freight pool Frachtenpool *(m)*, Frachtkartell *(n)*

insurance pool Versicherungspool *(m)*

licence pool Lizenzpool *(m)*

pallet pool Palettenpool *(m)*

patent pool Patentpool *(m)*

shipping pool Fracht-Schifffahrts-Konferenz *(f)*, Schifffahrtskonferenz *(f)*, Schifffrachtpool *(m)*

trade pool Handelspool *(m)*

traffic pool Fracht-Schifffahrts-Konferenz *(f)*, Schifffahrtskonferenz *(f)*

pooling Vereinigung *(f)*

pooling contract Kartellabkommen *(n)*, Kartellvertrag *(m)*

poor schlecht

poor quality mangelnde Qualität *(f)*, minderwertige Qualität *(f)*, schlechte Qualität *(f)*

port Hafen *(m)* **2.** Backbord *(m)* **3.** Hafenport administration Hafenamt *(n)*, Hafenbehörde *(f)*

port area Hafengebiet *(n)*, Hafenviertel *(n)*

port auction Hafenauktion *(f)*, Hafenverkauf *(m)*

port authority Hafenamt *(n)*, Hafenverwaltung *(f)*

port berth Hafenkai *(m)*

port bill of lading Hafenkonnossement *(n)*

port by-laws Hafenordnung *(f)*, Seehafenordnung *(f)*

port canal Hafenkanal *(m)*, Portkanal *(m)*

port captain Frachtladungsaufseher *(m)*, Kargadeuer *(m)*

port charge Hafengebühr *(f)*, Hafengeld *(n)*

　scale of port charges Hafengeldtarif *(m)*, Hafentarif *(m)*

　table of port charges Hafengeldtarif *(m)*, Hafentarif *(m)*

port charter party Hafencharter *(m)*

port control Hafenkontrolle *(f)*

port development Entwicklung der Häfen *(f)*

port director Hafendirektor *(m)*

port dispatch Hafendispache *(f)*, Hafengeschwindigkeit *(f)*

port dispatcher Hafenmeister *(m)*

port due Hafenkosten *(pl)*, Hafenzoll *(m)*

port duty Hafenkosten *(pl)*, Hafenzoll *(m)*

port embargo Hafensperre *(f)*

port entry Hafeneinfahrt *(f)*

port equipment Hafenausrüstung *(f)*

port handling Hafenumschlag *(m)*

port infrastructure Hafeninfrastruktur *(f)*

port log Hafenbuch *(n)*

port of anchorage Liegehafen *(m)*

port of arrival Einfuhrhafen *(m)*, Eingangshafen *(m)*, Lieferungshafen *(m)*

port of call Anlaufhafen *(m)*, Orderhafen *(m)*, Zwischenhafen *(m)*

　first port of call erster Zwischenhafen *(m)*

　name of the port of call Name des Zwischenhafens *(m)*

　port of call for orders Orderhafen *(m)*, Zwischenhafen *(m)*

port of clearance Abgangshafen *(m)*

port of delivery Ausschiffungshafen *(m)*, Endhafen *(m)*, Entladehafen *(m)*, Lieferungshafen *(m)*

port of departure Abfahrtshafen *(m)*, Abgangshafen *(m)*, Auslaufhafen *(m)*

　free port of departure frei Abfahrtshafen *(m)*, frei Auslaufhafen *(m)*

　initial port of departure erster Verladehafen *(m)*

　name of the port of departure Name des Versandhafens *(m)*

port of destination Ausladehafen *(m)*, Bestimmungshafen *(m)*, Empfangshafen *(m)*, Lieferungshafen *(m)*

　final port of destination Ausladehafen *(m)*, Bestimmungshafen *(m)*, Lieferungshafen *(m)*

　free at port of destination frei Bestimmungshafen *(m)*

　free port of destination frei Entladehafen *(m)*, frei Löschungshafen *(m)*

　named port of destination benannter Entladehafen *(m)*, benannter Löschungshafen *(m)*

port of discharge Entschiffungshafen *(m)*, Löschhafen *(m)*, Löschungshafen *(m)*

　free at port of discharge frei Entladehafen *(m)*, frei Löschungshafen *(m)*

port of distress Nothafen *(m)*

port of embarkation Einschiffungshafen *(m)*, Verladehafen *(m)*, Verschiffungshafen *(m)*

port of entry Abfertigungshafen *(m)*, Einfuhrhafen *(m)*, Eingangshafen *(m)*

port of lading Verladungshafen *(m)*, Verschiffungshafen *(m)*

　name of the port of loading Name des Verladehafens *(m)*

port of landing Ausschiffungshafen *(m)*, Löschhafen *(m)*, Löschungshafen *(m)*, Einschiffungshafen *(m)*

port of necessity Liegehafen *(m)*

port of quarantine Quarantänehafen *(m)*

port of refuge Schutzhafen *(m)*

port of registry Registerhafen *(m)*

port of sailing Abfahrtshafen *(m)*, Auslaufhafen *(m)*

port of shipment Abgangshafen *(m)*, Ladehafen *(m)*

　deliver the goods on the board the vessel at the port of shipment Ware an Bord des Schiffes im Verschiffungshafen liefern *(f)*

　determine the port of shipment Verladehafen bestimmen *(m)*

　free at port of shipment frei Abgangshafen *(m)*, frei Verschiffungshafen *(m)*

　free at port of shipment price Preis frei Versandhafen *(m)*

　named port of shipment benannter Ladehafen *(m)*, benannter Verladungshafen *(m)*, benannter Verschiffungshafen *(m)*

　original port of shipment ursprünglicher Verladehafen *(n)*

port of transhipment Umladehafen *(m)*, Umschlaghafen *(m)*

port of transit Durchgangshafen *(m)*, Transithafen *(m)*

port of unloading Ausschiffungshafen *(m)*, Entladehafen *(m)*
  name of the port of unloading Name des Entladehafens *(m)*
port railway station Hafenstation *(f)*
port reeve Hafenaufseher *(m)*, Hafenaufsichtsbeamter *(m)*
port regulations Hafenordnung *(f)*, Hafenvorschriften *(pl)*
port risk Hafenrisiko *(n)*
port sale Hafenauktion *(f)*, Hafenverkauf *(m)*
port services Dienstleistungen im Hafen *(pl)*, Hafendienstleistungen *(pl)*
port side Backbord *(m)*
port speed Hafendispache *(f)*, Hafengeschwindigkeit *(f)*
port station Hafenbahnhof *(m)*, Hafenstation *(f)*
port store Docklager *(n)*, Hafenlager *(n)*
port terminal Hafenterminal *(m)*
port-to-port bill of lading Direktkonnossement *(n)*
port transport infrastructure Hafentransportinfrastruktur *(f)*
port warden Hafenaufseher *(m)*, Hafenaufsichtsbeamter *(m)*
port wharf Hafenkai *(m)*
* **according to the custom of the port** laut Hafenbrauch *(m)*
authorities of the port Seehafenbehörde *(f)*
customs authorities of the port Zollstelle des Hafens *(f)*
autonomous port autonomer Hafen *(m)*
ballast port Ballasthafen *(m)*
base port Basishafen *(m)*, Haupthafen *(m)*
  goods delivered to base port Vorreisegut *(n)*
block a port Hafen sperren *(m)*
blockade a port Hafen sperren *(m)*
bonded port Seezollhafen *(m)*, Zollhafen *(m)*, Seezollhafen *(m)*, Zollhafen *(m)*
captain of the port Hafenkapitän *(m)*, Hafenmeister *(m)*
closed port geschlossener Hafen *(m)*
coastal port Außenhafen *(m)*, Vorreisehafen *(m)*
commercial port Handelshafen *(m)*
conference port liner terms charges Konferenzraten *(pl)*
congestion of the port Hafenverstopfung *(f)*
container port Containerhafen *(m)*
contractual port Vertragshafen *(m)*

crowding of a port Hafenverstopfung *(f)*
custom of port Hafenbrauch *(m)*, Hafenusance *(f)*
  according to the custom of the port laut Hafenbrauch *(m)*
customs port Seezollhafen *(m)*, Zollabfertigungshafen *(m)*
debarkation port Ausschiffungshafen *(m)*
designate a port Hafen nominieren *(m)*
direct port direkter Hafen *(m)*
domestic port Innenhafen *(m)*
embarkation port Verschiffungshafen *(m)*
entrepôt port Hafenmarkt *(m)*
estuary port Flusshafen *(m)*
feeder port Außenhafen *(m)*, Vorreisehafen *(m)*
ferry-boat port Fährhafen *(m)*
final port Ausladehafen *(m)*, Bestimmungshafen *(m)*, Lieferungshafen *(m)*
first arrival port erster Ankunftshafen *(m)*
fishing port Fischereihafen *(m)*
foreign port ausländischer Hafen *(m)*, fremder Hafen *(m)*, Überseehafen *(m)*
free port franko Hafen *(m)*, frei Hafen *(m)* 2. Freihafen *(m)*, Wiederausfuhrhafen *(m)*, Zollfreihafen *(m)*
general cargo port Stückguthafen *(m)*
goods delivered to base port Vorreisegut *(n)*
handling capacity of a port Hafenkapazität *(f)*
home port Heimathafen *(m)*, Registerhafen *(m)*
ice-free port eisfreier Hafen *(m)*
inland port Binnenhafen *(m)*, Inlandshafen *(m)*
inner port Innenhafen *(m)*
intermediate port Orderhafen *(m)*
loading port Einschiffungshafen *(m)*, Verladehafen *(m)*, Versandhafen *(m)*
main port Basishafen *(m)*, Haupthafen *(m)*
native port Heimathafen *(m)*, Registerhafen *(m)*
ocean port Seehafen *(m)*
open port Freihafen *(m)*, offener Hafen *(m)*
operating a port Hafenbetrieb *(m)*
option port Optionshafen *(m)*
optional port Wahlhafen *(m)*
outer port Außenhafen *(m)*
public port öffentlicher Hafen *(m)*
quarantine port Quarantänehafen *(m)*
range port Rangehafen *(m)*, Rangeport *(m)*
receiving port Lieferungshafen *(m)*
refueling port Bunkerhafen *(m)*
register port Registerhafen *(m)*
river port Binnenhafen *(m)*, Flusshafen *(m)*
rotation of ports Umschlag des Hafens *(m)*

safe berth, safe port sicherer Kai, sicherer Hafen *(m/m)*
safe berth-port sicherer Kai, sicherer Hafen *(m/m)*
sea port Seehafen *(m)*
seasonal port Saisonalhafen *(m)*
secondary port Vorreisehafen *(m)*
shipping port Ladehafen *(m)*, Verladehafen *(m)*
terminal port Sackhafen *(m)*
traffic of the port Hafenverkehr *(m)*
transhipment port Umladehafen *(m)*, Umschlaghafen *(m)*
transit port Durchgangshafen *(m)*, Transithafen *(m)*
usage of the port Hafenbrauch *(m)*, Hafenusance *(f)*
portal Portal-
portal crane Portalkran *(m)*
port-duty Hafengebühr *(f)*
porterage Frankogebühr *(f)*, Freigebühr *(f)*
contract of portage Transportvertrag *(m)*
free portage frei Beförderungsgeld *(n)*, frei Frachtlohn *(m)*
portfolio Portfolio *(n)*
portfolio investment abroad Auslandsportfolioinvestitionen *(pl)*
portion Satz *(m)* **2.** Tranche *(f)* **3.** Anteil *(m)*
portion of costs Kostenanteil *(m)*
portside Backbord *(m)*, Bordwand *(f)*
position Lage *(f)*, Stelle *(f)* **2.** Tarifposition *(f)* **3.** Position *(f)*
position in the customs tariff Tarifposition *(f)*
position of an account Kontenstand *(m)*
position of goods Status der Waren *(m)*
position of the market Marktlage *(f)*
position of a vessel Schiffsposition *(f)*, Seeposition *(f)*
position report Positionsberichte *(f)*
* balance of payments position Zahlungsbilanzlage *(f)*
external payments position Zahlungsbilanzlage *(f)*
financial position finanzielle Lage *(f)*
financial position Finanzlage *(f)*
juridical position rechtliche Stellung *(f)*
vessel's position Schiffsposition *(f)*, Seeposition *(f)*
positive positiv
positive result positives Ergebnis *(n)*

possessor Eigentümer *(m)*
possessor of goods Eigentümer der Waren *(m)*
possible wie möglich
maximum possible loss größtmöglicher Schaden *(m)*
shipment as soon as possible Verschiffung so schnell wie möglich *(f)*
post Geschäftsstelle *(f)*, Stelle *(f)* **2.** Postamt *(n)*
post office Postamt *(n)*
free post office frei Postamt *(n)*
railway post office Bahnpostamt *(n)*
post office box Postfach *(n)*
post office of arrival Bestimmungspoststelle *(f)*
post office of departure Abgangspoststelle *(f)*
post parcel Postsendung *(f)*
post receipt Posteinlieferungsschein *(m)*, Postlieferungsschein *(m)*, Postrezepisse *(n)*
post ship Postschiff *(n)*
* air post Flugpost *(f)*, Luftpost *(f)*
by post durch die Post *(f)*
consular post konsularische Post *(f)*
customs post Zollstelle *(f)*, Zollwache *(f)*
delivery by post Lieferung per Post *(f)*
frontier post Grenzposten *(m)*, Grenzübergangsstelle *(f)*
business hours at frontier posts Öffnungsdauer der Grenzübergangsstellen *(f)*
letter post Schreiben *(n)*
parcel post insurance Postsendungsversicherung *(f)*
registered post Einschreibesendung *(f)*
send by post per Post schicken *(f)*
postage Frankatur *(f)*, Frankierung *(f)* **2.** Frankogebühr *(f)*, Freigebühr *(f)*
postage stamp Postmarke *(f)*
* additional postage Nachporto *(n)*
postal Post-
postal address Nachsendeadresse *(f)*, Postanschrift *(f)*
postal advertising Werbung durch Post *(f)*
postal charge Frankogebühr *(f)*, Freigebühr *(f)*
postal cheque Postscheck *(m)*
postal code Postleitzahl *(f)*
postal collection order Postnachnahme *(f)*
postal convention Postvertrag *(m)*

postal delivery Postzustellung *(f)*, Zustellung durch die Post *(f)*

postal mark Poststempel *(m)*

postal parcel Postpaket *(n)*

postal regulations Postvorschriften *(pl)*

postal tariff Posttarif *(m)*

postal traffic Postverkehr *(m)*

postal wrapper Streifband *(n)*

* collecting postal delivery Empfang der Postsendung *(m)*

delivery of postal parcels Zustellung von Postsendungen *(f)*

post-clearance verification Nachprüfungsverfahren *(n)*

post-code Postleitzahl (PLZ) *(f)*

post-entry Postzollerklärung *(f)*

posting Buchung *(f)*, Eintragung *(f)*

postpone verlängern, stunden

postpone tax Steuer stunden *(f)*

postpone the delivery time Liefertermin verlängern *(m)*

postpone a maturity Zahlung aufschieben *(f)*

postpone a payment Zahlung hinausschieben *(f)*, Zahlung stunden *(f)*, Zahlung verschieben *(f)*, Zahlungstermin stunden *(m)*m Zahlungsfrist verlängern *(f)*

postpone Aufschub *(m)*, Stundung *(f)*

postpone of payment Aufschub einer Zahlung *(m)*

postpone of payment Stundung einer Forderung *(f)*

postponement Aufschub *(m)*, Prolongation *(f)*, Stundung *(f)*, Vertagung *(f)*

postponement of time Prolongation *(f)*

* maturity postponement Moratorium *(n)*, Verlängerung der Zahlungsfrist *(f)*, Verlängerung des Zahlungstermins *(f)*, Verlängerung des Zahlungsziels *(f)*, Zahlungsaufschub *(m)*, Zahlungsfristverlängerung *(f)*

day of maturity postponement Zahlungsfristverlängerung *(f)*, Zahlungsprolongation *(f)*

payment postponement Zahlungsprolongation *(f)*

date of payment postponement Zahlungsfristverlängerung *(f)*, Zahlungsprolongation *(f)*

day of payment postponement Stundung einer Forderung *(f)*

potential Potential *(n)*

potential marketing erwarteter Verkauf *(m)*

* export potential Exportkapazität *(f)*

import potential Importkapazität *(f)*, Importpotential *(n)*

pound Pfund *(n)*

poundage Gewichtsgebühr *(f)*, Wiegegeld *(n)*

power Kraft *(f)* 2. Vollmacht *(f)*

power for agent Vertretervollmacht *(f)*

power of absorption Aufnahmefähigkeit *(f)*

power of agent Agentenbefugnis *(f)*, Vollmacht eines Agenten *(f)*

power of attorney Ermächtigung *(f)*

expiration of power of attorney Erlöschen einer Bevollmächtigung *(n)*, Erlöschen einer Vollmacht *(n)*

general power of attorney allgemeine Ermächtigung *(f)*, allgemeine Vollmacht *(f)*, Generalvollmacht *(f)*

granting of a power of attorney Mandatierung *(f)*

notarial power of attorney Notariatsvollmacht *(f)*

produce one's power of attorney Plenipotenz vorlegen *(f)*, Vollmacht vorlegen *(f)*

revocation of power of attorney Zurücknahme der Bürgschaft *(f)*

revoke a power of attorney Plenipotenz erteilen *(f)*, Vollmacht entziehen *(f)*

unlimited power of attorney unbeschränkte Vollmacht *(f)*

withdraw a power of attorney Bevollmächtigung zurücknehmen *(f)*, Vollmacht zurücknehmen *(f)*

withdrawal of the power of attorney Rücknahme der Bürgschaft *(f)*, Zurücknahme einer Vollmacht *(f)*

power of consumption Verbrauchskapazität *(f)*

power to contract Geschäftsfähigkeit *(f)*, Kontraktabschlussvollmacht *(f)*, Vertragsabschlussvollmacht *(f)*, Vertragsfähigkeit *(f)*, Vollmacht zum Abschluss vom Vertrag *(f)*, Vollmacht zum Abschluss von Kontrakt *(f)*

power to sign Unterschriftsvollmacht *(f)*

* accord a power bevollmächtigen, Vollmacht geben *(f)*

borrowing power Kreditfähigkeit *(f)*

buying power Kaufkapazität *(f)*, Kaufkraft *(f)*

carrying power Beförderungskapazität *(f)*, Ladefähigkeit *(f)*, Lastigkeit *(f)*
competitive power Konkurrenzfähigkeit *(f)*, Wettbewerbsfähigkeit *(f)*
customs power Zollvollmacht *(f)*
excess of power Vollmachtsüberschreitung *(f)*
expiration of power Erlöschen einer Bevollmächtigung *(n)*, Erlöschen einer Vollmacht *(n)*
general power allgemeine Ermächtigung *(f)*, allgemeine Vollmacht *(f)*
give a power Plenipotenz geben *(f)*, Vollmacht erteilen *(f)*
limit of earning power Rentabilitätsgrenze *(f)*
limitation of powers Beschränkung der Vollmacht *(f)*
payment power Zahlungsvollmacht *(f)*
plenary power allgemeine Bevollmächtigung *(f)*, Prokura *(f)*
price competitive power Preiskonkurrenzfähigkeit *(f)*
productive power Produktionskapazität *(f)*, Produktionspotential *(n)*
revoke a power Bevollmächtigung rückgängig machen *(f)*
special power Sondervollmacht *(f)*, Spezialvollmacht *(f)*
withdrawal of a power Rücknahme der Bürgschaft *(f)*, Zurücknahme einer Vollmacht *(f)*
powered angetrieben
powered road vehicle on sea-going vessel Straßenkraftfahrzeug auf Seeschiff *(n)*
practical praktisch
practical application praktische Anwendung *(f)*
practice anwenden
practice Brauch *(m)*, Praxis *(f)*, Usance *(f)* practice
administrative practice Verwaltungspraktik *(f)*, Verwaltungspraxis *(f)*
banking practice Bankpraxis *(f)*
business practice Geschäftsgepflogenheit *(f)*
commercial practice Handelsbrauch *(m)*
law practice Anwaltspraxis *(f)*
restrictive trade practice Beschränkung der Handelsfreiheit *(f)*
rules of practice Verfahrensregeln *(pl)*
taxation practice Steuertechnik *(f)*
trade practice Geschäftsbrauch *(m)*, Handelsbrauch *(m)*, Handelspraxis *(f)*, Verkaufspraxis *(f)*

Uniform Customs and Practice for Documentary Credits Einheitliche Richtlinien und Gebräuchen für Dokumentenakkreditive *(pl)*
unfair business practice unlauterer Handelsbrauch *(m)*
unfair trade practice unlauterer Handelsbrauch *(m)*
practise praktizieren
practise dumping Dumping praktizieren *(n)*
pra-expediting fertigungsbegleitende Terminüberwachung *(f)*
preamble Präambel *(f)*
preamble of contract Vertragspräambel *(f)*
pre-bracking Vorsortierung *(f)*
precalculation Erstkalkulation *(f)*, Vorberechnung *(f)*, Vorkalkulation *(f)*
precedent Präzedenzfall *(m)*
judicial precedent gerichtlicher Präzedenzfall *(m)*, richterliche Vorentscheidung *(f)*
precept Norm *(f)*
precise genau
precise trade description genaue Handelsbezeichnung *(f)*
precuation Verhinderung *(f)*
predate zurückdatieren
predate a document Dokument zurückdatieren *(n)*
prediction Prognostizierung *(f)*
sales prediction Absatzprognostizierung *(f)*
pre-examination Vorprüfung *(f)*
preface Einleitung *(f)*, Einweisung *(f)*
prefer begünstigen
preference Präferenz *(f)* **2.** Präferenz-
preference duties Zollbegünstigungen *(pl)*, Zollpräferenzen *(pl)*
preference duty Vorzugszoll *(m)*
preference list Präferenzliste *(f)*, Präferenzwarenliste *(f)*
preference offer günstiges Angebot *(n)*
preference rule type Herkunftsregelart *(f)*
* duty preference Zollvorrecht *(n)*, Zollvorteil *(m)*
economic preferences ökonomische Präferenzen *(pl)*

export preferences Exportpräferenzen *(pl)*
general system of preferences certiticate allgemeines System der Präferenzzertifikate *(n)*
Generalised System of Preferences Allgemeines Bevorzugungssystem *(n)*, Allgemeines Präferenzsystem (APS) *(n)*
grant preferences Präferenzen einräumen *(pl)*
mutual preferences gegenseitige Begünstigungen *(pl)*, gegenseitige Präferenzen *(pl)*
reciprocal preferences gegenseitige Begünstigungen *(pl)*, gegenseitige Präferenzen *(pl)*
system of customs preferences Zollpräferenzensystem *(n)*
system of preference tariffs System der Vorzugszölle *(n)*, Vorzugszöllesystem *(n)*
system of preferences Präferenzensystem *(n)*
tariff preferences tarifliche Präferenzen *(pl)*, Zollbegünstigungen *(pl)*, Zollpräferenzbehandlungen *(pl)*, Zollpräferenzen *(pl)*
tax preferences Steuerpräferenzen *(pl)*
trade preferences Geschäftspräferenzen *(pl)*, Handelspräferenzen *(pl)*

preferential bevorrechtigt, Präferenz-
preferential arrangement *(customs)* Präferenzabkommen *(n)*, Präferenzvereinbarung *(f)*
preferential certificate of origin Präferenzursprungszeugnis *(n)*
preferential customs duty Begünstigungszoll *(m)*
preferential discount Vorzugsrabatt *(m)*
preferential duty Vorzugszoll *(m)*
preferential list Präferenzliste *(f)*
preferential origin Präferenzursprung *(m)*
preferential origin of goods präferentieller Ursprung von Waren *(m)*
   rules governing the preferential origin of goods Präferenzursprungsregeln *(pl)*
preferential origin rules *(EU) (customs)* Präferenzursprungsregeln *(pl)*
preferential price Präferenzpreis *(m)*
preferential quantitative arrangement mengenmäßige Präferenzvereinbarung *(f)*
preferential railroad rates Seehafenausnahmetarif *(m)*
preferential rate Präferenzrate *(f)*, Präferenzsatz *(m)*, Präferenzzollsatz *(m)*
preferential share Vorzugsaktie *(f)*
preferential tariff Präferenztarif *(m)*, Schutztarif *(m)*, Sondertarif *(m)*, Vorzugstarif *(m)*
   application of preferential tariff Zollvorzugsbehandlung *(f)*

preferential tariff arrangement Zollpräferenzabkommen *(n)*
preferential tariff measures tarifliche Präferenzmaßnahmen *(pl)*, Zollpräferenzmaßnahmen *(pl)*
preferential tariff zone Vorzugstarifzone *(f)*
preferential trade präferenzbegünstigter Warenverkehr *(m)*, Warenverkehr zu Präferenzbedingungen *(m)*
preferential transportation rates Fahrpreisvergünstigung *(f)*
* **products having preferential origin status** Waren mit Präferenzursprung *(pl)*

prejudice Einbuße *(f)*
preliminary Vor-
preliminary advice Voranzeige *(f)*
preliminary condition Vorbedingung *(f)*
preliminary contract Vorvertrag *(m)*
preliminary entry provisorische Zolldeklaration *(f)*, vorläufige Anmeldung *(f)*
preliminary estimate Vorschlag *(m)*
preliminary estimates Kostenvoranschlag *(m)*
preliminary invoice Proformarechnung *(f)*, Pro-Forma-Rechnung *(f)*, provisorische Rechnung *(f)*, vorläufige Rechnung *(f)*
preliminary list vorläufige Liste *(f)*
preliminary order Vorbestellung *(f)*
preliminary trial Vorprobe *(f)*
preliminary waybill provisorischer Bordereu *(m)*

premises Gelände *(n)*
business premises Geschäftslokal *(n)*, Geschäftsräume *(pl)*
delivered buyer's premises duty paid geliefert verzollt ... /Kaufersitz/
delivery at a trader's premises Freihauslieferung *(f)*
seller's premises Sitz des Verkäufers *(m)*, Verkäufersitz *(m)*

premium Agio *(n)*, Aufgeld *(n)*, Prämie *(f)*
2. Prämien-
premium Versicherungssatz *(m)*
premium amount Prämienhöhe *(f)*
premium average Havariebeitrag *(m)*
premium bargain Prämiengeschäft *(n)*
premium deal Prämiengeschäft *(n)*
premium price Aufpreis *(m)*, Preiszuschlag *(m)*
premium quality auserlesene Qualität *(f)*, beste Qualität *(f)*, erstklassige Qualität *(f)*

premium receipt Prämienquittung *(f)*
* additional premium Ergänzungsbeitrag *(m)*, Prämienzuschlag *(m)*, Zusatzprämie *(f)*
advance premium Vorauszahlung *(f)*
basic premium Grundprämie *(f)*
charge a premium Prämie berechnen *(f)*
currency premium Währungsprämie *(f)*
fire premium Brandversicherungsbeitrag *(m)*, erste Prämie *(f)*
insurance premium Versicherungsbeitrag *(m)*, Versicherungsgebühr *(f)*, Versicherungsprämie *(f)*
lump-sum premium Pauschalbeitrag *(m)*
marine premium Seeprämie *(f)*
reinsurance premium Rückversicherungs-prämie *(f)*
risk premium Risikoprämie *(f)*
yearly premium Jahresbeitrag *(m)*

prepaid vorausbezahlt, vorbezahlt, im Voraus bezahlt
prepaid costs vorausbezahlte Gebühren *(pl)*, vorausbezahlte Kosten *(pl)*
prepaid freight vorausbezahlte Fracht *(f)*
prepaid letter frankierter Brief *(m)*, Frankobrief *(m)*
* charges prepaid vorausbezahlte Gebühren *(pl)*, vorausbezahlte Kosten *(pl)*
freight prepaid Fracht im Voraus bezahlt *(f)*, Fracht vorausbezahlt *(f)*, Fracht vorauszahlbar *(f)*, vorausbezahlte Fracht *(f)*

preparation Bearbeitung *(f)*, Vorbereitung *(f)*
preparation for acceptance Vorbereitung für Abnahme *(f)*, Vorbereitung für Empfang *(f)*
preparation for carriage Vorbereitung für Beförderung *(f)*, Vorbereitung für Transport *(f)*
preparation for carrying Vorbereitung für Beförderung *(f)*, Vorbereitung für Transport *(f)*
preparation for consignment Vorbereitung für Abfertigung *(f)*
preparation for dispatch Vorbereitung für Sendung *(f)*, Vorbereitung für Versendung *(f)*
preparation for examination Vorbereitung für Abnahme *(f)*, Vorbereitung für Empfang *(f)*
preparation for forwarding Vorbereitung für Sendung *(f)*, Vorbereitung für Versendung *(f)*

prepare vorbereiten
prepare a balance sheet Bilanz abschließen *(f)*, Bilanz aufstellen *(f)*
prepare a contract Kontrakt abfassen *(m)*

prepare a document Dokument ausfertigen *(n)*, Dokument erstellen *(n)*, Dokument vorbereiten *(n)*
prepare a record Protokoll aufstellen *(n)*
prepare for shipment *(goods)* für den Transport vorbereiten *(m)*

prepay frankieren, Briefmarke aufkleben *(f)*
2. im Voraus bezahlen
prepayment Anzahlung *(f)*, Vorausbezahlung *(f)*
prepayment of charges Frankatur *(f)*, Frankierung *(f)*

preplanner Preplaner *(m)*

prescribed erforderlich
prescribed debt verjährte Schuld *(f)*
prescribed period festgesetzte Frist *(f)*

prescription Verjährung *(f)*
period of prescription Lauf der Verjährung *(m)*, Lauf der Verjährungsfrist *(m)*, Verjährungs-frist *(f)*

present gegenwärtig
present address gegenwärtige Anschrift *(f)*
present value aktueller Wert *(m)*
present worth gegenwärtiger Wert *(m)*, tatsächlicher Wert *(m)*
present year laufendes Jahr *(n)*

present präsentieren, vorlegen, vorweisen, vorzeigen
present an attest Attest vorlegen *(n)*, Bescheinigung vorlegen *(f)*
present a bill Wechsel präsentieren *(m)*, Wechsel vorlegen *(m)*, Wechsel vorzeigen *(m)*
present a bill for acceptance Wechsel zur Annahme vorlegen *(m)*
present a bill for payment Wechsel zur Zahlung vorlegen *(m)*
present a certificate Attest vorlegen *(n)*, Bescheinigung vorlegen *(f)*, Zertifikat vorlegen *(n)*
present a cheque for payment Scheck zur Einlösung vorlegen *(m)*
present a declaration Anmeldung vorlegen *(f)*
present a document Dokument beibringen *(n)*
present a document for signature Dokument zur Unterschrift vorlegen *(n)*
present an offer Angebot unterbreiten *(n)*
present for acceptance zum Akzept vorlegen *(n)*, zur Annahme vorlegen *(f)*
present for inspection zur Prüfung vorführen *(f)*

present for payment zur Zahlung vorlegen *(t)*
present the goods at a customs office Waren einer Zollstelle stellen *(pl)*

presentation Präsentation *(t)*, Vorlegung *(t)*, Vorweisung *(t)*, Vorzeigung *(t)*
presentation copy Werbeexemplar *(n)*
presentation for acceptance Vorlage zum Akzept *(t)*
presentation for payment Vorlage zur Zahlung *(t)*
presentation of an export declaration Vorlage einer Ausfuhranmeldung *(t)*
presentation of a carnet TIR Vorlage des Carnets TIR *(t)*
presentation of a customs document Vorlage eines Zollpapiers *(t)*
presentation of the documents Vorlage der Papiere *(t)*
presentation of goods Festellung von Waren *(t)*, Gestellung der Waren *(t)*
presentation of goods after expiry of time limit Gestellung nach Fristablauf *(t)*
presentation of goods to the customs authority Gestellung der Waren an die Zollbehörden *(t)*
presentation of a guarantee Hinterlegung der Sicherheit *(t)*, Leistung einer Sicherheit *(t)*
presentation of passport Vorlage der Reisepasse *(t)*
presentation sample Probemuster *(n)*
* documents against payment on presentation Dokumente gegen Zahlung bei Sicht *(pl)*
hours of presentation Präsentationstunden *(pl)*
manner of presentation Präsentationsweise *(t)*, Vorstellungsweise *(t)*
mode of presentation Präsentationweise *(t)*, Vorstellungsweise *(t)*
payable on presentation zahlbar bei Sicht *(t)*, zahlbar bei Vorlage *(t)*

presenting vorlegend
presenting bank vorlegende Bank *(t)*
presentment Präsentation *(t)*, Sicht *(t)*, Vorweisung *(t)*

preservation Erhaltung *(t)*
preservation of goods Erhaltung der Waren *(t)*
preserving Sicherung *(t)*
preserving of testimony Sicherung der Beweise *(t)*

pre-shipment Pre-Shipment-
pre-shipment finance pre-shipment Finanzierung *(t)*
pre-shipment information Versandvorinformation *(t)*
pre-shipment inspection Pre-Shipment-Inspektion *(t)*
preshipment sample Pre-Shipment-Sample *(n)*
pre-sorting Vorsortierung *(t)*
press Presse *(t)* 2. Presse-
press advertisement Zeitungsreklame *(t)*
prestige Prestige *(n)* 2. Prestige-
prestige price Prestigepreis *(m)*
pretence Anspruch *(m)*, Forderung *(t)*
pretension Anspruch *(m)*, Forderung *(t)*
preventive präventiv
preventive measures Präventivmaßnahmen *(pl)*, Verhütungsmaßregeln *(pl)*
previous vorig
previous document Vorpapier *(n)*
previous payment Vorausbezahlung *(t)*, Vorauszahlung *(t)*
price Preis festsetzen *(m)*
price Preis *(m)*, Wert *(m)*
price abatement Ermäßigung *(t)*, Rabatt *(m)*
price action Preisentscheidung *(t)*
price adaptation Preisrevision *(t)*, Preisüberprüfung *(t)*
price adjustment Preisangleichung *(t)*, Preisberichtigung *(t)*, Preiskorrektur *(t)*, Preislenkung *(t)*
price advance Erhöhung der Preise *(t)*, Kursanstieg *(m)*
price after hours Kurs nach Börsenschluss *(m)*
price alignment Angleichung der Preise *(t)*
price allowance Preisnachlass *(m)*, Preisrabatt *(m)*
price analysis Preisanalyse *(t)*
price as per agreement Preis gemäß Vereinbarung *(m)*, Vertragspreis *(m)*
price at exportation Ausfuhrpreis *(m)*
price base Preisbasis *(t)*
price behaviour Preisentwicklung *(t)*
price bonification Preisnachlass *(m)*
price calculation process Preiskalkulationsprozess *(m)*
price catalogue Preiskatalog *(m)*

price category Preiskategorie (f)
price ceiling Preislimit (n)
price choice Preisauswahl (f)
price claim Preisbeanstandung (f), Preisreklamation (f)
price classification Preisklassifikation (f)
price clause Preisklausel (f), Warenpreisklausel (f)
  selling price clause Verkaufspreisklausel (f)
  up or down alternation of price clause Preisänderungsklausel (f)
price collusion Preisabsprache (f), Preisverabredung (f)
price comparison Preisvergleich (m)
price competition Preiskampf (m)
price competitive power Preiskonkurrenzfähigkeit (f)
price competitiveness Preiskonkurrenzfähigkeit (f)
price concept Preiskonzeption (f)
price concession Preisabschlag (m)
  grant price concession Rabatt gewähren (m)
price confirmation Preisbestätigung (f)
price control Preisregelung (f), Preisüberwachung (f)
price convention Preisabsprache (f)
price cut Preisermäßigung (f), Preisreduktion (f)
price cutting Preisabschlag (m), Preisherabsetzung (f), Preisnachlass (m)
price deduction Preisabschlag (m), Preisermäßigung (f)
price demand elasticity Preiselastizität der Nachfrage (f)
price determination Bestimmung des Preisniveaus (f)
price difference Preisdifferenz (f)
  claim of prices difference Preisdifferenzreklamation (f)
price differential Preisdifferenz (f)
price discount Preisermäßigung (f)
price discrimination Preisdiskriminierung (f)
price drop Baissebewegung (f)
price dumping Preisdumping (n)
price-earnings ratio Preis-Ertrags-Verhältnis (n), Verhältnis von Preis und Ertrag (n)
price effect Preiseffekt (m)
price elasticity Preiselastizität (f)
price estimate Kalkulation der Preise (f), Preisbildung (f)
price ex bond Freihandelspreis (m), Preis ohne Zoll (m), unverzollbarer Preis (m)

price ex bonded warehouse Preis ab Zolllager (m)
price ex dock Preis frei Dock (m)
price ex domicile Preis ab Haus (m)
price ex factory Preis ab Werk (m), Preis frei ab Werk (m)
price ex godown Preis ab Lagerhaus (m), Preis ab Lagerraum (m)
price ex lighter Preis ab Leichter (m), Preis frei ab Schute (m), Preis frei Leichter (m), Preis frei Schute (m)
price ex plantation Preis frei ab Plantage (m)
price ex quay Preis ab Kai (m), Preis frei Quai (m)
price ex seller's warehouse Preis ab Lager des Verkäufers (m)
price ex ship Preis ab Schiff (m), Preis frei an Bord (m)
price ex steamer Preis ab Schiff (m)
price ex store ab-Lager-Preis (m), Preis ab Lager (m), Preis ab Lagerhaus (m), Preis ab Lagerraum (m)
price ex warehouse ab-Lager-Preis (m), Preis ab Lager (m), Preis frei Lager (m)
  price ex warehouse of the purchaser Preis frei Lager des Käufers (m)
price ex works Preis ab Werk (m), Preis frei ab Werk (m)
price excluding VAT Preis vor MwSt. (m)
price exclusive of tax Preis ohne Steuer (m)
price ex-quay Preis frei Quai (m)
price fall Preisermäßigung (f), Preisreduktion (f)
price flexibility Preiselastizität (f)
price fluctuation Fluktuation der Preise (f), Preisfluktuation (f), Preisoszillation (f), Preisschwankung (f)
  limit of price fluctuations Schwankungsbreite der Preise (f)
  maximum/minimum price fluctuation Preisumfang (m), Preisvolatilität (f)
price for cash Barzahlungspreis (m)
price form Preisform (f)
price formula Preisformel (f)
price group Preisgruppe (f)
price growth Preiserhöhung (f), Zollsteigerung (f)
price guarantee Preisgarantie (f)
price homogeneity Preiseinheitlichkeit (f)
price identity Identität des Preises (f)
price improvement Preiserhöhung (f)

price in foreign currency Devisenpreis *(m)*, Währungspreis *(m)*

price increase Preiserhöhung *(f)*

price index Preiskennziffer *(f)*

price information Preisangabe *(f)*, Preisinformation *(f)*

price inquiry Preisanfrage *(f)*

price label Preisetikett *(n)*

equation of prices levels Preisangleichung *(f)*

management of the price level Preisniveauregulierung *(f)*

national price level inländisches Preisniveau *(n)*

price level adjustment Preisangleichung *(f)*

price liberalisation Preisliberalisierung *(f)*

price limit Preisgrenze *(f)*, Preislimit *(n)*

price line Preisklasse *(f)*

price list Preisliste *(f)*

export price list Exportwarenpreisliste *(f)*

official price list amtliches Preisverzeichnis *(n)*

wholesale price list Großhandelspreisliste *(f)*

price management Preislenkung *(f)*

price margin Preisdifferenz *(f)*, Preisspanne *(f)*, Preisunterschied *(m)*

price mark-down Abwertung *(f)*, Preisänderung *(f)*, Preisermäßigung *(f)*, Preismäßigung *(f)*

price marketing Preismarketing *(n)*

price mechanism Preismechanismus *(m)*

price model Preismodell *(n)*

price movement Preisfluktuation *(f)*, Preisoszillation *(f)*

price movement risk Preisänderungsrisiko *(n)*

price of free Frankopreis *(m)*

price of freight Frachtpreis *(m)*

price of issue Ausgabepreis *(m)*

price of money Zinsrate *(f)*

price of services Preis für Dienstleistungen *(m)*

price paid gezahlter Preis *(m)*

price parity Preisparität *(f)*

price per kilogram Kilogrammpreis *(m)*

price per pelt Preis pro Sack *(m)*

price per piece Stückpreis *(m)*

price planning Preisplanung *(f)*

price point Preishöchstgrenze *(f)*, Preislimit *(n)*

price policy Preispolitik *(f)*

price protection Preisschutz *(m)*

price quotation Kursnotierung *(f)*, Preisangebot *(n)*, Preisnotierung *(f)*, Preisvorschlag *(m)*

price range Kursabweichung *(f)*, Kursschwankungen *(pl)*, Kursspanne *(f)*, Preisbereich *(m)*

price rebate Preisnachlass *(m)*

price reduction Preisabbau *(m)*, Preisabschlag *(m)*, Preisherabsetzung *(f)*, Preisnachlass *(m)*, Preissenkung *(f)*

price reform Preisreform *(f)*

price regulation Preisregelung *(f)*, Preisregulierung *(f)*

price regulations Preisvorschriften *(pl)*

price revision Preisrevision *(f)*, Preisüberprüfung *(f)*

price revision clause Preisrevisionsklausel *(f)*

price rise Preiserhöhung *(f)*, Preisrisiko *(n)*

price risk formula Preisrisiko *(n)*

price scale Preisskala *(f)*, Preisspanne *(f)*

price stability Preisstabilität *(f)*

price stabilization Festigung der Preise *(f)*

price standard Preishöhe *(f)*

price statistics Preisstatistik *(f)*

price stop Preissperre *(f)*

price strategy Preisstrategie *(f)*

price subsidy Preiszuwendung *(f)*

implicit price subsidy indirekte Subvention *(f)*

price system Preissystem *(n)*

base price system Grundpreissystem *(n)*

minimum price system Mindestpreissystem *(n)*

price ticket Preisetikett *(n)*

price trend Preistrend *(m)*

price variability Preisschwankung *(f)*, Variabilität von Preisen *(f)*

price variation clause Preisrevisionsklausel *(f)*

price variations risk Preisschwankungenrisiko *(n)*

price wage Objektleistungslohn *(m)*, Objektlohn *(m)*

price war Preiskampf *(m)*

price weakness Konjunkturrückschlag *(m)*

price without delivery Preis ohne Lieferung *(m)*

price without engagement unverbindlicher Preis *(m)*

price without packing Preis ohne Verpackung *(m)*

price zone Preiszone *(f)*

* abate a price Preis herabsetzen *(m)*, Preis senken *(m)*

accept a price Preis akzeptieren (m)
acceptance of prices Preisgenehmigung (f)
accounting price Verrechnungspreis (m)
acquisition price Bezugspreis (m)
actual price laufender Preis (m)
additional price Mehrpreis (m)
adjust prices Preise berichtigen (pl), Preise korrigieren (pl)
adjustment of prices Angleichung der Preise (f)
advance a price Preis aufschlagen (m), Preis heraufsetzen (m)
advance in price Erhöhung der Preise (f)
advanced price erhöhter Preis (m)
agree on price Preis vereinbaren (m)
all-in price voller Preis (m)
all-inclusive price Gesamtpreis (m)
all-round price globaler Preis (m), Puschalpreis (m)
alter price Preis ändern (m)
alternation in prices Veränderung von Preisen (f)
alternative price Alternativpreis (m)
approval of prices Preisgenehmigung (f)
approve a price Preis festsetzen (m)
approximate price Etwapreis (m), Orientierungspreis (m)
arm's length price Marktpreis (m), Tagespreis (m)
ask price Preis des Verkäufers (m)
asked price geforderter Preis (m), Verkaufskurs (m)
at present prices zu jetzigen Preisen (pl)
auction price Auktionspreis (m), Hammerpreis (m)
augment a price Preis aufschlagen (m), Preis heraufsetzen (m)
average price durchschnittlicher Preis (m), Durchschnittspreis (m)
base price Grundpreis (m), Richtpreis (m)
base price system Grundpreissystem (n)
base-year price Basisjahrpreis (m)
basic price Grundpreis (m), Richtpreis (m)
benchmark price Etwapreis (m), Orientierungspreis (m)
bid the price up Preis erhöhen (m)
black market price Schwarzmarktpreis (m)
blanket price Pauschalpreis (m)
bonded price unverzollbarer Preis (m), unverzollter Preis (m)
book price Aktivbuchwert (m)
bottom price niedrigster Preis (m)

buying price Ankaufspreis (m), Anschaffungspreis (m), Einkaufspreis (m), Kaufpreis (m)
calculate prices Preise berechnen (pl), Preise ausrechnen (pl)
calculated price Kalkulationspreis (m)
cartel price Kartellpreis (m)
cash price Barzahlungspreis (m), Kassapreis (m), Preis bei Barzahlung (m)
catalogue price Katalogpreis (m), Listenpreis (m)
ceiling price Höchstkurspreis (m)
change in prices Preisveränderung (f), Preiswechsel (m)
change of prices Preisveränderung (f), Preiswechsel (m)
check the prices Preise kontrollieren (pl)
CIF forward delivery price CIF-Preis für Terminkäufe (m)
CIF price CIF-Preis (m), Preis Cif (m)
clearing price Clearingpreis (m)
close price Endpreis (m)
closing price endgültiger Preis (m), Schlusspreis (m)
commission price Kommissionspreis (m)
comparable price komparativer Preis (m), komparativer Preis (m)
compete in prices mit den Preisen konkurrieren (pl)
competitive price Konkurrenzpreis (m)
complaint on prices Preisbeanstandung (f), Preisreklamation (f)
conditional price Vorbehaltspreis (m)
confirm the price Preis bestätigen (m), Preis festsetzen (m)
consumer price Kleinhandelspreis (m), Verbraucherpreis (m)
  index of consumer prices Detailindex (m)
contract price abgemachter Preis (m), Vertragspreis (m)
contracted price vertraglich vereinbarter Preis (m)
contractual price Vertragspreis (m)
control prices Preise kontrollieren (pl)
controlled price gesteuerter Preis (m)
correct prices Preise berichtigen (pl), Preise korrigieren (pl)
cost price Anschaffungspreis (m)
cross-elasticity of prices Kreuzpreiselastizität (f)
curb price Schwarzmarktpreis (m)
currency price Devisenpreis (m), Währungspreis (m)

current price effektiver Preis *(m)*, heutiger Preis *(m)*

cut down a price Preis herabsetzen *(m)*, Preis senken *(m)*

cut in prices Preisabschlag *(m)*, Preisnachlass *(m)*, Preissenkung *(f)*

cut-rate price verbilligter Preis *(m)*

cutting of prices Preisabschlag *(m)*, Preisnachlass *(m)*, Preissenkung *(f)*

day-of-arrival price Preis am Ankunftstag *(m)*

day-of-shipment price Preis am Verschiffungstag *(m)*

decline in prices Preisabbau *(m)*, Preissturz *(m)*

decrease in prices Preisherabsetzung *(f)*, Preisnachlass *(m)*

decrease of prices Preisabbau *(m)*, Preissenkung *(f)*

deduction from prices Preisnachlass *(m)*

delivered in store price Preis frei Lager *(m)*, Preis frei Lager des Empfängers *(m)*, Preis frei Lagerhaus *(m)*

delivered price Lieferpreis *(m)*, Preis mit Zustellung *(m)*

delivery dock price Preis frei Dock *(m)*

delivery price Lieferpreis *(m)*, Lieferwert *(m)*, Preis frei Ablieferungsort *(m)*

demanded price geforderter Preis *(m)*

determination of price Bestimmung des Preisniveaus *(f)*, Kursfestsetzung *(f)*

difference in prices Preisdifferenz *(f)*, Preisunterschied *(m)*

diminution of price Preisherabsetzung *(f)*, Kursrückgang *(m)*, Kursverfall *(m)*

discount from the price Gewichtsabzug *(m)*, Refaktie *(f)*

discriminatory price Diskriminierungspreis *(m)*

dock price Preis ab Kai *(m)*, Preis frei Versandhafen *(m)*

domestic price Inlandspreis *(m)*, innerstaatlicher Preis *(m)*

double price Doppelpreis *(m)*

drop in prices billig werden, flauen

dual price Doppelpreis *(m)*

dumping price Dumpingpreis *(m)*, Schleuderpreis *(m)*

  selling at dumping prices Dumpingverkauf *(m)*, Verkauf zu Dumpingpreisen *(m)*

dutiable price unverzollbarer Preis *(m)*, unverzollter Preis *(m)*

duty-paid price verzollter Preis *(m)*

effective price geltender Preis *(m)*, Realpreis *(m)*

elastic price elastischer Preis *(m)*, flexibler Preis *(m)*

end price endgültiger Preis *(m)*, Endpreis *(m)*, Schlusspreis *(m)*

ex quay (duty paid) price Preis geliefert ab Kai - verzollt *(m)*

exchange price Börsenkurs *(m)*, Börsenpreis *(m)*

ex-factory price ab-Werk-Preis *(m)*

export price Ausfuhrpreis *(m)*, Exportpreis *(m)*

exporter's sale price Exportpreis *(m)*

external prices Außenhandelspreise *(pl)*

ex-works price Erzeugerpreis *(m)*, Großhandelspreis *(m)*, Massenpreis *(m)*, Preis ab Werk *(m)*, Preis des Herstellerbetriebes *(m)*

factory price Herstellerpreis *(m)*, Werkpreis *(m)*

fall in prices Preisensenkung *(f)*, Preisnachlass *(m)*

falling prices Preisabbau *(m)*, Preissturz *(m)*

FAS price Preis fas *(m)*

fixed basis price unveränderter Preis des Basiszeitraumes *(m)*

fixed price Festpreis *(m)*

fixed price clause fixed-price-Klausel *(f)*

fixing price fester Preis *(m)*, fixer Preis *(m)*

flexible price elastischer Preis *(m)*, flexibler Preis *(m)*

fluctuation in prices Fluktuation der Preise *(f)*, Preisschwankung *(f)*

fluctuation of prices Preisschwankung *(f)*, Variabilität von Preisen *(f)*

forcing up the prices Preisüberschreitung *(f)*

foreign trade prices Außenhandelspreise *(pl)*

free alongside price FA-Preis *(m)*, FAS-Preis *(m)*, Preis fas *(m)*, Preis frei längsseite *(m)*, Preis frei Llängsseite Seeschiff *(m)*, Preis frei Seeschiffsseite *(m)*

free alongside ship price Preis frei Längsseits Schiff *(m)*

free at factory price Preis frei Betrieb *(m)*, Preis frei Werk *(m)*

free-at-frontier price Frei-Grenze-Preis *(m)*, Preis frei Grenze *(m)*

free at place of clearance price Preis frei Verzollungsort *(m)*, Preis frei Zollklarierungsort *(m)*

free at place of clearing price Preis frei Verzollungsort *(m)*, Preis frei Zollbehandlungsort *(m)*, Preis frei Zollklarierungsort *(m)*

free at place of customs treatment price Preis frei Zollbehandlungsort *(m)* free at port of shipment price Preis frei Versandhafen (m)

free barge price Preis frei Kahn (m), Preis frei Schute (m)

free carriage price Preis frei Frachtgebühr (m), Preis frei Frachtkosten (m)

free cistern price Preis frei Zisterne (m)

free consignee price Preis frei Empfänger (m), Preis portofrei Empfänger (m)

free customs zone zollfreie Zone (f)

free domicile - duty paid price Preis frei Haus - verzollt (m)

free domicile price Preis frei Empfänger (m), Preis portofrei Empfänger (m)

free factory price Preis frei Betrieb (m), Preis frei Werk (m)

free freight price Preis frei Frachtgebühr (m), Preis frei Frachtkosten (m)

free-frontier price Frei-Grenze-Preis (m), Preis frei Grenze (m)

free harbour price Preis franko Hafen (m), Preis frei Hafen (m)

free in harbour price Preis franko Hafen (m), Preis frei Hafen (m)

free in truck price Preis frei Lastkraftfahrzeug (m)

free lighter price Preis frei Kahn (m), Preis frei Schute (m)

free loading place price Preis frei Ladeort (m)

free-market price Preis des freien Marktes (m)

free on aircraft price Preis frei Luftfrachtführer (m)

free on board price Preis frei an Bord (m)

free on FOT price Preis frei Beförderer (m), Preis frei Frachtführer (m), Preis frei Rampe (m)

free on rail - dispatching station price Preis frei Waggon Versandbahnhof (m)

free on rail price for-Preis (m), Preis frei Waggon (m)

free on truck price for-Preis (m), Preis frei Beförderer (m), Preis frei Frachtführer (m), Preis frei Rampe (m), Preis frei Waggon (m)

free overside price Preis frei Leichter (m)

free point of shipment price Preis frei Entladestelle (m)

free price Frankopreis (m), Lieferpreis (m), Preis mit Zustellung (m)

free shipboard price Preis frei Schiffbord (m), Preis frei Schiffsseite (m)

free ship's side price Preis frei Schiffbord (m), Preis frei Schiffsseite (m)

free warehouse price Preis frei Lager (m), Preis frei Lagerhaus (m)

freezed price Stopppreis (m)

full price voller Preis (m)

global price globaler Preis (m), Puschalpreis (m), Totalwert (m)

going price aktueller Kurs (m), effektiver Preis (m), laufender Kurs (m), Tagespreis (m)

graduated price gleitender Preis (m)

gross price Bruttopreis (m)

guarantee a price Preis garantieren (m)

guiding price Richtpreis (m)

high price hoher Preis (m)

hire purchase price Abzahlungspreis (m)

import price Einfuhrungspreis (m), Importpreis (m)

importer price Einfuhrungspreis (m)

in-bond price ab-Zollfreilager-Preis (m)

inbound price Freihandelspreis (m), Preis ohne Zoll (m), unverzollbarer Preis (m)

inclusive price Pauschalpreis (m)

increased price erhöhter Preis (m)

index of prices Preisindex (m), Preiskennziffer (f)

inflated price überhöhter Preis (m), Wucherpreis (m)

initial price Anfangspreis (m)

inquiry of price Preisanfrage (f)

internal price Inlandspreis (m), Preis auf dem Binnenmarkt (m)

international price internationaler Preis (m), Weltpreis (m)

intervention price Stützungspreis (m)

invoice price Fakturenpreis (m), fakturierter Preis (m), Rechnungspreis (m)

kerb price Schwarzmarktpreis (m)

knock-down price (bookworm) zu niedrig festgesetzter Preis (m)

landed price Anladepreis (m), Preis frei Bestimmungshafen

last price äußerster Preis (m), Schlusspreis (m)

level down prices Preis senken (m)

level of prices Preishöhe (f)

level of prices at wholesale Großhandelspreisniveau (n)

level up price Preis erhöhen (m)

liberalization of prices Preisliberalisierung (f)

limit price Limitpreis (m)

list of prices Preiskatalog *(m)*, Preisliste *(f)*
2. Wechselkurs *(m)*, Wechselkurszettel *(m)*
list of wholesale prices Großhandelspreisliste *(f)*
list price Katalogpreis *(m)*, Listenpreis *(m)*
local price ortsüblicher Preis *(m)*
loco price Ab-Preis *(m)*, Preis am Ort *(m)*
long price Bruttopreis *(m)*
low price niedriger Kurs *(m)*, niedrigster Preis *(m)*
lower a price Preis drücken *(m)*, Preis herabsetzen *(m)*
manufacturer's price Herstellerpreis *(m)*
margin of prices Preisbereich *(m)*
mark a price Preis bestimmen *(m)*, Preis festsetzen *(m)*
market price Marktpreis *(m)*
 free market price Freihandelspreis *(m)*
 going market price laufender Marktpreis *(m)*
 home market price innerstaatlicher Preis *(m)*
match price abgemachter Preis *(m)*
measure of prices Preisskala *(f)*, Preisspanne *(f)*
mean price durchschnittlicher Preis *(m)*
mercantile price Handelspreis *(m)*
merchantable price Handelspreis *(m)*
minimum selling price Mindestverkaufspreis *(m)*
minimum price niedriger Kurs *(m)*, Niedrigstkurs *(m)*
minor price niedriger Preis *(m)*
modification of prices Veränderung von Preisen *(f)*
monopolistic price Monopolpreis *(m)*
monopoly price Monopolpreis *(m)*
net invoice price Netto-Fakturpreis *(m)*
net price Nettopreis *(m)*
novelty price Neuerungspreis *(m)*
object price geplanter Preis *(m)*, Zielpreis *(m)*
offer a price Preis bieten *(m)*, Preisangebot machen *(n)*
offered price Benchmark-Preis *(m)*, geringster Preis *(m)*
offering price Einführungspreis *(m)*
official price offizieller Preis *(m)*
officially fixed price offizieller Preis *(m)*
oil price Erdölpreis *(m)*
open price Preis des freien Marktes *(m)*
opening price Anfangswert *(m)*, Eröffnungspreis *(m)*
optimum price Optimalpreis *(m)*
oscillation of price risk Preisänderungsrisiko *(n)*

overall price voller Preis *(m)*
overcharged price überhöhter Preis *(m)*
overshooting of prices Preisüberschreitung *(f)*
par price Nominalbetrag *(m)*
parity of prices Parität *(f)*, Preisparität *(f)*
parity price Äquivalenzpreis *(m)*
pattern of prices Preisgefüge *(n)*
pay a price Preis zahlen *(m)*
per kg price Kilogrammpreis *(m)*
piece price Einzelpreis *(m)*, Stückpreis *(m)*
planned price geplanter Preis *(m)*
preferential price Präferenzpreis *(m)*
premium price Aufpreis *(m)*, Preiszuschlag *(m)*
prestige price Prestigepreis *(m)*, Präferenzpreis *(m)*
price index Preisindex *(m)*
 export price index Exportpreisindex *(m)*
 food price index Lebensmittelpreisindex *(m)*
 foreign trade price index Außenhandelspreisindex *(m)*
 import price index Einfuhrpreisindex *(m)*, Importpreisindex *(m)*
 retail price index (RPI) Detailindex *(m)*, Einzelhandelspreisindex *(m)*
 share price index Aktienindex *(m)*, Aktienkursindex *(m)*
privileged price Präferenzpreis *(m)*
procurement price Beschaffungspreis *(m)*, Bezugspreis *(m)*
producer's price Erzeugerpreis *(m)*, Preis des Herstellerbetriebes *(m)*
product price Warenpreis *(m)*
promotional price Förderungspreis *(m)*
psychological price psychologischer Preis *(m)*
purchase price Ankaufspreis *(m)*, Anschaffungspreis *(m)*, Einkaufspreis *(m)*, Kaufpreis *(m)*, Geldkurs *(m)*, Kaufkurs *(m)*
put a price Preis festsetzen *(m)*
quota price Quotenpreis *(m)*
ransom price Einrufungspreis *(m)*
rate of price inflation (RPI) Inflationsrate *(f)*
real price geltender Preis *(m)*, Realpreis *(m)*
realize a price Preis erziehen *(m)*
rebated price Diskontpreis *(m)*
recommended price Preisempfehlung *(f)*, Richtpreis *(m)*
reduce the price Preis herabsetzen *(m)*, Rabatt gewähren *(m)*, Preis heruntersetzen *(m)*
reduced price Minderpreis *(m)*, Präferenzpreis *(m)*

reduction in price Preisermäßigung *(f)*
reduction of prices Preissturz *(m)*
representative price Durchschnittspreis *(m)*
resale price Wiederverkaufspreis *(m)*
reselling price Wiederverkaufspreis *(m)*
reserve price Einstiegspreis *(m)*, Mindestpreis *(m)*
reserved price Benchmark-Preis *(m)*, geringster Preis *(m)*
restriction of prices Preiseinschränkung *(f)*
retail price Kleinhandelspreis *(m)*
rigid price fester Preis *(m)*, fixer Preis *(m)*
rise of prices Preisanstieg *(m)*, Preissteigerung *(f)*
ruling price heutiger Kurs *(m)*
sales price Verkaufspreis *(m)*
scheduled price Katalogpreis *(m)*, Listenpreis *(m)*
seasonal price Saisonpreis *(m)*
selling price Verkaufspreis *(m)*
set price Preis bestimmen *(m)*
settle the price Preis vereinbaren *(m)*
settled price abgemachter Preis *(m)*, Vertragspreis *(m)*
shadow price Kalkulationspreis *(m)*
share price Aktienkurs *(m)*
sharp fall in prices einschneidender Preisabbau *(m)*, Preiseinbruch *(m)*
similar price gleicher Preis *(m)*
sliding-scale price gleitender Preis *(m)*
sluice price Einschleusungspreis *(m)*
slump in prices einschneidender Preisabbau *(m)*, Preiseinbruch *(m)*
special price Aufpreis *(m)*
speculative price Spekulationspreis *(m)*
spot price Ab-Preis *(m)*, Preis am Ort *(m)*, Barpreis *(m)*, Kassapreis *(m)*
stability of prices Preisstabilität *(f)*
stationary price Festpreis *(m)*
steady price Festpreis *(m)*
stock price appreciation Anstieg der Aktienkurse *(m)*
stock price depreciation Aktienkursverfall *(m)*
stop price Stopppreis *(m)*
strengthening of prices Festigung der Preise *(f)*
structure of prices Preisgefüge *(n)*
subsidize the prices Preise stützen *(pl)*
subsidizing price gestützter Preis *(m)*, subventionierter Preis *(m)*

supply price Lieferpreis *(m)*
support price Stützungspreis *(m)*
target price Zielpreis *(m)*
tariff price Tarifpreis *(m)*
tender price Auktionspreis *(m)*, Hammerpreis *(m)*
tentative price Orientierungspreis *(m)*
threshold price Grenzpreis *(m)*, Schwellenpreis *(m)*
today's price Tagespreis *(m)*
total price Gesamtpreis *(m)*, voller Preis *(m)*
transaction price Vertragspreis *(m)*
transfer price Transferpreis *(m)*
underselling price zu niedrig festgesetzter Preis *(m)*
uniform free domicile price einheitlicher Preis frei Bestimmungsort *(m)*
unit price Preis per Stück *(m)*, Stückpreis *(m)*
unreasonable price überhöhter Preis *(m)*, Wucherpreis *(m)*
utmost price äußerster Preis *(m)*, Schlusspreis *(m)*
weighted average price gewogener Durchschnittspreis *(m)*
weight price Gewichtspreis *(m)*
wholesale price Großhandelspreis *(m)*, Massenpreis *(m)*
    index of wholesale prices Großhandelsindex *(m)*
    list of wholesale prices Großhandelspreisliste *(f)*
    wholesale prices statistics Großhandelspreisstatistik *(f)*
world market price Weltmarktpreis *(m)*
world price internationaler Preis *(m)*, Weltmarktpreis *(m)*, Weltpreis *(m)*
year-end price Jahresschlußpreis *(m)*
zone price Zonenpreis *(m)*

price-boom Preisboom *(m)*
price-current Preisliste *(f)*
price-list Preisliste *(f)*
price-list for services Servicepreisliste *(f)*
* **advertising price-list** Werbepreisliste *(f)*
detailed price-list detaillierte Preisliste *(f)*
home market price-list Inlandspreisliste *(f)*
price-off preisgemindert
price-off merchandise preisgeminderte Ware *(f)*, Ware zu herabgesetzten Preisen *(f)*

pricing Kalkulation der Preise *(f)*, Preisbildung *(f)*
  pricing agreement Preisabsprache *(f)*
  pricing decision Preisentscheidung *(f)*
  pricing information Preisangabe *(f)*
  pricing policy Preispolitik *(f)*, Preisvorschriften *(pl)*
  * **discriminatory pricing** Preisdiskriminierung *(f)*
  export pricing Exportpreispolitik *(f)*
  zone pricing Zonenpreissystem *(n)*

primage Primage *(f)*, Primgeld *(n)*

primary Anfangs-
  primary contract Rahmenvertrag *(m)*
  primary market Initialmarkt *(m)*, Primärmarkt *(m)*
  primary policy Basispolice *(f)*, Stammpolice *(f)*

prime anfänglich, Anfangs-, erste
  prime quality prima Qualität *(f)*
  prime rate Basissatz *(m)*
  prime selected quality Primaqualität *(f)*

primitive ursprünglich

principal Kreditsumme *(f)* 2. Haupt-
  principal conditions Basisbedingungen *(pl)*, Hauptbedingungen *(pl)*
  principal contract Basisvertrag *(m)*
  principal of a bill of exchange Wechselsumme *(f)*
  principal office Hauptsitz *(m)*, Stammsitz *(m)*
  principal place of business Hauptniederlassung *(f)*, Hauptsitz *(m)*
  principal supplier Generallieferant *(m)*, Hauptlieferant *(m)*
  * **obligations of the principal** Pflichten des Hauptverpflichteten *(pl)*

principle Grundlage *(f)*
  principle of taxation Steuerprinzip *(n)*
  principles of unloading Löschungsvorschriften *(pl)*

print Buchpost *(f)*

printed gedruckt
  printed form Blankett *(n)*, Formular *(n)*
  printed order form Auftragsformular *(n)*, Formular für eine Bestellung *(n)*

prior vorig
  prior Community surveillance *(customs)* *(EU)* vorherige gemeinschaftliche Überwachung *(f)*
  prior condition Vorbedingung *(f)*

priority vorrangig
  priority of transit Transitrecht *(n)*

private Privat-, privat
  private arrangement Privatvertrag *(m)*
  private customs warehouse privates Zolllager *(n)*
  private enterprise privates Unternehmen *(n)*, Privatunternehmen *(n)*
  private firm Privatfirma *(f)*
  private label Anklebezettel *(m)*, Etikett *(n)*
  private law privates Recht *(n)*, Privatrecht *(n)*
  private protection agency Schutzfirma *(f)*
  private siding Privatbahnabzweigung *(f)*
  private warehouse privates Lager *(n)*
  private wharf Privatkai *(m)*, Privatquai *(m)*

privilege Vorrecht *(n)*
  privilege price Präferenzpreis *(m)*
  * **commercial privilege** Handelsprivilegium *(n)*
  exclusionary privilege Monopolvorteil *(n)*
  return privilege Rückgaberecht *(n)*
  taxation privilege Steuervorteil *(m)*
  trade privileges Geschäftspräferenzen *(pl)*, Handelspräferenzen *(pl)*

privileged privilegiert
  privileged operation Vorzugsbehandlungen *(f)*
  privileged price Präferenzpreis *(m)*
  privileged transit privilegierter Transit *(m)*

privity Interessengemeinschaft *(f)*
  privity of contract Vertragsverhältnis *(n)*

pro Verwahrung *(f)*
  pro forma invoice Pro-Forma-Rechnung *(f)*
  invoice pro forma fingierte Rechnung *(f)*, Proformarechnung *(f)*
  pro rata freight Distanzfracht *(f)*, Mehrfracht *(f)*

probability Probabilität *(f)*
  probability sample Zufallsstichprobe *(f)*

probable wahrscheinlich
  maximum probable loss wahrscheinlicher Höchstschaden *(m)*

problem Frage *(f)*, Problem *(n)*
  handle a problem Aufgabe lösen *(f)*
  storage problem Lagerungsfrage *(f)*

procedural Prozedur-, Verfahrens-
  procedural question Prozedurfrage *(f)*
  procedural rules Verfahrensregeln *(pl)*

procedure Ordnung *(f)*, Prozedur *(f)*, Verfahren *(n)*

procedure affording conditional relief Zollverfahren mit bedingter Abgabenbefreiung *(n)*
procedure code Verfahrenskode *(m)*
procedure for authorising regular services Verfahren zur Genehmigung von Linienverkehren *(n)*
procedure for lodging complaints Reklamationsverfahren *(n)*
procedure of customs Zollgewahrsamsverfahren *(n)*, Zollregime *(n)*
procedure of international transit by rail *(TIF Convention)* Verfahren des internationalen Eisenbahnverkehrs *(n)*
procedure of international transport of goods under cover of TIR carnets Verfahren des internationalen Warentransports mit Carnets TIR *(n)*
procedure of temporary exportation vorübergehendes Ausfuhrverfahren *(n)*
procedure of temporary importation vorübergehendes Einfuhrverfahren *(n)*
procedure T1 T1-Verfahren *(n)*
procedure T2 T2-Verfahren *(n)*
* abuse of a procedure *(CCC)* Missbrauch des Verfahrens *(m)*
administrative procedure Administrativverfahren *(n)*
anti-dumping procedure Antidumpingverfahren *(n)*
notice of termination of the anti-dumping procedure *(EU)* Bekanntmachung des Abschlusses des Antidumping-/Antisubventionsverfahrens *(f)*
appeal procedure Beschwerdeverfahren *(n)*, Rechtsmittelverfahren *(n)*
approval procedure *(containers)* Zulassungsverfahren *(n)*
arbitration procedure Arbitrageverfahren *(n)*, Schiedsgerichtsverfahren *(n)*, schiedsrichterliches Verfahren *(n)*, Weg der Arbitrage *(m)*
ATA-carnet procedure Versandverfahren mit Carnet ATA *(n)*
attend the customs control procedures an der Zollkontrolle teilnehmen
award procedure Gerichtsverfahren *(n)*, Schiedsgerichtsverfahren *(n)*
Cargo Traffic Procedures Committee *(IATA)* Komitee für Frachtverkehrsverfahren *(n)*

claim procedure Reklamationsverfahren *(n)*
clearance procedures Abfertigungsverfahren *(n)*
collecting procedure Inkassoordnung *(f)*
Community procedure *(EU)* Gemeinschaftsbehandlung *(f)*, Gemeinschaftsverfahren *(n)*
completion of the procedure Abschluss des Verfahrens *(m)*, Erledigung des Verfahrens *(f)*
control of the end of the procedure Kontrolle des Verfahrensendens *(f)*
control procedure Kontrollverfahren *(n)*
customs economic procedure Zollverfahren mit wirtschaftlicher Bedeutung *(n)*
customs procedure Verzollungsverfahren *(n)*, Zollverfahren *(n)*
  application of various customs procedures Anwendung der verschiedenen Zollverfahren *(f)*
  declared customs procedure angegebenes Zollverfahren *(n)*
  duty-free trade customs procedure Zollfreiheitsverfahren *(n)*
  economic customs procedure Zollverfahren mit wirtschaftlicher Bedeutung *(n)*
  enter goods for a customs procedure Waren in das Zolllagerverfahren angeben *(pl)*
  export customs procedure Ausfuhrzollverfahren *(n)*
  guarantee of observance of customs procedures Garantie der Einhaltung des Zollregimes *(f)*
  permission for subjecting goods to a desired customs procedure Betwilligung zur Überführung von Waren in ein Zollregime *(f)*
  place goods under a customs procedure Waren einem Zollverfahren zuführen *(pl)*
  placement of goods under a customs procedure Überführung einer Ware in das Zollverfahren *(f)*
  placement under a customs procedure Überführung in das Zollverfahren *(f)*
  special customs procedure besondere zollrechtliche Behandlung *(f)*
  subject the goods to another customs procedure Waren einem anderen Zollverfahren zuführen *(pl)*

subject the goods to a customs procedure Waren einem Zollregime unterwerfen (pl), Waren zu einem Zollverkehr abfertigen (pl)
customs procedure code Zollverfahrenscode (m)
customs procedure with economic impact (CCC) Zollverfahren mit wirtschaftlicher Bedeutung (n)
customs warehousing procedure Verfahren der Zollgutlagerung (n) Zolllagerverfahren (n)
cut-off procedure Abschlussverifikation (f), Endkontrolle (f)
declaration procedure einzelne Schritte der Versandanmeldung (pl)
description of the procedure Beschreibung des Verfahrens (f)
discharge of the procedure Abschluss des Verfahrens (m), Erledigung des Verfahrens (f)
drawback procedure Zollrückvergütungsverfahren (n)
duration of the processing procedure Veredelungsfrist (f)
export licensing procedures Lizenzierung des Exports (f)
export procedure Ausfuhrverfahren (n), Ausfuhrzollverfahren (n)
financial procedure Finanzierungsregelung (f)
import licensing procedures Einfuhrlizenzverfahren (n)
import procedure Importverfahren (n)
international transport procedures Verfahren des internationalen Verkehrs (n)
investigation procedure Untersuchungsverfahren (n)
inwards procedure aktiver Veredelungsverkehr (m)
  authorization to use the inwards procedure Bewilligung des aktiven Veredelungsverkehrs (f)
legal procedure gerichtliche Verfolgung (f), Gerichtsverfahren (n), Schiedsgerichtsverfahren (n)
normal procedure normales Verfahren (n)
order of customs control procedures Zollanweisungsverfahren (n)
ordering procedure Bestellverfahren (n)
outward processing procedure Vorgang des passiven Veredelungsverkehrs (m)
  authorization to use the outward processing procedure Bewilligung des passiven Veredelungsverkehrs (f)

placement under the procedure Überführung in das Verfahren (f)
processing under customs supervision procedure Verfahren der Umwandlung unter zollamtlicher Überwachung (n), Vorgang der vorübergehenden Verwendung (m)
proof of the end of the procedure Nachweis über die Beendigung des Verfahrens (m)
put under a national procedure (customs) zu einem einzelstaatlichen Verfahren abfertigen (n)
refund procedure Rückgabeverfahren (n)
re-import procedure Wiedereinfuhrverfahren (n)
Rhine manifest procedure Versandverfahren mit dem Rheinmanifest (n)
simplified procedure vereinfachtes Verfahren (n)
  application of simplified procedures at air transport Anwendung des vereinfachtes Verfahren auf dem Luftweg (f)
  application of simplified procedures at sea transport Anwendung des vereinfachtes Verfahren auf dem Seeweg (f)
  level 1 simplified procedure vereinfachtes Verfahren der Stufe 1 (n)
  level 2 simplified procedure vereinfachtes Verfahren der Stufe 2 (n)
  use of simplified procedure Anwendung der Vereinfachung (f)
simplified procedures for goods carried by air vereinfachte Verfahren für die Warenbeförderung auf dem Luftweg (pl)
simplified procedures for goods carried by large container vereinfachte Warenbeförderungen im in Großbehältern (pl)
simplified procedures for goods carried by sea vereinfachte Verfahren für die Warenbeförderung auf dem Seeweg (pl)
simplified procedures for goods moving by pipeline vereinfachte Verfahren für die Warenbeförderung durch Rohrleitungen (pl)
special assessment procedure besonderes Erhebungsverfahren (n)
special procedure Sonderverfahren (n)
summary procedure summarisches Verfahren (n)
T1 procedure T1-Verfahren (n)
T2 procedure T2-Verfahren (n)

T2F procedure T2F-Verfahren *(n)*
TIR procedure TIR-Verfahren *(n)*
  access to the TIR procedure Zulassung
  zum TIR-Verfahren *(f)*
  **transport of goods under the TIR pro-
  cedure** Beförderung der Waren im TIR-
  Verfahren *(f)*
temporary admission procedure Verfahren der vorübergehenden Verwendung *(n)*
temporary importation procedure Verfahren der vorübergehenden Einfuhr *(n)*, Vorgang
der vorübergehenden Verwendung *(m)*, vorübergehendes Einfuhrverfahren *(n)*
trade procedure Geschäftsverfahren *(n)*
transit procedure Versandverfahren *(n)*
  common transit procedure gemeinsames
  Versandverfahren *(n)*
  Community transit procedure gemeinschaftliches Versandverfahren *(n)*
  internal Community transit procedure
  internes gemeinschaftliches Versandverfahren *(n)*
  external Community transit procedure
  externes gemeinschaftliches Versandverfahren *(n)*
  **internal Community transit procedure
  T2** internes gemeinschaftliches Versandverfahren mit Versandanmeldung T2 *(n)*
  **internal Community transit procedure
  T2F** internes gemeinschaftliches Versandverfahren T2F *(n)*
  **simplified Community transit proce-
  dure** Vereinfachung für das gemeinschaftliche Versandverfahren *(f)*
  customs transit procedure Versandverfahren *(n)*
  domestic customs transit procedure
  Verfahren des Binnenzolltransits *(n)*
  external transit procedure externes Versandverfahren *(n)*
  implementation of the transit procedure
  Durchführung des Versandverfahrens *(f)*
  internal transit procedure internes Versandverfahren *(n)*
  international customs transit procedure
  Verfahren des internationalen Transits *(n)*
  inward transit procedure internes Versandverfahren *(n)*
  **placement of goods under the transit
  procedure** Überführung der Waren in das
  Versandverfahren *(f)*
  standard transit procedure Regelversandsverfahren *(n)*

regularly use the transit procedure Versandverfahren regelmäßig in Anspruch nehmen *(n)*
use of the procedure Inanspruchnahme des
Verfahrens *(f)*
usual procedure Gewohnheitsverfahren *(n)*
violation of the procedure Verletzung des
Verfahrens *(f)*
proceedings Verfahren *(n)*
accusatorial proceedings Strafverfolgung *(f)*,
Verfahren in Strafsachen *(n)*
administrative proceedings Administrativverfahren *(n)*, Verwaltungsverfahren *(n)*
  code of administrative proceedings Verwaltungsverfahrenordnung *(f)*
anti-dumping proceedings Antidumpingverfahren *(n)*
arbitration proceedings schiedsgerichtliches Verfahren *(n)*, Schiedsgerichtsverfahren *(n)*,
schiedsrichterliches Verfahren *(n)*
  **capacity to be a party to arbitration pro-
  ceedings** Arbitragefähigkeit *(f)*
bankruptcy proceedings Konkursverfahren *(n)*
  **institution of the bankruptcy procee-
  dings** Eröffnung des Konkursverfahrens *(f)*
complaint proceedings Reklamationsverfahren *(n)*
conclude a proceeding Verfahren abschließen *(n)*, Verfahren beenden *(n)*
customs proceedings Zollverfahren *(n)*
legal proceedings gerichtliche Verfolgung *(f)*,
gerichtlicher Prozess *(m)*, Gerichtsverfahren *(n)*,
Prozess *(m)*
recovery proceedings Betreibungsverfahren *(n)*
summary proceedings summarisches Verfahren *(n)*
proceeds Erlöse *(pl)*, Einkünfte *(pl)*
export proceeds Exporteinkünfte *(pl)*, Exporteinnahmen *(pl)*, Exporterlöse *(pl)*
extra proceeds Zusatzerlöse *(pl)*
net proceeds Nettoeinkommen *(n)*, Nettoertrag *(m)*
tax proceeds Steueraufkommen *(n)*, Steuereingang *(m)*
process Prozess *(m)*
process of customs control Zollverfahren *(n)*
process planning Prozessplanung *(f)*
process requirements Technologieanforderungen *(pl)*

* arbitration process Schlichtungsverfahren (n)

concession process Konzessionsprozess (m)

decision process Entscheidungsprozess (m)

industrial process Herstellungsprozess (m)

investment process Kapitalanlageprozess (m)

marketing process Distributionsprozess (m), Verteilungsprozess (m)

price calculation process Preiskalkulationsprozess (m)

registration process Registrierungsprozess (m)

risk management process Risikomanagementprozess (m)

technological process technologisches Verfahren (n)

trade process Geschäftsverfahren (n)

transport process Transportprozess (m)

processed Umwandlungs-

processed product Umwandlungserzeugnis (n)

processing Bearbeitung (f), Behandlung (f), Verarbeitung (f), Veredelung (f)

processing behavior Verarbeitungsverhalten (n)

processing costs Herstellungskosten (pl)

processing of goods under customs control Umwandlung unter zollamtlicher Überwachung (f)

processing operation Veredelungsvorgang (m)

completion of the processing operations Durchführung der Veredelungsvorgänge (f)

working or processing operations Be- oder Verarbeitungsvorgänge (pl)

processing procedure Veredelungsverfahren (n)

duration of the processing procedure Veredelungsfrist (f)

outward processing procedure Vorgang des passiven Veredelungsverkehrs (m)

authorization to use the outward processing procedure Bewilligung des passiven Veredelungsverkehrs (f)

processing under customs control aktive Veredelung (f), Umwandlung unter zollamtlicher Prüfung (f)

arrangements for processing under customs control Verfahren der Umwandlung unter zollamtlicher Überwachung (n)

authorization for processing under customs control Bewilligung des Umwandlungsverfahrens (f)

declaration for placement goods under the arrangements for processing under customs control Anmeldung zur Überführung in das Verfahren der Umwandlung unter zollamtlicher Überwachung (f)

system of processing under customs control Verfahren der Umwandlung unter zollamtlicher Überwachung (n)

processing under customs supervision aktive Veredelung (f), Umwandlung unter zollamtlicher Prüfung (f)

processing under customs supervision procedure Verfahren der Umwandlung unter zollamtlicher Überwachung (n), Vorgang der vorübergehenden Verwendung (m)

authorization for processing under customs supervision Bewilligung des Umwandlungsverfahrens (f)

* computerized system for processing declarations Datenverarbeitungsanlage zur Behandlung der Anmeldungen (f)

customs processing arrangements Zollveredelungsverkehr (m)

customs processing turnover Zollveredelungsverkehr (m)

data processing Datenaufbereitung (f), Datenverarbeitung (f)

automated data processing automatische Datenverarbeitung (f)

electronic data processing elektronische Datenverarbeitung (f)

free importation for processing Veredelungsverkehr (m)

goods processing operations Bearbeitung von Waren (f)

inward processing aktive Veredelung (f)

enter (goods) for inward processing Waren zur aktive Veredelung anmelden (pl)

goods temporarily exported for outward processing zur passiven Veredelung vorübergehend ausgeführte Waren (pl)

put into inward processing zum aktiven Veredelungsverkehr abfertigen (m)

warehouse for inward processing Lager für den aktiven Veredelungsverkehr (n)

inward processing relief arrangements aktiver Veredelungsverkehr (m)

inward temporary importation for processing aktiver Veredelungsverkehr (m)

order processing Auftragsbearbeitung (f)

outward processing passive Veredelung *(f)*
completion of an outward processing operation Erledigung eines passives Veredelungsverkehrs *(f)*
outward processing authorization Bewilligung des passiven Veredelungsverkehrs *(f)*
temporary importation for processing Veredelungsverkehr *(m)*
working or processing of goods Be- oder Verarbeitung von Waren *(f)*
procure abliefern, liefern
procurement Beschaffung *(f)*
procurement office Einkaufsbüro *(n)*, Kundenkantor *(n)*
procurement price Beschaffungspreis *(m)*, Bezugspreis *(m)*
* lead time for procurement Bestellungszyklus *(m)*
produce herstellen **2.** produce präsentieren
produce an attest Zertifikat vorlegen *(n)*
produce the balance bilanzieren
produce a certificate Zertifikat vorlegen *(n)*
produce a document Dokument vorlegen *(n)*
produce for acceptance zur Akzeptierung unterbreiten *(f)*
produce for export für den Export produzieren *(m)*
produce for sign zur Unterzeichnung vorlegen *(f)*
produce goods Waren herstellen *(pl)*
produce the goods at the office of departure Waren bei der Abgangszollstelle stellen *(pl)*, Waren der Abgangszollstelle vorführen *(pl)*
produce the goods at the office of destination Waren der Bestimmungszollstelle stellen *(pl)*
produce an offer Angebot unterbreiten *(n)*
produce one's power of attorney Plenipotenz vorlegen *(f)*, Vollmacht vorlegen *(f)*
produce one's proxy Plenipotenz vorlegen *(f)*, Vollmacht vorlegen *(f)*
produce Erzeugnisse *(pl)*
produce broker Warenagent *(m)*, Warenmakler *(m)*
producer Erzeuger *(m)*
producer market Erzeugermarkt *(m)*

producer of goods Warenhersteller *(m)*
producer's price Erzeugerpreis *(m)*, Preis des Herstellerbetriebes *(m)*
producer's risk Herstellerrisiko *(n)*
producer unit produzierende Einheit *(f)*
* agricultural producer landwirtschaftlicher Unternehmer *(m)*
Community producer Gemeinschaftshersteller *(m)*
essential interests of Community producers wesentliche Interessen von Gemeinschaftherstellern *(pl)*
immediate producer direkter Hersteller *(m)*
product Produkt *(n)*, Warenartikel *(m)*
product analysis Produktprüfung *(f)*
product catalogue Warenkatalog *(m)*
product characteristics Produkteigenschaft *(f)*
products class Warenklasse *(f)*
products coming from ... Erzeugnisse mit Herkunft aus ... *(pl)*
product distribution franchising Distributionsfranchising *(n)*
products falling within subheading ... (customs tariff) Erzeugnisse der Tarifstelle ... *(pl)*
products having preferential origin status Waren mit Präferenzursprung *(pl)*
product liability Produkthaftung *(f)*
product life cycle (PLC) Produktlebenszyklus *(m)*
international product life cycle internationaler Produktlebenszyklus *(m)*
product line Sortiment *(n)*
extension of product line Sortimentserweiterung *(f)*
product line shift Sortimentsänderung *(f)*
product mix Produktionspalette *(f)*
product patent Produktpatent *(n)*
product personality Individualisierung von Ware *(f)*
product price Warenpreis *(m)*
product quality Produktqualität *(f)*
product quality control technische Kontrolle *(f)*
product quantity Fertigungsqualität *(f)*, Herstellungsqualität *(f)*, Produktionsqualität *(f)*, Qualität der Produktion *(f)*
product range Sortimentsstruktur *(f)*
product sample Produktmuster *(n)*

products standardization Produktenstandardisierung *(f)*, Standardisierung von Produkten *(f)*

product subject to the licensing requirement lizenzpflichtige Ware *(f)*

product useful life Produktlebensdauer *(f)*

* agricultural product Agrarprodukt *(n)*, landwirtschaftliches Erzeugnis *(n)*

agro-based product Agrarprodukt *(n)*, landwirtschaftliches Erzeugnis *(n)*

annual product Jahresprodukt *(n)*

anti-import product Antiimportprodukt *(n)*

assortment of products Artikelauswahl *(f)*

basic products Grunderzeugnisse *(pl)*

between product Halberzeugnis *(n)*, Halbfertigfabrikat *(n)*

catalogue of products Warenkatalog *(m)*

compensating products Veredelungserzeugnisse *(pl)*

compensating products to be obtained from equivalent goods aus Ersatzwaren hergestellte Veredelungserzeugnisse *(pl)*

competing product Konkurrenzprodukt *(n)*

temporary exportation of compensating products vorübergehende Ausfuhr von Veredelungserzeugnissen *(f)*

competitive product Konkurrenzprodukt *(n)*

consumer product Konsumartikel *(m)*

consumption product Konsumartikel *(m)*

dumping products gedumpte Waren *(pl)*

excise product Akziseware *(f)*

export product Exportartikel *(m)*, Exporterzeugnis *(n)*

factory product Fabrikat *(n)*

final product Endprodukt *(n)*

finished product Gesamtprodukt *(n)*

forestry products Forsterzeugnisse *(pl)*, forstwirtschaftliche Produkte *(pl)*

generic product No-Name-Produkt *(n)*

global product Bruttoprodukt *(n)*

gross domestic product (GDP) Bruttoinlandsprodukt (BIP) *(n)*

half-finished product Halberzeugnis *(n)*, Halbfertigfabrikat *(n)*

import product Importartikel *(m)*, Importerzeugnis *(n)*

importer of industrial products Importeur von Industriewaren *(m)*

local product Landeserzeugnis *(n)*, Lokalerzeugnis *(n)*

luxury products Luxuswaren *(pl)*

marking of products Produktenbezeichnung *(f)*

market products Marktprodukte *(pl)*

national product Nationaleinkommen *(n)*

gross national income (GNI) Brutto-Nationaleinkommen *(n)*

gross national product (GNP) Bruttonationaleinkommen *(n)*, Bruttosozialprodukt (BSP) *(n)*

gross national product at market prices Bruttosozialprodukt zu Marktpreisen (BSP) *(n)*

net national product (NNP) Nettosozialprodukt *(n)*

nationalised product nationalisierte Ware *(f)*

new product neue Ware *(f)*

non-originating product Nichtursprungserzeugnis *(n)*

obtained products hergestellte Erzeugnisse *(pl)*

originating product Ursprungserzeugnis *(n)*

status of originating products Eigenschaft von Ursprungswaren *(f)*

processed product Umwandlungserzeugnis *(n)*

range of products Erzeugnissortiment *(n)*, Produktpalette *(f)*

rejected product Fehlererzeugnis *(n)*

replacement product Ersatzerzeugnis *(n)*

sea-fishing products Erzeugnisse der Seefischerei *(pl)*

secondary product Nebenprodukt *(n)*

semi-finished product Halbprodukt *(n)*

semi-manufactured product Halbfabrikat *(n)*

surplus product Extraprodukt *(n)*

unit of the product Erzeugniseinheit *(f)*

vegetable products Pflanzenprodukte *(pl)*

production Produktion *(f)*, Herstellung *(f)*, Erzeugung *(f)* **2.** Präsentation *(f)*, Vorzeigung *(f)* **3.** Produktions-, Herstellungs-

production capacity Produktionskapazität *(f)*, Produktionspotential *(n)*

production cartel Produktionskartell *(n)*

production costs Herstellungskosten *(pl)*, Produktionskosten *(pl)*

production cycle Produktionsablauf *(m)*

production date Herstellungsdatum *(n)*, Produktionsdatum *(n)*

production firm Produktionsbetrieb *(m)*

production franchising Industriefranchising *(n)*

production information Produktionsinformation *(f)*

production manager Produktionsleiter *(m)*
production of commodities Warenproduktion *(f)*
production of the documents Vorlage der Unterlagen *(f)*
production of exports Exportproduktion *(f)*
production of goods Warenproduktion *(f)*
production of goods to the customs zollamtliche Gestellung der Waren *(f)*
production order Fertigungsbestellung *(f)*, Produktionsauftrag *(m)*
production pattern Produktionsstruktur *(f)*
production piece gewerbliches Modell *(n)*
production plan Fertigungszeitplan *(m)*
production profitability Produktionsrentabilität *(f)*
production program Produktionsprogramm *(n)*, Fertigungszeitplan *(m)*
production quality Fertigungsqualität *(f)*, Produktionsqualität *(f)*
production risk Produktionsrisiko *(n)*
production sample Serienmuster *(n)*
production sharing agreement (PSA) Vertrag über Produktionsteilung *(m)*
production system Produktionssystem *(n)*
production volume Produktionsvolumen *(n)*
productive capacity Produktionsfähigkeit *(f)*
productive power Produktionskapazität *(f)*, Produktionspotential *(n)*
* certificate of production Produktionszertifikat *(n)*
conditions of production Produktionsbedingungen *(pl)*
costs of production Herstellungskosten *(pl)*, Produktionskosten *(pl)*
country of production Herstellungsland *(n)*
curtailment of production Produktionseinschränkung *(f)*
diminution in production Produktionsabfall *(m)*, Rückgang der Produktion *(m)*
disruption of production Produktionsunterbrechung *(f)*
efficiency of production Produktionsleistung *(f)*
export production Exportproduktion *(f)*
growth of production Produktionszuwachs *(m)*, Wachstum der Produktion *(n)*
high-run production Großserienproduktion *(f)*
increase in production Produktionszuwachs *(m)*, Wachstum der Produktion *(n)*

individual production Einzelfertigung *(f)*, Einzelherstellung *(f)*, Einzelproduktion *(f)*
job shop production Einzelfertigung *(f)*, Einzelherstellung *(f)*, Einzelproduktion *(f)*
job-shop-type production Kleinserienproduktion *(f)*
large-lot production Großserienproduktion *(f)*
means of production Produktionsmittel *(pl)*
method of production Herstellungsmethode *(f)*
mixed production gemischte Produktion *(f)*
place of production Herstellungsort *(m)*
profitability of production Produktionsrentabilität *(f)*
quality of production Herstellungsqualität *(f)*, Qualität der Produktion *(f)*
reduction in production Produktionssenkung *(f)*
restriction of production Produktionseinschränkung *(f)*
rise of production Produktionssteigerung *(f)*
series production Serienanfertigung *(f)*
starting of production Produktionsanlauf *(m)*
structure of production Produktionsstruktur *(f)*
volume of production Produktionsvolumen *(n)*
world production Weltproduktion *(f)*

productiveness Produktivität *(f)*

productivity Effizienz *(f)*
productivity factor Produktivitätskoeffizient *(m)*
*daily productivity Tagesleistung *(f)*
nominal productivity Nennleistung *(f)*

pro-export exportfreundlich

profession Beruf *(m)*
liberal profession freier Beruf *(m)*

professional Profi *(m)* **2.** professionell, Berufs-
professional register Berufsregister *(n)*
professional secrecy Berufsgeheimnis *(n)*
breach of professional secrecy Berufsgeheimnisverletzung *(f)*, Verletzung des Berufsgeheimnisses *(f)*

proficient Experte *(m)*, Fachmann *(m)*

profile Lademaß *(n)*, Ladeprofil *(n)*, Profil *(n)*
out of profile Lademaßüberschreitung *(f)*
risk profile Risikostruktur *(f)*

profit Profit *(m)*
profit level Profitniveau *(n)*
profit margin Gewinnspanne *(f)*, Profitspanne *(f)*

profit or loss Gewinn oder Verlust *(m/m)*
profit rate Profitrate *(f)*
profit ratio Gewinnindex *(m)*
profit/sales ratio (P/S ratio) Umsatzrendite *(f)*
profit sharing Gewinnbeteiligung *(f)*
* **annual profit** Jahresgewinn *(m)*
balance profit Bilanzgewinn *(m)*
balance-sheet profit Bilanzgewinn *(m)*
business profit Betriebsgewinn *(m)*, Handelsgewinn *(m)*, operativer Gewinn *(m)*
commercial profit Handelsprofit *(m)*, kommerzieller Gewinn *(m)*
exchange profit Kursgewinn *(m)*
extra profit Zusatzgewinn *(m)*
gross profit on sales Bruttoverkaufserlös *(m)*
investment profit Investitionsgewinn *(m)*
lack of profit Unrentabilität *(f)*
margin of profit Gewinnspanne *(f)*, Profitspanne *(f)*
merchant's profit Handelsgewinn *(m)*
minimum profit Minimalgewinn *(m)*
net profit Reingewinn *(m)*
rate of profit Profitrate *(f)*
repatriation of profit Gewinntransfer *(m)*
sale at a profit Verkauf mit Gewinn *(m)*
sell at a profit mit Gewinn verkaufen *(m)*
taxable profit steuerpflichtiger Gewinn *(m)*
trade profit Handelsprofit *(m)*, kommerzieller Gewinn *(m)*
windfall profit außerordentlicher Gewinn *(m)*

profitability Profitabilität *(f)*, Rendite *(f)*, Rentabilität *(f)*
profitability of production Produktionsrentabilität *(f)*
profitability of sales Umsatzrendite *(f)*, Verkaufsrentabilität *(f)*
* **investment profitability** Investitionsrentabilität *(f)*
limit of profitability Rentabilitätsgrenze *(f)*
production profitability Produktionsrentabilität *(f)*

profitable gewinnreich
profitable sales Verkauf mit Gewinn *(m)*

profitableness Profitabilität *(f)*, Rentabilität *(f)*

proforma Proforma-
proforma bill of lading Proforma-Konnossement *(n)*

proforma invoice Proformarechnung *(f)*, Pro-Forma-Rechnung *(f)*
proforma order Vorbestellung *(f)*
prognosis Prognose *(f)*
sales prognosis Absatzprognose *(f)*
program Programm *(n)*
advertising program Werbeaktionplan *(m)*
export program Ausfuhrplan *(m)*, Exportprogramm *(n)*
import program Einfuhrplan *(m)*
marketing program Marketingprogramm *(n)*
production program Fertigungszeitplan *(m)*, Produktionsprogramm *(n)*
quality check program Qualitätsprüfungsprogramm *(n)*
quality test program Qualitätsprüfungsprogramm *(n)*
quality-monitoring program Qualitätsüberwachungsprogramm *(n)*
shipping program Stauungsplan *(m)*
progressive progressiv
progressive growth progressiver Zuwachs *(m)*
progressive tariff progressiver Tarif *(m)*
prohibited untersagt
transhipment prohibited Umladung nicht gestattet *(f)*
prohibition Verbot *(n)*, Sperre *(f)*
prohibition of exports Ausfuhrsperre *(f)*, Ausfuhrverbot *(n)*, Exportrverbot *(n)*, Exportsperre *(f)*
prohibition of import Einfuhrverbot *(n)*, Importverbot *(n)*
prohibition of re-export Reexportverbot *(n)*
 prohibition of re-export clause Reexportverbotsklausel *(f)*
prohibition of strike clause Streikverbotklause *(f)*
prohibition of trade Handelsverbot *(n)*
prohibition of transit Durchfahrtsverbot *(n)*
* **absolute export prohibition** absoluter Ausfuhrverbot *(m)*, absoluter Ausfuhrverbot *(m)*
be subject to prohibitions Verboten unterliegen *(pl)*
export prohibition Ausfuhrsperre *(f)*, Ausfuhrverbot *(n)*
waiver of import prohibitions Freistellung von den Einfuhrverboten *(f)*
prohibitive Prohibitiv-
prohibitive customs duty Prohibitivzoll *(m)*, Schutzzoll *(m)*, Sperrzoll *(m)*

prohibitive system System der Prohibitivzölle (n)
prohibitive tariff Prohibitivtarif (m), Prohibitivzolltarif (m), Sperrtarif (m)
  system of prohibitive tariffs System der
  Prohibitivzölle (n)
project Projekt (n) **2.** Projektierungs-
project documentation Entwurfsdokumentation (f), Projektierungsunterlagen (f)
* **approve a project** Entwurf zustimmen (m)
commercial project Handelsprojekt (n)
investment project Investitionsprojekt (n)
realization of a project Projektrealisierung (f)
technical project technisches Projekt (n)
trade project Handelsprojekt (n)
projected planmäßig
projection Prognose (f)
  market projection Marktprognose (f)
  sales projection Absatzprognose (f), Absatzvorhersage (f), Verkaufsprognose (f), Verkaufsvorhersage (VH) (f)
prolong aufschieben, prolongieren,
verlängern
  prolong a bill Wechsel erneuern (m), Wechsel verlängern (m)
  prolong a credit Kredit prolongieren (m)
  prolong a letter of credit Akkreditiv erneuern (n), Gültigkeit des Akkreditivs verlängern (f)
prolongate prolongieren , verlängern
  prolongate a contract Vertrag prolongieren (m), Vertrag verlängern (m)
prolongation Prolongierung (f), Verlängerung (f) **2.** Prolongations-, Verlänge-
rungs-
  prolongation clause Friststreckungsklausel (f), Prolongationsklausel (f), Verlängerungsklausel (f)
  prolongation fee Verlängerungsgebühr (f)
  prolongation of a bill Prolongation eines
  Wechsels (f), Verlängerung eines Wechsels (f)
  prolongation of a contract Aufrechterhaltung des Vertrags (f), Erneuerung des Vertrags (f)
  prolongation of a credit Kreditverlängerung (f)
  prolongation of credit Kreditverlängerung (f),
  Prolongation eines Kredits (f)

prolongation of a guarantee Verlängerung
der Garantie (f)
prolongation of a letter of credit Akkreditivverlängerung (f), Prolongation eines Akkreditivs (f)
prolongation of payment Aufschub einer
Zahlung (m), Stundung einer Forderung (f)
prolongation of registration Verlängerung
der Anmeldungsfrist (f)
prolongation of security Garantieverlängerung (f)
prolongation of a term of payment Verlängerung des Zahlungstermins (f), Verlängerung des Zahlungsziels (f)
prolonged prolongiert, verlängert
  prolonged note prolongierter Wechsel (m)
  prolonged term verlängerte Frist (f)
promise Promesse (f), Zusage (f)
  promise of an export licence Exportlizenzpromesse (f)
  promise of an import licence Importlizenzpromesse (f)
  promise of a guarantee Garantiezusage (f)
promissory versprechend
  promissory bill Eigenwechsel (m)
  promissory note Blankowechsel (m), Geldverschreibung (f), Solawechsel (m)
    claim on a promissory note Rückgriffan-
    spruch (m), Wechselforderung (f)
promote fördern
  promote international trade Außenhandel
  entwickeln (m)
promotion Förderung (f), Promotion (f)
  promotion costs Verkaufsaufwendungen (pl),
  Verkaufsausgaben (pl)
    sales promotion costs Verkaufsförde-
    rungsaufwendungen (pl), Verkaufsförde-
    rungsausgaben (pl)
  promotion discount Promotionsrabatt (m)
  promotion of export Exportförderung (f),
  Export-Promotion (f)
  promotion of sales Verkaufsförderaktion (f),
  Verkaufsförderung (f)
  promotion of trade promotion Außenhandelsförderung (f), Außenwirtschaftsförderung (f)
  promotion plan Absatzförderungsplan (m),
  Förderprogramm (n)
  * **export promotion** Exportförderung (f),
  Export-Promotion (f)

export promotion undertaking Export-förderung *(f)*, Export-Promotion *(f)*
foreign trade promotion Außenhandelsförderung *(f)*, Außenwirtschaftsförderung *(f)*
sales promotion Verkaufsförderaktion *(f)*, Verkaufsförderung *(f)*
trade promotion Handelsförderung *(f)*

promotional Promotions-
promotional discount Promotionsrabatt *(m)*
promotional price Förderungspreis *(m)*
promotional sale Werbeverkauf *(m)*

prompt sofortig
prompt answer prompte Antwort *(f)*, sofortige Rückantwort *(f)*
prompt cash sofortige Zahlung *(f)*, Sofortzahlung *(f)*
  prompt cash payment schnelle Bezahlung *(f)*
prompt collection Promptinkasso *(n)*
prompt date Verfalltag *(m)*
prompt day Verfallfrist *(f)*, Zahlungstermin *(m)*
prompt delivery unverzügliche Lieferung *(f)*
prompt loading unverzügliche Verladung *(f)*, unverzügliche Verschiffung *(f)*
prompt payment Barzahlung *(f)*, Sofortzahlung *(f)*
prompt ship Sofortschiff *(n)*
prompt shipment Sofortversand *(m)*, unverzügliche Verladung *(f)*, unverzügliche Verschiffung *(f)*

promptness Befristetheit *(f)*, Pünktlichkeit *(f)*

promt sofort
prompt delivery sofortige Lieferung *(f)*
  sale for prompt delivery Verkauf auf sofortige Lieferung *(m)*
prompt shipment Sofortverschiffung *(f)*, Sofortlieferung *(f)*
  sell for prompt shipment auf Sofortlieferung verkaufen *(f)*, auf Sofortverschiffung verkaufen *(f)*

proof Beweis *(m)*, Nachweis *(m)*
proof of authenticity Echtheitsbeweis *(m)*
proof of Community status by an authorised consignor Nachweis des Gemeinschaftscharakters durch einen zugelassenen Versender *(m)*
proof of the Community status of goods Nachweis des Gemeinschaftscharakters von Waren *(m)*

proof of Community status of motorised road vehicles Nachweis des Gemeinschaftscharakters von Straßenkraftffahrzeugen *(m)*
proof of Community status of railway wagons Nachweis des Gemeinschaftscharakters von Eisenbahnwagen *(m)*
proof of delivery Ablieferungsschein *(m)*
  delivery proof of damage Schadensnachweis erbringen *(m)*
  provide the usual proof of delivery Gewohnheitsauslieferungsauftrag beibringen *(m)*
proof of delivery of goods Nachweis der Verbringung der Ware *(m)*
proof of the end of the procedure Nachweis über die Beendigung des Verfahrens *(m)*
proof of loss Nachweis des Verlustes *(m)*, Schadensnachweis *(m)*
proof of purchase Kaufbeleg *(m)*, Kaufnachweis *(m)*
proof test Kontrolluntersuchung *(f)*
* additional proof zusätzlicher Beweis *(m)*, Zusatznachweis *(m)*
alternative proof Alternativnachweis *(m)*
policy proof of interest Gefälligkeitspolice *(f)*, Wertsteigerungspolice *(f)*
submit a proof Beweis vorlegen *(m)*

property Eigentum *(n)* **2.** Eigentums-, Vermögens-
property crime Eigentumsdelikt *(n)*
property damage Sachschaden *(m)*, Vermögensschaden *(m)*
property guarantee Vermögensgarantie *(f)*
property insurance Sachversicherung *(f)*
property pledge Sachpfand *(n)*
property right Güterrecht *(n)*
  protection of property rights Eigentumsrechtsschutz *(m)*
* acquisition of property Eigentumserwerb *(m)*
arrest of property Beschlagnehmung *(f)*, Vermögensbeschlagnahme *(f)*
collateral on property dingliche Sicherung *(f)*, Vermögenssicherung *(f)*
confiscation of property Einziehung von Vermögen *(f)*
conveyance of property Übertragung des Eigentums *(f)*
guarantee of property Vermögensgarantie *(f)*
immoveable property unbewegliche Sachen *(pl)*

industrial property gewerbliches Eigentum *(n)*
protection of industrial property gewerblicher Rechtsschutz *(m)*, Schutz des industriellen Eigentums *(m)*
intellectual property geistiges Eigentum *(n)*
protection of intellectual property Schutz des geistigen Eigentums *(m)*, Schutz des intellektuellen Eigentums *(m)*
intellectual property law geistiges Eigentumsrecht *(n)*
mortgage of property Vermögenspfand *(n)*
passage of property Eigentumsübergang *(m)*, Übergang von Eigentumsrecht *(m)*
real property unbewegliche Habe *(f)*
right of property Eigentumsrecht *(n)*
security on property dingliche Sicherung *(f)*, Vermögenssicherung *(f)*
seizure of property Vermögensbeschlagnahme *(f)*
transfer of property Eigentumsübertragung *(f)*

proportional proportional
proportional rate proportionaler Satz *(m)*, proportionaler Tarif *(m)*

proportionally proportional
proportionally reinsurance proportionale Rückversicherung *(f)*

proposal Angebot *(n)*, Offerte *(f)*
proposal bond Ausschreibungsgarantie *(f)*, Bietungsgarantie *(f)*
proposal for financing Finanzvorschlag *(m)*
* acceptance of a proposal Angebotsannahme *(f)*, Annahme eines Angebots *(f)*
adjusted proposal angepasstes Angebot *(n)*
annul a proposal Offerte rückgängig machen *(f)*
approve a proposal Angebot gutheißen *(n)*
binding proposal festes Angebot *(n)*, verbindliches Angebot *(n)*
cable proposal telegrafisches Angebot *(n)*
commercial proposal kommerzielles Angebot *(n)*
competitive proposal wettbewerbsfähiges Angebot *(n)*
contract proposal Vertragsvorschlag *(m)*
contractor proposal Auftragnehmerangebot *(n)*
counter proposal Gegenangebot *(n)*, Gegenofferte *(f)*
evaluate a proposal Vorschlag beurteilen *(m)*

evaluation of proposal Beurteilung des Vorschlags *(f)*
formal proposal formales Angebot *(n)*
formulate a clause Klausel formulieren *(f)*
formulate a proposal Offerte formulieren *(f)*
initial proposal ursprüngliches Angebot *(n)*
refuse a proposal Vorschlag ablehnen *(m)*
submit a proposal Vorschlag vorlegen *(m)*
supplier proposal Angebot des Lieferanten *(n)*
terms of a proposal Angebotsbedingungen *(pl)*
validity of a proposal Angebotsbindung *(f)*, Gültigkeit der Offerte *(f)*

propose vorschlagen
propose the conditions of contract Vertragsbedingungen vorschlagen *(pl)*, Vertragsbestimmungen vorschlagen *(pl)*
propose the contract terms Vertragsbedingungen vorschlagen *(pl)*, Vertragsbestimmungen vorschlagen *(pl)*

proposition Vorschlag *(m)*
fair proposition faires Angebot *(n)*
offer a proposition vorschlagen
reject a proposition Vorschlag ablehnen *(m)*
unique selling proposition (USP) Alleinstellungsmerkmal *(n)*

proprietary Firmen-
proprietary brand eingetragene Marke *(f)*, Firmenmarke *(f)*
proprietary mark geschützte Fabrikmarke *(f)*
proprietary right Eigentumsrecht *(n)*

proprietor Eigner *(m)*

prorogation Aufschiebung *(f)*, Fristverlängerung *(f)*, Verlängerung der Frist *(f)*
prorogation of a term Fristverlängerung *(f)*

prosecution Anklage *(f)*

prospect Perspektive *(f)*
prospects of marketing Absatzperspektiven *(pl)*, Verkaufschancen *(pl)*
* business prospect wirtschaftliche Konjunktur *(f)*, Wirtschaftskonjunktur *(f)*, Geschäftsaussichten *(pl)*, konjunkturelle Aussichten *(pl)*
economic prospect wirtschaftliche Konjunktur *(f)*, Wirtschaftskonjunktur *(f)*
export prospects Exportkonjunktur *(f)*

prospective voraussichtlich

prospectus Prospekt *(m)*
offering prospectus Emissionsprospekt *(m)*
protection Gewährleistung *(f)*, Schutz *(m)*, Sicherstellung *(f)* **2.** Schutz-
Protection and Indemnity Club (P & I Club) Versicherungsverein auf Gegenseitigkeit für Reeder *(m)*, Versicherungsschutz und Entschädigung *(m)*
protection by letter patent Patentschutz *(m)*
protection clause Schutzklausel *(f)*
protection facilities Sicherungsmaßnahmen *(pl)*
protection of borders Grenzschutz *(m)*
protection of copyrights Schutz von Urheberrechten *(m)*
protection of foreign investments Schutz von Auslandsinvestitionen *(m)*
protection of industrial design Schutz der Industriemuster *(m)*
protection of industrial property gewerblicher Rechtsschutz *(m)*, Schutz des industriellen Eigentums *(m)*
protection of industrial rights gewerblicher Rechtsschutz *(m)*, Schutz des industriellen Eigentums *(m)*
protection of intellectual property Schutz des geistigen Eigentums *(m)*, Schutz des intellektuellen Eigentums *(m)*
protection of investment Investitionsschutz *(m)*
protection of property rights Eigentumsrechtsschutz *(m)*
protection tariff Schutztarif *(m)*
* consular protection konsularischer Schutz *(m)*, Konsularschutz *(m)*
customs protection Zollschutz *(m)*, Zollwache *(f)*
data protection Datenschutz *(m)*
insurance protection Versicherungsschutz *(m)*
  inception of insurance protection Beginn des Versicherungsschutzes *(m)*, Versicherungsbeginn *(m)*
legal protection rechtlicher Schutz *(m)*, Rechtsschutz *(m)*, Wahrung der Rechte *(f)*
patent protection Patentenschutz *(m)*, Patentschutz *(m)*
term of patent protection Geltungsdauer des Patents *(f)*, Patentschutzdauer *(f)*
price protection Preisschutz *(m)*
quality protection Schutz der Qualität *(m)*
special protection facilities besondere Schutzmaßnahmen *(pl)*

system of protection tariffs System der Schutzzölle *(n)*
tariff protection Zollschutz *(m)*, Zollwache *(f)*
trade protection society Auskunftei *(f)*, Auskunftsbüro *(n)*
protectionism Protektionismus *(m)*, Schutzpolitik *(f)*
protectionism in trade Protektionismus im Handel *(m)*
* customs protectionism Zollprotektionismus *(m)*
tariff protectionism Tarifprotektionismus *(m)*
protectionist protektionistisch
protectionist barrier Schutzbarriere *(f)*
protectionist discrimination protektionistische Diskriminierung *(f)*
protective Schutz-
protective customs duty Schutzzoll *(m)*
protective duty Protektionszoll *(m)*, Schutzzoll *(m)*
protective measures Sicherungsmaßnahmen *(pl)*
protective packing Schutzpackung *(f)*, Schutzverpackung *(f)*
protective tariffs system Zollprotektionismus *(m)*
* interim protective measures vorläufige Schutzmaßnahmen *(pl)*
system of protective tariffs System der Vorzugszölle *(n)*, Vorzugzöllesystem *(n)*
protest protestieren, rückweisen
protest a bill Wechsel protestieren *(m)*, Wechsel zu Protest geben *(m)*
protest a cheque Scheck protestieren *(m)*
protest a draft Wechsel protestieren lassen *(m)*
protest Beschwerdeschrift *(f)*, Protest *(m)* **2.** Protest-
protest certificate Wechselprotestakt *(m)*
protest charges Protestkosten *(pl)*
protest for non-acceptance Protest mangels Annahme *(m)*
protest for want of payment Weigerungsprotest *(m)*
protest of a bill Wechselprotest *(m)*
protest of the warrant Warrantprotest *(m)*
protest strike Proteststreik *(m)*
* act of protest Protestakt *(m)*, Wechselprotestakt *(m)*
cheque protest Scheckprotest *(m)*

deed of protest Protesturkunde *(f)*
endorsement supra protest Indossament nach Protest *(n)*
enter a protest Protest erheben *(m)*
file a protest Protest erheben *(m)*
importer's protest Importeurprotest *(m)*
lodge a protest Protest erheben *(m)*
master's protest Seeprotest *(m)*
notice of protest Protestanzeige *(f)*
sea protest Seeprotest *(m)*
shipper's protest Verladerprotest *(m)*
term of lodging a protest Wechselprotest-datum *(n)*

protested protestiert
protested cheque protestierter Scheck *(m)*

protocol Niederschrift *(f)*, Protokoll *(n)*
protocol of differences Differenzprotokoll *(n)*, Protokoll über Divergenzen *(n)*
protocol of reception Übernahmeprotokoll *(n)*, Warenübernahmeprotokoll *(n)*
protocol of reception of goods Warenab-nahmeprotokoll *(n)*
Protocol to amend the International Convention for the Unification of certain Rules relating to Bills of Lading Haag-Visby Regeln *(pl)*
* acceptance protocol Abnahmeprotokoll *(n)*
additional protocol Ergänzungsprotokoll *(n)*, Zusatzprotokoll *(n)*
  additional protocol to trade agreement Zusatzprotokoll zum Handelsabkommen *(n)*
commercial protocol Handelsprotokoll *(n)*
correction of protocol Berichtigung des Protokolls *(f)*
diplomatic protocol diplomatisches Proto-koll *(n)*
final protocol Abschlussprotokoll *(n)*
forge a protocol Protokoll fälschen *(n)*
inspection protocol Prüfungsprotokoll *(n)*
official copy of a protocol Protokollaus-zug *(m)*
receipt protocol Annahmeprotokoll *(n)*
supplementary protocol Ergänzungspro-tokoll *(n)*, Zusatzprotokoll *(n)*
take the protocol Protokoll anfertigen *(n)*
tax protocol Steuerprotokoll *(n)*
trade protocol Handelsprotokoll *(n)*

prototype Prototyp *(m)*, Vorbild *(n)*

provenance Herkunft *(f)*, Ursprung *(m)*

provide liefern, leisten, vorlegen
provide the commercial invoice Handels-rechnung beibringen *(f)*
provide a comprehensive guarantee Ge-samtbürgschaft leisten *(f)*, globale Sicherheit vorlegen *(f)*
provide a copy Kopie beibringen *(f)*
provide the delivery order Auslieferungs-auftrag beibringen *(m)*, Lieferschein beibrin-gen *(m)*
provide the documents Dokumente bei-bringen *(pl)*
provide a general security Gesamtbürg-schaft leisten *(f)*, globale Sicherheit vorlegen *(f)*
provide the goods and the commercial invoice Ware und Handelsrechnung liefern *(f)*
provide a guarantee Garantie hinterlegen *(f)*
provide the instructions Anweisungen ge-ben *(pl)*
provide a security Sicherheit hinterlegen *(f)*, Sicherheit leisten *(f)*
provide the usual proof of delivery Ge-wohnheitsauslieferungsauftrag beibringen *(m)*

provider Hersteller *(m)*, Zulieferer *(m)*
provider of goods Lieferer *(m)*

provision Reserve *(f)* 2.Vorbehalt *(m)* 3. Versorgung *(f)*
provision for taxes payable Reserve für Steuerentrichtung *(f)*
provisions of a lease Pachtbedingungen *(pl)*
provision of a security Leistung einer Si-cherheit *(f)*
provision of services Dienstleistungen *(pl)*, Erbringung von Dienstleistungen *(f)*
provision of subsidies Gewährung von Subventionen *(f)*
* acceptance with provision Akzept mit Vorbehalt *(n)*
budgetary provisions Haushaltsvorschrif-ten *(pl)*
Community provisions Gemeinschaftsre-geln *(pl)*, Gemeinschaftsregelungen *(pl)* 2. *(CCC)* gemeinsame Regelungen *(pl)*
customs provision zollamtliche Vorschrift *(f)*, Zollvorschrift *(f)*
general provisions allgemeine Bestimmun-gen *(pl)*
implementing provisions Durchführungs-vorschriften *(pl)*

life insurance provisions Lebensversicherungsbedingungen *(pl)*
non-compulsory provision fakultative Bedingung *(f)*
special provision Spezialklausel *(f)*
provisional provisorisch, vorläufig
provisional declaration provisorische Zolldeklaration *(f)*, vorläufige Anmeldung *(f)*
provisions Vorschriften *(pl)*
provisions in force geltendes Recht *(n)*
provisions of national law innerstaatliche
Vorschriften *(pl)*
provisions relating to excise Verbrauchssteuervorschriften *(pl)*
proxy Prozessbevollmächtigter *(m)*
proxy holder Bevollmächtigter *(m)*
* general proxy allgemeine Vollmacht *(f)*,
Generalvollmacht *(f)*
produce one's proxy Plenipotenz vorlegen *(f)*,
Vollmacht vorlegen *(f)*
special proxy Sondervollmacht *(f)*, Spezialvollmacht *(f)*
universal proxy Prokura *(f)*
psychological psychologisch
psychological price psychologischer Preis *(m)*
public öffentlich
public auction öffentliche Ausschreibung *(f)*,
öffentliche Versteigerung *(f)*
public authority öffentliche Verwaltung *(f)*
public company Aktiengesellschaft *(f)*, Publikumsgesellschaft *(f)*
public contract öffentlicher Auftrag *(m)*,
Staatsauftrag *(m)*
public corporation Aktiengesellschaft *(f)*,
Publikumsgesellschaft *(f)*
public customs warehouse öffentliche Zollniederlage *(f)*, öffentliches Zolllager *(n)*
public document amtliche Urkunde *(f)*
public holiday Feiertag *(m)*, gesetzlicher Feiertag *(m)*
public invitation to tender unbeschränkte
Konkurrenzausschreibung *(f)*
public liability zivilrechtliche Haftung *(f)*
public liability insurance Haftpflichtversicherung *(f)*
public port öffentlicher Hafen *(m)*
public road öffentliche Straße *(f)*
public sale Auktion *(f)*, Auktionsverkauf *(m)*,
Ausschreibung *(f)*, Versteigerung *(f)*

public security öffentliche Sicherheit *(f)*
public tender öffentliche Versteigerung *(f)*
public transport Stadtverkehr *(m)*
public warehouse öffentlicher Speicher *(m)*,
öffentliches Lager *(n)*
* certified public accountant beeidigter
Buchprüfer *(m)*, vereidigter Buchrevisor *(m)*
publication Veröffentlichung *(f)*
publication of documents Dokumentenpublikation *(f)*
* date of publication Erscheinungstermin *(m)*
official publication amtliche Veröffentlichung *(f)*
date of official publication Veröffentlichungsdatum *(n)*
publicity Anzeige *(f)*, Werbung *(f)* **2.** An-
zeigen-, Werbe-
publicity agent Anzeigenakquisiteur *(m)*,
Anzeigenwerber *(m)*, Anzeigevertreter *(m)*,
Werbeagent *(m)*
publicity expenditures Werbeausgaben *(pl)*
* ancillary publicity Zusatzwerbung *(f)*
export publicity Exportreklame *(f)*
newspaper publicity Zeitungsreklame *(f)*
outdoor publicity Außenwerbung *(f)*
poster publicity Plakatwerbung *(f)*
publishing Veröffentlichung *(f)*
publishing agreement Verlegervertrag *(m)*
punctual termingerecht
punctual delivery termingerechte Lieferung *(f)*
punctuality Rechtzeitigkeit *(f)*
punishment Buße *(f)*, Strafe *(f)*
punishment to compel performance of duty
Geldbuße *(f)*
* additional punishment Zusatzstrafe *(f)*
impose a punishment Sanktion anwenden *(f)*,
Strafe auferlegen *(f)*
imposition of a punishment Auferlegung
einer Strafe *(f)*
purchase kaufen
purchase by sample nach Muster bestellen *(n)*, nach Probe kaufen *(f)*, nach Probestück kaufen *(n)*
purchase goods Waren einkaufen *(pl)*
purchase Ankauf *(m)*, Einkauf *(m)*, Erwerb *(m)*, Erwerbung *(f)*, Kauf *(m)* **2.** Kaufs-
Einkaufs-
purchases account Einkaufskonto *(n)*
purchase agent Ankaufsagent *(m)*, Einkaufsvertreter *(m)*

purchase and sale Kauf und Verkauf *(m/m)*
purchase and sales transaction Kauf und Verkaufsgeschäft *(n)*
purchase at auction Kauf auf Versteigerung *(m)*
purchase at the basis Kauf nach Basis *(m)*
purchases book Einkaufsbuch *(n)*
purchase by brand Kauf laut Firmenzeichen *(m)*, Kauf nach Zeichen *(m)*
purchase by description Kauf laut Beschreibung *(m)*, Kauf nach Beschreibung *(m)*
purchase by pattern Kauf nach Muster *(m)*, Musterkauf *(m)*
purchase by sample Kauf laut Muster *(m)*
purchase by weight Kauf nach Gewicht *(m)*
purchase conditions Kaufbedingungen *(pl)*
purchase contract Kaufbrief *(m)*, Kaufvertrag *(m)*
purchase date Einkaufsdatum *(n)*, Einkaufstag *(m)*, Kaufdatum *(n)*, Kauftermin *(m)*
purchase department Einkaufsabteilung *(f)*
purchase for delivery Terminkauf *(m)*
purchase for future delivery Termineinkauf *(m)*, Zielkauf *(m)*
purchase in auction Kauf auf Versteigerung *(m)*
purchase invoice Eingangsrechnung *(f)*
purchases ledger Einkaufsbuch *(n)*
purchase manager Leiter der Einkaufsabteilung *(m)*
purchase of goods Kauf von Waren *(m)*, Warenkauf *(m)*
purchase of goods afloat Kauf von unterwegs befindlichen Waren *(m)*
purchase on account Darlehenskauf *(m)*, Kreditkauf *(m)*
purchase on another person's account Kauf für fremde Rechnung *(m)*
purchase on approval Kauf auf Probe *(m)*, Probekauf *(m)*
purchase on base Kauf nach Basis *(m)*
purchase on credit Kauf auf Kredit *(m)*, Kreditkauf *(m)*, Zielkauf *(m)*
purchase on deferred terms Kreditkauf *(m)*
purchase on one's own account Kauf auf eigene Rechnung *(m)*
purchase on passage Kauf von unterwegs befindlichen Waren *(m)*
purchase on sample Kauf nach Muster *(m)*, Kauf nach Probe *(m)*, Musterkauf *(m)*
purchase on somebody's account Kauf für fremde Rechnung *(m)*

purchase on term Fixkauf *(m)*
purchase on trial Kauf auf Probe *(m)*, Probekauf *(m)*
purchase order Einkaufsorder *(f)*, Kaufauftrag *(m)*, Kauforder *(f)*
purchase price Ankaufspreis *(m)*, Anschaffungspreis *(m)*, Einkaufspreis *(m)* 2. Kaufkurs *(m)*, Kaufpreis *(m)*
purchase quantity Kaufgröße *(f)*, Kaufmenge *(f)*, Lieferungsgröße *(f)*, Lieferungsmenge *(f)*
purchase risk Einkaufsrisiko *(n)*
purchase tax Umsatzsteuer *(f)*
purchase to specification Spezifikationskauf *(m)*
purchase up to the pattern Kauf nach Muster *(m)*
* **authority to purchase** Kaufermächtigung *(f)*
certificate of purchase Kaufbeleg *(m)*, Kaufnachweis *(m)*
conditional purchase bedingter Kauf *(m)*
country of purchase Einkaufsland *(n)*
credit purchase Kauf auf Kredit *(m)*, Kreditkauf *(m)*, Zielkauf *(m)*
date of purchase Einkaufsdatum *(n)*, Einkaufstag *(m)*, Kaufdatum *(n)*, Kauftermin *(m)*
ex warehouse purchase Lagerkauf *(m)*
forward purchase Terminkauf *(m)*
future purchase Termineinkauf *(m)*, Zielkauf *(m)*
government purchase Regierungskauf *(m)*
hire purchase Abzahlungskauf *(m)*, Rateneinkauf *(m)*, Ratenkauf *(m)*, Teilzahlungskauf *(m)*
make purchase einkaufen
order to purchase Kauforder *(f)*
proof of purchase Kaufbeleg *(m)*, Kaufnachweis *(m)*
term purchase Fixkauf *(m)*
time of purchase Verkaufsdatum *(n)*
wholesale purchase Großeinkauf *(m)*

purchased gekauft
purchased quantity Abnahmemenge *(f)*

purchaser Käufer *(m)*
purchaser responsibility Absenderhaftung *(f)*
* **first purchaser** erster Käufer *(m)*
free to warehouse of purchaser frei Käuferlager *(n)*, frei Lager des Käufers *(n)*
delivered free to house of purchaser franko Haus *(n)*
house of purchaser Käufersitz *(m)*
price ex warehouse of purchaser Preis frei Lager des Käufers *(m)*

wholesale purchaser Großhandelsabneh-mer *(m)*, Großhandelseinkäufer *(m)*

purchasing Ankauf *(m)*, Kauf *(m)*, Kauf-geschäft *(n)* **2.** Einkaufs-
purchasing agency Einkaufsagentur *(f)*, Ein-kaufsvertretung *(f)*
purchasing agent Versorgungsagent *(m)*
purchasing manager Leiter der Einkaufs-abteilung *(m)*
purchasing order Einkaufsorder *(f)*, Kauf-order *(f)*

pure Rein-
pure competition vollkommene Konkurrenz *(f)*, vollkommener Wettbewerb *(m)*
pure income Reinerlös *(m)*, Reinertrag *(m)*
pure yield Reinerlös *(m)*, Reinertrag *(m)*

purpose Verwendung *(f)*, Zweck *(m)*
purpose of credit Kreditzweck *(m)*
* copy for statistical purposes Exemplar für statistische Zwecke *(n)*
documentation for customs purposes Dokumente für Zollzwecke *(pl)*
enter goods for customs purposes Wa-ren zu einem Zollverfahren anmelden *(pl)*
investment purpose Investitionszweck *(m)*
taxation of imports for fiscal purposes Besteuerung der Einfuhr zur Erzielung von Einnahmen *(f)*

purposeful zielgerichtet
purposeful group Zielgruppe *(f)*

purvey einliefern

pushed Schub-
pushed barge Schubprahm *(m)*

put Verkaufsoption *(f)*
put ashore speed Löschengeschwindigkeit *(f)*
put option Verkaufsoption *(f)*

put unterwerfen
put a price Preis festsetzen *(m)*
put an embargo Embargo belegen *(n)*
put cargo ashore Last ausladen *(f)*
put goods ashore Last abladen *(f)*
put restrictions on export Export be-schränken *(m)*
put to the test ausproben, ausprobieren

put down eintragen
put down one's expenditure Ausgaben ein-schränken *(pl)*

put in anlegen
put in a claim Klage einbringen *(f)*
put in documents Unterlagen einreichen *(pl)*

put into hineinstecken
put into inward processing zum aktiven Veredelungsverkehr abfertigen *(m)*

put on auferlegen, auflegen
put on board an Bord des Schiffes bringen *(m)*
put on sale zu Verkauf stellen *(m)*

put under unterlegen
put under a national procedure *(customs)* zu einem einzelstaatlichen Verfahren abfer-tigen *(n)*
put under an obligation obligieren, verbinden

put up ausstellen
put up a guarantee Garantie ausfertigen *(f)*, Garantie ausstellen *(f)*, Kaution hinterlegen *(f)*, Kaution stellen *(f)*

Q

qualification Qualifikation *(f)*
qualification certificate Befähigungszeugnis *(n)*, Befähigungszeugnis *(n)*
* accept without qualification annehmen ohne Vorbehalt *(m)*
qualified qualifiziert
qualified acceptance bedingtes Akzept *(n)*, eingeschränktes Akzept *(n)*
qualified bill of lading einschränkendes Konnossement *(n)*, unreines Konnossement *(n)*
qualified endorsement Indossament ohne Obligo *(n)*, Indossament ohne Regress *(n)*
qualified guarantee bedingte Garantie *(f)*, beschränkte Garantie *(f)*
qualified sale Verkauf unter Eigentumsvorbehalt *(m)*
qualifying qualifizierend
qualifying period Karenzzeit *(f)*
qualitative qualitativ
qualitative change Qualitätsänderung *(f)*
qualitative characteristics Qualitätsmerkmal *(n)*
qualitative feature Qualitätsmerkmal *(n)*
qualitative restriction qualitätsmäßige Beschränkung *(f)*
quality Qualität *(f)* **2,** Qualitäts-
quality acceptance Güterkontrolle *(f)*, Qualitätsabnahme *(f)*, Warenprüfung *(f)*
 quality acceptance test Qualitätsabnahme *(f)*
quality and quantity acceptance of goods Qualitäts- und Quantitätsabnahme *(f)*
quality and quantity unknown Qualität und Quantität unbekannt *(f/f)*
quality arbitration Qualitätsarbitrage *(f)*
quality as per sample mustergemäße Qualität *(f)*, Qualität laut Muster *(f)*
quality assurance Beschaffenheitsgarantie *(f)*, Qualitätssicherung *(f)*
 director of quality assurance Qualitätsleiter *(m)*
 quality assurance engineer Quality-Assurance-Ingenieur *(m)*
quality auditing system Qualitätskontrollsystem *(n)*
quality bonus Qualitätsprämie *(f)*

quality certificate Beschaffenheitszeugnis *(n)*, Gütezeugnis *(n)*, Qualitätsbescheinigung *(f)*, Qualitätszertifikat *(n)*, Qualitätszeugnis *(n)*
quality check programme Qualitätsprüfungsprogramm *(n)*
quality claim Qualitätsbeanstandung *(f)*, Qualitätsreklamation *(f)*, Qualitätsrüge *(f)*
quality class Qualitätsklasse *(f)*
quality clause Qualitätsklausel *(f)*
quality complaint Qualitätsbeanstandung *(f)*, Qualitätsreklamation *(f)*, Qualitätsrüge *(f)*
quality control Qualitätskontrolle *(f)*, Qualitätsüberwachung *(f)*
 product quality control technische Kontrolle *(f)*
 total quality control totale Qualitätskontrolle *(f)*
quality control department Qualitätskontrolleabteilung *(f)*
quality control manager Qualitätsleiter *(m)*
quality control method Qualitätskontrollemethode *(f)*
quality control report Qualitätsprüfbericht *(m)*
quality defect Qualitätsfehler *(m)*, Qualitätsmangel *(m)*
quality degradation Qualitätsverschlechterung *(f)*
quality department Qualitätskontrolleabteilung *(f)*
quality description Beschreibung der Qualität *(f)*, Qualitätsbeschreibung *(f)*
quality designation Gütebezeichnung *(f)*
quality deterioration Herabsetzung der Qualität *(f)*, Qualitätsverschlechterung *(f)*
quality discount Qualitätsabschlag *(m)*, Qualitätsrabatt *(m)*
quality expertise Qualitätsgutachten *(n)*
quality goods hochwertige Ware *(f)*
quality guarantee Beschaffenheitsgarantie *(f)*, Qualitätssicherung *(f)*
quality improvement Qualitätsverbesserung *(f)*
quality inspection Güterüberprüfung *(f)*
quality landed Güterbestand bei Abladung *(m)*, Güterbestand bei Entladung *(m)*
quality level Qualitätsniveau *(n)*
 acceptable quality level annehmbare Qualitätslage *(f)*
quality manager Leiter der Gütekontrolleabteilung *(m)*

quality mark Qualitätszeichen (n)
quality of cargo Beschaffenheit der Ladung (f)
quality of goods Warenqualität (f)
 check quality of goods Qualität der Ware kontrollieren (f)
 claims for quality of goods Qualitätsreklamation (f)
quality of lot Warenpartiequalität (f)
quality of manufacture Qualität der Herstellung (f)
quality of production Herstellungsqualität (f), Qualität der Produktion (f)
 quality of services Dienstqualität (f), Servicequalität (f)
quality performance Gütekoeffizient (m)
quality protection Schutz der Qualität (m)
quality rebate Qualitätsabschlag (m), Qualitätsrabatt (m)
quality requirements Anforderungen an die Qualität (pl), Qualitäts- und Verpackungsbedingungen (pl)
quality research Qualitätsprüfung (f)
quality risk Qualitätsrisiko (n)
quality standard Qualitätsstandard (m)
quality system Qualitätskontrollsystem (n)
quality test Güterkontrolle (f), Qualitätsabnahme (f), Qualitätsprobe (f)
quality test programme Qualitätsprüfungsprogramm (n)
quality-monitoring Qualitätsüberwachungs-
quality-monitoring programme Qualitätsüberwachungsprogramm (n)
* acceptable quality annehmbare Qualität (f)
appropriate quality angemessene Qualität (f)
approve quality Qualität anerkennen (f)
assess a quality Qualität feststellen (f)
audit for quality Qualitätsüberwachung (f)
average quality durchschnittliche Qualität (f), Durchschnittsqualität (f), mittlere Qualität (f)
 fair average quality aufrichtige Mittelqualität (f), gute Durchschnitlichequalität (f), gute Durchschnittsqualität (f)
 good average quality gute Mittelqualität (f)
bad quality schlechte Qualität (f)
basis quality Basisqualität (f)
best quality beste Qualität (f), einwandfreie Qualität (f), höchste Qualität (f), Spitzenqualität (f), vorzügliche Qualität (f)
bottom quality niedrigste Qualität (f)

certificate of quality Gütezeugnis (n), Klassifikationszertifikat (n), Qualitätsbescheinigung (f), Qualitätsgutachten (n), Qualitätszertifikat (n), Qualitätszeugnis (n)
cheap quality Minderqualität (f)
checking of quality Güterkontrolle (f), Qualitätskontrolle (f), Qualitätsüberwachung (f), Warenprüfung (f)
checking quality Güterkontrolle (f), Warenprüfung (f)
choice quality ausgezeichnete Qualität (f), einwandfreie Qualität (f)
claim of quality Qualitätsbeanstandung (f)
claims for quality Qualitätsbeanstandung (f)
commercial quality Handelsqualität (f), handelsübliche Qualität (f)
 good commercial quality gute kommerzielle Qualität (f)
competition in quality Qualitätskonkurrenz (f)
competition on quality Qualitätskonkurrenz (f)
confirm quality Qualität bestätigen (f)
constant quality gleich bleibende Eigenschaft (f)
contract quality vertraglich ausbedingte Qualität (f), Vertragsqualität (f)
current quality gewöhnliche Qualität (f)
customary quality handelsübliche Qualität (f)
decline in quality Qualitätsabfall (m)
defect as to quality Qualitätsfehler (m), Qualitätsmangel (m)
defective quality mangelhafte Qualität (f)
delivered quality Lieferungsqualität (f)
deterioration in quality Qualitätsminderung (f)
deterioration of quality Herabsetzung der Qualität (f), Qualitätsverschlechterung (f)
difference in quality Qualitätsdifferenz (f)
difference of quality Qualitätsdifferenz (f)
even quality gleichmäßige Qualität (f)
excellent quality ausgezeichnete Qualität (f), einwandfreie Qualität (f)
export quality Exportqualität (f)
fair quality gute Qualität (f)
finest quality beste Qualität (f)
first-class quality Primasorte (f), Warenpostenqualität (f)
first-rate quality auserlesene Qualität (f), beste Qualität (f), erstklassige Qualität (f)
functional quality funktionale Qualität (f), Nutzungseigenschaft (f)

good commercial quality gute kommerzielle Qualität *(f)*
good marketable quality gute Handelsware *(f)*, gute marktübliche Qualität *(f)*
good quality gute Qualität *(f)*
guarantee high quality hohe Qualität garantieren *(f)*
guarantee of quality Garantie für Qualität *(f)*, Qualitätsgarantie *(f)*
guaranteed quality garantierte Qualität *(f)*
high quality hochwertige Qualität *(f)*
improvement of quality Qualitätsverbesserung *(f)*
inferior quality schlechtere Qualität *(f)*
initial quality Anfangsqualität *(f)*
insufficient quality unzureichende Qualität *(f)*
landed quality Güterbestand bei Löschen *(m)*, Warenqualität nach Ladearbeiten *(f)*, Warenqualität nach Löschenarbeiten *(f)*
lot quality standard Qualitätsstandard der Warenpartie *(m)*
low quality mangelnde Qualität *(f)*, minderwertige Qualität *(f)*
lower a quality Qualität mindern *(f)*
mark of quality Qualitätszeichen *(n)*
marketable quality Handelsgüte *(f)*
medium quality mittelmäßige Qualität *(f)*, Mittelqualität *(f)*
merchantable quality Handelsqualität *(f)*, handelsübliche Qualität *(f)*
middling quality Durchschnittsqualität *(f)*
non-commercial quality nichtkommerzielle Qualität *(f)*
non-standard quality Non-Standard-Qualität *(f)*
optimum quality Optimalqualität *(f)*
ordinary quality einfache Qualität *(f)*
poor quality mangelnde Qualität *(f)*, minderwertige Qualität *(f)*, schlechte Qualität *(f)*
premium quality auserlesene Qualität *(f)*, beste Qualität *(f)*, erstklassige Qualität *(f)*
prime quality prima Qualität *(f)*
prime selected quality Primaqualität *(f)*
product quality Produktqualität *(f)*
production quality Fertigungsqualität *(f)*, Produktionsqualität *(f)*
quantitative quality coefficient quantitative Kennziffer der Qualität *(f)*
required quality verlangte Qualität *(f)*
requirements for quality Anforderungen an die Qualität *(pl)*

run of quality Qualitätsabweichung *(f)*
sampled quality mustergemäße Qualität *(f)*, Qualität laut Muster *(f)*
seal of quality Qualitätsstempel *(m)*
second quality Sekundärqualität *(f)*
selected quality Primasorte *(f)*
services quality Dienstqualität *(f)*
shipped quality Güterbestand bei Verfrachtung *(m)*, Güterbestand bei Verladung *(m)*, Verschiffungsqualität *(f)*
shipping quality Exportqualität *(f)*, Ladequalität *(f)*, mittlere Export-Qualität *(f)*
spotty quality instabile Qualität *(f)*
standard of quality Qualitätsniveau *(n)*
standard quality einfache Qualität *(f)*, normale Qualität *(f)*, übliche Qualität *(f)*
stipulated quality vereinbarte Qualität *(f)*
substandard quality minderwertige Qualität *(f)*
superior quality bessere Qualität *(f)*, Primaqualität *(f)*
supervision of quality Qualitätsüberwachung *(f)*
the quality is going down Qualität verschlechtert sich *(f)*
top quality einwandfreie Qualität *(f)*, Primaqualität *(f)*, Spitzenqualität *(f)*, vorzügliche Qualität *(f)*
total quality totale Qualitätskontrolle *(f)*
total quality management (TQM) lückenloses Qualitätsmanagement *(n)*
transhipment quality Umschlagqualität *(f)*
unsatisfactory quality unzureichende Qualität *(f)*
upgrade the quality Qualität erhöhen *(f)*
very fine quality sehr gute Qualität *(f)*
warranted fine quality gute zugesicherte Qualität *(f)*
warranted quality garantierte Qualität *(f)*
warranty of quality Garantie für Qualität *(f)*, Qualitätsgarantie *(f)*

quantitative quantitativ
quantitative analysis quantitative Analyse *(f)*
quantitative data Mengenangaben *(pl)*
quantitative import restrictions mengenmäßige Einfuhrbeschränkungen *(pl)*
quantitative quality coefficient quantitative Kennziffer der Qualität *(f)*
quantitative quota quantitative Quote *(f)*, mengenmäßiges Kontingent *(n)*, mengenmäßiges Zollkontingent *(n)*

Community quantitative quota *(EU)* mengen-mäßiges Gemeinschaftszollkontingent *(n)*
quantitative regulations of exports Ausfuhrkontingentierung *(f)*, Ausfuhrkontrolle *(f)*, Kontingentierung der Ausfuhr *(f)*
quantitative regulations of imports Einfuhrkontingentierung *(f)*, Kontingentierung der Einfuhr *(f)*
quantitative restriction mengenmäßige Beschränkungen *(pl)*
quantitative restriction of foreign trade Außenhandelskontingentierung *(f)*, Kontingentierung des Außenhandels *(f)*
quantitative restrictions Importkontingent *(n)*, Importquote *(f)*, mengenmäßige Beschränkungen *(pl)*, Mengenbeschränkungen *(pl)*, quantitative Einfuhrbeschränkungen *(pl)*
quantitative test Mengenprüfung *(f)*, Quantitätsprüfung *(f)*
* preferential quantitative arrangement mengenmäßige Präferenzvereinbarung *(f)*
quantity Menge *(f)* **2.** quantitative, Quantitäts-
quantity acceptance quantitative Abnahme *(f)*, Quantitätsabnahme *(f)*
quantity and nature of goods Anzahl und Art der Waren *(f)*
quantity as per contract Menge entspricht dem Kontrakt *(f)*
quantity as per invoice Rechnungsmenge *(f)*
quantity as per list Menge nach Verzeichnis *(f)*
quantity at captain's option Menge zu Kapitänoption *(f)*
quantity by weight Menge nach Gewicht *(f)*
quantity claim Mengereklamation *(f)*
quantity clause Mengenklausel *(f)*
quantity control Mengekontrolle *(f)*, Quantitätskontrolle *(f)*
quantity demanded Nachfrageumfang *(m)*
quantity guarantee Quantitätsgarantie *(f)*
quantity held Menge auf Lager *(f)*
quantity in stock Stückzahl im Lager *(f)*
quantity inspection Mengekontrolle *(f)*, Quantitätskontrolle *(f)*
quantity invoiced Rechnungsmenge *(f)*
quantity issued ausgelieferte Menge *(f)*, gelieferte Menge *(f)*
quantity loaded Ladequantum *(n)*, verladene Menge *(f)*
quantity of cargo Gütermenge *(f)*, Ladungsmenge *(f)*

quantity of goods Warenmenge *(f)*
quantity of output Produktionsvolumen *(n)*
quantity over überflüssige Menge *(f)*
quantity rating zahlenmäßige Bewertung *(f)*
quantity rebate Mengenbonifikation *(f)*
quantity restrictions Mengenbeschränkungen *(pl)*
quantity shipped out verladene Menge *(f)*
quantity short mangelnde Menge *(f)*, Mindermenge *(f)*
quantity stipulated in a contract vertragsgerechte Anzahl *(f)*, vertragsgerechte Menge *(f)*
quantity vouchered Menge entspricht dem Dokumente *(f)*
* admissible quantity Toleranzmenge *(f)*, zulässige Menge *(f)*
aggregate quantity Gesamtmenge *(f)*
agreed quantity Vertragsmenge *(f)*
approximate quantity annähernde Menge *(f)*
batch quantity Lieferungsgröße *(f)*, Lieferungsmenge *(f)*
buy in quantity im Größen kaufen *(f)*
buying quantity Kaufgröße *(f)*, Kaufmenge *(f)*
certificate of quantity Mengenbescheinigung *(f)*
contract quantity Vertragsmenge *(f)*
contracted quantity Vertragsmenge *(f)*
deficiency in quantity Quantitätsmängel *(m)*
delivered quantity ausgelieferte Menge *(f)*, gelieferte Menge *(f)*
description and quantity of stores on board the vessel Bezeichnung der auf dem Schiff vorhandenen Schiffsvorräte *(f)*
details of excess quantities Angaben zu Mehrmengen *(pl)*
determination of quantity Quantitätsbestimmung *(f)*
discharged quantity angelandete Menge *(f)*, Löschquantum *(n)*
discount for large quantities Großhandelsrabatt *(m)*
economic order quantity model Andler-Formel-Modell *(n)*
estimated quantity geschätzte Menge *(f)*
guaranteed quantity garantierte Menge *(f)*
intaken quantity angenommene Menge *(f)*, Lademenge *(f)*
landed quantity Löschmenge *(f)*
limited quantity begrenzte Menge *(f)*
manifest quantity Menge entspricht dem Frachtbrief *(f)*

maximum quantity Höchstmenge *(f)*
minimum quantity Mindestmenge *(f)*
monthly quantity Monatsmenge *(f)*
necessary quantity notwendige Menge *(f)*
on-hand quantity Stückzahl im Lager *(f)*
optimum quantity optimale Menge *(f)*
ordered quantity Bestellmenge *(f)*
overall quantity Gesamtmenge *(f)*
packaged quantity Verpackungsmenge *(f)*
physical quantity physikalische Größe *(f)*
pilot quantity Probequalität *(f)*
product quantity Fertigungsqualität *(f)*, Herstellungsqualität *(f)*, Produktionsqualität *(f)*, Qualität der Produktion *(f)*
purchase quantity Kaufgröße *(f)*, Kaufmenge *(f)*, Lieferungsgröße *(f)*, Lieferungsmenge *(f)*
purchased quantity Abnahmemenge *(f)*
quality and quantity acceptance of goods Qualitäts- und Quantitätsabnahme *(f)*
quality and quantity unknown Qualität und Quantität unbekannt *(f/f)*
received quantity erhaltene Menge *(f)*
reduce the quantity Qualität mindern *(f)*
required quantity erforderliche Menge *(f)*
shipped quantity Ladequantum *(n)*, verladene Menge *(f)*
short quantity mangelnde Menge *(f)*, Mindermenge *(f)*
statement of quantity Mengenangaben *(pl)*
statistical quantity statistische Menge *(f)*
tolerance quantity Toleranzmenge *(f)*, zulässige Menge *(f)*
trial quantity Probequalität *(f)*
unit of quantity Mengeneinheit *(f)*
unloaded quantity angelandete Menge *(f)*, Löschquantum *(n)*
variation in quantities Mengendifferenz *(f)*
weight and quantity guarantee Gewicht und Mengegarantie *(f)*

quantum Umfang *(m)*
quantum of import Umfang des Imports *(m)*

quarantine Quarantäne auferlegen *(f)*, unter Quarantäne stellen *(f)*

quarantine Quarantäne *(f)* 2. Quarantäne-
quarantine anchorage Quarantäneankerplatz *(m)*
quarantine certificate Quarantäneschein *(m)*, Quarantänezertifikat *(n)*
quarantine control Quarantänekontrolle *(f)*

quarantine declaration Quarantäneanmeldung *(f)*, Quarantänedeklaration *(f)*
quarantine due Quarantänegeld *(n)*
quarantine fee Quarantänegebühr *(f)*
quarantine flag Quarantäneflagge *(f)*
quarantine inspection Quarantäneaufsicht *(f)*, Quarantänekontrolle *(f)*
quarantine of import goods Quarantäne der Einfuhrwaren *(f)*
quarantine port Quarantänehafen *(m)*
quarantine regulations Quarantänevorschriften *(pl)*, Rechtsvorschriften über Quarantäne *(pl)*
quarantine safety Quarantänesicherheit *(f)*
quarantine station Quarantänestelle *(f)*
* certificate of quarantine Quarantäneschein *(m)*, Quarantänezertifikat *(n)*
perform quarantine in Quarantäne legen *(f)*
port of quarantine Quarantänehafen *(m)*
release from quarantine von der Quarantäne freilassen *(f)*
withdraw a quarantine Quarantäne widerrufen *(f)*

quarantining quarantänebar
quarterly vierteljährlich
quarterly plan Quartalsplan *(m)*
quarterly return vierteljährliche Erklärung *(f)*

quay Kai *(m)*
quay berth Kai *(m)*
quay charge Kaikosten *(pl)*
quay crane Hafenkran *(m)*
quay dues Kaiabgaben *(pl)*, Kaispesen *(pl)*
quay handling Kaiumschlag *(m)*
quay loading charge Kaigebühr *(f)*
quay operation Quaioperation *(f)*
quay receipt Dockquittung *(f)*, Dockschein *(m)*, Kaiempfangsschein *(m)*
quay rent Kailagergebühr *(f)*
* alongside the quay längsseits Kai *(m)*
customs quay Zollladungsplatz *(m)*
delivered ex quay ... /named port of destination/ geliefert ab Kai ... /benannter Bestimmungshafen/
embarkation quay Verladekai *(m)*
ex quay ab Kai *(m)*, frei Quai *(m)*
ex quay (duty paid) ... /named port of destination/ Frei Kai, verzollt ... /benannter Hafen/
  ex quay (duty paid) price Preis ab Kai *(m)*, Preis geliefert ab Kai - verzollt *(m)*
free alongside quay frei Längsseite des Abgangshafens *(f)*

free at quay frei Kai *(m)*, frei Ufer *(n)*
free quay frei Kai *(m)*, frei Ufer *(n)*
legal quay Zollkai *(m)*
price ex quay Preis ab Kai *(m)*, Preis frei Quai *(m)*
storage quay Lagerungskai *(m)*

quayage Kaiabgabe *(f)*, Kaigebühren *(pl)*

Queen Königin *(f)*
Queen's enemies Kriegsklausel *(f)*

question anfechten, beanstanden

question Frage *(f)*, Problem *(n)*, Sache *(f)*, Zweifel *(m)*
period in question Bezugszeitraum *(m)*, Referenzperiode *(f)*
procedural question Prozedurfrage *(f)*

questionnaire Fragebogen *(m)*
standard questionnaire Standardfragebogen *(m)*

questioned gefragt
questioned document unbestrittenes Dokument

quicken beschleunigen

quintal Zentner *(m)*

quittance Empfangsschein *(m)*

quota Kontingent *(n)*, Quote *(f)* **2.** Quoten-, Kontingents-
quota administered through licences durch Lizenzverfahren verwaltetes Kontingent *(n)*
quota amount Kontingentsmenge *(f)*
quota list Kontingentierungsliste *(f)*, Quotenliste *(f)*
quota period Kontingentszeitraum *(m)*
quota price Quotenpreis *(m)*
quota rate Satzbetrag *(m)*
quota system Kontingentierungssystem *(n)*
quota system
import quota system Importquotensystem *(n)*
quota system for exports Ausfuhrkontingentierung *(f)*, Exportkontingentierung *(f)*, Kontingentierung der Ausfuhr *(f)*, Kontingentierung des Exports *(f)*
quota system for imports Einfuhrkontingentierung *(f)*, Importkontingentierung *(f)*, Kontingentierung der Einfuhr *(f)*, Kontingentierung des Imports *(f)*

* additional quota Zusatzquote *(f)*
administer quotas Kontingente verwalten *(pl)*
allocation of quotas Quotenverteilung *(f)*
allocation of the quota *(customs)* *(EU)* Aufteilung des Zollkontingents *(f)*
amount of the quota Kontingentsbetrag *(m)*
announcement of the quota Bekanntgabe des Kontingents *(f)*
autonomous quota autonome Quote *(f)*, autonomes Kontingent *(n)*
bilateral quotas bilaterale Quoten *(pl)*
commodity quota Warenkontingent *(n)*
conventional quota Konventionalkontingent *(n)*, Konventionalquote *(f)*
duty-free quota zollfreie Quote *(f)*, zollfreies Kontingent *(n)*
enact a quota Kontingent festsetzen *(n)*, kontingentieren
establish a quota Kontingent festsetzen *(n)*
exceed a quota Kontingent überziehen *(n)*
exhaust a quota Kontingent erschöpfen *(n)*
export quota Ausfuhrkontingent *(n)*, Ausfuhrquote *(f)*, Exportkontingent *(n)*, Exportquote *(f)*
fixing of quotas Festlegung der Quote *(f)*, Kontingentierung *(f)*
import quota Einfuhrkontingent *(n)*, Einfuhrquote *(f)*, Importkontingent *(n)*, Importquote *(f)*
annual duty-free import quota jährliches zollfreies Kontingent *(n)*
impose quotas Kontingent festsetzen *(n)*, kontingentieren
level of quota Kontingenthöhe *(f)*
outrun the quota Kontingent überziehen *(n)*
quantitative quota quantitative Quote *(f)*, mengenmäßiges Kontingent *(n)*, mengenmäßiges Zollkontingent *(n)*
Community quantitative quota *(EU)* mengenmäßiges Gemeinschaftszollkontingent *(n)*
reduction of a quota Verringerung eines Kontingents *(f)*
tariff quota Tarifkontingent *(n)*
Community tariff quota *(EU)* gemeinschaftliches Zollkontingent *(n)*, Gemeinschaftszollkontingent *(n)*
establish a tariff quota Tarifkontingent festlegen *(n)*
general tariff quota allgemeiner Tariffreibetrag *(m)*
opening of a tariff quota Eröffnung eines Zollkontingents *(f)*

tariff quota list Liste der Zollkontingente *(f)*
total quota Gesamtquote *(f)*
valuable quota wertmäßige Quote *(f)*, wertmäßiges Kontingent *(n)*
value quota wertmäßige Quote *(f)*, wertmäßiges Kontingent *(n)*

quotation Notierung *(f)*, Preisangebot *(n)*, Preisvorschlag *(m)*

quotation c.i.f. CIF-Preis *(m)*, Preis cif *(m)*
quotation for currency Währungsnotierung *(f)*
quotation for goods Warenpreis *(m)*
quotation of exchange rates Devisenkursnotierung *(f)*, Devisennotierung *(f)*
quotation of foreign exchange rates Devisenkursnotierung *(f)*, Devisennotierung *(f)*
quotations on the world market (products) Notierungen auf dem Weltmarkt *(pl)*
* **bid quotation** Geldkurs *(m)*, Sortenankaufskurs *(m)*
currency quotation Devisennotierung *(f)*
current quotation Tageskurs *(m)*
cutting of quotation Kursrückgang *(m)*, Kursverfall *(m)*
daily quotations Börsenzettel *(m)*
difference in quotation Unterschied in den Devisenkursen *(m)*
export quotation Exportpreis *(m)*
forward quotation Terminnotierung *(f)*
freight quotation Frachtnotierung *(f)*
high quotation Höchstkurs *(m)*, Maximalkurs *(m)*
index of share quotation Aktienkursindex *(m)*
initial quotation Anfangspreis *(m)*, Richtpreis *(m)*
latest quotation Schlusskurs *(m)*
list of quotations Wechselkurs *(m)*, Wechselkurszettel *(m)*
list of stock-exchange quotations Devisenkurstabelle *(f)*, Kursanzeigetafel *(f)*
official quotation amtlicher Kurs *(m)*, offizieller Kurs *(m)*
opening quotation Eröffnungskurs *(m)*
price quotation Kursnotierung *(f)*, Preisangebot *(n)*, Preisnotierung *(f)*, Preisvorschlag *(m)*
rise in quotation Kursaufschlag *(m)*
stock exchange quotation Börsennotierung *(f)*, Kursnotierung *(f)*
uniform quotation Einheitskurs *(m)*
unofficial quotation unamtlicher Kurs *(m)*

R

radio Radio (n) **2.** Rundfunk-
radio advertising Rundfunkwerbung (f)
radioactive adioaktivitäts-
radioactive certificate Radioaktivitätszertifikat (n)
rail Eisenbahn (f), Bahn (f) **2.** Eisenbahn-, Bahn-
rail and air auf Bahn und Flugzeug
rail and canal auf Bahn und Kanal
rail and lake auf Bahn und See
rail and ocean auf Bahn und Meer, auf Bahn
und See
rail and road auf Bahn und Landweg
rail and truck auf Bahn und Lastauto, auf
Bahn und Lastkraftfahrzeug, auf Bahn und
Lastkraftwagen
rail and water auf Bahn und Schifffahrtsroute
rail-and-water service Bahn-Wasser-Verkehr (m), kombinierter Güterverkehr Schiene/
Wasser (m)
rail, canal and lake auf Bahn, Kanal und See
rail carriage insurance Bahnbeförderungversicherung (f), Eisenbahntransportversicherung (f)
rail charge Bahngebühr (f)
rail connection Eisenbahnverbindung (f),
Zugverbindung (f)
rail damage Eisenbahntransportschaden (m),
Eisenbahnverkehrsschaden (m)
rail fare Personenbeförderungstarif (m)
rail forwarding Bahnversand (m), Eisenbahnverkehrsspedition (f)
rail freight rates Eisenbahngütertarif (m)
rail infrastructure Eisenbahninfrastruktur (f)
rail, lake and rail auf Bahn, See und Bahn
rail line Eisenbahnlinie (f)
rail mail Bahnpost (f)
rail network Schienennetz (n)
rail part load consignment Bahnsammelgutsendung (f), Bahnstückgut (n)
rail regulations Bahnverkehrordnung (f)
rail service Eisenbahnverkehr (m), Schieneverkehr (m)
rail shipment Bahnförderung (f), Bahnsendung (f)
rail tank car Eisenbahnkesselwagen (m),
Tankwaggon (m)

rail terminal Bahnterminal (n), Eisenbahnterminal (n)
rail transport document Eisenbahntransportdokument (n), Schienentransportdokument (n)
rail transport insurance Bahnbeförderungversicherung (f), Eisenbahntransportversicherung (f)
rail transportation insurance Eisenbahntransportversicherung (f)
rail-water-rail auf Bahn, Wasserstraße und
Bahn, auf Bahn, Wasserweg und Bahn
* air and rail auf Flugzeug und Bahn
by rail im Eisenbahnverkehr (m), mit der Eisenbahn (f)
carriage by rail Bahnförderung (f), Eisenbahntransport (m), Eisenbahnverkehr (m)
carriage of goods by rail Eisenbahnfrachtverkehr (m)
combined rail/water service Bahn-Wasser-
Verkehr (m), kombinierter Güterverkehr
Schiene/Wasser (m)
combined road and rail transport Hukkepackverkehr (m), kombinierter Güterverkehr Schiene/Kraftfahrzeug (m), Schiene-
Kraftfahrzeug-Verkehr (m), Schiene-Straße-
Verkehr (m)
combined road/rail service Huckepacktransport (m), kombinierter Güterverkehr
Schiene/Kraftfahrzeug (m), Schiene-Kraftfahrzeug-Verkehr (m)
communication by rail Bahnverkehr (m),
Eisenbahnlinie (f)
consolidated shipment by rail Bahnsammelgutsendung (f), Bahnstückgut (n)
delivery by rail Bahnlieferung (f), Bahnzustellung (f)
free on rail frei auf Güterwagen (m), frei
Güterwagen (m)
free on rail - dispatching station price
Preis frei Waggon Versandbahnhof (m)
free on rail price for-Preis (m), Preis frei
Waggon (m)
freight per rail car Waggonfracht (f)
goods carried by rail Warenbeförderung
im Eisenbahnverkehr (f)
international carriage by rail internationaler Bahntransport (m)
international rail carriage internationaler
schienengebundener Transport (m)

international rail service internationaler Eisenbahnverkehr (m)
liability of carrier by rail Haftung des Eisenbahnfrachtführers (f)
on truck or rail auf Lastkraftwagen oder Bahn, auf Wagen oder Bahn
procedure of international transit by rail (TIF Convention) Verfahren des internationalen Eisenbahnverkehrs (n)
send by rail per Bahn senden (f), per Eisenbahn senden (f)
shipment by rail Bahnverladung (f)
ship's rail Schanzkleid (n)
vessel's rail Schanzkleid (n), Schanzkleidung (f)
railage Bahnförderung (f)
railex Expressbrief (m)
rail-ferry Eisenbahnfähr-
rail-ferry traffic Eisenbahnfährverkehr (m)
railroad Eisenbahn (f), Bahn (f) **2.** Eisenbahn-, Bahn-
  railroad bill of lading Eisenbahnfrachtbrief (m), Frachtbrief (m)
  railroad bill of lading SMGS Eisenbahnfrachtbrief SMGS (m), Frachtbrief SMGS (m)
  railroad carrier Eisenbahnbeförderer (m)
  railroad carriage Eisenbahnbeförderung (f)
  contract for railroad carriage Eisenbahnbeförderungvertrag (m), Eisenbahnfrachtvertrag (m)
  railroad charge Bahnfracht (f), Eisenbahnfracht (f)
  railroad consignment note Bahnfrachtbrief (m), Eisenbahnfrachtbrief (m)
  copy of railroad consignment note Duplikatfrachtbrief (m), Frachtbriefdoppel (n)
  railroad demurrage Wagenstandgeld (n), Waggonstandgeld (n)
  railroad forwarding Bahnspedition (f), Eisenbahnverkehrsspedition (f)
  railroad freight Bahnfracht (f), Eisenbahnfracht (f), Eisenbahngut (n)
  carload railroad freight Wagenladungsfrachtsatz (m)
  railroad line Eisenbahnlinie (f), Eisenbahnstrecke (f)
  railroad loss Bahnbeförderungverlust (m), Eisenbahntransportverlust (m), chienenverkehrsverlust (m)
  railroad rate Eisenbahnfrachtsatz (m)
  railroad rates Bahntarif (m), Eisenbahntarif (m)

preferential railroad rates Seehafenausnahmetarif (m)
railroad regulations Bahnordnung (f), Eisenbahnordnung (f)
railroad service Bahndienst (m)
railroad tank car Tankwagen (m), Zisternwagen (m)
railroad terminus Endbahnhof (m)
railroad through bill of lading Direkteisenbahnfrachtbrief (m), direkter Eisenbahnfrachtbrief (m)
railroad through import bill of lading Importdirekteisenbahnfrachtbrief (m)
railroad traffic Bahntransport (m), Eisenbahntransport (m)
railroad waybill Bahnfrachtbrief (m), Eisenbahnfrachtbrief (m)
  copy of railroad waybill Frachtbriefduplikat (n)
railroad weight Bahngewicht (n)
* **feeder railroad** Vorreisebahn (f), Vorreiseeisenbahn (f)
line-haul railroad Hauptbahn (f)
local railroad Regionalbahn (f)
per railroad auf Bahn und Landweg, im Eisenbahnverkehr (m)
send by railroad per Bahn senden (f), per Eisenbahn senden (f)
transit railroad Transitbahn (f)
railroad-proof straßenmäßig
railroad-proof packing straßentüchtige Verpackung (f)
rail-tight straßenfest
rail-tight packing straßenfeste Verpackung (f), Straßenverpackung (f)
railway Eisenbahn (f), Bahn (f) **2.** Eisenbahn-, Bahn-
railway administration Bahnverwaltung (f), Eisenbahnverwaltung (f)
railway advice Eisenbahnavis (n)
railway bill of lading Bahnfrachtbrief (m), Eisenbahnfrachtbrief (m)
railway bridge Bahnbrücke (f)
railway cargo Eisenbahnfracht (f), Eisenbahngut (n)
railway carriage Eisenbahnverkehr (m), Schieneverkehr (m)
  contract for railway carriage Eisenbahnbeförderungvertrag (m), Eisenbahnfrachtvertrag (m)

railway carriage insurance Bahntransportversicherung (f)
railway carriage's number Kennzeichen des Eisenbahnwaggons (n)
railway carrier Eisenbahnbeförderer (m)
railway carting agent Bahnspediteur (m), Eisenbahnspediteur (m)
railway charge Bahnfracht (f), Eisenbahnfracht (f)
railway charges Bahnfracht (f), Eisenbahnfracht (f)
railway company Eisenbahngesellschaft (f)
railway consignment note Eisenbahnfrachtbrief (m)
railway container Bahnbehälter (m)
railway crane Bahnkran (m), Eisenbahnkran (m)
railway custom-house Bahnzollamt (n)
railway damage Eisenbahntransportschaden (m), Eisenbahnverkehrsschaden (m)
railway disaster Eisenbahnunglück (n)
railway district Schienenstrecke (f)
railway engine Diesellokomotive (f)
railway engineer Bahningenieur (m)
railway fare Eisenbahnfahrpreis (m)
railway ferry Eisenbahnfähre (f)
railway forwarding Bahnspedition (f), Bahnversand (m), Eisenbahnverkehrsspedition (f)
railway forwarding agent Bahnspediteur (m), Eisenbahnspediteur (m)
railway freight Bahnfracht (f)
railway freight traffic Eisenbahngüterverkehr (m)
railway gauge Bahnbegrenzung (f), Spurbahn (f)
Railway Guards Bahnschutzdienst (m)
railway guide Bahnfahrplan (m)
railway line Eisenbahnlinie (f), Eisenbahnstrecke (f)
railway loss Bahnbeförderungverlust (m), Eisenbahntransportverlust (m)
railway mail Bahnpost (f)
railway maintenance Bahnbetrieb (m)
railway operation Zugverkehr (m)
railway parcel Bahnsendung (f)
railway post office Bahnpostamt (n)
railway rate Eisenbahnfrachtsatz (m)
railway receipt Eisenbahnbriefduplikat (n), Eisenbahnempfangsschein (m), Frachtbriefduplikat (n)
railway regulations Bahnordnung (f), Eisenbahnordnung (f)

railway schedule Eisenbahnfahrplan (m), Fahrplan (m)
railway seal Bahnplombe (f)
railway service Bahnverkehr (m), Eisenbahnlinie (f)
railway spur Bahnabzweigung (f), Bahnanschluss (m)
railway station Bahnhof (m)
customs railway station Zollbahnhof (m)
deliver to railway station frei Bahnhof liefern (m), frei Bahnhof zustellen (m)
port railway station Hafenstation (f)
railway tariff Bahntarif (m), Eisenbahntarif (m)
railway terminal Bahnhof (m), Bahnterminal (n), Eisenbahnterminal (n)
railway terminal of departure Versandbahnhof (m)
name of the railway terminal of departure Name des Versandbahnhofs (m)
railway terminus Endbahnhof (m)
railway traffic Bahntransport (m), Eisenbahntransport (m)
railway transit Bahntransit (m)
railway transport Bahnförderung (f), Eisenbahntransport (m)
railway transport document Eisenbahntransportdokument (n), Schienentransportdokument (n)
railway truck Lore (f), offener Waggon (m)
railway vehicles Eisenbahnfahrzeuge (pl)
railway wagon Eisenbahnwagen (m)
proof of Community status of railway wagons Nachweis des Gemeinschaftscharakters von Eisenbahnwagen (m)
railway wagon on sea-going vessel Eisenbahnwaggon auf Seeschiff (m)
rain-water damage Regenwasserschaden (m)
railway working Eisenbahnbetrieb (m)
* arterial railway Haupteisenbahn (f)
branch railway Bahnabzweigung (f), Bahnanschluss (m)
broad railway Breitspurbahn (f), breitspurige Eisenbahn (f)
broad-gauge railway Breitspurbahn (f), breitspurige Eisenbahn (f)
coast railway Küstenbahn (f)
delivery by railway Bahnlieferung (f), Bahnzustellung (f)
destination railway Empfangsbahn (f)
feeder railway Vorreisebahn (f), Vorreiseeisenbahn (f)

forwarding railway Versandbahn *(f)*
harbour railway Hafenbahn *(f)*
line of railway Bahnlinie *(f)*
main Trans-Siberian railway Transsibirische Eisenbahn *(f)*
main-line railway Überlandbahn *(f)*
monorail railway Einschienenbahn *(f)*
on truck or railway auf Lastkraftwagen oder Bahn, auf Wagen oder Bahn
receiver railway Empfangsbahn *(f)*
standard gauge railway Normalspurbahn *(f)*, Regelspurbahn *(f)*
standard railway Normalspurbahn *(f)*, Regelspurbahn *(f)*
transferee railway Vollspurbahn *(f)*
transferor railway Regelspurbahn *(f)*
transit railway Durchgangsbahn *(f)*

rail-worthy straßenmäßig
rail-worthy packing straßenmäßige Verpackung *(f)*

raise erhöhen, steigern, vergrößern **2.** einziehen
raise a ban Verbot aufheben *(n)*
raise a claim Reklamation anmelden *(f)*
raise a complaint Reklamation anmelden *(f)*, Reklamation geltend machen *(f)*
raise a duty Zoll anheben *(m)*, Zoll erhöhen *(m)*, Zoll heraufsetzen *(m)*
raise a taxation Besteuerung erhöhen *(f)*
raise taxes Steuern eintreiben *(pl)*, Steuern einziehen *(pl)*

raise Erhöhung *(f)*
raise of duty Zollerhöhung *(f)*
* duty raise Zollsteigerung *(f)*

raising Erhöhung *(f)*
raising of customs duties Erhöhung der Zollsätze *(f)*
raising of customs duty Zollerhöhung *(f)*

ramp Rampe *(f)*
bow ramp Bugrampe *(f)*
loading ramp Laderampe *(f)*
stern ramp Heckrampe *(f)*

random stichprobenweis, zufällig
random damage Elementarschaden *(m)*
random examination Stichprobenprüfung *(f)*, stichprobenweise Kontrolle *(f)*
random inspection Stichprobenprüfung *(f)*, stichprobenweise Kontrolle *(f)*

random sample Stichprobe *(f)*, Zufallsmuster *(n)*, Zufallsstichprobe *(f)*
* sample taken at random Stichprobe *(f)*, Zufallsmuster *(n)*

range Bereich *(m)* **2.** Sortiment *(n)* **3.** Hafenrange *(f)*
range additional Rangezuschlag *(m)*
range of commodities Sortimentsstruktur *(f)*
range of export goods Exportsortiment *(n)*
range of obligations Pflichtenbereich *(m)*, Pflichtenkreis *(m)*
range of operation Betriebsbereich *(m)*
range of patterns Mustersammlung *(f)*
range of products Erzeugnissortiment *(n)*, Produktpalette *(f)*
range port Rangehafen *(m)*, Rangeport *(m)*
* Antwerp Hamburg range Bereich Antwerpen - Hamburg *(m)*
commercial range of goods Handelssortiment *(n)*
price range Kursabweichung *(f)*, Kursschwankungen *(pl)*, Kursspanne *(f)*, Preisbereich *(m)*
product range Sortimentsstruktur *(f)*

rank Rang *(m)*

ranking Klassifizierung *(f)*
ranking of payments Zahlungsfolge *(f)*
ransom Lösegeld *(n)*
ransom price Einrufungspreis *(m)*

rapid schnell
rapid transit Beförderung durch Express- oder Kurierdienste *(f)*

rate bewerten
rate a ship klassifizieren

rate Indexzahl *(f)*, Indikator *(m)* **2.** Rate *(f)*, Satz *(m)* **3.** Tempo *(n)*
rate base Tarifbasis *(f)*
rate card Beitragsstaffelung *(f)*
rate decrease Zollsatzherabsetzung *(f)*
rate fluctuation Kursschwankung *(f)*
rate for a cheque Briefkurs *(m)*
rate guarantee Kursgarantie *(f)*
rate increase Satzsteigerung *(f)*
rates level Kursniveau *(n)*
rate of commission Provisionssatz *(m)*
rate of demurrage Standgeldrate *(f)*
rate of development Entwicklungstempo *(n)*
rate of discharge Löschungsnorm *(f)*
rate of discount Diskontsatz *(m)*

bank rate of discount Bankdiscountrate *(f)*, Bankdiskontsatz *(m)*

market rate of discount Marktdiskontsatz *(m)*

rate of duty Zollsatz *(m)*

autonomous rate of duty autonomer Zollsatz *(m)*

cut in rate of duty Tarifnachlass *(m)*, Zollsatzabschlag *(m)*

increase the rates of duty Zölle erhöhen *(pl)*

rate of economic growth Wachstumsrate *(f)*, Wirtschaftswachstumsrate *(f)*

rate of exchange Umrechnungskurs *(m)*

direct rate of exchange direkter Kurs *(m)*

fixed rate of exchange fixierter Kurs *(m)*

floating rate of exchange floatender Wechselkurs *(m)*

fluctuations in the rate of exchange Kursschwankungen *(pl)*

legal rate of exchange amtlicher Kurs *(m)*, offizieller Kurs *(m)*

official rate of exchange amtlicher Wechselkurs *(m)*

par rate of exchange Devisenkurs *(m)*, Valutakurs *(m)*, Währungsparität *(f)*

rate of export Exportsatz *(m)*

rate of freight Frachtrate *(f)*

current rate of freight laufende Frachtrate *(f)*, laufender Frachtpreis *(m)*

liner rate of freight Linienfrachtsatz *(m)* **2.** Liniefrachttarif *(m)*, Linienfrachtsätze *(pl)*

tramp rate of freight Trampfrachtrate *(f)*

rate of increase Steigerungsrate *(f)*

rate of inflation Inflationsrate *(f)*

rate of insurance Versicherungsprämie *(f)*, Versicherungssatz *(m)*

rate of interest Zinsfuss *(m)*, Zinssatz *(m)*

legal rate of interest gesetzlicher Zinsfuss *(m)*

rate of loading Ladungsnorm *(f)*

daily rate of loading Tagesladungsnorm *(f)*

rate of loading and discharging Charterverladungs- und Löschungsnorm *(f)*, Löschungs- und Beladungsrate *(f)*, Verladungs- und Löschungsnorm *(f)*

rates of natural loss Kalogrenzen *(pl)*

rate of price inflation (RPI) Inflationsrate *(f)*

rate of profit Profitrate *(f)*

rate of tax Steuersatz *(m)*

increase the rate of tax Steuersatz erhöhen *(m)*

lower the rate of tax Steuersatz vermindern *(m)*

lowering of the rates of tax Herabsetzung des Steuersatzes *(f)*

reduced rate of tax Ermaßigung des Steuersatzes *(f)*

reduction of tax rates Herabsetzung des Steuersatzes *(f)*

rate of return Rendite *(f)*

rate of wage Lohnsatz *(m)*

base rate of wage Fertigungsgrundlohn *(m)*, Grundlohn *(m)*

rate of unemployment Arbeitslosenquote *(f)*

rates of yield Ausbeutesatz *(m)*

standard rates of yield pauschaler Ausbeutesatz *(m)*

rate reduction Tarifsenkung *(f)*

* **interest rate reduction** Senkung des Zinssatzes *(f)*

rate table Beitragsstaffelung *(f)*

rate tariff Tarifquote *(f)*

* **ad valorem rate** Wertrate *(f)*

adjustment of rates Satzregulierung *(f)*

advertising rate Reklametarif *(m)*

air rate Lufttarif *(m)*, Luftverkehrstarif *(m)*

alteration in rates Kursänderung *(f)*

amend the rate Satz ändern *(m)*

apply a rate Satz anwenden *(m)*

autonomous rate autonomer Satz *(m)*

average rate Durchschnittssatz *(m)*, mittlerer Satz *(m)* **2.** Durchschnittskurs *(m)*, Mittelkurs *(m)*

bank rate Bankrate *(f)*, Banksatz *(m)*

base rate Basisrate *(f)*, Basissatz *(m)*, Einstandssatz *(m)*, Grundsatz *(m)*

basic rate Basisrate *(f)*, Basissatz *(m)*, Einstandssatz *(m)*, Grundsatz *(m)*

berth rate Linienfrachtsatz *(m)*, Linientarif *(m)*, Liniefrachttarif *(m)*

bilateral central rate bilateraler Leitkurs *(m)*

blanket rate Akkordlohnsatz *(m)*, Akkordsatz *(m)*

box rate Containerrate *(f)*, Containersatz *(m)*

buyer's rate Kaufkurs *(m)*

buying rate Kaufkurs *(m)*

cargo rate Beförderungssatz *(m)*, Frachtsatz *(m)*

change the rate Satz ändern *(m)*

cheque rate Briefkurs *(m)*

class rate Tarifbeitrag *(m)* **2.** *(in aircargo)* Warenklassenrate *(f)*

classification rate Klassifikationsrate *(f)*
clearing rate Clearingkurs *(m)*, Verrechnungskurs *(m)*
closing rate Schlusskurs *(m)*
coasting rate Küstenfrachtrate *(f)*
combination rate gemischter Satz *(m)*
combination rates kombinierter Tarif *(m)*, Sammeltarif *(m)*
combined rate kombinierter Satz *(m)*
commission rate Provisionssatz *(m)*
commodity rate Sondergüterfrachtsätze *(pl)*
  specific commodity rate Sondergüterfrachtsatz *(m)*
common rate gemeinsamer Satz *(m)*
Community rate *(EU)* *(VAT)* gemeinschaftlicher Satz *(m)*
compensation rate Kompensationskurs *(m)*
conference rate Konferenzrate *(f)*, Konferenzsatz *(m)*
conference rates Linienfrachtsätze *(pl)*
container rate Containerrate *(f)*, Containersatz *(m)*
conventional rate abgemachte Rate *(f)*
conversion rate Umrechnungskurs *(m)*, Umrechnungssatz *(m)*
currency rate guarantee Währungsgarantie *(f)*
current rate aktueller Kurs *(m)*, laufender Index *(m)*, laufender Kurs *(m)*, Tageskurs *(m)*, laufende Rate *(f)*
customs duty rate Zollsatz *(m)*
  reduction of customs duty rate Zollsatzsenkung *(f)*
customs rate Zollsatz *(m)*
  basic customs rate Grundzollsatz *(m)*
  export customs rate Ausfuhrzollsatz *(m)*
  customs rate reduction Tarifnachlass *(m)*, Zollsatzabschlag *(m)*
daily discharging rate Tageslöschungsnorm *(f)*
daily rate Tagesnorm *(f)*
day rate Tagelohnsatz *(m)*, Tagessatz *(m)*
deck cargo rate Decklasttarif *(m)*
decline in rates Kursabschlag *(m)*
decrease a rate Kurs ermäßigen *(m)*, Kurs senken *(m)*
demand rate Ankaufskurs *(m)*
demurrage rate Standgeldrate *(f)*
depress a rate Kurs ermäßigen *(m)*, Kurs senken *(m)*, Rate senken *(f)*, Satz senken *(m)*
differentiation in the rates Differenzierung der Steuersätze *(f)*

discharging rate Löschungsrate *(f)*
discount rate Bankdiskontfuss *(m)*, Diskontierungsfaktor *(m)*, Diskontsatz *(m)*
  bank discount rate Bankdiscountrate *(f)*, Bankdiskontfuss *(m)*, Bankdiskontsatz *(m)*
  lower the discount rate Diskontsatz senken *(m)*
distance rate Distanzfrachtpreis *(m)*, Distanzfrachtrate *(f)*
domestic rate *(in aircargo)* Inlandsrate *(f)*
double rate Doppelfrachtrate *(f)*
duty rate Zollsatz *(m)*
economic growth rate Wachstumsrate *(f)*, Wirtschaftswachstumsrate *(f)*
entrance rate Anfangssatz *(m)*
establish a rate Rate festsetzen *(f)*
exchange rate Devisenkurs *(m)*, Umrechnungskurs *(m)*
  average exchange rate Durchschnittswechselkurs *(m)*
  binding exchange rate verbindlicher Wechselkurs *(m)*
  black market exchange rate Schwarzmarktkurs *(m)*
  change in the exchange rate Kursänderung *(f)*
  currency exchange rate Währungskurs *(m)*
  fixed exchange rate Zentralkurs *(m)*
  flexible exchange rate flexibeler Wechselkurs *(m)*, flexibler Kurs *(m)*, flexibler Wechselkurs *(m)*, floatender Kurs *(m)*
  fluctuating exchange rate floatender Wechselkurs *(m)*
  foreign exchange rate adjustment Valutakursregulierung *(f)*
  foreign exchange rate fluctuation Währungsschwankungen *(pl)*
  free exchange rate flexibeler Wechselkurs *(m)*
  free market exchange rate Freiverkehrskurs *(m)*
  official exchange rate offizieller Wechselkurs *(m)*
  quotation of exchange rates Devisenkursnotierung *(f)*, Devisennotierung *(f)*
  unfavorable exchange rate ungünstiger Wechselkurs *(m)*
exchange rate index Wechselkursindex *(m)*
exchange rate mechanism Wechselkursmechanismus *(m)*
export rates Ausfuhrtarif *(m)*, Export-Tarif *(m)*

extreme rate höchster Preis *(m)*
FAK Box Rate FAK-Box-Satz *(m)*
fix a rate Satz festsetzen *(m)*
fixed rate fester Kurs *(m)*, fester Satz *(m)*
flat rate Einheitssatz *(m)*, Pauschalsatz *(m)*
floating rate flexibler Kurs *(m)*, floatender
Kurs *(m)*
forward rate Terminkurs *(m)*
free-market rate Freiverkehrskurs *(m)*
freight rates Gütertransportpreis *(m)*
freight rate Transportsatz *(m)*
  charterer's/owner's idea of freight rate
  Frachtidee *(f)*
  dual freight rate Doppelfrachtrate *(f)*
  express freight rate Expressbeförderungstarif *(m)*
  liner freight rate Linientarif *(m)*
  maximal freight rate Höchstfrachtsatz *(m)*
  ocean freight rate Seefrachtsatz *(m)*
  through freight rate direkte Frachtrate *(f)*,
  Durchgangsfrachtsatz *(m)*
  rail freight rates Eisenbahngütertarif *(m)*
general cargo rate Stückfrachtrate *(f)*,
Stückgutfrachttarif *(m)*
general cargo rates allgemeine Frachtraten im Luftverkehr *(pl)*
general rates of customs duties einheitliche Zolsätze *(pl)*
going rate Normalsatz *(m)*
graduated rate Progressivsatz *(m)*
gross rate Bruttorate *(f)*, Bruttosatz *(m)*
growth rate Wachstumstempo *(n)*
haulage rate Straßenfrachtsatz *(m)*
highest rate Maximalrate *(f)*, Spitzenrate *(m)*
import rate Einfuhrtarif *(m)*, Importrate *(f)*
 marginal import rate Grenzimportsatz *(m)*
inclusive rate Pauschalfrachtsatz *(m)*, Pauschalsatz *(m)*
increase in rates Ratenanstieg *(m)*, Ratenerhöhung *(f)*
increase of rates Erhöhung der Tarifsätze *(f)*
increased rate erhöhter Satz *(m)*
indexed rate indexierter Satz *(m)*
inflation rate Inflationsindex *(m)*, Inflationsindikator *(m)*
inland rates Inlandstarif *(m)*
insurance rate Versicherungsprämie *(f)*,
Versicherungssatz *(m)*
interbank rate zwischenbanklicher Zinssatz *(m)*
interest rate Zinsfuss *(m)*, Zinssatz *(m)*

concessionary interest rate ermäßigter Zinssatz *(m)*, Vorzugszinssatz *(m)*
current interest rate laufender Zinssatz *(m)*
deposit interest rate Einlagenzinsfuß *(m)*
reduce an interest rate Zinssatz senken *(m)*, Zinssatz senken *(m)*
interest rate development Zinssatzsteigerung *(f)*
interest rates on credit Kreditsatz *(m)*
joint rates kombinierter Tarif *(m)*, Sammeltarif *(m)*
labour rate Gehaltssatz *(m)*, Lohnsatz *(m)*
lending rate Zinssatz *(m)*
cut in the minimum lending rate Senkung des Diskontsatzes *(f)*
minimum lending rate cut Diskontsatzherabsetzung *(f)*
soft lending rate ermäßigter Zinssatz *(m)*,
Vorzugszinssatz *(m)*
less-than-carload rate Stückeisenbahnfrachtsatz *(m)*, Stückgutfrachtsatz *(m)*
less-than-carload rates Frachttarif für
Stückgut *(m)*
liner rate Liniensatz *(m)*
loading rate Beladungsrate *(f)*, Ladungsnorm *(f)*
lombard rate Lombardsatz *(m)*
long-term rate Langzeitsatz *(m)*
lowering of the rates Tarifherabsetzung *(f)*,
Tarifsenkung *(f)*
lump-sum rate Pauschalfrachtsatz *(m)*, Pauschalsatz *(m)*
marine rate Seeversicherungssatz *(m)*
marine transport rate Schifffahrtstarif *(m)*,
Seeschifffahrtstarif *(m)*
marginal export rate Grenzexportsatz *(m)*
market rate Marktkurs *(m)*, Marktrate *(f)*
maximum rate Höchstkurs *(m)*, Höchstsatz *(m)*,
Maximalkurs *(m)*
mean rate Durchschnittskurs *(m)*, Mittelkurs *(m)*
measurement rate Raumfrachtrate *(f)*,
Raumrate *(f)*
middle rate Durchschnittssatz *(m)*, mittlerer
Satz *(m)*
minimum rate Mindestrate *(f)*
mixed rate kombinierter Satz *(m)*
monthly rate Monatssatz *(m)*
net rate Nettosatz *(m)*
nominal rate nomineller Satz *(m)*, Parikurs *(m)*,
Paritätskurs *(m)*

official rate amtlicher Kurs _(m)_, amtlicher Satz _(m)_, offizieller Kurs _(m)_
opening rate Eröffnungskurs _(m)_
optional rate Optionsrate _(f)_, Optionssatz _(m)_
part-load rates Frachttarif für Stückgut _(m)_
pay rate Gehaltssatz _(m)_, Lohnsatz _(m)_
per cent rate prozentuales Verhältnis _(n)_
per diem rate Tagelohnsatz _(m)_, Tagessatz _(m)_
piece rate pay Objektleistungslohn _(m)_, Objektlohn _(m)_
pledging rate Pfandsatz _(m)_
preferential rate Präferenzrate _(f)_, Präferenzsatz _(m)_, Präferenzzollsatz _(m)_
preferential transportation rates Fahrpreisvergünstigung _(f)_
prime rate Basissatz _(m)_
profit rate Profitrate _(f)_
proportional rate proportionaler Satz _(m)_
quota rate Satzbetrag _(m)_
quotation of foreign exchange rates Devisenkursnotierung _(f)_, Devisennotierung _(f)_
railroad rate Eisenbahnfrachtsatz _(m)_
railroad rates Bahntarif _(m)_, Eisenbahntarif _(m)_
  preferential railroad rates Seehafenausnahmetarif _(m)_
railway rate Eisenbahnfrachtsatz _(m)_
redemption rate Tilgungsrate _(f)_
rediscount rate Rediskontrate _(f)_
reduce a currency rate Valutakurs herabsetzen _(m)_
reduce a rate Rate senken _(f)_, Satz senken _(m)_
reduced rate ermäßigter Satz _(m)_, Präferenzsatz _(m)_
reduction in rates Senkung der Sätze _(f)_, Verminderung der Sätze _(f)_
rent rate Mietsatz _(m)_, Pachtrate _(f)_
rental fee Mietentgelt _(n)_
rental rate Mietsatz _(m)_, Pachtrate _(f)_
return rate Ertragsrate _(f)_, Retourtarif _(m)_
rise of rates Erhöhung der Tarifsätze _(f)_
scale of rates Gebührentarif _(m)_, Gebührenverzeichnis _(n)_
seasonal rate schedule Saisonalbeitragsstaffelung _(f)_
seller's rate Verkaufskurs _(m)_
selling rate Verkaufskurs _(m)_
shipment rate Verschiffungsrate _(f)_
shipping rate Frachtrate _(f)_, Frachttarif _(m)_
single rate einheitlicher Satz _(m)_, Einheitssatz _(m)_

special rate besonderer Satz _(m)_, Präferenzsatz _(m)_, Spezialrate _(f)_
specific commodity rate Sondergüterfrachtsatz _(m)_
standard rate Grundrate _(f)_, Standardsatz _(m)_
structure of rates Tarifstruktur _(f)_
table of rates Tarifordnung _(f)_
tapering rates degressiver Tarif _(m)_
tariff rate Tarifrate _(f)_
  cut in tariff rates Tarifsenkung _(f)_
  lowering of tariff rates Tarifsatzherabsetzung _(f)_
  reduce a tariff rate Zollsatz senken _(m)_
  special tariff rate Ausnahmezollsatz _(m)_
  uniform transit rate einheitlicher Transittarif _(m)_
tax rate Steuersatz _(m)_
tax rate schedule Steuertabelle _(f)_
temporary rate vorübergehender Satz _(m)_
through rate direkte Frachtrate _(f)_, direkter Tarifsatz _(m)_, Direktsatz _(m)_, Durchfrachtsatz _(m)_, Durchgangsfrachtsatz _(m)_
top rate Maximalrate _(f)_, Spitzenrate _(m)_
transhipment rate Umschlaggeschwindigkeit _(f)_
transit rate Transittarifsatz _(m)_
transmission rate Informationsübertragungsgeschwindigkeit _(f)_
transportation rate Beförderungssatz _(m)_, Frachtsatz _(m)_
transportation rates Transporttarif _(m)_, Verkehrstarif _(m)_
truckload rate Wagenladungsfrachtsatz _(m)_
uniform flat rate einheitliche Pauschalrate _(f)_
uniform rate Einheitskurs _(m)_
weighted average rate gewogener mittlerer Satz _(m)_
weight rate Gewichtsrate _(f)_
work rate Lohnsatz _(m)_
  unit work rate Akkordlohnsatz _(m)_, Akkordsatz _(m)_
zero rate Nullsatz _(m)_
  zero rate of import duty _(ccc)_ Einfuhrzoll "Null" _(m)_

ratification Ratifikation _(f)_ **2.** Ratifikations-
  ratification clause Ratifikationsklausel _(f)_
  ratification of an agreement Ratifikation des Abkommens _(f)_

ratification of contract Bestätigung des Vertrags *(f)*, Ratifikation des Vertrages *(f)*
ratification of a convention Ratifizierung der Konvention *(f)*
ratify ratifizieren
ratify an agreement Abkommen ratifizieren *(n)*, Vertrag ratifizieren *(m)*
ratify a convention Konvention ratifizieren *(f)*
rating Bewertung *(f)*, Einteilung in Klassen *(f)*
  rating agency Ratingagentur *(f)*
  * **credit rating agency** Ratingagentur *(f)*
  credit rating Beurteilung der Kreditwürdigkeit *(f)*, Einschätzung der Kreditfähigkeit *(f)*
  quantity rating zahlenmäßige Bewertung *(f)*
  risk rating Gefahrenklasse *(f)*, Risikobewertung *(f)*, Risikokategorie *(f)*
  vessel rating Schiffsklassifikation *(f)*
ratio Rate *(f)*, Verhältnis *(n)*
  ratio by weight Gewichtsverhältnis *(n)*
  * **benefit-cost ratio** Kosten-Nutzen-Verhältnis *(n)*
  debt-equity ratio Verhältnis zwischen Fremdkapital und Eigenkapital *(n)*
  debt service ratio Kapitaldienstrelation *(f)*
  deposit-currency ratio Deposit-Währungs-Verhältnis *(n)*
  export ratio Exportanteil *(m)*
  financial ratio Finanzfaktor *(m)*
  inflation ratio Inflationsindex *(m)*, Inflationsindikator *(m)*
  price/earnings ratio Verhältnis von Preis und Ertrag *(n)*, Preis-Ertrags-Verhältnis *(n)*
  profit ratio Gewinnindex *(m)*
  profit/sales ratio (P/S ratio) Umsatzrendite *(f)*
  stock turnover ratio Umschlagfaktor *(m)*
  tax ratio Steuerfaktor *(m)*
rationalization Rationalisierung *(f)*
  rationalization of the export Exportrationalisierung *(f)*
rationing Kontingentierung *(f)*
  export rationing Kontingentierung der Ausfuhr *(f)*
  foreign trade rationing Außenhandelskontingentierung *(f)*, Kontingentierung des Außenhandels *(f)*
  import rationing Importreglementierung *(f)*, Kontingentierung der Einfuhr *(f)*

raw roh
  raw data Grunddaten *(pl)*
  raw material market Rohstoffmarkt *(m)*
reaction Reaktion *(f)*
  reaction of the country of destination to the enquiry notice Reaktion des Bestimmungslandes auf die Suchanzeige *(f)*
  reaction of the market Marktreaktion *(f)*
  reaction to the country of transit to the enquiry notice Reaktion des Durchgangslandes auf die Suchanzeige *(f)*
  * **market reaction** Marktreaktion *(f)*
readdressing Umadressierung *(f)*
  readdressing of cargo Umadressierung der Ladung *(f)*
readiness Bereitschaft *(f)*
  readiness date Schiffsladebereitschaftstermin *(m)*
  readiness for acceptance Abnahmebereitschaft *(f)*
  readiness for forwarding Versandbereitschaft *(f)*, Warensendunsgbereitschaft *(f)*
  readiness for receipt Abnahmebereitschaft *(f)*, Empfangsbereitschaft *(f)*, Warenübernahmebereitschaft *(f)*
  readiness for receiving Abnahmebereitschaft *(f)*, Empfangsbereitschaft *(f)*
  readiness for shipment Abfertigungsbereitschaft *(f)*, Versandbereitschaft *(f)*
  readiness of goods for shipment Abfertigungsbereitschaft *(f)*
  readiness to consignation Versandbereitschaft *(f)*
  notice of readiness to consignation Ladebereitschaftsmeldung *(f)*, Versandbereitschaftsnotiz *(f)*, Versandbereitschaftsanzeige *(f)*, Versandbereitschaftsnotiz *(f)*
  readiness to discharge Ladebereitschaft *(f)*
  notice of readiness to discharge Ladebereitschaftsmeldung *(f)*
  readiness to forwarding Versandbereitschaft *(f)*
  notice of readiness to forwarding Ladebereitschaftsmeldung *(f)*, Versandbereitschaftsnotiz *(f)*
  readiness to charging Beladungsbereitschaft *(f)*, Ladebereitschaft *(f)*
  readiness to deliver Lieferungsbereitschaft *(f)*
  readiness to exit to the sea Auslaufbereitschaft *(f)*

readiness to lade Ladebereitschaft *(f)*
notice of readiness to lade Ladebereitschaftsmeldung *(f)*, Ladebereitschaftsmeldung *(f)*, Verschiffungsbereitschaftsnotiz *(f)*
readiness to load Ladebereitschaft *(f)*, Verschiffungsbereitschaft *(f)*
readiness to reception Warenübernahmebereitschaft *(f)*
readiness to sending Versandbereitschaft *(f)*, Warensendunsgbereitschaft *(f)*
notice of readiness to sending Versandbereitschaftsanzeige *(f)*, Versandbereitschaftsmeldung *(f)*
readiness to shipment Versandbereitschaft *(f)*
notice of readiness to shipment Versandbereitschaftsanzeige *(f)*, Versandbereitschaftsmeldung *(f)*, Versandbereitschaftsnotiz *(f)*
readiness to unload Löschbereitschaft *(f)*
* date of readiness Schiffsladebereitschaftstermin *(m)*, Tag der Ladebereitschaft *(m)*
flight readiness Abflugbereitschaft *(f)*
loading readiness Ladebereitschaft *(f)*, Verschiffungsbereitschaft *(f)*
notice of readiness Bereitschaftsanzeige *(f)*, Bereitschaftsnotiz *(f)*, Ladebereitschaftsanzeige *(f)*, Ladebereitschaftsmeldung *(f)*, Ladebereitschaftsnotiz *(f)*
operational readiness Betriebsbereitschaft *(f)*
ready bereit
ready for carrying beförderungsfertig, transportfähig
ready for consignment versandfertig, versendungsbereit
ready for dispatch versandbereit, versandfähig
ready for examination abnahmebereit, empfangsbereit
ready for forwarding versandfertig, versendungsbereit
ready for receiving abnahmebereit, empfangsbereit
ready for shipping versandbereit, versandfähig
ready for traffic beförderungsfertig, transportfähig
ready for transport transportfertig
ready money down Zahlung bei Kauf *(f)*
ready time Bereitschaftszeit *(f)*
real echt, real, wirklich
real earnings Realgehalt *(n)*, Reallohn *(m)*
real estate Immobilien *(pl)*

mortgage of real estate Hypothek *(f)*
compulsory real estate mortgage Zwangshypothek *(f)*
real estate agent Immobilienhändler *(m)*
real estate loan Hypothekendarlehen *(n)*, Hypothekenkredit *(m)*
real price geltender Preis *(m)*, Realpreis *(m)*
real property unbewegliche Habe *(f)*
real rate of increase reale Zuwachsrate *(f)*
real tare reines Verpackungsgewicht *(n)*
real time Laufzeit *(f)*
real value realer Wert *(m)*
real wage Realgehalt *(n)*, Reallohn *(m)*
real wealth Vermögen *(n)*

realization Ausführung *(f)*, Realisation *(f)*
realization of a project Projektrealisierung *(f)*
realize erfüllen
realize a price Preis erziehen *(m)*
reassurance Reassekuranz *(f)*
reassure rückversichern

rebate Abschlag *(m)*, Abzug *(m)*, Rabatt *(m)*
rebate of ... per cent prozentueler Rabatt *(m)*
rebate of freight Frachtnachlass *(m)*
rebate of interest prozentueler Rabatt *(m)*
* cash rebate Barrabatt *(m)*, Barzahlungsrabatt *(m)*
conference rebate Konferenzrabatt *(m)*
customary rebate üblicher Abzug *(m)*, üblicher Nachlass *(m)*
dealer rebate Dealerdiskont *(m)*
deferred rebate Konferenzrabatt *(m)*, Treuerabatt *(m)*, zurückgestellter Rabatt *(m)*
export rebate Exportrabatt *(m)*
extraordinary rebate außergewöhnlicher Rabatt *(m)*
freight deferred rebate zurückgestellter Rabatt *(m)*
freight rebate Frachterlaß *(m)*, Frachtermäßigung *(f)*, Frachtnachlass *(m)*, Frachtrabatt *(m)*
grant a rebate Rabatt bewilligen *(m)*, Rabatt geben *(m)*
introductory rebate Einführungsrabatt *(m)*
price rebate Preisnachlass *(m)*
quality rebate Qualitätsabschlag *(m)*, Qualitätsrabatt *(m)*
quantity rebate Mengenbonifikation *(f)*
sell at a rebate verkaufen unter Rabattgewährung *(f)*

sell at the rebate Verkauf mit einem Rabatt *(m)*
special rebate außergewöhnlicher Rabatt *(m)*
tariff rebate Tarifrabatt *(m)*
tax rebate Steuerabschlag *(m)*, steuerliche Erleichterung *(f)*
trade rebate Handelsrabatt *(m)*
rebated Diskont-
rebated acceptance vor Fälligkeit eingelöstes Akzept *(n)*
rebated price Diskontpreis *(m)*
rebus sic stantibus rebus sic stantibus
rebus sic stantibus clause Klausel so wie die Dinge liegen *(f)*, So-wie-die-Dinge-Liegen-Klausel *(f)*
recalculation Neuberechnung *(f)*
recalculation of foreign currency Umrechnung der Fremdwährung *(f)*
recall abbestellen, widerrufen, zurückziehen
recapitulative zusammenfassend
recapitulative declaration *(customs)* zusammenfassende Anmeldung *(f)*
recede sinken, zurückgehen
recede from a contract Vertrag kündigen *(m)*, vom Vertrag zurücktreten *(m)*
receipt bestätigen, Empfang bestätigen *(m)*
receipt Annahmeschein *(m)*, Empfangsbescheinigung *(f)*, Empfangsbestätigung *(f)*, Empfangsschein *(m)*, Eingangsbescheinigung *(f)* 2. Bekommen *(n)*, Empfang *(m)*, Erhalt *(m)* 3. Quittung *(f)*, Rezepisse *(n)*, Schein *(m)*
receipt for payment Einzahlungsschein *(m)*, Zahlungseingang *(m)*, Zahlungsschein *(m)*
receipt of an order Auftragseingang *(m)*
receipt of cargo Empfang der Ladung *(m)*, Frachtabnahme *(f)*
delayed receipt of cargo verspätete Empfang der Ladung *(m)*
receipt of delivery Ablieferungsschein *(m)*, Abnahmeschein *(m)*, Anlieferungszertifikat *(n)*, Empfangsbestätigung *(f)*, Lieferschein *(m)*, Übergabebescheinigung *(f)*
receipt of goods Empfang der Ware *(m)*, Warenabnahme *(f)*, Warenqualitätsabnahme *(f)*, Warenqualitätsübernahme *(f)*
payable on receipt of goods zahlbar nach Erhalt der Ware *(m)*

receipt of goods clause Abnahmeklausel *(f)*, Übernahmeklausel *(f)*
receipt of letter Erhalt des Schreibens *(m)*
acknowledge a receipt of letter Empfang eines Briefes bestätigen *(m)*, Erhalt eines Schreibens bestätigen *(m)*
date of receipt of a letter Empfangsdatum des Schriftstückes *(n)*
receipt of merchandise Empfang der Ware *(m)*, Warenabnahme *(f)*, Warenqualitätsabnahme *(f)*, Warenqualitätsübernahme *(f)*
cash on receipt of merchandise Kasse bei Warenabnahme *(f)*, Kasse bei Warenempfang *(f)*
receipt protocol Annahmeprotokoll *(n)*
receipt regulations Abnahmeordnung *(f)*
receipt stamp Eingangsstempel *(m)*
receipt voucher Empfangsbestätigung *(f)*
* accountable receipt Kassenbeleg *(m)*, Kassenquittung *(f)*
acknowledge the receipt Eingang bestätigen *(m)*
acknowledgement of receipt Eingangsbestätigung *(f)*, Empfangsanzeige *(f)*, Empfangsbestätigung *(f)*, Übergabebescheinigung *(f)*
advice of receipt Eingangsbestätigung *(f)*, Empfangsanzeige *(f)*, Empfangsbestätigung *(f)*
air mail receipt Luftposteinlieferungsschein *(m)*
bailee receipt Depotschein *(m)*
bank receipt Bankquittung *(f)*
board receipt Bordempfangsschein *(m)*, Steuermannsquittung *(f)*
cargo key receipt unübertragbarer Begleitschein *(m)*, unübertragbarer Transportschein *(m)*
cargo receipt Empfang der Ladung *(m)*
carrier's receipt Ladeschein *(m)*
certificate of receipt Spediteurübernahmebescheinigung *(f)*
FIATA Forwarders Certificate of Receipt Spediteur Übernahmebescheinigung *(f)*
forwarder's certificate of receipt Spediteur-Übernahmebescheinigung *(f)*
copy of a receipt Doppelquittung *(f)*
courier receipt Ablieferungsschein *(m)*
custom-house receipt Zollquittung *(f)*
customs receipt Abfertigungsschein *(m)*, Zollabfertigungsschein *(m)*, Zollschein *(m)*
customs receipt for goods Abfertigungsschreiben *(n)*, Zollschein *(m)*
date of receipt Empfangsdatum *(n)*, Empfangsdatum des Schreibens *(n)*

delivery receipt Lieferungsannahme *(f)*
deposit receipt Warenlagerschein *(m)*
indorsement of deposit receipt Indossament des Depositenzertifikats *(n)*
dock receipt Dockempfangschein *(m)*, Dockquittung *(f)*, Dockschein *(m)*
draw up a receipt Quittung ausfertigen *(f)*, Quittung ausstellen *(f)*
form of receipt Vordruck für die Eingangsbescheinigung *(m)*
forwarder's receipt Spediteurübernahmebescheinigung *(f)*
forwarding agent's receipt Spediteurübernahmebescheinigung *(f)*
foul receipt unechter Bordempfangsschein *(m)*, unechter Steuermannsschein *(m)*
freight receipt Frachtempfangsbescheinigung *(f)*, Frachtorder *(f)*, Ladungsschein *(m)*
issue a receipt Quittung ausfertigen *(f)*, Quittung ausstellen *(f)*
luggage receipt Gepäckaufbewahrungsschein *(m)*, Gepäckschein *(m)*
make out a receipt Quittung ausstellen *(f)*
mate's receipt Bordempfangsschein *(m)*, Steuermannsquittung *(f)*
notice of receipt Annahmeschein *(m)*, Eingangsbestätigung *(f)*, Empfangsanzeige *(f)*, Empfangsbestätigung *(f)*
pawn receipt Pfandschein *(m)*, Verpfändungsbescheinigung *(f)*
pay on receipt bei Abnahme zahlen *(f)*, bei Empfang zahlen *(m)*
payment receipt Einzahlungsschein *(m)*, Zahlungseingang *(m)*
pilotage receipt Lotsenschein *(m)*
piloting receipt Lotsenschein *(m)*
planned receipt geplante Abnahme *(f)*
post receipt Posteinlieferungsschein *(m)*, Postlieferungsschein *(m)*, Postrezepisse *(n)*
premium receipt Prämienquittung *(f)*
quay receipt Dockquittung *(f)*, Dockschein *(m)*, Kaiempfangsschein *(m)*
railway receipt Eisenbahnbriefduplikat *(n)*, Eisenbahnempfangsschein *(m)*, Frachtbriefduplikat *(n)*
readiness for receipt Abnahmebereitschaft *(f)*, Empfangsbereitschaft *(f)*, Warenübernahmebereitschaft *(f)*
refusal of receipt Abnahmeverweigerung *(f)*, Übernahmeverweigerung *(f)*

ship's receipt Steuermannsquittung *(f)*, Steuermannsschein *(m)*, Verladebescheinigung *(f)*
foul ship's receipt unechte Steuermannsquittung *(f)*, unechter Steuermannsschein *(m)*, unreine Verladebescheinigung *(f)*
tallyman's receipt Tallykarte *(f)*
temporary receipt vorläufige Quittung *(f)*
time of receipt Empfangszeit *(f)*
towage receipt Schleppschifflohnquittung *(f)*
transhipment receipt Umladungsschein *(m)*, Umladungslieferschein *(m)*
trust receipt Einlagenzertifikat *(n)*
voucher for receipt Empfangsbestätigung *(f)*
warehouse receipt Depotschein *(m)*, Lagerempfangsschein *(m)*, Lagerquittung *(f)*, Lagerschein *(m)*, Warenlagerschein *(m)*, Warenschein *(m)*
FIATA Warehouse Receipt FIATA Warehouse Receipt *(n)*
indorsement of warehouse receipt Indossament der Lagerquittung *(n)*, Indossament des Lagerscheins *(n)*
warehouse receipt and warrant Lagerschein *(m)*, Revers *(n)*, Verpflichtungsschein *(m)*
wharfinger's receipt Kaiempfangsschein *(m)*

receipts Erlöse *(pl)*
receipts from trade Handelserlöse *(pl)*
* budget receipts Haushaltseinnahmen *(pl)*
cash receipts Barerlöse *(pl)*
currency receipts Devisenerlös *(m)*, Valutaerlöse *(pl)*
customs receipts Zolleinnahmen *(pl)*, Zollerlöse *(pl)*
daily receipts Tageskasse *(f)*
declaration of goods receipts Wareneingangsdeklaration *(f)*
excise receipts Akziseaufkommen *(n)*
export receipts Exporterlöse *(pl)*
gross receipts Bruttoeinnahme *(f)*, Bruttoeinnahmen *(pl)*, Bruttoertrag *(m)*
net receipts Nettoeinnahmen *(pl)*, Reinerlöse *(pl)*
parcel receipts Paketempfangsschein *(m)*
stamp duty on receipts Quittungsstempelgebühr *(f)*
trade receipts Handelserlöse *(pl)*

receivables Forderungen *(pl)*
assignment of receivables Abtretung von Forderungen *(f)*
assignment of receivables Forderungsabtretung *(f)*

bills receivable Inkassowechsel *(m)*, Retourwechsel *(m)*

export receivables Exporteinkünfte *(pl)*, export receivables Exporterlöse *(pl)*

receive abholen, bekommen, empfangen

receive a classification under a heading unter eine Tarifnummer fallen *(f)*, zu einer Tarifnummer gehören *(f)*

receive a guarantee Garantie bekommen *(f)*, Garantie erhalten *(f)*

receive cargo Fracht bekommen *(f)*

receive consignments Sendungen empfangen *(pl)*

receive goods Ware übernehmen *(f)*

receive into the custody zur Aufbewahrung übernehmen *(f)*

* refusal to receive postal matter Verweigerung der Annahme der Sendung *(f)*

received empfangen

received for shipment bill of lading Empfangskonnossement *(n)*, Längsseits-Konnossement *(n)*, Übernahmekonnossement *(n)*

received quantity erhaltene Menge *(f)*

received-for-shipment bill of lading Empfangskonnossement *(n)*, Längsseits-Konnossement *(n)*, Übernahmekonnossement *(n)*

receiver Adressat *(m)*, Erheber *(m)*

receiver in bankruptcy Konkursverwalter *(m)*

receiver of cargo Ladungsempfänger *(m)*

name of receiver of cargo Güterempfängername *(m)*, Ladungsempfängername *(m)*

receiver of customs Zollerheber *(m)*

receiver of documents Dokumentenempfänger *(m)*, Urkundenempfänger *(m)*

receiver of goods Warenbezieher *(m)*

receiver railway Empfangsbahn *(f)*

receiver's railway siding Annehmerbahnschluss *(m)*, Empfängeranschlussbahn *(f)*

* customs receiver Zolleinnehmer *(m)*

direct receiver Direktabnehmer *(m)*, Direktempfänger *(m)*

official receiver Liquidator *(m)*

receiving Empfang *(m)* **2**. Hehlerei *(f)*

receiving forwarder Briefspediteur *(m)*, Empfangsspediteur *(m)*

receiving inspection Abnahmeprüfung *(f)*, Wareneingangskontrolle *(f)*

receiving note Beladevorschriften *(pl)*, Ladungsanmeldung *(f)*, Verladeinstruktionen *(pl)*

receiving of goods Empfang der Ware *(m)*

receiving port Lieferungshafen *(m)*

receiving report Abnahmeprotokoll *(n)*

receiving station Abnahmebahnhof *(m)*, Empfangsstation *(f)*, Empfangsstelle *(f)*

* customs receiving Zollhehlerei *(f)*

readiness for receiving Abnahmebereitschaft *(f)*

readiness for receiving Empfangsbereitschaft *(f)*

ready for receiving abnahmebereit, empfangsbereit

refusal of receiving Abnahmeverweigerung *(f)*, Übernahmeverweigerung *(f)*

reception Akzept *(n)*, Empfang *(m)*, Erhalt *(m)*

reception of cargo Gutabnahme *(f)*, Ladungsempfang *(m)*, Lastannahme *(f)*

reception of goods Warenannahme *(f)*, Warenempfang *(m)*

protocol of reception of goods Warenabnahmeprotokoll *(n)*

reception of goods department Wareneingangsabteilung *(f)*

reception of goods on board Anbordnahme *(f)*

* cargo reception Ladungsannahme *(f)*

protocol of reception Übernahmeprotokoll *(n)*, Warenübernahmeprotokoll *(n)*

readiness to reception Warenübernahmebereitschaft *(f)*

recession Krise *(f)*, Rezession *(f)*, Stagflation *(f)*

recession from a contract Lossagung vom Vertrag *(f)*, Vertragsaufhebung *(f)*, Vertragsrücktritt *(m)*

* trade recession Handelsflaute *(f)*

re-charter unterbefrachten, unterchartern, unterverfrachten

re-charter Unterchartern *(n)*, Untercharterung *(f)*

recipient Annehmer *(m)*, Empfänger *(m)*, Kunde *(m)*

recipient of documents Dokumentenempfänger *(m)*, Urkundenempfänger *(m)*

recipient of goods Frachtempfänger *(m)*, Güterempfänger *(m)*, Warenbezieher *(m)*

recipient of the services Empfänger der Dienstleistungen *(m)*

recipient's order Empfängerdisposition *(f)*

* **goods recipient** Warenempfänger *(m)*
domicile of goods recipient Sitz des Warenempfängers *(m)*
name and address of goods recipient Name und Anschrift des Warenempfängers *(m)*
name of goods recipient Name des Warenempfängers *(m)*
reciprocal gegenseitig
reciprocal buying Kompensationsgeschäft *(n)*, Tauschgeschäft *(n)*
reciprocal delivery Gegenlieferung *(f)*
reciprocal offer Gegenangebot *(n)*
reciprocal preferences gegenseitige Begünstigungen *(pl)*, gegenseitige Präferenzen *(pl)*
reciprocal selling gegenseitiger Verkauf *(m)*
reciprocal transaction Kompensationsgeschäft *(n)*, Tauschgeschäft *(n)*
reciprocal treaty bilateraler Vertrag *(m)*
reciprocity Gegenseitigkeit *(f)* **2.** Gegenseitigkeits-
reciprocity clause Gegenseitigkeitsklausel *(f)*, Reziprozitätsklausel *(f)*
reckoning Spesenaufstellung *(f)*
reclamation Beanstandung *(f)*, Beschwerde *(f)*, Reklamation *(f)*
reclamation clause Reklamationsklausel *(f)*
reclassification Neuklassifizierung *(f)*
reclassification of a ship Klassenerneuerung eines Schiffes *(f)*, Schiffsklasseänderung *(f)*
recognition Anerkennung *(f)*
recognition of a claim Anerkennung eines Anspruchs *(f)*
* **de jure recognition** De-jure-Anerkennung *(f)*, rechtliche Anerkennung *(f)*
legal recognition De-jure-Anerkennung *(f)*, rechtliche Anerkennung *(f)*
recommend empfehlen
recommendation Empfehlung *(f)*
recommended empfohlen
recommended price Preisempfehlung *(f)*, Richtpreis *(m)*
recompense vergelten
recompense Entschädigung *(f)*
recompense claim Entschädigungsforderung *(f)*, Ersatzforderung *(f)*
reconditioning Wiederherstellung *(f)*
reconditioning outlay Reparaturaufwand *(m)*

reconsignment Rückbeförderung *(f)*, Weiterbeförderung *(f)*
record registrieren, in das Register eintragen *(n)*
record Eintragung *(f)*
record
accounting record Bucheintragung *(f)*
commercial record Handelsbücher *(pl)*, Handelsregister *(n)*
commercial record of shipping company Geschäftsaufzeichnung der Schifffahrtsgesellschaft *(f)*
handling-over record Übergabeprotokoll *(n)*
loading record Verladebuch *(n)*
prepare a record Protokoll aufstellen *(n)*
recording Registrierung *(f)*
statistical recording statistische Erhebung *(f)*
time of recording Registrierungsdatum *(n)*, Registrierungstag *(m)*
records Urkunden *(pl)*
accounting records Aufzeichnungen *(pl)*
audit of the records held by shipping company Buchprüfung bei der Schifffahrtsgesellschaft *(f)*
audit of the records held by the airline Buchprüfung bei der Luftgesellschaft *(f)*
audit of the records held by the owner of the pipeline Prüfung der Unterlagen des Betreibers der Rohrleitung *(f)*
commercial records Geschäftsbuch *(n)*, Handelsbuch *(n)*
entry in the records Anschreibung in der Buchführung *(f)*
financial records Finanzdokumentation *(f)*
inspection of the records Prüfung der Bücher *(f)*
keep records Buchführung halten *(f)*
ordering records Bestellunterlagen *(pl)*
recount Umrechnung *(f)*
recource Regress *(m)*, Rückgang *(m)*, Regressrecht *(n)*, Rückgriffsrecht *(n)* **2.** Regress-
recourse claim Ersatzanspruch *(m)*
recourse clause Regressklausel *(f)*
recourse factoring Regressfaktoring *(n)*
recourse for want of acceptance Regress mangels Annahme *(m)*
recourse on a bill of exchange Wechselregress *(m)*, Wechselrückgriff *(m)*

recourse on bill Wechselregress (m), Wechselrückgriff (m)
* discounting without recourse Diskont ohne Regress (m)
draft recourse Wechselregress (m)
endorsement without recourse Indossament ohne Obligo (n), Indossament ohne Regress (n)
factoring with recourse Regressfaktoring (n)
insurance recourse Versicherungsregress (m)
reimbursement recourse Remboursrückgriff (m)
right of recourse Regressrecht (n), Rückgriffsrecht (n)
recover eintreiben
recover a debt Schuld eintreiben (f)
recover damages Schadenersatz erhalten (m), Schadensersatz erhalten (m)
recover expenses Ausgaben begleichen (pl), Ausgaben decken (pl)
recoverable einbringlich
recoverable debt einbringliche Schuld (f)
recovery Aufschwung (m)
recovery of the amount of the customs debt Erhebung des Zollschuldbetrags (f)
recovery of the damage Ersatz der Verluste (m), Schadensersatz (m)
recovery of a loss Ersatz der Verluste (m), Schadensersatz (m)
recovery proceedings Betreibungsverfahren (n)
* costs of recovery (debts) Beitreibungskosten (pl), Kosten der Beitreibung (pl)
right to recovery Schadensersatzanspruch (m)
rectification Richtigstellung (f)
rectify berichtigen
red rot
red clause Klausel mit roter Tinte (bei Akkreditiven) (f), Rotklausel (f)
red clause letter of credit Akkreditiv mit „roter Klausel" (n)
redeliver rückliefern
redemand zurückfordern
redemption Aufkauf (m)
redemption of indebtedness Schuldbegleichung (f)
redemption of insurance policy Policenrückkauf (m)
redemption of mortgage Rückzahlung einer Hypothek (f)
redemption rate Tilgungsrate (f)

* loan redemption Darlehensrückzahlung (f)
right of redemption Wiederkaufsrecht (n)
rediscount rediskontieren
rediscount Rediskont (m), Rediskontierung (f)
rediscount a bill Wechsel zum Rediskont weitergeben (m)
rediscount a bill of exchange Wechsel zum Rediskont weitergeben (m)
rediscount line Rediskontgrenze (f)
rediscount rate Rediskontrate (f)
* bills rediscount Wechselrediskont (m)
rediscounting Wechselrediskont (m)
redistribution Neuzuteilung (f)
redistribution of taxes Umlegung von Steuern (f)
* income redistribution Einkommensumverteilung (f)
redress begleichen
reduce abbauen, beschränken, einschränken, herabsetzen, reduzieren
reduce costs Kosten senken (pl)
reduce a currency rate Valutakurs herabsetzen (m)
reduce a duty Zoll abbauen (m), Zoll verringern (m)
reduce a expenditures Ausgaben reduzieren (pl)
reduce an interest rate Zinssatz senken (m)
reduce the price Preis herabsetzen (m), Rabatt gewähren (m), Preis heruntersetzen (m)
reduce the quantity Qualität mindern (f)
reduce a rate Rate senken (f), Satz senken (m)
reduce the risk Risiko eingrenzen (n)
reduce tariff Tarif ermäßigen (m), Tarif senken (m)
reduce a tariff rate Zollsatz senken (m)
reduce a tax Steuer herabsetzen (f), Steuer senken (f)
reduce taxation Steuerbelastung reduzieren (f)
reduced ermäßigt
reduced charge Präferenzgebühr (f)
reduced duty gesenkter Zollsatz (m)
reduced price Minderpreis (m), Präferenzpreis (m)
reduced rate ermäßigter Satz (m), Präferenzsatz (m)
reduced rate of tax ermäßigter Steuersatz (m)
reduced tariff Kurztarif (m), Sondertarif (m), Vorzugstarif (m)

reduced working day verkürzte Arbeitszeit *(f)*

reduction Abbau *(m)*, Ermäßigung *(f)*, Herabsetzung *(f)*, Minderung *(f)*, Reduktion *(f)*
reduction in price Preisermäßigung *(f)*
reduction in production Produktionssenkung *(f)*
reduction in rates Senkung der Sätze *(f)*, Verminderung der Sätze *(f)*
reduction in value Wertsenkung *(f)*
reduction of the amount of guarantee Reduzierung des Betrags der Sicherheit *(f)*
reduction of an import duty Ermäßigung von Einfuhrabgaben *(f)*
reduction of charges Kostensenkung *(f)*
reduction of costs Kosteneinsparung *(f)*, Kostenreduktion *(f)*, Kostensenkung *(f)*, Minderung der Kosten *(f)*, Senkung der Kosten *(f)*
reduction of customs duties Zollabbau *(m)*, Zollherabsetzung *(f)*
  reduction of customs duty rate Zollsatzsenkung *(f)*
reduction of the customs value Herabsetzung des Zollwertes *(f)*
reduction of duties Zollermäßigung *(f)*
reduction of duty Zollabbau *(m)*, Zollermäßigung *(f)*, Zollsenkung *(f)*
reduction of expenses Spesensenkung *(f)*
reduction of prices Preissturz *(m)*
reduction of a quota Verringerung eines Kontingents *(f)*
reduction of risk Risikoverringerung *(f)*
reduction of tariff Tarifherabsetzung *(f)*, Tarifsenkung *(f)*
reduction of tax rates Herabsetzung des Steuersatzes *(f)*
reduction of taxes Steuererleichterung *(f)*, Steuersenkung *(f)*
reduction a staff Personalkürzung *(f)*
* **allow a reduction** Rabatt bewilligen *(m)*, Rabatt erteilen *(m)*
budget reduction Budgetkürzung *(f)*, Haushaltskürzung *(f)*
cost reduction Kostendämmung *(f)*, Minderkosten *(pl)*
customs rate reduction Tarifnachlass *(m)*, Zollsatzabschlag *(m)*
customs reduction Zollermäßigung *(f)*
customs tariff reduction Tarifsenkung *(f)*
expenditure reduction Ausgabenkürzung *(f)*, Kostenreduzierung *(f)*

expense reduction Ausgabenkürzung *(f)*, Kostenreduzierung *(f)*
interest rate reduction Senkung des Zinssatzes *(f)*
obtain a reduction Rabatt erhalten *(m)*
price reduction Preisabbau *(m)*, Preisabschlag *(m)*, Preisherabsetzung *(f)*, Preisnachlass *(m)*, Preissenkung *(f)*
rate reduction Tarifsenkung *(f)*
tariff reduction Tarifbegünstigung *(f)*, Tariferlass *(m)*, Tarifermäßigung *(f)*, Tarifsenkung *(f)*, Zollerlass *(m)*, Zollermäßigung *(f)*
tax reduction on imports Erleichterung für die Einfuhrbesteuerung *(f)*

reefer Kesselcontainer *(m)*, Kühlcontainer *(m)*
reefer vessel Kühlfrachtschiff *(n)*, Kühlschiff *(n)*

re-establishing Wiederherstellung *(f)*

reexpedition Rückbeförderungs-
reexpedition charge Rückbeförderungsgebühr *(f)*

re-export reexportieren

re-export Reexport *(m)*, Wiederausfuhr *(f)*
re-export clause Reexportklausel *(f)*
re-export of unused materials Reexport von ungenutzten Waren *(m)*
re-export permit Reexportgenehmigung *(f)*
re-export trade Wiederausfuhr *(f)*
re-export transaction Wiederausfuhrgeschäft *(n)*
* **direct re-export** direkter Reexport *(m)*
indirect re-export indirekter Reexport *(m)*
invisible re-export unsichtbare Wiederausfuhr *(f)*
permit for re-export Reimporterlaubnis *(f)*
prohibition of re-export Reexportverbot *(n)*
prohibition of re-export clause Reexportverbotsklausel *(f)*
visible reexport Warenwiederausfuhr *(f)*

re-exportation Reexport *(m)*, Wiederausfuhr *(f)*
re-exportation certificate Wiederausfuhrbescheinigung *(f)*
re-exportation from the customs territory of the Community Wiederausfuhr aus dem Zollgebiet der Gemeinschaft *(f)*
re-exportation of goods Warenwiederausfuhr *(f)*
  period fixed for the re-exportation of goods Wiederausfuhrfrist *(f)*

re-exportation of goods in the same state as imported Wiederausfuhr in unverändertem Zustand *(f)*

re-exportation of temporarily imported goods Rückausfuhr der vorübergehend eingeführten Waren *(f)*

* **requirement of re-exportation** Verpflichtung zur Wiederausfuhr *(f)*

split re-exportation Teilwiederausfuhr *(f)*, Wiedereinfuhr der Waren in Teilsendungen *(f)*

subject to re-exportation unter dem Vorbehalt der Wiederausfuhr *(m)*

temporary re-exportation vorübergehende Ausfuhr *(f)*

reexporter Reexporter *(m)*

reexports reexportierte Waren *(pl)*

refer zuweisen

refer to arbitration an ein Schiedsgericht verweisen *(n)*, schiedsgerichtliche Entscheidung einholen *(f)*

referee Schiedsrichter *(m)*

referee in case of need Notadressat *(m)*

reference Aktenzeichen *(n)*, Geschäftszahl *(f)*, Referenznummer *(f)*

reference amount Referenzbetrag *(m)*

calculation of the reference amount Berechnung des Referenzbetrags *(f)*

reference amount of the comprehensive guarantee Referenzbetrag der Gesamtbürgschaft *(m)*

reference date Bezugszeitpunkt *(m)*

reference for the bill of lading Verweis auf das Konnossement *(m)*

reference number Aktenzeichen *(n)*, Referenznummer *(f)*, Referenznummer *(f)*

customer's reference number Kundennummer *(f)*

tax reference number Steuernummer *(f)*

reference number of manifest Referenznummer des Manifestes *(f)*

reference period Bezugszeitraum *(m)*, Referenzperiode *(f)*

reference-to-gold clause Goldwertklausel *(f)*

reference year Bezugsjahr *(n)*

* **book of reference** Broschüre *(f)*

commercial reference book Branchenbuch *(n)*, Handelsadressbuch *(n)*

code reference Kodezeichen *(n)*

file reference Aktenkennzeichen *(n)*

terms of reference Umfang der Vollmacht *(m)*

references Referenz *(f)*

bank references Bankreferenz *(f)*, Bankzeugnis *(n)*

banker's references Bankreferenz *(f)*, Bankzeugnis *(n)*

refinancing Refinanzierung *(f)*, Rückfinanzierung *(f)*

refinancing credit Refinanzierungskredit *(m)*

refining Veredelungs-

refining operation Veredelungsvorgang *(m)*

refit Ausbesserung *(f)*

reform Reform *(f)*

reform of transit Reform des Versandverfahrensrechts *(f)*

* **currency reform** Währungsreform *(f)*

customs reform Zollreform *(f)*

price reform Preisreform *(f)*

tariff reform Zollpolitikreform *(f)*

tax reform Steuerreform *(f)*

trade reform Handelsreform *(f)*

reforwarding Rückbeförderung *(f)*, Weiterbeförderung *(f)*

refrigerated gekühlt

refrigerated barge Kühlkahn *(m)*

refrigerated car Eisenbahn-Kühlwaggon *(m)*, Kühlwaggon *(m)*

refrigerated cargo Kühlfracht *(f)*

refrigerated cargo liner Kühllinienfrachtschiff *(n)*

refrigerated cargo motorship Kühlmotorschiff *(n)*

refrigerated container gekühlter Container *(m)*

marine refrigerated container Seekühlcontainer *(m)*

mechanically refrigerated container Kühlmaschinencontainer *(m)*, machinell gekühlter Container *(m)*

refrigerated container ship Kühlcontainerschiff *(n)*

refrigerated freighter Kühlfrachtschiff *(n)*, Kühlleichter *(m)*

refrigerated hold Kühlladeraum *(m)*

refrigerated lorry Kühl-Lastkraftwagen *(m)*, Kühlwagen *(m)*

refrigerated semitrailer Kühl-Auflieger *(m)*

refrigerated ship Gefrierschiff *(n)*, Kühlschiff *(n)*

refrigerated trailer Kühlanhänger *(m)*

refrigerated train Kühlzug *(m)*

refrigerated truck Kühl-Lastkraftwagen (m), Kühlwagen (m)
refrigerated van Eisenbahn-Kühlwaggon (m), Kühlwaggon (m)
refrigeration Kühlung (f)
refrigeration plant Kühlanlage (f), Kühlraum (m)
refrigerator Kältemaschine (f), Kühlschrank (m)
refrigerator container Kühlbehälter (m)
refrigerator train Kühlzug (m)
refrigerator vessel Kühlfrachtschiff (n), Kühlschiff (n)
refueling Tanken (n)
refueling port Bunkerhafen (m)
refuge Schutzort (m)
port of refuge Schutzhafen (m)
refund erstatten
refund a tax Steuer vergüten (f), Steuer zurückzahlen (f)
refund the money Geld zurückzahlen (n)
refund the duty Zoll zurückerstatten (m)
refund Erstattung (f), Rückgabe (f)
refund claim Zurückforderung (f)
refund of a tax Steuererstattung (f)
application for refund of a tax Antrag auf Steuererstattung (m)
refund of VAT Erstattung der Mehrwertsteuer (f)
arrangements for the refund of VAT Verfahren zur Erstattung der MwSt. (n)
refund on export Ausfuhrerstattung (f)
refund procedure Rückgabeverfahren (n)
refund system Erstattungsregelung (f)
* application for refund Antrag auf Erstattung (m)
country of refund Vergütungsland (n)
duty refund Zollrückerstattung (f), Zollvergütung (f)
export refund Ausfuhrerstattung (f), Erstattung bei der Ausfuhr (f)
full refund guarantee Rückzahlungsgarantie (f)
member state of refund (EU) Mitgliedstaat der Erstattung (m)
refunding Erstattung (f), Refinanzierung (f), Rückfinanzierung (f)
refunding of expenses Kostenerstattung (f)
* costs refunding Kostenerstattung (f)

refurbishment Renovierung (f)
refusal Abweisung (f), Nichteinlösung (f), Verweigerung (f)
refusal of acceptance Verweigerung der Akzeptierung (f)
refusal of an acceptance of safeguard Ablehnung der Sicherheit (f), Verweigerung der Sicherheit (f)
refusal of bid Ablehnung eines Angebots (f)
refusal of a claim Ablehnung der Forderungen (f), Ablehnung der Reklamation (f), Zurückweisung der Reklamation (f)
refusal of exemption Versagung der Zollbefreiung (f)
refusal of goods Nichtabnahme einer Ware (f), Verweigerung der Warenabnahme (f)
refusal of an offer Ablehnung eines Angebots (f), Ausschlagen eines Angebots (n), Offertenverweigerung (f)
refusal of payment Nichtzahlung (f), Zahlungsverweigerung (f)
refusal of receipt Abnahmeverweigerung (f), Übernahmeverweigerung (f)
refusal of receiving Abnahmeverweigerung (f), Übernahmeverweigerung (f)
refusal to accept security Ablehnung der Sicherheit (f), Verweigerung der Sicherheit (f)
refusal to deliver Lieferverweigerung (f)
refusal to pay Nichtzahlung (f), Zahlungsverweigerung (f)
refusal to pay a bill Nichteinlösung des Wechsels (f), Nichthonorierung des Wechsels (f)
refusal to pay duty Zollzahlungsverweigerung (f)
refusal to receive postal matter Verweigerung der Annahme der Sendung (f)
refusal to take delivery Verweigerung der Annahme der Lieferung (f)
refuse verweigern, zurückweisen
refuse an acceptance Annahme verweigern (f)
refuse an acceptance of a bill Akzeptierung des Wechsels verweigern (f), Einlösung des Wechsels verweigern (f)
refuse a claim Forderung ablehnen (f)
refuse a complaint Reklamation zurückweisen (f)
refuse the goods Warenabnahme verweigern (f)
refuse an offer Angebot ablehnen (n), Angebot abweisen (n)

refuse an order Auftrag ablehnen *(m)*, Bestellung ablehnen *(f)*
refuse a payment Zahlung verweigern *(f)*
refuse a proposal Vorschlag ablehnen *(m)*
refuse to accept a draft Einlösung einer Tratte verweigern *(f)*, Honorierung einer Tratte verweigern *(f)*
refuse to take delivery of goods Annahme der Lieferung verweigern *(f)*, Annahme einer Ware verweigern *(f)*, Warenannahme verweigern *(f)*
refused verweigert
refused delivery Verweigerung der Warenlieferung *(f)*
regime Regime *(n)*
currency regime Währungssystem *(n)*
customs regime Zollgewahrsamsverfahren *(n)*
grant of a regime Zulassung zu einem Verfahren *(f)*
import licensing regime Einfuhrlizenzregelung *(f)*
region Region *(f)*
region of origin Herkunftsregion *(f)*
* **water region** Gewässer *(n)*
regional regional
regional cooperation regionale Kooperation *(f)*
regional customs department Regionalzollamt *(n)*
regional development agency Regionalentwicklungsagentur *(f)*
regional integration regionale Integration *(f)*
regional marketing Regionalmarketing *(n)*
regional office Regionalvertretung *(f)*
regional partnerships regionale Kooperation *(f)*
regional sales agent Verkaufsagent vor Ort *(m)*
regional tariff regionaler Tarif *(m)*
regional trade regionaler Handel *(m)*
regional treaty regionaler Vertrag *(m)*
register registrieren, in das Register eintragen *(n)*
register an acceptance Akzept registrieren *(n)*
register a document Dokument registrieren *(n)*
register a firm Firma eintragen *(f)*
register a trade mark Warenzeichen registrieren *(n)*

register Register *(n)*, Verzeichnis *(n)*
register of agents Agentenregister *(n)*
register of banks Bankregister *(n)*
register of commerce Handelsbücher *(pl)*, Handelsregister *(n)*
register of customs agents Liste der Zollagenten *(f)*
Register of Customs Brokers Register der Zollbroker *(n)*
Register of Customs Carriers Register der Zollbeförderer *(n)*
register of members Mitgliederliste *(f)*
Register of Owners of Bonded Warehouses Register der Zolllagerhalter *(n)*
Register of Owners of Temporary Storage Warehouses Register der Halter von Lagern für vorübergehende Verwahrung *(n)*
register of shipping Schiffsliste *(f)*, Seeschiffsregister *(n)*
Lloyd's Register of Shipping Lloyd's Register *(n)*
register of ships Schiffsregister *(n)*, Seeschiffsregister *(n)*
register of trade marks Musterregister *(n)*, Warenzeichenrolle *(f)*
register port Registerhafen *(m)*
register ton Registertonne *(f)*
brutto register ton Bruttoregistertonne *(f)*
register tonnage Registertonnage *(f)*
gross register tonnage Bruttoraumgehalt *(m)*, Bruttotonnage *(f)*, Bruttotonnengehalt *(m)*, Großtonnage *(f)*
* **acceptance register** Wechselbuch *(n)*
address register Adressregister *(n)*
arrival register Eingangsregister *(n)*
classification register Klassenregister von Schiffen *(n)*
customer's register Kundenliste *(f)*
extract of a register Registerauszug *(m)*
home register Inlandsseeschiffsregister *(n)*
international register internationales Schiffsregister *(n)*, internationales Seeschiffsregister *(n)*
Lloyd's register Lloyd's Register *(n)*
mortgage register Hypothekenregister *(n)*
naval register Seeregister *(n)*
net register ton Nettoregistertonne *(f)*
net register tonnage Nettotonnage *(f)*
open register offenes Schiffsregister *(n)*

patent register Patentliste *(f)*, Patentregister *(n)*

professional register Berufsregister *(n)*

shareholders' register Aktionärsregister *(n)*

shipping register Schiffsregister *(n)*

ship's register Schiffsregister *(n)*, Seeschiffsregister *(n)*

summary register Gesamtregister *(n)*

trade register Handelsregister *(n)*

  entry in the trade register Eintragung in das Handelsregister *(f)*

vessel register Schiffsliste *(f)*, Seeschiffsregister *(n)*

registered registriert

registered certificate Namenszertifikat *(n)*

registered cheque Namensscheck *(m)*, Rektascheck *(m)*

registered correspondence registrierte Korrespondenz *(f)*

registered cover eingeschriebener Brief *(m)*, Einschreibebrief *(m)*

registered design gesetzlich geschütztes Muster *(n)*

registered letter eingeschriebener Brief *(m)*, Einschreibebrief *(m)*, Einschreibesendung *(f)*

registered mark eingetragenes Warenzeichen *(n)*

registered name eingetragener Name *(m)*

registered office Sitz *(m)*

registered post Einschreibesendung *(f)*

registered tonnage Registertonnengehalt *(m)*, Schiffslast *(f)*, Tonnage *(f)*

  gross registered tonnage Bruttotonnage *(f)*

  net registered tonnage Nettotonnage *(f)*

registered trade mark eingetragenes Warenzeichen *(n)*, geschützte Fabrikmarke *(f)*

* examination of registered baggage Abfertigung des aufgegebenen Gepäcks *(f)*, Kontrolle des aufgegebenen Gepäcks *(f)*

registration Registrierung *(f)*

registration certificate Registrierungsschein *(m)*

registration clause Registrierungsklausel *(f)*

registration fee Beitrittsgebühr *(f)*, Eintrittsgeld *(n)*

registration number Eintragungsnummer *(f)*, Registriernummer *(f)*

  VAT registration number Umsatzsteuer-Nummer *(f)*

  vehicle's registration number Kennzeichen des Fahrzeugs *(n)*

registration number of the SAD Registriernummer des Einheitspapiers *(f)*

registration of the aircraft Eintragung des Luftfahrzeugs *(f)*

  state of registration of the aircraft Eintragungsstaat des Luftfahrzeugs *(m)*

registration of arrivals Registrierung der ankommenden Sendungen *(f)*

registration of business Gewerbeanmeldung *(f)*

registration of a company Eintragung einer Gesellschaft *(f)*

registration of a contract Registrierung des Vertrags *(f)*

registration of customs declaration Registrierung der Zollanmeldung *(f)*

registration of a declaration *(CT)* Eintragung der Anmeldung *(f)*

registration of a design Gebrauchsmustereintragung *(f)*

registration of documents Registrierung der Dokumente *(f)*

registration of patents Patenteintragung *(f)*

registration of a ship Registrierung eines Schiffs *(f)*

registration of the trade-mark Eintragung der Marke *(f)*

  application for registration of the trade-mark Anmeldung für die Eintragung einer Marke *(f)*

  certificate of registration of trade-mark Bescheinigung über die Eintragung einer Marke *(f)*

registration of the transit declaration Registrierung der Versandanmeldung *(f)*

registration process Registrierungsprozess *(m)*

registration system Registrierungssystem *(n)*

registration tax Anmeldegebühr *(f)*, Eintragungssteuer *(f)*

* air registration certificate Flugzeugzertifikat *(n)*

certificate of registration Eintragungsbescheinigung *(f)*, Registrierungsschein *(m)*, Registrierungszeugnis *(n)*

client registration Kundenregistrierung *(f)*

compulsory registration Anmeldepflicht *(f)*

country of registration Registrierland *(n)*

customs registration zollamtliche Abfertigung *(f)*

  goods customs registration Verzollung der Waren *(f)*, zollamtliche Abfertigung der Waren *(f)*

place of customs registration Zollklarierungsort *(m)*
time of customs registration Zeitpunkt
der Zollabfertigung *(m)*
customs registration of goods Abfertigung der Waren *(f)*, Freigabe der Waren *(f)*
customs registration of means of transport
Zollabfertigung von Beförderungsmitteln *(f)*
date of registration Zeitpunkt der Registrierung *(m)*
electronic registration elektronische Registrierung *(f)*
number of registration Eintragungsnummer *(f)*, Registriernummer *(f)*
office of registration *(CTD)* Zollstelle der
Eintragung *(f)*
order registration Auftragsregistrierung *(f)*
period of registration Registrierungsdatum *(n)*,
Registrierungstag *(m)*
pledge by registration Registerpfandrecht *(n)*
prolongation of registration Verlängerung
der Anmeldungsfrist *(f)*

registry Register *(n)* **2.** Registrierungs-
registry fee Registrierungsgebühr *(f)*
* certificate of registry Eintragungszertifikat *(n)*, Registrierungszeugnis *(n)* **2.** Flaggenzertifikat *(n)* **3.** Schiffsregisterbrief *(m)*, Schiffszertifikat *(n)*
port of registry Registerhafen *(m)*
ship's certificate of registry Flaggenzertifikat *(n)*, Schiffsregisterbrief *(m)*

regress Regress *(m)*, Rückgang *(m)*

regular regulär
regular agent regulärer Vertreter *(m)*, ständiger Vertreter *(m)*
regular air service Linienverkehr mit Flugzeug *(m)*
regular endorsement Namensindossament *(n)*,
vollständiges Indossament *(n)*
regular hours reguläre Arbeitszeiten *(pl)*
regular importer regelmässiger Importeur *(m)*
regular line reguläre Linie *(f)*
regular service Linienverkehr *(m)* **2.** technische Wartung *(f)*
regular shipping line Linienreederei *(f)*
regular shipping service Linienverkehr *(m)*
* procedure for authorising regular services Verfahren zur Genehmigung von Linienverkehren *(n)*

regularization Regelung *(f)*
regularly regelmäßig
regularly use the transit procedure Versandverfahren regelmäßig in Anspruch nehmen *(n)*
regulate reglementieren
regulation Prinzip *(n)*, Regel *(f)* **2.** Verordnung *(f)*, Vorschrift *(f)*, Regelung *(f)*
regulation of export Ausfuhrregelung *(f)*,
Exportregelung *(f)*
quantitative regulations of exports Ausfuhrkontingentierung *(f)*, Ausfuhrkontrolle *(f)*,
Kontingentierung der Ausfuhr *(f)*
regulation of foreign trade activities
Außenhandelsregelung *(f)*
regulation of imports Kontingentierung
der Einfuhr *(f)*
quantitative regulations of imports Einfuhrkontingentierung *(f)*

regulations Geschäftsordnung *(f)*, Ordnung *(f)*
Regulations for the safe transport of
radioactive materials, IAEA regulations
Regelungen für sicheren Transport radioaktiver Stoffe *(pl)*
regulations on the punishability of offences
against foreign exchange regulations Devisenstraftrecht *(n)*
* administrative regulation Verwaltungsvorschrift *(f)*
air regulations Lufttransportordnung *(f)*,
Luftverkehrsordnung *(f)*
breach of regulations Verstoß *(m)*
Community regulation *(EU)* Gemeinschaftsverordnung *(f)*
comply with a regulation *(EU)* Regeln beachten *(pl)*, Verordnung einhalten *(f)*
consular regulations Konsularbestimmungen *(pl)*, Konsularvorschriften *(pl)*
contrary to the regulations gegen die
Vorschriften *(pl)*
credit regulations Kreditvorschriften *(pl)*
currency regulations Devisenbewirtschaftung *(f)*, Devisenkontrolle *(f)*, Devisenvorschriften *(pl)*
currency exchange regulation Devisenbewirtschaftung *(f)*, Devisenkontrolle *(f)*
custom-house regulations Zollbestimmungen *(pl)*

customs regulation zollamtliche Vorschrift *(f)*, Zollvorschrift *(f)*
  infringement of customs regulations Zollverletzung *(f)*
  violation on the customs regulations Zolldelikt *(n)*
exchange regulations Börsenordnung *(f)*, Devisenvorschriften *(pl)*
  violation on the exchange regulations Devisenverbrechen *(n)*
export regulations Ausfuhrregelungen *(pl)*, Exportregelungen *(pl)*, Ausfuhrbestimmungen *(pl)*, Ausfuhrordnung *(f)*, Exportverfahren *(n)*
external trade regulations Außenhandelsvorschriften *(pl)*
foreign currency regulations Währungsrecht *(n)*
  infringement of foreign currency regulations Devisenverbrechen *(n)*, Devisenvergehen *(n)*, Währungsverbrechen *(n)*
harbour regulations Hafenordnung *(f)*, Hafenvorschriften *(pl)*
import regulations Einfuhrregelungen *(pl)*, Importregelungen *(pl)*, Einfuhrbestimmungen *(pl)*, Importbestimmungen *(pl)*
infringe the regulations Vorschriften brechen *(pl)*, Vorschriften verletzen *(pl)*
insurance regulations Versicherungsordnung *(f)*
keep within the regulations Regeln beachten *(pl)*, Verordnung einhalten *(f)*
license regulations Lizenzbestimmungen *(pl)*
market regulation Marktregulierung *(f)*
observance of the regulations Einhaltung der Regeln *(f)*
phytosanitary regulations pflanzenschutzrechtliche Bestimmungen *(pl)*
port regulations Hafenordnung *(f)*, Hafenvorschriften *(pl)*
postal regulations Postvorschriften *(pl)*
price regulation Preisregelung *(f)*, Preisregulierung *(f)*
price regulations Preisvorschriften *(pl)*
quarantine regulations Quarantänevorschriften *(pl)*, Rechtsvorschriften über Quarantäne *(pl)*
rail regulations Bahnverkehrordnung *(f)*
railroad regulations Bahnordnung *(f)*, Eisenbahnordnung *(f)*
railway regulations Bahnordnung *(f)*, Eisenbahnordnung *(f)*

receipt regulations Abnahmeordnung *(f)*
revenue regulation steuerliche Regel *(f)*, steuerrechtliche Regelung *(f)*
safety regulations Sicherheitsregelungen *(pl)*
sanitary regulations Sanitätsbestimmungen *(pl)*
  international sanitary regulations internationale Gesundheitsbestimmungen *(pl)*
stock exchange regulations Börsenordnung *(f)*
tariff regulations Tarifbestimmungen *(pl)*, Tarifordnung *(f)*
tax regulations steuerrechtliche Vorschriften *(pl)*
trade regulation Handelsregulation *(f)*
trade regulations Handelsbestimmungen *(pl)*
traffic regulations Verkehrsordnungen *(pl)*, Verkehrsregeln *(pl)*
transitional regulations Übergangsvorschriften *(pl)*
transport regulations Transportvorschriften *(pl)*
veterinary regulations veterinärmedizinische Bestimmungen *(pl)*
warehousing regulations Lagerungsvorschriften *(pl)*, Lagervoschriften *(pl)*
reimburse abdecken, rückerstatten, zurückzahlen
  reimburse expenses Auslagen erstatten *(pl)*
reimbursement Rembours *(m)*
reimbursement by draft Wechselrembours *(m)*
reimbursement credit Rembourskredit *(m)*
reimbursement date Remboustag *(m)*
reimbursement draft Rembourswechsel *(m)*
reimbursement letter of credit Remboursakkreditiv *(n)*
reimbursement of costs Spesenvergütung *(f)*
reimbursement of customs duties Zollerstattung *(f)*, Zollrückerstattung *(f)*
reimbursement of a duty Zollrückerstattung *(f)*, Zollvergütung *(f)*
reimbursement of expenses Erstattung von Auslagen *(f)*
reimbursement operation Remboursgeschäft *(n)*
reimbursement recourse Remboursrückgriff *(m)*
* bank reimbursement Bankrembours *(m)*
cash reimbursement Barrembours *(m)*
credit reimbursement Akkreditivrembourse *(f)*
full reimbursement Vollrembourse *(f)*
partial reimbursement Teilrembours *(m)*

Uniform Rules for Bank-to-Bank Reimbursements, Publication 525 Einheitliche Richtlinien für Rembourse (ERR 725) *(pl)*

reimbursing Rückerstattung *(f)*
reimbursing bank Remboursbank *(f)*
reimport wiedereinführen

re-import Reimport *(m)*, Wiedereinfuhr *(f)*
reimport permit Wiedereinfuhrbewilligung *(f)*
re-import procedure Wiedereinfuhrverfahren *(n)*
re-import trade Reimporthandel *(m)*

re-importation Reimport *(m)*, Wiedereinfuhr *(f)*
reimportation in split consignments Teilwiederausfuhr *(f)*
* certificate of re-importation Reimportzertifikat *(n)*, Wiedereinfuhrzertifikat *(n)*
customs office of reimportation Wiedereinfuhrzollstelle *(f)*

re-importer Wiedereinführer *(m)*

reimports reimportierte Waren *(pl)*

reinsurance Rückversicherung *(f)*
reinsurance broker Rückversicherungsbroker *(m)*
reinsurance policy Rückversicherungspolice *(f)*
reinsurance premium Rückversicherungsprämie *(f)*
* active reinsurance aktive Rückversicherung *(f)*
automatic reinsurance automatische Rückversicherung *(f)*
facultative reinsurance fakultative Rückversicherung *(f)*, freiwillige Rückversicherung *(f)*
obligatory reinsurance obligatorische Rückversicherung *(f)*
passive reinsurance passive Rückversicherung *(f)*
policy of reinsurance Rückversicherungspolice *(f)*
proportionally reinsurance proportionale Rückversicherung *(f)*

reinsurer Rückversicherer *(m)*

reintroduce wiedergewähren

re-investment Reinvestition *(f)* 2. Reinvestitions-
re-investment relief Reinvestitionserlass *(m)*

reject zurückweisen
reject a cheque Annahme des Schecks verweigern *(f)*, Einlösung des Schecks verweigern *(f)*
reject a complaint Reklamation zurückweisen *(f)*
reject the documents Dokumente zurückweisen *(pl)*
reject a motion Antrag ablehnen *(m)*
reject a proposition Vorschlag ablehnen *(m)*
reject an offer Angebot ablehnen *(n)*, Angebot abweisen *(n)*

rejected zurückgewiesen
rejected product Fehlererzeugnis *(n)*

rejection Nichtabnahme *(f)*, Verweigerung *(f)*
rejection of an offer Ablehnung eines Angebots *(f)*, Ausschlagen eines Angebots *(n)*
rejection of a claim Ablehnung der Reklamation *(f)*, Zurückweisung der Reklamation *(f)*
* goods rejection Abnahmeverweigerung *(f)*

rejects Ramschware *(f)*

relations Beziehungen *(pl)*
bilateral relations bilaterale Beziehungen *(pl)*
business relations geschäftliche Beziehungen *(pl)*, Handelsbeziehungen *(pl)*
business relations abroad Außenwirtschaftsbeziehungen *(pl)*
commodity relations Warenbeziehungen *(pl)*
correspondent relations Korrespondenzbankbeziehungen *(pl)*
currency relations Währungsbeziehungen *(pl)*
diplomatic relations diplomatische Beziehungen *(pl)*
economic relations wirtschaftliche Beziehungen *(pl)*
economic relations abroad Außenwirtschaftsbeziehungen *(pl)*
financial relations finanzielle Beziehungen *(pl)*
international relations internationale Beziehungen *(pl)*
investors relations Investor-Relations *(n)*
legal relations Rechtsverkehr *(m)*
market relations Marktbeziehungen *(pl)*
payment relations Zahlungsbeziehungen *(pl)*

relationship Beziehung *(f)*, Verhältnis *(n)*
legal relationship Rechtsverhältnis *(n)*

relative relativ, verhältnismäßig

release befreien, freilassen, hinauslassen
release from quarantine von der Quarantäne freilassen *(f)*
release the security Sicherheit freigeben *(f)*
release Befreiung *(f)* **2.** Auflieferungsauftrag *(m)*, Auslieferungsorder *(f)*
release for export Überführung in das Ausfuhrverfahren *(f)*
release for free circulation Überführung in den Freiverkehr *(f)*, Überführung in den zollrechtlich freien Verkehr *(f)*
   authorization for release for free circulation Zulassung zur Überführung in den zollrechtlich freien Verkehr *(f)*
release for home use Überführung in den Freiverkehr *(f)*, Überführung in den zollrechtlich freien Verkehr *(f)*
release for import Einführbarkeit *(f)*
release from duty Entbindung von der Pflicht *(f)*
release from the security Freigabe der Sicherheit *(f)*
release of cargo Ladungsauslieferung *(f)*, Übergabe einer Ladung *(f)*
release of goods Überlassen der Ware *(n)*, Warenfreigabe *(f)*
release without examination lohnlose Entlassung *(f)*
* **tax release** Steuerbefreiung *(f)*
re-letting Untervermietung *(f)*
reliability Glaubhaftigkeit *(f)*, Glaubwürdigkeit *(f)*
   reliability of data Datenzuverlässigkeit *(f)*
   reliability of information Informationszuverlässigkeit *(f)*
   reliability of a legally established order Rechtssicherheit *(f)*
relief Vergünstigung *(f)*
relief at source Erleichterung an der Quelle *(f)*
relief from customs duty Zollerlass *(m)*, Zollfreiheit *(f)*, Zollbefreiung *(f)*
   relief from duty Zollerlass *(m)*, Zollfreiheit *(f)*, Zollbefreiung *(f)*
   relief from duty Zollbefreiung *(f)*
   partial relief from duty teilweise Zollbefreiung *(f)*
   total relief from duty vollständige Zollbefreiung *(f)*

relief from import duties Befreiung von den Einfuhrabgaben *(f)*, Eingangsabgabenbefreiung *(f)*
relief road Umgehungsstraße *(f)*
* **basic relief** Basiserlass *(m)*
customs relief Zollerlass *(m)*, Zollermäßigung *(f)*
full relief Vollentlastung *(f)*
give relief Ermäßigung gewähren *(f)*
granting of relief Ermäßigungsgewährung *(f)*
investment relief Abzug für Investitionen *(m)*
inward processing relief arrangements aktiver Veredelungsverkehr *(m)*
marginal relief Grenzerlass *(m)*
partial relief Teilbefreiung *(f)*
   partial relief from import duties teilweise Befreiung von den Einfuhrabgaben *(f)*
procedure affording conditional relief Zollverfahren mit bedingter Abgabenbefreiung *(n)*
re-investment relief Reinvestitionserlass *(m)*
system for duty relief Zollbefreiungsregelung *(f)*
tax relief Steuererlass *(m)*, steuerliche Erleichterung *(f)*
temporary importation on a partial relief basis vorübergehende Verwendung bei teilweiser Befreiung *(f)*
temporary importation on a total relief basis vorübergehende Verwendung bei vollständiger Befreiung *(f)*
relieving entlastend
relieving clause Entlastungsklausel *(f)*
reload umlagern, umschlagen
reloading Transshipment *(n)*, Wiederbeladung *(f)*, Wiederverladung *(f)*
reloading charges Umladekosten *(pl)*, Umschlagkosten *(pl)*
reloading of goods Wiederverladen der Waren *(n)*
remain bleiben
remain under customs control unter zollamtlicher Überwachung bleiben *(f)*, unter Zollüberwachung bleiben *(f)*
remainder Rest *(m)*
remainder of cargo Ladungsrest *(m)*, Lastrest *(m)*
remainder of debt Schuldrest *(m)*
remark Anmerkung *(f)*, Notiz *(f)*, Vermerk *(m)*

remedy Hilfe *(f)*
remedy of weight Gewichtstoleranz *(f)*
reminder Mahnbrief *(m)*, Mahnung *(f)*
letter of reminder Erinnerungsschreiben *(n)*, Mahnschreiben *(n)*, Mahnung *(f)*
remission Erlass *(m)*
remission of the amount of duty Erlass des Abgabenbetrages *(m)*
remission of a claim Anspruchsverzicht *(m)*
remission of duty Nichterhebung von Zöllen *(f)*
remission of import duties Erlass der Einfuhrabgaben *(m)*
* partial remission *(in respect of taxes)* teilweise Befreiung *(f)*
temporary remission *(in respect of taxes)* zeitweilige Befreiung *(f)*
remit remittieren, überweisen
remit a debt Schuld abtragen *(f)*, Schuld annullieren *(f)*
remit by cheque mit Scheck bezahlen *(m)*, Scheck zahlen *(m)*
remit for collection zum Inkasso einsenden *(n)*, zum Inkasso senden *(n)*
remit tax Steuer erlassen *(f)*
remit Transfer *(m)*, Übertragung *(f)*
remittance Anweisung *(f)*, Remittanz *(f)*, Transfer *(m)*
remittance date Tag der Überweisung *(m)*
remittance of money Geldtransfer *(m)*, Geldüberweisung *(f)*
remittance order Übertragungsauftrag *(m)*, Überweisungsschein *(m)*
* cash remittance Zahlungsanweisung *(f)*
foreign remittance ausländische Anweisung *(f)*
money remittance Geldanweisung *(f)*, Geldüberweisung *(f)*
order for remittance Überweisungsauftrag *(m)*
order for transfer Überweisungsauftrag *(m)*
remittee Überweisungsempfänger *(m)*, Zahlungsempfänger *(m)*
remitter Wechselnehmer *(m)*
remitting überweisend
remitting bank Einreicherbank *(f)*, überweisende Bank *(f)*
remonstrate protestieren
removal Auflösung *(f)*, Beseitigung *(f)*

removal of a ban Aufhebung eines Verbots *(f)*
removal of restrictions Aufhebung der Begrenzungen *(f)*
* date of removal from the warehouse Zeitpunkt der Auslagerung *(m)*
remove beseitigen
remove customs barriers Zollschränken beseitigen *(pl)*
remove obstacles Hindernisse niederreißen *(pl)*
remove restrictions Beschränkungen beseitigen *(pl)*
remove tariff restrictions Tarifbeschränkungen beseitigen *(pl)*
remove trade obstacles Handelsschranken abbauen *(pl)*
remuneration Belohnung *(f)*
pay a remuneration Entlohnung zahlen *(f)*, Gehalt auszahlen *(n)*
render machen
render a statement Bilanz vorlegen *(f)*
render a verdict final and binding rechtskräftig machen
render services Dienste erbringen *(pl)*, Dienste leisten *(pl)*
rendering Präsentation *(f)*
renew erneuern, renovieren
renew an agreement Vertrag erneuern *(m)*
renew a bill Wechsel prolongieren *(m)*
renew a contract Vertrag erneuern *(m)*
renew a policy Police erneuern *(f)*
renewable revolvierend
renewable credit revolvierendes Akkreditiv *(n)*
renewable guarantee Revolvinggarantie *(f)*
renewable letter of credit sich automatisch erneuerndes Akkreditiv *(n)*
renewal Erneuerung *(f)*, Renovierung *(f)*, Wiederaufnahme *(f)*
renewal bill Prolongationswechsel *(m)*
renewal fee of a patent Patenterneuerungsgebühr *(f)*
renewal note prolongierter Wechsel *(m)*
renewal of the agreement Aufrechterhaltung des Vertrags *(f)*, agreement Erneuerung des Vertrags *(f)*
renewal of an insurance Versicherungsverlängerung *(f)*
renewal of an insurance policy Erneuerung der Versicherungspolice *(f)*, Policeerneuerung *(f)*

renewal of approval *(TIR)* Erneuerung der Zulassung *(f)*
renewal of a contract Erneuerung des Kontraktes *(f)*, Erneuerung des Vertrags *(f)*, Verlängerung des Kontraktes *(f)*, Vertragserneuerung *(f)*, Vertragsverlängerung *(f)*
renewal of a draft Tratteprolongation *(f)*, Verlängerung einer Tratte *(f)*
renewal of a patent Verlängerung der Patentdauer *(f)*
renewal of a policy Erneuerung der Versicherungspolice *(f)*, Policeerneuerung *(f)*
* granting of renewal Fristbewilligung *(f)*
renewed wiederholt
renewed order Nachauftrag *(m)*, wiederholter Auftrag *(m)*
renounce kündigen
renovate renovieren
rent Miete *(f)*, Pacht *(f)* **2.** Pachtgeld *(n)*, Pachtzins *(m)*
rent rate Mietsatz *(m)*, Pachtrate *(f)*
* ground rent Pachtgeld *(n)*, Pachtzins *(m)*
quay rent Kailagergebühr *(f)*
store rent Lagergebühr *(f)*, Lagergeld *(n)*, Lagerungskosten *(pl)*, Speichergeld *(n)*, Verwahrungsgebühr *(f)*
warehouse rent Lagergeld *(n)*, Lagerspesen *(pl)*, Speichergeld *(n)*
rental Miet-
rental charge Mietpreis *(m)*
rental fee Mietentgelt *(n)*
rental rate Mietsatz *(m)*, Pachtrate *(f)*
renumeration Arbeitsentgelt *(n)*, Gehalt *(n)*
renumerative entgeltlich
renumerative assignment entgeltliche Zession *(f)*
renumerative cession entgeltliche Zession *(f)*
reopening Erneuerung *(f)*
reopening of a letter of credit Erneuerung des Akkreditivs *(f)*
reorder Nachauftrag *(m)*, wiederholter Auftrag *(m)*
reorganization Reorganisation *(f)*
repackaging Umpackung *(f)*
repair ausbessern, reparieren

repair Reparatur *(f)* **2.** Reparatur-
repair cost Reparaturaufwand *(m)*, Reparaturkosten *(pl)*
repair gang Reparaturbrigade *(f)*
repair of vessel Schiffsreparatur *(f)*
repair operations Reparatur *(f)*
repair time Reparaturdauer *(f)*
* cost of repair Reparaturaufwand *(m)*, Reparaturkosten *(pl)*
current repair laufende Reparatur *(f)*
damage repair Havariereparatur *(f)*
goods repair Reparatur von Waren *(f)*
guarantee repair Garantiereparatur *(f)*
heavy repair Generalreparatur *(f)*, größere Reparatur *(f)*
major repair Generalreparatur *(f)*, größere Reparatur *(f)*
reparation Reparatur *(f)*
repatriation of profit Gewinntransfer *(m)*
repay Schuld zurückerstatten *(f)*, zahlen, zurückerstatten, zurückzahlen
repay a tax Steuer vergüten *(f)*, Steuer zurückzahlen *(f)*
repayment Remittieren *(n)*, Rückzahlung *(f)* **2.** Rückzahlungs-
repayment by instalments Ratenzahlung *(f)*
repayment date Rückzahlungstermin *(m)*
repayment of a credit Kreditrückzahlung *(f)*
repayment of a duty Zollerstattung *(f)*, Zollrückzahlung *(f)*
application for repayment of duty Antrag auf Zollerstattung *(m)*
order of repayment of a duty Zollrückerstattungsentschluss *(m)*
repayment of import duties and taxes Erstattung der Eingangsabgaben *(f)*
repayment of a loan Darlehensrückzahlung *(f)*
repayment of tax Steuerzahlung *(f)*
repayment on an instalment system Ratenzahlung *(f)*
repayment period Tilgungszeitraum *(m)*
* claim for repayment *(in respect of taxes)* Antrag auf Vergütung *(m)*
debt repayment schedule Schuldenrückzahlungsplan *(m)*
loan repayment Rückzahlung eines Kredits *(f)*
time for repayment Fälligkeitsdatum *(n)*, Fälligkeitstag *(m)*

repeal abbestellen, zurückziehen
repeal a contract Vertrag auflösen *(m)*, Vertrag rückgängig machen *(m)*
repeal an order Auftrag abberufen *(m)*, Bestellung rückgängig machen *(f)*
repeal Aufhebung *(f)*
repeal of a ban Verbotaufhebung *(f)*
repeal of a patent Patentannullierung *(f)*
replacement Austausch *(m)* **2.** Ersatz-
replacement clause Ersatzwarenklausel *(f)*
replacement delivery Ersatzbelieferung *(f)*, Ersatzlieferung *(f)*
replacement product Ersatzerzeugnis *(n)*
reply Antwort *(f)*
reply by mail Antwortbrief *(m)*
* affirmative reply positive Antwort *(f)*
negative reply negative Antwort *(f)*
report berichten
report Bericht *(m)*, Rapport *(m)* **2.** Prolongationsgeschäft *(n)*, Reportgeschäft *(n)*
report of customs survey zollamtlicher Beschaubefund *(m)*
* accounting report Buchhaltungsbericht *(m)*
annual report Jahresbericht *(m)*
audit report Auditbericht *(m)*, Buchführungsexpertise *(f)*, Prüfungsprotokoll *(n)*
business report Wirtschaftsbericht *(m)*
captain's report Bericht des Kapitäns *(m)*, Reisebericht des Kapitäns *(m)*
cargo report Frachtliste *(f)*, Ladungsmanifest *(n)*
consolidated report Gesamtbericht *(m)*
customs report Zollprotokoll *(n)*
damage report Havariegutachten *(n)*, Havariezertifikat *(n)*, Schadensliste *(f)*, Schadensanzeige *(f)*, Schadensbericht *(m)*, Schadensmeldung *(f)*
detailed report ausführliche Berichterstattung *(f)*, ausführlicher Bericht *(m)*, Detailbericht *(m)*, detaillierter Bericht *(m)*
discrepancy report Differenzprotokoll *(n)*
draw up the certified report *(TIR carnet)* Protokoll aufnehmen *(n)*
draw up a report Bericht niederschreiben *(m)*
examination report Kontrollbericht *(m)*
final report Abschlussbericht *(m)*
finance report Finanzbericht *(m)*, finanzielle Abrechnung *(f)*
general report Gesamtbericht *(m)*

handling-over report Übergabeprotokoll *(n)*
independent report unabhängige Expertise *(f)*
inspection report Beschaubefund *(m)*, Tatbestandsaufnahme *(f)*
master's report Bericht des Kapitäns *(m)*, Reisebericht des Kapitäns *(m)*
monthly report Monatsbericht *(m)*
out-turn report Ausladebuch *(n)*, Entladebuch *(n)*, Liefermengenbericht *(m)*, Tallykarte *(f)*
patent report Patentexpertise *(f)*
position report Positionsberichte *(f)*
quality control report Qualitätsprüfbericht *(m)*
receiving report Abnahmeprotokoll *(n)*
stock exchange report Börsenbericht *(m)*, Kursbericht *(m)*, Kursblatt *(n)*, Kurszettel *(m)*
summary report zusammenfassender Bericht *(m)*
survey report Beschaubefund *(m)*, Besichtigungsschein *(m)*, Havariezertifikat *(n)*, Schadenszertifikat *(n)*, Tatbestandsaufnahme *(f)*, Untersuchungsbericht *(m)*
technical report technische Expertise *(f)*
reporting Berichterstattung *(f)*
reporting day Tag der Bereitschaftsnotiz *(m)*
* cargo reporting Frachterklärung *(f)*
electronic reporting elektronische Berichterstattung *(f)*
financial reporting Finanzberichterstattung *(f)*
representation Stellvertretung *(f)*, Vertretung *(f)*
agency representation Agenturvertretung *(f)*
direct representation direkte Vertretung *(f)*
indirect representation indirekte Vertretung *(f)*
right of representation Stellvertretung *(f)*
representative Anwalt *(m)*, Geschäftsvertreter *(m)*, Vertreter *(m)*
representative of the airline Luftverkehrsgesellschaftsvertreter *(m)*
representative of company Firmenvertreter *(m)*, Geschäftsvertreter *(m)*, Vertreter der Firma *(m)*
representative price Durchschnittspreis *(m)*
representative sample repräsentative Stichprobe *(f)*
* authorized representative bevollmächtigter Vertreter *(m)*
bank representative Bankvertreter *(m)*

commercial representative Handelsagent *(m)*, Handelsbevollmächtigter *(m)*, Handelsvertreter *(m)*
exclusive representative Alleinvertreter *(m)*
export-sales representative Exportvertreter *(m)*
foreign representative ausländischer Vertreter *(m)*, Auslandsvertreter *(m)*
general representative Generalvertreter *(m)*
legal representative gesetzlicher Vertreter *(m)*, Rechtsvertreter *(m)*
official representative offizieller Vertreter *(m)*
owner's representative Reedereivertreter *(m)*
permanent representative ständiger Vertreter *(m)*
plenipotentiary representative bevollmächtigter Vertreter *(m)*
sales representative Verkaufsagent *(m)*, Verkaufskommissionär *(m)*, Verkaufsvertreter *(m)*
reprice Preis herabsetzen *(m)*, umschätzen
repricing Abwertung *(f)*, Preisänderung *(f)*, Preisermäßigung *(f)*
repudiate ablehnen, verweigern, zurückweisen
repudiate a claim Reklamation ablehnen *(f)*
repudiate a contract Vertrag aufheben *(m)*, Vertrag kündigen *(m)*
repudiate a draft Einlösung einer Tratte verweigern *(f)*, Honorierung einer Tratte verweigern *(f)*
repudiation Ablehnung *(f)*, Abweisung *(f)*, Verweigerung *(f)*, Zurückweisung *(f)*
repudiation of a bill Akzeptverweigerung *(f)*, Annahmeverweigerung *(f)*
repudiation of a contract Kontraktaufhebung *(f)*, Kontraktauflösung *(f)*, Rücktritt vom Vertrag *(m)*
request fordern, verlangen
request Aufforderung *(f)*
request duty-free admission Zollbefreiung beantragen *(bei der Einfuhr) (f)*, zollfreie Einfuhr beantragen *(f)*
request exemption Befreiung beantragen *(f)*
request for information Auskunftsersuchen *(n)*
request letter Akkreditiveröffnungsauftrag *(m)*
request to pay Mahnschreiben *(n)*, Zahlungsaufforderung *(f)*
require fordern, verlangen

required erforderlich, verlangt
required documents erforderliche Dokumente *(pl)*
required guarantee document erforderliches Dokument über die Sicherheit *(m)*
required quality verlangte Qualität *(f)*
required quantity erforderliche Menge *(f)*
required signatures erforderliche Unterschriften *(pl)*
required stamps erforderliche Stempels *(pl)*
* delivery as required Sofortlieferung auf Abruf *(f)*
submit documents required erforderliche Dokumente vorlegen *(pl)*
verification of required documents Überprüfung der erforderlichen Unterlagen *(f)*
requirement Forderung *(f)*
requirement of re-exportation Verpflichtung zur Wiederausfuhr *(f)*
requirements Anforderungen *(pl)*
requirements for quality Anforderungen an die Qualität *(pl)*
* acceptance requirements Abnahmeanforderungen *(pl)*
annual requirements Jahresbedarf *(m)*
bank's requirements Bankanforderungen *(pl)*
business requirements planning Unternehmensbedarfsplanung *(f)*
buyer's requirements Kundenanforderungen *(pl)*
classification requirements Klassifikationsanforderungen *(pl)*
consumer's requirements Kundenanforderungen *(pl)*
credit requirements Kreditanforderungen *(pl)*
customs requirements zollamtliche Erfordernisse *(pl)*
exempt from a requirement von einer Verpflichtung befreien *(f)*
immigration requirements Einwanderungsbedingungen *(pl)*
legal requirements rechtliche Anforderungen *(pl)*
legislative requirements legislatorische Anforderungen *(pl)*
marking requirements Anordnungen über die Kennzeichnung *(pl)*
meet the requirements Anforderungen entsprechen *(pl)*
origin requirements *(customs)* Ursprungsbedingungen *(pl)*

process requirements Technologieanforderungen *(pl)*

product subject to the licensing requirement lizenzpflichtige Ware *(f)*

quality requirements Anforderungen an die Qualität *(pl)*, Qualitäts- und Verpackungsbedingungen *(pl)*

sanitary requirements Gesundheitsanforderungen *(pl)*

special requirements Spezialanforderungen *(pl)*

statutory requirements staatliche Auflagen *(pl)*

technical requirements technische Anforderungen *(pl)*

transit requirements Transitanforderungen *(pl)*

requisite Requisit *(n)*

rerouting Weitersendung *(f)*

rerouting cargo Umadressierung der Ladung *(f)*

resale Weiterverkauf *(m)*, Wiederverkauf *(m)* **2.** Wiederverkaufs-

resale price Wiederverkaufspreis *(m)*

* **right of resale** Wiederverkaufsrecht *(n)*

rescind abbestellen, annullieren, löschen

rescind a contract Kontrakt annullieren *(m)*, Vertrag annullieren *(m)*, Vertrag kündigen *(m)*, Vertrag stornieren *(m)*

rescind a decision Entscheidung annullieren *(f)*, Entscheidung aufheben *(f)*

rescind a guarantee Garantie entziehen *(f)*, Garantie für ungültig erklären *(f)*, Garantie zurückziehen *(f)*

rescission Annullierung *(f)*, Stornierung *(f)*

rescission of a contract Kontraktannullierung *(f)*

* **right of rescission** Kontraktrücktrittsrecht *(n)*, Rücktrittsrecht *(n)*

rescue retten

research Forschungen *(pl)*

research and development Forschung und Entwicklung

research ship Forschungsschiff *(n)*

research vessel Forschungsschiff *(n)*

* **demand research** Verbrauchsforschung *(f)*

desk research Desk-Research *(n)*

market research Marktforschung *(f)*

export market research Exportmarktforschung *(f)*

freight market research Frachtmarketforschung *(f)*

overseas market research Auslandsmarktforschung *(f)*, Außenmarktforschung *(f)*, Exportmarktforschung *(f)*

marketing research Marketingforschungen *(pl)*

marketing research centre Zentrum für Marketingforschung *(n)*

merchandising research Erforschung der Absatzwege *(f)*

quality research Qualitätsprüfung *(f)*

sales research Verkaufsforschung *(f)*

reselling Weiterverkauf *(m)* **2.** Wiederverkaufs-, wiederverkaufend

reselling price Wiederverkaufspreis *(m)*

reservation Reservierung *(f)*, Vorbestellung *(f)*

reservation in a bill of lading Vermerk im Konnossement *(m)*

reserve reservieren, vorbehalten

reserve Reserve *(f)*

reserve price Einstiegspreis *(m)*, Mindestpreis *(m)*

reserved vorbehalten

reserved guarantee bedingte Garantie *(f)*, beschränkte Garantie *(f)*

reserved price Benchmark-Preis *(m)*, geringster Preis *(m)*

reservation Vorbehalt *(m)*

bill of lading bearing reservations einschränkendes Konnossement *(n)*, unreines Konnossement *(n)*

cancel a reservation Vorbestellung annullieren *(f)*

contractual reservation vertragliche Beschränkung *(f)*

gold reservation Goldklausel *(f)*

lodge a reservation Vorbehalt einlegen *(m)*

sale with reservation Verkauf unter Vorbehalt *(m)*

without reservation vorbehaltlos

reserves Vorräte *(pl)*

acknowledgement with reserve Anerkennung mit Vorbehalt *(f)*

currency reserves Währungsbestände *(pl)*, Währungsreserven *(pl)*

international monetary reserve internationale Devisenreserven *(pl)*
investment reserve Investitionsrückstellung *(f)*, Kapitalrücklage *(f)*
reship umschiffen, verfrachten, verladen
reshipment Umschiffung *(f)*
reshipping Umadressierung *(f)* **2.** Umschlag *(m)*
  loss during reshipping Bord-Bord-Umschlagverlust *(m)*
residence Aufenthaltsort *(m)*, Sitz *(m)*, Wohnort *(m)*
  delivery at residence Freihauslieferung *(f)*
  delivery at residence Lieferung frei Haus *(f)*
  ex residence ab Haus *(n)*, ab Wohnsitz *(m)*
  secondary residence zweiter Wohnsitz *(m)*, Zweitwohnsitz *(m)*
resident Anwohner *(m)*, Resident *(m)* **2.** örtlich
  resident agent örtlicher Vertreter *(m)*, Platzvertreter *(m)*
  * dual resident Person mit zwei Wohnsitzen *(f)*
residual restlich, Rest-
  residual deviation Restabweichung *(f)*
residuals Warenbestand *(m)*
resign verzichten
resignation Resignation *(f)*, Verzicht *(m)*
  resignation from exemption Verzicht auf Befreiung *(m)*
resile zurücknehmen
  resile form a contract vom Vertrag zurücktreten *(n)*
resistance Widerstandsfähigkeit *(f)*
  salt water resistance Seewasserbeständigkeit *(f)*
resistant widerstandsfähig
resolution Beschluss *(m)*, Entschluss *(m)*
resolutive entzündungsverteilend
  resolutive clause kassatorische Klausel *(f)*
resolve auflösen, lösen
resolve Bescheid *(m)*
resources Vorräte *(pl)*
  additional financial resources zusätzliches Geldmittel *(n)*

additional resources zusätzliches Geldmittel *(n)*
cash resources Bargeldreserven *(pl)*
financial resources finanzielle Mittel *(pl)*, finanzielle Ressourcen *(pl)*, flüssige Mittel *(pl)*
natural resources natürliche Ressourcen *(pl)*
respite aufschieben, verlegen
respite Aufschub *(m)*
  accord a respite Fristverlängerung zugestehen *(f)*, Prolongation gewähren *(f)*
  additional respite Nachfrist *(f)*
  grant a respite verlängern
  granting of a respite Verlängerung *(f)*
  tax respite Steueraufschub *(m)*, Steueraussetzung *(f)*
respond antworten
  respond to the demand Nachfrage befriedigen *(f)*
respondentia Bodmereianleihe *(f)*
  respondentia bond Bodmereibond *(m)*
response Reaktion *(f)*
responsibility Haftpflicht *(f)*
  responsibility for the carriage of goods *(ccc)* Verantwortung für die Beförderung der Waren *(f)*
  responsibility of carrier Befördererhaftung *(f)*, Transporthaftung *(f)*
  responsibility of forwarder Spediteurhaftung *(f)*
  * buyer's responsibility Absenderhaftung *(f)*
  civil responsibility zivilrechtliche Haftung *(f)*
  criminal responsibility strafrechtliche Verantwortung *(f)*
  direct responsibility Direkthaftung *(f)*
  division of the responsibility Haftungsverteilung *(f)*
  guarantee of responsibility Garantie der Kreditfähigkeit *(f)*
  joint and several responsibility Gesamthaftung *(f)*, gesamtschuldnerische Haftung *(f)*, solidarische Haftung *(f)*
  joint responsibility Gesamthaftung *(f)*
  legal responsibility rechtliche Haftung *(f)*, rechtliche Verantwortlichkeit *(f)*
  liability and responsibilities Haftung und Verantwortlichkeit *(f)*
  limit of responsibility Haftungsgrenze *(f)*, Haftungslimit *(n)*

management responsibility administrative Verantwortung *(f)*

pecuniary responsibility materielle Verantwortlichkeit *(f)*

personal responsibility persönliche Verantwortlichkeit *(f)*

purchaser responsibility Absenderhaftung *(f)*

rest Rest *(m)*

restitute wiedergewähren

restitute the rights Rechte wiedergewähren *(pl)*

restitution Rückvergütung *(f)*

restoration Wiederherstellung *(f)*

restoration of period Wiedergewährung einer Frist *(f)*

restore wiedereinführen

restraint beschränkend

restraint clause beeinträchtigende Klausel *(f)*, beschränkende Klausel *(f)*

restraint of trade Handelsbeschränkungen *(pl)*

restraint on freedom of trade Beschränkung der Handelsfreiheit *(f)*

* credit restraint Kreditbeschränkung *(f)*, Kreditrestriktion *(f)*

measures for export restraint Ausfuhrbeschränkungensmaßnahmen *(pl)*

non-tariff restraints Non-Tarifbeschränkungen *(pl)*

restrict begrenzen

restrict trade Handel einschränken *(m)*

restricted endorsement bedingtes Indossament *(n)*, beschränktes Indossament *(n)*

restriction Beschränkung *(f)*, Einschränkung *(f)*, Limitation *(f)*

restriction of prices Preiseinschränkung *(f)*

restriction of production Produktionseinschränkung *(f)*

restrictions of foreign trade Außenhandelsbeschränkungen *(pl)*

quantitative restriction of foreign trade Außenhandelskontingentierung *(f)*, Kontingentierung des Außenhandels *(f)*

restrictions of trade Handelsbeschränkungen *(pl)*, Handelsrestriktionen *(pl)*, Handelsschranken *(pl)*

restriction on transit Durchfuhrbeschränkung *(f)*

restrictions on export Exporterschwerungen *(pl)*, Exportrestriktionen *(pl)*, Ausfuhrbeschränkungen *(pl)*, Exportbeschränkungen *(pl)*

put restrictions on export Export beschränken *(m)*

restrictions on import Einfuhrbeschränkungen *(pl)*, Importbeschränkungen *(pl)*, Importrestriktionen *(pl)*

* be subject to restrictions Beschränkungen unterliegen *(pl)*

ceiling restrictions on lending Kreditgrenze *(f)*, Kreditlimit *(n)*, Kreditplafond *(m)*

credit restrictions Krediteinschränkungen *(pl)*, Kreditsbeschränkungen *(pl)*

currency restrictions Devisenbeschränkungen *(pl)*, Devisenrestriktionen *(pl)*

economic restrictions wirtschaftliche Beschränkungen *(pl)*

exchange restrictions Devisenbeschränkungen *(pl)*, Devisenregelung *(f)*, Devisenrestriktionen *(pl)*

export from the Community subject to restriction Ausgang aus der Gemeinschaft Beschränkungen unterworfen *(m)*

export restrictions Ausfuhrbeschränkungen *(pl)*, Exportbeschränkungen *(pl)*, Exporterschwerungen *(pl)*, Exportrestriktionen *(pl)*

foreign exchange restrictions Devisenbeschränkungen *(pl)*, Devisenbestimmungen *(pl)*

import restrictions Einfuhrbeschränkungen *(pl)*, Einführungsbeschränkungen *(pl)*, Importbeschränkungen *(pl)*

quantitative import restrictions mengenmäßige Einfuhrbeschränkungen *(pl)*

licence restrictions Lizenzbeschränkungen *(pl)*

quantitative restrictions Mengenbeschränkungen *(pl)*, mengenmäßige Beschränkungen *(pl)*

removal of restrictions Aufhebung der Begrenzungen *(f)*

remove restrictions Beschränkungen beseitigen *(pl)*

selling restriction Verkaufsbeschränkung *(f)*

tariff restrictions Tarifbeschränkungen *(pl)*

remove tariff restrictions Tarifbeschränkungen beseitigen *(pl)*

trade restriction Handelshindernis *(n)*, Handelsrestriktion *(f)*

restrictive beschränkend, restriktiv

restrictive clause beeinträchtigende Klausel *(f)*, beschränkende Bedingung *(f)*, beschränkende Klausel *(f)*, restriktive Bedingung *(f)*

restrictive covenant beschränkende Bedingung *(f)*, restriktive Bedingung *(f)*

restrictive endorsement einschränkendes Indossament *(n)*, fiduziarisches Indossament *(n)*, Prokuraindossament *(n)*
restrictive measures Restriktivmaßnahmen *(pl)*
restrictive trade policy restriktive Handelspolitik *(f)*
restrictive trade practice Beschränkung der Handelsfreiheit *(f)*
restructuring Restrukturierung *(f)*
restructuring of debt Restrukturierung der Schuld *(f)*
result resultieren

result Effekt *(m)*, Ergebnis *(n)*, Resultat *(n)*
result of the compulsory check Ergebnis der obligatorischen Überprüfung *(n)*
result of customs check Zollbefund *(m)*
result of examination Ergebnis der Nachprüfung *(n)*, Ergebnis der Prüfung *(n)*
result of verification Ergebnis der Nachprüfung *(n)*, Ergebnis der Prüfung *(n)*
* **actual result** tatsächliches Ergebnis *(n)*
analysis result Analysenresultat *(n)*
attack a result Ergebnis anfechten *(n)*, Ergebnis beanstanden *(n)*
customs control results Ergebnisse der Zollkontrollen *(pl)*
dispute a result Ergebnis anfechten *(n)*, Ergebnis beanstanden *(n)*
final result Endergebnis *(n)*
finance result Finanzergebnis *(n)*, Finanzresultat *(n)*
financial result Finanzergebnis *(n)*, Finanzresultat *(n)*
positive result positives Ergebnis *(n)*
resumption Wiederaufnahme *(f)*
retail Einzelhandel *(m)*, Einzelverkauf *(m)* **2.** Einzelhandels-
retail discount Einzelhandelsrabatt *(m)*
retail index Detailindex *(m)*, Einzelhandelspreisindex *(m)*
retail marketing Einzelhandelsmarketing *(n)*
retail price Kleinhandelspreis *(m)*
 retail price index (RPI) Detailindex *(m)*, Einzelhandelspreisindex *(m)*
retail sales Einzelhandelsverkauf *(m)*, Einzelverkauf *(m)*
retail shop Detailgeschäft *(n)*
retail store Detailgeschäft *(n)*
retail trade Einzelhandel *(m)*, Einzelverkauf *(m)*

retail trade system Einzelhandelssystem *(n)*
* **sale by retail** Einzelhandelsverkauf *(m)*, Einzelverkauf *(m)*
sell by retail Einzelhandel verkaufen *(m)*
retaliation Vergeltung *(f)*
retaliation tariff Straftarif *(m)*, Vergeltungszolltarif *(m)*
retaliatory Retorsions-
retaliatory customs duty Retorsionszoll *(m)*
retaliatory duty Retorsionszoll *(m)*, Vergeltungszoll *(m)*
retaliatory tariff Repressivzoll *(m)*
retailing Einzelhandel *(m)*
internet retailing elektronischer Handel *(m)*, Internetversandhandel *(m)*
retire zurückziehen
retire a bill Wechsel einlösen *(m)*
retract zurückziehen
retract an offer Angebot widerrufen *(n)*, Angebot zurückziehen *(n)*, Offerte rückgängig machen *(f)*
retraction Rücknahme *(f)*, Widerruf *(m)*
retraction of an offer Widerruf des Angebots *(m)*
retrenching Minderung *(f)*, Senkung *(f)*
retrenching of costs Ausgabenbegrenzung *(f)*, Ausgabeneinschränkung *(f)*, Minderung der Kosten *(f)*, Senkung der Kosten *(f)*
retrenchment Senkung *(f)*
retrenchment of costs Kostendämmung *(f)*
retrenchment of costs Minderkosten *(pl)*
return Bericht *(m)* **2.** Erklärung *(f)*, Deklaration *(f)* **3.** Rendite *(f)*, Rentabilität *(f)* **4.** Ertrag *(m)* **5.** Rückgabe *(f)* **6.** Rück-, Wieder-
return address Postanschrift des Absenders *(f)*
return cargo Rückladung *(f)*
return carriage Rückbeförderung *(f)*, Rücktransport *(m)*
return copy Rückschein *(m)*
return draft Rückwechsel *(m)*
return endorsement Rückindossament *(n)*
return flight Rüchflug *(m)*
return goods Herfracht *(f)*
return journey freight Heimreisefracht *(f)*, Rückreisefracht *(f)*
return load Rückfracht *(f)*

return of advance Rückzahlung eines Vorschusses *(f)*
return of cargo Rücksendung von Ladung *(f)*, Rücksendung von Last *(f)*
return of a debt Rückgabe einer Schuld *(f)*
return of document Rückgabe der Urkunde *(f)*
return of investment Investitionsrentabilität *(f)*
return on capital (ROC) Kapitalertrag *(m)*, Kapitalgewinn *(m)*
return on sales Umsatzrendite *(f)*, Verkaufsrentabilität *(f)*
return passage freight Heimreisefracht *(f)*, Rückreisefracht *(f)*
return privilege Rückgaberecht *(n)*
return rate Ertragsrate *(f)*, Retourtarif *(m)*
return shipment Rücksendung *(f)*
   empty return shipment Leergutrücksendung *(f)*
   goods return shipment Warenrücksendung *(f)*
return transport Rückbeförderung *(f)*, Rücktransport *(m)*
return trip freight Heimfracht *(f)*, Rückfracht *(f)*
* advice in return Rückanzeige *(f)*, Rückavis *(n)*
annual return (income tax) Jahressteuererklärung *(f)*
bank return Bankbericht *(m)*
complete the return Deklaration ausfüllen *(f)*
consolidated return Zusammenstellung *(f)*
customs return Zolldeklaration *(f)*
file customs return Zolldeklaration abgeben *(f)*
duty-free return zollfreier Reimport *(m)*
duty to file return Deklarationszwang *(m)*
excise return Verbrauchssteuererklärung *(f)*
monthly return monatliche Erklärung *(f)*
quarterly return vierteljährliche Erklärung *(f)*
rate of return Rendite *(f)*
submit a return Steuererklärung abgeben *(f)*, Steuererklärung einreichen *(f)*
tax return Steuerdeklaration *(f)*, Steuererklärung *(f)*
Vat return Erstattung der Mehrwertsteuer *(f)*

returnable wiederverwendbar
returnable container wiederverwendbare Verpackung *(f)*
returnable pallet Mehrwegpalette *(f)*

returned wiederverwendbar
returned empty wiederverwendbare Verpackung *(f)*
returned goods Rückwaren *(pl)*
returns Erlöse *(pl)*
returns from export Exporterlöse *(pl)*
* tax returns Steueraufkommen *(n)*, Steuereingang *(m)*
reusable Mehrweg-
reusable pallet Mehrwegpalette *(f)*
re-use Mehrweg-
re-use package mehrmals verwendete Verpackung *(f)*, Mehrwegverpackung *(f)*
revalorization Revalvation *(f)*
revaluate umschätzen, Preis herabsetzen *(m)*
revaluation Überschätzung *(f)*
revaluation of goods Preisänderung der Waren *(f)*
revalue aufwerten
revalue currency Währung aufwerten *(f)*
reeve Gemeindevorsteher *(m)*
port reeve Hafenaufseher *(m)*, Hafenaufsichtsbeamter *(m)*
revenue Erlös *(m)*
revenue board Finanzamtskasse *(f)*
revenue boat Zollboot *(n)*
revenue case Steuersache *(f)*
revenue cutter Zollboot *(n)*
revenue interests fiskalische Interessen *(pl)*, Interessen des Fiskus *(pl)*
revenue regulation steuerliche Regel *(f)*, steuerrechtliche Regelung *(f)*
revenue stamp Stempelsteuermarke *(f)*, Stempelwertzeichen *(n)*
revenue ton Zolltonne *(f)*
   revenue ton-mile Kommerztonnagemeile *(f)*
revenue vessel Zollwachtschiff *(n)*
* budgetary revenues Haushaltseinnahmen *(pl)*
customs revenues Zolleinkünfte *(pl)*
export revenues Exporteinnahmen *(pl)*, Exporterlöse *(pl)*
gross revenue Bruttoertrag *(m)*
sales revenue Vertriebserlös *(m)*
total revenue Tageskasse *(f)*, Totaleinnahme *(f)*
revenuer Zollwachtschiff *(n)*

reverse Rückseite (f)
reverse of bill of lading Rückseite des Konnossements (f)
reverse side of letter of credit Rückseite des Akkredditives (f)
reversible umkehrbar
reversible lay days Liegetage vor der Rückreise (pl)
review Überprüfung (f)
court of review Appellationsgericht (n), Berufungsgericht (n), Kassationsgericht (n)
revise revidieren
revision Änderung (f) **2.** Revision (f)
revision of a contract Kontraktänderung (f), Überprüfung des Kontraktes (f), Vertragsänderung (f)
* price revision Preisrevision (f), Preisüberprüfung (f)
price revision clause Preisrevisionsklausel (f)
revival Belebung (f)
revival in the market wirtschaftlicher Aufschwung (m)
revival of business Belebung des Handels (f)
revival of a contract Erneuerung des Vertrags (f), Vertragsverlängerung (f)
* business revival Belebung der Wirtschaft (f), Wirtschaftsaufschwung (m)
economic revival wirtschaftlicher Aufschwung (m), Wirtschaftsbelebung (f)
revocable widerruflich
revocable credit widerruflicher Kredit (m)
revocable letter of credit widerrufliches Akkreditiv (n)
revocation Widerruf (m)
revocation of an administrative decision Widerruf der Verwaltungsentscheidung (m)
revocation of the authorisation Rücknahme der Bewilligung (f), Widerruf der Bewilligung (m)
revocation of the decision Aufhebung einer Entscheidung (f), Aufhebung eines Beschlusses (f), Bescheidaufhebung (f)
revocation of a law Aufhebung eines Gesetzes (f), Gesetzesaufhebung (f)
revocation of a letter of credit Widerruf des Akkreditivs (m)
revocation of a licence Lizenzannullierung (f)
revocation of power of attorney Zurücknahme der Bürgschaft (f)

revoke annullieren, stornieren
revoke an authority Befugnis entziehen (f), Bevollmächtigung widerrufen (f)
revoke the authorization Genehmigung widerrufen (f)
revoke a decision Bescheid zurückziehen (m)
revoke a letter of credit Akkreditiv zurückziehen (n)
revoke a licence Lizenz annullieren (f)
revoke a power Bevollmächtigung rückgängig machen (f)
revoke a power of attorney Plenipotenz erteilen (f), Vollmacht entziehen (f)
revolving revolvierend
revolving letter of credit Revolvingakkreditiv (n), sich automatisch erneuerndes Akkreditiv (n)
reward vergelten
reward Belohnung (f)
salvage reward Rettungsgeld (n), Rettungslohn (m)
reweigh Gewicht kontrollieren (n), Gewicht prüfen (n)
Rhine Rhein (m)
Rhine manifest Rheinmanifest (n)
Rhine manifest procedure Versandverfahren mit dem Rheinmanifest (n)
* carriage of goods on the Rhine waterways Beförderung auf den Rheinwasserstraßen (f)
rider Allonge (f), Anhang (m), Wechselallonge (f) **2.** zusätzliche Klausel (f)
right Recht (n)
right of avoidance Rücktrittsrecht (n)
right of lien Pfandrecht (n), Sicherungspfandrecht (n)
right of navigation Durchfahrtsrecht (n)
right of property Eigentumsrecht (n)
right of recourse Regressrecht (n), Rückgriffsrecht (n)
right of redemption Wiederkaufsrecht (n)
right of representation Stellvertretung (f)
right of resale Wiederverkaufsrecht (n)
right of rescission Kontraktrücktrittsrecht (n), Rücktrittsrecht (n)
right of sale Verkaufsrecht (n)
exclusive right of sale Alleinverkaufsrecht (n)
right of sales Vertriebsrecht (n)

right of transit Transitrecht *(n)*
right to annul an agreement Recht zur Auflösung des Vertrages *(n)*
right to appeal Berufungsrecht *(n)*
right to customs exemption Zollfreiheitsrecht *(n)*
right to recovery Schadensersatzanspruch *(m)*
right to terminate a contract Rücktrittsrecht *(n)*, Vertragskündigungsrecht *(n)*
* **absolute right** alleiniges Recht *(n)*, Alleinrecht *(n)*
acquisition of a right Erwerb eines Rechts *(m)*
assign a right Rechte übertragen *(pl)*
assignment of a right Abtretung von Rechten *(f)*, Rechtsübertragung *(f)*
author's rights Urheberrecht *(n)*, Verlagsrecht *(n)*
cession of a right Abtretung der Rechte *(f)*, Zession von Rechte *(f)*
devolution of rights and dues Übergang von Rechten und Pflichten *(m)*
exclusive right Exklusivrecht *(n)*
grant the right Recht zugestehen *(n)*
granting of right Gewährung eines Rechts *(f)*
holder of concessionary rights Lizenznehmer *(m)*
loss of right Rechtsverlust *(m)*
property right Güterrecht *(n)*
proprietary right Eigentumsrecht *(n)*
protection of property rights Eigentumsrechtsschutz *(m)*
protection of industrial rights gewerblicher Rechtsschutz *(m)*, Schutz des industriellen Eigentums *(m)*
restitute the rights Rechte wiedergewähren *(pl)*
sole right alleiniges Recht *(n)*, Alleinrecht *(n)*
transfer of rights Abtretung von Rechten *(f)*, Rechtsübertragung *(f)*, Übertragung der Rechte *(f)*
transfer of rights by endorsement Übertragung von Rechten durch Indossament *(f)*
transmission of rights Rechtsübertragung *(f)*, Übertragung der Rechte *(f)*

rigid steif
rigid container steife Verpackung *(f)*
rigid price fester Preis *(m)*, fixer Preis *(m)*
ring Kartell *(n)*
distribution ring Vertriebskartell *(n)*
export ring Exportkartell *(n)*
import ring Einfuhrkartell *(n)*

insurers' ring Versicherungskartell *(n)*, Versicherungspool *(m)*
selling ring Vertriebskartell *(n)*
shipping ring Schifffahrtskonferenz *(f)*, Schifffrachtpool *(m)*
tariff ring Versicherungskartell *(n)*, Versicherungspool *(m)* **2.** Zollkartell *(n)*

riots Unruhen *(pl)*
riots and civil commotions Aufruhr und bürgerliche Unruhen
riots, civil commotions and strike Aufruhr, Bürgerkrieg und Streik *(f/m/m)*
riots, strikes and civil commotions Aufruhr, Streik, bürgerliche Unruhen *(f/m/pl)*
* **strikes, riots and civil commotions** Streik, Aufruhr und bürgerliche Unruhen, Streik, Aufruhr und Bürgkrieg, Streiks, Tumulte und Unruhen
strikes, riots and civil commotions clause Streik, Aufruhr und Bürgerkriegsklausel *(f)*

rise ansteigen
rise a claim Anspruch geltend machen *(m)*

rise Anstieg *(m)*, Steigerung *(f)*
rise in prices Preisanstieg *(m)*, Preissteigerung *(f)*
rise in quotation Kursaufschlag *(m)*
rise in value Wertsteigerung *(f)*, Wertzunahme *(f)*
rise of prices Preisanstieg *(m)*, Preissteigerung *(f)*
rise of production Produktionssteigerung *(f)*
rise of rates Erhöhung der Tarifsätze *(f)*
rise of stocks and shares Anstieg der Aktienkurse *(m)*
rise of tariff Erhöhung des Tarifs *(f)*, Tariferhöhung *(f)*
* **price rise** Preiserhöhung *(f)*

rising Erhöhung *(f)*
rising deficit steigendes Defizit *(n)*
rising of tariff Erhöhung des Tarifs *(f)*, Tariferhöhung *(f)*

risk riskieren

risk Risiko *(n)* **2.** Risiko-
risk analysis Risikoanalyse *(f)*
risk category Risikoklasse *(f)*
risk class Risikoklasse *(f)*
risk classification Risikoklassifikation *(f)*
risk clause Risikoklausel *(f)*
risk coverage Risikodeckung *(f)*
risk level Höhe des Risikos *(f)*

risk management process Risikomanagementprozess *(m)*
risk of breakage Bruchrisiko *(n)*
risk of currency depreciation Währungsentwertunsgrisiko *(n)*
risk of damage Beschädigungsrisiko *(n)*
  owner's risk of damage Beschädigungsrisiko für Reeder *(n)*
risk of deterioration Beschädigungsrisiko *(n)*
  owner's risk of deterioration Beschädigungsrisiko für Frachtführer *(n)*
risk of fire Brandrisiko *(n)*
  owner's risk of fire Brandrisiko für Reeder *(n)*
risk of freezing Gefrierenrisiko *(n)*
  owner's risk of freezing Gefrierenrisiko für Beförderer *(n)*, Gefrierenrisiko für Reeder *(n)*
risk of inflation Inflationsrisiko *(n)*
risk of leakage Leckrisiko *(n)*
risk of the market Marktrisiko *(n)*
risk of natural wastage natürliches Schwundrisiko *(n)*
risk of non-acceptance Abnahmerisiko *(n)*
risk of non-payment Zahlungsrisiko *(n)*
risk of seizure Beschlagnahmerisiko *(n)*
risk of shrinkage Massenverlustrisiko *(n)*
risk of smuggling Schmuggelrisiko *(n)*
risk of transport Beförderungsrisiko *(n)*, Transportrisiko *(n)*
risk of ullage Leckagerisiko *(n)*, Sickerverlustrisiko *(n)*
risk premium Risikoprämie *(f)*
risk profile Risikostruktur *(f)*
risk rating Gefahrenklasse *(f)*, Risikobewertung *(f)*, Risikokategorie *(f)*
risk spreading Risikodiversifikation *(f)*, Risikoverteilung *(f)*
risk valuation Risikoschätzung *(f)*
* accident risk Unfallrisiko *(n)*
additional risk Zusatzrisiko *(n)*
agency risk Agenturrisiko *(n)*
air risk Luftrisiko *(n)*
all risks alle Risiken *(pl)*
  all risks insurance policy Universalversicherungspolice *(f)*
allowed risk vertretbares Risiko *(n)*
amount at risk Versicherungsbetrag *(m)*
audit risk Auditrisiko *(n)*
bank risk Bankrisiko *(n)*
bankruptcy risk Bankrottrisiko *(n)*

basic risk Basisrisiko *(n)*
breakage risk Bruchrisiko *(n)*
business risk Geschäftsrisiko *(n)*, wirtschaftliches Risiko *(n)*
class of risk Gefahrenklasse *(f)*, Risikokategorie *(f)*
collection risk Inkassorisiko *(n)*
commission risk Kommissionsrisiko *(n)*
contract risk Kontraktrisiko *(n)*
conventional risk konventionelles Risiko *(n)*
country risk Länderrisiko *(n)*
cover a risk Risiko decken *(n)*
credit risk Kreditrisiko *(n)*
creditor's risk Gläubigerrisiko *(n)*
currency risk Kursrisiko *(n)*, Währungsrisiko *(n)*
damage risk Beschädigungsgefahr *(f)*
decrease of risk Risikosenkung *(f)*
del credere risk Delkredererisiko *(n)*
distribution risk Absatzrisiko *(n)*
diversification of risk Risikodiversifikation *(f)*, Risikoverteilung *(f)*
economic risk wirtschaftliches Risiko *(n)*
end of the risk Ablauf einer Versicherung *(m)*, Verfall einer Versicherung *(m)*
evaporation risk Verdampfungsrisiko *(n)*
exchange risk Währungsrisiko *(n)*
exchange transfer risk Transferrisiko *(n)*
exhibition risks insurance Messeversicherung *(f)*
explosion risk Auslaufrisiko *(n)*
export risk Exportrisiko *(n)*
financial risk finanzielles Risiko *(n)*
fire risk Brandgefahr *(f)*
foreign exchange risk Kursrisiko *(n)*
freight risk Frachtrisiko *(n)*
fundamental risk Fundamentalrisiko *(n)*
general average risk Risiko einer gemeinsamen Havarie *(n)*
goods involving higher risk Waren mit einem erhöhten Betrugsrisiko *(pl)*
guarantee risk Gewährleistungswagnis *(n)*
identification of risk Risikoidentifikation *(f)*
increase of risk Risikosteigerung *(f)*
inflation risk Inflationsrisiko *(n)*
inland risk Binnenwasserverkehrsrisiko *(n)*
inland water risk Risiko bei Fluss- und Binnengewässertransport *(n)*
insurable risk versicherungsfähiges Risiko *(n)*
insurance against all risk Generalversicherung *(f)*

insurance against risk Risikoversicherung *(f)*
insurance risk Versicherungsrisiko *(n)*
lading risk Verschiffungsrisiko *(n)*
land risk Landtransportrisiko *(n)*
leakage risk Leckagerisiko *(n)*, Sickerverlustrisiko *(n)*
licence risk Lizenzrisiko *(n)*
lighter risk Leichterrisiko *(n)*
Lloyd's risk Lloyd's-Risiko *(n)*
manufacturer's risk Herstellerrisiko *(n)*
manufacturing risk Produktionsrisiko *(n)*
market risk Marktrisiko *(n)*
mercantile risk Geschäftsrisiko *(n)*, kommerzielles Risiko *(n)*
natural wastage risk natürliches Schwundrisiko *(n)*
navigation risk Seerisiko *(n)*, Seetransportgefahr *(f)*
non-commercial risk privatwirtschaftliches Risiko *(n)*
non-insurable risk nicht versicherbares Risiko *(n)*
non-payment risk Zahlungsrisiko *(n)*
non-receipt risk Abnahmerisiko *(n)*
non-receiving risk Abnahmerisiko *(n)*
non-trade risk privatwirtschaftliches Risiko *(n)*
operating risk Arbeitsrisiko *(n)*
owner's risk Risiko des Eigentümers *(n)*
packaging risk Packungsrisiko *(n)*
payment risk Zahlungsausfallrisiko *(n)*
place a risk versichern
political risk politisches Risiko *(n)*
 political risk guarantee Garantie bei politischen Risiken *(f)*
port risk Hafenrisiko *(n)*
price movement risk Preisänderungsrisiko *(n)*
price risk Preisrisiko *(n)*
 oscillation of price risk Preisänderungsrisiko *(n)*
 price risk formula Preisrisiko *(n)*
price variations risk Preisschwankungenrisiko *(n)*
producer's risk Herstellerrisiko *(n)*
production risk Produktionsrisiko *(n)*
purchase risk Einkaufsrisiko *(n)*
quality risk Qualitätsrisiko *(n)*
reduce the risk Risiko eingrenzen *(n)*
reduction of risk Risikoverringerung *(f)*
sea risk Seerisiko *(n)*, Seetransportgefahr *(f)*

seller's risk Verkäuferrisiko *(n)*
selling risk Absatzrisiko *(n)*
shipment risk Verschiffungsrisiko *(n)*
shipper's risk Verladerrisiko *(n)*
ship's risk Schiffsrisiko *(n)*
shrinkage risk Decalorisiko *(n)*
spreading of risk Risikoverteilung *(f)*
take a risk Risiko übernehmen *(n)*
theft risk Diebstahlsgefahr *(f)*, Diebstahlsrisiko *(n)*
tolerated risk zulässiges Risiko *(n)*
trade risk Geschäftsrisiko *(n)*, kommerzielles Risiko *(n)*
transaction risk Transaktionsrisiko *(n)*
transfer of risk Gefahrübergang *(m)*
transit risk Transitrisiko *(n)*
translation risk Valutarisiko *(n)*
transport risk Beförderungsrisiko *(n)*, Transportgefahr *(f)*, Transportrisiko *(n)*
underwriting risk Versicherungsrisiko *(n)*
uninsured risk nichtversichertes Risiko *(n)*
unlimited risk unbegrenztes Risiko *(n)*
unmeasurable risk unversicherbares Risiko *(n)*
war risk Kriegsrisiko *(n)*
 insurance against war risk Kriegsrisikoversicherung *(f)*, Versicherung gegen Kriegsrisiko *(f)*
working risk Arbeitsrisiko *(n)*
wrapper risk Packungsrisiko *(n)*
risky gefährlich
 risky cargo gefährlicher Kargo *(m)*, gefährliches Gut *(n)*
 risky cargo service Gefahrgütertransport *(m)*, Gefahrguttransport *(m)*
rival Gegenkandidat *(m)*, Konkurrent *(m)*
 commercial rival Handelskonkurrent *(m)*, Handelswettbewerber *(m)*
rivalry Konkurrenz *(f)*
river Fluss *(m)* **2.** Fluss-
 river barge Flusskahn *(m)*
 river barge captain Flußkapitän *(m)*
 river bill of lading Binnenkonnossement *(n)*, Flussfrachtbrief *(m)*, Flusskonnossement *(n)*, Flussladeschein *(m)*
 river boat Flussschiff *(n)*
 river cargo vessel Flussmotorschiff *(n)*, Motorgüterschiff *(n)*
 river charge Flussgebühr *(f)*
 river due Flussgebühr *(f)*

river forwarder Flussspediteur (m)
river forwarding Flussspedition (f)
river freight Binnengewässerfracht (f),
Flussfracht (f), Flussgebühr (f)
river harbour Binnenhafen (m), Flusshafen (m)
river pilot **Flusslotse** (m)
river port Binnenhafen (m), Flusshafen (m)
river service tug Binnenschlepper (m)
river tanker Flusstanker (m)
cargo manifest for river tankers Flusstankermanifest (n)
river tariff Schifffahrtstarif (m)
river terminal Flussterminal (n)
river tug Binnenschlepper (m), Flussschlepper (m)

road Straße (f) **2.** Straßen-
road accident Straßenverkehrsunfahll (m)
road bridge Straßenbrücke (f)
road carrier Straßenverkehrsträger (m)
road consignment note Frachtbrief im
Straßengüterverkehr (m), Kraftwagenfrachtbrief (m), Straßenfrachtbrief (m), Straßenverkehrsfrachtbrief (m)
road convoy Straßenzugmaschine (f)
road-damage Beschädigung während des
Straßenverkehrs (f)
road forwarding Straßenverkehrspedition (f)
road haulage Straßentransport (m), Transport (m)
road haulage agent LKW - Befrachter (m)
road infrastructure Straßeninfrastruktur (f)
road-proof packing straßentüchtige Verpackung (f)
road safety Sicherheit im Straßenverkehr (f)
road service Straßenverkehr (m), Warenbeförderung auf der Straße (f)
road tank vehicle Straßenkesselwagen (m)
road tax Wegegeld (n)
road toll Straßenabgabe (f), Wegegeld (n),
Wegesteuer (f)
road-train Straßenzugmaschine (f)
road traffic Straßenverkehr (m), Warenbeförderung auf der Straße (f)
road trailer Anhänger (m)
road transport Straßenverkehr (m)
road transport document Straßentransportdokument (n)
road transport services Beförderungsleistungen (pl)
road vehicle Straßenfahrzeug (n)

powered road vehicle on sea-going vessel Straßenkraftfahrzeug auf Seeschiff (n)
road vehicle on rail-wagon Straßenfahrzeug auf Eisenbahnwaggon (n)
road-worthy packing straßenfeste Verpakkung (f), Straßenverpackung (f)
* air freight carried by road Beförderung
von Luftfracht auf der Straße (f)
arterial road Hauptstraße (f), Hauptweg (m)
by road auf dem Landweg (m), auf dem
Straßenweg (m)
carriage of goods by road Güterkraftverkehr (m)
carrier by road Straßenverkehrsträger (m)
combined road and rail transport Hukkepackverkehr (m), kombinierter Güter-
kehr Schiene/Kraftfahrzeug (m), Schiene-
Kraftfahrzeug-Verkehr (m), Schiene-Straße-
Verkehr (m)
combined road and sea transport kombinierter Güterverkehr Schiene/See (m), Schiene-
See-Verkehr (m)
combined road/rail service Huckepacktransport (m), kombinierter Güterverkehr
Schiene/Kraftfahrzeug (m), kombinierter Güterverkehr Schiene/Straße (m), Schiene-Kraftfahrzeug-Verkehr (m)
combined road/sea service Schiene-See-
Verkehr (m)
European Agreement concerning the
International Carriage of Dangerous
Goods by Road Europäisches Übereinkommen über die internationale Beförderung
gefährlicher Güter auf der Straße (n)
inner road Binnenreede (f)
international carriage of goods by road
internationaler Straßengüterverkehr (m)
main road Hauptstraße (f), Hauptweg (m)
outer road Außenreede (f)
public road öffentliche Straße (f)
rail and road auf Bahn und Landweg (m)
relief road Umfahrungsstraße (f)
round road Ringstraße (f)
rules of the road Verkehrsvorschriften (pl)
toll road Gebührenstraße (f), Mautstraße (f)
trunk road Haupteisenbahn (f)
turnpike road Gebührenstraße (f), Mautstraße (f)
roads Außenhafen (m), Reede (f)
roadstead Außenhafen (m), Reede (f)
open roadstead offene Reede (f)

robbery Diebstahl *(m)*
role Rolle *(f)*
roll Liste *(f)*, Rolle *(f)*
  tally roll Kontrollliste *(f)*
  tax roll Steuerliste *(f)*
  * **patent rolls** Patentliste *(f)*, Patentregister *(n)*
roll in-roll out vessel Ro-Ro-Schiff *(n)*
rolling rollend
  rolling highway Rollende Landstraße *(f)*
  rolling stock Eisenbahnfahrzeuge *(pl)*
roll-on/roll off Roll-on/Roll-off-
  roll-on/roll off ship Ro-Ro-Schiff *(n)*, Trailerschiff *(n)*
  roll-on/roll-off system Roll-on/Roll-off-System *(n)*
  roll-on/roll-off vessel Roll-on/Roll-off-Containerschiff *(n)*
roll-over Roll-over-
  roll-over credit Roll-over-Kredit *(m)*
room Raum *(m)*
  room air temperature Raumlufttemperatur *(f)*
  * **cold room** Kälteraum *(m)*, Kaltlagerraum *(m)*
  conference room Konferenzzimmer *(n)*
  exhibition room Ausstellungssaal *(m)*
  sales room Verkaufsraum *(m)*
  storage room Ladenraum *(m)*, Lagerfläche *(f)*, Lagerraum *(m)*
  warehouse room Lagerraum *(m)*
ro-ro ship Ro-Ro-Schiff *(n)*, Trailerschiff *(n)*
ro-ro vessel Ro-Ro-Fähre *(f)*, Ro-Ro-Schiff *(n)*
rotating rotierend
  rotating exhibition Wechselausstellung *(f)*
rotation Folge *(f)*, Rotation *(f)*, Umschlag *(m)*
  rotation of goods Warenumschlag *(m)*
  rotation of ports Umschlag des Hafens *(m)*
  * **goods rotation** Güterverkehr *(m)*, Warenhandel *(m)*
round Runde *(f)*
  round charter Hin- und Rückreisecharter *(m)*, Rundfahrtcharter *(m)*, Rundfahrtchartervertrag *(m)*
    round charter party Rundreisecharter *(m)*, Umwegreisecharter *(m)*
  round flight Rundflug *(m)*

round journey freight Aus- und Rückfracht *(f)*, Rundfahrtfracht *(f)*
round of price negotiations Preisrunde *(f)*
round of tariff negotiations Zollverhandlungenrunde *(f)*
round passage freight Rundreisefracht *(f)*
round road Ringstraße *(f)*
round trip Hin- und Rückreise *(f)*, Rundfahrt *(f)*, Rundseereise *(f)*
  round trip charter Rundreisecharter *(m)*, Umwegreisecharter *(m)*
round voyage Hin- und Rückreise *(f)*, Rundfahrt *(f)*, Rundseereise *(f)*
  round voyage charter Hin- und Rückreisecharter *(m)*
  round voyage freight Hin- und Rückfracht *(f)*, Rundreisefracht *(f)*, Umwegreisefracht *(f)*
route Marschroute *(f)*, Route *(f)*, Straße *(f)*
  route instruction Wagevorschrift *(f)*
  * **air route** Flugroute *(f)*, Flugstrecke *(f)*, Luftstraße *(f)*
  carriage route Beförderungsweg *(m)*, Transportstrecke *(f)*
  certified route air carrier reguläre Fluglinie *(f)*
  customs route Zollstraße *(f)*
  direct route Direktroute *(f)*
  formalities en route Förmlichkeiten während der Beförderung *(pl)*
  international transit route internationaler Transitweg *(m)*
  land route Landweg *(m)*
  maritime route Seestraße *(f)*
  optimal route optimaler Weg *(m)*
  roundabout route Rundroute *(f)*
  sea route Seewasserstraße *(f)*
  shipping route Schifffahrtsroute *(f)*
  transit route Transitlinie *(f)*, Transitstraße *(f)*, Transitweg *(m)*
  transport route Beförderungsweg *(m)*, Transportstrecke *(f)*
routine Routine *(f)*
  routine test Routineuntersuchung *(f)*
  * **daily routine** Tagesplan *(m)*
routing Route *(f)*
  routing instruction Wagevorschrift *(f)*
  routing order Routenvorschriften *(pl)*
royalty Autorenhonorar *(n)*, Lizenzabgabe *(f)*, Lizenzgebühr *(f)*
  collect a royalty Honorar erheben *(n)*, Honorar fordern *(n)*
  pay the royalties Lizenzgebühren zahlen *(pl)*

rub Reiben *(n)*
rub forwarder Befehlsspediteur *(m)*
ruin Vernichtung *(f)*, Zerstörung *(f)*
rule Prinzip *(n)*, Regel *(f)*, Verordnung *(f)*, Vorschrift *(f)*
rules for functioning of free zone Ordnung für eine Freizone *(f)*
rules governing the preferential origin of goods Präferenzursprungsregeln *(pl)*
rules in force geltendes Recht *(n)*
Rules of Conciliation and Arbitration of the International Chamber of Commerce Vergleichs- und Schiedsordnung der internationalen Handelskammer *(f)*
rules of conduct Verhaltensregeln *(pl)*
rules of insurance Versicherungsregeln *(pl)*
rule of law Rechtsregel *(f)*, Rechtsbestimmung *(f)*
rules of origin Ursprungsregeln *(pl)*
  common rules of origin gemeinsame Ursprungsregeln *(pl)*
  rules of origin of goods Warenherkunftsregeln *(pl)*
rules of practice Verfahrensregeln *(pl)*
rules of the road Verkehrsvorschriften *(pl)*
rules on taxation Steuerbestimmungen *(pl)*
* arbitration rules Schiedsgerichtsordnung *(f)*
auction rules Auktionsregeln *(pl)*
binding rules geltende Regeln *(pl)*
books of rules Vorschriftensammlung *(f)*
common rules for imports gemeinsame Einfuhrregelung *(f)*
Community rules Gemeinschaftsregeln *(pl)*, Gemeinschaftsregelungen *(pl)*
Convention for the Unification of certain rules of Law relating to Bills of Lading Visby Regeln *(pl)*
general customs rules allgemeine Zollregelungen *(pl)*
general rule allgemeine Regel *(f)*
General Rules for the Interpretation of the Nomenclature Allgemeine Vorschriften für die Auslegung des Zolltarifschemas *(pl)*
Hague Rules Haager Regeln *(pl)*
Hague-Visby Rules Haag-Visby Regeln *(pl)*
Hamburg Rules Hamburger Regeln *(pl)*
import rules Einfuhrbestimmungen *(pl)*, Importbestimmungen *(pl)*
in accordance with the rules gemäß den Regeln *(pl)*

internal rules einzelstaatliche Rechts- und Verwaltungsvorschriften *(pl)*
International Convention for the Unification of certain Rules relating to Bills of Lading Haager Regeln *(pl)*
lading rules Ladevorschriften *(pl)*, Verladevorschriften *(pl)*
legal rule Rechtsvorschrift *(f)*
lacunae in the rules on customs Lücken der Zollregelung *(pl)*
preference rule type Herkunftsregelart *(f)*
preferential origin rules *(EU) (customs)* Präferenzursprungsregeln *(pl)*
procedural rules Verfahrensregeln *(pl)*
Protocol to amend the International Convention for the Unification of certain Rules relating to Bills of Lading Haag-Visby Regeln *(pl)*
set of rules Vorschriftensammlung *(f)*
shipment rules Ladevorschriften *(pl)*, Verladevorschriften *(pl)*
specific rules detaillierte Vorschriften *(pl)*
tariff rules Tarifbestimmungen *(pl)*, Tarifordnung *(f)*
tax rules Steuerbestimmungen *(pl)*, Steuervorschriften *(pl)*
traffic rules Verkehrsordnungen *(pl)*, Verkehrsregeln *(pl)*
uniform tax rules Einheitliche Steuervorschriften *(pl)*
Uniform Rules for Bank-to-Bank Reimbursements, Publication 525 Einheitliche Richtlinien für Rembourse (ERR 725) *(pl)*
Uniform Rules for Contract Guarantees Einheitliche Richtlinien für Vertragsgarantien (ERV) *(pl)*
Uniform Rules for Demand Guarantees Einheitliche Richtlinien für auf Anfordern zahlbare Garantien (ERAG) *(pl)*
Warsaw-Oxford Rules Warschau-Oxford-Regeln *(pl)*
York-Antwerp Rules York-Antwerpen Statuten *(pl)*

ruling herrschend
ruling price heutiger Kurs *(m)*

rummage Zollrevision des Schiffes *(f)*
rummage goods Ramschware *(f)*

run Fahrt *(f)* **2.** Dauer *(f)*
run of a draft Wechselfrist *(f)*, Ziel eines Wechsels *(n)*
run of quality Qualitätsabweichung *(f)*

run up steigen

rundown Herabsetzung *(f)*

rundown in tariffs Zollsenkung *(f)*

running laufend

running account Kontokorrentkonto *(n)*, aufendes Konto *(n)*

running days aufeinanderfolgende Tage *(pl)*, laufende Kalendertage *(pl)*

running down clause Kollisionsklausel *(f)*

running expense Betriebskosten *(pl)*

running hours laufende Stunden *(pl)*

running information aktuelle Information *(f)*

running interest laufende Zinsen *(pl)*

running inventory fließende Inventur *(f)*, laufende Inventur *(f)*

running metre laufendes Meter *(n)*

running number laufende Nummer *(f)*

running policy Blankopolice *(f)*

running test Betriebsprüfung *(f)*

running time Laufzeit *(f)*

rupture Bruch *(m)*

rupture of an agreement Bruch der Vereinbarung *(m)*

rust Rost *(m)*

S

sabotage Sabotage (f)
sack absacken, einsacken
sacrifice Verlust (m)
  sell at a sacrifice mit Verlust verkaufen (m)
sack Sack (m)
sack-filling Absacken (n), Eintüten (n)
SAD (Abk.) *single administrative document* Einheitspapier (n)
  SAD BIS Einheitspapier - BIS (n)
  SAD-BIS form Einheitspapier-Ergänzungsvordruck (m), Ergänzungsvordruck des Einheitspapiers (m)
  * additional copy of copy 5 of the SAD zusätzliches Exemplar des Exemplars Nr. 5 des Einheitspapiers (n)
  complete the SAD Einheitspapier ausfüllen (n)
  copy of the SAD Exemplar der Versandanmeldung (n)
  copy of the SAD-bis forms Einheitspapier-Ergänzungsvordruck (m)
  number of the SAD Nummer des Einheitspapiers (f)
  photocopy of copy 5 of the SAD Fotokopie des Exemplars Nr. 5 des Einheitspapiers (f)
  registration number of the SAD Registriernummer des Einheitspapiers (f)
  transit declarations on the SAD Versandanmeldung auf dem Einheitspapier (f)
safe sicher
  safe and sound sicher und gesund
  safe arrival wohlbehaltenes Eintreffen (n)
  safe berth sicherer Kai (m), sicherer Schiffsliegeplatz (m)
  safe berth, safe port sicherer Kai, sicherer Hafen (m/m)
  safe berth-port sicherer Kai, sicherer Hafen (m/m)
  safe harbour sicherer Hafen (m)
safeguard Garantie stellen (f), Garantie übernehmen (f)
safeguard Sicherung (f)
  refusal of an acceptance of safeguard Ablehnung der Sicherheit (f), Verweigerung der Sicherheit (f)

safety Sicherheit (f)
  safety at sea Sicherheit auf See (f)
  safety certificate Sicherheitszertifikat (n)
  safety of cargo Kargosicherheit (f), Ladungssicherheit (f)
  safety of goods Warensicherheit (f)
  guarantee of the safety of goods Garantie für Warenaufbewahrung (f)
  safety of navigation Schifffahrtssicherheit (f)
  safety of ship Schiffssicherheit (f)
  safety of transport Beförderungssicherheit (f)
  safety regulations Sicherheitsregelungen (pl)
  * cargo ship safety equipment certificate Ausrüstungs-Sicherheitszertifikat (n)
  certificate of safety Sicherheitbescheinigung (f), Sicherheitszertifikat (n)
  ecological safety Umweltverträglichkeit (f)
  economic safety ökonomische Sicherheit (f)
  quarantine safety Quarantänesicherheit (f)
  road safety Sicherheit im Straßenverkehr (f)
sag Fallen der Kurse (n), Kursabfall (m), Kursrückgang (m)
sailing Segeln (n)
  sailing date Abfahrtsdatum (n), Abfahrtstag (m)
  sailing list Abfahrtsliste (f)
  * estimated time of sailing voraussichtliche Abfahrtszeit (f)
  expected time of sailing voraussichtliche Abfahrtszeit (f)
  export sailing policy Exportverkaufspolitik (f)
  port of sailing Abfahrtshafen (m), Auslaufhafen (m)
salary Verdienst (m)
  amount of wages and salaries Lohnhöhe (f), Lohnumfang (m)
  minimum salary Mindestgehalt (n), Mindestlohn (m)
  monthly salary Monatsgehalt (n)
sale Absatz (m), Verkauf (n), Veräußerung (f)
  sale and goods act Gesetz betreffend den Verkauf von Waren (n)
  sale as is Verkauf so, wie die Ware ist (m)
  sale at a profit Verkauf mit Gewinn (m)
  sale at an auction Verkauf auf einer Auktion (m)
  sale by auction Versteigerung (f)
  notify the sale by auction Auktion abhalten (f)
  sale by commission Kommissionsverkauf (m)
  sale by description Verkauf laut Angabe (m)

sale by instalments Ratenverkauf *(m)*
sale by lot Partieverkauf *(m)*
sale by piece Stückverkauf *(m)*, stückweiser Verkauf *(m)*
sale by retail Einzelhandelsverkauf *(m)*, Einzelverkauf *(m)*
sale by specification Spezifikationsverkauf *(m)*
sale by tender schriftliche Ausschreibung *(f)*, schriftliche Versteigerung *(f)*
sale by weight Verkauf nach Gewicht *(m)*
sale contract Kauf- und Verkaufsakt *(m)*, Kontrakt *(m)*
sale for delivery Verkauf auf Lieferung *(m)*
sale for export Exportverkauf *(m)*
sale for future delivery Verkauf auf Zeit *(m)*
sale for prompt delivery Verkauf auf sofortige Lieferung *(m)*
sale in bulk Massenverkauf *(m)*
sale note Verkaufsanzeige *(f)*
sale of an invention Verkauf der Erfindung *(m)*
sale of equipment Verkauf der Einrichtung *(m)*
sale of foreign exchange Verkauf von Devisen *(m)*
sale of goods Güterverkauf *(m)*, Verkauf von Waren *(m)*, Warenverkauf *(m)*
  international sale of goods internationaler Warenverkauf *(m)*
  sale of goods afloat schwimmender Warenverkauf *(m)*, unterwegs befindlicher Warenverkauf *(m)*
sale of a licence Lizenzverkauf *(m)*
sale of services Verkauf von Dienstleistungen *(m)*
sale on approval Kauf auf Probe *(m)*, Verkauf auf Probe *(m)*
sale on consignment Konsignationsverkauf *(m)*, Verkauf aus dem Zolllager *(m)*
sale on credit Kreditverkauf *(m)*, Verkauf auf Ziel *(m)*, Verkauf gegen Kredit *(m)*
sale on sample Verkauf laut Probe *(m)*
sale on trial Verkauf auf Probe *(m)*
sale per sample Verkauf laut Probe *(m)*
sale through an agent Kommissionsverkauf *(m)*
sale to specification Spezifikationsverkauf *(m)*
sale with reservation Verkauf unter Vorbehalt *(m)*
* **act of sale** Verkaufsakt *(m)*
aggregate sale Gesamtumsatz *(m)*
amicable sale freihändiger Verkauf *(m)*

anticipated sale erwarteter Verkauf *(m)*
assured sale garantierter Verkauf *(m)*
auction sale Auktion *(f)*, Auktionsverkauf *(m)*
 auction sale catalogue Auktionskatalog *(m)*
bill of sale Einlieferungsschein *(m)*, Kontrakt *(m)*
bogus sale fiktiver Verkauf *(m)*
cash on delivery sale Verkauf mit Zahlung bei Lieferung *(m)*
cash sale Barverkauf *(m)*
cash-only sale Verkauf nur gegen Barzahlung *(m)*
catalogue sale Verkauf nach Katalog *(m)*
clearing sale Ausverkauf zu herabgesetzten Preisen *(m)*
commission sale Kommissionsverkauf *(m)*
commodity sale Güterverkauf *(m)*, Verkauf von Waren *(m)*, Warenverkauf *(m)*
conditional sale Verkauf unter Vorbehalt *(m)*
confirmation of sale Verkaufsbestätigung *(f)*
contract of sale and delivery Ablieferungsvertrag *(m)*
credit sale Verkauf gegen Kredit *(m)*
discount sale Bonusverkauf *(m)*, Diskontverkauf *(m)*
distress sale Notverkauf *(m)*
duty-free sale zollfreier Verkauf *(m)*
exchange sale Verkauf an der Börse *(m)*
execute a contract of sale Kaufvertrag durchführen *(m)*
exclusive right of sale Alleinverkaufsrecht *(n)*
exclusive sale Alleinverkauf *(m)*
export sale Exportverkauf *(m)*
 exporter's sale price Exportpreis *(m)*
expose for sale zum Verkauf ausstellen *(m)*
fictitious sale fiktiver Verkauf *(m)*
forced sale Zwangsverkauf *(m)*
foreign sale ausländischer Verkauf *(m)*
forward sale Terminverkauf *(m)*, Verkauf auf Zeit *(m)*
free sale freihändiger Verkauf *(m)*
future sale Fixverkauf *(m)*, Verkauf auf Lieferung *(m)*, Zeitverkauf *(m)*
general conditions of sale allgemeine Verkaufsbedingungen *(pl)*
illicit sale illegaler Verkauf *(m)*
judicial sale gerichtliche Auktion *(f)*
memorandum sale Verkauf unter Vorbehalt *(m)*
note of sale Verkaufsanzeige *(f)*
observed sale tatsächlicher Verkauf *(m)*
point of sale Verkaufsort *(m)*, Verkaufspunkt *(m)*

port sale Hafenauktion *(f)*, Hafenverkauf *(m)*
promotional sale Werbeverkauf *(m)*
public sale Auktion *(f)*, Auktionsverkauf *(m)*, Ausschreibung *(f)*, Versteigerung *(f)*
purchase and sale Kauf und Verkauf *(m/m)*
put on sale zu Verkauf stellen *(m)*
qualified sale Verkauf unter Eigentumsvorbehalt *(m)*
seasonal clearance sale Saisonschlussverkauf *(m)*
spot sale Platzverkauf *(m)*, Spot-Verkauf *(m)*, Verkauf gegen sofortige Lieferung *(m)*
Standard Conditions for Sale and Delivery of Goods (Incoterms) internationale Handelsbedingungen *(pl)*, Internationale Handelsklauseln *(pl)*
street sale Straßenhandel *(m)*
tax-free sale zollfreier Verkauf *(m)*
term sale Fixverkauf *(m)*
terms of sale Verkaufsbedingungen *(pl)*, Verkaufskonditionen *(pl)*
  conditions and terms of sale Verkaufsbedingungen *(pl)*, Verkaufskonditionen *(pl)*
  general terms of sale allgemeine Verkaufsbedingungen *(pl)*
    general terms of sale and delivery allgemeine Lieferungs- und Verkaufsbedingungen *(pl)*
time of sale Verkaufsdatum *(n)*
time sale Terminverkauf *(m)*, Verkauf auf Zeit *(m)*

saleable verkäuflich
saleable goods verkäufliche Ware *(f)*

sales Absatz *(m)*, Verkauf *(m)* **2.** Verkauf-
sales abroad ausländischer Verkauf *(m)*
sales account Verkaufskonto *(n)*
sales agency Verkaufsagentur *(f)*
  export sales agency Exportvertretung *(f)*
sales agent Verkaufsagent *(m)*
  general sales agent Generalverkaufsagent *(m)*
  regional sales agent Verkaufsagent vor Ort *(m)*
sales agreement Verkaufsvertrag *(m)*
  joint sales agreement Joint Sales Agreement *(n)*
sales and marketing specialist Vertriebs- und Marketingspezialist *(m)*
sales area Verkaufsfläche *(f)*
sales book Verkaufsbuch *(n)*

sales campaign Verkaufsaktion *(f)*, Verkaufskampagne *(f)*
sales characteristics Verkaufsmerkmal *(n)*
sales consultant Vertriebsberater *(m)*
sales contract Kaufkontrakt *(m)*
sales coordinator Verkaufskoordinator *(m)*
  export sales coordinator Exportkoordinator *(m)*
sales day book Verkaufsbuch *(n)*
sales director Verkaufsdirektor *(m)*, Verkaufsleiter *(m)*
sales for cash Verkauf gegen Kasse *(m)*
sales forecast Absatzprognose *(f)*, Absatzvorhersage *(f)*, Verkaufsprognose *(f)*, Verkaufsvorhersage (VH) *(f)*
sales forecasting Absatzprognose *(f)*, Absatzprognostizierung *(f)*
sales guarantee Umsatzgarantie *(f)*
sales increase Absatzausweitung *(f)*, Umsatzsteigerung *(f)*
sales inquiry Anfrage *(f)*
sales journal Verkaufsbuch *(n)*
sales mix analysis Sortimentsanalyse *(f)*
sales offer Verkaufsangebot *(n)*
sales office Absatzbüro *(n)*, Verkaufsbüro *(n)*
sales parameter Verkaufsmerkmal *(n)*
sales pattern Absatzstruktur *(f)*, Umsatzstruktur *(f)*, Verkaufsstruktur *(f)*
sales peak Rekordverkauf *(m)*
sales plan Verkaufsplan *(m)*
  monthly sales plan Monatsverkaufsplan *(m)*
sales planning Verkaufsplanung *(f)*
sales policy Vertriebsplanung *(f)*
sales prediction Absatzprognostizierung *(f)*
sales price Verkaufspreis *(m)*
sales prognosis Absatzprognose *(f)*
sales projection Absatzprognose *(f)*, Absatzvorhersage *(f)*, Verkaufsprognose *(f)*, Verkaufsvorhersage (VH) *(f)*
sales promotion Verkaufsförderaktion *(f)*, Verkaufsförderung *(f)*
  sales promotion costs Verkaufsförderungsaufwendungen *(pl)*, Verkaufsförderungsausgaben *(pl)*
sales representative Verkaufsagent *(m)*, Verkaufskommissionär *(m)*, Verkaufsvertreter *(m)*
sales research Verkaufsforschung *(f)*
sales revenue Vertriebserlös *(m)*
sales room Verkaufsraum *(m)*

sales slip Kassenzettel *(m)*
sales slump Rückgang der Verkäufe *(m)*, Umsatzrückgang *(m)*
sales strategy Verkaufsstrategie *(f)*
sales territory Verkaufsgebiet *(n)*
sales value Verkaufswert *(m)*
sales volume Geschäftsumfang *(m)*, Handelsvolumen *(n)*
sales war Handelskrieg *(m)*
sales warranty Umsatzgarantie *(f)*
* **amount of sales** Umsatzbetrag *(m)*
annual sales Jahresumsatz *(m)*, Jahresverkaufsmenge *(f)*
average sales durchschnittliches Verkaufsvolumen *(n)*
ban on sales Verkaufsverbot *(n)*
break-even sales Verkauf ohne Verlust *(m)*
business sales Gesamtumsatz *(m)*
commission on sales Umsatzprovision *(f)*
decline in sales Absatzvolumenrückgang *(m)*
develop sales Verkauf erweitern *(m)*
director of sales Absatzleiter *(m)*, Vertriebsleiter *(m)*
expansion of sales Absatzausweitung *(f)*, Umsatzsteigerung *(f)*
falling-off in sales Absatzvolumenrückgang *(m)*
form of sales Verkaufsform *(f)*
gross profit on sales Bruttoverkaufserlös *(m)*
gross sales Bruttoumsatz *(m)*
individual sales individueller Verkauf *(m)*
instalment sales Mietverkauf *(m)*
intercompany sales konzerninterner Verkauf *(m)*
matched sales gebundener Verkauf *(m)*
peak in sales Spitzenverkaufszahlen *(pl)*
peak sales Spitzenverkaufszahlen *(pl)*
profitability of sales Umsatzrendite *(f)*, Verkaufsrentabilität *(f)*
profitable sales Verkauf mit Gewinn *(m)*
promotion of sales Verkaufsförderaktion *(f)*, Verkaufsförderung *(f)*
purchase and sales transaction Kauf und Verkaufsgeschäft *(n)*
retail sales Einzelhandelsverkauf *(m)*, Einzelverkauf *(m)*
return on sales Umsatzrendite *(f)*, Verkaufsrentabilität *(f)*
right of sales Vertriebsrecht *(n)*
slump in sales Rückgang der Verkäufe *(m)*, Umsatzrückgang *(m)*

unit sales Stückverkauf *(m)*, stückweiser Verkauf *(m)*
volume of sales Geschäftsumfang *(m)*, Handelsvolumen *(n)*
salesman Verkäufer *(m)*
export salesman Exportexperte *(m)*
travelling salesman Reiseagent *(m)*
saloon Salon *(m)*
salt Salz *(n)*
salt and soda terminal Salz- und Sodaterminal *(m)*
salt water Salzwasser *(n)*
    salt water resistance Seewasserbeständigkeit *(f)*
salt water-proof seewasserfest *(n)*
salvage bergen, retten
salvage a cargo Fracht retten *(f)*
salvage a ship Schiff bergen *(n)*
salvage a vessel Schiff bergen *(n)*
salvage Bergungs-
salvage agreement Bergungsvertrag *(m)*
salvage boat Bergungsfahrzeug *(n)*, Bergungsschiff *(n)*
salvage bond Bergungsverschreibung *(f)*
salvage charges Bergungsspesen *(pl)*
salvage clause Bergungsklausel *(f)*, Schiffsbergungsklausel *(f)*
salvage contract Bergungsvertrag *(m)*
salvage dock Rettungsdock *(n)*
salvage lien Bergerpfand *(n)*, Bergerpfandrecht *(n)*
salvage loss Bergungsverlust *(m)*
salvage money Rettungsgeld *(n)*, Rettungslohn *(m)*
salvage of a vessel Bergung eines Schiffs *(f)*
salvage reward Rettungsgeld *(n)*, Rettungslohn *(m)*
salvage tug Bergungsschlepper *(m)*
salvage vessel Bergungsfahrzeug *(n)*, Bergungsschiff *(n)*
* **sea salvage** Seerettungsaktion *(f)*
salvaged gerettet
salvaged cargo Bergegut *(n)*
salvaging Bergung *(f)*, Bergungsarbeiten *(pl)*, Rettungsdienst *(m)*
    salvaging claim Bergungsanspruch *(m)*
salvor Retter *(m)*

sample Muster (n), Probe (f) **2.** Muster-
sample arrival Mustereingang (m), Probeeingang (m)
sample assay Musterprüfung (f)
sample assortment Musterauswahl (f)
sample book Musterkollektion (f), Probekollektion (f)
sample exhibition Musterausstellung (f)
sample of goods Warenprobe. (f)
sample of no commercial value Muster
ohne Handelswert (n), Muster ohne Wert (n),
Muster ohne Zollwert (n)
sample of no value Gratismuster (n), Probeexemplar (n)
sample order Bestellung nach Muster (f)
sample packing Verpackungsmuster (n)
sample taken at random Stichprobe (f),
Zufallsmuster (n)
sample with no commercial value Muster
ohne Handelswert (n), Muster ohne Wert (n),
Muster ohne Zollwert (n)
* **according to sample** müstergemäß
additional sample Zusatzmuster (n)
as a sample als Beispiel (n), als Muster (n)
as per sample mustergemäß
assortment of samples Musterkollektion (f)
average sample durchschnittliche Probe (f),
Stichprobendurchschnitt (m)
be according to sample Muster entsprechen (n)
book of samples Musterbuch (n)
bulk sample Typenmuster (n)
buy according to sample nach Probestück
kaufen (n)
buy by sample nach Probe kaufen (f)
buy on the authority of the sample nach
Muster bestellen (n)
buying to sample Kauf nach Probe (m)
by sample nach Muster (n)
check sample Kontrollprobe (f)
collection of samples Musterkollektion (f),
Probekollektion (f)
commerce sample Warenmuster (n)
commercial sample Warenprobe (f)
conform to the sample Muster entsprechen (n)
control sample Kontrollprobe (f)
deviation from a sample Abweichung vom
Muster (f)
discarded sample Ausschussmuster (n)
display sample Demonstrationsmodell (n)
draw samples Proben nehmen (pl)
equal to sample laut Muster (n)

exhibition sample Austellungsmuster (n)
free sample Gratismuster (n), kostenloses
Muster (n)
goods sample Warenprobe (f)
laboratory sample Labormuster (n)
make to sample nach Muster produzieren (n)
no value sample Gratismuster (n), Probeexemplar (n)
non-commercial sample Muster ohne Handelswert (n), Muster ohne Wert (n)
offer accompanied by samples bemustertes Angebot (n), Musterangebot (n)
on sample nach Muster (n)
order as per sample Bestellung nach Muster (f)
parcel with samples Probesendung (f)
per sample laut Muster (n), nach Muster (n)
presentation sample Probemuster (n)
pre-shipment sample Pre-Shipment-Sample (n)
probability sample Zufallsstichprobe (f)
product sample Produktmuster (n)
production sample Serienmuster (n)
purchase by sample Kauf laut Muster (m),
nach Muster bestellen (n), nach Probe kaufen (f), nach Probestück kaufen (n)
purchase on sample Kauf nach Muster (m),
Kauf nach Probe (m), Musterkauf (m)
quality as per sample mustergemäße Qualität (f), Qualität laut Muster (f)
random sample Stichprobe (f), Zufallsmuster (n), Zufallsstichprobe (f)
representative sample repräsentative
Stichprobe (f)
sale on sample Verkauf laut Probe (m)
sale per sample Verkauf laut Probe (m)
sealed sample plombiertes Muster (n)
shipment sample Versandmuster (n)
standard sample Standardmuster (n), Typenmuster (n)
taking of samples Probenziehung (f)
temporary duty-free admission of sample
Einfuhr von Mustern im Zollvormerkverkehr (f)
trade sample Handelsmuster (n)
type sample Standardmuster (n), Typenmuster (n)

sampled bemustert, mustergemäß
sampled offer bemustertes Angebot (n),
Musterangebot (n)
sampled quality mustergemäße Qualität (f),
Qualität laut Muster (f)

sampleman Qualitätskontrolleur *(m)*, Stichprobenprüfer *(m)*

sampler Musterzieher *(m)*

sampling Probenahme *(f)*
certificate of sampling Probeentnahmeschein *(m)*

sanction Sanktion *(f)*
administrative sanction Verwaltungssanktion *(f)*
application of a sanction Anwendung der Sanktion *(f)*
apply the sanctions Sanktionen ergreifen *(pl)*, Sanktionen verhängen *(pl)*
bank sanction Banksanktion *(f)*
contractual sanction Vertragssanktion *(f)*
credit sanctions Kreditsanktionen *(pl)*
customs sanctions Zollsanktionen *(pl)*
economic sanctions Wirtschaftssanktionen *(pl)*
financial sanctions Finanzsanktionen *(pl)*
impose the sanctions Sanktionen ergreifen *(pl)*, Sanktionen verhängen *(pl)*
legal sanctions juristische Sanktionen *(pl)*
trade sanctions Handelssanktionen *(pl)*

sanitary sanitär, Gesundheits-
sanitary certificate Gesundheitsattest *(n)*, Gesundheitsbescheinigung *(f)*, Sanitätsschein *(m)*
sanitary conditions Sanitätsbedingungen *(pl)*
sanitary control Kontrolle aus gesundheitlichen Gründen *(f)*, Sanitätsinspektion *(f)*
sanitary fee Gesundheitsabgabe *(f)*
sanitary inspection Hygieneinspektion *(f)*, Kontrolle aus gesundheitlichen Gründen *(f)*, Sanitätsinspektion *(f)*
sanitary inspectorate Sanitärinspektorat *(n)*
sanitary measures gesundheitliche Maßnahmen *(pl)*
sanitary phytopathological certificate Gesundheitsattest *(n)*
sanitary phytopathological note phytopathologisches Gesundheitszeugnis *(n)*
sanitary regulations Sanitätsbestimmungen *(pl)*
  international sanitary regulations internationale Gesundheitsbestimmungen *(pl)*
sanitary requirements Gesundheitsanforderungen *(pl)*
sanitary supervision Gesundheitsaufsicht *(f)*
* certificate of sanitary control Gesundheitszeugnis *(n)*

satellite Satelliten-
satellite navigation Satellitennavigation *(f)*
satellite navigation system Satellitennavigationssystem *(n)*

satisfaction Bezahlung *(f)* 2. Genugtuung *(f)*
satisfaction of an obligation Pflichterfüllung *(f)*
satisfaction of counter claims Befriedigung von gegenseitigen Ansprüchen *(f)*
satisfaction of needs Bedürfnisbefriedigung *(f)*

satisfactory konform

satisfy abfinden, ablösen, entrichten 2. bezahlen
satisfy a demand Nachfrage befriedigen *(f)*
satisfy claims Ansprüche befriedigen *(pl)*
satisfy the conditions Bedingungen einhalten *(pl)*, Bedingungen entsprechen *(pl)*
satisfy wants Bedürfnisse befriedigen *(pl)*, Bedürfnisse decken *(pl)*

satisfying Bezahlung *(f)*

saturation Sättigung *(f)*
saturation of the market Marktsättigung *(f)*
* market saturation Marktsättigung *(f)*

save ersparen

saving Ersparnis *(f)*
savings bank system Sparkassensystem *(n)*
savings deposit Spareinlage *(f)*
* costs saving Minderung der Kosten *(f)*, Senkung der Kosten *(f)*

scale wägen, wiegen

scale Maßstab *(m)* 2. Tabelle *(f)*, Tafel *(f)*
scale of charges Gebührentarif *(m)*, Gebührenverzeichnis *(n)*
scale of compensation Höhe der Entschädigung *(f)*, Höhe der Schadensersatzleistung *(f)*
scale of custom-house fees Zollabgabentarif *(m)*
scale of customs Zollabgabentarif *(m)*
scale of indemnity Höhe der Entschädigung *(f)*, Höhe der Schadensersatzleistung *(f)*
scale of port charges Hafengeldtarif *(m)*, Hafentarif *(m)*
scale of rates Gebührentarif *(m)*, Gebührenverzeichnis *(n)*
scale ticket Waagezettel *(m)*, Wägeschein *(m)*
* dead-weight scale Faulgewichtskala *(f)*, Leergewichtsskala *(f)*

displacement scale Tiefgangsskala *(f)*, Tonnageskala *(f)*
price scale Preisskala *(f)*, Preisspanne *(f)*
tariff scale Tarifnetz *(n)*
taxation scale Steuertarif *(m)*
tonnage scale Tiefgangsskala *(f)*, Tonnageskala *(f)*
scarce knapp
scarce commodity Defizitware *(f)*
scarcity Mangel *(m)*
scarcity of cargo Ladungsmangel *(m)*
scarcity of shipping Schiffsraummangel *(m)*
scattering Gewichtsausfall *(m)*, Gewichtsschwund durch Verschüttern *(m)*, Massenverlust *(m)*, Streuung *(f)*
loss by scattering Gewichtsschwund durch Verschütteln *(m)*
schedule Bahnfahrplan *(m)*, Fahrplan *(m)* **2.** Liste *(f)*, Verzeichnis *(n)* **3.** Plan *(m)* **4.** Tabelle *(f)*, Tafel *(f)* **5.** Tarif *(m)*, Tarifordnung *(f)*
schedule fee Tarifengeld *(n)*, Tarifgebühr *(f)*
schedule of charges Gebührentabelle *(f)*
schedule of commission charges Kommissionsgebührentarif *(m)*
schedule of concessions *(customs)* Liste der Zugeständnisse *(f)*
schedule of loading Verladungsharmonogramm *(n)*, Verschiffungszeitplan *(m)*
schedule of unloading Löschungsplan *(m)*
schedule of wages Lohntarif *(m)*
* according to schedule nach Zeitplan *(m)*, ohne Verspätung *(f)*, planmäßig
customs schedule Zolltarifschema *(n)*, Zollwarenverzeichnis *(n)*
daily schedule täglicher Zeitplan *(m)*
debt repayment schedule Schuldenrückzahlungsplan *(m)*
delivery schedule Liefergraphik *(f)*, Lieferplan *(m)*, Lieferzeitplan *(m)*
flight schedule Flugplan *(m)*
payment schedule Zahlungskalender *(m)*
railway schedule Eisenbahnfahrplan *(m)*, Fahrplan *(m)*
seasonal rate schedule Saisonalbeitragsstaffelung *(f)*
single schedule tariff Generalzolltarif *(m)*
tariff schedule Tarifnetz *(n)*
tax rate schedule Steuertabelle *(f)*

scheduled ohne Verspätung *(f)* **2.** tariflich
scheduled completion date planmäßiger Abschlusstermin *(m)*
scheduled flight Linienflug *(m)*
scheduled price Katalogpreis *(m)*, Listenpreis *(m)*
scheduled time delivery of goods planmäßige Ankunftszeit *(f)*
schema Schema *(n)*
general schema allgemeines Schema *(n)*
scheme Plan *(m)*, Schema *(n)*, Struktur *(f)*
science of commodities Warenkunde *(f)*
* insurance scheme Versicherungssystem *(n)*
marketing scheme Verkaufsplan *(m)*
special scheme besondere Regelung *(f)*
scientific wissenschaftlich
scientific apparatus wissenschaftlicher Apparat *(m)*
scope Umfang *(m)*
scope of the exemption *(in respect of tax)* Umfang der Steuerbefreiung *(m)*
scope of liability Haftungsumfang *(m)*
scope of obligations Pflichtenbereich *(m)*, Pflichtenkreis *(m)*
scope of operation Wirkungskreis *(m)*
scope of work Arbeitsumfang *(m)*
* inspection scope Umfang der Kontrolle *(m)*
scrap ausscheiden, sortieren
scrutinize untersuchen
scrutinize a list Liste prüfen *(f)*
sea Meer *(n)*, See *(f)* **2.** See-
sea accident Seeunfall *(m)*
sea arbitration Seearbitrage *(f)*
sea bank Seeküste *(f)*
sea bill of lading Frachtbrief *(m)*, Seekonnossement *(n)*
sea blockade Seeblockade *(f)*, Seesperre *(f)*
sea breeze Seebrise *(f)*
sea captain Handelskapitän *(m)*
sea carrier Reeder *(m)*, Seefrachtführer *(m)*
sea charter Charterpartie *(f)*
sea customs border Seezollgrenze *(f)*
sea damage Seeschaden *(m)*, Seetransportschaden *(m)*
settlement of sea damage Seeschadensberechnung *(f)*
sea-faring freighter Seefrachtschiff *(n)*

sea fishery Seefischerei *(f)*
sea fleet Handelsflotte *(f)*, Marine *(f)*
sea freight Seefracht *(f)*, Überseefracht *(f)*
sea frontier Seegrenze *(f)*
sea ice Meereis *(n)*
sea insurance Seeversicherung *(f)*
sea journey Schiffsfahrt *(f)*, Seefahrt *(f)*
sea lane Seeschifffahrtsstraße *(f)*
sea law Seerecht *(n)*, Seeverkehrsrecht *(n)*
sea lighter Seeleichter *(m)*
sea log Schiffstagebuch *(n)*
sea mail Schiffspost *(f)*
sea navigation Seeverkehr *(m)*
sea passage Fahrt *(f)*, Reise *(f)*, Seereise *(f)*
sea perils Seegefahr *(f)*, Seetransportrisiko *(n)*
sea pilot Seelotse *(m)*
sea platform Seeplattform *(f)*
sea pollution Verschmutzung des Meeres *(f)*
sea port Seehafen *(m)*
sea protest Seeprotest *(m)*
sea risk Seerisiko *(n)*, Seetransportgefahr *(f)*
sea route Seewasserstraße *(f)*
sea salvage Seerettungsaktion *(f)*
sea service Flotte *(f)*, Marine *(f)*
sea ship Ozeansschiff *(n)*, Seefahrzeug *(n)*
sea shipment Seeverladung *(f)*
sea terminal Seeterminal *(n)*
sea tonnage Seetonnage *(f)*
sea traffic Überseeverkehr *(m)*
sea transit Seetransit *(m)*
sea transport Beförderung auf dem Seeweg *(f)*, Seetransport *(m)*
   application of simplified procedures at sea transport Anwendung des vereinfachtes Verfahren auf dem Seeweg *(f)*
   sea transport insurance Seetransportversicherung *(f)*, Seeversicherung *(f)*
sea trip Schiffsfahrt *(f)*, Seefahrt *(f)*
sea vessel Hochseeschiff *(n)*
   sea voyage clause Seewegklausel *(f)*
sea water Meerwasser *(n)*
   sea water damage Seewasserschaden *(m)*
sea waybill Seebegleitschein *(m)*, Seefrachtbrief *(m)*, Seefrachtkarte *(f)*
   non-negotiable sea waybill nicht begebbarer Seefrachtbrief *(m)*, unübertragbarer Frachtschein *(m)*
sea wind Brise *(f)*
* access to sea Zugang zu See *(m)*
accident at sea Seeunfall *(m)*

by sea auf dem Seeweg *(m)*, per See *(f)*
carriage by sea Seebeförderung *(f)*, Seetransport *(m)*
carriage of goods by sea Beförderung von Gütern im Seeverkehr *(f)*
carry by sea schiffen
combined land/sea service kombinierter Güterverkehr Land/See *(m)*
combined road and sea transport kombinierter Güterverkehr Schiene/See *(m)*, Schiene-See-Verkehr *(m)*
combined road/rail service kombinierter Güterverkehr Schiene/Straße *(m)*
combined road/sea service Schiene-See-Verkehr *(m)*
contract for carriage by sea Schiffsfrachtvertrag *(m)*
contract of sea carriage Seefrachtvertrag *(m)*
custom of the sea Seebrauch *(m)*
dispatch by sea als Luftfracht schicken *(f)*, mit dem Schiff schicken *(m)*
enclosed sea Binnenmeer *(n)*
fishery on the open sea Hochseefischerei *(f)*
hazards of the sea Seegefahr *(f)*
high sea Hochsee *(f)*, hohe See *(f)*, offenes Meer *(n)*, Tiefsee *(f)*
internal sea Binnenmeer *(n)*
journey by sea Beförderung auf dem Seeweg *(f)*, Seetransport *(m)*
land and sea container transport Land-See-Containertransport *(m)*
law of sea Seerecht *(n)*, Seeverkehrsrecht *(n)*
   common law of the sea Seegewohnheitsrecht *(n)*
   international law of the sea internationales Handelsgesetz *(n)*
loss at sea Seetransportverlust *(m)*, Seeverkehrsverlust *(m)*
main sea Hochsee *(f)*, offenes Meer *(n)*
perils of the sea Seegefahr *(f)*
readiness to exit to the sea Auslaufbereitschaft *(f)*
safety at sea Sicherheit auf See *(f)*
shipment by sea Seesendung *(f)*, Verschiffung *(f)*
simplified procedures for goods carried by sea vereinfachte Verfahren für die Warenbeförderung auf dem Seeweg *(pl)*
solid sea erfrorene See *(f)*
territorial sea Küstengewässer *(n)*, Küstenmeer *(n)*

limit of the territorial sea Grenze der Hoheitsgewässer *(f)*
traffic on the sea Seehandel führen *(m)*
United Nations convention on the Carriage of goods by Sea Hamburger Regeln *(pl)*
sea-borne See-
   seabourne barge Frachtkahn *(m)*, Kahn *(m)*
   sea-borne cargo Seefracht *(f)*
   sea-borne export Export per Schiff *(m)*
   sea-borne trade statistics Seehandelsstatistik *(f)*
sea-captain Handelsschiffskapitän *(m)*
sea-coast Seeküste *(f)*
sea-fishing Seefischerei *(f)*
   sea-fishing products Erzeugnisse der Seefischerei *(pl)*
sea-going See-
   sea-going barge Seebarge *(f)*, Seeleichter *(m)*
   sea-going fleet Handelsflotte *(f)*, Marine *(f)*
   sea-going ship Hochseeschiff *(n)*, Langefahrtschiff *(n)*
   sea-going vessel Ozeansschiff *(n)*, Seefahrzeug *(n)*
   inland waterway vessel on sea-going vessel Binnenschiff auf Seeschiff *(n)*
   powered road vehicle on sea-going vessel Straßenkraftfahrzeug auf Seeschiff *(n)*
   railway wagon on sea-going vessel Eisenbahnwaggon auf Seeschiff *(m)*
sea-ice Meereis *(n)*
   sea-ice forecast Meereisprognose *(f)*
   sea-ice map Meereiskarte *(f)*
seal plombieren
seal with lead mit einer Plombe verschließen *(f)*, mit einer Plombe versehen *(f)*
seal Plombe *(f)*, Stempel *(m)*
seals affixed *(customs)* angelegter Zollverschluss *(m)*
   seals affixed by customs Verschlüsse angebracht vom Zoll /Zollanmelder *(pl)*
seal aperture mit einem Verschluss versehener Zugang *(m)*
seals approved by customs Zollbehörden zugelassene Verschlüsse *(pl)*
seal of the customs office Zollplombe *(f)*
seal of quality Qualitätsstempel *(m)*
seals on means of transport Zollverschlüsse an Beförderungsmitteln *(pl)*

seals on packages Zollverschlüsse an Packstücken *(pl)*
seals or identification marks applied *(TIR carnet)* angelegte Zollverschlüsse oder Nämlichkeitszeichen *(pl)*
seals or identification marks found to be intact *(TIR carnet)* Zollverschlüsse oder Nämlichkeitszeichen unverletzt *(pl)*
* affix new seals *(customs)* neue Zollverschlüsse anlegen *(pl)*
affixation of seals and stamps Anlegung von Zollplomben und -siegeln *(f)*
break the seals and fastenings Zollverschlüsse verletzen *(pl)*
breakage of seals Verletzung der Verschlüsse *(f)*
breaking the seals Verletzung der Zollverschlüsse *(f)*
characteristic of seals Anforderungen an Verschlüsse *(pl)*
container seal Containerplombe *(f)*
custom-house seal Stempel des Zollamtes *(m)*
customs seal zollamtlicher Bleiverschluss *(m)*, Zollamtssiegel *(n)*, Zollplombe *(f)*, Zollsiegel *(n)*, Zollstempel *(m)*
affix customs seals zollamtlich verschließen, Zollverschlüsse anbringen *(m)*
affixation of customs seals and stamps Anlegung von Zollplomben und -siegeln *(f)*
affixing the customs seals Anlegung von Zollplomben und -siegeln *(f)*
break the customs seal Zollverschluss verletzen *(m)*, Zollverschlüsse verletzen *(m)*
breaking the customs seals Verletzung des Zollverschlusses *(f)*
container under customs seal Container unter Zollverschluss *(m)*
damage the customs seals Zollverschlüsse beschädigen *(pl)*
inspection of customs seals Überprüfung der Zollverschlüsse *(f)*
transport of goods under customs seals Beförderung von Waren unter Zollverschluss *(f)*, Frachttransport unter Zollverschluss *(m)*, Güterbeförderung unter Zollverschluss *(f)*, Gütertransport unter Zollverschluss *(m)*, Warentransport unter Zollverschluss *(m)*
transport under customs seal Beförderung unter Zollverschluss *(f)*

approved for transport under customs seal zum Transport unter Zollverschluss zugelassen *(m)*

international transport under customs seal internationaler Transport unter Zollverschluss *(m)*

customs seals are accidentally broken Zollverschlüsse wurden versehentlich verletzt *(pl)*

forwarder seal Plombe des Spediteurs *(f)*

impression of a seal Siegelabdruck *(m)*, Stempelabdruck *(m)*

notarial seal notarielles Siegel *(n)*, notarisches Siegel *(n)*

notary's seal notarielles Siegel *(n)*, notarisches Siegel *(n)*

official seal Amtssiegel *(n)*, Notariatsiegel *(n)*

railway seal Bahnplombe *(f)*

special types of seals besondere Verschlüsse *(pl)*

use of seals of a special type Verwendung der besonderen Verschlüsse *(f)*

sealed versiegelt

sealed package hermetische Verpackung *(f)*

sealed sample plombiertes Muster *(n)*

sealing Stempeln *(n)*, Verschluss *(m)*

sealing system Verschlusssystem *(n)*

* ensure identification of goods by sealing Nämlichkeit der Waren durch Verschluss sichern *(f)*

seaport Seehafen *(m)*

seaport of debarkation Einschiffungshafen *(m)*

sea-proof seefest

sea-proof packing hochseefeste Verpackung *(f)*, seefeste Verpackung *(f)*

search prüfen, revidieren, überprüfen

search Suche *(f)*

search and rescue craft Bergungsschiff *(n)*

* customs search Zollinspektion *(f)*, Zollkontrolle *(f)*

customs search of ship Schiffszollinspektion *(f)*

personal search körperliche Durchsuchung *(f)*

searcher Hafenarzt *(m)* **2.** Zollrevisor *(m)*

season Saison *(f)*

close of a season Saisonabschluss *(m)*

end of season Saisonsende *(n)*

shipping season Navigationszeit *(f)*

seasonal Saison-

seasonal clearance sale Saisonschlussverkauf *(m)*

seasonal credit Saisonkredit *(m)*

seasonal discount Saisonabschlag *(m)*

seasonal fluctuations Saisonschwankungen *(pl)*

seasonal line Saisonallinie *(f)*

seasonal load-line Saisonaltiefladeline *(f)*

seasonal port Saisonalhafen *(m)*

seasonal price Saisonpreis *(m)*

seasonal rate schedule Saisonalbeitragsstaffelung *(f)*

seasonal service Saisonallinie *(f)*

seasonal tariff Saisontarif *(m)*

seasonal trade Saisonhandel *(m)*

seasonal variations Saisonschwankungen *(pl)*

seat Sitz *(m)*

seat of the company Geschäftslokal *(n)*, Geschäftsräume *(pl)*

seat of the consulate Sitz des Konsulates *(m)*

sea-tight seemäßig, hochseefest

sea-tight packing hochseefeste Verpackung *(f)*, seemäßige Verpackung *(f)*

seawater Seewasser-

seawater damage Salzwasserbeschädigung *(f)*, Seewasserschaden *(m)*

seaworthiness Fahrttüchtigkeit *(f)*, Seefähigkeit *(f)*, Seetüchtigkeit *(f)*

seaworthiness certificate Seetüchtigkeitsattestat *(n)*, Seetüchtigkeitszeugnis *(n)*

* certificate of seaworthiness Seefähigkeitsattest *(n)*

ship's seaworthiness Seefähigkeit *(f)*, Seetüchtigkeit *(f)*

certificate a ship's of seaworthiness Seetüchtigkeitsattestat *(n)*, Seetüchtigkeitszeugnis *(n)*

seaworthy seaworthy, seemäßig

seaworthy packing hochseefeste Verpackung *(f)*, seemäßige Verpackung *(f)*

seaworthy ship seetüchtiges Schiff *(n)*

second zweit

second bill Sekundawechsel *(m)*, Wechselzweitausfertigung *(f)*

second mortgage zweite Hypothek *(f)*, zweitrangige Hypothek *(f)*

second of exchange Sekundawechsel *(m)*

second quality Sekundärqualität *(f)*

secondary sekundär
secondary market sekundärer Markt (m), Sekundärmarkt (m)
secondary package äußere Verpackung (f), Außerverpackung (f)
secondary place of residence zweiter Wohnsitz (m), Zweitwohnsitz (m)
secondary port Vorreisehafen (m)
secondary product Nebenprodukt (n)
secondary residence zweiter Wohnsitz (m), Zweitwohnsitz (m)
secondary surety Zusatzbürgschaft (f)
second-hand Gebraucht-
second-hand goods Gebrauchtwaren (pl)
secrecy Geheimnis (n)
bank secrecy Bankgeheimnis (n)
banking secrecy Bankgeheimnis (n)
breach of secrecy Geheimnisverletztung (f)
business secrecy Geschäftsgeheimnis (n)
breach of business secrecy Geschäftsgeheimnisverletzung (f), Verletzung des Geschäftsgeheimnisses (f)
medical secrecy ärztliche Schweigepflicht (f)
professional secrecy Berufsgeheimnis (n)
breach of professional secrecy Berufsgeheimnisverletzung (f), Verletzung des Berufsgeheimnisses (f)
secret geheim
secret agreement Geheimabmachung (f)
* **commercial secret** Geschäftsgeheimnis (n), Handelsgeheimnis (n)
trade secret Geschäftsgeheimnis (n), Handelsgeheimnis (n)
section Paragraph (m)
sector Bereich (m)
service sector Dienstleistungsbereich (m)
secure schützen
secured abgesichert
secured by mortgage abgesichert durch eine Hypothek (f)
secured credit gedeckter Kredit (m), gesicherter Kredit (m)
secured debt gesicherte Schuld (f)
secured loan besicherte Anleihe (f), besichertes Darlehen (n)
securities Werte (pl), Wertpapiere (pl)
securities act Wertpapiergesetz (n)
securities market Effektenmarkt (m)

* **transfer of securities** Übertragung von Wertpapieren (f)
unlisted securities market Markt außerhalb der Börse (m)
security Sicherung (f)
security and certainty of legal transactions Sicherheit des Rechtsverkehrs (f)
security clause Hypothekenklausel (f)
security deposit Garantiehinterlegung (f), Sicherheitsleistung (f)
security fee Bürgschaftsprovision (f)
security in the form of a bank guarantee bankmäßige Sicherheit (f)
security measures Sicherheitsmaßnahmen (pl)
security of investment Investitionsschutz (m)
security on property dingliche Sicherung (f), Vermögenssicherung (f)
security to cover customs debt Sicherheitsleistung für den Zollschuldbetrag (f)
security to ensure payment of the customs debt Garantie für Zollschuld (f)
* **absolute security** absolute Garantie (f), unbefristete Garantie (f)
amount of security Betrag der Sicherheit (m), Betrag der zu leistenden Sicherheit (m), Rahmen der Versicherung (m), Umfang der Versicherung (m)
bank security Bankdeckung (f), Bankgarantie (f)
bill of exchange of security Deckungswechsel (m), Kautionswechsel (m)
bill of security Kautionswechsel (m)
bond of security Depositenschein (m), Hypothekenpfandbrief (m), Schuldschein (m), Garantieschreiben (n)
borrow on security gegen Sicherheit aufnehmen (f)
comprehensive security umfassende Sicherheit (f)
counter security Mitbürgschaft (f)
deposit of a security Hinterlegung einer Sicherheit (f), Leistung einer Sicherheit (f)
economic security ökonomische Sicherheit (f)
financial security finanzielle Sicherheit (f)
flat-rate security Pauschalsicherung (f)
form of security Art der Sicherheit (f), Sicherheitsform (f)
furnish a security Bürgschaft stellen (f), Kaution leisten (f), Sicherheit bieten (f), Sicherheit stellen (f)
general security Gesamtbürgschaft (f), globale Sicherheit (f)

provide a general security Gesamtbürgschaft leisten *(f)*, globale Sicherheit vorlegen *(f)*
give a security Sicherheit hinterlegen *(f)*,
Sicherheit leisten *(f)*
giving as security Verpfändung *(f)*
hypothecary security dingliche Sicherheit *(f)*,
hypothekarische Sicherung *(f)*
individual security einzelne Sicherheitsleistung *(f)*, Einzelsicherheit *(f)*
joint security Gemeinbürgschaft *(f)*, solidarische Haftung *(f)*
letter of security Garantiebrief *(m)*, Garantieschein *(m)*
loan security Kreditsicherheit *(f)*
lodge a security Kaution hinterlegen *(f)*,
Kaution stellen *(f)*
material security materielle Sicherung *(f)*
mortgage security Hypothek *(f)*
on mortgage security dingliche Sicherheit *(f)*,
hypothekarische Sicherung *(f)*
opening of security Leistung einer Sicherheit *(f)*
payment of a security Garantiezahlung *(f)*
performance security Bürgschaft *(f)*, Leistungsgarantie *(f)*
prolongation of security Garantieverlängerung *(f)*
provide a security Sicherheit hinterlegen *(f)*,
Sicherheit leisten *(f)*
provision of a security Leistung einer Sicherheit *(f)*
public security öffentliche Sicherheit *(f)*
refusal to accept security Ablehnung der
Sicherheit *(f)*, Verweigerung der Sicherheit *(f)*
release from the security Freigabe der
Sicherheit *(f)*
release the security Sicherheit freigeben *(f)*
social security Sozialversicherung *(f)*
stand security Sicherheit gewähren *(f)*
segment Segment *(n)*
segment of the market Marktsegment *(n)*
* market segment Marktsegment *(n)*
strategic segment strategisches Segment *(n)*
segmentation Segmentation *(f)*
market segmentation Marktsegmentierung *(f)*
segregation Segregation *(f)*, Sortieren *(n)*
cargo segregation Trennung der Ladung *(f)*
seizure Beschlag *(m)*, Beschlagnahme *(f)*,
Einnahme *(f)*, Einziehen *(n)*, Einziehung *(f)*

seizure Vermögenseinziehung *(f)*
seizure note Akt über Beschlagnahme der
Ladung vom Zollamt *(m)*, Warenbeschlagsnahmeanzeige *(f)*
seizure of cargo Ladungsbeschlagnahme *(f)*
seizure of goods Warenbeschlagnahme *(f)*
seizure of load Konfiskation der Ladung *(f)*
seizure of property Vermögensbeschlagnahme *(f)*
seizure of a ship Schiffsarrest *(m)*, Schiffs-
beschlagnahme *(f)*
* customs seizure Zollbeschlagnahme *(f)*
**free of capture, seizure, riots and civil com-
motions** frei von jedem Risiko bei gewaltsamer Wegnahme, Beschlagnahme und Aufruhr
risk of seizure Beschlagnahmerisiko *(n)*
selected ausgewählt
selected quality Primasorte *(f)*, Warenpostenqualität *(f)*
selection Auswahl *(f)*
selection of goods Assortiment *(n)*
selective selektiv
selective tender nicht offene Ausschreibung *(f)*
self Selbst-
self trimming vessel Selbstrimmer *(m)*
self unloading ship Selbstlöscher *(m)*
self-acting automatisch
self-propelled selbstfahrend
self-propelled barge Motorkahn *(m)*
self-sufficiency Autarkie *(f)*, Selbstgenügsamkeit *(f)*
self-trimming selbsttrimmend
self-trimming hold selbsttrimmender Laderaum *(m)*
self-trimming ship Selbstrimmer *(m)*, Trimmer *(m)*
self-trimming vessel Selbstrimmer *(m)*,
Trimmer *(m)*
self-unloading selbstlöschend
self-unloading ship selbstlöschendes Schiff *(n)*
sell absetzen, verkaufen
sell ahead auf Termin verkaufen *(m)*
sell at a discount verkaufen unter Rabattgewährung *(f)*
sell at a loss mit Verlust verkaufen *(m)*
sell at a profit mit Gewinn verkaufen *(m)*
sell at a rebate verkaufen unter Rabattgewährung *(f)*

sell at a sacrifice mit Verlust verkaufen *(m)*
sell at auction auf der Aktion verkaufen *(f)*, auf einer Auktion versteigern *(f)*, mittels Versteigerung verkaufen *(f)*, versteigern
sell at the rebate Verkauf mit einem Rabatt *(m)*
sell below cost mit Verlust verkaufen *(m)*
sell by retail Einzelhandel verkaufen *(m)*
sell by the piece in einzelnen Stücken verkaufen *(pl)*, stückweise verkaufen
sell by weight nach Gewicht verkaufen *(n)*
sell for delivery auf Lieferung verkaufen *(f)*
sell for prompt shipment auf Sofortlieferung verkaufen *(f)*, auf Sofortverschiffung verkaufen *(f)*
sell in bulk im Großhandel verkaufen *(m)*
sell on account auf Kredit verkaufen *(m)*
sell on credit auf Kredit verkaufen *(m)*
sell singly in einzelnen Stücken verkaufen *(pl)*, stückweise verkaufen
sell to disadvantage Verkauf mit Verlust *(m)*
sell wholesale im Großhandel verkaufen *(m)*
sell Verkaufs-
licence to sell Verkaufsgenehmigung *(f)*, Verkaufslizenz *(f)*
option to sell Verkaufsoption *(f)*
order to sell Verkaufsauftrag *(m)*, Verkaufsorder *(f)*
sole right to sell Alleinvertriebsrecht *(n)*
seller Verkäufer *(m)*
seller's broker Verkaufsagent *(m)*, Verkaufskommissionär *(m)*
seller's lien Verkäuferpfandrecht *(n)*
seller's lien clause Verkäuferpfandrechtklausel *(f)*
seller's market Verkäufermarkt *(m)*
seller's option Verkäuferoption *(f)*
seller's premises Sitz des Verkäufers *(m)*, Verkäufersitz *(m)*
seller's rate Verkaufskurs *(m)*
seller's risk Verkäuferrisiko *(n)*
seller's shipping agent Exportspediteur *(m)*
seller's warehouse Lager des Verkäufers *(n)*
price ex seller's warehouse Preis ab Lager des Verkäufers *(m)*
* Combination of trade terms with a comprehensive system for coast distribution between seller and buyer Combiterms *(n)*
free place of delivery to air carrier at seller's country franko Ort der Übergabe an die Luftfahrtgesellschaft *(m)*

market is a seller Verbrauchermarkt *(m)*
place of business of the seller's Sitz des Verkäufers *(m)*, Verkäufersitz *(m)*
selling Verkauf *(m)*, Verkaufen *(n)*, Veräußerung *(f)*
selling agency Verkaufsvertretung *(f)*
selling agent Verkaufsagent *(m)*, Verkaufskommissionär *(m)*, Verkaufsvertreter *(m)*
selling arrangement Verkaufsvertrag *(m)*
selling at dumping prices Dumpingverkauf *(m)*, Verkauf zu Dumpingpreisen *(m)*
selling broker Verkaufsmakler *(m)*, Verkaufsvertreter *(m)*
selling brokerage Provision vom Verkauf *(f)*, Verkaufsprovision *(f)*
selling campaign Verkaufsoffensive *(f)*, Vertriebskampagne *(f)*
selling channel Verkaufskanal *(m)*
selling costs Verkaufskosten *(pl)*
selling day Handelstag *(m)*, Markttag *(m)*
selling department Vertriebsabteilung *(f)*
selling exhibition Verkaufsausstellung *(f)*
selling hours Verkaufszeit *(f)*
selling inducements Stimulierung des Verkaufs *(f)*
selling inducements Verkaufsförderung *(f)*
selling licence Verkaufsgenehmigung *(f)*, Verkaufslizenz *(f)*
selling machine Selbstbedienungsautomat *(m)*, Warenautomat *(m)*
selling of a drafts Wechseldiskont *(m)*, Wechseldiskontierung *(f)*
selling office Absatzbüro *(n)*, Absatzkontor *(n)*, Verkaufsbüro *(n)*
selling order Verkaufsauftrag *(m)*, Verkaufsorder *(f)*
selling organization Vertriebsorganisation *(f)*
selling outlay Vertriebskosten *(pl)*
selling price Verkaufspreis *(m)*
minimum selling price Mindestverkaufspreis *(m)*
selling price clause Verkaufspreisklausel *(f)*
selling rate Verkaufskurs *(m)*
selling restriction Verkaufsbeschränkung *(f)*
selling ring Vertriebskartell *(n)*
selling risk Absatzrisiko *(n)*
selling strategy Verkaufsstrategie *(f)*
* brand selling Markenverkauf *(m)*
bulk selling Großhandelsverkauf *(m)*, Großverkauf *(m)*

consignment selling Konsignationsverkauf *(m)*
direct selling direkter Verkauf *(m)*, Direktverkauf *(m)*
forward selling Verkauf auf Lieferung *(m)*, Zeitverkauf *(m)*
reciprocal selling gegenseitiger Verkauf *(m)*
unique selling point Alleinstellungsmerkmal *(n)*
unique selling proposition (USP) Alleinstellungsmerkmal *(n)*
wholesale selling Engrosverkauf *(m)*, Großhandelsverkauf *(m)*, Großverkauf *(m)*
sell-off Ausverkauf *(m)*
semi halb-
semi-container ship Semicontainerschiff *(n)*
semi-container vessel Semicontainerschiff *(n)*
semi-finished article Halbprodukt *(n)*
semi-finished product Halbprodukt *(n)*
semi-manufactured product Halbfabrikat *(n)*
semi-trailer Auflieger *(m)*, Halbhänger *(m)*, Sattelanhänger *(m)*, Sattelauflieger *(m)*, Sattelschlepperanhänger *(m)*
platform semitrailer Plattenauflieger *(m)*
refrigerated semitrailer Kühl-Auflieger *(m)*
tank semitrailer Kasselwagen-Auflieger *(m)*, Tankauflieger *(m)*, Tankwagen-Auflieger *(m)*
tractor for semi-trailer Sattelschlepper *(m)*, Sattelzugmaschine *(f)*
type of semi-trailer Halbhängermuster *(n)*
send absenden, beschicken, einsenden, expedieren, senden, übersenden
send a bill of lading Konnossement zusenden *(n)*, Ladebrief zusenden *(m)*, Seefrachtbrief zuschicken *(m)*
send a cheque for collection Scheck zum Einzug übergeben *(m)*
send an invoice Rechnung schicken *(f)*
send an order Auftrag schicken *(m)*
send by air als Luftfracht schicken *(f)*, per Flugzeug senden *(n)*
send by courier per Kurier senden *(m)*
send by mail mit der Post schicken *(f)*
send by post per Post schicken *(f)*
send by rail per Bahn senden *(f)*, Eisenbahn senden *(f)*
send by railroad per Bahn senden *(f)*, per Eisenbahn senden *(f)*
send by ship mit dem Schiff schicken *(n)*
send by truck per Kraftfahrzeug senden *(m)*, per Kraftwagen senden *(m)*

send documents Dokumente zusenden *(pl)*
send fax Fax senden *(n)*
send for collection zum Inkasso einsenden *(n)*, zum Inkasso senden *(n)*
send goods Waren ausliefern *(pl)*, Waren versenden *(pl)*
sender Absender *(m)*, Einsender *(m)*
sender of freight Frachtabsender *(m)*, Ladungsabsender *(m)*
sender's instruction Versenderinstruktion *(f)*
sender's order Absenderdisposition *(f)*, Einsenderdisposition *(f)*
sending Expedition *(f)*
sending station Abgangsbahnhof *(m)*, Versandbahnhof *(m)*, Versandstation *(f)*
* readiness to sending Versandbereitschaft *(f)*, Warensendunsgbereitschaft *(f)*
notice of readiness to sending Versandbereitschaftsanzeige *(f)*, Versandbereitschaftsmeldung *(f)*
type of sending Versandart *(f)*
sensitive empfindlich
sensitive import konkurrenzfähiger Import *(m)*
sentence Urteil *(n)*
judicial sentence Gerichtsurteil *(n)*
separate teilen
separate a partnership Liquidation der Gesellschaft *(f)*
separation Absonderung *(f)*
separation of cargo Absonderung *(f)*, Ladungsabsonderung *(f)*
* cargo separation Absonderung *(f)*, Ladungsabsonderung *(f)*
sequence Abfolge *(f)*, Reihenfolge *(f)*
serial Serien-
serial number Fabriknummer *(f)*, laufende Nummer *(f)*, Reihennummer *(f)*, Seriennummer *(f)*
serial number of the T5 control copy Nummer des Kontrollexemplars T5 *(f)*
series Serie *(f)*
series production Serienanfertigung *(f)*
servant Beamter *(m)*
serve bedienen
service warten **2.** bedienen
service a debt Schuld ablösen *(f)*, Schuld begleichen *(f)*, Schuld bezahlen *(f)*

service Dienst *(m)*, Service *(m)* **2.** Garantiereparatur *(f)*, Wartung *(f)*
service activity Serviceaktivität *(f)*
service availability Erreichbarkeit des Services *(f)*, Zugänglichkeit des Services *(f)*
service charge Dienstleistungtarif *(m)*, Dienstzuschlag *(m)*
service clause Kundendienstklausel *(f)*
service contract Arbeitskontrakt *(m)*, Einstellungsvertrag *(m)* **2.** Wartungsvertrag *(m)*
  technical service contract Vertrag für technischen Service *(m)*
service department Kundendienst *(m)*, Kundenstabteilung *(f)*
service handbook Bedienungsvorschrift *(f)*, Gebrauchsanweisung *(f)*
service live Betriebsdauer *(f)*, Nutzungsdauer *(f)*
service maintenance Wartungsservice *(m)*
service marketing Service-Marketing *(n)*
service network Servicenetz *(n)*
service of debt Schuldendienst *(m)*
service of a document Zustellung einer Urkunde *(f)*
service on loan Schuldendienst *(m)*
services quality Dienstqualität *(f)*
service sector Dienstleistungsbereich *(m)*
service tariff Dienstleistungstarifvertrag *(m)*
  container service tariff (CST) Containerdienstleistungtarif *(m)*, Containerdienst-Tarif *(m)*, Tarif für Containerleistungen *(m)*
service test Leistungsprüfung *(f)*
service time Abfertigungszeit *(f)*
service trade Dienstleistungshandel *(m)*, Handel in Dienstleistungen *(m)*
* **after-sales service** Service *(m)*
agency service Agenturierung von Schiffen *(f)*, Agenturdienst *(m)*
agency service for ships Schiffsagentur *(f)*
airline service Luftschifffahrt *(f)*
air-mail service Flugpost *(f)*, Luftpost *(f)*
air-passenger service Passagierfluglinie *(f)*
banking service Bankdienst *(m)*
beneficiary of the services Empfänger der Dienstleistungen *(m)*
border service Grenzdienst *(m)*
brokerage service Maklerdienst *(m)*
cargo-handling services Umschlagsleistungen *(pl)*
charge for public utility services Kommunalabgaben *(pl)*

combined land/sea service kombinierter Güterverkehr Land/See *(m)*
combined rail/water service Bahn-Wasser-Verkehr *(m)*, kombinierter Güterverkehr Schiene/Wasser *(m)*
combined road/rail service Huckepacktransport *(m)*, kombinierter Güterverkehr Schiene/Kraftfahrzeug *(m)*, kombinierter Güterverkehr Schiene/Straße *(m)*, Schiene-Kraftfahrzeug-Verkehr *(m)*
combined road/sea service kombinierter Güterverkehr Schiene/See *(m)*, Schiene-See-Verkehr *(m)*
combined service gebrochener Transport *(m)*, kombinierter Transport *(m)*, Kombi-Transport *(m)*
container service Behältertransport *(m)*, Containerdienst *(m)*, Containerservice *(m)*, Containertransport *(m)*
contract for services Dienstleistungsvertrag *(m)*
contract of service Anstellungsvertrag *(m)*, Dienstleistungsvertrag *(m)*
control service Kontrollinstanz *(f)*, Kontrollstelle *(f)*
conventional line service Konventionallinienfahrt *(f)*, Konventionallinienschifffahrt *(f)*
cost of the services Preis für Dienstleistungen *(m)*
customer service Kundendienst *(m)*, Kundendienstabteilung *(f)*, Kundenservice *(m)*
customs service Zolldienst *(m)*
dangerous cargo service Beförderung der Gefahrgüter *(f)*, Gefahrgütertransport *(m)*, Gefahrgüterbeförderung *(f)*
debt service ratio Kapitaldienstrelation *(f)*
delivery service Lieferservice *(m)*
diplomatic service diplomatischer Dienst *(m)*
dock service Dienstleistungen im Hafen *(pl)*, Hafendienstleistungen *(pl)*
employment service Agentur für Arbeit *(f)*, Arbeitsvermittlung *(f)*
exchange of services Dienstverkehr *(m)*
export of services Export von Dienstleistungen *(m)*
export service Exportdienst *(m)*
extra-fast service Expresszug *(m)*
feeder service Vorreiselinie *(f)*, Vorreiseschiffverkehr *(m)*, Vorreiseservice *(m)*
forwarding services Versanddienste *(pl)*
free movement of services *(EU)* freier Dienstleistungsverkehr *(m)*

freight service Frachtdienst *(m)*
government service Verwaltungsdienst *(m)*
grading of service Servicequalität *(f)*
hazardous cargo service Beförderung der Gefahrgüter *(f)*, Gefahrgüterbeförderung *(f)*, Gefahrgütertransport *(m)*
hazardous goods service Beförderung gefährlicher Güter *(f)*, Gefahrguttransport *(m)*
health service Hygienedienst *(m)*
home delivery service Freihauslieferung *(f)*, Lieferung frei Haus *(f)*
import of goods and services Einfuhr von Waren und Dienstleistungen *(f)*
importation of services Einfuhr von Dienstleistungen *(f)*
information service Informationsdienst *(m)*, Infoservice *(m)*
inspection service Kontrollinstanz *(f)*, Kontrollstelle *(f)*
insurance service Versicherungsdienste *(pl)*, Versicherungsleistungen *(pl)*
international rail service internationaler Eisenbahnverkehr *(m)*
investigating service *(customs)* Fahndungsdienst (Zoll) *(m)*
lawyer's service Rechtsdienst *(m)*
leasing service Leasingdienst *(m)*
line service Linienfahrt *(f)*, Linienschifffahrt *(f)*
conventional line service Konventionallinienfahrt *(f)*, Konventionlinienschifffahrt *(f)*
liner service Liniendienst *(m)*, Linienfahrt *(f)*, Linienschifffahrt *(f)*, Linienverkehr *(m)*
live saving service Seenotrettungsdienst *(m)*, Seebergungsdienst *(m)*
marketing of services Service-Marketing *(n)*
mooring services Festmachendienste *(pl)*
movement of persons, goods and services Personen-, Waren- und Dienstleistungsverkehr *(m)*
optional services Zusatzdienste *(pl)*
origin of the services *(VAT)* Ursprung der Dienstleistungen *(m)*
passenger air service Passagierluftfahrt *(f)*
passenger service Passagierverkehr *(m)*
payable services bezahlte Dienste *(pl)*
perform services Dienste erbringen *(pl)*, Dienste leisten *(pl)*
pilot service Lotsendienste *(pl)*
pilotage service Lotsendienst *(m)*, Lotsenleistungen *(pl)*
pipeline service Pipelinetransport *(m)*

port services Dienstleistungen im Hafen *(pl)*, Hafendienstleistungen *(pl)*
price of services Preis für Dienstleistungen *(m)*
price-list for services Servicepreisliste *(f)*
provision of services Erbringung von Dienstleistungen *(f)*
quality of services Dienstqualität *(f)*, Servicequalität *(f)*
rail service Eisenbahnverkehr *(m)*, Schieneverkehr *(m)*
rail-and-water service Bahn-Wasser-Verkehr *(m)*, kombinierter Güterverkehr Schiene/Wasser *(m)*
railroad service Bahndienst *(m)*
railway service Bahnverkehr *(m)*, Eisenbahnlinie *(f)*
recipient of the services Empfänger der Dienstleistungen *(m)*
regular air service Linienverkehr mit Flugzeug *(m)*
regular shipping service Linienverkehr *(m)*
regular service Linienverkehr *(m)*, technische Wartung *(f)*
  procedure for authorising regular services Verfahren zur Genehmigung von Linienverkehren *(n)*
render services Dienste erbringen *(pl)*, Dienste leisten *(pl)*
risky cargo service Gefahrgütertransport *(m)*, Gefahrguttransport *(m)*
road service Straßenverkehr *(m)*, Warenbeförderung auf der Straße *(f)*
sale of services Verkauf von Dienstleistungen *(m)*
sea service Flotte *(f)*, Marine *(f)*
seasonal service Saisonallinie *(f)*
ship's agency service Vermittlungsservice des Schiffes *(m)*
ship's agency service agreement Schiffsversorgungsvertrag *(m)*
short-sea service kleine Fahrt *(f)*
shuttle service Pendelfahrt *(f)*, Pendelverkehr *(m)*
specialized tramp service Spezialtrampfahrt *(f)*
supplier of services Dienstleistender *(m)*
supply of services Dienstleistungen *(pl)*, Erbringung von Dienstleistungen *(f)*
technical service technischer Dienst *(m)*
tender service Vorreiseschifffahrt *(f)*
towage service Abschleppdienst *(m)*

trade in services Dienstleistungshandel *(m)*, Handel in Dienstleistungen *(m)*
tramp service Trampfahrt *(f)*, Trampschifffahrt *(f)*
  conventional tramp service Konventionaltrampschifffahrt *(f)*
  specialized tramp service Spezialtrampschifffahrt *(f)*
transport service Beförderungsdienst *(m)*, Seeverkehrsdienst *(m)*, Transportdienst *(m)*
  road transport services Beförderungsleistungen *(pl)*
  supply of transport services Beförderungsleistungenangebot *(n)*, Transportdienstangebot *(n)*
  transport services offering Beförderungsleistungenangebot *(n)*, Transportdienstangebot *(n)*
trucking services Beförderungsleistungen *(pl)*, Transportdienste *(pl)*, Schlepperdienste *(pl)*
tug service Abschleppdienst *(m)*
tugging services Bugsierdienste *(pl)*
market value of services Marktwert der Dienstleistung *(m)*
veterinary service Veterinärdienst *(m)*

serviceable tauglich
serviceable life Gültigkeitsdauer *(f)*

servicing Garantiereparatur *(f)*, Nachbesserung *(f)*
  servicing guarantee Wartungsgarantie *(f)*
  * **at-sea servicing** Schiffsdienst auf See *(m)*
  common servicing agreement gemeinsame Dienstleistungsvereinbarung *(f)*
  customer order servicing Kundenauftragsabwicklung *(f)*

session Sitzung *(f)*
  exchange session Börsensitzung *(f)*
  stock exchange session Börsensitzung *(f)*

set einführen, verbringen
  set a fine Geldbuße verhängen *(f)*, Geldstrafe verhängen *(f)*
  set a signature unterschreiben
  set a time limit Frist festsetzen *(f)*
  set price Preis bestimmen *(m)*

set Satz *(m)*, Zusammenstellung *(f)*
  set of commercial documents Satz der Handelsdokumente *(m)*
  set of documents voller Satz von Unterlagen *(m)*

  complete set of documents voller Satz von Unterlagen *(m)*
  set of rules Vorschriftensammlung *(f)*
  * **bills in a set** Wechselsatz *(n)*
  complete set of loading documents volle Satzverschiffungsdokumente *(pl)*

set aside reservieren

set down festlegen
  set down a signature Unterschrift setzen *(f)*

set forth formulieren

set up auslösen
  set up a claim beanstanden

setback Rückschlag *(m)*
  setback in the economic activity Konjunkturverfall *(m)*
  * **economic set-back** wirtschaftlicher Rückschlag *(m)*, Wirtschaftsrezession *(f)*

setout Anfang *(m)*
  setout of goods Warenausstellung *(f)*
  setting Einstellung *(f)*
  setting a date Fristbestimmung *(f)*, Terminfestsetzung *(f)*

settle abführen, abrechnen, aushandeln
  settle a contract Vertrag schließen *(m)*
  settle a debt Schuld begleichen *(f)*
  settle a matter Angelegenheit entscheiden *(f)*
  settle an account Rechnung abwickeln *(f)*, Rechnung zahlen *(f)*
  settle in cash Geld bezahlen *(n)*, per Kasse zahlen *(f)*
  settle the general average Dispache aufmachen *(f)*, gemeinschaftliche Havarie abrechnen *(f)*, gemeinschaftliche Havarie abwickeln *(f)*, Rechnung über Havariegrosse aufmachen *(f)*
  settle the price Preis vereinbaren *(m)*

settle Abwicklung *(f)*
  settle of losses Liquidation des Schadens *(f)*, Schadensabwicklung *(f)*

settled abgemacht, bezahlt
  settled price abgemachter Preis *(m)*, Vertragspreis *(m)*

settlement Abrechnung *(f)*, Abzahlung *(f)*, Bezahlung *(f)*, Erledigung *(f)*, Zahlung *(f)*, Verrechnung *(f)* **2.** Verrechnungs-
  settlement account Verrechnungskonto *(n)*
  settlement bank Clearingbank *(f)*, Verrechnungsbank *(f)*

settlement by letters of credit Bezahlung durch Akkreditiv *(f)*

settlement credit Verrechnungskredit *(m)*

settlement currency Verrechnungswährung *(f)*

settlement date Verrechnungstag *(m)*

settlement day Verrechnungstag *(m)*

settlement documents Abrechnungspapiere *(pl)*

settlement house Clearinghaus *(n)*, Girozentrale *(f)*

settlements not involving cash bargeldlose Verrechnungen *(pl)*, bargeldloser Zahlungsverkehr *(m)*

settlement of account by letters of credit Bezahlung durch Akkreditiv *(f)*

settlement of damage Schadensberechnung *(f)*

settlement of formalities Erledigung der Formalitäten *(f)*

settlement of sea damage Seeschadensberechnung *(f)*

settlement of a transaction Geschäftsabschluss *(m)*

settlement order Bezahlungsanweisung *(f)*

settlement period Abrechnungszeitraum *(m)*, Erhebungszeitraum *(m)*

* annual settlement jährliche Abrechnung *(f)*

bank settlement Bankverrechnung *(f)*

bilateral settlements bilaterale Verrechnungen *(pl)*

cash settlement Barverrechnung *(f)*

cashless settlement of accounts bargeldloser Zahlverkehr *(m)*, Clearing *(n)*

cheque in settlement Verrechnungsscheck *(m)*

clearing settlement Clearingverrechnung *(f)*, Verrechnungsverfahren *(n)*

date of settlement Abrechnungstag *(m)*

deed of settlement Gründungsurkunde *(f)*

final settlement Schlussabrechnung *(f)*

freight settlement Transportverrechnung *(f)*

international settlements internationaler Zahlungsverkehr *(m)*

no-acceptance settlement of accounts bargeldlose Verrechnung *(f)*

non-cash settlements bargeldlose Verrechnungen *(pl)*, bargeldloser Zahlungsverkehr *(m)*

part settlement Teilverrechnung *(f)*

settling Begleichung *(f)*

settling day Vergleichstag *(m)*

severability Trennbarkeit *(f)*

severability clause Salvatorische Klausel *(f)*

sham fiktiv

sham business fiktives Geschäft *(n)*

share *(US)* Aktie *(f)* **2.** Anteil *(m)*

share in costs Kostenanteil *(m)*

share index Aktienindex *(m)*

shares market Aktienmarkt *(m)*

share of exports Exportanteil *(m)*

share price Aktienkurs *(m)*

share price index Aktienindex *(m)*, Aktienkursindex *(m)*

share trading volume Aktienhandelsvolumen *(n)*

share transfer Aktientransfer *(m)*, Übertragung von Aktien *(f)*

* basket of shares Aktienpaket *(n)*

market share Abdeckung des Marktes *(f)*, Anteil an den Markt *(m)*, Marktanteil *(m)*

partnership limited by shares Kommanditgesellschaft *(f)*

percentage share Prozentanteil *(m)*, prozentualer Anteil *(m)*

preferential share Vorzugsaktie *(f)*

rise of stocks and shares Anstieg der Aktienkurse *(m)*

transfer of shares Aktientransfer *(m)*, Übertragung von Aktien *(f)*

shareholder Aktionär *(m)*, Anteilseigner *(m)*, Einleger *(m)*

shareholders' register Aktionärsregister *(n)*

share-list Zettel *(m)*

sharing Verteilung *(f)*

cargo sharing Frachtaufteilung *(f)*

profit sharing Gewinnbeteiligung *(f)*

sharp scharf

sharp fall starker Rückgang *(m)*

sharp fall in prices einschneidender Preisabbau *(m)*

sharp fall in prices Preiseinbruch *(m)*

shed Lagerhalle *(f)*, Lagerschluppen *(m)*

shed due Einlagerungsgebühr *(f)*

* air shed Flughalle *(f)*, Flugzeughalle *(f)*

aircraft shed Flughalle *(f)*, Flugzeughalle *(f)*

customs shed Zollhangar *(m)*

dock shed Lagerhalle *(f)*, Lagerschluppen *(m)*

transit shed Schluppenhangar *(m)*

sheddage Lagergebühr *(f)*, Speichergebühr *(f)*

sheet Blankett (n), Formular (n), Muster (n)
sheet for the competent authorities (CMC) Abschnitt für die zuständigen Behörden (m)
sheet for the office of departure Abschnitt für die Abgangszollstelle (m)
* **annexed sheet** Nebenkarte (f)
cargo sheet Ladeliste (f)
consignment sheet Frachtnota (f)
control sheet (CMC) Kontrollabschnitt (m)
entry sheet (CMC) Eingangsabschnitt (m)
exit sheet (carnet) Ausgangsabschnitt (m)
information sheet Informationsblatt (n)
stock sheet Inventarliste (f)
tally sheet Messbrief (m), Zählungsattest (n)
time sheet Zeitaufstellung (f)
transit sheet (CMC) Durchfuhrabschnitt (m)
sheeted bedeckt
sheeted vehicle (TIR) Fahrzeug mit Schutzdecke (n)
shelter Schutz (m)
shelter deck Schutzdeck (n)
* **tax shelter** Steueroase (f)
shelterdecker Schelterdecker (n)
shift Schicht (f)
product line shift Sortimentsänderung (f)
work shift Arbeiterschicht (f)
shifting veränderlich
shifting ballast mobiler Ballast (m)
ship schicken
ship a cargo Ladung schicken (f)
ship goods Waren liefern (pl)
ship in bulk los verladen
ship in lots Partie schicken (f)
ship Schiff (n) **2.** Schiffs-
ship's agency service Vermittlungsservice des Schiffes (m)
ship's agency service agreement Schiffsversorgungsvertrag (m)
ship's agent Makler des Reeders (m), Schiffsagent (m), Seemakler (m)
ship's arrival Ankunft des Schiffes (f), Schiffsankunft (f)
ship bill of lading Seeladekonnssement (n), Seeladeschein (m)
ship's bill of lading Kapitänskonnossement (n)
ship's book Schiffstagebuch (n)
ship broker Schiffsagent (m), Schiffsmakler (m)
ship brokerage Schiffsmaklerei (f)

ship canal Seekanal (m)
ship cargo Frachtgut (n), Kargo (m), Schifffracht (f), Schiffsgut (n), Schiffslast (f)
ship's certificate of registry Flaggenzertifikat (n), Schiffsregisterbrief (m)
ship channel Hafenkanal (m), Portkanal (m)
ship's charterer Schiffsmieter (m)
liability of ship's charterer Haftung des Charterers (f), Schiffsmieterhaftung (f)
ship's charterer liability Haftung des Charterers (f), Schiffsmieterhaftung (f)
ship's clearance Klarierung (f), Schiffklarierung (f), Schiffsklarierung (f)
ship's company Schiffsmannschaft (f)
ship crane Kranschiff (n)
ship's crew Schiffsbesatzung (f), Schiffsmannschaft (f)
ship's deck Schiffsdeck (n)
ship's delivery Linienagentur (f)
ship demurrage Schiffsliegezeit (f), Schiffswartezeit (f)
ship's doctor Schiffsarzt (m)
ship's documents Schiffspapiere (pl)
ship's draught Tiefgang des Schiffes (m), Tiefung des Schiffes (f)
ship dues Frachtzoll (m), Tonnagegeld (n)
ship's flag Schiffsflagge (f)
law of the ship's flag Flaggenrecht des Schiffes (n), Schiffsflaggenrecht (n)
ship foreman Stauungsaufseher (m), Stauungsmeister (m), Verstauungsaufseher (m), Verstauungsmeister (m)
ships' goods manifest Warenmanifest der Schifffahrtsgesellschaft (n)
ship's holder Schiffsreeder (m), Schiffsreederei (f)
liability of ship holder Haftung der Reeder (f)
ship holder's broker Schiffsmakler (m)
ship holder's option Schiffsreedereioption (f), Reedereioption (f), Schiffsbesitzeroption (f)
ship's hull Schiffskörper (m), Schiffsleib (m)
ship's journey Schiffsreise (f)
ship lease Schiffsleasing (n)
ship's lien Schiffshypothek (f), Seehypothek (f)
ship list Rolle (f)
ship's manifest Ladungsverzeichnis (n), Schiffsmanifest (n), Schiffsverzeichnis (n)
ship master Handelsschiffskapitän (m)
ship's master Kapitän der Handelsflotte (m)

ship's mortgage Schiffshypothek *(f)*, Seehypothek *(f)*

ship's name Name des Schiffes *(m)*, Schiffsname *(m)*

ship's operator Schiffsreederei *(f)*, Reederei *(f)*
  liability of ship's operator Haftung der Schiffsreederei *(f)*, Reedereihaftung *(f)*
 ship operator's order Reederdisposition *(f)*
ship's option Schiffswahl *(f)*
ship owner's liability Haftung der Schiffsbesitzer *(f)*, Schiffsbesitzerhaftung *(f)*
ship's rail Schanzkleid *(n)*
ship's receipt Steuermannsquittung *(f)*, Steuermannsschein *(m)*, Verladebescheinigung *(f)*
  foul ship's receipt unechte Steuermannsquittung *(f)*, unechter Steuermannsschein *(m)*, unreine Verladebescheinigung *(f)*
ship's register Schiffsregister *(n)*, Seeschiffsregister *(n)*
ship's risk Schiffsrisiko *(n)*
ship's seaworthiness Seefähigkeit *(f)*, Seetüchtigkeit *(f)*
  certificate a ship's of seaworthiness Seetüchtigkeitsattest *(n)*, Seetüchtigkeitszeugnis *(n)*
ship shipment Schiffssendung *(f)*
ship short unvollständig verladen, unvollständig verladen
ship's side Schiffsseite *(f)*
  free ship's side frei Schiffbord *(m)*, frei Schiffsseite *(f)*
  free ship's side price Preis frei Schiffbord *(m)*, Preis frei Schiffsseite *(m)*
ship's stores declaration Erklärung über die Schiffsvorräte *(f)*
ship test Schifferprobe *(f)*
ship's time Schiffszeit *(f)*
ship-to-arrive-by date Ankunftsdatum der Ladung *(n)*
ship-to-truck cargo handling Umschlag Schiff/Kraftwagen *(m)*
ship tonnage Schiffsraum *(m)*
* **abandon a ship** Schiff abandonieren *(n)*
abandonment of a ship Aufgabe eines Schiffes *(f)*
agency service for ships Schiffsagentur *(f)*
alongside ship Längseite des Schiffes *(f)*, längsseits, längsseits des Seeschiffes *(n)*
  deliver the goods alongside ship Ware längsseite Schiffs liefern *(f)*
  delivered alongside ship geliefert längsseits, geliefert zum Schiffbord

free alongside ship price Preis frei Längsseits Schiff *(m)*
arrest a ship Schiff aufhalten *(n)*, Schiff beschlagnahmen *(n)*
arrest of a ship Arrest in Seeschiff *(m)*, Schiffsarrest *(m)*
barge-carrying ship Barge-Carrier *(m)*
brought alongside ship geliefert zum Schiffbord, geliefert zur Schiffsseite
capacity of a ship Lastigkeit *(f)*, Nutzladefähigkeit *(f)*, Raumgehalt eines Schiffes *(m)*
cargo ship Frachter *(m)*
  bulk cargo ship Bulkcarrier *(m)*, Massengutfrachter *(m)*
  container cargo ship Bahälterschiff *(n)*, Containerfrachtschiff *(n)*
  general cargo ship Frachtschiff *(n)*, Stückguterfrachter *(m)*, Stückgutfrachtschiff *(n)*
  general dry cargo ship Trockenfrachtschiff *(n)*
  multipurpose cargo ship Mehrzweckfrachter *(m)*
cargo ship safety equipment certificate Ausrüstungs-Sicherheitszertifikat *(n)*
cattle ship Viehschiff *(n)*, Viehtransportschiff *(n)*
cellular ship Containerschiff *(n)*
charter a ship Schiff chartern *(n)*
chartered ship befrachtes Schiff *(n)*
chill ship Kühlraumschiff *(n)*
class of a ship Schiffsklasse *(f)*
  class of ship certificate Schiffsklasseattest *(n)*
clear a ship Schiff klarieren *(n)*
clear the ship inward einklarieren
clearance of the ship Schiffsklarierung *(f)*
  customs clearance of a ship Klarierung *(f)*, Klarierung eines Schiffes *(f)*
coast guard ship Zollwachtschiff *(n)*
coastal ship Küstenfahrzeug *(n)*, Zubringerschiff *(n)*
consignee of the ship Klarierungsagent *(m)*
2. Schiffskonsignatar *(m)*
container ship Bahälterschiff *(n)*, Containerschiff *(n)*
  cargo container ship Bahälterschiff *(n)*, Containerfrachtschiff *(n)*
  cell-type container ship Containerschiff *(n)*, Zellencontainerschiff *(n)*
  cellular container ship Containerschiff *(n)*, Zellen-Containerschiff *(m)*

convertible container ship konvertibeles Containerschiff *(n)*

part container ship Teilcontainerschiff *(n)*

partial container ship Teilcontainerschiff *(n)*

refrigerated container ship Kühlcontainerschiff *(n)*

container/pallet ship Containerpalleteschiff *(n)*

customs clearance of a ship Klarierung *(f)*, Klarierung eines Schiffes *(f)*

customs search of ship Schiffszollinspektion *(f)*

damage to ship Schiffsbeschädigung *(f)*

delivered alongside ship geliefert zur Schiffsseite

delivered ex ship ... /named port of destination/ frei Schiff ... /benannter Bestimmungshafen/. geliefert ab Schiff ... /genannter Bestimmungshafen/

depot ship Depotschiff *(n)*

derelict ship schrottreifes Schiff *(n)*

disabled ship fahruntaugliches Schiff *(n)*

discharge of a ship Entlöschung des Schiffes *(f)*

enterprise operating ships Reederei *(f)*, Unternehmen der Seeschifffahrt *(n)*

ex ship ab Schiff *(n)*, frei an Bord *(m)*

express line ship Expresslinienschiff *(n)*

factory ship Fabrikschiff *(n)*

feeder ship Feederschiff *(n)*, Vorreiseschiff *(n)*, Zubringerschiff *(n)*

fish transport ship Fischtransportschiff *(n)*

flush deck ship Glattdecker *(m)*, Glattdeckschiff *(n)*

foreign-going ship Hochseeschiff *(n)*, Langefahrtschiff *(n)*

free alongside ship FAS-Lieferung *(f)*, frei Längsseite des Schiffes *(f)*, frei längsseite Schiff *(f)*, Längsseitslieferung *(f)*

free alongside ship ... /insert named port of shipment/ FAS ... /benannter Verschiffungshafen/, frei Längsseite Schiff ... /benannter Verschiffungshafen/

freight a ship Schiff befrachten *(n)*

fruit ship Fruchtfrachter *(m)*, Kühlfruchtfrachter *(m)*

full cellular ship Containerschiff *(n)*, Zellencontainerschiff *(n)*

fully laden ship voll beladenes Schiff *(n)*

general refrigerated ship Kühlgutfrachtschiff *(n)*

general ship Frachtschiff *(n)*, Stückgutfrachtschiff *(n)*

goods carried by ship Warenbeförderung auf dem Seeweg *(f)*

harbour ship Hafenschiff *(n)*

heavy lift ship Schwergutschiff *(n)*

heavy-cargo ship Schwergutschiff *(n)*

hull of a ship Schiffsleib *(m)*, Schiffsrumpf *(m)*

ice patrol ship Eisversorgungsschiff *(n)*

ice-breaker ship Eisbrecher *(m)*

inland transportation ship Binnenschiff *(n)*

LASH-lighter abroad ship Lighterschiff *(n)*

lien on a ship Schiffspfand *(n)*

lighten a ship Schiff leichtern *(n)*

lighter abroad ship LASH-Kahn *(m)*

load on board a ship Verfrachtung auf ein Schiff *(f)*

lo-lo ship Lo-Lo-Schiff *(n)*

loss of ship Verlust des Schiffes *(m)*

merchant ship Güterschiff *(n)*

mortgage of ship Schiffspfand *(n)*

name of ship Name des Schiffes *(m)*, Schiffsname *(m)*

navigable ship seetüchtiges Schiff *(n)*

nominate a ship Schiff nominieren *(n)*

ocean-going ship Seeschiff *(n)*

oil-tank ship Tanker *(m)*

ore ship Erzfrachter *(m)*, Erzschiff *(n)*

ore-bulk-oil ship Frachtschiff für wahlweisen Transport von Erz, Massengut oder Öl *(n)*

part owner of ship Mitreeder *(m)*

passenger ship Passagierschiff *(n)*

petroleum ship Leichtöltanker *(m)*

pilot ship Lotsenfahrzeug *(n)*

pirate ship Piratenschiff *(n)*

post ship Postschiff *(n)*

price ex ship Preis ab Schiff *(m)*, Preis frei an Bord *(m)*

prompt ship Sofortschiff *(n)*

rate a ship klassifizieren

reclassification of a ship Klassenerneuerung eines Schiffes *(f)*, Schiffsklasseänderung *(f)*

refrigerated ship Gefrierschiff *(n)*, Kühlschiff *(n)*

register of ships Schiffsregister *(n)*, Seeschiffsregister *(n)*

registration of a ship Registrierung eines Schiffs *(f)*

research ship Forschungsschiff *(n)*

roll on-roll off ship Ro-Ro-Schiff *(n)*, Trailerschiff *(n)*

ro-ro ship Ro-Ro-Schiff *(n)*, Trailerschiff *(n)*

safety of ship Schiffssicherheit *(f)*

salvage a ship Schiff bergen *(n)*

sea ship Ozeansschiff *(n)*, Seefahrzeug *(n)*
sea-going ship Hochseeschiff *(n)*, Lange-fahrtschiff *(n)*
seaworthy ship seetüchtiges Schiff *(n)*
seizure of a ship Schiffsarrest *(m)*, Schiffs-beschlagnahme *(f)*
self unloading ship Selbstlöscher *(m)*
selftrimming ship Selbstrimmer *(m)*, Trim-mer *(m)*
self-unloading ship selbstlöschendes Schiff *(n)*
semi-container ship Semicontainerschiff *(n)*
send by ship mit dem Schiff schicken *(n)*
short-sea ship Küstenschiff *(n)*
sister ship Schwesterschiff *(n)*
survey of the ship Schiffsinspektion *(f)*
tank ship Tanker *(m)*, Tankschiff *(n)*
trailer ship Roll-on-roll-off-Schiff *(n)*
tramp ship Tramp *(m)*, Trampdampfer *(m)*, Trampschiff *(n)*

shipboard Schiffsbord *(m)*
free shipboard frei Schiffbord *(m)*, frei Schiffsseite *(f)*
  free shipboard price Preis frei Schiffbord *(m)*, Preis frei Schiffsseite *(m)*
  main shipboard Hauptdeck *(n)*

shipbuilding Schiffsbau *(m)*
  shipbuilding dock Baudock *(n)*

shipchandler Schiffsausrüster *(m)*, Schiffshändler *(m)*, Schiffslieferant *(m)*, Schiffszubehörhändler *(m)*

shipchandlery Schiffsbedarfsfirma *(f)*, Schiffslieferant *(m)*

shipful Schiffspartie *(f)*

shipholder Schiffsreeder *(m)*, Schiffs-reederei *(f)*
  shipholder's order Reedereidisposition *(f)*, Schiffsreedereiverfügung *(f)*

shipload Schiffsladung *(f)*

shipmaster Schiffsführer *(m)*, Schiffs-kapitän *(m)*
  shipmaster's lien Kapitänpfandrecht *(n)*
  shipmaster's lien clause Kapitänpfand-rechtklausel *(f)*

shipment Absendung *(f)*, Beschickung *(f)*, Versand *(m)* **2.** Einschiffung *(f)*, Verfrach-tung *(f)*, Verschickung *(f)*, Verschiffung *(f)*

3. Güterabfertigung *(f)*, Güterexpedition *(f)*
4. Transport *(m)*
shipment afloat schwimmende Sendung *(f)*
shipment as soon as possible Verschif-fung so schnell wie möglich *(f)*
shipment by instalments Teilsendung *(f)*, Teilverladung *(f)*
shipment by rail Bahnverladung *(f)*
shipment by sea Seesendung *(f)*, Verschif-fung *(f)*
shipment confirmation Versandbescheini-gung *(f)*, Verschiffungsbescheinigung *(f)*
shipment contract Kontrakt auf Verladung *(m)*, Kontrakt auf Verschiffung *(m)*
shipment day Versandtag *(m)*, Versendungs-tag *(m)*
shipment documents Verladepapiere *(pl)*, Verladungsscheine *(pl)*, Verschiffungspapiere *(pl)*
  instruction for shipment documents Ver-ladepapiereinstruktion *(f)*, Versandpapiere-vorschrift *(f)*
shipment manifest Lademanifest *(n)*, La-dungsmanifest *(n)*, Verschiffungsmanifest *(n)*
shipment marking Sendungsmarkierung *(f)*
shipment of cargo Lastversand *(n)*, Versand der Ladung *(m)*
shipment of general cargo Stückgutver-kehr *(m)*
shipment of goods Güterabfertigung *(f)*, Güterversand *(m)*
shipment on board Verfrachtung auf ein Schiff *(f)*, Verladung auf ein Schiff *(f)*
shipment packing Versandpackung *(f)*, Ver-sandverpackung *(f)*
shipment rate Verschiffungsrate *(f)*
shipment risk Verschiffungsrisiko *(n)*, Ver-schiffungsrisiko *(n)*
shipment rules Ladevorschriften *(pl)*, Ver-ladevorschriften *(pl)*
shipment sample Versandmuster *(n)*
shipment speed Beladungsgeschwindigkeit *(f)*
shipment with open water erstes offenes Wasser *(n)*
* accept a delivery of a shipment Einlie-ferung abnehmen *(f)*, Lieferung abnehmen *(f)*
advice of shipment Avis über Beladen *(n)*, Verladungsaviso *(n)*, Versandanzeige *(f)*, Ver-sandavis *(m)*, Warenavis *(m)*
air shipment Luftfrachtsendung *(f)*, Luftpost-sendung *(f)*, Luftverladung *(f)*

business for shipment Abladegeschäft (n), Geschäft auf Verladung (n)

carload shipment Wagenladung (f), Wagonsendung (f)

cash on shipment Barzahlung bei Verschiffung (f), Kasse bei Verladung (f), Kasse bei Abfertigung (f), Kasse bei Versand (f), Zahlung bei Einschiffung (f), Zahlung bei Verladung (f), Zahlung bei Verschiffung (f)

certificate of shipment Versandbescheinigung (f), Versandpapier (n), Versandschein (m)

combination shipment Sammelgut (n), Sammelsendung (f)

completion of shipment Beendung der Verfrachtung (f)

consignment shipment Sammelladung (f)

consolidated shipment Sammelgutsendung (f), Wagensammelgutsendung (f)

   transport of consolidated shipment Sammelgutverkehr (m), Sammelladungsverkehr (m)

   consolidated shipment by rail Bahnsammelgutsendung (f), Bahnstückgut (n),

containerized shipment Behältertransport (m)

contract on shipment Kontrakt auf Verladung (m), Kontrakt auf Verschiffung (m)

date of shipment Ladefrist (f), Sendungsdatum (n), Verladedatum (n), Verladetermin (m), Versanddatum (n), Versandtermin (m), Verschiffungstermin (m)

determine the time of shipment Ladetermin bestimmen (m)

day of shipment Verladungstag (m), Verschiffungstag (m)

direct shipment Direktbeförderung (f), direkte Ladung (f), direkte Lieferung (f), Direkteladung (f), Direktlieferung (f)

export shipment Exportlieferung (f), Exportsendung (f)

express shipment Eilsendung (f), Expresssendung (f)

goods awaiting shipment versandbare Ware (f), versandbereite Ware (f)

goods shipment Fracht (f), Warensendung (f)

hurry on shipment Versand beschleunigen (m)

immediate shipment Sofortabfertigung (f), Sofortbefrachtung (f), Soforteinschiffung (f), Sofortversendung (f)

incoming shipment unterwegs befindliche Sendung (f)

instalment shipment Teilladung (f), Teilsendung (f)

late shipment verspätete Verladung (f)

less-than-carload shipment Frachtstückgut (n), Stückgutsendung (f)

merchandise shipment Fracht (f), Warensendung (f)

method of shipment Verladungsart (f)

non-delivery of shipment Ladungsnichtlieferung (f)

note of shipment Versandanzeige (f), Versandavis (n), Versandnote (f), Versendungsanzeige (f)

notice of shipment Spediteurmeldung (f), Versandanzeige (f), Versendungsanzeige (f)

packing for shipment seetüchtige Verpackung (f), Überseeverpackung (f)

part shipment Teilfrachtstück (n), Teilverladung (f), Teilversand (m)

partial shipment Teilsendung (f)

place of shipment Abfertigungsort (m), Ladeort (m), Ladeplatz (m), Versandort (m)

   free place of shipment frei Ladeplatz (m), frei Ladestelle (f)

point of shipment Absendungsort (m), Ladeort (m), Verladeplatz (m), Verladungspunkt (m)

   free point of shipment franko Ort der Verladung (m), frei Verladungsort (m)

   free point of shipment price Preis frei Entladestelle (m)

port of shipment Abgangshafen (m), Ladehafen (m)

   determine the port of shipment Verladehafen bestimmen (m)

   free at port of shipment frei Abgangshafen (m), frei Verschiffungshafen (m)

   free at port of shipment price Preis frei Versandhafen (m)

   named port of shipment benannter Ladehafen (m), benannter Verladungshafen (m), benannter Verschiffungshafen (m)

   original port of shipment ursprünglicher Verladehafen (n)

prepare (goods) for shipment für den Transport vorbereiten (m)

prompt shipment Sofortversand (m), unverzügliche Verladung (f), unverzügliche Verschiffung (f)

   sell for prompt shipment auf Sofortlieferung verkaufen (f), auf Sofortverschiffung verkaufen (f)

rail shipment Bahnförderung *(f)*, Bahnsendung *(f)*

readiness for shipment Abfertigungsbereitschaft *(f)*, Versandbereitschaft *(f)*

notice of readiness to shipment Versandbereitschaftsanzeige *(f)*, Versandbereitschaftsmeldung *(f)*, Versandbereitschaftsnotiz *(f)*

readiness of goods for shipment Abfertigungsbereitschaft *(f)*

received for shipment bill of lading Empfangskonnossement *(n)*, Längsseits-Konnossement *(n)*, Übernahmekonnossement *(n)*

return shipment Rücksendung *(f)*

empty return shipment Leergutrücksendung *(f)*

goods return shipment Warenrücksendung *(f)*

sea shipment Seeverladung *(f)*

sell for prompt shipment auf Sofortlieferung verkaufen *(f)*, auf Sofortverschiffung verkaufen *(f)*

ship shipment Schiffssendung *(f)*

short shipment Teilverladung *(f)*, Unterbelastung *(f)*

term of shipment Ladezeit *(f)*, Verladedatum *(n)*

terms of shipment Beförderungsbedingungen *(pl)*, Beförderungsbestimmungen *(pl)*, Versandbedingungen *(pl)*

through shipment direkte Ladung *(f)*, Direkteladung *(f)*, direkter Versand *(m)*, Direktversand *(m)*, Transitsendung *(f)*

transaction for shipment Abladegeschäft *(n)*, Geschäft auf Verladung *(n)*

transit shipment Transitsendung *(f)*

trial shipment Probelieferung *(f)*

underdeck shipment Unterdecksendung *(f)*

way of shipment Verladungsart *(f)*

shipowner Schiffsbesitzer *(m)*, Schiffseigentümer *(m)*

shipowner's agent Reedersagent *(m)*

shipowner's broker Reedereiagent *(m)*, Reedereimakler *(m)*

shipowner's liability Haftung der Schiffsbesitzer *(f)*, Reedereihaftung *(f)*

shipowner's lien Reederpfandrecht *(n)*

shipowner's option Schiffsreedereioption *(f)*, Verchartereroption *(f)*

* landing at cost for shipowner Abladelohn für Reeder *(m)*, Löschkosten für Reeder *(pl)*

liability of shipowner Haftung der Schiffsreederei *(f)*, Reedereihaftung *(f)*

shipped versandt

shipped cargo Kargo auf Bord *(m)*, schwimmende Ladung *(f)*

shipped on board bill of lading Bordempfangsschein *(m)*

shipped quality Güterbestand bei Verfrachtung *(m)*, Güterbestand bei Verladung *(m)*, Verschiffungsqualität *(f)*

shipped quantity Ladequantum *(n)*, verladene Menge *(f)*

shipped weight Ladegewicht *(n)*, Verladegewicht *(n)*

* condition when shipped Güterbestand bei Verfrachtung *(m)*, Güterbestand bei Verladung *(m)*, Güterqualität bei Verschiffung *(f)*

list of shipped goods Ladungsmanifest *(n)*

shipper Abfertiger einer Ware *(m)*, Disponent der Ladung *(m)*, Frachtabsender *(m)*, Ladungsabsender *(m)*, Verlader *(m)*

shipper's bill of lading Verschiffungskonnossement *(n)*

shipper's declaration Absendererklärung *(f)*, Deklaration des Versenders *(f)*

shipper's export declaration Ausfuhranmeldung des Spediteurs *(f)*

shipper's forwarding agent Platzspediteur *(m)*

shipper's letter of instruction Beladevorschrift *(f)*, Verladebestimmung *(f)*, Verladerinstruktion *(f)*

shipper's liability Güterversenderhaftung *(f)*

shipper's load and tally Verladungs- und Bezeichnungskosten für Verfrachter *(f)*

shipper's manifest Ladungsmanifest *(n)*, Warenmanifest *(n)*

shipper's mark Verladerzeichen *(n)*

shipper's order Absenderdisposition *(f)*, Einsenderdisposition *(f)*, Spediteurorder *(f)*

shipper's papers Beförderungspapiere *(pl)*, Ladepapiere *(pl)*, Versanddokumente *(pl)*, Versandunterlagen *(pl)*

shipper's protest Verladerprotest *(m)*

shipper's risk Verladerrisiko *(n)*

shipper's weight Verladergewicht *(n)*

* general shipper Exporteur von mehreren Warengattungen *(m)*, Generalexporteur *(m)*, Generalverlader *(m)*

merchant shipper Exportkaufmann *(m)*

original for shipper Original für Verlader *(n)*

shipping Beladung *(f)*, Einschiffung *(f)*
2. Schifffahrt *(f)*
shipping act Schifffahrtsgesetz *(n)*
shipping address Versandanschrift *(f)*
shipping advice Beladungsaviso *(n)*, Spediteuranzeige *(f)*, Spediteurmeldung *(f)*, Verlade-Avis *(m)*, Versandanzeige *(f)*, Versandavis *(m)*, Verschiffungsanzeige *(f)*
shipping agency Schifffahrtsagentur *(f)*, Schiffsagentur *(f)*, Schiffsfahragentur *(f)*, Seeagentur *(f)*, Spediteuragentur *(f)*, Speditionsbüro *(n)*
  shipping agency broker Makler der Schifffahrtsagentur *(m)*
shipping agent Frachtmakler *(m)*, Reedereiagent *(m)*, Schifffahrtsagent *(m)*, Speditionsagent *(m)*, Verschiffungsagent *(m)*, Verschiffungsspediteur *(m)*
  air shipping agent Luftagent *(m)*
  buyer's shipping agent Importspediteur *(m)*
  intermediate shipping agent Vermittlungsspediteur *(m)*
  seller's shipping agent Exportspediteur *(m)*
shipping agent's order Verladungsanweisung *(f)*
shipping and forwarding agent Agent für Verladung und Versand der Waren *(m)*, Schiffsmakler und Spediteur *(m)*
shipping articles Mannschaftsliste *(f)*, Musterrolle *(f)*
shipping bill Frachtbrief *(m)*, Lieferschein *(m)*
shipping book Speditionsbuch *(n)*
shipping broker Frachtbroker *(m)*, Frachtmakler *(m)*
shipping business Reedereigesellschaft *(f)*, Schifffahrtsgesellschaft *(f)*, Schiffsgeschäft *(n)*, Schiffsunternehmen *(n)*, Speditionsfirma *(f)*, Speditionsgeschäft *(f)*
shipping capacity Raummaß eines Schiffes *(n)*, Tonnengehalt *(m)*
shipping case Verpackungskiste *(f)*
shipping casualty Marineunglück *(n)*, Seeunfall *(m)*
  assessor for shipping casualties Havariesachverständiger *(m)*
shipping combination Schifffahrtskonferenz *(f)*
shipping company Dumpferlinie *(f)*, Reederei *(f)*, Schifffahrtsgesellschaft *(f)*, Schifffahrtslinie *(f)*, Schiffsgeschäft *(n)*, Schiffsunternehmen *(n)*

  audit of the records held by shipping company Buchprüfung bei der Schifffahrtsgesellschaft *(f)*
  commercial record of shipping company Geschäftsaufzeichnung der Schifffahrtsgesellschaft *(f)*
  liner shipping company Linienrederei *(f)*
  name of the shipping company Name der Schifffahrtsgesellschaft *(m)*
  signature of an authorised representative of the shipping company Unterschrift eines bevollmächtigten Vertreters der Schifffahrtsgesellschaft *(f)*
shipping conference Fracht-Schifffahrts-Konferenz *(f)*, Schifffahrtskonferenz *(f)*, Schifffrachtpool *(m)*
shipping container Seecontainer *(m)*, Seeverpackung *(f)*, Transportbehälter *(m)*
shipping corporation Dampferlinie *(f)*, Reederei *(f)*, Schifffahrtsgesellschaft *(f)*, Schifffahrtslinie *(f)*
shipping costs Beförderungskosten *(pl)*, Förderkosten *(pl)*, Transportkosten *(pl)*, Verladungskosten *(pl)*
shipping country Herkunftsland *(n)*, Ursprungsland *(n)*, Versandland *(n)*
shipping damage Ladungsschaden *(m)*, Verladungsschaden *(m)*
shipping data Verschiffungsdaten *(pl)*
shipping date Abgangsdatum *(n)*, Versanddatum *(n)*
shipping day Beladungstag *(m)*, Verladungstag *(m)*, Versandtag *(m)*, Versendungstag *(m)*
shipping document Begleitpapier *(n)*, Transportdokument *(n)*, Verladedokument *(n)*
  payable against shipping documents zahlbar gegen Ladepapiere *(pl)*, zahlbar gegen Versanddokumente *(pl)*
shipping documentation Transportdokumentation *(f)*
shipping documents Frachtpapiere *(pl)*, Transportbegleitpapiere *(pl)*, Verladedokumente *(pl)*, Verladepapiere *(pl)*, Versanddokumente *(pl)*, Versandpapiere *(pl)*, Verschiffungspapiere *(pl)*
shipping exchange Schiffsbörse *(f)*, Seefrachtsbörse *(f)*
shipping firm Speditionsfirma *(f)*, Speditionsgeschäft *(f)*
shipping forwarder Seehafenspediteur *(m)*, Seespediteur *(m)*

shipping forwarding Seespedition *(f)*
shipping goods Gütertransport *(m)*
shipping house Reederei *(f)*, Reedereigesellschaft *(f)*, Schifffahrtsgesellschaft *(f)*, Schifffahrtslinie *(f)*, Speditionsgeschäft *(n)*
shipping instructions Beladevorschriften *(pl)*, Lieferungsvorschriften *(pl)*, Verladeinstruktionen *(pl)*, Versanddisposition *(pl)*, Versandvorschriften *(pl)*
shipping insurance Schifffahrtsversicherung *(f)*, Schiffsverkehrversicherung *(f)*
shipping invoice Konsignationsrechnung *(f)*, Versandrechnung *(f)*
shipping law Seerecht *(n)*
  international shipping law internationales Seerecht *(n)*
  merchant shipping law Handelsseerecht *(n)*, Seehandelsrecht *(n)*
shipping legislation Schiffahrtsrecht *(n)*
shipping line Dumpferlinie *(f)*, Linienverkehr mit Schiff *(m)*, Schifffahrtslinie *(f)*
  regular shipping line Linienrederei *(f)*
shipping manifest Ladungsmanifest *(n)*, Verschiffungsmanifest *(n)*
shipping mark Markierung *(f)*, Versandzeichen *(n)*
shipping market Frachtmarkt *(m)*
shipping note Schiffszettel *(m)*, Verladungsschein *(m)*
shipping notice Versandauftrag *(m)*
shipping notification Abgangsavis *(m)*
shipping office Schiffsmaklerbüro *(n)*
shipping order Ladeschein *(m)*, Ladungsorder *(f)*, Ladungsschein *(m)*, Speditionsauftrag *(m)*, Verladeauftrag *(m)*, Verladebestimmung *(f)*, Verladungsschein *(m)*, Verschiffungsauftrag *(m)*, Verschiffungsorder *(f)*
shipping organization Transportgesellschaft *(f)*
shipping papers Frachtpapiere *(pl)*, Transportbegleitpapiere *(pl)*
shipping partnership Transportgesellschaft *(f)*
shipping place Ladeort *(m)*, Verladeplatz *(m)*
  free shipping place franko Ort der Verladung *(m)*, frei Verladungsort *(m)*
shipping point Versandort *(m)*, Verschiffungsort *(m)*
shipping pool Fracht-Schifffahrts-Konferenz *(f)*, Schifffahrtskonferenz *(f)*, Schifffrachtpool *(m)*
shipping port Ladehafen *(m)*, Verladehafen *(m)*

shipping programme Stauungsplan *(m)*
shipping quality Exportqualität *(f)*, Ladequalität *(f)*, mittlere Export-Qualität *(f)*
shipping rate Frachtrate *(f)*, Frachttarif *(m)*
shipping register Schiffsregister *(n)*
shipping ring Schifffahrtskonferenz *(f)*, Schifffrachtpool *(m)*
shipping route Schifffahrtsroute *(f)*
shipping season Navigationszeit *(f)*
shipping space Beladungsplatz *(m)*, Platz für Verladung *(m)*, Verladungsplatz *(m)*
shipping specification Versandspezifikation *(f)*, Warenbegleitschein *(m)*
shipping speed Einladungsgeschwindigkeit *(f)*
shipping ton britische Tonne *(f)*, englische Tonne *(f)*, Frachttonne *(f)*
shipping unit Ladeeinheit *(f)*, Transporteinheit *(f)*, Versandeinheit *(f)*
shipping weight Ausgangsgewicht *(n)*, Versandgewicht *(n)*, Verschiffungsgewicht *(n)*
* additional shipping deadline zusätzlicher Versandtermin *(m)*
Baltic Mercantile and Shipping Exchange Baltic Exchange *(f)*
barge carrier shipping Lascheschifffahrt *(f)*
chamber of shipping Schifffahrtskammer *(f)*
International Chamber of Shipping Internationale Schifffahrtskammer *(f)*
coastal shipping Küstenschifffahrt *(f)*
coastwise shipping Kabotageschifffahrt *(f)*
  international coastwise shipping internationale Kabotageschifffahrt *(f)*
completion of shipping Beendung der Verladung *(f)*, Beendung des Verladens *(f)*
containerized shipping Containerverladung *(f)*, Containerversand *(m)*, Containerverschiffung *(f)*
direct shipping direkter Versand *(m)*, Direktversand *(m)*
expenses of shipping Beförderungsauslagen *(pl)*
intermodal shipping system multimodales Transportsystem *(n)*
irregular shipping Trampfahrt *(f)*, Trampschifffahrt *(f)*
liner shipping Linienfahrt *(f)*, Linienschifffahrt *(f)*
  specialized liner shipping Speziallinienfahrt *(f)*, Speziallinienschifffahrt *(f)*
local shipping kleine Kabotage *(f)*, kleine Küstenschifffahrt *(f)*

maritime shipping Seehandelsschifffahrt *(f)*, Seeschifffahrt *(f)*

merchant shipping Handelsflotte *(f)*

merchant shipping code Seekodex *(m)*

ocean shipping Seetransport *(m)*, Warenbeförderung auf dem Seeweg *(f)*

place of shipping Ladeplatz *(m)*

named place of shipping benannter Ladeplatz *(m)*

ready for shipping versandbereit, versandfähig

register of shipping Schiffsliste *(f)*, Seeschiffsregister *(n)*, Schiffsraummangel *(m)*

Lloyd's Register of Shipping Lloyd's Register *(n)*

regular shipping service Linienverkehr *(m)*

tanker shipping Tankschifffahrt *(f)*

tramp shipping Trampfahrt *(f)*, wilde Fahrt *(f)*

specialized tramp shipping Spezialtrampfahrt *(f)*, Spezialtrampschifffahrt *(f)*

shipside Längseite des Schiffes *(f)*, längsseits, längsseits des Seeschiffes *(n)*

shipworker Stauungsaufseher *(m)*, Stauungsmeister *(m)*, Verstauungsaufseher *(m)*, Verstauungsmeister *(m)*

shoal Flach *(n)*, Untiefe *(f)*

shoddy schlampig

shop Geschäft *(n)*

duty-free shop Duty-Free-Shop *(m)*, zollfreies Geschäft *(n)*

retail shop Detailgeschäft *(n)*

tax free shop Duty-Free-Shop *(m)*, zollfreies Geschäft *(n)*

shopping Einkaufen *(n)*

shopping centre Handelszentrum *(n)*

shore Küste *(f)*

shoreman Dockarbeiter *(m)*, Hafenarbeiter *(m)*, Schauermann *(m)*

short kurz

short balance Passivsaldo *(m)*

short credit kurzfristiger Kredit *(m)*

short delivery Minderlieferung *(f)*

theft, pilferage, non and/or short delivery Diebstahl, Beraubung, Nichtauslieferung *(m/f/f)*

short quantity mangelnde Menge *(f)*, Mindermenge *(f)*

short-sea service kleine Fahrt *(f)*

short-sea ship Küstenschiff *(n)*

short shipment Teilverladung *(f)*, Unterbelastung *(f)*

short-shipment unvollständige Verschiffung *(f)*

short ton amerikanische Tonne *(f)*, nordamerikanische Tonne *(f)*

short weight Fehlgewicht *(n)*, Gewichtsmanko *(n)*, Untergewicht *(n)*

* commodity in short supply Defizitware *(f)*

quantity short mangelnde Menge *(f)*, Mindermenge *(f)*

ship short unvollständig verladen

shortage Defizit *(n)*, Fehlbetrag *(m)*, Knappheit *(f)*, Leck *(n)*, Mangel *(m)*, Manko *(n)*, Schwund *(m)*, Verlust *(m)*

shortage in weight Fehlgewicht *(n)*, Gewichtsmanko *(n)*

shortage of cargo Ladungsnichtlieferung *(f)*

shortage of cars Wagenknappheit *(f)*

shortage of currency Devisenknappheit *(f)*, Valutamangel *(m)*

shortage of foreign currency Devisenmangel *(m)*, Knappheit an Devisen *(f)*

shortage of goods Warenknappheit *(f)*, Warenmangel *(m)*

* cash shortage Geldmangel *(m)*, Mangel an Bargeld *(m)*

storage shortage Lagerverlust *(m)*

trade shortage normaler Verlust *(m)*

shortcoming Fehlsumme *(f)*

shorted gekürzt, verkürzt

shortened verkürzt

shortened work time verkürzte Arbeitszeit *(f)*

short-term kurzfristig

short-term charter kurzfristiger Charter *(m)*

short-term contract kurzfristiger Vertrag *(m)*

short-term factor Kurzzeitfaktor *(m)*

short-term forecast Kurzfristprognose *(f)*

short-term guarantee kurzfristige Garantie *(f)*

short-term storage kurzfristige Lagerung *(f)*

short-term warehouse Kailager *(n)*, Kurzzeitlager *(n)*

show Ausstellung *(f)*, Salon *(m)* **2.** Ausstellungs-

show floor Ausstellungspavillon *(m)*

* branch show Branchenausstellung *(f)*

international show internationale Ausstellung *(f)*

trade show Fachausstellung *(f)*

showpiece Werbeexemplar *(n)*

shrinkage Decalo *(n)*, Leckage *(f)*, Massenverlust *(m)*, Rinnverlust *(m)*, Trockenverlust *(m)*

shrinkage in weight Gewichtsschwund *(m)*, Gewichtsverlust *(m)*

shrinkage insurance Versicherung gegen Decalo *(f)*, Versicherung gegen Masseverlust *(f)*

shrinkage risk Decalorisiko *(n)*

* insurance against shrinkage Versicherung gegen Decalo *(f)*, Versicherung gegen Masseverlust *(f)*

risk of shrinkage Massenverlustrisiko *(n)*

shuttle Pendelverkehr *(m)*

shuttle service Pendelfahrt *(f)*, Pendelverkehr *(m)*

shuttle train Vorortzug *(m)*

side Site *(f)*

side bulkhead Längsschott *(n)*

* debit side Schuld *(f)*, Soll *(n)*

free over side frei Schiff *(n)*

port side Backbord *(m)*

ship's side Schiffbord *(m)*

free ship's side frei Schiffbord *(m)*, frei Schiffsseite *(f)*

free ship's side price Preis frei Schiffbord *(m)*, Preis frei Schiffsseite *(m)*

starboard side Steuerbord *(f)*

siding Nebengeleise *(n)*

buyer's siding Empfängeranschlussbahn *(f)*

free buyer's siding frei Empfängeranschlussbahn *(f)*

factory siding Fabrikanschlussgleis *(n)*

goods siding Güteranschlussgleis *(n)*

loading siding Ladegleis *(n)*

loading-out siding Entladegleis *(n)*

private siding Privatbahnabzweigung *(f)*

railway siding Bahnschluss *(m)*

consignee's railway siding Annehmerbahnschluss *(m)*, Empfängeranschlussbahn *(f)*

consigner's railway siding Versenderbahnabzweigung *(f)*, Versenderbahnschluss *(m)*

receiver's railway siding Annehmerbahnschluss *(m)*, Empfängeranschlussbahn *(f)*

sight vorzeigen

sight a bill Wechsel vorlegen *(m)*, Wechsel vorzeigen *(m)*

sight Präsentation *(f)*, Vorlegung *(f)*

sight bill Sichtwechsel *(m)*

sight collection Sichtinkasso *(n)*

sight deposit Sichteinlage *(f)*

sight draft Sichttratte *(f)*

sight draft, bill of lading attached (SDBL) Tratte und Konnossement beigefügt *(f)*

sight encashment Sichtinkasso *(n)*

sight letter of credit Akkreditiv mit Trattenzahlung *(n)*, Barakkreditiv *(n)*, Sichtakkreditiv *(n)*

sight payment Sichtzahlung *(f)*

* bill at sight Vistawechsel *(m)* **2.** provisorische Zolldeklaration *(f)*

bill payable at sight Sichtwechsel *(m)*

entry by bill of sight provisorische Zollerklärung *(f)*

pay at sight bei Sicht zahlen *(f)*

payable at sight zahlbar bei Sicht *(f)*

sign unterzeichnen

sign Signatur *(f)*, Unterschrift *(f)*, Unterzeichnung *(f)*

sign an agreement Vertrag unterschreiben *(m)*, Vertrag unterzeichnen *(m)*

sign a contract Vertrag unterschreiben *(m)*, Vertrag unterzeichnen *(m)*

sign a document Dokument unterzeichnen *(n)*

sign on authorization per Prokura unterzeichnen *(f)*

* authority to sign Unterschriftsvollmacht *(f)*, Zeichnungsrecht *(n)*

power to sign Unterschriftsvollmacht *(f)*

produce for sign zur Unterzeichnung vorlegen *(f)*

signatory Unterzeichner *(m)*

signatory state Signatarstaat *(m)*

signature Signatur *(f)* **2.** Unterschrift *(f)*, Unterzeichnung *(f)*

signature card Unterschriftenkarte *(f)*

signature form Unterschriftsprobe *(f)*

signature of an authorised representative of the airline Unterschrift eines bevollmächtigten Vertreters der Luftverkehrsgesellschaft *(f)*

signature of an authorised representative of the shipping company Unterschrift eines bevollmächtigten Vertreters der Schifffahrtsgesellschaft *(f)*

signature of a customs official Unterschrift des Zollbeamten *(f)*
* attestation of a signature Beglaubigung der Unterschrift *(f)*
authentic signature authentische Unterschrift *(f)*, eigenhändige Unterschrift *(f)*
authenticated signature beglaubigte Unterschrift *(f)*
authentication of a signature Beglaubigung der Unterschrift *(f)*, Feststellung der Unterschrift *(f)*, Unterschriftsbeglaubigung *(f)*
authenticity of signature Authentizität einer Unterschrift *(f)*
authorized signature bevollmächtigte Unterschrift *(f)*
blank signature Blankounterschrift *(f)*
certify a signature Unterschrift beglaubigen *(f)*
date of signature Unterzeichnungsdatum *(n)*
electronic signature elektronische Unterschrift *(f)*
facsimile signature Faksimileunterschrift *(f)*
forged signature gefälschte Unterschrift *(f)*
genuine signature authentische Unterschrift *(f)*, eigenhändige Unterschrift *(f)*
handwritten signature eigenhändige Unterschrift *(f)*
honour a signature Unterschrift anerkennen *(f)*
indecipherable signature unleserliche Unterschrift *(f)*
legalized signature beglaubigte Unterschrift *(f)*
officer's signature Unterschrift des Beamten *(f)*
present a document for signature Dokument zur Unterschrift vorlegen *(n)*
required signatures erforderliche Unterschriften *(pl)*
set a signature unterschreiben
set down a signature Unterschrift setzen *(f)*
specimen signature Unterschriftsprobe *(f)*
verify a signature Unterschrift überprüfen *(f)*
signed unterschrieben
signed document unterschriebenes Dokument *(n)*
signer Unterzeichner *(m)*
signing Unterschreibung *(f)*
signing of a contract Abschluss *(m)* 2. Kontraktunterzeichnung *(f)*, Unterzeichnung des Vertrags *(f)*, Unterzeichnung eines Vertrags *(f)*
signing of the transit declaration Unterzeichnung der Versandanmeldung *(f)*

silo Silos *(m)*
grain silo Getreidespeicher *(m)*, Silos *(m)*
similar gleich
similar goods gleichartige Waren *(pl)*
customs value of similar goods Zollwert gleichartiger Waren *(m)*
value of similar goods Wert der gleichartigen Waren *(m)*
similar price gleicher Preis *(m)*
simple einfach
simple average besondere Havarie *(f)*
simple interest einfache Zinsen *(pl)*
simple letter of credit einfaches Akkreditiv *(n)*
simple policy Einzelpolice *(f)*, Normalpolice *(f)*
simple trip Einzelfahrt *(f)*, Einzelreise *(f)*
simplified vereinfacht
simplified procedure vereinfachtes Verfahren *(n)*
application of simplified procedures at air transport Anwendung des vereinfachtes Verfahren auf dem Luftweg *(f)*
application of simplified procedures at sea transport Anwendung des vereinfachtes Verfahren auf dem Seeweg *(f)*
level 1 simplified procedure vereinfachtes Verfahren der Stufe 1 *(n)*
level 2 simplified procedure vereinfachtes Verfahren der Stufe 2 *(n)*
use of simplified procedure Anwendung der Vereinfachung *(f)*
simplification Vereinfachung *(f)*
simplification of formalities Vereinfachung der Förmlichkeiten *(f)*
* authorisation for a transit simplification Bewilligung für eine Vereinfachung im Versandverfahren *(f)*
International Convention on the simplification and Harmonization of Customs Procedures Internationales Übereinkommen zur Vereinfachung und Harmonisierung der Zollverfahren *(n)*
simplified vereinfacht
simplified procedure vereinfachtes Verfahren *(n)*
simplified procedures for goods carried by air vereinfachte Verfahren für die Warenbeförderung auf dem Luftweg *(pl)*
simplified procedures for goods carried by large container vereinfachte Warenbeförderungen im in Großbehältern *(pl)*

simplified procedures for goods carried by sea vereinfachte Verfahren für die Warenbeförderung auf dem Seeweg *(pl)*
simplified procedures for goods moving by pipeline vereinfachte Verfahren für die Warenbeförderung durch Rohrleitungen *(pl)*
simplify vereinfachen
simplify the formalities Förmlichkeiten erleichtern *(pl)*
simulated fingiert
simulated contract fiktives Geschäft *(n)*
single einmalig
single administrative document (SAD) Einheitliches Verwaltungsdokument *(n)*, Einheitspapier (der Versandanmeldung) *(n)*
single charter Einzelreisechartervertrag *(m)*
single-column tariff Einheitszolltarif *(m)*, Einspaltentarif *(m)*
single consignment einzige Sendung *(f)*
 import in a single consignment in einer einzigen Sendung einführen *(f)*
single cost Kosten je Einheit *(pl)*
single document *(customs)* Einheitspapier *(n)*
single guarantee einmalig gestellte Garantie *(f)*
single indemnity einmalige Abfindung *(f)*, einmalige Entschädigung *(f)*
single letter of credit einmalig gestelltes Akkreditiv *(n)*
single market Binnenmarkt *(m)*, gemeinsamer Markt *(m)*
single means of transport einziges Beförderungsmittel *(n)*
 creation of a single market Verwirklichung des Binnenmarktes *(f)*
single order Einmalauftrag *(m)*
single policy Einzelpolice *(f)*, Normalpolice *(f)*
single-price market Binnenmarkt *(m)*
single rate einheitlicher Satz *(m)*, Einheitssatz *(m)*
single-service container Flüssigkeitscontainer *(m)*
single-service pallet Einwegpalette *(f)*
single schedule tariff Generalzolltarif *(m)*
single-trip charter Einzelreisecharter *(m)*
single tariff Einheitssatz *(m)*, Einspaltentarif *(m)*, einspaltiger Tarif *(m)*, Generalzolltarif *(m)*
single transaction Einmalgeschäft *(n)*
single transit movement einziger Versandvorgang *(m)*

single transport document *(CCC)* einheitliches Transport-Dokument *(n)*
single voyage Einzelfahrt *(f)*, Einzelreise *(f)*, Einzelseereise *(f)*
single-decker Eindecker *(m)*, Eindeckschiff *(n)*
singly einzeln
sell singly in einzelnen Stücken verkaufen *(pl)*, stückweise verkaufen
sister Schwester *(f)* 2. Schwestersister ship Schwesterschiff *(n)*
sit-down verkehrter Streik *(m)*
sit-down strike Bummelstreik *(m)*, Streik durch Verlangsamung der Arbeit *(m)*
sitting Session *(f)*
situation Situation *(f)*
situation analysis Situationsanalyse *(f)*
situation of goods Rechtsstellung der Waren *(f)*, Warenstatus *(m)*
* business situation Geschäftslage *(f)*, wirtschaftliche Lage *(f)*, wirtschaftliche Situation *(f)*, Wirtschaftslage *(f)*
crisis situation Krisensituation *(f)*
economic situation Geschäftslage *(f)*, Konjunktur *(f)*, wirtschaftliche Lage *(f)*, wirtschaftliche Situation *(f)*, Wirtschaftskonjunktur *(f)*, Wirtschaftslage *(f)*
 deterioration of the economic situation Konjunkturrückgang *(m)*
economic situation forecast Konjunkturprognose *(f)*
economic situation stabilization Konjunkturstabilisierung *(f)*
export situation Exportmarktlage *(f)*
financial situation finanzielle Lage *(f)*, Finanzlage *(f)*
international situation internationale Situation *(f)*
legal situation Gesetzeslage *(f)*, Rechtszustand *(m)*
market situation Marktlage *(f)*
size Format *(n)* 2. Größe *(f)*, Höhe *(f)*
size of an order Auftragsumfang *(m)*, Bestellgröße *(f)*
size of duty Zollgröße *(f)*
* container size/type Containergröße/-Bauform *(f)*
crew size Crewgröße *(f)*
market size Nachfrageumfang *(m)*

skeleton Skelett *(n)* **2.** Gitter-
skeleton case Gitterkiste *(f)*
skeleton container Gitter-Container *(m)*
skeleton transport box Gitterpalette *(f)*
slaughter Dumpingverkauf *(m)*, Verkauf zu Dumpingpreisen *(m)*
slice Anteil *(m)*
slice in the market Abdeckung des Marktes *(f)*, Anteil an den Markt *(m)*, Marktanteil *(m)*
sliding abgleitend
sliding tariff Differenzialtarif *(m)*, Staffeltarif *(m)*
sliding-price clause Gleitpreisklausel *(f)*
slip Zettel *(m)*
insurance slip Versicherungsformular *(n)*
packing slip Spezifikation der Sendung *(f)*, Versandspezifikation *(f)*, Warenbegleitschein *(m)*
sales slip Kassenzettel *(m)*
weight slip Waagezettel *(m)*, Wägeschein *(m)*
sliding-scale gestuft
sliding-scale price gleitender Preis *(m)*
slow langsam
slow delivery Nichtunterhaltung des Ablieferungstermins *(f)*
slow goods Frachtgut *(n)*, Lastgut *(n)*
slowdown Verschlimmerung *(f)*
labour slowdown Bummelstreik *(m)*, Streik durch Verlangsamung der Arbeit *(m)*
slowing abbremsend
slowing of inflation Inflationshemmung *(f)*
slowing down Verlangsamen *(n)*
slowing down of economic activities Konjunkturrückgang *(m)*
sluice Schleuse *(f)*
sluice duty Schleusengeld *(n)*
sluice price Einschleusungspreis *(m)*
slump Baisse *(f)*
slump in business Marktkrach *(m)*
slump in prices einschneidender Preisabbau *(m)*, Preiseinbruch *(m)*
slump in sales Rückgang der Verkäufe *(m)*, Umsatzrückgang *(m)*
* sales slump Rückgang der Verkäufe *(m)*, Umsatzrückgang *(m)*
small klein
small consignment Kleinsendung *(f)*
small consignment of a non-commercial nature Kleinsendung ohne kommerziellen Charakter *(f)*

small-lot manufacturing Kleinserienproduktion *(f)*
smalls Stückfracht *(f)*
smash bankrottieren, Pleite machen *(f)*
smuggled geschmuggelt
smuggled goods Bannware *(f)*, Schmuggelware *(f)*
smuggler Schmugglerschiff *(n)*
smuggling Konterbande *(f)*, Schmuggel *(m)*, Schmuggelei *(f)*
currency smuggling Devisenschmuggel *(m)*
risk of smuggling Schmuggelrisiko *(n)*
social Sozial-
social contract Gesellschaftsvertrag *(m)*
social security Sozialversicherung *(f)*
society Verband *(m)*, Verein *(m)*
classification society Klassifikationsgesellschaft *(f)*
closed joint stock society geschlossene Aktiengesellschaft *(f)*
export society Exportverband *(m)*
insurance society Versicherungsgesellschaft *(f)*
trade protection society Auskunftei *(f)*, Auskunftsbüro *(n)*
soft weich
soft currency schwache Währung *(f)*, unkonvertierbare Währung *(f)*, weiche Währung *(f)*
soft lending rate ermäßigter Zinssatz *(m)*, Vorzugszinssatz *(m)*
soft packing weiche Verpackung *(f)*
softening aufweichend
softening of economy wirtschaftlicher Rückschlag *(m)*, Wirtschaftsrezession *(f)*
sojourn Aufenthalt *(m)*
sojourn charge Aufenthaltskosten *(pl)*
sola bill Eigenwechsel *(m)*, Wechsel an eigenen Ort *(m)*
sold verkauft
sold note Kurszettel *(m)*
sole alleinig, Allein-
sole agency Alleinagentur *(f)*, Alleinvertretung *(f)*, Generalagentur *(f)*
sole agent Alleinagent *(m)*, Alleinverkäufer *(m)*, Alleinvertreter *(m)*, Exklusivvertreter *(m)*, Monopolagent *(m)*

sole arbiter Alleinarbiter *(m)*
sole distributor Alleinagent *(m)*, Alleinverkäufer *(m)*, Alleinvertreter *(m)*, exklusiver Verteiler *(m)*, Exklusivvertreter *(m)*
sole exporter Alleinexporteur *(m)*
sole Import Alleineinfuhr *(f)*, exklusiver Import *(m)*
sole importer Alleinimporteur *(m)*, einziger Einführer *(m)*
sole licence Alleinberechtigungslizenz *(f)*, Alleinlizenz *(f)*
sole right alleiniges Recht *(n)*, Alleinrecht *(n)*
sole right to sell Alleinvertriebsrecht *(n)*
solicited angesprochen
solicited offer angefordertes Angebot *(n)*
solicited offer verlangtes Angebot *(n)*
solicitor Akquisiteur *(m)*
solid fest
solid measure Hohlmaß *(n)*, Raummaß *(n)*
solid sea erfrorene See *(f)*
solidary Solidar-
solidary guarantor Solidarbürge *(m)*
solve abzahlen, auszahlen
solvency Solvenz *(f)*, Zahlungsfähigkeit *(f)*
business solvency Zahlungsfähigkeit der Firma *(f)*
credit solvency Kreditwürdigkeit *(f)*
guarantee of solvency Garantie der Kreditfähigkeit *(f)*
solution Lösung *(f)*
feasible solution gangbare Lösung *(f)*
final solution Endlösung *(f)*
optimal solution optimale Lösung *(f)*
solvent zahlungsfähig
solvent debtor zahlungsfähiger Schuldner *(m)*
soon bald
soon as possible so schnell wie möglich
sort sortieren
sort Klasse *(f)*
sorter Bracker *(m)*, Güterkontrolleur *(m)*
sorting Sortierung *(f)*
sorting of goods Sortierung der Ware *(f)*, Zusammenstellen von Waren *(n)*
* automatic sorting automatische Sortierung *(f)*
sound gesund
sound currency Leitwährung *(f)*, stabile Währung *(f)*
sound delivered goods gesund geliefert Ware *(f)*

sound goods unbeschädigte Ware *(f)*
soundness Zahlungsfähigkeit *(f)*
* safe and sound sicher und gesund
source Quelle *(f)*
relief at source Erleichterung an der Quelle *(f)*
sovereign souverän
sovereign guarantee Regierungsgarantie *(f)*, Staatsgarantie *(f)*
sovereignty Souveränität *(f)*
customs sovereignty Zollhoheit *(f)*
economic sovereignty Wirtschaftssouveränität *(f)*
monetary sovereignty Währungssouveränität *(f)*
space verteilen
space Raum *(m)*, Stelle *(f)*
air space Luftraum *(m)*
book space Ladung buchen *(f)*, Raum buchen *(m)*
cargo space Laderaum *(m)*, Transportraum *(m)*
capacity of cargo spaces Laderauminhalt *(m)*
container space Containerplatzzutailung *(f)*
dead space Faulladeraum *(m)*, Leerladeraum *(m)*
freight space Laderaum *(m)*, Transportraum *(m)*
shipping space Beladungsplatz *(m)*, Platz für Verladung *(m)*, Verladungsplatz *(m)*
storage space Lagerhausraum *(m)*, Lagerraum *(m)*
stowage space Frachtraum *(m)*, Laderaum *(m)*
book stowage space Frachtraum buchen *(m)*
warehouse space Lagerraum *(m)*
water space Wasserraum *(m)*
span Bereich *(m)* **2.** Frist *(f)*, Zeitdauer *(f)*
span of time Frist *(f)*, Zeitdauer *(f)*
special besonder-, Extra-
special abatement Sondernachlass *(m)*, Sonderrabatt *(m)*
special acceptance bedingtes Akzept *(n)*
special advised letter of credit besondere Avisierung des Akkreditivs *(n)*
special agent Sonderbevollmächtigter *(m)*, Spezialvertreter *(m)*
special assessment procedure besonderes Erhebungsverfahren *(n)*
special authorization Sondererlaubnis *(f)*
special cargo Spezialladung *(f)*
special charter Sondercharter *(m)*

special commission Sonderprovision *(f)*
special customs invoice Zollrechnung *(f)*
special customs procedure besondere zollrechtliche Behandlung *(f)*
special customs statistics Sonderzollstatistik *(f)*
special discount Sondernachlass *(m)*, Sonderrabatt *(m)*
special duty Sonderabgabe *(f)*, Sonderzoll *(m)*
special economic area Sonderwirtschaftsgebiet *(n)*
special endorsement Rektaindossament *(n)*, Vollgiro *(n)*, Vollindossament *(n)*
special equalization charge *(on spirits)* besondere Ausgleichsabgabe *(f)*
special letter of credit Barakkreditiv *(n)*
special levy Sonderabgabe *(f)*
special loading list besondere Ladeliste *(f)*
  use of special loading lists Verwendung der besonderen Ladelisten *(f)*
special measure Sondermaßnahme *(f)*
special offer Sonderangebot *(n)*
special power Sondervollmacht *(f)*, Spezialvollmacht *(f)*
special price Aufpreis *(m)*
special procedure Sonderverfahren *(n)*
special protection facilities besondere Schutzmaßnahmen *(pl)*
special provision Spezialklausel *(f)*
special proxy Sondervollmacht *(f)*, Spezialvollmacht *(f)*
special rate besonderer Satz *(m)*, Präferenzsatz *(m)*, Spezialrate *(f)*
special rebate außergewöhnlicher Rabatt *(m)*
special requirements Spezialanforderungen *(pl)*
special scheme besondere Regelung *(f)*
special stamp Sonderstempel *(m)*
special stamp
  bearing special stamp Sonderstempelabdruck *(m)*
  imprint of the special stamp Abdruck des Sonderstempels *(m)*
special storage conditions besondere Lagerbedingungen *(pl)*
special surcharge zusätzliche Gebühr *(f)*
special system besonderes System *(n)*
special tariff Sondertarif *(m)*
  special tariff rate Ausnahmezollsatz *(m)*
special transport Spezialtransport *(m)*
special types of seals besondere Verschlüsse *(pl)*

* container for special use Spezialcontainer *(m)*
use of seals of a special type Verwendung der besonderen Verschlüsse *(f)*

specialist Fachmann *(m)*
export specialist Exportexperte *(m)*
sales and marketing specialist Vertriebs- und Marketingspezialist *(m)*

specialized spezialisiert
specialized exhibition Fachausstellung *(f)*
specialized fair Branchenmesse *(f)*, Fachmesse *(f)*
specialized import merchant Brancheimporteur *(m)*
specialized liner shipping Speziallinienfahrt *(f)*, Speziallinienschifffahrt *(f)*
specialized liner traffic Speziallinienfahrt *(f)*, Speziallinienschifffahrt *(f)*
specialized tramp service Spezialtrampfahrt *(f)*, Spezialtrampschifffahrt *(f)*
specialized tramp shipping Spezialtrampfahrt *(f)*, Spezialtrampschifffahrt *(f)*

specially speziell
specially crossed cheque Scheck mit zusätzlicher Bedingung *(m)*

special-purpose Spezial-
special-purpose vessel Spezialschiff *(n)*

specific spezifisch
specific character Spezifik *(f)*
  specific character of branch Branchenspezifität *(f)*
specific commodity rate Sondergüterfrachtsatz *(m)*
specific control spezifische Kontrolle *(f)*
specific duty spezifischer Zoll *(m)*, Stückzoll *(m)*
specific gravity spezifisches Gewicht *(n)*
specific import licence besondere Einfuhrlizenz *(f)*
specific rules detaillierte Vorschriften *(pl)*
specific tariff spezieller Tarif *(m)*, spezieller Zolltarif *(m)*
specific weight spezifisches Gewicht *(n)*

specification Spezifikation *(f)*, Kollispezifikation *(f)* 2. Ausgangsdeklaration *(f)* 3. Berechnung *(f)*, Beschreibung *(f)* 4. Spezifizierung *(f)* 5. technische Beschreibung *(f)*
  specification of an order Spezifizierung eines Auftrages *(f)*

specification of assortment Auswahlspezifikation *(f)*
specification of cargo Ladungsbericht *(m)*, Packliste *(f)*
specification of line Auswahlspezifikation *(f)*
* accomplishment of contract specifications Erfüllung der Vertragsbedingungen *(f)*, Vertragserfüllung *(f)*
commodity specification Warenspezifikation *(f)*
customer specification Kundenspezifikation *(f)*
manufacture to customer's specification Sonderanfertigung *(f)*
customs specification Zollbegleitschein *(m)*
delivery specifications Liefervorschriften *(pl)*
detailed specification detaillierte Liste *(f)*, detailliertes Verzeichnis *(n)*
engineering department technische Abteilung *(f)*
engineering specification technische Forderungen *(pl)*
loading specification Verschiffungsspezifikation *(f)*
number of the specification Spezifikationsnummer *(f)*
purchase to specification Spezifikationskauf *(m)*
sale by specification Spezifikationsverkauf *(m)*
sale to specification Spezifikationsverkauf *(m)*
shipping specification Versandspezifikation *(f)*
tariff specification Tarifspezifikation *(f)*
traffic specification Transportspezifikation *(f)*
transport specification Transportspezifikation *(f)*
work specification Anweisung *(f)*
specificity Spezifik *(f)*, Spezifität *(f)*
specific-purpose Spezial-
specific-purpose container Spezialcontainer *(m)*
specified detailliert
specified list detaillierte Liste *(f)*
* not elsewhere specified anderweitig nicht spezifiziert
specify detaillieren, präzisieren, spezifizieren
specimen Muster *(n)*, Probe *(f)*
specimen copy Kontrollexemplar *(n)*, Probeexemplar *(n)*

specimen declaration form Erklärungsvordruck *(m)*, Muster des Anmeldungsvordrucks *(n)*
specimen signature Unterschriftsprobe *(f)*
specimen's standardization Standardisierung der Muster *(f)*
* declaration specimen Erklärungsvordruck *(m)*, Muster des Anmeldungsvordrucks *(n)*
test specimen Probeexemplar *(n)*
speculative spekulativ, Spekulations-
speculative dealing Spekulationsgeschäft *(n)*
speculative gain Spekulationsgewinn *(m)*
speculative operation Spekulationsgeschäft *(n)*
speculative price Spekulationspreis *(m)*
speculative trade Spekulativhandel *(m)*
speculative transaction Spekulationsgeschäft *(n)*
speed Geschwindigkeit *(f)*
speed of vessel Schiffsgeschwindigkeit *(f)*
* commercial speed Reisegeschwindigkeit *(f)*
discharging speed Abladungsgeschwindigkeit *(f)*
loading out speed Ausladungsgeschwindigkeit *(f)*, Entladungsgeschwindigkeit *(f)*
port speed Hafendispache *(f)*, Hafengeschwindigkeit *(f)*
shipment speed Beladungsgeschwindigkeit *(f)*
shipping speed Einladungsgeschwindigkeit *(f)*
unloading speed Ausladungsgeschwindigkeit *(f)*, Entladungsgeschwindigkeit *(f)*
vessel speed Schiffsgeschwindigkeit *(f)*
spending Ausgabe *(f)*, Aufwand *(m)*
spending capacity Kaufkapazität *(f)*, Kaufkraft *(f)*
* capital spending Kapitalanlage *(f)*
cutback of spending Ausgabeneinschränkung *(f)*
limitation of spending Ausgabenbegrenzung *(f)*
sphere Kreis *(m)*
sphere of operation Tätigkeitskreis *(m)*
spillage Leckverlust *(m)*
split Aktiensplit *(m)* **2.** Teil-
split consignment Aufteilung der Sendung *(f)*
split delivery Teillieferung *(f)*
split re-exportation Teilwiederausfuhr *(f)*
split re-importation Wiedereinfuhr der Waren in Teilsendungen *(f)*
* reimportation in split consignments Teilwiederausfuhr *(f)*

sponsor Bürge *(m)*, Sponsor *(m)*
spot Stelle *(f)* **2.** Lokoware *(f)* **3.** sofort lieferbar
spot business Lokogeschäft *(n)*, Platzgeschäft *(n)*, Platzverkauf *(m)*, Verkauf gegen sofortige Lieferung *(m)*
spot cash sofortige Zahlung *(f)*, Sofortkasse *(f)*, Sofortzahlung *(f)*
spot contract Kassageschäft *(n)*
spot delivery Kassalieferung *(f)*
spot market Spotmarkt *(m)*
spot price Ab-Preis *(m)*, Barpreis *(m)*, Kassapreis *(m)*, Preis am Ort *(m)*
spot sale Platzverkauf *(m)*, Spot-Verkauf *(m)*, Verkauf gegen sofortige Lieferung *(m)*
spot trading Kassageschäft *(n)*
spot transaction Kassageschäft *(n)*, Lokogeschäft *(n)*
* delivery on spot unverzügliche Lieferung *(f)*
goods on spot Lokoware *(f)*, Promptware *(f)*
transaction on the spot Lokogeschäft *(n)*
spotty punktuell
spotty quality instabile Qualität *(f)*
spreading Verteilung *(f)*
spreading of risk Risikodiversifikation *(f)*, Risikoverteilung *(f)*
* risk spreading Risikodiversifikation *(f)*, Risikoverteilung *(f)*
square Quadrat-
square metre Quadratmeter *(n)*
squeeze ermäßigen
squeeze Restriktion *(f)*
credit squeeze Kreditbeschränkung *(f)*, Kreditrestriktion *(f)*
squeezing Unterschreitung *(f)*
stability Stabilität *(f)*
stability of conditions Stabilität der Bedingungen *(f)*
stability of currency Währungsstabilität *(f)*
stability of prices Preisstabilität *(f)*
* currency stability Währungsstabilität *(f)*
economic stability Wirtschaftsstabilität *(f)*
exchange stability Valutakursstabilität *(f)*
financial stability Finanzstabilität *(f)*
market stability Marktstabilität *(f)*
price stability Preisstabilität *(f)*
stabilization Stabilisierung *(f)*
stabilization of currency Währungsstabilisierung *(f)*

stabilization of exchange Stabilisation des Devisenkurses *(f)*
* economic cycle stabilization Konjunkturstabilisierung *(f)*
economic situation stabilization Konjunkturstabilisierung *(f)*
economic stabilization ökonomische Stabilisierung *(f)*
exchange stabilization Stabilisation des Devisenkurses *(f)*
financial stabilization Finanzstabilisierung *(f)*
price stabilization Festigung der Preise *(f)*
stable stabil
stable currency stabile Währung *(f)*
stack Stapel *(m)*
container stack Containerstapel *(m)*
stackable stapelbar
stackable container stapelbarer Container *(m)*
stacked gestapelt
stacked cargo gestapelte Ladung *(f)*
stacking Stapelung *(f)*
stacking of containers Stapeln von Containern *(n)*
stacking yard Lagerplatz *(m)*, Stapelplatz *(m)*
staff Besatzung *(f)*, Mannschaft *(f)*
staff level Beschäftigtenzahl *(f)*
* administrative staff Verwaltungspersonal *(n)*
longshoremen's staff Stauerbrigade *(f)*, Stauerkolonne *(f)*
reduction a staff Personalkürzung *(f)*
stage Plattform *(f)*
stagnant stagnierend
stagnant demand Stagnation der Nachfrage *(f)*
stagnation Stagnation *(f)*
commercial stagnation Handelsflaute *(f)*
trade stagnation Handelsstagnation *(f)*
stale verjährt
stale bill of lading abgelaufenes Konnossement *(n)*, verjährtes Konnossement *(n)*
stale cheque verjährter Scheck *(m)*
stale claim verjährte Forderung *(f)*
stale document abgelaufenes Dokument *(n)*
stall Stand *(m)*
stamp Briefmarke aufkleben *(f)*, frankieren, stempeln
stamp a visa mit einem Visum versehen *(n)*

stamp Marke *(f)*, Stempel *(m)*, Stempelzeichen *(n)*, Zeichen *(n)*

stamp charge Stempelsteuer *(f)*

stamp duty Stempelgebühr *(f)*

stamp duty on contracts Vertragsstempelsgebühr *(f)*

stamp duty on policy Policestempelsgebühr *(f)*

stamp duty on receipts Quittungsstempelsgebühr *(f)*

stamp mark Siegelabdruck *(m)*, Stempelabdruck *(m)*

stamp of the office of destination Dienststempel der Bestimmungsstelle *(m)*

impression of the stamp of the office of destination Abdruck des Dienststempels der Bestimmungsstelle *(m)*

stamp on a document Stempel auf dem Dokument *(m)*, Urkundenstempel *(m)*

stamp tax Stempelsteuer *(f)*, Stempelsteuermarke *(f)*, Stempelwertzeichen *(n)*

documentary stamp tax Stempelsteuer *(f)*, Verwaltungsabgabe *(f)*

* acceptance stamp Prüfzeichen *(n)*

affixation of customs seals and stamps Anlegung von Zollplomben und -siegeln *(f)*

affixation of seals and stamps Anlegung von Zollplomben und -siegeln *(f)*

bank stamp Banksiegel *(n)*

bills of exchange stamp Stempelmarke auf Wechsel *(f)*

business stamp Firmensiegel *(n)*, Firmenstempel *(m)*

carrier's stamp Carrierstempel *(m)*, Frachtführerstempel *(m)*

cheque stamp Schecksteuermarke *(f)*

clock stamp Stempeluhr *(f)*

company stamp Firmenstempel *(m)*

contract stamp Stempelsteuer *(f)*, Verwaltungsabgabe *(f)*

custom-house stamp Zollstempel *(m)*, Stempel des Zollamtes *(m)*, Zollamtssiegel *(n)*

customs stamp Zollsiegel *(n)*, Zollstempel *(m)*

date stamp Datumsstempel *(m)*, Poststempel *(m)*, Tagesstempel *(m)*

firm stamp Firmensiegel *(n)*

impression of the stamp Abdruck des Dienststempels *(m)*

inspection stamp Prüfzeichen *(n)*

mail stamp Poststempel *(m)*

policy stamp Policestempelsgebühr *(f)*

postage stamp Postmarke *(f)*

receipt stamp Eingangsstempel *(m)*

required stamps erforderliche Stempels *(pl)*

revenue stamp Stempelsteuermarke *(f)*, Stempelwertzeichen *(n)*

special stamp Sonderstempel *(m)*

bearing special stamp Sonderstempelabdruck *(m)*

imprint of the special stamp Abdruck des Sonderstempels *(m)*

transport contract stamp Stempelmarke für Beförderungspapiere *(f)*, Stempelmarke für Beförderungsvertrag *(f)*

weight stamp Gewichtssiegel *(n)*

stamped frankiert

stamped letter frankierter Brief *(m)*, Frankobrief *(m)*

stamping Abstempelung *(f)*

stand stehen

stand del credere Sicherheit bieten *(f)*, Sicherheit stellen *(f)*

stand security Sicherheit gewähren *(f)*

stand Anlegeplatz *(m)*, Liegeplatz *(m)*, Stand *(m)*

stand at the fair Messestand *(m)*

stand days Liegetage *(pl)*, Liegezeit *(f)*

* display stand Ausstellungsstand *(m)*

exhibition stand Ausstellungsstand *(m)*

market stand Marktstand *(m)*

standard Standard *(m)* **2.** Standar-

standard bill of lading Standardkonnossement *(n)*

standard charter Standardcharter *(m)*

standard charter party form Standardcharterpartieformular *(n)*

Standard Conditions for Sale and Delivery of Goods (Incoterms) internationale Handelsbedingungen *(pl)*, Internationale Handelsklauseln *(pl)*

standard contract Mustervertrag *(m)*, typischer Vertrag *(m)*

standard document Einheitsbeleg *(m)*, vereinheitlichter Beleg *(m)*

standard form Standardformular *(n)*

standard form contract Normalvertrag *(m)*

standard form of the charter-party Standardcharter *(m)*, Universalcharter *(m)*

standard gauge railway Normalspurbahn (f),
Regelspurbahn (f)
standard good Standardware (f)
Standard International Trade Classification (SITC) Internationales Warenverzeichnis für den Außenhandel (n)
standard of quality Qualitätsniveau (n)
standard packing Normalpackung (f)
standard policy Einheitspolice (f)
standard quality einfache Qualität (f), normale Qualität (f), übliche Qualität (f)
standard questionnaire Standardfragebogen (m)
standard railway Normalspurbahn (f), Regelspurbahn (f)
standard rate Grundrate (f), Standardsatz (m)
standard rates of yield pauschaler Ausbeutesatz (m)
standard sample Standardmuster (n), Typenmuster (n)
standard time Normalzeit (f)
standard transit guarantee Regelsicherheitsleistung (f)
standard transit procedure Regelversandsverfahren (n)
standard value Pauschalwert (m)
standard weight Standardgewicht (n)
* basic standard Basisstandard (m)
collection of standards Normensammlung (f)
commercial standard Verbindlichkeitshandelsnorm (f)
currency standard Währungssystem (n)
daily standard Tagesnorm (f)
discount standard Diskontsatz (m)
global standard internationale Norm (f)
industrial standard Industrienorm (f)
industry-wide standard Fachbereichstandard (m), Wirtschaftszweignorm (f)
international standard internationale Norm (f), Internationaler Standard (m)
living standard Lebensstandard (m)
lot quality standard Qualitätsstandard der Warenpartie (m)
low monetary standard schwache Währung (f), weiche Währung (f)
mandatory standard staatliche Norm (f)
national standard nationale Norm (f)
on standard normgemäß
price standard Preishöhe (f)
quality standar Qualitätsstandard (m)
technical standard technische Norm (f)

time standard Zeitnorm (f)
weight standards Gewichtsnormen (pl)
world standard Weltstandard (m)
standardization Vereinheitlichung (f)
standardization of documents Standardisierung von Dokumenten (f), Standardisierung der Papiere (f)
standardization of taxation Standardisierung der Besteuerung (f)
* certificate of standardization Standardzertifikat (n)
products standardization Produktenstandardisierung (f), Standardisierung von Produkten (f)
specimen's standardization Standardisierung der Muster (f)
standardize normieren
standardized standardisiert
standardized freight container Standardcontainer (m)
standby Stützung (f) **2.** Reserve (f)
stand-by credit Beistandskredit (m), Kreditpromesse (f), Kreditzusage (f)
standby letter of credit Bankbürgschaft in Akkreditivform (f), Reserveakkreditiv (n)
standing ständig
standing committee ständige Kommission (f)
standing time Auslaufzeit (f), Stillstandzeit (f), Überliegetage (pl)
* financial standing finanzielle Lage (f)
legal standing Rechtsstatus (m)
market standing Marktposition (f)
staple Hauptware (f)
staple goods Stapelware (f)
starboard Steuerbord (f)
starboard side Steuerbord (f)
start Anfang (m), Anlauf (m), Beginn (m)
start conditions Anfangsbedingungen (pl)
start of cover Versicherungsbeginn (m)
start of a TIR operation Beginn eines TIR-Versands (m)
starting Anlauf (m), Intriebsnahme (f)
starting of production Produktionsanlauf (m)
starting point Ablaufort (m), Auslaufpunkt (m)
state Staat (m) **2.** Kondition (f), Zustand (m) **3.** Staats-
state bank Staatsbank (f)

state credit staatlicher Kredit (m), Staats-kredit (m)

state guarantee Regierungsgarantie (f), taatsgarantie (f)

state of the market Marktstand (m)

state of registration of the aircraft Ein-tragungsstaat des Luftfahrzeugs (m)

state of transit Transitstaat (m)

state of war Kriegszustand (m)

state order Staatsauftrag (m)

state price staatlich festgesetzter Preis (m)

* coastal state Küstenstaat (m)

Commonwealth of Independent States Gemeinschaft unabhängiger Staaten (GUS) (f)

contracting state Parteistaat eines Vertrags (m), Vertragsstaat (m)

land-locked state Binnenstaat (m)

member state (CCC) Mitgliedstaat (m)

> **copy for member state of destination** (CD) (EU) Exemplar für den Bestimmungsmit-gliedstaat (n)

> **copy for member state of dispatch** (CD) (EU) Exemplar für den Versendungsmit-gliedstaat (n)

> **territory of a member state** Gebiet des anderen Mitgliedstaats (n)

> **member state of departure** Abgangsmit-gliedstaat (m)

> **member state of dispatch** Versendungs-mitgliedstaat (m)

> **member state of exportation** Mitglied-staat der Ausfuhr (m)

> **member state of importation** Einfuhrmit-gliedstaat (m)

> **member state of refund** Mitgliedstaat der Erstattung (m)

partner state Partnerstaat (m)

re-exportation of goods in the same state as imported Wiederausfuhr in unveränder-tem Zustand (f)

signatory state Signatarstaat (m)

statement Berichterstattung (f), Dekla-ration (f), Erklärung (f), Feststellung (f), Zu-sammenstellung (f)

> **statement by the beneficiary** Begünstig-tererklärung (f)

> **statement of account** Havarieschadenauf-stellung (f)

> **statement of charges** Kostenaufschlüsse-lung (f), Kostenverzeichnis (n)

statement of commission Provisionsab-rechnung (f)

statement of costs Kostenaufschlüsselung (f), Kostenverzeichnis (n)

statements of expenses Aufschlüsselung von Kosten (f), Spesenabrechnung (f)

statement of facts Darstellung der Tatsachen (f)

statement of measurement Maßspezifika-tion (f)

statement of quantity Mengenangaben (pl)

statement of value Wertangabe (f), Wert-deklaration (f)

* average statement Havarieschadenauf-stellung (f)

bank statement Bankauszug (m)

daily statement Tagesbericht (m)

detailed statement ausführliche Berichter-stattung (f), ausführlicher Bericht (m), Detail-bericht (m), detaillierter Bericht (m)

draw up a statement Bericht niederschrei-ben (n)

expert's statement Gutachten (n), Gutach-ten des Sachverständigen (n), Sachverständi-gengutachten (n)

financial statement Finanzbericht (m), finan-zielle Abrechnung (f), Geschäftsbericht (m)

general average statement Havarieaufma-chung (f)

lay days statement Liegetageausstellung (f), Liegezeitaufstellung (f), Liegetageausstellung (f), Liegezeitaufstellung (f)

operating statement Geschäftsbericht (m)

oral statement mündliche Anmeldung (f)

render a statement Bilanz vorlegen (f)

supplementary statement Zusatzbericht (m)

state-owned öffentlich

> **state-owned enterprise** öffentliches Unter-nehmen (n)

station Bahnhof (m), Geschäftsstelle (f), Station (f)

> **station of departure** Abgangsbahnhof (m), Versandstation (f)

> **station of destination** Bestimmungsbahn-hof (m)

> **free station of destination** frei Bestim-mungsstation (f)

> **station of dispatch** Abgabebahnhof (m), Versandbahnhof (m), Versandstation (f)

* air station Flughafen (m)

at railway station ab Bahnhof (m)

cargo station Güterbahnhof (m)

central station Hauptbahnhof (m)
container freight station (CFS) Container Freight Station (n), Containerfrachtstation (f), Containerpackstation (f), Container-Terminal (n)
consignee's station Station des Empfängers (f)
free consignee's station frei Empfangsbanhof (m), frei Station des Empfängers (f)
container station Containerbanhof (m)
customs station Zollbahnhof (m), Zollstation (f),
  frontier customs station Grenzzollbahnhof (m)
deliver to station frei Bahnhof liefern (m), frei Bahnhof zustellen (m)
destination station Bestimmungsbahnhof (m), Bestimmungsstation (f), Endstation (f)
forwarding station Abgangsbahnhof (m), Versandstation (f)
free on station frei Bahnhof (m)
free station frei Bahn, frei Station
frontier station Grenzbahnhof (m)
  free frontier station frei Grenzbahnhof (m)
goods station Güterbahnhof (Gbh.) (m)
harbour station Hafenbahnhof (m), Hafenstation (f), Seehafen (m)
intermediate station Unterwegsbahnhof (m)
intermediate station Zwischenbahnhof (m)
loading station Ladestation (f), Verladestation (f), Verladungsstation (f)
loading-out station Entladebahnhof (m)
origin station Abgabestation (f)
passenger station Personenbahnhof (m)
port railway station Hafenstation (f)
port station Hafenbahnhof (m), Hafenstation (f)
quarantine station Quarantänestelle (f)
railway station Bahnhof (m)
  customs railway station Zollbahnhof (m)
  deliver to railway station frei Bahnhof liefern (m), frei Bahnhof zustellen (m)
receiving station Abnahmebahnhof (m), Empfangsstation (f), Empfangsstelle (f)
sending station Abgangsbahnhof (m), Versandbahnhof (m), Versandstation (f)
through station Unterwegsbahnhof (m), Zwischenbahnhof (m)
transfer station Umladungsbahnhof (m)
transhipment station Umladungsbahnhof (m)
transit station Durchfahrtsstation (f), Transitstation (f)
unloading station Entladebahnhof (m)

stationary feststehend
stationary price Festpreis (m)
statistical statistisch
statistical authorities Statistikbehörde (f)
statistical copy (of a customs document) Exemplar für die Statistik (n)
statistical factor statistischer Index (m)
statistical heading statistische Stelle (f)
statistical index statistischer Index (m)
statistical information statistische Information (f)
statistical interpretation statistische Interpretation (f)
statistical nomenclature statistische Nomenklatur (f), statistisches Warenverzeichnis (n)
statistical number of goods statistische Warennummer (f)
statistical office Amt für Statistik (n)
statistical quantity statistische Menge (f)
statistical recording statistische Erhebung (f)
statistical value statistischer Wert (m)
* Central Statistical Office Zentralamt für Statistik (n)
combined tariff/statistical nomenclature kombinierte Zolltarif- und Statistiknomenklatur (f)
copy for statistical purposes Exemplar für statistische Zwecke (n)
International Statistical Classification internationale statistische Klassifikation (f)
statistics Statistik (f)
branch statistics Branchenstatistik (f)
business statistics Wirtschaftsstatistik (f)
commercial statistics Handelsstatistik (f)
customs statistics Zollstatistik (f)
economic statistics ökonomische Statistik (f), Wirtschaftsstatistik (f)
export statistics statistische Erhebung der Ausfuhr (f)
finance statistics Finanzstatistik (f)
freight traffic statistics Güterverkehrsstatistik (f)
foreign trade statistics Außenhandelsstatistik (f)
industry statistics Branchenstatistik (f)
price statistics Preisstatistik (f)
special customs statistics Sonderzollstatistik (f)
trade statistics Handelsstatistik (f)
  external trade statistics Außenhandelsstatistik (f)

sea-borne trade statistics Seehandelsstatistik *(f)*
transit statistics statistische Erhebung der
Durchfuhr *(f)*
transport statistics Beförderungsstatistik *(f)*
status Status *(m)*
status information Kreditauskunft *(f)*
status of export goods Status des Exportartikels *(m)*
status of a firm Firmenstatus *(m)*
status of goods Rechtsstellung der Waren *(f)*,
Warenstatus *(m)*
   Community status of goods Gemeinschaftscharakter der Waren *(m)*
   document certifying the Community
   status of goods Nachweis des Gemeinschaftscharakters der Waren *(m)*, Papier
   zur Bescheinigung des Gemeinschaftscharakters von Waren *(n)*
   establish the Community status of goods
   (EU) Gemeinschaftscharakter der Waren
   nachweisen *(m)*
   proof of the Community status of
   goods Nachweis des Gemeinschaftscharakters von Waren *(m)*
   customs status of goods zollrechtlicher
   Status der Waren *(m)*
status of goods in temporary storage
Rechtsstellung von Waren in vorübergehender Verwahrung *(f)*
status of means of transport Status der
Transportmittel *(m)*
status of a most favoured nation Status
der Meistbegünstigte Nation *(m)*
status of originating products Eigenschaft
von Ursprungswaren *(f)*
status of taxable person Status der steuerpflichtigen Person *(m)*
* Community status Gemeinschaftscharakter *(m)*

   declaration of Community status for
   packaging Erklärung des Gemeinschaftscharakters von Umschließungen *(f)*
   declaration of Community status for
   pallets Erklärung des Gemeinschaftscharakters von Paletten *(f)*

declaration of Community status for
passengers accompanied baggage
Erklärung des Gemeinschaftscharakters
von Waren, die von Reisenden mitgeführt
werden *(f)*
packaging not having Community
status Umschließungen ohne Gemeinschaftscharakter *(pl)*
proof of Community status of railway
wagons Nachweis des Gemeinschaftscharakters von Eisenbahnwagen *(m)*
Community status of goods *(EU)* Gemeinschaftscharakter von Waren *(m)*
document certifying the Community
status of goods Nachweis des Gemeinschaftscharakters der Waren *(m)*
document certifying the Community
status of goods Papier zur Bescheinigung des Gemeinschaftscharakters von
Waren *(n)*
establish the Community status of
goods *(EU)* Gemeinschaftscharakter der
Waren nachweisen *(m)*
proof of the Community status of goods
Nachweis des Gemeinschaftscharakters
von Waren *(m)*
customs status zollrechtlicher Status *(m)*
customs status of means of transport
zollrechtlicher Status der Transportmittels *(m)*
delivery status Lieferstatus *(m)*
exporter status Exporteurstatus *(m)*
legal status Gesetzlage *(f)*, Rechtspersönlichkeit *(f)*, Rechtsstatus *(m)*, Rechtszustand *(m)*
non-Community status Nichtgemeinschaftscharakter *(m)*
products having preferential origin status
Waren mit Präferenzursprung *(pl)*
tax exempt status Steuerbefreiung *(f)*
tax status Steuerstatus *(m)*
statute Gesetz *(n)*
statute of limitation Verjährung *(f)*
* federal statute Bundesgesetz *(n)*
statutes Geschäftsordnung *(f)*, Ordnung *(f)*
statutory gesetzlich
statutory damages gesetzlicher Schadenersatz *(m)*
statutory lien gesetzliches Pfandrecht *(n)*,
Legalhypothek *(f)*
statutory requirements staatliche Auflagen *(pl)*

stay Stockung *(f)*
stay cost Aufenthaltskosten *(pl)*
stay days Liegetage *(pl)*, Liegezeit *(f)*
stay of enforcement of decision Aussetzung einer Entscheidung *(f)*
stay of the execution of a contract Aufschub der Vertragserfüllung *(m)*
stay-down bleibend
stay-down strike Sitzstreik *(m)*
staying bleibend
staying dues Liegegeld *(n)*, Standgeld *(n)*
steady stabil
steady price Festpreis *(m)*
stealing Diebstahl *(m)*
stealing of documents Diebstahl der Dokumenten *(m)*
steamer Dampfschiff *(n)*
steamer bill of lading Seeladekonnssement *(n)*, Seeladeschein *(m)*
* arrival of steamer Ankunft des Schiffes *(f)*, Schiffsankunft *(f)*
cargo steamer Lastschiff *(n)*
direct steamer direktes Schiff *(n)*
ex steamer frei ab Schiff *(n)*, frei Schiff *(n)*
 price ex steamer Preis ab Schiff *(m)*
steaming Dampfen *(n)*
steaming time Dämpfzeit *(f)*
steamship Dampfschiff *(n)*
steamship agency Schiffsagentur *(f)*, Schiffsfahragentur *(f)*
steamship agent Reedereiagent *(m)*, Schifffahrtsagent *(m)*
steamship agent's order Charteragentorder *(f)*, Verschiffungsorder *(f)*
steamship conference Fracht-Schifffahrts-Konferenz *(f)*, Schifffahrtskonferenz *(f)*
step-up Erhöhung *(f)*
stern ernst
 stern ramp Heckrampe *(f)*
stevedorage Stauerlohn *(m)*, Stauung *(f)*, Umladegebühr *(f)*, Verstauungsgebühr *(f)*
stevedore verstauen
stevedore Packer *(m)*, Stauer *(m)*
 stevedore gang Verstauungsbrigade *(f)*
 stevedore ton Frachttonne *(f)*
 * compulsory stevedore Stauerzwang *(m)*

stevedoring Stauen *(n)*
stevedoring charge Stauerlohn *(m)*, Umschlagspesen *(pl)*, Vergütung für Ladearbeiten *(f)*, Verstauungsgebühr *(f)*
stick aufkleben
sticker Klebezettel *(m)*
stimulation Stimulierung *(f)*
stimulation of exports Exportförderung *(f)*
stimulation of investment Anlagenförderung *(f)*, Belebung der Investitionen *(f)*
* demand stimulation activities Maßnahmen zur Nachfragestimulierung *(pl)*
stimulus Impuls *(m)*, Stimulus *(m)*
stipulated vertragsmäßig
stipulated damages vertragsmäßige Entschädigung *(f)*
stipulated in a contract vom Vertrag gefordert *(f)*
 quantity stipulated in a contract vertragsgerechte Anzahl *(f)*, vertragsgerechte Menge *(f)*
stipulated interest vertragsmäßige Zinsen *(pl)*, Vertragszinsen *(pl)*
stipulated quality vereinbarte Qualität *(f)*
stipulation Bedingung *(f)*
packing stipulation Verpackungsinstruktion *(f)*
stock Aktie *(f)* **2.** Reserve *(f)*
stock arbitrage Effektenarbitrage *(f)*
stock auction Börsenauktion *(f)*
stock bookkeeping Lagerbuchhaltung *(f)*
stock broker Kursmakler *(m)*
stock car Viehwaggon *(m)*
stock card Lagerkarte *(f)*
stock company Aktiengesellschaft (AG) *(f)*
stock corporation Aktiengesellschaft (AG) *(f)*
stock exchange Börse *(f)*, Effektenbörse *(f)*, Wertpapierbörse *(f)*
 stock exchange broker Kursmakler *(m)*
 stock exchange fee Börsegenbühr *(f)*
 stock exchange hours Börsenhandelszeiten *(pl)*
 stock exchange list Börsenkurszettel *(m)*, Börsenzettel *(m)*
 stock exchange listing Börsenkurs *(m)*
 stock exchange order Börsenauftrag *(m)*
 stock exchange quotation Börsenotierung *(f)*, Kursnotierung *(f)*
 list of stock-exchange quotations Devisenkurstabelle *(f)*, Kursanzeigetafel *(f)*

stock exchange regulations Börsenordnung (f)
stock exchange report Börsenbericht (m),
Kursbericht (m), Kursblatt (n), Kurszettel (m)
stock exchange session Börsensitzung (f)
stock handling Lagerumschlag (m)
stock index Börsenindex (m)
stock keeping unit Lagerungseinheit (f)
stock level Vorratsniveau (n)
stock life Lagerdauer (f)
stock list Börsenzettel (m), Inventarverzeichnis (n), Kurszettel (m)
stock market Effektenbörse (f), Wertpapierbörse (f)
stock number Lagernummer (f)
stock price appreciation Anstieg der Aktienkurse (m)
stock price depreciation Aktienkursverfall (m)
stock sheet Inventarliste (f)
stock trading Börsenhandel (m)
stock turnover Lagerumschlag (m)
 stock turnover ratio Umschlagfaktor (m)
* all-time stock All-time-Vorrat (m)
block of stocks Aktienpaket (n)
buffer stock Puffervorrat (m)
cash stock Geldvorrat (m)
commercial stock kommerzieller Vorrat (m)
commodity stock Warenbestand (m)
cycle stock zyklischer Vorrat (m)
dead stock unverkäufliche Ware (f)
go-go stock verkäufliche Ware (f)
goods in stock Lagervorrat (m)
index of stocks Aktienindex (m), Aktienkursindex (m)
intervention stock Interventionsbestand (m)
joint stock company Aktiengesellschaft (f)
level of stock Vorratsniveau (n)
loading stock Verladevorrat (m)
maximum stock Maximalbestand (m)
merchandise stock Warenbestand (m)
on-hand stock verfügbare Ware (f)
opening stock Anfangsbestand (m)
physical stock physischer Vorrat (m)
quantity in stock Stückzahl im Lager (f)
rise of stocks and shares Anstieg der Aktienkurse (m)
rolling stock Eisenbahnfahrzeuge (pl)
trade stock kommerzieller Vorrat (m)
turnover of stock Lagerumschlag (m)
stock-carrying Lager-
 stock-carrying period Lagerdauer (f), Lagerungszeit (f)

stockholder Aktionär (m)
stockhouse Lager (n), Speicher (m)
stockkeeper Lagerist (m)
stockpile aufbewahren, lagern
stocktaking Inventar (n)
 annual stock-taking jährliche Inventur (f)
stop anhalten
stop a cheque Scheck sperren (m)
stop a delivery Lieferung einstellen (f)
stop a import Import einstellen (m)
stop Halt (m), Suspendierung (f) 2. Stillzeit (f)
stop order Auszahlungssperre (f)
stop payment letter Zahlungseinstellungsorder (f)
stop payment order Schecksperre (f)
stop price Stopppreis (m)
* lending stop Einstellung der Kreditierung (f)
price stop Preissperre (f)
stop-payment Zahlungseinstellung (f)
cheque stop-payment Zahlungseinstellung
von einem Scheck (f)
stoppage Festnahme (f), Pause (f), Sperrung (f)
stoppage of credit Kreditsperre (f)
stoppage of financing Finanzeinstellung (f)
stoppage of navigation Schifffahrtsstopp (m),
Schiffsverkehrsstopp (m)
stoppage of payments Auszahlungssperre (f),
Einstellung der Zahlungen (f), Zahlungseinstellung (f)
stoppage of supplies Lieferstopp (m)
stopping Einhaltung (f)
stopping a parcel Sendungsvorbehaltung (f)
storage Einlagerung (f), Lagerung (f) 2.
Einlagerungsgebühr (f), Lagergebühr (f), Lagermiete (f), Speichergebühr (f), Verwahrungsgebühr (f) 3. Lagerwirtschaft (f)
storage accommodation Lagerraum (m)
storage berth Lagerschuppen (m)
storage capability Lagerfähigkeit (f), Lagerkapazität (f)
storage charge Lagergebühr (f), Lagerkosten (pl), Lagergeld (n)
storage conditions Lagerbedingungen (pl)
 special storage conditions besondere
Lagerbedingungen (pl)
storage costs Einlagerungskosten (pl), Lagerungskosten (pl)

storage depreciation Lagerverlust *(m)*
storage dues Lagermiete *(f)*, Speichergeld *(n)*, Lagergeld *(n)*
storage economy Lagerhaltung *(f)*, Lagerwirtschaft *(f)*
storage fees Lagerspesen *(pl)*, Speichergeld *(n)*
storage ground Lagerplatz *(m)*, Stapelort *(f)*
storage in transit Transiteinlagerung *(f)*
storage instructions Lagerungsbestimmungen *(pl)*
storage of invoices Aufbewahrung der Rechnungen *(f)*
  electronic storage of invoices elektronische Aufbewahrung der Rechnungen *(f)*
storage of merchandise Lagerung der Ware *(f)*
  temporary storage of merchandise vorübergehende Verwaltung von Waren *(f)*
storage of transit merchandise Einlagerung von Transitwaren *(f)*
  temporary storage of transit merchandise vorübergehende Einlagerung von Transitwaren *(f)*
storage period Lagerdauer *(f)*, Lagerfrist *(f)*, Lagerzeit *(f)*
storage problem Lagerungsfrage *(f)*
storage quay Lagerungskai *(m)*
storage room Ladenraum *(m)*, Lagerfläche *(f)*, Lagerraum *(m)*
storage shortage Lagerverlust *(m)*
storage space Lagerhausraum *(m)*, Lagerraum *(m)*
storage temperature Lagertemperatur *(f)*
storage time Lagerdauer *(f)*, Lagerungszeit *(f)*
storage weight Einlagerungsgewicht *(n)*
* **bonded storage** Aufbewahrung im Zolllager *(f)*
bulk storage Massenspeicherung *(f)*
cold storage Kaltlagerung *(f)*, Kühlhauslagerung *(f)*
contract of storage Lagerungsvertrag *(m)*
indefinite storage langfristige Einlagerung *(f)*
limited storage kurzfristige Lagerung *(f)*
long-term storage langfristige Einlagerung *(f)*
material storage Materiallager *(n)*
open air storage Aufbewahrung im Freien *(f)*
period of storage Lagerhaltungszeit *(f)*, Lagerungsfrist *(f)*, Lagerungszeit *(f)*
place of storage Ablageplatz *(m)*, Lagerort *(m)*, Lagerplatz *(m)*
short-term storage kurzfristige Lagerung *(f)*

temporary storage vorübergehende Einlagerung *(f)*
  goods in temporary storage vorübergehend verwahrte Waren *(pl)*
  maximum duration of temporary storage Höchstfrist der vorübergehenden Verwahrung *(f)*
  status of goods in temporary storage Rechtsstellung von Waren in vorübergehender Verwahrung *(f)*
  term of temporary storage Frist der vorübergehenden Verwahrung *(f)*
time of storage Lagerungsfrist *(f)*, Lagerungszeit *(f)*
transit storage Transiteinlagerung *(f)*, Transitlagerung *(f)*

store Lager *(n)*, Speicher *(m)* **2.** Lagerbestand *(m)* **3.** Lager-
store book Lagerbefundbuch *(n)*, Lagerbuch *(n)*
store cargo Ladung lagern *(f)*
store clerk Lageraufseher *(m)*, Lagerleiter *(m)*
store for goods in transit Umschlagdepot *(n)*, Umschlaglager *(n)*
store instructions Einlagerungsanweisungen *(pl)*, Lagerungsbestimmungen *(pl)*, Lagerungsvorschriften *(pl)*
store order Lagerauftrag *(m)*, Lagerorder *(f)*
store rent Lagergebühr *(f)*, Lagergeld *(n)*, Lagerungskosten *(pl)*, Speichergeld *(n)*, Verwahrungsgebühr *(f)*
* **appraiser's store** Zolleigenlager *(n)*
bill of stores Zollliste *(f)*
bonded store Lager unter Zollverschluss *(n)*, Zollgutlager *(n)*, Zollverschlusslager *(n)*
branch store Industrieladen *(m)*
company store Industrieladen *(m)*
customs store Zolldepot *(n)*, Zolllager *(n)*, Zollspeicher *(m)*
delivered in store frei Empfängerlager *(n)*, frei Lager *(n)*, frei Lager des Empfängers *(n)*
delivered in store price Preis frei Lager *(m)*, Preis frei Lager des Empfängers *(m)*, Preis frei Lagerhaus *(m)*
department store Warenhaus *(n)*
description and quantity of stores on board the vessel Bezeichnung der auf dem Schiff vorhandenen Schiffsvorräte *(f)*
duty-free store Zollfreilager *(n)*
ex store ab Lager *(n)*, frei ab Haus *(n)*
general store Kaufhaus *(n)*
main store Hauptlager *(n)*, Hauptniederlage *(f)*

management of stores Lagerhaltung (f)
port store Docklager (n), Hafenlager (n)
price ex store ab-Lager-Preis (m), Preis ab Lager (m), Preis ab Lagerhaus (m), Preis ab Lagerraum (m)
retail store Detailgeschäft (n)
temporary store Verwahrungslager (für Waren) (n)
transhipment store Umlademagazin (n), Umschlagdepot (n), Umschlaglager (n)
transit store Durchgangslager (n), Transitlager (n)
utilization of stores Ausnutzung der Vorräte (f)
storehouse Lagerhaus (n)
storehouse keeper Magazinier (m)
* **transit storehouse** Durchgangslager (n), Transitlager (n)
storekeeper Lagerhalter (m)
chief storekeeper Lageraufseher (m), Lagerleiter (m)
storekeeping Lagerung (f)
storekeeping period Lagerfrist (f), Lagerzeit (f)
storeman Lagerleiter (m)
storer Lagereigentümer (m)
storing Auflagerung (f), Aufspeicherung (f), Einlagerung (f)
storing berth Lagerungskai (m)
storing cargo Aufbewahrung der Ladung (f)
storing charges Lagerungskosten (pl)
storing conditions Lagerungsbedingungen (pl)
storing instructions Einlagerungsanweisungen (pl), Lagerungsvorschriften (pl)
storing period Lagerdauer (f)
storing place Lagerplatz (m), Stapelplatz (m)
storing time Lagerdauer (f)
stow aufstauen, Ladung verteilen (f), unterbringen
stow the cargo aufstauen, Ladung stauen (f), Ladung verteilen (f), Ladung im Laderaum stauen (f), unterbringen, Waren entschiffen (pl)
stowage Stauung (f), Verladen (n), Verstauung (f) **2.** Stauergeld (n)
stowage capacity Laderauminhalt (m), Verstauungskapazität (f)
stowage certificate Stauenzertifikat (n), Stauungsattest (n), Stauungszertifikat (n), Verstauungszertifikat (n)
stowage instruction Stauungsvorschrift (f)

stowage manifest Verstauungsmanifest (n)
stowage order Verstauungsorder (f)
stowage plan Kargo-Plan (m), Stauplan (m), Stauungsplan (m)
cargo stowage plan Ladungsplan (m)
stowage space Frachtraum (m), Laderaum (m)
book stowage space Frachtraum buchen (m)
stowage surveyor Stauensachverständiger (m)
* **broken stowage** Stauverlust (m)
bulk stowage Frachtverstauung (f)
cargo stowage Frachtverstauung (f)
certificate of stowage Stauenzertifikat (n), Stauungsattest (n)
defective stowage mangelhafte Stauung (f)
expert on stowage Stauensachverständiger (m)
wet stowage Nassstauung (f)
stowing Stauung (f), Verstauung (f)
stowing certificate Stauungszertifikat (n), Verstauungszertifikat (n)
stowing of cargo Stauen (n)
* **fio excluding stowing** Stauenkosten für Reeder (pl), Stauungskosten für Reeder (pl)
free in and out excluding stowing Stauenkosten für Reeder (pl), Stauungskosten für Reeder (pl)
straight direkt
straight bill of lading Rektakonnossement (n), Rektaladeschein (m)
straight policy Namenspolice (f), namentliche Police (f)
stranded gestrandet
stranded goods Strandgut (n)
strategic strategisch
strategic alliance strategische Allianz (f)
strategic analysis strategische Analyse (f)
strategic forecast strategische Prognose (f)
strategic goods strategische Güter (pl)
strategic information strategische Information (f)
strategic investor strategischer Investor (m)
strategic list strategische Liste (f)
strategic marketing strategisches Marketing (n)
strategic plan strategischer Plan (m)
strategic segment strategisches Segment (n)
strategy Strategie (f)
advertising strategy Werbungsstrategie (f)
distribution strategy Distributionsstrategie (f)

market strategy Marktstrategie *(f)*
marketing strategy Marketingstrategie *(f)*, Marktstrategie *(f)*
optimal strategy optimale Strategie *(f)*
price strategy Preisstrategie *(f)*
sales strategy Verkaufsstrategie *(f)*
selling strategy Verkaufsstrategie *(f)*
street Straße *(f)*
street market Abendbörse *(f)*, Vorbörse *(f)*
street sale Straßenhandel *(m)*
strength Festigkeit *(f)*
strengthening Verstärkung *(f)*
strengthening of prices Festigung der Preise *(f)*
strike anfertigen
strike Streik *(m)*
strike action Streikaktie *(f)*
strike clause Streikklausel *(f)*
  prohibition of strike clause Streikverbotklause *(f)*
strikes, riots and civil commotions Streik, Aufruhr und bürgerliche Unruhen, Streik, Aufruhr und Bürgkrieg, Streik, Tumulte und Unruhen
  strikes, riots and civil commotions clause Streik, Aufruhr und Bürgerkriegsklausel *(f)*
  * **general strike** Generalstreik *(m)*
  protest strike Proteststreik *(m)*
  riots, civil commotions and strike Aufruhr, Bürgerkrieg und Streik *(f/m/m)*
  riots, strikes and civil commotions Aufruhr, Streik, bürgerliche Unruhen *(f/m/pl)*
  sit-down strike Bummelstreik *(m)*, Streik durch Verlangsamung der Arbeit *(m)*
  stay-down strike Sitzstreik *(m)*
  sympathetic strike Warnstreik *(m)*
  token strike Warnstreik *(m)*
  wildcat strike wilder Streik *(m)*
strong stark
strong currency starke Währung *(f)*
structure Struktur *(f)*, Zusammensetzung *(f)*
  structure of consumption Verbrauchsstruktur *(f)*
  structure of costs Kostenstruktur *(f)*
  structure of foreign trade Außenhandelsstruktur *(f)*, Struktur des Außenhandels *(f)*
    commodity structure of foreign trade Außenhandelswarenstruktur *(f)*
    geographical structure of foreign trade geographische Struktur des Außenhandels *(f)*

  structure of market Marktstruktur *(f)*
  structure of organization Organisationsstruktur *(f)*
  structure of prices Preisgefüge *(n)*
  structure of production Produktionsstruktur *(f)*
  structure of rates Tarifstruktur *(f)*
  * **cargo structure** Ladungstruktur *(f)*
  cost structure Kostenstruktur *(f)*
  economic structure Wirtschaftsstruktur *(f)*
  export structure Exportstruktur *(f)*, Exportwarenstruktur *(f)*
  financial structure Finanzstruktur *(f)*
  goods structure Warenstruktur *(f)*
  import structure Importstruktur *(f)*, Warenstruktur des Imports *(f)*
  market structure Marktstruktur *(f)*
  marketing structure Absatzstruktur *(f)*, Umsatzstruktur *(f)*, Verkaufsstruktur *(f)*, Vertriebsstruktur *(f)*
  organizational structure Organisationsstruktur *(f)*
  tariff structure Tarifstruktur *(f)*
struggle Kampf *(m)*
  business struggle Konkurrenzkampf *(m)*
  competitive struggle Konkurrenzkampf *(m)*
study Untersuchung *(f)*
  marketing study Bedarfsforschung *(f)*
stuff füllen
  stuff a container Behälter beladen *(m)*, Container beladen *(m)*
stuffing Containerstauung *(f)*
  stuffing of a container Beladen der Container *(n)*
  * **container stuffing** Containererfüllung *(f)*
style Art *(f)*
  style of the firm Bezeichnung der Firma *(f)*, Firmenname *(m)*
sub-carrier Unterfrachtführer *(m)*
sub-charter unterbefrachten, unterchartern, unterverfrachten
subcharter Unterbefrachtung *(f)*, Unterchartern *(n)*
subcharterer Unterbefrachter *(m)*, Untercharterer *(m)*
sub-chartering Unterbefrachtung *(f)*, Untercharterung *(f)*
subcontract Subkontrakt *(m)*

subcontractor Sublieferant *(m)*
sub-forwarder Befehlsspediteur *(m)*
sub-forwarding agent Unterspediteur *(m)*
subhire Untermiete *(f)*
subject unterstellen
subject the goods to a customs procedure Waren einem Zollregime unterwerfen *(pl)*, Waren zu einem Zollverkehr abfertigen *(pl)*
subject the goods to another customs procedure Waren einem anderen Zollverfahren zuführen *(pl)*
subject Subjekt *(n)*
subject of a claim Anspruchsgegenstand *(m)*
subject of a contract Vertragsgegenstand *(m)*, Vertragsobjekt *(n)*
subject of a contract clause Vertragsgegenstandsklausel *(f)*, Vertragsobjektsklausel *(f)*
subject of delivery Gegenstand der Lieferung *(m)*, Liefergegenstand *(m)*
subject of insurance Gegenstand der Versicherung *(m)*, Versicherungsobjekt *(n)*
subject of leasing Leasingobjekt *(n)*
subject of licence Lizenzobjekt *(n)*
subject of negotiations Verhandlungssache *(f)*
subject of pledge Pfandobjekt *(n)*
subject of traffic Handelsgegenstand *(m)*
subject to duty zollbar, zollpflichtig
subject to excise duty akzisebar, akzisepflichtig
subject to re-exportation unter dem Vorbehalt der Wiederausfuhr *(m)*
subjecting Überführung *(f)*
subjecting goods to the customs procedure Überführung der Waren in die vorübergehende Verwendung *(f)*
subject-master Gegenstand *(m)*
subject-master of the insurance Gegenstand der Versicherung *(m)*, Versicherungsobjekt *(n)*
subject-matter of contract Vertragsobjekt *(n)*
subheading Unterposition *(f)*
products falling within subheading ... *(customs tariff)* Erzeugnisse der Tarifstelle ... *(pl)*
submission Vorlegung *(f)*
submission of an offer Vorlegung eines Angebots *(f)*

submission of a declaration Abgabe der Anmeldung *(f)*, Abgabe der Erklärung (MwSt.) *(f)*
submission of the documents Hinterlegung der Dokumente *(f)*
submission of a guarantee Gewährung der Garantie *(f)*
submission of tender Vorlegung eines Angebots *(f)*
submit übertragen, vorweisen
submit an application Antrag einbringen *(m)*, Antrag einreichen *(m)*, Gesuch stellen *(n)*
submit a bill Wechsel präsentieren *(m)*
submit a certificate Bescheinigung vorlegen *(f)*
submit a customs declaration Zollerklärung abgeben *(f)*, Zollerklärung vorlegen *(f)*
submit a draft agreement Vertragsentwurf vorlegen *(m)*
submit the documents required erforderliche Dokumente vorlegen *(pl)*
submit an information Auskunft erteilen *(f)*, Information übertragen *(f)*
submit an offer Angebot unterbreiten *(n)*, Vorschlag machen *(m)*
submit an order Auftrag erteilen *(m)*, Auftrag geben *(m)*
submit a proof Beweis vorlegen *(m)*
submit a proposal Vorschlag vorlegen *(m)*
submit a return Steuererklärung abgeben *(f)*, Steuererklärung einreichen *(f)*
submit a tax declaration Steuererklärung abgeben *(f)*, Steuererklärung einreichen *(f)*
submit to arbitration an ein Schiedsgericht verweisen *(n)*, schiedsgerichtliche Entscheidung einholen *(f)*
sub-office Zweigstelle *(f)*
sub-office agency Abteilung *(f)*, agency Filiale *(f)*
sub-rental Untermiete *(f)*, Untervermietung *(f)*
subrogation Unterschiebung *(f)*
letter of subrogation Abtretungsurkunde *(f)*, Zessionsurkunde *(f)*
subscribe unterzeichnen
subscribe to a policy Police ausstellen *(f)*
subscription Abonnement *(n)* **2.** Subskriptions-
subscription fee Abonnementsgebühr *(f)*, Subskriptionsgebühr *(f)*
* terms of subscription Zeichnungsbedingungen *(pl)*

subsequent nachfolgend
subsequent endorser nachfolgender Indossant *(m)*
subsequent order Zusatzbestellung *(f)*
subsequent payment Nachzahlung *(f)*, Zuschlag *(m)*
subside subventionieren
subside the investments Investitionen subventionieren *(pl)*
subsidiary Niederlassung *(f)*, Zweigniederlassung *(f)*
subsidiary clause Hilfsklausel *(f)*
subsidiary company Tochtergesellschaft *(f)*
subsidiary occupation Zusatzbeschäftigung *(f)*
* **bank subsidiary** Bankfiliale *(f)*, Bankniederlassung *(f)*, Filialbank *(f)*
subsidization Subventionierung *(f)*
subsidization of agriculture Importsubventionierung *(f)*
subsidization of export Exportsubventionierung *(f)*
* **export subsidization** Ausfuhrsubvention *(f)*
subsidize bezuschüssen, subventionieren, Zuschüsse gewähren *(pl)*
subsidize export Export subventionieren *(m)*
subsidize the prices Preise stützen *(pl)*
subsidized subventioniert
subsidized export subventionierte Ausfuhr *(f)*, subventionierter Export *(m)*
subsidized import subventionierte Einfuhr *(f)*, subventionierter Import *(m)*
subsidizing Subventionierung *(f)* **2.** subventioniert
subsidizing price gestützter Preis *(m)*, subventionierter Preis *(m)*
subsidy Subvention *(f)*, Zuwendung *(f)*
subsidies to investment Investitionskostenzuschüsse *(pl)*, Investitionssubventionen *(pl)*
* **capital subsidies** Investitionskostenzuschüsse *(pl)*, Investitionssubventionen *(pl)*
Code on Subsidies and Countervailing Duties Kodex über Subventionen und Ausgleichszölle *(m)*
direct subsidy direkte Subvention *(f)*
export subsidy Exportsubvention *(f)*, Exportzuschuss *(m)*
government subsidy Staatszuschuss *(m)*
import subsidies Importsubventionen *(pl)*

implicit price subsidy indirekte Subvention *(f)*
price subsidy Preiszuwendung *(f)*
provision of subsidies Gewährung von Subventionen *(f)*
substandard minderwertig
substandard quality minderwertige Qualität *(f)*
substitute Austausch-
substitute goods Substitutionsgüter *(pl)*
substitution Ersatz *(m)*
substitution clause Klausel „Recht auf Schiffsersatz" *(f)*, Schiffsersatzrechtklausel *(f)*
subsupplier Sublieferant *(m)*
subtenancy Untermiete *(f)*
subtenancy contract Untermietvertrag *(m)*
suburban Vorort-
suburban train S-Bahn *(m)*, Vorortzug *(m)*
subvention Beihilfe *(f)*, Subvention *(f)*
direct subvention direkte Subvention *(f)*
export subvention Ausfuhrprämie *(f)*, Exportsubvention *(f)*
indirect subvention indirekte Subvention *(f)*
successive sukzessiv
successive delivery sukzessive Lieferung *(f)*
successive unloading aufeinander folgende Bestimmungsstellen *(pl)*
sue Klage erheben *(f)*
sue and labour clause Klausel zur Schadensabwendung und Schadensminderung *(f)*
suffer ertragen
suffer a loss Verlust nehmen *(m)*
sufferance Zulassen *(n)*
sufferance wharf Zollkai *(m)*
suit Klage *(f)*, Zivilklage *(f)*
suit for damages Klage auf Schadenersatz *(f)*
* **counter suit** Gegenklage *(f)*, Widerklage *(f)*
lodge a suit Klage einbringen *(f)*
nullity suit Klage auf Erklärung der Nichtigkeit *(f)*
sulphur Schwefel *(m)*
sulphur terminal Schwefelterminal *(m)*, Sulfurterminal *(m)*
sum Quote *(f)*, Summe *(f)*
sum of acceptance Akzeptbetrag *(m)*
sum of an order Bestellungsbetrag *(m)*
sum of a contract Kontraktbetrag *(m)*, Vertragssumme *(f)*

sum of interest Zinsbetrag *(m)*
sum of outlays Auslagenbetrag *(m)*
sum of payment Zahlbetrag *(m)*, Zahlungssumme *(f)*
sum payable Betrag *(m)*
sum total Gesamtbetrag *(m)*, Gesamtsumme *(f)*
* aggregate sum Gesamtbetrag *(m)*, Gesamtsumme *(f)*
balance of sum Betragsrest *(m)*
contract sum Kontraktbetrag *(m)*, Vertragssumme *(f)*
control sum Kontrollsumme *(f)*
cover sum **Deckungssumme** *(f)*
global sum Pauschalbetrag *(m)*, Pauschalsumme *(f)*
guarantee a sum Bürgschaft für einen Betrag leisten *(f)*
insurance sum Ersatzleistung der Versicherung *(f)*, Versicherungsentschädigung *(f)*
net sum Nettobetrag *(m)*
penal sum Konventionalstrafe *(f)*, Vertragsstrafe *(f)*
total sum Endbetrag *(m)*, Gesamtsumme *(f)*
total sum insured Gesamtversicherungssumme *(f)*
summary gekürzt, summarisch
summary declaration summarische Anmeldung *(f)*, summarische Zollanmeldung *(f)*
summary examination of goods *(customs)*
summarische Beschau *(f)*
summary list Gesamtverzeichnis *(n)*
summary procedure summarisches Verfahren *(n)*
summary proceedings summarisches Verfahren *(n)*
summary register Gesamtregister *(n)*
summary report zusammenfassender Bericht *(m)*
summer Sommer-
summer freeboard Sommerfreibord *(m)*
summer load line Sommerladelinie *(f)*, Sommertiefladelinie *(f)*
summer time Sommerzeit *(f)*
* tropical summer load-line tropische
Sommertiefladeline *(f)*
supercargo Supercargo *(m)*
superintend prüfen

superintendence Kontrolle *(f)*, Kontrollhandlungen *(pl)*
superintendence of weight Gewichtskontrolle *(f)*, Gewichtsüberwachung *(f)*
superintendence with guarantee of weight
Kontrolle mit Gewichtsgarantie *(f)*, Überwachung mit der Gewichtsgarantie *(f)*
superintendent Beschauer *(m)*, Prüfer *(m)*
superintendent engineer Hafeningenieur *(m)*
* cargo superintendent Frachtladungsaufseher *(m)*
marine superintendent nautischer Inspektor *(m)*
wharf superintendent Kaiverwalter *(m)*
superior besser
superior quality bessere Qualität *(f)*, Primaqualität *(f)*
superiority Überlegenheit *(f)*
supermarket Kaufhaus *(n)*
supership Superschiff *(n)*
superstructure Aufbauten *(pl)*
superstructure deck Aufbaudeck *(n)*
supervise kontrollieren, überwachen
supervision Aufsicht *(f)*, Kontrolle *(f)*,
Überwachung *(f)*
supervision by the customs authorities
zollamtliche Überwachung *(f)*, Zollaufsicht *(f)*
supervision measures *(customs)* Überwachungsmaßnahmen *(pl)*
supervision of quality Qualitätsüberwachung *(f)*
* administrative supervision administrative Aufsicht *(f)*
author supervision Autorenaufsicht *(f)*
banking supervision Bankaufsicht *(f)*
certificate of supervision Abnahmebescheinigung *(f)*, Probenahmebescheinigung *(f)*,
Warenprüfbescheinigung *(f)*
customs supervision Aufsicht der Zollbehörde *(f)*, Zollabfertigung *(f)*, zollamtliche
Überwachung *(f)*, Zollaufsicht *(f)*, Zollkontrolle *(f)*
authorization for processing under cu-
stoms supervision Bewilligung des Umwandlungsverfahrens *(f)*
destruction of goods under customs
supervision Zerstörung unter zollamtlicher
Aufsicht *(f)*

place under customs supervision Zollkontrolle unterwerfen *(t)*
processing under customs supervision
aktive Veredelung *(f)*, Umwandlung unter
zollamtlicher Prüfung *(f)*
  processing under customs supervision procedure Verfahren der Umwandlung unter zollamtlicher Überwachung *(n)*,
  Vorgang der vorübergehenden Verwendung *(m)*
engineering supervision technische Prüfung *(f)*, technische Überwachung *(f)*
sanitary supervision Gesundheitsaufsicht *(f)*
supervisor Prüfer *(m)*, Revident *(m)*
customs supervisor Zollkommissar *(m)*
supervisory überwachend
supervisory board Aufsichtsrat *(m)*, Verwaltungsrat *(m)*
supplement Supplement *(n)*, Vervollständigung *(f)*, Zuschuss *(m)*
supplement of contract Beilage zu einem
Vertrag *(t)*
* wage supplement Lohnzuschlag *(m)*
supplementary zusätzlich
supplementary certificate Zusatzbescheinigung *(f)*
supplementary charge Gebührenzuschlag *(m)*
supplementary claim Nebenanspruch *(m)*,
Zusatzforderung *(f)*
supplementary commercial documents
Zusatzhandelsurkunden *(pl)*
supplementary contract Zusatzabkommen *(n)*
supplementary credit Nachtragskredit *(m)*,
Zusatzkredit *(m)*
supplementary customs charge Zollaufschlag *(m)*
supplementary entry *(customs)* ergänzende
Anmeldung *(f)*
supplementary form Ergänzungsvordruck *(m)*
supplementary information Zusatzinformation *(f)*
supplementary invoice ergänzende Rechnung *(f)*
supplementary levy Ergänzungsabgabe *(f)*
supplementary list Zusatzliste *(f)*
supplementary payment Nachzahlung *(f)*,
Zusatzzahlung *(f)*
supplementary period Nachfrist *(f)*
supplementary policy Zusatzpolice *(f)*
supplementary protocol Ergänzungsprotokoll *(n)*, Zusatzprotokoll *(n)*

supplementary statement Zusatzbericht *(m)*
* impose a supplementary tax zusätzliche Steuer einführen *(f)*
supplier Lieferant *(m)*
supplier's credit Lieferentenkredit *(m)*
suppliers' declaration Lieferantenerklärung *(f)*
supplier's invoice Rechnung des Lieferanten *(f)*
supplier's name Zulieferername *(m)*
supplier of goods Lieferer *(m)*
supplier of services Dienstleistender *(m)*
supplier proposal Angebot des Lieferanten *(n)*
* general supplier Generallieferant *(m)*,
Hauptlieferant *(m)*
long-term suppliers' declaration Lieferantenerklärung *(f)*
name of supplier Zulieferername *(m)*
principal supplier Generallieferant *(m)*,
Hauptlieferant *(m)*
supply liefern
supply the data Angaben verschaffen *(pl)*,
Angaben verschiffen *(pl)*
supply goods Gut liefern *(n)*, Ware liefern *(f)*
supply a merchandise Gut liefern *(n)*, Ware
liefern *(f)*
supply an information Auskunft erteilen *(f)*,
Auskunft geben *(f)*, Auskunft erteilen *(f)*, Auskünfte übermitteln *(pl)*
supply Ablieferung *(f)*, Angebot *(n)*, Anlieferung *(f)*, Auslieferung *(f)*, Lieferung *(f)*,
Zuliefern *(n)*
supply-and-demand equilibrium Gleichgewicht von Angebot und Nachfrage *(n)*
supply analysis Angebotsanalyse *(f)*
supply and demand Angebot und Nachfrage *(n)*
supplies department Einkaufsabteilung *(f)*
supply documentary evidence nachweisen
supply free of charge (goods) unentgeltlich liefern
supply of services Erbringung von Dienstleistungen *(f)*
supply of transport services Beförderungsleistungenangebot *(n)*, Transportdienstangebot *(n)*
supply price Lieferpreis *(m)*
supply surplus Angebotsüberhang *(m)*,
Überangebot *(n)*
supply system Versorgungssystem *(n)*
* additional supply Nachlieferung *(f)*, Zusatzlieferung *(f)*

commodity in short supply Defizitware *(f)*
date of supply Lieferdatum *(n)*, Tag der Lieferung *(m)*
day of supply Auslieferungstermin *(m)*, Liefertag *(m)*
effect a supply Lieferung durchführen *(f)*, Lieferung erfüllen *(f)*, Lieferung vollziehen *(f)*
equilibrium of supply and demand Gleichgewicht von Angebot und Nachfrage *(n)*
excess of supply Angebotsüberhang *(m)*, Überangebot *(n)*
export supply Exportangebot *(n)*, Exportlieferung *(f)*
law of supply and demand Gesetz von Nachfrage und Angebot *(n)*
mutual supply Gegenlieferung *(f)*
stoppage of supplies Lieferstopp *(m)*
taxable supply steuerpflichtige Lieferung *(f)*
supplying liefernd
supplying firm Lieferfirma *(f)*
support Hilfe *(f)*
support price Stützungspreis *(m)*
* agriculture support Subventionierung der Landwirtschaft *(f)*
export credit support Exportkreditgewährung *(f)*
supporting Eingreifen *(n)*, Intervention *(f)*
suppression Verdrängung *(f)*
surcharge zusätzliche Steuer *(n)*, Zuschlag *(m)*
surcharge on the freight Frachtzuschlag *(m)*
* congestion surcharge Hafenverstopfungszuschlag *(m)*, Verstopfungszuschlag *(m)*, Zuschlag für Wartezeiten wegen Überfüllung *(m)*
customs surcharge Zollnebengebühr *(f)*
customs surcharge Zuschlagszoll *(m)*
export surcharge Exportabgabe *(f)*, Exportzuschuss *(m)*
freight surcharge Frachtzuschlag *(m)*, Primage *(f)*
import surcharge Einfuhraufschlag *(m)*, Importabgabe *(f)*, Zusatzeinfuhrgebühr *(f)*
special surcharge zusätzliche Gebühr *(f)*
surety Bürgschaft *(f)*, Gewähr *(f)*, Kaution *(f)* **2.** Garant *(m)*, Gewährsmann *(m)*
surety bank Bürgebank *(f)*, Garantbank *(f)*
surety commission Delkredereprovision *(f)*
surety deed Garantieschreiben *(n)*, Schuldschein *(m)*

surety for a credit Kreditsicherheit *(f)*
surety for a loan Darlehenssicherung *(f)*
surety line Garantiegrenze *(f)*
surety of a bill Wechselaval *(m)*, Wechselbürgschaft *(f)*
* contract of surety Garantieleistungsvertrag *(m)*, Haftungsvertrag *(m)*
counter surety wechselseitige Bürgschaft *(f)*
export surety Ausfuhrgarantie *(f)*, Exportgarantie *(f)*
joint surety Kollektivgarantie *(f)*, Mitgarantie *(f)*
secondary surety Zusatzbürgschaft *(f)*
suretyship Bürgschaft *(f)*, Delkredere *(n)*, Gewähr *(f)*
surface Fläche *(f)*, Raum *(m)*
surface transport Landtransport *(m)*, Landverkehr *(m)*, Transport zu Lande *(m)*
surface transportation Landtransport *(m)*, Transport zu Lande *(m)*
surgeon Chirurg *(m)*
veterinary surgeon Tierarzt *(m)*, Veterinär *(m)*
surpass überschreiten
surplus Überschuss *(m)* **2.** zusätzlich
surplus delivery Mehrlieferung *(f)*
surplus labor time zusätzliche Arbeitszeit *(f)*
surplus of weight Übergewicht *(n)*
surplus on balance of payments Zahlungsbilanzüberschuss *(m)*
surplus on visible trade Handelsbilanzüberschuss *(m)*
surplus product Extraprodukt *(n)*
* balance of payments surplus Zahlungsbilanzüberschuss *(m)*
balance of trade surplus Exportüberschuss *(m)*, Handelsbilanzüberschuss *(m)*
demand surplus Übernachfrage *(f)*, Übernachfrage *(f)*
export surplus Exportüberschuss *(m)*, Handelsbilanzüberschuss *(m)*
external surplus Ausfuhrüberhang *(m)*, Außenhandelsüberschuss *(m)*, Leistungsbilanzüberschuss *(m)*
net export surplus Nettoausfuhr *(f)*, Nettoexport *(m)*
net import surplus Nettoimport *(m)*
supply surplus Angebotsüberhang *(m)*, Überangebot *(n)*
trade surplus Handelsüberschuss *(m)*
surrender zurücktreten

surrender Abtretung *(f)*, Übergabe *(eines Dokumentes)* *(f)*, Übertragung *(f)*
surrender of the documents Aushändigung der Dokumente *(f)*, Herausgabe der Dokumente *(f)*, Weitergabe von Akten *(f)*
surtax zusätzliche Steuer *(n)*, Zuschlag *(m)*
surveillance Überwachung *(f)*
surveillance system Überwachungssystem *(n)*
* **customs surveillance zone** vom Zoll überwachter Bereich *(m)*
prior Community surveillance *(customs) (EU)* vorherige gemeinschaftliche Überwachung *(f)*
system of surveillance *(customs)* Überwachungssystem *(n)*
survey prüfen
survey cargo Kargo prüfen *(m)*
survey Beschaubefund *(m)*, Inspektion *(f)*, Sondierung *(f)*, visuelle Prüfung *(f)*
survey certificate Kontrollzertifikat *(n)*, Untersuchungsbericht *(m)*
survey of hatches Ladelukekontrolle *(f)*
survey of the ship Schiffsinspektion *(f)*
survey report Beschaubefund *(m)*, Besichtigungsschein *(m)*, Havariezertifikat *(n)*, Schadenszertifikat *(n)*, Tatbestandsaufnahme *(f)*, Untersuchungsbericht *(m)*
* **cargo survey** Kargokontrolle *(f)*, Ladungskontrolle *(f)*
certificate of survey Besichtigungsprotokoll *(n)*, Besichtigungsschein *(m)*, Besichtigungsschein *(m)*, Havariezertifikat *(n)*, Schadensbericht *(m)*, Schadenszertifikat *(n)*, Warenprüfbescheinigung *(f)*
classification survey Klassifizierungsprüfung *(f)*
control survey Kontrollprüfung *(f)*
damage survey Schadensaufnahme *(f)*, Schadensgutachten *(n)*, Schadensprüfung *(f)*, Tatbestandsaufnahme *(f)*
follow-up survey Nachuntersuchung *(f)*
general survey Gesamtübersicht *(f)*
investment survey Investitionsumfrage *(f)*
technical survey technische Durchsicht *(f)*, technische Überwachung *(f)*
telephone survey Telefoninterview *(n)*
trade survey Handelsbericht *(m)*, Wirtschaftsbericht *(m)*
surveying Durchsicht *(f)*

surveyor Aufsichtsbeamte *(m)*, Experte *(m)*, Prüfbeamte *(m)*
average surveyor Havariekommissar *(m)*, Havariesachverständiger *(m)*, Havarievertreter *(m)*
classification surveyor Klassifikationsaufseher *(m)*
Lloyd's surveyor Lloydsinspektor *(m)*
marine surveyor Seesachverständiger *(m)*
stowage surveyor Stauensachverständiger *(m)*
suspend einstellen, vertagen
suspend a duty Zoll aufheben *(m)*
suspend the collection of customs duties in full Zollerhebung ganz aussetzen *(f)*
suspend the collection of customs duties in part Zollerhebung teilweise aussetzen *(f)*
suspend the customs duties Erhebung der Zölle aussetzen *(f)*
suspend an export Export sperren *(m)*
suspend an import Import sperren *(m)*
suspend a payment Zahlung einstellen *(pl)*
suspend the TIR operation TIR-Transport aussetzen *(m)*
suspense Einstellung *(f)*
bill in suspense nicht eingelöster Wechsel *(m)*
suspension Aufhebung *(f)*, Aussetzung *(f)*
suspension of an import duty Aussetzung von Einfuhrabgaben *(f)*
suspension of customs duties Aussetzung der Zollsätze *(f)*, Zollaussetzung *(f)*
suspension of enforcement of the decision Aussetzung einer Entscheidung *(f)*
suspension of payments Einstellung der Zahlungen *(f)*, Zahlungseinstellung *(f)*
suspension of tariff concessions *(customs)* Aussetzung von Zollzugeständnissen *(f)*, einstweilige Aufhebung von Zollzugeständnissen *(f)*
suspension system Aussetzungsverfahren *(n)*
* **duty suspension** Aussetzung der Zollsätze *(f)*, Zollaussetzung *(f)*
temporary suspension vorübergehende Aussetzung *(f)*
suspensive aufschiebend
suspensive arrangement Nichterhebungsverfahren *(n)*
* **autonomous suspensive** autonome Aussetzungsmaßnahmen *(pl)*

swap Swapgeschäft *(n)*
swap body Wechselaufbau *(m)*, Wechselpritsche *(f)*
swap transaction Swapgeschäft *(n)*
* **currency swap** Währungsswap *(n)*
debt swap Verschuldungsumlagerung *(f)*
swash Schwen *(n)*
swash bulkhead Schlingerschott *(n)*
swift Swift *(n)*
swindle Prellerei *(f)*
customs swindle Zollumgehung *(f)*
swing Swing *(m)*
swing credit technischer Kredit *(m)*
swings of demand Nachfrageschwankungen *(pl)*
switch Switch *(n)*
commodity switch Warenswitch *(n)*
financial switch Finanzswitch *(n)*
switching Wechseln *(n)*
switching currency Währungsumrechnung *(f)*, Währungsumstellung *(f)*
sworn vereidigt
sworn broker beeidigter Makler *(m)*, vereidigter Makler *(m)*
sworn cargo checker vereidigter Ladungskontrolleur *(m)*, vereidigter Tallymann *(m)*
sworn expert vereidigter Sachverständiger *(m)*
sworn tallyman vereidigter Ladungskontrolleur *(m)*, vereidigter Tallymann *(m)*
sworn weigher amtlicher Wäger *(m)*
symbol Zeichen *(n)*
symbol of documents Geschäftszahl *(f)*
symbol of files Aktennummer *(f)*
symbol 'T' *(CT)* Kurzbezeichnung T *(f)*
symbol T1 Kurzbezeichnung T1 *(f)*
* **identification symbols** Erkennungszeichen *(pl)*
sympathetic mitfühlend
sympathetic strike Warnstreik *(m)*
syndicate Konsortium *(n)*
system System *(n)*
system for duty relief Zollbefreiungsregelung *(f)*
system of administration Verwaltungssystem *(n)*
system of anti-dumping tariff Antidumpingzöllesystem *(n)*

system of control Kontrollsystem *(n)*
system of customs control Zollkontrollsystem *(n)*
system of customs preferences Zollpräferenzensystem *(n)*
system of customs warehouses Zolllagerung *(f)*
system of distribution Verteilungssystem *(n)*
system of excise duties Verbrauchssteuersystem *(n)*
system of exports Exportsystem *(n)*
system of management Führungssystem *(n)*, Managementsystem *(n)*
system of payments Zahlungssystem *(n)*
system of preference tariffs System der Vorzugszölle *(n)*, Vorzugszöllesystem *(n)*
system of preferences Präferenzensystem *(n)*
Generalised System of Preferences Allgemeines Bevorzugungssystem *(n)*, Allgemeines Präferenzsystem (APS) *(n)*
general system of preferences certificate allgemeines System der Präferenzzertifikate *(n)*
system of prevention Präventionssystem *(n)*
system of processing under customs control Verfahren der Umwandlung unter zollamtlicher Überwachung *(n)*
system of prohibitive tariffs System der Prohibitivzölle *(n)*, System der Schutzzölle *(n)*, System der Vorzugszölle *(n)*, Vorzugszöllesystem *(n)*
system of surveillance *(customs)* Überwachungssystem *(n)*
system of tariffs System der Zölle *(n)*, Zollsystem *(n)*
system of temporary admission Verfahren der vorübergehenden Einfuhr *(n)*
system of transport Beförderungssystem *(n)*, Transportwesen *(n)*
system of transport under customs seal Beförderung unter Zollverschluss *(f)*
system of turnover taxes Umsatzsteuersystem *(n)*
system of VAT Mehrwertsteuersystem *(n)*
common system of VAT gemeinsames Mehrwertsteuersystem *(n)*
* **automated navigation system** automatisiertes Navigationssystem *(n)*
automatic data-processing system automatisiertes Datenverarbeitungssystem *(n)*

banking system Bankensystem *(n)*
be subject to a system Regelung unterliegen *(f)*
classification system Klassifikationssystem *(n)*
commercial system Handelssystem *(n)*
commission system Provisionssystem *(n)*
Community system *(EU)* gemeinschaftliches System *(n)*
Community transit system Gemeinschaftliches Versandverfahren *(n)*
computerized system for processing declarations Datenverarbeitungsanlage zur Behandlung der Anmeldungen *(f)*
container transport system (CTS) Containertransportsystem *(n)*
conventional tariff system Vertragszollsystem *(n)*
currency system Geldwesen *(n)*, Währungssystem *(n)*
customs transit system Zollgutversandverfahren *(n)*
data collection system Datenerfassungssystem *(n)*
dealer system Händlernetz *(n)*, Händlernetzwerk *(n)*
delivery system Lieferungssystem *(n)*
distributing system Organisation des Vertriebs *(f)*
distribution system Verteilungssystem *(n)*
economic system Wirtschaftssystem *(n)*
electronic funds transfer system System des Elektronischen Zahlungsverkehrs *(n)*
excise system Verbrauchssteuerregelung *(f)*
exemption system Befreiungsregelung *(f)*
financial system Finanzsystem *(n)*
flat-rate system pauschale Regelung *(f)*
float-on/float-off system flo/flo-System *(n)*, Lo-Lo-System *(n)*
goods flow control system Warenflusssteuerungssystem *(n)*
guarantee system Garantiesystem *(n)*
  deposit guarantee system Einlagensicherungssystem *(n)*
  flat-rate guarantee system System der Pauschalbürgschaft *(n)*
  international guarantee system internationales Bürgschaftssystem *(n)*
Harmonized Commodity Description and Coding System Harmonisiertes System zur Beschreibung und Codierung von Waren *(n)*,

Harmonisiertes System zur Bezeichnung und Codierung der Waren (HS) *(n)*
harmonized system harmonisiertes System *(n)*
import quota system Importquotensystem *(n)*
information system Informationssystem *(n)*
intermodal shipping system multimodales Transportsystem *(n)*
international monetary system Weltwährungssystem *(n)*
Intrastat system Intrastat-System *(n)*
legal system Justizsystem *(n)*, Rechtssystem *(n)*
lift-on/lift-off system konventionelle Beladung eines Schiffes *(f)*, Ladung wird angeboten und herabgelassen *(f)*
management system Führungssystem *(n)*, Managementsystem *(n)*
manufacturing system Produktionssystem *(n)*
market system Marktsystem *(n)*
marketing system Vertriebsorganisation *(f)*
minimum price system Mindestpreissystem *(n)*
Nomenclature of the Harmonized Commodity Description and Coding System kombinierte Nomenklatur (KN) *(f)*
payment system Zahlungssystem *(n)*
permission to use the drawback system Verfahren der Zollrückvergütung *(n)*
price system Preissystem *(n)*
production system Produktionssystem *(n)*
prohibitive system System der Prohibitivzölle *(n)*
protective tariffs system Zollprotektionismus *(m)*
quality auditing system Qualitätskontrollsystem *(n)*
quality system Qualitätskontrollsystem *(n)*
quota system Kontingentierungssystem *(n)*
quota system for exports Ausfuhrkontingentierung *(f)*, Exportkontingentierung *(f)*, Kontingentierung der Ausfuhr *(f)*, Kontingentierung des Exports *(f)*
quota system for imports Einfuhrkontingentierung *(f)*, Importkontingentierung *(f)*, Kontingentierung der Einfuhr *(f)*, Kontingentierung des Imports *(f)*
refund system Erstattungsregelung *(f)*
registration system Registrierungssystem *(n)*
repayment on an instalment system Ratenzahlung
retail trade system Einzelhandelssystem *(n)*

roll-on/roll-off system Roll-on/Roll-off-System (n)

satellite navigation system Satellitennavigationssystem (n)

savings bank system Sparkassensystem (n)

sealing system Verschlusssystem (n)

special system besonderes System (n)

supply system Versorgungssystem (n)

surveillance system Überwachungssystem (n)

suspension system Aussetzungsverfahren (n)

tariff system System der Zölle (n), Tarifschema (n), Zollsystem (n)

tax credit system Steuergutschriftsystem (n)

tax system Steuerregelung (f)

tax system overhaul Prüfung des Steuersystems (f)

TIR system TIR-System (n)

trade system Handelssystem (n)

transport system Beförderungssystem (n), Transportwesen (n)

unitary tax system einheitliches Steuersystem (n)

VAT system Mehrwertsteuerregelung (f)

T

T1 document Versandpapier T1 (n)
T1 operation T1-Verfahren (n)
T1 procedure T1-Verfahren (n)
T2 document Versandpapier T2 (n)
T2 operation T2-Verfahren (n)
T2 procedure T2-Verfahren (n)
T2F procedure T2F-Verfahren (n)
T2L document Versandpapier T2L (n)
table Tabelle (f)
  table of exchange rates Kursanzeigetafel (f), Kurszettel (m)
  table of exchanges Kursanzeigetafel (f), Kurszettel (m)
  table of fees Gebührentarif (m)
  table of interests Zinstabelle (f)
  table of port charges Hafengeldtarif (m), Hafentarif (m)
  table of rates Tarifordnung (f)
  * conversion table Umrechnungstabelle (f)
  discount table Diskonttafel (f)
  rate table Beitragsstaffelung (f)
tachograph Fahrtschreiber (m)
tacit still
  tacit acceptance stilles Akzept (n)
  tacit hypothecation clause Ladungspfandrechtsklausel (f), Lastpfandrechtsklausel (f), Schiffspfandrechtsklausel (f)
  tacit mortgage Legalhypothek (f)
tail Schuldschein (m)
take annehmen, beziehen, einziehen
  take a acknowledgment Bestätigung erhalten (f)
  take a cargo Ladung einnehmen (f), Ladung übernehmen (f)
  take a copy Kopie machen (f)
  take a delivery Lieferung entgegennehmen (f), Ware entgegennehmen (f)
  take the documents Dokumente aufnehmen (pl)
  take a draft for collection Tratte zum Inkasso hereinnehmen (f)
  take the protocol Protokoll anfertigen (n)
  take the tare Tara berechnen (f)

  take a risk Risiko übernehmen (n)
  take in bond Ware auf Lager nehmen (f)
  take in cargo Ladung einnehmen (f), Ladung übernehmen (f)
  take in freight Güter annehmen (pl)
  take into the custody zur Aufbewahrung übernehmen (f)
  take on credit auf Kredit nehmen (m), Kredit aufnehmen (m)
  take on discount abzinsen
  take to first carrier zum ersten Verkehrsträger liefern (m)
take away ausführen, exportieren, wegbringen
take out ausführen
  take out a charter Konzession erhalten (f)
  take out of pledge Pfand einlösen (n)
take part teilnehmen
taker Abnehmer (m)
  taker of a bill Akzeptant (m)
taking Einnahme (f)
  taking of samples Probenziehung (f)
  tale quale wie die Ware steht und liegt (f)
tallier Ladungskontrolleur (m)
tally Zähler (m)
  tally card Liefermengenbericht (m), Tallykarte (f)
  tally clerk Ladungskontrolleur (m), Tallyman (m)
  tally note Messbrief (m), Zählungsattest (n)
  tally roll Kontrollliste (f)
  tally sheet Messbrief (m), Zählungsattest (n)
  * shipper's load and tally Verladungs- und Bezeichnungskosten für Verfrachter (f), Verschiffungs- und Bezeichnungkosten für Verlader (f)
tallying Kennzeichnung (f), Markierung (f)
tallyman Ladungskontrolleur (m), Tallyman (m)
  tallyman's receipt Tallykarte (f)
  * sworn tallyman vereidigter Ladungskontrolleur (m), vereidigter Tallymann (m)
tallysheet Messbrief (m), Zählungsattest (n)
tamper fälschen
  tamper with the books Bücher verfälschen (pl)
  tamper with a document Dokument fälschen (n), Urkunde verfälschen (f)

tank Tankwagen *(m)*
tank barge Tankkahn *(m)*
tank car Kesselwaggon *(m)*, Tankauto *(n)*
  rail tank car Eisenbahnkesselwagen *(m)*,
  Tankwaggon *(m)*
  railroad tank car Tankwagen *(m)*, Zisternwagen *(m)*
tank container Tankcontainer *(m)*
tank freight car Tankfahrzeug *(n)*, Tankwagen *(m)*
tank semitrailer Kasselwagen-Auflieger *(m)*,
Tankauflieger *(m)*, Tankwagen-Auflieger *(m)*
tank ship Tanker *(m)*, Tankschiff *(n)*
tank trailer Tankanhänger *(m)*
tank truck Tankfahrzeug *(n)*, Tankwagen *(m)*
tank wagon Tankwagen *(m)*, Zisternwagen *(m)*
* **cargo in tanks** flüssiges Gut *(n)*
  free tank frei Zisterne *(f)*
  road tank vehicle Straßenkesselwagen *(m)*

tanker Tanker *(m)* , Tankschiff *(n)*
tanker fleet Tankerflotte *(f)*
tanker shipping Tankschifffahrt *(f)*
* **cargo manifest for river tankers** Flusstankermanifest *(n)*
  chemical tanker Chemikalientanker *(m)*
  liquefied natural gas tanker Flüssigerdgastanker *(m)*
  oil tanker Öltanker *(m)*

tanktainer Tankcontainer *(m)*
tapering degressiv
  tapering rates degressiver Tarif *(m)*
tare tarieren

tare Leergewicht *(n)*, Tara *(f)*, Verpackungsgewicht *(n)*
tare allowance Toleranztara *(f)*
tare weight Leergewicht *(n)*, Taragewicht *(n)*,
Verpackungsgewicht *(n)*
* **actual tare** reines Verpackungsgewicht *(n)*
  average tare durchschnittliche Tara *(f)*
  customary tare handelsübliche Tara *(f)*, übliche Tara *(f)*
  custom-house tare gesetzliche Tara *(f)*,
Zolltara *(f)*
  customs tare gesetzliche Tara *(f)*, Zollgewicht *(n)*, Zolltara *(f)*
  estimated tare geschätzte Tara *(f)*, Schätzungstara *(f)*
  extra tare Übertara *(f)*

  invoice tare Fakturentara *(f)*
  legal tare gesetzliche Tara *(f)*
  net tare Nettotara *(f)*
  original tare Originaltara *(f)*
  percentage tare prozentuale Tara *(f)*
  real tare reines Verpackungsgewicht *(n)*
  take the tare Tara berechnen *(f)*
  usual tare Usancetara *(f)*, Usotara *(f)*

target Aufgabe *(f)*
target group Zielgruppe *(f)*
target market aufnahmefähiger Markt *(m)*,
Zielmarkt *(m)*
target of the claim Reklamationsgegenstand *(m)*
target price Zielpreis *(m)*
* **export targets** Exportplan *(m)*

tariff Tarif *(m)*, Tarifordnung *(f)* **2.** Tarif-
tariff agreement Tarifabkommen *(n)*, Tarifvereinbarung *(f)*, Tarifvertrag *(m)* **2.** Zollabkommen *(n)*, Zollkonvention *(f)*, Zolltarifabkommen *(n)*, Zollvertrag *(m)*
tariff allowance Tarifbegünstigung *(f)*
tariff arrangement Zollbehandlung *(f)*
  preferential tariff arrangement Zollpräferenzabkommen *(n)*
tariff autonomy Tarifautonomie *(f)*
tariff bargaining Tarifverhandlungen *(pl)*
tariff barrier Zollbarriere *(f)*
tariff barriers Zollerschwernisse *(pl)*
tariff category Tarifklasse *(f)*
tariff ceiling Tarifplafond *(m)*, zolltarifliche
Einreihung *(f)*
  establish a tariff ceiling Tarifplafond festlegen *(m)*
tariff class Tarifklasse *(f)*
tariff classification Tarifierung *(f)*
  tariff classification of goods tarifliche
Einreihung der Waren *(f)*
tariff code Tarifcode *(m)*
Tariff Commission Tarifkommission *(f)*
tariff competition Tarifkonkurrenz *(f)*
tariff concession Zolltarifzugeständnis *(n)*
  suspension of tariff concessions *(customs)*
Aussetzung von Zollzugeständnissen *(f)*,
einstweilige Aufhebung von Zollzugeständnissen *(f)*
tariff cut Tariferlass *(m)*, Zollermäßigung *(f)*,
Zollnachlass *(m)*
tariff cutting Zollermäßigung *(f)*, Zollnachlass *(m)*

tariff description of goods *(customs)* tarifliche Warenbezeichnung *(f)*
tariff difference Tarifdifferenz *(f)*
tariff discrimination Zolldiskriminierung *(f)*
tariff distance Tarifentfernung *(f)*
tariff escalation Tariferhöhung *(f)*, Tarifsteigerung *(f)*
tariff for carriage Tarif für die Beförderung *(m)*
tariff for tare carriage Frachttarif für Tara *(m)*
tariff for the transit Transitfrachttarif *(m)*
tariff for the transit of goods Durchgangstarif *(m)*, Transittarif *(m)* **2.** Transitzolltarif *(m)*
tariff harmonization Tarifangleichung *(f)*
customs tariff harmonization Harmonisierung der Zolltarife *(f)*
tariff heading Tarifposition *(f)*, Tarifnummer *(f)*
be classified in a tariff heading unter eine Tarifnummer fallen *(f)*, zu einer Tarifnummer gehören *(f)*
change of tariff heading Wechsel der Tarifnummer *(m)*
come under a tariff heading Tarifnummer zugewiesen werden *(f)*
tariff increase Zöllenerhöhung *(f)*
tariff information Tarifinformation *(f)*, Zollauskunft *(f)*, Zollinformation *(f)*
tariff item Tarifposition *(f)*
tariff law Zollrecht *(n)*
breach of the tariff law Übertretung des Zollgesetzes *(f)*
harmonization of tariff law Zollrechtsangleichung *(f)*
tariff legislation Zollgesetzgebung *(f)*, zollrechtliche Vorschriften *(pl)*
tariff level Tarifniveau *(n)*
tariff making Tarifkalkulation *(f)*
tariff measures Tarifmaßnahmen *(pl)*
preferential tariff measures tarifliche Präferenzmaßnahmen *(pl)*, Zollpräferenzmaßnahmen *(pl)*
tariff negotiations Tarifverhandlungen *(pl)*, Zollkonferenz *(f)*
tariff nomenclature Tarifnomenklatur *(f)*
Brussels Tariff Nomenclature Brüsseler Nomenklatur *(f)*
classification of goods according to the customs tariff nomenclature of goods Einreihung von Waren nach der Warennomenklatur des Zolltarifs *(f)*

Common Customs Tariff nomenclature of the Member States *(EU)* gemeinsames Zolltarifschema der Mitgliedstaaten *(n)*
tariff number Tarifnummer *(f)*
tariff of import duties Importtarif *(m)*
tariff policy Tarifpolitik *(f)* **2.** Zollpolitik *(f)*
tariff preferences tarifliche Präferenzen *(pl)*, Zollbegünstigungen *(pl)*, Zollpräferenzbehandlungen *(pl)*, Zollpräferenzen *(pl)*
tariff price Tarifpreis *(m)*
tariff protection Zollschutz *(m)*, Zollwache *(f)*
tariff protectionism Tarifprotektionismus *(m)*
tariff quota Tarifkontingent *(n)*
Community tariff quota *(EU)* gemeinschaftliches Zollkontingent *(n)*, Gemeinschaftszollkontingent *(n)*
establish a tariff quota Tarifkontingent festlegen *(n)*
general tariff quota allgemeiner Tariffreibetrag *(m)*
opening of a tariff quota Eröffnung eines Zollkontingents *(f)*
tariff quota list Liste der Zollkontingente *(f)*
tariff rate Tarifrate *(f)*
cut in tariff rates Tarifsenkung *(f)*
freight tariff rate Tariffrachtrate *(f)*
indirect tariff rate indirekter Tarifsatz *(m)*
lowering of tariff rates Tarifsatzherabsetzung *(f)*
reduce a tariff rate Zollsatz senken *(m)*
special tariff rate Ausnahmezollsatz *(m)*
tariff rebate Tarifrabatt *(m)*
tariff reduction Tarifbegünstigung *(f)*, Tariferlass *(m)*, Tarifermäßigung *(f)*, Tarifsenkung *(f)*, Zollerlass *(m)*, Zollermäßigung *(f)*
tariff reform Zollpolitikreform *(f)*
tariff regulations Tarifbestimmungen *(pl)*, Tarifordnung *(f)*, Tarifbeschränkungen *(pl)*
tariff restrictions Tarifbeschränkungen *(pl)*
remove tariff restrictions Tarifbeschränkungen beseitigen *(pl)*
tariff ring Versicherungskartell *(n)*, Versicherungspool *(m)* **2.** Zollkartell *(n)*
tariff rules Tarifbestimmungen *(pl)*, Tarifordnung *(f)*
tariff scale Tarifnetz *(n)*
tariff schedule Tarifnetz *(n)*
tariff specification Tarifspezifikation *(f)*
tariff structure Tarifstruktur *(f)*

tariff system System der Zölle *(n)*, Tarif-schema *(n)*, Zollsystem *(n)*
  conventional tariff system Vertragszoll-system *(n)*
tariff treatment Zollbehandlung *(f)*, zolltarifliche Behandlung *(f)*
tariff union Zollbund *(m)*
tariff valuation Zollbemessung *(f)*, Zollbewertung *(f)*
tariff value Tarifwert *(m)*
tariff wall Zollsperre *(f)*
tariff war Zollkrieg *(m)*
tariff zone Tarifzone *(f)*
  preferential tariff zone Vorzugstarifzone *(f)*
* abatement of tariff Tarifermäßigung *(f)*
ad valorem tariff Werttarif *(m)*, Wertzolltarif *(m)*
agency tariff Vertretertarif *(m)*
agreed tariff Vertragstarif *(m)*
agreement on tariffs and trade Zoll- und Handelsabkommen *(n)*
alignment of tariffs Tarifausgleich *(m)*
applicable tariff geltender Zolltarif *(m)*
apply a tariff Tarif anwenden *(m)*
autonomous tariff autonomer Tarif *(m)*, autonomer Zolltarif *(m)*
bargaining tariff Vertragszolltarif *(m)*
basic tariff Basiszolltarif *(m)*, Grundtarif *(m)*
binding tariff information (BIT) verbindliche Zolltarifauskunft (VZTA) *(f)*
  change of binding tariff information Änderung der verbindlichen Zolltarifauskunft *(f)*
cargo tariff Frachttarif *(m)*, Gütertarif *(m)*
change of tariff Änderung des Tarifs *(f)*
cheap tariff Begünstigungstarif *(m)*
combined tariff/statistical nomenclature kombinierte Zolltarif- und Statistiknomenklatur *(f)*
compensating tariff Ausgleichstarif *(m)*, Ausgleichszolltarif *(m)*
compound tariff kombinierter Zolltarif *(m)*, Mischtarif *(m)*
container service tariff (CST) Containerdienstleistungtarif *(m)*, Containerdienst-Tarif *(m)*, Tarif für Containerleistungen *(m)*
contractual tariff kombinierter Zolltarif *(m)*, Mischtarif *(m)*, Vertragszolltarif *(m)*
convention on tariff Zollkonvention *(f)*
conventional tariff Konventionstarif *(m)*
customs measures relating to tariffs zolltarifliche Maßnahmen *(pl)*

customs tariff Zolltarif *(m)*
autonomous customs tariff autonomer Zolltarif *(m)*
classification of goods under customs tariff Einordnung der Waren in die Zolltarife *(f)*
Committee on Common Customs Tariff Nomenclature *(EU)* Ausschuss für das Schema des gemeinsamen Zolltarifs *(m)*
common customs tariff gemeinsamer Zolltarif (EG-Länder) *(m)*
compile a customs tariff Zolltarif aufstellen *(m)*
convention customs tariff konventionaler Tarif *(m)*
discriminatory customs tariff diskriminierender Zolltarif *(m)*, Diskriminierungstarif *(m)*
Nomenclature for the classification of goods in customs tariff Zolltarifschema für die Einreihung der Waren in die Zolltarife *(n)*
non-discriminatory customs tariff nichtdiskriminierender Zolltarif *(m)*
position in the customs tariff Tarifposition *(f)*
Customs Tariff nomenclature Zolltarifschema *(n)*
Common Customs Tariff nomenclature of the Member States *(EU)* gemeinsames Zolltarifschema der Mitgliedstaaten *(n)*
customs tariff nomenclature of goods
classification of goods according to the customs tariff nomenclature of goods Einreihung von Waren nach der Warennomenklatur des Zolltarifs *(f)*
customs tariff code Zolltarifkode *(m)*
Customs Tariff of the European Communities Zolltarif der Europäischen Gemeinschaften *(m)*
customs tariff reduction Tarifsenkung *(f)*
decrease a tariff Zoll senken *(m)*
differential tariff Differenzialtarif *(m)*, Staffeltarif *(m)*, Stufentarif *(m)*
differentiation of tariffs Tarifdifferenzierung *(f)*
direct tariff Durchgangstarif *(m)*
discount tariff Begünstigungstarif *(m)*, Spezialtarif *(m)*

discriminating tariff Distanztarif *(m)*
distance tariff Distanztarif *(m)*, Entfernungstarif *(m)*
double column tariff Doppeltarif *(m)*
double tariff Doppeltarif *(m)*, Doppelzolltarif *(m)*
double-column tariff Doppelzolltarif *(m)*
exceptional tariff Sondertarif *(m)*, Spezialtarif *(m)*
export tariff Ausfuhrtarif *(m)*, Ausfuhrzolltarif *(m)*
external tariff Außentarif *(m)*, Außenzolltarif *(m)*
fighting tariff Kampfzoll *(m)*
flexible tariff flexibeler Tarif *(m)*
foreign tariff ausländischer Zolltarif *(m)*
forwarding tariff Speditionstarif *(m)*
freight tariff Eisenbahngütertarif *(m)*, Frachttarif *(m)*, Gütertarif *(m)*
  air freight tariff Luftfrachttarif *(m)*
  less than wagon load freight tariff Stückguttarif *(m)*
General Agreement on Tariffs and Trade (GATT) Allgemeines Zoll- und Handelsabkommen *(n)*
general tariff Einheitszolltarif *(m)*, Einspaltentarif *(m)*, einspaltiger Tarif *(m)*, Generaltarif *(m)*, Generalzolltarif *(m)*
gliding tariff gleitender Zolltarif *(m)*, Staffeltarif *(m)*
government tariff Staatstarif *(m)*
graded tariff Stufentarif *(m)*
import tariff Einfuhrtarif *(m)*, Einfuhrzolltarif *(m)*
increase a tariff Tarif erhöhen *(m)*
increase in tariff Tarifsteigerung *(f)*
insurance tariff Versicherungstarif *(m)*
internal tariff Binnentarif *(m)*, Inlandstarif *(m)*
international tariff internationaler Tarif *(m)*
invisible tariff nichttarifäre Barriere *(f)*
joint external tariff gemeinsamer Zolltarif *(m)*
liner tariff Linientarif *(m)*
local tariff Ortstarif *(m)*
lower the tariff Tarif ermäßigen *(m)*, Tarif senken *(m)*
luggage tariff Gepäcktarif *(m)*, Reisegepäcktarif *(m)*
maximum tariff Maximaltarif *(m)*, Obertarif *(m)*
minimum tariff Mindesttarif *(m)*, niedrigster Tarif *(m)*
mixed tariff gemischter Tarif *(m)*, gemischter Zolltarif *(m)*
most-favoured-nation tariff Meistbegünstigungstarif *(m)*

multilinear tariff Mehrfachzolltarif *(m)*
multiple tariff Mehrfachzolltarif *(m)*
negotiated tariff Vertragstarif *(m)*
non-prohibitive tariff nichtprohibitive Zolltarif *(m)*
notarial tariff Notartarif *(m)*
passenger tariff Personenbeförderungstarif *(m)*, Personentarif *(m)*
patent tariff Patentgebührentarif *(m)*
payment as per tariff tarifmässige Abrechnung *(f)*
peak-period tariff Staffeltarif *(m)*
penalty tariff Vergeltungszolltarif *(m)*
postal tariff Posttarif *(m)*
preferential tariff Präferenztarif *(m)*, Schutztarif *(m)*, Sondertarif *(m)*, Vorzugstarif *(m)*
  application of preferential tariff Zollvorzugsbehandlung *(f)*
progressive tariff progressiver Tarif *(m)*
prohibitive tariff Prohibitivtarif *(m)*, Prohibitivzoll *(m)*, Prohibitivzolltarif *(m)*
  system of prohibitive tariffs System der Prohibitivzölle *(n)*
protection tariff Schutztarif *(m)*
  system of protection tariffs System der Schutzzölle *(n)*, System der Vorzugszölle *(n)*, Vorzugszöllesystem *(n)*
protective tariffs system Zollprotektionismus *(m)*
railway tariff Bahntarif *(m)*, Eisenbahntarif *(m)*
raise a tariff Zoll heraufsetzen *(m)*, Zoll anheben *(m)*, Zoll erhöhen *(m)*
rate tariff Tarifquote *(f)*
reduce tariff Tarif ermäßigen *(m)*, Tarif senken *(m)*
reduced tariff Kurztarif *(m)*
reduction of tariff Tarifherabsetzung *(f)*, Tarifsenkung *(f)*
regional tariff regionaler Tarif *(m)*
retaliation tariff Straftarif *(m)*, Vergeltungszolltarif *(m)*
retaliatory tariff Repressivzoll *(m)*
rise of tariff Erhöhung des Tarifs *(f)*, Tariferhöhung *(f)*
rising of tariff Erhöhung des Tarifs *(f)*, Tariferhöhung *(f)*
river tariff Schifffahrtstarif *(m)*
rundown in tariffs Zollsenkung *(f)*
seasonal tariff Saisontarif *(m)*
service tariff Dienstleistungstarifvertrag *(m)*

single schedule tariff Generalzolltarif *(m)*
single tariff Einheitssatz *(m)*, Einspaltentarif *(m)*,
einspaltiger Tarif *(m)*, Generalzolltarif *(m)*
single-column tariff Einheitszolltarif *(m)*,
Einspaltentarif *(m)*
sliding tariff Differenzialtarif *(m)*, Staffeltarif *(m)*
special tariff Sondertarif *(m)*
specific tariff spezieller Tarif *(m)*, spezieller
Zolltarif *(m)*
system of anti-dumping tariff Antidumpingzöllesystem *(n)*
system of tariffs System der Zölle *(n)*, Zollsystem *(n)*
through tariff Durchgangstarif *(m)*
transit tariff Durchgangstarif *(m)*, Transittarif *(m)*
transport tariff Beförderungstarif *(m)*,
Transporttarif *(m)*, Verkehrstarif *(m)*
uniform tariff einheitlicher Tarif *(m)*
usual tariff übliche Tarif *(m)*
zone tariff Zonentarif *(m)*

tariffication Tarifikation *(f)*

tariffing Tarifikation *(f)*

taring Tarierung *(f)*

tarpaulin Zeltleinwand *(f)*, Zeltstoff *(m)*

tasting organoleptische Prüfung *(f)*

tax Steuer *(f)*, Gebühr *(f)* 2. Steuer-
tax abatement Abschaffung von Steuern *(f)*,
steuerliche Erleichterung *(f)*
tax administration Steuerverwaltung *(f)*
tax agent Steuereintreiber *(m)*
tax amount Betrag der Steuer *(m)*, Steuerbetrag *(m)*
tax arrears rückständige Abgabe *(f)*
tax assessment Steuerveranlagung *(f)*
    income tax assessment Einkommens-
    teuerbescheid *(n)*
    tax assessment basis Steuergrundlage *(f)*
tax audit Steueraufsicht *(f)*
tax audit report Steuerprüfbericht *(m)*
tax avoidance Steuerabwehr *(f)*
tax balance-sheet Steuerbilanz *(f)*
tax band Banderole *(f)*, Kreuzband *(n)*, Steuerbanderole *(f)*, Zeichensteuer *(f)*
tax barrier Steuerbarriere *(f)*
tax base Steuerbemessungsgrundlage *(f)*
    tax base broadening Verbreiterung der
    Bemessungsgrundlage *(f)*

tax basis Bemessungsgrundlage *(f)*, Steuerbemessungsgrundlage *(f)*
tax bearer Steuerträger *(m)*
tax bill Abgabengesetz *(n)*, Steuergesetz *(n)*
tax capacity Steuerfähigkeit *(f)*, Steuerkraft *(f)*
tax card Steuerkarte *(f)*
tax ceiling Steuergrenze *(f)*
tax certificate Steuerzertifikat *(n)*
tax claim steuerlicher Anspruch *(m)*
tax clause Steuerklausel *(f)*
tax collector Steuereinzieher *(m)*
tax collector's office Finanzamt *(n)*
tax consultant Steuerberater *(m)*, Steuerfachmann *(m)*
tax consulting Steuerberatung *(f)*
tax convention Steuervereinbarung *(f)*
tax costs Steueraufwendungen *(pl)*
tax credit system Steuergutschriftsystem *(n)*
tax creditor Steuergläubiger *(m)*
tax cut Steuerkürzung *(f)*, Steuerreduktion *(f)*
tax debt Steuerverbindlichkeit *(f)*, Steuerverpflichtung *(f)*
tax declaration Steuererklärung *(f)*
    annual tax declaration jährliche Steuer-
    erklärung *(f)*
    submit a tax declaration Steuererklärung
    abgeben *(f)*, Steuererklärung einreichen *(f)*
tax deferment Steueraufschub *(m)*, Steueraussetzung *(f)*
tax delinquency Steuerordnungswidrigkeit *(f)*,
Steuervergehen *(n)*
tax differentiation Steuerdifferenzierung *(f)*
tax dodging Steuerabwehr *(f)*
tax domicile Steuerdomizil *(n)*, Steuerwohnsitz *(m)*
tax dumping Fiskaldumping *(n)*, Steuerdumping *(n)*
tax entity Steuerobjekt *(n)*
tax evasion Steuerhinterziehung *(f)*, Steuervergehen *(n)*, Steuervermeidung *(f)*
tax exempt status Steuerbefreiung *(f)*
tax exemption Steuerbefreiung *(f)*
tax expense Steuerbelastung *(f)*, steuerliche
Belastung *(f)*
tax expert Steuerberater *(m)*, Steuerfachmann *(m)*
tax figures Buchhaltungsangaben *(pl)*
tax form Steuerformular *(n)*
tax fraud Steuerhinterziehung *(f)*, Steuervergehen *(n)*

tax free shop Duty-Free-Shop (m), zollfreies Geschäft (n)

tax free zone steuerfreie Zone (f), Steuerfreizone (f)

tax harbour Steueroase (f)

tax haven Steueroase (f)

tax hike Steuerwachstum (n)

tax holiday Steuerfreijahre (pl)

tax imputation Gebührenberechnung (f), Steuerfestsetzung (f)

tax increase Steuererhöhung (f)

tax information Steuerinformation (f)

tax inspection Steuerinspektion (f)

tax inspector Steuerinspektor (m), Steuerrevisor (m)

tax invoice Steuerrechnung (f)

tax jurisdiction Steuergerichtsbarkeit (f)

tax label Steuerbanderole (f), Steuerzeichen (n)

tax law Steuerrecht (n)

company tax law Steuerrecht der Gesellschaften (n), Steuerrecht des Unternehmens (n)

international tax law internationales Steuerrecht (n)

tax legislation steuerrechtliche Vorschriften (pl)

tax levy Einziehung von Steuern (f)

tax liability Steuerpflicht (f), Steuerverbindlichkeit (f), Steuerverpflichtung (f)

outstanding tax liability rückständige Abgabe (f)

tax loss Steuerverlust (m)

tax offence Steuerordnungswidrigkeit (f), Steuervergehen (n)

tax office Finanzamt (n), Steueramt (n)

tax on export Exportabgabe (f), Exportsteuer (f)

tax on furnished accommodation Wohnsteuer (f)

tax ordinance steuerliche Regel (f), Steuerverordnung (f)

tax payment Steuerzahlung (f)

date for tax payment Fälligkeit der Steuer (f)

due date for tax payment Fälligkeitstermin der Steuer (m), Steuerzahlungsfrist (f)

tax payment date Fälligkeitstermin der Steuer (m), Steuerzahlungsfrist (f)

tax penalty Steuerstrafe (f)

tax period Steuerzeitraum (m)

end of the tax period Ende des Steuerzeitraums (n)

tax policy Steuerpolitik (f)

Community tax policy (EU) gemeinsame Steuerpolitik (f)

tax preferences Steuerpräferenzen (pl)

tax proceeds Steueraufkommen (n), Steuereingang (m)

tax protocol Steuerprotokoll (n)

tax quele Steuerquelle (f)

tax rate Steuersatz (m)

tax rate schedule Steuertabelle (f)

tax ratio Steuerfaktor (m)

tax rebate Steuerabschlag (m), steuerliche Erleichterung (f)

tax reduction on imports Erleichterung für die Einfuhrbesteuerung (f)

tax reference number Steuernummer (f)

tax reform Steuerreform (f)

tax regulations steuerrechtliche Vorschriften (pl)

tax release Steuerbefreiung (f)

tax relief Steuererlass (m), steuerliche Erleichterung (f)

tax respite Steueraufschub (m), Steueraussetzung (f)

tax return Steuerdeklaration (f), Steuererklärung (f)

tax returns Steueraufkommen (n), Steuereingang (m)

tax roll Steuerliste (f)

tax rules Steuerbestimmungen (pl), Steuervorschriften (pl)

uniform tax rules Einheitliche Steuervorschriften (pl)

tax shelter Steueroase (f)

tax status Steuerstatus (m)

tax system Steuerregelung (f)

unitary tax system einheitliches Steuersystem (n)

tax system overhaul Prüfung des Steuersystems (f)

tax threshold Steuerschwelle (f)

tax treatment Besteuerung (f), Steuererhebung (f)

tax turnover steuerbarer Umsatz (m), steuerpflichtiger Umsatz (m)

tax warehouse Steuerlager (n), Lager unter Verbrauchssteueraufschub (n)

* abate a tax Steuer senken (f)

abolish a tax Steuer abschaffen (f)

additional tax Zuschlagsteuer (f)

airport tax Flughafengebühr (f)

allocation of taxes Steuerausscheidung *(f)*
amount of tax Betrag der Steuer *(m)*, Steuerbetrag *(m)*
application for refund of a tax Antrag auf Steuererstattung *(m)*
assessment of a tax Steuerschätzung *(f)*
be liable to tax Besteuerung unterliegen *(f)*
calculate tax Steuer bemessen *(f)*
calculation of customs duties and taxes Berechnung der Zollgebühren und Steuern *(f)*
calculation of tax Abgabenberechnung *(f)*, Steuerberechnung *(f)*
cancellation of tax Abschaffung von Steuern *(f)*
category of tax Steuerart *(f)*, Steuerkategorie *(f)*
charge tax Steuer auferlegen *(f)*
chargeability of taxes Steueranspruch *(m)*
chargeable to tax abgabenpflichtig
collect a tax Steuer beitreiben *(f)*
collection of taxes Einziehung von Steuern *(f)*, Steuerbeitreibung *(f)*, Steuererhebung *(f)*, Steuersammlung *(f)*
collector of taxes Steuereinzieher *(m)*
compute the tax Steuerschuld errechnen *(f)*
country of domicile for tax purposes Steuerdomizil *(n)*, Steuerwohnsitz *(m*
cut down a tax Steuer herabsetzen *(f)*, Steuer senken *(f)*
cut in taxes Steuererleichterung *(f)*, Steuersenkung *(f)*
debt for tax Steuerforderung *(f)*
delivered duty unpaid ... /named point of destination/ exclusive Vat and/or Taxes geliefert, unverzollt ... /benannter Bestimmungspunkt/ MWSt. und andere Steuern unbezahlt
departure tax Flughafengebühr *(f)*
determine the tax Steuer errechnen *(f)*
documentary stamp tax Stempelsteuer *(f)*, Verwaltungsabgabe *(f)*
double tax Doppelsteuer *(f)*
enforcement of the taxes Steuerbeitreibung *(f)*, Steuererhebung *(f)*
excise tax Banderolensteuer *(f)*, Warensteuer *(f)*
   goods liable for excise taxes verbrauchssteuerpflichtige Ware *(f)*
exemption from import duties and taxes Befreiung von den Eingangsabgaben *(f)*
export tax Ausfuhrsteuer *(f)*
franchise tax Konzessionsabgabe *(f)*
freedom from tax Steuerfreiheit *(f)*
grace period for tax Steueraussetzung *(f)*
import tax Einfuhrabgabe *(f)*, Einfuhrsteuer *(f)*

impose a supplementary tax zusätzliche Steuer einführen *(f)*
impose a tax Steuer auflegen *(f)*, Steuer beitreiben *(f)*
imposition of a tax Versteuerung *(f)*
income before tax Bruttoertrag *(m)*
increase in taxes Steuererhöhung *(f)*
inspector of taxes Steuerinspektor *(m)*, Steuerrevisor *(m)*
introduction of a new tax Einführung einer neuen Steuer *(f)*
lay a tax mit Steuer belegen *(f)*, mit Steuer besteuern *(f)*
lay on a tax mit Steuer belegen *(f)*, mit Steuer besteuern *(f)*
lay on tax Steuer auflegen *(f)*
level of tax Höhe der Abgaben *(f)*
levy of a tax Versteuerung *(f)*
levy of the taxes Erhebung der Steuern *(f)*
levy the taxes Steuern aufbürden *(pl)*
levying of tax Besteuerung *(f)*
levying of taxes Erhebung der Steuern *(f)*
liability for a tax Abgabenpflicht *(f)*
licence tax Urheberrechtsgebühr *(f)*
liquidation of taxes Abschaffung von Steuern *(f)*
local tax örtliche Steuer *(f)*
loss before tax Verlust vor Steuer *(m)*
lowering of taxes Steuererleichterung *(f)*
luxury tax Aufwandsteuer *(f)*
non-payment of customs duties and taxes Nichtbezahlung der Zollen und Steuern *(f)*
pay a tax Steuer abführen *(f)*, Steuer aufbringen *(f)*, Steuer entrichten *(f)*
payment of taxes Steuerzahlung *(f)*
penalty tax Strafsteuer *(f)*
postpone tax Steuer stunden *(f)*
provision for taxes payable Reserve für Steuerentrichtung *(f)*
price exclusive of tax Preis ohne Steuer *(m)*
purchase tax Umsatzsteuer *(f)*
raise taxes Steuern eintreiben *(pl)*, Steuern einziehen *(pl)*
rate of tax Steuersatz *(m)*
   increase the rate of tax Steuersatz erhöhen *(m)*
   lower the rate of tax Steuersatz vermindern *(m)*
   lowering of the rates of tax Herabsetzung des Steuersatzes *(f)*
   reduced rate of tax Ermäßigung des Steuersatzes *(f)*

reduction of tax rates Herabsetzung des Steuersatzes *(f)*
redistribution of taxes Umlegung von Steuern *(f)*
reduce a tax Steuer herabsetzen *(f)*, Steuer senken *(f)*
reduction of taxes Steuererleichterung *(f)*, Steuersenkung *(f)*
refund a tax Steuer vergüten *(f)*, Steuer zurückzahlen *(f)*
registration tax Anmeldegebühr *(f)*, Eintragungssteuer *(f)*
remit tax Steuer erlassen *(f)*
repay a tax Steuer vergüten *(f)*, Steuer zurückzahlen *(f)*
repayment of import duties and taxes Erstattung der Eingangsabgaben *(f)*
repayment of tax Steuerzahlung *(f)*
road tax Wegegeld *(n)*
stamp tax Stempelsteuer *(f)*, Stempelsteuermarke *(f)*, Stempelwertzeichen *(n)*
system of turnover taxes Umsatzsteuersystem *(n)*
turnover net of tax Nettoumsatz *(m)*, Reinumsatz *(m)*
type of tax Steuerart *(f)*, Steuerkategorie *(f)*
value added tax Mehrwertsteuer *(f)*
vehicle tax Transportmittelabgabe *(f)*

taxable steuerpflichtig
taxable article steuerpflichtige Ware *(f)*
taxable capacity Steuerfähigkeit *(f)*, Steuerkraft *(f)*
taxable person steuerpflichtige Person *(f)*
  status of taxable person Status der steuerpflichtigen Person *(m)*
  taxable person for the purposes of VAT Mehrwertsteuerpflichtiger *(m)*
taxable profit steuerpflichtiger Gewinn *(m)*
taxable supply steuerpflichtige Lieferung *(f)*
taxable turnover steuerbarer Umsatz *(m)*, steuerpflichtiger Umsatz *(m)*
taxable year Steuerjahr *(n)*

taxation Besteuerung *(f)*, Steuererhebung *(f)*, Versteuerung *(f)*
taxation authorities Finanzverwaltung *(f)*
taxation law Steuergesetz *(n)*, Steuerrecht *(n)*
taxation of imports for fiscal purposes Besteuerung der Einfuhr zur Erzielung von Einnahmen *(f)*
taxation offence fiskalische strafbare Handlung *(f)*, Steuerordnungswidrigkeit *(f)*

taxation office Finanzamtskasse *(f)*
taxation period Steuerperiode *(f)*
taxation practice Steuertechnik *(f)*
taxation privilege Steuervorteil *(m)*
taxation scale Steuertarif *(m)*
* appraisal for taxation Steuerschätzung *(f)*
basis of taxation Steuerbasis *(f)*
company taxation Besteuerung der Gesellschaften *(f)*
double taxation Doppelbesteuerung *(f)*
  international double taxation internationale Doppelbesteuerung *(f)*
  double taxation treaty Doppelbesteuerungsabkommen *(n)*
exempt from taxation von der Besteuerung befreien *(f)*
exemption from taxation Befreiung von der Steuer *(f)*
increase taxation Steuer erhöhen *(f)*
principle of taxation Steuerprinzip *(n)*
principle taxation Steuerprinzip *(n)*
raise a taxation Besteuerung erhöhen *(f)*
reduce taxation Steuerbelastung reduzieren *(f)*
rules on taxation Steuerbestimmungen *(pl)*
standardization of taxation Standardisierung der Besteuerung *(f)*
terms of taxation steuerliche Bedingungen *(pl)*

tax-dodging Steuerhinterziehung *(f)*

tax-free unbesteuert
tax-free sale zollfreier Verkauf *(m)*
tax-gatherer Steuereintreiber *(m)*

taxing Steuerbeitreibung *(f)*

taxpayer Steuersubjekt *(n)*, Steuerträger *(m)*
taxpayer identification number Steueridentifikationsnummer (INN) *(f)*
* VAT tax-payer VAT-Steuerzahler *(m)*

teaching Arbeitunterweisung *(f)*

team Gruppe *(f)*
management team Verwaltung *(f)*

technical technisch
technical adviser beratender Ingenieur *(m)*, technischer Berater *(m)*
technical aid technische Hilfe *(f)*, technische Unterstützung *(f)*
technical analysis technische Analyse *(f)*
technical assistance technische Hilfe *(f)*, technische Unterstützung *(f)*

technical assistance treaty Vereinbarung über technische Hilfe *(f)*
technical base technische Basis *(f)*
technical brochure technische Information *(f)*
technical characteristics technische Beschaffenheit *(f)*
technical condition technischer Zustand *(m)*
technical conditions technische Bedingungen *(pl)*
technical control technische Prüfung *(f)*
technical director technischer Direktor *(m)*
technical documentation technische Dokumentation *(f)*
technical equipment technische Einrichtungen *(pl)*
technical inspection technische Durchsicht *(f)*, technische Inspektion *(f)*, technische Kontrolle *(f)*, technische Überwachung *(f)*
technical language Fachsprache *(f)*
technical maintenance technische Wartung *(f)*
technical project technisches Projekt *(n)*
technical report technische Expertise *(f)*
technical requirements technische Anforderungen *(pl)*
technical service technischer Dienst *(m)*
technical service contract Vertrag für technischen Service *(m)*
technical standard technische Norm *(f)*
technical survey technische Durchsicht *(f)*, technische Überwachung *(f)*
technical terms technische Bedingungen *(pl)*

technique Technik *(f)*
technique of foreign trade Technik des Außenhandels *(f)*
* **foreign trade technique** Technik des Außenhandels *(f)*
inspection technique Kontrollweise *(f)*
marketing technique Marketingmethode *(f)*
trade technique Handelstechnik *(f)*

technological technologisch
technological exchange technologischer Austausch *(m)*
technological process technologisches Verfahren *(n)*

technology Technologie *(f)*
technology transfer Technologietransfer *(m)*
* **introduction of new technology** Einführung einer neuen Technologie *(f)*
transfer of technology Technologietransfer *(m)*

telegraphic telegrafisch
telegraphic address Drahtanschrift *(f)*
telegraphic advice Drahtavis *(n)*
telegraphic code Telegraphenschlüssel *(m)*
telegraphic collection telegrafisches Inkasso *(n)*
telegraphic letter of credit telegrafisch gestelltes Akkreditiv *(n)*
telegraphic money order telegrafische Auszahlung *(f)*, telegrafische Geldüberweisung *(f)*
* **collection with telegraphic instruction** Inkasso mit telegrafischer Instruktion *(n)*

telemarketing Telefonmarketing *(n)*, Telefonverkauf *(m)*

telephone Telefon *(n)* 2. Telefon-
telephone advertising Telefonmarketing *(n)*, Telefonverkauf *(m)*
telephone interview Telefoninterview *(n)*
telephone number Telefonnummer *(f)*
telephone survey Telefoninterview *(n)*

television Fernsehen *(n)* 2. Fernseh-
television advertising Fernsehwerbung *(f)*

tel-quel clause Tel-quel-Klausel *(f)*

temperature Temperatur *(f)*
temperature fluctuation Temperaturschwankung *(f)*
* **ambient temperature** Umgebungstemperatur *(f)*
room air temperature Raumlufttemperatur *(f)*
storage temperature Lagertemperatur *(f)*

temporarily vorübergehend
temporarily exported vorübergehend ausgeführt
goods temporarily exported vorübergehend ausgeführte Waren *(pl)*
goods temporarily exported for outward processing zur passiven Veredelung vorübergehend ausgeführte Waren *(pl)*
temporarily exported means of transport vorübergehend ausgeführte Beförderungsmittel *(pl)*
temporarily imported goods vorübergehend eingeführte Waren *(pl)*
re-exportation of temporarily imported goods Rückausfuhr der vorübergehend eingeführten Waren *(f)*
* **export temporarily** vorübergehend ausführen

goods temporarily imported vorübergehend eingeführte Waren (pl)

import temporarily vorübergehend einführen

temporary temporal, temporär, vorübergehend

temporary admission vorübergehende Verwendung (f), Zollvormerkverfahren (n), Zollvormerkverkehr (m)

   authorization for temporary admission
   Bewilligung der vorübergehenden Verwendung (f)

   conditions of granting of temporary
   admission Bedingungen für die Zulassung
   zur vorübergehenden Einfuhr (pl)

   country of temporary admission Land
   der vorübergehenden Einfuhr (n)

   declaration for temporary admission for
   inward processing Anmeldung für die
   vorübergehende Einfuhr zur aktiven Veredelung (f)

   system of temporary admission Verfahren der vorübergehenden Einfuhr (n)

temporary admission arrangements
Verfahren der vorübergehenden Verwendung (n)

temporary admission certificate Interimszollschein (m)

temporary admission of containers free
of import duties and import taxes Zulassung von Behältern zur vorübergehenden
Einfuhr ohne Entrichtung der Eingangsabgaben (f)

temporary admission of goods vorübergehende Verwendung von Waren (f)

temporary admission procedure Verfahren der vorübergehenden Verwendung (n)

temporary certificate Interimsschein (m),
Zwischenschein (m)

temporary clearance vorübergehende Verwendung (f)

   temporary clearance certificate Anmeldung zur vorübergehenden Versendung (f)

temporary contract befristeter Kontrakt (m)

temporary credit Blankokredit (m)

temporary customs certificate Anmeldung
zur vorübergehenden Versendung (f)

temporary deposit befristetes Depositum (n),
Zeitdepositum (m)

temporary duty-free admission of sample
Einfuhr von Mustern im Zollvormerkverkehr (f)

temporary duty-free importation of goods
vorübergehende zollfreie Wareneinfuhr (f)

temporary export vorübergehende Ausfuhr (f),
vorübergehender Export (m)

temporary export of packing vorübergehende Ausfuhr von Verpackungen (f)

temporary exportation vorübergehende
Ausfuhr (f), vorübergehender Export (m)

   customs procedure of temporary exportation vorübergehendes Ausfuhrverfahren (n)

   declaration for the temporary exportation of goods for outward processing
   Anmeldung für die vorübergehende Ausfuhr zur passiven Veredelung (f)

temporary exportation for outward processing vorübergehende Ausfuhr zur passiven Veredelung (f)

temporary exportation of compensating
products vorübergehende Ausfuhr von Veredelungserzeugnissen (f)

temporary exportation of means of
transport vorübergehende Ausfuhr von einem Transportmitteln (f)

temporary exported goods Ware der vorübergehenden Ausfuhr (f), Waren der vorübergehenden Ausfuhr (pl)

   value of the temporary exported goods Wert
   der Waren der vorübergehenden Ausfuhr (m)

temporary import vorübergehende Einfuhr (f),
vorübergehender Import (m)

temporary import arrangements vorübergehendes Einfuhrverfahren (n)

temporary importation temporäre Einfuhr (f),
vorübergehende Einfuhr (f), vorübergehende
Verwendung (f), vorübergehender Import (f)

   authorization for temporary importation Bewilligung der vorübergehenden
   Verwendung (f)

   country of temporary importation
   Land der vorübergehenden Einfuhr (n)

   customs procedure of temporary importation vorübergehendes Einfuhrverfahren (n)

   enter goods for temporary importation Ware zur vorübergehenden Verwendung anmelden (f)

   inward temporary importation for
   processing aktiver Veredelungsverkehr (m)

   placement of goods under the temporary importation arrangements
   Überführung der Waren in die vorübergehende Verwendung (f)

temporary importation authorization Bewilligung zur vorübergehenden Verwendung *(f)*
temporary importation for processing Veredelungsverkehr *(m)*
temporary importation of containers vorübergehende Einfuhr von Containern *(f)*
temporary importation on a partial relief basis vorübergehende Verwendung bei teilweiser Befreiung *(f)*
temporary importation on a total relief basis vorübergehende Verwendung bei vollständiger Befreiung *(f)*
temporary importation procedure Verfahren der vorübergehenden Einfuhr *(n)*, Vorgang der vorübergehenden Verwendung *(m)*, vorübergehendes Einfuhrverfahren *(n)*
temporary importation under bond vorüber-gehende Einfuhr unter Zollverschluss *(f)*
temporary letter patent vorläufiges Patent *(n)*
temporary measure provisorische Maßnahme *(f)*
temporary movement of goods within the Community vorübergehender innergemeinschaftlicher Verkehr *(m)*
temporary rate vorübergehender Satz *(m)*
temporary receipt vorläufige Quittung *(f)*
temporary re-exportation vorübergehende Ausfuhr *(f)*
temporary remission *(in respect of taxes)* zeitweilige Befreiung *(f)*
temporary storage vorübergehende Einlagerung *(f)*
    goods in temporary storage vorübergehend verwahrte Waren *(pl)*
    maximum duration of temporary storage Höchstfrist der vorübergehenden Verwahrung *(f)*
    status of goods in temporary storage Rechtsstellung von Waren in vorübergehender Verwahrung *(f)*
    term of temporary storage Frist der vorübergehenden Verwahrung *(f)*
temporary storage of merchandise vorübergehende Verwahrung von Waren *(f)*
temporary storage of transit merchandise vorübergehende Einlagerung von Transitwaren *(f)*
temporary store Verwahrungslager *(n)*
temporary suspension vorübergehende Aussetzung *(f)*

temporary trade agreement Handelsprovisorium *(n)*
temporary use vorübergehende Benutzung *(f)*
temporary warehousing vorübergehende Einlagerung *(f)*
tenancy Pacht *(f)* **2.** Pacht-
tenancy agreement Meierbrief *(m)*
tenancy contract Pachtkontrakt *(m)*, Pachtvertrag *(m)*
    * contract of tenancy Meierbrief *(m)*
tenant Mieter *(m)*
tendency Tendenz *(f)*
change of tendency Tendenzumkehr *(f)*
tender Auktion *(f)*, Ausschreibungsangebot *(n)*, Versteigerung *(f)* **2.** Ausschreibungs-, Tender-
tender bond Bietungsgarantie *(f)*, Offertengarantie *(f)*
tender committee Ausschreibungskommission *(f)*, Tenderausschuss *(m)*
tender date Datum der Ausschreibung *(n)*
tender day Ausschreibungsdatum *(n)*
tender guarantee Ausschreibungsgarantie *(f)*, Bietungsgarantie *(f)*, Gewährleistung *(f)*, Vadium *(n)*
tender list Angebotsliste *(f)*
tender of delivery Lieferangebot *(n)*
tender price Auktionspreis *(m)*, Hammerpreis *(m)*
tender service Vorreiseschifffahrt *(f)*
* advertised tender unbeschränkte Konkurrenzausschreibung *(f)*
award of contracts by inviting tenders durch Submission offene Auktion *(f)*
binding by tender open to selected person schriftliche beschränkte Ausschreibung *(f)*
closed tender beschränkte Konkurrenzausschreibung *(f)*
conditional tender bedingte Offerte *(f)*, eingeschränktes Angebot *(n)*
contract by tender Ausschreibung *(f)*
deadline for tenders endgültiger Termin für die Einsendung von Angeboten *(m)*
international tender internationale Ausschreibung *(f)*, internationale Versteigerung *(f)*
limited invitation to tender beschränkte Ausschreibung *(f)*, beschränkte Konkurrenzausschreibung *(f)*

limited tender beschränkte Ausschreibung *(f)*, beschränkte Konkurrenzausschreibung *(f)*
make a tender Angebot hinterlegen *(n)*
non-limited tender unbeschränkte Ausschreibung *(f)*
open tender unbeschränkte Ausschreibung *(f)*
public invitation to tender unbeschränkte Konkurrenzausschreibung *(f)*
public tender öffentliche Versteigerung *(f)*
sale by tender schriftliche Ausschreibung *(f)*, schriftliche Versteigerung *(f)*
selective tender nicht offene Ausschreibung *(f)*
submission of tender Vorlegung eines Angebots *(f)*

tenor Laufzeit *(f)*
tenor of a bill Wechselfrist *(f)*, Ziel eines Wechsels *(n)*
tenor of bill of exchange Ziel einer Tratte *(n)*
tenor of a draft Ziel einer Tratte *(n)*

tentative vorläufig
tentative contract Vorvertrag *(m)*
tentative price Orientierungspreis *(m)*

term Anforderung *(f)*, Bedingung *(f)*, Kondition *(f)* **2.** Frist *(f)*, Termin *(m)*, Dauer *(f)*
3. Zeit-
terms and conditions of business Geschäftsbedingungen *(pl)*
term day Zahlungstag *(m)*
term of acceptance Annahmefrist *(f)*, Annahmetermin *(m)*
terms of acceptance Abnahmebedingungen *(pl)*, Akzeptbedingungen *(pl)*, Übernahmebedingungen *(pl)*
terms of an agreement Vertragsbedingungen *(pl)*
non-observance of the terms of an agreement Nichteinhaltung des Vertrags *(f)*
terms of agency Agenturvertragsbedingungen *(pl)*
terms of auction Auktionsbedingungen *(pl)*
terms of carriage Beförderungsbedingungen *(pl)*, Transportbedingungen *(pl)*
terms of a charter Charterbedingungen *(pl)*
terms of collection Inkassobedingungen *(pl)*
term of contract Erfüllungstermin *(m)*, Gültigkeitsdauer des Vertrags *(f)*, Vertragszeitraum *(m)*, Zeit der Vertragsausführung *(f)*
accept the terms of a contract Vertragsbedingungen akzeptieren *(pl)*

non-observance of the terms of an contract Nichteinhaltung der Kontraktbedingungen *(f)*
term of delivery Ablieferungsfrist *(f)*, Ablieferungstermin *(m)*
terms of delivery Lieferkonditionen *(pl)*, Lieferungsbedingungen *(pl)*
exceeding the term of delivery Lieferfriestüberschreitung *(f)*, Überschreitung des Liefertermins *(f)*
general terms of delivery Allgemeine Geschäftsbedingungen *(pl)*, allgemeine Lieferbedingungen *(pl)*, allgemeine Lieferungsbedingungen (ALB) *(pl)*
terms of financing Finanzbedingungen *(pl)*
term of guarantee Garantiefrist *(f)*, Gewährleistungfrist *(f)*
terms of insurance Versicherungsbedingungen *(pl)*
general terms of insurance allgemeine Versicherungsbedingungen *(pl)*
term of a lease Pachtdauer *(f)*
term of a licence Gültigkeitsdauer der Lizenz *(f)*
term of loading Verschiffungstermin *(m)*
term of a loan Kreditabzahlungsfrist *(f)*
term of lodging a protest Wechselprotestdatum *(n)*
term of a note Verfallszeit *(f)*
term of notice Kündigungsfrist *(f)*
term of notice as stipulated by contract Kündigungsfrist *(f)*, Kündigungstermin *(m)*, Vertragskündigungsfrist *(f)*
terms of partnership Genossenschaftsvertrag *(m)*, Gesellschaftsvertrag *(m)*
term of a patent Gültigkeitsdauer der Lizenz *(f)*
term of patent protection Geltungsdauer des Patents *(f)*, Patentschutzdauer *(f)*
term of payment Fälligkeitstermin *(m)*, Kreditlaufzeit *(f)*, Zahltag *(m)*, Zahlungstag *(m)*, Zahlungstermin *(m)*
terms of payment Zahlungsmodus *(m)*
convenient terms of payment sonstige Zahlungserleichterungen *(pl)*, Zahlungserleichterungen *(pl)*
prolongation of a term of payment Verlängerung des Zahlungstermins *(f)*, Verlängerung des Zahlungsziels *(f)*
term of a policy Gültigkeitsdauer der Versicherungspolice *(f)*

terms of a proposal Angebotsbedingungen *(pl)*
terms of reference Umfang der Vollmacht *(m)*
terms of sale Verkaufsbedingungen *(pl)*,
Verkaufskonditionen *(pl)*
  conditions and terms of sale Verkaufsbedingungen *(pl)*, Verkaufskonditionen *(pl)*
  general terms of sale allgemeine Verkaufsbedingungen *(pl)*
  general terms of sale and delivery allgemeine Lieferungs- und Verkaufsbedingungen *(pl)*
term of shipment Ladezeit *(f)*, Verladedatum *(n)*
terms of shipment Beförderungsbedingungen *(pl)*, Beförderungsbestimmungen *(pl)*, Versandbedingungen *(pl)*
terms of subscription Zeichnungsbedingungen *(pl)*
terms of taxation steuerliche Bedingungen *(pl)*
term of temporary storage Frist der vorübergehenden Verwahrung *(f)*
terms of trade Relation von Export- zu
Importpreisen *(f)*
  commodity terms of trade Warenaustauschverhältnis *(n)*
  factorial terms of trade faktorielles Handelsverhältnis Import/Export *(n)*
  improvement in terms of trade Verbesserung der Terms of Trade *(f)*
  income terms of trade Einkommensaustauschverhältnis *(n)*
term of unloading Löschfrist *(f)*, Löschzeit *(f)*
term of validity Dauer der Gültigkeit *(f)*,
Gültigkeitsdauer *(f)*, Verfalltermin *(m)*
term of warranty Garantiefrist *(f)*, Gewährleistungfrist *(f)*
term policy Zeitpolice *(f)*
term purchase Fixkauf *(m)*
term sale Fixverkauf *(m)*
* **accept the terms** Bedingungen akzeptieren *(pl)*, Bedingungen annehmen *(pl)*
acceptance term Akzepttag *(m)*, Annahmetag *(m)*
additional term Nachfrist *(f)*, Zusatzfrist *(f)*
affreightment term Befrachtungsdatum *(n)*,
Befrachtungstermin *(m)*
basic terms Basisbedingungen *(pl)*, Hauptbedingungen *(pl)*
berth terms Bedingungen des Ladeplatzes
bezüglich Ladens und Löschens *(pl)*, Ein- und
Ausladekosten für Reeder *(pl)*, Usancen des
Linienverkehrs *(pl)*

berth terms clause Berth-Terms-Klausel *(f)*
bill of lading terms Konnossementsbedingungen *(pl)*
breach of the terms and conditions Verletzung der Bedingungen *(f)*
business terms Handelsbedingungen *(pl)*
close with terms Bedingungen akzeptieren *(pl)*,
Bedingungen annehmen *(pl)*
come to terms Abschluss des Vergleiches *(m)*,
Vergleichsabschluss *(m)*
commercial terms Handelsbedingungen *(pl)*
concessionary terms Präferenzbedingungen *(pl)*
conference terms (CT) Konferenzbedingungen *(pl)*
consignment terms Konsignationsbedingungen *(pl)*
contractual terms Vertragsbedingungen *(pl)*
fulfil the contractual terms Vertragsbedingungen erfüllen *(pl)*
contract terms Vertragsbedingungen *(pl)*
  infringement of the contract terms Verletzung der Kontraksbedingungen *(f)*, Verletzung der Vertragsbedingungen *(f)*
  accomplishment of contract terms Erfüllung der Vertragsbedingungen *(f)*, Vertragserfüllung *(f)*
  propose the contract terms Vertragsbedingungen vorschlagen *(pl)*, Vertragsbestimmungen vorschlagen *(pl)*
credit terms Kreditbedingungen *(pl)*
defer the term Termin hinausschieben *(m)*,
Termin verschieben *(m)*
deferment of the term Terminverlegung *(f)*
define the term Frist bestimmen *(f)*, Termin bestimmen *(m)*
delay the term Frist verlängern *(f)*, Termin
vertagen *(m)*
delivery term Ablieferungsfrist *(f)*
  meet the delivery term Ablieferungsfrist einhalten *(f)*, Lieferfrist einhalten *(f)*
  delivery terms clause Lieferklausel *(f)*
draft terms Trattenbedingungen *(pl)*
effective terms Realbedingungen *(pl)*
exceed a term Frist überschreiten *(f)*, Termin überschreiten *(m)*
extend a term Termin hinausschieben *(m)*
extension of a term Fristverlängerung *(f)*
failure to comply with the term Nichteinhaltung der Frist *(f)*, Nichtunterhaltung der
Frist *(f)*

fix a term Termin bestimmen *(m)*, Termin festlegen *(m)*

forwarding terms Speditionsbedingungen *(pl)*

gross terms Abladelohn für Reeder *(m)*, Löschkosten für Reeder *(pl)*, Bruttobedingungen *(pl)*

insurance term Versicherungszeitraum *(m)*

insurance terms and conditions Versicherungsbedingungen *(pl)*

International Commercial Terms Incoterms, internationale handelsübliche Vertragsformeln *(pl)*, Internationale Regeln zur Auslegung von handelsüblichen Vertragsformen *(pl)*

keep the term Frist einhalten *(f)*, Termin einhalten *(m)*

landed terms Entladungsbedingungen *(pl)*

lay down terms Bedingungen formulieren *(pl)*

lease term Pachtbedingungen *(pl)*

liner terms Bedingungen des Ladeplatzes bezüglich Ladens und Löschens *(pl)*, Linienbedingungen *(pl)*, Usancen des Linienverkehrs *(pl)*

loading terms Verladeformel *(f)*

minimum term Mindestlaufzeit *(f)*

net charter terms Nettocharterbedingungen *(pl)*

net terms Ein- und Ausladekosten für Charterer *(pl)*, Nettobedingungen *(pl)*, Verschiffungskosten für Charterer *(pl)*, frei ein und aus

net terms charter Nettocharter *(m)*, Nettofrachtcharter *(m)*

net terms clause Net-Terms-Klausel *(f)*

ordinary term gewöhnliches Datum *(n)*

payment terms Zahlungsbedingungen *(pl)*, Zahlungsmodalitäten *(pl)*, Zahlungsmodus *(m)*

prolonged term verlängerte Frist *(f)*

prorogation of a term Fristverlängerung *(f)*

purchase on deferred terms Kreditkauf *(m)*

purchase on term Fixkauf *(m)*

technical terms technische Bedingungen *(pl)*

trade terms Handelsformeln *(pl)*, handelsübliche Vertragsformeln *(pl)*

treaty for an indefinite term unbefristeter Vertrag *(m)*

unshipment term Löschdatum *(n)*

usual terms Normalbedingungen *(pl)*, normale Bedingungen *(f)*, übliche Bedingungen *(pl)*

termed bezeichnet

termed contract *(stock exchange)* Terminkontrakt *(m)*, Terminvertrag *(m)*

terminable befristet

terminable delivery Lieferung auf Zeit *(f)*

terminal Terminal *(n)* **2.** befristet

terminal charge Ausführungskosten *(pl)*, Umschaglaggebühr *(f)*

terminal contract befristeter Vertrag *(m)*, Fixgeschäft *(n)*

terminal market Futures-Markt *(m)*, Markt für Termingeschäfte *(m)*

terminal port Sackhafen *(m)*

* air terminal Flughafenterminal *(n)*, Luftterminal *(n)*

airport terminal Flughafen-Terminal *(n)*, Luftterminal *(n)*

bulk terminal Massengutterminal *(m)*

cargo handling terminal Frachtterminal *(n)*

cargo terminal Frachtterminal *(n)*

coal terminal Kohlenterminal *(m)*

container terminal Containerterminal *(n)*

container terminal charges Containerterminalgebühren *(pl)*

customs terminal Zollterminal *(n)*

delivered at terminal ... /insert named terminal at port or place of destination/ DAT ... /benannter Terminal im Bestimmungshafen oder am Bestimmungsort/, geliefert Terminal ... /benannter Terminal im Bestimmungshafen oder am Bestimmungsort/

general cargo terminal Generalkargoterminal *(m)*

grain terminal Getreideterminal *(m)*

intermodal terminal multimodales Terminal *(n)*

land container terminal Landcontainerterminal *(m)*

liquid chemicals terminal flüssiger Chemikalienterminal *(m)*

liquid natural gas terminal verflüssigter Erdgasterminal *(m)*

liquid petroleum gas terminal Erdölgasterminal *(m)*

liquid petroleum gas terminal LPG-Terminal *(m)*

LPG terminal Erdölgasterminal *(m)*, LPG-Terminal *(m)*

name of the railway terminal of departure Name des Versandbahnhofs *(m)*

named terminal benannter Terminal *(m)*

ore terminal Erzterminal *(m)*

port terminal Hafenterminal *(m)*

rail terminal Bahnterminal *(n)*, Eisenbahnterminal *(n)*

railway terminal Bahnterminal *(n)*, Eisenbahnterminal *(n)*

river terminal Flussterminal *(n)*
salt and soda terminal Salz- und Sodaterminal *(m)*
sea terminal Seeterminal *(n)*
sulphur terminal Schwefelterminal *(m)*, Sulfurterminal *(m)*
terminate kündigen
terminate an agreement Abkommen kündigen *(n)*, Vertrag annullieren *(m)*, Vertrag rückgängig machen *(m)*
terminate a contract Kontrakt auflösen *(m)*, Kontrakt kündigen *(m)*, Vertrag annullieren *(m)*, Vertrag kündigen *(m)*, Vertrag rückgängig machen *(m)*
  right to terminate a contract Rücktrittsrecht *(n)*, Vertragskündigungsrecht *(n)*, Vertragskündigungsrecht *(n)*
termination Aufhebung *(f)*, Beendung *(f)*
termination of an agreement Ablauf des Vertrags *(m)*, Erlöschen eines Vertrags *(n)*
termination of a contract Ablauf eines Kontraktes *(m)*, Erlöschen eines Kontraktes *(n)*, Kontraktannullierung *(f)*, Kontraktbruch *(m)*, Vertragskündigung *(f)*
* contract termination Kündigung eines Vertrags *(f)*
notice of termination Rücktritt vom Vertrag *(m)*
  notice of termination of the anti-dumping procedure *(EU)* Bekanntmachung des Abschlusses des Antidumping-/Antisubventionsverfahrens *(f)*
time of termination Verfalldatum *(n)*, Verfalltag *(m)*
terminology Terminologie *(f)*
terminus Endstation *(f)*
railroad terminus Endbahnhof *(m)*
railway terminus Endbahnhof *(m*
territorial territorial
territorial sea Küstengewässer *(n)*, Küstenmeer *(n)*
* limit of the territorial sea Grenze der Hoheitsgewässer *(f)*
territory Bereich *(m)*, Gebiet *(n)*, Territorium *(n)* **2.** Territoriums-
territory clause Territoriumsklausel *(f)*
territory of a member state Gebiet des anderen Mitgliedstaats *(n)*

* customs territory Zollanschlussgebiet *(n)*, Zollbereich *(m)*
common customs territory gemeinsames Zollgebiet *(n)*
exportation of goods from the customs territory Ausfuhr von Handelswaren aus dem Zollgebiet *(f)*
goods returned to the customs territory of the Community Ware, die in das Zollgebiet der Gemeinschaft zurückkehrt *(f)*
introduction of goods into the customs territory Verbringen der Waren in das Zollgebiet *(n)*
part of the customs territory Teil des Zollgebiets *(m)*
re-exportation from the customs territory of the Community Wiederausfuhr aus dem Zollgebiet der Gemeinschaft *(f)*
customs territory of the Community Zollgebiet der Gemeinschaft *(n)*
economic territory Wirtschaftsgebiet *(n)*
exchange territory Devisengebiet *(n)*, Devisenraum *(m)*
land territory Landgebiet *(n)*
maritime territory Seegebiet *(n)*
national territory Hoheitsgebiet *(n)*
sales territory Verkaufsgebiet *(n)*
test ausproben, ausprobieren, probieren
test Probe *(f)*
test case gerichtlicher Präzedenzfall *(m)*, richterliche Vorentscheidung *(f)*
test specimen Probeexemplar *(n)*
* acceptance test Abnahmeprüfung *(f)*, Prüfung bei Warenabnahme *(f)*, Prüfung bei Warenübernahme *(f)*
factory test Betriebsprobe *(f)*
guarantee test Garantieprobe *(f)*
laboratory test Laboratoriumsuntersuchung *(f)*
mode of market test Marktforschungsmethode *(f)*
proof test Kontrolluntersuchung *(f)*
put to the test ausproben, ausprobieren
quality acceptance test Qualitätsabnahme *(f)*
quality test Güterkontrolle *(f)*, Qualitätsabnahme *(f)*, Qualitätsprobe *(f)*
quantitative test Mengenprüfung *(f)*, Quantitätsprüfung *(f)*
routine test Routineuntersuchung *(f)*
running test Betriebsprüfung *(f)*

service test Leistungsprüfung *(f)*
ship test Schifferprobe *(f)*
testamentary testamentarisch
testamentary document Testament *(n)*
testify amtlich beglaubigen
testimonial Ansicht *(f)*, Bescheinigung *(f)*
testimony Aussage *(f)*
expert testimony Gutachten des Sachverständigen *(n)*
preserving of testimony Sicherung der Beweise *(f)*
text Text *(m)*
text of an agreement Abkommenswortlaut *(m)*, Wortlaut eines Vertrags *(m)*
text of a contract Wortlaut eines Vertrags *(m)*
  genuine text of a contract authentischer Wortlaut eines Vertrags *(m)*
* authentic text authentischer Text *(m)*, authentischer Wortlaut *(m)*
original text authentischer Text *(m)*, authentischer Wortlaut *(m)*
  certified copy of the original text beglaubigte Kopie des Originaltexts *(f)*
theft Diebstahl *(m)*
theft risk Diebstahlsgefahr *(f)*, Diebstahlsrisiko *(n)*
theft, pilferage and non-delivery Diebstahl, Beraubung, Nichtauslieferung *(m/f/f)*, Diebstahl, Kleindiebstahl, Nichtauslieferung *(m/m/f)*
theft, pilferage, non and/or short delivery Diebstahl, Beraubung, Nichtauslieferung *(m/f/f)*
* insurance against theft Versicherung gegen Diebstahl *(f)*
thermal thermisch
thermal container Thermoscontainer *(m)*
third dritte
third country Drittland *(n)*
third mortgage dritte Hypothek *(f)*
third party Dritte *(m)*, dritte Person *(f)*
  third party insurance Haftpflichtversicherung *(f)*
  third party liability dritter Personenhaftung *(f)*
threshold Schwelle *(f)*
threshold price Grenzpreis *(m)*, Schwellenpreis *(m)*

* basic threshold Basisschwelle *(f)*
minimum threshold Mindestschwelle *(f)*
tax threshold Steuerschwelle *(f)*
thro' direkt
thro' bill of lading direktes Konnossement *(n)*, einziges, durchgehendes Frachtpapier *(n)*
through direkt
through bill of lading direktes Konnossement *(n)*, Durchkonnossement *(n)*, einziges, durchgehendes Frachtpapier *(n)*
through cargo Durchfracht *(f)*, Durchfrachtgut *(n)*
through carriage Direkttransport *(m)*
through consignment note Durchgangsbegleitschein *(m)*
through freight Durchgangsfracht *(f)*, Pauschalfracht *(f)*
through freight rate direkte Frachtrate *(f)*, Durchgangsfrachtsatz *(m)*
through rate direkte Frachtrate *(f)*, Direktsatz *(m)*, Durchfrachtsatz *(m)*, Durchgangsfrachtsatz *(m)*, direkter Tarifsatz *(m)*
through shipment direkte Ladung *(f)*, Direkteladung *(f)* 2. direkter Versand *(m)*, Direktversand *(m)* 3. Transitsendung *(f)*
through station Unterwegsbahnhof *(m)*, Zwischenbahnhof *(m)*
through tariff Durchgangstarif *(m)*
through traffic direkte Verbindung *(f)*, Direktverbindung *(f)*, Direktverkehr *(m)*
through train durchgehender Zug *(m)*, Transitzug *(m)*
through transit unmittelbare Durchfuhr *(f)*
through waybill direkter Frachtbrief *(m)*, Durchgangsbegleitschein *(m)*, Durchkonnossement *(n)*
* liner through bill of lading direkter Frachtbrief *(m)*, Linie-Durchfrachtkonnossement *(n)*
through-running durchgehend
through-running train durchgehender Zug *(m)*
ticket Schein *(m)*
ticket policy Blockpolice *(f)*, Einheitspolice *(f)*
* credit ticket Kreditvermerk *(m)*
debit ticket Debetnote *(f)*
luggage ticket Gepäckaufbewahrungsschein *(m)*, Gepäckschein *(m)*
parcel post ticket Posteinlieferungsschein *(m)*
parcel ticket Paketempfangsschein *(m)*

pawn ticket Pfandschein *(m)*, Pfandurkunde *(f)*, Verpfändungsbescheinigung *(f)*
price ticket Preisetikett *(n)*
scale ticket Waagezettel *(m)*, Wägeschein *(m)*
transfer ticket Überweisungsformular *(n)*
tied gebunden
    tied agent Bevollmächtigte *(m)*
    tied credit gebundener Kredit *(m)*
    tied loan gebundenes Darlehen *(n)*
tie-down Containerbefestigungsvorrichtung *(f)*
tie-in Verbund-
    tie-in transaction Koppelungsgeschäft *(n)*
timber Holz *(n)* **2.** Holz-
    timber carrier Holzfahrer *(m)*, Holzfrachter *(m)*
    timber-carrying vessel Holzfahrer *(m)*
    timber charter Holzfrachtvertrag *(m)*
    timber load-line Holzwasserlinie *(f)*
time Datum *(n)*, Periode *(f)*, Zeit *(f)*, Zeitraum *(m)* **2.** Zeit-
    time bill Tratte *(f)*
    time charter Zeitcharter *(m)*, Zeitfrachtvertrag *(m)*
    time chartering Zeitbefrachtung *(f)*, Zeitcharterung *(f)*
    time charter-party Zeitcharter *(m)*, Zeitfrachtvertrag *(m)*, Zeitcharterung *(f)*
    time draft Nachsichttratte *(f)*, Terminwechsel *(m)*, Zeitwechsel *(m)*
    time fixing Fristbestimmung *(f)*, Terminfestsetzung *(f)*
    time for cargo handling Zeit für die Umladung *(f)*
    time for complaint Reklamationsdatum *(n)*
    time for delivery Ablieferungsfrist *(f)*, Ablieferungstermin *(m)*
    time for discharge Zeit für das Löschen *(f)*
    time for freight handling Umschlagzeit *(f)*
    time for loading Zeit für die Beladung *(f)*
    time for notification Notizfrist *(f)*
    time for performance of an obligation Termin der Erfüllung der Verbindlichkeit *(m)*
    time for protesting Anfechtungsfrist *(f)*
    time for repayment Fälligkeitsdatum *(n)*, Fälligkeitstag *(m)*
    time freight Zeitcharterfracht *(f)*, Zeitfracht *(f)*
    time insurance Versicherung auf Zeit *(f)*, Zeitversicherung *(f)*
    time lease Zeitleasing *(n)*, Zeitleasing-Vertrag *(m)*

    time limit Endtermin *(m)*, Zeitlimit *(n)* **2.** *(granted)* festgesetzte Frist *(f)*
        exceeding the time limit Fristüberschreitung *(f)*, Terminüberschreitung *(f)*
        extension of the time limit Fristverlängerung *(f)*, Verlängerung der Frist *(f)*
        failure to observe the time limit Nichteinhaltung der Frist *(f)*, Nichtunterhaltung der Frist *(f)*
        failure to respect the time limit Fristüberschreitung *(f)*, Nichteinhaltung einer Frist *(f)*, Terminüberschreitung *(f)*
        fix a time limit Frist festsetzen *(f)*
        non-observance of time limit Nichtbeachtung der Gültigkeitsdauer *(f)*
        letter of credit without time limit unbefristetes Akkreditiv *(n)*
        set a time limit Frist festsetzen *(f)*
    time limit for payment of the amount of duty Frist für die Entrichtung des Abgabenbetrags *(f)*
    time limit of exportation Ausfuhrfrist *(f)*
    time limit to conclude a contract Frist zum Vertragsabschluss *(f)*
    time limitation Verjährung *(f)*, Verjährungsfrist *(f)*
        flow of time limitation Lauf der Verjährung *(m)*, Lauf der Verjährungsfrist *(m)*
    time of arrival Ankunftsstunde *(f)*, Ankunftszeit *(f)*
        estimated time of arrival voraussichtliche Ankunftszeit *(f)*, voraussichtlicher Ankunftstermin *(m)*
        time of arrival of goods Uhrzeit des Wareneingangs *(f)*
    time of clearance Zeitpunkt der Überführung der Waren in den freien Verkehr *(m)*
    time of complaint Reklamationsfrist *(f)*, Reklamationstermin *(m)*
    time of customs registration Zeitpunkt der Zollabfertigung *(m)*
    time of departure Abfahrtsstunde *(f)*, Abfahrtszeit *(f)*, Abfertigungszeit *(f)*
        estimated time of departure voraussichtliche Abfahrtszeit *(f)*, voraussichtlicher Abfahrtstermin *(m)*
        expected time of departure voraussichtliche Abfahrtszeit *(f)*, voraussichtlicher Abfahrtstermin *(m)*

time of dispatch Versandtermin *(m)*
time of dispatch of goods Uhrzeit des Warenversands *(f)*
time of invoicing Zeitpunkt der Rechnungsstellung *(m)*
time of payment Zahlungsfrist *(f)*, Zahlungstermin *(m)*
exceeding the time of payment Überschreitung der Zahlungsfrist *(f)*, Überschreitung des Zahlungstermins *(f)*
extension of the time of payment Prolongation *(f)*
fix a time of payment Fälligkeitsdatum festlegen *(n)*
time of purchase Verkaufsdatum *(n)*
time of receipt Empfangszeit *(f)*
time of recording Registrierungsdatum *(n)*, Registrierungstag *(m)*
time of sailing Abfahrtszeit *(f)*
estimated time of sailing voraussichtliche Abfahrtszeit *(f)*
excepted time of sailing voraussichtliche Abfahrtszeit *(f)*
time of sale Verkaufsdatum *(n)*
time of shipment Ladetermin *(m)*
determine the time of shipment Ladetermin bestimmen *(m)*
time of storage Lagerungsfrist *(f)*, Lagerungszeit *(f)*
time of termination Verfalldatum *(n)*, Verfalltag *(m)*
time of transportation Beförderungsdatum *(n)*
time policy zeitlich befristete Police *(f)*, Zeitpolice *(f)*
time sale Terminverkauf *(m)*, Verkauf auf Zeit *(m)*
time saved gesparte Zeit *(f)*
time sheet Zeitaufstellung *(f)*
time standard Zeitnorm *(f)*
time-trip charter Zeit- und Reisecharter *(m)*
time unit Zeiteinheit *(f)*
time zone Zeitzone *(f)*
* additional time zusätzliche Frist *(f)*, Zusatztermin *(m)*
advice time Notizfrist *(f)*
allowed time for cargo handling Umladungszeit *(f)*
allowed time for handling Umschlagzeit *(f)*
arrival time Ankunftszeit *(f)*
Atlantic Standard Time Atlantische Standardzeit *(f)*

bad time Ausfallzeit *(f)*, Auslaufzeit *(f)*, Stillstand *(m)*
board time Bordzeit *(f)*
bring up to time aktualisieren
calendar time Kalenderzeit *(f)*
carrying time Transportdauer *(f)*, Transportzeit *(f)*
Central European Time mitteleuropäische Zeit *(f)*
change of time Terminänderung *(f)*
check time Kontrollzeit *(f)*
closing time Dienstschluss *(m)*
cooling time Kühlzeit *(f)*
date and time of arrival of goods Datum und Uhrzeit des Wareneingangs *(n)*
date and time of dispatch of goods Datum und Uhrzeit des Warenversands *(n)*
dead time Stillstand *(m)*, Stillstandzeit *(f)*, Überliegetage *(pl)*
defer the time Frist verlängern *(f)*, Termin vertagen *(m)*
deferment of time Fristverlängerung *(f)*, Nachfrist *(f)*
define the time Frist bestimmen *(f)*, Termin bestimmen *(m)*
delay of time Fristverlängerung *(f)*, Nachfrist *(f)*
delay the time Termin hinausschieben *(m)*, Termin verschieben *(m)*
delivery time Einlieferungszeit *(f)*, Lieferfrist *(f)*, Lieferungszeit *(f)*
break of the delivery time Nichtunterhaltung der Ablieferungsfrist *(f)*, Nichtunterhaltung der Lieferzeit *(f)*
claim of delivery time Lieferfristreklamation *(f)*, Lieferterminreklamation *(f)*
postpone the delivery time Liefertermin verlängern *(m)*
demurrage time Liegezeit *(f)*
discharge time Abladungsdauer *(f)*, Ausladungsdauer *(f)*
discharging time Abladungsdauer *(f)*, Ausladungsdauer *(f)*, Löschdatum *(n)*
down time Ausfallzeit *(f)*, Stillstand *(m)* 2. *(in logistics)* störungsbedingte Stillstandszeit *(f)*
exceed a time Frist überschreiten *(f)*, Termin überschreiten *(m)*
free time freie Zeit *(f)*, Freizeit *(f)*
freight handling time Transhipmentdauer *(f)*, Umladungsdauer *(f)*

give a time Fristverlängerung bewilligen *(t)*
Greenwich Mean Time Greenwicher Zeit *(t)*, Mittlere Greenwich Zeit (MGZ) *(t)*
Greenwich time Mittlere Greenwich Zeit *(t)*
handling time Umladedauer *(t)*
international time internationale Zeit *(t)*
keeping time Lagerhaltungszeit *(t)*
latest time äußerster Termin *(m)*, Schlusstermin *(m)*
lay time Liegezeit *(t)*, Stehzeit *(t)*, Überliegezeit *(t)*, Wartezeit *(t)*
lay time statement Liegetageausstellung *(t)*, Liegezeitaufstellung *(t)*
lead time for procurement Bestellungszyklus *(m)*
loading lead time Verladezyklus *(m)*
loading time Verschiffungsdatum *(n)*
local sidereal time lokale Sternenzeit *(t)*
local time Landeszeit *(t)*
mean time Weltzeit *(t)*
notice time freie Zeit *(t)*
observe the time Frist einhalten *(t)*
operating time Betriebszeit *(t)*, Nutzungsdauer *(t)*
order time Bestellzeit *(t)*
order-cycle time Bestellzeit *(t)*
Pacific Standard Time pazifische Standardzeit *(t)*
payment on time pünktliche Rückzahlung *(t)*
postponement of time Prolongation *(t)*
ready time Bereitschaftszeit *(t)*
real time Laufzeit *(t)*
repair time Reparaturdauer *(t)*
running time Laufzeit *(t)*
scheduled time delivery of goods planmäßige Ankunftszeit *(t)*
service time Abfertigungszeit *(t)*
ship's time Schiffszeit *(t)*
span of time Frist *(t)*, Zeitdauer *(t)*
standard time Normalzeit *(t)*
standing time Auslaufzeit *(t)*, Stillstandzeit *(t)*, Überliegetage *(pl)*
steaming time Dämpfzeit *(t)*
storage time Lagerdauer *(t)*, Lagerungszeit *(t)*
storing time Lagerdauer *(t)*
surplus labor time zusätzliche Arbeitszeit *(t)*
summer time Sommerzeit *(t)*
transhipment time Transchipmentdauer *(t)*, Umladungsdauer *(t)*
transit time Durchgangszeit *(t)*
transport time Förderzeit *(t)*, Transportdauer *(t)*, Transportzeit *(t)*

universal time Weltzeit *(t)*
unloading time Entladezeit *(t)*
usage time Betriebszeit *(t)*, Nutzungsdauer *(t)*
waiting time Wartezeit *(t)*
waste time Zeit vergeuden *(t)*, Zeit verschwenden *(t)*
work time Einsatzzeit *(t)*
shortened work time verkürzte Arbeitszeit *(t)*
zone time Zonenzeit *(t)*
time-charterer Zeitcharterer *(m)*
timeliness Befristetheit *(t)*, Pünktlichkeit *(t)*
time-sheet Zeitaufstellung *(t)*
time-table Bahnfahrplan *(m)*, Fahrplan *(m)*, Terminkalender *(m)*, Zeitplan *(m)*
airline time-table Flugplan *(m)*
tin Büchsen einmachen *(pl)*, in Büchsen packen *(pl)*

TIR TIR
TIR Agreement TIR-Abkommen *(n)*
TIR carnet TIR-Carnet *(n)*
certificate of discharge of the TIR carnet Erledigungsbescheinigungzeugnis des Carnets TIR *(n)*
counterfoil of TIR carnet Trennabschnitt eines Carnets TIR *(m)*
cover page of the TIR carnet Carnet-TIR-Umschlagblatt *(n)*
holder of a TIR Carnet Carnet-TIR-Inhaber *(m)*, Inhaber des TIR-Carnets *(m)*
manifest of the TIR carnet Warenmanifest des Carnets TIR *(n)*
operation under cover of a TIR carnet unter Verwendung eines Carnets TIR durchgeführter Transport *(m)*
presentation of a carnet TIR Vorlage des Carnets TIR *(t)*
procedure of international transport of goods under cover of TIR carnets Verfahren des internationalen Warentransports mit Carnets TIR *(n)*
transport operation performed under cover of a TIR carnet Transport mit Carnet TIR *(m)*, Warentransport mit Carnet TIR *(m)*
transport under cover of a TIR carnet Transport mit Carnet TIR *(m)*, Warentransport mit Carnet TIR *(m)*

TIR guarantee TIR Garantie *(f)*
TIR operation TIR-Transport *(m)*, TIR-Versand *(n)*
  completion of a TIR operation Beendigung des TIR-Transports *(f)*
  start of a TIR operation Beginn eines TIR-Versands *(m)*
  suspend the TIR operation TIR-Transport aussetzen *(m)*
TIR plate TIR-Schild *(n)*
TIR procedure TIR-Verfahren *(n)*
  access to the TIR procedure Zulassung zum TIR-Verfahren *(f)*
  transport of goods under the TIR procedure Beförderung der Waren im TIR-Verfahren *(f)*
TIR system TIR-System *(n)*
* voucher from the TIR Trennabschnitt aus dem TIR-Carnet *(m)*
voucher of a TIR Trennabschnitt eines Carnets TIR *(m)*
title Eigentumstitel *(m)*, Eigentumsurkunde *(f)*, Titel *(m)*
  title certificate Rechtsdokument *(n)*
  title document Rechtstitel *(m)*
  title of ownership Eigentumstitel *(m)*, Eigentumsurkunde *(f)*
  * document of title to goods Traditionspapier *(n)*
  legal title Rechtsanspruch *(m)*, Rechtstitel *(m)*
  passage of title Eigentumsübergang *(m)*, Übergang von Eigentumsrecht *(m)*
today heute
  today's price Tagespreis *(m)*
token symbolisch
  token strike Warnstreik *(m)*
tolerance Toleranz *(f)*
  tolerance quantity Toleranzmenge *(f)*, zulässige Menge *(f)*
  * limit of tolerance Toleranzgrenze *(f)*
tolerated geduldet
  tolerated risk zulässiges Risiko *(n)*
toll gebührenpflichtig
  toll money Kanalgeld *(n)*, Kanalzoll *(m)*
  toll road Gebührenstraße *(f)*, Mautstraße *(f)*
  * anchor toll Ankergeld *(n)*, Kielgeld *(n)*
  anchorage toll Ankergeld *(n)*, Kielgeld *(n)*
  bridge toll Brückegebühr *(f)*, Brückegeld *(n)*
  canal toll Kanalgebühr *(f)*

  road toll Straßenabgabe *(f)*, Wegegeld *(n)*, Wegesteuer *(f)*
  tunnel toll Stollengebür *(f)*, Stollenlohn *(m)*, Tunnelgeld *(n)*
toll-free unentgeltlich
ton Tonne *(f)* **2.** Tonnen-
  ton burden Tragfähigkeitstonne *(f)*
  ton weight Tonnen-Last *(f)*
  * continental ton metrische Tonne *(f)*
  dead-weight ton Tragfähigkeitstonne *(f)*
  displacement ton Deplacementstonne *(f)*
  freight per ton dead-weight capacity Fracht per Tonnage *(f)*
  freight per ton weight Tonnenfracht *(f)*
  long ton britische Tonne *(f)*, englische Tonne *(f)*
  measurement ton Frachttonne *(f)*, Masstonne *(f)*, Raumtonne *(f)*
  metric ton metrische Tonne *(f)*
  net register ton Nettoregistertonne *(f)*
  net ton amerikanische Tonne *(f)*, Nettotonne *(f)*, nordamerikanische Tonne *(f)*
  register ton Registertonne *(f)*
  brutto register ton Bruttoregistertonne *(f)*
  revenue ton Zolltonne *(f)*
  shipping ton britische Tonne *(f)*, englische Tonne *(f)*, Frachttonne *(f)*
  short ton amerikanische Tonne *(f)*, nordamerikanische Tonne *(f)*
  stevedore ton Frachttonne *(f)*
  United Kingdom ton britische Tonne *(f)*, englische Tonne *(f)*
ton-mile Tonnagemeile *(f)*
  non-revenue ton-mile Nichtkommerztonnagemeile *(f)*
  revenue ton-mile Kommerztonnagemeile *(f)*
tonnage Ladekapazität *(f)*, Nutzladefähigkeit *(f)*, Raummaß eines Schiffes *(n)*, Tonnage *(f)*, Tonnengehalt *(m)* **2.** Flotte *(f)*, Tonnage *(f)*
  tonnage booking Buchung einer Tonnage *(f)*
  tonnage certificate Schiffsmessbrief *(m)*
  tonnage due Frachtzoll *(m)*, Tonnagegeld *(n)*
  tonnage guarantee Schiffsgarantie *(f)*
  tonnage length Tonnagelänge *(f)*
  tonnage offerings Tonnageangebot *(n)*
  tonnage plan Raumgehaltsplan *(m)*, Tonnageplan *(m)*
  tonnage scale Tiefgangsskala *(f)*, Tonnageskala *(f)*

* **bill of tonnage** Schiffsmessbrief *(m)*
cargo deadweight tonnage Ladetragfähigkeit *(f)*
cargo tonnage Ladegewicht *(n)*
dead-weight cargo tonnage Ladungsfähigkeit *(f)*
certificate of tonnage Schiffsmessbrief *(m)*
dead-weight tonnage Ladetonnage *(f)*, Ladungsfähigkeit *(f)*, Tragfähigkeit des Schiffes *(f)*, Tragfähigkeit eines Schiffes in Tonnen *(f)*
displacement tonnage Verdrängung *(f)*
gross tonnage Bruttotonnage *(f)*, Bruttotonnengehalt *(m)*
idle tonnage ungenutzte Tonnage *(f)*
measurement tonnage Frachttonnage *(f)*
net register tonnage Nettotonnage *(f)*
net tonnage Nettoraumgehalt in Registertonnen *(m)*
register tonnage Registertonnage *(f)*
  gross register tonnage Bruttoraumgehalt *(m)*, Bruttotonnage *(f)*, Bruttotonnengehalt *(m)*, Großtonnage *(f)*
registered tonnage Registertonnengehalt *(m)*, Schiffslast *(f)*, Tonnage *(f)*
  gross registered tonnage Bruttotonnage *(f)*
  net registered tonnage Nettotonnage *(f)*
sea tonnage Seetonnage *(f)*
ship tonnage Schiffsraum *(m)*
total tonnage Gesamttonnage *(f)*
top obere
top grade höchste Qualität *(f)*, Spitzenqualität *(f)*
top quality einwandfreie Qualität *(f)*, Primaqualität *(f)*, Spitzenqualität *(f)*, vorzügliche Qualität *(f)*
top rate Maximalrate *(f)*, Spitzenrate *(m)*
total Gesamtbetrag *(m)* **2.** völlig, weltweit
total amount Endbetrag *(m)*, Gesamtbetrag *(m)*, Gesamtsumme *(f)*
total clearing totales Clearing *(n)*
total consumption globaler Verbrauch *(m)*
total costs Gesamtkosten *(pl)*
total delivery Gesamtlieferung *(f)*, komplette Lieferung *(f)*
total exemption uneingeschränkte Befreiung *(f)*
total export Gesamtexport *(m)*
total Import Gesamteinfuhr *(f)*, Gesamtimport *(m)*
total load Gesamtladung *(f)*, Komplettladung *(f)*, Volllast *(f)*

total loss Ganzverlust *(m)*, Gesamtschaden *(m)*, Gesamtverlust *(m)*, Vollverlust *(m)*
absolute total loss Totalschaden *(m)*
actual total loss tatsächlicher Totalschaden *(m)*, tatsächlicher Totalverlust *(m)*, wirklicher Totalverlust *(m)*
constructive total loss fingierter Totalverlust *(m)*, konstruktiver Totalverlust *(m)*
total output Gesamterlös *(m)*
total price Gesamtpreis *(m)*, voller Preis *(m)*
total quality totale Qualitätskontrolle *(f)*
total quality control totale Qualitätskontrolle *(f)*
total quality management (TQM) lückenloses Qualitätsmanagement *(n)*
total quota Gesamtquote *(f)*
total relief from duty vollständige Zollbefreiung *(f)*
total revenue Tageskasse *(f)*, Totaleinnahme *(f)*
total sum Endbetrag *(m)*, Gesamtsumme *(f)*
total sum insured Gesamtversicherungssumme *(f)*
total tonnage Gesamttonnage *(f)*
total turnover Gesamtumsatz *(m)*
total unloading vollständiges Entladen *(n)*
total weight Gesamtgewicht *(n)*, Gesamtlast *(f)*, Totalgewicht *(n)*
* **amount of total VAT** MwSt.-Gesamtbelastung *(f)*
invoice total Rechnungsbetrag *(m)*
sum total Gesamtbetrag *(m)*, Gesamtsumme *(f)*
totality Summe *(f)*
totalize zusammenzählen
tour Reise *(f)*
official tour Dienstreise *(f)*, Geschäftsreise *(f)*
tourism Touristik *(f)*
tourist Reisende *(m)* **2.** Touristen-
tourist agency Touristenagentur *(f)*
tourist bureau Touristenagentur *(f)*
tourist traffic *(CCC)* Reiseverkehr *(m)*
tow bugsieren, schleppen
tow Bugsierdampfer *(m)*, Schleppen *(n)*
towage Schlepplohn *(m)*, Treideln *(n)*
towage clause Schleppklausel *(f)*
towage receipt Schleppschifflohnquittung *(f)*
towage service Abschleppdienst *(m)*
* **contract of towage** Bugsiervertrag *(m)*

towed geschleppt
  towed barge Schleppkahn *(m)*
  towed lighter Leichter ohne Antrieb *(m)*
towing Ziehen *(n)*
  towing contract Schleppvertrag *(m)*
  towing hawser Schlepp *(m)*, Schlepptau *(n)*
traceable zurückführbar
  traceable costs direkte Kosten *(pl)*, Verwaltungskosten *(pl)*
tractor Traktor *(m)*
  tractor for semi-trailer Sattelschlepper *(m)*, Sattelzugmaschine *(f)*
trade handeln, Handel treiben *(m)*
trade Handel *(m)*, Kommerz *(m)*, Handelswesen *(n)*, Handelszweig *(m)* **2.** Branche-, Fach-
  trade acceptance Warenwechsel *(m)*
  trade act Handelsgesetz *(n)*
  trade advertising Händlerwerbung *(f)*, Wirtschaftswerbung *(f)*
  trade adviser Handelsberater *(m)*
  international trade adviser Außenhandelsberater *(m)*
  trade agency Ankunftsbüro *(n)*, Handelsagentur *(f)*, Handelsvertretung *(f)*
  trade agreement Handelsabkommen *(n)*, Handelsvereinbarung *(f)*
  additional protocol to trade agreement Zusatzprotokoll zum Handelsabkommen *(n)*
  bilateral trade agreement bilaterales Handelsabkommen *(n)*
  free trade agreement Freihandelsabkommen *(n)*
  international trade agreement internationales Handelssabkommen *(n)*
  multilateral trade agreement multilaterales Handelsabkommen *(n)*
  temporary trade agreement Handelsprovisorium *(n)*
  Trade Agreement Committee Ausschuss für Handelsabkommen *(m)*
  trade and industrial exhibition Handels- und Industrieausstellung *(f)*
  trade and manufacture clause Handels- und Produktionsgeheimnisklausel *(f)*
  trade arbitration Handelsgericht *(n)*
  trade area Verkaufsfläche *(f)*

  free trade area Freihandelsgebiet *(n)*, Freihandelszone *(f)*, Zollausschlussgebiet *(n)*
  trade arrangement Handelsabkommen *(n)*, Handelsvereinbarung *(f)*
  trade article Handelsguter *(n)*, Handelsware *(f)*
  trade association Handelsverband *(m)*
  free trade association Freihandelsassoziation *(f)*
  trade balance Handelsbilanz *(f)*
  invisible trade balance Dienstleistungssaldo *(m)*
  trade barriers Handelsschranken *(pl)*
  trade bill Handelsrechnung *(f)*
  trade block Handelsblock *(m)*
  trade blockade Handelssperre *(f)*
  trade boycott Handelsboykott *(m)*
  trade by barter Baratthandel *(m)*, Kompensationshandel *(m)*, Tauschhandel *(m)*
  trade calculation Handelsberechnung *(f)*, Handelskalkulation *(f)*
  trade channel Absatzkanal *(m)*, Absatzweg *(m)*, Handelskanal *(m)*, Handelsweg *(m)*
  trade classification Handelsklassifikation *(f)*
  Standard International Trade Classification (SITC) Internationales Warenverzeichnis für den Außenhandel *(n)*
  trade commission Handelsprovision *(f)*
  trade committee Handelsausschuss *(m)*
  trade competition Handelskonkurrenz *(f)*, Handelswettbewerb *(m)*
  trade connections Handelsbeziehungen *(pl)*
  trade contract Kaufkontrakt *(m)*
  trade contractions Handelsschranken *(pl)*
  trade convention Handelsabkommen *(n)*, Handelskonvention *(f)*
  trade co-operation Handelskooperation *(f)*, kommerzielle Kooperation *(f)*
  trade credit Handelskredit *(m)*, kommerzieller Kredit *(m)*, Warenkredit *(m)*
  external trade credit Außenhandelskredit *(m)*
  trade cycle Handelszyklus *(m)*
  trade data Handelsdaten *(pl)*
  trade day Handelstag *(m)*, Markttag *(m)*
  trade debt Handelsschuld *(f)*
  trade deficit Handelsbilanzdefizit *(n)*, Handelsdefizit *(n)*
  balance of trade deficit Außenhandelsdefizit *(n)*, Handelsbilanzdefizit *(n)*
  visible trade deficit Außenhandelsdefizit *(n)*, Handelsbilanzdefizit *(n)*

trade delegation Handelsdelegation *(f)*
trade department Handelsabteilung *(f)*
trade description Warenbeschreibung *(f)*, Warenbezeichnung *(f)*
　normal trade description of goods handelsübliche Warenbezeichnung *(f)*
　precise trade description genaue Handelsbezeichnung *(f)*
trade development Handelsentwicklung *(f)*
trade discount Handelsabschlag *(m)*, Handelsrabatt *(m)*, Verkauf mit einem Rabatt *(m)*
trade discrimination Handelsdiskriminierung *(f)*
trade diversification Handelsdiversifikation *(f)*
trade embargo Handelsblockade *(f)*, Handelsembargo *(n)*, Handelssperre *(f)*
trade equilibrium Handelsgleichgewicht *(n)*
　world trade equilibrium Außenhandelsgleichgewicht *(n)*
trade exhibition Handelsausstellung *(f)*
trade expansion Handelsexpansion *(f)*
　policy of trade expansion Politik der Handelsexpansion *(f)*
trade expenses handelsbedingte Kosten *(pl)*
trade expert Handelsexperte *(m)*, Handelsprofi *(m)*
trade factor Handelsfaktor *(m)*
trade factory Handelsniederlassung *(f)*
trade fair Branchenmesse *(f)*
trade fraud Handelsvergehen *(n)*
trade gap Handelsbilanzdefizit *(n)*, Handelsdefizit *(n)*
trade group Handelskonsortium *(n)*
trade guarantee Handelsgarantie *(f)*
trade house Handelsinstitution *(f)*
trade in goods Güterverkehr *(m)*, Warenhandel *(m)*
trade in licences Handel mit Lizenzen *(m)*, Lizenzhandel *(m)*
trade in patents Handel mit Patenten *(m)*
trade in services Dienstleistungshandel *(m)*, Handel in Dienstleistungen *(m)*
trade information Geschäftsinformation *(f)*, Handelsinformation *(f)*
trade infrastructure Handelsinfrastruktur *(f)*
trade intermediary Handelsvermittlung *(f)*
trade internationalisation Handelsinternationalisierung *(f)*
trade invoice Handelsrechnung *(f)*
trade law Handelsrecht *(n)*

international trade law internationales Handelsrecht *(n)*
trade legislation Handelsgesetzgebung *(f)*
trade liability Handelsverpflichtung *(f)*
trade liberalization Liberalisierung des Handels *(f)*
trade licence Gewerbeschein *(m)*, Handelserlaubnis *(f)*, Handelskonzession *(f)*
trade limit Handelslimit *(n)*
trade list Preiskatalog *(m)*, Preisliste *(f)*
trade loss Handelsverlust *(m)*
　customary trade loss gebräuchlicher Verlust *(m)*
trade manager Handelsmanager *(m)*
trade mark Handelszeichen *(n)*
　register a trade mark Warenzeichen registrieren *(n)*
　register of trade mark Musterregister *(n)*, Warenzeichenrolle *(f)*
　registered trade mark eingetragenes Warenzeichen *(n)*, geschützte Fabrikmarke *(f)*
trade mark infringement Missbrauch des Warenzeichens *(m)*
trade marks act Markengesetz *(n)*
trade mission Handelsmission *(f)*
trade monopoly Handelsmonopol *(n)*
trade name Markenname *(m)*
trade negotiations Handelsbesprechungen *(pl)*, Handelsverhandlungen *(pl)*
　multilateral trade negotiations multilaterale Handelsverhandlungen *(pl)*
trade obstacles Handelsschranken *(pl)*
　remove trade obstacles Handelsschranken abbauen *(pl)*
trade office Handelsbüro *(n)*, Handelsvertretung *(f)*
trade on commission Kommissionsgeschäft *(n)*
trade operation Handelsoperation *(f)*
　carrying trade operation Speditionsoperation *(f)*, Versandoperation *(f)*
trade organization Handelsorganisation *(f)*
　free trade organization Freihandelsorganisation *(f)*
trade packing Handelsverpackung *(f)*
trade pact Handelsabkommen *(n)*, Handelsvertrag *(m)*
trade paper Geschäftswechsel *(m)*, Handelswechsel *(m)*
trade partner Geschäftspartner *(m)*, Handelspartner *(m)*

trade policy Handelspolitik *(f)*
  common trade policy gemeinsame Handelspolitik *(f)*
  free trade policy Freihandelspolitik *(f)*
  means of trade policy handelspolitische Maßnahmen *(pl)*
  restrictive trade policy restriktive Handelspolitik *(f)*
trade policy instruments handelspolitische Instrumente *(pl)*
trade pool Handelspool *(m)*
trade practice Geschäftsbrauch *(m)*, Handelsbrauch *(m)*, Handelspraxis *(f)*, Verkaufspraxis *(f)*
  restrictive trade practice Beschränkung der Handelsfreiheit *(f)*
  unfair trade practice unlauterer Handelsbrauch *(m)*
trade preferences Geschäftspräferenzen *(pl)*, Handelspräferenzen *(pl)*
trade privilege Handelsprivilegium *(n)*
trade privileges Geschäftspräferenzen *(pl)*, Handelspräferenzen *(pl)*
trade procedure Geschäftsverfahren *(n)*
trade process Geschäftsverfahren *(n)*
trade profit Handelsprofit *(m)*, kommerzieller Gewinn *(m)*
trade project Handelsprojekt *(n)*
trade promoting measure Maßnahme zur Handelsstimulierung *(f)*
trade promotion Handelsförderung *(f)*
  promotion of trade promotion Außenhandelsförderung *(f)*
trade protection society Auskunftei *(f)*, Auskunftsbüro *(n)*
trade protocol Handelsprotokoll *(n)*
trade rebate Handelsrabatt *(m)*
trade receipts Handelserlöse *(pl)*
trade recession Handelsflaute *(f)*
trade reform Handelsreform *(f)*
trade register Handelsregister *(n)*
  entry in the trade register Eintragung in das Handelsregister *(f)*
trade regulation Handelsregulation *(f)*
trade regulations Handelsbestimmungen *(pl)*, Handelsvorschriften *(pl)*
  external trade regulations Außenhandelsvorschriften *(pl)*
trade restriction Handelshindernis *(n)*

trade restrictions Handelsrestriktionen *(pl)*
trade risk Geschäftsrisiko *(n)*, kommerzielles Risiko *(n)*
trade sample Handelsmuster *(n)*
trade sanctions Handelssanktionen *(pl)*
trade secret Geschäftsgeheimnis *(n)*, Handelsgeheimnis *(n)*
trade shortage normaler Verlust *(m)*
trade show Fachausstellung *(f)*
trade stagnation Handelsstagnation *(f)*
trade statistics Handelsstatistik *(f)*
  external trade statistics Außenhandelsstatistik *(f)*
  sea-borne trade statistics Seehandelsstatistik *(f)*
trade stock kommerzieller Vorrat *(m)*
trade surplus Handelsüberschuss *(m)*
  balance of trade surplus Exportüberschuss *(m)*, Handelsbilanzüberschuss *(m)*
trade survey Handelsbericht *(m)*, Wirtschaftsbericht *(m)*
trade system Handelssystem *(n)*
  retail trade system Einzelhandelssystem *(n)*
trade talks Handelsgespräche *(pl)*
trade technique Handelstechnik *(f)*
trade terms Handelsformeln *(pl)*, handelsübliche Vertragsformeln *(pl)*
  Combination of trade terms with a comprehensive system for coast distribution between seller and buyer Combiterms *(n)*
trade tradition Handelstradition *(f)*, kommerzielle Tradition *(f)*
trade treaty Handelsvertrag *(m)*
trade turnover Handelsverkehr *(m)*
trade value Handelswert *(m)*, Kaufwert *(m)*
trade war Handelskrieg *(m)*
trade within the Community innergemeinschaftlicher Handel *(m)*, innergemeinschaftlicher Warenverkehr *(m)*
trade without agents Handel ohne Agente *(m)*
* active trade Ausfuhrhandel *(m)*, Außenhandel *(m)*
agency trade Zwischenhandel *(m)*
agreement on tariffs and trade Zoll- und Handelsabkommen *(n)*
area pattern of trade geographische Struktur des Handels *(f)*
balance of trade Handelsbilanz *(f)*
  active balance of trade aktive Handelsbilanz *(f)*

export balance of trade aktive Handelsbilanz *(f)*
passive balance of trade passive Handelsbilanz *(f)*
barrier to trade Handelshindernis *(n)*
barter trade Barterhandel *(m)*
bilateral trade bilateraler Austausch *(m)*,
bilateraler Handel *(m)*, Handel zwischen zwei
Staaten *(m)*
branch of trade Handelsbranche *(f)*
chamber of trade Handelskammer *(f)*
coast trade Kabotage *(f)*, Küstenverkehr *(m)*,
Kabotagehandel *(m)*, Küstenhandel *(m)*
coastal trade Kabotage *(f)*, Küstenverkehr *(m)*,
Kabotagehandel *(m)*, Küstenhandel *(m)*
limited coastal trade kleine Kabotage *(f)*,
kleine Küstenschifffahrt *(f)*
coasting trade Kabotage *(f)*, Küstenverkehr *(m)*,
Kabotagehandel *(m)*, Küstenhandel *(m)*
coastwise trade Kabotage *(f)*, Küstenverkehr *(m)*,
Kabotagehandel *(m)*, Küstenhandel *(m)*
committee for trade and industry Ausschuss für Handel und Industrie *(m)*
Community trade gemeinschaftlicher Handel *(m)*
external Community trade externer gemeinschaftlicher Handel *(m)*
composition of trade Warenumsatzstruktur *(f)*
commodity composition of trade Außenhandelswarenstruktur *(f)*
consultation on trade Handelskonsultation *(f)*
contraband trade Schleichhandel *(m)*,
Schmuggelei *(f)*
contract of trade Handelsabkommen *(n)*,
Handelsvereinbarung *(f)*
country of trade Handelsland *(n)*
credit trade Kredithandel *(m)*
crediting of trade Handelskreditierung *(f)*
cross-border trade Grenzhandel *(m)*, grenzüberschreitender Handel *(m)*
custom of trade Handelsgewohnheit *(f)*
Department of Overseas Trade Außenhandelsministerium *(n)*
develop trade Handel aufbauen *(m)*
development of trade Handelsentwicklung *(f)*
distant trade Hochseeschifffahrt *(f)*, Hochseeschiffsverkehr *(m)*
distributing trade Verteilung *(f)*
diversification of trade Handelsdiversifikation *(f)*

duty-free trade Freihandel *(m)*, zollfreier
Handel *(m)*
duty-free trade customs procedure Zollfreiheitsverfahren *(n)*
embargo on trade Handelsblockade *(f)*
engage in the trade Handel führen *(m)*,
Handel treiben *(m)*
entrepôt trade Wiederausfuhr *(f)*
exchange trade Börsenhandel *(m)*, Handel
an der Börse *(m)*
expand trade Handel aufbauen *(m)*
expansion of trade Verkaufsvolumensteigerung *(f)*
export trade Ausfuhrhandel *(m)*, Außenhandel *(m)*
extend trade Handel entwickeln *(m)*
extension of trade Handelsausweitung *(f)*
foreign trade Außenhandel *(m)* 2. Hochseeschifffahrt *(f)*, Hochseeschiffsverkehr *(m)*
arbitration commission in foreign trade
Außenhandels-Arbitragekommission *(f)*
balance of foreign trade Außenhandelsbilanzsaldo *(m)*, Außenhandelssaldo *(m)*
balance of foreign trade exterior Außenhandelsbilanz *(f)*
bank for foreign trade Außenhandelsbank
(AHB) *(f)*, Bank für Außenhandel *(f)*
bank of foreign trade Außenhandelsbank
(AHB) *(f)*, Bank für Außenhandel *(f)*
chamber of foreign trade Außenhandelskammer *(f)*, Kammer für Außenhandel *(f)*
commodity structure of foreign trade
Außenhandelswarenstruktur *(f)*
company for foreign trade Außenhandels-
zentrale *(f)*
control of foreign trade Außenhandelskontrolle *(f)*
development of foreign trade Außenhandelsentwicklung *(f)*
financing of foreign trade Außenhandelsfinanzierung *(f)*, Finanzierung des Außenhandels *(f)*
geographical structure of foreign trade
geographische Struktur des Außenhandels *(f)*
income elasticity of foreign trade Einkommenselastizität des Außenhandels *(f)*
Ministry of Foreign Trade Außenhandelsministerium *(n)*
model of foreign trade Außenhandelsmodell *(n)*

monopoly of foreign trade Außenhandelsmonopol *(n)*
pattern of foreign trade Außenhandelsstruktur *(f)*
regulation of foreign trade activities Außenhandelsregelung *(f)*
restrictions of foreign trade Außenhandelsbeschränkungen *(pl)*
quantitative restriction of foreign trade Außenhandelskontingentierung *(f)*, Kontingentierung des Außenhandels *(f)*
technique of foreign trade Technik des Außenhandels *(f)*
volume of foreign trade Außenhandelsumsätze *(pl)*
free trade freier Handel *(m)*, Freihandel *(m)*
freedom of trade Handelsfreiheit *(f)*
restraint on freedom of trade Beschränkung der Handelsfreiheit *(f)*
frontier trade Grenzhandel *(m)*, grenznaher Austausch *(m)*, grenzüberschreitender Handel *(m)*
General Agreement on Tariffs and Trade (GATT) Allgemeines Zoll- und Handelsabkommen *(n)*
general-cargo trade Stückfrachtbeförderung *(f)*
global trade Welthandel *(m)*
governmental trade Staatshandel *(m)*
growth of trade Handelswachstum *(n)*
homeward trade Rückfahrt *(f)*, Rückseereise *(f)*
improvement trade Veredelungsverkehr *(m)*
income from trade Handelseinkommen *(n)*, Handelsertrag *(m)*
increase in trade Handelswachstum *(n)*
inland trade Inlandshandel *(m)*, innerer Handel *(m)*
intercoastal trade große Kabotage *(f)*
intermediary trade Zwischenhandel *(m)*
internal trade Inlandshandel *(m)*
international trade Welthandel *(m)*
centre of the international trade Welthandelszentrum *(n)*
expand international trade Außenhandel entwickeln *(m)*
law of international trade internationales Handelsrecht *(n)*
office of international trade Außenhandelsbüro *(n)*

promote international trade Außenhandel entwickeln *(m)*
internet trade E-Commerce *(m)*, elektronischer Handel *(m)*, Internethandel *(m)*, Internetversandhandel *(m)*
intra-Community trade innergemeinschaftlicher Handel *(m)*, innergemeinschaftlicher Warenverkehr *(m)*
intra-industry trade (IIT) innerzweiglicher Handel *(m)*
land-borne trade Landhandel *(m)*
lawful trade gesetzlicher Handel *(m)*, legaler Handel *(m)*
legal trade gesetzlicher Handel *(m)*, legaler Handel *(m)*
liberalization of trade Handelsliberalisierung *(f)*
licence trade Handel mit Lizenzen *(m)*, Lizenzhandel *(m)*
licensed trade Konzessionshandel *(m)*
liner trade Linienfahrt *(f)*, Linienschifffahrt *(f)*
conventional liner trade Konventionallinienfahrt *(f)*, Konventionallinienschifffahrt *(f)*
maritime trade Seehandel *(m)*, Überseehandel *(m)*
merchandise trade Güteraustausch *(m)*, Warenaustausch *(m)*
Ministry of Trade Ministerium für Handel *(n)*
obstacle to trade Handelshemmnis *(n)*
official trade amtlicher Verkehr *(m)*
outward trade Abgangsreise *(f)*, Auslaufreise *(f)*
overseas trade Überseehandel *(m)*
Department of Overseas Trade Außenhandelsministerium *(n)*
pattern of trade Handelsstruktur *(f)*
preferential trade präferenzbegünstigter Warenverkehr *(m)*, Warenverkehr zu Präferenzbedingungen *(m)*
prohibition of trade Handelsverbot *(n)*
protectionism in trade Protektionismus im Handel *(m)*
receipts from trade Handelserlöse *(pl)*
re-export trade Wiederausfuhr *(f)*
regional trade regionaler Handel *(m)*
re-import trade Reimporthandel *(m)*
restraint of trade Handelsbeschränkungen *(pl)*
restrict trade Handel einschränken *(m)*
restrictions of trade Handelsbeschränkungen *(pl)*, Handelsrestriktionen *(pl)*, Handelsschranken *(pl)*

retail trade Einzelhandel *(m)*, Einzelverkauf *(m)*
seasonal trade Saisonhandel *(m)*
service trade Dienstleistungshandel *(m)*, Handel in Dienstleistungen *(m)*
speculative trade Spekulativhandel *(m)*
terms of trade Relation von Export- zu Importpreisen *(f)*
  commodity terms of trade Warenaustauschverhältnis *(n)*
  factorial terms of trade faktorielles Handelsverhältnis Import/Export *(n)*
  improvement in terms of trade Verbesserung der Terms of Trade *(f)*
  income terms of trade Einkommensaustauschverhältnis *(n)*
transit trade Transithandel *(m)*
  direct transit trade direkter Transithandel *(m)*
  indirect transit trade indirekter Transithandel *(m)*
triangular trade Dreieckshandel *(m)*
trilateral trade Dreieckshandel *(m)*
usage of trade Handelsbrauch *(m)*, Handelsusance *(f)*
visible trade sichtbarer Handel *(m)*
  surplus on visible trade Handelsbilanzüberschuss *(m)*
world trade Welthandel *(m)*
  world trade center Welthandelszentrum *(n)*, Zentrum für internationaler Handel *(n)*
trade-in Inzahlungnahme *(f)*
trade-in allowance Warenrabatt *(m)*
trade-mark Handelsmarke registrieren *(f)*, Warenzeichen registrieren *(n)*
trade-mark Handelsmarke *(f)*, Marke *(f)*, Warenzeichen *(n)*
  trademark agreement Vertrag über Handelsmarken *(m)*
  trade-mark licence Warenzeichenlizenz *(f)*
  Trademark License Agreement Warenzeichenlizenzvertrag *(m)*
  * application for registration of the trademark Anmeldung für die Eintragung einer Marke *(f)*
  certificate of registration of trade-mark Bescheinigung über die Eintragung einer Marke *(f)*

  infringement of trade-mark Missbrauch eines Warenzeichns *(m)*, Verletzung des Firmenzeichens *(f)*
trademarked geschützt
  trademarked goods Markenartikel *(pl)*
trade-out Barterhandel *(m)*
trader Handelsmann *(m)*, Kaufmann *(m)*
  delivery at a trader's premises Freihauslieferung *(f)*
  export trader Ausfuhrhändler *(m)*, Exportkaufmann *(m)*
  import trader Einfuhrkaufmann *(m)*, Importhändler *(m)*, Importkaufmann *(m)*
trade-registered Marken-
  trade-registered article Markenware *(f)*
trading Handel *(m)*, Handelswesen *(n)*
  trading activity Geschäftstätigkeit *(f)*
  trading certificate Handelserlaubnis *(f)*, Handelskonzession *(f)*
  trading consul Handelskonsul *(m)*
  trading limit Handelslimit *(n)*
  trading loss Geschäftsverlust *(m)*, Handelsschaden *(m)*
  trading monopoly Handelsmonopol *(n)*
  trading network Handelsnetz *(n)*
  trading partner Handelspartner *(m)*
  trading pattern Handelsstruktur *(f)*
  trading vessel Güterschiff *(n)*
  * black trading gesetzwidriger Handel *(m)*, rechtswidriger Handel *(m)*
  currency trading Devisenhandel *(m)*
  day trading Tagesumsatz *(m)*
  foreign exchange trading Devisenhandel *(m)*
  illicit trading gesetzwidriger Handel *(m)*, rechtswidriger Handel *(m)*
  share trading volume Aktienhandelsvolumen *(n)*
  spot trading Kassageschäft *(n)*
  stock trading Börsenhandel *(m)*
tradition Tradition *(f)*
  commercial tradition Handelstradition *(f)*, kommerzielle Tradition *(f)*
  trade tradition Handelstradition *(f)*, kommerzielle Tradition *(f)*
traditional traditionell
  traditional export traditioneller Export *(m)*
traffic Handel führen *(m)*

traffic Verkehr *(m)*, Transport *(m)*
traffic accident Straßenverkehrsunfahll *(m)*
traffic department Transportabteilung *(f)*, Verkehrsabteilung *(f)*
traffic expert Transportexperte *(m)*
traffic in transit Transittransport *(m)*, Transitverkehr *(m)*
traffic not involving cash bargeldloser Umsatz *(m)*, bargeldloser Zahlungsverkehr *(m)*
traffic of container Containerverkehr *(m)*
traffic of the port Hafenverkehr *(m)*
traffic on the sea Seehandel führen *(m)*
traffic pool Fracht-Schifffahrts-Konferenz *(f)*, Schifffahrtskonferenz *(f)*
traffic regulations Verkehrsordnungen *(pl)*, Verkehrsregeln *(pl)*
traffic rules Verkehrsordnungen *(pl)*, Verkehrsregeln *(pl)*
traffic specification Transportspezifikation *(f)*
traffic statistics Verkehrsstatistik *(f)*
  freight traffic statistics Güterverkehrsstatistik *(f)*
traffic with transhipment gebrochener Verkehr *(m)*, kombinierter Verkehr *(m)*
* aerial traffic Flugverkehr *(m)*, Luftfahrt *(f)*
irregular aerial traffic Bedarfsflugverkehr *(m)*, Charterverkehr *(m)*
air traffic Beförderung im Luftverkehr *(f)*, Flugverbindung *(f)*, Flugverkehr *(m)*, Luftfahrt *(f)*, Lufttransport *(m)*
  irregular air traffic Bedarfsflugverkehr *(m)*, Charterverkehr *(m)*
be engaged in traffic Handel führen *(m)*, Handel treiben *(m)*
bulk traffic Massengut-Transport *(m)*
Cargo Traffic Procedures Committee *(IATA)* Komitee für Frachtverkehrsverfahren *(n)*
carrying traffic Verfrachtung *(f)*
coastwise traffic Kabotage *(f)*, Küstenverkehr *(m)*
combined traffic kombinierter Transport *(m)*, Kombi-Transport *(m)*
container traffic Behältertransport *(m)*, Containertransport *(m)*, Containerverkehr *(m)*
direct traffic direkte Verbindung *(f)*, Direktverbindung *(f)*, **2.** direkter Austausch *(m)* **3.** Direkttransport *(m)*
foreign goods traffic Außenhandelsumsatz *(m)*
freight traffic Güterbeförderung *(f)*
  railway freight traffic Eisenbahngüterverkehr *(m)*

frontier traffic Grenzverkehr *(m)*, Verkehr in der Grenzzone *(m)*
  agreement concerning frontier traffic Vereinbarung über den Grenzverkehr *(f)*
frontier-zone traffic Grenzverkehr *(m)*, Verkehr in der Grenzzone *(m)*
hindrance to traffic Transporthindernis *(n)*
illicit traffic Schwarzfahren *(n)*
indirect traffic indirekte Verbindung *(f)*
intermodal traffic gemischter Verkehr *(m)*, Huckepacktransport *(m)*, intermodaler Transport *(m)*
international traffic internationaler Verkehr *(m)*
intra-Community traffic innergemeinschaftlicher Handelsverkehr *(m)*
irregular traffic Bedarfsverkehr *(m)*
line traffic Linientransport *(m)*, Linienverkehr *(m)*
liner traffic Linienfahrt *(f)*, Linienschifffahrt *(f)*, Linientransport *(m)*, Linienverkehr *(m)*
  specialized liner traffic Speziallinienfahrt *(f)*, Speziallinienschifffahrt *(f)*
merchandise traffic Warenverkehr *(m)*
part-load traffic Stückgutverkehr *(m)*
piggy-back traffic Huckepackverkehr *(m)*
postal traffic Postverkehr *(m)*
rail-ferry traffic Eisenbahnfährverkehr *(m)*
railroad traffic Bahntransport *(m)*, Eisenbahntransport *(m)*
railway traffic Bahntransport *(m)*, Eisenbahntransport *(m)*
ready for traffic beförderungsfertig, transportfähig
road traffic Straßenverkehr *(m)*, Warenbeförderung auf der Straße *(f)*
sea traffic Überseeverkehr *(m)*
subject of traffic Handelsgegenstand *(m)*
through traffic direkte Verbindung *(f)*, Direktverbindung *(f)*, Direktverkehr *(m)*
tourist traffic *(CCC)* Reiseverkehr *(m)*
transit traffic Durchfuhrverkehr *(m)*, Durchgangsverkehr *(m)*, Gütertransitverkehr *(m)*, Transittransport *(m)*, Transitverkehr *(m)*
volume of traffic Verkehrsaufkommen *(n)*

trailer Anhänger *(m)*, Trailer *(m)*
trailer length Länge des Trailers *(f)*
trailer ship Roll-on-roll-off-Schiff *(n)*
trailer truck Lastkraftwagenzug *(m)*, Schlepperzug *(m)*
* bimodal trailer Mehrzweck-Trailer *(m)*
container trailer Containertrailer *(m)*

flat bed trailer Flachtrailer *(m)*
low loading trailer Tiefladeanhänger *(m)*
refrigerated trailer Kühlanhänger *(m)*
road trailer Anhänger *(m)*
tank trailer Tankanhänger *(m)*
train Zug *(m)*
train accident Bahnunfall *(m)*
train class Zugklasse *(f)*
train connection Eisenbahnverbindung *(f)*
train connection Zugverbindung *(f)*
* additional train Zusatzzug *(m)*
air-conditioned train klimatisierter Zug *(m)*
auxiliary train Zusatzzug *(m)*
container train Containerzug *(m)*
customs examination while the train is in motion Zollabfertigung im fahrenden Zuge *(f)*
freight train Frachtzug *(m)*, Güterzug *(m)*
goods train Frachtzug *(m)*, Güterzug *(m)*
intercity train Intercity *(m)*, Intercityzug *(m)*
international train internationaler Zug *(m)*
long-distance train Fernverkehrszug *(m)*
night train Nachtzug *(m)*
passenger train Reisezug *(m)*
refrigerated train Kühlzug *(m)*
refrigerator train Kühlzug *(m)*
shuttle train S-Bahn *(m)*, Vorortzug *(m)*
suburban train S-Bahn *(m)*, Vorortzug *(m)*
through train durchgehender Zug *(m)*, Transitzug *(m)*
through-running train durchgehender Zug *(m)*
training Umschulung *(f)*
training clause Ausbildungsklausel *(f)*
tramp Tramp *(m)*, Trampschiff *(n)* **2.** Tramp-
tramp cargo Trampladung *(f)*
tramp freight Trampfracht *(f)*
tramp navigation Trampfahrt *(f)*, wilde Fahrt *(f)*
tramp rate of freight Trampfrachtrate *(f)*
tramp service Trampfahrt *(f)*, Trampschifffahrt *(f)*
conventional tramp service Konventionaltrampschifffahrt *(f)*
specialized tramp service Spezialtrampfahrt *(f)*, Spezialtrampschifffahrt *(f)*
tramp ship Tramp *(m)*, Trampdampfer *(m)*, Trampschiff *(n)*
tramp shipping Trampfahrt *(f)*, wilde Fahrt *(f)*
specialized tramp shipping Spezialtrampfahrt *(f)*, Spezialtrampschifffahrt *(f)*

tramp vessel Tramp *(m)*, Trampschiff *(n)*
* cargo tramp Trampschiff *(n)*
tramping Trampfahrt *(f)*, Trampschifffahrt *(f)*
transaction Geschäft *(n)*, Transaktion *(f)* **2.** Transaktions-
transaction by cheque Scheckverkehr *(m)*
transaction conditions Geschäftsbedingungen *(pl)*
transaction currency Transaktionswährung *(f)*
transaction for future delivery Lieferungsgeschäft *(n)*
transaction for shipment Abladegeschäft *(n)*, Geschäft auf Verladung *(n)*
transaction in commodities Warengeschäft *(n)*
transaction in goods Warengeschäft *(n)*
transaction number Transaktionsnummer *(f)*
transaction on commission Kommissionsgeschäft *(n)*
transaction on credit Kreditgeschäft *(n)*
transaction on the spot Lokogeschäft *(n)*
transaction price Vertragspreis *(m)*
transaction risk Transaktionsrisiko *(n)*
transaction value Transaktionswert *(m)*
* arbitrage transaction Arbitragegeschäft *(n)*
banking transactions Bankgeschäfte *(pl)*, Bankoperation *(f)*, Banktransaktionen *(pl)*
barter transaction Kompensationsgeschäft *(n)*, Tauschgeschäft *(n)*
bilateral transaction bilaterales Geschäft *(n)*
capital transaction Kapitalüberführung *(f)*
balance of capital transactions Kapitalbilanz *(f)*, Kapitalverkehrsbilanz *(f)*
carry-over transaction *(stock exchange)* Prolongationsgeschäft *(n)*, Reportgeschäft *(n)*
carry out occasional transactions *(VAT)* Umsatze nur gelegentlich bewirken *(pl)*
cash transaction Bargeschäft *(n)*, Bartransaktion *(f)*
category of transactions *(VAT)* Umsatzart *(f)*
clearing transaction Abrechnungsverkehr *(m)*, Clearingoperation *(f)*, Verrechnungsgeschäft *(n)*
collection transaction Inkassogeschäft *(n)*
credit transaction Kreditgeschäft *(n)*
currency transaction Devisengeschäft *(n)*, Valutageschäft *(n)*
balance of current transactions Leistungssaldo *(m)*

discount transaction Disagio-geschäft (n),
Diskontgeschäft (n)
domestic transaction Inlandsgeschäft (n)
economic transaction Wirtschaftsgeschäft (n)
effective transaction effektives Geschäft (n)
exchange transaction Devisengeschäft (n),
Devisentransaktion (f)
external economic transaction Außenhandelsgeschäft (n)
export transaction Ausfuhrgeschäft (n),
Exportgeschäft (n)
financial transaction Finanzgeschäft (n)
foreign exchange transaction Devisengeschäft (n), Devisentransaktion (f)
foreign trade transaction Außenhandelsgeschäft (n)
forward transaction Lieferungsgeschäft (n),
Termingeschäft (n)
illegal transaction illegales Geschäft (n)
import transaction Einfuhrgeschäft (n)
international transaction internationale
Übereinkunft (f), internationales Geschäft (n)
junctim transaction Junktimtransaktion (f)
law transaction Rechtsakt (m), Rechtsgeschäft (n)
leasing transaction Leasinggeschäft (n)
legal transaction Rechtsgeschäft (n)
conduct of a legal transaction Rechtsverkehr (m)
invalidity of legal transaction Unwirksamkeit eines Rechtsgeschäfts (f)
security and certainty of legal transactions Sicherheit des Rechtsverkehrs (f)
market transaction Marktgeschäft (n)
monetary transaction Geldtransaktion (f)
money transaction Kassageschäft (n)
multilateral transaction multilaterales
Geschäft (n)
nature of transaction code Kode der Art
des Geschäfts (m)
non-recurring transaction Einmalgeschäft (n)
offset transaction Offsetgeschäft (n)
place of transaction Geschäftsort (m)
purchase and sales transaction Kauf und
Verkaufsgeschäft (n)
reciprocal transaction Kompensationsgeschäft (n), Tauschgeschäft (n)
re-export transaction Wiederausfuhrgeschäft (n)
settlement of a transaction Geschäftsabschluss (m)

single transaction Einmalgeschäft (n)
speculative transaction Spekulationsgeschäft (n)
spot transaction Kassageschäft (n), Lokogeschäft (n)
swap transaction Swapgeschäft (n)
swash bulkhead Schlingerschott (n)
tie-in transaction Koppelungsgeschäft (n)
transit transaction Durchfuhr (f), Versandverfahren (n)
triangular transaction Dreiecksgeschäft (n)
trans-border grenzüberschreitend
trans-border co-operation grenzüberschreitende Zusammenarbeit (f)
transcontainer Transcontainer (m)
transcript Abschrift (f), Kopie (f)
transcript of a bill of exchange Wechselduplikat (n)
transfer übergeben
transfer by endorse durch Indossament
übertragen (n)
transfer by endorsement durch Giro übertragen (n)
transfer goods (TIR) Waren umladen (pl)
transfer an information Auskunft erteilen (f),
Information übertragen (f)
transfer Abtretung (f), Anweisung (f),
Transfer (m), Übertragung (f), Übertragungsurkunde (f), Überweisung (f) 2. Eisenbahnfähre (f)
transfer agreement Retrozessionsvertrag (m),
Treuhandvertrag (m), Überlassungsvertrag (m)
transfer by endorsement Übertragung
durch Indossament (f)
transfer deed Übertragungsurkunde (f)
transfer duty Börsenumsatzsteuer (f)
transfer fee Frachtgeld (n)
transfer form Überweisungsformular (n)
transfer from the budget Haushaltszuschuss (m)
transfer instruction Überweisungsauftrag (m)
transfer into account Überweisung auf ein
Konto (f)
transfer note Übergabeschein (m)
transfer of an order Übertragung der Bestellung (f)
transfer of balance Saldoübertragung (f)
transfer of benefits Gewinnabführung (f)
transfer of capital Vermögensübergang (m)
transfer of claim Abtretung von Forderungen (f), Forderungsabtretung (f)

transfer of credit Anweisung des Akkreditivs *(f)*

transfer of debt Abtretung von Forderungen *(f)*

transfer of foreign exchange Devisenüberweisung *(f)*

transfer of know-how Know-how-Transfer *(m)*
agreement on the transfer of know-how Know-how-Vertrag *(m)*

transfer of letter of credit Überweisung eines Akkreditivs *(f)*

transfer of money Geldtransfer *(m)*

transfer of property Eigentumsübertragung *(f)*

transfer of rights Abtretung von Rechten *(f)*, Rechtsübertragung *(f)*, Übertragung der Rechte *(f)*
transfer of rights by endorsement Übertragung von Rechten durch Indossament *(f)*

transfer of risk Gefahrübergang *(m)*

transfer of securities Übertragung von Wertpapieren *(f)*

transfer of shares Aktientransfer *(m)*, Übertragung von Aktien *(f)*

transfer of technology Technologietransfer *(m)*

transfer order Übertragungsauftrag *(m)*, Überweisungsauftrag *(m)*, Überweisungsschein *(m)*

transfer price Transferpreis *(m)*

transfer station Umladungsbahnhof *(m)*

transfer ticket Überweisungsformular *(n)*

* act of transfer Überweisungsakt *(m)*

agreement on transfer Treuhandvertrag *(m)*, Überlassungsvertrag *(m)*

bank transfer Bankanweisung *(f)*

bank transfer Banküberweisung *(f)*, Blankoabtretung *(f)*, Blankoübertragung *(f)*

cargo transfer Umladung *(f)*

currency transfer Währungsüberweisung *(f)*

customs transfer Zollanweisung *(f)*

date of transfer Übertragungsdatum *(n)*

deed of transfer Abtretungsakt *(m)*, Übertragungsakt *(m)*, Zessionsakt *(m)*

electronic funds transfer (EFT) elektronischer Zahlungsverkehr *(m)*
electronic funds transfer system System des Elektronischen Zahlungsverkehrs *(n)*

exchange transfer risk Transferrisiko *(n)*

money transfer Geldtransfer *(m)*, Geldüberweisung *(f)*

order to transfer Überweisungsauftrag *(m)*

ownership transfer Übertragung des Eigentums *(f)*

pay by transfer mit Transfer zahlen *(m)*, mit Übertragung zahlen *(f)*

payment by transfer bargeldlose Auszahlung *(f)*, unbare Zahlungsweise *(f)*

share transfer Aktientransfer *(m)*, Übertragung von Aktien *(f)*

technology transfer Technologietransfer *(m)*

transferable transferable, betragbar
transferable letter of credit betragbares Akkreditiv *(n)*, transferabeles Akkreditiv *(n)*, Transferakkreditiv *(n)*, übertragbares Akkreditiv *(n)*

transferee Übertragungsempfänger *(m)*
transferee railway Vollspurbahn *(f)*

transference Abtretung *(f)*

transferor Begebender *(m)*, Zedent *(m)*
transferor railway Regelspurbahn *(f)*

transferring übertragend
transferring bank übertragende Bank *(f)*

transgress überschreiten
transgress a contract Kontrakt brechen *(m)*, Kontrakt verletzen *(m)*
transgress the law Recht übertreten *(n)*

transgression Überschreitung *(f)*, Verletzung *(f)*

tranship umlagern, umschlagen
tranship goods Waren umladen *(pl)*
tranship goods under bond Umladen unter Zollverschluss *(n)*

transhipment Transshipment *(n)*, Umladung *(f)*, Wiederverladung *(f)*
transhipment allowed Umladen gestattet *(n)*
transhipment bill of lading durchlaufendes Konnossement *(n)*, Umladekonnossement *(n)*
transhipment bond note Umladungschein *(m)*, Umladungslieferschein *(m)*
transhipment cargo Durchfrachtgut *(n)*, Umschlaggut *(n)*
transhipment clause Umladungsklausel *(f)*
transhipment delivery order zollfreie Transitgenehmigung *(f)*
transhipments during carriage *(CT)* Umladungen während der Beförderung *(pl)*
* harbour of transhipment Umladehafen *(m)*
loss during transhipment Umladungsverlust *(m)*, Umschlagverlust *(m)*

port of transhipment Umladehafen *(m)*, Umschlaghafen *(m)*
traffic with transhipement gebrochener Verkehr *(m)*, kombinierter Verkehr *(m)*
transhipping Umladung *(f)*, Umschlag *(m)* **2.** Umschlag-
transhipment entry Umschlagdeklaration *(f)*
transhipment list Umschlagliste *(f)*
transhipment of transit merchandise Umschlag von Transitwaren *(m)*
transhipment permit Umschlagerlaubnis *(f)*, Umschlaggenehmigung *(f)*
transhipment port Umladehafen *(m)*, Umschlaghafen *(m)*
transhipment pricking note Zollfreischein *(m)*
transhipment prohibited Umladung nicht gestattet *(f)*
transhipment quality Umschlagqualität *(f)*
transhipment rate Umschlaggeschwindigkeit *(f)*
transhipment receipt Umladungschein *(m)*, Umladungslieferschein *(m)*
transhipment station Umladungsbahnhof *(m)*
transhipment store Umlademagazin *(n)*, Umschlagdepot *(n)*, Umschlaglager *(n)*
transhipment time Transchipmentdauer *(f)*, Umladungsdauer *(f)*
transhipment warehouse Umlademagazin *(n)*, Umschlaglager *(n)*
transhipping charge Reexpeditionskosten *(pl)*, Umladegebühr *(f)*, Umladungskosten *(pl)*, Umschlagkosten *(pl)*
transhipping company Umladungsgeschäft *(n)*
transhipping day Umladungstag *(m)*, Umschlagtag *(m)*
transhipping forwarder Umladungsspediteur *(m)*
transhipping ground Umschlaplatz *(m)*
transhipping place Umladungsplatz *(m)*
transhipping yard Umschlagplatz *(m)*
transit Transit *(m)* **2.** Versandverfahren *(n)* **3.** Transit-
transit accompanying document (TAD) Versandbegleitdokument *(n)*
transit advice note *(CT)* Grenzübergangsschein *(m)*
transit airport Transitflughafen *(m)*
transit area Transitzone *(f)*
transit arrangements Verfahren der Durchfuhr *(n)*

Community transit arrangements gemeinschaftliches Versandverfahren *(n)*
transit authorization certificate Transitlizenz *(f)*
transit bill Durchreisegenehmigung *(f)*, Transitbewilligung *(f)*
transit blockade Transportblockade *(f)*
transit bond Transitschein *(m)*
transit by air Versandverfahren für Beförderungen auf dem Luftweg *(n)*
transit cargo Transitgut *(n)*, Transitladung *(f)*
 transport of transit cargo Transitgutbeförderung *(f)*
transit carriage Transitverkehr *(m)*
transit certificate Durchgangsschein *(m)*
transit charge Durchgangsgebühr *(f)*, Transitfracht *(f)*, Transitgeld *(n)*
transit clause Durchgangsverkehrsklausel *(f)*, Transitklausel *(f)*
transit commodity circulation Gütertransitverkehr *(m)*
transit contract Transitvertrag *(m)*
transit cost Transitkosten *(pl)*
transit country Durchfuhrland *(n)*, Transitland *(n)*
transit damage Transportschaden *(m)*, Verkehrsschaden *(m)*
transit declaration Transitdeklaration *(f)*, Transiterklärung *(f)*, Transitnote *(f)*, Versandanmeldung *(f)*
 acceptance of the transit declaration Annahme der Versandanmeldung *(f)*
 copies for transit declaration für die Versandanmeldung verwendeten Exemplare *(pl)*
 manifest as transit declaration Manifest als Versandanmeldung *(n)*
 number of the transit declaration Nummer der Versandanmeldung *(f)*
 registration of the transit declaration Registrierung der Versandanmeldung *(f)*
 signing of the transit declaration Unterzeichnung der Versandanmeldung *(f)*
transit declaration on the SAD Versandanmeldung auf dem Einheitspapier *(f)*
transit delivery Durchlieferung *(f)*
transit distance Transitentfernung *(f)*
transit document Durchfuhrpapier *(n)*, Transitdokument *(n)*, Versandschein *(m)*
 type of transit document Art des Versandpapiers *(f)*

transit due Durchgangsgebühr *(f)*, Transitgeld *(n)*
transit duty Durchfahrtszoll *(m)*, Transitzoll *(m)*
transit embargo Transitverbot *(n)*
transit entry Durchfuhrdeklaration *(f)*, Transiterklärung *(f)*, Versandanmeldung *(f)*
transit fee Beförderungsgeld *(n)*, Transitgebühr *(f)*
transit formalities Förmlichkeiten für das
Versandverfahren *(pl)*
transit freight Durchfracht *(f)*, Transitfracht *(f)*
transit goods Durchfuhrgut *(n)*, Durchgangsware *(f)*, Transitware *(f)*
  list of transit goods Durchgangswarenverzeichnis *(n)*, Transitgutverzeichnis *(n)*
transit guarantee Sicherheitsleistung im
Versandverfahren *(f)*
  standard transit guarantee Regelsicherheitsleistung *(f)*
transit insurance Transitversicherung *(f)*
transit licence Transitlizenz *(f)*
transit manifest Durchfuhrladungsmanifest *(n)*,
Durchgangsmanifest *(n)*, Transitladungsmanifest *(n)*
transit merchandise Transitware *(f)*
  temporary storage of transit merchandise
  vorübergehende Einlagerung von Transitwaren *(f)*
  transhipment of transit merchandise
  Umschlag von Transitwaren *(m)*
transit movement Durchfuhr *(f)*, Versandverfahren *(n)*
  end of the transit movement the goods
  Ende der Warenbeförderung im Versandverfahren *(n)*
  single transit movement einziger Versandvorgang *(m)*
transit note Transitnote *(f)*, Transitschein *(m)*
transit note TC 10 Grenzübergangsschein
TC 10 *(m)*
transit of goods Warentransit *(m)*
international transit of goods internationaler Warenversand *(m)*
tariff for the transit of goods Durchgangstarif *(m)*, Transittarif *(m)*, Transitzolltarif *(m)*
transit operation Versandverfahren *(n)*
  customs transit operation Versandvorgang *(m)*

transit passage Transitflug *(m)*, Transitreise *(f)*
transit permit Durchreisegenehmigung *(f)*,
Transitbewilligung *(f)*, Transitgenehmigung *(f)*
transit port Durchgangshafen *(m)*, Transithafen *(m)*
transit procedure Versandverfahren *(n)*
  common transit procedure gemeinsames
  Versandverfahren *(n)*
  Community transit procedure gemeinschaftliches Versandverfahren *(n)*
    external Community transit procedure
    externes gemeinschaftliches Versandverfah-
    ren *(n)*
    internal Community transit procedure
    internes gemeinschaftliches Versandverfah-
    ren *(n)*
    **internal Community transit procedure
    T2** internes gemeinschaftliches Versand-
    verfahren mit Versandanmeldung T2 *(n)*
    **internal Community transit procedure
    T2F** internes gemeinschaftliches Versand-
    verfahren T2F *(n)*
    **simplified Community transit proce-
    dure** Vereinfachung für das gemeinschaft-
    liche Versandverfahren *(f)*
  customs transit procedure Versandverfahren *(n)*
    domestic customs transit procedure
    Verfahren des Binnenzolltransits *(n)*
    international customs transit procedure
    Verfahren des internationalen Transits *(n)*
  external transit procedure externes Versandverfahren *(n)*
  implementation of the transit procedure
  Durchführung des Versandverfahrens *(f)*
  internal transit procedure internes Versandverfahren *(n)*
  inward transit procedure internes Versandverfahren *(n)*
  **placement of goods under the transit
  procedure** Überführung der Waren in das
  Versandverfahren *(f)*
  regularly use the transit procedure
  Versandverfahren regelmäßig in Anspruch
  nehmen *(n)*
  standard transit procedure Regelversandsverfahren *(n)*
transit railroad Transitbahn *(f)*

transit railway Durchgangsbahn *(f)*
transit rate Transittarifsatz *(m)*
 uniform transit rate einheitlicher Transittarif *(m)*
transit requirements Transitanforderungen *(pl)*
transit risk Transitrisiko *(n)*
transit route Transitlinie *(f)*, Transitstraße *(f)*,
Transitweg *(m)*
 international transit route internationaler Transitweg *(m)*
transit simplification Vereinfachung im
Versandverfahren *(f)*
 authorisation for a transit simplification
Bewilligung für eine Vereinfachung im Versandverfahren *(f)*
transit shed Schluppenhangar *(m)*
transit sheet *(CMC)* Durchfuhrabschnitt *(m)*
transit shipment Transitsendung *(f)*
transit station Durchfahrtsstation *(f)*, Transitstation *(f)*
transit statistics statistische Erhebung der
Durchfuhr *(f)*
transit storage Transiteinlagerung *(f)*, Transitlagerung *(f)*
transit store Durchgangslager *(n)*, Transitlager *(n)*
transit storehouse Durchgangslager *(n)*,
Transitlager *(n)*
transit system Versandverfahren *(n)*
 Community transit system Gemeinschaftliches Versandverfahren *(n)*
 customs transit system Zollgutversandverfahren *(n)*
transit tariff Durchgangstarif *(m)*, Transittarif *(m)*
transit time Durchgangszeit *(f)*
transit trade Transithandel *(m)*
 direct transit trade direkter Transithandel *(m)*
 indirect transit trade indirekter Transithandel *(m)*
transit traffic Durchfuhrverkehr *(m)*, Durchgangsverkehr *(m)*, Gütertransitverkehr *(m)*,
Transittransport *(m)*, Transitverkehr *(m)*
transit transaction Durchfuhr *(f)*, Versandverfahren *(n)*
transit visa Transitvisum *(n)*
transit visitor Transitpassagier *(m)*
transit warehouse Transitlager *(n)*
*** absence of the registration number of the
means of transport** Fehlen der Angabe des
Kennzeichens des Beförderungsmittels *(n)*

air transit Lufttransit *(m)*
cargo in transit Transitgut *(n)*, Transitladung *(f)*
common transit gemeinsames Versandverfahren *(n)*
Community transit gemeinschaftliches Versandverfahren *(n)*
 Committee on Community Transit *(EU)*
Ausschuss für das gemeinschaftliche Versandverfahren *(m)*
 external Community transit externes gemeinschaftliches Versandverfahren *(n)*
 **declaration for internal Community
transit** Anmeldung zum internen gemeinschaftlichen Versandverfahren *(f)*
conditions of transit Transitbedingungen *(pl)*
country of transit Durchfuhrland *(n)*, Durchgangsland *(n)*, Transitland *(n)*
 **reaction to the country of transit to the
enquiry notice** Reaktion des Durchgangslandes auf die Suchanzeige *(f)*
customs transit Zollgutversand *(m)*
 be under customs transit sich im Zollgutversand befinden *(m)*
 declaration for customs transit Transitdeklaration *(f)*, Transiterklärung *(f)*
 declare the goods for customs transit
Waren zum Zollgutversand anmelden *(pl)*
 **goods declaration form for customs
transit** Vordruck für die Anmeldung zum
Zollgutversand *(m)*
 **permission for international customs
transit** Erlaubnis für den internationaler
Zolltransit *(f)*
damage in transit Beschädigung auf dem
Transport *(f)*, Beschädigung während des
Transports *(f)*
direct transit direkter Transit *(m)*
duty-free transit zollfreie Durchfuhr *(f)*, zollfreier Transit *(m)*
free transit freier Transit *(m)*, zollfreie
Durchfuhr *(f)*, zollfreier Transit *(m)*
freedom of transit Freiheit der Durchfuhr *(f)*,
Transitfreiheit *(f)*
goods in transit Durchfuhrgut *(n)*, Durchgangsware *(f)*, Transitgut *(n)*, unterwegs befindliche Ware *(f)*
 insurance on goods in transit Transportversicherung *(f)*

list of goods in transit Durchgangswarenverzeichnis *(n)*, Transitgutverzeichnis *(n)*
store for goods in transit Umschlagdepot *(n)*, Umschlaglager *(n)*
indirect transit indirekter Transit *(m)*
insurance in transit Kargoversicherung *(f)*, Ladungsversicherung *(f)*
interior transit Eingangsversand *(m)*, Binnenversand *(m)*
international transit internationaler Transit *(m)*
freedom of international transit internationale Transitfreiheit *(f)*
  procedure of international transit by rail *(TIF Convention)* Verfahren des internationalen Eisenbahnverkehrs *(n)*
  international transit merchandise Transitware *(f)*
inward transit Binnenversand *(m)*, Eingangsversand *(m)*
land transit Landtransit *(m)*
loss in transit Transitverlust *(m)*, Transportschaden *(m)*, Transportverlust *(m)*
office of transit Durchgangszollstelle *(f)*, Grenzübergangsstelle *(f)*
  actual office of transit tatsächliche Durchgangszollstelle *(f)*
  change of office of transit Änderung der Durchgangszollstelle *(f)*, Wechsel der Durchgangszollstelle *(m)*
  first office of transit erste Grenzübergangsstelle *(f)*
  office of transit on exit *(CT)* Ausgangsgrenzübergangsstelle *(f)*
outward transit Ausgangsversand *(m)*
passengers in transit Reisende in der Durchfuhr *(m)*
permit of transit Transitbewilligung *(f)*
port of transit Durchgangshafen *(m)*, Transithafen *(m)*
priority of transit Transitrecht *(n)*
privileged transit privilegierter Transit *(m)*
prohibition of transit Durchfahrtsverbot *(n)*
railway transit Bahntransit *(m)*
rapid transit Beförderung durch Expressoder Kurierdienste *(f)*
reform of transit Reform des Versandverfahrensrechts *(f)*
restriction on transit Durchfuhrbeschränkung *(f)*

right of transit Transitrecht *(n)*
sea transit Seetransit *(m)*
state of transit Transitstaat *(m)*
storage in transit Transiteinlagerung *(f)*
tariff for the transit Transitfrachttarif *(m)*
through transit unmittelbare Durchfuhr *(f)*
traffic in transit Transittransport *(m)*, Transitverkehr *(m)*
transitional vorübergehend
transitional regulations Übergangsvorschriften *(pl)*
translation Konvertierung *(f)* 2. Übersetzung *(f)*
translation bureau Übersetzungsbüro *(n)*
translation risk Valutarisiko *(n)*
* **authorized translation** beglaubigte Übersetzung *(f)*
transmissible betragbar, übertragbar
transmissible guarantee übertragbare Garantie *(f)*
transmissible letter of credit betragbares Akkreditiv *(n)*, Transferakkreditiv *(n)*
transmission Übertragung *(f)*
transmission of rights Rechtsübertragung *(f)*, Übertragung der Rechte *(f)*
transmission rate Informationsübertragungsgeschwindigkeit *(f)*
transmit übermitteln
transnational transnational
transnational concern transnationaler Konzern *(m)*
transport Beförderung *(f)*, Transport *(m)*, Verkehr *(m)* 2. Beförderungs-, Transport-
transport accident Transporthavarie *(f)*
transport agency Transportagentur *(f)*
transport agent Spediteur *(m)*
transport and attached documents Beförderungs- und Begleitpapiere
transport aviation Transportluftfahrt *(f)*
transport by air Beförderung auf dem Luftweg *(f)*, Luftbeförderung *(f)*, Luftverkehr *(m)*
transport by containers Behälterverkehr *(m)*
  international transport by containers internationaler Behälterverkehr *(m)*
transport by different carrier gebrochener Verkehr *(m)*, kombinierter Verkehr *(m)*
transport by express carriers Beförderung durch Express- oder Kurierdienste *(f)*

transport by inland waterway Binnenschifffahrt *(f)*
transport capacity Transportkapazität *(f)*
transport cargo aeroplane Frachtflugzeug *(n)*
transport certificate Beförderungsbescheinigung *(f)*
transport charge Frachtkosten *(pl)*
transport clause Transportklausel *(f)*
transport company Transportgeschäft *(n)*, Transportunternehmen *(n)*
transport conditions Beförderungsbedingungen *(pl)*, Beförderungsbestimmungen *(pl)*, Transportbedingungen *(pl)*
transport container Transportbehälter *(m)*, Transportgefäß *(n)*
transport contract Frachtkontrakt *(m)*
transport contract stamp Stempelmarke für Beförderungspapiere *(f)*, Stempelmarke für Beförderungsvertrag *(f)*
transport cost Fracht *(f)*
transport damage Transportschaden *(m)*, Verkehrsschaden *(m)*
 water transport damage Wassertransportschaden *(m)*, Wasserverkehrsschaden *(m)*
transport department Transportabteilung *(f)*, Verkehrsabteilung *(f)*
transport document Beförderungsdokument *(n)*, Beförderungspapier *(n)*, Transportdokument *(n)*, Transportpapier *(n)*
 air transport document Lufttransportdokument *(n)*
 clean transport document echtes Transportdokument *(n)*
 combined transport bill of lading kombiniertes Transportkonnossement *(n)*
 combined transport document CTD-Transportdokument *(n)*, Dokument des kombinierten Transports *(n)*, gebrochenes Transportdokument *(n)*
 copy of a transport document Kopie eines Beförderungspapiers *(f)*
 inland waterway transport document Binnenwassertransportdokument *(n)*
 rail transport document Eisenbahntransportdokument *(n)*, Schienentransportdokument *(n)*
 railway transport document Eisenbahntransportdokument *(n)*, Schienentransportdokument *(n)*

road transport document Straßentransportdokument *(n)*
single transport document *(CCC)* einheitliches Transport-Dokument *(n)*
transport enterprise Transportunternehmen *(n)*
 air transport enterprise Luftverkehrsgesellschaft *(f)*
 inland waterways transport enterprise Binnenschifffahrtsunternehmen *(n)*
transport infrastructure Transportinfrastruktur *(f)*
 port transport infrastructure Hafentransportinfrastruktur *(f)*
transport insurance Beförderungsversicherung *(f)*, Transportschadenversicherung *(f)*, Transportversicherung *(f)* **2.** Gütertransportversicherung *(f)*, Ladungsversicherung *(f)*, Versicherung der Ladung *(f)*
 air transport insurance Lufttransportversicherung *(f)*
 ocean transport insurance Seetransportversicherung *(f)*, Seeversicherung *(f)*
 rail transport insurance Bahnbeförderungsversicherung *(f)*, Eisenbahntransportversicherung *(f)*
 sea transport insurance Seetransportversicherung *(f)*, Seeversicherung *(f)*
transport law Beförderungsrecht *(n)*
transport licence Transportlizenz *(f)*
transport manager Leiter der Transportabteilung *(m)*
transport market Transportmarkt *(m)*
transport medium Transportmittel *(n)*, Verkehrsmittel *(n)*
transport medium insurance Transportmittelversicherung *(f)*
transport of consolidated shipment Sammelgutverkehr *(m)*, Sammelladungsverkehr *(m)*
transport of the consolidation goods Beförderung der Sammelsendungen *(f)*
transport of dangerous goods Gefahrgütertransport *(m)*
 declaration for the transport of dangerous goods Gefahrgüterdeklaration *(f)*
transport of goods under customs seals Beförderung von Waren unter Zollverschluss *(f)*, Frachttransport unter Zollverschluss *(m)*, Güterbeförderung unter Zollverschluss *(f)*, Gütertransport unter Zollverschluss *(m)*, Warentransport unter Zollverschluss *(m)*

transport of goods under the TIR procedure Beförderung der Waren im TIR-Verfahren *(f)*
transport of groupage consignment Sammelgutverkehr *(m)*, Sammelladungsverkehr *(m)*
transport of hazardous cargo Beförderung gefährlicher Güter *(f)*, Gefahrguttransport *(m)*
transport of transit cargo Transitgutbeförderung *(f)*
transport office Transportbüro *(n)*
transport operation Transportoperation *(f)*
transport operation performed under cover of a TIR carnet Transport mit Carnet TIR *(m)*, Warentransport mit Carnet TIR *(m)*
transport operator Transportoperator *(m)*
combined transport operator Gesamtfrachtführer *(m)*, Gesamtfrachtführer verantwortlich für den Gesamttransport *(m)*, Unternehmer des kombinierten Transports *(m)*, Unternehmer des multimodalen Transports *(m)*
container transport operator Container-Operator *(m)*, Container-Transport-Operator *(m)*
maritime transport operator Reeder *(m)*
combined transport operator's liability Gesamtfrachtführer verantwortlich für den Gesamttransport *(m)*
transport order Transportorder *(f)*, Trasportauftrag *(m)*
transport policy Verkehrspolitik *(f)*
transport procedure Transportablauf *(m)*
international transport procedures Verfahren des internationalen Verkehrs *(n)*
transport process Transportprozess *(m)*
transport rate Transporttarif *(m)*
marine transport rate Schifffahrtstarif *(m)*, Seeschifffahrtstarif *(m)*
transport regulations Transportvorschriften *(pl)*
transport risk Beförderungsrisiko *(n)*, Transportgefahr *(f)*, Transportrisiko *(n)*
transport route Beförderungsweg *(m)*, Transportstrecke *(f)*
transport service Beförderungsdienst *(m)*, Seeverkehrsdienst *(m)*, Transportdienst *(m)*
road transport services Beförderungsleistungen *(pl)*
supply of transport services Beförderungsleistungenangebot *(n)*, Transportdienstangebot *(n)*

transport-service line Verbindungslinie *(f)*, Verkehrslinie *(f)*
transport services offering Beförderungsleistungenangebot *(n)*, Transportdienstangebot *(n)*
transport specification Transportspezifikation *(f)*
transport statistics Beförderungsstatistik *(f)*
transport system Beförderungssystem *(n)*, Transportwesen *(n)*
container transport system (CTS) Containertransportsystem *(n)*
transport tariff Beförderungstarif *(m)*, Transporttarif *(m)*, Verkehrstarif *(m)*
transport time Förderzeit *(f)*, Transportdauer *(f)*, Transportzeit *(f)*
transport under cover of a TIR carnet Transport mit Carnet TIR *(m)*, Warentransport mit Carnet TIR *(m)*
transport under customs seals Transport unter Zollverschluss *(m)*, Verkehr unter Zollverschluss *(m)*, Zollbeförderung *(f)*
approved for transport under customs seal zum Transport unter Zollverschluss zugelassen *(m)*
international transport under customs seal internationaler Transport unter Zollverschluss *(m)*
system of transport under customs seal Beförderung unter Zollverschluss *(f)*
transport undertaking Fuhrunternehmen *(n)*
transport unit Transporteinheit *(f)*
transport-unloading area Entladegebiet *(n)*
* air transport Beförderung im Luftverkehr *(f)*, Lufttransport *(m)*
air-passenger transport Luftpassagiertransport *(m)*
automobile transport LKW-Transport *(m)*
branch of transport Transportzweig *(m)*, Verkehrszweig *(m)*
bulk cargo transport Schüttguttransport *(m)*
bulk transport Massengut-Transport *(m)*
cargo transport Gütertransport *(m)*, Lasttransport *(m)*
combined road and rail transport Hukkepackverkehr *(m)*, kombinierter Güterverkehr Schiene/Kraftfahrzeug *(m)*, Schiene-Kraftfahrzeug-Verkehr *(m)*, Schiene-Straße-Verkehr *(m)*
combined road and sea transport kombinierter Güterverkehr Schiene/See *(m)*, Schiene-See-Verkehr *(m)*

combined transport gebrochener Transport *(m)*, gemischter Verkehr *(m)*, Huckepacktransport *(m)*, intermodaler Transport *(m)*, kombinierter Transport *(m)*, Kombi-Transport *(m)*

commercial transport Gütertransport *(m)*, Güterverkehr *(m)*, Nutzfahrzeugverkehr *(m)*

container transport Behältertransport *(m)*, Containertransport *(m)*

co-ordination of transport Verkehrskoordination *(f)*

costs of transport Frachtkosten *(pl)*, Transportkosten *(pl)*

damage in transport Beförderungsschaden *(m)*

direct transport Direktverkehr *(m)*

enterprise engaged in inland waterways transport Unternehmen der Binnenschifffahrt *(n)*

FIATA Combined Transport Bill of Lading FIATA kombinierter Transport Bill of Lading *(n)*

FIATA Forwarders certificate of transport Spediteur Transportbescheinigung *(f)*

goods transport Gütertransport *(m)*, Warentransport *(m)*

heavy-lift transport Schwergütertransport *(m)*

high-speed transport Expreßbeförderung *(f)*

house to house transport Haus-zu-Haus Verkehr *(m)*

indirect transport undirekter Verkehr *(m)*

inland waterway consignment note Flussladeschein *(m)*

inland waterway transport Binnenschifffahrt *(f)*, Binnenschiffsverkehr *(m)*, Warenbeförderung auf Binnengewässern *(f)*

institute of transport Transportinstitut *(n)*

intermodal transport gemischter Verkehr *(m)*, Huckepacktransport *(m)*, intermodaler Transport *(m)*

international air transport internationaler Lufttransport *(m)*

international intermodal transport internationaler kombinierter Verkehr *(m)*

international transport internationaler Transport *(m)*, internationaler Verkehr *(m)*

international transport of goods by road vehicles internationaler Warentransport mit Straßenfahrzeugen *(m)*

intra-port transport Hafentransport *(m)*

land-borne transport Transport zu Lande *(m)*

land and ferry transport Land-Fähre-Verkehr *(m)*

land and sea container transport Land-See-Containertransport *(m)*

line of transport Transportzweig *(m)*, Verkehrszweig *(m)*

loss during transport Transportverlust *(m)*

maritime transport Seetransport *(m)*, Warenbeförderung auf dem Seeweg *(f)*

means of transport Transportmittel *(n)*, Verkehrsmittel *(n)*

  customs registration of means of transport Zollabfertigung von Beförderungsmitteln *(f)*

  customs status of means of transport zollrechtlicher Status der Transportmittels *(m)*

  escort of means of transport Geleiten von Transportmittel *(n)*

  identification of means of transport Transportmittelidentifikation *(f)*

  identity of means of transport Kennzeichen des Beförderungsmittels *(pl)*, Nämlichkeit des Beförderungsmittels *(f)*

  inspection means of transport Kontrolle der Beförderungsmittel *(f)*

  seals on means of transport Zollverschlüsse an Beförderungsmitteln *(pl)*

  single means of transport einziges Beförderungsmittel *(n)*

  status of means of transport Status der Transportmittel *(m)*

  temporary exportation of means of transport vorübergehende Ausfuhr von einem Transportmitteln *(f)*

  temporarily exported means of transport vorübergehend ausgeführte Beförderungsmittel *(pl)*

  means of transport crossing the border grenzüberschreitendes Beförderungsmittel *(n)*

mode of inland transport inländischer Verkehrszweig *(m)*

mode of transport Beförderungsart *(f)*, Transportart *(f)*

mode of transport at the border Verkehrszweig an der Grenze *(m)*

motor-truck transport Autotransport *(m)*, Kraftfahrzeugbeförderung *(f)*, LKW-Transport *(m)*

multimodal transport multimodaler Transport *(m)*

multimodal transport document Beförderungsdokument für den kombinierten Transport *(n)*, Dokument des kombinierten Transports *(n)*, multimodales Transportdokument *(n)*

multimodal transport operator Gesamtfrachtführer *(m)*, Gesamtfrachtführer verantwortlich für den Gesamttransport *(m)*, Unternehmer des kombinierten Transports *(m)*, Unternehmer des multimodalen Transports *(m)*

Non-Negotiable FIATA Multimodal Transport Waybill - FWB Non-Negotiable FIATA Multimodal Transport Waybill *(n)*

overland transport Landtransport *(m)*

passenger transport Beförderung von Passagieren *(f)*

public transport Stadtverkehr *(m)*

railway transport Bahnförderung *(f)*, Eisenbahntransport *(m)*

ready for transport transportfertig

Regulations for the safe transport of radioactive materials, IAEA regulations Regelungen für sicheren Transport radioaktiver Stoffe *(pl)*

return transport Rückbeförderung *(f)*

return transport Rücktransport *(m)*

risk of transport Beförderungsrisiko *(n)*, Transportrisiko *(n)*

road transport Straßenverkehr *(m)*

safety of transport Beförderungssicherheit *(f)*

sea transport Beförderung auf dem Seeweg *(f)*, Seetransport *(m)*

skeleton transport box Gitterpalette *(f)*

special transport Spezialtransport *(m)*

surface transport Landtransport *(m)*, Landverkehr *(m)*, Transport zu Lande *(m)*

system of transport Beförderungssystem *(n)*, Transportwesen *(n)*

type of transport used Art des verwendeten Beförderungsmittels *(f)*

truck transport Kraftfahrzeugtransport *(m)*, Kraftfahrzeugverkehr *(m)*, Kraftverkehr *(m)*

volume of transport Transportmenge *(f)*

water-borne transport Wassertransport *(m)*

wheel transport Straßenverkehr *(m)*

transportation Beförderung *(f)*, Transport *(m)*, Verkehr *(m)* **2.** Beförderungs-. Transport-

transportation agreement Beförderungsvertrag *(m)*

transportation by air Luftverkehr *(m)*

international transportation by air internationaler Luftverkehr *(m)*

transportation charge Förderkosten *(pl)*, Frachtgeld *(n)*, Transportkosten *(pl)*

transportation contract Beförderungsvertrag *(m)*

transportation document Beförderungsdokument *(n)*, Beförderungspapier *(n)*

air transportation documents Luftbeförderungspapiere *(pl)*, Lufttransportpapiere *(pl)*

rail transportation insurance Eisenbahntransportversicherung *(f)*

transportation insurance Ladungsversicherung *(f)*, Versicherung der Ladung *(f)*

transportation invoice Transportrechnung *(f)*

transportation marking Transportmarkierung *(f)*

transportation net Transportnetz *(n)*

transportation of dangerous goods Gefahrgütertransport *(m)*

transportation of goods Beförderung von Waren *(f)*

transportation of palleted goods Transport von palletierter Ware *(m)*

transportation order Beförderungsauftrag *(m)*

transportation packing Transportverpackung *(f)*

transportation rate Beförderungssatz *(m)*, Frachtsatz *(m)*

transportation rates Transporttarif *(m)*, Verkehrstarif *(m)*

* aerial transportation Lufttransport *(m)*

air transportation Lufttransport *(m)*

cargo transportation Gütertransport *(m)*, Lasttransport *(m)*

costs of transportation Frachtkosten *(pl)*, Transportkosten *(pl)*

Department of Transportation Verkehrsministerium *(n)*

free transportation unentgeltliche Beförderung *(f)*

highway transportation Straßentransport *(m)*, Transport *(m)*

international highway transportation internationaler Straßentransport *(m)*

loss of weight during transportation Transportverlust *(m)*

method of transportation Beförderungsart *(f)*

period of transportation Förderzeit *(f)*, Transportzeit *(f)*

preferential transportation rates Fahrpreisvergünstigung *(f)*
surface transportation Landtransport *(m)*, Transport zu Lande *(m)*
time of transportation Beförderungsdatum *(n)*
water transportation Wasserbeförderung *(f)*
transporter Carrier *(m)*, Transportträger *(m)*
cargo transporter Container *(m)*, Transportbehälter *(m)*
transporting Transportwesen *(n)*
manner of transporting Beförderungsart *(f)*
travel Reise *(f)*
travel document Reiseausweis *(m)*
* international travel grenzüberschreitender Reiseverkehr *(m)*
traveler Reisender *(m)*
traveler's cheque Reisenscheck *(m)*
traveler's letter of credit Geldakkreditiv *(n)*, letter of credit reines Akkreditiv *(n)*, Reisenkreditbrief *(m)*
traveller Akquisiteur *(m)*, Werber *(m)*
treveller's cheque Travellerscheck *(m)*
traveller's letter of credit Geldakkreditiv *(n)*, letter of credit reines Akkreditiv *(n)*, Reisenkreditbrief *(m)*
* air traveller Flugreisende *(f)*
movement of travellers Reiseverkehr *(m)*
travelling Reisen *(n)*
travelling charge Fahrtkosten *(pl)*, Reisekosten *(pl)*
travelling cost Reisespesen *(pl)*
travelling crane Rollkran *(m)*
travelling expenses Reisekosten *(pl)*
travelling salesman Reiseagent *(m)*
* commission travelling agent Akquisiteur *(m)*
treasurer Rentmeister *(m)*
Treasurer's Office Finanzamt *(n)*
* corporate treasurer Finanzdirektor *(m)*
treatment Behandlung *(f)*
Community treatment *(EU)* Gemeinschaftsbehandlung *(f)*, Gemeinschaftsverfahren *(n)*
customs treatment Zollbehandlung *(f)*, zolltarifliche Behandlung *(f)*
different customs treatment unterschiedliche zollrechtliche Behandlung *(f)*
free at place of customs treatment price Preis frei Zollbehandlungsort *(m)*

free at place of customs treatment franko Ort der Zollabfertigung *(m)*
customs treatment place Verzollungsort *(m)*
customs-approved treatment or use Zollverwendung *(f)*
customs-approved treatment or use of goods zollrechtliche Bestimmung einer Ware *(f)*
duty-free treatment Zollfreiheitsverfahren *(n)*
equality of treatment Gleichbehandlung *(f)*
tariff treatment Zollbehandlung *(f)*, zolltarifliche Behandlung *(f)*
tax treatment Besteuerung *(f)*, Steuererhebung *(f)*
undergo a treatment Gegenstand einer Behandlung sein *(m)*
treaty Staatsvertrag *(m)*, Verhandlungen *(pl)*
treaty for an indefinite term unbefristeter Vertrag *(m)*
treaty of accession Akzessionsvertrag *(m)*, Beitrittsvertrag *(m)*
treaty of commerce and navigation Vertrag über Handel und Schifffahrt *(m)*
treaty of friendship, commerce and navigation Freundschafts-, Handels-und Schifffahrtsvertrag *(m)*
treaty of mutual assistance Abkommen über gegenseitige Hilfe *(n)*
* abrogate a treaty Vertrag für ungültig erklären *(m)*
abrogation of a treaty Vertragsauflösung *(f)*
adhere to a treaty Abkommen erfüllen *(n)*
amendment to a treaty Berichtigung zum Vertrag *(f)*
bilateral treaty bilateraler Vertrag *(m)*
commercial treaty Handelsvertrag *(m)*
consular treaty Konsularabkommen *(n)*, Konsularvertrag *(m)*
customs treaty Zollkonvention *(f)*, Zollvertrag *(m)*
double taxation treaty Doppelbesteuerungsabkommen *(n)*
infringement of a treaty Vertragsverletzung *(f)*
intergovernmental treaty Regierungsabkommen *(n)*
international treaty internationaler Vertrag *(m)*
reciprocal treaty bilateraler Vertrag *(m)*
regional treaty regionaler Vertrag *(m)*
technical assistance treaty Vereinbarung über technische Hilfe *(f)*
trade treaty Handelsvertrag *(m)*

trend Trend (m)
change in the economic trend Konjunkturänderung (f)
cyclical trend Krisenzyklus (m)
analysis of cyclical trend Konjunkturforschung (f)
price trend Preistrend (m)
trespass Überschreitung (f), Verletzung (f)
tret Gewichtsabzug (m), Refaktie (f)
trial Probe (f) **2.** Probe-
trial offer Werbeangebot (n)
trial order Probeauftrag (m), Probebestellung (f)
trial package Probepackung (f)
trial quantity Probequalität (f)
trial shipment Probelieferung (f)
* acceptance trial Prüfung bei Warenabnahme (f), Prüfung bei Warenübernahme (f)
control trial Prüfmuster (n)
criminal trial Strafprozess (m)
preliminary trial Vorprobe (f)
purchase on trial Kauf auf Probe (m), Probekauf (m)
sale on trial Verkauf auf Probe (m)
triangular triangulär
triangular agreement Dreiecksvertrag (m)
triangular trade Dreieckshandel (m)
triangular transaction Dreiecksgeschäft (n)
tribunal Gerichtshof (m)
trier Bracker (m), Güterkontrolleur (m)
trilateral dreiseitig
trilateral trade Dreieckshandel (m)
trim trimmen, Ladung trimmen (f)
trimmed getrimmt
fob and trimmed Verschiffungs- und Trimmkosten für Charterer (f)
trimming trimmen, Ladung trimmen (f)
trimming Trimmen (n), Trimmung (f) **2.** Trimm-
trimming certificate Trimmzertifikat (n)
trimming charge Trimmlohn (m)
trimming hatch Trimmluke (f)
trimming loss Trimmverlust (m)
* ballast trimming Ballasttrimmung (f)
fio excluding trimming Trimmenkosten für Reeder (pl), Trimmungskosten für Reeder (pl)

trip Reise (f)
trip charter Fachrtcharter (m), Reisecharter (m)
trip chartering Reisebefrachtung (f), Reisecharterung (f)
trip lease Reiseleasing (n), Reiseleasing-Vertrag (m)
trip policy Police für eine einzige Fahrt (f), Reisepolice (f)
* air trip Flugreise (f)
business trip Geschäftsreise (f)
cargo trip Frachtfahrt (f), Frachtreise (f)
charter for a trip für Fahrt chartern (f), für Reise chartern (f)
official trip Delegation (f), Dienstreise (f)
outward trip Bestimmungsfahrt (f), Endseereise (f)
return trip freight Rückfracht (f)
round trip Hin- und Rückreise (f), Rundfahrt (f), Rundseereise (f)
sea trip Schiffsfahrt (f), Seefahrt (f)
simple trip Einzelfahrt (f), Einzelreise (f)
tropical tropisch
tropical fresh water load-line Tropensüßwasserfreibord (m)
tropical load-line tropischer Freibord (m)
tropical summer load-line tropische Sommertiefladeline (f)
truck Lastkraftwagen (m), Lastwagen **2.** Lore (f), offener Waggon (m)
truck bill of lading Frachtbrief im Straßengüterverkehr (m)
truck load volle LKW-Ladung (f), Wagenladungsgut (n)
truck-to-ship cargo handling Umschlag Straße/Schiff (m)
truck-to-wagon cargo handling Umschlag Straße/Schiene (m)
truck transport Kraftfahrzeugtransport (m), Kraftfahrzeugverkehr (m), Kraftverkehr (m)
* free in truck frei Lastkraftfahrzeug (n), frei Lastkraftwagen (m), frei Lastwagen (m)
free in truck price Preis frei Lastkraftfahrzeug (m)
free on truck price for-Preis (m), Preis frei Beförderer (m), Preis frei Frachtführer (m), Preis frei Rampe (m), Preis frei Waggon (m)
on truck auf Lastkraftwagen
rail and truck auf Bahn und Lastauto, auf Bahn und Lastkraftfahrzeug, auf Bahn und Lastkraftwagen

railway truck Lore (f), offener Waggon (m)

refrigerated truck Kühl-Lastkraftwagen (m), Kühlwagen (m)

send by truck per Kraftfahrzeug senden (m), per Kraftwagen senden (m)

tank truck Tankfahrzeug (n), Tankwagen (m)

trailer truck Lastkraftwagenzug (m), Schlepperzug (m)

truckage Autotransport (m), Kraftfahrzeugbeförderung (f)

trucking Beförderung mit Güterwagen (f)

trucking bill of lading Kraftwagenfrachtbrief (m), Straßenfrachtbrief (m)

trucking company Transportgeschäft (n)

trucking services Beförderungsleistungen (pl), Transportdienste (pl)

truckload Wagenladung (f)

truckload rate Wagenladungsfrachtsatz (m)

truck-tractor Sattelschlepper (m), Sattelzugmaschine (f)

true genau

true copy genaue Abschrift (f)

true duplicate beglaubigte Abschrift (f)

trunk Stamm (m)

trunk road Haupteisenbahn (f)

trust Vertrauen (n)

trust receipt Einlagenzertifikat (n)

trustworthy vertrauenswürdig

trustworthy agent vertrauenswürdiger Agent (m)

try probieren

tug Schleppboot (n), Schleppdampfer (m)

tug boat Schlepper (m), Schleppdampfer (m), Frachtkahn (m)

tug entrepot Ziehen (n)

tug master Kapitän des Schleppers (m)

tug service Abschleppdienst (m)

tug-boat Schleppboot (n), Schleppdampfer (m), Frachtkahn (m)

tug-boat charge Schleppgeld (n)

tug-boat due Schleppengebühr (f), Schlepperentgeld (n)

* barge-handling tug Kahnschlepper (m)

berthing tug Bugsierungsschlepper (m)

canal tug Kanalschlepper (m)

coastal tug Küstenschlepper (m)

craft tug Bugsierungsschlepper (m), Hafenschlepper (m), Kahnschlepper (m)

deep-sea tug Schleppdampfer (m), Schleppschiff (n)

dock tug Bugsierungsschlepper (m), Hafenschlepper (m)

dockside-worker Hafenarbeiter (m)

dock-working tug Dockschlepper (m)

estuary tug Binnenschlepper (m), Flussschlepper (m)

fleet tug Schleppdampfer (m), Schleppschiff (n)

harbour tug Bugsierungsschlepper (m), Hafenschlepper (m), eisbrechender Schlepper (m)

ocean tug Hochseeschlepper (m)

ocean-going tug Hochseeschlepper (m), Seetrecker (m)

river service tug Binnenschlepper (m)

river tug Binnenschlepper (m), Flussschlepper (m)

salvage tug Bergungsschlepper (m)

wrecking tug Bergungsschlepper (m)

tugboat Schlepper (m)

ocean-going tugboat Hochseeschlepper (m), Seetrecker (m)

tuggage Schlepplohn (m)

tuggage services Schlepperdienste (pl)

tugging Bugsier-

tugging services Bugsierdienste (pl)

tun in Fässer gießen (pl)

tunnel Tunnel (m) **2.** Tunnel-

tunnel toll Stollengebür (f), Stollenlohn (m), Tunnelgeld (n)

turn Drehung (f)

turn about Liegetage (pl), Liegezeit (f)

turn around Liegetage (pl), Liegezeit (f)

turn of delivery Lieferungsfolge (f)

turn of loading Verladungsfolge (f)

turn of payment Zahlungsfolge (f)

turn off abfertigen, anfertigen

turn-key schlüsselfertig

turn-key contract Vertrag zur schlüsselfertigen Übergabe (m), Vertrag mit Schlüssen (m)

turn-out Streik (m)

turnover Umlauf (m), Zirkulation (f)

turnover commission Umsatzprovision (f)

turnover forecast Umsatzprognose (f)

turnover net of tax Nettoumsatz (m), Reinumsatz (m)

turnover of load Frachtenumsatz (m), Ladungsverkehr (m)

turnover of payment Zahlungsverkehr (m)

turnover of stock Lagerumschlag (m)

* amount of turnover Umsatzbetrag *(m)*
annual turnover Jahresumsatz *(m)*
banking turnover Bankverkehr *(m)*
bill turnover Wechselgeschäft *(n)*, Wechselverkehr *(m)*
capital turnover Kapitalverkehr *(m)*
cargo turnover Frachtenumsatz *(m)*, Ladungsverkehr *(m)*
cheque turnover Scheckverkehr *(m)*
commodity turnover Warenverkehr *(m)*
customs processing turnover Zollveredelungsverkehr *(m)*
daily turnover Tagesumsatz *(m)*
export turnover Exportgröße *(f)*, Exportmenge *(f)*, Exportvolumen *(n)*
foreign exchange turnover Devisenverkehr *(m)*
foreign trade turnover Außenhandelsumsatz *(m)*
foreign turnover Auslandsverkehr *(m)*
goods turnover Warenumschlag *(m)*
gross turnover Gesamtumsatz *(m)*
import turnover Importumsatz *(m)*
minimum turnover clause Mindestumsatzklausel *(f)*
net turnover Nettoumsatz *(m)*, Reinumsatz *(m)*
non-cash turnover bargeldloser Umsatz *(m)*,
bargeldloser Zahlungsverkehr *(m)*
not involving cash turnover Naturalumsatz *(m)*
stock turnover ratio Umschlagfaktor *(m)*
stock turnover Lagerumschlag *(m)*
system of turnover taxes Umsatzsteuersystem *(n)*
tax turnover steuerbarer Umsatz *(m)*, steuerpflichtiger Umsatz *(m)*
taxable turnover steuerbarer Umsatz *(m)*,
steuerpflichtiger Umsatz *(m)*
total turnover Gesamtumsatz *(m)*
trade turnover Handelsverkehr *(m)*
wholesale turnover Großhandelsumsatz *(m)*
turnpike Schnellstraße *(f)* **2.** Zollschranke *(f)*
turnpike road Gebührenstraße *(f)*, Mautstraße *(f)*
tweendecker Tweendecker *(m)*
twenty zwanzig
twenty-foot equivalent unit *(containers)*
Standardcontainer *(m)*, Zwanzig-Fuß-Äquivalente-
Einheit *(f)*
twenty-four hour 24-stündig
twin-screw Zwillingsschrauben-
twin-screw boat Zwillingsschraubenschiff *(n)*

two zwei
two way pallet Zweiwegpalette *(f)*
two-sides bilateral, zweitseitig
two-sides clearing bilaterales Clearing *(n)*
two-sides clearing zweitseitiges Clearing *(n)*
type Sorte *(f)*, Typ *(m)*
type charter-party Standardcharter *(m)*
type of clearance Abfertigungsart *(f)*
type of clearance through the customs
Abfertigungsart *(f)*
type of container Typ des Containers *(m)*
type of contract Art des Vertrags *(f)*, Vertragsart *(f)*
type of correction Korrekturart *(f)*
type of dispatch Versandart *(f)*
type of enterprise Betriebstyp *(m)*
type of goods Art der Waren *(f)*
type of insurance Versicherungsart *(f)*
type of invoice Rechnungsart *(f)*
type of licence Genehmigungsart *(f)*
type of the manifest Form des Manifestes *(f)*
type of packaging Art der Verpackung *(f)*
type of payment Art der Bezahlung *(f)*, Zahlungsart *(f)*
type of penalty Strafart *(f)*
type of permit Genehmigungsart *(f)*
type of semi-trailer Halbhängermuster *(n)*
type of sending Versandart *(f)*
type of tax Steuerart *(f)*, Steuerkategorie *(f)*
type of transit document Art des Versandpapiers *(f)*
type of transport used Art des verwendeten Beförderungsmittels *(f)*
type of vehicle Fahrzeugart *(f)*
type of wagon Wagengattung *(f)*
type sample Standardmuster *(n)*, Typenmuster *(n)*
* cargo type Art der Ladung *(f)*
container type Containermuster *(m)*
declaration type *(arrivals/dispatches)* Art der
Deklaration *(f)*
document type Belegart *(f)*
order type Bestellungsart *(f)*
preference rule type Herkunftsregelart *(f)*
special types of seals besondere Verschlüsse *(pl)*
use of seals of a special type Verwendung der besonderen Verschlüsse *(f)*

U

ULD *(Abk.)* **unit load device** Luftverkehrs-container *(m)*
  ULD discount ULD-Ermäßigung *(f)*
ullage Lackage *(f)*, Lackverlust *(m)*, Leck *(n)*, Leckverlust *(m)*, Schwund *(m)*, Streuung *(f)*, Verstreuung *(f)*
  * **risk of ullage** Sickerverlustrisiko *(n)*
ultimo Ultimo *(n)*
umpire Oberschiedsrichter *(m)*, Schieds-richter *(m)*
unassignable nicht begebbar, un-übertragbar
  unassignable bill of lading nicht begebba-rer Seefrachtbrief *(m)*, unübertragbarer Frachtschein *(m)*
unattended unbeaufsichtigt
  unattended baggage unbeaufsichtigtes Reisegepäck *(n)*
  unauthenticated unbeglaubigt
unauthorized illegal, ungesetzlich
  unauthorized deviation nicht genehmigte Abweichung *(f)*
unbacked ungesichert
uncased ungekapselt
  uncased goods lose Ladung *(f)*, Schüttgüter *(pl)*
uncertified nicht beglaubigt, unbeglaubigt
uncharged frei
unclaused einschränkend, ohne Ab-schreibung
  unclaused bill of lading reines Konnosse-ment *(n)*
unclean unrein, einschränkend
  unclean bill of health unechtes Gesund-heitszeugnis *(n)*
  unclean bill of lading einschränkendes Konnossement *(n)*, unreines Konnossement *(n)*
uncollected nicht abgeholt
  uncollected cargo nicht abgeholtes Gut *(n)*, nicht in Empfang genommenes Gut *(n)*
uncommercial nichtkommerziell

unconditional unbedingt, vorbehaltlos
  unconditional acceptance bedingungsloses Akzept *(n)*, unbeschränktes Akzept *(n)*
  unconditional confirmation vorbehaltlose Bestätigung *(f)*
  unconditional endorsement unbedingtes Indossament *(n)*, unbeschränktes Indossament *(n)*
  unconditional franchise Abzugsfranchise *(f)*
  unconditional guarantee unbedingte Ga-rantie *(f)*
  unconditional legalization bedingungslose Legalisation *(f)*
  unconditional offer bedingungsloses Ange-bot *(n)*
  unconditional payment unbedingte Zahlung *(f)*
unconditionally bedingungslos
  accept unconditionally annehmen ohne Vorbehalt, bedingungslos annehmen
unconfirmed unbestätigt
  unconfirmed advised letter of credit un-bestätigtes avisierendes Akkreditiv *(n)*
  unconfirmed guarantee unbestätigte Ga-rantie *(f)*
  unconfirmed letter of credit unbestätig-tes Akkreditiv *(n)*
  irrevocable unconfirmed letter of credit unwiderrufliches, unbestätigtes Akkreditiv *(n)*
uncontainernable nicht containerfähig
  uncontainernable goods nicht container-fähige Güter *(pl)*
uncontrolled frei
unconvertible nicht umsetzbar
uncovered ungedeckt, ohne Deckung *(n)*
  uncovered acceptance Akzept ohne Dek-kung *(n)*, ungedeckter Wechsel *(m)*, Wechsel ohne Deckung *(m)*
  uncovered bill ungedeckter Wechsel *(m)*, Wechsel ohne Deckung *(m)*
  uncovered cheque ungedeckter Scheck *(m)*
  uncovered letter of credit ungedecktes Akkreditiv *(n)*
uncrossed ungekreuzt
  uncrossed cheque Barscheck *(m)*, Kassen-scheck *(m)*
uncustomed unversteuert, unverzollt
  uncustomed goods unverzollte Ware *(f)*
undecked offen
  undecked wagon offener Waggon *(m)*

underdeck unter Deck, Underdeck-
underdeck cargo Ladung unter Deck *(f)*,
Last unter Deck *(f)*
underdeck shipment Underdecksendung *(f)*
underfreighter Unterbefrachter *(m)*,
Untercharterer *(m)*, Unterverfrachter *(m)*
undergo durchmachen
undergo a treatment Gegenstand einer
Behandlung sein *(m)*
underinsurance Unterversicherung *(f)*
underload Teilverladung *(f)*, Unterbelastung *(f)*
underloading Teillieferung *(f)*
underprice Dumpingpreis *(m)*, Schleuderpreis *(m)*
underselling zu niedrig festgesetzt
underselling price zu niedrig festgesetzter
Preis *(m)*
understanding Erkenntnis *(f)*
memorandum of understandings Willenserklärung *(f)*
undertaking Betrieb *(m)*, Unternehmen *(n)*,
Unternehmung *(f)*
affiliated undertaking assoziiertes Unternehmen *(n)*, verbundene Gesellschaft *(f)*
agricultural undertaking landwirtschaftliches Unternehmen *(n)*
business undertaking Handelsfirma *(f)*,
Handelshaus *(n)*
commercial undertaking Gesellschaft des
Handelsrechts *(f)*, Handelsunternehmen *(n)*
dominant undertaking Kontrollgesellschaft *(f)*,
vorherrschende Firma *(f)*
guarantor's undertaking *(CT)* Bürgschaftserklärung *(f)*
group undertakings Unternehmensgruppe *(f)*
export promotion undertaking Exportförderung *(f)*, Export-Promotion *(f)*
transport undertaking Fuhrunternehmen *(n)*
violation of the undertaking Verletzung der
Verpflichtung *(f)*
underweight Leichtgewicht *(n)*, Untergewicht *(n)*
underwrite versichern
underwrite a cargo Ladung versichern *(f)*

underwriter Assekuradeur *(m)*, Assekurant *(m)*, Versicherer *(m)*
underwriter's guarantee Garantie des
Versicherers *(f)*
* cargo underwriter Kargoversicherer *(m)*
marine underwriter Seeversicherer *(m)*
underwriting Versicherung *(f)* **2.** Ver-
sicherungs-
underwriting agent Versicherungsvertreter *(m)*
underwriting risk Versicherungsrisiko *(n)*
undisclosed unveröffentlicht
undisclosed factoring unveröffentlichtes
Faktoring *(n)*
undo kündigen, rückgängig machen
undo a contract Vertrag auflösen *(m)*, Vertrag widerrufen *(m)*
undocumented undokumentiert
undocumented cargo Ladung ohne Begleitpapiere *(f)*
undutiable nicht zollpflichtig
undutiable goods nicht zollpflichtige Ware *(f)*
unemployment Arbeitslosigkeit *(f)*
rate of unemployment Arbeitslosenquote *(f)*
unenforceability Unmöglichkeit *(f)*
unenforceability of a contract Unmöglichkeit der Vertragserfüllung *(f)*
unentered unangemeldet
unentered goods unangemeldete Ware *(f)*
unfair unlauter
unfair business practice unlauterer Handelsbrauch *(m)*
unfair competition unlautere Konkurrenz *(f)*
unfair trade practice unlauterer Handelsbrauch *(m)*
unfavorable ungünstig
unfavorable exchange rate ungünstiger
Wechselkurs *(m)*
unfavourable nachteilig
unfavourable balance passive Bilanz *(f)*
unfitness Unfähigkeit *(f)*
unfixed drehend
unfounded unbegründet, ungegründet
unfounded claim Grundlosigkeit der Klage *(f)*,
unberechtigter Anspruch *(m)*
unfulfiled unerledigt
unfulfiled order unerledigte Bestellung *(f)*

unification Angleichung *(f)*, Unifizierung *(f)*

unification of loading units Unifizierung der Ladeeinheiten *(f)*

* Convention for the Unification of certain rules of Law relating to Bills of Lading Visby Regeln *(pl)*

debt unification Konsolidierung der Schulden *(f)*, Schuldenfundierung *(f)*

uniform einheitlich, homogen

uniform bill of lading einheitliches Konnossement *(n)*, Standardkonnossement *(n)*

uniform cargo homogene Ladung *(f)*, homogene Schiffsladung *(f)*

uniform charge Einheitsgebühr *(f)*

uniform charter Standardcharter *(m)*, Standardcharterpartie *(f)*, Universalcharter *(m)*

Uniform Commercial Code Einheitliches Handelsgesetz *(n)*

Uniform Customs and Practice for Documentary Credits Einheitliche Richtlinien und Gebräuchen für Dokumentenakkreditive *(pl)*

uniform duty Einheitszoll *(m)*

uniform flat rate einheitliche Pauschalrate *(f)*

uniform free domicile price einheitlicher Preis frei Bestimmungsort *(m)*

uniform quotation Einheitskurs *(m)*

uniform rate Einheitskurs *(m)*

Uniform Rules for Bank-to-Bank Reimbursements, Publication 525 Einheitliche Richtlinien für Rembourse (ERR 725) *(pl)*

Uniform Rules for Contract Guarantees Einheitliche Richtlinien für Vertragsgarantien (ERV) *(pl)*

Uniform Rules for Demand Guarantees Einheitliche Richtlinien für auf Anfordern zahlbare Garantien (ERAG) *(pl)*

uniform tariff einheitlicher Tarif *(m)*

uniform tax rules Einheitliche Steuervorschriften *(pl)*

uniform transit rate einheitlicher Transittarif *(m)*

uniformity Einheitlichkeit *(f)*

uniformity in documentation Einheitlichkeit der Papiere *(f)*

uniformity of the forms Einheitlichkeit der Vordrucke *(f)*

unilateral einseitig

unilateral clearing einseitiges Clearing *(n)*

unilateral contract einseitiger Vertrag *(m)*

unincumbered frei von Schulden *(pl)*

uninsured nichtversichert

uninsured risk nichtversichertes Risiko *(n)*

union Bund *(m)*, Union *(f)*, Verband *(m)*, Verein *(m)*

customs union Zollunion *(f)*

  establishment of a customs union Bildung der Zollunion *(f)*

customs union effects Zollunionseffekte *(pl)*

economic union Wirtschaftsunion *(f)*

European Union Europäische Union *(f)*

monetary union Währungsunion *(f)*

tariff union Zollbund *(m)*

unique konkurrenzlos

unique selling point Alleinstellungsmerkmal *(n)*

unique selling proposition (USP) Alleinstellungsmerkmal *(n)*

unit Einheit *(f)*

unit load Containerstapel *(m)*, Ladungseinheit *(f)*

  unit load device Ladeeinheit (ULD) *(f)*, Luftverkehrscontainer *(m)*

  unit load device discount ULD-Diskont *(m)*

unit of account Zahlungseinheit *(f)*

unit of contract Kontrakteinheit *(f)*, Vertragseinheit *(f)*

unit of currency Währungseinheit *(f)*

unit of measure Masseinheit *(f)*

unit of product Erzeugniseinheit *(f)*

unit of quantity Mengeneinheit *(f)*

unit of weight Gewichtseinheit *(f)*

unit package Kleinverbraucherverpackung *(f)*, Kleinverpackung *(f)*

unit price Preis per Stück *(m)*, Stückpreis *(m)*

unit sales Stückverkauf *(m)*, stückweiser Verkauf *(m)*

unit value index of import Durchschnittsimportpreisindex *(m)*

unit weight Einheitsgewicht *(n)*

unit work rate Akkordlohnsatz *(m)*, Akkordsatz *(m)*

* accounting unit Verrechnungseinheit *(f)*

administrative unit Verwaltungseinheit *(f)*

calculation unit Rechnungseinheit *(f)*

cargo unit Ladeeinheit *(f)*, Versandeinheit *(f)*

contract unit Kontrakteinheit *(f)*, Vertragseinheit *(f)*

controlling unit Kontrolleinheit *(f)*
conventional unit Vertragseinheit *(f)*
currency unit Währungseinheit *(f)*
equivalent unit äquivalente Einheit *(f)*
forty foot equivalent unit *(container)* 40-Fuß-Containereinheit *(f)* **2.** *(in der Logistik)* Bearbeitungseinheit *(f)*
twenty-foot equivalent unit *(container)* Standardcontainer *(m)*, Zwanzig-Fuß-Äquivalente-Einheit *(f)*
freight unit Frachteinheit *(f)*
international unit internationale Einheit *(f)*
load unit Ladeeinheit *(f)*
metric unit metrische Einheit *(f)*
offshore banking unit (OBU) Off-Shore-Bankeinrichtung *(f)*
packing unit Verpackungseinheit *(f)*
producer unit produzierende Einheit *(f)*
shipping unit Ladeeinheit *(f)*, Transporteinheit *(f)*, Versandeinheit *(f)*
stock keeping unit Lagerungsenheit *(f)*
time unit Zeiteinheit *(f)*
transport unit Transporteinheit *(f)*
unification of loading units Unifizierung der Ladeeinheiten *(f)*
unitary Einheits-
unitary tax system einheitliches Steuersystem *(n)*
united vereint
United Kingdom Vereinigtes Königreich *(n)*
United Kingdom ton britische Tonne *(f)*, englische Tonne *(f)*
United Nations convention on the Carriage of goods by Sea Hamburger Regeln *(pl)*
universal allgemein
universal agent Generalagent *(m)*
universal bank Universalbank *(f)*
universal convention internationale Konvention *(f)*, Völkerrechtskonvention *(f)*
universal proxy Prokura *(f)*
universal time Weltzeit *(f)*
unjustified unbegründet, ungegründet
unknown unbekannt
quality and quantity unknown Qualität und Quantität unbekannt *(f/f)*
weight unknown Gewicht unbekannt
unlade abladen, ausladen, entladen
unlading Löschen *(n)*
point of unlading Entladepunkt *(m)*

unlawful gesetzwidrig
unlawful removal from customs supervision of goods Entziehung der einfuhrabgabenpflichtigen Ware der zollamtlichen Überwachung *(f)*
unless außer
unless otherwise agreed soweit nicht anders vereinbart
unlimited nicht limitiert, unbegrenzt
unlimited competition schrankenlose Konkurrenz *(f)*
unlimited letter of credit unbefristetes Akkreditiv *(n)*
unlimited partnership offene Handelsgesellschaft *(f)*
unlimited policy Pauschalpolice *(f)*
unlimited power of attorney unbeschränkte Vollmacht *(f)*
unlimited risk unbegrenztes Risiko *(n)*
unlisted unnotiert
unlisted securities market Markt außerhalb der Börse *(m)*
unload abladen, entladen, löschen
unload a container Container entladen *(m)*
unload the goods Waren ausschiffen *(pl)*
* readiness to unload Löschbereitschaft *(f)*
unloaded angelandet
unloaded quantity angelandete Menge *(f)*, Löschquantum *(n)*
* list of unloaded goods Löschgüterliste *(f)*, Löschmanifest *(n)*
unloading Abladung *(f)*, Entladung *(f)*, Löschen *(n)* **2.** Ablade-, Entlade-, Lösch-
unloading charge Abladegebühr *(f)*, Abladekosten *(pl)*, Entladegebühr *(f)*, Löschkosten *(pl)*
unloading day Abladungstag *(m)*, Ausladungstag *(m)*
unloading of goods Abladung der Waren *(f)*
unloading of a vessel Ausschiffen *(n)*
unloading permission Ausladeerlaubnis *(f)*, Löscherlaubnis *(f)*
unloading platform Entladerampe *(f)*
unloading point Entladeort *(m)*, Entladeplatz *(m)*, Entladestelle *(f)*, Entladungsort *(m)*
unloading time Entladezeit *(f)*
unloading wharf Abladestelle *(f)*, Löschkai *(m)*
* airport of unloading Entladeflughafen *(m)*
name of the airport of unloading Name des Entladeflughafens *(m)*

date and hour of the start of unloading
the means of transport Datum und Uhrzeit des Beginns des Entladens des Beförderungsmittels *(n)*
free unloading frei Löschen *(n)*
lay-days for unloading Liegetage für Löschen *(pl)*, Liegezeit für Löschen *(f)*
loading and unloading Verschiffung und
Löschen *(f)*
partial unloading teilweises Entladen *(n)*
period allowed for unloading Löschfrist *(f)*,
Löschzeit *(f)*
point of unloading Abladeort *(m)*
port of unloading Abladestelle *(f)*, Ausschiffungshafen *(m)*, Entladehafen *(m)*
  name of the port of unloading Name des
  Entladehafens *(m)*
principles of unloading Löschungsvorschriften *(pl)*
schedule of unloading Löschungsplan *(m)*
successive unloading aufeinander folgende Bestimmungsstellen *(pl)*
term of unloading Löschfrist *(f)*, Löschzeit *(f)*
total unloading vollständiges Entladen *(n)*

unmarketable nicht übertragbar, unveräußerlich

unmeasurable unermesslich
unmeasurable risk unversicherbares Risiko *(n)*

unofficial nichtamtlich
unofficial quotation unamtlicher Kurs *(m)*

unpack auspacken

unpacking Auspacken *(n)*
unpacking of goods Auspacken der Waren *(n)*

unpaid unbezahlt
unpaid bill unbezahlter Wechsel *(m)*
unpaid cheque nicht eingelöster Scheck *(m)*,
unbezahlter Scheck *(m)*, uneingelöster Scheck *(m)*
unpaid debt ausstehende Schuld *(f)*, ungetilgte Schuld *(f)*
unpaid invoice unbezahlte Rechnung *(f)*
* delivered ... /named terminal/ **duty unpaid**
geliefert, unverzollt ... /benannter Terminal/
duty unpaid unversteuerter Zoll *(m)*

unpayable kostenlos

unprofitability Unrentabilität *(f)*

unprofitable ungünstig

unprotected schutzlos
unprotected cargo lose Ladung *(f)*, Schüttgüter *(pl)*, unverpacktes Gut *(n)*

unqualification Untauglichkeit *(f)*

unqualified bedingungslos
unqualified guarantee bedingungslose
Garantie *(f)*, unbeschränkte Garantie *(f)*

unreasonable unvernünftig
unreasonable price überhöhter Preis *(m)*,
Wucherpreis *(m)*

unreceived nicht erhalt
unreceived cargo nicht abgeholtes Gut *(n)*
unreceived cargo nicht in Empfang genommenes Gut *(n)*

unrecoverable unwiederbringlich,
uneinbringliche
unrecoverable debt uneinbringliche Schuld *(f)*

unremunerated ohne Vergütung *(f)*

unrestrained uneingeschränkt
unrestrained competition schrankenlose
Konkurrenz *(f)*

unrivalled konkurrenzlos

unsaleable unverkäuflich
unsaleable goods unverkäufliche Ware *(f)*

unsatisfactory unzureichend
unsatisfactory quality unzureichende Qualität *(f)*

unseaworthiness Fahruntüchtigkeit *(f)*,
Seetransportunfähigkeit *(f)*, Seeunfähigkeit *(f)*, Seeuntüchigkeit *(f)*

unsecured ungesichert
unsecured debt Anleiheschuld *(f)*, ungesicherte Schuld *(f)*, ungesicherte Verschuldung *(f)*

unsettled ungetilgt
unsettled debt ausstehende Schuld *(f)*, ungetilgte Schuld *(f)*

unship abladen, Schiff löschen *(n)*

unshipment Abladung *(f)*, Entladung *(f)*
unshipment term Löschdatum *(n)*
* date of unshipment Entladungsfrist *(f)*,
Löschendatum *(n)*

unshipping Ablade-
unshipping wharf Abladestelle *(f)*, Löschkai *(m)*

unsigned ohne Unterschrift
unsigned document Dokument ohne Unterschrift *(n)*

unsolicited unverlangt
unsolicited offer unverlangtes Angebot *(n)*

unsound defekt, schadhaft
unsound merchandise defekte Ware *(f)*, schadhafte Ware *(f)*

unstowage Ausschiffen *(n)*

unstuffing Entladung *(f)*
container unstuffing Containerentladung *(f)*

unsuitable ungeeignet
unsuitable article for export nicht exportierte Ware *(f)*

untransferable nicht abtretbar, unübertragbar

unused ungenutzt
re-export of unused materials Reexport von ungenutzten Waren *(m)*

unvalid bedeutungslos, unwichtig
unvalid document ungültige Urkunde *(f)*, ungültiges Dokument *(n)*

unvalued untaxiert
unvalued policy untaxierte Police *(f)*

unwrapped unverpackt
unwrapped cargo unverpackte Ladung *(f)*

up oben
up or down alternation of price clause Preisänderungsklausel *(f)*

update aktualisieren

updating Aktualisierung *(f)*
updating of data Aktualisierung der Daten *(f)*
* data updating Aktualisierung der Daten *(f)*

upgrade verbessern
upgrade the quality Qualität erhöhen *(f)*

uplift Aufschwung *(m)*
economic uplift Belebung der Wirtschaft *(f)*, Wirtschaftsaufschwung *(m)*

upper obere
upper deck Oberdeck *(n)*

up-price Preiserhöhungs-
up-price clause Preiserhöhungsklausel *(f)*

upturn Verbesserung *(f)*

upward aufsteigend
upward movement of the market Konjunkturbelebung *(f)*

urgent dringend
urgent consignment dringende Sendung *(f)*
urgent order Eilbestellung *(f)*

usage Brauch *(m)*, Usance *(f)*, Praxis *(f)*
usage of the port Hafenbrauch *(m)*, Hafenusance *(f)*
usage of trade Handelsbrauch *(m)*, Handelsusance *(f)*
usage time Betriebszeit *(f)*, Nutzungsdauer *(f)*

usance Brauch *(m)*, Handelsbrauch *(m)*, Handelsusance *(f)*, Usance *(f)*

use ausnutzen
use a credit Kredit ausnutzen *(m)*

use Verwendung *(f)*
use of the arrangements Inanspruchnahme des Verfahrens *(f)*
use of the forms Verwendung der Vordrucke *(f)*
use of goods Verwendung der Waren *(f)*
customs control of the use of goods zollamtliche Überwachung der Verwendung der Waren *(f)*
use of the guarantee Inanspruchnahme der Sicherheit *(f)*
conditions of the use of the guarantee Bedin-gungen der Inanspruchnahme der Sicherheit *(pl)*
use of letter of credit Verwertung des Akkreditivs *(f)*, Inanspruchnahme eines Akkreditivs *(f)*
advice of use of letter credit Avis über Inanspruchnahme eines Akkreditivs *(m)*
use of the procedure Inanspruchnahme des Verfahrens *(f)*
use of seals of a special type Verwendung der besonderen Verschlüsse *(f)*
use of simplified procedure Anwendung der Vereinfachung *(f)*
use of special loading lists Verwendung der besonderen Ladelisten *(f)*
* article of common use Bedarfsartikel *(m)*, Gebrauchsgegenstand *(m)*
article of general use Bedarfsartikel *(m)*, Gebrauchsgegenstand *(m)*
container for special use Spezialcontainer *(m)*

container use Containerverwendung *(f)*
control of use (of goods) Überwachung der Bestimmung *(f)*
customs-approved treatment or use Zollverwendung *(f)*
customs-approved treatment or use of goods zollrechtliche Bestimmung einer Ware *(f)*
dual use goods Waren mit doppeltem Verwendungszweck *(pl)*
economic use Wirtschaftsausnutzung *(f)*
goods intended for official use Waren für den amtlichen Gebrauch *(pl)*
goods intended for personal use Waren für den persönlichen Gebrauch *(pl)*
home use Freiverkehr *(m)*
  enter into home use in den freien Verkehr übergehen *(m)*
  release for home use Überführung in den Freiverkehr *(f)*, Überführung in den zollrechtlich freien Verkehr *(f)*
instruction for use Gebrauchsanweisung *(f)*
period of economic use wirtschaftliche Lebensdauer *(f)*
regularly use the transit procedure Versandverfahren regelmäßig in Anspruch nehmen *(n)*
temporary use vorübergehende Benutzung *(f)*

useful nützlich
useful life Betriebsdauer *(f)*
useful load Nutzladefähigkeit *(f)*, Nutzlast *(f)*
user Benutzer *(m)*
  container user analysis Containeranwenderanalyse *(f)*

uso-tare Usancetara *(f)*, Usotara *(f)*
usual üblich
usual allowance üblicher Abzug *(m)*
usual conditions übliche Bedingungen *(pl)*
usual procedure Gewohnheitsverfahren *(n)*
usual proof of delivery Gewohnheitsauslieferungsauftrag *(m)*
  provide the usual proof of delivery Gewohnheitsauslieferungsauftrag beibringen *(m)*
usual tare Usancetara *(f)*, Usotara *(f)*
usual tariff übliche Tarif *(m)*
usual terms Normalbedingungen *(pl)*, normale Bedingungen *(f)*, übliche Bedingungen *(pl)*
utility Nutzen *(m)*
utility barge Hafenkahn *(m)*
utility life Erwerbsleben *(n)*
utility model Gebrauchsmuster *(n)*

utilization Verwertung *(f)*
utilization of stores Ausnutzung der Vorräte *(f)*
* **container utilization** Containernutzung *(f)*
utilize ausnutzen
utilize a credit Kredit erschöpfen *(m)*
utilize a letter of credit Akkreditiv ausnutzen *(n)*
utmost äußerste
utmost capacity Maximalkapazität *(f)*
utmost price äußerster Preis *(m)*, Schlusspreis *(m)*

V

vaccination Impfung *(f)*
vaccination certificate Impfbescheinigung *(f)*
valid gültig
valid contract gültiger Vertrag *(m)*, rechtswirksamer Vertrag *(m)*
validate beglaubigen
validate the carnet Carnet bestätigen *(n)*
validate a contract Vertrag genehmigen *(m)*
validated validierbar
validated document validierbares Dokument *(n)*
validation Inkraftsetzung *(f)*, Ratifizierung *(f)*
validation certificate gerichtliche Beglaubigung *(f)*
validity Gültigkeit *(f)* 2. Gültigkeitstermin *(m)*
validity of the carnet ATA Gültigkeitsdauer des ATA-Carnets *(f)*
  expiry of the validity of the carnet ATA Ablauf der Gültigkeitsdauer des ATA-Carnets *(m)*
validity of a certificate Rechtsgültigkeit des Zertifikats *(f)*
  period of validity of certificates Gültigkeitsdauer der Bescheinigung *(f)*
validitity of a contract Laufzeit des Kontrakts *(f)*, Vertragsdauer *(f)*, Vertragsfrist *(f)*
  extend the validity of a contract Vertragsgültigkeit verlängern *(f)*
validity of a document Gültigkeit der Urkunde *(f)*
validity of a guarantee Garantiedauer *(f)*, Gültigkeit der Garantie *(f)*
validity of a letter of credit Gültigkeit des Akkreditivs *(f)*, Gültigkeitsdauer des Akkreditivs *(f)*
validity of an offer Angebotsbindung *(f)*, Gültigkeit der Bestellung *(f)*, Gültigkeit der Offerte *(f)*
  date of validity of an offer Bestellfrist *(f)*
validity of a proposal Angebotsbindung *(f)*, Gültigkeit der Offerte *(f)*

validity of visa Gültigkeitsdauer des Visums *(f)*
validity period Gültigkeitsdauer *(f)*
* date of validity Gültigkeitsdatum *(n)*, Verfalldatum *(n)*
duration of validity Gültigkeitsdauer *(f)*
extend validity Gültigkeit verlängern *(f)*
legal validity Rechtswirksamkeit *(f)*
period of validity Dauer der Gültigkeit *(f)*, Gültigkeitsdauer *(f)*
term of validity Dauer der Gültigkeit *(f)*, Gültigkeitsdauer *(f)*, Verfalltermin *(m)*
valorization Verwertung *(f)*
valorisation clause Valutaklausel *(f)*, Währungsklausel *(f)*
valorize valorisieren
valuable Wert-
valuable cargo Wertfracht *(f)*, Wertladung *(f)*
valuable papers Werte *(pl)*, Wertpapiere *(pl)*
valuable quota wertmäßige Quote *(f)*, wertmäßiges Kontingent *(n)*
* consignment of valuables Sendung mit Wertangabe *(f)*, Wertsendung *(f)*
valuation Schätzung *(f)* 2. taxiert
valuation charge Wertgebühr *(f)*
valuation clause Wertklausel *(f)*
Valuation Committee *(of the Customs Co-operation Council)* Ausschuss für den Zollwert *(m)*
valuation of the policy Versicherungsbetragfixierung *(f)*
valuation policy taxierte Police *(f)*, taxierte Versicherungspolice *(f)*
* customs valuation Zollbemessung *(f)*, Zollbewertung *(f)*
Committee on Customs Valuation *(GATT)* Ausschuss für den Zollwert *(m)*
Customs Valuation Committee *(EU)* Ausschuss für den Zollwert *(m)*
risk valuation Risikoschätzung *(f)*
tariff valuation Zollbemessung *(f)*, Zollbewertung *(f)*
valuator Abschätzer *(m)*, Schätzer *(m)*
value Wechsel trassieren *(m)*
value Wert *(m)* 2. Wert-
value added tax Mehrwertsteuer *(f)*
value clause Wertsicherungsklausel *(f)*
value for collection Währung zum Inkasso *(f)*
value for customs Zollwert *(m)*
  declared value for customs angegebener Zollwert *(m)*

value for customs purposes Zollwert (m)
value increment Wertsteigerung (f), Wertzunahme (f)
value of an order Auftragswert (m)
value of arrival Lieferwert (m)
value of goods Warenwert (m)
  customs value of goods Zollwert der Waren (m)
  freight assessed according to the value of goods Ad-Valorem-Fracht (f), Wertfracht (f)
  value of goods for customs purposes Zollwert der Waren (m)
value of identical goods Wert gleicher Waren (m)
  customs value of identical goods Zollwert gleicher Waren (m)
value of imported goods Wert eingeführter Waren (m)
  customs value of imported goods Zollwert eingeführter Waren (m)
  market value of imported goods Marktwert der eingeführten Waren (m)
value of information Informationswert (m)
value of items Wert der Gegenstände (m)
  individual value of items einzelner Wert der Gegenstände (m)
value of services Wert der Dienstleistung (m)
  market value of services Marktwert der Dienstleistung (m)
value of similar goods Wert der gleichartigen Waren (m)
  customs value of similar goods Zollwert gleichartiger Waren (m)
value of the temporary exported goods Wert der Waren der vorübergehenden Ausfuhr (m)
value parcel Wertpaket (n)
value quota wertmäßige Quote (f), wertmäßiges Kontingent (n)
* absolute value absoluter Wert (m)
according to value nach Wert (m)
actual value Aktualwert (m)
agreement value vereinbarter Wert (m)
annual value Jahreswert (m)
appraised value Taxwert (m)
arbitrary value willkürlicher Wert (m)
bonded value unverzollter Wert (m)
book value Buchwert (m)
cadastral value Katasterwert (m)

certificate of value Wertzeugnis (n)
certificate of value and origin Wert- und Ursprungszertifikat (n)
change in values Wertänderung (f)
clearing value Verrechnungswert (m)
commercial value Handelswert (m), Kaufwert (m)
  sample with no commercial value Muster ohne Wert (n)
consignment with value declared Sendung mit Wertangabe (f), Wertsendung (f)
contract value vertraglich vereinbarter Preis (m), Vertragswert (m)
customs value Zollwert (m)
  declaration of customs value Zollwertanmeldung (f)
  definition of customs value Begriffsbestimmung des Wertes (f)
  method for determining the customs value Methode zur Zollwertbestimmung (f)
  minimum customs value Mindestzollwert (m)
  reduction of the customs value Herabsetzung des Zollwertes (f)
declared value angegebener Wert (m), deklarierter Zollwert (m)
decline in value an Wert verlieren (m)
decrease in value Wertfall (m), Wertminderung (f), Wertrückgang (m), Wertsenkung (f)
define of value Wertbestimmung (f)
definition of value Wertbegriff (m)
  Brussels definition of value Brüsseler Zollwertbegriff (m)
determination of value Wertbestimmung (f)
difference of value Wertdifferenz (f)
dutiable value verzollter Wert (m)
  assessment of the dutiable value Zollwertermittlung (f)
equivalent value Gegenwert (m)
  equivalent value in national currency in nationaler Währung ausgedrückter Gegenwert (m)
export value Exportwert (m)
fall in value Wertfall (m), Wertrückgang (m), Wertverlust (m)
fictitious value fiktiver Wert (m)
foreign value ausländische Währung (f), Fremdwährungen (pl)
free-at-frontier value Frei-Grenze-Wert (m)
import value Importwert (m)
insurance value Versicherungswert (m)
insured value Versicherungswert (m)

invoice value Rechnungswert *(m)*
license value Lizenzgebühr *(f)*
lose in value an Wert verlieren *(m)*, Wertminderung *(f)*
loss of value Wertverlust *(m)*
market value Marktwert *(m)*
  current market value gegenwärtiger Marktwert *(m)*
  fair market value Marktpreis *(m)*, Tagespreis *(m)*
  market value clause Marktwertklausel *(f)*
negative value negativer Wert *(m)*
negligible value geringer Wert *(m)*
normal value Normalwert *(m)*
parcel with value declared Wertpaket *(n)*
parity value Parikurs *(m)*, Paritätskurs *(m)*
policy value Versicherungswert nach Police *(m)*
present value aktueller Wert *(m)*
real value realer Wert *(m)*
reduction in value Wertsenkung *(f)*
rise in value Wertsteigerung *(f)*, Wertzunahme *(f)*
sales value Verkaufswert *(m)*
sample of no value Gratismuster *(n)*, Probeexemplar *(n)*
standard value Pauschalwert *(m)*
statement of value Wertangabe *(f)*, Wertdeklaration *(f)*
statistical value statistischer Wert *(m)*
tariff value Tarifwert *(m)*
trade value Handelswert *(m)*, Kaufwert *(m)*
transaction value Transaktionswert *(m)*
unit value index of import Durchschnittsimportpreisindex *(m)*
  without value wertfrei, wertlos
valued taxiert
  valued policy taxierte Police *(f)*, taxierte Versicherungspolice *(f)*
valueless wertfrei, wertlos
van Waggon *(m)*, Wagen *(m)*
  covered van gedeckter Waggon *(m)*
  ice rail van Eiskühlwagen *(m)*
  refrigerated van Eisenbahn-Kühlwaggon *(m)*, Kühlwaggon *(m)*
variability Veränderlichkeit *(f)*, Wechselhaftigkeit *(f)*
  * price variability Preisschwankung *(f)*, Variabilität von Preisen *(f)*
variableness Veränderlichkeit *(f)*, Wechselhaftigkeit *(f)*

variance Unterschied *(m)*
variation Variation *(f)*
  variation in quantities Mengendifferenz *(f)*
  variation of contract Vertragsänderung *(f)*
  * price variation clause Preisrevisionsklausel *(f)*
  price variations risk Preisschwankungenrisiko *(n)*
  seasonal variations Saisonschwankungen *(pl)*
variety Auswahl *(f)*
  commercial variety Handelssortiment *(n)*
various verschieden
  application of various customs procedures Anwendung der verschiedenen Zollverfahren *(f)*
VAT *(Abk.)* **value added tax** Mehrwertsteuer *(f)*, (MwSt.-)
  VAT assessment basis Mehrwertsteuerbemessungsgrundlage *(f)*, MwSt.-Bemessungsgrundlage *(f)*
  VAT invoice Rechnung mit ausgewiesener Mehrwertsteuer *(f)*
  VAT registration number Umsatzsteuer-Nummer *(f)*
  Vat return Erstattung der Mehrwertsteuer *(f)*
  VAT system Mehrwertsteuerregelung *(f)*
  VAT tax-payer VAT-Steuerzahler *(m)*
  * arrangements for the refund of VAT Verfahren zur Erstattung der MwSt. *(n)*
  basis of assessment for VAT Mehrwertsteuerbemessungsgrundlage *(f)*, MwSt.-Bemessungsgrundlage *(f)*
  common system of VAT gemeinsames Mehrwertsteuersystem *(n)*
  price excluding VAT Preis vor MwSt. *(m)*
  refund of VAT Erstattung der Mehrwertsteuer *(f)*
  system of VAT Mehrwertsteuersystem *(n)*
  taxable person for the purposes of VAT Mehrwertsteuerpflichtiger *(m)*
vault Gewölbe *(n)*
  bonded vault Zollkeller *(m)*
vegetable pflanzlich
  vegetable products Pflanzenprodukte *(pl)*
vehicle Fahrzeug *(n)*
  vehicle breadth Fahrzeugbreite *(f)*
  vehicle car Autotransportwaggon *(m)*
  vehicle gauge Fahrzeugbegrenzung *(f)*

vehicle insurance Beförderungsmittelversicherung *(f)*, Kraftfahrzeugversicherung *(f)*
vehicle load Komplettladung *(f)*
vehicle's registration number Kennzeichen des Fahrzeugs *(n)*
vehicle substituted *(TIR)* Ersatzfahrzeug *(n)*
vehicle tax Transportmittelabgabe *(f)*
vehicle travelling unladen Fahrzeug, das eine Leerfahrt vornimmt *(n)*
* **automotive vehicle** Kraftwagen *(m)*
combination vehicle Lastkraftwagenzug *(m)*, Schlepperzug *(m)*
examine the vehicle Fahrzeug überprüfen *(n)*
fleet of motor vehicles Kraftfahrzeugpark *(m)*
gross vehicle weight zulässiges Gesamtgewicht *(n)*
international transport of goods by road vehicles internationaler Warentransport mit Straßenfahrzeugen *(m)*
non-sealed vehicle *(TIR)* Fahrzeug ohne Zollverschlüsse *(n)*
passenger vehicle Personenlinienschiff *(n)*
proof of Community status of motorised road vehicles Nachweis des Gemeinschaftscharakters von Straßenkraftffahrzeugen *(m)*
railway vehicles Eisenbahnfahrzeuge *(pl)*
road tank vehicle Straßenkesselwagen *(m)*
road vehicle Straßenfahrzeug *(n)*
international transport of goods by road vehicles internationaler Warentransport mit Straßenfahrzeugen *(m)*
   road vehicle on rail-wagon Straßenfahrzeug auf Eisenbahnwaggon *(n)*
sheeted vehicle *(TIR)* Fahrzeug mit Schutzdecke *(n)*
type of vehicle Fahrzeugart *(f)*
vehicular Fahrzeug-
vehicular bridge Straßenbrücke *(f)*
vending Verkauf *(m)* **2.** Verkaufs-
vending machine Selbstbedienungsautomat *(m)*, Warenautomat *(m)*
vending of an invention Verkauf der Erfindung *(m)*
vending of a licence Lizenzverkauf *(m)*
vendor Lieferant *(m)*
vendor certificate Lieferantenbescheinigung *(f)*
vendor code Hersteller-Code *(m)*
vendor's guarantee Händlergarantie *(f)*

ventilated ventiliert
ventilated container ventilierter Container *(m)*
venture Wagnis *(n)*
verbal mündlich
verbal offer mündliches Angebot *(n)*
verbatim wortgetreu
verbatim copy beglaubigte Durchschrift *(f)*
verdict Urteil *(n)*
render a verdict final and binding rechtskräftig machen
verification Überprüfung *(f)*, Verifikation *(f)*
verification of authenticity of documents Kontrolle der Echtheit der Urkunden
verification of documents Prüfung der Dokumente *(f)*, Prüfung der Unterlagen *(f)*, Verifikation der Dokumente *(f)*
verification of flag Flaggenprüfung *(f)*
verification of information Prüfung von Informationen *(f)*
verification of required documents Überprüfung der erforderlichen Unterlagen *(f)*
* **data verification** Datenüberprüfung *(f)*
post-clearance verification Nachprüfungsverfahren *(n)*
result of verification Ergebnis der Nachprüfung *(n)*, Ergebnis der Prüfung *(n)*
verified beglaubigt
verify überprüfen
verify a copy Kopie beglaubigen *(f)*
verify a signature Unterschrift überprüfen *(f)*
vermin Schädlinge *(pl)*
extermination of vermin certificate Desinfektionszeugnis *(n)*
very sehr
very fine quality sehr gute Qualität *(f)*
very important cargo sehr wichtige Ladung *(f)*
very important passager sehr wichtiger Passagier *(m)*
very large crude carrier Großtanker *(m)*
vessel Schiff *(n)*, Wasserfahrzeug *(n)* **2.** Schiffs-
vessel's arrival Ankunft des Schiffes *(f)*, Schiffsankunft *(f)*
vessel's bill of health Schiffsgesundheitszertifikat *(n)*, Schiffsgesundheitszeugnis *(n)*
vessel's clearance Klarierung *(f)*, Schiffklarierung *(f)*

vessels convenience Schiffsoption *(f)*, Schiffswahl *(f)*
vessel's documents Schiffspapiere *(pl)*
vessel documents Seeversandpapiere *(pl)*, Seeversandunterlagen *(pl)*
vessel's flag Schiffsflagge *(f)*
vessel idleness Schiffsliegezeit *(f)*, Schiffswartezeit *(f)*
vessel insurance Seekaskoversicherung *(f)*
vessel's logbook Schiffstagebuch *(n)*
vessel manifest Ladungsverzeichnis *(n)*, Warendeklaration *(f)*
vessel's position Schiffsposition *(f)*, Seeposition *(f)*
vessel's rail Schanzkleid *(n)*, Schanzkleidung *(f)*
vessel rating Schiffsklassifikation *(f)*
vessel register Schiffsliste *(f)*, Seeschiffsregister *(n)*
vessel speed Schiffsgeschwindigkeit *(f)*
* all-purpose vessel Mehrzweckschiff *(n)*
alongside vessel längsseits
arrest a vessel Schiff aufhalten *(n)*, Schiff beschlagnahmen *(n)*
arrest of a vessel Schiffsarrest *(m)*
atomic vessel Atomschiff *(n)*
barge-carrying vessel Barge-Carrier *(m)*, Leichter-Trägerschiff *(n)*
capacity of vessel Schiffslast *(f)*, Tonnage *(f)*
cargo vessel Frachtschiff *(n)*, Güterschiff *(n)*
  general cargo vessel Frachtschiff *(n)*, Stückguterfrachter *(m)*
  multipurpose cargo vessel Mehrzweckschiff *(n)*
car-transport vessel Autotransportschiff *(n)*
cattle vessel Viehschiff *(n)*, Viehtransportschiff *(n)*
charter a vessel Schiff chartern *(n)*
coast guard vessel Zollwachtschiff *(n)*
coastal vessel Küstenfahrer *(m)*, Küstenschiff *(n)*
coasting vessel Küstenfahrer *(m)*, Küstenschiff *(n)*
conference vessel Konferenzschiff *(n)*
container vessel Containerschiff *(n)*
  cellular container vessel Containerschiff *(n)*, Zellen-Containerschiff *(m)*, Zellenschiff *(n)*
  deep-sea vessel Seeschiff *(n)*
deliver the goods on the board the vessel Ware an Bord des Schiffes liefern *(f)*
deliver the goods on the board the vessel at the port of shipment Ware an Bord des Schiffes im Verschiffungshafen liefern *(f)*

description and quantity of stores on board the vessel Bezeichnung der auf dem Schiff vorhandenen Schiffsvorräte *(f)*
diversion of a vessel Umadressierung des Schiffes *(f)*
documented vessel registriertes Schiff *(n)*
documents against payment on arrival of vessel Dokumente gegen Zahlung nach Ankunft des Schiffes *(pl)*, Dokumente gegen Zahlung nach Schiffankunft *(pl)*
dry-cargo vessel Trockenfrachtschiff *(n)*
ex vessel ab Schiff *(n)*
express vessel Expressschiff *(n)*
factory vessel Fabrikschiff *(n)*
feeder vessel Zubringerschiff *(n)*
fire-fighting vessel Feuerschiff *(n)*
first available vessel erstes verfügbares Schiff *(n)*
flush decked vessel Glattdecker *(m)*, Glattdeckschiff *(n)*
foreign-going vessel Seeschiff *(n)*
free of charge into vessel's holds frei Frachtraum *(m)*
freight vessel Frachtschiff *(n)*, Seefrachtschiff *(n)*
gas carrier vessel Methantanker *(m)*, Schiff zur Beförderung verflüssigter Gase *(n)*
general refrigerated vessel Kühlgutfrachtschiff *(n)*
heavy lift vessel Schwergutschiff *(n)*
inland-navigation vessel Inlandsschiff *(n)*
inspect a vessel Schiff inspizieren *(n)*, Schiff prüfen *(n)*
inland vessel Inlandsschiff *(n)*
inland waterway vessel Schiff im Binnenverkehr *(n)*
lash-type vessel LASH-Carrier *(n)*, Leichter-Trägerschiff *(n)*
lighten a vessel Schiff leichtern *(n)*
maritime liens on vessel Schiffspfand *(n)*
merchant vessel Handelsschiff *(n)*
minimum freeboard vessel Minimalfreibordschiff *(n)*
modern vessel modernes Schiff *(n)*
moor a vessel Schiff an einen Anlegeplatz bringen *(n)*
non vessel operating carrier Seeverkehrsunternehmen ohne Einsatz von Schiffen *(n)*
non vessel operator Betreiber ohne Schiff *(m)*
ocean vessel Seeschiff *(n)*
ocean-going vessel Seeschiff *(n)*

ordering of vessel Richtungsanweisung *(f)*
ore vessel Erzfrachter *(m)*, Erzschiff *(n)*
origin of vessel Ursprung des Schiffes *(m)*
paddle vessel Seitenradschiff *(n)*
patrol vessel Patrouillenschiff *(n)*
pay on time pünktlich zahlen
position of a vessel Schiffsposition *(f)*, Seeposition *(f)*
reefer vessel Kühlfrachtschiff *(n)*, Kühlschiff *(n)*
refrigerator vessel Kühlfrachtschiff *(n)*, Kühlschiff *(n)*
repair of vessel Schiffsreparatur *(f)*
research vessel Forschungsschiff *(n)*
revenue vessel Zollwachtschiff *(n)*
river cargo vessel Flussmotorschiff *(n)*, Motorgüterschiff *(n)*
roll in-roll out vessel Ro-Ro-Schiff *(n)*
roll-on/roll-off vessel Roll-on/Roll-off-Containerschiff *(n)*
ro-ro vessel Ro-Ro-Fähre *(f)*, Ro-Ro-Schiff *(n)*
salvage a vessel Schiff bergen *(n)*
salvage of a vessel Bergung eines Schiffs *(f)*
salvage vessel Bergungsfahrzeug *(n)*, Bergungsschiff *(n)*
sea vessel Hochseeschiff *(n)*
sea-going vessel Ozeanschiff *(n)*, Seefahrzeug *(n)*
  inland waterway vessel on sea-going vessel Binnenschiff auf Seeschiff *(n)*
  powered road vehicle on sea-going vessel Straßenkraftfahrzeug auf Seeschiff *(n)*
  railway wagon on sea-going vessel Eisenbahnwaggon auf Seeschiff *(m)*
self trimming vessel Selbstrimmer *(m)*, Selbstrimmer *(m)*, Trimmer *(m)*
semi-container vessel Semicontainerschiff *(n)*
shelterdeck vessel Schelterdecker *(m)*
special-purpose vessel Spezialschiff *(n)*
speed of vessel Schiffsgeschwindigkeit *(f)*
timber-carrying vessel Holzfahrer *(m)*
trading vessel Güterschiff *(n)*
tramp vessel Tramp *(m)*, Trampschiff *(n)*
unloading of a vessel Ausschiffen *(n)*
wood-cargo vessel Holzfahrer *(m)*
vet Tiermediziner *(m)*
veterinary Tierarzt *(m)*, Tiermediziner *(m)*, Veterinär *(m)* **2.** Veterinär-
  veterinary certificate Veterinärbescheinigung *(f)*, Veterinärschein *(m)*
  veterinary expert Veterinärsachverständiger *(m)*

veterinary inspection Veterinärkontrolle *(f)*
veterinary note tierarzliches Zeugnis *(n)*, Veterinärbescheinigung *(f)*, Veterinärschein *(m)*
veterinary regulations veterinärmedizinische Bestimmungen *(pl)*
veterinary service Veterinärdienst *(m)*
veterinary surgeon Tierarzt *(m)*, Veterinär *(m)*
view Gutachten *(n)*
vioidance Auflösung *(f)*
violate verlezen
  violate a contract Vertrag brechen *(m)*, Vertrag verletzen *(m)*, Vertrag zuwiderhandeln *(m)*
  violate the law Gesetz übertreten *(n)*, Gesetz verletzen *(n)*
violation Übertretung *(f)*
  violation of a contract Vertragsbruch *(m)*
  violation of the customs law Zollverletzung *(f)*, Zuwiderhandlung gegen die Zollgesetze *(f)*
  violation on the customs regulations Zolldelikt *(n)*
  violation on the exchange regulations Devisenverbrechen *(n)*
  violation of the procedure Verletzung des Verfahrens *(f)*
  violation of the undertaking Verletzung der Verpflichtung *(f)*
vis maior vis major
visa Visum *(n)*
  entry visa Einreisevisum *(n)*
  exit visa Ausreisevisum *(n)*
  issue of a visa Ausgabe eines Visums *(f)*
  permanent visa Dauervisum *(n)*
  stamp a visa mit einem Visum versehen
  transit visa Transitvisum *(n)*
  validity of visa Gültigkeitsdauer des Visums *(f)*
visaed visiert
  visaed document visiertes Dokument *(n)*
Visby Rules Visby Regeln *(pl)*
visible sichtbar
  visible balance of trade Außenhandelssaldo *(m)*
  visible defect sichtbarer Fehler *(m)*, passive Handelsbilanz *(f)*
  visible export sichtbare Ausfuhr *(f)*, sichtbarer Export *(m)*
  visible exportation sichtbare Ausfuhr *(f)*, sichtbarer Export *(m)*

visible Import sichtbare Einfuhr *(f)*, sichtbarer Import *(m)*
visible reexport Warenwiederausfuhr *(f)*
visible trade sichtbarer Handel *(m)*
visible trade deficit Außenhandelsdefizit *(n)*, Handelsbilanzdefizit *(n)*
* surplus on visible trade Handelsbilanzüberschuss *(m)*
visit Besuch *(m)*
visiting Besuchen *(n)*
visiting card Visitenkarte *(f)*
visitor Besucher *(m)*
transit visitor Transitpassagier *(m)*
vitiation Verderben *(n)*
vitiation of a contract Vertragsaufhebung *(f)*
void nichtig
void contract nichtiger Vertrag *(m)*
voided entwertet
voided cheque annullierter Scheck *(m)*
volume Größe *(f)*, Menge *(f)*, Volumen *(n)*
volume discount Mengenrabatt *(m)*, Volumenrabatt *(m)*
volume of compensation Höhe der Schadensersatzleistung *(f)*
volume of a container Volumen des Containers *(n)*
volume of credit Kreditbetrag *(m)*, Kreditsumme *(f)*
volume of exports Umfang des Exports *(m)*
volume of foreign trade Außenhandelsumsätze *(pl)*
volume of indebtedness Schuldsumme *(f)*
volume of market Aufnahmefähigkeit des Marktes *(f)*
volume of production Produktionsvolumen *(n)*
volume of sales Geschäftsumfang *(m)*, Handelsvolumen *(n)*
volume of traffic Verkehrsaufkommen *(n)*
volume of transport Transportmenge *(f)*
* cargo volume Frachtaufkommen *(n)*, Frachtrauminhalt *(m)*
credit volume Kreditvolumen *(n)*
export volume Exportgröße *(f)*, Exportmenge *(f)*, Exportvolumen *(n)*
foreign trade volume Außenhandelsvolumen *(n)*
import volume Importmenge *(f)*
production volume Produktionsvolumen *(n)*

sales volume Geschäftsumfang *(m)*, Handelsvolumen *(n)*
share trading volume Aktienhandelsvolumen *(n)*
voluntary freiwillig
voluntary insurance freiwillige Versicherung *(f)*
voluntary offer unverlangtes Angebot *(n)*
volunteer Freiwilliger *(m)*
voucher Beleg *(m)*, Beweis *(m)*, Promesse *(f)*, Zusage *(f)*
voucher for payment Zahlungseingang *(m)*, Zahlungsschein *(m)*
voucher for receipt Empfangsbestätigung *(f)*
voucher from the TIR Trennabschnitt aus dem TIR-Carnet *(m)*
voucher of an ATA Trennabschnitt eines Carnets ATA *(m)*
voucher of a TIR Trennabschnitt eines Carnets TIR *(m)*
* book-keeping voucher Kassenbeleg *(m)*, Kassenzettel *(m)*
cash voucher Kassenbeleg *(m)*, Kassenquittung *(f)*, Kassenzettel *(m)*
individual guarantee by means of vouchers Einzelsicherheit durch Sicherheitstitel *(f)*
individual guarantee in the form of vouchers Einzelsicherheit in Form von Sicherheitstiteln *(f)*
flat-rate guarantee voucher *(CT)* Sicherheitstitel im Rahmen der Pauschalbürgschaft *(m)*
receipt voucher Empfangsbestätigung *(f)*
voyage Fahrt *(f)*, Reise *(f)*
voyage charter Fachrtcharter *(m)*, Reisecharter *(m)*
voyage charterer Reisefrachter *(m)*
consecutive voyages charter aufeinanderfolgender Reisecharter *(m)*
voyage chartering Reisebefrachtung *(f)*, Reisecharterung *(f)*
voyage clause Reiseklausel *(f)*
sea voyage clause Seewegklausel *(f)*
voyage freight Fracht für die ganze Reise *(f)*, Reisefracht *(f)*
voyage home Heimreise *(f)*
voyage insurance Reiseversicherung *(f)*, Versicherung auf eine bestimmte Reise *(f)*
voyage out Ausfahrtreise *(f)*, Ausreise *(f)*, Bestimmungsfahrt *(f)*, Endseereise *(f)*

voyage policy Police für eine einzige Fahrt *(f)*, Reisepolice *(f)*

* ballast voyage Ballastfahrt *(f)*, Ballastreise *(f)*, Reise mit einer Ballastladung *(f)*

charter for a voyage für Fahrt chartern *(f)*, für Reise chartern *(f)*

coasting voyage nationale Fahrt *(f)*

coastwise voyage Küstenreise *(f)*, nationale Fahrt *(f)*

consecutive voyage konsekutive Reise *(f)*

foreign voyage ausländische Fahrt *(f)*

home-bound voyage Hausseereise *(f)*

homeward voyage Hausseereise *(f)*

ocean voyage ausländische Fahrt *(f)*

out-bound voyage Bestimmungsseereise *(f)*, Endfahrt *(f)*

outward voyage Abgangsreise *(f)*, Ausgangsreise *(f)*, Auslaufreise *(f)*

round voyage Hin- und Rückreise *(f)*, Rundfahrt *(f)*, Rundseereise *(f)*

 round voyage charter Hin- und Rückreisecharter *(m)*

 round voyage freight Rundreisefracht *(f)*, Umwegreisefracht *(f)*

single voyage Einzelfahrt *(f)*, Einzelreise *(f)*, Einzelseereise *(f)*

W

wage Arbeitsentgelt *(n)*, Gehalt *(n)*, Lohn *(m)*
wage supplement Lohnzuschlag *(m)*
* amount of wage Lohnhöhe *(f)*, Lohnumfang *(m)*
base rate of wage Fertigungsgrundlohn *(m)*, Grundlohn *(m)*
base wage Fertigungsgrundlohn *(m)*, Grundlohn *(m)*
extra wage Mehrlohn *(m)*, Zusatzlohn *(m)*
increase of wage Lohnfondszuwachs *(m)*
minimum wage Lohnminimum *(n)*, Mindestlohn *(m)*
nominal wage Effektivlohn *(m)*, nomineller Arbeitslohn *(m)*
payment of wages Löhnung *(f)*
 extra payments of wages Lohnzuschlag *(m)*
real wage Realgehalt *(n)*, Reallohn *(m)*
wages Belohnung *(f)*, Gehalt *(n)*, Lohn *(m)*, Löhne und Gehälter *(pl)*
amount of wages and salaries Lohnhöhe *(f)*, Lohnumfang *(m)*
law of wages Lohngesetz *(n)*
schedule of wages Lohntarif *(m)*
wagon Güterwaggon *(m)*, Waggon *(m)*
wagon-to-ship cargo handling Umschlag vom Waggon ins Schiff *(m)*
* container flat wagon Containertragwaggon *(m)*, Containerwaggon *(m)*
container of flat wagon Container auf Plattformwagen *(m)*
container wagon Containerwagen *(m)*, Containerwaggon *(m)*
dumping wagon Entlader *(m)*, Selbstentladewaggon *(m)*
free into wagon franko Waggon *(m)*, frei Waggon *(m)*
free on wagon frei Waggon *(m)*
freight wagon Frachtwaggon *(m)*, Lastwaggon *(m)*
full wagon load Wagenladung *(f)*, Wagonsendung *(f)*
less than wagon load freight tariff Stückguttarif *(m)*
mechanically-refrigerated wagon Kältemaschinenwagen *(m)*

railway wagon on sea-going vessel Eisenbahnwaggon auf Seeschiff *(m)*
tank wagon Tankwagen *(m)*, Zisternwagen *(m)*
type of wagon Wagengattung *(f)*
undecked wagon offener Waggon *(m)*
wagonage Bahnfracht *(f)*, Eisenbahnfracht *(f)*
wagon-load Waggonladung *(f)*
waiting Warten *(n)* **2.** Warte-
waiting time Wartezeit *(f)*
waive verzichten
waive a claim Klage zurücknehmen *(f)*
waiver Verzicht *(m)* **2.** Verzichts-
waiver clause Verzichtsklausel *(f)*
waiver of an action Rücknahme einer Klage *(f)*
waiver of a claim Anspruchsverzicht *(m)*
waiver of import prohibitions Freistellung von den Einfuhrverboten *(f)*
wall Mauer *(f)*
customs wall Zollschranke *(f)*, Zollsperre *(f)*
fiscal wall Fiskalsperre *(f)*, steuerrechtliche Barriere *(f)*
tariff wall Zollsperre *(f)*
want Bedürfnis *(n)* **2.** Mangel *(m)*
want of care Vernachlässigung *(f)*
want of goods Warenknappheit *(f)*, Warenmangel *(m)*
want of payment Nichtbezahlung *(f)*, Nichtzahlung *(f)*
* protest for want of payment Weigerungsprotest *(m)*
recourse for want of acceptance Regress mangels Annahme *(m)*
satisfy wants Bedürfnisse befriedigen *(pl)*, Bedürfnisse decken *(pl)*
war Krieg *(m)* **2.** Kriegs-
war clause Kriegsklausel *(f)*
war insurance Kriegsrisikoversicherung *(f)*
war risk Kriegsrisiko *(n)*
 war risk clause Kriegsrisikoklausel *(f)*
war risk insurance Kriegsrisikoversicherung *(f)*, Versicherung gegen Kriegsrisiko *(f)*
* currency war Währungskrieg *(m)*
economic war Wirtschaftskrieg *(m)*
insurance against war risk Kriegsrisikoversicherung *(f)*, Versicherung gegen Kriegsrisiko *(f)*
price war Preiskampf *(m)*

sales war Handelskrieg *(m)*
tariff war Zollkrieg *(m)*
trade war Handelskrieg *(m)*
warden Aufseher *(m)*
port warden Hafenaufseher *(m)*, Hafenaufsichtsbeamter *(m)*
warehouse lagern
warehouse Großhandelslager *(n)*, Lager *(n)*, Lagerhalle *(f)*, Lagerhaus *(n)*, Speicher *(m)*
warehouse business Lagerbetrieb *(m)*, Lagerhaus *(n)*
warehouse capacity Lagerfähigkeit *(f)*, Lagerkapazität *(f)*
warehouse certificate Lagerempfangsschein *(m)*, Lagerquittung *(f)*
  indorsement of warehouse certificate Indossament des Lagerempfangsscheins *(n)*, Indossament des Warenscheins *(n)*
warehouse charge Lagergeld *(n)*, Lagermiete *(f)*, Lagerspesen *(pl)*
warehouse costs Einlagerungskosten *(pl)*, Lagerungskosten *(pl)*
warehouse damage Einlagerungsschaden *(m)*, Lagerschaden *(m)*, Lagerungschaden *(m)*
warehouse for inward processing Lager für den aktiven Veredelungsverkehr *(n)*
warehouse goods insurance Lagerversicherung *(f)*
warehouse keeper Lagerhalter *(m)*, Lagerist *(m)*
warehouse line Lagerbetrieb *(m)*, Lagerhaus *(n)*
warehouse manager Lagerleiter *(m)*
warehouse of purchaser Lager des Käufers *(n)*, Käuferlager *(n*
  delivered free to warehouse of purchaser frei Käuferlager *(n)*, delivered free to warehouse of purchaser frei Lager des Käufers *(n)*
price ex warehouse of purchaser Preis frei Lager des Käufers *(m)*
warehouse order Lagerauftrag *(m)*, Lagerorder *(f)* **2.** Zollausfuhrbewilligung der Ladung ab Lager *(f)*
warehouse receipt Depotschein *(m)*, Lagerempfangsschein *(m)*, Lagerquittung *(f)*, Lagerschein *(m)*, Warenlagerschein *(m)*, Warenschein *(m)*
  FIATA Warehouse Receipt FIATA Warehouse Receipt *(n)*
  indorsement of warehouse receipt Indossament der Lagerquittung *(n)*, Indossament des Lagerscheins *(n)*

warehouse receipt and warrant Lagerschein *(m)*, Revers *(n)*, Verpflichtungsschein *(m)*
warehouse rent Lagergeld *(n)*, Lagerspesen *(pl)*, Speichergeld *(n)*
warehouse room Lagerraum *(m)*
warehouse space Lagerraum *(m)*
warehouse-to-warehouse insurance Lager-Lager-Versicherung *(f)*
warehouse warrant Depotschein *(m)*, Lagerempfangsschein *(m)*, Lagerschein *(m)*, Warenschein *(m)*
warehouse wharf Lagerschuppen *(m)*
* bonded manufacturer's warehouse Zolllager des Herstellers *(n)*
bonded warehouse Freilager *(n)*, Zolleigenlager *(n)*, Zolleingenlager *(n)*, Zollfreilager *(n)*, Zolllager *(n)*, Zollschuppen *(m)*
  customs bonded warehouse Zolleingenlager *(n)*, Zollschuppen *(m)*
  entry into bonded warehouse Überführung der Waren in ein Zolllager *(f)*
  ex bonded warehouse ab Zolllager *(n)*
  free warehouse price Preis frei Lager *(m)*, Preis frei Lagerhaus *(m)*
owner of a bonded warehouse Zolllagerhalter *(pl)*
  obligations of the owner of a bonded warehouse Pflichten des Zolllagerhalters *(pl)*
  name of the owner of a bonded warehouse Name des Zolllagerinhabers *(m)*
  Register of Owners of Bonded Warehouses Register der Zolllagerhalter *(n)*
place in bonded warehouse in ein Zolllager einlagern *(n)*
price ex bonded warehouse Preis ab Zolllager *(m)*
buyer's warehouse Lager des Kunden *(n)*
free at buyer's warehouse frei Empfängerlager *(n)*, frei Käuferlager *(n)*, frei Lager des Empfängers *(n)*, frei Lager des Käufers *(n)*
central warehouse zentrales Lager *(n)*
closed-type warehouse privates Lager *(n)*
consignment warehouse Konsignationslager *(n)*
customs warehouse Lager unter Zollverschluss *(n)*, Zollverschlusslager *(n)*
  authorization to operate a customs warehouse Bewilligung zum Betrieb des Zolllagers *(f)*
  deposit in a customs warehouse im Zolllager lagern *(n)*

place goods in a customs warehouse
Waren in ein Zolllager verbringen *(pl)*
private customs warehouse privates Zolllager *(n)*
public customs warehouse öffentliche
Zollniederlage *(f)*, öffentliches Zolllager *(n)*
system of customs warehouses Zolllla-
gerung *(f)*
date of deposit in the warehouse Zeitpunkt der Einlagerung *(m)*
date of removal from the warehouse
Zeitpunkt der Auslagerung *(m)*
dock warehouse Docklager *(n)*, Hafenlager *(n)*
duty-free warehouse Freilager *(n)*, Zollfreilager *(n)*
excise duty-free warehouse Lager unter
Verbrauchssteueraufschub *(n)*, Steuerlager *(n)*
ex warehouse ab Lager *(n)*, ab Magazin *(n)*,
frei ab Haus *(n)*
  delivery ex warehouse Lieferung ab Lager *(f)*
  ex warehouse purchase Lagerkauf *(m)*
factory warehouse Fabriklager *(n)*
forwarding warehouse Speditionslager *(n)*
free warehouse frei Lager *(n)*, frei Niederlage *(f)* **2.** Zollfreilager *(n)*, Zolllager *(n)*
**introduction of goods into free wareh-
ouse** Verbringen von Waren in Freilager *(n)*
King's warehouse öffentlicher Speicher *(m)*
licenced warehouse lizenziertes Lager *(n)*
main warehouse Hauptniederlage *(f)*, zentrales Lager *(n)*
manufacturer's warehouse Herstellerlager *(n)*
  bonded manufacturer's warehouse Zolllager des Herstellers *(n)*
open-type warehouse öffentlicher Speicher *(m)*,
öffentliches Lager *(n)*
place in a warehouse einlagern
price ex seller's warehouse Preis ab Lager des Verkäufers *(m)*
price ex warehouse ab-Lager-Preis *(m)*,
Preis ab Lager *(m)*, Preis frei Lager *(m)*
private warehouse privates Lager *(n)*
public warehouse öffentlicher Speicher *(m)*,
öffentliches Lager *(n)*
**Register of Owners of Temporary Storage
Warehouses** Register der Halter von Lagern für vorübergehende Verwahrung *(n)*
short-term warehouse Kailager *(n)*, Kurzzeitlager *(n)*

tax warehouse Lager unter Verbrauchssteueraufschub *(n)*, Steuerlager *(n)*
transhipment warehouse Umlademagazin *(n)*,
Umschlaglager *(n)*
transit warehouse Transitlager *(n)*
wholesale warehouse Großhandelslager *(n)*
warehouse-keeper Lagerhalter *(m)*,
Lagerverwalter *(m)*
warehouse-keeper's certificate Lagerquittung *(f)*, Lagerschein *(m)*
  **indorsement of warehouse-keeper's cer-
tificate** Indossament der Lagerquittung *(n)*,
Indossament des Lagerscheins *(n)*
warehouseman Lagerhalter *(m)*, Magazinieur *(m)*
warehousing Ablagerung *(f)*, Auflagerung *(f)*, Einlagerung *(f)*, Lagerei *(f)* **2.** Lagergeld *(n)*, Lagerungskosten *(pl)*
warehousing costs Lagerungskosten *(pl)*
warehousing in bond Lagerung unter Zollverschluss *(f)*
warehousing number Lagernummer *(f)*
warehousing point Lagerei *(f)*, Lagerort *(m)*,
Verwahrungsort *(m)*
warehousing regulations Lagerungsvorschriften *(pl)*, Lagervoschriften *(pl)*
* customs warehousing procedure Verfahren der Zollgutlagerung *(n)*, customs warehousing procedure Zolllagerverfahren *(n)*
place of warehousing Lagerei *(f)*, Lagerort *(m)*
point of warehousing Lagerei *(f)*, Lagerort *(m)*
temporary warehousing vorübergehende
Einlagerung *(f)*
warrant Warrant *(m)*
customs house warrant Abfertigungsschreiben *(n)*, Zollschein *(m)*
customs warrant Zollwarrant *(m)*
dock warrant Docklagerschein *(m)*, Dockschein *(m)*, Dockwarrant *(m)*
protest of the warrant Warrantprotest *(m)*
warehouse receipt and warrant Lagerschein *(m)*, Revers *(n)*, Verpflichtungsschein *(m)*
warehouse warrant Depotschein *(m)*, Lagerempfangsschein *(m)*, Lagerschein *(m)*, Warenschein *(m)*
warranted garantiert
warranted fine quality gute zugesicherte
Qualität *(f)*
warranted quality garantierte Qualität *(f)*

warrantee Garantiebegünstigter *(m)*, Garantieempfänger *(m)*

warrantor Bürge *(m)*, Garant *(m)*, Kavent *(f)*

warranty Gewährleistung *(f)*, Sicherheitsleistung *(f)* **2.** Garantie-
   warranty clause Garantieklausel *(f)*, Garantievermerk *(m)*
   warranty of quality Garantie für Qualität *(f)*, Qualitätsgarantie *(f)*
   warranty period Garantiezeit *(f)*, Gewährleistungfrist *(f)*
   * breach of warranty Garantiebruch *(m)*, Verletzung einer Zusicherung *(f)*
   clause of warranty Garantieklausel *(f)*, Garantievermerk *(m)*
   length of warranty Garantiezeitraum *(m)*
   period of warranty Garantiezeit *(f)*, Gewährleistungfrist *(f)*
   sales warranty Umsatzgarantie *(f)*
   term of warranty Garantiefrist *(f)*, Gewährleistungfrist *(f)*

Warsaw-Oxford Rules Warschau-Oxford-Regeln *(pl)*

wastage Schwundmenge *(f)*
   allowance for wastage Bonifikation für Schwund von Waren *(f)*, Warenschwundbonifikation *(f)*
   natural wastage natürlicher Abgang *(m)*, natürlicher Schwund *(m)*
   natural wastage risk natürliches Schwundrisiko *(n)*
   risk of natural wastage natürliches Schwundrisiko *(n)*

waste verlieren
   waste time Zeit vergeuden *(f)*, Zeit verschwenden *(f)*

waste Verlust *(m)*
   allowance for waste Ausgleich von den Verlusten *(m)*
   invisible waste latenter Fehler *(m)*, latenter Mangel *(m)*

water Wasser *(n)* **2.** Wasser-
   water area Aquatorium *(n)*
   water area of harbour Hafengebiet *(n)*, Hafengewässer *(n)*
   water channel Wasserkanal *(m)*
   water damage Wasserbeschädigung *(f)*, Wasserschaden *(m)*, Wassertransportschaden *(m)*, Wasserverkehrsschaden *(m)*

   fresh water damage Regenwasserschaden *(m)*, Süßwasserbeschädigung *(f)*, Süßwasserschaden *(m)*
   water damage insurance Wasserschadenversicherung *(f)*
   water damaged wassergeschädigt
   water load-line Ladelinie *(f)*, Wasserlinie *(f)*
   water mark Wasserzeichen *(n)*
   fresh water mark Süßwassertiefladelinie *(f)*
   water marks Tiefgangsmarken *(pl)*, Tiefgangsskala *(f)*
   water region Gewässer *(n)*
   water space Wasserraum *(m)*
   water transport damage Wassertransportschaden *(m)*, Wasserverkehrsschaden *(m)*
   water transportation Wasserbeförderung *(f)*
   * brackish water Brackwasser *(n)*
   carriage by water Seebeförderung *(f)*, Seetransport *(m)*
   combined rail/water service Bahn-Wasser-Verkehr *(m)*, kombinierter Güterverkehr Schiene/Wasser *(m)*
   customs waters Seezollgebiet *(n)*
   first open water erstes offenes Wasser *(n)*, sofort nach Schifffahrtseröffnung *(f)*
   fresh water Frischwasser *(n)*
   hook, oil and fresh water damage Lasthaken-, Öl- und Süßwasserschaden *(m)*
   harbour waters Hafengebiet *(n)*, Hafengewässer *(n)*
   inland water risk Risiko bei Fluss- und Binnengewässertransport *(n)*
   inland water transport Binnenschifffahrt *(f)*, Binnenschiffsverkehr *(m)*, Binnenwasserverkehr *(m)*
   rail and water auf Bahn und Schifffahrtsroute
   salt water Salzwasser *(n)*
   sea water Meerwasser *(n)*
   sea water damage Seewasserschaden *(m)*
   shipment with open water erstes offenes Wasser *(n)*
   tropical fresh water load-line Tropensüßwasserfreibord *(m)*

waterage Wasserbeförderung *(f)*

water-borne auf Wasserbasis
   water-borne transport Wassertransport *(m)*

watercraft Wasserfahrzeug *(n)*

water-line Wasserlinie *(f)*
length on the designed load water-line Länge in der Wasserlinie *(f)*
light water-line Leichtwasserlinie *(f)*, Tiefgang des leeren Schiffes *(m)*
load water-line Ladelinie *(f)*
waterproof wasserdicht
waterproof packing wasserdichte Verpackung *(f)*
waterway Schifffahrtsstraße *(f)*
carriage of goods on the Rhine waterways Beförderung auf den Rheinwasserstraßen *(f)*
enterprise engaged in inland waterways transport (DTC) Unternehmen der Binnenschifffahrt *(n)*
inland waterway Binnenwasserstraße *(f)*
  transport by inland waterway Binnenschifffahrt *(f)*
  inland waterway bill of lading Binnenkonnossement *(n)*, Flusskonnossement *(n)*, Flussladeschein *(m)*
  inland waterway consignment note Flussladeschein *(m)*
  inland waterway transport Binnenschifffahrt *(f)*, Binnenschiffsverkehr *(m)*, Warenbeförderung auf Binnengewässern *(f)*
  inland waterway transport document Binnenwassertransportdokument *(n)*
  inland waterway vessel Schiff im Binnenverkehr *(n)*
  inland waterway vessel on sea-going vessel Binnenschiff auf Seeschiff *(n)*
  inland waterways transport enterprise Binnenschifffahrtsunternehmen *(n)*
international waterway internationaler Wasserweg *(m)*
way Weg *(m)* **2.** Verfahren *(n)*
way of delivery Lieferungsform *(f)*, Lieferungsweise *(f)*
way of market exploration Marktforschungsmethode *(f)*
way of settling Abrechnungsart *(f)*
way of shipment Verladungsart *(f)*
* documents of the way Verladungsdokumente unterwegs *(pl)*
double way zweigleisige Bahn *(f)*
freight both ways Aus- und Rückfracht *(f)*

waybill Bordereau *(m)*, Bordero *(n)*, Frachtbrief *(m)*, Seefrachtbrief *(m)*, Transportschein *(m)*
* air waybill Flugkonnossement *(n)*, Luftbrief *(m)*, Luftfrachtbrief *(m)*
House Air Waybill (HAWB) Hausluftfrachtbrief *(m)*, Spediteurfrachtbrief *(m)*
neutral air waybill Haus-Luftfrachtbrief *(m)*, Spediteurfrachtbrief *(m)*
number of the air waybill Nummer des Luftfrachtbriefs *(f)*
copy of waybill Begleitscheinduplikat *(n)*, Warenbegleitscheindoppel *(n)*
counterfoil waybill Begleitscheinduplikat *(n)*, Warenbegleitscheindoppel *(n)*
counter-guarantee Gegengarantie *(f)*
direct waybill direkter Frachtbrief *(m)*
duplicate of waybill Frachtbriefduplikat *(n)*
final waybill endgültiger Bordereau *(m)*
forwarding agent's waybill Spediteur-Bordereau *(m)*
house waybill Hausfrachtbrief *(m)*
international waybill internationaler Frachtbrief *(m)*
liner waybill Seebegleitschein *(m)*, Seefrachtbrief *(m)*
Non-Negotiable FIATA Multimodal Transport Waybill - FWB Non-Negotiable FIATA Multimodal Transport Waybill *(n)*
preliminary waybill provisorischer Bordereau *(m)*
railroad waybill Bahnfrachtbrief *(m)*, Eisenbahnfrachtbrief *(m)*
copy of railroad waybill Frachtbriefduplikat *(n)*
sea waybill Seebegleitschein *(m)*, Seefrachtbrief *(m)*, Seefrachtkarte *(f)*
non-negotiable sea waybill nicht begebbarer Seefrachtbrief *(m)*, unübertragbarer Frachtschein *(m)*
through waybill direkter Frachtbrief *(m)*, Dürchgangsbegleitschein *(m)*, Durchkonnossement *(n)*
weakness Schwäche *(f)*
price weakness Konjunkturrückschlag *(m)*
wealth Vermögen *(n)*
weather Wetter *(n)* **2.** Wetter-
weather damage Schaden durch Wetter *(m)*, Wetterschaden *(n)*

heavy weather damage Schaden durch Wetter *(m)*, Wetterschaden *(n)*
weather deck Wetterdeck *(n)*
weather permitting wenn das Wetter es erlaubt *(n)*
weather working days wetterlaubende Arbeitstage *(pl)*, wetterabhängige Arbeitstage *(pl)*
website Website *(f)*
week Woche *(f)*
  current week laufende Woche *(f)*
  work week Arbeitswoche *(f)*
week-day Werktag *(m)*, Wochentag *(m)*
weigh wiegen
  weigh cargo Ladung abwiegen *(f)*
weighage Waagegeld *(n)*, Wägegebühr *(f)*, Wägengeld *(n)*
weigher Wäger *(m)*
  customs weigher zollamtlicher Wäger *(m)*
  official weigher amtlicher Wäger *(m)*
  sworn weigher amtlicher Wäger *(m)*
weighing Wägen *(n)*
  weighing certificate Gewichtsnota *(f)*, Wiegeschein *(m)*
  weighing charge Wägegebühr *(f)*
  weighing note Gewichtsbescheinigung *(f)*, Gewichtsnachweis *(m)*, Gewichtsnota *(f)*, Wagezettel *(m)*
  weighing of goods Wiegen der Waren *(n)*
weighman Wägermeister *(m)*, Wieger *(m)*
weighmaster Wägermeister *(m)*, Wieger *(m)*
weight wägen, wiegen
  weight goods Ware wiegen *(f)*
weight Gewicht *(n)*, Last *(f)* **2.** Gewichts-
  weight account Gewichtsnota *(f)*, Gewichtsspezifikation *(f)*
  weight allowance Gewichtstoleranz *(f)*
  weight and quantity guarantee Gewicht und Mengegarantie *(f)*
  weight as per bill of lading Konnossementsgewicht *(n)*
  weight cargo Lastmasse *(f)*, Schwergut *(n)*
  weight certificate Devisenzertifikat *(n)*, Gewichtsbescheinigung *(f)*, Gewichtsnachweis *(m)*, Gewichtsnota *(f)*, Gewichtsschein *(m)*, Gewichtsspezifikation *(f)*, Wiegeschein *(m)*

weight charge Gewichtsgebühr *(f)*, Waagegeld *(n)*, Wägegebühr *(f)*, Wiegegeld *(n)*
weight empty Eigenlast *(f)*
weight guarantee Gewichtsgarantie *(f)*
weight goods Außergabaritladung *(f)*, Gewichtsgut *(n)*, Schwergutfracht *(f)*
weight limit Höchstgewicht *(n)*, Maximalgewicht *(n)*
weight-measurement option Gewicht-Raumoption *(f)*
weight note Gewichtsbescheinigung *(f)*, Gewichtszertifikat *(n)*, Gewichtszeugnis *(n)*, Wiegeschein *(m)*
weight of cargo Ladungsgewicht *(n)*
weight of packing Taragewicht *(n)*
weight or measure Optionssatz *(m)*
weight price Gewichtspreis *(m)*
weight rate Gewichtsrate *(f)*
weight slip Waagezettel *(m)*, Wägeschein *(m)*
weight stamp Gewichtssiegel *(n)*
weight standards Gewichtsnormen *(pl)*
weight unknown Gewicht unbekannt *(n)*
* actual weight wirkliches Gewicht *(n)*
all-up weight Gesamtgewicht *(n)*, Gesamtlast *(f)*
average weight durchschnittliches Gewicht *(n)*, Durchschnittsgewicht *(n)*
bill of weight Gewichtsbescheinigung *(f)*, Gewichtsnota *(f)*, Wagezettel *(m)*, Wiegeschein *(m)*
cargo weight Ladegewicht *(n)*, Lastgewicht *(n)*
case-lot weight Stückgewicht *(n)*
certificate of weight amtlicher Waageschein *(m)*, Wiegebescheinigung *(f)*
certification of weight Gewichtslegalisierung *(f)*
check a weight Gewicht kontrollieren *(n)*, Gewicht prüfen *(n)*
commercial weight Handelsgewicht *(n)*
composition by weight Gewichtszusammensetzung *(f)*
contractual weight Vertragsgewicht *(n)*
deficiency in weight Gewichtsmanko *(n)*, Leichtgewicht *(n)*, Untergewicht *(n)*
delivered weight Ablieferungsgewicht *(n)*, ausgeliefertes Gewicht *(n)*
delivery weight Ablieferungsgewicht *(n)*
difference in weight Gewichtsdifferenz *(f)*
difference of weight Gewichtsunterschied *(m)*
dry weight Trockengewicht *(n)*
dutiable weight Zollgewicht *(n)*

duty by weight Gewichtszoll *(m)*
empty weight Leergewicht *(n)*
estimated weight geschätztes Gewicht *(n)*
extra weight Mehrgewicht *(n)*
fall in weight an Gewicht verlieren *(n)*
freight assessed by weight Bruttogewichtsfracht *(f)*, Fracht per Bruttogewicht *(f)*, Fracht per Gewicht *(f)*, Gewichtsfracht *(f)*
freight by weight Bruttogewichtsfracht *(f)*, Fracht per Bruttogewicht *(f)*, Fracht per Gewicht *(f)*, Gewichtsfracht *(f)*, Lastfracht *(f)*
freight per ton weight Tonnenfracht *(f)*
full weight Gesamtgewicht *(n)*
gross vehicle weight zulässiges Gesamtgewicht *(n)*
gross weight Bruttogewicht *(n)*, Großgewicht *(n)*
gross weight for net Brutto für Netto *(m)*
gross weight for net clause Brutto-für-Netto-Klausel *(f)*
guaranteed weight garantiertes Gewicht *(n)*
house weight Ausgangsgewicht *(n)*, Verschiffungsgewicht *(n)*
intaken weight Ladegewicht *(n)*, Verladegewicht *(n)*
invoice weight Rechnungsgewicht *(n)*, Gewicht nach Rechnung *(n)*
laden weight verfrachtetes Gewicht *(n)*, Verschiffungsgewicht *(n)*
landed weight Abladegewicht *(n)*, ausgeladenes Gewicht *(n)*, Ladungsgewicht *(n)*
landing weight Abladegewicht *(n)*, ausgeladenes Gewicht *(n)*, Ladungsgewicht *(n)*
legal weight gesetzliches Gewicht *(n)*, Zollgewicht *(n)*
legalization of weight Gewichtslegalisierung *(f)*
loaded weight Verladegewicht *(n)*, Verschiffungsgewicht *(n)*
loading weight verfrachtetes Gewicht *(n)*, verschifftes Gewicht *(n)*, Verschiffungsgewicht *(n)*
loss in weight Gewichtsschwund *(m)*, Gewichtsverlust *(m)*
loss of weight Gewichtsschwund *(m)*, Gewichtsverlust *(m)*
loss of weight during transportation Transportverlust *(m)*
manifest weight Gewicht nach Manifest *(n)*
maximum weight Höchstgewicht *(n)*, Maximalgewicht *(n)*

permissible maximum weight zulässige Gesamtmasse *(f)*
measurement/weight Rauminhalt oder Gewicht *(f/n)*
natural weight Naturalgewicht *(n)*
net custom-house weight Nettozollgewicht *(n)*
net weight Eigengewicht *(n)*, Eigenmasse *(f)*, Nettogewicht *(n)*
collection of duties on net weight Nettoverzollung *(f)*
original weight Verladegewicht *(n)*, Verschiffungsgewicht *(n)*
out-turn weight Ablieferungsgewicht *(n)*, ausgeliefertes Gewicht *(n)*
packed weight Bruttogewicht *(n)*, Gewicht mit Verpackung *(n)*, Großgewicht *(n)*
purchase by weight Kauf nach Gewicht *(m)*
quantity by weight Menge nach Gewicht *(f)*
railroad weight Bahngewicht *(n)*
ratio by weight Gewichtsverhältnis *(n)*
remedy of weight Gewichtstoleranz *(f)*
sale by weight Verkauf nach Gewicht *(m)*
sell by weight nach Gewicht verkaufen *(n)*
shipped weight Ladegewicht *(n)*, Verladegewicht *(n)*
shipper's weight Verladergewicht *(n)*
shipping weight Ausgangsgewicht *(n)*, Versandgewicht *(n)*, Verschiffungsgewicht *(n)*
short weight Fehlgewicht *(n)*, Gewichtsmanko *(n)*, Untergewicht *(n)*
shortage in weight Fehlgewicht *(n)*, Gewichtsmanko *(n)*
shrinkage in weight Gewichtsschwund *(m)*, Gewichtsverlust *(m)*
specific weight spezifisches Gewicht *(n)*
standard weight Standardgewicht *(n)*
storage weight Einlagerungsgewicht *(n)*
superintendence of weight Gewichtskontrolle *(f)*, Gewichtsüberwachung *(f)*
superintendence with guarantee of weight Kontrolle mit Gewichtsgarantie *(f)*, Überwachung mit der Gewichtsgarantie *(f)*
surplus of weight Übergewicht *(n)*
tare weight Leergewicht *(n)*, Taragewicht *(n)*, Verpackungsgewicht *(n)*
ton weight Tonnen-Last *(f)*
total weight Gesamtgewicht *(n)*, Gesamtlast *(f)*, Totalgewicht *(n)*
unit of weight Gewichtseinheit *(f)*
unit weight Einheitsgewicht *(n)*
wet weight Nassgewicht *(n)*

weighted gewogen
weighted average gewogenes Mittel *(n)*
weighted average price gewogener Durchschnittspreis *(m)*
weighted average rate gewogener mittlerer Satz *(m)*
weighting wiegend
weighting certificate Gewichtszertifikat *(n)*, Gewichtszeugnis *(n)*
wet nass
wet cargo nasse Ladung *(f)*
wet lease Transportcharter *(m)*
wet stowage Nassstauung *(f)*
wet weight Nassgewicht *(n)*
wetted befeuchtet
wetted goods benetzte Ladung *(f)*
whaling Walfang *(m)*
whaling vessel Walboot *(n)*
wharf Kai *(m)*, Quai *(m)*, Ufermauer *(f)*
wharf demurrage Kailagergeld *(n)*
wharf dues Kaigebühren *(pl)*, Kaigeld *(n)*
wharf duty Kaiabgabe *(f)*, Kaigeld *(n)*
wharf handling charge Kaigebühr *(f)*
wharf superintendent Kaiverwalter *(m)*
* charging wharf Ladeplatz *(m)*, Verschiffungskai *(m)*
container wharf Containerkai *(m)*, Containerladeplatz *(m)*
discharging wharf Löschplatz *(m)*
dock and wharf company Kaigesellschaft *(f)*, Kaihalter *(m)*
lading wharf Ladeplatz *(m)*, Verladekai *(m)*, Verschiffungskai *(m)*
legal wharf Zollkai *(m)*, Zollmole *(f)*
private wharf Privatkai *(m)*, Privatquai *(m)*
sufferance wharf Zollkai *(m)*
unloading wharf Abladestelle *(f)*, Löschkai *(m)*
unshipping wharf Abladestelle *(f)*, Löschkai *(m)*
warehouse wharf Lagerschuppen *(m)*
wharfage Kaiabgabe *(f)*, Kaigebühr *(f)*, Kaigeld *(n)*, Ladegeld *(n)*, Liegeplatzgebühr *(f)*
wharfage charge Kaiabgabe *(f)*, Kaigebühr *(f)*, Kaigeld *(n)*, Ladegeld *(n)*, Liegeplatzgebühr *(f)*
* double wharfage Doppelkaigeld *(n)*
wharfinger Kaibesitzer *(m)*, Kaiinhaber *(m)*
wharfinger's certificate Dockempfangschein *(m)*, Dockwarrant *(m)*, Lagerquittung *(f)*
wharfinger's receipt Kaiempfangsschein *(m)*

wharf-master Kaibesitzer *(m)*, Kaiinhaber *(m)*, Kailagerinhaber *(m)*
wharfmen Dockkolonne *(f)*
wharfowner Kaibesitzer *(m)*, Kaiinhaber *(m)*
wharfowner's liability Kaibesitzerhaftung *(f)*
wheel Rad *(n)*
wheel transport Straßenverkehr *(m)*
whole Ganz-
whole-cargo charter Ganzcharter *(m)*, Vollcharter *(m)*
wholesale Engroßhandel *(m)*, Engroßverkauf *(m)*, Großhandel *(m)*, Großverkauf *(m)*, Handel im Großen *(m)*
wholesale business Großhandelsfirma *(f)*, Großhandelsunternehmen *(n)*
wholesale buyer Großhandelsabnehmer *(m)*, Großhandelseinkäufer *(m)*
wholesale chain Großhandelsnetz *(n)*
wholesale commerce Engroßhandel *(m)*, Handel im Großen *(m)*
wholesale dealer Großhändler *(m)*, Großkaufmann *(m)*
wholesale delivery Großhandelslieferung *(f)*
wholesale establishment Großgeschäft *(n)*, Großhandelsstelle *(f)*, Großhandlung *(f)*
wholesale exporter Großexporteur *(m)*, Großhandelsexporteur *(m)*
wholesale fair Großhandelsmesse *(f)*
wholesale firm Großgeschäft *(n)*, Großhandelsstelle *(f)*, Großhandlung *(f)*
wholesale index Großhandelsindex *(m)*
wholesale level Großhandelspreisniveau *(n)*
wholesale margin Großhandelsspanne *(f)*
wholesale market Großhandelsmarkt *(m)*
wholesale network Großhandelsnetz *(n)*
wholesale price Großhandelspreis *(m)*, Massenpreis *(m)*
index of wholesale prices Großhandelsindex *(m)*
list of wholesale prices Großhandelspreisliste *(f)*
wholesale price list Großhandelspreisliste *(f)*
wholesale prices statistics Großhandelspreisstatistik *(f)*
wholesale purchase Großeinkauf *(m)*
wholesale purchaser Großhandelsabnehmer *(m)*, Großhandelseinkäufer *(m)*
wholesale selling Engrosverkauf *(m)*, Großhandelsverkauf *(m)*, Großverkauf *(m)*

wholesale turnover Großhandelsumsatz *(m)*
wholesale warehouse Großhandelslager *(n)*
* buy wholesale im Größen kaufen *(f)*
level of prices at wholesale Großhandelspreisniveau *(n)*
sell wholesale im Großhandel verkaufen *(m)*
wholesaler Großhändler *(m)*, Großkaufmann *(m)*

wholly ganz und gar, vollständig

wide breit

wildcat wild
wildcat strike wilder Streik *(m)*

windfall unerwartet
windfall profit außerordentlicher Gewinn *(m)*

winding up Auflösung *(f)*, Liquidation *(f)*
winding up of a company Auflösung einer
Gesellschaft *(f)*

winter Winter *(m)* **2.** Winter-
winter freeboard Winterfreibord *(m)*
winter load-line Winterladelinie *(f)*

with mit
with average inklusive besondere Havarie *(f)*
with interest inklusiv Zinsen
with particular average mit besonderer
Havarie *(f)*

withdraw abberufen, abbestellen, zurückziehen
withdraw an authority Befugnis entziehen *(f)*,
Bevollmächtigung widerrufen *(f)*
withdraw a claim Klageantrag zurücknehmen *(m)*
withdraw a credit Kredit entziehen *(m)*
withdraw a letter of credit Akkreditiv
widerrufen *(n)*, Akkreditiv zurückziehen *(n)*
withdraw a licence Lizenz zurücknehmen *(f)*
withdraw an offer Angebot widerrufen *(n)*,
Angebot zurückziehen *(n)*, Offerte abberufen *(f)*,
Offerte rückgängig machen *(f)*, Offerte rückgängig machen *(f)*
withdraw an order abbestellen, Auftrag
annullieren *(m)*, Auftrag widerrufen *(m)*, Auftrag zurückziehen *(m)*, Bestellung aufheben *(f)*,
Bestellung rückgängig machen *(f)*
withdraw a permit Genehmigung annullieren *(f)*
withdraw a power Bevollmächtigung zurücknehmen *(f)*, Vollmacht zurücknehmen *(f)*

withdraw a power of attorney Bevollmächtigung zurücknehmen *(f)*, Vollmacht
zurücknehmen *(f)*
withdraw a quarantine Quarantäne widerrufen *(f)*
withdraw from a contract vom Vertrag
zurücktreten *(n)*
withdraw from customs control zollamtliche Überwachung entziehen *(f)*

withdrawal Zurückziehung *(f)*
withdrawal from a contract Kontraktaufhebung *(f)*
withdrawal of an action Rücknahme einer
Klage *(f)*
withdrawal of cash Barabhebung *(f)*
withdrawal of certificate Widerruf des
Zertifikats
withdrawal of concession Konzessionsetzung *(f)*
withdrawal of credit Kreditentziehung *(f)*
notice of the withdrawal of a credit Kreditkündigung *(f)*
withdrawal of a customs declaration
Widerruf der Zollerklärung *(m)*
withdrawal of a guarantee Zurücknahme
der Bürgschaft *(f)*, Zurücknahme der Vollmacht *(f)*, Zurückziehung der Bürgschaft *(f)*,
Widerruf der Bürgschaft *(m)*
withdrawal of a loan Kündigung einer Anleihe *(f)*
withdrawal of a power Rücknahme der
Bürgschaft *(f)*, Zurücknahme einer Vollmacht *(f)*
withdrawal of a power of attorney Rücknahme der Bürgschaft *(f)*, Zurücknahme einer Vollmacht *(f)*

withhold vorenthalten
withhold from customs control zollamtliche Überwachung vorenthalten *(f)*
withhold the authorization Bewilligung
verweigern *(f)*

without ohne
without liability ohne Obligo *(n)*, unverbindlich
without reservation vorbehaltlos
without value wertfrei, wertlos

witness Zeuge *(m)*
notarial witness notarielle Beglaubigung *(f)*,
notarielle Beurkundung *(f)*

wood Holz *(n)* **2.** Holz-
wood pallet Holzpalette *(f)*
wood-cargo vessel Holzfahrer *(m)*

wording Text (m), Wortlaut (m)
wording of a clause Wortlaut der Klausel (m)
wording of contract Vertragstext (m)
work Job (m), Arbeit (f) **2.** Arbeiters-
work contract Leistungsvertrag (m)
work shift Arbeiterschicht (f)
work time Einsatzzeit (f)
  shortened **work time** verkürzte Arbeitszeit (f)
work week Arbeitswoche (f)
* **bonus for night work** Nachtarbeitszulage (f)
ex works frei ab Werk (n)
ex works ... /insert named place of delivery/ Ab
Werk ... /benannter Lieferort/, EXW ... /insert named place of delivery/
hours of work Arbeitsstunden (pl), Öffnungszeit (f)
price ex works Preis ab Werk (m), Preis
frei ab Werk (m)
scope of work Arbeitsumfang (m)
unit work rate Akkordlohnsatz (m), Akkordsatz (m)
work out bearbeiten
workable arbeitsfähig
workable hatch arbeitsfähige Luke (f)
worker Arbeiter (m)
frontier-zone worker Grenzarbeiter (m)
working arbeitsfähig, Arbeits-
working costs Betriebskosten (pl), Festkosten (pl)
working day Arbeitstag (m)
  first **working day** erster Arbeitstag (m),
  erster Werktag (m)
  reduced **working day** verkürzte Arbeitszeit (f)
  weather **working days** wetterlaubende
  Arbeitstage (pl)
working deck Arbeitsdeck (n)
working hours Arbeitsstunden (pl), Betriebsstunden (pl), Dienststunden (pl), Öffnungszeit (f), Offnungszeiten (pl)
  ordinary **working hours** normale Arbeitszeit (f)
working hours of the customs office
Arbeitszeiten des Zollamtes (pl)
  working life Betriebsdauer (f)
working of goods Bearbeitung von Waren (f)
working or processing of goods Be- oder
Verarbeitung von Waren (f)

working or processing operations Be-
oder Verarbeitungsvorgänge (pl)
working risk Arbeitsrisiko (n)
workman Arbeiter (m)
works Werk (n)
workshop Werkstatt (f)
world Welt (f) **2.** Welt-
World Bank Weltbank (f)
world currency Weltwährung (f)
world economic cycle Weltkonjunktur (f)
world economy Weltwirtschaft (f)
  world economy crisis Weltwirtschaftskrise (f)
world exhibition Weltausstellung (f)
world export Weltausfuhr (f)
world market Weltmarkt (m)
  world market price Weltmarktpreis (m)
world price internationaler Preis (m), Weltmarktpreis (m), Weltpreis (m)
world production Weltproduktion (f)
world standard Weltstandard (m)
world trade Welthandel (m)
  world trade center Welthandelszentrum (n),
  Zentrum für internationaler Handel (n)
  world trade equilibrium Außenhandels-
  gleichgewicht (n)
* **quotations on the world market** (products)
Notierungen auf dem Weltmarkt (pl)
worldwide weltweit
worldwide market Weltmarkt (m)
worth Wert (m)
contract worth Vertragswert (m)
investment worth Anlagewert (m)
invoice worth Rechnungswert (m)
net worth Nettowert (m)
present worth gegenwärtiger Wert (m), tatsächlicher Wert (m)
worthiness Würdigkeit (f)
credit worthiness Kreditwürdigkeit (f)
worthless wertlos
worthless bill wertloser Wechsel (m)
wrapper Verpackung (f)
wrapper risk Packungsrisiko (n)
wrapping Packmaterial (n)
wreckage Wrackgut (n)
wrecked zerstört
wrecked cargo Wrackgut (n)

wrecking zertrümmernd
wrecking tug Bergungsschlepper *(m)*
write ausstellen
write a cheque Scheck ausfertigen *(m)*,
Scheck ausschreiben *(m)*
write off abbuchen
write out ausstellen
write out a bill of lading Konnossement
ausstellen *(n)*
write-down Preisnachlass *(m)*
write-up Preiserhöhung *(f)*
written schriftlich
written authorisation Erlaubnisurkunde *(f)*
written contract schriftliche Vereinbarung *(f)*,
schriftlicher Vertrag *(m)*
written declaration schriftliche Deklaration *(f)*
written form Schriftform *(f)*
written guarantee schriftliche Garantie *(f)*
written instruction schriftliche Instruktion *(f)*
written offer schriftliches Angebot *(n)*
writing schriftlich
agreement in writing schriftliche Vereinbarung *(f)*, schriftlicher Vertrag *(m)*
business writing Geschäftskorrespondenz *(f)*
confirm in writing schriftlich bestätigen
contract in writing schriftlicher Vertrag *(m)*
notice in writing Avisbrief *(m)*
order in writing Verschreibung *(f)*
wrong falsch
wrong interpretation falsche Auslegung *(f)*,
falsche Interpretation *(f)*

Y

yard Stapelort *(f)* **2.** Yard *(n)*
container yard Container-Depot *(n)*, Containerumschlagbahnhof *(m)*
stacking yard Lagerplatz *(m)*, Stapelplatz *(m)*
transhipping yard Umschlagplatz *(m)*

year Jahr *(n)*
year-end price Jahresschlußpreis *(m)*
* accounting year Gesellschaftsjahr *(n)*
budget year Budgetjahr *(n)*, Haushaltsjahr *(n)*
calendar year Kalenderjahr *(n)*
commercial year Geschäftsjahr *(n)*
end of year Jahresende *(n)*
fiscal year Budgetjahr *(n)*, Haushaltsjahr *(n)*
present year laufendes Jahr *(n)*
reference year Bezugsjahr *(n)*
taxable year Steuerjahr *(n)*
company financial year Buchführungsjahr *(n)*

yearly Jahres-, jährlich
yearly data Jahresangaben *(pl)*
yearly output Jahreserlös *(m)*
yearly plan Jahresplan *(m)*
yearly premium Jahresbeitrag *(m)*

yield Gewinn *(m)*
yield gross Bruttoeinkommen *(n)*, Bruttoeinnahme *(f)*
* actual yield tatsächliches Aufkommen *(n)*
gross yield Bruttoeinkommen *(n)*, Bruttoertrag *(m)*, Einkommen von der Entrichtung der Steuern *(n)*, Roheinkommen *(n)*
pure yield Reinerlös *(m)*, Reinertrag *(m)*
standard rates of yield pauschaler Ausbeutesatz *(m)*

yielding gewinnend
yielding debt verzinsliche Schuld *(f)*
York-Antwerp Rules York-Antwerpen Statuten *(pl)*

Z

Z time Mittlere Greenwich-Zeit *(f)*
zero null
zero rate Nullsatz *(m)*
zero rate of import duty *(ccc)* Einfuhrzoll "Null" *(m)*
zero-rated commodity steuerfreie Ware *(f)*
zone Zone *(f)*
zone price Zonenpreis *(m)*
zone pricing Zonenpreissystem *(n)*
zone tariff Zonentarif *(m)*
zone time Zonenzeit *(f)*
* bonded zone Freihafengebiet *(n)*, Zollausschlussgebiet *(n)*, zollfreier Bereich *(m)*
climatic zone Klimazone *(f)*
control zone Kontrollzone *(f)*
currency zone Währungsgebiet *(n)*, Währungszone *(f)*, Zollgebiet *(n)*, Zollzone *(f)*
customs maritime zone Seezollgebiet *(n)*
duty-free zone Freihandelsgebiet *(n)*, Freihandelszone *(f)*, Zollausschlussgebiet *(n)*, zollfreie Zone *(f)*, zollfreies Gebiet *(n)*, Zollfreigebiet *(n)*, Zollfreizone *(f)*
economic zone Wirtschaftsraum *(m)*, Wirtschaftszone *(f)*
export zone Export-Veredelungszone *(f)*
export-processing zone Export-Veredelungszone *(f)*
foreign trade zone Freihafengebiet *(n)*
free customs zone zollfreie Zone *(f)*
free zone Freihandelzone *(f)*, Zollausschlussgebiet *(n)*, zollfreier Bereich *(m)*, Zollfreigebiet *(n)*
 bonded free zone Freihafen *(m)*
 boundaries of free zones Begrenzungen der Freizonen *(pl/pl)*
 duration of stay in free zone Dauer des Verbleibs in der Freizone *(f)*
 entry into a free zone Verbringung in eine Freizone *(f)*
 entry into free zone Überführung der Waren in eine Freizone *(f)*
 introduction of goods into a free zone Verbringen von Waren in Freizonen *(n)*
 operation of free zones Funktionieren von Freizonen *(n)*
 place goods in a free zone Waren in eine Freizone verbringen *(pl)*

 rules for functioning of free zone Ordnung für eine Freizone *(f)*
frontier zone Grenzgebiet *(n)*, Grenzzone *(f)*
maritime zone Seezone *(f)*
preferential tariff zone Vorzugstarifzone *(f)*
price zone Preiszone *(f)*
customs surveillance zone vom Zoll überwachter Bereich *(m)*
tariff zone Tarifzone *(f)*
tax free zone steuerfreie Zone *(f)*, Steuerfreizone *(f)*
time zone Zeitzone *(f)*

Wir empfehlen:

Das Salzbergwerk Wieliczka

Das Salzbergwerk umfasst heute 9 Sohlen, 245 km Gänge und 2391 Kammern. Die schönsten und besonders wertvollen Areale wurden für Besucher zugänglich gemacht und können auf drei Wanderwegen erkundet werden: der Touristik- und der Bergmannsroute sowie auf der abenteuerlichen Strecke „Geheimnisse der Salzmine". 1978 wurde das Salzbergwerk Wieliczka als eines der ersten zwölf Objekte weltweit in die Liste des UNESCO-Weltkulturerbes aufgenommen. Der Bildband ist in den folgenden Sprachen erhältlich: Deutsch, Englisch, Französisch, Spanisch, Italienisch, Russisch, Niederländisch, Schwedisch, Dänisch, Finnisch, Norwegisch, Chinesisch, Japanisch, Hebräisch, Tschechisch, Ungarisch, Ukrainisch, Weißrussisch, Bulgarisch.

Wörterbuch für Zollrecht der Europäischen Union
Englisch-Deutsch, Deutsch-Englisch

Wörterbuch für Buchhaltung
Englisch-Deutsch, Deutsch-Englisch

Wörterbuch für Marketing, Werbung und Management
Deutsch-Englisch

Wörterbuch für Marketing, Werbung und Management
Englisch-Deutsch

Wörterbuch für Geschäftsmann
Englisch-Deutsch, Deutsch-Englisch

Wörterbuch für Geschäftsmann
Deutsch-Russisch, Russisch-Deutsch

Wörterbuch für Außenhandel
Deutsch-Russisch, Russisch-Deutsch

Wörterbuch für Buchhaltung
Deutsch-Russisch, Russisch-Deutsch

Wörterbuch für Marketing, Werbung und Management
Deutsch-Russisch

Wörterbuch für Marketing, Werbung und Management
Russisch-Deutsch